28日，中国科学技术协会第八次全国代表大会在北京举行全体会议，中共中央政治局常
理温家宝作关于科技发展形势的报告

2011年5月27日，中国科学技术协会第八次全国代表大会在北京人
导人胡锦涛、温家宝、贾庆林、李长春、习近平、李克强、贺国强、周

2011年5
委、　国务院总

2011年8月30日，全国人大常委会副委员长、中国机械工程学会理事长路甬祥出席《中国机械工程技术路线图》首发式

2011年12月9～10日，中华预防医学会、中华医学会在北京联合主办2011’中国慢性病防控论坛暨中国健康促进联盟成立大会。全国人大常委会副委员长、中国科协主席韩启德为中国健康促进联盟揭牌

2011年12月17日，在中国产学研合作创新大会暨2011中国产学研合作促进会年会上，全国人大常委会副委员长陈至立为获奖者颁奖

2011年11月5日，全国人大常委会副委员长、中国药学会理事长桑国卫在“2011年中国药学大会暨第11届中国药师周”大会上为中国药学会科学技术奖一等奖获得者颁奖

2011年5月11日，全国政协副主席陈宗兴在全国“爱鸟周”纪念三十周年大会上向获奖先进集体代表颁奖

2011年10月30日，全国政协副主席王志珍出席中国生物物理学会成立三十周年纪念大会及第17届国际生物物理大会开幕式

2011年5月27日，全国人大常委会副委员长、中国科协主席韩启德代表中国科协七届全委会作工作报告

中国科协八大代表及首都各界人士3000人出席大会开幕式

中国科学院院长白春礼院士代表科技部门致贺词

中华全国总工会副主席、书记处第一书记王玉普代表各人民团体致贺词

中国科协八大代表出席全体代表会议

全国人大常委会副委员长、中国科协主席韩启德参加中国科协八大代表分团讨论

中国科协八大代表审议八大工作文件

中国科协八大代表听取中国科协章程（修改草案）审议情况汇报

2011年5月29日，韩启德、邓楠、陈希在中国科协八大全体代表会议上投票选举中国科协第八届全国委员会委员

中国科协八大代表表决通过大会文件

2011年5月29日，中国科协八届全委会第一次会议召开，选举中国科协主席、副主席、常务委员

中国科协八届一次常委会议，通过中国科协书记处人选，第一书记陈希，书记处书记程东红、张勤、徐延豪、王春法

2011年5月30日，在中国科协八大闭幕式上，中共中央政治局委员王兆国、刘延东向邓楠等同志颁发中国科协荣誉委员证书

2011年5月30日，在中国科协八大闭幕式上，全国人大常委会副委员长、中国科协主席韩启德向工业和信息化部副部长杨学山等同志颁发中国科协顾问证书

中国科协八届全委会常务副主席、书记处第一书记陈希主持中国科协八大闭幕式

人力资源和社会保障部副部长王晓初宣读全国科协系统先进集体和先进工作者表彰决定

中国科协副主席、书记处书记程东红宣读《关于命名2011—2015年度全国科普示范县（市、区）的决定》

中国科协书记处书记徐延豪作《关于中国科协八大代表建议案有关情况的报告》

全国科协系统先进集体标兵单位代表、中国力学学会理事长胡海岩院士在闭幕式上发言

全国科协系统先进工作者标兵代表、湖南省长沙市科协副主席、党组书记刘谷收在闭幕式上发言

中国科协八大闭幕式会场

中国科协第八届全国委员会主席、副主席

陈希

主　　　席　韩启德

常务副主席　陈　希

副　主　席　（按姓氏笔画为序）

邓中翰　卢锡城　冯长根　刘　玠　李静海

沈　岩　张桃林　陈赛娟（女）　赵沁平

秦大河　袁家军　唐启升　黄伯云　程东红（女）

谢克昌

邓中翰

卢锡城

冯长根

李静海

沈岩

张桃林

赵沁平

秦大河

袁家军

黄伯云

程东红

谢克昌

2011年9月21～23日，第十三届中国科协年会在天津市举行

2011年9月21日，中共中央政治局委员、国务委员刘延东出席开幕式并作重要讲话

中共中央政治局委员、天津市委书记张高丽在开幕式上致辞

全国人大常委会副委员长、中国科协主席韩启德在开幕式上致辞

中国科协名誉主席周光召主持颁发第四届周光召基金会“杰出青年基础科学奖”、求是杰出科学家奖和杰出科学成就集体奖

中国科协常务副主席、书记处第一书记陈希主持年会开幕式

天津市委副书记、天津市市长黄兴国作特邀报告

中国科学院院长、中国科学院院士白春礼作特邀报告

美国国家工程院院士、中国科学院外籍院士、美国耶鲁大学讲座教授马佐平作特邀报告

中国工程院院士、中国水利水电科学研究院水资源研究所所长王浩作特邀报告

中国工程院院士、清华大学公共安全研究院院长范维澄作特邀报告

中共中央政治局委员、天津市委书记张高丽，全国人大常委会副委员长、中国科协主席韩启德在天津迎宾馆会见出席第十三届中国科协年会的诺贝尔奖获奖者等外国嘉宾

天津科技工作者之家奠基仪式

第十三届中国科协年会

全国人大常委会副委员长、中国科协主席韩启德与天津大学生见面会

科学道德建设论坛

女科学家高层论坛

技术创新·企业发展论坛

求是杰出青年成果转化奖获奖者与天津大学学生见面会

当代中国科学家学术谱系研究论坛

第十三届中国科协年会科普嘉年华启动仪式

第十三届中国科协年会科普嘉年华活动现场

第十三届中国科协年会卫生安全健康科普行动

对外民间科技交流取得重要进展

纪念人类太空飞行50周年图片展开幕式在中国科技馆举行。全国人大常委会副委员长、中国科协主席韩启德等与俄罗斯驻华大使拉佐夫以及俄罗斯现役宇航员尤里·隆恰科夫、马克西姆·苏拉耶夫合影

中国科协常务副主席、书记处第一书记陈希会见来访的澳大利亚悉尼大学校长迈克尔·斯宾塞博士，澳大利亚新南威尔士州总督、悉尼大学名誉校长玛莉娅·芭雪尔教授一行

对外民间科技交流取得重要进展

中国科协副主席冯长根会见日本科学技术与社会论坛（简称STS论坛）主席、前日本科学技术政策担当大臣、财务大臣尾身幸次一行

中国科协书记处书记张勤会见澳大利亚工业、创新、科学与研究部部长基姆·卡尔参议员一行

中国科协书记处书记张勤会见罗马尼亚科研署代表团

中国科协书记处书记张勤会见日本科学技术振兴机构理事长中村道治

中国科协书记处书记徐延豪会见匈牙利国家人才委员会主席切尔迈伊·彼得教授

对外民间科技交流取得重要进展

中国科协和美国电气电子工程师学会（IEEE）合作交流会

中国科协与日本技术士会在北京签署合作协议

中国科协与法国道达尔集团在北京签署合作谅解备忘录

中国科协向朝鲜科技总联盟赠送汽车交接仪式在辽宁省丹东市举行

与港澳台地区民间科技交往进一步加强

全国人大常委会副委员长、中国科协主席韩启德访问澳门和香港，会见澳门特别行政区行政长官崔世安先生

全国人大常委会副委员长、中国科协主席韩启德访问澳门和香港，与香港特别行政区行政长官曾荫权共同出席香港科技大学建校20周年校庆大会

努力为科技人才成长提供服务

中国科协会员日暨第十二届中国青年科技奖颁奖大会

第八届中国青年女科学家奖颁奖典礼

2011年度中国科协科技工作者优秀建议颁奖活动

努力为科技人才成长提供服务

首都高校“科学道德和学风建设宣讲教育”报告会

中国科学院院士、中国工程院院士、第三世界科学院院士师昌绪在报告会上宣讲

国家杂交水稻工程技术研究中心暨湖南杂交水稻研究中心主任、中国工程院院士、美国科学院外籍院士袁隆平在报告会上宣讲

中国科协荣誉委员、中国科学院院士、中国科学院数学与系统科学研究院研究员杨乐在报告会上宣讲

全国人大常委会副委员长、中国科协主席韩启德等出席报告会并与报告会成员师昌绪、袁隆平、杨乐合影

努力为科技人才成长提供服务

全国各地集中开展科学道德和学风建设宣讲教育报告会

山西省

内蒙古自治区

吉林省

上海市

江苏省

浙江省

努力为科技人才成长提供服务

全国各地集中开展科学道德和学风建设宣讲教育报告会

江西省

河南省

湖北省

湖南省

广东省

广西壮族自治区

努力为科技人才成长提供服务

全国各地集中开展科学道德和学风建设宣讲教育报告会

重庆市

四川省

云南省

陕西省

甘肃省

努力为科技人才成长提供服务

全国各地集中开展科学道德和学风建设宣讲教育报告会

福建省

山东省

新疆维吾尔自治区

黑龙江省

中国科协纪念钱学森同志诞辰100周年大会

纪念詹天佑先生诞辰150周年座谈会

第五组“中国现代科学家”纪念邮票首发式

努力为科技人才成长提供服务

陈希、程东红与出席中国科协八大的海外特邀代表座谈

部分理科学会工作座谈会

中国科协高层次人才库建设工作座谈会

全国学会创新发展工作经验交流会

2011中国（合肥）“海智计划”项目与人才对接会

切实加强自身建设，当好“科技工作者之家”

2011年全国学会会员日活动，中国科协书记处书记徐延豪等出席

中国科协召开七大代表座谈会

2011年全国学会会员日活动

中国科协全国学会秘书长活动日

切实加强自身建设，当好“科技工作者之家”

地方科协党组书记年度工作研讨会

地方科协办公室主任工作座谈会

地方科协外事工作座谈会

中国科协与人民网“中国科协新闻频道”合作项目签约仪式

全国科协系统先进工作者标兵座谈会

中国科协系统文化建设工作座谈会

切实加强自身建设，当好“科技工作者之家”

中国科协庆祝中国共产党成立90周年暨创先争优表彰大会

全国学会党建工作推进会暨学会党务干部培训班

中国科协学会党建指导员座谈会

中国科协党建工作座谈会

学习杨善洲先进事迹座谈会

全国学会新春联谊会

中国科学技术协会
年　鉴
2012

中国科学技术出版社
·北　京·

图书在版编目(CIP)数据

中国科学技术协会年鉴.2012/中国科学技术协会编.—北京:中国科学技术出版社,2012.9
ISBN 978-7-5046-6177-7

Ⅰ.①中… Ⅱ.①中… Ⅲ.①中国科学技术协会-2012-年鉴 Ⅳ.①G322.25-54

中国版本图书馆 CIP 数据核字(2012)第 184286 号

出版人 苏 青
责任编辑 周晓慧 许 慧
责任校对 刘洪岩
责任印制 张建农

出　　版 中国科学技术出版社
发　　行 科学普及出版社发行部
地　　址 北京市海淀区中关村南大街 16 号
邮　　编 100081
发行电话 010-62103164
传　　真 010-62103109
网　　址 http://www.cspbooks.com.cn

开　　本 889mm×1194mm 1/16
字　　数 1600 千字
印　　张 53.5
彩　　插 35
印　　数 1-1600 册
版　　次 2012 年 12 月第 1 版
印　　次 2012 年 12 月第 1 次印刷
印　　刷 北京盛通印刷股份有限公司

书　　号 ISBN 978-7-5046-6177-7/G·588
定　　价 120.00 元

《中国科学技术协会年鉴（2012）》编辑委员会

《中国科学技术协会年鉴（2012）》编辑部

目　　录

领导同志的讲话

重要文件

专题文章

纪念钱学森同志诞辰 100 周年

科学道德和学风建设宣讲教育

中国科协 2011 年 主要活动和重要事件

人　物

表彰奖励

中国科协 2011 年度事业发展统计公报

全国学会、协会、研究会（含受委托管理的学会）简况

省、自治区、直辖市科协，新疆生产建设兵团科协简况

大　事　记

附　　录

索　　引

中国科学技术协会章程

（2011 年 5 月 29 日中国科学技术协会第八次全国代表大会通过）

第一章 总 则

第一条 中国科学技术协会是中国科学技术工作者的群众组织，是中国共产党领导下的人民团体，是党和政府联系科学技术工作者的桥梁和纽带，是国家推动科学技术事业发展的重要力量。

第二条 中国科学技术协会的宗旨是：坚持以马克思列宁主义、毛泽东思想、邓小平理论和“三个代表”重要思想为指导，深入贯彻落实科学发展观，团结和动员科学技术工作者以经济建设为中心，坚持科学技术是第一生产力和人才资源是第一资源的思想，推动实施科教兴国战略、人才强国战略和可持续发展战略，建设创新型国家。促进科学技术的繁荣和发展，促进科学技术的普及和推广，促进科学技术人才的成长和提高，促进科学技术与经济的结合。反映科学技术工作者的意见，维护科学技术工作者的合法权益。为经济社会发展服务，为提高全民科学素质服务，为科学技术工作者服务，推动社会主义经济建设、政治建设、文化建设、社会建设以及生态文明建设，构建社会主义和谐社会，为实现中华民族伟大复兴而努力奋斗。

第三条 中国科学技术协会由全国学会、协会、研究会（以下学会、协会、研究会简称学会）和地方科学技术协会组成。

地方科学技术协会由同级学会和下一级科学技术协会及基层组织组成。

第四条 中国科学技术协会贯彻国家科学技术工作自主创新、重点跨越、支撑发展、引领未来的指导方针，弘扬尊重劳动、尊重知识、尊重人才、尊重创造的风尚，倡导献身、创新、求实、协作的精神，坚持独立自主、民主办会的原则和“百花齐放、百家争鸣”的方针。

第五条 中国科学技术协会高举爱国主义旗帜，加强与香港特别行政区、澳门特别行政区和台湾地区的科学技术交流，维护民族团结，促进祖国统一。

第二章 任 务

第六条 开展学术交流，活跃学术思想，促进学科发展，推动自主创新。

第七条 组织科学技术工作者为建立以企业为主体的技术创新体系、全面提升企业的自主创新能力作贡献。

第八条 依照《中华人民共和国科学技术普及法》，弘扬科学精神，普及科学知识，传播科学思想和科学方法。捍卫科学尊严，推广先进技术，开展青少年科学技术教育活动，提高全民科学素质。

第九条 反映科学技术工作者的建议、意见和诉求，维护科学技术工作者的合法权益。

第十条 推动建立和完善科学研究诚信监督机制，促进科学道德建设和学风建设。

第十一条 组织科学技术工作者参与国家科学技术政策、法规制定和国家事务的政治协商、科学决策、民主监督工作。

第十二条 表彰奖励优秀科学技术工作者，举荐科学技术人才。

第十三条 开展科学论证、咨询服务，提出政策建议，促进科学技术成果的转化；接受委托承担项目评估、成果鉴定，参与技术标准制定、专业技术资格评审和认证等任务。

第十四条 开展民间国际科学技术交流活动，促进国际科学技术合作，发展同国外的科学技术团体和科学技术工作者的友好交往。

第十五条 开展继续教育和培训工作。

第十六条 兴办符合中国科学技术协会宗旨的社会公益性事业。

第三章 会 员

第十七条 全国学会是中国科学技术协会的团体会员。各级地方学会是同级地方科学技术协会的团体会员。县级以上科学技术协会发展团体会员。基层组织发展个人会员。

第十八条　团体会员的义务和权利：

团体会员的义务：遵守本章程，执行科学技术协会的决议和决定，开展符合章程规定的各项活动。

团体会员的权利：推选代表参加科学技术协会代表大会，参加科学技术协会的活动，对科学技术协会的工作提出建议和批评并进行监督。

第十九条　基层组织规定个人会员的义务和权利。

第二十条　中国科学技术协会会员日定为每年十二月十五日。

第四章　全国领导机构

第二十一条　全国代表大会和它选举产生的全国委员会是中国科学技术协会全国领导机构。

第二十二条　全国代表大会每五年举行一次，由全国委员会召集。特殊情况下，可以提前或延期举行。

第二十三条　全国代表大会的代表名额和选举办法由常务委员会决定，其代表经全国学会和省、自治区、直辖市科学技术协会及有关方面民主协商，选举产生。

代表大会代表实行任期制。

第二十四条　全国代表大会行使下列职权：

一、决定中国科学技术协会的工作方针和任务；

二、审议和批准全国委员会的工作报告；

三、制定和修改中国科学技术协会章程；

四、选举产生全国委员会；

五、决定其他重大事项。

第二十五条　全国委员会会议每年举行一次，由常务委员会召集。

第二十六条　全国委员会行使下列职权：

一、执行全国代表大会的决议；

二、选举主席、副主席和常务委员；

三、审议中国科学技术协会年度工作报告；

四、决定授予荣誉职务；

五、决定其他重大事项。

第二十七条　全国委员会闭会期间，常务委员会领导中国科学技术协会的工作，实施全国委员会确定的任务，批准全国委员会委员的变更或增补、团体会员的接纳或退出。

常务委员会会议一般每半年举行一次，由主席召集，也可委托副主席召集。

第二十八条　常务委员会下设书记处。书记处由第一书记和书记若干人组成，人选由主席提名，经常务委员会通过。书记处在常务委员会领导下主持中国科学技术协会的日常工作。

第二十九条　常务委员会设置若干工作委员会和专门委员会，协助审议需经常务委员会审定的有关事项。

第三十条　常务委员会根据需要，聘请有关部门的负责人为中国科学技术协会顾问。

第五章　全国学会

第三十一条　本章程所称全国学会是按自然科学、技术科学、工程技术及其相关科学的学科组建或以促进科学技术发展和普及为宗旨的学术性、科普性社会团体。

第三十二条　加入中国科学技术协会的全国学会的基本条件：

一、承认中国科学技术协会章程；

二、按照国务院有关社会团体登记管理规定依法登记；

三、有学术带头人和相当数量的会员；

四、经常开展国内外学术交流活动及科普活动，编辑出版科学技术或科学普及刊物；

五、有健全的办事机构和经费来源。

第三十三条　符合本章程第三十二条规定的全国学会，向中国科学技术协会提出申请，经常务委员会批准，即为中国科学技术协会的团体会员。

第三十四条 全国学会接受中国科学技术协会的领导，执行中国科学技术协会的决议，承担并完成中国科学技术协会委托的任务，选举代表参加中国科学技术协会全国代表大会。

全国学会退出中国科学技术协会，须经中国科学技术协会常务委员会批准。

第三十五条 全国学会会员代表大会每三至五年举行一次，决定学会的工作方针和任务，审议和批准学会理事会的工作报告和财务报告，制定、修改会章，选举新的理事会。

第三十六条 全国学会办事机构在理事会领导下开展工作，接受学会支撑单位的管理。

第三十七条 全国学会凡严重违反中国科学技术协会章程，经中国科学技术协会常务委员会通过，给予警告、限期整顿、除名等处罚。

第六章 地方科学技术协会

第三十八条 省、自治区、直辖市科学技术协会是省、自治区、直辖市党委领导下的人民团体，是中国科学技术协会的地方组织。

第三十九条 省、自治区、直辖市科学技术协会接受中国科学技术协会的业务指导。

省级学会接受省级科学技术协会领导，业务上受相应的全国学会的指导。

第四十条 省、自治区、直辖市科学技术协会由省级学会和市（地）科学技术协会组成。

市（地）科学技术协会由同级学会和县（市）、区科学技术协会组成。

县（市）、区科学技术协会由同级学会和基层组织组成。

第四十一条 地方科学技术协会执行中国科学技术协会的章程和决议，推选代表参加上级科学技术协会代表大会。

第四十二条 地方科学技术协会代表大会每五年举行一次，决定本地区科学技术协会的工作方针和任务，审议地方科学技术协会委员会的工作报告，选举地方科学技术协会委员会。

第七章 基层组织

第四十三条 科学技术工作者集中的企业事业单位和有条件的乡镇、街道社区等建立的科学技术协会（科学技术普及协会）是中国科学技术协会的基层组织，接受地方科学技术协会的业务指导。

乡镇科学技术协会（科学技术普及协会）联系指导农村专业技术协会。

第四十四条 主要任务：

一、开展社会化科学技术普及活动，引导人民群众崇尚科学，抵制迷信，移风易俗，破除陋习，倡导科学健康的生活方式和文明节约的消费模式，促进资源节约型、环境友好型社会建设；

二、组织和动员科学技术工作者积极参加学术交流和科学技术普及活动，促进讲科学、爱科学、学科学、用科学社会风尚的形成与发展；

三、开展农村实用技术培训和推广，引导农民树立科学发展理念，培养有文化、懂技术、会经营的新型农民，提高农民科学文化素质，促进社会主义新农村建设；

四、开展技术咨询、技术服务等科学技术活动，促进技术开发、技术转让，增强企业自主创新能力，促进以企业为主体的技术创新体系的建立；

五、反映基层科学技术工作者的建议、意见和诉求，维护其合法权益，促进其生活和工作条件的改善。

第八章 工作人员

第四十五条 各级科学技术协会机关对其工作人员按照国家有关规定进行管理。

第四十六条 各级科学技术协会所属学会对其工作人员根据其编制性质和管理的需要，执行相应的干部人事管理制度。

第四十七条 各级科学技术协会所属事业单位的工作人员按国家对事业单位的管理规定进行管理。

第四十八条 各级科学技术协会工作人员应热爱科学技术协会的事业，树立为科学技术工作者服务的思想，具有较高的政策水平和较广的专业知识、较强的组织和社会活动能力。

第四十九条 各级科学技术协会要加强对工作人员的培养和教育，有计划有组织地开展培训工作，提高工作人员的政治和业务素质。

第九章　经费及资产管理

第五十条　经费来源：

一、财政拨款；

二、资助；

三、捐赠；

四、会费；

五、企事业收入；

六、其他收入。

第五十一条　建立学术交流、科学技术普及和奖励等专项基金。

第五十二条　建立常务委员会领导下的民主理财管理体制。

第五十三条　各级科学技术协会的经费、资产及国家和地方拨给科学技术协会的不动产受法律保护，任何单位和个人不得侵占、挪用和任意调拨；各级科学技术协会所属企业、事业的资产隶属关系不得随意改变。

第十章　会　徽

第五十四条　中国科学技术协会会徽由古天象仪、航天器、齿轮、麦穗、蛇杖以及中文和英文标出的中国科学技术协会名称组成。

第五十五条　中国科学技术协会会徽可在办公地点、活动场所、会议会场悬挂，在出版物上印制，也可制作成徽章佩戴。

第十一章　附　则

第五十六条

中国科学技术协会简称中国科协。

中国科学技术协会会址设在北京。

中国科学技术协会的英文全称是 CHINA ASSOCIATION FOR SCIENCE AND TECHNOLOGY，缩写为 CAST。

第五十七条　全国委员会依照本章程制定《全国学会组织通则》。

第五十八条　全国学会可根据国务院有关社会团体登记管理规定、本章程和民政部《社会团体章程示范文本》制定章程。

地方科学技术协会可根据本章程制定实施细则。

第五十九条　本章程解释权属中国科学技术协会。

第六十条　本章程经中国科学技术协会全国代表大会通过实施。

中国科学技术协会会徽

中国科学技术协会会徽由古天象仪、航天器、齿轮、麦穗、蛇杖以及中文和英文标出的中国科学技术协会名称组成。

中国科学技术协会会徽可在办公地点、活动场所、会议会场悬挂，在出版物上印制，也可作为徽章佩戴。

中国科学技术协会标识

中国科学技术协会标识图案为双面拓扑图形，造型富于变化，富有动感。舞动的丝带寓意中国科协是党和政府联系广大科技工作者的桥梁和纽带，象征科协组织具有蓬勃的生命力和创造力。

中国科学技术协会简介

中国科学技术协会是中国科技工作者的群众组织，是中国共产党领导下的人民团体，是党和政府联系科技工作者的桥梁和纽带，是国家推动科技事业发展的重要力量。中国科协成立于1958年9月，由中华全国自然科学专门学会联合会和中华全国科学技术普及协会合并成立，截至2011年底已经发展成为一个拥有199个代表国内自然科学、技术科学和工程技术类最高专业水平的全国学会、覆盖全国3100多个县及县以上地方科协、近20万个各类基层组织的团体。

50多年来，中国科协认真履行党和政府联系科技工作者的桥梁纽带职责，团结带领全国广大科技工作者，凝心聚力、开拓创新，在促进学术交流、普及科学知识、举荐科技人才、开展决策咨询、扩大对外民间科技合作等方面做了大量富有成效的工作，成为推动我国科技事业发展的重要力量，受到党和人民的高度评价，赢得社会的广泛赞誉。展望未来，我国现代化建设的两个百年目标令人振奋、催人奋发，对科技界提出了新的任务和要求，为广大科技工作者发挥作用提供了广阔舞台。中国科协将认真贯彻落实第八次全国代表大会部署，更加广泛、更加紧密地团结带领科技工作者，坚持为经济社会发展服务、为提高全民科学素质服务、为科技工作者服务，努力当好科技工作者之家，为加快建设创新型国家、夺取全面建设小康社会新胜利、实现两个百年的宏伟目标而努力奋斗。

中国科协的历届主席分别是李四光（地质学家，中国科协第一届全国委员会主席），周培源（物理学家、教育家，中国科协第二届全国委员会主席），钱学森（应用力学、工程控制论和系统工程学家，中国科协第三届全国委员会主席），朱光亚（核物理学家，中国科协第四届全国委员会主席），周光召（理论物理学家，中国科协第五、第六届全国委员会主席），韩启德（医学家，中国科协第七、第八届全国委员会主席）。

中国科协的宗旨是：坚持以马克思列宁主义、毛泽东思想、邓小平理论和“三个代表”重要思想为指导，深入贯彻落实科学发展观，团结和动员科学技术工作者以经济建设为中心，坚持科学技术是第一生产力和人才资源是第一资源的思想，推动实施科教兴国战略、人才强国战略和可持续发展战略，建设创新型国家。促进科学技术的繁荣和发展，促进科学技术的普及和推广，促进科学技术人才的成长和提高，促进科学技术与经济的结合。反映科学技术工作者的意见，维护科学技术工作者的合法权益。为经济社会发展服务，为提高全民科学素质服务，为科学技术工作者服务，推动社会主义经济建设、政治建设、文化建设、社会建设以及生态文明建设，构建社会主义和谐社会，为实现中华民族伟大复兴而努力奋斗。

中国科协的基本任务是：开展学术交流，活跃学术思想，促进学科发展，推动自主创新。组织科学技术工作者为建立以企业为主体的技术创新体系、全面提升企业的自主创新能力作贡献。依照《中华人民共和国科学技术普及法》，弘扬科学精神，普及科学知识，传播科学思想和科学方法。捍卫科学尊严，推广先进技术，开展青少年科学技术教育活动，提高全民科学素质。反映科学技术工作者的建议、意见和诉求，维护科学技术工作者的合法权益。推动建立和完善科学研究诚信监督机制，促进科学道德建设和学风建设。组织科学技术工作者参与国家科学技术政策、法规制定和国家事务的政治协商、科学决策、民主监督工作。表彰奖励优秀科学技术工作者，举荐科学技术人才。开展科学论证、咨询服务，提出政策建议，促进科学技术成果的转化；接受委托承担项目评估、成果鉴定，参与技术标准制定、专业技术资格评审和认证等任务。开展民间国际科学技术交流活动，促进国际科学技术合作，发展同国外的科学技术团体和科学技术工作者的友好交往。开展继续教育和培训工作。兴办符合中国科学技术协会宗旨的社会公益性事业。

中国科学技术协会由全国学会、协会、研究会和地方科学技术协会组成。地方科学技术协会由同级学会、协会、研究会和下一级科学技术协会及基层组织组成。截至2011年底，中国科协所属全国学会共有199个，其中作为中国科协团体会员的全国学会181个，还有18个非团体会员全国学会为中国科协业务主管。全国学会拥有个人会员428万人。县级以上科学技术协会发展团体会员。基层组织发展个人会员。全国代表大会和它选举产生的全国委员会是中国科学技术协会全国领导机构。全国委员会闭会期间，常务委员会领导中国科学技术协会的工作。常务委员会下设书记处，设置若干专门委员会。书记处在常务委员会的领导下主持中国科学技术协会的日常工作。

中国科协的主要职能包括：

●为经济社会发展服务

一是促进学术繁荣发展。与地方政府联合举办中国科协年会，为科技工作者开展学术交流、服务经济社会发展搭建平台；组织学科进展研究和发布活动，举办中国科协论坛、青年科学家论坛、新观点新学说学术沙龙、博士生学术年会等小型高端前沿学术交流，帮助科技工作者及时准确了解把握学科前沿动态；培育精品科技期刊，推动科技期刊国际影响力提升，着力培育世界一流精品科技期刊。

二是推进企业技术创新。开展“讲理想、比贡献”活动，推动群众性技术创新活动不断深入；发展专家企业工作站和专家服务中心，引导专家深入企业一线进行合作，开展创新方法培训，引导创新要素向企业集聚。

三是助力社会主义新农村建设。实施“科普惠农兴村计划”，表彰奖励有突出贡献的农村专业技术协会、农村科普先进集体和先进个人，引导农民实现科技致富；推进农村专业技术协会发展和科普惠农服务站建设，实现科技服务农民生活、服务农业发展和服务农村文化建设的综合效果。

四是建设国家级科技思想库。组织科技工作者围绕经济社会发展中的重大问题以及关系人民群众切身利益的突出问题，深入调查研究，积极建言献策，把科技工作者个体智慧凝聚上升为有组织的集体智慧；推动地方科协和学会的决策咨询能力水平不断提高；完善决策咨询信息平台，为科协组织充分发挥服务党和国家事业发展的科技思想库作用提供支撑。

五是促进对外民间科技交流与合作，开展双边和多边民间科技交流，巩固和拓展与国外对口组织的双边合作关系，积极承办重要国际科技会议；参与联合国经济和社会理事会咨商工作，在重要国际科技组织中发挥国家会员作用，支持全国学会和中国科学家积极参与国际科技事务；推动工程教育和工程师资格国际互认；巩固和发展与港澳台地区的民间科技交流，不断提高层次和水平，为维护港澳地区的繁荣稳定和两岸关系和平发展作贡献。

●为提高全民科学素质服务

一是履行科学素质纲要办公室职责。牵头实施全民科学素质行动计划，做好《全民科学素质行动计划纲要》实施工作的综合协调服务和督导检查，推动形成“政府推动、多部门联合协作、社会和公众广泛参与”的全民科学素质工作格局。

二是广泛开展主题科普活动。以未成年人、农民、城镇劳动人口、领导干部和公务员、社区居民为重点，以“节约能源资源、保护生态环境、保障安全健康、促进创新创造”为主题，广泛开展群众性、社会性、经常性科普活动，深入实施“社区科普益民计划”，把优质科普资源更多地引向农村、社区和中小学校，引入基层，以重点人群科学素质行动带动全民科学素质整体提升；组织全国科普日系列活动，组织专家学者围绕社会热点焦点问题向公众解疑释惑，营造讲科学、爱科学、学科学、用科学的社会风尚。

三是推进科普资源共建共享。广泛动员社会力量参与科普资源开发，搭建科普资源共享信息平台。促进科研、教育与科普有机结合，有效集成优质科普资源，使人民群众获得更多的优质科普资源和科普服务。组织应急科普资源开发储备。推动科普出版、科普旅游馆园、科普影视与动漫、商业科普网络等发展，提高科普产品的服务效能。

四是加强科普基础设施建设。积极推动科技馆、专业和产业科技博物馆以及中国数字科技馆建设，为社会化科普活动提供支持；加强流动科技馆建设，共建科普示范县（市、区）和全国科普教育基地，推动基层科普活动站（室）、科普画廊（宣传栏）、科普员建设，构筑覆盖城乡的科普阵地。

●为科技工作者服务

一是表彰奖励举荐优秀科技工作者。开展全国优秀科技工作者、中国青年科技奖、中国青年女科学家奖和中国科协求是杰出青年奖评选表彰活动；发现和举荐各类优秀科技人才，组织两院院士初遴选工作，承担国家科技奖励项目推荐工作，推荐我国科学家担任民间国际科技组织领导职务；实施“海外智力为国服务行动计划”，发挥好“千人计划”窗口单位的作用，引进海外高层次科技人才为国服务。

二是宣传优秀科技工作者。宣传在科技创新和普及方面作出突出贡献的优秀科技工作者和创新团队，重点宣传基层一线科技工作者和青年科技工作者，推动形成有利于人才成长提高的良好社会氛围；实施“老科学家学术成长资料采集工程”，大力宣传老一辈科学家的光辉事迹和崇高精神。

三是开展科技工作者状况调查。以多种形式开展科技工作者状况调查，及时了解科技工作者的基本状况和变动趋势，反映科技工作者的意见和诉求；开展科技人力资源发展研究，为党和政府制定科技人才政策提供依据；建立科学规范的科技工作者状况调查站点体系，进一步密切与科技工作者的情感交流与联系。

四是开展科技人才教育培训。开展继续教育和专门培训，推动完善科技人才评价体系，推动形成不同层次的科技人才培养体系；大力培养急需紧缺的工程技术人才、实用技术人才、农业技术致富能手和科普人才；开展工程教育专业认证和专业技术资格认证，促进科技人才成长和提高。

五是加强科学道德与学风建设。深入开展科学道德和学风宣讲，按照全覆盖、制度化、重实效的要求，广泛宣讲科学精神、科学道德、科研伦理和学术规范，引导科技工作者严谨治学、诚实做人；推动制定预防和惩治学术不端行为的政策法规，推进科学道德规范的实施，在全社会营造严谨求实、诚信守责的良好氛围。

●加强自身建设

一是提升学会服务能力。引导和支持学会开展学术交流和科技成果转化，提高服务科技创新的能力；积极承接政府转移的社会化服务职能，广泛开展科学普及、科技奖励、科技评价和科技人才评价活动，提高服务政府和社会的能力；完善会员服务制度，促进人才成长提高，提升服务科技工作者能力；打造高素质学会专职工作人员队伍，完善内部治理，促进体制机制创新，增强自主发展能力，努力建设适应社会主义市场经济体制，符合科技社团发展规律的现代科技社团。

二是扩大科协组织覆盖面。加强科协组织建设，促进企业、高校、街道、社区、乡镇以及各类开发区的科协基层组织健康发展，大力发展农村专业技术协会，为进一步密切同广大科技工作者的思想沟通、情感交流和工作联系，建立稳固的组织基础。

三是开展建家交友工作。广泛开展“建科技工作者之家，交科技工作者之友”工作，努力实现“哪里有科技工作者，科协工作就做到哪里；哪里科技工作者密集，科协组织就建到哪里；哪里建立起科协组织，建家交友活动就开展到哪里”的目标；加强科协理论研究和文化建设，不断提高信息化水平，加强科协系统队伍建设。

A Brief Introduction to the China Association for Science and Technology

The China Association for Science and Technology (CAST) is a mass organization of Chinese scientific and technological workers, a bridge linking the government with the science and technology community, and an indispensible force in advancing the country's scientific and technological development.

CAST was officially founded in September 1958 by merging the two largest scientific organizations in China-All-China Federation of Scientific Societies and All-China Association for Science Popularization. By the end of 2011, CAST has grown into an organization with 199 national societies representing the top level activities of science and technology in China, a network of branches covering all parts of the country and nearly 200, 000 grass-roots organizations.

Over the past 54 years, CAST has been faithfully fulfilling its duty as a bridge linking the government with the science and technology community and has made significant achievements by uniting the country's science and technology community in promoting academic exchange, science popularization, citation of professional talents, providing policy-making consultancy, and strengthening international exchange and cooperation and has won a high reputation and respect from the public.

The present situation in China's modernization drive has set new tasks and requirement for the country's science and technology community and at the same time has offered a wider stage for it to better play its role. CAST will conscientiously implement and put in effect the overall plan adopted at its 8th National Congress held in 2011, unite and lead all scientific and technological workers of the country in its endeavor to promote China's economic and social development, enhance science literacy of the whole nation, render a better service to scientific and technological workers and try to make new contributions to the building of an innovation-oriented nation and a well-off society in an all-round way.

Since the founding of CAST, six renowned scientists have successively served as the president of its National Committee, who are Li Siguang (a geologist, President of the first National Committee), Zhou Peiyuan (a physicist and educator, President of the second National Committee), Qian Xuesen (an expert in applied mechanics, engineering cybernetics and systems engineering, President of the third National Committee), Zhu Guangya (a nuclear physicist, President of the fourth National Committee), Zhou Guangzhao (a theoretical physicist, President of the fifth and sixth National Committee), and Han Qide (a medical scientist, President of the seventh and eighth National Committee).

The purposes of CAST

To promoting the prosperous development and popularization of science and technology, promote the upbringing of scientific and technological workers and promote the combination of science and technology with economy; reflect the opinions of scientific and technological workers and safeguard their lawful rights and interests; render service to the economic and social development of the country, to the enhancement of scientific literacy for the whole nation and to the needs of scientific and technological workers.

The basic tasks of CAST

——To develop academic exchange, enliven academic ideas, promote development of all scientific disciplines and encourage innovations;

—— Organize the scientific and technological workers to make contributions to the establishment of a technologically innovative system with the enterprise as its principal part to raise overall capabilities of innovation of enterprises;

—— Uphold scientific spirit, popularize scientific knowledge, and disseminate scientific ideas and methods. Defend the dignity of science, popularize the advanced technology, and develop scientific and educational activities for the young people, so as to improve the scientific literacy of the whole nation;

—— Reflect the opinions and appeals of scientific and technological workers and safeguard their legitimate rights and interests;

—— Work for the establishment and perfection of a mechanism for ensuring honesty and integrity in scientific research, and promote the ethical construction in science.

—— Organize the scientific and technological workers to participate in the making of policies and laws concerning science and technology and in the political consultation and democratic supervision over the state affairs;

—— Award outstanding scientific and technological workers and recommend to the appropriate departments or institutions the talented people in science and technology;

—— Provide advisory and consulting services on science- and technology-related issues, and promote the transfer of scientific and technological achievements;

—— Organize continued education and training programs;

—— Organize international science and technology exchanges, promote international cooperation, and develop friendly relations with overseas scientific and technological organizations and scientists; and

—— Develop undertakings in accordance with the objectives of CAST.

The China Association for Science and Technology is composed of national scientific and technological societies and the branch associations at the provincial level. Hierarchically, the local associations for science and technology are composed of societies at the same local level and associations for science and technology of a lower level, as well as various grass-roots organizations. At present, there are 199 national societies under the jurisdiction of CAST, of which 181 are its corporate members while the remaining 18 are under mandatory administration. The total number of individual members of the national societies under CAST has reached 4. 28 million. Branches at the county level or above is composed of corporate members at the corresponding level while the grass-roots organizations are formed by individual members. The National Congress of CAST and the National Committee elected at the National Congress are the highest authority of CAST. When the National Committee is not in session, its Standing Committee oversees the operation of CAST. A Secretariat and a number of specific committees are set up under the Standing Committee. The Secretariat is in charge of the daily administration of CAST under the leadership of the Standing Committee.

Highlights of the current work of CAST:

In the area of academic exchange and serving economic and social development

One of the most important activities in the area of academic exchange is the Annual Meeting of CAST, which aims to boost academic exchange and provide assistance for the country's economic and social development. CAST also sponsors various kinds of conferences, symposia and forums to address issues important to science and economic and social development, and help its members with the publishing of scientific and technological journals to maintain high standards of science and technology of the country;

In industrial enterprises, CAST organizes mass innovation activities such as the campaign of making greater contributions to enterprises' innovation, regular meetings between outside experts and technical personnel of the enterprises, and innovation-related training courses;

To help improve farmers' living and promote the development in rural areas CAST has initialed and organizes the implementation of the project *Science For Farmers*, and helps villagers develop rural special technique associations and science service stations.

As one of China's top think-tanks in science and technology, CAST organizes science and technology professionals to conduct investigations on important issues concerning the country's economic and social development and people's livelihood, and providing advice for decision-making;

CAST develops bilateral and multilateral scientific cooperation and maintains friendly relations with science and technology bodies of various countries. It hosts international science and technology conferences, supports its member societies and scientists to actively engage themselves in international science and technology activities. CAST participates in the consultation the UN Economic and Social Council and facilitates the mutual and international recognition of engineering education accreditation. It also maintains friendly relations with scientific communities in Hong Kong, Macao and Taiwan;

In the area of enhancing science literacy of the whole nation

CAST has been appointed by the State Council the coordinating institution for the implementation of *The Outline of the National Scheme for Scientific Literacy* and is in charge of the coordination of the *The Outline*;

It sponsors and organizes science popularization activities with youth and children, farmers, urban workers, leading cadres and public servants and community residents as targeted people, such as National Science Day and the campaign Science Goes To Urban Communities.

It also emphasizes mobilizing and relying on various social sectors to develop science popularization resources. In the building of science popularization infrastructure, CAST is pushing for the sound development of science and technology museums, specialized and industrial museums throughout the country and is managing the China Digital Science Museum to support the socialized science popularization activities.

In the area of serving science and technological workers

CAST sponsors and organizes rewarding activities such as Outstanding Scientists of China, Chinese Young Scientists Award, Chinese Young Women Scientists Award, and the CAST Qiushi Outstanding Young Scholars Award. It cites outstanding scientific and technological talents as well as nominates candidates for CAS and CAE election. It also proposes to the related government authority projects for National Science and Technology Award. It has initialed and leads the implementation of HOME Program (Help Our Motherland through Elite Intellectual Resources from Overseas) to attract advanced Chinese scientific talents from abroad.

CAST conducts in various forms investigations on the present conditions of the country's science and technology workers so as to keep abreast their basic status and trend of change, and to voice their opinions and demands. It organizes research on the human resources development in the domain of science and technology so as to provide bases for the government in relevant decision-making.

CAST organizes continued education and professional training, implements project on knowledge updating and innovative talents cultivation. It promotes the improvement of the science and technology talent evaluation system and formulation of a talent cultivation system. CAST cultivates talents in urgent need, such as engineers, technicians, agricultural technicians and science popularization talents. It makes engineering education accreditation and specialized technology qualification identification.

CAST carries out science ethics education among science and technology professionals as well as students so as to foster among them a correct attitude towards their career. It promotes the formulation of policies and regulations to curb and punish academic misconduct and pushes for the practice of code of norms in science so as to create an academic environment of integrity.

In the area of its own capacity building

National scientific and technological societies are the basic constituents of CAST, so to strengthen the role of these societies in the advancement of science and technology and economic and social development is of utter importance to the capacity building of CAST itself.

CAST provides guidance and support to its member societies to facilitate the commercialization of scientists' research results and strengthen their ability to serve innovative activities. It encourages member societies to undertake some of the functions transferred from the government, such as organizing science and technology rewarding, evaluation of scientific research projects and achievements, and help them enhancing their ability to serve their members.

CAST encourages science and technology professionals working in industrial enterprises, institutions of higher education, neighborhood communities, rural areas to set up grassroots organizations under the framework of CAST.

As a mass organization of science and technology professionals, CAST has always maintained a close link with them and has defined a goal of building itself a "home for science and technology workers", aiming at "wherever there are science and technology workers, the work of CAST will follow", "wherever science and technology workers are concentrated, there is CAST organizations" and "wherever there is a CAST organization, a home for science and technology workers will be built".

领导同志的讲话

关于科技工作的几个问题（节选）

——在中国科协八大的形势报告

（2011年5月27日）

温家宝

科技是经济社会发展的强大动力。我们国家要真正强大起来，屹立于世界民族之林，必须要有强大的科技，有众多高水平人才，这是国家发展的力量所在、后劲所在。没有科技的发展，就没有中国的发展；科技发展的未来，决定着中国的未来。

一、准确把握科技发展的新形势

新中国建立60多年特别是改革开放以来，我国科学技术迅猛发展，成为经济社会发展的强大动力。进入新世纪以来，通过制定和实施《国家中长期科学和技术发展规划纲要》，明确了新的历史条件下以自主创新为战略基点的科技发展指导方针，全面推进原始创新、集成创新和引进消化吸收再创新，加快创新型国家建设步伐。在基础研究和高科技研究领域取得一批重大成果，突破了一批关键技术。具有代表性的有：载人航天工程、探月工程、高速铁路、实验快堆、铁基超导、超级杂交水稻、基因测序等。“天河1号”高性能计算机研制成功，每秒运算速度超过1000万亿次，使我国大型计算机技术进入世界领先行列；TD—SCDMA无线通信标准研制成功，成为以我国知识产权为主的第三代无线通信国际标准；“龙芯”系列高性能处理器研制成功，实现了高性能处理器从无到有的历史性跨越；自主研发的65纳米12英寸刻蚀机正式装备生产线，标志着我国微电子加工制造业有了一个较大飞跃；在量子通信这个通信技术尖端领域，我国建成了世界首个全通型量子通信网；3000米深水半潜式钻井平台研制成功，为深海探测和开发深海能源提供了保证；2009年我国科学家首次利用诱导性多功能干细胞成功培育存活并具有繁殖能力的小鼠，使我国在干细胞研究领域进入世界前沿；等等。这些创新成果和关键技术突破，必将对我国经济社会发展产生重大积极影响。

对于我国科技发展的这些突出成就，应当充分肯定，这其中凝聚着广大科技工作者的智慧、心血和奉献。这也说明，我国科技具备了较强的实力，为加快科技发展奠定了更加坚实的基础。但是综观我国科技发展面临的形势，我们还必须进一步增强紧迫感、危机感和忧患意识，进一步增强责任感和使命感。

第一，加快科技发展，是全面参与国际竞争并赢得主动的迫切要求。我国虽然已成为科技大国，但还不是科技强国，与发达国家相比还有较大差距，科技发展还不能很好满足经济社会发展需求。总体上看，我国自主创新能力不强，产业技术水平偏低，基础和前沿研究比较薄弱，科技体制同经济和科技发展不相适应。我国发展一直面临着发达国家在经济和科技上占优势的压力。西方国家限制对我国高新技术和产品出口的政策没有改变，针对我国的贸易保护主义也越来越突出。我们必须下大决心、花大气力加快推进我国的科技发展，坚持自主创新，瞄准战略必争领域，抢占制高点，冲破外部封锁，把发展的主动权掌握在自己手里。

第二，加快科技发展，是抢抓机遇，实现经济科技跨越式发展的战略任务。当今世界正处于新科技革命的前夜，新技术革命和产业革命初现端倪。一些重要科技领域显现发生革命性突破的先兆。物质科学、能源资源科技、信息科技、材料科技、生命科学与生物科技、生态环保科技、海洋与空天科技等领域，都酝酿着激动人心的重大突破，并将深化我们对人类自身和宇宙自然的认识，提升人们的科学理性，开辟生产力发展的新空间，创造新的社会需求，深刻影响人类的生产方式、生活方式、思维方式，从根本上改变21世纪人类社会发展面貌，催生以知识文明为特征的新型人类文明。

新科技革命将依赖人类现代化进程和国际竞争的强大需求拉动，也必将与新兴产业发展更加紧密融合、互相推动促进。全球将进入一个创新密集和新兴产业快速发展的时代。对我国来说，这既是重大的挑战，也是难得的机遇。历史经验表明，经济危机往往是新科技革命和产业革命的催化剂。我们注意到，西方各国在应对国际金融危机的同时，都在对本国科技和产业发展进行新的部署，开始了新一轮抢占科技和产业发展制高点的竞争。当今世界发展的不平衡，科技发展不平衡远远大于经济发展不平衡。无论是发达国家还是发展中国家，都在大幅增加研究开发投入，把争夺科学技术制高点作为国家发展战略的重点，科技创新的竞争已经成为国际竞争空前激烈的一个重要特点和趋势。

近年来，特别是《国家中长期科学和技术发展规划纲要》实施以来，我们制定实施了一整套支持加快科技发展的政策措施，持续增加科技投入，中央财政五年共投入6197亿元，年均增长22.7%。在应对国际金融危机冲击中，我们制定实施了一揽子计划，包括大范围实施重点产业调整振兴规划，大力推进自主创新，加强科技支撑。“十二五”期间，我们还要继续加大投入，力争把研究开发投入占国内生产总值的比重从现在的1.75%提高到2.2%。我们之所以这样做，重要的考虑就是要紧紧把握世界科技革命和产业革命的大趋势，紧紧抓住这个难得的历史机遇，实现跨越式发展，缩小与发达国家在经济和科技方面的差距。

第三，加快科技发展，是贯彻实施“十二五”规划和全面建设小康社会的重要内容。今年是“十二五”规划开局之年。未来五年，我们能不能完成预期的目标任务，推动经济社会发展再上一个新台阶，为到2020年全面建成小康社会奠定坚实基础，关键要看一些制约我国发展的瓶颈因素能否消除或缓解，一些事关全局的重大问题能否有效解决。这不仅关系五年的发展，也关系今后长期发展。解决这些问题靠什么？从根本上讲，一要靠改革开放，二要靠科技进步。这是推动我国经济社会发展的两大根本动力。“十二五”时期是全面建设小康社会的关键时期，也是深化改革开放、加快转变经济发展方式的攻坚时期，如何破解当前发展难题，获得可持续发展的动力，我们寄希望于广大科技工作者作出更大贡献。

二、依靠科技创新加快转变经济发展方式

进入新世纪以来，我国经济社会发展站到了一个新的起点上，呈现出新的阶段性特征。随着经济规模不断扩大，经济发展的瓶颈制约在加大，特别是耕地、淡水、能源资源和环境约束强化。近10年来我国每年平均净增739万人，人口数量在增长，耕地面积在下降，人地矛盾突出。我国是一个淡水资源严重短缺的国家，人均2100立方米，只相当于世界人均水平的四分之一，而且时间和空间分布不均衡。北方黄淮海地区人口、经济总量、粮食生产都超过全国的三分之一，但人均淡水资源仅400多立方米，不到全国的五分之一。即使南方，季节性缺水问题也十分突出。从1993年开始，我国成为石油净进口国，2010年进口2.4亿吨，进口依存度达55%。2010年原煤产量32.4亿吨，消费量接近34亿吨，煤炭净进口1.4亿吨，已由煤炭净出口国变成净进口国。人口老龄化快速发展，劳动力资源也出现结构性短缺。我们一方面面临人口总量继续增加的压力，又面临人口老龄化加快的压力。总之，不平衡、不协调、不可持续的问题仍然十分突出。经济发展主要依靠投资出口拉动、依靠第二产业带动、依靠增加物质资源消耗和低成本土地、劳动力投入的方式已难以为继。加快转变经济发展方式、推进经济结构战略性调整，已成为一个十分重大而紧迫的任务。

世界200多年的工业化历程，仅使不到10亿人口的发达国家实现了现代化，但资源和生态却付出了沉重代价。中国13亿人口的现代化，是人类发展史上的大变革大事件，必将为世界发展注入强大的活力和动力。但是沿袭传统发展模式，这几乎是不可能的。我国要实现现代化，必须坚持走科学发展之路，必须把加快转变经济发展方式的要求贯穿在经济社会发展的全过程和各领域，确保取得实质性进展。这是时代的要求，也是人类文明进步的要求。“十二五”规划纲要明确提出，要“坚持把科技进步和创新作为加快转变经济发展方式的重要支撑。”未来五年，我们必须紧紧依靠科技进步，依靠提高劳动者素质，加快形成少投入、多产出、少排放、多利用的生产方式和消费模式，促进我国经济尽快走上内生增长轨道。如果未来五年这方面没有大的突破，以后的路走起来将会十分艰难。我们既要为当代人负责，也要为子孙后代负责；中国作为一个负责任的大国，还要为人类探索与自然和谐相处的发展模式作出贡献，为人类文明进步作出贡献。

科技工作要紧紧把握住科学发展这个主题和加快转变经济发展方式这条主线，为全面完成“十二五”规划的目标任务提供有力支撑，并不断引领未来的发展。当前和今后一个时期，要重点抓好以下几个方面：

一是加快实施国家重大科技专项。这些重大专项，对我国经济社会发展、国家安全和科技发展具有全局性影响和作用，对增强综合国力和提高国际地位具有战略性、标志性意义。实施这些重大专项，有利于我们抓住世界新科技革命机遇，促进重点领域实现跨越式发展，是我国科技发展的重中之重。

国家重大科技专项启动实施以来，不断取得阶段性成果，对相关产业发展起到了重要促进作用。我们要进一步凝练主攻方向，集中力量，重点突破。加大核心电子器件、极大规模集成电路、宽带移动通信、高档数控机床、生物育种、新药创制等重大战略性产品研发力度。加快建设大型油气田、大型核电、水污染治理等一批对产业发展整体带动性强、对资源开发和环境保护等具有重要支撑作用的国家示范工程。同时，还要紧紧把握世界科技发展新趋势和我国经济社会发展新要求，着眼于抢占科技和产业发展新的制高点，对重大专项进行必要的调整。

二是加快培育和发展战略性新兴产业。战略性新兴产业是以重大技术突破和重大发展需求为基础，知识技术密集、物质资源消耗少、成长潜力大、综合效益好的产业，是新兴科技和新兴产业的深度融合，既代表着科技创新方向，也代表着产业发展方向，对未来经济社会发展具有重大引领带动作用。发展战略性新兴产业已成为世界主要国家抢占新一轮经济和科技发展制高点的重大战略。

经过认真研究论证，国务院去年对培育和发展战略性新兴产业作出了明确部署：现阶段重点培育和发展节能环保、新一代信息技术、生物、高端设备制造、新能源、新材料、新能源汽车等产业。这是我们立足国情和科技、产业基础，又紧紧把握世界经济科技发展趋势作出的抉择。旨在抢抓机遇，解决我国当前发展面临的突出问题，为长期可持续发展提供动力。培育和发展战略性新兴产业，至关重要的是加强科技创新，突破关键核心技术。科技创新能力和水平决定产业发展能力和水平，只有科技创新占据制高点，产业发展才能占据制高点。这一点关系我国培育和发展战略性新兴产业的成败。

部署战略性新兴产业，我们与西方发达国家几乎是同步的。从这点看机遇是抓住了。但是从实施进展情况看，问题还比较突出。一是无序发展，一些地方热衷于铺摊子，重复投入、重复建设；二是缺乏核心技术，许多领域还处于起步和跟踪模仿外国技术阶段；三是条块分割，科技资源分散，产学研脱节。具体到一些领域或产品，技术路线、发展方向还不十分清楚。例如新能源汽车，发展方向和最终目标是什么，现在重点发展的混合动力车和电动车是不是最终产品，并不十分明确。混合动力车现在有了一些进展，但技术上与发达国家还有较大差距。电动车开发刚刚起步，总体上还处于初级探索和跟踪外国技术阶段，主要设备和材料都依靠进口。发展新能源汽车下一步要集中解决哪些问题，包括技术路线问题、关键核心技术问题、投入问题、政策支持问题，必须尽快明确下来。再如推进三网融合，这是党中央、国务院作出的重大战略部署，与发展新一代信息技术密切相关，当前还存在许多技术上的挑战，需要在网络结构、网络核心设备、网络接入设备、网络带宽、网络终端和业务方面加强自主创新，发展新一代网络基础设施。培育和发展战略性新兴产业，每一个领域都是一项系统工程，首先必须选择好方向和技术路线，第二要提高关键核心技术研发攻关的协同和集成能力，对具有战略方向性关键共性技术，要集中资金和研究力量实施重点突破。正是这一点上，暴露出我国体制上的一些突出问题，各部门、各行业往往不能在国家目标上形成一致和分工合作。体制问题是影响战略性新兴产业发展的一大障碍。发展战略性新兴产业，必须进一步深入研究，理清思路，明确方向，合理布局，加强政策引导，增加政府投入，动员全社会力量，形成合力，尽快把战略性新兴产业的发展抓出成效，在这一轮国际科技竞争中赢得主动。

三是运用高新技术改造提升传统产业。我国传统产业规模大，总体技术水平比较低。加快运用高新技术改造传统产业，大幅度提高传统产业的科技含量，提高传统产业的质量效益和竞争力，是我国现代化建设必须解决好的一个大问题。千万不要以为有了战略性新兴产业就可以忽视传统产业。我国是一个发展中大国，无论是扩大就业还是改善人民生活，都不能没有传统产业，而是要大力提升传统产业。即使实现了现代化，像我们这样生产力水平多层次、区域发展不平衡的人口大国，也不能没有传统产业。

传统产业必须与科技紧密结合才有出路。特别是前沿技术的突破、战略性新兴产业的发展，为传统产业发展开辟了新的方向，展示了光明前景。改造传统产业要与新兴科技和新兴产业结合起来。从趋势上看，传统产业与新兴科技的融合正在不断加深，若干年后许多领域将难分彼此。我们必须紧紧把握这一趋势，注重利用新兴科技提升传统产业，推动二者融合发展。例如在能源方面，我国是生产大国，也是消费大国。我们一方面要大力发展新能源，另一方面也要在化石能源清洁利用、提高能效、降低能耗方面大力开展新技术研发，这方面潜力很大，也是当前的迫切需要。在制造业方面，我国是制造大国，但不是强国。“中国制造”总体上还处于国际产业链的中低端，许多工业品产量居世界前列，但核心部件和重大装备严重依赖进口。提高制造业水平，必须依靠科技，在新材料、新工艺、关键核心技术和技术集成等方面取得突破。还有农业，我国有13亿人口要吃饭，土地资源有限，粮食安全始终是最大的隐忧。解决这个问题没有别的办法，必须依靠高科技改造传统农业。农业的许多领域都与前沿科技联系密切。如良种培育技术、转基因技术等。2008～2010年，我国新型转基因抗虫棉培育和产业化全面推进，新培育36个抗虫棉品种，累计推广1.67亿亩，实现效益160亿元，国产抗虫棉市场份额达到93%，彻底打破了国外抗虫棉的垄断地位。这是我国转基因生物新品种培育取得的重大成就。除了新型转基因抗虫棉，转基因抗虫水稻、转基因玉米也已获得生产应用安全证书；新型抗虫、抗除草剂、抗旱转基因作物以及抗病、品质改良转基因动物研究进展加快。转基因生物安全问题，一直为社会广泛关注。我国这方面管理十分严格，在转基因生物安全、安全评价、转基因生物标识、转基因生物加工、转基因生物进口、转基因产品进出境检验检疫等方面，有一整套安全管理的法规体系。总之，利用高新技术改造和提升传统产业，是我们走向现代化强国必须完成的一项重大任务。这方面，还要依靠广大科技工作者作出贡献。

三、加强基础研究和前沿研究

基础和前沿研究是人类认识客观世界基本规律的科学活动，是新知识的源泉，是新技术、新发明的先导，一旦取得重大突破，往往会催生新的科技革命，以至推动人类社会发生变革。当代基础和前沿研究，其深度和广度日益拓展，学科分化与交融并进，先导性更加显著，与技术创新的关系更加密切。20 世纪以来，引发人类经济和社会发生翻天覆地变化的新兴产业，几乎毫无例外地与科学上的重大突破紧密相关。例如，量子论和相对论促成了半导体、微电子集成电路技术、信息技术、激光技术以及核能源和核技术的发展；DNA 作为遗传信息载体及其双螺旋结构的阐明，奠定了遗传工程和现代生物技术的基础。当代技术革命的成果主要来自基础研究的开拓。根据有关资料，美国企业申请专利的科学基础 70% 以上来自政府支持的基础研究，每一项新技术专利平均涉及两篇基础研究论文。

作为一个大国，我们必须有自己的基础研究和前沿研究。没有基础和前沿领域的原始创新，自主创新就没有根基。在激烈的国际竞争中，花钱可以买来产品，但买不来核心技术，高技术含量的设备也买不来。原始创新是我国科技发展的灵魂，是民族发展的不竭动力，是支撑国家崛起的筋骨。

党和国家一直高度重视基础和前沿研究。从新中国成立初期，周恩来总理、聂荣臻元帅等老一辈革命家亲自领导和参与制定的“十二年科技规划”，到改革开放后对科技发展进行前瞻性部署，实施“863”、“973”等科技发展计划，实施知识创新工程，再到制定实施国家中长期科技发展规划纲要，党中央、国务院一直十分重视基础研究和前沿研究，对一系列领域进行了超前部署，相关领域的研究不断向前推进。从 1986 年开始设立的国家自然科学基金，主要用于支持基础和前沿研究。近年来中央财政投入一直在快速增加。基金设立之初为 8000 万元，2006 年为 36.2 亿元，2010 年增加到 103.7 亿元。“十一五”期间年均增加 30% 以上。

但总体上看，我国在基础研究和前沿技术方面与世界先进水平的差距仍然较大。主要表现为：原始创新能力不足，在可能发生科技革命的重要方向上，基本上处于前沿跟踪水平，真正由我国科学家率先提出和开拓的新问题、新理论和新方向很少；关键核心技术仍受制于人，许多重要产业技术对外依存度高，先导性战略高技术薄弱，直接影响产业结构升级、战略性新兴产业发展和国家安全。随着我国经济快速发展和产业结构升级，基础与战略前沿研究积累不够、能力不强的问题逐步显现，这些问题如果不抓紧解决，将成为制约我国长远发展的新瓶颈。

对基础和前沿研究，必须进一步予以重视和加强，同时要从国情国力出发，坚持有所为、有所不为。一要着眼于科学前沿和国家战略需求，紧紧把握可能发生革命性变革的重要研究方向，选择具有一定基础和优势、对国家发展具有全局和长远影响的关键领域，有效组织力量开展攻关，力争在科学上取得原创性突破。近年来国际上在基础和前沿领域出现了一些新动向，展示了一些新前景。例如，在物质科学领域，宇宙暗物质和暗能量研究探索，很可能像牛顿发现万有引力、爱因斯坦提出相对论一样，引发新的物理学革命；对量子调控的研究和突破，可能引发信息、能源、材料等技术的革命性变革。在生命科学领域，对生命起源和进化的探索，开辟了合成生物学这一新领域，打开了从非生命化学物质向生命物质转化的大门，可能引发人类健康、生物经济和资源环境领域的产业革命，等等。在原有部署基础上，我们还要重点加强哪些领域、怎么调整部署，应尽快根据新情况组织论证，进一步明确重点领域和主攻方向。二要加大对基础和前沿研究的支持力度，提高基础和前沿研究投入占科技投入的比重。基础与前沿研究具有周期长、风险大、难度高的特点，需要长期潜心研究、持续攻关。国家财政要对基础和前沿研究提供长期稳定支持，保障研究的连续性、稳定性。三要依托高水平国家科研机构和研究型大学，建设一批多学科综合交叉的科学研究中心，稳定支持和培养造就一批创新能力强、潜心研究的优秀人才和团队，提高我国基础和前沿研究能力。四要改革评价体系，为从事基础和前沿研究的科研人员营造一个能充分发挥自主性创造性、长期潜心研究的环境。并通过稳定支持，提高他们的收入，不断改善他们的生活和工作条件。

四、进一步深化科技体制改革

科技要更好发展，更好地承担起支撑和引领中国发展的使命，必须继续深化科技体制改革。经过多年努力，我国科技体制改革取得了很大成绩，但还不适应经济社会发展和科技发展的要求。当前的突出问题：一是科技经济“两张皮”问题没有真正解决。以企业为主体、市场为导向、产学研相结合的技术创新体系建设还存在体制机制障碍。由于管理体制和评价导向的原因，许多科技人员还只求论文、样品，目的是评职称、晋级。二是宏观科技决策机制和组织结构不合理，造成体制分割，有限的科技资源难以实现优化配置，科技资源短缺与闲置浪费并存，资源利用和投入产出效率不高。由于部门之间在科技决策上协调不够，造成许多领域重复投入、分散投入，难以在国家整体目标上形成一致和分工合作，削弱了国家科技组织动员能力和协同集成能力，在一些战略方向性和关键共性领域，往往不能集中资金和研究力量实施重点突破。三是广大科技人员的积极性创造性还没有充分调动起来，潜力还没有充分发挥出来。在不少研究领域，中青年科研人员特别是处在研究工作一线的高水平人才难以脱颖而出。

深化科技体制改革，要紧紧抓住促进科技与经济紧密结合这个核心问题，对我国科技管理体制、决策体制、评价体系以及科技系统组织结构、科技人员人事管理制度等，有步骤地系统推进改革，建立与社会主义市场经济体制相适应、符合科技发展规律的现代科技体制；充分发挥市场配置科技资源的基础作用，优化科技资源配置、提高科技资源利用效率，最大限度调动和激发广大科技工作者和全社会的创新活力，解放和发展生产力。

第一，加快建立企业主导产业技术研发创新的体制机制。企业作为生产经营的市场主体，直接参与市场竞争，对产业和产品新技术发展创新最为敏感。只有企业主导技术研发和创新，才能加快技术创新成果转化应用，才能有效整合产学研力量，以企业为主体、产学研相结合的技术创新体系才能真正建立起来，也才能有效解决科技与经济两张皮问题。要鼓励企业合作研发关键共性技术，共同出资、共担风险、共享成果。符合国家战略方向的，政府从政策和投入上给予支持。鼓励企业与科研机构、高校联合共建工程实验室和技术研发平台，鼓励广大科技人员以多种形式与企业合作开展技术研发创新。国家重点实验室、工程中心和公共科技成果要向企业开放。以应用为目标的国家重大科技项目，要建立由企业牵头实施的机制。中小企业特别是科技型中小企业，是最具创新活力的企业群体，是技术创新的生力军，国家要在科技政策和经济政策上给予更大支持，发挥中小企业在技术创新中的独特作用。

第二，加快推进科技管理体制改革。一要加快转变政府管理职能，厘清政府和企业、市场的职能分工。要把政府职能重点放到制定规划和政策、创造良好环境上来。政府财政投入要重点支持基础与前沿研究、事关国家全局的战略高技术研究和事关民生的公益性科技研究，引导和支持企业突破核心关键技术、共性技术，支持新技术新产品推广应用。二要建立科技决策、执行、评价相对分开、互相监督的运行机制。完善科技决策体制机制，特别要完善国家科技发展宏观决策体制机制，完善科技决策专家咨询制度，加强顶层设计，建立将国家战略目标和经济社会发展需求转化为科技研究创新目标的机制。科技管理职能部门之间要建立决策协调机制，避免多头管理、分散投入。战略规划、政策制定与实施职能要适当分开。进一步完善和加强重大决策科学民主评议制度。建立跨部门的第三方评估机制，加强对科技部门、科技计划、科研机构的绩效评估和监督。三要加快建立科研设施和科研信息社会共享机制。国家投资建设的科研设施，不管建在高等院校、科研院所还是国有企业，都要以非营利的方式向社会开放。高等院校、科研院所、企业自有科研设施，也要以合理收费等方式向社会开放，为社会分享。加快建立国家科研信息开放和共享机制。国家支持的科研活动获得的科技信息资料，能公开的要尽量向社会公众开放，实现共享，提高科技信息、数据的利用效率，避免重复研究，从而提高国家和全社会科研投入产出效率。这也有利于广大科研人员互相汲取和借鉴科研活动经验教训，有利于后人站在前人的肩膀上取得更高成就。国家科技投入产生的大量科技信息和数据，目前基本处于分散、搁置、甚至流失状态，没有充分利用起来。据我了解，欧美等国家都有系统的科技报告制度，把国家支持的科研活动产生的资料，包括研究目的、方法、过程、技术内容、中间数据以至经验教训，尽可能向公众开放共享。例如美国现有的国防部 AD 报告、商务部 PB 报告、航空航天局 NASA 报告和能源部 DOE 报告四大体系每年公开科技报告 60 多万份。美国航空航天局向社会公开的科技报告累计已达 93 万份，每月公众点击超过 2.3 万次。钱学森等多位科学家从 20 世纪 60 年代起就呼吁建立我们自己的国家科技报告体系，但迄今进展并不顺利。

科研经费部门管理，科研活动分割封闭，也是滋生经费管理和学术腐败的一个重要原因。最近国家审计署审计发现，科研经费管理、使用和考核，存在不少问题，必须通过改革来解决。

第三，继续推进科研机构改革。科研机构改革已经进行多年，取得了很大成绩。实践证明，科研机构改革，特别是应用技术研究开发类科研机构转企改制，激发了科技人员的创新意识、市场意识和竞争意识，促进了科技与经济的结合。要继续深化应用技术类科研机构改革，完善现代企业制度，使其能更好地面向市场、面向经济社会发展需求，自主开展技术研发和创新；对于关键共性技术开发，政府要加强规划引导，并在投入上给予支持。从事基础研究、前沿研究和社会公益研究的科研机构，要加快建立现代院所制度，国家对这类科研机构要给予相对稳定的支持。要切实解决科研机构行政化的倾向。推进科研人事管理制度改革，逐步实行以科研项目为载体的聘任制，实行按需设岗、按岗聘用、竞争择优、有序流动的管理办法，使广大科技人员充分发挥作用，促进科技人力资源优化配置。

五、提高全民族科学素质

我们的现代化建设，不仅需要大批优秀的科学家、科技工作者和专业人才，更需要数以亿计掌握一定知识和技能、具有较高科技素养的劳动者。

更为重要的是，科技不仅是知识和技能，更是一种文化、一种精神。一个科学普及的民族，一个具有科学精神的民族，才是真正有生机、有希望的民族。我真诚希望广大科技工作者不仅要在自己的专业领域做出贡献，也要积极参与科学普及工作。科学普及工作不仅是普及科学知识，更重要的是传播科学思想，弘扬科学精神，这对提高中华民族的整体素质具有重要而深远的意义。

解放思想、实事求是、崇尚理性、勇于探索、追求真理，这是科学技术与生俱来的禀性，也是科学精神的实质。古往今来，许多先贤圣哲，为了追求真理、捍卫真理，不惜献出生命。没有这种科学精神，就没有科学的发展进步，也没有社会的发展进步。科学精神是我们建设社会主义先进文化的重要基础。改革开放以来，正是因为我们始终坚持解放思想、实事求是，始终坚持改革开放，才使我国发展取得了举世瞩目的伟大成就，社会面貌发生了巨大变化。解放思想、实事求是和改革开放，是我国经济社会发展的科学精神，也已成为时代的文化精神。我始终认为，一个国家，如果没有国民素质的提高和道德的力量，绝不可能成为一个真正强大的国家。中华民族在悠久的历史发展中创造了灿烂的文化，为人类作出了巨大贡献。在全球化快速发展的当今时代，一方面，我们要很好地继承和发扬中华民族优良的文化传统；另一方面，要以兼容并蓄、海纳百川的宽广胸怀吸收世界一切文明成果并为我所用。只有这样，我们才能走在世界前列，才能真正强大起来。

提高全民族科学素质，最重要的是加快发展教育，提高全体人民受教育水平。全面开展科学普及工作，这也是教育的重要组成部分。我国于2006年制定实施了《全民科学素质行动计划纲要》。通过各方面共同努力，五年来我国具备基本科学素养的公民增加了一倍。科普基础设施得到很大改善，科技类博物馆达到582座，其中“十一五”期间新建成开放的155座，从新建馆的绝对数和增长幅度来看，超过了世界上任何国家。但总的看，我国公民具备基本科学素质的比例还远低于发达国家，科学普及工作的任务依然十分繁重。

要继续深入实施全民科学素质行动计划，以农民和青少年为重点，在全社会特别是农村、城市社区全面加强科学普及工作。提高国家科普能力，根据经济社会发展和人民群众日益增长的科学文化需求，合理布局并加快科普场馆等设施建设，加强管理，提高运营质量。有效组织动员全社会的科普资源，提高资源综合利用效率。要大力繁荣科普创作，扶持原创性科普作品。鼓励著名科学家及其他专家学者参与科普创作，努力建设一支专家学者和专业科普人员相结合的科普作品创作队伍。

在普遍提高全民基本科学素养的同时，还要进一步加强高素质人才队伍建设。人才是第一资源，国际竞争最根本的就是人才竞争。要深入实施人才强国战略，大量培养造就德才兼备、具有创新能力、适应经济社会和科技发展需要的各类人才，并根据需要面向世界广纳人才。我国在海外的留学生是一支规模庞大的人才队伍，要创造更好条件吸引他们回国工作。要努力营造人尽其才、才尽其用、优秀人才脱颖而出的制度和社会环境。在科技领域，大力营造敢为人先、敢于创造、敢冒风险、敢于怀疑批判和宽容失败的环境，鼓励自由探索，发扬学术民主，提倡学术争鸣。努力在全社会形成尊重知识、尊重人才、尊重劳动、尊重创造的氛围。健全知识、技术、管理等生产要素按贡献参与分配的机制。坚定不移地实施知识产权战略，加大知识产权保护力度，激发全社会的创新活力。

我们要在以胡锦涛同志为总书记的党中央领导下，坚持以邓小平理论和“三个代表”重要思想为指导，深入贯彻落实科学发展观，团结奋斗，开拓创新，为我国现代化建设作出更大贡献。

在纪念钱学森同志诞辰100周年座谈会上的讲话

（2011年12月8日）

贾庆林

同志们，朋友们：

今天，我们怀着十分崇敬的心情，在这里举行座谈会，纪念钱学森同志诞辰100周年，深切缅怀他为我国科技事业和国防现代化建设建立的卓越功勋，追思和学习他为国家富强和民族振兴不懈奋斗的崇高品德和革命精神，进一步激励海内外中华儿女同心同德、开拓进取，为推进中国特色社会主义伟大事业、实现中华民族伟大复兴而共同奋斗。

钱学森同志是中国共产党的优秀党员，忠诚的共产主义战士，享誉海内外的杰出科学家和我国航天事业的奠基人，中国科学院、中国工程院资深院士，中国人民政治协商会议第六届、七届、八届全国委员会副主席。他一生赤诚爱党报国、献身科学事业、真情服务人民，为中华民族屹立于世界民族之林贡献了全部心血和智慧，他的光辉业绩将永载中华民族史册。

钱学森同志1911年12月11日出生于上海市。1929年9月，他以优异成绩考入上海交通大学机械工程系。在刻苦学习专业知识的同时，他深入思考国家和民族的前途命运。1934年6月大学毕业后，他考取清华大学公费留学生。1935年9月，他进入美国麻省理工学院航空系学习，1936年9月转入美国加州理工学院航空系，从事航空工程理论和应用力学的学习研究。他满怀为中华民族争光争气的强烈责任，发愤学习，潜心钻研，仅用一年时间就获得航空工程硕士学位，三年后获得航空、数学博士学位。1938年7月至1955年8月，钱学森同志先后任美国加州理工学院航空系助教、讲师、副教授，麻省理工学院航空系副教授、教授，加州理工学院航空系教授和喷气推进中心主任等职，从事空气动力学、固体力学和火箭、导弹等领域的研究。其间，他高度关注航空和航天领域发展动向，努力探索技术最前沿的问题，取得一系列重大成就和突破。他与导师冯·卡门共同完成了高速空气动力学问题研究课题，建立了“卡门－钱近似”公式，28岁时就成为世界知名的空气动力学家。他独立完成了《关于薄壳体稳定性的研究》，在航空技术工程理论界获得很高声誉。他提出的火箭与航空领域中的若干重要概念、超前设想和科学预见，尤其是执笔撰写的有关美国战后飞机和火箭、导弹发展展望的报告，奠定了他在力学和喷气推进领域的领先地位。他开创了工程控制论、物理力学两门新兴学科，拓展了科学技术研究的新领域。这些重大成就为人类科学事业的发展作出了重要贡献。

钱学森同志在美国学习、工作期间，始终心系祖国，密切关注国内局势变化，随时准备返回报效祖国。新中国成立后，他回国的心情更加急迫。1950年夏，他向加州理工学院提出回国探亲，但临行前被以莫须有的罪名拘捕，遭受无理羁留达5年之久。他不屈不挠、顽强斗争，在毛泽东、周恩来等党和国家领导人的亲切关怀下，经过我国政府的严正交涉和国际友人的热心援助，冲破重重阻力，于1955年10月回到祖国，并立即投身到新中国建设的热潮中。

1955年11月至1956年10月，在党中央、国务院的领导和支持下，钱学森同志先后领导组建了新中国第一个力学研究所并担任所长，第一个火箭、导弹研究机构——国防部第五研究院，第一个空气动力学专业研究机构，参与筹备组建了我国导弹航空科学研究领导机构航空工业委员会。根据党中央的部署，他从长远和全局着眼思考谋划我国科技特别是国防尖端科技发展，起草了《建立我国国防航空工业的意见书》，为我国火箭和导弹技术的创建与发展提供了极为重要的实施方案；担任制定新中国第一个科学技术发展远景规划纲要（1956—1967）工作综合组组长，并主持起草了建立喷气和火箭技术项目的报告书，为推动新中国的科学技术、工业、农业、国防发展起到了重要作用。1956年10月，钱学森同志任国防部五局第一副局长、总工程师兼国防部第五研究院院长，后又兼任国防部第五研究院一分院院长，担负起新中国导弹航天事业技术领导工作的重任。

1957年9月，钱学森同志作为科学技术顾问随聂荣臻同志赴苏联访问，为中苏新技术协定的顺利签订做了大量卓有成效的工作。访苏归来后，他遵照党中央的决策指示，突出抓了技术消化、科研协作和制度建设等工作，参加了导弹卫星发射试验基地勘察选址，负责运载火箭、人造卫星以及卫星探测仪器的设计、协调及研究机构建立等工作。1960年2月至1964年6月，他指导设计的我国第一枚液体探空火箭发射成功，协助聂荣臻同志成功组织了我国第一枚近程地地导弹发射试验，同张爱萍同志一起组织指挥了我国第一枚改进后的中近程地地导弹飞行试验。

1965年1月，钱学森同志任第七机械工业部副部长、党组成员，主持制定了《火箭技术八年（1965—1972）发展规划》，组织领导地地导弹、地空导弹、岸舰导弹和固体火箭发动机、固体燃料导弹、运载火箭以及卫星研制试验等任务。1966年10月，作为技术总负责人，他协助聂荣臻同志组织实施了我国首次导弹与原子弹"两弹结合"试验，把国防现代化建设向前推进了一大步。1968年2月，钱学森同志兼任新成立的中国空间技术研究院院长，在周恩来总理等中央领导同志的支持下，他努力排除"文化大革命"的干扰，狠抓中国空间技术研究院建设和卫星研制质量等工作。1970年4月，他牵头组织实施了我国第一颗人造地球卫星发射任务，成为新中国科技发展史上的一座重要里程碑。

1970年6月开始，钱学森同志先后担任国防科学技术委员会副主任、国防科工委科学技术委员会副主任。他全身心投入国防科学技术领导工作，参与组织实施我国导弹航天技术领域重大型号研制和发射试验，并开始从更高层次思考其他领域诸多重大科学和技术问题，提出了许多创新、超前的思想。1971年3月，他组织完成了"实践一号"卫星发射试验，首次获得我国空间环境探测数据，为我国研制应用卫星、通信卫星积累了经验。1972年至1976年，在"四人帮"干扰破坏十分严重的情况下，钱学森同志参与组织领导了运载火箭和洲际导弹研制工作，提出了建立导弹航天测控网概念；领导设计制造了我国第一艘核动力潜艇；组织启动了远洋测量船基地建设工程；指挥成功发射了我国第一颗返回式卫星，使我国成为继美国、前苏联之后第三个掌握卫星回收技术的国家。

进入改革开放新时期，钱学森同志先后于1980年5月至1984年4月参与组织领导了我国洲际导弹第一次全程飞行、潜艇水下发射导弹和地球静止轨道试验通信卫星发射任务，实现我国国防尖端技术的新突破，进一步提升了我国的大国地位。他潜心研究的工程控制论、系统工程理论，广泛应用于军事、农业、林业乃至社会经济各个领域的实践活动，在我国现代化建设中发挥了重要作用。他敏锐把握信息技术对人类社会发展的深远影响，积极倡导信息技术研究应用和信息产业发展，为推动军队信息化建设作出了重要贡献。1980年至1991年，他先后担任中国科协副主席、主席，1991年5月担任中国科协名誉主席。他积极践行科学技术是第一生产力的战略思想，更加致力于依靠科技进步推动发展、改善民生。他开创和推动面向企业的"讲理想、比贡献"竞赛活动，促进了群众性技术创新活动的蓬勃开展；他积极推动科技兴农活动，倡导发展沙草产业，支持开展送科技下乡活动，帮助农民依靠科学技术脱贫致富；他十分重视科技创新人才培养，倡议设立"中国科协青年科技奖"，促进优秀青年科技人才脱颖而出，培养造就了一批优秀的青年学术和技术带头人；他倡导学科交叉融合，促进自然科学与社会科学联盟，在思维科学、科学技术体系与马克思主义哲学等研究领域，作出了许多开创性贡献。他十分重视科协工作的理论研究，推动理顺科协管理体制，加强科协工作制度化规范化建设，充分发挥科协独特优势，促进了科学技术的繁荣发展和普及推广。1986年至1998年，钱学森同志担任中国人民政治协商会议第六届、七届、八届全国委员会副主席，他经常深入基层考察调研，为推动科技事业发展和国家重大项目建设建言献策，在团结广大科技工作者进行政治协商、民主监督、参政议政方面发挥了重要作用，为巩固和加强中国共产党领导的多党合作和政治协商制度作出了积极贡献。

钱学森同志1958年10月光荣加入中国共产党，是中国共产党第九届、十届、十一届、十二届中央候补委员，第二届、三届、四届、五届全国人大代表，政协第二届全国委员会委员。他是中国力学学会、中国自动化学会第一届理事会理事长，国际自动控制联合会第一届理事会常务理事，中国宇航学会、中国力学学会、中国系统工程学会名誉理事长。1957年被增聘为中国科学院学部委员（院士），1994年被选聘为中国工程院首批院士。先后获1956年度中国科学院自然科学奖一等奖、1985年度国家科技进步奖特等奖。著有《工程控制论》、《物理力学讲义》、《星际航行概论》、《论系统工程》等。1989年6月获得"小罗克韦尔奖章"和"世界级科学与工程名人"、"国际理工研究所名誉成员"称号。1991年10月被国务院、中央军委授予"国家杰出贡献科学家"荣誉称号，被中央军委授予一级英雄模范奖章。1999年9月被党中央、国务院、中央军委授予"两弹一星功勋奖章"。2009年9月被评为"100位新中国成立以来感动中国人物"。2001年，江泽民同志号召"向人民科学家钱学森同志学习"。

同志们、朋友们!

钱学森同志的一生，是革命的一生，战斗的一生，学习的一生，是为国家富强、民族振兴不懈奋斗的一生，是全心全意为人民服务的一生。他的卓越功绩和杰出贡献，永远铭记在中华儿女心中；他的崇高风范和革命精神，永远值得我们纪念和学习。

纪念钱学森同志，就要学习他忠诚于党、报国爱民的坚定信念。钱学森同志一生历经人生道路的抉择和个人荣辱得失的考验，不论遇到多少艰难困苦，始终保持着对党的高度忠诚、对祖国和人民的无限热爱。在青少年时代，他就立下科学救国、振兴中华的远大理想，把个人抱负和国家民族的命运紧密相连，刻苦学习钻研并取得优异成绩。在美国学习工作期间，他始终抱定学成必归的决心。他曾说，“我是中国人，我到美国去只有一个目标，就是把科学技术学到手，为自己的祖国服务”。新中国诞生后，他毅然放弃国外优裕的工作和生活条件，义无反顾返回祖国，即使身陷囹圄失去自由也不改志向。在社会主义建设和改革开放时期，面对来自国内外各种因素的阻碍和干扰，他始终对党和人民的事业充满必胜信心，把全部心血和智慧倾注在挚爱的事业上。我们向钱学森同志学习，就要牢固树立坚定的共产主义理想信念，矢志不移地忠于党和人民，把个人志向融入祖国和人民的伟大事业中，在实现国家富强和民族振兴的壮丽征程中建功立业。

纪念钱学森同志，就要学习他敢为人先、勇攀高峰的创新精神。钱学森同志常说，科学精神最重要的就是创新，而真正的创新是敢于研究别人没有研究过的科学前沿问题，孜孜不倦地攀登科学高峰。不论是在国内学习还是在国外求学，不论是从事技术领导工作还是担任党和国家领导职务，不论是在自然科学领域还是在社会科学领域，他总是以执着的追求和超凡的智慧进行潜心研究和创造。他善于超前思维、科学预见，一生致力于空气动力学、固体力学和火箭、导弹等领域的研究和实践，提出了许多富有创造性、前瞻性的重要学术思想和有重大价值的建议，解决了一系列关键技术难题，实现了一系列重大突破。他广泛学习多学科知识，科学思想活跃，不仅在自然科学领域有许多重大创造，还注重学习研究和运用马克思主义哲学指导研究工作，在系统科学、思维科学、教育科学等领域，提出了许多独到见解。他热心培养和提携后人，善于发现有造诣、有潜质的优秀人才，既积极推荐、委以重任，又严格要求、悉心指导，以自己的模范行动和严谨作风、学风，培养造就了一大批堪当历史重任的一流科学家和工程技术专家。我们向钱学森同志学习，就要始终站在时代进步的前列，把握世界科技发展的大势，坚定不移地走中国特色自主创新道路，大力提高自主创新能力，加快国家创新体系建设，培养造就富有创新精神的人才队伍，在新一轮科技革命和产业革命中赢得发展主动权，扎实推进创新型国家建设。

纪念钱学森同志，就要学习他德馨品高、行为世范的大家风范。钱学森同志不仅以自己的渊博知识和远见卓识，为我国科技事业和国防现代化建设建立了不朽功勋，更以高山仰止的人格魅力和大家风范，赢得世人的尊重和爱戴。他襟怀坦荡、光明磊落，坚持原则、维护大局，严于律己、一身正气，始终保持了党和人民军队的优良传统。从他的书信往来中，可以经常看到他率真的言辞，向中央提出的意见建议观点鲜明，对同志的批评帮助坦诚恳切，对自己的缺点不足不避讳，这种高贵品质令人景仰。他淡泊名利、无私奉献，始终以党和人民的事业为重、以国家大局为重，从不计较功名利禄。面对党和国家给予的崇高荣誉，他常讲，我个人仅仅是沧海一粟，作为一名科技工作者，活着就是为人民服务，如果人民最后对我一生所做工作满意的话，那才是最高的奖赏，这种高尚境界令人敬佩。他治学严谨、精益求精，学术民主、团结同志，从不以权威自居、不以名望压人，对起草的每份文件报告反复推敲、对科研试验中的每个隐患从不放过、对他人请教的每个问题认真作答，甚至连一个错字都不放过，这种治学态度令人感叹。我们向钱学森同志学习，就要努力增强修养、砥砺品格、提升境界，恪守社会公德、职业道德、家庭美德和个人品德，自觉践行社会主义核心价值体系，切实巩固全党全国各族人民团结奋斗的共同思想道德基础。

纪念钱学森同志，就要学习他崇尚实干、勤于实践的工作作风。钱学森同志一生不务虚名，不尚空谈，既是一位享有盛名的科学家，又是一位各界公认的实干家。他既勇于在科学领域研究提出创新超前的思想和理论，又注重把研究成果付诸国防科技和经济社会发展实践，特别是把一系列重大技术突破成功运用于导弹航天领域，使我国国防尖端武器大大向前推进了一步。他既精于从宏观和战略上思考谋划我国国防科技长远发展，又善于完善制度、精心组织，把规划和项目落到实处。他倡导制定的型号研制程序八个阶段、建立型号总设计师系统与技术责任制、建立统一计划管理指挥系统等制度规定，成为组织实施重大科研试验必不可少的制胜法宝。他既注重组织领导重大任务、履行技术指导把关职责，又勤于深入一线调查研究，身先士卒亲力亲为。为导弹卫星发射试验基地选址，他多次深入戈壁荒漠、高原深山现场勘察；为组织首次“两弹结合”试验，他冒着大风和严寒坚守阵地，在核弹头吊装对接最危险的100多分钟里，一直站在导弹旁，给参试人员以极大信心和鼓励。我们向钱学森同志学习，就要大力弘扬求真务实精神，坚持一切从实际出发，理论联系实际，尊重科学、尊重规律，真抓实干、艰苦奋斗，不断创造经得起实践、人民和历史检验的业绩。

同志们、朋友们！

前不久，天宫一号与神舟八号交会对接任务取得圆满成功，这是中国人民在攀登世界科技高峰征程上的又一重大胜利，极大地增强了我国的科技实力和民族凝聚力。加快建设创新型国家、实现中华民族伟大复兴，既是钱学森同志等老一辈科学家的殷切期盼，也是全体中华儿女的共同心愿。让我们更加紧密地团结在以胡锦涛同志为总书记的党中央周围，高举中国特色社会主义伟大旗帜，以邓小平理论和“三个代表”重要思想为指导，深入贯彻落实科学发展观，大力弘扬钱学森同志等老一辈科学家的崇高思想和革命风范，锐意进取、扎实工作，为建设富强、民主、文明、和谐的社会主义现代化国家作出新的更大贡献！

科技工作者要为加快建设创新型国家多作贡献

——在中国科学技术协会第八次全国代表大会上的祝词

(2011 年 5 月 27 日)

习近平

各位代表、同志们：

中国科学技术协会第八次全国代表大会今天在北京隆重开幕，这是我国科技界的盛事，也是广大科技工作者的喜事。开好这次大会，对激发广大科技工作者的创新热情和创造活力，努力为全面建设小康社会和加快建设创新型国家建功立业，具有十分重要的意义。我受党中央委托，向科协八大召开表示热烈的祝贺！向与会代表并通过你们向全国各条战线上辛勤劳动的科技工作者致以崇高的敬意！

中国科协七大以来的五年，是我国发展史上极不平凡的五年，也是我国科技事业实现历史性跨越的五年。五年来，全国广大科技工作者不辱使命、不负重托，勇于实践、敢于超越，取得一大批关系经济社会发展全局、具有重大国际影响的科学技术成果，增强了科技对经济社会发展的支撑能力，在应对国际金融危机冲击、促进经济平稳较快发展、保障和改善民生中发挥了重要作用，为全面建设小康社会和加快建设创新型国家作出了积极贡献。广大科技工作者不愧为中华民族的优秀儿女，不愧为先进生产力的开拓者和先进文化的传播者。

各位代表、同志们！

人类社会已进入 21 世纪第二个十年。综合判断国内外形势，这十年既是我国经济社会发展的重要战略机遇期，也是科学技术发展的重要战略机遇期。面对世界新一轮科技革命和产业革命的新形势，我们只有奋力抢占国际经济科技制高点、积极培育新的经济增长点，才能在综合国力竞争中赢得主动。

去年 10 月召开的党的十七届五中全会通过了关于制定国民经济和社会发展第十二个五年规划的建议，今年 3 月召开的十一届全国人大四次会议批准了国家“十二五”规划纲要。“十二五”时期是全面建设小康社会的关键时期，是深化改革开放、加快转变经济发展方式的攻坚时期。加快转变经济发展方式，最根本的是要依靠科技的力量，最关键的是要大幅度提高自主创新能力。我们要努力使科技创新成为经济社会发展主要驱动要素，为全面协调可持续发展提供持久动力；使科技创新成为产业发展的核心竞争要素，促进先进科技与产业深度融合；使科技创新成果成为惠及人民大众的有效手段，让先进技术广泛而深入地渗透到社会生活各个方面，实现从“中国制造”向“中国创造”的转变，推动我国走上科学发展、创新驱动、内生增长轨道。这样的新形势新任务，既对科技工作提出新的更高要求，也为科技工作者施展才华、勇攀高峰提供了更加广阔的舞台。

希望广大科技工作者更加自觉、更加积极地提高自主创新能力，努力在实现经济又好又快发展和民生不断改善方面奋发有为。自主创新、重点跨越、支撑发展、引领未来，是我国科技工作的指导方针。为加快建设创新型国家，我们既要继续学习借鉴人类文明优秀成果，更要大力提高自主创新能力，大幅度提升国家竞争力。广大科技工作者要立足改革开放和社会主义现代化建设全局，着眼赢得未来国际科技竞争主动权，把服务经济发展方式转变和产业转型升级作为主攻方向，研究开发直接决定产业核心竞争力的关键技术，提高基础工艺、基础材料、基础元器件研发和系统集成水平，用先进技术改造提升传统产业。要深入研究节能环保、新一代信息技术、生物、高端装备制造、新能源、新材料、新能源汽车等领域的前沿关键技术，用先进技术支撑战略性新兴产业发展。要着眼于探索科技新知，深入开展基础研究，潜心探索自然规律，努力在世界科技前沿取得更多研究成果，为人类和平发展和文明进步拓展空间，用科学技术引领未来。要把科技创新与提高人民生活质量和水平结合起来，在防灾减灾、公共安全、生命健康等关系民生的重大科技问题上加强攻关，使科技成果更充分地惠及人民群众。

希望广大科技工作者更加自觉、更加积极地弘扬创新文化，努力在激发全民族创新热情和创造活力方面奋发有为。科技同文化一样，都是最需要创新的领域。科技创新同文化创新相辅相成、相互促进。广大科技工作者要带头大力发扬中华民族自强不息、革故鼎新的优良传统，坚持用创新文化激发创新精神、推动创新实践、激励创新事业。要自觉继承我国科技界长期以来形成的奋勇争先、崇尚一流、不甘落后的优良传统，努力营造勇于创新、宽容失败的良好氛围，使我国广大科技工作者不断增强开拓进取、锐意创新的信心和勇气，始终保持严谨求实、勇于创新的科学精神，不畏艰险、勇攀高峰的探索精神，团结协作、淡泊名利的团队精神，万众一心地为加快建设创新型国家建功立业。广大科技工作者要积极参与科学技术普及工作，在全社会大力培育创新意识，努力激发全民族创新热情和创造活力。要结合贯彻落实今后十年全民科学素质行动计划纲要，围绕提高全民族科学文化素质，在全社会广为传播科学知识、科学方法、科学思想、科学精神，进一步形成讲科学、爱科学、学科学、用科学的社会风尚。

希望广大科技工作者更加自觉、更加积极地培养和举荐青年科技人才，努力在加快建设人才强国方面奋发有为。科技创新，人才为本，人才资源是最可宝贵的战略资源。培养造就规模宏大、结构优化、布局合理、素质优良的人才队伍，是建设创新型国家的战略选择。要坚决贯彻尊重劳动、尊重知识、尊重人才、尊重创造的重大方针，深入实施科教兴国、人才强国战略，以高层次人才、高技能人才为重点，统筹推进各类人才队伍建设。希望老一辈科技工作者着眼我国科技事业兴旺发达、后继有人，把发现、培养和举荐人才作为义不容辞的责任，更加自觉地甘当人梯、奖掖后学，努力为国家科技事业繁荣发展培养优秀后备人才。希望广大青年科技工作者认清使命、勇于担当，着眼我国科技事业接力推进、薪火相传，虚心向老一辈科技工作者学习，努力在实践中增长才干，争取在人生创造力最旺盛的黄金期作出突出业绩。要结合深化科技体制改革，完善科技人才培养举荐、选拔任用、激励保障机制，使那些品德高尚、能力突出、在科技创新中有突出贡献的优秀人才脱颖而出，使科技界和全社会各方面优秀创新人才大量涌现。

希望广大科技工作者更加自觉、更加积极地加强品格修养，努力在促进科学道德建设和学风建设方面奋发有为。我国许多卓有成就的老一辈科学家既是重大科研成果的创造者，又是崇高思想品格的践行者。他们的实践表明，在科技领域取得成就，不仅需要丰富的科技知识、创新的思维能力，还要具有高尚的思想品格、顽强的拼搏精神。广大科技工作者要践行社会主义核心价值体系，坚定中国特色社会主义共同理想，自觉用社会主义荣辱观引领社会风尚。要把自身事业追求和人生价值同国家富强、社会进步、人民幸福紧密联系起来，坚持科技为经济社会发展服务、为人民服务，坚持以人民利益为最高利益，以报效祖国为最高荣耀，在创造一流的科技业绩中书写人生辉煌。要坚持献身、创新、求实、协作的科学态度，积极探索新知，经得起挫折，耐得住寂寞，潜下心来做学问、搞科研。要自觉加强道德自律，鼓励开展健康的学术批评，坚决遏制科学研究中的浮躁风气和学术不端行为，推动建立和完善科学研究诚信监督机制，在全社会树立科技界崇尚真理、求真务实，坚持说真话、办实事、求实效的良好形象。

各位代表、同志们！

中国科协是中国科技工作者的群众组织，是党领导下的人民团体。科协七大以来，科协组织坚持以科技工作者为本，把加强党和政府同科技工作者的联系作为基本职责，把激发科技工作者的创新热情和创造活力作为重要目标，把竭诚为科技工作者服务作为根本任务，在团结带领广大科技工作者增强自主创新能力、建设创新型国家和提高全民科学素质方面做了大量富有成效的工作，以实际行动表明，科协组织不愧为党和政府联系科技工作者的桥梁和纽带，不愧为推动国家科技事业发展的重要力量。在新的历史起点上，科协组织要继续围绕党和国家工作大局，更好地履行“三服务一加强”的工作职能，努力开创科协工作新局面。

科协组织要继续致力于促进科学技术繁荣和发展，更好地为经济社会发展服务。要把广大科技工作者的思想和力量凝聚到实现“十二五”时期经济社会发展目标和各项任务上来。以增强自主创新能力为导向，积极参加国家创新体系建设；通过搭建不同形式、不同层次的学术交流平台，进一步提高学术交流质量和实效；推动产学研结合，努力把更多创新要素向企业集聚，加快构建以企业为主体、以市场为导向、产学研相结合的技术创新体系，促进科技成果转化为生产力；充分发挥党和人民事业发展的思想库作用，积极推动科学家之间的交流，推动科学家同决策者和社会公众之间的交流，启迪创新思维，增进创新氛围。

科协组织要继续致力于促进科学技术普及和推广，更好地为提高全民科学素质服务。要继续履行好全民科学素质行动计划纲要实施工作办公室职责，围绕为实现全面建设小康社会奋斗目标奠定坚实科技和人力资源基础，花大力气抓好普及科学技术、提高全民科学素质工作。要按照政府推动、全民参与、提升素质、促进和谐的要求，广泛深入开展群众性、基础性、社会性科普活动，推动形成社会化科普工作格局，不断加大科技知识在全社会传播速度和覆盖广度。

科协组织要继续致力于促进科技人才成长和提高，更好地为科技工作者服务。要在党委和政府同科技工作者之间建立畅通稳定的双向沟通渠道，在为科技工作者服务方面更加突出为科技人才成长服务这个重点。深入开展科技工作者状况调查，及时准确掌握科技工作者在就业方式、科研环境、生活状况、流动趋势、思想观念等方面出现的新情况新问题，满腔热情地反映和推动解决科技工作者关心的实际问题。要加强对科技工作者特别是基层一线科技工作者和离退休科技工作者的关心和爱护，协调各方力量为他们多办得人心、暖人心、稳人心的好事、实事，把广大科技工作者更加紧密地团结在党的周围。

科协组织要继续着眼于建设科技工作者之家、当好科技工作者之友，更好地加强自身建设。要按照哪里有科技工作者、科协工作就做到哪里，哪里科技工作者密集、科协组织就建到哪里的要求，扩大科协组织覆盖面和影响力。要以深入开展创先争优活动为契机，着力提高科协组织做好新形势下群众工作的能力和水平，增强科协组织对科技工作者的凝聚力和吸引力。

科协工作是国家科技工作的重要组成部分，也是党的群众工作的重要组成部分。希望各级党委和政府从提高自主创新能力、加快建设创新型国家的战略高度，进一步加强和改进对科协工作的领导。要全力支持科协组织依照法律和章程独立自主地开展工作，定期听取科协工作汇报，关心科协干部成长，保障经费投入。要更加重视发挥科协组织为党委和政府科学决策服务的独特作用，重视发挥科协组织在推动科学发展、促进社会和谐中的独特作用，积极引导支持科协所属学会承接政府转移的社会化服务职能。要通过深化科技管理体制改革，优化科技资源配置，完善科技项目申报和科技成果评价机制，有效改变一部分骨干科研人员无法集中精力搞科研的状况，使他们心无旁骛地专注研究、多出成果。要大力宣传、持续宣传科技界涌现的先进典型，充分展示广大科技工作者的卓越贡献、崇高境界和时代风采。

各位代表、同志们！

我国现代化建设的伟大目标是，到我们党成立100年时建成惠及十几亿人口的更高水平的小康社会，到新中国成立100年时基本实现现代化，建成富强民主文明和谐的社会主义现代化国家。我国科技发展的奋斗目标是，到2020年时使我国进入创新型国家行列，到新中国成立100年时使我国成为世界科技强国。广大科技工作者责任重大、使命光荣。让我们更加紧密地团结在以胡锦涛同志为总书记的党中央周围，高举中国特色社会主义伟大旗帜，以邓小平理论和“三个代表”重要思想为指导，深入贯彻落实科学发展观，在全面建设小康社会的伟大历史进程中，为加快建设创新型国家作出新的更大的贡献！

最后，预祝中国科协第八次全国代表大会圆满成功！

在中国科学技术协会第八次全国代表大会闭幕式上的讲话

（2011年5月30日）

王 兆 国

各位代表、同志们：

中国科协第八次全国代表大会圆满完成各项议程，就要闭幕了。在此，我向大会选举产生的科协新一届领导班子成员表示热烈祝贺，对为科协工作作出贡献的不再担任领导职务的同志表示崇高敬意！

科协八大是在全国上下喜迎中国共产党成立90周年、全面启动实施“十二五”规划之际召开的一次科技界盛会，对于团结动员广大科技工作者坚定不移地走中国特色自主创新道路，发挥好科学技术的支撑引领作用，推动经济社会又好又快发展，为全面建成小康社会打下具有决定性意义的基础，必将产生重大而深远的影响。

党中央历来高度重视科协工作。胡锦涛总书记在纪念中国科协成立50周年大会上发表重要讲话，为科协组织在新的历史条件下推动我国科技事业不断发展指明了前进方向。科协八大会议期间，胡锦涛总书记等党和国家领导人亲自出席大会开幕式，温家宝同志作形势报告，习近平同志代表党中央致祝词，这充分表明党中央对做好新形势下科协工作寄予了殷切期望。希望各级科协组织结合贯彻落实党的十七大和十七届三中、四中、五中全会精神，认真学习、深刻领会、全面贯彻胡锦涛总书记在纪念中国科协成立50周年大会上的重要讲话精神和习近平同志代表党中央在科协八大上的祝词精神，切实把思想和行动统一到中央的决策部署上来，进一步深化对科技工作在促进经济社会发展中重要地位的认识，进一步明确科协组织推动我国科技事业发展的战略重点和主攻方向，充分发挥科技社团在做好新形势下党的群众工作方面的独特作用，努力把中央的要求转化为服务科学发展、促进社会和谐的自觉行动，在实施“十二五”规划、全面建设小康社会的伟大征程上再创佳绩、再立新功。

一、促进自主创新、普及科学技术，在推动科学发展上展现新作为

加快转变经济发展方式，推动实现科学发展，必须以科技进步和自主创新为支撑。要紧紧抓住增强自主创新能力这个国家发展战略的核心和提高综合国力的关键，围绕产业发展中的共性技术、核心技术和关键技术，广泛开展学术交流，积极搭建不同层次不同形式的学术交流平台，吸引广大科技工作者积极参与，把更多的创新要素引入企业、乡村，用活跃、务实的群众性技术创新活动激发全社会的创新热情和创造活力，努力为促进产业结构优化升级、加快转变经济发展方式提供强有力的科技支撑。要把服务科学决策作为科协组织义不容辞的重要职责，引导科技工作者围绕经济社会发展的热点难点问题建言献策，努力把科技工作者的个体智慧凝聚上升为集体智慧，形成高水平的决策咨询成果，为党和人民的事业发挥科技思想库的重要作用。要紧紧围绕“节约能源资源、保护生态环境、保障安全健康、促进创新创造”的主题，按照“政府推动、全民参与、提升素质、促进和谐”的指导方针，广泛开展形式多样、内容丰富的群众性、基础性、社会性科普活动，大力宣传表彰在创新科学技术和普及科学技术方面作出突出贡献的优秀科技工作者和创新团队，不断增强科普服务能力和水平，提高科技知识在全社会的传播速度和覆盖广度，倡导科学方法、传播科学思想、弘扬科学精神，营造浓厚创新氛围，引导全社会尊重科技工作者，推动形成讲科学、爱科学、学科学、用科学的良好社会风尚。要把科普资源共建共享作为推进全民科学素质工作的主要突破口，进一步加大科普资源开发力度，支持引导专业科普机构、社会团体、企业和个人开发内容丰富准确、群众喜闻乐见、具有鲜明时代特色的优质科普资源，形成公益性科普事业和经营性科普产业并举的工作体制，让人民群众享有优质高效的科普服务。

二、畅通联系渠道、广泛凝聚力量，在组织和服务科技工作者上取得新进展

科技工作者是党和国家的宝贵财富。做好科技工作者工作，团结动员广大科技工作者积极投身中国特色社会主义伟大事业，是党赋予科协组织的重要任务。坚持以科技工作者为本、千方百计为科技工作者提供优质高效服务，当好科技工作者之家、更好地团结凝聚广大科技工作者，既是科协组织的生存之基，也是科协事业的繁荣之道。科协组织要按照中央的要求，牢固树立马克思主义群众观点，始终坚持党的群众路线，发挥好人民团体的协同作用，全心全意为科技工作者服务，满腔热情地为他们做好事、办实事、解难事，使科协真正成为深受广大科技工作者信赖的组织。要针对社会主义市场经济条件下科技工作者在思想观念、就业方式、生活状况、流动趋势等方面出现的新情况、新变化，进一步健全完善调查制度，加强调查站点建设，深入基层一线，开展科技工作者状况调查，及时了解、真实反映他们的意见和建议，为党和政府制定实施符合国情、科学有效的科技发展政策提供依据，在各级党政和科技工作者之间建立起畅通稳定的双向沟通渠道。要围绕造就数以亿计的高素质劳动者、数以千万计的专门人才和一大批拔尖创新人才这个目标，通过举办中国科协年会等高水平的学术交流活动发现人才，通过开展“全国优秀科技工作者”、“全国青年科学家奖”评选表彰活动和两院院士初遴选举荐人才，通过大力宣传优秀科技工作者和创新团队激励人才，通过举办“青少年科技创新大赛”、“明天小小科学家”等科技教育活动培育人才，通过发挥“千人计划”窗口单位作用吸引人才，大力加强科学道德和学风建设，加快构建科技人才成长服务体系，积极营造有利于人才成长的良好环境，让科协组织成为党管人才的重要助手和优秀人才脱颖而出的重要平台。要广泛开展建科技工作者之家、交科技工作者之友活动，同广大基层一线科技工作者开展面对面、手拉手、心贴心的访谈交流，帮助他们解决在工作、学习、生活中的实际困难和问题，切实维护他们的合法权益，加强人文关怀和心理疏导，有效化解矛盾，把工作做到每一位科技工作者身边，把温暖送到每一位科技工作者心里，把广大科技工作者紧紧团结在党和政府的周围。

三、夯实组织基础、提升服务能力，在加强科协自身建设上迈出新步伐

科协是党领导的科技工作者的群众组织。坚持走中国特色自主创新道路，必须加强科协基层组织和干部队伍建设，通过科协组织沟通联系广大科技工作者，共同为推动我国科技事业发展而奋斗。学会是科协的组织基础，学会活动是科协联系科技工作者的重要手段。要把学会建设放在更加突出的位置，鼓励支持各类学会主动探索建立具有中国特色、符合社会主义市场经济规律和科技社团发展规律的组织体制、工作机制和管理模式，积极开展学术交流、学术评价和学术规范等活动，主动承接政府转移的科技评价、科技人员评价、科技奖励、科技培训、继续教育等社会化服务职能，加大会员发展力度，帮助会员提升专业素质、扩大学术影响，把更多的科技工作者吸引到学会中来。要进一步加强科协基层组织建设，按照哪里有科技工作者、科协工作就做到哪里，哪里科技工作者密集、科协组织就建到哪里的要求，大力发展高校科协、企业科协、农技协和街道社区科普组织，高度重视同新经济组织、新社会组织中科技工作者的沟通联系，积极推动在科技工作者比较集中的经济技术开发区、高技术园区建立科协基层组织，推动科协基层组织增强服务意识，转变活动方式，激发自身活力，使科协成为名副其实的科技工作者之家。要紧紧抓住开展创先争优活动这个契机，以增强服务意识、提升服务能力为主线，加强科协组织自身建设，把创先争优活动与建设学习型党组织紧密结合起来，创新学会党建工作模式，积极探索党建带群建的有效途径，加强科协工作人员的教育培训工作和思想作风建设，努力培育一支高素质的科协工作者队伍，不断提高科协工作的科学化水平。

各级党委和政府要进一步加强和改善对科协工作的领导，支持科协组织依照法律和章程创造性地开展工作，定期听取科协工作汇报，研究解决突出问题，保障科协工作经费，关心科协干部成长，为科协所属科技社团承接政府转移的社会化服务职能创造有利条件，更好地调动各级科协组织的积极性、主动性、创造性，使科协组织在提升自主创新能力、建设创新型国家、促进经济社会又好又快发展中的独特作用更加充分地发挥出来。

各位代表，同志们：

远大的目标、宏伟的蓝图，为广大科技工作者赋予了光荣使命，为各级科协组织赋予了重大责任。让我们紧密团结在以胡锦涛同志为总书记的党中央周围，高举中国特色社会主义伟大旗帜，以邓小平理论和“三个代表”重要思想为指导，深入贯彻落实科学发展观，团结一心、扎实工作，奋力开拓、锐意创新，为顺利实现“十二五”规划目标任务、夺取全面建设小康社会新胜利不断作出新的更大贡献！

祝贺中国科协第八次全国代表大会圆满成功！

在全民科学素质行动实施工作电视电话会议上的讲话

（2011 年 8 月 30 日）

刘 延 东

同志们：

在全党和全国人民深入学习贯彻胡锦涛总书记在庆祝中国共产党成立 90 周年大会重要讲话之际，我们召开全民科学素质行动实施工作电视电话会议，回顾总结“十一五”时期《全民科学素质行动计划纲要》实施情况，安排部署“十二五”时期的工作，表彰作出突出贡献的先进集体和先进个人。首先，我代表党中央、国务院，向为全民科学素质建设做出贡献的同志们致以亲切的问候！向受表彰的先进单位和个人表示热烈的祝贺！

2006 年 2 月，按照党的十六大精神和国家《科学技术普及法》、中长期科技规划纲要的要求，国务院颁布了《全民科学素质行动计划纲要（2006—2010—2020 年）》。这是党中央、国务院从促进人的全面发展、建设创新型国家和构建和谐社会的战略高度出发作出的重大部署。我国全民科学素质建设从此掀开新的篇章，进入科学化、制度化的轨道。

5 年来，在党中央、国务院的正确领导下，各地区各部门坚持以邓小平理论和“三个代表”重要思想为指导，深入贯彻落实科学发展观，认真落实党的十七大精神，按照胡锦涛总书记在纪念中国科协成立 50 周年大会重要讲话要求，紧紧围绕党和国家中心工作，坚持“政府推动、全民参与、提升素质、促进和谐”的方针，实行大联合、大协作的工作机制，大胆实践、勇于创新，积极探索中国特色公民科学素质建设的有效方法和途径，扎实有效地推动了《科学素质纲要》的实施。全民科学素质建设取得显著成效，重点人群科学素质行动扎实推进，基础能力建设不断加强，公共服务水平明显提升。我国具备基本科学素养的公民比例从 2005 年的 1.60% 提高到了 2010 年的 3.27%。科普基础设施得到很大改善，科技类博物馆已达 582 座，其中“十一五”期间新建并开放 155 座，建馆数和增幅均位居世界第一。在全国科普日、科技活动周等大型科普活动期间，各地组织开展了大量各具特色的群众性科普活动，直接参与公众突破 5 亿人次。我们全面实现了“十一五”全民科学素质工作目标，为“十二五”开局和实现 2020 年长远目标奠定了坚实基础，为提高科技创新能力、建设创新型国家、实现经济社会全面协调可持续发展提供了有力支持。

这些成绩的取得，是党中央、国务院正确领导的结果，是各级党委政府高度重视的结果，是各地各部门大力支持协作、社会各界和广大人民群众积极参与的结果，是广大科技工作者和各级纲要实施工作办公室同志们敬业奉献的结果。借此机会，我代表党中央、国务院，向各级党委政府、各有关部门、社会各界和广大科技工作者表示衷心的感谢和崇高的敬意！

前不久发布的国家“十二五”规划纲要，把深入实施全民科学素质行动计划，加强科普设施建设，强化向公众的科学普及作为重要任务，纳入国民经济和社会发展大局。今年 6 月，国务院发布《全民科学素质行动计划纲要实施方案（2011—2015 年）》，明确了未来五年的方针政策、目标任务和具体措施。按照中央要求，安排部署和全面推进“十二五”时期《科学素质纲要》实施工作，是各级党委、政府和各部门的重要职责。下面，我讲五点意见。

第一，充分认识公民科学素质建设的重要意义，进一步增强责任感和使命感

今年 7 月 1 日，胡锦涛总书记在庆祝中国共产党成立 90 周年大会上的讲话中指出，本世纪上半叶，我们党要团结带领人民完成两个宏伟目标，这就是到中国共产党成立 100 年时建成惠及十几亿人口的更高水平的小康社会，到新中国成立 100 年时建成富强民主文明和谐的社会主义现代化国家。总书记强调，要在全社会形成积极向上的精神追求和健康文明的生活方式，开创人民思想道德素质和科学文化素质全面提高的新局面。温家宝总理在科协八大报告中指出，一个科学普及的民族，一个具有科学精神的民族，才是真正有生机、有希望的民族。习近平同志在科协八大的讲话中提出，到 2020 年时使我国进入创新型国家行列，到新中国成立 100 年时使我国成为世界科技强国。中央领导同志的重要讲话精神，为全民科学素质建设指明了方向。

科学素质是公民素质的重要组成部分。公民科学素质建设对提升中华民族整体素质具有重要而深远的意义，将为全面建设小康社会、实现中华民族伟大复兴奠定坚实的人力资源基础。“十二五”时期是加快转变经济发展方式的攻坚时期，是建设创新型国家的关键阶段。公民科学素质建设的地位从来没有像今天这样重要，面临的任务从来没有像今天这样紧迫。全民科学素质是落实主题主线的有力支撑，我国要从产业链低端向高端跃升，从“中国制造”向“中国创造”转变，实现经济发展创新驱动、内生增长，从根本上说必须依靠具备较高科学素养的大量劳动者和创新型人才。全民科学素质是建设创新型国家的坚实基础，只有广大群众掌握科学精神、科学思想和科学方法，创新人才大量涌现，整个社会的创新创造活力不断迸发，自主创新能力的提升才能拥有坚实依托和不竭源泉。全民科学素质是衡量现代化强国的重要标志，国民强，国家才能强，一个民族的独立自强、生生不息，一个国家的核心竞争力和强大发展后劲，都取决于包括科学素质在内的国民素质不断提升。全民科学素质是社会文明进步的强大动力，在我国这样的发展中大国，在经济快速发展、社会利益格局深刻调整的阶段，只有广大公民能够运用科学知识处理实际问题、参与公共事务，培育理性平和的社会心态，才能提高生活质量、实现人的全面发展，增进社会和谐。当前，我国公民具备基本科学素质的比例明显提高，但公民整体科学素质仍然偏低，城乡、东西部之间差距较大，一些不科学的观念和行为依然存在，愚昧迷信在某些地区还较为盛行。站在改革开放和现代化建设的新起点上，我们必须深入把握国际国内经济社会形势的新变化，深入把握党中央、国务院对全面提高全民族科学文化素质的新要求，深入把握全国各族人民提升自身科学素质的新期待，切实增强责任感紧迫感，树立忧患意识，倍加重视和大力加强全民科学素质建设。

第二，认真贯彻中央决策部署，准确把握《科学素质纲要》实施总体要求

推进“十二五”期间全民科学素质建设，要着眼党和国家战略全局，找准定位，明确方向，把实施《科学素质纲要》作为强国富民的固本工程，转化为服务科学发展、促进创新创造的自觉行动。要围绕科学发展主题，把促进科学发展观在全社会的贯彻落实，作为提升公民科学素质的核心内容，贯穿实施工作全过程，使科学发展的理念更加深入人心。要围绕转变经济发展方式主线，广泛宣传普及资源能源节约、生态环境保护、安全生产和防灾减灾、人与自然和谐相处等观念和知识，引导公众科学认识经济社会发展的阶段性特征，积极投身转方式、调结构、上水平的生动实践。要围绕改善民生、促进社会和谐，把《科学素质纲要》实施工作渗透到群众日常生活中，普及低碳生活、疫病防治、身心健康、应急避险等观念和知识，开展卫生保健、移风易俗、反对愚昧迷信的宣传教育，激发公众参与科学素质建设的积极性。要围绕创新型国家建设，弘扬实事求是、追求真理的科学精神，营造尊重知识、尊重人才的社会氛围，培育创新文化和诚信文化，让广大群众特别是青少年更加热爱科学、关注科技、参与创新、提升素质。

第三，充分调动社会各界力量，形成全民动员、人人参与的良好态势

提高全民族科学素质是国家的长期任务和全社会的共同责任，需要各级政府、各有关部门齐心协力，更需要社会各界和广大公众大力支持，形成政府推动、多部门联合协作、社会力量广泛参与的工作格局，使全民科学素质行动真正扎根社会、惠及民众。

一要促进科研与科普有机结合。按照开放共享的原则，积极探索科研与科普相互渗透、相互促进的方法和途径。充分利用大中专院校、科研机构、高新企业的智力、人才等优势，推动科技馆、标本馆和有条件的实验室向公众开放。加强科研资源、教育资源、企业资源的科普转化，鼓励科研工作者、教师参加科普创作，进入科普教育基地和社区，面向公众开展科普活动。承担国家科技项目的科研机构、团队、企业，要发挥示范带头作用，在不涉及保密的情况下，使公众能够及时了解最新科技发现和创新成果。

二要加强科技界与公众密切互动。广大科技工作者不仅要在专业领域作出贡献，也要带头弘扬科学精神，普及科学知识，倡导科学方法，传播科学思想，让讲科学、爱科学、用科学在全社会蔚然成风。要充分发动广大科技工作者投身《科学素质纲要》实施工作，根据公众需求和不同人群的特点，开展教育、培训和主题科普活动，激发公众对科学的兴趣，为他们参与科学素质建设提供广泛机会和途径。

三要推动传统媒体和新兴媒体优势互补。广播、电视、网络、出版物、报刊等各种新闻媒体要积极履行社会责任，提升科技传播质量，推出高品质宣传品和公益作品；互联网、手机、移动电视等新兴媒体要彰显优势，在科普宣传中发挥更大作用。大力宣扬先进典型，激励更多社会力量投入到公民科学素质建设中来。

四要坚持政府推动和社会参与双管齐下。要加大政府投入保障力度，加强科技场馆、基层科普设施等公共服务体系建设，开展人员培训，维护良性运转。要推动各类科普平台的整合共享，提高科普资源使用效益。落实和完善捐赠公益性事业的税收优惠政策，鼓励民间资金投入科学素质建设。完善有利于科普产业发展的财政、税收、金融等政策措施，研究制定相关技术标准和规范，推动科普产业健康快速发展。

第四，突出工作主题、关注基层群众，切实提高全民科学素质工作的实效

“十一五”时期，公民科学素质建设在打基础、建机制、补短板、广受益方面取得了丰硕成果。“十二五”期间，要巩固已有成果，更加注重普惠与公平，充分发挥公共设施的辐射作用和服务功能，将全民科学素质工作落实到基层，让广大群众真正享受到公民科学素质建设的成果。

一要通过主题鲜明、丰富多彩的科普活动，广泛吸引公众参与。主题活动是实施全民科学素质行动的重要抓手。要紧紧围绕“节约能源资源、保护生态环境、保障安全健康、促进创新创造”的工作主题，组织动员院士专家、科技工作者和科普志愿者，广泛开展各类主题科普活动和宣传，积极推动主题活动进学校、进社区、进机关、进农村、进企业、进军营，使主题活动生动活泼、深入人心。

二要以重点人群为突破口，带动全民科学素质持续提升。各地要推动科普工作与素质教育紧密结合，将科普内容纳入各级各类教育培训教材和教学计划，注重培养学生的创新思想、探索精神和创造能力。加大“科普惠农兴村计划”实施力度，开展符合农民特点的技能培训和科普宣传，建设农村科普公共服务体系，提高农民增收致富和健康生活能力。加强企业职工特别是进城务工人员的职业技能和创新能力培养，开展安全知识、心理健康科普宣传，提升综合素质和城市生活能力。开展社区居民科学素质行动，拓展社区科普设施功能，通过形式多样、贴近群众生活的社区科普活动，倡导科学文明健康的生活方式，为建设和谐社区作出积极贡献。

三要坚持面向基层、重心下移，推动全民科学素质建设深入普及。基层群众最需要科学知识，最渴望科学普及。公民科学素质建设只有关注基层、深入基层，才能真正实现公平普惠。要把加强基层公共服务能力建设作为长期方针，各级各类培训机构要积极开展不同层次、内容丰富的职业技术教育和经常性科普活动。要推动各类科普平台的整合共享，提高使用效益和社会效益。要加强科普资源的深度开发，引进国外优质科普资源，创作更多群众喜闻乐见的科普作品。要加快科技馆向社会免费开放，促进基本公共服务均等化。

第五，加强领导、密切配合，确保《实施方案》落到实处

实施《科学素质纲要》是一项艰巨任务，也是一项系统工程。各级党委政府要高度重视、统筹规划，各部门各单位要凝心聚力、协调配合，努力推动“十二五”期间公民科学素质建设再上新台阶。

一要加强组织领导。各级政府要从国家发展大局出发，进一步认识公民科学素质建设对加快经济发展方式转变、建设创新型国家的重要意义，把公民科学素质建设列入地区经济社会发展的重要议事日程。要增强服务意识，强化全民科学素质保障机制建设，在精力上多投入，在经费上多倾斜，在政策上多完善，调动各方面的积极性主动性创造性，为全民科学素质建设创造更好条件。要建立监测评估和考核激励机制，研究制定《中国公民科学素质基准》，为公民提高自身科学素质提供衡量尺度和指导。探索将公民科学素质工作纳入政绩考核内容，加强对各地各部门落实情况的督促检查和指导，确保扎实有效开展。

二要周密安排部署。各地区、各部门要依据国办印发的《实施方案》，认真制定11项重点任务的具体工作方案，将《实施方案》中的有关内容纳入本地区、本部门的总体工作规划和年度工作计划。要科学统筹，细化安排，明确时间表路线图，确保纲要实施起好步、开好局。

三要密切协作配合。全民科学素质实施工作办公室各成员单位要树立一盘棋思想，充分发挥优势，坚持大联合、大协作，互相理解，互相支持，互相配合，把力量凝聚起来，把行动协调起来。各级科学素质纲要实施工作办公室要切实履行职责，积极做好综合协调、服务联络等工作，提升为各成员单位和基层服务的能力。各级科协要发挥综合协调作用，会同有关方面，共同推动“十二五”时期全民科学素质工作全面落实。

四是营造社会环境。各地各部门要以《实施方案》颁布实施为契机，利用各种新闻媒体，采取多种方式，面向社会深入开展宣传解读，进一步统一思想、提高认识、凝聚共识，使科学素质建设成为全社会的自觉行动。

同志们，实施全民科学素质行动使命光荣、影响深远。让我们紧密团结在以胡锦涛同志为总书记的党中央周围，抓住机遇，开拓创新，真抓实干，努力提高公民科学素质建设水平，为建设创新型国家和人力资源强国作出更大贡献！

在第十三届中国科协年会开幕式上的讲话

（2011 年 9 月 21 日）

刘 延 东

今天，在美丽的海滨城市天津，第 13 届中国科协年会隆重开幕。这次年会以“科技创新与战略性新兴产业发展”为主题，组织科技工作者进行学术交流、普及科学知识、积极建言献策，这对于调动和激发广大科技工作者的创新热情和创造活力，为实现“十二五”规划目标任务、夺取全面建设小康社会新胜利作出更大贡献，具有重要意义。在此，我对年会的召开表示热烈的祝贺！向各位代表并通过你们向全国广大科技工作者致以诚挚的问候！

党和政府历来高度重视科技事业的发展。新中国成立后，以毛泽东、邓小平、江泽民同志为核心的党的三代中央领导集体，始终把科技工作放在党和国家战略全局的重要位置加以部署和推进，从发出“向科学进军”的伟大号召，到提出“科学技术是第一生产力”的著名论断，再到实施科教兴国战略和可持续发展战略，我们党领导全国人民进行了艰苦努力和不懈探索，推动科技事业在艰难中起步、在改革中突破、在创新中发展，取得了举世瞩目的伟大成就。党的十六大以来，以胡锦涛同志为总书记的党中央，把科技置于优先发展的战略地位，坚定不移地走中国特色自主创新道路，深入实施科教兴国战略和人才强国战略，努力建设创新型国家，先后召开了全国科技大会、全国人才工作会议和全国教育工作会议，发布实施了国家中长期科技规划纲要、人才规划纲要和教育规划纲要，各领域科技迅猛发展，国家整体科技发展水平不断实现新的跃升。我国在载人航天、探月工程、载人深潜、量子通讯、铁基超导、高性能计算机、诱导多功能干细胞等领域取得了一批具有国际影响力的重大成果，建成了一批关系国计民生的重大科学工程，培养了一批杰出科技人才和科学家；我们在国际科技大格局中由全面的“追赶者”向部分领域的“同行者”不断前进，并在某些领域加速向“领跑者”靠近。实践证明，科学技术已经成为支撑经济发展、社会进步、民生改善和国家安全的重要力量，科技进步和创新为我国综合国力和国际地位的大幅提升发挥了举足轻重的巨大作用。这些成绩的取得，离不开广大科技工作者的辛勤努力，凝结着大家的智慧、心血和汗水。长期以来，广大科技工作者胸怀祖国、心系人民、勇挑重担、无私奉献，为科技事业发展和国家现代化建设作出了不可替代的重大贡献。借此机会，我代表党中央、国务院，向全国广大科技工作者表示崇高的敬意和衷心的感谢！

当前，全球科技发展进入到一个活跃的创新时代，前沿科技领域孕育着新的突破，交叉融合成为科技发展新的增长点。以绿色、智能和可持续发展为主要标志的新兴产业飞速发展，全球产业结构将进入新一轮大调整周期。各国越来越深刻地认识到，谁掌握了先进科技，谁就掌握了经济社会发展的主动权，占据了综合国力竞争的制高点。许多国家将创新提升到战略层面，作为后金融危机时代实现可持续发展的共同选择。美国总统奥巴马在今年的国情咨文中，把鼓励创新放在保持竞争力、赢得未来的三大途径之首，强调创新是美国赖以生存的方式。欧盟通过《欧洲 2020 战略》，提出以知识和创新为基础的智能增长、可持续增长、包容性增长。新兴经济体在强劲经济的带动下，研发投入大幅增加，科技实力和创新能力不断提升。可以说，科技创新已经成为国际竞争空前激烈的一个方面，在综合国力竞争中的地位更加突出。而随着我国科技和经济实力的快速提升，一些发达国家逐渐视我为平等合作伙伴，我国引进先进技术的门槛和壁垒越来越高，参与国际科技竞争的压力不断加大，如不抢抓机遇，加快促进科技跨越发展，将难以在国际竞争和未来发展中掌握主动。

从国内来看，经过新中国成立特别是改革开放以来的艰苦奋斗，我国的发展取得了巨大成就，经济总量已居世界第二，综合国力大幅提升，人民生活明显改善，国际地位和影响显著提高，谱写了中国特色社会主义事业的光辉篇章。但发展中不平衡、不协调、不可持续的问题依然突出，资源环境约束日益严重，产业结构不尽合理，还没有形成技术含量较高的优势产业集群，出口产品中 70% 是劳动密集型，在全球分工中仍处于低端地位，转变经济发展方式已是迫在眉睫、刻不容缓，实现创新驱动发展已经成为摆在我们面前的紧迫课题。与经济社会发展的实际需求相比，我国尽管现在已是科技大国，但还远未成为科技强国；我们完成了许多世界一流的科技成果，但一些领域核心关键技术与科技先进国家存在不小差距；国家创新体系建设取得了很大成就，但整体创新能力并没有充分释放出来，加强科技创新的任务十分艰巨繁重。

面对新的形势和要求，中央更加重视科技事业的发展，更加注重发挥科技支撑发展、引领未来的作用。胡锦涛总书记在纪念中国共产党成立90周年大会重要讲话中，回顾光辉历程，总结成就经验，全面阐述了在新的历史起点上把中国特色社会主义伟大事业推向前进的大政方针，其中明确提出要加快科技进步和创新。这充分展示了一个成立90周年、执政62年的马克思主义政党，立足中国实际，面向未来发展，依靠科技创新推进社会主义现代化的坚定决心。此外，总书记在十七届五中全会和两院院士大会讲话，以及温家宝总理在今年政府工作报告和中国科协八大讲话，习近平同志代表中央致中国科协八大的祝词等重要讲话中，也都反复强调加强科技工作、提升创新能力，作出了许多重要论述。概括起来，主要体现在十个方面。一是强调了科学技术的突出地位和作用，指出建设创新型国家，加快转变经济发展方式，赢得发展先机和主动权，最根本的是要依靠科技的力量，最关键的是要大幅度提高自主创新能力。二是重申和强调了我国科技事业发展的宏伟目标，指出到2020年时使我国进入创新型国家行列，到新中国成立100年时使我国成为世界科技强国。三是明确了科技服务经济社会发展的时代任务，指出要依靠科技创新，推进经济结构战略性调整，加快培育和发展战略性新兴产业，改造提升传统产业，促进我国经济走上内生增长轨道。四是强调了自主创新的战略要求，指出要坚定不移地走中国特色自主创新道路，把增强自主创新能力作为战略基点，加强基础研究、前沿研究和战略高技术研究，推进原始创新、集成创新、引进消化吸收再创新，强化协同创新，形成更多具有自主知识产权的创新技术，牢牢把握发展主动权。五是提出了深化科技体制改革的紧迫任务，强调要建立与社会主义市场经济体制相适应、符合科技发展规律的现代科技体制，构建以企业为主体、市场为导向、产学研相结合的技术创新体系，建设知识创新、国防科技创新、区域创新和科技中介服务体系，为加快建设创新型国家提供有力的体制机制保障。六是提出了科教结合的明确要求，指出要通过建立有效机制，加强科研院所与大学之间多种形式的联合，促进知识流动、人才培养和科技资源共享。七是明确了人才队伍建设的重点目标，指出要大力培养造就具有世界前沿水平的高级专家、高层次科技领军人才，注重培养一线科技人才和青年科技人才，同时加强全球范围人才交流合作和拔尖人才引进工作。八是阐述了提高全民科学素质的特殊重要性，指出现代化建设不仅需要大批优秀的科学家、科技工作者和专业人才，更需要数以亿计掌握一定知识和技能、具有较高科学素养的劳动者。九是强调了科学精神的重要价值，指出科学精神是科学技术的灵魂，是科技进步和创新的强大动力，一个具有科学精神的民族，才是真正有生机、有希望的民族。要建立和完善科学研究诚信监督机制，坚决遏制科学研究中的浮躁风气和学术不端行为。十是强调了科技优先发展的保障措施，指出要加强对科技工作的领导和支持，发挥社会主义制度集中力量办大事的政治优势和市场配置资源的基础性作用，加大科技投入，积极营造支持科技事业发展的法律政策环境、市场环境和社会文化环境。这些重要论述，充分体现了中央对科技发展规律的深刻把握，体现了对科技工作的战略思考和最新要求，为我国科技事业的改革和发展进一步指明了方向。我们要认真学习领会和贯彻落实，把思想和行动统一到中央精神上来，群策群力推动我国科技事业不断迈上新台阶。

科技工作者是我国科技事业发展最可宝贵的财富，是国家现代化建设中具有战略价值的重要力量，希望广大科技工作者认真学习领会中央精神，认清形势，明确任务，增强紧迫感和责任感，自觉肩负起历史赋予的光荣使命，把事业抱负、科技专长同国家发展、社会进步更加紧密地联系起来，站在时代前列，勇攀科技高峰，努力创造无愧于祖国和人民的光辉业绩。这里，我提六点希望，与大家共勉：

一要大力推进创新驱动发展，在加快转变经济发展方式的生动实践中建功立业。转变经济发展方式，对于提升我国发展质量，加快从“中国制造”向“中国创造”转变，实现现代化建设的战略目标具有重大意义。这对科技界围绕中心、服务大局提出了新的时代课题，也为广大科技工作者施展才华、实现抱负提供了广阔舞台。希望广大科技工作者紧紧围绕创新驱动发展，加强科技攻关，着力突破制约经济发展方式转变的重大关键、共性和瓶颈技术，积极开发推广循环利用和治理污染的先进适用技术，推动形成节约能源资源和保护生态环境的产业结构、增长方式、消费模式，切实承担起用科学技术支撑经济社会又好又快发展的历史使命。同时，要围绕经济建设、民生改善、国家安全等方面的重大科技问题，积极建言献策，为党和政府科学、民主决策当好参谋助手。这次年会以“科技创新与战略性新兴产业发展”为主题，抓住了转方式、调结构的关键和重点。相信通过广泛研讨，深入交流，将对促进产业结构优化升级，加快经济发展方式转变，产生积极的推动作用。

二要继续坚持自主创新，在建设创新型国家的伟大事业中奋勇争先。提高自主创新能力，建设创新型国家，是国家发展战略的核心和提高综合国力的关键。核心技术是买不来的。自主创新能力，直接反映着国家的科技水平，体现着民族的创新智慧，从根本上决定着国家的综合国力和国际竞争力。希望广大科技工作者以增强自主创新能力为己任，坚定不移地走中国特色自主创新道路，加强原始创新、集成创新和引进消化吸收再创新，着力在若干重要领域突破一批核心技术，拥有一批自主知识产权，抢占科技发展的制高点。胡锦涛总书记在清华百年校庆讲话中又强调了积极推动协同创新的重要思想，这是对自主创新内涵的丰富深化，体现了科技改革发展的最新趋势和要求。广大科技工作者要认真学习贯彻总书记关于协同创新的重要思想，把协同创新贯穿于创新的各环节和全过程，着力解决创新链条和创新管理各方面存在的不协调、不适应、不配套问题，齐心协力推动我国自主创新能力的大幅提升。

三要主动开展科学技术普及，在提高全民科学素质的基础工程中奋发有为。科学技术只有为全社会所掌握应用，大幅度提升全民族的科学素质，科技创新才会有广阔、深厚的土壤。我们建设创新型国家，做好科普与加强创新可以说是一体两翼，同样不可或缺，同样地位突出，同样大有可为。希望广大科技工作者自觉肩负起提高全民科学素质的社会责任，深入贯彻全民科学素质行动计划纲要，发挥科普工作主力军的作用，参与公民科学素质建设工作，大力促进科研与科普有机结合，努力成为科学知识的传播者、科学方法的实践者、科学思想的倡导者、科学精神的弘扬者。要积极参加科技下乡、科教进社区等科普活动，广泛开展科普创作，把科技创新、先进实用技术推广、技术培训和科普示范结合起来，通过多种方式介绍科研最新进展，展示科技创新成果，帮助群众了解必要的科技知识，掌握必要的科学方法，让讲科学、爱科学、学科学、用科学变成全社会的自觉行动。

四要努力弘扬创新文化和科学精神，在践行社会主义核心价值体系的时代要求中勇于担当。创新文化是社会主义核心价值体系的重要内容，是科技创新的源头活水。希望广大科技工作者大力倡导敢于创新、勇于攀登、鼓励探索、宽容失败的科学精神，营造自由平等、求真务实的学术氛围，形成更加健康和谐的学术生态，切实用创新文化孕育创新事业，用创新事业激发创新文化。要加强科学道德与学风建设，维护学术尊严，规范学术行为，遵循学术诚信，自觉抵制学术上的不正之风，树立科技工作者的良好社会形象，努力成为优良学风的维护者、严谨治学的力行者、崇高道德的传承者，为全社会践行社会主义核心价值体系发挥示范作用。要继承和弘扬我国科技界的光荣传统，心系祖国，无私奉献，淡泊名利，团结协作，以“十年磨一剑”的毅力潜心科研，心无旁骛地为加快建设创新型国家多作贡献。

五要积极培养举荐人才，在实现科教兴国和人才强国的宏伟事业中主动作为。科技创新，根本在人，没有一支规模宏大、素质优良的科技人才队伍，建设创新型国家的宏伟目标难以实现。希望广大科技工作者身体力行地培养造就创新人才，甘当人梯、提携后进，花大心血、下大气力在创新实践中发现人才、举荐人才、培养人才、造就人才，真正使那些有志于献身科学事业、有创新潜质的人才脱颖而出。要推动完善依托科研实践培养人才和通过国民教育体系、终身教育体系培养人才的机制和模式，努力培养更多具有科学精神、创造性思维和创新能力的人才。要推动完善科技人才评价机制，发挥好同行评议在科技人才评价中的基础性作用，加快构建科学合理、具有中国特色的人才评价体系，努力营造有利于用好用活人才的良好环境，充分激发科技人才的创新热情和创造活力。

六要全力支持和推动科技体制改革，在加快国家创新体系建设的时代征程中再立新功。深化科技体制改革，加快国家创新体系建设，是党中央、国务院对新时期科技改革发展的一项重要部署，是科技战线当前一项重要而紧迫的任务，同时又是一个艰巨复杂的过程，必须科学谋划安排，积极稳妥推进。改革要着眼于加快创新型国家建设，遵循科技发展规律，紧紧抓住促进科技和经济紧密结合这个核心问题，完善科技管理体制、决策体制和评价体系，既要发挥社会主义制度集中力量办大事的政治优势，又要充分发挥市场配置科技资源的基础作用，最大限度地调动和发挥广大科技工作者和全社会的创新活力，不断解放和发展科技生产力。要通过改革提升各个创新主体的创新能力，理顺不同创新主体的关系，共同推进中国特色国家创新体系建设。希望广大科技工作者围绕科技体制改革中的重点难点问题，深入研究思考，提出有价值的意见和建议。科协组织要充分发挥联系广泛、网络健全的优势，组织交流研讨，把科技工作者的个体智慧凝聚上升为有组织、有层次、有深度的集体智慧，提高政策建议的针对性、有效性和可操作性，为科技体制改革的重大决策提供参考。要认真总结科技改革发展的好经验好做法，积极投身和推动科技改革发展的实践，努力探索科技体制改革的有效途径和方法。要客观看待科技发展中出现的突出问题和薄弱环节，发出科技界科学、理性的声音，正确引导社会舆论，为深化科技体制改革营造良好的舆论氛围。

科协是科技工作者之家，是党和政府联系科技工作者的桥梁和纽带。长期以来，各级科协组织团结广大科技工作者，在促进科技繁荣发展、科技普及推广、科技人才成长等方面做了大量工作，作出了重要贡献。实践证明，科协不愧为推动我国科技事业发展的重要力量。今年5月，中国科协八大选出了新一届领导班子，希望新一届领导班子继续团结和引领广大科技工作者，认真学习贯彻胡锦涛总书记等中央领导同志重要讲话精神，继承和发扬优良传统，围绕中心，服务大局，推进自主创新，提升全民科学素质，发挥科技思想库作用，在实现国家现代化的伟大征程中创造新的业绩。科协工作既是我国科技工作的重要组成部分，也是党的群众工作的重要组成部分。各级党委和政府要一如既往地关心科协工作，加强领导，加大支持，为科协开展工作创造条件，为科技工作者发挥聪明才智提供服务和保障。

建设创新型国家的壮丽事业振奋人心，实现社会主义现代化的宏伟目标催人奋进！让我们紧密团结在以胡锦涛同志为总书记的党中央周围，以邓小平理论和“三个代表”重要思想为指导，深入贯彻落实科学发展观，开拓创新，扎实工作，为建设创新型国家、开创中国特色社会主义事业新局面，作出新的更大贡献！

预祝第十三届中国科协年会圆满成功！

在2011年中国科协工作会议上的讲话

（2011年1月18日）

韩启德

同志们：

刚才邓楠同志作了很好的报告。总结了去年的工作，对2011年的工作进行了部署，五个方面的工作安排，都是根据中央书记处的指示、结合科协的实际提出的。我相信，随着每项工作得到落实，科协工作一定会不断迈上新的台阶。

过去一年的工作成绩是显著的。例如，第十二届中国科协年会在福州成功举办，得到广泛一致的好评，对福建、对海峡西岸经济区的发展起到了很大的推动作用，在全国范围内也产生了很大影响。全国优秀科技工作者评选、表彰活动顺利开展，在社会上影响之大，是我预料不及的。中国科技馆新馆的接待人数越来越多，科普基地的作用日益显现。同时，在全国陆续建成了一批新的科技馆。总的来说，去年一年所取得的成绩是令人鼓舞的。如果再回顾一下五年来走过的道路，我们对取得的成绩就会有更深的体会。我深深地感受到如今科协在社会上的影响力与五年前相比大不一样了，我们工作的方式和途径与以前相比也有了很大的进步。当然，我们在充分肯定成绩的同时，也要看到我们的工作与党中央和人民群众的要求还有一定的差距。这个差距主要体现在科协对我们国家经济社会发展的影响还不够大，科协作为学术共同体的作用发挥得还不够充分。我们要看到差距，要不断总结，努力缩小这方面的差距。当前，全国科协系统的工作方向是正确的，我们的发展战略也是正确的。我相信，只要坚持下去，这个差距一定会不断缩小。

要想使我们的工作做得更好，就要充分发挥我们科协的优势和独特的作用。优势发挥得越多，我们的作用就发挥得越大。按照“十二五”规划的要求，要加快转变经济发展方式、促进结构调整，科技和自主创新是支撑、是关键。但如何来推动国家科技事业发展？政府有关部门和各地方政府都在积极地做工作。作为科协，我们要发挥作用，就要发挥我们独特的优势。而我们的独特优势在什么地方？我认为首先我们是科学共同体，与政府部门发挥作用的途径和方式是不一样的。科学共同体当然首要的是促进学术的发展。学术交流只能由我们科技工作者自己来组织。坦率地讲，我们现在有些学术会议的质量还有待提高。更重要的是，现在全世界的趋势是学科本身正在进行重大的分化和组合。我们的各个学会应该创新思路，促进各个学科之间的交叉和融合。我们有一些论坛如新观点新学说沙龙、青年科学家论坛等搞得还是不错的，起到了很好作用，但还需要不断提高和加强。在科技成果和人才评价方面，孰高孰低，只有学术共同体最有发言权，只有靠我们科技工作者，才能做出最好的评价。学术生态发展，也是需要靠学术共同体来推动，面对学术不端行为，谁说了算？我想也只有科技工作者自身作出判断，隔行如隔山，无关领域的人是很难说清楚的。科普工作也是科学共同体发挥作用的重要方面，科协承担着主要的科普组织工作。要结合社会焦点热点问题开展科普，这样效果会更快，影响会更大。今年一位北京的小学生到市场收集蘑菇，实验观察蘑菇被荧光漂白剂污染情况。就有媒体报道“小学生查出九成鲜蘑被漂白”，这其实不是小学生研究的结论。政府有关部门出来说了一句话，说这个结论不够科学。政府部门低调应对，以防炒作，是可以理解的。但这时我们的科学共同体在哪里呢？食用菌协会表态说这个研究不科学，但没有具体表述。当时舆论一边倒，绝大多数公众都相信媒体的片面报道。我们不能用严格的科学实验规范去要求小学生，实际上当时老师对他的研究指导也不够严谨。但关键是我们科学共同体没有发出自己的声音，没有尽到我们的社会责任。在建言献策和决策咨询方面，科协的作用发挥也还有很大空间。现在面对新兴产业的发展，比如新能源、新一代信息技术等，争论很大，都需要科学共同体从科技层面深入论证，提出我们的看法和建议，这方面我们科协肩负着很大的责任。总之，我认为，科协要把工作做得更好，一定要发挥科学共同体的优势和我们独特的作用，需要不断创新我们的工作方法，拓展发挥我们优势的途径。在新的一年里，在中国科协内部和各地方科协之间要加强交流这方面的好经验，什么地方有了好经验都要迅速在全国科协系统推广。我相信，在当前大好的形势下，经过我们不懈地努力，在新的一年里我们一定能够取得更大的成就。

很快就要过春节了，借这个机会给大家拜年，祝大家新春快乐、阖家欢乐，谢谢！

高举中国特色社会主义伟大旗帜，团结带领广大科技工作者为建设创新型国家、夺取全面建设小康社会新胜利而奋斗！

——在中国科学技术协会第八次全国代表大会上的工作报告

（2011年5月27日）

韩 启 德

各位代表：

我受中国科协第七届全国委员会委托，向大会报告工作，请各位代表审议，并请列席会议的同志们、朋友们提出意见。

五年来的主要工作

过去的五年，是我国发展史上极不平凡的五年。五年来，在党中央、国务院的正确领导下，广大科技工作者紧紧围绕提高自主创新能力、建设创新型国家的战略任务，深入实施科教兴国战略和人才强国战略，开拓进取、奋发有为，取得了载人航天、探月工程、千万亿次高效能计算机、高速轨道交通、载人深潜器、铁基超导、量子通讯等一批重大科技成果，为支撑国家重大工程和重大任务、服务经济社会发展作出了突出贡献。伴随着科学技术事业的快速发展，我国科技工作者队伍不断发展壮大，科技人力资源总量接近5800万，已经成为党和国家推进中国特色社会主义事业的重要力量。

五年来，中国科协高举中国特色社会主义伟大旗帜，以邓小平理论和“三个代表”重要思想为指导，深入贯彻落实科学发展观，按照党的十七大和十七届三中、四中、五中全会精神和胡锦涛总书记在纪念中国科协成立50周年大会上的重要讲话要求，自觉用中央精神统一思想、凝聚力量、推动发展，充分发挥党和政府联系科技工作者的桥梁和纽带作用，认真落实中央重大决策部署，奋力拼搏、开拓创新，明确提出为经济社会发展服务、为提高全民科学素质服务、为科技工作者服务、加强自身建设（以下简称“三服务一加强”）的工作定位，“搭建平台、资源共享”的工作思路，“大联合、大协作”的工作方式和“围绕中心、服务大局，深入基层、务求实效”的工作要求，推动发布《全民科学素质行动计划纲要（2006—2010—2020年）》（以下简称《科学素质纲要》），会同中组部等部门联合下发《关于动员和组织广大科技工作者为建设创新型国家作出新贡献的若干意见》，制定出台加强科普工作、学会工作、企业科协工作和人才工作的系列文件，圆满完成中国科协七大部署的任务，谱写了科协事业发展的新篇章。

一、充分发挥科协组织的特色和优势，努力为经济社会平稳较快发展提供智力支撑

一是学术交流广泛深入。以增强自主创新能力为导向，五年来共举办国内学术会议7.3万场，参会人次960余万，学术交流质量和实效不断提高。着眼于打造具有国际影响的学术交流品牌，与北京、湖北、河南、重庆和福建等省市人民政府联合举办中国科协年会，成功完成由学术年会向综合性年会的转型，明确了大科普、学科交叉、为举办地服务的年会定位。积极举办跨学科、跨专业、系列性学术交流活动，先后举办126期青年科学家论坛和49期新观点新学说学术沙龙，小型高端前沿学术交流日趋活跃。深入实施精品科技期刊工程，加大支持力度，在2010年发布的《中国科技期刊引证报告》排行榜中，43种精品科技期刊总被引频次位居第一，30种影响因子位居第一，41种综合评价位居第一。为帮助科技工作者及时了解相关学科进展情况，自2007年起建立学科进展研究发布制度，先后组织85个全国学会、4300余位专家学者参与研究，发布学科进展研究报告131本，社会影响广泛。全国学会和地方科协不断创新学术交流形式，基层一线科技工作者参与学术交流更加便利。

二是群众性技术创新活动日趋活跃。围绕增强企业自主创新能力，2007年召开企业科协工作会议，明确提出企业科协是推动企业成为技术创新主体的重要力量，与国家发改委、科技部、国资委联合下发《关于在企业深入开展“讲理想、比贡献”活动的意见》，开展创新方法培训，推动群众性技术创新活动不断深入。探索推出企业院士专家工作站这一社会科技资源服务企业创新发展的崭新形式，积极引导创新要素向企业集聚，受到地方政府和企业热烈欢迎。五年来，全国共开展“讲理想、比贡献”活动18.1万项，参与科技工作者780万人次，建立企业院士专家工作站667个，为推动企业技术进步作出重要贡献。

三是科普惠农兴村成效显著。围绕服务社会主义新农村建设，自2006年起与财政部联合实施“科普惠农兴村计划”，通过以奖代补、奖补结合等方式，表彰奖励在“三农”工作中贡献突出的农村科普先进单位和个人，努力把更多的科技资源引向农村，被誉为农村科普的一面旗帜。五年来，中央财政累计拨付专项资金7.5亿元，表彰先进单位和带头人4659个，带动农户2145万多户，涌现出一大批农村实用技术人才。在“科普惠农兴村计划”带动下，各级地方财政投入资金累计近5亿元，表彰先进集体和个人3.7万余个，基层科普工作更加活跃。

四是决策咨询工作取得明显进展。围绕服务科学决策，组织科技工作者深入调查研究，提交了“老科学家学术成长历史资料亟待抢救”、“关于建立国家航空应急救援体系的建议”、“关于加强我国电子文件科学管理的报告”等一批有分量、有影响的调研报告，部分研究成果纳入国务院工作安排之中。扎实推进国家级科技思想库建设，自觉把有组织的调查研究同科技工作者建言献策有机结合起来，通过举办中国科协年会党政领导与院士专家座谈会、促进中部地区崛起专家论坛等重要活动，着力搭建科学家与决策者交流互动平台，努力把科技工作者的个体智慧凝聚上升为有组织的集体智慧。全国学会和地方科协积极搭建专家季谈会、科技专家咨询委员会、调研月等各具特色的决策咨询平台，不断提高服务科学决策的能力和水平。五年来，科协系统合计举办专家论坛7800余次，提供决策咨询报告2.2万余篇，7400余篇获得批示，科协决策咨询工作展现出蓬勃的生机与活力。

五是对外科技交流合作不断深化。配合国家外交大局，积极实施联合国咨商专项，代表中国科技界加入240余个民间国际科技组织，推荐317位科学家担任民间国际科技组织各类职务，支持参与民间国际科技交流研讨，我国科学家的国际话语权和影响力明显增强。立足用好国际国内科技资源，五年来在华举办国际学术会议4800余次，承办第二届国际古生物学大会等国际重要科技会议，与会国外科学家22万余人次，我国科技工作者参与国际科技交流的渠道更加通畅。紧紧围绕中央对港澳台工作大局，以做好中高层科技人员和青少年工作为重点，通过举办香港回归祖国十周年系列科技活动、海峡两岸青年科学家学术活动月等活动，进一步密切与港澳台地区的科技文化联系。

二、深入实施《科学素质纲要》，推动形成社会化科普工作格局

一是推动《科学素质纲要》颁布实施。按照国家中长期科技规划纲要部署，联合14部委研究起草《科学素质纲要》，并由国务院发布实施。充分发挥科学素质纲要实施工作办公室的组织协调作用，积极推动建立健全纲要实施工作机制，全国30个省（自治区、直辖市）、90%以上的地（市、州）和80%以上的县（市、区）成立全民科学素质工作领导机构，形成党委和政府加强领导、有关部门密切配合、社会各方广泛参与的社会化科普工作格局。2010年国务院办公厅牵头对12个省（自治区、直辖市）纲要实施情况督查结果显示，各地党委和政府高度重视科学素质工作，多数省（自治区、直辖市）以党委和政府名义印发实施意见，将科学素质工作纳入绩效考核管理范围，纲要实施取得显著成效。

二是未成年人、农民等重点人群科学素质行动务实高效。坚持以未成年人、农民、城镇劳动人口、领导干部和公务员为重点，努力把科普工作纳入《科学素质纲要》框架之内。与中央文明办、教育部、科技部等联合开展科教进社区、全国青少年科技创新大赛、科技馆活动进校园等活动，与农业部联合制定《农民科学素质教育大纲》，与国家民委等联合发布《关于进一步加强少数民族和民族地区科技工作的若干意见》，与国家安全监管总局、人社部联合开展农民工安全生产科普活动，与中组部联合开展领导干部和公务员心理健康教育课题研究与试点工作，与中直工委共同举办中央直属机关领导干部科技报告会，努力以重点人群科学素质行动带动全民科学素质整体提升。第八次公民科学素质调查显示，中国公民具备基本科学素质的比例已经从2005年的1.60%提高到3.27%，实现了《科学素质纲要》确定的“十一五”时期发展目标。

三是主题科普活动品牌效应不断扩大。围绕“节约能源资源、保护生态环境、保障安全健康”主题，着力打造全国科普日活动品牌，推动主题科普活动进学校、社区、农村、企业、机关，把科学素质工作渗透到社会生产生活的方方面面。2010年“六一”国际儿童节期间，胡锦涛总书记等党和国家领导人先后来到中国科技馆新馆，与首都少年儿童一起参加“体验科学、快乐成长——希望一号小卫星”科普活动，引起强烈社会反响。中央书记处领导同志连续五年同首都各界群众一起参加全国科普日北京主场活动，有力地推动了各地科普活动的深入开展。五年来，科协系统共举办主题科普活动123万次，参与公众超过9亿人次，同时积极参与全国科技活动周、科技下乡等活动，努力为社会公众提供优质高效的科普服务。

四是科普资源共建共享工作成效显著。发布实施《科普资源共建共享工作方案（2008—2010年）》，广泛动员社会力量参与科普创作，推动优质科普资源共建共享。建成开通中国数字科技馆，公众访问量超过1.7亿人次。“科普大篷车”广播电视节目在全国2275家电视台播出，形成覆盖全国的科普节目电视播出网络。围绕北京奥运会、上海世博会等重大活动，联合主办“科技圆梦想、和谐迎奥运”科普互动体验展全国巡展，组织开展“相约名人堂——与院士一起看世博”活动，社会反响良好。评选颁发首届“中国科普作家协会优秀科普作品奖”，推出《科学启示录》、《世博的科学传奇》等一批精品科普作品，出版科普图书5000余种，科普资源储备更加丰富多彩。

五是基层科普服务能力明显增强。以加强科普基础设施建设为切入点，联合国家发改委、科技部、中科院等13个部委制定实施《科普基础设施工程实施方案》，编制发布《科普基础设施发展规划（2008—2010—2015年）》，指导促进各类科普基础设施快速发展。目前全国科技类博物馆已达582座，其中“十一五”期间建成开放155座；中国科技馆新馆示范带头作用显著，日均接待观众1万余人次；全国科普示范县（市、区）达到713个，成为引领基层落实《科学素质纲要》的重要抓手。各级科协及所属团体结合专业和地方实际，积极发展各类社会化科普教育基地，建设科普宣传栏、科普活动站、科普大篷车等城乡基层科普设施，提升应急科普服务能力，在科学应对汶川特大地震、玉树强烈地震等重大自然灾害和科学重建方面发挥了重要作用。

三、坚持以科技工作者为本，着力为科技工作者提供优质高效服务

一是科技工作者状况调查扎实深入。着眼于在党和政府与科技工作者之间建立畅通稳定的双向沟通渠道，积极推动建立规范化、制度化的科技工作者状况调查制度，每五年开展一次全国性综合调查，每年组织若干次专项调查，开展科技人力资源研究，及时了解、准确反映科技工作者在就业方式、科研环境、生活状况、流动趋势和思想观念等方面出现的新情况新问题，第二次全国科技工作者状况调查等一批调查报告引起中央领导同志高度重视。着力建设布局合理、动态调整、两级联动、规范科学的调查站点体系，在全国设立504个国家级科技工作者状况调查站点、131个省级站点，科技工作者反映意见建议的渠道更加通畅。

二是科技人才表彰举荐活动积极活跃。围绕发现和举荐一流科技创新人才和创新团队，先后3次推荐两院院士候选人，其中42人当选中科院院士，37人当选工程院院士。联合中组部、人社部认真开展中国青年科技奖等品牌奖项评选工作，从1000余位历届中国青年科技奖获得者中涌现出46位院士、30位大学校长、81位科研院所负责人。着力打造“全国优秀科技工作者”奖励品牌，2010年评选产生977名全国优秀科技工作者，从50名候选人中由公众投票产生十佳全国优秀科技工作者，使评选活动成为声势浩大的科技工作者宣传活动。充分发挥“千人计划”窗口单位作用，深入实施“海外智力为国服务行动计划”，推荐引进100余名海外高层次人才。全国学会和地方科协设立的各类科技奖项，也已经成为我国科技奖励体系中不可或缺的重要力量。

三是优秀科技工作者宣传力度明显加大。坚持以科技人物宣传为主线，通过央视《大家》栏目等主流媒体大力宣传在科技创新和普及方面作出突出贡献的优秀科技工作者和创新团队，组织拍摄《大爱如天》、《钱学森》等科学家题材电视电影，充分展示当代优秀科学家的光辉业绩和高尚品格。联合中组部等11部委启动实施“老科学家学术成长资料采集工程”，及时把反映老科学家学术成长经历的重要资料保存下来，让老科学家切身感受到党和政府的亲切关怀，受到中央领导同志充分肯定和科技工作者热烈欢迎。

四是服务科技工作者的能力和水平不断提高。立足打造为科技工作者服务的活动品牌，自2008年起创设“中国科协会员日”，在每年12月15日组织全国学会广泛开展形式多样、内容丰富的会员服务活动，进一步密切科协与学会、学会与会员、会员与会员之间的联系，夯实学会基础。定期组织看望中国科协七大代表，听取意见建议，畅通联系渠道。各全国学会和地方科协积极探索服务会员的新途径，开设会员服务专线，尝试建立科协常委联系点制度，获得科技工作者的认可和好评。

五是科学道德和学风建设进一步加强。联合科技部、中科院、工程院等部门建立科研诚信建设联席会议制度，大力推进科研诚信建设。发布实施《科技工作者科学道德规范（试行）》和《学会科学道德规范（试行）》，印发宣传《中国科协致全国广大科技工作者的倡议书》，倡导求真务实、勇于创新的科学精神，维护科技界的良好社会声誉。针对科技界学风问题进行专题调查，形成调查报告，受到国务院领导同志高度重视，有力推动了科学道德和学风建设。组织“院士专家科学道德教育活动宣讲团”，深入高校开展巡讲活动，引导青年学子正确认识科学研究。与美国科学促进会发表联合声明，联合成立科学道德指导委员会，协调双方在科学道德领域的合作，产生良好效果。

四、切实加强自身建设，努力建设好科技工作者之家

一是党建工作扎实有效。以纪念中国科协成立50周年为契机，组织各级科协及所属团体认真学习胡锦涛总书记重要讲话精神，切实把学习活动转化为推动工作的强大动力，不断增强做好科协工作的责任感和使命感。以“科学发展与社会责任”为主题，以提高服务能力为载体，积极组织开展深入学习实践科学发展观活动，确定8个整改落实项目、30项整改落实任务和174条具体措施并认真落实，机关群众满意率达到99.6%。组织所属全国学会扎实开展第三批学习实践活动，建立党组织的全国学会达到107个。紧紧围绕“抓党建、促发展”主题，以当好科技工作者之家、争当优秀科协工作者为载体，广泛开展创先争优活动，推动科学发展，促进社会和谐。

二是组织建设力度进一步加大。及时修订《中国科协常委会工作规则》，完善工作制度，先后召开16次常委会议、6次全委会议，充分发挥14个专门委员会的重要作用，推动科协工作顺利开展。进一步加强工作人员队伍建设，积极推进事业单位改革，提高服务意识和服务能力。发布实施《中国科协团体会员管理办法（试行)》，新接纳15个学会为中国科协团体会员。截至2008年末，中国科协各级学会拥有个人会员1250余万，团体会员50余万个，科协组织的覆盖面和影响力不断扩大。

三是学会吸引力凝聚力进一步增强。及时召开全国学会工作会议，制定下发《全国学会组织通则》，推动学会健康发展。与中科院、农业部分别签署学会共建协议，努力为54个挂靠学会创造良好工作条件和氛围。加强对所属学会工作的调研、指导和培训，联合民政部共同设立学会创新发展资助项目，着力培育国内一流、国际知名的示范性学会。引导和支持学会积极承接政府转移的社会化服务职能，广泛开展科技奖励、科技评价和科技人才评价活动，学会对会员的凝聚力和影响力不断增强。

四是科协基层工作扎实深入。结合基层科协实际，与科技部联合下发《关于加强县（市）科技工作和科普事业发展的指导意见》，修订《全国县级科协组织通则》，规范县级科协组织建设工作，截至2010年底独立建制县级科协达到2175个。切实加强分类指导，科协基层组织建设取得明显进展，截至2010年底共有企业科协1.7万余个，个人会员310万；高校科协700余个，个人会员54万；街道科普协会1万余个，个人会员56万；乡镇科普协会3.2万余个，个人会员183万；农村专业技术协会10余万个，个人会员1200余万人，为在新形势下做好群众工作奠定了坚实基础。

五是科协事业发展态势良好。全国15个省（自治区、直辖市）党委和政府出台文件，加强和改善对科协工作的领导，为做好新形势下的科协工作创造条件、搭建平台。五年来，科协系统整体经费大幅增长，中央财政对中国科协投入47亿元，是“十五”期间的4倍多；全国学会获得政府补助收入10.3亿元，比“十五”期间增长1倍多；地方科协财政投入140亿元，比“十五”期间将近翻了一番。基础设施建设不断加强，中国科技会堂完成改造，部分全国学会和地方科协办公条件明显改善，信息化建设得到加强，科协服务能力和水平明显提高。

实践证明，中国科协七大以来的五年，是科协工作与时俱进、开拓创新的五年，也是科协事业继往开来、繁荣发展的五年。这些成绩的取得，是党中央、国务院正确领导、亲切关怀的结果，是各级党委和政府以及有关部门大力支持、密切配合的结果，也是广大科技工作者和科协系统广大干部职工团结奋斗、辛勤工作的结果。在此，我谨代表中国科协第七届全国委员会，并以本次大会的名义，向党中央、国务院，向各级党委和政府以及各人民团体、社会各界表示衷心感谢！向广大科技工作者和科协工作者致以崇高敬意！

回顾五年来的科协工作，我们深切体会到：

——坚持党对科协的领导，是促进科协事业发展进步的根本保证。科协是党领导下的人民团体，科协事业的发展进步同自觉接受党的领导，坚决贯彻党的基本理论、基本路线、基本纲领、基本经验密不可分，必须始终不渝地坚持党的领导，而又坚持独立自主、民主办会的原则。中央书记处每年听取科协工作汇报，对科协工作提出明确要求，这是科协事业始终坚持正确政治方向的重要保证。实践证明，只有把党的路线方针政策贯穿到科协工作的各个环节各个方面，科协组织才能把广大科技工作者紧密团结在党的周围，才能把科协工作放在党和国家事业发展的全局中来部署和推进，不断创造新的辉煌。

——坚持“三服务一加强”的工作定位，是做好科协工作的内在要求。努力为经济社会发展服务、为提高全民科学素质服务、为科技工作者服务，是科协组织做好新形势下党的群众工作的根本要求，也是做好国家科技工作的根本要求。实践证明，“三服务一加强”的工作定位，“搭建平台、资源共享”的工作思路，“大联合、大协作”的工作方式，符合中央精神，切合科协实际，有利于充分发挥科协组织作为党和国家联系科技工作者的桥梁和纽带作用，有利于充分发挥学会作为国家创新体系重要组成部分的作用，有利于充分发挥科技工作者作为先进生产力开拓者和先进文化传播者的重要作用，为科协事业开辟更大的发展空间。

——坚持以科技工作者为本，是做好科协工作的重中之重。科协是科技工作者的群众组织，科协工作主要是做人的工作，做科技工作者的工作。科协组织要更加有效地服务科学发展、促进社会和谐，必须自觉把加强党和政府同科技工作者的联系作为基本职责，把激发科技工作者的创新热情和创造活力作为根本任务，把竭诚为科技工作者服务作为自觉行动，把科技工作者是否满意作为衡量科协工作的主要标准，依靠科技工作者开展活动，努力为科技工作者提供优质高效服务。只有这样，才能真正把广大科技工作者动员和组织起来，把他们的创造热情和创新活力凝聚到社会主义现代化建设事业上来。

——坚持在遵循规律的基础上创造性地开展工作，是引导科协事业繁荣发展的基本方法。科协工作既要符合中国特色社会主义发展规律和中国共产党的执政规律，也要充分体现和遵循科学技术发展规律、科技人才成长规律和人民团体发展规律。实践证明，科协组织存在并充分发挥作用是中国特色社会主义科技发展道路的重要组成部分；通过科协组织联系、团结和带领广大科技工作者为经济社会发展服务、为提高全民科学素质服务，是党领导科技工作、提高执政能力的成功经验。只有立足科协实际，积极探索认识科协事业发展规律，创造性地开展工作，科协工作才能获得社会广泛认可和支持，科协事业的发展道路才能越走越宽广。

——坚持重心下移、深入基层，是夯实科协事业发展基础的关键。科协是科技工作者之家，把各领域各层次的科技工作者和海外科学家团结好、联系好，是中央交给中国科协的一项重要任务。这就要求科协工作更加贴近基层、贴近群众、贴近实际，切实做到哪里有科技工作者科协工作就做到哪里、哪里科技工作者密集科协组织就建到哪里，充分发挥企业科协、农技协、园区科协、街道社区科普组织等科协基层组织的重要作用，为基层科技工作者服务，为基层群众服务，让科协工作取得实实在在的效果，真正赢得科技工作者的信任和社会公众的支持。

——坚持打造活动品牌，是提升科协组织社会形象的有效途径。科协工作量大面广、资源有限，这就决定了科协组织开展活动必须突出特色、发挥优势，千方百计打造科协活动品牌，以品牌促工作、带全局。实践证明，中国科协精心打造的“全国科普日”、“中国科协年会”、“中国科协会员日”等活动品牌，展示了科协组织的特色和优势，社会影响越来越大，对科技工作者的吸引力凝聚力越来越强，必须长期坚持下去。

在肯定成绩的同时，我们也清醒地认识到，与党中央、国务院赋予科协的重要职责相比，与广大科技工作者和人民群众的殷切期望相比，科协工作还有不小差距，主要表现在：为科技工作者服务的渠道和方式还需进一步拓展，学会创新发展仍不平衡，科普资源共建共享还不能满足社会需要，县级科协基础薄弱，基层组织覆盖面不广，科协组织的社会形象不够鲜明，自身能力有待进一步加强等。这些问题都是发展中的问题，亟待采取有力措施加以解决。

未来五年的工作建议

党中央、国务院向来高度重视科技工作，近年来连续召开全国科学技术大会、全国人才工作会议和全国教育工作会议，发布实施国家中长期科技规划纲要、人才规划纲要和教育规划纲要，把“自主创新、重点跨越、支撑发展、引领未来”的科技工作指导方针，与“服务发展、人才优先、以用为本、创新机制、高端引领、整体开发”的人才发展指导方针和“优先发展、育人为本、改革创新、促进公平、提高质量”的教育工作指导方针有机统一起来，完成了科教兴国战略和人才强国战略的顶层设计，形成科技是关键、教育是基础、人才是根本的战略布局，为做好新形势下的科技工作和人才工作指明了方向。

科技工作者是科技活动的直接承担者，也是先进生产力的开拓者和先进文化的传播者。面对经济社会发展的紧迫需求，面对广大人民群众的殷切期待，科技工作者要积极行动起来，认清形势、明确任务，勇敢地担负起提高自主创新能力、建设创新型国家的战略使命，紧紧围绕科学发展主题和加快转变经济发展方式主线，不畏艰险、奋力拼搏，推动低碳发展、绿色发展、可持续发展，为加快建设创新型国家、全面建成小康社会献智出力。要紧紧围绕制约经济社会发展、关系国民经济命脉和国家安全的重大问题和关键领域，着力突破一批关键技术、核心技术和共性技术，推动提高主导产业国际竞争力；紧紧围绕培育发展新一代信息技术、生物、高端装备制造、新能源、新材料等战略性新兴产业，努力创造和掌握自主知识产权，抢占科技和产业发展的战略制高点，为未来发展开辟广阔空间；紧紧围绕生态环境、卫生健康、食品安全等事关人民群众切身利益的重大问题，大力发展民生科技，满足人民群众对美好生活的新期待；紧紧围绕发展繁荣社会主义先进文化，普及科学技术，弘扬科学精神，倡导科学态度和科学方法，宣传科学发展理念和科学文明健康的生活方式，提高全民科学素质，为科技进步和创新打下最深厚最持久的基础。

科协是科技工作者的群众组织，是党领导下的人民团体；科协工作是国家科技工作的重要组成部分，也是党的群众工作的重要组成部分。做好新形势下的科协工作，要求各级科协及所属团体高举中国特色社会主义伟大旗帜，以邓小平理论和“三个代表”重要思想为指导，深入贯彻落实科学发展观，按照党中央、国务院的统一部署和胡锦涛总书记在纪念中国科协成立50周年大会上的重要讲话要求，自觉把科协工作融入党和国家工作大局之中，团结带领广大科技工作者，紧紧围绕科学发展主题和加快转变经济发展方式主线，继续解放思想，坚持改革开放，推动自主创新，服务科学发展，提升科学素质，促进社会和谐，为胜利完成“十二五”规划、建设创新型国家和全面建成小康社会作出更大贡献。

第一，把增强自主创新能力作为服务经济社会发展的核心，在推动经济发展方式转变方面更加奋发有为。以增强自主创新能力为导向，引导科技工作者围绕改造提升传统产业、培育发展战略性新兴产业、提高民众生活品质，在基础共性技术、前沿关键技术以及民生科技领域加大攻关力度，广泛开展学术交流，用更多的原创性研究成果推进创新型国家建设。以充分发挥学会在国家创新体系中的重要作用为着眼点，搭建形式多样、各具特色的学术交流平台，重点办好中国科协年会，深化学科进展研究和发布活动，举办高端前沿学术会议，培育形成一批国际知名的精品科技期刊，用高水平的研讨活动吸引科技工作者参与到学术交流中来。以把更多的社会科技资源引向企业、引入农村为着力点，深入开展“讲理想、比贡献”活动，大力发展企业专家工作站，加大“科普惠农兴村计划”实施力度，推动企业成为技术创新主体，不断提高科学生产和文明生活的能力和水平，促进社会和谐发展。以凝聚创新智慧、服务科学决策为切入点，扎实推进国家级科技思想库建设，组织科技工作者深入调查研究，积极建言献策，努力把科技工作者个体智慧凝聚上升为有组织的集体智慧。以促进社会主义文化大发展大繁荣为出发点，积极参与文化建设，大力发展科普文化产业，努力培育新型文化业态，把科技工作者作为先进文化创造者、传播者的重要作用充分发挥出来。以统筹利用好国际国内两种科技资源为立足点，支持全国学会和我国科学家积极参与民间国际科技事务，继续推进加入工程师国际互认体系工作，加强巩固与港澳台地区的民间科技交流，不断提高对外科技交流的质量和水平。

第二，把推动科普资源共建共享作为服务提高全民科学素质的关键，在广泛普及科学技术方面更加务实高效。以全民科学素质工作纳入国家“十二五”规划为契机，根据《全民科学素质行动计划纲要实施方案（2011—2015年）》部署，认真履行纲要实施工作办公室职责，积极完成科协牵头承担的各项任务，切实加强重点人群科学素质工作，深入实施科普人才建设工程，扎实推进科普资源共建共享，努力实现“十二五”期间基本具备科学素质的公民所占比例达到5%的目标。以主题科普活动为载体，围绕“节约能源资源、保护生态环境、保障安全健康、促进创新创造”主题，重点办好全国科普日活动，积极探索动员社会力量、结合社会热点开展科普活动的渠道和机制，把优质高效的科普服务送到千家万户。以实施“社区科普益民计划”为抓手，广泛开展各类有针对性的技能培训和社区科普活动，努力打造提升城区居民科学素质的城市科普活动品牌。以科普基础设施建设为平台，继续开展全国科普示范县（市、区）创建活动，引导各地积极推进科技类博物馆建设，建立健全国家应急科普体制和机制，切实增强基层科普服务能力。以整合社会科普资源为重点，扎实推进不同地区、不同部门、不同单位优质科普资源集成共享，广泛动员社会力量特别是企业参与科普资源开发，努力把中国科技馆建成为国际一流的科普展教中心、优质科普资源研发中心和集成共享中心。

第三，把促进科技人才成长提高作为服务科技工作者的抓手，在推动建设人才强国方面更加积极进取。着眼于为创新型科技人才成长提供良好环境，深入开展科技工作者状况调查，为党和政府制定科技人才政策提供依据。着眼于推动形成创新人才竞相涌现的良好局面，大力表彰奖励优秀科技工作者，精心打造全国优秀科技工作者等品牌奖项，努力完成国家中长期科技规划纲要、人才规划纲要和教育规划纲要赋予科协组织的各项任务，发现举荐一批承前启后、堪当重任的青年科学家。着眼于培养造就世界一流科学家，充分发挥同行评议的基础作用，认真做好两院院士初遴选工作，积极推荐我国科学家担任民间国际科技组织领导职务，大力引进海外高层次科技人才，高度重视知识更新和专业培训工作，发挥好青少年科技创新大赛等竞赛活动的重要作用，努力使科协成为发现举荐优秀人才的重要通道。着眼于调动激发全社会的创新热情和创造活力，深入实施老科学家学术成长资料采集工程，进一步加大对基层一线优秀青年科技工作者的宣传力度，重点办好中国科协会员日等重要活动，着力培育打造一批科技工作者认可、社会广泛关注的科技工作者宣传品牌，帮助科技工作者从同行认可走向社会认可和政府认可。着眼于建设社会主义核心价值体系，注重发挥专业学会在规范学术行为方面的独特作用，大力发展科学文化，培育创新文化，推动制定预防和惩治学术不端行为的政策法规，加大科学道德规范实施力度，广泛开展科学道德和学风建设宣讲活动，引导科技工作者坚定理想信念，努力成为良好学术风气的维护者、严谨治学的力行者、优良学术道德的传承者。

第四，把提高做好群众工作的能力和水平作为加强自身建设的重点，在把科技工作者紧紧团结在党的周围方面更加扎实有效。围绕充分发挥科协八大代表的重要作用，进一步健全完善代表任期制和代表建议制，加强专门委员会建设，贯彻落实好民主办会原则，不断增强科协组织对科技工作者的吸引力凝聚力。围绕打造高素质学会专职工作人员队伍，进一步加强学会党建工作，完善会员服务制度，积极在基层一线科技工作者中发展会员，不断增强学会联系科技工作者、参与社会管理和社会服务的能力。围绕扩大科协组织覆盖面，高度重视同新经济组织中科技工作者的沟通联系，倡导鼓励高新技术园区和经济技术开发区建立科协组织，培育支持辐射带动作用强的农村专业技术协会，加大在综合性高校建立科协组织的力度，促进街道社区科普组织健康发展，进一步密切同广大科技工作者的思想沟通、情感交流和工作联系。围绕做好新形势下党的群众工作，广泛开展创先争优和创建学习型党组织活动，深入基层一线与科技工作者开展面对面、手拉手、心贴心的调研访谈活动，推动解决科技工作者最关心最直接最现实的利益问题，引导科技工作者自觉把思想和行动统一到中央重大战略部署上来，把广大科技工作者紧紧团结在党的周围。

做好这些重点工作，完成党和政府赋予科协的重要任务，迫切需要科学规划未来五年科协工作的发展目标、重点任务和保障措施，制定实施好中国科协事业发展“十二五”规划。要把加强科协工作人员队伍建设作为增强科协服务能力的基础工作，完善工作机制，增强服务意识，努力使科协工作人员成为名副其实的“科技工作者之友”。要把信息化建设作为加强同科技工作者沟通联系的重要手段，全面提升科协系统的信息服务能力。要把科协文化建设作为增强科协组织吸引力凝聚力的重要方面，进一步加强科协宣传工作，推动形成科协系统普遍认同的核心理念和行为准则，不断提升科协组织的社会形象。要把加强基础设施建设作为提升服务水平的重要内容，加大科普场馆建设力度，改善工作条件，使科协组织有能力、有手段为科技工作者提供优质高效服务，真正当好“科技工作者之家”。

各位代表、同志们！

实现全面建成小康社会、加快推进社会主义现代化的宏伟蓝图，科技工作者责任重大、任务艰巨、使命光荣。让我们更加紧密地团结在以胡锦涛同志为总书记的党中央周围，高举中国特色社会主义伟大旗帜，深入贯彻落实科学发展观，同心同德、振奋精神，开拓创新、团结奉献，为加快建设创新型国家、全面建成小康社会，作出新的更大贡献！

中国科学技术协会第八次全国代表大会闭幕词

（2011 年 5 月 30 日）

韩 启 德

各位代表、各位来宾、同志们、朋友们：

在全体与会代表的共同努力下，经过三天半紧张、有序、高效的工作，中国科协第八次全国代表大会圆满完成了各项议程，今天就要闭幕了。会议期间，代表们肩负广大科技工作者的重托，认真履行职责，围绕大会主题踊跃发言，热烈讨论，献计献策，切实把这次大会开成了一次团结的大会、民主的大会、奋进的大会，对于团结带领广大科技工作者为实施“十二五”规划、建设创新型国家和全面建成小康社会而努力奋斗，推动科协工作实现新发展新跨越，必将产生重要而深远的影响。

党中央历来高度重视科技工作者工作和科协工作，对召开本次大会给予了精心指导和直接领导。中共中央总书记胡锦涛等党和国家主要领导同志集体出席大会开幕式，习近平同志代表党中央致祝词，充分肯定了广大科技工作者和各级科协组织在改革和发展中取得的卓著成绩，殷切希望广大科技工作者在实现中华民族伟大复兴

（一）尊重科技人才

科技工作者的社会地位和声誉是一个社会发展和现代化程度的重要标志。改革开放之初，我们迎来了“科学的春天”，陈景润等科学家曾经赢得全社会的尊重甚至是崇拜。但现在情况有了一些变化。去年有一位全国政协委员对北京市 1180 名中小学生进行了关于“理想职业”的问卷调查，在 9 个可选职业里面，“科学家”被排到了第七位。中国科协开展的公众科学素养调查也显示，被调查者最希望下一代从事的职业中，“科学家”的排名不高。与之相对的，则是社会上的“公务员热”和“MBA 热”。选择的多元化反映了社会的进步，但与此同时，我们也应该大大加强对优秀科技工作者的宣传力度，让公众了解他们的重要贡献、优秀事迹和高尚品格，使科技工作者成为社会受尊敬和信任的群体。

我们还应该为科技工作者搭建更多建言献策的平台，让他们感受到国家和社会对他们的认可和尊重。政府要从善如流，特别对有独特见解的、“非主流”的反对意见更要予以充分考虑。我曾在不少场合听到科技专家们称羡美国总统科技顾问团队在国家决策中所能发挥的影响，我想，其实我们是可以比美国做得更好的。

科技工作者不可能是社会上最富有的群体，但我们应该保证他们过上有尊严的、体面的生活。这些年我国科技工作者的收入水平与生活待遇有了明显的提高，但是很不平衡，需要我们在动态中不断进行调节。就目前来说，我们需要更加关注和关心基层科技工作者的生活和业务提高发展问题，关注和关心青年科技人员的住房问题，关注和关心一些企业的离退休科技人员收入过低，特别是医疗得不到充分保障的问题。近年来，我到各地，特别是基层调研，对上述问题有真切的感受。我相信，凭借我国当下的经济实力，这些情况是可以得到改善的。

（二）完善科技奖励机制

改革开放以来，我国科技奖励制度得到蓬勃发展，对激发科技人员的积极性起到了很大的作用。但也有不少做法已经不能适应当前科技发展的需要。现在的奖励名目过多，但是质量欠高，以致在一定程度上助长了学术浮躁。我认为，应该减少各级政府设立的奖项，充分发挥学术共同体的主体作用，精心培育学术团体的优秀奖励品牌。奖励要强调经过时间“沉淀”和考验，而拒绝授予既无原始理论创新又尚未证明具有重大应用价值的“中间成果”。我还想强调的一点的是，科技奖励本身就是一件严肃艰巨的科学任务，必须遵循科学规律，要下真功夫。青蒿素发明一直是我国引以为豪的科技成果，但仅仅由于难于确定成果归属而一直没有得到足够的表彰和奖励，其中折射出的不少问题值得引起我们深思。总之，我们应当让科学精神回归科技奖励，真正激活科技奖励机制。

（三）完善学术评价制度

这方面近年来大家已经有过很多讨论，并有了很大的改进。大家越来越认识到，学术评价不能简单采用像记工分那样的量化方法，而要以质量为重。然而，如何评定质量则是一个十分复杂和困难的问题。我认为其中重要的一点是要避免采用单一标准。基础研究、前沿技术研究与应用研究、不同领域和学科，乃至不同发展阶段和不同地区的评判标准都应该有所差别。同时，质量的评定需要专家花更大功夫，需要更加公开、透明，在重大成果和重大项目评定时，是否采用专家实名制为好，值得考虑。当然，质量的衡量也有赖于评定专家的学术鉴赏力，这就要求我们拥有更多一流水平的同行专家。

学术的发展以及学术公平公正的维护还需要健康的学术批评。学术批评需要更多人的积极参与，形成百家争鸣的局面；同时需要强调学术的严肃性，需要民主、平等、理性和包容的学术品格。让我们共同努力，培育我国风清气正的学术批评空气和土壤。

（四）更加注意爱护和扶持青年科技工作者

青年科技工作者是我们未来的科研中坚。我国有很多青年才俊，不仅科学素质高，而且对科技工作充满激情、锐气和创造力。我们应该呵护他们的积极性，敢于把重担压给他们，把成功的机会让给他们，把他们独立取得的成果归功于他们。对他们不能求全责备，要允许他们失败，容忍他们的不足，张扬他们的个性，让他们“各尽其能，各得其所”。我们已经有不少成功的例子，例如承担我国载人航天飞行和月球探测等工程的科研集体，都是年轻人在挑大梁，他们中大部分人没有出过国，工作资历不深，也没有名气。但事实证明，只要把任务明明白白地放在他们面前，把担子压在他们身上，他们就能不负众望，不辱使命。

在扶持青年人方面，王选院士是我们的榜样。他曾经很坦然地说：“我现在 61 岁，创造高峰已经过去。我 55 岁后就没什么创造了。”所以，他在盛年就毅然退出科研第一线，把自己的精力主要用在扶持青年科学家上面。这样的胸怀和远见卓识，是王选院士留给后人的一笔非常可贵的精神遗产。

上面提到的问题，很多都牵涉到我国科技体制和机制改革。但一切体制和机制，又都是由人创造的。一个人生命的最绚烂丰富的部分，当属其精神世界。当代中国的科技工作者，生逢其时，应当在自身精神境界的拓展上，不断超越，追求至善。“两弹一星功勋奖章”获得者于敏院士讲过一段话："一个现代化的国家没有自己的核力量，就不能有真正的独立。面对这样庞大的题目，我不能有另一种选择。一个人的名字，早晚是要没有的。能把微薄的力量融进祖国的强盛之中，便足以自慰了。"我们每一位科技工作者，都应该追求这样的精神境界，承担起更加重大的社会责任。我们不仅自己立身要正，要恪守职业道德、保持高尚的学术操守，更要做社会的良心，不降其志、不辱其身、不惧流俗！

各位来宾、同志们：

在今天致辞的最后，我想引用一位与天津大有渊源的近代名人的两段话，第一段话是："我们世界之运，由乱而进于平，胜败之原，由力而趋于智，故言自强于今日，以开民智为第一义。"第二段话是："今日之责任，不在他人，而全在我少年。少年智则国智，少年富则国富，少年强则国强，少年独立则国独立，少年自由则国自由，少年进步则国进步，少年胜于欧洲，则国胜于欧洲，少年雄于地球，则国雄于地球。"大家应该已经记起来，讲这两段话的人是梁启超。他的故居饮冰室，今天还矗立在天津的民族路上。梁启超把"开民智"作为强国的第一要义，把中国的希望寄托在了青年人身上，这确实是振聋发聩之声。我们在百年之后诵读这样的名言，仍然感到壮怀激烈。我们科技工作者所从事的事业，正是开拓创新、永葆青春的事业，正是开启民智、强国富民的事业，希望我们能够继承前人的报国之志，振奋精神、团结一心，努力推动中国科学技术事业的大发展大繁荣，为中华民族的伟大复兴作出新的更大贡献！

祝愿第十三届中国科协年会取得圆满成功！

谢谢大家！

在首都高校"科学道德和学风建设宣讲教育"报告会上的致辞

（2011 年 10 月 13 日）

韩启德

各位院士专家，同志们：

今天，中国科协、教育部联合在京举行首都高校"科学道德和学风建设宣讲教育活动"报告会。这是我国科技界、教育界为加强科学道德和学风建设开展的一次联合行动，既是广大科技工作者弘扬科学精神、维护科学尊严的盛会，也是引导青年学生树立科研诚信意识、提高科学道德素养的重要课堂，必将对推动形成风清气正、求真务实的优良学风，营造有利于自主创新和人才成长的科研环境发挥积极作用。首先，我代表主办单位向关心支持宣讲教育活动的师老（师昌绪）、袁隆平先生、杨乐先生、黄伯云校长等专家表示衷心感谢！向出席今天会议的同学们表示热烈欢迎！

科学技术作为人类智慧的结晶，不仅创造了巨大的生产力推动经济社会发展，而且不断丰富和发展求真求实的科学文化内涵，形成了以科学精神为精髓的人类社会的共同信念、价值标准和行为规范。纵观人类社会发展历史，从摆脱中世纪的蒙昧进入文艺复兴时期，到近代工业革命的兴起乃至 20 世纪以来新技术革命浪潮引领的知识经济时代，我们可以清晰地看到，科学精神不仅是推动科学技术发展的不竭动力，也是引领人类文明进步的重要标杆，千百年来一直深刻影响着人们的行为方式和价值追求。哥白尼曾说过，"人的天职在于探索真理"，那么科学研究就是这份天职中最崇高、最纯洁的职业。

在我国，依靠科学和民主实现中华民族的伟大复兴，是百余年来中国科技界的不懈追求。新中国成立 60 年来，一代又一代科技工作者爱国奉献、坚持真理、开拓创新、诚实守信，不仅在科学技术领域取得了辉煌成就，而且塑造了热爱科学、勇攀高峰、忠于祖国和人民的高尚品格，显示出优良的科学道德与学术素养，为全社会树立了光辉典范。"两弹一星"精神、载人航天精神就是科技界在创造伟大功勋中凝炼的伟大精神。没有这种崇高的精神力量，就没有我国科学事业今天这样良好的发展局面，就没有我国今天令世界瞩目的综合国力，这是我国科技界最宝贵的精神财富。

在看到我国科研诚信与优良学风主流的同时，也应当清醒地看到，近些年来，随着我国经济社会环境的变化，一些社会不良行为和习惯势力开始侵蚀科技健康的肌体，科研造假、学风浮躁、抄袭剽窃等行为屡屡发生，已经成为社会的热点问题，严重危害了科技界的公信力和良好社会形象，不利于青年科技人才的健康成长，对科技事业健康发展产生的消极影响不可低估。解决这些问题迫在眉睫、刻不容缓。广大科技工作者要与教育工作者一起行动起来，继承和发扬老一辈科学家的优良传统，高举爱国主义旗帜，大力弘扬科学精神，恪守科学道德和科研伦理，以严谨的科学态度和强烈的社会责任感，着力推进学风道德建设，让科研领域成为阳光下最纯洁、最神圣的一方净土，让科技工作成为最受人尊敬、最令人向往的崇高职业。

加强科学道德和学风建设是科技界、教育界的一项共同使命和长期任务。中国科协与教育部联合发起科学道德与学风建设宣讲教育活动，就是希望通过宣讲活动正确引导广大科技工作者特别是青年科技工作者和在校研究生，遵守学术规范，坚守学术诚信，完善学术人格，维护学术尊严，旗帜鲜明地揭露和抵制学术不端行为。今天的报告会拉开了宣讲活动的序幕，今后科学道德和学风建设宣讲教育会成为一项长期性、制度性的活动，在全国范围内广泛开展，让每一个立志于从事科学研究的青年人，让每一个新入职的科技工作者都能够及时得到科学道德和学风这方面的教育。借此机会，我想向广大青年朋友提几点希望：

第一，欲修学，先立身。青年科技工作者要坚持以德立学、以德立业、以德立人，重操守、重品行、重修养，真正做到做人做事相统一、立德立学相统一、人品学识相统一。要以老一辈优秀科学家为榜样，树立正确的世界观、人生观和价值观，自觉把个人的聪明才智和事业追求与现代化建设的需要和亿万人民的幸福安康结合起来，努力实现自己的理想抱负。

第二，要严格遵循学术规范，养成良好学风。要像爱惜自己的眼睛一样珍惜自己的学术声誉，坚决抵制学术上的不正之风，维护科技创新成果的公信度，维护科技工作者的良好形象。要自觉树立“营造优良学风从我做起”的意识，养成献身、创新、求实、协作的良好作风。不仅要熟练掌握专业知识和操作技能，进一步增强自身理论联系实际的社会实践能力，全面提高自身的综合素质与创新能力，而且要树立正确的学习观、成才观，发扬紧密协作、和衷共济的团队精神，互相尊重、互相学习，善于包容、善于合作，取长补短、协同攻关，推动形成有利于出成果、出人才的良好学术氛围。

第三，要敢于质疑、勇于创新。“学贵知疑，大疑则大进，小疑则小进，不疑则不进”。青年科技工作者要以蓬勃的朝气和奋发向上的精神，不断探索，提出质疑，力争求实创新，从容面对失败。要励精图治、克服困难，站在前人的肩膀上勇攀高峰，抓住正确方向，奋勇拼搏、勇往直前，以“攻城不怕坚、攻书莫畏难”的气势和“会当凌绝顶、一览众山小”的气概，在建设创新型国家的伟大事业中有所作为。

科研诚信和良好学风是科学事业繁荣发展的前提，是建设创新型国家的基石。我们坚信，在大家的共同努力下，通过密切交流与合作，科研诚信必将改善，科学领域将更加纯净，科学精神将永放光芒。

最后，祝本次科学道德与学风教育宣讲活动取得圆满成功！

在中国科协纪念钱学森同志诞辰100周年大会上的讲话

（2011年12月1日）

韩 启 德

尊敬的各位来宾，同志们：

钱学森同志于1986年至1991年期间担任中国科协主席，1991年5月起担任名誉主席，为科协事业的改革发展做出了卓越的贡献，受到中央的充分肯定和广大科技工作者的衷心爱戴。今天，中国科协召开钱学森同志诞辰100周年纪念大会，缅怀和追思钱学森同志的丰功伟绩，总结和梳理他的科学思想，继承和弘扬他的爱国精神和科学精神，对于进一步调动激发广大科协工作者和科技工作者的积极性创造性，为更好地建设创新型国家、全面推进中国特色社会主义伟大事业而不懈奋斗，具有十分重要的意义。刚才，曾与钱学森同志共事多年的老同志、老专家，以及科协机关的代表、上海交大的青年学生代表，都做了很好的发言，情真意切、感人至深，使我们更加崇敬和仰慕钱学森同志赤胆忠诚的爱国情怀、敢为人先的创新精神、无私奉献的价值追求和卓尔不群的科学品质。

钱学森同志在中国科协工作期间，给科协系统留下了浓墨重彩的记忆和宝贵的精神财富。

一是身体力行倡导学术民主，重视学术组织建设和学术交流的作用。钱学森同志认为学会是科技工作者相互学习、相互启发、交流经验的重要载体，可以把不同领域、不同部门之间、不同专业的人组织起来。1977年中国科协刚刚恢复工作，钱学森就强调学会在科技人员横向联系学术交流方面所发挥的作用。他指出，“学术讨论总要搞个学术组织。一是成立研究所和在大学里设置专业，二是成立学术组织。我们要严肃认真地搞学会工作，不能随随便便，更不能有江湖习气。搞学术，态度就是要认真、严肃。当然，认真并不等于不活泼。我们要诚恳地交流，有活泼的气氛，有话就说。只有这样，我们这个学术组织就可以搞好。”20 世纪八十年代，在他的倡导推动下，成立了中国系统工程学会等全国学会。钱学森同志始终坚持民主办会，践行学术民主的理念。1984 年他在中国科协第二届全国委员会第三次会议上提出：“要积极支持学会独立自主地开展工作，民主办会，保证科技工作者当家作主。这就是说，必须克服和防止政群不分、以政代群的现象，切实贯彻‘双百’方针，实行学术民主，增强学会的活力。”他多次讲过，“在新的科学领域里，没有什么权威，决不能搞一言堂。大家充分发表意见，互相交流，争吵一下也没有关系。暂时统一不了认识，不要紧，慢慢来。总之，我们既要严肃认真，又要生动活泼，充分发扬民主，百家争鸣，百花齐放。”

二是积极推动树立“大科普观”，丰富发展了科普工作的文化内涵。钱学森同志强调科学技术是文化的组成部分，把科普工作纳入文化建设的范畴。他多次提出，现代科技和文学艺术应该结合起来，使科普工作在文化建设中发挥更大的作用，提出“科学技术现代化一定要带动文学艺术现代化”的思想。温家宝总理 2005 年看望钱学森时，钱学森同志再次提出，一个有科学创新能力的人不但要有科学知识，还要有文化艺术修养。他坚持“科普学”是“文化学”中的实用学科，支持并亲自参与科学普及的实践工作和理论探索。钱学森同志提出科普工作的三个层次，把文化和社会科学知识列入到科普工作的内容中。他敏锐地指出，科普对象应分成三类：一是为农村及小集镇的“大农业”和城市“大工业”服务的大面积科普；二是为提高广大干部科学素质服务的科普；三是为科技专家们了解非本专业领域的新发展、为开阔思路服务的科普。这种划分，对现阶段推动实施《全民科学素质行动计划纲要》，特别是重点人群科学素质行动，仍然具有重要的指导意义。

三是注重人才培养，竭力完善创新人才培养体制。钱学森同志甘为人梯，竭力培养优秀科技人才。他几十年来坚持给来信求教的青年书写回信，帮助青年提炼思想、找准方向。他根据自己的成长经历和人才培养经验，设计了现代科学技术体系下受教育者与年龄关系的新方案，探索青少年教育培养的新理论和新方案。胡锦涛总书记在 2008 年看望他时说：“您一直热心培养和提携年轻人，以自己的渊博学识和高尚品格，带出了一批优秀科学家，其中有的已成为我国科技事业的领军人才。”2009 年，在病榻上的钱学森还对温家宝总理说：“培养杰出人才，不仅是教育遵循的基本原则，也是国家长远发展的根本”。钱学森同志鼓励面向青年科技工作者设立奖项，推动建立国家创新人才奖励体系。1987 年 9 月，中国科协三届六次常委会在审议面向全国科技工作者设立奖项时，他说：“我们这样年纪的老家伙，已经不需要这类奖励了，真正需要鼓励的是青年人。……，科协应该面向青年科技人员设立奖项，鼓励青年人才脱颖而出、担当重任”，得到了朱光亚、王大珩等赞同，并改设为“中国科学技术协会青年科技奖”。1994 年更名为“中国青年科技奖”，由中组部、人事部、中国科协共同组织实施。至今已评选了 12 届，获奖者多已成长为两院院士、首席科学家和科研骨干。

四是重视“专家群体”的整体优势，积极推动经济社会发展。钱学森同志强调集成专家群体的智慧，推动决策咨询和科技服务。他大力提倡用系统科学的观点考虑科协工作，力图把广大科技工作者的“零金碎玉”打造成一个“纯金美玉”。他在 1986 年的一次政协会议上讲到：“我之所思，除了希望科技人员站得高、看得远、做得实之外，主要是一件事，即把系统工程的科学引进到政协工作中来，以便充分发挥政协‘人才库’的优势。”1989 年 3 月 17 日他在谈关于多学科、综合性学术交流和决策论证的重点课题问题时说：“决策咨询，一定要用系统工程的方法，有定性、定量的分析。不那么搞，就很难说你的建议到底是怎么来的。”钱学森同志要求提炼决策咨询建议必须要有前瞻性、针对性、可操作性。他指出，作好决策咨询，一要选题准，必须围绕国家科技经济社会发展中的重大问题来确定，可以是国家中长期发展战略、发展规划与科技有关的问题，也可以是国家重大工程项目方面的问题，还可以是行业发展和地区经济科技方面的问题；二要有时效性；三要利用好学术交流活动的成果。他明确提出“学术活动的成果，对科技经济发展有哪些建议，应有专门的反映。不是送一个大本子，而是要加工，把那些有份量的建议整理送中央，发挥助手的作用。”钱学森同志站在可持续发展的战略高度，前瞻性地提出在西部地区发展沙草产业。他认为，要转变关于西部沙漠的思维定势，看到沙漠上也有搞农业的有利条件。所以不仅是“治理”，更重要的是“开发”，将治理蕴含于开发之中，他积极倡导建设知识密集型沙产业和草产业，为西部地区破解“三农”、“三牧”难题提供了重要途径。

五是开创科协工作理论研究，努力构建中国特色的科技社团体制机制。钱学森同志坚持中国科协是中国共产党领导下的人民团体，要按照党中央的方针政策来办事。他认为，中国科协之所以是人民团体，首先是因为它是群众团体，但不是一般的群众团体，是中国科技工作者的全国性群众团体，它代表的是全体自然科学技术工作者。明确这个问题是为了更好地认识我们中国科协的性质，增强责任感，使科协组织在我国社会主义民主政治建设中能够更好地代表中国科技工作者，更加自觉地积极地参与社会协商对话，参与国家和社会事务的民主管理和民主监督工作，在维护全国人民总体利益的同时，更好地表达和维护科技工作者的具体利益。在他积极支持和推动下，全国政协七届十二次常委会议决定，恢复中国科协为全国政协的组成单位。钱学森同志大胆构想建立“大科协、小机构、多中心”式中国特色的科协组织体系，积极推动中国科协的改革发展。他曾描绘对中国科协的构想，一是“大科协”，包括理工农医等所有的科学技术与科学技术应用；二是“小机构”，指机关要精简，人员要精干，办事效率要高；三是“多中心”，就是要多办一些服务性实体。大科协、小机构，办事就得靠实体，把日常工作交给实体去承办。钱学森同志还把“中国科协学”纳入到现代科学技术体系中。他认为科协工作的理论是现代科学技术体系的一部分，是社会科学的范畴，是社会科学部门里的实用学科。他提出中国特色的科技群众团体理论，是中国科协史上的一大创举，大大提升了科协理论的研究水平。

我们在深切缅怀钱学森同志的同时，更要把学习纪念的成果转化为激发调动广大科技工作者积极性创造性的精神力量，内生为推动科协事业科学发展的不竭动力。大力弘扬顾全大局、甘于奉献的爱国精神，鼓励广大科技工作者自觉把个人前途与国家命运、人民需要紧密结合起来，把实现自身价值与服务祖国人民统一起来，把人民满意作为最高的褒奖，努力争当先进生产力的开拓者；大力弘扬求真务实、勇于创新的科学精神，支持广大科技工作者坚持严肃的科学态度和严密的科学方法，积极倡导民主讨论、平等待人的学术风气，敢于提出新观点、新思想、新方法和新理论，发扬甘为人梯的奉献精神，勇作科学精神的守望者，努力争当先进文化的传播者。大力弘扬淡泊名利、诚实守信的高尚品格，引导广大科技工作者恪守职业道德和学术操守，耐得住寂寞、守得住清贫，“玉可碎而不可损其白，竹可破而不可毁其节”，永远保持内心的一片净土，努力争当科学道德和良好学风的传承者、维护者。

腹有诗书气自华，人到无求品自高。钱学森同志的科学思想博大精深，深刻影响着中国科协的改革发展；他的爱国主义精神、科学精神、科学态度和高尚的道德品质深刻影响着我们每一个人的言谈举止。站在全新的历史起点上，让我们进一步继承和发扬钱学森同志精神，不负重托，不辱使命，振奋精神，锐意进取，为实现“两个百年”的宏伟目标、为建设创新型国家和全面建设小康社会作出新的更大的贡献。

谢谢大家。

在中国科协会员日报告会上的致辞

（2011 年 12 月 15 日）

韩启德

尊敬的王兆国副委员长，同志们、朋友们：

今天是每年一度的中国科协会员日，是广大科技工作者自己的节日。我们在这里隆重集会，重温胡锦涛总书记在庆祝中国科协成立50周年大会上的重要讲话精神，回顾一年来科协在服务科技工作者方面所做的工作，表彰奖励在国家经济发展、社会进步、科技创新和科学普及中作出突出贡献的优秀青年科技人才。在此，我代表中国科协向全国广大科技工作者和会员朋友们致以亲切的问候，向“中国青年科技奖”和“科技馆发展奖”获得者表示热烈祝贺，向长期以来支持科协工作的社会各界表示衷心的感谢！

同志们：

一年来，各级科协及所属学会努力为科技工作者提供优质高效服务，赢得了各级党委政府的充分肯定和广大科技工作者的信赖支持。一是积极搭建国内外学术交流平台，通过高水平的学术交流把握科学前沿、拓展研究视野，启迪科学思维、创新科学方法，为科技工作者特别是青年科技工作者成长提高创造更多机会。我们不仅成功举办中国科协年会等综合性、国际化的学术交流活动，而且倡导开展小型高端学术沙龙等活动，大力提倡学术批评和学术争鸣，创造良好的学术环境，为萌芽时期尚未获得主流认可的学术观点、理论以及灵感提供交流平台，激发科技工作者的创造力。二是大力表彰举荐优秀科技工作者和创新团队，“中国青年科技奖”、“中国青年女科学家奖”、“求是杰出科学家奖”等科协及所属学会各类人才奖项，帮助大批具有发展潜力的科技创新创业人才和创新团队展示才能、脱颖而出。截至10月底，科协系统共表彰奖励科技工作者近8万人次和先进集体2.2万余个，成为推动科技人才成长提高的重要通道。今年中国科协推荐的两院院士候选人中，14人当选中科院院士，10人当选工程院院士。我们鼓励、举荐和支持我国科学家在国际科技组织中担任领导职务，168位科学家担任执委以上职务，提升了我国科技界在国际上的话语权和影响力。三是广泛宣传在创新科学技术和普及科学技术方面作出突出贡献的优秀科技工作者和创新团队，进一步在全社会树立科技界奉献、协作、求实、创新的鲜明形象。12月1日，我们隆重召开中国科协纪念钱学森同志诞辰100周年大会，在缅怀和追思钱学森同志的卓越功勋、总结梳理他的科学思想的同时，倡导广大科技工作者继承和弘扬钱学森同志的爱国精神和科学精神，努力争当先进生产力的开拓者、科学精神的守望者、先进文化的传播者和良好学风的传承者。四是深入开展科技工作者状况调查研究，准确了解和把握科技工作者总体状况与发展趋势，及时反映他们的意见和诉求，推动解决他们的实际困难和问题，为党和政府制定实施符合科技人才成长规律的政策措施提供依据，为科技工作者成长成才、创新创业创造良好的政策环境和舆论环境。五是扎实开展科学道德和学风建设，按照“全覆盖、制度化、重实效”的目标要求，把科学道德和学风建设教育纳入研究生培养环节，从源头入手，帮助青年学子和青年科技工作者规范自律、健康成长，迈好学术生涯第一步。

今年，我们还隆重召开了中国科协第八次全国代表大会。大会认真总结了中国科协过去五年的工作，在科学认识、准确把握科协工作面临的新形势、新任务基础上，对未来五年的主要工作作出重点部署。胡锦涛总书记等党和国家领导人集体出席开幕式，温家宝总理在会议期间为全体代表作形势报告，习近平同志代表党中央致祝词，对科技工作者提出四点殷切期望，王兆国同志在闭幕式上发表重要讲话，刘延东同志出席闭幕式。这些充分表明，中央对在新时期加快科技事业改革发展是高度重视的，对充分发挥科技工作者的重要作用是寄予殷切期待的，这为广大科技工作者施展才华、勇攀科技高峰提供了广阔舞台，为科协工作指明了方向。

我们要倍加珍惜和爱护科技工作者的积极性和创造热情，团结带领广大科技工作者在服务经济社会发展中奋发有为。要为科技工作者提供广阔的学术交流平台、创新创业机会和自主发展空间，让他们感到学有所专、专有所用、用有所长，能够最大限度地发挥自己的创造活力。要积极推动科技奖励体制和学术评价制度进一步完善，努力营造鼓励创新、敢于冒险、宽容失败的治学氛围，让广大科技工作者安心搞科研、一心谋创造。要及时反映科技工作者的意见诉求，积极推动和帮助解决他们工作和生活中的实际困难和问题，使他们能够心无旁骛做好研究，在前瞻性、基础性、战略性的科技创新领域加强攻关，掌握一批核心技术，培育具有国际竞争力的产业，切实推动我国自主创新能力的有效提升。

我们要倍加珍惜和爱护科技工作者的社会形象和学术荣誉，努力推动造就大批德才双馨的科技创新人才。引导广大科技工作者继承发扬钱学森等老一辈科技工作者的光荣传统，大力弘扬“两弹一星”精神和载人航天精神，自觉把个人前途与国家命运、人民需要紧密结合起来，把实现自身价值与服务祖国人民统一起来，把人民满意作为最高褒奖，努力为加快转变经济发展方式、建设和谐社会倾注才智。要大力宣传在创新实践中作出突出成绩的科技工作者和创新团队，让他们爱国奉献、敢于创新、勇于竞争、诚信合作的生动事例和时代风尚在全社会广为传颂，牢固树立科技界坚持真理、诚实劳动、亲贤爱才、密切合作的良好社会形象。要切实加强科学道德与学风建设，教育广大科技工作者珍惜自己的学术声誉，坚决抵制学术不端行为，保持学术共同体风清气正，维护科技创新成果的公信度，在公平竞争的治学环境中培养造就一流人才。

我们要倍加珍惜和爱护科协组织的凝聚力和感召力，真正把科协组织建设成为合格、温暖的“科技工作者之家”。要努力拓展为科技工作者服务的渠道和方式，以大力提升学会服务能力为着力点，引导学会完善会员服务机制，广泛开展学术交流、科技奖励、继续教育、人才评价等活动，切实提高服务科技工作者的能力和水平，不断增强会员对学会的认同感和亲近感。要以文化聚人心、促发展，把服务科技工作者与营造科协特有文化氛围有机结合起来，以科协系统普遍认同的核心理念和行为准则凝聚科技工作者，让科技工作者自觉亲近科协、时刻感受到科协组织的温暖和关爱。要进一步加强与广大科技工作者的沟通联系，深入基层一线、深入科研实际，与科技工作者真诚交流，不断密切同广大科技工作者的情感交流和工作联系，把中国科协建成“科技工作者之家”，使各级科协干部成为“科技工作者之友”，帮助科技工作者干事业，干成事业，干好事业。

青年科技工作者最有朝气、最有活力、最有创造性，是推动科技进步和学术创新的中坚，是我国在世界范围内夺取科技制胜权的希望。“中国青年科技奖”获得者们是我国青年科技工作者的杰出代表，是我国建设创新型国家的重要依靠力量，我们要支持他们“放开手脚、大胆工作”，在实践中尽快成长提高，再创佳绩、再立新功。对青年科技工作者要“压担子、给机会、认成绩”，不对他们求全责备，允许他们失败，容忍他们大胆尝试、张扬个性，帮助他们争当“出头鸟”，鼓励他们不因循守旧、墨守成规，勇于探索、敢于怀疑、敢于批判，始终保持强烈的创新意识和创造激情，在科研实践中尽情地展现才华、大有作为。

各位代表、同志们！

我们国家正在迈向建设创新型国家、全面建设小康社会、实现两个百年现代化宏伟目标的新的伟大征程，广大科技工作者生逢其时，使命光荣、责任重大。希望大家振奋精神、团结一心，努力作出无愧于时代、无愧于国家和人民的新的更大贡献！

预祝中国科协会员日活动圆满成功！

谢谢大家。

在2011年中国科协工作会议上的报告

（2011年1月18日）

邓　楠

同志们：

岁末年初，我们在这里召开中国科协工作会议，主要任务是传达学习中央关于科协工作的重要指示精神，全面总结2010年工作，安排部署好2011年各项工作，团结带领广大科技工作者，围绕科学发展主题，服务加快转变经济发展方式主线，明确任务，突出重点，圆满完成中央交给科协组织的各项任务。刚才，齐让同志传达了中央书记处关于科协工作的几点意见和国办关于刘延东国务委员听取全民科学素质纲要实施情况汇报的会议纪要，希望大家结合工作实际，认真学习贯彻，切实把中央指示精神落到实处。下面，我着重讲两个问题。

关于2010年的主要工作

一年来，在党中央、国务院的正确领导下，在王兆国、刘延东同志的直接领导和韩启德主席的团结带领下，中国科协高举中国特色社会主义伟大旗帜，深入贯彻落实科学发展观，按照党的十七大、十七届三中、四中、五中全会精神和胡锦涛总书记在纪念中国科协成立50周年大会上的重要讲话要求，认真落实中央书记处对科协工作的指示精神，切实履行党和政府联系科技工作者的桥梁纽带职责，坚持为经济社会发展服务、为提高全民科学素质服务、为科技工作者服务，团结奋斗，开拓进取，各项工作取得新进展。

一、坚决贯彻中央重大决策部署，不断增强服务大局的主动性和积极性

一是认真学习贯彻十七届五中全会精神。党的十七届五中全会刚刚闭幕，中国科协党组立即召开理论学习中心组学习扩大会议，及时传达胡锦涛总书记和温家宝总理的重要讲话，认真学习《中共中央关于制定国民经济和社会发展第十二个五年规划的建议》，深入思考科协组织在加快经济发展方式转变中的重要使命和社会责任，进一步明确科协工作重点和方向。结合科协实际，认真组织研究编制中国科协“十二五”事业发展规划，理清思路、明确目标、突出重点，积极探索促进新形势下科协事业发展的新举措。积极推动全国学会和地方科协结合工作实际，采取各种形式学习文件、领会精神，开展各具特色的学习贯彻活动，在科协系统迅速形成学习贯彻十七届五中全会精神的热潮。

二是积极贯彻中央人才工作会议和教育工作会议精神。及时召开人才和调宣工作会议，制定发布《中国科协关于加强人才工作的若干意见》、《中国科协科普人才发展规划纲要（2010—2020年）》、《全国优秀科技工作者评选表彰办法》及实施细则、《中国科协关于加强决策咨询工作 推进国家级科技思想库建设的若干意见》、《中国科协关于加强继续教育工作的若干意见》等5个文件，努力把科协人才工作融入党和国家人才工作大局。中国林学会、中国农学会等全国学会和天津、黑龙江、河南、山东等省科协自觉把思想和行动统一到中央决策部署上来，发布实施意见，制定工作方案，努力把发现、培养、凝聚、举荐、用好人才贯穿到学术交流、科学普及、决策咨询和组织建设等各个环节各个方面。

三是顺利完成第三批深入学习实践科学发展观活动。按照中央统一部署，中国科协党组及时印发《关于深入学习贯彻党的十七届四中全会精神的若干意见》，积极组织108个全国学会围绕“加强组织建设，提高服务能力”主题，扎实开展第三批深入学习实践科学发展观活动，实现学习实践活动全覆盖，达到了“提高思想认识、解决突出问题、加强基层组织、促进科学发展”的目标。把学会党建工作作为检验学习实践活动效果的重要标准，探索建立选派党建指导员、联络员制度，分类推进学会党组织发展，中国抗癌学会、中国心理学会、中国自然辩证法学会、中国自动化学会等35个学会新成立了党组织，使建立党组织的科协所属全国学会达到107个，党组织覆盖面和影响力进一步扩大。新疆科协与区委组织部联合下发《关于加强党建带科协建设的意见》，推动开创全区科协工作的新局面。

四是深入开展创先争优活动。去年4月以来，按照中央部署，中国科协成立创先争优活动领导小组，印发《中国科协深入开展创先争优活动实施方案》，制定《关于在中国科协系统深入开展创先争优活动的指导意见》，全面启动在科协系统基层党组织和党员中深入开展创先争优活动。分类推进学会党建工作。中国科技馆党委作为中直机关示范点，坚持以创建“创新亮点示范工程”为载体，扎实开展创先争优活动。中国海洋学会、中国计量测试学会等全国学会以及河北、内蒙古、江苏、青海、广东等省科协自觉把深入开展创先争优活动与创建学习型党组织、加强党风廉政建设有机结合起来，通过支部结对帮扶、专题报告会、提高执行力“大家谈”等形式，以党组织和党员的创先争优带动科协系统能力建设，不断提高服务能力和水平，切实把学习实践科学发展观活动的丰硕成果转化为推动科学发展、促进社会和谐的强大动力。

二、突出科协特色和优势，努力为加快经济发展方式转变提供智力支撑

一是学术交流质量和实效进一步提高。截至去年10月底，科协系统共举办7900余场国内学术交流活动，参会人数达113万余人次；中国力学学会、中国物理学会、中国消防协会、中国运筹学会、中国图书馆学会、中国城市规划学会等数十个全国学会召开学术年会，学术交流水平和影响力不断提高。以“经济发展方式转变与自主创新”为主题，与福建省人民政府成功举办第十二届中国科协年会，王兆国同志发表重要讲话，包括102位院士、284位港澳台学者、141位外国专家在内的6400余名科技工作者参加学术交流，发表论文1973篇，617位院士专家作专题发言，27个全国学会与福建省相关部门建立合作关系，引起社会强烈反响。年会期间成功举办党政领导与院士专家座谈会，在前期调研的基础上，15位院士专家为福建省科学发展、跨越发展建言献策，福建省委省政府给予高度评价，迅速印发分解落实方案，责成分管领导牵头抓好建议落实工作。继续开展学科进展发布活动，组织26个全国学会、56位院士和1561位专家学者联合编撰发布26个学科发展研究报告，完成发布化学等4个学科史研究报告。开展当代中国科学家学术谱系研究，探索梳理当代中国学术传统的形成过程和发展脉络。继续实施精品科技期刊工程，247种期刊纳入中国科协精品科技期刊示范项目。根据国家文化产业体制改革要求，积极推动开展科技期刊体制改革试点，科技期刊的影响力和权威性进一步提高。

二是高端前沿学术交流活动日趋活跃。面向在前沿研究领域的青年科技工作者，成功举办20期青年科学家论坛，600余位青年科学家参加交流研讨；面向持有非共识学术观点、期待进行跨学科交流研讨的科技工作者，成功举办12期新观点新学说学术沙龙，倡导自由探索，鼓励争辩质疑，受到专家学者的普遍欢迎；面向公众，成功举办7期中国科协论坛和热点问题学术报告会，邀请专家学者围绕科技领域的最新进展及其社会影响解疑释惑，引导社会舆论。积极开展重点学术活动资助工作，进一步加大对小型、高端、前沿学术活动的支持力度，中国通信学会、中国土木工程学会、中国海洋学会、中国材料研究会等举办的各种科技论坛以及山西省科协的学术茶座、陕西省科协的“学术金秋”、新疆生产建设兵团科协的“兵团青年科技论坛”已经成为团结凝聚科技工作者的重要平台，基层一线科技工作者参与学术交流活动更加便利。

三是对外民间科技交流取得重要进展。充分利用国际科技资源，推动国际科联灾害风险综合研究计划（IR-DR）国际项目办公室落户北京，这是国际科联1931年成立以来首次在亚洲国家建立跨学科综合科学计划办公室。成功举办第18届国际真空大会等760余个重要国际科技会议，国际学术交流水平和影响力不断提高。以做好港澳台中高层科技人员和青少年工作为重点，继续在香港举办当代杰出华人科学家公开讲座等系列活动，与澳门科学馆共同举办“中国古代科学技术展览”，与台湾李国鼎基金会联合举办科学传播研讨会，与台湾玉山科技协会等共同举办海峡两岸青年科学家学术活动月、海峡两岸科技与经济论坛，推动港澳台与内地建立更加紧密的经济科技文化联系。

四是群众性技术创新和科技服务活动务实高效。进一步深化“讲理想、比贡献”（以下简称“讲、比”）活动内涵，丰富活动内容，围绕加快转变经济发展方式，适应企业技术创新需求，截至去年10月底，全国累计开展“讲、比”活动1.7万余项，参与科技工作者96万余人次，近13万条合理化建议获得采纳；全国24个省（自治区、直辖市）建立院士专家工作站633家，进站院士专家2700人次；围绕促进知识产权保护，与最高人民法院签署知识产权司法保护合作备忘录，推荐10位专家为最高人民法院审理案件提供技术咨询；与国家知识产权局、科技部和最高人民法院联合开展“2010实施知识产权战略巡讲”活动。联合国家发改委、科技部和国资委召开总结表彰大会，对在“讲、比”活动中贡献突出的119个优秀集体和199个先进个人进行表彰奖励，充分调动企业科技工作者参与技术创新的积极性主动性。进一步加大科普惠农兴村工作力度，中央财政奖补资金增至3亿元，按照“以奖代补、奖补结合”方式，表彰奖励1785个农村科普先进单位和带头人，培训约14万农技协领办人和技术骨干，培育出一大批有文化、懂技术、会经营的新型农民。积极组织优秀农技协参加第五届菏泽农资交易会、第十七届杨凌农高会，努力为加快先进农业技术的推广普及牵线搭桥。在“科普惠农兴村计划”的示范带动下，各级地方财政纷纷增加投入，累计表彰1万余个先进集体和个人，建立科普惠农服务站1.3万余个，为广大农民获取技术、信息提供便捷的一站式服务。

五是推进国家级科技思想库建设。积极组织政协科协界委员和科技工作者开展调查研究，积极建言献策，先后提交了“关于2009年生物灾害状况和2010年预防与控制生物灾害的报告”、“保障木材安全问题的建议”、“抓紧防治煤矿最大危害——粉尘的建议”等一批调研报告，温家宝等中央领导同志作出重要批示，部分建议已纳入国务院的工作安排之中。组织召开促进中部地区崛起专家论坛和促进资源型城市转型发展、淮河流域综合治理与开发、水污染防治等专题论坛，针对贵州黔东南地区发展问题开展专题调研，着力搭建科学家与决策者交流互动平台，努力把科技工作者的个体智慧凝聚上升为有组织的集体智慧。中国水土保持学会、中国林学会、中国电子学会、中国机械工程学会以及天津、上海、江苏、江西等省级科协也都结合专业优势和当地实际，因会制宜、因地制宜，开展了各具特色、成效显著的决策咨询活动，全年科协系统共举办专家论坛2500余次，提供决策咨询报告7300余篇，2500余篇获得批示，决策咨询和建言献策作为科协事业新的成长点，正在展现出蓬勃的生机和活力。

三、深入开展全民科学素质工作，形成社会化科普工作格局

一是加强督查，扎实推进全民科学素质工作。去年9月，国务院办公厅会同中国科协等21个部委对河北等12个省（自治区、直辖市）《科学素质纲要》实施情况进行督查，各地党委政府高度重视科学素质建设工作，多数省（自治区、直辖市）以党委政府名义印发了实施纲要的意见，将全民科学素质工作纳入绩效考核管理范围，积极贯彻落实纲要确定的各项任务，《科学素质纲要》实施工作总体顺利，成效显著。与农业部等部门联合开展农民科学素质行动试点村工作，大力培训实用技术带头人。与国家民委等部门联合组织“百名科技专家和致富能手进民族地区”科技下乡活动，推动少数民族“双语”科普资源和队伍建设。北京市科协联合财政局实施“社区科普益民计划”，江西省科协联合省委组织部开展“党旗映社区，科普进楼宇”活动，云南省科协以“村转居”新建社区为重点开展社区科普工作，取得良好效果。去年完成的第八次公民科学素质调查结果显示，中国公民具备基本科学素质的比例已经从2005年的1.60%提高到3.27%，达到世界主要发达国家和地区20世纪80年代末90年代初的水平，实现了《科学素质纲要》确定的“十一五”时期发展目标。

二是研究制定《全民科学素质行动计划纲要（2011—2015年）实施方案》。根据国务院领导在听取全民科学素质行动计划纲要实施情况汇报会上的指示精神，联合国家发改委等有关部门组织编制《全民科学素质行动计划纲要（2011－2015年）实施方案》，适应新形势下全民科学素质工作特点，新增加社区居民作为重点人群，确定实施科普人才建设工程，努力通过社区居民科学素质行动促进社区居民养成科学文明健康的生活方式，通过科普人才建设工程培养造就一支专兼结合、高水平的科普人才队伍，为全民科学素质建设提供人才支撑。去年7月，实施方案草案面向社会公开征求意见，目前已经形成送审稿，争取国办发布实施。江苏、浙江、安徽、江西、贵州、宁夏等省级科协积极推动本地区《科学素质纲要》“十二五”规划编制工作，争取纳入当地国民经济“十二五”规划之中。

三是以大联合大协作的工作方式广泛开展主题科普活动。围绕“节约能源资源、保护生态环境、保障安全健康”主题，组织动员社会各界广泛开展科普活动，推动主题活动进学校、社区、机关、农村、企业，努力形成社会化科普工作格局。2010年“六一”儿童节期间，胡锦涛、李长春、习近平、李克强等党和国家领导人先后来到中国科技馆新馆，与首都少年儿童一起参加“体验科学、快乐成长”活动，引起强烈社会反响。组织开展2010年全国科普日活动，习近平等中央领导同志和首都各界群众一起参加全国科普日北京主场活动，给广大科技工作者以极大鼓舞和鞭策。据不完全统计，科普日活动期间科协系统共举办科普活动3600余场，直接参加公众近亿人次。成功举办第25届全国青少年科技创新大赛等品牌活动，参加全国青少年科技创新大赛的青少年达1760万人次，为培养科技创新后备人才发挥了积极作用。中国宇航学会深入开展“希望一号”卫星系列应用活动，受到胡锦涛总书记的高度赞扬。上海市科协围绕世博“城市，让生活更美好”主题，举办“相约名人堂——与院士一起看世博”活动53场，近600万人次参与活动。西藏、青海、云南省科协开展富有地方特色的“科普进寺庙”活动，组织科技工作者宣讲消防技能、开展专家义诊，得到当地宗教人士和少数民族群众的普遍欢迎和好评。继续参与全国科技周、全民健康科技行动等活动，努力为社会公众提供优质高效的科普服务。

四是科普资源共建共享工作成效显著。实施繁荣科普创作资助计划，支持优秀科普精品创作，制作播出7集大型科学文化纪录片《科学启示录》和20集电视纪录片《世博的科学传奇》,《天象奇观日全食》荣获第五届中国科教影视“科蕾奖”。成功举办全国优秀科普作品评奖活动,18种科普图书、6种科普影视动漫作品获奖。中国科技馆制作和组织16套展览在全国45个城市巡展,累计接待公众230余万人次。截至去年10月底,开发制作科普挂图6200余种,农村科普教材10000余种,制作播出“科普大篷车”广播电视节目360余期,中国数字科技馆科普资源库访问量226万人次,新增科普资源发送单位4790个,形成覆盖全国的科普资源服务网络。积极探索公益性科普事业和经营性科普产业并举的新路子,与安徽省人民政府联合主办第四届中国(芜湖)科普产品博览交易会,国内外近300家企业参展。安徽省科协推动组织“产、学、研、用”相结合的科普产业战略联盟,成立了国内第一家省级科普产品工程研究中心,开发科普产品近百项。贵州省“百万公众网络学习工程”,山东省“流动科技馆县县通”、内蒙古自治区“科普报刊村村通”等,都受到当地群众热烈欢迎。

五是科普服务能力建设取得重要突破。着力推进应急科普服务能力建设,在应对玉树地震、舟曲泥石流等重大自然灾害,促进科技救灾方面发挥重要作用,受到当地党委政府和人民群众的好评。大力加强科普基础设施建设,中国科技馆新馆作为目前国内现代化水平最高、展教开发能力最强的国家级科技馆,运行一年来接待观众360余万人次,杭州低碳科技馆、长春中国光学科技馆等一批专业科技馆已经开馆或立项。大力发展各类社会化科普教育基地,各级科协联合命名的地级市以上科普教育基地总数已达3468家,建立科普活动站27万余个,科普宣传栏(画廊)32万余个,科普宣传员近63万名。扎实开展“新农村百万乡土科普人才培训工程”,依托全国24所省级农函大分校、147所市级分校、932所县级分校和3万余人的专兼职教师队伍,全年举办各类培训班3万余期,培训农业技能人才900余万人次。

四、努力当好科技工作者之家,千方百计为科技工作者提供优质高效服务

一是着力拓宽引才育才荐才用才通道。认真履行中央人才工作协调小组、海外高层次人才引进工作小组成员单位职责,积极参与高层次创新型科技人才培养工程,优化完善高层次科技人才数据库,海外高层次人才库入库人数近千人。配合有关部门实施“专业技术人才知识更新工程”,组织全国学会积极承担知识培训工作,深入开展继续教育试点示范活动,努力提高中高层专业技术人才的专业知识水平,扎实推进工程技术人员专业技术资格认证工作。继续做好国际民间科技组织领导人推选工作,18位科学家当选为重要国际民间科技组织的领导,我国科学家在国际舞台上的影响不断扩大。通过“海外智力为国服务行动计划”(简称“海智计划”),积极团结联系海外科技工作者,在新疆、北京、长春、安徽、常州和福建建设6个海智基地,推荐引进200余位海外华人科技工作者为国服务。

二是优秀科技工作者宣传表彰力度进一步加大。按照中宣部统一部署,通过多种形式纪念人民科学家钱学森,在《人民日报》刊发纪念文章,与中央电视台和总装备部联合拍摄播出六集专题片《钱学森》,社会反响强烈。精心打造“全国优秀科技工作者”奖等品牌奖项,在全国学会和地方科协评选推荐的基础上,评选产生977名全国优秀科技工作者,从50名候选人中由公众投票产生十佳全国优秀科技工作者,共收到有效选票341.1万张,使评选活动成为一场声势浩大的优秀科技工作者宣传活动。继续开展中国科协求是杰出青年奖、中国青年女科学家奖等品牌奖项评选工作,首次将港澳人士纳入“中国青年女科学家奖”评选范围。按照国务院领导同志指示精神,联合11部委启动实施“老科学家学术成长资料采集工程”,按照抢救优先、以人为本、突出重点、联合协作的原则,通过文字记录、录音录像、实物采集等多种方式,把反映老科学家学术成长历程的重要资料保存下来,计划三年内完成首批300位老科学家的学术成长资料采集工作。各全国学会和地方科协广泛开展形式多样、各具特色的表彰奖励活动,中国自动化学会与中国宇航学会评选首届“杨嘉墀科技奖”,黑龙江省评选表彰百名“全省科技传播优秀工作者”,深受科技工作者欢迎。截至去年10月底,科协系统共宣传优秀科技工作者3.8万余人,科技工作者的良好社会形象更加鲜明。

三是科技工作者状况调查扎实深入。围绕及时准确反映科技工作者群体的变动趋势、思想动向和意见诉求,扎实开展科技工作者状况调查工作,提交“海外华人科技工作者状况调查”、“科技领军人才选拔培养状况调查”、“科技工作者普遍关心的十个问题”等专题调研报告,受到王兆国、刘延东、李源潮等中央领导同志的高度重视,有力推动了相关突出问题的解决。加强科技工作者状况调查站点建设,全国科技工作者状况调查站点总量从2005年的151个增加到504个,初步形成动态调整、规范科学的科技工作者状况调查系统。扎实开展科技人力资源研究,准确把握我国科技人力资源的总体规模、结构特征和发展趋势,出版发布以科技人力资源与区域经济发展为主题的《中国科技人力资源发展研究报告》，为有关部门制定实施科技人力资源政策提供参考。浙江、新疆、安徽等省科协结合当地实际，组织开展本地区科技工作者状况调查。

四是推进科学道德和学风建设。认真贯彻《科技工作者科学道德规范（试行）》、《学会科学道德规范（试行）》，积极宣讲《中国科协致全国广大科技工作者的倡议书》，着力构筑防治学术不端行为的强大正面防线。继续组织“院士专家科学道德教育活动宣讲团”，深入北京大学、清华大学等科技工作者集中的高等院校开展科学道德与学风建设巡讲活动，组织编写科学道德教育读本，引导青年学子走上正确的科研道路。在中国科协年会期间举办科学道德建设论坛，准确把握当前我国科技界科学道德和学风建设的趋势和特点，深入探讨从源头治理学术不端行为的方法措施，强调浮躁心态是学术不端行为频发的主要诱因，要求发挥好学会在科学道德和学风建设中的基础作用，引起广大科技工作者的关注和共鸣。与美国科学促进会成立科学道德联合指导委员会并发表联合声明，协调双方在科学道德领域的合作，受到国际科联的好评。

五是联系服务科技工作者方式不断创新。着眼于打造为科技工作者服务的活动品牌，继续举办“中国科协会员日”活动，组织所属全国学会和地方科协通过会员座谈会、联谊会、表彰奖励会、学会工作志愿者交流会等形式，引导广大会员交流前沿成果、积极建言献策，在促进学会与会员、会员与会员沟通联系方面发挥了重要作用。组织赴16个省（自治区、直辖市）走访看望中国科协七大代表，听取意见建议，沟通信息，受到代表热烈欢迎。与国务院学位委员会办公室共同举办第八届博士生学术年会，为博士生与当地政府、企业签订就业协议搭桥，努力探索学术交流与人才工作相结合的新途径。各全国学会和地方科协也不断创新工作方式，积极发展个人会员，为科技工作者提供学术研究、学术交流、成果转化、信息咨询、专题调查和继续教育等方面的服务，及时了解和反映他们在工作学习生活中遇到的实际困难，切实维护合法权益，受到科技工作者的广泛好评。

五、组织建设取得重要进展，服务意识和服务能力进一步增强

一是学会建设进展明显。结合开展第三批深入学习实践科学发展观活动，进一步加强学会党建工作，坚持党群共建，健全完善学会治理结构。积极推进挂靠学会办事机构的合作共建工作，与农业部签署“关于共建学会的协议”，促进办事机构挂靠在农业部的9个学会的发展。发布实施《中国科协团体会员管理办法（试行）》，规范团体会员管理，批准接纳中国知识产权研究会等6个全国学会为中国科协团体会员。联合民政部共同设立学会创新发展资助项目，着力培育一批国内一流、国际知名的示范性学会，12个中国科协所属学会被评为全国先进社会组织，学会发展能力稳步提升。截至2009年底，中国科协所属197个全国学会和省级科协所属学会合计拥有个人会员997万人，团体会员23万个。

二是基层科协和科协基层组织建设进一步增强。修订《全国县级科协组织通则》，规范和指导县级科协组织建设工作，截至2009年底全国独立建制县级科协2171个。制定《高校科协组织通则》，积极推进高校科协组织建设。着眼基层需求，切实加强对科协基层组织建设的分类指导，截至2009年底，企业科协达1.6万余个，个人会员289万；高校科协近700个，个人会员45万；街道科普协会9500余个，个人会员52万；乡镇科普协会3.1万余个，个人会员187万。充分发挥“科普惠农兴村计划”的导向作用，认真总结基层农技协党组织建设的成功经验，不断增强农技协的凝聚力和生命力，目前已有22个省（自治区、直辖市）成立省级农技协联合组织，全国农技协数量已从2006年的11.8万个增加到14.4万个，覆盖面和影响力不断扩大。安徽、贵州等省建立省科协常委联系县科协工作制度和省科协常委下基层活动工作机制，效果良好。

三是管理绩效和服务能力显著提升。分级分类开展科协干部教育培训工作，举办市地级科协主席培训班、县级科协主席培训班、西部地区科协主席培训班，培养提高基层科协干部的理论修养和办事能力。大力推进科协系统信息化建设，应用现代信息技术手段助推科协事业发展。加大干部轮岗交流力度，优化干部队伍结构，充分调动激发科协干部的积极性主动性创造性。推进节约型机关建设，切实抓好节能减排工作。积极稳妥推进科协事业单位改革，顺利完成科普出版社转制，科协事业发展的整体合力初步形成。

在肯定成绩的同时，我们也清醒地认识到，与党中央国务院赋予科协组织的重要职责相比、与广大科技工作者和人民群众对科协组织的殷切期望相比，科协工作还有不小差距，主要表现在：学会创新发展仍不平衡，科普资源共建共享机制尚需进一步完善，科协基层组织有待进一步加强，为科技工作者服务的渠道还需要进一步拓展等。这些问题都是发展中的问题，亟待采取有力措施加以解决。

关于2011年的工作安排

2011年是中国共产党成立90周年，也是“十二五”开局之年，科协工作的总体要求是：高举中国特色社会主义伟大旗帜，以邓小平理论和“三个代表”重要思想为指导，深入贯彻落实科学发展观，按照党的十七大、十七届三中、四中、五中全会精神和胡锦涛总书记12·15讲话要求，团结带领广大科技工作者，以召开中国科协八大为契机，围绕科学发展主题和加快转变经济发展方式主线，立足服务、促进和谐，深入基层、务求实效，为增强自主创新能力、提高全民科学素质、完成“十二五”规划、全面建成小康社会作出新的更大贡献。

一、认真学习、深入贯彻党的十七届五中全会和中央经济工作会议精神，团结带领广大科技工作者努力为加快转变经济发展方式服务

一是组织开展高水平的学术交流活动，着力提升自主创新能力。自觉把学术交流与改造提升传统产业、培育发展战略性新兴产业紧密结合起来，紧紧围绕提升传统产业核心竞争力的基础共性技术和培育发展战略性新兴产业的前沿关键技术问题开展学术交流，着力提升自主创新能力。坚持“大科普、学科交叉、为举办地服务”的年会定位，与天津市人民政府联合召开第十三届中国科协年会。注重发挥科协所属学会作为国家创新体系组成部分的重要作用，搭建不同形式和层次的学术交流平台，启迪科学思维，激发创新活力。深入推进精品科技期刊工程，着力培育一批在国内外有较高知名度和影响力的品牌科技期刊。鼓励全国学会面向基层、一线科技工作者广泛开展层次不同、形式多样的学术交流活动，做好文献特藏工作，以高水平的交流研讨活动把科技工作者吸引凝聚到学术交流中来。倡导举办小型、前沿、高端学术交流活动，推动学术资源向自主创新活动倾斜。

二是着眼于把创新要素引入企业，推动建立企业为主体、市场为导向、产学研相结合的技术创新体系。在企业深入开展以群众性技术创新活动为主要内容的“讲理想、比贡献”活动，创新方式、深化内涵，调动激发企业员工的创新热情和创造活力。充分挖掘和调动企业科技工作者的聪明才智，鼓励他们积极参与技术创新全过程，立足研究开发和生产实践，努力做出原创性成果。不断扩大“讲、比”活动的覆盖面和影响力，及时总结好做法、好经验，积极培育和推广新的群众性创新活动形式，推动企业增强自主创新能力。引导和支持学会与企业开展科技合作，大力发展多种形式的企业院士专家工作站，帮助企业培育科技创新团队、集聚创新资源，突破关键技术，推动解决经济社会发展迫切需要解决的科技问题，促进企业科协组织建设，努力把更多的创新要素引入企业。

三是切实加大“科普惠农兴村计划”实施力度。进一步扩大“科普惠农兴村计划”的奖补规模和财政支持力度，推动建立科普惠农兴村项目库，引导支持受表彰的农技协、科普示范基地、少数民族科普工作队和先进个人发挥好示范带头作用，鼓励和支持学会积极参与农村科普活动，不断将各类创新要素引向农村。以建立科普惠农长效机制为着力点，有效集成农村各类科普资源，推动形成由专家、专职科普工作者、农村基层科普组织和科普带头人共同构成的农村科普大军，形成和扩大农村科普服务网络。扶持基层科普组织建设，继续办好农函大，着力培养农村实用技术人才，增强农民依靠科技脱贫致富能力。探索开展科普富民兴边工作，提高边疆少数民族群众的科学素质水平，促进社会稳定、和谐发展。

四是努力为党和政府科学决策发挥好国家级科技思想库作用。紧紧围绕党和政府中心工作，抓住经济社会发展迫切需要解决的科技问题、科技发展的体制机制问题，以及科技支撑引领经济社会发展中的突出问题，选好题目、深入调研，努力为党和政府科学决策提供支撑。扎实开展国家级科技思想库建设试点，增强地方科协的决策咨询意识，充分调动科技工作者参与决策咨询的积极性，鼓励探索建立各具特色、行之有效的决策咨询模式，努力把科技工作者个体智慧凝聚上升为集体智慧。启动实施学会决策咨询资助计划，鼓励支持科协所属学会在学术交流中开展建言献策，提升决策咨询能力和水平。积极组织人大代表、政协委员参与调查研究和立法咨询，发挥好政协科协界作为重要决策咨询平台的作用。

五是精心组织开展对外科技交流合作活动。推动全国学会积极参与国际民间科技组织事务，充分发挥中国科协联合国经社理事会咨商地位的作用，代表中国科技界发出声音，服务国家外交大局。支持全国学会主办或承办高端、前沿国际学术会议，着力打造国际水准的学术交流平台。组织实施好国际科联灾害风险综合研究办公室项目。配合国家工程师制度改革，承担好相关国际交流工作。加强对港澳台科技交流合作，服务祖国和平统一大业。

二、充分发挥科普工作主要社会力量的作用，努力为提高全民科学素质、建设人力资源强国服务

一是修改完善并实施好全民科学素质行动计划纲要实施方案。按照国务院领导同志重要讲话精神，结合国务院办公厅对12个省（自治区、直辖市）《科学素质纲要》

实施情况的督查意见，切实修改完善并组织实施好《全民科学素质行动计划纲要（2011—2015年）实施方案》。按照国办纪要要求，发展改革委将就全民科学素质工作纳入国民经济和社会发展“十二五”规划进行研究，各地各部门要把全民科学素质工作纳入本地区、本部门“十二五”规划，并抓好具体实施工作。认真履行科学素质纲要实施工作办公室职责，细化分解全民科学素质“十二五”实施方案，明确各部门职能分工，指导督促各成员单位制定实施方案，认真完成好科协牵头承担的各项任务，扎实推进全民科学素质工作，以重点人群科学素质行动带动全民科学素质的整体提高。

二是进一步扩大全国科普日的品牌示范作用。着眼于推动形成社会化科普工作格局，继续整合资源，以大联合大协作方式，深入开展主题科普活动。按照“节约能源资源，保护生态环境，保障安全健康，促进创新创造”主题，继续组织开展全国科普日活动，与北京市人民政府及有关部门共同主办北京主场活动。积极组织“科学家与媒体面对面”活动，加大结合社会热点问题开展科普工作的力度。继续参与全国科技周、科技下乡、全民健康科技行动等活动，把优质高效的科普服务送到千家万户。

三是切实加强重点人群科学素质工作。继续做好未成年人、农民、城镇劳动人口、领导干部和公务员科学素质工作，探索实施“社区科普益民计划”，广泛开展各类有针对性的技能培训，倡导和普及节约资源、健康生活、防灾减灾、低碳环保等观念和知识，提升社区居民科学素质，促进形成科学文明健康生活方式。深入开展科教进社区、全民健康科技行动、社区科普大讲堂等社区科普活动，依托社区公共服务设施，进一步加强社区科普基础设施建设，拓展和发挥科普功能。通过社区居民科学素质行动和科普人才建设工程，加强社区科普组织、科普宣传员和科普志愿者队伍建设，深入开展科普示范街道、社区等创建活动，培养造就一支专兼结合、高水平的科普人才队伍，为全民科学素质工作提供人才支撑，努力把“社区科普益民计划”打造成城市科普的品牌活动，开辟城市社区科普新途径。

四是着力提高科普资源共建共享水平。发挥好中国科技馆新馆的示范带动作用，引导各地积极推进科技类博物馆建设。继续开展全国科普示范县（市、区）创建工作，推进中国数字科技馆、科普教育基地、科普活动站、科普宣传栏、科普大篷车等城乡基层科普设施建设，切实提高基层科普工作的质量和水平。加大科普资源整合、开发和支持力度，扩大科普资源的共享范围。继续繁荣科普创作，研究制定科普相关产业的行业规范和质量标准，探索建立公益性科普事业与经营性科普产业并举的新机制。

三、充分发挥团结动员科技工作者的独特作用，努力为创新型科技人才队伍建设服务

一是进一步加大人才工作力度。认真学习贯彻全国人才工作会议精神，积极履行中央人才、教育工作领导小组成员单位职责，在为科技工作者服务方面更加突出为科技人才成长服务这个重点。落实好《中国科协关于加强人才工作的若干意见》，努力完成国家中长期人才规划纲要和教育规划纲要赋予科协组织的各项任务，构建具有科协特色的科技人才成长服务体系。深入开展科技工作者状况调查，加强全国科技工作者状况调查站点建设，深化科技人力资源研究，准确把握科技工作者的工作学习生活状况，反映他们的意见建议和呼声。着力打造全国优秀科技工作者奖励品牌，切实发挥品牌奖项的导向作用。继续办好中国青年科技奖等精品奖项，鼓励开展“科技精英”、“青年科技英才”等地方品牌评选活动，加快建立面向不同领域、不同年龄科技人才的表彰奖励体系。办好第26届全国青少年科技创新大赛、明天小小科学家等品牌活动，帮助青少年从小增强创新意识和实践能力，着力培养科技后备人才。

二是大力引进举荐高层次人才。发挥好同行评议对人才评价的基础性作用和学会在科技评价中的主体作用，建立健全学会参与科技评价的体制机制，使科协成为举荐优秀高层次人才、高技能人才的重要通道。鼓励支持各类学会在开展科技评价、举荐创新人才方面发挥独特作用，认真做好两院院士初遴选、国家科技奖励项目推荐工作，及时发现和举荐世界一流的科技创新人才和创新团队。积极配合“千人计划”，深入实施中国科协“海智计划”，进一步加强同海外华人科技团体和华人科学家的沟通联系，发挥好中国科协作为引进海外高层次人才窗口单位的作用。支持海外专家采取合作研究、学术交流、技术引进等多种形式为国服务，积极组织他们为经济社会发展建言献策，创造条件吸引他们归国创业。继续选拔推荐我国优秀科学家担任国际民间科技组织领导职务，培养造就世界水平的科技领军人才。

三是继续办好“12·15”会员日等重要活动，广泛宣传优秀科技工作者。加大对全国优秀科技工作者的宣传力度，发现典型，宣传典型，树立科技工作者的良好社会形象。结合实施老科学家学术成长资料采集工程，大力宣传我国科技工作者的良好品德和科研诚信精神。进一步拓宽宣传渠道，培育打造一批科技工作者认可、社会广泛关注的宣传品牌，塑造和维护我国科技界良好社会形象和国际形象。大力宣传在科技创新和普及方面作出突出贡献的优秀科技工作者和创新团队，大力宣传获得中国科协表彰奖励的“全国优秀科技工作者”，广泛宣传他们的先进事迹和崇高精神，在全社会树立科技界崇尚真理、求真务实、忠于祖国、服务人民的良好形象，引导广大科技工作者在服务科学发展、促进经济发展方式转变中作出新的更大贡献。

四是深入开展继续教育和专门培训活动。结合基层一线科技工作者需要，大力开展专业技能培训和创新方法培训。依托农函大，深入实施新农村千万乡土科普人才培训工程，培养一大批掌握实用技术和科学知识的技能型新农民。启动实施科普人才建设工程，着力培养和造就一支规模适度、结构优化、素质优良的科普人才队伍。实施中国科协继续教育引导工程，创新继续教育形式，把学术交流作为继续教育的重要渠道，让更多的科技工作者享受到普通国民教育无法提供的交流学习机会。

五是推动和谐学术生态建设。支持学会建立健全学术评价机制，发挥好同行评议的基础作用，切实维护学会在科技评价和科技人才评价中的独立性和权威性。推动和协助有关部门制定相关政策，采取有效措施，让科研人员有更多精力专注研究、多出成果。深入高等院校和科研院所广泛开展科学道德和学风建设宣讲活动，引导科技工作者牢固树立崇高科学理念，推动形成理性怀疑、学术争鸣、自由平等、求真务实的学术氛围。引导学会强化监督机制，自觉把科技社团自律和社会舆论监督有机结合起来，建立合理有效、公正公开的学术不端行为查处制度，规范会员行为。

四、把深入开展创先争优活动、做好新形势下群众工作同加强自身建设结合起来，把广大科技工作者紧紧团结在党的周围

一是深入开展创先争优活动。认真贯彻落实中央关于在党的基层组织和党员中深入开展创先争优活动的意见，结合科协实际，组织各级科协及所属学会广泛开展纪念建党90周年宣传活动，深入开展创先争优活动，不断密切同广大科技工作者的思想沟通、情感交流和工作联系。认真学习胡锦涛总书记在第十七届中纪委第六次全会上的重要讲话精神，切实加强党风廉政建设。按照《关于在中国科协系统深入开展创先争优活动的指导意见》，建立健全学会党建指导员制度，抓好党支部共建活动，广泛开展“创建科技工作者之家、争当优秀科协工作者”活动，切实把中国科协建成“科技工作者之家”，使各级科协干部成为“科技工作者之友”。科协领导干部要深入基层、深入实际，结合全国科技工作者状况调查，及时反映和推动解决科技工作者普遍关心的实际问题，协调各方力量为科技工作者多办好事实事，不断提高科协做好新形势下群众工作的能力和水平。自觉把深入开展创先争优活动与创建学习型党组织、扩大学会党组织覆盖面结合起来，把广大科技工作者更加紧密地团结在党的周围，以卓有成效的党建工作迎接建党90周年。

二是支持学会创新发展。坚持把会员是否满意作为衡量学会工作的主要标准，实施学会创新发展推广工程，重点培育和扶持一批国内一流、国际上有影响的骨干学会。健全完善学会法人治理结构和管理制度，完善会员会籍管理，切实提高学会为会员服务的能力和水平。支持学会吸引专门人才进入学会办事机构，打造一支具有较高学术水平和决策咨询能力的高素质学会专职队伍。支持和引导学会积极承接政府转移的社会化服务职能，积极开展科学普及、科技奖励、科技评价、科技人才评价活动，增强学会科学发展能力。

三是推动基层组织建设。坚持以活动促进基层组织建设，着眼基层需求，创新工作机制，把科协工作与组织建设紧密结合起来。以提高进城务工农民和城镇居民科学素质为目标、以“社区科普益民计划”为抓手，切实促进街道社区科协健康发展；以帮助农民脱贫致富为目标、以“科普惠农兴村计划”为抓手，把更多的农技协做大做强；以增强自主创新能力为目标、以“讲、比”活动为抓手，大力发展企业院士专家工作站，扩大企业科协的覆盖面。高度重视同新经济组织中科技工作者的沟通联系，积极推动在科技工作者比较集中的高新技术开发区、经济开发区、工业园区、企业、大专院校、新社会组织等建立科协基层组织，不断提高科协组织的覆盖面和影响力。加大对科协基层组织分类指导的力度，增强服务能力。

五、做好中国科协第八次全国代表大会筹备工作

根据《中国科学技术协会章程》，中国科协应于2011年上半年召开第八次全国代表大会，中央书记处原则同意按期召开。召开中国科协八大是我国科技界的一件大事，对于团结带领广大科技工作者深入实施科教兴国和人才强国战略，充分发挥科学技术第一生产力和人才第一资源的重要作用，推动科学发展，加快转变经济发展方式，实现“十二五”规划的宏伟蓝图，具有十分重要的意义。围绕召开科协八大，我们要重点抓好以下三方面工作：

一是做好文件准备工作。要起草一个主题鲜明、富有时代感、体现科协特色，有利于统一思想、凝聚力量的工作报告，这是开好中国科协八大的关键。要认真学习领会《中共中央关于制定国民经济和社会发展第十二个五年规划的建议》，结合科协实际，研究编制好中国科协“十二五”事业发展规划。通过这两个文件，进一步明确科协工作在党和政府工作大局中的地位和作用，进一步明确科协组织在加快转变经济发展方式中担负的新任务，进一步明确今后五年科协工作的指导思想、基本思路、发展目标，凝炼提出今后五年科协组织的主要任务和重点工作。考虑到科协章程经中国科协七大修改通过，得到各级科协及所属团体的广泛认可，不准备做大的改动。

二是做好代表、委员选举工作。中国科协七大召开以来，我国科技工作者队伍不断壮大，中国科协新增加15个团体会员。适应科技工作者队伍发生的深刻变化和科协工作实际，科协八大代表和委员人数拟在科协七大基础上略有增加。关于代表、委员产生办法和名额分配方案，待常委会通过后下发。代表、委员选举工作政策性很强，牵涉面很广，我们要积极配合党委组织部门做好这项工作，努力形成一个团结奋进、开拓创新的科协领导集体。

三是做好表彰奖励工作。长期以来，广大科协干部爱岗敬业、甘于奉献，涌现出一大批在本职工作岗位上成就突出、得到科技工作者充分认可、信任的先进工作者和先进集体。为进一步激励科协系统广大干部职工的积极性和创造性，引导广大科协干部立足本职创先争优，今年我们将继续开展全国科协系统先进个人和先进集体评选表彰活动，并在中国科协八大上进行颁奖。待方案下发后，请各全国学会、省级科协积极行动起来，认真做好选拔推荐工作，切实把近5年在科协或学会工作中表现优异、成绩突出的人员和集体推荐上来，给予表彰奖励。

总之，按期召开中国科协八大，时间紧、任务重、责任大，要求我们高度重视起来，按照中央部署和要求，认真筹备、精心组织，做好会议筹备工作，确保把中国科协八大开成一次团结民主、求真务实、凝聚力量、催人奋进的大会。有关中国科协八大筹备具体工作，中国科协党组还将向中央书记处做专题汇报。

同志们！

再过两周就是春节了。借此机会，向在座各位并通过你们向一年来为推动科协工作、发展科技事业作出艰苦努力的广大科技工作者和科协工作者表示衷心感谢，并致以诚挚的节日问候！

谢谢大家！

在中国科协纪念中国共产党成立90周年大会上的讲话

（2011年6月28日）

陈　希

同志们：

今天，我们在这里隆重集会，表彰先进基层党组织、优秀共产党员和优秀党务工作者，举行主题歌咏比赛，唱响我们热爱党、热爱祖国、热爱人民的心声，以此纪念伟大的中国共产党成立90周年。在此，我谨代表中国科协党组，向受表彰的先进基层党组织、优秀共产党员和优秀党务工作者，表示热烈的祝贺！向科协系统广大共产党员和入党积极分子，致以节日的问候！

100多年前，面对民族危亡、人民苦难的艰难时局，许多仁人志士苦苦求索救国救民的真理，一大批从欧美留学回国的科技工作者秉持"欲振中国，在广人才；欲广人才，在兴学会"的理念，成立科技社团，传播科学知识、倡导科学研究，呼吁"科学救国"、"科学报国"，但无情的现实使他们的梦想一次次破灭。1921年，在马克思主义同中国工人运动相结合的进程中，诞生了伟大的中国共产党，中国革命的面貌从此焕然一新，广大科技工作者实现报国之志从此有了明确的方向。在中国共产党的正确引导和关怀支持下，科技工作者积极团结起来，通过各种形式服务人民大众，为推动旧中国科技事业发展、实现民族独立和人民解放发挥了重要作用。新中国成立后，党和国家制定和实施正确的知识分子政策，为科技工作者施展才华创造条件、提供舞台。特别是改革开放30多年来，党和政府不断深化科技体制改革，充分调动激发科技工作者的创新热情和创造活力，我国科技事业实现了跨越式发展，进入重要跃升期，为经济发展、社会进步、民生改善提供坚实的科技支撑。实践充分证明，科技工作者只有把个人的命运同党和国家的命运紧紧联系在一起，把个人的事业融入党领导的伟大事业之中，才能不断创造出一流的业绩，谱写出华彩的人生乐章。

第一，在党的领导下团结起来的科技工作者是建设新中国、推动国家发展进步的重要力量。正是在迎接新中国的隆隆炮声中，中国科学工作者协会、中国科学社等4个科技团体积极响应党的号召，联合发起筹备召开中华全国自然科学工作者代表会议，推选15名正式代表和2名候补代表出席中国人民政治协商会议，引导科技工作者为建设新中国而组织起来，参与建国大业。在1950年8月召开的"科代会"上，毛泽东主席会见与会代表，朱德、周恩来等党和国家领导人到会祝贺并发表重要讲话，支持成立了中华全国自然科学专门学会联合会和中华全国科学技术普及协会，实现了中国科技界空前的大团结。1958年9月，在党中央的关心支持下，全国科联和全国科普联合召开全国代表大会，合并成立了科技界统一的全国性组织——中华人民共和国科学技术协会。50多年来，中国科协自觉坚持党的领导，围绕中心、服务大局，团结带领广大科技工作者积极投身党领导的社会主义建设和改革开放事业，为国家的科技进步、经济社会发展和国防安全作出了历史性贡献。历史充分证明，科技工作者只有在党的领导下，才能紧密地团结组织起来，才能把科学技术第一生产力的作用充分发挥出来，把科技人才第一资源的作用充分发挥出来。

第二，通过科协组织促进科学技术的繁荣发展和普及推广，是我们党领导科技工作、发展科技事业的重要方式。无论是在积极响应党中央"向科学进军"伟大号召的激情岁月中，还是在改革开放后迎来的"科学的春天"里；无论是在实施科教兴国和人才强国战略的重要转折阶段，还是在增强自主创新能力、建设创新型国家的历史新时期，各级科协组织积极贯彻落实党的路线方针政策，发挥优势、突出特色，艰苦奋斗、团结协作，促进科学技术的繁荣发展、促进科学技术的普及推广、促进科技人才的成长提高、促进科技与经济的紧密结合，在学术交流、科学普及、人才举荐、决策咨询以及基层组织建设等方面，做了大量卓有成效的工作，使我国科技发展整体水平快速跃升，全民科学素质大幅度提高，科技人力资源规模居于世界前列。历史充分证明，科协组织不愧为推动我国科技事业发展的重要力量，科协组织的存在并充分发挥作用是我们党领导的中国特色自主创新道路的重要组成部分。

第三，通过科协组织把广大科技工作者紧紧团结在党的周围，是我们党加强群众工作、提高执政能力的成功经验。科协是科技工作者的群众组织，是党领导下的人民团体，是党和政府联系科技工作者的桥梁纽带；科协工作是国家科技工作的重要组成部分，也是党的群众工作的重要组成部分；在党和政府与广大科技工作者之间建立起畅通稳定的双向沟通渠道，是中央赋予科协组织的重要职责。经过几十年的不懈努力，中国科协已经拥有190多个代表国内自然科学类最高学术水平的全国学会作为团体会员，建立了3100多个县级以上地方科协，拥有企业科协17000多个，街道科协1万多个，高校科协700多个，乡镇科协32000多个，农村专业技术协会10万多个，在团结联系科技工作者、及时反映和推动解决科技工作者在工作学习生活中遇到的困难和问题、引导科技工作者积极投身党领导的中国特色社会主义事业方面，发挥着不可替代的独特作用。历史充分证明，通过科协组织做好科技工作者工作，不断密切与科技工作者的思想沟通、情感交流，团结带领科技工作者为党的事业贡献智慧和力量，是我们党加强群众工作、巩固执政地位、提高执政能力的一条成功经验。

当前，我国已开始全面实施“十二五”规划，中国特色社会主义现代化建设事业正处于历史性的攻坚阶段。加快转变经济发展方式，实现科学发展，为全面建成小康社会打下具有决定意义的基础，迫切需要充分发挥科学技术的支撑引领作用，迫切需要充分发挥科技工作者先进生产力开拓者和先进文化传播者的重要作用。刚刚闭幕的中国科协八大，为做好新形势下的科技工作者工作和科协工作指明了方向，对更好地服务经济社会发展、服务提高全民科学素质、服务科技工作者、加强自身建设，作出全面部署、提出明确要求。回顾过去，我们壮怀激烈、备感自豪；展望未来，我们豪情满怀、充满信心；面对中央赋予科协组织的重要任务，面对科技工作者的殷切期待，面对经济社会发展的紧迫需要，我们深感责任重大、使命光荣！

——要以庆祝建党90周年为契机，引导科技工作者更加积极地认同和贯彻党的路线方针政策，努力把广大科技工作者的聪明才智凝聚到中国特色社会主义事业中来。要通过内容丰富、形式多样的纪念活动，广泛宣传党的光辉历程，大力讴歌党的丰功伟绩，引导科技工作者充分认识中国共产党的领导是历史的选择、人民的选择，引导科技工作者充分认识党领导中国在90年沧桑巨变中作出的历史性贡献，进一步激发他们爱党爱国的热情，坚定跟党走的信心和决心。要针对不同领域、不同年龄段科技工作者的具体特点，开展有针对性、实效性的形势政策教育，引导他们深刻认识只有共产党才能救中国，只有共产党才能发展中国、发展社会主义的历史真理，用党和国家的百年奋斗目标凝聚升华科技工作者的智慧和力量。要通过科协内外各类媒体，通过研讨会、报告会、座谈会等各种形式，向广大科技工作者大力宣讲中国科协八大会议精神，引导大家真切体会、深刻理解党和人民对科技工作者寄予的殷切期望，进一步增强投身党领导的中国特色社会主义事业的使命感责任感。

——要以庆祝建党90周年为契机，引导和支持各级科协组织进一步密切同科技工作者的血肉联系，努力把广大科技工作者紧紧团结在党的周围。要认真总结、大力宣传我们党通过科协组织团结联系广大科技工作者、推动科技工作的成功经验，认真总结、大力宣传我们党通过科协组织推动和创新社会管理、促进社会和谐稳定的成功经验，不断增强科技工作者对科协组织的认同感归属感，自觉参与科协组织的各类活动。要认真学习、深刻领会习近平同志代表党中央在科协八大开幕式上所致祝词要求，在为科技工作者服务方面更加突出为科技人才成长服务这个重点，深入开展科技工作者状况调查，在党委和政府同科技工作者之间建立畅通稳定的双向沟通渠道，推动解决他们的实际困难和问题，把党的关怀和温暖送到他们的身边，送到他们的心上。要结合举办庆祝建党90周年活动，主动深入基层、深入一线，与普通科技工作者和离退休科技工作者开展面对面、手拉手、心贴心的访谈活动，广泛倾听他们的意见和呼声，协调各方力量为他们多办得人心、暖人心、稳人心的好事、实事，把广大科技工作者更加紧密地团结在党的周围。

——要以庆祝建党90周年为契机，进一步加强科协党建工作，努力把党和政府联系科技工作者的桥梁纽带打造得更加坚实、更加有效。要扎实深入开展创先争优活动，牢牢把握增强服务意识、提升服务能力主线，紧紧抓住领导点评、公开承诺等关键环节，进一步增强科协基层党组织的凝聚力战斗力，增强科协工作者为广大科技工作者提供优质高效服务的责任感使命感。要大胆探索、积极创新学会党建工作模式，扩大学会党组织的覆盖面，找准学会党建工作与服务会员工作的结合点，积极探索党建带群建的有效途径，调动激发学会党员的积极性主动性创造性，不断提高科协基层党组织的履职能力。这次受表彰的先进基层党组织、优秀共产党员和优秀党务工作者，要谦虚谨慎、戒骄戒躁、保持荣誉，以更加严格的标准要求自己，努力在科协党的建设和自身建设中进一步发挥模范带头作用；广大基层党组织和普通共产党员要以他们为榜样，学习先进、争当先进、赶超先进，为建设科技工作者之家、当好科技工作者之友提供更加坚强的

倍多。

三是科技教育、传播与普及的公共服务能力不断提高，人民群众获取科技知识的渠道日益畅通便捷。五年来，我们坚持“共建共享”理念，着力推进各类科学素质行动和基础工程建设。各地以中小学为重点，大力加强科学教师培训、科学课程开发、青少年科学实践基地建设等，科学教育基础条件不断改善。报刊、广播、电视等传统媒体的科技传播能力逐步提升，互联网、手机等新兴媒体在科技传播中的独特优势日益显现，一批深受公众欢迎的科技传播媒体品牌正在形成。城乡科普宣传栏、科普活动室、农家书屋、青少年活动室等基层科普设施覆盖面不断扩大，科技类博物馆数量由2005年的250座增加到2010年的582座。中国科技馆新馆、广东科学中心等70多座科技馆建成开放，基本实现各省会城市拥有1座科技馆的目标。一批科研机构、高等院校的科研设施面向社会开放，成为弘扬科学精神、普及科技知识、传播科学思想、倡导科学方法的重要阵地。

四是大联合大协作工作机制逐渐确立，社会化科普工作格局初步形成。五年来，根据国务院统一部署，我们积极探索建立大联合大协作的科学素质工作新机制，一个具有中国特色的“政府推动、多部门联合协作、社会公众广泛参与”的科普工作新格局初步形成。五年来，我们着力推动建立公益性科普事业和经营性科普产业并举的体制机制，各类科技团体、企业事业单位、民间组织已成为推进全民科学素质工作的重要力量，并涌现出一大批先进集体和先进个人，切实完成好提高全民科学素质这项国家的长期任务正在成为社会各界的广泛共识。

五年来的实践表明，党中央、国务院的坚强领导是做好全民科学素质工作的根本保证，坚持围绕中心、服务大局是全民科学素质行动取得实效的关键，建立大联合大协作的工作机制是贯彻落实好《科学素质纲要》的有效方法，大力推进科普资源共建共享是贯彻落实好《科学素质纲要》的必然要求，提高基层组织服务能力是实现全民科学素质工作可持续发展的根基所在。在总结突出成绩的同时，我们也看到全民科学素质工作中还存在一些亟待解决的困难和问题，如监测评估体系不健全，农民科学素质亟待提升，社区居民科学素质工作仍较薄弱，大联合大协作的工作机制还需健全完善，优质科普资源开发共享力度仍需进一步加大，社会化科普服务能力尚不能满足公众日益增长的科学素质需求等。深入扎实做好全民科学素质工作，我们依然任重而道远。

二、“十二五”时期全民科学素质建设的工作重点

“十二五”时期是全面建设小康社会的关键时期，是深化改革开放、加快转变经济发展方式的攻坚时期，也是完成好《科学素质纲要》目标任务的重要时期。“深入实施全民科学素质行动计划，加强科普基础设施建设，强化面向公众的科学普及”已作为重要任务纳入国家“十二五”规划。近日，国务院办公厅印发了《〈全民科学素质行动计划纲要〉实施方案（2011—2015年）》，对“十二五”期间全民科学素质工作的阶段目标、重点任务、组织实施等作了全面部署和安排。未来五年的蓝图已经绘就，我们要坚定信心、加倍努力、扎实工作，认真贯彻落实中央重大决策部署，全面完成好公民科学素质建设的各项目标任务。

一要贯彻落实科学发展观，更加突出工作主题，为加快转变经济发展方式提供人才智力支撑。“十二五”时期，全民科学素质工作要按照科学发展观要求，紧紧围绕“节约能源资源、保护生态环境、保障安全健康、促进创新创造”主题，广泛动员组织科技工作者、科普志愿者深入开展群众性、基础性、社会性科普活动，推动报刊、广播、电视、互联网、移动媒体等积极开发群众喜闻乐见、易于接受的科普栏目、科普作品，使科学发展的理念更加深入人心，成为人们主动的价值追求。我们要积极探索建立促进科研与科普相结合的有效机制，鼓励支持科研人员通过多种渠道、多种方式积极主动地向公众介绍科研最新发现、展示科技创新成果，通过丰富多彩、扎实有效的科技教育、传播、普及活动，帮助人们以科学思想观察问题、以科学态度看待问题、以科学方法处理问题，养成健康文明的生活方式和工作方式，成为科学发展观的积极倡导者、有力推动者、广泛受益者。

二要更加突出服务民生改善，为构建社会主义和谐社会营造良好文化环境。“十二五”时期，全民科学素质工作要更加关注民生科普，紧紧围绕人民群众生产生活中的热点焦点问题，重点做好农民和社区居民，特别是进城务工人员、新生代农民工、农村留守儿童、农村妇女和老年人的科学素质工作，提高他们的就业能力、创新能力、创业能力和公共事务参与能力、社会适应能力，为促进民生改善、促进人与自然和谐相处、促进社会和谐稳定作出积极贡献。要进一步加大中西部和农村地区科普基础设施建设力度，努力把大中城市集中的优质科普资源更多地引向农村、引向边寨，提高科技知识在全社会的传播速度和覆盖广度，逐步缩小城乡居民之间、经济发达地区与欠发达地区居民之间科学素质差距，使科技知识成为全社会的共同财富，使科技创新成为普通民众追求幸福生活的强大力量。

三要更加突出健全工作机制，为深入扎实做好全民科学素质工作奠定组织制度基础。“十二五”时期，中国科协将按照国务院统一部署，继续履行好《科学素质纲要》实施工作办公室职责，定期召开协调会，总结部署工作，督促推动有关任务的组织落实。我们衷心希望各成员单位一如既往地发挥各自优势，密切配合、相互协作，共同推进公民科学素质建设。地方各级政府也要将公民科学素质建设纳入当地国民经济和社会发展的总体计划，将《科学素质纲要》实施情况纳入政府议事日程，纳入干部业绩考核范围，使全民科学素质工作真正成为国家科技工作不可或缺的重要组成部分。我们还要进一步建立完善全民科学素质工作监测评估和考核激励机制，为公民提高自身科学素质提供衡量尺度和指导，为《科学素质纲要》实施和监测评估提供依据，调动激发社会各界参与全民科学素质工作的积极性、主动性和创造性，形成做好全民科学素质工作的强大合力。

普及科学技术知识、提高全民科学素质，是建设创新型国家、增强国家软实力的重要基础，是一项长期而艰巨的任务。我们将认真按照党中央、国务院统一部署和延东国务委员重要讲话精神，全力以赴、主动作为，密切配合、狠抓落实，深入扎实完成好“十二五”时期全民科学素质工作各项任务，为加快建设创新型国家、全面建成小康社会奠定坚实的人才智力基础。

重要文件

国务院办公厅关于印发全民科学素质行动计划纲要实施方案（2011—2015年）的通知

国办发〔2011〕29号

各省、自治区、直辖市人民政府，国务院各部委、各直属机构：

《全民科学素质行动计划纲要实施方案（2011—2015年）》已经国务院同意，现印发给你们，请认真贯彻执行。

中华人民共和国国务院办公厅
2011年6月19日

全民科学素质行动计划纲要实施方案

（2011—2015年）

根据《中华人民共和国国民经济和社会发展第十二个五年规划纲要》和《国务院关于印发全民科学素质行动计划纲要（2006—2010—2020年）的通知》（国发［2006］7号，以下简称《科学素质纲要》），为实现全民科学素质工作2020年的目标，进一步安排“十二五"期间全民科学素质工作的阶段目标、重点任务和保障措施等，制定本实施方案。

一、背景和意义

自2006年国务院颁布实施《科学素质纲要》以来，各地区各部门以科学发展观为指导，围绕党和国家工作大局，联合协作，采取了一系列政策措施，公民科学素质建设取得了显著成绩，较好地实现了“十一五”全民科学素质工作目标，为“十二五"开局和实现2020年长远目标奠定了坚实基础，为构建社会主义和谐社会、建设创新型国家作出了积极贡献。2010年我国公民具备基本科学素质的比例达到3.27%，比2005年的1.6%提高了1.67个百分点；对未成年人、农民、城镇劳动者、领导干部和公务员等重点人群科学素质行动措施的稳步推进，带动了全民科学素质的整体提高；科学教育和科普活动广泛开展、科普设施不断完善、科普资源逐步丰富、大众传媒科技传播能力显著增强，使公民科学素质建设的公共服务能力得到较大提升；联合协作工作机制的建立，为全民科学素质工作的顺利开展提供了保障。

但是，也应清醒地看到，目前我国公民科学素质水平与发达国家相比仍有较大差距，全民科学素质工作发展还不平衡，不能满足全面建设小康社会的需要和建设创新型国家的要求。主要表现在：面向农民、社区居民、少数民族地区群众的全民科学素质工作亟待强化；科普资源整合力度仍然不够，科普基础设施服务能力有待提升，科普人才队伍建设有待加强；科普事业投入不足，科普产业培育和发展仍在起步阶段；科学基础教育需要进一步推进，社会各方力量参与全民科学素质工作的积极性还没有充分调动。“十二五"时期是全面建设小康社会的关键时期，是深化改革开放、加快转变经济发展方式的攻坚时期。进一步加强公民科学素质建设，对于增强自主创新能力，转变经济发展方式，保障和改善民生，坚持以人为本，促进经济社会长期平稳较快发展，具有重要战略意义。

二、方针和目标

指导方针：

高举中国特色社会主义伟大旗帜，以邓小平理论和“三个代表”重要思想为指导，深入贯彻落实科学发展观，坚持“政府推动、全民参与、提升素质、促进和谐”的方针，围绕“节约能源资源、保护生态环境、保障安全健康、促进创新创造”的工作主题，面向基层、关注民生，完善机制、提升能力，加强领导、开拓创新，推动科学技术教育、传播与普及，不断提高全民科学素质。

目标：

到2015年，科学技术教育、传播与普及有显著发展，基本形成公民科学素质建设的组织实施、基础设施、条件保障、监测评估等体系，我国公民具备基本科学素质的比例超过5%。

——促进科学发展观在全社会的深入贯彻落实。突出工作主题，更加关注保障和改善民生，重点宣传普及低碳生活、创新创造、公共安全、身心健康等观念和知识，倡导建立资源节约型、环境友好型社会，促进人与自然和谐相处，提高生态文明水平，推动发展向主要依靠科技进步、劳动者素质提高、管理创新转变。

——以重点人群科学素质行动带动全民科学素质整体水平持续提升。未成年人对科学的兴趣明显增强，领导干部和公务员的科学决策水平不断提高，农民、城镇劳动者、社区居民的科学素质显著提升，城乡居民之间、经济发达地区与欠发达地区居民之间科学素质差距逐步缩小。

——公民科学素质建设的公共服务能力大幅提升。科学教育与培训体系逐步完善，大众传媒科技传播能力和科普基础设施的服务能力不断增强，科普资源更加丰富，科普人才队伍发展壮大，促进基本科普服务的公平普惠，公民提高科学素质的机会与途径显著增多。

——公民科学素质建设机制不断创新。资源共享机制逐步完善，资源集成和有效利用得到加强，公益性科普事业与经营性科普产业并举的体制初步建立。动员激励机制不断完善，社会各方面参加公民科学素质建设的积极性明显提高，社会化工作格局基本形成。科普工作与科研、教育、文化等事业紧密结合，联合协作机制不断完善，全民科学素质工作合力不断增强。

三、重点任务

根据指导方针和目标，“十二五”时期重点开展以下工作：

（一）实施未成年人科学素质行动

任务：

——宣传科学发展观，结合我国国情，重点宣传节约能源资源、保护生态环境、保障安全健康、促进创新创造等内容，使未成年人不断提高科学认知水平，从小树立人与自然和谐相处和可持续发展的意识。

——完善基础教育阶段的科学教育，提高学校科学教育质量，着力提升中小学生的学习能力、实践能力和创新能力，使中小学生掌握基本的科学知识与技能，体验科学研究活动的过程，培养良好的科学态度与兴趣。

——巩固农村义务教育普及成果，推进教育均衡发展，提高农村中小学科学教育质量，为农村未成年人特别是女童和留守儿童提供更多接受科学教育和参加科普活动的机会，培养他们独立学习和自我发展的能力。

——开展多种形式的科普活动和社会实践，引导未成年人形成对科学技术的兴趣和爱好，树立科学意识、崇尚科学精神，养成运用科学知识和方法思考、解决问题的习惯。

措施：

——在幼儿园日常教育中融入科学启蒙教育。结合幼儿年龄特点，利用身边的事物与现象，通过游戏、活动等方式激发幼儿的认知兴趣和探究欲望，养成良好的行为习惯。

——推进义务教育阶段的科学教育。总结完善义务教育阶段素质教育改革经验，构建符合素质教育要求的课程体系和评价、考试制度，培育学生的创新意识和创新精神。实施科学等课程标准，提高科学课程和数学、物理、化学、生物等课程的教学质量和效果，帮助学生掌握基本的科学知识与技能。加强数字技能学习教育，培养学生运用互联网学习和获取信息的能力。进一步推广“做中学”活动的经验和成果，创新科学教育方法，鼓励学生通过参与、体验、实践和动手制作等方式提高科学素质。

——推进高中阶段的科学教育。鼓励普通高中开设科学教育选修课，拓宽学生的知识面。鼓励开设通用技术课程，支持开展研究性学习、社区服务和社会实践活动，提高学生的探究能力。大力发展中等职业教育，加强基础能力建设，推进教育教学改革，着力培养学生的职业道德、职业技能和就业创业能力。逐步实施农村新成长劳动力免费劳动预备制培训。

——丰富校外和课外科学教育活动。动员科技和教育工作者开展与青少年面对面的科技交流活动。发挥科技场馆等科普教育基地的作用，开展大手拉小手科技传播行动、科技专家进校园（社区）、走进科学殿堂等活动。鼓励学生进实验室、动手做科研、参加科学调查体验。办好青少年科技创新大赛、明天小小科学家、青少年科技创新奖等活动，提高各类科技竞赛的质量。积极鼓励地方和民间公益组织开展普及性科技活动，扩大参与面和影响力。面向乡村学生、农民工子女组织开展学业辅导、亲情陪伴、感受城市、自护教育等各类志愿服务，帮助他们提高科学素质、丰富生活阅历、增长见识。

——营造崇尚科学的校园文化氛围。在创建平安校园、文明校园、绿色校园、和谐校园活动中，普及保护生态环境、节约能源资源、心理生理健康、安全避险自救等知识，加强珍爱生命、远离毒品和崇尚科学文明、反对愚昧迷信的宣传教育。开展学校科技节、科技周等活动，鼓励学生进行小制作、小发明、小创造，组织开展防灾避险应急演练，设立科普教育长廊、板报，营造师生自由讨论的文化氛围。

——建立完善校外科技活动与学校科学课程的衔接机制。总结推广青少年学生校外活动场所科普教育共建共享试点工作经验，逐步扩大试点范围。开展科技馆活动进校园、科普大篷车进校园等工作，鼓励中小学校利用科技馆、青少年宫、儿童活动中心、科普教育基地、青少年科技教育基地等资源，开展科学教育和科普活动。

——发挥家庭教育在提高未成年人科学素质中的作用。鼓励中小学校利用家长会、家校联系会议等形式，对未成年人父母或其他监护人的育儿观念、方法给予指导，提高其科学育儿水平。鼓励父母或其他监护人为未成年人进行科学实践活动提供条件，引导其广泛接触自然、社会，培养亲近自然的情感。

分工：

由教育部、共青团中央牵头，中央宣传部、科技部、人力资源社会保障部、环境保护部、卫生部、广电总局、中科院、社科院、工程院、气象局、自然科学基金会、全国妇联、中国科协参加。

（二）实施农民科学素质行动

任务：

——面向农民宣传科学发展观，重点开展保护生态环境、节约资源、保护耕地、发展循环农业、建设生态家园等内容的宣传教育，推动广大农村形成讲科学、爱科学、学科学、用科学的良好风尚，促进社会主义新农村建设。

——提高农民运用先进适用技术发展生产、增产增收致富的能力，引导农民发挥主动性和创造性，将普及实用技术与提高农民科学素质结合起来，着力培养有文化、懂技术、会经营的新型农民和农村实用人才。

——提高农村富余劳动力向非农产业和城镇转移就业以及适应现代科学文明生活的能力。

——提高农村妇女及革命老区、民族地区、西部欠发达地区、贫困地区农民的科学文化素质。

措施：

——建立农村科学教育培训体系。落实《农民科学素质教育大纲》，充分发挥党员干部现代远程教育网络、农业广播电视学校、农村致富技术函授大学、农村成人文化教育机构、农业科教与网络联盟、普通高校、乡镇综合文化站、村文化活动室等在农村科技培训中的作用，面向农民大力开展科学教育活动。

——继续开展形式多样的农民科技培训。结合农民创业培训、绿色证书培训、星火科技培训、双学双比、技能竞赛、巾帼科技致富工程、百万新型女农民教育培训等活动，开展针对性强、务实有效、通俗易懂的农业科技培训，提高农民的创业、创新和创造能力。

——继续实施农业从业人员培训。面向农业产前、产中、产后服务人员和农村社会管理人员，开展技能培训，提高农民职业技能水平。根据就业市场需求和企业岗位实际要求，对农村转移就业劳动者开展订单式培训或定岗培训，使其掌握初级以上职业技能或达到上岗要求。鼓励农村未继续升学的应届初高中毕业生等新成长劳动力参加1～2个学期的劳动预备制培训，提升技能水平和就业能力。组织有技术、资金和创业意愿的农民开展创业培训，加强项目开发、开业指导、小额贷款、后续扶持等“一条龙”服务，帮助其自谋职业和自主创业。支持鼓励各级各类学校参与培养有文化、懂技术、会经营的新型农民，开展进城务工人员、农村劳动力转移培训。

——广泛开展各种形式的群众性、社会性、经常性农村科普活动。深入开展文化科技卫生“三下乡”、科技活动周、全国科普日等活动，总结推广科技特派员、科技入户、科技110、科普之冬（春）、科普大集、专家大院、科技咨询服务站、科技专家和致富能手下乡、科教兴村、科技之光青年专家服务团、“三农”网络书屋等行之有效的做法，探索科技工作者“常下乡，常在乡”的长效机制。继续实施千乡万村环保科普行动，结合农村环境综合整治，开展节约资源和综合利用农业废弃物等宣传，开展反对封建迷信等科普活动。

——加强农村科普示范体系建设。继续实施科普惠农兴村计划、基层农技推广体系改革与建设示范项目、农村清洁工程、农村民居防震保安工程等惠农工程。加强农村基层科普队伍和科普能力建设，充分发挥农村专业技术协会、农村科普示范基地和科普工作队等示范带动作用，探索建立科普服务“三农”的长效机制。深入开展全国科技进步示范市（县）和全国科普示范县（市、区）、乡（镇）、村等创建活动，推广农民科学素质行动的先进经验。

——健全农村科普公共服务体系。完善农村科技教育、传播与普及服务组织网络。依托农业技术推广机构、农民专业合作组织、乡镇企业等发展农村基层科普组织。对农村党员、基层干部、骨干农民、科技示范户、农民合作组织负责人以及农村各类实用人才开展科普工作培训，重点加强对各类农村实用技术培训机构教师的继续教育和培训。发挥乡镇科协、村科普小组、农村专业技术协会和各类农村实用技术培训机构在农技服务中的作用，发挥科技特派员、大学生村官、西部计划志愿者的科普宣传、科技咨询服务作用，组织专家咨询服务和志愿者队伍，形成动员科技人员为“三农”服务的有效机制。

——加强对少数民族群众和民族地区的科普工作。探索开展科普富民兴边行动，提高少数民族群众和民族地区农牧民的科学素质。落实国家民委等部门《关于进一步加强少数民族和民族地区科技工作的若干意见》。扶持少数民族语言文字科普宣传品的翻译出版，加强双语科普工作。加强民族地区科普基础设施建设。利用广播、电视、互联网等开展面向少数民族群众的科技教育、传播与普及。进一步发展少数民族科普工作队，组建民族院校少数民族学生科普志愿者队伍，支持其发挥作用。结合少数民族传统节日，组织开展内容丰富的科普宣传活动。

分工：

由农业部、中国科协牵头，中央组织部、中央宣传部、教育部、科技部、国家民委、人力资源社会保障部、环境保护部、卫生部、广电总局、安全监管总局、林业局、中科院、工程院、气象局、全国总工会、共青团中央、全国妇联参加。

（三）实施城镇劳动者科学素质行动

任务：

——宣传科学发展观，重点普及节约资源、保护环境、节能减排、安全生产、健康生活等知识，促进经济发展方式的转变和科学文明健康生活方式的形成。

——围绕走新型工业化道路和发展现代服务业的需求，以学习能力、职业技能和技术创新能力为重点，提高第二、第三产业从业人员科学素质，更好地适应经济社会和自身发展的要求。

——围绕城镇化进程的要求，提高进城务工人员的职业技能水平和适应城市生活的能力。

——提高失业人员的就业能力、创业能力和适应职业变化的能力。

措施：

——加强对城镇劳动者科技教育培训的宏观管理。将科学素质内容纳入各级各类职业教育和成人教育课程及培训教材，将有关科学素质的要求纳入国家职业标准，作为各类职业培训、考核和鉴定的内容。促进用人单位加强全民科学素质工作，建立健全从业人员带薪学习制度，鼓励职工在职学习。

——大力开展各种形式的职业培训。健全以就业技能培训、岗位技能提升培训和创业培训为主要内容的职业培训制度。开展创业培训、创业指导和创业小额贷款工作，提高劳动者创业能力。根据企业用工需求和劳动者的就业需求，组织订单式、定向式培训，提高劳动者职业技能水平。实施青工技能振兴计划，开展青年岗位能手活动、中国青年就业创业行动，推进进城务工青年订单式技能培训，组织青年技能训练营，鼓励青年积极参加职业技能竞赛。深入实施全国妇女巾帼建功活动，广泛开展妇女岗位培训和创业技能培训，激励妇女在工作岗位建功成才。

——加强专业技术人员继续教育工作。实施新的专业技术人才知识更新工程，举办专业技术人员高级研修班，建立国家级专业技术人员继续教育基地，开展少数民族专业技术人才特殊培养工作，推进专业技术人员继续教育法制建设，促进专业技术人员能力水平和科学素质的全面提升。充分发挥科技社团在专业技术人员继续教育中的重要作用，帮助专业技术人员开展技术攻关、解决技术难题，参加跨行业、跨学科的学术研讨和技术交流活动。

——开展日常性职工科普教育活动。继续深入推进“创建学习型组织、争做知识型职工”、“讲理想、比贡献" 等活动，着力打造一批学习型、创新型、技能型团队。充分发挥企业科协、职工技协、研发中心等组织和机构的作用，举办面向职工的专题讲座，组织职工技能竞赛和同业技术交流，广泛开展小革新、小发明、小创造等群众性技术革新活动，组织专家团队深入乡镇企业和国有大型企业开展技术咨询服务等活动。在企业内部刊物、广播、闭路电视、局域网络上开办科普专栏，设立科普橱窗、职工书屋等，充分利用有关实验室、产品陈列室等建设科普宣传阵地。加大面向科技工作者的健康知识科普宣传，组织开展健康讲座、心理培训等宣传教育活动。关注进城务工青年的情感需求和心理问题，着力加强对务工青年的人文关怀和心理疏导。

分工：

由人力资源社会保障部、全国总工会、安全监管总局牵头，中央宣传部、教育部、科技部、卫生部、广电总局、中科院、工程院、气象局、共青团中央、全国妇联、中国科协参加。

（四）实施领导干部和公务员科学素质行动

任务：

——深入贯彻落实科学发展观，将提高科学素质贯穿于领导干部和公务员的选拔录用、教育培训、综合评价全过程，弘扬科学精神，提倡科学态度，讲究科学方法，增强领导干部贯彻落实科学发展观的自觉性和科学执政的能力，增强公务员终身学习和科学管理的能力，使领导干部和公务员的科学素质在各类职业人群中位居前列。

措施：

——加强规划，把提高科学素质作为领导干部和公务员教育培训的长期任务。按照全国干部教育培训工作部署，落实各级各类干部培训规划，将弘扬科学精神、提倡科学态度、讲究科学方法作为领导干部和公务员培训的重要内容。重点培训市县党政领导、地方和部门各级科技行政管理干部、科研机构负责人和国有企业、高新技术企业技术负责人等科技管理人员。

——以创建学习型党组织为载体，加强领导干部和公务员科学素质学习。在党委（党组）中心组理论学习中，将科学发展观、建设创新型国家等战略思想以及我国科技发展规划作为重要内容。在组织培训、自主选学和在职自学中，强化科学知识、科学方法、科学思想、科学精神的学习。组织开展院士专家西部行等活动，开展关于贯彻落实科学发展观、建设学习型党组织内容的宣传教育。

——在领导干部和公务员选拔录用、综合评价中体现科学素质的要求。建立体现科学发展观要求的干部综合考核评价体系。在党政领导干部、国有企业负责人选拔任用考试大纲和题库中，强化与科学素质要求有关的具体内容。在公务员录用考试中，强化科学素质有关内容。研究制订领导干部和公务员科学素质监测、评估标准。

——依托各类干部培训院校，加强领导干部和公务员科学素质的培训。将科学素质教育纳入各级各类干部教育培训机构的教学计划中。在全国干部培训教材建设中，加强科普内容的编写和使用。

——开展各类科普活动，向领导干部和公务员普及现代科技知识。继续办好院士专家科技讲座、科普报告和专题科普讲座等各类科技知识讲座和报告。有计划地组织领导干部和公务员到科研场所实地参观学习。针对领导干部和公务员编辑出版科普读物。

——加大宣传力度，为领导干部和公务员提高科学素质营造良好氛围。推出一批注重科学素养、弘扬科学精神、提倡科学态度、讲究科学方法的领导干部和公务员典型，宣传其好做法、好经验。落实中央宣传部等部门《关于进一步加强科技宣传工作的意见》，大力传播科学思想、科学方法和科学精神。

分工：

由中央组织部、人力资源社会保障部牵头，中央宣传部、科技部、环境保护部、卫生部、中科院、社科院、气象局、共青团中央、全国妇联、中国科协参加。

（五）实施社区居民科学素质行动

任务：

——宣传科学发展观，普及节约资源、保护环境、节能减排、健康生活等知识，促进社区居民形成科学文明健康的生活方式。

——提升社区居民应用科学知识解决实际问题、改善生活质量、应对突发事件的能力，激发社区居民提高科学素质的主动性和积极性。

——围绕建设文明和谐的学习型社区，提升社区科普服务能力，完善社区公共服务体系。

措施：

——开展形式多样的社区科普宣传和教育活动。围绕安全健康、节能环保、防灾减灾等内容，开展科教进社区、卫生科技进社区、全民健康科技行动、社区科普大讲堂、节能减排家庭行动、心理健康咨询等活动。发挥社区教育在提高劳动者科学素质、服务民生和促进社会和谐方面的作用。面向老年人、妇女、少年儿童开展科学、安全、健康生活等宣传和教育活动。引导未成年人正确使用网络资源，获得有益知识，拒绝不良信息。面向农民工开展提升自身素质、适应城市生活的宣传和教育活动。

——提升社区科普能力。实施社区科普益民计划。充分依托社区公共服务场所和设施，建立完善社区科普活动室、科普图书室、科普画廊等基础设施，发挥其科普功能。结合社区信息化建设，发挥互联网、移动通信、移动电视等新型传媒的科普宣传功能。健全街道科协、科普协会和社区科普小组等网络组织。建立社区科普宣传员和科普志愿者队伍。开展科普示范街道、社区、楼宇、家庭等创建活动。

——搭建社会化的社区科普工作格局。整合社区及周边科普资源，建立共建共享机制，鼓励学校、科研院所、企业、科技社团、科普场馆、科普教育基地和部队积极参与社区科普活动。

分工：

由中国科协、全国妇联牵头，中央宣传部、教育部、科技部、国家民委、环境保护部、卫生部、广电总局、安全监管总局、中科院、社科院、气象局参加。

（六）实施科学教育与培训基础工程

任务：

——加强教师的科学素质建设，提高教师队伍整体科学素质和水平。

——加强教材建设，改进教学方法，适应不同对象需求，满足科学教育与培训要求。

——加强教学基础设施建设，充分利用现有的教育培训场所、基地，根据需要建设新的科学教育基础设施，配备必要的教学仪器和设备，为开展科学教育与培训提供基础条件支持。

措施：

——大力提高教师的科学素质。鼓励高等师范院校和有关高校增设科学教育相关专业，着力培养科学教育的专门师资。在职教师培训增加科学教育内容，推进中小学教师科学素质与课程实施能力建设，广泛开展中小学科学教师之间的业务交流，提高实施科学教育的能力和水平。以县及县以下幼儿园、中小学科学教育教师培训为重点，加强科学教育骨干教师培训。逐步完善科学教育教师职称评价标准和办法。

——建立健全科技与教育结合、共同推动科学教育的有效模式。推动高等院校、科研院所的科技专家参与中小学科学课程教材建设、教学方法改革和科学教师培训。继续实施科教合作共建中小学教师专业发展支持系统项目。推动有条件的中学科学教师到高等院校、科研机构和重点实验室参与科研实践。

——提高科学教育与培训的教材质量。按照基础教育课程标准，进一步提高科学课程教材的质量和水平，增强教学内容的趣味性、直观性和吸引力。将科普工作与素质教育紧密结合，注重培养学生创新创造能力，将科普内容纳入各级各类教育培训教材和教学计划。根据农民、城镇劳动者、社区居民、领导干部和公务员的特点和需求，加强各类人群科学教育培训的教材建设。重视少数民族文字的教材编写和音像类教材的开发制作。

——改进科学教育与培训的教学方法。加强中小学科学教育研究，改进教学方法，广泛应用现代教育技术与先进教学理念，增强教育教学效果。针对不同人群开展科学教育培训，改革与探索成人教育教学方式，提高培训效果。

——加强科学教育与培训的基础条件建设。逐步实现义务教育学校特别是边远农村地区中小学科学仪器、教具、图书等基本达标，面向社会提供服务。继续推进中小学科学教育网络资源建设，支持和鼓励现有科学教育网站扩大科学教育资源。加强农村中小学现代远程教育的科学教育资源建设。充分利用报纸、广播、电视等媒体，动员大学、科研院所、科技馆、职业学校、成人文化教育机构、社区学校等公共机构对公众进行分类教育和培训。

分工：

由教育部、人力资源社会保障部牵头，中央宣传部、发展改革委、科技部、农业部、中科院、社科院、工程院、气象局、自然科学基金会、全国总工会、共青团中央、全国妇联、中国科协参加。

（七）实施科普资源开发与共享工程

任务：

——繁荣科普创作。围绕宣传落实科学发展观，紧扣时代发展脉搏，适应国家、社会和公众的需要，注重科学与艺术、自然科学与人文社会科学的结合，创作开发一批优秀科普作品。

——集成国内外科普资源及信息，建立共享交流平台，为社会和公众提供基本科普资源支持和公共科普服务。

——促进科普资源开发、集散和服务的社会化，发挥市场机制引导作用，积极推动科普产业发展。

措施：

——促进原创性科普作品的创作。以评奖、作品征集等方式，加大对优秀原创科普作品的扶持、奖励力度，鼓励社会各界参与科普作品创作。推出一批群众喜闻乐见的优秀挂图、图书、展览、影视作品、文艺节目等科普资源，加大宣传力度，提高公众的认知度。推动国家有关部门和单位制作的优秀科普电影、电视节目在基层播放。加强国际合作与交流，引进国外优秀科普产品，带动我国科普创作整体水平的提高。激发科技、教育、传媒工作者的科普创作热情，把科普作品纳入业绩考核范围。

——推进科技成果转化为科普资源。促进各类科研项目成果的传播和普及工作，提高公众对国家重大工程项目、科技计划项目和科技重大专项产生的创新成果的关注度和知晓率。积极探索将学术交流与科普活动紧密结合的新途径，充分发挥科技社团联系科技工作者及科普创作团队的作用，选择适宜向公众传播的科技成果，探索将科技成果转化为科普资源的机制。鼓励和支持科研项目承担单位和负责人将科研成果向社会公众传播。

——加强科普资源的开发、集成与共享。开展主题科普展览巡回展出活动，推动展览和展品在各类科普场馆、设施、服务机构之间交流。推动科普资源包开发，集成各种科普展览、教育和活动资源，供广大青少年宫、活动中心、图书馆、文化馆、科普活动站等场所和学校、农村、城镇社区等基层单位共享使用，为其开展科普工作提供公共指导和服务。促进科普展教活动与学校科学课程教学、综合实践和研究性学习相衔接。加强发达地区对欠发达地区展教资源的支援力度。建立应急科普资源开发与服务机制。

——制定科普资源开发共享的相关标准和规范。加强科普资源开发和共享的指导和规划，不断优化科普资源的内容和结构。探索科普产品的新形式，开发适用于电信网、互联网、广播电视网“三网融合”需要的新型科普资源。

——建立全国科普资源及信息的共享交流平台。以中国数字科技馆等优秀科普网站为平台，建立动员激励机制，通过分散存储、集中服务等形式，推动全社会优质科普资源集成共享。

——推动科普产业发展。以公众科普需求为导向，发挥市场的引导、优化和调节作用，推动科普产品的研发、生产、集散和服务。加强知识产权保护，研究制定科普产品技术规范和设计制作机构资质认定办法等，促进科普产业的良性发展。举办科普产品博览会、交易会，及时发布科普场馆建设和科普活动信息，为企业及其他社会机构搭建交流和服务平台。推动科普出版、科普旅游馆（园）、科普展览展品开发制作、科普玩具、科普教育与科普游戏软件、营利性科普网络等科普产业发展，逐步建立公益性科普事业与经营性科普产业并举的体制。

分工：

由中国科协、科技部牵头，中央宣传部、教育部、国家民委、环境保护部、农业部、卫生部、广电总局、安全监管总局、林业局、中科院、社科院、工程院、气象局、自然科学基金会、全国总工会、共青团中央参加。

（八）实施大众传媒科技传播能力建设工程

任务：

——加大报刊、广播、电视等传统媒体的科技传播力度。

——发挥互联网等新兴媒体在科技传播中的积极作用。

——提升大众传媒的科技传播质量。

措施：

——制定鼓励大众传媒开展科技传播的政策措施。推动电视台、广播电台制作更多喜闻乐见的科技节目并增加播出时间，出版单位增加各类科普出版物的品种和发行量，综合性报纸增加科技专栏的数目和版面，科普网站和门户网站建设科技专栏。中央主要新闻媒体确定专人负责科技宣传工作，设立科技宣传专门机构。完善考核评价机制，扶持科技宣传报道做大做强。推动各类大众传媒机构参与科普产品的开发和制作。大力扶持科普出版物等科普产品在农村和边远地区、民族地区的发行和使用工作。充分发挥科技宣传联席制度的作用，统筹协调科技宣传工作，组织指导中央和地方媒体开展科技宣传，做好科技领域热点敏感问题、突发事件的舆论引导。

——提升大众传媒从业者的科学素质与科技传播能力。各媒体配备一定数量的科技记者，专门负责科技宣传报道。吸收自然科学类专业毕业生充实科技宣传报道队伍。加强科技宣传报道人员业务培训，定期组织科技宣传报道编辑记者集中学习培训。组建科技宣传专家库。推动科技社团与媒体交流互动，定期举办科学家与媒体交流活动，提高媒体从业者客观准确报道最新科技创新成果、具有科技背景的社会热点话题以及自然灾害、突发公共卫生事件的能力。

——打造科技传播媒体品牌。推动形成一批有一定规模和影响力的科普出版机构。中央主要新闻媒体开辟科技宣传专栏或专题节目，定期进行科技宣传报道。各地各类新闻媒体参照中央媒体做法，开设专题、专栏或专版，加大科技宣传报道力度。

——发挥互联网、移动通信、移动电视等新兴媒体在科技传播中的积极作用。研究开发网络科普的新技术和新形式。中央重点新闻网站开设科技宣传专栏。培育、扶持若干有较强吸引力的品牌科普网站和虚拟博物馆、科技馆。开辟具有实时、动态、交互等特点的网络科普新途径，开发一批内容健康、形式活泼的科普教育、游戏软件。发挥中国互联网协会网络科普联盟的作用，促进网站之间开展科技传播的交流与合作。

分工：

由中央宣传部牵头，教育部、科技部、农业部、广电总局、中科院、社科院、气象局、全国总工会、共青团中央、全国妇联、中国科协参加。

（九）实施科普基础设施工程

任务：

——大幅度增强科普基础设施的整体服务能力，增加公众提高科学素质的机会与途径。

——优化科普资源配置，增加科普基础设施总量，形成较为合理的全国整体布局。

——完善科普基础设施建设与发展的保障体系。

措施：

——加强对科普基础设施发展的宏观指导。落实发展改革委等部门《科普基础设施发展规划（2008—2010—2015 年）》。研究制定科普基础设施的建设标准、认定办法、管理条例及监测评估体系，定期开展监测评估，发布科普基础设施发展报告。将科普基础设施建设纳入国民经济和社会发展总体规划及各地基本建设计划，加大对公益性科普基础设施建设和运行经费的公共投入。

——积极发展科技馆。按照《科学技术馆建设标准》，对不具备展教功能或不能充分发挥科普作用的科技馆进行必要的更新改造。积极推动科技馆在全国的合理布局，重点在市（地）和有条件的县（市）发展主题、专题及其他具有特色的科技馆。创新理念，加强展览和教育活动的设计策划，增强科技馆的教育功能，提高各级各类科技馆的重复参观率。加强对科技馆运行的规范管理，开展科技馆评级和绩效评价。

——建设各类专业科技博物馆。鼓励和推动有条件的研究机构、大学、企业和具有重要资源的城市，因地制宜建设和发展一批专业或产业科技博物馆。充分利用国家重大工程项目或企业闲置淘汰的生产设施，建设富有特色的科技博物馆。积极推动科技博物馆合理布局。

——推进科普基地建设。发展国家级和省级科普教育基地，到 2015 年底，使国家级科普教育基地总数达到 1000 个左右，省级科普教育基地总数达到 3000 个左右。建设不同功能的行业科普基地，不断完善运行机制，纳入国家整体布局。进一步推动科研机构和大学开展科普活动。鼓励有条件的企业向公众开放研发机构、生产设施（流程）或展览馆，建设专门科普场所。推动青少年宫、妇女儿童活动中心、妇女培训基地、文化宫等增加科普教育功能。引导海洋馆、野生动物园、主题公园、自然保护区、森林公园、地质公园、动植物园等强化科普教育功能。

中共中央宣传部、教育部、科学技术部、中国科学院、中国工程院、中国科学技术协会关于印发《关于进一步加强科技宣传工作的意见》的通知

各省、自治区、直辖市党委宣传部、教育厅（委）、科技厅（局）、科协，中央各主要新闻单位：

《关于进一步加强科技宣传工作的意见》已经中央领导同志同意，现印发你们，请认真贯彻落实。

2011 年 2 月 24 日

关于进一步加强科技宣传工作的意见

科学技术是第一生产力，是推动人类文明进步的巨大力量。做好科技宣传工作，对于提高全民族科学素养，推动实施科教兴国战略和人才强国战略，建设创新型国家，有着极其重要的意义。

一、指导思想

高举中国特色社会主义伟大旗帜，以邓小平理论和“三个代表”重要思想为指导，深入贯彻落实科学发展观，坚持团结稳定鼓劲、正面宣传为主，以科学发展为主题，以加快转变经济发展方式为主线，围绕国家经济社会发展重点工作，围绕科技事业发展重大决策部署，大力宣传我国科技事业发展成就，宣传“两弹一星”精神和载人航天精神，宣传广大科技工作者的感人事迹和崇高品质，弘扬科学精神，普及科学知识，进一步形成讲科学、爱科学、学科学、用科学的社会风尚，为提高全民族科学素养，推动科技事业发展，建设创新型国家营造良好舆论氛围。

二、宣传重点

1. 宣传党和政府对科技事业的重视和支持。宣传党中央、国务院高度重视科技工作，深入实施科教兴国战略和人才强国战略，紧紧把握我国现代化建设全局和世界科技发展趋势，制定国家中长期科技发展规划纲要，大力推进知识创新工程，着力解决关系国家长远发展的重大科技问题，体现我国发展科技事业的制度优势。

2. 展示我国科技事业的重大进展和成就。宣传新中国成立以来特别是“十一五”期间我国科技事业的巨大成就，宣传重大科技创新成果在加快转变经济发展方式、实现科学发展中发挥的重要作用，宣传科技发展在提高人民生活水平和质量、提高人民科学文化素质和健康素质中的重要作用。

3. 推出优秀科技工作者和团队典型。推出一批优秀科技工作者和创新团队典型，宣传他们不畏艰险、勇攀高峰的探索精神，团结协作、淡泊名利的团队精神，报效祖国、服务社会的奉献精神，在全社会营造尊重劳动、尊重知识、尊重人才、尊重创造的浓厚氛围。

4. 弘扬科学精神和科学思想。在全社会大力弘扬追求真理、独立思考、大胆探索、勇攀高峰的科学精神，大力弘扬“两弹一星”精神和载人航天精神，激发全社会的创造活力和创新热情。宣传有关部门加强学术道德和学风建设的举措和成效，树立科技界崇尚真理、求真务实、忠于祖国、服务人民的良好形象。

5. 传播科学知识和科学方法。加强科普宣传，广泛传播科学知识、科学方法，提高全民族科学素质，在全社会形成讲科学、爱科学、学科学、用科学的良好风尚，为建设创新型国家创造良好社会环境。

三、工作机制

1. 建立科技宣传联席会议制度。由中央宣传部牵头，教育部、科技部、中国科学院、中国工程院、中国科学技术协会、《人民日报》社、《新华》社、《光明日报》社、《经济日报》社、中央人民广播电台、中央电视台、《科技日报》社参加。联席会议统筹协调科技宣传工作，研究确定一个时期的科技宣传总体思路、阶段性重点和工作要求，制定宣传报道方案和舆论引导意见，策划科技领域重大主题、重要活动、重要典型宣传报道，组织指导中央和地方媒体开展科技宣传。同时，及时沟通信息、研判舆情，做好科技领域热点敏感问题、突发事件的舆论引导。

2. 制定科技宣传年度工作要点。每年年初，中宣部会商相关部门提出科技宣传年度工作要点，确定年度科技宣传的总体思路、宣传主题、重点安排，对全年科技宣传进行指导。《要点》经联席会议审议通过后印发中央和地方媒体落实。

3. 完善媒体内部工作机制。中央主要新闻媒体确定专人负责科技宣传工作，设立科技宣传的专门机构。完善考核评价机制，扶持科技宣传报道做大做强。各媒体要配备一定数量的科技记者，专门负责科技宣传报道。可从高校应届毕业生中吸收自然科学类专业的毕业生，充实科技宣传报道队伍。加强科技宣传报道业务培训，定期组织科技宣传报道编辑记者集中学习党和政府关于科技工作的重大方针政策，通报科技最新成果和科技知识，研讨交流采访报道经验，不断提高科技宣传记者的政策水平、科技素养和报道能力。

4. 建立科技宣传专家库。选择科技领域的专家学者、资深编辑记者组成科技宣传专家库，定期开展科技宣传

调查研究，评估宣传效果，提出改进创新的意见建议，为科技宣传提供咨询服务和决策参考。

四、报道安排

当前和今后一段时期，中央和地方主要媒体增加科技宣传报道的版面和时段，开设专栏、专题、专版，打造名牌栏目，形成科技宣传的强大舆论声势。

从2011年3月起，《人民日报》、《光明日报》、《经济日报》开辟科技宣传专版，《人民日报》原则上每周不少于2个版，《光明日报》、《经济日报》原则上每周不少于3个版；新华社开辟科技宣传专栏，每周不少于5期；中央人民广播电台、中央电视台综合频道开辟科技宣传专栏，每周不少于2期；中央人民广播电台“新闻和报纸摘要”和中央电视台“新闻联播”、“晚间新闻”科技宣传报道每周不少于5条。中央主要新闻媒体所属都市报同时开辟科技宣传专版，增加科技新闻信息，加大科普知识宣传力度，原则上每周不少于5个版。中央重点新闻网站同时开辟科技宣传专栏，全面反映我国科技事业发展成就，弘扬科学精神，普及科学知识。

中央电视台科教频道“大家”栏目每月制作播出一期专题节目，反映科技领域杰出科学家为我国科技事业发展作出的卓越贡献和取得的光辉业绩，反映他们对党无比忠诚、对祖国和人民无比热爱的崇高品质。“科技人生”栏目每周制作播出一期专题节目，反映科技工作一线中青年科学家的奋斗历程和感人事迹，宣传他们勇攀高峰的创新精神和德馨品高的道德风范。

《科技日报》立足“记者为本，科技为源”的定位，创新报道的内容和形式，增加信息量，提高新闻性，强化科普宣传，进一步提高办报质量。

各省、自治区、直辖市主要新闻媒体参照中央主要新闻媒体做法，开设科技宣传专题、专栏、专版，加大科技宣传报道力度。

五、组织实施

宣传部门、科技部门要从贯彻落实科学发展观、实施科教兴国战略和人才强国战略的高度，充分认识加强科技宣传的重要性和必要性，把科技宣传摆上重要议事日程，立足当前，着眼长远，研究提出具体实施方案，既要做好阶段性安排，又要制定长期规划。同时，要加强沟通，紧密配合，及时指导媒体做好科技宣传报道，主动为记者采访报道提供便利。

各新闻媒体要坚持团结稳定鼓劲、正面宣传为主，牢牢把握正确舆论导向。坚持客观、理性、准确、适度，对科技成就的宣传留有余地、不说过头话，对典型人物的宣传真实可信，不随意拔高。坚持改进创新、贴近受众，注意处理好深与浅、普及与提高、知识性与趣味性的关系。注意严格把关，严防泄露科研和技术秘密。增强知识产权意识，注意保护知识产权。

附：2011年科技宣传工作要点（略）

中国科协第七届全国委员会常务委员会会议纪要

（第15次）

2011年3月18日，中国科协七届常委会第十五次会议在北京科技会堂举行。会议由全国人大常委会副委员长、中国科协主席韩启德同志主持。

一、会议传达了《中央书记处关于科协工作的几点意见》和国务院办公厅《关于刘延东国务委员听取全民科学素质纲要实施情况汇报的会议纪要》。

二、会议审议了《中国科学技术协会章程》（以下简称《章程》）（修改草案审议稿）。

会议认为，中国科协“七大”通过的《章程》，作为全国科协系统的统一章程，在凝聚科技工作者，指导和推动科协事业发展中起到了重要作用，原则上不做大的修改。同时，为适应我国发展的阶段性特征，把五年来科协工作一些成功的经验和做法确定下来，更好地履行中国科协的职责，对现行《章程》进行必要的修改、补充和完善，是符合新形势的要求和广大科技工作者的意愿的。

会议原则同意《章程》修改草案审议稿，并责成书记处根据常委提出的意见和建议做进一步的修改，提交下一次常委会议审定。

三、会议听取了关于“全国科协系统先进集体、先进工作者”评选工作的情况汇报。

为表彰奖励中国科协“七大”以来全国科协系统涌现出来的先进集体、先进工作者，拟在中国科协第八次全国代表大会上对他们进行表彰。评选工作由中国科协与人力资源和社会保障部共同实施，评选表彰的数量有所扩大，享受部级先进工作者待遇的数量有所增加。中国科协与人力资源和社会保障部将联合下发评选通知，全面展开评选工作，评选结果报下一次常委会审定。

会议同意对全国科协系统先进集体、先进工作者进行表彰奖励，以进一步激励科协系统广大工作人员投身创新型国家建设。

四、审议《中国科协七届全委会在中国科协第八次全国代表大会上的工作报告》(审议稿)。

会议认为,《报告》对中国科协过去五年的工作进行了全面的总结,对所面临的形势和任务进行了分析,对未来五年的工作提出了建议,内容实事求是、重点突出、切实可行。会议认为,《报告》在“未来五年的工作建议”中,应增加进一步加强科普工作方面的内容,特别是要增加加强“老少边穷”尤其是少数民族地区的科普工作的建议;应增加对目前社会上存在的学术不端行为要有所分析、在惩治学术腐败方面要有所作为的内容。

会议原则同意《报告》内容,并责成书记处根据常委提出的意见和建议,就部分内容和文字做进一步修改,精炼文字,缩短篇幅。

六、会议审议并原则通过了《第十三届中国科协年会框架草案》。

第十三届中国科协年会定于2011年9月21~23日在天津市举行,由中国科协和天津市政府联合主办。按照中国科协年会“大科普、学科交叉、为举办地服务”的定位,总结历届年会经验,结合实际情况,将适度缩小本届年会规模,开幕式主会场参会人员缩减为2400人,学术交流分会场由35个缩减为20个。同时将采用精选报告人选、增设卫星分会场或视频会场,突出年度特征和天津地域特色,提高学术交流和专题论坛质量,增加国际元素,扩大对外开放等方式,进一步提高年会影响力和辐射面。

会议认为,近年来,中国科协年会有很大进步,得到广泛一致好评,对举办地的经济社会发展起到了很大推动作用,在全国范围内也产生了很好的影响。

会议原则通过了《第十三届中国科协年会框架草案》,并责成书记处按照常委提出的意见和建议进一步修改,待完善后提交常委会议审议。

七届常委会各专门委员会还就2010年度工作总结和2011年度工作设想进行了书面汇报。

中国科协第七届全国委员会常务委员会会议纪要

(第16次)

2011年5月26日,中国科协七届常委会第十六次会议在北京科技会堂举行。受韩启德主席委托,会议由中国科协常务副主席、书记处第一书记邓楠同志主持。

一、陈希同志传达了中央书记处听取中国科协党组汇报后,中央领导同志讲话要点和指示精神。

会议强调将中央领导的指示精神贯彻到中国科协八大的整个过程之中,确保把八大开成一次团结、民主、求实、凝聚力量、催人奋进的大会。

二、会议听取了关于中国科协八大议程和日程安排有关情况的汇报,审议了《中国科协八大议程和日程》(审议稿)。会议原则同意中国科协八大议程和日程安排,提交八大预备会通过。

三、会议听取了关于中国科协八大工作报告起草情况的说明,审议了中国科协第七届全国委员会工作报告,会议通过了《关于中国科协第七届全国委员会工作报告的决议》,同意将中国科协第七届全国委员会工作报告提交七届全委会第六次会议审议。

四、会议听取了《关于修改〈中国科协章程〉的情况报告》,审议了《中国科协章程(修改草案)》(审议稿),通过了《关于〈中国科协章程(修改草案)〉(审议稿)的决议》,决定将《中国科协章程(修改草案)》提交七届全委会第六次会议审议。

五、会议听取了《关于中国科协八大代表选举和八届委员候选人推选情况的报告》,审议了《中国科协第八届常务委员会组成原则》(审议稿)、《关于授予中国科协荣誉职务的原则》(审议稿)。

会议原则同意《中国科协第八届常务委员会组成原则》(审议稿)和《关于授予中国科协荣誉职务的原则》(审议稿),请书记处根据常委提出的意见和建议进一步修改后,提交七届全委会第六次会议审议。

六、会议审议并通过了《中国科协八大主席团组成原则及组成人员建议名单》(审议稿)、《中国科协八大秘书长、副秘书长建议名单》(审议稿)、《中国科协八大文件起草工作委员会、组织工作委员会、代表资格审查委员会职责及组成人员建议名单》(审议稿),同意提交七届全委会第六次会议审议。

七、会议听取了关于《中国科协事业发展“十二五”规划(审议稿)》编制情况的汇报,审议了《中国科协事业发展“十二五”规划(2011—2015)》(审议稿),通过《关于〈中国科协事业发展“十二五”规划〉的决议》,同意将《中国科协事业发展“十二五”规划(2011—2015)》(审议稿)提交七届全委会第六次会议审议。

会议还听取了《关于全国科协系统先进集体和先进工作者评选情况的报告》、《关于命名全国科普示范县(市、区)情况的报告》。

七届常委会各专门委员会还就工作总结及下一步工作建议进行了书面汇报。

中国科协第八届全国委员会常务委员会会议纪要

（第 1 次）

2011 年 5 月 29 日，中国科协八届常委会第一次会议在北京中国科技会堂举行。会议由全国人大常委会副委员长、中国科协主席韩启德同志主持。

一、会议通过了中国科协第八届书记处第一书记和书记名单。

根据主席提名、会议通过，同意陈希同志为中国科协第八届书记处第一书记，程东红、张勤、徐延豪、王春法同志为书记处书记。

二、会议通过中国科协八届常委会关于聘请中国科协顾问的决定。

会议决定，按照中国科学技术协会章程，根据工作需要，经商有关部门同意，聘请国家发展和改革委员会副主任、党组成员张晓强，教育部副部长、党组成员杜占元，科技部党组副书记、副部长王志刚，工业和信息化部副部长杨学山，财政部副部长、党组成员张少春，人力资源和社会保障部副部长、党组成员王晓初，国务院国有资产监督管理委员会副主任黄丹华，中国科学院副院长、党组成员李家洋，中国社会科学院副院长、党组成员朱佳木，中国工程院常务副院长潘云鹤，国家自然科学基金委员会主任陈宜瑜 11 位同志为中国科学技术协会顾问。

三、会议审议并通过了中国科学技术协会第八届常务委员会各专门委员会职责及负责人建议名单。

会议同意中国科协八届常委会设置 14 个专门委员会，为便于工作衔接和及时开展工作，先行确定各专门委员会主任、副主任。八大后根据工作需要由各专门委员会主任、副主任与专委会办公室商定委员人选。

会议通过了中国科协第八届常委会各专门委员会工作职责及负责人建议名单。

促进企业自主创新专门委员会　顾问：陆延昌，主任：刘玠，副主任：干勇、石定环、张勤、宋南平。

青年工作专门委员会　顾问：杨乐，主任：袁家军，副主任：冯长根、邓中翰、王伟中、张勤、杨劼。

科技工作者道德与权益专门委员会　顾问：王志珍、杨乐、杜祥琬，主任：黄伯云，副主任：李静海、杨卫，龚克。

组织建设专门委员会　顾问：栾恩杰，主任：陈希，副主任：齐让、姚建年、曹振全。

女科技工作者专门委员会　顾问：王志珍、韦钰、刘恕，主任：程东红，副主任：陈赛娟、方新、王红阳。

决策咨询专门委员会　主任：齐让，副主任：刘燕华、王春法。

科技与人文专门委员会　主任：方新，副主任：王静康、王春法。

学术与学会专门委员会　主任：李静海，副主任：谢克昌、沈岩、冯长根。

继续教育专门委员会　主任：冯长根，副主任：谢克昌、郝希山、高德利。

科学技术普及专门委员会　主任：秦大河，副主任：刘嘉麒、杨元喜、徐延豪。

促进农村和少数民族地区发展专门委员会　主任：赵沁平，副主任：吕飞杰、徐延豪。

促进国际合作专门委员会　顾问：赵忠贤，主任：龚克，副主任：杨卫、吴国雄、张勤。

促进与港澳台交流专门委员会　顾问：赵忠贤，主任：龚克，副主任：杨卫、吴国雄、张勤。

青少年科学教育专门委员会　顾问：韦钰，主任：陈赛娟，副主任：秦大河、黄伯云、唐启升、鲍红。

中国科协第八届全国委员会常务委员会会议纪要

（第 2 次）

2011 年 9 月 20 日，中国科协八届常委会第二次会议在天津市万丽天津宾馆举行。会议由全国人大常委会副委员长、中国科协主席韩启德同志主持。

一、会议审议了《中国科学技术协会全国代表大会代表任期制暂行办法》。

为充分发挥中国科学技术协会全国代表大会代表的作用，根据《中国科学技术协会章程》和有关规定，制定《中国科学技术协会全国代表大会代表任期制暂行办法》。

会议经过认真讨论，原则同意《中国科学技术协会全国代表大会代表任期制暂行办法》（审议稿），责成书记处根据本次常委会议的意见对《中国科学技术协会全国代表大会代表任期制暂行办法》作进一步修改后施行。

二、会议审议了《中国科学技术协会第八届全国委员会委员变更或增补办法》。

根据《中国科学技术协会章程》第四章第二十七条的规定，对《中国科学技术协会第七届全国委员会委员变更或增补办法》进行了修订。

会议原则通过了《中国科学技术协会第八届全国委员会委员变更或增补办法》。

三、会议听取了关于中国科协八届常委会专门委员会组建情况的汇报，审议了《中国科协八届常委会各专门委员会委员名单》。

根据八届常委会第一次会议的决定，各专委会主任、副主任、中国科协书记处分管书记和专委会办公室认真研究专委会人员组建工作，并征求相关人员的意见，基本确定了专委会的人员组成。共有165人参加了相关专委会，其中荣委9人、副主席14人、常委28人、全委97人，相关部委和单位的有关专家17人。

会议审议并通过了《中国科协八届常委会各专门委员会委员名单》。

四、会议听取了关于第十三届中国科协年会筹备情况及第十四届中国科协年会初步安排的汇报。

第十三届中国科协年会定于9月21－23日在天津市举行，由中国科协和天津市人民政府联合主办，主题为“科技创新与战略性新兴产业发展”，共安排22个学术交流分会场、4个系列科普活动、10个专题论坛和14个专项活动。本届年会在“大科普、学科交叉、为举办地服务”定位的基础上，注重体现年度特征，突出天津地域特色，增加国际元素，扩大开放力度。

会议同意第十三届中国科协年会的各项议程和安排，要求各部门按照既定工作程序做好落实工作。

会议听取了关于第十四届中国科协年会初步安排的汇报，同意第十四届中国科协年会定于2012年在河北省石家庄市举行，由中国科协和河北省人民政府共同主办。

关于认真学习胡锦涛总书记在庆祝中国共产党成立90周年大会重要讲话的通知

科协发调字〔2011〕29号

各全国学会、协会、研究会，各省、自治区、直辖市、副省级城市科协，新疆生产建设兵团科协：

7月1日，庆祝中国共产党成立90周年大会在北京人民大会堂隆重举行，胡锦涛总书记发表重要讲话，全面回顾中国共产党90年的光辉历程和取得的伟大成就，系统总结党和人民创造的宝贵经验，明确提出新的历史条件下提高党的建设科学化水平的目标任务，深刻阐述了在新的历史起点上把中国特色社会主义伟大事业全面推向前进的大政方针。认真学习、深入贯彻胡锦涛总书记重要讲话精神，对于我们适应新形势新任务，全面推进党的建设新的伟大工程，全面推进中国特色社会主义伟大事业，必将产生重大而深远的影响。按照中央统一部署，为更好地学习贯彻落实胡锦涛总书记重要讲话精神，进一步把广大科技工作者和科协干部职工的思想统一到讲话精神上来，团结带领广大科技工作者为建设创新型国家、全面建设小康社会而努力奋斗，特通知如下：

一、切实把学习胡锦涛总书记重要讲话作为当前最重要政治任务抓紧抓好

科协是党领导下的人民团体，是党和政府联系科技工作者的桥梁和纽带。胡锦涛总书记的重要讲话，是在新的历史条件下提高党的建设科学化水平，坚持和发展中国特色社会主义伟大事业的纲领性文件，也是指导新时期科协事业科学发展的强大思想武器，更是做好新形势下科协党建工作的行动指南。各级科协及所属团体广大干部职工要积极行动起来，充分利用科协系统的报刊、杂志、网络等开辟专栏，广泛宣传讲话精神，总结推广各地学习贯彻讲话精神的成功经验和有效做法，在科协系统迅速掀起学习贯彻讲话精神的热潮，使学习贯彻讲话精神成为科协系统干部职工的自觉行动。要把集中学习与个人自学、通读讲话与专题研讨结合起来，并联系各单位各部门工作实际，开展形式多样的交流研讨活动，切实把学习活动不断引向深入。各级党员领导干部要发挥表率作用，带头宣传讲话精神，带头讲学习心得、讲改进工作的新思路新举措，务求学习讲话精神取得扎扎实实的成效。

二、深刻理解、准确把握胡锦涛总书记重要讲话的核心内容和精神实质

胡锦涛总书记的重要讲话站在时代发展和战略全局的高度，科学总结了我们党90年的光辉历程、伟大成就和宝贵经验，回答了新形势下加强和改进党的建设的新课题，阐述了坚持和发展中国特色社会主义的新要求，通篇贯穿着解放思想、实事求是、与时俱进的思想路线。要深刻理解、准确把握讲话对我们党90年来领导人民艰苦奋斗所取得伟大成就的科学概括，深刻理解、准确把握讲话关于从思想建设、组织建设、作风建设、党风廉政建设以及制度建设等方面不断提高党建科学化水平的战略部署，深刻理解、准确把握讲话关于大力推进经济建设、政治建设、文化建设、社会建设，把中国特色社会主义伟大事业全面推向前进的明确要求，切实把思想和行动统一到讲话精神上来，用讲话精神统一思想、凝聚力量、指导实践、推动工作。要加强宣讲活动，引导广大科技工作者准确把握中国共产党成立90年之际面临的形势变化和时代课题，准确把握中国共产党肩负的神圣使命和历史重任，不断增强大局意识、忧患意识和群众意识，努力在党和国家工作大局中找准定位、发挥作用。

三、自觉把讲话精神贯彻落实到科协工作各个环节、各个方面

要以进一步密切科协组织同科技工作者的血肉联系为着眼点，按照讲话要求，结合学习贯彻科协八大精神，深入基层调查研究，认真查找科协为科技工作者提供优质高效服务的薄弱环节和不足方面，积极探索贯彻落实讲话精神的新举措，不断创新为科技工作者成长成才服务的新方式，进一步增强科技工作者对科协组织的认同感归属感，努力把党和政府联系科技工作者的桥梁纽带打造得更加坚实、更加有效。要以深入扎实开展好创先争优活动为着力点，着力提高科协系统党建科学化水平，深入思考加强科协系统、特别是学会党建工作的新思路新举措，进一步增强科协系统基层党组织的凝聚力战斗力，进一步增强科协系统共产党员的党性观念和党员意识，为建设科技工作者之家、当好科技工作者之友提供更加坚实的思想、组织和人才保证。

各全国学会、地方科协要将学习贯彻情况及时报送中国科协。

中国科协办公厅
2011年7月5日

关于学习贯彻中国科协第八次全国代表大会精神的通知

科协发调字〔2011〕26号

各全国学会、协会、研究会，各省、自治区、直辖市、副省级城市科协，新疆生产建设兵团科协：

2011年5月27~30日，中国科协第八次全国代表大会在北京隆重召开，会议审议通过了韩启德主席代表中国科协第七届全国委员会所作的工作报告，审议通过了《中国科学技术协会章程（修改草案）》和《中国科学技术协会事业发展“十二五”规划》，选举产生了中国科协新一届领导机构。认真学习、深入贯彻中国科协八大会议精神，是当前和今后一个时期各级科协组织及所属团体的一项重要工作，现将有关事项通知如下：

一、充分认识学习贯彻中国科协八大会议精神的重要意义

中国科协八大是在全国上下喜迎建党90周年、国家“十二五”规划实施开局之年召开的一次科技界盛会。胡锦涛总书记等党和国家领导人亲自出席大会开幕式，温家宝总理作形势报告，习近平同志代表党中央在开幕式上致祝词，充分体现了党中央、国务院对广大科技工作者的亲切关怀和殷切期待，对科协组织和科协工作的高度重视和殷切期望。中国科协八大认真总结了过去五年的工作，提炼形成六点弥足珍贵、需要在今后工作中长期坚持的经验做法，对未来五年的主要工作进行了重点部署。认真学习、深入贯彻好中国科协八大精神，有助于我们进一步认清形势、明确任务，更加自觉地围绕中心、服务大局，切实把思想和行动统一到中央重大决策部署上来；有助于我们更好地坚持“三服务一加强”的工作定位，全面推进学术交流、科学普及、人才举荐、决策咨询和组织建设等各项工作，切实承担好党和政府沟通联系科技工作者的桥梁和纽带职责；有助于我们建设科技工作者之家、当好科技工作者之友，团结带领广大科技工作者，着力增强自主创新能力，在加快建设创新型国家、全面建成小康社会的伟大征程中再创佳绩、再立新功。

二、准确理解、全面把握中国科协八大的精神实质

一要准确理解、全面把握习近平同志代表党中央致的祝词对广大科技工作者和各级科协组织的殷切期待。祝词高度评价了广大科技工作者和各级科协组织在“十一五”时期全面建设小康社会进程中发挥的独特作用和取得的突出成绩，希望广大科技工作者认清肩负的重大责任和光荣使命，更加自觉、更加积极地提高自主创新能力，在实现经济又好又快发展和民生不断改善方面，在弘扬创新文化、激发全民族创新热情和创造活力方面，在培养、发现和举荐青年科技人才、加快建设人才强国方面，在加强品格修养、促进科学道德建设和学风建设方面更加奋发有为，要求各级科协组织在新形势下围绕党和国家工作大局，致力于促进科学技术繁荣和发展，为经济社会发展服务；促进科学技术普及和推广，为提高全民科学素质服务；促进科技人才成长和提高，为科技工作者服务；着眼于建设科技工作者之家、当好科技工作者之友，更好地加强自身建设，努力开创科协工作新局面。祝词高屋建瓴、内涵丰富、寓意深刻，具有很强的思想性、针对性和指导性，是我们用科学发展观统领科协各项工作，按照“三服务一加强”工作定位，切实推动科协事业不断迈上新台阶的重要行动指南。

二要准确理解、全面把握温家宝总理报告对科技发展新形势新任务的重大判断和战略要求。温家宝总理的报告全面深刻分析了我国科技发展面临的新形势新任务，提出“十二五”时期科技工作要紧紧抓住科学发展主题和加快转变经济发展方式主线，大力加强基础研究和前沿研究，紧紧抓住促进科技与经济紧密结合这个核心问题深化科技体制改革，在普及科学知识的同时，更加重视传播科学思想，弘扬科学精神，提高全民族科学素质。报告对于科协积极组织学术交流，广泛开展群众性技术创新活动，充分发挥学会作为国家创新体系重要组成部分的作用，对于科协组织进一步做好全民科学素质工作，发挥好科协作为科普工作主要社会力量的作用，对于我们切实把创新科学技术和普及科学技术作为国家科技工作两个相辅相成的重要方面，更好地把科协作为推动国家科技事业发展重要力量的作用充分发挥出来，具有直接而重大的指导意义。

三要准确理解、全面把握王兆国同志讲话对科协组织提出的新任务新要求。讲话指出，党中央对做好新形势下科协工作寄予殷切期望，各级科协组织要促进自主创新、普及科学技术，在推动科学发展上展现新作为；要畅通联系渠道、广泛凝聚力量，在组织和服务科技工作者上取得新进展；要夯实组织基础、提升服务能力，在加强科协自身建设上迈出新步伐。讲话突出强调了科协是科技工作者的群众组织，是党领导下的人民团体；科协工作既是国家科技工作的重要组成部分，也是党的群众工作的重要组成部分。在加快建设创新型国家的新阶段，科协组织要把促进自主创新和普及科学技术作为做好国家科技工作的重要内容，大力推进并取得实效。在大力加强和创新社会管理的新阶段，科协组织要坚持以科技工作者为本，把为科技工作者提供优质高效服务，建设科技工作者之家、当好科技工作者之友，作为做好新时期党的群众工作的重要内容，把科技工作者紧紧团结在党的周围，不辜负党和人民的重托，不辜负广大科技工作者的期待。

四要准确理解、全面把握七届全委会工作报告的经验体会和工作部署。工作报告在实事求是回顾总结五年来科协各项工作基础上，形成了六点经验体会，即坚持党对科协的领导是促进科协事业发展进步的根本保证，坚持"三服务一加强"的工作定位是做好科协工作的内在要求，坚持以科技工作者为本是做好科协工作的重中之重，坚持在遵循规律基础上，从实际出发，创造性地开展工作是引导科协事业繁荣发展的基本方法，坚持重心下移、深入基层是夯实科协事业发展基础的关键，坚持打造活动品牌是提升科协组织社会形象的有效途径。这些经验体会令人信服、弥足珍贵，需要在今后工作中长期坚持下去，并不断丰富完善。报告建议未来五年各级科协组织要把增强自主创新能力作为服务经济社会发展的核心，在推动经济发展方式转变方面更加奋发有为；把推动科普资源共建共享作为服务提高全民科学素质的关键，在广泛普及科学技术方面更加务实高效；把促进科技人才成长提高作为服务科技工作者的抓手，在推动建设人才强国方面更加积极进取；把提高做好群众工作的能力和水平作为加强自身建设的重点，在把科技工作者紧紧团结在党的周围方面更加扎实有效。这些建议得到代表们的一致拥护，在今后工作中应坚决贯彻，确保取得扎扎实实的成效。

五要准确理解、全面把握《中国科学技术协会章程》修改的深刻含义和指导意义。本次大会关于科协《章程》修改，本着大稳定、小调整、可改可不改则不改的原则，对个别条款作了增加和修改。修改后的《章程》明确规定，"代表大会代表实行任期制"，"中国科学技术协会会员日定为每年十二月十五日"，中国科协要"推动建立和完善科学研究诚信监督机制，促进科学道德建设和学风建设"等。代表们一致认为，以上修改原则和修改内容反映了科协组织的性质和宗旨，突出了时代主题和群众团体特点，符合科协实际，是必要和可行的，也是能经得起实践检验的，对做好新形势下的科协工作，加强科协组织自身建设，必将发挥重要的指导作用。

六要准确理解、全面把握中国科协事业发展"十二五"规划的目标任务和重点工作。《规划》提出，"十二五"时期要根据中国科协八大总体部署，坚持"三服务一加强"工作定位，坚持"大联合、大协作"工作方式，实现 6 方面主要目标，并按 6 个领域对"十二五"时期科协事业发展进行布局，提出 34 项重点任务、121 项工作任务，设置 5 个专栏，明确 15 个重点项目，提出 6 方面保障措施。《规划》对于深入贯彻落实中国科协八大会议精神，实现科协事业科学发展将产生直接的推动作用。

三、切实把学习贯彻中国科协八大会议精神转化为推动科协事业科学发展的强大动力

一要把学习贯彻会议精神与推动科协工作紧密结合起来。要认真对照中央领导同志讲话要求，大力加强科协系统干部职工的思想和作风建设，切实从党和国家工作大局出发，创新工作理念，理清工作思路，改进工作作风，不辜负党和人民的殷切期待。要对照科协八大工作报告要求，进一步加深对过去五年工作经验体会的理解，准确把握未来五年的工作重点，完善工作规划，细化工作步骤，切实把科协八大工作要求落到实处。要对照新《章程》的新要求，结合本地区本单位实际，不断健全完善组织体制和工作机制，进一步加强科协组织自身建设，夯实科协为科技工作者服务的组织基础，切实把科协八大会议精神贯彻落实到科协工作的各个环节各个方面。

二要把学习贯彻会议精神同当前正在开展的创先争优活动紧密结合起来。当前，按照中央统一部署，科协系统党的基层组织和党员正在深入开展创先争优活动。各级科协组织及所属团体要自觉把学习贯彻中国科协八大会议精神同深入开展创先争优活动有机结合起来，把学习贯彻会议精神作为开展创先争优活动的重要内容，把学习贯彻效果作为检验创先争优活动成效的重要标准，牢牢把握增强服务意识、提升服务能力主线，紧紧抓住领导点评、公开承诺等关键环节，创新学会党建工作模式，积极探索党建带群建的有效途径，组织科协干部职工开展形式多样的学习教育培训活动，进一步增强科协工作者为广大科技工作者提供优质高效服务的责任感和使命感，建设科技工作者之家，当好科技工作者之友，不断提高科协工作的科学化水平。

三要把学习贯彻会议精神同举办庆祝建党90周年系列活动紧密结合起来。各级科协组织及所属团体在策划举办庆祝建党90周年系列活动中，要紧密结合学习贯彻中国科协八大会议精神，认真总结、大力宣传我们党通过科协组织团结联系广大科技工作者、推动科技工作的成功经验，认真总结、大力宣传我们党通过科协组织开展科普活动、提高全民科学素质的成功经验，认真总结、大力宣传我们党通过科协组织推动和创新社会管理、促进社会和谐稳定的成功经验，不断增强科协干部职工做好新形势下科协工作的荣誉感和自豪感，以更加昂扬的精神状态推动科协工作不断迈上新台阶。

各级科协组织及所属团体要尽快制定实施会议精神宣传方案，加大工作力度，广泛宣传中国科协八大会议精神，使广大科技工作者及时了解、准确把握会议精神实质。要联系各单位各部门工作实际，把个人自学与集中培训、全面学习与专题研讨有机结合起来，开展形式多样的交流研讨活动。各级科协组织及所属团体要及时向上级党委政府和业务支撑单位报告学习情况。各全国学会、地方科协要将学习贯彻情况及时报送中国科协。

中国科协办公厅
2011年6月14日

中国科学技术协会事业发展“十二五”规划(2011—2015)

（2011年5月30日中国科学技术协会第八次全国代表大会通过）

根据《国民经济和社会发展第十二个五年规划纲要》以及国家中长期科技、教育、人才规划纲要，依照《中国科学技术协会章程》，结合科协事业发展的根本要求，编制《中国科学技术协会事业发展“十二五”规划(2011—2015)》。本规划主要明确中国科协的重点任务，指导全国学会和地方科协的工作，是科协组织共同的行动指南，是制定年度工作计划的依据。

一、序言

“十一五”时期是科协事业快速发展的五年。五年来，在党中央、国务院的正确领导下，中国科协高举中国特色社会主义伟大旗帜，深入贯彻落实科学发展观，按照胡锦涛总书记12·15重要讲话要求，根据中国科协“七大”的总体部署，坚持“三服务一加强”的工作定位，着力营造科协事业发展的良好环境，搭建重要工作平台。颁布实施了《全民科学素质行动计划纲要》等一系列重要政策文件，组织实施了科普惠农兴村计划等一系列重大项目，打造了中国科协年会、全国科普日、中国科协会员日、全国优秀科技工作者表彰奖励等一系列重要活动品牌。基础设施和工作条件得到了显著改善，事业经费实现了大幅增长，中国科技馆新馆等一大批科普场馆相继建成开放，圆满完成中国科协“七大”确定的各项任务。科协工作得到了党和政府的充分肯定，得到了广大科技工作者的普遍认可，科协组织的社会地位和国际影响力显著提高。

“十二五”时期是我国全面建设小康社会的关键时期，是深化改革开放、加快转变经济发展方式的攻坚时期，也是实现科协事业科学发展的重要战略机遇期。今后五年，加快转变经济发展方式，建设创新型国家，对科协组织繁荣学术交流、增强科技创新能力提出了更迫切的要求。我国科技工作者队伍不断发展壮大，科技人员的时代特征越来越明显，对科协组织在为科技工作者提供优质高效的服务方面提出了更高的要求。随着经济发展和社会进步，人民群众对科学生产、文明生活和提升自身科学素质强烈的向往和追求，使得科协组织在满足日益增长的多样化科普需求方面承担更加繁重的任务。党和政府高度重视、加强和创新社会管理，提出了建设有中国特色社会主义社会管理体系的任务，为科协组织在参与社会管理、发挥协同作用方面提供了更为广阔的空间。我国国际地位的不断提高，科技竞争力和合作能力不断增强，为科协组织在更广阔的领域开展国际民间科技交流与合作，实现互利共赢，提供了新机遇。

面对机遇和挑战，必须增强责任意识和忧患意识，主动适应形势和环境变化，把握发展规律、创新工作思路，团结带领广大科技工作者，心无旁骛、埋头苦干、开拓创新、狠抓落实，更加奋发有为地推动科协事业科学发展再上新台阶。

二、指导思想与主要目标

（一）指导思想

“十二五”时期科协事业发展的指导思想是：高举中国特色社会主义伟大旗帜，以邓小平理论和“三个代表”重要思想为指导，深入贯彻落实科学发展观，团结带领广大科技工作者，紧紧围绕科学发展主题和加快转变经济发展方式主线，根据中国科协八大的总体部署，坚持“三服务一加强”工作定位，坚持“大联合、大协作”的工作方式，继续解放思想，坚持改革开放，服务科学发展，推动自主创新，提升科学素质，促进社会和谐，为建设创新型国家和全面建成小康社会作出更大贡献。

（二）主要目标

今后五年科协事业发展的主要目标是：

——对经济社会发展的贡献更加突出。作为党领导下的人民团体的政治自觉性更加牢固，代表广大科技工作者参政议政能力明显增强，参与社会建设和管理的作用更加突出，科技决策咨询能力显著提高，推进企业技术创新和助力社会主义新农村建设取得新进展。

——学术交流质量和实效显著增强。学术生态环境进一步优化，交流的形式和机制不断创新，学术会议和期刊质量明显提高，产生一大批有重大影响的学术论文，使学术交流更加有利于通过技术创新加快经济发展方式转变，更加有利于攻克科技前沿问题，提高科技整体水平，更加有利于中国科技界融入国际科技界，提升国际地位。

——全民科学素质水平大幅提升。科普资源共建共享机制逐步完善，优秀科普作品不断涌现，科普基础设施和科普人才队伍的建设得到显著加强，热点、焦点科技问题得到迅速回应，广大人民群众多样化多层次的科普服务需求得到不断满足，到2015年我国公民具备基本科学素养比例从3.27%提高到5%。

——科技工作者对科协组织的满意度明显提高。作为科技工作者群众组织的特色更加突出，与科技工作者的联系更加紧密，为科技工作者提供优质高效服务的渠道进一步拓展、内容更加丰富、方式不断创新，优秀科技人才脱颖而出的环境进一步改善，科技工作者的合法权益得到有效维护，科技工作者之家的社会形象更加鲜明。

——科技开放与交流水平不断提高。中国科协作为民间国际科技合作与交流的主要代表的作用逐步加强，利用国际科技资源的能力和水平进一步提高，我国科技工作的国际地位明显提高，基本形成覆盖面广、重点突出、相互协调的国际民间科技交流新格局；同港澳台科技界的交流更加广泛，形成一系列有影响的重点活动。

——自身能力切实增强。党建工作进一步加强，科协组织建设进一步优化，基层组织覆盖面进一步扩大，干部队伍素质和能力不断提高，学习型组织建设达到新水平，工作条件逐步改善，科学管理水平不断提升。

三、重点任务

（一）促进经济发展方式加快转变

——坚持以科学发展为主题、以加快转变经济发展方式为主线，把增强自主创新能力作为科协促进经济发展方式加快转变的着力点，大力开展以提升自主创新能力为导向的学术交流活动，充分发挥学会作为国家创新体系组成部分的重要作用。优化面向企业农村开展的各项科技服务，把更多创新要素和科技资源引进企业、引向农村。充分发挥科协组织智力密集、人才荟萃、学科齐全、公正客观的优势，参与社会建设，创新科技服务，为科学决策提供支撑。

1. 增强自主创新能力

——突出加快转变经济发展方式主题。围绕加快转变经济发展方式，把学术交流与产业优化升级紧密结合起来，把提升传统产业核心竞争力的基础共性技术和培育发展战略性新兴产业的前沿关键技术作为开展学术交流的重点，着力提升自主创新能力。

——突出国家科技发展的重点领域。围绕能源资源开发利用、新材料和先进制造、信息网络、现代农业、健康、生态环境保护、空间和海洋、国家安全和公共安全等重要领域搭建不同形式和层次的学术交流平台，营造民主、自由的学术氛围，启迪科学思维，激发创新活力。

——突出基层一线技术创新的需要。鼓励全国学会和地方科协面向基层和一线科技工作者广泛开展层次不同、形式多样、内容丰富的学术交流活动，鼓励科技工作者的基础性、应用性研究，以高水平的交流研讨活动带动基层一线技术创新。

2. 推进企业技术创新

——深化“讲理想、比贡献”活动。围绕增强企业技术创新能力，以节能、降耗、减排、增效为重点，动员组织一线科技工作者投入群众性技术创新活动，拓展活动内容，创新活动方式，建立长效机制。在全国范围组织评选表彰750个先进集体、500个科技标兵、500个优秀组织者。

——推进“院士专家工作站”建设。推动建设1000个院士专家工作站，重点围绕企业重大科技需要和技术创新难题，开展联合研发和攻关；依托全国学会、高校、科研机构和地方科协在高新技术开发区、经济技术开发区和各类产业聚集区组建200个院士专家服务中心，根据产业技术创新需求，解决跨行业、跨学科、跨地区的共性问题；动员地方科协及所属学会组建各类专家服务团队，引导广大科技专家带技术和成果深入企业一线，推动产学研用相结合。

——建设企业科协科技信息服务系统。跟踪和优选高新技术信息，进行专业化加工，形成适于企业应用、滚动扩充的信息资源库；建立企业科协科技信息推广应用服务平台，加快现有技术创新成果的推广应用，帮助企业特别是中小企业破解发展难题。

——组织创新方法培训。大力开展创新方法宣传培训和知识产权战略巡讲等活动，着力提高企业一线科技人员的创新思维和技术创新能力，培训企业创新工程师和专利应用工程师5万人次。

3. 助力社会主义新农村建设

——继续实施科普惠农兴村计划。扩大奖补规模和财政支持力度，推动建立科普惠农兴村项目库，支持受表彰的农技协、科普示范基地、少数民族科普工作队和先进个人发挥示范带头作用。

——建立科普惠农长效机制。集成各类农村科普资源，健全农村科普服务网络。充分发挥农函大办学优势，有效利用各方面教育资源，普及农村实用技术，增强农民科技创业和脱贫致富能力。

——探索开展科普富民兴边工作。加强边疆地区基层科普组织、科普基础设施建设，因地制宜开展科普活动。积极搭建上下联动、东西互助、城乡结合、优势互补的科普服务工作平台，建立合作交流机制，提高边疆地区群众的科学素质水平，促进边疆地区稳定和发展。

4. 建设国家级科技思想库

——组织科技工作者积极建言献策。围绕党和政府中心工作，就经济社会发展中的重大科技问题组织开展专题研究，开展形式多样的专家咨询活动，办好中国科协年会专题论坛和党政领导与院士专家座谈会，为党和政府科学决策提供支撑。开展科技与社会——2050展望项目研究，发布系列研究报告。定期开展科技工作者优秀建议征集和优秀调研报告评选活动，建立优秀调研成果出版资助制度。

——开展科技思想库建设试点工作。在有条件的地方科协开展科技思想库建设，鼓励探索建立各具特色的决策咨询模式，增强科协组织的决策咨询服务能力。

——实施学会决策咨询资助。在科技社团层次办好思想库，鼓励支持科协所属学会开展决策咨询活动，促进学术交流成果转化为决策咨询依据，加强决策咨询能力建设，打造学会决策咨询品牌，以决策咨询项目带人才成长，培养一批复合型决策咨询人才。

——建设科技思想库工作平台。面向科协系统集成资源，丰富充实选题库、数据库、专家库、成果库。建立调研课题评审管理全流程信息化系统，实现科协系统决策咨询信息共建共享和互联互通，提高工作质量和效率。

5. 引进海外高层次科技人才智力

——深入实施海外智力为国服务行动计划。按照“联系好、了解好、反映好、服务好”的原则，构建海外智力储备库，搭建海外智力为国服务平台，优化海外人才回国服务环境，开展举荐人才、建言献策、基地建设等工作。

——为国家和地方推荐海外高层次科技人才。保持和加强与海外科技团体、科技人员的联系，建立动态的国内需求项目库和海外专家学者人才库，为海外科技人才参与经济建设和科技活动提供支撑。

——加强海外智力引进工作基地建设。以国家实施的重点发展战略为切入点，建立工作基地，推动海外人才以科技成果转让、技术入股、回国创业等方式直接参与国内经济活动。

6. 参与社会建设和公共服务

——积极推动社会建设。充分发挥科协作为政协界别的作用，为政协科协界委员参与科技政策法规制定，发挥政治协商、科学决策、民主监督作用提供服务和支撑，充分发挥政协科协界委员决策咨询、参政议政的重要作用。

——主动参与社会管理。开展百强学会服务社会建设工程。培育100个国家级、省级骨干示范学会，创造条件，拓展社会功能，进一步提高学会社会公信力和参与公共事务的能力，组织广大会员和科技人员依法有序参与社会管理，成为推动社会管理体制创新的重要力量。

——广泛开展社会服务。发挥学会独立客观、智力密集优势，积极承担社会服务职能和政府转移职能，广泛开展科技规划计划咨询论证、技术标准规范制定、科技成果评审、科技项目评估、技术鉴定等科技评价活动。积极承担专业技术职称评定、职业技能鉴定、执业资格认证、培训和继续教育等科技人才评价职能。

专栏一　促进经济发展方式加快转变的重点项目

科普惠农兴村计划：5年累计表彰奖励13000多个先进单位和个人，辐射带动的农户不少于5000万户（占全国农户总数的20%）。

"讲理想、比贡献"活动：以院士专家工作站和技术信息服务等为抓手，引导创新要素资源向企业集聚，动员企业一线科技人员开展群众性创新活动。每两年表彰一次，共表彰750个先进集体、500个科技标兵、500个优秀组织者，进一步激发企业一线科技工作者的创新激情和热情。

国家级科技思想库建设：围绕党和政府关注的重大问题形成决策咨询建议；针对经济社会发展的重大科技问题形成优秀调研报告；展望2050科技与社会发展；科技人力资源地理信息系统；搭建决策咨询工作平台。

科普富民兴边：增强边境地区科普服务能力，提高边境地区公民科学素质，促进边境地区群众致富、经济发展、社会和谐稳定。

海外智力为国服务计划：搭建海外智力为国服务平台，优化海外人才回国服务环境，5年建成20个"海智计划"工作基地，联系的海外科技团体达到100个，海外人才数据库条目和接待海外科技人员参与为国服务活动人数以每年10%比例增长。

（二）推动学术交流繁荣发展

——围绕提高学术交流的质量和实效，举办高层次、高质量的系列学术交流活动，大力促进学科的交叉融合，促进自主创新能力的不断提升，激发全社会的创造活力。

7．促进学科发展

——发布《学科发展报告》。开展系列学科发展研究，总结学科新进展，研究学科发展趋势，促进学科交叉融合和多学科协调发展，培育优势学科，提出我国学科发展的策略和建议，每年发布年度学科最新成果。

——开展学科史研究。总结回顾学科发展的历史进程，分析学科的性质、历史定位、社会文化价值以及作用模式，拓展我国学科史研究的格局。实施知名科学家学术思想传承计划，组织著名科学家的学术思想系列研讨活动。做好学术文献特藏工作。

8．搭建学术交流平台

——举办中国科协年会。进一步突出"大科普、学科交叉、为举办地服务"等特点，重点组织好学术交流、决策咨询、科学普及等活动，扩大品牌效应，把年会办成具有广泛社会影响、标志性的科技界重大活动。

——举办综合交叉系列学术会议。顺应学科综合交叉、跨学科发展趋势，举办跨学科、交叉性、综合性学术会议。支持全国学会学术年会、重大科技事件活动以及综合交叉学术会议。

——举办高端前沿系列学术会议。重点围绕物质科学、生命科学、空间科学、地球科学、纳米技术等领域的基础研究和前沿技术，组织开展学术交流，举办中国科协论坛、青年科学家论坛等活动。

——举办学术服务系列会议。促进学术交流与产业升级、民生改善紧密结合，面向经济社会发展重大需求，在现代农业、装备制造、生态环保、能源资源、信息网络、新兴材料、公共安全和健康等领域开展学术交流，组织行业、区域经济发展专门研讨活动，及时组织中国科协热点问题学术报告会。

——举办学术生态系列会议。倡导自由探究，鼓励学术争鸣，活跃学术氛围，促进原始创新。举办和推广新观点新学说学术沙龙，为萌芽时期的学术观点、理论以及灵感提供专门交流平台，营造多学科交叉并自由探讨学术问题的良好环境。

——加强学术会议质量管理。建立学术交流评价体系，规范学术活动程序。培养一批优秀学术会议主持人，推进学术交流管理人员专业化、职业化建设，提升学术交流质量和实效。支持企业科技工作者、青年科技工作者和边远地区一线科技工作者参加国内外学术交流活动，促进其学术成长。

——丰富和创新学术交流形式。开辟学术交流网站或专题网页，推动在线学术交流，举办系列科学博客大赛。

9．打造精品科技期刊

——提高科技期刊论文质量。提高期刊中优秀论文的比率，组织一流专家投稿，吸引高质量原创论文。倡导专家办刊，引进国际高层次科技期刊人才，提高编委会和审稿队伍的国际化程度。

——加大精品科技期刊工程实施力度。着力培育国际知名科技期刊，大力培育一批国内领衔期刊和精品后备期刊，促进具有国际视野的高端科技期刊出版人才的成长，提升科技期刊的整体水平。

——推进科技期刊国际化进程。继续实施科技期刊国际推广计划，提升英文版期刊国际化水平；加强科技期刊国际学术交流与合作，拓宽工作渠道，逐步建立科技期刊出版人才国际化培训有效机制。

——推进科技期刊数字化平台建设。实施"千刊数字平台工程"，推动学科刊群建设和出版集群建设，实现编审程序化和学术论文网上开放获取。

——加强科技期刊发展能力建设。加强中国科协科技期刊基础理论研究和学术研讨，提升中国科技期刊发展论坛的品牌影响力；建立科技期刊与大众传媒沟通机制，增强科技期刊的社会责任；培养一批优秀作者和编辑出版优秀人才。

专栏二　推动学术交流繁荣发展的重点项目

精品科技期刊工程：培育100个具有重要国际影响、在国内相关学科（专业）领域发挥领衔作用的科技期刊，建立10个左右具有学科优势和集群效应的科技期刊集群，建设具有先进水平的中国科协千种科技期刊数字出版平台，引进和培养100名左右具有国际视野和期刊国际化运作能力的科技期刊领军人才。

学术交流平台建设：举办中国科协年会、中国科协论坛、全国学会年会、国际学术会议、新观点新学说学术沙龙、青年科学家论坛、科学博客大赛、全国博士生年会、国家科技报告体系等，构建全面的、持续的学术交流新格局。

（三）提升全民科学素质

——深入实施《全民科学素质行动计划纲要》，切实加强科学素质建设工作，积极开展主题科普活动，扎实推进科普资源共建共享，加强科普基础设施建设，继续推动科普示范县的建设，强化面向公众的科学普及，持续有效地提升全民科学素质。

10．推动《全民科学素质行动计划纲要》实施

——履行纲要实施工作办公室职责。进一步完善跨部门联合工作机制，研究制定纲要实施工作的监测指标体系，推动公民科学素质建设工作纳入政府业绩考核范围，开展实施情况督察，研究建立实施激励机制，对作出突出贡献的集体和个人给予表彰。

——开展公众科学素养调查工作。完善调查指标体系和调查方法，提高调查质量和水平，定期发布公众科学素质发展报告。

——加强科普理论研究。加强基础理论研究和专题研究，为科学素质建设工作提供理论支撑；进一步改善科普研究条件，建设中国科普研发基地。

11．实施农民科学素质行动

——开展农民科技培训。从实际需要出发，开展形式多样的科技培训，帮助农民掌握和运用适用技术，提高农民职业技能，提高发展生产、增产增收的能力，培养有文化、懂技术、会经营的新型农民。

——建立完善农村科普示范服务体系。推动全国科普示范县（市、区、乡、村、户）和科普示范基地建设，充分发挥辐射、带动、引领作用，提高农村科普组织服务能力。

——开展服务“三农”科普活动。针对农民日益增长的多样化科技需求，不断创新形式和内容，开发符合农民需要的生产、生活科普资源，积极开展科普之冬（春）、科普大集、科技专家和致富能手下乡等品牌活动，为农民提供优质科普服务。

12．提升社区居民科学素质

——开展多种形式的社区科普活动。根据社区居民的特点和需要，组织开展科教进社区、社区科普学校等品牌活动，普及安全健康、节能环保、应急避险、科学生活等知识，提升社区居民科学素质；面向新生代农民工开展适应城市现代生活和再就业技能培训等科普活动，形成科学文明健康的生活方式。

——实施社区科普益民计划。依托社区公共服务场所和设施，建立完善社区科普活动室、科普图书室、科普画廊等设施，开展科普示范街道、社区、家庭等创建活动，创建一批社区科普益民先进单位。

——探索建立社区科普资源共建共享机制。集成社区内及周边科普资源，鼓励学校、科研院所、科普场馆、科普教育基地、企事业单位等驻区单位参与科普工作，推动科普活动的社会化。

13．实施未成年人科学素质行动

——开展青少年科技实践活动。开展青少年科学调查、青少年载人航天科普等系列活动，继续开展青少年科学影像节、大手拉小手科普报告行等活动。

——实施校外科技教育项目。实施求知计划，推广“做中学”科学教育改革试验项目，面向农村青少年开展非正规教育，探索科技界与教育界联合的有效模式。

——加强青少年科普活动场所建设。积极探索与教育部门共建共享青少年学生校外活动场所，建设中国科协青少年校外科普实践训练基地，继续发展青少年科学工作室。

14．开展主题科普活动

——开展重大科普活动。围绕“节约能源资源、保护生态环境、保障安全健康、促进创新创造”主题，广泛开展全国科普日、防灾减灾日等群众性科普活动。支持学会围绕《全民科学素质行动计划纲要》主题和重要纪念日，积极开展各类科普活动。

——开展社会热点、焦点科普活动。组织科技工作者及时回应社会热点、焦点中的科技问题；建立科学家与大众媒体广泛沟通的渠道，定期举办科学家与媒体面对面的交流活动。利用互联网、电视、手机等新媒体广泛开展形式多样的科普活动。

——依托国家重大科技项目开展科普活动。建立科普与科研结合机制，引导承担国家科技项目的科研团队、企业、高校和广大科技工作者，及时把最新科学发现和技术创新成果向公众传播，促进公众理解科学，让科技成果惠及广大公众。

——开展应急科普工作。根据我国国情和经济社会发展的特点，建立储备应对突发事件和自然灾害的科普资源，逐步建设完善应急科普服务支撑体系，建立应急科普响应机制，及时提供应急响应和科普资源服务。

15. 完善科普资源共建共享机制

——开发集成科普资源。推进科研创新成果、生产技术成果和学术交流成果转化为科普资源，引进国外优质特色科普资源，打造一批健康生活、低碳生活等主题科普资源精品及“科普大篷车”电视栏目等科技传播精品节目。

——实施科普创作资助。开展系列科普作品创意大赛，提升原创科普作品的开发和创新能力，开展优秀科普作品评选和推介，形成一大批深受社会公众欢迎的科普作品。

——加快中国数字科技馆的开发与应用。建立以“中国数字科技馆”为龙头、以专业型数字科技馆为重要支撑的数字科技馆发展格局，平均每日访问人次达 30 万以上，访问页面数达 120 万左右。

——搭建科普资源共享信息平台。推进科普出版物、科普广播电视、科普活动等共享服务，向社会发布和推介国内外优质科普图书、挂图、广播电视节目和科普活动资源包。

16. 加强科普基础设施建设

——推动实施《科普基础设施发展规划》。根据社会公众的科普需求，按照适度超前的原则，发挥公共财政的引导作用，调动社会各界的积极性，大力发展科普基础设施，开展科普基础设施监测评估。

——继续推进科技馆建设。以建设综合科技馆为主，社区科普学校和企业科普车间为辅，大力发展主题、专题及其他具有特色的科技馆。推动县级科技馆的建设，逐步提高科普场馆的覆盖面。地级市和常住人口 100 万人以上城市至少建有一座科技馆。

——加强流动科普设施建设。实施“中国流动科技馆计划”，大力发展“科普大篷车”，提高“科普大篷车”活动的覆盖面，重点向基层和贫困地区倾斜；积极开发成本低、效果好的各类流动科普设施，引导社会资金参与流动科普设施建设。

——发展完善基层科普设施。建设县级综合性科普活动场所，继续建立完善科普活动站（室）、科普画廊（宣传栏）等基层科普设施。

——继续创建科普教育基地。大力发展科普教育基地，全国科普教育基地总数达 1000 个左右，省级科普教育基地总数达 3000 个左右。

17. 促进科普产业发展

——鼓励按照市场机制兴办科普产业。以公众科普需求为导向，发挥市场的引导、优化和调节作用，培育科普产品创意策划、制作开发、推广服务类企业；推动研究制订科普产业相关政策、技术标准。

——培育科普新兴产业。加强科普产品研发、实施重大科普产业项目、建设科普产业园区、发展区域性特色科普产业集群、扶持骨干龙头科普企业、培育科普产业新兴市场。

——加强科普产品研发和市场开拓。支持科普资源研发中心、集散中心和服务中心的建设。举办科普产品博览会、交易会，发布科普产品需求信息。

专栏三　提升全民科学素质的重点项目

社区科普益民计划：在全国评选表彰近万个科普特色突出、成效显著、示范带动效果明显的社区科普益民先进单位，推动建立社区科普公共服务体系。

科普资源开发与共享：搭建科普资源开发与共享平台，提高科普资源的原创开发能力、集成应用力度和共享服务水平。

民生科普：立足百姓生产生活科学需求，围绕身心健康、食品药品安全、防灾自救、实用技术等百姓最关心、最关注的问题，开展内容丰富、形式多样新颖、喜闻乐见的科普，为百姓生活幸福服务。

科技场馆建设：加快科技馆、数字科技馆、流动科技馆建设和改造步伐，提升科普展教水平和能力。

（四）促进科技人才成长

——贯彻落实国家中长期人才发展规划纲要，发挥发现、培养、举荐、表彰、宣传优秀科技人才的独特作用，掌握科技工作者的状况和诉求，建立健全科技人才评价与激励机制，切实加强科学道德和学风建设，营造科技人才健康成长的良好社会环境，为科技工作者发挥聪明才智创造条件，推动用好、用活科技人才。

18. 反映科技工作者状况和诉求

——建立完善科技工作者状况调查制度。开展科技工作者状况综合调查和专题调查，掌握科技工作者的基本状况，反映科技工作者的意见和建议。定期发布《中国科技人力资源发展研究报告》。

——完善科技工作者状况调查体系。合理布局科技工作者状况调查站点，国家和省两级调查站点总量达 800 个。规范科技工作者状况调查站点管理，提高调查工作质量和效率，加强应对紧急情况实施调查任务的能力，使调查站点体系成为了解一线科技工作者状况的重要渠道和开展调查工作的有效支撑。

——建立完善科技工作者联系沟通机制。密切加强与科协代表大会代表、政协科协界委员的联系，与基层科技工作者建立广泛联系，开辟面向广大科技工作者的网络平台，通过多种形式和渠道听取意见和建议。

——研究探索维护科技工作者合法权益的有效方法和途径。反映科技工作者的意愿和诉求，维护科技工作者的知识产权和知识更新等合法权益，加强对科技工作者的人文关怀和心理疏导。

19. 表彰举荐优秀科技人才

——开展全国优秀科技工作者评选。将“全国优秀科技工作者奖”培育成具有广泛影响力和社会知名度的品牌奖项，每两年评选一次，每次表彰1000名全国优秀科技工作者。

——开展中国青年科技奖、中国青年女科学家奖、求是杰出青年奖评选。进一步规范和优化评选表彰工作，提高社会影响力，促进青年科技工作者健康成长。

——评选表彰“全国科协系统先进集体、先进工作者”。大力表彰为科技工作者提供优质高效服务和为科协事业发展作出突出贡献的先进集体和先进个人，建设好科技工作者之家。

——鼓励和规范科技社团奖励活动。充分发挥科技社团在同行评议中的积极作用，不断提高奖励的规范化水平。

——做好中国科学院和中国工程院院士初选、国家科技奖励项目、创新群体选拔、国际科技组织奖项推荐等工作。

20. 培育青年科技创新人才

——促进青年优秀科技人才脱颖而出。举办博士生学术年会、女科学家高层论坛、青年科技企业家创新创业论坛。

——加大青年科学家活动基地建设力度。建设10个中国科协青年科学家活动基地，发现、培养具有发展潜力的青年科技创新创业领军人才，提高青年科技工作者的创新创业能力。

——培养选拔科技后备人才。广泛动员社会科技资源，为青少年科技爱好者提供科技实践活动条件。改进完善青少年科技创新竞赛活动机制，继续举办全国青少年科技创新大赛、明天小小科学家奖励活动、大学生“挑战杯”科技作品竞赛、中学生学科竞赛、中国青少年机器人竞赛等活动，开发建设后备人才跟踪服务系统。

21. 加强科普人才队伍建设

——加强基层科普队伍建设。培养农村科普员和农村科普带头人，特别是加强中西部地区和民族地区农村科普队伍建设。发展社区科普员队伍，依托社会资源，建设一批社区科普人才培训基地。培养和造就企业科普人才队伍。

——发展青少年科技辅导员队伍。以农村和民族地区中小学的科技辅导员和校外青少年科技辅导员队伍建设作为重点，加强科技辅导员培训。

——加强科普志愿者队伍建设与管理。建立科普志愿者服务和激励机制，调动科技工作者积极性，造就一支规模大、素质高的科普志愿者队伍。

——培养高端科普人才。重点培养一批高水平、具有创新能力的科普展教专门人才和科普创作与设计、科普研究、科普传媒、科普产业经营、科普活动策划与组织等方面的高端科普人才。

22. 开展科技人员继续教育

——实施科技人员知识更新工程。贯彻落实国家中长期人才和教育规划纲要，大力开展知识更新继续教育，建设100个继续教育示范基地，开发一批继续教育精品课程，培育一系列高端培训品牌活动，建设继续教育示范网站，培训500万人次。

——为科技人员专业发展服务。推动将继续教育与科技人才评价、职业标准制定和执业资格认证等相衔接。与相应国际组织共同开发、实施继续教育项目，开展重点、关键技术领域的高层次人才培养国际合作。

23. 宣传优秀科技工作者

——实施老科学家学术成长资料采集工程。完成500~800名老科学家的资料采集工作，基本完成80岁以上两院院士的资料采集。宣传老一辈科学家坚持真理、诚实劳动、亲贤爱才、密切合作的职业道德。建立“中国科技名人堂”，展示我国科学家形象。

——实施优秀科技工作者宣传计划。大力宣传在创新科学技术和普及科学技术方面作出突出贡献的优秀科技工作者，重点宣传中青年优秀科技工作者、基层一线科技工作者和全国优秀科技工作者，激发科技人才的创造活力。

——利用大众媒体宣传科技工作者。充分利用电视、电影、网络、广播、报纸杂志等媒体资源，打造一批科协系统的重点宣传品牌。拍摄中国科学家系列电视电影作品，建立中国科技网络电视台，办好中国科技手机报，出版科学家传记，开展媒体科技记者培训。

24. 加强科学道德与学风建设

——推动科研诚信立法。开展科研诚信立法研究，提出科学道德建设的立法建议。

——开展科学道德诚信建设课题研究。

——建立学术不端行为独立调查机制。学习借鉴国际通行做法，建立合理有效、公平透明的学术不端行为查处制度，开展学术不端行为典型案件调查。

——强化学会的科学道德建设。在学会逐步建立专门机构，制定本学科、本领域科学道德规范实施细则，设立学术诚信档案，公开受理会员学术不端行为的投诉，披露学术不端行为，推动建立失信惩罚机制，提高自律性。

——加大科学道德与学风建设的宣传力度。组建科学道德与学风建设宣传教育专家队伍，编写科学道德教育读本，开展宣传教育活动，举办科学道德建设论坛。

——加强科学道德建设国际合作与交流。参与主办“全球性科研诚信大会”，参加国际科学道德、科学伦理等科技组织，扩大开展交流活动。

专栏四　促进科技人才成长的重点项目

科技人才奖项：全国优秀科技工作者奖，中国青年科技奖，中国青年女科学家奖，全国科协系统先进集体、先进工作者奖等。

促进人才成长项目：青年创新人才成长平台建设、科技工作者状况调查、老科学家学术成长资料采集工程、科技人员知识更新工程。

（五）提升科技开放与交流水平

——发挥中国科协的特点和优势，充分利用国际民间科技交流渠道和科技资源，开展多层次、宽领域的国际科技交流与合作，服务国家总体外交，服务创新型国家建设；加强同港澳台地区的科技交流与合作，为维护港澳地区的繁荣稳定和祖国和平统一作出贡献。

25. 有效利用国际科技资源

——举办高水平的国际学术会议。根据我国科技创新的实际需要，突出学术、注重实效，承办“第 23 届国际理论与应用力学大会”和“第 9 届世界生物材料大会”等重要国际学术会议。

——积极参加国际科学计划。围绕我国经济社会发展的重要科技问题和具有战略意义的前瞻领域，主动参与、承办和发起国际科学计划。参与国际科联地球系统科学四大科学计划，承担国际科联灾害风险综合研究计划（IRDR）国际办公室工作，将 IRDR 计划办成国际一流的灾害研究计划。

——引进优质国际科技资源。围绕经济社会发展的需要，开展多层次的务实合作，建立国际科技资源利用和管理平台，推动国际优质科技资源与国内需求对接。

——推进工程师资格国际互认。履行中国科协作为全国工程师制度改革领导小组副组长单位的职责，推进工程师资格国际互认的交流与合作，鼓励和支持全国学会积极承担国家相关专业领域工程教育认证和工程师资格评定工作。

26. 加强国际民间科技交流与合作

——参与联合国经济和社会理事会咨商工作。出席联合国气候变化大会等联合国重要活动，举办边会，设立展台，发布报告，宣传中国科学技术的新成就，提高我国科学界的国际地位和影响力。

——提高国际民间科技组织的参与度。积极加入有影响、有实力的国际民间科技组织，在国际科学理事会、世界工程组织联合会、世界科学工作者联合会等重要国际科技组织中发挥好国家会员的作用。

——深化与发达国家科技组织的合作。加强同美国科促会、英国皇家学会、日本科学技术振兴机构和欧盟国家有关科技组织的交流与合作，把中美科学道德合作、中日青年科学家跨学科学术沙龙等项目打造成合作品牌。

——加强与周边国家科技组织的交流。发挥区域优势，面向东盟、中亚和俄、印、朝、韩、蒙等近邻国家，增进互信，互利共赢，提高合作水平。

——拓展与发展中国家科技组织的关系。增进与巴西、南非等新兴国家和重要发展中国家对口组织的交流合作。

27. 开展与港澳台科技交流

——贯彻落实中央关于加强港澳台工作的精神。以学术交流为纽带，加强港澳台地区各专业领域的对口科技交流和青少年科普交流活动。

——巩固和发展同港澳地区的科技交流与合作。举办当代杰出华人科学家公开讲座、香港工程师院士论坛、港澳大学生暑期实习等活动。

——提升两岸科技交流的层次和水平。开展与台湾科技团体高层交往，围绕有共同兴趣的学术领域进行交流与合作；合作开展公众科学素养调查，举办海峡两岸科学传播论坛、青少年科学营、海峡两岸大学生辩论赛、台湾大学生暑期实习等活动。

28. 建设国际民间科技交流队伍

——实施国际科技组织事务专项。建设一支掌握政策、业务精湛、精通外语、善于交往的科学家国际交流队伍，参与国际科技组织的决策和管理，在国际科技组织中发挥重要作用。

——为科学家参与国际科技组织重要活动提供支撑。培育 10 个在国际上有重要影响的学会。开展国际科技组织任职人员及后备人员培训，提高国际科技组织网络平台的服务水平，组织、协调和支持我国科学家参加国际科技组织的重要活动。

> **专栏五　提升科技开放与交流水平的重点项目**
>
> 国际科技组织事务专项：每年支持300位在国际科技组织任职的科学家以及100位后备人员出国参加相关国际组织重要活动，每年举办培训班1～2次，完善国际民间科技交流队伍的服务体系。
>
> 港澳台科技交流活动：当代杰出华人科学家讲座、香港工程师院士论坛、港澳大学生暑期实习、海峡两岸科学传播论坛、海峡两岸大学生辩论赛、海峡两岸青年科学家学术活动月、海峡两岸科技与经济论坛、海峡两岸青年学子环保科技交流活动、海峡两岸都市交通学术研讨会、海峡两岸农业科技论坛等活动。

（六）加强自身能力建设

——自身能力建设是推动事业科学发展的根本保证。以能力建设为重点，增强服务意识、搭建服务平台、夯实服务基础、提升服务能力，不断加强党的建设、组织建设、学会建设、队伍建设、文化建设、信息化建设等，为事业发展提供坚强有力的保障。

29. 加强党建工作

——实施“党建强会计划”。加强思想作风、基层组织、领导班子、人才队伍和活动品牌建设，抓党建、促发展，开展创先争优活动和学习型党组织建设。

——加强学会党建工作。按照“应建必建，应派必派”原则，建立健全党建指导员、党建联络员制度，逐步实现全国学会党组织和党的工作全覆盖。坚持以党建带学会建设，建立学会党政联席会议制度，组织开展党员培训，评选表彰先进。

——加强地方科协党建工作。以党的重要纪念日、评比表彰等重大活动为抓手，推进科协系统学习型党组织建设，深入开展创先争优活动。

30. 加强基层组织建设

——扩大科协基层组织的覆盖面。在企业、高校、街道、社区、乡镇以及开发区和高新区大力发展科协基层组织，在“两新”组织中重点联系一批科技领军人物，做到哪里有科技工作者，科协工作就做到哪里；哪里科技工作者密集，科协组织就建到哪里。

——完善科协组织制度建设。研究制定《中国科协组织条例》，修订《县级科协组织通则》，制定《高校科协组织通则》、《街道社区科协组织通则》和《乡镇科协组织通则》，贯彻落实《企业科协组织通则》。

——推进科技工作者之家建设。按照分类管理的原则，制定“科技工作者之家”建设标准，扎实开展“创建科技工作者之家、争当优秀科协工作者”活动。

31. 加强学会建设

——推动学会改革和创新。建立适合我国国情和符合社团规律的组织体制、工作方式，完善民主治理结构，理顺学会权力机构、决策机构与办事机构的关系，进一步完善理事会（常务理事会）民主议事、民主决策、民主监督规则，从制度上防止行政化倾向。

——加强会员服务工作。树立会员为本理念，创新服务方式，加大服务力度，开拓会员沟通服务渠道，建设200个会员服务站点，加强会籍管理，完善全国学会个人会员管理系统，完善会员代表大会等制度。继续办好中国科协会员日活动。

——加强学会办事机构建设。适应学科发展、社会管理的新要求，建立与支撑单位的联席会议制度，探索试行秘书长职业资格标准，为建设充满生机和活力的现代科技社团提供坚强保障。

32. 加强工作人员队伍建设

——深化各级科协机关和事业单位干部人事制度改革。根据干部管理权限，在同级党组（党委）领导下，按照“德才兼备、以德为先”的原则，创新和完善干部选拔任用机制，健全领导干部考核评价办法，完善干部选拔监督制度，加大干部交流轮岗力度。分类推进事业单位改革，建立和完善有关管理办法，实行岗位设置和全员聘用制度。

——加强学会的工作人员队伍建设。推动工作人员社会公开招聘，建立志愿者登记注册制度，按照学会管理人员结构的要求，培养一支职业化、专业化的学会工作人员队伍。

——加强科协基层组织专职工作人员队伍建设。着眼于提升科协组织活力和影响力，以提高素质、能力为重点，建设一支热爱科协事业、社会活动能力强的基层专职工作人员队伍。

——加强教育培训。坚持分级分类、全员培训，加强师资队伍、培训阵地、培训教材建设，完善培训内容，创新培训方式，强化培训效果，有计划地开展培训工作，提高工作人员的政治和业务素质。

33. 加强文化建设

——推进文化建家活动。制定实施《科协文化建设纲要》，修订《科协工作行为规范》，树立科协系统先进典型，积极弘扬正气，倡导团结和谐、积极进取、健康向上的良好风气。加大对科协会徽、形象标识的宣传力度，研究确定科协会旗、会歌、会训，组织开展丰富多彩的文体活动。

——弘扬创新文化。加强科协理论研究，总结推广科协工作中的好做法、好经验，提炼形成具有规律性的思想认识和观点，指导科协实践。办好《科协研究》，为科协工作提供研究交流平台。

34. 加强信息化建设

——建设科协系统信息化协作共享机制。按照统一规划、共建共享的原则，围绕信息资源开发、数据资源建设、应用系统开发、技术服务等业务领域，制定并完善信息化建设标准规范。

——加强网站建设和信息资源开发。建设完善中国科协网站、全国学会网站、省级科协网站等网站，加强对科协基层组织、科协系统品牌工作的信息资源开发，进行各类传统媒体资源的数字化开发。

——强化网络平台和应用系统建设。扩充互联网接入带宽，增加数据存储空间，建立数据异地灾难备份系统，提升信息安全防护能力，保障网络信息系统的稳定性、可靠性和可用性。加强办公事务管理、重要业务、网站后台等应用软件系统建设，搭建数据集成共享平台，形成"一站式"服务门户。

四、规划实施与保障

——各级科协及所属团体要认真履行职责，合理调配资源，创新工作机制，保证规划目标和任务顺利完成。

1. 加强组织领导。积极争取各级党委和政府对科协事业的支持，定期向党委和政府汇报科协工作，把科协工作列入党委和政府的重要议事日程，推动解决科协工作中遇到的实际困难和问题。加强对规划实施工作的统一领导，明确职责分工、落实工作责任，加强对全国学会、地方科协的指导，推进规划实施。

2. 加大经费投入。加大政府和社会投入，发挥财政资金的主导作用，为规划实施提供必要的经费支撑。按照《中华人民共和国科学技术普及法》、《全民科学素质行动计划纲要》的规定和要求，将科普经费列入同级财政预算，并随着经济的增长，不断加大对科技场馆等公益性科普设施的投入，保障基本建设和维护良性运转。进一步完善捐赠公益性科普事业个人所得税减免政策和相关实施办法，开辟社会资金投入渠道，广泛吸纳境内外机构、个人的资金支持科协事业健康发展。全国学会、各级科协组织要按照章程规定，吸引民间资金，依法接受社会捐赠。

3. 落实政策法规。贯彻落实近年来制定的一系列政策法规文件，根据新形势和科协事业发展需要，积极协调相关部门，补充完善有关政策法规，为科协事业发展在宏观政策、经费支持、税收减免、人员编制等方面提供更为有利的政策环境。加大对中西部地区、农村欠发达和少数民族地区科协事业发展的政策倾斜。

4. 加强统筹协调。全国学会、地方科协要根据本规划，结合本行业本地区实际情况，制定具体规划，报中国科协备案。将科协事业发展规划与当地有关规划进行衔接。坚持大联合、大协作的工作机制，加强与科技、财政、民政等部门的沟通协调。

5. 明确实施责任。中国科协机关各部门、各直属单位、各全国学会、各省级科协要认真做好每项任务、每个项目的任务分解方案，将责任予以落实，明确任务和项目的牵头单位和配合单位，明确执行的进度要求与目标要求。

6. 加强监督检查。建立完善规划实施的监测评估评价机制和有效的激励机制，开展规划实施情况的监督检查、总结评估和表彰奖励。

关于开展科学道德和学风建设宣讲教育活动的通知

科协发组字〔2011〕38 号

各省（自治区、直辖市）科协、教育厅（教委），新疆生产建设兵团科协、教育局，中国人民解放军学位评定委员会，中共中央党校学位评定委员会，各部委直属高等学校：

为贯彻落实胡锦涛总书记在纪念中国科协成立 50 周年大会和庆祝清华大学建校 100 周年大会上的重要讲话精神，实施《国家中长期科学和技术发展规划纲要（2006—2020）》、《国家中长期人才发展规划纲要（2010—2020）》和《国家中长期教育改革和发展规划纲要（2010—2020）》，加快建设创新型国家，加强科学道德和学风建设，提高人才培养质量，中国科协和教育部决定联合对研究生开展科学道德和学风建设宣讲教育活动。现将有关事项通知如下：

一、指导思想

以邓小平理论和"三个代表"重要思想为指导，深入贯彻落实科学发展观，通过开展科学道德和学风建设宣讲教育活动，引导研究生遵守学术规范、坚守学术诚信、完善学术人格、维护学术尊严，摒弃学术不端行为，努力成为优良学术道德的践行者和良好学术风气的维护者，推进科学道德和学风建设水平的进一步提升，为发展科学事业、增强自主创新能力、建成创新型国家作出更大贡献。

二、工作任务

科学道德和学风建设宣讲教育活动要全覆盖，制度化，重实效。主要宣讲科学精神、科学道德、科学伦理和科学规范，自2011年开始，所有研究生培养单位每年都要对新入学研究生开展宣讲教育活动。有条件的单位应逐步把宣讲教育活动的对象扩大到高年级本科生和青年教师。

三、组织实施

中国科协和教育部共同领导科学道德和学风建设宣讲教育活动；各省（自治区、直辖市）科协、教育厅（教委）和新疆生产建设兵团科协、教育局组织实施本地区的宣讲教育活动；各研究生培养单位具体承办本单位的宣讲教育活动。

（一）中国科协和教育部联合成立全国科学道德和学风建设宣讲教育活动领导小组，负责领导宣讲教育活动，组织编写宣讲参考提纲。领导小组下设办公室，负责对宣讲教育活动进行指导、协调、督促、检查。办公室设在中国科协。办公室成员由中国科协组织人事部、发展研究中心和教育部学位管理与研究生教育司、科学技术司有关负责同志组成。

（二）组建“全国科学道德和学风建设宣讲团”。宣讲团成员由研究生培养单位推荐，经各省（自治区、直辖市）科协、教育厅（教委）和新疆生产建设兵团科协、教育局初选后，由全国科学道德和学风建设宣讲教育活动领导小组遴选确定，中国科协和教育部共同聘任。宣讲教育活动由宣讲团成员负责宣讲。

在宣讲团尚未成立前，宣讲活动由各研究生培养单位聘请品德高尚、造诣深厚、为人师表的知名专家进行宣讲。

（三）各省（自治区、直辖市）科协、教育厅（教委）和新疆生产建设兵团科协、教育局也要成立相应的领导小组和工作机构，负责制定并实施本地区宣讲教育活动的工作计划，统筹、协调并督促本地区各研究生培养单位认真开展宣讲教育活动。

（四）各研究生培养单位主要领导要亲自负责本单位科学道德和学风建设宣讲教育活动，研究生院（部、处）要把宣讲教育活动纳入研究生培养环节，精心组织实施宣讲教育活动，确保新入学的研究生都要接受宣讲教育。

（五）各部委直属高等学校、军队和党校系统研究生培养单位的科学道德和学风建设宣讲教育活动，按属地原则纳入各地区宣讲教育活动工作计划，由各省（自治区、直辖市）科协、教育厅（教委）统筹安排实施。

四、有关要求

（一）各省（自治区、直辖市）科协、教育厅（教委）和新疆生产建设兵团科协、教育局要及时将本通知转发至本地区各研究生培养单位。

（二）中国科协和教育部将在近期印发《科学道德和学风建设宣讲参考提纲》并于2011年10月在北京人民大会堂举行全国科学道德和学风建设宣讲教育活动启动仪式暨北京地区的集中宣讲，有条件的地区也要在启动仪式后适时举行本地区的集中宣讲活动。

（三）各研究生培养单位要切实做好科学道德和学风建设宣讲教育活动，宣讲教育活动开展情况将作为学位与研究生教育检查评估的重要内容。

（四）各省（自治区、直辖市）科协、教育厅（教委）和新疆生产建设兵团科协、教育局要及时汇总本地区各研究生培养单位开展宣讲教育活动的情况，总结工作经验，每年年底前要将总结材料报送全国科学道德和学风建设宣讲教育活动领导小组办公室。2011年底，领导小组将组织工作总结交流和检查。

中国科协办公厅
2011年9月23日

关于开展国家级科技思想库建设试点工作的通知

科协办发调字〔2011〕7号

北京市、天津市、山西省、辽宁省、吉林省、黑龙江省、浙江省、湖北省、重庆市、贵州省、青海省、新疆维吾尔自治区科协，沈阳市、广州市、西安市科协：

为深入贯彻落实胡锦涛总书记12·15重要讲话精神和中央书记处指示，按照《中国科协关于加强决策咨询工作 推进国家级科技思想库建设的若干意见》要求，经研究，同意山西省科协、湖北省科协、黑龙江省科协、新疆自治区科协、重庆市科协、吉林省科协、辽宁省科协、天津市科协、北京市科协、浙江省科协、贵州省科协、青海省科协和西安市科协、沈阳市科协、广州市科协作为国家级科技思想库建设试点单位。

国家级科技思想库建设试点为期三年，重点围绕健全决策咨询工作领导体制机制、有效服务决策咨询需求、加强决策咨询能力建设、搭建决策咨询平台、打造决策咨询品牌、扩大科协决策咨询工作社会影响力等方面创造性开展工作，目标是三年内初步建成自身特色鲜明、社会影响广泛、决策部门认同的科技思想库。中国科协将对试点单位工作进行动态管理，组织开展年度考核，考核不合格者撤销试点资格。

各试点单位要按照《中国科协关于加强决策咨询工作 推进国家级科技思想库建设的若干意见》和《关于申

报国家级科技思想库建设试点的通知》要求，认真完善科技思想库建设试点工作方案，尽快启动试点各项工作。要积极探索国家级科技思想库建设的组织形式、管理体制和工作模式，建立各具特色、行之有效的决策咨询工作体制机制；要突出科技发展和应用中的重大问题以及科技工作者相关的重要问题，深入调查研究，积极建言献策，服务科学决策、引领社会思潮，满足不同层次、不同方面的决策咨询需求；要充分发挥科协人才智力优势和组织网络优势，积极搭建不同形式不同层次的决策咨询平台，畅通地方党政部门和科技工作者之间沟通联系的渠道，推动调研成果直接进入党政部门决策程序；要充分尊重科技工作者的主体地位，调动发挥科技工作者的积极性、主动性和创造性，努力把科技工作者的个体智慧凝聚上升为集体智慧，更好地为经济社会发展献计出力，为加快转变经济发展方式，全面开创科学发展新局面再立新功。

中国科协办公厅
2011 年 2 月 14 日

关于印发《中国科学技术协会全国代表大会代表任期制暂行办法》的通知

科协发组字〔2011〕41 号

各全国学会、协会、研究会，各省、自治区、直辖市科协，新疆生产建设兵团科协：

根据《中国科学技术协会章程》关于“代表大会代表实行任期制”的规定，《中国科学技术协会全国代表大会代表任期制暂行办法》经第八届全国委员会常务委员会第二次会议审议通过，现印发给你们，请结合实际认真贯彻执行。

中国科协办公厅
2011 年 10 月 26 日

附件

中国科学技术协会全国代表大会代表任期制暂行办法

（2011 年 9 月 20 日中国科协八届二次常委会议审议通过）

第一章　总则

第一条　中国科学技术协会全国代表大会是中国科学技术协会全国领导机构，中国科学技术协会全国代表大会代表是中国科学技术协会全国领导机构的组成人员。为充分发挥中国科学技术协会全国代表大会代表的作用，根据《中国科学技术协会章程》和有关规定，制定本办法。

第二条　本办法适用于中国科学技术协会全国代表大会代表（以下简称“全国代表大会代表”）及各选举单位。

第三条　全国代表大会代表实行任期制，代表每届任期与全国代表大会当届届期相同。下一届代表大会提前或者延期举行，代表任期相应改变。全国委员会委员变更时，其代表资格也一并予以变更；增补的全国委员会委员，同时拥有全国代表大会代表资格。

全国代表大会代表在全国代表大会召开和闭会期间，享有代表资格，行使代表权利，履行代表义务，发挥代表作用。

第二章　全国代表大会代表的职责、权利和义务

第四条　全国代表大会代表的职责是：在大会召开期间，参与决定中国科学技术协会的工作方针和任务，参加审议和批准全国委员会的工作报告，参与制定和修改《中国科学技术协会章程》，参加选举产生全国委员会，参与决定其他重大事项；在大会闭会期间，密切联系科技工作者，了解所在单位、所在选举单位科技工作者的学习、工作、生活情况，反映科技工作者的意见、建议和诉求，向全国代表大会、全国委员会或常务委员会就经济社会发展、科学技术进步、科协事业发展等重大问题提出意见和建议。

第五条　全国代表大会代表享有下列权利：

（一）全国代表大会召开期间享有表决权、选举权和被选举权。

（二）参加中国科协及所属全国学会、协会、研究会和省、自治区、直辖市科协组织的活动。

（三）对中国科协和所属全国学会、地方科协、科协基层组织的工作提出意见和建议。

（四）对中国科协的工作进行监督。

第六条　全国代表大会代表应当履行下列义务：

（一）认真学习马克思列宁主义、毛泽东思想、邓小平理论和“三个代表”重要思想，学习和实践科学发展观，学习党和国家关于科技、科协工作的方针、政策和指示，努力提高履行代表职责的能力。

（二）认真贯彻党的路线方针政策、国家科学技术政策和全国代表大会精神。

（三）在促进科学技术的繁荣和发展、科学技术的普及和推广、科学技术人才的成长和提高、科学技术与经济的结合，为经济社会发展服务、为提高全民科学素质服务、为科技工作者服务中发挥表率作用。

（四）模范遵守国家法律法规和《中国科学技术协会章程》，执行全国代表大会的决议和决定。

（五）带头践行社会主义核心价值体系，恪守科学道德。

（六）完成全国代表大会、全国委员会、常务委员会委托的有关工作。

第七条 全国代表大会代表要认真行使职权，自觉接受所在单位、所在选举单位及科技工作者的监督。

第三章 全国代表大会代表开展工作的内容与方式

第八条 全国代表大会代表按照安排参加中国科协全国委员会、常务委员会及其各专门委员会举办的活动；根据工作需要，受邀列席中国科协全国委员会、常务委员会及其各专门委员会会议。受邀参加全国学会、地方科协及所属学会组织的活动及有关会议。

第九条 全国代表大会召开和闭会期间，全国代表大会代表向中国科协提出建议案。建议案应有案由、案据和方案。

第十条 全国代表大会闭会期间，全国代表大会代表个人或者联名，对中国科协事业发展规划、重要文件制定、重大活动，通过信函、网络平台等方式向全国委员会及其常务委员会或书记处提出建议。

第十一条 受全国代表大会、全国委员会、常务委员会的委托，全国代表大会代表在所在单位、所在选举单位或一定范围内对涉及全国代表大会、全国委员会、常务委员会职权范围内的有关重大决策、重要事项进行调查研究，形成调研成果。

第十二条 全国代表大会代表采取调研、座谈、走访等适当方式，加强与广大科技工作者的联系，了解中国科协决议、决定、文件的执行情况，及时反映广大科技工作者的意见、建议和诉求。

第四章 全国代表大会代表履行职责的保障

第十三条 代表任期制工作在中国科协全国代表大会、全国委员会、常务委员会的领导下开展，中国科协书记处、中国科协常委会组织建设专门委员会指导代表任期制工作的实施。

中国科协设立代表联络部门，负责代表联络服务工作。

第十四条 中国科协保障全国代表大会代表对科协事务的知情权、参与权、选择权、监督权，及时向全国代表大会代表通报中国科协的决议、决定贯彻落实情况及其他重要情况。

第十五条 中国科协为全国代表大会代表履行职责提供必要的支持。

第十六条 中国科协及各选举单位应当采取多种方式加强与全国代表大会代表的联系。

第十七条 对全国代表大会代表提出的建议案，中国科协机关有关部门和单位、相关全国学会和地方科协应及时研究办理并限时答复。

第十八条 各级科协组织必须尊重和保障全国代表大会代表的权利。对干扰全国代表大会代表履行职责的科协组织和个人，应予以批评教育。

第五章 全国代表大会代表资格的终止

第十九条 全国代表大会代表在任期内，有下列情形之一的，其代表资格终止：

（一）丧失中华人民共和国国籍的。

（二）违犯《中国科学技术协会章程》规定，造成恶劣社会影响的。

（三）辞去代表职务被接受的。

第二十条 全国代表大会代表资格终止，由所在选举单位提出建议，常委会组织建设专门委员会和书记处进行审议，报常委会决定。

第六章 附 则

第二十一条 全国学会、协会、研究会和省、自治区、直辖市科协，可根据本办法制定本级代表大会代表任期制的实施办法，并报中国科协备案。

第二十二条 本办法由中国科协负责解释。

第二十三条 本办法自发布之日起施行。

关于印发《中国科协第八届常务委员会专门委员会设置和组成》的通知

科协发办字〔2011〕46 号

各全国学会、协会、研究会，各省、自治区、直辖市、副省级城市科协，新疆生产建设兵团科协：

为贯彻落实中国科协第八次全国代表大会精神，根据《中国科学技术协会章程》和《中国科学技术协会全国委员会常务委员会工作规则》，在广泛征求意见的基础上，中国科协八届一次、二次常委会议审议通过了八届常委会专门委员会的设置、职责和人员组成名单。中国科协八届常委会共设 14 个专门委员会，协助常委会审议有关事项和开展工作。

各专门委员会办公室设在中国科协机关有关部门及直属单位，办公室负责专门委员会的日常事务，接受专门委员会的指导和监督。办公室主任由职能部门或直属单位主要负责人兼任。专门委员会委员可以对办公室及其工作人员的工作进行监督、批评和提出建议。

现将《中国科协第八届常务委员会专门委员会设置和组成》印发给你们，希望你们支持、配合专门委员会的工作，共同推动科协事业的发展。

附件：中国科协第八届常务委员会专门委员会设置和组成

中国科协办公厅
2011 年 12 月 2 日

附件

中国科协第八届常务委员会专门委员会设置和组成

促进企业自主创新专门委员会

顾　问：

陆延昌　中国科协荣誉委员，中国电机工程学会理事长

主　任：

刘　玠　中国科协副主席，全国政协委员，工程院院士

副主任：

干　勇　中国科协常委，中国工程院副院长，中国稀土学会理事长，工程院院士

石定环　国务院参事，中国可再生能源学会理事长

张　勤　中国科协常委、书记处书记，中国知识产权研究会常务副理事长

宋南平　全国政协委员，中国老科技工作者协会副会长

委　员（14 人，以姓氏笔画为序）：

王小兰　中国科协常委，全国政协委员，时代集团公司总裁

王为民　东方电气集团中央研究院院长

王延祜　中国科协计划财务部部长，中国科技辅导员协会副理事长

许振超　中国科协常委，全国人大常委，青岛前湾集装箱码头有限责任公司工程技术部固机高级经理

李　洪　中国科协常委，中国运载火箭技术研究院院长

吴曼青　中国电子科技集团公司第三十八研究所所长，工程院院士

张景安　全国政协委员，中国高新技术产业开发区协会理事长

易小刚　中国科协常委，三一重工股份有限公司执行总裁，中国工程机械学会副理事长

周建强　安徽省科协常务副主席、党组书记

曹振全　中国科协常委，上海市科协副主席、党组书记，中国青年科技工作者协会副会长

曹湘洪　全国政协委员，中国石化集团公司科技委顾问，中国化工学会理事长，工程院院士

屠海令　中国科协常委，全国人大代表，北京有色金属研究总院名誉院长，中国有色金属学会副理事长，工程院院士

谢　蔚　中信泰富特钢集团常务副总裁

穆荣平　中科院科技政策与管理科学研究所所长，中国科学学与科技政策研究会副理事长

工作职责：

1. 审议提交常委会讨论和审定的有关报告和建议；
2. 指导企业群众性技术创新活动和企业科协组织建设等有关工作，组织调查研究，提出建议；
3. 向常委会提出本委员会的年度工作报告；
4. 根据工作需要成立专题组，并确定组成人员；
5. 完成常委会交办的其他任务。

青年工作专门委员会

顾　问：

杨　乐　中国科协荣誉委员，中科院数学与系统科学研究院研究员，中科院院士

主　任：

袁家军　中国科协副主席，中共中央候补委员，中国航天科技集团公司副总经理

副主任：

冯长根　中国科协副主席，全国人大常委，北京理工大学学术委员会副主任

邓中翰　中国科协副主席，全国人大代表，中星微电子有限公司董事长，中华全国青年联合会副主席，工程院院士

王伟中　科技部副部长，中国可持续发展研究会副理事长

张　勤　中国科协常委、书记处书记，中国知识产权研究会常务副理事长

杨　劼　中国科协常委，内蒙古科技厅副厅长

委　员（14 人，以姓氏笔画为序）：

王　俊　中国建筑科学研究院院长

毛大庆　万科企业股份有限公司执行副总裁，北京万科企业有限公司总经理

冯　军　全国政协委员，爱国者数码科技有限公司董事长兼总裁

吕　植　中国科协常委，北京大学生命科学学院教授

邢念增　首都医科大学附属北京朝阳医院泌尿外科副主任，首都医科大学泌尿研究所常务副所长

吴　跃　中国科协常委，中国商用飞机有限责任公司项目管理部部长

张　焱　中国水土保持学会常务副秘书长

张广军　北京航空航天大学副校长，中国计量测试学会副理事长

陈山枝　大唐电信科技产业集团副总裁、总工程师

高　松　北京大学化学与分子工程学院教授，中科院院士

唐志敏　神州龙讯科技（北京）有限公司总经理

黄卫东　总装备部电子信息基础部航天装备局副局长

储富祥　中国林业科学研究院副院长

薛勇彪　中科院遗传与发育生物学研究所所长，中国遗传学会副理事长兼秘书长

工作职责：

1. 研究、制定和组织实施中国科协系统促进青年科技工作者成长成才的工作规划和年度工作计划；

2. 落实全委会、常委会有关青年工作的决定和决议；

3. 组织青年科技工作者开展学术交流、科学技术普及和为经济社会发展服务等活动；

4. 联络和指导全国学会、地方科协青年工作（专门）委员会工作；

5. 协助中国科协等表彰奖励优秀青年科技工作者、举荐青年科技人才；

6. 协助审议需经常委会审定的、与本委员会职责相关的事项；

7. 积极反映广大青年科技工作者的意见、建议和要求；

8. 完成常委会交办的其他任务。

科技工作者道德与权益专门委员会

顾　问：

王志珍　全国政协副主席，九三学社中央副主席，中科院生物物理研究所研究员，中科院院士

杨　乐　中国科协荣誉委员，中科院数学与系统科学研究院研究员，中科院院士

杜祥琬　中国科协荣誉委员，中国工程物理研究院研究员，中国物理学会副理事长，工程院院士

主　任：

黄伯云　中国科协副主席，全国政协委员，中南大学校长，中国材料研究学会理事长，工程院院士

副主任：

李静海　中国科协副主席，中科院副院长，中国颗粒学会理事长，中科院院士

杨　卫　中国科协常委，全国人大代表，浙江大学校长，中国力学学会副理事长，中科院院士

龚　克　中国科协常委，全国人大代表，南开大学校长，中国通信学会副理事长

委　员（22 人，以姓氏笔画为序）：

王　兴　北京大学口腔医院教授，中华口腔医学会会长

王乃彦　中国原子能研究院研究员，中科院院士

王红阳　全国政协委员，上海东方肝胆外科医院（所）常务副所长、主任，中国生物化学与分子生物学会副理事长，工程院院士

王恩哥　中国科协常委，北京大学副校长，中科院院士

田　静　全国政协常委，中科院声学研究所研究员，中国声学学会理事长

朱邦芬　清华大学物理系教授，中科院院士

严纯华　北京大学稀土材料化学及应用国家重点实验室主任

杨玉芳　全国政协委员，中科院心理研究所研究员，中国心理学会理事长

杨玉良　中国科协常委，复旦大学校长，中科院院士

吴常信　教育部科学技术学风建设委员会主任，中国农业大学教授，中科院院士

汪寿阳　中科院数学与系统科学研究院副院长，中国系统工程学会理事长

沈　岩　中国科协副主席，全国人大代表，国家自然科学基金委副主任，中国生物化学与分子生物学会副理事长，中科院院士

张　泽　全国政协委员，浙江大学电镜中心主任，中国物理学会副理事长，中科院院士

张广军　北京航空航天大学副校长，中国计量测试学会副理事长
郑南宁　中国科协常委，陕西省科协主席，西安交通大学校长，工程院院士
胡海岩　全国政协委员，北京理工大学校长，中国力学学会理事长，中科院院士
柯　杨　全国政协委员，北京大学常务副校长，中华医学会副会长
高　福　中国科协常委，中国疾病预防控制中心副主任，中国生物工程学会副理事长
龚旗煌　北京大学人工微结构和介观物理国家重点实验室主任，北京大学现代光学所所长
康克军　清华大学副校长，中国体视学学会理事长
谢和平　中国科协常委，四川省科协主席，四川大学校长，中国岩石力学与工程学会副理事长，工程院院士
裴　钢　同济大学校长，中国细胞生物学会理事长，中科院院士

工作职责：

1. 大力弘扬科学思想和科学精神，针对学术界存在的不端行为和学术研究中存在的浮躁现象，积极开展调查研究，向政府有关部门提出意见和建议；

2. 积极推动各全国学会、协会、研究会和省区市科协制定科技工作者及学术交流活动道德规范和行为准则，促进科学道德与学风建设逐步规范化、制度化；

3. 维护科技工作者的合法权益，反映科技工作者的呼声和要求，提出有关建议；

4. 指导全国学会、协会、研究会和省区市科协道德权益工作；

5. 督促检查全委会、常委会有关科技工作者道德与权益的决定、决议执行情况；

6. 协助审议需经常委会审定的、与本委员会职责相关的事项；

7. 完成常委会交办的其他任务。

组织建设专门委员会

顾　问：

栾恩杰　中国科协荣誉委员，全国政协常委，工程院院士

主　任：

陈　希　中国科协常务副主席、书记处第一书记、党组书记

副主任：

齐　让　中国科协荣誉委员，全国政协常委，中国科技指标研究会理事长
姚建年　中国科协常委，全国人大常委，中科院化学研究所研究员，中国化学会理事长，中科院院士
曹振全　中国科协常委，上海市科协副主席、党组书记，中国青年科技工作者协会副会长

委　员（20 人，以姓氏笔画为序）：

于　勇　中国科协常委，中国工程院副院长，中国稀土学会理事长，工程院院士
王　韧　中国科协常委，中国农业科学院副院长
王　俊　中国建筑科学研究院院长
王晓民　首都医科大学副校长，中国生理学会理事长
王静康　天津市科协主席，天津大学化工学院国家工业结晶技术研究推广中心主任，工程院院士
叶顺煌　福建省科协副主席、党组书记
白宝玉　内蒙古科协党组书记
朱　明　农业部规划设计研究院院长，中国农业工程学会理事长
刘华平　北京协和医学院护理学院院长，中华护理学会副理事长
牟怀岐　陕西省科协常务副主席、党组书记
李　森　中国科协组织人事部部长
李天安　重庆市科协副主席、党组书记
李新亚　机械科学研究总院院长，中国机械工程学会副理事长
宋南平　全国政协委员，中国老科技工作者协会副会长
刘雁飞　中华医学会副会长兼秘书长
郑纬民　清华大学教授，中国计算机学会副理事长
秦大河　中国科协副主席，全国政协常委，中国气象学会理事长，中科院院士
夏　强　中国科协常委，北京市科协常务副主席、党组书记
屠海令　中国科协常委，北京有色金属研究总院名誉院长，中国有色金属学会副理事长，工程院院士
燕　翔　山东省科协副主席、党组书记

工作职责：

1. 研究、制定中国科协系统组织建设工作目标、任务、计划并组织实施；

2. 研究、制定中国科协系统促进科技人才成长、提高和人才教育培养工作规划、年度工作计划；

3. 审议科协系统组织管理条例、规范、制度、通则

等文件；

4. 研究提出健全组织机构、建立有利于科协事业发展的组织体制、运行机制的意见；

5. 审议对先进全国学会、县级科协和基层组织的评审意见并报告常委会；

6. 指导、参加组织建设专题调研；

7. 完成常委会交办的其他任务。

决策咨询专门委员会

主　任：

齐　让　中国科协荣誉委员，全国政协常委，中国科技指标研究会理事长

副主任：

王春法　中国科协常委、书记处书记、机关党委书记兼调研宣传部部长

刘燕华　国务院参事，中国地理学会理事长

委　员（22 人，以姓氏笔画为序）：

王　韧　中国科协常委，中国农业科学院副院长

王小兰　中国科协常委，全国政协委员，时代集团公司总裁

王庭大　全国政协委员，全国党建研究会特邀研究员

朱立新　中国地质科学院常务副院长，中国地质学会秘书长

刘保延　中国中医科学院常务副院长，中国针灸学会会长

孙宝国　北京工商大学副校长，工程院院士

孙家广　中国科协常委，国家自然科学基金委副主任，清华大学信息学院、软件学院院长，工程院院士

杨玉良　中国科协常委，复旦大学校长，中科院院士

汪寿阳　中科院数学与系统科学研究院副院长，中国系统工程学会理事长

宋南平　全国政协委员，中国老科技工作者协会副会长

张景安　全国政协委员，中国高新技术产业开发区协会理事长

周大地　国家发展改革委员会能源研究所研究员，中国能源研究会常务副理事长

周建强　安徽省科协常务副主席、党组书记

周路明　深圳市科协主席、党组书记

郑晓静　兰州大学副校长，中国力学学会副理事长，中科院院士

秦大河　中国科协副主席，全国政协常委，中国气象学会理事长，中科院院士

夏　强　中国科协常委，北京市科协常务副主席、党组书记

曹振全　中国科协常委，上海市科协副主席、党组书记，中国青年科技工作者协会副会长

龚绍林　江西省科协党组书记

马德秀　上海交通大学党委书记，中国产学研促进会副会长

鲍　红　国家知识产权局副局长

穆荣平　中科院科技政策与管理科学研究所所长，中国科学学与科技政策研究会副理事长

工作职责：

1. 研究制定本委员会工作规划、计划；

2. 指导科协的决策咨询工作，对科技、经济和社会发展中的重大问题进行科学论证和提出建议；

3. 加强科学技术工作者与社会科学工作者的交流合作，促进自然科学与社会科学共同发展；

4. 贯彻落实科学发展观，为建设和谐社会作出贡献；

5. 完成常委会交办的其他任务。

科技与人文专门委员会

主　任：

方　新　中国科协常委，全国人大常委，中科院党组副书记，中国科学学与科技政策研究会理事长

副主任：

王静康　天津市科协主席，天津大学化工学院国家工业结晶技术研究推广中心主任，工程院院士

王春法　中国科协常委、书记处书记、机关党委书记兼调研宣传部部长

委　员（19 人，以姓氏笔画为序）：

马志明　中科院数学与系统科学研究院研究员，中科院院士

史振业　甘肃省科协第一副主席、党组书记

叶顺煌　福建省科协副主席、党组书记

甘向群　广西壮族自治区科协副主席、党组书记

刘嘉麒　中科院地质与地球物理研究所研究员，中国科普作家协会理事长，中科院院士

严纯华　北京大学稀土材料化学及应用国家重点实验室主任

吴明江　中国科协常委，中华医学会副会长

吴海鹰　全国人大代表，中国科协办公厅主任

张文范　中国未来研究会理事长，民政部中国老龄协会会长

李兰娟　全国政协委员，浙江省科协主席，工程院院士
杨玉良　中国科协常委，复旦大学校长，中科院院士
杨亚军　中国农业科学院茶叶研究所所长
杨鑫传　天津市科协常务副主席、党组书记
饶子和　中国科协常委，天津市政协副主席，南开大学生命科学与药学院教授，中国生物物理学会理事长，中科院院士
赵沁平　中国科协副主席，北京航空航天大学虚拟现实技术与系统国家重点实验室主任，国家语言文字工作委员会主任
梁　勇　中国流行色协会常务副会长
谢和平　中国科协常委，四川省科协主席，四川大学校长，中国岩石力学与工程学会副理事长，工程院院士
廖育群　中科院自然科学史研究所研究员，中国科技史学会理事长
燕　翔　山东省科协副主席、党组书记

工作职责：

1. 研究制定本委员会总体思路、年度工作方案；

2. 引导科技工作者对科技活动进行深层次的人文思考，站在更高层次思考科技的长远发展；

3. 指导科协系统的创新文化建设工作，推动形成有利于创新的良好社会氛围；

4. 完成常委会交办的其他任务。

学术与学会工作专门委员会

主　任：

李静海　中国科协副主席，中科院副院长，中国颗粒学会理事长，中科院院士

副主任：

冯长根　中国科协副主席，全国人大常委，北京理工大学学术委员会副主任
谢克昌　中国科协副主席，民革中央副主席，中国工程院副院长，中国科技馆发展基金会理事长，工程院院士
沈　岩　中国科协副主席，全国人大代表，国家自然科学基金委副主任，中国生物化学与分子生物学会副理事长，中科院院士
沈爱民　中国科协党组成员、学会学术部部长

委　员（13 人，以姓氏笔画为序）：

王恩哥　中国科协常委，北京大学副校长，中科院院士
史培军　北京师范大学副校长
朱　明　农业部规划设计研究院院长，中国农业工程学会常务理事长
朱立国　中国中医科学院望京医院副院长
刘嘉麒　中科院地质与地球物理研究所研究员，中国科普作家协会理事长，中科院院士
陈运泰　中国科协荣誉委员，《地震学报》（中、英文版）主编，中科院院士
严纯华　北京大学稀土材料化学及应用国家重点实验室主任
苏　青　中国科学技术出版社社长
范维澄　清华大学公共安全研究中心主任，工程院院士
高　福　中国科协常委，中科院微生物研究所研究员，中国生物工程学会副理事长
钱七虎　解放军理工大学教授，中国岩石力学与工程学会理事长，工程院院士
游苏宁　中华医学会杂志社社长
颜　帅　清华大学出版社副总编，中国高校科技期刊研究会理事长

工作职责：

专门委员会分设学术和学会两个专题组，工作职责如下：

学术专题组

1. 审议学术交流工作规划和年度工作计划；

2. 指导、协调和监督有关学术交流业务工作；

3. 审议提交常委会讨论的有关学术交流工作的报告和建议等文件；

4. 审议学术交流重大研究课题，组织开展重大学术活动调查研究，并提出建议；

5. 负责对中国科协科技出版工作提出指导性和政策性意见和建议；

6. 审核科技期刊发展规划，鼓励和促进科技期刊学术交流，并对提高科技期刊学术质量等相关工作起引导和咨询作用；

7. 对科技期刊发展的重大学术问题、学术观点或存有异议的其他重要问题提出论证意见；

8. 完成常委会交办的其他任务。

学会专题组

1. 贯彻常委会关于学会工作的指示精神，推进学会工作；

2. 指导、协调、促进学会改革发展工作；

3. 审议提交常委会讨论和决定的有关学会发展工作的报告和建议；

4. 组织有关学会改革和发展工作的调查研究、提出

建议；

5. 完成常委会交办的其他任务。

继续教育专门委员会

主　任：

冯长根　中国科协副主席，全国人大常委，北京理工大学学术委员会副主任

副主任：

谢克昌　中国科协副主席，民革中央副主席，中国工程院副院长，中国科技馆发展基金会理事长，工程院院士

郝希山　天津医科大学附属肿瘤医院院长，中国抗癌协会理事长，工程院院士

高德利　中国石油大学（北京）教授，石油工程教育部重点实验室主任

沈爱民　中国科协党组成员、学会学术部部长

委　员（7 人，以姓氏笔画为序）：

于　浩　中国兵工学会副秘书长

吴幼华　中国仪器仪表学会副理事长兼秘书长

吴明江　中国科协常委，中华医学会副会长

杨俊华　中国宇航学会副理事长兼秘书长

曹雪涛　中国医学科学院北京协和医学院副院长，工程院院士

蒲嘉陵　北京印刷学院副院长，中国感光学会副理事长

廖育群　中科院自然科学史研究所研究员，中国科技史学会理事长

工作职责：

1. 研究制定中国科协继续教育工作总体规划、任务目标并指导实施；

2. 研究、部署科协系统加强继续教育重点工作；

3. 审议中国科协继续教育工作年度计划及总结；

4. 组织对科协系统继续教育工作的考察与调研；

5. 加强对继续教育培训机构的指导和监督；

6. 指导开展继续教育国际交流与合作；

7. 向中央以及相关政府部门提出继续教育的建议；

8. 完成常委会交办的其他任务。

科学技术普及专门委员会

主　任：

秦大河　中国科协副主席，全国政协常委，中国气象学会理事长，中科院院士

副主任：

刘嘉麒　中科院地质与地球物理研究所研究员，中国科普作家协会理事长，中科院院士

杨元喜　总参测绘局研究员，中科院院士

徐延豪　中国科协常委、书记处书记，全国政协委员，中国科技馆馆长

委　员（14 人，以姓氏笔画为序）：

牛灵江　中国青少年科技辅导员协会常务副理事长

王　锋　中国海洋局海洋预报司司长

石永怡　华风气象影视信息集团总经理，中国科教影视协会副理事长

李宗浩　中国医学救援协会常务副会长兼秘书长

任湘生　贵州省科协副主席、党组书记

李廉水　南京信息工程大学党委书记、校长

周立军　北京市科协副主席

周德进　中科院院士局局长

段　勇　国家文物局博物馆与社会文物司司长

高登义　中科院大气物理研究所研究员，中国科学探险协会主席

鲁晓波　清华大学美术学院党委书记

翟立新　科技部政体司副司长

廖育群　中科院自然科学史研究所研究员

魏志敏　北京航空航天大学副校长

工作职责：

1. 贯彻落实《中华人民共和国科学技术普及法》和《全民科学素质行动计划纲要》，弘扬科学精神，普及科学知识，传播科学思想和科学方法，提高全民科学素质；

2. 审议中国科协科普工作长远规划、年度计划，推进科普工作的政策措施，从宏观上推动科普事业的发展；

3. 指导和监督科普部、科普团体等开展的科普工作，促进各项科普事业的发展；

4. 充分发挥科普主要社会力量作用，加强科普工作法制化和制度化建设，搭建社会化科普服务平台；

5. 加大科普资源的开发力度，促进科普阵地规划、建设和发展；

6. 组织听取有关科普工作的汇报，开展调查研究，提出建议；

7. 审议提交常委会讨论和决定的有关科普工作报告和建议；

8. 向常委会提出本委员会的年度工作报告；

9. 完成常委会交办的其他任务。

促进农村和少数民族地区发展专门委员会

主　任：

赵沁平　中国科协副主席，北京航空航天大学虚拟现实技术与系统国家重点实验室主任，国

家语言文字工作委员会主任

副主任：

吕飞杰　中国农村专业技术协会理事长

徐延豪　中国科协常委、书记处书记，全国政协委员，中国科技馆馆长

委　员（11人，**以姓氏笔画为序**）：

王　韧　中国科协常委，中国农业科学院副院长

仓　珍　西藏自治区科协主席、党组副书记

田联刚　国家民委教育科技司司长

司徒建通　中国水产学会副理事长兼秘书长

任铁民　国务院扶贫办培训中心副主任

刘　艳　农业部教科司副司长

陈焕春　中国畜牧兽医学会理事长，工程院院士

张建军　中央农村领导小组工作办公室局长

胡承淼　中国粮油学会副理事长兼秘书长

唐　兵　云南省科协副主席、党组书记

海米提·依米提　新疆师范大学副校长

工作职责：

1. 研究制定农村科普工作、少数民族科普工作总体规划、工作目标并指导实施；

2. 研究在农村开展科普工作以及面向少数民族开展科普工作急需解决的问题，并及时向常委会及其他有关部门反映；

3. 向常委会提出落实《全民科学素质行动计划纲要》农民科学素质行动，加强和改进农村科普工作、少数民族科普工作的意见和建议；

4. 审议中国科协关于农村和少数民族地区发展方面的年度工作计划和总结报告；

5. 督促全国学会和地方科协落实中国科协在农村以及面向少数民族开展科普工作规划、计划和安排的项目；

6. 完成常委会交办的其他任务。

促进国际合作专门委员会
促进与港澳台交流专门委员会

顾　问：

赵忠贤　中国科协荣誉委员，全国政协委员，中科院物理所学术委员会主任，中科院院士

主　任：

龚　克　中国科协常委，全国人大代表，南开大学校长，中国通信学会副理事长

副主任：

张　勤　中国科协常委、书记处书记，中国知识产权研究会常务副理事长

吴国雄　中科院大气物理研究所研究员，中科院院士

委　员（20人，**以姓氏笔画为序**）：

马志明　中科院数学与系统科学研究院研究员，中科院院士

王　韧　中国科协常委，中国农业科学院副院长

王恩哥　中国科协常委，北京大学副校长，中科院院士

卢伟国　香港新进科技集团有限公司副主席兼董事总经理

叶顺煌　福建省科协副主席、党组书记

伍业钢　美国南佛罗理达州水资源管理署高级环境科学家

吕　植　中国科协常委，北京大学生命科学学院教授

吴幼华　中国仪器仪表学会副理事长兼秘书长

严晋跃　上海交通大学特聘教授，瑞典皇家理工学院副教授

张建生　中国科协国际联络部部长

饶子和　中国科协常委，天津市政协副主席，南开大学生命科学与药学院教授，中国生物物理学会理事长，中科院院士

胡海岩　全国政协委员，北京理工大学校长，中国力学学会理事长，中科院院士

姚檀栋　中科院青藏高原研究所所长，中科院院士

袁亚湘　中科院数学与系统科学研究院研究员

顾红雅　北京大学生命科学学院副院长

唐　兵　云南省科协副主席、党组书记

黄大卫　中科院动物研究所研究员

崔世平　澳门科学技术协进会会长

薛永彪　中科院遗传与发育生物学研究所所长

穆荣平　中科院科技政策与管理科学研究所所长，中国科学学与科技政策研究会副理事长

工作职责：

1. 研究制定中国科协对外交流工作目标、重点任务并指导实施；

2. 审议中国科协对外交流合作年度工作计划的总体思路；

3. 审议中国科协对外交流合作重大项目的组织方案；

4. 审议中国科协对外交流合作年度计划项目、年度工作总结；

5. 讨论对外交流合作中的重大问题、热点问题、国际组织中的涉台问题；

6. 研究国际组织后备力量的建设问题；

7．根据国际科技发展情况提出相关调研课题并指导实施；

8．完成常委会交办的其他任务。

女科技工作者专门委员会

顾　问：

王志珍　全国政协副主席，九三学社中央副主席，中科院生物物理研究所研究员，中科院院士

韦　钰　中国科协荣誉委员，全国政协委员，中国女科技工作者协会会长，工程院院士

刘　恕　中国科协荣誉委员，中国女科技工作者协会荣誉顾问

主　任：

程东红　中国科协副主席、书记处书记、党组副书记，中国女科技工作者协会副会长

副主任：

陈赛娟　中国科协副主席，全国人大代表，上海交通大学医学院附属瑞金医院上海血液学研究所所长，中国青少年科技辅导员协会理事长，工程院院士

方　新　中国科协常委，全国人大常委，中科院党组副书记，中国科学学与科技政策研究会理事长

王红阳　全国政协委员，上海东方肝胆外科医院（所）常务副所长、主任，中国生物化学与分子生物学会副理事长，工程院院士

委　员（17人，以姓氏笔画为序）：

石永怡　北京华风气象影视集团总经理，中国科教影视协会副理事长

吕　植　中国科协常委，北京大学生命科学学院教授

华　炜　中国石化股份有限公司北京燕山分公司副总经理、总工程师

杨　劼　中国科协常委，内蒙古科技厅副厅长

杨玉芳　全国政协委员，中科院心理研究所研究员，中国心理学会理事长

娄　晶　教育部科技司副司长

吴立玲　北京大学医学部基础医学院系副主任

吴海鹰　全国人大代表，中国科协办公厅主任

张黎明　全国政协委员，中华全国妇女联合会组织部部长

郑晓静　兰州大学副校长，中国力学学会副理事长，中科院院士

林　新　科技部政策法规司副司长

秦　川　中国医学科学院实验动物研究所所长，中国实验动物学会副理事长兼秘书长

徐凤琴　人力资源与社会保障部专业技术人员管理司专家处处长

曹淑敏　中国科协常委，全国政协委员，工业和信息化部电信研究院副院长

高瑞平　国家自然科学基金委办公室副主任

鲍　红　国家知识产权局副局长

谢冰玉　中国工程院一局局长

工作职责：

1．研究制定促进女科技工作者成长与发展的工作目标、重点任务并指导实施；

2．审议中国科协开展女科技工作者工作的规划、年度工作计划；

3．组织开展国内外学术交流活动，为女科技工作者提高学术、展示才华、建言献策、服务社会搭建平台；

4．推广普及科学技术知识，促进女性科学素质的提高；

5．开展女科技工作者状况调查并提出相关政策建议，维护女科技工作者合法权益，反映女科技工作者的建议、意见和诉求；

6．协助中国科协等表彰、奖励、宣传、举荐女性科技人才；

7．推动科协系统女科技工作者团体的组织建设，为加强女科技工作者队伍建设服务；

8．完成常委会交办的其他任务。

青少年科学教育专门委员会

顾　问：

韦　钰　中国科协荣誉委员，全国政协委员，中国女科技工作者协会会长，工程院院士

主　任：

陈赛娟　中国科协副主席，全国人大代表，上海交通大学医学院附属瑞金医院上海血液学研究所所长，中国青少年科技辅导员协会理事长，工程院院士

副主任：

秦大河　中国科协副主席，全国政协常委，中国气象学会理事长，中科院院士

黄伯云　中国科协副主席，全国政协委员，中南大学校长，中国材料研究学会理事长，工程院院士

唐启升　中国科协副主席，中国水产科学研究院黄海水产研究所所长，中国水产学会理事长，工程院院士

委　员（12 人，以姓氏笔画为序）：

于长学　教育部基础教育一司副司长
牛灵江　中国青少年科技辅导员协会常务副理事长
石永怡　北京华风气象影视信息集团总经理，中国科教影视协会副理事长
任官平　中国环境科学学会秘书长
刘金铜　中科院遗传与发育生物学研究所农业资源研究中心研究员
杨　松　共青团中央学校部副部长
赵有利　中国科技馆副馆长、党委书记
贺德方　中国科学技术信息研究所所长，中国科技情报学会常务副理事长
高登义　中科院大气物理研究所研究员，中国科学探险协会主席
顾红雅　北京大学生命科学院副院长，中国植物学会常务副理事长
梁　勇　中国流行色协会常务副会长
魏辅文　中科院动物研究所副所长

工作职责：

1. 研究制定中国科协青少年科学教育总体规划、工作目标并指导实施；

2. 围绕中国科协的中心任务和提高未成年人的科学素质，开展青少年科学教育方面的调查研究，对青少年科学教育工作的政策、现状提出意见和建议；

3. 制定并实施委员会年度工作计划，指导和监督科协系统青少年科学教育工作；

4. 反映科技工作者对青少年科学教育方面的诉求，宣传党和政府有关科技教育工作的方针、政策；

5. 审议中国科协有关青少年科学教育工作的年度工作计划和总结报告；

6. 审议中国科协全国代表大会代表提出的与青少年科学教育相关的意见、建议，研究有关事项，提交常委会审议；

7. 完成常委会交办的其他任务。

关于印发《中国科协 2011 年工作要点》的通知

科协办发调字〔2011〕5 号

各全国学会、协会、研究会，各省、自治区、直辖市、副省级城市科协，新疆生产建设兵团科协：

现将《中国科协 2011 年工作要点》印发给你们，请按照中央书记处对科协工作的要求，结合贯彻 2011 年中国科协工作会议精神，联系本地区本单位实际情况，认真贯彻落实。

附件：中国科协 2011 年工作要点

中国科协办公厅
2011 年 1 月 27 日

附件

中国科协 2011 年工作要点

2011 年是中国共产党成立 90 周年，也是“十二五”开局之年，科协工作的总体要求是：高举中国特色社会主义伟大旗帜，以邓小平理论和“三个代表”重要思想为指导，深入贯彻落实科学发展观，按照党的十七大、十七届三中、四中、五中全会精神和胡锦涛总书记 12·15 讲话要求，团结带领广大科技工作者，以召开中国科协八大为契机，围绕科学发展主题和加快转变经济发展方式主线，立足服务、促进和谐，深入基层、务求实效，为增强自主创新能力、提高全民科学素质、完成“十二五”规划、全面建成小康社会作出新的更大贡献。

一、认真学习、深入贯彻党的十七届五中全会和中央经济工作会议精神，团结带领广大科技工作者努力为加快转变经济发展方式服务

1. 组织开展高水平的学术交流活动，着力提升自主创新能力。围绕加快转变经济发展方式，自觉把学术交流与改造提升传统产业、培育发展战略性新兴产业紧密结合起来，紧紧围绕提升传统产业核心竞争力的基础共性技术和培育发展战略性新兴产业的前沿关键技术问题开展学术交流，着力提升自主创新能力。坚持“大科普、学科交叉、为举办地服务”的年会定位，与天津市人民政府联合召开第十三届中国科协年会。联合有关部门举办“国际化学年在中国”系列活动。注重发挥科协所属学会作为国家创新体系组成部分的重要作用，搭建不同形式和层次的学术交流平台，启迪科学思维，激发创新活力。深入推进精品科技期刊工程，大力推进科技期刊国际推广计划，着力培育一批在国内外有较高知名度和影响力的品牌科技期刊。鼓励全国学会面向基层、一线科技工作者广泛开展层次不同、形式多样的学术交流活动，做好文献特藏工作，以高水平的交流研讨活动把科技工作者吸引凝聚到学术交流中来。围绕提高学术交流质量和实效，创新学术交流形式，倡导举办小型、前沿、高端学术交流活动，推动学术资源向自主创新活动倾斜。

2. 着眼于把创新要素引入企业，推动建立企业为主体、市场为导向、产学研相结合的技术创新体系。在企业深入开展以群众性技术创新活动为主要内容的“讲理想、比贡献”活动，创新方式、深化内涵，调动激发企业员工的创新热情和创造活力。充分挖掘和调动企业科技工作者的聪明才智，鼓励他们积极参与技术创新全过程，立足研究开发和生产实践，努力做出原创性成果。不断扩大“讲、比”活动的覆盖面和影响力，及时总结好做法、好经验，积极培育和推广新的群众性创新活动形式，推动企业增强自主创新能力。引导和支持学会与企业开展科技合作，大力发展多种形式的企业院士专家工作站，帮助企业培育科技创新团队、集聚创新资源、突破关键技术，推动解决经济社会发展迫切需要解决的科技问题，促进企业科协组织建设，努力把更多的创新要素引入企业。

3. 切实加大“科普惠农兴村计划”实施力度。进一步扩大“科普惠农兴村计划”的奖补规模和财政支持力度，推动建立科普惠农兴村项目库，引导支持受表彰的农技协、科普示范基地、少数民族科普工作队和先进个人发挥好示范带头作用，鼓励和支持学会积极参与农村科普活动，不断将各类创新要素引向农村。以建立科普惠农长效机制为着力点，有效集成农村各类科普资源，推动形成由专家、专职科普工作者、农村基层科普组织和科普带头人共同构成的农村科普大军，形成和扩大农村科普服务网络。扶持基层科普组织建设，继续办好农函大，着力培养农村实用技术人才，增强农民依靠科技脱贫致富能力。探索开展科普富民兴边工作，提高边疆少数民族群众的科学素质水平，促进社会稳定、和谐发展。

4. 努力为党和政府科学决策发挥好国家级科技思想库作用。紧紧围绕党和政府中心工作，抓住经济社会发展迫切需要解决的科技问题、科技发展的体制机制问题，以及科技支撑引领经济社会发展中的突出问题，选好题目、深入调研，努力为党和政府科学决策提供支撑。扎实开展国家级科技思想库建设试点，增强地方科协的决策咨询意识，充分调动科技工作者参与决策咨询的积极性，鼓励探索建立各具特色、行之有效的决策咨询模式，努力把科技工作者个体智慧凝聚上升为集体智慧。启动实施学会决策咨询资助计划，鼓励支持科协所属学会在学术交流中开展建言献策，提升决策咨询能力和水平。积极组织人大代表、政协委员参与调查研究和立法咨询，发挥好政协科协界作为重要决策咨询平台的作用。

5. 精心组织开展对外科技交流合作活动。推动全国学会积极参与国际民间科技组织事务，发挥好中国科协联合国经社理事会咨商地位的作用，充分利用国际科技资源，代表中国科技界发出声音，服务国家外交大局。支持全国学会主办或承办高端、前沿国际学术会议，着力打造国际水准的学术交流平台。组织实施好国际科联灾害风险综合研究办公室项目。配合国家工程师制度改革，承担好相关国际交流工作。加强对港澳台科技交流合作，服务祖国和平统一大业。

二、充分发挥科普工作主要社会力量的作用，努力为提高全民科学素质、建设人力资源强国服务

6. 修改完善并实施好《全民科学素质行动计划纲要》实施方案。按照国务院领导同志重要讲话精神，结合国务院办公厅对12个省（自治区、直辖市）《科学素质纲要》实施情况的督查意见，切实修改完善并组织实施好《全民科学素质行动计划纲要（2011—2015年）实施方案》。按照国办纪要要求，发展改革委将就全民科学素质工作纳入国民经济和社会发展“十二五”规划进行研究，各地各部门要把全民科学素质工作纳入本地区、本部门“十二五”规划，并抓好具体实施工作。认真履行科学素质纲要实施工作办公室职责，细化分解全民科学素质“十二五”实施方案，明确各部门职能分工，指导督促各成员单位制定实施方案，认真完成好科协牵头承担的各项任务，扎实推进全民科学素质工作，以重点人群科学素质行动带动全民科学素质的整体提高。

7. 进一步扩大全国科普日的品牌示范作用。着眼于推动形成社会化科普工作格局，继续整合资源，以大联合大协作方式，深入开展主题科普活动。按照“节约能源资源，保护生态环境，保障安全健康，促进创新创造”主题，继续组织开展全国科普日活动，与北京市人民政府及有关部门共同主办北京主场活动。积极组织“科学家与媒体面对面”活动，加大结合社会热点问题开展科普工作的力度。继续参与全国科技周、科技下乡、全民健康科技行动等活动，把优质高效的科普服务送到千家万户。

8. 切实加强重点人群科学素质工作。继续做好未成年人、农民、城镇劳动人口、领导干部和公务员科学素质工作，探索实施“社区科普益民计划”，广泛开展各类有针对性的技能培训，倡导和普及节约资源、健康生活、防灾减灾、低碳环保等观念和知识，提升社区居民科学素质，促进形成科学文明健康生活方式。深入开展科教进社区、全民健康科技行动、社区科普大讲堂等社区科普活动，依托社区公共服务设施，拓展和发挥科普功能。通过社区居民科学素质行动和科普人才建设工程，加强社区科普组织、科普宣传员和科普志愿者队伍建设，深入开展科普示范街道、社区等创建活动，培养造就一支专兼结合、高水平的科普人才队伍，为全民科学素质工作提供人才支撑，努力把“社区科普益民计划”打造成城市科普的品牌活动，开辟城市社区科普新途径。

9. 着力提高科普资源共建共享水平。发挥好中国科技馆新馆的示范带动作用，引导各地积极推进科技类博物馆建设。继续深入开展全国科普示范县（市、区）创建工作，推进中国数字科技馆、科普教育基地、科普活动站、科普宣传栏、科普大篷车等城乡基层科普设施建设，切实提高基层科普工作的质量和水平。加大科普资源集成开发力度，扩大科普资源的共享范围。继续繁荣科普创作，研究制定科普相关产业的行业规范和质量标准，探索建立公益性科普事业与经营性科普产业并举的新机制。

三、充分发挥团结动员科技工作者的独特作用，努力为创新型科技人才队伍建设服务

10. 进一步加大人才工作力度。认真学习贯彻全国人才工作会议精神，积极履行中央人才、教育工作领导小组成员单位职责，在为科技工作者服务方面更加突出为科技人才成长服务这个重点。落实好《中国科协关于加强人才工作的若干意见》，努力完成国家中长期人才规划纲要和教育规划纲要赋予科协组织的各项任务，构建具有科协特色的科技人才成长服务体系。深入开展科技工作者状况调查，加强全国科技工作者状况调查站点建设，深化科技人力资源研究，准确把握科技工作者的工作学习生活状况，反映他们的意见建议和呼声。着力打造全国优秀科技工作者奖励品牌，切实发挥品牌奖项的导向作用。继续办好中国青年科技奖等精品奖项，加快建立面向不同领域、不同年龄科技人才的表彰奖励体系。办好第26届全国青少年科技创新大赛、明天小小科学家等品牌活动，帮助青少年从小增强创新意识和实践能力，着力培养科技后备人才。

11. 大力引进举荐高层次人才。发挥好同行评议对人才评价的基础性作用和学会在科技评价中的主体作用，建立健全学会参与科技评价的体制机制，使科协成为举荐优秀高层次人才、高技能人才的重要通道。鼓励支持各类学会在开展科技评价、举荐创新人才方面发挥独特作用，认真做好两院院士初遴选、国家科技奖励项目、创新研究群体推荐工作，及时发现和举荐世界一流的科技创新人才和创新团队。积极配合“千人计划”，深入实施中国科协“海智计划”，进一步加强同海外华人科技团体和华人科学家的沟通联系，发挥好中国科协作为引进海外高层次人才窗口单位的作用。支持海外专家采取合作研究、学术交流、技术引进等多种形式为国服务，积极组织他们为经济社会发展建言献策，创造条件吸引他们归国创业。继续选拔推荐我国优秀科学家担任国际民间科技组织领导职务，培养造就世界水平的科技领军人才。

12. 继续办好“12・15”会员日等重要活动，广泛宣传优秀科技工作者。加大对全国优秀科技工作者的宣传力度，发现典型，宣传典型，树立科技工作者的良好社会形象。结合实施老科学家学术成长资料采集工程，大力宣传我国科技工作者的良好品德和科研诚信精神。进一步拓宽宣传渠道，培育打造一批科技工作者认可、社会广泛关注的宣传品牌，塑造和维护我国科技界良好社会形象和国际形象。大力宣传在科技创新和普及方面作出突出贡献的优秀科技工作者和创新团队，大力宣传获得中国科协表彰奖励的“全国优秀科技工作者”，广泛宣传他们的先进事迹和崇高精神，在全社会树立科技界崇尚真理、求真务实、忠于祖国、服务人民的良好形象，引导广大科技工作者在服务科学发展、促进经济发展方式转变中作出新的更大贡献。

13. 深入开展继续教育和专门培训活动。深入贯彻《中国科协关于加强继续教育工作的若干意见》，实施继续教育引导工程，创新继续教育形式，把学术交流作为继续教育的重要渠道，让更多的科技工作者享受到普通国民教育无法提供的交流学习机会。结合基层一线科技工作者需要，大力开展专业技能培训和创新方法培训。依托农函大，深入实施新农村千万乡土科普人才培训工程，培养一大批掌握实用技术和科学知识的技能型新农民。启动实施科普人才建设工程，着力培养和造就一支规模适度、结构优化、素质优良的科普人才队伍。

14. 推动和谐学术生态建设。支持学会建立健全学术评价机制，切实维护学会在科技评价和科技人才评价中的独立性和权威性。推动和协助有关部门制定相关政策，采取有效措施，让科研人员有更多精力专注研究、多出成果。深入高等院校和科研院所广泛开展科学道德和学风建设宣讲活动，引导科技工作者牢固树立崇高科学理念，推动形成理性怀疑、学术争鸣、自由平等、求真务实的学术氛围。引导学会强化监督机制，自觉把科技社团自律和社会舆论监督有机结合起来，探索建立合理有效、公正公开的学术不端行为查处机制，规范会员行为。

四、自觉把深入开展创先争优活动、做好新形势下群众工作同加强自身建设结合起来，把广大科技工作者紧紧团结在党的周围

15. 深入开展创先争优活动。认真贯彻落实党中央关于在党的基层组织和党员中深入开展创先争优活动的意见，结合科协实际，组织各级科协及所属学会广泛开展纪念建党90周年宣传活动，深入开展创先争优活动，不断密切同广大科技工作者的思想沟通、情感交流和工作联系。认真学习胡锦涛总书记在第十七届中纪委第六次全会上的重要讲话精神，切实加强党风廉政建设。按照《关于在中国科协系统深入开展创先争优活动的指导意见》，坚持党群共建，建立健全学会党建指导员制度，抓好党支部共建活动，广泛开展“创建科技工作者之家、争当优秀科协工作者”活动，切实把中国科协建成“科技工作者之家”，使各级科协干部成为“科技工作者之友”。科协领导干部要深入基层、深入实际，结合全国科技工作者状况调查，及时反映和推动解决科技工作者普遍关心的实际问题，协调各方力量为科技工作者多办好事实事，不断提高科协做好新形势下群众工作的能力和水平。自觉把深入开展创先争优活动与创建学习型党组织、扩大学会党组织覆盖面结合起来，把广大科技工作者更加紧密地团结在党的周围，以卓有成效的党建工作迎接建党90周年。

16. 支持学会创新发展。坚持把会员是否满意作为衡量学会工作的主要标准，实施学会创新发展推广工程，重点培育和扶持一批国内一流、国际上有影响的骨干学会。健全完善学会法人治理结构和管理制度，切实提高学会为会员服务的能力和水平。支持学会吸引专门人才进入学会办事机构，打造一支具有较高学术水平和决策咨询能力的高素质学会专职队伍。支持和引导学会积极承接政府转移的社会化服务职能，积极开展科学普及、科技奖励、科技评价、科技人才评价活动，增强学会科学发展能力。

17. 推动基层组织建设。坚持以活动促进基层组织建设，着眼基层需求，创新工作机制，把科协工作与组织建设紧密结合起来。以提高进城务工农民和城镇居民科学素质为目标、以“社区科普益民计划”为抓手，切实促进街道社区科协健康发展；以帮助农民脱贫致富为目标、以“科普惠农兴村计划”为抓手，把更多的农技协做大做强；以增强自主创新能力为目标、以“讲、比”活动为抓手，大力发展企业院士专家工作站，扩大企业科协的覆盖面。高度重视同新经济组织中科技工作者的沟通联系，积极推动在科技工作者比较集中的高新技术开发区、经济开发区、工业园区、企业、大专院校、新社会组织等建立科协基层组织，不断提高科协组织的覆盖面和影响力。加大对科协基层组织分类指导的力度，增强服务能力。

五、认真筹备精心组织，开好中国科协第八次全国代表大会

18. 认真起草好中国科协八大工作报告。抽调精干力量，深入研究、集思广益，起草一个主题鲜明、富有时代感、体现科协特色，有利于统一思想、凝聚力量的工作报告，进一步明确科协工作在党和政府工作大局中的地位和作用，明确科协组织在加快转变经济发展方式中担负的新任务，明确今后五年科协工作的指导思想、主要任务和重点工作。

19. 研究编制中国科协“十二五”事业发展规划。认真学习领会《中共中央关于制定国民经济和社会发展第十二个五年规划的建议》，结合科协实际，研究编制好中国科协“十二五”事业发展规划，凝炼出未来五年科协工作的发展目标、重点任务和保障措施。

20. 做好代表、委员选举工作。研究制定代表、委员产生办法和名额分配方案，提交常委会通过后下发。积极配合党委组织部门做好这项工作，努力形成一个团结奋进、开拓创新的科协领导集体。

21. 做好表彰奖励工作。继续开展全国科协系统先进个人和先进集体评选表彰活动，研究制定评选表彰方案。认真组织做好选拔推荐工作，切实把近5年在科协或学会工作中表现优异、成绩突出的人员和集体推荐上来，并在中国科协八大上给予表彰奖励。

22. 筹备并开好中国科协第八次全国代表大会。做好八大会务筹备工作。按照中央部署和要求，努力把中国科协八大开成一次团结民主、求真务实、凝聚力量、催人奋进的大会。各全国学会和地方科协要认真学习贯彻八大会议精神，抓好各项工作的落实。

关于印发《中国科协年会项目经费管理办法（试行）》的通知

科协办发学字〔2011〕27号

各全国学会、协会、研究会，各省、自治区、直辖市、副省级城市科协，新疆生产建设兵团科协，各有关单位：

为进一步加强中国科协年会项目经费的管理，中国科协制定了《中国科协年会项目经费管理办法（试行）》。现印发给你们，请遵照执行。

附件：《中国科协年会项目经费管理办法（试行）》

中国科协办公厅
2011年10月12日

附件

中国科协年会项目经费管理办法（试行）

第一章 总 则

第一条 为规范和加强中国科协年会（以下简称“年会”）项目经费管理，提高资金使用效益，根据《中华人民共和国预算法》、《中央本级项目支出预算管理办法（试行）》和《中国科协项目管理办法（试行）》等相关规定，制定本办法。

第二条 本办法适用于中央财政安排的年会项目经费。

第三条 项目管理和使用的基本原则：

（一）统筹安排，突出重点。根据年会工作任务和当年财政预算，统筹安排经费，突出工作重点。

（二）科学论证，跟踪问效。对年会项目申报、预算编制进行科学论证，对经费使用情况进行跟踪问效，确保资金使用效益。

（三）单独核算，专款专用。年会项目经费纳入项目承担单位财务统一管理，严格按照预算执行进度有序执行，单独核算，专款专用，不得挤占、挪用、截留和滞留。

第二章 机构职责

第四条 中国科协计划财务部负责指导、监督年会项目经费的使用管理，主要职责包括：组织编制项目经费预算，监督检查项目经费年度预算执行，审核项目经费年度决算，负责与项目预算管理有关的其他事项。

第五条 学会学术部是年会项目经费的归口管理部门，主要职责包括：组织年会项目的论证和项目申报，负责编制年会项目预算草案，制定年会项目的实施方案，制定年会管理办法及经费管理办法；负责年会项目的组织实施、总结验收和绩效评价等工作；负责统筹年会项目经费使用和预算执行；负责其他与年会项目有关的工作。

第六条 参与承办年会的中国科协机关部门、直属事业单位、相关全国学会、举办地科协等有关单位，是年会项目经费的具体执行单位，主要职责包括：负责制定所承担年会项目工作的实施方案；按规定安排相关项目经费的支出；组织相关年会项目内容的实施、总结；负责与所承担年会项目内容有关的其他工作。

第三章 预算编制与执行

第七条 年会项目预算草案应有明确的项目目标、组织实施计划和科学合理的项目经费预算，主要内容包括：

（一）项目申请理由及项目主要内容；

（二）项目年度目标及分阶段实施计划；

（三）项目组织实施条件；

（四）项目采购方式；

（五）项目支出预算及测算依据等。

第八条 年会项目经费预算编制前，中国科协按照财政部预算编制要求，组织专家做好前期研究、规划、论证等基础工作，并根据专家论证的预算方案，编报“一上”、“二上”预算。

第九条 年会项目经费预算一经批复，必须按照所批复的预算科目和金额执行，不得擅自扩大支出范围，提高开支标准。

第十条 在预算执行过程中，应按照预算执行计划有序推进，一般不予调整。如果国家有关政策或工作计划有较大变化，确有必要调整时，必须按规定程序报批。

第四章 支出范围和流程

第十一条 年会项目主要经费支出范围包括：

（一）前期筹备费用。主要包括年会相关文件、资料的撰写、编辑、印刷出版与寄发费用，会前考察、调研、接待费用，活动前期宣传费用，办公设备购置、办公室租赁费用，筹备工作会议费用，日常加班交通费用，借调人员的工作补贴等。

（二）活动组织费用。包括拨付给相关协作单位的学术交流活动组织经费、科普活动组织经费、专题论坛组织经费等相关费用，会议差旅、住宿费用，年会相关场租、设备租赁费用，大会宣传费用，会议交通、工作用车的油料与维修保养等，会议总结评估、表彰、跟踪问效等。

（三）项目管理费。指年会筹备过程中所发生的组织管理工作支出，包括调研费、劳务费、专家咨询费、管理咨询费、监督检查、绩效评价等。项目管理费的开支标准按照财政部和中国科协相关规定执行。

（四）《中国科协项目管理办法（试行）》允许开支的其他业务活动费、支撑条件费、项目协作费、项目管理费等。

第十二条 年会项目经费不得用于与本项目无关的

支出，不得用于支付各种罚款、捐款、赞助、还贷、对外投资等项支出，不得用于应列入基建支出的费用，不得用于国家规定禁止列入的其他支出。经费使用中涉及政府采购的，按照政府采购有关规定执行。

第十三条 中国科协直属事业单位承担年会工作所需项目经费，需在编制年会预算“二上”时细化到事业单位，预算“二下”直接将经费列入事业单位预算。事业单位须严格按本办法规定的经费开支范围安排支出，不得挤占挪用。同时接受中国科协的监督检查。

其他单位承担年会工作所需项目经费，需签订项目合同书，项目合同书的主要内容包括：项目概况、主要内容、目标及预期成果、实施步骤和进度计划、合同双方的权利义务、经费预算和违约责任等。项目合同书一经签订，须严格执行，不得自行调整。

第五章　监督检查

第十四条 中国科协负责对年会项目经费的使用进行验收考核，验收考核内容依据项目具体内容、合同书条款确定。年会项目结束后，各项目承担单位须提交项目总结报告和经费决算，并接收验收考核。

第十五条 在预算执行过程中，中国科协可以责成内部审计或委托会计师事务所等中介机构对年会项目经费的使用进行审计和监督管理。

第十六条 年会项目经费的使用实行责任追究制度，对于放松管理，造成资产损失、流失和严重浪费的，追究相关人员的责任；弄虚作假、截留、挪用、挤占项目资金等违反财经纪律的行为，按照国家有关规定对有关责任人给予行政和经济处罚，并视情节轻重，采取通报批评、停止拨款、终止项目、追回已拨经费等措施。

第六章　附　则

第十七条 年会项目结余资金的使用按照财政部《中央部门财政拨款结余资金管理暂行规定》等有关规定执行。

第十八条 本办法由中国科协学会学术部负责解释。

第十九条 本办法自发布之日起施行。

关于印发《中国科协实施未成年人科学素质行动 进一步推动未成年人思想道德建设落实工作方案》的通知

科协办发普字〔2011〕13 号

各全国学会、协会、研究会，各省、自治区、直辖市、副省级城市科协，新疆生产建设兵团科协：

为贯彻落实全国未成年人思想道德建设工作视讯会精神，根据中央文明办有关要求，中国科协将结合实施未成年人科学素质行动，大力开展未成年人科学普及工作，推动未成年人思想道德建设。为把各项工作任务落到实处，现将《中国科协实施未成年人科学素质行动 进一步推动未成年人思想道德建设落实工作方案》印发给你们，请结合本地区、本部门实际贯彻落实。

附件：《中国科协实施未成年人科学素质行动 进一步推动未成年人思想道德建设落实工作方案》

中国科协办公厅
2011 年 4 月 1 日

附件

中国科协实施未成年人科学素质行动 进一步推动未成年人思想道德建设落实工作方案

根据中央文明办的有关要求，中国科协结合在实施未成年人科学素质行动中承担的各项任务，就进一步推动未成年人思想道德建设深入发展，提出以下工作方案。

一、指导思想

以《中共中央国务院关于进一步加强和改进未成年人思想道德建设的若干意见》和《全民科学素质行动计划纲要》为统领，认真组织实施未成年人科学素质行动，进一步发挥科协系统在科普和科技教育工作方面的组织和资源优势，面向广大未成年人普及科学技术知识，倡导科学方法，传播科学思想，弘扬科学精神，引导未成年人学习践行社会主义核心价值体系，树立中国特色社会主义的理想信念和正确的世界观、人生观、价值观，养成高尚的思想品质和良好的道德情操。

二、任务分工

（一）鼓励作家、艺术家深入实际、深入生活、深入孩子之中，多创作体现童真童趣、蕴含向上精神的优秀作品，把最美好的精神食粮献给孩子。（《全国未成年人思想道德建设任务分工》第三条第 1 项）

1. 在繁荣科普创作资助计划、优秀科普活动资源包征集等项目中，优先扶持和资助为未成年人创作设计的优秀科普读物、影视和展品。开展全国科普动漫大赛，征集推介一批未成年人喜爱的科普动漫作品。（牵头单位：中国科普研究所）

（二）扎实推进少儿文艺出版精品工程，加大少儿题材在影视剧制作、舞台艺术产生、书刊和音像制品出版规划中的比重，并给予重点扶持。（《全国未成年人思想道德建设任务分工》第三条第 2 项）

2. 组织专家对国内科普资源进行研究开发，引导国内科普创作与国际接轨，繁荣国内原创科普作品的出版。注重引进国外优秀科普资源，在与国际组织和国外同行联系和交流过程中加强科普资源的收集和引进。（牵头单位：科普出版社、中国科协科普活动中心、中国科普研究所）

（三）把未成年人校外活动场所建设作为构建公共文化服务体系的重要内容，纳入“十二五”时期文化发展改革规划。（《全国未成年人思想道德建设任务分工》第三条第6项）

3. 研发、设计、制作未成年人活动场所的科普项目、展品和展教器材。加强各地科技馆、青少年科技活动中心等未成年人活动场所建设，丰富各类未成年人活动场所的活动内容。（牵头单位：中国科协科普活动中心、中国科技馆）

4. 搭建科普教育基地宣传和交流平台，推动全国科普教育基地充分发挥科普宣传教育作用。（牵头单位：中国科协科普活动中心）

5. 继续推进与教育部共同开展的未成年人学生校外活动场所科普教育共建共享试点工作，发挥试点的示范和辐射作用，推广科普教育共建共享工作经验。（牵头单位：中国科协青少年科技中心）

（四）进一步完善有关政策，推动各级各类爱国主义教育基地和公共博物馆、纪念馆、图书馆等公益性文化设施对未成年人免费开放。（《全国未成年人思想道德建设任务分工》第三条第7项）

6. 各地科技馆所和青少年科技活动场所对青少年学生提供公益性科普服务。在中国科技馆组织系列“科学讲坛”，邀请知名学者、专家作科普报告，向广大公众特别是未成年人普及科学知识、传播科学精神，激发他们对科学的兴趣，树立他们的科学观念。（牵头单位：中国科技馆、中国科协青少年科技中心）

7. 加强对科技馆、青少年科技活动中心、“社区青少年科学工作室”等未成年人科技活动场所的指导，制定和完善相应的规章制度和标准，发挥未成年人科技活动场所的教育功能，不断提高服务水平。科协系统的青少年科技活动中心、青少年科学工作室等要坚持面向未成年人开放。组织科普专家培训社区工作人员和志愿者。（牵头单位：中国科协青少年科技中心、中国科技馆、中国青少年科技辅导员协会）

8. 加强中国科技馆展览教育内容的更新力度，拓展内容和形式。继续做好临时展览巡展工作，启动流动科技馆项目，送资源到地方特别是边远地区，扩大受众范围。（牵头单位：中国科技馆）

（五）把发挥政府主导作用和调动社会力量参与结合起来，积极推进社区、农村未成年人校外活动场所建设，推动国家彩票公益金支持乡村少年宫建设，使文化服务范围向农村拓展延伸，更多地惠及留守儿童、进城务工人员子女等群体。（《全国未成年人思想道德建设任务分工》第三条第8项）

9. 加大对农村未成年人科普资源支持和科普公共服务能力建设，促进农村地区科普资源的整合和有效使用。在中西部农村社区试点建立“青少年发展培训中心”，组建并不断扩大基层跨部门的未成年人科普和社区教育的培训者队伍，推广《走向社会——生活、就业、发展》以及与气候变化有关的非正规教育课程，为农村未成年人提供面向生活和工作的职业指导和生活技能教育，提高农村未成年人对生活、社会和工作的认识与适应，帮助和指导未成年人成为负责任的社会公民。（牵头单位：中国科协青少年科技中心）

10. 组织开展“大手拉小手——科普报告希望行活动”、“求知计划”项目，组织西部青少年科学营活动和青少年科学影像节活动。重点向西部欠发达地区农村倾斜，服务农村留守儿童、农民工子女。（牵头单位：中国科协青少年科技中心、中国青少年科技辅导员协会）

（六）着眼促进未成年人全面发展，组织开展经常性、多样性文化活动，通过经典诵读、文艺演出、演讲征文、科学普及等活动，让未成年人在参与中开阔视野、增长见识、愉悦身心。（《全国未成年人思想道德建设任务分工》第三条第11项）

11. 围绕“节约能源资源、保护生态环境、倡导低碳生活、保障安全健康、促进创新创造”，继续组织开展未成年人科学调查体验活动和未成年人科学影像节活动等丰富多彩的科学体验活动。支持地方继续开展节能、节水、节粮、节约纸张和低碳生活等系列未成年人科学调查体验活动。（牵头单位：中国科协科普活动中心）

12. 扎实做好第26届全国青少年科技创新大赛、第十一届“明天小小科学家”奖励活动、第十一届中国青少年机器人竞赛和中学生奥林匹克学科竞赛等科技活动。（牵头单位：中国科协青少年科技中心）

13. 广泛深入开展未成年人航天科技体验活动，培养未成年人对航天科技的兴趣。（牵头单位：中国科协青少年科技中心）

14. 做好“科技馆活动进校园”项目示范推广工作，发挥地方科协、教育等部门的作用，做好示范推广相关工作。加强与相关教育部门联合，推动校外教育与学校教育的交流互动。设立“科技馆青少年科普教育项目奖”，鼓励引导大中型科技场馆向未成年人科技教育活动资源中心和活动服务中心方向发展。（牵头单位：中国科协青少年科技中心、中国科技馆、中国科协科普部）

15. 充分利用中国数字科技馆平台开展面向未成年人的科学教育工作，进一步开发和集成适合未成年人的科普资源，加强科技竞赛等活动的策划与组织，为广大未成年人提供丰富多彩的科普服务。（牵头单位：中国科协青少年科技中心、中国科技馆、中国科普研究所）

（七）在组织开展“三下乡”、“四进社区”、“送欢乐下基层”等活动中，要把未成年人作为重要服务对象，增加青少年喜闻乐见的内容，让城乡未成年人共享文化发展成果。（《全国未成年人思想道德建设任务分工》第三条第13项）

16. 组织科技和科普专家设计开发科学探究、科技兴趣小组等各种课外科学实践活动的内容，倡导和组织未成年人积极参加课外科学实践活动；广泛动员全国学会和科技专家积极参加各种形式的未成年人科普活动。（牵头单位：中国科协青少年科技中心）

17. 结合科普大篷车项目实施，开展科普大篷车进校园、进社区等科普活动。（牵头单位：中国科技馆）

18. 充分发挥老科技工作者的作用，支持老科技工作者、专家走进校园和社区，开展“万名科技专家讲科普”等活动，为加强未成年人思想道德建设，促进科学素质提高贡献力量。（牵头单位：中国老科技工作者协会、中国科协科普活动中心）

三、工作要求

各级科协及所属学会要认真学习领会、切实贯彻落实全国未成年人思想道德建设工作视讯会精神，充分认识新形势下加强未成年人思想道德建设的重大意义，切实加强组织领导。要以《全民科学素质行动计划纲要》为指导，紧密结合深入实施未成年人科学素质行动，按照中央文明办有关精神，结合本地区、本部门实际，制定实施方案。要充分发挥科协在校外活动场所建设、科技辅导员队伍培养、校内外科技教育活动等方面的独特作用，抓好落实，务求实效。

关于命名2011—2015年度全国科普示范县（市、区）的决定

科协发普字〔2011〕21号

各省、自治区、直辖市科协，新疆生产建设兵团科协：

为加强基层科普服务能力建设，推动《全民科学素质行动计划纲要（2006—2010—2020年）》的贯彻落实，促进县域经济社会全面协调可持续发展，2009年中国科协启动了2011～2015年度全国科普示范县（市、区）创建工作。经各县（市、区）党委或政府申请，各省、自治区、直辖市科协和新疆生产建设兵团科协审核，中国科协批准了921个县（市、区）为创建单位。两年来，各省、自治区、直辖市科协和新疆生产建设兵团科协注重指导和服务，有力地推动了全国科普示范县（市、区）创建工作的顺利开展。各创建单位党委、政府将科普工作作为提高广大人民群众科学素质的重要途径和推进经济社会发展的基础性工作加以重视，加强组织领导，完善工作机制，强化保障条件，积极落实各项创建目标任务，取得了显著成效。

经各创建单位认真自查，各省、自治区、直辖市科协和新疆生产建设兵团科协严格检查，中国科协实地抽查，共有902个县（市、区）达到了全国科普示范县（市、区）标准。为此，中国科协决定，命名北京市西城区等902个县（市、区）为“2011—2015年度全国科普示范县（市、区）”（名单见附件），示范期为5年。

希望被命名的全国科普示范县（市、区）认真贯彻落实党的十七大和十七届三中、四中、五中全会精神，发扬成绩，再接再厉，继续坚持“政府推动、全民参与、提升素质、促进和谐”的指导方针，紧紧围绕“节约能源资源、保护生态环境、保障安全健康、促进创新创造”的工作主题，努力实现科学技术教育、传播与普及的公平普惠，开创性地做好全民科学素质工作，为推动科学发展作出新表率，为加快转变经济增长方式、推进创新型国家建设作出新贡献。

附件：2011—2015年度全国科普示范县（市、区）名单

中国科协办公厅

2011年5月12日

附件

2011—2015年度全国科普示范县（市、区）名单

省份	全国科普示范县（市、区）
北京市（4）	西城区、朝阳区、海淀区、延庆县
天津市（8）	和平区、河东区、南开区、河北区、红桥区、东丽区、西青区、津南区

省份	全国科普示范县（市、区）
河北省（61）	石家庄市长安区、桥西区、新华区、裕华区、井陉县、行唐县、元氏县、辛集市、晋州市、新乐市、鹿泉市，唐山市路北区、丰南区、滦南县、乐亭县、迁西县、遵化市，秦皇岛市海港区、抚宁县，邯郸市邯山区、峰峰矿区、邯郸县、大名县、磁县、邱县、鸡泽县、广平县、武安市，邢台市邢台县、内丘县，保定市北市区、徐水县、望都县、顺平县、安国市，张家口市桥东区、桥西区、宣化区、张北县、阳原县、怀安县、万全县、崇礼县，承德市承德县、平泉县，沧州市运河区、青县、盐山县、肃宁县、南皮县、任丘市、河间市，廊坊市广阳区、三河市，衡水市枣强县、武邑县、武强县、故城县、景县、阜城县、冀州市
山西省（28）	太原市迎泽区、杏花岭区，大同市阳高县、大同县，阳泉市郊区、平定县、盂县，长治市城区、郊区、黎城县、沁源县、潞城市，晋城市泽州县、高平市，晋中市和顺县、灵石县、介休市，忻州市忻府区、五台县，临汾市尧都区、翼城县、襄汾县、浮山县、蒲县、霍州市，吕梁市柳林县、方山县、孝义市
内蒙古自治区（35）	呼和浩特市新城区、回民区、赛罕区、托克托县，乌海市海南区、乌达区，赤峰市松山区、喀喇沁旗，通辽市科尔沁区、开鲁县、奈曼旗、扎鲁特旗，鄂尔多斯市达拉特旗、准格尔旗、鄂托克旗、乌审旗，呼伦贝尔市海拉尔区、阿荣旗、新巴尔虎右旗、满洲里市、扎兰屯市，巴彦淖尔市临河区、五原县、磴口县、乌拉特中旗、杭锦后旗，乌兰察布市集宁区、凉城县、察哈尔右翼中旗、丰镇市，兴安盟科尔沁右翼前旗、突泉县，锡林郭勒盟苏尼特右旗、正蓝旗、多伦县

省份	全国科普示范县（市、区）
辽宁省（38）	沈阳市和平区、大东区、皇姑区、苏家屯区，大连市中山区、沙河口区、甘井子区、瓦房店市，鞍山市铁东区、立山区、千山区、海城市，抚顺市望花区、顺城区、抚顺县、清原满族自治县，本溪市平山区、本溪满族自治县、桓仁满族自治县，锦州市义县、凌海市、北镇市，营口市站前区、大石桥市，辽阳市白塔区、弓长岭区、辽阳县，盘锦市兴隆台区、大洼县，铁岭市西丰县、昌图县、调兵山市、开原市，朝阳市喀喇沁左翼蒙古族自治县，葫芦岛市龙港区、绥中县、建昌县、兴城市
吉林省（18）	长春市朝阳区、绿园区、九台市，吉林市丰满区、蛟河市、桦甸市，四平市梨树县、公主岭市、双辽市，辽源市东辽县，通化市东昌区、辉南县、梅河口市，白山市抚松县，松原市前郭尔罗斯蒙古自治县，延边朝鲜族自治州延吉市、敦化市、和龙市
黑龙江省（24）	哈尔滨市道里区、南岗区、道外区、香坊区、依兰县，通河县、五常市，齐齐哈尔市龙江县，鸡西市鸡东县，大庆市林甸县，伊春市友好区、金山屯区、带岭区、嘉荫县，佳木斯市桦南县、富锦市，牡丹江市东安区、林口县，黑河市北安市，绥化市北林区、望奎县、青冈县、安达市、肇东市
上海市（14）	黄浦区、卢湾区、徐汇区、长宁区、普陀区、闸北区、虹口区、杨浦区、闵行区、宝山区、浦东新区、松江区、青浦区、崇明县

省份	全国科普示范县（市、区）
江苏省（60）	南京市玄武区、白下区、秦淮区、鼓楼区、江宁区，无锡市锡山区、惠山区、滨湖区、江阴市、宜兴市，徐州市云龙区、泉山区、丰县、沛县、铜山县、新沂市，常州市天宁区、戚墅堰区、新北区、武进区、溧阳市、金坛市，苏州市沧浪区、平江区、金阊区、吴中区、相城区、常熟市、张家港市、昆山市、吴江市、太仓市，南通市崇川区、港闸区、海安县、如东县、启东市、如皋市、通州区、海门市，连云港市赣榆县、东海县、灌南县，淮安市淮阴区、洪泽县、盱眙县、金湖县，盐城市阜宁县、射阳县、建湖县、东台市、大丰市，扬州市宝应县、江都市，镇江市丹阳市、扬中市，泰州市海陵区、靖江市、泰兴市、姜堰市
浙江省（21）	杭州市江干区、西湖区、滨江区、余杭区、建德市，宁波市江东区、北仑区、鄞州区、余姚市、慈溪市，温州市鹿城区，嘉兴市嘉善县、平湖市、桐乡市，湖州市吴兴区、长兴县，绍兴市绍兴县，金华市东阳市，舟山市嵊泗县，台州市椒江区，丽水市遂昌县
安徽省（41）	合肥市瑶海区、庐阳区、蜀山区、肥东县，芜湖市镜湖区、弋江区、鸠江区，蚌埠市蚌山区、怀远县、五河县、固镇县，淮南市田家庵区、凤台县，马鞍山市金家庄区、雨山区、当涂县，淮北市濉溪县，安庆市迎江区、大观区、怀宁县、枞阳县、桐城市，黄山市屯溪区、黄山区、歙县、休宁县、黟县、祁门县，滁州市琅琊区、全椒县、天长市，阜阳市太和县、阜南县、颍上县，宿州市埇桥区、萧县，巢湖市和县，六安市金安区、裕安区，亳州市蒙城县，宣城市郎溪县

省份	全国科普示范县（市、区）
福建省（37）	福州市鼓楼区、台江区、仓山区、马尾区、晋安区、闽侯县、福清市、长乐市，厦门市思明区、湖里区、集美区、同安区，莆田市城厢区、荔城区，三明市梅列区、明溪县、清流县、宁化县、尤溪县、沙县、泰宁县，泉州市鲤城区、洛江区、泉港区、安溪县、德化县、石狮市、晋江市、南安市，漳州市长泰县、南靖县、华安县、东山县，南平市武夷山市、建阳市，龙岩市新罗区，宁德市屏南县
江西省（30）	南昌市西湖区、青云谱区、青山湖区、南昌县、新建县，景德镇市乐平市，萍乡市安源区、上栗县，九江市浔阳区、九江县、修水县、德安县、湖口县，新余市分宜县，鹰潭市余江县，赣州市章贡区、赣县、上犹县、安远县、宁都县、瑞金市、南康市，吉安市吉水县，宜春市宜丰县，抚州市南丰县、崇仁县，上饶市弋阳县、鄱阳县、婺源县、德兴市
山东省（41）	济南市历下区、市中区、历城区，青岛市市南区、市北区、崂山区、胶南市，淄博市张店区、临淄区，枣庄市市中区、滕州市，东营市河口区，烟台市芝罘区、龙口市、莱阳市、莱州市、蓬莱市、招远市，潍坊市坊子区、临朐县、昌乐县、寿光市、安丘市，济宁市任城区、曲阜市、邹城市，泰安市泰山区、宁阳县、肥城市，威海市文登市、荣成市，临沂市沂水县、临沭县，聊城市临清市，滨州市滨城区、无棣县、沾化县，菏泽市牡丹区、郓城县、定陶县、东明县

省份	全国科普示范县（市、区）
河南省（58）	郑州市惠济区、中牟县、巩义市、荥阳市、新密市，开封市杞县、尉氏县，洛阳市涧西区、嵩县、偃师市，平顶山市新华区、叶县、舞钢市、汝州市，安阳市文峰区、殷都区、龙安区、安阳县、林州市，鹤壁市淇滨区、淇县，新乡市新乡县、延津县、卫辉市、辉县市，焦作市解放区、中站区、修武县、温县、沁阳市、孟州市，濮阳市清丰县、南乐县、范县，许昌市鄢陵县，漯河市源汇区、郾城区，三门峡市渑池县、灵宝市，南阳市方城县、唐河县、新野县，商丘市梁园区、民权县、睢县、夏邑县、永城市，信阳市固始县、淮滨县，周口市扶沟县、商水县、沈丘县、郸城县、淮阳县、太康县、鹿邑县、项城市，驻马店市汝南县
湖北省（38）	武汉市江岸区、硚口区、武昌区、青山区、洪山区、东西湖区、蔡甸区、江夏区、黄陂区、新洲区，黄石市黄石港区、铁山区，十堰市郧县、丹江口市，宜昌市西陵区、夷陵区、宜都市、当阳市、枝江市，襄樊市樊城区、襄阳区、南漳县、谷城县、保康县、枣阳市、宜城市，荆门市京山县、钟祥市，孝感市安陆市，咸宁市通城县、赤壁市，随州市广水市，恩施土家族苗族自治州恩施市、巴东县、来凤县、鹤峰县，省直辖县级行政单位仙桃市、潜江市
湖南省（37）	长沙市芙蓉区、天心区、岳麓区、开福区、雨花区、长沙县、望城县、宁乡县、浏阳市，株洲市株洲县，湘潭市岳塘区、韶山市，衡阳市衡阳县、衡南县、祁东县、耒阳市、常宁市，邵阳市邵东县、绥宁县，岳阳市湘阴县，常德市武陵区、临澧县、桃源县、石门县，张家界市慈利县，益阳市安化县、沅江市，郴州市桂阳县、宜章县，永州市祁阳县、东安县、道县、宁远县，娄底市娄星区、涟源市，湘西土家族苗族自治州保靖县、龙山县
广东省（29）	广州市荔湾区、越秀区、海珠区、增城市，韶关市曲江区、仁化县，深圳市福田区、南山区、宝安区、龙岗区，珠海市香洲区，汕头市金平区、潮阳区、澄海区，佛山市禅城区、高明区，江门市新会区、开平市，湛江市廉江市，茂名市信宜市，肇庆市高要市，惠州市惠城区、惠阳区、惠东县，河源市和平县，阳江市阳东县，清远市清城区、阳山县、清新县
广西壮族自治区（34）	南宁市武鸣县、宾阳县，柳州市城中区、鱼峰区、柳南区、柳北区、柳江县、柳城县，桂林市阳朔县、灵川县、永福县、荔浦县，梧州市藤县，北海市海城区，钦州市钦南区、钦北区、灵山县、浦北县，贵港市港北区，玉林市玉州区、容县、陆川县、兴业县、北流市，百色市隆林各族自治县，河池市宜州市，来宾市兴宾区、忻城县、象州县、金秀瑶族自治县、合山市，崇左市扶绥县、大新县、凭祥市
海南省（10）	海口市秀英区、龙华区、美兰区，省直辖县级行政单位五指山市、文昌市、东方市、澄迈县、白沙黎族自治县、昌江黎族自治县、琼中黎族苗族自治县
重庆市（21）	万州区、涪陵区、渝中区、江北区、沙坪坝区、南岸区、渝北区、巴南区、黔江区、长寿区、江津区、合川区、永川区、南川区、綦江县、潼南县、铜梁县、荣昌县、璧山县、梁平县、武隆县
四川省（55）	成都市锦江区、青羊区、金牛区、武侯区、成华区、龙泉驿区、青白江区、温江区、金堂县、双流县、彭州市，自贡市大安区、沿滩区、荣县、富顺县，攀枝花市仁和区、米易县、盐边县，泸州市江阳区、纳溪区、龙马潭区、泸县、合江县，德阳市旌阳区、什邡市，绵阳市三台县，广元市朝天区、旺苍县、苍溪县，遂宁市射洪县、大英县，内江市市中区，眉山市仁寿县，宜宾市翠屏区、南溪县、高县、珙县、兴文县，广安市广安区、岳池县、武胜县、华蓥市，达州市通川区、达县、宣汉县、开江县、大竹县、万源市，雅安市雨城区，巴中市通江县、平昌县，资阳市雁江区，阿坝藏族羌族自治州九寨沟县，凉山彝族自治州西昌市、会东县

省份	全国科普示范县（市、区）
贵州省（38）	贵阳市南明区、云岩区、花溪区、白云区、息烽县、修文县，遵义市余庆县、仁怀市，安顺市西秀区、平坝县、普定县、镇宁布依族苗族自治县，铜仁地区玉屏侗族自治县、石阡县、思南县、印江土家族苗族自治县、德江县、沿河土家族自治县、松桃苗族自治县，黔西南布依族苗族自治州兴义市，毕节地区毕节市、大方县、黔西县、金沙县、威宁彝族回族苗族自治县，黔东南苗族侗族自治州施秉县、三穗县、天柱县、锦屏县、台江县、雷山县、麻江县，黔南布依族苗族自治州都匀市、福泉市、荔波县、贵定县、平塘县、龙里县
云南省（28）	昆明市五华区、盘龙区、官渡区、西山区、宜良县、石林彝族自治县、嵩明县、安宁市，曲靖市麒麟区、会泽县，昭通市水富县，丽江市古城区、永胜县、宁蒗彝族自治县，普洱市宁洱哈尼族彝族自治县，临沧市云县，楚雄彝族自治州楚雄市，红河哈尼族彝族自治州弥勒县、泸西县，文山壮族苗族自治州砚山县、西畴县、广南县、富宁县，大理白族自治州大理市、宾川县、弥渡县，德宏傣族景颇族自治州潞西市、盈江县
西藏自治区（7）	山南地区乃东县、扎囊县，日喀则地区南木林县、白朗县，林芝地区林芝县、米林县、波密县
陕西省（28）	西安市新城区、碑林区、莲湖区、未央区、雁塔区、阎良区，宝鸡市岐山县、扶风县，咸阳市秦都区、永寿县、旬邑县、兴平市，渭南市临渭区、潼关县、蒲城县，延安市志丹县、甘泉县，汉中市汉台区、南郑县、略阳县，榆林市横山县、靖边县、定边县，安康市旬阳县，商洛市商州区、洛南县、镇安县、柞水县
甘肃省（16）	兰州市城关区，金昌市金川区，白银市平川区、靖远县、景泰县，天水市甘谷县，平凉市崆峒区、泾川县、华亭县、庄浪县、静宁县，酒泉市肃州区、瓜州县，庆阳市正宁县，定西市渭源县、临洮县
青海省（11）	西宁市城东区，海东地区平安县、民和回族土族自治县、乐都县、互助土族自治县，海北藏族自治州祁连县，黄南藏族自治州同仁县，海南藏族自治州贵德县，海西蒙古族藏族自治州格尔木市东城区、德令哈市、乌兰县
宁夏回族自治区（8）	银川市兴庆区、西夏区、贺兰县，吴忠市青铜峡市，固原市原州区、西吉县、隆德县，中卫市中宁县
新疆维吾尔自治区（23）	乌鲁木齐市新市区、水磨沟区，克拉玛依市独山子区、克拉玛依区，哈密地区伊吾县，昌吉回族自治州阜康市、呼图壁县、玛纳斯县、吉木萨尔县，博尔塔拉蒙古自治州博乐市、精河县，巴音郭楞蒙古自治州库尔勒市，阿克苏地区阿克苏市、库车县、沙雅县、阿瓦提县，克孜勒苏柯尔克孜自治州阿图什市，喀什地区疏附县，伊犁哈萨克自治州伊宁市、奎屯市、霍城县、巩留县，塔城地区乌苏市
新疆生产建设兵团（1）	石河子市

关于印发《社区居民科学素质行动实施工作方案（2011—2015年）》的通知

科协办发普字〔2011〕30号

社区居民科学素质行动实施各成员单位办公厅：

为进一步贯彻落实《国务院办公厅关于印发全民科学素质行动计划纲要实施方案（2011—2015年）的通知》（国办发〔2011〕29号）精神，按照《关于贯彻落实〈国务院办公厅关于印发全民科学素质行动计划纲要实施方案（2011—2015年）的通知〉的通知》（纲要办发〔2011〕7号）要求，我们会同各成员单位研究制定了《社区居民科学素质行动实施工作方案（2011—2015年）》。现印发给你们，请结合实际扎实做好相关工作。

中国科协办公厅

2011年10月25日

社区居民科学素质行动实施工作方案（2011—2015年）

为贯彻落实《中华人民共和国国民经济和社会发展第十二个五年规划纲要》，全面深入实施《全民科学素质行动计划纲要（2006—2010—2020年）》（国发〔2006〕7号）和《关于加强和改进社区服务工作的意见》（国发〔2006〕14号），按照《全民科学素质行动计划纲要实施方案（2011—2015年）》（国办发〔2011〕29号）的要求，“十二五”期间，由中国科协、全国妇联牵头，中央宣传部、教育部、科技部、国家民委、环境保护部、卫生部、广电总局、安全监管总局、中科院、社科院、气象局共同参与，启动实施社区居民科学素质行动。为做好该项工作，特制定本工作方案。

一、指导思想

以邓小平理论和“三个代表”重要思想为指导，贯彻落实科学发展观，加强和完善基层社会管理体系，强化社区科技服务功能。以提高社区居民科学素质为出发点和着力点，充分发挥政府各有关部门、社区居委会、民间组织、驻社区单位、企业及居民个人的积极作用，加强协作、形成合力，共同推进社区居民科学素质建设。以提升社区科普服务能力为目标，整合科普资源，健全科普网络，创新科普服务方式和方法，为社区居民提供更加丰富、更加便捷的科普服务。

二、目标任务

——科学发展观在社区广泛树立。提高社区居民节约能源资源，保护生态环境，保障安全健康，促进创新创造的意识，切实发挥科学发展观在居民生活各方面的指导作用，促进建设资源节约型社会、环境友好型社会重大决策在社区的广泛宣传，推动社区居民形成科学文明健康的生活方式。

——社区居民科学素质显著提升。通过形式多样、内容丰富、群众喜闻乐见的科普活动，提升社区居民应用科学知识解决实际问题、改善生活质量、应对突发事件的能力，激发社区居民提高科学素质的主动性和积极性，推动社区居民科学素质达到《全民科学素质行动实施方案（2011—2015年）》的目标要求。

——筑牢和谐社区建设的科学文化基础。围绕建设文明和谐的学习型社区，提升社区科普服务能力，完善社区公共服务体系，在社区居民中普及科学知识，倡导科学方法，树立科学思想，弘扬科学精神，引导社区居民形成良好的社会公德、职业道德、家庭美德和自觉抵制反科学、伪科学、破除愚昧迷信的社会风尚，为社会主义和谐社会建设服务。

三、职责分工

（一）增强社区居民科学发展的意识

——认真贯彻《关于进一步加强科技宣传工作的意见》（中宣发〔2011〕8号），围绕国家经济社会发展重点工作和科技事业发展重大决策部署，在社区居民中大力宣传我国科技事业发展成就，弘扬科学精神，普及科学知识，为形成讲科学、爱科学、学科学、用科学的社会风尚营造良好舆论氛围。

责任单位：中央宣传部、教育部、科技部、中科院、工程院、中国科协

——指导协调以节约能源、安全生产、健康生活为主题的科普宣传活动，把科学发展与百姓民生有机结合起来，帮助社区居民树立科学发展和主人翁意识。反对邪教和伪科学，破除封建迷信。在少数民族集中的社区，开展民族政策进社区活动，大力宣传党的民族政策和宗教政策，增进维护和发展平等团结、互助和谐的社会主义民族关系。持续开展全国公众科学素质电视大赛。

责任单位：中国科协、中央宣传部、广电总局、国家民委

——加强民生科技的科普宣传和社会服务，通过各类媒体开展科普宣传、成果推广等多种形式的活动，提升社区居民对民生科技的认知水平。面向社区少年儿童开展科学、安全、健康生活等宣传和教育活动，引导未成年人正确使用网络资源，获得有益知识，拒绝不良信息。开展针对老年人的科普宣传、心理健康咨询等活动。

责任单位：科技部、中央宣传部、广电总局、教育部、全国妇联、中国科协

（二）提升社区居民科学生活的能力

——组织文化、科技、卫生、法律等进社区的宣传活动，引导社区居民远离迷信邪教和“黄赌毒”，树立科学健康的文化娱乐生活方式，营造文明、健康、和谐的社区氛围。

责任单位：中央宣传部、全国妇联、中国科协

——利用影视媒体和广播开展以节约能源、安全生产、健康生活为主题的宣传活动。积极创造条件，倡导和鼓励影视明星、节目主持人等参与社区活动，增加社区科普工作的吸引力。积极宣传有关单位开展的各种科普宣传活动。充分利用现有广播、影视资源，开展科普宣传。

责任单位：广电总局、全国妇联、中国科协

——倡导节约资源、保护环境、共建生态文明的理念，通过宣传、教育、培训等多种手段，加强环境污染治

理、应对气候变化、生态环境保护和日常环保行为养成的科普宣传，调动社区居民参与环境保护事业和生态文明建设事业。开展环境保护主题日、环保志愿者行动、环保科普进社区、全民低碳行动计划、生活垃圾分类竞赛等活动，提高社区居民的环保意识和低碳生活观念。加强清洁、绿色等环保产品在社区的示范应用，促进资源节约型、环境友好型社会发展。

责任单位：环境保护部、广电总局、中国科协、全国妇联

——在全国科技周、科技竞赛等群众性科普活动中，增加适合社区居民参与的活动和项目。组织科研承担单位通过有效途径，面向公众展示最新的科技创新成果。有计划地开发一批适合社区居民的科普读物。组织专家深入社区、学校、企业开展心理健康、心理咨询和社会焦点热点解读等活动。

责任单位：科技部、中科院、社科院、中国科协

（三）提高社区居民应对突发事件的能力

——加大对食品安全、生产安全等公共安全的科普宣传力度，提高社区居民对食品安全检测技术、安全生产技术、重大突发事故应急技术以及公共保障水平的了解程度。实施全民健康科技工程，普及健康知识，促进实用健康技术和产品在社区的示范推广。

责任单位：科技部、卫生部、安全监管总局、中科院、中国科协

——针对突发性灾害天气、突发重大事故和灾难，开展应急演练，提高社区居民应对能力，保障人民生命财产安全。利用每年世界气象日、防灾减灾日、科技周、科普日以及大学生气象防灾减灾宣传志愿者中国行活动，组织开展气象、安全知识进社区、进学校、进企业、进家庭等活动，加大避险自救、防灾减灾知识的科普宣传，提高社区居民应对突发恶劣天气的能力。鼓励各地政府和气象部门加大社区气象信息显示屏建设，将气象灾害预警信息和防御科普知识及时发布到社区。

责任单位：气象局、安全监管总局、科技部、中国科协

——针对社区居民开展经常性、常态化的安全生产、避险自救的宣传培训，增强安全防范意识。加强对危化品、建筑施工、交通运输等高危行业的安全知识培训。指导社区不断提高正确、及时排查消防、用电等安全隐患的能力，加强对社区工作人员、安保人员的宣传、教育和培训。在矿区、林区以及进城务工人员相对集中的社区开展多种形式的安全生产宣传教育、应急演练等活动。深入开展安全社区创建、社区卫生评比、职业健康排查工作，加强社区安全文化和安全环境建设，改善居民居住环境和生活质量。

责任单位：安全监管总局、科技部、卫生部

（四）完善社区科普服务功能

——加强文明社区创建工作，不断改善社区生产、生活和居住环境，提高居民文明健康、崇尚科学的意识，推动和谐社区建设。组织开展社区科普大讲堂，科普走进农民工，科普示范街道、社区、楼宇、家庭创建等活动。

责任单位：中央宣传部、全国妇联、社科院、中国科协

——实施社区科普益民计划，推动社区科普能力建设。完善社区科普活动室、科普图书室、科普画廊等基础设施，发挥其科普功能。健全街道科协、科普协会和社区科普小组等网络组织，推动社区科普宣传员、科普志愿者队伍的建设。

责任单位：中国科协

——发挥社区妇联组织的作用，积极开展健康生活、节约能源、安全生产、防灾减灾等宣传教育进社区、进家庭活动。积极开展社区“妇女之家”、“巾帼建功”、“巾帼文明岗”创建等活动，利用社区多样化、现代化的教育培训资源，对社区妇女特别是进城务工妇女开展技能培训、职业道德和法律知识培训，提高妇女的就业技能。积极开展妇女宫颈癌和乳腺癌防治等健康知识的宣传培训，增强妇女的健康意识。大力宣传妇女小额担保财政贴息贷款政策，引导妇女创业就业，帮助妇女依靠科技创业致富。宣传普及科学的家庭教育知识和理念，开展家庭教育指导服务。

责任单位：全国妇联

——以绿色社区创建工作为平台，通过开展社区环保科普培训、交流、座谈等活动，使各种环保观念融入到日常生活行为当中，并能够客观、公正、冷静地面对环保热点、焦点问题。

责任单位：环境保护部

——组织青少年科技辅导员和科普志愿者在社区开展科技知识培训、科普展览、科技竞赛等活动。逐步开放各种教育资源，引导社区居民建立良好学习习惯，树立终生学习意识。指导各级学校开展全国科普日、科技活动周、青少年科技创新大赛等活动。依托老科技工作者协会开展科普志愿服务行动，发挥老科技工作者在提高社区居民科学素质中的重要作用。

责任单位：教育部、科技部、中国科协

——组织专家深入社区、学校、企业进行科技知识宣讲活动。逐步开放一批适合社区居民参观的实验室、陈列室、标本馆等科研场所。依托科研院所、大中专院校等，

开发适应少数民族社区的双语科普产品。

责任单位：教育部、国家民委、环境保护部、中科院、社科院

四、保障措施

（一）提高思想认识，强化组织领导

社区居民科学素质行动是提高我国公民科学素质的一项重要举措，各地、各有关部门要充分认识实施社区居民科学素质行动的重要性和紧迫性。牵头单位要认真组织、加强协调，各参与单位要协同配合、形成合力、积极推进，切实发挥提高社区居民科学素质在和谐社会建设中的作用。各地要统一思想、提高认识、加强领导，把社区居民科学素质行动作为科学素质建设工作的重要内容，纳入规划、认真实施、务求实效，确保各项目标和任务顺利完成。

（二）明细工作职责，完善工作机制

由中国科协、全国妇联牵头，负责协调推动行动方案的贯彻落实。中央宣传部、教育部、科技部、国家民委、环境保护部、卫生部、广电总局、安全监管总局、中科院、社科院、气象局作为成员单位，参与实施。每年由中国科协、全国妇联组织召开一次成员单位社区居民科学素质行动工作研讨会，参加人员为各部门相关司（局、部）领导及处室负责人。

各地、各有关部门要通过联席会议等工作方式明确目标任务，确定工作重点，推动社区居民科学素质行动顺利实施。要根据任务分工，制定本地、本系统的工作方案和年度计划，落实具体工作措施。要坚持联合协作的工作方式，动员、引导和激励社会各方面力量积极参与社区居民科学素质行动。

（三）抓好贯彻落实，加强监督检查

各地、各有关部门要加强调查研究，总结好经验、好做法，及时宣传推广，营造良好社会氛围。要督促工作任务落实，考核工作目标绩效，加大工作的监督检查力度。要加强交流，沟通信息，实现资源共享，促进社区居民科学素质工作健康有序发展。

关于印发《科普资源开发与共享工程实施工作方案（2011—2015年）》的通知

科协办发普字〔2011〕35号

中央宣传部、教育部、国家民委、环境保护部、农业部、卫生部、国家广电总局、国家安监总局、国家林业局、中科院、社科院、工程院、中国气象局、自然科学基金委、全国总工会、共青团中央办公厅（办公室）：

为贯彻落实《国务院办公厅印发全民科学素质行动计划纲要实施方案（2011—2015年）的通知》（国办发〔2011〕29号）精神，推动“十二五”时期科普资源开发与共享工程的实施，我们研究制定了《科普资源开发与共享工程实施工作方案（2011—2015年）》。现印发你们，请结合实际扎实做好相关工作。

附件：

1. 科普资源开发与共享工程实施工作方案（2011—2015年）

2. 科普资源开发与共享工作协调小组组成人员名单

中国科协办公厅
2011年11月14日

附件1

科普资源开发与共享工程实施工作方案（2011—2015年）

为贯彻《中共中央关于深化文化体制改革推动社会主义文化大发展大繁荣若干重大问题的决定》，落实《中华人民共和国科学技术普及法》、《国家中长期科学和技术发展规划纲要（2006—2020年》和《全民科学素质行动计划纲要（2006—2010—2020年）》（以下简称《科学素质纲要》），按照《全民科学素质行动计划纲要实施方案（2011—2015年）》（以下简称《实施方案》）的要求，组织实施好“十二五”时期科普资源开发与共享工程，特制定本实施工作方案。

一、“十一五”时期实施情况

科普资源开发与共享工程是提高全民科学素质的重要基础性工程。“十一五”时期，按照《科学素质纲要》的总体部署，科普资源开发与共享工程进展顺利，科普资源日益丰富，质量有所提高，科普资源共享服务能力不断增强。据初步统计，2010年，全国共出版科普图书0.74亿册，共出版科普期刊1.57亿册，共发放科普读物和资料6.20亿份，较2005年分别增长116.81%、61.19%和23.77%。全国广播电台播出科普（技）节目总时长21.14万个小时，全国电视台播出科普（技）节目总时长为26.13万个小时，较2005年分别增长177.13%和146.40%。中国数字科技馆集成数字化的优质科普资源总量达1.45TB，总注册用户数达到13.6万，公众访问量超过1.7亿人次，每天下载量达到24.5G。但是，公民科学素质建设对科普资源开发和服务的需求还有一定差距。主要表现在：科普资源总量不足，尤其是原创科普作品仍然较少，精品科普资源匮乏；科普资源整合力度仍然不够，共享机制尚不健全，资源使用效率较低；科普产业培

育和发展仍处于起步阶段，社会参与科普资源开发与共享的程度有待提高。

二、主要目标

到2015年，围绕“节约能源资源、保护生态环境、保障安全健康、促进创新创造”工作主题，加强科普资源开发与共享，适应公众需求的科普资源更加丰富，优质原创科普作品不断涌现，科普创作人才队伍逐步壮大、能力明显增强；科普资源共建共享机制基本形成，资源集成和有效利用得到加强，科普资源公共服务能力大幅提升；公益性科普事业与经营性科普产业并举的体制初步建立。

重点完成以下目标任务：

1. 繁荣科普创作。宣传落实科学发展观，紧扣时代发展脉搏，适应国家、社会和公众的需要，注重科学与艺术、自然科学与人文社会科学的结合，创作一批优质原创科普作品，重点扶持一批优秀科普创作团队。到2015年，出版科普类图书总数超过1亿册；出版科普期刊达到2.5亿册；发放科普读物和资料达到6.5亿份；全国广播电台播出科普（技）节目总时长达到25万个小时，全国电视台播出科普（技）节目总时长为30万个小时。

2. 搭建科普资源共享交流平台，为社会和公众提供基本科普资源支持和公共科普服务。推动科普出版物、科普音像制品、科普展品、科普活动资源的共享交流。推动中国数字科技馆等互联网科普资源共享交流平台开展数字化科普资源共享，到2015年，中国数字科技馆等科普网站集成并提供社会共享的数字化科普资源达到3TB。推动利用移动通信、移动电视等新兴媒体开展科普资源共享交流。

3. 促进科普资源开发、集散和服务的社会化，发挥市场机制引导作用，积极推动科普产业发展。重点扶持一批科普产品研发和生产基地，推动形成若干科普产业联盟。

三、主要任务与分工

（一）促进原创科普作品的创作

1. 扶持原创科普创作。加大科普专项基金扶持力度，推出一批具有创新精神、科学艺术水平高的原创科普作品。扶持优秀科普创作团队，鼓励社会各界参与科普创作。（自然科学基金委、中国科协等）

2. 评选、征集优秀科普作品。开展国家科技进步奖科普类奖励和中国科普作家协会优秀科普作品奖、环保科普创新奖等，举办科普作品创意征集等，推出一批群众喜闻乐见的优秀科普作品。鼓励社会各界评选征集优秀科普作品。（科技部、中国科协、环境保护部等）

3. 广泛推介优质科普作品。向中小学生图书馆推介优秀科普图书，通过电视、报刊、网络等各种传媒渠道向社会推荐优秀原创科普作品，提高其公众认知度，加大科普影视等作品在基层的宣传和播映力度。（中央宣传部、教育部、科技部、国家广电总局、中国科协等）

4. 加强科普创作国际交流。制订引进国外科普资源的相应措施，通过直接引进、合作开发、吸收再创作、联合活动等渠道引进国外优秀科普作品，将国际先进的创作理念和方法引入国内，推动国内优秀原创科普作品走向国际。（科普资源开发与共享工作协调小组各成员单位）

5. 制定鼓励科普创作的相关政策。逐步把科普创作纳入科技、教育、传媒工作者的业绩考核范围和职称评定，激发其创作热情。进一步研究制定激励措施，充分调动社会各界参与科普创作，传播科学知识和科技成果。鼓励地方、部门出台相关政策。（科技部、教育部、中央宣传部等）

6. 培养科普创作人才。加大支持力度，通过学校培养、在职培训、国内外进修、国际交流、实践锻炼等，不断提高科普创作人员的能力和水平，培养适应我国科普事业发展需要的科普创作人才。（科普资源开发与共享工作协调小组各成员单位）

（二）推进科技成果转化为科普资源

7. 在科技项目中适当增加科普任务。研究制定在国家科技计划项目中相应增加科普任务的措施与办法，推动国家重大工程项目、科技计划项目和科技重大专项在立项时增加相应科普任务，验收时对科普效果进行评价，将不涉及保密的科技项目成果及时转化成科普资源，提高公众对国家重大科技和工程项目创新成果的关注度和知晓率。（科技部、自然科学基金委、教育部、中科院、工程院等）

8. 促进公众理解前沿科技。充分发挥科技社团和科技工作者的作用，选择一批具有战略性、前沿性、适宜向公众普及和传播的科技成果，组织开发为利于公众理解的科普内容，形成科普读本和音像制品等前沿科普资源，并通过展示推广，促进公众对国内外前沿科技进展的认识和理解。（中国科协、科技部、自然科学基金委、中科院、工程院等）

9. 鼓励科技项目承担者传播科技成果。研究制定激励措施，推动承担国家科技项目的承担者在科研与科普工作的结合上发挥示范和带头作用，为广大科技工作者作出表率。（科技部、自然科学基金委、教育部、中科院、工程院等）

（三）加强科普资源的开发、集成与共享

10. 开发基础性、公共性、高质量科普资源。围绕节能减排、生态保护、健康卫生、食品安全、防灾减灾、安全生产等主题，开发适宜各地区各部门和有关方面开展科学技术教育、传播、普及等活动的科普资源，引导全社会科普资源开发。大力开发适宜民族地区使用的少数民族语言文字的科普资源和“双语”科普资源。开发可供学生动手实践的科普资源。研究制定科普资源的相关标准和规范，指导科普资源的开发与共享。（科普资源开发与共享工作协调小组各成员单位）

11. 开展科普展览巡展。实施流动科技馆项目，开展主题科普展览巡回展出活动，推动展览和展品在各类科普场馆、设施、服务机构之间流动和共享，加强发达地区对欠发达地区展教资源的支援力度。推动各级各类科普基地利用自身优势开展巡展活动。开展科技馆活动进校园等工作，促进科普展教活动与学校科学课程教学、综合实践活动特别是研究性学习相衔接。（科技部、中国科协、教育部、环境保护部、中国气象局、共青团中央等）

12. 加大科普广播影视节目播放力度。推动国家有关部门、单位制作的优秀科普电影和“科普大篷车”、“非常科学”等广播电视节目在基层播放。加强全国农村党员干部现代远程教育科普内容建设，充分发挥远程教育平台在科普资源共建共享中的作用。（中央宣传部、国家广电总局、中国科协等）

13. 开发、征集、指导使用科普资源包。引导有关单位以重要科学纪念日、重大科技事件和社会科技热点等为契机，开发集成一批内容丰富、形式多样的科普资源包，集成各种科普展览、教育和活动资源，供广大基层单位共享使用，为其开展科普工作提供公共指导和服务。（科普资源开发与共享工作协调小组各成员单位）

14. 建立应急科普资源开发与服务机制。针对自然灾害、事故灾害和公共卫生事件，制定食品安全、职业健康、地质地震、气象等突发公共事件的科普资源储备方案，开发集成相应资源，建设应急科普响应与服务支撑平台，为日常宣传培训和应急救援服务提供公共资源服务。（科技部、中国科协、国家安监总局等）

（四）建立全国科普资源及信息的共享交流平台

15. 加强数字化科普资源共享平台建设。进一步推动中国数字科技馆气象、天文、海洋等网络科普资源平台建设，不断提高数字科普资源集成和共享服务水平，以分散存储、集中服务的方式推动社会科普资源共享。（中国科协、科技部、中国气象局、环境保护部等）

16. 建立科普资源基础信息采集和发布机制。通过互联网等手段搭建科普资源信息服务平台，及时掌握科普资源开发共享状况、分析社会和公众对科普资源的偏好和需求，向社会发布、推介国内外优质科普图书、挂图、广播电视节目和科普活动资源包等科普资源信息。探索开展科普资源开发与共享的监测评估。（科技部、中国科协等）

17. 推动利用新兴媒体进行科普资源共享交流。发挥微博、移动通信、移动电视等及时、便捷、覆盖面广的优势，满足公众的科普需求。探索电子科普挂图、手机科普报等科普产品的新型科普资源研发。开发适用于电信网、互联网、广播电视网“三网融合”需要的数字化科普资源。（科普资源开发与共享工作协调小组各成员单位）

（五）推动科普产业发展

18. 落实完善、研究制定有利于科普产业发展的政策措施。研究制定科普产品与服务的相关标准，规范科普产品生产与服务。制定科普资源共建共享知识产权保护相关办法，加强科普资源共建共享知识产权保护。（科技部、中国科协等）

19. 推动科普产品研发和生产。以公众科普需求为导向，发挥市场的引导、优化和调节作用，推动科普产品的研发、生产、集散和服务。扶持一批科普产品研发和生产基地。建设科普产品研发开放实验室，吸引科技工作者参与科普产品研发。（中国科协、科技部等）

20. 促进科普产品流通。举办科普产品博览会、国际科教影视制作人年会等，及时发布科普场馆建设、科普活动和科普资源供需信息，为企业及其他社会机构搭建交流和服务平台。（中国科协等）

21. 扶持一批成长性好、持续发展能力强的科普企业发展。在发展科普事业的同时，发挥市场的引导作用，着力打造一批富有特色、影响力大、市场占有率高的科普书刊、音像制品优秀品牌，壮大科普企业规模。推动科普出版、科普旅游馆（园）、科普展览展品开发制作、科普玩具、科普教育与科普游戏软件、营利性科普网络等科普产业发展。逐步建立公益性科普事业与经营性科普产业并举的体制。（科普资源开发与共享工作协调小组各成员单位）

四、组织实施

1. 建立协调机制。成立科普资源开发与共享工作协调小组，组长由牵头单位相关司局负责同志担任，成员由各单位的联络员组成（组成人员建议名单见附件2）。协调小组办公室设在中国科协科普部，负责协调日常工作。建立定期的沟通协调机制，及时交流科普资源建设和共享工作信息。协调小组根据《实施方案》年度重点任务，策划和组织开展联合性工作，各牵头和参加单位密切配合、形成合力，整体推进科普资源建设工作。

2. 分工负责。各有关单位应将科普资源开发与共享的有关工作纳入本单位工作计划，与各单位职能和业务工作有机结合，充分发挥各自优势，调动本系统的组织、人力、财力、物力，有步骤、有侧重、有特色地开展工作，切实抓好各项任务的落实。

附件 2

科普资源开发与共享工作协调小组组成人员名单

组长： 中国科协科普部副部长　殷　皓

科技部政策法规司副司长　翟立新

成员： 中央宣传部宣教局农村处副处长　曾建立

教育部基础教育一司校外教育处调研员　张东燕

科技部政策法规司科普处调研员　邱成利

国家民委教育科技司综合处调研员　安　燕

环境保护部科技标准司科技发展处副处长　王泽林

农业部科教司教育处调研员　张景林

卫生部科教司技术处调研员　王锦倩

国家广电总局宣传管理司宣传处副处长　王小亮

国家安监总局规划科技司科技处调研员　林　岚

国家林业局科技司综合处副处长　吴红军

中科院科学传播办公室副主任　丁　颖

社科院办公厅秘书二处副处长　闫　雷

工程院政策研究室综合处　赵文成

中国气象局科技与气候变化司科技发展处副处长　刘文泉

自然科学基金委办公室新闻中心主任　张香平

全国总工会宣传教育部职工教育处处长　彭　艺

共青团中央宣传部思想教育处副处长　吴德祖

中国科协科普部资源处处长　胡富梅

中国科协科普部资源处副处长　邓　帆

专 题 文 章

让全社会创造活力竞相迸发

——热烈祝贺中国科学技术协会第八次全国代表大会召开

《人民日报》社论

中国科学技术协会第八次全国代表大会在北京隆重开幕。我们对大会的召开表示热烈祝贺，向全国科技工作者致以崇高敬意。

中国科协是党领导下的人民团体，是党和政府联系科技工作者的桥梁和纽带。自第七次全国代表大会以来，中国科协团结带领广大科技工作者，不断提高学术交流质量和水平，深入开展提升全民科学素质工作，大力推动群众性技术创新活动，努力做好育才引才荐才用才工作，着力推进国家级科技思想库建设，工作扎实，成效斐然。在我国科技事业发展的大格局中，科协组织正在发挥越来越重要的作用。

当今世界，科技竞争在综合国力竞争中的地位更加突出，创新驱动发展已成为各国的战略选择。当今中国，正处于全面建设小康社会的关键时期，深化改革开放、加快转变经济发展方式的攻坚时期。要抓住历史机遇、赢得发展先机，最根本的是靠科技的力量，最关键的是大幅提高自主创新能力，最迫切的是大力激发全民族的创新精神、充分释放全社会的创造活力。

激发创新精神，释放创造活力，需要进一步深化科技体制改革，为建设创新型国家提供有力体制保障，真正把科技第一生产力的作用解放和发挥出来。只有不断完善国家科技决策机制和宏观协调机制，改革科技评价体制机制，才能促进全社会科技资源高效配置；只有加快构建各具特色和优势的区域创新体系，提高区域创新能力和竞争力，才能提高全社会创新效率；只有把增强自主创新能力作为国家战略贯穿到经济社会发展各个方面，才能在全社会树立和弘扬创新文化。

激发创新精神，释放创造活力，需要充分调动人民群众的积极性和主动性，为科技进步与创新提供强大动力、广阔舞台。大力普及科学技术，提高全民科学素质，创新能力就有了生长点；广泛深入开展群众性技术创新活动，鼓励人们以各种形式积极参与科技创新，创新事业就有了生力军；养成讲科学、爱科学、学科学、用科学的良好社会风尚，帮助人们以科学思想观察问题，以科学态度看待问题，以科学方法处理问题，科技创新就有了最深厚的社会基础。

激发创新精神，释放创造活力，需要扎实推进人才强国战略，切实把科技人力资源优势转化为人才优势、创新优势和发展优势。科技创新要万马奔腾、生气勃勃，就必须牢牢抓住人这个根本。这就要求我们把科技发展、教育发展的需求和人才发展的长远目标有机结合起来，用好用活科技人才；把科技发展内在规律、科技人才成长规律和社会主义制度优越性统一起来，努力造就一批世界一流的科学家和科技领军人才；把人才成长成才和社会环境对接起来，努力形成创造活力竞相迸发、创新人才大量涌现的生动局面。

通过科协组织联系、团结和带领广大科技工作者为经济社会发展服务，是我们党领导科技工作的巨大优势和成功经验。站在新的历史起点上，我们热诚期待并充分相信，中国科协一定能够肩负光荣使命，广大科技工作者一定能够更加奋发有为，为加快建设创新型国家、不断开创科学发展新局面而努力奋斗，为夺取全面建设小康社会新胜利再谱新篇。

（2011年5月27日）

弘扬创新精神　担当历史使命

——热烈祝贺中国科协第八次全国代表大会隆重召开

《光明日报》社论

在全党全国各族人民精心谋划“十二五”开局、喜迎建党90周年之际，2000多名全国科技工作者的优秀代表今天欢聚北京，隆重举行中国科学技术协会第八次全国代表大会。承载着历史的重任，广大科技工作者又一次发出弘扬创新精神，勇攀科学高峰的时代强音。这是一次科技界的盛会。在此，我们向全国广大科技工作者致以诚挚的敬意，向中国科协第八次全国代表大会的隆重召开表示热烈祝贺！

科技工作者是先进生产力的开拓者，也是先进文化的传播者。伴随着新中国的建立和发展，广大科技工作者和全国人民一道，为社会主义各项事业的发展作出了巨大贡献，涌现出一代又一代的杰出代表。老一辈科学家，在国家建设百废待兴的时期，不计个人得失，许多人放弃国外优厚待遇，满腔热情投身新中国的建设事业，他们不仅在科技领域取得了卓越成就，而且为我们树立了崇高的精神榜样。“两弹一星”精神，集中代表了老一辈科学家的科学奋斗精神，是留给后来者的宝贵精神财富。在改革开放和实现科学发展，建设创新型国家的新的历史征程中，同样出现了大批优秀科技工作者的先进代表，他们勇于实践探索，大胆开拓创新，不畏艰难险阻，把我国科技事业推向了新的高度，在国际上展现了新一代科技工作者昂扬进取的精神风貌。

科学技术是第一生产力，是经济社会发展的重要推动力量。当今世界，全球性科技革命蓬勃发展，高新技术成果向现实生产力的转化越来越快，特别是一些战略高技术越来越成为经济社会发展的决定性力量。党和国家提出，把推动自主创新摆在全部科技工作的突出位置，大力增强科技创新能力，大力增强核心竞争力，在实践中走出一条具有中国特色的科技创新的路子。

刚刚过去的“十一五”，我国在自主创新领域取得了巨大成就，取得了一批具有世界水平的重大成果。在世界上首次实现了具有存储和读出功能的量子纠缠交换，新型铁基超导材料将我国凝聚态物理学研究推向了世界最前沿；在世界上第一次获得完全由诱导多功能干细胞（iPS细胞）制备的活体小鼠，为克隆成年哺乳动物开辟了一条全新道路。载人航天和探月工程取得重大进展，神舟系列飞船发射成功，使我国成为世界上第三个掌握空间出舱活动技术的国家；嫦娥一号、嫦娥二号相继发射成功，使我国成为世界上第五个发射月球探测器的国家。开发成功千万亿次高效能计算机“天河一号”，运算性能达到世界第一。成功完成载人潜水器3000米海上试验，最大下潜深度达到3759米，使我国成为世界上第五个具备3500米水深载人深潜能力的国家。

然而，广大科技工作者要认清肩负的时代使命，我国科技的整体实力还有待提高，科技要在推动全社会实现科学发展，在生产方式向创新驱动转化方面发挥重要作用。我们要大力弘扬创新精神，牢固树立敢为天下先的志向和信心，敢于研究别人没有研究过的前沿问题，敢于承担科学研究中的任何错误和失败，努力通过扎实深入的科学研究为人类知识宝库增光添彩。要敢于怀疑书本、质疑权威，勇于打破一切世袭的束缚，坚决摒弃墨守成规、论资排辈、求全责备的陈规陋习，努力尝试新方法，探索新规律，独辟蹊径、别出风采。要把理论突破和创新实践有机结合起来，既要重视理论创新，着力重塑创新思维，更要重视实践创新，勇于实践、勤于实践，在提高自主创新能力、建设创新型国家的伟大实践中获取创新灵感，激发创新火花，建立创新伟业。

在“十二五”开局之年召开的中国科协第八次全国代表大会，将成为广大科技工作者科技创新新征程的开端，我们要发扬科技工作者坚持科学精神，求真求实、不断进取的优良传统，努力在全社会弘扬创新文化，不断推动全社会形成一个人人追求真理、人人崇尚创新、个个享受和谐社会氛围的局面，让创新精神真正成为驱动科学发展的巨大动力，让科学精神化为全体人民的共同行动，我们真诚地期待并为这样一个局面而欢呼！

（2011年5月27日）

在加快转变经济发展方式中建功立业

——热烈祝贺中国科协第八次全国代表大会召开

《科技日报》评论员

中国科学技术协会第八次全国代表大会在北京隆重开幕。这是我国科技界在“十二五”开局之年，在全国上下紧紧围绕科学发展和加快转变经济发展方式奋力拼搏的大好形势下召开的一次盛会。我们表示热烈的祝贺，并向全体代表和全国科技工作者致以崇高的敬意。

“十二五”时期是我国全面建设小康社会的关键时期，也是深化改革开放、加快转变经济发展方式的攻坚时期。紧紧抓住可以大有作为的重要战略机遇期，不断增强我国综合国力、改善人民生活水平，大幅度提升我国经济的国际竞争力和抵御风险能力，最根本的是要靠科技的力量，最关键的是增强自主创新能力，最重要的是不断提高全民科学素质。广大科技工作者要自觉肩负起时代赋予的神圣使命，为推动我国科技事业发展，推进中国特色社会主义伟大事业作出新的更大的贡献。

要大幅度增强自主创新能力，在加快转变经济发展方式、实现科学新发展方面作出新贡献。要把增强自主创新能力作为国家发展战略的核心和增强综合国力的关键，按照自主创新、重点跨越、支撑发展、引领未来的方针，集中力量在解决制约经济社会发展的重大科技问题、关系国民经济命脉和国家安全的关键领域取得突破，掌握一批关键技术、共性技术和核心技术，拥有一批自主知识产权，为加快转变经济发展方式，建设资源节约型、环境友好型社会拓展空间。

要大力普及科学知识，在提高全民科学素质、实现人的全面发展方面实现新跨越。要通过多种渠道、多种方式向公众介绍最新科学发现、展示科技创新成果，帮助广大人民群众了解必要的科技知识、掌握基本的科学方法、树立正确的科学思想、崇尚崇高的科学精神，养成健康文明的生活方式和工作方式，推动形成讲科学、爱科学、学科学、用科学的良好社会风尚。

要大力培养造就科技创新人才，在用好用活人才、实施人才强国战略方面展示新风采。要遵循人才成长规律，创新人才培养模式，甘当人梯、提携后进，身体力行地培养造就创新型科技人才，让更多的一流人才和领军人才脱颖而出，让更多的年轻人才在创新实践中成长进步，努力促进在全社会形成人才辈出、人尽其才的良好局面。

要大力弘扬科学精神，在培育创新文化、树立社会主义核心价值观方面展现新气象。要自觉把科学精神和人文精神有机结合起来，大力弘扬敢于创新、勇于竞争、诚信合作、宽容失败的精神，积极营造民主讨论、平等待人的学术氛围，推动树立创新意识，倡导创新精神，培育创新思维，用创新文化激励创新事业，用创新业绩培育创新文化。要大力倡导诚实守信、科学严谨的优良学风，加强道德自律，严肃学术批评，带头尊重和保护知识产权，坚决反对和抵制一切学术不端行为，树立和维护科技工作者的良好形象。

作为党和政府联系科技工作者的桥梁和纽带，中国科协肩负着光荣而繁重的任务。中国科协在科协七大召开五年来，带领广大科技工作者，突出特色、开拓创新，按照“三服务一加强”的工作定位、“搭建平台、资源共享”的工作思路、“大联合大协作”的工作方式和“围绕中心、服务大局，深入基层、务求实效”的工作要求，广泛开展各种形式、不同层次的学术交流，深入实施《全民科学素质行动计划纲要》，大力表彰宣传优秀科技工作者和创新团队，加强国家级科技思想库建设，在为经济社会发展服务、为提高全民科学素质服务、为科技工作者服务、加强自身建设方面做了大量卓有成效的工作。

在新时期新形势下，为广大科技工作者提供优质高效服务仍是科协组织的根本任务。我们热情期待并充分相信，科协组织一定能够不断创新服务方式，拓宽服务领域，丰富服务内涵，为广大科技工作者充分展现聪明才智提供广阔的舞台，使他们在推动科学发展、加快转变经济发展方式、加快建设创新型国家的进程中建功立业。

（2011 年 5 月 27 日）

奏响世界最恢弘的创新乐章

《科学时报》社论

5月27日，中国科学技术协会第八次全国代表大会在京隆重开幕，我们对大会的召开表示热烈的祝贺！向全国科技工作者致以崇高的敬意！

1300多位优秀科技工作者代表，同全国5800万科技工作者一起，充满骄傲和自豪。过去5年来，广大科技工作者取得了载人航天、探月工程、千万亿次高效能计算机、高速轨道交通、载人深潜器、铁基超导、量子通讯等一批重大科技成果，为支撑国家重大工程和重大任务、服务经济社会发展作出了突出贡献。

1300多位优秀科技工作者代表，同全国5800万科技工作者一起，肩负责任和期待。今年是“十二五”开局之年，促进经济结构调整和加快发展方式转变作为未来5年的重要着力点，对全国科技工作者提出了新的期望和要求——切实增强自主创新能力，努力建设创新型国家。

必须看到，在新的期望和要求面前，我们仍有不小差距。科研成果方面，真正的原始性创新成果凤毛麟角，可转化为实际应用的技术成果比例较低。科技体制方面，资源分配不尽合理，评价体系尚待完善。科研文化方面，抄袭、剽窃等学术不端行为时有发生，学术道德建设任重道远。作为国家推动科技事业发展的重要力量，中国科协具有普遍联系广大科技工作者的组织优势，如何引导广大科技工作者以更加饱满的精神状态积极投身到提高自主创新能力、建设创新型国家的崇高事业中，是今后5年工作的重中之重。在韩启德主席代表中国科协第七届全国委员会所作的工作报告中，对今后5年科协工作的第一条建议，就是要以增强自主创新能力为导向，引导科技工作者围绕改造提升传统产业、培育发展战略性新兴产业，用更多原创性科研成果推进创新型国家建设。而承担这一重任，中国科协的学会组织具有得天独厚的优势：学科齐全，人才众多，普遍联系高校、科研院所、政府部门及企业界，以此为平台，可以广泛开展学术交流；尤其是可以充分发挥企业科协、企业院士专家工作站等载体的重要作用，把更多智力资源引向企业，推动企业成为技术创新主体。

公民科学素养的高低决定了一个国家创新能力的强弱，这是中国科协在建设创新型国家中大有作为的另一个广阔空间。第八次中国公民科学素养调查结果显示，2010年我国具备基本科学素养的公民比例达到了3.27%，这一数字虽比此前有了大幅提升，但只相当于日本、加拿大等国20年前的水平，差距不可小视。事实上，提高全民科学素养工作早已于2006年作为专门规划纳入国家战略，以“十二五”规划为契机，切实加强科普工作在国家层面的战略地位，扎实推进科普资源共建共享，务实高效地推动科普工作，中国科协重任在肩，责无旁贷。当前，随着全球变化的加剧，突发性灾害事件不断发生，社会公众迫切需要来自科学家群体的专业判断，迫切需要通过提高自身科学素养应对灾害、躲避危机。实践业已证明，结合社会热点开展科普活动，往往能够获得事半功倍的效果。这方面，我们的经验越来越丰富，成效越来越显著。比如，日本核危机发生后，中国科协组织相关科学家开展的系列科普活动就在稳定人心、普及科学方面发挥了不可替代的独特作用。未来，面对新形势新挑战，科普的渠道可进一步拓宽，机制也可更加灵活和有效。

人是最可宝贵的财富——这是新中国缔造者毛泽东的一个判断，它也在事实上成为历届中央政府指导科学事业的一个重要指针。中国科协作为科技工作者的群众组织，服务科技工作者的一个重要表现就是促进科技人才成长提高，助力大批人才竞相涌现，从而为建设创新型国家提供强大的人才保证。中国现代化事业已准备好足够宽广的舞台，中国科协当助力万千人才放歌起舞，奏响世界上最为恢弘的科技创新乐章。

（2011年5月28日）

新的征程　新的使命

——热烈祝贺中国科协第八次全国代表大会召开

《大众科技报》社论

伴随着入夏的脚步，在喜迎建党 90 周年之际，中国科学技术协会第八次全国代表大会今天在北京隆重召开。这是“十二五”开局之年我国科技界的一件盛事，在此，我们谨向大会的召开表示最热烈的祝贺！向全国科技工作者表示最崇高的敬意！

中国科学技术协会是科技工作者的群众组织，是党领导下的人民团体，是党和政府联系科学技术工作者的桥梁和纽带，是国家推动科学技术事业发展的重要力量。

根据中国科学技术协会《章程》规定，全国代表大会每 5 年举行一次。

这次大会的召开，是科协伟大事业承前启后、继往开来的又一个里程碑，是科协事业在“十二五”再创辉煌的新起点。大会的主题是：高举中国特色社会主义伟大旗帜，团结带领广大科技工作者为建设创新型国家、夺取全面建设小康社会新胜利而奋斗。

我们欣喜地看到，自“七大”以来，在党中央、国务院的正确领导下，中国科协紧紧围绕党和国家中心工作，团结带领广大科技工作者，着力为经济社会发展服务，为提高全民科学素质服务，为科技工作者服务，切实加强自身建设，开拓进取，锐意创新，各项工作取得了不凡的业绩。

5 年来，中国科协紧紧围绕“自主创新，重点跨越，支撑发展，引领未来”的科技工作方针，坚持以增强自主创新能力为导向，突出优势、展现特色，努力为加快经济发展方式转变提供智力支撑：

——遵循“大科普、学科交叉、为举办地服务”的理念，分别在北京、武汉、郑州、重庆、福州召开 5 次科协年会，成为科协服务地方经济社会发展的助推器。

——扎实开展国家级科技思想库建设试点，增强全国学会和地方科协的决策咨询意识，充分调动科技工作者参与决策咨询的积极性，鼓励探索建立各具特色、行之有效的决策咨询模式，努力把科技工作者个体智慧凝聚上升为集体智慧。

——倡导“敢于创新、勇于竞争、宽容失败”的新观点新学说学术沙龙辐射面不断扩大，为创新科学技术提供了良好的学术土壤。

——建立院士专家工作站，为促进产学研结合提供载体，搭建企业与专家之间的桥梁，专家的技术落地生根，硕果满枝。

——自觉把学术交流与改造提升传统产业、培育发展战略性新兴产业紧密结合起来，紧紧围绕提升传统产业核心竞争力的基础性共性技术和培育发展战略性新兴产业的前沿关键技术问题开展学术交流，着力提升自主创新能力。

——着眼于把创新要素引进企业，推动建立企业为主体、市场为导向、产学研相结合的技术创新体系。在企业深入开展“讲理想、比贡献”活动，为企业谋求效益，让职工实现价值。

——以建立科普惠农兴村长效机制为着力点，有效地集成农村各类科普资源，实施“科普惠农兴村计划”，使大批“土专家”和实用新型技术有了用武之地。

有为则有位。5 年来，各级科协的社会关注度和社会影响力进一步提升。

作为科普的主要社会力量，服务提高全民科学素质是科协的神圣使命。“七大”以来，中国科协以国务院发布实施《全民科学素质行动计划纲要》为契机，努力构建社会化科普工作格局，扎实推进科普资源共建共享，努力提升科普工作的针对性和有效性。科普形式和内容的创新，为科普事业发展注入了强大的活力：中国科技馆新馆落成，数字科技馆上线，现实与虚拟，科普资源交相辉映；科协基层组织、社区科普志愿者、民间科普团体，各路科普工作者逐步形成普及科学技术的洪流；围绕社会热点做科普，在过去的 5 年得以充分体现，尤其是在今年，随着“科学家与媒体面对面”活动的启动，科学家走出象牙塔，直面普通公众的疑惑，帮他们解读热点事件背后的科技知识。

服务科技工作者，是当好“科技工作者之家”的题中之义。“七大”以来，中国科协着眼于打造为科技工作者服务的活动品牌，积极创设“中国科协会员日”，试行代表任期制，定期组织看望代表、听取意见建议，下大力气拓宽服务科技工作者的范围和领域，服务科技工作者的能力和水平不断提高。

5年来，各级科协的组织建设得以进一步加强，为“三服务”提供了坚强的组织保证。修订《全国县级科协组织通则》，规范和指导县级科协组织建设工作；着眼基层需求，切实加强对科协基层组织建设的分类指导。充分发挥“科普惠农兴村计划”的导向作用，认真总结基层农技协党组织建设的成功经验，不断增强农技协的凝聚力和生命力，农技协联合组织的覆盖面和影响力不断扩大。

5年来，中国科协事业的发展成就有目共睹，在共和国的历史画卷上书写了浓墨重彩的一笔。

我们也必须清醒地认识到，提高公众科学素养任重道远。创新要展翅高飞，科普仍需继续给力；学术不端行为更凸显学术环境亟待净化，社会各界应齐抓共管，形成合力，在推动建立和完善科研诚信机制、促进科学道德和学风建设方面取得新的进展……

乘风破浪会有时，直挂云帆济沧海。站在新的历史起点上，我们相信，在以胡锦涛同志为总书记的党中央领导下，本次大会选举产生的新一届中国科协领导机构，一定能够团结带领广大科技工作者，紧紧围绕科学发展主题和加快转变经济发展方式主线，奋发图强、开拓创新，不辱使命、不负重托，自觉投身建设创新型国家和全面建成小康社会的伟大事业，努力书写无愧于时代、无愧于人民、无愧于伟大祖国的光辉篇章。

热烈祝贺中国科协第八次全国代表大会取得圆满成功！

（2011年5月27日）

纪念钱学森同志诞辰 100 周年

【全国政协举行纪念钱学森同志诞辰100周年座谈会】 纪念钱学森同志诞辰100周年座谈会12月8日在北京人民大会堂举行。中共中央政治局常委、全国政协主席贾庆林出席座谈会并讲话，中共中央政治局常委、国务院副总理李克强出席。贾庆林强调，纪念钱学森同志诞辰100周年，就是要深切缅怀他为我国科学事业和国防现代化建设建立的卓越功勋，追思和学习他为国家富强和民族振兴不懈奋斗的崇高品德和革命精神，进一步激励海内外中华儿女同心同德、开拓进取，为推进中国特色社会主义伟大事业、实现中华民族伟大复兴而共同奋斗。

贾庆林在讲话中全面回顾了钱学森的生平业绩和卓越贡献。他说，钱学森同志是中国共产党的优秀党员，忠诚的共产主义战士，享誉海内外的杰出科学家和中国航天事业的奠基人，中国科学院、中国工程院资深院士，中国人民政治协商会议第六届、七届、八届全国委员会副主席。钱学森同志一生赤诚爱党报国、献身科学事业、真情服务人民，为中华民族屹立于世界民族之林贡献了全部心血和智慧。他的卓越功绩和杰出贡献，永远铭记在中华儿女心中；他的崇高风范和革命精神，永远值得我们纪念和学习。我们纪念钱学森同志，就是要学习他忠诚于党、报国爱民的坚定信念，学习他敢为人先、勇攀高峰的创新精神，学习他德馨品高、行为世范的大家风范，学习他崇尚实干、勤于实践的工作作风。

贾庆林指出，前不久，天宫一号与神舟八号交会对接任务取得圆满成功，这是中国人民在攀登世界科技高峰征程上的又一重大胜利，极大地增强了我国的经济实力、科技实力和民族凝聚力。加快建设创新型国家、实现中华民族伟大复兴，既是钱学森同志等老一辈科学家的殷切期盼，也是全体中华儿女的共同心愿。我们要大力弘扬钱学森等老一辈科学家的崇高思想和革命风范，锐意进取、扎实工作，为建设富强民主文明和谐的社会主义现代化国家作出新的更大贡献。

出席座谈会的领导同志有：王刚、李源潮、郭伯雄、韩启德、万钢和宋健、钱正英，以及中央军委委员李继耐。中共中央政治局委员、国务委员刘延东主持座谈会。

座谈会上，中国科学院党组副书记方新，中国科协常务副主席陈希，中央军委委员、总装备部部长常万全，中共浙江省委书记赵洪祝先后发言。有关方面负责同志，钱学森同志亲属、生前友好等参加座谈会。

【中国科协召开纪念钱学森同志诞辰100周年大会】 2011年12月1日，中国科协纪念钱学森同志诞辰100周年大会在北京隆重召开，全国人大常委会副委员长、中国科协主席韩启德出席大会并讲话。大会由中国科协常务副主席、书记处第一书记、党组书记陈希主持。会议主题为："弘扬钱学森科学精神，推动科协事业科学发展"。

钱学森同志是享誉海内外的杰出科学家和我国航天事业的奠基人，历任中国科协副主席、中国科协主席、名誉主席，为中国科协事业发展作出了巨大贡献。中国科协召开纪念大会，缅怀和追思钱学森同志的丰功伟绩，总结和梳理他的科学思想，继承和弘扬他的爱国精神和科学精神，对于进一步调动激发广大科技工作者和科协工作者的积极性创造性，为更好地建设创新型国家、全面推进中国特色社会主义伟大事业而不懈奋斗，具有十分重要的意义。

韩启德在讲话中指出，钱学森同志是新观点、新思想、新方法和新理论的首倡者与新兴学科的奠基者，是马克思主义理论的践行者和社会主义核心价值体系建设的推进者，是中国爱国知识分子的典范。他在中国科协工作期间，身体力行倡导学术民主，重视学术组织建设和学术交流的作用；积极推动树立"大科普观"，丰富发展了科普工作的文化内涵；注重人才培养，竭力完善创新人才培养体制；重视"专家群体"的整体优势，积极推动经济社会发展；开创科协工作理论研究，努力构建中国特色的科技社团体制机制，给科协系统留下了浓墨重彩的记忆和宝贵的精神财富。

在深切缅怀钱学森同志的同时，韩启德明确要求，要把学习纪念的成果转化为激发调动广大科技工作者积极性创造性的精神力量，内生为推动科协事业科学发展的不竭动力。大力弘扬顾全大局、甘于奉献的爱国精神，努力争当先进生产力的开拓者；大力弘扬求真务实、勇于创新的科学精神，勇作科学精神的守望者，努力争当先进文化的传播者；大力弘扬淡泊名利、诚实守信的高尚品格，努力争当科学道德和良好学风的传承者、维护者。

陈希在纪念大会上表示，希望科协系统以纪念钱学森同志百年诞辰为契机，深入学习、认真实践钱学森精神，进一步发扬求真务实、真抓实干的工作作风，按照大联合、大协作的工作方式，勇于创新，甘于奉献，建设科技工作者之家，争当科技工作者之友，为实践科技事业的创新发展和科协事业的繁荣发展作出应有贡献。

纪念大会开始前，韩启德主席和陈希书记亲切会见了钱学森同志的女儿钱永真、女婿沈德奋，钱学森同志的秘书涂元季和顾吉环。

中国科协、中国力学学会、中国系统工程学会、钱学森办公室和上海交通大学等单位代表分别就钱学森同志对科协事业发展的巨大贡献角度、钱学森系统科学思想和系统科学成就、传承钱学森科学精神等方面在纪念大会上作了主题发言。

中国科协荣誉委员、原副主席、党组原书记张玉台，中国科协荣誉委员、原副主席、农业部原部长何康，中国科协荣誉委员、原副主席、党组原书记高潮，中国科协副主席、书记处书记、党组副书记程东红，书记处书记张勤，书记处书记徐延豪，书记处书记王春法，党组成员沈爱民，钱学森女儿钱永真、女婿沈德奋，钱学森秘书涂元季、顾吉环，以及来自中国科协机关及直属事业单位，部分全国学会、地方科协、高校科协、企业科协的代表和新闻媒体记者共400余人出席了纪念大会。

【总装备部举行研讨会纪念钱学森同志诞辰100周年】为纪念人民科学家钱学森诞辰100周年，总装备部今天上午在京举行钱学森科学精神研讨会，来自科技教育界、国防科技和武器装备战线的百余名代表，以自己的亲身经历和学习感悟，深入座谈研讨钱学森科学精神，共同纪念钱学森同志的伟大人生和历史贡献，深切缅怀他的崇高品质和大师风范。

研讨会上，中央军委委员、总装备部部长常万全深情追忆了钱学森同志为我国科技事业发展做出的历史性贡献，从“爱国、创新、求实、包容、人本”5个方面，系统总结了钱学森科学精神的丰富内涵。他指出，钱学森科学精神内涵丰富、博大精深，集中体现了中华文化的深厚底蕴、追求真理的崇高品格、与时俱进的鲜明特征。他负笈海外，志在报国；献身国防，志在强国；壮心不已，志在富国，爱国是钱学森科学精神的基石。他登高望远，敏锐把握新趋势；胸怀全局，精心思谋新战略；洞察规律，勇于创建新理论，创新是钱学森科学精神的灵魂。他立足国情，突出特色；学用哲学，科学指导；事业至上，淡泊名利，求实是钱学森科学精神的本质。他弘扬学术民主，致力融会贯通，始终虚怀若谷，包容是钱学森科学精神的精髓。他倾心培养人才，倾力打造帅才，倾情科普教育，人本是钱学森科学精神的特征。当前，一定要全面贯彻落实科学发展观，认真学习弘扬钱学森科学精神，为国家强盛、民族复兴、人民幸福做出新的更大贡献。

总装备部科技委顾问、中国工程院院士汪成为深情回忆起在钱学森同志直接指导下从事科研工作的经历，他谈到，有一次将一篇论文交给钱老后，钱老却送给他一首袁枚的诗作：“爱好由来落笔难，一诗千改始心安，阿婆还是初笄女，头未梳成不许看”。汪成为动情地说，“钱老总是用这种春风化雨、润物无声的方式，劝诫我们坚持严谨治学、树立正确学风，让我们受益匪浅。”

中国科学院戴汝为院士系统回顾了钱学森同志发表《工程控制论》、开创系统工程学科、提出综合集成研讨厅体系和“大成智慧”学、构建现代科学技术体系的丰功伟绩，他说，“半个世纪以来，钱老在学术上的创新观点和学术思想的前瞻性，不断被科学技术的发展进步一一证实，的确不愧大科学家的光荣称号，令人由衷敬佩。”

总装备部某研究中心主任闫巍代表单位发言，他说，“钱老以战略眼光洞察情报工作，深刻阐明其地位作用；以探索精神辨析情报工作，科学揭示其本质属性；以大家智慧认识情报工作，准确界定其科学地位；以系统科学思想指导情报工作，明确提出其方式方法。学习弘扬钱学森科学精神，对于推动和促进装备科技信息事业发展，具有非常重要的指导意义。”

中国空气动力研究与发展中心主任阮祥新回忆起钱老奠基新中国空气动力事业、绘制中国风洞建设蓝图、几十年如一日关心中心建设发展的感人故事，他表示，“中心全体同志有信心、有决心继承钱老遗志，贯彻钱老思想，遵循钱老足迹，学习钱老的科学精神和爱国情怀，迎难而上，拼搏奉献，不断提高中心空气动力试验与研究能力，努力把祖国的空气动力事业推向新的高峰。”

中国航天科工集团公司总经理、党组书记许达哲在发言中谈到，“钱老以国为重的赤子情怀、求实创新的探索精神、系统工程的科学理论、德馨品高的大家风范，是航天人宝贵的精神财富和航天文化的重要组成部分。集团公司将始终传承以钱学森为代表的老一辈航天人的光荣传统和优秀品德，大力弘扬钱学森科学精神，不断推动国防科技工业创新发展，续写航天事业新的辉煌。”

钱学森同志曾任国防部第五研究院首任院长，与中国航天科技集团公司有着深厚渊源。集团公司总经理、党组书记马兴瑞在发言中说，“钱老高尚的爱国情怀、求实的科学精神、严谨的大家风范，始终激励着我们不断前行。集团公司将深入学习钱学森科学精神，以构建航天科技工业新体系、建设国际一流大型航天企业集团为目标，在富国强军、建设创新型国家、推动我国从航天大国迈向航天强国的历史进程中，作出新的贡献。”

中国科学技术协会书记处书记王春法在发言中谈到，“钱学森同志一贯倡导学术民主，推动营造宽松平等的学术氛围。强调不同思想的相互启发是学术交流核心价值所在，强调学术活动要有实效，提倡营造平等的学术环境，等等。这些思想深刻影响着中国科协的改革发展，他的爱国主义精神、科学精神、科学态度和高尚的道德品质也深刻影响着广大科技工作者，激励他们为建设创新型国家而不懈奋斗。”

总装备部政委王洪尧在主持会议时指出，学习钱学森科学精神，务必要坚定理想信念、践行核心价值，树立正确的世界观人生观价值观，树立正确的权力观地位观利益观，树立正确的事业观政绩观发展观；务必要改进工作指导、促进科学发展，坚持把握大势、前瞻谋划，坚持解放思想、锐意创新，坚持尊重规律、科学决策；务必要培养拔尖人才、强化智力支撑，着力催生帅才，完善人才制度，加强条件保障；务必要纯正学术风气、锤炼思想作风，大力弘扬深钻细研之风、求真务实之风、民主包容之风。

总装备部、中国科学技术协会、中国科学院、国防科工局，有关军工单位、科研院所、高校领导和专家学者，以及钱学森同志亲属和总装机关部队有关领导参加会议。

【“人民科学家钱学森”事迹展举行】为纪念钱学森同志诞辰100周年，“人民科学家钱学森”事迹展览11月3日在国家博物馆隆重开幕。中共中央政治局委员、中央书记处书记、中宣部部长刘云山，中共中央政治局委员、国务委员刘延东出席开幕式并为展览揭幕。教育部部长袁贵仁介绍了展览情况，中宣部副部长申维辰主持开幕式。

钱学森同志是享誉海内外的杰出科学家和我国航天事业的奠基人。他具有坚定的共产主义理想信念、崇高的民族气节、勇攀科技高峰的创新精神和德馨品高的大家风范，是爱国知识分子的杰出典范，被誉为“人民科学家”。

此次展览分为“中国航天事业奠基人”“科学技术前沿的开拓者”“人民科学家风范”“战略科学家的成功之道”等四部分，共展出400多件珍贵的文献史料。通过一幅幅令人动容的照片，一件件弥足珍贵的实物，生动反映了以毛泽东、邓小平、江泽民同志为核心的党的三代中央领导集体和以胡锦涛同志为总书记的党中央对钱学森同志的亲切关怀，系统回顾了我国火箭、导弹和航天事业创建与发展的不平凡历程，全面展现了钱学森同志对中国航天事业和现代科学技术的卓越贡献，是一部爱党、爱国、爱社会主义教育的生动教材。

展览由中宣部、教育部、科技部、解放军总政治部、解放军总装备部、中国科协主办，上海交通大学承办。中央有关部门和单位负责同志以及首都各界群众代表1000多人参加开幕式。

“人民科学家钱学森”事迹展览北京首展后，还在沈阳、广州、西安等地巡展。

【中央电视台播出《钱学森》电视专题片】10月25～27日，中国科协、中国人民解放军总装备部、中央电视台联合摄制的六集电视专题片《钱学森》分别在中央电视台一套和十套节目播出。其中，10月25～27日，中央一套节目每晚22：28播出两集；10月27～29日，中央10套节目每晚19：30播出两集。

电视专题片《钱学森》是中央重大理论文献影视片创作项目，由中央重大理论文献影视片创作领导小组立项。中国科协、中国人民解放军总装备部和中央电视台三家联合摄制。

1986～1991年5月，钱学森任中国科协第三届全委会主席。1991年5月在中国科协第四次全国代表大会上当选为中国科协名誉主席。曾任中国力学学会、中国自动化学会、中国系统工程学会、中国宇航学会理事长、名誉理事长等职。获得中国科学院自然科学奖一等奖、国家科技进步奖特等奖，被国务院、中央军委授予“国家杰出贡献科学家”荣誉称号和一级英雄模范奖章。1999年，中共中央、国务院、中央军委授予他“两弹一星”功勋奖章。

【《钱学森从这里走来》首发式在京举办】12月3日上午，科学普及出版社与北京师范大学附属中学联合举办了钱学森百年诞辰纪念大会暨《钱学森从这里走来》图书首发式。

《钱学森从这里走来》由北京师范大学附属中学梁原草副校长担任主编，科学普及出版社出版。书中通过讲述一个个发生遥远而又贴近生活的钱老小故事，将读者带进钱老的童年、少年、青年……引领读者跟随钱学森求索的脚步，探寻一代科学大师成长的心路历程。钱学森的亲属钱永刚、钱永真、沈德奋，北京师范大学附属中学校长刘沪，北京市教委基教一处处长王蕤，中国科协调研宣传部宣传处处长许向阳，科学普及出版社总编辑颜实等嘉宾，以及北京师范大学附属中学、北京第一实验小学、北京第二实验小学、蒲公英中学的学生代表200余人出席了纪念大会暨图书首发式。

刘沪校长在发言中指出，钱学森曾经在北师大附中校园学习、生活了十年，这里是钱学森青少年时期成长的沃土，也是他一生眷恋的地方。钱学森晚年曾说过："在我一生的道路上，有两个高潮：一个是在师大附中，一个是在美国读研究生的时候……"钱学森对北师大附中怀有很深的感情，对附中给予他的教育评价非常高，认为附中中的教育对他的一生产生了非常重要的影响。刘沪校长希望同学们向钱学森学长学习，树立远大理想，立志报效祖国，争做创新人才，为实现中华民族的伟大复兴而刻苦学习。

颜实总编辑在致辞中深情地说："红楼掩映，铜像伫立，斯人虽去，风骨长存。今天，在钱老百年诞辰到来之际，我们谨以出版《钱学森从这里走来》这本图书，寄托对这位人民科学家的缅怀与敬意，表达我们追随前辈，为国为民，求索前行的决心！"他对为这本图书的编辑出版付出巨大心血的钱老夫人蒋英女士、钱永刚先生、刘沪校长、梁原草副校长等表达了衷心的感谢。

许向阳是大型电视片《钱学森》主题歌的词作者，对钱学森怀有深厚的感情和崇高的敬意。他对纪念大会和图书首发式表示祝贺，并认为《钱学森从这里走来》是中小学生爱国主义精神培养的极好学习教材。他在讲话中号召大家学习钱老的两种精神：以爱国主义为核心的民族精神和以改革创新为核心的时代精神。

今年是钱学森诞辰100周年，钱学森之子钱永刚教授几乎每天都被邀请参加各种纪念活动。但他认为，参加在北师大附属中学举办的《钱学森从这里走来》首发式的意义非同寻常，一是母亲蒋英为纪念钱学森的图书作序这还是第一次，二是这是第一本以钱学森纪念馆素材为基础编写的图书。钱永刚在讲话中指出，若干年后，当今天的小读者回忆起影响自己成长的图书时，他希望《钱学森从这里走来》也是其中的一种。

首发式上，钱永刚教授还代表科学普及出版社和北师大附中，向北京第一实验小学、北京第二实验小学、蒲公英中学的学生代表赠送了《钱学森从这里走来》图书。三所学校的学生代表怀着激动的心情，纷纷上台接受还带着墨香的新书，把首发式推向了高潮。

首发式结束后，学生们围在钱永刚教授身旁请求签名赠书，久久不愿散去，并与钱永刚、钱永真、沈德奋、刘沪等嘉宾在钱学森铜像前合影留念。

【纪念钱学森诞辰百年——钱学森第六次产业革命理论及其现实意义】11月11日，纪念钱学森诞辰百年——钱学森第六次产业革命理论及其现实意义专题论坛在北京召开。来自各地的60余位专家、学者出席会议。本次论坛由中国科协办公厅、钱学森办公室以及农业部农村经济研究中心支持，中国科学技术出版社和中国国土经济学会沙产业专业委员会共同承办。中国科协副主席冯长根，中国科协荣誉委员、中国科协原副主席、书记处原书记、沙产业专业委员会主任刘恕，甘肃省委原副书记马西林，国家农业部原副部长洪绂曾，国家林业部原副部长蔡延松，中国科学技术出版社社长苏青等出席会议。

与会专家认为，"第六次产业革命"理论的提出充分证明钱学森不仅是一位伟大的科学家，更是一位思想家。20世纪80年代，在钱学森的许多科学论述中，提到了"产业革命"理念，对人类历史进程中产业革命的发展阶段进行了梳理，并富有科学预见性地提出，在信息技术发展引发的第五次产业革命之后，将迎来第六次产业革命，也就是农业型产业革命。新的产业革命中，"创立农业型知识密集产业将引起生产体系和经济结构的变革，在21世纪社会主义中国将出现第六次产业革命。"钱老的第六次产业革命理论有两个重要的立足点：一是立足于中国博大的资源。他多次提到16亿亩种粮耕地以外，有45亿亩林地、43亿亩草原加13亿亩的草山草坡，有22亿亩的近海滩涂，有16亿亩的沙漠和沙化土地，因此是建立农业型农、林、草、沙、海五大产业的基础，是与传统农业观完全不同的大农业。二是立足于以系统论为基础的产业化链式农业，不仅产供销贸工农一体化，而且是包括生产、加工、经营、科教和管理的综合性大产业，因此完全不同于传统的以种养业为基础的农业，可以称之为工业化的新型农业。

钱学森先生以历史的责任感和坚定的信念进行第六次产业革命的理论阐述和实践推进。他提出"第六次产业革命作为一个大项目，组织全国力量进行研究"，"要注意现代科学技术的巨大发展，看到由此引起的又一次产业革命，我们要为第六次产业革命作准备"，他不断阐明"第六次产业革命的核心思想是创建知识密集型大农业，包括农产业、林产业、草产业、海产业、沙产业。而核心是将传统的第一产业改造成类似现代的第二产业。”

与会专家着重回顾了钱学森在第六次产业革命的阐述以及推进过程中对沙产业的特殊关注。钱学森认为，广袤的沙漠戈壁有着天赋的阳光优势，蕴涵着发展农业型产业的潜力，需要高新技术支撑，提高光合作用效率和产业效率。他说：“沙产业是社会主义建设的大事，让沙漠为我们服务。”

1991年3月，时任中国科协主席的钱学森，安排中国林学会召开了第一次沙产业学术研讨会，亲自参加对沙产业概念、定义、内涵的研讨，阐述新一次产业革命的核心。对于沙产业建设的目标任务、手段措施都不断谆谆告诫。钱学森十分重视沙产业的实际成果，他认为，“不能只提出设想，还要根据这个设想，推导出事实验证的论断，只有论断被事实验证了，理论才算成立。”

在论坛中，与会专家展示了沙产业理念提出的20年后所取得的实践成果。如今东起科尔沁沙地，西到天山南北荒漠，都有按照沙产业理念，以“多采光、少用水、新技术、高效益”技术守则践行的案例。实现了沙产业变不毛之地为沃土的任务目标。在社会各界的努力和参与下，还涌现出了产业合作组织，向“生产统一规划，整体规模，产业化经营”的方向发展。近20年的沙产业发展实践，用事实验证了钱学森的伟大论断，证明了钱学森先生所提倡的第六次产业革命理论的正确性。

钱学森办公室的涂元季少将和于景元研究员作了主旨报告，全面总结了钱学森的系统科学思想和系统科学理论。冯长根在发言中说，钱学森先生关于第六次产业革命和沙产业的思想和他的科学贡献一样，是一种思想创新，是我们宝贵的思想和精神遗产，值得我们深入地学习、研究和总结。

中国科学技术出版社出版了大量有关沙产业理论和实践的图书，使钱学森的科学思想得到了更广泛的普及和传播。论坛期间，中国科学技术出版社向上海交大、宁夏大学、甘肃农大、北京农学院、甘肃河西学院等7所高校赠送了相关图书。

【纪念钱学森诞辰100周年论坛在甘农大举行】2011年是中国航天事业的奠基人，中国两弹一星功勋奖章获得者钱学森同志诞辰100周年。9月16日上午，由甘肃省科协主办，甘肃农业大学、河西学院、甘肃省外国专家局、甘肃省沙草产业协会共同承办的纪念钱学森同志诞辰100周年学术论坛在甘农大召开。来自甘肃省内外的各级领导和全国各地沙产业理论研究、荒漠化治理和相关管理领域的专家、学者汇聚一堂，全面总结钱学森沙产业理论与实践成果，深入研讨钱学森农业教育思想，以此隆重纪念钱学森同志诞辰100周年。

甘肃省副省长郝远，甘肃省政协副主席栗震亚，中国科学技术协会原副主席、书记处书记、中国国土经济学会沙产业专业委员会主任刘恕，甘肃草原生态研究所名誉所长、中国工程院院士任继周，中国农业专家咨询团主任委员、农业部原副部长洪绂曾，中共甘肃省委原副书记马西林，全国政协民族宗教委员会原副主任、内蒙古自治区政协原副主席、内蒙古沙产业草产业协会会长夏日，省高校工委副书记、省教育厅纪检组长陈保平以及香港CNature基金会官员、参加“中国国际治沙技术培训班”的亚非学员、国内科研院所和高等农业院校的专家学者、省级相关部门和部分市县的领导等出席会议。

甘农大党委书记王蒂主持开幕式。校长黄高宝出席开幕式并致辞。副校长吴建平，纪委书记胡云安，副校长潘峰、郁继华出席开幕式。

省科协副主席陈炳东在致辞中说，纪念钱学森同志诞辰100周年学术论坛是我省开展钱老感人事迹系列纪念活动的主要内容之一。对钱老最好的纪念方式是学习和弘扬他追求真理、报效祖国、造福人类的高尚品质；继承和发展他学习运用哲学，提升战略思维、重视系统科学、勇于推陈出新、善于凝聚队伍的学术思想和学术精神；传承和振兴他开创的事业，让中国的科学事业繁荣昌盛，走向世界，引领未来。

他指出，沙产业理论是钱老于上世纪60年代提出，经过多年发展，在我国北方特别是甘肃河西地区呈现出良好的发展态势，取得了有目共睹的成绩。我们要认真学习借鉴国内外的好经验好做法，广泛听取研究成果，进一步完善思路、强化措施，积极推进沙漠化防治和沙产业实践，努力走出一条生产发展、生活富裕、生态良好的文明发展之路。

甘农大校长黄高宝在致辞中说，今年是钱学森同志诞辰100周年，作为大农业战线的工作者，我们最好的缅怀与纪念就是沿着钱老的足迹推进第六次产业革命。甘肃农业大学曾在武威黄羊镇办学近30年，与治理沙漠和发展沙产业也有不解之缘。学校紧密围绕沙产业，积极开展了节水农业、戈壁沙漠高效葡萄产业等多项科学研究，取得了一大批科技成果，并在河西地区转化投入生产实践，为广大农民朋友带来了实实在在的收益，产生了良好的经济效益、生态效益和社会效益。

中国农业专家咨询团主任委员、农业部原副部长洪绂曾在致辞中说，钱老的第六次产业革命思想，宏观上助推农业结构的转型与升级。这一思想立足于中国的博大农业资源和以系统论为基础的产业化链式农业，呼吁在已进入工业化中、后期的中国要重视农业，从广度和深度上开发农业。

中国科学技术协会原副主席、书记处书记、中国国土经济学会沙产业专业委员会主任刘恕在致辞中说，早在 27 年前，钱学森先生的沙产业理念就已明确，利用干旱荒漠，利用天赋的阳光优势，用一切可能的技术手段，最大限度提高植物光合作用效率，使广袤的干旱不毛之地变成人们所需食物产出地。

甘肃省副省长郝远在讲话中指出，经过 20 多年的示范推广，沙产业已经成为甘肃沙漠草原地区的一个特色产业。我省林业部门先后利用治沙贴息额贷款开发了 300 多个沙草产业项目，建立了一批龙头骨干企业。沙产业理论的实践使当地生态环境逐步得到了恢复，人民群众经济收入不断得到提高，对干旱半干旱地区经济社会可持续发展注入了新的活力。甘肃是土地沙化和草原退化最严重的省份之一，努力推广和应用沙产业理论，对于保护生态环境发展绿色农业，构建西北地区生态安全屏障都具有非常重要的战略意义。

开幕式后，与会来宾合影留念，并参加了主题报告会。本次论坛分别设立了纪念钱学森同志诞辰 100 周年学术论坛和钱学森农业教育思想论坛，与会专家学者将重点就钱学森沙产业理论与实践成果，以及钱学森农业教育思想进行研讨。17 日，与会人员将赴甘肃省河西考察“钱学森沙产业理论在河西走廊实践成果”。

【中国力学大会纪念钱学森诞辰百年】中国力学大会－2011 暨钱学森诞辰 100 周年纪念大会 8 月 22 日在黑龙江省哈尔滨市召开，近 2400 位来自各地的专家、学者，包括 30 多位两院院士和 20 余名大学校长出席此次大会。此次大会是中国力学界的一次学术交流盛会。大会由中国科学技术协会与国家自然科学基金委员会指导，中国力学学会主办，哈尔滨工业大学承办，60 余家力学相关单位协办。

中国力学大会－2011 举办之际适逢我国近代力学和航天事业奠基人、中国力学学会创始人之一、中国力学学会首任理事长钱学森先生诞辰 100 周年，为表达全国力学界对钱老的缅怀和崇敬之情，大会特邀请钱老学生、学会第三任理事长郑哲敏院士作回顾钱老的报告；钱学森长子钱永刚先生也应邀出席大会。

大会开幕式于 8 月 22 日上午在哈尔滨华旗饭店国际会议中心举行。中国力学学会理事长胡海岩致开幕词，黑龙江省委常委、宣传部部长张效廉致欢迎词，全国人大常委、中国科协副主席冯长根，国家自然科学基金委员会数理科学部常务副主任汲培文，钱学森之子钱永刚，以及哈尔滨工业大学校长王树国先后致辞。

本次大会为期 3 天，共收录论文 2256 篇。大会设立 1 个主会场、17 个分会场、60 个专题研讨会。主会场安排邀请报告 9 篇，分别在 8 月 22 日上午和 23 日上午进行。来自国内和海外的知名专家学者围绕高超吸气推进技术、低维纳米结构、软活性材料、岩石力学、生物力学、复合材料、湍流、非线性动力学与控制等方面做了大会邀请报告。大会还特别邀请郑哲敏先生回顾了钱老关于工程科学思想的形成过程、内容和意义，以及钱老关于应用力学的精辟见解。

中国科学院力学研究所郑哲敏院士、中国科学院力学研究所俞鸿儒院士、浙江大学杨卫院士、哈佛大学锁志刚教授、四川大学谢和平院士、佐治亚理工学院和埃默里大学包刚教授、哈尔滨工业大学韩杰才教授、香港中文大学夏克青教授、北京工业大学张伟教授分别作题为《工程科学与应用力学》、《发展高超吸气推进技术有关几个问题的探究》、《低维纳米结构的模拟与实验研究》、Soft Active Materials：When Mechanics Meets Chemistry、《孔隙岩体分形重构与能量灾变分析》、Cell and Molecular Biomechanics：Perspectives and Challenges、《超常环境下复合材料的服役行为》、《湍流热对流研究进展》、《非线性动力学与控制研究的若干新进展》等大会特邀报告。

17 个分会场的学术交流内容涵盖了固体力学、流体力学、动力学与控制、计算力学、爆炸力学、实验力学、生物力学、微纳米力学、电子电磁器件、环境力学、流变学、力学教育等多个传统力学学科和新兴交叉学科领域，介绍了各自学科近期的前沿研究和代表性成果。

60 个专题研讨会聚焦近年来力学各个领域的研究热点与焦点，与会专家、学者在有机高分子材料、微纳米复合材料、生物仿生、界面力学、软物质力学、神经动力学等领域进行交流探讨。同时，经典学科依然焕发旺盛生命力，如非线性力学、物理力学、断裂疲劳、水动力学等。

大会分别颁发了第七届周培源力学奖、第十二届中国力学学会青年科技奖以及第八届全国周培源大学生力学竞赛个人赛和团体赛等奖项。

中国力学大会由中国力学学会发起并主办，隔年举办一次，从2005年至今已成功举办了四届，成为国内规模最大、综合性最强、影响力最大的力学交流平台，是力学科技工作者“了解学科前沿的窗口，面向重大需求的桥梁，联系地方经济的纽带，展示青年风采的舞台”。

【中国系统工程学会纪念钱学森诞辰百年】 4月1日，中国科学院院士、系统工程界专家及中科院数学与系统科学研究院的学生100多人，在中科院数学与系统科学研究院思源楼报告厅举行大会，纪念蜚声中外的杰出的科学家、伟大的爱国主义者、中国系统工程学会创始人钱学森先生诞辰100周年。

会议报告重点回顾了钱学森先生对航天技术、系统科学和系统工程做出的巨大的和开拓性的贡献。钱老生前保留的唯一荣誉学术职务是中国系统工程学会名誉理事长。他晚年更多地是在推动系统工程和系统科学在中国的发展与应用，为我国系统工程和系统科学的学科建设与发展作出了奠基性的贡献。同时系统工程界专家表示继承、研究、发扬钱学森系统科学思想，不断作出新的更大的贡献，推动系统科学与系统工程研究的新发展。

纪念会由中科院数学与系统科学研究院副院长、中国系统工程学会理事长汪寿阳主持。中国科学院院士丁夏畦、国际系统与控制科学院现任副主席顾基发、上海理工大学校长许晓鸣、中科院数学与系统科学研究院系统科学研究所所长高小山、国防科技大学信息系统管理学院院长谭跃进、航天科技集团教授于景元，《系统工程理论与实践》主编、中国系统工程学会前理事长陈光亚等分别做了大会发言。

科学道德和学风建设宣讲教育

【首都高校“科学道德和学风建设宣讲教育”报告会】10月13日下午，首都高校“科学道德和学风建设宣讲教育”报告会在北京人民大会堂举行。报告会由中国科协和教育部共同主办，北京市科协、北京市委教育工委、北京市教委承办，首都32所高校和中科院研究生院5700余名新入学研究生现场聆听了专家报告。

全国人大常委会副委员长、中国科协主席、中国科学院院士韩启德出席并致辞。韩启德在致辞中指出，加强科学道德和学风建设是科技界、教育界的一项共同使命和长期任务。中国科协与教育部联合发起科学道德与学风建设宣讲教育，就是希望通过宣讲教育正确引导广大科技工作者特别是青年科技工作者和在校研究生，遵守学术规范，坚守学术诚信，完善学术人格，维护学术尊严，旗帜鲜明地揭露和抵制学术不端行为。

韩启德强调，广大科技工作者要与教育工作者一起行动起来，继承和发扬老一辈科学家的优良传统，高举爱国主义旗帜，大力弘扬科学精神，恪守科学道德和科研伦理，以严谨的科学态度和强烈的社会责任感，着力推进学风建设，让科研领域成为阳光下最纯洁、最神圣的一方净土，让科技工作成为最受人尊敬、最令人向往的崇高职业。

科研诚信和良好学风是科学事业繁荣发展的前提，是建设创新型国家的基石，韩启德希望广大青年科技工作者和立志从事科学研究的青年学生，欲修学先立身，严格遵循学术规范，养成良好学风，敢于质疑、勇于创新，励精图治、勇攀高峰，在建设创新型国家的伟大事业中有所作为。

报告会上，中国科学院院士、中国工程院院士、第三世界科学院院士师昌绪，全国政协常委、湖南省政协副主席、国家杂交水稻工程技术研究中心暨湖南杂交水稻研究中心主任、中国工程院院士、美国科学院外籍院士袁隆平，中国科协荣誉委员、中国科学院数学与系统科学研究院研究员、中国科学院院士杨乐分别结合“试谈做人做事做学问”、“发展杂交水稻 造福世界人民”、“培养优良学风 做好博士论文”等题目对广大研究生新生进行了宣讲。

91岁高龄的师昌绪院士谈到，党和人民给予了他很高的荣誉，这些荣誉的获得，首先归功于各级党组织的培养和支持，也和他有一个正确的人生观以及做人、做事、做学问的理念分不开。通过多年的实践，他悟出了做人、做事和做学问的准则，成为遵循多年的座右铭：“做人要海纳百川，诚信为本，忍让为先；做事要认真负责，持之以恒，淡泊名利；做学问要实事求是，勇于探索，贵在发现与创新。”他告诫青年学生做人一是诚信，二是平等待人，三是要正确认识自己，四是不要妒忌。

袁隆平院士激励青年学生“失败是成功之母”。有好多事情，失败里面包含着成功的因素，因为其中有经验、有教训。搞科学实验，决不会是一帆风顺的，不要怕失败，要善于从失败中总结经验教训，所谓“吃一堑，长一智”。马克思有句名言：“在科学上没有平坦的大道，只有不畏劳苦沿着陡峭山路攀登的人，才有希望达到光辉的顶点。”只要大方向是对的，就应有百折不挠的精神，才有希望取得最后的成功。他谈到，经常有人问他成功的“秘诀”是什么？他的体会是其实谈不上什么秘诀，就“知识、汗水、灵感、机遇”这八个字。

杨乐院士谈到，研究生阶段有两项主要任务，一是继续打好较为广博与扎实的基础，另一项是在导师的带领下，受到一次完整的研究工作的训练，作出优秀的学位论文。他从选题、阅读文献、刻苦攻关、扩大战果、撰写论文五个方面介绍了如何进行完整的研究工作训练，并解读了学术不端行为的表现形式以及大学生中容易出现的不端行为。他勉励同学们，科研的目的应该是经济发展与应用、人类与社会进步，科研的追求应该是真、善、美，科研的过程是曲折、艰辛需要克服困难的，科研的成果是长期勤奋与努力的结果，不能企图侥幸，并鼓励大家做科研工作要有远大的理想、浓厚的兴趣、执着的追求并进行长期的努力。

中国科协常务副主席、书记处第一书记陈希，中国科协、教育部、北京市相关负责人，中南大学校长黄伯云及相关部委专家、负责人、首都新闻媒体记者等出席报告会。报告会由教育部部长助理、党组成员林蕙青主持。

【陈希强调加强科学道德和学风建设意义重大】9月20日，第十三届中国科协年会科学道德建设论坛在天津南开大学召开。本届论坛的主题为：学术不端行为监督查处机制的构建。中国科协常务副主席、书记处第一书记陈希在论坛开幕式致辞，论坛由中国科协副主席、常委会科技工作者道德与权益专门委员会主任、中南大学校长、中国工程院院士黄伯云主持。

陈希在致辞中强调加强科学道德和学风建设意义重大，要向社会展示科技界抵制不良学风、促进科技事业持续健康发展的鲜明立场和有益思路，以教育、制度、监督为重点，全力推进科学道德和学风建设。

陈希在讲话中指出，科学研究本质上是一个探索真理、揭示真理、捍卫真理、献身真理的过程。高扬严谨求实的科学精神与取得超越前人的科学成果，从来都是相依相傍的。新中国成立以来，几代科技工作者爱国奉献、坚持真理，开拓创新、无私奉献，取得了一大批世界一流的科技成果，推动我国科技事业实现跨越式发展，同时也为我们留下了“两弹一星”精神、载人航天精神等弥足珍贵的精神财富。这是我国科技界的优良学风主流，也是我们对我国科技事业能够实现新的跨越式发展的信心和力量所在。

陈希认为，在看到我国科技界优良学风主流的同时，也应清醒地看到，随着经济社会环境的变化，也出现了学风浮躁、学术不端行为等问题，解决这些突出问题，确实重要而紧迫。必须直面科技界存在的突出问题，不讳言、不推卸，有力加强科学道德和学风建设，调动科技工作者的创新热情，激发全社会的创造活力，为实现我们党“两个百年”的奋斗目标发挥科技界不可替代的关键独特作用。

陈希强调，抓好科学道德和学风建设，关键是要抓好教育、制度和监督三个环节。教育是基础，制度是关键，监督是保障，三者相辅相成，相互促进。近年来，中国科协每年都组织一大批品德高尚、治学严谨、成就卓著的科学家深入高等院校，向青年学生宣讲科学道德和学术规范，帮助他们在学术生涯起步阶段就树立科学诚信意识，受到大学生的热烈欢迎，产生良好社会反响。这项工作要长期坚持，力争用一段时间建立起全覆盖的科学道德教育长效工作机制，为倡导严谨求实、勇于创新的科学精神，营造健康良好的学术环境多做贡献。

陈希指出，完善制度是倡导科学道德和优良学风的关键环节。近年来，中国科协先后推动出台了《科技工作者科学道德规范》、《学会科学道德规范》、《科技期刊道德规范》、《关于加强我国科研诚信建设的意见》等文件，强化学会监督责任，发挥学术期刊在引导科技工作者严守学术规范中的重要作用，取得了一定的效果。加强学风方面的制度建设，需要科技界共同努力，中国科协等部门将积极配合科技部研究深化我国科技体制改革的若干重大问题，为加强科学道德和学风建设起到积极作用。

陈希强调，加强科学道德和学风建设，既要强调道德约束，也要坚持监管惩处，这样才能取得实效。近年来，我国新修订的《科技进步法》以及《著作权法》、《专利法》、《知识产权法》等，都就学术不端行为的调查处理问题列有明确条款。中国科协也成立了科学道德与学风建设专门委员会，指导开展学术不端行为监督和教育工作。

陈希指出，加强科学道德和学风建设，既是一项紧迫的工作，也是一项长期的任务，不可能一蹴而就，需要作出长期努力。科学道德和学风建设要贯穿于科技创新的整个活动过程，做到哪里有科学活动，哪里就有坚守科学道德的要求；哪里有科技工作者，哪里就有倡导优良学风的必要；要贯穿于科技工作者加强修养的整个生命过程，倡导优良学风，需要每一个人都有“每日三省吾身”的精神；要贯穿于先进文化建设的整个历史过程，树立科技界科学严谨、诚实守信的整体形象，在全社会营造有利于创新的文化氛围，激励公众解放思想、实事求是、崇尚理性、勇于探索、追求真理，为实现民族复兴伟业提供不竭的精神动力。

天津市政协副主席、致公党中央副主席、致公党天津市委主委、天津科技大学校长曹小红代表天津市委市政府向与会学者表示了热烈欢迎。她表示，第十三届中国科协年会在天津的举办，对天津进行创新型城市的建设起到了重要作用。开展论坛可以更加有效地搭建平台，促进学者间开展交流研究，引导广大科技工作者加强自律，努力营造有利于科技创新人才的良好氛围。

中国科协常务副主席、书记处第一书记、党组书记陈希，天津市政协副主席、致公党中央副主席、致公党天津市委主委、天津科技大学校长曹小红，中国科协书记处书记王春法，中国科协荣誉委员、常委会科技工作者道德与权益专门委员会顾问，中国科学院院士杨乐，中国科协荣誉委员、常委会科技工作者道德与权益专门委员会顾问，中国工程院原副院长、中国工程院院士杜祥琬，中国科协副主席、常委会科技工作者道德与权益专门委员会委员、国家自然科学基金委副主任、中国科学院院士沈岩，中国科协常委、常委会科技工作者道德与权益专门委员会副主任、南开大学校长龚克，中国科协常委、常委会科技工作者道德与权益专门委员会副主任、浙江大学校长、中国科学院院士杨卫，中国科协常委会科技工作者道德与权益专门委员会委员、中国科学院院士王乃彦等出席论坛。

与会专家就建立学术不端行为监督查处机制的障碍，建立学术不端行为第三方独立调查机构的途径和建立学术不端行为监督查处机制的法律环境和政策支撑进行了讨论。

【师昌绪：试谈做人做事做学问】我今年91岁，出生于河北省农村的一个大家庭，我家是四世同堂、诗书传家，全家有40口人，这培养了我勤劳、忍让的性格；由于20世纪三四十年代，北方军阀混战和日寇入侵，使我立下“强国之志”，就是要使中国强盛起来。这个“强国之志”一直激励着我前进，至今不改。我怀着强烈的爱国热情，读完中小学，上大学，大学读的是采矿冶金工程系，主要是基于实业救国。1948年留学美国，转入冶金与材料。20世纪50年代初由于抗美援朝，美国政府阻扰中国留学生回国，作为积极分子，经过艰苦斗争，于1955年回到新中国，那年我35岁。

回国后，我到了当时生活艰苦的沈阳中国科学院金属研究所，从事金属材料的研究与开发，一干就是30年，做了一些具有开拓性的研究工作。到了80年代中期，我被调到北京，从事科技管理工作，先是中国科学院技术科学部主任，两年后又到国家自然科学基金委员会，1994年中国工程院成立，我是倡导者及筹建者之一。如此种种，为国家科学技术发展献计献策。而今，我虽年逾90，仍在坚持上班，主持或参加各种会议，有时还出差全国各地。为此，党和人民给予了我很高的荣誉：1989年作为先进工作者出席全国劳模大会，2011年2月荣获2010年度国家最高科学技术奖；2011年7月建党90周年，我被选为全国50名优秀共产党员之一。

这些荣誉的获得，首先归功于各级党组织的培养和支持，当然也和我有一个正确的人生观以及做人、做事、做学问的理念分不开。现仅就2011年所获“2010年度国家科学技术最高奖”的主要内容之一“航空发动机镍基高温合金铸造空心涡轮叶片的研制与推广”为例，来说明我如何做人做事做学问的。

众所周知，航空发动机是飞机的心脏，因为它是飞机动力的来源。而涡轮叶片是发动机中最关键的部件之一，它要求耐高温、强度高、长寿命，而且要抗疲劳、耐腐蚀，叶片一旦发生断裂，往往造成机毁人亡，所以有人说“一代涡轮叶片决定一代航空发动机”。

1964年我国自行设计的超音速歼击机问世，而合适的航空发动机却没有着落，当时航空部在沈阳召开了一个研讨会，讨论航空发动机的方案，大家一筹莫展，北京航空研究院负责材料与工艺的荣科总工程师大胆提出采用空心涡轮叶片以提高涡轮前温度100℃。因为涡轮温度越高，发动机的推力愈大，但叶片材料受不了，甚至接近熔点。如果使叶片内部造成多孔的空心，再通过空气冷却，使表面温度下降，就可以提高燃烧温度，增加发动机的推力。但是空心叶片怎么做出来便成为最大的难题。荣科总师知道金属所自1959年就开始铸造高温合金研究，并多次来所参观访问。于是，在沈阳研讨会的那天晚上就来我家谈了他的想法，并提出“材料与航空发动机设计和制造”三结合的方案。我根本不懂什么空心叶片，当时只有美国有，而且处于高度保密。英国人试验了多年，认为铸造高温合金性能不稳定而裹足不前。出于爱国的热情，我毅然把这项任务接受了下来。为了完成这项任务，金属所组织了上百人的科技队伍来从事这项工作，从合金的研制，型芯的选择，壁厚的测量，以及标准的制定，其间经历了不知多少困难，值得一提的是型芯的选择，试验了七八个方案都没有成功，偶然间从杂志上看到的关于出卖各种规格的石英管的一个广告上受到了启发，型芯的问题在一两个月内就迎刃而解了。其中三个单位的通力合作是关键，克服了很多困难，从走出实验室到试车、试飞，以及在工厂形成批量生产，仅用了一年多的时间。

到了20世纪70年代中期，那时“文化大革命”还没结束，航空部决定将空心叶片的生产转移到贵州，要金属所派一个小分队前往，并指定我带队。贵州在当时是最艰苦的地区之一，从沈阳到贵州平坝要坐30多个小时的火车，有时连水都喝不上。在贵州干了半年多，和厂内技术人员及工人打成一片，解决从原材料的准备、冶炼和浇铸过程，一直到标准的制定。而今已生产了几十万片、装备于我国多种型号的航空发动机，几十年来没有出过一次重大事故，而且叶片的合格率在70%以上。在我们去贵州的时候，该厂非常困难，而今已成为航空系统的“航空发动机叶片生产中心”，除了生产叶片创造财富以外，他们归功于我们为该厂树立的良好的厂风和培养了一批工程技术人员。

我国研发的空心铸造涡轮叶片还产生了世界影响。以前，英国人经过长期研发和考核，认为铸造合金制造航空涡轮叶片不可靠，而束之高阁。20世纪80年代，荣科带领英国罗罗公司总设计师来沈阳发动机厂参观，看到我们生产的发动机采用了气冷铸造空心涡轮叶片，不无感慨地说：“单凭看到你们这一成就，我就没白来中国一趟。”回到英国后，他们也敢采用铸造叶片了，苏联接着也开发了空心铸造涡轮叶片。60年代我们开发的涡轮叶片是多晶，而后发展为定向结晶和单晶；其冷却效果也大为提高，从过去的冷却效果只有100℃，而今已达500～600℃。但是，毕竟我们有了一个良好的开端，带动了全世界的发展。

在金属所工作期间，我主要从事实用材料的研究与开发，一直到工业生产和应用，但是我也十分重视基础研究工作，否则就没有持续发展的后劲。20世纪60年代初，我们确定金属所要以开展铸造高温合金为主攻方向以后，我便提出以“高温合金的凝固过程的研究”为主要学科方向。因为铸造合金的铸件质量取决于液态金属的元素在凝固过程中的行为，从而我们发现了某些杂质元素会使正常的合金元素发生严重偏析，造成了高温合金性能下降和变脆，因而，只要控制这些杂质元素的含量，合金的性能就会大幅度提高，从而发明了“高温合金的低偏析技术”，这一技术也可用于合金钢。1998年在华盛顿召开的国际实用材料大会上，全世界共评出12项，这一发现被评为其中之一。

此外，为了研究材料在疲劳应力下裂纹的萌生与断裂过程，在我的指导下，开发出“红外监控技术”。材料是否可用，采用一般常规测试技术，往往与事实不相符。因而在20世纪60年代，我提出“接近使用条件下的材料性能”。由于早期我国镍铬资源十分匮乏，又受国际封锁，在我所领导的团队，还开发了几种节镍铬高合金钢和高温合金，从实验室到工业推广，都用了10年左右，体现了团结合作和坚持负责到底的精神。

通过多年的实践，我悟出了做人、做事和做学问的准则，成为我所遵循多年的座右铭：

“做人要海纳百川，诚信为本，忍让为先

做事要认真负责，持之以恒，淡泊名利

做学问要实事求是，勇于探索，贵在发现与创新”

其中，以做人为最重要。2002年北大出版社曾出了一本由美国研究理事会编写的《科研道德》，书中引用了爱因斯坦的一段话：“大多数人说，是才智造就了伟大的科学家，他们错了，是人格。”这里所指的人格，对科技工作者来说，就包括科学道德和科学精神。

一个人能否取得成功，归根结底是人生观问题。对人生观，我的理解是：人为什么活在世上，怎么活着才快乐，怎样的人生才有价值。

人活在世上，就要为人类做贡献。从一万多年前的石器时代到今天的网络信息时代，都是前人所做的贡献的结果。作为一个中国人，首先要为中华民族做贡献，这是我在青年时期就立下的“强国之志”。所以1955年，我在美国麻省理工学院那个优越的环境里，一定要争取回国。回国后即使整天吃窝窝头，也无怨无悔，这就是为了回国后，为中华民族的振兴做贡献。

一个人有了一个正确的人生观，就永远不会懈怠，即使受了很大挫折也不会退却。像20世纪60年代，在“文化大革命”期间，我险些丧命，但国家恢复常态后，工作热情未减，而且做出了更大的贡献。

然后，谈谈人怎么活着才快乐。丰衣足食，有一个美满的家庭，在工作上取得重大成就，都会使人快乐，但最根本的是如何做人。因为在现实社会中，一个人不可能孤立存在，人际关系便成为不可回避的现实，表现在科学道德和科学精神方面，有以下几个方面要考虑。

第一是诚信。说谎话、造假数据、剽窃别人的成果，心里总是不踏实，有愧于良心，怕别人发现，总是提心吊胆而造成不快乐。恪守诚信的人，即使与别人产生一些矛盾，也会得到谅解。诚信可以使一个集体团结，这是完成一项重大任务的必要条件，也是改变社会风气的必由之路。

第二是平等待人。助人为乐，人人平等世人皆知，但是真正做到这点很不容易。我在这方面可能有些特点，所以找我的人很多，因为帮助了别人，别人取得成就，国家受益，我自己也有成就感。

第三是要正确认识自己。一个人往往攀高不攀低，而自寻烦恼，要多看别人的长处才不会自寻苦恼，否则老觉得自己委屈，而不快乐。

第四是不要妒忌。妒忌是万恶之源，妒忌会造成不团结，妒忌会造成互相拆台，以至可以办成的事办不成。对单位或部门来说，也是一样，由于妒忌怕别人超过自己，就想办法压制对方，这样受害的不是个人，而是国家，这可能是当前我国存在的主要问题之一。

我国的制度是主管说了算，如果这位领导妒忌心很强，就怕别人超越自己，他必然拆别人的台，使那个有本事的人留不住，因而这个单位就会每况愈下，成为武大郎开店，一代不如一代。

所以作为一个有志青年，要尽力发挥自己的才智，不要和别人攀比，更不要存在妒忌心，否则就是自寻苦恼，生活不会快乐。

最后，我想给年轻人说几句话。

我的复杂经历使我养成了海纳百川、包容和容忍的性格。由于我们这代人在少年时期饱受战乱之苦，所以感到中国必须富强起来，别人才不敢欺负，从而培养出坚定的爱国信念。据说媒体调查，中国的幸福指数不高，其中有小部分年轻人不太了解过去，往往和发达国家的同龄人相比，于是对现状有些不满意，我建议从娃娃时期就应该了解中国的历史，使他们知道中国之所以有今天，来之不易，而鼓舞他们继续努力，才能使我们这个经济大国走向强国。你们这一代将要实现在2020年把中国建设成创新型国家并在本世纪中叶实现中华民族伟大复兴的宏伟目标，你们应该立下这个伟大的“强国之志”。没有志气，就没有做事的动力和克服困难的毅力。这是第一点。

第二点要说的是做学问要实事求是才能学出真本事，否则是“自欺欺人”。我们过去有句经常说的话：只有吃得苦中苦，才能做得人上人。这是几十年来，我最深刻的体会。中国当前正提倡创新型国家，却很少有真正的创新，所生产的产品，往往不能领先于世界，只能跟着别人的后面爬行。真正有影响的创新，来源于扎扎实实的基础研究。在这种“浮躁，急于求成”的社会环境里，很少有人心甘情愿、潜心从事基础研究工作，因而我们很难在科学技术上有原创性的突破。希望在座诸位有更多的人在这方面取得更多的成果，中国的科学技术能否领先于世界，就靠你们年轻的一代，年轻一代能否充分发挥作用，除了依靠每个人的努力以外，也要靠科技体制和教育制度的改革。

第三点要坚持优良的传统、勤劳、勇敢、节俭。现在各国的提前消费理念造成目前的金融危机，一个国家不重视生产，不可能致富，提前消费造成国家的入不敷出，造成社会不稳定。我国之所以有今天，就是靠着我们的勤劳、节俭和改革开放政策。就是国家富裕了，也要艰苦奋斗，这是中华民族的优良品德。

希望同学们在学习和研究中，胸怀强国之志，实事求是，艰苦奋斗，就可以“有志者，事竟成”！

【袁隆平：发展杂交水稻 造福世界人民】

一、什么是杂交水稻

杂种优势是生物界的普遍现象，利用杂种优势来提高农作物的产量和品质是现代农业科学的主要成就之一。选用两个在遗传上有一定差异，同时它们的优良性状又能互补的水稻品种，进行杂交，生产具有杂种优势的第一代杂交种，用于生产，这就是杂交水稻。

二、我国杂交水稻的研究与发展

水稻是最主要的粮食作物，世界上一半以上的人口以稻米为主食，在我国以稻米为主食的人口更高，有60%以上。因此，增加水稻产量对解决我国的吃饭问题及保障粮食安全、减少贫困具有极其重要的意义。

我国于1964年开始研究杂交水稻，经过9年的努力，于1973年基本成功。1976年开始在大面积生产上推广。由于增产效果明显，杂交稻的种植面积迅速扩大，2010年达2.5亿亩左右，占全国水稻总面积的近57%，产量则占水稻总产量的65%。近几年全国水稻的平均亩产约为430公斤，其中杂交水稻是490公斤。杂交稻每年增产的粮食可多养活7000万人。（日本是先进国家，水稻种植面积为2500万亩，是我国杂交稻面积的1/10，其水稻平均亩产为450公斤；印度是发展中国家，它的水稻平均亩产是200公斤。）

为了满足新世纪我国对粮食的需求，农业部于1996年立项了中国超级稻育种计划，对于杂交稻的产量指标要求是：第一期（1996～2000年）两个百亩以上的示范片，连续两年的平均亩产700公斤/亩；第二期（2001～2005年）两个百亩以上的示范片，连续两年的平均亩产800公斤/亩。

水稻超高产育种，是近20多年来不少国家和研究单位的重点项目。日本率先于1981年开展水稻超高产育种研究，它的计划是在15年内把水稻的产量提高50%，也就是亩产从420～540公斤提高到630～810公斤。国际水稻研究所于1989年启动“超级稻”育种计划，按照要求，到2000年需育成产量潜力比当时产量最高的品种高20%～25%的超级稻，也就是亩产从670公斤提高到800～830公斤。但是，由于指标高、难度大和技术路线欠妥，他们的计划至今尚未实现。

我们通过协作攻关，已于2000年实现了超级稻第一期大面积示范亩产700公斤的目标；于2004年，提前一年实现了第二期大面积示范亩产800公斤的目标；在这些已取得的成就和进展基础上，并且根据水稻在理论上的产量潜力，我们提出了第三期超级杂交稻育种计划，目标是到2015年实现一季稻大面积示范亩产900公斤。这个建议后被农业部所采纳，于2006年立项和启动。经过7年的努力，我们2011年在湖南隆回县的108亩示范面积上，创下平均亩产926.6公斤的超高产纪录，这是一项重大突破。

近几年，第一期超级杂交稻的年种植面积达2000万亩左右，平均亩产550公斤左右，比一般高产杂交稻增产50公斤以上；从2006年起，第二期超级杂交稻开始大面积推广，到现在年种植面积已经超过500万亩，亩产又要比第一期的超级稻高出50公斤左右，达到亩产600公斤。如果推广第三期超级杂交稻，预计亩产又将再提高50公斤以上。

从1996年我国超级稻育种计划立项开始，水稻产量每5年左右就登上一个新台阶，这个台阶的高度很高，在示范田要求每亩提高100公斤，而在大面积生产田中要求每亩提高50公斤，但是我们都跨越了。这些成绩充分显示了发展杂交水稻具有巨大的增产潜力，同时更显示我国在这一领域的研究水平居于国际领先地位。

三、杂交稻在国外的发展

我国研究成功的杂交水稻，在国外同样表现良好，增产显著。目前已有印度、越南、菲律宾、孟加拉、印度尼西亚、巴基斯坦和美国在大面积生产上应用，并取得了显著的增产效果。2010年杂交水稻在国外的种植面积达5000多万亩。

越南近几年杂交稻的面积近1000万亩，平均亩产420公斤，其全国水稻的平均产量（含杂交稻）为300公斤，杂交稻比常规品种增产近40%。由于大面积、大幅度增产，越南一跃成为仅次于泰国的第二大米出口国。他们所用的杂交稻种子，80%以上从中国进口。

菲律宾2010年的杂交稻面积达近300万亩，平均亩产470公斤，而菲律宾灌溉稻的平均亩产只有300公斤。前任总统阿罗约曾对此给予过高度重视，把发展杂交稻作为政府的旗舰项目，计划到2010年推广杂交稻90万公顷，使年增稻谷150万吨，以达到粮食自给自足的目的。

杂交水稻不仅在发展中国家表现突出，在发达国家也表现很好。我国在上世纪80年代将杂交水稻技术转让给了美国。2010年，美国的杂交稻面积达到了600万亩，为全美水稻总种植面积的1/3，平均亩产超过600公斤，比当地良种增产25%左右。为此他们每年按盈利的一定比例提分成费给我们。

杂交稻在非洲、南美等十多个国家试种、示范都获得很大成功。联合国粮农组织十分重视发展杂交水稻，把它作为促进粮食增产的首选项目，在主要的产稻国家推广。全球的水稻种植面积为22亿多亩，如果有一半种上杂交稻，按每亩增产150公斤计算，所增产的粮食可多养活5亿人口。由此可见，在世界范围内发展杂交水稻，对保障粮食安全和促进世界和平具有重要意义。

四、研究杂交水稻的心得和体会

我为什么研究杂交水稻？那是在1961年7月的一天，我照例在水稻抽穗时期到田里面去选种。在试验田中，突然我发现了一株“鹤立鸡群”的特优稻株，穗子大，籽粒饱满，十多个有8寸长的稻穗向下垂着，每穗竟有200多粒！当时我认为是发现了好品种，真是如获至宝！我推算了一下，用它作种子，水稻产量就会上千斤！这在当时高产水稻的产量一般只不过才500、600斤，而这株水稻则可以增产一倍呀，那可就不得了了！我好高兴，心想亩产千斤就有可能实现了！

我把这株稻株的种子收下来，心中怀着强烈的期待。第二年春天，把这些种子播种到田里，种了一千多株。我几乎每天去观察，管理得很好，渴望品种成“龙”。

但是，禾苗抽穗后竟然令我大失所望，抽穗早的早，迟的迟，高的高，矮的矮，参差不齐，没有一株有它“老子”那样好。我感到很灰心失望，半天坐在田埂上呆望着这些高矮不齐的稻株，心想为什么会这样？

突然，失望之余来了灵感：水稻是自花授粉植物，纯系品种是不会分离的，那它为什么会分离呢？这种性状参差不齐的表现，是不是就是遗传学上所说的分离现象呢？我眼睛一亮，心中突然感到非常欣喜，因为只有杂种的后代才可能出现分离。那就是说，我前一年选到的那株“鹤立鸡群”的优良水稻现在出现了分离，很可能说明它本是一株杂交稻呢！在这个灵感的启示之下，我对高矮不齐的植株作了统计计算，结果高矮的分离比例正好3:1，完全符合孟德尔的分离规律。这一结果令我感到非常兴奋，它证明了我选到的那株“鹤立鸡群”的水稻，的确是一株天然的杂交稻！由此，我决定开展人工培育杂交水稻的研究。

但是，在那个年代里，传统的观点认为水稻、小麦等自花授粉植物是没有杂种优势的，因此，我们的研究受到不少人的反对和讽刺。但我认为，杂种优势是生物界的普遍规律，小到微生物，大到人类都有杂种优势现象，有无杂种优势不是由生殖方式决定的，而是在于杂交双亲的遗传性是否有差异，水稻绝不会例外的。

为了证明水稻具有杂种优势，1972年夏，我们在省农科院做了试验，种了四分田的杂交稻。助手罗孝和看到田间杂交稻的优势很强，长势喜人，对照种只有七、八寸高时，它却有一尺多高了；对照种一株只有四、五个分蘖，而它就有七、八个分蘖了。优势非常强，长势非常旺。于是罗孝和就带着吹嘘的口气对人们说这是“三超杂交稻”。“三超”就是指产量超过父本、母本和对照品种。吹出去了之后，有些人对杂交稻感兴趣，有些人就反对。当时是“文化大革命”期间，湖南农科院还是军管时期，由一位军分区的政委在主持工作。军代表听说后就去试验田看了，杂交稻的确表现不错。接着，省里领导也来看了，说杂交稻的确有希望。大家都很关注。但到秋天验收时，结果却不尽人意，结实率不太高，稻谷产量比对照品种略少，但稻草的产量增产了近七成。于是原来持反对意见的人就说风凉话了：“可惜人不吃草，人要吃草呢，杂交稻就大有发展前途。”后来领导和专家们开会，研究到底要不要支持这个杂交稻搞下去？有不同观点的两派在那里争论，当时常规育种派占绝对优势，我们是个“弱势小群体”。我的助手罗孝和在众多的质问下哑口无言，把头低了下去。

身处此境，我感到有些尴尬，但我并不气馁。我冷静地思考了一下，站出来说，“的确，从表面上看，我们这个试验是失败了，因为我们稻谷减了产；但是从本质上讲，我们是成功的。为什么？因为现在争论的焦点是水稻这个自花授粉作物究竟有没有杂种优势，我们现在用试验证明了，水稻具有强大的杂种优势，这是大前提。至于这个优势表现在稻谷上，还是稻草上，那是技术问题。因为我们经验不足，配组不当，使优势表现在稻草上了。我们可以改进技术，选择优良品种配组，使其优势发挥在稻谷上，这是完全做得到的。”军代表和院领导被说服了，他们说：“是呀！老袁说的有道理，应该继续支持！”这个时候，本来低着头的罗孝和马上就挺直了腰杆，高兴了起来，他拍着我的肩膀说：“袁老师，还是你高明一筹！”

从此，杂交水稻继续得到各方面的支持。这说明，失败是成功之母。有好多事情，失败里面包含着成功的因素，因为其中有经验、有教训。搞科学实验，决不会是一帆风顺的，就不要怕失败，要善于从失败中总结经验教训，所谓“吃一堑，长一智”。一失败就灰心丧气，到此止步，这样的人是很难成功的。马克思有句名言：“在科学上没有平坦的大道，只有不畏劳苦沿着陡峭山路攀登的人，才有希望达到光辉的顶点。”只要大方向是对的，就应有百折不挠的精神，才有希望取得最后的成功。

经常有人问我成功的“秘诀”是什么？其实谈不上什么秘诀，我的体会是“知识、汗水、灵感、机遇”这八个字。

首先，知识是基础，是创新的基础。现在科学技术这么发达，你是个文盲，是不可能成功的。“知识就是力量”，道理大家都明白。我认为，在知识方面，不一定要是博古通今的学问家，但除了要对自己从事的专业很熟悉外，还应掌握一些相关领域的知识，以开阔视野。要了解最新发展动态，并具备能够阅读外文资料的能力。我赞成标新立异，但一定要避免盲目性，以免钻牛角尖，走进死胡同。过去曾有聪明人研究“永动机”，这是违反了能量守恒的自然规律，走向了死胡同，是搞不成器的。

第二点，要脚踏实地地苦干。任何一项科研成果都来自于深入细致的实干、苦干。我们搞育种研究，这是一门应用科学，它是要实践的，硬是要到田里面去干，肯定要流汗的。20 世纪 60 ~ 70 年代，在水稻生长季节，我每天背上水壶和两个馒头，中午下田，顶着太阳，一干就是 3 ~ 4 个小时，不知流了多少汗。虽然很辛苦，但我感到乐在苦中，这是因为拥有很大的希望在激励我。我培养学生，第一要求就是要下试验田，这是起码的。书本知识和电脑技术都很重要，但是书本上种不出水稻，电脑里也种不出水稻来。

第三，是要有灵感。灵感在科学研究与艺术创作中，具有几乎相等的重要作用。灵感来了，一首好诗、一个好曲子就来了；没有灵感，挖空心思，搜肠刮肚也写不出一首好诗。什么是灵感？我认为，它以思想火花的形式出现，一闪就来了，一下又过了。你要刻意去找是找不到的，往往由一种外在因素诱发产生的。我的体会，灵感是知识、经验、思索和孜孜追求综合在一起的升华产物，它往往在外来因素刺激下突然产生了，擦出火花来了。比如当年我从发现“鹤立鸡群”的稻株，到“忽然”间产生它是“天然杂交稻”念头，就是一种灵感。但这灵感是我多年来不停地搜索和思考的结果。如果没有思考，这高的高、矮的矮的“特殊”稻株就只会被认作是一堆废品。1997 年，我到江苏农科院观察他们培育的新品种时，其中有一个品种的形态吸引了我，我一闪念“突然”悟出了超级杂交稻的株型模式，现在这个模式已经在选育超级杂交稻品种的实际工作中运用。美国的 *SCIENCE* 杂志十分关注，刊登了这个模式，加以介绍。其实那“一闪念”，就是灵感。我奉劝从事科学研究的同志，要及时捕捉和运用在探索中孕育和迸发的灵感，做“有心人”，及时捕捉思想火花，不要让它闪丢了。

第四，是机遇。雄性不育野生稻的发现，为杂交水稻研究成功打开了突破口。有人讲 1970 年发现雄性不育野生稻只是靠运气。依我看，这里有运气的成分，但绝对不是只靠运气。我们在设计杂交稻的技术路线时，曾经构想“把杂交育种材料亲缘关系尽量拉大，用一种远缘的野生稻与栽培稻进行杂交”，通过这样来突破优势不明显的关隘。按照这一思路，我和助手到云南、海南去找野生稻。法国著名微生物学家巴斯德有句名言：Chance favors prepared mind（机遇偏爱有准备的头脑）。中国古代韩愈也有句名言：世有伯乐，然后有千里马；千里马常有，而伯乐不常有。我的助手李必湖与冯克珊（海南三亚南红农场技术员）为什么能在海南找到了雄性败育的野生稻呢？一来他们是有心人，是专门来找野生稻的；二来他们有这方面的专业知识。所以当发现一株雄蕊退化的野生稻和我们试验田里的雄性不育株雄蕊形态很像时，就能慧眼识珠。而别人不懂这些，即使身在宝山，也不见得能够识得出。

美国学者唐·帕尔伯格先生曾写下《走向丰衣足食的世界》的著作，他在书中谈到，从统计学上看，发现雄性不育野生稻事件明显是小概率事件，可是这种奇迹居然发生了。他还列举科学史上一系列偶然事件的巨大作用，如弗莱明研究导致人体发热的葡萄球菌时，观察到无意飘落的青霉菌可将葡萄球菌全部杀死，由此他发明了葡萄球菌的克星——青霉素；爱德华·詹纳看到挤牛奶的女工免出天花，从而发明了接种疫苗……这些发明创造的一个共同特点是，当事人不仅是亲眼见到了这些事物，而且从内心领悟并很快抓住了这些事物的本质。这就是科学研究工作的本质。机会成就有心人，偶然的东西带给我们的可能就是灵感和机遇，所以我们说偶然性是科学的朋友。科学家的任务，就是要透过偶然性的表观现象，找出隐藏在其背后的必然性。

今天就讲到这里。谢谢大家！

【杨乐：研究生要培养优良的学风】在座的同学主要是刚开始攻读学位的研究生，我想在这个阶段的主要任务，怎么做好论文，培育优良的学风这些方面谈谈我个人的一些认识和体会，供同学们作为参考。但是，我的专业、经历和自身都很局限，谈的意见很可能有不妥和错误的地方，请大家批评指正。

我首先想说一说，攻读研究生是培养人才的一个非常重要的环境。20 世纪以来，尤其是最近的几十年来，各门科学、高新技术、信息、工程、能源、环境、航天、海洋、经济、财贸、金融、管理，每一个方面都在迅速的发展，都有了十分丰富的积累，每个专业都有很宏大的基础，有广泛的内容，有很多的分支和最近崭新的发展。虽然同学们已经经历过了小学 6 年、中学 6 年的基础教育，然后又在大学本科进行了 4 年的学习，其中很多同学又经历过硕士生的阶段。但是即便是这样，因为现代本专业内容非常丰富，所以，当同学们在本科或者硕士阶段完成学业的时候，有的时候还难以接触到本专业，甚至是本专业分支学科最新的进展。这样就很难成为本专业高水平的专家和人才，也很难自己动手做出创新性强的工作，来推动本学科的发展，或者运用本学科的理论、方法、工具，去解决国民经济和国家安全中的重大问题。

在攻读研究生学位以后，我们很多人就要走上具有研究、发明、创新性质的工作岗位，会逐步成为该专业的高水平的专家、学者。所以，研究生的阶段实际上是由学习向研究来过渡的阶段。在研究生阶段可以学会如何做研究、发明、创新的工作。完成研究生阶段的学业就可以在本专业或者它的一个分支领域里接触到前沿的工作和成果，在这个领域就进入了研究之门，以后自己就可以独立的进行研究、发明、创新的工作。所以，一个人在研究生阶段的努力的程度，成绩的好坏，做的论文水平的高低，常常就可以影响到这个人以后专业水平的高低。

攻读研究生是人培育成才征途上的一个非常重要的，可以说是一个关键的阶段。那么研究生的主要任务是什么？研究生阶段，我认为有两项主要任务：一是继续打好比较广博和扎实的基础；二是在导师的带领之下，受到完整的研究工作训练，做出优秀的论文。而第二项任务应该说是更为重要的任务。

那么，为什么在研究生阶段还要继续打好比较广博和扎实的基础呢？实际上今后无论是我们在学科领域里，也就是在理论研究方面要有所建树，有重要的推进，还是在实际工作中，比如在国家或者地区的涉及到国民经济和国家安全的重大问题上要做出成绩和贡献，我们现在遇到的这些理论或者实际问题，往往都不会是单一的、只涉及一个领域和一个研究方向，而是会涉及到相当多的学科领域或者研究方向。

研究生阶段是我们学习的最后阶段，学校是系统学习的最佳场所，有老师作为这门课程的专家来给我们做系统的讲述，有比较充裕的时间可以按部就班的进行学习，这样，在学校里的学习就会学得系统、深入、透彻、牢固。当然研究生阶段的打基础，会跟我们专业更加结合，跟今后的研究方向也更加结合，为做论文和以后的研究工作更好地奠定基础。

第二项任务，就是在导师的指导下，从选择课题、阅读文献、攻克难关、扩大战果、撰写论文，受到一次完整的研究工作训练，做出优秀的毕业论文。通过这样的完整训练，我们就可以熟悉研究工作中的每一个重要的环节，来锻炼和培养自己的研究能力。同时，也钻研了这个研究方向的许多文献和资料。这样在取得学位以后，我们就可以独立地来开展研究、发明、创新的工作。

现在我侧重对第二项任务，就是在做毕业论文的每一个环节，结合自己的体会做一些简要的说明。首先是选题。选题应该有比较高的起点，要挑选研究领域中间具有重要意义的问题。而且我们选的问题最好内容比较广泛，而不是一个孤立的课题，我们所选择的研究课题最好处于刚开始研究的阶段，而不是已经过了高峰，已经十分成熟了。选题的时候，首先我们可以考虑选一个比较大的研究领域，或者是研究方向，这可以在导师的指导下，根据这个学科的国际发展潮流和趋势，根据自己的兴趣和特长等因素确定。

论文的题目，应该选择的比较宽大一些，如果我们选择的题目比较狭窄，就会使同学的注意力在一开始就集中在很狭窄的范围，缺乏施展才能的空间，很难作出一篇比较好的论文。选题的时候，我们应该很好地跟导师一起讨论、分析，然而我们也不能过分地依赖导师，不要完全受老师的限制，其实导师心目中间常有的是两类问题：一类是所在领域的著名的难题，相当长的时间没有解决的，一般说来，这些领域的著名难题，不宜作为刚开始做研究工作的研究生的主攻目标。第二类是导师在以往的工作中间、研究中间遇到过的或者做过的问题，胸有成竹，导师完全知道这个问题应该如何做。但是为什么他过去没有做，或者做了没有发表呢？只是因为觉得这个问题意义不是那么大，所以没有去做，或者是他已经有了草稿了，把这个草稿做完又放起来了，因为觉得没有太大的意思和发表的价值。这一类问题也不是有意义和有价值的选题。

第二个环节，研读文献。研读文献是研究生学习和研究中间非常重要的一环。同学们在确定了研究的领域和方向以后，也可以暂时并不确定自己的研究课题，而是来认真的阅读文献，对该领域逐渐形成全面的了解，而且自己可以分析和整理出一些值得进一步探讨的问题。

虽然在大学本科和硕士阶段，我们已经学过很多课程了，但是要在一个领域开展研究工作，往往还需要阅读该领域的专著和一些基本文献。比如半个世纪以前，我和我的同学张广厚考进了中国科学院数学研究所，成为熊庆来教授的研究生，我们当时的领域是函数值分布理论，这个领域在比较长的时间中曾经是数学发展的主流，成果十分丰硕，有许多著名数学家都在这领域有专著。熊先生当时已经年逾古稀，他对我们说："我年事已高，不能对你们提供多少具体的帮助，但是老马识途。"这是一句非常实在的话。例如他指导我们研读和讨论函数值分布近代理论的一个创始人，叫做R·拉瓦里纳的一本书，这本书只有一百五六十页，但是这本书作者拉瓦里纳是这个理论的奠定人和创始人，所以尽管这是一百五六十页的书，我们学了这个以后，就能够比较快的掌握值分布论的要领和核心内容，迅速的走上该领域的研究前沿。而相反在这个领域也有六七百页精装的专著，看起来那些书内容非常丰富，实际上这些书并没有抓住领域中最重要的材料和内容，而不断地在外围兜圈子，没有涉及到核心问题。所以，熊庆来先生说"老马识途"。

除了专著，我们还要阅读该领域或者研究课题的基本文献，有一些文献可能距现在已经多年了，比如说几十年。但是在这些基本文献中间，往往还包含了一些原始思想、重要成果或者基本的方法，对现在的发展依然有潜在的影响，依然可以作为我们研究工作的借鉴。在阅读这些基本文献中间，我们要留意有些所谓综述性的文章，这些综述性文章往往请了这个领域高水平的专家撰写，他能够把这个领域的重要的问题、主要的成果、历史的发展，所用的主要工具和方法，很好的加以总结，给我们写出来。所以，这种综述性的论文，如果同学们认真阅读的话，往往很有好处。

如果我们在一个研究领域上开展研究工作，还要掌握这个领域最新的动态和文献，否则，有可能我们花了很多的功夫来开展研究，并且去做成果，做出成果以后发现原来有人在前两年已经发表了类似的论文，就非常可惜了。所以，我们还要掌握有关课题的最新动态和文献。对于一个领域和研究课题可能要读好几十篇，甚至于一两百篇文献，因此就要有所区分，有些论文需要非常刻苦的钻研，有些只是一般性的浏览。对于重要的文献，我们不能停留在形式的推导和表面的理解上，而是要反复的分析、参悟、钻研、揣摩这个论文的精神和实质，提炼出作者解决这些问题时的原始思想和精神实质。

我们要从原始思想和最根本的出发点上来考虑问题，有所创新，不能只是对别人的工作有一点表面的理解，而在别人的框架和结构中间打转转，个别的地方来做一些改进。严格地来说，这种工作不是科研工作，不是创新，而是描红，是模仿。20世纪80年代刚开始实施学位制度的时候，当时的国家教委曾经规定，博士论文必须超过100页。现在同学们也许对此难以理解，其实这是有一定道理的。也就是说，博士论文应该由两部分组成：其中一部分是创新的部分，也就是说，同学首次发现的新成果。另外一部分，就是包括对所选的研究课题的一个很好的总结，在阅读了该课题和领域里的许多文献以后，同学们要认真地思考、消化、分析、归纳，用自己的语言来作出一个很好的总结。它不仅可以构成论文的一个重要的组成部分，也使得同学们对该研究领域有了一个很好的了解，我们在获得学位以后，因为对这个领域已经有了很好的了解了，就可以独立地在这个领域里继续从事研究、发明、创新的工作。

在非常认真地研读了文献以后，对这个领域的主要对象和问题的产生和发展、一些重要的成果、解决问题的途径和方法，就有了比较好的把握。同时，知道这个领域还存在着哪些问题，或者自己在阅读文献中间产生和提出新的问题，着手去解决。

关于完整的研究工作训练，下一个环节就是刻苦攻关。要想解决一个有价值的问题和做出有意义的工作和成果，绝不会是一帆风顺，会遇到许多困难，经历很多挫折，往往要有一个比较长的过程。遇到困难，当然就要想办法解决，常常可能走一段又遇到了新的障碍，又走不通了，对于从事研究工作的人来说，就要有坚强的毅力，在困难面前坚持不懈，百折不挠，最后就可能豁然开朗，取得成功。这种过程很像20世纪清华大学国学院四大导师之一的王国维先生，他曾经描述了做学问的三种境界，他利用古代的诗词中间的句子来描述做学问的三种境界，王国维先生说第一种境界是"昨夜西风凋碧树，独上高楼，望尽天涯路"。研究工作做得很深入以后，同一个领域和课题的学者人数很少，有时似乎是独自在艰难的向上攀登，比较孤独，但是一定要耐得住寂寞，不断地向上攀登，站得高视野才能开阔，望尽天涯路。第二种境界是"衣带渐宽终不悔，为伊消得人憔悴"，这就是指的是刻苦攻关，有的时候好像可以走通了，经过一番努力又遇到障碍，在一段时期里面，无论是白天，或者是晚上睡觉的时候，全部的注意力都投入到克服障碍上了，这就是王国维先生说的第二种境界，可以说食不甘味、寝不安枕，所以最后就是"衣带渐宽终不悔，为伊消得人憔悴"。第三种境界是“众里寻他千百度，蓦然回首，那人却在灯火阑珊处”。

从第一种境界对这个研究方向和课题详细地占有资料，掌握了已有的学术思想、成果、工具和方法。在第二种境界里又对面临的问题和困难反复地思考、钻研，用各种办法去克服，当然当时似乎依然没有办法全面地逾越，彻底走通。然而这两大阶段的努力已经做好充分准备，这个时候我们不能气馁，要继续努力，坚持不懈，最后有的时候看起来有一些偶然的机会，或者所谓灵感，就发现了原来思考这个问题的某些途径、方法、推理等等连贯起来，就解决这个问题获得圆满的结果。

关于完整研究工作的训练，在刻苦攻关的环节以后，我想再提出一个重要环节，就是扩大战果。在刻苦攻关取得了很有意义的成果以后，我们还要想方设法扩大这个战果，例如我们获得的这个成果是不是可以找到重要的应用，是不是还可以用来处理其他的问题。这里我举一个自己在以往研究工作中的例子，20 世纪 70 年代初，中国科学院里可以做一些研究工作了，我和张广厚先认真阅读了国际上 60 年代中期、后期和 70 年代初期本领域发表的重要论文，认真钻研、刻苦攻关，并且将它们和研究生时期所掌握的法国学派的理论和方法结合起来思考，将适用的范围大大地扩展了，从比较狭窄的整函数，扩展了具有一个亏值的亚纯函数，这是一个相当好的结果，发表了一篇高质量的论文。如果这个时候我们就结束该课题的研究，可以说是比较自然的，不过就很可惜了。实际上我们继续在这方面的研究，将这一篇论文中间我们克服了不少困难，建立的方法，从不同的角度加以思考，终于获得了创新性更强、价值更大的成果。我们撰写和发表了这个方面的第二篇论文，第一篇论文有价值，水平还不错，然而成果不够突出，因为这个规律和结论是英、法科学家已经有的，我们只是将适用的范围扩大的比较多。而第二个成果更为突出，出乎意料，专家学者为之耳目一新。我们在第二个成果里把函数值分布论中间的两个非常重要的东西结合起来。论文发表以后，国际同行给予了高度的评价，成为十分有特色的研究工作。

虽然上面的第二项成果很突出，然而工作中的重要困难，在第一篇论文中间实际上已经克服了。这就是说，我们做第一篇论文的时候，难度实际上比第二篇大很多，然而第二篇的结果却重要很多，甚至于可以说令国际同行震惊。这个例子就充分说明了扩大战果这个环节的重要。

下面一个环节，撰写论文。最后是撰写论文这个环节，我们应该同样的给予重视，有的同学也许会认为，成果都做出来了，草稿写好了，撰写论文不是很容易吗？其实不然，科学追求的是纯真、美丽、严谨、精炼，论文的撰写也要达到这个标准。研究对象和问题的引进是不是很清楚，很自然，以往工作的论述是不是很精炼、很适当，论文的各部分怎么加以组织，互相衔接，经过推导，如何更加严密表达和叙述，努力做到既容易读，又十分完美，文献如何取舍和引用等，这些都是在撰写论文时值得注意和应多加斟酌的地方。如果论文的有些部分要投到国际杂志上，还需要用英语撰写，除了文法、拼写不能有错误，还要符合英文写作的习惯用法。

我们那个时候是在 20 世纪 60 年代读研究生，撰写论文的时候从草稿到正式文稿，至少写 3 遍，使得表达和叙述更加完美。60 年代研究生的四年里，我那时候被导师要求用法文撰写论文，因为过去我们这方面的工作，很多都是法国非常突出的，当时要求用法文撰写，在《中国科学》外文版上就发表了 4 篇法文写的论文。在博士生阶段选择一个比较宽大的研究课题，围绕这个课题和领域认真来读很多文献，然后又经历刻苦攻关，扩大战果、撰写论文这几个阶段，这样不仅能够作出一篇优秀的博士论文，而且进行做研究工作的一个完整的训练。同时，掌握了这个领域和方向的许多文献，在获得博士学位、走上工作岗位以后，就可以继续在这个领域做研究、创新、发明的工作了。

下面是关于培养优良学风。我国改革开放以来，经济持续高速发展，国力大大增强，人民生活显著提高了，取得的成就举世瞩目，国家对科研、教育等事业的投入开始大幅度的增加。然而经济体制的迅速改变，社会上也产生了急功近利、过分追求物质享受的倾向，产生了浮躁情绪，“一切向钱看”对人们的思想产生了一定的侵蚀，以往被人们看得十分纯洁的学术界和科研工作也受到了影响。中国科协科技工作者道德和权益委员会在中国科协常委会和书记处的领导下，几年来做了大量的工作，而且对学术不端行为曾经归结为下列的主要表现形式：

抄写、剽窃他人成果，伪造篡改试验数据，随意侵占他人科研成果，重复发表论文。学术论文质量降低和育人不负责任，学术评审和项目申报中突出个人利益，以及过分追求名利，助长了浮躁之风。我们研究生和大学生在大学或者研究机构里学习，在社会上生活，周围环境不断对他们产生影响，所以有些问题也在一部分同学身上反映出来。比如说考试作弊时有所闻，而且作弊手段形形色色，论文抄袭现在也不罕见，在举报和揭发以后，大家并没有感到奇耻大辱或者义愤填膺，反而有些稀松平常、司空见惯，有些方面常常也没有严肃追究、认真处理，有时还大事化小，淡化处理，这样就使青年学子认识不到这些问题的严重和危害，缺乏是非观念，很难树立和培育优良的学风。

我们在座的研究生，不久将要走上工作岗位，成为我国各条战线上的骨干，成为领军人物，你们品德的高低，对是和非的评判，是踏踏实实的刻苦工作，还是投机取巧、徇私舞弊，这将关系到整个社会的价值观念和走向，关系到全民的思想品德和信念，关系到社会发展、国家进步和人类文明。为此，我们在提高思想觉悟和道德水准中的一个重要方面，就是培育优良的科学道德和学风。

同学们经历了小学、中学、大学本科和硕士生的阶段，在获得研究生学位后我们还只是刚刚走到这个学科的前沿，刚刚开始独立进行工作，我们还需要若干年，比如7～8年左右的努力，才能成为该专业的高水平的专家和人才，才有可能作出创新性很强，具有重大意义的工作。

在这里，我对同学提出几点希望：长期的奋斗和努力，就需要有坚强的动力，现在有许多同学受社会和环境的影响，缺乏广阔的视野，学习常常是为了将来能有一份好的工作，而所谓好工作，就是报酬高、待遇好、生活舒适、工作不要太艰辛而已。也许有的同学说我的志向比这个要高，我获得博士学位以后还要努力，要成为教授，要获得国家级的奖励等等。其实科学研究的目的在于探索大自然的真与美，要掌握自然规律，并且推动社会的进步和发展，造福人类，我们要负有这方面的责任，我们要树立远大的理想，要有雄心壮志，要经过长期的努力，使自己成为道德高尚、学识渊博、创造力强的高水平的专家和人才，使自己的研究发明在国际上该领域达到前沿，甚至于领先，学术要有所贡献，或者享有盛誉，或者运用自己的知识和本领来解决我国国民经济和国家安全的重要问题，为国家和人民来作出贡献。在科研工作中间，我们要有对专业的浓厚兴趣，要有好奇心，这样才会不断进行思考、钻研，提出各种各样的问题，并且试图解答，才有可能形成一些想法，并且找出实现的途径。有些同学可能认为兴趣是先天的，是与生俱来的，其实不然，兴趣是可以培养的，从无到有，从淡到浓，关键在于你多接触它，多下功夫，逐渐的你就对它比较了解、比较熟悉，掌握得轻松、自如，就逐渐有了自己的心得和体会，这样，兴趣就会产生，并且逐渐增强。

要做出有意义的工作和有价值的成果，必定会遇到许多的困难、挫折和障碍，否则，这样的工作早就有前人完成了。现在多数是独生子女，物质条件比较好，从小在家里有点娇生惯养，缺少吃苦耐劳，在科研工作当中可能会遇到各种各样的问题，要有毅力，重要的成果常常是在坚持到最后才能获得的。成才是长期的过程，从大学本科、硕士、博士到工作七、八年，成为这个专业领域的高水平人才，总共需要十七、八年的时间，认真做好博士论文，包括选题、研读文献、刻苦攻关、扩大战果、撰写论文，每一个环节都要认真做好，也需要在博士阶段十分努力，只有不断地勤奋耕耘，才能有很好的收获。

老一辈的科学家勤奋读书、刻苦攻关、严谨治学，是我们学习的楷模。拿我们数学方面来说，社会上都认为华罗庚是天才，初中毕业就取得了巨大的成就。其实他自己的名言是“聪明在于勤奋，天才在于积累”，他自己利用在清华做职员的机会刻苦攻读，起早贪黑，别人花一个钟头做的事情他花两个小时做。记得有一次钱伟长先生与王元和我，我们几个人谈了一个多钟头的话，钱伟长先生就说他认为他在清华读书的时候，30年代初期是清华最用功的学生，每天早晨5点钟就起来了，后来他发现华罗庚比他每天起来的还要早，用功更多。华罗庚在清华几年的时间，刻苦用功，逐渐达到了较高的水平。又有机会到剑桥大学两年，他不重形式和虚名，利用剑桥极好的学术环境，踏踏实实的从事研究工作，取得了一系列的丰硕成果，这样他就成为一位有突出贡献的大数学家。

20世纪50年代，我们上大学的时候，虽然大家非常看中考试成绩，然而那个时候有些课程，有些大课一两百人参加考试，老教授在发完考卷以后，马上就离开了教室，将近3个小时的考试是处于无人监考的状态。但是，从来没有人作弊。我在大学1956年至1962年学习6年期间，从来没有听说过考试作弊的现象。那时候大家平时学习非常努力，阅览室很安静，条件比较好，每天我们都是早晨饭厅刚一开门，买上简单的早餐，就是一碗粥，一分钱咸菜，一个馒头或者窝窝头，边吃边走，到了阅览室才能找到一张空位置，如果稍微晚几分钟就没有空位置，星期天也不例外。许多同学每月靠十几块钱的助学金生活，包括吃饭、零用，每个月还节省下一两块元，两三个月将这些结余的钱到书店买参考书去。在大学6年时间，很多同学从来没有到附近的餐馆用餐，过着很辛苦的生活，然而学习上很努力。与20世纪50年代相比，现在已经发生了巨大变化，那时候新中国刚建立不久，而现在我国已经成为世界上第二大经济体，在国际上有举足轻重的地位。然而我们还要看到许多不足之处，我们的人均产值还很低，人均位置还落后，我们的科技水平不够先进，高端人才还很缺乏，在座的同学们要看到国家的需要、事业的要求，要感受到自己身上的责任。

我衷心地祝愿各位不断地努力，成为各方面的高水平的专家和人才，为祖国、为学术、为人类作出宝贵的贡献！

关于成立全国科学道德和学风建设宣讲教育活动领导小组的通知

科协发组字〔2011〕39 号

为加强对科学道德和学风建设宣讲教育活动的统筹、指导和协调，决定成立全国科学道德和学风建设宣讲教育活动领导小组。现将人员组成等有关事项通知如下：

一、组成人员

组　长：张　勤　中国科协书记处书记、党组成员

副组长：林蕙青　教育部部长助理、党组成员

黄伯云　中国科协副主席、常委会科技工作者道德与权益专门委员会主任

成　员：李　森　中国科协组织人事部部长

孙也刚　教育部学位管理与研究生教育司（国务院学位委员会办公室）巡视员

王延觉　教育部科学技术司司长

杨　光　教育部社会科学司司长

宣讲教育活动领导小组办公室设在中国科协，主任由李森同志担任，副主任由孙也刚、王延觉、杨光、罗晖（中国科协调研宣传部副部长）、王康友（中国科协发展研究中心主任）同志担任。办公室成员由中国科协组织人事部、教育部学位管理与研究生教育司、教育部科学技术司、教育部社会科学司、中国科协调研宣传部、中国科协发展研究中心有关同志组成。

二、主要职责

确定对研究生开展科学道德和学风建设宣讲教育活动的总体方案和实施意见；指导各省区市制定宣讲教育活动的实施方案；指导宣讲教育活动院士专家队伍建设；落实宣讲教育活动的资金和条件保障；指导宣讲教育活动的宣传报道工作；领导中国科协、教育部直接牵头的宣讲教育活动；指导各省区市科协、教育厅（教委）牵头的宣讲教育活动；综合协调宣讲教育活动工作事宜，做好中国科协与教育部之间的沟通、协调；检查工作推进情况。

中国科学技术协会　中华人民共和国教育部

2011 年 10 月 8 日

关于做好“科学道德和学风建设宣讲教育”有关工作的通知

科协办发组字〔2011〕32 号

各省（自治区、直辖市）科协、教育厅（教委），新疆生产建设兵团科协、教育局：

为落实中国科协、教育部《关于开展科学道德和学风建设宣讲教育活动的通知》（科协发组字〔2011〕38 号）提出的任务和要求，现就做好当前科学道德和学风建设宣讲教育（以下简称“宣讲教育”）有关工作通知如下：

一、成立本地区宣讲教育领导小组和工作机构

2011 年 10 月 8 日，中国科协、教育部联合发出《关于成立全国科学道德和学风建设宣讲教育活动领导小组的通知》（科协发组字〔2011〕39 号），决定成立全国科学道德和学风建设宣讲教育领导小组并下设办公室，同时对领导小组的职责进行了明确。各省区市科协、教育厅（教委）要参照中国科协、教育部的做法，成立本地区宣讲教育领导小组并设立工作机构，明确工作职责，以加强对本地区宣讲教育的统筹、指导和协调。该项工作应于 2011 年 11 月 15 日前完成，并报全国科学道德和学风建设宣讲教育领导小组办公室（以下简称“全国宣讲教育领导小组办公室”）。

为便于沟通和联系，请各省区市科协、教育厅（教委）分别确定具体承担宣讲教育部门的一名负责同志和作为联络员的一名工作人员，负责与全国宣讲教育领导小组办公室的日常联系、联络工作。请填写《科学道德和学风建设宣讲教育负责同志和联络员名单》（见附件，略），并于 2011 年 11 月 15 日前一并报送全国宣讲教育领导小组办公室。

二、组建本地区科学道德和学风建设宣讲专家队伍

科学道德和学风建设宣讲专家队伍将根据宣讲教育的实际，由国家、省区市和研究生培养单位分别组建。

中国科协和教育部组建一支科学道德和学风建设宣讲专家队伍，主要承担由中国科协、教育部直接组织的宣讲教育，并支持部分省区市的宣讲教育。

各省区市组建一支科学道德和学风建设宣讲专家队伍，承担本地区省区市科协、教育厅（教委）牵头的宣讲教育，专家由省区市科协和教育厅（教委）从本地区高校、科研院所等单位的院士、专家中选聘。

研究生数量较多、师资实力较强的高校也应组建本校科学道德和学风建设宣讲专家队伍，承担本校的宣讲教育，由相关高校以本校院士、专家为主负责自行组建，各省区市科协、教育厅做好指导工作，可充分发挥高校科协的作用。组建本校科学道德和学风建设宣讲专家队伍的高校名单由各省区市科协、教育厅（教委）确定。

科学道德和学风建设宣讲专家队伍成员要求品行端正、治学态度严谨、学术成就突出，热心于科学道德建设工作和对青年学生的培养，并在研究生中有一定的影响

力和感召力。

省区市层面、高校层面科学道德和学风建设宣讲专家队伍组建工作应于2011年11月30日前完成。省区市层面科学道德和学风建设宣讲专家队伍名单和自行组建科学道德和学风建设宣讲专家队伍的高校名单及其专家队伍名单于2011年11月30日前一并报送全国宣讲教育领导小组办公室。

三、开展好今年的宣讲教育

今年是宣讲教育的起步之年，为起好步、开好头，将宣讲教育迅速推动起来，近期，各省区市科协、教育厅（教委）应当组织一次本地区的集中宣讲教育。集中宣讲教育的形式由各省区市科协、教育厅（教委）自行确定，可参考中国科协、教育部于2011年10月13日在人民大会堂举办的首都高校“科学道德和学风建设宣讲教育”报告会。同时，各省区市科协、教育厅（教委）要在本地区研究生培养单位普遍开展宣讲教育，确保2011年度的宣讲教育覆盖本地区所有研究生培养单位的所有研究生新生。各地区2011年度集中宣讲教育应于11月底前完成，普遍宣讲教育应于12月底前全部完成。

各省区市科协、教育厅（教委）要主动加强沟通，进行一次工作研讨，做好工作谋划，在11月15日前应提出本地区2011年度宣讲教育实施方案。要将本地区开展宣讲教育的情况及时报送全国宣讲教育领导小组办公室，全国宣讲教育领导小组办公室将开办《宣讲教育简报》，择优刊登各地区报送的信息。要做好本地区宣讲教育的宣传报道工作。年底前，要向全国宣讲教育领导小组办公室报送本地区2011年度宣讲教育总结，总结中要有开展宣讲教育的场次、覆盖的研究生培养单位数量和研究生新生数量等具体数据，要体现出本地区宣讲教育的成效。

中国科学技术协会办公厅 教育部办公厅

2011年11月8日

【全国科学道德和学风建设宣讲教育工作部署会议召开】10月13日，全国科学道德和学风建设宣讲教育工作部署会议在北京召开。会议由中国科协书记处书记、党组成员张勤主持，教育部部长助理、党组成员林蕙青出席并讲话。中国科协组织人事部部长李森通报了将于当天下午举办的首都高校“科学道德和学风建设宣讲教育”报告会的有关情况。各省、自治区、直辖市以及新疆生产建设兵团科协、教育厅（教委、教育局）负责人参加部署会。

林蕙青在工作部署会上强调，科学道德和学风问题关系到人才培养、学术繁荣，也关系到国家和民族的精神与未来，要从培养信念执著、品德优良、知识丰富、本领过硬的高素质人才，推进社会精神文明建设，建设创新型国家的高度，充分认识这项工作的意义。

林蕙青指出，教育部一直高度重视科学道德和学风建设，近年来全面规划构建弘扬优良学风的长效机制，出重拳打击学术不端行为，采取一系列措施推进学风建设，营造风清气正、科学和谐的学术环境和育人环境。特别是，教育部党组把今年定为政风、行风、学风建设年，明确要求各高校全面推进高校科学道德和学风建设。研究生教育是国民教育的顶端，是高层次创新型人才的主要来源。研究生既是学生也是研究人员，是我国科研力量的生力军，代表着我国科技的未来。中国科协、教育部以研究生教育为切入点，开展科学道德和学风建设宣讲教育，进一步营造良好学习和科研风气，教育研究生更加自觉地遵守学术规范、坚守学术诚信、完善学术人格、维护学术尊严，抵制学术不端行为，努力成为优良学术道德的践行者和良好学术风气的维护者。

林蕙青要求，宣讲教育要做到全覆盖、制度化、重实效。各地区要按照中国科协、教育部的要求做好宣讲教育，要覆盖所有研究生培养单位的所有新入学的研究生，不能走过场，要重实效，要形成制度，把宣讲教育长期开展下去。

【中国科协、教育部在上海召开科学道德和学风建设宣讲教育座谈会】10月21日，中国科协、教育部在上海召开科学道德和学风建设宣讲教育座谈会。会议由全国科学道德和学风建设宣讲教育领导小组组长、中国科协书记处书记、党组成员张勤主持。全国科学道德和学风建设宣讲教育领导小组副组长、教育部部长助理、党组成员林蕙青出席并对下一步工作进行部署。中国科协组织人事部部长李森介绍了开展宣讲教育的总体情况。教育部学位管理与研究生教育司巡视员孙也刚，上海市科协、教委的相关负责人以及上海市19所高校负责人参加座谈会。

林惠青指出，科学道德和学风建设关系到人才培养、学术繁荣，中国科协和教育部共同组织领导、共同开展、共同推进宣讲教育，意义重大。作为宣讲教育的责任主体、实施主体和受益主体，各教育行政部门和研究生培养单位要从建设创新型国家的战略高度和实施国家中长期教育、科技、人才规划纲要的全局高度，深刻认识这项工作的重要意义，认真把这项工作做实做细做好。

林惠青强调，科学道德和学风建设宣讲教育必须全覆盖，制度化，重实效。第一，宣讲教育必须覆盖所有的研究生培养单位，纳入各高校研究生培养环节，使每一个新入学的研究生能够得到教育。第二，各省必须对宣讲教育工作有安排、有总结、有评价，将这项工作作为一种制度长期坚持下去。第三，宣讲教育不能走过场，要重实效，使学生明白在学习和研究过程中何为学术不端行为、哪些能做哪些不能做以及做了要付出什么代价。各省都要按照科协发组字［2011］38号通知要求，尽快成立领导小组和工作机构，全力做好集中宣讲教育，将集中宣讲作为启动标志，发挥本地区开展科学道德和学风建设宣讲教育的引领作用。各研究生培养单位要切实增强使命感和责任感，也要尽快成立领导小组和工作机构，明确具体的责任主体，落实好宣讲专家和宣讲内容，自行组织开展好宣讲教育，将宣讲教育作为硬任务和研究生培养的重要环节。

林惠青要求，各省及高校务必按照今年宣讲教育工作三个时间节点的要求做好相关工作：一是在11月底前，各省完成集中宣讲；二是在12月底前，各高校完成对本校新入学全部研究生的宣讲教育任务；三是在年底前，各高校把工作总结报给当地领导小组办公室，各地汇总后把当地的工作总结报到全国的领导小组办公室。中国科协和教育部将于适当时候对各地开展宣讲教育情况进行检查。

【教育部就科学道德和学风建设宣讲教育提出五项要求】教育部向各直属高校下发了《关于做好科学道德和学风建设宣讲教育的通知》，就进一步做好科学道德和学风建设宣讲教育提出五项要求：

一是各高校要高度重视宣讲教育，把宣讲教育作为落实胡锦涛总书记在庆祝清华大学建校100周年大会上的重要讲话精神和实施教育规划纲要的重要内容，精心组织，认真实施。

二是要根据各高校实际情况，采取有效措施，聘请品德高尚、造诣深厚、为人师表的知名专家，按照全覆盖、制度化、重实效的要求，对新入学的研究生进行科学精神、科学道德、科学伦理和科学规范宣讲教育。

三是研究生院（部、处）是各高校宣讲教育的负责部门，要在制定研究生培养方案时，把宣讲教育纳入培养环节，形成制度，将宣讲教育长期开展下去。

四是各高校2011年的宣讲教育应于今年12月底前完成，确保所有新入学的研究生都要接受宣讲教育。要按照中国科协、教育部有关宣讲教育的要求和安排，制定本校宣讲教育工作计划，选聘好宣讲教育专家，把握好宣讲教育内容，组织好宣讲教育工作。

五是各高校2011年的宣讲教育工作计划、方案应于2011年11月底前报各省级学位委员会办公室备案，教育部学位管理与研究生教育司将适时对各高校2011年宣讲教育情况进行检查。

【全国各地科学道德和学风建设宣讲教育有序展开】在中国科协、教育部的共同推进下，各省区市科学道德和学风建设宣讲教育有序展开。继北京市科协、市委教育工委、市教委率先发出通知对全市宣讲教育进行部署，湖南省科协、教育厅率先举办省级集中宣讲后，各地科协、教育厅（教委）也纷纷成立宣讲教育领导小组和工作机构，印发文件或转发中国科协、教育部文件对本地区宣讲教育进行部署。根据中国科协和教育部的统一要求，各省区市科协、教育厅应尽快成立本地区宣讲教育领导小组和工作机构，组建宣讲专家队伍，并提出本地区本年度的宣讲教育安排。各省区市应在11月底前开展一次集中宣讲，12月底前在本地区研究生培养单位普遍开展宣讲教育，确保2011年度的宣讲教育覆盖本地区所有研究生培养单位的所有研究生新生。

10月13日，宁夏回族自治区科协、教育厅联合发出《关于开展科学道德和学风建设宣讲教育活动的通知》，同时成立宁夏回族自治区宣讲教育领导小组并下设办公室，自治区科协党组书记、副主席刘和平任领导小组组长，自治区教育厅副厅长冀永强任副组长。

10月18日，黑龙江省科协发出《关于开展科学道德和学风建设宣讲教育活动的通知》；10月26日，黑龙江省科协、教育厅联合成立黑龙江省宣讲教育领导小组并下设办公室，省科协党组书记、副主席闫永华任领导小组组长，省教育厅副厅长、党组副书记、省委高校工委副书记魏兆胜任副组长。

10月25日，江西省科协、教育厅联合发出《关于开展科学道德和学风建设宣讲教育活动的通知》，同时成立江西省宣讲教育领导小组并下设办公室，省科协副主席、党组成员彭玲华任领导小组组长，省教育厅副厅长洪三国，中国工程院院士、省科协六届常委会科技工作者道德与权益委员会主任颜龙安任副组长。

10月26日，云南省科协、教育厅联合发出《云南省科协 云南省教育厅转发中国科协 教育部关于开展科学道德和学风建设宣讲教育活动有关文件的通知》，11月8日成立云南省宣讲教育领导小组并下设办公室，省科协党组成员、副主席牟双江任组长，省教育厅副巡视员张国华任副组长。

10月26日，四川省科协、教育厅联合发出《关于开展科学道德和学风建设宣讲教育活动的通知》，同时成立四川省宣讲教育领导小组并下设办公室，省科协副主席黄竞跃任领导小组组长，省教育厅副厅长王康任副组长。

10月27日，海南省科协、教育厅联合发出《关于转发中国科协、教育部〈关于开展科学道德和学风建设宣讲教育活动的通知〉的通知》，同时成立海南省宣讲教育领导小组并下设办公室，省科协党组成员、副主席刘智慧任领导小组组长，省教育厅党组成员、副厅长谭基虎任副组长。

10月31日，湖北省科协、教育厅联合发出《关于成立湖北省科学道德和学风建设宣讲教育活动领导小组的通知》，同时成立湖北省宣讲教育领导小组并下设办公室，省科协党组书记、常务副主席曲颖任领导小组组长，省委高校工委委员、省教育厅副厅长、党组成员徐金山，省科协副主席、党组成员徐菊明任副组长。

10月31日，重庆市科协、教委联合发出《关于开展科学道德和学风建设宣讲教育活动的通知》，同时成立重庆市宣讲教育领导小组并下设办公室，市科协党组书记、副主席李天安任领导小组组长，市教委副主任舒立春、市科协副主席甘联君任副组长。

11月1日，福建省科协、教育厅联合发出《关于转发〈中国科协教育部关于开展科学道德和学风建设宣讲教育活动的通知〉的通知》，同时成立福建省宣讲教育领导小组并下设办公室，省科协党组书记、副主席叶顺煌任领导小组组长，省教育厅党组成员、副厅长吴仁华，中国工程院院士、省科协副主席、福州大学校长付贤智，省科协巡视员陈永红任副组长。

11月2日，吉林省科协、教育厅联合发出《关于转发〈关于开展科学道德和学风建设宣讲教育活动的通知〉的通知》，同时成立吉林省宣讲教育领导小组并下设办公室，省科协党组书记、副主席王长和任领导小组组长，省教育厅副厅长刘勇兵、省科协副主席李景涛任副组长。

11月3日，广西壮族自治区科协、教育厅联合发出《关于贯彻落实中国科协、教育部〈关于开展科学道德和学风建设宣讲教育活动的通知〉的通知》，同时成立广西壮族自治区宣讲教育领导小组并下设办公室，自治区科协党组书记、副主席甘向群任领导小组组长，自治区教育厅副厅长杨伟嘉任副组长。

11月3日，辽宁省科协、教育厅联合发出《关于开展科学道德和学风建设宣讲教育活动的通知》，同时成立辽宁省宣讲教育领导小组并下设办公室，省教育厅厅长张福昌任领导小组组长，省科协党组书记、副主席康捷任常务副组长，省教育厅副厅长张建华、省科协副主席王元立任副组长。

11月4日，河南省科协、教育厅联合发出《转发中国科协教育部关于开展科学道德和学风建设宣讲教育活动的通知》，同时成立河南省宣讲教育领导小组并下设办公室，省科协副主席、党组成员冯琦任领导小组组长，省教育厅副厅长、党组成员訾新建任副组长。

11月7日，青海省科协、教育厅联合发出《关于在研究生中开展科学道德和学风建设宣讲教育活动的通知》，同时成立青海省宣讲教育领导小组并下设办公室，省科协副主席刘青任领导小组组长，省教育厅副厅长赵海平任副组长。

11月7日，广东省科协、教育厅联合发出《关于在研究生中开展科学道德和学风建设宣讲教育活动的通知》，同时成立广东省宣讲教育领导小组并下设办公室，省科协党组书记、常务副主席梁明任领导小组组长，省学位委员会副主任、省教育厅巡视员罗远芳，省科协副秘书长、副巡视员温锦秀任副组长。

11月9日，河北省科协、教育厅联合发出《关于转发中国科协、教育部〈关于开展科学道德和学风建设宣讲教育活动的通知〉及印发〈河北省关于在研究生中开展科学道德和学风建设宣讲教育活动的实施方案〉的通知》，同时成立河北省宣讲教育领导小组并下设办公室，河北省科协副主席、党组成员杨金深任领导小组组长，河北省教育厅副厅长、党组成员翟海魂，河北省科协副主席、党组成员许顺斗任副组长。

【北京市发出通知 加强研究生科学道德和学风建设】为落实中国科协、教育部《关于开展科学道德和学风建设宣讲教育活动的通知》精神，促进首都创新型城市建设，提高青年人才培养质量，北京市科协、市教育工委、市教委联合发出《关于在研究生中开展科学道德与学风建设宣讲教育活动的通知》（以下简称《通知》），要求加强北京地区研究生科学道德和学风建设，提高人才培养质量，在研究生中开展科学道德与学风建设宣讲教育并成立宣讲教育领导小组，确定“坚持全覆盖、制度化、重实效，全面提升首都地区每位研究生的科学道德素养，弘扬优良学风发挥”的目标。研究生既是当前科学研究的生力军，也是科教事业发展的未来和希望。科学道德和学风建设是研究生培养工作的重要内容，也是培养创新人才的重要保证。在研究生中开展科学道德和学风建设宣讲教育，有利于帮助研究生掌握科研工作的规范，确立严谨治学的品格，坚守学术诚信，完善学术人格，维护学术尊严，自觉抵制学术不端行为；有利于引导研究生传承老一辈专家学者的优良学风与品质，努力成为优良学术道德的践行者和良好学术风气的维护者；有利于在科研工作中弘扬求真务实、严谨自律的精神，营造良好的社会氛围。

《通知》提出了以下工作措施：一是北京市科协、市委教工委、市教委联合印发《通知》，进行广泛深入的宣传动员。二是成立北京市科学道德和学风建设宣讲教育领导小组，对各单位宣讲教育进行指导、协调和督查。三是组建北京地区科学道德和学风建设宣讲团，聘任宣讲团成员，为各单位开展宣讲教育提供专家资源。四是编印《研究生科学道德和学风建设宣讲提纲》，为各单位宣讲教育提供指导和参考。五是加强对研究生科学道德和学风建设宣讲教育的总结和宣传。在市科协、市委教工委、市教委网站上建立宣讲教育专题，定期编发工作简报，以及运用新闻媒体多方式进行宣传。

《通知》要求，各高校和研究生培养单位、各学会，切实把宣讲教育落到实处。要加强领导，各单位要成立相应机构，协调组织本单位的宣讲教育，保证宣讲教育的全面开展；要发挥优势，推动院（系）及基层单位结合特色，拓展形式与载体，切实把宣讲教育覆盖到每一名研究生，努力增强宣讲教育的效果；要积极探索，完善科学道德和学风建设工作的长效机制。要把宣讲教育作为“新生引航工程”的重要内容，把科学道德和学风建设相关内容逐渐纳入研究生培养计划。北京市教委将把宣讲教育开展情况作为学位与研究生教育检查评估的重要指标，定期进行督查。

【上海市举办科学道德和学风建设宣讲教育报告会】11 月 29 日，由上海市科协、上海市教委联合主办的上海市科学道德和学风建设宣讲教育报告会在上海世博中心红厅举行。中国科协常务副主席、书记处第一书记、党组书记陈希，上海市副市长沈晓明出席报告会并为宣讲专家颁发聘书。报告会上，上海市科协主席陈凯先院士代表主办方致辞，杨福家、叶叔华、郑时龄三位院士作宣讲报告。来自复旦大学、上海交通大学、同济大学等在沪 20 多所高校近 3000 名研究生和教师代表、在沪科研机构的相关负责人和上海市科协部分学会负责人参加了报告会。教育部学位管理与研究生教育司巡视员孙也刚，市科协党组书记、副主席曹振全，市科协副主席高小玫、俞涛，市教委副主任印杰，市科委副巡视员施强华等出席报告会。报告会由市教卫党委书记李宣海主持。

陈凯先在致辞中指出，这次报告会将进一步在上海推动形成风清气正、求真务实的优良学风，为营造有利于自主创新和人才成长的科研环境发挥积极作用。要保证宣讲教育能在上海广泛、深入、持续地开展下去，让上海每一个立志于从事科学研究的研究生，让每一个新入职的科技工作者都能够及时得到科学道德和学风建设方面的教育，迈好学术生涯的第一步。陈凯先院士还向广大青年学生提三点希望：一要增强历史使命感，树立责任意识；二要自觉树立“营造优良学风从我做起”的意识，树立正确的学习观、成才观；三要加强学习，传承老一辈科学家的优良学风与品质。

著名核物理学家杨福家院士以“十点体会——与博士生交流”为题作报告。杨院士指出，所谓“博士”即指“接受全面教育的博学之士”，一名合格的博士不仅要在专业上出类拔萃，更要品德上高尚出众。结合自身科研工作经验，杨院士向青年科研工作者提出了十点建议：citizen（热爱祖国的公民意识）、can do spirit（自信）、honest（诚信）、hard work（艰苦奋斗）、find myself（发现自我）、never give up（永不言弃）、say no（追求真理，敢于说不）、to deal with others（良好的人际关系）、catch the opportunity（抓住机遇）、think about（勤于思考）。

著名天文学家叶叔华院士以“从大国走向强国，我们能做什么”为题，从国际与国内形势出发，指出，当今中国取得了一个个瞩目的成就的同时，也面临着各种各样的挑战。科学家需要科学研究的自由，还要明白自由和责任的辩证统一。科技工作者的首要品格应该是具有高度的社会责任感和为科技事业献身的精神，做好自己的每一件事就是爱国。她强调唯真求实是科学精神的基本内涵，是科技工作者的基本品格；创新是科学技术的灵魂。她鼓励广大青年，尤其是受过高等教育的高学历青年，应当担负起民族振兴的责任，为中国的全面富强贡献自己的力量。

著名建筑学家郑时龄院士以“科研道德与学术诚信”为报告题目进行了阐述。他指出，科学研究是一项崇高的事业，需要献身精神和强烈的社会责任感，需要严谨的态度，来不得半点虚假。他结合相关学术规范对当前学术界剽窃、造假、伪造、泄密等行为存在原因进行了分析，指出诚信是从事科学研究，实现科学价值的最基本要求，学术研究、学术评审、学术批评、学术管理等方面都应该以道德、诚信为本。

报告会上，陈希、沈晓明、孙也刚为杨福家、叶叔华、郑时龄三位院士颁发了“上海市科学道德和学风建设宣讲教育宣讲团”专家聘书。

研究生代表复旦大学经济学院博士生王昕作了发言，郑重承诺，恪守科学道德，遵守科学规范，坚持实事求是的科学精神和严谨的学术态度，坚拒学术不端行为。努力学习，刻苦钻研，报效祖国、服务社会，为国家、为上海科技进步和经济社会发展贡献青春。

【广西举办科学道德和学风建设宣讲教育报告会】11 月 27 日，由广西壮族自治区科协、教育厅联合举办的全区科学道德和学风建设宣讲教育启动仪式暨宣讲报告会在广西人民会堂举行，第十一届广西青年科技奖颁奖仪式同期举行。广西壮族自治区党委副书记危朝安出席启动仪式并讲话，著名数学家、中国科学院院士杨乐，著名桥梁专家、中国工程院院士、广西科协主席郑皆连，教育部长江学者特聘教授、广西大学副校长陈保善 3 位科学家为南宁高校的 1600 余名师生作宣讲报告。广西科协党组书记、副主席甘向群，广西高校工委副书记秦敬德主持活动仪式暨宣讲报告会。

危朝安在讲话中表示，开展科学道德和学风建设宣讲教育，是全区深入贯彻落实党的十七届六中全会和自治区第十次党代会精神，落实中国科协、教育部《关于开展科学道德和学风建设宣讲活动的通知》要求，加强科学道德和学风建设的一次联合行动，对于进一步推动广西形成风清气正、求真务实的优良学风，营造有利于自主创新和人才成长的科研环境，发展科学事业，增强自主创新能力，加快实现富民强桂新跨越必将产生积极的重要作用。他希望各级各部门以此为新起点，推动科学道德和学风建设宣讲教育全覆盖、制度化。

危朝安对全区青年科技人员和高校师生提出了四点希望，希望广大青年科技人员和高校师生一要知行合一，修身立学并重，坚持科学真理、尊重科学规律、维护科学尊严，修身正己、自我约束，不断提高思想道德素质；二要求真务实，恪守科学道德准则，坚决抵制学术上的不正之风，努力成为严谨治学的力行者、优良学术道德的传承者；三要敏而好学，自觉养成勤奋、献身、创新、求实、协作的良好学风，成为良好学术学风的维护者；四要锐意创新，勇攀高峰，为推动广西自主创新而奋斗。

著名数学家、国际函数值分布论领域的学科带头人，中国科学院院士杨乐，著名桥梁专家、双曲拱桥无支架施工新工艺首创者、中国工程院院士、广西科协主席郑皆连，教育部长江学者特聘教授、著名真菌病毒专家、广西大学副校长陈保善分别结合自己的学术成长和工作经历，从不同的角度作了精彩的报告，科学家们发自内心的肺腑之言，赢得了高校师生的阵阵掌声。

报告会同时举行了第十一届广西青年科技奖颁奖仪式，危朝安及参加宣讲报告会的院士专家给获奖者颁奖并与 30 名获奖者合影留念。报告会上，广西大学研究生代表宣读了倡议书，倡议全体学生恪守诚信道德，弘扬科学精神，做严谨治学的力行者、优良学风的维护者。

【湖南举办高校科学道德和学风建设宣讲教育报告会】10 月 15 日，由湖南省科学技术协会、湖南省教育厅、中南大学联合主办的以“坚守科研道德与诚信、抵制学术腐败与不端”为主题的湖南省高校科学道德和学风建设宣讲教育报告会在长沙举行。黄伯云、姚守拙、刘筠、刘业翔 4 位在湘院士登台，向与会的 1400 多名湖南高校的研究生进行宣讲。

湖南省教育厅副厅长申纪云主持报告会。他表示，举办本次报告会，目的是通过院士们的言传身教和榜样示范，教育高校的广大青年学生，树立科研诚信意识，提高科学道德素养，培养诚实、严谨的学风，弘扬湖南省老一辈科学家刻苦钻研、实事求是的科学传统。

湖南省科协党组书记、副主席邹志强在报告会上的致辞中说，加强科学道德和学风建设是一场持久战、攻坚战。湖南省各个高校的广大研究生们，要树立正确的荣辱观，坚定理想和信念，增强历史使命感、政治责任感，坚守社会正义，在科学探索的过程中，修身律己、自我约束，正确行使学术权力，彻底杜绝权学、钱学交易，自觉抵制不良社会风气的侵蚀。

黄伯云院士从国家高度重视建设科研道德与诚信体系与严肃处理学术不端行为两个方面，提出要坚守科学道德与诚信，抵制学术腐败和不端行为。姚守拙院士通过列举大量的中外科学家、学者的实例，并结合自己学习和科研经历说明学术要创新、但更要讲求学术道德的道理。他告诫青年学子要生活简朴，怀有高尚情操，一旦失去学术道德就会丧失一切。刘业翔院士则以“我的科学人生”为题，讲述了自己解决铝电解能耗高这一难题的经过，以切身经历鼓舞了在座的所有研究生。刘筠院士也对青年学子提出了“不唯书，不唯上，只唯实”、“坚持持之以恒”、“三严律己”三点要求。

会上，中南大学研究生会主席荣凯作为湖南高校研究生的代表发言，向全省高校研究生发出倡议：共同行动起来，遵守学术规范、坚守学术诚信、完善学术人格、维护学术尊严，奉诚信和创新为自己的学术生命，传承湖湘文化的优良传统。

报告会结束后，与会的院士及国防科学技术大学、中南大学、湖南大学、湖南师范大学、湘潭大学、长沙理工大学、湖南农业大学、湖南科技大学等高校的师生，纷纷在科学道德诚信倡议宣传墙上签名，表达了抵制学术不良风气，端正学术品质的决心。

【山西六部门共同举办山西省科学道德和学风建设宣讲教育启动仪式暨首场报告会】11 月 29

日，山西省科协、省教育厅、省人力资源和社会保障厅、省委人才工作领导组办公室、省科技厅、省农科院等六部门联合在太原理工大学举办山西省科学道德和学风建设宣讲教育启动仪式暨首场宣讲报告会。中国工程院院士刘人怀作宣讲报告，太原理工大学在读研究生和研究生导师，山西大学、山西医科大学、太原科技大学等高校代表，科研院所、省级学会代表近500人参加了启动仪式暨报告会。

刘人怀院士结合自己的亲身经历讲述了他追求真理、献身科学的感人故事和在科技创新过程的切身体会与感受，道出了科研的神圣与艰辛、严谨与严密，阐明了做学问与修身的关系，并对青年研究生们提出了谆谆教诲和殷切希望，帮助研究生树立正确的科研观和人生价值观。

报告会上，山西省科学道德和学风建设宣讲教育领导小组组长、省科协党组书记杨伟民作动员讲话，提出，要把社会主义核心价值体系贯穿到科学道德和学风建设宣讲教育的始终，要建立科学道德和学风建设宣讲教育长效机制，做到制度化、全覆盖、求实效，要通过宣讲教育引导广大科技工作者和研究生努力成为优良学术道德的践行者和良好学术风气的维护者。山西省科学道德和学风建设宣讲教育领导小组副组长、省教育厅副厅长王李金宣读了由山西省科协、省教育厅、省人力资源和社会保障厅、省科技厅、省委人才办、省农科院联合印发的《关于开展科学道德和学风建设宣讲教育活动的通知》。根据《通知》，山西省科学道德和学风建设宣讲教育领导小组由联合发文的六部门共同组成。《通知》要求，各研究生培养单位要把科学道德和学风建设作为一项长期工作，精心组织、周密安排，确保新入学研究生都接受宣讲教育，并注重发挥研究生导师的积极作用。《通知》还要求，各省级学会、省直科研院所要积极开展宣讲教育，把科学道德和学风建设落实到学术交流和科研工作中。

启动仪式暨报告会由省科协主席侯晋川主持，太原理工大学党委书记姚芝楼、副校长许并社出席会议。

【重庆市科学道德和学风建设宣讲教育实现全覆盖】重庆市科协、教委在做好科学道德和学风建设集中宣讲教育的同时，积极向高等院校推进，开展了一系列内容丰富、特点鲜明的宣讲教育。截至2011年底，重庆市15所具有研究生培养资格的高校全部举行了宣讲教育报告会，还开展了70余场次其他形式的宣讲教育，使重庆市高校2011年新入学的15143名研究生全部接受了宣讲教育，覆盖率达到100%。部分高校在做好面向研究生新生宣讲教育的过程中，还向其他在校研究生延伸，使全市接受宣讲教育的研究生达到23000余名，还有5所高校4000余名本科生也接受了宣讲教育。

重庆市高等院校的宣讲教育有以下几个特点：

一是结合教学和科研实际进行宣讲教育。重庆大学将学风和学术道德教育引进课程，结合案例进行教学；重庆师范大学在引导研究生遵守学术规范的同时，还制定了导师工作规范，明确了导师在学术诚信方面的指导责任；重庆工商大学拟定了《学术诚信手册》，并与每名研究生签订了《学术道德承诺书》；重庆医科大学将每年11月定为校“科学道德和学风建设宣传月”，使宣传活动常态化。

二是注重调动研究生的积极性和主观能动性。各高校纷纷开展了研究生学术道德大讨论活动，围绕相关主题，以班级、专业或年级为单位，通过主题班会、主题论坛、征文活动、党员民主生活会等形式对国内外一些道德不端、学术失范的案例进行分析，使同学们明白了遵守科研诚信与学术规范的重要意义，了解到真实是科学的基本属性，是对科学工作者的基本要求，是学术规范的基线。

三是利用新兴媒介开展宣讲教育。重庆市各高校充分发挥网络媒体多角度、全方位、立体化的优势，利用网络积极开展科学道德和学风建设宣传活动。各高校在网站中建立了相关栏目，通过论坛、BBS、QQ群、邮箱等媒介展示科学道德和学风建设宣讲教育情况和成效。重庆大学开发了研究生学术规范网络问卷测试系统，以加强研究生对学术诚信的认知；重庆师范大学的同学们以写微博的方式总结自己在参加本次活动中的感受和体会。

重庆市还将各高校科学道德和学风建设宣讲开展情况作为学位与研究生教育检查评估的重要内容，作为评估工作成效的重要依据，定期进行督查，以宣讲促规范，增强了宣讲教育的实效性。

元素，扩大开放程度，聚集国际科技资源的水平逐步提升；突出年度特征，体现地域特色，打造出年会天津烙印。学术交流分会场吸引了2100多名科技工作者参加，录用论文935篇，学术成果丰硕；239项科普活动，参加活动人数达到50万人次，覆盖300余万公众，为举办地经济社会发展服务卓有成效。组织近2000名专家学者深入开展学科发展研究，发布22个学科研究进展情况，帮助科技工作者及时了解学科前沿动向。以推动形成原创性学术观点、引领学术热点为核心，成功举办中国首届湖泊论坛、农产品质量安全与现代农业发展专家论坛，举办8期中国科协论坛、12期新观点新学说学术沙龙、15期青年科学家论坛、第九届博士生学术年会等学术交流活动，聚焦经济社会发展热点难点问题，反响良好。深入实施精品科技期刊工程，99种科技期刊纳入精品科技期刊工程示范项目，根据最新《中国科技期刊引证报告（核心版）》统计，有43种科协系统学术期刊总被引频次位居学科第一、35种影响因子位居学科第一、40种综合评价位居学科第一。中国化学会、中国化工学会等成功举办"国际化学年在中国"系列活动，引导社会公众了解化学知识、学习化学课程、支持化学研究，推动形成有利于化学及相关产业创新发展的良好氛围。中国兵工学会等全国学会和陕西省科协等地方科协积极开展不同层次学术活动，为科技工作者开展学术交流提供舞台。截至2011年10月底，中国科协及所属全国学会、地方科协共举办学术会议7600余次，参加会议人数122万余人次，交流论文近33万篇。

二是深入开展群众性技术创新和技术服务活动。组织企业科协广泛深入开展"讲理想、比贡献"（以下简称"讲、比"）活动，截至2011年10月底，各地先后组织129万余人次科技工作者参加"讲、比"活动，采用合理化建议17万余条。着眼于把更多的创新要素引入企业，引导院士专家深入企业一线开展技术合作，全国已建立专家工作站1284个，进站院士专家4790人次。深入开展"知识产权巡讲"活动，组织13个全国学会和15个地方科协开展科技信息服务试点工作，遴选发达国家和地区专利信息350余万条，提取5.6万余项关键技术信息，在2200个企业推广应用。重庆、江苏等省（区、市）加大专项资金支持力度；辽宁、浙江等省（区、市）多部门联合出台实施意见和管理办法，对"讲、比"工作和专家工作站建设予以制度保障，集聚多方力量促进产学研用结合，推动提高企业自主创新能力。

三是继续扩大"科普惠农兴村计划"覆盖面。联合财政部深入实施"科普惠农兴村计划"，中央财政投入资金3亿元，通过"以奖代补、奖补结合"方式，重点奖励在发展低碳农业和现代农业中作出突出贡献的优秀集体和先进个人，特别关注建立了党组织的农技协和科普示范基地，评选表彰1797个全国农村科普先进单位和带头人。在"科普惠农兴村计划"的引导示范下，地方财政投入近2亿元，激励支持农村实用技术人才和致富典型辐射带动农户脱贫致富。其中，河南省省级"科普惠农兴村计划"奖补资金从440万元增加到1000万元，山西省着力打造连接省、市、县、乡、村的科普惠农绿色通道，广东省积极开展"千会服务千村"行动。各地农函大全年举办各类农村实用人才带头人培训班3万多期，累计培训农民1859万人次。"科普惠农兴村计划"的深入实施，有力地推动了社会主义新农村建设。

四是扎实推进国家级科技思想库建设。组织政协科协界委员以及广大科技工作者深入调查研究、积极建言献策，"关于解决退休老科技人员待遇过低问题的几点建议"、"高校毕业生失业问题需要高度关注"、"建立国家科技报告体系势在必行"等一批调研报告得到中央领导的肯定和重视。积极支持地方科协加强决策咨询工作，启动学会决策咨询资助计划，着力提升科协系统决策咨询能力和水平，北京、湖北、广州、浙江等15个省（区、市）及副省级城市科协国家级科技思想库试点建设成绩突出。中国科协年会期间成功举办天津市党政领导与院士专家座谈会，天津市委、市政府办公厅联合发文将院士专家建议印发各有关部门研究采纳、贯彻落实，中国城市规划学会、中国电工技术学会等15个学会为座谈会的成功召开作出重要贡献。中国机械工程学会编写的《中国机械工程技术路线图》为相关技术和产业创新发展提供重要依据，吉林、浙江、湖南、山东、江西等省（区、市）科协报送的决策咨询报告得到省委省政府主要领导重视并部署落实到有关工作中。截至2011年10月底，科协系统共提供决策咨询报告8391篇，其中2707篇次获得党政领导批示。

五是不断深化对外民间科技交流与合作。积极支持国际科联灾害风险综合研究科学计划国际办公室顺利运行。鼓励支持我国科学家在国际科技组织中担任领导职务，吴国雄院士成功当选国际科学理事会执委，168位科学家在国际科技组织中担任执委以上职务。中国通信学会、中国生物物理学会、中国岩石力学与工程学会等全国学会分别成功举办2011年国际云计算研讨会、第17届国际生物物理大会、第12届国际岩石力学大会等610余个重要国际科技会议，向世界展示中国相关领域科学发展水平和重大成就。配合中央对港澳台工作大局，举办当代杰出华人科学家公开讲座、海峡两岸青年科学家学术活动月等活动，为促进港澳地区繁荣稳定和两岸关系和平发展作贡献。福建省科协打造的海峡科技专家论坛等品牌，已成为我国促进海峡两岸交流合作的重要平台。

三、坚持大联合大协作的工作方式，深入开展全民科学素质工作

一是认真履行科学素质纲要实施工作办公室职责。积极完善常态工作机制，推动形成“政府推动、多部门联合协作、社会和公众广泛参与”的科学素质工作格局。以全民科学素质工作纳入国民经济与社会发展“十二五”规划为契机，会同教育部、科技部等9个部门联合制定、由国务院办公厅正式印发《全民科学素质行动计划纲要实施方案（2011—2015年）》，并牵头组织落实各项工作任务，23个省（区、市）将全民科学素质工作纳入当地“十二五”规划。召开全民科学素质行动实施工作电视电话会议，刘延东同志发表重要讲话，会议全面部署“十二五”时期全民科学素质重点工作，并对2006年以来成绩突出的150个单位及194名个人予以表彰。

二是充分发挥主题科普活动的品牌示范作用。以“坚持科学发展，节约保护水资源”为主题广泛开展全国科普日系列活动，习近平等领导同志出席北京主场活动，对建设节水型社会相关科普工作提出明确要求，极大地激发了广大科技工作者参与科普工作的热情。启动实施“社区科普益民计划”，以社区居民为重点，深入开展科教进社区、社区科普大学等有针对性的社区科普服务，大力倡导和普及节约资源、健康生活、防灾减灾、低碳环保等观念和知识，着力提升社区居民科学素质。成功举办第26届全国青少年科技创新大赛、第四届全民科学素质电视大赛等活动，全国参与青少年累计超过千万人次。与农业部、科技部、国家民委等联合开展科技专家和致富能手进宁夏、西藏科技下乡活动，举办各种实用技术培训150场，实地技术指导280场。围绕食品安全、转基因技术、核能利用与安全等热点问题，举办中国科协论坛、“科学家与媒体面对面”等系列活动，邀请专家学者通过新闻媒体向社会公众解疑释惑，正确引导社会舆论。中国环境科学学会组织开展“千乡万村环保科普行动”，在北京、天津等13个省（区、市）组织60多所高校、400多支小分队和4000多名志愿者，将环保知识、环保理念送进千村万户；中国气象学会、中国铁道学会开展“气象科普上列车”活动，山西省科协实施省城公交、楼宇电视《百万市民科普每一天》科普品牌工程，重庆市科协利用电视台、广播电台制作《科学十分钟》等栏目，深受当地群众欢迎。

三是着力推动繁荣科普创作。支持优秀原创科普作品，启动大学生科普作品创意征集活动，加大优秀科普作品推介力度，制作《科普大篷车》广播电视节目近700期、1万余分钟，覆盖全国2580多家电视台，受益人口达8.3亿。围绕“应急科普、民生科普、前沿科普”大力开发集成科普资源，研究制定《食品安全与公众健康科普宣传大纲》，开发电子科普挂图和青少年安全教育及心理健康挂图，为基层科普组织和社会各有关方面提供优质科普资源。中国核学会、中国环境科学学会等组织专家针对日本核事故撰写科普文章；广东省科协组织举办第五届科普创作大赛等，鼓励科技工作者积极参与科普创作；安徽省政府研究制定支持科普产业发展的政策和措施，有力促进科普事业和科普产业协调发展。

四是扎实推进科普资源共建共享。联合科技部、财政部等部门积极推进在国家科技计划项目中增加科普内容，与教育部、中科院等部门和单位合作促进优质科普资源向公众开放，推动中小学科普教育实践基地认定工作，与公安部消防局、中国消防协会共同命名第四批消防科普教育基地70个。组织“中国流动科技馆”等深入青海、四川、新疆、贵州等少数民族地区、革命老区和经济欠发达地区免费巡回展出，服务观众295万人次，其中山东省“流动科技馆县县通”工程完成8市37县（市、区）的巡展。中国数字科技馆成功改版，截至2011年10月底访问人次已逾750万、累计点击率2.8亿次。中国食品科技学会积极建设“中国食品科普网”，努力推动食品安全科普资源向公众开放。

五是加强科普基础设施条件建设。推动全国各类科普基础设施的发展，提升科普服务能力。实施全国科普教育基地示范项目，择优资助全国科普教育基地特色科普活动45项、优秀科普活动资源包28项，组织召开华南、华中片区全国科普教育基地经验交流会，与教育部、科技部、中科院推动中小学科普教育实践基地的命名认定工作，与公安部消防局、中国消防协会共同命名第四批消防科普教育基地70个。中国科技馆积极发挥引导作用，引领国内一大批已建成科技馆开展“上水平，创一流”活动。西藏、甘肃科技馆已经正式立项，全年新建成大中型科技类博物馆12个，其中湖南省科技馆刚一建成即实现多数展厅免费开放，湖北省科技馆新馆、云南省科技馆新馆已经奠基，福建省每年拨款500万元扶持福清市、安溪县等一批基层科技馆。开展全国科技馆免费开放调研工作，对全国353个科技馆进行调研，形成《全国科技馆免费开放工作建议方案（草案）》报送文化部和财政部。开展科技馆特效影院及科教影视设备、科普活动站建设、科

技馆展览设计标准等研究。着力提升基层科普工作能力和质量，新配发科普大篷车109辆，命名902个全国科普示范县（市、区），继续支持建设“华硕科普图书室”200个，中国科技馆发展基金会资助“科普体验箱”，发放到基层。

四、认真履行桥梁纽带职责，努力为科技人才成长提高服务

一是广泛宣传优秀科技工作者。配合召开中国科协八大，与国家邮政局联合发行第五组中国现代科学家纪念邮票，编辑出版《璀璨群星》、《科技工作者纪事》、《大家——80位科技人物合集》等优秀科技人物报道集。以钱学森同志诞辰100周年为契机，与总装备部共同支持西安电影制片厂拍摄电影《钱学森》，在中央电视台重播六集电视专题片《钱学森》，12月1日在北京隆重召开中国科协纪念钱学森同志诞辰100周年大会，号召广大科技工作者继承和弘扬钱学森精神，努力争当先进生产力的开拓者、先进文化的传播者、科学道德和良好学风的维护者。中国力学学会、中国自动化学会等也举办了相关纪念活动。在中宣部等部门支持下，利用报纸、广播、电视等媒体，大力宣传全国优秀科技工作者、中国青年科技奖和中国科协求是杰出青年奖等奖项获得者的先进事迹。全面实施“老科学家学术成长资料采集工程”，累计启动153位老科学家学术成长资料采集工作，系统收集整理反映老科学家学术成长历程的文字、音像和实物资料，切实把党的温暖送到老科学家心里，受到科技界普遍好评，北京、上海市科协积极组织力量承担采集工程相关任务，进展明显。

二是大力表彰举荐优秀科技工作者和创新团队。联合中组部、人社部组织开展第十二届中国青年科技奖评选表彰工作，与人社部联合开展全国科协系统先进集体和先进工作者评选活动，充分调动激发科技工作者的积极性主动性创造性。利用社会资金评选表彰第八届中国青年女科学家奖、中国科协求是杰出青年奖以及科技馆发展奖等奖项获得者，79个全国学会依法设立88个科技奖项。截至2011年10月底，科协系统共表彰奖励科技工作者近8万人次，表彰奖励先进集体2.2万余个。认真组织开展两院院士初遴选工作，17人当选中科院院士、10人当选工程院院士；推荐10个项目参评2011年度国家科技奖，5项获奖；推荐22个候选研究群体参评国家自然科学基金委员会创新研究群体科学基金，入选9个。配合“千人计划”，深入实施“海外智力为国服务行动计划”，与79个海外科技团体建立合作关系，同海外华人科技团体和华人科学家的沟通联系进一步密切。

三是深入开展科技工作者状况调查。完善科技工作者状况调查系统，调整优化科技工作者调查站点布局与结构，推动形成布局合理、动态调整、两级联动、规范科学的调查站点体系。扎实开展科技工作者人生观价值观状况调查、科技工作者知识产权意识调查等专项调查，温家宝、李克强、刘延东等中央领导同志对科研人员承担项目状况调查、离退休科技人员状况调查、全国护士状况调查等一批调研报告作出重要批示。按照中央书记处指示精神，中国科协和省市科协领导深入基层开展调研活动，与科技工作者广泛开展面对面、手拉手访谈交流，密切与科技工作者的联系。据不完全统计，截至2011年10月底，31个省（区、市）科协都开展了基层专题调研活动，504个全国科技工作者状况调查站点和131个省级站点共反映情况1700余期。辽宁省科协联合有关部门开展全省科技工作者状况调查，准确把握全省科技工作者队伍的基本情况和产业转型对科技人才的紧迫需求；广西科协调整优化科技工作者状况调查站点，完善管理办法，明确职责任务、奖惩措施等，有效激发站点工作积极性、提高信息报送质量和水平。

四是努力拓展为科技工作者服务的渠道和方式。根据《中国科学技术协会章程》，研究制定《中国科学技术协会全国代表大会代表任期制暂行办法》，鼓励支持代表认真履行职责。以“强化会员意识，弘扬创新文化”为主题，隆重举行中国科协会员日暨第十二届中国青年科技奖颁奖大会，王兆国等党和国家领导人出席大会，并为获奖者颁奖。中国老科技工作者协会、中国农业工程学会、中国科普作家协会等全国学会和地方科协在会员日前后开展了形式多样、内容丰富的活动，集中宣传科协和学会《章程》，发展会员，开展表彰活动，走访慰问科技工作者，组织科技工作者联欢联谊和文化活动等，密切与科技工作者的沟通与联系。引导学会完善会员服务机制，全国学会中有96%建立了面向会员的服务沟通渠道，62%开发应用会员管理网络平台，82%设立会员工作机构或岗位。认真做好八大代表建议办理工作，进一步完善代表建议案制度，逐一研究答复。加大继续教育工作力度，实施31个继续教育试点示范项目，支持全国学会承担专业技术人员知识更新工程，帮助科技工作者更新知识、开阔眼界、增长才干。

五是扎实开展科学道德和学风建设宣讲教育。针对社会上对科学道德和学风问题的强烈关注，以重在抓落实为出发点，与教育部合作共同推动在高校研究生新生中开展科学道德和学风建设教育。联合下发《关于开展科学道德和学风建设宣讲教育活动的通知》，成立宣讲教

育领导小组，编印宣讲参考大纲，邀请德学双馨的院士专家组成宣讲队伍，按照“全覆盖、制度化、重实效”的目标和要求，推动宣讲教育覆盖到全体研究生，把科学道德和学风建设教育作为一种制度安排，纳入研究生培养环节，扎实推进、确保落实、取得成效，不做表面文章，不走过场。科学道德和学风建设教育采取集中宣讲和各校分散教育相结合方式，鼓励和支持各研究生培养单位采取多种形式开展教育，并努力形成相应的制度。作为此项工作的启动和示范，10月13日，在人民大会堂举办首都高校“科学道德和学风建设宣讲教育报告会”，师昌绪、袁隆平、杨乐三位科学家结合科研实践作报告，32所高校和中科院研究生院共5700名研究生新生参加，拉开全国宣讲教育活动的序幕。迅速组建上百人的宣讲专家队伍，逐省抓好部署和督查，各省（区、市）党委和政府高度重视、大力支持，科协和教育厅积极配合，扎实推进宣讲教育深入开展。截至10月31日，31个省（区、市）都成立了宣讲教育领导小组和工作机构，并对宣讲教育作出部署，全部完成集中宣讲；同时，教育部直属的75所高校全部自行组织了科学道德和学风建设教育，这项工作在高校和社会都引起了强烈反响。习近平、王兆国、刘延东同志做出重要批示，充分肯定宣讲工作抓得准、抓得及时，要求把宣讲教育继续扩大到研究生、大学教师和科研人员。

五、切实加强自身建设，努力当好科技工作者之家

一是不断深化学会改革发展。进一步加大对学会创新发展项目的支持力度，举办学会创新发展工作经验交流会，除重点扶持全国学会外，继续通过省级科协资助部分省级学会加强组织建设，拓展服务领域，推进学会创新发展。加强学会人才队伍建设，举办理事长研修班、秘书长培训班以及学会新任工作人员培训班，着力推进学会办事机构的职业化。学会承接政府转移职能工作稳步推进，承担不同类型的社会化服务职能或政府转移职能523项，其中开展科技成果评价192项、科技人才评价45项。中国造船工程学会联合业内多家科研、生产和管理单位，共同承担工业与信息化部委托的重大科研项目；中华中医药学会受国家中医药局委托，构建了中医药行业标准化网络服务平台；中国农学会、中国纺织工程学会、中国电子学会等围绕行业关键问题，建立一批产学研技术联盟；中国公路学会、中国茶叶学会等实行以竞争和流动为核心的人事管理办法，实现办事机构队伍建设社会化、规范化；中国力学学会、中国化学会、中国心理学会等逐步探索建立监事会制度，民主办会力度逐步加大、影响力逐步增强。

二是加强对地方科协工作的支持指导。指导省级科协依照章程按期召开代表大会，青海、黑龙江、宁夏、浙江、上海、湖南、河北、吉林8个省（区、市）科协顺利完成换届工作，把加强党的领导与科协组织依照法律和章程独立自主开展活动有机统一起来。加强县级科协工作调研，举办县级科协主席培训班，进一步提升科协干部的理论水平和业务素质，增强履职能力。安徽省科协深入实施省科协常委联系点制度，协调帮助基层科协解决实际困难，受到当地党委政府、联系点及基层科技工作者欢迎。

三是积极推进科协基层组织建设。以“科普惠农兴村计划”为依托，推动农技协持续健康发展，截至2011年10月底，23个省（区、市）成立省级农技协联合组织，农技协数量增加到10.3万余个，个人会员1221万。以企业科协为重点，着力在新经济组织比较集中的地区发展科协基层组织，全国15个国家级高新技术产业开发区和17个国家级经济技术开发区建立科协组织，企业科协总量达到1.7万余个，个人会员310万。积极发展高校和科研院所科协组织，已在全国729个高校建立科协组织，发展个人会员54万。上海市积极探索科协组织建设新模式，推动建立企业科技工作者之家，新建园区科协22个，实现张江高新区“一区八园”和杨浦国家创新型试点城区大学科技园科协组织全覆盖。

四是推动完善科技社团发展的政策环境。以贯彻落实中国科协八大精神为契机，推动地方搭建促进科协事业科学发展的政策平台，新疆生产建设兵团党委、青海省委、吉林省委等出台加强新时期科协工作意见。各地积极探索推动科协立法工作，湖北省通过《湖北省科学技术协会条例》，辽宁省颁布《辽宁省科学技术普及办法》，为依法开展科协工作创造了良好的政策和法制环境。与教育部、科技部等部门建立会商制度，就充分发挥学会在国家创新体系中的作用、推动全民科学素质建设等议题达成共识。

综　合

【中国科学技术协会第八次全国代表大会】中国科学技术协会第八次全国代表大会于2011年5月27～30日在北京隆重召开。这次大会的胜利召开，对于团结带领广大科技工作者，紧紧围绕科学发展主题和加快转变经济发展方式主线，充分发挥科学技术第一生产力的作用，为胜利完成“十二五”规划、建设创新型国家和全面建成小康社会作出新贡献，具有十分重要的意义。

大会的指导思想是：高举中国特色社会主义伟大旗

帜，以邓小平理论和“三个代表”重要思想为指导，深入贯彻落实科学发展观，按照党中央、国务院的统一部署和胡锦涛总书记在纪念中国科协成立50周年大会上的重要讲话要求，自觉把科协工作融入党和国家工作大局，团结带领广大科技工作者，紧紧围绕科学发展主题和加快转变经济发展方式主线，继续解放思想，坚持改革开放，推动自主创新，服务科学发展，提升科学素质，促进社会和谐，为胜利完成“十二五”规划、建设创新型国家和全面建成小康社会作出更大贡献。大会的主要议程是：听取和审议中国科协第七届全国委员会的工作报告，审议《中国科学技术协会章程（修改草案）》，审议《中国科协“十二五”事业发展规划（2011—2015）（草案）》，选举产生中国科协新一届领导机构。

5月27日上午10时，大会在雄壮的国歌声中隆重开幕，党和国家领导人胡锦涛、温家宝、贾庆林、李长春、习近平、李克强、贺国强、周永康等到会祝贺。中共中央政治局常委、中央书记处书记、国家副主席习近平代表党中央，作了题为《科技工作者要为加快建设创新型国家多作贡献》的祝辞。他高度评价了科协七大以来各级科协组织坚持以科技工作者为本，在团结带领广大科技工作者增强自主创新能力、建设创新型国家和提高全民科学素质方面所做的大量卓有成效的工作，强调科协组织不愧为党和政府联系科技工作者的桥梁和纽带，不愧为推动国家科技事业发展的重要力量。在新的历史起点上，习近平同志对科协组织继续围绕党和国家工作大局，更好地履行“三服务一加强”的工作职能，努力开创科协工作新局面提出四点明确要求：一是科协组织要继续致力于促进科学技术繁荣和发展，更好地为经济社会发展服务；二是科协组织要继续致力于促进科学技术普及和推广，更好地为提高全民科学素质服务；三是科协组织要继续致力于促进科技人才成长和提高，更好地为科技工作者服务；四是科协组织要继续着眼于建设科技工作者之家、当好科技工作者之友，更好地加强自身建设。

中国科学院院长白春礼和全国总工会副主席、书记处第一书记王玉普，分别代表科技界和各人民团体向大会致贺词。出席开幕式的领导同志还有：王兆国、刘云山、刘延东、李源潮、何勇、令计划、王沪宁、乌云其木格、周铁农、马凯、陈奎元、张榕明、罗富和、周光召，中央军委委员李继耐等。大会开幕式分别由韩启德、邓楠主持。中央和国家机关有关部门、解放军、各人民团体，各省、自治区、直辖市负责同志，在京中国科协历届负责同志，以及首都各界人士和科技工作者代表约3000人参加了开幕式。

开幕式上，韩启德受中国科协第七届全国委员会委托，向大会作题为《高举中国特色社会主义伟大旗帜 团结带领广大科技工作者 为建设创新型国家夺取全面建设小康社会新胜利而奋斗》的工作报告。工作报告全文1.2万余字，分两个部分。第一部分回顾了5年来中国科协高举中国特色社会主义伟大旗帜，以邓小平理论和“三个代表”重要思想为指导，深入贯彻落实科学发展观，自觉用中央精神统一思想、凝聚力量、推动发展，充分发挥党和政府联系科技工作者的桥梁和纽带作用，认真落实中央重大决策部署，圆满完成中国科协七大部署任务的有关情况。报告在回顾总结科协五年工作的基础上，谈了六点体会：第一，坚持党对科协的领导，是促进科协事业发展进步的根本保证；第二，坚持“三服务一加强”的工作定位，是做好科协工作的内在要求；第三，坚持以科技工作者为本，是做好科协工作的重中之重；第四，坚持在遵循规律的基础上创造性地开展工作，是引导科协事业繁荣发展的基本方法；第五，坚持重心下移、深入基层，是夯实科协事业发展基础的关键；第六，坚持打造活动品牌，是提升科协组织社会形象的有效途径。这六点体会得到了中央的充分肯定和中国科协八大代表的广泛认同。工作报告第二部分是对未来五年的工作建议。

5月28日，中共中央政治局常委、国务院总理温家宝向与会代表作形势报告。韩启德同志主持了报告会。中国科协八大代表和来自首都科技界的代表共约3000人聆听了总理的报告会。温家宝总理的形势报告共分5个部分，全面深刻地分析了我国科技发展面临的新形势新任务，提出“十二五”时期我国要紧紧依靠科技创新加快转变经济发展方式，大力加强基础研究和前沿研究，进一步深化科技体制改革，努力提高全民族科学素质，使代表们进一步认清了形势，开阔了思路，对大家准确把握国家科技工作大局、更加扎实有效地做好本职工作具有重要的指导意义。

党中央、国务院对开好中国科协八大高度重视，对做好新形势下的科技工作者工作和科协工作提出明确具体的要求，充分体现了党和国家对科技工作者和科协工作的高度重视和殷切期望，广大科技工作者和科协工作者认清了形势，明确了任务，增强了历史使命感、紧迫感和责任感，对未来充满信心。

大会经过严格的民主程序，以无记名投票方式选举产生了中国科协第八届全国委员会委员。新的全国委员会共有委员 380 名。5 月 29 日，召开了八届一次全委会议，韩启德当选为全委会主席，同时选举了陈希、袁家军、邓中翰等 16 位副主席和 53 位常务委员。在此后举行的八届一次常委会议上，通过了中国科协书记处的人选，由陈希、程东红、张勤、徐延豪、王春法组成书记处，陈希任第一书记。

5 月 30 日，大会举行闭幕式。中共中央政治局委员、全国人大常委会副委员长王兆国，中共中央政治局委员、国务委员刘延东出席闭幕式。王兆国发表重要讲话。他指出，党中央历来高度重视科协工作，党中央对做好新形势下科协工作寄予殷切期望。各级科协组织要认真学习、深刻领会、全面贯彻胡锦涛总书记在纪念中国科协成立 50 周年大会上的重要讲话精神和习近平同志代表党中央在中国科协科协八大上的祝辞精神，切实把思想和行动统一到中央的决策部署上来，进一步深化对科技工作在促进经济社会发展中重要地位的认识，进一步明确科协组织推动我国科技事业发展的战略重点和主攻方向，充分发挥科技社团在做好新形势下党的群众工作方面的独特作用，努力把中央的要求转化为服务科学发展、促进社会和谐的自觉行动，在实施“十二五”规划、全面建设小康社会的伟大征程上再创佳绩、再立新功。

大会通过了中国科协八大关于中国科协七届全委会工作报告的决议、中国科协八大关于《中国科学技术协会章程》的决议、中国科协八大关于《中国科协事业发展“十二五”规划（2011—2015）》的决议。中国科协第八届全国委员会主席韩启德向张晓强、杜占元、王志刚等 11 位同志授中国科协顾问聘书。王兆国、刘延东同志向邓楠、韦钰、赵忠贤等 20 位同志授中国科协荣誉委员证书。中国科协第八届全国委员会副主席、书记处书记程东红宣读《关于命名 2011—2015 年度全国科普示范县（市、区）的决定》，中国科协书记处书记徐延豪作《关于中国科协八大代表建议案有关情况的报告》。授予北京林学会等 200 个集体“全国科协系统先进集体”荣誉称号，授予刘晓勘等 499 名同志“全国科协系统先进工作者”称号，其中中国石化集团北京燕山石油化工有限公司科学技术协会等 32 个集体为“全国科协系统先进集体标兵”，李玉明等 31 人为“全国科协系统先进工作者标兵”，向 32 个 2011 ~ 2015 年度全国科普示范县（市、区）代表授牌。全国科协系统先进集体标兵单位代表、中国力学学会理事长胡海岩，全国科协系统先进工作者标兵代表、湖南省长沙市科协副主席、党组书记刘谷收作大会发言。韩启德致闭幕辞并宣布大会胜利闭幕。全国人大常委会副委员长司马义·铁力瓦尔地，全国政协副主席郑万通等出席闭幕式。闭幕式由中国科协副主席、书记处第一书记陈希主持。

本次大会共有正式代表 1300 名，是从近 5800 万科技工作者中层层推选产生的，还有 167 名特邀代表和 118 名列席代表参加了大会，充分体现了全国各地区、各领域、各行业科技工作者的大团结。大会 1300 名代表的构成体现三个特点：第一，代表年龄结构合理。61 岁以上的代表 160 名，占代表总数的 12.3%；45 岁左右的代表 481 名，占代表总数的 37.0%。第二，代表性别、民族、党派比例均衡。女性代表 256 名，占代表总数的 19.7%；少数民族代表 113 名，占代表总数的 8.7%；民主党派和无党派代表 161 名，占代表总数的 12.4%。第三，基层科技工作者代表有所增加。基层代表 753 名，占代表总数的 57.9%；企业代表 219 名，占代表总数的 16.8%；高新园区代表 17 名，占代表总数的 1.3%。

为强化桥梁纽带职责，充分发挥代表作用，中国科协八大代表选举完成后，中国科协进一步健全完善代表建议制，鼓励代表针对国家科技工作、科协工作以及科技工作者关心的问题提出建议和意见，代表大会期间专门设立建议组，负责收集整理代表的建议和意见，重要情况及时向中央及有关部门反映。

中国科协第八次全国代表大会的筹备工作始终是在党中央的高度重视、亲切关怀和具体指导下进行的，始终是在中国科协七届全委会、常委会的直接领导下进行的。在党中央的亲切关怀和与会代表的共同努力下，中国科协八大开得十分成功，是一次团结的大会、民主的大会、鼓劲的大会。中国科协要求各级科协及所属团体把学习贯彻中国科协八大会议精神作为当前和今后一个时期的工作重点，加强组织协调，加大工作力度，尽快形成广泛宣传、认真学习、深入贯彻中国科协八大会议精神的热潮，坚持用中国科协八大会议精神指导实践、推动工作，不断开创科协事业科学发展新局面。

白春礼在中国科学技术协会第八次全国代表大会上的致辞

各位领导、各位代表、同志们：

今天，中国科学技术协会第八次全国代表大会隆重开幕了。这是在“十二五”时期开局之年我国科技界的一次重要会议，也是广大科技工作者迈向建设创新型国家新征途的一次动员大会。在这里，我谨代表教育部、科技部、中国科学院、中国工程院、国家自然科学基金会、国防科工局向大会的胜利召开表示热烈的祝贺！向出席大会的各位代表和广大科技工作者、科协工作者致以崇高的敬意！

中国科协在增强自主创新能力、建设创新型国家中一直发挥着不可替代的独特作用。5年来，在党中央、国务院的正确领导下，中国科协团结带领广大科技工作者，围绕中心、服务大局，发挥优势、展现特色，广泛开展学术交流，充分启迪创新思维，激荡自主创新的源头活水；深入推进群众性技术创新活动，积极实施“科普惠农兴村计划”，广泛开展科技咨询服务活动，引导科技创新要素向农村流动、向企业集聚；推动实施全民科学素质行动计划纲要，广泛开展各类主题科普活动，促进全民科学素质大幅提升；大力举荐、表彰、宣传优秀科技工作者，引导科技工作者继承发扬老一辈科学家的优良传统，充分激发全社会的创新热情和创造活力，为推动科技进步和创新做了大量卓有成效的工作。实践表明，科协组织不愧为党和政府联系科技工作者的桥梁和纽带，不愧为推动我国科技事业发展的重要力量，不愧为广大科技者之家。

党中央、国务院高度重视科技工作，近年来连续颁布实施《国家中长期科学和技术发展规划纲要（2006—2020年）》、《国家中长期人才发展规划纲要（2010—2020年）》和《国家中长期教育改革和发展规划纲要（2010—2020年）》，特别是在“十二五”规划纲要中突出强调科技工作，确立了科技是关键、人才是核心、教育是基础的战略布局，完成了科教兴国战略、人才强国战略和建设创新型国家的顶层设计，为进一步做好科技工作指明了方向。新形势、新任务对做好科技工作提出了新的更高要求，对做好科协工作也提出了新的更高要求。衷心希望和热切期待中国科协紧紧围绕党和国家工作大局，充分发挥人民团体的特点和优势，更加自觉、更加坚定地走中国特色自主创新道路，团结带领广大科技工作者积极投身推动科学发展、加快转变经济发展方式、应对新科技革命挑战的伟大实践，用广泛深入的学术交流促进科学技术的繁荣和发展，用务实有效的科普活动促进科学技术的普及和推广，用优质高效的服务促进科技人才的成长和发展，用形式多样的群众性技术创新活动促进科技与经济相结合、促进科技与教育相结合，切实把科学技术第一生产力的重要作用充分发挥出来，把科技工作者作为先进生产力开拓者和先进文化传播者的作用充分发挥出来，把学会作为国家创新体系重要组成部分的作用充分发挥出来，为我国科技进步创新、经济社会发展作出新的更大贡献。

长期以来，科技界各部门始终与中国科协保持着密切合作关系，积极支持科协组织开展工作，引导科协所属团体在承接政府转移的社会化服务职能方面发挥重要作用。面对新形势、新任务，我们要更加紧密地团结起来，加强合作，互相支持，为开创科技工作新局面而协力拼搏、共同奋斗。

各位代表、同志们！

目标已经明确，蓝图已经绘就。我们相信，中国科协八大的召开，必将进一步推动科协工作迈上新台阶。让我们更加紧密地团结在以胡锦涛同志为总书记的党中央周围，高举中国特色社会主义伟大旗帜，以邓小平理论和“三个代表”重要思想为指导，深入贯彻落实科学发展观，团结带领广大科技工作者，开拓进取，扎实工作，全力推进创新型国家建设，为完成“十二五”规划目标任务、为夺取全面建设小康社会新胜利作出新的更大贡献！

预祝中国科协第八次全国代表大会圆满成功！

王玉普在中国科学技术协会第八次全国代表大会上的致辞

各位领导、各位代表、同志们：

中国科学技术协会第八次全国代表大会今天隆重开幕了。这是我国科技界的一次盛会，也是人民团体事业发展的一件盛事。在此，我谨代表全国总工会、共青团中央、全国妇联、中国文联、中国作协、中国侨联、全国台联、中国残联，对大会的召开表示热烈的祝贺！向出席大会的各位代表和广大科技工作者、科协工作者致以崇高的敬意！

科技工作者是先进生产力的开拓者和先进文化的传播者，是推动经济发展和社会进步的重要力量。5年来，在党和政府的正确领导下，广大科技工作者继承和发扬我国老一辈科学家的光荣传统，锐意进取、开拓创新，取得了一大批世界一流的创新成果，为建设创新型国家、促进经济社会发展作出了突出贡献。特别是在抗击严重自然灾害，举办北京奥运会和上海世博会，完成载人航天飞行任务以及应对国际金融危机冲击等重大工作中，广大科技工作者攻坚克难、拼搏奉献，发挥了独特作用。科技工作者创造的辉煌业绩，得到了党和政府的充分肯定，赢得了全社会的广泛赞誉。

自第七次全国代表大会以来，中国科协认真贯彻落实中央决策部署，自觉把加强党和政府与科技工作者的联系作为基本职责，深入开展科技工作者状况调查，及时掌握科技工作者的工作、学习、生活、思想状况，及时准确把党的路线、方针、政策传达给广大科技工作者，及时准确反映科技工作者的意见、建议和诉求，在党和政府同科技工作者之间建立了畅通稳定的双向沟通渠道；自觉把竭诚为科技工作者服务作为根本任务，引导和支持科技工作者紧紧围绕增强自主创新能力、建设创新型国家勇攀世界科技高峰，努力在服务经济社会发展中建功立业；自觉把科技工作者是否满意作为衡量科协工作的主要标准，大力举荐、表彰、宣传在科技创新和科学普及方面作出突出贡献的优秀科技工作者和创新团队，推动解决科技工作者在工作生活中遇到的实际困难，反映和推动解决关系科技工作者切身利益的实际问题，使科协组织成为温暖的科技工作者之家，让广大科协干部成为名副其实的科技工作者之友。我们各人民团体为中国科协取得的突出成就感到由衷的高兴。

各位代表、同志们!

我们正在进入一个新的时代，我们正在创作人类历史上最壮美的诗篇。党的十七届五中全会和国家“十二五”规划纲要明确提出要以科学发展为主题，以加快转变经济发展方式为主线，努力为全面建成小康社会打下具有决定性意义的基础。党和国家事业的发展，离不开人民群众的创造力量，做好群众工作始终是各人民团体的根本任务。我们一定要牢固树立群众观点，深入基层、深入实际，密切联系群众、广泛组织群众、正确引导群众，把广大人民群众团结凝聚在党和政府周围，把党的路线方针政策贯彻落实到各项工作中去，最大限度地激发全社会活力。一定要坚持人民群众主体地位，发挥人民群众首创精神，广泛组织开展群众性科技创新活动，普及科学技术知识，提高人民群众技能水平和创新能力，充分调动广大人民群众的积极性、主动性和创造性，团结动员广大人民群众为实施科教兴国战略和人才强国战略、建设创新型国家献计出力。一定要认真履行维护群众权益这个重要职责，真诚倾听群众呼声，真实反映群众愿望，真情关心群众疾苦，全心全意为群众服务，推动解决群众最关心、最直接、最现实的利益问题，有力促进社会和谐稳定。一定要不断提高做好群众工作的能力和水平，进一步巩固深入学习实践科学发展观活动成果，深入开展创先争优活动，在密切党同人民群众的血肉联系方面展现新气象、创造新业绩。

长期以来，各人民团体团结协作、共同奋斗，建立了良好的合作关系和深厚的友谊。今后，我们要一如既往地加强交流，密切配合，互相支持，为不断开创人民团体工作新局面、更好地服务于党和国家工作大局而携手共进。

各位代表、同志们!

新的蓝图已经绘就，新的伟业即将开始。我们相信，中国科协一定能够不辱使命、不负重托，团结带领广大科技工作者在新的历史征程中再创辉煌。让我们更加紧密地团结在以胡锦涛同志为总书记的党中央周围，高举中国特色社会主义伟大旗帜，以邓小平理论和“三个代表”重要思想为指导，深入贯彻落实科学发展观，万众一心、奋发图强，为夺取全面建设小康社会新胜利、开创中国特色社会主义事业新局面而努力奋斗。

预祝中国科协第八次全国代表大会圆满成功!

中国科学技术协会第八次全国代表大会关于第七届全国委员会工作报告的决议

（2011年5月30日中国科学技术协会第八次全国代表大会通过）

中国科学技术协会第八次全国代表大会认真审议了韩启德主席代表第七届全国委员会所作题为《高举中国特色社会主义伟大旗帜，团结带领广大科技工作者为建设创新型国家、夺取全面建设小康社会新胜利而奋斗!》的工作报告，认为工作报告对过去五年的工作总结实事求是，对形势的分析透彻深入，对今后五年的工作建议切实可行，决定：通过第七届全国委员会工作报告。

中国科学技术协会第八次全国代表大会关于《中国科学技术协会章程》的决议

（2011年5月29日中国科学技术协会第八次全国代表大会通过）

中国科学技术协会第八次全国代表大会审议并同意第七届全国委员会提请审议的《中国科学技术协会章程（修改草案）》，决定新章程从通过之日起实施。

中国科学技术协会第八次全国代表大会关于《中国科学技术协会事业发展“十二五”规划》的决议

（2011年5月30日中国科学技术协会第八次全国代表大会通过）

中国科学技术协会第八次全国代表大会认真审议了《中国科学技术协会事业发展“十二五”规划》，认为规划提出的主要目标明确，重点任务突出，总体安排可行，符合科协实际，对于推动科协事业再上新台阶具有十分重要的指导意义，决定：通过《中国科学技术协会事业发展“十二五”规划》。

中国科学技术协会第八次全国代表大会代表名单

全国学会第一代表团（34人）

饶子和	崔向群（女）	顾　瑛（女）
马志明	王长平	王志新
王诗宬	王曙光	邓　军
邓　楠（女）	艾国祥	巩馥洲
朱立新	任　海	刘世荣

孙 飞 李 冬（女） 陈 进
陈志明 陈毓川 欧阳竹
郑晓年 胡瑞忠 顾红雅（女）
倪国强 郭红卫 曹健林
阎锡蕴（女） 董月霞（女） 蒋志刚
景乃禾 蒲嘉陵 雷 波
臧春林

全国学会第二代表团（34人）

杜祥琬 陈运泰 薛勇彪
丁小燕（女） 王 牧 王向东
王恩哥 王新程（土家族） 毛东兴
田 静 任官平 刘 毅
杨德刚 沈 岩 张 泽
张人禾（回族） 张国友 张高英
陈晔光 陈晓非 侯朝焕
赵忠贤 施 鹏 秦大河
夏 光 郭丽琴（女） 黄大卫
黄清华 龚旗煌 符淙斌
隋曼龄（女） 韩春绪 詹文龙
蔡 晨

全国学会第三代表团（36人）

陈 颙 汪寿阳 王 旭（女）
方运河 白春礼（满族） 冯西桥
成升魁 吕 植（女） 刘纪远
刘杏忠 关乃佳（女，满族） 李 明
杨 卫 杨玉芳（女） 杨瑞馥
邱 理 何林涛 何祖华
张 希 郑素萍（女） 郝卫东
胡海岩 洪友士 姚建年
姚檀栋 相建海 秦 川（女）
袁亚湘 顾逸东 钱七虎
高 松 高小山 郭 建
董 奇 戴厚良 魏辅文

全国学会第四代表团（48人）

栾恩杰（满族） 侯建国 张 峥
于学伶（女） 干 勇 马林聪
王 琪 王震西 牛志升
申彦红（女） 包为民 刘功臣
齐 让 阳树毅（瑶族） 严纯华
李 洪 李忠海 李新亚
李静海 杨俊华 吴长江
张 辉 张人为 张小虞
张成良 张柏春 张彦敏
张智江 陆延昌 陈 峰
陈运法 郑惠强 宗燕兵
屈晓光 孟兆祯 赵东野
赵曼琳（女） 袁家军 晋占平
徐永模 贾承造 黄小卫（女）
黄卫东 曹淑敏（女） 龚 克
梁秀兵 温向明 潘国美（女）

全国学会第五代表团（44人）

孙永福 刘炯天 朱美芳（女）
马国馨 王 勇 王 硕
王飞跃 王竹林（女） 王延祜
毛大庆 邓少生 付于武
冯长根 吕长清 朱文一
刘秀梅（女） 孙昌基 孙家广
孙瑞哲 苏 青 李德毅
肖立业 吴云洁（女） 张小兵
张玉卓 张进华 张增志
陈光章 邵韦平 金红光(朝鲜族)
周 畅 赵沁平 胡昌华
俞 晖（女） 徐 波 徐 淮（女）
翁 端 黄伯云 曹振雷
康红普 韩家新 焦开河
裴相精 戴汝为

全国学会第六代表团（40人）

刘 玠 周 伟 王 俊
马 赟 王 忠 王天义
王时伟 邓小刚 毋立芳（女）
石定环 申慧群 冯爱军（女）
刘文杰 刘汝林 庄松林
严宏强 李 蓬（女） 李红霞（女）
李树君 吴幼华 何宗就（京族）
张立群 张宏科 张喜刚
陈雯海 周大兵 宗敦峰
赵 沛 胡承淼 施岳定
顾洪宾 徐惠彬 郭桂蓉
曹湘洪 龚七一 康克军
章正宇 韩江洪 韩鲁佳（女）
燕 琴（女）

全国学会第七代表团（40人）

屠海令 甘晓华 高 福
马树恒 王 雪 王 维
王建华 朱 明 伊 烈（满族）
刘长欣 刘高倬 孙建红

江恩惠（女） 杜小勇 杜子德
李 卫 李文新（女） 李先庭
李冠兴 李赞堂 杨志军
肖建国 张 勤 张广军
张洪国 陈书海 陈国平
陈国华 林宪东 金嘉玮
周大地 姚素平（女） 郑纬民
徐 强 高 伟 唐传祥
康 义 敬正书 谢 植
管小冬（女）

全国学会第八代表团（36人）

刘 旭 麦康森 戴广翠（女）
万建民 王 韧 王 堃
牛崇桓 田淑芬（女） 白由路
司徒建通 朱士恩 许世卫
杜永臣 杨传平 杨亚军
吴孔明 邹瑞苍（女） 沈仁芳
宋维明 张 焱 张存帅
张显良 张保明 张桃林
陈 阜 陈万权 陈焕春(土家族)
赵方田 赵良平 曹幸穗
曹福亮 彭友良 蒋 新
鲁 成 解绥启 廖小军

全国学会第九代表团（42人）

何界生（女） 张雁灵 刘华平（女）
王 宇 王 兴 王 辰
王 韵（女） 王陇德 王晓民
朱广瑾（女） 庄 辉 刘雁飞
刘德培 孙 红（女） 李云庆
李宗浩 吴立玲（女） 吴明江
邱贵兴 邸泽青（满族） 沈晓明
张 华 陈 竺 尚 红（女）
郎景和（满族） 赵玉沛 赵明辉
柯 杨（女） 段树民 饶克勤
顾汉卿 徐延豪 徐建光
高润霖 黄叶莉（女） 黄庆道
韩启德 程义勇 翟凤英（女）
樊瑜波 戴建平 魏于全

全国学会第十代表团（34人）

郝希山 曹雪涛 李俊德
于世英（女） 马 辛（女，回族） 王永炎
王拥军 王国强 王撷秀（女）
田 野 朱立国 刘 耀
刘保延 杜冠华 李少丽（女）
李显筑 李维衡 杨志敏（女）
励建安 张 兰（女） 张永祥
张国成 陈香美（女） 陈祥友
周平坤 周谋望 柯尊洪
侯 键 徐瑞华 高 扬
桑国卫 韩 芳 雷 燕（女）
蔡焯基

全国学会第十一代表团（24人）

韦 钰(女，壮族) 詹福瑞（满族） 李 迅
王伟中 王建中 牛灵江（女）
方 新（女） 石永怡（女） 申有顺
吕飞杰 刘嘉麒（满族） 孙晓郁
吴启迪（女） 张小林（女） 张开逊
张文范 张忠占 郭日生
赵有利 赵纯均 贺德方（满族）
鲁晓波 廖育群 穆荣平（回族）

全国学会第十二代表团（32人）

宋南平 李和平（女） 张志强
马德秀（女） 王建华 王渝生
韦 穗（女） 石 楠 田 英（女）
田来福 付文军 邢胜才
朱邦芬 刘长琨 刘军萍（女）
张云才 张景安 陈秀保
周建春 季恒宽 郑凌志
胡思森 姚希彤（女） 高登义
郭华东 梁 勇 程东红（女）
程连昌 焦洪波 强志军（女）
鲍 红（女） 熊 岚（女）

北京市科协代表团（43人）

顾秉林 夏 强 景晓东
王 旭 王 炜 王小兰（女）
王苏舰 王秋生 王慧敏（女）
尹伟伦 邓中翰 田 文
冯 军 边群英（女） 朱世龙
伍险峰 任 杰 华 炜（女）
刘 刚 刘月娥（女） 许 勇
孙宝国 杜 伟 李小康
李云飞 李群虹（女） 杨 彬
杨伯钢 杨博喻（满族） 张宏家
张振香（女） 周 辉 周立军
项晓培（苗族） 赵春江 饶广远
贺慧玲（女） 袁志宁 钱志国

高　峰（蒙古族）唐志敏　揭玉斌
潘曙达（女）

天津市科协代表团（27 人）

王静康（女）　杨鑫传　艾玉田
王祖强　尹海林　尹耀光
龙以明　叶正良　白海力(蒙古族)
冯世庆　刘　力（女）　刘昌孝
孙育红（女）　李　忠　李宝纯（女）
李桐海　李耀荣　何有才
张大宁　张玉民　张旭光
张丽丽（女）　陆丽珍（女）　周潮洪（女）
赵　鹏　胡　伟　夏长亮

河北省科协代表团（27 人）

李有成　唐树钰　李宗民
王建平　王宝兴　王贵英（女）
王海波　卢竞芳（女）　刘金铜
关跃刚　孙红川　李三练
李晓亮　张怀明　张洪起
陈健敏　范亚平（蒙古族）　范宏杰
罗宝民　郑丽萍（女）　赵国青
赵治海　贺志远　耿　树
崔　炜　崔学军　蔡淑红（女）

山西省科协代表团（22 人）

杨伟民　侯晋川　王德贵
弓少伟　王　帆（女）　王吉生
王重一　方敬爱（女，朝鲜族）
刘亚青（女）　杨全锁　杨建娥（女）
连建华　张　勇　张天才
张秀亲（女）　张高峰　金智新（满族）
赵春义　宫瑞忠　贾　耀
崔　忠　谢克昌

内蒙古自治区科协代表团（21 人）

牛广明　白宝玉（蒙古族）　亢贵厚
王利平　王晓东　艾保民
朱　丹（女）　刘　亚　刘　勇
孙姝红（女）　李建社　李国婧（女）
李春龙　杨　劼（女，蒙古族）
汪英杰（满族）　阿拉坦沙（蒙古族）
阿拉腾布拉格（蒙古族）　纳顺达来（蒙古族）
曹云明　宿　静（女，回族）薛金利

辽宁省科协代表团（37 人）

王天然　康　捷（女，满族）
金太元（朝鲜族）马宪英（女）　王　巍
王文选（满族）　王洪新　王黎宁
方龙田　朴文国（朝鲜族）　多丽萍（女）
刘金英（女）　刘恒新（满族）　齐　济（女）
汲　涌（满族）　苏翠屏（女）　李　平
李　森（满族）　李长青（女）　李荣德
余良清　邹天来　宋　纯
迟吉茂　张　云（女）　张国枢（满族）
陈　希　陈　浩　聂晓玲（女）
夏　明　徐　勇　看金明
高大彬　高墨山　郭东明
陶承光（满族）　韩恩元

吉林省科协代表团（27 人）

刘淑莹（女）　王长和　李景涛
于化东　于吉红（女）　马云鹏
王之虹　王家骐　王德林
朱青林（朝鲜族）刘　野　孙国庆
孙爱军　严干贵　李　冰（女）
吴建会（满族）　张培刚　张德江
岳德荣　赵　继　赵志魁
赵树宽　钟继荣（女）　郭建华
琴　钢（朝鲜族）鲁建春　戴　昕

黑龙江省科协代表团（27 人）

马淑洁（女）　闫永华　张云达
马绍良　王　辉　王晓红（女）
田有奎　田家玮（女）　闫国峰(蒙古族)
许　万（朝鲜族）孙鸿达　李文范
李树才　李翠霞（女）　杨　菲（女）
杨宝峰　宋　艳（女）　张　頔
张旭德　张建国　张毅方
金　森　赵云龙　侯德义
姜林奎　韩贵清　路　慧（女）

上海市科协代表团（45 人）

曹振全　杨广生　王晓东
丁海涛　马　坚　王方华
王文健　田　利　乐秀海
朱建华　朱惠君（女）　刘　桦
刘　健　孙　海（女）　杨　蕾（女）
杨玉良　杨福家　吴　凡（女）
吴　跃　吴文煊　吴红泉
汪　泓（女）　沈文庆　张　健（侗族）
张　鹏　张文军　张培璋
陈　薇（女）　陈卫国　陈文娟（女）
陈兰明（女）　陈赛娟（女）　卓尚军(土家族)

孟　星　封东来　赵振堂
俞志康　秦　蓉（女）　秦路平
徐乐江　高金平　黄迪南
曹嘉明　谢　燕（女）　颜世洁（女）

江苏省科协代表团（36人）

欧阳平凯　徐耀新　黄　敏
丁　坚　王　虹（女）　王国聘
吕　建　朱立锋　纪顺俊
严旭华（女）　李　斌　李廉水
杨　光　杨　辉（回族）　杨占平
邱海波　张孝义　陆延青
林　群（女）　郁霞秋（女）　单文志
赵振祥　姜　华　姜晓军
祝世宁　顾忠泽　倪道宏
徐向明　徐瀚文　崔维成
梁学军　董　谦　程晓红（女）
翟虎渠　德　伟（蒙古族）　潘培时

浙江省科协代表团（30人）

李兰娟（女）　鲁善增　董克军
于明坚　王　健　王康友
邬丽娜（女）　刘　君（女，回族）　许亚芬（女）
杨志达　肖凤仪　吴金坤
张立彬　张建民　陆亚东
陈昆松　陈剑平　范永升
林　宪　金建祥　赵国秋
郭耀明　唐耿夫　黄雪忠
戚屯锋　隗斌贤　韩喜球（女）
谢牧人　潘根林　薛安克

安徽省科协代表团（26人）

周建强　宛晓春　司　敏（女）
马　文（女，回族）　王民安　王英俭
王雨虹（女）　石广永　龙文祥
朱晓华　刘庆峰　安　进
李　缜　李从玉　李贤胜
杨　宁　吴曼青　张学军
陈学东　陈爱萍（女）　范守斌
赵开兵　胡德云　施雄梁
涂晓华　魏孝利（女）

福建省科协代表团（27人）

吴新涛　叶顺煌　林芝建
付贤智　兰思仁（畲族）　吕德钧
刘德建　阮孟源　吴联派
吴毅禧　沈爱民　宋继勇
张彩珍（女）　陈文良　陈文哲
陈永宝　陈炳煌　陈瑞珍
林学理　郑玉琳（女）　施立华（女）
姜小鹰（女）　黄亚惠（女）　曾兴富
谢华安　雷成才（畲族）　蔡　锋

江西省科协代表团（23人）

李华栋　龚绍林　丁冰洋
马建德　王　敏　兰亚青(女,畲族)
刘三秋（女）　刘伯达　孙　斌
严由南　易　勇　罗方承
洪显和　姚晓明　黄晓华
董晓华　蒋卫东　程美华（女）
程晓曙　曾繁荣　蔡　智
熊　涛　魏运华

山东省科协代表团（36人）

唐启升　燕　翔　杜湘波
马传先(女，回族)　王　涛（女）　王义正
王乐义　王玉志　王立斌
王春法　王维华　冯兆华
成　巍（回族）　刘建华　刘宗利
江秀花（女）　宇文胜　许振超
张　伟　张　彦（女）　张义泉
张辛东　张宪常　邵　莉（女）
赵　斌　赵绥生　赵爱华（女）
徐立永　殷国光　黄　琦（女）
商敬工（女）　盖文兴　谢立信
路则合　管华诗　戴海波

河南省科协代表团（31人）

李建中　马万杰　冯　琦（女）
马仰峡　王玉民　王志清
文广轩　尹新明（女）
邓清红（女，土家族）　卢忠实
申长雨　吕心阳　乔国强
刘昌宇　刘素岩（女）　许为钢
宋新健（女）　张　元　张占仓
张改平　张建国　陈开碇
尚国营　周国学　耿新生
高文生　高永军（女）
梁瑞玲（女，回族）　禄丰年
楚金甫　阚全程

湖北省科协代表团（33人）

樊明武　曲　颖（女）　卢光发
马天平（女）　王　哲　王启耀

王振华 王家绪 王健群
朱新民 向红云 刘 晗
苏 轩（女） 杨 勇 杨晓梅（女）
何义斌 张启发 陈孝平
罗志增 周厚贵 姚运生
秦爱民 袁运斌 徐少军
徐红兵（女） 徐新平 唐文胜
唐质斌 蒋昌忠 傅连春
薛 红 薛圣忠 戴清堂(土家族)

湖南省科协代表团（26 人）

何继善 邹志强 荣 诚
王新国 尹泽勇 卢光琇（女）
刘友梅 刘国江（女） 李 华
李守海 吴新江 何祚云（女）
邹学校 陈有菊（女，土家族）
易小刚 周后德 周宏灏
官春云（蒙古族） 姚守拙 秦冬生
袁圣祥 唐斯萍（女） 黄湘林
章继业 彭 立 覃仕斌(土家族)

广东省科协代表团（34 人）

梁 明 许宁生 冯 元
区又君（女） 毛新平 孔进棠
邓 洁（女） 卢钟鹤 叶远璋
朱建明 朱根发 乔正平（女）
刘人怀 阳成伟 苏晓生
李汉明 李志明 杨杏芬（女）
杨晓西 肖润新 邱显扬
余夕志 沈梅红（女） 张宪民
张惠英（女） 陈晓涛 金炯球(朝鲜族)
周路明 赵树培 侯凡凡（女）
郭 姣（女） 黄东云 雷会雄(畲族)
蔡 康

广西壮族自治区科协代表团（20 人）

甘向群（壮族） 郑皆连 陆宏光(壮族)
万声兰（女） 王 宁 王 洲(仫佬族)
石吉朝（壮族） 石源广 龙珍君
李 锋 李杨瑞 沈 敏（女）
周亚仙（女） 孟丹妮（女） 姚 才
莫炳荣 唐乾利
覃秀凤（女，壮族） 曾正荣(壮族)
雷奉桂

海南省科协代表团（15 人）

康耀红 陈永明 李小华（女）
王庆煌 云 露（女） 叶海涛
朱智川 刘 丹（满族） 孙晓宁（女）
李劲松 张克坚（满族） 陈光英（女）
周 鹏 曹献坤（女） 彭朱强（黎族）

重庆市科协代表团（21 人）

钟志华 李天安 宋 波
王进军 刘加才 刘德瑜(土家族)
许锡宾 杜长春 杜春兰（女）
李 林 李启英（女） 杨新民
吴护林 张 力（女） 张洪松
陈翰新 郑旭煦（女） 钟 宁
袁 强 曹 佳 雷 寒

四川省科协代表团（37 人）

谢和平 吴 凯 陈嘉泰
丁长兴 王为民 方毅修
石达君 达尔基（藏族） 刘 彬
刘仓理 孙 滔 李华萍（女）
李昌宏 李晓辉（女） 杨正银
杨治敏（女） 何俊吉 宋胜武
张茂辉 陈云彬 陈如剑
陈素清（女） 范植开 林智深
欧 洪 项玲珍（女） 赵增明（白族）
高绒青珠（藏族） 唐 军 黄婉霞（女）
蒋运兰（女） 喻淑蓉（女） 曾熙竹
雷 健 蔡方学 谭志昕
滕 斌

贵州省科协代表团（17 人）

任湘生 于 杰 张厚良（苗族）
王琳松 关 关（女，满族） 汤胜发
李长江 李桂莲（女） 何 力
宋宇峰 胡 琼（女，回族） 柴 立（满族）
高 平 黄 勇 楚海涛
熊 宇 潘继录

云南省科协代表团（19 人）

张亚平 唐 兵 肖云轩
王月冲 夭建国（彝族） 史衍丽（女）
李 唯（女） 李希强 杨硕媛（女）
何 琳（女） 张 波 张卫国
陈 方（女） 和大波（傈僳族） 周 洪
赵红春（女，藏族） 谌爱东
舒 方（女，纳西族） 颜 语

西藏自治区科协代表团（11 人）

仓 珍（女，藏族） 普 布（藏族）

强俄巴·次央（女，藏族）　云　丹（藏族）
巴　琼（藏族）　巴桑次仁（藏族）　代安国
边　多（藏族）　次仁巴珠（藏族）
洛桑多吉（藏族）　龚世林

陕西省科协代表团（30人）

郑南宁　牟怀岐　李义祥
于　燕（女，回族）　门艳萍（女）
马　伟　王民才　冯　宏
冯宗善　吕　萌（女）　李献军
吴　涛　邱爱慈（女）
何国红（女，满族）　张丹力
张玉华　赵　岚（女）　赵雅玲（女）
袁鸿马　原双进　高　平
郭立新　姬乃荣　黄春长
盛美萍（女）　阎彩芹（女）　董晟全
谢晓林　谭尊相　颜文非

甘肃省科协代表团（22人）

史振业　郑晓静（女）　姜世荣（藏族）
马小红（女，回族）　牛新民
文有值　冯　起　刘玉强
刘宗仁　李　毅　李东平
杨作宏　张　继（女）　武　凌
范多旺　秦　松　莫兴邦
徐生儒　高世铭　陶国龙
黄万堂　魏明广

青海省科协代表团（16人）

石昆明（藏族）　李小松　徐东向
马丰胜（撒拉族）马睿麟　王　莘（女）
王宏亮　李月梅（女）　张俊才
林大泽　昂青才旦（蒙古族）
侯　倩　梅　洪　韩玉科
潘　彤　霍　青

宁夏回族自治区科协代表团（16人）

李锦平　李　星　李　健（女）
王学海　田军仓　许　云
杨廷财（回族）　吴海鹰（女，回族）
何怀兴　宋新华　陈亚莉（女）
曹相原（女，回族）　崔永庆
蒋　齐　薛塞光
戴秀英（女，回族）

新疆维吾尔自治区科协代表团（含新疆生产建设兵团）（21人）

李冀东　田笑明
尤里瓦斯·巴吐尔（维吾尔族）　于胜存
马兴旺　马春晖　王红德
邓铭江　任建明　刘　浪（女）
余　渝　宋晓玲（女）
阿吉艾克拜尔·艾萨（维吾尔族）　陈文江
陈新发　茹仙古丽·沙吾尔（女，维吾尔族）
哈木拉提·吾甫尔（维吾尔族）　钟　华（女）
高晓黎（女）　海米提·依米提（维吾尔族）
温　浩

解放军代表团（18人）

周建平　杨元喜　马伟明
于起峰　王红阳（女）　卢锡城
由俊生　付小兵　刘代志
李　鸿（女）　李应红　邱志明
陆　声（回族）　陈善广　陈景田
金　梁　卿　敏　嵇　武

国资委代表团（15人）

刘　辉　黄　丹（女）　顾大钊
丁宏庆（回族）　王艳晖（女）　许　波
孙志禹　陈山枝　陈东风
赵　毅　胡启毅　姚　燕（女）
葛正翔　谢　彬　薛忠民

中国科学技术协会第八次全国代表大会主席团组成人员名单

（2011年5月26日中国科学技术协会第八次全国代表大会预备会议通过）

（共149名，按姓氏笔画排序）

干　勇　干福熹　马伟明
马志明　马国馨　马淑洁（女）
王　韧　王大珩　王小兰（女）
王天然　王永炎　王连铮
王诗宬　王春法　王恩哥
王海波　王静康（女）　王震西
韦　钰（女，壮族）　牛广明
仓　珍（女，藏族）　方　新（女）
邓　楠（女）　邓中翰　甘向群（壮族）
艾国祥　左铁镛　石元春
石昆明（藏族）　卢锡城　叶叔华（女）
史振业　白春礼（满族）　冯长根
母国光　吕　植（女）　朱高峰
任湘生　旭日干（蒙古族）　刘　旭
刘　玠　刘　恕（女）　刘　辉
刘仓理　刘淑莹（女）　齐　让

江泽慧（女）	许振超	孙大涌
孙永福	孙家广	苏纪兰
杜祥琬	李　洪	李天安
李兰娟（女）	李有成	李华栋
李依依（女）	李建中	李振声
李锦平	李静海	李冀东
杨　卫	杨　乐	
杨　劼（女，蒙古族）		杨玉良
杨伟民	杨福家	吴　跃
吴明江	吴新涛	何　康
何界生（女）	何继善	闵桂荣
沈　岩	沈爱民	宋南平
张　泽	张　勤	张开逊
张玉台	张玉卓	张存浩
张亚平	张启发	张桃林
陆延昌	陈　希	陈　颙
陈可冀	陈运泰	陈佳洱
陈赛娟（女）	欧阳平凯	欧阳竹
国　林	易小刚	周光召
周建平	周建强	郑南宁
赵沁平	赵忠贤	郝希山
胡亚美（女）	胡启恒（女）	
哈木拉提·吾甫尔（维吾尔族）		钟志华
饶子和	姚建年	秦大河
袁家军	聂　力（女）	夏　强
顾方舟	顾秉林	钱　易（女）
徐乐江	徐延豪	徐善衍
徐耀新	栾恩杰（满族）	高　福
高　潮	高润霖	郭孔辉
郭桂蓉	唐启升	桑国卫
黄伯云	曹振全	曹健林
曹淑敏（女）	龚　克	符淙斌
康耀红	梁　明	屠海令
韩启德	程东红（女）	曾庆存
谢克昌	谢和平	管华诗
翟虎渠	樊明武	

中国科学技术协会第八次全国代表大会常务主席团组成人员名单

（2011 年 5 月 26 日中国科学技术协会第八次全国代表大会主席团第一次会议通过）

（共 42 名，按姓氏笔画排序）

马淑洁（女）	韦　钰（女，壮族）	邓　楠（女）
邓中翰	卢锡城	白春礼（满族）
冯长根	刘　玠	刘淑莹（女）
齐　让	杜祥琬	李有成
李华栋	李静海	杨福家
吴新涛	何继善	沈　岩
宋南平	张启发	张桃林
陆延昌	陈　希	陈赛娟（女）
周光召	郑南宁	赵沁平
赵忠贤	秦大河	袁家军
顾秉林	栾恩杰（满族）	唐启升
桑国卫	黄伯云	曹健林
符淙斌	韩启德	程东红（女）
谢克昌	谢和平	樊明武

中国科学技术协会第八次全国代表大会秘书长、副秘书长名单

（2011 年 5 月 26 日中国科学技术协会第八次全国代表大会预备会议通过）

秘 书 长：陈　希

副秘书长：齐　让　冯长根　程东红（女）　张　勤　徐延豪　王春法　沈爱民

中国科学技术协会第八届全国委员会主席、副主席、常务委员、委员名单

主　席　韩启德

副主席（共 16 人，按姓氏笔画排序）

邓中翰	卢锡城	冯长根
刘　玠	李静海	沈　岩
张桃林	陈　希	陈赛娟（女）
赵沁平	秦大河	袁家军
唐启升	黄伯云	程东红（女）
谢克昌		

常务委员（共 53 人，按姓氏笔画排序）

于　勇	马伟明	王　韧
王小兰（女）	王诗宬	王春法
王恩哥	方　新（女）	邓中翰
卢锡城	冯长根	吕　植（女）
刘　玠	刘仓理	许振超
孙家广	李　洪	李静海
杨　卫	杨　劼（女，蒙古族）	
杨玉良	吴　跃	吴明江
沈　岩	张　勤	张玉卓
张桃林	陈　希	陈赛娟（女）
欧阳竹	易小刚	周建平
郑南宁	赵沁平	
哈木拉提·吾甫尔（维吾尔族）		饶子和

姚建年	秦大河	袁家军
夏　强	徐延豪	高　福
唐启升	黄伯云	曹振全
曹淑敏（女）	龚　克	屠海令
韩启德	程东红（女）	谢克昌
谢和平	樊明武	

委员（共 380 人，按姓氏笔画排序）

丁海涛	干　勇	于　杰
于起峰	万建民	门艳萍（女）
马　辛（女，回族）		马　赟
马万杰	马伟明	马兴旺
马志明	马淑洁（女）	王　兴
王　韧	王　忠	王　俊
王　洲（仫佬族）		王　健
王　涛（女）	王　堃	王小兰（女）
王飞跃	王天然	王长和
王为民	王伟中	王延祜
王向东	王红阳（女）	王志新
王时伟	王陇德	王国强
王宝兴	王诗宬	王建中
王建华	王春法	王晓民
王晓红（女）	王恩哥	王静康（女）
王撷秀（女）	王黎宁	王曙光
韦　穗（女，壮族）		牛灵江（女）
毛大庆	仓　珍（女，藏族）	
方　新（女）	邓　洁（女）	邓小刚
邓中翰	甘向群（壮族）	石　楠
石永怡（女）	石昆明（藏族）	石定环
卢光发	卢伟国	卢锡城
叶顺煌	申长雨	田　野
田　静	田笑明	史振业
付于武	付贤智	代安国
白由路	白宝玉（蒙古族）	冯　军
冯　起	冯长根	邢胜才
曲　颖（女）	吕　植（女）	吕飞杰
吕长清	朱　明	朱立国
朱立新	朱邦芬	朱惠君（女）
伍业钢	任官平	任湘生
华　炜（女）	伊　烈（满族）	
刘　君（女，回族）	刘　玠	刘　辉
刘　毅	刘　耀	刘三秋（女）
刘仓理	刘功臣	刘世荣
刘华平（女）	刘庆峰	刘汝林
刘军萍（女）	刘纪远	刘杏忠
刘秀梅（女）	刘金铜	刘保延
刘炯天	刘高倬	刘淑莹（女）
刘嘉麒（满族）	闫永华	汲　涌（满族）
许振超	孙永福	孙昌基
孙宝国	孙晓郁	孙爱军
孙家广	孙瑞哲	牟怀岐
麦康森	严宏强	严纯华
严晋跃	杜永臣	杜冠华
李　迅	李　洪	李　健（女）
李　唯（女）	李　森（满族）	李小松
李天安	李云庆	李少丽（女）
李文新（女）	李兰娟（女）	李华栋
李华萍（女）	李红霞（女）	李应红
李国婧（女）	李忠海	李和平（女）
李宗浩	李建中	李树君
李冠兴	李桐海	李晓亮
李锦平	李廉水	李新亚
李静海	李德毅	李冀东
李赞堂	杨　卫	
杨　劼（女，蒙古族）		杨元喜
杨玉芳（女）	杨玉良	杨亚军
杨伟民	杨杏芬（女）	杨俊华
杨瑞馥	杨新民	杨鑫传
励建安	肖建国	吴　凯
吴　跃	吴孔明	吴立玲（女）
吴幼华	吴启迪（女）	吴明江
吴海鹰（女，回族）		吴曼青
吴新涛	邱志明	邱爱慈（女）
何宗就（京族）	何界生（女）	何祖华
何继善	余夕志	邸泽青（满族）
邹志强	汪寿阳	沈　岩
沈仁芳	沈爱民	宋南平
宋胜武	宋晓玲（女）	张　力（女）
张　泽	张　辉	张　焱
张　勤	张人为	张人禾（回族）
张小虞	张广军	张云才
张文范	张玉卓	张亚平
张宏科	张改平	张国成
张忠占	张彦敏	张洪国
张桃林	张景安	张智江
陆延青	陈　希	陈　竺
陈　峰	陈　颙	陈山枝

陈卫国 陈文良 陈书海
陈永明 陈光章 陈运法
陈国平 陈香美（女） 陈晓非
陈晔光 陈焕春（土家族） 陈嘉泰
陈毓川 陈赛娟（女） 邵　莉（女）
郁霞秋（女） 欧阳平凯 欧阳竹
易小刚 罗方承 金红光（朝鲜族）
金嘉玮 周　伟 周　畅
周大地 周大兵 周平坤
周建平 周建春 周建强
周路明 周潮洪（女） 郑纬民
郑南宁 郑晓静（女） 郑惠强
宗敦峰 孟丹妮（女） 孟兆祯
赵　沛 赵方田 赵有利
赵沁平 赵良平 赵纯均
赵春江 郝卫东 郝希山
胡承森 胡海岩 胡瑞忠
柯尊洪 相建海
哈木拉提·吾甫尔（维吾尔族） 钟志华
段树民 侯建国 侯晋川
饶子和 宫瑞忠 姚　燕（女）
姚建年 姚檀栋 贺德方（满族）
秦　川（女） 秦大河 袁亚湘
袁运斌 袁家军 贾承造
夏　强 顾大钊 顾红雅（女）
顾秉林 顾逸东 钱七虎
徐　波 徐　淮（女） 徐　强
徐延豪 徐惠彬 徐耀新
高　伟 高　松 高　福
高大彬 高登义 郭日生
唐　兵 唐志敏 唐启升
唐树钰 海米提·依米提（维吾尔族）
桑国卫 黄　丹（女） 黄　琦（女）
黄大卫 黄卫东 黄伯云
黄迪南 曹振全 曹振雷
曹健林 曹雪涛 曹淑敏（女）
曹湘洪 曹福亮 龚　克
龚绍林 崔世平 崔向群（女）
康　义 康　捷（女，满族）
康克军 康耀红 阎锡蕴（女）
梁　明 梁　勇 屠海令
彭友良 敬正书 韩启德
韩家新 程义勇 程东红（女）
程连昌 焦开河 焦洪波
鲁　成 鲁晓波 鲁善增
谢克昌 谢和平 蒲嘉陵
楚海涛 詹文龙 詹福瑞（满族）
鲍　红（女） 解绥启 蔡　晨
臧春林 廖育群 谭伟豪
谭志昕 樊明武 樊瑜波
燕　翔 薛勇彪 穆荣平（回族）
戴厚良 魏辅文

中国科学技术协会第八届书记处第一书记和书记名单

一、中国科学技术协会第八届书记处第一书记

陈　希

二、中国科学技术协会第八届书记处书记

程东红（女）　张　勤　徐延豪　王春法

关于授予中国科学技术协会荣誉委员职务的决定

（2011年5月29日中国科学技术协会八届一次全委会议通过）

根据《中国科学技术协会章程》和中国科学技术协会第八次全国代表大会主席团第三次会议通过的《关于授予中国科协荣誉职务的原则》，决定授予下列20名同志中国科学技术协会荣誉委员职务（按姓氏笔画排序）：

马国馨　王永炎　王震西　韦　钰（女，壮族）
邓　楠（女）　艾国祥　白春礼（满族）
齐　让　杜祥琬　杨福家　张开逊　张启发
陆延昌　陈运泰　赵忠贤　栾恩杰（满族）
高润霖　郭桂蓉　符淙斌　管华诗

关于聘请中国科学技术协会顾问的决定

（2011年5月29日中国科学技术协会八届一次常委会会议通过）

按照《中国科学技术协会章程》，根据工作需要，经商有关部门同意，现决定：

聘请国家发展和改革委员会副主任、党组成员张晓强，教育部副部长、党组成员杜占元，科技部党组副书记、副部长王志刚，工业和信息化部副部长杨学山，财政部副部长、党组成员张少春，人力资源和社会保障部副部长、党组成员王晓初，国务院国有资产监督管理委员会副主任黄丹华，中国科学院副院长、党组成员李家洋，中国社会科学院副院长、党组成员朱佳木，中国工程院常务副院长潘云鹤，国家自然科学基金委员会主任陈宜瑜等11位同志为中国科学技术协会顾问。

中国科学技术协会第八次全国代表大会文件起草工作委员会、组织工作委员会、代表资格审查委员会职责及委员名单

（2011年5月26日中国科学技术协会七届全委会第六次会议通过）

文件起草工作委员会

主　任：韩启德

副主任：邓　楠（女）

委　员　（按姓氏笔画排序）：

方　新（女）　杜祥琬　陈赛娟（女）　唐启升

秘　书：王春法

职　责：

一、根据中央的有关精神，指导文件起草小组起草中国科协七届六次全委会议、中国科协第八次全国代表大会相关文件；

二、以多种形式听取对上述文件的意见；

三、提出对文件的修改意见，督促文件起草小组进行修改。

组织工作委员会

主　任：陈　希

副主任：齐　让

委　员　（按姓氏笔画排序）：

干　勇　韦　钰（女，壮族）　袁家军　龚　克

秘　书：李　森

职　责：

一、负责中国科协八大筹备和大会期间的组织工作事项；

二、对提名为全国委员会委员的候选人进行审核；

三、按照中央书记处的指示，由中组部牵头，酝酿提出全国委员会主席、副主席、常务委员候选人人选；

四、负责提出授予荣誉职务的原则及建议名单；

五、向全体预备会议、主席团会议和常务主席团会议汇报有关组织工作情况；

六、负责其他需组织工作委员会承办的事项。

代表资格审查委员会

主　任：黄伯云

副主任：冯长根　程东红（女）

委　员　（按姓氏笔画排序）：

刘　玠　陆延昌　饶子和　樊明武

秘　书：王守东

职　责：

一、按照《中国科学技术协会第八次全国代表大会代表名额分配及选举办法方案》审查选举产生的代表是否符合代表的条件；

二、审查有效选举单位（中国科协所属和委托管理各全国学会、协会、研究会，各省、自治区、直辖市和新疆生产建设兵团科协，中国科协机关，解放军总政治部，国务院国资委）选举产生的代表是否符合民主程序；

三、对不符合代表条件及民主程序等产生的代表提出取消其代表资格或要求选举单位重新进行选举产生人选的意见；

四、向七届六次全委会会议作代表资格审查的报告。

【中国科协八届全委会第一次会议召开】5月29日下午，中国科协第八届全国委员会第一次会议在京召开，会议由中国科协八大主席团秘书长陈希主持，中国科协第八届全国委员会295名委员出席会议。

中央组织部副部长王尔乘做了关于中国科协八届全委会主席、副主席候选人和常委会组成的说明。与会代表分组酝酿中国科协八届全委会主席、副主席、常务委员会委员候选人，认为中国科协八届全委会主席、副主席、常务委员会委员候选人名单体现了中央对中国科协领导班子建设的高度重视，对科技工作者队伍建设的高度重视，对科协事业的高度重视，也体现了学科分布合理，老、中、青相结合和代表性原则。委员对建议名单表示高度认可，同意提交大会进行选举。

会议通过了《中国科协八届全委会主席、副主席、常务委员会委员选举办法》，通过总监票人、监票人人选。经过无记名投票，中国科协八届全委会主席候选人1名、副主席候选人16名和常委会委员候选人53名，均获得到会全委会委员半数以上票数，全部当选。韩启德同志再次当选主席。

会议还通过了《中国科协八届全委会关于授予中国科协荣誉委员职务的决定》。

【中国科协七届全委会第六次会议召开】中国科协七届六次全委会议5月26日在北京召开。全国人大常委会副委员长、中国科协主席韩启德出席并讲话。中国科协常务副主席、书记处第一书记邓楠主持会议。中国科协党组书记陈希，中国科协副主席韦钰、刘玠、齐让、张启发、陈赛娟、袁家军、栾恩杰、唐启升、黄伯云、符淙斌、谢克昌，中国科协第七届全国委员会190名委员出席会议。

韩启德介绍了中国科协八大筹备情况，他指出，中国

科协书记处按照中央指示精神，精心组织，周密部署，各项会议筹备工作有序进行、稳步推进，顺利完成了工作报告、《章程》修改草案、科协事业发展“十二五”规划（草案）等重要文件的起草工作。

韩启德简要回顾了中国科协七届全委会工作情况，5年来，中国科协七届全委会认真贯彻落实中央重大决策，按照中国科协七大的总体部署，提出“三服务一加强”的工作定位，“搭建平台、资源共享”的工作思路，“大联合、大协作”的工作方式和“围绕中心、服务大局，深入基层、务求实效”的工作要求，发挥优势展现特色，努力为经济社会平稳较快发展提供智力支撑。把科普工作集成到《科学素质纲要》框架之内，努力推动形成社会化科普工作格局。坚持以科技工作者为本，努力为科技工作者提供优质高效服务。切实加强自身建设，努力建设好科技工作者之家。

最后，韩启德对科协参与社会管理、服务社会发展等方面的工作提出要求，要团结和动员广大科技工作者，为实现我国“十二五”规划目标而努力奋斗。各级科协及所属团体要积极行动起来，提高认识、明确任务、抓住机遇、开拓创新，努力完成中央赋予科协组织在社会管理和创新中的新任务和新要求。要积极参与社会建设和社会管理，积极承接政府转移的社会化服务职能。

会议审议通过了关于中国科协七届全委会工作报告的决议。

会议听取了齐让所作的《关于修改〈中国科学技术协会章程〉的情况报告》，审议了《中国科学技术协会章程（修改草案）》（审议稿），通过了《关于〈中国科学技术协会章程（修改草案）〉（审议稿）的决议》。

会议听取了陈希所作的关于《中国科学技术协会第八次全国代表大会主席团组成原则的说明》，审议通过了《中国科学技术协会第八次全国代表大会主席团组成原则及组成人员建议名单》（审议稿）、《中国科学技术协会第八次全国代表大会秘书长、副秘书长建议名单》（审议稿）。

会议审议通过了《中国科学技术协会第八次全国代表大会文件起草工作委员会、组织工作委员会、代表资格审查委员会职责及组成人员建议名单》。

会议听取了黄伯云所作的关于《中国科学技术协会第八次全国代表大会代表资格审查报告》，审议通过了《关于中国科学技术协会第八次全国代表大会代表资格的决议》。

会议审议通过了《中国科协第八届常务委员会组成原则》（审议稿）、《关于授予中国科协荣誉职务的原则》（审议稿）。

会议审议通过了《关于〈中国科协事业发展“十二五”规划（2011—2015）（草案）〉的决议》。

【2011年中国科协工作会议召开】2011年中国科协工作会议于1月18日在中国科技会堂召开。全国人大常委会副委员长、中国科协主席韩启德出席会议并讲话。中国科协常务副主席、书记处第一书记邓楠出席会议并作工作报告。会议由中国科协副主席、书记处书记齐让主持。来自全国学会、地方科协以及中国科协机关、直属单位的260余名代表参加会议。

韩启德指出，过去的一年，中国科协工作的方式和途径有了很大的进步，成绩显著，令人鼓舞，取得的成绩应该充分肯定。当前科协系统的工作方向是正确的，发展战略也是正确的。他强调，科协要把工作做得更好，一定要发挥科学共同体的优势和独特作用。在加快经济发展方式转变、促进经济结构调整的新形势下，科技和自主创新是支撑、是关键，科协要深入思考如何推动国家科技事业发展。他强调，新的一年里，科协组织要不断创新工作方式，拓展发挥优势的途径。在推动国家科技事业发展，加快转变经济发展方式的过程中发挥好科协组织的作用。

邓楠在题为《围绕主题服务主线 推动科协工作不断迈上新台阶》的工作报告中指出，一年来，在党中央、国务院的正确领导下，中国科协高举中国特色社会主义伟大旗帜，深入贯彻落实科学发展观，认真学习党的十七届五中全会和中央经济工作会议精神，积极贯彻中央人才工作会议和教育工作会议精神，切实履行党和政府联系科技工作者的桥梁纽带职责，坚持为经济社会发展服务、为提高全民科学素质服务、为科技工作者服务，在学术交流、科学普及、人才举荐、决策咨询和组织建设等方面取得新进展。

邓楠强调，2011年是中国共产党成立90周年，也是“十二五”开局之年，科协组织要认真学习、深入贯彻党的十七届五中全会和中央经济工作会议精神，团结带领广大科技工作者，以召开中国科协八大为契机，紧紧围绕科学发展这个主题和加快转变经济发展方式这条主线，立足服务、促进和谐，深入基层、务求实效，着眼于提升自主创新能力，组织开展高水平学术交流，把更多的创新要素引入企业、引入农村，努力为党和政府科学决策发挥好国家级科技思想库作用；着眼于提高全民科学素质、建设人力资源强国，修改完善并实施好《全民科学素质行动计划纲要》实施方案，按照“节约能源资源，保护生态环境，保障安全健康，促进创新创造”主题开展好科普活动，推动形成社会化科普工作格局；着眼于建设人才通道，进一步加大人才工作力度，大力引进举荐高层次人才，广泛宣传优秀科技工作者，推动和谐学术生态建设；着眼于提高做好新形势下党的群众工作能力和水平，深入开展创先争优活动，进一步加强自身建设，把广大科技工作者紧紧团结在党的周围，为增强自主创新能力、提高全民科学素质、完成“十二五”规划、全面建成小康社会作出新的更大贡献。

齐让传达了中央书记处关于科协工作的指示精神，并要求与会代表做好会议精神的学习传达工作，切实把中央指示精神贯穿到科协工作的各个环节、各个方面，完成好 2011 年的各项工作任务。

【《中国科学技术协会事业发展“十二五”规划》颁布实施】2011 年 5 月 30 日，中国科学技术协会第八次全国代表大会通过《中国科学技术协会事业发展“十二五”规划（2011—2015）》。

根据《国民经济和社会发展第十二个五年规划纲要》以及《国家中长期科技、教育、人才规划纲要》，依照《中国科学技术协会章程》，结合科协事业发展的根本要求，编制《中国科学技术协会事业发展“十二五”规划（2011—2015）》。规划主要明确中国科协的重点任务，指导全国学会和地方科协的工作，是科协组织共同的行动指南，是制定年度工作计划的依据。

指导思想：“十二五”时期科协事业发展的指导思想是：高举中国特色社会主义伟大旗帜，以邓小平理论和“三个代表”重要思想为指导，深入贯彻落实科学发展观，团结带领广大科技工作者，紧紧围绕科学发展主题和加快转变经济发展方式主线，根据中国科协八大的总体部署，坚持“三服务一加强”工作定位，坚持“大联合、大协作”的工作方式，继续解放思想，坚持改革开放，服务科学发展，推动自主创新，提升科学素质，促进社会和谐，为建设创新型国家和全面建成小康社会作出更大贡献。

今后 5 年科协事业发展的主要目标是：

——对经济社会发展的贡献更加突出。作为党领导下的人民团体的政治自觉性更加牢固，代表广大科技工作者参政议政能力明显增强，参与社会建设和管理的作用更加突出，科技决策咨询能力显著提高，推进企业技术创新和助力社会主义新农村建设取得新进展。

——学术交流质量和实效显著增强。学术生态环境进一步优化，交流的形式和机制不断创新，学术会议和期刊质量明显提高，产生一大批有重大影响的学术论文，使学术交流更加有利于通过技术创新加快经济发展方式转变，更加有利于攻克科技前沿问题，提高科技整体水平，更加有利于中国科技界融入国际科技界，提升国际地位。

——全民科学素质水平大幅提升。科普资源共建共享机制逐步完善，优秀科普作品不断涌现，科普基础设施和科普人才队伍的建设得到显著加强，热点、焦点科技问题得到迅速回应，广大人民群众多样化、多层次的科普服务需求得到不断满足，到 2015 年我国公民具备基本科学素养比例从 3.27% 提高到 5%。

——科技工作者对科协组织的满意度明显提高。作为科技工作者群众组织的特色更加突出，与科技工作者的联系更加紧密，为科技工作者提供优质高效服务的渠道进一步拓展、内容更加丰富、方式不断创新，优秀科技人才脱颖而出的环境进一步改善，科技工作者的合法权益得到有效维护，科技工作者之家的社会形象更加鲜明。

——科技开放与交流水平不断提高。中国科协作为民间国际科技合作与交流的主要代表的作用逐步加强，利用国际科技资源的能力和水平进一步提高，我国科技工作的国际地位明显提高，基本形成覆盖面广、重点突出、相互协调的国际民间科技交流新格局；同港澳台科技界的交流更加广泛，形成一系列有影响的重点活动。

——自身能力切实增强。党建工作进一步加强，科协组织建设进一步优化，基层组织覆盖面进一步扩大，干部队伍素质和能力不断提高，学习型组织建设达到新水平，工作条件逐步改善，科学管理水平不断提升。

重点任务：

（一）促进经济发展方式加快转变；

（二）推动学术交流繁荣发展；

（三）提升全民科学素质；

（四）促进科技人才成长；

（五）提升科技开放与交流水平；

（六）加强自身能力建设。

【中国科协党组重视理论学习，以学习推动各项工作落实】2011 年，中国科协党组共召开 4 次理论学习中心组学习扩大会，学习中央指示精神，推动各项工作落实。会议由党组书记主持，党组副书记、党组成员和机关各部门、各直属单位主要负责同志参加会议。

2 月 14 ~ 16 日，中国科协党组召开理论学习中心组学习扩大会议学习党的十七届五中全会精神，贯彻落实中央书记处关于科协工作的几点意见，研究部署 2011 年工作和中国科学技术协会第八次全国代表大会筹备的有关工作。会议重点讨论了《中国科协八大工作报告（讨论稿）》，《中国科协章程修改草案（讨论稿）》和中国科协 2011 年工作要点任务分解初步方案。调研宣传部部长王春法汇报了中国科协八大工作报告的起草情况，党组领导同志及机关各部门、各直属单位主要负责同志结合工作实际提出了意见和建议。

党组书记邓楠在讲话中指出，这次会议讨论充分，很有收获，对文件提出了很好的修改建议。中国科协作为科技工作者的群众组织，代表大会工作报告回顾科协系统五年来共同取得的成绩，要突出重点和亮点，要有激情，激发大家为推动科协事业发展和全面建成小康社会、建设创新型国家而继续奋斗的热情和决心。大家要集思广益，把文件修改好，争取把中国科协八大开成一个鼓劲的大会，能够团结动员广大科技工作者不断作出新贡献的大会。

8月9～11日，中国科协党组召开理论学习中心组学习扩大会议，学习胡锦涛总书记“七一”重要讲话、“12.15”讲话和温家宝、习近平、王兆国等中央领导同志在中国科协八大上的讲话以及中国科协八大文件，部署“深入基层、密切联系科技工作者”主题调研活动，研究下半年贯彻落实中国科协八大精神的工作思路和具体安排。全国政协常委、中国科协原党组副书记齐让出席会议。

党组书记陈希在总结讲话中指出，这次会议主题鲜明、重点突出、务实高效，在一些重要问题上统一了思想，提高了认识，明确了任务，进一步推动了工作。他说，胡锦涛总书记的“七一”重要讲话有三个突出的特点：一是对我们党90年奋斗史的总结客观准确，具有厚重的历史感和突出的大局观；二是对提高党的建设科学化水平的部署全面完整，体现时代性、把握规律性、富有创造性；三是对把中国特色社会主义伟大事业全面推向前进的要求明确具体，具有高度的战略指导意义和现实的可操作性，是一篇很重要、也是很好的讲话，是我们党和国家做好今后各项工作，推动中国特色社会主义伟大事业和党的建设新的伟大工程的行动纲领，也是指导新时期科协事业科学发展的强大思想武器，更是做好新形势下科协党建工作的行动指南。

陈希指出，在建党90周年前夕，在党中央的高度重视和亲切关怀下，我们胜利召开了中国科协八大，结合学习贯彻胡锦涛总书记“七一”重要讲话和在纪念中国科协成立50周年大会上的重要讲话精神，把科协八大工作部署落到实处，是科协系统未来一段时期最重要的工作。他说，科协八大的精神实质包括以下几个方面：一是科协八大对过去五年工作以及所取得的成绩和经验给予充分的肯定和高度评价；二是科协八大对未来五年面临的形势任务作出了科学准确的分析和判断；三是科协八大在坚持“三服务一加强”工作定位基础上，对未来5年工作作出了重要部署；四是科协八大对科协组织应该树立的工作理念、工作思路和工作方法等也作了深入、透彻的论述，并选举出了新的领导集体。学习贯彻好科协八大精神，我们要从这些方面入手，深入思考、深刻体会，完整准确地把握好科协八大的精神实质。

陈希就贯彻落实好中央领导的讲话精神和科协八大会议精神，做好科协的近期工作提出六方面要求：一要高度重视理论学习。首先，要认真学习中国特色社会主义理论。同时，要深入学好中央关于科技工作、科协工作的一系列指示精神；二要妥善处理好继承与创新的关系，既要把许多在实践中被证明是行之有效的工作理念、工作机制、工作方法等继续坚持下去；又要根据现实情况的变化和实践发展的需要，与时俱进，大胆创新；三要始终坚持工作中的高标准，既要在科协整体发展战略目标的设定上坚持高标准，也要在每一项具体工作的落实上坚持高标准；四要大力加强调查研究工作，既要深入基层了解一线的实际情况和工作经验，又要根据调研情况提出政策办法指导实践、解决问题、推进工作；五要自觉开展联合和协作，既要密切内部的相互合作，又要加强对外的联合和协作；六要全力以赴抓落实，既要真抓实干，保持积极进取的工作状态，高标准完成每一项工作；又要坚韧不拔，加强集中攻关，勇于破解工作中的难题。

10月19～21日，中国科协党组召开理论学习中心组学习扩大会，重点传达学习了党的十七届六中全会精神。陈希在会上强调，科协系统要深入学习贯彻十七届六中全会精神，坚决拥护中央的各项决定，在科技界掀起推动社会主义文化大发展大繁荣的热潮。会议认为，胡锦涛总书记的重要讲话和《中共中央关于深化文化体制改革、推动社会主义文化大发展大繁荣若干重大问题的决定》（以下简称《决定》），全面科学地阐述了加强文化建设的重要意义，科学概括和深刻阐述了中国特色社会主义文化发展的道路，明确提出了深化文化体制改革、推动社会主义文化大发展大繁荣的指导思想和重要方针，强调必须以科学发展为主题，以建设社会主义核心价值体系为根本任务，以满足人民精神文化需求为出发点和落脚点，以改革创新为动力，发展面向现代化、面向世界、面向未来的，民族的科学的大众的社会主义文化，培养高度的文化自觉和文化自信，提高全民族文明素质，增强国家文化软实力，弘扬中华文化，努力建设社会主义文化强国。《决定》突出了科学技术和人才在文化建设中的重要作用，并对科技工作、人才工作和人民团体工作都提出了许多新的更高要求，表明科协工作在党和国家文化建设大局中具有不可替代的关键独特作用，为科协组织广泛参与文化建设指明了方向。

陈希要求，各级科协组织及所属科技社团要围绕推进文化改革发展这一新的时代性课题，开拓工作思路、拓展工作领域、深化工作内涵，自觉把全会重要精神贯彻落实到工作的各个环节、各个方面。一要加大全民科学素质行动计划纲要实施力度，不断提高全民科学文化素质；二要大力加强科学道德与学风建设，着力培育科技界的科研诚信和优良学风；三要大力宣传科学家和优秀科技工作者，弘扬科学精神，培育创新文化；四要大力推进科协文化建设，不断增强科协组织的吸引力、凝聚力。

11月23～25日，中国科协党组召开理论学习中心组学习扩大会，学习党的十七届六中全会、胡锦涛总书记“七一”重要讲话和中国科协八大精神，研究2011年工作总结和2012年工作思路。会议分两个阶段进行，首先，机关各部门、各直属单位围绕科学普及、学会学术、决策咨询、人才与自身建设、国际合作等等方面进行分组学习讨论，认真学习有关文件，总结2011年工作，研究2012年重点工作任务。随后会议听取了各小组讨论的情况汇报和调研宣传部《关于中国科协向中央书记处汇报稿》起草情况的说明，并进行了讨论，提出意见和建议。

陈希指出，这次会议效率高、质量好，各部门、各单位平时工作有基础，工作总结凝练、梳理得很全面，既对去年的工作给予了充分的肯定，又进一步明确了明年的工作思路和工作重点。他在讲话中谈了两点意见：一是要把胡锦涛总书记在纪念中国科协成立50周年大会上的重要讲话精神、习近平同志在中国科协八大上代表党中央祝辞的重要精神、党的十七届六中全会精神、中央书记处对中国科协的工作指示精神，准确地反映到科协的工作总结中，充分体现和反映中国科协落实中央精神的情况，进一步提高认识，明确工作方向。二是工作总结既要注意全面，也要突出重点，体现特点。要结合科协“三服务一加强”的工作职能，突出今年科协工作中的重点和特点。深入开展全民科学素质工作、着力提升学会能力建设、拓展高校和科研院所等社会科普资源开发共享、开展科学道德学风建设宣讲教育等，这些重点工作要在工作总结中进一步突出。加强调查研究，开展大联合、大协作的工作方式推进重点工作，求真务实、真抓实干的工作作风等，这些具有科协工作特点的工作理念和基本做法，在今后的工作中要继续大力推行。

【中共中央决定陈希同志任中国科协党组书记】4月28日，中国科协召开机关、直属单位干部大会。中央组织部常务副部长沈跃跃同志，中国科协常务副主席、书记处第一书记邓楠同志，党组书记陈希同志出席会议并讲话。会议由邓楠同志主持。

沈跃跃同志受中央领导同志的委派宣布了中共中央关于中国科协党组主要负责同志职务任免的决定。中央决定，陈希同志任中国科学技术协会党组书记，免去邓楠同志的中国科学技术协会党组书记职务。沈跃跃同志说，这次中国科协党组书记的调整，是中央根据中国科协工作需要和干部任职年龄的有关规定，通盘考虑、慎重研究之后决定的，这充分体现了中央对中国科协工作和领导班子建设的关心和重视，同时有利于中国科协工作的平稳交接和顺利过渡，有利于做好中国科协的换届工作。

沈跃跃同志在讲话中对邓楠同志和中国科协党组的工作给予了充分肯定。沈跃跃指出，邓楠同志是从我国科技战线成长起来的领导干部，长期从事科技管理工作，先后在中国科学院、国家科委、科技部工作，并担任领导职务。2004年10月，邓楠同志调任中国科协副主席、书记处第一书记、党组书记，主持科协的常务工作。6年多来，在党中央、国务院的正确领导下，邓楠同志团结科协书记处和党组一班人，带领科协广大干部职工，紧紧围绕全党全国工作大局，坚决落实党中央、国务院的各项决策部署，充分发挥科协作为党和政府联系科技工作者的桥梁纽带作用，明确定位，突出特色，倡导大联合大协作的工作方式，妥善处理与各方面的关系，开拓创新，奋发有为，为推进创新型国家建设，促进经济社会又好又快发展作出了积极贡献。这些成绩的取得，是党中央、国务院正确领导的结果，是科协书记处、党组团结带领全体干部职工艰苦奋斗、努力拼搏的结果，邓楠同志为此也付出了大量的心血、智慧和汗水。邓楠同志政治立场坚定，大局意识强，注意从政治上分析、思考和把握问题，自觉与党中央保持高度一致，长期从事科技管理工作，思路开阔，善于抓大事，抓重点，有较强的开拓创新精神，工作有魄力，敢抓敢管，决策果断，组织协调能力强，坚持民主集中制，注意带队伍，作风务实，公道正派，要求自己严格，在干部群众中有很高的威信。

沈跃跃同志介绍了陈希同志的有关情况。陈希同志政治素质好，熟悉教育、科技管理工作，思想敏锐，思路清晰，视野开阔，善于从宏观上考虑问题，组织协调和处理复杂问题能力比较强，有开拓创新精神，熟悉党务和群众工作，抓班子、带队伍能力强。陈希同志事业心强，勤奋敬业，工作务实，处事果断，讲求实效，作风民主，团结同志，公道正派，坚持原则，要求自己严格。中央认为，陈希同志是中国科协党组书记的合适人选，相信大家一定会全力支持配合陈希同志的工作。

沈跃跃同志强调，科协党组主要领导的变动是中国科协的一件大事，也是对领导班子成员和广大干部的一个考验，大家一定要把思想统一到中央决定上来，恪尽职守，认真做好各自承担的工作。在科协八大选出新一届领导机构之前，邓楠同志作为科协负责常务工作的副主席、书记处第一书记，仍然主持科协的日常工作，陈希同志协助并配合邓楠同志抓好中国科协八大的筹备和其他有关工作。

新任中国科协党组书记陈希同志在会上表示，衷心拥护，坚决服从中央的决定。陈希同志说，多年来，中国科协所取得的成绩，无不凝聚着邓楠同志的心血和汗水。邓楠同志不但政治坚定，政策理论水平高，而且领导经验丰富，组织协调和驾驭全局能力强，作风扎实深入，工作任劳任怨，对人民群众有深厚的感情，处事公道，为人正派，关心同志，廉洁自律，团结带领一班人，充分调动各方面积极性，开展了卓有成效的工作，为科协的发展作出了重要贡献。中国科协正处于历史上最好的发展时期之一。邓楠同志为我们作出了表率，有许许多多方面都值得我学习。中央决定我到中国科协工作，面对新的岗位，新的任务，深感责任重大，担子很重。陈希同志表示，作为中国科协的一位新兵，将虚心学习，不断提高履行职责的能力和水平，尽快进入工作角色，与党组同志一道，按照民主集中制原则和中央关于加强领导班子建设的一系列指示精神，把中国科协党组建设成听党指挥、团结协作、作风过硬、清正廉洁的坚强领导集体，充分尊重同志们的创新精神，充分调动广大干部的积极性，大力加强科协组织自身建设，不断提高科协干部队伍素质和能力。陈希同志表示，将认真接受大家的监督，严格自律，以身作则，坚决履行党风廉政建设，清白做人，干净做事，忠实履行职责，竭尽全力做好工作，和党组一班人共同努力，推动中国科协各项工作深入蓬勃发展，为建设创新型国家，夺取全面建设小康社会新胜利，开创社会主义事业新局面作出新的更大贡献，以优异的成绩迎接建党90周年。

邓楠同志表示，中央关于中国科协党组主要领导同志职务调整的决定，充分体现了中央对中国科协领导班子建设的高度重视，充分体现了中央对科协事业改革发展的高度重视，充分体现了中央对科协全体干部职工的亲切关怀，衷心拥护中央的决定，热烈欢迎陈希同志到科协工作。

邓楠同志说，来中国科协工作的6年多的时间里和大家建立了深厚的感情，深深地爱上了科协的这番事业。科协这几年取得的进步和成绩，是党中央、国务院正确领导的结果，是科协党组、书记处一班人团结协作、务实创新的结果，是科协全体干部职工共同努力的结果。衷心感谢中央的信任，感谢党组、书记处一班人的团结协作，感谢各位老同志们以及科协机关、直属单位全体干部职工的关心和帮助。邓楠同志表示尽管自己已经从党组书记的岗位上退下来了，但会努力站好最后一班岗，按照中央的要求，认真做好中国科协八大的筹备工作，做好工作交接，确保中国科协八大开成一次凝聚力量、振奋人心的大会。邓楠同志希望机关各部门、各直属单位的广大干部、职工，特别是党员领导干部要全力支持陈希同志的工作，支持中国科协八大选举出来的新一届领导班子的工作。邓楠同志祝愿在陈希同志的带领下，科协党组一定会发挥好领导核心作用，团结凝聚各方力量，不断开创科协事业创新发展的新局面。

中国科协党组领导同志齐让、冯长根、程东红、张勤、徐延豪，近期退出科协领导班子的老同志刘恕、高潮、宋南平、苑郑民，中组部干部四局局长夏崇源、副局长钟海东，以及中国科协机关全体同志、各直属单位领导班子成员出席了会议。

【中国科协与教育部进行工作会谈，探讨建立长效合作机制】9月6日，中国科协常务副主席、书记处第一书记、党组书记陈希，副主席、书记处书记、党组副书记程东红，书记处书记、党组成员王春法，党组成员沈爱民一行到教育部拜会并进行工作会谈，教育部部长、党组书记袁贵仁，副部长、党组副书记杜玉波，副部长、党组成员杜占元，部长助理、党组成员林蕙青出席会议并先后发言。会上双方回顾了近年来彼此间良好的合作关系，并重点就下一步双方建立合作机制，共同推进一些具体工作充分交换了意见，达成了共识。中国科协和教育部有关部门、单位和司局的主要负责同志出席了会议。

陈希首先代表中国科协对教育部长期关心、支持中国科协工作表示衷心感谢，高度评价近年来中国科协与教育部开展的合作，希望通过此次会谈，围绕双方共同关注的领域，建立长效合作机制，更好地开展合作，为国家科技教育事业的发展和全民族科学文化素质的提高作出新贡献。

程东红简要回顾了与教育部开展合作的情况，介绍了中国科协八大后的工作思路和重点任务，并就下一步与教育部的合作提出了具体建议。杜玉波、杜占元、林蕙青分别作了热烈回应，对所提合作建议均表示赞同，认为这些建议也正是教育部要重点推动的工作。

袁贵仁表示，教育部与中国科协有良好的合作基础，这次的会谈很有意义，明确了双方的合作思路与举措。双方建立合作机制非常好，今后教育部与中国科协的合作要更紧密、更深入、更有效，只要是为党和国家服务、为科教事业服务，能合作的地方就要通力合作，共同推动开展工作。

陈希表示，这次会议开得非常好，沟通很深入，认识也高度一致。接下来中国科协将与教育部在工作层面进一步落实共识，积极推进相关具体工作。他再次代表中国科协对教育部领导的大力支持表示诚挚的谢意。

多年来，中国科协与教育部一直保持着良好的合作关系，中国科协许多工作都得到了教育部的关心和大力支持。教育部作为国家教育行政主管部门，中国科协作为党联系科技工作者的桥梁与纽带，近年来，在《国家中长期科学和技术发展规划纲要》、《国家中长期教育改革与发展规划纲要》和《全民科学素质行动计划纲要》的指引下，双方在开展科学技术普及、促进学术交流、推进科技创新、开展决策咨询、建设科技工作者之家、加强对外交流等方面，联合协作，优势互补，开展了很多比较有影响力的活动和项目。包括合作推动开展全民科学素质行动计划纲要相关活动、老科学家学术成长资料采集工程、高校工程教育评估认证体系试点工作、推荐科技专家参与国际民间科技组织工作等，在科技界和教育界获得好评，在社会上也产生了广泛而深远的影响，为实施科教兴国战略和人才强国战略，提高全民科学文化素质，建设创新型国家作出了积极贡献。

会后，中国科协与教育部签署了《中国科协与教育部商谈工作会议纪要》，为今后进一步开展合作奠定了良好的基础。

【中国科协与科技部进行工作会谈，探讨建立会商机制】9 月 26 日，中国科协常务副主席、书记处第一书记、党组书记陈希率中国科协一行拜会科技部。全国政协副主席、科技部部长万钢代表科技部对中国科协一行的到来表示欢迎。中国科协副主席、书记处书记、党组副书记程东红，中国科协书记处书记、党组成员兼中国科技馆馆长徐延豪，中国科协党组成员兼学会学术部部长沈爱民，科技部副部长、党组成员张来武，科技部副部长、党组成员曹健林以及双方有关业务部门和司局的主要负责同志参加了会谈。

陈希首先感谢科技部多年来对科协工作的关心和大力支持，希望继续得到科技部对中国科协工作的支持。双方就建立会商机制、充分发挥学会在国家创新体系建设中的作用、推动提高全民科学素质、支持对外科技交流与合作、加强引导社会舆论对于重大科技事件的理性思考、推动科技成果转移转化、推动提高企业自主创新能力等议题进行沟通会商，深入交换意见，在一些重要方面达成了共识。

万钢表示，近年来，在《中华人民共和国科学普及法》、《国家中长期科学和技术发展规划纲要（2006—2020 年）》和《全民科学素质行动计划纲要》的指引下，中国科协与科技部密切协作、优势互补，联合开展了一系列卓有成效的工作，在科技界和社会上取得了良好反响。万钢同志还就共同树立科技界良好社会形象，充分发挥科学共同体特别是企业科协在推动自主创新中的作用，联合搭建科技成果转移转化服务平台，联合推动科技评价和奖励制度改革等方面提出了具体意见和建议。

陈希说，在贯彻落实《国家中长期科学和技术发展规划纲要（2006—2020 年）》，推动国家创新体系建设的过程中，科技部作为国家科技行政主管部门，对中国科协履行党和政府联系科技工作者的桥梁和纽带的职能给予了很多支持，特别是在加强自主创新能力建设、推动全民科学素质提高、促进科技人才成长、开展对外科技交往等方面给予大力支持，使这些工作取得了很好的成效。

双方认为：新形势下，国家在《国民经济和社会发展第十二个五年发展规划纲要》中明确把增强科技创新能力作为重要内容之一，强调加快转变经济发展方式、推动经济发展应更多依靠科技创新驱动。科技部作为国家科技行政主管部门，在科技政策研究制定和科技管理方面具有突出优势，中国科协作为科技工作者的群众组织，在组织联系广大科技工作者方面也具有不可替代的作用。发展和保持两个部门间的良好协作关系，对国家科技事业的发展和科教兴国战略、人才强国战略的实施十分重要。

会后，中国科协与科技部签署《中国科协与科技部商谈工作会议纪要》，为今后进一步开展合作奠定了良好的基础。

【全国政协科协界委员调研社区居民科学素质工作和海智计划在地方经济中发挥的作用】6 月 28 日，全国政协常委、中国科协常委会决策咨询委主任齐让和全国政协科协界委员葛志荣、孟宪来、王庭大、李和平、茅玉麟，中国科协常委、北京市科协常务副主席夏强以及全国政协教科文卫体委员会办公室有关同志来到北京市东城区、通州区居民社区，对社区居民科学素质工作状况进行专题调研。调研组一行先后来到东城区东花市街道枣园社区，通州区北苑街道果园西社区、复兴南里社区实地考察调研社区科普工作，分别听取了北京市科协以及东城区科协、通州区科协开展社区科普工作的情况汇报，并同一线科普工作者座谈。

调研组对北京市深入开展“社区科普益民计划”，通过奖励优秀科普社区、优秀基层科普场馆和优秀社区科普宣传员，资助社区及户外科普园地完善科普设施功能，切实加强了社区科普基础建设，让科普直接惠及社区百姓，有力地提升首都公民科学素质的做法给予充分肯定。

齐让在座谈时指出，北京市科协联合财政部门共同实施“社区科普益民计划”以来，改善了社区科普设施条件，增强了科普活动能力，壮大了社区科普专兼职队伍，提高了广大居民参与科普的积极性，为提升首都公民科学素质、促进居民科学健康生活、建设首都和谐社会提供了有力支撑和保障。希望北京市各级科协组织进一步深入开展社区科普工作，积极争取财政等部门的支持，通力合作，资源共建共享，加强科普宣传员、志愿者队伍建设，及时总结好经验、好做法，切实推动社区科普工作深入开展。

8 月 15 ~ 19 日，齐让和全国政协科协界委员葛志荣、王庭大、徐一鸣、吕树文以及全国政协教科文卫体委员会办公室有关负责同志，来到吉林省专题调研社区居民科学素质工作状况。

调研组听取了吉林省科协关于社区居民科学素质工作状况的汇报，并深入基层、实地考察，先后前往吉林省长春市绿园区互助社区、吉林市龙潭区荒山社区、吉林省科技馆、抚松县青少年科技活动中心等地开展调研。调研组对吉林省科协开展社区科普益民工作取得的成绩给予肯定，特别是基层社区探索科普工作新模式，通过建立“科普协作大联盟”，组织和动员社会各方力量共同参与社区科普建设的做法给予充分肯定。齐让在考察长春市、吉林市居民社区现场交流时指出，在省市科协的指导下，基层居民社区积极探索区域化大科普工作新模式，建立起契约化“科普协作联盟”组织，组织动员各方力量参与社区科普建设，将科普资源和社会资源集约利用，改善了社区科普设施条件，增强了科普活动能力，提高了社区居民参与科普的积极性，为提升居民科学素质、改善居民生活品质、建设和谐社会提供了有力支撑和保障。希望吉林省各级科协组织及时总结和推广基层的好经验、好做法，进一步深入开展社区科普工作，鼓励和支持基层社区开展科普活动，积极争取社会各方支持，资源共建共享，切实将社区居民科学素质工作不断推向深入。

7 月 10 ~ 14 日，全国政协委员、中国科协原书记处书记宋南平，中国科协副主席、鞍山钢铁公司原总经理、中国工程院院士刘玠和全国政协科协界委员冯培德、张鳌、徐一鸣以及全国政协教科文卫体委员会办公室负责同志，来到江苏省苏州市、无锡市，就“海智计划在地方经济中发挥的作用”专题调研。

调研组分别在苏州、无锡两地参观了中科院苏州生物医学工程技术研究所、苏州纳微生物科技有限公司、中科院苏州纳米技术与纳米仿生研究所、无锡生物医药研发服务外包区、太湖慧谷、尚德太阳能电力有限公司等科研机构和高新技术企业，并在两地分别召开了座谈会，与当地科研机构、企业负责人，海归高层次人才进行了座谈。

8 月 12 ~ 16 日，宋南平和全国政协科协界委员陈大卫、张华祝、孟宪来、葛志荣、张鳌以及全国政协教科文卫体委员会办公室负责同志来到福建，就“海智计划在地方经济中发挥的作用”专题调研。

调研组分别在福建省泉州、平潭、福州、宁德等地参观了泉州市约克颜料有限公司、平潭经济开发区、福建农林大学机电学院纳米纤维设备实验室、宁德安发（福建）生物科技有限公司等科研机构和高新技术企业。并分别召开了座谈会，与当地政府、科研机构、海归高层次人才、有关企业负责人等进行了座谈。

【中国科协走访看望中国科协七大代表】2011 年初，根据中国科协工作部署，办公厅制定了 2011 年走访看望中国科协七大代表工作方案，确定走访看望代表的形式主要采取集中召开座谈会和到中国科协七大代表所在单位实地调研相结合的方式进行。

3 ~ 4 月间，办公厅、组人部、调宣部先后走访看望了辽宁、新疆、天津、上海、北京 5 个省、自治区、直辖市的中国科协七大代表，通过召开座谈会、实地走访看望等形式，进一步加强与中国科协七大代表的联系，向代表汇报中国科协近几年主要工作情况及 2011 年主要工作安排，听取代表对中国科协各项工作，尤其是中国科协八大工作报告和中国科协章程（修改草案），以及代表服务工作的意见和建议。

代表们高度评价了中国科协七大以来开展的各项工作，并围绕科协的工作定位，就科学道德和学风建设、科技工作者权利保障、科普投入力度、中国科协八大筹备工作等话题积极建言献策。他们普遍认为中国科协对代表任期制工作进行了积极有益的探索，通过持续的联系与服务使代表的作用得到有效的发挥，真正体现了群众团体工作的特点，对于切实履行桥梁纽带职责、当好科技工作者之家起到积极促进作用。代表们表示自己要积极履行好职责，积极参加活动，落实好科协的各项任务，为科协事业发展发挥更大作用。

除了对工作报告及章程提出具体修改意见，代表们还对科协组织建设、学会工作、科普工作等方面提出了许多意见与建议，包括进一步提高科协组织的政治地位，加强县级科协的组织建设，加大企业科协、高校科协组织建设工作力度，切实加强科协、学会专职工作者队伍建设，创造吸引海外华人科技人员参与学会工作的政策环境，支持学会特别是省级学会发展，编写学科发展报告，利用现有科普阵地加大防灾减灾科普宣传力度，加强对年轻科普作家的培养，通过项目实施积极引导财政的投入，推动科普资源整合，进一步发挥中国科协七大代表的作用，加强对企业科技人才队伍的培养等方面。

【中国科协决策咨询工作成效显著，多项成果得到中央领导同志批示】截至2011年10月底，中国科协系统共报送决策咨询报告8391篇，2707篇次获得各级党政领导批示，充分表明2011年国家级科技思想库建设取得的重要进展。

2011年，中国科协充分利用决策咨询专门委员会和中国科协决策咨询专家库的专家资源加强课题的管理和指导，召开中国科协第八届常委会决策咨询专门委员会第一次全体会议，形成了第八届决策咨询专门委员会工作细则，为更好地发挥决策咨询专家的“智囊团”作用提供了基础保障。组织评审专家组分别对2010年72个课题、2011年37个课题和2012年48个课题开展结题、中期和立项评审，全年共计推动157个课题滚动实施。

通过《科技界情况》、《科技工作者建议》，向中央书记处、国务院报送了《新失业群体心理问题需引起高度重视》、《高校毕业生失业问题需要高度关注》等一批调研报告，得到中央领导同志重视，温家宝、李克强、王兆国、刘延东、李源潮、张德江等中央领导同志分别作出重要批示。向党中央、国务院有关领导报送《科技工作者建议》10期、《科技界情况》34期，刊发《调研动态》109期，《国外科技人力资源快报》15期，《国外科技人力资源参考》11期。其中，有19期报告得到中央领导同志批示，包括15篇科技界情况、3篇调研动态、1篇科技工作者建议，5篇科技工作者建议得到中国科协书记处领导批示。

组织开展第四届优秀决策咨询成果评选活动，共征集到54个单位上报的187份报告，其中《科技工作者科研道德与诚信状况调查报告》等37项成果获得奖次，15个单位被评为优秀组织单位；组织开展以“深化科技体制改革，大力推进自主创新”为主题的首届优秀建议征集评选活动，共征集到25个单位上报的124份建议，《提高查新质量，把好科技评审第一关》等10篇建议被评为优秀建议，上海市科协等6个单位被评为优秀组织单位，有力地激发广大科技工作者建言献策的积极性和主动性。作为探索动员社会力量参与决策咨询工作的又一重要尝试，本届评选吸引了来自高等院校、科研院所、企业等海内外众多领域的专家学者参与，进一步提升科协决策咨询工作在海内外科技工作者中的影响力和号召力。

制定出台《中国科协学会决策咨询资助计划管理办法》，启动实施全国学会决策咨询资助计划。在申报的20家全国学会中，首批先行安排制造技术与未来工厂、现代农业科技与新农村建设、生物技术发展与人类健康、预防医学发展与生命质量、可再生能源与节约型社会、人工智能与智慧生活、城市科学与未来城市等7个“2049科技与社会展望”项目；农业重点学科、化学学科发展的经费规模研究顺利推进。

先后组织有关全国学会，对全国人大法工委等提出的《中华人民共和国清洁生产促进法修正案（草案）》、《中华人民共和国精神卫生法（草案）》、《中华人民共和国个人所得税法修正案（草案）》、《中华人民共和国职业病防治法修正案（草案）》、《中华人民共和国兵役法修正案（草案）》、《科学技术进步法有关制度立法后评估主要情况的报告》、《关于进一步加强基础研究的若干意见（征求意见稿）》，国务院法制办公室提出的《中华人民共和国电影产业促进法（征求意见稿）》8部法律法规草案提出咨询建议，为依法治国、建设社会主义法治国家作出积极贡献。

【全国学会“决策咨询资助计划”启动实施】2011年，中国科协制定出台《中国科协学会决策咨询资助计划管理办法》，启动实施全国学会决策咨询资助计划。在申报的20个全国学会中，第一期先行安排制造技术与未来工厂、现代农业科技与新农村建设、生物技术发展与人类健康、预防医学发展与生命质量、可再生能源与节约型社会、人工智能与智慧生活、城市科学与未来城市7个“2049科技与社会展望”项目；农业重点学科、化学学科发展的经费规模研究顺利推进。为确保资助计划出成效、出成果，组织中国国土经济学会、中国通信学会等全国学会举办6次高水平学术交流活动成果提炼，在第十三届中国科协年会期间组织中国化工学会等8家全国学会举办分论坛进行学术活动成果提炼。为扎实推动学会决策咨询工作，调宣部与学会部多次召开会议，对安排布置的学会决策咨询项目进行指导和培训。在一系列工作的促进下，学会参加国家级科技思想库建设的热情得到有效激发，学会决策咨询能力稳步提升。

人　才

【中国科协会员日暨第十二届中国青年科技奖颁奖大会】中国科协会员日暨第十二届中国青年科技奖颁奖大会12月15日在北京人民大会堂召开。中共中央政治局委员、全国人大常委会副委员长王兆国，全国人大常委会副委员长、中国科协主席韩启德出席大会。中国科协常务副主席、书记处第一书记陈希主持大会。大会开始前，王兆国、韩启德亲切接见全体获奖代表。会议为第十二届中国青年科技奖获奖者和2011年度科技馆发展奖获奖者代表颁奖。

此次中国科协会员日活动的主题是：强化会员意识，弘扬创新文化。韩启德在致辞中指出，各级科协及所属学会通过积极搭建国内外学术交流平台、大力表彰举荐优秀科技工作者和创新团队、广泛宣传在科技创新和科学技术普及方面作出突出贡献的优秀科技工作者和创新团队、深入开展科技工作者状况调查研究、扎实开展科学道德和学风建设等，努力为科技工作者提供优质高效服务。韩启德强调，科协在今后的工作中要倍加珍惜和爱护科技工作者的积极性和创造热情，团结带领广大科技工作者在服务经济社会发展中奋发有为；倍加珍惜和爱护科技工作者的社会形象和学术荣誉，努力推动造就大批德才双馨的科技创新人才；倍加珍惜和爱护科协组织的凝聚力和感召力，真正把科协组织建设成为合格、温暖的“科技工作者之家”。

第十二届中国青年科技奖共有211个单位推荐了730名候选人，经评审、公示、审批，100名优秀青年科技工作者获奖。获奖者分布在22个省、自治区、直辖市和香港特别行政区，最大年龄45岁，最小年龄29岁，平均年龄39岁。入选者名单公示期间，受到科技界和社会各界的普遍关注。中国青年科技奖由中共中央组织部、人力资源社会保障部、中国科协共同举办，每两年评选一次，每届获奖者不超过100人，该奖是1987年由钱学森同志提议设立的。此前已评比表彰了11届，1098位青年科技工作者和1个集体获奖。获奖者分布在理、工、农、医等各个学科领域和科研、开发、生产各条战线，绝大部分已成长为各个学科和技术领域的带头人，其中40人当选中国科学院院士，28人当选中国工程院院士，30多人担任大学校长、副校长，80多人担任科研院所负责人，20多人在国际科技组织中担任领导职务。

科技馆发展奖是经国家科技奖励工作办公室批准的社会力量设立奖项，由中国科技馆发展基金会设立并组织实施。科技馆发展奖下设辅导奖、展品奖、创意奖和贡献奖，分别对科技馆一线的辅导员（讲解员、志愿者），展品设计制作的企业、团体和个人，在校学生及社会各界为推动科技馆事业发展作出突出贡献的个人、团体、组织等进行表彰奖励，旨在推动科普事业发展。今年评选的是辅导奖和展品奖，有9名个人和1个3人团队获辅导奖，4个展项获展品奖。

中国科协荣誉委员、原常务副主席、书记处第一书记、党组书记邓楠，中国科协荣誉委员、国务院发展研究中心原主任、党组书记张玉台，中国科协荣誉委员、农业部原部长何康，人力资源和社会保障部副部长王晓初，中国科协副主席、党组副书记、书记处书记程东红，中国科协副主席、中国科学院副院长李静海，中国科协副主席、中国工程院副院长、中国科技馆发展基金会理事长谢克昌，国家自然科学基金委员会副主任沈文庆，中国科协荣誉委员、国家林业局国际竹藤中心主任、中国林学会理事长、中国青年科技奖评审委员会委员江泽慧等出席了大会。中国科学院地理科学与资源研究所副所长、研究员、中国地理学会常务理事周成虎，天津钢管集团股份有限公司高级工程师、企业科协会员张传友，中国农村专业技术协会理事、安徽省芜湖县高效农业研究会会长杨良金作为科技工作者代表在大会上发言。

中国科协所属全国学会会员代表，解放军科技工作者代表，在京高等院校、科研院所、企业科技工作者代表，第十二届中国青年科技奖获得者、科技馆发展奖获得者、新闻媒体记者共700余人参加了会议。在会员日期间，各全国学会和地方科协将围绕主题，集中宣传科协和学会《章程》，发展会员，开展表彰活动，宣传优秀科技工作者事迹；走访慰问科技工作者，听取他们的意见建议；举办科学道德与学风建设宣讲活动；组织科技工作者联欢联谊和文化体育活动等。

【全国科学道德和学风建设宣讲教育领导小组及其办公室成立】为加强对科学道德和学风建设宣讲教育活动的统筹、指导和协调，2011年10月，全国科学道德和学风建设宣讲教育活动领导小组成立。中国科协书记处书记、党组成员张勤任组长，教育部部长助理、党组成员林蕙青，中国科协副主席、常委会科技工作者道德与权益专门委员会主任黄伯云任副组长。

小组成员为中国科协组织人事部部长李森、教育部学位管理与研究生教育司（国务院学位委员会办公室）巡视员孙也刚、教育部科学技术司司长王延觉、教育部社会科学司司长杨光。宣讲教育活动领导小组办公室设在中国科协，主任由李森担任，副主任由孙也刚、王延觉、杨光、罗晖（中国科协调研宣传部副部长）、王康友（中国科协发展研究中心主任）担任。办公室成员由中国科协组织人事部、教育部学位管理与研究生教育司、教育部科学技术司、教育部社会科学司、中国科协调研宣传部、中国科协发展研究中心有关人员组成。

主要职责为确定对研究生开展科学道德和学风建设宣讲教育活动的总体方案和实施意见；指导各省、自治区、直辖市制定宣讲教育活动的实施方案；指导宣讲教育活动院士专家队伍建设；落实宣讲教育活动的资金和条件保障；指导宣讲教育活动的宣传报道工作；领导中国科协、教育部直接牵头的宣讲教育活动；指导各省、自治区、直辖市科协、教育厅（教委）牵头的宣讲教育活动；综合协调宣讲教育活动工作事宜，做好中国科协与教育部之间的沟通、协调；检查工作推进情况。

【首都高校“科学道德和学风建设宣讲教育”报告会】10月13日，首都高校科学道德和学风建设宣讲教育报告会在北京人民大会堂举行。报告会由中国科协和教育部共同主办，北京市科协、北京市委教育工委、北京市教委承办，首都32所高校和中科院研究生院5700余名新入学研究生现场聆听了专家报告。

全国人大常委会副委员长、中国科协主席、中国科学院院士韩启德出席并致辞。韩启德在致辞中指出，加强科学道德和学风建设是科技界、教育界的一项共同使命和长期任务。中国科协与教育部联合发起科学道德与学风建设宣讲教育，就是希望通过宣讲教育正确引导广大科技工作者特别是青年科技工作者和在校研究生，遵守学术规范，坚守学术诚信，完善学术人格，维护学术尊严，旗帜鲜明地揭露和抵制学术不端行为。韩启德强调，广大科技工作者要与教育工作者一起行动起来，继承和发扬老一辈科学家的优良传统，高举爱国主义旗帜，大力弘扬科学精神，恪守科学道德和科研伦理，以严谨的科学态度和强烈的社会责任感，着力推进学风道德建设，让科研领域成为阳光下最纯洁、最神圣的一方净土，让科技工作成为最受人尊敬、最令人向往的崇高职业。韩启德希望广大青年科技工作者和立志从事科学研究的青年学生，欲修学先立身，严格遵循学术规范，养成良好学风，敢于质疑、勇于创新，励精图治、勇攀高峰，在建设创新型国家的伟大事业中有所作为。

报告会上，中国科学院院士、中国工程院院士、第三世界科学院院士师昌绪，全国政协常委、湖南省政协副主席、国家杂交水稻工程技术研究中心暨湖南杂交水稻研究中心主任、中国工程院院士、美国科学院外籍院士袁隆平，中国科协荣誉委员、中国科学院数学与系统科学研究院研究员、中国科学院院士杨乐分别结合“试谈做人做事做学问”、“发展杂交水稻造福世界人民”、“培养优良学风做好博士论文”等题目对广大研究生新生进行了宣讲。

中国科协常务副主席、书记处第一书记陈希，中国科协、教育部、北京市相关负责人，中南大学校长黄伯云及科技部、工程院、自然科学基金委、总参、中央党校、中国社科院的专家、领导，首都新闻媒体记者等6000余人出席了报告会。报告会由教育部部长助理、党组成员林蕙青主持。

【中国科协高层次人才库建设工作座谈会】为深入贯彻《国家中长期人才发展规划纲要》，落实中国科协人才工作有关部署，全面推动和促进高层次人才库工作深入开展，6月29日，中国科协组织人事部召开中国科协高层次人才库建设工作座谈会，对近年来工作进行总结，对下一阶段任务进行部署；围绕工作落实进行座谈研讨，结合软件升级进行业务培训。84个全国学会和30个省、自治区、直辖市科协有关部门的同志参加座谈会。中国科协组织人事部部长李森在座谈会上讲话，中国科协学会服务中心主任、党委书记李桐海，中国科协组织人事部副部长刘红跃出席会议。中国科协组织人事部副部长王慧梅主持座谈会。

李森在讲话中表示，建设中国科协高层次人才库，是贯彻中央人才工作部署的重要举措，是加强高层次人才队伍建设的客观要求，是掌握科技人才资源状况的重要途径。近年来，各有关单位按照中国科协关于建设高层次人才库的部署要求，对高层次人才库建设思想重视，工作得力，任务完成比较圆满。各有关单位领导对这项工作抓得比较紧，指导比较有力，有效推动了工作开展；承担任务的相关部门，在人手少、任务重的情况下，认真组织实施，狠抓工作落实，做了大量具体、细致的工作，为中国科协高层次人才库建设作出了贡献。关于如何做好今后的高层次人才库建设工作，李森强调，要进一步提高认识，切实把高层次人才库建设摆上应有位置；要进一步明确责任，切实加强对高层次人才库建设的组织领导；要进一步加大力度，切实抓好高层次人才库建设的落实；要进一步采取措施，努力形成高层次人才库建设的长效机制。各有关单位要从贯彻中央人才工作决策部署的高度，从有效履行自身职能作用的角度，切实把高层次人才库工作作为加强科协人才工作的一项重要基础和重要抓手，作为当前和今后一个时期科协人才部门的一项重要职责和经常性任务，提高思想认识，引起足够重视，加强组织协调，抓好工作落实。

会上，中国化学会、中国电子学会、中华医学会、陕西省科协、福建省科协、辽宁省科协介绍了本单位做好人才库建设工作的经验和做法。组织人事部对完成任务比较好的中国力学学会、中国化学会、中国动物学会、中国心理学会、中国汽车工程学会、中国电子学会、中国土木工程学会、中国农学会、中华医学会、中国药学会等10个全国学会，以及山西省科协、辽宁省科协、吉林省科协、黑龙江省科协、福建省科协、山东省科协、广东省科协、重庆市科协、陕西省科协、新疆维吾尔自治区科协10个省、自治区、直辖市科协进行了通报表扬。在分组讨论中，与会代表就如何抓好下一步高层次人才库工作提出了意见、建议。会议还结合新改版升级的高层次人才库软件，对各单位工作人员进行了实际操作方面的业务培训。

中国科协高层次人才库建设工作于2007年着手调研论证。2008年初，中国科协组织人事部制定了《中国科协高层次人才库建设实施方案》，确定了高层次人才库入库人员范围。同年4月启动了第一批入库人选信息采集工作。12月启动第二批入库人选信息采集工作。2009年、2010年相继启动了第三批、第四批入库人选信息采集工作。截至目前，各单位分四批上报的拟入库人选总数为14837人。

【第八届中国青年女科学家奖颁奖典礼】12月2日，由中华全国妇女联合会、中国科协、中国联合国教科文组织全国委员会及欧莱雅（中国）共同举办的第八届中国青年女科学家奖颁奖典礼在北京钓鱼台国宾馆举行，全国人大常委会副委员长、全国妇联主席陈至立出席颁奖典礼。陈萍、柳红、刘浪、彭茹雯、赵艳、吴嘉炜、陈薇、赵书红、崔东华、胡敏10名女科学家获奖。

全国妇联副主席、书记处第一书记宋秀岩，中国科协常务副主席、书记处第一书记陈希，中国科协荣誉委员、原副主席、中国工程院院士韦钰，中国科协副主席、书记处书记程东红，中国常驻联合国教科文组织大使衔代表尤少忠，欧莱雅（中国）总裁盖保罗，欧莱雅（中国）副总裁兰珍珍等出席了颁奖典礼，来自妇女界、科技界的代表也出席了颁奖典礼。颁奖典礼由全国妇联副主席、书记处书记洪天慧主持。

陈希代表“中国青年女科学家奖”的主办单位致辞，他表示，科技进步已成为支撑、引领经济社会发展的关键性因素，科技人才已成为综合国力竞争的战略性资源，全球范围内的科技人才争夺日益激烈。近年来，党中央、国务院先后决策颁布了《国家中长期科技、人才和教育发展规划纲要》，完成了加快培养、吸引和用好用活各类人才的顶层设计。可以预见，未来中国，数以亿计的高素质劳动者、数以千万计的专门人才和一大批拔尖创新人才将不断涌现，我国科技人才干事创业的舞台将更加宽广。

陈希指出，女性科技人才是科技人才队伍中的一道靓丽风景，以其缜密的思维、敏锐的直觉、严谨的作风、良好的协作，在科技创新领域中不断崭露头角、取得成就。今天受到表彰的10位青年女科学家，就是生动的实例。她们身处科研第一线，紧紧围绕国家战略需求，瞄准学科发展前沿，取得了一大批重要原创性成果，彰显了女性的创新热情和创造活力。她们在生活中美丽平和、多才多艺，很好地处理了妻子、女儿、妈妈的角色，从容享受生活，展示了科技女性的多彩人生。这充分说明，女性科技人才是当代科技创新中不可或缺的重要力量。

陈希强调，当代中国，以各种方式从事科技研究、开发、传播和应用的女科技工作者已逾2000万，占科技人力资源总量的40%。为进一步推动女性科技人才的成长提高，2004年，全国妇联、中国科协、联合国教科文组织全国委员会、欧莱雅（中国），决定共同设立“中国青年女科学家奖”，竭诚为女科技工作者成长提高创造良好环境。通过8年的努力，“中国青年女科学家奖”已成为科技界的品牌奖项，得到社会各界的广泛关注和科技界的充分认可。作为“中国青年女科学家奖”的主办方，作为党和政府联系科技工作者的桥梁纽带，中国科协将继续认真履行职责，一如既往地关心、培养、举荐、宣传、服务女科技工作者，为广大科技女性的成长成才和干事创业营造良好环境，把科协组织建设成为名副其实的“科技工作者之家”。

韦钰院士介绍了第八届中国青年女科学家奖推荐与评选情况。本届共有63个单位推荐了133名有效候选人。由32名院士专家组成的评审委员会评审产生了10名人选者。经过推荐、评审、公示，产生了10名第八届中国青年女科学家奖获奖者，分别来自北京、辽宁、上海、江苏、湖北，甘肃、新疆7省、自治区、直辖市。中国科协组织人事部部长李森介绍了获奖的10位女科学家。

中国科协组织人事部副部长王慧梅、中国科协调研宣传部副部长罗晖、中国科协国际联络部副部长李秀亭、中国科协机关纪委副书记孙铭、中国科协机关离退办副主任李苏州、中国反邪教协会副秘书长程宁宁、中国科协学会服务中心主任李桐海等出席了颁奖典礼。

【科学道德和学风建设集中宣讲覆盖全国31个省、自治区、直辖市】2011年，中国科协和教育部联合行动，在研究生新生中开展科学道德和学风建设宣讲教育，形成了可喜的局面，社会各界反响强烈。

中国科协、教育部通力合作，对宣讲教育进行了系统设计，把研究生新生作为宣讲教育的主要对象，把“全覆盖、制度化、重实效”作为宣讲教育的根本要求，把开展集中宣讲教育和开展普遍性宣讲教育作为基本方式，坚持把全国性的统一要求和发挥各地的创造性相结合，有效推动宣讲教育工作开展。2011年9月23日中国科协、教育部联合下发《关于开展科学道德和学风建设宣讲教育活动的通知》；2011年10月8日联合成立了全国科学道德和学风建设宣讲教育领导小组及其办公室；2011年10月13日联合在人民大会堂召开了6000人规模的首都高校科学道德和学风建设宣讲教育报告会；2011年11月8日，中国科协、教育部办公厅向各省区市科协和教育厅发出通知，就2011年科学道德和学风建设宣讲教育进行了整体部署。教育部学位办还向各省、自治区、直辖市教育厅、直属高校下发通知督促落实，对于推动工作落实发挥了很大的作用。两部门还联合组织编写了《科学道德和学风建设宣讲参考大纲（试用本）》，提出了185人的科学道德宣讲专家名单，编制了42期《科学道德和学风建设宣讲教育简报》，在北京、上海、重庆等地召开了片会或专题会，中国科协专门安排经费，支持17个省、自治区、直辖市开展集中宣讲教育。

在中国科协、教育部的共同推动下，在各省区市、各高校的共同努力下，宣讲教育取得了显著成效。31个省自治区、直辖市都成立了宣讲教育领导小组，制定了本地区宣讲教育工作方案，举办了本地区集中宣讲报告会。全国有592个研究生培养单位通过集中宣讲、专题讲座、入学教育等多种形式，对2011年研究生新生进行了宣讲教育。据统计，接受宣讲教育的研究生有85.8万人次，其中博士11.1万人次、硕士74.7万人次，基本覆盖了2011年研究生新生，还扩大到了一部分高年级本科生。

【中国科协颁发求是杰出青年奖】2011年9月21日，第十三届中国科协年会在天津开幕，开幕式上，中共中央政治局委员、国务委员刘延东为历军、刘兴胜、严建林、吴道洪、宋延林、迟广俊、张雷、周遵光、黄如葵（女）、蔡彤旻等第十四届中国科协求是杰出青年成果转换奖获奖者颁奖。

中国科协求是杰出青年奖是周光召先生和香港著名爱国实业家查济民先生提议，中国科协于1998年设立面向全国广大青年科技工作者的奖项。旨在表彰奖励在国防科技领域和科技成果转化方面取得优异业绩的青年科技人才，激励广大青年科技工作者为增强自主创新能力，建设创新型国家作出更大贡献。

中国科协求是杰出青年奖原则每年评选一次，包括“求是杰出青年实用工程奖”和“求是杰出青年成果转化奖”（以下简称“成果转化奖”），其中成果转化奖用主要奖励在企业、科研院所、高等学校等工作，在科技成果转化方面取得突出业绩并有一定效益和良好应用前景的青年科技人员，每年奖励名额不超过10名（第十三届以前为不超过5名），并设提名奖5名。成果转化奖获奖者，由中国科协求是杰出青年奖组织委员会颁发证书和奖章，奖章为纯金质地，价值等同于5万元人民币。实用工程奖主要奖励在航天、信息、生物医疗等领域，尤其是在国防科技领域作出突出贡献的青年科技人员，每年奖励名额不超过15名，奖金每人2万美元（第十三届以前为1万美元）。

中国科协求是杰出青年奖评审委员会由第九届全国人大常委会副委员长、中国科协名誉主席周光召同志担任，评审委员会成员包括：陈希、邓楠、张玉台、胡启恒、李振声、左铁镛、张泽、查懋德、刘学进以及总政干部部一位领导。

中国科协求是杰出青年奖对激励广大青年科技工作者为增强自主创新能力，建设创新型国家作出更大贡献发挥了积极作用，在社会上产生了较大影响。中国科协求是杰出青年奖至今已成功举办了13届。1998年首届中国科协求是杰出青年成果转化奖颁奖仪式在庆祝中国科协成立40周年大会上举行，自1999年起，颁奖仪式在该年度的中国科协年会开幕式上举行。

【全国科协系统先进工作者标兵座谈会】5月30日，全国科协系统先进工作者标兵座谈会在北京召开，中国科协常务副主席、书记处第一书记、党组书记陈希出席会议并与全国科协系统先进工作者标兵座谈。31名参加中国科协八大闭幕式颁奖仪式的全国科协系统先进工作者标兵出席座谈会。中国科协组织人事部部长李森主持会议，组织人事部副部长王慧梅、刘红跃出席座谈会。

李玉明、孙秀云、姜晓军、文广轩、刘谷收、曹利军、许春艳、张厚良、刘信中、桂天行、徐东向、丁长兴等先进工作者标兵在座谈会上畅谈自己了获奖后的感受和工作中的经验体会，并就中国科协今后的工作提出了宝贵的意见和建议。

陈希在讲话中，对大家在工作中取得的成绩给予了充分肯定。他指出，获得“全国科协系统先进工作者标兵”荣誉称号的同志，是经过层层评选、推荐产生的，是全体科协工作者学习的榜样。希望大家发扬成绩，再接再厉，在今后的工作中，进一步加强调查研究，理清工作思路，强化服务意识，提高能力素质，切实抓好工作落实，努力取得实实在在的工作成效。

陈希指出，做好新形势下的科协工作，使命光荣，责任重大。中国科协具有悠久的历史，在长期实践和发展中形成了优良的传统，积累了宝贵的经验，这是一笔巨大的精神财富，是传家之宝，我们必须继承好，发扬好。同时，也要承前启后、继往开来、开拓创新、不断开创新的局面。

陈希强调，全国科协系统广大干部、职工，要按照中央的部署和要求，贯彻落实中国科协八大会议精神，紧紧围绕科学发展的主题和加快转变经济发展方式的主线，围绕“三服务一加强”的工作定位，进一步解放思想，转变观念，真抓实干，充分发挥科协组织的职能作用，为科学技术的繁荣发展，为胜利完成“十二五”规划、建设创新型国家和全面建成小康社会作出新贡献。

【中国科协组织科学家暑期考察休假活动】7月26日，中国科协院士科技报告会在新疆乌鲁木齐市举行。中国城市规划设计研究院学术顾问、中国城市规划学会名誉理事长、中国工程院院士邹德慈作了题为《城市规划与建设的几个问题》的报告。报告会由乌鲁木齐市委常委、组织部长张文胜主持。乌鲁木齐市委、市政府、市政协及相关部门领导，乌市科技工作者代表，市科研院所、高等院校代表，市级学会、协会、研究会秘书长，以及市科协系统有关人员300余人参加报告会。报告会由中国科协组织人事部、新疆维吾尔自治区科协和乌鲁木齐市科协共同举办。

7月27日，中国科协院士专家博州依靠科技加快现代农牧业发展座谈会在新疆博尔塔拉蒙古族自治州博乐市举行。座谈会由中国科协组织人事部，新疆科协，博州党委、州政府，新疆兵团农五师和博州科协共同举办。博州和农五师有关领导，博州农业局、畜牧局和农五师农业局等农业科技方面有关单位负责人共40余人参加了座谈会。参加考察休假活动的12位院士、专家出席了座谈会。座谈会由博州人大常委会副主任屈长宣主持。座谈会上，博州副州长马合木提江·巴拉提，农五师党委常委、副师长郭建伟分别介绍了博州和农五师农牧业的基本情况。院士、专家就此发表了自己的意见。全国人大常委、中国科协副主席、中国工程院副院长、中国工程院院士谢克昌，全国人大常委、中国科协常委、山东省青岛港前湾集装箱码头有限公司工程技术部固机高级经理许振超，中国科协常委、内蒙古科技厅副厅长、内蒙古大学教授、博士生导师杨劼，中国科协荣誉委员、北京机械工业自动化研究所研究员张开逊，中国平煤神马能源化工集团技术中心主任、中国工程院院士张铁岗等院士专家出席了座谈会。中国科协组织人事部部长李森，新疆科协党组成员、副主席陶鹏，以及中国科协组织人事部和新疆科协有关同志参加了座谈会。

7月30日，中国科协院士专家伊犁州煤化工及特色产业发展咨询座谈会在新疆维吾尔自治区伊犁哈萨克自治州伊宁市举行。参加考察休假活动的院士、专家与伊犁州领导，州党委研究室、发改委、煤炭局、林业局、农业局、科技局、平煤集团和农四师工业局、科技局、发改委、农业局等有关单位负责人进行了座谈。

此次座谈会，院士、专家主要针对伊犁州煤化工和特色产业的发展有针对性地提出了意见和建议。出席座谈会的院士、专家还有全国人大常委、中国科协副主席、北京理工大学教授、博士生导师冯长根，全国人大常委、中国科协常委、全国劳模、山东青岛港前湾集装箱码头有限公司技术部固机高级经理许振超，全国人大常委、中国科协常委、内蒙古大学教授、博士生导师、内蒙古科技厅副厅长杨劼，中国科协荣誉委员、北京机械工业自动化研究所研究员张开逊，东北林业大学野生动物资源学院名誉院长、中国工程院院士马建章，甘肃农业大学草业学院教授孙吉雄，河南省农业科学院副院长张新友。座谈会上，伊犁州党委、政府就本地区有关产业发展所面临的问题提前进行了梳理、归纳，并提交参会的院士、专家，院士专家也针对问题进行了精心的准备。中国科协组织人事部部长李森，新疆科协副主席陶鹏，中国科协组织人事部和新疆科协有关负责人参加了座谈会。

科学家暑期考察休假活动是中国科协为科技工作者服务的一个重要平台，自2001年组织开展以来，已连续举办了10年。为了充分发挥院士、专家的作用，从2008年开始，在休假的同时，通过举办产业发展座谈会、科技和科普报告会等活动，为当地经济和社会发展服务，为提高当地公众科学素质服务，取得了较好的效果，受到当地的普遍欢迎。参加休假活动的科学家主要是与当地产业发展、公众需求相关的学科和领域的院士和高层次专家。

【科学道德与学风建设宣讲报告会走进南开大学】9月21日，中国科协第十三届年会期间，由中国科协主办的科学道德与学风建设宣讲报告会在南开大学田家炳音乐厅举行。南开大学各专业研究生新生1600余人参加了报告会。报告会由中国科协常委、中国科协常委会道德与权益专委会副主任、南开大学校长龚克主持。

中国科协副主席、中国科协常委会道德与权益专委会主任、中南大学校长、中国工程院院士黄伯云首先代表中国科协常委会致辞。他指出，加强科学道德和学风建设教育宣传十分重要而且万分紧迫。在高校举行科学道德与学风建设宣讲报告会，目的就是通过老一辈科学家的榜样作用，引导青年学生树立科研诚信意识，提高青年学生的科学道德素养，培养良好的治学习惯。他强调，科学道德宣讲活动要做到全覆盖、高水平和长时效。即要不断扩大教育面，争取做到高校全覆盖、学生全覆盖，要在全国范围内组织高水平的宣讲队伍，要把这项活动作为长期工作，建立长效机制。同时，要着力构建教育、制度、监督相结合的惩防体系，坚持自律与他律相结合。他希望同学们通过各位院士专家的报告，能够有所收获，有所感悟，进一步树立科研诚信意识，杜绝学术不端行为，为今后的学术生涯奠定坚实基础。

中国科协书记处书记、党组成员张勤代表中国科协党组、书记处致辞。他指出，科学道德是科学的内在属性，是科学事业兴旺发达的重要保证。他介绍了中国科协近年来在推进科研诚信和学风建设、建立防治学术不端行为长效机制方面所做的一系列工作。他希望同学们从科研起步阶段就养成良好的科学道德操守，始终把诚信作为从事科学研究的最宝贵的品格，作为迈入科学殿堂的立身之本，弘扬科学精神，遵循科学道德，恪守科学规范，为我国科技事业的发展、为中华民族的伟大复兴不断贡献力量。

报告会上，中国科协荣誉委员、中国科协常委会道德与权益专委会顾问、中国科学院院士杨乐作了《培养优良学风》的报告。他从做科研的方法谈起，分析了在校学生中学术不端行为出现的原因，指出了培养优良学风的重要性和必要性。他希望研究生在校期间要打好广博和扎实的基础，要养成良好的学术习惯，要培养克服困难的决心，不能急功近利，要认识到成才需要一个漫长的过程。作为青年人，应该多一点责任感，要以在自己所学的领域为社会和人类进步作出一些应有的贡献为目标，踏踏实实地做好科研工作。

中国科协荣誉委员、中国科协常委会道德与权益专委会顾问、中国工程院院士杜祥琬作了《科学道德——一门基础课》的报告。他告诉同学们，科技的繁荣需要灵魂的支撑，这个灵魂就是科学精神和科学道德规范，并以几位科技界前辈的实例阐述了科学道德建设的重要性和科技工作者应承担的社会责任。他呼吁建立以自律为核心，教育、监督、法制和文化相辅相成的科学道德诚信体系，从根本上解决学术不端问题。

中国科协常委、中国科协常委会道德与权益专委会副主任、浙江大学校长、中国科学院院士杨卫作了《谈研究生培养的学术生态》的报告。他提出研究生的培养要建立在良好学术生态的基础上，包含创新生态、和谐生态、诚信生态和开放生态4个要素。他以几件具体事件为案例，向同学们详细介绍了各种学术不端行为，分析了学术管理、学风监督等方面存在的不足，并提出了自己对学术同行监督、学风管理等问题的思考，呼吁同学们要做到弘扬求是学风，尊重知识创新，尊重他人劳动成果。

美国科研诚信办调查监督部主任达勒伯格作了《科学文化：正确做事的重要性，以及做错事的风险》的报告。他从怎样成为一名科学家说起，谈到了科研诚信的重要性，以及学术不端行为的风险。他认为在科研起步时期，导师要在实验室和其他地方以身作则，仔细监督学生科研行为，不许走捷径或采用不当的实验设计或统计功效，要对学生在学位教育中缺乏的学术规范方面提供培训与帮助。他还通过实例讲解了美国在处理学术不端行为中的做法。

报告会安排了交流互动环节，各位院士、专家对同学们提出的问题逐一进行了解答。在回答同学们的提问时，南开大学陈省身数学研究所所长、中国科学院院士龙以明提出，研究生阶段的学习不是一个简简单单的“过场”，教育机构和为人师者要切实担负起培养踏踏实实做一些创新性研究工作、努力推进相关领域研究进展的人才的责任。南开大学陈省身数学研究所副所长、中国科学院院士葛墨林则引用杨振宁先生的话，告诫同学们做学问、搞研究要“宁拙毋巧，宁朴毋华”，并用陈省身先生的话鼓励学子“勤奋源于兴趣，悟性引发创造”，在探索科学的过程中享受乐趣。

报告会后，南开大学研究生代表作了发言，向全校学生发出了“学贵真实，人重信义，科研诚信从我做起”的倡议，并向中国科协赠送了纪念品，以表达南开师生对中国科协年会召开的祝贺和各位院士专家莅临的谢意。中国科协组织人事部部长李森代表中国科协机关接受了纪念品。

报告会由中国科协常委会科技工作者道德与权益专门委员会牵头，南开大学承办，中国科协组织人事部、南开大学研究生院负责具体组织筹备工作。除设立主会场外，还设立了5个分会场，对报告会进行现场直播。同时开通了微博互动，同学们通过微博表达了坚持科研诚信的决心。一些其他高校的研究生也闻讯赶来参加报告会。报告会后，还进行了主题为“南开学子铸品格讲诚信，学术科研诚为本信为基”的科研诚信承诺签名活动。

【第九届全国博士生学术年会】11月14日，由中国科协常委会青年工作专门委员会、国务院学位委员会办公室、中国科协组织人事部联合主办，中国科协学会服务中心、湖南省科协、中南大学共同承办的第九届全国博士生学术年会在湖南长沙隆重开幕。全国人大常委、中国科协副主席冯长根，湖南省委常委、长株潭试验区工委书记陈肇雄出席开幕式并致辞，中国科协组织人事部部长李森主持开幕式及报告会。中国科协组织人事部副部长王慧梅，中国科协学会服务中心主任李桐海，湖南省科协党组书记、副主席邹志强，国家环境保护总局研究员、中国工程院院士金鉴明和有关专家参加了会议。

开幕式后，王乃彦院士和冯长根教授分别做了题为《科研工作中的诚信》、《博士生如何夯实成功科研生涯的基础》的主题报告，勉励广大博士研究生遵守学术规范，坚守学术诚信，诚实严谨治学，脚踏实地创新，不断取得更多更好的科研成果。

本届博士生学术年会以“服务经济社会、促进科学发展”为主题，结合科技前沿关注的重点问题和湖南主导产业发展需要，分为“建设‘资源节约型、环境友好型社会’的理论和实践”、“机械制造与装备”、“信息与网络技术”、“有色金属资源开发与利用”4个专题，由中国环境科学学会、中国机械工程学会、中国通信学会、中国有色金属学会牵头负责，共有200余名在读高年级博士生参会，20余位院士、专家出席会议。

博士生学术年会期间，大会根据参会博士生的就业需求和湖南的人才需求，在长沙高新技术产业开发区组织了高端人才推介会。湖南省长沙高新技术开发区、湘潭高新技术开发区、株洲高新技术开发区、长沙经济开发区、宁乡经济开发区等国家级高新技术开发区和经济开发区的领导向博士生介绍了引才用才的政策和人才需求，湖南三一集团、九芝堂股份有限公司、袁隆平农业高科技股份有限公司等47家知名企业、博士后工作站与博士生进行了面对面的交流，部分单位达成了用人意向。人才推介会前，组织与会博士生参观了中联重科集团和长沙高新技术开发区二十年成就展。

博士生学术年会是面向全国高年级博士生的一个学术交流平台。博士生学术年会，是面向在读博士生的全国性学术交流会议，也是优秀青年科技人才的盛会。自2002年起，已先后在深圳、苏州、乌鲁木齐、西安、长春、重庆、绍兴、呼和浩特举办了8届博士生学术年会，为1700余名在读博士生提供了开拓视野、交流切磋、相互启迪、展示自我的舞台，有力地促进了青年科技人才健康成长，进一步推动了学科交叉与融合。

【第五组“中国现代科学家”纪念邮票】5月25日，第五组“中国现代科学家”纪念邮票首发式在中国科技会堂举行。入选的4位科学家分别是：生物物理学家贝时璋，应用力学、航天与系统工程学家钱学森，石油化工学家侯祥麟和核物理学家钱三强。

中国科协党组书记陈希，中国科协书记处书记张勤，中国邮政集团公司副总经理张亚非，解放军总装备部司令部少将李岩岩，中国科学院副秘书长曹效业，中国石化集团公司科学技术委员会顾问、中国工程院院士侯芙生，中国石化集团公司石油化工科学研究院高级工程师、中国工程院院士汪燮卿，中国自动化学会理事长、中国科学院院士戴汝为，中国科协机关党委书记兼调研宣传部部长王春法等出席首发式。张勤主持首发式。

陈希在首发式上指出，中国科协是科技工作者的群众组织，是党领导下的人民团体，大力宣传在科技创新和普及方面作出突出贡献的优秀科技工作者和创新团队，特别是宣传老一辈科学家的崇高风范和感人事迹，是科协组织义不容辞的重要职责。今后，中国科协将继续与国家邮政部门联系合作，努力把“中国现代科学家”系列纪念邮票打造成为宣传优秀科技工作者的品牌，进一步塑造我国科技界“献身、创新、求实、协作”的良好社会形象，不断增强科协组织对广大科技工作者的吸引力凝聚力，让更多的优秀科技工作者感受到党和政府的亲切关怀，感受到“科技工作者之家”的温暖。

“中国现代科学家”纪念邮票自1988年首次发行以来，迄今已经发行5组，共有20位中国现代科学家入选。他们都是在各自领域作出卓越贡献的科学大师，都具有坚定的爱国信念、感人的辉煌事迹、巨大的人格魅力和高尚的道德品质，为我国科技事业的发展建立了不朽功勋。事实证明，发行以我国现代科学家为主题的系列纪念邮票，不仅有助于让科学家受到全社会尊重，充分激发科技工作者的创新热情和创造活力，也有利于在全社会普及科学知识、倡导科学方法、传播科学思想、弘扬科学精神，对促进创新型国家建设产生广泛而深远影响。同时，纪念邮票的发行也将为5月27日召开的中国科协第八次全国代表大会献上的一份贺礼。

参加首发式的还有科技部、中国科学院、中国工程院、国家自然科学基金委员会、中国石油天然气集团公司、中国石油化工集团公司、中国原子能科学研究院、中科院生物物理研究所，以及中国动物学会、中国宇航学会、中国系统工程学会、中国石油学会、中国物理学会、中国核学会、中国科技史学会等相关单位的代表，4位科学家的亲属、生前好友和各界人士，以及首都新闻界记者共60余人。

【大型传记电影《钱学森》】中宣部确定的迎接党的十八大胜利召开重点献礼影片——大型传记电影《钱学森》，2月28日在北京举行首映礼。影片于3月2日起在全国公映。

由中国科协、总装备部政治部、西部电影集团有限公司等单位联合摄制的这部电影，以钱学森同志近百年辉煌人生为主线，再现了钱学森冲破重重阻挠回到祖国的艰难历程和为我国“两弹一星”事业作出的卓越贡献，展示了钱学森矢志不渝的爱国情怀、彪炳史册的丰功伟绩、德馨品高的大家风范。

首映礼上，中国科学院院士、“两弹一星”功勋奖章获得者孙家栋，中国工程院院士、中国载人航天工程原总设计师王永志深情回忆了与钱老一起工作生活的情景，表达了对钱老丰功伟绩和崇高风范的无限景仰。“航天英雄”杨利伟带领北京市海淀实验中学“钱学森班”的学生宣读了学习钱老报效祖国的誓言。

【电视电影《科协主席》】为配合中国科协会员日活动，扩大会员日的社会影响，进一步提升中国科协良好的社会形象，12月15日，电视电影《科协主席》在中央电视台电影频道播出。

《科协主席》是首部反映党的科协工作的一部行业精品影视作品，《科协主席》剧组历经3年采风、体验和创作而成。影片以中国地级市科协主席为原型，围绕KPE项目引进的技术论证过程为主线，通过科协主席、科技工作者、党政领导、企业管理者、群众等不同人物的形象塑造等一系列精彩剧情变化，热情讴歌了在党和政府的领导下，科协工作者发挥桥梁和纽带作用，动员组织科技工作者围绕当地经济社会发展、党委政府工作中心，开展项目技术论证，为地方党政领导决策提供科学依据发挥了积极作用。

影片生动、立体地塑造了地级市科协主席的典型形象，展现了科协工作者坚持党的领导，“围绕中心、服务大局、深入基层、务求实效”的精神风貌，在服务经济社会科学发展，服务公民科学素质提升，服务科技工作者，参与社会管理，促进社会和谐建设等方面发挥应有的积极作用；充分体现了我国科技工作者求真务实、勇于创新的科学精神，不畏艰险、勇攀高峰的探索精神，团结协作、淡泊名利的团队精神，报效祖国、服务社会的奉献精神；充分展示了我国科技工作者的精神追求和时代风貌。

【实施老科学家学术成长资料采集工程】2010年老科学家学术成长资料采集工程开展以来，累计启动了148位老科学家学术成长资料的采集工作，在建章立制、组织采集、综合开发等方面，都有长足的进步，制定形成了规范严谨的采集工作文件，成立采集工程领导机构，明确采集原则，摸索建立采集工作协调机制，完成了采集工程试点工作，积累了丰富的采集经验，形成了较为完善的培训观摩制度，形成了一批高质量的采集成果，初步建成采集工程馆藏基地，研究形成了采集工程二次开发方案。

3月24～26日，老科学家学术成长资料采集工程2011年第一期培训班在北京举行。北京地区第一批采集对象60位院士的主要采集人员120余人参加。中国科协机关党委书记、调宣部部长王春法，中国科协调宣部副部长、中国科协发展研究中心主任王康友，中国科协调宣部副部长纳翔，北京市科协党组副书记、副主席景晓东等领导出席会议。

开幕式由王康友主持。首先由北京市科协党组副书记、副主席景晓东致辞。王春法向各小组介绍了采集工程的背景、采集工程已开展的工作及2011年工作计划。来自中科院、北京理工大学、中央电视台等单位的专家就20世纪科学技术简史、当代中国的科学技术事业、老科学家学术成长资料采集工作的流程与基本方法、资料的整理与编目、资料数字化与数据库建设、录音录像设备的使用等内容为采集人员进行了培训。采集小组成员对培训效果十分满意，认为培训课程紧凑、合理，并通过培训对采集工程的要求、标准、采集方法都有了深入了解，为即将开展的工作打下了坚实基础。

3月，老科学家学术成长资料采集工程领导小组专家委员会会议在北京召开。采集工程领导小组专家委员会主任、中国工程院原副院长杜祥琬院士，专家委员会成员，中科院遗传研究所研究员李振声院士，国家自然科学基金委员会原主任陈佳洱院士，中国互联网协会理事长胡启恒院士，中国航天科技集团公司科学技术委员会主任王礼恒院士，采集工程领导小组办公室主任、中国科协书记处书记张勤出席会议。会议由采集工程领导小组办公室成员、中国科协机关党委书记兼调研宣传部部长王春法主持。

会上，专家委员会听取了采集工程领导小组办公室关于2010年采集工程进展情况和2011年工作安排，以及关于2010年已采集和2011年拟采集对象情况的汇报。专家委员会对采集工程领导小组办公室一年来的工作成绩表示充分肯定。杜祥琬主任指出，老科学家学术成长资料采集是一项时间跨度长、地域覆盖宽、学科领域广的重大工程，充分体现了党和国家对老科学家的关怀和重视，要充分认识到采集工程的重要性和紧迫性，细致筹划、抓紧实施，努力把这项利国、利民、利科的好事办好。专家委员会还就2011年采集对象进行了深入研究讨论，并达成一致意见：一是将采集工程领导小组办公室提出的85位

84 岁以上两院院士纳入 2011 年采集名单；二是将 2009 年工程启动以来去世的两院院士纳入采集名单；三是对非院士类老科学家加强资格审查，要经过所在单位、相关学会和采集工程领导小组专家委员会三方共同把关，才可列入采集对象名单。

10 月 11 日，“老科学家学术成长资料采集工程”（以下简称“采集工程”）2010 年度第一次结题验收暨 2011 年度第一次观摩交流会议在北京香山饭店召开。中国科协书记处书记王春法出席会议开幕式并讲话。开幕式由中国科协调研宣传部副部长纳翔主持，中国科协调研宣传部、中国科协发展研究中心、中国科学技术出版社、中国科技史学会、北京理工大学图书馆、北京市科协、上海市科协等有关部门领导同志出席会议，2010 年和 2011 年部分采集小组参加会议。

王春法指出，2010 年各采集小组按照预定目标，以老科学家的学术成长经历为主线，采集整理了老科学家的口述资料、实物资料和图像资料等历史资料，取得了初步成果。希望各采集小组认真汇报，根据专家意见修改研究报告，按时完成资料入库。同时，希望评审专家以对老科学家负责、对采集工程负责、对课题组负责的态度，对采集小组的工作作出客观评价，为今后进一步改进工作提供支撑和依据。

王春法强调，采集验收只是采集工程的阶段性成果，中国科协、地方科协、中国科技史学会、馆藏基地以及各采集小组还要完成采集成果的修改完善、资料入库、展览展示、二次开发等大量工作，切实发挥出采集工程的学术价值和社会价值。

3 月，组织召开老科学家学术成长资料采集工程 2010 年项目中期评审会议，邀请中国科学院、中国科普作家协会、北京理工大学、中央电视台等单位的专家学者组成评审组，对 51 个采集小组进行了中期评审。会议中，各采集小组分别从工作进展、取得成果、存在问题和下一步工作计划几个方面做了汇报，评审专家进行了认真评议，提出了改进意见和建议。从评审结果来看，绝大部分采集小组的各项工作均规范有序进行，取得了较好成果，为下一步采集工作的大规模开展，在学术上建立了样板，在组织管理上提供了示范，在如何开展非院士老科学家采集工作等难点问题上积累了经验。其中一位老科学家及所在单位正式提出，由于保密原因希望能够终止对其进行采集工作，专家组评议认为该项采集工作已不再具备完成条件，作出终止该项采集工作的建议。

3 月和 4 月，分别在北京和上海组织召开 2011 年采集人员培训班，有 120 余名和 90 余名采集小组骨干成员参加了这两次培训班。培训内容主要包括采集工程的意义与目标、资料采集工作的流程与基本方法、资料的分类整理与编目、资料的数字化与数据库建设、音视频资料采集的基本技能和采集要求等相关基础知识和基本方法，并邀请国内知名专家学者专门讲授中国近现代科学史等背景知识。经过各为期 3 天的培训，学员普遍反映良好，认为培训内容容量大、含金量高，具有很强的指导性和针对性，提高了采集小组骨干力量的业务素质和能力。培训班结业仪式上，采集工程领导小组办公室向考核合格的采集小组颁发了资质证书。培训班结束后，采集工程领导小组办公室与各采集小组签署了任务书，拨付了启动经费，2011 年度采集工作全面铺开。

6 月，《中国科技史杂志》刊出“‘采集工程’口述史专辑”，集中展示“采集工程”进行半年来在口述资料采集方面的阶段性成果。“专辑”共收录 14 篇访谈录，分别记录了 14 位专业领域不同、人生经历各异的老科学家学术生涯中的一些片段，他们都是所在科研领域的奠基者、带头人。这些访谈录勾勒出了一幅反映 20 世纪中国科学技术发展过程和科学家们生活、科研状态的立体图景，为研究中国现代科学史保存下一段段真实的记录。这些记录大部分是首次公诸于世。为保证专辑内容具有高度的史料价值与学术价值，符合学术刊物的要求，项目办公室于 2011 年 4 月组织召开了“采集工程口述史专辑”学术研讨会，邀请专家从学术研究的角度对每一篇文稿做点评，提出了进行深度学术访谈的意见和建议，讲解了口述史论文的写作规范、体例要求。此次学术研讨会对所有采集小组开放，很多京内外的采集小组前来旁听，普遍反映在加强访谈深度、提高口述史工作的研究性等方面很有收获。该期《中国科技史杂志》“‘采集工程’口述史专辑”已发放给所有的采集小组，为后续口述资料的规范采集提供了重要参考。

8 月，领导小组办公室委托馆藏基地开展二次开发调研，努力实现采集工程的开放共享。在认真研究欧洲图书馆、哥伦比亚大学口述史研究室等成功案例和前期大量调研的基础上，形成以“宣传”和“研究”为主题，以保存和展览基地、出版传播展示平台、科普教育和宣讲培训体系、科技人才成长研究平台、国际交流合作平台建设为主要内容的“老科学家学术成长资料采集工程二次开发”规划方案初稿，基本明晰了开发建设思路，初步探讨了经费预算、组织机构等保障条件。10 月，邀请中国科协发展研究中心、中国科技史学会、馆藏基地等部门负责同志对初稿进行了研讨修改。11 月，邀请中宣部新闻局副局长陈陆军等专家和领导对修改稿进行了认真研讨和征求意见，待成熟后呈报采集工程领导小组。

10 月和 11 月，分别召开 2010 年度“采集工程”结项验收会议，除 4 个因客观原因未能参加验收会议外，其余的 47 个采集小组分别参加了结题验收会议。中国科学院党组副书记方新、中国工程院办公厅主任董庆九和教育部科技司的领导受邀参加了第二次验收会。结项验收会上，近现代科技史专家、馆藏基地资料验收专家、出版社专家等共同组成的验收评审组就研究报告撰写、资料分类和整理、资料数字化、音视频资料拍摄等内容进行了认真的审阅，并给出了大量建设性的修改意见。对于少数还未达到采集工程要求的项目，项目办公室要求及时补充采集资料，根据专家意见调整研究报告，三个月后再次申请验收。已经具备结项条件的采集小组，将按照馆藏基地的统一部署，逐步进行资料移交和入馆工作。在中国科协发展研究中心的安排下，北京市科协、上海市科协和中国科学技术史学会组织 2011 年度启动的采集小组分两批对 2010 年采集工程结项会议进行了观摩，各小组对采集工作有了更直观的认识，同时还召开了工作交流会议，采集小组各自汇报了阶段性采集成果、目前存在的困难和下一阶段工作计划。

10 月，采集工程领导小组办公室根据尚未开展采集工作的 341 位 80 岁以上的两院院士情况，确定了 2012 年的采集对象标准为年龄在 85 岁以上的院士为主体，根据条件适当补充少数 80～85 岁之间的院士及少数高龄的非院士老科学家，并拟出 2012 年采集对象大名单。同时，委托教育部科技司和北京、上海、江苏、湖北、四川、山东、黑龙江等老科学家较为集中地区的科协组织，对尚未开展采集工作、符合采集工程要求的，且工作单位在本地区的老科学家进行摸底调查，与老科学家本人、家人及所在单位进行耐心细致的沟通交流，阐述采集工程的重要意义，讲解工作开展的计划和步骤，了解老科学家本人的采集意愿，掌握采集对象大体情况，为启动 2012 年采集工作做好准备。

【中国科协 2011 年海外智力为国服务研讨会暨联席会议—中国海智大会（浙江·绍兴）】8 月 28 日，中国科协 2011 年海外智力为国服务研讨会暨联席会议在浙江省绍兴市召开。会议主题为“集聚海内外高端智力，服务战略性新兴产业”，由中国科协与浙江省人民政府共同主办。

中国科协名誉主席周光召宣布研讨会开幕。中国科协书记处书记张勤、浙江省副省长毛光烈出席开幕式并致辞，中国科学院院士、中国科协荣誉委员赵忠贤等 80 多位院士、专家，以及美国、加拿大、英国、德国等 13 个国家的 200 多位海外科技团体负责人和高层次人出席会议。大会开幕式上，周光召、赵忠贤、张勤为中国科协海智计划绍兴、杭州、宁波工作基地授牌，3 个单位成为浙江省首批中国科协海智计划工作基地。中国科学院副院长施尔畏和国务院发展研究中心产业经济研究部部长冯飞围绕“战略性新兴产业前沿发展”这一主题作了大会报告。

8 月 27 日，赵忠贤、张勤出席了海外智力为国服务研讨会暨联席会议。国际联络部部长、海智办主任张建生主持会议。会上，海外科技团体代表围绕资源环境生态、企业自主创新、海外人才战略、医疗卫生健康 4 个专题进行座谈讨论并提出了建议。赵忠贤在会议总结中指出，中国科协作为科技工作者之家，为我国的科技工作做出了贡献。目前，我国的科技工作者达到了 5800 万人，而与中国科协海外智力为国服务计划建立联系的海外科技团体已有 70 多个。中国科协将继续为科技工作者“建好家，当好家”，服务于广大科技工作者，为海外科技人才搭起桥梁，互通信息，加强联系，为祖国的科技事业作出贡献。

会上，海外代表们建议，当前，国内许多地方都在大力发展战略性新兴产业，在选择产业方向时，要注意有所取舍，避免千篇一律。对于海内外高端智力，要能够引得进、留得住，最关键的还是要用得来。这需要当地的领导要有国际的视野和眼光，同时要有良好的吸引人才的政策环境，人才生活和交流的平台和土壤。此外，还要转变观念，要注重柔性引才，高端人才许多地方都抢着要，但是可以“不求所有，但求所用”，采取聘任兼职教授、技术顾问和建设博士后流动站等有效措施，吸引一批“候鸟型”高端人才。

学术交流与学会建设

【第十三届中国科协年会】9 月 21～23 日，第十三届中国科协年会在天津市举办。本届年会由中国科协和天津市人民政府联合主办，主题为“科技创新与战略性新兴产业发展”。

中共中央政治局委员、国务委员刘延东出席年会开幕式并作重要讲话，全国人大常委会副委员长、中国科协主席韩启德致开幕词。中共中央政治局委员、中共天津市委书记张高丽，中共天津市委副书记、天津市市长黄兴国，以及中央和国务院有关部委领导同志，解放军有关领导同志出席大会开幕式。道格拉斯·D·奥谢罗夫、杨振宁等 5 位诺贝尔奖获得者，以及美国科学促进会、英国工程技术学会、俄罗斯科学工程协会联合会、日本科技振兴机构的代表也应邀出席开幕式。开幕式由中国科协常务副主席、书记处第一书记陈希主持。

刘延东指出，党中央把科技置于优先发展的战略地位，坚定不移地走中国特色自主创新道路，推动各领域科技迅猛发展，取得了一批具有国际影响力的重大成果，培养了一批优秀科技人才和科学家。科学技术已经成为支撑经济发展、社会进步、民生改善和国家安全的重要力量，为我国综合国力和国际地位的大幅提升发挥了举足轻重的作用。

刘延东强调，科技工作者是我国科技事业发展的宝贵财富，是国家现代化建设的重要力量。希望广大科技工作者认真学习贯彻胡锦涛总书记“七一”重要讲话以及中央关于科技工作的一系列部署要求，增强责任感、紧迫感和使命感，把事业抱负、科技专长同国家发展、社会进步、人民幸福紧密地联系起来，激发创造活力，勇攀科技高峰，做出无愧于祖国和人民的新贡献。要围绕服务加快转变经济发展方式，大力推进创新驱动发展，加强基础前沿科学研究，突破核心关键瓶颈技术，积极建言献策；以增强自主创新能力为己任，加强原始创新、集成创新和引进消化吸收再创新，强化协同创新，为加快建设创新型国家多作贡献；主动开展科学普及，提高全民科学素质，努力成为科学知识的传播者、科学方法的实践者、科学思想的倡导者、科学精神的弘扬者；大力弘扬创新文化，继承我国科技界的光荣传统，加强科学道德与学风建设，遵循学术诚信，为全社会践行社会主义核心价值体系发挥示范作用；积极培养举荐更多创新人才，推动完善科技人才培养和评价机制；全力支持和推动科技体制改革，促进解决制约科技发展的体制机制方面的突出问题，在加快国家创新体系建设、实现科教兴国和人才强国战略的宏伟事业中再立新功。刘延东要求各级党委和政府关心和支持科协工作，为科技工作者发挥聪明才智提供服务和保障。

中共中央政治局委员、中共天津市委书记张高丽代表市委、市人大常委会、市政府、市政协和全市人民对年会召开表示热烈祝贺，对中国科协和科技界朋友给予天津发展的关心支持表示衷心感谢。他说，中国科协年会是我国科技领域高层次、高水平、大规模的科技盛会，在普及科学知识、推动科技创新、促进经济社会发展中发挥了重要作用。本届年会上，中外嘉宾将围绕我国“十二五”时期经济社会发展涉及的重大科技问题，深入交流探讨，共商科技发展大计，对于大力弘扬科学精神，充分发挥科学技术第一生产力的作用，努力实现更长时间、更高水平、更好质量的发展，具有十分重大的意义。

张高丽说，当今时代，世界新科技革命迅猛发展，科技知识创新、传播、应用的规模和速度前所未有，科学研究、技术创新、产业升级一体化发展态势更加明显。增强综合实力，最重要的是增强科技实力；加快转变经济发展方式，最根本的是要依靠科技的力量。天津市委、市政府高度重视科技工作，始终把科技创新摆在战略位置，把科技进步贯穿于结构调整的全过程，实施了一批自主创新产业化重大项目，开发了一批重大科技成果，建成了一批重要创新平台，聚集了一批科技人才和创新团队，高端化高质化高新化产业体系初步形成，全社会创新创造的活力不断增强，为经济社会又好又快发展提供了有力支撑。我们要以年会召开为契机，广纳真知灼见，广聚科技资源，广交科技英才，加快建设科技强市，为全面协调可持续发展提供持久动力，使经济尽快走上创新驱动、内生增长的发展轨道。

全国人大常委会副委员长、中国科协主席韩启德在致辞中强调，科技工作者所从事的事业，是开拓创新、永葆青春的事业，是开启民智、强国富民的事业。全社会应尊重科技人才，完善科技奖励机制，完善学术评价制度，更加注意爱护和扶植青年科技工作者。科技工作者应当在自身精神境界的拓展上，不断超越，追求至善，不仅自己立身要正，要恪守职业道德、保持高尚的学术操守，更要做社会的良心，不降其志、不辱其身、不惧流俗。

开幕式上颁发了第四届周光召基金会“杰出青年基础科学奖”，香港求是科学基金会求是杰出科学家奖和杰出科学成就集体奖，第十四届中国科协求是杰出青年实用工程奖和成果转换奖。

开幕式后，举行大会特邀报告会。天津市市委副书记、市长黄兴国，中国科学院院长、中国科学院院士白春礼，美国耶鲁大学教授、中国科学院外籍院士、美国工程院院士马佐平，中国水利水电科学研究院水资源所所长、中国工程院院士王浩，清华大学公共安全研究中心教授、中国工程院院士范维澄等应邀作大会特邀报告。

本届年会按照中国科协“大科普、学科交叉、为举办地服务”的年会定位，以及突出国家“十二五”首年特征、突出学科交叉、突出举办地特色、突出国际化元素的目标，举办了隆重热烈的开幕式暨大会报告会、成果丰富的学术交流活动、影响广泛的科普活动、卓有成效的专题论坛和天津市党政领导与院士专家座谈会，以及各具特色的专项活动。

年会进一步发挥导向作用，精简规模、提高实效，呈现出新的发展态势。主会场庄严隆重，高效紧凑，参加开幕式的嘉宾、专家学者及科技工作者达2100人。年会嘉宾云集，4位党和国家领导人、7位诺贝尔奖获得者、113位两院院士、194位外国科学家、来自美国科学促进会等4个国际科技团体的专家代表、41位全国学会理事长、81位曾任或现任的省部级领导出席了年会各项活动。开幕式暨大会报告会时间压缩为半天，提高了会议有效时间。学术交流分会场交叉争鸣，成果突出，年会共设立了22个分会场，其中国际分会场9个，分别由20个全国学会和中国科协国际部、海智计划办公室牵头，共有60个联办单位参与。录用论文935篇，其中9个国际分会场提交英文文章150篇。实际与会代表2100多人，其中有院士53人、省部级以上代表26人、外宾192人、港澳台代表17人。科普活动覆盖面广、突出民生，以科普嘉年华、院士专家津沽行、“大爱无疆·关注健康”卫生安全健康科普行动三大系列为主题，动员天津市各区县共组织了239项科普活动，参加活动人数达到50万人次，覆盖人群300余万。专题论坛调研水平高、针对性强，设立10个专题论坛，由天津市政府14个相关部门牵头承办、14个全国学会协办。会前由全国学会组织14批97人次专家学者，深入天津提前进行实地调研，出具了55个决策咨询报告。年会期间，还举办天津市党政领导与院士专家座谈会，为加快天津市科技创新与战略性新兴产业发展献计献策。会后编印了《天津市党政领导与院士专家座谈会院士专家发言提纲汇编》，收录了18位院士专家的书面建言献策成果。专项活动类型多样，营造氛围，举办了科学道德建设论坛、当代中国科学家学术谱系研究论坛、女科学家高层论坛、技术创新·企业发展论坛、韩启德主席与天津大学生见面会、求是杰出青年奖获奖者与大学生见面会和求是杰出青年奖获奖者座谈会、第三届科技摄影展、“纪念世界化学年暨南开大学化学学科建设90周年”系列活动、“天津光谷”建设高层论坛、中国·天津第一届国际针灸学术研讨会、生物医药博士论坛等11项活动，很好地烘托了年会氛围。

作为中国科协八大后举办的第一届年会，本届年会缩小了规模，开幕式暨大会特邀报告会压缩为半天，提高了效率，设立的国际分会场和到会国外科技工作者为历届之最，国际化元素突出，年度、地域特色显著，年会组织过程中，信息化程度有所提高，呈现出一系列新的特点。

第十三届年会大会特邀报告

序号	特邀报告人	特邀报告
1	黄兴国（天津市市委副书记、市长）	“十一五”天津在科技创新方面取得的成就
2	白春礼（中国科学院院长、中国科学院院士）	新科技革命的拂晓
3	马佐平（美国耶鲁大学教授，中科院外籍院士，美国工程院院士）	集成电路科技简介及在中国的发展
4	王浩（中国水科院水资源所所长，中国工程院院士）	中国水资源问题及其科学应对
5	范维澄（清华大学公共安全研究中心教授、中国工程院院士）	公共安全科技的思考

第十三届年会分会场

序号	分会场题目	分会场主席	承办单位
1	绿色化学科学与工程技术前沿国际论坛（国际）	王静康（天津大学教授，中国工程院院士）	中国化工学会
2	太阳能热发电前沿技术国际研讨会（国际）	石定环（国务院参事，中国可再生能源学会理事长）	中国可再生能源学会
3	“食品营养与健康”国际研讨会（国际）	曹小红（中国食品科学技术学会副理事长，天津科技大学校长，教授）	中国食品科学技术学会
4	中医药发展国际论坛（国际）	张伯礼（天津中医药大学校长，教授，中国工程院院士）	中华中医药学会
5	化学物的环境危害与健康风险评估国际研讨会（国际）	付立杰（中国毒理学会副理事长，教授） ElaineFaustman（国际毒理学联盟IUTOX秘书长）	中国毒理学会

续表

序号	分会场题目	分会场主席	承办单位
6	绿色经济与沿海城市可持续发展战略研讨会（国际）	王浩（中国可持续发展研究会副理事长，中国水科院水资源所所长，中国工程院院士）	中国可持续发展研究会
7	实现“2020 年单位 GDP 二氧化碳排放强度下降 40% ~ 45%”的途径研讨会（国际）	戴彦德（国家发展和改革委员会能源研究所副所长，研究员）	中国基本建设优化研究会
8	利用地球工程改变全球气候研讨会（国际）	刘燕华（中国地理学会理事长，研究员）	中国科协国际部
9	生物医药发展论坛（国际）	叶天顺（欧洲华人专业人士联合会，副秘书长）	中国科协海智办
10	节能减排战略与测控技术发展学术研讨会	高明璋（天津仪表集团有限公司总经理，教授级高级工程师）	中国仪器仪表学会
11	中国智慧城市论坛	周德强（中国通信学会理事长）	中国通信学会
12	测绘服务灾害与应急管理学术研讨会	张继贤（中国测绘学会副理事长，中国测绘科学研究院院长，研究员）	中国测绘学会
13	海洋工程装备发展论坛	曾恒一（中国海洋石油总公司副总工程师，中国工程院院士）	中国造船工程学会
14	地热能开发利用与低碳经济研讨会	汪集旸（中国科学院地质与地球物理研究所研究员，中国科学院院士）	中国地质学会
15	大规模储能技术的发展与应用研讨会	陆延昌（中国电机工程学会理事长）	中国电机工程学会
16	沿海生态建设与城乡人居环境学术研讨会	赵良平（中国林学会副理事长兼秘书长、教授级高工）	中国林学会

续表

序号	分会场题目	分会场主席	承办单位
17	都市型现代农业与城乡一体化论坛	舒惠国（中国农学会副会长，人力资源和社会保障部副部长，研究员）	中国农学会
18	癌症流行病趋势和防控策略研讨会	郝希山（中国抗癌协会理事长，中国工程院院士）	中国抗癌协会
19	公路在综合交通运输体系中的作用研讨会	胡希捷（中国公路学会理事长，教授级高级工程师）	中国公路学会
20	生态文明视域中的城市发展研讨会	张文范（中国未来研究会理事长，教授）	中国未来研究会
21	科普人才培养与发展研讨会	陈赛娟（中国青少年科技辅导员协会理事长，中国科协副主席，中国工程院院士）	中国青少年科技辅导员协会
22	中国通用航空发展研讨会	杨凤田（中国航空学会学术工作委员会副主任，中国工程院院士）	中国航空学会

第十三届年会科普活动

序号	名　称
普 1	天津科普嘉年华暨年会科普活动启动仪式
普 2	院士专家津沽行
普 3	媒体科普大联动
普 4	“大爱无疆・关注健康”卫生安全健康科普行动——全国科普日天津系列活动
普 5	第六届预防疾病科学生活健康博览会巡展
普 6	《都市渔业——让生活更美好》水产科普知识展

第十三届年会专题论坛

序号	名　称
论 1	战略性新兴产业发展论坛
论 2	科技型中小企业发展论坛
论 3	航空航天产业发展论坛
论 4	南港工业区石化产业基地建设论坛
论 5	天津装备制造业发展论坛

续表

序号	名　称
论6	天津海洋经济发展论坛
论7	循环经济发展论坛
论8	环渤海区域发展与天津战略选择论坛
论9	特大型沿海城市发展模式论坛
论10	城市交通发展战略论坛

第十三届中国科协年会专项活动

序号	名　称
专1	科学道德建设论坛
专2	当代中国科学家学术谱系研究论坛
专3	女科学家高层论坛
专4	技术创新·企业发展论坛
专5	韩启德主席与天津大学生见面会
专6	求是杰出青年奖获奖者与大学生见面会和求是杰出青年奖获奖者座谈会
专7	第三届科技摄影展
专8	“纪念国际化学年暨南开大学化学学科建设90周年”系列活动
专9	“天津光谷”建设高层论坛
专10	中国·天津第十一届国际针灸学术研讨会
专11	生物医药博士论坛

【2011中国科协学术建设发布会】 4月7日，2011中国科协学术建设发布会在北京举行。中国科协副主席、中国科协学术与学会工作专门委员会主任、中国科学院院长白春礼，中国科协书记处书记、中国科协学术与学会工作专门委员会副主任冯长根，中国科协常委、中国科协学会与学术专门委员会委员陈运泰院士及中国科协学术与学会工作专门委员会委员出席了发布会。发布会由中国科协书记处书记张勤主持。

本次发布会是中国科协第五次举行学术建设发布会，向科技界和全社会公开发布了2010～2011年度我国化学等22个学科近两年的发展状况、未来趋势，2006年以来中国科协全国学会发展状况和2006～2010年中国科协及所属全国学会1003种科技期刊的发展状况。

中国科协副主席、中科院院长白春礼通报了2010～2011年度学科进展情况。重点介绍了我国化学等22个学科服务国家发展战略需要，推动战略新兴产业发展；加强科技成果转化应用，加快经济发展方式转变；完善基础研究体系，促进多学科交叉融合；着眼科技改善民生，促进社会和谐发展的特点。

中国科协书记处书记冯长根介绍了2006年以来中国科协全国学会发展状况，中国科协常委、中国科协学会与学术专门委员会委员陈运泰院士介绍了2006～2010年中国科协科技期刊发展状况。

近5年来，中国科协所属全国学会、协会、研究会（以下简称全国学会）的工作取得重要进展，截至2010年底，中国科协所属全国学会已达198个，学会所属分支机构3228个。学会学术建设工作取得积极进展，科普活动辐射面不断扩大，科技咨询和科技服务工作稳步发展，承担社会化职能已成为学会工作新的亮点。创新发展促进了学会整体实力的显著提升，经费筹集能力和人力资源得到加强，自身建设取得重要突破。学会在建设创新型国家和构建社会主义和谐社会中发挥着重要作用。

2006年以来，中国科协所属全国学会主办的科技期刊出版能力、学术质量、国际化水平和数字化建设等方面取得了长足发展。学术质量建设呈现良好的发展态势，在国内外权威数据库中继续保持较高的学术显示度，各项学术指标处于国内领先地位。

开拓和持续推进学科发展研究，促进学术发展，是中国科协为促进自主创新和学科繁荣所实施的一项重大学术建设工程。旨在以加强学术建制等基础性、根本性建设为切入点，充分发挥科学共同体在学术建制中的独特作用，为促进自主创新营造良好的学术环境。中国科协自2006年开始建立年度学术建设发布会制度，学科发展研究系列报告及其发布从初创到形成规模和特色，逐渐显现出重要的社会影响力，越来越受到科技界、学术团体和政府部门的重视，引起国外主要学术机构和团体的关注。

全国人大、全国政协、教育部、科技部、民政部、国家新闻出版总署、国家统计局、国家自然科学基金委员会、国家知识产权局等有关部门领导，参加本次学科发展研究的全国学会首席专家及学会负责人，中国科学院有关院所、部分在京重点院校、主要图书馆、出版社，部分全国学会期刊代表，及其他全国学会代表，新闻媒体记者等参加了发布会。

【2010—2011年学科进展研究发布】 学科的创立、成长和发展，是科学技术体系化的重要标志。从2006～2010年，中国科协先后组织85个全国学会开展了85个相关学科的发展研究，以此总结我国自然科学、工程技术领域相关学科的最新进展，探索学科发展规律，促进学科交叉与融合，使科技工作者、有关决策部门和社会公众更好地了解和把握相关学科的发展动态和趋势，促进相关学科的学术建设，促进科技创新能力的提升。

2010年，中国科协组织中国化学会等22个全国学会，分别对化学、心理学、机械工程、农业工程、制冷及低温工程、控制科学与工程、航空科学技术、兵器科学技术、纺织科学与技术、制浆造纸科学技术、食品科学技术、粮油科学技术、照明科学与技术、动力机械工程、农业科学、土壤学、植物保护、药学、生理学、药理学、麻风病学、毒理学22个学科的发展状况开展分析研究，总结了近年来我国在这些学科领域的主要成果和发展趋势，完成了22卷学科发展研究报告和1卷综合研究报告。

一、服务国家发展战略需求，推动战略新兴产业发展

近年来，各相关学科更加紧密围绕国家重大战略需求开展研究攻关，在航空、航天、兵器和能源等战略性科技领域取得了一系列重大研究成果，相应产业快速发展，相关学科水平稳步提高。

大型飞机和直升机研制工作取得重要进展。自主研制的大型客机C919完成了技术经济可行性研究，确定了总体技术、制造和客户服务总方案，展示了样机并赢得首批启动订单，计划今年转入工程发展阶段，2014年首飞，2016年交付用户。自主研制的第一架大型民用直升机AC313首飞成功，整机性能达到国际第三代直升机水平，标志着我国和欧盟、美、俄一样具备了自主研制大型直升机的能力。

在炮射末敏弹关键技术方面取得了新突破。在总体设计、抗高过载、小型化、稳态扫描、多模复合探测等方面获得一批具有自主知识产权的核心技术；研制成功的多模复合探测识别系统在探测识别、抗干扰、环境适应、瞄准定位等方面性能优越，我国已成为继美、俄、德等国之后能自主研发先进末敏弹的国家。

大型复杂整体构件成形制造关键技术与装备方面的成果令人瞩目。基本掌握600吨级大型钢锭制造技术和锻造过程材料组织控制技术，解决了不同类别大型锻件锻造质量控制难题，“二代加”核电核岛主设备全部锻件实现批量生产，“三代”核电AP1000核岛锻件全部研制成功，核电等高端大锻件实现国产化，自由锻液压机的等级和数量步入世界前列。

实现1000兆瓦超超临界燃煤发电机组成套装备设计、制造技术的完全国产化和批量供货，至2010年底已有25台机组投入运行，居世界首位。世界首创万吨级“煤制乙二醇”工业化示范装置在我国研制成功。世界上第一套也是当时最大的一套甲醇制烯烃工业生产装置投料试车一次成功，由甲醇制低碳烯烃技术带动的新兴产业正在形成。

大容量钠硫储能电池和全钒液流储能电池研制完成，储能系统已成功示范运行；建成了纳米材料绿色印刷制版技术中试线；掌握了油田废水处理以及处理后废弃物的高值化应用等新技术。

这些具有独创特色的高水平科技进展，为我国相关产业带来了巨大的经济效益，是科技服务于经济社会发展和国家战略需要的突出范例。

二、促进科技成果转化应用，加快经济发展方式转变

各相关学科更加注重将科技创新成果迅速、有效地转化为现实生产力，为国民经济建设和社会发展发挥了重要支撑作用，创造了巨大的经济、社会和生态效益。

在转基因抗虫棉育种领域，成功研制出了单价、双价转基因抗虫棉，提出了棉铃虫对转Bt抗虫棉的抗性预防性治理技术，打破了跨国公司垄断，抢占了国际生物技术制高点。2009年，转Bt抗虫棉种植面积达400万公顷，占我国棉花种植总面积的70%，其中国产抗虫棉占93%，累计增收节支上百亿元。

在节水农业领域，初步建立了抗旱节水型作物鉴定评价技术，筛选出一批抗旱节水新材料和新品种；提出了作物水分亏缺补偿响应机制的节水高产与营养补偿技术，为大面积提高植物水分利用效率、建立高效农田灌溉系统提供了理论与技术支撑；确定了华北和西北地区主要农作物非充分灌溉模式和关键技术，建立了主要作物调亏灌溉、控制性根系分区交替灌溉等技术，有力地指导了农田灌溉实践。在农业高效用水方面获得了一批具有自主知识产权的技术和产品，初步构建了现代节水农业技术体系与发展模式，形成了农业节水设备与制剂生产企业群，每年实现的经济效益已达20亿元以上。

在制浆造纸领域，非木材化学制浆造纸清洁生产技术取得新成果，形成了具有国际先进水平的麦草清洁制浆及其废液资源化利用集成技术体系，初步创建了麦草制浆造纸循环经济技术模式，为节约林木资源、大幅降低造纸污染物排放作出了贡献。

在纺织工程领域，攻克了数字化经编装备关键技术、无缝纬编技术，在经编、纬编等方面推出了一批新针织技术与设备，开发出具有国际先进水平的系列化装备整机及相配套的集成软件，形成了多项自主知识产权并使之产业化，使我国针织装备及织物水平跃入国际先进行列。

在药学领域，在海洋特征寡糖关键制备技术与方法及海洋药物开发方面取得了重要进展。构建了世界上第一个海洋糖库，库中的海洋特征寡糖已在国内外广泛应用，为糖化学及糖生物学研究提供了大量模板分子；发现了特征寡糖的某些构效关系规律，建立了寡糖的定向分子修饰技术。所制备的特征寡糖系列制品质量稳定，单体

纯度高，主要技术参数和质量标准达到国际同类制品的水平。

在粮油科技领域，解决了磷脂原料精制、磷脂组份分离纯化及磷脂改性关键技术难题，独创了具有自主知识产权的磷脂加工技术，提升了我国油脂工业核心竞争力。国内有20家企业建立了46条相应生产线，产品替代进口并销往国外，促使进口磷脂产品大幅降价，扭转了进口磷脂垄断国内市场的局面，累计创经济效益20亿元。

三、完善基础研究体系，促进多学科交叉融合

加强基础研究是提高原始创新能力的重要途径。近年来，各相关学科更加重视和加强基础研究，在一些基础前沿领域实现重点突破，解决了一批关键科学问题，基础研究体系不断完善，学科之间的交叉、渗透和融合向着更深层次和更高水平发展。

提出并建立了“壳层隔绝纳米粒子增强拉曼光谱技术”，首次在电化学条件下获得了铂、铑等各种原子级平滑单晶上的表面拉曼光谱，成功检测到半导体硅表面的成键物种、活细胞壁的组分乃至橘子皮的残留微量农药。这项新型超高灵敏度的普适检测技术，在食品安全、环境保护、医学诊断、材料表面分析、公共安全等领域具有广阔的应用前景。

系统研究了阿尔茨海默病和帕金森病的病因、发病机理、早期诊断和治疗策略，建立了帕金森病患者临床数据和标本库，新发现并确认了两种中国人家族遗传性帕金森病基因；发现了Tau蛋白过度磷酸化是保护细胞免于凋亡的重要因素，提出了“神经细胞退行性变性死亡”新概念；初步建立了较完善的疾病早期预警和早期诊断综合体系，提高了疾病的早期诊断率；获得了一批具有自主知识产权的先导化合物，为进一步研发神经保护药物奠定了良好基础。

建立了全新的以诊断层和诊断特性为基础、以定量化为特点，既可与国际交流，又能充分体现中国土壤特点的谱系式、可检索中国土壤系统分类，实现了土壤分类从定性向定量的跨越。在世界上首次系统建立了人为土纲的分类体系，使人为土得以定量区分和科学表达。中国人为土分类标准已被国际分类组织全盘接受并成为其标准，对国际土壤分类作出了贡献。

提出了聚能型行波热声发动机概念，研制出世界上压比最大、效率最高的热声发动机；首次研制成功完全无运动部件液氢温度的低温热声制冷机，实现热声制冷机迄今为止的最低制冷温度；率先研制出在－20摄氏度、制冷量达到300～500瓦级的双行波热声驱动室温热声制冷机，其制冷量及效率突破了传统驻波制冷低效率的瓶颈，为替代氟里昂制冷技术提供了一种新途径。

四、着眼科技改善民生，促进社会和谐发展

科技发展的出发点和落脚点都是改善民生。各相关学科中有一批具有自主知识产权的科技成果在改善民生、促进社会和谐方面发挥了重要作用。

针对我国粮食储备特有的仓型大、粮堆高、储期长等国情，创立了中国储粮生态系统理论体系，通过智能粮情检测、低剂量环流熏蒸、智能通风和高效谷物冷却四项技术为一体的“四合一”储粮新技术，系统解决了我国储备粮防霉保鲜、抗性害虫治理和降耗减排问题，使我国粮食储藏技术总体跃居国际先进水平，部分技术水平超过欧美等发达国家。新技术应用于全国31个省、自治区、直辖市6000多万吨仓容的粮食储备库，累计获得了290多亿元的经济效益。

药物非临床安全研究是直接关系公众用药安全的关键技术，目前已成为新药注册国际互认的前提。通过引进国际药物非临床研究质量管理规范标准，整合毒理、药理、病理、分析等学科的技术力量，我国创建了符合国际药物非临床研究质量管理规范标准的安全评价技术体系，并先后通过国家有关认证、国际实验动物评估和认可委员会认证，在新药研发和保证人民用药安全中发挥了重要作用。

采用国际最新的全基因组关联分析方法，通过对11400名麻风病患者及健康对照者的比对研究，发现了7个麻风病的易感基因，首次从分子生物学水平阐明了麻风病的发病机制。该研究为世界范围内最大的传染性疾病全基因组关联分析研究，研究成果对其他传染病如结核病等的防治具有重要借鉴意义。

心理学在基础和交叉研究方面取得了很多进展。在认知神经科学研究领域，知觉研究由视觉、听觉向触觉、嗅觉以及多感觉融合等领域扩展，汉语认知与发展的研究也在蓬勃发展之中；在社会认知神经科学研究领域，在经济决策、中国人的自我等研究问题上成果显著；在心理健康领域，持续开展了针对各个年龄阶段、各个职业群体的心理健康调查，建立了《中国人心理健康量表》和全国常模，军事人员心理健康和标准工作也获得突出进展。

综上所述，22个学科取得了一批具有世界水平的重大成果，攻克了一批核心关键技术，科技成果转化步伐正在加快，新的学科增长点不断涌现，有力地支撑了我国经济社会发展，在服务国家重大战略方面，发挥着越来越重要的作用。当然，与国际先进水平相比，上述学科还存在着一定差距和问题，突出表现在原始创新能力薄弱、学科间集成创新不高、领军人才缺乏、成果转化率较低等方

面，学科的建设和发展仍然任重道远。

【中国科协科技期刊2006—2010年度发展状况】中国科协所属全国学会主办科技期刊（下称中国科协科技期刊）是我国科技期刊的代表性刊群和重要的出版与学术交流资源。截至2010年底，中国科协科技期刊共1003种，其中学术类期刊701种、技术类期刊186种、科普类期刊63种、综合类期刊49种、检索类期刊4种。2006~2010年的5年间，在精品科技期刊工程的推动下，科技期刊建设取得显著成效，出版能力稳步提高，学术质量建设持续增强，英文版期刊国际化发展水平逐年上升，数字化建设发展迅速，在体制改革与创新方面也迈出了新的步伐，在推动我国科技发展、促进学术交流等方面发挥了重要作用。

一、科技期刊出版能力稳步提高

中国科协所属全国学会重视科技期刊办刊队伍建设，注重发挥主编和编委会的作用，审稿专家规模壮大，稿源逐步丰富，稿件处理周期不断加快，稿件质量稳步提高，期刊的经营能力也得到显著提升。

5年来，科技期刊从业人员队伍整体稳定。刊均人数保持在7人左右，呈现出高学历和年轻化趋势，硕士及以上学历的人员占35.4%，其中学术类期刊这一比例达到了40.5%；2010年度中国科协科技期刊刊均编委65.3人，比上一年度的60.5人增加4.8人；刊均国际编委6.2人，较上一年度的5.5人增加0.7人；截至2010年6月，期刊刊均审稿专家人数达544人，人数较2007年6月的201人增加了1.7倍。2006~2007年度论文从投稿至录用的处理周期为88.7天，2009~2010年度缩短至74.6天，刊均审稿周期缩短14.1天；2006~2007年度论文从投稿至发表的周期为8.2个月，2009~2010年度缩短至6.8个月，缩短了1.4个月。2009年，中国科协科技期刊在中国知网数据库的可被引文献总量达到293690篇，平均每刊有314.8篇文献可供读者阅读或作者引用，下载次数达到8061.15万次，比上一年度增加992.86万次，平均每刊下载量达8.6万次，比上一年度增加1万次。刊均年经营收入103.8万元，较上一年度增长13.5万元。

二、科技期刊学术质量建设持续增强

中国科协科技期刊学术质量建设呈现良好的发展态势，在国内外权威数据库中继续保持较高的学术显示度，各项学术指标处于国内领先地位，是中国科技期刊领域重要的期刊群体和科学技术研究成果发布平台，在促进国内外学术交流中发挥着重要作用。

汤森路透（Thomson Reuters）出版的《期刊引证报告》（JCR）2006~2010共收录中国大陆科技期刊346种，其中中国科协科技期刊为179种，中国科协科技期刊每年在收录的中国大陆科技期刊中所占比例平均为52.0%。2010年，《工程索引》（EI）核心库收录中国大陆期刊226种，其中中国科协科技期刊89种，较2006年增加27种，2010年收录数占我国大陆被收录期刊总量的39.4%，在国内名列前茅。

据《中国科技期刊引证报告》（CJCR2006—2010），中国科协科技期刊学术指标5年来有较大提升，各学科总被引频次、影响因子、即年指数和引文数量等学术指标的平均值均高于收录总体的平均值，有17个学科的中国科协期刊平均影响因子大于本学科期刊平均影响因子、平均总被引频次大于本学科期刊平均总被引频次，并且学科影响因子排名第一和学科总被引频次排名第一的均为中国科协科技期刊。

在中国科学技术信息研究所2008~2010年每年发布的“中国百种杰出学术期刊”中，中国科协科技期刊共入选200种（次），3年来均占入选期刊的60%以上。2006~2010年度国家自然科学基金重点学术期刊专项基金共资助期刊98种，其中，中国科协科技期刊入选种数为58种，占基金资助期刊总量的59%。

2011年3月17日，第二届中国出版政府奖揭晓，在10种获得中国出版政府奖期刊奖的期刊中，中国科协所属全国学会主办科技期刊有6种，分别是《中华结核和呼吸杂志》、《机械工程学报》、《舰船知识》、《中国国家地理》、《物理学报》和《中草药》；在获得中国出版政府奖提名奖的20种期刊中，中国科协所属全国学会主办科技期刊有11种，分别是《化工学报》、《药学学报》、《中国电机工程学报》、《作物学报》、《电子学报》、《兵器知识》、《铸造》、《细胞研究》（英文版）、《化学学报》、《中医杂志》、《中国危重病急救医学》。

三、精品科技期刊工程建设成效显著

中国科协精品科技期刊工程作为目前国内规模最大的科技期刊资助体系，5年来，共有454种（次）期刊成为精品科技期刊示范项目，资助总额为4840万元，其中A类项目27项（次）、B类项目203项（次）、C类资助项目224项（次）。精品科技期刊工程建设促进了中国科协科技期刊学术质量和出版质量的提升，推进了科技期刊国际化与网络化进程，培育出一批在学科和专业领域内有较强影响力和辐射力的精品科技期刊，带动了我国科技期刊整体质量和水平的提高，在科技期刊界产生广泛影响，于2009年财政部组织的绩效考评中该项目获得“优+”的最高评价。

立足于专家办刊、专业办刊，不断提升编辑出版质量，优化编辑出版流程，积极建设高素质办刊人才队伍，期刊的学术质量与出版指标显著提升。中国科协精品科技期刊采取多种措施积极组织原创论文、基金论文、重大科研项目进展与学科热点等高质量稿件，不断提高期刊学术质量与学术影响。根据汤森路透出版的《期刊引证报告》（JCR）的数据，《植物学报》（英文版）2010年影响因子较上年增长62%，达到1.396，《分子植物》（英文版）创刊两年，SCI影响因子达到2.784，在SCI收录的中国期刊中排名第四，在JCR报告收录的全球植物科学期刊排名中进入了前15%行列。根据《中国科技期刊引证报告》（CJCR）2006～2010年统计显示，《力学进展》、《中国有色金属学报》、《中华儿科杂志》、《水利学报》、《编辑学报》、《软件学报》、《中华护理杂志》、《航空学报》等8种期刊的影响因子连续4年学科排名第一；《中国电机工程学报》等21种期刊的总被引频次连续4年学科排名第一。《航空学报》、《石油学报》、《药学学报》、《水产学报》、《中华肿瘤杂志》、《作物学报》6种期刊连续8年被评为“百种中国杰出学术期刊”。

努力提高稿源、编审、出版与发行等方面的国际化水平，期刊的国际影响力和国际同行认可度得到显著提升。《计算机科学技术学报》（英文版）、《植物学报》（英文版）、《分子植物》（英文版）国际编委比例分别达53%、54%、62%。国际编委在组织海外投稿、推荐优秀稿件、海外审稿等方面发挥了重要作用，《计算机科学技术学报》（英文版）编委会组稿达56%，国际审稿量达80%。《中国药理学报》（英文版）、《分子植物》（英文版）的海外审稿专家比例均在60%以上。更多的项目期刊加入国际检索系统和国际全文发布平台，《植物学报》（英文版）被SCI－E、PubMed等66种国际检索系统收录。

注重数字化平台建设，从在线稿件处理、在线出版、开放获取等方面加强了期刊网站建设。并借助国外出版商的网络出版平台和市场推广与营销能力，使期刊的网络版下载量、论文的国际浏览量和下载量均有提升。

四、英文版期刊国际化发展水平逐年上升

英文版科技期刊作为对外传播和推广我国科技成果、促进国际学术交流的主要传播媒介，其国际化建设对于提高我国的科技影响力具有重要的战略意义。2009年，中国科协精品科技期刊工程增加了英文版科技期刊国际推广项目，每年资助7种英文版期刊，两年资助金额达112万元。重点支持培育一批有国际影响力的英文版科技期刊，进一步提高了中国科协科技期刊的国际影响力和国际竞争力。

根据中国科学技术信息研究所《中国英文版科技期刊数据库》的统计，截至2009年6月，我国出版英文版科技期刊有212种，分属于34个学科领域，占我国科技期刊总量的4%左右。2010年中国科协主办英文版科技期刊70种，约占全国英文版科技期刊总数的三分之一。

2006～2010年，中国科协英文版科技期刊国际投稿呈上升趋势，所发表论文中，国际论文所占的比例由2006年的5.7%上升为2010年的14.0%，国际合作论文比例由2006年的5.4%上升为2010年的11.8%，基金论文比例一直保持在60%以上。中国科协英文版期刊出版频率高于我国英文版期刊的整体水平。

中国科协英文版科技期刊论文引用作者的国家（地区）分布较论文作者国家（地区）分布更为广泛，平均为40个。中国科协42种英文版期刊中，论文引用作者国家分布数量在30个以下的期刊有15种，占统计样本的35.7%；分布数量在30～50个之间的期刊为14种，占33.3%；分布数量为50个及以上的期刊也有13种，占31.0%。其中，《细胞研究》（英文版）、《遗传学报》（英文版）《分子植物》（英文版）等8种期刊的海外引用比例已经超过了50%。

五、科技期刊数字化建设发展迅速

中国科协科技期刊积极顺应由传统出版模式向数字出版模式的转变，自建网站的数量明显增加，绝大部分期刊建立了自己的网站，网站功能日趋完善、内容更加丰富。2007～2010年，中国科协科技期刊中自建网站所占比例由49.9%增加到64.0%，“一刊单独上网”和“数刊联合上网”的比例增加了13.1个百分点。2010年中国科协642种期刊的自建网站上有528种提供期刊目次，占642种期刊的82.2%，其中有380种进一步提供期刊文章摘要，占642种期刊的59.2%，有273种提供期刊文章的全文，占642种期刊的42.5%，有222种期刊实现全文开放获取，占提供期刊全文的81.3%。实现网络预出版的期刊由6种大幅增加到31种，英文版界面的网站增加8.5个百分点。

中国科协科技期刊的开放程度日益加大。2010年中国科协1003种科技期刊中有开放获取（OA）期刊241种，占24.0%，比2007年的140种净增101种，所占比例增加8.4个百分点。其中英文版期刊30种，占中国科协全部70种英文版期刊的42.9%。中国科协OA期刊开放全文回溯年代有明显加长趋势，将自创刊以来所有全文全部开放的期刊由22种增加至64种。开放获取期刊总被引频次、影响因子和即年指数的五年增长率分别高于非开放获取期刊7.3、6.2和59.0个百分点，通过开放获取，切实提高了中国科协科技期刊的学术影响力。

中国科协于2009年设立了“科技期刊数字化建设试点项目”，以支持全国学会建立科技期刊数字出版、信息发布并集成各类资源的一站式网络平台，重点支持主办或参与主办多种科技期刊学会的数字平台建设，首批支持了中华医学会、中国农学会、中国机械工程学会和中国药学会4个学会，目前项目总体进展情况良好。

六、科技期刊积极探索体制改革与创新

2006~2010年是我国新闻出版体制改革由试点转向全面推开并取得重大进展的5年，也是中国科协科技期刊积极探索出版体制改革与创新的5年。5年来，中国科协科技期刊根据中央关于文化体制改革的政策精神，结合中国科协科技期刊的办刊特点和办刊实际，大力加强科技期刊出版体制改革创新的理论研究和实践探索，积极整合科技期刊出版资源，推进了科技期刊集群化建设和集团化发展。

中国科协及其全国学会注重发挥科学共同体的办刊优势，不断加深对科技期刊集群化的认识，积极引导全国学会主办期刊创新出版模式和运行机制，探索科技期刊的学科集群、网络集群、数字出版和集团化出版，中国科协科技期刊在集群化建设和集团化发展方面取得明显进展，涌现出中华医学会系列杂志、中华预防医学会系列杂志、中国光学期刊联盟、中国抗癌协会系列杂志等一批集群化建设和集团化发展的典型。一些全国学会主办期刊数量较多，如中国力学会、中国药学会、中国地质学会、中国农学会、中国机械工程学会等，也都在积极探索科技期刊学科集群化道路。部分全国学会还在塑造期刊出版市场主体方面迈出探索性的步伐，尝试成立具有独立法人资格的杂志社或杂志社有限公司。据不完全统计，2006年以来，有18个全国学会加入到设立法人出版单位的行列，分别成立了杂志社或杂志社有限公司。

同时，积极采取多种措施，加强对科技期刊出版体制机制创新发展方面的指导、服务与支持，通过定期举办中国科技期刊发展论坛设立专题分论坛、科技期刊出版政策法规培训、组织开展科技期刊发展专题研究和编撰年度性《中国科协科技期刊发展报告》等方式，推动和加强科技期刊体制机制改革与创新，并及时通过建立全国学会科技期刊体制改革试点和期刊数字化建设试点等方式，支持全国学会进行出版体制改革创新和资源整合的探索与实践。

七、中国科协科技期刊任重而道远

5年来，中国科协科技期刊取得了长足的发展，但从我国科技发展要求和科技期刊发展趋势看，还存在着一些需要解决的问题，如办刊体制机制还不能很好地适应市场需求，市场竞争意识不强，集群化程度较低。缺乏新兴学科与交叉学科领域的新刊，国际学术影响力、网络传播能力不足，科技期刊获取高学术水平稿件依然存在较大困难，普遍缺乏高水平的经营管理人才与期刊领军人才等。这些实际上也是我国科技期刊所面临的共性问题，需要我们共同探索，积极应对，通过深化改革来促进科技期刊的创新发展。

中国科协将积极谋划“十二五”科技期刊发展蓝图，明确发展目标与任务，稳步推进科技期刊实现转型和跨越式发展，把握好新的5年发展机遇期，通过良好的专业化出版运作和管理能力，依靠得天独厚的学科优势，依托科技社团的环境优势，以及把握好在数量上的规模优势，建立高质量、高标准的期刊出版和服务平台，从科技期刊的基础服务、增值服务、信息服务等多个方面入手，不断培育并不断推出一批在业界乃至国际上都具有较强影响力的优秀学术期刊，中国科协科技期刊将在“十二五”实现更大的飞跃。

【中国科协全国学会发展报告】 截至到2010年底，中国科协所属全国学会共有198个，占全国同类组织的11%，全国学会所属分支机构3228个，占全国同类组织的36.8%。2010年学会会员数约为411.4万人。主办和参与主办刊物1003种，占同类期刊的四分之一，代表中国加入260多个国际组织。2010年，各学会共有300多位科学家进入国际科技组织担任各类职务，其中担任执委以上职务者达110余人。全国学会在积极参与国家创新体系建设，推动加快经济发展方式转变，以及推动和谐社会建设与社会管理体制创新方面作出了积极贡献。

近5年来全国学会的发展表现出如下主要特征。

第一，创新发展已成为全国学会的共识。

学会价值功能定位更加明确。2005年，中国科协六届五次全委会提出了“三服务一加强”的理念，即要求中国科协及所属全国学会要“为经济社会发展服务、为提高全民科学素质服务，为广大科技工作者服务，切实加强自身建设”。中国科协七大后，“三服务一加强”的表述正式列入中国科协的章程，成为科协和学会工作的基本定位。2008年，胡锦涛总书记在纪念中国科协成立50周年纪念大会上明确提出，学会要积极参加国家创新体系建设。进一步明确了学会的价值定位，起到了提高认识、凝聚人心、统一思想、明确方向的作用，产生了积极而广泛的影响。根据2010年调查，大多数全国学会负责人很认同或比较认同学会是国家创新体系重要组成部分的观点，并积极在实际工作中贯彻落实。

学会创新发展的动力不断增强。近年来，在中国科协的引领和支持下，学会创新发展力度不断加大，初步形成了学会工作的良好格局。

2007年中国科协印发《关于加强学会工作的若干意见》，加强了对学会工作的宏观领导。同年，中国科协联合民政部印发《关于推进科技类学术团体创新发展试点工作的通知》，鼓励有条件的学会积极开展创新探索，力求推动学会改革发展取得实质性进展。主要采取了以下重要措施：

一是积极开展学习实践科学发展观和创先争优活动，以党建带动学会组织建设。在学习实践活动中有35个学会建立了27个党的组织。已建立党组织的学会数增加到107个，占学会总数近58%，比活动开展前增加了近20%。2010年，各全国学会又积极参与到各具特色的“创先争优”活动中，争取实现学会工作新跨越。党的建设为学会业务活动的有效开展提供了可靠的保障。

二是以项目引导促进创新发展，发挥骨干学会示范引领作用。中国科协于2006年建立了新一轮学会工作试点体系。2006～2008年，选择38个学会作为试点单位，分别在会员管理服务、学会办事机构建设、承接社会职能、组织体制改革等方面进行了重点改革尝试。2009年中国科协又联合民政部实施了学会创新发展推广工程，共资助创新发展示范项目9个、基础项目102个。几年来，通过改革试点和创新发展项目的实施，共资助学会2500余万元经费，培育产生了一批运行规范、组织建设良好、服务功能到位的骨干示范型学会。

三是加强规章制度建设，规范学会组织管理。先后制定印发了《中国科协全国学会组织通则（试行）》、《中国科协团体会员管理办法（试行）》等文件，推进学会组织管理工作的规范化建设。

四是大力加强学会人才队伍建设和理论建设。不断加强学会负责人和工作人员队伍培训和交流。探索创办学会创新发展论坛、理事长研修班、秘书长培训班、秘书长沙龙、秘书长活动日、学会恳谈会等系列研讨交流活动形式；积极开展一系列的学会工作理论研究，为加强学会能力建设打下基础。

五是积极优化学会发展的外部政策环境。积极探索理顺学会办事机构挂靠体制，鼓励学会因会制宜、多元发展。分别与中国科学院、农业部等部门建立共建学会的机制；加强了与民政部、科技部、国家奖励办、最高人民法院、基金委、财政部、税务总局等有关部门的沟通协调，积极争取出台支持科技社团发展的政策。

第二，全国学会以活动为依托，积极参与创新型国家建设。主要表现在以下几方面：

一是学术建设工作取得积极进展，学会搭建了高水平的学术交流平台。全国学会积极发挥学术共同体优势，推动学科繁荣发展。自2006年以来，先后有85个全国学会组织4300余位专家学者围绕我国学科建设开展研究，形成学科发展报告131个，在学术界形成广泛影响，发挥了学会在促进学科发展中的作用。

努力创新学术交流形式，营造良好学术氛围。据不完全统计，几年来，共有28个学会举办了33期“新观点新学说沙龙”，6个学会承办了中国科协论坛等小型、高端、前沿学术活动，一批学会结合实际，积极设计和组织交叉前沿学术交流活动，为一线科技工作者提供宽松、自由、平等的交流平台，倡导自由探究，鼓励学术争鸣，激发了创造活力。

积极开展学术道德建设，端正学术风气。据不完全统计，有近10个学会建立了会员学术道德规范，加强对会员科研行为的规范管理，如中国化学会、中国计算机学会等发布“编辑、作者诚信公告”，对抄袭、剽窃、弄虚作假的不正之风，施以警告、通报、拒收论文手段严厉制裁，营造了良好的学术生态氛围。

学术会议数量和规模不断上升。全国学会举办的国内学术会议从2006年的2897次，上升到2010年的3351次，增加15.7%；参加人次从43.4万增加到60.3万，增长近39%；交流论文总篇数从2006年的20.7万篇增加到2010年的26.7万篇，增长28.8%；体现多学科、多专业的综合性学术年会开始增多。

加强国际及与港澳台科技交流，规模影响日益扩大。学会主办的国际及港澳台学术会议①从2006年的415次增加到2010年的544次，增长31.1%。参加人数从8.5万增加到16.2万，增加近90%。会议交流论文数从4.7万余篇增加到8.1万余篇，增长约72%。在我国召开的国际组织系列会议数量逐年增长，从2006年的59次增加到2010年的80次，参加人数从1.74万余人增长到4.2万余人次，交流论文数量从1.15万余篇上升到2.58万多篇。学会在国际学术界的影响力不断得到提升。

积极参与实施精品科技期刊工程，期刊数量和质量不断提高。截至2010年底，中国科协所属全国学会主办和参与主办的科技期刊共1003种。据中国科学技术信息

①含《中国科学技术协会统计年鉴（2011）》中统计的国际学术会议、国际组织系列学术会议、双边学术会议、同港澳地区学术会议、海峡两岸学术会议、同港澳台地区学术会议等不同类型。

研究所《中国科技期刊引证报告（2010）》（CJCR2010）显示，655种被收录的中国科协科技期刊的学术指标有较大提升，总被引频次、影响因子、即年指标和引文数量的平均值均高于收录总体的平均值。

中国科协英文版期刊国际化发展态势良好。据统计，至2010年底，中国科协英文版期刊共有70种，其中51种加入国际期刊平台，占72.9%。

学会科技期刊积极开展在线出版，至2010年底，64.0%的期刊建立了独立网站，41.1%的期刊使用在线稿件管理系统，42.5%的期刊实现了与印刷版同步全文上网。

二是科普活动辐射面不断扩大。从2006年到2010年，学会举办的科普讲座从3538场增加到5206场，增长47.1%；受众人数从82万多人次增长到492万余人次，增长5倍。科普展览从667场增加到886场，增长32.8%。科普阵地和机构队伍建设不断加强。据不完全统计，自2006~2010年，有30多个学会增设科普工作委员会等机构，使拥有科普工作委员会的学会达到141个，占全国学会总数的70%以上。全国学会批准设立的科普教育基地已经达500个以上。

三是科技咨询和科技服务工作稳步发展。根据2010年调查，有80.5%的被调查学会在过去5年中开展过决策咨询或技术咨询。45.1%的被调查学会为中央党政机关提供过决策咨询服务，26.8%的学会为国有大中型企业提供过咨询服务，22%的学会为省级党政机关提供过咨询服务。19.5%的学会为其他类型企业提供过咨询服务。学会向相关部门反映科技建议条数从2006年的251条增加到2010年的1345条，增长435.9%。2010年反映的建议中有120条获各级领导批示。

2010年被调查学会中，46.6%的组织设立了专门的决策咨询或技术咨询部门或机构。咨询服务活动带来了明显的经济效益和社会效益。2006~2009年，学会完成技术咨询合同从98项迅速增加到512项，咨询合同实现金额从1164万元增长到3443万元。

四是承担社会化职能成为学会工作新增长点。据2010年调查，91.5%的被调查学会都对承担社会职能或承接政府转移职能持“积极争取态度”，认为对机构发展大有裨益。69.4%的被调查学会已经承担了不同类型的社会职能或政府转移职能。

学会设立的科技奖励成为国家科技奖励体系的重要组成部分。据统计，截至2010年，在国家奖励办登记注册的社会力量设奖中，中国科协所属学会设立的奖励已占82项，数量比2006年增长30%，所占全部奖励项目的比例近40%。已有10个全国学会成为国家科技奖励直接推荐单位。

科技评价与科技人才评价作用权威性增强。据不完全统计，已有近20个学会开展了科技成果评价和科技人才评价工作。例如，中华医学会受卫生部委托，承担了医疗事故鉴定工作。中国煤炭学会经最高人民法院批准，设立了煤炭生产开采减少损害委员会，有效解决了地方技术争端。学会开展科技评价的权威性得到增强，不断得到政府、企业和社会等有关方面的认同。

促进产学研相结合的机制在部分学会得以确立。中国汽车工程学会、中国农学会、中国电子学会、中国纺织工程学会等通过建立产学研技术联盟，促进行业共性技术的联合攻关和技术成果转化，推动了科技创新要素向企业的集聚，发挥了学会在技术创新中的积极作用。

第三，学会资源更加丰富。

过去5年，学会坚持发展导向，千方百计扩大资源，改善学会运营条件，取得了显著成绩。

一是物质资源明显改善。学会年度筹资总额从2006年6.06亿元上升到2009年11.06亿元①，增长82.7%，平均每个学会的年收入从362.6万元增长到643.8万元，增长77.5%。

全国学会的资产总额由2006年的15.96亿元增长到2009年的24.52亿元，增长53.6%。资产总额在1000万元以上的学会由2006年的34个增长至2009年的40个，所占全国学会的比例由20%上升到23%。资产总额在100万元以下的学会由2006年的47个下降至2009年的27个。

学会办公条件改善，办公信息化程度提高。据统计，至2009年，有22家学会的办公用房拥有产权，面积3.91万平方米。根据2010年调查，97.2%的学会拥有办公计算机，91.6%的学会开设了网站，76.6%的学会拥有独立域名，42.1%的学会拥有服务器，31.8%的学会拥有办公信息系统，23.4%的学会拥有网络论坛。

二是人力资源进一步优化。学会秘书处从业人员从2006年的2401人增加到2010年的2767人。其中，专职人员超过10人的学会占全部学会总数由2006年的约30%上升到2009年的41.6%。

专职工作人员年龄结构趋于合理。据2010年调查，专职工作人员中，50岁以下的共占到约71%。学会负责

①为便于前后比较，此处只统计了中国科协所属学会的经费筹集数据，未包括委托管理学会的数据。2006年所属学会为167家，2009年所属学会175家。

人和专职人员学历层次较高。据2010年调查，具有硕士及以上学历的专职工作人员占全部工作人员的22.7%，具有本科学历的占52.2%，二者占到了全部工作人员的75%。2009年，理事长和秘书长中有博士学历的达71人，占总人数的38%。

第四，学会组织体系日益健全。具体体现在如下几个方面：

一是会员主体地位逐步加强。根据2009年学会年检统计，近30%的学会建立了专职的会员工作机构，有52%的学会虽没有建立专职机构，但配备了会员工作岗位；有近54%的学会制定了会员工作制度；96.6%的全国学会建立了面向会员的服务沟通渠道。截至2010年年底，共有100余个学会推行了中国科协所属学会个人会员登记管理系统。2010年的调查统计数据显示，大多数学会都制定了会员登记管理制度，90.65%的学会建立了会费收缴制度。

学会为会员提供了内容更加丰富的服务，根据2010年的调查显示，提供信息、寄送资料、表彰奖励、减免会议注册费、提供继续教育和考察、优先发表文章成为主要服务方式。从2008年起，近100个学会开展了会员日活动，增强了会员及其他工作者对学会的归属感。

学会不断推进会务公开，以此保障会员知情权和参与权。根据2010年调查，被调查学会全部实施了一定程度的会务公开措施。财务公开状况进一步改善。根据2010年调查，每年向理事会或常务理事会公开的学会达到66.7%，换届时向会员或理事会公开财务状况的学会达到50%以上，比2006年有较大提高。

二是会员代表大会制度得到巩固和完善。据2010年调查，94.29%的学会能够定期召开会员代表大会，比2006年中国科协的调查结果提高了近5%。

三是学会民主办会功能逐步健全。理事会和常务理事会相结合的决策体制进一步理顺。据2010年调查，有73.8%的学会负责人表示，重大事务由常务理事会决策，有31.8%表示学会的重大事务由理事会决定，民主决策在多数学会的内部管理中得到初步体现。监督机制在部分学会初步试行。2010年调查统计显示，3.06%的学会建立了监事会制度，10.2%的学会建立了司库制度，6.12%的学会建立了会员委员会。差额选举开始成为部分学会进行民主办会的重要措施。2010年的调查数据显示，有30.77%的学会理事进行差额选举，有29.81%的学会常务理事进行差额选举，有15.38%的学会理事长进行差额选举，有19.23%的学会秘书长进行差额选举。

四是办事机构改革不断深化。一批试点学会，积极改革人事体制，探索秘书长队伍和专职工作人员队伍的职业化和社会化。落实面向社会公开招聘和合同聘任制，探索动态管理、优胜劣汰、有进有出的人事管理办法。秘书处建设各项制度日益完善。据2010年的调查，有92.52%的学会建立了印章管理制度，比2006年的调查上升20个百分点，84.11%的学会建立了档案管理制度，比2006年上升27个百分点。81.31%的学会建立了资产管理制度，有90.65%的学会建立了会费收缴制度，86.92%的学会建立了分支机构管理制度，比2006年都有所上升，等等。

五是分支机构管理逐步加强。有86.92%的学会建立了分支机构管理制度。在有分支机构的学会中，有83.33%的学会设立专门部门（或委员会）或指派专人负责专职机构工作，学会与分支机构的指导关系逐步确立。

【中国科协论坛】 为深入贯彻科学发展观，发挥中国科协所属学会在推动自主创新中的重要作用，进一步优化学术交流格局，打造新的学术品牌，根据韩启德主席和书记处领导的指示，2009年起设立中国科协论坛。论坛面向科技界公开申报征集主题和承办单位，2011年经专家评审举办了8期活动，分别以针灸医学的传承与发展、绿色IT与能效通信、中国高速铁路腐蚀问题调研及对策、内陆干旱区水资源和生态环境保护、中国可再生能源发展战略地位探讨、中医原创思维与认知理论、农业生物技术发展与安全管理、陆海统筹论海洋碳汇为主题，邀请各相关学科领域顶级专家学者212人参加论坛活动。会上，各位专家围绕会议主题发表了许多真知灼见，并在会后提出高水平的学术备忘录，向有关部门和领导提出具有前瞻性和战略性的科学建议，论坛对推动本学科领域的发展和引领前沿科学作出了积极的贡献。

6月20～22日，第十二次中国科协论坛——针灸医学的传承与发展在江苏省南通市召开。本次论坛主题为“传承创新，和谐发展”。论坛邀请全国人大常委会副委员长、中国科协主席韩启德院士担任大会主席，邀请中国针灸学会副会长、中国工程院院士石学敏担任首席专家，邀请韩济生院士等海内外知名针灸医学专家做专题报告。来自各地的针灸界专家学者40余人参加了论坛。中国科协荣誉委员、中国科学院院士赵忠贤到会指导，国医大师、中国科学院院士吴咸中亲自指导筹备工作。中国科协党组成员、学会学术部部长沈爱民，中国科协学会学术部副部长刘兴平，江苏省科协党组书记、常务副主席徐耀新，南通市有关领导应邀出席会议并致辞。论坛围绕针灸医学的国际化发展，传统针灸疗法与科学技术现代化，针灸医学发展模式，针灸医学的临床研究和实践，针灸医学的挑战、机遇和对策、国际针灸人才培养等议题进行交流与探讨。本次会议由中国国际科技会议中心承办。

8月10日，第十三次中国科协论坛——绿色IT与能效通信在北京召开。本次论坛主题为“绿色IT与能效通信”。来自科研院所、高等院校以及各主要运营商、制造商的一线专家学者，共30余人出席论坛。中国科协、工业和信息化部的有关领导到会指导。本次会议将围绕绿色IT和能效通信的主题展开研讨，它必将为我国的通信技术的发展和网络建设提供指导，还将为利用通信技术促进经济结构转型并实现节能减排提供有价值的建议。本次论坛由中国通信学会承办。

8月22～23日，第十四次中国科协论坛——中国高速铁路腐蚀问题调研及对策在宁夏回族自治区银川市开幕。国内25名腐蚀专业的专家参加会议。中国腐蚀与防护学会理事长陈光章、国家金属腐蚀与防护重点实验室主任王福会研究员、中国铁道科学研究院杜存山研究员出席了会议。本次会议围绕铁路用钢在海洋环境、工业大气环境等典型环境中服役规律和服役机理等议题进行深入探讨。本次会议由中国腐蚀与防护学会承办。

8月14～15日，第十五次中国科协论坛——内陆干旱区水资源和生态环境保护在甘肃省古浪县召开。本次论坛由中国水利水电科学研究院水资源研究所所长、中国工程院院士王浩，甘肃草原生态研究所所长、中国工程院院士南志标作为首席科学家，国内近20多名相关领域的专家学者参加了论坛。本次会议围绕内陆干旱荒漠区域水、生态、环境资源评价体系，河西走廊水资源可持续利用与生态环境修复关键技术与实践，国家西北部生态屏障建设创新体系与监管制度等议题进行深入探讨。本次会议由甘肃省科协承办。

9月7日，第十六次中国科协论坛——中国可再生能源发展战略地位探讨在北京召开。来自可再生能源相关科研院所、高等院校、学术团体的专家学者以及相关国际组织代表共30余人出席论坛。本次会议围绕未来5～10年中国可再生能源战略地位、中长期发展规划、发展路线图等议题进行深入探讨。本次会议由中国可再生能源学会承办。

9月15～16日，第十七次中国科协论坛——中医原创思维理论内涵在北京召开。北京中医药大学王琦教授担任首席专家。20余名医学、哲学相关领域的专家、学者出席的高层论坛。会议围绕中医原创思维的理论构架与争鸣，面向临床的中药研究新思路新方法与从近代中医药理论的嬗变看中医原创思维的研究与传承等议题进行探讨。本次会议由中华中医药学会承办。

12月15日，第十八次中国科协论坛——陆海统筹论海洋碳汇在海南省三亚市召开。论坛由首席科学家焦念志教授主持，来自国内外高等院校、科研院所的20余位科研一线专家学者出席。论坛围绕海洋固碳与储碳机制，陆地施肥、河流排放等活动对近海碳库的影响，增加近海海洋碳汇的可能途径及其研究需求，全球变化及其对策等方面的相关内容等进行深入探讨。本次会议由中国海洋学会和厦门大学承办。

12月17日，第十九次中国科协论坛——农业生物技术发展与安全管理在北京召开。来自科研院所、高等院校的一线专家学者，共20余人出席论坛。中国科协、农业部的有关领导到会指导。论坛深入研讨了我国农业生物技术发展与安全管理的问题，提出了相关政策建议。论坛围绕生物技术发展过程中的一些社会关注的科学前沿问题、安全管理热点问题、产业化问题、科学哲学、环境等议题进行探讨。本次会议由中国农学会承办。

【2011年青年科学家论坛】2011年，中国科协共举办青年科学家论坛15场，共有583名各个领域的优秀青年科学家和青年科技工作者参加了讨论和交流。

2011年举办的15场青年科学家论坛，选题范围广，涉及工学、农学、林学、医学、基础科学等多个领域，承办单位包括全国学会、科研院所和高校等，来自各个领域的青年科学家、青年学者进行了广泛、热烈的交流，并在交流中激发了新观点、新视角的产生，对于促进科技的发展起到了积极的推动作用。同时，参会的广大青年科学家在交流中还提出了大量有建设性的意见和建议，为国家部委等部门提供了决策依据和参考。

第232次青年科学家论坛的主题为“金融危机与金融衍生产品的风险管理”。论坛就金融危机风险分析与管理、衍生产品风险分析、数量化投资管理、行为金融、电力市场风险管理等进行了深入的探讨。本论坛精心安排了金融业界和学术界互动交流环节，呼吁学术界对实业界多加关注。会议反映出了论坛主题范围内的主要学术观点和所面临的问题，交流了许多创新性的学术观点，并提出了很多建设性的意见。

第233次青年科学家论坛的主题为“稀土新材料研究的最新进展及发展方向”。论坛对稀土新材料的前沿问题进行了研讨，充分了解了国内外相关单位的研究现状，提出我国稀土新材料的发展方向，对促进科研和产业水平的提高产生了积极作用，并向有关政府部门提出相关建议。青年专家学者们畅所欲言、各抒己见，气氛十分热烈。通过本次论坛活动，进一步增加了相关研究单位之间的合作，搭建了产学研合作平台。

第234次青年科学家论坛的主题为“抗菌抗病毒材料与流感防控措施”。旨在通过对传统抗菌材料和抗菌剂、新兴的纳米抗菌抗病毒材料的机理研究、制备和分析测试、生物防御用品的研制开发等各学科进行深入探讨，并就在目前抗菌抗病毒研究的一些思路、方法和模式等方面取得了共识。论坛总结出的一些成果通过学会专家整理成文，并向有关政府部门提出相关建议。

第235次青年科学家论坛的主题为“极端复杂测试环境下实验力学的挑战与应对”。这是中国科协青年科学家论坛自1995年设立以来第二次举办与实验力学有关的论坛。与会代表就围绕本次论坛的主题——“极端复杂测试环境下实验力学的挑战和应对”进行了热烈讨论和充分交流。

第236次青年科学家论坛的主题为“重大环境污染事件风险源识别与监控”，论坛通过对研发重大环境污染事件风险源分类分级技术及动态监控技术、构建环境风险评估与风险分区方法、制定环境风险分类分级分区管理策略等进行深入探讨与交流，与会专家分别从各自研究视角发表意见，围绕中心主题进行了热烈讨论。论坛求同存疑，最终就风险源的分类分级、监测监控、区域评估与分区等技术方法以及风险防范管理策略等取得了共识，为环境风险防范研究与实践提供很好的科学依据。论坛总结有关共识整理成文，并向政府相关部门提出了建议。

第237次中国科协青年科学家论坛的主题为“中医动物模型的研制与评价”，与会专家经过热烈而富有成效的讨论，就中医证候动物模型的研制与评价相关的几个重要问题达成了共识：急需加强动物实验协作，建议成立“中医动物实验协会”；紧密结合临床实际，研制中医证候动物模型；准确把握证候科学内涵，大力开展动物证候评价技术研究；加紧建立常见证候的标准造模方法及其动物证候评价标准。

第238次青年科学家论坛的主题为“生态防水材料及其关键技术”，针对防水材料的低碳生产与绿色环保、防水材料与建筑节能、防水材料与结构安全、高速铁路防水、垃圾填埋场防渗、防水材料的耐久性等科学问题进行学术自由讨论。主要解决建筑形式多样化对防水材料提出新要求及防水向市政建设、路桥、隧道、水利工程等公共工程和基础设施等领域延伸两方面的问题。

第239次青年科学家论坛的主题为“材料生命周期评价与低碳经济”，针对以下5个科学问题开展了研讨：材料生命周期评价技术的现状与发展趋势；基于轻量化材料生命周期评价的低碳经济；材料耐腐蚀性能提高对其生命周期评估的影响；可再生材料的循环利用与生命周期评价；材料生命周期评价及其碳排放软件系统开发与应用。本次论坛实现了在已有材料数据、环境数据和经济数据长期积累的基础上，通过多学科交流，对我国材料生命周期评价中存在的难题在各个学科间达成共识的目的。通过论坛讨论，提出了适合我国国情的基于材料生命周期评价的低碳政策体系，为国家宏观低碳经济发展和政策制定提供了建设性意见。

第240次青年科学家论坛的主题为“基因组学研究在园艺作物分子育种平台构建中的作用”，与会专家、学者从蔬菜作物基因组学研究进展、基于全基因序列信息开发、功能基因的挖掘等方面交流了最新研究结果，并进行了深入的讨论，对园艺作物基因组学研究形成了一定的建议。本次论坛对于推动国内各研究群体的协同攻关和科研合作，促进该领域研究的深入开展将起到积极的作用。

第241次青年科学家论坛的主题为“洪涝灾害预警与应急体系研究”，针对以下科学问题开展研讨：极端天气下洪涝灾害预警机制研究；洪涝灾害监测、防治的新设备、新方法；洪涝灾害风险评价；灾害应急处理体系与联动机制研究；洪涝灾害造成的社会、环境、生态问题处理。与会代表对上述问题涉及的相关领域的最新研究进展与重要成果进行了交流，对洪涝灾害预警与应急体系构建中存在的难题在各个学科间达成了共识，深入讨论了适合我国国情的防灾应急体系，提出了洪涝灾害预警与应急体系存在的难点与弱点问题，对该领域的研究和国家防洪工程建设提出了建议。

第242次青年科学家论坛的主题为“冠心病患者血糖的评估与控制”，针对心血管病危险因素、高血压危险因素、糖尿病危险因素、冠心病合并高血糖患者的血糖评估、血糖控制、疾病负担等方面进行自由讨论，通过心血管、内分泌、公共卫生等领域专家的相互交流，达成共识，提出建议。

第243次青年科学家论坛的主题为“中医健康状态辨识研究”。与会专家、学者从健康状态要素、中医证候及亚健康的判定标准、中医特色健康评价体系、PRO的判定结果等方面交流了最新研究结果。围绕中医健康状态辨识研究的前沿、热点和关键问题展开讨论，内容安排合理，气氛热烈，讨论深入，为国内相关研究单位的青年科学家拓宽了视野，促进了解与合作，受到与会专家的一致好评。本次论坛为推动医学模式从“疾病医学”向“健康医学”转变起到了积极的作用。论坛形成的统一共识将为国家健康事业和卫生工作重心前移提供参考性建议。

第244次青年科学家论坛的主题为“心肌缺血机制及新型治疗靶点的转化医学”，针对心肌缺血重构、缺血心肌的代谢与免疫、缺血心肌的基因调控以及心电生理异常等方面进行了深入探讨和交流，并对新型治疗靶点的从基础研究到临床转化研究进行了相关讨论，内容安排合理，气氛热烈，讨论深入，为国内相关研究单位的青年科学家拓宽了视野，促进了了解与合作。

第245次青年科学家论坛的主题为“高新技术支撑下的血液安全与保障”，针对该领域的前沿、热点和关键问题展开自由讨论，通过领域专家的相互交流，针对血液安全与保障相关领域的新思想、新方法、新技术、新进展等问题开展研讨。本次论坛通过高层次的学术讨论，使该领域的青年科技工作者拓宽视野，形成的统一共识，为国家血液安全与保障工作提供了参考性建议。

第246次青年科学家论坛的主题为“瓜类作物特异性状的遗传学标记及其分子育种”。通过本次论坛，对检测技术平台的建立与应用、瓜类品种特异性状遗传学标记在瓜类品种鉴定中的应用、瓜类主要特异性状的定位、瓜类分子育种的研究方向等，就该领域的研究与发展，向政府有关部门提出建议，供同行和有关管理部门参考。

【2011海峡两岸青年科学家学术活动月】海峡两岸青年科学家学术活动月是中国科协重要的学术交流项目之一，是海峡两岸青年科学家开展学术交流、增进了解联系的重要渠道和平台。对于提高两岸青年科技人员的学术水平，增进彼此的友好情谊发挥了积极的促进作用。

中国科协2011海峡两岸青年科学家学术活动月共设立5项活动，分别是产品碳足迹评价方法标准化学术交流研讨会、专科护理发展学术研讨会、海峡两岸数字媒体技术的创新发展学术研讨会、妇产科亚专科分工过细带来的临床困惑与对策学术研讨会、海峡两岸稀土功能材料与应用技术学术研讨会。两岸的青年学者分别以大会报告、专题报告、专题研讨、论文等形式进行深入的研讨交流。参加本次海峡两岸青年科学家学术活动月的大陆学者770人，台湾学者124人。

1. 2011海峡两岸青年科学家学术活动月——产品碳足迹评价方法标准化学术交流研讨会。主题为“产品碳足迹评价方法标准化”。来自海峡两岸的近100位代表围绕主题进行了交流，对了解海峡两岸碳足迹评价方法标准和发展动向，探索、制定适合中国国情的碳足迹评价方法标准，很有借鉴意义，对进一步推进海峡两岸经济建设和科技交流与合作，起到了积极的促进作用。

2. 2011海峡两岸青年科学家学术活动月——海峡两岸稀土功能材料与应用技术学术研讨会。主题为“稀土功能材料与应用”。此次研讨会为海峡两岸稀土功能材料领域的科技工作者搭建了学术平台，构建了海峡两岸科技交流的机制和体系；进一步扩大和加强海峡两稀土功能材料科技界、学术界，特别是两岸稀土功能材料青年科学家之间的交流、交往，增进相互了解与沟通，为共同促进稀土功能材料科学与技术的发展发挥了积极的推动作用。

3. 2011海峡两岸青年科学家学术活动月——动漫与数字媒体技术的创新发展主题研讨会。主题为“动漫与数字媒体技术的创新发展”，来自海峡两岸的动漫等数字艺术设计界和数字媒体技术领域的专家、学者、领导和企业届人士160多人出席会议。本次主题研讨会集中围绕动漫及其在数字博物馆（科技馆、规划馆）等相关应用领域中科学动画、展示动画、立体电影、互动艺术、虚拟现实等新的应用和相关展览展示技术和艺术表现的发展趋势、动漫新的市场和应用领域，博物馆（科技馆）互动创意方案和中小博物馆数字化建设等话题，从不同侧面进行研讨。本次会议以“创新、发展”，促进数字媒体技术研究和应用为主要目标，扩大两岸在动漫游戏、科学展示动画、立体电影、互动艺术、虚拟现实等现代数字媒体技术以及相关数字博物馆、文化自然遗产数字化保护等数码艺术创新、创意领域的科技团体、企事业单位及相关学者间的交流与合作。

4. 2011海峡两岸青年科学家学术活动月——妇产科分科过细带来的临床困惑与对策。主题为“妇产科分科过细带来的临床困惑与对策”，会议邀请了中国大陆及台湾妇产科学界知名的专家、学者进行专题讲座。与会专家就目前医学界分工过细带来的一系列问题进行了详细的探讨并提出解决的办法。此次研讨会为两岸的妇产科医师搭建了一个学术交流平台，通过各亚专业医师的交流，促进了妇产科各亚学科的融合，碰撞出新的火花，为探索更好的、更完善的诊治方法，达到从整体出发，关爱女性健康的目的提供了思路。

5. 2011海峡两岸青年科学家学术活动月——专科护理发展学术研讨会。主题为“专科护理引领多元化优质服务新境界”，通过分析国内外专科护理工作模式的现状和发展趋势，研究了如何创建专科护士长效运行机制，共享海峡两岸护理专科化、多元化的先进经验和成功模式，探讨建设专科护理的管理制度和工作规范，为推进两岸护理学术建设与专科护理发展提供建设性意见。

【新观点新学说学术沙龙】2011年，中国科协围绕我国罕见疾病研究的关键问题与策略、岩爆机理探索等主题开展了12期新观点新学说沙龙。截至2011年底，中国科协共举办61期沙龙。学术沙龙倡导自由探索和争辩质疑的学术风格受到科技界专家学者的普遍欢迎，影响逐步扩大，已经逐步成为一项高层次、重质疑、求创新的小型系列性学术活动。

6月3日，中国科协第50期新观点新学说学术沙龙在山东省济南市举行，主题为“我国罕见疾病研究关键问题与对策”。本期学术沙龙由中国工程院院士王正国、山东省医学科学院院长韩金祥研究员、北京大学深圳医院王成林主任医师担任领衔科学家。全国政协副主席、九三学社中央副主席、中国科学院院士王志珍，山东省副省长王随莲、中国工程院院士王正国等出席会议，来自各地的医学、法学、伦理学等领域的30余位专家学者出席了沙龙讨论活动。沙龙就我国罕见病研究现状与挑战、罕见病关键学术问题分析、我国罕见病研发发展对策等议题，展开讨论辩论。与会专家各抒己见、积极争论、机锋相见，在宽松、自由、平等的环境下进行了广泛而深入的讨论。本期学术沙龙依托中国科协搭建的学术交流平台，取得了预期的效果，在许多方面达成了共识，也在一些方面产生了新的思想，为推动我国罕见疾病研究提供了新的思路和有价值的建议。沙龙达成了必须全方位推进罕见病防治研究的共识，达成了全国一盘棋进行合作研究的共识，为下一步长期深入的研究提供了一个良好的开端。会上，王志珍院士对沙龙的组织理念、组织模式给予较高评价，他认为沙龙鼓励科技工作者自由参与、圆桌会议的方式体现了科学面前人人平等，可以畅所欲言，是一个很好的场合和平台。本期学术沙龙由中国科协主办，山东省科协、山东省罕见疾病防治协会承办。

7月8~9日，中国科协第51期新观点新学说学术沙龙在北京举行，主题是“岩爆机理探索”。本期学术沙龙由中国工程院院士钱七虎和中国矿业大学教授何满潮共同担任领衔专家。来自欧洲的国际岩石力学专家L. R. Sousa教授及国内有关研究院所、高等院校等26名专家学者出席了会议。沙龙围绕岩爆的现象、机理等理论和模型分享，岩爆的实验系统的研发和风险评估，岩爆预测、预报方法及控制措施等进行了交流与讨论。与会专家主要围绕岩爆的孕育条件，岩爆的发生发展机理，岩爆的定性定量预测预报预警方法，岩爆对工程围岩的冲击破坏，岩爆条件下的巷道支护和围岩稳定性问题，岩爆防治、控制的技术措施以及岩爆相关的其他问题等主题进行研讨。本期学术沙龙由中国科协主办，中国岩石力学与工程学会承办。

7月15~16日，中国科协第52期新观点新学说学术沙龙在北京举行，主题为“心肺复苏、自动除颤与自救互救生命链”。本期学术沙龙由中国医学救援协会常务副会长兼秘书长李宗浩教授担任领衔科学家。来自全国救援医学行业各个领域的40余位专家围绕心肺复苏、自动除颤与自救互救生命链在常态下以及在突发事件中的实施应用的理念、理论、技术、教学、实践与培训等问题，展开学术交流。李宗浩教授在学术总结中指出，本期学术沙龙是科学的探讨，学术的民主，五湖四海的科学家汇聚。此次讨论不是讲技术到技术的问题，而是一种理念的创新，是一次全新的会议模式和风格，对众所关注的“公众AED使用免责”问题，希望能得到支持解决。本期学术沙龙由中国科协主办，中国医学救援协会承办。

7月21~22日，中国科协第53期新观点新学说学术沙龙在北京举行，主题为“3S技术与野生动物生境评价的结合——优势、问题和未来”。本期学术沙龙由清华大学环境学院刘雪华副教授、中国科学院生态环境研究中心欧阳志云研究员、中国科学院昆明动物研究所朱建国研究员共同担任领衔科学家。来自各地的20余位专家参加了沙龙活动。与会专家围绕国内外3S与野生动物生境评价模型、技术及其优势，3S技术、无线电跟踪与兽类、鸟类等的生境空间利用（家域、移动规律、栖息地利用、鸟类的迁徙）及其问题，如何利用3S技术开展生境评价、动物保护及保护区管理，3S技术在野生动物保护领域如何有效传播，国内3S技术应用于野生动物保护的机遇和挑战等议题展开了热烈的交流和讨论。目前动物学研究领域内相关的学术交流和沙龙还十分有限，国内工作者受区域局限性影响，相互交流、整合、合作的机会不够充分。在此背景下，本期学术沙龙的召开，为利用3S技术从事野生动物生境评价领域的专家和科技工作者提供交流的平台。本期学术沙龙由中国科协主办，中国动物学会承办。

8月20日，中国科协第54期新观点新学说学术沙龙在江西省南昌市举行，主题为“压缩感知—通信与信号处理领域中的机遇与挑战”。本期学术沙龙由清华大学戴琼海教授、微软亚洲研究院吴枫研究员、中国科学院研究生院吕科教授、华东交通大学刘海文教授等共同担任领衔科学家。来自中国科学院、微软亚洲研究院、美国加州大学伯克利分校、清华大学、北京大学、西安交通大学等国内外科研机构和高等院校的50余位专家、学者汇聚洪城，就推进我国压缩感知理论的研究与应用展开研讨。沙龙举办期间，与会专家学者通过专题发言、辩论交流等方式，就压缩感知理论的国内外进展、亟待解决的科学问题及潜在的应用前景等内容进行了广泛深入的研讨与交流。本期学术沙龙由中国科协主办，中国科学院研究生院、华东交通大学联合承办。

8月22~23日，中国科协第55期新观点新学说学术沙龙在云南省昆明市召开，主题为“板块汇聚、地幔柱—对云南区域成矿作用的重大影响”。本期学术沙龙由中国地质科学院地质所研究员、中科院院士许志琴，成都地质矿产研究所原所长、研究员潘桂棠，云南省地质调查局局长、总工程师、教授李文昌作为领衔专家。中国科协学会学术部副部长刘兴平出席沙龙，并向与会专家介绍了中国科协新观点新学说学术沙龙总体背景、项目理念和组织模式。云南省科协副主席牟双江对本期沙龙筹备情况作了说明。来自国内高校、科研院所的近40位专家学者围绕板块汇聚与对云南区域成矿作用的重大影响、区域矿产与区域成矿规律研究、“三江”多岛弧-碰撞造山成矿理论与勘查技术、峨眉山地幔柱成矿论、陆内转换成矿论、大陆盆地“热循环”成矿论、滇东北大型矿集区富锗铅锌多金属矿床成矿机理与找矿方向、香格里拉斑岩成矿系统或系列等问题进行了热烈和深入的讨论、交流。沙龙还吸引了相关专业领域近60名科技工作者参会学习。本期学术沙龙由中国科协主办，云南省科协、云南省地质调查局共同承办。

9月3~4日，中国科协第56期新观点新学说学术沙龙在陕西省西安市第四军医大学举办，主题为“肿瘤个体化细胞及分子靶向治疗的前景与挑战”。本期学术沙龙由第四军医大学细胞工程研究中心主任、中国抗癌协会肿瘤标志专业委员会主任委员、中国工程院院士陈志南教授担任领衔专家。南方医科大学附属南方医院院长罗荣城教授和西北大学副校长陈超教授共同主持了会议。共有40余位来自香港、北京、江苏、西北等地的肿瘤基础研究专家、临床医生、研究生、企业代表等不同专业背景、不同年龄、不同工作领域参加。沙龙主要围绕肿瘤分子靶向治疗的基础研究与临床应用、肿瘤分子靶向治疗的循证医学、肿瘤个体化医学面临的机遇与挑战、实现肿瘤个体化分子靶向治疗的策略与思考、肿瘤个体化分子靶向治疗领域相关伦理及治疗规范5个方面进行了深入交流与探讨。本期学术沙龙由中国科协主办，中国抗癌协会承办，中国抗癌协会肿瘤标志专业委员会负责沙龙具体组织工作。

10月11~12日，中国科协第57期新观点新学说学术沙龙在天津市举行，主题为“无线电能传输关键技术问题与应用前景”。本期学术沙龙由天津工业大学校长、中国电工技术学会副理事长杨庆新教授担任领衔科学家。来自高等院校、科研院所及企业的40余位专家参加了学术沙龙。沙龙主要围绕无线电能传输的方式及其优缺点；无线电能传输技术中的关键和瓶颈问题；无线电能传输的空间电磁环境问题；无线电能传输技术发展的未来预期；无线电能传输技术的应用前景5个方面进行研讨。会上大家充分交流各自的科研成果，并就当前该领域存在的一些问题，包括器件和系统设计问题，效率、距离和功率问题，电磁环境和抗干扰能力问题，成本问题和标准等议题展开讨论。本期学术沙龙由中国科协主办，中国电工技术学会承办。

10月15~16日，中国科协第58期新观点新学说学术沙龙在云南省丽江市举办，主题为“复杂系统建模与仿真中的困惑和思考”。中国航天科工集团公司二院、中国系统仿真学会前任理事长、中国工程院院士李伯虎和国防大学信指挥部、中国系统仿真学会副理事长胡晓峰教授为领衔专家，并共同主持了会议。与会专家深入探讨了复杂系统建模与仿真对建模仿真理论发展的影响、复杂系统特性的建模仿真方法、复杂系统仿真中的关键难题3个议题。会上，清华大学肖田元教授、上海大学费敏锐教授、中国电子集团电子科学研究院王积鹏研究员、上海交通大学汪小帆教授、北京航空航天大学张霖教授、航天科工集团二院北京仿真中心卿杜政研究员6位专家分别做了主题发言。各位专家学者就复杂系统建模仿真中的热点和难点问题展开充分深入的交流。本期学术沙龙由中国科协主办，中国系统仿真学会承办。

11月26~27日，中国科协第59期新观点新学说学术沙龙在山东省青岛市举办，主题为“转基因水产动植物的发展机遇与挑战”。本期学术沙龙由中国科学院院士朱作言、中国工程院院士林浩然、中国水产科学研究院黄海水产研究所研究员陈松林、中国水产科学研究院黑龙江水产研究所研究员孙效文共同担任领衔科学家，来自全国水产生物技术领域15个单位的27位专家参加了本期学术沙龙。与会专家重点就目的基因的选择和克隆、基因转移技术、转基因水产动植物食用安全性和生态安全性、转基因水产动植物的发展趋势进行了广泛而深入的讨论，在许多方面达成了共识，也在一些方面有许多不同看法和意见，这些观点和交锋有可能在今后形成新的生长点，孕育新的突破。本期学术沙龙由中国科协主办，中国水产学会与中国水产学会生物技术专业委员会承办。

11月27~28日，中国科协第60期新观点新学说学术沙龙在北京举办，主题为“思维科学与智能技术的新发展”。本期学术沙龙由中国科学院戴汝为院士担任领衔科学家，来自全国自动化、信息与智能科学领域13个单位的29位专家学者参加了本期学术沙龙。与会专家重点就思维（认知）科学的定义及发展现状，思维的系统观与思维系统工程，社会思维与群体智慧，思维科学与认知科学的关系，思维科学研究、创造力的形成与知识引擎的最新发展进行了广泛而深入的讨论。本期学术沙龙在很多方面达成了共识，也提出了很多问题和建议，将在促进思维科学新理论未来的发展和完善、推动国内学者之间开展研究合作方面发挥非常积极的作用。本期学术沙龙由中国科协主办，中国自动化学会承办。

11月30日，中国科协第61期新观点新学说学术沙龙在北京举行，主题为“中医药与转化医学”。本期学术沙龙由解放军302医院中西医结合中心研究员肖小河、中国中医科学院基础理论研究所研究员宋剑南担任领衔专家。来自北京、上海、广东、江苏、大连等地的30余位中医药及相关领域的专家共聚一堂，围绕中医药与转化医学相关议题展开研讨、辩论和交流。沙龙围绕中医药转化医学研究的模式和途径、转化医学背景下的中药研究与开发、转化医学与中医药系统生物学、基于转化医学新理念的创新人才培养、临床从中医药防治乳腺癌癌前病变谈转化医学等议题进行深入交流，清华大学罗国安教授等13位专家做了主题发言。本期学术沙龙由中国科协主办，中华中医药学会承办。

【国家自然科学基金委创新研究群体推荐工作】为稳定地支持基础科学的前沿研究，培养和造就以优秀中青年科学家为学术带头人和骨干的研究群体，中国科协会同教育部、中国科学院以及自然科学基金委各科学部分别作为推荐单位遴选候选创新研究群体。经专家评审，从各全国学会、地方科协推荐的75个候选研究群体中评选出22个参加角逐国家自然科学基金委创新研究群体科学基金，有9个研究群体获得2011年度创新研究群体科学基金的资助，是中国科协历年参加创新研究群体推荐获得资助最多的一次，达到本年度全部受资助研究群体的30%。

作为候选创新研究群体推荐单位之一，中国科协历来重视创新研究群体推荐工作，并且取得了较好的成绩。自2001年以来，中国科协推荐的创新研究群体共有41个研究群体获得资助。中国科协所推荐的群体由中国科协所属全国学会、省级科协、解放军总政治部干部部推荐产生。

【中国科协热点问题学术报告会】2011年，日本大地震引发海啸、核污染等巨灾事件引发了公众对巨大自然灾害的影响、核能利用与安全等问题的普遍关注，同时央视3.15晚会曝光的“瘦肉精”事件引发了公众对食品安全的忧虑和关切。

针对这些公众关注的热点问题，3月29日，中国科协在北京中国科技会堂举办2011中国科协热点问题学术报告会，邀请中国科学院计算地球动力学重点实验室主任孙文科教授，中国工程院院士、中国核工业集团公司科技委副主任、中国核学会顾问叶奇蓁，中国疾病预防控制中心辐射防护与核安全医学所王作元研究员，中国食品科学技术学会副理事长、中国农业大学科学技术发展研究院常务副院长胡小松教授4位相关领域的知名专家、学者，针对科技界和社会公众关注的热点问题，进行科学分析与评价，深入探讨其成因与机理，提出了相关应对策略和方法，并就现场听众、新闻媒体和网民关心的部分问题作了解释和回答。中国科协书记处书记冯长根主持报告会。

热点一，大地震大海啸——解读2011年日本地震

日本东北部地区3月11日下午发生的里氏8.8级强烈地震及引发的大规模海啸造成的重大损失令人震惊。震惊之余，公众对日本大地震产生了很多疑问，此次地震有什么特点？中国地震与日本地震有哪些异同？地震预报失败的原因是什么？海啸造成了“日本东移”吗？地球旋转变快了吗？孙文科在《2011年日本大地震的科学解读》的报告，对这些问题一一作出解读。

孙文科介绍，此次日本大地震的主要特点是震级大（M_w9.0），震动时间长（150~300秒）；大海啸（10米高）。该地震位于世界三大地震带的环太平洋地震带上，属于低角俯冲带型地震，是板间型地震。与在中国发生的地震相比，日本地震基本是以俯冲带型地震为主，中国则是以内陆型地震为主。日本的地震多伴随海啸，中国的地震除了台湾省，发生海啸的概率较小。日本的地震多数发生在海域，中国的地震大都发生在陆域。日本的地震次生灾害比较大，中国的地震直接灾害比较多。中国是因地震造成死亡人数最多的国家，仅在过去100年中，超过20万人死亡的3次大地震都发生在中国。

此次地震预报失败的根本原因是因为地震孕育、发生是一个非常复杂的过程，人类对它的认识处于初始阶段。日本地区超过8级的地震不多，9.0级地震出乎所有人的意料。此外，历史地震统计结果表明，下一个8级大地震可能发生在东海地区。

报告还介绍了海啸以及公众比较关心的“日本东移”和“地球旋转变化”的问题。很多人认为，日本向东海移动了几米。孙文科认为，这并不意味着日本一定向东移。因为太平洋板块的负重，板块通常是反方向移动的，

这种移动是不发生地震的，一旦能量积累到一定程度的时候，就会发生地震，向板块运动相反方向移动，这两个移动大体上是平衡的。中科院计算地球动力学重点实验室理论计算的物理场变化结果还表明，日本沿海处都是在下沉的，并产生了位移场，对中国的最东部会产生2厘米的变化，东北地区普遍产生大约5毫米的位移。

针对“地震旋转变化”问题，孙文科认为，这在理论上是成立的，但是量级非常非常小，地震产生的地球旋转的变化是微乎其微的，公众不必感到担忧。

热点二，核能利用：如何保证核安全

叶奇蓁在《从福岛在第一核电站事故看我国核能利用与核安全》的报告中，介绍了我国核电站设计的安全准则、核电站事故安全的三项要求，并对福岛第一核电站事故情况做了科学分析。

叶奇蓁介绍，在我国的核电设计中有四道屏障，第一道屏障为燃料芯块和包壳。核裂变产生的放射性物质98%以上滞留在二氧化铀陶瓷芯块中，不会释放出来。第二道屏障为燃料包壳。燃料芯块密封在锆合金包壳内，防止燃料裂变产物和放射物质进入一回路水中。包装在一个锆合金包壳管里，是完全密闭的，即使产生的气体也密闭在这里，这里面留有一定的空间，而且锆管的燃料棒可以承受一定的压力，最大数量的密闭气体释放也不足以使它开裂。第三道屏障为压力容器和一回路压力边界。由核燃料构成的堆芯封闭在钢质压力容器内，压力容器和整个一回路都是耐高压的，放射性物质不会泄漏到反应堆厂房中。第四道屏障为安全壳，就是混凝土的结构。现在的安全壳直径大概37米，安全壳墙厚将近1米，而且用钢索扎紧，在内部产生一定压力的时候，不会把安全壳破坏，防止放射性物质进入环境。

我国核电站采取纵深防御策略，正常运行的时候有一套控制系统，一旦出现事故，反应堆会停止运行，然后有其他安全系统来保护它。目前，我国核电站建设和运行的安全是有保障的。在建核电站的安全性和生产得到严格的监管，废气、废水的排放远低于国家标准，公众不必感到担忧。

热点三，如何防护核辐射避免核恐慌

核电是利用核裂变产生的能量进行发电的一种高科技产业，具有清洁、高效的特点，目前核电在我国发展势头强劲。核电同时也是一把双刃剑，一些潜在的危险因素来自选址、设计、施工、管理等各个层面。此次日本福岛核电站发生的5级事故就是一个典型的实例。

王作元研究员在《核辐射的影响及防护》的报告中对此进行深入分析，向公众介绍如何防护核辐射，避免不必要的恐慌。

王作元介绍，核反应堆发生泄漏事故时，会向空气中释放大量的放射性物质，造成较大范围的环境放射性污染。污染的程度和范围与释放量和释放方式有关，明显受低空和高空风场的影响。对流层的上升与下降气流、降水、逆温、地形地物、再悬浮等因素都会对地面放射性污染有重要影响。

正常情况下人类也会受到电离辐射照射，主要来自天然放射性和人工放射性核素。过量照射会导致人体的确定性效应——放射损伤。损伤的严重程度与接受的剂量有关，接受的剂量越大越严重。人体接受辐射剂量还会产生随机效应，主要表现是癌症发病率增加。癌症发病率与接受的剂量有关，1000个人每人接受1希的剂量，最终会有54人患癌症。

核事故向大气中泄漏的放射性碘，会通过吸、食进入体内并积聚在甲状腺中，使甲状腺局部受到高剂量辐射。可采用事先服用稳定性碘，使甲状腺聚集碘达到饱和的方法，这样再吸、食入的放射性碘就不会再聚集在甲状腺中，而会排除体外，达到防护目的。成人服用稳定性碘的量为100毫克（碘化钾130毫克）。服稳定性碘有一定副作用，患有甲状腺疾病、碘过敏等疾病的患者不能服稳定性碘。

热点四，食之忧虑：如何破解“吃”的困惑

随着时代的进步和生活水平的提高，人们对食品提出了更高的要求，食品安全问题成为人们普遍关注的焦点。中国食品科学技术学会副理事长、中国农业大学科学技术发展研究院常务副院长胡小松教授在《中国食品安全的迷惑与思考》的报告中，围绕公众为什么越来越关注食品的营养与安全，公众是怎样从追求“吃饱”，到追求“吃好、吃的更丰富”，再到今天追求“吃的更营养、更健康、更安全”的，经济的快速发展使食物供应的核心发生了怎样的变化等问题展开。同时通过介绍国家实施的米袋子工程、菜蓝子工程、餐桌工程等说明公众对食品营养与安全需求的发展过程。

报告特别介绍了工业化、集约化食品生产对人类食物供应方式以及产业结构的影响，提出了几个应该关注的问题：农业的食物生产由谁来决定？公众的饮食结构由谁来控制？世界的食品产业链谁是主宰？全球食品产业科技谁要垄断？

报告指出，应该客观、科学地认识我国的食品安全、食品营养和饮食健康问题。要从不应该有的迷信和盲从中走出来，要从不必要的迷惑、不安和恐惧中解脱出来。当公众了解并掌握了最基本的原理和科学知识，就能够把“复杂问题简单化”，就能够把“深奥的问题通俗化”，就能够愉快地享受吃的美妙、吃的文化和吃的科学。

报告会由中国科协主办，中国地震学会、中国核学会、中华预防医学会和中国食品科技学会协办，中国气象学会承办。

【农产品质量安全与现代农业发展专家论坛】 7 月 13 ~ 14 日，农产品质量安全与现代农业发展专家论坛在北京举行，300 余位专家、学者聚焦于此，为我国现代农业发展建言献策。全国人大常委、中国科协副主席冯长根，中国农学会副会长舒惠国向大会致辞。中国科协党组成员、学会学术部部长沈爱民主持论坛开幕式。中国工程院院士刘旭、中国工程院院士陈宗懋、中国科学院院士吴常信，以及农业部农产品质量安全监管局副局长金发忠等专家、学者作了大会报告。

冯长根指出，本次论坛以“科技创新引领质量安全”为主题，围绕农产品安全这一科学发展和农业增长方式转变的民生重点问题，搭建了一个跨学科、多部门、产学研相结合的高层次学术交流平台，开展了高水平的学术交流活动，会议通过的有关科学家的建议将为政府科学决策提供智力支持。

舒惠国强调，在“十二五”期间，农产品质量安全要按照发展高产、优质、高效、生态、安全农业的要求，把农产品质量安全作为转变农业发展方式、加快现代农业建设的关键环节，坚持消除隐患保安全、控制源头上水平、健全体系强能力、完善制度建机制，全面强化农产品质量安全监管，不断提升农产品质量安全水平。

农产品的质量安全关系国计民生。金发忠指出，随着经济社会发展，人民群众在对农产品需求呈刚性增长的同时，对农产品质量安全的要求也越来越高。同时，农产品的质量安全水平的高低直接影响着产业的健康发展。因此，当前和今后相当长的一个时期，要把农产品质量安全作为转变农业发展方式、加快现代农业建设的关键环节，一手抓执法监管，一手抓标准化生产。

刘旭指出，在发展现代农业过程中，农产品质量安全实现其全程控制和科学管理的技术仍严重缺乏，需求巨大。目前，缺乏成熟的农产品安全性风险评估理论与技术，难以准确掌握农产品质量安全风险。农产品生产过程控制缺乏科学合理的安全使用技术，难以有效控制农产品的安全风险。缺乏简单快速样品前处理、准确高效的快速检测及精准检测技术，难以有效监测农产品质量安全风险。农产品质量安全标准体系不完善、配套性差，难以客观评价农产品质量安全风险。

针对食品安全的控制问题，陈宗懋认为，关键是要找出其污染源，确定关键控制点，建立以预防为主的管理体制。比如，对于农药的使用，目前许多国家已规定手性药物的登记必须同时申报其所有对映体的生物活性和降解的资料。吴常信认为，推行公害分析与关键控制管理体系（HACCP）是一个解决思路，“从农场到餐桌”实施密切跟踪，对全过程中的每个环节可能发生的公害预先进行分析，进行科学的识别、评估和检测，从而做到主动预防食源性污染。HACCP 体系是国际上共同认可和接受的食品安全保证体系，确保食品从种植、收获，到生产、加工、制造、准备和食用等过程中的安全，通过危害识别、评价和控制等方法确保食品安全。

本次论坛邀请 19 位专家、学者作大会报告，并设立 4 个分论坛，与会代表对现代农业发展与农产品质量安全生产、环境、贮藏、加工、监测、过程控制的关键技术难题与热点问题进行了深入研讨和交流，并围绕构建国家农产品质量安全控制战略、提升农产品安全生产技术支撑与服务能力、强化农产品产业链安全监管体系等重点议题进行了交流。

本次论坛由中国科协主办，中国农学会承办，中国环境科学学会、中国农业工程学会、中国林学会、中国土壤学会、中国水产学会、中国园艺学会、中国畜牧兽医学会、中国植物病理学会、中国植物保护学会、中国作物学会、中国热带作物学会、中国茶叶学会、中国草学会、中国植物营养与肥料学会 14 家全国学会协办。

【新疆气候变化与可持续发展高端学术研讨会】 7 月 7 ~ 8 日，由中国科协支持、新疆维吾尔自治区科协和中国科学院新疆生态与地理研究所联合主办的气候变化与可持续发展高端学术研讨会在新疆伊犁举行。研讨会是中国科协、中国科学院、中国工程院贯彻中央新疆工作座谈会精神、落实科技援疆工作的重要举措，旨在凝聚全国高层专家智力资源，共商新疆“资源开发可持续、生态环境可持续”发展大计，助力新疆经济社会科学跨越式发展。

中国科协书记处书记王春法，中国科学院院士张新时、李崇银、丑纪范和中国工程院院士许健民、李佩成 30 多位专家学者参加了研讨会。研讨会由中国自然资源学会副理事长、中国科学院新疆生态与地理研究所所长陈曦主持。

王春法在开幕式上的讲话中指出，举办小型、高端、前沿的学术研讨会，是中国科协创新决策咨询方式的一个尝试，通过研讨会把来自不同方面、不同学科的专家学者集中起来，共同探讨，形成建议，创新决策咨询工作方式。在新疆举办此次研讨会，是贯彻落实中央新疆工作座谈会精神，实施科技援疆的一项重要举措，是中国科协支持新疆科协思想库试点单位建设的一个重要方式。要通过深入、有针对性的研讨，为政府科学决策服务，为新疆的跨越发展和长治久安服务，把科协作为国家级科技思想库的作用充分发挥出来。

研讨会上，5 位院士分别介绍了国内外应对气候变化所采取的措施及国际上应对气候变化研究的发展趋势，重点对新疆应对气候变化，推进可持续发展提出了对策和建议；新疆相关学会的 8 位专家就气候变化对新疆水资源、农业及生物多样性等方面的影响及对策作了专题发言。

【首届中国湖泊论坛】 12 月 10 日，由中国科协主办、江苏省科协等单位承办的首届中国湖泊论坛在江苏省南京市开幕，论坛主题为湖泊健康与可持续发展。中国科协常务副主席、书记处第一书记陈希，江苏省委书记、省人大常委会主任罗志军出席开幕式并致辞。水利部部长陈雷，国家自然科学基金委员会主任、中国科学院院士陈宜瑜，江苏省政协主席张连珍，全国政协常委、中国科协决策咨询委主任齐让，江苏省委常委、副省长黄莉新，江苏省副省长何权等出席开幕式。江苏省委副书记、省长李学勇主持开幕式，中国科协党组成员、学会学术部部长沈爱民主持论坛主报告会。

陈希代表中国科协向与会领导和专家学者表示热烈欢迎，向长期致力于湖泊研究、治理和保护的一线科技工作者表示诚挚问候，并向给予论坛高度重视和大力支持的江苏省委省政府、水利部、国家自然科学基金委员会及有关单位表达了衷心感谢。陈希指出，中国湖泊论坛是中国科协在八大之后启动实施的重大学术交流项目，是贯彻落实中央战略决策部署、努力践行科学发展观的一项具体举措，目的是要组织引导广大科技工作者围绕湖泊领域的热点、难点和重点问题，广泛开展交流研讨，立足于专业特长和学科优势，积极建言献策。他希望各位专家和与会代表大力弘扬求真务实的科学精神，直面问题挑战，客观理性思考，提出真知灼见。希望论坛努力营造有利于出真知、出成果、出人才的优良学术氛围，倡导民主讨论、平等待人的学术风气，鼓励不同观点、不同思想的充分交流和激烈碰撞，推动新观点、新思想、新方法和新理论不断涌现，促进更多的优秀青年科技人才脱颖而出。希望科技界继续为加强湖泊环境和资源保护发出科学、理性的声音，加强与社会公众的互动交流，身体力行地为保护生态环境营造良好舆论氛围，促进全社会牢固树立生态文明理念、增强节能环保意识，齐心协力，共同建设环境优美、生态和谐的美好家园。

罗志军代表江苏省委、省政府，向出席论坛的各位领导、各位专家学者和全体同志表示欢迎。罗志军说，江河湖海作为江苏得天独厚的自然资源，不仅滋养了勤劳智慧的江苏人民，也为江苏省经济社会持续快速发展提供了重要支撑。江苏省委、省政府高度重视水资源保护和水环境治理，积极践行可持续发展的治水思路，加快水利改革发展，尤其是把加强湖泊管理与保护作为推进水利现代化、建设生态文明的重要任务，采取一系列扎实举措，使湖泊污染得到有效控制，水环境指标明显好转，人民群众对生态环境满意度持续提高。加强湖泊管理与保护，维护湖泊生态健康，促进人水和谐，事关江苏“两个率先”大局和民生福祉。江苏把“生态更文明”列为“两个率先”的新目标新内涵，把湖泊治理与保护作为实施生态文明建设工程的重要内容，在《江苏基本实现现代化指标体系》中专门设立了水环境治理的相关指标，引导各地更加注重湖泊治理与保护，更大力度建设生态文明，推动生态环境进入加速改善期。

开幕式后举行了论坛主报告会。我国湖泊研究领域的专家学者和一线科技工作者等共 800 多人参加开幕式并听取了主论坛报告。

水利部部长陈雷在主旨报告中回顾了新中国成立后特别是改革开放以来，我国湖泊保护与可持续利用方面取得的成效，分析了湖泊管理与保护方面亟待解决的问题。陈雷强调，湖泊管理和保护要注重人水和谐、注重源头控制、注重流域统筹、注重因湖制宜、注重政策支持、注重团结协作。坚持科学规划，明确湖泊管理和保护目标任务；坚持预防为主，建立湖泊健康监测评价体系；坚持蓄泄兼筹，构建江湖两利防洪减灾格局；坚持优化配置，加快河湖水系连通工程建设；坚持标本兼治，推进湖泊水环境治理和修复；坚持依法治水，强化湖泊水域岸线利用管理；坚持改革创新，建立健全湖泊管理体系；坚持科技引领，加强湖泊管理保护能力建设。

国家自然科学基金委员会主任、中国科学院院士陈宜瑜在主旨报告中分析了我国湖泊的现状、存在的问题，提出了促进湖泊可持续发展的四项管理策略：一是理顺管理体制，实行湖泊统一管理；二是强化湖泊流域一体化理念，推进流域综合管理；三是强化湖泊功能与分类管制；四是实施湖泊保护生态补偿制度。

中国环境科学研究院院长、中国工程院院士孟伟，中国水利水电科学研究院水资源研究所所长、中国工程院院士王浩分别作了题为《中国水环境问题与调控策略》、《内陆河流典型湖泊生态水文机理与生态需水》的主题报告。孟伟从中国水环境特征、水污染问题和水环境保护的策略等三个方面深入分析了我国水环境的现状及治理策略，并重点介绍了新时期下治水治污的战略目标和新时期的水环境管理模式。王浩以青海湖等研究项目为实例，介绍了内陆河流域湖泊的特点，水文与生态的关系等，指出了湖面萎缩和湖面减化是内陆河流域面临的主要问题，探究了内陆河流域湖泊的生态保护建设的规律和思路。

与会专家围绕湖泊保护与资源利用、湖泊流域发展与综合治理、湖泊水环境治理与生态保护、水科技创新与产业转型升级等4个分论坛主题，开展跨学科、跨行业、综合性的交流和研讨。

11日上午，论坛发布《南京宣言》以及国家开发银行支持的国内首部《中国五大淡水湖保护与发展》专题研究报告，号召全社会应积极行动，维护湖泊生态健康，尊重湖泊，善待湖泊，保护湖泊，让“生命之源”永续。

【第二届全国科学博客大赛】5~10月，中国科协举办了第二届全国科学博客大赛。大赛主题为“感悟·探索·创新”，由中国科协主办，中国科协学会学术部牵头组织，中国科协信息中心、中国公路学会承办。

本届大赛面向全国科技工作者，采用个人报名和单位推荐相结合的方式进行。比赛奖项分为优秀博客大奖、优秀博文大奖两组。优秀博客大奖分为科学探索、教育求学、工程实践、学术文献、观点评论、学术生态等六类，优秀博文大奖分为论文交流、科研笔记、观点评述、教学心得、人物纪事、海外观察、图片百科、科技民生等八类。为鼓励参赛选手，奖励积极参与、组织和宣传本活动的优秀单位，另设立入围博文纪念奖和优秀组织奖。大赛于5月30日~9月30日正式接受报名，得到了广大科技工作者的热情响应。共收到全国报名参赛博客1318个、参赛博文2916篇。报名截止后，大赛组委会聘请了来自理、工、农、医、交叉学科的有关专家成立评审专家组，对参赛博客和博文进行了评审。结合网友投票情况，遵循公平、公正的评审原则，依据学术性、原创性、新颖性、互动性标准，专家组进行了三轮评审，共评出优秀博客大奖30名，优秀博文大奖24名，入围博文纪念奖50名，优秀组织奖6名，并编辑出版了《优秀博客纪念文集》。

本次大赛得到了中国科协网、中国互联网协会网络科普联盟、中国公路网、中国科协所属全国学会网站以及各省、自治区、直辖市科协网站的大力支持。本次大赛在2009年“首届全国科学博客大赛”基础上举办，旨在搭建在线学术交流平台，充分体现网络媒体跨时空、多媒体、交互性、高效性等优势，集成网络学术资源，丰富学术交流形式，促进学术交流的创新发展，打造在线学术交流品牌，逐渐推出一批在国内外有较高知名度和影响力的科学博客。

【2011年网络学术交流研讨会】11月16~17日，由中国科协学会学术部主办的2011年网络学术交流研讨会在安徽省合肥市召开，中国科协党组成员、学会学术部部长沈爱民出席研讨会并讲话，安徽省科协党组书记、常务副主席周建强致辞，安徽省科协副主席王海彦、孙公民出席会议。中国科协学会学术部副部长刘兴平主持会议。

北京大学信息管理系教授、博士生导师赖茂生，科学网副总主编孙宁，中国科协信息中心副主任杨秀萍，中国知网中国学术期刊电子杂志社会议论文部主任王玮先后作了题为《网络学术交流的现状和发展趋势》、《以网络社区为基础构建面向科学家的网络新媒体》、《利用网络为创新学术交流服务的探讨与实践》和《云计算助推数字化学术交流新模式》的特邀报告。中国力学学会、中国公路学会、中华预防医学会等分别介绍了开展网络学术交流的经验与成果。21个全国学会及安徽省科协所属相关部分学会共70余人聚焦网络学术交流议题，共同探讨信息化时代网络学术交流的现状与未来。

中国科协党组成员、学会学术部部长沈爱民认为，当前学术交流面临五大挑战。第一，学术交流在国家创新中的地位和作用并没有得到应有重视。第二，学术交流的凝聚力下降，学术交流对科技人员的吸引力不强，学术会议的权威性不足，学术会议论文在学术评价中得不到认可。第三，学术生态建设薄弱，社会尚未形成有利于学术创新思想成长的整体环境。第四，学术基础建设不够完善，学术资源数据库、学术专业服务队伍和制度建设亟待加强。第五，学术交流方式不能适应科学家的需求。这五大挑战是当前学术交流创新发展亟待解决的问题。

沈爱民指出，中国科协将继续加大对网络学术交流的支持力度，并且作为今后学术交流的主要方向之一，扩大影响力，增加覆盖面。对于已有的学会试点，要进一步拓展和深化，形成一批网络学术交流品牌，示范推广。要进一步总结经验，在全国学会范围，包括省一级学会，鼓励设立不同层次的网上交流手段，共同推动网上学术交流的发展。

【2011年地方科协学会学术工作座谈会】6月23~24日，2011年地方科协学会工作座谈会在新疆伊犁召开。会议由中国科协学会学术部主办，新疆维吾尔自治区科协承办。中国科协党组成员、学会学术部部长沈爱民

出席会议并讲话，新疆维吾尔自治区人大常委会副主任、科协主席张国梁，伊犁州党委常委、宣传部长、科协主席王建中分别代表新疆维吾尔自治区和伊犁哈萨克族自治州出席并致辞。来自各省、自治区、直辖市，副省级城市，省会城市科协的130余名代表参加会议，其中24个省级科协学会学术工作分管副主席出席会议。

这次会议的主题为贯彻落实中国科协八大精神，推动学会学术工作创新发展，目的是深入学习和贯彻中国科协八大精神，落实中国科协“十二五”事业发展规划，共同探讨推动学会学术工作创新发展的新思路，形成学会学术工作的新格局。

沈爱民在讲话中要求，各级科协组织要认真贯彻落实中国科协八大精神，进一步加强对学会学术工作的领导，共同推动学会学术工作的创新发展。

沈爱民指出，学会学术工作更好地为科技发展、自主创新服务，重点在于4个方面：一是探索符合现代特点的学术交流规律，有效利用现代科技手段打造学术交流品牌，走精品化、国际化、社会化的路子。要建立有效的学术组织管理机制，推动建立健全学术活动评价机制和学术规范。二是丰富学术交流的内涵，扩大学术交流的外延，提高学术交流的权威性，增加对科技人员的吸引力；将学术观点、学术思想凝结为政策建议，增强对决策部门的吸引力；将学术内容、学术理论拓展为科普资源，增强对公众和社会的吸引力。三是营造良好的学术交流氛围。提倡质疑、争鸣，倡导自由独立的探索精神，活跃学术思想，促进原始创新。四是将学术交流与人才选拔结合起来，为青年科技工作者和创新人才创造脱颖而出的机会。他说，当前，学会学术工作面临着重要的发展机遇，各级科协要群策群力，一方面要探讨如何整合现有资源，打造上下联动的学术品牌；一方面要贯彻中央关于加强和创新社会管理的有关精神，探讨在新形势下如何进一步理顺科协与学会的关系，增强学会发展能力，成为推动社会管理体制创新的重要力量。切实发挥各级学会在推动科学发展、促进社会和谐中的独特作用。

会上，与会代表围绕深入学习和贯彻中国科协八大精神，结合中国科协“十二五”事业发展规划，就新形势下如何创新学会学术工作思路、拓展学会学术工作空间、提升学会学术工作水平，形成学会学术工作的新格局以及推动社会管理创新等内容进行了分组交流，展开深入研讨，气氛十分热烈，共同为推动学会学术工作创新发展出谋划策。上海市等5个省、直辖市科协作了大会交流发言，介绍了各自在学会学术工作方面的新思路、新做法和新经验。

【第七届中国科技期刊发展论坛】10月17日，由中国科学技术协会、新闻出版总署和重庆市人民政府联合主办，重庆市科学技术协会和重庆市新闻出版局共同承办以“转变期刊发展方式与中国科技期刊的历史使命”为主题的第七届中国科技期刊发展论坛在重庆开幕。中国科协副主席、书记处书记、党组副书记程东红，新闻出版总署副署长李东东出席开幕式并讲话。重庆市政协副主席陈贵云在开幕式上致辞。

中国科技期刊发展论坛是全国科技期刊出版界所举办的最高端、最具影响力的期刊出版界论坛之一。自2004年开始举办以来，至今已分别在北京、上海和杭州三地成功举办了六届，对于推动我国科技期刊与出版业的创新与发展发挥了积极的作用。

本次论坛通过开幕式及大会报告会、高峰论坛、五个专题论坛、科技期刊暨出版新技术展览、科技期刊进院校企业等活动，进一步深入贯彻落实党的十七大和十七届五中全会精神，落实全国新闻出版工作会议精神，加强科技期刊的理论建设，探讨新时期科技期刊的发展战略，推动科技期刊的创新发展，为充分发挥科技期刊在推动现代科学技术发展和国家创新体系建设中的重要作用创造条件。

程东红在讲话中说，截至2010年，中国科协及所属全国学会主办科技期刊1003种，占我国科技期刊总量的近四分之一；省级科协及所属省级学会主办科技期刊近2100种，两者约占全国科技期刊总量的40%。中国科协科技期刊作为我国科技期刊的代表性刊群和重要出版资源，出版质量和学术水平不断提升，国际影响力和核心竞争力大为增强，正在引领我国科技期刊发展的潮流。

程东红指出，“十二五”时期是全面建设小康社会的关键时期，是深化改革开放、加快转变经济发展方式的攻坚时期。加快转变经济发展方式，最根本的是要依靠科技的力量，最关键的是要大幅度提高自主创新能力。中国科协八大通过的《中国科学技术协会事业发展“十二五”规划》，把“打造精品科技期刊”作为一项重点任务，明确提出“加强中国科协科技期刊基础理论研究和学术探讨，提升中国科技期刊发展论坛的品牌影响力”。当前的新形势和新任务，不仅对科技工作提出了新的更高的要求，也为科技期刊的发展提供了更加广阔的舞台。

就科技期刊改革发展的问题，程东红强调，一要增强机遇意识，在促进科技期刊创新发展中有所作为；二要紧扣时代脉搏，在推进科技期刊出版数字化网络化上有所作为；三要实施“走出去”战略，在推动科技期刊出版国际化上有所作为；四要更加重视科学道德和学风建设，注重发挥科技期刊的社会责任。

李东东在讲话中指出，我国现有科技期刊近5000种，在开展学术交流、弘扬科学精神、传播科学思想、普及科学知识、提倡科学方法、传播科技信息、推广科技成果等方面发挥了重要作用，为推动我国科技事业乃至国家经济社会发展作出了积极贡献。随着我国经济与社会进入“十二五”发展时期，科技期刊既面临严峻的挑战，也将迎来创新发展的历史机遇。促进科技期刊发展，不仅是促进出版事业发展的需要，更是加强学术建设、推动科技发展、激发自主创新、建设创新型国家、促进社会进步的需要。

就促进科技期刊科学发展，李东东讲了三点意见，即：一是要认真总结新闻出版业“十一五”时期工作经验，深入探索科技期刊科学发展之路；二是要立足当前，着眼长远，科学谋划“十二五”科技期刊发展战略；三是要积极适应时代发展要求，扎实推进行业自身建设。李东东希望大家增强信心，奋发有为，抓住机遇，乘势而上，大力推动科技期刊的创新发展，为构建社会主义和谐社会，推动社会主义文化大发展大繁荣作出新的更大的贡献！

开幕式后，国际出版伦理委员会（COPE）主席伊丽莎白·薇吉尔博士，新闻出版总署原副署长、中国期刊协会会长石峰，中国科学院院士、《中国物理快报》责任副主编王鼎盛，国际出版伦理委员会（COPE）副主席、爱思唯尔集团《柳叶刀》杂志高级执行主编萨宾·克莱纳特博士，《当代生物学》杂志高级编辑弗洛里安·马德思拜奇博士分别在论坛大会上作了学术报告。报告会分别由中国科学院院士、中国地震局地球物理研究所名誉所长陈运泰和中国工程院院士、《中华创伤杂志》总编、第三军医大学教授王正国主持。

来自相关专业的院士、专家和新闻出版总署相关部门的领导，各省、自治区、直辖市新闻出版局负责人，英国皇家化学会、美国物理联合会、斯普林格集团（Springer）、英国水务集团、威力—布莱克维尔出版集团、谷歌集团等国外社团、出版集团的专家及代表，中国科技出版传媒股份有限公司、教育部科技发展中心、同方股份有限公司、北京北大方正电子有限公司、中华医学会杂志社、中国科学技术信息研究所、中国科学院国家图书馆出版中心、中国中医科学院、中国医学科学院等单位的专家或负责人，以及重庆市代表共计500余人参加了此次论坛。

【全国学会创新发展工作经验交流会】9月5日，中国科协在北京召开全国学会创新发展工作经验交流会。此次会议由中国科协学会学术部主办，中国科协副主席、书记处书记、党组副书记程东红，中国科协党组成员、学会学术部部长沈爱民，民政部民间组织管理局副局长李勇出席会议，沈爱民发表讲话。中国科协学会学术部副部长朱雪芬主持会议。各全国学会秘书长，各省、自治区、直辖市科协学会部负责人、部分省级学会负责人等300余人参会。

沈爱民指出，中央对中国科协的学会工作寄予了殷切的希望。国家“十二五”规划纲要，以及胡锦涛、习近平、王兆国等中央领导同志近期以来对科协工作的一系列指示，对当前科技工作和科协工作提出了明确要求，为学会的改革发展工作指明了方向。中国科协八大通过的工作报告和中国科协“十二五”规划，对今后五年学会的建设与发展作了宏观部署。在改革开放不断深化、市场经济体制改革日益深入和行政管理体制改革逐步推动的宏观环境下，科协组织和各学会要深刻领会中央要求，增强做好学会创新发展工作的紧迫感和使命感，坚持改革创新的取向，探索既符合中国国情又符合科技社团发展规律、具有中国特色学会发展方式。

沈爱民强调，学会创新发展要坚持正确把握学会的定位和属性，坚持因会制宜、多元发展，坚持突出重点、有所为有所不为，坚持体制机制创新，坚持主动服务，将创新发展的理念贯穿到学会的各个方面，以开拓创新、扎实进取的精神，促进学会事业的全面发展。沈爱民表示，中国科协和地方科协作为学会的业务主管单位，要继续加强对学会工作的指导和支持，加强项目引导，努力营造和推动学会发展外部政策环境优化，支持学会创新发展。

会议还围绕学会组织体制改革、会员服务途径、承接社会化服务职能等重点问题开展了专题讨论。

据了解，截至2011年，中国科协所属全国学会199个，占全国性社团组织约10%，占全国性科技社团的70%～80%，所属会员400余万人。各级科协所属团体5.6万余个，占全国各类型社会团体总数的1/4。为促进学会的发展，努力打造中国一流社团，推动我国社会建设和科技创新，近5年来，中国科协联合国家民政部加强宏观指导，按照有限目标、重点突破、分类指导、面向未来的思路，以促进学会组织体制改革和优化学会发展外部环境为工作着力点，共支持120个学会开展创新发展项目199个，其中，改革创新试点38个，示范项目9个，面上项目152个。各省科协也积极支持省级学会的创新发展工作。通过项目扶持，学会发展取得明显进展，一批骨干示范学会初步出现，学会发展呈现了新的发展格局，成为我国社团组织发展的重要有生力量。

至2010年底，中国科协所属学会年度经费收入达13.9亿元，比2006年增长7.8亿元；全国学会专职人员规模比2006年增长15%以上，拥有10人以上专职人员学会已由5年前30%上升到40%以上，拥有硕士及以上学历的人员已占约23%。经过几年的努力，有96%的全国学会建立了面向会员的服务沟通渠道，62%的学会开发了会员管理网络平台，82%的学会设立了会员工作机构或岗位，多元化、多层次、个性化的会员服务格局初步形成，服务会员的能力明显增强；中国计算机学会探索无挂靠的独立发展体制，内部试行差额竞选。中国生物医学工程学会、中国心理学会探索三理事长制，建立内部监督机制。中华医学会等学会在分支机构推行三主任委员制，一批学会初步形成民主办会体制机制。

学会承接政府转移的社会化服务职能方面进展显著，在中国科协支持下，学会奖励已成为科技奖励重要组成，已有81个全国学会设立了88个科技奖项，10个全国学会成为国家科技奖励直接推荐单位。已有20多个学会探索开展科技成果奖励和人才奖励。各学会承接政府转移职能工作蓬勃发展，承接职能的范围和形式不断拓展，相关工作呈现出常规化、制度化和专业化态势。

【全国学会理事长高级研修班】 8月9日，由中国科协学会学术部主办的中国科协全国学会理事长高级研修班在中国科技会堂召开。本次研修班邀请中国科协党组成员、学会学术部部长沈爱民，民政部民间组织管理局副局长李勇和美国地理学家协会执行主任道格拉斯·理查森博士（Dr. Douglas Richardson）作专题报告。中国科协学会学术部副部长朱雪芬主持会议，全国学会理事长30余人参加了研修班。

会议邀请美国地理学家协会执行主任道格拉斯·理查森博士（Dr. DouglasRichardson）作了题为《学术团体的运营与管理》的报告，系统、详细地介绍了美国地理学家协会如何通过创办基金会、深化研究课题、拓展服务范围、参与公共政策等途径来应对挑战，并阐述了该组织将如何进一步转型以适应21世纪的发展需要。理查森博士强调，学会会员是学会发展的基础与保障，应采取多种途径努力吸纳会员。

中国科协党组成员、学会学术部部长沈爱民以《关于学会改革发展的若干问题》为题，同与会人员交流学会在社会建设、科技创新中的地位和作用，并对学会如何加强自身建设提出了意见。沈爱民希望各学会顺应时代发展要求，积极探索多元发展模式，更好的开展学会工作，并能主动争取和积极承担科技评价、科技人才评价、社会科技奖励等政府转移职能，发挥学会优势，获得社会认可。

会上，各学会理事长还就学会运营管理中的问题，包括学会的组织建设、会员服务、能力建设、学术交流等方面的相关问题作了深入的交流与研讨。

【“国际化学年在中国”系列活动】 4月9日，以“化学——我们的生活，我们的未来”为主题的“国际化学年在中国”系列活动启动大会在人民大会堂举行。中共中央政治局委员、国务委员刘延东，全国人大常委会原副委员长顾秀莲，中国科协常务副主席、书记处第一书记邓楠，中国科学院院长白春礼等出席大会。

刘延东在讲话时指出，化学作为人类认识自然、创造新物质、探索新应用的基础学科，对整个人类社会的发展起着不可替代的重要作用。新中国成立以来，我国化学学科和相关产业迅速发展，形成了一支规模较大、素质优良、结构合理的科研队伍，取得了人工合成结晶牛胰岛素等一批重大科研成果，形成了完整的产业体系，为提升我国科技和产业竞争力作出了重要贡献。面对国际形势新变化和国内发展新任务，要进一步加强化学学科研究和技术创新，从夯实基础源头上提升创新能力，促进持续发展；从化解资源能源难题上突破瓶颈约束，促进绿色发展；从支撑产业升级上推动发展方式转变，促进科学发展。

刘延东强调，要着力提升化学研究领域的原始创新能力，推动学科交叉融合，促进基础研究与应用研究相互衔接，带动我国物质科学研究整体水平实现跃升。要把掌握核心关键技术作为主攻方向，引领新能源、新材料、电子信息、生物医药等战略性新兴产业发展，着力支撑产业调整和民生改善。要大力培养造就创新人才，拓展化学国际合作与交流，积极应对气候变化、食品安全、环境污染等全球性挑战，为提升我国科技影响力、推动人类社会文明进步作出新贡献。她指出，要通过举办“国际化学年在中国”等活动，加强科普教育，弘扬科学精神，让广大人民群众更加了解化学，掌握更多科学知识，增强创造美好新生活的能力。

邓楠在致辞中提出，“国际化学年在中国”系列活动提供了一个推广宣传化学的良好环境，要通过“国际化学年在中国”系列活动的开展，激发公众尤其是青少年“爱化学、学化学、用化学”，真正让化学走进千家万户。

白春礼在致辞中表示，中国近代化学发展虽晚于西方，但在百年的发展中也产生了一些有影响的工作，特别是经过近30年的发展，已进入世界化学大国的行列。他希望通过努力，争取在未来百年化学史上，刻上更多中国人的名字。

“国际化学年在中国”系列活动包括纪念性活动、学术性活动、科普活动和宣传活动，主要有“触摸化学，感受魅力”趣味实验设计大赛、“科学讲坛”国际化学年专题科普讲座、化学科普展览、化学开放日、化学企业科普进校园、石油和化学工业行业安全发展大会、“化学，就在你身边”全国高校系列活动、中学生测水游戏、澳门“绿色化工论坛”等。活动由中国石油和化学工业联合会、中国化学会、中国化工学会、国际化学品制造商协会联合主办。来自全国化学化工领域科研院所、企业代表，高校化学院系代表，社会团体代表等约730人出席了启动大会。

2011年正值居里夫人获得诺贝尔化学奖100周年，也恰逢国际纯粹与应用化学联合会的前身国际化学会联盟成立100周年。2008年底，第63届联合国大会通过决议，将2011年定为“国际化学年”，旨在在全球范围内彰显化学对社会进步和人类文明的贡献，促进公众对化学的认识和了解，培养、提高年轻人对化学未来发展的兴趣与热情。

全民科学素质工作与科普活动

【习近平参加全国科普日活动要求推动建设节水型社会】9月18日上午，中共中央政治局常委、中央书记处书记、国家副主席习近平和王兆国、刘淇、刘云山、刘延东、何勇、令计划、韩启德等领导同志，来到北京奥林匹克公园和朝阳区苇藜园社区，同首都群众一起参加全国科普日北京主场活动。习近平强调，要坚持围绕中心、服务大局，深入基层、面向群众，更加扎实有效做好建设节水型社会科普工作，在全社会形成节约用水合理用水的良好风尚。

2011年全国科普日活动以“节约能源资源、保护生态环境、保障安全健康、促进创新创造”为主题，旨在推动《全民科学素质行动计划纲要》和今年中央一号文件精神的贯彻落实。围绕这一主题，各省、自治区、直辖市将组织开展4000多项主题科普活动。北京主场活动的主题是“坚持科学发展，节约保护水资源”。

上午9时30分许，习近平等领导同志来到北京奥林匹克公园中心区广场，参加在这里举办的首届“北京科学嘉年华”活动。在北京节能节水环保科普展现场，习近平饶有兴趣观看了“雨水收集与利用”、“脚踏节能环保阀门装置”等百姓身边的节能节水创意产品，观看了“植树与涵养水源”、“再生纸制造与利用”等科普项目，并同孩子们一道参加了“水的净化旅程”等科普实验演示活动。习近平说，这个节水环保科普展，生动地体现了胡锦涛总书记关于把节约用水贯穿经济社会发展和群众生活生产全过程的重要指示精神。我国人均水资源占有量低，节水是解决我国水问题的根本出路。节水环保科普展，突出了水生态保护、水环境治理和水资源节约，有利于在全社会形成节约用水、合理用水的良好风尚。

在北京学生优秀科技活动成果展示现场，习近平观看了“环保减排抽油烟机”、绿色新能源汽车等作品演示，并同在场的青少年亲切交谈。习近平强调，青少年是祖国的未来、科学的希望。他勉励广大青少年从小养成爱科学、学科学的良好习惯，增强对科学技术的兴趣和爱好，掌握必要的科学知识，培养初步的科学探究能力。他还希望全社会都能满腔热情关心青少年全面发展和成长成才，组织青少年开展多种形式科普活动和社会实践，为建设创新型国家培养更多后备人才。

随后，习近平又来到北京市朝阳区苇藜园社区。在绿树成荫的社区中心广场，习近平与青少年一起参与了“把水留住”等科学体验活动。在居家节水展示体验活动现场，习近平细致察看节水型净水器、节水龙头等节水器具，观看了科普专家和志愿者为社区居民演示的“纱窗托水”等科普实验，还参观了社区文化科普中心内的小展览，并不时同社区居民和科普工作者互动交流。

参观活动结束后，习近平发表重要讲话。他说，今年的全国科普日活动主题鲜明、设计新颖、形式活泼。特别是科普日北京主场活动与举办科学嘉年华活动相结合，深入基层社区，面向千家万户，既是一次生动的水情、水利、水知识普及教育活动，又是一次落实“社区科普益民计划”，让科普工作走进城市社区、走进居民生活的成功尝试。

习近平指出，社区是社会的基本单元。在我国，建设和谐社会的基础在社区，加强和创新社会管理的重心在社区，提高全民科技文化素质的根基也在社区。着力加强社区科普工作对落实《全民科学素质行动计划纲要》十分重要。习近平要求，中国科协和北京市认真总结苇藜园社区在实施中国科协制定的“社区科普益民计划”方面的有益经验，加大对社区科普支持力度，引导更多科技工作者、科普工作者深入社区、深入群众，开展丰富多彩的科学普及活动。同时要进一步发挥社区科普志愿者的作用，不断提高社区居民科学素质。

习近平希望各级党委和政府及时研究和帮助解决科普工作中遇到的困难和问题，支持科协组织广泛深入普及科学知识、为建设节水型社会和创新型国家发挥更大作用。

【国务院办公厅印发《全民科学素质行动计划纲要实施方案（2011—2015 年）》】6 月 19 日，《全民科学素质行动计划纲要实施方案（2011—2015 年）》经国务院同意印发给各省、自治区、直辖市人民政府，国务院各部委、各直属机构。

该方案根据《中华人民共和国国民经济与社会发展第十二个五年规划纲要》和《国务院关于印发全民科学素质行动计划纲要（2006—2010—2020 年）的通知》（国发［2006］7 号），为实现全民科学素质工作 2020 年的目标，进一步安排"十二五"期间全民科学素质工作的阶段目标、重点任务和保障措施等制定。

《实施方案》是指导和加强公民科学素质建设的基本准则和依据。印发的《实施方案》坚持以科学发展观为统领，积极适应全面建设小康社会和推进加快经济发展方式的新形势，着眼于实现中华民族伟大复兴，对公民科学素质建设的方针和目标、重点任务和组织实施作了全面部署和安排，这对于规范和指导新时期全民科学素质工作，推动公民科学素质建设不断发展进步，具有十分重要的意义。

《实施方案》对今后一个时期公民科学素质建设提出了一些带有前瞻性、具有索引作用的目标和任务。针对当前公民科学素质建设带有普遍性的矛盾和问题，从政策制度上提出了解决的思路和办法，同时又对全民科学素质工作的具体标准、方法、任务等作出了明确规范，具有鲜明的时代性、现实针对性和可操作性。

《实施方案》指出，随着国际国内形势的变化和调整，全民科学素质工作面临许多新课题、新挑战，"十二五"期间公民科学素质建设工作将重点围绕"一个主题和一条主线、五个人群、五个工程、四个机制"推进。

"一个主题"——要把促进科学发展观在全社会的贯彻落实，作为提升公民科学素质的核心内容，贯穿科学素质纲要实施工作全过程，使科学发展的理念更加深入人心。

"一条主线"——围绕转变经济发展方式主线，广泛宣传普及资源能源节约、生态环境保护、安全生产和防灾减灾、人与自然和谐相处等观念和知识，引导公众科学认识经济社会发展的阶段性特征，积极投身转方式、调结构、上水平的生动实践。

"五个人群"——以未成年人、农民、城镇劳动者、领导干部和公务员、社区居民等重点人群为突破口，带动全民科学素质持续提升。

"五个工程"——加强基层公共服务能力建设，推动公民科学素质建设深入普及。以资源共建共享为主线，坚持面向基层、重心下移，加强公共服务能力建设，推动公民科学素质建设的公平普惠，让广大人民群众真正享受到公民科学素质建设的成果。根据形势的发展，在实施科学教育与培训、科普资源开发与共享、大众传媒科技传播能力、科普基础设施 4 个基础工程的基础上，新增了科普人才建设工程。

"四个机制"——完善公民科学素质建设长效机制，为提升全民科学素质提供持久动力和保障。《实施方案》依据推动《科学素质纲要》工作的规律和特点，把大联合大协作的工作推进机制贯穿始终。新增了"完善公民科学素质建设长效机制"任务要求，突出强调建立健全人才培养和动员机制、科研与科普密切结合机制、科普投入和产业保障机制、监测评估体系和考核激励机制。

【全民科学素质工作纳入国家"十二五"规划】3 月 17 日，新华社授权发布的《中华人民共和国国民经济和社会发展第十二个五年（2011—2015 年）规划纲要》，把全民科学素质工作纳入国家"十二五"规划。

《中华人民共和国国民经济和社会发展第十二个五年（2011—2015 年）规划纲要》，根据《中共中央关于制定国民经济和社会发展第十二个五年规划的建议》编制，主要阐明国家战略意图，明确政府工作重点，引导市场主体行为，是未来 5 年我国经济社会发展的宏伟蓝图，是全国各族人民共同的行动纲领，是政府履行经济调节、市场监管、社会管理和公共服务职责的重要依据。

在国家"十二五"规划关于"增强科技创新能力"的部分，明确提出要深入实施全民科学素质行动计划，加强科普基础设施建设，强化面向公众的科学普及。

《全民科学素质行动计划纲要》由国务院于 2006 年 2 月 6 日正式发布实施，旨在加强我国公民科学素质建设，通过发展科学技术教育、传播与普及，尽快使全民科学素质在整体上有大幅度的提高，实现到 21 世纪中叶我国成年公民基本具备科学素质的目标，促进社会主义物质文明、政治文明、精神文明建设与和谐社会建设的全面发展，是走自主创新道路、建设创新型国家的一项基础工程。

2010 年国务院办公厅会同中国科协等 21 个部门对 12 个省、自治区、直辖市落实《科学素质纲要》的情况进行了实地督查，督促落实各项工作任务，确保各地圆满完成《科学素质纲要》"十一五"工作目标，为"十二五"全民科学素质工作实施奠定了基础。

【全民科学素质行动实施工作电视电话会议】8 月 30 日，全民科学素质行动实施工作电视电话会议召开。中共中央政治局委员、国务委员刘延东出席会议并作重要讲话。会议回顾总结“十一五”时期《科学素质纲要》实施情况，表彰作出突出贡献的先进集体和先进个人，安排部署“十二五”时期工作。

会议由国务院副秘书长江小涓主持。中国科协常务副主席、书记处第一书记陈希代表全民科学素质纲要实施工作23个成员单位，就“十一五”期间《科学素质纲要》实施情况和“十二五”时期全民科学素质工作重点作了汇报。大会表彰了“十一五”期间《科学素质纲要》实施工作先进集体和先进个人。教育部副部长刘利民、山西省人民政府副省长张平、浙江省湖州市长兴县委书记章根明、海南省万宁市东澳镇农业科技110服务站站长符儒民、北京电视台制片人蓝霖5位同志在大会上发言。

全民科学素质纲要实施工作各成员单位负责人和实施工作办公室成员，《科学素质纲要》实施工作先进集体、先进个人代表；各省、自治区、直辖市、计划单列市人民政府以及新疆生产建设兵团分管负责同志和有关部门负责人、市（地）、县（市）人民政府主要负责同志、分管负责人和有关部门负责人分别在主会场和分会场参加会议。

全民科学素质行动实施工作电视电话会议是在全国上下深入学习贯彻胡锦涛总书记在庆祝中国共产党成立90周年大会上的讲话，肩负新的使命、继往开来、满怀信心共同实现国家第十二个五年规划和《科学素质纲要》第二个五年工作的关键阶段召开的。会议的召开将对“十二五”时期持续深入地开展《科学素质纲要》实施工作起到积极的推动作用。

【2011年《科学素质纲要》实施工作会议】1月28日上午，《科学素质纲要》实施工作会议在北京召开。会议由中国科协常务副主席、书记处第一书记邓楠主持，全民科学素质纲要实施工作23个成员单位负责同志和有关部门负责人参加会议。会议传达学习了国务院领导同志听取《科学素质纲要》实施情况汇报的会议纪要和刘延东国务委员讲话精神，审议了《全民科学素质行动计划纲要实施方案（2011—2015年）》，研究部署了2011年度工作任务。

中国科协副主席、书记处书记齐让传达了国务院办公厅会议纪要精神。中国科协书记处书记、《全民科学素质纲要》实施工作办公室主任程东红对《全民科学素质行动计划纲要实施方案（2011—2015年）》（审议稿）和《2011年全民科学素质工作要点》（讨论稿）作了说明。各成员单位结合各自工作对《纲要实施方案》和《2011年工作要点》进行了审议、讨论，提出了意见和建议，并表示将认真履行本部门在《科学素质纲要》中的各项职责，努力完成全民科学素质工作中的相关任务。

会议认为，2010年是实现《全民科学素质行动计划纲要（2006—2010—2020年）》（以下简称《科学素质纲要》）提出的“十一五”工作阶段性目标和衔接“十二五”全民科学素质工作的重要一年。一年来，在党中央、国务院的正确领导下，各地区、各部门以纲要督查为契机，认真总结“十一五”工作，促进各项任务落实，深入进行调查研究，把刘延东国务委员对督查报告的批示精神落实在2011年和“十二五”时期《科学素质纲要》实施的工作安排中，坚持继承与发展相结合，认真组织编制《全民科学素质行动计划纲要实施方案（2011—2015年）》，围绕主题，扎实推进各项工作。

会议明确，2011年工作将重点围绕5个方面开展：一是加强领导，全面启动“十二五”全民科学素质工作；二是突出“节约能源资源、保护生态环境、保障安全健康、促进创新创造”主题，把科学发展观作为提升公民科学素质的核心内容；三是关注民生，面向基层，促进科技教育、传播与普及的公平普惠；四是大力推进全民科学素质工作，提升公民科学素质的整体水平；五是完善机制，广泛动员社会各界参与科学素质工作。

邓楠在会上强调指出，2011年是中国共产党成立90周年，是“十二五”的开局之年，也是《科学素质纲要》实施第二个五年的关键一年。要根据刘延东同志的讲话精神和国务院办公厅会议纪要要求，结合今年的工作任务，各部门要紧密协作，继续努力，在“十二五”的启动之年抓紧落实好各项工作，共同把全民科学素质工作做深、做细、做实、做出成效。

【2011年地方科协科普工作座谈会】3月25～26日，全国地方科协科普工作座谈会在北京召开。各省、自治区、直辖市、副省级城市和新疆生产建设兵团科协分管负责同志和科普部负责人，中国科协科普部和有关直属单位的负责人参加会议。中国科协书记处书记程东红，中国科协党组成员、中国科技馆馆长徐延豪出席会议并作讲话。中国科协科普部部长杨文志主持会议。

程东红在讲话中充分肯定了“十一五”期间各地科普工作取得的显著成绩。她指出，过去5年，各级科协、科普工作部门上下一心、团结创新，实现了中央书记处对科协科普工作的要求，实现了全民科学素质纲要规定的阶段性目标。

中国科协科普工作实现了3个转变：一是实现了从主要开展科普活动到做谋划全局性工作的转变；二是实现了从“以我为主”开展工作，到“大联合、大协作”的工作方式转变；三是实现了工作内容的转变，开始围绕《科学素质纲要》的工作主题来贯彻落实全面工作。这3个转变的完成为今后各地科普工作的推进奠定了坚实基础。

程东红强调，全民科学素质工作也已经纳入国家“十二五”规划，说明党中央、国务院把这项工作提到了非常重要的高度。她要求，各地科协要更加自觉的将科协科普工作纳入全民科学素质工作之中；要坚定不移地继续坚持“大联合、大协作”的工作方式，并向联合协作的广度和深度推进；要继续坚持以“科普资源共建共享”为抓手，来推动科学素质纲要工作；要深入分析科协科普工作面临新形势、新任务，研究探讨做好科普工作的新思路、新举措，突出重点，树立和高举科协科普工作的旗帜，为实现2020年长远目标奠定基础，为提升全民科学素质作出新的贡献。

徐延豪在讲话中指出，科技馆在科普工作中具有特殊的地位，集科普资源研发、对外交流展示、科普人才培养于一体，发挥着重要的“基地”作用。“十一五”期间，全国新建科技馆总建筑规模接近80万平方米，总投资超过100亿元，取得了举世瞩目的成就。但相对于我国的人口规模，科技馆的总量还不够，希望各位分管领导在“十二五”期间，进一步推进各地科技馆的建设。与此同时，要把已经建成的80多个科技馆运转好，把内容更新好，把活动开展好，发挥好科技馆的的“基地”作用。

他强调，当前是我国科普工作的重要时期，要结合科协工作的发展形势，结合社会公众科普需求和信息传播方式的转变，特别要重视信息化、互联网和新媒体发展给科普工作带来的机遇和挑战，做好工作部署，共同推动科普事业的繁荣昌盛。

来自北京、上海、河南、山东、安徽、云南、吉林的代表分别结合各地的工作实际和特点介绍了科普工作经验。

【2011地方全民科学素质纲要实施工作座谈会】3月24日，2011地方全民科学素质行动计划纲要实施工作座谈会在北京召开。全国各省、自治区、直辖市、副省级城市和新疆生产建设兵团全民科学素质纲要实施工作办公室负责同志和有关人员、全民科学素质纲要实施工作办公室的23个成员单位有关人员参加会议。

会议传达学习了国务院办公厅有关会议精神，总结了“十一五”《科学素质纲要》实施工作情况，部署了2011年全民科学素质工作。科技部、国家民委、农业部、环保部、中国气象局分别介绍了《科学素质纲要》“十一五”实施情况和“十二五”工作设想。北京团市委、河北省行唐县、上海市教委、重庆市广电集团、武汉钢铁集团公司等结合本地、本单位工作实际和特色进行了交流发言。

中国科协常务副主席、书记处第一书记邓楠在讲话中指出，“十一五”时期是全面实施《科学素质纲要》的第一个五年，在党中央、国务院的正确领导下，在各地各部门和社会各界的共同努力下，全民科学素质工作取得显著成效，公民科学素质明显提高。国务院领导同志在听取全民科学素质行动计划纲要实施情况汇报会上对纲要实施工作给予充分肯定。中央书记处在听取中国科协工作汇报后，习近平同志等中央领导也充分肯定了近年来实施《科学素质纲要》取得的成就。这是各地各部门大联合、大协作、团结拼搏、奋发进取的结果，是迎难而上、真抓实干、创新发展的结果。

邓楠强调指出，这次会议是在圆满完成全民科学素质工作“十一五”各项任务，全面启动开展“十二五”工作的新形势下召开的，对推进今后5年和今年的全民科学素质建设工作具有重要的意义。各地要认真筹划部署，积极做好“十二五”《科学素质纲要》实施的开局工作；各地各部门要按照延东同志关于“要把握全民科学素质工作的发展目标，把握全民科学素质工作的战略任务，把握全民科学素质工作的时代内涵”的指示要求，面向基层，重心下移，着力提升科学素质的公共服务能力。“大联合、大协作”的工作机制在推动《科学素质纲要》实施过程中发挥着重要作用，各地要落实《关于全民科学素质行动计划纲要落实情况的督查报告》的有关建议，在“十二五”时期，进一步完善科学素质工作机制。

邓楠要求，各地要进一步学习贯彻党中央、国务院对全民科学素质工作的新要求，深刻把握全民科学素质工作面临的新形势和新任务，按照“十二五”的工作目标和主要任务，安排好、部署好2011年实施《科学素质纲要》的重点工作，把各项工作落实到基层，抓出成效。努力把公民科学素质建设提高到一个新的、更高水平。

中国科协书记处书记、《科学素质纲要》实施工作办公室主任程东红作了题为《围绕主题、关注民生，推动全民科学素质工作科学发展》的工作报告。她总结回顾了“十一五”《科学素质纲要》实施工作，提出坚持围绕中心服务大局、坚持大联合大协作的工作机制、坚持面向基层重心下移等经验和体会，提出2011年全民科学素质工作的主要任务，她指出，在“十二五”时期科学素质工作的开局之年，全民科学素质工作面临着前所未有的大好机遇，各地各部门要认真落实刘延东国务委员在听取全民科学素质行动计划纲要实施情况汇报会上讲话和国办会议纪要精神，按照《2011年全民科学素质工作要点》的要求，及早启动和落实“十二五”时期《科学素质纲要》实施工作的各项安排和部署，切实推动2011年《科学素质纲要》重点工作的实施，进一步提高认识，坚定信心，完善工作机制，狠抓任务落实，努力完成今年全民科学素质工作的各项目标和任务，为“十二五”时期的全民科学素质工作开好局、起好步。

【中国科协号召所属团体地方科协广泛开展核科学技术知识科普宣传】日本福岛核泄漏事故发生后，广大公众和社会各界予以高度关注。一些群众被传言误导，担心受到核污染影响。为加强核科学技术知识的普及，形成正确的舆论导向，防止恐慌情绪蔓延，日前，中国科协发出《关于组织开展核科学技术知识科普宣传工作的紧急通知》（以下简称《通知》），要求各相关全国学会、协会、研究会和地方科协组织大力加强核科学技术知识的科普宣传工作。

《通知》要求，各相关全国学会、协会、研究会和地方科协组织要高度重视，发挥优势，紧急动员，尽快部署，通过科普宣传使广大公众了解核科学技术知识，能够以科学的态度，理性看待日本核泄漏事故对我国的影响，及时澄清各种错误认识和谣传，消除恐慌心理，做到科学理性消费。要利用多种宣传手段，开展形式多样的科普宣传活动，加强科学引导。要充分利用报刊、广播、电视、网络等媒体以及基层宣传阵地，及时开展专家访谈、科普讲座等科普活动，通过发放宣传手册、张贴科普挂图、在电视台和广播电台播放科普宣传电视片和广播节目、在报刊和网络开设专栏等形式，丰富宣传内容，扩大宣传的覆盖面。要大力宣传党中央、国务院的指示精神，宣传政府在加强环境监测等方面采取的措施，宣传有关核能、核燃料、核技术与应用、辐射防护与环境保护等相关科学知识，在全国上下形成正确的舆论导向。要充分发挥科技专家、组织系统、宣传阵地、科普资源等优势，加强与有关部门协作，共同开展科普宣传工作，使科普宣传工作取得成效。

【“科学家与媒体面对面”活动启动】3月19日，“科学家与媒体面对面”活动启动仪式在北京举行。全国人大常委会副委员长、中国科协主席韩启德，中国卫星导航学术年会科学委员会主席、北斗卫星导航系统工程总设计师孙家栋，中国科协书记处书记程东红，中国卫星导航系统管理办公室主任冉承其等出席启动仪式。中国科协科普部部长杨文志主持启动仪式。

国家最高科学技术奖获奖者、北斗卫星导航系统工程总设计师孙家栋院士，卫星导航领域的权威专家杨元喜院士、刘经南院士、李祖洪研究员、谭述森研究员等做客“科学家与媒体面对面”活动现场，就卫星导航原理、北斗卫星导航系统概况、北斗应用以及与公众生活的关系和北斗的未来发展战略等内容与广大媒体进行深入的交流。

为充分发挥科学共同体、全国学会和大众媒体的作用，结合社会热点、焦点开展科普，建立一个科学家与大众媒体广泛沟通的渠道，中国科协科普部在2011年组织开展了“科学家与媒体面对面”系列活动。每期围绕社会科普热点，邀请科学家与媒体记者开展面对面的交流。

该项活动得到了全国学会和大众媒体的热烈欢迎和积极支持，截至2011年底，“科学家与媒体面对面”活动共举办11期（详见下表）。

	活动时间	活动主题	承办单位	分话题与专家
第一期	2011/3/19	走近中国的“北斗”	中国卫星导航学术年会科学委员会	一、中国的北斗，世界的北斗（杨元喜院士）
				二、认识北斗（谭述森研究员）
				三、北斗改变生活（刘经南院士）
				四、北斗之路——打造一流全球卫星导航系统（李祖洪研究员）
第二期	2011/3/19	核能·安全·健康	中国核学会、中华预防医学会	一、核能的安全利用（潘自强院士）
				二、核与辐射安全（俞卓平研究员）
				三、公众辐射防护常识（张伟研究员）
第三期	2011/4/20	认识核污染——从切尔诺贝利到日本福岛	中国核学会、中国毒理学会	一、核泄漏事故与环境的关系（陈竹舟教授）
				二、核辐射防护（傅满昌研究员）
				三、核辐射与日常生活（周平坤教授）
第四期	2011/5/12	灾害事件中和常态下的医学救援	中国医学救援协会	一、灾害事件中和常态下的医学救援综述（李宗浩会长）
				二、中国国际救援队和灾害救援（侯世科主任、彭碧波主任）
				三、常态下的急救自救（万立东主任）
第五期	2011/6/23	食品添加剂与公众健康	北京科技报社	一、从食品添加剂谈食品安全（李里特教授）
				二、从塑化剂谈食品包装（董金狮教授）
				三、如何正确食用添加微量元素的食品（鲍善芬研究员）

续表

	活动时间	活动主题	承办单位	分话题与专家
第六期	2011/7/5	认识超级细菌——从德国肠出血性大肠杆菌到耐药性超级细菌	中国微生物学会、科学通报	一、超级细菌与抗生素滥用（徐建国研究员） 二、德国肠出血性大肠杆菌疫情及预防（杨瑞馥研究员） 三、德国肠出血性大肠杆菌的基因前沿研究及检测手段(于军研究员)
第七期	2011/8/29	解析“极端天气”	中国气象局办公室、中国气象学会	一、全球变暖概述（杨贵名研究员） 二、国内各季节极端天气的原因与特点（徐影研究员） 三、极端天气的防范（杨贵名研究员）
第八期	2011/9/13	中医与科学养生	中华中医药学会	一、目前养生热之成因（王奕研究员） 二、如何鉴别“伪中医养生”（温长路教授） 三、科学养生的方法（张国玺研究员）
第九期	2011/10/20	重压下的青春——慢性病低龄化	中国非处方药物协会	一、慢性病的低龄化和“生活方式病”（胡大一教授） 二、中青年日常生活中的自我保健（洪昭光教授） 三、中青年心理危机干预（史占彪研究员）
第十期	2011/11/24	苍穹飞吻——认识中国的太空家园	中国宇航学会	一、天宫一号与神舟八号交会对接任务简介和重要意义（童旭东主任） 二、中国航天技术推动科技进步和在国计民生中的作用（张智副总设计师） 三、未来中国航天事业的发展规划与目标（王翔副总设计师）
第十一期	2011/12/6	2012 来了——迎接新一轮太阳活动高峰年	中国天文学会、北京天文台	一、太阳活动情况介绍（邓元勇研究员） 二、人类对太阳的观测及研究进展（颜毅华研究员） 三、太阳活动对近地空间及人类活动产生的影响（王华宁研究员）

【第 26 届全国青少年科技创新大赛】 8 月 4 日，第 26 届全国青少年科技创新大赛在内蒙古自治区呼和浩特市开幕。中国科协常务副主席、书记处第一书记陈希，内蒙古自治区党委常委曹征海，中国科协副主席、中国工程院院士陈赛娟，内蒙古自治区副主席连辑，国家自然科学基金委副主任孙家广，宁夏回族自治区副主席屈冬玉，全国妇联书记处书记赵东花出席开幕式。团中央书记处书记罗梅主持开幕式。

陈希、曹征海、林蕙青、陈赛娟、连辑、孙家广、赵东花、屈冬玉等共同启动大赛。陈希宣布，第 26 届全国青少年科技创新大赛开幕。教育部部长助理林蕙青代表主办单位致开幕词。连辑代表内蒙古自治区党委、政府致欢迎辞。

本届大赛以“创新体验成长”为主题，由中国科协、教育部、科技部、环保部、国家体育总局、国家自然科学基金会、共青团中央、全国妇联和内蒙古自治区人民政府共同主办。来自 31 个省、自治区、直辖市以及香港、澳门特别行政区和新疆生产建设兵团、军队子女学校共 35 支代表队的 461 名青少年科技爱好者，195 位科技辅导员参加为期 4 天的展示、测评和问辩等活动。此外，还有来自奥地利、丹麦、法国等 12 个国家和地区的青少年参加展示和交流活动。大赛期间，青少年竞赛项目将接受素质测评、技能测试，专项奖问辩、封闭问辩等考查；科技辅导员竞赛项目将接受技能测试、综合知识测试和封闭问辩。8 月 7 日，组委会公布最终比赛结果并举行闭幕式。开幕式后，参加开幕式的领导及嘉宾参观了主展场参观竞赛选手的参赛作品。

在主展场馆展示区，根据参赛项目所涉及的不同领域，展区被划分为地球与空间科学、物理学、工程学、动物学、植物学、环境科学、化学、计算机科学、数学、微生物学、医学、行为与社会科学等区域，本届大赛分为青少年和科技辅导员两个板块，活动内容包括竞赛活动和展示活动两个系列。竞赛活动包括小学生科技创新成果竞赛、中学生科技创新成果竞赛、科技辅导员科技创新成果竞赛；展示活动包括少年儿童科学幻想绘画比赛、青少年科技实践活动比赛等。

全国青少年科技创新大赛具有光荣传统和广泛影响。全国青少年科技创新大赛的由来可以追溯到改革开放之初。1979 年 11 月，由中国科协、教育部等部门在北京举办了“首届全国青少年科技作品展览”。展览得到了党和国家领导人的高度重视，邓小平同志为活动题词：“青少年是祖国的未来，科学的希望！”30 多年来，全国青少年科技创新大赛得到了党和国家领导人以及老一辈科学家的高度重视和关心支持，为普及科学知识、传播科学思想、弘扬科学精神，提高青少年科学素质和创新能力作出了积极贡献。

全国青少年科技创新大赛具有广泛的活动基础，从基层学校到全国大赛，每年约有 1000 万名青少年科技爱好者相聚一起进行竞赛、展示和交流活动，全国青少年科技创新大赛从 1982 年起已经成功举办了 25 届，成为展示青少年科技活动的最新成果、展现青少年风采的一次盛会。

目前，全国青少年科技创新大赛不仅是国内青少年科技爱好者的一项重要赛事，而且已与国际上许多青少年科技竞赛活动建立了联系，每年都从大赛中选拔出优秀的科学研究项目参加英特尔国际科学与工程大奖赛、欧盟青少年科学家竞赛等国际青少年科技竞赛活动。近几年来，我国青少年在国际科技竞赛中，取得了优异的成绩。

【第十一届中国青少年机器人竞赛】7 月 18 日晚，第十一届中国青少年机器人竞赛在河南省郑州市开幕，本届竞赛由中国科协和河南省人民政府共同主办。河南省委副书记、省政协主席叶冬松，中国科协书记处书记徐延豪，河南省副省长徐济超，河南省政协副主席龚立群，以及中国科协青少年科技中心主任李晓亮等出席了开幕式。

中国青少年机器人竞赛是中国科协和地方政府联合主办的面向青少年的科技创新活动之一，是一项将知识积累、技能培养、探究性学习融为一体，面向广大青少年的科学普及活动。该活动始办于 2001 年，至今已连续举办了 10 届，吸引了全国广大青少年踊跃参与，每届参加人员在 2000 名左右。竞赛活动不仅为青少年提供展现才智的平台，还积极架起国内青少年与国外青少年互动交流的桥梁。每年活动将选拔优胜选手参加 FLL 机器人世锦赛和 VEX 机器人世锦赛。中国青少年机器人竞赛在国内具有广泛的影响力，对培养青少年创新意识和实践能力，提高青少年科学素质发挥了重要作用。

河南省副省长徐济超在开幕上指出，中国青少年机器人竞赛是充分展示高科技成果、培养创新型人才的重要平台，是全面提高青少年创新实践能力和综合素质的大舞台，能够承办这样一个充满智慧、创新、拼搏、挑战精神的活动，不仅对推进河南省青少年科技教育事业具有重要的现实意义，而且将对推动创新型河南、中原经济区建设，加快中原崛起、河南振兴产生十分重要的作用。

中国科协书记处书记徐延豪在致辞中指出，中国青少年机器人竞赛活动在社会各界的关心和大力支持下，在广大青少年机器人爱好者的积极参与下，竞赛活动从无到有、从小到大，竞赛项目不断增加，规模不断扩大，组织管理逐步规范，已成为目前我国一项极具影响力、深受青少年喜爱的科技品牌活动。他希望青少年参赛选手在比赛中充分发挥自己的聪明才智，勇于拼搏，敢争第一，赛出风格，赛出水平，赛出友谊，让这次竞赛成为相互交流机器人技术、广交朋友、体验快乐的一次“嘉年华”，成为大家成长过程中一次难忘的经历，从而让更多的青少年参与到这项充满智慧和挑战的活动中来！

第十一届中国青少年机器人竞赛主题为“快乐成长”，包括 5 项分赛事：机器人创意比赛、机器人基本技能比赛、机器人足球比赛、机器人 FLL 工程挑战赛和机器人 VEX 工程挑战赛，每项比赛分为小学、初中和高中 3 个组别。共有来自全国各地的 499 支代表队，共计 1422 名队员参加。

【第四届全国公众科学素质电视大赛】8 月 8 日，由中国科协和中央电视台共同举办的第四届全国公众科学素质电视大赛（简称“电视大赛”）在北京启动。本次大赛主题为“保护生态环境，节约能源资源，保障安全健康、促进创新创造”，大赛全程录制为电视节目，于 2011 年全国科普日期间在中央电视台 10 套科教频道播出。

来自各省、自治区、直辖市和新疆生产建设兵团共 32 支代表队参加了本次电视大赛。每个代表队由 3 名不同年龄段的选手组成，涵盖了老、中、青 3 个年龄段。选手们来自各行各业，既有在校学生，也有工厂职工、公务员等。

本届电视大赛历时 3 天，共 10 场比赛，最终产生 1 支冠军队、1 支亚军队和 6 支季军队。与此同时，组委会设置了优秀组织奖，奖励积极参赛、认真筹备、表现优异的地方科协。

第四届全国公众科学素质电视大赛在传承前三届电视大赛经验的基础上，通过精心设计，采取知识性、趣味性和互动性巧妙融合的电视竞赛表现形式，解答公众身边的科学问题，传播科学知识、倡导科学方法，弘扬科学精神。希望通过电视大赛的举办，在全社会掀起又一轮讲科学、爱科学、学科学、用科学的热潮，为进一步提高全民科学素质、鼓励科技创新营造良好的社会环境。

【第十一届“明天小小科学家”奖励活动】11 月 21 日，由教育部、中国科协、香港周凯旋基金会共同主办的第十一届“明天小小科学家”奖励活动在北京第八中学落下帷幕。来自北京师范大学附属实验中学的姜江、清华大学附属中学的唐岱维、华东师范大学第二附属中学的方鑫3名学生获得了“明天小小科学家”称号，来自全国的94名高二学生分获一、二、三等奖。

全国政协教科文卫体委员会副主任邓楠，中国科协常务副主席、书记处第一书记陈希，教育部副部长刘利民，中国科协书记处书记徐延豪，国家知识产权局副局长鲍红，香港周凯旋基金会董事张培薇，教育部原副部长韦钰院士，以及王乃彦、黎乐民、林群、欧阳自远、许健民、简水生、吴岳良、周立伟院士，美国普渡大学教授、美国国家科学院院士朱健康等出席活动颁奖典礼并为获奖学生颁奖。

徐延豪在致辞中指出，“明天小小科学家”奖励活动始终把加强未成年人的科学教育、提高未成年人的科学素质作为重要任务，对未来科技后备人才的培养进行了大胆而有益的探索。11年来，培养了一批具有社会责任感和科学潜质的年轻学子，也为广大青少年科技爱好者搭建了展示、学习、交流的平台，激励越来越多的青少年立志从事科学研究事业，目前已经成为我国青少年科技创新人才选拔领域的一项品牌活动。

徐延豪说，很高兴看到在座的青少年朋友在科学探索和科技创新实践的道路上迈出了可喜的第一步。自古英才出少年。青年时期是一个人创造力最旺盛的时期，很多科学家做出杰出科技成就都是在30岁以前。希望同学们以今天作为新的起点，在科学研究的道路上不断探索创新、刻苦钻研，充分发挥和展现自己的才能，早日成为明天的科学家和工程师，为祖国的科技发展作出贡献。希望同学们以老一辈优秀科学家为榜样，关注社会、关注公益，以胸怀祖国、放眼世界的抱负，以勇攀科技高峰的志向，明确自己的使命，立志成长为祖国未来建设的栋梁之材！

本届奖励活动的组织工作从2011年5月开始启动，至今已历时半年。申报期间，组委会共收到全国600名高二学生提交的正式申报材料。为保证评审工作的科学、严谨、权威和公正，组委会先后聘请了百余名重点高校、科研机构的教授、研究员担任评审专家，经过资格审查、初评、复评等环节，最终评选出来自全国的100名学生晋级终评。在为期7天的终评活动中，100位参赛学生先后接受知识水平测试、项目问辩、综合素质考察等一系列环节的考验。终评评审委员会全面考查学生的知识储备、逻辑思维和解决问题的能力。

“明天小小科学家”奖励活动是由教育部、中国科协、香港周凯旋基金会共同主办的一项青少年科技后备人才选拔和奖励活动，创立于2000年。活动接受全国范围内符合条件的高二年级学生的自由申报，旨在透过学生个人的科学研究项目，重点考察学生的综合素质和能力，关注学生的创新意识和实践能力，发现一批具有科学潜质和发展后劲的学生，向著名高等院校推荐，并资助他们进入大学后，继续进行研究活动，鼓励他们投身于自然科学研究事业，并立志成为未来优秀的科学家。

【2011年海峡两岸科学传播论坛】 3月21日，2011年海峡两岸科学传播论坛在北京开幕。来自海峡两岸的百余名科学教育界的学者和科普工作者围绕科学传播领域的若干议题进行了深入的交流与研讨。

本次论坛由中国科协、李国鼎科技发展基金会共同主办，中国科协书记处程东红、李国鼎科技发展基金会资深顾问周景扬出席开幕式并致辞。中国科协党组成员、中国科技馆馆长徐延豪主持开幕式。

2010年3月，中国科协和李国鼎科技发展基金会在台湾共同举办了2010年海峡两岸科学传播论坛，成功地为海峡两岸科技传播活动搭建了交流平台。为进一步加强和深化海峡两岸在科技传播领域的交流与合作，2011年，中国科协和李国鼎科技发展基金会在北京再次共同举办“2011年海峡两岸科技传播论坛”。为期两天的论坛包括大会报告、分论坛、圆桌会谈等内容，其中分论坛议题分为3大板块：青少年科技创新人才培育、科学传播的理论研究与实践和科学传播方式与能力提升，圆桌会谈包括五大议题：两岸科普资源的共建与共享、两岸青少年科技活动的交流、两岸科学传播人才培育合作、两岸科普研究合作和两岸科普场馆合作。

【公民科学素质建设论坛暨第十八届全国科普理论研讨会】 9月13～15日，2011年公民科学素质建设论坛暨第十八届全国科普理论研讨会在北京举行。来自美国、英国、日本、匈牙利、印度5个国家的公民科学素质研究领域的专家学者同全国各地科协、高等院校、科研院所的专家学者、科普工作者等近300人参加会议。大会主席、中国科协副主席、书记处书记程东红出席开幕式并致辞，中国科协书记处书记徐延豪出席开幕式并作主旨报告。中国科普研究所所长任福君主持开幕式。

程东红在致辞中充分肯定了20年来中国公民科学素养调查所取得的成绩，高度评价了公民科学素养调查研究对我国公民科学素质建设决策的指导意义。她指出，从1992年以来，在社会各界的支持下，我国共开展了8次全国性的公民科学素养调查，调查结果为国家相关政策制定提供了重要依据，为《全民科学素质行动计划纲要》

的制定、实施提供了重要参考。公民科学素养调查带动了地方公民科学素养调查研究的开展，有力地推动了地方公民科学素质建设工作。以公民科学素养调查为核心的研究工作推动了中国科普理论研究事业的发展，培养了一批优秀的中青年科普理论研究工作者，加强了与国外学者的交流，提升了中国学者的研究水平和能力。当前，针对中国的实际情况，研究出相应的公民科学素质测评方法和调查结果的表现方式等是应该解决的实际问题。程东红希望，在未来还应该进一步加强公民科学素质与教育、文化和经济社会发展关系以及重点人群科学素质等问题的研究，发挥好科普理论研究的先导性作用，更加有效地推动中国科普理论研究事业的发展。

本次论坛有11人作大会报告。中国科协书记处书记徐延豪围绕如何促进科研与科普有机结合、建立完善国家科技传播体系，中国科协—清华大学科普研究中心理事长徐善衍教授以“中国公民科学素养调查的反思”为题分别作主旨发言。美国密歇根大学教授乔·米勒作《美国公众理解科学调查的发展与趋势》报告，中科院研究生院人文学院教授任定成的报告题目为《规矩与方圆：初论以科学规范作为设计公民科学素质标准的基础》，英国伦敦政经学院教授马丁·鲍尔作《公众理解科学—从素养到许可》的报告，中国科普研究所研究员何薇对中国公民科学素养调查20年进行回顾与展望，日本科技振兴机构科学传播专家Masataka Watanabe介绍日本公众科学素养调查情况，印度国立科学传播和信息资源研究所研究员Surjit Singh对印度大学生理解克隆生物技术的性别差异性进行深刻分析，中国人民大学教授金勇进分析中国公众科学素养调查面临的系列挑战，中国科普研究所助理研究员张超对中国公民科学素质指数的未来发展提出一些新的思考。

大会还设有国际论坛1个、主题论坛5个，围绕“公民科学素质建设和公民科学素质调查”主题，对我国公民科学素质监测评估和科普基础理论、政策、资源建设等研究领域进行深入交流和探讨。

【全国百名科技专家和致富能手进六盘山】为普及科学知识，推广农村实用技术，帮助宁夏固原地区农民群众增收致富，8月16日，由中国科协、国家民委、农业部联合主办的“全国百名科技专家和致富能手走进宁夏六盘山”活动在宁夏固原市启动。本次活动通过组织科技专家和致富能手进少数民族地区，针对少数民族地区生产和生活中的实际需求，开展科技培训、讲座、展览和赠送科普设施、发放科普资料等活动，旨在帮助少数民族地区依靠科技促进经济社会发展，提高少数民族群众的科学素质，促进先进适用技术推广应用，大力普及科学知识，提高科技成果转化和推广能力。

宁夏回族自治区副主席屈冬玉，中国科协书记处书记徐延豪，中国科协促进农村和少数民族发展专门委员会副主任、中国农技协理事长吕飞杰，国家民委教科司司长田联刚等参加了启动仪式。农业部科教司副司长刘艳主持启动仪式。

徐延豪在启动仪式上的讲话中首先代表主办单位对本次送科技下乡活动表示祝贺。他说，本次活动是贯彻党的十七大、十七届三中、四中、五中全会精神，落实科学发展观，提高农民科学素质，服务“三农”的一次实践活动，体现了国家对“三农”问题和农民科学素质工作的重视和支持，体现了党和政府对民族地区发展和少数民族群众科学素质的关心和支持。

在启动仪式上，中国科协和华硕集团向宁夏回族自治区捐赠10个“华硕科普图书室”和1万册科普图书，农业部捐赠科普挂图800套、科普图书2500册，中国科协农技中心捐赠1吨生物菌肥。参加活动的专家向当地农民群众赠送了培训手册、良种等学习生产资料。

启动仪式结束后，徐延豪宣布“全国百名科技专家和致富能手进宁夏六盘山”科技下乡活动启动，向专家服务队授旗，专家服务队正式出发。来自9个省、市的百余名农业专家和农业科技致富能手将深入固原市原州区、泾源、西吉、隆德、彭阳县等生产第一线，为广大农民，开展农业、医疗和教育等方面的讲座、咨询、培训和服务，帮助宁夏回族自治区的父老乡亲们解决生产生活中的科技难题。

2011年上半年，宁夏回族自治区科协已经组织多支专家小分队深入宁夏各县市区开展了多次科普宣传活动，本次启动仪式之后，还将因地制宜，陆续开展农作物病虫害防治、牛羊养殖技术培训等丰富多彩的科普活动。

本次科技下乡活动是中国农村专业技术协会以往系列科技下乡活动的延续和发展。“科技致富能手”系列活动，被写入中宣部、中央文明办、中国科协等14部委的“三下乡”文件。中国科协、国家民委、农业部作为主办单位，自2009年以来，中国科协农技中心、中国农技协先后举办了科技专家、致富能手进山西吕梁、广西百色、四川广安、辽宁阜新、云南德宏、江西井冈山、四川仪陇、湖南湘西、河北平山、陕西的榆林和汉中、内蒙古通辽、宁夏银川、四川凉山和云南文山等活动，帮助农民增收致富，取得显著的社会效益和经济效益。

【中国流动科技馆全国巡展启动】9月2日，中国流动科技馆全国巡展项目主会场启动仪式在山东省沂水县举行。中国科协常务副主席、书记处第一书记陈希，中国科协书记处书记、中国科技馆馆长徐延豪，山东省委常委、副省长孙伟等出席开幕仪式。“体验科学”——中国流动科技馆项目将展览运送到革命老区、经济欠发达地区巡回展出，并落户到这些地区进行长期展示，免费向公众开放。

以中国科技馆设计团队为主要力量开发的“中国流动科技馆”项目，展览面积约为700平方米，设置了声光体验、电磁探秘、运动旋律、生命奥秘和数学魅力5个主题展区，40余件易于组装和布展的小型化经典互动展品与科学表演、科普活动相结合，为公众提供了参与科学实践的活动场所，通过观众与展品、科学实验的互动，达到激发科学兴趣、启迪科学观念、传播科学精神、思想和方法的目的。

首批9套展览分别支援山东、云南、青海、四川、宁夏、新疆、贵州、陕西、甘肃9个省和自治区，并由这9个省和自治区的省级科技馆负责组织在本省进行县级站点的巡回展出，不断扩大流动科技馆的覆盖面。中国流动科技馆以“体验科学”为主题，此次巡展主会场设在革命老区山东沂水县，8个分会场分别设在云南怒江傈僳族自治州、青海贵德县、四川巴中市、宁夏固原市、新疆昌吉州、贵州黔西县、陕西汉中市、甘肃嘉峪关市。

这种展品内容丰富、表现形式生动、辐射范围较广的科普形式，深受当地广大公众的喜爱和参与，极大满足了当地公众的科普需求，带动了当地科普工作的开展和科普能力的提升。

【老科学家校园行百场科普讲座活动】10月24日，中国科协荣誉委员、中国工程院院士韦钰在江苏省南京市以“了解脑，以更健康和有效地成长”为题，同广大初中生交流青春期大脑发育问题。这是科学普及出版社“品读科学智慧，引领阅读风尚——老科学家校园行百场科普讲座”的首场活动。在为期10天的时间内，科学普及出版社同中国科学院老科学家演讲团分赴江苏各地举行百场科普讲座。

此次活动的主题是“品读科学智慧，引领阅读风尚”，活动中，科普图书阅读的引导和推广贯穿于科学家讲座过程，他们同广大学生一起分享和交流自己成长过程中科普图书起到的作用，用亲身体会告诉孩子们：更多的科学知识、科学理念就在科普图书之中。

【中国科协科普期刊和科技类报纸科技传播能力建设培训交流会】12月14～15日，中国科协科普期刊和科技类报纸科技传播能力建设培训交流会在北京召开。中国科协书记处书记徐延豪、新闻出版总署报刊司副司长丁以绣、中国科协科普部部长杨文志、中国科协科普部副部长殷皓出席会议，来自全国学会、地方科协科普部的负责同志，全国学会和省级科协主办的科普报刊的负责同志和编辑记者等参加会议。

徐延豪在讲话中指出，大众传媒是文化建设的重要组成部分。同时，大众传媒也是公民科学素质建设的重要力量，是科技教育、传播和普及工作的重要平台和渠道。科普期刊和科技类报纸，是数以万计的报纸和期刊中特色最为鲜明的一部分，肩负着弘扬科学精神、倡导科学思想、传播科学方法、普及科学知识的艰巨任务和社会责任。随着我国经济社会和文化科技的蓬勃发展，科普期刊和报纸也得到了长足的发展。特别是《科学素质纲要》颁布以来，科普报刊进一步发展壮大，成为公民科学素质建设的重要载体。

中国科协历来重视通过报刊开展科普工作。各级科协及其所属学会积极创办科普期刊和科技报纸，引导组织科技工作者，面向广大公众普及科学知识和传播科技信息。在体制改革、整合出版资源、创新传播渠道等方面，科协系统的很多单位也作出了有益的尝试，取得了一些经验和效果。

徐延豪就“提高认识、践行责任”讲了三点意见，一是要坚守阵地，科学为魂，切实履行科学传播社会责任；二是要加强团队建设，不断增强科技传播能力；三是要引导示范，多方扶持，共同推动科普报刊健康发展。

丁以绣结合十七届六中全会精神，作了题为《与时俱进提高办刊办报水平，促进科普报刊改革发展》的报告，对科技报刊改革发展作出详细指导；杨文志以《提升科技传播能力，推动提升全民科学素质》为题，对全民科学素质行动计划纲要进行了解读，对科普报刊如何参与公民科学素质建设提出了期望和要求。

会议期间，中国记协常务副主席、书记处书记翟惠生，中国科技新闻学会副理事长徐九武，中国科普期刊研究会秘书长张品纯分别作了题为《科技报道如何更贴近时代和民生》、《科技报道的导向把握》、《科普期刊参与科普资源共建共享的机制探索》的大会报告。

与会代表围绕科普类报刊的指导服务与科普资源共建共享，科普类报刊的科学传播使命与社会责任，科普类报刊的改革、创新与发展等3个专题进行了深入的交流与研讨。

【《中国载人航天科普丛书》】由百余位载人航天一线专家历时5年精心打造，中国首套全方位、立体化展示载人航天伟大成就和介绍载人航天科技知识的大型科普读物《中国载人航天科普丛书》，15 日在中国科技馆首发。中央军委委员、解放军总装备部部长、中国载人航天工程总指挥常万全为《丛书》作总序，“这是一套反映国家水平的、最权威的中国载人航天高级科普读物”。

中国科协书记处书记徐延豪出席发布仪式，他在致辞中指出，《中国载人航天科普》丛书是把我国航天事业的辉煌成果向公众传播的重要工程，是我国航天人为科学普及事业作出的重大贡献。他代表中国科协对航天人的杰出贡献表示崇高的敬意和衷心的感谢。《中国载人航天科普丛书》的发布是我国重大科技成果转化为科普产品，向公众传播的示范和楷模，这必将会吸引更多的社会公众关注航天事业，带动更多青少年立志投身航天事业。徐延豪表示，衷心的期待更多的科技工作者在关注科技创新的同时，关注科普事业，关注科学技术向公众的传播，共同推动全民科学素质的提升。

2006 年，中国载人航天工程办公室开始组织载人航天科研生产一线的科学家和工程师，编写《中国载人航天科普丛书》，旨在将载人航天知识全面、系统、准确地介绍给社会大众，吸引和鼓励更多的青少年热爱航天科学、投身航天事业。该丛书由中国载人航天工程首任总设计师王永志院士、中国载人航天工程办公室主任王文宝、中国航天科技集团公司副总经理袁家军共同担纲总主编，各卷主编由各系统总指挥、总设计师担任，5 名院士直接参与了创作，所有编写人员都是中国载人航天工程的组织者和实施者，直接参与人员上百人。

该丛书首发式上，中国载人航天工程办公室副主任、航天英雄杨利伟代表中国人民解放军航天员大队全体航天员宣读《中国航天员致青少年读者的一封信》，希望青少年朋友坚定信仰、实现梦想，从现在开始，培养勇于承担社会和历史重任的意识，树立远大的理想抱负和对美好未来的信仰，努力学习科学文化知识。

本套丛书是国家重点图书出版规划项目，开创了由中国载人航天工程领域一线科技专家集体为广大读者撰写前沿科普知识的先河。全套丛书共分 7 卷，为总体卷《梦圆天路——纵览中国载人航天工程》，航天员卷《飞天英雄——追踪航天员飞天足迹》，空间应用卷《探秘太空——浅析空间资源开发与利用》，载人飞船卷《巡天神舟——揭秘载人航天器》，运载火箭卷《通天神箭——解读载人运载火箭》，发射场卷《戈壁天港——走进载人航天发射场》和测控通信与着陆场卷《碧空天链——探究测控通信与搜索救援》。

【《十万个为什么》第六版编纂工作启动】 9 月27 日，上海世纪出版股份有限公司在北京人民大会堂召开《十万个为什么》第六版启动大会。第六版《十万个为什么》由全国人大常委会副委员长、中国科协主席韩启德院士担任主编，百余位中国科学院和中国工程院的院士担任编委，数十位中国一流科学家担纲分卷主编和副主编，一大批科普作家参与编写。

全国人大常委会副委员长、中国科协主席韩启德，全国政协副主席、民进中央常务副主席罗富和以及新闻出版总署副署长邬书林，科技部副部长张来武，上海市委常委、宣传部长杨振武等出席大会。中宣部、新闻出版总署、科技部、中国科协等部门有关领导同志陶骅、吴尚之、徐延豪等，《十万个为什么》各分册主编、编委代表，全国科普领域专家学者代表等 120 余人参加会议。韩启德在讲话中指出，要从提高中华民族整体素质的高度来认识做好《十万个为什么》第六版出版工作的重要意义，认真贯彻落实《全民科学素质行动计划纲要》精神，推进全社会在讲科学、爱科学、用科学上形成更加浓厚的氛围，使全民科学素质再上新台阶。作为该书第六版的总主编，韩启德希望《十万个为什么》能大胆探索，积极创新，打造成这个时代最具影响力的科普品牌，为社会主义文化大繁荣、大发展作出自己的贡献。

据上海少年儿童出版社社长李远涛介绍，从 2013 年起，包括 360 万字、5000 余幅图片，共 18 卷的全彩色图文本《十万个为什么》以及黑白普及本、网络电子版等将陆续面世。

【2010 年度十大科普事件评选】 1 月 26 日，中国科协在北京召开 2011 年一季度新闻发布会，会议由中国科协党组成员、书记处书记张勤主持。会上，由科技界、科普界、科技新闻界的院士、专家评选的 2010 年全国十大科普事件揭晓。

2010 年度中国十大科普事件是：

胡锦涛等党和国家领导人来到中国科技馆，同中外少年儿童一起参加“体验科学、快乐成长”活动。

六集专题电视片《钱学森》热播，科学家题材首次进入中央重大理论文献影视片行列。

“低碳”成为年度流行语，节能减排深入人心。

上海世博会充分展示“科技改变城市生活”，公众尽享科普盛宴。

探月工程嫦娥 2 号发射成功，传媒直播推动航天科普升级。

张悟本等褪去光环，“科学养生”成传媒热点。

舟曲泥石流和上海高楼大火凸显公众安全知识不足，应急科普成社会热点。

转基因食品再起争议，公众对转基因食品安全问题热切关注。

科幻大片《2012》热播，公众更加关注地球与人类的未来。

“日环食”千年一遇，大规模观测再次引发天文科普热潮。

“全国十大科普事件评选”活动自2002年开展以来，主要通过评选活动展示我国科普事业发展和年度进展情况，促进全社会对科普事业的关注和了解，激励科技工作者积极参与科普活动，引导社会各界共同关心科普工作、支持科普事业。经过有关单位的不懈努力和媒体的大力支持，已逐渐成为我国科普宣传中的一项品牌活动，被认为是一种重要的科普传播方式，在社会上产生了一定影响。

本次全国十大科普事件评选，继续秉承“主题突出、事件重大、影响广泛、鲜明独立、客观公正”的评选原则，由中国科协支持，中国科普研究所、中国科协信息中心、《大众科技报》联合主办，中国科技新闻学会协办。活动成立了评选委员会、工作委员会和评选工作办公室等相关工作机构，制定了科学的评选规则和程序，确保评选的权威性和公正性。

【全国政协教科文卫体委“科技下乡”活动启动】10月12日上午，全国政协教科文卫体委员会与中国科学技术协会联合开展的“科技下乡”活动启动仪式，在爱国主义和革命传统教育基地、两万五千里长征的起点——江西省瑞金市举行。

全国政协常委、中国科协决策咨询专委会主任齐让出席启动仪式并讲话。他说，科技下乡活动是全国政协教科文卫体委员会深入贯彻党的十七届三中、四中、五中全会精神，践行科学发展观的具体举措，是政协组织贯彻党的群众路线，积极开展群众工作的有益尝试，也是教科文卫体委员会贯彻政协章程的传统活动，旨在通过活动增强广大基层民众爱科学、学科学、用科学的意识，普及科技知识，提高基层青少年科学文化素质，切实推动《全民科学素质行动计划纲要》的落实；同时，动员社会各界关心支持社会主义新农村建设，在全社会营造崇尚科学氛围，推进农村精神文明建设，促进经济社会又好又快发展。希望通过此次科技下乡活动，为瑞金人民实现科技致富、提高青少年科学素质乃至进一步促进科技事业发展带来一些帮助。

王振东代表江西省政协教文卫体委员会讲话。他说，此次科技下乡活动，体现了全国政协教科文卫体委员会和中国科协对江西革命老区的关心、支持，将对加快革命老区经济社会发展，走资源节约型、环境友好型、低碳导向型发展之路具有促进作用。

钟炳明代表中共瑞金市委、瑞金市人民政府致辞。他说，瑞金是国家首批“全国科普示范县（市）”，当前正处在加快发展、转型发展的关键时期。在瑞金人民最渴望科技扶持的关头，全国政协教科文卫体委员会、中国科协组织委员和专家，为瑞金带来了“科技下乡”的及时雨，送来了丰盛的科技大餐，必将全面增强瑞金人民学科学、爱科学、用科学的意识，促进各项先进科技成果在红都大地开花结果。瑞金市将以此次活动为契机，进一步加强科技教育，培养创新人才，把瑞金市的科普工作和科技发展推上一个新台阶，续写红都瑞金“科技兴市”战略的新辉煌。

仪式结束后，第九、第十届全国政协委员，中国工程院院士韦钰为领导干部和公务员作科普报告；科普专家张开逊为青少年作科普报告；参加活动的领导赴瑞金市叶坪新华希望小学，为捐赠的“科技活动室”和“科普图书馆”揭牌。活动期间，还将为基层群众和青少年学生放映科普影片，深入乡村开展科技咨询、科普主题展览、大棚蔬菜种植技术培训等系列活动。

【中国科协召开促进农村和少数民族地区发展专委会会议】11月18日，中国科协第八届常委会促进农村和少数民族地区发展专门委员会（以下简称农村和少数民族专委会）在北京召开第一次会议。中国农村专业技术协会理事长、农村和少数民族专委会副主任吕飞杰出席会议。

出席会议的还有农村和少数民族专委会委员仓珍、王韧、司徒建通、张建军、陈焕春、胡承森、唐兵、海米提·依米提等。中国科协办公厅、科普部、科普研究所、农技中心的有关同志列席会议。

会议通报了农村和少数民族专委会工作职责及人员组成情况，听取了中国科协科普部部长杨文志做的中国科协科普部有关工作汇报，讨论了农村和少数民族专委会工作思路及2012年工作计划。中国科协书记处书记徐延豪、农村和少数民族专委会副主任吕飞杰为农村和少数民族专委会委员颁发了聘书。

与会委员一致表示，要在中国科协第八届常委会的领导下团结协作，切实履行农村和少数民族专委会的工作职责，开展主题调研，积极建言献策，指导农村和少数民族地区科普工作，推动农民和少数民族群众科学素质的提高，促进农村和少数民族地区经济社会发展。

会议认为，2012年农村和少数民族专委会的工作计划“两个调研、一个活动”目标明确、重点突出，希望进一步细化调研方案，要围绕农村和少数民族地区提高农民的科学素质、促进农业生产、科技扶贫开发和文化建设等重大问题开展调研，提出政策建议，指导开展试点、示范工作，进一步开创农村和少数民族地区科普工作的新局面。

【全国文化科技卫生“三下乡”活动启动】 12月25日上午，2012年全国文化科技卫生“三下乡”活动启动仪式在山东省临沂市临沭县举行。此次活动由中宣部、科技部、司法部、农业部、文化部、卫生部、国家广电总局、国家和人口计生委、中国科协等9部门和山东省委、省政府联合举办。中国科协书记处书记徐延豪等中央、国家9部委领导，以及山东省科协党组书记、副主席燕翔，省科协巡视员许素海等省直有关单位领导出席启动仪式。

此次“三下乡”启动式活动，中国科协和山东省科协务实高效，在一天半的时间内，深入基层，面对面了解群众所思所盼，立足科协系统实际，发挥科协优势，送群众所需，科技下乡活动内容丰富。

启动仪式上，中国科协和山东省科协向临沂市捐赠了价值92.36万元的青少年科学工作室、校园科技馆、科普图书室等科普设备、图书等，强化了基层科协工作能力，为农村群众和青少年开辟了新的科技教育场所。仪式后，徐延豪一行冒着严寒深入基层，倾听群众心声，进村入户慰问基层父老乡亲。在临沭县店头镇东八里村，看望慰问了吴作英、武同行、朱安石、魏营礼4名新中国成立前入党的老党员、老英模，向他们送去慰问金和米、油等慰问品。实地考察了临沂市科技馆、在建的费县科技馆和费县芍药山乡核桃科普示范基地，并在临沂市兰山区召开了社区科普益民座谈会，中国科协和省科协与基层干部、社区居民、农技推广人员充分交流，深入了解了基层科普工作的好经验、好做法，认真听取了对社区科普益民和科普惠农工作的建议。

启动仪式期间，由20余名科技专家和12辆科普大篷车组成的科普宣传队伍，在临沭县金沂蒙广场开展了现场咨询和车载展品互动宣传，吸引了来自临沭县城乡的数百名群众前来咨询、观看展览、操作车载展品，科协的活动区域人头攒动，群众参与踊跃。中国科协荣誉委员、中国工程院院士韦钰为680余名临沂市城乡中小学教师作了一场题为《运用当今脑科学的研究成果有效提高教学质量》的报告，为老师们带来了新的教育方法和理念。

中国科协和山东省各级科协组织将继续紧密结合“三下乡”工作的特点和规律，进一步发挥科技群团的组织、人才优势，创新内容形式，拓展服务范围，深入实施“科普惠农兴村计划”、“科普双百工程”、“数字科普村村通工程”等重点工作，开展一系列的农业科技培训、科普示范、科普宣传活动，努力实现科技“常下乡”、“常在乡”，让农民多受益、常受益。

国际学术交流

【第12届国际岩石力学大会】 第12届国际岩石力学大会于2011年10月18～21日在北京召开。交通运输部副部长冯正霖、铁道部副部长卢春房、中国科协书记处书记张勤、中国工程院院士钱七虎，国际岩石力学学会现任主席及往届主席，新当选的国际岩石力学学会主席团成员和上届主席团成员，大会国际学术委员会成员，缪勒奖及罗哈奖获得者，来自英国、法国、美国、挪威、日本、巴西、澳大利亚等40个国家和地区以及国内岩石力学界的院士、专家、学者等逾千人参加了本次大会。本次大会的主题是“和谐的岩石力学与环境”。

本届大会是自国际岩石力学学会成立以来规模最大、参会国家和地区最多、学术成果最丰硕的一次大会。为期4天的大会以大会报告、分会场报告、展板和会展的形式展示了近年来岩石力学发展的新进展和新成果。大会举办了13个特邀报告，20个分会场和4个专题会场的专题报告，227个口头交流报告和140个展板，涉及了岩石力学界的各个热点问题，展示了近年来国际岩石力学和工程领域的最新成就。国际著名出版商荷兰 Tyler and Francis 公司正式出版的大会论文集收录了详细论文摘要。

国际岩石力学学会前主席 Ted Brown 教授在特邀报告中回顾了国际岩石力学学会和国际岩石力学领域50年来的蓬勃发展史。现任主席 Hudson 教授在报告中展望了岩石力学未来50年的发展前景。钱七虎院士在特邀报告中全面介绍了中国大规模岩石工程建设中岩石工程技术的辉煌成就。

在大会闭幕式上，中国科学院武汉岩土力学研究所冯夏庭研究员从 Hudson 教授手中接过国际岩石力学学会主席绶带和权杖，正式就任主席。同期召开的国际岩石力学学会年会增设“地壳应力与地震工作委员会”，中国学者谢富仁当选为该委员会主席。会议期间举办了国际岩石力学学会成立50周年纪念庆典的启动仪式。

本次国际岩石力学大会由国际岩石力学学会主办，中国岩石力学与工程学会和新加坡岩石力学学会共同承办。大会得到了水利部、住房和城乡建设部、铁道部、交通部、中国科协、中国科学院、国家自然科学基金委员会的资助和支持。

【2011年灾害风险国际会议】 2011年10月31日，由灾害风险综合研究计划（IRDR）与中国科协主办

的灾害风险综合研究国际会议在北京开幕。大会以“灾害风险：科学与实践相结合”为主题，来自全球40多个国家和地区的400多名学者、专家聚首北京，研讨交流共同应对自然和人类活动引发的灾害的挑战。

全国人大常委会副委员长、中国科协主席韩启德，国际科学理事会（ICSU）主席李远哲，灾害风险综合研究计划科学委员会主席、国际科学理事会候任主席 Gordon Mc Bean，国际社会科学理事会执行主任 Heide Hackmann 女士等出席了开幕式。Gordon Mc Bean 先生主持开幕式。中国科协国际联络部部长张建生陪同出席。

韩启德在致辞中指出，目前灾害及其风险研究到了一个新的发展阶段，需要作进一步深入的、跨学科、跨领域的研究，需要社会科学专家和自然科学专家、灾害管理和立法方面的专家学者共同努力。他表示，中国政府十分重视防灾减灾工作，中国科技界也始终积极致力于灾害风险研究领域的国际国内合作与交流，不断提高研究与实践水平。他对本次会议及灾害风险综合研究科学计划寄予厚望，希望科学界深化对灾害风险综合研究的认识，加强合作，为提高人类应对灾害风险的能力作出更大的贡献。

联合国秘书长减灾特使 Margareta Wahlstrom 女士发表视频讲话。她表示，记录灾害造成的损失和对气候变化进行研究同等重要，近年来持续发生洪水、地震等自然灾害，这也显示出继续开展合作并持续实施《兵库行动框架》（Hyogo Framework for Action，联合国减灾战略发起）的重要性。联合国将回顾灾害风险研究研究框架，从而使该研究覆盖到每个国家。

李远哲在发言中指出，在令人类损失惨重的自然灾害面前，一方面要加强推进科技发展，另一方面也要更好地利用现有技术。灾害风险综合研究计划是利用现有技术开展灾害风险研究的优秀倡议，希望能够将科技发展的成果转化为决策的工具，为政府提供重要的决策咨询。

国际社会科学理事会（ISSC）执行主任 HeideHackmann 女士发表讲话，她表示，在以事实依据为基础的前提下，将科学知识转化为政府决策具有重要意义。她很自豪国际社会科学理事会能够成为灾害风险综合研究计划以及此次会议的发起者之一，并表示国际社会科学理事会正致力于推动社会科学知识在政府决策领域的应用，开展的很多倡议活动也可与灾害风险综合研究计划开展多方面合作。

本次大会是灾害风险综合研究计划成立后举办的第一次综合性国际会议，会议为期3天，10余位世界知名学者将作大会报告，报告内容涉及自然科学与社会科学多学科领域。会议将通过交流灾害风险理论与技术的发展，深化对灾害风险综合研究在全球变化中作用的认识，加强防灾减灾领域的科学交流与合作，建立国际相关机构在该领域合作交流机制，为各国专家学者和决策者在减灾研究和实践方面搭建一个良好的国际交流平台。

灾害风险综合研究科学计划（Integrated Researchon DisasterRisk，IRDR）是由国际科学理事会（ICSU）、联合国减灾战略（UN－ISDR）与国际社会科学理事会（ISSC）共同发起的一项为期10年的综合研究计划，该计划于2008年在国际科学理事会第29届全体大会正式启动，旨在联合各国自然科学、社会经济、卫生和工程技术专家，从区域尺度和全球尺度开展减灾测绘能力建设和个案研究，并对灾害风险评估、数据管理和灾害风险下的决策机制进行研究，共同应对自然灾害和人类引发的环境灾害的挑战。2009年，ICSU 正式宣布中国将承办该国际计划，其国际项目办公室（International Programme Office，IPO）设在中国科学院对地观测与数字地球科学中心。这是亚洲首次承办的ICSU系统大型科学计划。

【第26届国际低温物理大会】由中国科学院物理研究所和中国物理学会承办的第26届国际低温物理大会于2011年8月10~17日在北京举行。

诺贝尔奖获得者 G. Bednorz 教授和 D. M. Lee 教授，以及来自63个国家的1300多名专家、学者和学生参加了此次大会。中国科学院院士赵忠贤和中国科学院物理研究所吕力研究员担任大会主席，中国科学院院士于渌任程序委员会主席。

会议分量子气体，量子流体，量子固体；超导电性；固体的磁性，热学和力学性质，量子相变等；电子输运性质；低温实验技术与应用5个专题进行交流。共安排了12个大会邀请报告，24个半大会邀请报告，225个并行分会邀请报告，以及1200多个张贴报告。

作为该系列会议的传统项目，大会举行了“伦敦奖”和“西蒙奖”颁奖仪式，4位获奖人介绍了获奖研究成果。2011年是荷兰科学家昂纳斯发现超导电性100周年，会议期间举办了纪念超导发现100周年专题报告会，国际著名科学家 P. Kes，G. Bednorz，F. Steglich 和 D. Scalapino 4位教授应邀作专题演讲。

与会专家对大会的学术交流组织工作给予了高度评价。国际纯粹与应用物理学会低温物理专业委员会（IUPAP－C5）主席 R. B. Hallock 教授在大会闭幕式上表示，这是组织得非常成功的一次大会。荷兰著名科学家、上一届会议程序委员会主席 J. E. Mooij 教授在会后专门写信致谢大会组织者，称赞了大会完善的组织工作。

国际低温物理大会是国际纯粹与应用物理学会低温物理专业委员会（IUPAP－C5）主办的系列会议，是国际低温物理领域最高级别的学术大会。会议的举办得到了中国科学院、科技部、国家自然科学基金委员会、中国科协、北京大学、清华大学等单位的支持。

【第 12 届世界钛会】2011 年 6 月 20～23 日，第 12 届世界钛会在北京召开。本次会议由中国有色金属学会主办，得到了国家发展和改革委员会、工业与信息化部、科学技术部、国家自然科学基金委员会、中国工程院的支持。

来自 34 个国家和地区从事钛及钛合金材料研发、生产的专家学者和研究人员，以及企业界人士 1000 多人参加了会议。

中国工程院院士周廉在大会致辞中谈到，作为“多功能金属”，钛在很多领域有着广泛的用途。中国钛资源丰富，通过 50 多年的发展，以及积极参与国际交流与合作，中国的钛工业领域已取得了举世瞩目的成就，尤其是近 10 年来，我国钛工业发展迅猛，钛材加工产品年产量持续增长，已成为世界第一大钛生产国和消费国，中国钛产业及应用市场受到世界钛工作者越来越多的关注。他还指出，青年钛科技工作者引领着钛工业研究与发展的未来，本次大会青年钛科技工作者占到了参会者的三分之一，期望本次大会能为钛领域专家学者的交流与合作，促进世界钛工业的进步与繁荣起到积极作用。

随后，世界钛会国际组委会委员 Malcolm Ward－Close、Rod Boyer、OrestIvasishin、Mitsuo Niinomi、Lothar Wagner、Alain Vassel、西北工业大学的常辉教授在大会上分别就各自的研究领域作报告。大会报告由周廉院士和张平祥教授主持。

第 12 届世界钛会共设 12 个分会，会议议题涵盖提取冶金、加工工艺、显微结构演化、性能、金属基复合材料、部件制造、近净成形工艺、环境行为、航空应用、生物和健康应用、新兴市场和应用、海洋军事应用。分会场由特邀报告、口头报告、墙报 3 部分组成。本次共举办大会报告 7 篇，特邀报告 15 篇，共收到文章摘要 700 余篇，宣讲交流论文 683 篇，墙报 200 余篇。

在周廉院士的提议下，大会设立了 3 个论坛，分别为“航空钛合金材料及技术的未来”研讨会，中－日钛民用及市场开发高层论坛，国际钛合金材料加工技术现状及发展趋势高峰论坛。此外，面向全球的“TiEXPO 2011”国际展览会与大会同期举行。

会议期间，国际组委会委员召开了全体会议并形成如下意见：

世界钛会需要国际委员在本国内对其进行更大力度的宣传，同时委员间应保持密切联系。一致同意今后每个主办国应向下届主办国交流当届参会代表通讯录，以便散发会议通知以及保持与代表的联系，最终建立起世界钛会数据库。本届钛会网站将继续运行两年，直至第 13 届世界钛会网站启用。建议各委员国总结 1968 年以来各届钛会的历史情况，如组织者、国际组委会成员、会议规模等，计划筹备 2019 年世界钛会 50 周年庆典。

国际组委会委员一致同意美国矿物、金属及材料学会 TMS 的申请，第十三届世界钛会将于 2015 年 8 月在美国圣地亚哥召开。

【第 17 届国际生物物理大会】2011 年 10 月 30 日～11 月 3 日，由中国生物物理学会和中国科学院生物物理研究所承办的第 17 届国际生物物理大会在北京召开。包括 3 位诺贝尔奖得主、8 位美国国家科学院院士、5 位英国皇家科学学会会员在内的 340 多位享有盛誉的国际著名学者，以及来自 41 个国家和地区相关领域的科研人员共 2500 余人参加了大会。中国科学院院长白春礼、副院长李家洋，中国科协副主席、书记处书记程东红，国家自然科学基金委员会副主任沈岩等出席了开幕式。

2009 年诺贝尔化学奖得主 Thomas A. Steitz（USA）、2009 年诺贝尔化学奖得主 Venkatraman Ramarkrishnan（UK）、1997 年诺贝尔化学奖得主 John E. Walker（UK）、美国国家科学院院士 Thomas C. Südhof，Xiao dong Wang 等 8 位科学家在特邀报告中介绍了国际生物物理学的最新进展。大会围绕着膜蛋白结构、纳米生物物理、蛋白质合成、脑成像与认知科学、生物能源与光合作用、自由基与人类健康等专题组织了 31 个学术研讨会、3 个卫星会议和 3 个专题讨论会。

大会期间，国际纯粹与应用生物物理联合会（IUPAB）召开了第 18 届代表大会，选举了新一届领导及理事会成员。中国生物物理学会理事长饶子和当选 IUPAB 候任主席（2014～2017）。中国科学家的当选意味着中国在国际科技领域拥有越来越多的话语权，表明了中国生物物理领域的科学活动能日益与国际同步，中国生物物理学界引人注目的成就得到了国际认可。

大会期间还举办了以“以生涯规划、组织领导能力挖掘、女导师的作用（Openingdoors；Leadership Development；Mentorship Program）”为主题的女科学家论坛。

澳大利亚生物物理学会在大会闭幕式上报告了第 18 届国际生物物理大会（2014，布里斯班）筹备情况。IUPAB 秘书长 C. dos Remedios 宣布了“青年差旅奖”名单。

中国生物物理学会副理事长周专宣布了本届大会“优秀墙报奖”名单，对获奖者表示祝贺。

【第十三届国际体视学大会】 2011年10月19～23日，中国体视学学会承办的第十三届国际体视学大会在北京召开。国际体视学学会执行委员会全体委员，来自16个国家的约200位专家、学者参加了本次大会。

现代体视学奠基人H. Gundersen教授以及11位在体视学、生物医学、材料科学、图像技术等领域的著名专家为大会作专题报告。

本次大会设立了体视学方法、生物医学、材料科学、图像与CT技术4个分会场，1个张贴报告分会场。来自丹麦、德国、法国、中国的19名青年体视学家参加了“青年体视学家竞赛”讲坛。经国际体视学学会的5名专家评审，共评选出8名获奖者。

2011年正值国际体视学学会成立50周年。第十三届国际体视学大会期间，国际体视学学会举办了回顾体视学发展50周年的学术庆祝活动，学会理事长康克军教授代表中国体视学学会向国际体视学学会赠送了纪念品。

10月21日，在国际体视学会成立50周年学术报告会上，Dallas Hyde教授以《体视学发展50年》为题，介绍了体视学学科发展历史，并展望了发展前景。Jens R. Nyengaard教授以《1961—2011生物医学体视学发展》为题，详细介绍了体视学在生物医学领域的应用与发展。Dominque Jeulin教授在《1961—2011材料体视学发展》的报告中，着重介绍了50年来体视学在材料科学领域的应用和发展。中国体视学学会副理事长刘国权教授作了《中国体视学回顾与展望》的报告。

国际体视学学会在大会期间召开工作会议，选举产生了新一届（2012～2015）国际执行委员会。中国体视学学会副理事长唐勇教授全票再次当选新一届国际体视学会副主席。

【国际财务总裁协会联合会第41届世界大会】 2011年9月16～18日，中国总会计师协会在北京举办了国际财务总裁协会联合会（以下简称国际财联）第41届世界大会。本次大会主题是“新形势下的企业发展与CFO领导力”，来自法国、意大利、德国、日本、以色列、菲律宾、越南、墨西哥等国家，台湾地区和祖国大陆的专家、学者和企业管理者共计400余人出席了大会。

著名经济学家成思危在演讲中对世界经济与中国经济进行了回顾和展望。财政部副部长王军、国务院国有资产监督管理委员会副主任孟建民结合我国总会计师事业和当前企业改革与发展情况作主题演讲。

国际财联第41届世界大会围绕当前经济形势的变化设置议题，在主题论坛和分论坛环节，与会嘉宾就“世界经济与中国经济回顾和展望”、“应对变局：企业战略与CFO角色”、“CFO角色价值与领导力建设”、“低碳经济背景下的企业战略与财务创新”、“财务管理优化与价值创造”等热点话题展开了交流与研讨。

针对当前的美债危机以及可能引发的一系列风险，本次大会还特别邀请了中国银行副行长陈四清，中国注册会计师协会副会长兼秘书长陈毓圭，吉利控股集团董事、副总裁兼财务总监李东辉，经济学人智库首席经济学家罗宾·布等专家以“展望—投资与风险”、“跨国并购中的财务策略与风险防范”为主题阐述各自观点并展开了深入的讨论。

大会一致通过了《国际财联第41届世界大会倡议书》。大会认为，当前全球经济复苏仍然存在诸多不确定与不稳定因素，不可盲目乐观。且世界经济形势呈现出一种险象环生、复杂多变的态势，使企业遇到了许多前所未遇的新问题，如何深刻认识和把握时局，适应形势变化，调整企业发展方略，以使企业获得持续健康发展，是摆在所有企业及其高管面前的一个无法回避又不容敷衍的课题。作为企业最高决策者与执行者之一的财务总监（CFO），在多变的时局下应当清醒地意识到自身所负的重大责任，不断提高自身职业道德素质和专业水平，不断提高领导能力，以适应形势的变化。特别是在建立健全企业内部控制制度与风险管理机制、增强企业防范风险抵御危机能力方面，财务总监应当有突出的表现，作出创新性的成绩。

这次由金融危机所引发的全球经济危机教训是深刻的，引起了各界人士的广泛思考。它给予我们的一个宝贵启示是：企业发展必须不断更新经营理念，创新管理模式；尤其是不能再像以往那样只注重自身个体的发展，而忽略了经济环境的整体优化。全球企业乃至所有经济体，必须比以往任何时候都更加重视社会责任，以及为保护自然生态环境所应当承担的责任，努力实现企业、社会与环境的和谐发展。为此，全球企业与所有经济体，应当加强交流与合作，谋求互利双赢、共生共存。全球CFO在这一转变过程中，应当自觉地发挥主导作用和表率作用。国际财联将义不容辞地促进全球企业的相互交流与合作。

国际财联世界大会每年在世界不同的国家或地区召开，旨在搭建一个国际间首席财务官员们交流经验和信息的平台，促进国际间首席财务官领导水平的提升，推动国际间财务交流与合作，促进国际经济协调发展。本次大会是国际财联首次在中国召开的年会，也是国际财联世界大会举办以来规模最大、参会嘉宾来源最广泛、最具代表性的一次大会。

外事活动

【张高丽、韩启德会见出席中国科协年会的外国嘉宾】 9 月 20 日晚，中共中央政治局委员、天津市委书记张高丽，全国人大常委会副委员长、中国科协主席韩启德，在天津迎宾馆会见了前来出席第十三届中国科协年会的诺贝尔奖获奖者和重要外国嘉宾。诺贝尔奖获得者杨振宁院士、哈特穆特·米歇尔、卡尔·鲁比亚，以及来自美国、英国、德国、意大利、澳大利亚、爱尔兰等国的 10 余位科学家和科技界人士出席了会见活动。

张高丽对远道而来的外国科学家们表示敬意和问候，他表示，在座各位著名科学家是世界的宝贵财富，在这次年会中进行的学术交流，将对我国特别是天津转变经济发展方式、调整经济结构、促进经济又好又快发展起到重要作用。

韩启德向外国嘉宾简要介绍了中国科协和中国科协年会的情况。他说，中国科协除开展学术交流和科普工作外，在国际交往方面也做了大量工作。目前，中国科协与 30 多个国家的科技组织签署了 70 余个双边合作协议。中国科协代表中国科技界加入了国际科学理事会等 200 余个国际科技组织，2004 年获得联合国经社理事会非政府组织咨商地位。中国科协年会是对外开放的，希望通过邀请国外学者和专家出席年会，进一步推动中国对外交往活动，促进中外科技界的合作和共赢。他表示，中国科协非常重视发展与国外科技组织、机构以及科技专家的友好合作关系，希望通过此次活动进一步加深友好合作，为推动中国与国际科技界的交流与合作作出贡献。

杨振宁表示，他参加了第五、第六次科协年会，亲身体会到中国科学事业的长足进步，感受到中国各级领导对科技工作的关怀、关注和支持。今天中国对科技的投入在 GDP 中所占的比例在世界上看还不是最高，却是增长很快的。看到如今中国经济发展的迅猛势头，相信在五年、十年内科技投入所占 GDP 的百分比有可能达到世界第一。

中国科协常务副主席、书记处第一书记陈希，中国科协副主席、书记处书记程东红，中国科协书记处书记张勤，天津市委副书记、市长黄兴国，天津市人大常委会主任肖怀远，天津市政协主席邢元敏等陪同会见。

【韩启德出席“纪念人类太空飞行 50 周年图片展”开幕式】 5 月 12 日，“纪念人类太空飞行 50 周年图片展”开幕式在中国科技馆举行。全国人大常委会副委员长、中国科协主席韩启德，中国人民对外友好协会会长陈昊苏，中国科协书记处书记程东红，党组成员、中国科技馆馆长徐延豪，中国科协原副主席、中国俄罗斯友好协会常务副会长刘恕，中国航天员景海鹏，俄罗斯驻华大使拉佐夫和俄罗斯国际人文署署长穆哈梅德申，俄罗斯现役宇航员尤里·隆恰科夫、马克西姆·苏拉耶夫等出席开幕式并为图片展剪彩。

韩启德在致辞中表示，50 年前，宇航员尤里·加加林乘坐“东方”号宇宙飞船在太空飞行 108 分钟，实现了人类首次太空飞行。中国在 2003 年成功完成了首次载人航天，继而又进行了多人多天太空飞行和出舱活动，并在此过程中开展了大量空间科学与应用实验。载人航天科技是当今世界最具代表性和综合性的高科技领域。50 年的实践表明，载人航天科技的迅猛发展，不仅能促进能源、信息的现代化，更能对科技结构性变革以及对其它先进技术的发展起到积极的带动作用，对人类社会的发展和进步产生日益深远的影响。随着人类太空探索不断取得新的成就，太空资源能够更好地造福于世界人民，人类的载人航天事业一定会走得更远。

开幕式结束后，俄罗斯现役宇航员尤里·隆恰科夫、马克西姆·苏拉耶夫作为特邀嘉宾为青少年和宇航爱好者作专题报告，介绍了尤里·加加林及载人航天，以加加林命名的宇航员培训中心，他们的训练以及在太空中的工作与生活等。

50 年前，1961 年 4 月 12 日，苏联宇航员尤里·加加林乘坐“东方一号”载人飞船顺利进入太空，开创了人类探索和开发太空时代的新纪元。为纪念这一具有划时代意义的历史事件，并促进中俄两国的战略协作伙伴关系，推动中俄两国航天领域特别是载人航天技术的交流与合作，中国科协，中国人民对外友好协会，俄罗斯联邦独联体事务、俄侨和国际人文合作署，俄罗斯联邦航天局共同组织策划了“纪念人类太空飞行 50 周年宇航图片展”，由中国科技馆、中国宇航学会、俄罗斯联邦驻华大使馆、北京俄罗斯文化中心共同承办。139 幅图片，以丰富的内容再现了以世界首位太空宇航员尤里·加加林为代表的俄罗斯宇航员训练、升空及在太空飞行的精彩瞬间，展示了我国自 1956 年以来在载人飞行、运载火箭、空间应用等领域航天事业的发展和成果。

【韩启德率团赴港澳进行科研经费分配调研】 应澳门大学和香港科技大学邀请，全国人大常委会副委员长、中国科协主席韩启德率团于 4 月 6 ~ 9 日赴澳门和香港进行“政府科研经费的分配与使用情况”调研，出席澳门大学建校30周年庆典活动和香港科技大学建校20周年校庆大会。

在澳门期间，韩启德会见了澳门特区行政长官崔世安先生，出席了澳门大学建校30周年纪念活动，与澳门大学师生就“创新人才培养与中华医药拓展”进行了交流，会见了澳门科学技术协进会理事长崔世平等。

在澳门科技发展基金与澳门科学技术协进会主办的“政府科研经费的分配与使用情况”调研会议上，韩启德在讲话中谈到，澳门科技发展基金在资助基础科学研究与应用研究方面做的很好，但应更多关注资助科学共同体的问题。他认为资助科学共同体是现代科学发展的需要，是推动科研发展的引擎，科学技术问题需要科学共同体参与、关心和解决，希望澳门科学技术协进会与澳门科技发展基金联手，以更多地反映澳门科研人员的心声。

在香港期间，韩启德应邀出席香港科技大学建校20周年庆祝大会活动。与香港医学会周伯展医生等人，就继续做好内地白内障患者重见光明的“亮睛工程慈善基金”工作进行了沟通。与香港中国科学院生命科学和医学领域的院士徐立之、梁智仁、孔祥复、苏国辉、叶玉如等就香港的科技发展进行了交流和讨论。

在由中央人民政府驻香港特别行政区联络办公室教科部与京港学术交流中心共同组织的“政府科研经费的分配与使用情况”调研会议上，韩启德谈到，此次出访考察香港、澳门特别行政区研究经费分配，主要是基于内地形势发展的考虑。近几年来，内地科研基金、科学技术的投入增长很快。然而，资源快速增长的背后也导致了种种问题的衍生，尤其是资源浪费和资源分配合理性方面产生了问题。就目前而言，科学资源过度集中在少数专家学者手里，而中央政府也非常关注现在所投放的大量资金，在5年、10年后，能否实现国家中长期发展规划所提出的目标。这些问题显然是迫在眉睫，亟待解决的。韩启德指出，在今天的座谈会上，香港的学者们提出了很多宝贵的意见。其中包括提到的竞争性经费与整体一般性经费的关系、一般成果与重大成果的关系、基础研究与应用研究的关系、香港与内地之间科技整合的关系、评审机制中外地评审与本地评审的关系等等。这些问题大多数都是相对存在的，归根到底是战略问题。要解决这些问题，首先要看香港如何来定位科学技术，考虑科学技术与经济发展的关系，继而思考在未来10年、20年内，香港的科技应该往哪一方面发展，只有这样的思路才有助于解决问题所在。

韩启德最后强调，随着内地与香港经济社会的更紧密合作和互相依赖的关系，科研经费投入的增加，科技实力的增强，内地与香港科技界的合作空间也将有所拓展。希望通过中央人民政府驻香港特别行政区联络办公室、香港特别行政区政府以及高校专家学者们的共同协作，积极发挥香港科技界的作用，令香港科技工作者有更大的用武之地。同时，他也鼓励香港学者们更多地参与国家重点研究项目，如“973”计划、国家科技重大专项、国家重点实验室的工作等，为国家科技发展、为香港的长期繁荣稳定作出贡献。

在香港期间，韩启德还与居港大陆海外学人联合会的主要代表进行了座谈，韩启德表示，作为新香港人应与新香港密切相关，应站在同等的高度用更大的视野看待新香港的发展并为之作出贡献。

【陈希会见悉尼大学校长斯宾塞博士一行】

10月21日，中国科协常务副主席、书记处第一书记陈希在中国科技会堂会见了来访的澳大利亚悉尼大学校长迈克尔·斯宾塞博士一行。国际联络部部长张建生陪同会见。

陈希对代表团的来访表示欢迎。他向代表团简要介绍了中国科协总体情况和对外交流情况。他谈到，中国科协及其所属学会已加入了包括国际科学理事会和世界工程组织联合会在内的200多个国际性和地区性的科技组织，与美、德、俄等30余个国家的70多个对口组织建立了合作关系。美国科学促进会、英国皇家学会、新西兰皇家学会等外国科技组织派代表团出席了2011年在天津召开的第十三届中国科协年会。目前，中国科协正在申请加入《华盛顿协议》，并就有关事项与国外相关机构进行合作。

迈克尔·斯宾塞博士介绍了悉尼大学与中国高等院校及科研机构的交流与合作。悉尼大学拥有150多名研究中国问题的专家，在世界范围内，悉尼大学与中国有关科研院所合作发表的论文列第5位。他希望了解中国科协在教育、研究、科技等方面国际合作上的工作重点，探讨与中国科协进行合作的可能性。他邀请陈希在适当的时候访问悉尼大学。

澳大利亚新南威尔士州总督、悉尼大学名誉校长玛莉娅·芭雪尔教授表示，悉尼大学每年都会派代表团到中国进行学术交流活动，期待在粮食安全、全球气候变化、生命科学等领域内与中国科协开展交流与合作。

陈希表示，大学是培养学生、从事科学研究并服务于社会的重要机构，而为科学技术工作者服务、发挥桥梁纽带作用是中国科协的宗旨任务之一。中国科协及其所属全国学会每年都会举办种类繁多的学术会议，希望悉尼大学的科学家们能够有机会出席这些会议，加强双方的国际学术交流与合作。他对斯宾塞博士的邀请表示感谢，愿在适当时间访问悉尼大学。

【陈希、程东红会见出席中国科协第八次全国代表大会的港澳特邀代表】5月27日，中国科协党组书记陈希，书记处书记程东红与出席中国科协第八次全国代表大会的港澳特邀代表座谈。中央人民政府驻香港特别行政区联络办公室副主任殷晓静，中央人民政府驻澳门特别行政区联络办公室副主任高燕，国际联络部部长张建生、副部长李秀亭，香港特别行政区、澳门特别行政区的特邀代表共计30余人出席座谈。

陈希代表中国科协和韩启德主席对出席中国科协八大的港澳特邀代表表示欢迎，希望通过中国科协八大的召开，进一步促进并推动内地与香港、澳门特别行政区科技界的交流与合作。他对中央人民政府驻港、澳联络办公室对中国科协工作的支持，对港澳科技界各有关团体对科协工作的支持和帮助表示感谢。

香港特邀代表在发言中谈到，香港与内地科技界应在交流合作中充分发挥自身优势，做到优势互补，只有互补互促才能共同发展。希望中国科协能够在这方面给予支持和协助，通过牵线搭桥，实现优势互补，搭建平台，将科研成果转化为科技产业。澳门代表则表示，澳门在科技领域内的发展存在着起步晚、成果少的情况。澳门回归后，澳门特别行政区政府已在促进科技发展方面做了大量的工作，中国科协在科普方面与澳门科技界进行了卓有成效的合作，希望澳门科技界在科学普及、中医药发展、环境保护等领域继续与内地进行合作。

程东红在发言中表示，中国科协在与港澳科技界的交流中受益良多，学习了解了如何在市场经济条件下运作公益性项目；在国际工程师互认、加入《华盛顿协议》等方面，得到了香港科技界的大力支持；在国际学术交流和共同参与的国际组织活动中，香港、澳门科技团体与中国科协做到了相互支持，团结协作。她希望，随着中国科协第八次全国代表大会的召开，这种交流与合作更加深入，有更加广阔的发展前景。

陈希在总结发言中表示，目前内地每年入学的工科大学生为100万人左右，国家正在实施的卓越工程师教育培养计划将整体性地提高内地的工程教育质量，培养并造就一大批创新能力强、适应经济社会发展需要的高质量各类型工程技术人才，为国家走新型工业化发展道路、建设创新型国家和人才强国战略服务。中国科协及相关专业的工程学会将在工程师国际互认方面与港澳有关专业团体开展合作，在培养工程领域专业人才方面发挥作用。

【陈希会见澳门大学校长赵伟一行】8月17日，中国科协常务副主席、书记处第一书记陈希在中国科技会堂会见了来访的澳门大学校长赵伟、校办公室主任张学森、数学教授曹怀东一行。中国科协书记处书记张勤陪同会见。

陈希对赵伟一行的来访表示欢迎。在谈及人才培养时，他谈到，人才的培养实际上是一个累积的过程，需要经过几十年几代人的共同努力。人才的发现需要伯乐，人才的培养需要公平公正的评价体系，这些都是内地正在深入探讨的问题。30多年的改革开放使内地经济高速发展，国家目前有能力为科研项目提供高端设备与资金方面的支持，但在众多科研领域内缺乏领军人才。。

赵伟谈到，澳门大学与中国科协一直保持着良好的关系，对中国科协长期以来给予的支持与帮助表示感谢。澳门地区正面临着人才的大量流失，所以澳门大学的科学研究不仅仅是为了获得科研成果，还担负着培养人才以及提高公众素养的责任。他邀请陈希在适当的时候访问澳门大学。

陈希表示，14年前他曾经访问过澳门，非常高兴能有机会再次访问，他将在访问澳门期间与赵伟校长作进一步的交流。

中国科协与澳门大学保持着长期的合作关系，特别是全国人大常委会副委员长韩启德担任中国科协主席以来，与该校的联系更加紧密。韩启德曾多次访问该校，并于2006年被澳门特别行政区行政长官何厚铧先生授予澳门大学荣誉博士。2011年4月澳门大学成立30周年之际，韩启德出席了澳门大学建校30周年活动，并与澳门大学师生就“创新人才培养与中华医药拓展”的话题进行交流。

【陈希、张勤会见出席第十三届中国科协年会的港澳代表】9月21日，中国科协常务副主席、书记处第一书记陈希在天津市迎宾馆会见了前来出席第十三届中国科协年会的港澳代表。香港大学电机及电子工程系教授、香港工程师学会前任会长陈清泉院士，京港学术交流中心总裁李乃尧先生，澳门科学技术协进会会长、中国科协第七、八届全委会委员崔世平先生，以及香港青年联会、香港理工大学、香港浸会大学、澳门工程师学会、澳门信息科技协会、澳门圣若瑟大学、澳门科技大学、澳门大学、澳门理工大学等机构、院校和中央人民政府驻港、澳联络办公室的代表出席了会见。中国科协书记处书记张勤陪同会见。

陈希代表中国科协对出席中国科协年会的港澳代表表示欢迎，对港澳科技界各有关团体对中国科协工作的支持和帮助表示感谢。他向港澳代表简要介绍了第十三届中国科协年会的概况。他谈到，中国科协年会是中国科技领域高层次、高水平、大规模的科技盛会。其前身为中国科协学术年会，1999 年由胡锦涛同志主持中央书记处会议批准举办。从 2006 年起，由综合性、跨学科、开放性的学术年会转型为大科普、综合交叉、为举办地服务的综合性科协年会。

陈希表示，港澳地区科技界的专家、学者对中国科协每年举办的年会都非常关注，他十分感谢各位代表多年来对中国科协工作的关心，感谢他们积极参与内地的科技交流活动，同时也希望各位代表能够对科协的工作多提意见，增进与内地的交流和合作。

香港大学电机及电子工程系教授陈清泉对陈希书记在百忙之中会见港澳代表表示感谢。他表示，在新的历史时期，中国科协与香港科技界应进一步加强合作，开展更有效的沟通与交流。

澳门科学技术协进会会长崔世平介绍了前来参加本次年会的澳门代表团情况，他谈到，本次澳门代表团是历届前来参加年会的代表团中规模最大的一次，有 3 位教授在分会场做报告，希望通过中国科协年会搭建的平台，更好地与国内外的专家学者进行广泛交流。

【陈希率中国科协代表团访问香港、澳门】 11 月 12～17 日，应澳门科技协进会、澳门大学和香港京港学术交流中心邀请，以中国科协常务副主席、书记处第一书记陈希为团长，教育部部长助理林蕙青、中国科协书记处书记张勤为副团长的中国科协高层代表团，赴澳门特别行政区和香港特别行政区进行了工作访问，出席了在澳门和香港两地举办的科技社团座谈会。

在澳门期间，代表团拜会了澳门特别行政区行政长官崔世安，就今后如何加强澳门与内地青少年之间的交流进行了深入探讨。

访问期间，代表团对港澳科技社团的发展情况进行了调研，与香港工程师学会就工程师资格认证等工作进行了交流，出席了在香港举行的中国高等院校香港校友会联合会代表座谈会，访问并参观了澳门大学、澳门科技大学、香港中文大学和香港城市大学。

在澳门和香港举行的与科技社团座谈会上，陈希代表中国科协向长期以来关注和支持中国科协事业发展的港澳科技社团表示感谢。他向与会代表介绍了中国科协八大的盛况，特别是党和国家领导人对大会给予的高度重视和对科技工作者的殷切期望。他还介绍了大会新确定的重点工作，认真听取了与会代表的意见和建议，共同探讨了港澳科技社团与中国科协加强合作共同发展的具体举措。

陈希还代表中国科协向中国科协八大全委会委员，澳门科技协进会会长崔世平和香港科技界国庆筹委会主席、粤港澳科技产业促进会会长卢伟国颁发了中国科协促进与港澳台交流专门委员会委员聘书。访问期间，代表团还参观了澳门科技馆，拜访了香港求是科技基金会。

此次访问进一步增进了中国科协与港澳科技社团、大学及相关机构间的相互了解，加强了交流与合作，为中国科协事业发展“十二五”规划关于对港澳工作的目标奠定了基础，拓展了今后的合作领域。

中国科协办公厅主任吴海鹰、国际联络部部长张建生、学会学术部副部长朱雪芬，教育部高教司副司长刘桔等陪同出访。

【冯长根率中国科协代表团出席亚洲科学理事会】 7 月 4～6 日，第十一届亚洲科学理事会会议（The 11th SCA Conference）在蒙古乌兰巴托召开。本次会议由亚洲科学理事会（the Science Council of Asia，SCA）和蒙古科学院（Mongolian Academy of Sciences）共同举办。中国科协副主席、亚洲科学理事会执委冯长根率中国科协代表团出席会议。

第十一届亚洲科学理事会会议包括工作会议、联合项目会议以及主题为“应对亚洲土地退化问题”的学术会议。来自亚洲科学理事会主要成员组织、相关国际组织和地区组织共计 150 多名专家学者参加了此次会议。

作为亚洲科学理事会执委，冯长根代表中国科协出席了亚洲科学理事会执委会会议，并应邀主持了学术会议中以“土地退化和沙漠化的信息采集、评估和测绘”为主题的第二分会。在联合项目会议中，冯长根对中国科协推荐的“科学数据和知识共享环境建设（OKDE）”项目的进展给予了充分的肯定。会间，冯长根与蒙古教科文和社会政策部部长 Ochirbat Dagradorj 就加强中蒙两国科技交流与合作进行了会谈。

【冯长根会见日本 STS 论坛主席尾身幸次】 7 月19 日，中国科协副主席冯长根在中国科技会堂会见了来访的日本科学技术与社会论坛（Science and Technology in Society Forum，以下简称 STS 论坛）主席、前日本科学技术政策担当大臣、财务大臣尾身幸次一行。尾身幸次此行的目的是邀请中国科协派员出席于 2011 年 10 月在日本举办的 STS 论坛。

尾身幸次对 STS 论坛举办的宗旨、本次论坛的主题及探讨的主要内容进行了说明。他谈到，STS 论坛被称作是科技界科学技术类的达沃斯会议，已举办 7 届。历届论坛均邀请了各国领导、诺贝尔奖获得者、科研院所负责人、经济界以及新闻媒介的高层人士等出席，共同探讨科学技术“光与影”的正面与负面影响。2011年的第8届论坛将于10月2~4日在日本举办。他邀请冯长根于10月率中国科协代表团出席论坛。

冯长根感谢尾身先生长期以来为中日友好所做出的努力。他谈到，进入21世纪后，人类面临新的挑战。这些挑战可以归纳为知识经济发展、经济科技全球化和可持续发展。这些挑战不再局限于科技自身，也涉及到社会发展的方方面面。论坛为世界范围的政治家、科学家和企业家提供了一个重要的探讨科学技术与社会发展相互关系的平台，意义重大，因此对参加论坛持积极态度。他感谢尾身先生邀请他出席STS论坛。

双方就论坛的具体安排等事项进行了交流。

【冯长根率中国科协代表团出席日本STS论坛】10月1~10日，中国科协副主席冯长根率6人代表团赴日本参加了第八届科学技术与社会论坛（以下简称STS论坛）。

冯长根与中国核学会副理事长、中国核工业集团总工程师雷增光分别在STS论坛上作主旨发言。冯长根在《“科技民生”理念推动科技发展》的演讲中提出，“科技民生”包括3个层面的具体内容。第一个层面是科技工作者的科研生存问题，即保障科研活动可以正常进行的基本需求，如科研经费问题、仪器设备问题、申请项目问题等。第二个层面是科技工作者的科研发展问题，即促进科研活动取得进展的基本需求，如学术交流问题、论文的撰写发表问题、同行认可的问题等。第三个层面是科技工作者的科研传承问题，即推动科研成果沉淀与升华的基本需求，如学术团队建设问题、学科组传承问题等。“科技民生”的实践意义在于将科技组织的工作与科技工作者的需求聚焦在一起，并将其作为解决科技界问题的一把钥匙。全球的科技组织应当加强交流与合作，以“科技民生”理念在促进科技创新方面作出更大的贡献。

日本福岛核事故发生后，核安全成为国际社会关注的热点，本届STS论坛增加了有关核安全的研讨。雷增光在核安全发展分论坛上围绕中国的核电发展情况作了演讲。雷增光指出，作为发展中国家，中国面临的一个重大挑战就是能源供应问题。从技术的成熟度、可靠性、安全性和经济性来看，核电仍然是中国最现实的选择。迄今为止，中国有14个核电站在运行，27个核电站在建。到2020年，中国的核电能力将达到80GW。他同时强调，日本福岛核电站泄漏事件再次证明了核安全的重要性，高标准和更安全的技术是核电发展的趋势，世界范围内的核合作与交流是核电发展的必然要求。

本届论坛共吸引来自80多个国家、地区以及国际组织的1000多位代表参加了会议，包括30多位国家科技部长、9位诺贝尔奖获得者、100多位企业领袖以及17位科研院所负责人。论坛设全体会议和分组会议，组织与会代表从各自角度，就促进创新、能源与环境、核安全与未来发展、全球健康的新挑战、食品与污染、未来通讯技术的发展、人类未来的可持续性、科学与社会等议题发表演讲并进行讨论。

论坛结束后，中国科协代表团先后顺访了日本京都大学、科学技术振兴机构（JST）、文部科学省和韩国科学技术团体联合会（KOFST）及其釜山分会、韩国科学创意财团（KOFAC）等多个对口科技组织。

STS论坛是由尾身幸次联合美国国家科学院前院长Bruce Alberts、英国科学创新大臣David Sains bury等各国政界、产业界、学术界知名人士于2004共同发起成立。它被称作是科学技术类的达沃斯会议，每年10月在日本召开，邀请各国科技部长等政府部门领导人、诺贝尔奖获得者、研究机关及大学的负责人、经济界以及媒体界的高层人员等出席，讨论科学技术对社会的影响。

【冯长根出席第9届海峡两岸休闲农业与乡村旅游研讨会】8月18日，在台湾民主自治同盟中央委员会、中国科协和海南省人民政府的大力支持下，由台湾民主自治同盟海南省委员会、海南省科协、海南省农业厅、海南省台联、台湾地区农会、台湾休闲农业学会、台湾神农科技发展协会共同举办的第9届海峡两岸休闲农业与乡村旅游研讨会在海南省海口市召开。全国政协副主席、台湾民主自治同盟中央委员会主席林文漪，中国科协副主席冯长根，中共海南省委副书记、常务副省长蒋定之，台湾民主自治同盟中央委员会副主席、广东省政协副主席陈蔚文等出席开幕式并致辞。来自台湾地区和大陆的休闲农业专家、学者共350人参加了会议。

冯长根在研讨会致辞中指出，开展民间科技交流是中国科协的重要任务之一，中国科协一直重视与台湾科技界的交流与合作。休闲农业的发展是两岸共同关心的问题，组织两岸专家、学者以及从事休闲农业开发的经营管理人士举办休闲农业与乡村旅游研讨会，对于海峡两岸农业和乡村发展具有重大的理论与实践意义。台湾在休闲农业与乡村旅游发展方面起步比较早，积累了丰富的经验。海南作为大陆唯一的热带岛屿省份，光温充足、雨量充沛，长年无冬，素有“天然大温室”之美誉。冯长根强调，海南农业旅游资源丰富而独特，在建设国际旅游岛的背景下，加速旅游业与农业的融合，大力开展包括休闲农业、乡村旅游在内的旅游业建设，以此促进海南经济发展、促进海南农业发展。海南省与台湾地区在休闲农业方面开展合作，具有独特的条件，希望与会专家学者在学术交流过程中，彼此学习借鉴，相互扶持帮助，多提宝贵意见，海南、台湾休闲农业与乡村旅游交流合作要持续深入发展，实现互利共赢。

与会代表围绕"休闲农业与乡村旅游"这一主题，对休闲农业创意、休闲农业生态工程、休闲农业的资源开发与环境保护、城乡互赖导向下的休闲农业发展问题、海峡两岸农业合作试验区与台湾农民创业园等5个分论题进行了研讨交流。

此次研讨会有9名特邀专家作大会主旨发言，32名代表作专题发言，300多名专家学者在5个专题分会场进行了深入的研讨，会议共收到论文122篇。大会举办的两岸休闲农业目录展，充分展示了近年来休闲农业发展与乡村旅游最新成果。

【程东红代表中国科协与日本技术士会签署合作协议】5月11日，中国科协与日本技术士会在北京签署合作协议。中国科协书记处书记程东红，日本技术士会会长高桥修分别代表双方在协议书上签字。日本技术士会国际委员长齐藤顺义、海外活动支援实行委员长杉山笃、海外活动支援实行委员会委员事务局长吴耀华，以及中国科协国际联络部有关人员出席签字仪式。

合作协议约定，双方建立管理层的沟通与协商机制，以促进两国有关科技团体、机构及产业界等建立合作交流关系，开展合作交流项目。根据需要，就共同感兴趣的专业技术领域，联合有关机构举办研讨会或培训班。根据各地方科协提出的人才需求信息，日本技术士会选派符合中国各地经济建设与社会发展所需的技术士到中国开展各种形式的技术服务活动。在工程师资格国际互认领域和共同参加的国际科技组织中加强交流与合作。

签字仪式后，国际联络部副部长梁英南主持报告会，齐藤顺义、杉山笃分别介绍了日本技术士制度，日本工程师的国际化等内容。双方还就中国科协"促进国际工程师互认专项培训"团在日本的培训课程安排进行了工作磋商。国际联络部、中国国际科技会议中心有关人员，中国机械工程学会、中国电机工程学会等9家全国学会的代表出席报告会。

【程东红会见香港互联网专业协会访京团】1月13日，香港互联网专业协会55人访京团访问中国科协。中国科协书记处书记程东红会见访京团全体成员，并进行了座谈。访京团此行的目的是出席于1月14日在北京举办的2011年数字内容峰会，与内地政府部门、有关机构和企业进行交流，了解中国互联网的发展方向和策略。中国科协国际联络部部长张建生、副部长李秀亭，中央人民政府驻香港特别行政区联络办公室教科部副巡视员曹国英等出席会见。

程东红对香港互联网专业协会访京团在新春即将来临之际访问中国科协表示欢迎，简要介绍了中国科协的宗旨、任务及机构组成等情况。她表示，中国科协是中国科技工作者的群众组织，为经济社会发展服务、为提高全民科学素质服务、为科学技术工作者服务是中国科协的宗旨。中国科协将秉承此宗旨，继续加强与香港特别行政区的科学技术交流，服务于国家建设和社会可持续发展。

香港访京团代表在发言中表示，互联网发展有两个最为关键的方面，一个是技术，另一个就是人才。他们希望能发挥自身专业优势，与内地专业团体就互联网相关领域的发展在实际操作层面上进行深入的交流；在人才交流与培训、网上科普等方面与内地开展多层次的合作；希望中国科协在内地提交全球信息峰会大奖参赛作品方面给予协助。同时，访京团邀请中国科协率内地互联网专家出席将在香港举办的2011年中国互联网大会香港分会。

会见结束时，程东红表示，中国科协将向有关政府部门和机构转达香港访京团代表提出的意见和建议，对好的意见和建议给予积极的推动和落实，切实发挥中国科协的桥梁纽带作用，做好香港科技界与内地科技界之间的沟通与交流工作。她希望香港互联网领域业内人士继续关注并对内地互联网发展建言献策。

成立于1999年的香港互联网专业协会为非营利性专业团体，致力于推动及提升香港互联网科技的发展和正确应用，会员人数已超过2600人。协会的主要宗旨是，通过主办或参与专业研讨会和活动，促进业界、政府与公众之间的沟通，为香港本地资讯及通讯科技业打造最佳策略，加强资讯及通讯科技在香港的发展及应用。

【程东红出席海峡两岸大学生辩论赛十周年庆祝活动】7月24日，海峡两岸大学生辩论赛十周年纪念大会暨第十届辩论赛颁奖仪式在福建省福州市隆重举行。中国科协副主席、书记处书记程东红，中共福建省委常委、宣传部长唐国忠，福建省科协主席、中国科学院院士吴新涛，福建省科协党组书记、副主席叶顺煌，中华青年交流协会创办人李锺桂博士，中华青年交流协会理事长张昌吉等出席纪念大会及颁奖仪式。

程东红在纪念大会致辞中指出，海峡两岸大学生辩论赛是两岸青年交流思想、交融情感、交流合作的平台，是各主办、承办、协办单位辛勤播种的园地。经过十年的艰辛耕耘，这一赛事已经成为两岸青年思想碰撞，情感交流，推动中华优秀传统文化薪火传承的精品项目，使所有关心、爱护海峡两岸大学生辩论赛的人感到由衷的高兴和欣慰。她强调，中国科协始终把促进科技人才的成长和提高，特别是培养优秀青年科技人才，弘扬崇高的科学精神和高尚的道德情操，促进科学精神与人文精神的结合作为自己的重要任务。她衷心期望两岸青年携手共进，用绚丽的青春铸就多彩的人生，共同创造出无愧于时代的辉煌业绩！

在辩论赛期间，程东红、李锺桂、叶顺煌等还一同出席了海峡两岸大学生辩论赛历届优秀辩手座谈会。

创办于 2002 年的海峡两岸大学生辩论赛至今已经成功举办了十届，其中两度入岛成功举办，参赛代表队 142 支（两岸各 71 支），参赛选手 730 名，大陆有北京、上海、重庆、广东、江苏、浙江、山东、四川、安徽、湖北、河南、江西、黑龙江、吉林、陕西、贵州、广西、内蒙古、新疆、福建等 20 个省、自治区、直辖市的 37 所高校，和台湾地区的 18 所高校参加。十年来，海峡两岸大学生辩论赛从无到有、从小到大、从单向到双向，经历了闽台赛、两岸赛和入岛比赛三个发展阶段，辩论赛由比赛、联谊联欢和赛后考察交流三部分组成，成为两岸大学生传承中华文化、展现思辩风采、增进感情交流的青春舞台。

【程东红会见香港工程师国情研修班代表团】 7 月 28 日，中国科协副主席、书记处书记程东红在中国科技会堂会见了以香港工程师学会会长陈福祥为首的香港工程师高级国情研修班代表团。中央人民政府驻香港特别行政区联络办公室副主任殷晓静、教育科技部副部长曹国英，中国科协国际联络部副部长李秀亭、学会学术部副部长朱雪芬等出席活动。

程东红首先对香港工程师高级国情研修班代表团的来访表示欢迎，向代表团简要介绍了中国科协第八次全国代表大会的有关情况。内地正在按照温家宝总理在中国科协八大所作的《关于科技工作的几个问题》的报告精神，对“十二五”期间建设创新型国家，依靠科技创新加快转变经济发展方式，进一步深化科技体制改革进行落实。香港工程界在工程技术创新、与经济产业结合方面有着成功的经验和成熟的模式，已与内地科研机构和产业界建立了密切的合作关系，希望香港工程界能为内地工程领域的发展提供有针对性的意见和建议。

香港工程师高级国情研修班的学员表示，国情研修班让他们对国情有了全面的了解，是一个非常好的开始，建议在香港举办国情研修班，让更多的香港工程师对国家的国情有所认识。目前，国家正处于高速发展阶段，国家的政治与经济都与工程技术领域有着密切的联系。内地和香港工程界应加强交流合作，发挥各自优势，迎接挑战，解决高速发展中出现的问题。

会见结束时，程东红表示，香港工程师学会拥有 2.8 万名会员，聚集了工程界大量的人才，在香港工程界发挥着极其重要的影响力。她非常赞同殷晓静副主任所说的，香港工程界对国家、对香港社会、对工程界自身均负有责任和使命，在香港社会的和谐发展与长治久安中发挥着不可替代的作用。中国科协愿为在香港举办国情研修班举荐相关领域的专家，通过研修班让更多的香港工程师了解国情，聚集工程技术界各方的力量，为国家实现经济发展方式转变提供可供参考的意见和建议。

【张勤率中国科协代表团访问澳大利亚和新西兰】 7 月 21 ~ 30 日，以中国科协书记处书记张勤为团长的 6 人代表团赴澳大利亚、新西兰两国进行了访问。代表团成员包括调研宣传部副部长罗晖、中国科技馆副馆长辛兵，以及国际联络部有关工作人员。此次访问的主要目的是继续加强与澳大利亚对口组织的友好合作关系，开展科普资源、展览共享、工程师资格互认、学术交流等方面的实质性项目合作，开拓与新西兰对口组织的合作渠道，就双方感兴趣的领域探讨双边合作意向。

访问期间，张勤向澳、新主要合作伙伴通报了中国科协八大的有关情况，表达了进一步与各对口组织加强合作的意愿。代表团分别与澳大利亚悉尼动力科技馆、澳大利亚国家科技中心、澳大利亚工程师协会、澳大利亚科技协会联盟、新西兰皇家学会、新西兰科学家协会等组织进行了会谈。

在悉尼，张勤与澳大利亚新南威尔士大学计算机学院的 3 位教授就人工智能进行了学术交流，在堪培拉为中国驻澳大利亚使馆全体馆员作了《奋进中的中国科协》的主题报告。

代表团参观访问了澳大利亚悉尼动力科技馆，在与该馆生物科学和建筑环境展区负责人 Sandra Mc Ewen 女士在座谈中了解到，近年来澳大利亚青少年对科技的兴趣在降低，动力科技馆希望通过举办各种新奇的展览以及和学校共同组织科技活动等方式，促进公众尤其是青少年对科学技术的兴趣。每年 8 月份，动力科技馆会举办主题科技节和设计节，通过和大学建立联系，展出其研究成果，让参观者、研究者、设计者互动，以推动研究的提高与改进。为了克服地域上的限制，动力科技馆更多地采用了网络视频技术进行相关授课活动。

澳大利亚国家科技中心与中国科技馆一直保持密切的合作关系。2010 年，其科学马戏团项目在北京、上海、广州三地巡展取得了较好效果。在与澳大利亚国家科技中心主任 Graham Durant 教授举行的会谈中，代表团表示，中国科技馆的科普大篷车项目类似于科学马戏团，双方可在巡回展览的运作模式、人员培训、展品共享等方面开展交流合作。

在澳大利亚工程师协会，双方就协助中国科协加入《华盛顿协议》进行了具体磋商。根据中国科协制定的工作方案，中国科协拟在 2013 年加入《华盛顿协议》，希望澳大利亚工程师学会作为提名组织推荐中国科协，并在适当时候请澳大利亚工程师协会考查中国工程教育认证的组织和实施状况，确保中国的认证体系及运作方式符合《华盛顿协议》的要求。作为长期合作伙伴，澳大利亚工程师协会一直与中国科协保持非常友好的关系，澳方承诺将一如既往地支持中国科协加入《华盛顿协议》，并愿意作为提名组织帮助中国科协早日加入。根据 2009 年中国科协与澳大利亚工程师学会签署的双边合作协议，双方还就联合举办学术研讨会、工程师短期培训等领域合作达成了共识，将在今后工作中积极开展项目合作。

7 月 26 日，在新西兰科学家协会，代表团与协会理事 Hamish Campbell 教授等 6 人举行了座谈，就开展科技政策及思想库建设方面的交流，以及邀请新西兰专家来华交流事进行了探讨。双方还就如何向政府建言献策、为政府制定相关政策提供咨询建议开展了交流。

【张勤会见澳大利亚工业、创新、科学与研究部部长基姆·卡尔参议员一行】 8 月 3 日下午，中国科协书记处书记张勤在中国科技会堂会见了来访的澳大利亚工业、创新、科学与研究部部长基姆·卡尔（Kim Carr）参议员一行。基姆·卡尔部长此行是应科技部邀请，来华出席中澳科技合作联委会会议。

张勤对基姆·卡尔部长一行访问中国科协表示欢迎。他向客人简要介绍了中国科协宗旨、组织机构及主要工作等内容。他谈到，中国科协代表团刚刚结束了对澳大利亚工程师协会（EA）、澳大利亚国家科学中心（Questacon）和澳大利亚科技学会联盟（FASTS）的访问。2012 年是中、澳两国建交 40 周年，中国科协愿与澳大利亚有关方面签署合作谅解备忘录，启动实质性合作项目。希望双方在举办中澳青少年科技夏令营，开展科技馆展品开发、教育活动策划交流，继续教育及人员培训，工程师国际互认及工程技术继续教育等方面进行合作。

基姆·卡尔部长表示，中澳两国在科技方面的合作非常牢固，两国优先考虑的发展领域也相吻合，在能源、食品安全、水资源以及生物科技、材料科学、社会科学等诸多领域内拥有合作空间。他对张勤提出的合作建议表示赞同，愿就合作的具体步骤与细节作进一步的磋商。他相信双方的合作一定会朝着积极的方向进展。

中国科协国际联络部部长张建生，学会服务中心主任李桐海，中国科学技术咨询服务中心主任盛小列，学会学术部副部长刘兴平，中国科技馆副馆长辛兵，以及科学技术普及部、国际联络部有关工作人员陪同会见。

【张勤会见罗马尼亚科研署代表团】 9 月 19 日，中国科协书记处书记张勤会见了以罗马尼亚科研署秘书长德塞巴尔·罗汉为团长的代表团。

张勤对罗马尼亚科研署代表团的来访并出席第十三届中国科协年会表示欢迎。他简要介绍了中国科协的有关情况，以及中国科协与罗马尼亚的合作情况。

张勤表示，通过这几年中国科协与罗马尼亚的合作与交流，可以看到，两国在技、经、贸的合作中有很大的潜力。此次罗马尼亚科研署秘书长率团来访，与河北省科协、内蒙古自治区科协共同举办新能源领域的合作洽谈会，对于推动中罗两国的友好和民间科技合作具有重要的意义。

罗马尼亚科研署秘书长德塞巴尔·罗汉向张勤简要介绍了罗马尼亚代表团此次访华的主要目的，希望能够与中国科协开展多方面的合作。

据悉，罗马尼亚科研署代表团此次访华的主要目的是推动中罗新能源领域的科技和商务合作，与四川省、内蒙古自治区有关单位商讨成立中罗“生物能技术研发、推广联合体”，建造“第四代生物能技术”示范工程的可能性，探讨罗马尼亚阿夫里格市与四川省、河北省及内蒙自治区的中等城市建立“姊妹城”的可能性，与保定太阳能公司就企业在罗马尼亚建立产品销售展示基地的合作意向进行商谈。

【张勤率中国科协代表团出席国际科学理事会大会】 9 月 27～30 日，国际科学理事会（ICSU）第 30 届全体大会在意大利首都罗马召开，中国科协书记处书记张勤率中国科协代表团出席。

本届全体大会进行了国际科学理事会新一届执委会选举。国际科学理事会 122 个国家会员和 30 个联合会会员共推荐了 20 余位候选人参与 8 个执委席位的竞选。由中国科协推荐的中国科学院院士吴国雄最终当选国际科学理事会执委，任期 3 年。吴国雄是执委中唯一从事气候研究的科学家。

本届大会通报了国际科学理事会“06－11”战略计划执行情况，总结讨论了马普托第29届大会以来各项科学计划的进展情况，讨论通过了国际科学理事会“12－17”战略计划，审议了主要委员会的工作及财务工作报告，认可了两项主要的跨学科计划动议。

国际科学理事会全体大会每3年举行一次，本届大会由意大利国家研究理事会承办。国际科学理事会近70个国家会员及20多个联合会会员的300多名代表出席了此次会议。全体大会前，当地组委会组织还举办了包括“科学与社会日”等在内的系列活动。

国际科学理事会是目前科学界最有权威的非政府国际组织，也是中国科协代表我国加入的最重要的国际民间科技组织。它集中了自然科学各个主要领域的代表，反映出自然科学各学科领域和各国科学界共同关心的问题，其学术活动反映了当代世界科学发展的水平和动向。

国际联络部部长张建生、副部长梁英南陪同出访。

【张勤会见日本科学技术振兴机构理事长中村道治】12月13日，中国科协书记处书记张勤在中国科技会堂会见了以日本科学技术振兴机构（以下简称JST）理事长中村道治为团长的日本代表团。这是中村道治先生2011年10月就任日本科学技术振兴机构理事长以来的首次访华，双方就进一步加强双边务实合作进行了深入交流，一致同意，以此次访问为契机，进一步推动双方良好的合作交流关系，使其取得更好的发展。

张勤首先对中村道治一行的来访表示欢迎，向客人介绍了中国科协的基本情况和主要工作，回顾了双方自2010年签署双边合作协议以来在青年科学家、青少年、科技馆等方面所开展的一系列合作成果。中村道治介绍了日本科学技术振兴机构在承担日本科学技术基本计划方面发挥的作用以及主要事业开展的情况。他表示，他本人10月从日立集团技术研发负责人转入科学技术振兴机构担任理事长，此前曾多次访华，但这次访华印象更加深刻，对在与JST的合作中中国科协给予的支持表示感谢，希望进一步扩大双方的合作。

张勤表示，中日两国是近邻，中国科协与日本科学技术振兴机构虽然在科技领域的职责不尽相同，但双方在促进两国科学技术发展、开展包括青少年科技交流在内的科普教育等方面有很多相近之处，进一步扩展双边合作的潜力很大。

张勤介绍了中国科协组织科学家，直接面向企业和农民的需求，通过基层科协进行科技成果转化，促进产学研结合的情况。中村理事长对此表示赞赏。他表示，日本正在从科技立国向科技创新立国转变，JST正在大力促进应用技术的研发和产业化，中日间在产学研合作方面也有很大的合作潜力。

张勤谈到，中国科协目前正与教育部合作开展科学道德教育普及工作，在全国新入校研究生中举办科学道德报告会的。他指出，科学道德需要从开始走研究道路时就要树立，中国科协将着力从教育普及抓好科学道德的建设。中村理事长表示赞同，科学道德、科学伦理在日本也同样存在一些问题，需要从头抓起，帮助科研人员避免在无意中做出不当行为，日本综合科学技术会议为此专门制定了科学伦理指导方针。双方一致同意在科学道德领域开展合作。

双方还就日本福岛核事故发生后，应及时加强向公众普及核科学知识、让公众了解事故情况等内容交换了意见。国际联络部部长张建生陪同会见。

【张勤出席第三届海峡论坛并在海峡科技专家论坛上致辞】6月11日，第三届海峡论坛在福建省厦门市开幕。本届论坛继续以“扩大民间交流、加强两岸合作、促进共同发展”为主题，大会主议题为“聚焦基层，共享成果”。论坛由海峡两岸66个相关机构、社团共同主办，中国科协是主办单位之一，中国科协书记处书记张勤在第三届海峡论坛·海峡科技专家论坛上致辞。

张勤在论坛开幕式致辞中表示，近几年，海峡两岸科技交流与合作的领域日趋广泛，交流形式呈现多样化，合作渠道得到扩展并形成了一定的规模。两岸经济合作框架协议签订以来，两岸发展更呈现出“潮平两岸阔，风正一帆悬”态势。他期待两岸科技界、产业界抓住当前两岸“潮平风正”的大好机遇，紧紧围绕和平发展大局，积极开拓两岸科技交流合作美好愿景。在科技交流和产业合作上再上台阶，充分发挥科技支撑与企业主体作用，协力推动两岸产业的调整与振兴，造福于两岸人民。

由中国科协主办、福建省科协承办的第三届海峡论坛·海峡科技专家论坛，是中国科协搭建的两岸科技交流与合作的新平台。论坛突出了“科技界别”特色，突显了“交流平台”效应，是第三届海峡论坛的重要组成部分之一。来自两岸科技界的400多位专家学者、企业精英和社团领袖齐聚一堂，围绕科普惠民、社团交流发展、生物多样性与森林保护、农业合作、生命科学、信息科技、管理创新等7个议题展开了广泛而深入的研讨，探求合作共赢契机。中国原子能研究院副院长、核物理学家、中国科学院院士王乃彦，台湾“中研院”院士、台湾大学医学院生化暨分子生物研究所教授林仁混等5位专家学者在论坛上作主题演讲。

经过多年两岸科技交流与合作形成的“海峡科技专家论坛”，在本届海峡论坛上呈现出“科技界别”、“省部合作”、“民生主题”、“多方协作”、“互动交流”、“高端多元”六大特色，帮助两岸科技界抓住机遇，加强合作并共同发展。

福建省委常委、宣传部部长唐国忠，台湾中华青年交流协会创办人李锺桂博士，台湾元智大学前校长詹世弘教授等出席论坛。中国科学院院士、福建省科协主席吴新涛主持了海峡科技专家论坛开幕式。

【张勤会见香港工程师学会执委会访京团】 11月8日，中国科协书记处书记张勤会见了来访的香港工程师学会执委会（2011/2012）访京团。

张勤对香港工程师学会执委会（2011/2012）访京团的来访表示欢迎。他谈到，目前，中国科协正积极推进内地工程教育的国际互认工作，与教育部、人力资源和社会保障部共同启动了申请加入《华盛顿协议》的准备工作，希望香港工程师学会继续给予支持。

科研诚信和良好学风建设是科学事业繁荣发展的前提，中国科协作为科技工作者的群众组织，在树立科研诚信意识、提高科学道德素养方面有着义不容辞的责任，张勤希望能就此与香港工程师学会开展交流，相互学习，相互借鉴。

香港工程师学会会长陈福祥博士表示，学会早在1995年成为《华盛顿协议》的成员，在工程教育、国际资格互认等方面有着丰富的经验。同样，学会非常重视对工程师职业操守及职业素养的维护与培养，在传播和普及工程技术知识方面做了大量的工作。学会支持中国科协加入《华盛顿协议》，愿与中国科协在提高科学道德素养，普及工程技术知识等方面开展更加深入的交流与合作。

国际联络部部长张建生、中央人民政府驻香港特别行政区联络办公室有关人员陪同会见。

【徐延豪会见匈牙利国家人才委员会主席切尔迈伊·彼得教授】 9月15日，中国科协书记处书记徐延豪会见了匈牙利国家人才委员会主席切尔迈伊·彼得教授。中国科协组织人事部副部长刘红跃，中国科协青少年科技中心主任李晓亮参加会见。

徐延豪对切尔迈伊·彼得教授的来访表示欢迎，并简要介绍了中国科协的科普情况。切尔迈伊·彼得教授向徐延豪简要介绍了匈牙利人才支持计划的实施情况、欧洲其他国家类似的人才支持计划以及正在形成的欧洲人才支持网络。

刘红跃介绍了中国科协人才工作有关情况，李晓亮介绍了科教合作促进高中科技后备人才培养项目的实施情况。

切尔迈伊·彼得教授表示，希望中国科协能与匈牙利国家人才支持委员会开展合作，包括经验交流、专家交流等。徐延豪对切尔迈伊·彼得教授的提议表示赞同。他表示，中国科协将对相关的合作交流给予支持，希望双方能够共同促进人才发展。

【王春法率中国科协代表团访问澳大利亚和新西兰】 9月24日~10月3日，以中国科协书记处书记王春法为团长的考察团一行5人，赴澳大利亚、新西兰进行了“创新政策与思想库建设合作研究”考察。

考察团先后访问了澳大利亚的联邦科学与工业研究组织（Commonwealth Scientific and Industrial Research Organisation，CSIRO）、新西兰的国家水和气候研究院（National Institute of Water & Atmospheric Research Ltd，NIWA）、新西兰罗托鲁阿（Rotorua）市政理事会（Council），分别与研究人员、研究机构管理人员、政府官员进行了交流和探讨。

考察团向各方介绍了中国科协开展决策咨询和建设科技思想库的情况；了解了澳大利亚、新西兰非政府组织（科技社团、环保社团）开展决策咨询工作的基本情况，包括自身的定位以及向政府部门提供政策建议的领域、内容、方式和途径；探讨了澳、新政府部门对科技社团在科技创新、社会管理方面的作用的认识和态度，在充分发挥科技社团作用方面采取的措施。考察团还对澳、新两国科技创新政策要点进行了相应了解。

考察体会有以下几点：第一，澳、新政府非常重视科技机构（包括研究院所和社团）在决策咨询方面的作用。成立于1985年的澳大利亚科技协会联盟（Federation of Australian Scientific and Technological Societies ，FASTS；2011年6月更名为科技澳大利亚，Science & Technology Australia，STA），其成立的直接动因就是要影响政府的科技政策，特别是议会对科技预算审议。现在STA代表68000名科学家和技术专家，在广阔的领域代表会员对政府、产业、团体提出政策建议。第二，科技机构充分发挥自身的专业领域优势，既在具体的科学技术领域多有建树，也在软科学方面不遗余力，不同的机构各有千秋，如CSIRO则更侧重“硬”科学的研究。第三，决策咨询途径多样，既有政府出题，委托科技机构开展相应研究，也有科技机构自选课题，主动向有关方面建言献策。第四，在项目评估方面，引入第三方机构，保证公正性。

考察团感受到，中澳合作的领域非常广泛，除了可以开展具体科学技术问题的项目合作以外，在联合开展政策研究方面也有良好的前景，特别是在全球问题以及双方共同关注问题方面，如环境、气候、生态、养殖业、海洋、矿业、科技教育等方面。可考虑增强学会在对外交往中的作用，将学会作为推荐访问学者的重要渠道。

【沈爱民率中国科协代表团参加第77届国际图联大会】8月12~23日，为实施中国科协科技期刊国际推广计划，宣传展示中国科协优秀科技期刊，加强中外科技期刊的交流与合作，扩大中国科协科技期刊国际影响力，以中国科协党组成员沈爱民为团长的中国科协科技期刊代表团一行6人出席了在波多黎各圣胡安举行的第77届国际图联大会，在大会附设展上设立中国科协科技期刊展台，同时顺访墨西哥和智利科技出版管理部门和期刊出版机构。

2011年国际图联大会的主题为“图书馆的自我超越——整合、创新与信息服务”。根据国际图联官方统计，2011年共有来自世界各地的164家公司和机构在展览会上展示了他们的最新产品和服务项目，共设置展台83个。中国科协科技期刊展台占地18.58平方米，以视频演示、纸本资料发放、电子资料发放、触摸屏阅读论文、样刊陈列等方式，多层次、多角度展示了中国科协科技期刊。8月14~17日，展台累计接待了来自美国、加拿大、法国、新加坡、尼日利亚、韩国、喀麦隆等50余个国家的观众1000余人次，发放电子资料400份，纸质资料1100份，展示样刊及期刊样稿60余种，播放视频1440分钟。

在访问位于圣地亚哥的智利科技在线图书馆（SciELO-Chile）时，中国科协科技期刊代表团重点考察了智利科技期刊的编辑出版、期刊管理、电子数据平台建设等方面的内容，向对方介绍了中国科协科技期刊的概况、发展历程和当前面临的机遇与问题等。双方就国际科技期刊出版业的发展趋势与方向，以及双方的交流与合作进行了交流与探讨。代表团还与墨西哥全国图书馆人协会就科技期刊的国际化和数字化、非英语国家科技期刊的国际推广进行了重点交流。

【龚克率中国科协代表团出席世界工程师大会】9月4~9日，中国科协常委、南开大学校长、世界工程组织联合会副主席龚克率中国科协10人代表团赴瑞士日内瓦出席了2011世界工程师大会。

2011世界工程师大会期间，世界工程组织联合会召开了全体大会、执委会会议及其专业委员会会议，龚克连任联合会副主席，上海交通大学教授刘西拉连任执委委员。

本次大会的主题是“工程师推动世界－面对全球能源挑战”，来自86个国家的1800名专家、学者出席了大会。大会共设立全球挑战、工程教育、移动与运输、城市发展与建设、能源转换与分配、可再生能源与存储、合理使用与消费等7个讨论领域作为子议题。共有59篇中国学者论文被大会接受，19篇作为会议报告。

受大会邀请，中国科协代表团在9月6日举办了中国能源论坛。论坛以“中国对于能源挑战的观点”为主题，邀请了国家发展与改革委员会能源研究所原所长周大地教授，中国工程院院士、清华大学建筑学院江亿教授，华能集团清洁能源技术研究院有限公司院长许世森、中国电力科学研究院新能源所戴慧珠教授分别在论坛上作了题为《中国能源发展与战略》、《中国建筑能源现状》、《清洁煤发电及应用》、《中国风能面临的挑战及解决方案》的报告。

国际联络部部长张建生、副部长梁英南陪同出访。

【中国科协联合国咨商工作】中国科协自2004年成功地获得联合国经社理事会非政府组织咨商地位以来，以服务于国家外交工作大局为总体目标，结合并发挥中国科协的特色和优势，组织中国科学家有选择地参加联合国的相关活动以及对跨学科、综合性问题的研究，在联合国的舞台上从科学和社会发展的角度发出强有力的声音，拓宽中国科学家的视野、提高地位、产生影响力，为国家的决策和争取有利的国际环境作出贡献。

2011年，中国科协继续以能源与环境、信息通讯技术、以及生命科学和人类健康三大领域作为咨商工作的重点，以围绕这三个领域成立的专业委员会为平台，组织广大专家积极参与联合国相关活动。

2011年在南非德班举办的《联合国气候变化框架公约》第17次缔约方大会，中国科协联合国咨商工作环境专业委员会以科技视角，非政府组织的身份，在联合国气候变化大会上举办了边会，成为了联合国气候变化大会批准的唯一一个中国组织的非政府边会。中国科协联合国咨商工作环境专业委员会充分利用这个机会，针对我国政府在碳排放谈判中遇到的困难，与国家发展和改革委员会和国内的环境组织协作，通过学术报告，展板宣传等多种形式，以中、西方不同的社会视角展示了中国应对气候变化的所做出的贡献，呼吁加强国际应对气候变化合作等边会报告内容向世界正面宣传中国。在《联合国气候变化框架公约》的谈判过程中，配合了我国政府，争取了国际社会对中国的理解与支持。

2011年，中国科协联合国咨商工作生命科学与人类健康专业委员会将工作重点锁定在联合国千年发展目标的艾滋病防治问题上，积极参与联合国举办的第10届亚太地区艾滋病大会。在会议期间，生命科学与人类健康专业委员会联合我国政府参会的相关团组，与联合国有关机构共同主办了中国非政府论坛，邀请国际著名专家与我国专家一起作报告，130余名参会专家参与了讨论交流。我国专家在论坛上客观地宣传了中国在艾滋病防治工作中作出的努力，同时也不回避存在问题，与会专家们在认真听取了报告后，对中国的工作给予肯定，表示赞扬与支持，客观地指出中国目前存在的问题，并提出了自己的建议。

联合国互联网治理大会（IGF）是世界在网络治理方面的重要会议。中国科协联合国咨商工作信息技术专业委员会结合自身特点，以科技角度出发，慎重选题，组织以开放知识环境，知识共享为主题内容的边会，邀请业界有影响力的国际专家，参与课题，同作报告。在2011年第六届联合国互联网治理大会举办的中国边会上，我国专家在报告中通过真实案例，引用我国对知识共享的支持措施，结合通信技术的实现方式等从多方面对互联网治理问题进行了阐述。英国国会代表、欧盟议员、非洲国家政府代表等纷纷肯定了中国在创造开放的知识环境中所做出的重要努力，表示将与中国一道解决知识网络开放中所面临的挑战。信息技术专业委员会的专家充分利用联合国大会的机会正面宣传了中国互联网的开放与自由，配合了国家的整体外交大局。

【第一届中日韩科学文化圆桌会议】4月28日，第一届中日韩科学文化圆桌会议在北京召开。中国科协书记处书记程东红，科学技术普及部部长杨文志，中国科普研究所所长任福君，日本科学技术振兴机构科学网络部科技传播专家渡边政隆先生，韩国科学创意财团理事长郑润等，以及中国科协科学技术普及部、国际联络部，中国科普研究所有关人员共计20余人出席圆桌会议。

程东红代表中国科协对日、韩两国专家与会表示欢迎。她在致辞中表示，中日韩三国同处东亚，有着相似的历史文化特征，都享受到了现代科学的巨大进步，这种同源的文化相似的际遇使三国学者谈论科学文化时有着更多的话题。希望通过这次会议，三国专家碰撞出富于思辨和启迪的观点，更为深刻地洞察科学文化给世界带来的欣喜。

杨文志在《中国科技传播现状与发展趋势》报告中介绍了我国正在实施中的《全民科学素质计划行动纲要》及科技传播的实施路径。他将中国科技传播的发展趋势归纳为4点，满足公众改善民生对科技的期待，提高科技传播的人群覆盖面，提高科技传播的普惠面，科普事业与科普产业并举。调查显示，中国13亿公民普遍对安全问题极为关注，对民生的要求极为强烈。2010年中国公众对医学与健康科技信息的需求被排在了第一位，占82.7%。为此，中国科协举办科学家与媒体见面会系列活动，选取公众所关注的民生热点问题，通过科学家与媒体的对话来宣传科普知识，宣扬科学精神，促进全民科学素质的提升。他还谈到，在今后的科普中，将对农民工群体，尤其是新生代农民工和农村留守儿童等群体给予特别的关注。

郑润在《韩国的转变：从科普到科技与社会》报告中介绍了韩国在科学传播方面所发生的变革，从19世纪通过传授知识让公众逐渐理解科学，到20世纪公众对科学的积极态度，再到目前强调的对科学的文化解读、对科学的社会价值与人生意义的理解。他还对韩国科学创意财团所承担的使命，开展的“科学志愿者”、“科学、艺术与人文的结合”等主要活动进行了说明。在《日本的科学传播》中，渡边政隆列举了一系列重大科学活动事件，介绍了日本科学传播所取得的成就。如1960年的日本科技周，1992年开始举办的青少年科技节，2005年日本学术会议举办的科学咖啡馆活动，2009年的东京国际科学节等。

在讨论中，中、日、韩三国专家还与中国科普研究所出席圆桌会议的研究人员共同交流和探讨了科学传播方面的成功经验与举措。三方同意在现有工作交流的基础上，建立更加务实的三方合作机制，加强人员、项目的交流，共同推动东亚科学文化传播。

【中国科协向朝鲜科技总联盟赠送汽车】9月15日，中国科协向朝鲜科技总联盟赠送汽车交接仪式在辽宁省丹东市举行。中国科协书记处书记张勤，朝鲜科技总联盟秘书长金龙，辽宁省科协党组书记康捷，丹东市委常委、宣传部长宋立跃等参加交接仪式。

张勤代表中国科协在交接仪式上致辞，他表示，中国科协愿意同朝鲜科技总联盟一道，本着“继承传统、面向未来、睦邻友好、加强合作”的精神，密切高层交往、深化沟通、扩大互利合作，加强科普经验交流，继续推动中朝科技合作与交流，促使双方友好合作关系持续、深入向前发展。

金龙对中国科协赠送汽车表示感谢。他说，50年来，中朝两国科技教育合作逐步发展，双方交流不断加强。24年来，中国科协与朝鲜科技总联盟一直保持合作，代表团互访等交流活动持续开展。这次赠车说明中朝两国科技部门对中朝友谊的重视，今后联盟将会更加积极努力工作，使双方交流向更好的方向发展。

中朝双方共同为仪式剪彩，并交接了汽车钥匙。这是中国科协第二次向朝鲜科技总联盟赠送汽车。

【中国科协与法国道达尔集团签署合作谅解备忘录】 10月25日，中国科协与法国道达尔集团在北京签署合作谅解备忘录。中国科协副主席冯长根、科学技术普及部部长杨文志，法国道达尔集团集团董事长兼首席执行官马哲睿等出席签字仪式。中国科协国际联络部副部长梁英南，法国道达尔集团驻中国总代表戴杰分别代表双方在合作谅解备忘录上签字。

冯长根向马哲睿简要介绍了中国科协的科普工作情况。他谈到，中国科协是中国实施科学普及的主要社会力量。在实施《全民科学素质行动计划纲要》过程中，中国科协通过中国科技馆及各地科技馆等科普设施，积极举办科普展览和专题科普教育等形式多样的科普活动。他对法国道达尔集团为引进“和谐能源之旅”在中国巡展所做的努力表示赞赏。希望双方以签署合作协议为契机，举办好“和谐能源之旅”的巡展，同时开启中国科协与道达尔集团的全面合作。

根据谅解备忘录，中国科协将与法国道达尔集团合作，在中国巡展由道达尔集团设计开发的“和谐能源之旅”科普展览。双方将积极寻求适合的平台以促进能源领域专家之间的交流和知识共享，在高端互访交流、利用其国际资源将高品质的科普展览带到中国、共同实施科普人才交流、就双方感兴趣话题联合举办学术会议等方面进行合作。

【中国科协和美国电气电子工程师学会共同举办合作交流会】 9月27日，中国科协和美国电气电子工程师学会（IEEE）合作交流会在北京举行。中国科协副主席冯长根，中国科协党组成员沈爱民，美国电气电子工程师学会当选主席 Gordon Day 等出席会议。

冯长根首先对美国电气电子工程师学会当选主席 Gordon Day 一行表示欢迎。冯长根表示，中国科协和美国电气电子工程师学会的合作对双方推动科技发展发挥了积极作用。

沈爱民向客人介绍了中国科协宗旨、组织机构及主要工作等内容，近年来中国科协在学术交流、科学普及和国际合作等方面开展的主要活动。

在谈到双方建立进一步合作时，沈爱民表示，希望双方能够围绕学术性社团的组织建设和管理运营进行更加深入的探讨，时机成熟时可建立互访机制。中国科协将在适当的时候邀请美国电气电子工程师学会代表参加中国科协年会，邀请美国电气电子工程师学会专家作大会报告，并将进一步研究与美方联合举办中国科协论坛、专项研讨会的可行性。中国科协将支持所属相关全国学会与美国电气电子工程师学会合作开展学术交流活动，合作主办专题论坛、研讨会等学术会议。

美国电气电子工程师学会当选主席 Gordon Day 表示，非常同意沈爱民提出的双方加强交流的建议，美国电气电子工程师学会非常愿意与中国科协加强合作，更好地为国外会员服务。Gordon Day 介绍了美国电气电子工程师学会的历史和发展目标，协会在全球范围内会员的发展状况，以及在学术交流、出版、标准制定、教育等领域的发展。

中国电子学会副秘书长林润华介绍了中国电子学会的发展历史、专业分会及会员制度等，回顾了中国电子学会与美国电气电子工程师学会近年来展开的合作，并建议双方在加强新兴技术领域合作、促进双方下属分会的相关合作、双方进行互访与交流等方面继续发挥作用。

美国电气电子工程师学会学术部总监 Mary Ward - Callan 女士重点介绍了美国电气电子工程师学会在技术领域方面的发展情况和主要开展的学术活动，以及学术部门的组织结构、运行与管理方式。

美国电气电子工程师学会秘书长 Jim Prendergast、中国电机工程学会秘书长李若梅、中国电工技术学会副秘书长韩毅、中国电子学会副秘书长林润华、中国岩石力学与工程学会副秘书长徐文立等参加会议。

自身建设

【组织开展纪念中国共产党成立90周年活动】 中国科协庆祝中国共产党成立90周年暨创先争优表彰大会6月28日在北京召开。中国科协常务副主席、书记处第一书记、党组书记陈希出席大会并讲话，中国科协副主席、书记处书记、党组副书记程东红，中国科协副主席、全国人大常委冯长根，中国科协书记处书记、党组成员张勤、徐延豪、王春法，中国科协党组成员沈爱民，中国科协书记处原书记、全国政协委员宋南平等领导同志出席大会。大会由王春法主持。

陈希在讲话中强调，要以庆祝建党90周年为契机，引导科技工作者更加积极地认同和贯彻党的路线方针政策，努力把广大科技工作者的聪明才智凝聚到中国特色社会主义事业中来。要以庆祝建党90周年为契机，引导和支持各级科协组织进一步密切同科技工作者的血肉联系，努力把广大科技工作者紧紧团结在党的周围。要以庆祝建党90周年为契机，进一步加强科协党建工作，努力把党和政府联系科技工作者的桥梁纽带打造的更加坚实、更加有效。

会上，程东红宣读了《关于表彰中国科协机关、直属单位先进基层党组织、优秀共产党员、优秀共产党员标兵、优秀党务工作者的决定》。中国科学技术馆党委等22个基层党组织被评为先进基层党组织，大会还表彰了优秀共产党员标兵6名，优秀共产党员65名，优秀党务工作者29名。与会领导为获奖代表颁奖。此外，还同时为庆祝中国共产党成立90周年征文比赛获奖代表、书画摄影比赛获奖代表颁奖。

表彰大会结束后，党组领导班子集体与机关代表队同台演唱《唱支山歌给党听》，拉开了中国科协庆祝中国共产党成立90周年歌咏比赛的序幕。

经过精心的排练和组织，满怀着对党的衷心祝愿，中国科协机关、直属单位用自己的歌声唱响激昂旋律，唱响盛世华章，为中国共产党90华诞喝彩。10支参赛队伍用激昂的歌声和真挚的情感表达了对党的祝福。歌咏比赛现场气氛热烈、高潮迭起，充分展示了中国科协机关、直属单位朝气蓬勃、健康向上的精神风貌。《爱我中华》、《祖国，慈祥的母亲》、《我和我的祖国》、《保卫黄河》等经典旋律在舞台上久久回荡。最终，经过激烈的角逐，中国科技馆代表队获得了特等奖，中国科技会堂、青少年中心、机关服务局代表队获得了一等奖，机关代表队和信息中心代表队获得了二等奖。

组织学习杨善洲同志先进事迹系列活动。党组领导带头，机关、直属单位负责同志共70余名，参加了在人民大会堂举办的杨善洲同志先进事迹报告会；机关党委转发了中直工委《关于在中央直属机关广泛开展向杨善洲同志学习活动的通知》；召开了学习杨善洲同志先进事迹座谈会；在中国科协新任局处级干部培训班中，专题安排学习杨善洲同志先进事迹、增强理想信念相关内容；为提高学习效果，机关党委编印了《杨善洲同志先进事迹学习材料摘编》；在中国科协网《机关党建》、《深入开展创先争优活动》专栏大力宣传杨善洲同志的模范事迹和崇高精神；各级党组织召开以学习杨善洲同志先进事迹为主题的组织生活会。

开展革命传统教育、宗旨意识教育、优良作风教育和党史经验教育。深入学习中国共产党历史，开展读书、征文、答卷等系列活动，参与征文、答题有90多岁高龄的离休老干部，也有刚进入科协工作的年轻同志，覆盖面广，共收到征文190余篇，答卷1120余份，具体承办的科普出版社认真组织初审后提交评委会评审，57篇征文获得了一、二、三等奖，10余部门分别获得征文、答题组织奖。科普研究所承办了推荐读书书目活动，共推荐47本。组织科协机关、直属单位党员干部分批参观中央档案馆，首批60多名党员干部参加了活动，观看革命历史题材影片，请老党员上党课。

举办中国科协“书画摄影展”。歌颂伟大祖国、伟大的党，展现科协事业发展的风貌，推荐优秀作品参加中直工委书画展，收集书画作品62幅，摄影作品130幅。其中26幅作品分获书法、绘画、摄影等一、二、三等奖。

开展弘扬“我们的优良传统”活动。根据中直工委要求，参与编制“我们的优良传统”画册，形象生动地反映中国科协的历史沿革，展现科协工作者的创业发展之路，充分展示中国科协在为党中央服务、为科技工作者服务、为基层服务、为人民群众服务中形成的、最具有代表性的优良传统和光辉业绩。在征求意见的基础上，提炼出科协机关的优良传统为“爱国、求真、协作、服务”。召开“中国科协的优良传统”主题征集活动总结暨“我们的优良传统”主题画册布置会，对活动的开展情况进行了总结，评选出了机关离退办总支等4个单位获优秀组织奖和10名优秀个人。中国科协八大期间，在4个代表驻地组织了庆祝中国科协八大召开图片巡展。

【全国科协系统先进集体和先进工作者评选活动】为表彰奖励中国科协七大以来全国科协系统涌现出来的先进集体和先进工作者，进一步激励科协系统广大工作人员投身创新型国家建设，2011年4月，人力资源社会保障部和中国科协联合印发了《关于评选全国科协系统先进集体和先进工作者的通知》（以下简称《通知》）。本次评选的范围包括地方科协系统（含地方科协、直属单位及所属学会）、科协基层组织、全国学会和中国科协直属单位，评选重点面向基层一线，副厅（局）级（含）以上单位和个人不参加评选，处级干部比例控制在全国科协系统先进工作者总数的20%以内。

在各地区和各有关单位推荐基础上，经资格审查、公示并报人力资源社会保障部和中国科协联合组成的评选表彰工作领导小组审核批准，共评选产生了200个全国科协系统先进集体，其中包括32个“全国科协系统先进集体标兵”；499名全国科协系统先进工作者，其中包括31名“全国科协系统先进工作者标兵”。

31个省、自治区、直辖市和新疆生产建设兵团科协共推荐先进集体候选单位173个，其中，先进集体标兵候选单位31个；先进工作者候选人462名，其中，先进工作者标兵候选人31名。为做好推荐工作，各省区市科协及新疆生产建设兵团科协积极会同当地人力资源社会保障厅（局），成立相应的推荐工作领导机构，联合印发或转发了评选推荐通知。各地精心组织，密切配合，自下而上开展了推荐工作。所有候选单位和候选人经所在地区县级以上人力资源社会保障部门、科协逐级审核，由省级人力资源社会保障部门、科协共同审核同意予以推荐。

各全国学会共推荐先进集体候选单位25个，其中，先进集体标兵候选单位1个；先进工作者候选人32名。为做好推荐工作，中国科协向169个所属全国学会下发了推荐通知。在民主推荐的基础上，会同民政部民间组织管理局和有关方面专家组成评审组，采取无记名投票的方式进行推选。候选单位和候选人经各学会常务理事会审定，并征求挂靠单位意见，由中国科协学会学术部审核同意予以推荐。

中国科协直属单位共推荐先进集体候选单位2个；先进工作者候选人5名，其中，先进工作者标兵候选人1名。为做好推荐工作，中国科协成立了由党组书记处领导同志和机关各部门、各直属单位的主要负责人组成的评审委员会。评审委员会在民主推荐基础上，采取无记名投票方式进行推选。候选单位和候选人由中国科协组织人事部审核同意予以推荐。

根据《通知》精神，人力资源社会保障部和中国科协联合成立了全国科协系统先进评选表彰工作领导小组，负责这次评选表彰活动的组织领导。组长由中国科协常务副主席、书记处第一书记邓楠和人力资源社会保障部副部长、国家公务员局党组书记兼副局长杨士秋担任，成员由国家公务员局有关领导、中国科协书记处书记以及相关司局负责同志组成。领导小组下设评选表彰工作办公室，设在中国科协组织人事部。

按照有关程序，本次评选采取等额的方式进行。评选表彰工作办公室在各地区、各单位推荐的基础上，对上报的先进集体候选单位和先进工作者候选人进行了资格审查，提出了拟表彰的候选单位和候选人名单。经国家公务员局考核奖励司审核同意，于2011年5月20～24日，在中国科协网站上对拟表彰名单进行公示。人力资源社会保障部和中国科协在中国科协第八次全国代表大会闭幕式上对全国科协系统先进集体和先进工作者进行表彰，并对32个先进集体标兵和31名先进工作者标兵进行颁奖。

全国科协系统先进集体、先进工作者由原全国科协系统先进工作者和先进集体、中国科协先进工作者合并而成。原全国科协系统先进工作者和先进集体由人力资源和社会保障部、中国科协2006年共同设立，5年表彰一次，每次表彰20名先进工作者和32个先进集体。原中国科协先进工作者设立于1990年，由中国科协三届十七次常委会议决定开展，5年表彰一次，每次表彰不超过200人，评选对象是在科协系统工作5年以上的专、兼职人员。2010年，经全国清理规范评比达标表彰工作联席会议办公室批准，将上述两奖合并为全国科协系统先进集体、先进工作者。

【地方科协办公室主任工作座谈会】4月8日，地方科协办公室主任工作座谈会在湖北省武汉市召开，中国科协书记处书记程东红出席会议并讲话。湖北省省委常委张昌尔出席会议并致辞。中国科协办公厅主任吴海鹰主持会议。湖北省科协常务副主席曲颖，中国科协信息中心主任张小林，中国科协办公厅副主任李志刚出席会议。

程东红在讲话中，科学分析了科技和科协工作面临的新形势、新任务和新机遇，介绍了科协各项重点工作和中国科协八大筹备情况，系统地梳理和总结了办公室各项工作，对办公室工作和办公室工作人员提出了明确要求。她强调，中国科协的办公室工作和信息工作要站在党和国家全局的高度，深刻认识科协工作面临的新形势和新任务，深刻认识科技工作者的光荣使命，深刻认识科协的独特优势，开拓创新、奋发有为，为科协事业发展作出新贡献。

程东红强调，要充分认识办公室工作在科协全局工作中的枢纽作用，为推动科协事业发展贡献力量。她说，办公室是一个机关的综合工作部门，科协办公室工作是科协总体工作的重要基础和关键环节，在科协全局工作中处于枢纽地位。其主要作用突出体现在办公室是保持领导机关正常运转的“神经中枢”，是领导决策的“参谋助手”，是协调各方的“桥梁纽带”，是代表机关和整体工作水平的“形象窗口”。程东红对办公室工作提出四点要求。第一，要围绕中心、服务大局，不断提升综合协调能力；第二要加强调研、夯实基础，努力发挥“参谋助手”作用；第三要及时准确、提高质量，切实做好各类信息工作；第四要团结创新、求实奉献，努力树立良好窗口形象。

关于做好中国科协信息工作，程东红强调，要加强基于互联网的信息工作，加强互联网内容建设，将办好中国科协、省科协等各级科协的网站作为科协本职工作的内在要求。在信息化时代，中国科协作为党领导下的人民团体，必须要应用最现代最先进的手段，如果不能通过互联网团结广大科技工作者，那就会落后于时代，互联网就是我们工作的平台，是手段和方法。

程东红强调，我们有责任把科技界的动态、舆情及时向党委、政府反映，保持各级领导与科技界联系的血脉畅通。要在第一时间把科技界的情况报告给党委、政府，就必须重视科协的信息工作。《中国科协简报》、《科技界情况》、《科技工作者建议》是中国科协信息工作的固定渠道，省级科协要充分利用这些渠道，让党中央、国务院听到当地科技界的声音。

会议通报了中国科协七大以来的信息工作。湖北省科协、河南省科协、新疆维吾尔自治区科协、上海市科协和浙江省科协分别作了大会交流发言。当天下午，与会代表分成4个组进行分组讨论。

部分地方科协领导，地方科协秘书长、办公室主任、信息工作负责同志，以及中国科协有关部门综合处（办公室）负责同志参加了会议，参加中国科协网信息采编合作项目总结暨2011年度项目启动会议的同志和湖北省17个市、州、直管市、林区科协办公室主任列席会议。

【全国省区市、副省级城市科协组织人事工作座谈会】2月24日，全国省、自治区、直辖市、副省级城市科协组织人事工作座谈会在京召开。中国科协副主席、书记处书记、党组副书记齐让出席会议并讲话。中国科协组织人事部部长李森，中国科协机关党委常务副书记、机关纪委书记、组织人事部副部长王守东，组织人事部副部长王慧梅，刘红跃出席会议，31个省、自治区、直辖市及15个副省级城市科协分管组织人事工作的相关负责人和组织人事部门的负责人70余人参加了会议。会议由李森、王守东分别主持。

齐让在开幕式讲话中认真分析了中国科协面临的新形势、新任务。他指出，2011年是中国共产党成立90周年，是国家“十二五”开局之年，也是中国科协换届之年。各级科协组织要以召开中国科协第八次全国代表大会为契机，牢固树立为科技工作者服务的意识，围绕科学发展主题和加快转变经济发展模式主线，科学谋划工作，推动科协事业不断发展。

齐让在讲话中，围绕中国科协第八次全国代表大会筹备工作，就工作报告起草、代表选举和委员候选人推选、《中国科学技术协会章程》修改以及科协系统先进集体和先进工作者评选等有关工作提出了要求。他强调指出，中国科协八大筹备是当前一段时期中国科协的一项重要工作，关系到会议的顺利召开，关系到今后五年中国科协事业的发展。希望各级科协高度重视，积极参与，按照中国科协的统一部署，精心组织，齐心协力完成有关筹备工作。要认真组织好中国科协八大代表选举、委员候选人推选的工作，要特别注意把那些始终工作在生产、科研一线，做出突出成绩的科学家、科技工作者推选为代表、委员候选人。要认真学习有关文件、规定，明确标准，严格履行民主程序，把握时间要求，有条不紊，逐步推进。希望大家在做好中国科协八大筹备工作的同时，兼顾好其他工作，全面推动科协各项工作的开展。

座谈会上，李森介绍了中国科协组织人事工作的构成、工作方式和2011年重点工作；王慧梅安排了评选全国科协系统先进集体、先进工作者有关工作；刘红跃作了《中国科学技术协会章程》修改说明。

座谈会期间，与会负责人汇报了各地关于中国科协第八次代表大会代表选举和委员候选人推选工作进展情况、就评比全国科协系统先进集体和先进工作者、做好科协组织人事工作进行了分组交流和讨论，大家还对《中国科学技术协会章程》修改草案征求意见稿提出了意见和建议。

会议还印发了《组织人事部2011年工作要点》、《中国科协2011年基层组织建设工作要点》、《中国科协2011年人才工作要点》、《中国科协贯彻〈2010—2020年深化干部人事制度改革规划纲要〉实施意见（2010—2015）》、《中国科协2011年度干部教育培训工作计划》，作为会议参阅文件。

【中国科协调研宣传工作座谈会】2月22日，中国科协调研宣传工作座谈会在北京召开，中国科协副主席、书记处书记齐让，中国科协书记处书记张勤出席座谈会开幕式。全国学会和地方科协的领导和调宣部门的同志出席了会议。中国科协调研宣传部部长王春法主持会议。

张勤在座谈会上传达了全国宣传部长会议精神。他指出，中央充分肯定了宣传思想战线2010年取得的突出成绩。2010年，宣传思想文化战线坚决贯彻中央决策部署，牢牢把握正确导向，成功组织一系列重大宣传战役，有效应对各种挑战，大力推进改革创新，为党和国家战胜困难风险、推动经济社会发展、维护社会和谐稳定，提供了有力的思想保证、精神动力、舆论支持和文化条件。张勤指出，在中央关于今年宣传思想文化战线的工作部署中，科技宣传的分量明显提升。今后一个时期要明确科技宣传重点，建立科技宣传工作机制，加大科技宣传工作力度，统筹协调科技宣传工作。

张勤要求，科协系统要全面贯彻中央指示精神，大力宣传我国科技事业发展成就，宣传“两弹一星”精神和载人航天精神，宣传广大科技工作者的感人事迹和崇高品质，弘扬科学精神，普及科学知识，进一步形成讲科学、爱科学、学科学、用科学的社会风尚，为提高全民族科学素养，推动科技事业发展，建设创新型国家营造良好舆论氛围。要配合新闻媒体及时报道中国科协第八次全国代表大会情况，深度解读中央领导同志讲话和中国科协未来五年工作部署。各新闻媒体结合2011年中国科协学术建设发布会内容，要充分报道我国多个学科2010年发展状况及未来发展趋势。

开幕式上，公布了科技思想库试点建设单位并举行了授牌仪式，表彰了2010年度调查站点及优秀区域责任部门，齐让、张勤等为获奖者颁发了奖牌。调研宣传部部长王春法介绍了中国科协调研宣传工作的有关情况。开幕式结束后，山西省科协、中国麻风防治协会、天津市科协结合本单位2010年的宣传工作做了典型发言。会议期间，全国学会和地方科协参会代表围绕贯彻中央指示精神和全国宣传部长会议精神，就建设国家级科技思想库和加强宣传工作进行了研讨交流。

【地方科协科技思想库建设试点工作年度考核座谈会】 10月25日，地方科协科技思想库建设试点工作年度考核座谈会在广东省广州市召开。全国政协常委、中国科协决策咨询专委会主任齐让，国务院参事、中国科协决策咨询专委会副主任刘燕华，全国政协委员、中国科协决策咨询专委会委员宋南平，中国科协书记处书记、中国科协决策咨询专委会副主任王春法出席会议并讲话。广州市委常委、组织部长方璇会见与会代表，广州市副市长贡儿珍、广东省科协党组书记、副主席梁明出席会议并致辞。北京、湖北、广州等15个“国家级科技思想库建设试点”的省区市科协负责同志等参加会议，汇报交流国家级科技思想库建设工作经验并接受专家检查组的考核评议。

王春法在讲话中指出，开展国家科技思想库试点建设是落实中央关于科协工作指示精神的重要举措，对引导科技工作者围绕经济社会发展的热点难点问题深入调查研究、积极建言献策，推动地方科协形成具有特色的决策咨询品牌，具有十分重要的意义。各试点单位要进一步加强科技思想库建设工作的组织领导，加大工作力度，着重在加强组织领导、建设基础设施、健全体制机制、务求工作实效方面下功夫，服务科学决策，引领社会思潮，在服务党和人民事业发展中充分发挥科技思想库作用。各试点单位要正确看待评审考核结果，认清形势、明确任务，变压力为动力，切实把国家级科技思想库建设工作不断推向前进。

会议期间，考核组认真听取了15家思想库试点单位工作汇报，通过现场提问深入了解思想库试点建设进展情况，并逐一进行书面评议。决策咨询专委会副主任刘燕华当场公布考核结果和排名情况，北京和湖北的思想库试点工作获得决咨委专家的一致认可，综合排名并列第一，广州、吉林、浙江省科协也名列前茅。参与评审考核的决咨委会员一致认为，各试点单位高度重视思想库建设工作，各项工作扎实开展，措施与条件保障得力，总体进展顺利。其中一些试点单位创造性开展了符合思想库特点的决策咨询模式，值得总结推广。各试点单位代表同志也普遍认为，这次考核座谈会工作汇报与专家评议相结合，既检验了工作成效，也交流了实践经验，还启发了创新思路，收获很大，加快建设科技思想库的信心更足、思路更开阔。试点单位还表示，把这次会议作为一次新的起点，继续开拓进取，扎扎实实地推进科技思想库建设，力争明年取得更为突出的新进展新成效。

齐让在总结讲话中强调国家级科技思想库试点建设是地方科协服务于党委、政府工作的重要平台，科协系统的决策工作已经有基础、有影响，要进一步突出特色、集成优势，发挥好科协组织不可替代的重要作用，围绕贯彻落实党的十七届六中全会精神，加强研究与科协相关的文化产业特别是科普产业发展问题，通过国家级科技思想库建设推动科协工作不断迈上新台阶、取得新进展。

中央书记处在2010年关于科协工作的几点意见中，明确要求中国科协发挥优势、展现特色，努力把科协组织建设成为国家级科技思想库，中国科协2010年7月印发了《关于加强决策咨询工作·推进国家级科技思想库建设的若干意见》，要求各级科协组织进一步提高思想认识、完善工作机制，调动发挥全国学会和地方科协的积极性、主动性和创造性，有效地把科技工作者的个体智慧凝聚上升为有组织的集体智慧，满足不同层次、不同方面的决策咨询需求，促进科学决策，引领社会思潮，拓展新渠道，更好地为经济社会发展服务，推动科协工作再上新台阶。中国科协在2010年11月正式启动地方科协国家级科技思想库建设试点工作。试点工作围绕国家级科技思想库建设的组织形式、管理体制和工作模式；整合优质决策咨询资源，把科技工作者个体智慧凝聚上升为有组织集体智慧的有效机制，服务党委政府科学决策、引领社会思潮的渠道途径和方式方法，突出科协优势和特色，打造决策咨询品牌的具体措施等几个方面内容展开。

北京、湖北、广州等15个省市科协申报了“国家级科技思想库建设试点"。一年多以来，各试点省市科协紧紧围绕"科"字做文章，突出科技发展和应用中的重大问题以及科技工作者相关的重要问题，深入调查研究，积极建言献策；充分尊重科技工作者的主体地位，发挥好科协人才智力优势和组织网络优势，努力为经济社会发展提供优质高效服务，在积极搭建不同形式不同层次的决策咨询平台，畅通地方党政部门和科技工作者之间沟通联系的渠道，推动调研成果直接进入党政部门决策程序，探索建立各具特色、行之有效的决策咨询模式等方面做了大量工作，为中国科协继续推进国家级科技思想库建设提供了一定的实际经验。

【2011 年地方科协学会学术工作座谈会】6 月 23～24 日，2011 年地方科协学会工作座谈会在新疆维吾尔自治区伊犁市召开。会议由中国科协学会学术部主办，新疆维吾尔自治区科协承办。中国科协党组成员、学会学术部部长沈爱民出席会议并讲话，新疆维吾尔自治区人大常委会副主任、科协主席张国梁，伊犁州党委常委、宣传部长、科协主席王建中分别代表新疆维吾尔族自治区、伊犁哈萨克族自治州出席并致辞。来自全国各省、自治区、直辖市，副省级城市，省会城市科协的 130 余名代表参加会议，其中 24 个省级科协学会学术工作分管副主席出席会议。

这次会议的主题为贯彻落实中国科协八大精神，推动学会学术工作创新发展，目的是深入学习和贯彻中国科协八大精神，落实中国科协"十二五"事业发展规划，共同探讨推动学会学术工作创新发展的新思路，形成学会学术工作的新格局。

沈爱民在讲话中要求，各级科协组织要认真贯彻落实中国科协八大精神，进一步加强对学会学术工作的领导，共同推动学会学术工作的创新发展。

沈爱民指出，学会学术工作更好地为科技发展、自主创新服务，重点在于四个方面：一是探索符合现代特点的学术交流规律，有效利用现代科技手段打造学术交流品牌，走精品化、国际化、社会化的路子。要建立有效的学术组织管理机制，推动建立健全学术活动评价机制和学术规范。二是丰富学术交流的内涵，扩大学术交流的外延，提高学术交流的权威性，增加对科技人员的吸引力；将学术观点、学术思想凝结为政策建议，增强对决策部门的吸引力；将学术内容、学术理论拓展为科普资源，增强对公众和社会的吸引力。三是营造良好的学术交流氛围。提倡质疑、争鸣，倡导自由独立的探索精神，活跃学术思想，促进原始创新。四是将学术交流与人才选拔结合起来，为青年科技工作者和创新人才创造脱颖而出的机会。他说，当前，学会学术工作面临着重要的发展机遇，各级科协要群策群力，一方面要探讨如何整合现有资源，打造上下联动的学术品牌；一方面要贯彻中央关于加强和创新社会管理的有关精神，探讨在新形势下如何进一步理顺科协与学会的关系，增强学会发展能力，成为推动社会管理体制创新的重要力量。切实发挥各级学会在推动科学发展、促进社会和谐中的独特作用。

与会代表就新形势下如何创新学会学术工作思路、拓展学会学术工作空间、提升学会学术工作水平，形成学会学术工作的新格局以及推动社会管理创新等内容进行了分组交流，共同为推动学会学术工作创新发展出谋划策。上海市等 5 个省市科协作了大会交流发言，介绍了各自在学会学术工作方面的新思路、新做法和新经验。

【地方科协外事工作座谈会】10 月 12 日，2011 年地方科协外事工作座谈会在广西北海召开。中国科协副主席冯长根，中国科协国际联络部部长张建生，副部长李秀亭、梁英南、孙孟新，广西壮族自治区科协党组书记、副主席甘向群，自治区科协副主席谢林城，北海市委常委、组织部部长蔡中平出席座谈会开幕式。来自各省、自治区、直辖市、副省级城市科协主管外事工作的领导和有关人员约 140 名代表出席了会议。

冯长根在会上作了讲话，他指出，近年来，科技全球化正在成为经济全球化的重要表现形式。科技创新资源在全球范围内的整合和有效配置，使得传统科研组织的结构和创新方式发生了重大变化。面对新形势，国际民间科技交流及对港澳台交流如何更好地服务于我国科技和经济的发展，是各级科协面临的一个重要课题。科协系统应当认识到自身开展外事工作及与港澳台交流工作的优势与特点，并积极发挥这些优势。未来 5 年，科协作为国际民间科技合作与交流主要代表的作用应当进一步加强，利用国际科技资源的能力和水平应当进一步提高，要基本形成覆盖面广、重点突出、相互协调的国际民间科技交流的新格局。要充分调动和发挥地方科协对外交流与合作的资源和优势，进一步充实科协系统的外事工作，投入人力物力开展务实合作。

甘向群在致辞中表示，广西壮族自治区科协和所属学会积极开展对外学术交流特别是与东盟国家和地区科技社团之间的科技交流，多次组织专家学者出访东盟国家和地区，邀请新加坡、越南、泰国、马来西亚、印尼等东盟国家，中国香港特别行政区和台湾地区的专家学者、工程界人士到广西讲学和交流。本次座谈会在广西召开，对广西来说是一次难得的学习机会，自治区科协将认真学习兄弟省区科协的先进经验，推动自治区科协的外事工作再上新台阶。

为鼓励地方科协的外事工作，总结先进事例，调动地方科协外事工作者的积极性，经中国科协书记处批准，国际联络部在会上对安徽省科协国际部等 21 个单位 2010 年的工作给予表扬。北京、重庆、陕西、新疆维吾尔自治区科协代表在发言中介绍了他们开展对外交流工作的成功经验。

在会议分组讨论中，代表们结合自身工作介绍对外交流工作方面取得的经验。他们表示，冯长根的讲话，充分论述了外事工作的重要性，要以贯彻本次会议精神的契机，加强地方科协的对外交流工作。科协系统的外事工作是国家民间科技外交及与港澳台科技交流合作的重要内容，是对国家外交工作的有益补充。在对外科技交流，尤其是与国外科技团体、智库等方面的交流与合作中起到了不可替代的作用。在中国科协国际联络部的指导和帮助下，近几年地方科协的外事工作取得了较大进步，形成了系列品牌活动，有力提升了科协系统民间外交工作的影响力和显示度。与会代表们围绕冯长根讲话和中国科协“十二五”规划有关外事工作部分的内容及工作设想，对如何加强地方科协外事工作进行了探讨，对《关于加强地方科协外事及港澳台工作的若干意见（讨论稿）》提出了修改意见和建议。

本次会议就进一步加强科协系统外事工作进行了探讨，并在此过程中进一步增强了中国科协与地方科协之间、地方科协与地方科协之间的沟通与协调，有力地促进了科协系统外事工作的健康发展。

【中国科协海智计划专家工作会议】5 月 6 ~ 8 日，中国科协海智计划 2011 年度专家工作会在江西省上饶市婺源县召开。中国科学院院长、中国科协副主席白春礼，中国科学院院士、中国科协副主席赵忠贤，中国科协书记处书记冯长根等 25 位专家参加。江西省科协党组书记龚绍林书记、副主席彭玲华出席会议。国际联络部部长张建生主持会议。

中国科协海智办收到各海智计划主持单位提交的 2011 年度（2010 年 5 月 ~ 2011 年 5 月）《项目完成报告》、《跨年度进展报告》和《项目申请报告》134 项。9 个项目主持单位递交的《项目完成报告》20 份，14 个项目主持单位递交的《跨年度进展报告》22 份。其中海智计划首都工作基地等 20 个项目被专家评为跟踪支持项目，碳纳米管 TiO2 复合材料改性及其对水中 PCBs 的光降解研究两个项目被列为跟踪关注项目。22 个项目主持单位提交的 92 份《项目申请报告》有 64 项被确定有海外智力参与，其中海外智力为安徽农业大学资源环境类人才培养与科技交流服务等 15 个项目被评为支持项目。

专家们分别对各项目承担单位提交的已完成项目、跨年度项目和本年度新申报项目进行评价、评估和评审。中国科学院院长白春礼院士、中国科协副主席赵忠贤院士等专家对海智办一年以来的工作予以充分肯定，并就今后利用科协优势开展海智工作提出建议。

建议指出，海智工作应秉承“求其所用，不求所有”的原则，明确自身定位，与海外科技团体、专家学者建立感情，促进合作，互利多赢增进服务；中国科学院与中国科协长久以来保持着良好的合作关系，海智办应进一步了解中国科学院等机构对人才和项目的需求，有目的地举荐人才；要加强中国科协与海外团体、专家学者以及国内专家委员会、地方科协、学会的联系；国家“千人计划”细分为长期、短期、青年千人计划等，海智办应更多了解相关政策，利用海智窗口对外宣传，做好服务工作；在适当时机与科研机构联合召开座谈会，邀请部分海外团体代表参加，增进了解，积极反映海外科技人员的诉求；要重视宣传工作，让更多的人知道海智、了解海智、参与和支持海智。

【中国科协党建工作座谈会】6 月 16 日，中国科协党建工作座谈会在山东省济宁市召开。中国科协书记处书记、党组成员王春法出席并主持会议。济宁市市委副书记张术平，中国科协机关党委常务副书记、纪委书记王守东，济宁市市委常委韩军，山东省科协党组书记、副主席燕翔，河北省科协党组书记、常务副主席唐树钰，甘肃省科协党组书记、第一副主席史振业，湖南省科协巡视员田明星等出席会议。部分省市科协机关党委书记、负责学会党建工作有关部门同志 30 余人参加了座谈。

王春法指出，本次党建工作座谈会具有特殊的意义，是进一步贯彻中国科协八大精神，探讨新形势下科协党建工作的新思路、新方法、新举措，迎接中国共产党成立 90 周年的一次会议。做好科协系统党建工作需要加强交流，集思广益，相互促进，共同将科协系统的党建工作抓好抓实，做到抓党建促发展，为科协事业健康发展提供政治保证和组织保证。

王守东汇报了中国科协学会党建、文化建家工作的有关情况。他分析了学会党建、文化建家工作面临的机遇、存在的问题，并提出了下一步开展工作的基本思路和落实措施。与会同志也介绍了各自党建工作开展情况，并着重就学会党建、文化建家工作进行了热烈的讨论。

王春法总结了会议形成的七点共识：一是科协党建工作要找准定位，根本目标就是发挥好桥梁纽带作用，把科技工作者团结在一起；二是加强科协党建工作十分重要。党建不仅仅是中国科协机关的党建，而是面向科协系统的党建。这样的座谈、交流活动要经常举办，要形成一个开放性的工作平台；三是要通过抓党建来促发展。要通过抓思想建设、组织建设、作风建设、队伍建设，促进业务工作的开展；四是抓学会党建工作一定要实现党组织和党的工作的全覆盖；五是加强科协的文化建设是加强科协系统党建的一个核心内容，是联系群众、联系广大科技工作者的重要举措；六是做好党建工作要有创造性的思维，要解放思想、拓宽思路开展工作；七是党建工作要加强领导，提供保障。

【全国学会党建工作经验交流会】 全国学会党建工作经验交流会12月27日在中国科技会堂召开。中国科协党组成员、书记处书记、机关党委书记王春法，机关党委常务副书记、纪委书记、组织人事部副部长王守东，学会服务中心主任、党委书记李桐海，以及办公厅副主任李志刚，计划财务部副部长周文标，学会学术部副部长朱雪芬，国际联络部副部长梁英南等机关各部门及事业单位的学会党建负责人及指导员出席了会议。来自100多个学会秘书长、学会党支部书记、党建通讯员等共计170余人参加了会议。会议由王守东主持。

王春法在会上讲话，就加强学会党建工作提出要求：一是要加强调查研究，特别要加强对学会党建与学会业务工作的关系、学会党建与学会建家交友工作的关系以及学会党建与学会文化建设的关系等方面问题的研究；二是要创造性地开展工作，特别是围绕为民服务，发挥学会的资源优势，加强与基层科技工作者的联系，进一步做好咨询决策工作，加强宣传工作；三是要建立长效机制，学会党建工作要长期化、制度化、规范化，务求实效，逐步形成品牌积累，提高社会地位，扩大学会影响力。

李桐海作2011年度全国学会党建工作报告。报告从“选派党建指导员、促进学会党的组织覆盖”、“以特色活动为抓手、带动学会事业发展”、“加强党建理论研究、正确指导学会党建”、“加强培训研讨、提高党务干部能力”、“开辟宣传阵地、加大宣传力度”5个方面回顾了近一年来全国学会党建方面的主要做法和成效。实事求是地分析了学会党建工作存在的不足，提出了2012年全国学会党建工作要点。

中国抗癌协会党支部等8个学会党组织的代表分别围绕着结对共建、为民服务、自身建设等主题交流了开展“党建强会”特色活动和调研工作的主要成果，总结了工作经验和体会。经过近一年时间的组织实施，获得“党建强会”特色活动支持的学会党组织的积极性明显增强，党员的工作热情得到激发，学会社会影响力显著提高，达到了预期的活动目的，赢得了学会领导和群众的一致好评。

会议还对10名2011年度全国学会优秀党建通讯员进行了表彰。

王守东在会议总结中指出，学会党建工作任重道远，加强学会党建工作是中央赋予科协工作的新要求，要立足于发挥好学会基层党组织的战斗堡垒作用和党员的先锋模范作用；学会党建工作要在力求实效上下功夫，要和自身业务工作相结合；科协机关党委、学会服务中心党委以及科协其他各部门都将大力支持学会扎扎实实做好党建工作，以推动学会党建工作的深入开展。

【中国科协系统文化建设工作座谈会】 12月7～8日，中国科协系统文化建设工作座谈会在广西壮族自治区南宁市召开。中国科协书记处书记、机关党委书记王春法出席会议并讲话，中国科协机关党委常务副书记、纪委书记王守东主持会议，广西壮族自治区科协党组书记、副主席甘向群致辞。发展研究中心主任兼调宣部副部长王康友，学会服务中心主任、党委书记李桐海，中国科学技术馆党委书记、副馆长赵有利，中国科协计划财务部副部长周文标，调研宣传部副部长纳翔及直属单位的代表，甘肃省科协党组书记、第一副主席史振业等和各省（市）、自治区科协党建工作有关部门同志60余人参加了会议。

王春法在会议上简要介绍了召开此次会议的背景，浅析了科协系统机关党委的工作定位，重点就文化建设问题、党的建设问题和“建家交友”工作谈了自己的思考。纳翔同志介绍了中国科协推动文化建设工作开展的思路和设想。与会人员分成两组进行座谈，交流科协系统党建工作和文化建设的经验，研究推动工作开展的措施办法。与会同志认真准备、积极发言、热烈讨论，先后有二十余个地区代表发言，王春法和王守东分别参与了两个小组的交流。

大会还进行了交流发言，上海市科协机关和直属单位党委副书记李立波、广东省科协直属机关党委专职副书记黎伟民、山西省科协副主席崔忠、浙江省科协巡视员虞龙宝作为小组代表在大会上发言，介绍本组交流情况和本地区开展党建工作及文化建设工作的经验。与会同志一致认为本次会议及时而成功，为地方科协党建工作的交流提供了良好的平台；王春法书记的讲话有高度、有新意，让大家统一了思想、提高了认识、振奋了精神；小组讨论既让大家分享了经验、拓展了思路，也对存在的问题有了清醒的认识。通过会议，大家认为科协系统的党建工作和文化建设大有可为，也深感责任重大，纷纷表态要将会议的精神带回本地区，积极推动两项工作的开展。

李桐海以“党建强会”项目为重点介绍了学会服务中心在学会党建方面得到的五点经验，为地方科协在指导地方学会的党建工作方面提供了良好的借鉴。

王守东总结了中国科协机关党委党的宣传工作模式，重点介绍了在CAST网上开设的“党旗下的科协”栏目的建设情况，并对在地方科协系统建立党建通讯员队伍的工作进行了部署。

王春法对会议进行了总结。他认为会议召开得很成功，指出加强科协系统党建和文化建设刻不容缓又恰逢其时，在今后的工作中要注意从活动层面向制度层面、理念层面不断进行探索，正确处理五方面的关系：业务工作与党务工作的关系、党的群众工作与文化建设工作的关系、文化建设与业务工作的关系、文化建设与开展创先争优活动的关系、文化建家与文化建设的关系、文化建家与建家交友的关系。他强调要继续解放思想，加强研讨交流，牢记为科技工作者服务的职责，围绕中心工作，选好工作载体，做好活动设计，把工作做出实效。同时希望各位与会人员回去后做好汇报工作。

【深入开展创先争优活动和深入基层调研活动】深入开展党员公开承诺工作。根据中央、中直工委关于在创先争优活动中深入开展公开承诺的通知精神，各部门、各单位党组织结合部门、单位工作任务，组织广大党员根据不同岗位职责的特点提出承诺内容，通过宣传栏、局域网等方式认真开展公开承诺，接受群众监督。根据承诺事项的完成时限，认真兑现承诺。年底结合年度考核，将通过个人自评、党员互评、群众测评等方式，对党员履行承诺情况进行评议，把评议结果作为评选优秀党员的重要依据。

深入基层开展主题调研活动。为深入贯彻落实胡锦涛总书记在庆祝中国共产党90周年大会上重要讲话精神，根据中央、中直工委关于加强与基层群众联系的意见，7、8、9月集中开展“深入基层密切联系科技工作者”主题调研活动。党组领导同志高度重视，带头围绕科协重点工作开展调研。各部门、各单位分别制定具体的集中调研方案，依据各自任务、服务对象特点等成立调研组，确定调研地点和调研选题，把加强与基层群众联系作为本部门、本单位创先争优的重要内容，推动科协事业发展。

深入开展基层单位结对联系工作。为深入贯彻中央领导同志关于做好新形势下群众工作的重要指示精神，密切中国科协各级党组织与基层群众的联系，按照中直工委《中直机关百个党支部与基层单位结对联系实施方案》和中国科协党组的有关要求，中国科协机关、直属单位党组织认真开展结对联系工作，与基层单位结对联系点共分两类：一类是中国科协结对联系点，目前有21个机关部门、直属单位党组织根据工作实际，选择了44个基层单位结对联系，作为中国科协结对联系点；一类是中直机关结对联系点，在各部门、各单位申报的基础上，中国科协推荐5个具有代表性的结对联系点，经中国科协党组同意后，已报中直工委，批准后列为中直机关结对联系点。

在科协系统窗口单位和公共服务机构深入开展“为民服务创先争优”活动。根据中央创先争优活动领导小组和中直工委的部署和要求，经机关党委七届五次会议讨论，党组研究，以科协党组名义印发《关于在中国科协系统窗口单位和公共服务机构深入开展“为民服务创先争优”活动的实施意见》，扩大了科协创先争优的覆盖面。组织参加中央创先争优理论研讨征文活动。

【中国科协系统局级领导干部高级研修班】8月24日，中国科协系统局级领导干部高级研修班开班式在中央党校举行。中国科协常务副主席、书记处第一书记、党组书记陈希和中央党校副校长李书磊出席并讲话，中国科协书记处书记、党组成员徐延豪、王春法出席开班式。开班式由中央党校函授学院院长赵理文主持。

陈希在讲话中指出，中国科协举办本次局级领导干部高级研修班，是深入学习贯彻中央一系列重大决策部署和中国科协八大精神，进一步加强科协系统领导干部队伍建设的一项重要举措，对于进一步增强科协干部的服务意识和服务能力，切实履行好党和政府联系科技工作者的桥梁纽带职责，具有重要意义。

陈希强调，要深刻理解、准确把握胡锦涛总书记“七一”讲话的精神实质。总书记的“七一”讲话高屋建瓴、内涵丰富、寓意深刻，集中回答了党内外、国内外非常关心的三个问题：一是我们党90年的艰辛奋斗取得的最可宝贵的成就是什么？那就是开辟了中国特色社会主义道路，形成了中国特色社会主义理论体系，确立了中国特色社会主义制度。二是我们取得这些辉煌成就靠的是什么？“办好中国的事情，关键在党。”三是我们党未来的奋斗目标和重点任务是什么？那就是团结带领全国各族人民，全力推进社会主义经济、政治、文化和社会建设，实现“两个百年”的宏伟目标。总书记的“七一”讲话内容，就是我们党和国家的工作大局。科协工作要围绕中心、服务大局，准确理解和把握这个大局，服从和服务这个大局。

陈希指出，在建党90周年前夕，在党中央的高度重视和亲切关怀下，我们隆重召开了中国科协八大。大会认真总结了中国科协过去五年的工作，在科学认识、准确把握科协工作面临的新形势、新任务基础上，对未来五年的主要工作作出重点部署。结合学习贯彻胡锦涛总书记“七一”重要讲话精神，把中国科协八大的各项工作部署贯彻落实好，是科协系统当前和今后一个时期的最重要工作。局级领导干部作为科协系统各部门各单位的主要负责同志，大家的思想认识、精神状态和工作水平如何，将直接决定着科协系统贯彻落实胡锦涛总书记“七一”讲话和科协八大精神的质量和成效。

陈希强调，按照胡锦涛总书记“七一”讲话要求，准确把握科协八大的精神实质，重点是要抓住以下五方面内容：一是科协八大对过去五年的工作及取得的经验给予了充分肯定和高度评价；二是科协八大对未来五年面临的形势任务作出了科学准确的分析判断；三是科协八大在坚持“三服务一加强”工作定位基础上对科协未来五年的工作重点作出了部署；四是科协八大对未来五年科协组织的工作理念和工作思路作了深入透彻的阐述；五是科协八大选举产生了一个有影响力凝聚力、有朝气有活力的新的领导集体。

陈希强调，科协要认真履行好党和政府联系科技工作者的桥梁纽带职责，及时了解科技工作者的思想动态，准确把握他们的利益诉求，积极回应他们的所思所虑所想，建设合格、温暖的科技工作者之家。他指出，一个多月前，在胡锦涛总书记“七一”重要讲话发表第二天，中国科协就通过设在全国的504个科技工作者状况调查站点，以问卷调查、专人走访、电话访谈等形式，对分布在全国各地各行业的近3000名科技工作者进行了专题调查，有关调查报告已上报中央，其中反映出的当前广大科技工作者的思想状况和利益诉求信息，对于我们深入扎实做好新时期科技工作者的群众工作，很有启发意义。

陈希要求，科协系统要突出重点、抓住关键，深入贯彻落实中央重要指示和科协八大精神，把中央指示精神贯彻落实到科协工作的各个环节各个方面。他指出，推进科协的学术交流、科学普及、人才举荐、决策咨询和组织建设工作，要抓住五个关键环节：一是以增强自主创新能力为导向，积极搭建不同层次、不同类型的学术交流平台，把学会在国家创新体系中的重要作用充分发挥出来；二是以推动科普资源共建共享为突破口，不断推进体制机制创新，把科协作为科普工作主要社会力量的作用充分发挥出来；三是以促进科技人才成长提高为抓手，努力营造有利于创新人才竞相涌现的良好环境，把科协作为人才成长重要通道的作用充分发挥出来；四是以服务科学决策、引领社会思潮为着力点，积极探索把科技工作者个体智慧凝聚上升为有组织集体智慧的体制机制，把科协作为国家级科技思想库的作用充分发挥出来；五是以提高做好党的群众工作的能力和水平为重点，不断增强科协组织对科技工作者的吸引力凝聚力，把科协作为“科技工作者之家”的作用充分发挥出来。

陈希特别强调了科学道德和学风建设问题，指出，中国科协要充分发挥好在加强科学道德和学风建设的教育与制度规范方面的作用。近年来，中国科协先后发出了《致全国科技工作者倡议书》，出台了《科技工作者科学道德规范（试行）》、《学会科学道德规范（试行）》，与有关部门一起出台了《关于加强我国科研诚信建设的意见》，特别是定期组织一批品德高尚、治学严谨、学术成就卓著的科学家深入高等院校，向青年学生广泛宣讲科学道德和学术规范，帮助他们在学术生涯起步阶段就树立科学诚信意识，受到大学生的热烈欢迎，产生良好社会反响。最近，中国科协常委会科技工作者道德与权益专门委员会专门开会研究，在全国高等院校广大学生中进一步开展科学道德和学风建设宣讲活动，宣传科学精神、科学道德、科学伦理、科学规范，推动学风建设工作的规范化、制度化。希望地方科协也积极行动起来，与中国科协一道发挥好群众组织与科技社团在学风建设中的独特优势，倡导科技人员严守学术规范，树立科技界科学严谨、诚实守信的良好形象，为推进自主创新、建设创新型国家营造良好的学术和社会氛围。

针对科协的性质和特点，陈希对科协系统干部职工，特别是局级领导干部，在工作能力、工作方式、工作作风等方面提出了殷切的希望和要求：一是要更加发扬民主作风，凡事都坚持与科技人员商量的态度，发自内心地理解科技工作者、尊重科技工作者，赢得科技工作者的信任，得到科技工作者的支持，把科协工作作出声势、作出影响；二是要更加树立服务意识，想科技人员所想，急科技人员所急，切实帮助他们解决在工作学习生活中遇到的实际困难和问题，为他们提供有针对性的优质高效服务，成为名副其实的科技工作者之家；三是要更加重视调查研究，始终秉持“基层出经验、基层出政策”的理念，主动走出办公楼，走进科技人员工作第一线，走到科协基层组织工作第一线，把握准科技人员的现实需求，集中凝练基层创造的新鲜经验和成功做法，提高出台政策的针对性有效性，不断开创科协工作新局面新境界。四是要更加注重廉洁自律，局级领导干部要在廉洁自律方面带好头，更加严格地要求自己，维护好科协组织的良好社会形象。

李书磊在讲话中指出，我们国家提出了建设创新型国家的战略，落实这一战略任重道远。怎么样围绕创新型国家的战略构建我们的体制、展开我们的布局、配置我们的资源，怎么样把劳动密集型产业发展模式真正转化成为有科技优势的发展模式，如何构建中国的科技优势，都需要认真研究和不懈探索。科协作为党中央直接领导的科技工作者的组织，在搭建学术交流平台、推进科学技术普及中具有独特的优势，在建设创新型国家中肩负着神圣的使命。李书磊鼓励学员借助在中央党校学习的机会，认真听课、认真读书、思考问题、探讨交流，确保学有所获，为建设创新型国家作出积极的贡献，并留下美好的学习回忆。

这次高级研修班为期5天，参加人员为各省区市科协、副省级城市科协、省会城市科协以及中国科协机关各部门、各直属单位的主要负责同志共79人。研修班邀请了中国科协党组、书记处领导为学员讲授中国科协事业发展“十二五”规划、《全民科学素质行动计划纲要》和科普工作以及科技思想库建设的若干问题，并邀请中央党校、中央党史研究室、人社部、人民大学的有关领导和专家，就执政党条件下的党群关系研究、从党的历史中汲取营养和智慧、提高驾驭全局的战略思维能力、领导理念与执行力、领导科学与领导艺术以及事业单位人事制度改革等进行专题讲授。培训期间，学员还围绕“贯彻胡锦涛总书记‘七一’重要讲话精神，发挥科协组织优势和特点，做好新形势下党的群众工作”、“贯彻落实中国科协八大精神，提高领导能力和水平，抓好各项任务落实”展开专题讨论。最后，还举办了学员论坛。研修班由中国科协组织人事部和中央党校函授学院共同举办。

【中国科协举办机关和直属单位新任局处级干部培训班】3月28日~4月1日，中国科协机关和直属单位新任局处级干部培训班在中央党校中直分校举办。机关和直属单位近3年来新晋升职务的13位局级干部和65位处级干部参加了培训。中国科协组织人事部部长李森，机关党委常务副书记、组织人事部副部长王守东，组织人事部副部长刘红跃，学会服务中心主任李桐海出席培训班开班式。

李森在开班式的讲话中介绍了中国科协近3年来选拔任用干部的情况及目前干部队伍的状况，指出大批新任局处级干部走上新的领导岗位后在客观上提出了干部培训工作的重要性和紧迫性，还介绍了这次培训班的安排以及在方式方法上所作的一些改进。

培训班安排了马克思恩格斯的哲学思想、战略思维与领导能力研究、领导干部的素养、怎样当好局长处长、如何做到廉洁自律等专题讲座。培训班围绕“怎样当好局长、处长”的主题，广泛征集学员的意见，筛选出“如何提高战略思维和创新能力”、“如何处理好正职和副职之间的关系”、“如何提高执行力”、“局处长如何在大联合大协作中发挥作用”、“如何增强服务意识，加强作风建设”、“如何加强团队建设”6个专题，组成6个研讨小组，进行深入交流和研讨，形成了一些研讨成果。同时，学员们还认真学习了杨善洲同志的先进事迹，并交流了学习体会。

本次培训是根据《中国科协2011年度干部教育培训工作计划》的部署具体安排的，在方式上进行了新的尝试。一是充分利用了培训院校的资源，培训班在中央党校中央直属机关分校（昌平区）举办，部分课程与学校的安排相衔接；二是紧密结合工作实际，突出“如何当好局长、处长”这个主题；三是充分体现学员的主体性，发挥学员的主观能动性，突出学员自我教育、自我管理、自我实现的培训理念；四是以问题为中心，围绕问题展开交流和研讨。这种改进，也是对建设学习型组织的一种积极探索。

【中国科协举办县级科协主席培训班】9月8日，中国科协2011年第一期县级科协主席培训班在海南省海口市结束。中国科协副主席、书记处书记程东红，中国科协组织人事部部长李森，海南省科协党组书记、副主席陈永明，海南省科协副主席、党组成员刘智慧，海南省科协副主席、党组成员陈民出席结业式。结业式由中国科协组织人事部部长李森主持。

程东红代表中国科协党组、书记处在结业式上发表讲话，并作《学习“七一”讲话贯彻“八大”精神做好科协工作》专题报告。她指出，中国科协党组、书记处一直高度重视县级科协主席的培训工作。2009 年以来，已举办 4 期县级科协主席培训班。县级科协目前共有 2696 个，是地方科协的重要组成部分，直接面向群众、面向基层，在科协网络体系中起着上接城市、下连农村的重要作用，是科协工作的重要基础，是党的科学技术方针、政策在农村贯彻的主要实施者，是当地发展经济和科学技术事业的一支重要力量，意义重大，作用重大。加强县级科协组织建设，提高县级科协主席的科学发展能力和综合素质，提升领导水平和履职能力，对于保证科协各项工作任务的落实，促进科协事业的发展，发挥好科协组织的作用，提升科协组织的影响力，更好地为科技工作者服务都具有重要意义。

她强调，本期培训班举办正值全党全国人民认真学习“七一”重要讲话，中国科协八大胜利闭幕之际。科协系统未来相当长一段时期最重要的工作就是结合学习贯彻胡锦涛总书记“七一”讲话和在纪念中国科协成立 50 周年大会上的重要讲话精神，把科协八大的工作部署落到实处。她从学习“七一”讲话、在党和国家工作大局中理解和把握中国科协八大精神、贯彻落实科协八大精神的几点思考和以提升全民科学素质为目标的科普工作四个方面，阐释了“七一”讲话的重要意义；分析了科技、科协工作与科学发展这个主题和加快转变经济发展方式这条主线的关系；提出要高度重视理论学习，全力以赴抓落实；总结了“十一五”科普工作的 3 个转变和当前科普工作的几点意见。她指出，要认真研究新形势下科协工作的特点和规律，把握群团工作的方式和方法，站在全局高度搞好工作谋划，进一步推动县级科协工作开展，开创县级科协工作新局面。

陈永明代表海南省科协讲话。他表示，中国科协 2011 年第一期县级科协主席培训班在海南省举办，充分反映了中国科协对海南省科协的支持和信任，同时也是一次难得的向兄弟省区市学习的机会，海南省科协将认真总结培训中的学习收获和办班过程中的经验体会，大力加强县级科协工作，促进各项工作再上新台阶。

李森在结业式上作总结讲话。他指出，通过安排紧凑、内容丰富的培训，使全体学员特别是刚刚从不同岗位来到科协的学员，进一步加深了对科协工作的理解和认识。同时，本次培训不仅搭建了学习提高的平台，也是大家交流沟通的平台、增进了解和友谊的平台、展示才华和增长才干的平台。他强调，培训是短暂的，要注重日常的学习、总结和积累。要加强理论学习，提高宏观思维、战略思维和辩证思维的能力，掌握科学的思维方式和思想方法；要加强对科协历史的学习，学习科协历史发展的重要文献，学习钱学森等前辈对科协工作的论述，从科协发展的历史中汲取营养和智慧；要认真研究科协工作的现状，掌握科协工作的特点和规律，研究新情况，适应新形势，解决新问题，推动各项工作创新发展。最后，他希望学员们以这次培训为契机，坚定对科协事业的热爱和理解，保持昂扬的工作状态，探索适应科协工作开展的工作方式和工作方法，切实发挥好县级科协在推动科协全面建设和发展中的重要作用。

本次培训班为期 4 天，来自 11 个省、自治区、直辖市科协的主管干部培训工作的部门负责同志和县级科协主席 130 余人参加培训。培训班邀请了中国科协组织人事部部长李森，中国科协机关党委常务副书记、机关纪委书记、组织人事部副部长王守东，中国科协科学技术普及部部长杨文志，海南省科协党组书记、副主席陈永明，中国科协计划财务部副部长公坤后及科技部的有关专家，就“中国科协组织建设”、“《全民科学素质行动计划纲要》和科普工作”、“领导科学与战略思维”、“《中国科协事业发展“十二五”规划》解读”、“国内外科技发展趋势及我国的科技政策”等进行专题讲授。培训期间，学员围绕怎样做好县级科协工作展开专题讨论，举办了学员论坛。

【2011 年第一期全国企业科协秘书长培训班】 根据中国科协 2011 年基层组织建设工作要点，为落实《中国科协关于加强人才工作的若干意见》，4 月 25 ~ 27 日中国科协计划财务部、组织人事部等在重庆市举办了 2011 年第一期全国企业科协秘书长培训班。组织人事部部长李森、计划财务部巡视员任林、重庆市政府副秘书长徐建国，市科协党组书记、副主席李天安、副主席甘联君出席培训班开班式，中国科技咨询服务中心副主任刘莉主持开班式。

任林代表培训班主办单位做开班动员讲话，介绍了中国科协按照中央书记处要求，积极做好中国科协八大筹备工作，中国科协事业发展“十二五”规划制定，全国“讲理想、比贡献”活动评选表彰工作，以及科协企业人才工作等有关情况，并对搞好培训提出了具体要求。

本期培训班邀请中国科协组织人事部部长李森、中科院科技政策与管理科学研究所所长穆荣平、国家知识产权局专利管理司副巡视员陆毅、东北大学机械工程与自动化学院工业设计研究所所长赵新军、中国科协发展研究中心研究员何国祥分别就企业科协组织建设、我国推进企业创新能力建设的若干政策问题思考、企业专利管理新思路与企业专利战略、如何应用创新方法提升企业的竞争力、发挥科协优势推动企业创新等方面内容进行专题讲座。围绕“企业科协工作的好点子及思路”主题进行的分组讨论中，大家畅所欲言，进行了充分沟通。同时，培训班还组织参观了重庆长安汽车股份有限公司、重庆港务物流集团，并听取企业科协的工作介绍。

培训班由中国科技咨询服务中心协办，重庆市科协承办。来自31个省、自治区、直辖市的近80名企业科协秘书长和20家当地企业科协代表参加了培训。

【中国科技馆新馆获“中国建设工程鲁班奖”】中国科学技术馆新馆开馆于2009年9月，两年来，这座矗立于奥林匹克公园中心区、外貌肖似“鲁班锁”的建筑敞开怀抱，迎来中外宾客逾700万人次，单日最高接待量达4万人次，成为新北京新地标中一颗闪亮的明星。11月7日，在北京人民大会堂举行的“2010～2011年度中国建设工程鲁班奖（国家优质工程）颁奖大会”上，中国建筑第八工程局有限公司作为中国科技馆新馆项目施工总承包单位，领取了中国科技馆新馆项目的中国建设工程鲁班奖。

中国科技馆新馆工程本身结合了中国古代科学思想和现代科技馆的特点，建筑内外相得益彰，有如一块块积木相互咬合在一起，组成了一个体量巨大的单体正方形，这个蕴含着中国古代建筑最高智慧的造型，称之为“鲁班锁”。同时，它又像一个巨型魔方，既寓意科学是一个不断解锁和探秘的过程，又生动地描绘出中国科技馆人希望赋予这座建筑物的理念——科学无远弗届，学科融洽和谐。此方案设计获得了第十二届首都城市规划建筑设计汇报展公共建筑设计方案一等奖。

集思广益出精品

中国科技馆新馆是一个集展览、培训实验、影视、服务保障和办公为一体的大型现代化、综合性的公共建筑。位于国家奥林匹克公园中心区内，西傍奥运水系，南望奥运主体育场，北依森林公园，占地面积4.8万平方米，总建筑面积10.2万平方米，地下一层，地上四层，局部五层，工程建设总投资11.145亿元。建筑内设儿童乐园、华夏之光、探索与发现、科技与生活、挑战与未来五大主题展厅，共有956项展品；建筑内还包括球幕影院、巨幕影院、动感影院、4D影院4个特效影院，其中球幕影院银幕直径堪称亚洲最大，内容建设总投资7.9亿元。

为了将新馆建设成为一座“形象完整、功能完善、主题突出”的现代科技馆，实现“国内一流、世界领先”的建馆目标，中国科技馆秉持开放的建设态度，在国内科技界首次成立了由科技界、教育界、文化界著名专家组成的专家委员会，由国际科技馆专家组成的国际顾问委员会，由各地科技馆专家组成的国内同行专家委员会，集合一切有代表性的思想、资源和力量，共同参与到新馆建设中来。

2005年5月，新馆项目甫一立项，中国科技馆就在《中国日报》、《中国建设报》、《北京日报》等多家媒体发布《新馆建筑设计方案招标公告》，在全球范围内征集方案。通过设计单位报名、资格预审、方案评审等一系列周密的筛选程序，先后经历两轮专家和大众投票，最终确定采用北京市建筑设计研究院和美国RTKL国际有限公司联合设计的方案。

开放建馆创奇迹

在开放建馆思路的指引下，新馆工程经科协和北京市政府协商，确定实施代建制管理，成为最先启动的奥运工程代建项目。“代建制”是对我国政府投资的公益性建设项目管理模式进行市场化改革的重要举措，也是新形势下建设工程一种新的管理模式。新馆项目委托人为中国科协和北京市“2008”工程建设指挥部办公室（2007年8月，“08”办退出委托人角色，中国科协为唯一的委托人），代建人是北京建工集团（公开招标），使用人是中国科技馆。新馆总承包单位是中国建筑第八工程局（公开招标）。

建馆不易，创业维艰。新馆工程是进入奥运公园的最后一个建设项目，自2006年5月31日破土动工，到2009年9月16日全面开放，期间为配合奥运两次停工近7个月，真正施工时间不足两年半，建设工期非常紧张。参与新馆工程建设的各主管部门、代建管理单位、施工总承包单位、工程监理单位、工程设计单位与使用单位精诚合作，全力以赴，做出了不懈的努力。在加快建设速度的同时，全面建立健全质量保证体系，精心挑选高素质的项目班子和施工队伍，包括劳务分包、专业分包、主要材料供应商等，层层签订质量责任书，确保质量管理全过程受控。

在代建制模式下，中国科技馆人发挥了积极的主导作用，建立管理督导机制，充分发挥项目业主的综合协调和监督作用，及时协调解决制约工程进度正常进行的相关问题。共完成设计、施工、监理等施工和服务项目招标33个；先后召开关于新馆工程建设的相关会议530多次，形成会议纪要97期；共编写新馆工程建设简报186期；经历建筑设计变更和施工技术洽商806次，建筑使用功能整改近200项。在新馆建设最后决战50天的时间里，全馆同志累计加班10325个工作日，圆满完成开馆任务，时任中国科协党组书记的邓楠同志称“中国科技馆人创造了奇迹”，国务委员刘延东同志称新馆为“我国科普事业的标志性成果”。

技术创新塑形象

中国科技馆作为国家级科普教育基地，担负着提高全民科学素质、引领全国科技馆事业发展的重任，也是首都迈向国际化大都市的标志性建筑，其建筑形象、建筑功能是反映我国经济、科技、文化和社会发展进步的重要象征。作为“科技奥运”的建筑典范之一，新馆施工中积极推广应用建筑业10项新技术，包括安德固脚手架支撑系统应用技术、折线玻璃幕墙技术、地板采暖技术、球形镜面不锈钢板幕墙技术、智能遥控升降灯技术、单索结构点式玻璃幕墙技术、管道电伴热技术、冰蓄冷空调系统技术、钢弦立筋隔墙技术、绝热纤维喷涂保温技术、气体灭火技术、GBF高强薄壁竹芯空心板技术、吊挂玻璃技术、铝折板幕墙技术等。

建筑外墙采用单纯、统一的表面装饰，各个单独形成的立面体块正面采用呈不同角度排列的白色波形金属板，暴露的侧面为绿色反射玻璃和不锈钢板组合单元，建筑的各个立面随着日光入射角度的变化随之而呈现明暗变幻，犹如一把巨大的鲁班锁展现出来，在开阔的空间环境里，形成一幅动态图景。

新馆建筑还充分考虑并采用了节能环保技术。幕墙选用透光率达73%的LOW－E高透光、低辐射的中空玻璃，能减少30%以上的热量辐射；设置了55套光导照明系统，其导入的自然光能够满足部分办公室和展厅日常活动的照明和采光需求，节约了大量电能；利用建筑智能化控制系统对空调温度、热水温度、水泵启停随时进行监控、调整，有效节省能源；其他还有中水利用系统、雨水收集再利用系统、冷凝热回收系统等技术，提高建筑节能环保效应。

新馆建筑本身就是一项体现建筑新技术、节能环保的展品，蕴含着丰富的科技含量。开馆两年来，无论从科普教育还是从建筑审美、新技术应用的角度来看，都发挥了巨大的社会效益。中国科技馆新馆自2009年9月开馆以来，得到了社会各界的关注和认可。圆满完成全国科普日活动主场、“两会”代表参观考察、2011年FLL机器人大赛北京选拔赛和中国公开赛、大学生物联网创新创业大赛国际总决赛等大型活动；开展了“科学讲坛”、“春节科技大联欢”等丰富多彩的科普教育活动。被评为“全国先进基层党组织”、“全国精神文明建设工作先进单位”、“全国三八红旗集体”、“全国青年文明号”，三次获得“全国科普工作先进集体”称号。

【全国“讲理想、比贡献”活动领导小组赴辽宁开展调研】根据《全国“讲、比”活动2011年工作要点》，为充分发挥全国“讲、比”活动领导小组成员单位的作用，加强沟通协调，共同深入基层调研，总结企业的经验，对“十二五”期间“讲、比”活动进行总体研究规划，推动“讲、比”活动深入开展，全国“讲理想、比贡献”活动调研组于10月12～14日在辽宁省开展“讲、比”活动情况调研。

调研组在沈阳市听取了辽宁省科协“讲、比”工作汇报、听取了沈阳黎明航空发动机（集团）有限责任公司科协、东北制药集团股份有限公司科协、沈阳鼓风机集团有限公司科协、大连造船厂集团有限公司科协、中国石油大连石化公司科协、中国北车集团大连机车车辆有限公司科协、鞍山亨通阀门有限公司科协、中国有色集团抚顺红透山矿业有限公司科协的“讲、比”工作汇报。在本溪市听取了本溪市“讲、比”工作汇报，听取了本钢集团科协“讲、比”工作汇报。与辽宁省、本溪市“讲、比”活动领导小组有关同志和企业科协代表进行座谈。探讨“讲、比”活动的新特点、新特色、新特性和新特征。调研组希望认真总结经验，丰富“讲、比”活动内容，把握“讲、比”活动的发展方向，进一步规范运作，使其在更大范围和更深层次中推动企业技术创新，激发广大科技工作者为企业真正成为创新主体贡献力量。

调研组还深入企业座谈考察听取意见和建议。调研组考察了沈阳黎明航空发动机（集团）有限责任公司、东北制药集团股份有限公司、参观了本钢集团有限公司二冷轧厂、三热轧厂。

【首届企业科协公共管理高级研修班】2011年8月2日，首期全国企业科协工作公共管理课程高级研修班在清华大学近春园会议中心举行了开班仪式。本次研修班由中国科协计财部主办，清华大学继续教育学院承办，旨在深入学习贯彻胡锦涛总书记“七一”重要讲话精神，贯彻落实中国科协八大精神和中国科协事业发展“十二五”规划，提高企业科协管理工作干部的综合素质，推进地方企业科协秘书长培训活动的开展，有效推动“讲理想、比贡献”活动和企业科协工作的深入开展，为科协事业发展服务于经济社会发展作贡献。研修班将充分利用清华大学优质教育资源，针对新时期科协事业发展方向和战略重点，围绕公共管理、社团组织管理，及企业科协工作专题等内容进行授课。中国科协书记处书记张勤出席开班仪式并讲话。各省、自治区、直辖市、副省级城市科协，新疆生产建设兵团科协，省会城市科协分管领导或机关负责企业科协工作的部门领导近50人参加了此次培训。

研修班学习了胡锦涛总书记“七一”重要讲话精神、中国科协八大文件和中国科协事业发展“十二五”规划等文件，举办了“最新宏观经济形势解读、公共管理与创新、社会组织运作管理与案例分析、领导干部行为塑造与执行力打造、中国科协事业发展“十二五”规划解读、关于科协工作的几点思考”等课程讲座。

经过培训，学员全部完成学业，取得清华大学继续教育学院颁发的结业证书；5名学员获得优秀学员荣誉称号。研修班的举办使学员们开阔了眼界、学到了知识、增强了责任、拓宽了思路。

人　　物

中国科学技术协会第八届全国委员会主席、副主席、常务委员

（副主席、常务委员均按姓氏笔画为序）

韩启德　全国人大常委会副委员长，中国科协主席，中国科学院院士，发展中国家科学院院士，美国医学院外籍院士。

1945 年 7 月出生，浙江慈溪人。1968 年毕业于上海第一医学院医学系。1982 年获西安医学院医学硕士学位。留学美国埃默里大学。病理生理学家。曾任北京大学常务副校长、研究生院院长、心血管研究所所长、教授、博士生导师等职。现任九三学社中央主席，欧美同学会·中国留学人员联谊会会长，北京大学医学部主任。

长期从事心血管基础研究，1987 年在国际上首先证实 α1 肾上腺素受体包含两种以上亚型的假说，并深入研究了 α1 肾上腺素受体各种亚型在心脏和血管的分布、介导的效应、调节特征、与 β 肾上腺素受体的交互作用以及多种病理状况下的改变等，揭示了 α1 肾上腺素受体多种亚型在心血管同时存在的生理与病理生理意义。在心血管神经肽研究方面发现血浆和血小板中神经肽 Y 的改变与脑血管痉挛和高血压的发病有关。曾获得国家自然科学三等奖一项、国家教委科技进步一等奖两项、高校自然科学一等奖一项、国家教委科技进步二等奖一项和卫生部科技进步三等奖一项等。

陈希　中国科协常务副主席、书记处第一书记，党组书记。

1953 年 9 月出生，福建莆田人。1970 年 12 月参加工作，清华大学化学工程系物化专业毕业，研究生学历，工学硕士，研究员。曾在美国斯坦福大学做访问学者。历任清华大学团委书记、校党委常委、党委学生工作部部长、化工系党委副书记、校党委副书记、校党委常务副书记。2002 年 2 月，任清华大学党委书记（副部长级）。2008 年 10 月，任教育部党组副书记、副部长。2010 年 9 月，任辽宁省委副书记。2011 年 4 月，任中国科协党组书记，2011 年 5 月，任中国科协常务副主席、书记处第一书记。中共第十六届、第十七届中央纪委委员。

科研方向为高等教育研究和化学工程。牵头负责完成“我国普通高校培养德智体全面发展的国家级学生运动员的试验与研究”、“中华民族复兴之路与马克思主义的中国化”、“举办 2008 年奥运会与我国社会经济发展关系研究”等多项国家级和省部级社科基金课题。

邓中翰　全国人大代表，中国科协副主席，中国工程院院士。

1968年9月出生，江苏南京人。现任“星光中国芯工程”总指挥，国家重点工程实验室主任，兼任全国青年联合会副主席、欧美同学会副会长。

1992年毕业于中国科技大学，同年赴美留学，1997年毕业于美国加州大学伯克利分校，获电子工程与计算机科学博士、物理学硕士、经济学硕士学位，之后在美国工作。1999年后回国创业，在北京中关村组建中星微电子公司，承担“星光中国芯工程”，带领团队坚持自主创新，突破八大核心技术，“星光中国芯”在国内外实现大规模产业化，应用于计算机、手机及安防监控等领域，被索尼、三星、惠普、戴尔、苹果、飞利浦、联想、华为等国内外知名品牌大批量采用，占据了全球计算机图像输入芯片60%以上的市场份额，结束了中国“无芯”历史，并率领中星微电子公司成为我国第一家在美国纳斯达克上市的芯片设计企业，荣获全球半导体设计协会（FSA）大奖，获得国际认可。

曾获国家科技进步一等奖，以及全国劳动模范、中国青年五四奖章、全国留学回国人员先进个人、中国十大杰出青年等奖项和荣誉称号。

卢锡城　全国政协委员，中国科协副主席，中国工程院院士。

1946年11月出生，江苏靖江人。现任总装备部科学技术委员会副主任兼秘书长，第六届国家自然科学基金委委员等职。1970年毕业于哈尔滨军事工程学院。曾任国防科学技术大学计算机学院院长、国防科学技术大学副校长、湖南省科协副主席、中国计算机学会副理事长等职。

长期从事高性能计算、计算机网络等领域研究工作。主持完成多项国家重要工程项目研制和国家“973”计划、“863”计划、国家自然科学基金、国防预研等多项课题研究，取得了以银河大规模并行巨型计算机系统和银河玉衡核心路由器为代表的多项科研成果，为我国高性能计算机、计算机网络和信息应用技术发展作出了重要贡献。先后获国家科技进步一等奖4项，获全军重大专业技术贡献奖1次，何梁何利基金科学与技术进步奖1次，湖南省科学技术杰出贡献奖1次。立一等功1次，三等功3次。

冯长根　全国人大常委，中国科协副主席。

1953年2月出生，浙江绍兴人。全国人大常委、教科文卫委员会委员。中共十四大、十五大、十六大、十七大代表。1983年毕业于英国利兹大学，获博士学位，同年回国执教。曾任北京理工大学副校长、欧美同学会常务副会长、北京市委委员。2001年6月~2011年5月，任中国科协书记处书记、党组成员。兼任北京理工大学教授、博士生导师、中国职业安全健康协会副理事长、中国灾害防御协会副会长、国防科工局科技委常委、全国高等学校安全工程专业教学指导委员会副主任、《科技导报》杂志社社长、主编，《安全与环境学报》主编。曾获中国十大杰出青年、全国优秀科技图书一等奖、全国“五一”劳动奖章、中国优秀留学回国人员等荣誉称号。

刘玠　全国政协委员，中国科协副主席，中国工程院院士。

1943 年 11 月出生，安徽舒城人。中国冶金自动化及信息工程专家，教授级高级工程师。曾任武汉钢铁集团公司第一副总经理、总工程师，鞍山钢铁集团公司董事长、党委书记、总经理。长期从事冶金工业计算机控制系统和数学模型的研究与开发，致力于重大冶金装备国产化的创新与实践，获国家级有突出贡献专家称号。

在武钢工作期间，主持并参加研究的“武钢一米七轧机系统新技术开发与创新”、“武钢一米七热轧计算机控制新系统”等重大项目，分别获得国家科技进步特等奖，国家科技进步一等奖、二等奖、三等奖。

在鞍钢工作期间，大力推进管理体制、经营机制创新，建立了与市场经济体制相适应的现代企业制度。为加快鞍钢技术改造步伐，创造性地走出了一条“高起点、少投入、快产出、高效益”的技术改造新路子，实现了鞍钢跨越式发展。在鞍钢工作期间，先后获得香港何梁何利基金技术科学奖、“九五”国家重点科技攻关计划突出贡献者、第八届国家级一等企业管理现代化创新成果奖、“九五”国家重点科技攻关重大科技成果奖、第二届袁宝华企业管理金奖。主持并参加的“1780 酸洗冷连轧联合机组”和“1700 中薄板坯连铸连轧带钢生产线”攻关，分别荣获国家科技进步一等奖、二等奖，冶金科学技术特等奖。

李静海　中国科协副主席，中国科学院院士。

1956 年 10 月出生，山西静乐人。中国科学院过程工程研究所研究员，中国科学院副院长。主要从事颗粒流体两相系统量化设计和放大研究。提出了能量最小多尺度（EMMS）模型。在将该模型推广应用于不同的多相系统和解决工业问题的过程中，形成了统一的多尺度方法，并由此定义了一种新的多尺度计算模式，并应用于各种复杂系统的模拟和工业过程仿真，为很多企业提供了服务。

1989 年获中国科学院自然科学一等奖和国家自然科学二等奖，1993 年获中国科学院自然科学一等奖，1995 年获国家自然科学三等奖。开发的抑制氮氧化物排放的无烟燃煤技术获 2001 年中国科学院技术发明一等奖。获首届国家杰出青年基金，第三届中国青年科学家奖、香港求是基金会“杰出青年学者”奖。

2003 年当选第三世界科学院院士，2006 年当选瑞士工程院外籍院士。担任中国颗粒学会理事长、中国能源研究会副会长、著名国际期刊 *Powder Technology*、*Advances in Chemical Engineering* 编委和 *Chemical Engineering Science*、*Advanced Powder Technology* 的国际顾问。2006 ~ 2010 年任亚洲科学院理事会（AASA）主席。

沈岩　全国人大代表，中国科协副主席，中国科学院院士。

1951 年 10 月出生，河北石家庄人。中国医学科学院基础医学研究所研究员。主要从事人类遗传病基因研究。与临床单位合作，先后发现了遗传性乳光牙本质、儿童失神癫痫、红斑肢痛症、单纯先天性白内障和反常性痤疮等疾病基因。发表研究论文百余篇，获国家自然科学二等奖 2 项、何梁何利基金科技进步奖和多项省部级科技奖励，以及全国五一劳动奖章，“长江学者奖励计划”特聘教授等荣誉称号。

现担任国家自然科学基金委员会副主任、全国人大教科文卫委员会委员、中华医学会医学遗传学分会主任委员、中国生物化学和分子生物学会副理事长等职。

张桃林　全国政协常委，中国科协副主席。

1961年5月出生，江苏姜堰人。现任九三学社中央副主席、农业部副部长、中国农学会会长。第九届、十届全国政协委员。1978年10月在南京农学院土壤与农业化学专业学习，1982年8月中国科学院南京土壤研究所土壤学专业硕士研究生，1986年4月联邦德国吉森大学农学专业博士研究生，1989年12月中国科学院南京土壤研究所博士后，1994年10月～1995年1月美国衣阿华州立大学访问学者。

1991年5月起，历任中国科学院红壤生态开放实验站常务副站长、中国科学院南京土壤研究所所长助理、副所长、中国科学院南京分院副院长、中国科学院南京土壤研究所所长。1999年9月任南京市副市长，2001年10月任江苏省副省长，2007年12月任九三学社中央副主席、江苏省副省长，2008年8月任九三学社中央副主席、农业部副部长。

主要从事土壤与土地资源管理、农业生态与可持续农业等方面的研究。在我国南方干热地区土壤发生学、中国与中欧草原土壤对比研究，尤其是在我国红壤生态系统退化及其恢复重建研究方面，取得了多项成果。先后发表论文150多篇，撰写专著3部，主编论文集5部。1992年享受国务院政府特殊津贴，1995年以来先后获中国科学院科技进步二等奖1项、江西省科技进步二等奖2项、国家科技进步二等奖1项。

陈赛娟　全国人大代表，中国科协副主席，中国工程院院士。

1951年5月出生，浙江鄞州人。上海交通大学医学院附属瑞金医院上海血液学研究所研究员、所长，医学基因组学国家重点实验室主任，第十届、十一届全国人大代表。

主要从事白血病的细胞遗传学和分子遗传学研究，初步阐明了我国各型白血病染色体变化的主要类型、特征和基本分布格局，建成和发展了一整套白血病分子、细胞遗传学诊断标志体系，为白血病诊断、分型和预后提供了重要依据。作为主要实施者，她领导的研究小组在国际上提出了联合应用全反式维甲酸和三氧化二砷靶向治疗APL的新思路，使APL 5年无病生存率达到90%以上，成为国际上第一个可治愈的髓系白血病。近年来又致力于发病率较高的伴t(8；21)M2b型白血病多步骤发病原理和联合靶向治疗的研究，形成了白血病基础和临床紧密结合的转化型研究的特色和体系。在*Nature Genetics*和*Science*等国际高水平期刊发表论文300多篇，被引证数达1.5万余次。获得包括国家自然科学二等奖在内的国家和省部级科技奖10余项。

赵沁平　全国政协委员，中国科协副主席。

1948年4月出生，山西介休人。1970年4月参加工作，1975年9月毕业于太原理工大学电子系，1986年获南京大学计算机软件博士学位。曾在美国匹兹堡大学做访问学者。历任北京航空航天大学计算机系教研室主任、系主任，北京航空航天大学副校长，国务院学位委员会办公室副主任、主任。2001年4月～2009年2月任教育部副部长、党组成员、国家语言文字工作委员会主任（自2005年11月）。现任北京航空航天大学虚拟现实技术与系统国家重点实验室主任、中国系统仿真学会理事长、解放军总装备部科学技术委员会委员。

长期在计算机软件和虚拟现实领域从事科学技术研究，主持完成了多项重要的虚拟现实研究和工程项目。获国家科学技术进步一等奖1项，二等奖2项，省部级科技奖励8项；发表学术论文150余篇，出版专著2部。

秦大河　全国政协常委，中国科协副主席，中国科学院院士。

1947 年 1 月出生，山东泰安人。地理学家，第三世界科学院院士。曾任世界气候研究计划气候与冰冻圈计划（CliC）科学指导组成员，国际南极科学委员会（SCAR）冰川学工作组主席。现任全国政协人口资源环境委员会副主任，中国科学院冰冻圈科学国家重点实验室主任，中国科学院主席团成员、地学部主任，中国气象学会理事长和中国地理学会名誉理事长，联合国政府间气候变化专门委员会（IPCC）主席团成员、执委，第一工作组联合主席，国际地理联合会（IGU）副主席，国际地圈生物圈计划（IGBP）科学指导委员会成员。

系统研究了南极冰盖表层雪内物理过程和气候环境记录，在中国西部率先开展雪冰现代过程和生物地球化学循环实验研究，开展中国冰冻圈动态过程及其对气候、水文和生态的影响机理与适应对策研究，组织了全球气候变化中自然与人类活动影响评估工作。领导创建了“冰冻圈科学国家重点实验室”，组织构建了冰冻圈科学的理论框架，获得国际科学界的认同。参与领导 IPCC 第三、第四和第五次评估报告，主持中国气候环境演变评估。主持《中国气象事业发展战略研究》，提出“公共气象、安全气象、资源气象”理念，经国务院确认为中国气象事业发展总体思路，使中国气象科技事业步入新阶段。发表论著 300 余篇（部）。先后获多项国家和省部级奖。获国际气象组织奖（IMO）和美国 NOAA 海洋大气研究杰出科学论文奖。

袁家军　中共中央候补委员，中国科协副主席。

1962 年 9 月出生，吉林通化人。中国航天科技集团公司党组成员、副总经理，中国探月工程副总指挥，获北京航空航天大学飞行器设计专业博士学位，国际宇航科学院院士，中国空间法学会理事长，中国宇航学会副理事长。曾任国际宇航联合会副主席。担任神舟五号载人飞船总指挥，解决了载人飞船研制中多项关键技术，为我国首次载人航天飞行的圆满成功做出了重大贡献。提出了复杂系统综合集成理论和方法，为解决小子样研制条件下实现航天产品研制一次成功的目标提供了有效途径，组织完成了神舟六号、神舟七号、嫦娥一号、嫦娥二号及北斗二号卫星导航工程等重大航天任务。获得国家科技进步特等奖 1 项、一等奖 1 项，国防科学技术一等奖 2 项，获国防科技工业有突出贡献的中青年专家称号。编写了《卫星结构设计与分析》、《神舟飞船系统工程管理》和《航天产品工程》等专著。

唐启升　中国科协副主席，中国工程院院士。

1943 年 12 月出生，辽宁大连人。现任中国水产科学研究院黄海水产研究研究员、中国工程院主席团成员、农业部科学技术委员会副主任、中国水产学会理事长、山东省科协主席、中国水产科学研究院名誉院长、联合国海委会大海洋生态系咨询委员会委员。

长期从事海洋生物资源开发与可持续利用研究，在海洋生态系统、资源增殖与管理、远洋渔业、养殖生态等方面有许多创新性研究，推动大海洋生态系概念的发展，是中国海洋生态系统研究的开拓者。取得一系列有重要学术意义和重大应用价值的科研成果，发表论文专著 240 余篇（册）。积极参与国家科技发展战略研究，提出“切实保护水生生物资源，有效遏制水域生态荒漠化”的建议，最终形成了我国第一个生物资源养护行动实施计划——《中国水生生物资源养护行动纲要》。主持完成的科研成果获国家科学技术进步二等奖 3 项、三等奖 1 项，另有 6 项成果获省部级科技奖励。先后获全国杰出专业技术人才奖、山东省科学技术最高奖等 17 项国家和省部级荣誉称号。

黄伯云　全国政协委员，中国科协副主席，中国工程院院士。

1945 年 11 月出生，湖南南县人。博士生导师。1969 年毕业于中南矿冶学院，1986 年获美国 Iowa State University 材料科学与工程系博士学位，1986～1988 年在美国 University of Tennessee 材料科学与工程系从事博士后研究。1988 年后，在中南大学从事教学、科研工作，1999 年 12 月当选为中国工程院院士。2000 年 12 月～2011 年 11 月，担任中南大学校长。现担任中国粉末冶金联合会主席、粉末冶金国家重点实验室主任、中国材料研究学会理事长、湖南省科协第九届委员会主席等职务。

长期从事先进复合材料、高性能摩擦材料、高温结构材料、粉末冶金材料，以及其他新材料的研究与开发。他主持研究的“高性能炭/炭航空制动材料的制备技术”，2003 年两次用于某型号大型客机国产炭/炭刹车副装机试飞先后成功，并荣获 2004 年度国家技术发明一等奖，结束了该奖项连续六年空缺的历史。他研制的“钐－钴和铈钴铜铁磁性材料”成功应用于我国人造卫星的关键通讯器件。

近年来，他先后完成国家自然科学基金重点项目、国家“863”计划高技术项目、国家“973”重大基础研究项目和国家攻关项目等 10 余项，并获技术发明奖、科技进步奖、国家级教学成果奖、省部级一等奖共 11 项。他还获得了何梁何利基金科学与技术进步奖、留学回国人员成就奖、中国有色金属工业科技进步特别贡献奖和湖南光召科技奖，并获得国家有突出贡献中青年专家和全国“五一”劳动奖章等荣誉称号。

程东红　中国科协副主席。

1953 年 11 月出生，重庆人。1969 年 9 月在黑龙江生产建设兵团参加工作。1978 年毕业于河北省廊坊师专物理专业，2005 年获北京师范大学教育学博士学位。曾在美国宾夕法尼亚州立大学做访问学者。历任中国科协青少年科技中心副处长、副主任，中国科协科学技术普及部部长。2001 年 6 月起任中国科协书记处书记、党组成员，2006 年 5 月起任中国科协常委，2011 年 5 月任中国科协副主席、党组副书记。兼任全国妇联常委、中国女科技工作者协会副会长、国际公众科技传播网科学委员会委员。

谢克昌　全国人大常委，中国科协副主席，中国工程院院士。

1946 年 10 月出生，山西五台人。1968 年毕业于天津大学，1981 年研究生毕业于太原工学院，1983～1985 年美国南卡罗莱纳大学访问学者，1999 年获日本信州大学工学博士学位。现任中国工程院副院长、民革中央副主席、太原理工大学教育部煤科学与技术重点实验室主任、中国科技馆发展基金会理事长。曾任太原理工大学校长等职。

长期从事煤化工和煤的清洁高效利用的科研、开发、教学和战略规划研究，在煤的结构特征及其与反应性的关系和调变、依据煤气化规律优化脱硫净化技术、等离子体煤转化等方面取得重要成果，连续两次作为首席科学家承担“973”计划能源领域项目，提出气化煤气与热解煤气共制合成气多联产工艺并指导工程示范。作为第一完成人，获国家自然科学基金奖二等奖 1 项，国家科技进步奖二等奖 1 项，省部级科技一等奖 7 项，授权发明专利 40 余项。发表论文 400 余篇，出版《煤的结构与反应性》、《煤化工发展与规划》等著作 5 部，主编《现代煤化工技术》丛书。主持中国工程院重大咨询项目“中国煤炭清洁高效可持续开发利用战略研究”和“我国非常规天然气开发利用战略研究”。

干勇　中国科协常委，中国工程院院士。

1947年8月出生，重庆人。冶金专家。1987年获冶金部钢铁研究总院工学博士学位。1994年至今任连铸技术国家工程研究中心主任，1995年4月任钢铁研究总院常务副院长，2001年4月至今任钢铁研究总院院长，2010年6月任中国工程院副院长。现兼任中国稀土行业协会会长、中国稀土学会理事长、中国金属学会副理事长等职。2002年当选中国共产党十六大代表、主席团成员，2007年当选中国共产党十七大代表。

长期从事冶金连铸及现代钢铁流程技术领域基础理论、技术集成及应用推广工作。是我国材料冶金、现代钢铁流程的学术带头人之一。1996年和2001年两次获国家科技进步二等奖。主持国家“十一五”重大支撑计划项目“新一代可循环钢铁流程工艺技术”的研究工作，并担任钢铁行业技术创新战略联盟理事长。

获省部级科技进步一等奖4项，国家科技进步二等奖2项，获准专利24项（第一人11项），其中，发明专利15项，发表论文140余篇，出版著作3部，已培养博士研究生14人、博士后6人。

马伟明　全国人大代表，中国科协常委，中国工程院院士。

1960年4月出生，江苏扬中人。舰船电气领域专家，现任海军工程大学电力电子技术研究所所长，舰船综合电力技术国防科技重点实验室主任，专业技术少将。

长期致力于舰船电气领域研究，获国家科技进步一等奖2项，国家技术发明三等奖2项，军队科技进步一等奖4项（均排名第1），申请专利40余项。发表论文380余篇，SCI/EI收录220篇，出版学术专著2部。培养了一批高层次人才，指导研究生70余名，其中2篇博士论文被评为全国优秀博士学位论文。

首批入选国家百千万人才工程第一、二层次，先后获中国青年科学家奖、中青年有突出贡献专家、中国青年科技奖、求是杰出青年实用工程奖、杰出专业技术人才奖章、何梁何利基金科学与技术进步奖、军队专业技术重大贡献奖、国家发明创业特等奖、当代发明家和十佳全国优秀科技工作者等荣誉称号。荣立个人一等功两次、二等功两次，当选中国共产党十六大全国代表和第九届全国人大代表。

王韧　中国科协常委。

1955年11月出生，山西长治人。1985年获美国佛吉尼亚理工大学昆虫学博士学位，中国农科院研究员、博士生导师。1993～2000年间曾任英国CABI国际生物防治所副所长、中国农科院副院长；2000～2010年担任国际水稻研究所副所长、国际农业研究磋商组织（CGIAR）秘书长（兼任世界银行国际农业研究局长）。2010年至今任中国农科院副院长，主管国际合作、科技成果推广转化及知识产权管理等工作。现兼职中国农技推广协会副会长、中国农村专业技术协会副理事长、中国农业国际合作促进会副会长、中国昆虫学会副理事长。

先后从事病虫害综合治理、农业害虫及外来入侵有害植物的生物防治、农业科技管理和农业宏观理论等领域的研究，主持中国南方水葫芦和豚草的生物防治等项目。被国家教委、人事部评选为“在祖国社会主义现代化建设中作出突出贡献的回国留学人员”并获表彰。被罗马尼亚国家农牧大学授予荣誉博士，华中农业大学授予名誉教授，广东省农科院特聘研究员、科技顾问。

王小兰　全国政协委员、中国科协常委。

1954 年 4 月出生，高级经济师，现任时代集团公司总裁，带领时代集团公司稳步发展 28 年，成为中国机械工业领域的知名企业。公司连续 9 年荣获“中国机械工业 500 强企业”荣誉，时代产品远销国内外，成为行业知名品牌。

担任北京市人民代表大会代表、全国工商联参政议政委员会委员、北京民营科技实业家协会会长、中国民营科技实业家协会执行副理事长等职，领导策划并提出了许多具有普遍意义的为企业服务的有效举措，发表论文 10 余篇，其中两项调研成果被列入《中关村发展蓝皮书》。她以人大代表、政协委员的身份，通过对企业的调查研究，征集了许多来自基层的意见和建议，及时向各级政府反映社情民意，为营造民营科技企业发展的良好环境积极呼吁。

获得“中国优秀民营科技企业家”、“第五届科技之光优秀企业家”、“中国民营科技发展杰出贡献优秀企业家”、“中国机电行业影响力十大创新企业家”、“全国三八红旗手”、“中国经济女性成就奖”、“首都‘巾帼十杰’”、“中关村 20 大新领军人物”、“2010 北京市劳模”、“最具社会责任感企业家”、“中国自主创新领军人物”、“全国机械工业质量管理功臣奖”等多项荣誉。

王诗宬　中国科协常委，中国科学院院士。

1953 年 1 月出生，江苏盐城人。1978 年 8 月～1981 年 7 月北京大学数学系硕士研究生。1981 年 8 月至今北京大学数学科学学院讲师、副教授、教授（其间：1983 年 9 月～1988 年 8 月美国加州大学洛杉矶分校博士研究生）。中国数学会理事长。曾获中国青年科学家奖、求是杰出青年奖、国家杰出青年基金、陈省身数学奖、国家自然科学奖二等奖。

主要从事低维拓扑研究，涉及几何群论、不动点、动力系统和代数拓扑等领域。与他人合作成果如下：发现三维流形中本质浸入曲面不能提升成有限覆叠中嵌入曲面的第一个例子；观察到卫星结上循环手术的障碍，证明了纽结补中的浸入本质曲面边界数的有限性；在有限群作用、手性、流形嵌入等方面均有创新性研究；开拓和发展了三维流形间的映射这个研究领域，在探索覆叠度的唯一性、非零度映射的存在性、有限性、标准型及其与三维流形拓扑的相互作用中有一系列预见性研究和佳作。

王春法　中国科协常委、书记处书记、党组成员。

1963 年 11 月出生，山东威海人。博士、研究员。曾在美国乔治·华盛顿大学作访问学者。历任中国地质大学北京管理干部学院管理系助教，中国社会科学院世界经济与政治研究所发展中国家经济研究室副主任、综合专题研究室主任、世界产业结构研究室主任、院政策研究室学术秘书（副局级），全国人大常委会办公厅研究室国际室主任，中国科协调研宣传部副部长（主持工作）、部长，中国科协机关党委书记。

长期从事科技政策和技术创新问题研究，对技术创新政策、国家创新体系以及中外科技政策比较尤为专长，2003 年参加《国家中长期科学和技术发展规划》制定工作，任战略研究小组专家和起草组成员。著有《技术创新政策：理论基础与工具选择》（1998）、《经济全球化背景下的科技竞争之路》（2001）、《国家创新体系与东亚经济增长前景》（2002）、《主要发达国家国家创新体系的历史演变与发展趋势》（2003）、《科技全球化与中国科技发展的战略选择》（2008）等多部著作。兼任中国科学院政策与管理研究所研究员、自然科学史研究所博士生导师，北京理工大学兼职教授，中国科普研究所研究员、中国科协发展研究中心研究员，中国文字著作权协会副会长，中国科学学与科技政策研究会常务理事等职，为《科学学研究》、《科学学与科技管理》、《中国科技论坛》、《世界经济与政治》等杂志编委。

王恩哥　中国科协常委，中国科学院院士。

1957 年 1 月出生，辽宁沈阳人。北京大学教授，第三世界科学院院士，美国物理学会 Fellow，英国物理学会 Fellow，现为北京大学常务副校长、教务长。

主要从事凝聚态物理研究，在纳米新材料探索及其物理特性、原子尺度上的表面生长动力学以及受限条件下水的复杂形态等方面作出了有重要影响的工作。已在国际学术期刊上发表论文 280 余篇（在 *Science*，*Nature*，*Physics Review Letters*，*J. Am. Chem. Soc.* 上发表40 余篇），论文被 SCI 引用大于6500 次（其中单篇论文被 SCI 引用100 次以上的有 11 篇），在国际学术会议上做邀请报告 80 余次。

2011 年获国家自然科学二等奖、亚洲计算材料科学奖（ACCMS）；2010 年获中国首届“十佳全国优秀科技工作者”称号、何梁何利科学技术进步奖；2008 年获美国斯坦福大学“GCEP”访问学者称号；香港理工大学“杰出中国访问学人”称号；2005 年获第三世界科学院物理奖、德国洪堡研究奖、周培源物理奖；2004 年获国家自然科学二等奖；2003 年获世界华人物理学会“亚洲成就奖”、北京市科学技术一等奖、中国科学院杰出成就奖；1996 年获香港“求是”青年学者称号；1994 年入选中国科学院首批“百人计划”。

担任中国物理学会副理事长，香港大学物理系荣誉教授，日本国立材料研究所、智利大学、英国伦顿大学和美国加州圣他巴巴拉大学国际学术顾问，国家中长期科技规划“量子调控”专项副组长。同时担任 *Journal of Physics*：*Condensed Matter*，*Solid State Communication*，*IEEE Transactions on Nanotechnology* 等国际学术期刊的执行主编，副主编或编委。

方新　全国人大常委，中国科协常委。

1955 年 1 月出生，湖北武汉人。现任中国科学院党组副书记，中国科学院科技政策与管理科学研究所研究员、博士生导师，人大教科文卫委员会委员，兼任第三世界女科学家组织主席、国际科技政策研究会理事，中国科学学与科技政策研究会理事长，清华大学经管学院兼职教授，《科学学研究》主编。

长期从事科技政策研究工作，尤其在技术创新、科研管理等方面有较深入的研究，出版专著 5 本，在国内外学术刊物和会议上发表论文 70 余篇，获中国科学院青年科学家奖，国家教育部科技进步一等奖 1 项，国家科技部科技进步二等奖 1 项，中国科学院科技进步三等奖 5 项。

吕植　中国科协常委。

1965 年 5 月出生，甘肃兰州人。北京大学保护生物学教授、自然保护与社会发展研究中心执行主任，山水自然保护中心主任。她所领导的研究项目从熊猫扩展到了青藏高原的野生动物种群，如雪豹、棕熊、普氏原羚等；同时关注文化与自然保护的关系，如藏区的神山保护体系；并参与政策和立法，以及生态有偿服务的经济鼓励机制等方面的研究。

先后荣获 1998 年度“中国十大杰出青年”称号、“全国环境保护杰出贡献奖”、“杰出青年科学奖”和“杰出女科学家奖”以及”国家科技图书一等奖”等殊荣。她的学术论文，文章和摄影作品出现在 *Nature*，*Science* 和美国国家地理杂志中，并活跃于国内外的媒体上表达有关中国自然保护的问题。1999 年，在中华人民共和国建国五十周年之际她被《纽约时报》誉为未来中国值得关注的六位青年人物之一。任耶鲁大学兼职研究员，国际保护生物学学会的理事，世界经济论坛 Global Agenda Council 成员，IUCN 世界遗产委员会委员。

刘仓理　中国科协常委。

1961年12月出生，陕西人。中国工程物理研究院副院长兼科技委主任。先后就读国防科技大学、中国科技大学和加州理工学院，获博士学位。研究员，博士生导师。中国兵工协会副理事长，冲击波物理与爆轰物理国防重点实验室学术委员会主任，《爆炸与冲击》杂志主编等。

1982年以来，主要从事冲击波物理、材料动态响应和激光与物质相互作用等方面科学研究，领导和组织高新装备的研制。对材料在动态加载条件下的相变、动态损伤、本构关系等开展了深入实验研究，取得了一定进展；对激光与物质相互作用开展了系统的实验和理论研究，获得了较大进展；负责和组织了多型高新装备研制工作。先后发表文章100余篇，获得科技成果奖励30多项。先后获得国家百千万人才人选、政府特殊津贴、求实工程奖、全国留学回国先进个人等称号。

许振超　全国人大常委，中国科协常委。

1950年1月出生，山东威海人。中共十七大代表，中华全国总工会第十五届执委会执委，中国海员建设工会常委会委员，青岛市总工会第十三届常委会委员。

从事海河港口大型电动装卸机械专业研究，在从事领域工作成绩突出，专业方面多次受到表彰，其中《集装箱快速装卸法》获2006年全国职工技术创新成果二等奖，《集装箱轮胎是龙门吊油改电》获2008年全国职工技术创新成果一等奖。获全国优秀共产党员、全国道德模范、全国劳动模范等称号、全国“五一”劳动奖章、中华技能大奖等奖项。

孙家广　中国科协常委，中国工程院院士。

1946年1月出生，江苏镇江人。软件及其应用领域专家。1970年毕业于清华大学自控系，清华大学教授，清华大学信息学院院长，软件学院院长，清华大学学术委员会副主任，国务院学位委员会委员，学科评议组成员，教育部软件工程教指委主任，计算机科学与技术教指委副主任，国家企业信息化应用支撑软件工程技术研究中心主任，清华信息科学技术国家实验室（筹）主任，中国图学学会理事长，国家自然科学基金委员会副主任。

长期从事计算机图形学、计算机辅助设计、软件系统建模与验证及软件工程与系统的教学、研究、开发，负责研制了有我国知识产权的二维CAD系统、三维产品造型核心平台、产品数据全生命周期管理系统及企业信息化集成系统（EIS）等大型软件，并在数百家大中型企业中得到应用，为推动我国制造业信息化、提升我国软件产业化能力作出了贡献。

李洪　中国科协常委。

1964年5月出生，辽宁沈阳人。硕士，研究员。本科毕业于国防科技大学自动控制系，研究生毕业于中国运载火箭技术研究院导弹设计专业。在中国运载火箭技术研究院工作，历任总体设计部设计员、设计室主任，总体设计部副主任，院质量技术部常务副部长、部长，院长助理，副院长，院长。先后获得了国家科技进步特等奖、载人航天功臣等称号，2009年被授予全国“五一”劳动奖章。

杨卫　全国人大代表，中国科协常委，中国科学院院士。

1954年2月出生，湖南浏阳人。现任浙江大学校长，发展中国家科学院院士。兼任中国科协道德与权益工作委员会委员，浙江省科协主席、杭州市科协名誉主席，中国力学学会副理事长，国家自然科学奖评奖委员，国务院学位委员会力学学科评议组召集人。任国际理论与应用力学联合会（IUTAM）全委会委员，兼任微纳米力学工作委员会主席；曾任亚太断裂学会主席，并是多家国际学术刊物的编委或主编。

在断裂力学、力电耦合失效、微纳米力学领域取得了突出的学术成就。曾先后获得国家自然科学二等奖、三等奖等。

1988年获北京市“五四”奖章，1988年获中国青年科技奖，1993年获全国优秀教师奖章，1994年获中国青年科学家奖，并获得“国家具有突出贡献的中青年专家”称号，1999年教育部长江学者特聘教授，2002年获得全国“五一”奖章，2008年获何梁何利奖，2011年获周培源力学奖。

杨劼　中国科协常委。

1965年2月出生，内蒙古大学教授，博士生导师。现任内蒙古自治区科学技术厅副厅长，省部共建国家重点实验室培育基地——内蒙古草地生态学重点实验室主任，兼任内蒙古自治区科协副主席，教育部科学技术委员会委员，中国生态学会常务理事，内蒙古生态学会理事长。

长期从事草原生态学方向的研究工作，在植物水分生态适应性、干旱区生态用水机理、沟壑植被生态保育功能、区域可持续发展战略研究等方面取得了一系列成果，发表科研论文80多篇，出版专著5部。

获国家科技进步二等奖1项，自治区科技进步二等奖1项，农业部科技进步三等奖1项，内蒙古自治区中青年科学技术创新奖1项，高等教育自治区级教学成果一等奖1项、二等奖2项；是国家“新世纪百千万人才工程”人选，享受政府特殊津贴，被自治区人民政府先后评为“自治区科教兴区突出贡献先进个人”、“自治区科技创新杰出人才”、“自治区有突出贡献中青年专家”；获中国首届青年女科学家奖，中国十大杰出青年提名奖。

杨玉良　中国科协常委，中国科学院院士

1952年出生，浙江海盐人。现任复旦大学校长。1977年毕业于复旦大学化学系高分子化学与物理专业。1984年在复旦大学材料科学系获博士学位。1986年，留学联邦德国马普高分子研究所，成为国际著名学者Spiess教授核磁共振技术研究的博士后。1988年，回到复旦大学工作。曾任中国材料学会副理事长，任《化学学报》、《高等学校化学学报》、*Polymer Chemistry* 等多种杂志副主编等。

主要从事高分子化学和高分子凝聚态物理研究，包括研究具有复杂拓扑链结构的高分子链构象统计与粘弹性；建立了研究高分子固体结构、取向和分子间运动相关性的三项新的磁共振实验方法；运用场论方法系统研究了复杂链拓扑结构的嵌段高分子、液晶及囊泡等软物质的斑图生成及其临界动力学领域的诸多悬而未决的问题；发展了高分子各种复杂流动条件下的稳定性理论，并借此指导和解决了双轴拉伸聚丙烯（BOPP）薄膜生产中长期困扰产量和质量的破膜问题。

他所创立的模拟聚合反应中产物分子量分布及其动力学的Monte Carlo方法获“教育部科技进步一等奖”、“中石化科技进步一等奖”、“国家科技进步二等奖”等国家和省部级奖，个人获“何梁何利科学与技术进步奖”、“求是杰出科学家奖”等多种荣誉。

吴跃　中国科协常委。

1963年6月出生，浙江慈溪人，现任中国商用飞机有限责任公司总经理助理兼项目管理部部长。1987年毕业于西北工业大学航空电气专业，2003年获得北航控制工程专业硕士学位。1987年大学毕业参加工作，直至2008年10月之前一直在中国直升机设计研究所工作，在直升机电气技术专业取得了一定成就，先后参与和主持了直8、直9、直11、国家高新工程等多个直升机电气系统研制工作，主持并完成了高新工程电源系统、夜视兼容照明系统、环控、NAMP等系统的研制工作，以及高新工程串装PT6B－67C发动机的研制工作和高新工程原理样机设计中电气系统的研制工作。在任研究所负责人期间，主持制定了研究所中长期发展规划，全所八机二十三型直升机研制有序推进，先后成功实现高新工程03、03A架首飞并进入混装鉴定、直8F首飞、直11MB1型机取得型号合格证等重大任务目标。在中国商飞公司任职期间，尤其是担任C919大型客机项目副总指挥以来，先后主持制定了项目零级、I级网络计划等，形成了项目工程计划体系，主持编撰了项目工作分解结构（WBS）和成本分解结构（CBS）等，以及多份管理文件和程序文件，为项目的策划实施奠定了基础。协助公司主要领导组织两总系统推进项目研制工作，基本实现按节点推进，先后完成了项目联合概念定义、联合定义和初步设计阶段工作，风洞试验、七大部段研制及试验、关键技术攻关、供应商选择等重点工作有序推进，项目于2011年全面转入详细设计阶段。荣获江西省“五一”劳动奖章，“全国劳动模范”称号，国防科技工业有突出贡献的中青年专家称号等奖励。

吴明江　全国政协委员，中国科协常委。

1945年6月出生，江苏江阴人。研究员。全国政协科教文卫体委员会委员，中华医学会副会长。曾任北京协和医院副院长，卫生部医政司司长，中华医学会副会长兼秘书长，中国科协第七届常委。

1970年从北京中国协和医科大学毕业后，在西藏扎木人民医院从事基本外科临床工作，任医师、主治医师，1980年始在天津医科大学解剖教研室任讲师、教学秘书，1985年始从事医院管理工作。1991年和1998年在美国以访问学者身份学习了解现代医院管理等相关知识。

张勤　中国科协常委，书记处书记，党组成员。

1956年3月出生，重庆人。1976年12月参加工作，清华大学核反应堆专业毕业，研究生学历，工学博士，教授。曾在美国田纳西大学、加州大学洛杉矶分校做访问学者，在清华大学做博士后。历任全国学联副主席，清华大学研究生会主席，厦门技术创新联合公司总经理，重庆市科委主任、党组书记，国家知识产权局副局长、党组成员。2009年6月任中国科协党组成员，同年9月起任中国科协书记处书记，2010年1月起任中国科协常委。兼任清华大学、北京航空航天大学、重庆大学、厦门大学教授、博士生导师，中国知识产权研究会常务副理事长。

张玉卓　中国科协常委，中国工程院院士。

1962年出生，山东寿光人。研究员。现任神华集团有限责任公司党组成员、总经理，中国神华能源股份有限公司执行董事、副董事长。

曾担任国家煤直接液化示范工程项目负责人，通过原始和集成创新，主持建成了世界首套百万吨煤直接液化装置和示范工程，实现了煤液化工程科技的重大突破。致力于国内新技术集成创新和工业化，研究解决了煤制烯烃系统设计、设备放大、开工流程等关键技术和工程难题，建成了60万吨/年煤基烯烃工程并实现商业化运行。提出煤转化过程“近零排放”的标准，实现了示范工程污水和固体物零排放，建成了国内首个全流程CO_2捕获及封存（CCS）试验工程。2010年出版专著《煤洁净转化工程》。

欧阳竹　中国科协常委。

1961年出生，江苏南京人。中国科学院地理科学与资源研究所研究员，博士生导师，现为中国科学院生态系统观测与模拟重点实验室副主任、中国科学院禹城综合试验站站长、中国生态学会长期生态研究专业委员会副主任。

长期从事农田生态系统管理研究，重点开展了作物生长和环境要素的相互关系水、肥、光、热等要素的协调原理的试验研究，建立了以盐碱、沙化、渍涝、瘠薄为主要障碍类型的中低产田改造技术体系和治理模式；建立了节水、节能、节肥、节药的农田生态系统管理技术和资源节约型现代农业模式，在黄淮海平原得到推广应用，为国家和地方的农业可持续发展提供了示范样板。

1991年获中国科学院科技进步一等奖；1988年获中国科学院黄淮海平原农业开发一等奖；1988年获山东省黄淮海平原农业开发二等奖；2008年获周光召基金农业奖、2009年获全国野外科技工作先进个人。共发表研究论文60余篇，主编专著6本。

易小刚　中国科协常委。

1963年9月出生，湖南武冈人。博士，研究员级高级工程师。中国工程机械学会副理事长、湖南省科协副主席、享受国务院特殊津贴专家。现任三一重工执行总裁兼总工程师、博士后工作站站长。

长期致力于我国混凝土机械自主关键技术和重要装备的研究，攻克超高压混凝土泵送关键技术，推动我国超高层建筑混凝土施工方式变革，突破多关节超长臂架混凝土泵车关键技术，促进混凝土泵车技术进步，自主研发工程机械高性能液压核心部件，提高我国工程机械产业链安全，首创国内沥青水泥砂浆生产技术与装备，满足高铁建设专门需求。主持研制的世界最长臂架86米混凝土泵车创造并打破3项世界纪录。

作为第一完成人获国家科技进步二等奖1项，湖南省科技进步奖一等奖5项，二等奖2项，三等奖3项。并获十佳全国优秀科技工作者、湖南省劳动模范、湖南光召科技奖等多项荣誉。

周建平　中国科协常委。

1957年出生，湖南望城人。现任中国载人航天工程总设计师、研究员。1989年毕业于国防科技大学航天技术系固体力学专业，获博士学位。主要从事固体力学和航天器结构方面的研究工作，是国内最早开展固体火箭发动机药柱贮存老化、寿命预估和结构完整性分析的学者，提出了材料老化性能表征和试验方法、结构完整性分析和评估方法，并实际用于工程实践，取得了良好效果。提出了圆柱壳、板、梁结构的传递函数分析方法，解决了多维和瞬态、静力和动力问题的高精度求解问题，形成了系统的解决方案和方法。1992年参加中国载人航天工程技术经济可行性论证。2006年起任工程总师，负责工程总体技术工作和系统间技术协调工作，参与了从神舟一号到神舟七号任务的组织实施全过程，与同事们共同组织制定了工程总体技术要求、技术方案，解决了包括逃逸救生、舱外航天服、回收系统可靠性等一系列重大关键技术问题，为实现我国载人航天技术的突破和空间出舱技术的突破作出了突出贡献。

从1991年到1999年，共5次获得国家自然科学基金（包括杰出青年基金）的资助，获得部委级科技进步奖一等奖1项、二等奖4项。2004年获国家科技进步特等奖1项（排名发射场系统第5名），2009年获军队科技进步一等奖1项，2010年获国家科技进步一等奖1项。

郑南宁　中国科协常委，中国工程院院士。

男，1952年12月出生，江苏南京人。西安交通大学校长，兼任国务院学位委员会委员、全国高等学校教学研究会副理事长。曾获"全国优秀教师"、"何梁何利科学技术进步奖"、"中国青年科学家奖"和"GM中国科技成就奖"等荣誉称号。

主持西安交大人才培养工作，系统地推动了近年来西安交大教育教学改革，倾心培养学生，加强教师队伍建设，明确提出并实施了"2+4+X"人才培养模式改革，创立学生实践教育的"工程坊"，建立突出学生人格养成和思想成长的本科生"书院"，积极推动育人中的体育精神培养，开拓了西安交大提高学生全面素质创新性教育、以德为先和"德智体美"全面发展的人才培养新局面。近年来专门发表多篇论述高等教育的有关文章，系统阐述了对高等教育的思考和领导西安交大的实践。

长期参与国家信息技术领域战略规划与专家咨询工作，曾先后担任国家高技术发展（简称"863"计划）智能机器人主题专家、"863"计划信息领域专家委员会主任。2008年至今担任国家重大科技"01"专项专家咨询委员会主任。著有《计算机视觉与模式识别》（国防工业出版社，1998年）和 *Stastical Learning and Pattern Analysis for Image and Video Processing*（Springer出版社，2010年）。

哈木拉提·吾甫尔　中国科协常委。

1960年3月出生，新疆乌鲁木齐人。教授、主任医师，博士生导师，俄罗斯国家医学、科学博士，全国民族医药学会副会长，新疆医科大学校长，《科技导报》及 *Evid Based Complement Altern Med* 等国内外学术期刊编委。

我国著名中、维、西医结合研究专家。他应用中医、西医理论，开拓了维医药现代研究新领域，取得了维医药研究系统的、创造性的学术成就。先后获得国家科技进步奖、何梁何利科学与技术创新奖、全国高校自然科学奖、中华医学奖、阿维森纳国际金质奖章等18项科技奖励。他还是全国十大杰出青年、全国优秀科技工作者、全国“五一”奖章、国务院特贴专家、卫生部有突出贡献专家。多年来，他编写出版俄文、中文、英文专著17部，发表论文287篇，SCI论文40余篇，培养出一支由多个国家、多个民族、多个学科组成的维医药创新团队，并率领团队研发现代维药9种，申请专利27项，2012年被评为国际高等院校科学院院士。

饶子和　中国科协常委，中国科学院院士。

1950年9月出生，江苏无锡人。第三世界科学院院士，天津市政协副主席，清华大学教授，南开大学教授，中国生物物理学会理事长，中国科学院生物物理研究所原所长，南开大学原校长。

长期从事与重要病毒和肿瘤相关的蛋白质结构、功能以及创新药物的研究，取得了一系列重要的原创性成果。发表学术论文280余篇，包括《自然》（*Nature*）、《细胞》（*Cell*）系列论文14篇，申报国家发明专利112项。

1999年获“求是杰出青年学者奖”、2003年获“何梁何利基金科学与技术进步奖”、2006年获“陈嘉庚科学奖”、2006年获第三世界科学院最高奖——“第里雅斯特科学奖”（Trieste Science Prize）、2008年获（首届）“谈家桢生命科学成就奖”、2009年获世界高科技论坛“杰出学术领袖奖”等。2009年、2010年分别被香港浸会大学和英国格拉斯哥大学授予荣誉科学博士学位，2011年5月当选为牛津大学 Hertford 学院 Senior Fellow，2011年11月当选为国际纯粹与应用生物物理联盟（IUPAB）候任主席。

姚建年　全国人大常委，中国科协常委，中科院院士。

1953年9月出生，福建晋江人。现任中国科学院化学研究所研究员、国家自然科学基金委员会副主任、中国农工民主党中央副主席、中国化学会理事长，兼任中国初级卫生保健基金会副理事长、中科院化学学部常委、《化学学报》、《物理化学学报》和《影像科学与光化学》杂志的副主编，英国皇家化学会 *New Journal of Chemistry* 杂志编委。英国皇家化学会和国际纳米制造学会的 fellow，日本科学技术振兴机构（JST）中国综合研究中心顾问。第九届、第十届全国政协委员。

长期从事新型光功能材料的基础和应用探索研究。在利用纳米尺度效应调控有机分子光物理光化学性能、无机和复合材料光致变色及光催化机理和材料设计等方面取得了一系列开创性成果。已在 *Nature*, *Acc. Chem. Res.*, *Chem. Soc. Rev.*, *J. Am. Chem. Soc.*, *Angew. Chem. Int. Ed.*, *Adv. Mater.* 等国际化学和材料界杂志上发表论文320余篇（他引4149次），申请国家发明专利23项，17项已获授权，出版合著4部，合作译著1部。2003年作为学术带头人获基金委创新研究群体资助，是“973”项目首席科学家。2004年以成果“若干新型光功能材料的基础研究和应用探索”荣获国家自然科学二等奖（第一获奖人）。

夏强　中国科协常委。

1955 年 5 月出生，山东济南人。1974 年 4 月参加工作，北京邮电大学无线电技术专业毕业，大学学历，工学学士学位，高级政工师。2010 年至今任北京市科学技术协会党组书记、常务副主席。

北京市第十三届人民代表大会常务委员会委员。

徐延豪　全国政协委员，中国科协常委，书记处书记，党组成员。

1962 年 10 月出生，辽宁沈阳人。医学博士，教授。曾任中国医科大学团委书记、校长办公室副主任、主任，沈阳市科委综合计划处副处长、社会发展处处长兼火炬计划办公室主任，沈阳市科协副主席，沈阳医学院院长、党委副书记，中国科技馆馆长、党委副书记。2010 年 1 月任中国科协党组成员，2011 年 5 月任中国科协常委、书记处书记。全国政协教科文卫体委员会委员。

高福　中国科协常委。

1961 年 11 月出生，山西应县人。中国生物工程学会副理事长（法人），中国疾病预防控制中心副主任，中国科学院北京生命科学研究院副院长，中国科学院病原微生物与免疫学重点实验室主任，中国科学院微生物研究所研究员、博士生导师，牛津大学客座教授，国际抗病毒联盟（ICAV）执委会委员。国家杰出青年基金获得者，国家 973 项目首席科学家，中国科学院“百人计划”入选者。牛津大学博士、哈佛大学博士后。2001～2004 年在牛津大学任讲师、博士生导师，2004～2008 年任中国科学院微生物研究所所长。

主要从事病毒与免疫学研究，在 *Nature*、*Science* 等刊物发表论文 200 余篇。曾获得中国科学技术协会首届中国青年科技奖，首届谈家桢生命科学创新奖，北京市科学技术进步奖，中华医学会、中华预防医学会科技奖，国家科技进步奖等奖励。中国微生物学会病毒学专业委员会副主任委员，中国免疫学会、中国生物物理学会常务理事，中华预防医学会理事，欧美同学会留英分会副会长。中国科协第七届委员。

曹振全　中国科协常委。

1964年5月出生，山东惠民人。工学硕士、工商管理硕士，研究员、教授级高工，享受国务院特殊津贴。现任上海市科学技术协会党组书记、副主席，上海市科委副主任，上海市张江高新区管委会常务副主任，上海市政协常委，中国青年科技工作者协会副会长，上海市青联副主席等。

长期从事科技管理、行政管理、社团管理工作，既有科研规划的管理经验，又有资源整合的市场运作经历。面对任务急难度大的科研项目，能从大局出发，积极探索，攻坚克难，并努力推动科研项目走向市场。以高度政治责任心和强烈事业心，着力抓班子、抓管理、抓发展，工作上锐意进取，开拓创新，思路清晰，善于协调，规范管理，成效显著。始终关心、支持学会工作，深入推进“三位一体”的学会党建工作，促进学会创新发展，提升学会对会员的吸引力和凝聚力。高度重视科技人才的举荐和干部队伍建设，关心青年人才和干部的培养。紧紧依靠班成员和干部群众，做了大量卓有成效的工作，为上海的科技经济社会发展作出了积极贡献。1995年获电子工业部科技进步二等奖；1996年获上海市科技系统“十大科技青年”称号；1996年获电子工业部“优秀科技青年”称号；1997年获电子工业部科技进步三等奖；2006年获上海市决策咨询二等奖。

曹淑敏　全国政协委员，中国科协常委。

1967年10月出生，河北人。1992年获北京航天航空大学硕士学位，2007年获得香港理工大学管理学博士学位。曾任信息产业部电信传输研究所副所长，信息产业部/工信部电信研究院副院长等职。现任工业和信息化部电信研究院院长，教授级高工。享受国务院政府特殊津贴。中共十六大、十七大代表。2007年1月中共中央政治局第38次集体学习，讲授“世界网络技术发展与我国网络文化建设与管理”。曾获全国先进工作者、中国青年科技创新杰出奖、中国“五四”青年奖章、中央国家机关优秀女领导干部、中央国家机关优秀共产党员、入选首批新世纪百千万人才工程国家级人选。

曾任国际电信联盟ITU－R WP8副主席兼技术工作组主席。现任国家重大科技专项“新一代宽带无线移动通信网”副总师，国家信息化专家咨询委员会委员、国务院三网融合专家组成员、国务院反垄断专家组成员、国家“863”4G项目总体组副组长、中国通信标准化协会副理事长、工信部通信科技委副主任委员、工信部TD－LTE工作组组长、云计算发展与政策论坛理事长等。

龚克　全国人大代表，中国科协常委。

1955年6月出生，湖南长沙人。教授。曾任清华大学研究生院副院长、电子系主任、副校长、清华信息科学与技术国家实验室主任（兼）。2006年7月，任天津大学校长。2011年1月，任南开大学校长。兼任世界工程组织联合会（WFEO）副主席以及WFEO信息与通信委员会主席，中国电子学会监事会总监，中国通信学会副理事长。

长期从事无线通信技术的教学与研究开发工作。曾参与和主持数字无绳通信系统，无线接入设备与技术，微波点对多点农村通信系统，蜂窝通信及室内通信的无线信通特性，小型多天线技术，微纳星技术试验卫星和中国数字电视无线传输标准等项目的研发，获得过国家技术发明二等奖和北京市科技进步一等奖等。

屠海令　中国科协常委。

1946 年 10 月，北京人。北京有色金属研究总院名誉院长、科技委主任，中国工程院化工、冶金与材料工程学部副主任，全国人大财经委员会委员，国家自然科学基金委员会委员，中国有色金属工业协会副理事长，中国半导体行业协会副理事长，中国材料研究学会副理事长，中国有色金属学会副理事长，中国稀土学会副理事长，中国科技馆发展基金会副理事长，“973”材料领域咨询专家。

从事硅、化合物半导体、稀土半导体晶体生长，硅基半导体材料制备，半导体材料与器件性能关系，纳米半导体材料、高 k 材料、相变存储材料和红外光学材料等方面研究。获得国家级、省部级科技进步奖 14 项，授权发明专利 25 项，发表论文 200 多篇，编译出版著作 9 部。1985 年获有贡献归国留学人员奖，1992 年获政府特殊津贴，1996 年被评为国家有突出贡献的中青年专家，2001 年获全国“五一”劳动奖章，2002 年获国际半导体材料与设备协会国际标准成就奖，2004 年获何梁何利奖，2006 年分别获北京电子信息产业十大杰出贡献者奖和中国有色金属工业科技进步特别贡献奖。

谢和平　中国科协常委，中国工程院院士。

1956 年 1 月出生，湖南双峰人。现任四川大学校长，四川省科协主席。兼任国家奖学金评审委员会主任委员，第二届全国工程硕士专业学位教育指导委员会副主任委员，中国能源学会副会长，中国岩石力学与工程学会副理事长，中国煤炭学会副理事长，中国煤炭工业协会副会长，中国学位与研究生教育学会副会长，中国教育国际交流协会副会长，*Geomechanics and Geoengineering: an international Journal*、《力学学报》等 10 余种学术刊物的荣誉主编或编委。

长期致力于岩体力学与工程研究和实践，于 20 世纪 80 年代初在我国最早建立了裂隙岩体宏观损伤力学模型，开拓了裂隙岩体损伤力学研究新领域；出版了《岩石混凝土损伤力学》、*Fractal In Rock Mechanics* 等 6 本中英文专著，发表 200 余篇论文，成果被 SCI 收录 80 余篇、引用 500 余次，EI 收录 100 余篇，CSCD 和 CSTPC 引用 600 余次。曾获国家自然科学二等奖、科技进步二等奖、科技进步三等奖、自然科学三等奖四项国家级奖，以及孙越崎能源大奖、何梁何利科技进步奖和省部级二等以上奖励多项；2007 年被德国克劳斯塔尔工业大学授予荣誉博士学位，2008 年获香港理工大学第十五届“杰出中国访问学人计划”表彰。

樊明武　中国科协常委，中国工程院院士。

1943 年 7 月出生，湖北沙市人。回旋加速器专家、磁铁理论与工程专家，国家级有突出贡献的专家。曾任中国原子能科学研究院院长、华中科技大学校长。1996 年，被评选为中央国家机关党的优秀行政干部。1997 年，当选为中共十五大代表，2003 年当选为十届全国人大代表。

1978 年考上国家首批公派留学生赴英国牛津学习，后应邀工作于美、英、法等国著名大学和研究所，从事粒子加速器和电物理设备研究。基于有限元方法开发了通用二维电磁场计算软件包 DE2D，三维磁场计算软件包 DE3D。在 30MeV 强流质子回旋加速器研制中，解决了关键设备技术问题，使该加速器达到 90 年代国际先进水平。该加速器被两院院士投票评选为全国 1996 年十大科技事件之一，这一事件结束了我国不能用加速器批量生产中短寿命放射性同位素的局面，标志我国回旋加速器的研制能力达到一个新水平。目前，致力于核电、核技术应用及太赫兹波等国际前沿课题研究；积极推进湖北核电和核技术产业发展。

1983 至今，先后担任第八届、第九届国际电磁场计算会议国际指导委员会委员，国际电磁场计算学会理事，国际电磁场计算会议中国联络办公室主任、委员，中国电工技术学会理论电工专委会委员、副主任，计算机应用专委会委员，粒子加速器学会付理事长，正负粒子对撞机国家实验室学术委员会委员，兰州重粒子加速器国家实验室学术委员会委员，国防科工委专家咨询委员会委员，国务院学位委员会委员，湖北省科协主席，华中科技大学学术委员会主任，湖北省高级专家协会会长等。

2011年新当选的全国学会、协会、研究会理事长

（按中国科协团体会员序列排序）

王诗宬　中国数学会理事长，中国科学院院士。

1953年1月出生，江苏盐城人。1978年8月～1981年7月北京大学数学系硕士研究生。1981年8月至今北京大学数学科学学院讲师、副教授、教授（其间，1983年9月～1988年8月美国加州大学洛杉矶分校博士研究生）。曾获中国青年科学家奖、求是杰出青年奖、国家杰出青年基金、陈省身数学奖、国家自然科学奖二等奖。

主要从事低维拓扑研究，涉及几何群论、不动点、动力系统和代数拓扑等领域。与他人合作成果如下：发现三维流形中本质浸入曲面不能提升成有限覆叠中嵌入曲面的第一个例子；观察到卫星结上循环手术的障碍，证明了纽结补中的浸入本质曲面边界数的有限性；在有限群作用、手性、流形嵌入等方面均有创新性研究；开拓和发展了三维流形间的映射这个研究领域，在探索覆叠度的唯一性、非零度映射的存在性、有限性、标准型及其与三维流形拓扑的相互作用中有一系列预见性研究和佳作。

詹文龙　中国物理学会理事长，中国科学院院士。

1955年10月出生，福建厦门人。中共中央候补委员，中国科学院副院长、党组成员。1982年毕业于兰州大学现代物理系。1982～2007年12月在中国科学院近代物理研究所从事科研工作（其间，1986～1988年在法国大加速国家实验室做访问学者，1991～1993年在美国哥伦比亚大学布鲁海门和伯克利国家实验室做访问学者）。曾任中国科学院近代物理研究所研究室主任、副所长、所长，兰州重离子加速器国家实验室副主任。

主要从事重离子实验核物理研究和大科学工程建造。自20世纪80年代起参加低能重离子反应机制研究，80年代中期进入中能重离子核物理研究，主要参加放射性束物理的早期实验，建立具有特色的放射性束流分离装置，开展新核素合成和奇异原子核结构研究。90年代开始相对论重离子碰撞研究。90年代后期负责国家大科学工程“兰州重离子加速器冷却储存环”的研制。近年来，组织基于兰州重离子加速器的重离子治癌临床研究。

顾逸东　全国人大代表，中国空间科学学会理事长，中国科学院院士。

1946年9月出生，上海人。毕业于清华大学工程物理系。1993年7月～2008年7月，历任中国科学院空间科学与应用总体部副主任，中国科学院空间中心副主任、主任，中国科学院光电研究院副院长、院长。1994年4月～2009年7月担任载人航天工程应用系统总设计师（其间，1999年7月～2008年3月，任载人航天工程应用系统总指挥）。现为中国科学院空间科学与应用总体部高级顾问、研究员、博士生导师，清华大学兼职教授，中国载人航天工程技术顾问，国务院学位委员会委员，全国人大环境与资源保护委员会委员。

1977～1993年，主要从事高空气球技术研究，开辟了我国系留气球升空平台的研究方向，为我国气球飞行器发展做了开创性和系统性工作。1993年7月起，从事载人航天工程应用系统总体工作，主持了我国载人航天工程应用系统的总体方案设计和总体技术工作，组织完成了神舟1号至神舟7号飞船30余项科学与应用任务的研制、试验、测试发射和在轨运行，组织了载人航天后续应用任务的论证、规划和工程实施工作。

1979年获全国科学技术大会重大科技成果奖，1985年获国家科技进步二等奖，2003年获香港求是科学基金会杰出科技成就集体奖，2004年获国家科技进步特等奖，2005年获军队科技进步一等奖，2003年获全国“五一”劳动奖章。

徐绍史　中国地质学会理事长。

1951年10月出生，浙江宁波人。中共中央委员，现任国土资源部部长、党组书记，国家土地总督察。1969年4月参加工作。1977年3月~1980年3月在长春地质学院水工系水文地质及工程地质专业学习。1980年3月起，历任地质矿产部政策法规研究室干部、部领导秘书、部办公厅副主任、主任等职。1991年12月~1993年10月挂职任广东省地矿局副局长，1992年11月兼任深圳市地质局局长。1993年10月起，历任国务院办公厅秘书一局副局长、局长。2000年12月任国务院副秘书长、机关党组成员。2007年4月任国土资源部部长、党组书记，国家土地总督察。

邓子新　中国微生物学会理事长。

1957年3月出生，湖北房县人。1987年5月~1988年6月在John Innes研究中心从事博士后研究，1988年6月~1992年7月华中农业大学讲师、副教授，1992年8月~2000年7月华中农业大学教授，1993年任博士生导师，2000年7月起任上海交通大学教授，博士生导师。现任上海交通大学生命科学技术学院院长、微生物代谢国家重点实验室主任，国际工业微生物遗传学组织专家委员会（GIM-IC）委员，国际放线菌生物学大会系列组织与管理委员会（ISBA-MC）委员，中国农业生物技术学会副理事长，国家“863”计划现代农业技术领域专家组成员，国家自然科学基金委员会生命科学部第四届专家咨询委员会委员和学科评审组成员等。研究成果曾获农业部科技进步一等奖、上海市科技进步一等奖、中国高校十大科技进展、教育部自然科学二等奖、国家自然科学二等奖。荣获霍英东基金会青年教师奖、首届国家杰出青年科学基金奖和全国“五一”劳动奖章、全国先进工作者等称号。

裴钢　中国细胞生物学学会理事长，中国科学院院士。

1953年12月出生，辽宁沈阳人。1991年获美国北卡罗来纳大学生物化学和生物物理学博士学位，2012年获内布拉斯加大学医学中心荣誉科学博士学位。曾任中国科学院上海生命科学研究院院长。2001年当选第三世界科学院院士。现任同济大学校长、教授。

担任国家“973”计划第四届、第五届专家顾问组成员，“发育与生殖研究”重大科学研究计划专家组组长，国家重大基础平台建设专家组成员，亚太细胞生物学会理事，中药全球化联盟副主席，*Cell Research* 主编和国际多种学术刊物编委。

长期从事细胞信号转导研究，以G蛋白偶联受体（GPCR）信号转导网络为研究核心，在细胞表面受体信号转导与对话机制，以及细胞表面受体对药物成瘾、代谢性疾病、神经退行性疾病、自体免疫病以及胚胎发育和细胞全能型等的调控新机制中作出了一系列原创性的重要研究发现。许多重要成果发表在 *Cell*, *Nature*, *Nature Medicine*, *Nature Immunology* 等国际学术刊物上。2002年、2007年获国家自然科学二等奖，2006年获上海市自然科学一等奖，2010年获陈嘉庚生命科学奖，2011年获谈家桢生命科学成就奖。

刘杏忠　中国菌物学会理事长。

1961 年 4 月出生，山西霍州人。中国科学院微生物研究所研究员，国家杰出青年基金获得者，中国科学院百人计划入选者。主要从事真菌系统学及生物学研究，发现了 2 个新属、48 个新种，23 个新组合，包括重要的生防资源。通过比较形态和分子系统学研究，建立了 Datylella 及相关属的更趋于自然的分类体系，通过多基因分析阐明了捕食真菌系统进化的规律及各类捕食器官的起源与分化时间。分离鉴定了洛斯里被毛孢致病相关蛋白及其基因，建立了被毛孢的实时荧光定量 PCR 检测技术，并明确了土壤因子对被毛孢定殖和增殖的影响。在国内率先开展了特殊环境（如低温、湿地、岩石）冬虫夏草真菌群落研究。曾获国家科技进步二等奖，山西省科技进步二等奖，云南省科技进步一等奖、三等奖，农业部科技进步三等奖，黑龙江省科技进步三等奖及黑龙江农垦总局科技进步一等奖，贵州省科技进步一等奖等。1997 年，获中国农业科学院首批跨世纪学科带头人和农业部有突出贡献中青年专家称号。1999 年，入选农业部神农计划。

段树民　中国神经科学学会理事长，中国科学院院士。

1957 年 10 月出生，安徽蒙城人。浙江大学医学部主任，博士生导师，中国科学院百人计划入选者。1991 年获日本九州大学医学博士学位。1992 ~ 1994 年在中国科学院上海脑研究所从事博士后研究。1995 ~ 1996 年日本九州大学世川医学奖学金特别研究员。1996 ~ 1999 年，先后在美国夏威夷大学 Bekesy 神经生物实验室和加州大学旧金山分校神经科学实验室做访问学者。主要研究受体、转运蛋白、离子通道及其信息转导机制。近年，主要研究星形胶质细胞参与神经元信息处理的机理。承担了国家重点基础研究发展规划项目“脑发育和可塑性的基础研究”（2000 ~ 2004 年）。担任 *Glia*、*Hippocampus*、*Neurobiology Disease* 等期刊编委。

周济　中国机械工程学会理事长，中国工程院院士。

1946 年 8 月出生，上海人。现任中国工程院院长，华中科技大学教授。1970 年毕业于清华大学，1984 年获美国纽约州立大学（布法罗）博士学位。历任华中科技大学校长、湖北省委常委兼省科技厅厅长、武汉市市长。曾任教育部部长。

长期致力于机械设计与数控技术的教学和研究工作。研究并组织实施了发展与推广应用数控、CAD 的技术路线，提出并实践了单调性分析优化、数控加工直接插补等算法理论，主持研制了华中Ⅰ型数控系统以及优化设计、机械 CAD 等系列软件产品，广泛应用于机械、航空、航天、能源等行业，创造了显著的社会效益和经济效益。曾多次获得国家、省部级科技进步奖，发表论文 200 余篇，出版著作 11 部。

张基尧　中国水力发电工程学会理事长。

1945 年 5 月出生，山东济南人。中共中央候补委员。1967 年毕业于华东水利学院（今河海大学）河川枢纽及水电站建筑专业，长期从事水利水电工程建设技术及组织管理工作。享受国务院特殊津贴。1986 年任水电十四局副局长，1992 年被建设部评为首批“全国优秀项目经理”，同年任中国水利水电工程总公司总经理、党组书记。1996 年 5 月任水利部副部长、党组成员，兼任水利部小浪底水利枢纽管理局局长、党委书记。1997 年当选为中国共产党第十五次全国代表大会代表。同年被中组部、人事部授予“全国优秀中青年专家”称号。2003 年 8 月任国务院南水北调工程建设委员会办公室主任、党组书记。同年被国际工程项目管理合作联盟授予“项目管理杰出领导者”称号。2010 年 10 月，全国政协第十一届全国委员会常务委员会第十一次会议增补为全国政协委员、人口资源环境委员会副主任。

郑纬民　中国计算机学会理事长。

1946 年 3 月出生，浙江宁波人。1970 年毕业于清华大学自动控制系并留校任教。1982 年毕业于清华大学计算机系，获硕士学位。历任清华大学计算机系高性能计算技术研究所所长、清华大学计算机系学位分委员会主席、清华大学学位委员会委员等职，现为清华大学计算机系教授、博士生导师、清华信息科学与技术国家实验室网格计算研究部主任。

主要从事网络存储与分布式处理的科研与教学工作，主持并完成了“973”计划、“863”计划、国家自然科学基金等科研项目 35 项。出版《计算机系统结构》和《函数程序设计语言－计算模型、编译技术和体系结构》等论著。与合作者一起发表论文 300 余篇。曾获国家科技进步一等奖 1 项、二等奖 2 项，省部级科技进步奖 13 项。

李生　中国中文信息学会理事长。

1943 年 2 月出生，黑龙江兰西人。哈尔滨工业大学教授，语言技术中心主任。曾任哈尔滨工业大学计算机系主任，校科研处处长、科技长、党委组织部部长、党委副书记、党委书记等职。享受国务院政府特殊津贴和黑龙江省优秀中青年专家待遇。曾获全国“五一”劳动奖章，是党的十六大代表，第八届、第九届中共黑龙江省省委委员。

主要学术研究方向为自然语言处理、机器翻译、信息检索与社会计算。近年来完成国家自然科学基金、“863”计划等科研项目 10 余项，先后获省部级科技进步二等奖 4 项、三等奖 3 项，在国内外学术刊物和会议上发表学术论文近百篇。

徐祖远　中国航海学会理事长。

1952年1月出生，江苏太仓人。大连海事大学硕士研究生毕业，高级工程师，享受国务院特殊津贴。

1976年大连海运学院航海驾驶专业毕业，曾任广州远洋运输公司船舶三副、二副、大副、船长。1988年任海南船务企业公司总经理。1993年任广州远洋国际货运公司总经理。1995年任广州海运（集团）公司副总经理，1998年7月任广州海运（集团）公司总经理、广州海运（集团）公司董事长、中海发展货轮公司总经理，2003年2月任中国海运（集团）总公司副总裁。2004年5月任交通部党组成员、副部长，交通部海事局（中国海事局）局长，2008年3月任交通运输部党组成员、副部长，交通部海事局（中国海事局）局长。

徐匡迪　中国金属学会理事长，中国工程院院士。

1937年12月出生，浙江崇德人。曾任上海市市长，第十届全国政协副主席，中国工程院第三届、第四届院长兼党组书记。现任国务院学位委员会副主任，中国工程院主席团名誉主席，中国工业经济联合会名誉理事长，中国美国人民友好协会会长，中国国际友好联络会名誉会长，中共第十四届中央候补委员，第十五届、第十六届中央委员。

1959年毕业于北京钢铁学院（现北京科技大学），长期在高校任教，博士生导师，是国务院认定的第一批有突出贡献中青年专家。从事电炉炼钢、喷射冶金、钢液二次精炼及熔融还原的研究。研制成功SGDF型喷粉罐并广泛应用；研究成功生产高纯管线钢的真空循环脱气、喷粉（RH－IJ）技术，被英钢联及日本新日铁公司采用；研究成功超低硫钢冶炼技术及铁浴法熔融还原不锈钢母液，并分别在宝钢和上钢五厂取得应用成果；提出了铁液脱硫的“拟一级不可逆反应处理法”及锰熔融还原三步反应模式；主持制订上海钢铁工业“三优”规划。多次获得国家及省部级奖励。发表学术论文120余篇，专著7部。

2003年因倡导和建立新一代可循环钢铁工业流程及建设环境友好型钢铁厂而被选为英国皇家工程院、瑞典皇家工程院、塞尔维亚工程院外籍院士，2006年又分别当选为美国工程院和俄罗斯工程科学院外籍院士，2008年当选为澳大利亚技术科学与工程院外籍院士。2007年获何梁何利基金科学技术进步奖。

马兴瑞　全国政协委员，中国宇航学会理事长。

1959年10月出生，山东郓城人。1978年10月～1982年7月在阜新矿业学院工程力学专业学习。1982年9月～1985年4月在天津大学一般力学专业攻读硕士研究生。1985年4月～1988年3月在哈尔滨工业大学一般力学专业攻读博士研究生。1988年3月～1989年5月哈尔滨工业大学教师。1989年5月～1992年4月哈尔滨工业大学航天学院空间科学与技术系副主任、教授。1992年4月～1992年12月哈尔滨工业大学航天学院航天工程与力学系副主任。1992年12～1995年2月哈尔滨工业大学航天学院航天工程与力学系主任、博士生导师。1995年2月～1996年4月哈尔滨工业大学航天学院副院长、系主任。1996年4月～1996年5月哈尔滨工业大学副校长。1996年5月～1999年9月中国航天工业总公司五院副院长。1999年9月～2007年8月中国航天科技集团公司副总经理、党组成员。2007年8月至今中国航天科技集团公司总经理、党组书记。兼任中国浦东干部学院理事会理事、中国工业经济联合会主席团主席、中国国际经济交流中心常务理事。

曾玉康　中国石油学会理事长。

1950年12月出生，四川隆昌人。1968年8月参加工作，1974年1月湖北地质学院石油地质专业毕业，大学学历，教授级高级政工师。1996年12月任大庆石油管理局勘探开发研究院党委书记、常务副院长（副局级）。2001年3月任大庆石油管理局局长。2002年11月任中国石油天然气集团公司总经理助理、大庆石油管理局局长。2005年9月任中国石油天然气集团公司党组成员、副总经理，大庆石油管理局局长、党委书记。2008年1月任中国石油天然气集团公司副总经理、党组成员，黑龙江省政协副主席。第十届全国人大代表。曾荣获第三届袁宝华企业管理金奖、全国“五一”劳动奖章等荣誉。现兼任中国石油教育学会理事长。

徐永模　中国硅酸盐学会理事长。

1956年4月出生，湖南常德人，研究员。1982年1月武汉建材学院硅酸盐材料与工程系本科毕业，1983年考入中国建筑材料科学研究院研究生，毕业后留院，历任工程师、实验室负责人、研究院技术情报中心副主任。1991年英国谢菲尔德大学访问学者，1992年获伦敦南岸大学博士奖学金，1995年伦敦大学学院博士后，1997年底回国，1998年任中国建筑材料科学研究院副院长。2002年至今任中国建筑材料联合会副会长、中国混凝土与水泥制品协会会长、中国建筑砌块协会理事长、北京市政府专家顾问等。

长期从事科研与管理工作，先后主持过原国家建材局，科技部、国家发展改革委等部门和联合国开发计划署等机构的科研项目和产业科技政策研究。国内外发表论文60余篇，科研成果曾获部级科技进步一等奖和三等奖，一批软科学研究成果被国家有关产业政策法规文件采用。

车书剑　中国建筑学会理事长。

1943年1月出生，山东烟台人。高级工程师，党的十六大代表，第十届全国政协委员。1967年毕业于吉林大学经济系政治经济专业。毕业后，历任中国市政工程东北设计院宣传组长、支部书记、副院长、院长。1991～1998年历任建设部办公厅副主任、主任、党组成员兼办公厅主任。1998～2000年任国务院稽查特派员（副部级）。2000年4月任香港中旅（集团）有限公司董事长、党委书记，中国共产党香港工委委员。2006年2月任国务院参事。长期从事经济工作，特别是城市基础设施建设的规划、设计和管理工作。

黄伯云　全国政协委员，中国科协副主席，中国工程院院士。

1945 年 11 月出生，湖南南县人。博士生导师。1969 年毕业于中南矿冶学院，1986 年获美国 Iowa State University 材料科学与工程系博士学位，1986 ~ 1988 年在美国 University of Tennessee 材料科学与工程系从事博士后研究。1988 年后，在中南大学从事教学、科研工作，1999 年 12 月当选为中国工程院院士。2000 年 12 月 ~ 2011 年 11 月，担任中南大学校长。现担任中国粉末冶金联合会主席、粉末冶金国家重点实验室主任、中国材料研究学会理事长、湖南省科协第九届委员会主席等职务。

长期从事先进复合材料、高性能摩擦材料、高温结构材料、粉末冶金材料，以及其他新材料的研究与开发。他主持研究的“高性能炭/炭航空制动材料的制备技术”，2003 年两次用于某型号大型客机国产炭/炭刹车副装机试飞先后成功，并荣获 2004 年度国家技术发明一等奖，结束了该奖项连续 6 年空缺的历史。他研制的“钐 - 钴和铈钴铜铁磁性材料”成功应用于我国人造卫星的关键通讯器件。

近年来，他先后完成国家自然科学基金重点项目、国家“863”计划高技术项目、国家“973”重大基础研究项目和国家攻关项目等 10 余项，并获技术发明奖、科技进步奖、国家级教学成果奖、省部级一等奖共 11 项。他还获得了何梁何利基金科学与技术进步奖、留学回国人员成就奖、中国有色金属工业科技进步特别贡献奖和湖南光召科技奖，并获得国家有突出贡献中青年专家和全国“五一”劳动奖章等荣誉称号。

孟素荷　中国食品科学技术学会理事长。

1950 年 10 月出生，天津人。教授级高级工程师，毕业于天津科技大学食品工程专业。现任中国食品科学技术学会理事长、中国食品科学技术学会面制品分会秘书长，兼任《中国食品学报》杂志社社长、中国轻工业联合会常务理事等职。

曾在天津市食品工业研究所工作，后调入天津市食品学会、中国食品科学技术学会，历任中国食品科学技术学会国际部主任、咨询部主任、副秘书长、秘书长、副理事长兼秘书长、理事长等职，长期从事食品科技的研究与管理。

欧进萍　全国人大代表，中国振动工程学会理事长，中国工程院院士。

1959 年 3 月出生，湖南宁远人。1990 年从原哈尔滨建筑大学力学博士后流动站出站，提升教授并留校任教。1993 年评为博士生导师。1998 ~ 2000 年原哈尔滨建筑大学土木工程学院院长，2000 年哈尔滨工业大学副校长，2006 年 4 月至今任大连理工大学校长（副部级）。2006 年 9 月担任国务院应急管理专家组成员。

长期从事结构监测、控制与防灾减灾工程研究，在结构动力可靠性与地震损伤、结构振动控制、重大工程结构健康监测以及海洋平台结构安全保障技术等方面取得了系统的研究成果。主要著作有《结构随机振动》、《结构振动控制——主动、半主动与智能控制》、《海洋平台结构安全评定——理论、方法与应用》、《荷载与抗力系数设计方法》。主持完成国家自然科学基金重大项目课题和国家杰出青年基金项目等 24 项，发表学术论文 180 篇，获得国家科技进步二等奖 2 项，省部级科技进步一等奖 4 项、二等奖 3 项，两次获得霍英东教育基金会青年教师研究基金和研究一等奖，获得“做出突出贡献的中国博士学位获得者”和“国家级中青年有突出贡献专家”称号。

徐冠华　全国政协常委，中国图象图形学学会理事长，中国科学院院士。

1941 年 12 月出生，上海人。第三世界科学院院士、瑞典皇家工程科学院外籍院士、国际宇航科学院院士。现任全国政协教科文卫体委员会主任。毕业于北京林业学院，并在瑞典斯德哥尔摩大学从事遥感数字图象处理研究。曾任中国林业科学研究院资源信息研究所所长，中国科学院遥感应用研究所所长，中国科学院副院长，国家科学技术委员会副主任、党组成员，科技部部长、党组书记。获得有突出贡献的中青年专家和留学回国人员，作为国家“七五”科技攻关有突出贡献的科技人员，享受国务院特殊津贴。先后被香港城市大学、香港中文大学、美国马里兰大学授予荣誉博士学位。

在推进技术创新、促进科技产业化、实施科研院所体制改革等方面做了大量卓有成效的工作，组织了《国家中长期科技发展规划纲要》的制定和国家科技计划的实施，并应邀先后担任了中国科学院研究生院地球学院院长、北京大学数字中国研究院名誉院长、中国科学院对地观测与数字地球科学中心发展战略委员会主任、中国科学院湖泊与环境国家重点实验室学术委员会主任、北京师范大学遥感科学技术学院学术委员会主任等职。

陈焕春　中国畜牧兽医学会理事长，中国工程院院士。

1953 年 3 月出生，湖北恩施人。博士，教授，博士生导师。1975 年毕业于华中农学院并留校任教，1984 年赴德国留学，1988 年 2 月毕业于德国慕尼黑大学，获博士学位。1988 年 2 月 ~ 1989 年 1 月在德国柏林自由大学国际动物传染病研讨班学习，1989 年回国。1992 年获国务院特殊津贴。现任华中农业大学农业微生物学国家重点实验室主任、华中农业大学楚天学院院长。兼任武汉大学病毒学国家重点实验室学术委员会主任、国家自然科学基金专家委员会委员、国务院突发事件应急专家委员会委员、科技部禽流感攻关研究总体专家组组长、“863”计划现代农业技术领域专家组副组长、农业部咨询专家委员会委员、农业部转基因生物安全评价委员会委员等职。

主要研究领域为动物重大传染病与人畜共患传染病流行病学、分子生物学、基因工程疫苗与分子诊断试剂等。先后主持国家“863”计划、国家科技攻关重中之重项目、国家生物技术攻关、中华农业科教基金、农业科技成果转化基金、教育部重大项目、国家重点新产品计划项目、国家“十五”科技攻关项目、国家自然科学基金重点项目、农业部重点攻关项目、湖北省重点攻关项目等 40 多项课题。克隆、测序了 20 余株病毒和 2 种细菌的全基因组序列。构建了伪狂犬病毒、猪胸膜肺炎放线杆菌和猪沙门氏菌 3 种通用型载体，研制了 10 余种基因工程疫苗和 10 余种分子诊断试剂盒，获得了 14 个转基因安全证书，11 个新兽药注册证书和 7 个发明专利，获得国家科技进步二等奖 2 项，国家教育成果二等奖 1 项，国家重点新产品证书 1 项，制定国家标准、农业部行业标准 3 项，在国内外核心期刊发表论文 500 余篇，SCI 收录 80 余篇。

郑惠强　全国政协常委，中国工程机械学会理事长。

1953 年 2 月出生，广东潮阳人。现任同济大学副校长、教授、博士生导师，民盟中央副主席，上海市委主委，上海市人大常委会副主任，同济大学中国科技管理研究院学术委员会委员，上海市楼宇科技研究会理事长等职务。曾任上海应用技术学院副院长、上海市信息化委员会副主任。

长期从事机械工程学科和管理工程学科教学科研工作。机械学科主要研究方向为结构动态分析、机械优化设计、动力有限元分析等。管理学科主要研究方向为服务科学与工程、现代服务业发展、经济管理和行政管理体制及政策研究等。主编专著词典 6 本，其中《机械结构设计》列为国家“十一五”规划重点教材。负责或参与国家科技攻关项目机械类科研课题 10 余项，在国内外核心期刊发表学术论文 100 余篇。现担任《中国工程机械学报》主编。近 5 年承担上海市社科规划课题、决策咨询课题，上海市发展改革委、市科学技术委员会等单位的社科管理类课题共 18 项，公开发表经济社会管理以及教育改革与发展论文几十篇，曾获第六届上海市决策咨询研究成果奖。

鲁成　全国政协委员，中国蚕学会理事长。

1957 年 12 月出生，重庆长寿人。1981 年毕业于西南农业大学蚕桑系，1985 年获得农学硕士学位，1995 年获农学博士学位。现任西南大学校长助理兼动物科技学院院长，教授，博士生导师。重庆市蚕丝学会理事长、中国遗传学会常务理事。

长期从事家蚕突变基因、资源及细胞生物学研究，是中国家蚕基因组计划的主要策划者和主研人员。主持承担了“973”计划、“948”计划、“863”计划、国家科技攻关、国家自然科学基金等科研课题 10 余项。在家蚕基因分析及遗传资源研究等方面有创新成果和突出成就，处于国内和国际先进水平。在 *Science*、*PANS* 等国内外著名刊物上发表研究论文 90 余篇，参加编写出版学术专著 4 部。获国家及省部级科技奖励 5 项。1994 年被评为国家级有突出贡献的中青年专家，1995 年获国家教委“跨世纪优秀人才培养计划”资助，1996 年被批准进入国家“百千万人才工程”一、二层次和“神农计划”首批提名。

马启智　中国草学会理事长。

1943 年 11 月出生，宁夏泾源人。1967 年 9 月毕业于中央民族学院历史系。1969 年 10 月鞍山钢铁公司育成中学任教。1970 年 3 月任银川市第二中学任教师兼校团总支副书记。1973 年 3 月任共青团银川市委青年组任干事。1983 年 6 月 ~2007 年 5 月历任宁夏回族自治区固原地区地委副书记，自治区党委组织部副部长，银南地区地委副书记，自治区宣传部部长，自治区党委副书记、主席、党组书记。2007 年 4 月 ~2008 年 3 月任第十届全国人民代表大会农业与农村委员会副主任委员。2008 年 3 月至今任第十一届全国人民代表大会民族委员会主任委员。

对草业发展有深刻的认识和独到的见解，1997 ~ 2007 年，担任宁夏回族自治区主席期间，从“草原大产业、草业大发展”的战略高度出发，将草畜产业作为其主导产业，予以重点扶持，制定实施了自治区天然草原禁牧封育和退牧还草工程，狠抓草种改良、科技革新，独创性地提出和实践了利用狐狸控制草原鼠害的新理念，并高度重视草原法制建设，为宁夏草原保护建设及草业发展壮大作出了贡献。

刘保延　中国针灸学会理事长。

1955 年 5 月出生，陕西延安人。1988 年 7 月毕业于中国中医研究院针灸临床专业，获硕士学位。主任医师，博士生导师，中国中医科学院首席研究员。现任中国中医科学院常务副院长、世界针灸学会联合会副主席、全国针灸标准技术委员会主任委员、世界卫生组织传统医学顾问。

以中医和针灸临床疗效评价为主要研究方向，牵头开展了国家“973”计划、“863”计划等 10 多项国家重大科研项目，担任“973”计划项目首席科学家。构建了中医临床科研一体化技术平台，解决了利用临床实际信息开展研究的技术难题。组织研制的临床中央随机化、数据管理系统，在 70 多项临床研究中应用，提高了中医药临床研究的质量和水平。探索建立了中医真实世界临床研究基本原理、方法和技术平台。在国内外核心期刊发表学术论文 150 余篇，获国家科技进步二等奖 2 项；中华中医药学会科学技术奖一等奖 2 项、二等奖 1 项、三等奖 1 项；教育部科技进步一等奖 1 项。编写了《患者报告结局的测量》、《中医现代化科技发展战略研究》、《中国中医药学术语集成》、《循证医学与中医药》、《中医临床研究实施方案设计与优化》等书。获得 2005 ~ 2006 年度卫生部有突出贡献中青年专家、享受国务院特殊津贴及中医药科技管理工作优秀工作者等奖励。

统筹规划了全国针灸标准化工作，组织针灸标准化研究队伍，建立针灸标准制定的规范，完成了 20 余项国家标准的制定；组织制定了 20 项针灸临床实践指南，其中 5 项已公开发布；探索建立针灸标准的推广应用基地和机制；推动针灸国际标准的制定，参与了国际标准化组织（ISO）与世界卫生组织（WHO）针灸中医标准化的工作；建立了全国针灸科技奖励制度和办法，促进了针灸科技的创新发展。

马辛　中国心理卫生协会理事长。

1959年5月出生，河南沈丘人。1983年12月～2003年9月，历任首都医科大学附属北京安定医院住院医师、主治医师、病区主任、副主任医师、主任医师、副院长（其间，1996年10月～1997年10月美国华盛顿大学、西部州立医院访问学者）。2003年9月至今任首都医科大学附属北京安定医院院长、主任医师、教授。兼任中华医学会精神病学分会副主任委员、北京医学会精神科分会主任委员、中国心理卫生协会老年心理卫生专业委员会主任委员、中国医师协会理事、国际老年痴呆协会中国委员会委员、中国健康教育协会医院分会常务委员、中华预防医学会精神卫生分会副主任委员、卫生部疾病预防控制专家委员会精神卫生与伤害控制分委员会委员。《中国临床医学荟萃杂志》名誉总编辑，《中国健康心理学》编委会副主任，《中国神经精神疾病》、《首都医科大学学报》、《当代医学》编委。

近年共发表论文近30篇，其中SCI收录7篇。参与编写精神医学专著10余部。主持科研项目6项，获2009～2010年度卫生部有突出贡献中青年专家称号。

段世杰　中国体育科学学会理事长。

1952年3月出生，辽宁锦州人。现任国家体育总局副局长，兼任中华全国体育总会副主席、中国奥委会副主席、中国游泳协会主席、中国体育发展战略研究会副会长兼秘书长、世界反兴奋剂组织理事会理事、第29届奥林匹克运动会组织委员会执行副主席。曾任国家体委员团委书记、党委副书记，体操处处长，训练竞赛四司副司长、三司司长，国家体育总局田径运动管理中心主任。

王兴　中华口腔医学会会长。

1945年8月出生，陕西白水人。北京大学口腔医学院口腔颌面外科教授，中国医师协会副会长，中国医师协会口腔医师分会名誉会长，中华医学会常务理事，中华口腔医学会口腔种植专业委员会名誉主任委员，《中华口腔医学》、《中国口腔医学继续教育》主编，国际牙医学院院士，美国ADA名誉会员，香港专科医师学院名誉院士，亚洲口腔种植学会顾问等。

先后在国内外医学杂志发表学术论文208篇，主编专著5部，参编著作22部。科研成果5次获北京医科大学科研成果奖，1次获卫生部科技进步一等奖，北京市科技进步二等奖，国家科技进步三等奖，中华医学科技一等奖。内置式颌骨牵引成骨的临床和实验研究2001年被评为“九五”期间国家重大科技进展项目之一。2004年发表于《美国整形与重建外科》杂志的论文获美国口腔颌面外科医师协会和内固定研究协会最佳临床研究论文奖。两次获中国科协优秀论文奖。1992年被国务院学位办、国家教委授予“有突出贡献的中国博士学位获得者”称号，1996年被评为卫生部有突出贡献的中青年专家。2006年获中国杰出口腔医师奖，2007年获中国医师奖。2008年获中华医学会中华系列杂志优秀主编奖。享受国务院特殊津贴。

何界生　中国女医师协会会长。

1943年10月出生，湖北大悟人。1969年毕业于同济医科大学。1983～1986年先后担任湖北省卫生厅厅长、省委常委、省委科教部长，1986～1995年任卫生部副部长，1995～1998年11月任中国人民保险（集团）公司副总经理、中保人寿保险有限公司董事长兼总经理，1998年11月～2000年1月任中国人寿保险公司党委书记、总经理，2000年2月～2003年4月任中央金融工委党委委员，2003年4月～2005年2月任中国银监会党委委员，2000～2009年任中国金融工会主席。第十届全国政协委员。曾担任中华预防医学会会长、中国学生营养促进会会长、中国保险协会会长，中国金融学会副会长。1995年至今，一直担任中国女医师协会会长，是中国女医师协会发起人之一。

张文范　中国未来研究会理事长。

1941年5月出生，甘肃宁县人。1965～1973年任兰州大学校团委书记，1973～1979年任共青团甘肃省委宣传部部长，1979～1983年任甘肃省委科教处处长，1983～1984年任甘肃省教育厅副厅长，1984～1988年任兰州市副市长，1988～1996年任民政部行政区划司司长、民政部党组成员，1996～2003年任民政部党组成员、中国老龄协会会长（副部级）。2005年至今担任中国未来研究会理事长。出版专著《榕荫笔谈》，主编了《中国老龄对策研究》，发表了《中国五大城市群的基本特征及发展趋势》、《应采取特殊政策，加大力度，重视和支持生物技术产业的发展》、《我国人口老龄化与战略性选择》、《我国城市化应同经济、社会发展相适应》、《试论世界跨国公司的发展趋势以及我国的战略性选择》、《构建和谐社会，发展我国老年教育》等文章。

裴定一　中国密码学会理事长。

1941年8月出生，江苏常州人。1968年中国科学技术大学数学系研究生毕业。1969～1977年在大庆油田工作。1978～1986年中国科学院应用数学研究所助理研究员、副研究员（其间，1978～1981年美国普林斯顿大学数学系访问学者，1983～1985年先后在美国加州理工学院数学系和南加州大学电子工程系做访问研究）。1986～2006年任中国科学院研究生院教授。2007至今任广州大学教授、博士生导师。1989年起担任信息安全国家重点实验室学术委员会副主任、主任。

致力于数论和密码学研究，在现代数论中彻底解决了模形式理论的一个遗留难题，在密码学椭圆曲线公钥密码、布尔函数和认证码等领域的研究中取得突出成果。1989年获国家自然科学基金三等奖、1992年获国家科技进步一等奖、1996年获国家科技进步二等奖（集体）、2002年获密码科技进步二等奖，1996年被授予“国家有突出贡献中青年专家”称号。2006年美国 Chapman & Hall / CRC 出版社出版他的认证码专著，该书被认为是认证码领域最重要的专著之一。

韩芳 中国睡眠研究会理事长。

1968年12月出生，山西天镇人。临床睡眠医学博士，博士生导师。1997年8月北京大学人民医院呼吸科主治医师，1999年8月~2001年8月美国 Case Western Reserve University 医学院助理教授（Asistant Professor），2001年8月至今任北京大学人民医院呼吸科主任医师，副研究员。

长期从事睡眠疾病的诊疗及研究。在工作实践中结合临床需要，展开睡眠与呼吸中枢调节功能研究，通过建立气管插管在国际上首次证明 OSA 患者睡眠时中枢反应低下，并发现上气道局部的感受性反射也参与呼吸调节，并进一步在机制方面进行了探讨，发现既与继发钝化有关，也可能为原发遗传所致。在动物研究方面，在国际上首先建立了小鼠呼吸暂停模型，证实呼吸暂停的发生与遗传有关。在发作性睡病研究的过程中，发现了调控人中枢低氧反应的基因 HLADQ0602。建立了国内最大的发作性睡病病例库及世界上最大儿童发作性睡病病例库，收集了重要遗传资源，并建立了脑脊液下丘脑分泌素测定诊断发作性睡病的方法，发现了国人免疫相关发作性睡病致病基因（P2RY11）。获国际学术奖励5次。任中德联合睡眠医学中心主任。发表睡眠领域研究论文61篇，综述、述评及专题笔谈33篇，撰写翻译及参与主编的图书15部，其中 SCI 收录21篇。

谢克昌 全国人大常委，中国科协副主席，中国科技馆发展基金会理事长，中国工程院院士。

1946年10月出生，山西五台人。1968年毕业于天津大学，1981年研究生毕业于太原工学院，1983~1985年美国南卡罗莱纳大学访问学者，1999年获日本信州大学工学博士学位。现任中国工程院副院长、民革中央副主席、太原理工大学教育部煤科学与技术重点实验室主任。曾任太原理工大学校长。

长期从事煤化工和煤的清洁高效利用的科研、开发、教学和战略规划研究，在煤的结构特征及其与反应性的关系和调变、依据煤气化规律优化脱硫净化技术、等离子体煤转化等方面取得重要成果，连续两次作为首席科学家承担能源领域“973”计划项目，提出气化煤气与热解煤气共制合成气多联产工艺并指导工程示范。作为第一完成人，获国家自然科学基金奖二等奖1项，国家科技进步奖二等奖1项，省部级科技一等奖7项，授权发明专利40余项。发表论文400余篇，出版《煤的结构与反应性》、《煤化工发展与规划》等著作5部，主编《现代煤化工技术》丛书。目前主持中国工程院重大咨询项目“中国煤炭清洁高效可持续开发利用战略研究”和“我国非常规天然气开发利用战略研究”。

John Richards 国际数字地球学会主席。

1945年出生，澳大利亚人。1972年毕业于澳洲新南威尔士大学，获电子工程专业博士学位，现就职于澳大利亚国立大学。其研究领域是遥感、雷达信号处理和建模。累计发表文章100余篇，参与编辑出版10余本专著。澳大利亚新南威尔士大学遥感学院创始者、美国电子学研究院终身教授、澳大利亚科技与工程院院士，曾获澳大利亚国家荣誉勋章、澳大利亚国立大学杰出贡献奖、澳大利亚政府颁发的百年奖章。曾在 NASA、IEEE 等国际组织中担任要职，有丰富的国际组织经验。

2011 年新当选的省、自治区、直辖市科协主席

段惠军　河北省科协第八届委员会主席。

1955 年 11 月出生，河北栾城人。日本信州大学医学部病理学专业毕业，研究生学历，医学博士学位，教授。1974 年 9 月～1977 年 7 月河北新医大学医学系学习，1977 年 7 月～1980 年 9 月河北省地方病防治所医师，1980 年 9 月～1983 年 7 月河北医学院医学系病理专业硕士研究生，1983 年 7 月～1993 年 8 月河北医学院助教、讲师（其间：1987 年 1 月～1993 年 3 月日本信州大学医学部病理学专业博士研究生、博士后），1993 年 8 月～1996 年 1 月河北医科大学病理教研室教授，1996 年 1 月～1998 年 4 月河北医科大学基础医学院副院长，1998 年 4 月～1999 年 8 月河北医科大学基础医学院院长兼河北省基础医学研究所所长（1998 年 7 月任博士生导师），1999 年 8 月至今河北医科大学副校长。2003 年 1 月至今河北省政协副主席。

1997 年 6 月当选为中国农工民主党河北省委副主委，2002 年 5 月至今担任中国农工民主党河北省委主委，2002 年 12 月当选中国农工民主党中央委员会常务委员。

冯守华　中国科学院院士，吉林省科协第八届委员会主席。

1956 年 3 月出生，吉林磐石人。吉林大学教授、博士生导师。1986 年获吉林大学博士学位，后在美国新泽西州立大学从事博士后研究。现任吉林省科协主席，中国科学院化学学部常委，九三学社中央委员，吉林省化学会理事长，国务院学位评定委员会化学评议组成员，国际水热与溶剂热协会副主席。长期从事无机合成与材料化学方面的研究，承担“863”计划和国家自然基金委重大研究计划等多项国家级研究项目，已发表学术论文 300 余篇，20 余项发明专利。曾获国家自然科学三等奖和教育部自然科学一等奖等，获国家杰出青年科学基金，受聘长江学者特聘教授，入选教育部跨世纪人才，国家有突出贡献的中青年专家，获香港求是基金会“杰出青年学者奖”。

马淑洁　黑龙江省科协第七届委员会主席。

1942 年 3 月出生，黑龙江呼兰人。黑龙江工学院数学、机械设计制造专业毕业，大学文化，教授，黑龙江省七届人大常委、黑龙江省七届政协常委。1965 年 9 月，黑龙江工学院机械系教师、团支部书记。1971 年 9 月，哈尔滨工业大学、黑龙江工学院教师、教研室党支部书记、系党总支委员。1975 年 12 月，黑龙江工学院党委常委、三系党政负责人。1978 年 5 月，哈尔滨科技大学党委常委、三系党总支副书记兼副主任。1982 年 7 月，哈尔滨科技大学党委委员、机械系党总支书记。1983 年 9 月，黑龙江省高教局副局长、党组成员。1985 年 6 月，黑龙江省教委常务副主任、党组成员。1986 年 9 月～1990 年 9 月，黑龙江省委组织部副部长（其间：1988 年 11 月～1990 年 9 月兼黑龙江省老干部局局长正厅级）。1990 年 9 月，哈尔滨市委常委、常务副市长。1992 年 9 月，黑龙江省省长助理、党组成员。1993 年 1 月，黑龙江省副省长、党组成员。2003 年 1 月～2008 年 1 月，黑龙江省人大常委会副主任、党组副书记。2003 年 1 月至今黑龙江省科协主席。

陈凯先　上海市科协第九届委员会主席。

1945 年 8 月出生，江苏南京人。1967 年毕业于复旦大学。1978 年 9 月考取中国科学院上海药物研究所研究生，1982 年和 1985 年在中国科学院上海药物研究所先后获得硕士和博士学位。1985 ~ 1988 年在巴黎生物物理化学研究所进行博士后研究。1990 年 5 月晋升为研究员，中国科学院上海药物研究所研究员、博士生导师，所长。曾任中国科学院上药物研究所合成室主任、研究生部主任、副所长、学术委员会副主任。现任上海中医药大学校长、国家新药研究和开发专家委员会委员、中国科学院新药研究专家委员会委员；中国药学会、上海市药学会、上海市分子科学研究会理事；《中国药理学报》、《物理化学学报》、《中国医药工业》、《分子科学学报》、《药学进展》、《药物化学》编委；被聘为浙江大学、上海交通大学、上海医科大学、中国药科大学、第二军医大学兼职教授。2011 年 11 月 23 日，当选为上海市科协主席。

杨卫　中国科学院院士，中国科协常委，浙江省科协第九届委员会主席。

1954 年 2 月出生，北京人。1969 年 1 月参加工作。1976 年西北工业大学锻压专业本科毕业，1981 年获清华大学工程力学系工学硕士，1984 年获美国 Brown 大学工学院博士学位。1978 年 5 月 ~ 2004 年 8 月先后在清华大学机械工程系、工程力学系任教，1989 年 12 月晋升为教授。1997 ~ 2004 年任清华大学工程力学系主任，2004 年 4 月 ~ 8 月担任清华大学航天航空学院常务副院长。1999 ~ 2004 年任教育部长江学者特聘教授。2004 ~ 2006 年任清华大学校学术委员会主任。2004 年 9 月 ~ 2006 年 7 月担任国务院学位委员会办公室主任，教育部学位管理与研究生教育司司长。2006 年 8 月起担任浙江大学校长。2011 年 11 月任浙江省科协主席。

黄伯云　全国政协委员，中国科协副主席，中国工程院院士。

1945 年 11 月出生，湖南南县人。博士生导师。1969 年毕业于中南矿冶学院，1986 年获美国 Iowa State University 材料科学与工程系博士学位，1986 ~ 1988 年在美国 University of Tennessee 材料科学与工程系从事博士后研究。1988 年以后，在中南大学从事教学、科研工作，1999 年 12 月当选为中国工程院院士。2000 年 12 月 ~ 2011 年 11 月，担任中南大学校长。现担任中国粉末冶金联合会主席、粉末冶金国家重点实验室主任、中国材料研究学会理事长、湖南省科协第九届委员会主席等职务。

长期从事先进复合材料、高性能摩擦材料、高温结构材料、粉末冶金材料，以及其他新材料的研究与开发。他主持研究的“高性能炭/炭航空制动材料的制备技术”，2003 年两次用于某型号大型客机国产炭/炭刹车副装机试飞先后成功，并荣获 2004 年度国家技术发明一等奖，结束了该奖项连续 6 年空缺的历史。他研制的“钐 - 钴和铈钴铜铁磁性材料”成功应用于我国人造卫星的关键通讯器件。

近年来，他先后完成国家自然科学基金重点项目、国家“863”计划高技术项目、国家“973”重大基础研究项目和国家攻关项目等 10 余项，并获技术发明奖、科技进步奖、国家级教学成果奖、省部级一等奖共 11 项。他还获得了何梁何利基金科学与技术进步奖、留学回国人员成就奖、中国有色金属工业科技进步特别贡献奖和湖南光召科技奖，并获得国家有突出贡献中青年专家和全国“五一”劳动奖章等荣誉称号。

石昆明　青海省科协第九届委员会主席。

1956年11月出生，青海湟中人。1978年3月~1982年1月青海民族学院政治系学习，1982年1月~1986年5月青海省委宣传部干事，1986年5月~1990年10月青海省委宣传部理论处副处长，1990年10月~1991年3月青海果洛藏族自治州州委宣传部副部长，1991年3月~1995年2月青海果洛藏族自治州州委宣传部部长，1992年12月~1995年2月兼班玛县委常委、副书记，1995年2月~1995年4月青海省委宣传部理论处处长、省社会科学规划办公室主任，1995年4月~1997年10月青海省委宣传部办公室主任，1997年10月~2000年12月青海省委宣传部秘书长（副厅级），2000年12月~2006年9月青海省委宣传部副部长。2006年9月至今担任青海省科协党组书记、主席。

刘平和　宁夏回族自治区科协第七届委员会主席。

1958年2月出生，陕西耀县人。高级政工师。1978年3月~1982年9月宁夏医学院医疗系学习，1982年9月~1984年9月宁夏固原地区医院外科医生，1984年9月~1986年9月宁夏医学院临床系辅导员，1986年9月~1988年7月西安交通大学社科系学生，1988年7月~1990年4月宁夏医学院学生处辅导员，1990年4月~1992年10月宁夏医学院团委书记，1992年10月~1996年1月宁夏医学院党委宣传部部长，1996年1月~1998年9月宁夏卫生厅医政处处长，1998年9月~2008年9月宁夏医学院党组副书记，2008年9月~2009年8月宁夏医科大学党组副书记，2009年8月~2011年6月宁夏人口计生委党组副书记、副主任，2011年6月~2011年10月宁夏科协党组书记、副主席，2011年11月至今宁夏科协党组书记、主席。

中国科协名誉主席朱光亚同志生平

中国共产党的优秀党员，忠诚的共产主义战士，杰出的科学家，我国核科学事业的主要开拓者之一，中国科学院、中国工程院资深院士，中国科学技术协会名誉主席、原主席，中国工程院原院长、党组书记，中国人民政治协商会议第八届、九届全国委员会副主席朱光亚同志，因病于2011年2月26日10时30分在北京逝世，享年87岁。

朱光亚同志1924年12月25日出生于湖北宜昌，原籍湖北汉阳。1941年9月，考入重庆中央大学（今南京大学）物理系。1942年夏，转入昆明西南联合大学学习。在此期间，他接触中共地下党员，开始接受共产主义思想的影响和熏陶。1945年抗日战争胜利时，毕业留校任助教。1946年9月，进入美国密执安大学研究生院学习，并从事核物理实验研究工作，发表了《符合测量方法（I）β能谱》等多篇论文，1949年秋获物理学博士学位。留学期间，他积极参加留美学生进步团体，并担任中国留学生学生会主席，密切关注国内形势发展变化，经常组织爱国进步活动，决心早日学成报效祖国。

1950年春，朱光亚同志毅然放弃国外优厚的工作条件和生活待遇，义无反顾地回到祖国。归国前，他牵头与51名留美同学联名撰写了《给留美同学的一封公开信》，呼吁海外中国留学生回国参加祖国建设。回国后，他立即投身到新中国的建设热潮中。1950年4月，朱光亚同志担任北京大学物理系副教授，开设普通物理、光学等课程，把知识毫无保留地传授给新中国物理学界的年轻一代。1951年5月，他撰写出版了新中国最早介绍核武器的科普读物《原子能和原子武器》。1952年4月，他担任朝鲜停战谈判中国人民志愿军代表团秘书处英文翻译，赴朝鲜战场参加艰苦激烈的板门店停战谈判，经历了战火的考验。

1953年1月，全国院校调整，刚从朝鲜归来的朱光亚同志被调往东北人民大学（今吉林大学），在新组建的物理系任教授，并先后担任普通物理教研室主任、系副主任、代理系主任，为该校物理学科建设和人才培养作出了开创性贡献。1955年初，新中国决定发展自己的原子能事业。同年5月，朱光亚同志调回北京大学参与组建原子能专业，筹建物理研究室（后改为技术物理系）并任副主任，担负起为新中国培养原子能专业人才的重任。这批毕业生在较短时间里大都成为我国核科学事业发展的骨干力量。

1956年4月，朱光亚同志加入中国共产党。1957～1959年任第二机械工业部四〇一所（中国科学院原子能研究所）研究室副主任，参与研究性反应堆的建设工作，并从事中子物理和反应堆物理研究，发表了《研究性重水反应堆的物理参数的测定》等学术论文。随后，他领导自行设计、制造、安装国内第一座轻水零功率装置，并开展堆物理实验工作，为掌握研究性重水堆物理实验技术做了开创性工作，跨出了我国自行设计、建造核反应堆的第一步。

1959年7月起，朱光亚同志先后担任第二机械工业部第九研究所副所长、第九研究院副院长，主管科研工作，把全部精力和智慧投入到核武器研制的重要工程中。作为技术总负责人，他参与领导并指导了核武器研制任务的分解、确定研究的主要科学问题和关键技术、选择解决问题的技术途径、设立课题并制定重要攻关课题的实施方案等重要工作。在原子弹研制的关键时刻，他出任中子点火委员会副主任委员，参与指导了几种不同点火中子源的研制与选择，并指导冷试验委员会开展点火中子综合可靠性的检验方法等关键课题的攻关，取得了一系列重大突破。

1962年，朱光亚同志参与起草《关于自力更生建设原子能工业情况的报告》，报告提出在两年内进行第一颗原子弹装置正式试验的目标，得到毛泽东、周恩来等中央领导同志的充分肯定。同时，他主持起草了《原子弹装置科研、设计、制造与试验计划纲要及必须解决的关键问题》和《原子弹装置国家试验项目与准备工作的初步建议与原子弹装置塔上爆炸试验大纲》。这是我国原子弹研制科技工作的两份纲领性文件，对争取在两年内实现我国第一颗原子弹爆炸试验的目标起到了重要作用。为加快我国首次核试验的技术准备工作，他又起草了关于迅速成立核试验基地研究所并安排国家试验各项准备工作的建议，并做了大量艰苦细致的工作，逐步建立起核试验科技队伍和完整的核试验技术体系。1964～1966年，他参与组织领导了我国第一颗原子弹、第一枚空投航弹、首次导弹与原子弹“两弹结合”试验任务。在短短两年时间，实现了我国原子弹研制的飞跃发展，使我国成为世界上少数几个独立掌握核技术的国家之一。

在我国第一颗原子弹刚完成理论设计时，朱光亚和彭桓武同志一道，组织科技人员制定了突破氢弹原理的工作大纲。随后，又组织科技工作者艰苦攻关，逐步完善形成了切实可行的氢弹设计方案，圆满完成了氢弹原理试验。1967年6月，他参与组织领导的我国第一颗氢弹爆炸成功，在我国核武器发展史上竖起一座新的里程碑。

朱光亚同志较早提出要在抓紧进行原子弹核航弹试验准备工作的同时，开展地下核试验的技术研究和准备工作。1969年9月，他参与组织指挥我国首次地下核试验，取得了圆满成功。我国地下核试验技术取得重大突破，实现了核试验转入地下目标，为核武器技术快速持续发展提供了有力支持。

1970年6月～1982年7月，朱光亚同志担任国防科学技术委员会副主任，在继续负责组织核武器技术研究与发展工作的同时，参与组织领导国防科技领域的重要工作。其间，组织和指导中国第一座核电站——秦山30万千瓦核电站的筹建、核燃料加工技术和核放射性同位素应用等项目的研究开发，为和平开发利用核能、推动我国经济社会发展作出了重要贡献。

1982年7月～2005年12月，朱光亚同志先后担任国防科工委科学技术委员会副主任、主任，总装备部科学技术委员会主任。他参加了改革开放以来历次国家科技中长期发展规划的研究制定工作，是《国家中长期科学和技术发展规划纲要（2006—2020年）》总体战略专家顾问组召集人之一。他还担任国务院高技术协调领导小组成员，参与组织领导了国家“863”计划制定和实施，参与指导了载人航天工程的前期论证工作。他组织领导了新时期历次国防科学技术和武器装备发展战略研究，组织拟制了国防关键技术报告，并组织领导了核武器技术发展研究、军备控制研究，对我国国防尖端技术和武器装备建设事业的发展决策，发挥了重要作用。海湾战争爆发之初，朱光亚同志立即组织对战争情况进行跟踪分析，积极探索高技术条件下局部战争的特点、规律及发展趋势，取得了一系列重要研究成果，为我军武器装备建设发展提供了科学启示。他在武器装备预先研究、重大基础研究、信息化武器装备建设、创新人才培养等方面，提出了许多重要指导性意见，促进了我军武器装备建设事业的科学发展。

1986年6月～1996年5月，朱光亚同志先后担任中国科学技术协会副主席、主席，1996年5月担任中国科学技术协会名誉主席。他积极践行科学技术是第一生产力的战略思想，主持修改中国科协章程，倡导并推动科协成为国家发展科学技术事业的重要力量；注重发挥各级科协的桥梁和纽带作用，广泛团结、动员全国各民族科技工作者为党和国家的中心任务而奋斗；坚持科协为科技工作者服务，维护科技工作者合法权益，强调把科协建成科技工作者之家，为进一步确立科协在全党全国工作大局中的战略地位发挥了重要作用；积极推动恢复中国科协作为全国政协组成单位，并在全国政协大会发言中呼吁全社会尊重科学、维护科学尊严，在科学界和全社会产生强烈反响；坚持发展科学技术和普及科学知识“两手抓”，创办了青年学术年会和青年科学家论坛，使一批青年科学技术骨干得以施展才华、脱颖而出。他为中国科协的改革发展做了大量工作，作出了重要贡献。

朱光亚同志于1980年当选为中国科学院学部委员（院士），1994年被选聘为首批中国工程院院士。1994～1998年，他担任中国工程院第一任院长、党组书记，领导建立了一整套行之有效的工作方法和程序，为中国工程院的初创和发展做了大量奠基性和开拓性的工作。他团结带领中国工程院全体院士，在社会主义现代化建设中发挥咨询、建议的职能，为我国工程科学技术事业的持续快速健康发展殚精竭虑，贡献了聪明才智。

1994年3月～2003年3月，朱光亚同志担任中国人民政治协商会议第八届、九届全国委员会副主席。他坚决贯彻中共中央关于统一战线和人民政协的方针政策，积极促进人民政协各党派团体和各族各界人士的团结合作。在团结广大科技工作者进行政治协商、民主监督和参政议政方面发挥了重要作用，为巩固和加强中国共产党领导的多党合作和政治协商制度作出了积极贡献。他大力呼吁社会主义法制建设要进一步尊重科学，为科技工作者宣传科学、普及科学知识提供法律保障，使尊重劳动、尊重知识、尊重人才、尊重创造的社会风气进一步得到弘扬。

朱光亚同志是中国共产党第九届、十届中央候补委员，第十一届、十二届、十三届、十四届中央委员，第三届、四届、五届全国人民代表大会代表。他是中国核学会第一届、二届理事会副理事长，第三届、四届名誉理事长。他还先后担任国务院学位委员会副主任，国家自然科学基金委员会委员、国家自然科学基金委员会杰出青年基金评选委员会主任。获1985年度国家科技进步奖特等奖。1999年9月被中共中央、国务院、中央军委授予“两弹一星功勋奖章”。

朱光亚同志具有坚定的共产主义信念和强烈的使命意识，对党、对祖国、对人民赤胆忠心。他视祖国和人民的需要为第一需要，把个人的理想与祖国的命运紧紧联系在一起，把个人的志向与民族的振兴紧紧联系在一起，忠诚使命，不懈奋斗。他坚决服从党的领导，刻苦学习马克思列宁主义、毛泽东思想、邓小平理论和“三个代表”重要思想，认真贯彻落实科学发展观，在大是大非面前立场坚定、旗帜鲜明，始终同党中央保持高度一致，对中国特色社会主义伟大事业充满信心。他具有很高的政策理论水平，善于从政治上观察思考和处理问题，自觉把马克思主义世界观方法论运用到领导工作和科技工作中。他对国防科技和武器装备建设事业执着追求，艰苦奋斗，顽强拼搏，无私奉献，与广大科技工作者一道，培育和弘扬了伟大的“两弹一星”精神。

朱光亚同志具有深厚的理论学术造诣和卓越的组织领导才能。他学识渊博，思想深邃，富有远见卓识，勇于开拓创新，善于站在世界科技发展前沿，从全局上战略上思考我国国防科技发展和武器装备建设的重大问题，提出了许多真知灼见。他在60多年科技工作实践中形成的一系列科技思想，是我国科技界的宝贵财富。他长期担任我国国防科技战线重要领导职务，善于集思广益、科学决策。作为技术总负责人，他参与组织领导了历次原子弹、氢弹研制和试验，为原子弹、氢弹技术突破及武器化、小型化作出了卓越贡献。他参与组织领导了国防科技领域的许多重要工作，为促进国防科技和武器装备建设持续快速发展发挥了重要作用。他十分重视我国科技人才队伍建设，言传身教，甘当人梯，为青年科技人才的成长倾注了大量心血。

朱光亚同志具有坚强的党性原则和高尚的道德情操，是老一辈科学家才识与品行双馨的杰出代表。他严格要求自己，坚持原则，维护大局，光明磊落，高风亮节。他谦虚谨慎，淡泊名利，生活俭朴，不计较个人得失，保持和发扬了我党我军艰苦奋斗的优良传统。1996年，他把获得的“何梁何利基金科学与技术成就奖”100万港元奖金，全部捐给了中国工程科技奖励基金。他无论是在教学科研一线，还是在领导岗位上，始终不改学者本色，治学严谨，求真务实，精益求精。他学术作风民主，善于团结同志，尊重科技工作者的首创精神，有很强的感召力，在我国科技界享有崇高威望，深受广大科技工作者的尊敬和爱戴。朱光亚同志功勋卓著、德高望重，周恩来等中央领导同志称赞他有“立德立功”的优良品德。

朱光亚同志的一生，是革命的一生、战斗的一生，是追求真理、追求进步、追求科学的一生，是为国家富强、民族振兴不懈奋斗的一生。他的逝世，是我们党、国家和军队的重大损失。他的英名和功绩，将永远与“两弹一星”事业的丰功伟绩融为一体，记载在中华民族的光辉史册上。他的优秀品质和崇高风范，将激励广大科技工作者牢记使命、奋发进取，为推动国防科技和武器装备建设事业发展、为建设创新型国家作出新的更大贡献。

中国科协名誉主席吴阶平同志生平

著名的医学科学家、医学教育家、泌尿外科专家和社会活动家，九三学社的杰出领导人，第八届、九届全国人民代表大会常务委员会副委员长，九三学社第九届、十届中央委员会主席，十一届名誉主席，中国科协名誉主席，中国医学科学院名誉院长，中国科学院、中国工程院资深院士，中国共产党的优秀党员吴阶平同志，因病于2011年3月2日在北京逝世，享年94岁。

吴阶平同志名泰然，号阶平，1917年1月出生于江苏省常州市。1927年在天津考取英国教会学堂，后转入天津汇文中学。1933年顺利通过保送生考试，进入北京协和医学院在燕京大学的医预科学习。1937年获理学学士学位后，又进入协和医学院继续深造。1942年获医学博士学位后到中央医院（又称北京中和医院，现为北医附属人民医院）工作，历任住院医师、住院总医师、主治医师。1946年任北京大学医学院讲师。1947～1948年在美国芝加哥大学进修。1948～1960年历任北京医学院副教授、教授。1960～1970年历任北京第二医学院筹备处主任、副院长、院长。1970～1993年历任中国医学科学院副院长、院长、名誉院长，首都医科大学校长，中国协和医科大学副校长、校长、名誉校长，中华医学会会长、名誉会长，中国科学技术协会副主席、名誉主席，九三学社中央副主席、主席。1993年后任九三学社中央主席、名誉主席，欧美同学会会长、名誉会长，中国科学技术协会名誉主席，中国医学科学院名誉院长，中国协和医科大学、北京医科大学名誉校长。

吴阶平同志是第五届、六届全国政协委员，第七届全国人大代表、全国人大教科文卫委员会委员，第八届、九届全国人大常委会副委员长。

吴阶平同志是享誉海内外的医学家，新中国泌尿外科事业的创始人。1942年在中央医院工作期间，师从谢元甫教授，开始对泌尿外科深入研究。1947年赴美留学，师从现代肿瘤内分泌治疗奠基人、诺贝尔医学奖获得者哈金斯教授。1949年，他在北京医学院第一附属医院的外科病房中，以3张病床专门收治泌尿外科患者，新中国的泌尿外科事业由此正式起步。此后，他又协助协和医学院重建泌尿外科，在北京医院正式成立独立完整的泌尿外科，协助友谊医院建设泌尿外科，积极推动我国泌尿外科事业发展。1954年他发表了学术论文《肾结核对侧肾积水》，不仅在国内引起轰动，在国际上也产生了影响。20世纪60年代，他开展了治疗急性肾功能衰竭的腹膜透析等新课题研究。他创造的“输精管绝育术”为我国的计划生育工作作出了重大贡献，获1978年全国科学大会奖。他经过多年研究发现了“肾上腺髓质增生”新病种，被卫生部授予科技成果甲等奖，1979年他的此项专题报告选入美国《泌尿外科年鉴》，获得很高评价，国际医学界正式承认他的这项创见。20世纪80年代后，他对肾切除后代偿性增长的问题进行了深入研究，其研究成果纠正了过去错误的认识。他集中精力建立泌尿外科研究所、创办《中华泌尿外科》杂志和建立泌尿外科学会，推动了我国泌尿外科专业理论研究和学术交流工作，实现了早年的心愿。他先后撰写学术论文150余篇，出版专著21部，其中13部为主编。1981年中国科学院首次用选举的办法增补学部委员，他光荣当选。1995年他获国际泌尿外科界公认的最高荣誉——美国泌尿外科学会荣誉会员称号。1997年获香港中文大学荣誉博士，2001年获香港大学荣誉科学博士。他还先后担任发展中国家科学院院士、美国医师学院荣誉院士、英国爱丁堡皇家外科医师学院荣誉院士、比利时皇家医学科学院国外院士、香港外科医师学院荣誉主席、国际外科学会荣誉会员，为推动我国医学事业国际交流作出了卓越贡献。

吴阶平同志是著名的医学教育家。1955年，他在北京医学院开始培养研究生。在北京第二医学院工作期间，他坚持基础教学与临床实践相结合，使当时基础相对薄弱的北京第二医学院从一开始就走了一条新路子。他与施锡恩教授合著的《泌尿外科学》，是新中国第一本自己的泌尿外科专业参考书。他认为本领需要知识，知识不是本领，教育要用“学本领”来代替“学知识”。他提倡废除教学工作中的“填鸭式”、“灌输式”教学，主张启发式教学。他告诫青年学生，学习、思考、实践都十分重要，应该尽早结合、不可偏废，只有扎扎实实打好基础，厚积薄发，生命力才会长久。1987年，北京医科大学给他颁发了首届“伯乐奖”。他还在我国性医学、性教育的起步和发展过程中发挥了巨大的推动作用。1982年他主持编译的《性医学》，是我国有关“性”问题的第一本著作。在他的倡议下，我国第一次以国家教委体育卫生司的名义出版《中学生青春期性教育百题问答》，开始针对青春期学生进行性知识和性道德教育。1988 年他主持编撰了《中国性科学百科全书》，对我国性医学、性教育工作的开展具有里程碑意义。他曾担任国际计划生育联合会中央委员会副主席、亚太地区主席。

吴阶平同志热爱祖国，热爱人民，是经历过新旧两个不同时代的爱国知识分子的杰出代表。他的中学时代，正逢军阀混战、日军入侵我国东北三省，严酷的现实将“天下兴亡，匹夫有责”的信念深深印在了他的心中。1935 年，他参加了一二·九运动，并在运动中深受教育。为报效祖国，1948 年他谢绝了美国导师的挽留，毅然回国。1951 年，他担任北京市抗美援朝志愿军手术队队长奔赴长春，在他的带领下，全队工作出色，收治的几批危重伤员无一死亡。新社会的巨大变化和抗美援朝志愿军将士的火热报国情怀，使他在思想深处受到了巨大的震撼和洗礼。1952 年他郑重地向中共党组织递交了入党申请书，并于 1956 年 1 月光荣加入了中国共产党。1956 年他出席了中共中央关于知识分子问题的会议，聆听了周恩来同志《关于知识分子问题的报告》，被中国共产党对知识分子在政治上的理解、信任深深打动，他积极响应“向科学进军，向知识进军，赶超世界先进水平”的号召，满腔热情地投身到工作中。1967 年，他担任中共中央领导同志保健小组组长，为保障党和国家领导同志的健康作出了重要贡献。他还先后 11 次为 5 位外国元首进行治疗，为增进我国与有关国家的友谊作出了贡献。改革开放后，他更是积极投身社会主义现代化建设。在长期的革命、建设、改革事业中，他与毛泽东、邓小平、江泽民、胡锦涛等中共中央领导人结下了深厚的友谊。

吴阶平同志是九三学社的杰出领导人。他 1952 年加入九三学社，是九三学社第七届中央委员，第八届中央副主席，第九届、十届中央主席，第十一届中央名誉主席。他带领广大九三学社社员，继承和发扬与中国共产党亲密合作的优良传统，积极履行参政议政、民主监督职能。在他担任九三学社中央主席期间，九三学社中央先后制定关于加强自身建设、参政议政等工作的制度规范，各项工作得到全面加强。特别是他代表九三学社中央就纪念抗日战争胜利和世界反法西斯战争胜利 50 周年、建设延安革命传统教育基地、建立国家农业建设基金等问题提出的建议，得到中共中央的高度重视和肯定。在他的领导下，九三学社充分发挥人才智力优势，持续推动与地方的科技合作，为革命老区、民族地区、边疆地区、贫困地区的经济社会发展提供了有力支持。

吴阶平同志是有广泛影响的社会活动家。1993 年和 1998 年，他当选为第八届、九届全国人大常委会副委员长。他积极参与全国人大及其常委会的立法、监督和其他活动，为坚持和完善人民代表大会制度、推进社会主义民主法制建设作出了贡献。他十分重视教育、科学、文化、卫生方面的法制建设，不顾年事已高，不辞辛劳，深入实际、深入基层，进行立法调研和执法检查，率组赴内蒙古、四川等地检查教师法、教育法等贯彻实施情况，为推动和促进我国教育、科学、文化、卫生事业的改革和发展做了大量工作。他高度重视全国人大及其常委会的对外交往活动，接待会见许多来访的外国议长和政要，增进了中国人民和世界各国人民的友谊。他在耄耋之年仍不辞辛劳几赴香港，推动国际狮子会与中国残联合作开展“视觉第一行动”，为边远贫困地区白内障患者复明作出重要贡献。他积极参加各种国际交流活动，利用自己的特殊影响广泛结交各国朋友，为促进世界和平，推动中国与世界各国的医学交流、文化沟通和友好合作，做了大量卓有成效的工作。

吴阶平同志的一生是献身医学、追求真理的一生。他把自己的命运与国家的发展和科学的进步紧密相连，始终对国家和人民忠心耿耿，无私无欲，把毕生的精力都奉献给了祖国的医学、教育和多党合作事业，为推进中国特色社会主义事业、为实现中华民族伟大复兴殚精竭虑、鞠躬尽瘁。他勇于创新，甘于奉献，生活朴素，平易近人。他的爱国情操和崇高品德，永远值得我们学习和怀念。

中国科协荣誉委员王大珩同志生平

"两弹一星功勋奖章"获得者，中国科学院院士，中国工程院院士，国际宇航科学院院士，中国科协荣誉委员，著名光学家，我国近代光学工程的重要学术奠基人、开拓者和组织领导者王大珩同志，因病医治无效，于2011年7月21日13时02分在北京逝世，享年96岁。

王大珩同志出生于1915年2月26日，祖籍江苏吴县。1936年毕业于清华大学物理系。历任中国科学院长春光学精密机械研究所所长、中国科学院长春分院院长、中国科学院技术科学部主任、中国科学院空间科学技术中心主任、解放军总装备部科学技术委员会顾问、长春光学精密机械学院院长、哈尔滨科学技术大学校长、中国科协副主席、北京市科协主席、中国光学学会理事长、中国仪器仪表学会理事长、中国计量测试学会理事长、中国高技术产业化研究会理事长等职。

王大珩同志在光学与光学工程研究和组织领导工作中作出了杰出贡献，领导研制了我国第一台靶场装备大型精密光学跟踪电影经纬仪、我国第一台激光红外电视电影经纬仪和船体变形测量系统，为发展我国的尖端武器作出了杰出贡献。

王大珩同志远见卓识，从战略高度上思考并联合其他科学家对国家科学技术发展提出多项重大建议。他和其他科学家提出的关于跟踪研究战略性高技术发展的建议，最后成为国家《高技术研究发展计划纲要》（简称"863"计划），使发展高科技成为实现我国科技现代化的一项重要战略部署。这些建议为国家科技决策发挥了积极作用，产生了深远影响。

王大珩同志也是杰出的教育家，他是中国光学、仪器仪表和计量科教事业的奠基人之一。他领导的研究所以及他创办的院校，为国家培养了一大批科技英才。

中国科协荣誉委员强巴赤列同志生平

中国科协荣誉委员，我国著名藏医药及天文历算学家，有突出贡献的国家级专家强巴赤列同志，因病医治无效，于2011年2月21日在拉萨逝世，享年83岁。

强巴赤列同志出生于1929年12月，西藏拉萨人，藏族。曾任中国科协副主席、西藏自治区科协主席、西藏自治区藏医院院长、西藏藏医学院名誉院长、西藏藏医学会和天文历算学会会长、西藏自治区卫生厅副厅长等职务。2009年，被评为首届国医大师。

《中国大百科全书》传统卷编辑委员会顾问、《中国医学百科全书·藏医分卷》副总编、《中国医学通史》编审委员、《中医年鉴》编委、《西藏历算学总汇》主编。编写有关藏医藏药和天文历算论文80余篇，论著8部，教科书13种。主持编写的《四部医典彩色挂图全集》（藏汉、藏英版）被誉为国内藏医界第一部教学彩色挂图。他编写的《历代藏医名人传略》、《四部医典形象论集》填补了藏医该方面的空白，分别获1991年中国医史文献图书评比优秀奖和金奖。

表彰奖励

关于表彰2011年全国科普惠农兴村先进单位和带头人的决定

科协发普字〔2011〕25号

各省、自治区、直辖市、计划单列市科协、财政厅（局），新疆生产建设兵团科协、财务局：

为贯彻党的十七届三中、四中、五中全会精神，落实《全民科学素质行动计划纲要（2006—2010—2020年）》（国发〔2006〕7号）和《国家中长期人才发展规划纲要（2010—2020年）》（中发〔2010〕6号），充分调动全社会开展农村科普工作的积极性和主动性，引领和激发广大农民学科学、用科学的积极性和创造性，提高广大农民的科学文化素质，让科普公共服务持续惠及广大农民，助力社会主义新农村建设，在认真总结"十一五"时期开展科普惠农工作成功经验的基础上，中国科协、财政部在"十二五"时期继续联合实施"科普惠农兴村计划"。经农村科普组织和带头人申报，各地科协和财政部门推荐，中国科协和财政部组织评审并公示，2011年共评选出1797个全国科普惠农兴村先进单位和带头人，其中农村专业技术协会1000个，农村科普示范基地386个，农村科普带头人406名，少数民族科普工作队5个。

2011年全国科普惠农兴村先进单位和带头人都是广大农村科普组织和带头人的杰出代表，长期在农村发挥榜样示范作用，体现了新时代农业、农村、农民的新风貌。据初步统计，近3年来，1000个农村专业技术协会辐射带动农户788万户，推广新品种新技术1.2万项（次），年均开展科普培训、讲座4.2万次；386个农村科普示范基地推广新品种新技术4460项（次），年均开展科普培训、讲座1.8万次；5个少数民族科普工作队常年活跃在边疆少数民族聚居区，年均行程8.9万公里，编印发放少数民族语言科普资料40余种，制作展出少数民族语言科普展板110块，在新闻媒体开辟少数民族语言科普宣传栏目110个；406名农村科普带头人年均开展科普活动1.8万次，受益人次达166万。

为表彰先进，进一步调动广大农村基层科普组织、科普带头人开展科普惠农的积极性，中国科协和财政部决定，授予北京市门头沟区清水镇养殖协会等1000个农村专业技术协会、北京市大兴区老宋瓜果专业合作社科普示范基地等386个农村科普示范基地、内蒙古自治区呼和浩特市少数民族科普工作队等5个少数民族科普工作队"全国科普惠农兴村先进单位"称号，陈怀勐等406名农村科普带头人"全国科普惠农兴村带头人"称号。

希望受表彰的先进单位和带头人再接再厉，继续组织实施好科普惠农工作，为广大农民提供更及时、有效、周到的科普服务，进一步发挥辐射带动作用，引导和帮助更多的农民建立起科学、文明、健康的生产和生活方式，促进农村经济社会又好又快发展。

各地科协和财政部门要深入贯彻科学发展观，按照党的十七届三中、四中、五中全会有关要求，深入实施"科普惠农兴村计划"，分工合作、各负其责，加强对奖补资金管理和使用的监督，建立有效的激励和约束机制，提高资金使用效益。要大力宣传受表彰先进单位和带头人的先进事迹，做好对表彰对象的服务，引导、帮助农村科普组织和个人进一步提高科普惠农工作水平，建立完善科普惠农长效机制，以"科普惠农兴村计划"为旗帜，努力开创农村科普工作的新局面，为扎实推进社会主义新农村建设作出更大贡献。

附件：2011年全国科普惠农兴村先进单位和带头人名单

中国科协办公厅
2011年6月3日

附件

2011年全国科普惠农兴村先进单位和带头人名单

（一）农村专业技术协会

1. 北京市门头沟区清水镇养殖协会
2. 北京市怀柔区鹿业协会
3. 河北省石家庄市藁城市绿色农产品开发协会
4. 河北省石家庄市赵县养猪产业协会
5. 河北省张家口市塞北管理区饲草种植协会
6. 河北省承德市围场满族蒙古族自治县新拨乡新鑫胡萝卜产业协会
7. 河北省邯郸市大名县芦笋协会
8. 河北省石家庄市元氏县北正乡石榴协会
9. 河北省秦皇岛市卢龙县兴燕核桃农业技术协会
10. 河北省廊坊市安次区禽类养殖业协会
11. 河北省衡水市饶阳县西沿湾村无公害蔬菜协会
12. 河北省石家庄市辛集市养鸡协会
13. 河北省张家口市怀安县蔬菜协会
14. 河北省衡水市阜城县杏梅专业技术协会
15. 河北省承德市平泉县花卉研究会
16. 河北省沧州市黄骅市蔬菜种植协会
17. 河北省承德市滦平县大屯乡蔬菜协会
18. 河北省张家口市沽源县高山堡乡大西洼村区域蔬

菜种植协会
19. 河北省秦皇岛市抚宁县金富宁果品产销协会
20. 河北省廊坊市三河市畜牧改良协会
21. 河北省秦皇岛市昌黎县碣石葡萄产业协会
22. 河北省唐山市滦南县农村专业技术协会
23. 河北省唐山市路北区果园蔬菜协会
24. 河北省唐山市丰南区大齐各庄乡鑫源果业协会
25. 河北省邢台市任县盛世兴农农村服务协会
26. 河北省沧州市盐山县边务乡蔬菜协会
27. 河北省张家口市涿鹿县杏扁协会
28. 河北省保定市容城县贾光乡农牧产业协会
29. 河北省保定市定州市葡萄产业协会
30. 河北省邢台市柏乡县养鸡协会
31. 河北省沧州市河间市国欣农村技术服务总会
32. 河北省唐山市滦县古马镇甜源瓜菜技术协会
33. 河北省沧州市任丘市辛中驿镇农技推广协会
34. 河北省唐山市丰润区火石营镇绿野黄瓜协会
35. 河北省邢台市新河县农业新技术推广协会
36. 河北省承德市隆化县韩麻营镇养牛协会
37. 河北省邯郸市鸡泽县辣椒技术协会
38. 河北省保定市定兴县蔬菜协会
39. 河北省保定市易县白马甘薯协会
40. 河北省石家庄市井陉矿区养猪协会
41. 河北省沧州市青县禾发大众蔬菜协会
42. 河北省衡水市冀州市棉花研究协会
43. 河北省邢台市南和县农葭蔬菜协会
44. 河北省保定市高碑店市农民技术协会
45. 河北省邯郸市邯山区奶牛协会
46. 河北省沧州市肃宁县东风养鸭专业协会
47. 山西省太原市万柏林区种养殖协会
48. 山西省晋中市左权县科润农林科技服务协会
49. 山西省运城市万荣县农业技术协会
50. 山西省吕梁市离石区严村蔬菜协会
51. 山西省长治市壶关县秸秆综合利用协会
52. 山西省临汾市霍州市中药材协会
53. 山西省忻州市神池县有机胡麻种植协会
54. 山西省阳泉市郊区旧街蔬菜协会
55. 山西省大同市南郊区云中一号西瓜种植协会
56. 山西省吕梁市孝义市小杂粮协会
57. 山西省忻州市保德县兴盛红枣加工技术协会
58. 山西省朔州市朔城区蔬菜协会
59. 山西省朔州市平鲁区蔬菜协会
60. 山西省临汾市尧都区土门镇特色农业发展协会
61. 山西省太原市晋源区苗木花卉协会
62. 山西省忻州市宁武县栖凤养殖协会
63. 山西省大同市阳高县奶业协会
64. 山西省长治市城区养蜂协会
65. 山西省忻州市五台县养鸡协会
66. 山西省运城市平陆县洪池乡岳村经济林协会
67. 山西省长治市襄垣县侯堡丰丰高新技术种植推广协会
68. 山西省太原市阳曲县菜农协会
69. 山西省吕梁市临县向阳养殖业协会
70. 山西省吕梁市方山县养牛协会
71. 山西省朔州市应县生猪养殖协会
72. 山西省晋中市榆次区蔬菜协会
73. 山西省大同市左云县亿源升小杂粮种植加工技术协会
74. 山西省晋中市祁县华裕蔬果贮藏营销协会
75. 山西省大同市阳高县阳光惠民种养协会
76. 山西省大同市广灵县柴鸡科学养殖协会
77. 山西省忻州市忻府区奶牛协会
78. 山西省阳泉市盂县秀水镇科丰种养技术协会
79. 山西省阳泉市平定县牌岭养殖协会
80. 山西省忻州市繁峙县红富士苹果协会
81. 山西省临汾市蒲县康益香紫苏种植加工协会
82. 山西省长治市潞城市庭院绿化专业技术协会
83. 山西省运城市夏县现代农业研究会
84. 山西省晋城市阳城县固隆乡苹果合作协会
85. 山西省运城市垣曲县养蜂协会
86. 山西省太原市尖草坪区宇文生态养殖协会
87. 山西省晋中市榆社县绿丰苗木花卉协会
88. 山西省临汾市汾西县蚕桑协会
89. 山西省临汾市浮山县张庄乡大棚蔬菜协会
90. 山西省吕梁市中阳县向农核桃种植协会
91. 山西省长治市长子县食用菌种植协会
92. 山西省临汾市侯马市好农生农资服务协会
93. 山西省太原市古交市邢家社乡菜农协会
94. 山西省忻州市代县家禽养殖协会
95. 山西省运城市新绛县西庄养鸡协会
96. 山西省太原市娄烦县同福种养协会
97. 山西省阳泉市郊区果业协会
98. 山西省运城市盐湖区农业标准化协会
99. 山西省朔州市山阴县奶业协会
100. 山西省吕梁市中阳县宏大养猪协会
101. 山西省临汾市襄汾县景毛乡大棚黄瓜协会

102. 山西省晋中市平遥县养殖协会
103. 山西省长治市黎城县西井镇林业育苗协会
104. 山西省吕梁市方山县养羊协会
105. 山西省忻州市静乐县四园生态养殖协会
106. 内蒙古自治区呼伦贝尔市扎兰屯市绿色杂粮产业协会
107. 内蒙古自治区通辽市开鲁县无公害蔬菜产业协会
108. 内蒙古自治区赤峰市喀喇沁旗众联养殖协会
109. 内蒙古自治区呼伦贝尔市海拉尔区互助村阳光蔬菜协会
110. 内蒙古自治区鄂尔多斯市鄂托克旗内蒙古阿尔巴斯白绒山羊协会
111. 内蒙古自治区呼伦贝尔市阿荣旗大田丰源农民科技协会
112. 内蒙古自治区呼和浩特市和林格尔县城关镇大南沟蔬菜种植协会
113. 内蒙古自治区兴安盟科尔沁右翼前旗哈拉黑草原盛业有机水稻技术协会
114. 内蒙古自治区乌兰察布市集宁区养猪专业技术合作协会
115. 内蒙古自治区通辽市库伦旗荞麦种植协会
116. 内蒙古自治区通辽市科尔沁左翼后旗海鲁吐镇散都嘎查养牛协会
117. 内蒙古自治区兴安盟突泉县城郊蔬菜协会
118. 内蒙古自治区赤峰市宁城县尧盛果蔬产业发展协会
119. 内蒙古自治区赤峰市克什克腾旗经棚镇光明村胡萝卜协会
120. 内蒙古自治区巴彦淖尔市杭锦后旗脱水菜产业协会
121. 内蒙古自治区乌兰察布市凉城县新农村建设科普惠农促进会
122. 内蒙古自治区巴彦淖尔市临河区渔业协会
123. 内蒙古自治区鄂尔多斯市达拉特旗树林召镇保善堂蔬菜协会
124. 内蒙古自治区乌兰察布市化德县恒源绿色农产品营销协会
125. 内蒙古自治区通辽市科尔沁左翼中旗保康镇果蔬生产技术协会
126. 内蒙古自治区乌兰察布市兴和县高效作物种植技术协会
127. 内蒙古自治区巴彦淖尔市磴口县奶牛发展专业协会
128. 内蒙古自治区呼伦贝尔市鄂伦春自治旗克一河诺敏山食用菌协会
129. 内蒙古自治区兴安盟扎赉特旗二龙山林蛙养殖协会
130. 内蒙古自治区鄂尔多斯市乌审旗无定河西瓜种植协会
131. 内蒙古自治区锡林郭勒盟苏尼特左旗东方白驼农民专业协会
132. 内蒙古自治区乌海市海南区双清肉牛养殖协会
133. 内蒙古自治区通辽市霍林郭勒市沙尔敖包社区专业养殖协会
134. 辽宁省抚顺市新宾满族自治县农村专业技术协会
135. 辽宁省丹东市宽甸满族自治县中药材协会
136. 辽宁省本溪市本溪满族自治县养牛协会
137. 辽宁省辽阳市灯塔市现代波特蔬菜协会
138. 辽宁省葫芦岛市建昌县小德营子乡农村专业技术协会
139. 辽宁省盘锦市大洼县鸭业协会
140. 辽宁省铁岭市西丰县林蛙产业协会
141. 辽宁省锦州市义县张家堡乡裸地菜种植加工协会
142. 辽宁省营口市大石桥市营口南楼经济开发区果业协会
143. 辽宁省大连市瓦房店市驼山绿色果品生产协会
144. 辽宁省沈阳市新民市前当堡镇养猪协会
145. 辽宁省朝阳市北票市辣椒协会
146. 辽宁省朝阳市凌源市花卉协会
147. 辽宁省朝阳市建平县养猪协会
148. 辽宁省阜新市清河门区乌龙坝镇吴家窑村养猪协会
149. 辽宁省葫芦岛市兴城市海滨乡永博蔬菜协会
150. 辽宁省铁岭市铁岭县李千户乡小屯养猪协会
151. 辽宁省锦州市黑山县农村沼气协会
152. 辽宁省沈阳市沈北新区果树技术研究协会
153. 吉林省延边朝鲜族自治州安图县蜂业协会
154. 吉林省松原市长岭县宏利养猪协会
155. 吉林省白城市大安市两家子镇同权村大笤帚协会
156. 吉林省辽源市东丰县太和甜瓜种植协会
157. 吉林省白城市镇赉县嘎什根水稻协会
158. 吉林省通化市二道江区妇女食用菌协会

159. 吉林省通化市通化县光华越橘种植协会
160. 吉林省四平市双辽市丰润养殖协会
161. 吉林省吉林市磐石市取柴河镇食用菌协会
162. 吉林省吉林市昌邑区桦皮厂渔业技术协会
163. 吉林省白山市靖宇县特产协会
164. 吉林省长春市九台市兴达生态养猪专业技术协会
165. 黑龙江省哈尔滨市通河县五谷信合农民技术协会
166. 黑龙江省齐齐哈尔市克山县古城镇农产品产业协会
167. 黑龙江省牡丹江市林口县食药用真菌研究会
168. 黑龙江省黑河市嫩江县伊拉哈镇黎明村奶牛养殖协会
169. 黑龙江省哈尔滨市五常市芸芳瓜菜种植协会
170. 黑龙江省牡丹江市海林市食用菌协会
171. 黑龙江省双鸭山市友谊县兴隆瓜果蔬菜协会
172. 黑龙江省黑河市孙吴县卧牛河黄牛协会
173. 黑龙江省哈尔滨市方正县绿宝石富硒米专业技术协会
174. 黑龙江省黑河市五大连池市龙镇发展村龙发马铃薯协会
175. 黑龙江省佳木斯市富锦市大华马铃薯种植协会
176. 黑龙江省绥化市望奎县龙奎绿色瓜菜协会
177. 黑龙江省大兴安岭地区呼玛县韩家园食用菌产业协会
178. 黑龙江省齐齐哈尔市泰来县玉米种植协会
179. 上海市松江区蔬果协会
180. 江苏省镇江市扬中市野生蔬菜协会
181. 江苏省徐州市铜山县三堡镇台上草莓营销协会
182. 江苏省扬州市宝应县宝应湖大闸蟹协会
183. 江苏省泰州市兴化市双平鹅业协会
184. 江苏省淮安市淮阴区绿源辣椒种植协会
185. 江苏省连云港市东海县石梁河葡萄协会
186. 江苏省南通市如东县文蛤行业协会
187. 江苏省常州市金坛市食用菌协会
188. 江苏省苏州市张家港市凤凰镇水蜜桃协会
189. 江苏省南通市通州区和盛农产品专业技术协会
190. 江苏省徐州市沛县敬安镇利群蔬菜种苗营销协会
191. 江苏省苏州市常熟市沙家浜镇水产技术协会
192. 江苏省盐城市响水县七套乡蔬菜协会
193. 江苏省宿迁市沭阳县苏北花木协会
194. 浙江省杭州市萧山区新街花木产业协会
195. 浙江省宁波市慈溪市梨业协会
196. 浙江省宁波市象山县紫菜产业协会
197. 浙江省温州市瓯海区茶山杨梅协会
198. 浙江省绍兴市嵊州市剡溪果业协会
199. 浙江省金华市永康市花卉协会
200. 浙江省衢州市开化县十里干滩桑枝黑木耳协会
201. 浙江省舟山市定海区白泉镇杨梅专业技术协会
202. 浙江省台州市黄岩区果品产销协会
203. 浙江省丽水市云和县云和师傅协会
204. 安徽省宣城市泾县茶业协会
205. 安徽省六安市金寨县板栗协会
206. 安徽省芜湖市繁昌县平铺镇养鸡协会
207. 安徽省阜阳市临泉县翠芳特种动物养殖协会
208. 安徽省合肥市肥东县养牛协会
209. 安徽省巢湖市无为县刘渡镇成桥水产养殖协会
210. 安徽省宣城市绩溪县养蜂协会
211. 安徽省蚌埠市五河县山芋产业经营协会
212. 安徽省巢湖市和县农机协会
213. 安徽省池州市青阳县九华黄精产业化协会
214. 安徽省阜阳市颍上县稻谷深加工循环经济科技创新协会
215. 安徽省六安市寿县名优农产品开发协会
216. 安徽省滁州市全椒县千佛庵村无公害蔬菜协会
217. 安徽省黄山市歙县宋村葡萄专业技术协会
218. 安徽省淮南市大通区上窑葡萄种植协会
219. 安徽省蚌埠市蚌山区黄心乌协会
220. 安徽省阜阳市阜南县柳编工艺品协会
221. 安徽省滁州市琅琊区团山蔬菜协会
222. 安徽省芜湖市南陵县奎湖水产养殖协会
223. 安徽省马鞍山市当涂县太白粮油协会
224. 安徽省巢湖市居巢区万达养猪专业协会
225. 安徽省安庆市大观区金大地种养协会
226. 安徽省宿州市泗县三湾优质蔬菜协会
227. 安徽省安庆市怀宁县江镇镇土鸡协会
228. 安徽省宿州市灵璧县禅堂养猪专业技术协会
229. 福建省南平市顺昌县竹荪协会
230. 福建省漳州市长泰县岩溪镇石铭芋协会
231. 福建省莆田市仙游县书峰枇杷协会
232. 福建省三明市大田县生姜协会
233. 福建省福州市闽侯县竹岐乡榕东村食用菌协会
234. 福建省南平市建阳市葡萄协会
235. 福建省宁德市霞浦县紫菜研究会

236. 福建省泉州市南安市茶果产业协会
237. 福建省南平市邵武市茶叶协会
238. 福建省泉州市惠安县紫山镇半岭村养蜂协会
239. 福建省福州市福清市花卉盆景协会
240. 福建省平潭综合实验区平潭县前进渔业协会
241. 福建省厦门市同安区汀溪镇顶村蔬菜协会
242. 福建省漳州市长泰县珪后蔬菜协会
243. 福建省莆田市仙游县游洋镇台湾甜柿协会
244. 福建省龙岩市永定县裕农协会
245. 福建省三明市宁化县食用菌协会
246. 福建省南平市光泽县竹产业协会
247. 福建省漳州市龙文区榕树盆景协会
248. 福建省南平市政和县锥栗产业协会
249. 福建省宁德市寿宁县茶业协会
250. 福建省龙岩市长汀县三洲乡杨梅产销协会
251. 福建省泉州市德化县杨梅生态油茶专业技术协会
252. 福建省福州市晋安区宦溪镇茶叶专业技术协会
253. 福建省南平市武夷山市五夫镇莲子协会
254. 福建省南平市松溪县松源街道水南村蔬菜协会
255. 福建省莆田市仙游县盖尾镇龙眼协会
256. 福建省三明市沙县竹业协会
257. 福建省三明市泰宁县锥栗协会
258. 福建省福州市福清市五峰果苗经济协会
259. 福建省漳州市东山县芦笋协会
260. 福建省三明市将乐县林木种苗协会
261. 福建省南平市延平区竹业协会
262. 福建省宁德市柘荣县地产中药材流通协会
263. 福建省泉州市惠安县龙眼行业协会
264. 福建省龙岩市漳平市西园乡蔬菜协会
265. 福建省漳州市华安县仙都镇优质茶开发技术研究会
266. 福建省宁德市福鼎市秦屿蔬菜协会
267. 福建省漳州市漳浦县闽台花卉协会
268. 福建省三明市建宁县油茶产业协会
269. 福建省龙岩市永定县湖山乡蔬菜协会
270. 福建省泉州市永春县东关镇冬瓜协会
271. 福建省宁德市福安市竹业协会
272. 江西省上饶市婺源县茶业协会
273. 江西省九江市德安县早熟梨专业技术协会
274. 江西省抚州市东乡县生猪协会
275. 江西省赣州市信丰县大阿镇华丰半夏协会
276. 江西省上饶市上饶县湖村浩林农民花木技术协会
277. 江西省赣州市赣县五云镇蔬菜生产流通协会
278. 江西省鹰潭市余江县葡萄专业协会
279. 江西省赣州市定南县含水蜜梨协会
280. 江西省吉安市泰和县万石垅养鱼协会
281. 江西省赣州市瑞金市武阳精品脐橙协会
282. 江西省抚州市乐安县山露菜种植协会
283. 江西省上饶市信州区朝阳村绿壳蛋鸡专业经济协会
284. 江西省新余市渝水区葛根种植技术协会
285. 江西省萍乡市湘东区绿洲农业鸵鸟养殖协会
286. 江西省南昌市青山湖区扬子洲乡蔬菜花卉协会
287. 江西省吉安市安福县红心杉产业协会
288. 江西省抚州市南城县柑桔协会
289. 江西省宜春市铜鼓县永宁镇江头村花卉苗木协会
290. 江西省九江市九江县涌泉长岭葡萄专业技术协会
291. 江西省上饶市广丰县桐畈山羊养殖协会
292. 江西省南昌市南昌县鑫和源种养专业技术协会
293. 江西省九江市湖口县鹏程网箱养鳝协会
294. 山东省淄博市高青县肉牛协会
295. 山东省菏泽市郓城县大鹏农业技术服务协会
296. 山东省枣庄市薛城区沙沟镇张庄村石榴协会
297. 山东省临沂市沂水县姚洼蔬菜专业协会
298. 山东省东营市河口区水产养殖协会
299. 山东省肥城市安临站镇生姜产供销协会
300. 山东省烟台市招远市金岭镇粉丝协会
301. 山东省济宁市金乡县高河镇无公害茄子协会
302. 山东省潍坊市高密市利源生猪养殖协会
303. 山东省临沂市蒙阴县富硒农产品协会
304. 山东省青岛市胶南市食用菌协会
305. 山东省德州市临邑县翟家乡食用菌协会
306. 山东省威海市荣成市蔬菜专业技术协会
307. 山东省泰安市新泰市汶南镇黄花菜协会
308. 山东省日照市东港区花卉同业技术服务协会
309. 山东省济宁市梁山县农业高新技术推广协会
310. 山东省日照市莒县大姜协会
311. 山东省菏泽市定陶县养猪协会
312. 山东省潍坊市寿光市韭菜协会
313. 山东省滨州市沾化县滨海镇养鸡协会
314. 山东省济南市长清区长清茶叶协会
315. 山东省聊城市茌平县聚隆食用菌协会

316. 山东省枣庄市市中区国大牧业养殖协会
317. 山东省济宁市汶上县苑庄镇特色蔬菜协会
318. 山东省淄博市桓台县蔬菜协会
319. 山东省临沂市莒南县道口乡砖疃村有机果菜生产协会
320. 山东省烟台市莱州市仙客来协会
321. 山东省菏泽市东明县沙窝乡李沙窝村果蔬协会
322. 山东省潍坊市奎文区廿里堡奶牛协会
323. 山东省聊城市莘县优质蔬菜协会
324. 山东省潍坊市临朐县二龙山果树研究会
325. 山东省青岛市平度市古岘四里芹菜协会
326. 山东省威海市文登市果业协会
327. 山东省聊城市高唐县合舰奶牛养殖协会
328. 山东省济南市济阳县黄河米业协会
329. 山东省德州市平原县王打卦乡北侯村瓜菜协会
330. 山东省青岛市黄岛区柳花泊芋头协会
331. 山东省聊城市东阿县林业技术协会
332. 山东省淄博市临淄区边河乡林果技术协会
333. 山东省德州市夏津县种子科技协会
334. 山东省东营市广饶县山药葱姜协会
335. 山东省滨州市博兴县渔业协会
336. 山东省枣庄市山亭区水泉镇田坑冬桃协会
337. 山东省滨州市惠民县富惠果树良种研繁协会
338. 山东省烟台市福山区回里镇苹果协会
339. 山东省济宁市嘉祥县特种养殖协会
340. 山东省潍坊市青州市银瓜协会
341. 山东省济宁市邹城市太平镇食用菌协会
342. 山东省威海市乳山市茶叶协会
343. 山东省泰安市泰山区蓝莓技术协会
344. 山东省日照市五莲县松柏乡樱桃技术协会
345. 山东省泰安市宁阳县伏山镇小麦良种协会
346. 山东省济南市历城区西营镇果树协会
347. 山东省烟台市栖霞市庙后镇大樱桃协会
348. 山东省济南市商河县龙桑寺镇浅水藕种植协会
349. 山东省临沂市郯城县郯城镇农业机械化服务协会
350. 山东省淄博市沂源县中庄镇果品营销协会
351. 山东省德州市德城区食用菌协会
352. 山东省枣庄市市中区税郭镇东北村养殖协会
353. 山东省菏泽市曹县砖庙镇果品协会
354. 山东省烟台市牟平区蔬菜协会
355. 山东省菏泽市单县李新庄镇洋香瓜协会
356. 山东省烟台市龙口市韭菜协会
357. 山东省济宁市任城区石桥镇池藕协会
358. 山东省潍坊市诸城市瑞源木耳协会
359. 山东省济宁市泗水县大黄沟乡莲藕协会
360. 山东省烟台市莱阳市龙涛果蔬协会
361. 山东省临沂市沂南县生猪健康养殖协会
362. 山东省济南市平阴县孔村镇王家庄村生态农副产品产销协会
363. 山东省聊城市阳谷县农业产业化协会
364. 山东省潍坊市昌邑市食品协会
365. 山东省滨州市滨城区兔业养殖协会
366. 山东省青岛市胶南市宝山镇上柴村果品协会
367. 山东省临沂市苍山县玉米良种推广协会
368. 山东省淄博市周村区苗木协会
369. 山东省潍坊市坊子区荆山洼草莓协会
370. 山东省临沂市河东区沂州木瓜种植协会
371. 山东省菏泽市成武县大蒜协会
372. 山东省菏泽市牡丹区王浩屯镇樊寺大蒜协会
373. 山东省滨州市邹平县孙镇援农沼气协会
374. 山东省临沂市罗庄区海棠协会
375. 河南省郑州市新郑市农业高新技术推广协会
376. 河南省开封市尉氏县养鸡协会
377. 河南省洛阳市宜阳县莲庄乡上涧蔬菜协会
378. 河南省安阳市汤阴县林果协会
379. 河南省鹤壁市鹤山区崔村沟昌盛养殖协会
380. 河南省焦作市修武县科兴农生猪养殖协会
381. 河南省濮阳市濮阳县花生协会
382. 河南省许昌市襄城县畜牧业协会
383. 河南省漯河市源汇区阴阳赵乡特色种植协会
384. 河南省三门峡市灵宝市果树简化管理法研究会
385. 河南省南阳市社旗县桥头镇奶牛养殖协会
386. 河南省商丘市梁园区水池铺乡水池浦村辣椒协会
387. 河南省信阳市平桥区建国禽业养殖协会
388. 河南省周口市项城市河南鑫瑞达种植协会
389. 河南省驻马店市汝南县无公害蔬菜生产协会
390. 河南省济源市玉泉蔬菜协会
391. 河南省开封市杞县金土地微生物农业技术协会
392. 河南省洛阳市新安县五正养猪协会
393. 河南省平顶山市舞钢市食用菌专业技术协会
394. 河南省安阳市内黄县小麦玉米红薯协会
395. 河南省新乡市辉县市食用菌协会
396. 河南省焦作市温县奶牛养殖协会
397. 河南省濮阳市清丰县江都养殖协会

398. 河南省许昌市禹州市种鸭养殖协会
399. 河南省漯河市舞阳县海志食用菌种植协会
400. 河南省三门峡市渑池县仰韶奶业协会
401. 河南省南阳市卧龙区南阳石桥月季协会
402. 河南省商丘市永城市茴村乡崔庄村无公害蔬菜种植技术协会
403. 河南省信阳市潢川县生态鳖养殖协会
404. 河南省周口市郸城县中药材种植协会
405. 河南省驻马店市平舆县康博瑞银种植协会
406. 河南省郑州市管城回族区草莓种植协会
407. 河南省洛阳市栾川县家禽协会
408. 河南省平顶山市鲁山县张官营镇吴营蔬菜生产协会
409. 河南省安阳市林州市横水养殖业协会
410. 河南省新乡市延津县僧固乡小布村农业技术协会
411. 河南省焦作市沁阳市强强肉鸡养殖协会
412. 河南省濮阳市范县高码头乡宋名口蔬菜种植协会
413. 河南省许昌市鄢陵县花卉产业联合会
414. 河南省漯河市临颍县固厢乡无公害蔬菜生产协会
415. 河南省南阳市镇平县彭营乡食用菌协会
416. 河南省南阳市内乡县大桥乡杨沟柑橘协会
417. 河南省商丘市睢县养牛协会
418. 河南省信阳市新县兴民科技农产品开发协会
419. 河南省周口市淮阳县农业技术服务协会
420. 河南省驻马店市泌阳县马谷田镇林果栽培农村专业技术协会
421. 河南省开封市开封县朱仙镇黄岗村养殖协会
422. 河南省洛阳市嵩县中药材种植协会
423. 河南省平顶山市叶县养兔协会
424. 河南省安阳市北关区彰东蔬菜协会
425. 河南省焦作市中站区桑园林场连翘茶协会
426. 河南省濮阳市华龙区岳村乡蔬菜协会
427. 河南省商丘市睢阳区瓜菜研究会
428. 河南省信阳市淮滨县食用菌协会
429. 河南省周口市太康县清集乡农村专业技术协会
430. 河南省商丘市夏邑县李集镇科技兴农协会
431. 河南省周口市扶沟县辣椒协会
432. 河南省郑州市巩义市小杂果协会
433. 河南省开封市顺河回族区稻谷专业协会
434. 河南省洛阳市偃师市葡萄协会
435. 河南省平顶山市郏县红伟农机协会
436. 河南省濮阳市南乐县近德固乡杏园村苹果种植协会
437. 河南省许昌市长葛市长丰种子协会
438. 河南省三门峡市湖滨区富民养鸡协会
439. 河南省商丘市民权县农机协会
440. 河南省信阳市固始县食用菌协会
441. 河南省周口市西华县食用菌协会
442. 河南省驻马店市驿城区奶业协会
443. 湖北省十堰市郧县核桃专业协会
444. 湖北省鄂州市梁子湖区沼山胡柚协会
445. 湖北省襄阳市保康县蓝莓种植技术协会
446. 湖北省黄石市阳新县特种水产养殖协会
447. 湖北省宜昌市远安县食用菌产业协会
448. 湖北省荆门市掇刀区绿色果品生产销售协会
449. 湖北省黄冈市黄梅县界子墩村苗木花卉专业技术协会
450. 湖北省恩施土家族苗族自治州恩施市魔芋专业技术协会
451. 湖北省孝感市大悟县茶叶产业协会
452. 湖北省荆州市监利县虾蟹养殖协会
453. 湖北省咸宁市赤壁市新溪瓜果蔬菜协会
454. 湖北省随州市曾都区中药材协会
455. 湖北省神农架林区宋洛乡齐口裂腹鱼养殖协会
456. 湖北省潜江市积玉口镇小龙虾专业技术协会
457. 湖北省天门市杨林蔬菜协会
458. 湖北省襄阳市枣阳市恒丰新品种开发协会
459. 湖北省十堰市竹溪县中峰镇有机贡米专业技术协会
460. 湖北省鄂州市鄂城区生态养羊协会
461. 湖北省襄阳市谷城县油茶产业协会
462. 湖北省黄冈市浠水县水产养殖协会
463. 湖北省十堰市丹江口市三官殿办事处食用菌产业协会
464. 湖北省十堰市竹山县楼台乡三台村冬枣协会
465. 湖北省鄂州市华容区长林朱生态养殖技术协会
466. 湖北省黄石市黄石港区江北名优蔬菜种植技术协会
467. 湖北省荆门市东宝区子陵牲猪协会
468. 湖北省孝感市汉川市汈汊湖虾蟹养殖协会
469. 湖北省黄冈市红安县七里坪镇花生协会
470. 湖北省宜昌市枝江市花卉苗木协会
471. 湖北省襄阳市宜城市流水镇西瓜协会

472. 湖北省十堰市张湾区樱桃协会
473. 湖北省荆州市洪湖市大沙湖管理区瓜菜协会
474. 湖北省鄂州市华容区粑铺社区特色蔬菜种植协会
475. 湖北省襄阳市樊城区家禽养殖协会
476. 湖北省随州市随县万和镇兰花协会
477. 湖北省黄石市下陆区种植养殖协会
478. 湖北省宜昌市宜都市松木坪镇无公害柑桔协会
479. 湖北省荆门市京山县石龙镇畜禽养殖协会
480. 湖北省黄冈市武穴市团山村养鸡协会
481. 湖北省恩施土家族苗族自治州建始县天香源茶叶协会
482. 湖北省黄冈市英山县云雾茶产业协会
483. 湖北省恩施土家族苗族自治州鹤峰县走马镇茶叶协会
484. 湖北省孝感市安陆市种苗协会
485. 湖北省孝感市孝南区食用菌协会
486. 湖北省荆州市荆州区川店镇苗木协会
487. 湖北省孝感市应城市养鸡协会
488. 湖北省襄阳市南漳县益生香菇专业技术协会
489. 湖北省黄冈市麻城市水产及经济动物养殖协会
490. 湖北省武汉市东西湖区奶业协会
491. 湖北省恩施土家族苗族自治州来凤县凤头生姜产销协会
492. 湖北省孝感市云梦县养鸟协会
493. 湖北省荆州市洪湖市万全镇南昌村水生蔬菜技术协会
494. 湖北省咸宁市嘉鱼县潘家湾镇蔬菜营销协会
495. 湖北省黄石市阳新县鸭业协会
496. 湖北省荆门市钟祥市冷水镇油茶产业协会
497. 湖北省宜昌市伍家岗区伍家乡畜禽养殖协会
498. 湖北省恩施土家族苗族自治州宣恩县大鲵保护协会
499. 湖北省宜昌市五峰土家族自治县出口蔬菜种植专业技术协会
500. 湖南省岳阳市汨罗市强农优质水稻种植协会
501. 湖南省邵阳市邵东县养殖业技术协会
502. 湖南省衡阳市衡东县石滩永恒油茶种植加工专业技术协会
503. 湖南省益阳市南县洞庭明珠水产专业协会
504. 湖南省邵阳市双清区食品加工协会
505. 湖南省湘潭市雨湖区振态养猪技术协会
506. 湖南省常德市津市市科技养猪协会
507. 湖南省邵阳市武冈市铜鹅养殖协会
508. 湖南省郴州市桂阳县养殖业发展协会
509. 湖南省衡阳市蒸湘区欧亚葡萄协会
510. 湖南省株洲市炎陵县下村乡果蔬技术协会
511. 湖南省湘西土家族苗族自治州保靖县水产养殖专业技术协会
512. 湖南省永州市江永县香柚行业协会
513. 湖南省娄底市涟源市桃子金银花种植专业技术协会
514. 湖南省常德市桃源县农村专业技术协会
515. 湖南省怀化市新晃侗族自治县波洲无公害蔬菜产销协会
516. 湖南省衡阳市祁东县养猪协会
517. 湖南省郴州市临武县舜溪香芋协会
518. 湖南省湘西土家族苗族自治州吉首市农业技术推广协会
519. 湖南省永州市东安县横塘镇山羊养殖协会
520. 湖南省长沙市天心区农业科技试验推广发展协会
521. 湖南省岳阳市华容县福星麻鸭养殖协会
522. 湖南省娄底市新化县中药材协会
523. 湖南省永州市宁远县金银花协会
524. 湖南省衡阳市耒阳市美国七彩山鸡养殖协会
525. 湖南省长沙市宁乡县喻家坳金醇合作协会
526. 湖南省湘西土家族苗族自治州龙山县养禽研究会
527. 湖南省永州市蓝山县生姜协会
528. 湖南省岳阳市临湘市楠竹栽培技术协会
529. 湖南省张家界市慈利县湘慈柑橘专业技术协会
530. 湖南省湘潭市湘乡市白田镇养猪协会
531. 湖南省永州市新田县优质大豆开发协会
532. 广东省肇庆市四会市养猪协会
533. 广东省湛江市廉江市园林花卉协会
534. 广东省韶关市始兴县罗坝镇蚕桑专业技术协会
535. 广东省梅州市大埔县星奇泰蜜柚协会
536. 广东省佛山市高明区养猪协会
537. 广东省河源市龙川县上坪镇水果协会
538. 广东省汕尾市陆河县无公害蔬菜生产协会
539. 广东省江门市恩平市茶叶协会
540. 广东省惠州市惠阳区镇隆荔枝生产协会
541. 广东省清远市连州市联兴养猪协会
542. 广东省阳江市阳春市花卉协会
543. 广西壮族自治区河池市金城江区农村沼气发展

研究协会
544. 广西壮族自治区桂林市资源县河口兴隆百合协会
545. 广西壮族自治区防城港市港口区光坡镇网箱养殖协会
546. 广西壮族自治区来宾市合山市北泗乡北泗村龙水养羊协会
547. 广西壮族自治区百色市平果县四塘镇葡萄协会
548. 广西壮族自治区玉林市兴业县葵阳镇新楼果蔬种植协会
549. 广西壮族自治区桂林市雁山区桂林市 PURELO 罗汉果协会
550. 广西壮族自治区梧州市蒙山县养猪专业协会
551. 广西壮族自治区崇左市天等县养蜂协会
552. 广西壮族自治区柳州市柳江县里雍镇蔬菜种植技术协会
553. 广西壮族自治区北海市银海区福成农副产品流通协会
554. 广西壮族自治区贵港市港北区渔业协会
555. 广西壮族自治区南宁市武鸣县双桥镇下渌村水果蔬菜行业协会
556. 广西壮族自治区玉林市陆川县珊罗镇大山村冬瓜协会
557. 广西壮族自治区来宾市武宣县三里镇双龙水果协会
558. 广西壮族自治区百色市西林县水果种植营销协会
559. 广西壮族自治区桂林市兴安县毛竹速生丰产技术协会
560. 广西壮族自治区桂林市荔蒲县荔城食用菌协会
561. 广西壮族自治区崇左市龙州县逐卜农产品产销协会
562. 广西壮族自治区柳州市鱼峰区柳州市养蜂协会
563. 广西壮族自治区南宁市宾阳县洋桥镇蓬塘村甘蔗协会
564. 广西壮族自治区贵港市桂平市养鸭协会
565. 广西壮族自治区河池市都安瑶族自治县竹藤草芒编织协会
566. 广西壮族自治区玉林市兴业县城隍镇西瓜种植协会
567. 广西壮族自治区贵港市覃塘区五里镇云表村蘑菇协会
568. 广西壮族自治区来宾市象州县马坪乡象丰水果协会
569. 广西壮族自治区桂林市灵川县瘦肉型猪养殖协会
570. 广西壮族自治区桂林市龙胜各族自治县龙脊梯田水稻种植协会
571. 广西壮族自治区柳州市柳南区鑫鳌水产养殖协会
572. 广西壮族自治区河池市宜州市庆远镇王家甫葡萄协会
573. 广西壮族自治区桂林市灌阳县水稻种植专业技术协会
574. 广西壮族自治区北海市铁山港区营盘镇营盘社区水产协会
575. 广西壮族自治区桂林市恭城瑶族自治县红岩生态月柿协会
576. 广西壮族自治区崇左市大新县雷平镇果蔗协会
577. 广西壮族自治区桂林市阳朔县福利镇淮山种植销售协会
578. 广西壮族自治区百色市田林县利周瑶族乡清水鸭养殖协会
579. 广西壮族自治区贵港市港北区中里乡吉龙村三望养猪协会
580. 广西壮族自治区来宾市兴宾区良塘乡中良云村蔬菜产销协会
581. 广西壮族自治区河池市凤山县凤城镇核桃生产协会
582. 广西壮族自治区防城港市上思县淡水养殖协会
583. 广西壮族自治区钦州市钦北区贵妃红荔枝协会
584. 广西壮族自治区贺州市八步区莲塘镇美仪村养猪协会
585. 广西壮族自治区玉林市陆川县英平种养协会
586. 广西壮族自治区北海市海城区高德生态种养协会
587. 广西壮族自治区柳州市柳城县太平镇早熟柑协会
588. 广西壮族自治区玉林市陆川县乌石镇谢鲁村淮山协会
589. 广西壮族自治区玉林市北流市大坡外镇优质荔枝协会
590. 广西壮族自治区来宾市金秀瑶族自治县三江乡水果协会
591. 广西壮族自治区防城港市东兴市江平镇山心村养猪行业协会

592. 广西壮族自治区崇左市天等县上映桃园葡萄种植协会
593. 广西壮族自治区柳州市柳江县成团镇草莓技术协会
594. 广西壮族自治区玉林市兴业县葵阳镇四新村桑蚕协会
595. 广西壮族自治区百色市右江区那毕乡福禄村养殖协会
596. 海南省五指山市水满乡农民茶业协会
597. 海南省海口市龙华区新坡镇旺太村农业种植技术协会
598. 海南省文昌市荔枝专业技术协会
599. 海南省琼中黎族苗族自治县黎母山镇牛大力技术协会
600. 海南省定安县翰林绿果槟榔花茶生产技术协会
601. 重庆市酉阳土家族苗族自治县后坪苦荞专业技术协会
602. 重庆市云阳县帮农枇杷专业协会
603. 重庆市云阳县油桐种植协会
604. 重庆市铜梁县鹌鹑协会
605. 重庆市涪陵区蔬菜协会
606. 重庆市垫江县畜牧产业协会
607. 重庆市荣昌县河包粉条农村专业技术协会
608. 重庆市梁平县养蜂协会
609. 重庆市武隆县鸭江镇生态养殖专业技术协会
610. 重庆市黔江区珍珠兰茶业专业技术协会
611. 重庆市开县木香生产专业技术协会
612. 重庆市綦江县打通木瓜专业技术协会
613. 重庆市万盛区黑山猕猴桃协会
614. 重庆市南岸区花木协会
615. 重庆市巫溪县中药材产业协会
616. 重庆市永川区金龙蔬菜专业协会
617. 重庆市石柱土家族自治县黎场乡花椒专业经济协会
618. 重庆市江津区花铺蔬菜协会
619. 重庆市万州区蜡烛枇杷专业生产协会
620. 四川省眉山市仁寿县龙江绿色食品生产技术协会
621. 四川省巴中市巴州区曾口水果产业协会
622. 四川省资阳市雁江区蔬菜协会
623. 四川省泸州市泸县雨坛水禽产业化开发协会
624. 四川省泸州市合江县先市酱油专业技术协会
625. 四川省成都市彭州市蔬菜产销协会
626. 四川省成都市双流县枇杷产业协会
627. 四川省内江市隆昌县水产协会
628. 四川省眉山市青神县水产科学技术协会
629. 四川省成都市双流县永兴镇水产养殖技术协会
630. 四川省宜宾市江安县三江獭兔养殖协会
631. 四川省雅安市荥经县林竹产业协会
632. 四川省巴中市通江县诺水粮油协会
633. 四川省成都市蒲江县猕猴桃产业协会
634. 四川省泸州市纳溪区竹业技术协会
635. 四川省德阳市广汉市松林镇水果协会
636. 四川省巴中市平昌县富康肉牛养殖协会
637. 四川省甘孜藏族自治州白玉县金沙乡八吉村蔬菜协会
638. 四川省德阳市中江县兴隆镇食用菌协会
639. 四川省内江市威远县七星椒产业协会
640. 四川省乐山市五通桥区养猪协会
641. 四川省乐山市峨边彝族自治县大堡镇茶叶协会
642. 四川省乐山市沐川县益民猕猴桃协会
643. 四川省宜宾市屏山县楼东乡西村黑山羊协会
644. 四川省德阳市绵竹市茶叶协会
645. 四川省内江市资中县三块石猪业协会
646. 四川省南充市顺庆区芦溪镇畜禽养殖协会
647. 四川省宜宾市长宁县龙头镇竹海长裙竹荪协会
648. 四川省德阳市什邡市回澜镇西芹协会
649. 四川省达州市万源市富硒茶叶协会
650. 四川省资阳市安岳县互荣养猪协会
651. 四川省成都市双流县胜利镇果蔬协会
652. 四川省乐山市井研县养鸡协会
653. 四川省乐山市金口河区川牛膝产业协会
654. 四川省雅安市名山县养蜂协会
655. 四川省凉山彝族自治州德昌县优质桃协会
656. 四川省达州市开江县永红孵抱养殖协会
657. 四川省雅安市雨城区草坝镇种养殖联营协会
658. 四川省巴中市南江县大碧果蔬协会
659. 四川省自贡市荣县望佳镇养兔协会
660. 四川省绵阳市盐亭县羊业协会
661. 四川省广元市利州区龙潭乡良种仔猪专业技术协会
662. 四川省遂宁市蓬溪县水产协会
663. 四川省眉山市洪雅县藤椒协会
664. 四川省凉山彝族自治州喜德县依洛乡乌骨阉鸡养殖技术协会
665. 四川省阿坝藏族羌族自治州汶川县岷江甜樱桃

协会
666. 四川省凉山彝族自治州西昌市川兴镇花卉协会
667. 四川省成都市新都区斑竹园镇果树协会
668. 四川省绵阳市游仙区白蝉乡白蝉桑兔协会
669. 四川省遂宁市射洪县牵牛山柚子股份合作制专业技术协会
670. 四川省达州市宣汉县新华畜禽养殖协会
671. 四川省达州市通川区磐石草莓专业技术协会
672. 四川省凉山彝族自治州普格县青豌豆专业技术协会
673. 四川省成都市金堂县蔬菜产业协会
674. 四川省成都市蒲江县兔产业协会
675. 四川省绵阳市梓潼县中药材协会
676. 四川省绵阳市三台县永新镇崭山米枣专业协会
677. 四川省遂宁市安居区花生生产专业技术协会
678. 四川省眉山市丹棱县石桥乡插旗山枇杷协会
679. 四川省达州市宣汉县昌林中药材种植协会
680. 四川省成都市崇州市食用菌协会
681. 四川省自贡市荣县古文镇柏林坳畅流果蔬协会
682. 四川省南充市西充县渔业协会
683. 四川省眉山市东坡区三苏乡果业协会
684. 四川省攀枝花市盐边县益民乡水果协会
685. 四川省绵阳市平武县核桃行业协会
686. 四川省乐山市市中区白马镇渔业协会
687. 四川省资阳市乐至县特种水产产销协会
688. 四川省遂宁市大英县河边镇柠檬协会
689. 四川省雅安市汉源县建黎乡花椒研究协会
690. 四川省阿坝藏族羌族自治州理县养兔协会
691. 四川省凉山彝族自治州木里藏族自治县乔瓦镇核桃协会
692. 四川省广元市剑阁县剑门关土鸡养殖协会
693. 四川省广安市广安区旺达养鸡协会
694. 四川省攀枝花市仁和区板栗专业技术协会
695. 四川省广元市朝天区农村沼气协会
696. 四川省泸州市古蔺县蔺州苗家土鸡专业技术协会
697. 四川省南充市蓬安县三坝乡果品技术协会
698. 四川省广安市邻水县两河脐橙专业技术协会
699. 四川省资阳市简阳市生态水产养殖科技产业化协会
700. 四川省自贡市沿滩区鸭业协会
701. 四川省攀枝花市米易县芒果专业技术协会
702. 四川省南充市阆中市大蒜协会
703. 四川省宜宾市翠屏区凉姜乡水产养殖协会
704. 四川省达州市达县中药材产业技术协会
705. 四川省广元市元坝区昭化镇无公害蔬菜协会
706. 四川省自贡市贡井五宝水产养殖协会
707. 四川省广元市旺苍县英萃镇中药材协会
708. 四川省宜宾市珙县茶叶协会
709. 四川省泸州市叙永县原野生态型特种畜禽产业联合协会
710. 四川省阿坝藏族羌族自治州壤塘县南木达养蜂协会
711. 四川省阿坝藏族羌族自治州茂县南新特色水果协会
712. 贵州省遵义市湄潭县夷州茶业协会
713. 贵州省铜仁地区铜仁市鱼塘乡辣椒协会
714. 贵州省黔南布依族苗族自治州龙里县草原村养兔协会
715. 贵州省黔东南苗族侗族自治州雷山县丹江镇脚猛村葡萄协会
716. 贵州省贵阳市开阳县南龙乡枇杷协会
717. 贵州省六盘水市盘县四格坡上马铃薯协会
718. 贵州省安顺市镇宁布依族苗族自治县马厂乡旗山村荣军养殖协会
719. 贵州省毕节地区威宁彝族回族苗族自治县迤那镇祥云特种种植养殖专业技术协会
720. 贵州省黔西南布依族苗族自治州贞丰县珉谷镇金银花专业经济协会
721. 贵州省黔东南苗族侗族自治州麻江县蛋鸡养殖专业技术协会
722. 贵州省毕节地区纳雍县老凹坝乡畜牧专业经济协会
723. 贵州省安顺市紫云苗族布依族自治县火花乡破关村冰脆李种植协会
724. 贵州省六盘水市水城县蟠龙乡沙坡村果蔬协会
725. 贵州省遵义市习水县隆兴镇农业综合开发研究协会
726. 贵州省铜仁地区思南县塘头镇巴蕉村西瓜大蒜种植协会
727. 贵州省遵义市遵义县共青湖无公害蔬菜协会
728. 贵州省黔东南苗族侗族自治州黄平县一碗水乡中药材协会
729. 贵州省毕节地区威宁彝族回族苗族自治县小海镇小海村养猪专业合作社协会
730. 贵州省黔南布依族苗族自治州福泉市仙桥乡大

花水村生姜大蒜协会
731. 贵州省铜仁地区江口县双江镇镇江村蔬菜协会
732. 贵州省遵义市道真仡佬族苗族自治县蔬菜协会
733. 贵州省黔东南苗族侗族自治州天柱县高酿镇优质稻协会
734. 贵州省黔西南布依族苗族自治州兴义市清水河镇生姜专业合作经济协会
735. 贵州省遵义市余庆县小腮镇畜牧协会
736. 贵州省贵阳市花溪区戈寨村果蔬种植协会
737. 贵州省黔东南苗族侗族自治州丹寨县瓦厂村农民养猪协会
738. 贵州省铜仁地区印江土家族苗族自治县朗溪镇果蔬协会
739. 贵州省黔东南苗族侗族自治州三穗县瓦寨镇优质果品协会
740. 贵州省毕节地区毕节市鸭池镇仁和养殖专业技术协会
741. 贵州省黔南布依族苗族自治州罗甸县龙坪镇五星村蔬菜专业协会
742. 贵州省遵义市正安县安场永兴果蔬种植农民专业技术协会
743. 贵州省铜仁地区石阡县中坝镇河东村蔬菜协会
744. 贵州省安顺市平坝县天龙镇二官村种养协会
745. 贵州省铜仁地区德江县天麻行业协会
746. 贵州省贵阳市清镇市犁倭乡玉冠桃种植协会
747. 贵州省黔东南苗族侗族自治州岑巩县果品协会
748. 云南省昆明市东川区养鹅技术协会
749. 云南省曲靖市宣威市双河乡果蔬生产协会
750. 云南省楚雄彝族自治州牟定县蔬菜产业协会
751. 云南省玉溪市通海县高大柑桔协会
752. 云南省红河哈尼族彝族自治州弥勒县弥阳镇卫泸村委会奶山羊养殖协会
753. 云南省文山壮族苗族自治州砚山县稼依镇鱼腥草产业协会
754. 云南省普洱市孟连傣族拉祜族佤族自治县娜允镇行健茶农专业协会
755. 云南省大理白族自治州漾濞彝族自治县漾濞核桃产业协会
756. 云南省保山市龙陵县茶叶协会
757. 云南省临沧市凤庆县营盘镇秀塘村肉牛养殖专业协会
758. 云南省丽江市永胜县期纳野生菌开发技术经济合作协会
759. 云南省迪庆藏族自治州德钦县羊拉苏鲁村民小组蔬菜水果合作协会
760. 云南省西双版纳傣族自治州景洪市渔业协会
761. 云南省昆明市嵩明县生菜协会
762. 云南省昭通市盐津县津华竹产业协会
763. 云南省曲靖市罗平县长底乡发达蔬菜生产营销协会
764. 云南省楚雄彝族自治州元谋县摩诃妇女无公害蔬菜生产协会
765. 云南省玉溪市元江哈尼族彝族傣族自治县茉莉花产业协会
766. 云南省红河哈尼族彝族自治州建水县面甸镇果蔬协会
767. 云南省文山壮族苗族自治州广南县凯鑫生态茶叶产销协会
768. 云南省普洱市思茅区云仙乡骂木蔬菜经营协会
769. 云南省大理白族自治州宾川县平川镇李子园中药材种植开发协会
770. 云南省大理白族自治州洱源县渔业协会
771. 云南省怒江傈僳族自治州贡山独龙族怒族自治县普拉底乡腊咱村农业科学技术协会
772. 云南省迪庆藏族自治州香格里拉县格咱乡翁水村藏香野猪生态养殖协会
773. 云南省临沧市云县中草药种植联合会
774. 云南省昆明市富民县养猪行业协会
775. 云南省普洱市镇沅彝族哈尼族拉祜族自治县古城乡建民村船口辣椒协会
776. 云南省昭通市威信县院子绿色产业协会
777. 云南省昭通市鲁甸县水果协会
778. 云南省昭通市绥江县鑫鑫种兔养殖技术研究会
779. 云南省临沧市镇康县南伞镇蔬菜种植协会
780. 云南省昭通市大关县中药材产业开发协会
781. 云南省临沧市双江拉祜族佤族布朗族傣族自治县沙河乡忙开村甘蔗协会
782. 云南省红河哈尼族彝族自治州屏边苗族自治县玉屏镇阿季伍村委会红豆杉种植农技协
783. 云南省曲靖市会泽县大海乡老林中药材产销协会
784. 云南省楚雄彝族自治州姚安县中蜂养殖协会
785. 云南省玉溪市江川县前卫镇小街蔬菜产销协会
786. 云南省楚雄彝族自治州永仁县莲池鑫隆养殖营销协会
787. 云南省玉溪市华宁县青龙镇山歧蔬菜协会

788. 云南省红河哈尼族彝族自治州开远市羊街蔬菜协会
789. 云南省红河哈尼族彝族自治州石屏县龙朋镇果树协会
790. 云南省文山壮族苗族自治州文山市民族野生药物种植销售协会
791. 云南省玉溪市澄江县抚仙湖抗浪鱼养殖协会
792. 云南省文山壮族苗族自治州西畴县柏林乡生态养牛协会
793. 云南省普洱市宁洱哈尼族彝族自治县宁洱镇西萨村蔬菜瓜果种植协会
794. 云南省大理白族自治州鹤庆县邑头村蚕桑生产技术研究会
795. 云南省普洱市景东彝族自治县黄草岭花椒水果研究会
796. 云南省曲靖市宣威市龙潭镇磨石村蜜蜂养殖协会
797. 云南省红河哈尼族彝族自治州红河县迤萨镇小河村委会坝兰村热作协会
798. 云南省临沧市双江拉祜族佤族布朗族傣族自治县邦丙乡邦丙村核桃协会
799. 云南省红河哈尼族彝族自治州泸西县三塘乡吉湾村中草药种植技术协会
800. 云南省保山市昌宁县温泉乡恒荣养殖专业技术协会
801. 云南省保山市隆阳区瓦窑镇老营村无公害茶叶协会
802. 云南省德宏傣族景颇族自治州梁河县平山乡茶叶协会
803. 云南省丽江市玉龙纳西族自治县鲁甸乡药材产业技术经济合作协会
804. 云南省曲靖市马龙县通泉镇食用菌协会
805. 云南省临沧市永德县中药材研究种植产业协会
806. 云南省临沧市沧源佤族自治县勐角乡勐甘村竹子产业协会
807. 云南省文山壮族苗族自治州丘北县兴牧养殖协会
808. 云南省大理白族自治州云龙县长新优质生猪产业协会
809. 云南省文山壮族苗族自治州马关县南捞乡塘房橘专业技术协会
810. 云南省昭通市水富县向家坝镇水果协会
811. 云南省保山市腾冲县界头乡养蜂协会
812. 云南省临沧市耿马傣族佤族自治县耿马镇石灰窑村核桃产业协会
813. 云南省大理白族自治州南涧彝族自治县宝华镇阿母腊鸡养殖协会
814. 云南省大理白族自治州剑川县甸南镇龙门村奶牛饲养研究协会
815. 云南省昆明市寻甸回族彝族自治县马铃薯协会
816. 云南省曲靖市马龙县黑山羊养殖协会
817. 云南省曲靖市沾益县播乐乡中草药协会
818. 云南省保山市施甸县勐波罗蔬菜种植营销协会
819. 云南省西双版纳傣族自治州勐腊县尚勇镇磨憨冬季蔬菜瓜果协会
820. 云南省昆明市安宁市连然镇通仙水果协会
821. 云南省红河哈尼族彝族自治州金平苗族瑶族傣族自治县铜厂乡铜厂村野生中草药种植协会
822. 云南省德宏傣族景颇族自治州瑞丽市勐卯镇姐东村农民种植营销协会
823. 云南省玉溪市峨山彝族自治县大龙潭乡花椒协会
824. 云南省玉溪市新平彝族傣族自治县者竜核桃产业协会
825. 云南省普洱市景谷傣族彝族自治县渔业协会
826. 云南省迪庆藏族自治州维西傈僳族自治县康普乡云木香种植专业合作协会
827. 云南省大理白族自治州永平县龙门乡大平坦生态茶生产经营协会
828. 云南省大理白族自治州弥渡县牲猪产销协会
829. 云南省文山壮族苗族自治州麻栗坡县马街中药材种植开发协会
830. 云南省红河哈尼族彝族自治州绿春县骑马坝乡骑马坝村胡椒协会
831. 云南省楚雄彝族自治州大姚县金碧小把粉丝协会
832. 云南省曲靖市富源县竹园镇富足农民农特产品研究会
833. 西藏自治区山南地区加查县洛林乡普姆村综合养殖协会
834. 西藏自治区日喀则地区康马县冲巴藏鸡养殖协会
835. 西藏自治区日喀则地区康马县藏系绵羊肉羊生产基地养羊协会
836. 西藏自治区日喀则地区白朗县农民蔬菜种植协会洛江镇分会

837. 陕西省商洛市洛南县残疾人畜牧养殖协会
838. 陕西省商洛市柞水县蔡玉窑镇核桃产业协会
839. 陕西省西安市阎良区科农瓜菜技术协会
840. 陕西省咸阳市武功县南可养殖协会
841. 陕西省榆林市绥德县三哥哥红枣协会
842. 陕西省汉中市洋县芋兴魔芋专业协会
843. 陕西省商洛市镇安县结子乡栗园村板栗协会
844. 陕西省西安市灞桥区全保果友协会
845. 陕西省宝鸡市扶风县养猪科技协会
846. 陕西省宝鸡市陈仓区慕仪镇蔬菜专业协会
847. 陕西省宝鸡市麟游县紫石崖村养猪专业协会
848. 陕西省宝鸡市太白县特色养殖专业技术协会
849. 陕西省咸阳市长武县高原果业技术协会
850. 陕西省渭南市临渭区官路镇瓜菜协会
851. 陕西省延安市宝塔区果香园果业协会
852. 陕西省延安市富县羊泉果业协会
853. 陕西省榆林市榆阳区寺伙沟蔬菜协会
854. 陕西省汉中市南郑县法镇八宝茶树良种无性系繁殖协会
855. 陕西省安康市紫阳县红椿镇尚坝村茶叶协会
856. 陕西省商洛市商南县绒绣协会
857. 陕西省西安市户县马村养鸡协会
858. 陕西省咸阳市旬邑县湫坡头镇太堡村富农果业协会
859. 陕西省铜川市王益区黄堡镇孟家塬诚信奶牛协会
860. 陕西省渭南市华阴市蔬菜协会
861. 陕西省延安市甘泉县高哨乡雷家沟蔬菜专业协会
862. 陕西省榆林市米脂县婆姨苦菜杏仁产业协会
863. 陕西省安康市石泉县池河镇五艾村食用菌协会
864. 陕西省商洛市丹凤县棣花镇万湾村果业协会
865. 陕西省西安市蓝田县洩湖镇冯家村禽业协会
866. 陕西省宝鸡市岐山县北寨子养殖业协会
867. 陕西省宝鸡市眉县草莓协会
868. 陕西省咸阳市秦都区沣东镇茨根养猪协会
869. 陕西省咸阳市彬县兔业协会
870. 陕西省铜川市耀州区关庄镇鲜干果专业技术协会
871. 陕西省铜川市宜君县西村乡西村村苹果协会
872. 陕西省渭南市合阳县北雷红薯业产销专业协会
873. 陕西省延安市安塞县沿河湾镇方塔村山地苹果专业协会
874. 陕西省延安市黄陵县隆坊镇郑家河果业协会
875. 陕西省榆林市横山县富士水稻种植协会
876. 陕西省榆林市靖边县席麻湾乡马铃薯专业协会
877. 陕西省汉中市汉台区汇力香丝米产业协会
878. 陕西省汉中市宁强县中药材协会
879. 陕西省宝鸡市凤翔县花卉药材种植业协会
880. 陕西省宝鸡市千阳县寇家河乡千山牌核桃生产协会
881. 陕西省咸阳市渭城区隆丰无公害蔬菜专业协会
882. 陕西省咸阳市淳化县秦庄乡养猪协会
883. 陕西省渭南市大荔县果农协会
884. 陕西省渭南市蒲城县兴文麦草工艺专业技术协会
885. 陕西省渭南市富平县梅家坪镇周家坡苹果产业化协会
886. 陕西省渭南市白水县冯雷果业技术协会
887. 陕西省渭南市韩城市芝阳镇北寿寺苹果协会
888. 陕西省延安市吴起县五鑫奶牛养殖协会
889. 陕西省榆林市定边县荣兰农村专业技术协会
890. 陕西省榆林市佳县兴隆洋芋种植协会
891. 陕西省榆林市清涧县聚广枣木雕刻协会
892. 陕西省汉中市略阳县东林大樱桃专业技术协会
893. 陕西省汉中市镇巴县科技种养业协会
894. 陕西省汉中市西乡县渔业协会
895. 陕西省汉中市勉县定军蔬菜产业协会
896. 陕西省商洛市商州区丹江畜牧养殖产业协会
897. 陕西省商洛市山阳县佳泰养殖协会
898. 陕西省安康市旬阳县蜀河镇蜀河油桐产业协会
899. 陕西省安康市镇坪县上竹乡庙坝村畜牧产业协会
900. 陕西省咸阳市乾县富民养猪协会
901. 陕西省咸阳市淳化县惠民有机果业专业协会
902. 陕西省渭南市澄城县安里农民养猪专业协会
903. 陕西省延安市洛川县黄章乡方相村果农协会
904. 陕西省西安市周至县金周高科技生态农业推广协会
905. 陕西省渭南市潼关县代字营镇果业协会
906. 陕西省汉中市留坝县板栗产业协会
907. 陕西省咸阳市永寿县果品行业协会
908. 陕西省渭南市华县金惠花椒协会
909. 陕西省咸阳市三原县兔业协会
910. 甘肃省金昌市永昌县鲑鳟鱼养殖协会
911. 甘肃省庆阳市华池县农村能源协会

912. 甘肃省武威市民勤县日光温室种植协会
913. 甘肃省张掖市甘州区惠农养鸡协会
914. 甘肃省定西市渭源县大安乡红堡子村山畔社马铃薯良种产业协会
915. 甘肃省兰州市永登县中川大接杏产销协会
916. 甘肃省平凉市华亭县上关乡水联核桃产业协会
917. 甘肃省甘南藏族自治州合作市拉寨蔬菜种植协会
918. 甘肃省白银市景泰县芦阳镇羊产业发展协会
919. 甘肃省临夏回族自治州临夏市泉乳乳业协会
920. 甘肃省陇南市武都区油橄榄产业协会
921. 甘肃省平凉市静宁县果蔬产品服务协会
922. 甘肃省定西市通渭县乐百味苦荞麦种植协会
923. 甘肃省白银市会宁县柴家门乡马铃薯产业协会
924. 甘肃省酒泉市敦煌市肃州镇彩棉产业协会
925. 甘肃省白银市平川区卧牛山良种肉羊养殖协会
926. 甘肃省张掖市高台县黑泉乡胭脂鸡养殖协会
927. 甘肃省兰州市榆中县黄坪蔬菜协会
928. 甘肃省兰州市皋兰县石洞镇明星红砂洋芋协会
929. 甘肃省嘉峪关市绿丰花木协会
930. 甘肃省兰州市红古区核桃产业技术协会
931. 甘肃省天水市张家川回族自治县西部果农协会
932. 甘肃省临夏回族自治州康乐县海华优势农产品开发协会
933. 甘肃省陇南市成县城关镇李武村养鸡协会
934. 甘肃省金昌市金川区双湾镇新粮地村菜牛养殖协会
935. 甘肃省酒泉市肃州区东洞乡石灰窑村洋葱产业协会
936. 甘肃省定西市临洮县马铃薯产业协会
937. 甘肃省临夏回族自治州广河县城关镇养鸡协会
938. 甘肃省武威市古浪县腾格里沙漠绿色行动协会
939. 甘肃省庆阳市正宁县湫头乡大地果业生产新技术推广协会
940. 甘肃省武威市凉州区林木种苗繁育协会
941. 甘肃省酒泉市瓜州县河东乡食用瓜协会
942. 甘肃省临夏回族自治州东乡族自治县龙泉养羊协会
943. 甘肃省天水市武山县榆盘乡洋芋产销协会
944. 甘肃省张掖市临泽县新华镇科兴蔬菜制种协会
945. 甘肃省平凉市崆峒区花所乡养牛协会
946. 甘肃省庆阳市西峰区泓旺养殖协会
947. 甘肃省平凉市泾川县飞云乡果业协会
948. 甘肃省张掖市山丹县南山畜牧养殖协会
949. 青海省西宁市湟中县农畜产品营销协会
950. 青海省西宁市大通回族土族自治县现代马铃薯产业协会
951. 青海省西宁市湟源县养牛协会
952. 青海省海东地区互助土族自治县果蔬种植协会
953. 青海省海东地区互助土族自治县南门峡食用菌协会
954. 青海省海东地区民和回族土族自治县养蜂业协会
955. 青海省海东地区乐都县兴农养殖协会
956. 青海省海南藏族自治州同德县河北乡欧拉型藏系羊繁育协会
957. 青海省海西蒙古族藏族自治州德令哈市尕海镇泉水村蔬菜种植协会
958. 青海省海北藏族自治州海晏县哈勒景蒙古族乡哈勒景村牧业经纪协会
959. 青海省海东地区乐都县高店大蒜协会
960. 宁夏回族自治区银川市西夏区镇北堡林草试验场果业协会
961. 宁夏回族自治区银川市贺兰县常信乡丁北西芹产销协会
962. 宁夏回族自治区吴忠市青铜峡市龙门村林果协会
963. 宁夏回族自治区固原市隆德县沙塘镇马河村养猪协会
964. 宁夏回族自治区固原市西吉县新营乡马铃薯经销协会
965. 宁夏回族自治区吴忠市盐池县马铃薯种植协会
966. 宁夏回族自治区吴忠市同心县成平家禽养殖营销协会
967. 宁夏回族自治区中卫市沙坡头区镇罗镇凯歌果菜产销协会
968. 宁夏回族自治区石嘴山市平罗县蔬菜种子协会
969. 宁夏回族自治区石嘴山市大武口区奶牛养殖协会
970. 宁夏回族自治区石嘴山市惠农区福民蔬菜脱水协会
971. 新疆维吾尔自治区巴音郭楞蒙古自治州若羌县红枣管理协会
972. 新疆维吾尔自治区和田地区和田县英阿瓦提乡手工业专业协会
973. 新疆维吾尔自治区和田地区民丰县安迪尔牧场

拉伊亚提坎村甜瓜专业技术协会
974. 新疆维吾尔自治区博尔塔拉蒙古自治州博乐市达勒特镇生猪养殖协会
975. 新疆维吾尔自治区阿勒泰地区布尔津县也格孜托别乡特色养殖协会
976. 新疆维吾尔自治区塔城地区沙湾县大泉乡技术养猪协会
977. 新疆维吾尔自治区塔城地区托里县多拉特乡塔尔米协会
978. 新疆维吾尔自治区昌吉回族自治州奇台县东湾镇鑫源养猪协会
979. 新疆维吾尔自治区昌吉回族自治州呼图壁县二十里店镇苗木协会
980. 新疆维吾尔自治区哈密地区伊吾县盐池乡涂阔羊协会
981. 新疆维吾尔自治区哈密地区哈密市妇女刺绣协会
982. 新疆维吾尔自治区喀什地区叶城县园林科技研究会
983. 新疆维吾尔自治区伊犁哈萨克自治州伊宁市托格拉克乡养牛协会
984. 新疆维吾尔自治区阿勒泰地区福海县渔业协会
985. 新疆维吾尔自治区克孜勒苏柯尔克孜自治州阿克陶县皮拉勒乡水稻协会
986. 新疆维吾尔自治区伊犁哈萨克自治州巩留县巩良蔬菜协会
987. 新疆维吾尔自治区博尔塔拉蒙古自治州精河县茫丁乡畜产品销售协会
988. 新疆维吾尔自治区乌鲁木齐市新市区安宁渠林果业协会
989. 新疆维吾尔自治区伊犁哈萨克自治州昭苏县洪纳海乡大蒜营销协会
990. 新疆维吾尔自治区阿克苏地区阿瓦提县葡萄协会
991. 新疆维吾尔自治区乌鲁木齐市头屯河区西尔丹辣椒协会
992. 新疆维吾尔自治区巴音郭楞蒙古自治州且末县塔提让乡绒山羊养殖协会
993. 新疆维吾尔自治区克孜勒苏柯尔克孜自治州乌恰县设施农业协会
994. 新疆维吾尔自治区喀什地区麦盖提县红枣协会
995. 新疆维吾尔自治区伊犁哈萨克自治州新源县新源镇托海村蔬菜协会
996. 新疆维吾尔自治区昌吉回族自治州木垒哈萨克自治县哈依娜尔民族刺绣手工艺制品协会
997. 新疆维吾尔自治区吐鲁番地区吐鲁番市新合作家佳乐蔬菜行业协会
998. 新疆生产建设兵团农二师二十七团养鹅协会
999. 新疆生产建设兵团农十三师火箭农场兴业养殖协会
1000. 新疆生产建设兵团农九师166团农机协会

（二）农村科普示范基地

1. 北京市大兴区老宋瓜果专业合作社科普示范基地
2. 北京市华源发苗木品种展示科普示范基地（通州区）
3. 天津市大港区滨海耐盐碱植物科普示范基地
4. 天津市西青区金三农食用菌科普示范基地
5. 河北省石家庄市行唐县甲壳素红枣科普示范基地
6. 河北省邢台市威县章台农业新技术示范基地
7. 河北省邯郸市武安市淑村镇白马寺利民养猪厂科普示范基地
8. 河北省保定市顺平县望蕊山庄科普示范基地
9. 河北省衡水市安平县京涛养殖有限公司谷左种猪场
10. 河北省富岗苹果科普示范基地（邢台市内丘县）
11. 河北省唐山市遵化市尚禾源农业科技示范基地
12. 河北省石家庄市新乐市双键无公害蔬菜种植基地
13. 河北省石家庄市平山县东风绿色果品试验示范基地
14. 河北省廊坊市霸州市津恺食品有限公司科普示范基地
15. 河北省张家口市阳原县高新技术示范园区
16. 河北省沧州市海兴县瑞澄科技水产养殖科普示范基地
17. 山西省朔州市奶牛医院科普示范基地（山阴县）
18. 山西省忻州市忻府区富有甜瓜玉米科普示范基地
19. 山西省太原市科隆源种养有限公司科普示范基地（小店区）
20. 山西省晋中市贵仁红枣科技示范园科普示范基地（榆次区）
21. 山西省阳泉市平定县东回镇西回村小杂粮种植科普示范基地
22. 山西省大同市新荣区微型薯厂科普示范基地
23. 山西省吕梁市文水县则天故里葫芦专业合作社科普示范基地
24. 山西省吕梁市汾阳市永晶核桃种苗场

25. 山西省朔州市山阴县广秀奶牛专业合作社奶牛养殖科普示范基地
26. 山西省吕梁市临县康寿天然食品有限公司科普示范基地
27. 山西省临汾市安泽县华泰猪业养殖科普示范基地
28. 山西省运城市绛县绿叶钙茶优种苗木科普示范基地
29. 山西省长治市屯留县民康中药材科普示范基地
30. 山西省晋城市阳城县干果种植加工科普示范基地
31. 山西省临汾市吉县上东村苹果生产科普示范基地
32. 内蒙古自治区呼和浩特市赛罕区金河镇根堡村蔬菜科普示范基地
33. 内蒙古自治区乌兰察布市丰镇市蒙丰生物工程公司科普示范基地
34. 内蒙古自治区通辽市奈曼旗享禾农牧业科普示范基地
35. 内蒙古自治区赤峰市巴林右旗金塔蔬菜科技开发有限公司辣椒产业化科普示范基地
36. 内蒙古自治区通辽市科尔沁区大林镇河南屯奶牛科普示范基地
37. 内蒙古自治区乌海市乌达区乌兰淖尔镇瓜果蔬菜科普示范基地
38. 内蒙古自治区赤峰市巴林左旗东泰公司笤帚苗子产业科普示范基地
39. 内蒙古自治区巴彦淖尔市乌拉特后旗退牧转移移民新区养殖科普示范基地
40. 内蒙古自治区兴安盟乌兰浩特市义勒力特育肥牛科普示范基地
41. 内蒙古自治区乌兰察布市察哈尔右翼前旗土贵乌拉镇西兰花科普示范基地
42. 内蒙古自治区包头市固阳县泽惠农场马铃薯高产栽培科普示范基地
43. 内蒙古自治区鄂尔多斯市准格尔旗雨润无公害农产品科普示范基地
44. 内蒙古自治区呼和浩特市托克托县科普惠农养殖示范基地
45. 内蒙古自治区巴彦淖尔市乌拉特中旗有机食品种植科普示范基地
46. 内蒙古自治区通辽市扎鲁特旗乌日根塔拉农场新技术科普示范基地
47. 辽宁省抚顺市清原满族自治县抚顺增光畜牧科普示范基地
48. 辽宁省大连市庄河市水稻新品种新技术示范基地
49. 辽宁省辽阳市宏伟区顺兴实业奶牛养殖科普示范基地
50. 辽宁省营口市现代养殖专业协会科普基地（老边区）
51. 辽宁省沈阳市于洪区陆家无公害浮板菜种植科普示范基地
52. 辽宁省盘锦市盘山县甜水镇香瓜科普示范基地
53. 辽宁省阜新市阜新蒙古族自治县低碳多功能太阳能房科普基地
54. 辽宁省铁岭市开原市庆云堡镇绿色稻米种植示范基地
55. 辽宁省朝阳市喀喇沁左翼蒙古族自治县联体棚菌菜高效生产科普示范基地
56. 辽宁省锦州市凌海市农业科技示范场科普示范基地
57. 辽宁省丹东市东港市椅圈荷兰黄瓜科普示范基地
58. 辽宁省本溪市本溪满族自治县武兴农牧场科普示范基地
59. 辽宁省葫芦岛市南票区玉米种植科普示范基地
60. 吉林省通化市梅河口市永顺生态园科普示范基地
61. 吉林省吉林市龙潭区江密峰镇玉米高产科普示范基地
62. 吉林省长春市榆树市粘玉米种植示范基地
63. 吉林省延边朝鲜族自治州龙井市延边绿色农业协会生态农业基地
64. 黑龙江省双鸭山市饶河县东北黑蜂科普示范基地
65. 黑龙江省大庆市肇源县薄荷台乡商品鸡绿色养殖科普示范基地
66. 黑龙江省黑河市爱辉区农业科技示范基地
67. 黑龙江省牡丹江市宁安市江南乡永安绿色水稻示范基地
68. 黑龙江省齐齐哈尔市龙江县兴玉果业科普示范基地
69. 上海市浦东新区上海康桥中药饮片有限公司（益大本草园）科普基地
70. 江苏省无锡市锡山区东港镇山联村科普示范基地
71. 江苏省苏州市太仓市电站村生态园林果基地
72. 江苏省连云港市赣榆县泥鳅养殖示范基地
73. 江苏省南通市海安县鑫缘茧丝绸集团股份有限公司科普示范基地
74. 江苏省盱眙满江红现代农业产业园科普基地（淮安市）
75. 江苏省南京锁石高效农业示范基地（江宁区）

76. 江苏省盐城市东台市时堰镇后港味美滋葡萄园
77. 江苏省盐城市射阳县耦耕镇友爱村设施蔬菜栽培基地
78. 江苏省泰州严唐现代农业科技示范园（姜堰市）
79. 浙江省杭州市临安市太湖源观赏竹种园有限公司科普示范基地
80. 浙江省湖州市金都绿色果园（吴兴区）
81. 浙江省采云间茶业有限公司（金华市婺城区）
82. 浙江省丽水市龙泉市阳光农业有限公司科普示范基地
83. 安徽省合肥市肥西县铭传乡大葱协会蔬菜科技示范园
84. 安徽省淮北市南湖开发区高科技农业示范中心（相山区）
85. 安徽省芜湖蜂联生态科普示范基地（芜湖市芜湖县）
86. 安徽省宣城市宁国市小径竹笋产业化科普示范基地
87. 安徽省东至茶树良种繁殖示范场（池州市）
88. 安徽省亳州市谯城区康楼蛋鸡标准化生产基地
89. 安徽省阜阳市界首市甘薯开发协会科普示范基地
90. 安徽省六安市霍山县茶叶科普示范基地
91. 安徽省花亭湖绿色食品开发有限公司程岭黑猪微生态养殖科普示范基地（安庆市太湖县）
92. 安徽省宿州市萧县众诚荒山综合开发科普示范基地
93. 安徽省黄山市徽州区富溪源油茶科普示范基地
94. 福建省龙岩市连城县朋口镇兰花协会科普示范基地
95. 福建省厦门市同安区恒利茶叶有限公司无公害茶叶基地
96. 福建省南平市邵武市嘉德综合农业科技有限公司
97. 福建省一林农业发展有限公司闽台高优农业合作示范基地（宁德市蕉城区）
98. 福建省泉州市安溪县铁观音集团祥华生态茶园科普示范基地
99. 福建省三明市明溪县南山现代园区
100. 福建省莆田市城厢区天怡（福建）现代农业发展有限公司科普示范基地
101. 福建省宁德市周宁县李墩镇反季节蔬菜科普示范基地
102. 福建省泉州市丰泽区福科兴果业有限公司名优特龙眼基地
103. 福建省蓝湖食品有限公司天湖山茶园基地（福州市仓山区）
104. 江西省抚州市崇仁县绿杉油脂有限公司油茶科普示范基地
105. 江西省九江市武宁县平尧生态果业科普示范基地
106. 江西省抚州市金溪县凤尾山科普示范基地
107. 江西省宜春市丰城市富硒产业示范基地
108. 江西省赣州市兴国县绿园花卉园林科普示范基地
109. 江西省赣州市会昌县周田现代烟草科技示范园
110. 江西省宜春市袁州区大三农业科普示范基地
111. 江西省上饶市上饶县水面养殖示范基地
112. 江西省抚州市东乡县东华种畜禽有限公司东乡绿壳蛋鸡标准化科普示范基地
113. 江西省吉安市万安县窑头镇脐橙生产基地
114. 江西省鹰潭市月湖区龙虎山泉源石蛙养殖场
115. 江西省赣州市宁都县宁宝科普示范基地
116. 江西省吉安市吉州区水产良种场
117. 江西省景德镇市浮梁县桃岭村毛竹高产科普示范基地
118. 山东省青岛蓝月庄园有机蓝莓科技示范基地（即墨市）
119. 山东省济南市卧龙峪果品蔬菜科普示范基地（长清区）
120. 山东省威海北海水产健康养殖示范基地（环翠区）
121. 山东省泰安市东平县农林科技示范基地
122. 山东省东营市伟浩生态养殖科普示范基地（垦利县）
123. 山东省芳绿高效生态农业科普示范基地（滨州市邹平县）
124. 山东省滨州市阳信县刘庙回族肉牛养殖科普示范基地
125. 山东省淄博玉黛湖生态农业科普示范基地（张店区）
126. 山东省潍坊市安丘市南逯特色农业科普示范基地
127. 山东省临沂市费县新庄镇中金一号金银花科普示范基地
128. 山东省德州市齐河县潘店生猪养殖基地
129. 山东省烟台市福山区金旺黑猪养殖科普示范

基地
130. 山东省临沂市郯城县新源绿色蔬菜生产示范基地
131. 山东省临沂市平邑县资邱镇农业科普示范基地
132. 山东省济南市历城区特种养殖科普示范基地
133. 山东省东营市东营区龙居镇龙东金银花科普示范基地
134. 山东省聊城市东昌府区玫瑰园生态农业科普示范基地
135. 山东省德州市庆云县东辛店镇万亩品质蔬菜生产基地
136. 山东省菏泽市巨野县有机生态无土栽培科普示范基地
137. 山东省莱芜市钢城区弘宝金银花科普示范基地
138. 山东省枣庄市峄城区底阁镇桑蚕科普示范基地
139. 山东省东营市利津县盐窝镇肉羊肉牛养殖科普示范基地
140. 河南省郑州市昌源乳业有限公司科普示范基地（新密市）
141. 河南省开封市通许县华美兴禾绿色蔬菜种植基地
142. 河南省洛阳市洛宁县上戈苹果科普示范基地
143. 河南省安阳市滑县万福猪场科普示范基地
144. 河南省鹤壁市晶金珍稀食用菌种植示范基地（山城区）
145. 河南省新乡市辉县市水寨窑林果生态园基地
146. 河南省焦作市武陟县东营村玉明肉鸡生产基地
147. 河南省濮阳市濮阳县柳屯镇养殖科普示范基地
148. 河南省许昌市魏都区翠林植物园
149. 河南省漯河市源汇区空冢郭镇顺丰生姜科普示范基地
150. 河南省三门峡市陕县二仙坡绿色果业种植示范基地
151. 河南省南阳市淅川县辣椒科普示范基地
152. 河南省商丘市宁陵县春润无公害大棚优质葡萄生产示范基地
153. 河南省信阳市浉河区燕尾岛植物与生态科普示范基地
154. 河南省周口市鹿邑县豫东黄牛养殖基地
155. 河南省驻马店市上蔡县昌隆养殖场
156. 河南省开封市金明区特种鱼繁育科普示范基地
157. 河南省郑州市荥阳市王村镇西大村蔬菜基地
158. 河南省商丘市虞城县优质无公害红富士苹果种植基地
159. 河南省信阳市罗山县仙灵茶叶科普示范基地
160. 河南省濮阳市台前县金源养鸡科普示范基地
161. 河南省南阳市卧龙区种猪繁育科普示范基地
162. 湖北省襄阳市老河口市花椒基地
163. 湖北省十堰市丹江口市凉水河镇油坊沟无公害柑橘科普示范基地
164. 湖北省黄冈市蕲春县恒丰湖渔业科普示范基地
165. 湖北省随州市广水市东晨菌药科普示范基地
166. 湖北省鄂州市梁子湖区杨林湖特色水产养殖示范基地
167. 湖北省荆门市沙洋县龙池绿色稻米生产科普示范基地
168. 湖北省黄石市大冶市开阳雷竹园科普示范基地
169. 湖北省武汉市江夏区青龙山林场郑家山生态茶园示范基地
170. 湖北省潜江市西大垸管理区水产公司名优鱼养殖科普示范基地
171. 湖北省荆州市沙市区甜瓜春秋玉优质高效种植科普示范基地
172. 湖北省仙桃市通海口镇河蟹养殖科普示范基地
173. 湖北省神农架林区新华镇白羽乌鸡养殖科普示范基地
174. 湖北省孝感市孝昌县鸿翔樱桃谷鸭示范养殖基地
175. 湖北省咸宁市崇阳县食用菌科普示范基地
176. 湖北省黄冈市罗田县黄土岭“秋焰”甜柿基地
177. 湖南省九狮寨高山茶示范基地（岳阳市平江县）
178. 湖南省常德市汉寿县帝甘果业科普示范基地
179. 湖南省湘潭市岳塘区兴农优质葡萄基地
180. 湖南省常德市石门县壶瓶山有机茶科普基地
181. 湖南省益阳市安化县云台山八角村茶叶基地
182. 湖南省长沙市长沙县自成肉牛养殖专业合作社肉牛养殖科普示范基地
183. 湖南省衡阳市衡阳县广源罗汉果科普示范基地
184. 湖南省邵阳市大祥区高山精品水果基地
185. 湖南省怀化市中方县时鲜小水果产业科技示范基地
186. 湖南省邵阳市邵阳县小溪市百合种植科普示范基地
187. 湖南省天圣有机红薯种植基地（永州市祁阳县）
188. 湖南省怀化市洪江市洗马安全薯业科普示范基地

189. 湖南省常德市鼎城区农村实用技术培训基地
190. 湖南省衡阳市南岳区特种种植示范基地
191. 湖南省长沙市望城县新康乡金成水乡生态种养基地
192. 湖南省张家界市桑植县湘西野猪种源科普示范基地
193. 湖南省岳阳市湘阴县小北湖生态农业产业化开发科普示范基地
194. 湖南省常德市临澧县烟叶生产科普示范基地
195. 广东省湛江市徐闻县利民北运果菜有限公司农村科普示范基地
196. 广东省茂名市高州市东方龙畜牧科普示范基地
197. 广东省惠州市龙门县龙田镇赖屋村清泉食用菌种厂仿野生灵芝栽培农村科普示范基地
198. 广东省河源市源城区神农宝灵芝培植农村科普示范基地
199. 广东省潮州市潮安县青枣农村科普示范基地
200. 广东省揭阳市揭东县吴厝淮山科农村普示范基地
201. 广东省云浮市罗定市连州茶叶种植科普示范基地
202. 广西壮族自治区河池市南丹县六龙茶叶科普基地
203. 广西壮族自治区玉林市福来中药材种植基地
204. 广西壮族自治区百色市田阳县无公害生猪养殖科普示范基地
205. 广西壮族自治区防城港市防城区金沙海洋科技有限责任公司科普示范基地
206. 广西壮族自治区来宾市优质肉牛养殖科普示范基地（武宣县）
207. 广西壮族自治区玉林市澳洋剑麻种植加工基地
208. 广西壮族自治区桂林市永福县柑桔无病苗繁育科普示范基地
209. 广西壮族自治区贺州市富川瑶族自治县珍果蜜橘生产科普示范基地
210. 广西壮族自治区南宁市绿环现代养殖有限公司科普示范基地（兴宁区）
211. 广西壮族自治区钦州市浦北县龙门无核扁柑出口生产基地
212. 广西壮族自治区崇左市江洲区驮卢镇雷州社区逐禄山羊圈养示范基地
213. 广西壮族自治区柳州市融安县长安镇小洲头菜基地
214. 广西壮族自治区贵港市金桂种养有限公司蛤蚧健康养殖科普示范基地（港南区）
215. 广西壮族自治区北海市合浦县堂排万头瘦肉型猪示范基地
216. 广西壮族自治区玉林市六和源生态种养示范基地
217. 广西壮族自治区来宾市金秀瑶族自治县忠良乡石崖茶种植示范基地
218. 广西壮族自治区梧州市岑溪市软枝油茶科普示范基地
219. 广西壮族自治区桂林市漓江桂花科普示范基地（叠彩区）
220. 广西壮族自治区桂林市七星区桂林宏丰良种猪饲养中心
221. 广西壮族自治区柳州市柳江县工厂化育秧科普示范基地
222. 广西壮族自治区贵港市平南县玉桂科普示范基地
223. 广西壮族自治区玉林市南森农业科技有限公司特色养殖示范基地
224. 广西壮族自治区河池市罗城仫佬族自治县宝坛有机茶科普示范基地
225. 广西壮族自治区百色市德保县优质脐橙科普示范基地
226. 广西壮族自治区桂林市全州县咸水万亩桔柑科普示范基地
227. 广西壮族自治区百色市隆林各族自治县班支花西贡蕉种植示范基地
228. 海南省三亚市海产品养殖科普示范基地
229. 海南省万宁市和港水产养殖科普示范基地
230. 重庆市璧山县大兴葡萄基地
231. 重庆市永川区茶竹科普示范基地
232. 重庆市合川区致国农业科普示范基地
233. 重庆市长寿区 PIC（洋五元）猪科普示范基地
234. 重庆市奉节县汀来绿色蔬菜种植加工科普示范基地
235. 重庆市开县厚坝镇移民生态农场科普示范基地
236. 重庆市彭水苗族土家族自治县鑫晶养殖科普示范基地
237. 重庆市巫山县龙井生态畜牧业科普示范基地
238. 重庆市渝北区肉兔科普示范基地
239. 重庆市万州区林下生态鸡养殖示范基地
240. 重庆市九龙坡区铜罐驿镇滨江生态农业科普示

范基地
241. 四川省绵阳市游仙区街子无公害生猪生态循环养殖科普示范基地
242. 四川省自贡市自流井区生态立体农业科技示范基地
243. 四川省成都市龙泉驿区十陵禽业养殖科普示范基地
244. 四川省眉山市丹棱县梅湾生态产业科普示范基地
245. 四川省宜宾市宜宾县九彩虹无公害种养殖科普示范基地
246. 四川省遂宁市回春堂中药材种植科普示范基地（船山区）
247. 四川省达州市万源市中药材基地
248. 四川省广元市苍溪县白桥生猪零排放养殖科普示范基地
249. 四川省雅安市荥经县天麻仿野生种植科普示范基地
250. 四川省眉山市仁寿县新店乡优质清见基地
251. 四川省成都市郫县唐元镇标准化无公害韭黄科普示范基地
252. 四川省巴中市通江县翰林茶场科普示范基地
253. 四川省巴中市巴州区鑫旺果业示范基地
254. 四川省内江市东兴区麻竹生产示范基地
255. 四川省德阳市广汉市侧耳根（鱼腥草）种植科普示范基地
256. 四川省宜宾市兴文县泥鳅养殖示范基地
257. 四川省宜宾市屏山县太平乡竹荪种植科普示范基地
258. 四川省泸州市泸县国家级青花椒科普示范基地
259. 四川省雅安市芦山县高山有机茶科普示范基地
260. 四川省南充市南部县宝灵山速生林科普示范基地
261. 四川省遂宁市大英县蓬莱镇甜橙种植科普示范基地
262. 四川省德阳市东升农场绿色蔬菜科普示范基地（旌阳区）
263. 四川省成都市崇州市桂花优质粮科普示范基地
264. 四川省资阳市乐至县蚕桑科普示范基地
265. 四川省成都市温江区新河彩叶地被植物科普示范基地
266. 四川省达州市大竹县苎麻标准化生产基地
267. 四川省资阳市雁江区林尧生态鸡养殖科普示范基地
268. 四川省凉山彝族自治州布拖县木尔乡呷乌村科普示范（大棚蔬菜）基地
269. 四川省阿坝藏族羌族自治州阿坝县无公害蔬菜种植示范基地
270. 四川省达州市达县万家镇黑宝石李种植基地
271. 四川省广安市邻水县杰宇畜禽养殖科普示范基地
272. 四川省遂宁市射洪县合众灵芝食用菌种植基地
273. 四川省泸州市江阳区长江岸线龙眼科普示范基地
274. 四川省广元市青川县黑木耳、竹荪菌种繁育基地
275. 四川省德阳市中江县石泉乡西眉山中药材科普示范基地
276. 四川省甘孜藏族自治州康定县中藏药业科普示范基地
277. 四川省甘孜藏族自治州炉霍县古比生猪繁育养殖基地
278. 贵州省铜仁地区铜仁市鲵源洞大鲵人工驯养繁育基地
279. 贵州省贵阳市南明区永乐乡水塘村优质果树科普示范基地
280. 贵州省黔东南苗族侗族自治州施秉县杨家岭中药材科普示范基地
281. 贵州省安顺市普定荷包科学种植示范基地
282. 贵州省黔南布依族苗族自治州惠水县惠明生态养殖科普示范基地
283. 贵州省遵义市桐梓县娄山关镇肉牛养殖科普示范基地
284. 贵州省黔西南布依族苗族自治州兴义市马岭镇龙井村科普示范基地
285. 贵州省黔东南苗族侗族自治州兴坪科普示范基地
286. 贵州省贵阳市息烽县温泉镇三交村椪柑种植基地
287. 贵州省铜仁地区松桃苗族自治县长兴堡镇金银花基地
288. 贵州省遵义市赤水市旺隆镇红花村石斛科普示范基地
289. 贵州省毕节地区纳雍燎原养牛科普示范基地
290. 贵州省黔东南苗族侗族自治州台江县台拱镇南东村竹荪科普示范基地

291. 贵州省黔西南布依族苗族自治州晴隆县茶树良种苗圃
292. 贵州省毕节地区黔西县志毓牧业科普示范基地
293. 贵州省黔东南苗族侗族自治州锦屏县三板溪水库网箱养鱼科普示范基地
294. 贵州省遵义市仁怀市生猪养殖科普示范基地
295. 云南省昆明市宜良县无公害蔬菜科普示范基地
296. 云南省昭通市生态农业科普示范基地（昭阳区）
297. 云南省临沧市临翔区马台乡小左家茶叶种植科普示范基地
298. 云南省德宏傣族景颇族自治州梁河县三禾林业有限公司白花油茶科普示范基地
299. 云南省文山壮族苗族自治州丘北县树皮乡辣椒种植示范基地
300. 云南省普洱市西盟佤族自治县种养殖大黑山科普示范基地
301. 云南省大理白族自治州祥云县怀宝核桃科普示范基地
302. 云南省楚雄彝族自治州禄丰县大华农产品种植科普示范基地
303. 云南省临沧市凤庆县现代农业科普示范园
304. 云南省德宏傣族景颇族自治州陇川县集强麻竹科普示范基地
305. 云南省丽江市古城区七河勒马优质照水梅种植科普示范基地
306. 云南省楚雄彝族自治州双柏县白竹山茶叶有限责任公司科普茶园种植基地
307. 云南省保山市隆阳区卧佛甜柿良种繁育及科普培训基地
308. 云南省普洱市墨江哈尼族自治县班中林果基地
309. 云南省玉溪市通海县冬桃种植科普示范基地
310. 云南省玉溪市华宁县牛山柑桔实验场
311. 云南省迪庆藏族自治州德钦县霞若野蜜蜂养殖科普兴农示范园
312. 云南省大理白族自治州大理市湾桥烤烟科普示范基地
313. 云南省红河哈尼族彝族自治州元阳县板蓝根示范基地
314. 云南省迪庆藏族自治州香格里拉县小中甸牦牛养殖科普兴农示范园
315. 云南省昭通市绥江县兴达优质水果示范基地
316. 西藏自治区日喀则地区日喀则市枣树种植基地
317. 西藏自治区日喀则地区拉孜县芒普乡藏土鸡养殖示范基地
318. 西藏自治区日喀则地区拉孜县曲玛乡坚达村农业科普示范基地
319. 西藏自治区拉萨市达孜县雪乡优质奶牛生产基地
320. 西藏自治区那曲地区那曲县那曲镇23村牦牛养殖科技示范基地
321. 西藏自治区林芝地区林芝县灵芝菌人工种植示范基地
322. 西藏自治区昌都地区昌都县城关镇蔬菜生产基地
323. 西藏自治区阿里地区日土县热帮乡龙门卡村白绒山羊养殖基地
324. 陕西省咸阳市旬邑县郑家镇优质苹果科普示范基地
325. 陕西省西安秦灞猕猴桃科技示范中心（灞桥区）
326. 陕西省商洛市柞水县马家台农业产业科普示范基地
327. 陕西省渭南市韩城市金太阳花椒芽菜基地
328. 陕西省汉中市佛坪县石墩河乡天麻示范基地
329. 陕西省安康市平利县长安镇申草园茶叶科普示范基地
330. 陕西省宝鸡市陈仓区西枸村食用菌科普示范基地
331. 陕西省咸阳市泾阳县强飞良种猪科普示范基地
332. 陕西省渭南市华县果蔬产供销协会科普示范基地
333. 陕西省延安市黄龙县三岔乡四条梁核桃技术推广科普示范基地
334. 陕西省汉中市勉县永兴食用菌推广科普示范基地
335. 陕西省安康市石泉县城关镇一四村富硒桑枝食用菌基地
336. 陕西省宝鸡市渭滨区晁峪乡万亩花椒示范基地
337. 陕西省渭南市潼关县马吉村日光大棚蔬菜基地
338. 陕西省榆林市吴堡县下山畔红枣种植科普示范基地
339. 陕西省延安市甘泉县中华红叶杨暨园林绿化苗木科普示范基地
340. 陕西省榆林市横山县宏达生态农业科普示范基地
341. 陕西省榆林市生财农业机械科普示范基地（榆阳区）

342. 陕西省商洛市镇安县余师乡枫元茶叶基地
343. 陕西省商洛市丹凤县武关镇民乐蔬菜基地
344. 陕西省铜川市耀州区小丘镇茸鹿养殖基地
345. 甘肃省武威市凉州区林木优质种苗繁育科普示范基地
346. 甘肃省张掖市肃南裕固族自治县大河乡农牧村科普示范基地
347. 甘肃省庆阳市西峰区众发苹果生产基地
348. 甘肃省定西国家农业科技园区（安定区）
349. 甘肃省临夏回族自治州和政县油菜科普示范基地
350. 甘肃省天水市秦安县绿康林果科普示范基地
351. 甘肃省白银市白银区城郊农业科普示范基地
352. 甘肃省兰州市红古区科教兴农示范基地
353. 甘肃省白银市靖远县高湾乡籽用西瓜科普示范基地
354. 甘肃省嘉峪关市兴盛啤酒花科普示范基地
355. 甘肃省张掖市民乐县新天镇闫户村红提葡萄示范基地
356. 甘肃省武威市天祝藏族自治县绵羊良种推广科普示范基地
357. 甘肃省金昌市永昌县无公害蔬菜科普示范基地
358. 甘肃省平凉市崇信县锦屏镇于家湾蔬菜产业基地
359. 甘肃省庆阳市庆城县高楼苹果生产基地
360. 青海省西宁市湟中县作物新品种引进示范基地
361. 青海省海西蒙古族藏族自治州乌兰县柯柯镇枸杞种植科普基地
362. 青海省果洛藏族自治州农牧业生态科技示范基地（玛沁县）
363. 青海省海南藏族自治州贵德县黄河谷地生态农业示范基地
364. 宁夏回族自治区银川市兴庆区绿源饲草有限公司科普示范基地
365. 宁夏回族自治区固原市原州区彭堡镇姚磨村冷凉蔬菜种植基地
366. 宁夏回族自治区中卫市中宁县杞生源生物环保养猪基地
367. 宁夏回族自治区银川市西夏区葡萄栽培与酿造科普示范基地
368. 宁夏回族自治区吴忠市盐池县苑兴养殖基地
369. 宁夏回族自治区银川市灵武市金昊达奶牛养殖示范基地
370. 新疆维吾尔自治区乌鲁木齐市科技咨询服务中心水西沟花卉种植科普示范基地
371. 新疆维吾尔自治区喀什地区疏勒县阿拉甫乡红皮牙子基地
372. 新疆维吾尔自治区塔城地区乌苏市八十四户乡万亩无公害蔬菜基地
373. 新疆维吾尔自治区博尔塔拉蒙古自治州温泉县金坤獭兔科普示范基地
374. 新疆维吾尔自治区昌吉回族自治州昌吉市榆树沟镇现代高效农业示范基地
375. 新疆维吾尔自治区克拉玛依市克拉玛依区气象因子对设施农业影响研究基地
376. 新疆维吾尔自治区和田地区策勒县固拉哈玛乡家禽养殖基地
377. 新疆维吾尔自治区巴音郭楞蒙古自治州库尔勒市30万亩绿色食品香梨科普示范基地
378. 新疆维吾尔自治区阿克苏地区乌什县乌什镇设施农业科普示范基地
379. 新疆维吾尔自治区克孜勒苏柯尔克孜自治州阿图什市葡萄基地
380. 新疆维吾尔自治区昌吉回族自治州国家农业科技园区高新农业发展局昌吉金西域棉业有限责任公司棉花全程机械化科普示范基地
381. 新疆维吾尔自治区伊犁哈萨克自治州尼勒克县杞柳种植示范基地
382. 新疆维吾尔自治区阿勒泰地区阿勒泰市金山葡萄园科普示范基地
383. 新疆维吾尔自治区昌吉回族自治州阜康市天阜蛋鸡绿色养殖科普示范基地
384. 新疆维吾尔自治区伊犁哈萨克自治州伊宁县三农信息服务中心科普示范基地
385. 新疆生产建设兵团农六师共青团农场现代农业示范基地
386. 新疆生产建设兵团农八师150团防沙治沙生态建设示范基地

（三）农村科普带头人

1. 陈怀勐　北京市昌平区南邵镇姜屯村东北京金六环农业园
2. 冯乐平（女）　北京市大兴区庞各庄镇四各庄村
3. 赵裕芳（满族）　北京市怀柔区杨宋镇安乐庄村
4. 杨立清　北京市平谷区大华山镇苏子峪村
5. 石　玉　北京市密云县大城子镇大龙门村
6. 国长军　北京市延庆县旧县镇米粮屯村南

7. 仉锁忠(回族)　北京市房山区窦店镇窦店村
8. 刘凤琴(女)　北京市顺义区中山南街
9. 赵仁顺　天津市西青区辛口镇
10. 李西科　河北省石家庄市深泽县铁杆镇杜社村
11. 黄丙欣　河北省沧州市泊头市王武庄镇东官道村
12. 曹京立　河北省保定市望都县固店乡北阳村
13. 田家春　河北省张家口市万全县孔家庄镇孔家庄村
14. 陈继雷　河北省唐山市乐亭县胡家坨镇港东村
15. 辛俊银　河北省唐山市玉田县杨家板桥镇辛庄户村
16. 李奎珍　河北省承德市双桥区双峰寺镇小东沟村
17. 张志民　河北省秦皇岛市海港区海阳镇温家洼村
18. 许新强（回族）　河北省保定市北市区百楼乡头台村
19. 曹月婷（女）　河北省邯郸市邱县新马头镇恒庄村
20. 昝庆华　河北省沧州市南皮县冯家口镇店南村
21. 刘山林　河北省石家庄市晋州市纺织工业园区东宿村
22. 赵瑞昌　河北省衡水市故城县武官寨乡后屯村
23. 刘继福　山西省太原市迎泽区郝庄镇水峪村新村
24. 梁书安　山西省临汾市吉县壶口镇南垣村
25. 李世峰　山西省朔州市朔城区小平易乡祝家庄村
26. 张孝齐　山西省吕梁市汾阳市栗家庄乡协和堡村
27. 刘富宝　山西省大同市灵丘县下关乡下关村
28. 张玉民　山西省长治市沁县松村乡朝仁村
29. 孔东东　山西省晋城市阳城县町店镇孔家沟村
30. 李　杰　山西省太原市阳曲县大盂镇大盂村
31. 张向文　山西省运城市万荣县汉薛镇南坡村
32. 巨先荣　山西省晋中市左权县县城辽山路
33. 王共文　山西省忻州市保德县义门镇岳家里村
34. 王　芳（女）　山西省晋中市榆社县云竹乡枣林沟
35. 杨福龙　内蒙古自治区呼和浩特市武川县得胜沟乡东坡村
36. 范丽萍（女）　内蒙古自治区呼伦贝尔市莫力达瓦达斡尔族自治旗尼尔基镇伊兰社区
37. 谢文明　内蒙古自治区乌兰察布市察哈尔右翼后旗白音察干镇绿洲园区
38. 郭福元　内蒙古自治区乌兰察布市察哈尔右翼中旗科布尔镇元山子村
39. 王文革　内蒙古自治区赤峰市阿鲁科尔沁旗天山镇新农村
40. 赵文立　内蒙古自治区赤峰市敖汉旗木头营子乡乌兰勿苏村
41. 王明珠（满族）　内蒙古自治区兴安盟科尔沁右翼前旗科尔沁镇
42. 胡翠娥（女）　内蒙古自治区阿拉善盟阿拉善左旗巴彦浩特镇
43. 鲁继军　内蒙古自治区鄂尔多斯市准格尔旗十二连城乡巨合滩村
44. 韩立明　内蒙古自治区呼伦贝尔市根河市好里堡办事处
45. 侯和平　内蒙古自治区呼伦贝尔市满洲里市互贸区
46. 哈　达（蒙古族）　内蒙古自治区锡林郭勒盟二连浩特市格苏木
47. 边万厚　内蒙古自治区鄂尔多斯市伊金霍洛旗苏布尔嘎镇敏盖村
48. 宝志强（蒙古族）　内蒙古自治区赤峰市巴林左旗林东镇刀老毛道村
49. 张毅敏　内蒙古自治区巴彦淖尔市临河区新华镇隆胜村
50. 苗树新（女）　辽宁省抚顺市抚顺县上马乡台沟村
51. 吴　迪（锡伯族）　辽宁省沈阳市苏家屯区城郊街道
52. 张绍忠（满族）　辽宁省锦州市北镇市青堆子镇青堆子村
53. 赵铁英　辽宁省辽阳市灯塔市柳条寨镇大新庄村
54. 李海生　辽宁省盘锦市盘山县高升镇七棵树村
55. 李景余　辽宁省鞍山市海城市王石镇王石村
56. 王兴成　辽宁省营口市盖州市团山乡门漠洛村
57. 李旭东　辽宁省朝阳市朝阳县波罗赤镇南洼村
58. 张学华　辽宁省大连市金州区华家街道新石村
59. 辛立东　辽宁省阜新市阜新蒙古族自治县大巴镇杜代村
60. 赵淑艳（女）　辽宁省铁岭市昌图县朝阳镇前柏林子村
61. 马淑英（女）　辽宁省本溪市明山区卧龙办事处
62. 郭桂梅（女）　辽宁省葫芦岛市南票区暖池塘乡灰窑村
63. 陈吉慧　辽宁省大连市普兰店市铁西办事处花儿山社区
64. 崔建华　吉林省松原市乾安县余成乡列子村

65. 金汉德（朝鲜族） 吉林省延边朝鲜族自治州延吉市小营镇五凤村劳动一队
66. 金龙洙（朝鲜族） 吉林省延边朝鲜族自治州龙井市开山屯光昭村
67. 李云召 吉林省辽源市西安区灯塔镇太和村
68. 林玉红（女） 吉林省白城市通榆县开通镇
69. 邵长花（女） 吉林省白山市长白朝鲜族自治县新房子镇新房子村
70. 路志江 吉林省白城市洮南市车立乡立业村
71. 孙清团 吉林省延边朝鲜族自治州汪清县鸡冠乡影壁村
72. 田 盈 吉林省吉林市桦甸市桦郊乡公发村
73. 薛宝生 吉林省通化市二道江区二道江乡三道江村
74. 杨成军（满族） 吉林省辽源市东辽县凌云乡凌镇村
75. 周敦丰 吉林省辽源市东辽县白泉镇白泉村
76. 杜立坤 吉林省白城市洮北区德顺乡白吉村
77. 顾凤苓（女） 吉林省白山市临江市大栗子街道大栗子村
78. 赵传彦 吉林省吉林市船营区西安路华天佳苑
79. 戴振甲 吉林省通化市柳河县安口镇烧锅村
80. 侯 锐 黑龙江省哈尔滨市通河县浓河镇东胜村
81. 刘如增 黑龙江省哈尔滨市尚志市尚志镇红旗村
82. 贺晓峰（蒙古族） 黑龙江省伊春市嘉荫县朝阳镇尚志村
83. 蔡艳彬 黑龙江省齐齐哈尔市泰来县克利镇保安村
84. 杨延秀 黑龙江省哈尔滨市依兰县迎兰朝鲜族乡迎兰村
85. 盖国有 黑龙江省齐齐哈尔市拜泉县丰产乡民众村
86. 李建群 黑龙江省佳木斯市富锦市砚山镇平安村
87. 常百春 黑龙江省黑河市北安市赵光镇东丰村
88. 付景兴 黑龙江省哈尔滨市呼兰区双井乡外郎村
89. 苏桂臣（满族） 黑龙江省黑河市孙吴县正阳山乡高山村
90. 丁炯炯 上海市宝山区淞宝路
91. 孔维新 江苏省无锡市江阴市西大街
92. 蔡建华 江苏省扬州市江都市仙女镇
93. 曹征贵 江苏省连云港市灌南县花园乡金圩村
94. 吴钰明 江苏省苏州市相城区望亭镇新埂村
95. 朱凤彪 江苏省苏州市昆山市周市镇横娄村
96. 徐华新 江苏省南京市浦口区盘城街道落桥村
97. 陶寒英（女） 江苏省常州市新北区罗溪镇溪南村
98. 梁晓军 江苏省淮安市金湖县陈桥镇新桥村
99. 王苏平 江苏省盐城市大丰市南阳镇吉兴村
100. 袁 兵 江苏省南通市启东市南阳乡光明村
101. 鲍荣龙 江苏省镇江市润州区蒋乔镇官塘桥村
102. 刘书贵 江苏省泰州市泰兴市黄桥镇果园村
103. 金联宇 浙江省温州市乐清市清江镇棉花塘村
104. 万福祥 浙江省嘉兴市海盐县秦山街道封丰山村
105. 任小群 浙江省绍兴市绍兴县王坛镇丹家村
106. 虞松儿 浙江省舟山市岱山县长涂镇成校
107. 林志尧 浙江省台州市路桥区金清镇金星村
108. 雷刘东 浙江省丽水市景宁畲族自治县大均乡李宝村
109. 孙启荣 浙江省温州市瑞安市飞云镇社门村
110. 裴新存 安徽省淮北市杜集区段元镇大庄村
111. 钱长本 安徽省安庆市枞阳县横埠镇谋道村
112. 陈道群 安徽省蚌埠市怀远县城关镇
113. 孙 伟 安徽省合肥市肥西县三河镇九联村
114. 王爱民 安徽省马鞍山市雨山区向山镇石马村
115. 钱外勤 安徽省巢湖市庐江县庐城镇高建村
116. 范吉中 安徽省阜阳市太和县赵庙镇黄门村
117. 潘礼斌 安徽省芜湖市三山区农业综合服务中心
118. 方继凡 安徽省黄山市黄山区清溪路
119. 杨新芳 安徽省宿州市萧县新庄镇铁佛行政村
120. 刘维茹（女） 安徽省淮南市八公山区山王镇张楼村
121. 戴华芹 安徽省宣城市郎溪县南丰镇人民政府
122. 赵传岗 安徽省亳州市谯城区十河镇十河集
123. 韩仁甲 安徽省池州市石台县茶业局
124. 胡龙久 安徽省铜陵市郊区灰河乡东园村
125. 苏西康 安徽省阜阳市颍泉区伍明镇苏集村
126. 王珍涛（女） 安徽省池州市东至县尧渡镇建德路
127. 林介宗 福建省漳州市平和县坂仔镇东风村
128. 苏雪健（女） 福建省漳州市南靖县山城镇文明新村
129. 陈连登 福建省福州市长乐市首占乡礼元村
130. 何碧霞（女） 福建省泉州市惠安县辋川镇庄上村

131. 陈水强　福建省厦门市集美区灌口镇田头村
132. 阮以恒　福建省厦门市同安区五显镇明溪村
133. 林瑞通　福建省泉州市永春县达埔镇洪步村
134. 王在河　福建省南平市延平区茫荡镇筠竹村
135. 林修茂　福建省平潭综合实验区平潭县潭城镇营中庄
136. 钟明华（畲族）　福建省宁德市蕉城区八都乡韩丹村
137. 刘志军　福建省泉州市德化县三班镇龙阙村
138. 陈志仁　福建省三明市清流县嵩口镇沧龙村
139. 陈金才　福建省龙岩市漳平市永福镇西山村
140. 蔡东孟　福建省泉州市南安市东田镇湖山村
141. 傅天龙　福建省福州市仓山区城门乡白云村
142. 占子勇　江西省上饶市万年县
143. 杨芳根　江西省新余市渝水区罗坊镇田南村
144. 廖辉球　江西省赣州市信丰县农业技术推广站
145. 黎国水　江西省南昌市新建县生米镇
146. 王　昆　江西省吉安市吉州区樟山乡赤塘村
147. 周志华　江西省抚州市临川区秋溪乡园石村
148. 倪新华　江西省九江市永修县柘林镇易家河村
149. 李四龙　江西省鹰潭市贵溪市金屯乡枫岭村
150. 周有平　江西省上饶市德兴市银城镇新村
151. 汪旭文　江西省景德镇市乐平市乐港镇鸣山村
152. 何西兴　江西省宜春市宜丰县流源村
153. 刘炳继　江西省萍乡市上栗县彭高镇泉溪村
154. 曹新国　江西省九江市都昌县周溪镇古塘村委会
155. 高　勇　山东省青岛市胶州市南关街道办事处刘家村
156. 王玉宝　山东省德州市禹城市市中街道办事处刘少胡村
157. 韩振虎　山东省滨州市无棣县佘家巷乡蔡家村
158. 翟慎学　山东省淄博市淄川区城南镇公孙村
159. 王次玉　山东省枣庄市滕州市级索乡千佛阁村
160. 路　美（女）　山东省东营市东营区牛庄镇前邵村
161. 金立庆　山东省烟台市蓬莱市新港街道弯子口村
162. 苏庆亮　山东省泰安市岱岳区天平街道大陡山村
163. 孙焕勇　山东省潍坊市临朐县沂山乡李户庄村
164. 侯训菊（女）　山东省莱芜市莱城区张家洼办事处码头村
165. 刘洪亮　山东省临沂市临沭县青云镇庙庄村
166. 马秀仙　山东省聊城市临清市康庄乡于林头村
167. 毕建斌　山东省威海市威海火炬高技术产业开发区初村镇北店子村
168. 李行虎　山东省济南市商河县韩庙乡孙胡同村
169. 袁福君　山东省菏泽市单县南城办事处黄小楼村
170. 张汉兵　山东省德州市齐河县大黄乡义和村
171. 江崇焕　山东省青岛市崂山区沙子口街道西登瀛村
172. 向鹏修　山东省淄博市张店区中埠镇大寨村
173. 田齐江　山东省东营市垦利县兴隆街道西九村
174. 牟启春　山东省烟台市芝罘区只楚街道东南哨村
175. 惠俊清　山东省潍坊市昌乐县红河镇朱汉村
176. 杜　萍（女）　山东省济宁市市中区安居街道十里西村
177. 黄贤举　山东省聊城市东昌府区梁水镇姚堤口村
178. 张春平　山东省滨州市惠民县皂户李乡张枣棍村
179. 郭继亮（回族）　山东省菏泽市曹县侯集回族镇北沙楼行政村
180. 毛乃伟　山东省青岛市即墨市段泊岚镇毛家岭三村
181. 李宗德　山东省烟台市招远市辛庄镇洼孙家村
182. 王小五　河南省郑州市惠济区新城办事处李西河村
183. 丁建设　河南省开封市金明区水稻乡孙庄村
184. 冯明献　河南省洛阳市栾川县庙子乡老张村
185. 李清江　河南省平顶山市汝州市尚庄乡风庙村
186. 刘福武　河南省安阳市安阳县瓦店乡南瓦店村
187. 刘进军　河南省鹤壁市淇县西岗镇臧口村
188. 申彦兵　河南省新乡市延津县王楼乡申湾村
189. 薛世跃　河南省焦作市温县张寺村
190. 韩石磝　河南省濮阳市濮阳县柳屯镇韩昌湖村
191. 杨建朝　河南省许昌市禹州市颍川办东关村
192. 侯国欣　河南省漯河市舞阳县侯集乡侯王村
193. 李枝茂　河南省三门峡市陕县大营镇温塘村
194. 陈国华　河南省南阳市西峡县五里桥镇茨梅寺村
195. 韩培力（回族）　河南省商丘市柘城县城关镇北关大街

196. 孔德玉（女） 河南省信阳市光山县紫水街道
197. 魏 玲（女） 河南省周口市鹿邑县农业局土壤肥料工作站
198. 邓 超（土家族） 河南省驻马店市确山县普会寺乡普会寺村
199. 翟志海 河南省济源市邵原镇后王庄村
200. 许亚同 河南省洛阳市新安县洛新产业集聚区
201. 孟凡海 河南省商丘市虞城县城关镇
202. 刘启山 河南省周口市商水县科技路中段
203. 张永光 河南省鹤壁市淇滨区金山办事处冷泉村
204. 李福林 河南省新乡市卫辉市安都乡庄和村
205. 吴崇波 河南省焦作市博爱县寨豁乡小底村
206. 段永强 河南省濮阳市南乐县福堪乡南汉村
207. 林书华 河南省漯河市召陵区林庄村
208. 洪守涛 湖北省十堰市郧西县河夹乡箭流铺村
209. 何德华 湖北省武汉市黄陂区前川街桃花村
210. 杨 鹏 湖北省鄂州市鄂城区杜山镇东港村
211. 张智良 湖北省黄石市铁山区龙衢湾村
212. 曾祥波 湖北省襄阳市南漳县东巩镇昌集村
213. 李章荣 湖北省荆门市东宝区漳河镇迎接村
214. 彭天忠 湖北省随州市广水市城郊乡杨河村
215. 刘红兵 湖北省仙桃市三伏潭镇冯台村
216. 刘主权 湖北省潜江市积玉口镇宝湾村
217. 刘 波 湖北省神农架林区宋洛乡宋洛村三组
218. 姚桃梅（女） 湖北省恩施土家族苗族自治州咸丰县活龙坪乡凤凰村
219. 甘建华 湖北省咸宁市赤壁市官塘驿镇泉洪岭村
220. 陈逢万 湖北省荆州市监利县柘木乡查埠村
221. 江卫华（苗族） 湖南省怀化市溆浦县卢峰镇
222. 傅锡和（苗族） 湖南省怀化市麻阳苗族自治县石羊哨乡李家村
223. 唐建军 湖南省株洲市株洲县渌口镇西塘村
224. 艾仁贵 湖南省怀化市芷江侗族自治县艾头坪乡艾头坪村
225. 徐琼花（女） 湖南省益阳市赫山区笔架山乡花门楼村
226. 祝显元 湖南省永州市零陵区邮亭圩镇百冲村
227. 刘孟莲（女） 湖南省永州市双牌县泷泊镇义村
228. 宁超祥（土家族） 湖南省张家界市永定区枫香岗乡青鱼潭村
229. 彭桥生 湖南省郴州市安仁县清溪镇清溪村
230. 易方荣 湖南省衡阳市常宁市宜潭乡茶园村
231. 贺永国 湖南省株洲市醴陵市贺家桥镇贺市村
232. 黎巨保 湖南省常德市鼎城区十美堂镇上坝村
233. 粟保泽（侗族） 湖南省怀化市通道侗族自治县双江镇红香村
234. 李少芳 湖南省益阳市资阳区新桥河镇毛家山村
235. 黄自力 湖南省长沙市芙蓉区东安乡东湖村
236. 郭 稳 湖南省株洲市天元区马家河镇中路社区
237. 谢绍河 广东省汕头市龙湖区新溪镇六份村
238. 谭东山 广东省广州市从化市禾仓村
239. 朱乃兵 广东省揭阳市普宁市云落镇红光村
240. 李彩金（女） 广东省肇庆市四会市江谷乡培崀村
241. 李德昌 广东省梅州市梅江区城北镇206国道扎田段
242. 梁 伟 广东省湛江市雷州市企水乡藏家村
243. 杨公正 广东省茂名市化州市河西街道
244. 陈庆标 广东省汕尾市陆丰市内湖乡将军塘村
245. 茹嘉励 广东省阳江市阳东县大沟乡新梨村
246. 卓振荣 广东省梅州市五华县岐岭镇双山村
247. 林伟秋 广东省潮州市饶平县黄冈镇狮头寨村
248. 刘志强 广东省韶关市乐昌市大瑶山西路1号沿溪山茶场
249. 陈国垣 广东省肇庆市封开县平凤镇范村
250. 雷锦昌 广东省清远市清城区洲心乡中心村
251. 廖锦仁 广东省韶关市曲江区大塘镇其田村
252. 杨少波 广东省惠州市博罗县萝阳镇桥东二路
253. 莫黎元（壮族） 广西壮族自治区河池市宜州市怀远乡谭村
254. 钟耀荣 广西壮族自治区玉林市北流市民乐镇罗政村
255. 陈利新（女，壮族） 广西壮族自治区来宾市武宣县桐岭镇和律村
256. 盘武帝（瑶族） 广西壮族自治区百色市田林县潞城瑶族乡渭祥村
257. 黄科养 广西壮族自治区桂林市灵川县潮田乡村寨底委小水村
258. 董 冰（女） 广西壮族自治区贺州市钟山县钟山镇榕马村
259. 谢志贤 广西壮族自治区梧州市蒙山县蒙山镇文平村

260. 张远辉　广西壮族自治区钦州市浦北县白石水镇新圩村
261. 李富作　广西壮族自治区崇左市宁明县城中镇北斗村
262. 骆桂忠　广西壮族自治区柳州市鹿寨县中渡乡英山村
263. 吴香妹（女，壮族）　广西壮族自治区南宁市武鸣县太平镇林渌村
264. 黄辉奇（壮族）　广西壮族自治区贵港市港北区庆丰乡杨林村
265. 王进和（黎族）　海南省保亭黎族苗族自治县新政镇毛文村
266. 陈让丰　海南省临高县博厚镇红牌村
267. 吴　勇　海南省白沙黎族自治县牙叉镇方香村委会东风村
268. 胡仕华　重庆市涪陵区珍溪镇
269. 冉振爱　重庆市万州区新田镇五溪村
270. 杨登华　重庆市合川区紫荆园社区
271. 袁刚全　重庆市永川区何埂镇联盟村
272. 吴明德　重庆市璧山县璧城街道
273. 钱乔芝（土家族）　重庆市奉节县太和土家族乡金子村
274. 邓　波　重庆市荣昌县吴家镇代兴村7社
275. 李祖清　重庆市梁平县双桂街道办事处迎宾路
276. 易　科　重庆市垫江县杠家镇双溪村
277. 吴昌木　重庆市南川区大观镇铁桥村3组
278. 艾正权　重庆市城口县高燕乡五峰村
279. 龙民桦　四川省内江市威远县严陵镇建设村
280. 王成武　四川省达州市渠县水口乡罗田村
281. 高兴祥　四川省成都市郫县安德镇交通村
282. 周金荣　四川省宜宾市南溪县马家乡大明村
283. 陈治莲（女）　四川省雅安市芦山县大川镇三江村石宝岩组
284. 刘雪华（女）　四川省绵阳市游仙区魏城镇七里村
285. 赵跃军　四川省眉山市洪雅县止戈镇五龙街
286. 孙大春　四川省泸州市龙马潭区石洞镇张家祠村
287. 陈显忠　四川省乐山市马边彝族自治县民建镇西城村
288. 孙　文　四川省巴中市平昌县江口镇望江村
289. 刘子江　四川省自贡市大安区团结镇土柱村一组
290. 杨　明　四川省资阳市雁江区碑记镇仁乐村
291. 陈驸桦　四川省遂宁市蓬溪县赤城镇梨园村
292. 倪国明　四川省攀枝花市仁和区总发乡立新村
293. 袁正平　四川省南充市阆中市宝马镇宝马场村
294. 严大琼（女）　四川省广元市朝天区平溪乡大竹村
295. 陈革伟　四川省广安市广安区崇望乡红卫村
296. 白　玛（女，藏族）　四川省甘孜藏族自治州甘孜县斯俄乡二村
297. 朱大学　贵州省黔南布依族苗族自治州长顺县种获乡种获村
298. 张国英（女，土家族）　贵州省铜仁地区沿河土家族自治县黑水乡新群村
299. 廖明亮　贵州省遵义市遵义县南白镇南白社区三小区
300. 吴其国　贵州省贵阳市南明区永乐乡永乐村
301. 鲁虎勤　贵州省六盘水市钟山区双龙鸿发蛋鸡养殖场
302. 何天富　贵州省安顺市西秀区刘官乡南翠村
303. 卢官伦　贵州省毕节地区金沙县城关镇中华路
304. 姚祖谦　贵州省黔东南苗族侗族自治州凯里市万潮镇劳动桥村
305. 朱昌国　贵州省黔西南布依族苗族自治州兴义市则戎乡冷洞村
306. 肖永玖　贵州省黔东南苗族侗族自治州从江县雍里乡大洞村
307. 耿陆芬（女）　贵州省毕节地区威宁彝族回族苗族自治县石门乡新龙村
308. 陈亚祥（彝族）　贵州省六盘水市六枝特区郎岱镇石糯尾村
309. 邱云祥（土家族）　贵州省遵义市务川仡佬族苗族自治县红丝乡先进村
310. 陈高明（布依族）　贵州省黔东南苗族侗族自治州麻江县坝芒乡栗木村
311. 金发华（布依族）　贵州省黔南布依族苗族自治州都匀市小围寨办事处马尾村
312. 刘远灯（侗族）　贵州省铜仁地区万山特区黄道侗族乡丹阳村
313. 李海燕（女）　云南省昆明市官渡区大板桥街道办事处张家坡村
314. 马崇文（回族）　云南省大理白族自治州巍山彝族回族自治县南诏镇永宁巷
315. 王德高　云南省曲靖市罗平县板桥镇
316. 张宗贵　云南省楚雄彝族自治州楚雄市鹿城镇东兴社区

317. 孔　斌　云南省昭通市昭阳区苏家院乡迤那村
318. 马　立　云南省红河哈尼族彝族自治州个旧市锡城镇
319. 彭学信（壮族）　云南省文山壮族苗族自治州砚山县盘龙乡铁厂村
320. 召　罗（傣族）　云南省普洱市孟连傣族拉祜族佤族自治县勐马村
321. 赵艳珍（女，佤族）　云南省临沧市沧源佤族自治县勐省镇满坎村
322. 杨志伟　云南省玉溪市华宁县华溪镇华溪村委会第五小组
323. 张月秋（白族）　云南省大理白族自治州剑川县甸南镇狮河村
324. 波光理（傣族）　云南省西双版纳傣族自治州勐腊县勐仑镇曼俄村
325. 占　沙（傣族）　云南省德宏傣族景颇族自治州瑞丽市勐卯镇下弄安村
326. 张跃文　云南省楚雄彝族自治州牟定县共和镇余新村委会
327. 董会琴（女）　云南省怒江傈僳族自治州泸水县上江乡丙贡村
328. 张光立　云南省保山市施甸县仁和镇勒平村
329. 牟言菊（女）　云南省临沧市永德县岩岸山村
330. 柳秋芳（女）　云南省丽江市玉龙纳西族自治县宝山乡果乐村
331. 郭久兰（女）　云南省德宏傣族景颇族自治州盈江县弄璋镇南永村
332. 李　忠（纳西族）　云南省迪庆藏族自治州维西傈僳族自治县叶枝镇梓村
333. 王达昌（壮族）　云南省文山壮族苗族自治州西畴县新马乡克垃村
334. 罗成富　云南省普洱市镇沅彝族哈尼族拉祜族自治县九甲乡三台村
335. 李绍辉（瑶族）　云南省红河哈尼族彝族自治州河口瑶族自治县瑶山乡太阳寨
336. 张起洪（白族）　云南省昆明市西山区碧鸡街道办事处富善社区居委会富善小组
337. 巴　桑（藏族）　西藏自治区日喀则地区拉孜县查务乡
338. 格桑旦增（藏族）　西藏自治区日喀则地区谢通门县达那答乡如贵村
339. 普　穷（藏族）　西藏自治区拉萨市堆龙德庆县乃琼乡乃琼村
340. 嘎　松（藏族）　西藏自治区昌都地区昌都县城关镇小恩达村
341. 仁　青（藏族）　西藏自治区山南地区扎囊县吉汝乡江果村
342. 白玛次旺（藏族）　西藏自治区阿里地区革吉县盐湖乡江麦村
343. 桑嘎顿珠（藏族）　西藏自治区那曲地区那曲县那曲镇
344. 尼　珠（藏族）　西藏自治区那曲地区索县亚拉镇第二居委会
345. 扎西次旦（藏族）　西藏自治区林芝地区林芝县更张乡久巴村
346. 拉　巴（藏族）　西藏自治区拉萨市达孜县塔杰乡巴嘎雪村
347. 拉　布（藏族）　西藏自治区拉萨市林周县松盘乡聂日库村
348. 丹　增（藏族）　西藏自治区日喀则地区康马县少岗乡江嘎村
349. 殷　浩　陕西省杨凌示范区管委会揉谷乡陵湾村
350. 李　霞（女）　陕西省宝鸡市太白县咀头镇北沟村
351. 袁永强　陕西省咸阳市礼泉县药王洞乡三联村
352. 何小勇　陕西省铜川市宜君县五里镇兴市村
353. 张志明　陕西省延安市志丹县顺宁镇保娃沟门村
354. 毛友斌　陕西省汉中市佛坪县西岔河镇银厂沟村
355. 彭　祺　陕西省商洛市丹凤县寺坪镇寺坪村
356. 洪善存　陕西省安康市平利县长安镇高峰村
357. 田印智　陕西省西安市雁塔区鱼化寨街道办事处西晁村
358. 惠国海　陕西省榆林市清涧县双庙河乡后惠家河村
359. 齐　平　陕西省西安市周至县楼观镇周一村
360. 张孝仓　陕西省渭南市澄城县安里乡刘卓村
361. 叶庆忠　陕西省榆林市榆阳区牛家梁乡牛家梁村
362. 王传礼　陕西省商洛市山阳县小河镇街道村
363. 刘满存　陕西省宝鸡市眉县横渠镇红祥村
364. 白治国　陕西省延安市宝塔区青化砭镇崔圪崂村
365. 黄积义　陕西省汉中市南郑县城关镇郑家榜村
366. 乔宏岳　陕西省渭南市富平县城关镇华朱管区

华朱村陈家店
367. 张兴才　甘肃省张掖市临泽县科技开发中心
368. 田建民　甘肃省定西市渭源县清源镇首阳路
369. 曹转荣　甘肃省平凉市崆峒区花所乡光明村
370. 鲁国锦　甘肃省武威市古浪县畜牧兽医工作站
371. 张建峰　甘肃省庆阳市正宁县山河镇
372. 万长英（女）　甘肃省平凉市华亭县西华镇西塬村
373. 丁进义　甘肃省天水市甘谷县新兴镇雒家村
374. 杨新俊　甘肃省定西市安定区凤翔镇
375. 张照武　甘肃省白银市白银区强湾乡麦地沟村
376. 张家顺　甘肃省张掖市民乐县三堡镇韩庄村
377. 杨增武　甘肃省酒泉市瓜州县布隆吉乡双塔村
378. 赵永录　甘肃省金昌市金川区宁远镇新华村
379. 权国恩　青海省海东地区互助土族自治县五峰镇石湾村
380. 靳青湖　青海省西宁市湟源县城关镇董家庄村
381. 张秉梅（女）　青海省海东地区平安县古城乡扎门村
382. 徐尚奎　青海省海东地区乐都县高庙镇长里村
383. 焦彦良　宁夏回族自治区固原市泾源县六盘山镇什字村
384. 赵　强　宁夏回族自治区固原市彭阳县城阳乡长城村
385. 王振和　宁夏回族自治区吴忠市红寺堡区城东现代农业园区
386. 陈存学（回族）　新疆维吾尔自治区博尔塔拉蒙古自治州温泉县安格里格乡托里村
387. 景彦龙　新疆维吾尔自治区昌吉回族自治州阜康市城关镇上大路村
388. 周　正　新疆维吾尔自治区乌鲁木齐市新市区六十户乡八段村一队
389. 周成全（回族）　新疆维吾尔自治区乌鲁木齐市米东区羊毛工镇羊毛工村
390. 曾小明　新疆维吾尔自治区巴音郭楞蒙古自治州轮台县群巴克镇恰先拜村
391. 王胜宏　新疆维吾尔自治区克孜勒苏柯尔克孜自治州阿合奇县哈拉奇乡
392. 马正强　新疆维吾尔自治区喀什地区巴楚县巴楚镇人民西路
393. 陈宝军　新疆维吾尔自治区和田地区策勒县林业局
394. 托合提·尼亚孜（维吾尔族）　新疆维吾尔自治区阿克苏地区拜城县康其乡库尔玛村
395. 韩彦荣　新疆维吾尔自治区哈密地区巴里坤哈萨克自治县农牧兴达责任有限公司
396. 李晓军　新疆维吾尔自治区克拉玛依市乌尔禾区乌尔禾乡
397. 夏热甫·居马衣（哈萨克族）　新疆维吾尔自治区阿勒泰地区阿勒泰市家畜繁育改良中心
398. 李兰江　新疆维吾尔自治区博尔塔拉蒙古自治州精河县友谊南路
399. 雷　勇　新疆生产建设兵团农二师 24 团
400. 谢　云　新疆生产建设兵团农三师 41 团
401. 代玖勤　新疆生产建设兵团农四师 66 团六连
402. 陈庆明　新疆生产建设兵团农七师 130 团
403. 刘忠元　新疆生产建设兵团农八师 143 团
404. 曹永国　新疆生产建设兵团农九师 168 团北区七连
405. 李勇生　新疆生产建设兵团农十师 181 团
406. 缪　军　新疆生产建设兵团农八师 133 团机关

（四）少数民族科普工作队

1. 内蒙古自治区呼和浩特市少数民族科普工作队
2. 广西壮族自治区桂林市龙胜各族自治县少数民族科普工作队
3. 云南省临沧市边疆少数民族农村科普工作队
4. 青海省海西蒙古族藏族自治州科普工作队
5. 新疆维吾尔自治区吐鲁番地区少数民族科普工作队

关于授予关键等15位同志第十四届中国科协求是杰出青年实用工程奖的决定

科协发办字〔2011〕32 号

科技工作者是先进生产力的开拓者和先进文化的传播者。青年科技工作者是我国科技事业接力推进、薪火相传的宝贵资源。为鼓励长期奋斗在工程技术科研和生产一线上的优秀青年科技人员，根据《中国科协求是杰出青年奖条例》规定，经中国科协求是杰出青年奖评审委员会审议通过，决定授予关键等 15 位同志第十四届中国科协求是杰出青年实用工程奖。

荣获本届中国科协求是杰出青年实用工程奖的同志，热爱祖国，甘于奉献，勇攀高峰，在工程技术相关领域作出了突出的贡献。希望获奖同志珍惜荣誉，戒骄戒躁，认清使命，勇于担当，在科技创新的道路上，不断树立新目标、实现新突破、创造新成就。希望广大青年科技工作者向获奖同志学习，坚定理想信念，增长知识本领，锤炼品德意志，矢志奋斗拼搏，为建设创新型国家努力奋斗。

获奖人员名单如下：

关　键　江碧涛　李　楠　张令强　张　苇　陈昌华
陈金宝　陈桂明　郑万国　赵　刚　侯世科　施　航
莫则尧　郭世泽　董世运

中国科协办公厅
2011年8月1日

关于授予历军等10位同志第十四届中国科协求是杰出青年成果转化奖的决定

科协发办字〔2011〕33号

科技工作者是先进生产力的开拓者和先进文化的传播者。青年科技工作者是我国科技事业接力推进、薪火相传的宝贵资源。为鼓励在科技成果转化工作中做出优异成绩的青年科技人员，根据《中国科协求是杰出青年奖条例》规定，经中国科协求是杰出青年奖评审委员会审议通过，决定授予历军等10位同志第十四届中国科协求是杰出青年成果转化奖。

荣获本届中国科协求是杰出青年成果转化奖的同志，热爱祖国、开拓进取、勇于创新，在科技成果向现实生产力转化等方面作出了突出贡献。希望获奖同志珍惜荣誉，戒骄戒躁，认清使命，勇于担当，在科技创新的道路上，不断树立新目标、实现新突破、创造新成就。希望广大青年科技工作者以他们为榜样，学习他们求是创新的科学精神，敢为人先的开拓精神，百折不挠的探索精神，肩负起时代赋予的历史使命，在人生的广阔舞台上发挥聪明才智、尽情展现人生价值，为建设创新型国家努力奋斗。

获奖人员名单如下：

历　军　刘兴胜　严建林　吴道洪　宋延林
迟广俊　张　雷　周遵光　黄如葵　蔡彤旻

中国科协办公厅
2011年8月1日

关于表彰《全民科学素质行动计划纲要》实施工作先进集体和先进个人的决定

科协发普字〔2011〕35号

各省（自治区、直辖市）科协、党委组织部、党委宣传部、发展改革委、教育厅（教委）、科技厅（委、局）、财政厅（局）、人力资源社会保障厅（局）、农业（农牧、农村经济）厅（委、局）、纲要办和新疆生产建设兵团科协、组织部、宣传部、发展改革委、教育局、科技局、财务局、人事局、劳动保障局、农业局、纲要办，中央、国务院各有关部委、直属机构、人民团体：

2006年国务院颁布《全民科学素质行动计划纲要（2006—2010—2020年）》（以下简称《科学素质纲要》）以来，在党中央、国务院的正确领导下，各地、各部门和广大科技工作者及广大科普工作者坚持以邓小平理论和“三个代表”重要思想为指导，深入贯彻落实科学发展观，紧紧围绕党和国家的中心工作和《科学素质纲要》实施工作的总体部署，联合协作，扎实推进，在公民科学素质建设实践中勇于探索，敢于创新，有所作为，圆满完成“十一五”期间各项工作任务，涌现出一批先进集体和先进个人。

为表彰先进，激励更多社会力量投入到公民科学素质建设中，推动各项工作再上新台阶，中央组织部、中央宣传部、国家发展改革委、教育部、科技部、财政部、人力资源社会保障部、农业部、中国科协决定，对2006年以来在实施《科学素质纲要》工作中作出突出业绩和贡献的北京市丰台区委组织部等150个单位、蓝霖等194名同志予以表彰，分别授予《全民科学素质行动计划纲要》实施工作先进集体和先进个人荣誉称号。

希望受到表彰的集体和个人珍惜荣誉，谦虚谨慎，发扬成绩，再接再厉，为推动全民科学素质工作科学发展作出新的贡献。承担《科学素质纲要》实施工作的各级组织、工作人员以及广大科技工作者、科普工作者和社会各界要向受表彰的先进集体和先进个人学习，深入贯彻落实科学发展观，振奋精神，开拓创新，团结奉献，为全面提高我国公民科学素质、建设创新型国家、加快转变经济发展方式、实现“十二五”规划目标作出新的更大贡献！

附件：1.《全民科学素质行动计划纲要》实施工作先进集体名单

2.《全民科学素质行动计划纲要》实施工作先进个人名单

中国科协　中央组织部
中央宣传部　国家发展改革委
教育部　科技部
财政部　人力资源社会保障部
农业部
2011年8月29日

附件

《全民科学素质行动计划纲要》实施工作先进集体名单

北京市丰台区委组织部
北京市青少年科技活动中心
北京市嘉星一族科技发展（北京）有限公司
天津市东丽区科学技术协会
天津市滨海新区塘沽科学技术协会
天津市环境保护科学研究院
河北省石家庄市行唐县科学技术协会
河北省沧州市科学技术协会
河北省人力资源和社会保障厅职业能力建设处
河北省唐山市科学技术馆
河北省邢台市人力资源和社会保障局
山西省晋中市农村党员干部现代远程教育领导协调小组办公室
山西省人力资源和社会保障厅公务员培训教育处
山西省发展和改革委员会科技教育处
山西省孝义市科学技术协会
内蒙古自治区包头市昆都仑区教育局
内蒙古自治区兴安盟农业广播电视学校
内蒙古自治区通辽市科学技术协会
内蒙古自治区乌兰察布市科学技术协会
辽宁省朝阳市科学技术协会
辽宁省大连市财政局教科文卫处
辽宁省盘锦市科学技术协会
辽宁省广播电视台教育青少频道
辽宁省辽阳市科学技术协会
吉林省吉林市科学技术协会
吉林省乾安县科学技术协会
吉林省延边州延吉市科技馆
黑龙江省东北网络台
黑龙江省哈尔滨市南岗区教育局
黑龙江省哈尔滨市道里区科学技术协会
黑龙江省黑河市科学技术协会
上海市浦东新区科学技术协会
上海市教育委员会基础教育处
上海市科学技术协会科普部
江苏省南通市通州区委组织部
江苏省教育厅基础教育处
江苏省徐州市泉山区科学技术协会（科技局）
江苏省苏州市科学技术协会
浙江省嘉兴市教育局
浙江省余姚市科学技术协会
浙江省农业和农村办公室基层建设处
浙江省台州市椒江区科技局
浙江省桐庐县科学技术协会
安徽省发展和改革委员会高技术产业处
安徽省委组织部人才工作处
安徽省委宣传部宣传教育处
安徽省科学技术协会科普部
福建省福州市科学技术协会
福建省三明市科学技术协会
福建省教育厅科学技术处
福建省科学技术馆
福建省厦门市湖里区科技局
江西省教育厅基础教育处
江西省科学技术协会普及工作青少年部
江西省九江市农业局综合科教科
江西省赣州市委组织部干部教育科
山东省委组织部干部教育处
山东省委宣传部宣传教育处
山东省发展和改革委员会高技术产业处
山东省财政厅教科文处
山东省济南市市中区科学技术协会
山东省青岛市市南区科学技术协会
河南省南阳市方城县农业局
河南省地质博物馆
河南省实验小学
河南省人民广播电台农村广播
河南省郑州市科学技术协会
湖北省科技厅政策法规处
湖北省武汉市科学技术协会科学普及部
湖北省襄阳市科学技术协会
湖北省恩施州农业科学院
湖南省邵阳市委组织部
湖南省岳阳市委组织部
湖南省永州市江华瑶族自治县科学技术协会
湖南省长沙市开福区科学技术协会
湖南省科技厅政策法规处
广东省广州市越秀区科学技术协会
广东省惠州市科学技术协会
广东省茂名市第十一小学
广东省深圳市南山区科学技术协会

广东省财政厅教科文处
广东省广州市天河区科技和信息化局
广西壮族自治区玉林市委组织部
广西壮族自治区科学技术协会科技普及部
广西壮族自治区柳州市科学技术协会
广西壮族自治区人力资源和社会保障厅职业能力建设处
海南省海口市第九中学
海南省农业厅科技教育处
海南省万宁市农业科技服务“110”东澳服务站
重庆市松树桥中学
重庆市科学技术协会普及工作部
重庆市人事（军转）培训中心
四川省蒲江县科学技术协会
四川省雅安市总工会
四川省人力资源和社会保障厅专业技术人员管理处
四川省委组织部干部教育培训处
四川省宜宾市科学技术协会
贵州省遵义市科学技术协会
贵州省科学技术馆
贵州省委组织部党员教育中心课件开发处
贵州省图书馆
云南省曲靖市麒麟区科学技术协会
云南省楚雄彝族自治州科学技术协会
云南省昆明市委宣传部
云南省文山壮族苗族自治州砚山县教育局
西藏自治区财政厅教科文处
西藏自治区日喀则地区科技局科协办公室
西藏自治区林芝地区科技局科协办公室
陕西省发展和改革委员会高技术产业处
陕西省科学技术协会科学技术普及部
陕西省社会科学界联合会科普部
陕西省渭南市科学技术协会
甘肃省白银市科学技术协会
甘肃省科学技术馆
甘肃省合水县委党校
甘肃省兰州铁路技工学校
宁夏回族自治区财政厅教科文处
宁夏回族自治区广播电视总台公共频道
宁夏回族自治区银川市科学技术协会
青海省乐都县科学技术协会
青海省农牧厅农牧民科技教育培训中心
青海省西宁市科学技术协会
新疆维吾尔自治区乌鲁木齐市科学技术协会
新疆维吾尔自治区昌吉回族自治州科学技术协会
新疆维吾尔自治区农业厅科技教育处
新疆维吾尔自治区党委组织部干部教育处
新疆生产建设兵团八师石河子市科学技术协会
新疆生产建设兵团农一师科学技术协会
中央电视台科教频道《走近科学》栏目
国家发展和改革委员会高技术产业司创新能力处
教育部基础教育一司校外教育处
中国农村技术开发中心科技扶贫与科普处
西南民族大学科研处
财政部教科文司科学处
中国职工教育和职业培训协会秘书处
中国环境科学学会环境科普部
中国农学会科普处
中国疾病预防控制中心营养与食品安全所
中国国际广播电台华语中文环球节目部
国家安全生产监督管理总局宣传教育中心安全文化研究所
国家林业局科技司综合处
中国科学院微生物资源前期开发国家重点实验室
中国社科院世历所“世界历史专题片”编写组
中国工程院政策研究室综合处
中国气象局公共气象服务中心科普与服务评价室
国家自然科学基金委员会办公室宣传处
北京市总工会职工大学
共青团辽宁省委学校部
全国妇联妇女发展部综合处
中国科普研究所科学素质研究室

《全民科学素质行动计划纲要》实施工作先进个人名单

蓝　霖　北京电视台《魅力科学》栏目
侯引绪　北京市农业职业学院
崔向红　北京市教育委员会
张宇蕾　北京市科委科技宣传与软科学处
李　光　天津市宁河县科学技术协会科学普及科
陈　渝　天津市知识产权局
刘文华　天津市武清区南蔡村镇成人文化技术学校
张　丽　天津市青少年科技中心
余国军　河北省秦皇岛市科技局政策法规科
袁建强　河北省邯郸市财政局教科文处
孙希浩　河北省衡水市文明办城乡

齐　峰　河北省保定市第一中医院
王　飞　河北省承德市科学技术协会普及部
魏婉如　河北省石家庄市第十二中学
杨桂彩　河北省财政厅教科文处
池福成　山西省朔州市第二小学
韩海峰　山西省财政厅教科文处
刘　进　山西省太原市科学技术协会普及部
张继忠　山西省阳泉市教育局基教科
左振平　山西省运城市农委科教站
姜宝林　内蒙古自治区科技信息研究所战略研究室
谷占升　内蒙古自治区财政厅教科文处
刘正理　内蒙古自治区包头市公务员局
闫晓波　内蒙古自治区赤峰市科学技术协会办公室
张玉英　内蒙古自治区巴彦淖尔市乌拉特中旗科学技术协会
张庆华　辽宁省沈阳市科技辅导员协会
张雪飞　辽宁省大连市科学技术协会科普部
潘　锦　辽宁省科学技术协会
王筱雯　辽宁省图书馆
朱喜才　辽宁省铁岭市农村专业技术协会
卢　莹　辽宁省营口市科学技术协会
张　冰　吉林省白城市科学技术协会
林青远　吉林省合隆镇人民政府
张大凉　吉林省四平市教育局社区指导科
徐晓伟　吉林省辉南县科学技术协会
于宇冰　黑龙江省大庆市科学技术协会科普部
富贵民　黑龙江省漠河县人力资源和社会保障局
洪太星　黑龙江省齐齐哈尔市水稻产业协会
庄炳艳　黑龙江省财政厅教科文处
关　博　黑龙江省科技厅法规处
周晓兵　黑龙江省农业委员会
李　丽　上海市科学技术协会科普部
吴文煊　上海市宇航学会
宣秀根　上海市杨浦区科学技术协会科普部
郁增荣　上海市科学技术委员会科普工作处
梁学军　江苏省淮安市科学技术协会
陈广来　江苏省南京科学技术馆
林　群　江苏省扬州市科学技术协会
戚仕才　江苏省建湖县通讯协会
王维秧　江苏省江阴市财政局
李晓顺　浙江省长兴县科学技术协会
施三飞　浙江省磐安县科学技术协会
谢牧人　浙江省绍兴市科学技术协会
宋文龙　浙江省温州市人民政府办公室科技处
胡存定　浙江省嵊泗县农林水利局
项立安　安徽省财政厅教科文处
姚德勇　安徽省教育厅基教处
吴金芳　安徽省农业委员会科技教育处
李生前　安徽省公务员局培训监督处
陈建华　福建省财政厅教科文处
林龙章　福建省泉州市泉港区科学技术协会
林燕茹　福建省人力资源和社会保障厅职业培训处
王东波　福建省发展和改革委员会高技术处
曾国荣　福建省厦门市思明区科学技术协会
郑新平　福建省南平市动物疫病预防控制中心
黄　颖　江西省日报社政法科教部
夏建刚　江西省财政厅教科文处
肖承贵　江西省发展和改革委员会社会发展处
谢忠祥　江西省人力资源和社会保障厅职业能力建设处
周界云　江西省科技厅政策法规与体制改革处
刘建生　山东省公务员局培训教育处
邵学伦　山东省教育厅基础教育处
杜玉松　山东省广播电影电视局宣传管理处
解培强　山东省肥城市龙山中学
王传良　山东省莒县科学技术协会
赵　山　山东省聊城市科学技术协会
傅升信　山东省平度市科学技术协会
张志丹　山东省科技厅政策法规处
白锦雯　河南省焦作市农林科学研究院科研科
王友伦　河南省荥阳市财政局
刘　洋　河南省发展和改革委员会高技术处
杜学勇　河南省科技厅政策法规和基础研究处
张令朝　河南省科学技术协会科普研究室
于　红　河南省人力资源和社会保障厅
田　兰　河南省委组织部干教处
耿显连　湖北省农学会
邓凯飞　湖北省科学技术协会普及部
万义早　湖北省十堰市科学技术协会
陶忠虎　湖北省潜江市水产局
孙阳春　湖北省广水市科学技术协会
邓益平　湖南省科学技术协会普及部
彭图韬　湖南省保靖县科学技术协会
贺　军　湖南省益阳市科学技术协会普及部
刘　欣　湖南省衡阳市科学技术协会普及部
刘国江　湖南省湘潭市学会工作研究会

贺利群　湖南省娄底市财政局文化教育卫生体育科
方绮红　广东省东莞市科学技术协会科普部
王益群　广东省教育厅教研室科学科
陈琳莹　广东省汕头市科学技术协会科普部
孙　楠　广东省深圳市科学技术协会科普和学会工作部
冯正界　广东省阳东县东城镇第一初级中学
海春生　广东省中山市科学技术协会
郑文丰　广东省科普信息中心
曹伟明　广西壮族自治区贵港市科学技术协会
岑家荣　广西壮族自治区委员会宣传部精神文明建设活动处
马　丽　广西壮族自治区财政厅教科文处
腾　慧　广西壮族自治区桂林市荔浦县科学技术协会
杨　明　广西壮族自治区发展和改革委员会社会处
陈姬妙　海南省血液中心宣传科
官　珅　海南省财政厅教科文处
林　雰　海南省海口市龙华区科学技术协会
朱　玲　海南省科学技术协会普及部
何　嵩　重庆市环境保护宣传教育中心
李　南　重庆市九龙坡区疾病预防控制中心
林　伟　重庆市委宣传部宣教处
郑　军　重庆市涪陵区农业技术推广站
余林林　重庆市科委宣传统战处
陈明锐　四川省阿坝藏族羌族自治州马尔康县科学技术协会
邓爱群　四川省农业厅科教处
侯多福　四川省达州市达县科学技术协会
明　希　四川省科技交流中心
徐　广　四川省委宣传部宣传处
阳　恺　四川省财政厅教科文处
龙见香　贵州省锦屏县科学技术协会
傅舒安　贵州省科学技术厅政策法规处
曹　敏　贵州省省委宣传部宣教处
田光阳　贵州省铜仁地区科学技术协会科学技术普及工作部
王文强　贵州省铜仁职业技术学院
韦　丽　云南省隆阳区科学技术协会
熊志远　云南省弥渡县科学技术协会
张金祥　云南省红河州金平县科学技术协会
邢世菊　云南省临沧市凤庆县科学技术协会
徐　宁　云南省科学技术协会
郑彤华　云南省科技管理干部培训中心培训部
黄前敏　西藏自治区拉萨市科技局科学技术协会
巴桑次仁　西藏自治区阿里地区科技局
张秀丽　西藏自治区山南地区科技局科普科
侯书利　陕西省宝鸡市科学技术协会科普部
任志强　陕西省宝鸡市渭滨区青少年校外活动中心
牛　斌　陕西省科技厅政策法规处
戴建昌　陕西省农业厅科教处
赵　静　陕西省榆林市科学技术协会普及部
逯国文　甘肃省天水农业高新技术示范区
孙　华　甘肃省科学技术协会普及部
吴三银　甘肃省张掖市科学技术协会
张金福　甘肃省农业广播电视学校
宗志温　甘肃省兰州市城关区科学技术协会
韩再群　宁夏回族自治区银川市第三中学
潘春甜　宁夏回族自治区科学技术厅政策法规处
杨生明　宁夏回族自治区吴忠市农业技术推广服务中心
余海云　宁夏回族自治区中卫市人力资源和社会保障局
方　玮　青海省科学技术协会科普部
白海龙　青海省科技厅政策法规与基础研究处
解统银　青海省玉树州科学技术协会
钟惠琴　青海省海东地区科学技术协会
普拉提江·吾赛丁　新疆维吾尔自治区察布查尔县科学技术协会
白克力·司迪克　新疆维吾尔自治区拜城县科学技术协会
刘新凯　新疆维吾尔自治区人力资源和社会保障厅职业能力建设处
刘文恒　新疆维吾尔自治区教育厅基础教育处
杨建社　新疆维吾尔自治区全民科学素质工作领导小组办公室
李　芳　新疆生产建设兵团石河子科学技术协会
孙艺轩　新疆生产建设兵团农二师科技局
罗跃乐　新疆生产建设兵团农一师科学技术协会
荀坤龙　中央组织部全国远程教育办公室
刘世茹　中央组织部党员教育中心一处
吴小军　新华社国内部政采室
蒋建科　人民日报经济社会部
袁　军　国家发展和改革委员会高技术产业司
刘月霞　教育部基础教育二司课程处
明　炬　教育部科技司基础处
邱成利　科技部政策法规司人才与科普处

许佳军　中国科学技术交流中心科普处
白华龙　北方民族大学
高　慧　财政部教科文司科学处
贾　瑾　国家公务员局培训与监督司
董雅婷　人力资源和社会保障部专业技术人员管理司继续教育处
王泽林　环保部科技标准司科技发展处
张景林　农业部科教司教育处
王超英　中国农学会
王锦倩　卫生部科技教育司技术处
陈　亮　中央人民广播电台中国之声
林　岚　国家安全生产监督管理总局规划科技司科技处
吴红军　国家林业局科技司综合处
欧阳自远　中国科学院地球化学所
刘魁立　中国社会科学院民文所
鲁　瑛　中国工程院科学道德办公室
吴建忠　中国气象学会秘书处科普部
刘　卫　国家自然科学基金委员会计划局
俞龙祥　上海市闵行区总工会经济宣教部
许　瑞　共青团天津市委员会学校部
房　露　中国儿童中心教育活动部
任定成　中国科学院研究生院人文学院
刘　渤　中国科学技术协会青少年科技中心联络处
单　亭　科学普及出版社国际版权图书事业部

中国科协2011年度
事业发展统计公报

各级科协及两级学会完成技术咨询合同2.3万项。其中，各级科协完成技术咨询合同1.64万项；两级学会完成技术咨询合同6635项。

各级科协及两级学会反映科技工作者建议4.4万条，比上年增长15%。其中，各级科协反映科技工作者建议3万条；两级学会反映科技工作者建议1.4万条。

各级科协及两级学会针对特定群体举办培训班6万个，结业人数680万人次。其中，各级科协举办培训班4.2万个，结业人数484万人次；两级学会举办培训班1.8万个，结业人数196万人次。

各级科协及两级学会表彰奖励科技工作者11.74万人次，比上年增长30%。其中，各级科协表彰奖励科技工作者7.16万人次，两级学会表彰奖励科技工作者4.58万人次。

九、科普资源建设及科技传媒

各级科协编创科普读物总印数7307万册（幅）；开发制作科普展览5555个；制作科普活动资源包1164个。

各级科协及两级学会制作科普广播影视节目1.4万小时；制作科普动漫作品7780个。

中国科协、省级科协及两级学会主办科技期刊全年发行量11438万册；主办科技报纸全年发行量13769万份。

各级科协及两级学会编著科技图书全年发行量968万册。

中国科协及全国学会主办科技期刊全年发行量7575万册；编著科技图书全年发行量141万册。

全国学会主办科技报纸全年发行量680万份。

注：1. 各项统计数据均未包括香港特别行政区、澳门特别行政区和台湾省。

2. 本公报中各种范围所表述的含义：

各级科协：指中国科协、省级科协、地级科协、县级科协。

两级学会：指全国学会、省级学会。

全国学会：指中国科协所属全国学会、中国科协委托管理全国学会。

3. 学会、协会、研究会简称学会。

4. 部分数据因四舍五入的原因，存在着与分项合计不等的情况。

中国数学会第十一次代表大会暨2011学术年会

中国物理学会第十次全国会员代表大会

中国地质学会第十一次全国会员代表大会

中国微生物学会第十次全国会员代表大会

中国细胞生物学学会第十届全体会员代表大会

中国菌物学会第五届会员代表大会

中国机械工程学会第十次全国会员代表大会

中国计算机学会第十次会员代表大会

中国航海学会第七次全国会员代表大会

中国宇航学会第六次全国会员代表大会

中国金属学会第九次全国会员代表大会

中国硅酸盐学会第八次全国会员代表大会

全国学会

中国建筑学会第十二次全国会员代表大会

中国材料研究会第六次全国会员代表大会

中国食品科学技术学会第五次全国会员代表大会

中国畜牧兽医学会第十三次全国会员代表大会

中国针灸学会第五次全国会员代表大会

中国体育科学学会第七次全国会员代表大会

中国未来研究会第六次全国会员代表大会

中国认知科学学会成立大会暨第一次全国会员代表大会

中国密码学会第三次全国会员代表大会

中国科技馆发展基金会第四届理事会第一次会议

第17届国际生物物理大会

第47届国际规划大会

中国通信学会2011国际云计算研讨会

中华医学会第十三届骨科学术会议暨第六届COA国际学术大会

2011年美国血液年会中国行

中国光学学会2011年学术大会

中国生态学学会2011年学术年会

2011年中国机械工程学会年会第六届湖北科技论坛

中国农业工程学会2011年学术年会

2011中国电子技术年会

全国学会

2011中国技术经济学会学术年会

2011年世界电信和信息社会日大会

中国心理卫生协会第六届学术研讨会暨第二届全国心理咨询师大会

中国昆虫学会2011年学术年会

中国风景园林学会2011年会

2011中国消防协会科学技术年会

全国学会

2011年中国水产学会学术年会

中国园艺学会2011年学术年会

中国畜牧兽医学会2011年学术年会

2011年中国药学大会暨第11届中国药师周

2011年海峡两岸土地学术交流暨纪念海峡两岸土地学术交流20年大会

中国针灸学会在香港建立第6个“中国针灸学会针灸标准示范基地”

耕地资源合理利用与粮食安全学术研讨会

全国中西医结合发展战略研讨会

中国特色城镇化论坛

茶树功能基因组和次生代谢学术沙龙

科技情报服务万家企业启动仪式暨竞争情报服务中小企业研讨会

遗传学与生物医药产业化论坛

2010—2011年度中国物理学会各项物理奖颁奖大会

第十一届毕昇印刷技术奖颁奖大会

2011’现代林业发展高层论坛暨第四届梁希林业科学技术奖颁奖仪式

中国生物物理学会理事长饶子和院士向林克椿教授颁发第二届贝时璋奖奖牌

第三届全国青年建筑师创新设计高峰论坛暨第八届中国建筑学会青年建筑师奖颁奖典礼

2010年度中国公路学会科学技术奖颁奖大会暨成果报告会

“安全用药 关注青少年”全国科普宣传活动

4·15全国肿瘤防治宣传周科普活动

第九届全国中小学信息技术创新与实践活动决赛颁奖典礼

中国感光学会举办欧洲名家科普摄影展

消除对麻风病患者及康复者的歧视和偏见全球倡议书2011启动仪式

全国学会

中国心理学会成立90周年纪念大会暨第十四届全国心理学学术会议

中国水利学会成立八十周年纪念大会

中国感光学会成立30周年庆祝大会暨2011年学术年会

中国电工技术学会成立30周年纪念大会

中国自然辩证法研究会成立30周年大会

中国生物物理学会成立30周年纪念大会

全国学会、协会、研究会（含受委托管理的学会）简况

中国数学会

2011年，学会举办了第四届数学史与数学教育国际研讨会暨第八届全国数学史学会学术年会、表示论与调和分析国际研讨会等6个国际学术会议，11个国内学术会议，国内参会人数2350人，学术会议交流论文总数1805篇。

学会召开了中国数学会第11次全国会员代表大会，选举产生了中国数学会11届理事会，理事139人，常务理事37人，正副理事长11人。中国科学院院士王诗宬当选为理事长。

普及工作委员分别举办了中学“我爱数学”夏令营和高中冬令营活动。10月16日，学会举行了全国高中数学联赛，全国12万名高中生参加比赛，经比赛选拔出200名优胜者参加了在陕西省西安市召开的数学冬令营决赛。中国数学会奥林匹克委员会于7月带队参加了在荷兰阿姆斯特丹召开的第52届国际数学奥林匹克（IMO）竞赛，取得了6枚金牌的好成绩。数学奥林匹克委员会还于8月举行了中国西部数学奥林匹克竞赛，于10月举行了中国女子奥林匹克数学竞赛。

《数学学报》（中文版）、《应用数学学报》（中文版）、《数学进展》分别获得中国科协精品期刊A、B、C类的资助。

【中国数学会第11次全国会员代表大会】 11月14~16日，中国数学会第11次全国会员代表大会在四川省成都市举行。共有来自全国各地方学会、中国数学会各分支机构、科研院所的512位会员代表参加会议。

中国数学会理事长、中国科学院院士马志明，中国科学院院士石钟慈、张景中、严加安、文兰、彭实戈、王诗宬、龙以明、李安民、席南华、袁亚湘、徐宗本、陈永川，中国工程院院士刘永才等出席会议。中国科协书记处书记王春法、国家自然科学基金委员会副主任王杰等分别致辞和讲话。大会开幕式由中国数学会秘书长王长平主持。

会议听取和审议通过了中国数学会理事长马志明院士所作的题为《营造和谐氛围，促进中国数学事业发展》的十届理事会工作报告；通过了《中国数学会章程》，通过了中国数学会十届理事会财务审计报告，选举产生了中国数学会11届理事会，理事139人，常务理事37人，正副理事长11人。中国科学院院士王诗宬当选为第11届理事会理事长，席南华、陈敏、高小山、陈大跃、陈永川、程晋、罗懋康、李星、杨新民当选为副理事长，张立群当选为秘书长。

中国科学院院士文兰、彭实戈分别作大会1小时报告。来自全国高校和研究院所的100余位研究人员，在7个大学科领域，分别作了40分钟的邀请报告。会议期间，张恭庆、马志明、文兰等10位院士分别走进四川大学、成都电子科技大学、西南交通大学、石室中学、棠湖中学、成都七中等学校，为师生作了“院士公众报告”。

本次会议还颁发了“第十届华罗庚数学奖”和“第13届陈省身数学奖”。“第十届华罗庚数学奖”分别授予中国科学院院士、北京大学数学科学学院教授文兰和中国科学院院士、山东大学教授彭实戈。“第13届陈省身数学奖”分别授予中国科学院院士、中国科学院数学与系统科学研究院研究员袁亚湘和中国科学院院士、南开大学组合数学中心教授陈永川。受钟家庆基金会委托还颁发了“第十届钟家庆数学奖”。

【第四届数学史与数学教育国际研讨会暨第八届全国数学史学会学术年会召开】 4月30日~5月4日，第四届数学史与数学教育国际研讨会暨第八届全国数学史学会学术年会在上海市召开。来自加拿大、德国、韩国、日本、印度等国的数学史与数学教育专家，国内专家、学者等共计224人参加会议。

本届会议围绕数学史与数学教育关系（HPM）的理论与实践、师范院校数学史与数学文化课程的建设、晚清数学家李善兰（1811~1882）诞辰200周年纪念3个主要议题展开。本届会议收到中英文论文130余篇，会议共设大会报告17场，内容主要涉及数学史与数学教育关系（HPM）的理论与实践、数学史、师范院校数学史与数学文化课程建设等研究主题，分组报告100场。

同期，全国数学史学会举行了第八届学术年会，学者们听取了第七届理事会工作总结报告，并成功举行了学会理事会的换届工作。西北大学数学系教授曲安京当选为学会第八届理事会理事长，清华大学教授冯立昇、中国科学院自然科学史研究所研究员韩琦、西南大学教授宋乃庆、华东师范大学教授汪晓勤、辽宁师范大学教授王青建当选为副理事长，冯立昇兼任理事会秘书长。

【表示论与调和分析国际研讨会】 6月5~11日，表示论与调和分析国际研讨会在天津市举办。本次研讨会邀请了来自美国、日本、新加坡、瑞典、克罗地亚等国家以及中国大陆和香港特别行政区、台湾地区多所高校和研究所的20余名专家、学者。香港科技大学教授黄劲松，南开大学数学学院教授侯自新、梁科、邓少强、白承铭等，中国科学院院士、中国科学院数学与系统科学研究院研究员席南华、美国麻省理工学院 D. Vogan 教授和 J. Wolf 教授等出席了会议。国内外 60 余名专家、学者参加会议。

会议交流了各自在李群表示论与调和分析的前沿领域的研究成果，主要议题包括可列 p 群的不可约模 p 表示、几何量子化和半单李群的 model 表示、阶化 Hecke 代数的 Dirac 算子、李型代数、李代数的外代数的模结构、旗簇、幂零轨道、黎曼对称空间的边界值问题、广义 Verma 模、Dirac 指标、某些无穷维约化李群的主系列表示、迷向表示、一些典型群的球轨道的量子化、华算子和 Poisson 变换、Howe 对应等问题。

中国物理学会

2011 年，学会第九届理事会届满，召开了第十次全国会员代表大会，完成了第十届理事会的组建工作。詹文龙当选为理事长，王玉鹏、王恩哥、朱少平、朱邦芬、张闯当选为副理事长，王玉鹏兼任秘书长。第十届理事会共有理事 99 名、常务理事 31 名。

学会及其分会、专业委员会共组织各类学术交流活动 80 余次，参加会议的人次约 1.5 万名；其中，国际会议约 20 次，参加人次约 4000 人。中国物理学会 2011 年秋季学术会议在浙江省杭州市召开。来自全国各地的专家、学者及学生 2000 余人参加会议。会议由大会报告会、分组报告会和张贴报告会组成。会议期间，还组织了女物理工作者圆桌讨论会、高校物理系主任/物理学院院长联谊会、秋季会议组委会会议等。

学会在北京承办了国际纯粹与应用物理联合会（IUPAP）系列的两个学术会议：第 26 届低温物理国际会议（The 26th International Conference on Low Temperature Physics）和第 32 届国际宇宙线会议（The 32nd International Cosmic Ray Conference）。

11 月，IUPAP 在英国伦敦召开第 27 届全体大会。以学会理事长詹文龙为团长的中国物理学会 5 人代表团出席大会。大会选举产生第 27 届执行委员会及各专业委员会。学会推荐的 16 位专家入选各职位。其中，詹文龙当选为执委会副主席。

4 月，由 IUPAP 组织发起的第四届国际女物理工作者大会（The 4th International Conference on Women in Physics，简称 ICWIP）在南非召开。以常务理事隋曼龄为团长的中国物理学会 4 人代表团出席大会。上海交通大学教授严燕来以《中国古代编钟中的物理》为题作大会报告，其他中国代表也在大会的相应环节作了发言。

10 月，由亚太物理学会协会（AAPPS）和欧洲物理学会（EPS）联合发起的第二届亚欧物理峰会（The 2nd Asia – Europe Physics Summit，简称 ASEPS）在波兰布雷斯劳市举行。以常务理事龙桂鲁为团长的中国物理学会 7 人代表团出席了峰会。中国科技大学教授潘建伟作了大会邀请报告，中国科学院物理所丁洪、北京计算科研中心林海青、北京工业大学隋曼龄等也应邀在其他环节作了报告。

10 月，由中国物理学会和韩国物理学会联合发起的第三届中韩联合研讨会（The 3rd Sino – Korea Symposium）在韩国釜山举行。本届研讨会的主题为粒子物理。韩国的 5 位专家和中国的 4 位专家分别在研讨会上作学术报告。

2011 年，中国物理学会全国竞赛委员会组织了第 28 届全国中学生物理竞赛。本届竞赛共有 484301 名学生参加预赛，25621 名学生参加了复赛的理论考试，2699 名学生参加了复赛的实验考试。280 名学生参加了 10 月 29 日 ~ 11 月 3 日在陕西省西安市举行的决赛，其中女生 19 名。决赛共评出一等奖 50 名、二等奖 96 名、三等奖 134 名，另外，评出总成绩最佳奖、理论成绩最佳奖、实验成绩最佳奖和女学生成绩最佳奖等四项单项奖。决赛期间，召开了全国竞赛委员会会议。会议讨论决定，第 29 届全国中学生物理竞赛的预赛于 2012 年 9 月 8 日在各省、自治区、直辖市举行，复赛理论考试于 2012 年 10 月 13 日举行，决赛于 2012 年 11 月 17 ~ 22 日在吉林省吉林市举行。

全国竞赛委员会还组织选拔 5 名选手参加了第 42 届国际物理奥林匹克竞赛，选拔 8 名选手参加了第 12 届亚洲物理奥林匹克竞赛。13 名选手在竞赛中全部夺得了金牌。

2011 年，中国物理学会组织评选并颁发了 2010 ~ 2011 年度胡刚复、饶毓泰、叶企孙、吴有训、王淦昌物理奖，以及第三届谢希德物理奖、第二届黄昆物理奖和第八届周培源物理奖，获奖者共 14 人。颁奖大会在中国物理学会 2011 年秋季学术会议的开幕式上举行。获奖者分别在“秋季会议”的分会场作获奖学术报告。

经学会推荐，北京大学教授龚旗煌等完成的“电荷转移分子体系光学非线性及超快全光开关实现”项目荣获 2011 年度国家自然科学二等奖。南京大学教授彭茹雯荣获第八届中国青年女科学家奖。中国科学院物理所研究员戴希荣获第 12 届中国青年科技奖。经学会推荐，中国科学院物理所研究员高鸿钧和中国科技大学教授潘建伟当选中国科学院院士。

学会完成《中国科学技术专家传略 · 理学篇 · 物理学卷 4》的编撰工作。由物理名词委员会组织编写的 1996

年版《物理学名词》的修订及增补工作已近尾声。学会主办期刊《中国物理B》和《物理学报》分别荣获中国科协2011年度精品期刊A类、B类示范项目。

学会向国际纯粹与应用物理联合会（IUPAP）能源工作组推荐一名中国代表——中国科学院近代物理所研究员徐瑚珊，向亚太物理学会联合会（AAPPS）会刊AAPPS Bulletin推荐一名编委——清华大学教授龙桂鲁。

2011年，学会所属核物理分会、液晶分会、光散射专业委员会、原子与分子物理专业委员会、磁学专业委员会、相图专业委员会和高压物理专业委员会分别进行了换届改选。

2011年，学会共发展个人会员111人，收取个人会费31110元、团体会费3000元。

【中国物理学会第十次全国会员代表大会】 9月15日，中国物理学会第十次全国会员代表大会在浙江省杭州市召开。来自各省、自治区、直辖市的物理学会，各分会、专业委员会，各工作委员会，以及各有关单位的136位代表出席大会。中国科协党组成员、学会学术部部长沈爱民，浙江大学党委常委、副校长来茂德应邀出席大会并致辞。

理事长杨国桢首先代表第九届理事会作工作报告。报告回顾了过去四年来学会在学术交流、教学竞赛、出版、名词、咨询、女物理工作者、国际交流，以及组织建设和评奖等方面的活动情况，简要总结了各分会、专业委员会及各省、自治区、直辖市物理学会4年来的工作成绩。

学会副理事长张闯作关于《中国物理学会章程》修订说明的报告，秘书长王玉鹏作关于中国物理学会第十次全国会员代表大会代表、第十届理事会理事候选人分配方案及选举办法的说明的报告，副秘书长谷冬梅作第九届理事会财务工作报告。

大会选举产生了第十届理事会。詹文龙当选第十届理事会理事长，王玉鹏、王恩哥、朱少平、朱邦芬、张闯当选副理事长，王玉鹏兼任秘书长。第十届理事会第一次常务理事会议同期召开，第十届理事长、中国科学院院士詹文龙讲话。

【中国物理学会2011年秋季学术会议】 9月15~18日，中国物理学会2011年秋季学术会议（CPS2011）在浙江省杭州市召开。包括我国物理学领域的10余位院士在内的2000余位专家、学者参加会议。本次会议由浙江大学和浙江物理学会联合承办，得到了国家自然科学基金委、中国科协等单位的支持。

在9月16日举行的开幕式上，浙江大学校长杨卫致辞。中国物理学会第九届理事会理事长、物理奖基金会主任杨国桢主持颁发了2010~2011年度各项物理奖。

受中国科学院物理所赵忠贤院士委托，中国科学院物理所郑东宁研究员、美国John Hopkins大学钱嘉陵教授、中国科学院理论物理所孙昌璞院士和中国科学院物理所戴鹏程研究员分别作了题为《超导百年魅力不减》、《磁性纳米结构中的自旋电子学和自旋热电子学》（Spintronics and Spin Caloritronics in Magnetic Nanostructures）、《生命过程中的量子效应和仿生量子器件》和《利用中子作为探测手段研究铁基高温超导体中的磁性性质》（Using neutron as a probe to study magnetism in iron based high-temperature superconductors）的学术报告。

9月17~18日，会议设立粒子物理、场论与宇宙学，核物理与加速器物理，原子分子物理，光物理，等离子体物理，纳米与介观物理，表面与低维物理，半导体物理，强关联与超导物理，磁学，软凝聚态物理与生物物理，量子信息，计算物理，统计物理与复杂体系，电介质物理，液晶，以及物理教学17个分会场进行分组交流，安排口头报告647个。

本次会议共有张贴报告446项。为鼓励青年学生以张贴报告的形式进行学术交流与互动，会议特设张贴报告奖70余项。

与秋季学术会议同期召开的还有高校物理系主任/物理学院院长联谊会、秋季会议组委会会议、女物理学家圆桌讨论会、英国物理学会出版社（IOPP）专题报告会等。

【推荐中国科学家到国际纯粹与应用物理联合会任职】 11月2~4日，第27届国际纯粹与应用物理联合会全体大会（The 27th IUPAP General Assembly）在位于伦敦的英国物理学会总部召开。来自全球各成员学会的代表以及IUPAP所属专业委员会主任等107人出席了会议。以学会理事长詹文龙为团长的中国物理学会代表团应邀出席会议。代表团的其他成员包括副理事长朱少平、IUPAP北京联系人吕力、国际交流委员会主任龚旗煌、学会副秘书长谷冬梅。

中国物理学会推荐的16位专家入选执行委员会及各专业委员会。其中，詹文龙当选执行委员会副主席，于渌当选C3统计物理专业委员会副主任，林海青当选C20计算物理专业委员会秘书，其余13人当选为相应专业委员会委员。

【14位科技工作者获中国物理学会各项物理奖】 学会组织评选并颁发了胡刚复、饶毓泰、叶企孙、

吴有训、王淦昌物理奖（简称“五项物理奖”），谢希德物理奖，黄昆物理奖，以及周培源物理奖。

2010～2011年度“五项物理奖”的获奖者是：中国科学院物理所孙力玲、魏志义获得胡刚复物理奖，南京大学物理学院程建春获得饶毓泰物理奖，复旦大学物理系封东来、清华大学物理系张广铭获得叶企孙物理奖，上海交通大学物理系孙扬、清华大学物理系庄鹏飞获得吴有训物理奖，中国科学院高能物理所张闯、中国科学院物理所李玉同获得王淦昌物理奖。中国科学院物理所金奎娟和贵州大学理学院胡林获得第三届谢希德物理奖。中国科技大学近代物理系杜江峰和复旦大学物理系陈张海获得第二届黄昆物理奖。北京大学物理学院欧阳颀获得第八届周培源物理奖。

在中国物理学会2011年秋季学术会议开幕式上举行2010～2011年度各项物理奖颁奖大会，中国物理学会第九届理事会理事长、“五项物理奖”基金委员会主任、中国科学院院士杨国桢主持了颁奖仪式。学会领导及各项物理奖评委会负责人王玉鹏、杨国桢、朱邦芬、朱少平、薛其坤、吴令安、郑厚植和陈佳洱分别为14位获奖者颁发了奖牌及获奖证书。

【学会推荐高鸿钧、潘建伟当选中国科学院院士】 经学会推荐，中国科学院物理所研究员高鸿钧和中国科技大学教授潘建伟当选2011年度中国科学院院士。

高鸿钧，中国科学院物理研究所研究员，副所长。1963年8月出生于安徽省怀远县。1994年，在北京大学无线电电子学系获得博士学位。1994～2009年，曾先后任中国科学院北京真空物理开放实验室主任、中国科学院物理研究所纳米物理与器件实验室主任。高鸿钧与合作者自20世纪90年代初，以STM为主要手段，在深入认识其成像机制基础上，系统研究了纳米量子系统的构造、组装与物性。共发表SCI论文196篇，其中Phys. Rev. Lett. 13篇，J. Am. Chem. Soc. 7篇，Adv. Mater. 10篇，邀请综述论文6篇；论文被SCI他引2300余次。曾获2009年第三世界科学院物理奖，2008年全球华人物理学会亚洲成就奖和国家自然科学二等奖（第一完成人）。

潘建伟，中国科学技术大学近代物理系、合肥微尺度物质科学国家实验室教授。1970年3月出生于浙江省东阳市。1999年，在奥地利维也纳大学实验物理研究所获得博士学位。潘建伟在量子力学基础问题检验和量子信息科学等研究方向上取得了一系列有重要意义的成果。他与中国科技大学同事的工作曾于2004年、2008年入选欧洲物理学会“年度物理学重大进展”，2004年、2006年入选美国物理学会“年度物理学重大事件”，并多次入选两院院士评选的“年度中国十大科技进展新闻”、教育部评选的“年度高校十大科技进展”、科技部评选的“年度中国基础研究十大新闻”。潘建伟曾受邀为Rev. Mod. Phys. 和Phys. Rep. 撰写综述论文。

中国力学学会

2011年，学会共组织各类学术会议38次，其中包括国际学术会议8次。全年参会人数8000余人次，交流论文5159篇，共计出版会议论文集28部。举办青年学术沙龙6期。举办力学教育等各类讲习班5次，参加培训的力学教师和相关科技人员近1000人次。

学会举办第八届全国周培源大学生力学竞赛、“追随钱老足迹，发扬创新精神”科技周活动、第15届海峡两岸力学交流暨中学生力学夏令营、第四届（中科院力学所杯）全国中学生趣味力学制作邀请赛、第三届全国深空轨道设计竞赛等5次科普活动。累计参加活动人数近2万人次。出版大众力学丛书系列之《方方面面话爆炸》和《力学与沙尘暴》2本科普书籍。

5月22日，第八届全国周培源大学生力学竞赛个人赛分别在全国39个大中城市同时举行。来自29个省、自治区、直辖市的280余所高校，共17026名学生报名参赛。教育部高等学校力学教学指导委员会力学基础课程教学指导分委员会、中国力学学会和周培源基金会共同主办了第八届全国周培源大学生力学竞赛。大赛评选出个人赛特等奖5名，一等奖15名，二等奖35名。四川大学获得团体赛特等奖，上海交通大学、东南大学获得团体赛一等奖，合肥工业大学等4所高校获得团体赛二等奖，西南交通大学等8所高校获得团体赛三等奖。

新创办*Theoretical and Applied Mechanics Letters*（《力学快报》），期刊定位为国际化的快报类英文期刊，旨在快速、精炼地报道具有原创性和重要价值的力学所有分支学科、力学交叉学科的理论、实验、计算以及应用等方面的研究思想、方法、进展和成果。学会成立包括学会主办的17种期刊和《应用数学与力学》在内的主编联席会，试行《中国力学期刊主编联席会条例》，以此加强中国境内各力学期刊之间的联系与沟通，推动期刊之间的合作和资源共享。成立学科史编研组，开展中国力学学科史研究，梳理力学学科发展的主线和脉络，编撰《中国力学学科史》一书。

2010年10月中国力学学会第九届理事会成立后，学会各分支机构于2011年初启动换届工作，截至2011年底，学会专业委员会、工作委员会、编委会已完成换届。

学会完成第七届周培源力学奖评选工作，浙江大学校长杨卫院士由于在力电耦合失效和微纳米力学的基础性贡献获得该奖。

经学会推荐，大连理工大学教授郭旭获得由中央组织部、人事部、中国科协共同颁发的第十二届中国青年科技奖。

5月，学会被人力资源和社会保障部、中国科协授予"全国科协系统先进集体标兵"荣誉称号，成为科协系统中唯一获此殊荣的全国学会。6月，中国力学学会被评为中国科协高层次人才库建设工作先进单位。

策划和启动"2012中国力学年"活动，8月和9月召开两次媒体宣传会。本活动旨在借第23届世界力学家大会"召开之机，提升力学学科在社会与公众中的认知度。

【中国力学大会-2011暨钱学森诞辰100周年纪念大会】8月22~24日，中国力学大会-2011暨钱学森诞辰100周年纪念大会在黑龙江省哈尔滨市召开，来自全国各地的专家、学者，包括30多位两院院士和20余名大学校长，近2400人参会。本次大会由中国科协与国家自然科学基金委员会指导，中国力学学会与哈尔滨工业大学联合主办和承办，60余家力学相关单位协办。

"中国力学大会-2011"举办之际适逢我国近代力学和航天事业奠基人、中国力学学会创始人之一、中国力学学会首任理事长钱学森先生诞辰100周年，为表达全国力学界对钱老的缅怀和崇敬之情，大会特邀钱老学生、学会第三任理事长郑哲敏院士回顾了钱老关于工程科学思想的形成过程、内容和意义，以及钱老关于应用力学的精辟见解。钱学森之子钱永刚应邀出席大会并发言。

开幕式上，分别颁发了第七届周培源力学奖、第12届中国力学学会青年科技奖和第八届全国周培源大学生力学竞赛个人赛和团体赛等奖项。

本次大会为期3天，共收录论文2256篇。大会设立1个主会场、17个分会场、60个专题研讨会。主会场安排邀请报告9篇，分别在8月22日上午和8月23日上午进行。参会专家、学者围绕高超吸气推进技术、低维纳米结构、软活性材料、岩石力学、生物力学、复合材料、湍流、非线性动力学与控制等方面做了大会邀请报告。

8月22日下午和8月23日下午，举行17个分会场邀请报告，涵盖了固体力学、流体力学、动力学与控制、计算力学、爆炸力学、实验力学、生物力学、微纳米力学、电子电磁器件、环境力学、流变学、力学教育等多个传统力学学科和新兴交叉学科领域，报告人介绍了各自学科近期的前沿研究和代表性成果。

60个专题研讨会于8月24日全天进行，专题内容多是近年来力学各个领域的研究热点与焦点，如有机高分子材料、微纳米复合材料、生物仿生、界面力学、软物质力学、神经动力学等。同时，经典学科如非线性力学、物理力学、断裂疲劳、水动力学等也聚集了众多专家、学者进行交流探讨。

【*Theoretical and Applied Mechanics Letters*（《力学快报》）创办】*Theoretical and Applied Mechanics Letters*（《力学快报》，以下简称TAML）是国内力学期刊中唯一的快报类国际期刊，国外也仅有*Mechanics Research Communications*属于快报类。TAML出版有助于向国内外学者快速报道最新成果，并有可能争取到国内外大量的力学及相关学科的稿件，引导中国学者用最好的文章支持中国期刊的发展，提高国内期刊的科学话语权，实现期刊建设的国际化转型。

1月10日，TAML创刊号在国内外正式公开发行。TAML由中国科学院院士李家春和美国西北大学教授黄永刚共同担任主编，中国力学学会和中国科学院力学研究所共同主办，由中国力学学会和美国物理联合会（AIP）合作出版。作为学会在创办国际期刊的大胆尝试，TAML的目标是成为国际一流力学期刊。除了带有鲜明的快报类期刊特色外，期刊特点主要体现在期刊编委和出版发布平台国际化程度较高，海外编委比例近40%，论文质量达到国际一流期刊水平。TAML成为AIP进入中国后合作出版的第一个学术期刊。

【第六届国际流体力学会议】6月30日~7月3日，由中国力学学会主办，中山大学承办的第六届国际流体力学会议在广东省广州市举行。来自中国、挪威、俄罗斯、日本、美国、英国等19个国家的近200名专家、学者参加会议。

6月30日，我国著名流体力学专家周恒院士主持召开了国际流体力学会议科学委员、学术委员会会议，就第六届国际流体力学会议的学术质量以及如何办好第七届国际流体力学会议的若干问题进行了讨论。7月1日，大会开幕式举行，清华大学教授符松主持了开幕式。会议主席、中国科学院院士李家春发表讲话，他指出当前流体力学在传统和交叉前沿领域发展迅速，必将在空天海洋、能源环境、人类健康、材料信息工程的应用中发挥重要作用。

会议为期3天，国内外专家分别就多相流体动力学及其在航天器的应用、条带破裂与壁湍流、内波破碎与强底部流动、高速边界层的流动控制、流动分离泡的物理机理、反应流的随机性与动力学、含沙水流多尺度运动理论及其应用、降落伞群的流体结构相互作用模拟等作了8个大会报告和12个邀请报告。会议围绕流动转捩与湍流、空气动力学、水动力学、工业及环境流体力学、生物力学、磁流体动力学和化学流体力学、多相流及多孔介质中的流动、微流体力学等8个主题，设置了4场大会学术报告和15场分会场学术交流。

国际流体力学会议是1987年由中国科学院院士沈元、中国科学院院士庄逢甘和国际流体力学知名学者Y. C. Fung（冯元桢，美国）、T. Y. Wu（吴耀祖，美国）、H. Sato（日本）、J. Zierep（德国）等分别代表中国力学学会、美国NCB、ASME、日本JSFM和德国GAMM共同发起和组织的，目前是中国力学学会自成体系的国际例会，每4年在中国举办一次。

中国光学学会

2011年7月21日，学会名誉理事长王大珩先生逝世。学会理事长周炳琨、副理事长曹健林以及众多院士、专家参加了各种悼念活动、追思会，以及长春理工大学举办的王大珩铜像揭幕仪式等。学会网站对各种悼念活动进行了相关报道。学会还进行了王大珩光学奖专题网站的改版工作。网站内容更加丰富翔实，页面更加生动。通过弘扬王大珩先生的科学精神，激励后人发奋努力，为光学事业不断发展创新作出贡献。

2011年，学会与分支机构组织召开各类学术会议36次，其中国内会议33次，国际会议3次。参加学术会议的人数共计3000余人次，交流论文2000余篇。中国光学学会2011年学术年会参会专家学者1300余人，交流论文900余篇，出版论文摘要光盘1张，到会院士20人，有8位院士在开幕式上作大会特邀报告。

8月13～19日，学会理事长周炳琨作为现任国际光学联合会（International Commission for Optics，ICO）副主席出席了在墨西哥培尔布拉举行的ICO理事会，并在此期间率领中国光学学会代表团出席了国际光学代表大会。周炳琨在会上连任ICO副主席。至此，中国光学学会的代表已经六届（每届3年）当选ICO副主席。

11月17日，学会秘书长倪国强代表中国光学学会理事长，会见了荷兰驻华大使馆联络安排的由荷兰政府科技部门、科研机构及企业代表组成的光学、光电子代表团。

学会各专业委员会开展了首届全国微型近红外光谱仪应用关键技术论坛、空间光学国际前沿论坛、全国第15次光纤通信暨第16届集成光学学术会议、2011年（第三届）西部光子学学术会议、2011光学仪器与技术国际会议、第六届国际应用激光技术中国研讨会等17个学术论坛、学术会议。

9月6～9日，第十三届中国国际光电博览会在广东省深圳市举行。11月23日，学会和中国国际贸易促进委员会上海浦东分会联合主办的2011上海国际光电博览会在上海市拉开帷幕。

7月5日，学会正式启动第三届全国大学生光电知识竞赛。数十所高校的数百支代表队、数千名大学生报名参赛。2011年初赛、复赛在各地进行，决赛将于2012年8月在福建省福州市举行。

学会及学会分支机构、期刊编辑部分别举办了光学CAD软件ASAP使用培训、第七届光学薄膜技术培训班、英文科技论文讲座等3次科技培训，参加人数近200余人。

9月7日，中国光学学会新成立环境专业委员会，70多名学者参加，会议选举产生了专委会领导机构，办事机构设在安徽光机所，刘文清研究员为第一届专委会主任委员。

2011年学会继续发展各类会员和国际组织会员，发展缴费会员200余人。

学会积极开展人才举荐和奖励工作。5月，学会推选副理事长曹健林、秘书长倪国强、常务理事顾瑛作为中国科协第八次全国代表大会代表。副理事长曹健林当选为中国科协全委会委员。第八届王大珩光学奖评选出2名青年科技奖、15名学生奖获得者。在两院院士推荐工作中，学会推荐的黄维教授当选为中国科学院院士。

为纪念中国激光发明50周年，学会组织相关单位完成了《中国激光五十周年画册》编撰工作。学会委托激光技术专委会组织相关人员，搜集200多张照片素材，图册全面反映了中国激光器诞生50年的辉煌发展历程。

受全国科学技术名词审定委员会委托，学会承担的光学名词审定出版工作顺利推进。在学会的统一部署下，各专业名词审定专家组继续开展光学名词的编撰审定工作，目前很多学科已完成各自领域的三级光学名词的编写工作，将进一步进行名词的审定工作。

在学会直接指导下，由中国激光杂志社有限公司牵头成立的中国光学期刊网平台，2011年有43种期刊加入，初步形成中国光学期刊联盟。

2009～2011年，在中国科协期刊体制改革试点的推动下，学会承担了中国科协“科技期刊体制改革试点”项目。中国光学学会对主办的光学期刊，按照机构体制改革、集群化运作的改革方向，积极促成《中国激光》、

球共同关注的问题，组织国际优秀化学家，集中全世界化学研究中的最好想法，通过化学手段，对国际社会面临的最紧迫的健康、食品、能源、环境等问题，探求创新性的解决方案，以期为全球化学科学研究指明方向。

【推荐中国科学家在国际组织担任职务】中国化学会副理事长周其凤率中国化学会代表团参加了在波多黎各圣胡安市举行的第46届国际纯粹与应用化学联合会大会（IUPAC）、会员大会（General Assembly）和理事会，周其凤在理事会上当选为执行委员会委员（Executive Committee Member）。目前，共有11名中国化学会代表在IUPAC及各委员会中担任职务。

9月，中国化学会代表团出席了在泰国曼谷举行的第16届亚洲化学联合会（FACS）代表大会（16th General Assembly，16GA），中国科学院上海有机化学研究所研究员吕龙出任FACS出版编辑委员会执委。

【学会推荐的刘忠范、严纯华、田禾当选为中国科学院院士】学会推荐的刘忠范、田禾和严纯华等3人当选为中国科学院院士。

刘忠范：物理化学家，北京大学教授。1962年10月出生于吉林省九台市。1983年7月毕业于长春工业大学化学工程系，1987年3月获日本横滨国立大学硕士学位，1990年3月获东京大学博士学位。主要从事低维材料与纳米器件、分子自组装以及电化学研究。发展了纳米碳材料的化学气相沉积生长方法学，建立了精确调控碳纳米管、石墨烯等碳材料结构的系列生长方法，发明了碳基催化剂、二元合金催化剂等新型生长催化剂，提出了新的碳纳米管“气－固”生长模型；将有机小分子的自组装概念拓展到准一维碳纳米管领域，建立了多种化学自组装方法，并开拓了自组装膜电化学和基于扫描探针显微技术的针尖化学研究方法。曾获国家自然科学奖二等奖、高等学校科学技术奖自然科学一等奖和中国化学会－阿克苏诺贝尔化学奖等奖励。

严纯华：无机化学家，北京大学教授。1961年1月出生于上海市川沙县。1982年7月毕业于北京大学化学系，1985年7月和1988年1月先后获该校硕士、博士学位。现任北京大学稀土材料化学及应用国家重点实验室主任。主要从事稀土分离理论、应用及稀土功能材料研究。发展了“串级萃取理论”，实现了中重稀土串级萃取工艺参数的准确设计，实现了高纯重稀土的大规模工业生产；提出了“联动萃取工艺”的设计和控制方法。建立了稀土纳米晶的可控制备方法，系统研究了“镧系收缩”效应对稀土纳米晶的结构影响规律；发现稀土晶发光主要受到表面晶格对称性破损控制，实验上率先证实了CeO_2对CO的催化活性与其外露晶面有关的理论预测；实现了不同结构与组成的稀土氟化物纳米晶的多色上转换发光。曾获国家科技进步奖二等奖和国家自然科学奖二等奖等奖励。

田禾：精细化工专家，华东理工大学教授。1962年7月出生于新疆乌鲁木齐市。1982年7月毕业于南京理工大学化学化工学院，1986年7月和1989年1月在华东理工大学先后获硕士学位和工学博士学位。现任国际学术刊物Dyes and Pigments主编。长期从事功能染料的基础与应用研究。重点围绕“共轭π体系染料结构与荧光功能精细调控”，探索荧光超分子机器的表征、有机荧光探针、有机光信息存储和有机太阳电池敏化等功能染料的设计合成与应用，针对功能染料新品种及其关键中间体、高性能有机颜料开发了清洁生产工艺，构筑了自主知识产权体系，已获国家发明专利授权38项。曾获国家科技进步奖二等奖和国家自然科学奖二等奖等奖励。

【中国化学会副秘书长帅志刚当选为欧洲科学院外籍院士】10月，中国化学会副秘书长、清华大学化学系教授帅志刚当选为欧洲科学院（Academia Europaea）化学学部外籍院士。帅志刚从事理论化学的研究工作，发表论文240多篇，提出了若干计算有机/高分子光电功能材料性能方法，包括计算聚合物激发态结构的密度矩阵重正化群方法、预测有机材料载流子迁移率的量子化学计算方法、有机发光材料的光谱与发光效率的路径积分方法等，并从理论上指出共轭聚合物的电致发光内量子效率可以超过传统观念的25%极限，引起国际学术界和工业界的关注。

中国天文学会

2011年，学会共组织11次学术活动，参加人数达1100多人，交流论文500多篇。中国天文学会2011年学术年会共有500多位专家、学者参加，大会设10个特邀报告、8个分会场和6个高级科普报告。

8月6日，学会举办第28届国际天文学联合会大会新闻发布会，第28届国际天文学联合会大会（IAU28）将在北京召开。

组织完成中国青年科技奖、第八届中国青年女科学家奖的推荐工作，学会推荐的陈鹏飞荣获第十届中国青年科技奖。

学会发展新会员116名，推荐国际天文学联合会大会（IAU）新会员79名，支持和鼓励条件成熟地区成立天文学会，与江西省天文学会建立了业务指导关系。

学会在中国科学院网络信息中心、中国科学院紫金山天文台信息化建设中心、中国天文学会秘书处的支持与合作下，完成了中国天文学会新网站的建设工作，并于8月正式开通中国天文学会中文网站（http：//astronomy. pmo. cas. cn）和英文网站（http：//english. astronomy. pmo. cas. cn）。

【中国天文学会2011年学术年会】 10月31日～11月2日，中国天文学会2011年学术年会在江西省南昌市召开。来自全国各天文单位的500多位专家、学者参会。

江西省政协副主席郑晓燕、学会理事长崔向群，南昌大学校长周文斌，中国科学院院士方成、艾国祥、陆埮等出席了大会。

学术年会设大会报告和8个分会场报告，大会邀请报告共10篇，分会场交流报告共271篇，张贴报告20篇。大会邀请报告内容丰富，涉及了天文学各个专业方向。

2011年学术年会期间，年会地方组委会请参会的院士和教授就当前的热点问题，先后在年会主会场、南昌大学、南昌航空大学、南昌大学附属中学等地共作6场高级科普报告。

【第28届国际天文学联合会大会新闻发布会】 8月6日，中国科学院与中国科协在北京联合举行新闻发布会，宣布由中国天文学会主办、中国科学院国家天文台承办的第28届国际天文学联合会大会（IAU28）将于2012年8月20～31日在北京举行。中国科学院副院长詹文龙，中国科协书记处书记王春法，学会理事长、中国科学院院士崔向群，中国科学院国家天文台党委书记刘晓群等出席发布会，分别介绍国际天文学联合会大会背景、第28届国际天文学联合会大会筹备工作进展、中国天文学发展等情况，并回答记者提问。

发布会介绍了第28届IAU大会筹备委员会、国家组委会、地方组委会和大会官方网站http：//www. astronomy2012. org/，其注册系统于9月1日正式开放。

国际天文学联合会（简称IAU）成立于1919年，是国科联（ICSU）的25个科学联合会成员之一，其宗旨是组织国际学术交流，推动国际协作，促进天文学的发展。该组织现有国家会员70个，个人会员10077人。国际天文学联合会大会每3年举办一次，是国际天文界最重要的学术和工作会议，被称为天文界的奥林匹克。2006年在捷克首都布拉格召开的第26届国际天文学联合会大会上，中国天文学会首次为中国成功赢得了国际天文学联合会大会的主办权。

中国气象学会

2011年，学会举办了第28届中国气象学会年会，召开了2011年气象通信与信息技术委员会年会、第三届中德空气质量与健康研讨会、首届全国大气科学学科建设和人才培养工作研讨会、气候动力学若干问题研讨暨全体委员大会、多媒体环境下气象影视发展主题学术报告会、热带气象学术交流会、城市气象探测技术应用研讨会、城市气象观测与模拟国际研讨会、区域气候变化监测与检测学术研讨会、航空与航天气象新技术学术报告会、第七届副热带气象学术业务研讨会、数值预报发展交流会、第六届热带气旋国际学术研讨会等学术会议。

7月15日，由中国气象学会协办的2011生态文明贵阳会议——科学与技术论坛在贵州省贵阳市举行。本次科学论坛的主题是科学应对生态问题，学会理事长秦大河主持论坛，并作《气候变化科学新进展》专题演讲。200余位专家、学者参加会议。2011年生态文明贵阳会议是2009年、2010年生态文明贵阳会议的延续和深化。2011年的主题为“通向生态文明的绿色变革——机遇与挑战”。本次论坛与人民网合作，开通了短信平台，场内听众和在线网友可以将短信提问发送到手机短信平台，现场大屏幕实时显示，实现演讲嘉宾与现场听众和网民的实时互动。

学会组织中国代表团参加10月24～25日在韩国釜山召开的第五届中日韩3国气象学会联合研讨会，中国专家、学者近30人参加会议。

1月20日，第27届理事会常务理事会第二次会议在北京举行。会议审议通过了《中国气象学会2010年工作总结》、《中国气象学会2011年工作要点与活动计划》、《中国气象学会学科（工作）委员会管理办法》、《第27届理事会学科（工作）委员会主任委员建议方案》、《第28届中国气象学会年会筹备方案》、《国际气象学会论坛第二届全体会议筹备工作方案》、《气象科技奖励与人才举荐工作委员会工作条例》及《邹竞蒙气象科技人才奖奖励办法（修订稿）》和《涂长望青年气象科技奖条例（修订稿）》。

9月6日，第27届理事会常务理事会第三次会议在北京举行。会议听取了学会秘书处关于2011年年度工作计划执行情况、第28届中国气象学会年会筹备工作进展和国际气象学会论坛第二届全体会议筹备工作进展情况的报告；通报了中国科协第八次全国代表大会精神及本会相关工作的安排；审定通过了2010～2011年度涂长望青年气象科技奖获奖者名单及《中国气象学会关于“先进气象学会”和“先进气象学会秘书处”评选办法》。

在学会秘书处的协调和各学科（工作）委员会主任委员及挂靠单位的大力支持下，首次在学会理事会换届后一年内全面完成所属35个学科委员会和气象合作与交流工作委员会、气象科技奖励与人才举荐工作委员会、气象科学普及工作委员会、气象期刊工作委员会4个专门工作委员会的组建工作。

3月30日~4月2日，2011年全国气象学会秘书长会议在海南省召开。会议总结2010年学会工作，部署2011年重点工作任务，交流推动气象学会科学发展的新思路新经验，研讨提高学会能力建设水平的新举措，制定先进省级气象学会评选办法。会议提出，认真把握气象事业发展“十二五”规划的任务和目标，在实践中解决学会定位不够清晰、发展不够平衡、活力不足、凝聚力不强等问题，以创新与特色为主题，带动学会能力建设水平的提升。

学会参加中国科协八大代表及第八届全委会委员候选人的推举工作。经中国科协八大选举，学会理事长秦大河当选中国科协副主席，学会副理事长张人禾当选中国科协全委会委员，学会推荐的符淙斌院士被授予中国科协荣誉委员。

学会全力推进社会化气象科普工作，以气象防灾减灾和应对气候变化为主题，利用世界气象日、全国科技周等重要契机开展各类主题活动，不断扩大气象科普的社会影响。3月20日，与中国气象局、教育部、中国科协等部门在北京举行了“气象科普进学校”活动启动仪式，中国气象局、中国气象学会向11所中小学校赠送了《气象灾害防御指南》等科普书籍，围绕世界气象日“人与气候”这一主题，设计制作了《人工影响天气——你问我来答》、《人与气候》、《天气预报小知识》等宣传折页，并印制1.5万份提供各省级气象学会。在世界气象日开放活动当天，发放各种宣传资料6000份和小礼品3000份。

3月16日，学会在北京市平谷区大兴庄镇西柏店村举行“气象科普进农村”活动，旨在发展基层气象信息员、推动气象服务“三农”。5月8日，学会参加了在北京元大都遗址公园举办的主题为“防灾减灾、从我做起”的2011年防灾减灾日主题科普活动。5月17日，全国科技活动周期间，学会与中国气象局联合主办“气象科普进农村”活动，向河南省南阳市赵河镇泥岗村农民赠送了由中国气象学会及相关单位提供的《农村生产气象灾害应急避险常识》、《农村四季天气与疾病防治》等科普书籍、科普挂图以及《气象知识》杂志。11月2日，在福建省厦门市举办了主题为“开拓创新，推进新时期气象科普工作科学发展”的第四届气象科普论坛。

学会开展《气象学报》编审委员会换届工作，组建成立了第27届《气象学报》编审委员会，吸纳了一批年富力强的海内外优秀青年科学家进入编委队伍，试行了责任学术编委制，规范了审稿流程，加强了审稿团队的建设和审稿库建设，2011年刊出稿件的平均周期为6个月，推进了刊物数字化和网络化建设。

组建了气象期刊工作委员会，以加强气象类科技期刊的沟通和交流、引领和促进气象刊物的发展为宗旨，开展网上期刊联盟和刊物资源共享及刊物数字网络化和国际化等方面工作，全国38种气象刊物加盟。

据中国科学技术信息研究所的统计，《气象学报》（中文版）荣获2011年第二届“中国精品科技期刊”称号，在2010年中国科技期刊综合评价总分排名中位列第64位，在大气科学类期刊中综合评价总分排名第二。《气象学报》（英文版）在2011年1月登陆Springer国际在线平台，最新JCR影响因子为0.704，国际影响力较为稳定。

第14届涂长望青年气象科技奖评选工作于3月启动，共收到31份申报材料。9月6日召开了评审会议，经过专家严格的初审、复审、评议和投票表决，并经社会公示，杨虎、王爱慧、苗世光、刘睿卉4人获得第14届涂长望青年气象科技奖二等奖，一等奖空缺。在第28届中国气象学会年会开幕式上举行了第14届涂长望青年气象科技奖颁奖仪式。

11月3~5日，第八届中国国际防雷技术与产品展、第六届中国国际气象科技和水文技术设备展在福建省厦门市举行。展会由中国气象局和中国气象学会联合主办。来自中国、美国、德国、加拿大、挪威、澳大利亚、瑞士、法国等国家和地区的50多家公司参加了展览，其中美、加、挪、澳等国的5家公司从海外直接参展。展览期间，还举办了专场技术交流会。本届展会全面展示了国内外先进的气象、水文和防雷技术及装备，广泛引入了计算机和网络技术，形成了大量新理念和新技术。这些新技术新装备的展示和推广应用，将进一步促进我国气象和防雷技术水平的提高。

受四川省雅安市人民政府委托，8月16日，学会在北京邀请地理、生态、环境、旅游、气象等领域的专家，对《中国生态气候城市·雅安论证报告》进行了评审。专家组听取了雅安市关于雅安市中国生态气候城市建设的背景介绍，听取了课题组的汇报，审查了有关技术材料，经过质询和讨论形成论证意见，一致认为，雅安市可称为“中国生态气候城市”。同时，建议进一步加强环保、林业、旅游、城建、水利、气象、国土等相关部门的合作，加强规划，保护生态、环境、气候，发挥资源优势，实现以生态绿色产业为主导的社会经济可持续发展。8月21日，在学会与雅安市人民政府等单位联合主办的中国生态城市建设与发展国际倡议大会上，学会向雅安市政府颁发了“雅安·中国生态气候城市”牌匾。

【第28届中国气象学会年会】 11月2～4日，以“推进气象科技创新、提高防灾减灾和应对气候变化能力”为主题的第28届中国气象学会年会在福建省厦门市召开。

中国气象局副局长许小峰，中国科学院院士、北京大学城市与环境学院院长陶澍，兰州大学大气科学学院院长黄建平，福建省气象台首席预报员林毅分别作了题为《气象科技发展史的脉络及其对大气科学的启示》、《中国多环芳烃排放、传输和人群呼吸暴露风险》、《全球干旱半干旱气候变化的研究现状和发展趋势》、《福建省台风突发性大暴雨特征分析》的学术报告。

本届年会共设18个分会场，来自全国各个行业的气象科技工作者围绕气象综合探测技术、风云卫星定量应用与数值天气预报、灾害天气研究与预报、气候变化、气候预测、冰冻圈与极地气象、城市气象精细预报与服务、大气成分与天气气候变化的联系、大气物理学与大气环境、公共气象服务、气象与现代农业、热带气旋、雷电、气候环境变化与人体健康、空间天气事件数值模拟等进行学术交流，年会期间还举办了第四届气象科普论坛、第三届研究生年会，举办了“集合 Kalman 滤波资料同化方法”的专题培训，会议还专门安排时间进行了墙报交流。

本届年会持续3天，共有1200多名学者参加，其中有500多人作了学术报告，360余人参加了墙报交流。在各分会场交流的基础上，本届年会评选出17篇优秀论文、14篇优秀墙报，并在年会上为获奖者颁奖。

【2011气象防灾减灾宣传志愿者中国行】 7月，学会再次联合中国气象局、中国科协、共青团中央，以“共同应对气象灾害，提高防灾避险能力”为主题，举办“2011气象防灾减灾宣传志愿者中国行”大型科普宣传活动。启动仪式在四川省北川县举行。本次活动共组织设有气象及相关专业的成都信息工程学院、南京信息工程大学等11所高校的2000余名师生，组成200个宣传小分队，奔赴全国各地特别是气象灾害高发区和地震受灾地区开展防灾减灾科普知识宣传。

新华社、《人民日报》、中国国际广播电台、《科学时报》等媒体记者，赴四川现场报道活动启动仪式及志愿者小分队进农村、进学校、进工厂等活动。据统计，新闻媒体报道或转载相关新闻200余篇（次），并首次在中央电视台《新闻联播》播出，有效扩大了活动的覆盖面和影响力。

【“气象科普上列车”活动】 3月23日是世界气象日，学会与中国铁道学会、江西气象学会、江西铁道学会联合举办的“气象科普上列车”活动启动仪式在江西省南昌市举行。中国气象学会、中国铁道学会、江西省气象局、江西省气象学会、江西省科协、江西省铁道学会、南昌铁路局、南昌客运段的领导出席启动仪式。江西气象节目主持人和科普志愿者们深入候车室和列车车厢分发《人与气候》、《气象灾害防御指南》、《人工影响天气》等宣传资料。中国气象学会与江西气象学会共同设计了气象防灾减灾与应对气候变化科普知识互动问答环节，在车厢组织上百名乘客参加“为促进人与气候和谐相生贡献力量”志愿签名活动。本次启动仪式拉开气象科普列车宣传的帷幕。今后，在列车上宣传普及气象科技知识将作为南昌铁路局所有南昌站始发的旅客列车广播中一项常态化内容，在全国尚属首次。

【纪念全国青少年气象夏令营开营30周年】 7月下旬，学会在新疆维吾尔自治区主办了以“气候·自然·和谐”为主题的第30届全国青少年气象夏令营。来自21个省（自治区、直辖市）的170多名营员、辅导员参加了活动，本次活动将“气候·自然·和谐”的主题贯穿到整个活动中，通过参观学习，进一步增强了同学们热爱地球家园，应对气候变化、保护生态环境的意识。

本届全国青少年气象夏令营为开营30周年纪念，学会组织开展了一系列纪念活动。联合中国气象报社等单位开展的“气象夏令营——我的难忘之旅”夏令营征文活动，经专家评审，共评选出一等奖3篇、二等奖6篇、三等奖10篇、优秀奖14篇。学会举办了全国青少年气象夏令营30年图片展。与中国气象局华风影视集团共同策划制作的题为《我爱气象夏令营》专题片在中国气象频道播出，并获得在海南省举办的第七届中国纪录片国际选片会“入围作品奖”。

【国际气象学会论坛第二届全体会议】 11月3～4日，中国气象学会在福建省厦门市组织召开国际气象学会论坛第二届全体会议。学会理事长秦大河主持会议。中国气象局副局长许小峰出席开幕式并致辞。来自全球16个国家、地区和相关国际组织的34名专家、学者参加会议。

本届会议主题为“进一步提高世界各国气象学会的职能和作用”。在为期2天的会议中，与会专家、学者就气象学会开展的科普宣传和培训、学术活动的组织和实践、学会刊物发展、会后行动计划等四个议题开展深入讨论。大家一致认为，气象学会的主要职责是凝聚本国家/地区的气象工作者。学会要建立与本国气象管理部门的牢固联系。

会议推选欧洲气象学会理事长担任国际气象学会论坛第三届指导委员会主席，并负责承办第三届全体会议（计划2013年在英国里丁与欧洲气象学会第13届年会同期召开）。

【2011年海峡两岸气象科学技术研讨会】 8月29～30日，2011年海峡两岸气象科学技术研讨会在新疆维吾尔自治区乌鲁木齐市召开。来自海峡两岸的40多位气象同行就灾害性天气的分析和预报、气候变化等议题进行了研讨和交流。学会副理事长胡永云、台湾地区气象学会理事长周仲岛和新疆维吾尔自治区气象局局长张杰先后致辞。

会议共提交论文32篇，31位海峡两岸的气象学家作大会交流。与会专家一致认为，海峡两岸气象界都承担着对灾害性天气的预报预警任务，准确预测阴晴冷暖、为海峡两岸民众造福，是大家的共同愿望和奋斗目标。

11月27日～12月3日，由学会软科学委员会主任委员于新文率领的中国气象学会代表团一行16人赴台湾地区参加了2011年海峡两岸灾害性天气分析与预报研讨会。海峡两岸有关高校、研究院所、业务单位的近50名专家共聚一堂，围绕天气分析技术与发展、中尺度分析与预报、豪雨分析与预报、气象资讯整合与应用等4个主题，开展深入研讨。

【秦大河理事长获2011年美国气象学会荣誉会员奖】 根据美国气象学会公布的2011年美国气象学会各奖项名单，学会理事长秦大河获美国气象学会荣誉会员奖。1月22～27日，学会副秘书长冯雪竹赴美出席美国气象学会2011年年会，并代秦大河领取荣誉会员奖。

根据美国气象学会规定，其荣誉会员必须在大气及相关的海洋或水文科学方面取得公认的、杰出的成就，需要提名者在持续数年拥有一系列杰出贡献。每年秋季，美国气象学会委员会都会从执行委员会所列的名单中选取新的荣誉会员。荣誉会员提名者来自全世界，可以从当年的提名者名单中产生，也可以从之前两年内的名单中选取。

中国空间科学学会

2011年，学会召开了中国空间科学学会学术年会、空间生命与生命起源暨航天医学工程学术研讨会、空间材料专业委员会2011学术交流会、第24届全国空间探测学术交流会、第三届青年创新论坛、第14届全国日地空间物理学术讨论会、空间科学学科在站博士后、研究生2011学术报告年会等学术会议，共收录论文450篇，与会专家学者1194人，其中8位外国学者，评选出优秀论文30篇。

学会理事庄逢源教授被空间研究委员会（Committee on Space Research COSPAR）第77届董事局会议任命为空间研究委员会奖励评审委员会委员（任期从2011～2014年），这是我国空间科学家第一次担任该职务。

在5月22日伯杰氏国际微生物系统学学会（BISMiS）成立大会的闭幕式上，伯杰氏基金会主席Michael Goodfellow教授宣布，我国著名放线菌系统分类学家，学会常务理事、中国科学院微生物研究所教授刘志恒获得伯杰氏基金会颁发的“伯杰氏奖章”，以奖励他对微生物系统学的卓越贡献。

学会理事庄逢源教授作为国际宇航科学院理事获中国科协资助参加了国际宇航科学院理事会和第62届国际宇航大会和国际宇航科学院理事会。在新一届理事会中，庄逢源教授继续担任国际宇航科学院理事会理事，学会副理事长吴季继续担任空间物理学术委员会委员，学会副理事长陈善广当选为空间生命学术委员会委员和国际宇航科学院院士。同时，学会常务理事李莹辉研究员、学会理事会理事商澎教授、中国空间科学学会空间物理专业委员会委员傅绥燕教授当选为国际宇航科学院通讯院士。

学会承担了中国科协《空间科学学科发展研究报告》的撰写工作，成立了以中国科学院院士欧阳自远为首席科学家，学会理事长顾逸东、学会副理事长吴季分别担任组长和副组长的项目研究组，完成了《空间科学发展研究报告》的撰写工作。

中国空间科学学会第八届全国会员代表大会暨学术年会于8月21～25日在贵州省贵阳市召开。大会通过无记名投票选举产生了第八届理事会，理事会由129位理事组成。顾逸东当选为第八届理事会理事长。

5月14日，学会与中国科学院国家空间科学中心合作，举办了面向学生和社会公众、主题为“走近空间科学”的公众科学日活动。7～8月，空间生命专委会依托挂靠单位中国航天员科研训练中心举办了香港大学生科技夏令营、长城润滑油营、香港营、英雄家乡营4期体验营活动。

学会组织中国科学院院士欧阳自远，老科学家科普团成员潘厚任、张厚英、徐文耀、潘刁哲研究员作科普讲座及其他形式的科普活动300余场。

学会完成了中国科协科技专家人才库的推荐工作，学会推荐的200名科学家和专家中有189位科学家、专家入选。

《空间科学学报》2011年每期扩为144面，比以往的每期96面增加了48面。2011年共收到稿件157篇，影响因子由2009年的0.213提高到0.319。

学会与大连志和科技有限公司合作在大连建立航天育种深加工基地，生产绿色环保农作物营养液。2011年试种的农作物和经济作物都取得成功。同时根据当地害虫的分布和特点配置成功了驱虫营养液，效果突出。试种的太空搭载的香蕉苗长势很好，正在进行筛选培育工作。

【第八届全国会员代表大会暨学术年会】 8月21~25日，中国空间科学学会第八届全国会员代表大会暨学术年会在贵州省贵阳市召开，205位代表参加会议。

大会开幕式由大会主席团副主席叶培建院士主持，大会主席团主席顾逸东院士致开幕辞。贵州省副省长谢庆生、贵州省科协党组书记任湘生出席大会开幕式并讲话。

大会审议并通过了《第七届理事会工作报告决议》、《章程修改草案决议》、《财务报告决议》、《会费缴纳标准决议》，并选举产生了第八届理事会129位理事。顾逸东当选为理事长，吴季、叶培建、王家骐、陈善广、王建宇、廖小罕、李春来当选为副理事长，邱理当选为秘书长。

第八届理事会第一次会议审聘了金光、归林华两位副秘书长和专业委员会、工作委员会正、副主任委员。根据中国科协组织规则，更换了3个专业委员会主任委员。聘任"两弹一星"勋章获得者、中国科学院院士王希季继续担任第八届理事会名誉理事长。

第八届理事会选举结束后召开了学术年会，由大会主席团副主席廖小罕主持，欧阳自远作了题为《太阳系探测的主要科学问题与我国太阳系探测的初步设想》的专题报告，该报告详细回顾了人类探索外空的科学目标和取得的探索成果，结合我国嫦娥工程、火星探测及其他深空探测的科学目标，实事求是地反映科学认知和一些待解决的问题，并展望了美好的未来。

学会理事长顾逸东、副理事长吴季、常务理事白延强和海外高层次人才引进计划入选者刘国平教授、王士维研究员、刘岩研究员6人分别作了题为《载人空间站工程空间科学与应用任务论证》、《"萤火一号"科学目标和近期工程进展》、《空间站与载人探月任务的航天医学工程》、《网络化控制理论与技术应用》、《透明陶瓷及其潜在的空间应用》、《空间材料学及其实验技术》的综述性学术报告。报告详细介绍了国内外科学前沿领域现状、取得的科学成果以及发展趋势等。

学会副理事长吴季主持大会闭幕式，宣读了第八届理事会和常务理事会的组成、聘请名誉理事长决议，授予潘厚任等20位老同志为学会"终身荣誉会员"，并颁发了荣誉证书，表彰了8个专业委员会并授予"第七届先进集体"奖牌、表彰了张厚英等23位同志为"先进工作者"并颁发了奖状和奖金。

【第三届青年创新论坛】 7月，学会与中国科学院国家空间中心共同举办的第三届青年创新论坛系列研讨会正式启动，本次论坛共举办了7场专题报告会，组织了一次参观、一场学术沙龙活动和一次青年学术报告会，累计参加人数550人。

在7场报告会中，邀请中国载人航天工程航天员系统航天员选拔训练分系统主任设计师、研究员、航天员教官吴斌介绍了我国航天员的选拔与训练。组织青年职工和学生参观了中国航天员科研训练中心。11月29日，从本届系列活动中提交、推荐，以及参加空间探测学术交流会和空间物理学术交流会的30多篇血红素报告中，甄选出14篇，参加本次学术报告评选，并特邀了13位学术带头人作为评委。

中国地质学会

2011年，中国地质学会召开了中国地质学会2011年学术年会、2011全国工程地质学术年会暨工程地质与西部减灾研讨会等27项学术会议。参加人数7020人次，提交论文2878篇。

9月21~22日，由中国地质学会承办的地热能开发利用与低碳经济研讨会暨第13届中国科协年会第14分会场在天津市召开。学会常务副理事长孟宪来出席开幕式并致辞。中国科学院地质与地球物理研究所研究员、中国科学院院士汪集旸，中国地质科学院水文地质研究所研究员、中国工程院院士卢耀如，西藏自治区第九届人大常委会副主任、中国工程院院士多吉等十几位地热能专家做了大会报告，从事地热能开发管理及研究工作的90多位学者参加了本次大会。

在科普方面，学会组织了第42个“世界地球日”纪念活动，31个省、自治区、直辖市地质学会及50多万公众参加了活动。在全国科普日活动期间，组织开展了以“水资源保护——历史、现今、未来”为主题的摄影比赛。

学会召开了第11次全国会员代表大会，完成了38届、39届学会理事会换届工作，徐绍史当选为理事长。组织召开了4次秘书长会议和5次常务理事会议。

2011年度《地质学报》（英文版）继续被中国科协评为A类精品期刊，同时，还被国家自然科学基金委评为“重点学术期刊专项基金资助”期刊。2011年收录《地质学报》（英文版）的国际网站达到22家，在SCI数据库中，其影响因子与2010年相比略有上升，仍位居中国地学科技期刊首位，超过了法国、加拿大、印度、俄罗斯地质学会所办刊物的影响因子。

科技奖励和人才举荐方面，学会完成了第13届青年地质科技奖评选工作，10人荣获“金锤奖”称号、40人荣获“银锤奖”称号。完成了2010年度中国地质学会十大地质科技进展和十大地质找矿成果评选工作。完成了2011年度“国土资源奖”评选工作。学会向贵州省科协推荐煤田地质领域科技专家，为贵州省科技经济发展献计献策。

黄汲清青年科技奖资金募集工作取得重大进展，共募集资金935万元，总资产达到1842万元。

【中国地质学会第11次全国会员代表大会】 11月1日，中国地质学会第11次全国会员代表大会在北京召开。会议全面总结了第38届理事会工作，选举产生了第39届理事会。

国土资源部副部长汪民，中国科协党组成员、学会学术部部长沈爱民分别代表国土资源部、中国科协致辞。

学会常务副理事长孟宪来代表第38届理事会向大会作了题为《围绕中心，主动作为，强化服务，不断开创学会工作新局面》的工作报告，从7个方面总结了5年来取得的成绩。学会副理事长王京彬就学会章程修改的必要性、依据及修改过程和修改的主要内容向大会作了说明。学会秘书长朱立新作了题为《完善制度，强化管理，为学会工作提供有力保障》的第38届理事会财务报告。

会议以无记名投票方式选举产生了中国地质学会第39届理事会理事190名，选举产生了常务理事、理事长、副理事长和秘书长。国土资源部部长、党组书记，国家土地总督察徐绍史当选第39届理事会理事长，孟宪来、李金发、范蔚茗、刘玉辰、杜金虎、马永生、朱伟林、李丕龙、琚宜太、王京彬、徐水师、邱建刚、邓军等当选为副理事长，朱立新当选秘书长。会上，为第13届中国地质学会青年地质科技奖获奖者、学会先进集体和先进工作者举行了颁奖仪式，授予5位第38届理事会常务理事“名誉理事”称号。会议由中国地质学会第38届理事会常务副理事长孟宪来主持。在第39届理事会第一次常务理事会议上，会议决议孟宪来担任常务副理事长，主持学会工作。

徐绍史在当选第39届理事会理事长后发表了重要讲话，高度肯定了第38届理事会的工作，并提出四点要求：一是要认真学习中央领导同志重要讲话和指示精神，并贯彻落实到新一届理事会的工作中；二是要发挥桥梁纽带作用，动员广大地质科技人员，投身到找矿突破战略行动中去，充分发挥技术支撑作用；三是要围绕战略部署，注重人才队伍建设，完善人才培育体系，为地勘单位输送和培育人才，为地质找矿提供支撑；四是要加强学会自身建设，提升学会为会员服务的水平。

【评选2010年度十大地质科技进展与十大地质找矿成果】 1月19日，中国地质学会组织召开了2010年度十大地质科技进展与十大地质找矿成果评选会议，产生了2010年度中国地质学会十大地质科技进展和十大地质找矿成果。评选结果是从全国各省地质学会、专业委员会、常务理事单位推荐的152个申报项目中产生的。

十大地质科技进展为：汉江石——一种新结构类型的新矿物、青藏高原深部物质流动方式多样性机理研究、中国成矿体系综合研究取得实质重大进展、推覆构造研究在福建找矿中的应用取得突破、中国铀矿床研究取得重大进展、西天山造山带铁铜金矿资源评价与研究、裂缝性油气储层形成机理与评价预测新技术、山东东营凹陷盐家深层砂砾岩油藏地质模型与勘探实践、核磁共振找水仪研制与开发、华北作物布局灌溉耗水与区域水资源承载力适应性研究。

十大地质找矿成果是：甘肃省玛曲县格尔珂发现特大型金矿、山东省莱州市三山岛再获特大型金矿、辽宁省本溪市思山岭发现特大型铁矿、新疆和布克赛尔县白杨河地区发现特大型铀铍多金属矿床、安徽省南陵县姚家岭发现铜铅锌金银多金属特大型矿床、河北省涞源县杨家庄镇木吉村获得大型铜钼金矿床、湖北省远安县杨柳发现特大型磷矿、内蒙古锡林郭勒盟高力罕发现特大型煤田、山东省曹县发现大型优质焦煤煤田、福建省武夷山市桃棋发现优质石墨矿床。

【“十一五”地质科技与找矿成果学术交流会】6月22日，“十一五”地质科技与找矿成果学术交流会在北京举行。来自国土资源部、中国科学院以及煤炭、有色、冶金、石油、化工、核工业、中化、地震、建材、武警黄金、高校的地勘行业专家、学者共260多人参加会议，其中院士18人。

基础地质工作取得重大进展。“地质大调查”历时12年完成，共完成1∶25万区调494万平方千米、1∶5万区调30万平方千米，提交1040幅国际分幅的1∶25万、1∶5万区域地质图，编制了重要成矿带系列地质图件，实现了一批区域性地质图的更新，初步建立国家区域地质数据更新体系。完成两幅1∶100万海洋区域地质调查，完成160万平方千米多目标区域地球化学调查。完成全国1640个山地丘陵县（市）650万平方千米的地灾调查与区划，完成全国地下水资源第二轮评价。特别是青藏高原152万平方千米空白区1∶25万区调工作的完成，宣告了我国陆域中比例尺区域的全面覆盖，为我国地质找矿、国土规划和国家重大工程建设提供了有力的基础支撑。

矿产勘查开发取得重大进展。全国新发现固体矿产地近2500个，其中大型以上规模约450个，新增石油地质储量56亿吨，天然气3万亿方，新增煤炭资源储量3380亿吨、铁矿71亿吨。在资源开发强度不断加大的情况下，煤、铁、铜、铝、铅锌和金等大多数大宗重要矿产保有资源储量仍实现了较快增长，其中煤增长了26%，铜增长了19%、铝土矿21%、铁9%、铅23%、金33%。在西部地区，四川省攀枝花市发现了大型、特大型铁矿；在西藏驱龙铜矿区和云南普朗铜矿，持续新增铜矿查明储量，其中驱龙铜矿区实际控制铜资源量超过1000万吨；在新疆、西藏等重要成矿区（带）实施“358”专项，取得重要成果。在中东部地区，安徽省庐枞地区的泥河、辽宁省大台沟地区、河北省冀东等地在深部相继发现了大型或特大型铁矿。此外，分别在南海海域深部、青海省祁连山南缘永久冻土带成功钻获天然气水合物样品，我国在世界天然气水合物研究领域位居前列。

勘查技术及仪器装备自主研发取得新突破。我国学者研制了首套全轴航磁梯度测量系统，集成了航重勘查系统，研发了时间域航空电磁和伽玛能谱勘查系统、2000米以内系列全液压岩心钻探装备、X射线荧光测井仪、大深度多功能电法仪和手提式X射线荧光仪等仪器；应用干涉雷达监测地面沉降、北斗卫星传输地灾监测数据效果良好。同时，高铁一水铝土矿和鲕状赤铁矿综合利用技术攻关取得重要进展。

自“六五”开始，中国地质学会在每一个五年计划结束之后，组织地质行业各部门共同召开地质科技与找矿成果交流会，得到了各部门的大力支持，成为地勘行业展示各个“五年计划”所取得成就的舞台。

【中国地质学会2011年学术年会】11月2～5日，中国地质学会在北京召开2011年学术年会。学会常务副理事长孟宪来出席大会并致辞。会议以“支撑、引领——为实现地质找矿重大突破服务”为主题，旨在认真学习贯彻中央领导重要讲话精神，落实《找矿突破战略行动纲要》，展示近年来地质找矿及研究的工作成果，促进全国地质领域的学术交流，发挥地质科技在地质找矿中的支撑引领作用，为增强矿产资源保障能力、实现地质找矿重大突破服务。来自中央及部分省（自治区、直辖市）地勘、科研单位，部分省级地质学会、分支机构的专家、学者约800人参加了年会。

开幕式后，13位国内知名专家以《燕山运动：一次突发的大地构造变动》、《我国入地计划的新进展》、《亚洲风成系统地球化学示踪研究》、《白垩纪大洋红层与深时（Deep－Time）研究》、《进化论十大假说及寒武大爆发的本质属性》、《5·12汶川地震地质构造成因》、《古亚洲洋构造域与北亚造山区：定义、结构与演化》、《岩石高边坡稳定性评价及崩滑地质灾害机理》、《矿井水害预报预测与应急救援》、《青藏高原：大陆碰撞过程与成矿作用》、《综合信息地壳稳定性区划研究初步结果》、《新疆富铁矿成矿地质特征及主攻类型成矿模式》、《矿物学环境属性研究进展》等为题作大会主题报告。

本次会议共设置13个分会场，分别就我国深部探测与地壳结构、全国固体矿产勘查方法与技术、勘查地球化学理论与技术、地质与城市化、地质科技期刊在推动科技创新中的引领作用、地质灾害与环境安全、金矿找矿理论培训、矿山地质环境防治研究、水文地质学科发展的机遇与挑战、天山找矿、中国主要陆块聚散过程、裂变径迹年代学及其地质应用、资源及环境研究中现代矿物学的地位与作用等方面开展研讨和交流。会议共审核刊印论文摘要233篇，内容涵盖范围广泛，反映了我国当前地质科学领域的研究现状和最新成果。

【第五届全国成矿理论与找矿方法学术讨论会】12月8～11日，由中国地质学会矿床地质专业委员会、中国矿物岩石地球化学学会矿床地球化学专业委员会等23家单位发起的第五届全国成矿理论与找矿方法学术讨论会在云南省昆明市召开。来自全国地学科研院所、高校和生产单位的近千名专家、学者参加了会议。

13位专家做了大会报告，分别是陈毓川院士的《华南中生代花岗岩有关矿床成矿规律某些问题的探讨》、翟裕生院士的《矿床研究的辩证观》、张国伟院士的《中国南方大陆构造》、汤中立院士的《小岩体成矿体系》、裴荣富院士的《找大矿、超大矿的新认知》、翟明国院士的《前寒武纪重大地质事件与成矿》、郑永飞院士的《板块构造与华南中生代岩浆活动》、李文昌研究员的《西南三江主要矿床类型与勘查技术》、胡瑞忠研究员的《华南陆块陆内成矿作用：背景与过程》、侯增谦研究员的《金顶巨型 Pb－Zn 矿盐穹构造与成因研究》、陈衍景研究员的《华北大陆边缘造山与成矿研究进展》、蒋少涌教授的《钦杭结合带 A 型花岗岩成岩成矿作用研究》、肖文交研究员的《中亚山弯构造及其成矿》。

会议共设中国东部中、新生代大规模成矿作用，地幔柱活动与成矿作用，中国西南大面积低温成矿作用，分散、稀有、稀土元素及铀成矿作用，碰撞造山与成矿，前寒武纪地壳演化与成矿作用，地质流体与成矿，成矿作用的理论和实验模拟，成矿作用示踪及成矿年代学，现代海底成矿与找矿，矿产资源综合利用及矿山环境，区域找矿理论和方法，重要矿产和危机矿山深部找矿预测理论和方法，现代分析测试技术及应用等 14 个专题。分会场有 300 余位专家、学者作了学术报告，其中 79 位学者应邀作了主题报告。

会议录用近 550 篇论文，涉及成矿理论、找矿方法、资源综合利用和矿山环境等研究领域，反映了我国成矿理论、找矿勘查和矿业开发的研究现状和进展。

中国地理学会

2011 年，学会及其分支机构共组织开展国内外学术交流活动 38 次，参加活动人数超过 5200 人次，交流学术论文 3000 多篇。其中国际学术活动 12 次，包括 5 次组团出访参加国际组织大型国际学术会议和多边学术会议。

11 月 14～18 日，国际地理联合会（IGU）2011 年区域地理大会在智利圣地亚哥举行。中国地理学会组织了 40 多人的中国地理代表团参加了会议，会议主题是“让世界团结和整合起来”，中国地理代表团多位学者在相关分会场作了学术报告，王五一研究员、周尚意教授和张捷教授应邀担任分会场主席，主持学术交流。

学会接待了国际地理联合会代表团和美国地理学会代表团的多次来访，以及国际地貌学家协会代表团、英国皇家地理学会、俄罗斯地理学会、法国地理学会高级代表的来访。

组织开展了中国科协学科发展研究项目“人文－经济地理学学科发展研究”，完成了《地理学学科发展报告》（人文－经济地理学）编撰任务。启动了中国科协《当代中国地理学家学术谱系研究》项目。参加了中国科协年会专题论坛的组织工作，邀请专家就地方发展作科技咨询报告，推荐专家参加党政领导与院士专家座谈会，积极为年会举办地经济社会发展服务。

学会召开全体理事会议 1 次、常务理事会议 3 次。新发展会员 414 人，注册会员总数达到 8600 人。进行了地貌与第四纪专业委员会、医学地理专业委员会、数量与计算地理专业委员会、学术工作委员会换届工作，组建了黄河分会第一届委员会，批准成立了红层与丹霞研究工作组。为完善个人会员管理与服务工作，加强区域网络建设，在原有华南、华中两个区域代表处基础上，新增设华北、华东、西南、西北和东北 5 个区域代表处，完成了学会区域代表处的设置工作。

组织开展第四届全国中学生地理奥林匹克竞赛、第五届地球小博士全国地理科技大赛、第八届中国青少年环境地图比赛等面向青少年的地理科普活动，参赛学生超过 13 万人。加强了地理奥赛、小博士地理科技大赛等活动的品牌化，达到参与人数多、受益面大、社会影响广泛的目标。学会在 2010 年活动选拔的基础上，培训、组织中国初中生代表团赴美参加了第十届国家地理世界锦标赛，实现了中国大陆首次组团参赛的突破。

学会开展了第 11 届全国青年地理科技奖、第六届全国优秀中学地理教育工作者评选活动，表彰奖励 110 多人。开展了 2011 年度两院院士候选人提名、推荐工作，以及第八届中国青年女科学家和第 12 届中国青年科技奖的推荐工作。学会副理事长傅伯杰研究员当选中国科学院院士，学会推荐的赵艳教授、朴世龙教授分别荣获第八届中国青年女科学家和第 12 届中国青年科技奖。学会推荐的王颖院士和樊杰研究员被法国地理学会批准为荣誉会员。

学会开展了 2011 年全国优秀地理论文奖、第十届“创新杯”全国地理教研论文大赛、中国地理学会 2011 年学术年会青年优秀论文奖、超图杯第九届中国高校 GIS 大赛和第三届全国高校地理专业本科生野外社会调查征文大赛等奖项的评选和表彰工作，共有 300 多篇（份）论文和作品获奖。

学会结合国家关于加强文化建设的要求，在学会百年庆典活动推动下，完成了张相文纪念馆及中国地文馆、中国地理学会成立百年纪念碑、林超地理博物馆（网络版）建设的揭牌和启动工作。

学会主办的《地理学报》等 10 种学术期刊各项指标在稳步上升，《地理学报》影响因子和被引频次分别上升

8.3%和9%，分别居全国第3位和第26位，综合评价居全国第4位，连续10年荣获“百种中国杰出学术期刊”以及第二届“中国精品科技期刊”等称号，并有一篇论文被评为“2010年中国百篇最具影响国内学术论文”。《地理学报》英文版影响因子和被引频次分别上升29.9%和75.8%。学会主办科普期刊《中国国家地理》2011年荣获“第二届中国出版政府奖期刊奖”。

9月，在中国科协年会期间，英国皇家地理学会派该会荣誉副主席来华，向中国地理学会颁发了“英国皇家地理学会2010年度特别贡献奖”。同年，中国地理学会荣获“全国科协系统先进集体称号”，在中国科协第八次全国代表大会上受到表彰。

【中国地理学会2011年学术年会】 7月23~25日，中国地理学会2011年学术年会在新疆维吾尔自治区乌鲁木齐市举行。来自全国各大专院校、科研院所和基础地理教育领域的专家、学者，以及来自美国、加拿大、德国的特邀嘉宾1200多人出席。新疆维吾尔自治区人大常委会副主任杜秦瑞、自治区人民政府副主席靳诺，学会理事长刘燕华，中国科学院院士刘昌明、郑度、陶澍，国际地理联合会（IGU）副主席Dietrich Soyez，美国地理学家协会（AAG）执行主任Douglas Richardson、前主席Alexander Murphy，AAG成就奖获得者Mei－Po Kwan等应邀出席了年会开幕式和大会报告会。刘燕华、杜秦瑞、Dietrich Soyez等先后在开幕式上致辞。

本届年会以“地理学核心问题与主线”为主题，交流学术论文500多篇，口头报告320多个。围绕年会主题，邀请了4位国内外专家作大会特邀报告。刘燕华研究员、陶澍院士、Alexander Murphy教授和中国地理学会原副理事长蔡运龙分别以《全球变化研究中的地理学问题》、《环境地理学研究》、《理解正在变化的星球——美国地理科学发展的战略方向》、《地理学思想与方法研究进展》为题作大会特邀报告。

会议设立一个主题分会场——地理学发展大讨论暨地理学理论与方法研讨会，以及21个专题分会场，内容涉及自然地理学、人文－经济地理学、地图学与地理信息系统三大领域的科研、教学，以及交叉领域和前沿热点问题。

作为本届学术年会的组成部分，第六届全国地理学研究生学术年会也于此间在新疆大学同期举办。

【利用地球工程改变全球气候国际学术研讨会】 9月21~23日，第13届中国科协年会在天津市召开，英国皇家学会、中国地理学会联合承办了第八分会场利用地球工程改变全球气候国际学术研讨会。来自英国、德国、加拿大、俄罗斯、印度、芬兰和美国等国家以及国内有关科研单位和高校的专家、学者共计60多人参加了本次会议。会议开幕式由学会理事长、国务院参事刘燕华研究员主持，中国科协副主席、国际地理联合会副主席、中国科学院院士秦大河，英国皇家地理学会名誉副会长、英国驻联合国前大使Crispin Tickell爵士和英国皇家学会会士、英国南安普敦大学教授John Shepherd出席会议，并在开幕式上致辞。Crispin Tickell爵士代表英国皇家地理学会向中国地理学会颁发了“英国皇家地理学会2010年度特别贡献奖”奖牌并讲话，刘燕华理事长代表中国地理学会接受奖牌并致谢辞。

会议就全人类共同关注的气候变化问题进行专题报告和学术研讨，会议的学术报告和研讨围绕利用地球工程改变气候：科学、治理和不确定性和关于气候演变规律及其对环境变化的影响等两个专题进行，共有15名国内外的专家、学者在大会上作主题报告和专题报告。秦大河作题为《气候变化科学的最新发展》的主题报告，Crispin Tickel爵士作题为《海平面上升的影响》的学术报告，John Shepherd教授就英国皇家学会开展的利用地球工程改变气候的研究成果作学术报告。与会学者围绕地球工程中兴起的地缘政治、太阳辐射管理治理倡议、国际太阳能地球工程治理、地球工程的气候、地球工程对海平面上升的影响、地面模拟系统、俄罗斯对中国的气候研究、中国环境健康与发展的整合、中国陆地生态系统碳平衡、自然和气候因素对地名形成的影响、中国渤海湾晚更新世和全新世气候与地质环境变化的对应关系实例以及天津气候变化及对环境的影响等内容作学术报告。

【2011年中国人文地理学术年会暨纪念李旭旦先生诞辰100周年学术研讨会】 5月14~15日，2011年中国人文地理学术年会暨纪念李旭旦先生诞辰100周年学术研讨会在江苏省南京市举行，来自中国大陆和台湾地区、新加坡、俄罗斯的400余名学者出席会议。中国科学院院士赵其国，以及全国人文—经济地理学界老中青专家、学者100多人参加会议。

本次年会交流学术论文260余篇，其中大会报告论文21篇，分会场交流论文90篇。会议围绕人地关系这一研究主题，对中国人文地理学的发展思路、发展目标、发展方向、发展路径、发展重点、面临的困惑、解决的方案，以及人文地理学研究方法论与方法等作了深入系统的研讨。为了突出人文地理学研究的多元化和文化、政治、社会地理特色，本次年会单独设立了基础理论与技术方法、产业结构与区域发展、土地利用与城乡统筹、低碳城市与宜居城市、旅游开发与景观设计、历史过程与文化底蕴六大分会场，与会专家、学者从不同视角提出创新性成果。

本次大会的一个重要议题是隆重纪念李旭旦先生诞辰100周年，李旭旦先生为中国人文地理学做出巨大贡献。与会者深切缅怀中国人文地理学的奠基人李旭旦先生，一致认为要把他的人地关系思想传承下去。

中国地球物理学会

2011年，学会召开了第27届学术年会、第十届中国国际地球电磁学术讨论会等24个学术会议。为加强国际交流，9月，学会组团参加了美国勘探地球物理学家学会（SEG）学术年会。10月10～13日，与美国勘探地球物理学家学会联合在北京举办了重磁电国际学术研讨会（GEM Beijing 2011）。

组织承担了中国科协3个科普项目，组织志愿者积极开展科普活动，在全国科普日北京科普嘉年华活动中，受到中国科协和北京市科协的好评。

学会发展新会员80人，截至2011年12月底，会员总数14378人，其中女会员1981人。学会开展了会员管理库工作，准备将会员管理放入学会网站，使管理工作规范便捷。

学会出版学术期刊4种，出版学术论文集7种，出版印发4期《会讯》。

在2011年两院院士增选工作中，学会会员、中国科学院地质与地球物理研究所研究员万卫星增选为中国科学院院士。学会推选的中国科技大学教授汪毓明荣获第12届中国青年科技奖。来自科研、大学、企业等单位的敖红、马坚伟、裴顺平、王彦飞、周义军荣获“2011年傅承义青年科技奖”，中国石化油田部的教授级高工朱铉荣获“2011年顾功叙地球物理科技发展奖”。

学会向国家科委奖励办公室提交了申请开展地球物理科技奖励评审项目，10月获得科技部批准文件。开展职称资格认证（试行）工作，山东省地球物理学会按试行办法开展了评审工作。

【中国地球物理学会第27届学术年会】 10月17～21日，中国地球物理学会第27届学术年会在湖南省长沙市召开。960多名专家、学者参加会议。本次年会突出学科交叉。

会议邀请相关学科的院士作了地磁电磁、气象、勘探、重力等方面的大会报告。在16个会场进行了27个专题的学术交流会，其中包括一个国际专题。年刊《中国地球物理－2011》上收录了930篇论文摘要。来自中国大陆和台湾地区，美国、日本等国家和地区的610多位专家、学者作了学术报告，其中大会报告14篇。本次年会上举行了首届学术座谈会（Townhall meeting），邀请了天津超算中心朱小谦作题为《天河一号及其高性能计算应用》的报告。

【联合举办重磁电（北京）2011国际学术研讨会】 10月10～13日，由中国地球物理学会（CGS）和美国勘探地球物理学家学会（SEG）联合主办，中国地质大学（北京）承办的重磁电（北京）2011国际学术研讨会（GEM Beijing 2011）在北京举行。66位国外专家、学者和170位国内专家、学者参加了会议。

会议设2个分会场，分为重磁电方法技术前沿、油气勘探应用、固体矿产和地热的应用、环境和工程物探4个主题。与会专家、学者围绕重磁电方法及技术，仪器（土地、海洋、航空及钻孔）和现场数据采集，处理、模型、解释算法，综合解释和联合反演等方面进行深入研讨。

【第十届中国国际地球电磁学术讨论会】 11月17～20日，由学会地球电磁专业委员会主办、东华理工大学承办的第十届中国国际地球电磁学术讨论会在江西省南昌市举行。此项讨论会由地球电磁专业委员会每两年举办一次，并出版论文集。

来自7个国家和地区的中外地球电磁学领域的300位专家、学者参加讨论会。会议论文形式采用中英文相结合，交流方式有口头报告和张贴论文两种，论文和报告反映了当前地球电磁学科的前沿研究，展示了地球电磁学在国家经济发展中新的应用成果。

中国矿物岩石地球化学学会

2011年，学会召开了8次全国学术交流会和1次国际会议。组织召开了中国矿物岩石地球化学学会第13届年会等学术会议。

火山与地球内部化学专业委员会于8月6～8日在内蒙古自治区扎兰屯市召开了“柴河论坛：火山地质、资源与全球变化研究”，70位专家、学者参会，交流报告13个。

8月27～30日，火山与地球内部化学专业委员会与中国灾害防御协会火山专业委员会在内蒙古自治区锡林浩特市召开了全国第六次火山学术研讨会，150名专家、学者参会，交流报告41个，征集论文70余篇。会议围绕我国活动火山监测和成因机理、第四纪火山地质、大火成岩省、大陆火山作用的资源保护与开发、火山作用与环境效应等进行交流与讨论。

10月15~16日，岩相古地理专业委员会和《古地理学报》编辑委员会在北京召开了白云岩成因及油气储集层研讨会，60余名专家、学者参会，交流报告30个，征集论文24篇。

11月3~8日，沉积学专业委员会在湖北省武汉市召开2011年盆地动力学与油气储层研讨会，参会人数100余人，交流报告44个。

12月9~12日，矿床地球化学专业委员会在云南省昆明市召开第五届全国成矿理论与找矿方法学术讨论会，800余人参会，征集论文537篇，交流报告280个。

11月3~5日，沉积学专业委员会在湖北省武汉市召开了全国盆地动力学与油气储层研讨会，80余专家、学者参加会议，征集论文71篇，交流报告55个。

12月17~18日，岩浆岩专业委员会在江苏省南京市召开了2011年华南基础地质研究学术研讨会，30余名专家、学者参会，交流报告20个。

7月8日，2011年国际中国地球科学促进会年会在贵州省贵阳市开幕。来自美国、加拿大、荷兰、法国、英国、日本等国及中国大陆和香港特别行政区等地的25名IPACES的会员，中国科学院院士郑永飞，日本东京大学教授Yuji Sano（佐野有司）等出席开幕式。国内地球科学领域有关研究所、高校及生产单位的专家、学者等共计200余人参加会议。

学会与有关研究机构共同主办的6种学术期刊共发表文章660余篇，总发行2.16万册。《矿物学报》和《矿物岩石地球化学通报》2011年分别出版一期增刊，共载文1100余篇，印刷1600册。6种期刊全部被《核心期刊要目总览》收录，成为地学核心期刊，均为我国重要检索数据库CSCD、CSTPCD、CNKI、维普、万方的来源期刊，或被国外知名检索系统CA、AJ等全文收录，其中《岩石学报》进入SCI的核心库，*Chinese Journal of Geochemistry* 被EI核心库收录。

学会举办主题科普讲座5次。5月10~19日，学会名誉理事长、中国科学院院士欧阳自远在贵州省贵阳市、威宁县、盘县、黔西县、大方县等地作了7场科普报告。主要对月球的表面环境、矿物和矿产资源、月球演化历史、小天体撞击地球等一系列天文知识、人类开展月球探测的历程、进展与取得的成果情况，重点讲解了我国月球探测的战略发展及工程目标，着重阐述了我国月球探测嫦娥一号、嫦娥二号工程的进展和成果，对第三期探月工程做出展望。参与人数约1500人。

7月22日，中国科学院院士欧阳自远在中国科学院地球化学研究所做了《空间探测与地球科学》专题学术讲座，与50余名来自全国各高校的大学生们交流。

9月2~3日，欧阳自远院士在贵州省安顺市西秀区双堡镇中心小学、安顺职业技术学院进行“携手欧阳自远，触摸奔月魅力”科普知识讲座。主要从探月的意义、人类对月球的认识、月球探测的历程与成果、21世纪人类开展深空探测的对象等方面，把人类太空科学史上的成果、中国太空科学事业发展的伟大壮举呈现给每一位同学。参与人数约500人。

学会组织专家分别在贵阳、遵义、毕节、铜仁等地区开展科技活动培训讲座，内容为怎样组织科技活动和怎样撰写科技论文。参与培训人数约600人。

5月21日，学会与中国科学院地球化学研究所举办了主题为“关注资源环境，建设和谐社会”的科普开放日活动，来自高校、科研院所、贵州省气象局以及贵阳市属中小学及有关社区群众1600余人亲身体验、感受了科学的魅力。矿床地球化学国家重点实验室、环境地球化学国家重点实验室及地球深部物资与流体作用地球化学研究室全面向公众开放。参观者观看了中国嫦娥工程科普展板、环境科学宣传展板、矿石和陨石标本，走进稀有气体质谱实验室、X射线荧光光谱实验室、激光等离子实验室等一系列研究室。

4月，学会在广东省广州市召开的第13届学术年会上颁发了第13届侯德封矿物岩石地球化学青年科学家奖，10位科技工作者获奖。10月17日，学会正式启动了第14届侯德封矿物岩石地球化学青年科学家奖评选工作。

12月3日，学会在北京召开了第七届理事会第四次常务理事会，会议听取了2011年度工作进展，审议了2012年工作计划，通过了学会“十年学科进展”和“地球化学学科发展史”的编撰计划，讨论了所属分支机构活动和学术道德建设等问题。

学会的会员发展和服务工作取得新进展，2011年共发展新会员57人。目前学会会员总数达7224人，其中缴纳会费的会员925人（含终身会员885人，其余为年度会员和学生会员）。

【中国矿物岩石地球化学学会第13届年会】 4月7~9日，由学会主办的中国矿物岩石地球化学学会第13届年会在广东省广州市召开，会议由中国科学院广州地球化学研究所、中国科学院地球化学研究所具体承办，广东省矿物岩石地球化学学会、广东省地质学会协办。来自国内外158个单位的近800名专家、学者参加了会议，其中包括8名院士，28名杰出青年基金获得者。广东省副省长宋海应邀出席了会议并讲话。会议交流报告355个，55块展板，会议征集出版论文摘要562篇。会议就目前涉及资源环境及相关学科的一些重大科学问题，邀请了有关领域的著名专家作了大会学术报告。中国科学院院士丁仲礼、中国科学院院士欧阳自远、中国科学院研究员陈勇、日本地球化学学会会长Ebihara教授、中国科学院广州地球化学研究所研究员陈鸣等在大会上作报告。

【柴河论坛：火山地质、资源与全球变化研究】学会火山与地球内部化学专业委员会于8月6～8日在内蒙古自治区扎兰屯市召开了“柴河论坛：火山地质、资源与全球变化研究”，70人到会，交流报告13个。中国科学院院士刘嘉麒作题为《东北的火山资源》的大会主题报告。中国地震局地质研究所研究员樊祺诚以《我国活动火山研究若干进展》为题作了报告。此次论坛旨在交流我国东北特别是大兴安岭地区火山研究方面的最新成果，内容涉及火山地质、旅游资源与古气候研究等多个方面。此次论坛既推动了我国火山研究工作的不断深入，也促进了柴河地区火山地质资源的保护与旅游资源的开发，以柴河为根据地，以柴河论坛为契机，为专家学者搭建了一个长期性、经常性、开放式的研究交流平台。

中国古生物学会

2011年，学会组织召开国内学术会议2次，参加组织国际会议1次，与会专家学者700余人，交流论文500余篇，组织学术报告300个。

9月15～18日，学会孢粉学分会八届二次学术年会在河北省任丘市召开，140人参加会议。本次会议共收到了论文摘要83篇、学术报告62个、展板报告8个，涉及当前孢粉学研究和应用的各个方面，包括孢粉形态学、孢粉个体发育、孢粉传播、孢粉地层学、疑源类、古植被和古气候、古环境、石油孢粉学、含煤地层孢粉学、第四纪孢粉与环境、环境考古、表土花粉、孢粉数据库、植硅体、花粉营养学等。

8月20日，2011年伊春地质古生物学术研讨会在黑龙江省伊春市召开，来自15个国家的160余名专家、学者参会，共同探讨伊春地区及黑龙江省地质古生物自然资源的研究与保护。

10月12日，学会理事长杨群、秘书长王永栋等会见了德国古生物学会理事长、德国哥廷根大学教授Joachim Reitner一行，就中国古生物学会和德国古生物学会开展合作事宜进行了会谈。双方决定两个学会从2012年开始组织召开中德双边古生物学研讨会。

10月22日，中国古生物学会和中国古生物化石保护基金会签署了双方战略合作协议。学会理事长杨群、中国古生物化石保护基金会理事长蒋承菘分别代表学会和基金会在战略合作协议上签字。双方达成了广泛的合作共识，主要包括：双方就古生物化石及地质环境保护、开展公益科普宣传等，进行广泛的合作。学会积极支持基金会的各项工作，发挥自身专业优势、人才优势、资源优势，为双方合作项目提供专业技术支持、专业人才支持等。基金会与学会共同主办学术年会，共同商定学术年会的形式、主题以及资金来源等。

学会完成了中国古生物学会参加中国科协八大代表和委员的推荐工作，学会常务理事王向东代表学会出席中国科协八大，并当选为中国科协全委会委员。

起草制定了《中国古生物学会分支机构管理条例》，并于7月6日在江苏省南京市召开了分支机构管理工作会议。学会理事长杨群、秘书长王永栋以及微体分会、孢粉分会、古植物分会、化石藻类专业委员会、古生态专业委员会负责人和学会秘书处工作人员出席会议，就《中国古生物学会分支机构管理办法》进行了学习讨论，并对学会网站的优化提升给予了建设性意见。

2011年，中国古生物学会贯彻中国科协八大关于加强全国学会党建工作的精神，在中国科协学会服务中心党委的具体指导下，依托挂靠单位中国科学院南京古生物所党委，在学会开展创先争优活动和建立党组织工作。组织学习中共中央组织部、中国科协党组关于全国学会开展创先争优活动和建立党组织的主要精神和工作思路。在学会组织中实现党的组织覆盖和工作覆盖，提高服务意识和工作效能，更好地凝聚和团结广大会员为古生物学科研、科普和化石保护等工作服务。

【中国古生物学会第26届学术年会】10月21～23日，中国古生物学会第26届学术年会在贵州省关岭布依族苗族自治县召开。中国科学院院士郑守仪，国土资源部原副部长、中国古生物化石保护基金会理事长蒋承菘，国际古生物学协会（IOP）副主席周忠和出席会议。来自全国各地高等院校、科研院所以及石油、煤炭、地质矿产、博物馆和出版等系统共计90多个单位的近400多位专家、学者参加会议。与会者汇聚关岭，交流研究成果、研究方法和学术思想，共同研讨学科发展趋势、总结研究进展。

会议以“古生物科学研究与化石保护”为主题组织古生物化石保护和科普工作专题研讨，评选颁发了中国古生物学会首届青年古生物学奖，首届获奖者共计4人，评选了“研究生优秀学术报告奖”。本次会议共设置学术专题20个，安排学术报告24场计193个，其中大会报告7个，分会场报告186个，主题报告28个，以及一批展板成果展示和交流活动。会议共收到论文摘要324篇，反映了我国古生物学在近年来取得的新进展和新成果，涵盖了古无脊椎动物学、微体古生物学、古植物学和孢粉学、古脊椎动物学、古人类学、地层学、生物地理学和古气候学、分子古生物学、地球生物学以及沉积学和地球化学等学科分支。

【中国古生物学会青年古生物学奖】学会理事会充分认识到青年古生物科技工作者对今后我国古生物学事业发展的重要性，根据中国古生物学会十届二次理事会决议，制定了中国古生物学会《青年古生物学奖条例和实施细则》，设立中国古生物学会青年古生物学奖，以表彰年龄在40岁以下、在古生物学科研领域作出突出成绩、在青年同行中可树为榜样的优秀青年古生物学科技工作者。

首届青年古生物学奖在中国古生物学会第26届学术年会开幕式上颁发，中国科学院古脊椎动物与古人类研究所副研究员李淳、中国科学院南京地质古生物研究所研究员樊隽轩、中国科学院南京地质古生物研究所研究员黄迪颖、西北大学地质系副教授张志飞获奖。

中国海洋湖沼学会

2011年，中国海洋湖沼学会和所属甲壳动物学分会、贝类学分会、藻类学分会、水文气象分会、潮汐与海平面专业委员会、计算海洋物理学专业委员会、鱼类分会，根据学科特点，分别召开了7次学术交流研讨会，参加学术交流的人数为1178人次，交流论文933篇。

9月7~9日，学会藻类学分会举办的首届中国紫菜全产业链技术与品牌推广专家研讨会在江苏省南通市举行。25位国内紫菜专家围绕紫菜全产业链进行了研讨。

9月5~9日，水文气象分会、潮汐海平面专业委员会、计算海洋物理专业委员会、山东（暨青岛市）海洋湖沼学会、辽宁省气象学会和丹东市气象学会在辽宁省丹东市举行2011年度联合学术年会。来自25个单位的80名专家、教授和青年科学工作者出席了大会。会议收到论文摘要43篇，出版论文摘要集1册。

11月10~14日藻类学分会第八届会员大会暨第十六次学术讨论会在上海市召开，400余名藻类科技工作者出席了大会。会议由藻类学分会副理事长卢山主持。

5月6~14日，鱼类学分会组织20名学者参加由“台湾鱼类学会”主办的2011年海峡两岸鱼类学术交流研讨会。

4月25日，由中国科学院海洋研究所、中国海洋湖沼学会和青岛市少年科学院联合组织的2011年度青岛市大手拉小手海洋科学传播活动在山东省青岛市鞍山二路小学启动，200多名小学生参加了该项活动，李新正研究员为师生们作了精彩的海洋科普讲座，生动地讲解了海洋生物的分类、海洋生物多样性保护、海洋环境保护等海洋科学知识。

5月14日，第四届青岛市中、小学生“我心目中的海洋”主题绘画比赛在山东省青岛市举行。本届比赛由中国科学院海洋研究所、中国海洋湖沼学会、青岛市教育局、科技局联合主办，来自青岛市内四区40多所中、小学校的100名同学参加了比赛。青岛市委副书记王文华现场参观了同学们绘画，并与同学们进行交流，希望同学们热爱海洋、保护海洋，鼓励同学们努力学习科学知识。

学会成立了海洋生物技术分会和海洋腐蚀与污损专业委员会两个新的分支机构。

2011年《海洋与湖沼》综合评价总分和学科影响指标均列海洋科学期刊中首位，综合评价总分在全国排名第18位。获得百种中国杰出期刊奖、中国精品期刊奖。

【甲壳动物学分会第11届年会暨学术研讨会】3月25~27日，学会甲壳动物学分会第11届年会暨学术研讨会在福建省厦门市举行。263名甲壳动物学研究领域的专家、学者参加会议。

中国科学院院士刘瑞玉就我国海洋生物多样性研究的新进展和发展趋势作了报告。会议共收到学术论文摘要230多篇，会议安排了12篇大会专题报告，分4个分会场进行了86篇分会报告。报告内容涵盖甲壳动物繁殖生物学与增养殖、形态分类与动物地理学、生态学与生物多样性、基础遗传学与遗传改良、生理学与分子生物学、营养与饲料、病害防治与免疫等，展示了我国甲壳动物学研究的最新成果。

【第18届国际扇贝研讨会召开】4月20~26日，第18届国际扇贝研讨会在山东省青岛市召开。会议由学会贝类学分会主办，这是我国首次主办该系列国际会。贝类学分会理事长、中国科学院海洋研究所副所长张国范代表组委会致辞。近百位专家学者参加会议，包括来自加拿大、美国、智利、秘鲁、澳大利亚、新西兰、韩国、日本、菲律宾、英国、爱尔兰、西班牙、挪威等13个国家的40余位专家、学者。

与会专家、学者围绕有关扇贝的各学科研究，以大会报告、专题报告和墙报交流3种形式进行了广泛深入的学术交流。研讨会设立了水产养殖、生理与病害、生化与遗传、渔业与生态、资源管理5个专题共8场报告会、2场墙报交流会。该次大会共收到论文摘要97篇，两位专家作大会报告，47位专家作专题报告，并有46个墙报参与了大会的学术交流。

【贝类学分会第15次学术讨论会召开】 11月28日~12月1日，贝类学分会第九次会员代表大会暨第15次学术讨论会在广东省广州市举行。

第15次全国贝类学术讨论会主题为中国贝类研究30年。310余位专家、学者参加会议。共收到会议摘要241篇，103人次进行了口头报告，31人次提交了墙报。大会评选了优秀报告奖4名、优秀墙报奖2名、优秀研究生报告奖6名、优秀研究生墙报奖2名，并对获奖者颁发了证书和奖金。出版论文摘要集1册。

会议安排了特邀报告1个、大会报告5个、专题报告97个，共设置了贝类分类与系统演化、医学贝类、贝类生化与遗传育种、贝类生理与病害防控、贝类养殖、贝类生态与环境6个专题。

中国海洋学会

2011年，学会共举办"辛亥百年、兴海强国"学术交流会、天津海洋经济发展论坛暨中国海洋学会2011年学术年会、厦门海洋国际交流和中韩海洋学会学术交流会议等学术会议28次，比2010年增加会议8次。其中国内学术会议25次，国际学术会议3次，参加学术会议6000余人次，比2010年上升1500余人次。交流论文4300余篇，比2010年增加800余篇。

学会主办和参与主办的学会期刊在往年6种8类的基础上增加到7种9类，新增了《海洋环境科学》。期刊载容量和发行量有所增加。

2011年共开展咨询服务25项。学会主办咨询服务3项，分支机构开展专业技术咨询服务22项，学会反映科技工作者建议3项，其中获得有关领导批示2项。

2011年，学会坚持以社会化的工作方式，吸纳社会资源，共同开展海洋科普工作，不断建立和发展科普教育基地，积极探索将科普活动与重大热点社会问题有机结合的新途径，大力推进海洋科普资源的共建共享，充分利用全国科普日、全国科技周、全国海洋宣传日等契机开展形式多样、丰富多彩的科普活动。2011年，学会共开展海洋科普活动6场，制作科普展板4类共83块，参与活动人数达10万余人次。新增科普教育基地5家。举办科普活动的次数比2010年增加3场，受众人数比2010年增加2万余人次。相继举办"警惕海啸灾害、提高防灾意识"为主题的科普活动，参加中国科协组织举办的"防灾减灾，从我做起"2011年"防灾减灾日"主题科普活动。

5月14日，在全国科技活动周期间，学会与中国地质大学共同举办了以"呵护地球生命共同的家园——海洋"为主题的科普展览，国家海洋局副局长陈连增出席开幕式并讲话。学会常务副理事长雷波主持开幕式。北京市向东小学100余名小学生、中国地质大学（北京）200名大学生参加了开幕式。300余位到场嘉宾和师生在"保护海洋，人人有责"横幅上签名。展览在中国地质大学持续1周，展览期间发放2000册《呵护地球生命的共同家园——海洋》宣传画册，累计观众约1.8万余人次。

12月24日，学会完成了中国科协繁荣科普创作资助项目《中国海洋问题》科普丛书的编创。

2011年学会共召开常务理事会3次，其中通讯会议2次。召开年度工作会议1次。增补常务理事4名，增补理事8名。

学会完成了2011年度中国科学院、中国工程院两院院士候选人的遴选推荐工作，学会推荐的厦门大学教授焦念志被评选为中国科学院院士。

学会承担2011年度海洋创新成果奖的评审工作。9月26~27日，2011年度海洋创新成果奖评审会在江苏省召开。会议对经初审的101项海洋科技成果和13本海洋科技图书进行了评审。

【"辛亥百年、兴海强国"学术交流会】 在6·8"海洋宣传日"期间，学会与中国太平洋学会在辽宁省大连市共同主办"辛亥百年、兴海强国"学术交流会。国家海洋局局长刘赐贵出席开幕式并讲话。300余位专家、学者参加会议。

会议邀请了来自中国台湾地区和新加坡的6位华人专家和5位大陆学者围绕百年海洋事业发展历程回溯与思考、中华民族海洋文化与海洋观两大议题，就辛亥百年及孙中山先生的海洋思想与海洋强国建设、华人华侨与中国海洋事业发展关系等内容作主题报告。

【第二届海峡两岸海洋论坛】 6月13日，学会主办的第二届海峡两岸海洋论坛在福建省厦门市召开。本次论坛是第三届海峡两岸论坛主场活动之一。国家海洋局党组书记、局长、学会总顾问刘赐贵出席开幕式并致辞。中国国民党副主席曾永权，福建省副省长倪岳峰，海洋及水下技术协会名誉理事长梁乃匡出席开幕式并致辞，来自海峡海岸海洋领域的专家、学者等近200人参加论坛。

海峡两岸的4位专家、学者围绕论坛主题作了相关报告，17位特邀嘉宾围绕海洋环境监测、重大海洋污染问题，海洋灾害预警、海洋生态保护等热点问题作了主题报告。论坛围绕海洋垃圾监测、海洋环境监测、海洋功能区划等9个方面，进行研讨和交流，达成了合作共识。

【天津海洋经济发展论坛暨中国海洋学会2011年学术年会】9月20日，学会与天津市海洋局共同主办了天津海洋经济发展论坛暨中国海洋学会2011年学术年会。本次论坛是落实第13届中国科协年会分会场沿海植被恢复与生态宜居城市建设学术研讨会设立的分会场。会议主题是“推进海洋自主创新，促进海洋经济发展方式转变”。本次论坛落实国家海洋局关于支持沿海经济转变发展方式的工作部署，把学术交流与解决海洋区域重大经济社会发展问题紧密结合起来，主动为地方发展的现实需求服务。国家海洋局党组成员、纪委书记周茂平，党组成员、人事司司长李春先出席会议，周茂平代表国家海洋局讲话。10位报告人就加快转变天津海洋经济发展方式，从不同角度提出了建设性意见和建议。

【中韩围填海环境影响与管理政策国际研讨会暨第二届中韩海洋科学技术学术会议】11月6日，中国海洋学会、韩国海洋学会、国家海洋局第一海洋研究所、全国海洋功能区划专家委员会在2011厦门国际海洋周期间，共同主办了中韩围填海环境影响与管理政策国际研讨会暨第二届中韩海洋科学技术学术会议。本次中韩研讨会的主题是“围填海的环境影响与管理政策”。来自国内海洋界有关部门、科研院所、高等院校、学会分支机构及韩国的专家、学者约100人参加了研讨会。会上，18位与会中韩专家、学者围绕围填海管理政策、围填海环境影响、围填海的经济学等专题展开深入探讨，从不同角度进行广泛交流，提出富有见解与针对性的意见、建议和学术思考。

【“警惕海啸灾害、提高防灾意识”科普活动】3月20日，学会举办了以“警惕海啸灾害、提高防灾意识”为主题的科普活动。日本地震引发海啸灾害后，海洋学会及时组织专家制作了《警惕海啸灾害、提高防灾意识》10块科普展板。展板以图文形式介绍日本强烈地震引发海啸、什么是海啸、海啸发生的成因、海啸传播、地震与海啸、海啸的危害、海啸多发区在哪、海啸的可能征兆、如何防御海啸、海啸预警等知识。学会将展板刻录成光盘，及时向分支机构和全国海洋科普教育基地发放，并指导和督促各分支机构和全国海洋科普教育基地开展向社会公众的科普宣传。同时积极参与中国科协组织的学会与媒体合作开展应急科普，就核辐射对海洋的影响组织专家撰写文章，在《人民日报》、《光明日报》、中央人民广播电台和各网络媒体发表，正确引导人们爱科学、讲科学、学科学、用科学，以科学知识澄清是非和虚假信息。

中国地震学会

2011年，学会共组织召开了18次学术会议，参加学术会议人数1039人次，交流学术论文401篇。

5月4~10日，地震预报专业委员会、历史地震专业委员会和中国地震局第二监测中心在陕西省西安市联合举办了2011年度地震预报与历史地震专业委员会联合学术交流会，会议围绕近期大震震例研究进展、历史大震研究、地震预测新理论、方法等方面进行研讨。7月22~24日，地震社会学专业委员会和成都市防震减灾学会在四川省成都市召开了公众在特定场景下的地震预警应对策略研讨会。7月25~27日，中国地震学会地震地质学术会议在云南省腾冲市召开。8月12~19日，地震电磁学专业委员会换届暨学术研讨会在山西省太原市召开。8月15~21日，地震观测技术专业委员会和新疆地震局在新疆维吾尔自治区乌鲁木齐市召开了中国地震学会地震观测技术专业委员会换届暨2011年学术研讨会。10月17~18日，地震电磁学专业委员会在江苏省扬州市召开了地震地电场观测方法与技术专题研讨会，研讨会分别就地电场在地震预报中的应用研究、地电场观测现状与主要影响因素、地电场观测网效能评估等方面作了专题报告。10月31日~11月3日，地震科技情报专业委员会举办第八届地震科技情报专业委员会成立大会暨2011年年会。11月5~8日，地壳深部探测专业委员会换届工作会议暨学术研讨会在贵州省贵阳市召开。11月28~29日，城市防震减灾规划中场地问题研讨会暨中国地震学会工程勘察专业委员会换届大会在北京召开。12月19~21日，震动观测技术与应用专业委员会成立暨学术研讨会在北京召开。

学会召开第八届第二次理事会会议，讨论通过了学会会员交纳会费制度、学会各分支机构工作制度、学会财务管理制度、学会提名院士制度、学会第八届理事会理事的建议等文件。

学会新成立了强震动观测技术与应用专业委员会。截至2011年年底，本年度发展新会员388名，现有会员

1604 名。

【地震流体专业委员会 2011 年学术年会】 8 月24～29 日，由地震流体专业委员会和贵州省地震局联合主办的地震流体专业委员会换届大会暨地震流体专业委员会 2011 年学术年会在贵州省贵阳市召开。来自各省、自治区、直辖市地震局（包括地震台站）的 50 余位专家、学者参加了会议，会议收到地震流体学科发展和科学研究方面的论文摘要 44 篇，其中 20 余篇研究论文进行了会议交流。与会专家、学者围绕流体观测技术与进展、深部流体作用与地震孕育过程、地震流体与其他地球物理观测及其强震预测技术、流体作用与水库诱发地震、流体观测与火山研究、流体与活动断裂、空间对地观测技术与地下流体等专题进行研讨。

【空间对地观测委员会换届暨 2011 年学术研讨会】 8 月 25～26 日，中国地震学会空间对地观测委员会换届暨 2011 年学术研讨会在宁夏回族自治区银川市召开。70 余位专家、学者参加会议。会议就地震地面与空间电磁现象、电离层顶部等离子体的统计背景分布与地磁活动响应、DEMETER 卫星观测到与地震相关的电离层电子密度、等离子体变化以及 VLF、ULF 辐射特征以及 COSMIC、CHAMP 掩星数据对大地震的电离层响应特征等进行了报告和学术交流。会议分别对用于地震红外异常机理研究的岩石力学实验以及 InSAR、红外、微波等数据源在地壳微小形变观测、地震异常识别中的应用情况进行了介绍，对地震发生与日月运行和行星际磁场的关联性进行了探讨。

【断层力学与地震发震模型学术会议】 9 月 28～29 日，构造物理专业委员会举办的断层力学与地震发震模型学术会议在北京市举行，43 位专家、学者参会。构造物理专业委员会主任马胜利和国际著名的断层力学实验专家嶋本利彦主持会议，中国科学院院士马瑾参加讨论会。国际著名的地震模拟专家、来自日本建筑研究所的 Dr. Bunichiro Shibazaki 作主题报告。会议结合地震断层数值模拟与实验研究两方面，介绍了日本地震和汶川地震断层力学研究的最新成果。

会议围绕地震发生过程模拟介绍、日本南海海槽的慢地震模拟与 2011 年日本东北大地震模拟，从断层力学角度讨论 2011 年日本东北大地震的机制研究——目前状态和未来任务，鲜水河断裂地震循环的三维模拟，中国大陆主要断层的滑动速率与地震矩亏损，铲式逆断层的同震滑动与应变能释放模拟及其在汶川地震中的应用，龙门山断层带内部结构域汶川地震断层泥的高速摩擦特性等方面进行了研讨。

【大地测量与地球动力学发展论坛暨陈鑫连先生八十华诞学术研讨会】 10 月 14～17 日，由中国地震局地震研究所与中国地震局第一监测中心、中国地震局第二监测中心以及中国地震学会地壳形变测量专业委员会联合召开的大地测量与地球动力学发展论坛暨陈鑫连先生八十华诞学术研讨会在湖北省咸宁市召开。76 位专家、学者参加会议，地壳形变测量领域的 28 位专家在大会上作学术报告。学术报告主要涉及地壳形变测量学发展的历史、问题、未来的定位及方向，大地测量各种技术手段（GPS、INSAR、定点形变、重力）等在地壳形变中的具体应用方法，综合利用形变学以及其他学科方法进行地震研究的问题等。本次学术会议展示了高水平的科研成果，提出了新的学术观点，体现了大地测量与地球物理及地震地质的交叉融合，阐述了中国大陆构造运动、地震变形模式以及地球动力学的研究进展。

【地震预警技术及应用研讨会】 12 月 17～18 日，地震预警技术及应用研讨会在四川省成都市召开。此次会议由地震社会学专业委员会、地震工程专业委员会、强震动观测技术及应用专业委员会、达沃斯世界风险论坛亚洲中心、成都高新减灾研究所共同主办。100 位专家、学者参加了此次研讨会。会议认为，地震灾害严重的中国需要加快地震预警技术的发展和完善，加快地震预警系统的建设步伐，加快地震预警相关法律和基于地震预警技术的避险标准的制订，促进地震预警技术在各个行业的应用与推广，让地震预警技术早日在减少地震的人员伤亡和次生灾害的发生方面发挥作用。

中国动物学会

2011 年，学会和所属学科分会发挥学科优势，举办学术沙龙、学术研讨会、论坛等国内学术交流活动 13 次，2225 人次参加，交流学术论文 1237 篇。与 2010 年相比，交流的形式更加多样化，增加了学术沙龙交流形式，国内学术会议增加了 6 次，参加人数增加 931 人次，交流学术论文增加 459 篇。学会积极开展国际学术交流，促进国内动物学科的发展，举办了第四次国际寄生虫学学术研讨会暨寄生虫学专业委员会第 13 次全国学术会议，承办了第 18 届国际扇贝研讨会。学会派 15 人代表团赴澳大利亚参加了第二届世界生殖生物学大会，派 2 个代表团 40 位专家赴台湾地区参加 2011 年海峡两岸鱼类学术交流研讨会、第九届海峡两岸鸟类学术研讨会。

3 月 25～27 日，甲壳动物学分会第 11 届年会暨学术研讨会在福建省厦门市召开。263名专家、学者参会，交流论文217篇。会议邀请12位专家做大会报告，86位专家在4个分会场进行了报告。报告内容涵盖甲壳动物繁殖生物学与增养殖、形态分类与动物地理学、生态学与生物多样性、基础遗传学与遗传改良、生理学与分子生物学、营养与饲料、病害防治与免疫等，展示了我国甲壳动物学研究的最新成果。

学会重视青年科技人才推荐和培养，开展了学会第四届青年科技奖的评审活动，并于9月27～29日在上海市召开的学会第16届第四次理事会扩大会及秘书长工作会议暨上海自然博物馆（上海科技馆分馆）建设专家咨询会上，为4名获奖者颁发了获奖证书及奖牌。

学会重视生物科学后备人才的发现和生物学科技知识的普及工作。5月，学会与中国植物学会联合负责组织了2011年全国中学生生物学联赛。8月，在四川省绵阳市中举举办了第20届全国中学生生物学竞赛。

学会重视动物科学知识的普及与科普人才的培养工作。2011年，在中国科协专项经费的支持下，学会联合国家动物博物馆等开发了“人与动物之关系”科普活动资源包，资源包采用图画、Flash动画和文字的表现形式，共制作2773个单独页面。5月、6月、8月，学会在内蒙古自治区举办了3期牧区鼠类防治培训班。12月，学会在中国科学院动物研究所举办了首届全国自然科学类场馆（动物学科）科普培训班，培训学员290名。5月，学会与中国科学院动物研究所、国家动物博物馆联合在国家动物博物馆开展以“心系动物 心系自然”为主题的全国科技周宣传活动，组织了科普报告、科普展览、动物科普知识有奖问答等系列活动，共有11位老师、10多名志愿者参加工作，受众500余名。9月，学会联合道和环境与发展研究所、北京动物学会开展科普日宣传活动，组织专家参加设在北京奥林匹克公园的首届北京科学嘉年华主场活动，以“森林—动物”为主题向公众宣传保护森林、保护动物的理念，受众人数累计为1500人次。

学会重视网站、文书及照片档案的建设工作，为4个学科分会建立了独立的网站，完成2011年度文书档案62件，收集存档有历史价值照片173张。3个省学会完成会员编号的统一工作，并将会员信息录入会员信息管理系统。2011年，该系统新增1414名会员信息。

【中国动物学会第16届第四次理事会扩大会及秘书长工作会议】9月27～29日，中国动物学会第16届第四次理事会扩大会及秘书长工作会议暨上海自然博物馆（上海科技馆分馆）建设专家咨询会在上海市召开。学会理事、中国科学院院士刘瑞玉、郑守仪、刘以训、孟安明，中国工程院院士林浩然、马建章等86位代表参加会议。全国政协常委、上海市原副市长、上海科技馆理事长左焕琛到会并致辞。代表们听取了上海科技馆副馆长梁兆正介绍上海自然博物馆（上海科技馆分馆）建设方案，与会专家对建设方案提出了建议。会议为4位获得中国动物学会第四届青年科技奖的科技工作者颁发了证书及奖牌，增选了学会常务理事1名，通报了各省会员统一编号工作进展，传达了有关文件精神。部分分会（专业委员会）、省动物学会和学会期刊代表进行了经验交流发言。许崇任教授介绍了目前我国生物学教学的现状和国家对生物学教学工作的改革趋势。与会代表就如何促进动物学教育的影响力提升，扩大分会（专业委员会）、省学会的影响，促进学会网站建设，提升期刊的国际影响力等问题进行讨论。

【第18届国际扇贝研讨会】4月20～26日，第18届国际扇贝研讨会在山东省青岛市召开。这是我国首次主办该国际系列会议。共有105名专家、学者参会，其中国外专家、学者44人，分别来自加拿大、美国、智利、澳大利亚、韩国、日本、英国等13个国家。收到论文摘要93篇。会议设置2个大会报告，47个专题报告，46个墙报。与会专家、学者就水产养殖、生理与病害、生化与遗传、渔业与生态、资源管理等方面进行了交流。在研讨会开幕前，先行召开了加拿大－中国海湾扇贝交流座谈会，中加双方海湾扇贝科研专家及育苗、养殖、加工的有关企业代表与会，介绍海湾扇贝产业发展现状，交流有关经验及最新行业动态。中国扇贝养殖产量多年来稳居世界首位。此次会议展示了我国在扇贝的基础理论研究、应用技术研发和产业化方面取得的成绩，加强了我国与各国学者的合作与交流，对增强我国在国际扇贝界的影响和话语权发挥了积极的作用。

【第二届世界生殖生物学大会】10月8～12日，学会副理事长孙青原率15人代表团赴澳大利亚昆士兰参加第二届世界生殖生物学大会（The second World Congress of Reproductive Biology）。来自40多个国家和地区的510位专家、学者出席会议。我国学者王海滨、孙青原、吴际、高绍荣分别作了题为《囊胚着床能力的分子决定》、《小鼠卵母细胞减数分裂染色体精确分离调节机制》、《小鼠卵母细胞减数分裂染色体精确分离调节机制》、《诱导多能干细胞的多能性和治疗潜力》的特邀报告。报告反映了我国近年来实施发育生殖重大基础研究科学计划以来该领域取得的新进展。

【第11届全国鸟类学术研讨会】8月8～15日，

第11届全国鸟类学术研讨会在甘肃省兰州市召开。350余名专家、学者参加会议。会议主题是“鸟类的生活史对策与候鸟资源保护”。来自中国大陆、台湾地区以及美国的8位学者就鸟类疫病传播、生活史对策、系统地理和分类、区系、群落、鸟类学研究的展望等内容作了大会报告；66位学者分成3组，就鸟类的生态、行为、生活史，鸟类保护与管理，形态、分类、系统进化等方面作了专题报告并进行交流。会议期间，还举办了第三届中国鸟类摄影展。在闭幕式上，分别为第九届郑作新鸟类科学青年研究奖、第三届中国鸟类摄影展和中国青年鸟类学家研讨会暨第七届翠鸟论坛的获奖者颁发获奖励证书。

【组织全国中学生生物学学科竞赛】5月，学会和中国植物学会共同组织了2011年全国中学生生物学联赛，5月8日上午，在30个省、自治区、直辖市同时进行，5万多名中学生参加。学会对各省报来的学生答题卡原始数据及前100名学生的机读卡进行了严格的复核。按照成绩，评出一等奖684名、二等奖2868名、三等奖5597名，对一等奖证书进行统一编号，并为获奖学生和一等奖学生指导教师颁发了证书。

8月18～22日，在四川省绵阳中学举办了第二十届全国中学生生物学竞赛，来自30个省、自治区、直辖市的31个队124名选手，以及各省代表队领队、教练员、观察员和指导老师等共计260余人参加。本届竞赛设有生物学理论、植物学实验、动物学实验、生物化学实验、生态学实验5个方面的考试内容。按照成绩共评出一等奖25名、二等奖38名、三等奖61名。与会领导、嘉宾为获奖学生颁发了获奖证书和奖牌。

中国植物学会

2011年，学会积极开展学术活动和交流，共召开学术会议10次，其中国际会议3次、海峡两岸会议1次，共有2600余人次参加了交流。

1月12～17日，海峡两岸攀枝花苏铁保育研讨会在四川省攀枝花市召开，20余位专家参加了研讨。与会专家就落实台湾海峡两岸苏铁保育研讨会精神，切实推进两岸实质性合作进行深入讨论。会议确定了当前阶段攀枝花苏铁保护区与台湾地区台东苏铁保护区应重点合作领域，确定了两个保护区之间的合作方式、科研合作行动计划。

8月23～25日，2011年全国苔藓植物学学术研讨会在新疆维吾尔自治区乌鲁木齐市召开，60余名专家、学者参加会议。此次研讨会全面展示了我国苔藓植物研究的最新成果和进展。

8月27～31日，中国植物学会古植物学分会第十五届学术年会暨第一届井冈山生物多样性研究国际学术研讨会在江西省井冈山市召开，70余位专家、学者参会，31人作会议报告。与会者对当地植被、生物多样性及其自然分布生长状态进行了实地考察，并结合本学科的特点，对当地经济发展和生态保护、井冈山申请世界自然与文化遗产等问题发表了各自的见解和建议。

10月26～27日，2011全国系统与进化植物学研讨会暨第十届青年学术研讨会在云南省昆明市举行，会议主题为“后植物志时代的系统与进化植物学”。来自全国各地70多家高校及研究所的300多名专家、学者参加了此次研讨会，会议共收到100多篇摘要，共设11个特邀报告、24个分组报告、39个青年组报告，部分论文在会场进行了墙报展览。会议主要围绕植物分类、标本馆和数据库，植物生命之树重建，生物地理学和气候环境变迁，物种形成和适应性进化，分子和基因组进化及进化发育生物学，植物DNA条形码，生物多样性等方面进行交流。

1月28日～2月8日，第七届北京兰花展在北京植物园举办，展览分为洋兰展区和国兰展区两部分，共计展示各类花卉400余个品种，2万余盆。展会分别设置兰花景观展区和兰花洽谈交易区。本次兰花展特别推出以云南大理莲瓣兰的五朵金花等系列品种为主题的国兰产业化展示区，集中展示大理悠久深厚的兰花文化和丰富多彩的自然资源以及大理兰花产业化成就。

学会开发了“正确认识转基因技术”科普资源包，结合全国科技周、中国科学院公众科学日和全国科普日等重大科普活动，大力宣传转基因技术和绿色革命，让公众理解转基因技术的利与弊，正确对待转基因技术和由此带来的绿色革命。

7月11～16日，学会组织代表团参加在我国台湾地区台北市举行第22届国际生物奥林匹克竞赛。来自58个国家和地区的229名优秀中学生参加了本次竞赛。由湖南省长沙市雅礼中学张子栋、湖北省武汉市武钢三中逍遥、河南省郑州市第一中学吴柯蒙和南京师范大学附属中学杨津等4位参赛选手组成中国代表团参加竞赛。经过6天的紧张比赛，大赛共产生了24块金牌、46块银牌和68块铜牌。中国代表队参赛选手张子栋、肖瑶、吴柯蒙获得大赛金牌，杨津获得银牌。

学会新增学术期刊《植物分类与资源学报》，由中国科学院昆明植物研究所和学会共同主办。学会主办 *Journal of Integrative Plant Biology*（JIPB）、*Journal of Systematics and Evolution*（JSE）、*Journal of Plant Ecology*（JPE）、

《植物生态学报》、《植物学报》、《生物多样性》、《植物分类与资源学报》、《生命世界》和《生物学通报》9种期刊。2011年共出版76期，发表论文1077篇。根据美国科学信息研究所ISI 2011年公布的数据，2010年JIPB和JSE在ISI（SCIE）数据库的影响因子分别为1.603、1.295，在172种植物科学期刊中的排名分别为第73位和第86位（共187个期刊）。JPE在JCR发布的影响因子为1.549，被引频次84，在187种植物科学期刊中位列第77位。JIPB和《生物多样性》分别获得中国科协精品科技期刊工程A和B类项目资助。JIPB荣获“中国科学院科技期刊排行榜”资助（一等），并荣获国家自然科学基金“重点学术期刊专项基金”资助。《植物生态学报》荣获中国科学院科学出版基金科技期刊择优支持资助（三等），被中国学术期刊评价委员会（RCCSE）评为2011～2012 RCCSE中国核心学术期刊。

学会常务理事会审议通过了新成立的种子科学与技术专业委员会的组成人员名单，该专业委员会开始正式工作。

学会推荐的北京大学生命科学学院教授朱玉贤当选为中国科学院院士。学会推荐的北京大学生命科学学院教授郭红卫荣获第12届中国青年科技奖。

学会编写和发行了4期《中国植物学会会讯》，2011年新发展高级会员30余人。

【第19届国际植物学大会将于2017年在中国召开】3月15日，第19届国际植物学大会（IBC2017）发布会和筹备工作委员会第一次会议在广东省深圳市召开，标志着2017年深圳国际植物学大会的筹备工作正式启动。学会理事长洪德元院士表示，这是国际植物科学界最高水平的学术会议，也是在发展中国家首次举办。深圳市委常委、常务副市长吕锐锋在会上表示，深圳要借此机遇，强力推进国家生态园林城市建设，提升深圳植物研究水平和生物产业化水平，展示深圳作为发展中国家建设现代化国际化先进城市的形象。国际植物学大会的授权机构为植物学会和真菌学会国际联合会，每6年举办一次，在全世界各地轮流举行。根据筹委会拟定的方案，第19届国际植物学大会主题为“绿色创造未来”，召开时间为2017年7月23～29日，地点为深圳会展中心。

为了充分体现IBC2017会议理念，大会筹委会办公室开展了LOGO设计方案公开征集活动。此次公开征集活动收到来自社会各个领域、各界人士的作品共260件。评选出优秀奖1名、入围奖3名。学会理事会确定了IBC2017大会LOGO。IBC2017网站启动运行。

7月，在澳大利亚墨尔本召开的第18届国际植物学大会（IBC2011）上，正式宣布第19届国际植物学大会在中国深圳召开。

【中国植物学会种子科学与技术专业委员会成立大会暨第二届全国种子科学与技术学术研讨会】5月13～16日，中国植物学会种子科学与技术专业委员会成立大会暨第二届全国种子科学与技术学术研讨会在湖南省长沙市举行。来自国内55个单位从事种子科学与技术以及种子产业的160余名学者、研究人员和企业家参加了本次大会，会议收到论文40篇。中国工程院院士袁隆平、刘旭、官春云、南志标出席了会议并作大会学术报告。

在专题报告中，来自国内科研院校和种业的34名学者围绕种子发育与活力、种子休眠与萌发、种子胁迫耐性、种子寿命与种质保存、种子生态和种子生物技术与应用等方面的最新研究进展和动态作了汇报与交流。在会议讨论中，与会代表一致认为“一粒种子可以改变一个世界，一个品种可以造福一个民族。”与会代表就“关于加强我国种子安全与科技研究”向国家有关部门发出了倡议。

【第二届国际整合植物生物学学术研讨会】8月26～28日，第二届国际整合植物生物学学术研讨会在甘肃省兰州市召开。中国科学院院士许智宏、中国科学院院士孙大业、兰州大学校长周绪红、中国科学院生命科学与生物技术局副局长苏荣辉、法国科学院院士、加州大学戴维斯分校William Lucas教授、德国马普分子植物生理研究所Lothar Willmitzer教授、美国康奈尔大学Leon V. Kochian教授、美国密苏里大学John Walker教授、德国马普化学生态研究所所长Ian Baldwin教授等来自国内外著名高校和科研院所的近400位专家、学者参加会议。会议共收到论文摘要102篇。来自美国、英国、荷兰、日本等国家和中国香港特别行政区及国内研究机构的21位专家围绕细胞周期与器官发生、代谢调控与分子生理、胁迫应答与环境适应、生殖与干细胞调控、分子进化与分子生态等5个领域作主题报告。

会议还举行了JIPB年度优秀论文颁奖仪式和本次研讨会最佳墙报颁奖仪式。会议期间，JIPB和Plant Cell的副主编、美国加州大学教授William Lucas以《如何撰写好科学研究论文》为题举办了专题讲座。

【第九届国际苏铁生物学大会】12月1～7日，第九届国际苏铁生物学大会在广东省深圳市召开，120余位专家、学者参加会议，其中国外专家、学者60余位。

国家林业局野生动植物保护和自然保护区管理司司长张希武、深圳市政府秘书长李平、国际自然保护联盟苏铁专业委员会主席约翰·唐纳德博士、苏铁学委会主席丹尼斯·斯蒂文森博士出席开幕式并分别致辞。国际苏铁生物学大会是以苏铁这一古老而又重要的物种为主题的全球苏铁类植物保护研究和科学利用领域的标志性国际学术会议。会议论文集收录了54篇论文摘要和22篇墙报。

会议期间，各国专家学者通过一系列讲座、小组讨论、海报展示、专题会以及社交活动，探讨苏铁研究领域的最新进展。会议期间，发表《世界苏铁植物名录》和《全球苏铁评估》，对《联合国濒危物种贸易公约》（CITES）以及其他公约认可的苏铁进行命名，同时对所有苏铁物种受威胁状况进行评估。

【第十届全国药用植物及植物药学术研讨会】 8月10～12日，第十届全国药用植物及植物药学术研讨会在云南省昆明市召开，会议主题为“多学科交叉，产学研联合，实现西部药用植物资源的可持续利用”。500余名专家、学者参加会议，包括2名院士和30余位国内本领域优秀的学科带头人，以及国外专家学者。会议收到论文摘要296篇。研讨会设9个大会报告、25个邀请报告和30个分会报告，部分论文进行了墙报展讲。交流内容涉及药用植物资源现状与展望、药用植物与植物药资源调查及品质鉴定、药用植物与植物药生物活性物质及其作用机制、药用植物资源保护与可持续利用、药用植物资源与新药研发、中药材GAP种植问题与对策、民族民间药研发及产业化等。交流内容还扩展到海洋生物、微生物、动物的最新研究进展和结果。

【2011年全国植物园学术年会】 9月4～6日，2011年全国植物园学术年会在陕西省西安市召开，来自全国近百家植物园和相关组织的400余名专家、学者围绕植物园如何贯彻《中国生物多样性保护战略与行动计划》、植物多样性与城市生态建设、未来20年的植物资源保护与利用、科学合理地建设现代植物园、旅游经济和植物园发展、植物与人类生活、植物园科普展示和宣传、植物研究应用与城市绿化、秦岭植物多样性保护与利用等内容进行交流和讨论。会议收到研究论文和学术报告51篇，会议正式出版了论文集，收录了43篇论文。会议期间还举办了2011植物多样性保护与植物园管理培训班。

年会最终形成了《西安宣言》，《西安宣言》将植物多样性保护和提高公众科学文化素质的重要性提升到一个新的高度，不仅提出对当前问题的深入认识，还进一步提出了解决问题和实施的对策、途径、方法。

【学会副理事长朱玉贤当选为中国科学院院士】 2011年，经学会推荐，北京大学教授朱玉贤当选为中国科学院院士。朱玉贤，北京大学生命科学学院教授，博士生导师，蛋白质与植物基因研究国家重点实验室（原蛋白质工程及植物基因工程国家重点实验室）主任，1989年12月在美国康奈尔大学植物科学系获得博士学位，后去华盛顿大学生物系做博士后研究。1991年6月回国后一直在北京大学生命科学学院从事植物功能基因组学、特别是棉纤维发育的分子机理研究。1997年9月～1998年12月在美国加州大学伯克利分校作访问学者。现为中国植物学会副理事长，中国生物工程学会理事，农业部国家转基因生物安全委员会委员，科技部“863”高技术计划“现代农业技术领域”专家组副组长。1997年获得国家自然科学基金委“国家杰出青年科学基金”的资助，2001年被聘为教育部“长江学者奖励计划”特聘教授，2003～2009年成为国家自然科学基金委“创新研究群体”学科带头人，2008年获得教育部中国高校自然科学一等奖，2011年获得国家自然科学二等奖（公示期）。发表经同行评审的科研论文98篇，其中被SCI收录85篇（通讯作者或第一作者的SCI论文66篇），包括3篇发表在植物科学国际最前沿刊物《植物细胞》的论文，1篇发表在《美国科学院院报》的论文，1篇《分子与细胞蛋白质组学》，两篇发表在《当代植物学观点》的邀请综述论文，总影响因子超过300，篇均影响因子相当于世界植物科学排名10%的刊物。

中国昆虫学会

2011年，学会召开了3次国际会议，共计560人参加，交流论文238篇，288人作报告。召开了中国昆虫学会2011年学术年会、第11届全国昆虫区系分类与分布学术研讨会、设施农业害虫生物防治技术研讨会暨青年工作者论坛等3次全国会议。共计1158人参加，交流论文231篇。

1月14～16日，设施农业害虫生物防治技术研讨会在陕西省西安市举行，本次论坛共有来自全国14所高校、科研院所的50余名专家、学者参会。5月23～27日，第二届国际蚊虫及蚊媒病监测防治学术研讨会在北京举行，本次会议由中国昆虫学会主办，医学昆虫专业委员会、军事医学科学院微生物流行病研究所和中国检验检疫科学研究院共同承办，会议的主题是“全球气候和城市化进程对蚊媒病的影响”。7月2~6日，第三届国际昆虫生理生化与分子生物学学术会议暨第九届中国昆虫生理生化与分子生物学学术研讨会在上海市召开。7月11~12日，第11届全国昆虫区系分类与分布学术研讨会在天津市召开，来自全国50多所高校的近百名专家学者，以昆虫系统学为主题展开深入研讨。10月11~14日，中国昆虫学会2011年学术年会在广东省深圳市召开，此次会议由中国昆虫学会主办，广东省昆虫学会和深圳富巍盛科技有限公司协办，来自26个省、自治区、直辖市从事科研、教育和应用推广工作的700多名专家、学者以及3名来自匈牙利的昆虫学家参会。10月21~24日，害虫天敌的大量繁殖与商品化国际研讨会在北京市召开，来自美国、加拿大等10多个国家及国内20多个省、自治区、直辖市的200多名专家、学者参会。

2011年，学会承担了中国科协《昆虫学科发展项目》，成立了由学会理事长、副理事长组成的报告咨询委员会，由戈峰研究员负责总报告，邀请了张润志研究员等10位专业委员会负责人编写昆虫分类区系学科等10个专题的昆虫学发展研究报告，12月底该项目完成。

学会编辑出版《昆虫学报》、《昆虫知识》、《中国昆虫科学》（英文版）3种期刊，与中国动物学会合编《动物分类学报》、《寄生虫与医学昆虫学报》两种期刊，共发行3.42万册，发表文章822篇。

学会出版了《中国昆虫学会通讯》和《中国昆虫学会2011年学术年会论文摘要集》2本内部刊物，共印刷5800册。

【第二届国际蚊虫及蚊媒病监测防治学术研讨会】 5月23~27日，第二届国际蚊虫及蚊媒病监测防治学术研讨会在北京市举行。会议的主题是“全球气候和城市化进程对蚊媒病的影响”。本次会议由中国昆虫学会主办，医学昆虫专业委员会、军事医学科学院微生物流行病研究所和中国检验检疫科学研究院共同承办，并得到国家自然科学基金的资助。来自中国、美国、英国、德国、印度、泰国、以色列、肯尼亚等国家和地区的180多名专家、学者参加会议。会议邀请国内外著名蚊虫专家围绕虫媒病监测、媒介监测、分子生物学和生理学、行为学和生态学、驱避剂、杀虫剂及毒理学、入侵生物学、技术和装备、项目介绍和立法与学会10个议题作了68场专题报告，并与参会者进行了讨论与交流。

【中国昆虫学会2011年学术年会】 10月11~14日，中国昆虫学会2011年学术年会在广东省深圳市召开。来自全国的700多名昆虫学专家出席了年会。会前共收到论文摘要103篇。

全国农业技术推广服务中心研究员夏敬源、深圳富巍盛科技有限公司董事长梁朝巍、华南农业大学教授曾玲、中国科学院动物研究所研究员周树堂、中国农业大学教授彩万志、中国林业科学院资源昆虫研究所研究员陈晓鸣分别作题为《绿色植保的发展与展望》、《太阳能杀虫灯物理防控》、《重大入侵害虫红火蚁的入侵规律与防控》、《昆虫激素调控研究》、《昆虫仿生学研究进展》、《资源昆虫及其产业化研究进展》的大会报告。大会设置昆虫分类、昆虫生态、昆虫生理生化及毒理、生物防治与资源昆虫及医学昆虫、农业昆虫和林业昆虫6个专业组进行学术交流。

与会专家认为，近年来我国害虫发生出现新的特点，害虫爆发频次增加，迁飞性害虫逐年严重，区域性害虫突发成灾，检疫性害虫频频入侵，害虫抗药性急剧增强，给农业害虫防控工作带来新的挑战。号召广大昆虫界科技工作者研究新规律性、研讨新方向、研创新方法、研制新产品，应对当前面临的问题，为我国农业生产提供技术支撑。

【颁发中国昆虫学会第五届青年科学技术奖】 10月11~14日，在中国昆虫学会2011年学术年会上，2011年中国昆虫学会青年科学技术奖颁奖仪式同期举行。

中国科学院动物研究所薛怀君、中国农业大学刘星月、浙江大学栾军波、中国农业科学院植物保护研究所陆宴辉、中国科学院北京生命科学研究院马宗源、中国科学院动物研究所白明、中国林业科学研究院森林生态环境与保护研究所王小艺、华南农业大学许益镌、中国科学院动物研究所姜立云、首都师范大学王永杰、中国计量学院陈春、湖南农业大学黄国华12位青年科技工作者获奖。中国昆虫学会青年科学技术奖是2002年3月11日国家科学技术奖励工作办公室和中华人民共和国科学技术部批准设立的。目前，中国昆虫学会青年科学技术奖共评选了5届，共有66名青年科技工作者获奖。

中国微生物学会

2011年，学会组织各类学术会议19次，其中国内学术会议16次，国际会议3次。参加学术会议的总人数约4700人次。

学会组织徐建国研究员、李若瑜教授等20余人参加了9月在日本札幌召开的国际微生物学会联合会（IUMS）大会。

学会第十次全国会员代表大会召开，无记名投票产生了由154位理事组成的第十届理事会。在中国微生物学会第十届理事会第一次理事会议上，无记名投票选出了理事长、副理事长、秘书长和常务理事43名。邓子新当选为新一届理事会理事长。

学会推荐的以赵国屏院士为主要负责人的2011年度候选创新研究群体获得国家自然科学基金资助。

12月，学会酶工程专业委员会与北京电视台科教频道（BTV－3）“健康大智慧”栏目合作，完成了科普节目《酶与健康》的录制。该节目共7集。中国微生物学会酶工程专业委员会主任、中国科学院微生物研究所研究员金城作为特邀嘉宾，作客北京电视台科教频道，从认识酶、酶与消化、酶与癌症、酶与常见病、酶与抗衰老、生活中的酶和与酶共生几个方面介绍了酶与生活、健康的关系。

【中国微生物学会第十次全国会员代表大会暨2011年学术年会】10月21～25日，中国微生物学会第十次全国会员代表大会暨2011年学术年会在福建省福州市召开。代表大会审议通过了第九届理事会工作报告、修改学会章程报告、财务报告、会费调整报告等，并无记名投票选举产生了由154位理事组成的第十届理事会。邓子新当选为新一届理事会理事长，黄力、曲音波、陈焕春、张先恩、盛军、邵一鸣、徐志凯、杨瑞馥当选为副理事长，东秀珠当选为秘书长。

会议期间进行了学术交流活动，本次大会收到论文摘要700余篇，纪念中国微生物学界前辈事迹报告1篇，大会报告11篇，分3个分会场进行了学术交流，800余位专家、学者出席会议。大会报告后，会议围绕微生物的多样性与微生物资源开发利用及保护，微生物与人类健康和社会安全（医学微生物学），生物技术与工业、农业，以及环境微生物学3个主题进行了分会场学术交流，共有40多位专家、学者作专题报告。

10月23日，召开了农业微生物活菌制剂在农业应用专场研讨会，约40名专家、学者围绕农业微生物制剂产业化关键技术研发及其在食品安全生产中的应用等主题开展了专题研讨。经与会专家学者讨论，最终达成《福州共识》，形成了推进农业微生物制剂与食品安全研究的七大行动计划。

【联合主办纪念“万国鼠疫研究会”召开100周年学术研讨会】为纪念奉天万国鼠疫研究会暨国际鼠疫大会召开100周年，4月3日，国内外学者及在京各界人士近百人在北京大学人民医院伍连德讲堂举行纪念活动与学术研讨会。该活动由中国微生物学会首倡发起，联合中华医学会等有关学术团体共同主办。

纪念会上，共同缅怀了万国鼠疫研究会会长伍连德的功绩。伍连德为南洋华侨，是于英国剑桥大学获得医学博士学位的第一位华人。1907年回祖国服务，1910年受命赴东北疫区任总医官。他率领人们以科学治疫，将致6万余人丧命的大瘟疫消弭平息。此后，他在中国30年不遗余力地推行现代医学，先后主持兴办检疫所、医院、研究所近20所，还创办了哈尔滨医学专门学校（哈尔滨医科大学前身）。他创建了国境检疫机构，在他的推动下，收回了中国海港检疫主权。他与颜福庆等发起建立中华医学会，并创刊《中华医学杂志》，他还是国际微生物学会联合会和中华微生物学会的发起人之一。

会议还进行了以传染病防疫为主题的学术研讨和交流，总结了我国传染病防控的策略、基因组测序等新技术的应用对传染病防控的贡献，以及国境卫生检疫在维护国家安全方面的贡献等。

【伯杰氏国际系统微生物学学会（BISMiS）成立大会】5月19～23日，伯杰氏国际系统微生物学学会成立大会在北京举办。会议由伯杰氏手册基金会和中国微生物学会主办。国际系统微生物学研究领域的知名科学家，以及近400位海内外微生物学者参加会议。

BISMiS成立大会共设53个特邀报告，148个学术海报，参会者来自27个国家和地区，是伯杰氏基金会历史上规模最大的一次会议。

伯杰氏手册被誉为微生物研究者的《圣经》，是微生物系统学研究中的权威工具书。近年来，中国在系统微生物学领域发展迅速，由中国科学家发现的微生物新物种增多，《国际系统与进化微生物学杂志》2010年刊登的论文中有20%来自于中国。伯杰氏国际系统微生物学学会成立大会在北京召开，影响深远，意义重大。这表明中国的系统微生物学研究力量不断壮大，赢得了国际认可。

【第14次全国环境微生物学术研讨会暨纪念简浩然先生诞辰100周年】11月25～28日，第14次全国环境微生物学术研讨会暨简浩然先生诞辰100周年纪念在福建省厦门市召开。来自27个省、自治区、直辖市，及香港特别行政区、台湾地区的553位专家、学者参加了会议，会议共收到论文摘要370篇。大会邀请赵国屏院士、任南琪院士分别作学术报告。美国马里兰大学教授Russell T. Hill和俄克拉荷马大学教授周集中等29位国内外著名专家作了大会报告。大会分4个分会场，120位专家进行分会场报告，大会展出63份张贴论文，评选出18份优秀张贴论文，与会代表就有关报告的科学问题进行了交流和讨论。

大会举行了简浩然先生诞辰100周年纪念活动，回顾了简浩然对中国环境微生物学事业的发展所作的卓越贡献，缅怀简浩然先生卓越的品质和崇高的精神。大会评选了20篇“简浩然基金”优秀论文，并为获奖青年学者颁奖。

中国生物化学与分子生物学会

2011年，学会和各分支机构召开学术会议10次，其中重要会议2次、国际会议5次、交流学术论文1439篇、参加人数4080人次，外国学者270人次。

学会举办了第七届中国蛋白质组学大会暨第三届国际蛋白质组学论坛、亚太地区蛋白质学会第三届学术会议暨中英双边蛋白质科学研讨会、第五届国际营养遗传学与营养基因组学会议、第三届亚洲糖生物学与糖工程会议等国际会议。举办了第三届中国小核酸技术与应用学术会议、临床生化与转化医学研讨会、第七届全国医学生物化学与分子生物学和第四届全国临床应用生物化学与分子生物学联合学术研讨会暨会员代表大会、全国海洋与陆地多糖多肽及天然创新药物研发学术讨论会暨海洋生物技术高级论坛、第十届全国酶学学术讨论会等国内学术会议。

5月5日，亚太地区蛋白质学会（Asia Pacific Protein-Association，APPA）执委会在上海市召开，蛋白质专业委员会主任委员昌增益当选为新一任亚太地区蛋白质学会主席，任期为3年。

5月9日，学会组织中国科学院院士、中国科学院生物物理研究所研究员王志珍，北京大学教授昌增益，中国科学院生物物理研究所研究员王江云，美国哈佛大学副教授周界文，中国科学院上海生命科学研究院研究员吴家睿等专家在上海市开展有关生命科学的主题报告。

7月19~22日、11月15~18日，蛋白质组学专业委员会分别在北京举办第三、四期蛋白质组学技术与应用高级培训班。11月25~30日，临床应用生物化学与分子生物学分会举办基因诊断新技术继续教育学习班。7月4~9日，学会和中国细胞生物学学会联合举办了第二期走向前沿——IFCC国际高级生化和分子细胞生物学夏令营活动。

【第七届中国蛋白质组学大会暨第三届国际蛋白质组学论坛】4月15~18日，第七届中国蛋白质组学大会暨第三届国际蛋白质组学论坛在浙江省杭州市召开。会议由蛋白质组学专业委员会和国际蛋白质组学论坛共同主办，800余名专家参加会议。

大会邀请了美国斯克利普斯研究所教授John Yates，波士顿大学教授Catherine Costello，密西根大学教授Gilbert Omenn，瑞典皇家技术研究院教授Mathias Uhlen，约翰·霍普金斯大学教授Daniel Chan，瑞士生物信息研究中心、SwissProt创始人Amos Bairoch教授，澳大利亚麦考瑞大学教授Mark Baker，卫生部部长、中国科学院院士陈竺，中国工程院院士郑树森，中国科学院院士饶子和，军事医学科学院院长、中国科学院院士贺福初等21位国内外著名专家作大会报告。94名学者围绕蛋白质组学与转化医学、功能蛋白质组学、疾病蛋白质组学、蛋白质翻译后修饰、蛋白质定量、模式生物蛋白质组、蛋白质化学与药物发现等领域前沿技术和热点问题，通过15个分会展开交流和研讨。大会共收到245篇学术论文摘要，其中130篇通过墙报的形式进行展示和交流。

【亚太地区蛋白质学会第三届学术会议暨中英双边蛋白质科学研讨会】5月6日，由亚太地区蛋白质学会和国际蛋白质学会主办、蛋白质专业委员会承办的亚太地区蛋白质学会第三届学术会议暨第三届全国跨学科蛋白质研究学术讨论会在上海市召开。来自美国、英国、德国、日本、韩国、澳大利亚、印度，以及中国大陆、香港特别行政区和台湾地区等30多个国家和地区的400余名专家、学者参加会议。国际蛋白质学会前任主席Arthur G. Palmer III教授，英国生物化学学会主席Tom Blundell爵士，Journal of MolecularBiology主编Peter Wright教授，Biochemical Journal主编Peter Shepherd教授，亚太地区蛋白质学会主席Yuji Goto教授，以及日本、韩国、澳大利亚、泰国等国家的蛋白质学会主席参加会议。蛋白质专业委员会主任王志珍院士、中国生物化学与分子生物学会理事长王志新院士、中国生物物理学会理事长饶子和院士、教育部高等学校生物科学与工程教学指导委员会主任施蕴渝院士等出席会议。

会议邀请了美国斯克里普斯研究所教授Peter Wright、英国剑桥大学教授Tom Blundell、日本东京都市医学科学研究所教授Keiji Tanaka、哈佛大学教授施扬、德国马普生物化学研究所教授Wolfgang Baumeister，以及哈佛大学教授谢晓亮作大会主旨报告。会议安排了专题报告45场，设置了蛋白质的生物合成，蛋白质的折叠、结构与动态，蛋白质的修饰和相互作用，蛋白质的设计与工艺，蛋白质的定量检测与单分子研究，蛋白质与疾病及药物设计，蛋白质组学，蛋白质的交叉研究等10个专题进行研讨。本次大会从提交摘要的研究生和博士后中挑选出15位报告人并设立优秀报告奖和优秀墙报奖，以鼓励在蛋白质科学研究方面取得优异成绩的青年学者。

5 月 5 ~ 7 日，为庆祝英国生化学会成立 100 周年，英国生化学会和中国蛋白质专业委员会联合举办的中英双边蛋白质科学研讨会在上海市举行。

中国细胞生物学学会

2011 年，学会共开展各类活动 15 次，其中学术会议 6 次、科普培训 8 次、竞赛活动 1 次。参加人数 2 万多人次，其中外籍专家 122 人次，交流论文数 1139 篇。

2 月 25 ~ 28 日，学会组团参加第六届亚太细胞生物学组织（APOCB）学术大会。5 月 13 ~ 15 日，学会组团参加第八届海峡两岸细胞生物学学术研讨会。7 月 15 ~ 18 日，中国细胞生物学学会第十届全体会员代表大会暨第 12 次全国学术大会在北京召开。7 月 16 日，学会在北京举办了 2011 年细胞生物学教学与普及分会活动。8 月1 ~ 5 日，第 12 届氨基酸、多肽、蛋白质国际会议在北京召开。8 月 26 ~ 28 日，第二届国际整合植物生物学学术研讨会在甘肃省兰州市召开。8 月 26 ~ 29 日，第五届亚洲 - 大洋洲斑马鱼会议在北京召开。11 月 10 ~ 12 日，中国细胞生物学学会干细胞分会 2011 年年会在北京召开。

8 月 26 ~ 28 日，由植物器官发生专业委员会、中国植物学会植物生理及分子生物学专业委员会、中国遗传学会植物遗传与基因组专业委员会、中国植物生理学会细胞与发育生物学专业委员会联合主办，Journal of Integrative Plant Biology（JIPB）和兰州大学共同承办的第二届国际整合植物生物学学术研讨会在甘肃省兰州市召开。来自国内外 17 所高校和科研院所的近 400 位专家、学者参加了会议。大会设特邀报告 4 个，主题报告围绕着细胞周期与器官发生、代谢调控与分子生理、胁迫应答与环境适应、生殖与干细胞调控、分子进化与分子生态五个领域进行，来自美国、英国、荷兰、日本和中国大陆、香港特别行政区的 21 位著名专家与参会者进行学术交流。会议颁发了 JIPB 年度优秀论文奖和本次研讨会最佳墙报奖。

学会组织了 8 次科普培训活动，邀请了 187 位科技工作者参与活动，科普受众人数达到 1.74 万人次，制作并发放科普读物 1.3 万册。2 月、6 月、8 月、11 月分别在上海、北京、上海、广州举办了 4 次围绕干细胞培养等方面展开各类科普技术培训活动。3 ~ 11 月，联合《家庭用药》杂志社开展了 3 次以“控制慢性病、享有健康生活”为主题的世界健康日大型科普主题宣教活动，普及慢性肾脏病、心脑血管疾病、糖尿病的防治知识。学会联合中国显微图像网共同主办了第四届 Microimage 显微摄影大赛，大赛主题为“我的图片秀——聚焦显微世界”。8 月 25 日，在上海市举办了第一届科研秘书培训班。9 月 27 日，在新疆维吾尔自治区哈萨克族聚居区域托里县、伊宁市、阿勒泰市举办了新疆哈萨克族消化道肿瘤早期诊断治疗科普活动。

7 月 4 ~ 9 日，学会和中国生物化学与分子生物学会在上海市组织了第二届走向前沿——IFCC 国际高级生化和分子细胞生物学夏令营活动。本次活动的主题是“疾病模型的功能性分析（Functional Analysis of Disease Models）”。60 名学员参加，其中有来自台湾地区和香港特别行政区的科研院所和高校的学员各 2 名。活动邀请了 6 名主讲人和 5 名辅讲人，分别来自国内外实验室。

学会推荐的舒红兵教授当选为中国科学院院士。学会推荐的惠利健研究员荣获第 12 届中国青年科技奖。学会推荐的杨瑾荣获全国科协系统先进工作者称号。

在全国细胞生物学学术大会上，学会颁发了杰出贡献奖、杰出成就奖、青年优秀论文奖、优秀墙报奖、细胞生物学研究优秀人才奖、细胞生物学教学优秀人才奖、青年教师讲课评比一等奖和二等奖等一系列人才奖。

学会新增了再生细胞生物学分会和学科发展专项基金管理委员会 2 个分支机构。

2011 年共发展会员 600 余名，吸收了中国显微图像网为团体会员，无锡耐思生物科技有限公司为团体理事会员。

【中国细胞生物学学会第十届全体会员代表大会暨第 12 次全国学术大会】 7 月 15 ~ 18 日，中国细胞生物学学会第十届全体会员代表大会暨第 12 次学术大会在北京市举行，1500 余名专家、学者参会。会议主题为“细胞活动、生命活力”。大会开幕式由中国科学院动物研究所所长、中国科学院院士孟安明主持，中国科协副主席、书记处书记程东红出席会议并致辞，学会理事长裴钢院士作了第九届理事会报告和财务报告。经过全体与会代表投票选举，会议选举产生了第十届理事会理事。

会议特别邀请了 14 位专家作了大会特邀报告，报告涉及神经生物学、肿瘤细胞生物学、干细胞与再生医学以及蛋白质组学等一系列目前细胞生物学发展的前沿领域的最新进展。本届大会还设立干细胞与再生医学、生殖细胞与发育、细胞通讯与信号转导、细胞结构与细胞行为、免疫细胞生物学、神经生物学、细胞稳态与疾病、基因蛋白与细胞工程、植物细胞生物学、细胞生物学教学、现代细胞生物学技术等 12 个分会场。每个分会场均设有分会主报告和分会报告。会议期间，各分会场共作了 111 场报告，共展示了331篇干细胞与再生医学、生殖细胞与发育、细胞通讯与细胞转导等相关的最新论文摘要和150篇墙报。

大会颁发了CST杰出贡献奖、CST杰出成就奖、CST青年优秀论文奖、CST优秀墙报奖、《中国细胞生物学学报》——Cell Signaling Technology细胞生物学研究优秀人才奖、《中国细胞生物学学报》——海创生物科技细胞生物学教学优秀人才奖、团体理事单位铜牌、青年教师讲课评比一等奖和二等奖。

会议宣布，第13次全国细胞生物学学术大会将于2013年在湖北省武汉市召开。

【第八届海峡两岸细胞生物学研讨会】 5月13～15日，第八届海峡两岸细胞生物学学术研讨会在我国台湾地区召开。本次研讨会为期3天，共有41名海峡两岸的科学家作了学术报告，学会派出了以丁小燕为组长的19人代表团参加了会议。应海峡两岸科技工作者要求，2012年起，研讨会将每年举行一届，第九届研讨会拟由中国细胞生物学学会主办，拟于2012年9月在云南省丽江市召开。

海峡两岸细胞生物学研讨会是由中国科学院院士姚鑫与台湾地区中央研究院院长吴成文于1996年组织发起的双边学术会议。旨在交流两岸细胞生物学研究的最新成果，进一步促进海峡两岸生物学科技教育的合作与发展。会议秉承科学研究跨越疆界，学术自由的原则，参会双方均以科学家身份参加，参加者必须作学术报告。会议规模在50人左右，每2年召开一次，由台湾地区、大陆轮流组织召开。

【第二届中国干细胞研究年会】 11月10～12日，由干细胞生物学分会主办的第二届中国干细胞研究年会在北京召开。800余位专家、学者参加了本届年会。本届由北京大学干细胞研究中心承办，主题为“聚焦干细胞的临床应用”。

大会主席、北京大学教授李凌松在开幕式上代表组委会致欢迎辞，干细胞生物学分会会长、同济大学教授徐国彤总结和展望了分会工作。

本次年会特别邀请了美国加州大学教授Hans Keirstead作大会主题报告。Keirstead教授研究的“胚胎干细胞诱导的少突胶质细胞治疗脊髓损伤”是世界上第一个获得美国FDA批准的临床实验治疗项目。大会邀请了国内干细胞领域的优秀专家到会作报告，展示了我国干细胞研究的最新成果和重要进展。大会还邀请了多位临床专家到会交流。

【*Cell Research*（《细胞研究》）2010年度影响因子9.417】 根据2011年6月28日发布的2010年度期刊引证报告，*Cell Research*（中文刊名《细胞研究》）影响因子为9.417，在国际细胞生物学领域发表原创论文的160种核心期刊中排名第15位，连续两年居于前10%。

6月25日召开的《细胞研究》编委会对于期刊的中长期发展进行了研讨。会议认为，作为我国自主创办的国际细胞生物学领域核心期刊，《细胞研究》需要进一步巩固期刊的学术水平及国际影响；需要进一步深化改革，进行办刊体制机制的大胆探索与创新；需要进一步整合社会资源，如通过设立基金，为期刊向更高学术水平迈进创造更好的发展条件。力争通过长期坚持不懈的努力，使《细胞研究》成为世界一流杂志。

《细胞研究》创刊于1990年，由中国科学院上海生命科学研究院生物化学与细胞生物学研究所与中国细胞生物学学会共同主办，中国科学院上海生命科学信息中心/生命科学期刊社承办，为全英文出版的月刊。在最近一个5年里，通过推进期刊国际化出版发行，引进国际顶级期刊办刊人才李党生博士，组建高端编辑团队，创新办刊体制机制，全心全意为作者与读者服务等，探索和实践中国创办一流学术期刊的道路。《细胞研究》原创论文水平大幅提高，国际影响力不断提升，成为中外科学家展示优秀科研成果的一个重要窗口，已进入国际权威期刊行列。

【舒红兵当选为中国科学院院士】 2011年，学会推荐的武汉大学教授舒红兵新当选为中国科学院院士。

舒红兵，细胞生物学与免疫学家。武汉大学生命科学学院教授。1967年1月生于重庆市荣昌县。1987年毕业于兰州大学生物学系，1990年获中国医学科学院基础医学研究所硕士学位，1995年于美国Emory大学获博士学位。现任武汉大学生命科学学院院长、中国细胞生物学学会副理事长。

舒红兵主要从事免疫相关的细胞信号转导研究，在抗病毒天然免疫反应等领域取得了一系列有重要国际影响的成果。发现了多个在病毒感染诱导细胞表达I型干扰素的过程中发挥关键作用的信号蛋白，为了解细胞抗病毒反应的分子机制作出了重要贡献；发现了多个负调控I型干扰素过量表达的蛋白和作用机制，这种精细调控机制避免机体产生过激的免疫反应；发现了新的肿瘤坏死因子家族成员，阐述了肿瘤坏死因子家族的多个成员信号转导的早期分子事件，为了解相关免疫疾病的分子机制做出了贡献。2010年获得国家自然科学二等奖。

中国植物生理与植物分子生物学学会

2011 年，中国植物生理与植物分子生物学学会共举办学术交流会议 8 次，参与人数达 2100 人次，收录会议论文摘要 587 篇，印刷摘要集 1000 余本。学会发起和组织了第二届国际植物代谢会议和第二届国际植物生物互作会议，联合中国遗传学会、中国植物学会和中国细胞生物学会召开了全国植物生物学研讨会。

11 月 11 ~ 14 日，植物衰老与作物采后生物学研讨会在广东省广州市举行。研讨会由植物衰老专业委员会主办，200 名植物衰老与采后生物学研究领域的专家、学者参加会议，共同研讨植物器官（叶、花）衰老的分子调控机理，植物器官（果实、种子）成熟的调控机理，叶片衰老过程中色素及次生产物的代谢调控，叶片衰老与作物产量、品质及抗逆性，果蔬及花卉采后品质劣变机理与保鲜策略，植物器官成熟、衰老及采后生物学研究方法与热点等议题。

11 月 12 ~ 16 日，第二届植物 - 生物互作国际会议在云南省昆明市举办。会议于 2008 年在澳大利亚召开的第一届植物 - 生物互作国际会议的基础上，联合 3 个全国学会召开。会议交流内容涵盖植物病理学、植物 - 微生物互作、植物 - 昆虫互作和作物抗病虫分子育种等领域。会议邀请了 47 位专家、学者作了专题报告。会议的内容涉及植物病理学、植物 - 微生物互作、植物 - 昆虫互作和作物抗病虫分子育种等。参加本次国际会议总人数达 300 余名。大会共收录论文摘要 120 篇，展示交流墙报 45 份。

6 月 28 ~ 29 日，学会理事长许智宏与学会秘书长何祖华代表学会参加在山东省青岛市召开第二届国际植物科学理事会（Global Plant Council，GPC）年会。来自全球 20 个植物科学组织的 14 位科学家出席了此次年会。会议的主题是提高世界植物科学理事会在世界植物科学团体中的影响力。会议期望通过 GPC 不懈地努力，影响世界植物科学团体参与全球焦点问题的讨论，并通过世界范围内的讨论寻求应对这些问题的解决策略。这些焦点问题包括全球饥饿、人类健康和福祉、气候变化、能源和生物材料及环境保护和环境的可持续发展。会上，GPC 各成员组织汇报了各自围绕 GPC 使命而开展的工作。通过交流，寻求合作的可能。

学会新成立了植物生物质与生物能源专业委员会、植物衰老专业委员会、植物修复生物学专业委员会、植物 - 微生物分子互作专业委员会（筹）。

学会联合中国神经科学学会和中国细胞生物学学会于 12 月 13 日举办了 2011 年中国科协会员日活动，此次活动的主题是加强学科道德和学风建设。来自中国科学院上海生命科学研究院、上海交通大学、复旦大学和上海师范大学等多家单位 300 余名师生参加此次会员日活动。

学会主办的国际期刊 *Molecular Plant*（中文刊名《分子植物》）首个正式影响因子为 4.296，在国际植物科学领域的 187 种核心期刊中排名第 14 位，首次进入前 8%，在亚洲植物科学领域期刊中排名第一，论文下载量每月超过 2 万次。2011 年，学会主办的中文刊物《植物生理学通讯》改版为《植物生理学报》，为吸引作者投稿，缩短审稿和出版周期，2011 年上半年的出版周期为 3.7 个月。两种期刊印发总数达 1.84 万本。

【第二届植物代谢国际会议】 6 月 30 日 ~ 7 月 3 日，由学会主办的第二届植物代谢国际会议在山东省青岛市召开。400 余名专家、学者参加会议，其中 60 多位专家、学者来自美国、英国、德国、澳大利亚、瑞士、法国、瑞典、荷兰、韩国和日本等 10 个国家。本次会议围绕植物初生代谢、次生代谢、基因组学和代谢组学、代谢工程以及细胞壁的生物合成等内容展开交流。本次国际会议共设 5 个大会报告主题和 8 个专题报告主题，以及 6 个方向的墙报交流。大会共收录论文摘要 142 篇，展示并交流了墙报近 70 份。

【第二届海峡两岸科研工作会议】 7 月 29 ~ 31 日，第二届海峡两岸植物生理与分子生物学和科研工作会议在黑龙江省哈尔滨市召开。来自 24 个省、自治区、直辖市和台湾地区 65 所大专院校和科研院所的 180 余名专家、学者参加会议，其中来自台湾的学者 5 人。会议主题为面向“十二五”的植物生理与分子生物学教学改革和科研创新。会议总结和交流了“十一五”期间植物生理与分子生物学教学改革和科学研究的成果与经验，讨论植物生理学与分子生物学面临“十二五”新机遇、新挑战的发展新方向。会议决定，第三届海峡两岸植物生理与分子生物学教学和科研工作会议将于 2013 年在广东省举行。

【全国植物生物学研讨会】 9 月 16 ~ 19 日，全国植物生物学研讨会在广西壮族自治区南宁市举办。来自全国各研究机构的 520 余名专家、学者参加会议，共收到会议摘要 130 余篇。

本次会议共邀请 17 位专家作大会报告，46 位专家作专题报告。报告内容涉及植物遗传学与发育生物学、植物细胞生物学、植物基因组学和表观遗传学、植物激素作用的分子机理、植物生物胁迫与非生物胁迫、植物营养与代谢和作物生物技术与分子育种7个研究领域。

会议共收到并展出了35份墙报，并从中评选了优秀墙报奖10个。

中国生物物理学会

2011年，学会主办和承办了第17届国际生物物理大会、第16届嗜铬细胞国际学术会议、第17届国际钙结合蛋白与钙在健康和疾病中作用学术会议、2011上海CCP4晶体学培训班等学术会议，共交流学术论文1474篇，2929位专家学者参与了交流。

学会联合各地方学会通过科普报告会、青少年科普座谈、人才培训等形式开展科普教育活动。在北京、上海、江苏、安徽、四川、黑龙江等地举办了16场科普教育活动。

学会理事长饶子和当选国际纯粹与应用生物物理联合会（IUPAB）候任主席（2014~2017），成为该组织自1961年成立以来的首位华人主席。

学会主办的学术期刊《生物化学与生物物理进展》SCI影响因子和总被引频次分别为0.236次和336次，较2010年统计分别增长22%和9.4%。《生物物理学报》正式启动了SCI收录申请工作。

为庆祝中国生物物理学会成立30周年，编辑出版了《中国生物物理学会成立三十周年纪念文集》，举行了纪念活动，回顾学会30年来的发展历程和取得的各项成绩。在中国生物物理学会成立30周年大会上，颁发了第二届贝时璋奖、贝时璋青年生物物理学家奖，并分别向对学会发展作出重要贡献的学会会员授予中国生物物理学会杰出贡献奖和中国生物物理学会荣誉会员称号。

向中国科协申请并获得了学术交流活动平台项目、国际民间科技组织事务专项、前沿高端继续教育项目资助。

学会有效推进网络平台建设，更新学会网站网页版式，改进后台管理模式，逐步实现个人会员管理系统、学术期刊稿件网络化处理平台、学术会议管理系统一体化。

【第17届国际生物物理大会】 10月30日~11月3日，第17届国际生物物理大会在北京召开。国际生物物理大会是全球生物物理科学领域最大规模、最具影响力的学术盛会。大会主席、学会理事长、中国科学院院士饶子和表示，能获得这次大会的申办权，是几代生物物理学家努力的结果。

学会理事长饶子和担任大会主席，中国科学院生物物理研究所所长徐涛任大会程序委员会主席。2500余位专家、学者参加会议，其中海外专家600余人。大会邀请了包括3位诺贝尔奖获得者、8位美国国家科学院院士、5位英国皇家科学学会会员在内的340多位国际著名学者参会并作大会报告和专题特邀报告。

2009年诺贝尔化学奖获得者Thomas A. Steitz（USA）、Venkatraman Ramarkrishnan（UK），1997年诺贝尔化学奖获得者John E. Walker（UK）、美国国家科学院院士Thomas C. Südhof，Xiaodong Wang等所作的8个大会特邀报告突显了国际生物物理学的最新进展。

大会还围绕膜蛋白结构、纳米生物物理、蛋白质合成、脑成像与认知科学、生物能源与光合作用、自由基与人类健康等专题组织了31个学术研讨会、3个卫星会议和3个专题讨论会。

大会期间，中国生物物理学会、中国女科技工作者协会和中国科学院生物物理研究所妇女工作委员会共同举办了以“生涯规划、组织领导能力挖掘、女导师的作用”为主题的女科学家论坛。第三世界妇女科学家组织主席方新以“女性科技人才成长的机制与环境”为题作特邀主题报告。

【饶子和当选IUPAB候任主席】 11月2日，国际纯粹与应用生物物理联合会（International Union for Pure and Applied Biophysics，IUPAB）代表大会在北京举行，学会理事长、中国科学院院士饶子和当选IUPAB候任主席（2014~2017），成为该组织自1961年成立以来的首位华人主席。

IUPAB是国际重要的学术组织之一，于1961年8月在瑞典斯德哥尔摩成立，以后每3年召开1次大会，至今成员已涵盖40多个国家和地区。该组织的宗旨是开展生物物理的国际合作，促进生物物理相关课题以及各种分支学科之间的信息交流，鼓励各国加强同生物物理学科有关的学会之间的合作。我国于1984年加入IUPAB。

【中国生物物理学会成立30周年纪念活动】 2011年，中国生物物理学会恰逢30华诞。10月30日，中国生物物理学会在北京召开了主题为“继往开来、团结奋进”的中国生物物理学会成立30周年纪念大会。全国政协副主席、九三学社中央副主席、中国科学院院士王志珍，中国科协副主席、书记处书记程东红，中国生物物理学会理事长饶子和，中国药学会理事长杜冠华，中国病理生理学会理事长吴立玲，中国生物化学与分子生物学会副理事长赫荣乔等出席大会，近百人参加了纪念大会。会议由学会副理事长徐涛主持。

程东红在致辞中代表中国科协向中国生物物理学界

23日，由临床与咨询心理学分会主办、青岛市心理学会承办的第二届全国人本心理咨询与治疗大会在山东省青岛市举行，大会主题为“人本心理学与以人为本社会”。4月22～23日，由普通心理与实验心理分会、北京大学脑科学与认知科学中心、中国科学院心理研究所认知与发展研究室联合举办的汉语认知加工高级研讨会在北京召开。7月27～28日，由发展心理学分会主办，辽宁师范大学心理发展与教育研究中心承办的中国心理学会发展心理学分会第11届学术研讨会在辽宁省大连市召开，会议主题为“社会变迁与个体发展”。8月6～9日，由临床与咨询心理学分会主办，苏州心理卫生协会承办的第三届表达性心理治疗国际学术研讨会在江苏省苏州市召开，会议主题是“表达与创伤”。8月13～15日，由社会心理学会分会发起，复旦大学承办的心理学与中国发展第三届论坛在上海市召开，此次论坛深入讨论了幸福中国建设的方向和当今中国民众社会心态及其应对策略问题。8月22～23日，中国心理学会教学工作委员会第16次学术年会暨人格心理学专业委员会第五次学术年会在新疆维吾尔自治区乌鲁木齐市召开，会议围绕与国家重大发展需求相适应的“十二五”心理学人才培养教学改革计划和人格心理学在“十二五”期间面临的机遇与挑战两个主题进行。10月21～23日，由学会主办、第四军医大学承办的第14届全国心理学学术会议在陕西省西安市召开，大会主题为“增强心理学服务社会的意识和功能”。10月22日，由法制心理学分会、中国政法大学社会学院主办的中国心理学会法制心理学分会第一届国际法律心理学大会暨第15届学术大会在北京召开，大会以“心理学在法律中的价值为主题”。

5月4～10日，作为国际心理科学联合会副主席，学会改革工作领导小组组长、学会常务理事张侃参加了在瑞士苏黎世召开的国际心理科学联合会负责人会议。7月1～4日，张侃参加了在土耳其伊斯坦布尔召开的第12届欧洲心理学大会。10月上旬，学会改革工作领导小组组长张侃、学会理事长杨玉芳、秘书长傅小兰、副秘书长韩布新一行4人赴美国心理学会访问和交流。8月22～26日，受国际心理科学联合会委托，中国心理学会承办的2011年国际心理科学联合会执委会议在北京召开。

学会举办科普日、科技周活动等主题科普活动11次，心理健康科普讲座232次，受众人数3万人次科普展览68次，受众人数3万人次，共发放科普宣传资料6000份。参加科普活动的工作人员1200人次，其中专家近300人次。学会举办了2011年度全国心理科普知识和作品大赛。学会获得中国科协2011年度繁荣科普创作资助计划科普素材资源类的项目资助。

学会与社会机构合作开展心理科研应用项目，如脑成像技术在心理评估与临床应用研究项目、儿童早期心身发育评估项目等；在一些代表性的行业内开展针对企业的心理技术支持和服务；在卫生系统领域内开展针对自闭症和多动症儿童的教学和训练工作；依托于高校的“心理咨询中心”对学生开展心理咨询、团体辅导、主题文化活动，设置心理学公选课程等；在各省成立心理科普工作站，以工作站为科普工作开展的根据地，逐步扩大影响力和覆盖范围；建立石油系统的专业学组研究基地及培训基地，逐步开展行业内员工协助计划（EAP）开展的资质考核和鉴定标准。

10月21日，学会第十届全国会员代表大会第二次会议在陕西省西安市举行。会员代表大会按学会章程履行民主选举程序，同意华南师范大学教授莫雷为中国心理学会候任理事长。

学会申请成立的中国心理学会心理学标准与服务研究委员会获民政部批准。2011年，学会新审批会员528人，其中研究生会员188人。截至2011年底，学会个人会员已近9100人，其中研究生会员约3100人。

根据常务理事对2011年“中国心理学会终身成就奖”候选人的提名，后经常务理事会投票，决定授予匡培梓、杨治良、陈永明、林崇德、黄希庭“中国心理学会终身成就奖”。先后获得“中国心理学会终身成就奖”者共有14名。

2011年，乐国安、朱滢、李其维、杨玉芳、林文娟、管林初6人当选为中国心理学会2011年度新增会士。学会现有会士19名。

开展心理学家认定工作，经本人申请，学会心理学家评定工作组评审通过，8人被认定为心理学家。此项工作开展以来，已经认定心理学家共125名。

2011年，学会主办学术期刊《心理学报》和《心理科学》印发数分别为3.6万册和27160册，发表学术论文数分别为137篇和271篇。

【中国心理学会成立90周年纪念大会暨第14届全国心理学学术会议】10月21～23日，由中国心理学会主办、第四军医大学承办的中国心理学会成立90周年纪念大会暨第14届全国心理学学术会议在陕西省西安市召开，大会主题为“增强心理学服务社会的意识和功能”。参会专家、学者超过1500人，大会最终录用论文摘要1598篇，包括大会邀请报告6篇、16个专题报告的85篇论文。

大会设置了重要报告、大会重点报告、专题报告和分组报告四种类型。中国工程院副院长、中国工程院院士、第四军医大学校长樊代明，学会理事长、中国科学院心理所研究员杨玉芳分别作了题为《三千年生命科学的进与退》和《团结拼搏，开创学会工作新局面——纪念中国心理学会成立90周年》的重要报告，心理学家 Ralf Schwarzer 教授、薛贵教授、Jurg Ott 教授和韩世辉教授在主会场作了题为 Health behavior change: Theoretical constructs, dynamic mechanisms, and clinical interventions、《熟何能生巧：记忆练习效应的神经机制及其优化》、Genetic and non - genetic determinants of disease 和《文化神经科学：一个研究文化与大脑关系的新领域》的大会重点报告。

【中国心理学会监事会成立】 7月1日，中国心理学会监事会成立暨首次工作会议在北京召开。成立监事会是学会改革工作的一项重点任务，中国心理学会监事会负责审核、监察、审计、评估学会常务理事会、总干事（CEO）和秘书处的各项工作，由学会不同支持单位按照一定人员比例共同组成。

按照《中国心理学会关于成立监事会的决议》规定，3月19日，学会常务理事会通过了《关于成立监事会的方案》。通过全体理事投票、企事业支持单位和挂靠单位推选，经学会改革工作领导小组研究决定，监事会由北京大学吴艳红、北京师范大学车宏生、中国科学院研究生院时勘、中国科学院心理研究所李安林、华东师范大学梁宁建、北京成功之道教育科技发展有限公司张冉、北京康惠中天科技有限公司张卫中7人组成。经过协商，通过无记名投票的方式，选举吴艳红为第一届监事会主席，张冉为副主席。

【国际心理科学联合会2011年度执委会议在北京召开】 2011年国际心理科学联合会执委会议于8月22~26日在北京召开。国际心联主席 Rainer Silbereisen 教授，国际心联副主席张侃，国际心联秘书长 Pierre Ritchie 教授等来自13个国家的国际心联官员、执委参加了会议。在执委会上讨论了2012年将在南非举办的第30届国际心理学大会的筹备情况，各工作委员会的工作，国际心联与世界卫生组织（WHO）的联系，接纳新会员国学会及财政预算等问题。

中国心理学会受国际心联委托承办此次执委会议。

中国生态学学会

2011年，学会及所属分支机构共举办了25次学术年会、研讨会、学术培训以及亚太区域和全球性国际会议等活动，累计参会5590多人次，交流论文2861篇。与2010年相比，国际学术交流的次数和国际会议与会代表中境外人员比率显著增加，如第八届国际景观生态学大会境外参会人数占注册总数的47%，第六届亚太化学生态学大会境外参会人数占注册总数的38%。

学会及所属分支机构举办了中国生态学学会2011年学术年会、中国第五届红树林学术会议、首届全国动物生理生态学学术研讨会、第七届全国野生动物生态与资源保护学术研讨会、中国湖泊论坛——湖泊水环境治理与生态保护分论坛等国内会议18次。举办了2011国际生物经济大会——生物资源与生物多样性分会场、第六届现代生态学讲座暨第二届国际青年生态学者论坛、森林对气候变化的响应与适应管理国际研讨会、第八届国际景观生态学大会、第六届亚太化学生态学大会、SCOPE — Zhongyu 环境论坛（2011）暨环境科学与可持续发展国际会议、第六届世界化感大会等国际会议7次。

学会与地方政府合作，举办了第三届中国生态文明腊子口论坛、生态城市建设与可持续发展研讨会、湿地学科发展战略研讨会3次决策咨询论坛。提供决策咨询报告和建议8篇，其中获得批示的决策咨询报告和建议3篇。北京林业大学教授雷光春作为国家环境与发展国际合作委员会生态系统管理专家组成员，系统分析了我国湿地生态系统现状与未来发展趋势，向国务院提交了加强生态系统保护的建议。

学会专家参与编写了《中国生态系统服务与管理战略》、《西部大开发“十二五”规划及到2020年中长期发展思路——生态环境建设专题报告》、《警惕发达国家利用“陆地历史累计碳汇”消减未来减排压力的报告》等。《关于鄱阳湖湿地与候鸟保护的建议书》被国务院、国家发展改革委员会、科技部、江西省人民政府采纳。利用农业试验站的长期观测和试验示范成果的总结，向国家提交了《我国新增1000亿斤粮食潜力分析和对策措施》的咨询报告，为我国的粮食增产提供对策建议。

3~6月，针对海南省东寨港红树林区海鸭养殖导致的红树林严重退化问题，受海南省东寨港国家级自然保护区的委托，由学会红树林学组秘书长、厦门大学教授王文卿带领的科研小组开展了针对性的调研和咨询活动，完成调研报告《集约化海鸭养殖对东寨港红树林的影响》。10~12月，学会组织了来自我国自然保护区学、保护生物学、旅游生态学和环境资源法学等多学科领域的专家、学者，围绕我国自然生态保护科学立法问题进行了深入研讨，向相关部委提交了《关于自然生态保护科学立法》的建议。

学会《汶川地震生态影响评估与生态恢复对策研究》调研报告，荣获2011中国科协优秀调研报告二等奖。

学会名誉理事长、第七届理事长、中国科学院生态环境研究中心研究员王如松当选中国工程院院士。中国生态学学会副理事长、中国科学院生态环境研究中心研究员傅伯杰，中国生态学学会理事、中国科学院动物研究所研究员康乐当选中国科学院院士。

学会及所属分支机构举办主题科普活动10次，主题活动中举办科普讲座8次，举办科普展览8次，举办其他形式的科普宣传15次。参加主题科普活动的科技工作者66人次，主题科普活动受众人数近10万人次。学会申报并承担了中国科协全国学会科普资源包项目、繁荣科普创作资助计划项目、科普发展对策类——研究生科普研究能力提升项目，开展了全国科技活动周低碳科普知识竞赛活动。结合全国科普日、国际旅游日、海洋日/海洋宣传日、世界湿地日、中国科学院公众科学日、国际博物馆日和科技节、爱鸟周等举办了生态旅游与生物多样性校园科普展、“生命从海洋开始，善待海洋从你我开始”、“手拉手保护海洋环境，心连心传承海洋文明”海滩清洁活动，以及湿地保护、爱鸟护鸟等生态知识宣传，生物多样性知识普及活动，学会编写了《中国红树林生物多样性手册》，并向中小学、红树林保护区、大学生社团分发。

据中国科学技术信息研究所发布的2011年《中国科技期刊引证报告（核心版）》，《生态学报》2010年影响因子为1.606，在60种生物学类期刊中排名第3位，在1998种科技期刊中排名第28位；总被引频次为11763，在60种生物学类期刊中排名第1位，在1998种科技期刊中排名第1位。《生态学报》获得“中国百种杰出学术期刊”和“中国精品科技期刊”称号。《应用生态学报》2010年影响因子为1.640，在60种生物学类期刊中排名第2位，在1998种科技期刊中排名第23位；总被引频次为9295，在60种生物学类期刊中排名第2位，在1998种科技期刊中排名第5位。《应用生态学报》获得“中国百种杰出学术期刊”和“中国精品科技期刊”称号。《生态学杂志》2010年影响因子为1.039，在60种生物学类期刊中排名第7位，在1998种科技期刊中排名第108位；总被引频次为3909，在60种生物学类期刊中排名第5位，在1998种科技期刊中排名第61位。《生态学杂志》获得“中国精品科技期刊”称号。

2011年起，学会使用中国科协会员管理系统，会员管理逐步实现网络化，2011年新发展会员268名，新增会员人数与2010年相比增加了3倍。

【第八届国际景观生态学大会】8月18～23日，由国际景观生态学会主办，国际景观生态学会中国分会、中国生态学学会、中国科学院生态环境研究中心、北京大学等单位共同承办的第八届国际景观生态学大会在北京举行。来自美国、德国、日本、英国、法国、中国等47个国家和地区的850余名专家、学者参加了会议。本次大会的主题是可持续的环境、文化与景观生态学。会议针对景观生态系统的恢复力和适应性、景观生态学与文化保护、景观与城市规划、生物多样性保护及景观对气候变化的响应等热点问题进行了学术交流。大会科学委员会特邀了来自美国、英国、荷兰和中国的7位专家、学者作大会报告。会议组织了13个专题520多个分会场报告，展板140多块。

学会副理事长傅伯杰因其在景观生态学领域所取得的杰出成就和推动景观生态学发展方面的重要贡献，获得了国际景观生态学会杰出贡献奖，这是亚洲国家的科学家首次获此殊荣。

【中国生态学学会2011年学术年会】10月21～24日，中国生态学学会2011年学术年会在湖南省长沙市召开，大会的主题是“创新生态科学，促进和谐发展”。来自31个省、自治区、直辖市，以及香港、澳门特别行政区及台湾地区的960位专家、学者参加会议。大会共收到论文489篇，其中摘要390篇，全文99篇，布置展位7个、学术墙报32个，会前编印出版了中国生态学学会2011年学术年会专辑——《生态学报》2011年31卷19、20两期，编印了《中国生态学学会2011年学术年会论文摘要集》。

年会设主会场2个，分会场11个，组织了8个大会报告，343个分会场报告。开幕式和闭幕式上，中国科学院院士李文华、蒋有绪，中国工程院院士李佩成，以及中国生态学学会常务理事魏辅文、骆世明、安黎哲、吕宪国、王克林分别作了题为《我国生态学研究及其对社会发展的贡献》、《生态学的现任务》、《水文生态学的创新及其历史使命》、《大熊猫生态学与保护生物学研究进展》、《农业生态学的发展动态及展望》、《湿地科学研究进展》、《高山冰缘植物适应低温的生理生态机理》、《西南喀斯特区生态过程及其适应性修复研究》的主题报告，客观分析了我国生态学发展中存在的问题，研究的现状与特点，并指出了我国生态学未来的发展方向。

会议期间，来自不同单位的343位专家、学者和青年科技工作者作了分会场报告，围绕气候变化的生态系统响应、植物生理生态与功能属性、生物多样性保育与自然保护规划、生态修复的机理与技术途径、寒旱区生物土壤生态学研究、生态水文过程与环境适应、生态系统服务与生态健康评价的理论、方法与应用、景观规划与景观管理的原理和技术、生态学模型与数学生态学、城市生态管理的机理、模式和技术、可持续农业的原理与途径、海洋生物多样性与生态功能、生态旅游与旅游生态的挑战与对策、生态文化与生态文明等内容进行交流。同期举行了自然生态保护科学立法研讨会和以“生态服务维持的若干热点问题”为主题的青年生态论坛。

【第三届中国生态文明论坛】5月8~10日，由学会与甘肃省甘南州委、甘南州人民政府主办的第三届中国生态文明论坛在甘肃省甘南州腊子口召开。论坛以“发展生态经济、推动绿色长征、建设生态文明”为主题，重点对如何更有效地“弘扬长征精神，创建生态文明”展开了探讨。

中国科学院院士李文华在题为《用科学发展观指导甘南的生态建设》的报告中提出，甘南的生态建设应充分发挥生态服务功能、发展高效生态农业和生态旅游业，要建立和完善生态补偿机制，要加强人才培养和科学研究。华南农业大学教授骆世明提出了基于生态安全的景观设计理念、基于农田林网、嵌入式植被以及作物轮间套作等生产优化的景观设计理念，以及农村生活美化的景观布局理念及相关做法。中国科学院地理研究所研究员闵庆文结合农业文化遗产的“活态性、动态性、适应性、复合性、多功能性以及可持续性”等特点，认为农业文化遗产保护的重点是农业生物多样性与农业文化多样性的保护，同时提出了当前农业文化遗产保护存在的误区以及农业文化遗产保护的有效途径。

论坛设生态旅游与生态文化和生态产业与生态经济的专题报告，钟林生、曹林奎等专家、学者围绕生态旅游与经济发展、生态文明与草原保护等问题进行了交流与探讨。

【学会三位生态学家当选院士】中国生态学学会名誉理事长、第七届理事长、中国科学院生态环境研究中心王如松研究员当选中国工程院环境与轻纺工程学部院士；中国生态学学会副理事长、中国科学院生态环境研究中心傅伯杰研究员当选中国科学院地学部院士；中国生态学学会理事、中国科学院动物研究所康乐研究员当选中国科学院生命科学和医学学部院士。

王如松研究员主要从事城市复合生态系统理论、方法，城乡可持续发展模式及生态工程集成技术研究。在揭示城市环境与发展问题的动力学机制和控制论规律、创建有中国特色的城市人与环境关系的生态学、把传统生物生态学拓展为以人为本的复合生态系统生态学等方面取得了重要突破。先后主持了大丰生态县、扬州生态市、海南生态省、天津、北京等地的生态规划、建设与管理的系统研究，创建了以发展生态产业、保育生态环境和建设生态文化为特征，融污染防治、清洁生产、产业生态、生态社区和生态文明五位一体的生态省、市、县建设模式，集成不同尺度、不同类型的产业生态转型及生态工程示范技术；建立了不同层次行政区域环境、经济和人协调发展的系统方法，为我国城市生态学科建设作出了重要贡献。

傅伯杰研究员主要从事综合自然地理学和景观生态学研究，在土地利用结构与生态过程、景观生态规划与设计等方面取得了系统性创新成果。开创性地将格局－过程－尺度有机结合，揭示了黄土丘陵沟壑区不同尺度土地利用格局对土壤水分、养分和土壤侵蚀的影响机理，建立了坡地土壤水分空间分布数学预测模型，比较分析了不同土地利用结构的水土保持效应，为水土流失治理和植被恢复提供了科学依据。提出了景观多样性的概念和类型，发展了农业景观可持续性评价指数和模型，推动了中国景观生态学的发展。

康乐研究员主要从事生态基因组学和进化生态学研究。以昆虫为模式系统，开展生态基因组、抗寒性以及化学生态及行为学研究。将分子生物学与生态学结合，系统研究了昆虫适应性和成灾机理。发现嗅觉感受蛋白基因和多巴胺代谢途径对飞蝗型变的启动和维持机制以及型变的表观遗传规律。阐明地理种群变异、抗冻物质、热激蛋白等对抗寒性的作用，揭示蝗虫对环境增温的响应特征。揭示植物、昆虫、天敌的化学联系及同步性节律特点，发现植物直接和间接防御对策间的平衡关系。为推动我国生态基因组学的研究，以及利用微宏观相结合的手段阐明昆虫适应性机理作出了重要贡献。

中国环境科学学会

2011年，学会积极开展国内外学术交流工作，全年举办各类学术交流活动61次，累计参会人数8200多人次，发表各类论文近5000篇。举办了2011年学术年会，第十五届二氧化硫、氮氧化物、汞细颗粒物污染控制技术研讨会，2011年重金属污染防治技术及风险评价研讨会等国内学术会议。组织承办了亚太环境与发展论坛(APFED)可持续发展示范项目研讨会、Rio+20民间社团组织亚太区域会议、2011环境科学与技术国际会议、全球华人科学家环境论坛、第四届全球当前环境挑战与政府应对措施研讨会、第二届传统文化与生态文明国际研讨会等国际会议。

各分支机构共开展学术交流活动26次，参会人数约4500人次，论文约2000篇。举办了2011年中国水环境污染控制与生态修复技术专题讨论会、持久性有机污染物论坛2011暨第六届持久性有机污染物全国学术研讨会等学术会议。

启动学会“十二五”事业发展规划纲要的编制工作，已经完成初稿，提交常务理事会讨论。规划提出了在“十二五”期间，把学会初步建成“适应市场体制，管理科学、运行灵活、实力强、影响大，各项工作走在全国学会前列，充满生机与活力，能够引领环境学科前进，为国家经济社会全面协调发展发挥更大作用的国内外知名的现代一流环保科技社团”的总体目标。围绕如何服务好我国环保中心工作和环境学科创新发展，在繁荣学术交流，推动环境科学发展和环保科技创新，抓好环保科普，提升全民环境科学素质，加强会员服务和组织建设，增强学会社会凝聚力，全面加强学会社会服务能力，促进社会经济和谐发展等4个方面提出了“十二五”期间学会的重点工作任务。

《中国环境科学》在2010年的基础上由6个印张96页增至目前的11个印张176页。2011年，共收到稿件1500多篇，出版正刊12期、增刊1期，共发表论文332篇。《中国环境科学》2011年度首次出版了学术年会论文专刊。2011年初《中国环境科学》网站页面改版，实现了现刊上网。根据中国科学技术信息研究所2011年发布的《2010年度中国科技期刊引证报告》，《中国环境科学》引证指标位居环境科学技术、安全科学技术类科技期刊前列，影响因子1.457，学科排名第二；综合评价总分77.9，学科排名第二；在被统计的1998种核心期刊中，《中国环境科学》影响因子列第42位，综合评价总分列第56位。

学会继续开展大学生志愿者千乡万村环保科普活动，组织了11个省（市）、60余所高校、400余支小分队、万余名大学生志愿者深入全国1000多个村庄，通过宣讲、咨询、展览、表演、放电影等形式，开展环保科普知识宣传活动。

组织开展科普巡展活动，东北师范大学自然博物馆以“拯救野生动物在行动”为主题，在吉林省辽源、梅河口、临江等地的农村开展活动，历时10天，行程3200千米，途经16个乡镇、3所中小学校，通过精美的图片和生动的文字展示、讲解保护野生动物的重要意义，受众人数1万余人次。学会牵头编制国家《“十二五”环保科普工作实施方案》和《“十一五”环保科普发展报告》，编发3期《全民科学素质环保工作动态》。

开发创作系列环保科普作品，出版发行了《核电厂核事故防护知识问答》，编辑完成了《生活垃圾知识问答》、《铅污染防治知识问答》、《汞污染防治知识问答》和《土壤修复科普读本》科普图书，与环境保护部宣传教育中心联合创作了《种菜也要讲环保》宣传光盘。创作了Flash短片《生病的地球》、《绿眼睛》，倡导“心环保，新生活”的环保公益理念。

开展第三届“环保科普创新奖”评选表彰活动。通过作品申报、初审、专家评审，从115件作品中评选出一等奖3项、二等奖7项、三等奖12项、优秀奖14项。

开展水污染防治技术验证评估体系研究、水污染防治技术评估指标体系及评估方法学研究等项目，完成了3个研究报告、11个管理技术文件的征求意见稿。向环境保护部提交《关于加快建设我国环境保护技术验证评价制度的建议》及《环境保护技术验证评价实施细则》、《验证评价通则》、《验证测试规范》、《验证评价质量管理规范》、《验证评价名称与标识使用指南》，编制了《环境技术验证试点方案》、《水专项示范工程第三方验收评估指南》。

完成了环境污染损害鉴定评估技术规范研究，并通过专家验收。开展了典型铅生产过程含铅废物风险控制及环境安全评价集成技术研究，环境铅、镉污染的人群健康危害法律监管研究，环境影响评价中的健康影响评价准则及化学污染因子健康影响评价方法研究，2011年环境污染健康损害相关信息研究与专家咨询，全国重点地区环境与健康专项调查，废铅酸蓄电池收集、处理和处置管理技术研究，环保产业推进政策制度链强化设计与调查指标规范制定等多项课题研究。

完成了《关于审理环境污染侵权责任纠纷案件若干问题的规定（初稿）》、《铅污染健康风险防控对策建议》等报告，并报环境保护部，得到相关领导批示。向环境保护部提交了《关于大气污染联防联控规划重点区域VOCs污染防治政策建议》、《“十二五”挥发性有机物（VOCs）能力建设项目建议书》、《关于开展挥发性有机物（VOCs）综合污染防治工作的指导意见》等。

完成了《脱硫石膏污染防治技术政策》编制工作。对《味精工业废水治理工程技术规范》向全国征求了意见。提交了《染料化工废水治理工程技术规范》（征求意见稿）。已完成《水泥工业污染防治最佳可行技术指南》、《制药工业废水治理工程技术规范（发酵类）》、《火电厂烟气治理运行管理技术规范》征求意见稿等。

2011年学会荣获中国科协“全国科协系统先进集体”

称号，荣获中国科协、中组部、中宣部等7部门联合授予的“《全民科学素质行动计划纲要》实施工作先进集体”荣誉称号。《环境污染致健康损害案例特点与趋势分析》、《“十二五”环境保护规划决策咨询系列报告》分别获得中国科协2011年优秀调研报告一、二等奖。

学会新成立了重金属、挥发性有机物污染防治和环境风险3个专业委员会，学会分支机构总数达38个。

学会2011年发展个人会员369人、团体会员196个、理事单位57个，并于9月在重庆组织召开了首届团体会员单位交流年会，学会理事长王玉庆、团体会员单位负责人，以及专家近200人出席会议。

【2011年中国环境科学学会学术年会】 8月17~19日，2011年中国环境科学学会学术年会在新疆维吾尔自治区乌鲁木齐市举行。会议主题为加快经济发展方式转变——环境挑战与机遇。会议特邀郝吉明、曲久辉、孟伟、任南琪4位院士和两位专家，围绕环境科技发展、区域复合大气污染特征与防治、水环境特征与污染控制策略、持久性有机污染物污染状况、“十二五”环境规划与投资等主题，作大会主旨报告。

大会设立了中国环境科学学会2011年学术年会主会场，环境学院、环境研究院院长（所长）沙龙，环境经济与环境管理——加快经济方式转变理论与实践专题研讨会，重金属污染防治及修复专题研讨会，环境信息技术专题研讨会，固体废弃物污染治理技术与创新专题研讨会，土壤污染防治及修复专题研讨会，水污染防治新技术、新工艺专题研讨会，环境监测技术与创新专题研讨会，大气污染控制、治理技术与工程应用研讨会等9个专题分会场。国内环境、经济、社会学界的专家和各地科研院校、环境保护部门、环保科技企业的专家、学者200余人作了分会场专题报告。会议收到论文1600余篇，900多位专家、学者参会。800余篇论文汇编成册正式出版，并从中评选出42篇优秀论文，其中17篇刊登在《中国环境科学》上。会议形成了专家建议报国家相关部委参阅。

【2011年度环境保护科学技术奖】 9月1~2日，学会在北京召开了2011年度环境保护科学技术奖专家评审会。由环境保护部副部长吴晓青担任评审委员会主任，环境保护部总工程师万本太担任评审委员会副主任，评审委员会由环保科技界29名专家组成。按照评审程序，评审委员会按专业分组对129个有效申报项目按照项目申报性质、评审指标进行细致严格的分组初评，其中55个项目通过了专业组评审，并提交给评委会全体大会进行评审。最后共产生51项2011年度环境保护科学技术奖获奖项目，其中：清洁镀金－一水合柠檬酸一钾二［丙二腈合金（I）］、中国典型脆弱区－生态交错带特征评估与保护规划研究、污水反硝化除磷与一体化处理新技术、大气痕量气体柱浓度及其廓线在线监测技术与应用、农业有机废弃物高效生物发酵资源化技术集成与装备5个项目获一等奖，19个项目获二等奖，27个项目获三等奖。

【大学生志愿者千乡万村环保科普行动】 2011年，在环境保护部和中国科协的指导和帮助下，在地方环境保护部门、地方学会和高校团委等单位的支持下，共有11个省（市）环境科学学会和60余所高校组织参与2011年大学生志愿者千乡万村环保科普行动。活动坚持“让环保科普走进农村，走进田间，走进农民心间”的主题，组织了400余支大学生志愿者小分队深入到全国1000多个村庄，结合当前的环境保护形势和当地的实际需要，采取集市宣讲、环保课堂、技术咨询服务、展览、文艺表演、联欢、游戏、电影放映等活动形式，受众人数达10万人次。

根据环境保护部2010年3月发布的《化肥使用环境安全技术导则》（HJ 555－2010）和2010年7月发布的《农药使用环境安全技术导则》（HJ 556－2010），学会编制了新的农村环保科普宣传品，向各组织单位配发了《化肥使用环境安全技术导则》、《农村环保科普知识》等5种挂图共8470套，宣传册15万余册。学会还拍摄了由巩汉林、金珠、句号等主演的环保科普宣传片《种菜也要讲环保》，制作成光盘，由大学生志愿者发放到农村。

为提高组织农村环保科普活动的质量和效果，2011年学会首次开展了活动实施方案交流活动，从13个省（市）组织单位上报的方案中，选出了山东等5省（市）环境科学学会、河南省新乡医学院、东北师范大学自然博物馆的方案，通过网络进行交流，供各组织单位学习借鉴。同时开展了“走进农村、走进田间、走进老百姓心间”征文活动，共收集文章98篇，从中选出了内容生动、感情真挚朴实的优秀文章29篇，编辑成册进行广泛宣传，展示了当代大学生志愿者“友爱、互助、奉献、团结”的志愿者精神。

12月1日，学会在重庆市组织召开了2011年大学生志愿者千乡万村环保科普行动经验交流及表彰会。重庆市环境科学学会等27家优秀组织单位、华南农业大学环保科技协会等8个优秀社团、北京科技大学安徽小岗村实践团等32支优秀小分队、黄玉晶等52名优秀指导教师、马智明等174名优秀志愿者、“生态之旅到慢城，环保宣传进乡村”等17项农村环保科普活动优秀案例，贺佳等

29 名优秀文章作者获得了表彰。

中国自然资源学会

2011 年，学会组织召开 2011 年学术年会、第九届中国水论坛等各类学术会议 23 次，参加人数共计 4000 余人次，交流论文 2000 余篇。学会开展科普活动、科技下乡活动 4 次，表彰 29 名青年优秀论文奖获得者。

学会推荐的王超当选中国工程院院士，学会推荐的祝凌燕荣获中国青年科技奖。沈镭课题组荣获 2011 年度中国科协优秀调研报告特等奖。《自然资源学报》、《资源科学》获 2011 年度“中国精品科技期刊”称号，《自然资源学报》入选“中国科协精品科技期刊示范项目”。

学会完成了《2011—2012 资源科学学科进展报告》，报告重点选择资源信息学、资源生态学、资源经济学、资源管理学、水资源学、土地资源学、能源资源学和矿产资源学，进行专题研究。跟踪资源学科的国际前沿研究动态和发展趋势，凝练资源学科近年来的新进展、新成果、新方法以及热点问题；明确资源科学学科未来发展方向。报告在结合我国中长期社会经济发展战略需求，分析资源学科在发展中的地位与作用的基础上，提出了我国资源科学学科的发展目标、研究重点和对策建议。

【中国自然资源学会 2011 年学术年会】 7 月 25～27 日，中国自然资源学会 2011 年学术年会在新疆维吾尔自治区乌鲁木齐市举行。会议由中国自然资源学会和新疆自然资源学会主办，中国科学院新疆生态与地理研究所、新疆科协等单位承办。

年会主题为“发挥资源科技优势，保障西部创新发展”。来自全国 100 多个科研院所、大专院校和企业的 400 余名专家、学者参加会议。学会副理事长、中国科学院新疆生态与地理研究所所长陈曦主持了大会开幕式，中国科学院院士刘昌明、郑度，新疆科协副主席魏生贵出席大会开幕式并致辞。学会理事长刘纪远致开幕辞。

年会收录论文摘要和全文 161 篇，内容涉及资源科学多个分支领域，基本涵盖了资源科学领域的研究方向。本届年会设置了统筹城乡土地资源配置与整治、西部干旱区水资源开发与管理的机遇与挑战、农业资源高效利用与减灾的科学应对能力、资源环境信息与区域协调发展、西部资源循环利用与可持续发展、旅游资源开发与可持续发展、新疆资源开发利用制度创新、野生动植物及其生境资源的保护与利用等 8 个专题分会场和资源开发战略与西部发展论坛、资源学院院长论坛——资源科学与工程建设、资源科学期刊论坛、第六届资源科学研究生论坛等 4 个论坛，开展学术交流和讨论。

与会代表认为，新疆是我国典型的欠发达资源富集区，集资源富集性、经济滞后性、生态脆弱性、环境敏感性、社会复杂性和致富迫切性于一体。本次年会在新疆召开，重点梳理、凝练了西部资源开发利用的若干突出问题及相关建议，会议形成科技工作者建议书或咨询报告，报送中央及新疆有关部门参考。

【第九届中国水论坛】 8 月 2～3 日，由学会水资源专业委员会等单位主办、中国科学院寒区旱区环境与工程研究所、兰州大学和中国科学院新疆生态与地理研究所共同承办的第九届中国水论坛在甘肃省兰州市召开。来自国内 100 多所高校、科研机构、相关企事业单位，以及联合国教科文组织、英国曼彻斯特大学、挪威奥斯陆大学等国外机构的 300 多名专家、学者参加会议。论坛学术指导委员会主席、中国科学院院士秦大河，学会常务副理事长成升魁，副理事长陈曦，第九届中国水论坛组委会主席夏军在开幕式上致辞。中国科学院院士刘昌明、薛禹群、王光谦，学会副理事长、中国科学院院士王浩，中国工程院院士张建云出席论坛开幕式。

本届中国水论坛以“水与区域可持续发展”为主题，重点研讨了干旱区内陆河流域水与生态、冰冻圈对水/生态及可持续发展影响、气候变化与区域水循环、水与农业、水资源转化与地下水资源可持续利用、水与灾害、城市化过程中的水问题、区域生态水文过程的人文因素、同位素水文学、水文信息学等 10 个主要专题。论坛设置了 5 个分会场，立足于西北地区典型的水问题，从多学科交叉、多学科视野对“中国水问题”进行研讨。《第九届中国水论坛论文集》由中国水电出版社出版。

【热带亚热带地区资源研究学术年会暨流域可持续发展与综合管理学术论坛】 11 月 12 日，2011 年中国自然资源学会热带亚热带地区资源研究学术年会暨流域可持续发展与综合管理学术论坛在江西省南昌市召开。会议由热带亚热带地区资源研究专业委员会和江西农业大学主办，中国工程院院士马建章等来自全国 23 个高等院校、科研院所的 70 余名专家、学者出席会议。会议主题是“热带亚热带地区流域可持续发展与综合管理”。与会专家围绕热带亚热带地区流域资源可持续利用理论、热带亚热带地区流域资源利用与保护技术、流域可持续利用管理、流域生态保护补偿机制、流域生态化理论与技术等议题进行了交流和讨论。

【气候变化下的山区环境与发展学术研讨会】 12 月 7～9 日，由学会山地资源研究专业委员会和云南大学亚洲国际河流中心等机构联合主办的气候变化下的山区环境与发展学术研讨会在云南省昆明市召开。来自全国10余个单位的专家、学者60多人参加了会议。云南大学亚洲国际河流中心教授何大明，国际山地综合发展中心水、灾害与环境部门主任欧阳华，中国科学院成都山地所研究员邓伟，中国科学院新疆生态与地理研究所陈曦和中国科学院亚热带农业生态研究所研究员王克林分别作了题为《高原山地环境与生态安全研究进展》、《喜马拉雅地区气候变化与跨境流域合作研究》、《关于山地表层研究问题的思考》、《天山区域气候变化与应对研究网络进展》和《喀斯特山区生态修复研究进展》等主题报告。研讨会围绕气候变化下山区资源环境与可持续发展的相关议题进行了学术报告。

中国感光学会

2011年，学会及所属专业委员会组织参加了第27届数字印刷技术国际会议（NIP27）、第12届亚洲辐射固化国际会议及展览、欧洲辐射固化会议及展览会、第32届亚洲遥感会议、中国国际紫外光/电子束固化材料、设备及产品展览会等5次国际会议及国际展览会，共有112名专家、学者参加，发表学术论文47篇。

2011年，由学会及所属专业委员会共同组织举办了中国感光学会2011学术年会、第12届中国辐射固化年会、先进影像材料与前沿技术学术论坛、图像处理技术推广交流会、影像资料保护研讨会、首届全国声像资料检验鉴定技术交流会、航空航天遥感技术交流会等11次国内学术交流活动，共有902名专家、学者参加，发表会议论文295篇，出版会议论文集5本。

学会为表彰奖励在我国感光影像科技事业中做出突出贡献的专家、学者、青年科技人才、个人会员、学会工作者、学会团体会员、专业委员会，在全国影像领域开展了中国感光学会科学技术奖等7个奖项的评选工作，评选出中国感光学会科学技术一等奖3人、二等奖12人，青年创新奖5人，优秀个人会员奖10人，先进工作者奖10人，先进专业委员会奖3个，先进团体会员奖5个。受到表彰的科技工作者40人，受到表彰的单位8个。

10月2～6日，学会组织6名专家、学者出席了在美国明尼苏达州明尼阿波利斯市举行的第27届数字印刷技术国际会议。本届会议由美国影像科学与技术学会（IS&T）主办，共有19个国家的400多名大学、科研机构、企业的科研人员与工程师参加。来自中国科学院理化技术研究所、中国科学院化学研究所、华南理工大学、北京师范大学的6名专家参加了大会及3个分会场会议，并在3个分会场以墙报形式发表了4篇研究论文，介绍了中国数字印刷及影像科技领域的现状及研究成果。第27届数字印刷技术国际会议共计发表论文250余篇。会议举办了23个技术讲座，邀请了影像领域的专家和学者对最新研究成果进行了介绍。

5月3～9日，以“彩色世界、关爱地球”为主题的欧洲名家科普摄影展在天津市举行。摄影展由中国感光学会等7家单位联合主办。欧洲摄影家Sandro Santioli、Marius Millo，国内摄影专业人士及社会各界200多人出席了开幕式。展览主要展出了著名意大利摄影师Sandro Santioli的60幅冰岛风光作品，以及法国摄影师Marius Millo的80幅全球各大沙漠风光作品。摄影展还举办了小型讨论会，部分摄影爱好者与意大利著名摄影师Sandro Santioli、法国摄影师Marius Millo就摄影内容、技巧，进行了交互式的讨论与交流。

学会推荐学会会员天津世纪天感影像科技发展有限公司常务副总经理陈朝，参加由中国产学研促进会主办的2011年度中国产学研合作创新与促进奖评选，陈朝获得2011年度中国产学研合作创新奖（个人）。

学会开展了“理化技术、创新为民”公众科学日活动、“彩色世界、关爱地球”欧洲名家科普摄影展、全国科普日活动以及小学段感光光学科普素材的开发工作等4次科学普及活动，参与专家及志愿者23人。举办科普讲座5次，科普展览5次，开展参观实验室等其他形式科普宣传8次，受众人数达5500人次。

9月17～23日，学会参加了2011年全国科普日北京主会场活动。活动主题为“坚持科学发展，节约保护水资源”。学会以展板、讲解、有奖竞答等形式向公众普及科学知识。结合此次科普日的主题，学会展出了“温度与生命现象”和“光固化技术在生活中的应用”两个主题的8块展板。这些展板内容与公众生活密切相关，引起公众关注。此次科普活动中，学会向社会公众发放科普问卷350多份，回收350多份，问卷答案正确率达到85%；发放奖品350份，赠送CNKI数字图书馆全文数据库检索阅读卡100张，赠送学会刊物《影像技术》50份。

11月，学会在北京召开了中国感光学会成立30周年庆祝大会。同期，学会还组织会员开展了以“服务会员、开拓创新、促进学会事业发展”为主题的2011年中国感光学会会员日活动。

学会所属专业委员会举办了光聚合技术及其涂料基础知识培训班、模糊图像处理技术高级讲学班、光学检验与特种照相技术提高班3期继续教育培训班，累计参加培训的科技工作者达300余人。

10月28日，受山东省科技厅的委托，学会理事长蒲嘉陵等6名科技专家参加了在山东省威海市召开的“TH系列UV－CTP板材用感光组合物”项目技术鉴定会，对该项目进行了论证鉴定。

《影像科学与光化学》成立第七届编辑委员会，编委会成员的专业覆盖光化学、高分子化学、印刷工程、无机化学、信息记录材料、太阳能、感光材料、光电材料、纳米材料、环境化学、光催化、生物医用高分子、摄影测量、遥感、半导体材料等，平均年龄49岁，其中两院院士11名，特邀海外编委5名。《影像技术》从2011年第37卷第2期起被美国化学文摘社收录。

【中国感光学会成立30周年庆祝大会】11月19日，中国感光学会成立30周年庆祝大会在北京召开。来自全国各地的影像界科技专家、学者和会员近240人出席了会议。学会理事长蒲嘉陵，副理事长晏磊、邱勇、薛唯、杨斌，秘书长赵震声，中国科学院院士佟振合、中国工程院院士邹竞等出席了大会。

大会由赵震声主持，蒲嘉陵致开幕辞，学会原常务副理事长陈萍研究员作了《中国感光事业和学会30年》的大会报告，总结了学会30年来的发展与变革。30年来，学会组织不断扩大，学科领域不断拓宽，感光科学不断深化，影像技术不断创新，学术水平不断提高，国际交流不断拓宽，学会工作不断革新，桥梁作用不断巩固，为创新型国家的建设作出了积极的贡献。

会议期间，颁发了中国感光学会科学技术一等奖、科学技术二等奖、青年创新奖、优秀个人会员奖、先进工作者奖、先进专业委员会奖和先进团体会员奖等7个奖项。陈萍等40名科技工作者和中国乐凯胶片集团公司等8个单位获奖。

会议制作了30周年纪念画册及光盘，记录了学会大事记和30年发展所取得的成绩，制作了30周年宣传片，包括珍贵的历史照片和视频资料并在会议期间滚动播出。开展了30周年成果展览等活动。

【中国感光学会2011年学术年会】11月19日，中国感光学会2011年学术年会在北京召开。来自全国的影像领域的240位专家、学者参加会议。会议收到论文扩展摘要55篇，其中特邀报告2篇，一般性学术报告45篇。会议出版了论文摘要集。

会议邀请了两名外国专家作大会报告。日本JSR株式会社精密电子研究所半导体材料开发室室长山口佳一（Yoshikazu Yamaguchi）作了题为《光刻技术的演变和未来趋势》的报告，韩国首尔国立大学教授李昌熙作了题为《印刷电子在韩国的最新发展趋势》的报告。大会还邀请了7名国内影像界的知名专家作大会报告，介绍各自研究领域的最新研究成果。清华大学副校长邱勇作了题为《有机显示器技术发展的回顾与展望》的报告，中国科学院化学研究所研究员杨国强作了题为《高档光刻胶材料的分子结构》的报告，华东理工大学教授朱为宏作了题为《荧光功能单元DCM及萘二亚酰胺NDI在逻辑门和光学探针的应用》的报告，中国科学院理化技术研究所研究员刘春艳作了题为《有机/印制电子与微/纳银》的报告，江南大学教授刘晓亚作了题为《光固化材料及应用发展现状及趋势》的报告，北京大学教授晏磊作了题为《成像技术的回顾与展望》的报告，北京印刷学院副校长蒲嘉陵作了题为《印刷技术发展的回顾与展望》的报告。

此次学术年会研讨交流内容涉及传统卤化银、成像材料、数字印刷、有机显示器、遥测遥感、数字成像、光固化技术等多个领域。

【先进影像材料与前沿技术学术论坛】7月18～23日，非银盐专业委员会联合黑龙江工程学院在黑龙江省哈尔滨市举办了2011年先进影像材料与前沿技术学术论坛。50名专家、学者参加会议。学会理事长蒲嘉陵，非银盐专业委员会主任魏杰等出席会议。会议收到论文36篇，编辑出版了论文集。

会议开幕式由张复实主持，学会理事长蒲嘉陵、专业委员会主任魏杰等分别在开幕式上致辞。会议举行了3场学术研讨会。邀请了清华大学教授王立铎、清华大学段炼博士、北京化工大学教授金养智、河北蓝天特灯发展有限公司总经理王涛、中国科学院研究生院教授向军辉作大会报告。16名专家、学者作了口头报告。

论坛还以墙报展出的形式进行学术交流，展出墙报20余篇。此次论坛评选出优秀青年学术论文14篇，并向获得优秀论文的青年科技工作者颁发了获奖证书。

中国优选法统筹法与经济数学研究会

2011年，研究会组织召开多种形式的学术会议21次。其中举办国内学术会议16次，交流论文835篇，参加会议的人数3000多人次。举办国际学术会议6次（含国际组织系列学术会议和双边学术会议），交流论文927篇，1000多位国内外专家、学者参加会议。

研究会及所属分支机构先后组织召开了中国优选法统筹法与经济数学研究会成立30周年纪念大会暨第13届中国管理科学学术年会、系统与控制世界组织第15届年会和2011 IEEE灰色系统与智能服务国际会议联合大会、研究会PMRC成立20周年系列庆典活动、2011年第五届能源资源开发利用战略研讨会暨第三届能源经济与管理学术研讨会、第六届国际应急管理论坛暨中国（双法）应急管理专业委员会第七届年会、第13届计算机模拟分会学术会议等具有影响力的学术会议。

研究会组织研究人员参加第13届中国科协年会，并在实现“2020年单位GDP二氧化碳排放强度下降40%～45%”的途径国际研讨会上作了题为《中国2020年二氧化碳排放总量控制区域分解研究》、《中外新能源汽车产业技术创新区域分布与演进趋势研究》、《典型国家居民部门能源消费特征研究》等学术报告。

10月13～15日，能源经济分会与国家自然科学基金委员会管理科学部等单位在江苏省镇江市共同主办了2011年第五届能源资源开发利用战略研讨会暨第三届能源经济与管理学术研讨会。来自全国高校、政府部门、能源企业、科研院所的100余名专家、学者出席了本次会议。江苏大学校长袁寿其，能源经济分会理事长、中国优选法统筹法与经济数学研究会副理事长魏一鸣和国家自然科学基金委管理科学部教授高自友分别在大会致辞。国务院参事、原国家能源办主任徐锭明作了题为《履行庄严承诺，推动能源革命》的大会报告。与会者就我国能源发展战略、当前形势与“十二五”节能展望、能源峰值、碳减排途径、国际能源合作、能源市场等重大关键问题进行广泛交流和讨论。

8月19～21日，由经济数学与管理数学分会主办，新疆财经大学承办的中国优选法统筹法与经济数学研究会经济数学与管理数学分会2011年学术年会暨第四届三次全国会员代表大会在新疆维吾尔自治区乌鲁木齐市召开，会议主题为“改革、创新、发展”。分会副理事长、西安电子科技大学教授王宇平，分会副理事长、南开大学教授张效成分别作了题为《多目标优化的进化算法》、《经济学是否需要公理化方法》的主题报告。

4月15～19日，第四届计算科学与优化国际大会（CSO 2011）在云南省昆明市和丽江市举行。本次会议由中国优选法统筹法与经济数学研究会青年工作委员会主办。本次会议的主题是“计算科学与优化的工程实践”，200多位国内外专家、学者参会。

研究会提供《“十二五”中国能源和碳排放预测与展望》和《2011年国际原油价格分析与趋势预测》两份决策咨询预测与展望研究报告，由能源经济与管理研究分会、北京理工大学能源与环境政策研究中心联合发布。

研究会接待国外和港澳台地区学术交流来访团30多个，专家、学者300多人次。接待了来自荷兰环境评估署、查尔摩斯理工大学（瑞典）、德国基尔世界经济研究所、印度管理学院、印度经济发展研究所、加拿大渥太华大学等研究院、美国加州大学伯克利分校等研究单位、大学的专家、学者访问学会，并与部分人员就相关学术问题进行了交流。研究会组团参加国外会议和派往国外考察学术交流20多次，参会专家、学者100余人次，研究会组织会员前往美国、荷兰、加拿大及中国香港、澳门地区参加国际会议和考察交流。

研究会举办科普讲座13次，受众人数达千余人次，普及计算机应用中节约能源，以及应对突发事件中的常识和专业知识。能源经济与管理研究分会在北京理工大学举办了题为《日本为什么在气候变化与低碳经济政策上后退》和《第二个十年能源需求增长多少——能源供需形势与节能减排》的科普讲座。

由研究会、中国科学院科技政策与管理科学研究所共同主办的《中国管理科学》期刊，再次获得2011年度“百种中国杰出学术期刊”和“中国精品科技期刊”称号，在2011年管理学类期刊主要指标的综合评价总分中排名第一。

研究会举办了华罗庚少年数学邀请赛 和“希望杯”全国数学邀请赛，参加人数200多万人次。

2011年研究会新增团体会员1个，个人会员93人。

【中国优选法统筹法与经济数学研究会成立30周年纪念大会暨第十三届中国管理科学学术年会】10月28～31日，由研究会与中国科学院科技政策与管理科学研究所、《中国管理科学》编辑部共同主办的中国优选法统筹法与经济数学研究会30周年纪念大会暨第13届中国管理科学学术年会在浙江省杭州市举行，300余位专家、学者出席了会议。国务院参事、国家能源专家咨询委员会主任徐锭明，国务院发展研究中心发展战略和区域发展研究部研究员李善同，研究会副理事长、国家自然科学基金委员会管理学部副主任高自友，研究会挂靠单位中国科学院科技政策与管理科学研究所所长穆荣平等出席了会议。研究会特别邀请曾经跟随华罗庚院士推广“双法”的小分队老队员参加纪念大会。

大会由学会副理事长、中国科学院科技政策与管理科学研究所学术委员会主任池宏主持，中国科学院科技政策与管理科学研究所所长穆荣平、浙江理工大学校长裘松良分别致欢迎辞。研究会理事长、中国科学院科技政策与管理科学研究所研究员蔡晨作了纪念研究会成立30周年报告，回顾了华罗庚教授创办研究会的背景和主导思想，概括总结了30年来的发展历程。研究会分支机构的代表、老同志代表和青年代表分别在大会上发言。大会为30年来在推广“优选法、统筹法”中作出卓越贡献的会员颁发了“终身会员”证书。

同期举行的第13届中国管理科学学术年会主题为“统筹优选与经济转型”。大会分为主题报告和专题学术交流两个环节。国务院参事、国家能源专家咨询委员会主任徐锭明，国务院发展研究中心发展战略和区域发展研究部研究员李善同，研究会副理事长、国家自然科学基金委员会管理学部副主任高自友，解放军理工大学首席教授徐泽水，中国科学院数学与系统科学研究员刘卓军等分别作了主题报告。

会议设立了优选学与优化管理、统筹学与项目管理、经济数学与金融风险管理、供应链与运作管理、企业战略与经营管理和能源与复杂系统管理等6个分会场。本次学术会议共收到论文356篇，参加会议交流论文102篇，评选出优秀论文33篇，会后出版了《中国管理科学》2011年专辑。

【发布《“十二五”中国能源和碳排放预测展望》和《2011年国际原油价格分析与趋势预测》报告】1月15日，中国优选法统筹法与经济数学研究会能源经济分会和北京理工大学能源与环境政策研究中心联合发布了《“十二五”中国能源和碳排放预测与展望》和《2011年国际原油价格分析与趋势预测》两份预测与展望研究报告。

《“十二五”中国能源和碳排放预测与展望》研究报告预计，2015年我国一次能源生产总量36.3亿吨标准煤，一次能源消费总量43.1亿吨标准煤，全社会发电量5.5万亿千瓦时。该报告明确指出，“十二五”时期我国单位GDP能耗降速略有趋缓，五年累计下降17.0%；短期经济过热或过快（增速超过10%）容易拉动能源密集型行业和产品大幅扩张，造成单位GDP能耗降幅较小甚至增长；从长期来讲，保持经济增速处在一个适当较高且平稳的水平（9%～10%），将有利于单位GDP能耗下降较快，但能源消耗规模也将增长较快。在一定范围内，控制能源消费总量与大幅度降低单位GDP能耗两个目标并不完全一致，未来我国要在这两个方面作好权衡。

《2011年国际原油价格分析与趋势预测》回顾了2010年国际油价的走势，并对2011年油价走势作出了预测。

【系统与控制世界组织第15届年会和2011 IEEE灰色系统与智能服务国际会议联合大会】9月15～18日，系统与控制世界组织第15届年会和2011美国电气和电子工程师协会（IEEE）灰色系统与智能服务国际会议联合大会在江苏省南京市召开。会议由系统与控制世界组织、IEEE系统、人与控制论学会主办，得到国家自然科学基金委员会支持，南京航空航天大学、IEEE灰色系统委员会、中国优选法统筹法与经济数学研究会灰色系统专业委员会等单位承办。220位专家、学者出席了这次会议。系统与控制世界组织第15届学术年会是该组织首次由中国承办的学术年会。研究会副理事长、IEEE灰色系统委员会主席、南京航空航天大学经济与管理学院院长、灰色系统专业委员会理事长刘思峰担任本届大会主席。本次会议共收到来自中国、美国、英国、德国、法国、日本、南非、俄罗斯等22个国家和地区学者的投稿609篇，根据专家审稿意见，最终录用论文205篇。

国际一般系统研究会主席Jeffrey Forrest教授、瑞士圣加伦大学教授Markus Schwaninger、西班牙巴利亚多利德大学教授Jose Perez－Rios、哥伦比亚Ibagué大学校长Alfonso Reyes教授、系统与控制世界组织总干事长Alex M. Andrew教授、罗马尼亚经济大学教授Emil Scarlat、英国德蒙特福德大学Yingjie Yang博士、北京师范大学教授黄崇福、重庆邮电大学教授王国胤、波兰弗罗茨瓦夫科技大学教授Jerzy Józefczyk等专家、学者分别作了大会报告。

大会还就灰色系统理论与应用，系统分析、建模与仿真，系统预测、决策与控制，数据挖掘与人工智能，社会、经济、生态系统演化与控制，服务科学与工程，突发事件应急管理和技术创新管理等领域安排了24场专题会议，与会代表围绕相关议题进行了充分的研讨和交流。

在9月18日上午举行的闭幕式上，系统与控制世界组织总干事长Alex M. Andrew教授代表系统与控制世界组织为灰色系统理论创始人邓聚龙颁发了荣誉会士证书。大会评出的62篇优秀论文也将陆续在Kybernetes和Grey Systems：Theory and Application发表。

【第六届国际应急管理论坛暨中国（双法）应急管理专业委员会第七届年会】11月19～20日，第六届国际应急管理论坛暨中国（双法）应急管理专业委员会第七届年会在北京举行。本次会议由中国科学院研究生院、应急管理专业委员会、中国科学院科技政策与管理科学研究所、华中科技大学、美国北卡罗来纳大学教堂山分校（University of North Carolina at Chapel Hill USA）共同主办。200余位中外应急管理领域的专家、学者针对近年来地震、冰冻雨雪灾害、城市洪涝灾害、公共卫生事件、核辐射、动车事故等各类紧急事件频繁发生，如何做到居安思危、未雨绸缪以有效应对各种频发的自然灾害及各类紧急事件进行交流和研讨。

中国科学院研究生院副院长王颖、国家自然科学基金委员会管理科学部前常务副主任陈晓田、研究会理事长蔡晨、联合国国际减灾战略秘书处玛格丽特·瓦尔特斯考伦特别助理阚凤敏分别致辞。

国家安全生产监督管理总局党组成员兼总工程师黄毅、山西省人民政府副秘书长孙跃进、中国安全生产科学研究院原院长、研究员刘铁民、中国科学院研究生院工程教育学院副教授朱建明、中国石油集团公司应急办副主任彭力分别作题为《我国目前安全监管与应急管理工作状况》、《应急管理的实践与思考》、《应急预案体系概念设计研究》、《应急资源管理典型问题与运筹优化方法》、《石油企业应急管理系统平台建设》的报告。

中国岩石力学与工程学会

2011年，学会组织各层次学术会议30余次，上万名科技工作者参加了学会举办的学术交流活动。学会承办了国际岩石力学学会第12届国际岩石力学大会、第二届国际岩石力学学会国际青年学者论坛、二氧化碳在石炭系地层和废弃煤矿储存国际学术研讨会、中俄矿山深部开采岩石力学高层论坛、放射性废物处置国际研讨会等国际会议，举办了第十届海峡两岸隧道及地下工程学术及技术研讨会、海峡两岸隧道与地下工程学术与技术研讨会、第二次全国软岩工程与深部灾害控制学术大会、第七届全国青年岩石力学与工程、中国科协第51期新观点新学说学术沙龙——岩爆机理探索等学术会议。

学会承接政府转移职能，开展科技咨询、成果认定工作，全面提升学会为科技工作者专业发展服务的能力。举办了“大尺度岩体结构面抗剪强度及工程应用”成果鉴定会、恒阻大变形缆索研发及滑坡监测预警系统成果鉴定会、特长公路隧道关键技术研究及工程应用成果鉴定会等一系列成果鉴定会。

《岩石力学与工程学报》中文版共发表文章504篇，连续获得中国科协精品期刊B类示范项目资助和“百种中国杰出学术期刊”称号。2011年，《岩石力学与工程学报》完成网站改版，升级编辑远程处理系统和完善数据库的建设，提供自1992年以来的电子版文档免费下载。刊物发行总量由2010年的2100余份增加至2011年的2300余份，特别是两期增刊的发行量从2010年的2200份增加到2011年的2600份。据中国科技信息研究所2011年12月2日发布的2010年中国科技论文统计结果显示，2010年《岩石力学与工程学报》总被引频次有较大提升，综合评价总分位居14名，在42种土木建筑工程相关专业期刊中，总被引频次和综合评价总分均排名第一。

学会荣获中国科协颁发的“全国科协系统先进集体”称号。学会提交的《汶川地震灾区恢复重建若干建议》获得中国科协优秀调研报告优秀二等奖。贵州省岩石力学与工程学会秘书长徐志纬荣获“全国科协系统先进个人”称号。

学会个人会员由2010年的7560人增加至7770人，国际会员由2010年526人升至554人。学会副理事长冯夏庭于本年度当选为国际岩石力学学会主席，这是我国学者首次当选该学会主席。

【第12届国际岩石力学大会】 10月18~21日，第12届国际岩石力学大会在北京召开，本次大会由国际岩石力学学会主办，中国岩石力学与工程学会和新加坡岩石力学学会承办，来自近50个国家和地区的逾千名岩石力学专家、学者参加了本次大会。大会的主题是“和谐的岩石力学与环境”。大会主席由中国工程院院士钱七虎和赵坚教授共同担任。

冯夏庭研究员主持了大会开幕式。开幕式上，钱七虎院士和国际岩石力学学会主席Hudson教授分别代表大会组委会、国际岩石力学学会向大会致辞。国际岩石力学学会亚洲区主席A. Ghazvinian教授介绍了亚洲岩石力学的发展历程。中国科协书记处书记张勤出席开幕式并致辞，中国工程院院长周济等30多个单位和部门领导发来贺信。

大会安排了13个特邀报告，N. Barton教授作了关于岩石力学最高奖缪勒奖的主题报告，其他特邀报告均代表岩石力学最高层次的研究成果和进展。国际岩石力学学会前主席Ted Brown教授在题为50 Years of the ISRM and Associated Progress in Rock Mechanics的特邀报告中，回顾了国际岩石力学学会和国际岩石力学领域50年来的蓬勃发展史。Hudson教授在题为The Next 50 Years of the ISRM and Anticipated Future Progress in Rock Mechanics的特邀报告中，预测并展望了岩石力学未来50年的发展前景。钱七虎院士在题为New Development of Rock Engineering and Technology in China的特邀报告中，详尽介绍了中国大规模岩石工程建设中岩石工程技术的辉煌成就。

大会设立了20个分会场和4个专题会场报告。安排了227个口头交流报告和140个展板，展示了近年来国际岩石力学和工程领域的最新成就。报告分为11个专题。本次会议出版了论文集和光盘，收录论文388篇，其中中国论文50篇，由国际著名出版商Taylor and Francis出版公司正式出版。

会议期间举办了国际岩石力学学会成立50周年纪念庆典的启动仪式。大会闭幕式上，学会副理事长冯夏庭研究员正式就任国际岩石力学学会主席并发表就职演说。

在10月16～17日召开的国际岩石力学学会年会上，通过了增设“地壳应力与地震工作委员会”和中国学者谢富仁为该委员会主席两项决议。大会对岩石力学最高奖项“缪勒奖”和最高博士论文奖“罗哈奖”进行了颁奖。

【第二届国际岩石力学青年学者研讨会】10月14～16日，第二届国际岩石力学学会国际青年学者论坛在北京召开。此次研讨会由国际岩石力学学会主办，中国岩石力学与工程学会和国际岩石力学教育委员会联合承办。来自世界各地的100多位青年学者参加了会议，会议出版了论文集《岩石力学的成就和目标》，收录论文200篇。

大会开幕式上，大会组委会主席、国际岩石力学学会教育委员会主任蔡美峰致欢迎辞，国际岩石力学学会当选主席、学会副理事长冯夏庭和国际岩石力学学会主席 J. A. Hudson 分别在大会致辞。

J. A. Hudson 教授在题为《当代的岩石力学研究》的主题演讲中向年轻学者提出6个关注点，期望他们在新的条件下更好地开展岩石力学研究和岩石工程项目建设，同时对青年学者如何在国际刊物上发表论文提出建议。

中国野生动物保护协会

2011年，协会组织举办了野生动植物图片展、2010年斯巴鲁生态保护奖颁奖活动、第三届中国边境野生生物卫士奖颁奖活动、首届中国自然保护论坛、全国“爱鸟周”30周年纪念活动、全国野生动植物保护协会工作会议暨首届“中国野生动物之乡”座谈会等活动。

1月6日，2010年斯巴鲁生态保护奖颁奖典礼在北京举行。李理等70人获得“2010年斯巴鲁生态保护奖”先进个人称号。在本次颁奖典礼上，中国野生动物保护协会和斯巴鲁汽车（中国）有限公司向来自全国各地的“2010年斯巴鲁生态保护奖”先进个人颁发了奖牌，以表彰他们为我国生态建设和野生动植物保护事业所作的突出贡献。

2～10月，由国家林业局和北京市地铁运营有限公司共同主办，中国野生动物保护协会、中国野生植物保护协会承办的“中国雉鸡王国”、“魅力三江源”、“走进黄河三角洲湿地”摄影展在北京市地铁五号线车站展出。学会通过摄影展进一步增强社会各界对野生鸟类、三江源与黄河湿地的生态环境的认识和了解，吸引更多的公众积极参与到野生动植物保护、生态环境保护工作中来，促进全社会更加关注野生动植物及其栖息地保护，携手共建人与自然和谐的美好家园。

3月4日，由协会举办的“非政府组织联谊会”在北京召开，来自世界自然基金会（WWF）、山水自然保护中心等16家生物多样性保护方面的国际、国内非政府组织的代表出席了会议，参会的非政府组织介绍了自身的相关情况和主要工作领域，并就如何加强各个组织在野生动植物保护领域工作的交流和合作进行了探讨。

5月8日，国际野生生物保护学会（WCS）、中华环境保护基金会（CEPF）和中国野生动物保护协会（CWCA）共同主办的第三届中国边境野生生物卫士奖在北京举行了颁奖典礼。全国政协常委、副秘书长，中国致公党中央常务副主席王钦敏，国际野生生物保护学会资深保护专家、Panthera 基金会副总裁乔治·夏勒博士，全国政协委员、著名导演、WCS 野生生物保护形象大使冯小宁出席并颁奖。来自林业、海关、公安、边防部队、自然保护区系统和边境村镇的25个单位和个人获奖，其中卓越卫士奖5个、杰出卫士奖5个、优秀卫士奖15个。

8月10～11日，协会在山东省荣成市召开了全国野生动植物保护协会工作会议暨首届“中国野生动物之乡”座谈会。来自全国各省级野生动植物保护协会会长、秘书长及“中国野生动物之乡”市（县）级领导和业务部门的领导出席会议。全国政协委员、协会会长赵学敏作了中国野生动物保护协会工作报告，有关省级野生动物保护协会的秘书长作了典型经验交流。“中国野生动物之乡”的代表就如何做好“中国野生动物之乡”的工作，充分发挥“中国野生动物之乡”的示范作用进行了座谈。

12月10日，由协会和国家林业局宣传中心联合召开的未成年人生态道德教育经验交流会暨《绿野寻踪》节目总结会在北京举行。中央纪委驻国家林业局纪检组组长、国家林业局党组成员陈述贤出席会议开幕式。

2月21日，协会与中国保护大熊猫研究中心将大熊猫“比力”和“仙女”运抵东京恩赐上野动物园，开启了中日大熊猫国际合作新的篇章。8月，中国野生动物保护协会与陕西野生动物保护协会在陕西省共同举办了中日小朋友朱鹮保护交流活动，来自日本佐渡市的13名小学生以及日本环境省官员和洋县朱鹮湖小学10多名小学生进行了交流。12月3日，中国野生动物保护协会与中国保护大熊猫研究中心共同为赴英大熊猫“阳光”和“甜甜”举办了赴苏格兰爱丁堡动物园的欢送仪式。

学会重视会员服务，目前全国会员已达35万余人。

【全国“爱鸟周”30周年纪念活动】2011年是国务院批准设立“爱鸟周”活动30周年。5月11日，国家林业局在象征着保护鸟类的“鸟巢”国家体育场前举行了“爱鸟周”30周年纪念活动，并对在爱鸟护鸟方面作出突出贡献的保护森林和野生动植物资源的42个先进集体和41位先进个人进行了表彰。全国政协副主席陈宗兴，国家林业局副局长印红，国家林业局党组成员、中央纪委驻局纪检组组长陈述贤等为在爱鸟护鸟方面作出突出贡献的42个先进集体、41位先进个人代表颁发了奖牌、奖章和证书。国家林业局原副局长、中国野生动物保护协会会长赵学敏主持活动。活动中，协会会员代表、北京林业大学自然保护区学院学生朱思雨向社会各界发出了“共同保护鸟类”的倡议。

【首届中国自然保护论坛】5月22～23日，由协会与北京林业大学、北京富群环境研究院共同主办的首届中国自然保护论坛在北京举行。国家林业局副局长印红、协会会长赵学敏出席论坛并致辞。首届中国自然保护论坛以“生物多样性与森林”为主题，秉承“加强自然保护区建设，保护生物多样性”的基本理念，共同探讨自然保护区建设、管理与生物多样性保护，协调生态保护与社会经济发展。

论坛期间，中外专家深入交流了中外自然保护与管理，特别是自然保护区建设、湿地与重点野生动植物保护研究中的进展与经验，分析了当前我国自然保护区建设与管理面临的关键问题，探讨了我国自然保护工作中的公众参与机制，并提出了我国野生动植物保护、湿地保护和自然保护区事业未来的发展战略。中外专家达成广泛共识，共同发表了《北京宣言》。

中国系统工程学会

2011年，学会和各分支机构共组织27场次各类活动，其中学术交流与学术论坛活动22场次。举办了第四届商务智能与金融工程国际学术研讨会，第九届金融系统工程与风险管理国际年会等国际学术交流会议。举办了教育中长期发展与系统工程学术研讨会、全国青年系统科学与管理科学暨第七届物流系统工程学术研讨会、第三届全国法制/法治系统工程理论研讨会、拓展和深化军事斗争准备与军事系统工程学术年会等19个国内学术交流会议。农业专委会在湖南省长沙市举办海峡两岸农业学术研讨会。

学会召开第六届期刊编辑出版工作委员会工作会议，成立了第六届委员会。会议达成“整合期刊有效资源，探究共同发展”的共识，讨论通过了《中国系统工程学会系列期刊（暂行）管理办法》。

学会期刊《系统工程理论与实践》全面推进编辑部数字化建设，稿件采编系统升级为网络版，优化了作者网上投稿、查稿，专家网上审稿的系统，期刊2011年与中国知网达成了优先数字出版共识，期刊页码由原来的192页增加至208页。2011年1～8月，《交通运输系统工程与信息》国际版全球下载总量为17064次，是2008年全年下载量的1.69倍，是2007年全年下载量的8.77倍。《系统工程学报》在2011年完成了编委会换届工作，增加了成员，扩大了覆盖面，完成了采编系统的升级更新，网上点击量增加。期刊与中国知网（CNKI）续签了独家协议，通过中国知网实现刊物的数字化出版。

学会在2011年共出版发行了6本会议论文集，收录文章715篇。出版《系统工程基本教程》和《系统法学导论》两本教科书。

学会新成立了应用与咨询工作委员会。学会在中国科协调研报告评选中获得“优秀组织单位”奖。

【第九届金融系统工程与风险管理国际年会】10月15～16日，第九届金融系统工程与风险管理国际年会在湖北省武汉市召开。年会交流内容涉及宏观经济与金融、资产定价、金融风险控制与监管、金融衍生品与风险管理、金融创新与复杂系统理论、计算实验金融、行为金融理论、公司金融与公司治理等多方面的议题。

会议邀请了10位国内外特邀嘉宾作大会主题报告、并举办专题论坛、分组口头报告。大会另设8个分会场和1个由德勤财务咨询有限公司组织的专题论坛报告会。本次大会得到了国家自然科学基金委员会和华中科技大学管理学院的资助。

【第四届商务智能与金融工程国际学术研讨会】10月17～18日，第四届商务智能与金融工程国际学术研讨会在湖北省武汉市召开。华中师范大学党委书记丁烈云、中国科学院数学与系统科协研究院副院长汪寿阳共同担任大会主席。研讨会面向全球商务智能与金融工程学科领域内的专家、学者、金融管理者和分析师。

会议邀请了6位国内外特邀嘉宾做大会主题报告，设置了3个分会场，6场专题分组报告会。报告内容涉及人工智能、商务智能、电子商务、电子政务、金融工程、计算金融、金融风险管理、计算实验金融等多方面的议题。大会得到了国家自然科学基金委员会管理科学部和华中师范大学信息管理系的资助。

【海峡两岸农业学术研讨会】10月14～17日，海峡两岸农业学术研讨会在湖南省长沙市举办。主题是“着力农业系统工程研究，促推中国现代化农业进程”。

研讨会由农业系统工程专业委员会、中国农业工程学会农业系统工程专业委员会主办，近百人参加了大会。两岸农业科技工作者通过研讨会开展学术交流，考察农业科研教学生产单位，参观新农村建设示范村，对进一步合作事宜进行座谈，共同开展两岸现代农业发展模式合作，促进两岸农业学术交流的沟通，推动两岸农业的共赢。会议收录论文100多篇，其中74篇由《农业现代化研究》以专刊形式出版了论文集，论文集于10月出版。

【纪念钱学森诞辰100周年学术活动】 4月1日，中国系统工程学会在北京举行了系统工程界纪念钱学森百年诞辰大会。国内系统工程界的院士、专家，学会的常务理事等100多人参加了纪念会。钱学森晚年在推动系统科学和系统工程在中国的发展与应用方面，为我国系统科学和系统工程的学科建设与发展做出了奠基性的贡献。中国科学院院士丁夏畦，国际系统与控制科学院院士顾基发，上海理工大学校长许晓鸣，国防科技大学信息系统管理学院院长谭跃进，航天科技集团教授于景元，《系统工程理论与实践》主编、学会原理事长陈光亚，系统科学研究所所长高小山等出席并作大会发言。

10月17～18日，“经济－科技－社会－环境－法制”系统协同发展理论研讨会暨第三届全国法制/法治系统工程理论研讨会——纪念钱学森诞生100周年、全国首届法制系统科学理论研讨会召开26周年纪念大会在北京召开。钱学森生前秘书涂元季回顾了当年钱老在政法大学参加全国首届法制/法治系统工程理论研讨会的往事。

【交通7+1论坛系列论坛】 2011年交通系列论坛——交通7+1论坛共举办4次。主题分别为轨道交通技术政策、城市智能交通物联网建设探讨、大城市交通拥堵、“十二五”综合交通运输发展理论与方法。

4届论坛参加人数200余人次。交通7+1论坛旨在立足交通整体角度，依托系统理论分析的方法，淡化部门色彩，实行多学科的结合与集成，多学科的融合推动交通发展、更新交通的发展理念，开拓交通的新思路，实现理论与实际的统一，为实现交通行业内外专家的结合，以及行业与社会相结合作出贡献。交通7+1论坛创办于2005年9月，每年举办4次。

【经济社会发展模式与系统工程专题研讨】 5月22日，经济系统工程专业委员会在广东省广州市召开经济社会发展模式与系统工程专题研讨。会上，中国工程院院士李京文发表观点认为，科学创新是科技发展的根本动力，加快经济发展需要科技创新，技术进步、效率的提高与产业结构升级是促进全要素生产率提高的根本因素，而科技进步的目的就在于提高全要素生产率。全国人大代表郑玉歆教授发表观点认为，节能是社会经济发展的重要目标之一，它不仅涉及能源生产和消费，而且所采用的节能措施需要照顾到技术可行、经济上有效合理，环境和社会可承受性，因此是一个复杂的系统工程问题。会上，专家就碳排放强度控制目标、MLDI模型及中国产业二氧化碳排放因素等问题进行了研讨。

中国实验动物学会

2011年，学会举办了中国实验动物学会灵长类学术研讨会、2011东莞第二届国际小型猪学术论坛暨大型实验动物生物医药研究应用研讨会、2011年第五届北京实验动物科学国际论坛、中国工程科技论坛——实验动物与生命科学研究等学术会议。

7月5～7日，中国实验动物学会灵长类学术研讨会暨灵长类实验动物专业委员会三届二次会议在广西壮族自治区南宁市召开。灵长类实验动物专业委员会委员和中国实验灵长类养殖开发协会近100名专家、学者参加了会议。会上听取了王莉教授、岳峰博士作的题为《灵长类实验动物在安全评价中的应用和管理》和《应对灵长类实验动物产业发展面临的问题与对策》等报告。会议对中国灵长类实验动物的现状和未来发展作了分析，提出整合资源、提高质量、规范行业标准等建议。

11月25～26日，实验小型猪专业委员会与灵长类专业委员会等单位联合举办了2011东莞第二届国际小型猪学术论坛暨大型实验动物生物医药研究应用研讨会。本次论坛的主旨是交流小型猪等大型实验动物的资源开发及其在生物医药研究等领域中应用的热点问题和最新进展。200多名国内外专家、学者参加会议。

5月21～23日，2011年第五届北京实验动物科学国际论坛在北京召开。来自国内外的400余位专家、学者参加会议。大会的主题为“疾病动物模型——医药创新的引擎”。大会着重讨论与心脑血管疾病、心理疾病、糖尿病、肿瘤、传染病等研究与治疗有关的动物模型，还将中医研究相关动物模型纳入本届论坛。

5月24～30日，学会组织国内实验动物相关领域的科技人员赴日本参加第58届日本实验动物科学年会，并参观考察日本实验动物相关科研、生产及教学单位。学会推荐的我国青年实验动物科技工作者白玉博士发表了题为《FcRn介导免疫球蛋白G在小鼠体内对病毒的中和作用的研究》获奖论文。中国医学科学院医学生物学研究所高家红、黄璋琼分别在专题会场进行论文演讲。

学会常务理事魏强参加了6月12～13日在土耳其伊

斯坦布尔举办的国际实验动物科学理事会（ICLAS）第15届全体委员会会议。

8月25~27日，学会理事孙德明参加了在韩国茂朱举办的2011年韩国实验动物学会国际研讨会。会议期间，孙德明研究员做了题目为 Laboratory Animal Management and Regulation in China 的报告，详细介绍了我国实验动物科技的发展情况和法制化标准化管理体系的特色及其优势。

10月2~6日，学会16名会员参加在美国加利福尼亚州圣迭戈召开的第62届美国实验动物学会国际会议。学会常务理事代解杰代表学会出席了10月4日在美国加利福尼亚州的圣地亚哥市召开的国际实验动物科学理事会（ICLAS）。

5月14日，学会参加了北京市2011东城科技周，展示了实验动物与人类健康、克隆鼠小小何以一举成名、水中小白鼠等科普展板。专家讲解了实验动物科技在生命科学、医学和环境保护等领域的应用，向公众阐述了实验动物科技在生命科学和环境保护等领域的应用。科技周期间，学会组织北京大学实验动物中心、阜外医院中心实验室、中国医学科学院医药生物技术研究所、首都医科大学实验动物学部的科技人员和实验室管理人员、学生等参观了北京昭衍新药研究中心、中国医学科学院医学实验动物所等生产和使用机构。

6月11日，学会参加了北京市潘家园街道办事处组织的社区科普宣传活动，活动后展板等宣传资料供街道长期展示。

9月16~18日，中国实验动物学会以及水生专委会组织水生实验动物与水资源保护和人类健康展览，在北京科学嘉年华上展出了实验斑马鱼、剑尾鱼、观赏鱼等，介绍了水环境与水生生物、人类健康的关系，实验鱼、观赏鱼的不同等水生实验动物在水环境保护和人类健康相关研究领域的应用。

9月26~29日，中国实验动物学会在江苏省南京市举办了实验动物福利与动物实验替代培训班，来自全国各单位的70余名实验动物科技与管理工作者参加了培训。学会在北京举办了4期上岗培训，为北京各单位的366名从业人员进行了培训。学会开展了继续教育培训基地的申报工作，来自国内12家教学单位申请了继续教育基地，学会组织教育专业委员会的专家进行了初评工作。

学会积极推动我国实验动物标准体系的建设，与全国实验动物标准化技术委员会共同组织专家，开展了《实验动物质量控制》、《实验动物饲养设备和用具生产》、《实验动物从业人员要求》、《实验动物动物实验通用要求》等5项国标的起草制定以及4项国标的修订。

学会针对动物实验感染事件引发的问题撰写《关于加强动物实验安全管理和使用规范化的建议》上报行业相关各部委，呼吁加强对动物实验安全管理的督导工作；完善动物实验操作规范，确保实验室安全；加强实验用动物管理和使用规范化的教育和培训。针对我国突发的三聚氰胺事件，学会发挥专家优势，积极组织疾病控制中心（CDC）和科研院所的相关专家，向政府有关部门提交建议，并得到相关科研专项支持。学会开展了国内实验动物现有资源状况的初步调查，在中国工程科技论坛上提出《关于加强我国实验动物学科建设与管理的建议》，为国家有关部门决策提供依据。

学会秘书长秦川当选为中国科协八大全国委员会委员。

学会获得民政部和中国科协批准，成立中国实验动物学会实验小型猪专业委员会和中国实验动物学会媒介实验动物专业委员会。

学会期刊《中国实验动物学报》和《中国比较医学杂志》增加了专家论坛等新栏目，刊载论文的数量和质量都有极大提高，影响因子逐步上升，分别达到0.833和0.610。《中国实验动物学报》、《中国比较医学杂志》被列入美国化学文摘社中国期刊收录名单。

【中国工程科技论坛——实验动物与生命科学研究】10月18~20日，由学会承办的中国工程科技论坛——实验动物与生命科学研究在北京举办。中国工程院副院长旭日干、中国工程院农业学部主任尹伟伦院士，以及中国工程院院士夏咸柱、马建章、庞国芳，中国科学院院士杨焕明、孟安明出席会议，230余位专家、学者参加论坛。论坛共征集了80余篇论文，经学术委员会评选出26篇为优秀论文。

论坛期间，科技部条件与财务司副司长吴学梯、卫生部科技教育司副司长刘登峰分别作了题为《做好实验动物管理工作，支撑生命科学研究》和《人口健康的发展对实验动物的需求》的大会报告。夏咸柱、杨焕明、钱军、秦川、严卫星、杨晓、陈光华分别作了题为《实验动物与人兽共患传染病》、《基因组学与动物克隆》、《实验动物与生物安全》、《人类疾病动物模型是医药创新研究的前沿》、《实验动物和食品安全》、《基因打靶技术在现代生物学研究中的应用》、《实验动物与兽用生物制品检验和研发》的大会学术报告。

与会代表围绕实验动物标准、规范和质量管理，实验动物的使用、管理、福利和替代，我国实验动物科学技术的基础与前沿，实验动物与动物实验中的兽医管理4个专

经过中国科协、民政部的批准，计算系统生物学分会经过一年多的酝酿和筹备于9月2日广东省珠海市成立。计算系统生物学分会理事长、中国科学院上海生命科学研究院系统生物学重点实验室执行主任陈洛南主持了分会的成立典礼。学会理事长袁亚湘出席成立典礼并讲话，来自国内高校、研究机构的计算系统生物学研究领域的120位学者参加了成立典礼。成立典礼前还召开了第一届理事会第二次会议，理事们讨论了分会的工作安排和未来发展。

2011年，学会各分会举办了一系列学术交流活动，主要有：10月15~17日，模糊信息与工程分会在四川省成都市召开研讨会，来自世界20余所高等院校和科研机构的学者80余人出席会议。会议共收到模糊数学理论与应用、模糊信息与工程等方面的中英文论文共138篇，经过严格审查，共录用58篇，英文论文主要发表在由世界一流出版社Springer出版的、EI/ISTP收录的会议论文集Advance in Intelligent and Soft Computing，中文论文主要发表在江南大学学报自然科学版上，会后选取部分优秀英文论文发表在国际杂志*Fuzzy Information and Engineering*。

6月25日，排队论分会学术年会在中国科学院数学与系统科学研究院举办。参加会议的代表共有70余人，就排队论及相关领域安排了7个学术报告。学术报告之后，进行了排队论分会换届选举。代表们在充分征求意见并广泛推荐的基础上选举产生了新一届排队论分会专业委员会。赵晓波当选为分会理事长，王振波当选为分会秘书长。

8月4~6日，图论组合专业委员会承办的第五届国际组合优化及其应用会议在湖南省张家界市召开。近50名来自世界各地的专家、学者参加会议，会议的议题主要包括：算法和数据结构、近似算法、生物信息学、计算代数、计算几何、计算金融、计算博弈论、计算数论、计算生物学、计算学习理论、通信网络、图论及其算法、网络优化、排序、资源管理、并行和分布式计算等。会议的论文集由斯普林格出版社作为《计算科学系列丛书》(Lecture Notes in Computer Science）中的第6831卷在会前出版。此外，会后3个国际期刊*Discrete Mathematics*，*Algorithms and Applications*，*Journal of Combinatorial Optimization*和*Theoretical Computer Science*还为本次会议出版专辑。

7月27~31日，由智能计算分会主办、南京理工大学承办的第五届中国智能计算大会在江苏省南京市召开。来自全国80所高校和科研单位的160多位专家、学者参加了大会。大会的主题是“优化计算的智能化与挑战”。大会在会前出版了论文集，收录论文70余篇。会前举办了不确定理论及其应用高级研修班，培训学员40多名。大会进行了优秀论文奖评选，经过严格的资格审查、候选人答辩以及评奖委员会委员的无记名投票评选，南开大学的陈孝伟和南京理工大学的许新新荣获优秀论文奖。会议完成了智能计算分会的换届工作，南京理工大学教授朱元国任新一届分会理事会主任委员。

决策科学分会举办了5次国际学术研讨会和1次国内学术研讨会。

7月27~31日，第九届中国不确定系统年会在江苏省南京市召开，会议主题为“运筹与管理中的不确定性”。来自国内80多所高校和科研单位的160多位专家、学者参加了本次年会。18位专家作了大会邀请报告。

对策论分会于11月在山东省青岛市举办了2011北京-青岛博弈论理论与算法高端论坛，论坛的主题是“探讨中国博弈论与管理科学的发展趋势”。学会秘书长胡晓东担任论坛的程序委员会主席，对策论专业委员会主任委员高红伟担任论坛的组委会主席。来自国内和美国从事博弈理论与算法研究的专家、学者和研究生共70余人参加了论坛。中国科学院管理、决策与信息系统重点实验室主任杨晓光，山东大学博弈论与经济行为研究中心主任、美国加州大学圣芭芭拉分校经济学系终身教授秦承忠，中国海洋大学数学科学学院院长方奇志，青岛大学数学科学学院教授高红伟，中国科学院数学与系统科学研究院的年轻学者陈旭瑾、曹志刚、鲍勤、穆义芬分别就博弈模型、方法、理论及算法作了邀请报告。

中国菌物学会

2011年，学会发展团体会员2名，个人会员65名。

学会召开了中国菌物学会第五届会员代表大会、第十届中韩菌物学学术研讨会、第三届药用真菌学术研讨会、2011年中国皮肤真菌病新进展研讨会、海峡两岸第十届菌物学会暨第三届食药用菌学术研讨会、2011年中国菌物学会学术年会、第十届全国虫生真菌研讨会、第二届中国真菌基因组研究国际研讨会等学术会议。

学会举办菌物学研究技术培训班，通过讲座、实验演示、学员实践以及野外采集等活动，使学员了解掌握国际研究进展和最新技术。其中，皮肤真菌病基础和临床研究进展培训班于3月30日~4月4日在四川省成都市举办。培训班结合临床、追踪前沿，邀请国内知名真菌学专家以及两任国际人类和动物真菌学会（ISHAM）副主席Glenn Bulmer教授和日本明治药科大学教授杉田隆（Sugita Takashi）授课，将国内外真菌学前沿研究融入到基础与临床讲习班。培训班采用白天授课和夜间实习相结合的方式，内容充实，时间紧凑。参加培训人数49人。

4月22~25日，第十届中韩菌物学学术研讨会在山东省泰安市召开。学会秘书长、中国科学院微生物所研究员文华安，韩国菌物学会理事长、韩国Gyeongsang National University大学教授Hyun - Sook Lee、学会常务理事、南京师范大学教授陈双林，学会副秘书长、中国科学院微生物所副研究员郭守玉，山东农业大学副校长董树庭，学会理事、山东农业大学教授张修国以及来自中韩两国有关科教单位的专家、学者71人参加了会议。在为期3天的会议上，16位中国专家和3位韩国专家作了大会发言，与会专家、学者围绕中韩两国菌物学家近两年来在菌物多样性、系统发育、资源开发与利用等方面取得的成果进行了研讨和交流。中韩两国菌物学会理事会理事代表就今后中韩菌物学研讨会的召开及扩大事宜进行了商议和探讨，确定将在韩国举办的亚洲菌物学大会上，进一步签订交流研讨会的备忘录。

5月20~22日，第三届药用真菌学术研讨会在山东省青岛市举行。会议特邀著名真菌学家张树庭教授、魏春江院士、戴玉成研究员、林志彬教授、刘吉开研究员分别作了题为《金字塔型的蕈菌产业》、《药用地衣的潜力、前景及其对人类健康的意义》、《中国真菌种类、药用真菌名称及重要种类的讨论》、《灵芝的抗肿瘤作用——疗效和机制》、《药用真菌：生物活性物质的宝库》的专题报告。在两天的研讨会期间，与会专家、学者共奉献了35场学术报告，就各个领域的最新研究、发现以及行业的发展进行了交流和探讨。本次学术研讨会上展示了近几年药用真菌的研究成果，交流了药用菌的研究进展及新的研究想法，对药用真菌的研究和发展起到了促进作用。此次会议参加人数132人，交流论文51篇。

7月13~14日，2011年中国皮肤真菌病新进展研讨会在广东省广州市举行。会议邀请14位国内外专家就当前皮肤真菌病致病、诊断、治疗等方面的新进展以及皮肤癣菌的分类和研究热点等进行了专题讲座和交流。参会人数300多人，交流论文14篇。

7月15~18日，地衣专业委员会在黑龙江省齐齐哈尔市举办2011全国地衣学学术研讨会。研讨会共收到论文30余篇，30位代表进行大会交流，报告了我国在地衣学研究领域的最新研究成果和进展情况。中国科学院院士魏江春在开幕式后作了《试论我国地衣学发展之方向与目标》首场学术报告。

裸菌生物学讲习班于7月3~5日在吉林省长春市举行，由吉林农业大学食药用菌教育部工程研究中心及菌物研究所承办。学会理事长、中国工程院院士李玉发表讲话，强调了菌物资源和分类学等基础研究的重要性，鼓励年轻的菌物学工作者刻苦努力、潜心研究，为我国的菌物事业和菌物学科的发展贡献力量。在讲习班上，王琦教授作《黏菌的个体发育研究》报告，刘淑艳教授作《黏菌的分子系统学研究》报告，刘朴博士作《集胞黏菌的分类》报告，朱鹤博士作《黏菌的化学》报告，陈双林教授作《黏菌的分类和鉴定》报告。这些报告的内容涉及裸菌研究领域的多个方面，不但为学员介绍了裸菌生物学的基本概念、基本理论和基本研究方法，还提供了大量有价值的新信息和新资料。除了专题报告，讲习班还组织进行了半天的黏菌标本鉴定实验，通过陈双林教授的现场讲解和实验室显微特征观察，学员基本掌握了裸菌研究的主要技能。在讲习班开办期间，与会学员和专家们进行了广泛的讨论，从中学到了较全面的专业知识与技能，开扩了研究视野，了解了有关领域的国际研究前沿及发展趋势，同时增进了青年菌物学工作者的相互了解。本次讲习班对于普及裸菌知识，扩大从事该领域研究人员队伍，提高我国裸菌的研究水平具有积极和重要的意义。

2011年，学会会员积极参与所在单位举办的科普活动及科普讲座，内容涉及农作物寒害后复产技术、蘑菇栽培技术、病虫害防治等方面。

在国际学术交流活动方面，4月17~25日，学会现任理事长刘杏忠、副秘书长白逢彦、副秘书长郭良栋、副秘书长蔡磊一行4人参加了在荷兰阿姆斯特丹举行的国际真菌DNA条形码工作会议，以及随后举行的“一个真菌一个名称（one fungus one name)”国际研讨会。在真菌DNA条形码工作会议上，与多国学者一起讨论了最新的研究进展，确定合作发表论文采用ITS序列作为真菌通用条形码，部分类群可引入补充条形码，并将向iBoL（International Barcode of Life）提出正式申请。在随后举行的“一个真菌一个名称”国际研讨会上，各国学者一致同意真菌界应该像其他生物界一样实行一个物种一个名称，以更好的服务实践与应用。郭良栋、白逢彦分别在两个研讨会上作了学术报告。研讨会之后，刘杏忠、白逢彦、蔡磊再次访问了荷兰皇家文理学院的CBS真菌多样性研究中心并讨论了双方进一步扩大合作的相关事宜。

学会与Taylor & Francis Group出版公司合作创刊的菌物学国际杂志：*Mycology - an international journal on fungal biology*，共印刷2400册，出版专刊两期。国内刊物《菌物学报》、《菌物研究》两个科技期刊1~10月印发总数1万册。

【中国菌物学会第五届会员代表大会】8月15~17日，中国菌物学会第五届会员代表大会在广东省广州市召开。本次会议由广东省微生物研究所、华南农业大学、仲恺农业工程学院、广州市科学技术协会、广东省微生物学会、广东省食用菌行业协会承办，来自全国各地440多名代表参加了会议。大会依照《中国菌物学会章程》和《中国菌物学会第五届理事会换届选举方案》，先后召开了第四届2011年第二次理事会和第五届理事会第一次会议，差额选举产生了由82位理事组成的中国菌物学会第四届理事会，选举出理事长1人，常务副理事长1人，副理事长5人，秘书长1人，常务理事25人。大会选举刘杏忠为理事长，王成树为常务副理事长，车永胜、陈双林、戴玉成、李泰辉、杨祝良为副理事长，文华安为秘书长。大会确定了副秘书长及各个专业委员会和工作委员会的负责人。

【海峡两岸第十届菌物学会暨第三届食药用菌学术研讨会】7月15～16日，海峡两岸第十届菌物学会暨第三届食药用菌学术研讨会在湖北省武汉市举行。会议由中国菌物学会、台湾地区“中华真菌学会”和中国科学院微生物研究所主办，华中农业大学承办，共有来自海峡两岸的近200名专家学者参加此次会议，为历届海峡两岸菌物学会研讨会代表人数最多的一次，会议共交流报告50个，收集论文及摘要97篇。台湾地区“中华真菌学会”理事长黄振文、中国科学院上海植物生理生态所研究员王成树、香港中文大学教授关海山作大会特邀报告，分别围绕有机农场蔬菜真菌性病害的管理策略、昆虫真菌比较基因组和香菇基因组测序作了演讲。

此次研讨会分设两个分会场，有50位来自海峡两岸的专家、学者分别从真菌与线虫、白僵菌、植物病毒等基础性研究，草菇、香菇、金针菇、食用菌产品质量安全标准等应用研究方面进行了讨论、交流。

【2011年中国菌物学会学术年会】8月15～17日，2011年中国菌物学会学术年会在广东省广州市召开。会议由广东省微生物研究所等单位承办，来自全国各地440多名专家、学者参加了会议。学术年会有5个大会特邀报告、7个会前专题论坛、2个学生组和10个专业组，共安排150多个学术报告，收集论文及摘要共计220篇。

本次学术年会首次采用会前举办专题论坛的形式，从真菌基因组研究，虫草研究，马尔尼菲青霉研究进展，银耳产业、菌物学项目申请，真菌学“973”项目申请以及植物病原菌物课题组或实验室科研交流等7个关注热点展开专题交流研讨。

学术年会特邀中国工程院院士廖万清、中国科学院微生物所研究员白逢彦、中国农业大学教授何群、中国科学院微生物所研究员黄广华、加拿大多伦多大学教授杨伯华等5位菌物学领域专家作大会特邀报告。

为鼓励青年学生，年会特别设置学生组，并首次建议使用全英文报告。共有来自全国高校和科研院所31名研究生进行了报告。经学生组评奖专业委员会评定，6名研究生获得中国菌物学会2011年“菌物杯青年科技创新奖”。

【第二届中国真菌基因组研究国际研讨会】10月24～26日，第二届中国真菌基因组研究国际研讨会在云南大学省部共建国家重点实验室培育基地云南省生物资源保护与利用重点实验室召开。会议围绕真菌基因组研究进展、真菌基因组分析技术演示、中国数据库搭建与数据共享、真菌基因组论文组织探讨等4个主题展开。会议特邀美国国家科学院院士、国际著名真菌遗传学家、罗格斯大学教授Joan W. Bennett，国际真菌协会主席、美国加州大学Berkeley分校教授John W. Taylor，美国德克萨斯大学健康科学中心首席科学家Zhiqiang An，美国农业部南方研究中心（USDA/ ARS/ SRRC）遗传学家Jiujiang Yu，美国能源部联合基因组研究所真菌基因组计划项目负责人Igor Grigoriev，美国Broad研究所真菌基因组测序及分析研究组组长Christina Cuomo等6位国际著名真菌学家分别作了不同领域的学术报告。共有来自全国各省市近150位学者参会。

【刘杏忠研究员当选为亚洲菌物协会新一届主席】8月6～11日，中国科学院微生物研究所真菌学国家重点实验室（筹）刘杏忠、郭良栋、蔡磊、王启明、魏鑫丽、田建卿、蒋娜一行7人参加了在韩国仁川举行的2011年亚洲菌物学大会暨第12届海洋及淡水菌物学研讨会。

亚洲菌物学大会是由亚洲菌物协会主办的亚洲领域国际学术会议，每2年举办一次，有来自亚洲地区菌物学研究专家、学者参会交流。亚洲菌物协会理事会每四年换届一次，2011年正值理事会换届，刘杏忠研究员当选为亚洲菌物协会新一届主席，马来西亚大学的Dr. Vikineswary Sabaratnam教授和韩国仁川大学的Dr. Tae Soo Lee教授当选为副主席，蔡磊研究员为亚洲菌物协会理事会秘书长，蒋娜博士为秘书。亚洲菌物协会新一届理事会召开了第一次会议，刘杏忠主持会议，有来自亚洲13个国家和地区的23名代表参加。会议提名产生新一届理事会成员（副主席，秘书长）以及各国家（地区）代表。会议决定，亚洲菌物协会（原英文名：Asian Mycological Committee）正式更名为：Asian Mycological Association。会议围绕新一届理事会的未来计划等进行了讨论。

中国菌物学会积极参加了这次在韩国举行的AMC2011会议，我国学者应邀共作了11个学术报告。

中国晶体学会

2011年7月7日，中国晶体学会四届三次理事会会议、四届五次常务理事会会议在北京召开；11月4日，学会四届六次常务理事会会议在北京召开；7月25日，药物晶体学专业委员会在民政部登记注册。

2011年功能材料科学技术前沿研讨会于8月14～18日在山东省威海市举办，会议由晶体生长与材料表征专业委员会主办，山东大学晶体材料国家重点实验室承办。中国科学院院士陈创天、中国工程院院士吴以成以及来自各研究所和高等学校的近20名学者参加了会议。会议就功能材料特别是功能晶体的发展进行了研讨。

第三届中国晶型药物研发技术学术研讨会暨中国晶体学会药物晶体学专业委员会成立大会于10月20～23日在山东省滕州市召开。会议由中国晶体学会和中国药理学会共同主办，山东益康药业有限公司、中国医学科学院药物研究所、山东省晶型药物工程技术研究中心协办，60余家药物研究机构、大学、制药企业的120余名代表参会。会议共收到学术研究论文42篇，其中16名代表作了大会报告。

8月22～30日，学会组团参加了在西班牙首都马德里举办的第22届国际晶体学联合会（简称IUCr）代表大会。目前在IUCr任职的我国科学家有：苏晓东，生物大分子专业委员会主席；彭练矛，电子衍射专业委员会主席；王继扬，晶体生长与材料表征专业委员会委员；刘豪哲，高压专业委员会委员；陈小明，晶体学教育委员会。任期均为2011～2014年。

6月24日～7月1日，“亚洲晶体生长与晶体技术会议”在新加坡举行，晶体生长与材料表征专业委员会协办了此次会议。我国有近60位专家参加会议。在这次会议上，因山东大学教授王继扬在激光自倍频晶体研究的斐然成就，获得会议颁发的杰出科学奖（Distinguished Science Award 2011）。会期期间，召开了亚洲晶体生长和晶体技术协会执委会会议，学会副理事长王继扬等科研人员参加了会议。会议决定于2014年由我国承办第6届亚洲晶体生长与晶体生长技术会议（CGCT－6）。

2011年3月，学会通过邮件形式举办了理事会通讯会议，中国科学院院士高松作为学会选举的中国科协八大代表；参加八大期间，高松当选为中国科协八大全国委员会委员。

2011年，学会推荐的清华大学教授颜宁获得第12届中国青年科技奖，学会推荐苏晓东教授为第四届国际科联中国委员会委员。

中国神经科学学会

2011年，学会召开了第九届全国学术会议等，首次与美国神经科学学会共同举办了有关学术道德和学术交流技巧的讲习班，联合中国科学院神经科学研究所承办了第四届亚洲疼痛研讨会、第九届国际疼痛研究组织研讨会。学会与默克－密里博公司（Merck Millipore）在上海市举办了2011默克－密里博亚洲生物论坛。14个专业分会组织了神经损伤与修复分会第一届年会、精神病学基础与临床分会第八届学术会议、第三届海内外华人离子通道大会等10余次学术会议。

7月29日，在河南省郑州市召开了中国神经科学学会第五次会员代表大会，完成了学会换届工作。在随后召开的五届一次理事会上投票选举出第五届学会领导人，中国科学院院士、浙江大学教授段树民当选为理事长，当选为副理事长的有上海交通大学附属瑞金医院教授陈生弟、上海大学教授吉永华、北京大学生命科学院院长饶毅、南京大学教授王建军、北京军区总医院附属八一脑科医院院长徐如祥、北京大学神经科学研究所所长于常海、中国科学院上海生命科学院神经科学研究所研究员张旭，上海交通大学教授何士刚当选为秘书长。五届一次常务理事会讨论了分支机构换届事宜。

7月24～27日，第三届海内外华人离子通道大会——离子通道：结构、功能及治疗方法 在上海市召开。会议探讨了离子通道作为疾病治疗干预靶点的最新研究，为国内外离子通道研究不同领域的研究者们提供了交流平台。

学会携手默克－密里博公司于11月4日在上海市举办了2011默克－密里博亚洲生物论坛，此次论坛的主题为“神经科学前沿：从干细胞到系统生物学”。论坛特别邀请东京大学医学院副教授Dr. Haruhiko Bito，华盛顿大学系统生物学研究所加盟教授Dr. Timonthy Galitski，中国科学院神经科学研究所教授王以政、熊志奇，中国科学院生物物理研究所教授何士刚发布了最新研究成果。同期，还举办了Milliplex蛋白多重检测高级技术培训班。

学会分别于5月、10月与中国科学院神经科学研究所、上海市神经科学学会联合承办了第四届亚洲疼痛研讨会和第九届国际疼痛研究组织研讨会。学会副理事长、中国科学院神经科学研究所研究员张旭担任两次会议的主席，其中第九届国际疼痛研究组织研讨会的共同主席还有加拿大多伦多大学教授卓敏、美国匹茨堡大学教授 Gerald F. Gebhart 和日本熊本健康科学大学教授 Megumu Yoshimura。会议交流了慢性痛发生和发展的结构、分子和细胞机制以及可能的针对慢性痛的新治疗策略等。两次会议还开辟了以研究生和博士后为主体的研究成果墙报展示，并评选出“优秀墙报奖”。

为了鼓励我国神经科学优秀人才的成长，受张香桐基金会委托，2011 年学会评选出 2 名张香桐神经科学青年科学家奖和张香桐神经科学优秀研究生论文一等奖 3 名、优秀奖 5 名。另外，学会与企业合作，分别设立了“Olympus Travel Fellowship”、“GSK Tomorrow's Star” 以及“赛诺菲 - 安万特中国神经科学优秀学者奖”、“赛诺菲 - 安万特中国神经科学优秀会议论文奖”，共有 34 位杰出的神经科学工作者或博士后、研究生获奖。

由教育和继续教育工作委员会与国际脑研究组织亚太区分会合作，于 11 月在山西医科大学举办了 2011 年国际脑研究组织亚太区神经科学研讨班。

学会针对影响老年人生活质量的常见病、多发病开展科普教育。在 4 月 11 日、9 月 21 日分别举行了“世界帕金森病日”和“世界老年痴呆症日”活动，形式包括课堂讲课、新闻媒体发表科普文章、科普杂志刊登短文、广播电台直播回答市民感兴趣的问题、为病人义诊等。

此外，本着“服务会员”的宗旨，同时为贯彻《关于开展 2011 年中国科协会员日活动的通知》精神，加强学会与会员之间、会员与会员之间、学会与学会之间的联系，学会联合中国细胞生物学学会、中国植物生理与分子生物学学会于 12 月 13 日在上海教育会堂举办了 2011 年中国科协会员日活动，活动的主题是“加强科学道德和学风建设”。

《神经科学通讯》（*Neuroscience Bulletin*）是学会的会刊，2011 年完成了期刊编委会改组，由学会理事长、中国科学院院士段树民担任主编。新编委会共有海内外编委 90 位，其中海外著名神经科学家 42 位，包括 6 位美国科学院院士和《神经科学杂志》（*Journal Neuroscience*）、《神经生物学杂志》（*Journal Neurophysiology*）、《神经胶质》（*Glia*）、《细胞钙》（*Cell Calcium*）等国际著名神经科学期刊的主编。10 月 18 日，《神经科学通讯》通过了美国科学信息研究所的严格评估，被科学引文索引（Science Citation Index Expanded，SCI - E）、Neuroscience Citation Index、Biological Abstracts（BA）、Biosis Previews（BP）收录，自 2009 年以来，《神经科学通讯》出版的各期论文全部纳入科学网（Web of Science）及上述数据库，并将在 2012 年 6 月公布其影响因子。

【中国神经科学学会第九届全国学术会议】 7 月 29 日 ~8 月 1 日，在河南省郑州市召开了中国神经科学学会第九届全国学术会议，会议规模达 1500 余人，共收到论文投稿 756 篇。本次会议邀请了陈宜张院士、鞠躬院士、杨雄里院士、段树民院士，以及多名国内外著名专家参会。本次年会中组织了 17 个专题小型研讨会，其中两个为首次与美国神经科学学会、日本神经科学学会共同组织的小型研讨会。

会议共有大会报告 9 个，包括美国科学院院士、哈佛大学谢晓亮教授作的徕卡讲座；美国科学院院士、加洲大学旧金山分校的詹裕农教授作的张香桐纪念讲座。会议还邀请到美国科学院院士、美国神经科学学会主席 Susan Amara 教授等著名学者作大会报告。

【学术道德和学术交流技巧讲习班】 7 月，学会与美国神经科学学会共同在北京举办了有关学术道德和学术交流技巧的讲习班，主题是“学术交流技巧：如何发表论文（Responsible Scientific Communication：Guidelines for Getting Published）”。来自中国科学院心理研究所、中国科学院遗传发育研究所、中国科学院生物物理研究所、北京大学、清华大学、首都医科大学、北京师范大学、中国科技大学、四川华西医院、河北师范大学、暨南大学医学院、青岛大学、大连医科大学、华中科技大学同济医学院的 53 位师生参加了本次活动。

学习班邀请到美国匹兹堡大学 Beth Fischer 博士和 Michael Zigmond 博士授课。美国神经学会执行总监 Dr. Marty Saggese、资深总监 Dr. Eun - Joo Chang 和主任 Dr. Mark Storey 全程参加了学习班。此次培训班不仅对培养我国青年神经科学人才作出了贡献，且对于学会与美国神经科学学会的国际合作具有重要意义。

中国机械工程学会

2011 年 11 月 15 日，中国机械工程学会第十次全国会员代表大会在湖北省武汉市举行。来自中国机械工程学会各专业分会、各省区市机械工程学会及港澳台地区的会员代表和列席代表共计 400 余人出席。中国工程院院长周济当选理事长，卢秉恒等 13 人当选副理事长，张彦敏当选秘书长。

2011 年，学会共组织各类学术会议 117 次，1.75 万人次出席，交流论文 7400 篇。其中内容形式、参会人员层次范围、组织水平、活动效果等方面表现突出的会议有 2011 再制造国际论坛、第六届表面工程国际会议、2011 流体传动与机电一体化国际学术会议、2011 年全国粉末冶金学术会议暨海峡两岸粉末冶金技术研讨会、第18届工业工程与工程管理国际学术会议暨第13次工业工程年会、第16届全国残余应力学术会议、第16次全国焊接学术会议、第14届全国特种加工学术会议、2011动力传动国际会议、第10届全国摩擦学大会、第12届全国铸造年会暨2011中国铸造活动周、2011年中国机械工程学会年会、第8届中日超精密加工双边国际学术会议等。

2011年，英国工程技术学会、美国机械工程师学会、德国机械设备制造协会、英国营运工程师学会、英国机械工程师学会代表团先后访问了中国机械工程学会工作总部。学会常务副理事长宋天虎、学会秘书长张彦敏等会见了代表团成员，并与英国营运工程师学会、英国机械工程师学会签署了合作协议。宋天虎率团多次赴香港特别行政区，与英国营运工程师学会香港分部洽谈工程师互认事宜，出席与美国机械工程师学会等组织联合举办的2011机械及多学科工程教育国际领袖峰会，与澳门机电工程师学会签署合作协议。张彦敏率团访问了德国机械设备制造协会和韩国机械工程师学会并出席相关活动，率团赴香港特别行政区参加香港工程周并做报告，率团赴台湾地区出席与台湾机械工程学会共同举办的第十四届海峡两岸机械工程技术交流会。

4月19~21日，国际机构学与机器科学联合会主办的首届机构学与机器科学国际奥林匹克竞赛在俄罗斯举行，来自9个国家的18支代表队参赛。上海交通大学机械与动力工程学院代表队夺得个人金、银牌和团体第二名。

6月19~23日，第13届机构学和机器科学联合会世界大会在墨西哥瓜纳华托市召开。来自世界44个国家和地区的320多名学者参加了大会，其中中国大陆学者23名，重庆大学教授秦大同当选为机构学和机器科学联合会世界大会执委，天津大学教授黄田当选为机构学和机器科学联合会世界大会宪章委员会委员，清华大学教授雒建斌连任机构学和机器科学联合会世界大会摩擦学技术委员会主席，上海交通大学获得机构学和机器科学联合会世界大会主办的第二届国际大学生机构学和机器科学奥林匹克竞赛承办权。

7月17~22日，国际焊接学会第64届年会及其国际会议在印度召开，41个国家的500多位学者参加了会议。中国机械工程学会焊接分会组团出席了会议。

10月，2011年国际摩擦学金奖授予中国机械工程学会特邀理事、中国科学院兰州化学物理研究所学术委员会主任、中国工程院院士薛群基。

学会和中国机械工业联合会共同设立的中国机械工业科学技术奖2011年共奖励376项，其中特等奖2项、一等奖23项、二等奖152项、三等奖199项。2011年，通过中国机械工业科学技术奖向国家科学技术奖推荐候选项目16项（其中技术发明奖1项，科学技术进步奖15项），5项获得国家科学技术奖，其中技术发明奖1项，科学技术进步奖4项。

11月，学会授予宋天虎、薛群基2人中国机械工程学会科技成就奖；授予汤宝平、田煜、邹小波、顾临怡、范志超、李鹤6人中国机械工程学会青年科技成就奖；授予《大型纯净超低碳马氏体不锈钢铸件先进制造技术》等101篇论文中国机械工程学会优秀论文奖；授予“第69届世界铸造会议（WFC2010）”等186项中国机械工程学会工作成果奖；授予丁强等446人中国机械工程学会学会先进工作者称号。

台湾上银科技集团资助设立的上银优秀机械博士论文奖，2011年进行了第一届评选，选出银奖论文2篇、铜奖论文4篇、优秀奖论文8篇、佳作奖论文15篇。香港安乐工程集团潘乐淘先生资助设立的节能及绿色工业科研成果奖，2011年共有6个项目获奖，其中一等奖1项、二等奖1项、三等奖4项。

2011年，中国机械工程学会推荐的浙江大学教授顾临怡获第十届中国青年科技奖。学会向中国科协推荐中国工程院院士候选人大连理工大学教授郭东明当选中国工程院院士。学会分别荣获了中国科协授予的“全国科协系统先进集体”和中国机械工业联合会授予的“机械行业先进学会”称号。中国机械工程学会党支部被中国机械工业联合会党委授予“先进基层党组织”称号。

2011年，通过中国机械工程学会机械工程师认证的各级各类机械工程师3118人，累计总数已达16163人。学会发布了新版《机械工程师资格考试大纲》，组织编写出版了《机械工程师资格考试指导书》第二版，组织15个分中心的18位代表参加新版机械工程师资格考试大纲和指导书培训会。11月19日，第八次机械工程师资格全国统考在25个省区市同期举行，共有1230名工程技术人员参加了本次考试，考试人数比2010年增加16%。学会按照中国科协要求修订了管理体系文件，在有条件的专业和区域进行认证试点，批准塑性工程分会启动材料锻压工程师认证试点，批准热处理分会启动高级材料热处理工程师认证试点，批准江苏省、上海市、浙江省机械工程学会启动见习机械制造工程师认证试点。4月，学会与英国营运工程师学会续签了工程师资格互认合作协定。在香港、上海、武汉举行3次中英工程师资格互认面试，并在2011年中国机械工程学会年会开幕式上为首次通过面试的5位工程师举行发证仪式，颁发了中英工程师资格证书。

学会及工业工程分会举行两次见习工业工程师资格考试。全国42所高校的本科生和部分社会人员共1067人参加了考试，815人获得见习工业工程师证书。工业工程领域工程硕士毕业生申请工业工程师试点工作，2011年率先在上海交通大学启动，经过专家审核，13名工程硕士毕业生获得中国机械工程学会颁发的工业工程师证书。

学会组织完成了对西安交通大学、北京科技大学、天津大学、太原科技大学和湖南大学5个机械类专业点认证考查工作。完成对2个专业点有效期延长审核工作。机械类专业认证分委员会和计算机试点工作组组成联合认证考查专家组，赴西安交通大学开展了跨专业领域联合认证试点工作，探索联合认证考查工作模式，得到了被认证学校和机械类专业认证分委员会的一致认可。

3月，第二届中国出版政府奖评选结果揭晓，中国机械工程学会主办的《机械工程学报》荣获第二届中国出版政府奖期刊奖，中国机械工程学会铸造分会与沈阳铸造研究所共同主办的《铸造》杂志获中国出版政府奖期刊奖提名奖。《机械工程学报》和《中国机械工程》再次入选“百种中国杰出学术期刊”。

4月，学会编写的《2010—2011机械工程学科发展报告（成形制造）》由中国科学技术出版社出版。该书分别以塑性成形、铸造成形、焊接制造、再制造、材料改性与控制工程、表面工程6个领域为切入点，重点针对可实现环境友好的绿色制造和有利于制造业节能减排、降低资源消耗的材料成形制造新技术的研究和发展，科学评价了近年来机械工程学科中成形技术的新进展、新成果、新见解、新观点、新方法和新技术，并通过比较分析国内外发展情况，展望了学科发展的目标和前景。

《中国机械工程技术路线图》由学会组织包括19名院士在内的300多名专家共同参与，直接参加编写工作的专家超过200人。《中国机械工程技术路线图》由中国科学技术出版社出版，并于8月30日在北京举行首发式。全国人大常委会副委员长、中国机械工程学会理事长路甬祥，国家最高科技奖获得者师昌绪，中国科协副主席、书记处第一书记陈希，中国工程院院长周济等100余人出席。《中国机械工程技术路线图》是面向2030年我国机械工程技术如何实现自主创新、重点跨越、支撑发展、引领未来的战略路线图，选择产品设计、成形制造、智能制造、精密与微纳制造、仿生制造、再制造、流体传动与控制、齿轮、轴承、刀具、模具11个领域，着眼于未来10~20年对我国机械工业发展产生重大影响并可能实现突破的关键技术进行研究，提出了面向2030年机械工程技术五大发展趋势和影响制造业发展的八大机械工程技术问题。

【中国机械工程学会第十次全国会员代表大会】11月15日，中国机械工程学会第十次全国会员代表大会在湖北省武汉市举行。来自中国机械工程学会各专业分会、各省自治区、直辖市机械工程学会及港澳台地区的会员代表和列席代表共计400余人出席。

中国科协副主席、书记处书记程东红，全国政协提案委员会副主任、中国机械工业联合会会长王瑞祥出席开幕式并致辞。学会荣誉理事长何光远、陆燕荪，湖北省科协党组副书记、副主席夏航出席了开幕式。

第九届理事会理事长路甬祥代表第九届理事会向大会作了《中国机械工程学会第九届理事会工作报告》。报告着重总结了学会过去五年的主要工作，并分析了学会面临的新形势与新使命，以及对学会今后工作的建议。希望广大会员和机械科技工作者坚持围绕中心、服务大局，积极促进人才强国战略实施，不断提升能力和水平。第九届理事会副理事长李忠海向大会作了《关于修改〈中国机械工程学会章程〉的报告》，第九届理事会常务副理事长宋天虎向大会作了《中国机械工程学会第九届理事会财务报告》；第九届理事会副理事长李新亚向大会作了关于设立监事会的说明。大会通过了设立监事会的决定。

大会选举出了第十届理事会理事和第一届监事会监事，学会第十届理事会由175名理事组成，第一届监事会由5名监事组成。中国工程院院长周济当选中国机械工程学会第十届理事会理事长，卢秉恒、包起帆、任洪斌、李培根、李新亚、杨海成、张彦敏、陈钢、林忠钦、钟志华、郭东明、蔡惟慈、谭建荣当选副理事长，张彦敏兼任秘书长。

第一届监事会全体监事列席了第十届理事会第一次会议。在中国机械工程学会第一届监事会第一次会议上，宋天虎当选首届监事会监事长。

大会闭幕式上，第十届理事会第一次会议通过决定，授予路甬祥中国机械工程学会荣誉理事长。周济向荣誉理事代表和各位荣誉会员及其代表颁发了荣誉证书。

周济在大会闭幕致辞中指出，在“十二五”开局之年召开的此次大会，是继承优良传统、迎接新挑战、开拓新业绩的一次重要大会，必将对我国机械工程科技创新和机械工业科学发展起到重要的推动作用。希望全体与会者团结奋斗，为实现我国机械工业新的历史性跨越、实现我国从制造大国向制造强国的伟大转变勇挑重担、建功立业。

【2011 年中国机械工程学会年会·第六届湖北科技论坛】11 月 16～17 日，中国机械工程学会和湖北省人民政府共同举办的 2011 年中国机械工程学会年会·第六届湖北科技论坛在湖北省武汉市举行。会议以“科技引领产业 支持跨越发展”为主题，进行了主旨报告会和 16 项专题论坛。来自全国的机械科技工作者及湖北省直有关部门单位负责人、有关高校与科技界学者 1200 多人出席了会议。

11 月 16 日上午举行了大会开幕式及主旨报告会。开幕式由湖北省政府副省长郭生练主持，全国人大常委会副委员长、中国机械工程学会荣誉理事长路甬祥致开幕辞，湖北省人大常委会副主任罗辉致欢迎辞，学会理事长、中国工程院院长周济出席了论坛，中国科协副主席、书记处书记程东红代表中国科协致辞。

路甬祥在开幕辞中提出，中国制造既面临其他新兴发展中国家的低中端竞争，又面临美国等发达国家重振先进制造业的压力，它将迎来新的发展战略机遇和挑战。在信息化时代，机械制造仍是国家发展的基础性、战略性支柱产业。提升自主创新能力，发展先进制造产业，实现由制造大国向制造强国的跨越，为发展方式转变、产业结构调整、战略性新兴产业提供先进装备；为提升国际竞争力和可持续发展能力，保障国家安全提供有力支撑，其战略意义毋庸置疑。

程东红代表中国科协致辞，她说：科技工作者是我国科技事业发展的宝贵财富，是现代化建设的重要力量。衷心希望中国机械工程学会广大科技工作者增强责任感、紧迫感和使命感，把事业抱负、科技专长同经济发展、社会进步、人民幸福紧密地联系起来，激发创造活力，勇攀科技高峰，在加快创新体系建设、实现科教兴国和人才强国战略的宏伟事业中再立新功。

大会开幕式上，路甬祥与周济向获得中国机械工程学会科技成就奖获奖者颁发了奖杯和证书。开幕式后，举行主旨报告会。工业和信息化部总工程师朱宏任首先作了题为《促进装备制造业由大变强 推动工业转型升级》的报告。中国工程院院长、中国机械工程学会理事长周济作了题为《“数控一代”机械产品创新工程的战略意义和技术路线》的报告。国家发展与改革委员会产业经济研究所所长王昌林作了题为《加快培育发展战略性新兴产业》的报告。

【“中国创新论坛”之“走进银川”活动】6 月26 日，“中国创新论坛”之“走进银川”活动在宁夏回族自治区银川市举行。本次活动主题为“落实规划，抓好开局，助推宁夏装备制造产业创新升级”，活动由中国机械工程学会与宁夏回族自治区经济和信息化委员会、中共银川市委、银川市人民政府联合主办。全国人大常委会副委员长、学会理事长路甬祥，宁夏回族自治区党委书记、人大常委会主任张毅，自治区主席王正伟，自治区党委常委、银川市委书记崔波，学会常务副理事长宋天虎，中国机械工业联合会执行副会长蔡惟慈等 400 多人参加。

路甬祥在致辞中说，各地方和企业制定的“十二五”规划要以科学发展观为指导，坚持科学性、前瞻性、创新性和引导性。要结合实际，积极制订并落实好装备制造业发展规划，注意把发展先进材料和高端装备制造放在重要位置，提升制造业的自主创新能力，支持传统产业技术升级和加快使战略性新兴产业发展成为先导支柱产业。要加强高端装备的自主创新能力，提升我国制造企业的核心竞争力。应着力突破一批关键核心技术，提升重大集成创新能力，培养吸引优秀人才和创新队伍，加快推进以企业为主体的产学研用联盟，以市场为导向，以需求为牵引，以先进技术为支撑，发展高端装备制造产业技术，占领国际制造产业的战略高地。

路甬祥说，要加快产业结构调整，完善产业价值链，打造产业集群，提升制造业整体竞争力。应按照集约化、专业化、一体化的原则，围绕打造大型装备制造基地的目标，以优势企业和主导产品为核心，加快产品结构调整和技术升级步伐，推进业务资源重组整合，提高产业集约程度，加快培育具有国际竞争力的大企业、大集团、大集群；完善鼓励支持集群创新的政策激励机制，建立研发和引进、推广和示范、产品检验和技术培训等技术平台，为中小企业提供技术创新服务，重视和支持基础材料、基础工艺和基础件产业技术创新、产业升级；积极引进跨国公司和教育培训、研发机构在装备产业集聚区落户，鼓励支持大企业创办研发中心，加快建设具有特色和比较优势，具有国际竞争力的产业基地和产业集群。

开幕式上，路甬祥、张毅共同为“银川经济技术开发区装备制造院士专家工作站”揭牌。宋天虎代表中国机械工程学会分别与宁夏回族自治区经济和信息化委员会、银川经济技术开发区签订了《中国机械工程学会与宁夏回族自治区战略合作协议》、《中国机械工程学会与银川经济技术开发区合作协议》。

开幕式结束后，中国机械工业联合会执行副会长蔡惟慈，学会副理事长、上海市人民政府参事包起帆，学会再制造工程分会副主任委员、装甲兵工程学院教授朱胜分别作大会报告。

【2011 年动力传动国际会议（ICPT2011）】10 月 25～29 日，2011 年动力传动国际会议（ICPT2011）

本届赛事共颁出16个奖项。北京理工大学车队蝉联了冠军，首次参赛的德国慕尼黑工业大学车队获得亚军，厦门理工大学车队获得第3名。

中国农业机械学会

2011年，学会举办各类学术年会、研讨会、交流会、报告会和学术论坛等共11次，征集交流学术论文286篇，有1205人次参加了交流活动，其中举办国际高层论坛1次，交流论文66篇，有160人次参加了交流活动。

7月，农机化分会联合江苏省农机局、《中国农机化导报》、中国农业大学中国农机化发展研究中心等主办的2011中国农业机械化论坛在江苏省无锡市召开，论坛主题为"'十二五'农业机械化发展方略建议"，全国农机行业的近170名专家、学者参加论坛。9月，学会在吉林省长春市召开了以"转变农业机械化发展方式"为主题的学术研讨会，120余人出席了会议。12月9日，耕作机械分会在江西省井冈山市组织召开甘蔗生产机械化国际学术研讨会，100余名专家、学者参加研讨会。会议邀请中国工程院院士罗锡文作了题为《加快中国农业机械化发展的思考》的报告，中国农业机械化科学研究院副院长方宪法作了题为《转变发展方向，加快现代农业装备技术发展》的报告，中国农业机械标准化技术委员会委员杨学军作了题为《"十二五"期间农机产业开发的热点和难点》的报告。

11月3日，由吉林大学生物与农业工程学院、中国农业机械学会教育工作委员会、中国农业工程学会教育工作委员会共同举办的2011农业工程国际研讨会在吉林大学举行，来自美国、韩国、尼泊尔、中国的农业工程领域学者以及吉林大学师生共200余人出席会议。

中外专家、学者分别作了题为《石油与可再生能源》、《中国在农业与生物工程期刊出版中的地位日益上升：CIGR，IAEJ，IJABE简介》、《手扶拖拉机在保护性耕作中的应用》、《韩国水稻生产机械化技术发展》、《动物废弃物的生物质能源生产与利用》和《农业机械仿生学》的大会报告。报告内容涉及石油危机、可再生能源的现状与未来，以及生物技术与机械技术在农业生产等方面的应用。

2011年，学会承办和参加了2011收获机械技术及装备国际高层论坛、亚洲食品装备论坛、第11届国际食品工程世界大会、2011国际农业工程大会等国际会议。

农业机械化分会组织行业专家就《全国农业机械化发展第十二个五年规划（2011—2015）》、农机深松整地作业、农用柴油需求与保供长效机制、林果业机械化水平评价指标体系、农机流通行业规范发展、区域农业机械化技术模式等有关问题进行研讨与交流，为《全国农业机械化发展第十二个五年规划（2011—2015）》和《农机深松整地作业实施规划》的编制提供了有益参考，为政府部门科学决策提供了参考。

学会全年开展农机科技培训、农机科技下乡、现场咨询以及现场演示观摩等活动3635次，接受培训的农民人数达201万人次，编写教材和宣传资料1403.7万字，发放宣传资料186.5万份，推广农机具54.87万台（套），推广新机具新技术作业面积9187.8万亩，培训师资6347人次，培训机手和机工12万人次，培训农民103.9万人次。各地分会完成多个科技项目，建立了一批科技示范基地和示范户等。

学会主办的《农业机械学报》2011年全年出版正刊12期，配合收获机械技术及装备国际高层论坛出版增刊1期，共刊出论文579篇，刊发的基金项目论文占95%，出版时滞缩短至10个月，刊出的论文全部被EI检索。2011年，《农业机械学报》影响因子为0.793，比2010年提高16.96%，被引频次2561，比2010年提高9.88%，在农业工程类14种期刊中综合排名居第4位。中国学术期刊（光盘版）电子杂志社发布的《2010中国学术期刊影响因子年报》数据显示：《农业机械学报》复合总被引6746，复合影响因子1.418；期刊综合总被引3490，期刊综合影响因子0.977，在农业工程类17种期刊中排名居第2位。2011年6月，《农业机械学报》被中国科学评价研究中心（RCCSE）评为RCCSE权威期刊（上年为核心期刊）。

2011年，学会协助国际农业工程学会（CIGR）出版国际农业与生物系统工程学会期刊（CIGR Journal）3期；协助亚洲农业工程学会（AAAE）出版《国际农业工程学报》（IAEJ）4期。

2011年，学会向中国工程院推荐院士候选人选1名、向中国科协推荐中国青年科技奖候选人选2名、推荐科协系统先进个人1名。

2011年，青年工作委员会、农机化分会、农机监理分会、拖拉机分会、普及工作委员会、地面机器分会和耕作机械分会等7个分支机构完成了换届工作。按照民政部、中国科协对社会团体分支机构的管理要求，学会拟订了《中国农业机械学会分支机构管理办法（征求意见稿）》，管理办法的制定和实施，促进了学会分支机构的规范运作。

【转变农业机械化发展方式学术研讨会】 9月26～28日，学会在吉林省长春市召开了以"转变农业机械化发展方式”为主题的学术研讨会，中国农机学会理事长、中国工程院院士罗锡文，中国农机学会名誉理事长、中国科学院院士任露泉，中国农机学会名誉理事长、中国机械工业集团有限公司副总裁陈志，农业部农业机械化管理司副司长刘恒新，吉林省长春市副市长陈巳，吉林大学常务副校长、学会副理事长赵继，中国农业机械化科学研究院副院长方宪法等120余名专家、学者出席了会议。

刘恒新结合“我国‘十二五’农业机械化发展战略”、任露泉结合“加快发展节约型农业机械化，转变农业机械化发展方式”、罗锡文结合“对加速我国农业机械化发展的思考”、陈志结合“玉米收获机械化技术现状与发展研究”、方宪法结合“转变发展方式，加快现代农业装备技术发展”等内容，作了学术报告。

【收获机械技术及装备国际高层论坛】12月2~4日，收获机械技术及装备国际高层论坛在江苏省镇江市举行。论坛由亚洲农业工程学会、中国农业机械学会收获加工机械分会、江苏大学共同主办，江苏大学农业工程研究院、现代农装科技股份有限公司承办。来自中国、美国、德国、印度、日本5个国家的100多位专家、学者出席了论坛。

学会名誉理事长、中国工程院院士蒋亦元，中国农业机械学会名誉理事长、中国机械工业集团有限公司副总裁陈志，中国农业机械学会秘书长、亚洲农业工程学会主席、中国农业机械化科学研究院院长李树君，江苏省镇江市副市长李小平，中国农业机械学会常务理事、亚洲农业工程学会副主席、江苏大学校长袁寿其，亚洲农业工程学会前主席、印度Kaziranga大学副校长Vilas M. Salokhe，亚洲农业工程学会前主席、日本新农林社社长Yoshisuke Kishida，美国佛罗里达州立大学教授、国际农业与生物系统工程学会常务理事John K. Schueller, Dipl. -Ing. IWE，德国霍恩海姆大学助研、德国机械设备制造业联合会会员、德国农业协会会员Michael Schwarz作为特邀嘉宾出席了论坛开幕式。

论坛分设12个主题、8个专题进行研讨，国内外收获机械领域的著名专家学者，就收获机械国际现状及发展方向、收获机械新技术及装备、智能化收获技术及收获机器人和特种收获机械等内容做了专题报告。论坛征集论文并出版了《农业机械学报》2011年增刊和《收获机械技术及装备国际高层论坛论文集》，经中国农业机械学会收获加工机械分会第六届三次会议评选，共有12篇论文被评为“雷沃谷神杯”优秀论文。

【2011中国农业机械化论坛】7月23日，2011中国农业机械化论坛在江苏省无锡市召开。大会由学会农业机械化分会与江苏省农业机械管理局、《中国农机化导报》、中国农业大学中国农机化发展研究中心联合主办，江苏省农业机械学会承办。

全国人大常委、农业与农村委员会副主任委员、农业部原常务副部长尹成杰，国务院研究室农村司巡视员叶兴庆，农业部农业机械化管理司副司长刘恒新，农业部农业机械试验鉴定总站站长刘敏，中国农机化导报社长宋毅，学会名誉理事长、中国机械工业集团有限公司副总裁陈志，中国农业机械化科学研究院院长李树君，江苏省人大农业和农村工作委员会副主任沈建辉，江苏省无锡市副市长陈金虎等170名专家、学者参加了会议。

尹成杰在会上作题为《关于农业农村经济形势及农业机械化》的主旨报告。报告强调农业现代化应该放在国家现代化建设之首，提出我国农业生产呈现出农产品需求大幅增长、生产成本高、劳动力结构性短缺、生产资源制约加剧、生产灾害影响加重、国际竞争激烈等明显的六大阶段性特征。报告阐述了走中国特色农业现代化道路过程中必须坚持实行农村基本经营制度和提高农业集约化、组织化水平相结合，坚持把大力发展粮食生产和全面发展农村经济相结合，坚持实行最严格的耕地保护制度和实行最严格的节约用水制度相结合，坚持实行强农惠农政策和农业市场化改革相结合，坚持增加农产品生产规模和提高农产品质量安全水平相结合，坚持继承和发扬传统农业的技术精华和加快农业科技进步相结合。尹成杰在报告中还提出了进一步加大财政支持力度，促进农机农艺协调发展，大力研发推广先进适用农机装备和技术，加大农业机械化基础设施建设支持力度，依法推进农业机械化事业又好又快发展等促进农业机械化发展的建议。

与会专家分别针对“三化”同步中推进农业机械化、“十二五”农业机械化发展及农业设施装备科技创新、区域农业机械化发展的有关问题在论坛上作了演讲。

【第六届青年学术年会】4月20~23日，学会第六届青年学术年会暨青年工作委员会四次会议在河南省洛阳市召开。会议由中国农业机械学会主办，中国农机学会青年工作委员会、河南科技大学、洛阳中收机械装备有限公司共同承办，来自14个省市的科研院校、企业、媒体、政府职能机构等单位共80余名学者参加了会议。会议共收录青年学术论文48篇。

会议期间，与会青年学者分别就山羊坡地运动的高速摄像分析、基于农户调查的农机购置补贴政策关联度组团赴香港特别行政区参加了 ICEE2011 电机工程国际会议。中国作为国际大电网组织亚太区域理事会轮值主席国，在泰国清迈举办了国际大电网组织亚太区域理事会会议，并邀请专家学者作了题为《中国能源发展与战略》、《中国建筑能源现状》、《清洁煤发电及应用》、《中国风能面临的挑战及解决方案》的报告。

学会与台湾地区智慧型电网产业协会共同主办了海峡两岸智慧电网研讨会，与国际电工委员会（IEC）联合举办了 2011 亚洲智能电力国际峰会，国际大电网会议（CIGRE）中国国家委员会（秘书处设在中国电机工程学会）联合国际大电网旋转电机专委会 A1 在北京举办了旋转电机的新发展技术研讨会，联合 CIGRE B1 专委会主办了以“未来电网中的电缆”为主题的 CIGRE 绝缘电缆专委会 2011 年技术研讨会，与清华大学联合主办了 2011 年继电保护与电力系统自动化国际会议（APAP2011）。

2011 年，中国电机工程学会共完成咨询报告 9 篇，举办决策咨询专家论坛 3 次。完成了《国家电网 2030 技术路线图》、《发电企业本质安全管理体系研究》、《我国大规模风电科学发展战略研究》和《电安全发展》等课题研究和专项技术咨询。

学会承担全国电力安全专家委员会秘书处的工作，完成了《电力安全事故应急处置和调查处理条例》的名词解释修订意见；修改完成《发电机组并网安全条件及评价》标准，并报国家标准委员会审查；组织专家开展发电企业并网安全评价和安全培训工作。

学会完成的《地震对电力设施影响及应对调研报告》和《我国大规模风电科学发展的战略研究》分别获 2011 年度中国科协优秀调研报告一、二等奖。

2011 年，学会完成成果技术评价 102 项，其中电气类成果 68 项、发电类成果 34 项。

2011 年，中国电机工程学会共组织科普活动 13 次，科普讲座 32 次，科普展览 18 次，受众 6388 人次。学会组织了主题为“电厂节水专题交流及展示会”的 2011 年全国科普日分会场活动，举办了主题为“低碳生活、绿色社会”的科普展览。该展览以展板、互动模型、科普短片投影播放、科普知识问答以及科普小册子发放等形式，涵盖了“低碳宣言”、“‘十一五’电力行业减排成果展”、“能源消耗与气候变暖”、“学会科普活动展示”、“节能低碳宣传海报”、“优秀科普成果展示”、“智能家居与用电安全”等内容。近千人次参观展览。

学会赴宁夏回族自治区贺兰县金贵回民中学举行了科普下乡和科普大篷车下乡活动，近千人参与了此次活动。活动期间，学会向贺兰县金贵回民中学和西吉县吉强镇夏寨小学进行了捐赠。

学会开展“爱心促科普”图书募捐活动，共收到 11 家单位共计 2656 本新旧科普图书，全部捐赠给宁夏回族自治区西部中小学校。学会积极宣传推广科普读物《假如没有电》，联合内蒙古学会编著《风吹电来》科普图书。

2011 年中国电力科学技术奖的授奖项目 113 项，其中一等奖 7 项、二等奖 30 项、三等奖 76 项。2011 年对《中国电力科学技术奖励办法》进行了修订。经学会推荐，有 2 项电力优秀科技成果获得 2011 年度国家科学技术进步奖，其中一等奖 1 项、二等奖 1 项。

2011 年学会设立了“中国电机工程杰出青年工程师奖”，任雁铭、吴小辰、吴文传、周虹光、赵丙镇 5 位同志获得首届中国电机工程杰出青年工程师奖。举行了第二届顾毓琇电机工程奖颁奖典礼，中国西电集团楼家法获奖，此奖项由中国电机工程学会与美国电气电子工程师学会电力与能源分会（IEEE PES）共同设立。

学会承办了由国家人力资源与社会保障部专业技术人员管理司、中国科学技术协会学会学术部主办的风力发电技术现状与发展专题研修班，115 人取得了国家人力资源与社会保障部颁发的《专业技术人员高级研修班结业证书》。

《中国电机工程学报》获得 2011 年度“中国出版政府奖期刊奖提名奖”，在 1868 种中国科技核心期刊中，连续 4 年总被引频次全国排名第一，连续 6 年获得中国科协精品期刊资助，连续 9 年被评为中国百种杰出学术期刊。学会会刊《动力与电气工程师》免费为会员发放 18000 册。英文刊物 *Electricity* 经新闻出版总署批准，正式由季刊改为双月刊发行。

学会正式启动了《中国电力百科全书》（第三版）的修编工作，学会理事长陆延昌任《中国电力百科全书》第三版编委会主任委员兼主编。经全国科学技术名词审定委员会批准成立了第四届电力名词审定委员会。

学会组织翻译了印度输电报告、美国电科院 2010 技术发展概况、CIGRE 工作组研究报告以及工程能力建设指南等技术文件，总计 46 万余字。举办了 2011 “远东杯”诗书画大赛，面向电力系统征集作品千余件，编辑出版了诗词集《电火诗花》以及书画作品集。

2011 年，学会发展单位会员 7 家，发展普通会员 579 人，其中学生会员 140 人，高级会员 40 人。建立并启用会员信息管理系统，完成 9.6 万名会员信息的收集和入库工作。利用网站为会员提供会刊电子版、会议论文检索、会议预报等信息。为单位会员提供科技咨询、学术交流、评价推荐等服务项目。

学会开展了首届会士遴选工作，遴选出蔡洋等 42 人为中国电机工程学会会士。召开了学会第九届第四次常务理事会会议和第九届第二次理事会会议，审议通过了关于学会第九届理事会理事、常务理事和副理事长变更的决议。完成了电力土建、电力环境保护、水电设备、电力系统自动化、电力通信、继电保护 6 个专委会的换届工作。

在 2011 年中国科协召开的第八次全国代表大会上，学会被授予“全国科协系统先进集体”称号，学会理事长陆延昌被授予中国科协荣誉委员，常务副理事长陈峰当选为中国科协第八届全国委员会委员，学会工作总部周缨荣获“全国科协系统先进工作者”称号。

【2011 年中国电机工程学会年会】 11 月 27 ~ 29 日，学会在贵州省贵阳市召开以“电力安全与绿色发展”为主题的 2011 年中国电机工程学会年会，参会超过 600 人。会议探讨如何通过技术创新和发展方式的转变来推动能源生产和利用方式的变革，促进经济社会发展与环境相协调，走可持续发展之路。会议共征集论文 1300 余篇，录用 880 余篇，评选出优秀学术论文 24 篇和优秀论文张贴海报 6 篇。

中国电机工程学会理事长陆延昌，学会常务副理事长、国家电网公司总经理助理陈峰，中组部人才局副局长宋永华，中国科学院院士周孝信，中国工程院院士郑健超、薛禹胜、蒋洪德、叶奇蓁等出席会议。与会专家、学者在会上作了题为《科技社团与社会管理》、《中国能源现状及面临的挑战和能源科技发展战略》、《台湾能源出境与对策》、《智能电网的展望》、《以风险观点来应对小概率的多米诺事件》、《日本电力系统现状及在东部大地震之后的恢复》、《后福岛时期我国核电的发展》、《福岛核电站事故真相及经验》的主旨报告。著名经济学家茅于轼作了题为《经济学与人生》的报告。

会议组织国内外的知名专家学者就智能、高效、可靠的绿色电网、清洁能源与分布式能源、火力发电的安全经济与节能环保、大规模风电并网技术、中国水电大发展 5 个专题进行了研讨。安排了 7 组论文宣讲，167 篇论文张贴交流，内容涵盖电机工程各个技术领域。

会议为 2009 ~ 2010 年度优秀科普作品一、二等奖获得者颁奖，并同期举办了新技术展示和科普展示。

【中国电机工程杰出青年工程师奖评审】 2011 年，中国电机工程学会首次设立了中国电机工程杰出青年工程师奖。奖项设立的目的是为了表彰奖励在电机工程技术领域取得突出成绩、创新性成果，获得良好社会效益或经济效益的青年专家。对于促进电力青年科学技术人才成长，鼓励电力科技领域的创新，推动我国电机工程科技进步和学会事业的蓬勃发展具有重要的意义。

38 人获得首届奖项提名，评选出任雁铭、吴小辰、吴文传、周虹光、赵丙镇 5 名获奖者。11 月 29 日，学会在贵州省贵阳市举行了首届中国电机工程杰出青年工程师奖颁奖典礼。

【第二届顾毓琇电机工程奖颁奖】 2011 年 10 月 25 日，中国电机工程学会和美国电气电子工程师学会电力与能源分会（IEEE PES）在陕西省西安市举行了第二届顾毓琇电机工程奖颁奖典礼。美国电气电子工程师学会电力与能源分会主席 Alan C. Rotz、学会常务副理事长陈峰、顾毓琇博士的次子顾慰庆、本届顾毓琇电机工程奖得主楼家法等出席颁奖典礼。颁奖典礼由美国电气电子工程师学会电力与能源分会秘书长 Patrick Ryan 主持。

楼家法是原西安电力机械制造公司总工程师，是我国高压开关、断路器设计领域杰出的领导者和技术权威，设计研制了我国第一台 15 千伏高压断路器，为中国输变电设备制造工业的发展作出了巨大贡献。

中国电工技术学会

2011 年，学会围绕电工学科建设和行业发展实际，共组织开展学术活动 115 次（包括国际会议 7 次），参会人数 11200 人，发表论文 2971 篇。9 月18 ~ 19 日，学会在北京召开了 2011 中国电工技术学会学术年会。8 月 13 ~ 15 日，学会在北京举办了主题为“电工装备‘十二五’规划解读”的第六届中国电工装备创新与发展论坛，参会专家、学者 280 余人。

学会争取到 2012 国际电接触会议、第 16 届国际电磁发射技术大会的主办权，将分别于 2012 年 5 月 14 ~ 17 日和 2012 年 5 月 15 ~ 18 日在北京召开。第 16 届国际电磁发射技术大会是国际电磁发射技术领域首次在中国举办的国际会议。

4 月，学会组织国内风力发电、输变电企事业单位赴欧洲进行电器技术和风力发电技术考察，并参观德国汉诺威工业博览会。12 月 17 日，学会组团赴香港特别行政区与香港工程师学会进行访问和工作交流，40 余位会员参加了交流活动。

2011 年，学会共举办国际展览会 7 次，展会期间举办技术讲座和论坛 30 场，内容涉及电磁兼容技术、核电工业装备、新能源电工和新能源汽车、智能电网等。9 月

19～21日，学会与中国机械工业联合会等单位在北京共同主办了2011第五届中国国际核电装备展览会。展会展出面积1.8万平方米，参展企业300家，包含法国、美国、德国、英国、日本、西班牙、荷兰、奥地利、韩国、加拿大等21个国家和地区的企业70余家。同期举办了中国国际核电装备可持续发展高峰论坛，为核电行业提供了一个信息沟通及交流平台。6月28～30日，学会在北京举办第16届国际电磁兼容与微波技术交流展览会。展出面积3000平方米，来自美国、德国、瑞士、英国、加拿大、法国、意大利、爱尔兰、日本、韩国、新加坡等国及中国大陆、香港特别行政区和台湾地区的70余家参展商参展。

学会会员活动日暨2011团体会员工作会议在广东省深圳市召开，40余人参加了会议。

12月15～16日，会议邀请原机械工业部进出口办公室主任、中国机械工业联合会专家委员会委员郑国伟作《电器工业进出口形势与2012年展望》的报告、国家自然基金委员会材料与工程学部电工学科主任丁立健做了《国家自然基金电工学科基金管理及优势领域规划》的报告。与会专家、学者并就会员单位产品结构及国外对我国电器产品的需求、如何提升企业创新能力建设等问题进行探讨和交流。

学会申报并完成了《新能源汽车科普资源包》和《光伏发电产业科技创新成果科普素材》等中国科协科普项目，设计、制作了科普展板挂图、实物模型和视频科教片。

《电工技术学报》和《电气技术》全年收稿2665篇，刊登稿件772篇。《电工技术学报》获中国科协精品科技期刊示范项目C类赞助；《电气技术》全年撰写文章59篇，其中16篇为业内热点话题采访，31篇是企业采访报道，其中12篇为封面人物报道。《中国电工技术学会会讯》新增设了“会员之窗”栏目和反映学会活动的图片插页。

2011年，学会受全国科学技术名词审定委员会委托，承接了《电工名词》再版修订工作。受中国科协委托，组织开展了专业技术资格认证工作。受教育部委托，组织开展了电气工程教育专业认证试点工作。组织完成了中国科学院电工研究所“电动汽车用高性能永磁电机和驱动系统关键技术及其应用”项目技术鉴定等。

学会增加了2011年度中国电工技术学会科学技术奖授奖名额。3月，学会召开了2010年度“中国电工技术学会科学技术奖”颁奖大会，对获奖项目和人员进行表彰。

学会专业技术资格认证工作的重点是会员和企业。截至11月底，共收到专业委员会、地方学会、会员单位推荐的电气工程师资格认证申请表44份。经评审，33人获得电气工程师资格。

学会本着稳步拓展新专业试点，完善认证专家队伍建设，积累认证实践经验的原则，2011年参与了《工程教育专业认证申请书》的评审，撰写试点工作组总结和认证报告等材料，参加中国科协赴日工程师互认培训等活动。

8月，学会与欧姆龙自动化（中国）有限公司长期合作进行机电一体化岗位培训，1082人通过培训取得证书。11月25～27日，学会在清华大学举办光伏发电领域电力电子应用技术培训班，来自行业企业和科研院校的46名学员参加了培训。

3月21日，学会在北京召开了中国电工技术学会第七届二次常务理事会议。9月17日，学会在北京召开了中国电工技术学会第七届二次理事会议。9月17日，学会在北京召开了中国电工技术学会成立30周年纪念大会，全国人大常委会原副委员长邹家华，国务院原副总理曾培炎分别题词。曾培炎副总理到会并与代表合影留念。

学会编纂出版了《中国电工技术学会大事记（2004—2011）》。拍摄制作了《辉煌历程——中国电工技术学会30年巡礼（1981—2011）》录像片。编辑制作了《中国电工技术学会30年回眸》画册，收录30年来学会活动照片300余幅。编制了《中国电工技术学会“十二五”事业发展规划》

2011年，学会工作网站（www.ces.org.cn）进行了栏目调整，及时跟踪报道学会重大活动，信息量和稿件质量大幅提升。

【中国电工技术学会成立30周年纪念大会】 9月17日，中国电工技术学会成立30周年纪念大会在北京召开。全国人大常委会原副委员长邹家华、国务院原副总理曾培炎分别为学会成立30周年题词。曾培炎到会看望代表并与代表合影留念。邹家华题词：“大力推进自主创新 为国家多作新贡献”。曾培炎题词：“加强学术交流 推动科技发展”。

中国科协副主席、书记处书记程东红，全国政协提案委员会副主任、中国机械工业联合会会长王瑞祥，工业和信息化部副部长苏波、民政部国家民间组织管理局副局长李勇等领导出席大会并分别致辞和作专题报告，学会理事会历届老领导以及学会系统的会员、电工科技工作者400余人出席了大会。

【中国电工技术学会 2011 年学术年会】 9 月 18 ~ 19 日，中国电工技术学会 2011 年学术年会在北京召开。年会的主题为“低碳智能电气，持续创新科技”，400 余名专家、学者参加了会议。会议收到论文 277 篇，评选出优秀论文 50 篇，编辑出版《2011 中国电工技术学会学术年会论文集》。

年会设主会场 1 个，主题报告 3 个：科技部综合计划司司长王晓方作了题为《科技“十二五”规划及政策》、原机械部副部长陆燕荪作了题为《深化科技体制改革的思考》、中国电力科学研究院院长郭剑波作了题为《我国电网未来发展趋势》的大会报告。年会设立了主题为“电能质量新技术”、“风力、太阳能光伏发电储能及并网技术”、“输变电技术发展”的 3 个分会场。

【第 14 届国际电机与系统会议】 8 月 20 ~ 23 日，第 14 届国际电机与系统会议在北京召开。会议由中国电工技术学会、韩国电气工程学会和日本电气工程学会联合主办，国际电子电气工程师工业应用学会协办，清华大学电机系承办。大会主要议题为“电机系统及其控制、电力电子及新能源发电”，中心议题为“电机及其系统开创绿色未来”。

大会主席由清华大学教授赵争鸣担任。会议收到 28 个国家和地区的学术论文 1100 余篇，录用论文 705 篇。与会学者 700 余人，其中境外专家学者 300 余人。美国电子电气工程学会主席 Bruno Lequesne，日本电气工程学会主席 Shinzo Tamai，韩国电工技术学会主席 Hee Jun Kim，美国工程院院士 T. A. Lipo 等出席了会议。学会副理事长裴相精、肖立业，中国工程院院士顾国彪、韩英铎、饶芳权、陈清泉、马伟明等出席会议并作大会报告。

参加大会的数百名专家、学者联名签署通过了《ICEMS 2011 北京宣言》，倡导“绿色电机及其系统”。

中国水力发电工程学会

中国水力发电工程学会第七次全国代表大会 2011 年 10 月 28 日在北京召开。全国人大常委会原委员长李鹏、全国政协原副主席钱正英给大会发来贺信，来自 180 多家会员单位的 258 名代表出席了大会。大会选举产生了中国水力发电工程学会第七届理事会，选举张基尧为理事长，李菊根为常务副理事长兼代秘书长。

学会与中国大坝协会共同举办了绿色能源——水库大坝与环境保护论坛，邀请地震专家说明怒江地区的地震问题和地震与水电开发的关系，借助媒体的力量，加大正面宣传力度，营造水电舆论氛围。学会与《能源》杂志联合开展了“中国绿色水电行”大型实地参访考察和宣传报道活动。4 月，《能源》杂志作了《水电困局调查》系列报道，从体制、技术、舆论成因和开发模式等角度，向公众传达被淹没的水电真相。

学会与中国电机工程学会、中国三峡集团在湖北省宜昌市联合举办了 2011 年发电设备技术创新研讨会。会议主题为“创新与合作——可持续发展的中国电力技术”。学会与中国岩土力学与工程学会在云南省西双版纳傣族自治州共同举办了高堆石坝筑坝与工程安全技术研讨会，就高堆石坝筑坝与工程技术安全的相关技术问题进行研讨，交流高堆石坝筑坝与工程安全技术的最新研究成果和工程经验。

学会与挪威顾问集团、挪威鲍威尔公司以及挪威船级社进行了技术交流，挪威船级社（中国）有限公司 DNV 可持续发展中心与学会就水电风险管理有关问题进行了交流；6 月，国际水电协会促进水电可持续发展 2011 世界水电大会在巴西伊瓜苏市召开，学会应邀组织 8 人专家团组参加大会。代表团在会议上散发了学会简介和《中国水电可持续发展的成就与展望》资料，介绍中国水电开发在战略规划、技术装备、移民安置、环境保护、国际交流合作等方面取得的辉煌成就，以及未来 5 ~ 10 年内水电开发目标和可持续发展途径。

学会组织开展“锦屏一级、锦屏二级水电站调度模式与电力电量消纳方案研究”、“官地水电站调度模式与电力电量消纳方案研究”课题，充分发挥雅砻江下游梯级水电站的水能资源综合利用效益，为国家节能减排和地区经济社会发展提供优质清洁能源。组织开展“金沙江中游梯级水电站流域电价研究”、“金沙江中游梯级水电站统一调度、统一运行模式研究”课题，不断将近几年学会重点开展的流域梯级联合优化调度研究、实践和推广应用引向深入，并努力为水电工程争取合理上网电价。学会组织 20 余位中国工程院院士和专家开展的国家“十一五”科技支撑重点项目“特大型梯级水利水电工程安全及高效运行若干关键技术问题研究”咨询课题取得重大进展，已进入课题结题阶段。

学会承接了中国科协的“水电开发与地质减灾”的科普活动资源包项目课题，课题组根据清华大学用消能的方式成功治理泥石流灾害的经验，组织专家对水电开发与地质减灾的作用进行了调研，根据调研结果摄制了科普电视专题片，并于 11 月在北京举办了有关水电开发与地质减灾问题的绿色能源——科普论坛。

12 月，学会在浙江大学召开了第三届潘家铮水电奖学金颁奖典礼。完成了 2011 年度“水力发电科学技术奖”评审工作，评出一等奖8项、二等奖9项、三等奖26项。

围绕贵州省“工业强省”10大产业问题，学会向贵州省科协推荐了水电领域的科技专家，支持和参与贵州省科协重点工作，为西部地区经济社会跨越式发展服务。

学会会刊《水力发电学报》，全年共刊登论文200多篇，被国际权威检索机构EI检索的收录率高达99%。

【中国水力发电工程学会第七次全国代表大会】2011年10月28日，中国水力发电工程学会第七次全国代表大会在北京市召开。全国人大常委会原委员长李鹏、全国政协原副主席钱正英发来贺信。中国水力发电界的知名专家及来自全国数百个水电企事业单位的会员代表与会，共商水电发展建设大计。

大会听取和审议通过了学会第六届理事会理事长周大兵所做的《积极促进水电开发，服务低碳经济发展，为建设创新型国家、全面推进构建和谐社会而奋斗》的工作报告。审议通过了中国水力发电工程学会章程修改草案。

大会选举产生了中国水力发电工程学会第七届理事会，张基尧当选为理事长，李菊根当选为常务副理事长兼代秘书长，丁焰章等19人为副理事长，马海晨等77人当选为常务理事。大会提名通过了吴义航（常务）、李新、张博庭3位副秘书长。

大会表彰了开展活动积极和工作成绩突出的30个学会先进集体和50名优秀学会工作者，宣读了《潘家铮水电科技基金扩资倡议书》，希望各单位和个人积极支持，共同努力实现基金本金达到4000万～5000万元的扩资预期目标，促进水电科技创新与进步。

【绿色能源——水库大坝与环境保护论坛】3月6日，学会与中国大坝委员会在北京共同举办了绿色能源——水库大坝与环境保护论坛，解答各种有关水电开发中的地质、地震方面的问题。

论坛由中国水利水电科学研究院副院长、国际大坝委员会主席、中国大坝协会副理事长兼秘书长贾金生和学会副秘书长张博庭主持，专家、学者和媒体记者等近50人参加论坛。

全国人大代表丁秀花作了题为《加快怒江绿色水电开发，是促进怒江流域生态保护和人民脱贫致富的主要途径》的报告。中国工程院陈厚群做了大坝抗震安全方面的报告。中国地震局地质研究所所长徐锡伟发表了题为《活动断层灾害特征与对策》的主题演讲。中国地震局地质研究所周庆发表了题为《区域地震活动背景介绍》的主题演讲。中国地震局地质研究所研究员蒋溥发表了题为《怒江水电开发地质与地震问题研讨》的主题演讲。水电水利规划设计总院地质勘测处原处长朱建业发表了题为《关于水电开发中的地质问题》的主题演讲。中国地震局地质研究所研究员虢顺民也就水电站的地震安评工作作了报告。

【2011年发电设备技术创新研讨会】4月12～14日，中国长江三峡集团公司、中国水力发电工程学会、中国电机工程学会联合主办的2011年发电设备技术创新研讨会在湖北省宜昌市召开。中国长江三峡集团公司董事长曹广晶，中国电机工程学会理事长陆延昌，中国水力发电工程学会理事长周大兵，中国长江三峡集团公司副总经理杨清，中国三峡集团公司副总经理毕亚雄，中国电机工程学会常务副理事长、国家电网公司总经理助理陈峰，中国水力发电工程学会常务副理事长兼秘书长李菊根，国网电力科学研究院名誉院长、中国工程院院士薛禹胜，东北电网有限公司名誉总工程师、中国工程院院士黄其励，中国电机工程学会副理事长、神华集团国华电力公司副董事长秦定国等出席了大会。出席此次会议的还有高等院校、设计院、科研单位以及运行电厂、国内外制造厂商代表共210人，大会发言20人次。会议的主题为“创新与合作——可持续发展的中国电力技术”，旨在促进我国电力设备的自主创新，为推动我国电力事业的可持续发展贡献力量，迎接快速发展的中国电力工业。

在开幕式上，中国长江三峡集团公司董事长曹广晶，中国电机工程学会理事长陆延昌，中国水力发电工程学会理事长周大兵分别致辞。大会安排代表与技术专家进行交流互动取得了良好的效果，并提出了加强中国电机工程学会与中国水力发电工程学会各方面的联系，紧密合作可使全国电力行业制造、建设、运行达到更好的水平；加强电力行业的电力设备及自动化控制系统创新的研究，以创新型电力设备统领电力系统的安全运行；提倡创新合作，制造更为可靠和先进的电力系统自动化装备，使电力系统更加安全稳定的运行；加强网站建设，通过网站使专家和技术人员更加紧密的沟通和交流；举行多种形式的技术交流和专业技术培训；加强电力系统、电力设备的国家标准和行业标准的编制、修订和贯彻执行等建议。

【抽水蓄能发展研讨会】5月16日，学会主办的抽水蓄能发展研讨会在北京召开。学会常务副理事长兼秘书长李菊根主持会议。国家能源局新能源和可再生能源司副司长史立山出席会议并作总结讲话。会议宣读了中国工程院院士罗绍基的书面发言，22名学者出席了会议。

会议共有13人发言，内容主要涵盖了抽水蓄能电站的建设必要性，抽水蓄能电站建设体制和运营管理模式探讨，抽水蓄能电站与风电、核电联合运行模式探讨，抽水蓄能电站的电价机制研究等方面。

史立山提出，电力体制改革后，我国电力事业取得了巨大成就，抽水蓄能电站主要服务于电网安全稳定运行，特别是随着风电、核电等新能源的快速发展，从系统经济性和安全性的角度考虑，系统需要配置相当规模的抽水蓄能电站，以承担调峰、保障电力稳定和安全运行的重任。对于目前由发电企业投资的抽水蓄能电站在运营中存在的困难和问题，建议电网公司考虑通过租赁式的方式帮助其解决。

【高堆石坝筑坝与工程安全技术研讨会】 11月6~8日，高堆石坝筑坝与工程安全技术研讨会在云南省景洪市召开，会议由中国水力发电工程学会和中国岩石力学学会联合主办，华能澜沧江水电有限公司、中国水电顾问集团昆明勘测设计研究院、中国人民武装警察部队水电第一总队、云南省岩土力学与工程学会承办。

会议主要围绕目前位居世界第三、亚洲第一的糯扎渡心墙堆石坝的设计、施工及建设管理等方面进行研讨。糯扎渡心墙堆石坝坝高261.5米，填筑总量约3300万方。该工程在软岩堆石料利用、堆石坝静动力本构、心墙料掺砾、数字大坝与工程建设质量和安全监控、坝体快速施工等方面取得了系列成果，具有广泛的推广应用价值。

大会共收到有关高堆石坝的基础理论与实验研究、抗震研究、设计、工程实践等方面的文章约100余篇。专家、学者在大会上进行了有关高堆石坝设计、科研研究、施工及建设管理等方面的技术交流。混凝土面板堆石坝专业委员会副主任委员兼秘书长杨泽艳作了题为《世界高面板堆石坝技术进展》的专题报告。

中国水利学会

2011年10月11日，中国水利学会成立80周年纪念大会在北京召开，国务院副总理回良玉对纪念大会作重要批示。水利部部长陈雷，中国科协常务副主席、书记处第一书记陈希，出席会议并讲话。

2011年，学会共召开各类学术会议60余次，参会人数逾6000人。10月11~12日，中国水利学会2011学术年会在北京举办。学会理事长敬正书致开幕辞，水利部副部长胡四一作题为《中国水资源可持续利用的科技支撑》的主旨报告。年会收到论文249篇，其中36篇被评为优秀论文。

应加拿大土木工程学会邀请，学会副秘书长、南水北调工程设计管理中心主任李勇等赴加拿大参加加拿大土木工程学会2011年会并作南水北调工程学术报告。

2011年，学会及各分支机构结合世界水日、中国水周、全国科普日等主题活动开展形式多样的科普活动。学会与中国科协科普部、科学普及出版社联合组编了科普图书《来自宇宙的水精灵》。该书是《全民科学素质行动计划纲要》系列科普丛书，并作为2011年全国科普日主题图书和“科普图书公益漂流”首漂图书。

2011年，学会推荐、提名钮新强、胡春宏、倪晋仁、许唯临四名两院院士候选人，推荐9名候选人报中国青年科技奖，其中中国水利水电科学研究院水资源所的严登华、河海大学水利水电学院的苏怀智和清华大学水利水电工程系的傅旭东3人获选第十二届中国青年科技奖。

学会资助中国水利科学院高占义博士赴伊朗参加国际灌排委员会（ICID）第62届执委会暨第21届大会，并成功当选为ICID主席。资助清华大学王兆印教授赴澳大利亚布里斯班参加国际水利与环境工程学会（IAHR）第34届大会，并成功当选为IAHR新一届理事会副主席，以及IAHR环境水力学部主席。

2011年度大禹水利科学技术奖的评选共有35个单位推荐了78项成果，经形式审查、网评、专业组评审、评审委员会评审、公示及奖励委员会批准，共有42项成果荣获2011年度大禹水利科学技术奖。其中特等奖1项、一等奖9项、二等奖14项、三等奖18项。“国家防汛抗旱指挥系统工程技术研究与应用”成果荣获特等奖。

2011年，有6个单位加入学会，农村水利、泵及泵站、城市水利等专业委员会完成换届改选，上海、辽宁、广东、新疆、重庆、云南等省级水利学会开展了换届工作。

《水利学报》和《岩土工程学报》获得2011年度中国科协精品科技期刊示范项目（C类）项目资助。《岩土工程学报》、《中国防汛抗旱》等出版了增刊。《水利学报》继续保持水利工程类期刊排名第一。

学会申请了2012年国家财政项目“创新水利科普工作政策制度研究”，以全面规划水利科普工作，制定促进水利科普发展的政策制度，推进水利科普工作发展。学会起草了《水利科普教育基地管理办法（草案）》。为建立水利科普教育基地，发挥示范带头作用，学会起草了《水利科普教育基地管理办法（草案）》。

2011年，学会作为主要起草单位参与起草的《水利技术标准编制项目管理细则》、《水利技术标准复审管理细则》、《水利标准化试点示范项目管理细则》正式发布实施。6月19日，由水利部总工程师汪洪主持，对94项申报项目进行了立项论证，提出了89项拟列入年度计划的项目建议。2010年7月～2011年6月，学会共报批发布了《水利水电工程节能设计规范》（GB/T50649－2011）、《水利水电建设项目水资源论证导则》（SL525－2011）、《渠道防渗工程技术规范》（GB/T50600－2010）等76项水利技术标准。

2010年11月以来，学会共举办和承办了各类水利专业培训班11期，培训专业技术人员1100人次，在水利专业技术人才知识更新工程中发挥了作用。学会承担了2011年度水利部直属单位职称考试工作，共有约5000人参加了晋升职称考试。学会向水利认证试点工作组推荐了水利大类专业（含水利水电工程、港口与航道工程、农业水土工程、水文与水资源工程）的工程教育专业认证委员与专家；组织与推荐企业界专家参与认证培训与进校考察等工作，认证了中山大学、中国地质大学（北京）的水文与水资源工程专业；申报完成了中国科协《水利工程教育专业认证》课题。

【中国水利学会成立80周年纪念大会】10月11日，中国水利学会成立80周年纪念大会在北京召开。国务院副总理回良玉对纪念大会作重要批示。水利部部长陈雷，中国科协常务副主席、书记处第一书记陈希，出席会议并讲话，参会人员约600余人。

水利部副部长胡四一在会上宣读国务院副总理回良玉的重要批示；回良玉副总理在批示中指出："兴水利、除水害，历来是治国安邦的大事。80年来，特别是新中国成立以来，中国水利学会伴随着水利事业的发展不断壮大，为水利事业的蓬勃发展贡献了力量。当前和今后一个时期是水利发展的重要时期，要紧紧抓住水利发展的中心任务，组织广大水利科技工作者深入贯彻落实中共中央国务院关于加快水利改革发展的决定，充分发挥学术型团体的优势，大力推进水利科普工作，努力提高全民的科学素质。要紧紧抓住竭诚为水利科技工作者服务这个根本任务，发挥好党和政府联系水利科技工作者的桥梁纽带作用，建设好'水利科技工作者之家'，为我国水利事业的新发展作出新的更大贡献。"

陈雷在讲话中回顾了中国水利学会80年来的辉煌历程，充分肯定了中国水利学会80年来取得的巨大成就，指出中国水利学会是党和政府联系广大水利科技工作者的桥梁和纽带，是水利科技工作者之家。中国水利学会在为广大会员和水利科技工作者服务，促进科学发展，普及科学知识，推进科技进步等方面发挥了十分重要的作用，为我国水利改革与发展作出了重要贡献。同时，他对中国水利学会处于历史新时期的发展提出了几点殷切的希望：希望学会努力成为水利科技创新的推动者；希望学会努力成为水利科学技术普及的主力军；希望学会努力成为水利民主决策的智囊团；希望学会努力成为学风建设的排头兵；希望学会努力成为广大会员和科技工作者的贴心人；希望学会继续加大自身能力建设。中国水利学会今后的工作任重道远。

陈希高度评价了中国水利学会取得的显著成绩，对进一步把学会办好提出了明确要求：中国水利学会要以80周年大庆为契机，继承和发扬优良传统，抓住时代赋予的重大机遇，发挥优势、积极进取，努力为水利科技工作者提供优质高效服务，千方百计地把科学技术作为第一生产力的重要作用充分发挥出来，把科技工作者作为先进生产力开拓者的重要作用发挥出来，把学会作为国家创新体系重要组成部分的作用充分发挥出来，为努力走出一条中国特色水利现代化道路贡献力量，为增强自主创新能力、加快转变经济发展方式奋发有为，为党团结带领人民完成"两个百年"的宏伟目标不懈努力。

大会对水利行业科技最高奖项"大禹奖"特等奖和一等奖获得者代表以及从事学会工作50年工作者代表进行了表彰并颁奖。纪念大会之后还举行了2011年学术年会。

【中国水利学会2011学术年会】10月11～12日，中国水利学会2011学术年会在北京举办。学会理事长敬正书致开幕辞，水利部副部长胡四一作题为《中国水资源可持续利用的科技支撑》的主旨报告。来自国内外的专家、学者500余人出席了会议。

水利部总规划师周学文、国家防汛抗旱总指挥部办公室常务副主任张志彤、水利部建设与管理司司长孙继昌、北京市防办总工程师王毅、山东省水利厅厅长杜昌文等5位专家作大会特邀报告。

年会设置了第二届中国小水电论坛、科技支撑最严格水资源管理、农村水利现代化建设、水库汛限水位动态研究学术年会、2011年城市水利学术研讨会暨工作年会，以及国际分会场共6个分会场，收到论文249篇，其中36篇被评为优秀论文。分会场各自出版了2011年学术年会论文集。

【2011中国水博会】10月13～15日，学会举办了2011中国水博览会暨中国国际膜与水处理技术装备展览会。水利部副部长胡四一出席展会开幕式并致辞。本届水博览会吸引了来自20多个国家和地区的300家企业参

展，内容涉及水务、水利信息化建设、防汛、节水灌溉、膜技术及设备、净水设备、项目推介、技术对接等。

展会同期举办了以“实行最严格的水资源管理制度——水务企业的机遇与挑战”为主题的第六届中国（国际）水务高峰论坛。连续3年开展的“知名水务企业”、“知名水业设备企业”、“最具成长力水业品牌”的评选活动也在展会期间举办。

中国内燃机学会

2011年10月14～17日，中国内燃机学会第五届青年学术年会暨2011年学术年会在陕西省西安市召开。年会由学会理事长张小虞主持。年会由中国内燃机学会主办，陕西省内燃机学会和西安交通大学能源与动力工程学院联合承办，230名代表出席了会议。学会名誉理事长蒋德明、中国内燃机工业协会常务副理事长兼秘书长邢敏、CIMAC前主席卡尔·沃吉克应邀出席会议。

此次年会正逢学会成立30周年，年会举办了纪念中国内燃机学会成立30周年，以“百年动力，树木树人”为主题的大型学术论坛，张小虞作了题为《内燃机工业再创辉煌》的主旨报告，卡尔·沃吉克作了题为《大功率柴油机前途远大》的专题报告。

年会上，围绕“节能减排新技术”这一主题，中国船舶重工集团公司第七一一研究所王锋、一汽解放无锡柴油机厂陈勤学、中石油润滑油公司董红义、中国北车集团（大连）柴油机有限公司李辉广、西玉柴机器股份有限公司林铁坚分别作了题为《新一代自主品牌船用中速机的开发》、《两级增压技术对柴油机性能、排放改善潜力的研究》、《发动机可靠性、耐久性和润滑油的关系》、《我国目前机车柴油机发展走向》、《重型柴油机设计与排放控制》的学术报告。

年会设立了4个分会场进行学术论文宣读交流，经论文评审小组评选，评出优秀论文27篇，其中一等奖3名，二等奖9名、三等奖15名。

2011年，《内燃机学报》（双月刊）共刊出学术论文89篇；《内燃机工程》（双月刊）共刊出学术论文105篇；《内燃机》（双月刊）共刊出科普文章110篇。3种期刊共发行3.45万册。

2011年，学会编辑并出版了《内燃机科技——中国内燃机学会第五届青年学术年会论文集》、《2011年APC联合学术年会论文集和论文集光盘》、《油品与清洁燃料分会第三届学术年会论文集》、《燃烧节能净化分会2011年学术年会论文集光盘》、《第四届内燃机高效清洁燃烧国际研讨会专题学术报告光盘》等。

2011年，学会召开了1次全体理事会会议和2次常务理事会会议，以及1次秘书长工作会议。学会推荐、提名的学会副理事长、“973”项目首席科学家、天津大学教授苏万华当选为中国工程院院士。

靳素华、邓康耀、陈上华、杨永忠、林铁坚、鲍晓峰6人获学会2011年度突出贡献奖，林志强和裴毅强荣获学会史绍熙人才奖。

中国工程热物理学会

2011年，学会组织了7个大型国内学术会议和2个国际会议，参会人数达到3000多人次。

8月24～28日，2011年中国工程热物理学会多相流学术年会暨国家自然科学基金多相流领域项目进展交流会议在新疆维吾尔自治区乌鲁木齐市举行。会议由学会常务理事、多相流专委会主任郭烈锦主持。本次学术年会共收录239篇论文，40多家高校及科研院所240余位专家、学者参加了年会，会上宣读和交流了187篇学术论文。

大会进行了4个特邀学术报告，设置了气液两相流与沸腾传热传质、气固两相流与燃烧及其污染控制、多相流数理模型和数值方法、石油工程多相流、多相流测量技术、反应堆热工水力、两相流相变传热强化、节能和高新技术中的两相流与传热传质8个专题。会议期间还召开了多相流专委会会议，对获得2010年度青年学者优秀论文陈学俊奖的8名青年学者（35岁以下）进行了表彰，颁发了证书和奖金。

10月14～17日，由学会、国家自然科学基金委主办，西安交通大学热流科学与工程教育部重点室承办的2011年中国工程热物理学会传热传质学术年会暨国家自然科学基金传热传质领域项目进展交流会在西安交通大学召开，来自全国高校、研究所及相关领域的专家、学者近700人参加了本次大会，本次会议围绕新能源与工业应用中的传热传质科学和技术问题开展研讨与学术交流。

西安交通大学热流科学与工程教育部重点实验室主任何雅玲主持开幕式，学会理事长徐建中、传热传质分会主任张兴、国家自然科学基金委工程三处处长刘涛、西安交通大学副校长卢天健分别致辞。

参会专家、学者就热传导、对流传热、相变传热、多孔介质传热传质、辐射传热、微小尺度传热、生物传热、数值模拟、测量及显示技术、工业应用、换热器等10个方向进行了分组讨论，国内外20余名学者分别做了分会场主题报告。在大会期间，单独举行了“推荐青年优秀论文口头汇报”。

11月5日，中国工程热物理学会、国家自然科学基金委主办，华中科技大学能源与动力工程学院承办的2011年工程热力学与能源利用、热机气动热力学和流体机械学术会议暨国家自然科学基金项目进展交流会议开幕式在华中科技大学召开，来自高校和研究院所的专家、学者600余人参加会议。

学会副理事长、秘书长金红光主持开幕式。学会理事长徐建中、中国科学院院士蔡睿贤、华中科技大学副校长杨勇、中国科学院工程热物理研究所副所长朱俊强、国家自然科学基金委工程三处处长刘涛、华中科技大学科学技术发展院副院长夏松、华中科技大学能动学院院长黄树红等出席了会议。大会进行了8个分会场报告。分别就工程热力学与能源利用、热机气动热力学、流体机械和国家自然科学基金项目进展开展了学术交流。

11月28～30日，2011年中国工程热物理学会燃烧学学术会议暨国家自然科学基金燃烧项目进展交流会在浙江大学举行。国际燃烧学会前主席、美国工程院院士、普林斯顿大学 CK Law，美国工程院院士、斯坦福大学 RK Hanson，学会理事长、中国科学院院士徐建中，中国科学院院士、中国科学院力学所研究员吴承康，中国工程院院士、浙江大学教授岑可法等600多位中外专家、学者出席了会议。

会议包括大会报告和6个分会场论文交流与学术探讨，近300篇论文在会上宣读，84项基金项目进行了进展交流。会上颁发了“中国燃烧学杰出贡献奖”，表彰了2010年中国工程热能物理学会燃烧分会的5篇优秀论文。

10月31日～11月2日，2011年海上风能与海洋能国际会议在北京召开，会议由工程热物理学会、美国国家能源部可再生能源实验室、韩国木浦国立大学、丹麦科技大学可再生能源实验室共同主办，学会理事长、中国科学院院士徐建中担任了会议的主席。

11月8日，香港何梁何利基金2011年度颁奖大会在北京举行，学会秘书长金红光荣获科学与技术进步奖。

中国空气动力学会

2011年7月13～15日，第二届近代空气动力学与气动热力学会议在新疆维吾尔自治区乌鲁木齐市召开。来自沈阳飞机设计研究所、中航工业第一飞机设计研究院、成都飞机设计研究所、中国航空工业空气动力研究院、中国商飞上海飞机设计研究院、中国航天科技集团十一所、中国航天空气动力技术研究院、中国科学院力学研究所、中国空气动力研究与发展中心等单位、科研院所和高等院校的专家、学者130余人参加了会议。学会理事长、空气动力学国家重点实验室主任邓小刚主持开幕式并致开幕辞。研讨会共征集到145篇会议论文，录用140篇论文，其中大会邀请报告6篇。

10月，第16届全国高超声速气动力/热学术交流会在海南省三亚市召开。中国空气动力研究与发展中心、中国科学院力学研究所、中国科学院化学研究所、中国空间技术研究院、北京机电工程研究所、北京宇航系统工程研究所、中国兵器工业第203研究所、北京航空航天大学、南京航空航天大学、西北工业大学、北京理工大学、国防科技大学、中国科学技术大学和中国航天空气动力技术研究院等14家单位的128位专家、学者参加了此次会议。

会议论文集收入了共计142篇论文，论文内容包括高超声速新型飞行器气动布局研究、流动/推进特性、飞行走廊与气动外形及气动特性研究、高超飞行器在不同大气层段内的操纵与控制原理探讨、高超声速气动力/热综合特性分析、长航时热环境分析、高超流场中的非接触测量技术研究、稀薄气体环境下的流场参数探测技术分析与综述、地面模拟新技术研究、稀薄风洞测量综述与比较、稀薄大气层内飞行遥测技术探讨、高超声速飞行器推进原理与产生正推力的判据研究、分离流动（层流、湍流、转捩）特性研究、CFD新方法研究等方面。

2011年，学会主办了2011年度空气动力学界新春联谊会。会议由学会主办，中国科学院力学所承办。联谊会为空气动力学界的专家搭建了一个畅谈和欢聚的平台，并已成为我国空气动力学界的盛会。

中国制冷学会

2011年，学会及各专业委员会共组织召开7次国内学术会议，包括：中国制冷学会第四届学术年会、2011年冷冻冷藏行业年会、2011年小型制冷机学术会议、第十届全国低温工程大会、2011年供热计量和系统节能技术交流会、2011年全国净化技术交流会、2011年全国通风技术学术年会。共有2118人次参加，交流论文646篇。

11月30日～12月9日，学会与台湾地区冷冻空调学会、台湾地区冷冻空调技师公会等在台北市共同主办了第十届海峡两岸冷冻空调学术暨技术交流会，交流论文78篇，280人次参加。学会与国际氨制冷学会就天然工质制冷剂R717的应用现状、新技术及发展趋势和如何避免氨潜在爆炸危险等内容，共同组织召开了60余人参加的中美氨制冷技术研讨会。

4月7～9日，由中国制冷学会、中国制冷空调工业协会、中国国际贸易促进委员会北京市分会、上海市制冷学会和上海冷冻空调行业协会联合主办的第22届国际制冷、空调、供暖、通风及食品冷冻加工展览会在上海市举行。展会主题为“美好生活，共同创造”。展会展出面积8.05万平方米，来自全球33个国家和地区的1068家厂商参加了展会。5万余名来自全球100多个国家和地区的专业观众和用户参观了展览。展览会设有1场主题报告会和4场专题研讨会及38场技术交流会。

4月6日，学会在上海交通大学召开了中国制冷科学技术战略研究成果发布会，来自全国各高校、设计院、科研院所和企业的220余名专家、学者参加了会议。与会专家、学者分别就制冷技术战略研究的定位、制冷工质、冷冻冷藏储运、低温工程、天然气液化与气化、低温医学、制冷剂替代、吸附制冷、新型制冷技术、空调热泵及系统运行、余热利用等作了报告。

9月26日，学会组织召开国家职业分类大典“4-02-01-05冷藏工”的修订工作会议。该项工作受商业服务业国家职业分类大典修订办公室的委托由学会承担修订任务。

10月23~26日，学会主办，江苏省制冷学会、东南大学、国家节能环保制冷设备工程技术研究中心协办的2011中国制冷学会学术年会在江苏省南京市召开，年会主题为“走中国创造之路”。清华大学江亿教授等9位专家分别就吸收式热泵联合循环在集中供热中的应用、我国低温技术研究最新进展等做了主题报告。大会还设有5个分会场，就24项研究热点召开了专题研讨会。会议共收到论文244篇，印刷出版了论文摘要集并制作了论文全文光盘。来自22个省市的850余名专家、学者出席了会议。11月2日，中美氨制冷技术研讨会在北京召开。会议就氨的应用现状、新技术的应用、氨制冷技术发展趋势及如何避免氨潜在爆炸危险进行了研讨。来自各地的60多位专家、学者参加了会议。11月25~29日，全国制冷标准化技术委员会在四川成都召开工作会议。会议总结了2011年技术委员会工作，商讨了2012年工作思路，并审查通过了《冷库管理规范》等4项国家标准和《制冷系统和热泵》等5项行业标准的送审稿。

2011年，学会接待国际制冷学会、国际氨制冷学会、美国采暖制冷空调工程师协会（ASHRAE）、德国制冷行会联盟、多特蒙德手工业协会制冷空调技术行会（BIV）、全印度制冷空调学会（AIACRA）及印度制冷空调工程师学会（ISHRAE）等国外来访100余人。组团172人次出席了在捷克召开的第23届国际制冷大会、在美国召开的2011国际氨制冷大会，参加了在美国、印度、西班牙、巴西举办的国际制冷展。7月12日，中国制冷学会科学技术奖励委员会在北京召开评审会议，评选出2011年度第四届中国制冷学会优秀论文27篇，其中一等奖4篇、二等奖8篇、三等奖15篇。在学会年会上，为获得2011年度中国制冷学会优秀学术论文奖的作者颁发了奖金和证书，同时为获得2010年度中国制冷学会科学技术奖项目和人颁发了奖金和证书。在第23届国际制冷大会上，学会常务副秘书长邱忠岳荣获国际制冷学会荣誉会员称号。

2011年，学会组织专家完成中国科协、商务部、国家标准化管理委员会下达的24项课题、计划。包括：《2010—2011制冷及低温工程学科发展报告》课题1项，《易腐食品冷藏链》、《制冷系统和热泵》等系列国家标准和行业标准23项。

《制冷学报》是学会唯一独立主办的科技期刊。2011年，学报内容和编辑质量得到稳步提升，并由原来的64页增加为80页，缩短了论文出版周期。

2011年，学会有资深会员83人，团体会员541家，高级个人会员964人，普通个人会员7538人，学生会员2892人。为加强会员服务工作，学会经与上海市制冷学会协商，共同作为主办单位，联合主办《制冷技术》，以赠阅学会会员。

【2011中国制冷学会学术年会】 10月23~26日，中国制冷学会主办，江苏省制冷学会、东南大学、国家节能环保制冷设备工程技术研究中心协办的2011中国制冷学会学术年会在江苏省南京市召开，年会主题为“走中国创造之路”。大会还设有5个分会场，就24项研究热点召开了专题研讨会。会议共收到论文244篇，印刷出版了论文摘要集并制作了论文全文光盘。来自22个省市的850余名专家、学者出席了会议。

学会副秘书长杨一凡主持了中国制冷学会优秀论文颁奖仪式，副理事长潘秋生宣读了获奖名单，副理事长吴德绳宣布了CAR-ASHRAE学生设计竞赛的获奖名单。

开幕式结束后，进行了主题报告阶段，中国工程院院士、清华大学教授江亿作了题为《吸收式热泵联合循环在集中供热中的应用》、中国科学院理化技术研究所公茂琼作了题为《三项低温技术研究最新进展》、天津大学教授马一太作了题为《制冷与热泵产品的能效标准研究和循环热力学完善度的分析》、上海交通大学教授代彦军作了题为《可再生能源在制冷空调中的应用》的报告。

中国真空学会

2011年，学会举办学术会议10多次，参会代表逾1500人，编辑出版论文集5本，收录论文近500篇。

质谱分析和检漏专业委员在北京举办了年度工作会，讨论真空检漏、质谱分析、真空校准等方面工作，提出技术难题，相互交流信息。显示技术专业委员会参与协办的2011中国平板显示会议在上海市举行。约200人参加了本次会议，会议进行4场技术专题研讨会。5月，学会召开了第十届国际真空冶金与表面工程学术会议、真空工程学术会议、真空咨询工作会议联席会议。来自国内外200多位代表出席。会议收到120多篇投稿论文，精选了84篇收入到论文集中。

8月，学会召开TFC’11全国薄膜技术学术研讨会。来自全国各地共200名专家、学者参加了会议，会议征集论文132篇。会议邀请15位薄膜技术研究方面的专家作了报告。10月，学会在上海市举办第11届国际真空展览会。169家国内外参展商参展，展位近300个，展览会期间共接待参观者约3.5万人次。展会同期举办真空科技论坛大会，参会专家、学者150余人。大会特邀报告8篇。举办了第二届《真空新人新貌 祖国山河多娇》摄影大赛，作品展现了真空行业广大职工和科技人员的精神面貌和对祖国河山的热爱与眷恋。

2011年，学会组织编制科普教育丛书《空间真空技术》、《真空干燥》、《真空镀膜》等共有16册，约600多万字，组织全国青少年真空科技夏令营，组织营员参观真空实验室、卫星发射基地等，让营员近距离感受科技。

2011年，学会评选出2010年“真空科学与技术硕士生奖学金”及“真空科学硕士、博士优秀论文奖学金”获得者共10名。

5月，真空工程专业委员会联合举办的第八期《真空技术》培训班举行。并向毕业学员颁发了由人事部监制、中国继续教育联合学院印发的《继续教育证书》。质谱分析和检漏专业委员会多次组织举办真空检漏、质谱分析培训班，培训无损检测人员、真空检漏专业人才50余名。中国真空网加强真空技术知识培训和人才交流，举办各类真空技术培训班5期，培训真空技术人员300多人。

4月，《真空科学与技术学报》召开创刊30周年纪念座谈会，对学报30年的发展历史和改革历程进行了回顾，并制作了30周年纪念座谈会光盘。8月，完成了学会网站建设，开通了网络采编系统。中国真空网专业浏览人数达60万次。中国真空网创办的《聚焦真空》电子杂志，至今已发行77期，已成为真空网友的必读刊物。

第18届国际真空大会收录的论文，组织专家评委，经过严格评审，46篇论文被 *Thin Solid Films*、57篇被 *Applied Surface Science*、41篇论文被 *Vacuum* 接收。

2011年，学会新吸收团体会员6个，发展个人会员30名。学会办公室编印的《学会动态》，及时报道学会信息和各项活动情况，按期发给全体理事、团体会员。学会评选出95家单位为优秀团体会员和优秀理事会员单位，并颁发了奖牌。学会七届三次常务理事会进行了增补选举工作，经会议代表投票，增补3人为理事，增补5人为常务理事。

中国自动化学会

2011年，学会各级机构共组织召开各类学术交流活动33次，参加人数8942人次。其中，国内学术会议29次，参加人数计7742人次，接收论文2545篇；国际学术会议4次，参加人数共计1200人次，接收论文1511篇，出版发行论文集约7500册。

11月27～29日，2011年中国自动化大会暨钱学森诞辰100周年及中国自动化学会成立50周年纪念大会在北京召开。全国人大常委会副委员长路甬祥、中国科学院党组副书记方新、中国科协副主席冯长根等出席大会并致辞，全国人大常委会原副委员长成思危、钱学森生前学术秘书涂元季出席大会并作主题报告，钱学森之女钱永真及其丈夫沈德奋出席大会。来自中国自动化各领域的专家学者近千人出席会议。大会安排了9个主题报告和7个专题会场的70余篇专题报告，收到17个研究方向的论文700余篇，发行会议光盘千余张。

8月28日～9月3日，学会及分支机构约40人参加了在法国米兰举办的第十八届IFAC世界大会。

10月29日，IFAC前任主席兼顾问、IFAC基金会主席Petros Alberto访问学会，与学会理事长戴汝为、副理事长兼秘书长王飞跃等进行了交流与沟通。

2011年中国自动化学会承担中国科协2010年控制科学与工程学科发展研究项目，完成《2010—2011控制科学与工程学科发展报告》，撰写综合报告1个，专题报告25个，总字数达22万字。

2011年，学会开展科普讲座8场，其中院士科普讲座2场，发放宣传资料2500余册，举办5次青少年科技竞赛，受众人数总计近5900人次。

在钱学森先生诞辰100周年之际，学会举办了两场科普系列活动。4月13日，学会举行纪念钱学森诞辰100周年院士院校行活动，学会理事长戴汝为在西华大学作题为《高山仰止，永为我师》的专题报告；6月9日，学会在南通大学组织戴汝为院士专场报告会，从系统科学、思维科学、人体科学3大方面，阐释了钱学森对我国科学研究所做出的领先突破和重大贡献。2次讲座受众人数约近1000人。

学会联合中国科学院自动化研究所承担并完成了中国科协《神秘的模式识别技术》科普素材开发项目，向公众介绍模式识别技术，让公众充分了解模式识别的基本概念、方法和技术，了解模式识别理论研究的意义，了解现在许多智能化产品的背后，是模式识别技术在起着关键作用，从而提高人们在智能科技知识方面的科学素养。

2011 年，学会举办国内和国际科技展览各 1 场，展览面积达 2.5 万平方米；举办培训班 15 次，培训结业人数共计 604 人次。

学会主办的 2011 年上海国际工业自动化与控制技术展览会是被同行誉为亚洲最具影响力的自动化展览会之一。上海国际工业自动化与控制技术展览会规模逐渐扩大，从最初 7500 平方米展览面积扩大到 2.5 万平方米，从 151 家参展企业，发展到 611 家参展商。

4 月 12 日，2011 中国（成都）自动化与仪器仪表学术交流会暨国际展览会在四川省成都市召开，来自中、美、德、日等国家和地区的 200 多家厂商参展，签约金额达 7000 万元以上。

经学会推荐，中国科学院院士、中国科学院数学与系统科学研究院研究员陈翰馥，中国科学院自动化研究所研究员田捷，国防科技大学教授李东旭荣获 2011 年全国优秀科技工作者称号。

2011 年，学会表彰奖励科技工作者 66 人，其中，女性科技工作者 3 人。学会新设立中国自动化学会科学技术奖励，下设自然科学奖、技术发明奖、科学技术进步奖 3 个奖项，两年评选一次。陈茂银、周东华等获得首届中国自动化学会自然科学奖一等奖。朱纪洪、余波等获得首届中国自动化学会科技进步奖二等奖，一等奖空缺。王飞跃、朱凤华等获得首届中国自动化学会技术发明奖一等奖。

学会与中国宇航学会联合设立的杨嘉墀科技奖第二届获奖人员：一等奖（空缺），二等奖：李东旭、张洪华、曾大军。颁奖仪式在 2011 年中国自动化大会暨钱学森诞辰 100 周年及中国自动化学会成立 50 周年纪念大会上举行，由中国自动化学会副理事长、西安交通大学校长郑南宁，中国自动化学会副理事长、和利时集团董事长王常力，北京交通大学校长宁滨为获奖者颁奖。

在 2011 中国自动化大会期间，学会共表彰奖励了为学会建设做出贡献的 10 个先进集体、23 位优秀学会工作者，同时，10 位科学家获得了学会 50 年杰出贡献奖。

2011 年中国自动化学会承担中国科协 2010 年控制科学与工程学科发展研究项目，历时一年的时间，完成《2010－2011 控制科学与工程学科发展报告》。本次学科发展研究参与的专家、学者共计 82 名，其中院士 9 人。首席科学家为王飞跃教授，专家组组长为戴汝为院士，副组长李衍达院士，成员孙优贤院士，宋健院士，吴宏鑫院士，吴启迪教授，张育林教授，郑大钟教授，郑南宁院士，郭雷院士，柴天佑院士，黄琳院士。该学科发展报告包含综合报告 1 个，专题报告 25 个，总字数达 22 万字。25 个专题报告是在自动化科学领域五个二级学科的基础上分类撰写的，主要涵盖本学科从 2008～2010 年内最新的重要研究成果、发展动态，包括基础理论方面的新观点、新学说，应用技术方面的新创造、新突破，科技成果产业化转移的新实践、新推进等。

根据 2011 中国科技论文统计结果，学会主办的《自动化学报》进入 2010 年度中国百种杰出学术期刊，并喜获“第二届中国精品科技期刊”称号。

2011 年，学会增选 6 位理事，学会理事人数达 144 人，其中，常务理事为 53 人，女性理事增加至 3 人。年会期间增加学生会员达 154 人。

【2011 年中国自动化大会暨钱学森诞辰 100 周年及中国自动化学会成立 50 周年纪念大会】 11 月 27～29 日，2011 年中国自动化大会暨钱学森诞辰 100 周年及中国自动化学会成立 50 周年纪念大会在北京召开。全国人大常委会副委员长路甬祥、中科院党组副书记方新、中国科协副主席冯长根等出席大会并致辞，全国人大常委会原副委员长成思危、钱学森学术秘书涂元季出席大会并作主题报告，钱学森之女钱永真及其丈夫沈德奋出席本次大会。来自中国自动化各领域的专家、学者近 1000 人出席会议。

纪念大会上，涂元季作了题为《纪念钱学森百年诞辰 弘扬钱老科学精神》的报告。大会还专设钱学森科学与教育思想研讨会，由学会理事长戴汝为主持。

大会共收到来自 17 个研究方向的论文 700 余篇。在本次大会上，来自海内外的 9 位著名学者作了大会主题报告，包括全国人大常委会原副委员长成思危的《从虚拟工厂到虚拟企业》、隆德大学自动化控制系 Karl Johan str m 教授的 *The Future of Control*、伊利诺香宾大学教授 Champaign Tamer Baar 的 *Multi－Agent Networked Systems*: *Efficiency through Coordination and Control*、中国科学院院士吴宏鑫的《航天控制的现状与未来》、中国工程院院士柴天佑的《复杂生产制造全流程一体化控制系统理论和技术研究》、中国科学院自动化所王飞跃的《再论平行控制理论与方法》、浙江大学教授褚健的《聚光太阳能热发电控制技术研究与应用》、中国科学院数学与系统科学研究院研究员顾基发的《钱学森从工程控制论到系统工程再到系统科学的历程》、清华大学教授周彤的《稳定性、正实性、鲁棒性及希尔伯特第17问题》。

大会安排钱学森科学与教育思想研讨会、高速铁路和城轨运行控制系统、智能电网与控制、信息物理社会系统CPSS、基于数据的建模控制及优化、新能源与绿色制造自动化系统及机器人与智能系统等7个专题会场和70余个精彩的专题报告，分别报告各分支和交叉前沿领域的研究成果和进展。

会上，学会对为学会建设作出突出贡献的科技工作者以及一批优秀学会工作者和先进集体进行表彰和奖励，同时颁发了首届中国自动化学会科学技术奖励和第二届中国自动化学会杨嘉墀科技奖。

【纪念钱学森诞辰100周年系列活动】2011年3月，《中国自动化学会通讯》出版纪念钱学森诞辰100周年专刊。4月13日，学会举行纪念钱学森诞辰100周年院士院校行活动，学会理事长戴汝为在西华大学作题为《高山仰止，永为我师》的专题报告会。6月9日，学会在南通大学组织戴汝为专场报告会。报告会从系统科学、思维科学、人体科学3大方面，阐释了钱学森大师对我国科学研究所作出的领先突破和重大贡献。

11月28日，钱学森科学与教育思想研讨会在北京举行，由学会理事长、中国科学院院士戴汝为担任领衔科学家。来自全国自动化、信息与智能科学领域13个单位的29位专家、学者参加了研讨会。与会专家围绕着钱学森先生提出的“大成智慧教育”构想、思维（认知）科学、社会思维与群体智慧、“现代科学技术体系”理论、科学技术与哲学的统一结合、品德情感与智慧能力并重、培养高尚品德和科学精神等创新的教育思想，实践钱学森教育思想活动中的体会和经验等，深入挖掘、探讨钱学森教育思想理念和杰出人才培养模式的改革。

中国仪器仪表学会

2011年，学会及其所属分支机构开展各种学术活动共计115次，参会人数约1.6万人次；举办国际学术会议32次，参会人数3628人次。5月25日，学会与中国核学会联合举办了第一届中国（国际）核电仪控技术大会，来自国内外80多家单位（或组织）的251位专家、学者出席了会议。9月21～23日，学会承办了第13届中国科协年会第10分会场。来自全国130多名院士、专家、学者参加会议。发表40篇关于节能环保测控技术、仪器仪表学术与应用方面的专题论文。第22届多国仪器仪表学术会议暨展览会期间，学会组织举办了“科学仪器服务民生”学术大会。来自科学仪器界的9名院士，以及来自高校、科研院所及用户单位的300余名科技工作者参加了会议。大会下设6个分会场，深入系统地研讨了科学仪器在服务民生各方面的具体应用技术，1000余人次的科技工作者参加了交流。

学会联合中国光学会、国际光学工程学会共同举办的第三届光学仪器与技术国际会议11月7～9日，在北京举办，来自国内外9个国家和地区的近400名专家、学者参加了会议，会议深入交流了国内外光学仪器基础理论研究前沿以及最新应用技术进展。

8月30日～9月2日，学会主办的第22届多国仪器仪表学术会议暨展览会（MICONEX 2011）在北京举办。20个国家和地区的525家展商参展，展出面积约2.8万平方米，观众共计4.5万人次。

2011年，学会开展科普活动124次，其中院士科普报告3次，受众4.89万人次；科技培训33次，结业人数1677人次；国内国际科技展览6次，展览面积约5万余平方米，观众约5万人次。

学会以“科技走进生产一线”活动为依托，先后组织专家走进武汉钢铁、上海宝钢、辽阳石化等大型厂矿企业，开展技术交流。学会先后参加中国科协组织的“防灾减灾宣传周”、“全国科普日活动”科普展览。

学会在北京京仪集团举办了创新方法深度培训班，培训科技人员20余人。在青岛软控举公司办了创新方法初级培训班，培训技术人员40人。学会上海、广州工程师资格培训中心先后培训考试通过了测量控制与仪器仪表高级工程师28人，工程师49人，见习工程师27人。

2011年，学会向中国科协推荐了一名中国科学院院士候选人和一名中国工程院院士候选人。学会推荐的4名科技工作者获得了中国科协颁发的“全国优秀科技工作者”称号；在中国科协八大上，学会共有7位理事、常务理事入选科协八大代表，有3位八大代表当选为中国科协第八届全委会委员。中国仪器仪表奖学金评审出53名获奖学生，其中一等奖14名、二等奖39名。

学会受中国科协的委托，组织撰写完成了16万字的《2010—2011年度“仪器科学与技术发展”专项研究报告》，使其成为测量控制与仪器仪表学科内的权威性综合报告和指导性文件。该专项研究报告密切关注“十二五”聚焦的国家战略发展相关的议题，特别是当前对水利、电力、节能、环保，以及民生等重大议题与学科发展和支撑的问题，对包括气象、水文、海洋仪器，环保、医疗仪器在内的科学仪器的发展提出战略性决策建议。

2011年，学会正式启动“ISO 9001质量管理体系认证工作”。“ISO 9001质量管理体系认证工作”的深入推进，对规范学会秘书处的管理运营，建立完善的运作机制，起到了积极的推动作用。

【第一届中国（国际）核电仪控技术大会】 5月25日，学会与中国核学会联合举办了“第一届中国（国际）核电仪控技术大会”，来自国内外80多家单位（或组织）的251位专家、学者出席了会议，会议得到了中国国家核安全局、中国核工业集团公司、中国广东核电集团公司、国家核电技术公司等单位以及国际核电技术权威机构的大力支持。会议为提高我国仪表及控制系统性能，加快国产仪表控制系统进入核电领域的进程，起到了积极的推动作用。

【2011全国虚拟仪器设计大赛】 为推动高校人才关注仪器仪表学科发展，提高仪器的设计研发水平，学会联合教育部高等学校仪器科学与技术教学指导委员会主办了2011全国虚拟仪器设计大赛。本次大赛共有来自全国184所高校的915支代表队报名参赛，实际参赛作品462份，参赛作品覆盖测控技术与仪器、自动化、计算机、电气工程、机械工程、通信工程、电子工程、动力工程、汽车工程、宇航科学等诸多专业方向。

经过初赛，大赛共评选出40支代表队参加决赛，清华大学代表队的作品“幻影显示系统”获得大赛唯一的特等奖。

中国计量测试学会

2011年5月5~7日，学会在青海省西宁市举办了纪念5·20世界计量日12周年暨计量测试服务低碳经济发展学术交流会。来自全国计量科技领域的210多位专家、学者参加了大会。大会表彰了46名优秀个人会员和116名先进个人会员。

9月15~19日，真空计量专业委员会学术交流会在四川省成都市召开，来自全国的专家、学者100多人参加了会议。会议收到论文59篇，编辑印刷了会议论文集。9月9~13日，质量计量测试专业委员工作年会暨技术研讨会在新疆维吾尔自治区乌鲁木齐市召开。参加会议的有专业委员会委员、通讯委员以及特邀生产企业专家共计37人。10月20日，学会时间频率专业委员会在北京组织召开了委员会工作会议，17名专家、学者参加了会议。10月14~17日，学会组织工作委员会与学术工作委员会在广西壮族自治区桂林市联合召开了工作会议与学术报告会。来自全国各地的32名委员参加了会议。中国计量科学研究院副院长房庆作了专题学术报告。

2011年1月，学会召开海峡两岸计量学名词研讨会。4月，学会参加了在浙江省宁波市举办的海峡两岸计量交流活动，参加了法制计量学名词研讨会。6月，学会召开计量学名词研讨会。

学会组织开展了第12届中国青年科技奖候选人推荐评选工作，评选推荐武汉高电压计量站张军、上海计量测试技术研究院王虎2人为“第12届中国青年科技奖候选人”人选。

2011年，学会在全国举办了8次培训班，参加人数328人次。3月20~23日，学会在陕西省西安市举办了能源计量与测试技术培训班，由全国节能监测管理中心主任张万路主讲能源计量与测试技术和计量器具配备标准。

1~3月，学会参与组织了注册计量师命题小组活动。5月，学会参与组织了注册计量师项目注册规定研讨会。6月，学会配合国家质量检验与检疫总局计量司联系组织首次注册计量师资格考试事项。6月18~19日，学会配合国家质量检验与检疫总局、人力资源与社会保障部组织了首次注册计量师资格考试，大陆地区除西藏外，30个省、自治区、直辖市一级注册计量师报名12932人，二级注册计量师报名9087人。

2011年，学会鉴定工作发证4万余张。依照“十二五”高技能人才发展要求，落实对从事计量、检验高技能人员的培养，组织开展了计量、检验等职业技师、高级技师技能鉴定工作；组织对“设备点员”新职业的教材编写工作；对食品检验教材中的《粮油及制品》、《肉蛋及制品》2本教材进行修订；启动了远程教育考务工作管理系统研发工作，目前开通了食品检验、化学检验2个职业的网上在线考试，设立了职业技能鉴定工作咨询、投诉专门电话，24小时可接听；完成了16个职业技能鉴定实训基地评估检查挂牌工作。

3月15~16日，学会召开一级标准物质评审会议。2011年，学会报送国家质量检验与检疫总局批准一级标准物质92种、二级标准物质615种。2011年，标准物质到期复查换发许可证：一级标准物质19种、二级标准物质191种，进行了复查换证。目前，共有国家一级标准物质1787种、国家二级标准物质4903种。学会审查部共接收各种计量技术法规草案94项，审查完毕并上报国家质量检验与检疫总局计量司86项。

2011年，学会共审定AAA认证企业116家，AA认证企业84家，A认证企业206家，共计406家。目前全国共有AAA认证企业957家，AA认证企业820家，A认证企业610家，总计2387家。学会举办测量管理体系外审员培训3期，共培训审核员136人。组织内审员培训班11个，参加审核员培训的人员726人，参加能源计量培训的人员484人，各分中心直接培训1699人。

2011年，《计量学报》共收到稿件240多篇，共刊登论文120篇，全年的平均发行量为2000册/期。《计量学报》所刊登的论文被美国ELSEVIER *Scopus*、中国核心期刊（遴选）数据库、中国期刊全文数据库等国内外10多种知名数据库或检索性期刊收录，保持具有较高的学术水平。

中国标准化协会

2011年9月21日，国家标准化管理委员会主办，云南省质量技术监督局承办，中国标准化协会、云南省标准化研究院协办的第八届中国标准化论坛在云南省昆明市召开。云南省委常委、副省长李江，国家标准化管理委员会党组成员、总工程师于欣丽，协会理事长纪正昆出席会议开幕式并致辞。来自29个省、自治区、直辖市的400多位专家、学者参加了论坛。

6月9~10日，国际标准用户联盟秘书处主办，日本技术信息传播者协会、德国专业技术信息传播发展协会、韩国技术信息传播协会协办，协会和黄山质量技术培训服务中心承办的国际标准用户联盟第六届中国高层峰会在安徽省黄山市召开。国际标准用户联盟董事会副主席David Felinski和黄山市质量技术监督局局长熊长友出席开幕式并致辞。研讨会以“产品使用说明标准应用与发展”为主题，会上宣布了成立中国标准化协会技术信息传播委员会的决定。来自美、德、日、韩等国家标准化机构、国际标准化组织、跨国企业和科研机构的100多名学者参加了会议。

3月，协会与黄山质量技术监督局合作举办的全国旅游标准化现场经验交流会在安徽省黄山市召开，120多名学者参会。专家分别就旅游服务标准化业务知识、黄山市国家级旅游服务标准化示范城市创建工作、《服务业组织标准化工作指南》系列标准3个主题，向参会代表作了介绍，并进行了交流。

3月29日~4月4日，协会参加了在泰国曼谷举行的第34届太平洋地区标准大会，来自泰国、美国、澳大利亚、加拿大、中国、日本、韩国等20个国家和地区的80多名专家、学者参加了会议。

6月21~25日，协会参加了在韩国釜山举办的第十届东北亚标准合作论坛，中、日、韩三国共123名学者与会。论坛上，中日韩专家、学者介绍了三国标准化新进展及政策，汇报了已开展合作项目的进展情况，三方有关专家还介绍了拟开展合作的新项目提案。

2011年，协会承担了科技部“863”课题“中国无线射频标准研究”。协会申请了国家标准化科研计划项目，国家标准化管理委员会“质检公益性行业科研专项”课题。协会完成了《我国标准样品体系研究》的课题研究，启动了《重要农产品中不同类型标准样品研究》的课题研究工作。

协会和中国五金制品协会组织了GB 6932－2001《家用燃气快速热水器》国家标准修订工作，完成了该标准草案的征求意见，修改完善后形成了送审稿。协会完成了《洁净室及相关受控环境 性能及合理性评价》、《洁净室及相关受控环境 围护结构板材应用技术指南》2项国家标准征求意见稿，并开始征求各方意见。协会承担的《海洋能资源调查与评估指南 第7部分：海洋风能》国家标准制定和“海洋风能”行业标准体系编制工作，于2011年4月在广东省中山市召开了工作组成立暨第一次工作会议，近40位专家参加了会议。会上对该项工作任务进行了分工和部署。

协会以“中国标准化协会校车产业标准工作指导委员会”为平台，与成员单位合作，开展校车相关标准制定工作，编写校车标准体系。

2011年，协会标准立项《阵列法多气体快速检测仪》、《发动机润滑养护剂》等121项，批准发布99项。

全国标准样品技术委员会2011年根据国家标准化管理委员会严格立项审批的要求，审查、协调并申报327项国家标准样品研复制计划项目，组织召开《山羊绒细度》等80项国家标准样品的评审会，对上报的138项国家标准样品材料进行程序性审查并完成报批，颁发大证书107份，小证书2280份，审查批复1项国家标准样品有效期延长的申请。

协会组织了GB/T 15000.7《标准样品工作导则（7）标准样品生产者能力的通用要求》的修订工作。协会成立了全国标准样品技术委员会皮革与制鞋专业工作组，负责开展皮革与制鞋业所需标准样品的研复制工作。

2011年，协会继续推进在标准化普及宣传、教育培训方面的工作。发挥协会优势，拓展标准化培训领域。全年开展各类培训班20期，培训总人数1368人次。协会分别为江苏中天科技股份有限公司、四川五七一九工厂、大连创新零部件公司、邮政科学研究规划院等单位组织内部培训，共培训220余人。

2011年，协会提供标准查询服务和标准代购服务累计8194次，比上年度增长1%。截至2011年11月底，协会新发展和续签会员单位178家（其中新发展会员单位

69家），发展协会理事单位64家。协会现有团体会员1612家，个人会员1479人，会员队伍的发展壮大为协会的生存和发展打下了良好基础。

2月24日，协会召开了集团公司2011年股东会会议（含二届董事会四次会议、二届监事会三次会议），会议审议通过了协会代持7%股份权益的处置方案、2010年财务决算与2011年财务预算报告，原则上审议通过了集团化管理方案。8月10日，协会召开了二届董事会五次会议、二届监事会四次会议，会议原则上审议通过了《方圆标志认证集团有限公司分、子公司财务管理制度》、《方圆标志认证集团经营目标责任制管理暂行办法（修订）》及配套文件，决定从2012年1月1日起正式实施；一致赞同按统一的集团化管理模式对所有的分支机构实施管理；原则上同意按分步实施的方式开展信息安全管理体系认证。

2月18日，协会与中国标准化研究院签订了战略合作协议，3月18日召开了产品公司新一届股东会会议，审议通过了产品公司的新章程、选举产生了新一届领导班子，5月19日就增资扩股事宜完成了工商变更，目前产品公司的注册资本已增至600万元。

2011年，华标伟业科技发展有限公司继续为协会和方圆标志认证集团有限公司提供包括网站改版、栏目调整、后台数据库维护等网站维护服务，以及包括计算机局域网、电话交换系统、门禁、考勤及监控系统、会议室照明及音响系统和OA系统等中国标协写字楼办公系统提供技术支持和维护服务，并为多家单位提供IT业务外包服务。

冶金分会为冶金企业提供2次最新标准图书目录，与有关单位合作编辑生铁标准汇编、精密合金标准汇编、冶金固废综合利用标准汇编以及焦化、碳素标准汇编、碳素行业标准汇编等企业急需的标准汇编。为提高企业对国外标准化、标准的了解程度，适应国际市场的竞争，冶金分会为企业收集有关的国外标准、图谱等，为企业开拓国外市场，推动企业技术进步、优化产品结构、增加效益服务。冶金分会出版了6期《冶金标准信息》，受到团体会员单位和广大冶金企业的欢迎，与全国钢标委联合开展《钢铁固废综合利用》技术交流学术活动，征集论文20余篇。

化工分会积极发展会员，不断扩大工作覆盖面。为进一步推动化工企业标准化工作，充分发挥化工分会在行业中的桥梁纽带作用，利用中国化工标准网征集会员100余家。在网上开设化工分会专栏，为会员单位提供网上信息服务和咨询服务，为会员建立网络快捷方便的查询途径。化工分会还向会员单位赠送《中国石油和化工标准与质量》、《石油和化工产业结构调整指导意见》和《石油和化工产业振兴支撑技术指导意见》，帮助会员学习、了解化工行业标准化方面的知识及行业发展的政策信息。分会还积极参与标准制修订工作，参与修订企业标准21项。化工分会开展了帮助会员单位代查代购标准工作。

纤维分会组织生产、经营、使用及质检等相关行业及部门的40余位专家，对《棉花 长绒棉》、《骆驼原绒》等45项纤维国家标准进行复审，上述标准的复审对进一步规范市场秩序，维护生产企业和消费者的利益，完善纤维标准体系具有积极意义。纤维分会配合国家质检总局科技“十二五”规划的实施，围绕《“十二五”纤检科技研究任务指南》中大容量快速公证检验技术等7个优先主题的19个重点课题研究，向纤检系统外的科研机构、大专院校、仪器生产企业、检测机构等30个单位，积极开展推介和项目认领工作。

汽车分会结合新颁布的10余项汽车强制性国家标准，筹备组织开展“汽车强制性标准宣贯会”，组织各项标准起草人编写宣贯讲义，分批进行宣贯。召开2011年汽车标准法规信息交流会，使汽车行业各生产企业全面了解当前国内外汽车标准、法规工作情况；掌握汽车强制性标准的制定、修订、发布、实施计划及标准的主要内容，为更好地贯彻、实施新标准做好前期准备；加强企业间的交流与合作。汽车分会编辑出版了6期《汽车标准化》，向会员单位提供汽车标准资料及技术咨询服务，帮助企业和会员单位解决有关问题等。

电子商务与现代物流分会将宣传、推广RN标准及物流行业相关标准及应用作为工作的中心，推动电子商务与物流国家标准的研究制定工作。结合各行业，尤其是交通运输行业推进物流公共信息平台的建设需求，参与研究与制定物流公共信息平台基础网络体系及物流公共信息平台应用体系标准。组织专家多次召开和参与研讨会，形成系列标准稿7项，与多家采用RosettaNet标准进行软件研发的公司合作，举办多次RosettaNet标准相关培训。

【第八届中国标准化论坛】9月21日，国家标准化管理委员会主办，云南省质量技术监督局承办，中国标准化协会、云南省标准化研究院协办的第八届中国标准化论坛在云南省昆明市召开。云南省委常委、副省长李江，国家标准化管理委员会党组成员、总工程师于欣丽，协会理事长纪正昆出席会议开幕式并致辞。来自29个省、自治区、直辖市的400多名专家、学者和数十名国际企业的代表参加了论坛。

品展览会、中国国际电子元器件及设备展览会、中国国际影视产业发展高峰论坛、中国国际电池展览会、中国国际微波天线学术研讨暨展览会、2011 华东国际电子工业制造展览会、2011 中国洁净展、2011 中国国际电子工业暨国防电子博览会、2011 北京国际音响设备交易会暨第 18 届北京国际音响展览会、第五届中国国际电子病历·医药物联网·健康云计算博览会。

2011 年，学会开展主题科普活动 35 次，其中科普讲座 18 次、科普展览 8 次、参加的科技人员 126 人次，受众人数 6985 人次。举办青少年科技竞赛 3 次，分别为：第七届“博创杯”全国大学生嵌入式设计大赛、第二届全国高校电子信息实践创新作品评选活动、2011 首届全国大学生物联网应用创新设计大赛青少年科技竞赛。参赛人数 2900 人次。编写和出版科普读物 43.3 万册。电子工程师进修大学全年招生 4300 人，共设有 54 门课程，增减课程各 1 门。举办电子技术培训班 24 个，结业人数 1000 人次。

2011 年，学会认证电子设计工程师 2700 名，板级设计工程师的 300 名，嵌入式技术助理工程师 1458 名，数码维修技术助理工程师 89 名，数字艺术设计助理工程师 400 名，洁净室技术助理工程师 20 名、工程师 95 名。

学会和所属分会提供决策咨询报告 14 篇，1 篇获得批示。《空间量子通信技术发展战略研究》和《空洞太赫兹技术发展战略》获批准立项资助。举办决策咨询专家论坛 8 次。承接政府转移职能 3 项，其中科技奖励 1 项、科技人员评价 1 项、科技评价 1 项。表彰奖励科技工作者 317 人次、表彰奖励先进集体 46 个。

学会完成了“中国科协学会决策咨询资助计划学术成果提炼项目”，申请并承接了中国科协创新推广工程项目、“博士学位获得者职业取向”、“中国电子信息技术发展报告”等课题研究。举办节能减排系列活动，牵头完成国家科技支撑计划项目——电子信息行业节能技术筛选项目，完成项目的指标体系、目录、指南、案例、政策建议和潜力分析；参与完成欧盟 SWITCH 资助项目——中国中小电子企业环境能力建设项目，完成了 50 多家企业的现场培训；申请科技部国际司对欧盟科技合作专项经费项目“提高中国中小型电子电气企业的环境和安全绩效”（项目编号 1102），该项目获得欧盟 SWITCH 资助；牵头实施由英特尔发起的 ICT 对中国社会发展的低碳贡献的研究报告的第二阶段工作；参与 LED 产业技术标准的研究和推广工作。

2011 年，中国电子学会被中国科协授予“高层次人才库建设工作先进单位”称号。学会推荐的高级会员、中国科学院半导体研究所赵德刚获得第 12 届中国青年科技奖。2011 年，中国电子学会电子信息科学技术奖评出一等奖 8 项、二等奖 16 项、三等奖 35 项。推荐的 2010 年获奖项目申报国家奖的奖项中，清华大学教授林闯等完成的“计算机网络资源管理的随机模型与性能优化”项目荣获 2011 年度国家自然科学奖二等奖，重庆山外山科技有限公司等单位完成的“血液净化系统监测与控制系列关键技术及整机设备”、北京大学完成的“综合型语言知识库”和清华大学完成的“深空通信编码调制技术”项目分别荣获 2011 年度国家技术进步奖二等奖。清华大学教授邱勇等完成的“有机发光显示材料、器件及产业化”项目，荣获 2011 年国家技术发明奖一等奖。

学会推举陈雯海、章正宇、毋立芳为中国科协八大代表、推选刘汝林、张宏科为中国科协八届全委会委员候选人。

学会主办的 15 种科技期刊全年发行 96.54 万册，发表论文 3224 篇。《电子学报》和《电子测量与仪器学报》获得中国科协精品科技期刊工程项目资助。在 2011 年公布的《2010 年科技期刊引证报告》电子、通信与自动控制类期刊中，《电子学报》影响因子为 0.771，从 2006 年以来第 9 位上升至第 5 位、加权综合评分从第 2 位上升至第 1 位、总被引频次稳居第 1 位；《电子测量与仪器学报》影响因子达到了 1.443，在电子、通信与自动控制类期刊中位列第 2 名，综合排名第 4 名。

《中国科学技术专家传略》电子信息科学技术卷（3）的编纂工作于 2011 年 7 月成书出版，收录（1936—1940 年之间出生）专家 63 位。《中国科学技术专家传略》电子信息科学技术卷（3）的编纂工作由中国电子学会、中国通信学会、中国计算机学会共同负责，日常工作由中国电子学会负责。编纂委员会由吴佑寿院士担任主任委员，学会副理事长俞忠钰和中国计算机学会副理事长王珊担任副主任委员。

2011 年，学会共发展个人会员 1139 名，其中评定高级会员 298 名。新建立了电子科技大学、西安电子科技大学、杭州电子科技大学、北京理工大学 、桂林电子科技大学、解放军理工大学、深圳大学、北华航天工业学院 8 个学生会员工作站。学会召开八届五次组织工作委员会，审议通过了《中国电子学会所属分会管理办法》（修改稿）和《关于建议免收学生会员会费的报告》。

【2011 中国电子技术年会】 4 月 9 日，2011 中国电子技术年会在广东省深圳市召开，主题为“‘十二五’规划——聚焦新技术新产业”。600 余人参加了开幕式。会上隆重颁发了 2010 年度中国电子学会电子信息科学技

术奖。

大会特邀工业与信息化部总经济师周子学，中国工程院院士邬贺铨、郭光灿，清华大学副校长邱勇分别作了题为《电子信息技术与战略性新兴产业》、《新一代电子信息技术及其产业机会》、《量子信息技术及其应用前景》、《新型显示技术及其发展趋势》的大会主题报告。年会期间进行了深圳市云计算产业峰会等10余个专题分论坛的研讨。与会专家与深圳市高新企业学者共同参加了新兴技术与深圳企业创新发展院士专家咨询座谈会，探讨新兴技术给众多企业带来实现战略变革与创新的机遇。

【中国电子学会申办国际无线电科学联盟大会】8月13～20日，在土耳其伊斯坦布尔举行的第30届国际无线电科学联盟理事会上，中国电子学会成功申办了第31届国际无线电科学联盟大会的举办权，大会于2014年在北京举行。中国电子学会国际无线电科学联盟中国委员会主席吴健，学会副秘书长、国际无线电科学联盟中国委员会秘书长林润华，国际无线电科学联盟中国委员会各学术委员会主席、副主席及青年科学家等30多位专家、学者参与了申办过程。中国电子学会国际无线电科学联盟中国委员会主席吴健在理事会上做申办陈述报告。

【第三届中国云计算大会】5月18～20日，学会主办的第三届中国云计算大会在北京举行。中国电子学会理事长、原信息产业部部长吴基传，工业和信息化部副部长杨学山，北京市副市长苟仲文出席并发表讲话。周寿桓、倪光南、戴浩、邬贺铨、邬江兴等6100人次参加了本届大会。

大会以“云计算应用之路”为主题，推动云计算应用，加快云计算产业发展和产业链完善。大会设置了海峡两岸云计算合作圆桌论坛、中国－欧美云计算合作论坛、国内外知名企业报告、院士主题报告、圆桌讨论“云计算的中国实践”9个专题论坛近百场讲座、论坛和研讨会，以及规模宏大的展示体验区，大会还首次向国内外征集数百个在中国研发或者有应用实践的云计算创新产品与应用，并选出100多种刊入《2011中国云计算创新产品与应用》名录，其中20种代表作品参加大会展览。会议向由学会云计算专家委员会主办的“首届全国Web服务竞赛”的获奖单位颁发了获奖证书。

【第二届中国物联网大会】4月27日，学会主办的第二届中国物联网大会在北京开幕。1300余名专家、学者参会。大会设置了主论坛、分论坛、封闭会议、应用展示等多项内容。

大会以“应用为本——物联网战略解析”为主题，聚焦物联网行业应用，关注物联网前沿技术、热点应用、行业标准、运营模式、人才培养、公共服务平台等多个话题，探讨我国物联网发展趋势及发展战略。

大会主论坛邀请学会理事长、原信息产业部部长吴基传，工业和信息化部总经济师周子学出席大会并致辞。中国工程院院士邬贺铨作了题为《关于物联网发展的思考》的主题报告，重庆市科委主任、中国工程院院士钟志华作了题为《交通物联网发展探讨》的演讲；空军航空医学研究中心主任、中国工程院院士俞梦孙作了题为《医学变革与健康物联网》的演讲。会议期间组织了物联网的应用前景与发展趋势院士专家高端论坛。

大会五大分论坛分别以物联网热点前沿技术与应用、高校物联网专业建设、健康物联、物联网标准、智慧城市规划与建设为主题，聚集了物联网技术在农业、物流、矿山、烟草、医疗、交通、城市建设等多个行业中的典型应用，同时也涵盖了物联网人才培养、行业技术标准、商业运营模式等热门话题。

【全球信息技术主管大会】11月1～4日，学会在广东省深圳市承办了由国际信息处理联合会（IFIP）主办的首届全球信息技术主管大会，共有来自50多个国家和地区的800余位信息技术主管、企业决策者、政府官员、专家、学者参会。

大会共有55场主题演讲、10个围绕热点话题的圆桌讨论、7场专题论坛、3场行业论坛和2家优秀企业参观。学会理事长吴基传、工业和信息化部总经济师周子学、深圳市副市长唐杰、国际信息处理联合会（IFIP）主席Leon Strous等分别致辞。大会主席吴基传在致辞中指出：“信息技术与CIO一起被赋予了前所未有的使命和任务，那就是：在当前信息技术飞速发展、信息服务模式的不断创新，同时又与世界经济、社会发展不平衡性并存的背景下，如何更好地利用信息技术来实现企业的产品创新和经营模式的转型，来促使世界各国经济的协调和同步发展，共同创建世界文明”。吴基传表示，随着“云计算”对IT服务模式的影响，必将引发CIO的职能、地位的变化和调整，信息技术的发展与应用已经使地球变成了一个“地球村”，各国在技术标准、技术规范以及法规制度上需要加强合作与交流。

中国计算机学会

2011年，学会及下属专业委员会共组织学术会议59

2011年通信业推进我国中小企业信息化调研报告会暨中小企业信息化经验座谈会，1590人次出席。

2011年度中国通信学会科学技术奖共评选出一等奖4项、二等奖13项、三等奖9项。学会协助工业和信息化部科技司向国家奖励办推荐了6个项目参加国家科技奖评审，3项获得2011年度国家科技进步奖二等奖。学会推荐的中国移动研究院副院长王晓云获得了中国青年科技奖。学会推荐的天津大学校长龚克、工业和信息化部电信研究院院长曹淑敏当选中国科协第八届全国委员会常务委员会委员，中国联通技术部总经理张智江当选中国科协第八届全国委员会委员。

2011年，学会受理高级会员申请6人，受理高级会员申请7家，核准地方学会发展的高级会员5批173人，备案地方学会发展的普通会员178人，发展学生会员52人。

【第八届中国通信学会学术年会】 2011年11月2日，中国通信学会、湖北省通信管理局、湖北省经济和信息化委员会、湖北省科技厅共同主办，湖北省通信学会、湖北省对外科技交流中心承办的第八届中国通信学会学术年会在湖北省武汉市召开，年会主题为“绿色IT和智慧城市”。来自各省、自治区、直辖市通信主管部门、三大电信运营商、知名通信设备制造企业、科研院所和高校的专家、学者300余人参加会议。

湖北省副省长段轮一、工业和信息化部总工程师王秀军出席大会并致辞。学会副理事长杨震向大会宣读了中国通信学会理事长周德强的贺词。周德强在贺词中提出，武汉是“中国智慧城市”的积极发起和推动者之一，这次在武汉选题探讨“绿色IT和智慧城市”，探索新兴信息产业的发展新模式，将会有利促进武汉的城市创新研究与发展，借此通信学会学术交流的平台，深入探讨与交流，为业界提供更多有价值的信息，促进ICT产业健康发展。

年会征集论文423篇，录用232篇。年会期间举行了最佳论文颁奖仪式，段轮一和王秀军向获奖者颁发证书。

会上，武汉邮电科学院副院长兼总工程师毛谦作了题为《光纤技术发展和最新演进》的主旨报告，武汉大学教授胡瑞敏在《智慧城市信息化技术的发展》报告中介绍了在智慧城市领域的研究成果。中国电信集团公司、中国移动通信研究院和中国联合通信网络公司的专家就中国电信助力智慧城市建设、通信信息业的产业变局和基于物联网公共服务平台打造智慧城市内容等作了演讲。本次年会还设置了绿色IT与智慧城市、强电系统与绿色电磁环境、绿色能源3个专题论坛。

【2011中国卫星应用大会】 10月26～28日，学会主办的2011中国卫星应用大会（第13届）在北京举行。来自中国、美国、德国、以色列、加拿大、阿联酋、俄罗斯、新加坡等国的专家、学者600余人参加了会议。

大会主席杨千里致开幕辞。解放军总参作战部卜庆军将军、中国通信学会副理事长刘彩、国家发展与改革委员会高新技术司副司长任志武、工业和信息化部无线电管理局副局长李海清和无线电监测中心主任刘岩等出席开幕式并发言。

会上，国家广电总局的专家作了题为《利用直播卫星开展广播电视公共服务》的主旨演讲。以色列吉莱特公司首席运营官Jaron Lotan先生介绍了该公司服务于商用的VSAT技术、国防军事卫星应用技术以及遍布美国的加油站、零售业、餐饮业、博彩业、大型企业和政府机构的解决方案。美国iDirect公司亚太地区副总裁John Arnold介绍了应急救援与业务正常运营保障方案。德国诺达卫星通信公司就其研发的SkyWAN卫星媒体网络技术与传统SNG传输的融合及创新话题作了演讲。

大会同期举办了中国国际卫星应用技术与设备展。中国、以色列、德国、美国、加拿大、英国等国的50余家企业参加了展览会。

【2011国际云计算研讨会】 12月1日，学会主办的2011国际云计算研讨会在北京召开，来自工业和信息化部、国家发展和改革委员会和云计算主导企业的专家、学者70余人出席了会议。研讨会以加强与世界云计算领域专家学者交流为宗旨，立足国际化视野，着眼产业化大局，共同为云计算发展建言献策。

中国科学院院士、中国工程院院士陈俊亮作为大会主席主持了会议，大会首席科学家、中国工程院院士张尧学作了主旨报告。工业和信息化部电信管理局巡视员张新生、工业和信息化部软件服务司副司长郭建兵、国家发展和改革委员会信息产业处副处长徐彬出席大会并作主题演讲。

陈俊亮指出，目前，全球云计算已经驶入快车道。经过近年来全力以赴进行技术开发和产业准备，蓬勃发展的云计算已经为全球信息通信技术的创新动力，中国的云计算也开始进入务实发展的轨道。张尧学详细介绍了普适计算、云计算、透明计算3种不同技术的异同，并创新地提出从用户服务选择透明的角度出发，通过存储、运算、管理的物理和逻辑分离、软硬件平台的跨平台选择、用户端系统流式执行等方式，实现计算机服务的无处不在和不知不觉。

会上，来自微软、戴尔、百度、谷歌等企业的代表与云计算领域专家围绕云计算实践与研究、云计算技术与标准、云计算建设与应用等议题展开交流与研讨。

【2011 年世界电信和信息社会日大会】 5 月 17~18 日，工业和信息化部主办，中国通信学会承办的 2011 年世界电信和信息社会日大会在北京举行，主题为“信息通信技术让农村生活更美好”。学会以信息通信技术服务广大农民为主线，举行世界电信和信息社会日庆典暨信息通信技术让农村生活更美好大型科普报告会。来自政府部门、电信运营企业、电信设备制造企业、高等院校、研究机构、新闻媒体等的 500 余人出席大会。

会议由工业和信息化部电信管理局局长韩夏主持，学会副理事长冷荣泉致开幕辞。工业和信息化部国际合作司司长陈因宣读了国际电信联盟秘书长的贺词。工业和信息化部副部长奚国华出席会议并发表讲话。他指出，今年世界电信与信息社会日的主题具有很强的现实意义，让信息通信技术惠及广大农村地区和亿万农民朋友，是我国信息通信行业服务民生、服务社会的光荣使命，更是构建社会主义新农村、全面建设小康社会的本质要求。奚国华提出 4 点要求：第一，深刻认清当前形势，进一步增强加快发展、服务大局的责任感和紧迫感；第二，进一步加快发展，不断增强我国信息通信业综合实力；第三，积极务实推进村通工程，推动农村通信发展再上新台阶；第四，加强网络与信息安全管理，促进行业快速健康发展。

【2011 中国移动支付产业论坛】 4 月 14 日，学会在北京举办 2011 中国移动支付产业论坛，学会副理事长冷荣泉出席论坛并致开幕辞，学会副秘书长赵梅庄主持论坛。来自政府、企业、高校、研究机构的 500 余人出席了论坛并参观了技术业务推广展示。

移动支付这一新兴产业要实现健康、快速发展有赖于标准的统一。目前，市场上已有的移动支付方式多种多样，包括 13.56MHz 标准下的双界面、SD 卡方式以及 2.46GHz 标准下的 RF - SIM 卡方式等，导致移动支付陷入产业配套难和规模发展难的“困境”。统一移动支付标准，成为产业界共同的愿望。

国家金卡办主任张琪在论坛上表示，移动支付正在孕育着巨大的市场空间，中国八成以上的用户，希望将公交卡、购物卡、银行卡等集成到手机上。中国的移动支付市场正呈现出强劲的增长势头：2010 年，中国移动支付市场整体规模达到了 202.5 亿元，经过 2011 年的迅猛增长，2012 年则有望超过 1000 亿元。

工业和信息化部科技司副巡视员代晓慧在发言中表示，为加快移动支付产业的发展，工业和信息化部将与中国人民银行成立联合工作组尽快统一标准，确定采用何种移动支付方式。

【2011 中国移动医疗产业大会】 8 月 12 日，学会主办的 2011 中国移动医疗产业大会在北京开幕，350 位专家、学者出席了会议。

学会副理事长冷荣泉、工业和信息化部信息化推进司副司长董宝青、卫生部信息办副主任高燕婕出席大会并致辞。冷荣泉表示，移动医疗不仅节省了很多时间和医疗资源，而且能够更加高效、更加准确地处理病患，引导人们形成良好的生活习惯，使得信息产业能够更好地拓宽应用范围，更好地服务整个社会和民生。

董宝青表示，在国家电子商务“十二五”规划中，特别设置了“移动电子商务工程”，其中也部署了一些关于移动医疗的项目，涉及远程医疗、社区卫生、农村卫生信息化等，移动医疗将在“十二五”期间得到进一步推进和加强，将不断加强试点示范工程和推广工作的力度。高燕婕表示，为了进一步推动国内医疗信息化水平，推动医疗实现医院的信息共享，为区域信息化共享打下基础，为远程医疗、远程客户服务等信息化建设项目提供平台，卫生部提供的建立区域医疗移动信息化工程已经被列为国家重大专项。

学会副理事长邬贺铨为大会做了关于 mHealth 的主旨演讲。邬贺铨认为，医疗不仅仅跟健康有关，而且跟经济增长有关，可以说，没有健康就没有增长。物联网是数字医疗的重要组成部分，mHealth 是应用的切入点，随着手机像家电一样的普及化，用手机来辅助医疗保健是一个很好的应用。

中国中文信息学会

中国中文信息学会第七次全国会员代表大会暨学会成立 30 周年学术会议在 2011 年 12 月 4~5 日，北京召开。工业与信息化部副部长杨学山、国家语言文字工作委员会副主任、教育部语言文字信息管理司司长李宇明、中国科学院软件研究所党组书记李玉成对学会成立 30 周年表示了热烈的祝贺。大会选举产生了中国中文信息学会第七届理事会全体成员、常务理事会全体成员。哈尔滨工业大学原党委书记李生当选中国中文信息学会第七届理事会理事长。会上还为唐亚伟、董振东、俞士汶、倪光南颁发了首届中国中文信息学会“终身成就奖”，为曹右琦颁发了首届中国中文信息学会“突出贡献奖”。

2011 年，学会积极开展国内外学术交流，举办国际会议2次，国内学术会议7次。7月28～30日，第13届中国少数民族语言文字信息处理学术研讨会在内蒙古自治区呼和浩特市召开。来自国家民族事务委员会、教育部语信司、中国中文信息学会的领导、国内外知名专家和少数民族地区的学者共78人，就少数民族语言文字信息处理的研究发展进行了交流和探讨。会议共收到学术论文56篇，21篇入选《中文信息学报》第25卷第四期，14篇入选ICINIS2011少数民族语言信息处理专题（EI Index）。大会论文涉及蒙、藏、维、朝、傣、壮、水书、女书等8种少数民族语言文字，涵盖了民族语言信息处理基础理论与标准化研究、语料库与知识库构建、支撑平台与条件建设、信息化处理技术及网络应用等几大研究领域。

8月11～13日，第八届自然语言处理青年学者研讨会在云南省昆明市召开。会议邀请了国内外自然语言处理领域知名专家学者80余人参会。会议同期进行了中国中文信息学会青年工作委员会（筹）的换届工作。8月20～22日，第11届全国计算语言学学术会议在河南省洛阳市召开。来自中国大陆和中国香港特别行政区的256名专家、学者参加了会议。会议共征集到论文167篇，录用93篇，编入由清华大学出版社出版的《中国计算语言学研究前沿进展（2009—2011）》的论文集。会议决定第六届学生计算语言学研讨会2012年在上海交通大学召开。9月21～23日，第13届国际机器翻译峰会在福建省厦门市召开。这是国际机器翻译峰会首次在中国举办，来自世界20多个国家和地区的180名专家、学者参加了会议。会议收到论文投稿200篇，录用口头报告论文54篇，壁报论文18篇。9月23～24日，第七届全国机器翻译研讨会在厦门大学召开。83人参加了会议。确定了下届会议由西安理工大学举办。

10月15～16日，第11届全国人机语音通讯学术会议在西北工业大学召开。来自中国大陆和台湾地区、美国、日本、新加坡等多个国家和地区的180余名专家参加了会议。大会收到论文108篇，34篇质量和水平较高的论文首次编入《清华大学学报》正刊出版，38篇论文被录取为会议论文，27篇论文收录于特殊议题。

10月16～18日，亚太区信号与信息处理联合会在西北工业大学举行。来自美国、新加坡、韩国、泰国、日本、新西兰、印度、斯里兰卡、瑞士、加拿大、意大利等国家与地区的300余名学者参加了会议。大会共收到论文341篇，包含213篇大会论文，120篇特别主题论文和8篇综述性论文。

10月19～21日，汉字编码专业委员会第九届年会暨学术研讨会在苏州大学召开。来自全国各地的汉字编码工作者和中文信息处理、语言文字研究及中小学语文教育领域的专家、学者等60余人参加会议，会议共收到学术论文40多篇。

10月20～22日，第七届全国信息检索学术会议在山东大学召开。来自中国科学院、清华大学、北京大学、微软亚洲研究院、百度等74家单位的196名专家学者参加会议。会议共收到论文263篇。会议最终录用论文127篇，其中中文论文72篇、英文论文55篇。

【中国中文信息学会第七次全国会员代表大会】2011年12月5日，中国中文信息学会第七次全国会员代表大会在北京召开。大会选举产生了中国中文信息学会第七届理事会全体成员、常务理事会全体成员以及学会领导班子成员。

哈尔滨工业大学前党委书记李生当选中国中文信息学会第七届理事会理事长，北京理工大学教授黄河燕、科大讯飞董事长刘庆峰、汉王董事长刘迎建、拓尔思董事长施水才、中国科学院软件研究所研究员孙乐、清华大学教授孙茂松、新疆大学教授吾守尔·斯拉木、中国科学院自动化所研究员徐波、格微软件董事长张桂平当选副理事长，中国科学院软件所研究员孙乐当选秘书长。

中国中文信息学会第六届理事会理事长倪光南向与会代表作了第六届理事会工作报告，第六届理事会常务副理事长曹右琦作了章程及章程修改报告和财务报告，第六届理事会秘书长孙乐汇报了拟订的会员会费收取办法，代表们讨论并通过了第六届理事会工作报告、章程修改报告、财务报告及会员会费收取办法。

【中国中文信息学会成立30周年学术年会】2011年12月4日，中国中文信息学会成立30周年学术年会在北京召开。工业与信息化部副部长杨学山，国家语言文字工作委员会副主任、教育部语言文字信息管理司司长李宇明、中国科学院软件研究所党组书记李玉成对学会成立30周年表示了热烈的祝贺，并对中文信息处理事业所取得的突出成就给予了充分的肯定和鼓励。

学会理事长倪光南回顾了中文信息处理30年来所取得的主要成就，并展望了中文信息处理未来的发展方向。30年来，我国的科技工作者们在汉字编码、汉字输出、汉字速录、机器翻译、信息检索、少数民族语言信息处理等领域取得了一系列成果，其中1项成果获国家最高科学技术奖，5项成果获国家科技进步一等奖，15项成果获国家科技进步二等奖。部分技术成果取得了巨大的经济效益，占据了同类产品的绝大部分市场。

会上为唐亚伟、董振东、俞士汶、倪光南颁发了首届中国中文信息学会“终身成就奖”，为曹右琦颁发了首届中国中文信息学会“突出贡献奖”。

与会专家、学者分别做了专题报告，探讨了在自然语言处理、语言资源、语音技术、信息检索、机器翻译以及少数民族语言信息处理等方面取得的成绩和面临的挑战，并就各学科未来的发展发表了独到的见解。

【学会常务理事王海峰当选国际计算语言学学会副主席】在2010年下半年的国际计算语言学学会（CACC）选举中，经过全球会员的投票，学会常务理事王海峰当选副主席，并于2011年1月1日正式上任，成为国际计算语言学学会50年历史上唯一当选副主席的华人，并且是目前国际计算语言学学会执委会13名执委中唯一的亚洲人。国际计算语言学学会是自然语言处理领域世界上影响力最大、同时也最具活力的国际学术组织，成立迄今已50年。国际计算语言学学会年会是国际上影响最大、水平最高的自然语言处理学术会议。

【第13届国际机器翻译峰会】9月21～23日，第13届国际机器翻译峰会在福建省厦门市召开。首届机器翻译峰会于1987年在日本召开，此后每两年召开一次，是机器翻译领域最重要的和具有影响力的国际会议，第13届国际机器翻译峰会是国际机器翻译峰会首次在中国举办。来自世界20多个国家和地区的180名专家、学者参加了会议。会议共收到论文约200篇，录用口头报告论文54篇，壁报论文18篇。

会议的主题及研讨的主要内容分为机器翻译理论和技术的研讨，政府和商业的机器翻译用户的交流，机器翻译系统和应用的展示3大类。

从本次会议看，目前在机器翻译领域新的翻译模型仍然是主要的研究重点之一。Dekai Wu教授在Tutorial中用三维图勾勒了整个机器翻译模型的发展历程，并讲述了其开展的基于句法、基于语义的翻译模型的研究。

中国科学院语言工程中心教授董振东做了More knowledge and more application的特邀报告，美国TOPs Globalization Consulting Silicon Valley公司的教授Mike Dillinger做了题为MT everywhere：Next Steps的特邀报告，德国Saarland University and DFKI的教授Hans Uszkoreit做了题为Strategic MT Research in Europe：Themes，Approaches，Results and Plans的特邀报告。

中国测绘学会

学会2011年学术年会11月23～26日在福建省福州市召开。福建省委常委、副省长张志南，中国测绘学会理事长、国家测绘地理信息局副局长李维森，解放军总参测绘局副局长翟跃欢出席会议。大会颁发了2011年测绘科技进步奖、2011年优秀测绘工程奖、全国GIS技能大赛奖、“吉威数源杯”青年优秀论文奖和夏坚白院士测绘事业创业奖。大会同期举办了特邀报告会、2011年测绘科技进步奖部分获奖项目报告会、2011年优秀测绘工程奖部分获奖项目报告会，测绘仪器学术专题报告会、地籍与房产测绘学术专题报告会、遥感影像获取学术专题报告会、测绘装备新产品新技术信息发布会等。

学会组织测绘地理信息科技工作者参加第25届国际制图大会。教育工作委员会举办第二届中国测绘学科院长论坛暨宁津生院士从教55周年学术报告会，工程测量分会召开全国交通工程测量技术应用研讨交流会，大地测量专业委员会主办第六届全国大地测量研究生学术论坛，科技信息网分会举办首届测绘科技成果全国推介会——中国测绘科学研究院创新成果推介会，测绘仪器专业委员会举办学术年会并出版《测绘仪器装备学术文集（2011）》等。

学会主办了2011年全国学生定向越野锦标赛暨“中国四维杯”第七届全国测绘职工定向越野大奖赛。此活动成为各有关部门认识测绘作用、了解测绘功能的平台，成为学生了解测绘知识、学习测绘技术、传承测绘精神的阵地。

学会受国家测绘地理信息局委托，组织专家对“国家1∶5万基础地理信息数据库更新工程”和“国家西部1∶5万地形图空白区测图工程”进行调查、研究和评估，圆满完成项目中期、终期检查评估工作，为项目的成功验收提供了决策保障。

学会组织实施2011年测绘科技进步奖和全国优秀测绘工程奖的评选工作，评选出测绘科技进步奖获奖项目75项，其中一等奖8项、二等奖22项、三等奖45项；评选全国优秀测绘工程奖项目260项，其中金奖36项、银奖75项、铜奖149项。

学会推荐的中国科学院院士候选人武汉大学教授龚健雍当选中国科学院院士。

【中国测绘学会2011年学术年会】11月23～26日，学会2011年学术年会在福建省福州市召开。福建省委常委、副省长张志南，中国测绘学会理事长、国家测绘地理信息局副局长李维森，解放军总参测绘局副局长翟跃欢出席会议。大会颁发了2011年测绘科技进步奖、2011年优秀测绘工程奖、全国GIS技能大赛奖、“吉威数源杯”青年优秀论文奖和夏坚白院士测绘事业创业奖。

大会同期举办了特邀报告会，2011 年测绘科技进步奖部分获奖项目报告会，2011 年优秀测绘工程奖部分获奖项目报告会，测绘仪器学术专题报告会，地籍与房产测绘学术专题报告会，遥感影像获取学术专题报告会，测绘装备新产品、新技术信息发布会等。

张志南在讲话中指出，测绘是国民经济和社会发展的基础性、先导性、公益性事业，现代测绘技术是国家高新技术综合国力的重要标志。中国测绘学会作为我国著名的学术性和科普性社会团体，汇集了众多的测绘科技人才，每年召开学术年会，交流推广测绘最新成果，推动成果转化和应用，对测绘地理信息技术进步和发展起到了重要作用。

李维森在讲话中指出，以测绘科技创新与地理国情监测为主题，召开学术年会，进行广泛的交流和研讨，对于创新学术思想、推动科技进步具有非常重要的作用，对于深入贯彻落实李克强副总理视察中国测绘创新基地时的重要讲话精神，加快推动科技创新，有效开展地理国情监测，更好地服务经济、社会、科学发展具有十分重要的意义。

李维森对做好新时期的学会工作提出三点意见。一是要为测绘地理信息事业做好服务，充分发挥科学技术优势、人才资源优势和组织网络优势，把科技工作者的个人智慧凝聚为推动事业发展的强大力量。二是要把科技评价、举荐创新人才作为学会的一项重要职能，提高我国科学家参与国际活动的交流层次，充分发挥科技成果奖励和先进科技工作者表彰的导向作用，建好测绘地理信息工作的表彰体系。三是要以提高学术交流质量为重点，加强学术建设，倡导良好学风，提高服务能力。

大会期间还举办了第一届全国测绘地理信息技术装备展览会，200 多家测绘地理信息企事业单位参展，展区面积 1.6 万平方米，展品丰富多彩、琳琅满目。展览会在已有 15 年历史的全国测绘仪器信息交流会基础上大力拓展，除国内地理信息、卫星导航定位和遥感新技术、新产品，其他与测绘地理信息数据采集、生产、管理和服务相关的各种硬件、软件、系统集成和解决方案外，还增加了国外测绘仪器硬件及软件产品、测绘配件、测绘用品展览。

来自国家测绘地理信息局、解放军总参测绘局、中国科协、福建省委省政府、福建省科协等的有关领导以及全国测绘地理信息行业、各相关领域和瑞典的近千人参加大会，2000 多人参观展览，并参加各种论坛、发布会。

中国造船工程学会

2011 年 7 月 11 日，学会与浙江省舟山市人民政府、国家航海日组委会办公室共同主办了 2011 中国海事装备技术论坛。本次论坛由主论坛和“造船工艺与材料”、“船舶与海洋工程用钢”分论坛组成，出席论坛人员 300 余人，30 多位专家和科技人员发表演讲。船舶材料学术委员会承办了“船舶与海洋工程工艺”等专题论坛，参会代表就船体结构钢焊接匹配性研究、钢板止裂性能评价、结构声学复合材料的应用、新型防污涂料、海洋工程制造焊接技术、药芯焊丝在船舶焊接中的缺陷及其防治对策、船舶焊接缺陷及其质量检验、可视化铸造技术、应对 PSPC 涂层新标准、船舶涂料国际新标准的发展和应用等进行了广泛的交流。

9 月，学会与中国海洋石油总公司在天津市共同主办了海洋工程装备发展论坛。论坛围绕海洋工程整体制造技术、海工装备材料、海洋工程装备制造技术、电子应用技术、海洋工程设计、海上风电、海上安全、深海工程技术、海洋工程设计及性能研究、海洋工程船舶及特种船舶研发设计、海洋石油安全保障技术研究、海洋工程管道、机械和电气设备、海洋工程开发、运行、维护和管理等议题展开，重点介绍相关企业的最新产品和技术研发情况。

10 月 18 日，学会在北京举办 2011 船舶电气及通讯导航技术发展论坛。论坛围绕加快船舶电气和通讯导航技术的发展，提升我国船用配套设备产品的竞争力这一主题进行探讨和交流。专家还就海洋环境监测、船舶通讯导航技术、物联网对船电技术发展趋势影响、船用电气及通讯导航产品检验规范、船舶电力推进系统设计与船舶建造等专题进行了学术交流。

5 月 21 日，学会举办的 2011 船舶与海洋工程人才发展论坛在浙江省镇江市召开。论坛的主题是“发展凝聚人才，人才引领发展”。来自全国各地的船舶制造企业的高层领导、有关高校的专家，围绕中国船舶产业的发展及相关人才的培养等问题，展开了探讨交流，对人才培养模式、人才发展战略、教师队伍管理、教育改革创新等提出了建议。

7 月 11 日，国家航海日期间，2011 年全国舰船及航海知识竞赛活动在北京举行。活动由国家航海日组委会办公室、中国科协科普部和学会主办，《舰船知识》杂志社、中国船舶在线网站承办，新浪军事等多家媒体协办。20 多个省、自治区、直辖市的参赛者参加了为期一周的竞赛活动，有 60 人获奖。学会为获奖者颁发了奖品和证书。

2011中国青少年舰船夏令营是国家航海日系列活动之一，由中国造船工程学会主办，浙江造船工程学会协办。活动的主题是“了解舰船、认识航海、探索海洋”，来自6个省、自治区、直辖市的营员和辅导员等近50人参加了为期5天的夏令营。营员们参观了水声试验船、浙江海洋学院试验水池、海洋生物标本陈列室、船舶驾驶模拟室、上海交通大学海洋工程深水实验室等科研设施，舟山五洲船舶修造厂，杭州运河博物馆、舟山军港及军史馆、上海世博会中国馆、董浩云航海博物馆等。

《精品船型共性设计技术研究项目》是列入国家计划的高技术船舶科研项目，学会参与该项目的开发并承担项目的组织协调工作。10月3日，项目任务书通过了工业和信息化部装备司组织的评审。国家发展与改革委员会、科技部、工业和信息化部、国家海洋局组织编制并下发了《海洋工程装备产业创新发展战略（2011—2020）》，学会参与了前期研究工作，提供了形成课题报告的素材和有关政策建议。

国家发展与改革委员会高技术司根据海工装备产业发展战略要求，制定了2011年将要实施的海工项目，包括4项主力装备和2项新型装备，重点提高国内自主设计建造的能力和水平，学会按照以往项目执行的模式，对实施过程进行监督和评估。

学会推荐的中船重工集团708所王立祥、中船重工集团702所崔维成、哈尔滨工程大学夏桂华3人荣获2010年“全国优秀科技工作者”荣誉称号。

学会开展了中国造船工程学会科学技术奖评审工作，评审出28项奖励项目。其中，一等奖3项，二等奖10项，三等奖15项。学会开展了2011年度品牌船型评审活动，评出18万吨Capesize型散货船等2型船为2011年度品牌船型。开展了优秀学术论文评选活动，评出《知识工程应用于船舶结构的优化设计研究》等49篇论文为2011年学会优秀学术论文。

2011年，学会参加了国家发展与改革委员会和工业和信息化部等组织的关于船舶与海洋工程领域专项规划的研讨，并对有关科研项目的设立提出建议；针对超长距离、大宗货物运输的需要，学会组织船舶设计、核动力等方面专家提出了超大型核动力矿砂船的经济性分析报告，为中巴铁矿石运输航线开发核动力船舶的设想提供了支撑；接受武警边防总队后勤部委托，学会组织专家对边防巡逻用摩托艇船型选型和建造厂家技术条件进行论证，提出了5种入选船型方案和承接建造任务船厂名单建议；组织召开了柴油机配套技术专家座谈会，为苏州力强机械公司发展船用低速柴油机配套件专业化生产、降低柴油机配套成本提供技术咨询；对北京宏孚瑞达科技公司开发的电焊机组织进行针对性测试和评估，为船厂推广该项新产品创造条件；学会和中国船舶工业行业协会共同组织专家，结合江苏扬州国裕船厂的生产情况，对大型船舶气囊式下水工艺标准进行论证分析，从技术上肯定了7万吨级及其以下船舶采用气囊下水的安全性，这为中小船厂承担建造大型船舶下水方式提供了新的选择，有利于企业在保证安全和质量的前提下降低建造成本。

《中国造船》从2006年起至今，在水路交通运输与船舶类科技期刊中，总被引频次数、影响因子、船舶类期刊综合排名等指标排名第一。

中国航海学会

2011年，学会共组织国内学术交流19次，参加人数1549人次，交流论文609篇；组织国际学术交流2次，参加人数524人次，交流论文99篇，境外人员222人次，境外论文59篇。

9月24日，中国航海学会第七次全国会员代表大会暨七届一次理事会在北京召开，187名代表出席会议。会议选举产生了由212名理事组成的第七届理事会。

12月9~10日，中国航海学会2011年学术年会在福建省厦门市举办。参加人员近80人。会议收到论文近90篇，大会交流论文20篇，从中评选出二等奖论文3篇和三等奖论文6篇。

6月8日，学会在青海省西宁市召开了中国航海学会规范磁罗经校正方法研讨会。会议围绕规范校正方法进行了深入的交流与研讨。

9月29日，2011年前沿高端学术交流项目——基于物联网的内河枢纽通航组织学术交流会在湖北省宜昌市举行。会议由中国航海学会主办，船闸专业委员会承办，长江三峡通航管理局协办。来自船闸专业委员会16个会员单位的专家、学者近100人参加会议。会议组织交流了19篇论文并编辑成册，对物联网技术和交通组织技术在枢纽通航中的应用前景等前沿技术理论进行了深入研讨，探讨了推动物联网技术在内河枢纽通航组织中的应用。

11月3~4日，2011年中日韩航海学会学术交流会在湖北省武汉市举行。会议由中日韩三国航海学会联合主办，中国航海学会承办。来自中、日、韩的专家、学者共54人参会，交流论文共51篇，其中中方论文22篇、日方论文14篇、韩方论文15篇。会议评选出1篇最佳论文、2篇优秀论文，并颁发了证书和奖金。会议确定下届会议在日本举办。

2011 年，学会共举办主题科普活动 5 次、科普讲座 6 次、科普展览 1 次，参与主题科普活动的科技工作者 29 人次，科普活动受众达 2087 人次。开展了航海日活动，知识答题，船员职业生涯辅导、船员自我认识与社会角色，轮机是什么、轮机的发展如何等专题讲座活动。

4 月 29 日 ~5 月 11 日，以中国航海学会救捞专业委员会名义，中国救捞“113 救助”轮访问台湾地区 4 个港口，并进行船上开放活动。活动期间，接待同行访问、民众上船参观达 5000 人次。7 月 23 ~ 30 日，学会在俄罗斯举办了“航海夏令营”活动，37 名营员参加。

利用学会网站“科技普及”栏目进行航海知识普及，发布中国悠久的航海历史、现代航海知识、航海概念、中国航海日、世界航海日、世界主要航线、集装箱运输，陆地、大洋与大海、核辐射小知识、中华人民共和国船舶识别号管理规定、航海仪器、大航海时代大事年表等内容。

学会推荐的天津市航海学会副秘书长孙红戈、上海市航海学会秘书长桑史良、湖南省航海学会秘书长黄湘林 3 人被授予“全国科协系统先进工作者”称号。2011 年，学会共接受申报中国航海学会科学技术奖项目 83 项，55 个项目获奖，其中特等奖 1 项、一等奖 4 项、二等奖 21 项、三等奖 29 项。3 月，81 名大专以上学生和 1 名中专学生通过评审，获得中国航海学会航海奖学金，其中 10 名大专以上学生获特等奖学金。共颁发航海奖学金 10.69 万元。

9 月 16 ~ 27 日，学会在上海市举办了磁罗经校正员理论考试培训班，53 人参加培训，35 人通过考试。全年新增磁罗经校正师 7 名，校正员 34 名。组织磁罗经校正员培训班 1 次，培训 53 人；引航员考试发证培训班 2 次，210 人参加。

2011 年，学会对 35 个单位的 176 人申报高级专业技术职务任职资格材料进行了审核，122 名高级船长、高级轮机长和高级引航员通过了资格评审。学会为交通行业所属科研院所完成横向科研项目科技成果评审、鉴定工作 16 项。

学会主办的《中国航海》（学术期刊）4 期印数 6000 册，收录论文 99 篇；《航海技术》（技术期刊）6 期印数 57260 册，收录论文 222 篇。相关分支机构的刊物《船闸科技》、《水运管理》、《中国救助与打捞》、《船舶防污染》、《集装箱运输》、《航测技术》6 种内部刊物总印数 85160 册，收录论文 526 篇。

2011 年，学会明确资深会员 212 名，新增个人会员 41 名，单位会员 2 个。对近 4000 名个人会员的资料进行了清理、登记，建立了会员会籍信息库，为使用中国科学技术协会推广的“全国学会个人会员管理系统”应用打下了基础。12 月 27 日，学会与交通运输部水运科学研究院在北京签订合作意向书，尝试与航海科研单位建立长期稳定的合作机制。

10 月 18 日，中国航海学会发布《事业发展“十二五”规划纲要》（简称《规划纲要》）。明确今后五年学会事业发展的主要目标是：对我国航海事业发展的贡献更加突出，学会自身建设进一步加强，学术交流水平明显提高，航海科学普及成效突出，会员服务工作满意度显著提升。主要任务为：开展学术交流，繁荣航海科技；强化组织建设，推进学会改革与发展；加强网站和数据库建设，提高工作效率；开展航海科普工作，弘扬科学精神；开展技术咨询服务，支持技术创新和政府决策。《规划纲要》还从加强组织领导、建立完善制度体系、坚持以点带面和保证重点任务资金投入等方面提出了保障措施。

【中国航海学会第七次全国会员代表大会】 2011 年 9 月 24 日，中国航海学会第七次全国会员代表大会在北京召开。交通、海军、海洋、渔业等系统的 187 个单位会员和个人会员的代表出席了大会。大会开幕式由学会第六届理事会理事长洪善祥主持。中国科协副主席、书记处书记程东红，交通运输部副部长徐祖远分别致辞。

会议审议通过了第六届理事会工作报告、财务工作报告以及修改后的学会章程和会员管理办法。大会选举产生了由 212 名理事组成的中国航海学会第七届理事会。选举产生了由 78 人组成的第七届常务理事会，选举徐祖远为第七届理事会理事长，王祖温等 15 人为副理事长，赵东野为秘书长。通过了由刘功臣任团体法人代表、常务副理事长的建议，审议通过了副秘书长建议人选、第七届理事会 12 名正副名誉理事长和 28 名高级顾问名单，以及《中国航海学会理事会工作规则（试行）》、《中国航海学会常务理事会议事规则（试行）》，以及吸收新会员等议案。

【中国航海学会 2011 年学术年会】 12 月 9 ~ 10 日，中国航海学会 2011 年学术年会在福建省厦门市举办。参加人员近 80 人。会议由学会秘书长赵东野主持，学会常务副理事长刘功臣、集美大学党委书记辜芳昭出席了开幕式。刘功臣作了以《强化海员培养 提升海员素质 服务航运市场》为题的主旨报告。

会议收到论文近 90 篇，内容涉及船舶驾驶、船舶通信与导航、内河航运开发与建设、海道测量与航标等学科和领域，围绕近年来航海科研，生产实践，行业管理中的热点、重点和难点，提出最新的科研成果。大会交流论文

20篇，从中评选出二等奖论文3篇和三等奖论文6篇。

【2011年中日韩航海学会学术交流会】 11月3~4日，2011年中日韩航海学会学术交流会在湖北省武汉市举行。会议由中日韩三国航海学会联合主办，中国航海学会承办。

参加本届学术交流会的中、日、韩航海学会共派出专家、学者61人。学会常务副理事长刘功臣代表理事长徐祖远出席会议并在开幕式上致辞，日本航海学会会长鹤田三郎和韩国航海学会会长郭圭锡致辞。

刘功臣在致辞中说，中日韩航海学术交流会自创立之始，一直得到了中日韩三国航海界专家学者的积极反响和广泛参与，已发展成为地区性航海学术交流和研讨的重要平台，也是中日韩三国航海界同仁沟通联络和建立友谊的桥梁。21世纪是海洋的世纪。在世界经济发展多元化的今天，更加需要广泛交流、加强合作、互利共赢。一年一度的中日韩航海学术交流会，是三国航海界的盛会，不仅是航海研究动态和水平的交流场所，更是扩大航海领域在地区乃至国际学术界影响的重要载体，有利于促进各国航海研究水平的提高和发展。

本届会议共组织了1场主题报告会和16场分组交流会，交流论文54篇，并编印了论文集。中日韩3方组成了论文评选小组，评选出最佳论文1篇、优秀论文2篇。会议向获奖作者颁发了获奖证书和奖金。

经中日韩3方商议，2012年航海学会学术交流会将于2012年11月上旬在日本神户举办，由日本航海学会承办。

中国铁道学会

为纪念青藏铁路通车运营5周年，7月14~15日，学会在青海省西宁市召开青藏铁路技术研讨会。100多人出席了会议。学会理事长孙永福出席会议并在开幕式上致辞。学会副理事长兼秘书长吕长清主持会议。中国科学院兰州分院院长、中国科学院院士程国栋等专家分别在会上作了专题报告。会议共征集论文103篇，10篇论文在会上做了交流，40篇论文编入研讨会文集。

6月20~25日，以学会副理事长兼秘书长、国际重载协会理事吕长清任团长的6人代表团，在加拿大卡尔加里参加了以“极端条件下的重载运输”为主题的2011国际重载协会专家技术会议。来自北美地区以及中国、澳大利亚、南非、巴西、俄罗斯、瑞典、德国、芬兰、日本等国的铁路重载运输专家400多人出席了会议。会议期间，吕长清还参加了2011年度国际重载协会理事会会议。

2011年，学会分别以“铁路科技进步惠及广大人民群众”和“加快铁路科技进步，创新发展高速铁路”为主题，举办了2011年铁路科技活动周、科普日活动，受众人数达730多万人次。完成青藏铁路环境保护科普原创素材开发及《话说青藏铁路》、《中国高铁安全科普活动》两个由中国科协资助的科普开发项目。开展了气象科普上列车活动、核事故公众防护科普宣传、2011年防灾减灾科普宣传、征集铁路科普读物活动、国防科普系列活动等科普活动。

7月，学会组成了以中国铁道学会安全委员会牵头负责，河南省、辽宁省铁道学会、中国铁道学会运输委员会及北京交通大学等单位的65位铁路专家组成的技能大赛裁判组，承担了神华集团第十一届铁路职工技能大赛裁判工作。为神华集团铁路人才资源能力建设，促进人才强企战略，培养和造就一支高素质、高技能、创新型、复合型技能人才队伍作出了贡献。

8月22~25日，以“合资铁路安全管理”为主题，学会理事长、中国工程院院士孙永福，中国科学院院士简水生，中国工程院院士刘友梅，中国工程院院士梁文灏等4位铁路专业的院士考察了神华铁路，中国铁道学会副理事长杨建兴、常务副秘书长方兰珍陪同考察。4位院士现场考察了神华集团所属车站、煤矿和港口，并与神华集团有关专家就神华集团铁路安全管理进行了座谈，院士们结合各自研究领域分别对神华铁路提出了意见和建议。

学会完成了朔黄重载铁路轮轨关系及延长钢轨使用寿命研究、国电黄金埠电厂项目咨询等项目。

3月，学会启动年度铁道科技奖、铁道环保奖奖励工作。2011年共授予2011年度铁道科技奖奖励项目220项，其中特等奖5项、一等奖30项、二等奖81项、三等奖104项；铁道环保奖获奖人选28人。学会开展了茅以升铁道工程师奖工作，进行了2011年度两院院士推荐工作及全国优秀青年科技工作者推荐工作。2010年各专业委员会共上报学术活动优秀论文126篇，经过学术工作委员会评选，确定中国铁道学会2010年度优秀学术论文一等奖4篇，二等奖122篇。

《铁道学报》更新了封面，调整学报目录格式，将《铁道学报》改为月刊，按时完成全年12期出版发行工作。《铁道学报》获得中国科学技术信息研究所颁发的2011年度中国精品科技期刊证书。

《铁道知识》更新了版面，内容进行了优化调整，按时完成了6期杂志出版发行。与2010年同期相比发行量提高了6%。参加了中国铁路记者协会主办的“好新闻评选”活动，由《铁道知识》杂志社报送的《宜万铁路全线铺轨顺利完成》(《铁道知识》2010 第五期)、《心映彩虹飞天堑》(《铁道知识》2010 年第六期) 分别获得二等奖和三等奖。

学会以庆祝建党 90 周年为契机，以深入开展创先争优活动为重点，组织了一系列活动，主要包括：以“喜迎党的生日、感受高铁科技”为主题的添乘京沪高铁活动，以“参观国家博物馆、重温复兴之路、回顾学习党史、畅谈科学发展”为主题的党日活动等。“添乘京沪高铁活动”因主题鲜明、意义重大，被铁道部机关党委评选为“纪念中国共产党成立 90 周年‘爱党爱国、风险岗位’活动”组织奖。

【青藏铁路技术研讨会】 为纪念青藏铁路运营 5 周年，7 月 14 ~ 15 日，青藏铁路技术研讨会在青海省西宁市召开。100 多人出席了会议。学会理事长孙永福出席会议并在开幕式上致辞。学会副理事长兼秘书长吕长清主持会议。中国科学院兰州分院院长、中国科学院院士程国栋等专家分别在会上做了专题报告。会议共征集论文 103 篇，10 篇论文在会上做了交流，40 篇论文编入研讨会文集。

通过交流研讨，会议形成两点共识：一是依靠技术创新，成功建成世界一流高原铁路。体现在保护冻土的设计理念正确、针对冻土的综合治理措施得力，攻克三大世界性工程难题，推进了高原冻土技术发展；二是运营管理取得优良业绩，初步形成高原铁路管理技术。具体体现在安全生产基本稳定，客货运输持续增长，并借鉴建设期的成功经验，探索青藏高原铁路的运营规律，进一步深化三大世界性工程难题的认识。与会专家还就进一步做好青藏铁路的运营管理工作，提出了意见和建议。

中国公路学会

2011 年，学会围绕行业中心工作，组织开展各类全国性学术活动 50 多次，参会人员 1.1 万余人次，交流论文 4900 多篇。主办和承办了“第 13 届中国科协年会第 19 分会场暨公路在综合交通运输体系中的地位和作用研讨会”、“第十三届中国高速公路信息化管理及技术研讨会”等一批高层次、高质量的精品学术交流活动。

12 月 7 日，第五届中国高速公路服务区管理年会在广东省广州市召开。本届年会的主题是“责任、创新与发展”。本届年会由中国公路学会、广东省交通集团有限公司主办。本届年会参会人数 340 余人。会议收到 180 多篇论文，组织专家评选出 40 多篇论文结集出版，评选出《服务区的品牌引进策略研究》等 10 篇为优秀论文奖。年会举办了高速公路服务区行业品牌企业展示活动。广西旅岛便利店、正兴一家人、湖南绿源环保工程、湖南高速好相惠连锁超市管理有限公司、中国建筑上海设计研究院有限公司、广州拓实科技有限公司等单位参加了品牌展示活动。

在国际交流与合作方面，2011 年学会共组织了 12 个团组 113 人次出国（境）交流考察；接待了国际路联、加拿大土木工程协会、台湾地区中华道路协会、香港特别行政区公路学会等科技社团来访；与美国最主要的两个公路交通行业协会美国州际公路管理者协会协会和美国科学院交通研究委员会建立了联系并初步达成合作共识。

12 月 15 日，2011 年全国公路学会会员日活动在浙江省金华市举办。学会理事长胡希捷，浙江省交通运输厅党组副书记、副厅长徐纪平，党组成员、副厅长李良福，浙江省公路学会理事长郭学焕，金华市委常委、常务副市长劳红武，浙江省科协副主席隗斌贤等出席会议，全国各级公路学会部分会员代表 90 余人参加了会议，会议由学会秘书长刘文杰主持。

大会首次表彰了会员管理服务先进省级公路学会。为了进一步丰富为科技工作者服务的内容，构建温馨、和谐的会员之家，学会还向金华市公路学会赠送了价值 2 万元的图书。部分省级公路学会秘书长在会上进行了工作经验交流，会员代表也踊跃发言，充分交流，谈问题、提建议。

研讨会后，举行了会员日联谊活动，各地公路学会的秘书长和会员代表共叙友情，畅谈发展。本次会员日活动得到了浙江省交通运输厅、浙江省公路学会、金华市交通运输局和金华市公路学会的大力支持。

学会积极参与决策咨询和技术咨询活动，2011 年首次开展了本学科年度发展报告的撰写工作，主动为行业主管部门服务，为公路交通发展献计献策；组织开展了“公路在综合交通运输体系中的地位和作用”、“公路安全防护与灾害应急管理”等课题研究；组织专家对 26 项科研成果进行了评审和鉴定；学会还首次为两个在建公路工程项目提供全过程技术咨询服务，取得了良好效果。启动了学会承担的交通运输部西部科技项目重大专项——基于机器人平台的复杂条件下桥梁无损检测系统研发的科研攻关工作。

学会完成了交通运输部委托的“交通部自然科学研究系列高级职务任职资格和成绩优异高级工程师”评审工作；继续承办中国科协主办的第二届全国科学博客大赛，组织开展了交通运输部交办的《中国公路史》和

《2010年度中国交通信息化发展报告》的编写工作，主持编制了桥梁行业专用产品标准9项；继续承担营运客车的等级评定工作。

在对科技人才的宣传表彰和举荐方面，学会推荐的裴岷山、郭大进两位青年专家荣获“第十二届中国青年科技奖”；开展了“第六届中国公路青年科技奖”评选，授予李万恒等10人“第六届中国公路青年科技奖”荣誉称号；完成了两年一届的“中国公路百名优秀工程师”评选，对评出的100位优秀工程师在2011年学术年会上进行了隆重表彰。学会加大对科技工作者的宣传报道力度，下发了《关于开展“科技兴路”重点宣传报道活动的通知》，在所属媒体《中国公路》杂志开设了《科技兴路》专栏，大力宣传在创新科学技术方面作出突出贡献的优秀公路科技工作者和创新团队。

学会主办的《中国公路学报》的学术水平和影响力有新的提高，入选成为2011年度中国精品科技期刊，并被评为“百种中国杰出学术期刊”，这是自2004年以来《中国公路学报》第七次获此殊荣。根据《中国学术期刊影响因子年报（自然科学与工程技术版·2011版）》提供的数据，《中国公路学报》本年度复合影响因子达到1.842，居交通运输工程学科学术期刊首位（总共135种期刊）。另外根据中国科学技术信息研究所2011年12月2日发布的最新数据，在中国科技论文与引文数据库收录的1988种学术期刊中，根据总被引频次和影响因子的综合评价排名，《中国公路学报》居第2位。

学会完成了2011年中国公路学会科学技术奖评选工作。“2011年中国公路学会科学技术奖”申报项目达到385项，申报数量创下了新高。其中157个项目获得了“2011年度中国公路学会科学技术奖”，包括特等奖5项、一等奖27项、二等奖52项、三等奖73项，项目获奖比例为40.7%。学会积极向上级部门推荐学会科技奖获奖项目，经学会推荐的“复杂地形地质条件下山区高速公路建设成套技术”和“公路网快速检测与损坏修复关键技术”获得了2011年度国家科技进步二等奖，“水下无封底混凝土套箱建造技术”获得了2011年度国家技术发明奖二等奖。为做好科技奖励申报工作，学会还举办了中国公路学会科技项目申报与奖励工作培训班。

2011年，学会首次成功申报并圆满完成了中国科协“繁荣科普创作资助计划”桥梁科普素材库开发项目。学会组织编辑制作了《公路安全保护条例》插图读本和宣传挂图，共赠送和发行8万余册（套）。

2011年，学会共直接发展个人会员380人、团体会员25家。学会积极创造条件改善办事机构的办公条件，秘书处于2011年11月搬迁到新址办公。4月，学会在贵州省贵阳市举办了第五期全国公路学会秘书长和管理干部培训班，以提高公路学会干部职工的政策理论水平和业务能力。

【全国公路学会工作会议】 2011年5月16日，全国公路学会工作会议在陕西省西安市召开。学会理事长胡希捷，中国工程院院士、广西科协主席、广西公路学会理事长郑皆连，学会副理事长、交通运输部总工程师周海涛，学会副理事长、招商局集团总裁助理、华建交通经济开发中心总经理董学博，学会副理事长、养护与管理分会理事长刘家镇，学会副理事长、长安大学校长马建，学会秘书长刘文杰，陕西省交通运输厅副厅长胡保存，陕西省科协副主席党广录等出席会议。各省、自治区、直辖市、新疆生产建设兵团公路学会，中国公路学会各分会的理事长、秘书长，中国公路学会秘书处各部室负责人等130余名学会工作者参加会议。

胡希捷在会上作了题为《创新发展模式，提升科技品牌，努力开创全国公路学会科学发展新局面》的工作报告。总结了近两年来全国各级公路学会好的经验和做法，对学会下一步的工作进行了部署，同时对全国各级公路学会提出了希望和要求。湖南、江苏、河北、上海、湖北、江西等省级公路学会，中国公路学会客车分会、道路工程分会等8个学会（分会）交流了各自在学术交流、调研咨询、科技评价、深化改革、自身建设、会员服务等方面的经验和做法。

会议提出了“创新学会发展模式、提升学会科技品牌”这样一个推进学会科学发展的新思路。讨论通过了《中国公路学会关于加强学会工作的若干意见》，提出了学会发展的目标任务、措施办法。会议还提出了“从学会自身的特点和实际出发，既要服从和服务于公路交通发展大局，为现代交通运输业发展提供支持和保障，又要创新和转变学会自身的发展方式，增强为行业发展的服务能力，推进学会事业的科学发展”的整体工作要求。

中国公路学会在新时期新形势下，提出的“创新学会发展模式，提升学会科技品牌”的发展思路，得到了交通运输部党组的充分肯定。会后，交通运输部党组书记、部长李盛霖对中国公路学会工作作出重要批示：“公路学会围绕部党组确定的新时期工作重点，提出‘创新发展模式，提升科技品牌’，体现了科学发展的要求，也体现了学会的特点。相信公路学会在希捷同志的组织领导下，一定会充分发挥学会多年形成的优势，更好地服务于公路交通发展大局，为现代交通运输业发展提供更多的支持和保障。”

【海峡两岸防护与灾害应急救援技术交流会】 6月27日~7月4日，中国公路学会代表团一行16人前往台湾地区参加海峡两岸公路安全防护与灾害应急救援技术交流会，同时与台湾地区中华道路协会签署了合作备忘录，并进行了考察访问。代表团由学会理事长胡希捷为团长，全国人大内务司法委员会主任委员原交通部部长黄镇东为顾问，成员包括交通运输部有关司局、部属科研院所，学会有关人员及长安大学，江苏省、陕西省两省交通运输厅负责人。

学会与台湾地区中华道路协会联合举办了海峡两岸公路安全防护与灾害应急救援技术交流会。胡希捷等9人，分别就大陆公路交通应急保障体系、公路交通应急管理机制、道路运输安全监管、公路防护研究与实践、公路安全保障体系、公路隧道防灾救援对策、陕西公路灾害防治与安全防护、苏通大桥工程建设安全管理、公路安全防护与灾害应急管理等内容作了专题报告。台湾地区中华道路协会6位会员分别就台湾地区公路防灾预警机制、雪山隧道安全设施与管理、易肇事路段的改善、长隧道营运之长期监测系统、高速公路交通管理系统与道路安全防护、路面反光标记与公路系统之应用等作了专题发言。两岸与会代表还就今后在隧道、公路景观设计与安全防护等领域的合作进行了积极探讨。

为进一步加强两岸公路科技交流合作，胡希捷与台湾地区中华道路协会理事长张家祝共同签署了两会之间的《海峡两岸公路交通科技交流合作备忘录》，明确了双方未来合作交流的原则和框架。根据备忘录，双方将在学术交流、课题研究、人才培训等方面开展全方位合作，建立双方科技信息沟通渠道，实现信息资源共享，共同组织课题研究，推动海峡两岸公路科技进步。同时倡导推动两会之间多种形式的科普教育和人才培训。双方还约定建立互访机制，每年就共同关心的技术问题组织交流研讨会，由双方轮流主持。

在台湾地区考察访问期间，学会代表团专门拜访了台湾地区台湾运输研究所和高雄捷运公司等机构，并进行了广泛深入的交流。通过相互沟通，各方均表示今后要加强科技交流合作，共同推动海峡两岸公路科技创新发展。

交通运输部部长李盛霖在审阅中国公路学会赴台湾地区考察交流情况报告时，作出重要批示：“这次交流很成功，意义深远。不仅使两岸公路交通领域技术交流和合作有了好的开头，而且对推动两岸公路建设、养护、运营、安全水平的提高将发挥积极的作用。”

【第13届中国高速公路信息化管理及技术研讨会】 3月3~4日，第13届中国高速公路信息化研讨会在湖北省武汉市召开。会议由中国公路学会、湖北省交通运输厅高速公路管理局联合主办。交通部原副部长、学会名誉理事长李居昌等出席了大会开幕式，开幕式由学会副秘书长乔云主持。来自交通运输部、各省（自治区、直辖市）交通运输主管部门，各高速公路建设、运营、管理单位，全国高速公路机电工程设计、施工、监理、科研以及产品供应商等单位的1200余名专家、学者参加了会议。

此次会议的主要内容包括交通信息化形势分析，高速公路运营、管理信息化，高速公路联网收费、联网监控及综合技术应用，高速公路突发事件的应急处置与管理，相邻省份高速公路信息互通机制的建立与应用，高速公路隧道运营节能（通风、照明、供配电等），高速公路机电工程规划设计与创新等。

交通运输部路网中心高级工程师董雷宏、湖北省交通运输厅副巡视员魏公民、北京数码视讯科技股份有限公司副总裁张刚分别作了题为《全国公路运行监测与服务平台的建设》、《湖北省高速公路信息化建设现状与发展展望》、《高速公路智能联网监控系统应用发展的探索与思考》的专题演讲。大会还举办了联网收费新技术论坛、信息化管理论坛、新技术新产品论坛、计重收费论坛、综合技术应用论坛、视频监控发展论坛等，来自全国高速公路信息化建设管理和科研院校的37位专家分别作了学术交流与经验介绍。在为期两天的会议中，与会代表就如何进一步提高高速公路信息化建设、管理和服务水平等进行研讨和交流。

会议同期举办了第13届全国高速公路信息化技术产品展示会，武汉微创光电、北京亚邦伟业、北京万集科技、杭州中威电子、山西四和、航天科技44所等130余家企业参加了信息化新技术新产品的展示。

中国航空学会

2011年学会和分支机构共举办46项国内学术交流活动，5166人次参加，交流论文3219篇，评选优秀论文203篇，编辑论文集26种、光盘11种。全年学会组织国际会议9个，参加人次1080人，其中境外210人；交流论文525篇，其中境外201篇；编辑论文集4种、光盘5种。

1月，学会和西北工业大学共同主办首届国际航空工程进展高峰论坛。来自国内航空工程界的专家就我国航空技术研发和趋势等前沿问题进行了广泛研讨。学会副理事长、论坛主席、西北工业大学校长姜澄宇，中国工程院院士张福泽、陈一坚，中国科学院院士于起峰等出席并作了大会报告。

3月，学会在广东省深圳市与中国机械工程学会联合主办了领先接触——第三届民用飞机制造技术及装备高层论坛，主题为“发展自主创新的航空装备制造业”，共有180多位专家、学者参加了会议。

5月，学会主办，沈阳航空航天大学承办，辽宁省航空宇航学会协办的中国航空学会2011年学术年会暨庆祝新中国航空工业建立60周年学术报告会在辽宁省沈阳市召开，会议以“加快推进自主创新，努力建设航空强国”为主题，600余位专家、学者参加了会议。学会副理事长、学术工作委员会主任张新国，学术工作委员会副主任、沈阳航空航天大学校长杨凤田，中国科学院院士李天等9位专家出席大会并作学术报告。

5月，学会主办、浮空器分会协办、中国特种飞行器研究所承办的2011年中国浮空器大会在湖北省荆门市召开，150多名专家、学者出席会议，共同围绕浮空器的关键技术、主要用途、市场需求、飞行控制、使用维护和国际化合作等议题进行了广泛的研讨和交流。学会副理事长张彦仲、中国工程院院士杨裕生、中国科学院院士朱中梁等10名专家分别作特邀报告。

5月17～19日，学会在陕西省宝鸡市主办了光纤陀螺技术发展与应用研讨会。学会理事长刘高倬与中国工程院院士徐德民等80余位专家、学者参加了会议。

10月15日，学会主办，西北工业大学与空军工程大学联合承办的第二届中国航空兵器大会在陕西省西安市召开，来自国内航空兵器领域的500多名专家、学者参加了大会开幕式，大会旨在研讨未来航空兵器关键技术，促进航空兵器产、学、研、用交流。

2月27日～3月3日，中国、澳大利亚、韩国和日本航空学术组织联合主办的2011亚太航空航天技术学术会议在澳大利亚召开。学会作为主办单位，共征集国内论文70余篇，组织20余名专家参会。中国民用航空局空管局吕小平应邀参会并作了题为《中国空中交通管理未来的发展》的报告。

8月8～10日，学会举办的第五届全球华人航空科技研讨会在上海市召开，100余位学者参加了会议，会议共征集论文40余篇。

9月19～20日，学会主办的2011年（第五届）商用飞机复合材料应用国际论坛在上海市召开。来自中国、美国、英国、德国、法国、日本6个国家的168名学者参加了会议。大会共有报告19篇，来自国外的报告8篇。

11月21～23日，第八届中俄高超声速技术交流会和第三届中意航天飞行器气动热力学与热结构会议在上海市同期举办。两个会议共有来自中、俄、意3个国家的100余名学者参会，大会报告共20篇。

学会分别于6月和8月组团赴法国和俄罗斯观摩航展。10月25日，学会与美国航空航天协会（AIAA）谅解备忘录在北京签署，正式建立合作关系。2012国际航空科学大会将于2012年9月在澳大利亚召开，学会共征集稿件104篇，并力争论文被录用的作者均能参会，以提高我国科技工作者在国际航空学术界的声誉。

2011年，学会举办科普活动11次，参加活动人数近6万人次，举办科普讲座10次，参加人数近3000人次。

9月20～25日，学会在北京市主办了中航工业杯－国际无人飞行器创新大奖赛。大奖赛活动由竞技赛、创意赛、高端航模表演、2011北京国际无人机及航模展四部分组成。活动期间，共1.5万名专业人士和社会公众观看了飞行活动并参观了展览。

2011年1～10月，学会联合《航空知识》杂志社派专家赴天津市、辽宁省沈阳市等地中小学校开展科普讲座，为特色学校定期寄送航空书籍和期刊，提供咨询和帮助。学会党支部开展“党建强会”走进航空特色学校活动，分别在宁夏回族自治区红寺堡小学、北京航空航天大学附属小学和浙江省杭州市大关中学附属小学开展了航空科普活动，向学校赠送航空科普图书和航空模型。

2011年，学会举办了第13届“飞向北京—飞向太空”全国青少年航空航天模型教育竞赛绘画比赛、航空科技周、SAMPE国际超轻复合材料学生竞赛等科普活动。10月16～18日，中国航空学会2011全国航空特色学校发展论坛在浙江省杭州市举办，主题为“航空科普与青少年创新”来自20所全国航空特色学校的40余名教师、专家出席。7月29～31日，2011国际青少年航空教育交流会在广东省从化市召开，学会选拔了5所航空院校的16名大学生，与来自英国、美国、加拿大、意大利等15个国家，以及中国香港、澳门特别行政区的航空青年学者进行了交流，体验了轮式动力伞飞行。

学会举办的中国航空发展历程展览于6月8日在中国航空科普基地——广州民航学院进行试展，筹建的中国航空博物馆——中国航空模型展馆于4月29日开展。

2011年，学会评选产生了35个2011年度中国航空学会科学技术奖拟授奖项目。学会推荐的刘高倬当选为中国科协第八届全国委员会委员。首届冯如航空科技精英奖评选出聂海涛、唐长红等8位获奖人选。第11届中国航空学会青年科技奖评选出张生良、袁慎芳等10位获奖人选。

2011年，学会开展多场科技论文撰写与投稿培训，由《航空学报》副主编蔡斐主讲，参与人数超过1500人。9月13～18日，学会联合中国航空工业集团公司直升机设计研究所举办了直升机及航空应急救援专家研讨会活动，会议邀请包括8名院士在内的业界专家考察、指导，对研究所的发展进行“专家会诊”，以拓宽思路、找准差距、重点突破、创新发展，真正实现直升机所相关科研技术的科学发展。

学会期刊《航空知识》的总发行量比2010年度提高了6.5%，在中国科协主管的期刊中发行量排名第3。《航空模型》杂志保持了发行量，但广告受经济形势的影响依然严峻。《中国航空学报（中文版）》继续保持了高速发展，各项期刊学术指标大幅提升，影响因子蝉联航空、航天学术期刊冠军，达到0.822，高出学科平均值（0.282）254%，总被引频次达到1803，高出学科平均值（382）372%。《中国航空学报（英文版）》2010年的影响因子排名跃居到学科第2位，达到0.301，在全部28种航空航天工程类SCIE源期刊中排名第21位，成为该领域唯一被检索的中国期刊。

《航空学报》编辑部缩短了审稿周期与出版周期，论文发表周期缩短至9个月。《航空动力学报》为了推动数字优先出版的工作，与中国知网合作，对部分录用但尚没有刊登出版的论文，进行了优先数字出版。

学会网站增加了对会员服务的新二级栏目，同时增设英文网站，加强海外宣传。《中国航空学报（英文版）》制作了全新的英文网站，已于2011年8月正式上线。

截至2011年10月，学会共发展单位会员7家、普通个人会员1500余人、高级会员71人。

【中国航空学会2011年学术年会暨庆祝新中国航空工业建立60周年学术报告会】5月，学会主办，沈阳航空航天大学承办，辽宁省航空宇航学会协办的中国航空学会2011年学术年会暨庆祝新中国航空工业建立60周年学术报告会在辽宁省沈阳市召开，600余位专家、学者参加了会议。会议以“加快推进自主创新，努力建设航空强国”为主题。

学会副理事长、学术工作委员会主任张新国，学术工作委员会副主任、沈阳航空航天大学校长杨凤田，中国科学院院士李天等9位专家出席大会并作学术报告，为广大航空科技工作者和会员提供航空科技发展的前沿信息，向新中国航空工业建立60周年献礼。

【中航工业杯－国际无人飞行器创新大奖赛】9月20～25日，中国航空工业集团公司与中国航空学会在北京中国航空博物馆联合主办了中航工业杯－国际无人飞行器创新大奖赛。大赛是一项面向社会、面向国民、面向国际的大型综合性航空科普活动，融高科技、趣味性、观赏性和娱乐性于一体，着力突出科技创新的时代主题。

整个大奖赛活动由竞技赛、创意赛、高端航模表演、2011北京国际无人机及航模展4部分组成，是一次展览、赛事、飞行表演“三位一体”的大型航空盛会。竞技赛和创意赛共有108支队伍参加，是目前我国唯一的航空科技创新赛事，也是世界同类比赛中规模最大的赛事。本次大奖赛总奖金额为265万元，创意大奖赛和竞技大奖赛所设大奖资金额分别为30万元和50万元。

学会理事长刘高倬、解放军空军装备部部长魏钢、中国航空工业集团副总经理高建设等出席了开幕式。全国政协原副主席、中国宋庆龄基金会主席胡启立，中国航空学会名誉理事长朱育理，科技部副部长曹健林，大赛组委会主任、中国航空工业集团总经理林左鸣，中国航空工业集团副总经理顾惠忠，共青团中央学校部副部长杜汇良等参加了闭幕式并为获奖队伍颁奖。中央军委委员、空军司令员许其亮于9月23日视察参观了大赛，并指派空军专家代表团前往观摩研究。活动期间，共1.5万名专业人士和社会公众观看了飞行活动并参观了展览。

中国宇航学会

2011年4月28日，中国宇航学会第六次全国会员代表大会在北京召开，来自国家部委、军队、高校、航天科技集团公司、航天科工集团公司的245名代表出席了大会。大会选举产生了中国宇航学会第六届常务理事会及领导机构，马兴瑞当选第六届理事会理事长，杨俊华当选为秘书长。

学会卫星应用专业委员会顺利通过中国科协和民政部的审查，正式成立。

2011年，学会围绕航天前沿技术积极开展学术交流活动，全年参加人数达到3400余人次，交流论文2470余篇。

4月，学会组织参加了第27届全美航天大会。学会副理事长兼秘书长杨俊华参加了在俄罗斯举行的纪念加加林首次上太空50周年国际科学实践会议，与俄罗斯宇航界进行了沟通和交流。9月，学会与国际宇航科学院在上海市联合举办了主题为“航天技术创新，造福人类社会”的第四届航天技术创新国际会议。来自中国、法国、德国、意大利、日本、俄罗斯、新加坡、英国、乌克兰、美国10个国家的167名专家、学者出席了会议，会议以通信卫星、遥感卫星、导航定位卫星的应用及商业化，卫星和发射技术，空间政策与国际合作为重点，就航天发展的有关议题展开研讨。

12月，中国宇航学会2011年学术年会在北京召开，150多位专家、学者参加了会议。中国科学院院士、航天科技集团公司科技委顾问吴宏鑫、中国科学院国家天文台台长助理邹永廖、重庆大学教授李芳显分别以《航天控制的现状与未来》、《深空探测的科学问题》、《引力波与引力波的探测》为题作了主题报告。

2011年，学会与中国科学院高分重大专项办、中国科学院高技术局、国际宇航科学院研究中心（中国）等单位合作，共同组织召开了高分辨率遥感卫星结构振动和控制技术研讨会、2011年中国国防科技工业科学发展论坛、第405次香山科学会议（空间技术对重大自然灾害机理的研究与预测专题）、临近空间飞艇发展趋势及关键技术研讨会等学术研讨活动。

7月，国务院台办举办了“两岸同心 我们同行——两岸万名青年大型交流活动”，学会承办航天分团“CASC两岸青少年航天交流活动”。

同月，学会承办“梦想航天、情系中华——航天科技夏令营”活动。来自新加坡、马来西亚和中国香港特别行政区、澳门特别行政区、台湾地区、深圳市、武汉市的186名师生参加了为期4天的活动。

2011年，学会和中国科协青少年科技中心组织了探梦“天宫”——全国青少年科学实验搭载方案征集活动，专家对来自全国100多所学校的2956个参评方案进行了分别评审，共评出174个一、二、三等奖以及5个搭载方案奖，其中2个搭载方案实施后搭乘“天宫一号”遨游太空。学会和中国科协青少年科技中心在北京举办了两期圆梦“天宫”——全国青少年航天科技体验营活动，110余名营员参加了航天体验活动。

6月，学会和中国科协青少年科技中心组织了寻梦“天宫”——全国青少年载人航天科技知识竞赛，并在《中国科技教育》、《我们爱科学》、《课堂内外》、《中国少年报》、《太空探索》上刊登竞赛题目，全国共有186所学校组织参加。截至9月30日，共收到纸质答题卡80649份，全部答对19110份；竞赛专题网站访问量为2029390人次，参加答题的人数为510283人次，全部答对且有完整个人信息的人数为3006人。

11月9日，国家新闻出版总署副署长李东东、中国科协学会学术部副部长刘兴平与科技期刊主管部门有关领导专程到学会调研航天科技期刊联盟组建工作。学会理事长马兴瑞会见了李东东一行。

2011年，《宇航学报》按期出版12期，载文量达390篇。编辑部不断优化稿件处理流程，对于拟录用文章，除固有的编辑部初审、专家外审、（副）主编终审外，还对每期拟刊登的文章增加了责任编辑审查、编辑部主任审查、学会主管领导审查和主编最终审定环节。审稿专家由2010年的1100位增加到2011年的1300位。

学会把《宇航学报》从1980年创刊以来刊发的所有文章全部上传到网站上，实现了全文在线免费下载，方便了广大读者和作者。12月2日，中国科学技术信息研究所发布了中国科技论文最新统计结果，在全国1万多种期刊中选出1998种中国核心科技期刊，其中《宇航学报》的综合评价总分排名第49位，被授予“中国精品科技期刊”称号。

2011年，《太空探索》按时出版12期。继续发挥《行业性科普杂志的优势、以深度报道树立权威性》的编辑思想，对重大航天事件进行深度报道，编发了《国际空间站载人航天十周年》、《纪念人类第一次载人航天飞行50周年》、《纪念第一座空间站发射40周年》、《纪念首次航天飞机飞行30周年》、《中国卫星导航专题》、《告别航天飞机》、《空间交会对接》、《开启天宫》、《苍穹飞吻》和《钱老百年诞辰纪念专题》十大专题报道。杂志社与中国科协公众科技网合办的“航天之旅”栏目，年度点击量达到280多万次。

5月，在中国科学技术协会第八次全国代表大会上，学会推荐的国家国防科工局科技委主任、第六届和第七届中国科协副主席栾恩杰被授予荣誉委员，中国航天科技集团公司副总经理、党组成员、学会副理事长袁家军连任中国科协第八届全国委员会副主席，中国航天科技集团公司运载火箭技术研究院院长、学会常务理事李洪当选为常务委员会委员，总装备部某局副局长黄卫东、学会副理事长兼秘书长杨俊华当选为全委会委员。

2011年，中国宇航学会和中国自动化学会共同开展了第二届杨嘉墀科技奖的评选工作，表彰了3名在航天控制和自动化领域做出突出贡献的科技工作者。

【中国宇航学会第六次全国会员代表大会】 4月28日，中国宇航学会第六次全国会员代表大会在北京开幕。大会选举产生了中国宇航学会第六届理事会及领导机构。

中国科协副主席、书记处书记齐让，全国政协常委、中国科协副主席、国防科技工业局专家咨询委主任栾恩杰院士，中国航天科技集团公司总经理马兴瑞、中国科学院副院长阴和俊，北斗卫星导航系统工程副总设计师杨长风等出席了开幕式。大会由中国航天科技集团公司原副总经理吴卓主持。来自175个成员单位的会员代表，以及来自中国宇航学会32个专委会和地方委员会的代表共240余人出席了会议。

中国科协副主席、书记处书记齐让对会议的召开和新一届理事会的当选表示热烈的祝贺，向关心、支持学会改革与发展的各部门领导和各界人士表示衷心的感谢。他表示，中国宇航学会以“为中国航天事业服务，为会员提供优质服务，成为航天科技工作者之家”为宗旨，以“富有生机和活力的国际一流科技社团”为发展目标，在改革与发展中开拓进取、勇于探索、不断创新，取得了显著成绩。他希望中国宇航学会在第六届理事会的领导下，紧密团结广大航天科技工作者，努力促进学科发展，把学会建设成为充满生机和活力的国际一流宇航科技社团，为国家加快转变经济增长方式，促进航天科技创新做出新的更大的贡献。

马兴瑞代表第五届理事会作了题为《全面建设国际一流宇航科技社团，为推动从航天大国迈向航天强国而努力奋斗》的工作报告。马兴瑞在报告中系统总结了中国宇航学会第五届理事会的工作成效和经验，分析了中国宇航学会面临的国际国内形势，对新一届理事会的工作进行了全面部署。

本次大会修改了《中国宇航学会章程》，选举产生了第六届理事会。在随后召开的第六届理事会第一次会议上，选举产生了中国宇航学会第六届常务理事会及领导机构。马兴瑞当选第六届理事会理事长，曹建林、阴和俊、杨长风、王兆耀、王树国、姜澄宇、胡海岩、雷凡培、高红卫、袁家军、李跃、吴燕生、曹建国、袁洁、谢良贵和杨俊华当选副理事长，杨俊华同时当选为秘书长。会议还审议通过了成立“中国宇航学会卫星应用工作委员会”的报告。

【中国宇航学会2011年学术年会】12月18～19日，中国宇航学会2011年学术年会在北京召开。来自中国航天科技集团公司、中国航天科工集团公司、解放军总装备部、中国科学院及有关高校等单位的150多位专家、学者，以及工程技术人员围绕当前航天发展的热点、难点及关键技术等议题进行了深入的交流与研讨。

学会理事长、中国航天科技集团公司总经理马兴瑞致信祝贺年会召开，学会名誉理事长、中国工程院院士、中国航天科技集团公司高级技术顾问王礼恒主持报告会并讲话。中国航天科工集团公司总经理助理刘尔琦，中国科学院院士、中国航天科技集团公司科技委主任包为民，以及中国工程院院士张履谦、戚发轫、刘永才，中国科学院院士余梦伦、吴宏鑫出席年会。年会由中国宇航学会副理事长兼秘书长杨俊华主持。

会上，中国科学院院士、中国航天科技集团公司科技委顾问吴宏鑫，中国科学院国家天文台台长助理邹永廖、重庆大学教授李芳昱分别以《航天控制的现状与未来》、《深空探测的科学问题》、《引力波与引力波的探测》为题作了主题报告。吴宏鑫院士在报告中描述了我国近期进行的首次空间交会对接任务中，航天控制技术的运用与突破。邹永廖对深空探测中的关键科学问题，特别是我国未来开展深空探测的方向进行了探讨。李芳昱论述了一个全新的空间信息通道基础理论问题，颇具前瞻性和启发性。与会专家和工程技术人员结合航天工程实践，围绕航天推进、空间技术、空间科学、空间应用、深空探测等领域进行了专题研讨。

中国兵工学会

2011年，学会共举办学术交流活动25次，其中有3次国际学术会议。参会总人数2350人次，提交论文3459篇，收录论文1521篇，专题报告156篇，大会交流论文324篇。

7月8日，中国兵工学会会士、高级会员及学会专兼职干部工作会在吉林省长春市召开，117位专家、学者参加了会议。会议由学会副秘书长许毅达主持。9月1日，中国工程院主办、学会承办的以“军民融合”为主题的中国工程科技论坛——2011国防科技工业科学发展论坛在北京召开。中国工程院院长周济，中国科协常务副主席、书记处第一书记陈希等400多人参加了论坛。论坛是国防科技工业系统围绕军民融合、科学发展进行理论研讨和丰富实践成果的一次集中展示与交流。

10月29～30日，学会主办的2011年中国兵工学会学术年会在江苏省苏州市召开，年会主题是“武器装备研制、保障前沿理论与关键技术”。学会理事长马之庚、解放军总装备部通保部副部长王继东等300余位专家、学者出席了年会。

学会组织了一个10人代表团赴美国迈阿密参加了第26届弹道大会。学会牵头的《中国国防科技工业军民融合式发展战略研究》在中国工程院常委会上通过，并作为中国工程院2012～2013年重大咨询项目正式启动。

学会策划完成了国防科普素材制作之《航空母舰》专题挂图，并在“繁荣科普创作资助计划”项目立项，制作完成了28幅挂图，已经应用在科普教育活动中。学会制作了《光辉历程——纪念人民兵工创建80周年挂图》49张，并在中国工程科技论坛——2011国防科技工业科学发展论坛同期进行了展示，目前该科普挂图已经交付科普基地展出。

2011年，学会推荐的海军装备研究院崔东华荣获第八届中国青年女科学家奖，推荐的兵器工业52所赵红梅获得第十二届中国青年科技奖。第十一届中国兵工学会青年科技奖共评出12位中国兵工学会青年奖和4名中国青年科技奖候选人。

2011年，《兵器知识》收回了B刊编辑制作权。学会主办的《兵工学报》、《弹道学报》先后成为美国工程索引（EI）的核心收录源期刊后，《火炸药学报》也成为EI的核心收录刊。2011年，学会主办的《兵工学报》，期刊总被引频次884次，影响因子0.335，第3次被评为全国百杰优秀科技期刊。学会内部刊物《会讯》完成了改版工作，内容更加及时准确地反映学会活动信息。

学会组织专家编撰的《2010—2011年度兵器科学技术学科发展报告》于2011年4月7日在中国科协学术建设发布会上发布。

2011年，中国兵工学会新增会员234人，新增高级会员27名，新增会士3名。

3月份，学会完成了会员管理数据库的开发工作，并将该库功能扩展至人才数据库，5月开始试运行。会员库根据中国科协会员库改编而成，经过一年多的论证和调试，能够解决学会会员信息保密的问题和原始数据的保留问题，实现会员管理数字化、流程化，在学会内部网率先使用。目前部分信息录入，正在整理分类中，已有7家分支机构使用该数据库发展会员。学会完成了网站的改版调整和网络改造工程，规范了信息发布流程。

学会根据工作需要，按流程完成了增补贾锁堂和杨卓为中国兵工学会第七届理事会副理事长的工作。变更了邓少生为学会秘书长和法人的工作。

【2011国防科技工业科学发展论坛】9月1日，中国工程院主办、中国工程院机械与运载工程学部和中国兵工学会联合承办的中国工程科技论坛——2011国防科技工业科学发展论坛在北京举行。中国工程院院长周济，中国科协常务副主席、书记处第一书记陈希等400多人出席大会。论坛编辑出版了论文集，期间还举办了“光辉历程——纪念人民兵工创建80周年”图片展览。

论坛是国防科技工业系统围绕军民融合、科学发展进行理论研讨和丰富实践成果的一次集中展示与交流。论坛上形成的意见（纪要），受到中国工程院的高度重视，11月1日和12月2日，中国工程院专门召开了两次院士建议座谈会研究意见（纪要），先后共有30多位院士出席。12月19日，由中国工程院24位院士和6位专家签名的《关于加快我国国防科技工业军民融合式发展的建议》报告，正式上报党中央、国务院。

【2011年中国兵工学会学术年会】10月29～30日，2011年中国兵工学会学术年会在江苏省苏州市召开，年会由中国兵工学会主办。学会理事长马之庚、解放军总装备部通保部副部长王继东等300多位专家、学者出席了年会。年会开幕式由学会秘书长邓少生主持。大会共收到论文473篇，其中210篇收录大会论文集并由中国科学技术出版社出版，大会专家组评出32篇优秀论文，并对获奖作者颁发了证书。

学会理事长马之庚致开幕词，解放军总装备部工程兵一所所长刘建勋、苏州市人民政府副秘书长朱国强、解放军总装备部通保部副部长王继东先后讲话。大会共邀请了8位专家作主题报告，报告紧密围绕年会主题，从多个方面阐释了建设军民融合的一体化保障维修体系的重要意义，报告从较高的层面论述了诸如兵器学科体系建设、最前沿的MRO2理论以及武器全寿命标准化理论与方法等问题。年会还组织了分会场报告，30位专家以互动方式进行了交流。

【2011国际推进剂、炸药、烟火技术秋季研讨会】9月20～23日，2011国际推进剂、炸药、烟火技术秋季研讨会在江苏省南京市举行。大会由中国工程物理研究院朱建士院士、国际烟火学会前主席Rutger WEBB、美国Karl Rink共同担任主席。中国科协副主席、北京理工大学教授冯长根，学会秘书长邓少生，北京理工大学副校长杨树兴、南京理工大学校长王晓锋等出席开幕式并致辞。开幕式由中国工程院朱建士院士主持。来自中国、美国、英国、俄罗斯、加拿大、荷兰、瑞典、日本、葡萄牙、意大利、澳大利亚、新加坡、捷克、伊朗、巴基斯坦、韩国等国家的175人参加了会议。

James Short、Rutger Webb、Gennady SHVETSOV 、L. DeLUCA、ANG How Ghee、I. PLAKSIN、刘大斌、聂福、郭运强等专家作了大会学术报告，62篇论文在分会场进行了交流。会议论文集由科学出版社出版，共收录194篇论文。

【“中东北非局势及其国际影响”学术研讨会】3月26日，中国兵工学会所属《兵器知识》杂志社与中央党校国际战略研究中心共同举办的“中东北非局势及其国际影响”学术研讨会在中央党校召开。来自中央党校、中国社会科学院、北京大学、中国人民大学、现代国际关系研究院和军事科学院、国防大学、海军等地方和军队的18位专家参会并发言，深入探讨了中东北非剧变的起因、过程、性质、趋势及其对地区和国际战略格局的深刻影响。

杂志社副主编熊伟、《兵器知识》下半月版——“防务观察家”执行主编周柏林和酒海燕参会并发言。中央党校国际战略研究所宫力所长作总结发言，对杂志社与学术机构的这种合作模式给予充分肯定，并表示希望增进横向交流、扩大合作领域。

中国金属学会

中国金属学会第九次全国会员代表大会10月25日在北京召开。会议期间召开了第九届第一次理事会议。会议投票选举产生了第九届理事会常务理事，大会选举徐匡迪为学会理事长，选举赵沛为秘书长。

2011年，中国金属学会举办国内外学术交流活动101次，参加人员1.2万人次，发表论文6159篇。

6月28～30日，全国烧结脱硫技术交流会在山西省太原市召开，80余家单位的200余名专家、学者参会，会议组织交流了烧结烟气脱硫及其综合治理的生产实践与经验教训，组织参观了太钢活性炭脱硫、脱硝现场并进行座谈研讨，探讨了烧结烟气脱硫及其烟气综合治理的技术发展方向。

8月9～12日，全国高品质特殊钢生产技术研讨会在青海省西宁市召开。66家企业、大专院校和科研院所的近180名学者参会。会议以特殊钢品种结构优化和产品质量提高为重点，围绕着特殊钢冶炼、精炼、凝固（连铸）、轧制、锻造和精整热处理等方面的工艺技术的进步与新品种开发的创新成果进行了深入交流。

9月7～9日，全国冶金节能减排与低碳冶金技术发展研讨会在河北省唐山市召开。会议以铁、焦、烧工序的系统节能减排为重点，研讨了进一步促进节能减排与低碳冶金技术发展的战略方向。65个单位的150名学者参会，会议文集收录了112篇文章。大会由学会副理事长王天义主持。八届理事会理事长翁宇庆作了题为《我国钢铁行业节能与发展低碳技术的思考》的报告。科技部社会发展科技司康相武作了题为《全球气候变化的形势与我国的应对措施、政策》的报告。工业和信息化部节能与综合利用司尤勇作了题为《我国“十二五”工业节能的政策与措施》的报告。会议分设铁前系统节能减排与低碳技术和能源管理与节能新技术两个会场进行了交流。

10月26～28日，第八届中国钢铁年会在北京召开，1000余名中外学者参加了会议，会议从1347篇征文中选择了1035篇论文出版了论文集。学会理事长徐匡迪作了题为《新一代洁净钢生产流程的理论解析》的报告，工业和信息化部骆铁军作了题为《钢铁工业“十二五”规划对科技发展的新要求》的报告。大会还邀请了德国钢铁联合会会长Kerkhoff、新日铁执行董事上岛良之、中国石油管材研究院李鹤林、北京科技大学校长徐金梧、宝钢集团董事长徐乐江、武钢集团总经理邓崎琳、鞍钢集团副总经理唐复平、首钢集团总经理助理赵民革等做报告。年会设置了35个分会场，近400篇国内外论文在各分会场进行了交流。

11月16～18日，全国冶金节水与废水利用技术研讨会在湖北省武汉市召开。会议邀请了国内外著名专家和技术人员介绍最新的废水回用、超纯水和工艺水制备、海水淡化技术及大型工程应用案例，并就“用水少量化、资源化、无害化、生态化”议题进行了深入探讨。

5月31日～6月2日，第六届国际低合金高强度钢会议在北京召开。来自世界26个国家和地区的400多位专家、学者及低合金高强度钢的科技工作者参加会议。会议收到论文183篇，其中国外论文76篇，国内论文107篇。学会第八届理事会理事长翁宇庆作了题为《中国高强度低合金钢的现状及未来发展趋势》的报告。会议按物理冶金、过程冶金、产品及应用A（管线钢、汽车用钢）、产品及应用B（海洋工程用钢、建筑用钢、容器用钢）4个分会场进行。

6月9日，直接还原技术创新及直接还原铁应用技术创新研讨会在北京召开。会议由学会与达涅利冶金设备有限公司共同主办，来自全国各钢铁企业、大专院校、科研、设计等单位的100名学者参加了会议。学会八届理事会理事长翁宇庆，钢铁研究总院殷瑞钰，武汉钢铁集团公司张寿荣，学会秘书长洪及鄙、副秘书长刘永才等出席了会议。

8月23～26日，第二届洁净钢生产技术国际研讨会在辽宁省沈阳市召开。来自德国、日本、奥地利、加拿大、荷兰、韩国、中国大陆和台湾地区的260余位专家、学者参加了会议。会议收入论文集的各类学术论文共62篇，其中国外14篇，国内48篇，内容涵盖了洁净钢生产工艺技术及相关基础理论研究。会议围绕铁水预处理、转炉、精炼、连铸和夹杂物控制等方面展开了讨论。会议交流了洁净钢生产的关键技术、最新研究成果，探讨了今后洁净钢生产的发展方向。

10月17～19日，第三届中德（欧）冶金技术研讨会在北京召开，会议由学会和德国钢铁学会共同主办。来自德国、奥地利、芬兰等国研究院、大学及钢铁企业的专家14人，以及来自中国宝钢、鞍钢、武钢和首钢等钢铁企业和各大高校、研究院所的学者150人参加了研讨会。学会名誉理事长殷瑞钰院士和德国代表团团长K. Harste博士分别致开幕辞。学会理事长徐匡迪在会上作了《中国经济与钢铁工业的复苏》的报告。报告详细介绍了世界经济和中国钢铁工业的发展趋势，提出了目前面临的三大挑战，即产能过剩、节能减排任务重和钢铁企业经济效益低下，而要建立低能源消耗的绿色钢铁工业只能依赖于技术进步和创新。

9月26~28日，第十六届上海国际冶金工业展览会和技术论坛在上海市举办。展览会的主题为“低碳与创新”，近200人参加。宝钢集团董事长徐乐江出席会议并致开幕辞。论坛力求围绕钢铁生产的低碳流程和国家有关低碳政策等进行高层次的交流。此次论坛邀请了国内外20位专家作特邀报告。学会名誉理事长殷瑞钰，八届理事会理事长翁宇庆，常务副理事长兼秘书长洪及鄙，中国工程院院士张寿荣、王国栋分别作了报告；国际钢铁协会Ladislav Horvath、德国冶金设备协会Winfried - Resch、特诺恩工业技术公司Loredana Di Sante、新日铁工程技术株式会社山本靖之分别作了报告。

9月15~17日，第八届中国国际铁合金大会及展示会在浙江省杭州市召开。来自英国、芬兰、印度、瑞典、日本和中国等国家的近120多名学者出席了会议。中国钢铁工业协会名誉会长吴建常出席会议并致开幕辞。国内外专家就“十二五”铁合金行业结构调整、“十二五”冶金科技发展指南、“十二五”中国钢铁工业面临考验及应对策略、铁合金粒化技术——GRANSHOT金属造粒工艺和现代炼钢生产对铁合金的新要求等进行了研讨。

2月20日~3月3日，学会组团赴美国参加国际矿业、金属和材料联合会理事会、第八届环太平洋先进材料与工艺国际会议第一次国际组委会会议、TMS2011年会及展览。6月21~25日，学会组团出席在意大利热那亚举行的第八届国际镀锌及锌合金钢板会议。来自24个国家的近500名专家、学者出席会议。6月22日~7月3日，学会组团参加了在德国召开的第六届欧洲炼铁炼焦大会。9月3~10日，学会组团出席了在澳大利亚珀斯召开的世界脱盐大会，进一步加深中国金属学会与国际脱盐协会和国外水处理公司的了解与合作，同时前往澳大利亚最大的海水淡化厂进行考察交流。

2011年冶金科技活动周5月16~21日在甘肃省酒泉钢铁（集团）公司举办。学会八届理事会理事长翁宇庆院士、秘书长洪及鄙，酒泉钢铁（集团）公司董事长虞海燕等参加了开幕式。本次冶金科技活动周围绕“节约能源资源、保护生态环境、保障安全健康、促进创新创造”的主题，开展科技宣传活动，来自全国60多家企业、研究设计院及高校的代表及嘉峪关市相关单位等近2万人参与了冶金科技周活动。

9月16~18日，学会参加了2011年全国科普日北京主场活动。学会以“节约能源资源、发展绿色钢铁”为主题，确定了多元、欢乐、创新、互动的科普定位，结合动漫、游戏、咨询、展览等多种形式的宣传活动，着重向公众、特别是未成年人普及“钢铁是怎样炼成的”基础知识及最新钢铁工艺。活动发放科普宣传材料4000余份，收回钢铁冶炼知识答题卡800份，收到节能减排建议300余条，咨询人数达2000人次，是历次科普日活动中参与人数最多、规模最大的一次。

9月20~22日，新一代钢铁流程高级研修班在北京举办。第十届全国政协副主席、中国工程院主席团名誉主席徐匡迪，学会名誉理事长殷瑞钰等出席并作报告，学会第八届理事会理事长翁宇庆出席研修班并致辞。来自全国钢铁行业30个单位的近100名学者参加了研修。

5月13~14日，学会在山东莱芜钢铁集团有限公司举办了技术创新方法推广示范工作研讨会，86位学者参加了会议。试点企业鞍山钢铁集团公司、中冶京诚工程技术有限公司、武汉钢铁集团公司举办了各具特色的创新方法理论培训。

5月16~18日，钢铁企业节能减排研修班在甘肃省酒泉市举办，研究班邀请了蔡九菊、董荣华、朱荣、黄导等10余位冶金节能减排专家，围绕行业节能减排重点、热点、难点问题进行讲座和研讨，全国钢铁企业150余名学员参加了培训。

4月26~27日，学会为北京中冶设备研究设计总院有限公司举办了专业技术培训活动，培训的目的主要是使该院的专业技术人员了解目前钢铁行业各工序的技术发展方向；便于年轻技术人员了解本专业并尽快成长；便于修订和完善科技发展规划、各部门制定科研项目研发计划。培训对象为院领导、各业务部门的领导及全体技术人员。

2011年，学会完成了“沙钢650万吨钢板工程‘一包到底’工艺技术及应用”等5项科技成果评价工作。中国金属学会作为中国科协专家企业工作站支撑体系建设试点单位之一，先后组织院士、专家为湖北省襄樊市、辽宁省本钢集团建成了专家工作站。2011年，分别协助辽宁省本溪钢铁公司、湖南省涟源钢铁公司建立了院士专家工作站。学会协助工业和信息化部组织的“十二五”国家支撑计划项目“高炉炼铁CO_2减排与利用关键技术开发”（2011BAC01B00）项目获得批准。

4月7日，在北京召开了《2006—2020年中国钢铁工业科学与技术发展指南》修订启动会。领导小组成员以及撰写专家等约40人出席了会议。会上介绍了修订的背景和思路，部署了修订计划和工作等。学会聘请了多位专家收集国外冶金科技发展动态信息，重点跟踪德国、日本、美国、韩国、俄罗斯、印度等国在冶金科技方面的发展信息，在学会网站上登载，供学会会员参考。学会和冶金工业信息标准研究院合作编译《国际钢铁技术内参》，向会员单位提供国外钢铁产品、工艺、技术、设备、能源、环保和自动控制与装备的最新科技发展动态。

2011年，学会向中国科协推荐的王运敏、李楠、周少雄和靳伟被评为“全国优秀科技工作者”，周少雄荣获“十佳全国优秀科技工作者”提名奖。学会向中国科协“第十二届中国青年科技奖”推荐了李国平、何安瑞、吝章国、刘军4位候选人，刘军、李国平同志获得中国青年科技奖。

2011年，学会组织专家翻译出版了德国钢铁学会编写的《钢铁生产概览》，从科技角度通俗地阐述了钢铁生产的各个环节，包括钢铁材料的基本概念，钢铁生产的原料、辅助材料及炼铁、炼钢、铸造、钢材加工、材料检测、质量和装备管理、节能环保以及钢材的应用等。学会组织翻译了国际钢铁协会《改善钢铁行业产出率》，出版《冶金学名词》等一批科技图书，为钢铁科技创新提供参考。

【中国金属学会第九次全国会员代表大会】中国金属学会第九次全国会员代表大会10月25日在北京召开。会议期间召开了第九届第一次理事会议。会议正式代表406名、特邀代表36名、列席代表70名。会议投票选举产生了第九届理事会常务理事，大会选举徐匡迪为学会理事长，选举赵沛为秘书长。

大会审议并通过了八届理事会的工作报告、八届理事会财务报告、修改《中国金属学会章程》报告；通过了《中国金属学会单位会员会费收取及管理办法》。大会向师昌绪、李恒德、肖纪美、柯俊、钟香崇、颜鸣皋颁发了“冶金科技终身成就奖”，授予万成略等24位同志“学会工作贡献奖”，表彰了2006~2011年度先进集体和优秀学会工作者。理事会聘请蒲海清、殷瑞钰、翁宇庆为学会名誉理事长，聘任28位名誉理事，聘任倪伟明、高怀为副秘书长，聘任了第九届9个工作委员会主任委员。

【2011年冶金科技活动周】5月16~21日，2011年冶金科技活动周在甘肃省酒泉钢铁（集团）公司举办。学会八届理事会理事长翁宇庆院士、秘书长洪及鄙，酒泉钢铁（集团）公司董事长虞海燕参加了开幕式。冶金科技活动周围绕“节约能源资源、保护生态环境、保障安全健康、促进创新创造”的主题，开展了一系列科技宣传活动，来自全国60多家企业、研究设计院及高校的代表及嘉峪关市相关单位等近2万人参与了冶金科技周活动。

活动包括举办主题报告会、钢铁企业节能减排系列培训讲座、节能减排成果展览、网上科普展览、参观交流、技术咨询、发放科普资料等。科技周同期还举办了冶金科技成果展览，集中展示了近几年来我国钢铁企业节能减排新技术、钢铁工业在节能减排方面取得的重大成果，以及实用的工业节能减排设备和解决方案等。包括循环用水、高效生物法等节水新技术，烧结烟气脱硫除尘、转炉高炉灰尘泥回收利用、轧钢油泥无害化处理与资源化利用技术，轧钢皮加工利用等多项固废高价值利用技术，高炉炉顶余压发电（TRT）、高炉富氧喷煤，转炉负能炼钢等多项节能技术。

中国有色金属学会

2011年，学会赴国外参加国际学术会议4次，赴我国台湾地区参加国际学术会议1次，组织召开国内学术会议33个，参会人员5140余人次，发表论文2233余篇，编辑出版论文集16本。

6月20~23日，第12届世界钛会在北京召开，会议由学会主办。第12届世界钛会主席、学会副理事长、中国工程院院士周廉及来自34个国家和地区1000余名专家、学者出席了会议。大会设立了3个论坛：航空钛合金材料技术现状及发展趋势国际研讨会6月23日在北京举行，中国科学院院士曹春晓，中国工程院院士周廉、张彦仲，学会理事长康义，中国商用飞机有限责任公司副总经理史坚忠等出席了会议。邀请钛会国际组委会美国委员Rod Boyer等6位教授作了精彩报告；中－日钛民用及市场开发高层论坛6月23日在北京举行。5位中、日专家针对中日钛民用市场作了精彩报告。中日两国钛行业加强交流与合作，共同推进中日钛工业乃至世界钛工业的发展；国际钛合金材料加工技术现状及发展趋势高峰论坛6月25日在陕西省宝鸡市召开。美国、德国、英国、俄罗斯、日本等国家和地区80余家研究院所、企业专家、学者260余人出席了会议。

2011年3月21~25日，第10届国际充填采矿会议在南非开普敦召开，会议主题为“充填采矿的实践与创新”，来自中国、美国、南非等13个主要采矿国家的约200名学者参加了会议，学会代表团共34人出席了大会。

10月10～14日，第11届中俄双边新工艺新材料研讨会在俄罗斯圣彼得堡召开。会议宗旨是：发展在新材料与工艺创新方面的双边科技联系、推广应用新近科研成果、引导青年科技工作者进行新工艺新材料科学研究。会议有12个议题。以中方组委会主席、中国有色金属学会副理事长屠海令院士为团长，由88位中国材料界的专家和学者组成的中国有色金属学会代表团出席了会议。会议期间召开了中俄双边组委会会议，商定第12届中俄新工艺新材料研讨会将于2013年在中国云南省昆明市召开。

10月31日～11月4日，第11届东亚资源再生技术国际研讨会在中国台湾省高雄市召开。本次会议以资源再生技术为主题。来自于中国大陆、日本、韩国、德国、奥地利、印度、泰国、越南等国家和地区400人出席了会议。会议共收到论文203篇。中国有色金属学会代表团30余人出席了大会，递交了论文17篇。郭学益教授和尤翔宇博士的论文荣获“最佳论文奖”。会议期间召开了大会组委会会议，一致同意第12届东亚资源再生技术国际会议由中国有色金属学会主办，中南大学承办，2013年在中国湖南省召开。

2011年，学会共在国内组织召开了33次学术会议。

10月24～27日，第六届全国选矿设备学术会议在广西壮族自治区北海市召开。会议以“新型高效节能选矿设备及自动化技术的开发与应用”为主题，160余人参加了会议。会议共收到投稿论文85篇。会议论文涉及选矿设备及自动化技术综合评述、破碎磨矿设备等7个方面。

8月26～29日，粉末冶金及金属陶瓷学术委员会与中国机械工程学会粉末冶金分会等主办的2011年全国粉末冶金学术会议暨海峡两岸粉末冶金技术研讨会在广东省广州市召开。会议共收到论文148篇，涉及了综述、基础理论、钢铁粉末及制品等多个内容。会议设立了4个分会，海峡两岸的13位粉末冶金行业的知名学者作大会报告。

5月20～25日，第五届中国充填采矿技术与装备大会在安徽省合肥市召开。有色金属、冶金、煤炭、化工、建材等行业的202个单位的397名学者出席了会议。

5月29～31日，全国第二届熔池熔炼技术及装备专题研讨会在陕西省西安市召开。来自国内外83个单位的158名学者出席了大会。

6月11日，第二届金属矿采矿科学技术前沿论坛在中南大学举行，学会理事长康义、中南大学校长黄伯云、中国工程院院士刘宝琛、鲜学福、古德生等与来自全国各地的500余位专家、学者出席了会议。会议征集学术论文60余篇。

2011年，学会举办技术培训班11期，实际培训2100人次。学会组织举办了全国金属矿山选矿专业新技术新工艺高级培训班和采矿工艺技术高级培训班等5期培训班，200多名技术人员参加了培训。

11月21～26日，学会在中南大学举办有色金属行业前沿技术与装备高级研修班，100余名技术人员参加了培训。学会理事长康义和国家行政学院经济学部主任王健作了特邀报告。

学会各学委会深入企业，为企业技术升级培训技术人员，安全学委会举办的有色金属安全生产职业健康技术、管理培训班培训人员1610人，统计学委会举办的有色金属企业统计人员培训班培训人员200人。

2011年，学会出版论文集16种，共发表论文900余篇，编著出版了《氧化铝生产理论与工艺》、《氧化铝生产工艺技术》、《铝电解生产技术》、《铝用炭素生产技术》和《有色金属产品质量控制与管理200问》等书籍。

学会组织了16个企业、科研院所、大专院校的32位专家编写完成《有色金属冶金学科发展研究报告》，全书由综合报告“有色金属冶金工程技术学科发展的现状和前景”和重有色金属、轻金属、稀有金属和贵金属冶金工程技术学科发展4个专题报告及英文摘要组成，共计14万字。学会组织编撰《中国科学技术专家传略》工程技术编（有色金属卷3）。

【第12届世界钛会】6月20～23日，第12届世界钛会在北京召开。会议由学会主办，西北有色金属研究院、西北工业大学、宝钛集团有限公司、中航工业北京航空材料研究院、中国科学院金属所协办。会议围绕钛的提取冶金、加工、组织、性能、成形技术以及航空、航天、海洋、生物等应用技术展开，汇聚了全球最新钛应用成果与技术。

第12届世界钛会主席、学会副理事长、中国工程院院士周廉以及来自34个国家和地区从事钛及钛合金材料研发、生产的有关专家、学者1000余名出席会议。第12届世界钛会共设12个分会。本次大会交流大会报告7篇，特邀报告15篇，共收到文章摘要700余篇，宣讲交流论文683篇，墙报200余篇。

会议期间，国际组委会委员召开了全体会议，一致同意美国TMS的申请，第13届世界钛会将于2015年8月在美国圣地亚哥召开。在周廉院士的提议下，大会还设立了3个论坛，分别为航空钛合金材料及技术的未来研讨会、中－日钛民用及市场开发高层论坛和国际钛合金材料加工技术现状及发展趋势高峰论坛。

【第二届金属矿采矿科学技术前沿论坛】6月11日，中国有色金属学会和湖南省科学技术协会共同主办，中南大学与长沙矿山研究院联合承办的第二届金属矿采矿科学技术前沿论坛在中南大学举行。学会理事长康义，中国科协副主席、中南大学校长黄伯云，中国工程院院士刘宝琛、鲜学福、古德生等与来自全国各地的500余位专家、学者出席了会议。论坛征集学术论文60余篇，会前出版了论文专辑。

开幕式上，黄伯云致欢迎辞。康义总结了过去5年我国金属矿采矿领域取得的巨大成果及“十二五”期间的发展趋势。古德生、刘育明、李夕兵、周爱民等29位专家在论坛上做了大会主题报告，报告总结了过去5年金属矿采矿科学技术的成果，介绍了当代金属矿采矿前沿技术和先进工作经验，广泛交流了新思想、新理论、新科技，探讨了未来金属矿采矿科学技术的发展方向。

中国稀土学会

2011年，学会共召开学术会议、专题研讨会、科技培训班12个（次），交流论文400余篇，2500多人次参加了科技与学术交流及培训。

4月2～7日，中国固体科学与新材料学术研讨会在海南省海口市召开，86名专家、学者参加了会议，21位学者做了专题报告，报告内容涉及能源材料、磁致伸缩材料、催化材料、纳米材料、磁性材料、玻璃陶瓷等领域。

8月8日，第三届中国包头·稀土产业论坛在内蒙古自治区包头市举行，来500多名专家、学者和企业家围绕“中国稀土储氢材料产业链的发展与共赢”这一主题展开研讨和交流，共同为稀土储氢材料产业链发展建言献策。

9月6～8日，2011中国稀土新材料开发与应用交流会在黑龙江省哈尔滨市召开，140余人参会。会议邀请了中国科学院院士黄春辉、杨应昌，中国工程院院士唐任远等10位专家就稀土新材料应用发展作了专题报告，内容涉及稀土发光材料、稀土永磁、稀土永磁电机、稀土催化、稀土储氢材料、稀土抛光粉和稀土光学玻璃等。

9月13～16日，由中国科学技术协会主办、中国稀土学会和钢铁研究总院联合承办的2011中国科协海峡两岸青年科学家学术活动月——海峡两岸稀土功能材料与应用技术学术研讨会在北京召开。中国工程院院士、北京有色金属研究总院教授张国成，中国科学院院士、北京大学教授高松，台湾地区磁性技术协会理事长、中正大学教授张文成等150余人出席会议。会议共征集论文80余篇。

9月25～27日，中国工程院化工、冶金与材料工程学部与中国稀土学会共同主办的稀土绿色冶金及应用技术研讨会暨第十届全国稀土化学与湿法冶金学术会议在广西壮族自治区北海市召开。稀土化学、冶金和稀土应用等相关领域科研院所、高校、企业的科技人员、经营管理人员及在读学生共270多人参加了会议。

11月8日，中国稀土学会、福建省经济贸易委员会和福建省龙岩市人民政府共同举办的第二届中国海西稀土产业技术成果对接会在福建省龙岩市召开。中国工程院院士张国成、余永富，工业和信息化部稀土办主任贾银松，学会秘书长林东鲁等300多名专家、学者和企业家参加了会议。

4月14～15日，美国可持续能源关键材料研讨会在美国加利福尼亚理工学院举行。会议的主旨是研究讨论如何通过研究与开发的努力来缓解关键材料对可持续能源未来发展的影响。北京大学教授严纯华、学会副秘书长张安文、学术部主任陈占恒应邀参加了此次会议。

6月20日，学会接待了马来西亚科学院副院长阿哈默德、李怡章等一行8人来访，举行了小型的稀土研讨会，并决定签署中国稀土学会与马来西亚科学院合作交流备忘录，以期推动两国专家在稀土开发与应用领域的交流与合作。

2011年，学会针对我国稀土科技与产业发展的新形势，配合国家“十二五”计划，组织专家深入开展行业调查研究，进行了多种形式的咨询服务。学会受工业和信息化部委托，组织业内专家完成了《中国稀土产业发展方向及政策研究》课题。

学会组织常务理事及理事、专业委员会委员等多位稀土专家，协助科技部高新技术发展及产业化司完成了国家“十二五”重大“863”项目“先进稀土材料及应用技术”的立项和申报工作。

化学与湿法冶金专业委员会在环保部“水体污染防治科技重大专项”——“流域水污染防治监控预警技术与综合示范主题”项目中，承担《稀土、电解锰和黄金冶炼等典型重污染冶金行业清洁生产水污染防治技术评估研究与示范》课题研究工作，11月，编制《稀土工业污染防治技术政策》（征求意见稿），完成了《稀土冶炼行业水污染防治技术评估指标体系》、《无氨氮废水排放稀土清洁生产技术评估方法》，完成《战略性稀土产业环境保护政策建议》。11月23日，“水体污染控制与治理科技重大专项”年度中期评估会议充分肯定该研究成果。

学会及各专业委员会承担了《福建省龙岩市稀土产业发展规划》、《福建省龙岩市稀土工业园规划》、《广西有色金属集团稀土产业发展规划》、《广东省稀土产业发展技术路线图》的编制与修订，结合当地实际情况，因地制宜地提出发展建议，为促进地方稀土产业的持续健康发展作出贡献。

学会积极推动人才建设工作的开展，推选中国科学院院士、中国工程院院士、第九届光华工程科技奖、第十二届中国青年科技奖评选和中国科协八大代表的推选工作等，为广大稀土科技工作者提供充分展示自己的舞台。

2011 年，学会编辑出版了《中国稀土学会年鉴》（2010 版），系统记载了学会 2010 年的主要活动和重要信息，全面展示了 2010 年稀土学术研究、技术进步、专利、标准与科研成果等方面的新进展。《中国稀土学报》（中、英文版）、《稀土》杂志 2011 全年投稿、发稿量继续增加，刊物的学术水平和编校质量提高，影响因子继续保持材料学科领域影响因子领先水平。

【2011 中国稀土新材料开发与应用交流会】 9 月 6～8 日，2011 中国稀土新材料开发与应用交流会在黑龙江省哈尔滨市召开。会议由工业和信息化部与中国稀土学会共同举办，140 余名专家、学者参加了会议，同期举行了首届中国国际新材料产业博览会。

在开幕式上，国家工信部原材料司司长陈燕海致辞并发表讲话，黑龙江省工业和信息化委员会副主任刘爱丽致欢迎辞。学会秘书长林东鲁在欢迎辞中表示，稀土材料的高端应用已经成为中国稀土产业发展的关键，重视稀土基础材料和稀土新材料生产与应用研究，对突破发达国家专利技术壁垒，推动稀土科技与产业向纵深发展，真正实现稀土资源优势向经济优势的转化具有重要意义。

工业和信息化部原材料司副司长高云虎作了宣传贯彻国家稀土产业政策及规划的报告，并详细解读了《国务院关于促进稀土行业持续健康发展的若干意见》。会议邀请了中国科学院院士黄春辉、杨应昌，中国工程院院士唐任远等 10 位专家就稀土新材料应用发展作了专题报告，内容涉及稀土发光材料、稀土永磁、稀土永磁电机、稀土催化、稀土储氢材料、稀土抛光粉和稀土光学玻璃等。

【第三届中国包头·稀土产业论坛】 8 月 8 日，由包头市人民政府，中国工程院化工、冶金与材料学部，中国稀土学会共同主办的第三届中国包头·稀土产业论坛在内蒙古自治区包头市举行。来自全国稀土行业领域的 500 多名专家学者和企业家围绕“中国稀土储氢材料产业链的发展与共赢”这一主题展开研讨和交流，共同为稀土储氢材料产业链发展建言献策。

中国工程院副院长、中国稀土学会理事长干勇，内蒙古自治区人大常委会副主任呼尔查，中国工程院院士陈清泉、衣宝廉，工业和信息化部稀土办主任贾银松，国家科学技术部火炬中心副主任段俊虎，中国科学院院士工作局副局长刘峰松，内蒙古自治区政府研究室主任张海顺、自治区经信委副主任杨瑞平、自治区环保厅副厅长潘彦昭、自治区国土资源厅副厅长陈伟等出席开幕式。

干勇在致辞中说，近年来，伴随着稀土产业政策的调整，我国稀土产业实现了从 2009 年的全行业亏损到 2010 年的全面盈利，取得了良好的经济效益。他指出，在倡导节能环保、有效利用资源的今天，稀土新材料的开发和应用成为我国新材料产业的助推剂。稀土产业不能以量取胜，而必须从高端产品找突破，从产业链延伸方向找出路。他希望通过此次会议，能够宣传和深化有效保护和合理利用稀土资源、保护环境的理念，唤起提升资源综合利用、可持续发展的社会意识，推广和交流稀土储氢材料及其产业链方面的新成果、新技术和新工艺，大力发展稀土应用产业，充分发挥稀土战略资源重要作用，支撑战略性新兴产业的需要。

【第二届中国海西稀土产业技术成果对接会】 11 月 8 日，中国稀土学会、福建省经济贸易委员会和福建省龙岩市人民政府共同举办的第二届中国海西稀土产业技术成果对接会在福建省龙岩市召开。中国工程院院士张国成、余永富，工业和信息化部稀土办主任贾银松，学会秘书长林东鲁等 300 多名专家、学者和企业家参加了会议。

对接会围绕“稀土永磁与发光材料产业链新技术合作与共赢”主题，邀请张国成等 8 位著名专家、全国重点稀土生产及应用企业的企业家代表，聚焦国家稀土行业管理政策、稀土市场形势、技术突破及应用等产业发展的重点问题展开深入交流。

稀土产业是龙岩市的新兴产业，发展潜力大、前景广，力争到“十二五”末，初步形成含矿山开发、冶炼加工、稀土新材料、科研应用等较为完整的产业体系，实现产值 100 亿元以上。贾银松在致辞中认为，我国要积极加大在稀土科研、产业应用、高端制造等方面的自主力度，进一步将我国的稀土资源优势转化为产业优势、经济优势，推动产业的转型升级。学会秘书长林东鲁认为，会议为企业家和科学家提供了一个非常好的稀土项目对接的平台，对于促进福建的稀土开发、成果转化，延伸稀土产业链，推进更深层次的技术经济合作具有十分重要的战略意义。

【稀土绿色冶金及应用技术研讨会暨第十届全国稀土化学与湿法冶金学术会议】 9月25～27日，中国工程院化工、冶金与材料工程学部与中国稀土学会共同主办的稀土绿色冶金及应用技术研讨会暨第十届全国稀土化学与湿法冶金学术会议在广西壮族自治区北海市召开。

中国工程院副院长、中国稀土学会理事长干勇及稀土化学、冶金和稀土应用等相关领域科研院所、高校、企业的科技人员、经营管理人员及在读学生共270多人参加了会议。学会副秘书长张安文主持学术报告会。

开幕式由大会主席、中国工程院化工、冶金与材料工程学部副主任屠海令主持，干勇代表主办单位讲话。10位专家作了特邀报告。

会议就稀土冶金及应用关键技术、节能环保技术、产业发展状况、市场发展前景、技术发展趋势以及稀土冶金及应用发展中的全局性、前瞻性科学问题等进行了研讨，并对"十一五"期间取得的新进展、新成果进行了总结交流。

中国腐蚀与防护学会

2011年，学会及各专业委员会组织开展学术交流活动12次，参加会议人数达1597人次，收集论文525篇。组织开展了中国高速铁路腐蚀问题交流会、全国表面保护技术研讨会、高温腐蚀与防护学术会议、杂散电流干扰腐蚀及检测评估控制技术专题研讨会、航空航天表面处理新技术及技术改造研讨会、航空零部件陶瓷弹丸喷丸新技术研讨会、第八届全国环境敏感断裂学术研讨会、第八届中国腐蚀与防护学会化工过程专业委员会第一次学术交流会议、2011'水环境腐蚀与防护学术研讨会、全国混凝土桩基础腐蚀与防护研讨会、第九届中国热浸镀技术交流会和全国管道、护栏防腐与涂装技术高端论坛等。

8月21～23日，学会在宁夏回族自治区银川市召开了第六届全国腐蚀大会，大会的主题为："耐蚀长寿绿色新材料新技术新产品"。大会组织了6个不同专题的分组报告会，共收到学术论文摘要350余篇，论文全文280余篇，其中大部分优秀论文被ISTP检索收录，评选出优秀论文45篇，其中特等奖15篇、一等奖30篇。

4月24日，学会在北京举行了2011年世界腐蚀日中国区宣传活动暨《腐蚀防护之友》杂志创刊揭牌仪式。本次世界腐蚀日宣传活动以"关注腐蚀问题——保护人类家园"为主题。学会秘书长李晓刚宣读了《关注腐蚀问题，保护人类家园倡议书》，中国科协科普部副部长殷皓和中国腐蚀与防护学会理事长陈光章共同为《腐蚀防护之友》杂志创刊揭牌。

4月，学会承担了中国科协学术交流活动平台项目——材料腐蚀学的研究现状及发展趋势分析。项目主要研究内容包括分析近年来材料腐蚀学领域研究热点，完成对我国从事材料腐蚀研究人员情况分析及国际学术地位分析，召开材料腐蚀学科发展讨论会，完善学术纲领和学术制度，促进学术传统和文化，分析材料腐蚀学领域的发展趋势。

学会申报了中国科协繁荣科普创作资助计划项目，承担了材料延寿与可持续发展科普素材开发的工作。学会组织了，国内专家、学者经过近1年的努力，于2011年底完成《2011—2012材料腐蚀学科发展研究报告》。《2011—2012材料腐蚀学科发展研究报告》由1个综合报告和12个分报告组成。报告在回顾我国近年来腐蚀与防护学科的重要研究成果的基础上，将国内外研究进行对比分析，试图给出我国腐蚀与防护学科的发展方向、趋势和不足之处。

2011年，学会制定了《中国腐蚀与防护学会防腐蚀工程师专业技术资格认证组织管理体系》、《中国腐蚀与防护学会防腐蚀工程师（系列）技术资格认证工作管理制度》、《中国腐蚀与防护学会防腐蚀工程师（系列）专业技术资格认证能力要求标准与考核细则》、《中国腐蚀与防护学会专业技术资格认证程序》、《中国腐蚀与防护学会防腐蚀工程师（系列）技术资格认证复审注册工作细则》、《中国腐蚀与防护学会见习防腐蚀工程师资格认证办法（讨论稿）》等认证办法。2011年度防腐蚀工程师（中级）专业技术资格认证工作于11月5日进行，本次申请认证的人数为39人，经过认证委员会专家评审有30人通过了中级认证。

学会于4月、7月和12月举行了第10、11和12期防腐蚀工程师专业技术资格认证培训班，培训人员共计62人。9月21～27日，学会举办了油田腐蚀与防护技术培训班，对大庆油田采油厂、矿两级防腐保温设计及管理技术人员200余人次开展培训工作。学会与美国工程师协会（NACE）共同举办4期培训班。其中NACE－CP2资格认证培训班2期，培训学员46人。NACE－CP3认证培训1期，培训学员20人，NACE－CP4认证培训一期，培训学员17人。

2010年度中国腐蚀与防护学会科技进步奖颁奖仪式在宁夏回族自治区银川市举行，评出特等奖论文15篇，一等奖论文30篇，对获奖论文颁发了证书和奖金。

2011 年，学会成立了《腐蚀防护之友》杂志社。《腐蚀防护之友》为双月刊，该杂志集科普性和资讯性为一体，不仅把腐蚀与防护的科学理论用最简明的语言加以说明，使读者能够正确地认识腐蚀，做到深入浅出；而且准确无误地传递防腐蚀科学知识，让更多的人了解腐蚀的危害，培养民众的腐蚀科学素养；更以介绍当今科学新成就为主要任务，发布防腐业以及相关行业各个方面的资讯。

2011 年，学会新发展个人会员 345 人，团体会员 5 个。完成了中国腐蚀与防护学会氢脆及应力腐蚀专业委员会更名为中国腐蚀与防护学会环境敏感断裂专业委员会（民社登［2011］第 6206 号）的工作，获得民政部的批准。新成立了中国腐蚀与防护学会承压设备专业委员会（民社登［2011］第 6193 号），获得民政部批准。

2011 年 1 月 16 日，学会在北京科技大学召开了中国腐蚀与防护学会第八届二次常务理事会，26 位常务理事出席了会议，会议由学会理事长陈光章主持。8 月 21 日，学会八届四次常务理事会暨八届二次理事会在宁夏回族自治区银川市召开，与会理事 46 人，会议由学会理事长陈光章主持。投票选举出 18 名新增理事，19 名新增常务理事。

【第六届全国腐蚀大会】 8 月 21 ~ 23 日，学会在宁夏回族自治区银川市召开了第六届全国腐蚀大会，来自中国科学院金属研究所、北京科技大学、华中科技大学、厦门大学、中船重工第 725 研究所、武汉材料保护研究所等国内著名腐蚀研究机构的专家、学者 400 余人出席。大会的主题为“耐蚀长寿绿色新材料新技术新产品”。

大会共收到学术论文摘要 350 余篇，论文全文 280 余篇，大部分优秀论文被 ISTP 检索收录。学会从所收到的论文全文中评选出优秀论文 45 篇，其中特等奖 15 篇、一等奖 30 篇。

大会开幕式由学会秘书长李晓刚主持，学会理事长陈光章致开幕辞。开幕式后举行了企业理事会的成立仪式，李晓刚介绍了企业理事会筹备及成立的相关情况，并对副理事长单位和常务理事、理事单位代表进行了授牌。

大会组织了 6 个不同专题的分组报告会，23 位来自院校、研究所和企事业单位的专家、学者为参会人员作了主旨报告，报告内容涉及不同领域的腐蚀问题。大会同期还举办了表面工程与防腐蚀技术及设备展览会。

中国化工学会

2011 年，学会举办国内学术会议 44 次，国际学术会议或双边学术会议 2 次，与会人数达 6600 人次，其中外方人数 137 人次，共收录会议论文 2127 篇，外方论文 80 篇。举办技术培训班 12 个，培训人数 601 人次。主办各类科技期刊 16 种，共发表论文 3838 篇，年总发行量达 45.8 万册。

10 月 21 ~ 23 日，中国化工学会 2011 年年会暨第四届全国石油和化工行业节能节水减排技术论坛在河南省郑州市举办，200 多人出席会议。年会主题为“石油和化工行业节能节水减排技术”。

无机酸碱盐专业委员会各学组分别召开了第 31 届全国硫酸工业技术交流会、第 31 届无机盐学术与技术交流会、第 33 届全国聚氯乙烯行业技术年会、第 29 届全国氯碱行业技术年会等学术会议，这些会议围绕行业的热点问题展开研讨和交流，会议总规模达近 1200 人次，交流论文 300 余篇。

涂料涂装专业委员会共举办了水性聚氨酯行业年会、2011 年粉末涂料与涂装行业年会、2011 防腐蚀年会暨第 28 届全国涂料工业信息年会等 4 场行业年会，高装饰功能性建筑涂料研讨会、第 10 届环保车用涂料暨电泳涂料技术研讨会、第 9 届彩板及涂料涂装研讨会 3 次学术研讨会，以及交通涂料高层论坛。

橡胶专业委员会举办的 2011 年首届全国合成橡胶信息与应用技术研讨会从宏观经济形势、产品市场走势、企业运营情况、国家政策等多元化角度出发，对我国合成橡胶的市场现状及发展趋势作了详细解读。会议同时对异戊橡胶、溶聚丁苯橡胶、反式异戊橡胶、低顺式顺丁橡胶、卤化丁基橡胶等合成橡胶新品种的生产和应用技术进行了深入研讨。

化肥专业委员会举办学术、技术交流会议 3 次，其中，全国第 16 届新型肥料技术及新工艺推介研讨会，围绕创新发展新型肥料、推进产业技术升级的主题，研讨新型肥料技术、新工艺、新设备等方面的最新动态和进展，邀请业内专家做了专题技术报告，传授新型肥料生产的新知识、新工艺和先进适用技术。国内多家技术研发处于前沿的科研院所、高校到会发布推介了数十项可供转让的科技成果。

工业水处理专业委员会于 10 月 29 ~ 31 日在湖北省武汉市召开了 2011 中国水处理技术研讨会暨第 31 届年会。会议收到论文、科研报告共计 63 篇，260 多位专家、学者出席了会议。会议围绕“发展水处理技术、提高再生水利用水平”主题，就国内外循环冷却水处理技术现状与发展，绿色、无磷水处理药剂开发与应用实践、近零排放与水再用、污水处理与资源化技术、膜分离技术与海水淡化等进行了交流。

精细化工专业委员会举办的2011全国丙烯酸科技、应用和经济发展研讨会暨第十二届全国丙烯酸行业年会，发布和交流了与丙烯酸（酯）行业相关的技术进展情况。

6月21～24日，中国化工学会和日本化工学会共同主办的第六届中日化工学术研讨会在湖北省武汉市举办，本次会议主题是“化工节能减排与可持续发展”。来自中国和日本的专家、学者约200人出席了会议，其中日方73人。会议录用论文158篇，其中日方70篇；会议以能源、环境、新材料、新过程等全球关注的化工热点问题为主线，下设能源化工、环境化工、生物化工、资源利用和分离技术、化工新材料、化工新技术6个专题。

10月25日，学会专职副理事长龚七一接待英国化学工程师学会资格与国际发展总监 Neil Atkinson，双方沟通了前期进行的国际工程师互认及双会员制探索情况，并探讨了有关化学工程技术发展战略、工业安全会议和培训的有关合作意向。

5月，橡胶专业委员会接待朝鲜代表团来北京橡胶设计研究院交流考察，双方就橡胶制品生产工艺技术及原材料、废旧橡胶综合利用、再生胶生产设备与测试仪器等问题进行了广泛交流。6月，参加了在巴西举办的国际橡胶会议。

《化工学报》、《中国化学工程学报》、《化工进展》的被引频次分别由2006年的1188、271、826相应提高到2010年的2270、463、1670，影响因子分别由2006年的0.655、0.340、0.458提高到2010年的0.664、0.550、0.624。

《化工学报》2006～2010年连续5年获“百种中国杰出学术期刊”称号，2011年，荣获第二届中国出版政府奖期刊奖提名奖，第七届全国石油和化工行业优秀期刊一等奖。《化工进展》2009年、2010年获“百种中国杰出学术期刊”称号。在中国科协精品科技期刊示范项目评比中，《化工学报》和《化工进展》自2006起一直分获B类和C类资助，《中国化学工程学报》自2009年起获英文版期刊国际推广项目资助。自2006年与爱思唯尔出版集团合作以来，国际影响显著增加，每年的国际投稿量增长迅速。根据爱思唯尔出版集团提供的数据，下载《中国化学工程学报》论文的国家和地区已达到80多个，分布在欧、美、亚、非、大洋洲。2010年，论文的下载量达到106287篇次。2011年前8个月，论文的下载量为52916。

【中国化工学会2011年年会暨第四届全国石油和化工行业节能节水减排技术论坛】10月21～23日，中国化工学会2011年年会暨第四届全国石油和化工行业节能节水减排技术论坛在河南省郑州市举办，200多位专家、学者出席了会议。年会主题是“石油和化工行业节能节水减排技术”。

会议研讨的内容涉及化工工艺的节能改进、传热强化技术与装备、能量系统的优化和二氧化碳的捕集封存技术；节水技术，含重点节水工艺、废水处理技术、工业用水重复利用技术和非常规水资源利用技术；塔器及塔内件的节能优化技术等。

中国石油化工股份有限公司总裁办公室高级顾问刘裔安教授（美）、华南理工大学教授华贲、郑州大学教授蒋登高、北京化工大学化工学院院长陈建峰等多名专家、学者结合国家节能减排、节水技术政策与长远规划、相关技术研发进展、技术应用等议题作了专题报告。

中国核学会

2011年，学会共组织各类学术会议50次，其中国内会议42次，国际会议8次。参加学术会议的人数共计5100余人次，交流论文1800余篇。学会举办科普讲座7次，其中院士讲座5次，受众达7000余人次。

3月，学会参加了由中国科协主办的第二期和第三期“科学家与媒体面对面”活动和2011年中国科协热点问题学术报告会；5月，学会参加了由中宣部、科技部、中国科协等9部委联合组织的“全国科技活动周——科技列车沂蒙行”，学会派出专家参与了宁夏回族自治区科协主办的“科技活动周”；5月，学会组织了16名核领域的院士和专家赴四川省，为4所高校约5000名师生带来12场报告会和5场座谈会。

2011年，学会参与主办的学术会议主要有：第一届中国（国际）核电仪控技术大会，核科技、核应用、核经济论坛，中国核学会2011年全国学术年会，第11届海峡两岸核能学术交流研讨会，2011年水堆燃料性能会议和第十九届国际核工程大会等；协办的学术会议主要有：国际核电安全研讨会——日本福岛核电危机后的反思，先进堆/先进核燃料国际峰会，重水堆未来和2011年国际废物处置与利用大会等。

5月25～28日，学会组织以科普咨询教育工作委员会主任钱绍钧为首的“院士专家西南行”活动走进四川。院士专家先后走进四川大学、成都理工大学、西南科技大学、成都理工大学工程技术学院，参观走访了中国工程物理研究院、中核集团核动力研究设计院、中核集团西南物理研究院。16位核领域院士专家为4所高校约5000名师生带来12场报告会和5场座谈会。活动期间，学会向西南科技大学、成都理工大学、成都理工大学工程技术学院和四川大学赠送60本《走近核科学技术》科普读物、600本《核科普知识》手册和10卷本《中国核科学技术进展报告（第一卷)》1套。

8月10～14日，中国核学会第八届核科技、核应用、核经济论坛在甘肃省嘉峪关市举行，60余名核科技人员参会。坛征集论文100余篇，涉及核能、核医学、核农学、核技术应用和核燃料后处理等领域。会议期间，安排参观了我国最大的核燃料后处理基地。

2011年，学会主管学术期刊《核科学与工程》出版4期，影响因子进一步扩大。

【中国核学会2011年全国学术年会】10月11～14日，中国核学会2011年全国学术年会在贵州省贵阳市举行。年会的主题是“蓬勃发展中的核科学技术”，共征集论文1194篇。32位院士及来自核工业及配套产业、核基础科学研究、核应用技术、核信息、核经济管理等领域的专家、学者共1200余人参会。国家能源委员会专家咨询委主任张国宝出席开幕式并讲话。中国科协书记处书记张勤出席闭幕式并致辞。

10月12日，大会举行开幕式，学会理事长李冠兴致开幕辞，国家能源委员会专家咨询委主任张国宝代表国家发展与改革委员会和国家能源局在开幕式上讲话。本届学术年会会期3天，10月12日全天为大会邀请报告，13日、14日两天为分会场口头报告和张贴报告时段。在邀请报告时段，13名相关领域知名专家全面介绍了近年来我国在核安全监管、核电及其关联产业技术、基础核科学、核技术应用、核武器等相关领域取得的进展以及未来的发展趋势。在10个分会场和张贴报告区域，共有486名核科技工作者进行口头报告交流，有近600篇报告进行面对面交流。

【第一届中国（国际）核电仪控技术大会】5月25～27日，学会与中国仪器仪表学会联合在北京举办了第一届中国（国际）核电仪控技术大会。会议共征集200篇论文，来自核仪器仪表制造厂（商）、科研机构、核电厂和核电工程公司的专家、学者共250人参加了会议，共同就核电仪控技术的现状与发展趋势交流信息和研讨技术，形成了致国家决策层的建议书。经学会与中国仪器仪表学会商定，中国（国际）核电仪控技术大会今后将每两年举行一届，时间定为单数年5月。

【2011年国际水堆燃料性能会议】9月11～14日，中国核学会、美国核学会、韩国核学会、日本原子能学会、欧洲核学会共同主办，中国核学会承办的2011年国际水堆燃料性能会议在四川省成都市举行。来自20个国家和地区的260余名专家、学者出席了会议。

为期4天的会议中，国际原子能机构核燃料事务主管官员 Victor Inozemtsev、中国核学会理事长李冠兴、美国电力研究院副总裁 Rosa Yang、韩国原子能研究院核燃料部主任 Kunwoo Song、日本东京大学教授 Shuichi Iwata、欧洲核学会常务理事 Grégoire Augé 作了大会主旨报告。9月13～14日上午为全体报告时段，来自西屋公司、阿海珐公司、中核集团、中广核集团、美国电力研究院、美国核管理委员会、日本原子能机构、印度原子能部、瑞典斯图兹维克公司等单位的18篇报告在会上交流；9月12～14日下午为分会场报告时段，72篇文章进行交流。9月15日，大会组织了42名外国专家赴中核建中核燃料元件公司进行技术参观。

【第11届海峡两岸核能学术交流研讨会】11月27日～12月3日，中国核学会、台湾财团法人核能科技协进会联合主办的第十一届海峡两岸核能学术交流研讨会在台湾地区台北市举行。来自两岸核能领域的16位专家就后福岛时代核电站安全、核能公众沟通、核技术应用等内容作邀请报告，专家们还就核电建设 、多用途小堆开发及应用、核聚变研究、锆材开发、核医学应用、核燃料储存、公众沟通等内容进行了交流和研讨。会议期间，中国核学会代表团参访了台湾核能研究所、台电公司、台电核三厂、中鼎工程公司、亚炬公司等单位。

中国石油学会

2011年，学会第八次全国会员代表大会在北京召开。大会投票选举产生了学会第八届理事会理事199名，常务理事65名。曾玉康当选为第八届理事会理事长。

经学会推荐，中国石油天然气股份有限公司副总裁孙龙德当选为中国工程院院士。

据不完全统计，截至12月底，学会与各省、自治区、直辖市石油学会及各分会、专业委员会共组织开展各类重点学术技术交流活动100余次，参会人员1.2万多人次，征集论文5000余篇，出版论文集10余部。

2月22～24日，学会与日本石油产业活性化中心和韩国石油管理院在日本东京联合举办2011年中日韩炼油技术研讨会。会议的主题为“石油加工、石油产品质量与替代燃料技术进展”，140多人出席会议。我国专家交流了5篇技术报告，涵盖了原油结构分析、渣油加氢处理、生物柴油、石油产品检测与检验等领域。

8月17日，学会在北京召开蓬莱19—3油田漏油事故技术分析专家研讨会。10多位专家从地质条件、钻井工程、开发方案等方面，对溢油原因进行了分析，并提出具体可行的措施和解决方案。

9月3~4日，学会第七届青年学术年会在四川省成都市召开，年会的主题是“培养创新型青年人才，促进石油科技跨越式发展”。年会共收到青年作者投稿论文720多篇，评选出210篇论文在会上宣讲。

9月6~8日，非常规天然气有效开采工程技术论坛暨非常规天然气发展前景高端研讨会在四川省成都市举行。论坛的主题为“非常规天然气开采——引领低碳绿色新能源”，100多位专家、学者参加论坛。

9月20~23日，第十七届石油测井年会在辽宁省大连市召开，来自全国16个油田公司及研究院所、3个测试公司、8所大专院校、23个厂家共300多人参加了会议。会议收到论文125篇，交流论文51篇。

9月21~23日，学会在山东省青岛市召开2011年天然气学术年会。年会的主题是“科技进步促进天然气工业可持续发展”。来自三大石油集团（总）公司所属企事业单位、有关科研院所320多位科研人员参加了会议，年会共收到论文300余篇，会议交流论文90余篇，并出版了论文集。

10月21~22日，学会与科学技术部、世界石油大会中国国家委员会在北京联合举办了2011中国油气论坛——非常规油气勘探开发专题研讨会，300多人出席会议。

11月15~17日，第四届全国油气田开发技术大会在山东省济南市召开。大会的主题是“发展高新技术，提高油田开发水平”。会议共收到投稿论文290多篇，特邀10位专家在大会上作了专题报告。

11月21~22日，2011年劣质原油加工技术论坛在广西壮族自治区南宁市举办，107人出席。论坛的主题是“低成本、高效率、清洁化加工劣质石油资源”。10位专家作了特邀报告，涉及劣质原油资源分布、劣质原油加工的基础研究、加工劣质原油的经济性分析、重油高效转化的关键技术、新型绿色催化剂、工程设计等。

11月7~10日，学会与美国勘探地球物理学家学会（SEG）联合举办的2011国际地球物理会议在广东省深圳市召开。会议的主题为“复杂地表（含陆上和海洋）地球物理勘探技术”。美国、加拿大、挪威等国家以及国内三大石油集团、科研院所、大专院校的480多人参加了会议。

2011年，《石油学报》编辑部全年共收到稿件1120篇，发表学术论文172篇，发表的学术论文中有97%属于国家和省部级基金项目成果。根据2011年中国科学技术信息研究所最新发布的《中国科技期刊引证报告》（核心版），《石油学报》总被引频次由2010年的2897提高到3183；影响因子为1.632（2010年为1.691）。在全国1998种核心科技期刊中，影响因子排名为第25位，在能源科学技术类期刊中，综合排名为第2位。《石油学报》继续被国外8家著名检索系统或数据库收录。2011年，《石油学报》连续第10年荣获“百种中国杰出学术期刊”奖，获得第二届（2011年）中国精品科技期刊证书和全国石油和化工行业优秀报刊一等奖。期刊网站对稿件远程在线处理系统进行了升级，优化了编辑流程，扩大了审稿专家库。

《石油学报（石油加工）》共收到稿件458篇，发表164篇。完成了期刊改版工作，增大了期刊信息量，每期发表文章数量增加到28篇，每期期刊页码数增加到180页。该刊荣获中国科学技术协会精品期刊（C类），中国石油和化学工业协会第七届报刊评选优秀期刊一等奖。

【中国石油学会第八次全国会员代表大会】12月22日，中国石油学会第八次全国会员代表大会在北京召开。来自中国石油天然气集团公司、中国石油化工集团公司、中国海洋石油总公司系统企事业单位、科研院所，各省、自治区、直辖市石油学会，各分会、专业委员会、工作委员会，国土资源部、中国科学院、国家自然科学基金委员会、解放军总后勤部、北京大学、清华大学、中国石油大学等单位近400名代表参加了会议。

学会第七届理事长贾承造作了中国石油学会第七届理事会工作报告，副理事长兼秘书长何庆华作了经费收支情况报告、章程不做修改的说明以及会费管理办法修订的说明。大会表决通过了上述报告和说明。

大会表彰了天津等17个省、自治区、直辖市石油学会，石油炼制等2个分会，石油地质等10个专业委员会、工作委员会，《石油学报》等3个编辑部、中国石油学会学术交流部等33个先进集体，王小牧等100名热心支持学会工作的领导干部，于学伶等100名学会先进个人。

大会选举产生了中国石油学会第八届理事会理事199名，常务理事65名。选举曾玉康为第八届理事会理事长，孙龙德、王道富、何庆华、王志刚、曹湘洪、周守为、朱伟林、彭齐鸣、李静海、柴育成10人为副理事长，方朝亮为秘书长。

经第八届理事会第一次会议审议通过，聘任邱中建为第八届理事会名誉理事长，王涛等31人为第八届理事会名誉理事，钱基、邢公为第八届理事会副秘书长，李大东等22人为各分会、专业委员会、工作委员会主任，戴金星为《石油学报》编委会主任，龙军为《石油学报》（石油加工）编委会主任，洪定一为《石油知识》杂志社主编。

学会理事长曾玉康致大会闭幕辞。他表示，中国石油学会要充分认识新时期学会工作的重要责任与使命，不断加强学术交流，积极推动学科发展，不断加强组织建设，努力提升学会服务能力，为我国石油石化工业的科技发展贡献力量。

【第四届中国石油地质年会】6月8～10日，第四届中国石油地质年会在北京召开，年会由中国石油学会石油地质专业委员会和中国地质学会石油地质专业委员会主办。

15位院士，以及来自石油天然气生产企业、高等院校、科研机构共56家单位的600位专家、学者，围绕“常规和非常规油气资源——中国石油工业可持续发展的基础”这一主题展开讨论。

会议认为，随着常规油气资源获取难度增大，全球油气勘探正在由以常规油气为主转为常规与非常规油气并重。其中，非常规油气资源的勘探开发势头强劲，未来潜力巨大。向深水等新领域进军、加强非常规油气资源勘探开发已成全球大势所趋。

中国海洋石油总公司总地质师朱伟林在大会上作了《中国近海油气勘探进展与理论技术进步》的主题报告。报告首先介绍了中国近海的油气勘探历程。朱伟林表示，近年来，中国近海的油气勘探基于扎实的基础研究，通过认识创新和技术进步，已经步入了历史最好发展时期，成熟区勘探硕果累累，新区新领域不断开辟，在渤海发现了5个亿吨级优质油田群，在南海北部深水区相继发现商业性油气，并在莺歌海高温高压天然气勘探中取得了历史性突破。同时，他认为，必须清醒地认识到近海勘探的难度也不断增大。为此，在做好重点海域的三维地震整体部署、分步实施的基础上，应继续加强近海盆地的基础研究工作，继续加强认识创新和技术进步，立足已证实的富生烃凹陷扩大储量规模，积极拓展勘探新区新领域，不断挑战勘探禁区，同时坚持对勘探远景区如前新生代盆地和超深水区的探索。

本次年会划分石油企业论坛、石油地质论坛、勘探技术论坛和勘探家论坛4个单元，分设了我国石油地质理论新进展、我国油气勘探新进展与成功案例、我国天然气资源潜力与发展前景、油气勘探和工程技术进步、全球石油地质研究与海外勘探进展和青年地质家论坛6个分会场。会议共征集论文388篇，大会宣读146篇，展板论文60篇。

会议颁发了“第四届中国石油地质年会优秀青年论文奖”和“第四届中国石油地质年会优秀展板论文奖”，分别有10名年轻的研究人员和8名论文作者获奖。

中国煤炭学会

2011年，学会将发展个人专业会员和资深会员作为考核年度工作的指标之一。学会新发展会员280人，会员总数57663人，发展资深会员15名，资深会员达485人。学会会员管理系统新录入个人会员1220名，在中国科协所属学会个人会员管理系统录入的人数已达9351人。

科普工作委员会、环境保护专业委员会和煤层气专业委员会3个分支机构完成换届工作。按照学会改革方案，对学会的理事和委员会委员实施动态管理，调整学会理事14人。学会的各级组织机构均已实现数据库管理。

经学会推荐，学会副理事长、中国神华集团总经理张玉卓，学会常务理事、武汉大学校长李晓红当选中国工程院能源与矿业工程学部院士。

2011年，学会和各专业（工作）委员会共举办专业学术会议25次、国际会议1次、学术论坛1次，共有3247人次参加了学术交流，各类学术会议共收到论文2297篇，编辑出版论文集19本，正式出版12本。

6月11～13日，全国低阶煤加工利用技术及产业化发展论坛在内蒙古自治区呼伦贝尔市召开，来自政府部门、企事业单位、科研院所、高校以及煤化工专业委员会的近150人出席了论坛。论坛邀请中国化学工程集团公司总工程师汪寿建、浙江大学能源洁净利用国家重点实验室教授刘建忠等17名低阶煤加工利用方面的专家作学术报告。报告围绕如何提高低阶煤利用价值、低阶煤加工转化的新技术与装备、工程化进展与经验等主题进行了研讨。

9月19～20日，由煤层气专业委员会和中国石油学会石油地质专业委员会共同主办的2011年煤层气学术研讨会在福建省厦门市召开，共有220余人参加，中国工程院院士翟光明出席会议。13位特邀专家作大会专题报告，21篇论文在会上进行了学术交流。与会学者从不同角度探讨了煤层气勘探开发所涉及的基础理论、工程技术、科学管理和激励政策等问题，对页岩气资源评价及勘探开发关键技术进行了交流和探讨。

10月13日，2011年全国煤矿安全、高效、洁净开采与支护技术新进展学术会议在贵州省贵阳市召开。会议邀请20位专家和一线科技人员作学术报告，内容涉及充填开采技术、冲击地压发生机理和预警预测及防治技术、巷道支护技术新进展3个方面。

2011年，学会与中国煤炭工业协会共同开展了中国煤炭工业科学技术奖的评奖工作。各煤炭企事业单位、科研院所、高等院校共申报项目563项，241项获奖，其中特等奖3项、一等奖23项、二等奖84项、三等奖131项。

学会主办的第六届全国煤炭工业生产一线青年技术创新交流表彰大会于10月12日在河北省唐山市召开，来自全国煤炭生产企业、科研院校的150多名优秀青年科技工作者参加了表彰大会。煤炭生产一线青年科技创新人才评选表彰活动已举办6届，活动先后评选出100名优秀青年科技工作者、580篇优秀论文，出版论文集6卷。统计数据显示，在获得全国煤炭工业生产一线优秀青年科技工作者称号后，有58%的获奖人员走上了更重要的岗位，他们目前正在承担的科研项目共107项，平均2.6项/人。

受财政部、工业和信息化部、国务院国有资产监督管理委员会委托，学会与中国煤炭科工集团煤炭科学研究总院共同承担了“煤炭工业延长产业链政策研究”项目，对煤炭行业各种产业延伸方式分别进行了技术评价，对大同煤矿集团有限责任公司、兖矿集团有限公司等大型煤炭集团煤炭产业延伸模式进行案例分析，在产业政策、科技政策和财税政策等方面提出了煤炭产业延伸的政策建议。

煤矿机电一体化、煤层气、水力采煤等专业委员会和相关团体会员单位组织专家完成了“MG100/238WD型薄煤层交流电牵引采煤机”、“水采工作面无人水力落煤工艺与设备的研究”等17项科研成果的技术鉴定工作。

学会向贵州省推荐采煤、煤矿机械、煤化工、选煤等专业的专家8人，出席了在贵州举办的贵州工业强省十大产业院士专家论坛和“引聘科技专家”洽谈活动。8月29日，在贵州省工业强省十大产业院士专家论坛上，煤化工专业委员会梁大明研究员作了《煤化工现状及发展趋势》学术报告，对贵州省发展煤化工产业和洁净煤技术提出了建议。

2011年，学会举办科普讲座31次、受众5160人次，举办科普展览8次，受众9640人次，发放科普宣传材料4350份，组织科普工作志愿者1500余人次参与各项活动。

2011年，计算机通讯专业委员会围绕煤矿安全生产与信息化举办了10期培训班，学员800多人次。爆破专业委员会分别为青岛市公安局、泰安市公安局等多个单位举办培训班8期，3000多位爆破技术人员、爆炸物品管理人员及押送人员参加了业务培训。

科普工作委员会完成了换届工作，组建了科普工作委员会第六届委员会，召开了新一届委员工作会议。会议对中国神华集团公司科技发展部、中国平煤神马能源化工集团公司技术中心、开滦集团公司科协、淮南矿业集团公司煤炭学会、大同煤矿集团公司科协、煤炭科学研究总院科技发展部、中国中煤能源集团公司科技发展部、神华宁夏煤业集团科技发展部、龙煤集团鹤岗分公司技术中心、山东煤炭学会等10个“科普工作先进单位”进行了表彰。

学会在全国煤炭企业前35强中开展了征集现代大型煤炭企业经典管理案例活动，共评选出16家现代大型煤炭企业的20项经典管理案例，撰写并出版了《现代大型煤炭企业经典管理案例》一书。

学会及分支机构共主办学术期刊10种，全年刊发论文4533篇，科普文章864篇，总发行量44万多册。学会主办的《煤炭学报》2011年各项评价指标有较大幅度的提高，据中国科学技术信息研究所2011年《中国科技期刊引证报告（核心版）》数据显示，《煤炭学报》的总被引频次2603（2010年1574），影响因子1.109（2010年0.608），在矿业工程学科中排名第一，在1998种核心期刊的综合排名第42位（2010年居第84位）。《煤炭学报》荣获了2011年“百种中国杰出学术期刊”和“中国精品科技期刊”称号。《煤炭学报》编辑部全年12期正刊共刊出论文389篇，2期增刊刊出论文85篇。4期英文版文章被《工程索引》（The Engineering Index，EI）全部检索。

【2011西安－煤矿安全高效开采地质保障技术国际研讨会】10月13～14日，由学会和中国煤炭科工集团、中国煤炭地质总局联合主办的2011西安－煤矿安全高效开采地质保障技术国际研讨会在陕西省西安市举行。学会理事长濮洪九、陕西省副省长李金柱、中国煤炭科工集团总经理王金华、中国煤炭地质总局局长徐水师出席会议并讲话，煤炭行业各大企业、各高等院校与科研院所的领导，专家、学者300余人出席会议。来自美国、加拿大、德国、乌克兰、澳大利亚以及国内的19位专家在会上作主题报告，介绍了近年来国内外在煤田地质、地面与煤矿井下地球物理精细探测、煤矿水文地质条件勘探与水害防治、煤层气地面开发、煤矿井下瓦斯抽采钻孔钻进、瓦斯突出预测与防治等方面取得的新研究成

果，展示了相关的新方法、新理论、新技术与新装备。通过讨论，与会专家一致认为，随着煤矿开采深度的增加，高产工作面开采强度的不断加大，地质问题引发的煤矿工作面停产或安全事故越来越成为制约煤矿安全高效生产的瓶颈。只有加快研究先进、实用的地质保障技术及装备，才能有效保障煤矿实现持续安全高效开采。

会议共征集到国内外论文 113 篇，其中 67 篇英文论文被爱思唯尔（Elservier）出版集团主办的《地球与行星科学通讯》（*Earth and Planetary Science*）期刊录用，正式出版发行。

【袁亮院士获世界采矿大会突出贡献奖】 9 月 11 ~ 16 日，第 22 届世界采矿大会在土耳其伊斯坦布尔召开，共有来自 40 多个国家的 1000 多名专家、学者参加了本次大会。

学会副理事长、中国工程院院士、煤矿瓦斯治理国家工程研究中心主任袁亮应邀出席大会并作主旨发言。会议期间，世界采矿大会国际组委会主席约瑟夫·杜宾斯基（Jozef Dubinski）为袁亮院士颁发了“世界采矿大会突出贡献奖”，以表彰他在改善世界煤矿安全理论创新及工程实践方面的突出贡献。

在 9 月 11 日的大会主旨发言中，袁亮院士作了题为《中国低透气性煤层群煤与瓦斯共采理论与技术》的报告，受到国际采矿界同行的高度评价。会议期间，袁亮院士分别与澳大利亚、美国、英国、俄罗斯、德国、波兰、南非、乌克兰、日本等国家的专家、学者就煤炭安全开采和瓦斯治理等问题进行了交流和探讨。

世界采矿大会（WMC）1958 年成立于波兰华沙，其宗旨是推进矿物资源开发方面的国际科技合作，促进采矿科学、技术、经济、采矿作业卫生和安全以及环境保护等方面的发展，开展世界范围的信息交流。自成立以来，已先后在 19 个国家举办过 21 次采矿大会及国际采矿设备和技术展览会。

中国可再生能源学会

2011 年，学会召开八届二次理事会，增选柳地为学会副理事长、增补叶伟芳、李斌、吴能友、张运洲、张源、柳地、徐晓东、曾恒一 8 人为第八届理事会理事、常务理事。会议讨论通过了设立学会专家咨询中心、国际合作中心的建议。

学会单独及联合举办国内、国际研讨会和展览会 30 余次，参与学术交流人数近 2 万人次，发表论文 400 余篇；开展科普活动 13 项，培训工作 4 项，参加人数 300 余人次。

2 月 21 ~ 24 日，学会与中国资源综合利用协会可再生能源专业委员会、上海科学技术开发交流中心等在上海市联合主办 SNEC 第五届（2011）国际太阳能产业及光伏工程（上海）展览会暨论坛。90 多个国家和地区的光伏企业参会，参展企业 1838 家，展览面积 15 万平方米，专业观众 18 万余人次。8 月 16 日，学会与中国工程热物理学会、科学技术部高新技术发展及产业化司、国际能源署太阳能热发电、热化学组织和韩国太阳能学会共同主办了 2011 年太阳能热发电技术三亚国际论坛。10 月 19 ~ 21 日，2011 北京国际风能大会暨展览会在北京举办，3000 人参会，展商 500 家，观众达 3 万人次。

4 月 8 ~ 10 日，2011 第三届中国国际新能源产业博览会、中国国际生物质能展览暨研讨会在北京举行。本次博览会由生物质能专业委员会与中国国际贸易促进会建设行业分会、中国农村能源行业协会等机构共同主办，展示了生物质能源新技术、新设备、新产品等创新成果。来自各国驻华使馆联络处商务代表及科研院所专家学者、参展企业及媒体约 200 人出席了中国国际生物质能展览暨研讨会。会议围绕国内外生物质发展现状与趋势进行演讲与交流，探讨了中国生物质能源产业化发展现状、存在问题与对策等。

在中美清洁能源务实合作战略论坛上，学会与美国可再生能源理事会签署建立长期合作关系的合作备忘录，学会理事长石定寰宣布中美可再生能源促进中心正式启动筹备工作。6 月 28 日，在中德经济技术合作论坛上，学会与德国能源署签署《成立中德可再生能源合作中心备忘录》，与德国欧亚风能协会签署《关于海南电动汽车项目合作协议》。

学会下属各专业委员会结合各自专业领域的发展需要开展学术交流活动。光化学专业委员会举办了 9 次光电化学讲座，热利用专业委员会承办太阳能热利用研讨会，太阳能建筑专业委员会举办国际太阳能建筑技术交流会，生物质能专业委员会主办中国国际生物质能展暨研讨会，风能专业委员会举办海岛地区风能开发利用研讨会，氢能专业委员会召开第 12 届全国氢能研讨会，产业工作委员会在北京召开两岸应对气候变化学术交流会。

学会开展的专题研究与咨询共 13 项。学会承担并完成了联合国工业发展组织的《建立可再生能源数据收集与评价平台可行性研究报告》、世界自然基金会的“中国可再生能源低碳经济创新技术发展条件研究”项目、西班牙“安徽歙县林业生物质电厂可行性研究”项目。承担了美国能源基金会“‘十二五’中国农村能源发展课题研究”项目。

各专业委员会共承担9项国际、国内专项研究。风能专业委员会完成了世界自然基金会“中国风电专利2010年综述”、“风电叶片专利”和“保险与中国风电产业”，以及维斯塔斯公司的“中国风力发电评价体系研究”4项专题研究；承担了国家开发银行“瑞典风能规划合作研究”和“芬兰风能规划合作研究”2个研究课题。地源热泵专业组与美国能源部合作引进“零净能耗组装式绿色建筑设计及其功效模块构件工厂化生产技术项目”。

2011年中国可再生能源学会科学技术奖有63个项目参加评选，经评审委员会投票选出16个项目获奖。学会开展了“台达杯”国际太阳能建筑设计竞赛、“绿色风能——研究生优秀学位论文奖”的评选。太阳能建筑专业委员会编辑出版了《2011台达杯国际太阳能建筑设计竞赛获奖作品集——阳光与低碳生活》。

9~12月，学会完成了联合国工业发展组织委托的《建立可再生能源数据收集与评价平台可行性研究报告》。该报告主要通过对国内外可再生能源数据进行调查统计和案例分析，探索建立中国可再生能源数据平台的途径，研究制定确立中国可再生能源数据收集、分析平台的路线图。项目成果为后续的项目实施做好准备工作，从而为可再生能源发展提供相对可靠、有价值的数据支撑，为政府政策制定提供依据和参考。

受中国科协委托，学会10个专业委员会共同参与了“可再生能源科普活动资源包”项目，由学会设计的“可再生能源趣味科普户外定向运动”，在山东省德州太阳谷开展了示范活动，德州黎明小学5~6年级的30名学生参加了可再生能源趣味定向运动竞赛。12月，学会完成了“光伏建筑一体化科技创新成果科普素材开发”项目视频短片的脚本编制、拍摄采风和合成制作工作，短片介绍了光伏建筑一体化开发利用的资源潜力与优势。

生物质能专业委员会面向青少年，以知识竞赛的方式举办了“关注生物质能，聚焦可再生碳源”科普活动；风能专业委员会举办了2011年中国风能摄影大赛；热利用专业委员会分别在北京工业大学、沈阳建筑大学组织举办了“嘉普通杯”太阳能建筑设计竞赛。

7月，学会作为协作单位之一，与中国环境科学研究院、中国科学院电工研究所、北京国环清华环境工程设计研究院有限公司共同申请并签署了环境保护部环保公益性行业科研专项项目“新能源产业（太阳能电池板）环境影响与管理研究课题”合同。

风能专业委员会与瑞典LIFE学院共同举办了为期两天的“高级国际培训项目——风力开发与利用”第一阶段培训。天然气水合物专业委员会举办了东亚东南亚地学计划协调委员会（CCOP）天然气水合物培训班。热利用专业委员会举办了200人参加的太阳能供热采暖技术培训班和80人参加的小高层住宅太阳能热水系统技术讲座。

学会分别授予江苏省张家港经济开发区、江苏省金坛经济开发区、浙江省桐乡市国际新能源市场为中国可再生能源学会可再生能源产业化基地。

学会对网站进行了重新设计和改版，为会员提供学术会议、报告、咨询等服务信息。

【中国可再生能源学会2011年学术年会】9月1~2日，中国可再生能源学会2011年学术年会在北京召开。会议主题为“可再生能源技术支撑发展战略性新兴产业”。会议设有主会场和10个专业分会场，主要内容涉及太阳能、风能、生物质能、地热能、氢能、海洋能、天然气水合物等新能源与可再生能源技术，共有800多人参会，收录论文293篇，评选出优秀论文26篇。

中国科协常务副主席、书记处第一书记陈希，学会名誉理事长毛如柏，国务院参事、学会理事长石定寰，以及国家能源局、科学技术部高新技术发展及产业化司的有关领导和专家出席开幕式。

大会主题报告包括了我国“十二五”能源科技重点任务、可再生能源发展形势及发展前景、光伏、风能、太阳能光热、生物质能等内容。10个专业分会场分别进行了各专业领域的技术交流。

【第四届中国（成都）新能源国际峰会暨展览会】9月26~28日，学会与四川省成都市政府、新能源商会等在四川省成都市联合主办了第四届中国（成都）新能源国际峰会暨展览会。参会新能源企业、行业协会、科研院校达375家。峰会包括成都市新能源产业推介会、项目签约仪式、5个特色活动、9个主题论坛和太阳能展览等活动。

来自美国、德国、韩国、瑞典等国家以及国内的117家企业参展，比2010年增加15家。展览面积达1.2万平方米，展出的产品包含光伏、光热、LED、核能、新能源汽车等方面。展览会接待国内外来宾超过3万余人次，场内交易金额达11.5亿元，比上届增长15%。

会展期间共签署协议17个、项目投资协议13个、合作协议4个，项目投资协议的总投资额达148.88亿元。

【贺德馨当选世界风能协会主席】10月30日~11月2日，由世界风能协会（WWEA）、埃及风能协会（EGWEA）和德国－阿拉伯商会（GACIC）共同举办的2011第10届世界风能大会暨可再生能源展览在埃及首都开罗召开，来自全球风能行业及其他可再生能源行业的逾500名专家、学者参会。学会副理事长、风能专业委员会主任贺德馨在开幕式致辞中向与会各国学者介绍了中国风能发展近况。

10月30日，世界风能协会（WWEA）理事会在开罗举行，学会副理事长、中国风能协会主席、世界风能协会副主席贺德馨在会上当选为新一届世界风能协会主席。贺德馨提出，下一届世界风能协会理事会要进一步促进发展中国家风能开发利用的进程，加强发展中国家和发达国家之间在风能领域中的相互合作和交流；进一步改善世界风能协会与其他国际新能源与可再生能源组织之间的合作，充分利用一切可以利用的资源；进一步争取成员国政府的支持，加强各成员国之间的信息交流和技术合作，发展会员；进一步促进智能电网和分布式电源系统在全球风能开发利用中的应用。他表示，中国作为风电领域发展最快的国家，将继续努力推动世界风能产业和技术的健康与持续发展。

中国能源研究会

2011年，研究会召开了第六届四次理事会和理事长秘书长联席会议，增补了3名理事，组建成立了中国能源研究会能源政策研究中心。农村能源专业委员会协助农业部科技发展中心申请承担了国际标准化组织沼气技术委员会（ISO/TC255）秘书处工作，专业委员会主任李景明出任该技术委员会首任主席和全国沼气标准化技术委员会（SAC/TC515）首届秘书长。

2011年，研究会共举办各种层次的学术交流会议和活动23次，交流论文600余篇，2500余名科技工作者参加了研究会及专业委员会举办的学术交流活动。

1月18~19日，研究会理事长柴松岳出席了在美国华盛顿举行的第二届中美清洁能源务实合作战略论坛，并发表了主旨演讲。应欧洲地球科学联合会邀请，研究会地热能代表团参加了4月3~8日在奥地利维也纳举行的欧洲地球科学联合会年度会议。5月11日，受国家能源局委托，研究会在北京举办了福岛事件对中国核电发展启示研讨会，向国务院呈报了《关于福岛事故后我国核电安全发展问题的认识和建议》专题报告。9月13日，能源研究会和美国燃气技术研究院（GTI）在北京合作主办了第二届全球非常规天然气国际会议。9月28日，研究会与中国核能行业协会在北京举办了后福岛时代我国核电发展研讨会，会议形成了《关于尽快恢复我国核电安全高效发展的建议》。10月25日，研究会理事长柴松岳在北京会见了美国联邦能源监管委员会主席乔恩威林霍夫一行，双方就中国能源管理体制等话题进行了交流探讨。11月，研究会代表团参加了在日本鹿儿岛召开的第九届亚洲地热研讨会。12月，研究会组织代表团赴意大利交流访问，期间代表团与意大利有关方面就新能源发展等相关议题进行了交流和探讨。

8月26~27日，第16届全国热力学分析与节能学术会议暨中国能源研究会热力学及工程应用专业委员会四届三次会议在北京召开。约80位专家、学者出席会议。会议共收到论文近60篇，内容涵盖了热科学基础理论与实验研究、能量系统热力学分析与优化、节能减排成果与新技术开发等。

研究会共开展能源领域课题研究6项。年度内完成了“我国重点用能企业能源管理岗位和能源管理负责人制度研究”，开展了“我国火电企业可持续发展对策研究”、“中国水电发展若干重大问题研究”、“健全与社会主义市场经济相适应的能源市场监管体制研究”、“电力节能减排监管能力建设项目”等多项研究课题。

节能与企业管理专业委员会组织专家撰写的《关于加强对我国低碳能源技术发展政策支持力度的建议》于3月14日呈报国务院，温家宝总理将此政策建议批转国家能源局，国家能源局致函专业委员会主任鲍云樵，表示国家能源局将对此政策建议给予重视。

研究会编辑出版了《2011中国能源政策评论》和《中国能源发展报告（2011）》。该报告概括整理了“十一五”以来中国能源发展的主要成就，展望了“十二五”时期我国能源发展的趋势和目标。11月27日，《中国能源发展报告（2011）》发布会在北京举行。

8月29~30日，应贵州省科协的邀请，研究会组织能源领域专家学者出席贵州省工业强省十大产业院士专家论坛暨引聘科技专家洽谈活动，并与贵州省科学技术协会签订了《科技合作框架协议书》。9月14日，中国能源研究会与河南省企业自主创新研究会在北京共同签订了《关于联合开展科技合作协议书》。12月，研究会与华电内蒙古卓资电厂签订协议，协助其开展卓资电厂“风火互补”运行方式可行性项目论证。

自7月开始，研究会能源政策研究中心每月开展电力形势分析和电力供需预测预警，为国家能源局提供决策咨询支撑。

农村能源专业委员会参与农业部组织的《“十二五”沼气工程建设规划》的编制工作，承担了有关章节的起草任务；参与农业部组织的《“十二五”省柴节煤炉灶炕升级换代发展规划》的论证和编写工作；参与国家发改委和国家能源局组织的《国家能源“十二五”发展规划和可再生能源“十二五”建设规划》的讨论和修改工作。

根据国家能源局、财政部和农业部关于在全国开展绿色能源示范县建设活动的精神，能源研究会农村能源专业委员会协助三部委进行了绿色能源示范县指标体系研究，参与了项目管理、资金使用和技术管理办法等文件的起草与修改工作，参加了全国农村能源工作会议暨国家绿色能源示范县授牌仪式的筹备工作，汇编了农村能源标准和政策法规。

农村能源专业委员会参与完成了农业部《关于落实“贯彻落实国务院关于加快培育和发展战略性新兴产业决定重点工作分工方案”的建议》、《关于“国家能源局综合司关于征求水电发展‘十二五’规划意见的函”的建议》；参与完成了《农业重大成果沼气产业化项目》材料的征集与报送。

协助组织完成了农业行业标准《秸秆沼气工艺设计规范》、《秸秆沼气施工操作规范》、《沼气工程规模分类》和《沼肥加工设备》的审定与报批工作；推进了《农村能源术语》、《户用沼气标准图集》等标准的起草、修订与送审工作，其中《沼气工程规模分类》、《沼肥施用技术规范》获得农业部颁布实施。

研究会参与完成了《农村清洁生产与节约农业》节能部分书稿修改工作，在《猪业科技》、《农村养殖技术》等杂志撰稿宣传农村能源技术和标准。

研究会共举办了节能技术与企业能源管理，沼气技术、标准和大中型沼气工程技术与管理，农村能源技术和绿色能源示范县研讨培训，地热能科学开发利用、地源热泵技术等 8 期培训班，1000 余人次参加培训。

2011 年，《能源政策研究（季刊）》改版为《能源政策研究（内参版/半月刊）》。

《中外能源》杂志被美国《化学文摘》（CA）、美国《石油文摘》（PA）、美国《剑桥科学文摘》（CSA）、波兰《哥白尼索引》（IC）、美国《乌利希期刊指南》、英国科学文摘（SA，INSPEC）、日本科学技术社数据库，以及中国核心期刊数据库（遴选）、中国期刊网、中国期刊全文数据库、中文科技期刊数据库（全文版）、重庆维普数据库、台湾华艺数据库，以及中国石油文摘、中国石化文摘数据库收录。杂志影响因子为 0.762（2010 年为 0.690）。学科排名在被统计的全国 40 种能源与动力工程类期刊中排名第 7 位，在全国 83 种石油天然气类期刊中排名第 21 位，在全国 176 种化学工程类期刊中，排名第 34 位。总被引频次为 632 次（2010 年为 376 次），Web 下载量 79200 次（2010 年为 53300 次）。7 月，《中外能源》杂志被中国石油和化学工业联合会评为“2011 年全国石油和化工行业优秀期刊”，并荣获二等奖。

【福岛核电事故对中国核电发展启示研讨会】 5 月 11 日，由研究会主办的福岛核电事故对中国核电发展启示研讨会在北京召开。全国人大常委会副委员长华建敏，全国政协原副主席、中国工程院原院长徐匡迪，中国工程院院士叶奇蓁、阮可强、李冠兴、郑健超、潘自强，国家电力监管委员会、科学技术部、国家核安全局、中国工程院等有关部门负责人，国家核电技术公司、中国核工集团公司等企业负责人，共 50 多人出席了研讨会。

与会专家、学者围绕“后福岛时期，中国核电发展战略是否需要调整，核电发展规划是否需要修正，福岛事件对于核电厂安全管理又带来了哪些新的课题”等议题进行了讨论。

专家们认为，认真、充分、深入、全面地吸取福岛核电站事故教训，对于我国核电发展具有十分重要的意义。我国需要稳定、安全的能源供给来支持经济的快速稳定发展，需要应对日益严重的气候问题和对国际社会的郑重承诺，还应坚持在确保安全的基础上高效发展核电。专家建议，应继续从内外部提高核安全标准，做到尽善尽美；完善修订应急预案；强化监管机制；尽快出台《原子能法》；加强核电人才培养；提高设备质量；加强公众宣传。研究会将根据本次研讨成果形成一份专门报告，呈送决策部门参考。

根据专家建议撰写的《关于福岛事故后我国核电安全发展问题的认识和建议》专题报告呈报国务院。5 月 29 日，国务院副总理张德江作出重要批示。5 月 30 日，国务院总理温家宝、副总理李克强针对建议分别作出重要批示。

【第二届全球非常规天然气国际会议】 9 月 13 日，研究会和美国燃气技术研究院（GTI）合作主办的第二届全球非常规天然气国际会议在北京召开。

全国政协原副主席、中国工程院原院长徐匡迪，中国工程院副院长谢克昌，研究会理事长柴松岳，美国燃气技术研究院院长兼首席执行官 Davi Carroll、国际天然气联盟主席 Abdul Rahishim、美国能源部官员 Geoffrey Lyon 出席了开幕式。

与会专家、学者围绕世界各国非常规天然气发展的经验和如何才能使中国及其他国家的非常规天然气资源成功的开发利用，中国非常规天然气勘探开发现状、挑战和机遇，迄今非常规天然气技术的应用如页岩气和煤层气在中国的发展前景等议题进行了交流，通过案例研究，探讨并分享了非常规天然气技术开发和利用，交流了合作经验。

【后福岛时代我国核电发展研讨会】 研究会与中国核能行业协会于9月28日在北京共同举办后福岛时代我国核电发展研讨会，70余位专家、学者出席会议，12人作了专项发言。

与会的专家、学者就日本福岛核事故以后全球核电发展态势、我国核电发展面临的机遇与挑战等问题进行研讨，提出了推动我国核电安全高效发展的建议。会后组织专家编写了《后福岛时代我国核电发展研讨会资料汇编》和《关于尽快恢复我国核电发展进程的几点建议》。

建议内容如下：

一、各国政府再次审视核电安全和核能政策，普遍改进了全球核电的安全管理水平，绝大多数核电国家认可现有核电的安全程度，坚持发展核电的既定方向。

二、我国核电厂安全是有保障的。安全检查进一步加强了在运在建核设施的安全管理水平，巩固和提高了核电安全性。

三、对进一步促进我国核电安全高效发展的几点建议：

1. 坚持发展核电的战略选择；
2. 完善核电安全的科学评估和监管体系；
3. 加强核电安全科学普及，正确引导社会舆论；
4. 继续规模投建核电已经具备条件。

此建议报告于11月29日呈报国务院。12月3日，国务院总理温家宝对建议作出重要批示。国务院副总理李克强、张德江分别对此建议报告作出重要批示。

中国硅酸盐学会

2011年，学会副理事长彭寿于4月1日在广东省深圳市召开的国际玻璃协会理事会议上全票当选国际玻璃协会下届主席，将于2012年履任。学会副理事长南策文将于2012年由国际陶瓷联盟候任主席升任为主席，学会常务理事赵修建将接替学会特种玻璃分会副理事长邱建荣教授，担任国际玻璃协会技术协调委员会核心成员。学会常务理事曾大凡、李红霞当选为联合国际耐火材料学术会议组织理事。

2011年度“中国建筑材料联合会·中国硅酸盐学会建筑材料科学技术奖”评选出31个获奖项目，其中一等奖4项、二等奖15项、三等奖12项。

第九届中国硅酸盐学会青年科技奖评选出10名获奖者。32篇论文被评为第七届中国硅酸盐学会优秀论文。

由学会推荐的“介孔基复合材料设计合成、非均相催化性能与应用探索”项目获国家自然科学奖二等奖。

工艺岩石学分会以在校本科生为主体，组织开展了有关工艺岩石方面的知识、技术普及活动。科普工作委员会在国际水泥混凝土网设立了“科普园地”栏目。玻璃纤维分会组织了玻璃纤维制品培训，混凝土分会组织了标准的宣传贯彻培训，陶瓷分会组织了3期陶瓷知识产权培训。

2011年，学会共举办国内、国际学术活动27次，其中国际会议3次，共有5000余人次参会，交流论文2250篇。

2011年，《硅酸盐学报》（以下简称《学报》）共刊发论文355篇，其中英文论文47篇，总被引频次为2078，影响因子为0.569。《学报》编辑委员会完成了换届工作，第六届编辑委员会成立。《学报》被评为2010年“百种中国杰出学术期刊”，这是《学报》连续第10次获此殊荣。《学报》再次被列为“中国科协精品科技期刊工程”示范项目（B类），第4次入围“中国科协精品科技期刊工程”。第六届《硅酸盐学报》优秀论文奖共评选出获奖论文6篇，其中一等奖2篇、二等奖2篇、三等奖2篇。

【中国硅酸盐学会第八次全国会员代表大会】 12月23日，中国硅酸盐学会第八次全国会员代表大会在北京召开，大会应到代表176人，实到代表147人。

大会审议通过了《中国硅酸盐学会第七届理事会工作报告》、《中国硅酸盐学会章程（修改草案）》、《中国硅酸盐学会第七届理事会财务报告》、《中国硅酸盐学会会员会费标准及管理办法》，选举产生了由140人组成的第八届理事会。

大会表彰了11个中国硅酸盐学会先进集体和21名中国硅酸盐学会先进工作者，向10名第九届中国硅酸盐学会青年科技奖获得者颁奖。

第八届理事会第一次会议选举产生了第八届理事会常务理事40人，徐永模当选为第八届理事会理事长，张联盟、李建保、李新华、陈立泉、周玉、罗宏杰、南策文、姚燕、徐德龙、晋占平、彭寿当选为副理事长，晋占平任秘书长（兼）。

会议通过《关于授予中国硅酸盐学会第八届理事会荣誉职务的决定》，授予张人为为第八届理事会名誉理事长，干福熹、张孝文、于世良、宋志平、张耀明、杨自鹏、潘东晖为顾问，刘志江、刘垚、朱雷波、余明清、李留恩、陈创天、岳邦仁、曹永康、曹田平、黄勇、曾荣树为荣誉会员。会议通过《关于聘任中国硅酸盐学会第八届理事会副秘书长人选的决定》，聘任刘捷、谭抚为第八届理事会副秘书长。

【国际玻璃协会2011年年会暨首届玻璃高新技术国际论坛】学会与国际玻璃协会共同主办的国际玻璃协会2011年年会暨首届玻璃高新技术国际论坛于3月30日~4月2日在广东省深圳市举办。会议的主题为“新材料、新能源”，来自20个国家和地区的310名专家、学者出席会议。

学会理事长张人为、国际玻璃协会主席Fabiano Nicoletti、深圳市副市长袁宝成出席会议并致辞。

大会上，Nicoletti首先作了题为《国际玻璃协会的全球作用》的学术报告，国际玻璃协会顾问委员会负责人班戈作了题为《国际玻璃协会玻璃设想——材料和技术的未来》演讲，学会副理事长彭寿作了题为《新玻璃在国家战略新兴行业里的应用和发展方向》的主题发言。与会专家围绕平板玻璃行业的全球概况、节能低排放浮法窑炉的实用方法、玻璃和太阳能行业高质量低成本节能自动化方案、用创新的玻璃技术使先进显示成为可能等前沿技术问题进行了交流和讨论。

大会上，国际玻璃协会授予31岁的美国青年科学家John Mauro 2011年V. Gottardi奖，他是该奖项历史上最年轻的获奖者。

会议共设置了玻璃结构和性能、光子玻璃、平板玻璃、电子玻璃的特性4个分会场。专家们围绕当今世界玻璃产业的最新技术和未来的发展趋势进行了学术交流，交流口头报告78篇、展讲报告15篇。

4月1日，国际玻璃协会召开了执委会会议及其理事会会议，与会理事全票通过彭寿担任国际玻璃协会下届主席，并将于2012年正式履任，他的当选充分体现了中国玻璃大国的地位。

【第16届国际溶胶-凝胶会议】学会与国际溶胶-凝胶学会（International Sol-Gel Society，ISGS）共同主办的第16届国际溶胶-凝胶会议于8月29日~9月2日在浙江省杭州市举办。这是这一国际会议系首次在中国举办，来自美国、法国、瑞士、日本、俄罗斯等39个国家和地区的515名专家、学者参会。

与会学者们围绕溶胶-凝胶技术在新材料、新能源及环境保护领域的应用进行了交流，交流内容主要涉及溶胶-凝胶化学及基础研究，自组装，有机-无机复合材料，纳米及微观结构材料，微粒，纤维，晶须及其复合材料，薄膜、涂层及生物膜，纳米孔结构及超分子材料，气凝胶，溶胶-凝胶法在光学、电子学、声学、磁学及电磁学中的应用，溶胶-凝胶法在催化、传感器及生物及医学上的应用，溶胶-凝胶的多功能性，溶胶-凝胶材料新表征技术，溶胶-凝胶科学与技术的工业化。

会议共交流学术论文440篇，设立了工业展区，展示最新溶胶-凝胶科研成果。

【获得第14届国际水泥化学会议的承办权】国际水泥化学大会是全球水泥科学技术领域历史最悠久、学术水平最高、参加国家和人数最多的国际学术盛会，被喻为国际水泥学术界的“奥林匹克”。

我国水泥科技工作者曾先后在印度、巴西、南非和加拿大等国家举办的国际水泥化学大会期间4次提出申办请求。为了获得第5次申办权，学会和中国建筑材料科学研究总院在申办报告书、展览、宣传片、陈述报告、答辩、组织申办团组等方面做了细致扎实的工作。

7月7日，在西班牙马德里召开的第十三届国际水泥化学大会上，中国继澳大利亚、巴西之后作为第三个申办国进行申办陈述。代表团团长、中国建筑材料科学研究总院院长姚燕陈述申办报告，湖南大学教授、中国建筑材料科学研究总院特聘教授史才军博士阐述了我国水泥科研成就及会议组织方式。最后，姚燕、史才军，香港科技大学教授、中国建筑材料科学研究总院客座教授李宗津博士对选举委员会委员所提问题作了解答。

最后，中国从4个申办国中以绝对优势胜出，获得2015年第14届国际水泥化学会议承办权。

【2011年功能材料科学技术前沿研讨会】2011年功能材料科学技术前沿研讨会于8月14~18日在山东省威海市举办，中国科学院院士陈创天、中国工程院院士吴以成等20名学者参会。

会议认为，功能晶体的发展应根据目前科学技术的发展需求，并充分分析各种材料的优点、缺点及发展趋势。当前，激光晶体向满足高功率、短脉冲，扩展波长激光器方向，特别是重视高热导率激光晶体的研制和应用发展。在非线性光学晶体研究方面，应避免当前许多人集中于可见光和近红外以及近紫外区重复研究的局面。目前已有的非线性光学晶体已基本满足全固态激光器从近红外到紫外的应用，非线性光学晶体研究应向中远红外直至太赫兹（THZ）波段发展，同时注意大尺寸、高质量和在极端条件下使用的晶体，或寻求在深紫外及更短紫外波段晶体及完善。

以蓝宝石为代表的衬底晶体有产业化前景，但是无序竞相投资建设和无序竞争将会给这一产业和投资人带来灾难性结果，应关注这一产业的发展，并在力所能及的范围内予以支持和提供正确的导向和咨询意见。今后若干年，压电、弛豫铁电、电光、闪烁和其他功能晶体也将有较大发展。

会议讨论了我国功能晶体的发展趋势及对策，为我国功能晶体的发展理清了思路，也为功能晶体发展规划的制定提供了思想基础。

【水泥基材料可持续发展与应用国际研讨会】 由学会与清华大学、法国拉法基研究中心共同主办的水泥基材料可持续发展与应用国际研讨会于7月18～19日在北京举办。来自法国、美国、荷兰等国家，中国香港特别行政区和内地的120余名研究人员参加了研讨会。

研讨会围绕原材料资源的合理化应用、水泥工业节能降耗、工业废弃物的资源化利用、新型胶凝材料研发、高性能混凝土与保温隔热混凝土制备和应用、混凝土材料和结构耐久性及全寿命评价等问题进行了讨论。

23个特邀报告涉及了更实用的可持续发展水泥基材料的物理化学，大掺量粉煤灰胶凝材料浆体的孔隙结构的MIP分析，水泥熟料化学的研究进展，水泥基材料的纳米尺度分析的最新进展，碱激发水泥的分类与特征，含有大量矿物掺合料的复合胶凝材料的水化硬化特性及其工程应用，基于可持续发展的复合水泥生产的最新进展，粉煤灰混凝土的抗硫酸盐侵蚀性，有机水泥化学——水泥混凝土化学的附属分支，Ductal的材料设计，高性能混凝土在铁路建设工程中的应用，原始混凝土的品质对于高性能再生骨料混凝土的力学性能的影响，在路面中高性能混凝土与超高性能混凝土的应用，用稻壳灰减少超高性能混凝土的自收缩等。

研讨会遴选出的12篇英文论文刊发在《硅酸盐学报》的“水泥基材料可持续发展与应用”专栏内。

【第22届中国国际玻璃工业技术展览会】 5月11～14日，第22届中国国际玻璃工业技术展览会在上海市举办。来自26个国家的766家厂商参展，84个国家的28440名专业人士参观，观众总流量达46382人次，展览会展出面积达67500平方米。

围绕低碳经济、节能减排等当前热点问题，展览会同期举办了技术交流和研讨活动。

展会期间，学会举办了20场专题技术讲座，报告了玻璃行业现状和发展趋势。与上海市硅酸盐学会、东华大学举办了主题为“低碳经济与先进玻璃熔制技术”的2011年国际先进玻璃熔制技术研讨会，来自美国、德国、英国、捷克等国家和国内的200余位专家、学者研讨了火焰窑炉、全电熔炉、纯氧燃烧技术、电助熔技术、耐火材料、节能减排、环境保护等议题。会议论文集共收录论文40篇。

5月9～10日，学会团体会员——中国建筑材料科学研究总院与芬兰格拉司通集团公司共同举办了主题为“建筑玻璃与太阳能玻璃新技术”的第9届中国玻璃深加工研讨会（GPD China 2011），310余人参会，交流论文28篇。在太阳能与玻璃技术及能效和镀膜专场上，国外专家分别介绍了PVB长期渐变性分析、用nAERO工艺生产透明导电氧化物膜、薄膜光伏组件用TCO玻璃的生产设备。我国专家介绍了建筑及新能源与加工玻璃发展、建筑玻璃结构功能一体化，平板玻璃企业碳管理。本次研讨会共设置了深加工、测试与质量，能效和镀膜，太阳能与玻璃技术，质量与加工，浮法工艺技术等5个技术专场，进行了专题交流。

5月8～10日，学会还举办了世博科技转化与应用——新型材料专题研讨会。

【《硅酸盐学报》第六届编辑委员会第一次会议暨国际编辑顾问委员会会议】《硅酸盐学报》第六届编辑委员会第一次会议暨国际编辑顾问委员会会议于8月16日在河北省秦皇岛市召开。第六届编委会主编南策文教授等32名编委，中国科学院院士、国际编辑顾问委员会主任干福熹，中国工程院院士、国际编辑顾问委员会副主任孙伟等5名顾问，学会秘书长晋占平，副秘书长刘捷、谭抚出席会议。

邱建荣在工作报告中全面回顾和总结了第五届编辑委员会的工作。第六届编辑委员会主编南策文在报告中提出了新一届编辑委员会的工作设想。经编辑委员会委员、国际编辑顾问委员会顾问审议，会议原则上通过第五届编辑委员会工作报告和第六届编辑委员会工作设想。

会议期间举办的报告会上，干福熹院士在题为《漫谈硅酸盐质文物的科技研究》报告中，以古玻璃和古玉石为例，阐述了现代分析手段在科技考古中的重要作用。国家自然科学基金委员会学科主任陈克新在题为《材料领域的研究现状及发展战略》报告中，针对我国无机非金属材料学科的研究现状和国家自然科学基金的资助重点，指出了材料研究的战略地位、无机非金属材料学科中优先发展领域，以及国家自然科学基金在无机非金属材料学科中的优先资助方向。

中国建筑学会

2011年，学会面向团体会员单位，配合中建国际设计顾问有限公司，在上海、北京、成都和深圳举办了“2011‘新立方’建筑文化论坛”，共计约700人次参加。

学会对论坛进行了直播专题报道，在学会网站上开通了建筑人才频道，为团体会员单位的人才招聘提供了网络信息支持。

12月13日，中国建筑学会第12次全国会员代表大会暨2011年学术论坛在北京召开。大会选举产生了中国建筑学会第12届理事会和常务理事，选举车书剑为理事长。

为全面贯彻落实党中央、国务院和青海省委、省政府关于玉树地震灾后重建的指示精神，学会积极响应了国家号召，全力支援灾区建设，与青海省玉树地震灾后重建现场指挥部、规划委员会共同组织了10大重建标志性项目的规划设计工作。经过中国科学院院士、中国工程院院士及著名专家领衔的设计团队的共同努力，玉树州格萨尔广场、康巴艺术中心、玉树地震遗址纪念馆、州博物馆和州行政中心5个玉树灾后重建标志性工程项目已经完成设计。作为玉树灾后重建10大标志性工程的一部分，这5个工程项目的开工，拉开了玉树灾后重建大会战的序幕。

围绕行业热点、难点问题，学会及所属分会全年共开展学术交流活动88次，参加人数10895人次。主要活动有第三届全国青年建筑师创新设计高峰论坛、2011建筑创作设计高峰论坛、2011第三届建筑论坛、2011全国净化技术交流会等大型学术交流会议。学会组织实施了第六届中国威海国际人居节国际建筑设计大奖赛、2011全国大学生建筑设计方案竞赛、中国营造2011年全国环境艺术设计大赛、2011年中国室内设计大奖赛、2011全国青年学生室内设计竞赛、2011手绘艺术设计大赛、第三届“中联杯”全国大学生建筑方案设计竞赛方案征集等工作。

学会全年共接待访问团组21个，共65人次。派出访问团组5个，共21人次，出席了4次国际会议。在我国组织和承办了“国际建筑师协会执行局会议”、“堪培拉建筑学教育协议第三次代表会议”。在国际建筑师协会第24次世界建筑大会上，学会推荐的候选人清华大学建筑设计研究院院长庄惟敏当选国际建筑师协会理事。

学会举办专业科技培训、讲座36次，参加人数4881人次。出版论文集22册，收录学术论文1833篇。

学会开展了第六届建筑创作奖、第七届优秀建筑结构设计奖的评选工作。联合举办了第六届中国国际建筑展、“中国营造”2011年全国环境艺术作品展。

学会利用专家聚集的优势，进行了25项科技咨询工作，包括台儿庄古城复建专家咨询会、广东南海会馆方案、北京大兴西红门商业综合区方案、重庆国际都会方案、包头重点区域城市设计方案等国际招标及评审等工作。

【中国建筑学会第12次全国会员代表大会】 12月13～14日，中国建筑学会第12次全国会员代表大会在北京召开。住房和城乡建设部副部长郭允充，中国科协副主席、书记处书记程东红出席大会并讲话。

代表大会审议通过了《中国建筑学会第11届理事会工作报告》、《中国建筑学会第11届理事会财务工作报告》和《中国建筑学会章程（修改草案）》，选举产生了由154人组成的中国建筑学会第12届理事会。大会向“中国建筑学会学会工作先进集体和先进个人”的代表颁发了奖牌。

会议期间召开了第12届理事会第一次全体理事会议，选举产生了理事会的领导成员，54人任常务理事。车书剑当选理事长，丁建、朱小地、朱文一、李建飞、张桦、杨焕彩、官庆、欧进萍、周岚、周畅、林坚飞、修龙、徐宗威、程志毅当选副理事长，徐宗威任秘书长（兼）。

车书剑在就职演讲中强调，中国建筑学会作为党和政府在城乡建设中的可靠智囊和得力助手，肩负着贯彻中央六中全会精神，推进中国建筑文化的大发展大繁荣的神圣使命和不可推卸的历史责任。他表示，新一届理事会将结合新形势、新任务，进一步团结建筑界广大专家学者和工程技术人员，再接再厉，奋发有为，开拓进取，努力开创学会工作的新局面。他代表理事会向为学会作出杰出贡献的老一辈工作者颁发了纪念盘。

在随后举行的2011年学术论坛上，学会名誉理事长宋春华、中国国家画院院长杨晓阳、学会副理事长兼秘书长徐宗威、中国建筑设计研究院总建筑师崔愷、北京市建筑设计研究院院长朱小地、清华大学建筑设计研究院总建筑师胡绍学、中国中元国际工程公司总建筑师孙宗列等7位专家、学者围绕“树立文化自信、繁荣建筑文化”的主题作了《贯彻文化强国战略，繁荣建筑设计创作》、《城市的性格》、《中国建筑文化的现象》、《立足本土的建筑理论与实践》、《“层”论——当代城市建筑语言》、《繁荣建筑创作－拓展创新思维》、《机遇、挑战——面对文化设施迅速发展的思考》的学术报告，共有300余位专家、学者参加了本次论坛。

【第三届全国青年建筑师创新设计高峰论坛】 第三届全国青年建筑师创新设计高峰论坛暨第八届中国建筑学会青年建筑师奖颁奖典礼于5月18～19日在北京举行。

刘书兴等36位来自全国各地的青年建筑师获颁第八

届中国建筑学会青年建筑师奖。颁奖典礼上，获奖者在发言中感谢学会设立奖项，激励青年建筑师们不断探索、创新。

9位建筑师在全国青年建筑师创新设计高峰论坛论坛上作演讲。德国GMP建筑师事务所中国区合伙人吴蔚以“破茧而出，羽化成蛾”为主题介绍了中国国家博物馆的设计理念。上海现代设计集团副总裁曹嘉明陈述了特大型中心城市集高铁、机场、城市公共交通、商业街区等多功能于一体的上海虹桥综合枢纽中心的设计指导思想。中国建筑西北设计研究院总建筑师赵元超在演讲中介绍了《交汇与融合——西安世园会建筑创作与后世园会创作思考》。北京市建筑设计研究院康晓力演讲的题目是《春茧——世界大学生运动会深圳湾体育中心的设计回顾》。中国建筑设计研究院徐磊，同济大学建筑与城市规划学院的李立，上海现代建筑设计集团有限公司现代都市建筑设计院的俞挺、北京市建筑设计研究院的刘宇光、南京大学建筑与城市规划学院的傅筱5位本届青年建筑师奖获得者，分别作了题为《建筑中的真实》、《空间认知——教学联系实践》、《乌托邦——传统文化在现代语境下的解决方案》、《城市公共空间设计》、《理性的形式与实践》的演讲。与会的青年建筑师们就上述演讲的项目进行了交流和讨论。

会后，与会青年学者们参观了中国国家博物馆，中国国家博物馆馆长吕章申、副馆长都海江以及设计人德国GMP建筑师事务所的Stephan Rewolle做了现场讲解，并陪同青年建筑师们进行了工程考察。

第八届中国建筑学会青年建筑师奖获得者和来自全国各地的建筑师200多人参加了大会。

中国土木工程学会

2011年，学会审核批复了土力学及岩土工程分会、计算机应用分会的换届报告，工程防火技术分会筹备成立的报告。

学会全年共举办学术会议70余次，参会人数达万余人次，出版论文集30余种，提交论文3000余篇。召开了2011中国西安国际建筑科技大会、2011年度全国土木工程安全与防灾学术论坛、中国工程科技论坛第130场——2011中国城市轨道交通关键技术论坛、2011中国国际轨道交通技术展览会（CRTS China 2011）、围绕创建低碳机动化城市交通模式开展系列学术活动、第11届全国土力学及岩土工程学术会议、第三届全国建筑结构技术交流会、隧道及地下工程支护施工技术高峰论坛、第十届海峡两岸隧道及地下工程学术及技术研讨会、南方十城市建设工程交易中心主任联席会第五次会议、综合交通建设与现代物流发展论坛、第七届全国港口工程技术交流大会、第十五届建设行业企业信息化应用发展研讨会、全国混凝土外加剂学术交流会、第三届中日隧道安全与风险国际研讨会、第五届中国国际隧道工程会议等。

学会组织申报“十二五”国家科技支撑计划重点项目，牵头承担了“城市地下空间开发应用技术集成与示范”项目之课题二“软土地下空间开发工程安全与环境控制”的研究任务。承担了住房和城乡建设部专项课题“‘建设工程抗御地震灾害管理条例’相关问题研究”，课题组已完成《抗震条例》条文（讨论稿）。学会承担的住房和城乡建设部专项课题“城市轨道交通工程抗震设防研究”，课题组已完成《城市地下轨道交通工程抗震设防指南（初稿）》，完成《市政公用设施抗震设防专项论证技术要点（地下工程篇）》。《城市轨道交通地下工程建设风险管理规范》、《城市轨道交通建设项目管理规范》两项国家标准完成报批稿，住房和城乡建设部已批准分别于2012年1月1日、2012年6月1日起施行。学会申报并承担了行业标准《人工碎卵石复合砂应用技术规程》，完成了征求意见稿（初稿）。

燃气分会组团前往法国、荷兰参加了法国燃气展览并参观考察了荷兰KEMA能源公司。燃气分会作为国际煤气联盟的注册理事，派代表出席了在克罗地亚召开的国际煤气联盟年度理事会议。

学会开展了第十届中国土木工程詹天佑奖（2011年度）的评选，25项土木工程项目入选。开展了“百年百项杰出土木工程”评选。推荐复杂环境软土地层穿越顶进成套控制技术及其应用（上海中环线北虹路地道工程）、复杂条件大跨度公路桥隧建设技术、大跨径桥梁桥面铺装成套关键技术及工程应用（南京长江第二大桥，与教育部联合推荐）3个项目参加了2011年度国家科学技术奖的评审，“南京长江第二大桥”获得2011年度国家科技进步二等奖。学会开展了2011年度“中国土木工程学会高校优秀毕业生奖”评选表彰工作，共有31名学生获得表彰。

4月26日，学会在北京人民大会堂举办了“纪念詹天佑先生诞辰150周年座谈会”。

学会编辑出版了《土木工程学报》、《现代隧道技术》、《防护工程》、《建筑市场与招标投标》、《煤气与热力》、《城市公共交通》、《公交信息快递》、《城市公交》文摘报、《预应力技术与工程应用》、《空间结构简讯》、《土木工程师》、《城市道桥与防洪》、《住宅建设的创新/发展（7）》图文集、《第十届詹天佑奖获奖工程图集》等。

【第11届全国土力学及岩土工程学术会议】 8月16～19日，第11届全国土力学及岩土工程学术会议在甘肃省兰州市召开，此次会议由中国土木工程学会土力学及岩土工程分会、中国工程院土木水利与建筑工程学部主办，第11届土力学及岩土工程学术会议是此系列会议首次与会专家、学者逾千人的学术会议。

中国土木工程学会秘书长张雁，国际土力学及岩土工程学会主席 Jean - Louis Briaud 教授，国际岩石力学学会当选主席冯夏庭研究员出席大会开幕式。中国香港岩土工程学会主席何毅良、新加坡岩土工程学会主席方国光应邀出席会议并进行了大会交流。中国科学院院士陈祖煜、程国栋、郑晓静应邀出席大会，并在院士专家论坛作学术报告。

本届会议以"岩土工程创新与可持续发展"为主题，研讨内容涉及土力学及岩土工程的基本理论、实践探索、新技术和新方法等14个方面。会议组织了大会主题报告和特邀报告各8个，特别报告2个，院士、专家论坛报告7个，分会场特邀报告25个，一般报告145个，报告总数达195个，与会专家、学者交流了土力学与岩土工程领域的最新研究进展，会议共收录论文392篇。

【2011中国西安国际建筑科技大会】 9月23～24日，学会与中国工程院土木、水利与建筑工程学部，西安建筑科技大学等单位在陕西省西安市共同举办了2011中国西安国际建筑科技大会。本届大会的主题是"创新、安全、可持续发展"。学会理事长谭庆琏，中国工程院土木、水利与建筑工程学部副主任邹德慈院士，西安建筑科技大学校长徐德龙院士等多位院士，以及来自国内外建筑科技工程界的专家、学者300余人参加了会议。

120多位国内外专家、学者先后在会上作大会主题报告和分会场学术报告，会议共交流论文300余篇。与会人员围绕结构体系创新与工程结构防灾、建筑创新、建筑能源与环境的可持续发展、建筑材料的创新与应用等议题进行了研讨和交流，展示了我国土木工程安全与防灾领域的最新研究成果和进展。

【2011年度全国土木工程安全与防灾学术论坛】 5月7～8日，学会与中国工程院土木、水利与建筑工程学部、国家自然科学基金委员会材料与工程学部、东南大学、江苏省土木建筑学会在江苏省南京市共同主办了2011年度全国土木工程安全与防灾学术论坛。

中国工程院院士杨秀敏、吕志涛、欧进萍、江欢成、马克俭、杨永斌、吴中如、王景全、孙伟、张建云，中国土木工程学会秘书长张雁、东南大学副校长王保平，以及中国工程院、国家科学技术奖励工作办公室有关人员，全国数十所高等院校和科研院所的土木工程专家、学者约300人参加了此次会议。

会上，杨秀敏、吕志涛、欧进萍、江欢成、马克俭、杨永斌等6位中国工程院院士，21位国家"千人计划"特聘专家、杰出青年基金获得者、"长江学者奖励计划"特聘教授、国家重点实验室主任等土木工程安全与防灾领域的特邀专家，分别就建筑工程、桥梁工程、水利工程、地下工程安全与防灾，土木工程高性能材料及其力学性能与耐久性，土木工程各类灾害的形成机理与防护对策，土木工程灾害评估等议题进行了学术交流。

【2011中国国际轨道交通技术展览会及相关学术会议】 8月23～25日，经科技部、住房和城乡建设部批准，由中国土木工程学会、鸿与智工业媒体集团共同主办的2011中国国际轨道交通技术展览会（CRTS China 2011）（以下简称"展会"）系列活动在上海市举办。学会理事长谭庆琏，学会公共交通分会理事长、上海市交通港口局局长孙建平，京沪高铁指挥部专家组组长、总工程师王麟书，学会秘书长张雁，中国铁道学会秘书长吕长清等，以及企业负责人和嘉宾出席了展会开幕式。

展会以"绿色与变革"为主题，参展商充分贯彻了"绿色与变革"理念，现场展示了具有创新性的技术和产品。展品范围涉及机车车辆、机车内饰、机车车辆配套及零部件、基础建设及设施、机电系统及设备、重载运输、高铁关键技术等。

本届展会吸引了26个国家和地区的逾400家企业参展，展出面积约3万平方米。展会系列活动在业内引起了广泛的关注，国内外地铁业主单位、大型装备制造商、施工单位、设计单位、政府采购部门等纷纷组团到会洽谈、采购，展会汇集了来自美国、德国、瑞士、俄罗斯、印度、日本、韩国等10余个国家及地区的观众预登记函，展会登记参观人数突破2万人，其中约18%来自海外。

展会期间，举办了2011中国地下工程与隧道国际峰会，以"地下空间与隧道的安全可持续发展"为主题，就行业热点话题与典型案例，以地下施工、盾构、安防消防、隧道照明、防水、特殊材料、项目管理等各个环节为议题，结合地下空间的可持续大发展的要求进行了建设性及前瞻性的讨论。会上，中国工程院院士钱七虎作了题为《地下工程工程安全风险管理的现状、问题及思考》的大会报告，中国土木工程学会隧道及地下工程分会理事长郭陕云作了题为《盾构（TBM）技术运用及发展的若干问题》的大会报告。来自隧道及地下工程领域的工程技术人员约200多人参会。

第七届中国国际城市轨道发展高层论坛、中国轨道交通机车车辆国际峰会、中国轨道交通机电设备创新发展论坛、中欧轨道交通产业贸易发展合作论坛等相关技术研讨会在展会现场同期举行。

本届展会系列活动的成功举办为轨道交通行业提供了良好的信息交流和技术交流机会，为行业内的企业和团体提供了覆盖整个轨道交通产业链条的全方位、高层次的国际化商贸平台，已成为一年一度国内外企业展示新产品、新技术运用及学习交流服务的平台。

【纪念詹天佑诞辰150周年座谈会】 4月26日，詹天佑科学技术发展基金会、中国土木工程学会、欧美同学会在北京人民大会堂联合举办座谈会，纪念我国近代科学技术界的先驱、伟大的爱国主义者詹天佑先生诞辰150周年。全国人大常委会副委员长、中国科协主席韩启德，中国科协常务副主席、书记处第一书记邓楠，铁道部部长盛光祖，住房和城乡建设部副部长郭允冲，学会理事长谭庆琏等出席座谈会并讲话。

韩启德在讲话中指出，我们纪念詹天佑先生，就是要学习他不甘落后、为国争光、奋发图强、艰苦奋斗的伟大精神，学习他严谨务实、实事求是、善于钻研、勇于创新的科学态度，学习他光明磊落、清正廉洁、宽厚待人、甘为人梯的高尚风范，这对于进一步推进“科教兴国”战略，全面建设小康社会具有十分重要的意义。

郭允冲表示，要学习詹天佑先生的思想和精神，继续推动土木工程科技自主创新，加强土木工程基础理论研究，积极开展国际交流与合作，为实现土木工程技术跨越式发展提供有力的支撑；继续加强工程技术标准研究，完善工程建设标准体系，为我国土木工程建设提供坚实的基础；继续加强土木工程质量安全监督管理，全面落实质量安全责任，确保工程质量安全；继续促进土木工程科技人才培养，坚持服务发展、人才优先、以用为本、创新机制、高端引领、整体开发的指导方针，健全人才培养机制，推动土木工程行业人才队伍建设。

谭庆琏提出，“十二五”时期，工程建设领域迎来了难得的又好又快发展机遇，也面临着技术创新突破的严峻挑战。广大工程科技人员要大力发扬詹天佑先生无私奉献、殚精竭虑、不懈奋斗、勇攀高峰的崇高精神，在科学发展观的指引下，大力加强工程科技研究，努力掌握工程科技核心技术，提高我国工程科技领域的国际竞争力。

中国工程院院士，铁道部、住房和城乡建设部、交通运输部和中国科协有关司局的负责同志，有关高等院校、全国各地詹天佑纪念馆负责同志，詹天佑家乡及亲属等参加了会议。

中国生物工程学会

2011年，学会举办了各类学术交流活动和会议。1月，学会与中国生物物理学会在北京共同举办了生命科学高层专家联谊会，参会人员80余人。

6月17~19日，学会牵头并联合18家全国学会/协会、《中国科学报》社、深圳市政府，在广东省深圳市召开了第五届中国生物产业大会。举办了生物产业发展高层论坛、科企合作对接、生物产业项目融资推介、大型专业展览以及国际新药创制等13个专题论坛。

7月，学会在天津市承办了中国生物经济论坛中的分论坛——生物产业与金融专题，90余位专家、学者参加。7月16~18日，2011中国干细胞与组织工程治疗前沿论坛在山东省威海市举办，会议邀请了相关领域的院士、知名学者围绕干细胞、组织工程基础研究的最新进展及临床应用、发展趋势等方面作了专题报告。

8月11~12日，为促进国内外生物医药行业的交流，提升我国生物医药产业技术和核心竞争力，学会在北京举办了第四届国际生物医药产业技术研讨会。8月，学会与化工出版社共同主办了第五届生物产业技术研讨会，150余位专家参会。会议论文集收录论文78篇，涉及膜分离、色谱、质谱、蛋白质纯化及工业生物技术等。

10月27~30日，由糖生物工程专业委员会与日本、韩国、印度等国家和台湾地区相关学会共同发起的亚洲糖生物学与糖工程会议（ACGG）在上海市召开了第3次会议，来自日本、韩国、印度、澳大利亚、新加坡等国家，祖国大陆和台湾地区的近200名科学家进行了学术交流。

11月4~7日，海峡两岸生物医药产业发展论坛——生物产业技术专题研讨会在福建省三明市召开，此次研讨会由中国生物工程学会、中国中药协会、台湾地区两岸生技与医材工作小组和福建省三明市人民政府共同主办，200余人参会。

11月9~12日，糖工程专业委员会主任金城应邀出席在美国西雅图召开的美国糖生物学会2011年会，并在会上作报告。

学会科普工作委员会分别于3月、9月、10月、11月、12月举办了不同类型的科普活动，紧密配合国家生物技术的重大决策，拉近了科学家与公众的距离，为推进科学技术与国计民生的结合营造良好的舆论氛围。

2011年，中国生物工程学会副理事长高福当选为中国科协第八届全国委员会常务委员会委员。学会办公室主任蒋玉清被授予“全国科协系统先进工作者”称号。学会完成了中国科协人才库的录入工作。

学会参加了由国家发展和改革委员会组织的《生物产业发展“十二五”规划》（征求意见稿）编写工作。

【第五届中国生物产业大会】6月7~19日，由中国生物工程学会等18个国家级学会/协会、《科学时报》社与广东省深圳市人民政府共同主办的第五届中国生物产业大会在广东省深圳市召开。大会以“培育生物产业，发展绿色经济”为主题，举办了生物产业发展高层论坛、专题论坛、科企合作对接、生物产业项目融资推介、重大项目新闻发布、院士专家恳谈会、大型专业展览等活动。

大会通过现场展出向从事学术研究的专家展示了产业界的产业化能力，通过专家讲座让产业界获知了学术研究的最新成果，将原创的起点与产业化的终端对接，促进了业界全面合作。

本届大会紧紧围绕主题，关注生物领域热点，介绍前沿生物技术，开展多个专题论坛。全国人大常务委员会副委员长桑国卫院士、国家发展和改革委员会副主任张晓强、全国政协人口资源环境委员会副主任江泽慧，美国生物工业组织和国际农业组织的官员出席高层论坛。

大会举办了国际新药创制发展论坛、干细胞与再生医学论坛、基因科学与产业发展论坛、生物医药产品临床研究与市场发展论坛、生物农业与绿色食品论坛等14个专业论坛。

本届大会展览面积3万平方米，参展商达293家，吸引了国内科研机构、生物企业，以及来自美国、德国、加拿大等国家，中国香港特别行政区、台湾地区的企业参展。大会首次在展览会现场举办了5场互动交流会，让观众参与和亲身体验最新生物技术给人们生活带来的健康与便利。

据统计，大会参会参展人数达1.3万人，参与论坛会议等活动达8000人次，参观展览达4.6万人次。

大会汇集了来自中国科学院、中国医学科学院、中国农业科学院以及大专院校的最新技术成果518项，生物各领域企业的需求102个。通过对接，现场签订合作协议22个，其内容涵盖技术成果转化、科研基地共建、国际市场合作等，签约金额达282亿元。

【《中国生物产业发展报告（2010）》】由国家发展和改革委员会高技术产业司与中国生物工程学会共同编写的《中国生物产业发展报告（2010）》，是连续公开发行的第9个年度报告，介绍了我国生物产业发展现状及态势、阐释了我国生物产业发展战略与政策。

报告包括6篇，共39章，对生物产业发展战略与政策、生物技术发展前沿与热点、生物产业发展现状与趋势、生物技术专利分析、生物产业投资情况、国家生物产业基地情况等进行了阐述和说明，从多角度对中国生物产业状况进行了分析，对中国生物产业发展战略进行了思考与讨论。通过对2010年国内外生物产业发展系统介绍和分析，为有关部门、地方政府、科技界和企业界提供了参考和帮助。

报告认为，随着《战略性新兴产业发展“十二五”规划》、《生物产业发展“十二五”规划》的出台，“十二五”期间，我国将围绕生物产业发展技术基础、加速推进重大成果产业化，有序促进生物新技术、新产品大规模应用，完善技术创新和人才政策，营造良好的市场环境，加快推进关键领域和重点环节改革，推动我国生物产业加速构建产业体系和快速发展。

中国纺织工程学会

2011年，学会分别召开了常务理事会会议、理事长联席会议、全国理事会会议、全国纺织工程学会秘书长工作会议。2011年，学会共举办学术交流活动12次，出版论文集12册，交流论文557篇，出席者人数2540余人次。学会全年共举办技术培训8期，450人参加。

3月9日，中国香港特别行政区纺织服装学会梁树森、梁雅贤访问学会，双方就进行学术交流、会员发展及加强合作等事宜进行了沟通。

10月21日，日本纤维学会、日本纤维科学技术协会一行5人访问学会，学会理事长孙瑞哲与日本纤维学会木村良晴理事长、日本纤维科学技术协会副主席平井利博进行了会谈，双方就2012年继续召开中日纺织学术交流会等事宜达成了共识。

2011年，学会新成立研发中心16家。至此，学会专业技术研发中心系统已拥有研发中心51家。学会组织专家为研发中心中的乐祺纺织集团、浙江鼎盛针纺有限公司两家企业进行了技术咨询服务，解决了两家企业在生产中存在的技术难题。

2011年，学会继续实施中国科协A类项目“纺织行业科技暨人才服务战略联盟平台建设”项目二期工程。完成了纺织产业关键技术和行业新兴技术信息加工与研究项目，从2001到2007年度美国专利光盘中共检索出纺织行业关键技术和行业新兴技术信息重点专利词条3000

条。学会编写的《2010—2011 纺织科学技术学科发展研究报告》由中国科学技术出版社正式出版。学会完成了《中国古代发明创造国家名录》纺织子项目丝绸条目的编写。完成中国科协高层次人才库第3批、第4批入库人员的信息采集录入工作。学会承办了2011年全国纺织数字化染整前沿技术研讨会。

学会首次在纺织行业组织开展了“中国纺织学术带头人”评选活动，共有59人申报，经过评选，1人获得中国纺织学术大奖，8人获得中国纺织学术带头人荣誉称号，在2011中国纺织学术年会上予以表彰。

第十二届陈维稷优秀论文奖共评选出一等奖论文8篇、二等奖论文47篇、表扬奖论文134篇，在2011中国纺织学术年会上予以表彰。

学会协助香港桑麻基金会组织桑麻科技奖的评选活动。2011年，香港桑麻纺织科技奖共评出17个项目，其中特等奖1项、一等奖3项、二等奖13项。

《纺织学报》和《毛纺科技》是国内外公开发行的出版物，是全国中文核心期刊，已被中国知网、万方数字化期刊群等收录。2011年，《纺织学报》刊登文章357篇，《毛纺科技》刊登文章210篇，共计约合文字430万字。

【2011 中国纺织学术年会】 10月21日，由学会主办的2011中国纺织学术年会在上海市召开。包括来自美国、英国、日本、澳大利亚等国家，中国大陆和香港特别行政区、台湾地区的纺织界专家、学者，高等院校科研人员、企业界人士近600人参加会议。季国标、姚穆、郁铭芳、周国泰、周翔、蒋士成、孙晋良7位中国工程院院士出席。

开幕式由中国纺织工业协会副会长兼学会理事长孙瑞哲主持，中国纺织工业协会副会长王天凯致开幕辞。

孙瑞哲、姚穆、东华大学教授朱美芳及香港理工大学教授陶肖明4位专家，分别作了题为《产业发展与学术力量的系统对接》、《新时期纺织科技工作面临的艰巨任务》、《聚合物基纳米杂化纤维的设计与构筑》和《纺织科学技术的发展和现代人类文明》的大会学术报告。

2011中国纺织学术年会向东华大学教授俞建勇颁发了“2011中国纺织学术大奖”，向程博闻、胡金莲、蒋高明、邵建中、施楣梧、王锐、周华堂、朱美芳8人颁发了“2011中国纺织学术带头人”的荣誉称号。

学会对近200篇论文采取盲评方式评选年会优秀论文，15篇获优秀论文奖，在2011中国纺织学术年会上予以表彰。

年会围绕“材料科学与现代纺织”主题设立了3个分会场。分会场21篇专题报告的内容涉及了吸附有机液体功能纤维、高效快速热塑性纳米纤维与纳米纤维膜、316L不锈钢纤维、生物基聚合物及纤维材料、人造纤维素纤维、麻纤维增强复合材料、纺织聚合物制备电活性人造肌肉、防弹纺织材料的冲击机理、复合材料三维编制技术、压电高分子纳米辖内薄膜、熔喷非织造聚合物拉伸、纳米复合纤维多孔膜和医用敷料新纤维——Alchite纤维、天然蛋白纤维的粉末化、纤维纺织材料与能源、现代经编技术等研究课题。

在最新科研成果与高新技术孵化论坛、最新科研与高新技术孵化成果发布两项活动中，来自科技部、中国人民解放军总后勤部军需装备研究所和国家知识产权局的学者，分别介绍了产业技术路线、纺织技术创新和企业专利等方面的知识。

【第31届全国毛纺年会】 10月13日，第31届全国毛纺年会暨“唯尔佳”优秀新产品评比活动江苏省扬州市举行。来自高等院校、科研院所、毛纺行业的120余位专家、学者出席了会议。

解放军总后勤部军需装备研究所施楣梧博士，东华大学教授王璐、张斌博士，苏州大学教授王祥荣，扬州大学艺术学院副教授陈欣等11位专家学者分别作了《用TRIZ理论和方法促进纺织技术创新》、《多功能毛纺产品的研究与开发》、《充填微胶囊型植物源香味和抗菌复合助剂的研发及其产业化应用》、《天然提取物在纺织品加工中的应用研究进展》和《2010服装流行趋势与毛纺面料产品的研发》的报告。

在“唯尔佳”优秀新产品评比中，共有185款作品参评，其中精纺男装面料70款，女装67款，粗纺面料48款。经过评委会4轮投票，最终评出了优秀设计奖6款、一等奖16款、二等奖41款、三等奖31款。

【第11届亚洲纺织会议】 11月2日，由亚洲纺织学会联盟（FAPTA）主办，韩国纤维学会承办的第11届亚洲纺织会议（ATC－11）在韩国大邱市召开，来自韩国、日本、印度、伊朗、澳大利亚等国家，以及中国大陆、中国香港特别行政区和台湾地区的纺织专家学者500余人出席会议。中国纺织工程学会率由纺织行业专家、学者组成的16人代表团出席了大会。

会议以“纺织与人类和自然的知识整合”为主题，学会专家与各国纺织科技界代表进行了交流。北京服装学院郑荣教授在会上作学术报告，报告主题为基于三维形态分析的中国女中学生人体研究。

经同期召开的亚洲纺织学会联盟理事会会议表决，第12届亚洲纺织会议将在中国举办，中国纺织工程学会承办第十二届亚洲纺织会议。

中国造纸学会

11月29日，学会在北京召开全国造纸学会秘书长工作交流会议，来自各业委员会，各省、自治区、直辖市造纸学会的秘书长或负责人等共计40余人出席。学会理事长陈学忠在会议发言中谈到，在中国造纸工业目前面临资源、能源和环保3个因素制约持续发展的环境中，学会的任务是尽快解决学会应该做什么、能做什么和怎么去做的问题。他希望学会同仁在总结经验的基础上，加强多方合作，切实发挥好学会的作用。

会议期间，学会秘书长曹振雷传达了中国科协第八次全国代表大会的会议精神，介绍了我国造纸工业现状、技术发展趋势以及“十二五”发展思路。希望各专业委员会和省级学会的秘书长深入思考，脚踏实地，做好服务会员，服务于行业的各项工作。学会常务副秘书长张黎雨介绍了民政部和中国科协对学会分支机构管理的要求，通报了学会2011年主要工作情况和2012年工作设想。

5月13~23日，学会组织了由造纸科研院所、高校、造纸及相关企业的负责人、科技人员37人组成的考察团，赴瑞典和芬兰进行了考察活动，出席了在瑞典斯德哥尔摩举办的国际制浆造纸展览会，与瑞典皇家工学院（KTH）、芬兰国家技术研究院（VTT）进行了技术交流，参观了瑞典Innventia AB公司和芬兰制浆造纸研究所（KCL）两个制浆造纸中试生产车间，以及霍尔门公司（Holmen）和欧芬汇川集团（UPM）的2个工厂。听取了KTH学院院长Mikael Lindström及研究人员，VTT国际商业发展部经理John Kettle对制浆、漂白、黑液处理等新技术，以及材料在多领域的研发进展，生物质能源和材料等新技术的开发和生产应用等的介绍。

6月8~10日，学会在天津市主办了第16届国际木材纤维及制浆化学研讨会。来自美国、加拿大、瑞典、挪威、芬兰、澳大利亚、奥地利、日本、韩国、南非、伊朗等22个国家和地区，以及国内大专院校、科研院所、造纸企业共410余位专家、学者和有关院校的研究生出席了会议。

8月10~12日，学会主办的制浆造纸行业国产二氧化氯装备及节能减排新技术应用推介会在四川省成都市召开。学会理事长陈学忠、中国轻工企业投资发展协会理事长胡楠、中国造纸协会常务副理事长曹朴芳、四川造纸学会理事长李发祥等出席会议，全国有关制浆造纸企业及大专院校、科研院所、学会和协会的专家、学者和科技人员180余人参加了会议。会议征集并编辑出版论文38篇。

9月2日，学会进行了第七届中国造纸学会青年科技奖的提名推荐和评选工作。经过专家组的评议和投票表决，张明、刘传富、郭良进3位青年科技工作者荣获第七届中国造纸学会青年科技奖。

9月17~19日，围绕“节约能源资源、保护生态环境、保障安全健康、促进创新创造”的2011科普日活动主题，学会组织了以科学实践为主，观众现场动手制作再生纸的现场互动活动，对纸张及再生资源分类使用iPad进行了演示操作，对再生纸产品进行了介绍。共有近3万多人次参与了活动。

9月19日，学会在北京主办了China Paper 2011国际造纸技术报告会。230名国内外专家、学者和学生参加了会议，7位造纸行业专家作专题报告。

9月，由学会编辑的《中国造纸年鉴（2011）》由中国轻工业出版社出版发行，作为我国造纸行业唯一的资料工具书，现已编纂出版至16卷。

11月18日，学会在广东省东莞市主持召开了华章污泥干化机暨造纸污泥处置项目推介会，来自全国各地造纸及相关企业的领导、专家和技术管理人员等70余人出席了会议。作为解决造纸污泥问题的一种成功实践，华章科技利用他们自主研发的板框过滤机和带式压滤机相结合，把5%~8%废纸造纸废水处理污泥提高至50%以上的干度，经破碎后和煤混合送锅炉燃烧，大大节省了企业的能源消耗。

2011年，学会主办的学术期刊《中国造纸学报》共刊载学术论文100多篇。《中国造纸》编辑部，共编辑造纸技术论文280多篇。科普期刊《纸和造纸》编辑部刊登技术科普文章200余篇。《国际造纸》编辑和整理发表的文章近100篇。

【第16届国际木材纤维和制浆化学研讨会】 6月8~10日，学会主办的第16届国际木材纤维和制浆化学研讨会（ISWFPC16th）在天津市召开。来自美国、加拿大、瑞典、挪威、芬兰、澳大利亚、奥地利、日本、韩国、南非、伊朗等20多个国家130多位专家、学者，中国台湾地区及大陆相关大专院校、科研院所、造纸企业的专家学者，有关院校的研究生共410多人出席了此次会议。学会理事长陈学忠，天津市政协副主席、天津科技大学校长曹小红，天津造纸学会理事长刘忠出席会议。这是该会议时隔18年之后第2次在中国召开。

本届会议共收到论文摘要705篇，经过国际学术委员会委员审核，论文集收录了287篇论文，提交美国《科技会议录索引》ISTP/美国《工程索引》（EI）检索。大会特邀4位造纸专家作大会主旨报告，他们分别以生物燃料工业的科技及经济问题、纤维素返黄机理、木素立体化学、机械浆过氧化氢漂白等为题进行了演讲。

会议设有4个分会场，132位国内外专家学者作口头报告，152篇论文在会场进行了墙报展示。

会议期间，专家、学者针对当前国内外共同关注的植物纤维资源的高效合理利用，环境友好型生产技术等热点研究领域的前沿课题进行了交流和讨论。讨论内容涵盖了木材化学、纤维化学和制浆化学的基础理论和应用研究成果，涉及植物纤维化学、植物纤维原料细胞壁结构和化学组分分析、木素生物质和木素化学、基因工程、生物材料化学、生物质精炼技术、制浆和漂白新技术、生物质技术在制浆和漂白中的应用、纤维素乙醇和生物质燃料、木质纤维素及其复合材料、植物纤维原料纳米技术应用、纳米纤维素和微晶纤维素应用、二次纤维特性和应用、溶解浆和纤维素衍生物、制浆漂白废水处理与环境保护等。

此次会议对合理利用植物纤维资源，推动全球造纸工业及相关领域的发展及技术水平的提高，起到了积极的作用，对促进我国制浆造纸行业的技术进步和实现造纸工业的低碳绿色可持续发展具有重要意义。

【全国非木材纤维原料连蒸及碱回收技术交流推广会】 3月25~26日，由学会主办的全国非木材纤维原料连蒸及碱回收技术交流推广会在重庆市召开。中国工程院院士、华南理工大学教授陈克复，学会理事长陈学忠，四川造纸学会理事长李发祥等出席开幕式，开幕式由学会副秘书长齐晓东主持。来自全国各地的专家、学者150多人出席会议。13个院校和造纸及造纸相关的企业进行了技术交流和经验介绍。会议共收到论文及论文摘要14篇。

陈克复作了题为《提高自主创新能力，推动我国制浆造纸技术与装备的发展》的会议主报告。他在报告中介绍了非木植物原料制浆技术与设备、中浓纸浆清洁漂白技术、高速文化造纸机等技术，以及我国制浆造纸技术与装备发展中所面临的问题。他认为，我国造纸业及造纸装备业整体技术水平已得到极大提高，部分企业应用了国际先进水平甚至领先水平的技术与装备，研发并推广了具有知识产权的先进设备。我国制浆造纸技术与装备虽然已有快速的发展，但整体技术水平与国外先进技术与装备相比差距还较大，与国内其他行业比较也有差距。必须优化制浆造纸的科技环境，建立科技发展的良性氛围，促进我国制浆造纸技术与装备的发展。他告诫："科技人员在取得科技成果后，要走出实验室，到企业去，把实验研究成果转变为工程科技研究。"

江苏华机集团介绍了企业多年依托陈克复院士工作站、南京林业大学博士后工作站等科研机构，在发展制浆造纸装备、非木材纤维制浆碱回收重点装备的技术进步等方面的经验。

参会的科研院所、大专院校及企业界人士分别就非木材制浆碱回收技术的运用、白泥回收再利用，制浆造纸的节能减排和环境保护、制浆废水的治理、二氧化氯制备等进行了技术交流。

【造纸工业能源效率论坛】 8月18~19日，学会与芬欧汇川集团（UPM）在北京共同举办了造纸工业能源效率论坛。来自国内外60多家大专院校、造纸企业及相关科研设计院所的近130位专家、学者，企业家和科技工作者出席了论坛。论坛共收录论文18篇并出版了论文集。

论坛邀请了国家发展和改革委员会有关领导就"造纸产业'十二五'发展展望"进行了研讨，回顾了我国造纸工业"十一五"期间在发展政策、生产消费、产业布局、原料结构、兼并重组和节能减排方面所取得的成绩，分析了我国造纸工业发展面临的内外环境以及发展趋势，解读了我国造纸工业"十二五"发展的主要任务。

论坛还邀请芬欧汇川集团全球公司关系和企业发展执行副总裁索世民（Hans Sohlstrom）、日本惠尔得株式会社董事长大山芳男、德国莱茵 TüV 集团 Harald Sageder 介绍国外节能新技术、新装备及发展趋势，介绍他们在能源管理方面的经验和节能的先进技术设备。

中国文物保护技术协会

2011年，协会以故宫博物院为基地，团结全国文物保护科技工作者，发挥协会进行学术交流的主渠道作用，开展多学科、多领域的研究，解决文物保护特别是古建筑科技保护中的实际问题，努力把协会办成科技工作者之家。

为响应民政部关于加强新型社会组织党建工作的要求，协会在挂靠单位故宫博物院党委成立了独立党支部，由协会理事长兼任支部书记。

2011年，协会联合东亚文化遗产保护学会、内蒙古博物院在内蒙古自治区呼和浩特市召开了东亚文化遗产保护学会第二次学术研讨会，与中国国际科技会议中心、日本京都大学在北京共同举办了国际尖端数字化技术应用研讨会。

协会加强了对研究基地的监督和管理，2011 年责成各基地对 2010 年的工作进行了全面的总结。协会在古建筑石质构件保护、古建筑室内环境及材质劣化影响因素研究、世界遗产环境监测等方面所取得的科研成果，已应用于包括故宫在内的全国多个文物单位中。

【东亚文化遗产保护学会第二次学术研讨会】 8 月 17～20 日，由东亚文化遗产保护学会、内蒙古博物院、中国文物保护技术协会联合主办，日本文化财科学会、日本文化财保存修复学会、日本国宝修理装潢师联盟和韩国文化财保存学会协办，国家文物局、中日友好协会、联合国教科文组织支持的 2011 东亚文化遗产保护学会第二次学术研讨会在内蒙古自治区呼和浩特市召开。来自中、日、韩三国的 200 余名文物保护专家、学者出席会议，共同交流、探讨东亚文化遗产的保护与研究。本次会议共交流了学术论文 70 余篇。

在会上，塔拉、三轮嘉六、李午熹 3 位专家分别作了题为《蓬勃发展的内蒙古自治区文物科技保护事业》、《灾害发生时如何保护文化遗产》及《韩国文化遗产的保护现状》的主旨报告，20 余位学者作大会主题发言，30 多位与会者通过海报方式展示了其最新的研究成果。

与会者围绕东亚文化遗产的内涵与价值体现，东亚文化遗产保护的理念、原则与方法，东西方文化遗产保护理念、方法的比较研究等论题进行了交流，展示了近年文物保护领域取得的最新科研成果，探讨了文化遗产保护的发展方向。为了配合本次学术研讨会的召开，内蒙古博物院还特别推出了“东亚地区文化遗产保护技术”的专题展览，展示了东亚地区文化遗产保护领域的成果与新技术。

【国际尖端数字化技术应用研讨会】 为推动尖端数字化技术在我国文物保护、古建保护、文史资料研究和博物馆、档案馆的资料管理方面的应用和发展，在联合国教科文组织的帮助和支持下，9 月 19～23 日，协会联合中国国际科技会议中心、日本京都大学在北京举办了国际尖端数字化技术应用研讨会，共 170 人与会。

研讨会分为大会演讲与论坛、专题研讨与培训两个阶段。清华大学城市规划设计院教授郭黛姮、故宫博物院资料信息中心主任宋玲平、中国文化遗产研究院吴育华博士、西安交通大学教授方素平分别就数字化圆明园、数字化故宫的建设，唐代壁画的数字化实验以及三维信息对石质文物的留存及修复的应用等专题进行了大会演讲。日方专家就日本的文物修复技术、文化遗产的数字化与知识产权、文物的生物劣化与温热环境、古建筑图纸的数字化及其在城市研究中的应用等学术问题进行了详尽的论述。

在会议第二阶段，日本专家还针对故宫博物院高清成像技术、数字图像的应用及色彩科学与数字彩色图像处理等，为与会者进行了成像设备演示和技术培训。

中国印刷技术协会

2011 年，协会建立了理事长办公会议制度、秘书长办公会议制度，制定了议事规则。本届理事会在协会办事机构设立了综合部、会员部、学术部、教育培训部、技术部 5 个工作部门，完成了人员聘任和岗位分工，建立健全了协会本部各项规章制度。对协会分支机构和会员的管理也进一步规范。

协会指导网印分会、商业票据印刷分会、信息系统应用分会、企业管理专业委员会做好机构调整和筹备换届改选工作，并对分支机构按时换届改选进行了规范。按照新修改的协会章程，协会设立了监事会。

协会通过多种渠道调研各地产业项目储备情况。5 月，在接到新闻出版总署科技与数字出版司《关于转发〈关于征集高新技术发展及产业化领域 2012 年度国家科技计划预备项目的通知〉的通知》后，协会将 4 个以软件开发和配套科研开发为主的企业储备印刷科技成果项目报送新闻出版总署，为企业今后争取配套政策和资金支持做好打基础的工作。

6 月，协会配合国家新闻出版总署印刷发行管理司，在陕西省西安市和浙江省桐乡市分别召开了国家新闻出版总署 2010 年印刷产业发展专项项目北方与南方片区督查汇报会。在承担 2012 年度印刷产业发展专项项目申报过程中，协会共收到 A 类申报项目 65 个，B 类项目 17 个。经专家初审，共有 22 个 A 类项目正式推荐给国家发展和改革委员会。

为推进印刷标准化建设工作，2011 年，协会积极推进印刷标准化分技术委员会建设。协会编辑出版了《常用印刷标准解读（2011 版）》，成立了《印后装订——平装》、《印后装订——精装》等多个国家标准起草组，召开了《柔性版装潢印刷品 第 1 部分：纸张类》、《柔性版装潢印刷品 第 2 部分：塑膜及箔印刷品》、《柔性版装潢印刷品 第 3 部分：瓦楞纸板类》等多个国家标准起草组工作会议和《印刷标准体系表》、《纸板类儿童书籍纸板粘合过程控制要求及检测方法》等多个新闻出版行业标准起草组工作会议，为各项标准的立项、制订与完善奠定基础。

5 月，由协会承担、全国印刷标准化技术委员会秘书处组织实施的质检公益性行业科研专项项目“数字印刷标准体系表”，通过了国家质量监督检验检疫总局专家组对质检公益性行业科研专项项目的验收。

10月，协会接受国家新闻出版总署委托，负责修订《国家职业分类大典》中印刷行业职业描述信息，并提出增补5项新工种。

5月，协会组团出席了在澳大利亚悉尼市举办的第12届亚洲印刷技术论坛年会并参观考察了同期举办的展览会，与参会各国代表交流了印刷业发展情况和印刷技术的发展。蒲嘉陵教授在会上作了《中国印刷业发展的形势与机遇》的报告。

5月，在法国里昂召开的世界印刷与传播论坛（WPCF）理事会及与国际印刷及印刷类产业联合会（Intergraf）成员国的联合会议上，协会副理事长曲德森向与会各国代表介绍了中国印刷业当前的发展状况。

9月，协会组织中国印刷代表团到日本东京国际展览中心参观了2011年日本国际印刷展览会（IGAS 2011）。

11月14～17日，经商务部批准，由协会、中国印刷科学技术研究所、杜塞尔多夫展览（上海）有限公司主办的2011中国国际印刷技术及设备器材展览会（简称中国国际全印展）在上海市举行。来自99个国家和地区9万多人次的专业观众参观了展览。本届展览以“创新、升级、融合、发展”为主题，吸引了628家国内印前、印刷、印后、包装设备及器材厂商参展，展出面积7万平方米。

【在全国印刷界推进绿色印刷的实施】根据国家新闻出版总署与环境保护部签署的《实施绿色印刷战略合作协议》，协会携手百家印刷企业向全国印刷界发出《实施绿色印刷 从我做起》的倡议书，支持中国印刷科学技术研究所举办“2011绿色印刷在中国”系列活动。配合新闻出版总署参与组织全国绿色印刷标准，举办《数字印刷管理办法》培训班，组织“绿色印刷宣传周”配套活动，与各省（区、市）新闻出版局、印刷协会，以及数十家企业和多名专家参与了绿色印刷标准的编制、宣传贯彻和技术服务等相关工作。协会为100多家印刷企业提供了绿色印刷认证技术服务工作，北京新华印刷有限公司、鹤山雅图仕印刷有限公司、上海中华印刷有限公司等60家企业获得首批绿色印刷认证。

协会继续参与各工种绿色印刷标准编制。11月，在新闻出版总署和环境保护部联合召开的绿色印刷推进会上，协会分别与北京印刷协会、北京印刷学院举办了绿色印刷现场交流会、科技创新助力绿色印刷创新研讨会等活动，配合政府部门做好绿色印刷宣传工作。

4月，协会与北京印刷学院、中国印刷科学技术研究所联合向新闻出版总署报送了“绿色印刷产业发展研究”研究项目立项申请，12月底，此课题研究成果已报送新闻出版总署。协会参与了环境保护部环境发展中心组织的“十二五”国家科技支撑计划重点项目“电子信息、造纸和印刷行业典型产品碳足迹评价关键技术研究与示范”课题研究项目。

【中国绿色环保印刷展】5月13日，第七届中国（深圳）国际文化产业博览交易会在广东省深圳市开幕。新闻出版总署署长柳斌杰、副署长蒋建国参观了由协会组织承办的展地面积为1275平方米的“中国绿色环保印刷展”区。柳斌杰表示，绿色印刷工作有了一个好的开端和健康有序的进展，印刷企业环保意识明显增强，实施绿色印刷积极性不断提高。中央领导同志也特别关心绿色印刷发展，指出当前的印刷业与以往不同，是多学科和高新技术的集成，国家要对绿色印刷重大项目给予扶持。

协会同期承办了绿色印刷技术交流会，有160家的企业高管和技术人员参加。中国印刷技术协会被第七届中国（深圳）国际文化产业博览交易会组委会评为第七届中国（深圳）国际文化产业博览交易会优秀组织奖，并与中华商务联合印刷（广东）有限公司、海德堡印刷设备（深圳）有限公司、江苏凤凰新华印刷有限公司、深圳职业技术学院、北大方正电子有限公司同获第七届中国（深圳）国际文化产业博览交易会优秀展示奖。

【毕昇奖颁奖大会、百佳成果评选暨报告会】9月28日，印刷行业百佳科技创新成果评选暨技术创新报告会在北京举办。

截至2011年，毕昇印刷技术奖自1986年设立以来共评选了11届，共有111人（含本届获奖者）获奖。经过申报、审核、推荐、评议、公示等环节，最终有19人荣获本届毕昇印刷技术奖，其中谢普南、杨金溪、刘学智、滕方迁、冯广源、沈伟荣、周幸福、余世班8人获杰出成就奖，刘宏、袁海忠、陈筱燕、孙绍丁、董宁晖、张国生、朱德田、张忠灵、陈亚雄、罗杰卿、潘晓山11人获优秀新人奖。

协会开展的全国印刷行业百佳科技创新成果评选，共收到各地申报成果150多个，经过筛选、评审，共有69家单位上报的102个项目获得首批全国印刷行业百佳科技创新成果。

13个获奖单位的代表在毕昇印刷技术奖、百佳科技创新成果颁奖典礼后围绕5个专题作了技术创新报告。

中国材料研究学会

2011 年，学会新成立 2 个二级分会，分别是超硬材料及制品专业委员会和镁合金材料及应用分会。目前，学会共有 10 个二级分会。9 月 16 日，学会在北京召开了第六次全国会员代表大会。

全年举办国内学术会议 1 次，国际学术会议 1 次，论坛 1 次。举办了 2011 北京材料周暨中国材料研究学会成立 20 周年庆祝大会、中新印三方先进纳米材料国际学术会议、2011 新材料发展趋势研讨会暨第五届海峡两岸新材料发展论坛。

8 月，以学会副理事长、中国科学院院士张泽和学会副理事长兼秘书长韩雅芳为组长的 5 人代表团，参加了贵州工业强省院士论坛。张泽院士作了《我国新材料发展面临的机遇和挑战》的专题报告，学会咨询部专家唐见茂作了《我国“十二五”新材料产业发展规划与展望》的专题报告。

5 月 7 ~ 12 日，学会副理事长兼秘书长韩雅芳、副秘书长冯强出席了国际材料研究学会联合会在法国尼斯举办的国际材料研究学会联合会先进材料大会和国际材料研究学会联合会工作例会，并成功申办 2013 年在中国举办国际材料研究学会联合会先进材料大会。

9 月 19 ~ 23 日，学会组织了 80 人的代表团参加了在我国台湾地区台北市举行的 2011 年国际材料研究学会联合会亚洲材料大会。

9 月 25 ~ 30 日，学会组织了 22 人（13 位专家和 9 位研究生）的代表团，由学会副理事长韩雅芳、周少雄带队，参加了在美国华盛顿举行的第三次世界材料峰会。

5 月 18 ~ 22 日，学会举办了新材料成果展和新材料科普展。本次展览全面展示了新材料研发与应用的最新产品、技术成就，宣传和推广了新材料领域最新的科技成果，普及了新材料领域的科技知识。1300 名来自国内科研院所、高等院校、重点实验室、企事业单位的专业观众参观了展览。受众达到 1500 人。

学会为国家发展改革委高技术产业司的新材料产业化项目提供决策咨询服务，先后完成了《“十二五”新材料产业发展规划》、《我国新材料“十二五”重大工程发展思路研究》、《我国新材料重点产品指导服务目录》、《我国“十二五”新材料国家重点工程中心和国家实验室建设方案》等咨询性文件，共 30 余万字，为国家制定有关政策提供了依据。

2011 年，学会评出中国材料研究学会材料科技进步奖 2 项。中国科学院化学研究所马永梅获得了技术发明类二等奖，获奖项目是“高端注塑级尼龙 66 树脂”。中国科学院理化技术研究所刘春艳获得了基础研究类二等奖，获奖项目是“氧化物纳米结构设计及界面性能研究”。

8 月，学会与国际著名出版商爱思唯尔（Elservier）签订了《自然科学进展 - 国际材料》期刊出版的合作协议，商定从 2012 年开始由爱思唯尔负责该期刊的出版和发行。

【中国材料研究学会第六次全国会员代表大会】 9 月 16 日，中国材料研究学会第六次全国会员代表大会在北京召开。中国科协常务副主席、书记处第一书记陈希，学会名誉理事长、中国科学院院士、中国工程院院士师昌绪，学会名誉理事长、中国工程院院士周廉出席大会并讲话。学会第五届理事会理事长黄伯云，以及来自全国高等院校、科研院所的会员代表共计 282 人出席会议。学会第五届理事会副理事长高瑞平主持开幕式。

大会听取并审议通过了第五届理事会工作报告、财务工作报告和修改后的《中国材料研究学会章程》。会议选举产生了由 256 名理事组成的第六届理事会。黄伯云任第六届理事会理事长，高瑞平、韩高荣、韩雅芳、李光宪、李元元、罗宏杰、邱勇、屠海令、魏炳波、谢建新、徐坚、杨锐、姚燕、周少雄、周玉当选为第六届理事会副理事长，韩雅芳兼任秘书长。

【2011 北京材料周暨学会成立 20 周年庆典】 5 月 18 ~ 22 日，学会在北京国家会议中心举办了 2011 北京材料周暨中国材料研究学会成立 20 周年庆祝大会。大会包括中国材料研究学会成立 20 周年庆祝大会、2011 年中国材料研讨会、2011 年中国新材料产业博览会、新材料成果展和新材料科普展 4 项内容。

学会名誉理事长师昌绪院士，参与过学会工作的著名科学家严东生等 30 多位院士，中国科协副主席、书记处书记齐让，国家自然科学基金委员会副主任何鸣鸿，中国工程院副院长干勇出席了庆典活动。

同期举办的 2011 年中国材料研讨会共设 25 个分会场，参会人数达 1200 余人，会议收到 500 多篇论文，分别发表在《稀有金属》（中、英文版）、《材料科学与工艺》、《超硬材料》和 *Procedia Engineering* 上。

150 家企业参加了新材料产业博览会，新材料成果展和新材料科普展受众人数达到 1500 人。

【第二届中新印先进纳米材料国际学术会议】 11 月 9 ~ 12 日，第二届中新印先进纳米材料国际学术会议在上海市召开。会议由中国材料研究学会、新加坡材料研究学会、印度材料研究学会主办，中国材料研究学会，东华大学材料科学与工程学院、纤维材料改性国家重点实验室承办。来自 3 个国家的近 70 名纳米领域的专家、学者，以及近 100 名研究生参加会议。东华大学副校长刘春红，学会副理事长兼秘书长韩雅芳，国际材料研究学会联合会主席、新加坡材料研究学会理事长 BVR Chowdari，印度材料研究学会主席、印度粉末冶金和新材料国际研究中心主任 Dr. G. Sundararajan 等在开幕式上致辞。开幕式由学会副理事长、纤维材料改性国家重点实验室主任徐坚主持。

本次会议的主题是“纳米材料在能源、环境、生物医学等领域中的应用”。东华大学材料科学与工程学院院长朱美芳、新加坡国立大学副校长 Seeram Ramakrishna 和印度粉末冶金和新材料国际研究中心主任 G. Sundararajan 代表三方分别作了主题报告。

会议期间，共有 30 位专家作了学术报告，涉及生物、环境、能源、电池等多个领域。

会议讨论了 3 个学会之间以后的合作，并决定下一届会议将于 2012 年在印度举行，由印度材料研究学会承办。

【2011 年新材料发展趋势研讨会暨第五届海峡两岸新材料发展论坛】 11 月 12 ~ 14 日，由中国材料研究学会主办、我国台湾地区材料科学研究学会协办、南京理工大学承办的 2011 新材料发展趋势研讨会暨第五届海峡两岸新材料发展论坛在江苏省南京市举办。

学会副理事长罗宏杰、韩雅芳、徐坚、杨锐，台湾地区材料科学研究学会理事长、台湾元智大学校长彭宗平等出席研讨会。来自清华大学、北京大学、浙江大学、复旦大学等高等院校和科研院所的专家、博士生近 200 人参加会议。14 位材料领域的专家作了特邀报告。

由教育部学位管理与研究生教育司主办、中国材料研究学会协办、南京理工大学承办的 2011 年软化学与功能材料全国博士研究生学术论坛同期举行，包括中国科学院院士、中国工程院院士、“长江学者”、中国科学院“百人计划”获得者在内的近 60 名专家、学者参加论坛活动。论坛共收到博士生论文 80 余篇。

中国食品科学技术学会

2011 年，学会召开了第五次全国会员代表大会，选举产生了新一届理事会。

学会加强学术交流，召开了中国食品科学技术学会第八届年会暨第六届东西方食品业高层论坛、2011 国际食品安全论坛、2011 年中国食品科学技术学会青年论坛、第十三届中国科协年会第 3 分会场食品营养与健康国际研讨会、2011 年北京非热加工技术国际研讨会暨超高压论坛等 5 个大型会议。

举办了 6 个行业会议，分别是第六届乳酸菌与健康国际研讨会、第十一届中国面制品大会、胶原蛋白标准与产业发展研讨会、食品安全与过敏原专家研讨会、2011 年中美健康论坛之干豆在食品工业中的应用研讨会、第十届冷冻与冷藏食品大会。

11 月 17 日，第三届两岸食品产业合作及交流会议在台湾地区台北市召开，学会组成 40 余人代表团参加。

学会共组成 3 个出访团组，分别赴美国、日本、英国、爱尔兰，就食品科技与产业进行交流与合作。

学会积极开展公众教育与科普活动。6 月，在中国科技馆第二次举办肠道健康科普活动。9 月，在面制品产业大会期间，第三次举办了面制品消费者课堂。11 月 1 日，全面启动食品安全公众科普新闻发布会在北京人民大会堂召开，会上宣布成立中国食品科学技术学会科普工作专家委员会，中国食品科普网正式开通，中国食品科学技术学会与美国食品科学技术学会签署了《食品科普资源合作意向书》。

学会参与了《国家食品工业“十二五”发展规划》制修订工作。参与饮料、香辛料和调味品、谷物及其制品、食品企业通用卫生规范、食品经营过程卫生规范等五大类食品安全标准的制修订工作。参与了卫生部《2011 年中国食品安全报告》编写工作。

学会大力推动校园学生创新活动，与 7 家国内外企业、机构联合主办了 7 项大学生创意大赛，全国 100 多所食品专业院校的近万名师生参与了竞赛活动。

9 月，《中国食品学报》被中国科学引文数据库（CSCD）收录为源期刊，再次入编《中文核心期刊要目总览》（2011 版）。出版了反映中国食品科技现状与趋势的《2010 中国食品工业与科技发展报告》。

【中国食品科学技术学会第五次全国会员代表大会】 10 月 11 日，学会第五次全国会员代表大会在北京召开。来自中国科协、民政部、中国轻工业联合会等相关部门的领导出席开幕式并讲话。

学会第四届理事会副理事长兼秘书长孟素荷作了学会第四届理事会工作报告。她在报告中说，5 年来，学会工作取得扎实进展，主要表现在 5 个方面：一是构建食品界的学术共同体；二是开展高质量的学术交流；三是在食品安全工作中有所作为；四是通过参与多项标准的制修订及风险交流工作，服务于食品行业发展，在食品安全中体现了科技工作者的责任与担当；五是加大科技支撑、对接和创新力度，科技创新已形成势头，学会不仅设立了中国食品科学技术学会科技创新奖，还持续推动“学生校园创新”活动。学会实现了从对企业服务的生存性依赖，到对自身科技优势的再造与价值提升的转型，学会承接政府项目能力与水平快速提升，对企业的依赖降低，收入来源的主体由企业转变为国家，从而为体现学术团体的公益性特征，提供了可靠的经济保证。

会议选举产生了257名理事组成的第五届理事会，其中常务理事86人。新一届理事会成员中有中国工程院院士3名，全国及省市级人大代表、政协委员36名，具有高级专业技术职务资格的人员占全体理事的78%。孟素荷当选为新一届理事会理事长，陈坚、潘迎捷、曹小红、孙宝国等17人当选为副理事长，邵薇当选为秘书长。大会向担任过学会第二、第三、第四届理事长的潘蓓蕾颁发了名誉理事长证书，向尹宗伦等4人颁发了名誉副理事长证书，向尤新等6位老科学家颁发了顾问证书。

【中国食品科学技术学会第八届年会暨第六届东西方食品业高层论坛】11月3~4日，学会与美国食品科学技术学会联合举办的中国食品科学技术学会第八届年会暨第六届东西方食品业高层论坛在上海市召开。来自国内外的500余名专家参加会议。会议包括大会报告、分会场会议、颁奖仪式、培训班等17项活动。

会上，举行了中国食品科学技术学会科技创新奖颁奖仪式，学会理事长孟素荷等领导向获奖者颁奖。陈君石等11人获得突出贡献奖，倪莉等6人获得杰出青年奖，29名优秀论文奖获得者也受到了表彰。

本届东西方食品业高层论坛特别设立了校长论坛，旨在为中美食品高校校长之间建立一个沟通平台，在互相借鉴中共同提升。上海海洋大学校长潘迎捷和美国农业部前副部长任筑山博士主持论坛，美国北卡罗来纳大学校长詹姆斯博士和上海海洋大学副校长程裕东等作专题发言，并与与会专家进行互动沟通。

会议围绕新产品新技术、食品安全与检测、食品营养与健康、食品化学与生物技术4个技术专题展开研讨。会议征集学术论文222篇。

【2011年国际食品安全论坛】4月21~22日，学会和国际食品科学技术联盟联合主办的2011年国际食品安全论坛在北京召开。来自国内外的350余位政府官员、业内专家及企业家参加论坛。论坛得到了卫生部、农业部、科技部、工业和信息化部、中国科协、中国轻工业联合会、世界卫生组织等部门和机构的支持。各支持单位及国务院食品安全委员会办公室的相关负责人出席开幕式。

本次论坛以“风险交流和全产业链管理”为主题，凸显了高端、科学、前瞻三大特性。50余位来自国内外食品安全领域的专家和企业家针对食品安全领域相关问题发表了演讲，深入评析国内外食品安全热点话题，并提供经验分享，体现了中外食品科学家对食品安全问题的持续关注及在全球食品安全中担负的道义和责任。

【2011年北京非热加工技术国际研讨会暨超高压论坛】9月22日，学会与中国农业大学共同主办的2011年北京非热加工技术国际研讨会暨超高压论坛在北京召开。来自10余个国家和地区的240余名专家、学者出席会议，围绕食品非热加工技术的研究与应用进行了沟通与交流。

此次会议是全球范围内的第二次非热加工技术国际会议。2009年10月，学会与美国食品科学技术学会、欧洲食品科学技术联盟在北京共同举办了2009年北京非热加工技术国际研讨会。与2009年会议相比，本次会议参会人数和论文征集数增多，论文征集数达148篇。

学会副理事长、中国农业大学教授胡小松在大会上作了主旨报告，介绍了我国在非热加工技术领域的研究和应用现状。科技部农村科技司副司长王喆表示，改革开放30年来我国食品工业的巨大变化，得益于食品科技的快速发展，更得益于中国食品产业对食品科技的不懈探索和新技术的有效应用。非热加工技术正是其中的突出代表。学会常务副秘书长邵薇表示，非热加工技术的发展是中国食品科技工作者多年努力实现的突破，是我国食品科技与产业快速发展的缩影，也承载着更多的希望。

【第六届乳酸菌与健康国际研讨会】5月25~26日，第六届乳酸菌与健康国际研讨会暨2011年中国食品科学技术学会乳酸菌分会年会在浙江省杭州市召开。本次会议以“乳酸菌的功能研究与产业应用”为主题，来自国内外的近160名专家、学者、企业家，对肠道菌群与疾病的关联、乳酸菌资源及应用、益生菌在亚太地区巨大的市场潜力、行业风险交流与公众科普等热点问题进行深入探讨。

与中国乳酸菌产业高速发展形成反差的是公众对于乳酸菌了解的缺失，显露出处于快速增长中的中国乳酸菌产业在风险交流与公众科普工作上的缺失及不足。学会副理事长兼秘书长孟素荷认为，风险交流是食品安全管理的重要链条，其功能是让公众了解风险管理如何进行以避免公众恐慌，中国食品安全在“和平时期”的风险交流与公众科普基本上处于空白状态，而危机发生时再去试图树立大众信心就为时已晚。中国食品安全中风险交流链条的缺失，使这一至关重要的“灭火器”，有时成为加重消费者过度担心的“助燃器”。

会议期间，学会分别与蒙牛公司、养乐多公司共同主办了两期消费者课堂，企业与消费者、媒体之间互动式的交流与对话，不仅对老酸奶的历史、来源、制作工艺等进行了科学说明，还对肠道疾病与益生菌的作用作了详细解答。

【第 11 届中国面制品大会】9 月 5～7 日，面制品分会主办的第 11 届中国面制品大会在北京召开。500 余名专家、学者出席会议，共同探讨行业现状和未来发展趋势。

学会理事长潘蓓蕾教授出席大会开幕式并讲话。她认为，中国面制品行业近年来取得了一定的发展，但同时面临着机遇与挑战。特别是方便面产业，经过下跌后的反弹，在行业结构的调整中逐步找寻着自身的定位。未来，面制品行业必须在标准、价值、创新、公众科普等方面聚集全行业的力量，才能迎来新一轮的发展。出席开幕式的还有工业和信息化部、国家质量监督检验检疫总局等相关部门的领导。

大会以“安全与价值”为主题，邀请陈君石院士、孙宝国院士、魏益民教授、陆启玉教授、谭斌博士等专家对行业发展存在的问题进行深入分析与探讨，他们所作的《食品安全质量控制与企业风险》、《食品安全与食品添加剂》等报告，为行业的持续发展提出了建议和规划。

为展示行业创新成果及引导公众科学消费，学会以“科学与真实”为主题举办了面制品消费者课堂。包括孙宝国院士在内的食品科技界多位专家到现场，用通俗易懂的语言与消费者进行沟通。200 余位退休人员、大学生、在京务工人员、媒体及青少年等不同职业、不同年龄的消费者参与活动。

【第十届冷冻与冷藏食品产业大会】12 月 8～9 日，由中国食品科学技术学会主办，学会冷冻与冷藏食品分会、上海冷冻食品行业协会共同承办的第十届冷冻与冷藏食品产业大会在上海市召开。

国家食品安全标准评审委员会委员刘秀梅研究员解读了我国于 2011 年 12 月 21 日起正式实施的速冻食品安全标准。

在产业大会期间举办的媒体沟通会上，美国食品和药物管理局食品行业局前副局长大卫·艾奇逊（David Acheson）说，中国针对速冻食品的新国标是一次积极的尝试，中国速冻食品新国标是世界上最严格的标准之一。他建议将精力和资源重点分配在控制产生最大风险的致病菌、非法使用添加物、非法滥用农药、制假掺假等真正高风险的食品安全问题上。

学会理事长孟素荷在报告中指出，冷冻冷藏食品行业发展需要做好四件事情：一是集全行业之力，进行以溯源为特征的产业链梳理，进行全行业的风险评估与预防，在加速标准建设的同时，应关注和支持先进技术在行业的应用。二是启动大规模的行业公众科普，强化与媒体的交流与沟通，进行全行业的品类宣传。三是优秀的企业家应反哺行业、承担行业发展的责任，同时应加强对速冻食品工业与政府对话的平台建设，对行业的发展提出战略思考，争取国家更多的支持。四是与“十二五”发展规划对接、破解行业发展的技术瓶颈。

中国粮油学会

2011 年 7 月 11 日，学会积极参与了民政部组织的社会组织评估工作。为了进一步深化学会改革，学会对秘书处工作人员进行薪酬绩效改革，得到中国科协的支持，并被列入“学会创新发展推广工程项目——组织体制和机构建设”的子项目。

完成中国科协学科发展研究项目《粮油科学与技术学科发展报告》的编撰和出版工作。120 多位专家参与了报告的撰写。

经专家委员会综合评审，中国粮油学会第六届科学技术奖评出 30 个获奖项目，其中一等奖 4 个、二等奖 8 个、三等奖 18 个。

组织各层次学术会议 18 次，8700 余人参加会议，交流论文 327 篇。举办的主要学术活动有第三届粮食储藏技术创新与仓储精细化管理研讨会、油脂分会第二十届学术年会暨产品展示会等。

学会制定了《粮油食品安全应急科普资源储备策略和方案》，获得了中国科协科普研究类项目资助。

发酵面食分会组织发酵面食科普宣讲团，在湖北、安徽、河南、山东、江西、陕西、山西、河北等 13 个省的近 30 个县开展了 120 余场发酵面食科普宣传活动，向群众发放了《面点、面包制作手册》、《中华发酵面食大赛画册》和《中华发酵面食技术》等科普书籍，举办科普讲座，开展职业技能鉴定培训，培养面点专业技术人才。20 多万农民群众、数万名面点师参与了相关活动。继续在会员中组织开展“面点师之乡”命名活动，山东省乐陵市黄家镇被命名为全国第四个“面点师之乡”。

10 月，学会组织专家认真研究，就《西部地区新增鼓励类产业目录》向国家发展改革委提出了建议，建议在西部有关省（自治区、直辖市）增列“食用植物油料生产和加工项目”等，受到国家发展改革委的重视。组织专家参与并完成了国家粮食局《粮油工业“十二五”发展规划》、工业和信息化部《粮食加工业发展规划（2011－2020年）》的编制工作。

6月，经向国家粮食局人事司建议，学会起草了《2011—2020年“新世纪百千万粮食行业人才工程”实施方案》。

8月，学会完成了《制油工技师、高级技师教材及题库》的编写和终稿审校，提交印刷出版。

2011年，《中国粮油学报》来稿量为671篇，发稿量为320篇，发表率47.7%，复合影响因子达到0.86，再次进入中国科协精品期刊，并成为美国《化学文摘》检索源期刊。《中国粮油学报》与北京勤云科技有限公司合作开发并建立了自己的网站（www.lyxuebao.net）和在线编审平台。同时与中国学术期刊（光盘版）电子杂志社签署合同，共同开展学术期刊优先数字出版工作。

【第二届中华发酵面食大赛】8月6日，发酵面食分会举办的第二届“安琪酵母”杯中华发酵面食大赛在四川省成都市举行全国总决赛。14位通过预选赛晋级的选手，以及来自台湾地区的4位面点高手同台竞技，将本次大赛推向了高潮。

年初，选拔赛在各地面点师之乡举行，7月，预选赛在成都、宜昌、上海、广州和北京陆续启动。

经过总决赛的激烈角逐，来自台湾地区明台高中的张淑敏摘得全国总决赛冠军，四川烹饪高等专科学校的朱袁媛获得亚军，第三名由来自山西阳泉食品总厂的闫红梅获得。团体赛金奖则由上海中饮餐饮管理有限公司代表队囊获，台湾爱奶客－烘焙屋兴发烘焙馆代表队、台湾明台高中代表队分别获得银奖和铜奖。

【第三届粮食储藏技术创新与仓储精细化管理研讨会】8月8～10日，学会主办的第三届粮食储藏技术创新与仓储精细化管理研讨会在云南省昆明市召开。中国储备粮管理总公司成都粮食储藏科学研究所付鹏程、日本佐竹公司技术部河野元信等16位专家、学者进行了大会演讲，并与粮油仓储管理工作者进行了交流。

会议就我国粮食储藏技术与管理的现状与未来，储粮有害生物的综合防治，信息技术在仓储管理中的应用研究，低温、气调、通风、太阳能应用等绿色储粮技术创新，谷物化学与品质分析等议题展开了研讨，总结交流了我国粮食储藏技术创新与精细化管理的成果和经验，探讨了粮食储藏科学技术创新和粮油仓储精细化管理的新途径、新课题和新方法。

会议征集学术论文106篇，其中77篇论文编印成论文集供会议交流。

【油脂分会第20届学术年会暨产品展示会】9月23～26日，油脂分会第20届学术年会暨产品展示会在山东省邹平县召开。年会由油脂分会主办、山东西王集团有限公司协办。国家粮食局副局长张桂凤出席会议并讲话。400余名专家、学者参加会议。会议由油脂分会副会长李子明主持。

大会的主题是“安全诚信、创新发展”。油脂分会会长王瑞元作了题为《我国食用植物油加工业的基本情况和在“十二五”期间应关注的一些问题》的大会专题发言。与会专家围绕食用植物油加工情况、中国油脂行业发展与转机、中国粮油企业经营运作与市场行情作了报告。会议就油厂节能减排及安全生产，油脂制取、精炼、储藏等新工艺、新设备、新技术，专用油脂、功能性油脂的开发和油脂精细化工产品的研究，特种油料新油源的开发利用及油脂副产品的综合利用，油脂标准的制修订及油料、油脂检测技术，油脂企业的现代管理与油脂科技信息等进行了学术交流。20多家企业参加了产品展示。

会议征集论文90余篇，其中85篇入选《年会论文集》，会议交流论文20篇。

中国职业安全健康协会

2011年，协会发展副理事长单位1个，常务理事单位4个，理事单位6个，单位会员9个；发展理事1人，个人会员11人。

5月23～24日，协会在浙江省绍兴市召开第五届常务理事会第二次会议，90名常务理事参加会议。国家安全生产监督管理总局副局长杨元元出席并讲话。

8月3～5日，在黑龙江省牡丹江市召开理事单位座谈会。本次会议的主题是“职业健康与监督管理”。协会理事长张宝明，以及纪明波等5位副理事长，共60余人参加会议。国家安全生产监督管理总局职业安全健康监督管理司副司长徐少斗出席会议并作了《我国职业健康形势与监督管理》的专题报告。

2月12日，国务院学位委员会第28次会议讨论通过，将安全科学与工程纳入一级学科目录。名称：安全科学与工程，代码：0837。

协会全年共组织各层次学术会议17次，交流论文247篇。召开了中国职业安全健康协会2011学术年会，以及与安全社区建设相关的一系列会议。

11月30日～12月1日，第二届全国煤矿职业安全健康经验交流会暨煤矿尘肺病防治现场会在广西壮族自治区百色市召开。国家煤矿安全监察局、全国总工会的领导，协会理事长张宝明出席会议并讲话。15个煤矿企业受到表彰。

9月21日，在四川省绵阳市召开了2011年度全国安全健康相关团体联席会议。

协会组团赴日本参加了危险化学品伤害及职业安全健康风险评价研讨会，参加了美国工业卫生协会年会及展览会、瑞典国际安全社区大会、印度“安全、健康与环境可持续增长：挑战与应对”国际会议、第19届两岸四地职业安全健康研讨会、第26届亚太地区职业安全卫生组织（APOSHO）年会。

接待了英国、德国和荷兰国际咨询公司的负责人，就欧盟与中方一揽子合作计划中涉及职业健康方面的事宜进行了深入探讨。两次接待南非诺萨全球五星安全设备公司副总裁盖瑞一行。协会理事长张宝明会见了美国贝迪公司总裁蒂姆一行4人，双方就合作和开发适合中国国情的工业救援系统进行了探讨，并达成共识。

开展了职业安全健康调研工作。开展了全国经济技术开发区调研和煤矿职业危害防治调研。启动了煤矿作业场所粉尘管理标准调研工作，完成了调研方案。

承担了国家安全生产监督管理总局第五届安全生产科技成果奖部分项目的申报、形式审查、专业组评审会、初评一等奖项目答辩、终评会议等相关工作。完成中国职业安全健康协会科学技术奖申报、形式审查工作，开始分专业组进行专家评审。

协会为国家安全生产监督管理总局开展职业健康技术服务监管提供技术支持，起草了《职业健康技术服务机构管理办法》（已通过）、《家具行业、石英砂行业职业健康先进企业评选方案》、《建材行业职业健康现状调研方案》等。

对《职业健康监督管理培训教材》进行修订，并于12月16日出版。根据国家安全生产监督管理总局培训计划，分别于6月13~19日和8月29日~9月4日在辽宁省大连市和江西省九江市举办两期职业安全健康监督管理业务培训班，培训230余人。

负责起草了国家安全生产监督管理总局“百千万培训工程”方案和《职业健康培训大纲》。承担了对100家石棉企业和1000家石英砂企业负责人及职业健康管理人员的培训，对“百千万培训工程”省级培训机构进行师资培训。12月19~30日，在广西壮族自治区南宁市举办了两期师资培训班，培训240余人。

《中国安全科学学报》首次进入中国科学引文数据库〔CSCD（2011—2012）〕核心库。

【中国职业安全健康协会2011年学术年会】 10月18~20日，中国职业安全健康协会2011年学术年会在广西壮族自治区柳州市召开。来自全国各行业协会的副理事长、常务理事、理事、会员，以及广西14个市安全生产监督管理局负责人和柳州12个区、县安全生产监督管理局的负责人，共260余人参加会议。中国科协副主席冯长根致开幕辞。

协会理事长张宝明作了题为《推动安全科技创新，促进职业健康发展》的报告。他指出，面对新形势和新问题，协会将充分利用人才聚集优势，在安全生产、职业健康、安全社区建设、安全科技交流和推广等方面发挥积极作用，进一步提高履职能力和服务水平，为促进安全生产和职业健康事业发展作出贡献。

会议分主会场和4个分会场，围绕“安全健康、创新发展”的会议主题，以及安全生产、职业健康工作中的热点、难点问题展开演讲和交流。

会议出版了《中国职业安全健康协会2011年学术年会论文集》、《中国职业安全健康协会职业卫生专业委员会2011年学术年会论文集》。

【安全社区建设】 2011年，备案启动安全社区309个，总计达到1394个，涉及19个省级行政区。企业主导型安全社区包括煤矿、石油和石化3个行业。2011年通过评定并命名“全国安全社区”85个，累计达到266个，涉及10个省级行政区和石油、石化、煤炭行业。指导国际安全社区19个，13个通过评审、命名。举办社区安全培训班9期，共培训1700余人。

组织召开了全国安全社区专家会议、亚洲安全社区网络会议第三次全员大会暨国际安全社区命名仪式、安全社区工作委员会会议及部分专家研讨会、全国安全社区工作会议、安全社区工作委员会会议等。组团参加了台湾地区安全社区研讨会和在瑞典法伦召开的国际安全社区会议。

组建了由50人组成的专家库。开通了中国安全社区网（www. safecommunity. org. cn）。编制完成《全国安全社区评定质量控制规范》、《全国安全社区评定人员职责》等8个文件。

中国烟草学会

2011年，学会召开了1次理事会、2次常务理事会，进行理事会负责人增补及专业委员会主任委员调整。

学会组织撰写了《2010~2011年烟草科学与技术学科发展报告》。草拟了《关于参加国际烟草科学研究合作中心共同课题研究的试行意见》，并进行共同课题研究年度统计。卷烟材料专业委员会完成了《烟用材料应用技术手册》的编写。

学会与中国烟草博物馆联合制作了《铁火烟霞红满天——烟草产业革命史事追溯》纪实片，展现了20世纪20年代以来党领导的烟草工人罢工斗争、党领导的上海烟草工人武装起义、白手起家创办中央苏区烟草工业、在战火硝烟中成立的部队烟厂的历史沿革。

2～12月，学会联合上海市烟草学会、江西省烟草学会、福建省烟草学会、陕西省烟草学会申报并完成中国科协学会创新发展推广工程项目。项目主要内容包括：一是在会员基础管理上，推动福建、江西、上海3家省（直辖市）级学会实现了会员会籍管理信息化，增强对会员情况查询、专业分类、综合分析等管理手段；二是针对会员需求举办知识讲座，拓展会员知识结构；三是以福建、江西、上海3家省（直辖市）级烟草学会为“会员日”活动主场地，在会员日前后举办演讲赛、会员论坛和学习参观等活动，宣传行业优秀科技工作者，展示会员风采。

学会积极开展学术交流，与信息化专业委员会共同举办了以“信息化与工业化深度融合”为主题的学术年会，支持各专业委员会开展学术交流活动。

10月9～13日，国际烟草科学研究合作中心（CORESTA）烟气科学与产品技术学组联席会议在奥地利格拉茨召开。学会组团参加了会议。这次会议的主题是分析方法的发展和验证（development and validation of analytical methods）。会议交流论文80篇，其中宣读论文56篇，墙报论文24篇，主要涉及数据分析统计处理、无烟气烟草制品、吸烟与健康、烟草及烟气成分分析、滤嘴及卷烟产品设计等内容。中国烟草学会代表团宣读论文13篇。

11月6～10日，国际烟草科学研究合作中心农学与植病学组联席会议在智利圣地亚哥召开。学会组团参加了会议。来自英国、美国、巴西、中国等10多个国家的科研机构和大学的专家、学者共计130余人参加会议。会议交流论文58篇，其中，宣读论文39篇，墙报论文19篇，主要涉及烟草栽培、调制、病虫害防治及基因研究等内容。中国烟草学会代表团宣读5篇论文，7篇论文入选墙报。

为普及良好农业操作规范的先进理念，推动中国烟叶生产向优质、高效、生态、安全的烟草农业转变，实现烟叶生产可持续发展，学会联合云南省烟草学会制作了《良好农业操作规范》科普片，详细阐释良好农业规范理念及其关键要素。此项工作得到中国科协科普活动资源项目资助，科普片被列入中国科协科普资源库。

8月15～16日，学会在湖北省恩施市召开了科普工作座谈会。湖北省恩施州烟草公司介绍了在开展科研、科技惠农、科普宣传等方面的经验，湖南省烟草学会、福建省烟草学会、陕西省烟草学会围绕现代烟草农业建设等方面开展科普宣传作了交流发言。与会人员针对原料保障、品牌发展、技术创新、市场营销及基础管理等5个方面，探讨如何有效开展科普宣传、科普人才培养以及科普资源共享。

为推进行业科普资源共建共享，发挥学会网站、博物馆等平台在科普宣传中的作用，6～10月，学会在行业内开展科普作品征集工作，共征集挂图、图书、音像制品等科普作品100余件，作品涉及现代烟草农业建设、卷烟加工、打私打假、卷烟流通、节能减排、防灾等方面的内容。

10月25～26日，学会在北京举办了科普工作培训班。省级烟草学会秘书长参加了培训。培训班邀请中国科协科普部部长杨文志、中国科普研究所所长任福君作专题讲座，就科普是什么、科普做什么、科普怎么做，以及科普人才队伍建设等方面进行了讲解。参加培训的学员围绕“卷烟上水平”的主题，就提高学会科普工作能力、建立行业科普资源共建共享机制、加强科普人才建设等展开了讨论。

学会推动农村科普示范园工作，云南、湖南、江西现代烟草科技示范园被评为2011年全国科普惠农兴村先进单位。

根据2011年版《中国科技期刊引证研究报告》显示，《中国烟草学报》影响因子从1.195提高到1.457，2011年比2010年提高0.262，在全国6196种科技期刊中居214位。建立烟草科技期刊英文平台，优化科技期刊计算机远程投稿及编辑系统。联合行业主要科技期刊进行《科技论文撰写基本规范》标准化项目实施工作。

8月9日，《中国烟草学报》编委会会议在青海省西宁市召开。与会编委听取了《中国烟草学报》编辑出版工作汇报及2011～2012年选题组稿计划，编委对《中国烟草学报》围绕“卷烟上水平”搭建学术平台等方面提出了建议。会议强调，要把促进“卷烟上水平”作为《中国烟草学报》当前主要任务，为行业创新型人才培养和提升行业整体科学素质做出积极努力，打造精品科技期刊。

【中国烟草学会第六届理事会第三次会议暨学术年会】4月13～14日，中国烟草学会第六届理事会第三次会议暨学术年会在湖南省长沙市举行。学会第六届理事会理事、各专业委员会秘书、各省级烟草学会秘书长、学术年会论文作者共180余人参加会议。第六届理事会第三次会议审议了学会2010年工作报告，通报了学会2010年财务情况，审议通过了学会理事、常务理事调整事宜。

会议要求，各级烟草学会要牢固树立“国家利益至上、消费者利益至上”的行业共同价值观，讲责任、讲奉献、讲纪律，深入开展创先争优活动，充分认清行业改革发展对学会工作提出的新要求。以增强学会服务能力为主线，以提高学术交流质量和科普能力建设为重点，加强学会组织建设，加强科学道德建设，紧紧围绕“卷烟上水平”做好学会各项工作。

会议期间，举办了以信息化与工业化深度融合为主题的学术年会、以学会期刊建设为主题的省级烟草学会秘书长工作座谈会、烟草基因组计划重大专项特邀学术报告会，并对学术年会优秀论文作者进行颁奖。

中国系统仿真学会

2011年，学会积极开展国内外学术交流，努力促进系统仿真技术的跨越发展。

10月15~16日，中国科协第58期新观点新学说学术沙龙在云南省丽江市举办。学会前任理事长、中国工程院院士李伯虎和学会副理事长、国防大学教授胡晓峰作为领衔专家共同主持了会议。

此次沙龙主题为“复杂系统建模与仿真中的困惑和思考”，清华大学教授肖田元等6位专家分别作了主题发言。与会各位专家、学者就复杂系统建模仿真中的热点和难点问题展开深入的交流。此次沙龙活动从不同学科、不同视角进行交流。邀请了不同学科、不同专业的代表出席，并充分吸纳他们的立场、观点，所取得的学术成果具有重要的学术价值。

学会副理事长、国际交流工作委员会副主任、北京航空航天大学教授张霖一行7人代表中国系统仿真学会，参加了2011年6月26~30日在荷兰海牙召开 的SCS2011年夏季仿真会议。张霖应邀担任本次夏季仿真大会的一个分组会主席，主持了来自美国、法国、德国等国教授所作关于建模与仿真领域的学术论文宣讲，同行参会代表在会上作学术交流、宣读论文。会议期间，张霖参加了M&SNet－MISS中心联合主任会议、SCS教育委员会工作会议，并与SCS现任主席Mohammad S. Obaidat教授、主管会议的副主席Hamid Vakilzadian教授等就在中国召开SCS夏季仿真会的问题进行了讨论，达成基本意向。

学会副理事长、国际交流工作委员会副主任、北京航空航天大学张霖教授，学会常务理事、清华大学副教授范文慧等代表中国系统仿真学会，参加了2011年9月12~14日在意大利罗马召开的第23届欧洲建模仿真会议。应主办方邀请，中国系统仿真学会在本次会议上组织了题为“Cloud simulation and High performance computing”的专题讨论会。

2011年亚洲仿真会于11月16~18日在韩国首尔召开，李伯虎院士、肖田元教授、张霖教授等参加此次会议。会议期间，亚洲仿真联盟正式成立，并确定2012年第一届亚洲仿真联盟会议在中国举办。亚洲仿真联盟第一届理事会确定中国系统仿真学会为第一届主席学会，第一任主席为中国系统仿真学会前任理事长李伯虎院士。

2011年，中国系统仿真学会首次开展优秀博士论文评选工作，学会理事长赵沁平在多次会议上宣传评选工作的重要意义。已陆续收到参评论文，待专家评审后公布获奖论文名单。

2011年，学会积极推动组织建设，召开了第六届第三次常务理事会和第六届第二次理事会。

3月7日，学会在北京召开了第六届第三次常务理事会议，会议由学会理事长赵沁平主持。会议听取了关于中国仿真大会、中国科协新观点新学说学术沙龙、系统仿真学报编委会换届、中国系统仿真学会组团参加国际会议等活动的筹备工作及学会各项工作的汇报。通过表决增补3名理事和3名常务理事。

中国系统仿真学会第六届第二次理事会于2011年7月24日在河北省秦皇岛市召开。会议由学会前任理事长李伯虎院士主持。学会负责人传达了中国科协八大会议精神，与会理事听取了《系统仿真学报》编委会换届及新一届编委会组成情况、学会组织建设工作情况、《仿真技术字典》编辑出版工作情况、承办中国科协学术沙龙筹备情况、中国系统仿真学会优秀博士学位论文组织情况、科普工作（“西门子杯”全国大学生挑战赛）进展等项工作的汇报。

在学会前任理事长何现任理事长的关心与指导下，在荣誉副理事长陈宗基的组织和全体编委的共同努力下，《建模与仿真术语集》编写工作于10月15日基本完成最终版。

11月初，召开《仿真技术词典》编委会工作会议，启动了全体理事参与词条编写的工作。

7月23~24日，在学会的大力支持下，《系统仿真学报》第三届编委会大会在河北省秦皇岛市召开，出席大会的新老编委及学报编辑共计52人。大会由学会理事长、学报主编赵沁平主持。学会前任理事长、学报主编李伯虎院士作了以《出精品文章，办一流期刊》为题的工作报告，就如何提高学报质量，促进学报发展，全面深入地回顾与总结了上届编委会的工作，对新一届编委会工作提出了建议和期望。学会常务副理事长、学报副主编肖田元作了系统仿真学报的《编委会章程》和《审稿条例》的修改说明报告，并介绍了本届编委会的换届工作，宣布本届编委会由87人组成，其中主编2人、副主编8人、顾问17人、续任编委37人、新聘编委23人。大会通过了《系统仿真学报编委会章程》以及《系统仿真学报审稿条例》。

【2011年中国仿真大会】7月23～25日，2011年中国仿真大会在河北省秦皇岛市召开。大会由中国系统仿真学会、航天系统仿真国防科技重点实验室联合主办。来自全国各地的230多位仿真界科技工作者出席了大会。大会的主题是“开拓进取，共攀仿真新高峰”。学会前任理事长、中国工程院院士李伯虎，中国科协副主席、现任理事长赵沁平等6位专家作了大会报告。本次学术活动收到全国各地投来的论文共计220篇，经专家评审后共有194篇被大会录用。与会学者在大会期间分成5个组进行专题学术交流活动。通过现场交流共评选出11篇优秀论文，并向优秀论文作者颁发了优秀论文证书及奖品。本次会议论文由《系统仿真学报》出版正刊1本、增刊1本，并出版会议论文集光盘1张。

中国电影电视技术学会

2011年，学会跟踪影视技术发展前沿，推进学术活动创新。与会员单位联合举办学术研讨，搭建企业、科研和影视用户间的交流平台。学会与中央电视台共同组织了网络化制播规划与应用研讨会，5月18日共同举办国际电视技术研讨会，5月下旬在广西壮族自治区桂林市与松下电器（中国）有限公司合办高清技术应用研讨会，7月8日与索尼（中国）有限公司举办第11届中国高清发展论坛。12月2日和8日分别与北京中科大洋科技发展股份有限公司、成都索贝数码科技股份有限公司联合举办大洋数字多媒体网络技术2011精英论坛和全媒体时代战略高峰论坛研讨会。

结合电视制播技术发展的实际需求，发挥学会的资源优势，积极开展影视技术交流和专业培训学术活动。3月21日在北京举办第一期电视节目制作技术质量控制培训班。共有来自内蒙古、吉林、新疆、南京、成都等20余家电视台47名技术人员参加，从视频、音频和灯光等方面介绍了节目质量评估和控制。5月，在广东省广州市举办了第三期大型电视转播技术研修班，有17个电视台和相关企业的转播与管理人员60人参加，围绕广州亚运会和上海世博会电视转播技术方案、音频转播规划、移动外场网络制播系统的设计与应用、高尔夫转播技术、北京3D转播系统探讨和电视转播队伍的建设等案例，围绕“高清电视的转播与传输”主题展开研讨。

为配合国家广电总局的技术能手竞赛活动，受北京广电局委托，8月上旬举办了广播电视中心技术基本理论和规范培训班，由中国传媒大学教授及中央人民广播电台副总工等7名专家授课，来自北京地区广播电视系统共计50名学员参加培训。

中国电影电视技术学会继续教育基地承办了两期北京广电局高清节目制作技术培训，邀请广电总局科技委领导、中央电视台主任编辑、主任灯光师、北京电视台高级工程师等专家参与授课，来自北京地区电视系统的80名学员参加。

10月，在浙江省宁波市召开了首届高清优秀作品赏析讲评交流会。邀请《竹林七贤》、《家园黑和秀的传奇》、《北京记忆》、《禅茶记》、《西湖忆》等近年来获得《金帆奖》和《影视学会高清优秀作品奖》的专题片主创人员从创意策划、拍摄、制作的角度，介绍了通过技术手段达到与主题最贴近的艺术效果的方法；宁波广电集团电视制作中心的王韶峰以多年的工作经验，介绍了电视音频制作体会。

10月27日，学会在北京电影学院召开中国电影电视技术学会3D工作组首次工作会议暨3D技术交流会，邀请国际3D协会主席一行在会上介绍了国际3D技术发展和3D节目制作经验。学会还在网站专门开辟了3D专栏。目前，学会正在配合广电总局科技司积极开展“3D电视节目制作播出技术指导意见”的宣贯培训。

照明专业委员会与广电总局规划院联合申请开展了“演播室LED聚光灯技术要求和测试方法”研究项目，得到众多企业和电视台用户支持，即将开展对各企业生产的演播室LED灯具的评估检测工作。

2011年，学会评奖项目有：科技进步奖、影视科技优秀论文奖、大型电视转播综合技术奖、图形制作优秀作品奖、声音制作优秀作品奖、电视美术灯光设计工程奖以及新增加的影视科技人才奖。经评审，各类奖项累计奖励个人1007人次，单位86个次。

学会承担了为中国科协拍摄《全国学会创新发展》和《全国学会工作回顾》宣传片任务，申请了中国科协学会创新发展推广工程项目资助。11月9日，在成都理工大学广播影视学院支持下举办了“中国电影电视技术学会会员日”活动，建立了学会的“西部会员之家”。8家西部会员单位代表、中国科协学会部领导、学院的领导和师生300人参加了活动。

学会承担了中国科协科普部资助项目“中小学校园电视台科普片制作技术培训”，依靠学会继续教育基地资源，在1月18日和10月19日分别举办了第二、三期中小学校园电视台科普片制作技术培训，参加人数共130人，均为北京市西城区所属幼儿园、小学、中学等学校电教和校园电视台工作人员。

学会常务理事会审议通过了《全国优秀影视科技工作者评选表彰条例》、《电视美术设计工程奖》评奖办法、《专业委员会工作年度考评暂行办法》；通过了学会美术专业委员会改组情况汇报、继续教育基地建设的汇报和成立对接国际3D协会（I3DS）的学会3D工作组等加强学会建设的议题。

学会会员单位增加5家，会费缴纳情况正常，共收到2011年度会费150万元，占应缴会费的90%。

3月4日，学会在北京组织召开了2011年度专业委员会工作会议。研究落实2011年学会工作，交流专业委员会工作经验，讨论了专业委员会考评办法，结合年终总结开展考评，报常务理事会批准，在年会表彰。推荐各专业会员会参照声音、图像专业委员会的办法在学会网站设网页。协调各专业委员会加强横向合作交流、加强同秘书处的沟通，用好学会的品牌。

5月，常务理事会审议通过了《专业委员会工作年度考评暂行办法》，使学会对专业委员会的工作要求更加完善。2011年年终总结开展了专业委员会年度考核。

学会继续加强个人会员管理和服务。2011年对没有复核的个人会员继续核实。2011年个人会员管理的重点是：在老会员中授予一批荣誉会员称号，建立顾问专家队伍。按照中国科协要求，在现有学会理事、专业委员会委员所在单位，各级广播电视台和广电企业的领导和专业骨干中发展新会员。根据学会章程制定贯彻个人会员管理办法，研究学会如何对接中国科协的个人会员管理系统。制定按章程收取会费的实施细则，给新增个人会员发放会员证。

中国振动工程学会

2011年，学会及各专业委员会开展了多项学术交流活动。3月25~28日，非线性振动专业委员会与中国力学学会动力学与控制专业委员会在天津市召开第13届全国非线性振动暨第十届全国非线性动力学和运动稳定性学术会议，来自全国高等院校、科研院所、企业界等100多个单位的学者300余人参加了会议。

5月12日，在山西省太原市召开了动态测试专业委员会会议，讨论了专业委员会换届事宜。7月3~8日，随机振动专业委员会与中国建筑学会结构计算理论与工程应用专业委员会在上海市共同主办了工程结构可靠性2011年度暑期研讨班。

7月25~26日，结构抗振控制专业委员会参与协办的ANCRiSST 2011年会（亚太地区智能结构网络协作中心年会）在辽宁省大连市举办，学会副理事长欧进萍院士任大会主席。会议由中国国家自然科学基金委员会和亚太地区智能结构技术研究中心联合主办。本次会议共收到论文77篇，参与人数131人，其中国外学者46人。会议内容涉及结构健康监测、传感技术、智能材料与系统、结构控制等研究方向。

7月30日~8月2日，在浙江省杭州市举办了机械动力学专业委员会成立30周年庆祝大会暨2011国际功能制造与机械动力学学术会议。与会学者228人，论文集《机械动力学理论及其应用》由机械工业出版社出版，收录中文学术论文47篇。另有114篇英文学术论文由国际期刊Key Engineering Materials（EI Compendex和ISTP双收录）发表。会议期间召开了机械动力学专业委员会九届二次工作会议。

10月15~17日，结构动力学专业委员会在江苏省苏州市召开了全国结构振动与动力学学术研讨会。与会代表72人，会议文集收录论文44篇。会议安排了31个学术报告，其中陈厚群、郑兆昌、王大钧等结构动力学专家作了报告。会议期间召开了结构动力学专业委员会工作会议。

10月28~29日，振动与噪声控制专业委员会召开学术年会，50余人参加了会议，交流学术论文近50篇。

学会于2011年7月7日在江苏省南京市召开了六届五次常务理事扩大会议。会议由理事长刘人怀院士及与会副理事长主持。会议确定了第七次全国会员代表大会暨第十届全国振动理论及应用学术会议的时间、地点和学术委员会及组织委员会成员名单；会议讨论了学术会议大会报告人选；讨论决定了学会第七届理事会候选人名单和第七届常务理事会备选候选人名单；会议审批了会员和高级会员。10月26日，学会在南京召开了六届六次常务理事会议。10月27~29日学会第七次全国会员代表大会暨第十届全国振动理论及应用学术会议的各项议程。

10月28日，学会第七届常务理事会第一次会议召开，会议由理事长欧进萍院士主持。会议决定聘请黄文虎、闻邦椿、刘人怀3位院士为名誉理事长，增聘了学会顾问，授予多人名誉理事称号。会议确定定了各工作委员会的负责人，聘任了学会工作干部。会议批准了模态分析与试验专业委员会换届，聘任饶柱石教授任第六届主任委员，宋汉文教授任第六届秘书长；批准了土动力学专业委员会换届，聘任张建民教授任第六届主任委员，辛鸿博教授任第六届秘书长。

9月，学会向民政部呈报了《社会组织评估申报表》和评估申报材料。2011年11月22日，民政部民间组织服务中心管理服务处负责人率评估实地考察专家组一行10人，对学会进行了评估和实地考察。学会负责人王永亮、陈国平汇报了学会工作，专家组在充分肯定学会工作的同时，反馈了存在的问题。

《振动工程学报》2011年出版6期，共发表论文108篇。根据中国学术期刊影响因子年报（自然科学与工程技术·2011版）统计结果，《振动工程学报》2010年总被引频次为931，影响因子为0.581。《振动工程学报》编辑部启用了"远程稿件处理系统"，实行了投稿、审稿、意见回复等功能网络化。

《振动与冲击》出版13期，共发表论文641篇，出版增刊1期，增刊发表论文58篇。根据中国科学技术信息研究所2011年出版的《中国科技期刊引证报告（核心版）》统计结果，《振动与冲击》2010年总被引频次为1725篇，影响因子为0.657，综合总分63.9，核心期刊综合评价总分排名161名，学科排名（机械工程类期刊共64种）第4名。经上级主管部门批准，自2012年起，《振动与冲击》杂志由月刊改为半月刊。

【中国振动工程学会第七次会员代表大会】 2011年10月27~29日，中国振动工程学会第七次会员代表大会暨第十届全国振动理论及应用学术会议在江苏省南京市举行。10月27日上午，在南京航空航天大学举行了隆重的开幕式。学会第六届理事长刘人怀院士致开幕辞，会议承办单位南京航空航天大学党委书记崔锐捷致欢迎辞。南京航空航天大学副校长宣益民、校长助理熊克，学会副理事长欧进萍院士、高金吉院士、朱位秋院士、陈心昭教授、陈国平教授，名誉理事陈予恕院士等出席会议。学会名誉理事长黄文虎院士、中国航空学会、中国机械工程学会发来贺信。来自各地的代表370余人出席了会议。

会议表彰了2010年度学会青年科技奖获得者，审议通过了学会第六届理事会工作报告、财务报告，以无记名投票方式选举产生了由115人组成的第七届理事会和由29人组成的第七届常务理事会。选举欧进萍院士任理事长，选举（以姓氏汉语拼音为序）陈国平、何正嘉、孟光、苏义脑、王永亮、邢誉峰、杨绍普任副理事长，陈国平兼任秘书长。

第十届全国振动理论及应用学术会议同期举行。陈予恕、高金吉、朱位秋3位院士，孟光、熊诗波、王大钧、何正嘉、郑兆昌、陈章位6位教授应邀作大会学术报告。在16个分会场举行了218个专题学术报告。共252篇论文收入论文集。会议评出优秀论文19篇，其中学生优秀论文10篇。会议期间还安排了为期3天的国际振动设备展览。

【学会名誉理事长胡海昌院士逝世】 学会名誉理事长、国际著名力学家、中国科学院院士胡海昌因病医治无效，于2011年2月21日在北京逝世，享年81岁。胡海昌先生在国际力学界和振动工程界享有盛名。他所创建的"胡－鹫津原理"被国际力学界公认，他的学术成就对我国力学与振动工程的发展起到了重要作用。以胡海昌院士为代表的振动工程科技工作者创立、发展了中国振动工程学会。胡海昌院士任中国振动工程学会第一、二届理事长，第三届及以后各届名誉理事长，《振动工程学报》第一、二届主编。

中国颗粒学会

2011年，学会及所属分支机构组织各类学术会议8次，其中国内会议6次，国际会议2次。参加学术会议的人数1000余人次，通过会议交流论文560余篇。

8月8~10日，由中国科学院合肥物质科学研究院固体物理研究所、中国颗粒学会超微颗粒专业委员会、台湾大学、台湾大同大学等单位主办，丹东百特仪器有限公司承办的中国颗粒学会超微颗粒专委会2011年会暨第七届海峡两岸超微颗粒学术研讨会在辽宁省丹东市举行。会议共有65名学者（含台湾地区学者21名）参加。会议目的是系统总结国内相关学者在超微粉体方面的最新研究和应用的进展，促进海峡两岸本领域同行之间的成果交流，进而促进产业界与学术界的交流和协作。

8月13~16日，第八届海峡两岸气溶胶技术研讨会暨第三届空气污染技术研讨会在陕西省西安市召开。参与此次会议的学者涉及海峡两岸科研机构、大学、企业的科研人员和技术研发人员100余名，其中60余名台湾地区学者。会议延续了历届海峡两岸气溶胶技术研讨会的传统，为从事气溶胶、空气质量、大气化学、环境污染等相关学科的科研以及教学工作者提供了学术交流的平台。

9月7~8日，学会与国家纳米科学中心、中国科学院过程工程研究所联合主办的“2011年中国纳米材料产业化论坛”在北京举办，与会代表160多人。本次论坛主要围绕纳米材料制备、应用、及产业化应用技术等方面进行了交流。会议除邀请了日本信州大学教授M. Endo，澳大利亚悉尼大学教授叶林（澳大利亚科学院院士）等8位教授、大型国际跨国公司技术负责人作专题报告外，还有7位国内专家及企业家到会交流。

9月27~28日，学会主办的2011年气固分离与净化技术培训班在上海市举办，本次培训班的几位主讲教师分别是中国石油大学教授孙国刚、上海化工研究院教授夏兴祥和高级工程师李秋萍，以及上海理工大学教授蔡小舒。前3位专家不仅详细讲解了气固分离与净化技术的基本理论，而且针对不同的工况如何选择和设计气固分离技术、分离设备，以及如何预测分离性能等作了较为系统的阐释。蔡小舒讲授了主要针对气固分离系统在线测试技术方面的基本理论、技术及应用现状。

9月27日，由中国颗粒学会及学会颗粒测试专业委员会主办的颗粒测试培训班在上海市举办，共有93人参加了此次培训。培训班的5位授课人胡荣泽、任中京、张福根、蔡小舒、董青云均为颗粒测试专业委员会的权威专家，并参与了《颗粒测试基础知识100问》一书的编写，其中胡荣泽教授为该书的主编。

10月12日，第八届全国颗粒测试学术会议暨2011中国粉体工业发展年会在四川省成都市举办。会议由北京粉体技术协会、中国颗粒学会颗粒测试专业委员会、中国粉体网共同主办，成都精新粉体测试设备有限公司、北京市理化分析测试中心协办。来自颗粒学及颗粒测试领域的百余名专家、学者，企业代表参加本次会议。

11月5~7日，第十届全国颗粒制备与处理研讨会在云南省昆明市举行。与会学者共有近100人，其中来自企业的技术人员30余人，来自科研院所的学者60余人。本次会议共邀请大会报告14个，收到会议论文61篇。会议期间共进行了14个大会报告，13个会议论文报告，涉及颗粒制备、表征、应用、粉体设备等多个方面。参会学者宣读了论文，并在会场进行了热烈的交流与讨论。其中多篇高质量的论文引起了很大反响，论文作者与参会学者真正达到了交流、促进、发展与提高的目的。

9月27~29日，第九届中国（上海）国际粉体工业/散装技术展览会暨会议在上海市举行。此次展会由中国颗粒学会、纽伦堡会展服务（上海）有限公司、上海环球展览有限公司主办，展品范围涉及面广，专业性高，受到展商一致好评。

本次展会，以POWTECH展团以及由IPB的国际合作伙伴日本粉体工业技术协会所组织的日本展团中展出的国际领先参展商HOSOKAWA、NEUMAN & ESSER、WAM为代表，160家全球领先技术公司参展。

学会主办有*PARTICUOLOGY*（《颗粒学报》，英文版）、《中国粉体技术》两种期刊，均为双月刊，年度印发总数1.62万册，发表论文224篇。

PARTICUOLOGY刊登的学术论文已分别被包括SCIE，EI，CA，CSA，AJ，Scopus和中国科学引文数据库、中国科技论文与引文分析数据库等多家国内外重要检索刊物和机构收录。2011年发布的PARTICUOLOGY的SCI影响因子为1.317。同时，PARTICUOLOGY与荷兰的Elsevier公司合作出版，在国外印刷，面向全球同步发行。

【第七届亚洲气溶胶会议】2011年8月17~20日，第七届亚洲气溶胶会议（The 7th Asian Aerosol Conference，AAC2011）在陕西省西安市召开。亚洲气溶胶会议每两年举行一次，旨在进行气溶胶科技领域的高端交流，为学术研究、技术研发和产业开发等提供广泛、专业的综合平台。前六届分别在名古屋、釜山、香港、孟买、高雄、曼谷等地举办。

本次会议由中国颗粒学会气溶胶专业委员会、中国科学院地球环境研究所、西安交通大学和中国科学院大气物理所共同主办。参与此次会议的人员有国内外科研机构、大学、企业的科研与技术人员共550余名，是历届会议参会人数最多的一次。其中有来自台湾地区和香港特别行政区的学者约70人，另有200余名国外学者参加。

此次会议共安排了7个大会报告、216个分会报告和131个Poster报告，有来自全球的24家展商参加了仪器展览。

中国照明学会

2011年，学会组织了多场学术活动，主要包括2011绿色照明与科学发展科技研讨会暨第四届中日韩照明大会、2011（第七届）中国道路照明论坛、海峡两岸第18届照明科技与营销研讨会、2011中国（北京）国际照明展览会暨LED照明技术与应用展览会等。

为了推动我国白炽灯生产企业的转型，提高节能灯质量和完善节能灯推广机制，学会继2009年底承接国家发展改革委《照明产品市场调查分析》项目之后，又连续接受了2010年度的市场调查任务，并于7月完成了2010年项目的规定任务。其中包括中国白炽灯、节能灯产销情况；生产商、销售商生产和销售方面的调查；2010年各类白炽灯、节能灯用户在用量调查报告；2010年各类用户高效照明产品市场占有率分析报告；以及逐步淘汰白炽灯、加快推广节能灯问题及解决方案等报告。项目组对增加高效照明产品市场份额提出了政策性建议。

为推动学术期刊的发展，进一步发挥其在促进学术交流活动中的作用，《照明工程学报》编委会会议7月1日在新疆维吾尔自治区乌鲁木齐市召开。会议对《照明工程学报》4年来的工作进行了总结，明确了坚持学报学术地位不动摇的办刊方向，坚持灵活办刊，多种方式经营的理念，努力把学报工作推上新的台阶。由《照明工程学报》编辑部负责编辑的《中国照明工程年鉴(2011)》于9月25日正式出版发行。

为提高照明设计人员的素质，规范照明设计师的从业资格，学会从3月开始，分别在北京、广州、上海举办了7期照明设计师培训班，共有210名学员参加了培训，其中47名学员参加了高级照明设计师的培训。通过学习和考试，对成绩合格的学员，正式颁发国家人力资源和社会保障部印制的“照明设计师”职业资格证书。

国际照明委员会（CIE）第27届大会7月11～15日在南非太阳城举行。中国照明学会作为CIE的成员国单位出席了大会，3位中国学者在大会上发表了学术论文。由于近年来中国照明科技事业的发展，以及学会对外影响的增强，经学会推荐，东南大学教授、学会副理事长崔一平当选为第27届国际照明委员会副主席，这是照明领域中国大陆学者首次获得这一职位。

3月10～12日，室外照明专业委员会与有关单位合作，在重庆市召开了2011（第七届）中国道路照明论坛，有关方面的代表600多人出席了论坛。论坛交流研讨了道路节能照明设计和实施经验，以及当前国内外最新道路照明工程设计的节能理念与工程案例，总结并回顾了我国近年来道路照明的发展，探讨了国家城市道路照明设计和产品检测规范标准、技术要求。

9月23～24日，由学会主办的2011绿色照明与科学发展科技研讨会暨第四届中日韩照明大会在辽宁省大连市召开，中日韩等国的代表300多名出席大会。会议就采用先进照明设计标准，推动高效节能照明新产品和技术、淘汰低效耗能产品，利用新能源与可再生能源及实施绿色照明工程的成功案例与经验进行了研讨。会议征集英文论文100篇，中文论文33篇，分别编印成论文集。论文内容对促进高效照明产品的推广应用和节约能源具有参考价值。

中日韩照明大会由中日韩三国照明学会共同发起，每年分别在3个国家轮流举行。本次大会的主题是“照明与节约能源”。中日韩照明大会已成为东北亚地区照明领域规格最高、规模最大、最具实力和国际影响力的照明技术及应用发展的学术研讨会。

11月13～15日，由学会与台湾地区照明灯具输出业同业公会共同举办的海峡两岸第十八届照明科技与营销研讨会在贵州省贵阳市召开。会议共征集论文76篇，并编辑出版论文集。来自海峡两岸的照明业界专家150多人出席了会议，其中来自台湾地区的专家48人。会议期间，邀请有关专家就“北京市‘十二五’期间开展淘汰白炽灯项目”和“当前高效照明系统与固态照明技术的新进展”作专题报告。会议还围绕“照明节能的新产品、新技术”和“固态照明技术与应用”分别进行研讨，会上发表学术论文28篇。会议期间，举办了小型照明精品展示。

【2011中国（北京）国际照明展览会暨LED照明技术与应用展览会】4月6～8日，由学会与有关单位联合组织的2011中国（北京）国际照明展览会暨LED照明技术与应用展览会在北京举办，展会面积达2万平方米，吸引1.3万名专业人士参观。本届展会以“推广绿色照明、倡导低碳生活，促进节能减排”为主题，展示了当前照明领域中的新技术、新产品。展会期间，还举办了一系列照明论坛和主题为“光·Design·聚”的照明设计师沙龙。

【中国照明学会照明科普教育基地】为贯彻国务院关于《全民科学素质行动计划纲要》精神，搭建社会化科普服务平台，全面提升全民科学素质，学会在北京筹建“中国照明学会照明科普教育基地（以下简称基地）”。基地建设将根据自身的特点，面向社会公众，以发展低碳经济、节能减排、绿色照明为重点，展示现代照明的原理、技术、产品和方法，并利用基地积极开展贴近实际、贴近生活、贴近群众，具有特色和实效的科普活动，基地建设面积近1400平方米，24家照明企业参与了基地的建设。

【第六届中照照明奖】2011年，中国照明学会开展了由国家科技奖励工作办公室批准的第六届中照照明奖的评奖工作。本次中照照明奖设置中照照明科技创新奖和中照照明工程设计奖，共收到申报项目105项，其中科技创新奖申报项目26项，工程设计奖申报项目79项。共评出一等奖6项、二等奖13项、三等奖26项、优秀提名奖15项。中国照明学会6月10日举行了隆重的颁奖仪式，并对获奖项目举行了专题报告会。

中国动力工程学会

2011年，学会组织了透平年会和锅炉年会等各类学术活动12次，交流论文300多篇，参加人数达到700多人次；接纳团体会员单位2个；学会部分理事进行了更替，由黄瓯任副理事长。

学会分别召开了九届五次常务理事通讯会议、九届六次常务理事会议、九届四次理事会议、年度秘书长工作会议、学会京沪两地迎春团拜会，主办了超超临界机组技术交流2011年会，并与中国电工技术学会等共同承办了2011中国国际核电装备展览会和2011核电可持续发展高峰论坛。

7月12~15日，学会组团参加了在美国丹佛举行的国际动力工程会议（ICOPE-2011），代表团由来自30家国内高校、企业和研究机构的70余名专家、学者组成，参加本次国际动力工程会议的有来自中国、美国、日本等国家的300余名学者。会上，浙江大学教授周昊代表中方作了题为《大容量超临界煤粉锅炉在中国技术发展和应对环境挑战的措施》的大会报告，我国共有81篇论文在会上进行交流。会上，美国机械工程师学会向岑可法院士颁发了特别贡献奖，以表彰他为本次会议成功举办所做出的杰出贡献。会议商定，下一届国际动力工程会议（ICOPE-2013）由中国动力工程学会主办，于2013年秋季在中国武汉举行，由华中科技大学承办。

2011年年初，学会完成了《动力机械工程》学科发展研究报告，该报告在调研、分析、讨论的基础上，撰写了4份专题研究报告和1份综合报告，总字数约33万字。年内，学会组织专家开展了6项技术成果和产品鉴定，1项知识产权的专家咨询。

学会获得中国科协全国学会综合统计年报工作一等奖，获得上海市第一批非营利性组织免税资格单位。

由江泽民同志倡导编写并作序和题写书名的《中国电机工业发展史——百年回顾与展望》首发式2011年11月8日在北京人民大会堂举行。学会名誉理事长陆燕荪，常务理事周鹤良、程钧培参加了该书的编写，并出席了首发式，名誉理事长孙昌基、副理事长兼秘书长严宏强出席了首发式。

为认真学习江泽民同志的序言，学会在九届四次理事会议期间召开专题座谈会，由学会副理事长兼秘书长严宏强宣读了序言全文，与会的理事和代表纷纷发言，畅谈体会。学会常务理事、《中国电机工业发展史》编辑小组成员程钧培，《中国电机工业发展史》编辑小组成员徐嘉诰，学会副理事长倪明江、商中福，学会常务理事江哲生、郑楚光，学会理事袁建华、名誉理事姚本荣、盛传红、宗福新、吕鸿达等结合自己的工作实践，聚焦了动力工程领域共同关注的热点问题，从不同侧面发表了感言，一致认为《中国电机工业发展史》的整篇序言寓意深远，满怀深情，既是对过去的高度总结，也是对今后工作的重要指导；要在认真学习的基础上，以不断创新和发展的技术成果，不辜负江泽民同志和老一辈电机工作者的殷切期望。

【《动力工程学报》创刊30周年暨发行200期庆祝会】8月19日，由中国动力工程学会、上海发电设备成套设计研究院主办的《动力工程学报》创刊30周年暨发行200期庆祝会在上海市举行，学会理事长蒋以任，名誉理事长陆燕荪、翁史烈，副理事长兼秘书长严宏强，副理事长商中福，上海市新闻出版局副局长陈丽，上海市科协秘书长徐美华，上海电气集团总裁黄迪南等69人出席了会议。

在《动力工程学报》创刊30周年暨发行200期之际，江泽民同志为《动力工程学报》题写了刊名，这是对《动力工程学报》的巨大关怀和鞭策。会上，蒋以任和陆燕荪共同为江泽民同志题写的刊名揭幕。

《动力工程学报》200期（2011年第8期）上，蒋以任以《鞭策与激励》为题撰写了寄语，陆燕荪、孙昌基、翁史烈和陈康民题写了贺词，蒋洪德院士应约发表了专题论文。

庆祝会由严宏强主持。蒋以任首先致辞，他肯定了《动力工程学报》为我国电站装备工业的科技进步和动力工程学科发展所发挥的重要作用，介绍了江泽民同志为会刊题写刊名的经过，要求业内同仁和编辑部同志继续努力，把《动力工程学报》办成更具创新性、富有时代特色和体现科学性的优秀科技期刊。

编辑出版工作委员会主任苏明、上海理工大学教授蔡小舒、期刊《锅炉技术》代表徐雪元、上海电气集团总裁黄迪南、上海市新闻出版局副局长陈丽等在讲话和致辞中，希望《动力工程学报》在贯彻落实科学发展观、及时反映国内外最新研究成果和进展等方面取得新的成绩。

陆燕荪在讲话中强调学报的办刊方针一定要明确，要为专家、学者提供一个交流成果的好平台，要在坚持提高学报学术水平的同时，不能过于理论化，在推动学科的技术创新中，将学报办得更好。

中国惯性技术学会

2011年，学会共开展7次国内学术交流活动（含地方学会2次）。征集论文270余篇，会议交流100余篇，300余人次参加学术交流活动，编辑出版了3本论文集。

在加强会员数据库建设方面，学会办公室组织专人对会员资料进行了清理和建档登记。将学会的会员数据库与中国科协个人会员管理系统进行了链接，搭建了中国惯性技术学会会员管理网络平台。同时，努力发展新会员，不断壮大学会组织。2011年，发展团体会员5个、个人会员220名。学会已有团体会员129个，较2010年增加4%；个人会员达3974名，较2010年增加5.9%。

3月9日，学会在北京召开了五届九次常务理事会议，审议并批准了学会2010年工作总结、财务决算和2011年工作计划及财务预算报告，选举徐强为学会参加中国科协第八次全国会员代表大会的代表和中国科协第八届全国委员会委员候选人。会议审议批准有关理事人员调整报告和任免事项，批准了一批中国惯性技术学会资深会员和团体会员单位。

5月23～26日，学会召开了2011年度秘书长和京津地区联络员工作会议。会议传达了中国科协有关文件和学会五届九次常务理事会会议精神；讨论了学会2011年工作计划及落实措施，交流了工作经验，表彰了2010年度京津地区优秀联络员。

在参加国际学术交流方面，2011年3月学会收到德国陀螺会议组织委员会邀请函后，学术交流部立即开始组织论文。共收到10余篇论文，经专家组评审选出7篇投递到德国陀螺会议组委会。学会组织论文作者代表中国惯性技术学会参加了2011年度国际陀螺会议。

2011年，学会编写了《惯性技术手册》（以下简称《手册》）。新编《手册》的内容较1995年编写的《手册》增加了新内容，更加符合当前的实际，更加适合科技工作者的需要。经80余人近两年的辛勤工作基本形成《手册》初稿。2011年春节前夕，《手册》初稿送有关院士、评定委员会有关专家审查，春节后听取审查的院士和专家的意见，相继召开了《手册》的编研会、两次编委会，并提交审定委员会作了第一次审定。

学会共举办了8次科普讲座（含地方学会6次），400余人参加了讲座。2011年7月8日在山东省青岛市举办了中国惯性技术学会第十八届青少年科普夏令营活动，来自各地的20余名营员参加了活动。5月9～13日在全国科技活动周期间，学会利用惯性技术科普展厅对外开放参与活动，200余名大学生和研究生到展厅参观。

2月3日是我国惯性技术的推动者和开拓者，也是学会第一、二、三、四届理事长，学会名誉理事长丁衡高院士80华诞。学会收集、整理了部分庆贺丁院士80华诞的文章和丁院士早年以及在惯性技术学会工作期间的部分照片，编辑出版了《止于至善——贺丁衡高院士八十华诞》的庆贺文集。2011年1月16日在北京举办了丁衡高院士八十华诞座谈会。

5月10日和10月24日分别举办了两期“会员日”活动，参与者既有院士，也有科研生产一线科技人员，既有离退休的老会员，也有刚参加学会的新会员。大家亲切交谈、互为问候，加强了沟通，增进了友谊。

学会努力做好《中国惯性技术学报》、《海陆空天惯性世界》和《信息简报》的编辑、出版及发行工作。《中国惯性技术学报》取得稳步发展，刊载论文的水平、编辑出版质量逐年提高。在成为中文核心期刊、中国科技核心期刊、俄罗斯《文摘杂志》、美国《剑桥科学文摘》、英国《科学文摘》等来源期刊后，2010年又成功进入美国《工程索引》（EI）收录刊源。2011年顺利通过国家新闻出版总署和中国科协年检。现已出版6期，刊登论文155篇，向中国科协主办的《中国学术期刊文摘》（中文版）报送论文摘要100余篇。

科普杂志《海陆空天惯性世界》增加了《惯性技术之窗》专栏，积极参与由中宣部、科技部、中国科协等部门举办的“振兴老区，服务三农，科技列车行”活动，向偏远贫困地区捐赠一批《海陆空天惯性世界》科普杂志。2011年出版12期，刊登军事科普文章132篇、276万字、图片5400余幅。12月3日召开了编委会，研究2012年办刊的思路，进一步提高杂志的质量，为争创精品期刊而努力。

中国风景园林学会

2011年1月，学会根据中国科协统一部署，编制了学会的“十二五”事业发展规划。规划稿于2月下旬经常务理事会议审议通过，上报中国科协。

2月，学会召开四届四次常务理事会议，会议讨论并原则通过《学会2010年工作总结和2011年工作计划》、《中国风景园林学会年会管理办法》、学会组织工作委员会职责和人员组成名单。10月，在江苏省南京市召开第四届第四次理事会议。会上，正式选举董瑞龙、郑西平为学会副理事长。

3月，国务院学位委员会和教育部联合印发了《学位授予和人才培养学科目录（2011年）》，风景园林学被正式批准为工学类一级学科（可授工学、农学）学位。

学会举办学术和行业性会议15次，2416人次参加，交流论文252篇。会议次数较上年增加4次，论文数量略有减少。

9月，学会在广东省广州市召开中国风景园林行业媒体联谊会。会议主题为“促进交流，共谋发展”，由《中国园林》杂志社承办，广东园林学会、《广东园林》杂志、棕榈园林股份有限公司协办，31家业界媒体共60余人参会。会上，各媒体分别介绍了各自运营情况和成功经验，并就建立媒体间的长期联络机制等进行了探讨。同月，学会与全国城市雕塑建设指导委员会共同在吉林省长春市举办新时期雕塑公园规划建设交流会，就园林雕塑的创作、雕塑公园建设和管理等议题进行交流。

10月，学会在北京举办风景园林职业制度高层研讨会，北京公园管理中心、北京市园林绿化局、北京林业大学园林学院、北京清华城市规划设计研究院等单位共同协办。会议听取了英国、美国、德国、澳大利亚和我国香港特别行政区的风景园林职业制度经验介绍，并就如何借鉴国外经验、建立中国风景园林职业制度进行了讨论。国际风景园林师联合会（IFLA）前主席戴安妮·孟赛斯，来自人力资源和社会保障部、住房和城乡建设部等主管部门，部分省市行业主管部门、学会，以及高校、规划设计、施工企业和科研机构的60余人参会。会议认为，建立中国风景园林职业制度非常必要，该制度应覆盖风景园林的所有从业领域，具体采取国际上通行的会员认证方式还是国内常见的行政许可注册方式，需要进一步研究讨论。

11月，学会在广东省广州市举办纪念钱学森诞辰100周年暨风景园林与山水城市研讨会，80余位专家和学者参会，就钱学森提出的风景园林和山水城市理论进行了讨论。住房和城乡建设部副部长仇保兴致信祝贺。与会者认为，山水城市理论对风景园林学科和城市规划学科以及人居环境科学发展都具有指导意义，值得开展进一步研究。

1月和6月，学会先后组织会员参加了在泰国曼谷和瑞士苏黎世举办的国际风景园林师联合会（IFLA）亚太区2011年会、IFLA第48届世界大会，并赴德国考察。在德国期间，拜访了德国风景园林师协会，了解了德国的风景园林师制度、专业教育和行业管理等情况。IFLA亚太区2012年会议定于在上海市举办，由中国风景园林学会、上海市绿化和市容管理局承办。

2011年，学会继续推荐国内优秀项目参加“IFLA亚太区风景园林奖”评选，有6个项目获奖，此次评选共有8个获奖项目，“莲花湖国家湿地公园核心区景观设计”、“太原长风CBD公园”分获设计类一等奖、三等奖，“再造天堂”、“唐山南湖生态城规划”和“大连新港城核心区规划”分获规划类一等奖、二等奖、三等奖，“绿城舟山玫瑰园”获土地管理类二等奖。

3月，住房和城乡建设部城市建设司领导到学会进行工作座谈，学会理事长陈晓丽、秘书长刘秀晨和部分业界专家参加座谈会。会议着重沟通了城市建设司和学会当前的工作，同时也就风景园林行业建设和管理工作交换了意见。学会表示，要面对社会和行业发展的巨大需求，不断加强自身建设，更好地凝聚专家和行业力量，做好政府、行业和专业人员之间的桥梁和纽带，为学科和行业发展做出更多的努力。与会专家重点就风景园林学成为一级学科后的学科建设和行业发展进行了讨论，并建议进一步加大风景园林重要性的宣传，着力提升行业的社会认知度；整合行业力量，逐步提升行业自身的认识和管理水平；尽早开展行业发展状况的基础性调研，加强行业科研和科技成果推广工作；加强学科理论研究，促进学科体系的发展和完善等。

学会协助住房和城乡建设部开展了《国家职业分类大典》修订工作，“风景园林工程技术人员”等7个职业进行了调研和修订；配合住房和城乡建设部人事司对《关于注册风景园林师制度》的全国政协提案进行回复，提供了相关背景资料；应住房和城乡建设部的安排，学会申报了《应对气候变化的城市园林绿地规划建设技术研究和集成》，作为2012年国际科技合作项目建议；学会理事长陈晓丽应住房和城乡建设部城市建设司的要求，参加了园林城市复查等多项工作。

2011年，学会加大了评奖工作力度，启动并完成了首届“中国风景园林学会终身成就奖”评选和“中国风景园林学会优秀规划设计奖”评选。当前学会的奖项数量已达5项，其他还有年会优秀论文奖、大学生设计竞赛奖、优秀园林工程奖。2011年度学会“终身成就奖”授予陈俊愉、余树勋、朱有玠、孙筱祥、程绪珂、吴振千、孟兆祯、谢凝高、甘伟林9人。“大学生设计竞赛”首次采用企业冠名办法，并首次将本科生和研究生参赛者分组评奖。竞赛收到参赛作品共计430项，本科生组264项，研究生组166项。评出获奖作品38份，其中一等奖1项，二等奖各3项，三等奖各5项，佳作奖分别为13项和7项。“优秀园林规划设计奖”评出获奖项目73项，其中，一等奖6项，二等奖17项，三等奖38项，表扬奖12项。“优秀园林工程奖”共评出获奖项目163项，其中，优秀园林绿化工程大金奖3项，金奖86项，银奖46项，铜奖17项。优秀园林古建工程金奖10项，银奖1项。以上奖项均在学会2011年会期间进行了颁奖，在业界引起了较好的反响。特别是终身成就奖评选，为年轻的风景园林工作者树立了榜样，起到很好的激励作用。

2011年，学会分支机构管理、会员发展和秘书处自身建设等方面均取得了进展。9月，信息专业委员会进行了换届改选。学会拟新成立4个分支机构（科技工作委员会、文化景观专业委员会、历史理论与文化遗产保护专业委员会、城市公共艺术专业委员会）的准备工作基本就绪，正在进行报批工作。

2011年，学会新吸收单位会员167个，个人会员1394个。12月，学会在浙江省杭州市举办了第三届会员沙龙活动，70余家会员单位的100余位会员参加。

学会秘书处增聘杜雪凌为副秘书长。秘书处部门设置进行了相应调整，设置为综合部、业务部、会员部、国际部、宣传与科技部5个部门。

学会加强与地方风景园林行政主管部门和地方学（协）会的联系。10月和12月，分别在江苏省南京市和浙江省杭州市召开了全国各省风景园林学（协）会理事长交流会和全国风景园林学（协）会秘书长工作会议。

【中国风景园林学会2011年年会】 中国风景园林学会2011年年会10月28～30日在江苏省南京市举行，来自高等院校、研究院所和企业的950余位专家、学者以及来自南京相关高等院校的学生1700余人参会。

会议以“巧于因借 传承创新”为主题，由南京林业大学、东南大学、南京农业大学、南京市旅游园林局共同承办，江苏省住房和城乡建设厅对会议提供了大力支持。这次会议是在风景园林学成为一级学科后，学会举办的一次全行业盛会。

住房和城乡建设部副部长仇保兴，中国风景园林学会名誉理事长周干峙院士，江苏省住房和城乡建设厅厅长周岚，南京林业大学党委书记封超年分别在开幕式上致辞。住房和城乡建设部城市建设司调研员左小平在开幕式上作了当前风景园林工作报告。

中国科学院院士齐康、美国哈佛大学教授查尔斯·瓦德海姆（Charles Waldheim）、北京林业大学教授张启翔、中国雕塑院教授吴为山、英国谢菲尔德大学教授易卡特·朗吉（Eckart Lange）、中国城市规划设计研究院教授贾建中分别在大会上作主旨报告。齐康以《学科的整合》为题，报告了风景园林学科的发展历史，强调风景园林是一个非常重要的学科。查尔斯以《景观都市主义和数字媒体技术》为题，报告了美国、加拿大风景园林的发展进程和若干项目实践，提出“风景园林将成为未来城市建设的核心要素”，报告还就数字媒体技术研究及其在风景园林规划设计中的应用进行了讲述。张启翔的报告题目为《植物多样性与人居环境建设》，总结了我国园林植物应用的成就和问题，对如何更好地利用植物资源，从理论与实践上提出了自己的看法。吴为山以《贵在古而新》为题，结合自身实践报告了对雕塑艺术创新的认识和理解，提出雕塑领域的创新做法，对当前风景园林设计具有重要的借鉴意义。易卡特的报告题目为《以视觉表达作为媒介的环境和规划设计》，讲述了景观环境的感知理论，重点介绍了利用实体模型、CAD辅助设计、视觉仿真等现代视觉技术，进行景观形象化、感知和评价的技术。贾建中以《风景园林师的社会作用和责任》为题，报告了风景园林工作者在汶川、玉树地震灾后重建中所做的开创性工作，强调了园林绿地对生态安全、防灾减灾的重要作用。

会议设风景园林理论历史与遗产保护、风景园林规划与设计、园林植物与应用、风景园林管理与工程4个分会场，交流了37个专题报告。报告内容涉及面宽，反映了学科和行业近年的热点问题和研究进展。

会议收录论文235篇，出版了《中国风景园林学会2011年会论文集》。评出优秀论文17篇，其中一等奖1篇，二等奖、三等奖各2篇，佳作奖12篇。

年会开幕式和闭幕式上，学会分别颁发了全国优秀科技工作者奖（学会推荐获奖者）、终身成就奖、年会优秀论文奖、大学生设计竞赛奖、优秀规划设计奖和优秀园林工程奖等奖项。

中国电源学会

2011年，学会开展了一系列学术和技术交流活动。3月15～16日，2011国际电力电子创新论坛在上海市召开，500人参加，举行了19场报告；4月15日，2011现代数据中心基础设施建设技术年会在北京召开，举行了18场报告；6月23～25日，第二届中国电源技术年会在广东省深圳市举办，1000人与会，举行了40场报告；6月24日，2011中国电源行业发展峰会在广东省深圳市召开，举行6场报告；8月19～20日，第二届全国电能质量学术会议在湖南省长沙市举行，征集了79篇论文。举办四期2011新能源暨绿色电源技术巡回研讨会。11月18～20日，中国电源学会第19届学术年会在上海市召开，450位学者与会，征集论文226篇。

经学会多年不懈努力，由国家新闻出版总署批准，2011年正式创刊出版《电源学报》，2011年共出版了6期，刊登学术论文近100篇。该刊是目前我国电子电源领域唯一的学术刊物，将为我国电源学术界开展高层次学术交流、发布最新科研成果提供权威平台。

2011年，学会出版的论文集有：《中国电源学会第十九届学术年会论文集》，收录论文226篇；《第二届全国电能质量学术会议论文集》，收录论文79篇。

2011年学会在企业团体会员中发展了副理事长单位、常务理事单位和理事单位，经过申请和审查，目前已有54家企业成为学会各档次的理事单位，初步形成了企业界的组织体系和服务系统。6月24日在广东省深圳市召开了中国电源学会首届理事单位第一次全体会议，介绍了理事单位发展情况，宣布了理事单位、常务理事单位、副理事长单位名单，讨论了行业服务工作计划，颁发了理事单位证书。

第16届中国国际电源展览会于6月23～25日在广东省深圳市举办，有国内外70多家企业和媒体参展。学会每年举办一届中国国际电源展览会，展示最新产品和技术，与展会同期举办技术交流会、科技成果推广会，加强国内外交流，为科技界、产业界和用户之间搭建交流平台。

光伏发电是目前电源行业普遍关注的热点领域，众多企业开始尝试相关产品的研发设计工作，为帮助有关单位尽快掌握相关技术，提高相关专业人员的技术素质和水平，学会于2011年6月24日和11月15～18日分别在广东省深圳市、上海市举办了两期光伏逆变器设计技术高级培训班，共有140多人参加。

2011年，学会通过网站宣传学会工作，为广大会员和企业服务。学会网站设有会员在线申请，简化了个人会员和团体会员的申请程序；设有电源论坛，为广大技术人员提供交流平台；设有招聘和求职频道，为广大技术人员就业和人才流动服务；设有专家视频，为广大技术人员提供直观的技术培训。

【中国电源学会第19届学术年会】中国电源学会学术年会是两年一届的综合性学术盛会。中国电源学会第十九届学术年会于2011年11月18～20日在上海市召开，450多人参加，征集论文226篇，出版了论文集。

年会开幕式由学会副理事长兼秘书长韩家新主持，开幕式上还进行了首届中国电源学会科学技术奖的颁奖仪式、中国电源学会第十八届学术年会优秀论文颁奖仪式。本次年会大会报告特邀瑞士理工大学教授Kolar、以色列Holon理工大学教授Ioinovici、中国科学院电工研究所副所长李耀华等专家、学者进行报告。11月19～20日共分12个分会场进行学术交流，交流论文139篇。会议期间还进行了墙报张贴交流论文，共张贴论文85篇。近年来，太阳能、风力、燃料电池等新能源发电技术和LED照明、电动汽车等领域发展很快，学术年会专门设置相关分会场进行交流。

会议同期还召开了中国电源学会第六届理事会第三次全体会议、第六届理事会第五次常务理事会和中国电源行业产学研交流座谈会、《电源学报》编委会。

【第二届中国电源技术年会】2011年6月25日，第二届中国电源技术年会在广东省深圳市召开。中国电源技术年会是以促进技术交流、技术进步、技术创新为宗旨，以电源工程技术人员为主体，以电源应用技术为主要内容，涵盖技术交流、技术培训、技术沙龙、人才招聘等项目的大型、综合性电源技术交流活动。本届技术年会，共组织会议演讲40余场，参会人数超过1000人。

本届技术年会分主会场和分会场，主会场凭借学会雄厚的专家资源，集合国内外知名专家、知名企业技术高层以及资深技术开发人员，围绕技术管理经验、技术发展动态、先进设计思想、水平较高的专项技术等方面，涉及主题包括高效率电源设计、可再生能源发电、LED照明、大功率UPS技术、汽车电子等热点内容。

主题分会场根据电源产品的不同分类设置不同的主题，使技术人员和工程师更有针对性的对自己从事的领域进行集中讨论、学习和交流。为增强参会学者间的相互交流，在各分会场技术交流会议之后还设立了技术沙龙环节，沙龙由知名专家担任主持人，参会人员根据设定的主题自由发言讨论，为参会者提供了一个畅所欲言、互相交流、互相学习、共同提高的平台。

本届技术年会还增加了专题培训，以“光伏逆变器设计技术”为主题开设专题技术培训。讲座特邀国内知名可再生能源发电技术专家赵争鸣教授授课，全面、系统的讲解光伏逆变器设计的相关技术要点和设计方法，使学员深入掌握相关知识。

同时，为缓解电源企业对专业人才的需求，搭建专业人才与企业之间的交流平台，发挥年会期间技术人员集中、业内人员众多的优势，本届技术年会还面向电源及相关企业设立招聘专区，向有需求的企业提供现场招聘的机会，使具有电源人才需求的企业，与目标人员进行直接、有针对性的接触。本次招聘会共有40余家企业参与。

【中国电源学会科学技术奖】中国电源学会科学技术奖（国科奖社证字第0220号）是科技部于2011年1月正式批准设立，代表我国电源领域最高水平的科技评奖活动。根据《国家科技奖励管理办法》以及《中国电源学会科学技术奖实施细则》的有关规定，首届中国电源学会科学技术奖于2011年7月1日至9月1日进行评奖项目申报工作。10月1日开始评审专家函审初评。此次共聘请了81位评审专家。10月23日召开评审委员会会议，经过严格的评审程序，评出《首届中国电源学会科学技术奖》授奖推荐名单，其中科技进步奖一等奖空缺、二等奖3项、三等奖4项；技术发明奖一等奖1项、二等奖2项、三等奖2项；青年奖2名、杰出贡献奖1名。名单通过社会公示，经中国电源学会第六届理事会第五次常务理事会议审议通过正式生效。颁奖仪式于2011年11月19日在中国电源学会第十九届学术年会开幕式上举行。

【第二届全国电能质量学术会议】第二届全国电能质量学术会议暨电能质量行业发展论坛于8月19～20日在湖南省长沙市举办。本次会议由电能质量专业委员会和欧盟－亚洲电能质量项目中国合作组共同主办，株洲变流技术国家研究中心承办。会议以“智能电网与电能质量”为主题组织了大会报告、行业发展论坛、分会场学术交流、企业展台展示、墙报张贴交流等交流活动。编印了会议论文集，收录了79篇论文，并从中评选出12篇本次会议优秀论文。与《大功率变流技术》期刊社合作工作，完成《电能质量》专刊的组稿出版。来自全国20多个省份的200多名专家、学者、企业高层、专业技术人员出席了本次会议。会议邀请了中国电力科学研究院、清华大学、华北电力大学及来自印度、马来西亚等国家的专家进行了大会报告。会议期间，还举办了行业发展论坛，邀请了菲律宾、印度、泰国的同行交流探讨行业发展。

中国复合材料学会

学会全年共组织各层次学术会议8次，500余位科技工作者参加了学会举办的技术交流活动。学会分别召开了五届四次常务理事会会议、秘书长工作会议、学会工作会议。学会赴韩国参加第18届世界复合材料学术大会，积极申办第20届世界复合材料学术大会。

学会完成了中国科协第四批人才库入库人选的信息采集工作，共有学会推荐的6位专家入选人才库。

学会五届四次常务理事长会议于1月8日在北京召开，到会的有常务理事、副秘书长、各专业委员会等。会议由学会理事长杜善义院士主持。会议一致通过，增补北京航空航天大学常务副校长徐惠彬为副理事长，增补北京航空航天大学教授张博明为常务副秘书长。学会秘书长燕瑛作了《2010年工作总结及2011年工作计划》报告，对2010年学会举办的第9届中日复合材料会议、16届全国复合材料会议、第十二届中国科协年会第15分会场、中国科协海峡两岸青年科学家学术活动月工作作了回顾和总结。

学会副理事长刘人怀院士在讲话中提出，国际交流对于学会发展具有十分重要的作用，应进一步加强国际交流。大家一致认为，随着中国国力的增长，有必要在国际学术领域发挥更大的影响和作用，应该切实有效提高国际会议的中国学者参会人数，不仅如此，还应该主动承办大型的国际学术会议。与会学者表决通过了申办第20届国际复合材料会议的决议。

中国消防协会

2011年，协会及所属分支机构共举办国内消防学术会议6次，征集论文1586篇，录用优秀论文647篇，有662人参加了学术会议，会上共有106篇优秀论文进行了交流，出版了《2011年中国消防协会科学技术年会论文集》、《2011年消防科技与工程学术会议论文集》、《2011年中国消防协会防火材料暨建筑防火研讨会论文集》、《2011年电气火灾防治与调查技术论文集》、《2011年灭火救援技术学术论文集》、《石油石化消防专业论文集》、《中国消防设备技术（2011）论文集》等7本消防学术论文集。2011中国消防协会科学技术年会共征集论文580篇，260人参加年会。与2010年相比，论文增加了166篇，参加人数增加了120人。

2011年年初，在广泛征求意见的基础上，完成了《中国消防协会“十二五”事业发展规划》的制定工作，并上报公安部和中国科协。这是中国消防协会历史上制定的第一个五年事业发展规划，规划的具体目标包括：形成系列化的消防学术交流精品，广泛开展社会化消防科普教育，使消防行业信用等级评价成为行业自律的重要抓手，进一步拓展职业技能鉴定工作范围和领域，推进消防工程师资格认证工作，创建国际一流的消防展会品牌等协会工作的主要方面。

5月19日，协会组织召开了第二届中国消防协会科学技术创新奖推荐项目评审会议，参评项目的主要完成人在评审会上进行了现场答辩。经第二届中国消防协会科学技术创新奖评审委员会严格评审，共评出获奖项目23项，其中一等奖4项、二等奖9项、三等奖10项。

2011年，协会组织出访团4个，出访人数25人，访问了3个国家和地区的民间消防机构，接待来访国家及地区民间消防访华团7个，来访人数66人，来自7个国家，参加国际会议2个。6月8～12日，学会派员赴美国波士顿出席国际消防协会联盟及其亚洲分会的会员代表大会，协会秘书长高伟被选为该联盟新一届执委和亚洲分会副主席。9月20日，协会承办的国际消防协会联盟亚洲分会执委会会议在上海市举行，会议讨论了亚太地区的一些消防安全标准等政策性文件的制定事项。

中国消防协会、公安部消防局、中国科协联合组织开展了第四批全国消防科普教育基地创建和命名工作。经严格评审，100家申报单位中有70家单位被授予“全国消防科普教育基地”称号。目前，全国消防系统已命名“全国消防科普教育基地”265家，由中国科协命名的全国科普教育基地10家。在全国科技活动周消防科普活动中，协会与各方面合作，直接组织了6项重点活动。在中国科协2011年1月启动的全国学会科普活动资源包征集推介工作中，中国消防协会申报的消防科普新知识资源包，经专家评审入选中国科协资助项目。项目的研发工作已全面展开，消防科普新知识资源包项目正式实施。

2011年5月20日中国科协办公厅下发了《关于同意开展消防工程师资格认证试点工作的函》，授权中国消防协会开展消防工程师资格认证试点工作。经商务部、国务院国资委批准，中国消防协会开展了消防行业信用等级评价工作，并举办了消防行业首批信用等级评价A级以上企业发布会。经公安部消防局授权，中国消防协会开展了行业信息调查工作，并出版了《中国消防产业发展调研报告》。

消防行业特有工种职业技能鉴定工作在公安部、人力资源和社会保障部的领导下进展迅速，2011年又有11个省（自治区、直辖市）鉴定站通过条件审查，全国已有20个（省自治区、直辖市）鉴定站通过条件审查，取得人力资源和社会保障部颁发的鉴定许可证。目前，已有29个省级消防协会申请承建消防行业特有工种职业技能鉴定站，已有8万名社会消防从业人员报名参加职业技能鉴定，其中48896人取得国家职业资格证书。

按照《中国消防协会章程》规定，协会召开了2次常务理事会；10月18日，在北京召开了协会五届五次理事会，公安部消防局局长陈伟明出席了会议并讲话。

2011年，协会发展单位会员71家，个人会员44人。2011年4月、12月分别组织开展了110人参加的新入会单位会员负责人座谈会和2011年度中国消防协会会员活动日活动，听取会员对协会工作的意见和建议，通报最新消防产品质量监督管理政策和开展消防行业信用等级评价、举办科学技术年会、科技创新奖评选、职业鉴定以及行业信息调查等相关情况。2011年9月，在山东组织召开了有80人参加的省级消防协会和中国消防协会分支机构负责人座谈会，围绕当前形势和协会工作特点，共同研讨进一步加强协会建设相互沟通、强化示范引导、推进协作互动的措施。

2011年，协会新制定并实施了《中国消防协会人事管理制度》、《中国消防协会经费支出审批办法》、《中国消防协会固定资产管理办法》；通过了公安部直属单位审计整改年领导小组对中国消防协会的整改验收。

【中国消防协会2011科学技术年会】9月6~7日，中国消防协会2011科学技术年会在山东省济南市举行。来自全国消防部队、各省级消防协会、消防科研院所、大专院校、消防企业的入选论文作者和专业技术人员260人参加了会议。山东省副省长郭兆信，省长助理、省公安厅厅长吴鹏飞等会见了中国消防协会领导，对年会的召开表示祝贺。协会会长孙伦、公安部消防局总工程师杜兰萍少将等向获得2011年中国消防协会优秀论文奖的184篇优秀论文作者、获得优秀组织奖的6家单位颁发了奖牌和证书。

开幕式后，大会举办了专题报告会和分会场交流活动。中国工程院院士、中国消防协会副会长范维澄，公安部消防局总工程师杜兰萍少将，山东消防协会名誉理事长、省公安厅副厅长王献增分别作了专题报告。主会场专题报告之后，3个分会场分别以消防安全管理与建筑消防设计研究，灭火救援组织指挥与技、战术研究，火灾科学与产品技术研究为主题进行了为期一天的专项交流，66位优秀论文作者作了交流发言。发言者的许多新观点、新探索引起与会消防科技工作者和专业工作者的浓厚兴趣，现场气氛热烈，交流和探索的主题涵盖了消防工作和消防科技的诸多领域。

本届年会共征集到学术论文581篇，经过年会论文评审委员会两轮评审，有184篇论文获奖，其中一等奖25篇、二等奖60篇、三等奖99篇。

【开展全国科技活动周消防科普活动】根据科技部、中宣部、中国科协《关于举办2011年科技活动周的通知》精神，协会于2011年5月15~21日开展了以“参加消防科技活动，学习消防安全知识”为主题，面向市民、中小学生、幼儿园的消防科普宣传活动。在此期间，协会科普教育工作委员会与各方面合作，直接组织了6项重点活动。一是与北京消防协会、团中央青少年消防安全教育基地、北京经济技术开发区试验学校联合承办的主场启动仪式活动；二是与贵州消防协会、贵州毕节地区消防支队联合举办的消防科普活动；三是与山东淄博消防支队、淄博张店消防志愿者服务大队联合举办的消防安全宣传进学校活动；四是与陕西省消防协会、西安曲江消防科普教育基地联合举办的消防科普活动启动仪式；五是与江苏省消防协会、江苏兴化全国消防科普教育基地联合举办的基地对中学生首场正式消防安全培训活动；

六是与上海消防协会、美国 UL 保险商实验所、上海市闵行科技幼儿园联合举办的消防科普进幼儿园的活动。

参加本次活动的受众人数达 3 万人次，其中科技工作者达 300 名，设广场宣传站点 50 个，出动消防安全宣传车 100 辆，全面开放 15 个消防科普教育基地，展览消防安全宣传板 1000 块，散发宣传资料约 10 万张（册），在电视台等公众媒体播放宣传影像及报道活动情况 20 次。2000 名消防官兵参加了活动，受到各地群众的普遍欢迎。

【开展首批消防行业信用等级评价工作】 商务部、国资委于 2010 年 8 月联合下发《关于公布第五批行业信用评价参与单位的通知》（商信用函［2010］3 号），中国消防协会被授予在消防行业开展信用等级评价工作实施单位。本着公开、公平、公正的原则，协会开展了消防信用等级评价工作。经企业自愿申报、第三方评价机构测评、专家组评审、初评结果公示、信评委终审等程序，最终评出 80 家 A 级以上信用企业，其中 AAA 级企业 40 家、AA 级企业 25 家、A 级企业 15 家。

2011 年 5 月 25 日，协会在北京举行了消防行业首批信用等级评价 A 级以上企业发布会并向获信企业代表发证授牌。公安部消防局副局长陈飞、商务部市场秩序司副司长温再兴、国资委行业协会办公室主任梁方、协会会长孙伦等出席会议，80 家 A 级以上信用企业的代表参加了发布会。有关领导在讲话中指出，首次开展的消防行业信用等级评价工作，是一项开创性的工作，将对加强我国消防行业的信用建设，推动消防行业的自律管理，促进消防行业的健康发展，尤其对推动消防企业积极履行社会责任，从产品质量和设施安装施工质量上夯实消防安全工作的基础具有重要意义。

中国图象图形学学会

2011 年，学会及所属各分支机构举办各类学术年会、研讨会、交流会、报告会和学术论坛等共 20 次，征集交流学术论文 1215 篇，有 12142 人次参加了学术交流活动。与 2010 年相比，学术交流的形式多样、次数增多、参加人数上升 18%。学会举办高端前沿学术论坛 3 次，分别为立体图像技术专业委员会的三维成像标准工作论坛、中国影视产业发展高峰论坛，青年工作委员会的 CSIG 青年科学家论坛。医学影像专业委员会与中国生物医学工程学会生物医学信息与控制分会联合举办了生物医学影像和生物医学信息学最新研究进展论坛。

学会开展科学普及活动 13 次，宣传医学影像科学技术知识，介绍数字图像处理的研究与发展。学会与团体会员单位中视典数字科技有限公司举办了“虚拟现实技术进校园”百校巡讲活动。

5 月 25～27 日，第五届全国教育游戏与虚拟现实学术会议在四川省成都市举行，会议由虚拟现实专业委员会与中国教育技术协会信息技术教育专业委员会联合主办，电子科技大学（成都）承办。本次会议吸引了 300 多名来自海内外著名高校、科研院所的专家、学者及企业界人士参会。会议论文集共发表论文 150 篇，并评选出优秀论文推荐到 *Transactions on Edutainment*（教育汇刊）国际期刊（EI），以及《计算机学报》、《中国图像图形学报》、《计算机应用》、《电子科技大学学报》等国内一级学报与核心期刊发表。会议的议题包括：虚拟现实、游戏设计与开发、游戏引擎开发与定制、游戏中的人工智能与人工生命、游戏中的物理学、游戏渲染与动画、游戏和动画中的数字特效、在线游戏/移动游戏/视频游戏、动画/游戏中的故事写作与故事叙述、游戏中的情感交互、学习资源管理、体验型学习、教育与远程课堂、协同学习环境、移动学习与协同学习、教育中的虚拟现实技术、动画技术在教学中的应用、增强现实与混合现实在教学中的应用、教育游戏在教育教学中的应用等。

9 月 3～4 日，由中国科协主办、中国图象图形学学会数码艺术专业委员会承办，台湾地区数位媒体设计学会、“中华数字文化创意发展协会”、台湾艺术大学、中国科协青年科学家福州活动基地等共同协助承办的海峡两岸 2011 青年科学家学术活动月“动漫与数字媒体技术的创新发展”主题研讨会在福建省福州市举行。来自海峡两岸的动漫等数字艺术设计界和数字媒体技术领域的专家、学者、领导和企业界人士 160 多人出席会议。

7 月 26 日，第 8 届中国图象图形学学会青年科学家论坛在黑龙江省哈尔滨市举办。论坛包括专题报告、座谈讨论两个部分。座谈会上，学会青年工作委员会的青年科学家们分别介绍了自己最新的研究成果，探讨了图象图形学科的发展方向，近 30 人参加了活动。

9 月 17～18 日，第七届和谐人机环境联合学术会议（HHME 2011）在北京召开。该会议包括第二十届全国多媒体技术学术会议（NCMT 2011）、第七届全国普适计算学术会议（PCC）和第七届全国人机交互学术会议（CHCI）。由中国计算机学会多媒体技术专业委员会以及中国图象图形学学会多媒体专业委员会等五家机构联合主办。全国多媒体技术学术会议特设了专题论坛，会议主办方邀请业内诸多专家、学者，回顾了中国多媒体技术 20 年来的发展，并对多媒体技术未来发展方向进行了展望。在专家面对面的环节中，清华大学计算机系教授徐光佑、微软亚洲工程院院长张宏江等专家学者回顾了多媒体技术20年来的发展进程。在随后的“首席看前沿”环节中，国家“973”项目的各高校首席科学家就多媒体学科前沿选题与关键技术进行交流。微软亚洲研究院高级研究员朱文武发表了《多媒体云计算思考》的演讲。

11月11日，计算机动画与数字娱乐专业委员会与中国人工智能学会智能CAD与数字艺术专业委员会、浙江大学联合主办，浙江大学承办的第八届智能CAD与数字娱乐学术会议在浙江省杭州市举行。浙江大学数字媒体与人机交互中心、国际服务工程学院有关负责人出席开幕式。国际著名专家、瑞士日内瓦大学MIRLAB主任、新加坡南洋理工大学数字媒体研究所所长Nadia Thalmann教授、国际著名虚拟现实专家Tom deFanti教授、浙江大学教授庄越挺和上海交通大学教授马利庄分别作了主题报告。会议围绕智能应用与游戏、协同与智能设计、虚拟现实与交互、图像分析处理、视频与运动分析、动画合成与几何处理、情感与智能、艺术与风格化、图像搜索与水印进行了广泛而深入的探讨。来自北京大学、南京大学、浙江大学、山东大学、厦门大学、中国科学院自动化研究所等50多所知名高校和研究机构300多人参加了本次会议，会议接收论文稿件250篇。

10月26~28日，学会举办的第八届中国国际机器视觉展览会暨机器视觉技术及工业应用研讨会在北京开幕。奥普特自动化科技有限公司（OPT）以特装展台亮相，与众多机器视觉同行共同为观众呈现一场视觉盛宴。此次展出产品除一些常用光源外，另展出大功率系列光源、贴片灯光源和部分非标光源。展台设立案例展示区，OPT工程师现场为观众演示部分应用案例。本届展览会吸引了数十家中外厂商参展，共有1万多人前来参观。与展会同期举行的研讨会以“视觉技术在工业领域中的应用”为主题，有美国、德国等十几个国家和地区的专家、学者作报告，吸引了各类科研人员、工程技术人员、管理人员，以及在校大学生到场免费听取专家报告。研讨内容包括最新产品、最新技术等诸多方面，以满足了不同参会人员的需求。

【中国图象图形学学会第六届全国会员代表大会】8月11~12日，中国图象图形学学会第六次全国会员代表大会在安徽省合肥市举行。参加本次会议的会员代表700多人，学会副理事长庄越挺主持大会开幕式，学会名誉理事长徐冠华院士与第五届理事会领导到会，学会副理事长陈武凡宣读了学会第五届理事长潘云鹤院士的开幕辞。

会议听取、审议并通过了第五届理事会工作报告、财务报告、修改会员费标准的议案等。会议投票选举产生了中国图象图形学学会第六届理事会，共有151人当选中国图象图形学学会第六届理事会理事。徐冠华当选为六届理事会理事长，丁国辉、庄越挺、吴一戎、余轮、陈武凡、杨红雨、周明全、潘志庚8人当选第六届理事会副理事长，刘凯龙当选第六届理事会秘书长。

会议提议并一致通过推举潘云鹤为第六次全国会员代表大会名誉理事长。会议决定授予钱曾波院士等12位专家荣誉理事称号，以表彰他们为学会做出的杰出贡献。会议决定聘请邓广林研究员等6位专家为学会顾问。

学会理事长徐冠华指出，目前，学会正面临一个前进与落后同在，挑战与机遇并存的历史性发展新阶段。必须抓住这难得的历史机遇，进一步解放思想，更新观念，深化改革，努力探索社会主义市场经济条件下，学会在组织体制、管理模式、运行机制、民主办会、学术交流、服务社会等诸多方面如何适应经济体制转轨时期的社会需求，增强经营学会的能力和素质，拓展学会的生存发展空间，奠定好学会长期、稳定、可持续发展的坚实根基。希望在新一届理事会的领导下，推动中国图象图形学学会和图象图形学事业的蓬勃发展。

【第六届国际图象图形学学术会议】8月12~15日，由中国图象图形学学会主办、中国科学技术大学信息学院承办的第六届国际图象图形学学术会议（ICIG 2011）在安徽省合肥市召开。第十一届全国政协常委、教科文卫体委员会主任、中国科学院院士、学会理事长、科技部原部长徐冠华出席会议并讲话，安徽省副省长倪发科到会祝贺并致辞。中国科技大学副校长陈初升参会并致辞，美国纽约州立大学布法罗分校、中国科技大学大师讲席教授、第六届国际图象图形学学术会议大会主席陈长汶教授出席开幕式并介绍大会的组织情况。开幕式由学会常务理事、副秘书长、中国科技大学信息学院教授俞能海主持。

徐冠华在致辞中指出，全面提高信息化水平，推动信息化和工业化深度融合，大力发展新一代信息技术，是国家“十二五”规划纲要提出的明确要求。中国图象图形学学会的目标正是秉承服务国家重大战略需求，围绕关键科学问题，整合从事图象图形学基础理论与应用研究的学科领域，开展图象图形学学术技术研究，增强我国在这一战略性领域的国际竞争力。他祝愿来自各国的专家、学者、企业家在创新与发展的旗帜下，进一步拓宽国际合作领域，提高图象图形学在社会信息化中的地位和作用，服务于社会和人类需求。

倪发科在讲话中希望与会专家进一步加强与安徽在

科学研究、成果转化、战略性新兴产业培育、人才培养方面的交流与合作，共同为科技事业发展作出积极贡献。

本次会议发表论文183篇，参会人员共有345人，其中包括6名IEEE Fellow（电气和电子工程师协会会士），68名来自美国、英国、德国等12个国家和地区的参会者。大会邀请国际知名的学者作会议主旨报告。其中，美国加州大学洛杉矶分校教授Mihaela van der Schaar（电气和电子工程师协会会士、电气与电子工程师协会多媒体汇刊主编）介绍了多媒体领域研究的最新进展，围绕多媒体数据流实时信息挖掘这一崭新的研究方向，阐述了相应的理论、方法与应用；University of Central Florida（中佛罗里达大学）教授Mubarak Shah（电气和电子工程师协会、国际模式识别协会、美国艺术与科学研究院以及仪器绘图工程师协会会士，电气和电子工程师协会模式分析与机器智能汇刊副主编）对视频领域运动模式的发掘与统一表达作了深入分析；浙江大学教授鲍虎军对视频的三维重建作了细致的探讨。大会特邀报告邀请国际学术界比较活跃的美国伊利诺伊斯大学伊香槟分校教授马毅、微软亚洲研究院研究员林宙辰、美国哥伦比亚大学John Wright作主题为“低秩矩阵恢复的理论与应用”报告。

会议还围绕多媒体领域热点前沿精心组织了3个特邀报告，分别由新加坡国立大学教授Tat－Seng Chua、香港城市大学副教授Chong－Wah Ngo、微软亚洲研究院研究员张磊作演讲，微软亚洲研究院研究员梅涛主持。

针对现在学生如何挖掘自己的研究潜能这一问题，本次会议组织了小组讨论，请业界成功的专家、学者结合自己的研究经历一起探讨这个话题。该讨论会由美国罗彻斯特大学教授罗杰波（电气和电子工程师协会会士）、新加坡南洋理工大学教授徐东主持，主题为“最大化挖掘研究潜能”，参加讨论的有来自美国加州大学洛杉矶分校的Bill Zame，Mihaela van der Schaar（电气和电子工程师协会会士）、惠普中国的孙启彬（电气和电子工程师协会会士）、伊利诺伊斯大学伊香槟分校马毅、香港城市大学Chong－Wah Ngo、微软亚洲研究院梅涛。他们结合自己的经历积极发表自己的观点见解，与会者普遍感觉受益匪浅。

中国人工智能学会

2011年，学会积极开展学术交流活动，截至10月，共召开境内学术会议51次，其中国际学术会议16次，高端前沿学术会议（论坛）28次，参加人数4999人次，交流学术论文3542篇。重要活动有：9月15～17日，在北京友谊宾馆举办中国智能产业高峰论坛，同期，在北京举办云计算与智能系统（IEEE CCIS）国际大会，大会共收到来自中国、美国、日本、德国、澳大利亚、韩国、意大利、新西兰、巴基斯坦等12个国家的267篇论文稿件，录用127篇，112位论文作者出席会议并做报告。10月28～30日，在广东省深圳市举办第四届宽带网络与多媒体（BNMT）国际会议及高等智能与认知网络（AIAI）国际会议，200多人参加了此次会议。

2011年为中国人工智能学会成立30周年，世界人工智能科学诞生55周年。学会于9月16～18日，在北京农业展览馆举办首届智能博览会，中国科协书记处书记张勤出席开幕式并发表讲话。此次博览会展览面积8000平方米，专业观众达3000多人。展览活动包括云计算与物联网、智能电网、智能家居、智能通信、智能科技成果5大类展览区，智能汽车、智能体育、无人飞机、智慧医疗、人机博弈、仿人机器人奥运比赛6大类体验区，共吸引了100余家企业、科研院所、国内高校参展。学会展出成立30年来的科研成果89项。

学会2011年更新了会员系统，该系统操作方便快捷，得到了学会会员的一致好评。经过学会常务理事会议倡议、理事积极支持，2011年学会创建《中国人工智能学会通讯》内部刊物，刊登智能科学技术的相关文章，反映学会的动态。《中国人工智能学会通讯》以电子版形式发给学会全体会员。

2011年，学会组织完成了首届“吴文俊人工智能科学技术奖”评审工作，共邀请10位院士和专家参与评审，经过网络初评、征询意见、现场答辩和终审会议表决，共评出5名获奖成果，并经“吴文俊人工智能科学技术奖”评审委员会审核批准。

中国体视学学会

2011年，学会开展国内学术交流活动9项，参加学术交流人数1470人次，交流论文703篇；开展国际学术交流活动4项，参加学术交流人数660人次，交流论文592篇。学会开展科普讲座8次，听众人数2600多人次；举办科普展览2次，受众人数2700多人次；完成了9张体视学科普挂图的设计和制作。学会开展继续教育和培训活动9次，培训结业人数232人。学会主办的学报《中国体视学与图像分析》共发表论文74篇。

【第十三届国际体视学大会】 10月19～23日，由学会承办的第十三届国际体视学大会在北京召开。这是四年一次的国际体视学大会第一次在亚洲地区召开。

来自丹麦、法国、德国、美国、澳大利亚等17个国家的约200位专家、学者参加了会议。

大会组织了12场特邀报告，报告人包括了现代体视学奠基人H. Gundersen教授，大会交流论文212篇。大会设有“青年体视学家竞赛”讲坛，经中外专家投票，评选出论文一等奖2名、二等奖2名、三等奖4名。

大会期间，国际体视学学会举行了工作会议，选举产生了新一届（2012～2015）国际执委。中国体视学学会副理事长唐勇再次当选国际体视学学会副主席。

【体视学科普活动周】 10月17～23日，学会在北京举办了“体视学发展50年”科普活动周。国内外体视学专家就体视学50年的发展以及体视学在材料、生物、医学等领域的应用作了5场科普报告。报告介绍了50年来体视学是如何由地矿领域专家发展起来，逐步由材料学家、生物和医学专家广泛应用并不断完善，以及在多个领域的发展过程和体视学学科发展前景。报告人还分别回答了听众的提问，5场科普报告受益人群达1100人次。

科普活动周期间，学会还与《科技日报》、《科技导报》、新浪网等媒体合作，以体视学人物专访、国际体视学大会报道、体视学知识介绍等形式，普及和宣传现代体视学知识。科普活动周期间发放体视学讲座光盘和资料3200多份。

【国际数学形态学培训班】 10月17～19日，学会与国际体视学学会在清华大学共同举办了国际数学形态学培训班，邀请法国巴黎矿业大学数学形态学研究所的4位形态学专家，讲解形态学工具与模型，介绍形态学领域的最新研究进展。我国40多位在材料科学、生物医学、图像分析、数学等领域从事形态学分析研究的科研和教学人员、学者及高等院校学生参加培训活动，并取得了由国际体视学学会颁发的培训证书。

【首届国际大学生材料显微结构摄影大赛】 3～10月，学会联合北京科技大学、中国材料研究学会、中国电子显微镜学会共同发起了首届国际大学生材料显微结构摄影大赛。该项赛事旨在激发材料专业学生的专业兴趣，提高显微结构的分析水平，以促进高校学术科研蓬勃发展，营造良好的学术氛围。

本届大赛吸引了来自国内外30多所大学及研究机构的100多名学生参与，收到作品300多幅，经专家评审，选出一等奖作品10幅、二等奖作品15幅、优胜奖作品25幅。

中国工程机械学会

2011年，学会共举办了11次学术交流会，由总会直接组织的有两次，各分会组织的学术会议有9次。组织编写出版了英汉汉英、日汉汉日、德汉汉德、俄汉汉俄、法汉汉法、西汉汉西6种《工程机械双向词典》。

11月6日，中国工程机械学会在上海市召开第四届会员代表大会，出席会议的代表205人。大会选举产生了学会第四届理事会、常务理事会、理事长、副理事长和秘书长、副秘书长。全国政协常委、上海市人大常委会副主任、同济大学副校长郑惠强教授当选为理事长，国务院学科评议组成员刘钊教授当选为秘书长。

4月9～11日，港口机械分会和兄弟学会联合举办的第十三届全国大型起重运输设备安全技术研讨会在湖南省长沙市召开。会议就生产管理与设备安全、起重运输设备节能与环保、变频调速技术等进行研讨与交流。

9月24～27日，混凝土机械分会在湖北省武汉市召开了2011年学术年会，出席会议的有90个单位118名会员代表。年会发布了22篇学术论文并编入论文集。会议围绕2011高铁建设与混凝土机械行业、房地产宏观调控和加速保障房建设对混凝土机械市场需求的波动性影响、企业营运成本和经营风险加大的应对策略、北非和南美国际市场对混凝土机械需求的特点等进行了研讨。会上还吸收了23家新会员单位。

10月21～24日，测试技术分会在河北省石家庄市召开年会，出席会议的有20多家单位的代表80多人。会议交流了测试技术领域的最新研究成果，就“军械故障诊断新进展”和“基于激光雷达测量技术”进行研讨。

10月27～30日，港口机械分会在河南省焦作市召开了2011中国港口机械论坛，就港口转型与科技创新、大型起重机安全制动分析与控制、智能化技术在水运智能运输系统中的应用及前景、散货—设备与系统集成技术等进行了学术探讨与交流，共有64人出席会议。

11月5日，路面与压实机械分会在上海市召开理事会。11月13日，工程起重机分会在江苏省徐州市召开了第13届年会。11月15～18日，维修工程分会在安徽省黄山市召开了第十二次全国机械维修学术会议暨会员代表大会。11月19～20日，铲土运输机械分会在吉林省长春市召开了年度总结与学术交流研讨会，就我国铲土运输机械技术创新和发展的战略定位、相关设计理论及应用、新技术、新材料的研究成果及应用以及整机和关键零部件的相关技术进行了深入的探讨和广泛的交流。

【中国工程机械学会第四届全国代表大会】11月6日，中国工程机械学会第四届全国代表大会在上海市召开，全国工程机械行业的205名专家、学者参加了会议。

会议听取、审议并通过了第三届理事会的工作报告、财务状况和审计报告、《中国工程机械学会章程》的修改报告。会议选举产生了中国工程机械学会第四届理事会、常务理事会、理事长、副理事长和秘书长。选举产生的理事125名，常务理事53名。全国政协常委、上海市常委会人大副主任、同济大学副校长郑惠强当选理事长，中国矿业大学校长葛世荣，全国政协常委、浙江大学原副校长冯培恩，装甲兵学院马世宁将军，武汉理工大学原常务副校长陶德馨，长江学者、吉林大学研究生院常务副院长赵丁选，长安大学工程机械学院院长焦生杰，中国科协常委、三一重工集团执行总裁易小刚，湖南省原政协副主席、中联重科上市公司监事长龙国键，山河智能工程机械集团董事长何清华，徐工集团副总经理李锁云，厦门工程机械集团公司董事长陈玲，大连益利亚工程机械公司董事长高德等当选为副理事长，国务院学位委员会机械工程学科评议组成员、同济大学教授刘钊当选为秘书长。

鉴于原国务院机械工程学科评议组成员，原国家奖评委，同济大学研究生院原常务副院长，中国工程机械学会第二、第三届理事会理事长石来德教授为创建中国工程机械学会并使其快速发展所作的贡献，全体理事会成员一致通过聘请石来德教授为学会的名誉理事长。

【第三届工程机械与车辆工程研究新进展国际学术会议（2011）】11月5~7日，学会在上海市召开第三届工程机械与车辆工程研究新进展国际学术会议（2011），出席会议的230人及同济大学和上海海事大学研究生共600多人参加会议，来自美国、俄罗斯、德国、日本、澳大利亚、加拿大、荷兰、新加坡8个国家的学者20人及台湾地区4名学者参会。

学会理事长石来德在开幕式上致欢迎辞，并介绍了我国工程机械10年来取得的成就。他认为，中国工程机械行业经过10年的努力，产值增长了10倍，不但满足了国家基础建设的需要，自给率达到85%，而且大量出口进入国际市场，由10年前的贸易逆差转变成顺差；技术进步促进了产品的开发，已经由初期的仿造转为创造，近10年来工程机械行业获得国家科技进步奖10项，形成了一批具有竞争能力的骨干企业，成为我国出口的支柱产业之一。中国科学院院士闻邦椿、中国工程院院士郭重庆、俄罗斯功勋院士巴甫洛夫以及16名外国学者和72名中国学者在大会上作了相关的研究报告或宣读了论文，经审阅，140篇论文由上海科学技术出版社出版了英文论文集。

学会举办了3次工程机械与车辆工程研究新进展国际学术会议。经理事会认定，今后每两年举办一次，形成常态化，逐步做出品牌。

【第三届机械工程在读博士研究生论坛】10月15~17日，学会在湖南省长沙市召开了第三届机械工程在读博士生论坛，收集论文62篇，印制成论文集。出席论坛的博士生56人，分布在全国22所学校。此次博士生论坛未设主题，主要目的是让在读博士生有机会锻炼论文的撰写能力，并有机会宣读自己的论文。同时，交流各院校博士生导师从事科研项目的情况和博士生培养的情况。学会聘请行业专家参与了报告会，与会博士生宣读论文后进行了评奖，评出一等奖3名、二等奖6名、三等奖9名。

论坛上，中国科学院院士闻邦椿作了专题报告，全面阐述了机械设计理论、方法的分类和内涵。论坛邀请承办单位山河智能股份有限公司董事长何清华作为上市公司的负责人介绍了该公司发展历程、高校教授在创建和主持公司的过程中如何重视科技创新、以企业为主体的新型产学研相结合的设想与举措。学会理事长石来德在论坛上介绍了我国工程机械行业10多年来快速发展的成绩和未来发展趋势。

这是中国工程机械学会举办的第三次博士生论坛会，计划每1~2年举办一次。

中国农学会

2011年，学会广泛开展国内外学术交流活动，举办了城乡一体化与三农创新发展论坛、农产品质量安全与现代农业发展专家论坛、全国休闲农业创新发展会议、农业生物技术发展与安全管理论坛等多次综合性学术交流活动，参加研讨交流人数1000多人次，并提出了对策建议。学会组织所属分会召开了60余次专业学术研讨会，参加研讨交流8000多人次。

学会完成了国家外国专家局下达农业部的引进国外技术、管理人才、示范推广项目和出国（境）培训项目任务，举办了英语、日语及农业技能等培训班，并派遣20多名优秀基层青年农业工作者赴美国研修。

学会完成了2010年度专业技术职务任职资格评审工作，在专家双审的基础上，经评审委员会定性评审和量化评价，共有254人专业技术职务获得晋升。组织完成了两院院士遴选推荐工作，以中国农学会名义推荐的两名专家，有1名当选为中国工程院院士。协助完成了2011年农业科研杰出人才评选、青年拔尖人才支撑计划人选推荐等工作。完成了农业部2011年度留学人员科技活动项目择优资助推荐、高层次留学人才回国资助人选推荐工作，推荐的20个项目有13个项目获得资助，资助经费达76万元。

学会召开农民科学素质行动工作座谈会，对“十一五”期间工作开展情况进行了系统总结，编制了《农民科学素质行动实施工作方案（2011—2015年）》，明确下一步工作的总体思路、主要任务、重要工作、保障措施。学会积极组织或参与农业科普活动，开展了科技专家和致富能手走进六盘山活动，参加了农业部、中国科协等部门组织的科技下乡活动和全国科普日活动，向农村居民和城市居民普及农业科技知识。创新科普制品资源开发工作，承担完成了秸秆综合利用、农艺节水、有机农业3个科普原创素材开发项目，编制了《2012年农业主导品种和主推技术》，编写印发了春耕生产和秋季管理科技明白纸，受到了基层用户的欢迎。2011年，学会被中组部、中国科协等9部委评为“十一五”《科学素质纲要》实施工作先进集体。

学会加强政策研究与决策咨询工作，完成或参与完成了事业单位分类改革调研、农村实用人才队伍建设调研、新型农民培养调研、农村人才输入机制研究、院士专家服务农业企业长效机制研究、农业院校服务产业发展研究、全国县域科技工作者状况调查、当代中国农学家学术谱系研究等课题研究工作。学会组织了SPF猪产业发展情况调研、中国（丹阳）农业科技成果洽谈、第八届全国特种养殖种植技术成果博览会等活动，提出的《关于促进无特定病原猪产业化的建议》得到了温家宝总理的批示。学会制定了《院士专家农业企业工作站建设与运行管理办法（试行）》，在北京中地种畜有限公司、天水国家农业科技园等3家单位新设院士专家农业企业工作站，协调院士、专家对已设站的6家企业开展了技术咨询服务。

学会不断拓展教育培训工作领域，举办了农业技术推广人员知识更新工程高级研修班，来自全国22个省的219名一线农业技术推广人员参加了培训研修；完成农产品质量安全专项工作，组织了农产品质量安全检测机构考核评审员培训班和首届农产品质量安全基层检测技术人员大比武活动，400多人参加培训学习或大比武活动；分别举办了农业财务管理、档案管理信息化、常用文体写作、新闻写作摄影、突发事件应急应对、后勤服务管理、离退休干部管理等工作培训班，培训农业系统管理人员1000余人。

学会完成了2010～2011年度中华农业科技奖评审工作，组织由22位院士专家组成的评审委员会对入围成果进行会议终审，共评选出科研成果一等奖21项、二等奖31项、三等奖47项、科普成果奖7项，优秀创新团队奖10项；开展获奖成果跟踪调研，先后到辽宁、山东、江苏、广东等地考察获奖成果后期工作进展情况，对如何加快获奖成果转化应用的有效措施进行了座谈交流。学会积极扩大科技成果评价试点，评价的科技成果由2010年的4项扩大到2011年的10项，学会科技成果评价试点工作得到了科技部的充分肯定。

学会完成了8项职业技能标准、7套职业培训教材、12个鉴定试题试卷库的编制开发工作；进一步加强鉴定条件建设，投入1000万元为33家建设单位购置仪器设备，基层鉴定站的鉴定能力得到提升；推进农业高技能人才培养工作，组织召开了“金蓝领计划”试点工作总结会，对试点工作进行全面总结，并提出了下一步工作目标和要求；加大鉴定质量管理力度，对农业行业383家鉴定站鉴定质量管理情况进行检查评估，签订了鉴定质量管理责任书，并从完整性、准确性和规范性等方面强化对鉴定结果质量的审核把关；配合有关部门组织了第二届农业职业院校技能大赛和首届农机职业技能大赛活动，激发农业系统职工和院校学生学习技术、提升技能的热情。

2011年，学会承担了秸秆综合利用科普原创素材开发、农艺节水科普原创素材开发与有机农业科普活动资源包开发3个项目。学会利用中华农业科技奖等科技成果，组织不同领域的20余名专家，与有关出版社和动漫制作公司等单位合作，在提炼知识点的同时，在文字、图片、视频、音频、Flash等表现形式上进行了创新。3个项目已通过结题验收，并编印出版了当代中国科普精品书系——《有机农业110》和《秸秆综合利用》科普图书；制作完成了科普动漫《闲话秸秆》、《农业节水，就在你我身边》。

学会加强编辑人员业务能力建设，选派编辑人员分别参加主编岗位培训、主编继续教育培训、期刊国际化培训和职业资格考试培训，编辑人员业务能力和刊物编校质量明显提升；《中国农学通报》学术影响力进一步扩大，出版周期由半月刊改为旬刊，全年刊载论文数量同比增加10%，2011年在第二届中国学术期刊评价中被评为“RCCSE中国核心学术期刊（A）”；《农村小康科技》更名为《农学学报》并创刊出版，2011年出版10期，载文

会信息3万余条。

学会召开了2011年全国桉树论坛暨产业展示会，围绕桉树遗传育种、桉树栽培、经营管理、木材加工、生态保护和多资源利用等问题进行交流与研讨。举办了第七届中国竹业学术大会，分设中国竹产业发展论坛和中国竹业青年学术论坛两个分会场，围绕竹资源培育、开发利用技术、产业发展等问题展开研讨。结合召开学术研讨会和分会年会，组织开展生物质材料、木材加工、林产化工、林业机械等领域的产学研交流活动。

在期刊编辑方面，学会启用了采编系统短信平台，加强了作者、编辑、读者之间的联系与沟通。加强期刊网络平台建设，实现了过刊和现刊上网，方便了读者查询阅读。2011年，学会主办期刊——《林业科学》继续被评为中国科协精品科技期刊，在中国科技期刊综合评价总分排名中，《林业科学》在我国4936种科技期刊的1998种核心期刊中位居第6，在2008年第9位、2009年的第7位的基础上再创新高。

在表彰奖励方面，学会与国家林业局人事司共同组织开展了第十一届中国林业青年科技奖评选及第十二届中国青年科技奖候选人推荐工作，评选出20名中国林业青年科技奖获得者。经学会推荐饶小平、郭洪英2名林业科技工作者荣获中国青年科技奖。组织开展了第四届梁希林业科学技术奖评选工作，从127项申报项目中共评选出获奖项目89项。其中一等奖4项、二等奖36项、三等奖49项。

在组织建设方面，学会召开了全国林学会秘书长会议暨分支机构主任委员座谈会。组织开展学会发展情况调研，采取问卷调查和实地调研相结合、广泛听取意见与专题研究相结合的方式，全面了解全国林业学会事业发展现状，总结经验，查找问题，研究提出推进学会事业发展的对策措施。树木引种驯化、林业科技期刊、生物质材料科学、森林生态等4个分支机构进行了换届改选。2011年，经中国科协、民政部批准，申请成立了森林食品、竹藤资源利用两个分会（专业委员会），学会分会、专业委员会总数达到36个。

【2011年现代林业发展高层论坛】 12月23日，由中国林学会主办的2011年现代林业发展高层论坛暨第四届梁希林业科学技术奖颁奖仪式在北京举行。国家林业局局长贾治邦出席并作重要讲话，国家林业局副局长孙扎根宣读了“中林集团杯”第四届梁希林业科学技术奖评选结果的通报，中国林学会理事长、国际木材科学院院士江泽慧作主旨报告，中国科协书记处书记王春法出席论坛并讲话。科技部国家科学技术奖励工作办公室副主任陈志敏、国家发改委农经司副司长吴晓松、财政部农业司副司长褚利明、梁希奖冠名资助单位——中国林业集团公司总经理张樟德、国家林业局各有关司局和直属单位领导出席开幕式和颁奖仪式。开幕式由中国林学会副理事长兼秘书长赵良平主持。

本次论坛以“森林质量和绿色增长”为主题，贾治邦局长在讲话中强调，提高森林质量是发展现代林业的根本所在，促进绿色增长是发展现代林业的重大使命。提高森林质量是实现绿色增长的重要基础，实现绿色增长必须把提高森林质量作为战略任务。王春法书记在讲话中充分肯定了中国林学会近年来取得的成绩。江泽慧理事长的主旨报告围绕“森林质量与绿色增长”的主题展开，提出了林业是绿色增长的希望的观点。

中国科学院院士唐守正、清华大学国情研究中心主任胡鞍钢、中国林科院首席科学家盛炜彤、中国林科院首席科学家彭镇华、国家林业局造林司司长王祝雄、北京林业大学校长宋维明等12位专家就森林质量与森林可持续经营、中国绿色发展理论与实践、非木质林产品研究和利用、城市森林质量与人居环境、森林经营与绿色增长、我国木材安全等议题做了特邀报告和专题报告。与会学者围绕论坛主题，广泛交流了我国森林经营的成功模式和先进经验，认真分析我国森林质量现状、存在问题及原因，深入探讨进一步加强我国森林经营工作、提高森林质量的主要思路和对策措施，形成共识，提出提升森林质量、促进绿色增长的决策建议。

大会颁发了“中林集团杯”第四届梁希林业科学技术奖和全国优秀科技工作者奖。来自各省、自治区、直辖市林业厅（局）、林学会，国家林业局各直属单位，林业高等院校、科研院所的领导和专家，全国优秀科技工作者和第四届梁希林业科学技术奖获奖代表共260余人参加了论坛。

【2011中国林业青年科技论坛】 9月5～6日，2011中国林业青年科技论坛在甘肃省小陇山举行。论坛的主题是“森林多功能经营与现代林业”。论坛由中国林学会主办，中国林学会青年工作委员会、甘肃省小陇山林业实验局承办，中国林业科学研究院资源信息研究所、中国林业科学研究院林业科技信息研究所和甘肃省林学会共同协办。

论坛分三节，每节由特邀报告、专题报告和学术讨论组成，分别围绕森林多功能经营的背景和概念、森林多功能经营的技术及模式、森林多功能经营的政策与应用开展了学术交流，并结合我国林业生产实际，就多功能林业与森林多功能经营的概念、发展多功能林业的必要性、多功能林业科技支撑、森林多功能经营的政策调整、发展多功能林业的基本路径等提出了意见与建议。

中国林业科学研究院研究员侯元兆、张会儒、陈永富、陆元昌和王彦辉以及北京林业大学副教授李小勇分别作了题为《多功能森林的地位和经营技术体系》、《森林多功能经营的概念及现状》、《森林多功能经营模式》、《森林多功能经营林分作业法》、《多功能林业理念及其应用探索》、《中国多功能林业政策体系初探》的特邀报告。来自科研、教学和规划部门的11位专家作了专题报告。本次会议参会学者103人，收到会议学术论文43篇。

【森林食品科学技术专业委员会成立大会暨首届森林食品学术研讨会】7月4～5日，森林食品科学技术专业委员会成立大会暨首届森林食品学术研讨会在浙江省杭州市召开。学会副理事长兼秘书长赵良平、常务副秘书长李岩泉，国家林业局科技司副巡视员杜纪山，浙江省林业厅厅长楼国华、副厅长吴鸿，浙江农林大学副校长金佩华等领导出席会议。赵良平在开幕式上讲话，介绍了成立森林食品科学技术专业委员会的背景及其重要意义，对做好新形势下森林食品专业委员会的工作提出了4点要求。楼国华代表浙江省林业厅在开幕式上致辞，对森林食品科学技术专业委员会的成立表示祝贺。杜纪山代表国家林业局科技司讲话，阐述了加强森林食品科学研究、确保森林食品安全的重大意义。会议由李岩泉主持。来自全国各地森林食品领域的科技工作者及森林食品科学技术专业委员会第一届委员会的委员候选人共100余人参加了会议。

根据《中国林学会章程》等有关规定，大会采取无记名投票方式，选举产生了森林食品科学技术专业委员会第一届委员会、第一届常委会，以及第一届主任委员、副主任委员和秘书长。浙江省林业厅副厅长吴鸿教授当选为第一届主任委员，浙江省林产品质量检测站站长江波研究员当选为秘书长。

会议邀请中国农科院茶叶研究所陈宗懋院士作了大会特邀报告。本次会议收到学术论文60多篇，内容涉及森林食品质量安全教学与研究、森林食品生产栽培技术、森林食品加工工艺、非木质林产品资源开发利用、质量标准研究、产品质量安全检测等。张柏林等8位专家在会上作了学术报告。会议组织参观考察了浙江森林食品生产基地。

【创办森林大讲堂】创办森林大讲堂旨在响应第61届联合国大会关于2011年为国际森林年的决议，按照全国绿化委员会、国家林业局《2011国际森林年中国行动方案》的要求，广泛宣传森林的作用，引导公众关注森林问题，增强生态意识，推动全民科学素质进一步提高。

4月26日，由世界自然保护联盟（IUCN）、中国林学会共同主办的2011森林大讲堂揭幕仪式暨第一讲在北京林业大学举行。学会副秘书长沈贵、世界自然保护联盟森林保护项目主任Stwuart Maginnis先生为森林大讲堂开讲揭幕。2011森林大讲堂第一讲的主题是“森林与气候变化”。世界自然保护联盟森林保护项目主任Stwuart Maginnis先生、亚太森林恢复与可持续管理网络中心副主任王春峰、北京林业大学教授孙建新，分别以《森林的重要性》、《森林在应对气候变化的特殊作用》和《气候变化与森林生态系统的响应和适应》为题作了科普报告。活动期间，举办了以森林与气候变化、森林景观恢复内容为主的科普展览。北京林业大学师生以及《中国绿色时报》、新浪网等新闻单位记者200多人参加活动。

随后，学会又分别在北京师范大学、联想集团、诺基亚集团举办了3次科普报告会，向广大师生、媒体记者、企业员工普及林业知识，培养生态理念。

【全国林业科普基地座谈会】9月22～23日，由学会主办、新疆艾比湖湿地国家级自然保护区管理局承办的全国林业科普基地座谈会在新疆维吾尔自治区博乐市召开。学会副秘书长沈贵，博尔塔拉蒙古自治州州委副秘书长、州科协主席尤里瓦斯出席座谈会开幕式并致辞。会议总结交流全国林业科普基地近两年来的科普工作，分析探讨新形势下如何搞好科普六进活动，推进科普资源共建共享，积极引导做好“十二五”期间全国林业科普基地的科普工作。

座谈会上，学会副秘书长沈贵、中国科普研究所副研究员谢小军就掌握科普理论、提升科普能力、搞好资源共建共享作了专题报告。新疆艾比湖湿地国家级自然保护区管理局、陕西长青国家级自然保护区管理局、东莞市林业科学研究所、贵州省龙里林场的代表分别作了典型发言。学会重点介绍了学会整合科普资源、搞好共建共享、提升科普能力的做法、设想与下一步打算。与会代表围绕如何搞好林业科普“六进”活动，促进资源共建共享进行了交流和探讨。来自部分省（区、市）林学会、全国林业科普基地的70余名代表参加了会议。

中国土壤学会

2011年，学会开展了9次学术活动，来自多个国家的专家学者近1300人次参加，报告人数320多人次，收录论文360多篇。其中，学会专业（工作）委员会组织开展活动8次：土壤化学专业委员会主办农田重金属污染过程与修复技术学术研讨会，土壤－植物营养专业委员会与中国植物营养与肥料学会合办玉米机械化施肥研讨会，土壤肥力与肥料专业委员会主办中低品位磷矿及不溶性钾矿资源开发利用学术交流会，土壤生物和生物化学专业委员会联合主办第十一届全国菌根学术研讨会，土壤生态专业委员会联合主办高强度利用下土壤生态与健康学术研讨会，土壤遥感与信息专业委员会和土壤发生、分类与土壤地理专业委员会举办2011年联合学术研讨会、教育工作委员会参与主办第六次全国农业大学资源与环境学院院长联席会暨全国农业资源与环境学科教育研讨会，土壤化学专业委员会、土壤环境专业委员会联合主办土壤－环境与生态可持续发展学术研讨会。

2011年，学会积极协助中国科协主办农产品质量安全与现代农业发展专家论坛。中国土壤学会10名学者出席了会议，学会理事、福建农林大学资环学院院长王果应邀作了大会报告。

10月10～13日，学会组织会员参加了在斯里兰卡科伦坡召开的第十届东亚及东南亚土壤科学联合会（ESAFS 10），学会的10位专家参加了会议并作相关报告。

编写中国土壤学会申办2022年第22届国际土壤学大会的宣传小册子，撰写申办报告，为申办国际会议做好准备。

主办或合办的《土壤通报》、《土壤学报》、《水土保持学报》、*PEDOSPHERE* 和《干旱区研究》5种期刊，全年刊出文章共计1034篇，发行总量29700册。

由中国科协主编、中国土壤学会编著的《土壤学学科发展报告（2010—2011）》于2011年4月正式出版，全书约38万字。

《中国科学技术专家传略·农学编·土壤卷3》初稿已完成整理修改工作，共录入48篇土壤学方面的专家传略，其中台湾地区2篇。

开展第六届中国土壤学会科技奖的评审工作。中国科学院南京土壤研究所研究员施卫明主持的“太湖地区稻改种设施蔬菜氮排放规律与氮污染控制技术研究”项目和西南大学研究员谢德体主持的“重庆市岩溶山地生态系统退化机制及恢复重建研究”项目并列获得一等奖，云南农业大学教授张乃明主持的“设施农业土壤质量演变机理与持续利用”项目获得二等奖。

【耕地资源合理利用与粮食安全学术研讨会】 2011年7月8～10日，由中国土壤学会主办、吉林省土壤学会等单位承办的中国土壤学会第11届四次理事扩大会议暨耕地资源合理利用与粮食安全学术研讨会在吉林省长春市召开，与会理事、学者共300多人。学会理事长周健民、吉林省政协副主席林炎志、吉林省科协主席刘淑莹、吉林省农委主任任克军等出席大会并致辞。中国科学院院士朱兆良、学会常务副理事长沈仁芳，吉林农业大学党委书记姚秋杰等出席了大会开幕式。

本次研讨会围绕“我国耕地资源合理利用与粮食安全”主题展开了探讨与交流，共有6人作大会报告，32人作分组报告。与会学者一致认为：我国人多地少，耕地资源十分稀缺，由于长期形成的深层次结构性矛盾和粗放型经济增长方式尚未根本改变，土地管理体制、机制和法制障碍依然存在，耕地作为紧缺战略资源对经济发展的制约已越来越明显。我国人口众多，对粮食的需求量大，粮食安全的基础比较脆弱，随着工业化、城镇化的发展以及人口增加和人民生活水平提高，粮食消费需求将呈刚性增长，而耕地减少、水资源短缺、气候变化等对粮食生产的约束日益突出，保障粮食安全面临严峻挑战。如何保持土壤生产力，实现农业可持续发展，需要全体有识之士努力工作加以解决。

研讨会上，与会专家学者围绕耕地资源管理与粮食安全、土壤生态与环境保护、土壤过程与养分循环进行了深入研讨，旨在对提高土地生产能力、促进区域经济的协调快速发展，增加农民收入，为保护并改善生态环境，实现经济、社会、环境协调发展提供技术支持。会议收到论文摘要58篇，编印了论文摘要集。

中国水产学会

2011年，学会努力做好科普下乡、为渔民办实事工作。学会与中国农技中心、海洋出版社及有关研究所合作，完成了《水产健康养殖新技术》丛书和《水产养殖病害防治技术》丛书，正在编辑《水生动物疾病诊治挂图》。学会利用自身的技术资源和人才优势，组织科普讲团深入水产养殖生产一线，向渔民普及科学知识，倡导科学方法，推广科学技术。学会继续开展“规范用药科普下乡”活动。该活动近几年一直被农业部列入“为农民办实事”之中，得到了各省行业主管厅局的大力支持与帮助。通过举办培训班、办讲座、发放有关技术资料等形式向广大渔民、养殖户宣传科学的养殖方法，推广健康养殖技术，普及规范的用药知识。

2011年，学会和中国水产科学研究院黄海水产研究所在天津市联合主办了水产科技周活动。来自生产一线的养殖工作者、水产技术推广部门和相关科研、教学单位的技术人员200多人参加活动。学会已连续4年与中国水产科学院黄海水产研究所共同举办水产科技周活动，每年科技周的活动方式都不一样，活动内容丰富多彩。活动的地点一般在企业，针对企业的情况，组织有成果有技术的会员为企业服务，为当地的渔业生产服务。活动内容包括科技讲座、现场参观与科技服务等，以带动各省级水产学会、学会的单位会员、分支机构、学生会员工作站等开展因地制宜、形式多样的水产科技周活动，结合当地渔业生产实际，组织会员利用自己的成果和技术为当地渔民服务，帮助养殖户或生产企业解决生产实际问题。

在2011年9月第13届中国科协年会期间，学会与天津市水产局联合举办了“都市渔业 让生活更美好——水产科普展”。中国科协副主席、书记处书记程东红观看了科普展。为做好本次展览，学会调动了40多个相关单位的资源，得到了众多专家、学者的支持与帮助。

为了落实科技部等六部委有关加强科技宣传工作的文件精神，在农业部渔业局的指导和大力帮助下，学会联合福建省福州市海洋与渔业局在2011海峡（福州）渔业周期间，举办了“十一五”全国渔业科技成果展，集中展示了22个国家级科技奖、27个中华神农奖、60个省（部）级一等奖和25个全国农牧渔业丰收奖。展览期间，中国水利水电科学研究院、上海海洋大学、广东海洋大学和山东、辽宁、福建、广西、广东、天津等省（区、市）单独设展，涉及企事业单位100多家；共有18个省、自治区、直渔业主管部门，38家科研院所、大专院校和企业为展览活动提供了大量珍贵的资料。农业部渔业局领导对此次展览活动给予了充分的肯定。

学会作为农业部渔业局对外贸易跟踪研究专家组的日常工作联系单位，2011年着重加强对水产品国际贸易热点和重点问题的研究。多次组织召开渔业国际贸易跟踪研究专家座谈会，交流当前渔业国际贸易特点和渔业国际贸易课题研究进展情况。2011年，共设立水产品市场贸易及产业政策研究、可持续渔业发展态势与国际水产品市场规则跟踪研究、基于转型增效发展的中国水产外贸新战略探索、大地震后的日本渔业及水产品市场动态跟踪研究等7个课题开展研究，研究成果供有关单位作决策参考。

学会继续加强对水产品进出口分析和监测工作。每月下载水产品进出口海关数据，撰写水产品进出口贸易研究报告，分析水产品国际贸易形势，研判水产品进出口贸易变动原因和趋势，并将研究报告及时提交农业部渔业局。

为应对日本大地震及海啸对我国渔业生产和贸易的影响，学会积极了解鳗鱼养殖加工等对日贸易企业的生产和经营情况，将了解到的情况积极上报给农业部渔业局。并在第一时间要求渔业国际贸易跟踪研究专家针对此突发事件进行跟踪研究，在地震后15日内完成《日本地震后渔业生产和水产市场情况》报告，对日本重灾区渔业设施及渔船等受损情况、灾后日本水产市场情况进行研判，写出分析报告并及时上报给农业部渔业局，为我国有关部门应对此突发事件作决策参考。

2011年年初，学会利用王清印、王武、陈雪忠3位同志荣获“全国优秀科技工作者”称号这一契机，结合会员日活动，掀起了学先进热潮，号召全国各省级学会、学会各分支机构、单位会员、学生会员工作站等开展学习、宣传全国优秀科技工作者活动。同时，学会分别在上海、青岛两市召开全国优秀科技工作者颁奖大会，宣传他们的先进事迹，同时号召各省学会把总结本省会员的先进典型，向各地行业主管部门或科协组织推荐先进典型作为服务会员的工作任务之一，扩大学会的影响力和凝聚力。

2011年，学会着重在以下几方面拓展合作与交流的范围。一是扩大与中国科协直属学会的合作，进行学科交叉与融合方面的合作与交流，如与中国营养学会、中国农村专业技术协会开展合作；二是扩大与有关省市的合作，组织专家学者到福建省、天津市与企业开展技术对接活动，三是扩大与高校和研究单位的合作，如与中国水利水电科学研究院、集美大学合作等；四是扩大国际合作与交流，于2011年1月和4月分别与日本水产学会和西澳大利亚州渔业部签署了合作谅解备忘录，拟在学术交流、信息共享、技术培训等方面进行有针对性的合作。10月，学会代表团分别对日、韩进行访问，参加了日本水产学会第十三届学术年会，与日本水产学会、韩国水产学会进行了三方合作会谈，共同探讨渔业民间交流问题，并对未来水产的研究与交流，达成了共同的意向。

2011年10月，为深入了解世界渔业发展走向，应对国内消费市场需求的变化，学会与联合国粮农组织联合召开了中国需求对未来世界渔业的影响国际研讨会，就世界渔业发展趋势和中国水产品市场需求对世界渔业的影响进行了深入研讨，来自联合国粮农组织、世界经合组织（OECD）和挪威等国际知名专家学者和企业家共计20多人参加了会议。国外专家表示要进一步扩大与学会合作。

2011年，学会发挥队伍强大、覆盖面广、技术资源雄厚和人才优势明显的有利条件，整合力量积极申报并认真组织实施中国科协的项目。2011年共申报实施中国科协项目近10项，获得100多万元的资助。项目完成质量很好，学会的科普讲团在“万名专家讲科普”活动中连续两年被评为“全国优秀报告团”；学会与其他4个学会共同完成的《预防与控制生物灾害咨询报告（2010）》被中国科协评为优秀调研报告特等奖。

2011年，学会着力做好渔业统计工作，圆满完成2010年渔业统计数据汇总。学会多层面多渠道收集大量基础资料，组织多方面专家开展研究、评估、磋商，力求准确把握渔业生产和渔业经济运行情况，做到产量指标控制数据核定时尽可能地接近生产实际，在综合考虑各省、自治区、直辖市报送的水产品产量预计数、池塘改造面积、渔业发展速度、海洋捕捞和淡水池塘养殖渔情监测情况等多方面因素的情况下，学会向农业部渔业局提交了各省、自治区、直辖市的产量预测方案。同时，学会认真开展渔业统计培训。安排专门的经费培训各地渔业统计人员，提高统计人员的业务能力和综合素质。根据农业部渔业局的安排，2011年学会先后在昆明市、银川市、呼和浩特市等地举办了3期统计人员培训班，来自20多个省、自治区、直辖市的500多名统计人员和重点渔业县行业主管部门的领导参加了培训。根据农业部渔业局的安排，除了继续在广东、江西、湖北三省分别开展海水养殖和淡水养殖抽样调查试点工作外，还增加了江苏、河南和天津三个省（直辖市）。学会根据渔业统计工作的总体部署，积极做好抽样调查的组织协调工作。对新开展试点工作的省（直辖市），给予积极的有针对性的技术支撑，组织专家帮助他们制定抽样调查方案、培训调查员。通过跟踪检查，及时帮助他们解决抽样调查工作中遇到的问题。

为推进全国渔业统计工作信息化建设，学会在“全国渔业统计人员信息系统”基础上，着手开发建立“全国渔民家庭收支调查户档案系统”。该系统的建立，将更方便了解调查户的情况，实时掌握渔民家庭收支变化情况，为决策提供第一手资料。同时，学会积极与各省、自治区、直辖市渔业行政主管部门联系沟通，完善全国渔业统计人员信息库。目前已经有8400多名渔业统计人员入库，相关信息进一步完备。

受农业部市场司和渔业局的委托，学会负责全国80家定点水产品批发市场的信息采集、汇总、分析和上报工作。2011年，学会紧密依靠各省、自治区、直辖市行业主管部门的支持，充分调动市场和信息员的积极性，建立市场经济信息分析专家队伍，多方争取资金，改善信息员的工作手段，加强信息员队伍培训，提高队伍素质。较出色地完成了年度的信息采集汇总、分析、上报工作。目前，市场信息工作正向省部共建、信息共享方向推进，并形成如下特点：信息采集系统畅通无阻；信息发布及时，社会影响力不断扩大；信息员队伍总体稳定，整体素质不断提高；信息采集手段得到有效改善。

【2011年中国水产学会学术年会】11月16日，由学会主办，集美大学和福建省水产学会承办的2011年中国水产学会学术年会在集美大学召开。本次年会以“渔业科技创新与发展方式转变”为主题，吸引了全国各地600多位专家、学者及水产相关科技工作者参会。大会开幕式由集美大学副校长关瑞章主持，中国工程院院士麦康森、学会副理事长兼秘书长司徒建通、上海海洋大学副校长黄硕琳、大连海洋大学副校长陈勇、广东仲恺农业工程学院副校长吴灶和、渤海大学副校长励建荣、日本水产学会会长、东京海洋大学副校长竹内俊郎、福建省水产学会理事长李祥春、集美大学副校长关瑞章、集美大学党委副书记叶美萍等专家、领导出席了开幕式。

麦康森院士首先作了题为《转变增长方式是我国水产养殖持续发展的必由之路》的报告，竹内俊郎教授、薛长湖教授、关瑞章教授分别作了《大地震对日本水产业的影响》、《海洋水产品精深加工应用基础理论研究进展》、《鳗鲡现代产业技术》的报告。

本次会议共收到论文及摘要620多篇，年会设有6个分会场。在为期2天的会议中，与会代表围绕水产动物医学、水产生物、水产资源与环境等13个专题进行广泛深入的学术研讨，有370多篇学术论文在大会上进行宣读与交流。同时，为适应水产期刊发展的需要，加强全国水产期刊间的协作与交流，会议期间召开了中国水产学会期刊协作网成立大会。

作为每年一届的我国水产界的学术盛会，本次会议交流了水产业各个领域最新研究成果及发展趋势，共同探讨我国水产业及相关研究、生产领域所面临的现状、问题和解决办法，对于增进渔业科技创新方式与发展转变的途径，以及水产学科的发展产生了积极的推动作用。

【“党建强会”活动】7月23日，“让党旗在塘边地头高高飘扬——党建强会”暨“送科技下乡”主题活动在湖北省浠水县散花镇隆重举行。此次活动由中国水产学会、湖北省水产局、浠水县委县政府等联合主办，浠水县委常委、宣传部长柳达主持活动仪式，湖北省水产局副局长刘能玉、浠水县政府副县长杜兴洋参加了活动，并分别致辞。

学会副理事长兼秘书长司徒建通在致辞中说，学会现有会员1.8万余名，开展这一活动旨在深入贯彻落实科学发展观，进一步开展“创先争优”活动，发挥学会人才、信息优势，让科普知识进入千家万户，把水产技术送到塘边地头，进一步提高学会全体党员开展水产科普惠农、强农的责任意识，增强学会党员服务“三农”的使命感，为渔民增收渔业增效做实事。

学会领导还与省、市、县有关领导及渔民代表进行了座谈，湖北省科技进村入户首席专家马达文、华中农业大学教授陈昌福及学会全体党员干部在活动现场开展了答疑和技术资料、物资赠送活动。

在浠水策湖养殖场，中国水产学会全体党员、湖北省水产局领导、浠水县委县政府领导与专家组一行与渔民开展技术咨询、答疑解惑等互动活动。

中国园艺学会

2011年，学会努力开展学术交流工作，加强园艺科技创新，不断提升园艺产业化水平。

为了推动天津市设施农业的持续发展，2011年10月12日，学会和天津园艺学会在天津市共同举办了创意农业内涵及展望学术专题报告会，邀请北京市农业技术推广站站长王永泉以北京农业主体公园创建为主线，系统地报告了北京创意农业发展历程、成功案例和取得效益带动农业产业提升的情况。天津园艺工程研究所郭富常博士介绍了对美、法、荷、日等发达国家农业创意理解和范例，并通过创建杨柳青蔬菜博览园、开展农业园区规划设计的亲身经历，讲述了创意农业理念的树立，以及在学科建设中如何实践农业创意。天津市从事园艺科研、生产和管理的146名科技人员参加了专题报告会。

学会和中国农业科学院蔬菜花卉研究所共同主办的蔬菜基因组学及分子育种学术研讨会5月21日在北京召开，有来自全国28家科研教学单位的学者共160余人参会。科技部农村科技司副司长郭志伟、农业部科技教育司副司长石燕泉出席会议并讲话。学会理事长方智远院士、学会副理事长杜永臣出席会议。会议的主要内容是总结交流“十一五”期间我国蔬菜分子育种的主要研究成果，讨论分析国际蔬菜分子育种的发展趋势和我国“十二五”期间蔬菜分子育种的研究重点。会议特别邀请了北京大学教授罗静初、中国科学院遗传与发育生物学所研究员陈明生、中国农业科学院作物科学研究所研究员李立会、中国农业大学教授赖锦盛、中国科学院上海植物生理与生态研究所研究员何玉科作专题报告。来自科研院所的13名专家围绕我国主要蔬菜作物基因组学研究进展、蔬菜作物重要基因挖掘和分子育种等方面的相关研究进展进行了学术交流。

由学会果树专业委员会主办的第三届全国果树分子生物学学术研讨会于11月6～7日在海南省海口市召开。本次会议得到了国内外学者的广泛关注与积极参与，会议邀请了意大利埃德蒙马赫－因诺琴帝农业研究所教授Daniel J. Sargent，美国康涅狄格大学教授李义等8位专家作了特邀报告，12位学者作了大会报告，33位学者作了分组报告。会议出版了论文集，共收集果树分子生物学各领域研究论文和摘要63篇，25个省（自治区、直辖市）的231位研究人员参会，对果树分子生物学相关研究领域最新进展和动态进行了交流，并达成三点共识：一是明确研究目标，确定以大宗果树种类和原产我国的特色果树种类为研究重点，创制方法、创出特色、创新品种；二是果树分子生物学研究要紧抓为果树产业发展服务的总目标不变，以转基因分子育种、分子设计育种、分子辅助育种、果树优质栽培、果树抗逆栽培、果品贮藏保鲜的分子调控为研究重点；三是要进一步整合力量、团结协作、集中优势、联合攻关，把果树分子生物学研究推向深入，把更多的成果运用到果树育种和栽培生产领域，为果树产业发展服务。

观赏园艺专业委员会2011年学术年会于8月19～21日在宁夏召开。出席本次年会的有来自全国相关大专院校、科研院所、花卉企业的专家学者、企业家、研究生、新闻媒体记者等300余人。观赏园艺专业委员会主任、北京林业大学副校长张启翔主持开幕式。会议邀请4位专家分别就中国花卉产业发展现状与趋势、梅花基因组学研究进展、德国高山杜鹃产业现状及对我国杜鹃产业发展的借鉴、桂花品种登录和产业化发展近况作专题报告。学术报告涉及观赏园艺学科及花卉行业各个方面的最新进展和前景规划。本届大会还组织了以“中国观赏园艺与西部开发”为主题的专家论坛，来自全国各地的专家学者共同为宁夏花卉业的发展、为“十二五”西部大开发建言献策。大会对从事观赏园艺领域科研、教学、产业工作超过50年以上、有崇高的学术威望、德才兼备的观赏园艺家，中国工程院资深院士、国际梅品种登录权威陈俊愉先生颁发“中国观赏园艺终身成就奖”，奖金10万元。在投稿的180余篇学术论文中，评选出10篇获得2011年“中国观赏园艺学术年会优秀论文奖”。

学会在3月和7月分别召开了两次常务理事扩大会议，商讨理事会有关事宜。其中经学会推荐，有关部门评审，中国园艺学会办公室主任张彦被人力资源和社会保障部、中国科协授予“全国科协系统先进工作者”称号。

2011年，学会承担中国科协项目3项，包括组织专家调研并撰写《园艺学学科发展研究报告》，承办中国科协246次青年科学家论坛——“瓜类作物特异性状的遗传学标记及其分子育种”等项目。

2011年，学会加强信息化建设，重点完善学会网站的功能；改进和完善会员管理系统，个人会员发展工作实现了网络化管理。

【中国园艺学会2011年学术年会】 10月19～22日，中国园艺学会2011年学术年会在安徽省合肥市召开。来自农业科研院所、高等院校、安徽省相关厅局领导，国内外从事园艺科研、教学的专家学者，相关科研、教学、企业、合作组织等工作人员与《安徽日报》、安徽电视台、《安徽科技报》、安徽农业科技网等媒体记者共600多人参加会议。

大会由学会副理事长杜永臣主持，学会理事长方智远致开幕辞。围绕本次年会的主题“加强园艺科技创新，提升园艺产业化水平”，大会特邀中国工程院院士、华中农业大学校长邓秀新，沈阳农业大学副校长李天来，北京林业大学副校长张启翔，安徽省农科院副院长徐义流分别作题为《果树科学研究的发展趋势》、《资源高效利用日光温室蔬菜生产技术研究进展》、《我国主要商品花卉育种进展》、《安徽省园艺产业、科研现状与发展方向》的主题报告。会议共收集并发表论文摘要190多篇，有110多位科技人员分别在蔬菜分会、果树分会、观赏园艺与西甜瓜分组会上作交流发言。《园艺学报》为会议出版了论文摘要增刊。会议期间，与会学者分组考察了安徽省和县秋延后蔬菜生产基地与合肥大圩葡萄主题公园及都市农业。

中国畜牧兽医学会

2011年，学会及所属各分支机构举办各类学术年会、研讨会、交流会、报告会和学术论坛等共48次，征集交流论文3904篇，有11548人次参加学术交流活动，其中国外专家48名。与2010年相比，学术交流的形式多样，次数增多了15次。除综合性学术年会和高端前沿学术论坛外，学会还举办了贴近生产实践的2011中国氨基酸及蛋白原料产业发展高层论坛、中国维生素产业发展高层论坛、中国猪业产业发展论坛、首届动物早期营养及饲料配方应用技术研讨会、全国鹅业大会等技术交流活动。

中国畜牧兽医学会第13次全国会员代表大会于2011年10月在四川省成都市举行。会议选举产生了由226人组成的中国畜牧兽医学会第13届理事会。陈焕春当选为第十三届理事长，阎汉平等20位副理事长分别来自国内高校、科研院所和科技企业，杨汉春当选为秘书长。会议还一致通过了秘书长提名的10位副秘书长人选。

2011年，学会共表彰奖励了29个学会先进集体，36名学会先进工作者，35名优秀论文获得者。

学会批准了47个单位为学会第13届团体会员单位。学会调整了学科分会的组织机构，动物毒物学、生物制品学、动物药品学、家畜内科学、兽医药理毒理学等学科分会完成了换届工作。

学会主办期刊5种，合作主办期刊2种。2011年，《畜牧兽医学报》连续6次获得中国科协精品科技期刊项目资助；《动物营养学报》从双月刊变成月刊，年发表论文数增加18.1%。

为筹备好2013年召开的第11届世界畜产大会，大会主席、世界畜牧学会副会长、学会副理事长李德发主持了两次国际科学顾问委员会会议，并于2011年11月召开了第11届世界畜产大会第二次组委会会议，世界畜牧学会主席Norman Casey参加了会议。会议初步确定大会的主题、征文范围、时间等。

学会继续与中国植物保护学会等4个学会合作，组织专家调研撰写一年一度的“预防与控制生物灾害咨询报告”项目。2011年5月，《预防与控制生物灾害咨询报告(2010)》被中国科协评为2011年度中国科协优秀调研报告特等奖。

【中国畜牧兽医学会第13次全国会员代表大会】 中国畜牧兽医学会第13次全国会员代表大会于10月22日在四川省成都市举行。来自全国农业高等院校、科研院所、中央单位及各省（自治区、直辖市）畜牧兽医主管部门、各相关企事业单位、相关基层单位、团体会员单位代表209人出席会议。大会分别由学会负责人阎汉平、李英、杨汉春主持。

会议听取并审议学会理事长陈焕春代表12届理事会作的《围绕中心，开拓进取，为促进我国畜牧兽医科技创新和产业发展做贡献》的工作报告。会议听取并审议通过了由学会副理事长才学鹏作的关于修改《中国畜牧兽医学会章程》的报告，决定新章程自通过之日并经业务主管部门和社团登记管理机关核准后实施。听取并审议通过了学会副理事长兼秘书长阎汉平所作的学会财务状况的报告。

第十三届理事会由226人组成。在13届一次理事会上，选举产生了由93人组成的13届常务理事会和22人组成的理事会领导班子，陈焕春当选为第13届理事长，阎汉平、于康震、张仲秋、陈伟生、才学鹏、冯忠武、孔宪刚、时建忠、张春新、邵根伙、秦贞奎、黄路生、李德发、汪明、李英、文心田、董常生、王金洛、秦贵信、王金宝当选为副理事长，阎汉平为常务副理事长，杨汉春当选为秘书长。

会议同意授予吴常信、旭日干、张沅、区仲生为学会第十三届理事会名誉理事长。

【中国畜牧兽医学会 2011 年学术年会】 10 月 23～25 日，中国畜牧兽医学会 2011 年学术年会在四川省成都市举行。来自全国农业高等院校、科研院所、畜牧兽医企业、事业单位及相关领域的专家、学者、科技工作者、企业管理者以及学会十三大代表等 1300 余人参加了会议。农业部原副部长、九三学社中央原副主席洪绂曾，农业部国家首席兽医师于康震等莅临会议并讲话。陈焕春院士和夏咸柱院士作了大会报告。

会议主题是：畜禽健康养殖与疫病控制。学术年会设 5 个大会报告及 6 个分会场的专题交流，分别是：饲料营养与畜禽健康、抗病遗传育种与繁殖技术、养猪生产与猪病防治、家禽生产与禽病防治及其他动物与疾病、家畜环境卫生与健康养殖、重大动物疾病，公共卫生和食品安全国际论坛等。

会议共收到论文 640 余篇，初审后，选出 590 篇论文收录到论文集。论文集还收录了 72 位专家的特邀报告。6 个分会场和国际论坛共有 161 位国内外畜牧兽医界及相关领域的专家、教授和青年学者作了专题交流，同时，还附设了 150 篇论文的壁报论文交流区。年会本着公平、公正原则，首次采用了现场评委打分的形式，评选出优秀论文 35 篇，其中 10 篇荣获中国畜牧兽医学会奖（优秀论文奖），25 篇获优秀论文提名奖。

本次年会，秉承关注、支持青年学者的传统，继续资助了 150 余名农业高等院校、科研单位的在读博士（硕士）研究生免费（免注册费、食宿费）参会交流。

【第三届人畜共患病学术研讨会】 2011 年 9 月 15 日，由中国科协发起，卫生部、农业部支持，中国畜牧兽医学会、中华预防医学会和中国微生物学会联合承办的跨部门、多学科的综合性学术会议第三届全国人畜共患病学术研讨会在北京召开。来自全国疾病预防控制、动物疫病预防控制、出入境检验检疫以及相关研究机构的专业技术人员 300 余人参加了会议，会议由中华预防医学会副会长兼秘书长蔡纪明主持。

本届会议邀请了 15 位国内知名专家和学者围绕我国新发人畜共患病、布鲁氏菌病、结核病、狂犬病等人畜共患病的研究进展和防控实践做了大会报告；设置了人畜共患病病毒病、细菌病、寄生虫病、鼠及体表寄生虫、有害生物防治 5 个分论坛，64 位专家学者在分论坛上进行了学术交流。

本届会议选择我国人畜共患病的热点问题，组织了狂犬病、布鲁氏菌病专题论坛，以深入研讨狂犬病和布鲁氏菌病的防控工作。会间，还召开了布鲁氏菌病防控策略专家研讨会，组织专家研讨我国布鲁氏菌病的防控策略，并将以《科技工作者建议书》的形式上报中国科协、卫生部、农业部，为我国布鲁氏菌病的防治工作建言献策。

中国植物病理学会

2011 年，学会在组织建设方面开展了多项工作。1 月 15 日，学会在中国农业大学召开了中国植物病理学会在京理事会议，就有关学术年会、学会专业委员会工作进行了讨论。

8 月 20 日，学会在湖北省宜昌市召开了第九届二次全体理事会议，会议由理事长郭泽建主持，理事会审议通过了学会 2010 年的工作总结和 2011 年工作计划以及执行情况，商议了 2013 年国际植物病理学大会的筹备工作。根据民政部和中国科协的有关指示精神，结合学会实际情况，会议就有关学会专业委员会换届事项及开展活动做出规定：中国植物病理学会所属的各专业委员会每 4 年换届一次，其负责人任职年龄不得超过 70 周岁，连任不得超过两届。专业委员会负责人不得由外籍人士担任。组织会员开展活动是学会专业委员会的基本功能，学会专业委员会每年必须按照要求开展活动。

在专业委员会的筹备与换届工作中，学会申请成立产后病理学专业委员会，完成了植物病原真菌专业委员会在民政部的换证工作。

学会不断完善信息化建设，继续做好会员信息登记工作，充实完善学会会员数据信息。在建立完善会员交纳会费制度、初步实现会员交纳会费目标的基础上，提高对会员的服务质量。对所有按时交纳会费的会员，学会为其以优惠价格加入美国植物病理学会（APS）和订阅美国植物病理学会期刊提供服务，为加入 APS 的会员在 APS 期刊上发表文章提供版面费减免推荐，在植物病理学刊物上发表文章提供优惠，向学会理事和高级会员赠送《植物病理学报》。学会现有高级会员 116 名。

学会积极开展学术交流活动。8 月 18～24 日，由中国植物病理学会主办，湖北省植物病理学会、华中农业大学等承办的中国植物病理学会 2011 年学术年会在湖北省宜昌市召开。来自全国各地的植物病理学科技工作者 1100 余人参加了会议。

5 月 12～14 日，植病生物技术专业委员会在浙江省杭州市召开了植物小分子 RNA 研讨会，来自全国多家院校和研究机构的150多名代表出席。会议邀请了国内从事小分子RNA（sRNA）研究的专家围绕sRNA作用机理和功能做了专题报告。在专家专题报告的基础上，此次论坛还为sRNA研究人员开展了植物RNAi研究技术方面的讲座，分别介绍了sRNA Northern blot的原理与方法、sRNA的克隆及降解组cDNA文库的构建、基于Illumina平台的mRNA测序技术、植物sRNA测序数据的生物信息学分析和人工miRNA干扰体系的构建。小分子RNA（small RNA，sRNA）介导的RNA干扰是广泛存在于动植物中的重要基因表达调控机制，在植物的生长和发育、对生物和非生物胁迫的应答反应等生物学过程起到至关重要的调控作用。近年来，我国有越来越多的实验室开展植物sRNA研究，并且取得了良好进展。

种子病理学专业委员会2011年5月在湖南省长沙市组织种子科学领域专家学者举行专题学术会议，参会人员达80多人。

12月2～4日，由青年工作委员会主办的中国植物病理学会第十届青年学术研讨会在吉林省长春市召开，大会主题是“当代青年与植物病理学发展”。来自全国从事植物病理学研究的240余名专家、学者出席会议。化学工业出版社正式出版了由赵文生、李启云主编的《植物病理学研究进展》论文集，共编辑论文及摘要69篇。

12月9～14日，植物病原线虫专业委员会在海南省海口市召开全国作物孢囊线虫、蔬菜根结线虫学术研讨会，交流我国植物线虫研究的最新进展情况。

受台湾地区“中华植物病理学会”邀请，2011年5月20～27日，中国植物病理学会理事长郭泽建一行14人参加了在台湾大学举办的主题为“两岸重大植物病害之防检疫及其近代科研进展”的海峡两岸植物病理学术研讨会。会上，中国植物病理学会理事长郭泽建、台湾地区中华植物病理学会理事长曾显雄分别致辞。学术交流共分为7个单元，来自中国内地的14位学者分别作了学术报告。

2011年，中国植物病理学会积极开展国际交流与合作，一些专业委员会在参与各自领域国际会议的举办方面表现活跃。植物病害生物防治专业委员会于8月21～24日在北京举办了第二届亚洲植物促生根际细菌（PGPR）学术研讨会。来自海内外的专家、学者和青年学生共216人出席了学术研讨会。会议代表来自中国、美国等17个国家，其中国内学者160人，国外学者56人。本届学术研讨会特别邀请了M. S. Reddy教授、王琦教授、Peter A. H. M. Bakker教授、张力群教授、Anton Hartmann教授、Rainer Borriss教授、Choong－Min Ryu教授、M. Hofte教授、Ben Lugtenberg教授、W. G. Dilantha Fernando教授作大会报告。会议设两个分会场共进行了42个分组报告，参会学者紧紧围绕“PGPR对农业可持续发展”这一主题开展了交流和讨论。本次会议论文集作为正式出版物收录研究论文、综述和论文摘要共计123篇。会议期间，展示有关PGPR科研进展和成果墙报71个。

中国植物病理学会继续保持与美国植物病理学会的友好合作。美国植物病理学会是国际植物病理学界力量最强的一个学会，加强与APS合作给中国植物病理学会提供了不断学习进步的良好机会。2011年是双方执行交叉入会合作的第5年，学会有159位会员选择加入APS。目前，APS加入中国植物病理学会的会员共有126人次。

4月25～30日，学会组织会员参加了在澳大利亚达尔文市举行的由澳大利亚植物病理学会主办的第四届亚洲植物病理学大会和第十八届澳大利亚植物病理学联席会议。来自澳大利亚、中国等33个国家和地区的近400名植物病理学家出席了大会。国际植物病理学会执委会全体成员以及澳大利亚、日本、泰国、印度尼西亚等多国的植物病理学会理事长出席了会议。学会组织56位中国学者参加了大会，有10位学者作了分组口头报告，其他参会学者都有墙报展示。

在会前召开的国际植物病理学会执委会会议上，中国农业大学教授彭友良作为2013年在北京召开的第10届国际植病大会的负责人，向执委会汇报了大会的筹备工作，并就筹备中遇到的问题和执委会成员们进行了商讨。

会前，还召开了亚洲植物病理协会代表委员会会议，就第五届亚洲植物病理学大会筹备情况、大会会址、第四届委员会代表人选名单、执行委员会人选等事宜进行了商讨和审议。秘书长韩成贵参加了会议。韩成贵继任第四届执行委员会秘书长，学会理事长郭泽建当选为新一届委员会委员。

8月6～10日，由国际植物保护科学协会（IAPPS）和美国植物病理学会联合主办的2011年美国植病学会和第17届国际植保大会联合大会（2011 APS－IPPC Joint Meeting）在美国夏威夷州火奴鲁鲁举行，来自55个国家的1800多名学者出席了大会，学会有近100名会员参会。

【中国植物病理学会2011年学术年会】8月18～24日，由中国植物病理学会主办，湖北省植物病理学会、华中农业大学等承办的中国植物病理学会2011年学术年会在湖北省宜昌市召开。来自全国各地的植物病理学科技工作者1100余人参加了会议。

会议设5个单元共11个大会报告，报告人是华中农业大学教授王石平，美国得州农工大学教授Shan Libo、

He Ping，国家自然科学基金委罗晶，浙江大学教授周雪平，加拿大萨斯卡切温大学教授卫扬斗，德国 Leibniz Institute of Plant Genetics and Crop Plant Research（IPK）高级研究员 Patrick Schweizer，美国加州大学伯克利分校教授 Andrew O. Jackson，新加坡国立大学教授 Wong Sek Man，中国农业大学张立群教授，华中农业大学教授李国庆，华南农业大学教授陈乐天。8 月 20 日全天和 21 日上午进行分会场专题研讨，共有 215 名学者作了分组报告。约 60 多位学者将研究成果通过墙报形式进行了展示。会前正式编辑出版了由郭泽建教授、侯明生教授主编的《中国植物病理学会 2011 年学术年会论文集》，共收入 460 余篇论文及论文摘要。

【筹备 2013 年国际植物病理学大会】中国植物病理学会于 2008 年成功获得 2013 年在北京举办第 10 届国际植物病理学大会的主办权。科学日程（Scientific Programme）是衡量一个学术会议质量高低的重要指标，2010 年大会筹备工作的重心即是围绕建立大会科学日程进行的。学会先后组建了科学日程委员会和国际顾问委员会，初步确定了 50 多个主题报告和分会报告的会议主题，为科学日程的建立打下了良好基础。

2011 年，大会组委会在广泛征求国内外专家意见的基础上拟定了各个会场的组织者。3～11 月，科学委员会共邀请了 129 名国内外专家作为两个大会报告，5 个主题报告，49 个分会报告（68 个分会场）和 4 个晚间报告的组织者。随后，由这些组织者们推荐各个会场的报告候选人，最终再由科学委员会决定各会场的报告人并向这些专家发出邀请函。第一轮邀请中每个主题报告要邀请 3 个 30 分钟的报告，每个分会报告邀请 4 个 20 分钟的报告。

国际植物病理学会执委会主席 Maria Lodovica Gullino 和秘书长 Greg Johnson 于 2011 年 10 月 18 日来华访问，就大会筹备的一些具体事宜与大会组委会的主要负责人以及组委会的主要成员进行会谈。会谈的主要内容包括：两个大会报告的进一步确定，提出新增的分会报告和晚间报告，并根据前期会议组织者的邀请情况去除不必要的分会报告。对已提交候选报告人的会场讨论确定欲正式邀请的人选。

此外，还讨论了大会开幕式、闭幕式的主要内容和详细程序，拟邀请的嘉宾。对大会筹备时间进程、第一轮通知应包括的内容等问题也进行了详细商讨。通过会谈，双方在一些问题上达成了共识，为下一步大会筹备工作的深入展开明确了方向。

中国植物保护学会

2011 年，学会紧紧围绕为农业农村经济发展服务，将推进植保科技创新、增强农业有害生物防控能力作为学术交流活动的中心任务，共举办学术会议 37 次。其中，学术年会 1 次、前沿高端学术研讨会 1 次、学术论坛 4 次、学术研讨会 30 次，国际学术研讨会 1 次，参加会议的专家学者 5400 多人次，其中外籍专家学者 65 人次。交流论文 2281 篇，编印各种论文集 4 种，其中正式出版论文集两部。评选出优秀论文 82 篇。

5 月 20～23 日，由植保产品推广工作委员会、中国农业科学院植物保护研究所、《农药市场信息》编辑部联合主办的水稻杀虫剂应用技术与市场推广交流会在湖南省长沙市召开。来自全国主要水稻产区的农药管理、科研、生产企业以及经销商和种粮大户等近 200 人参加了会议。7 位专家分别就水稻害虫发生危害现状、我国水稻杀虫剂的推广应用现状与未来发展趋势、我国水稻杀虫剂登记管理与发展方向、多分子靶标杀虫剂防治水稻害虫技术、全球水稻杀虫剂的研发、市场、应用现状与发展趋势、水稻害虫抗药性现状及水稻害虫的发展趋势、湖南省水稻害虫的发生与专业化防治技术等作了专题报告。

5 月 25～27 日，由园林病虫害防治专业委员会、中国农业科学院蔬菜花卉研究所和中国农业科学院植物保护研究所联合承办的第一届西甜瓜病虫害防控技术交流研讨会在北京召开，近 80 多位学者参会。会议就 2011 年公众关注的“西瓜爆裂”事件进行了研讨。针对西瓜、甜瓜病虫害控制等方面做了技术培训和咨询服务。

由系统工程专业委员会、植保信息技术专业委员会、病虫测报专业委员会、植物抗病虫专业委员会联合承办的气候异常变化对农作物重大病虫害影响及应对技术学术研讨会，6 月 16～19 日在新疆维吾尔自治区新源县召开，近 50 位专家、学者到会，提交论文 20 多篇。会议邀请了 13 位专家分别从全球气候变化趋势、新的气候条件下病虫害发生特点、重大病虫害对气候变化的响应，以及应对气候变化农作物病虫的监测预警技术等方面作了专题报告。会议通过不同学科的交叉交流，推动了植保学科与农业气象学科之间的相互渗透和融合。

8 月 6～10 日，以学会理事长吴孔明为团长的 33 位植保科技工作者参加了在美国夏威夷召开的 2011 年美国植病学会和第 17 届国际植保大会联合大会。5 位专家在分组交流会上做了口头发言，28 位专家进行墙报交流。

8 月 23～26 日，由杂草学分会主办的第十届全国杂草科学大会在云南省昆明市召开。会议以“杂草科学与生态治理”为主题，采取专家特邀报告，分组报告、英文专题报告等形式进行，并结合昆明的发展战略专门组织召开了“昆明论坛”。来自全国90多个单位的600多名专家、学者参加了本次会议。会议收到论文130余篇。9位特邀专家作大会报告，从不同角度和层面，就农业生产中亟待解决的草害问题进行了多方位、深层次的探讨。60多位与会学者针对杂草稻种群多样性、外来入侵杂草、植物化感作用、生物除草剂、杂草抗药性、新除草剂使用技术、杂草综合治理、转基因抗除草剂作物等内容进行了专题分组报告。

2011年，学会申请承担了中国科协继续教育试点示范项目——生物入侵防控科普知识培训活动任务。8月27~29日，在北京召开了生物入侵防控科普知识培训班暨入侵生物学研究与发展研讨会，会议由生物入侵分会主办。会议旨在普及生物入侵预警与防控技术，提高基层科技人员对外来入侵生物的预防与控制能力。来自全国61个科研院校和植保植检部门的150余名专家学者、学员参加了培训班和研讨会。培训班邀请了15名专家，针对我国最具危害性的20种外来入侵物种为主要培训内容，介绍重要的外来入侵物种的形态识别、田间危害症状、发生的生物学特点，入侵生物的检测监测技术和对外来入侵物种的防控方法。会议在培训的同时，交流和讨论了中国入侵生物学学科发展现状，提出未来发展目标。

9月25~30日，杂草学分会主任委员张朝贤研究员一行16人赴澳大利亚参加了第23届亚太杂草科学大会。1名中方专家作大会报告，2人工作分组口头交流，墙报交流4人。

10月19~22日，学会组团30余人参加了在台湾地区台北市召开的2011海峡两岸生物防治研讨会。大会设7个主题研讨会，共有74个学术报告，其中大陆专家、学者大会报告1个，分组报告29个。

11月20~22日，由学会主办，园林病虫害防治专业委员会承办的第七届全国葡萄病虫害防治技术与经验研讨会在浙江省杭州市召开。来自科研单位、大专院校、基层葡萄专业种植大户和种植企业等29个单位的386名专家、学者、技术人员参加了会议。

会议以3个特邀报告、6个专题报告、5个技术报等形式进行学术交流，为各地葡萄种植者提供了最前沿的植保知识，达到“交流新技术、学习新经验，让葡萄更安全、更优质、更高效”的目的。

2011年，学会继续承担完成《中国科协2011—2012年预防与控制生物灾害决策咨询报告》课题研究。2010年承担完成的《中国科协2009—2010年预防与控制生物灾害决策咨询报告》荣获中国科协“2011年优秀调研报告特等奖”。

2011年，学会推荐的吴孔明当选为中国工程院院士，推荐的郭予元荣获“2011国际植物保护杰出贡献奖”，推荐的吴孔明担任第17届国际植物保护科学协会理事会执委会委员和第九中心区域——中国/西北亚的协调人，推荐的文丽萍荣获“全国科协系统先进工作者”称号。

2011年，学会各分支机构与挂靠单位联合围绕生物入侵防控科普知识、西北内陆棉区棉花病虫害监控技术、病虫害专业化统防统治机手培训、全国农区鼠害监测及防治技术培训等，举办科普活动20次、科普讲座48次、科技下乡281次。参与活动的科技工作者约700余名，受众人数达到15258人次。学会组织专家编写《蔬菜绿色防控技术挂图》、《果树绿色防控技术挂图》、《茶树绿色防控技术挂图》等宣传挂图，发放数量12万张。编写《棉花病虫害综合防治技术》（第三版）、《棉花病虫草害防治技术问答》、《棉花病虫害简明识别手册》、《进出境植物检疫标准汇编》、《病虫害专业化统防统治手册》、《中国农区鼠害监测与防控标准》、《中国农区鼠害监测与防治图谱》等科普读物，共计发行22.3万册，为基层植物保护技术人员和农户提供了实用的技术资料。

学会还不断提高科技奖励活动质量。对2007年制订的《中国植物保护学会科学技术奖奖励办法》中，有关奖励周期、奖励范围和奖励条例作了修改，进一步完善了网络评审系统。

学会主办期刊的复合影响因子和被引次数均比2010年有所上升。《植物保护学报》分别为1.164和20096，在16种植保类期刊中排名第二。《植物保护》分别为0.896和27890，在16种植物保护类期刊中排名第4。

学会组织专家编著了《2010—2011植物保护学学科发展报告》，并于2011年4月正式出版。该书系统反映了2009年以来植物保护学科取得的重要研究进展和重大研究成果。

2011年，学会努力加强自身建设，分别于1月22日和6月28日在北京和贵州省贵阳市召开了第十届四次、五次常务理事会议。第十届四次常务理事会议对2010年学会工作进行了总结，确定了2011年的工作要点。第十届五次常务理事会议学习贯彻了中国科协第八次全国代表大会精神，并就筹备学会成立50周年庆典活动、提高中国植物保护学会科学技术奖质量、进一步发挥分支机构和省级学会作用等工作开展了研讨。11月8日，学会在江苏省苏州市召开了第十届第三次理事会，在肯定2011年工作成绩的基础上，就2012年如何做好承接政府职能、开展科技评价、决策咨询、学会科技奖的推荐、评审及表彰工作、奖励委员会和评审专家库调整、举办第六届国际杂草科学大会、筹备学会成立50周年纪念大会庆典活动、组织专家编写《中国农作物病虫害》（第三版）等重要议题进行了讨论和落实。

【预防与控制生物灾害咨询报告】2011年，由中国植物保护学会牵头，中国林学会、中国畜牧兽医学会、中国水产学会、中国气象学会联合承担了中国科协的“2011—2012年预防与控制生物灾害咨询报告”课题，编写完成了《关于2011年生物灾害状况和2012年预防与控制生物灾害的报告》。该报告是在组织专家广泛深入调研、召开专题研讨会的基础上形成的。报告内容包括2011年全国生物灾害发生状况，2012年生物灾害发生趋势和防控对策建议。由中国科协上报国务院等有关部门。

【2011年美国植病学会和第17届国际植保大会联合大会】学会33位专家、学者组团参加了8月6～10日在美国夏威夷州火奴鲁鲁岛召开的2011年美国植病学会和第17届国际植保大会联合大会（2011 - APS · IPPC Joint Meeting）。来自55个国家的1800多名学者出席了大会，就植物健康、全球植物保护面临的问题、植保科学研究与教育等议题开展了学术交流。学会副理事长万方浩等5位中国专家在分组交流会上作了口头发言，28位专家、学者以墙报形式展示了中国在植保科技领域的研究成果和最新进展。他们的报告引起了国际同行专家的高度重视和兴趣。

在大会开幕式上，中国工程院院士郭予元荣获2011年国际植物保护杰出贡献奖（The International Plant Protection Award of Distinction）。

大会期间，国际植物保护科学协会（IAPPS）理事会选举产生了新一届理事会成员。学会理事长吴孔明当选为该新一届理事会执委会委员，并任第九中心区域——中国/西北亚的协调人。

【中国植物保护学会2011年学术年会】11月6～9日，中国植物保护学会2011年学术年会在江苏省苏州市召开。来自31个省、自治区和直辖市的科研院所、高等院校、技术推广等单位的近1000名专家、学者参会。会前收到论文360多篇，正式出版《植保科技创新与病虫防控专业化》论文集。大会围绕“加强植保科技创新，提高专业化防治水平”的主题，邀请7名专家作大会专题报告，130多位植保科技工作者在植物病害学组、农业昆虫学组、生物防治学组、监测预警与关键防治技术等4个分会场进行学术交流，分别展示了有关分支学科的研究进展和成果。

年会期间，召开了中国植物保护学会第十届三次理事会议和《中国农作物病虫害》（第三版）编委会会议。就再版意义、编委会组成、编写出版计划、编写大纲和编写体例规范等进行了研讨，提出2012年年底前完稿、2013年出版的目标。

【全国植保高层论坛暨全国植保所长联谊会】10月23～30日，由学会主办的2011年全国植保高层论坛暨全国植保所长联谊会分别在山东省济南市、河南省郑州市召开。会议主题为“植物保护与粮食安全”。中央、省级农业科学院植物保护研究所的70余位领导、专家针对“十一五”植保研究的新进展、新成果和新经验进行了广泛交流和研讨。农业部、全国农业技术服务推广中心的领导和专家应邀出席会议，并就“加速农业科技进步，保障国家粮食安全”作了专题报告。与会领导、专家普遍认为，高层论坛暨全国植保所长联谊会在交流植保信息、管理经验，研讨植保科学发展、植保科研管理政策等方面发挥了重要作用，深感论坛对植保领域科研工作的开展大有裨益。

【2011海峡两岸生物防治学术研讨会】10月18～23日，应台湾地区中华植物保护学会邀请，学会组织从事生物防治研究与应用的专家学者30余人，赴台湾地区台北市参加了2011海峡两岸生物防治学术研讨会。会议分微生物杀菌剂及其应用、微生物杀虫剂及其应用、天敌与生物防治、植物源农药、分子生物及生物工程应用、寡糖制剂及昆虫激素、杂草生物防治7个主题进行了分组交流。

开幕式上，中国植物保护学会为两岸生物防治学术交流10多年来作出突出贡献的大陆和台湾地区的杨怀文研究员和高穗生、王顺成博士颁发了“两岸生物防治学术交流贡献奖”。

【第一届北京国际分子植物病理研讨会】7月24～25日，学会与植物病虫害生物学国家重点实验室、中国农业科学院植物保护研究所共同主办的第一届北京国际分子植物病理研讨会在北京召开。来自国内外的190名专家、学者参加会议。会议围绕“关注植物病理研究热点，促进植物病害防控”的主题，进行学术探讨和交流。为广大植物病理科技工作者搭建了一个高质量的学术交流与研讨的平台、提供了一个与国内外分子植物病理学界杰出专家交流学习的机会。

中国作物学会

2011年，学会组织召开学术会议20次，参加人数

5947人次，交流论文943篇，为我国作物科技发展提出了可行性建议。

大豆专业委员会召开2011年度全国大豆育种家年会和第二十二届全国大豆科研生产研讨会，452位大豆科技和管理工作者参加了会议。甘蔗产业发展论坛暨中国作物学会甘蔗专业委员会第14次学术讨论会在广东省广州市召开，330多人参会，180余篇论文在论坛进行了交流。麻类专业委员会举办了第五届麻类专业委员会第一次会员代表大会、中欧麻类作物研讨会、苎麻高效种植及多用途现场观摩与研讨会。马铃薯专业委员会召开了中国马铃薯大会暨专业委员会学术年会，收集论文90余篇；组织召开了国家马铃薯产业技术体系高效栽培技术观摩、施肥技术与病虫害管理技术研讨会、国家马铃薯产业技术体系马铃薯产业经济研讨会等学术交流会议。玉米专业委员会于9月4～6日在辽宁省丹东市举办2011年全国玉米遗传育种学术研讨会，700余人参加。油料专业委员会组织召开了我国油料产品质量安全普查检测技术研讨会、油料学组扩大会议油料高效加工技术交流会、油料副产品利用技术交流会等学术交流会议。

6月21～22日，学会在广东省广州市召开了秘书长联席会议，来自20个省（区、市）作物学会和14个专业委员会（分会）的秘书长共54人参加了会议。学会秘书长张保明就中国作物学会2010年工作情况和2011年工作安排作了汇报，传达了中国科协八大会议精神，并根据中国科协2011年重点工作安排进行了相应部署，要求各省（区、市）作物学会和各专业委员会，根据中国科协和中国作物学会的年度工作计划，结合工作实际，积极作好本年度工作，号召各单位积极参与中国作物学会2011年学术年会筹备工作。

学会副秘书长杜娟作了《中国作物学会组织建设工作规划》的有关说明，总结了近5年来各单位出席秘书长会的情况，分析了各专业委员会（分会）和省级作物学会开展组织建设工作存在的问题，部署了发展会员和收取会费工作，并就健全学会先进集体和先进个人的评选标准作了重点阐述。共有34位秘书长交流了工作经验。

10月，作物种子专业委员会在四川省成都市召开了成立大会，选举王建华为主任委员、张春庆等9人为副主任委员，共由58名委员组成的第一届委员会。

5月14～18日，学会联合挂靠单位中国农业科学院作物研究所开展了以“走近作物科学，促进科技创新”为主题的科技活动周。活动周期间，共发放科技宣传资料1500余份，参加活动人数2000余人次。本次活动周，学会通过各种形式的科普宣传活动，使大众对作物科学研究相关知识有了更加深入的了解，使得最新作物科技成果及时地得到了普及。

9月16～18日，学会参加了在北京奥林匹克公园中心区广场举办的全国科普日“北京科学嘉年华”活动。学会特别邀请了中国农业大学食品科学与营养工程学院蛋白质加工利用研究室的有关专家，把“豆腐作坊”搬到了活动现场，将大豆制作成豆腐的整个过程进行了现场演示、讲解，并请群众参与互动。活动现场气氛活跃，吸引了很多群众参与，使得“豆腐作坊”成为一大亮点。学会专门制作了大豆科技宣传片和中国作物学会宣传片，在活动现场循环播放。在活动期间，学会还对《作物学报》、《作物》杂志、《农业生产技术指导》等系列期刊图书进行了展示和免费赠书活动。本次活动，学会共发放奖品及科普资料千余份，赠送学会期刊、杂志百余本。参观者达到近3000人次。

《作物》杂志编辑部连续第5年免费为基层科技入户的技术人员寄送期刊，连续第7年免费为西藏自治区和新疆维吾尔自治区基层农业技术推广部门提供杂志，并向上述人员和部门免费发放了《作物》杂志编辑部编辑、科普出版社出版的图书《百项种植技术》。同时，为中国农业大学大学生下乡普及农业技术免费提供图书。2011年，《作物》杂志再次入围中国农业核心期刊和中国科学院核心期刊。

各专业委员会（分会）广泛开展科普活动。油料专业委员会为解决企业遇到的实际问题，深入企业推广技术先后到湖北、湖南、安徽、青海、内蒙古、新疆等企业现场咨询诊断，为企业提出节能减排、菜子收购质量控制、菜子饼收购质量控制等解决方案。

10月28日，由甘薯专业委员会、国家甘薯产业技术研发中心和北京市大兴区人民政府共同组织的第四届北京大兴“庞各庄杯”全国甘薯擂台赛在北京紫竹院公园举行。来自北京、河北等地的11个省市的102名薯农、基地和科研单位以及甘薯加工企业的参赛者，带着他们的产品争夺“薯王”。按照比赛规则，经过专家评委的认真打分，评出“薯王”综合奖、优良品种奖、优秀甘薯加工产品奖等3个奖项。

甘蔗专业委员会积极探索科普新形式，共组织良种观摩、健康种苗和抗旱“钱粮双增”大型科普活动3次，综合性科普讲座3次，普及技术骨干500余人次。重点普及推广了新品种、机械深耕深松、节水灌溉（喷灌和滴灌）、酒精发酵液定量还田、智能化施肥、光降解除草地膜覆盖、健康脱毒种苗、蔗叶还田、化学调控和机械收获等关键技术，受到广大蔗农的欢迎和好评。

11月底，玉米专业委员会举办的竞雄玉米育种学校（以中国科学院院士李竞雄名字命名）第四期开班，培训内容包括现代玉米育种理论与方法、种质资源利用、分子育种、转基因技术、单倍体育种技术、商业育种体系与区域试验等。

学会组织资深专家编撰《2009—2010年作物学学科发展报告》。目前，我国作物科学和技术发展形式发生了巨大变化，新方法、新技术影响了作物遗传育种和作物栽培与耕作两大学科，并迅速扩展到各作物研究领域。鉴于作物科学的迅速发展，各分科的新技术、新方法亟待总结和研究探讨。在中国科协组织的2011～2012年学科发展研究工作中，学会承担了《2011—2012作物学学科发展报告》部分的编撰工作。本次编撰的主要任务为：对最近两年的学科发展进行认真总结，对国内外学科发展状况进行比较，对作物学学科的战略需求进行分析。编撰开始之前，学会组织作物科学界资深专家和学者对报告的整体框架进行了探讨和设计，并邀请了各专题领域的科技带头人亲自参加报告撰写。

【中国作物学会50周年庆祝会暨2011年中国作物学会学术年会】 2011年10月，来自全国的作物学专家、学者和研究生近1300余人齐聚四川省成都市，出席中国作物学会50周年庆祝会暨2011年中国作物学会学术年会。会议总结了我国作物科学领域50年的发展历程，围绕“生物育种产业与粮食安全”主题，从生物技术与新兴产业发展、新基因挖掘与生物技术发展、现代育种与种业发展、科技创新与现代农业技术、粮食农业与可持续发展等方面进行研讨。

学会理事长翟虎渠以《加强学术交流，推进学术创新》为题，回顾了中国作物学会50年的发展历程。中国作物学会成立50年来，团结和带领广大科技工作者不断增强自主创新能力，在作物种质资源、遗传育种、栽培技术等研究领域发挥了重要作用，在支撑国家粮食产量逐步增长等方面作出了重大贡献。

大会的主题报告涉及作物科学主要领域，针对当前作物科学的热点、难点问题，特别对作物科学和生物育种产业发展面临的新形势和新挑战进行了深入研讨。盖钧镒院士作题为《作物科技发展与政策建议应对策略》的报告，美国耶鲁大学教授邓兴旺作题为《光形态建成的分子调控机理》的报告，陈晓亚院士作题为《棉纤维发育与细胞壁延展研究》报告，朱英国院士、刘旭院士、李建生教授分别就水稻、小麦、玉米等作物育种取得的成就与未来发展重点作了报告。

大会还设立4个分会场，举办墙报，就作物科学的生物技术发展、现代分子育种、优质多抗种质资源创新与新品种培育、作物信息数字化、作物高产高效栽培与生理、作物生态与耕作体系等相关研究领域进行了广泛交流。大会设立研究生论坛，共评出优秀研究生学术报告5份，优秀墙报2个。

【《作物学报》影响力明显提升】 2011年《作物学报》共收文850篇，刊出文章275篇，比上年增加5篇，稿件录用率为32%；全年共出版12期，共计2305页，比上年增加了110页，每期平均192页。在实行严格同行评议的前提下，2011年《作物学报》印刷版本出版周期为7.4个月，平均审稿周期为3.6个月，网上出版周期为5.4个月，比印刷版本提前2个月。2011年的出版总页数比2010年有所增长，原因是本刊放宽对论文篇幅的限制，通过降低版面费收费标准等方法，鼓励作者撰写资料丰富、讨论深入、参考文献齐全的文章，以确保论文内容的可读性和完整性，提升了论文的学术价值。

2011年，《作物学报》在常务编委终审的基础上增加了主编签发的程序，使刊出论文的质量得到进一步保障。同时，编委积极投稿，保障了《作物学报》的稿源。2011年，《作物学报》刊登论文的“基金论文比”为100%，篇均基金项目数达2.9项，基本把握住了我国作物科学领域的前沿，较充分地展现了我国作物科学的学科发展水平。

《作物学报》的学术影响力在逐年稳步提高。据中国科学技术信息研究所《中国科技期刊引证报告（核心版）》（CJCR）2011年12月2日公布的统计数据显示，《作物学报》2010年总被引频次5093、影响因子1.431和即年指标0.144；总被引频次和影响因子继续保持学科第1名。在2010年中国科技期刊综合评价排名表中《作物学报》的综合评价总分达98.4分，比上年提高了2.4分，比上年提升了3位，列中国科技核心期刊的第3位。另据《中国期刊引证报告（扩刊版）》2011年9月公布的统计数字显示，2010年《作物学报》的“总被引频次”和“影响因子”又创新高，分别达到6365和2.026；分别比2010年提高了3%和16%。

为扩大《作物学报》的国际影响力，编辑部积极主动或通过中国科技期刊编辑学会对外联络委员会与国外知名数据库联系，被越来越多的国际知名数据库收录。在原有8家基础上2011年又新增2家，即被英国《食品科技文摘》（FSTA）及荷兰Elsevier公司的Scopus数据库收录。截至2011年底，《作物学报》已被10家国外重要数据库收录。

中国热带作物学会

2011年，学会召开了热带现代立体农业发展研讨会、2011年全国南亚热带作物工作会议、第九届海峡两岸休闲农业与乡村旅游研讨会等一系列学术会议。

3月29～30日，2011年全国南亚热带作物工作会议在广东省广州市召开。会议的主要任务是贯彻落实中央农村工作会议、全国农业工作会议和《国务院办公厅关于促进我国热带作物产业发展的意见》精神，总结热带作物"十一五"和2010年工作，研究部署热带作物"十二五"及2011年工作。学会理事长吕飞杰、副理事长龚菊芳，中国热带农业科学院院长、学会常务理事王庆煌等参加了会议。

5月5日，学会在福建省厦门市组织海南、云南、广东、广西、福建、湖南等省（自治区）热作生产、科研、教学和管理部门的50多名专家召开热带现代立体农业发展研讨会，与会学者围绕热带现代立体农业的内涵与功能、热带作物间套种和林下经济实践经验、发展热带现代立体农业产业建议等3个主题展开了热烈研讨。中国热带农业科学院橡胶所副所长林位夫、海南农垦设计院副院长董保健、海南省东方市广坝农场高级农艺师莫东红分别作了主题学术报告，多位专家在会上做了交流发言。

为推进海南热带作物稳定健康发展，海南省热带作物学会于2011年4月9日在海口市举办了第四次学术年会。学会理事长吕飞杰作了题为《坚持走中国特色农业道路，积极推进热作产业科学发展》的学术报告，会议邀请学会常务理事郭安平等6位专家作了学术交流。

8月24～27日，遗传育种专业委员会于2011年在江西省南昌市举办2011年度年会暨学术研讨会，来自海南、广西、广东、福建、江西科研院所的专家共120人参会，会议收到学术论文50篇，会上作了15个学术报告。

6月7～9日，热带作物病虫害监测防治工作座谈会暨2011年中国热作学会植保专委会年会在湖南省长沙市召开。会议的主要任务是围绕落实国办45号文件和全国南亚热带作物工作会议精神，总结近年来热作病虫害监测防治工作情况，研究部署"十二五"及2011年工作，并组织项目管理和监测技术培训。

8月5日，农业经济专业委员会在广西壮族自治区桂林市举办中国天然橡胶产业经济研讨会暨农业经济专业委员会年会，会议围绕"农垦改革后天然橡胶产业发展"的主题展开研讨，共44人参会。

2011年5月5日，中国热带作物学会2011年秘书长会议在福建省厦门市召开。会议由学会副理事长兼秘书长、中国农垦经济中心副主任吴金玉主持，农业部农垦局热作处处长雷相成到会指导。来自海南、云南、广东、广西、福建等省（自治区）级热带作物学会、分会，各专业委员会、工作委员会的秘书长共60多人出席了会议。会议传达了2011年全国南亚热带作物工作会议精神。各省级热作学会、分会及专业委员会、工作委员会汇报了2010年工作总结及2011年的工作计划。会议对增补学会理事、专业委员会和2011年评优及学会年会等工作作了安排。

2011年，学会积极推动国际交流工作。育种专业委员会王文泉应邀赴巴西国家农业科学院访问，双方就热带生物质能源高效转化及综合利用进行了深入的交流探讨。科普工作委员会于1月中旬组织专家到柬埔寨菩萨省考察指导五指山集团木薯基地建设，支持我国企业的"走出去"战略，加强木薯产业体系与企业的联系。专家根据土壤、品种和地形，提出了全面的种植规划及技术建议，并针对配方施肥和防控非洲"木薯花叶病"等危险病虫害，进行了广泛交流和技术指导。

天然橡胶协会协助承办天然橡胶生产国协会（ANRPC）年会，这是我国加入该协会以来首次承办。年会得到了ANRPC秘书长的最高评价，并得到了农业部农垦局致信表扬。

9月18～27日，棕榈专业委员会赵松林、曹红星赴印度尼西亚进行考察学习，参观椰子、油棕等热带油料作物主产区的生产和栽培情况、到印尼油棕研究所、印尼茂物农业大学、印尼椰子和棕榈研究所、印尼力宝集团PECU椰子加工厂等相关研究单位参观学习。双方就椰子和油棕的组织培养、种苗繁育等规模化育苗技术、分子生物学研究技术进行深入的研究和交流。期间，与APPC（亚太椰子共同体）组织就我国尽快加入该组织进行了商讨。

12月6～15日，棕榈专业委员会雷新涛赴巴西国家农牧研究院（Embrapa）进行考察学习，就油棕的快繁技术、巴西棕榈催芽技术等规模化育苗技术，油棕等热带产油植物的目前研究重点和未来的发展方向进行深交流。

天然橡胶协会在已有的合作基础上，多次派专家赴泰国、缅甸和马来西亚进行考察交流，深入开展同东南亚国家的合作。

为配合全国科技活动周、全国科普日和科普基地开放周，学会共举办科普讲座86次，科普展览35次，受众2万多人次，发放科普宣传资料近3万册。

在全国科普日活动中，学会组织木薯产业体系的"百日科技服务"活动，到广西、广东、海南、湖南等地进行木薯产业的科技调研活动，同时进行木薯科技培训活动，参加科技人员60多人次，培训农民1000余人次，赠送《木薯丰产栽培技术》和《木薯主要病虫害》等科普书共2200册。

棕榈作物专业委员会以椰子大观园为依托，积极开展棕榈植物知识和科普教育与宣传活动，2011年总共接待大、中、小学生及棕榈植物爱好者2000多人次。

2011年，中国热带作物学会组织开展各类技术培训400余期（次），培训各类技术人员3万多人次，发放技术资料7万多册。

在全国科技活动周和海南科技活动月期间，各省级学会、专业委员会积极配合挂靠单位开展科技下乡、科技服务工作。广东省热带作物学会协助广东省农垦总局组织举办广东省农垦第二届割胶工技能大赛，垦区25个割胶农场的7253名胶工参加选拔赛，共有30名选手分获创新能手、优胜奖和单项奖，并推荐优秀选手参加全国割胶工技能大赛。

海南省热带作物学会为提高垦区橡胶、胡椒、芒果等农户的栽培技术及施肥水平，分别在南滨、崖城、立才、红明、东升等农场开展橡胶、胡椒、芒果栽培技术培训62场，培训人员4800人多次，发放技术标准手册、科技资料或宣传册6000多份。

云南省热带作物学会组织国家芒果产业技术体系首席专家陈业渊等10名芒果品种、栽培、植保、贮藏保鲜等领域的专家，赴云南永德县开展科技服务，与永德县政府及其有关部门达成了技术服务合作意向，逐步解决永德县芒果产业面临的主要问题。

福建省热带作物学会配合省南亚办在福建省漳浦县举办全省香蕉根结线虫病防技术培训班。通过对地、县监测员进行监测技术等方面的综合培训，推动香蕉病虫害监测与防控工作开展，并举办5期热带水果、木薯等高产优质栽培管理技术培训班，促进热作产业优化升级。

棕榈专业委员会参与实施“30万亩槟榔提升行动”，科技下乡40多人次，发放技术资料1500多册，举行椰子丰产栽培技术、槟榔丰产栽培技术、油茶丰产栽培技术等技术培训班12期，培训农民2400多人，受益农民2万多人。

割胶与生理专业委员会为配合中国热带农业科学院科技支撑热区农民增收计划行动，魏小弟研究员、罗世巧研究员到海南省中部六市县、广东省、云南省进行割胶技术巡回辅导培训，总共培训科技人员和胶工1000人次。受到省农业厅、农垦总局和各市县的普遍欢迎和好评。

热带园艺专业委员会组织专家赴四川省攀枝花市、盐边县，云南省华坪县等地开展了科技培训工作，共培训技术指导员和科技示范户200多人次，发放各类实用技术资料和挂图200余册。专家组还多次深入到田间地头，开展现场指导，与农户互动。

加工专业委员会于2011年8月在云南省景洪市举办了一期微生物凝固鲜胶乳技术培训班，培训了40多名技术骨干。

2011年，中国热带作物学会在科技咨询服务方面开展大量工作。四川分会联合北缘作物专业委员会，与以凉山州亚热带作物研究所、攀枝花农林科学院为主体的科研机构联合开展形式多样的科技咨询与服务活动，推广优良品种和技术，同时为政府进行献计献策，2011年开展科技咨询服务活动50余次，发放技术资料5000多份。

云南省热带作物学会多次组织专家完成老挝橡胶初加工厂施工设计工作、《云锰集团老挝普卡胶厂建设项目可行性报告》编制工作等，指导吉林光大集团完成《中国吉林省光大实业集团有限责任公司老挝沙湾拿吉省天然橡胶种植、加工建设项目可行性研究报告》编制工作，全面促进了与老挝在发展天然橡胶产业方面的交流与合作。

5月22~25日，棕榈作物专业委员会应苏州鼎立投资有限公司的邀请派出科技人员夏秋瑜赴越南考察椰子产业，为该公司在越南投资建设椰子加工厂提出了宝贵的建议。

【2011年学会理事会和学术年会】10月9~12日，2011年中国热带作物学会理事会和学术年会在四川省攀枝花市召开，学会120名理事参加了会议。会议通过了增补学会理事及常务理事名单，表决通过增补常务理事3名、理事9名的名单；表决通过增补符月华为中国热带作物学会副理事长。

会议审议通过了2011年学会工作报告、2011年学会财务报告、增补理事及常务理事说明。表彰学会评选的2011年廿大优秀论文、农业科技示范基地、学会先进集体和先进个人。

会议期间，召开了学术研讨会。来自北京、海南、云南、广东、广西、福建、湖南、四川等省（自治区、直辖市）的热带农业科技工作者参加了会议。各省热带作物学会、分会、各专业委员会共提交交流论文84篇。王文壮等7位专家作了特邀学术报告。

中国蚕学会

2011年，学会组织召开了第八届五次常务理事会、第九次全国会员代表大会，商讨学会近期工作安排、学会发展等重大事项。举办了4次全国性学术交流活动，协办1次国际学术交流活动，参会专家、学者620人次，举办专题报告26场次，交流论文200多篇，制作论文集4册，共收录论文360多篇。

学会八届五次常务理事会3月18日在江苏省镇江市召开。会议总结了学会2010年的工作，提出2011年的工作要点。各专业委员会负责人分别介绍了各专委会2010年的工作和2011年的工作计划。会议布置了第九次全国会员代表大会的筹备工作，确定了第九届理事会理事候选人名额分配方案等换届工作方案。

中国蚕学会第九次全国会员代表大会12月7～9日在广西壮族自治区桂林市召开。大会选举产生了第九届理事会，西南大学校长助理鲁成当选为理事长，中国农业科学院蚕业研究所常务副所长张国政当选为常务副理事长，中国农业科学院蚕业研究所副所长李龙当选为秘书长，聘请向仲怀院士和舒惠国为名誉理事长。

学会应用中国科协全国学会会员管理系统进行会员登记管理，经过学会办公室和各团体会员单位的努力，2011年有5500多名会员进入全国学会会员管理系统。

学会主办的第七届青年学术研讨会3月19～20日在江苏省镇江市召开。青年学术研讨会是学会主办的最具特色、学术与应用相结合的大型学术研讨会，每两年举办1次。本次会议有180多人参会，收到学术论文175篇，举办6场学术报告，72人次进行学术交流。

学会主办的秋末冬初桑树绿枝扦插技术现场研讨会4月11～12日在江苏省如皋市、镇江市召开。来自国内多个省（区、市）50多位专家、学者参加了会议，交流、研讨了我国近年来在秋末冬初桑树绿枝扦插技术领域的新成果与新技术。

学会主办的第八届家（柞）蚕遗传育种及良种繁育学术研讨会7月22～25日在山西省运城市召开。全国近20个省、自治区、直辖市的150多位专家、学者参会，会议收到论文53篇，18人次进行学术交流。

学会主办的全国商品性小蚕饲养规程与病害防控学术研讨会8月22～24日在广东省广州市召开。来自10多个省、自治区、直辖市的120多位专家、学者参会，收到学术论文35篇和蚕药调查资料汇编1套，举办了9场专题学术报告。

由国家自然科学基金委、国家外国专家局资助，中国农业科学院蚕业研究所主办、中国蚕学会协办的首届国际蚕业与昆虫生物技术学术研讨会8月21～23日在江苏省镇江市召开。来自韩国、日本以及国内的100多位专家、学者参会，收到来自中、韩、日、美及印度等5个国家的会议论文101篇，举办学术报告11场。

学会主办的专业学术期刊《蚕业科学》为双月刊，2011年共刊登文章170篇、科研信息88条。发表获国家、省部级重点科研计划项目资助并代表学科前沿的论文达到期刊载文总数的65%以上。期刊影响因子逐年攀升，现为中国科技核心期刊、中文核心期刊和中国农业核心期刊，继续被美国化学文摘（CA）收录。

【中国蚕学会第九次全国会员代表大会】 2011年12月7～9日，中国蚕学会第九次全国会员代表大会在广西壮族自治区桂林市召开。全国人大农业与农村委员会原副主任、中国农学会副会长舒惠国，商务部国家茧丝绸协调办公室副主任李朝胜和广西壮族自治区农业厅、农业部种植业管理司、桂林市人民政府领导同志出席会议。来自20多个省、自治区、直辖市的160多名会员代表参加会议。

大会听取了学会第八届理事长鲁成作的第八届理事会工作报告、学会第八届秘书长张国政作的第八届理事会财务报告，审议并通过了上述两个报告。大会还审议修订了《中国蚕学会章程》，通过了《关于中国蚕学会章程修改的决议》，通过了《关于表彰先进省级团体会员单位的决议》。

大会选举出了由129名理事组成的中国蚕学会第九届理事会，第九届理事会第一次会议选举产生了由43名常务理事组成的第九届常务理事会，选举鲁成为中国蚕学会第九届理事会理事长，张国政为常务副理事长，楼程富、陶文瑞、张道文、肖更生、宋国柱、刘文安、曾华明、祁广军、钱有清为副理事长，李龙为秘书长。第九届常务理事会第一次会议讨论通过了学会工作委员会和专业委员会负责人、学会副秘书长、学会会刊《蚕业科学》编委会组成人员，讨论通过了《中国蚕学会第九届常务理事会关于聘请名誉职务的决定》，决定聘请向仲怀院士和舒惠国为中国蚕学会名誉理事长。

【中国蚕学会第七届青年学术研讨会】 2011年3月19～20日，中国蚕学会第七届青年学术研讨会在江苏省镇江市召开，会议由中国蚕学会主办，江苏科技大学、中国农业科学院蚕业研究所承办。

本次会议共有来自全国各地42家从事蚕业教学、科研、生产及管理单位的青年学者180多人参会。学会理事长鲁成，江苏科技大学副校长葛世伦，西南大学教授夏庆友，浙江大学教授鲁兴萌，学会秘书长、中国农业科学院蚕业研究所常务副所长张国政等出席会议，学会常务副理事长、江苏科技大学副校长郭锡杰主持会议。

大会举办了6场专题报告，西南大学教授夏庆友、北京大学教授陈建国、中国科学院上海生命科学研究院植物生理生态研究所研究员李胜、台湾自然科学博物馆研究员顾世红、华南师范大学教授冯启理、西南大学教授崔红娟分别报告了家蚕基因组，家蚕与生物多样性，家蚕变态发育，胰岛素信号转导与家蚕的休眠和发育、家蚕翅原基因表达调控，在肿瘤干细胞的功能调控等领域的最新研究成果和进展。

本次会议共收到学术论文175篇，制作了《中国蚕学会第七届青年学术研讨会论文集》（光盘版），有72篇学术论文参加了分组交流。

中国水土保持学会

2011年，学会举办了10余次学术会议。7月27～30日，中国水土保持学会主办，台湾地区“中华水土保持学会”、中国水土保持学会泥石流滑坡防治专业委员会协办，新疆维吾尔自治区水土保持学会承办的第八届海峡两岸山地灾害与环境保育学术研讨会在新疆维吾尔自治区乌鲁木齐市召开。

7月9～12日，中国科学院水利部水土保持研究所、黄土高原土壤侵蚀与旱地农业国家重点实验室、世界水土保持协会和中国水土保持学会联合主办，江西省水土保持科学研究所和西北大学城市与环境学院协办的区域水土保持研究学术研讨会在陕西省杨凌市召开。

10月14～15日，中国水土保持学会主办，工程绿化专业委员会、北京市环境卫生设计科学研究所、北京林业大学边坡绿化研究所协办的矿化垃圾资源化利用与填埋场绿化技术研讨会在北京召开。

12月10～11日，由中国科协主办，中国水土保持学会、中国林学会、中国环境学会、中国生态学学会等12家全国学会共同协办的首届“湖泊健康与可持续发展”为主题的中国湖泊论坛在南京市举办。

4月15～17日，水土保持生态修复专业委员会在广东省深圳市举办了第四届全国水土保持生态修复学术研讨会。

6月29日，预防监督专业委员会第八次会议在新疆维吾尔自治区乌鲁木齐市召开。

11月6日，科技协作工作委员会2011年年会在四川省绵阳市召开。

11月20～21日，小流域综合治理专委会与水利部水土保持监测中心联合在福建省厦门市召开了坡耕地水土流失综合治理学术研讨会。

12月10～11日，规划设计专业委员会在广西壮族自治区桂林市召开了2011年年会暨学术研讨会。

9月4～8日，中国水土保持学会组团参加了在青海省西宁市举办的主题为“和谐生态、健康生活”的第五届国际沙棘协会大会。

5月8日，学会参加了由中国科协主办的2011年“防灾减灾日”主题科普活动启动仪式，布设“山地灾害防灾减灾科普知识”展板，聘请专家现场咨询，发放了宣传画册；7月10日，学会在北京植物园举行了新《水土保持法》宣讲活动，展出了水土保持60年成就与相关科普知识展板，发放了新《水土保持法》宣传手册；10月10日，受水利部委托组织编写的全国水土保持科普宣传教育系列丛书——《水土保持科普读本》（小学版）通过专家审定。

学会开展水土保持方案编制乙、丙级资格证书的申报工作，为123家单位颁发《水土保持方案编制乙级资格证书》，为152家单位颁发《水土保持方案编制丙级资格证书》。举办两期水土保持方案编制人员甲级培训班、培训学员500人，举办两期乙、丙级培训班，培训学员400人；举办1期新《水土保持法》培训班，培训200余人；与中国水利水电勘测设计协会联合举办两期注册土木工程师（水利水电工程）水土保持考前培训班，共培训学员189人。

学会开展《中国水土保持学会“十二五”事业发展纲要》编制工作，并于2011年年底完成。中国水土保持学会工作会扩大会议于7月15日在北京召开。中国水土保持学会四届二次常务理事会3月4日在北京召开，推荐学会常务理事、水利部水土保持司副司长牛崇桓为中国科协八大代表，学会常务理事、常务副秘书长张淼为中国科协八大代表及委员候选人。12月21日，在北京召开中国水土保持学会四届三次常务理事会。1月，广西壮族自治区水土保持学会成立。

【第八届海峡两岸山地灾害与环境保育学术研讨会】2011年7月27～30日，由中国水土保持学会主办，台湾地区“中华水土保持学会”、中国水土保持学会泥石流滑坡防治专业委员会协办，新疆维吾尔自治区水土保持学会承办的第八届海峡两岸山地灾害与环境保育学术研讨会，在新疆维吾尔自治区乌鲁木齐市召开。来自部分省（自治区、直辖市）水土保持行政主管部门，海峡两岸有关高等院校、科研院所和企事业单的90余名学者参加了研讨会。专家、学者分别就海峡两岸重大地质灾害的特点、新疆水土流失特点及成因分析、极端气候之土石流防灾策略思维——台湾经验、汶川地震区震后泥石流活动特征与防治对策、台湾原住民的分布及其面对的灾害类型等主题作了学术报告。本次研讨会是海峡两岸山地灾害与环境保育、水土保持科学研究与成果应用等方面的高层次研讨会，对促进海峡两岸水土保持科技进步与创新，学习和借鉴当今世界最先进的技术、成果、理论和经验等都具有现实意义，有助于推动海峡两岸在防治山地灾害、控制土壤侵蚀、加强环境保育、提高土地综合生产能力和改善生态环境等方面的学术合作与技术交流。

【《水土保持科普读本》（小学版）通过专家审定】《水土保持科普读本》（小学版）是水利部委托中国水土保持学会负责组织编写的全国水土保持科普宣传教育系列丛书之一。2011 年 10 月 10 日，在北京召开了《水土保持科普读本》（小学版）审定会，会议由水利部水土保持司巡视员张学俭主持。参加会议的单位有教育部基础教育一司、团中央青农部、国家林业局防治荒漠化管理中心、中国水土保持学会、北京林业大学、中国科学普及出版社、中国水利水电出版社、北京石油学院附属小学和北京林业大学附属小学。

与会专家听取了编写组的工作汇报，经过讨论一致认为：编写面向小学生的《水土保持科普读本》很有必要，编写的《水土保持科普读本》形式新颖，通过卡通形式将专业性很强的科学知识转化为小学生易于理解的通俗科普读本，具有独到的创新性，填补了国内卡通专业科普读本的空白。《水土保持科普读本》内容丰富，结构合理，层次清楚，科学规范，知识面较宽，逻辑性较强，是一本专业系统全面的水土保持科普读本。《水土保持科普读本》专业知识表达准确，深度把握比较适宜，语言简练，生动有趣，在通俗性、警示性、趣味性、可读性和拓展性等方面都有一定的体现和探索。《水土保持科普读本》适合小学生阅读，也可作为小学开展生态文明教育的课程资源。

中国茶叶学会

2011 年，学会被国家人力资源与社会保障部、中国科协授予“全国科协系统先进集体”荣誉称号，学会常务副秘书长周智修被授予“全国科协系统先进工作者”称号。“中国茶叶学会创新型专业技术人才培养基地建设试点”项目被评为“中国科协继续教育示范基地”试点项目，成为全国 5 个“中国科协继续教育示范试点基地”之一。

学会 2011 年新发展团体会员 49 家，个人会员 42 人，新发展科技示范基地 13 家。目前学会共有团体会员 537 家，科技示范基地 43 家。学会现有分支机构 9 个。

9 月 5 日，学会办事机构改革创新经验在中国科协召开的学会创新发展工作经验交流会上作典型介绍。

学会组织召开了茶树功能基因组和次生代谢学术沙龙、第五届茶学青年科学家论坛、首届茶产业经济研讨会、中国红茶高峰论坛、全国茶叶机械标准化与创新学术研讨会共 5 项学术活动，收录论文 187 篇，与会专家、学者 500 多人次。

9 月 16 ~ 17 日，学会与国家茶叶产业技术体系、中国农业科学院茶叶研究所联合举办了首届茶产业经济研讨会。来自农业部、浙江省农业厅、南京农业大学、中南财经政法大学、浙江大学、福建农林大学、浙江工商大学、美国加州大学洛杉矶分校、中国农业科学院茶叶研究所、国家茶叶产业技术体系等 80 多位专家学者参加了研讨会。相关研究领域的专家就我国茶叶食品安全、市场跟踪预测、技术经济评价、产业组织整合、消费需求等热点问题进行了讨论和交流。

9 月 22 ~ 23 日，第五届茶学青年科学家论坛在湖南省长沙市召开。论坛共征集到论文 70 多篇，收录论文 65 篇。来自科研院所、高校和农业主管部门的近 100 位青年科研人员参加了论坛。论坛研讨内容涵盖了茶树资源、育种及新技术、茶树生理营养及茶园综合管理技术、茶园病虫害防治、茶叶加工及新产品开发、茶叶深加工及产品研发、茶叶生物化学与功能性成分研究、茶叶产业经济与茶文化等方面。3 位专家就国内外茶树育种研究进展、茶树栽培技术研究进展、茶叶加工技术进展作专题报告，32 位青年科技人员交流了研究进展和成果。

6 月 22 ~ 23 日，2011 中国红茶高峰论坛在福建省福安市举行。论坛开幕式由学会副理事长、福建省茶叶学会会长冯廷佺主持，农业部原部长何康、茶界泰斗张天福出席论坛并在开幕式上讲话。来自祁红、滇红、闽红、川红、宁红等红茶主产区及台湾地区茶界的 200 多位专家、学者出席。论坛共收到论文 65 篇，交流了最新红茶研究动态和研究成果，其中 14 篇论文在论坛上交流。

第三届全民饮茶日活动以“茶与生态”为主题，4 月 16 日在浙江省杭州市举行。活动当天在杭州市范围内的学校、社区、景点设立 500 个赠茶点，向市民游客赠茶，几十万人参与。此外，成都、重庆、昆明、海口、贵阳、福州、湖州、泉州以及台湾省的台北市等 50 多个城市均在 4 月 20 日前后开展全民饮茶日活动，上百万人共襄全民饮茶盛举。全民饮茶日活动倡导“全民饮茶”，努力营造“知茶、爱茶、饮茶”的氛围，广泛宣传“以茶雅心、以茶敬客、以茶行道”的社会功能，对于弘扬茶文化、打响茶品牌、发展茶旅游、做强茶产业具有重要的意义。

学会开展第二届中国茶叶学会科技奖评选，共有21个项目申报，其中应用研究项目10个、推广研究项目9个、软科学研究项目2个。从专业领域分，育种领域6项、加工领域5项、机械与工艺领域3项、生化领域1项、深加工领域1项、栽培领域1项、其他4项。经专家网上匿名评选，共17个项目进入最终评审。评审会于10月15日在浙江省杭州市召开，会议共邀请不同领域的11位专家参加评审，依据《中国茶叶学会科学技术奖奖励办法（试行）》和《中国茶叶学会科学技术奖评选指标》进行评选，共有7个项目获奖。优异茶树种质快繁与产业化关键技术研究及示范、利用微生物提高云南普洱茶品质、茶叶提取物脱除咖啡因与儿茶素类复合物制备3个项目获二等奖。茶树叶绿素酶分离纯化和性质的初步研究、茶树优良品种扦插繁育产业化开发研究、茶树无性系良种“二段法”快繁育苗技术研究、普洱紧压茶产品创新及机械、模具和压制工艺的研究及开发4个项目获得三等奖。

学会开展了第二届中国茶叶学会青年科技奖评选，得到了各茶叶科研院校青年科技人员积极响应，浙江、福建、云南、山东、广西、重庆、江西、安徽、湖北等省（自治区、直辖市）的16位茶学青年科技人员申报。评审会于10月15日在浙江省杭州市召开，依据《中国茶叶学会青年科技奖评选办法（试行）》，议定了中国茶叶学会青年科技奖入选条件，经投票表决，王岳飞、陈亮、龚加顺、余继忠、石元值、叶俭慧、吴卫国等7位茶学青年科技人员获得第二届中国茶叶学会青年科技奖。

2011年，《茶叶科学》出版6期，共收录稿件327篇，约82万字。启用学术不良检测系统、完善并推广了网上采编系统，《茶叶科学》整体水平显著提高。期刊评价指标进一步上升，最新影响因子1.656，居茶学科第一，在全国农学学科内排名第8位。

经过多年的努力，学会培训品牌逐渐突显。2011年，举办茶艺师、评茶员职业技能培训班20期，培训学员1024名。面向茶业专业技术人员举办知识更新研修班4期，学员218名。7月19～21日，与中国农业科学院茶叶研究所联合举办了茶产品转型升级加工新技术高级研修班，共有58人参加研修。8月11～13日及11月12～16日举办两期绿茶品质提升研修班，一期红茶、乌龙茶品质提升研修班。研修班以第九届“中茶杯”有代表性参评茶样为评审材料，分析研讨提高绿茶及红茶、乌龙茶品质的技术和措施。由于选题紧跟产业需求，研修班受到广大学员的欢迎和好评。

应杭州市农夫山泉有限公司的邀请，6月25～26日学会组织专家对该企业内部员工进行茶叶加工和茶叶审评培训，以理论和审评实践相结合的方式进行授课。这次“订单式培训”是学会提供上门培训的良好开端，也是对继续教育工作新的拓展。

2011年，培养农业推广硕士专业学位研究生37人次，其中招收录取9人，论文开题10名，中期检查8名，答辩10名，有6人获得硕士学位证书。12月组织了一期茶学专业课程学习班。

【茶树功能基因组和次生代谢学术沙龙】 8月16～17日，茶树功能基因组和次生代谢学术沙龙在安徽省合肥市举行。沙龙由安徽农业大学和中国茶叶学会学术工作委员会承办，共收到专业论文30篇。来自全国各专业研究所、大专院校茶学专业的105位专家、学者参加了沙龙。此次沙龙是在全国范围内首次就茶树功能基因组和次生代谢研究进行的专题学术交流活动，邀请了美国丹佛斯植物研究中心、中国科学院植物研究所、中国科学院遗传与发育生物研究所、安徽农业大学的资深专家分别就植物功能基因组和次生代谢做专题报告。参会专家围绕茶树种质资源、基因组研究方法、基因差异表达、基因克隆与序列解析、次生代谢途径、代谢中间物的合成、代谢关键酶的基因分离与克隆等内容进行了交流探讨。沙龙让与会专家学者了解到该学科领域发展的水平和前沿动向，认识到研究工作的重点和薄弱之处。通过交流，为今后开展协作奠定了基础。

【全国茶叶机械标准化与创新学术研讨会】 11月17～19日，全国茶叶机械标准化与创新学术研讨会在浙江省余姚市举行。来自全国科研院所、高等院校、农业主管部门、茶机茶叶企业等单位的120余名专家、学者参加了会议。会议由余姚市农业机械化管理局和中国茶叶学会茶叶机械专业委员会联合承办，余姚市姚江源茶叶茶机有限公司协办。

学会理事长杨亚军致开幕辞，余姚市副市长郑桂春致欢迎辞，农业部农机试验鉴定总站站长刘敏、浙江省农业厅副厅长赵兴泉致贺辞。开幕式由学会秘书长江用文主持。

研讨会以“茶机标准化应用与创新”为主题，邀请3位专家就农业机械政策解读、制茶机械研发动向、茶园机械发展战略等专题作特邀报告。专家分别介绍了国家政策对产业的引导方向和促进作用、茶叶加工及田间管理环节的机械研发要求、应用方向等情况，分析了茶机产业发展中的难点、热点问题，提出了对策和措施。中国农业科学院茶叶研究所研究员权启爱等8位专家，也分别就茶叶机械标准，茶机业与地区茶业经济的关系，降低环境负荷技术研究，制茶机械材料分析，新设备、新工艺与生产线的设计、研发和试验等研究内容作了交流发言。

【第九届“中茶杯”全国名优茶评比】第九届“中茶杯”全国名优茶评比活动共收到18个产茶省、市（区）选送的茶叶样品共962个，其中绿茶585个、红茶190个、乌龙茶83个、黄茶8个、白茶29个、黑茶32个、茉莉花茶10个、特种茶25个。本次评比设金、银、铜奖和特等奖、一等奖。评出金奖21个，获奖率2.18%；银奖40个，获奖率4.14%；特等奖125个，获奖率12.99%；一等奖444个，获奖率46.15%。本届评比严格按照《“中茶杯”全国名优茶评比办法》，每个样品进行无公害检测，超标者不得奖。公证处现场公证，督察组现场督察，9个省市的12位专家分外形和内质组，密码审评，获奖方案经领导小组和工作委员会审核，获奖结果经网上公示。至今，“中茶杯”已成为茶叶行业内规模最大、最严谨的评比活动之一。

【2011中国茶叶学会团体会员会议暨科技创新与茶产业转型升级学术研讨会】11月4~6日，学会在山东省日照市举办2011中国茶叶学会团体会员会议暨科技创新与茶产业转型升级学术研讨会，600多人参加会议。会议以“科技创新与茶产业转型升级”为主题，分5个专题介绍了茶产业发展中的质量安全问题，中国茶产品加工现状与发展趋势，标准茶园栽培技术，茶叶清洁化、连续化、自动化加工生产线和部分加工新装备研发现状，第九届“中茶杯”全国名优茶评比茶叶品质评析。

中国草学会

2011年，学会召开了第八次全国会员代表大会暨学术交流会以及一系列专业学术交流活动。学会修订和完善了《中国草学会分支机构管理办法》和《中国草学会会员管理办法》，启动了中国草学会草业科技奖的评奖工作，制定了《中国草学会草业科技奖奖励办法》。学会为了加强学科建设，促进学科发展，组织撰写了《草学学科发展研究报告》。2011年重点完成了学会秘书处工作机构的改革，并新增设了信息期刊工作部。

2011年，学会组织建设工作顺利开展，审评了拟申请的各个二级专业委员会，根据审评结果组织申报了中国草学会牧草机械专业委员会和高尔夫场地专业委员会，其中高尔夫场地专业委员会获得批准。

学会会刊《草地学报》论文刊载篇数由2010年的170篇增至180篇。据中国学术期刊影响因子年报（2011）统计数据，该刊2010年期刊被引指数各项指标均有增长，影响因子增至1.833，在所有畜牧兽医学科中排名第3；总被引频次达2733次，比2010年增长了2.2%；被引期刊数达到252本，比2010年增长了5.6%；网上数据年下载量达到4.35万次，比2010年增长了34.67%。

2011年，学会举办了各种学术会议及交流活动。4月27~29日，由饲料生产专业委员会主办，四川省草原工作总站承办的中国草学会饲料生产专业委员会第十六次学术研讨会在四川省成都市召开。会议主题为“‘十二五’饲草科技与草业发展战略”，与会学者140余人，会议收到论文40余篇。与会学者分别就现代农业与饲草生产、环境脆弱区的饲草生产及现代科技在草业中应用等方面进行了讨论，30多位专家、学者围绕大会主题作了专题学术交流。

5月12日，火专业委员会与农业部草原防火指挥部和吉林省草原防火指挥部在吉林省前郭县举办全国草原防扑火演练。此次草原防扑火演练按照草原火灾应急预案有关规定，分为火情监测和火情报告、接警处置、启动县和市两级应急预案、战后点评等几个阶段。现场会上，提供了草原防火知识展板，进行草原防火基本知识的宣传和技能讲座，演练过程中还进行了草原防火新装备展示。农业部、国务院法制办、公安部、中国气象局、农业部草原防火指挥部成员单位代表，以及14个草原防火重点省（自治区）管理人员、专家、学者等240人出席了本次活动。

6月16~17日，草地生态专业委员会在兰州大学召开了第六次草地生态学术研讨会、第三届全国草业科学研究生论坛。来自国内相关高校的导师及优秀研究生围绕“名师论草”和“草业新锐”环节，就动物生产、草类植物生理、栽培草地管理、天然草地管理、草地农业系统与碳汇、草类植物种质资源与育种等6个主题进行了讨论和交流。中国工程院院士盖钧镒、任继周，中国国际工程咨询公司教授黄黔，甘肃省科技厅副厅长陈继，学会副理事长、中国农科院草原研究所所长侯向阳，草地生态专业委员会副主任委员王堃、张新跃、安沙舟、韩国栋、王德利、侯扶江等出席会议，来自北京、内蒙古、新疆、青海、海南、陕西、广东、四川、贵州、云南、甘肃等20余个省、自治区、直辖市的大专院校和科研院所160余名学者参加了会议。

9月20~23日，牧草育种专业委员会第七届二次会议暨第十一次学术研讨会在陕西省杨凌市召开，来自全国各地的近200名学者出席会议。会议认为，目前我国牧草育种领域的研究涉及牧草种质资源、品种选育、生物技术、生物多样性和种子生产等多个方面，具有一定的理论水平和实用价值，既反映了一些重大项目的研究进展，也突出体现了对种质资源和乡土草种的重视，生物技术也由分子标记、转基因向基因定位、遗传图谱构建的方向发展，在深度和广度上都有了提高。

9月25日，《中国草业史》新书发布会在北京举行。学会名誉理事长洪绂曾、理事长云锦凤，农业部相关部门领导以及学会顾问王培、苏嘉楷、胡自治、刘得福、孟昭义、陈佐忠和李建东出席了会议，学会副理事长周禾、秘书长王堃等主持了发布会。

10月20～23日，草地资源与利用专业委员会第七次学术研讨会在云南省昆明市举行。会议由草地资源与利用专业委员会主办，云南省草地动物科学研究院承办，云南省草山饲料工作站协办。来自全国从事草业科研及产业开发研究的100多名专家、学者参加了会议。会议主题为“草地资源的机遇与挑战”。研讨会上，来自全国从事草业工作的各省区学者分别就近年来我国草地生态系统评估方法和技术，草地资源管理信息化平台建设及草地资源安全生产经营管理模式，草地保护与生态补偿，人工草地的建植、管理与利用，不同区域或不同环境条件胁迫下草产业的新技术研发等方面进行了广泛交流，明晰了“十二五”期间我国草地资源管理信息化及草地资源安全生产经营管理模式的发展思路。

【中国草学会第八次全国会员代表大会】2011年9月26～27日，中国草学会第八次全国会员代表大会暨学术交流会在北京举行。大会选举产生了以马启智为理事长的八届理事会，选举产生理事147名、常务理事49名。全体代表一致通过了学会新章程、第七届理事会任期内工作总结报告和财务报告。学术交流会围绕“草业发展与生物低碳农业”这一主题，就我国草地农业的理论研究、苜蓿科学研发、“十二五”草业科学研究等方面进行了研讨，共有22个大会报告。农业部、中国农业大学和中国科协的相关领导，以及来自全国科研、教学、企事业单位的相关科技工作者及专家300余人参加了会议。

【中国草原可持续发展论坛】2011年10月26～27日，由农业部草原监理中心和中国草学会共同主办的中国草原可持续发展论坛在云南省昆明市举行。

本次论坛以“转变发展方式促进草原牧区可持续发展”为主题，围绕实施草原生态保护补助奖励机制后，草原保护建设的新思路、草原与牧区经济社会发展、草产业提升与现代草原畜牧业发展、草业科技创新等问题展开了交流与讨论，20位领导、学者、企业家在论坛上作了演讲。第十届全国人大农业与农村委员会副主任委员、中国农学会副会长舒惠国，农业部原副部长、中国草学会名誉理事长洪绂曾，云南省政协副主席罗黎辉等出席了论坛。论坛开幕式由农业部草原监理中心主任马有祥主持。国务院法制办农林司、农业部发展计划司、畜牧业司、机关服务局等有关司局及23个省（自治区、直辖市）的近200名从事草原行政管理、科研教学、技术推广和生产经营方面的专家、学者和企业代表参加了论坛。

中国植物营养与肥料学会

2011年，学会召开了两次常务理事扩大会议。学会七届五次常务理事会暨各委员会工作会议1月8日在广东省广州市召开，学会常务理事、各专业委员会、工作委员会主任等近40余人参加会议，学会名誉理事长林葆列席了会议。会议由学会理事长金继运和副理事长陈明昌主持。各专业委员会、工作委员会主任汇报了各委员会2010年的工作情况，并对2011年的工作进行安排。学会七届六次常务理事扩大会12月3日在北京召开，学会常务理事、理事、顾问等70余人参加会议，学会名誉理事长朱兆良院士、林葆列席了会议。会议由学会理事长金继运主持。本次会议共3项内容：秘书长白由路做学会工作报告，讨论中国植物营养与肥料学会八届理事和常务理事候选人产生办法，讨论2012年中国植物营养与肥料学会第八届会员代表大会会议主题等。

2011年，学会组织或参与组织了8次学术会议，分别是：11月18～20日，新型肥料专业技术委员会在北京组织召开第三届全国新型肥料学术研讨会——叶面肥发展与技术创新学术研讨会；9月15～18日，微生物与菌肥专业委员会参与组织的第十一届全国土壤微生物学术讨论会暨第六次全国土壤生物与生物化学学术研讨会和第四届全国微生物肥料生产技术研讨会在甘肃省兰州市召开；青年工作委员会组织的第十二届中国青年土壤科学工作者暨第七届中国青年植物营养与肥料科学工作者学术讨论会；9月13～18日，学会承办的第五届“硅与农业”国际会议在北京召开；7月20日，根际营养专业委员会协办热带作物养分管理与优质高效生产学术交流会议；12月5～7日，根际营养专业委员会协办首届热带亚热带高产高效现代农业国际研讨会。

10月17～29日，由中国植物营养与肥料学会根际营养专业委员会与中国菌物学会内生真菌与菌根真菌专业委员会、中国土壤学会土壤生物和生物化学专业委员会、中国林学会联合主办，西南大学资源环境学院与重庆市土壤学会共同承办的第十一届全国菌根学术研讨会在重庆市召开。西南大学领导、主办学会专业委员会主任和来自全国的近200名菌根研究工作者参加了研讨会。

本次研讨会主题为“菌根与生态环境”，重点交流了近年来我国菌根基础理论研究和应用技术成果，对未来中国菌根学科的发展进行了讨论。大会分别从菌根研究的形势与任务、菌根真菌的生物多样性、菌根的生态功能多样性、菌根的生理生态以及抗性机理、菌根研究的新技术、新方法和应用前景等方面进行了交流，就菌根研究的热点问题及菌根研究人才的培养进行了热烈的综合讨论。会议共有74个学术报告，其中包括27个研究生的专场报告。

全国菌根学术研讨会为我国菌根研究工作者，提供了交流与探讨的平台，提供了学术合作与技术交流的纽带，提供了相互学习的机会，并为今后的菌根研究指明了方向。

10月18～20日，土壤肥力专业委员会和中国农业科学院农业资源与农业区划研究所参加主持气候变化与农业土壤固碳减排国际学术研讨会。这次会议是中国科学院大气物理研究所主办的2011气候变化国际会议的一部分。来自美国、澳大利亚、俄罗斯、英国、巴西、日本等国家，及中国科学院地理科学与资源研究所、中国科学院南京土壤研究所、中国科学院新疆生态与地理研究所、北京师范大学、北京林业大学、华中农业大学、兰州大学以及中国农科院的专家50余人出席了研讨会。

会上，与会学者就不同陆地生态系统的温室气体排放、农田管理措施对土壤碳库的影响及气候变化对陆地生态系统碳循环的影响等进行了交流和研讨。会议出版了论文集一部，收入会议交流论文83篇。

《中国土壤与肥料》2011年度接收稿件400篇，完成了全年6期的出刊任务，刊出论文117篇，581页，约116万字。2011年《中国科技期刊引证报告（核心版）》统计，该刊物影响因子为0.622，在农学类期刊中的排第17名。期刊建立了独立网站，从9月开始运行在线投稿系统。《植物营养与肥料学报》在农业基础类期刊中排名第2（共22种），在农艺学期刊中排名第3（共50种），网络下载量达11.06万次，被评为“2011年度中国精品科技期刊”。

【全国化学肥料研究与应用学术研讨会】 2011年12月18～20日，由学会化学肥料专业委员会主办，浙江大学环境与资源学院、浙江省农业科学院环境资源与土壤肥料研究所、浙江省农业厅土肥站和农业部植物营养与肥料重点实验室承办，江西赣丰肥业股份有限公司协办的全国化学肥料研究与应用学术研讨会在浙江省杭州市召开。开幕式由化学肥料专业委员会副主任吴良欢主持，中国农科院资源区划所副所长任天志致开幕辞，浙江大学环资学院副院长林咸永致欢迎辞，学会理事长金继运、浙江农科院土肥所书记傅庆林、浙江省农业厅土肥站副站长陈红金和江西赣丰肥业股份有限公司总经理章发根讲话，学会副理事长陈明昌、罗奇祥，秘书长白由路出席了会议。来自全国各地从事肥料科研、教学、生产和推广部门的130多名学者、技术人员参加了本次大会。

大会报告分为植物营养、高效施肥、新型肥料3个专场进行，共22个大会报告。化学肥料专业委员会主任周卫在大会总结中表示，这次大会报告总体上反映了国内外植物营养与肥料研究的最新进展。

【第三届全国新型肥料学术研讨会】 2011年11月18～20日，第三届全国新型肥料学术研讨会——叶面肥发展与技术创新在北京召开，会议由学会新型肥料专业技术委员会和《农资导报》主办，领先生物农业股份有限公司承办，北京新禾丰农化资料有限公司和山东恩宝生物科技有限公司协办。学会理事长金继运等出席。来自全国各地从事肥料科研、教学、生产和推广部门的100多人参加了会议。

我国以占世界9%的耕地养活了21%的人口，同时消费了占世界1/3的化肥，因此最大限度提高肥料利用率，实现农业的高产、高效、环保，是肥料科研和生产企业面临的共同使命。叶面肥料具有养分吸收快、成本低、配方设计灵活、环保、施用方便等特点，科学合理地研发、施用和推广叶面肥料，对进一步降低农业生产成本，提高农作物产量，改善农产品品质具有重要意义。近年来，虽然我国叶面肥料发展快速、种类繁多、但仍处于起步阶段，总体来说产品技术含量不高、基础应用研究不够、产业发展环境较差、知名品牌产品缺乏、市场无序竞争激烈。

本届会议正是针对上述问题，组织全国本行业相关科研教学单位、企业和专家，围绕我国叶面肥料技术的创新与突破、新产品研发及产业化发展、施用技术及应用效果评价等方面开展广泛研讨和交流，以此推动叶面肥技术的发展，推动产业健康、稳步发展。

会议紧紧围绕“叶面肥发展与技术创新”的主题展开广泛、深入的交流和讨论，20余位来自科研教学单位和企业的专家、学者作了会议报告。中国农业大学教授曹一平、中国腐植酸工业协会理事长曾宪成、全国农技推广中心处长田有国分别就叶面肥应用与产业发展、腐植酸叶面肥产业现状、低碳农业与水肥一体化技术等议题作主题报告。中国农科院植保所研究员陈福良作了题为《农业领域表面活性剂的研究与进展》报告，对叶面肥中助剂的开发和应用具有指导和启发作用。郑州大学教授李莳萍作题为《以非水溶性营养源制备叶面喷施肥及灌溉施肥的新方法》报告，带给与会学者在叶面肥研发和应用方面的新思路、新方法。国家化肥质量监督检验中心（北京）主任刘红芳就水溶性肥料的标准作了详细介绍，并与企业代表进行了广泛深入的交流。合肥工业大学教授韩效钊、中国农科院资源区划所副研究员李燕婷、广东农科院土肥所研究员于俊红、中国农业大学教授胡树文、中国农业大学教授陈清等专家和领先生物农业股份有限公司、香港辉得昌远东有限公司和北京新禾丰农化资料有限公司的企业代表对叶面肥的发展现状、新型叶面肥的研发和应用等方面的内容进行了深入研讨和交流。

【第五届“硅与农业”国际会议】 9月13～18日，由中国植物营养与肥料学会、中国农业科学院主办，中国农业科学院农业资源与农业区划研究所和领先生物农业股份有限公司联合承办的第五届“硅与农业”国际会议（The 5th International Conference on Silicon in Agriculture）在北京召开。来自25个国家的200余位专家、学者、企业代表参加，大会共收到论文（摘要）112篇。与会学者紧紧围绕“硅与农业可持续发展”这一大会主题进行了深入研讨与交流。中国农业科学院副院长唐华俊应邀出席并讲话，学会理事长金继运出席大会。

中国农业科学院一级岗位杰出人才、长江学者梁永超教授作为大会组委会主席主持开幕式并致辞。开幕式后，日本冈山大学教授马建锋，中国农业大学资源环境学院教授张福锁及美国路易斯安那州立大学植物病理与作物生理系主任 Lawrence E. Datnoff 分别作了《不同植物物种硅从根到穗的转运机制》、《植物生物学中硅异常性的本质》和《硅与生物胁迫》的大会主题报告。3天的大会围绕土壤中硅转化的化学与生物学机制及硅素丰缺诊断、土壤－植物－肥料中硅素检测、硅肥生产技术与标准、植物对硅吸收、转运和淀积的生理与分子机制、硅提高植物对生物胁迫抗性的机制、硅提高植物对非生物胁迫抗性的机制、高产、优质、环境健康的硅素养分综合管理等6个主题作了57场大会报告，28篇论文作了墙报，展示了“硅与农业”领域近10年来的最新进展与成果。

梁永超作了题为《硅在农业中的作用——从实验室到大田生产》的大会主题报告，在总结“硅与农业”研究的国际最新进展的基础上，重点展示了我国学者在硅肥的研究与应用，硅吸收转运的分子和生理机制，硅提高植物抗病虫害、抗环境胁迫、硅钙肥改良土壤提高环境质量的成效与机制等方面的最新成果。会议期间，大会组委会组织参会学者参观了天津宝坻硅肥试验示范区，亲眼观看水稻施用硅肥显著促进生长、较大幅度提高产量、明显提高抗病性的大田试验效果，加深了硅肥对水稻生产重要作用的认识。

首届“硅与农业”国际会议于1999年在美国佛罗里达举行，每3年召开一次，现已成为国际硅植物营养科学家和硅肥生产、销售的企业家们的重要集会。

第五届“硅与农业”国际会议的成功举办，一方面充分肯定了我国近年来在土壤硅素营养科学研究及硅肥农业应用领域取得的重要成绩，另一方面为世界不同国家学者开展合作交流，及我国科学家了解世界上硅在农业中的应用研究和硅肥产业发展的最新动态和成果提供了机会，也为我国和世界一流研究机构、企业开展跨国合作提供了一个重要的平台。会议期间，国内外许多单位都提出了与中国农科院农业资源与区划研究所建立合作关系的意愿。

中华医学会

2011年，学会完成15个专科分会的换届工作，有19个专科分会完成了青年委员会的组建或换届工作，18个专科分会完成了82个专业学组的换届或组建工作。学会分3批对专科分会的新任主任委员进行了培训并颁发聘书。

2011年，学会除了继续联合骨科学分会等4个分会开展医生登记工作外，又在医学美学与美容学分会等4个专科分会开展了专科会员的发展工作，新发展专科会员580人，专科会员总数为3038人。

经中国科协审批及民政部备案，学会临床药学分会以及灾难医学分会于2011年正式完成了第一届委员会的组建工作，学会的专科分会数量增加到85个。

2011年，学会共举办各类学术会议357个，所属85个专科分会中定期召开学术年会的由2010年的40个增加到52个。由学会专科分会主办的全国性学术大会或学术年会等综合性品牌学术会议达61个，国际、地区或双边学术会议17个，中青年学术会议15个，专题学术会议158个。由学会直接负责组织的78个大型学术年会或全国学术大会，参会代表人数达105955人次，共收到论文73640篇，编辑论文汇编80册。

2011年，中华医学会杂志社荣获第二届中国出版政府奖先进出版单位奖，《中华结核和呼吸》杂志荣获第二届中国出版政府奖期刊奖，《中国危重病急救医学》荣获期刊奖提名奖；中华医学会杂志社副社长袁桂清获得优秀出版人物奖，《中华妇产科杂志》编辑部主任潘伟获得优秀编辑奖。

学会先后组团出访17次，参加了世界卫生组织西太区工作会、第188次世界医学会理事会等重要国际组织会议。全年接待国际医学专业组织及港澳台医学专业组织的代表来访10次。

学会分别在青海省西宁市、宁夏回族自治区银川市、内蒙古自治区呼和浩特市、新疆维吾尔自治区乌鲁木齐市等8个省会城市开展了18场内分泌医师及检验医师培训，共培训医务人员6200多人。继续与美国强生公司合作，开展了5次面向西部、面向基层的“中华医学会-强生西部学术讲座”和“中华医学会科学普及部西部基层培训班”活动。5月12～17日，学会组织由17家医院和医疗机构的22名专家组成的医疗专家团，参加了由科技部联合卫生部等单位在山东省临沂市举办的“振兴老区 服务三农 科技列车沂蒙行”活动。来自心血管、神经内科、外科、骨科等近20个专业的专家们，在当地共培训医护人员500人次，医疗查房20场次，开展科普专题报告会2场，义诊及医疗咨询10多场次，义诊3000多人次。

自2008年起，中华医学会在亚洲基金会亚洲赠与机构和强生公司亚太捐赠机构的支持下，在全国开展了中华医学会孕妇学校师资培训项目。活动旨在向孕妇学校教师和准妈妈们推广规范、专业的孕产妇健康教育。截至2011年，学会在北京、上海、广东、重庆等22个省、自治区、直辖市开展了培训活动，为孕妇学校的师资提供免费培训。1600多家妇幼保健或医疗卫生机构的孕妇学校教师共计6594人次参加了培训。培训后，这些教师在其所在妇幼保健或医疗卫生机构内向约320万名孕产妇讲授了孕产期母婴保健知识。

2011年，学会履行全国继续医学教育委员会办公室工作职能，通过网络远程方式对7869项2012年国家级继续医学教育申报项目进行集中评审，全年印制、发放国家级学分证书80余万册。学会对以中华医学会名义举办的继续医学教育项目加强了管理，全年发放继续教育项目电子学分证书7万余册，国家级继续医学教育项目学分证书约16万册。12月，受卫生部规财司委托，学会继续承担2011年医用设备使用人员业务能力考评工作，截至12月底，全国报名人数已超过3万人。

2011年，学会从全国推荐项目中评选出2011年度“中华医学科技奖”一等奖7项，二等奖25项，三等奖48项，卫生管理项目2项，医学科普奖2项，国际科学技术合作奖1项，共计85个获奖项目。作为国家科学技术进步奖的直接推荐单位，2011年学会从2010年“中华医学科技奖”一、二等奖中择优推荐8个项目，有5项荣获国家科学技术进步奖二等奖。

2011年，学会共接受委托函件并完成了各地高级人民法院和省卫生行政部门委托医疗事故技术鉴定案例的论证167例，经组织专家论证后不予受理128例，受理39例。为提高预防接种异常反应鉴定工作的整体水平，学会受卫生部委托派专家赴山东省、山西省两地提供技术指导和支持，分别在太原市、重庆市举办培训班，并召集12个省级医学会在山东省青岛市召开了调研会。

2011年，学会共完成涉及项目评审、技术论证与咨询、诊疗方案制修订等委托任务10余项。受卫生部医政司委托，学会承担了国家临床重点专科建设项目的评估工作，共组织专家996人次对21个专科的1155个建设项目，按照卫生部规定的原则与程序进行了审核评估。作为卫生部第三类医疗技术审核机构，学会组织专家对华东医院、华山医院和瑞金医院的13项第三类医疗技术进行了临床应用能力审核。4～10月，学会分5批次组织146名专家对浙江大学附属第一医院“临床路径和主要疾病知识系统”进行审核评定。

2011年，学会信息系统已有26个应用系统在试运行过程中：远程稿件管理系统已录入142个编辑部，其中93个编辑部已经正式进行网上稿件处理；继续教育项目管理系统完成了网上项目受理申报、专家远程审批和电子证书发放工作；科技评审项目管理系统完成了中华医学会——医学科技奖项目等共计428个项目的申报与审批；网上支付系统已经开通2011新生儿热点问题讨论会等7个网上支付项目。

【中华医学会第13届骨科学术会议暨第六届国际COA学术大会】12月1日，中华医学会第13届骨科学术会议暨第六届国际COA学术大会在北京召开。本次大会由中华医学会、中华医学会骨科学分会主办，来自美洲、欧洲、亚洲和大洋洲的多家海外骨科学术团体和骨科医疗机构的主席、资深专家，以及我国骨科界的医务工作者共计13000余人参加会议。大会共设立创伤、脊柱及脊柱微创、关节外科等20多个分会场，举办专题演讲108场，论文报告达604人次，覆盖了骨科各相关专业的热点、难点问题。本届会议新增了骨显微外科和骨科疾病康复两个分会场，使会议内容更加全面。在会议前一天举办的骨科基础研究大会上专门介绍了骨科基础研究的新进展。

【中国心脏大会2011】 8月11~14日，由国家心血管病中心和中华医学会联合举办的“中国心脏大会2011”在北京召开，来自国内外5000多名长期致力于心血管病防治工作的专家、学者，企业和非政府组织代表参加会议，其中国际著名专家达140多位。为解决我国日渐严峻的心血管疾病防控局面，会议从国家政策、中外经验、转化医学研究、社区管理等多个层面进行了研讨和交流。本届大会共设立论坛35个，举办卫星会18个、讲座888场。大会以“健康的心脏·更好的生活”为主题，号召关注中国心血管病防治的有识之士，共同致力于创造或改善环境，减少行为危险因素，进而拥有健康心脏，提高生活质量，构建健康和谐社会。在会前举行的新闻发布会上，中国工程院院士高润霖介绍了《中国心血管病报告(2010)》的主要内容。

【中华医学会杂志社数字化建设】 2011年，中华医学会推动系列杂志编辑部进行了网站群服务开发，共有68个系列杂志网站在线提供信息服务，90个编辑部使用审稿系统，审稿系统专家库共有专家9361位、作者71259位、稿件91108篇。学会直接出版的系列杂志的发行、广告管理系统，文献数据系统，办公档案，在线会议信息发布及会议进程管理系统投入使用。

《中华病理学杂志》等杂志开始尝试多元化出版，建立了手机报，增加了信息推送和宣传渠道。学会系列杂志继续与万方数据库出版平台合作进行数字化传播。中华医学会还与威科集团合作，向海外用户提供英文期刊的内容服务。

【糖尿病防治干预活动——中国糖化血红蛋白教育计划】 2010年3月，中华医学会和卫生部临床检验中心在北京共同启动了“中国糖化血红蛋白教育计划”，以糖尿病专业委员会的组织模式，组织专家开展糖尿病防治干预活动。项目计划用2~3年时间，在31个省市的84个城市及地区举办糖尿病患者教育活动、糖尿病科普知识巡讲、内分泌代谢科医师及检验技师相关学术培训活动等，覆盖三级及二级医院卫生技术人员1.8万人，糖尿病患者2万人。截至2011年，该计划在全国45个城市开展了医务人员培训活动及相关科普咨询活动，培训医务人员15887人，免费发放课题培训教材5000余册，患者科普大课堂参加人数1万多人。

中华中医药学会

2011年，学会成立了补肾活血法分会和肺系病分会两个专科分会。继续教育、肛肠病、血栓病、外治、科普、医古文、科研产业化、药膳、翻译、中药化学、中药实验药理等11个分会完成换届改选工作。

学会党支部被卫生部、国家中医药管理局授予先进基层党组织光荣称号，学会党支部书记获卫生部“优秀党务工作者”荣誉称号，学会党支部书记李俊德同志和办公室主任朱桂同志分别获国家中医药管理局优秀党员、优秀党务工作者荣誉称号。学会获得了“全国科协系统先进集体”称号，学会继续教育与科学普及部王奕主任获得中国科协“先进个人奖”和国家中医药管理局“全国中医药文化建设工作先进个人”荣誉称号。

学会共举办全国性学术活动95次，累计参会人员1.4万人次，交流论文9500篇，比2010年分别增加了27%、45%、51%。举办国际学术活动8次，国际、地区双边学术会议2次，参会人员3780人次，交流论文213篇。

11月28日，由学会主办的全国中医药博士、博士后科技创新与成果转化学术会议在北京举行。会议共收到论文116篇，论文内容涵盖了中医药（含中医、中药、针灸、民族医药、中西医结合）基础研究、实验研究、临床研究等领域。48位优秀论文作者受到表彰。

学会继2010年推出11位首席健康科普专家后，2011年再次推出了马有度、孙光荣等17位中华中医药学会首席健康科普专家。通过与人民军医出版社合作编写《首席专家话健康》一书，对专家们的临床经验、科研成果进行了整理。

学会与步长集团在西藏自治区联合开展了“同心共铸中国心——西藏行”活动，专家志愿者团队跋涉近2万多千米，义诊、巡诊近10万人次，捐献775万元药品。专家志愿者团队还为阿里地区捐献了价值40万元的远程诊疗系统，支付了先期远程诊疗费。开展了糖尿病防治、高血压防治、临床合理用药等42场讲座，筛查了先天性心脏病患儿140例、白内障眼病患者131例，这些患者按计划分批在北京阜外医院、安贞医院、同仁医院、北京煤炭总医院等医院接受了免费手术治疗。

在国家中医药管理局举办的“中医中药中国行”活动中，学会与浙江、陕西、河南等地方政府合作，举办养生保健讲座24场，受众3万余人。与深圳市精神文明建设委员会办公室、深圳市关爱行动组委会办公室等多家单位共同举办了“幸福人生大讲堂”大型科普公益活动，先后邀请学会首席健康科普专家张国玺教授、北京市监狱管理局中心医院肛肠科主任韩平、北京中医药大学教授倪诚等赴广东省深圳市，为深圳市民讲解健康保健知识。

学会完成继续教育项目60项，受训人员6500余人。分别在北京市、河南省、甘肃省、广东省等4省市举办了4期全科医生暨适宜技术推广培训班，共培训卫生专业技术人员1220余人次。开展了心病、骨伤、肛肠多个病种的规范化高级培训班，学员共计1509人。举办了四大经典学习班、全国名老中医治疗疑难病临床经验高级学习班等培训项目，邀请国医大师、全国著名中医药专家授课。

中华中医药学会科学技术奖增补评审专家310位，评审专家库达到1300人。中华中医药学会科学技术奖共收到申报项目173项，评选出一等奖10项、二等奖39项、三等奖60项。李时珍医药创新奖评选出3位获奖者。学会对2003～2007年一等奖获奖项目进行了跟踪调查，为有针对性的促进成果转化奠定了基础。

经学会推荐，中国中医科学院广安门医院仝小林等完成的“代谢综合征的中医认识及整体治疗”和石家庄以岭药业股份有限公司贾振华等完成的“中药连花清瘟治疗流行性感冒研究”荣获国家科学技术进步奖二等奖。

受国家中医药管理局委托，学会承接了“以岭杯”第九届全国中医药好新闻评选活动，评出“好新闻奖”获奖作品51件，“中医中药中国行特别报道奖”获奖作品16件，7家单位荣获优秀组织奖。

2011年，学会出版发布了《中医养生保健技术操作规范脊柱推拿》等8项行业标准，审查通过了《中医外科常见病诊疗指南》等195项行业标准和《中医四诊操作规范》等4项国家标准，修订完成了《中医临床诊疗术语》等3项国家标准，启动了《中医外科技术操作规范》等35项国家标准、《中医神志病临床诊疗指南》等20项行业标准的制修订工作。组织各分会向国家中医药管理局申报常见病诊疗指南、技术操作规范等共13类927项标准。召开全国中医标准化技术委员会工作会议，审议通过了《全国中医标准化技术委员会章程》。

学会组织专家召开中医药期刊标准化研讨会，起草了《中医药期刊编辑规范》草案。承办了由国家中医药管理局主办的第四期全国中医药期刊主编（社长）及编辑部负责人培训班。学会受国家中医药管理局委托，按照国家新闻出版总署《图书、期刊、音像制品、电子出版物重大选题备案办法》等文件要求，组织专家对中医古籍出版社计划出版的关于“文革”时期中草药运动方面的书籍进行了审读。学会主办的《中医杂志》、《中华中医药杂志》、《新中医》再次入选为全国中文核心期刊。《求医问药》、《按摩与康复医学》和《西部中医药》等3本杂志加入学会，成为学会主办的系列杂志。

10月，学会与国际防痨与肺部疾病联合会再次签署协议，在“加速出台中医无烟医院政策，推动中医医院100%无烟环境建设”领域开展为期两年的合作。

受国家中医药管理局委托，完成《国家职业分类大典（1999版）》修订工作中10个已有职业和6个新增职业的调研、修订工作，中医康复医师、中医全科医师、中医营养医师、中医护理等4个新增职业通过了国家职业大典修订中医药行业专家委员会初审。

2011年，学会完成了中医药科普网络信息平台的建设。

【第五届国际中医糖尿病大会】 11月5日，学会在四川省成都市召开了第五届国际中医糖尿病大会，来自美国、英国、德国、泰国等国家，以及中国香港特别行政区和内地的近300名糖尿病专家参加了会议。会议以“搭建中医药研究平台，提高糖尿病防治水平”为主题，举办专题报告49场，交流了我国“十一五”期间糖尿病最新临床研究成果，探讨了糖尿病中医学术发展和临床研究战略。会议收到论文180余篇。由中国中医科学院广安门医院、成都中医药大学附属医院、安徽省中医院组成的国家中医临床研究基地中医药防治糖尿病临床研究联盟在会上宣布成立，启动了国家糖尿病中医药行业专项项目。

【2011全国第三次中医膏方交流会】 10月16日，学会在上海市召开了2011全国第三次中医膏方交流会，来自20多个省市130余家单位的300余名专家参会。会议围绕如何逐步实现中医膏方的标准化进行了探讨。卫生部中日友好医院教授晁恩祥、中华中医药学会学术顾问温长路等10余位专家分别作学术报告，在现场向参会人员讲授了冬病夏治的相关知识，开展了冬病夏治拔罐、贴敷体验活动。

【“白衣天使红路行”专题活动】 2011年学会联合中国中西医结合学会，河北以岭药业集团，组织学会机关全体干部职工、学会会员和学会专科分会和会员单位代表，启动了“白衣天使红路行”专题活动，组织万名医务工作者赴老区参观学习。同时利用学会优势，向老区人民传播了中医药文化，提供中医药咨询服务。据不完全统计，此次活动共举行义诊活动3次，服务群众达300多人次；举行科普讲座6场，听众达千余人；向老区群众和相关单位捐赠书刊500余册，捐赠价值共140万元的药品及其他健康物资。同时，学会通过活动与会员单位、专科分会的党建工作进行了有机结合，使党组织的影响力和凝聚力得到了提高。

中国中西医结合学会

2011年7月，学会第六届六次常务理事会议在北京召开。会议修订了《中国中西医结合学会专业委员会管理规定》，对所属专业委员会的设置和任期做了修改。管理规定要求，专业委员会每届任期3年，届满应及时改选换届。主任委员任期原则上为一届，连任最多不得超过两届，隔届可以再任。副主任委员、秘书长连任不得超过两届，隔届可以再任。委员连任不得超过三届。

2011年，中国中西医结合学会组织任期届满的皮肤性病、骨伤科、普通外科、烧伤、诊断、时间生物医学、基础理论、风湿类疾病、循证医学等9个专业委员会进行了换届改选，民主选举产生新一届专业委员会的正、副主任委员，秘书长等。

经中国科协和民政部批准，骨科微创专业委员会和脑心同治专业委员会分别于5月和10月正式成立。生殖医学专业委员会和模拟医学教育专业委员会已获得中国科协批准，正在办理民政部注册登记手续。

学会实验医学、男科、围手术期、微循环、消化、医学美容、周围血管病、眼科、疡科、养生学与康复医学等10个专业委员会增补了107名专家、学者进入专业委员会。

2011年，中国中西医结合学会共举办学术会议44个，3万余人次参加会议，编印会议论文集43种，交流学术论文7000余篇。4月，学会在河南省郑州市举办了第七届全国中西医结合灾害医学学术会议，来自全国的600余名专家、学者参会，会上颁发了2010年度中国中西医结合学会科学技术奖。6月，全国中西医结合消化系统疾病学术会议在山西省召开，336人参会，交流论文200余篇。11月，学会在北京举办了全国中西医结合发展战略研讨会暨中国中西医结合学会成立三十周年纪念会、第五届国际中西医结合肾脏病学术会议等。

经国家中医药管理局继续教育委员会审批，学会申报的25个医学继续教育项目被列入国家中医药管理局继续教育项目目录，参加培训的医学科技人员约4200人次。

根据《中国中西医结合学会继续教育基地建设管理办法》的有关规定，经学会教育工作委员会函审，上海龙华医院、北京康益德中西医结合医院获准成为中国中西医结合学会继续教育基地。继续教育基地通过举办中西医结合专项继续教育活动，发挥示范作用，为提高中西医结合人员素质和技术水平服务。

2011年，有119个项目申报了第七届中国中西医结合学会科学技术奖。经过专家委员会评审，并在《中国中医药报》和中国中西医结合学会网站上公示，共评选出一等奖项目6项、二等奖项目10项、三等奖项目20项和科普奖项目1项。

2011年，学会主办的9种学术期刊和其他4种中西医结合期刊共同组成了“中国中西医结合学会系列期刊”，在期刊封面采用了统一标识。学会主办的《中国中西医结合杂志》页面由112页增加至144页，获评为“中国科协精品科技期刊工程项目资助期刊”，获得国家自然科学基金重点学术期刊专项基金资助，被评为“2011年度中国精品科技期刊”、“2011年度百种中国杰出学术期刊”。

学会教育工作委员会联合全国高等中医药教材建设研究会、国家中医药管理局教材办公室和中国中医药出版社，共同实施了21世纪全国高等医药院校中西医结合临床医学专业临床课程规划教材第二版的编纂工作，组织编写13门临床教材。在第一版的基础上，补充中西医结合研究的最新成果，统一体例，规范概念。

2011年，受国家中医药管理局委托，学会承担了中西医结合医师职业的岗位设置、信息采集、拟定职业培训及考核内容等的修订工作。学会建议增设中西医结合妇科医师、儿科医师、皮肤性病科医师、肛肠科医师等职业岗位，完成了中西医结合内科、外科、妇科、儿科、骨伤科、皮肤性病科、肛肠科7个学科每科400人次以上的专业人员意见采集、职业培训及考核内容的修订等工作。

近年来，中西医结合执业医师队伍不断壮大，从业岗位涉及临床各学科。通过《国家职业分类大典》的修订，增设中西医结合临床职业岗位，可为中西医结合从业人员的就业、职称晋升等需求提供支持和帮助。

学会向国家中医药管理局等管理部门提交了《关于中西医结合标准化中长期发展规划》报告。发展规划计划用5年时间，在梳理和总结已完成的标准化工作的基础上，对中西医结合诊疗术语、诊疗指南和疗效评价标准三个系列标准进行制订和修订，完成15个中西医结合专科的临床诊疗术语、101种临床常见疾病的中西医结合诊疗指南和疗效评价标准的制订工作。

【全国中西医结合发展战略研讨会暨中国中西医结合学会成立三十周年纪念会】 11月22～24日，全国中西医结合发展战略研讨会暨中国中西医结合学会成立三十周年纪念会在北京举行，大会以“实行中西医结合，发展传统医药学”为主题，对30年来中西医结合的经验与成就进行了总结，对如何促进中西医结合发展的思路、方法与途径进行了讨论，提出了进一步推动中西医结合工作的建议。全国人大常委员会副委员长、中国科协主席韩启德，卫生部部长陈竺发来贺信。卫生部副部长、国家中医药管理局局长王国强，中国科协党组成员、学会学术部部长沈爱民，中国工程院院士、中国中医科学院院长张伯礼，中国科学院院士陈可冀、沈自尹、陈凯先，中国工程院院士吴咸中、陈香美、吴以岭等著名专家，以及来自香港特别行政区和各省、自治区、直辖市的650位中西医结合专业的专家、学者出席会议。

会议颁发了“中西医结合贡献奖”和“中西医结合优秀青年贡献奖”，分别有315人和241人获奖。

王国强在会议讲话中指出，中国中西医结合学会成立30年来，始终坚持党和国家的卫生和中医药工作方针，团结依靠广大中西医结合工作者，积极发挥桥梁和纽带作用，努力推进医学科技创新，广泛开展学术交流活动，不断增进同行间和国际间的学术交流，取得了显著成绩，为推动中西医结合作出了重要贡献。中西医结合在医疗卫生体系中的作用不断增强，在临床实践中的优势不断显现，在学术研究中的成果不断增多。53%的民众看病愿意首选中医药或中西医结合治疗方法。

王国强要求，中西医结合工作必须服务于我国卫生发展与改革的大局，以解决临床问题、提高临床疗效为目的，为人民群众提供更加经济、有效的医疗保健服务。以坚持取中西医两者之长、坚持开放包容、坚持实践标准为推动中西医结合工作的基本原则，进一步加强中西医结合医疗机构和相关机构建设，加强中西医结合人才培养，扎实开展中西医结合科学研究，强化中西医结合的政策保障。

中国科协党组成员、学会学术部部长沈爱民，中国中医科学院院长张伯礼院士也在开幕式上讲话。

中国中医科学院中医临床基础医学研究所研究员吕爱平在大会特邀报告中，对结合医学基础和临床研究的重要成果及重要的研究背景、理论来源等进行了梳理和分析。河北医科大学中西医结合学院教授杜惠兰回顾了30年来中西医结合教育体系的形成和发展，她认为，学会成立30年来，中西医结合教育事业取得了举世瞩目的突破性成就，形成了具有中国特色的医学教育体系。主要表现在四个方面：①完善了中西医结合教育体系；②建立了中西医结合教育管理和研究机构；③探索并逐步形成了中西医结合教育模式；④培养了大批中西医结合人才。中国中医科学院广安门医院教授王阶总结了中西医结合临床研究成果及推广应用情况，说明了中西医结合的临床优势。他认为，中西医结合是中医学与现代医学融汇、交叉的必然结果。科学发展史表明，当两种知识体系经过交叉融合之后，一定可以产生出一种新的知识体系。中国中医科学院中医基础理论研究所研究员陈小野在分析中西医结合发展现状的基础上，提出了进一步发展中西医结合事业的建议，如政府部门应制订政策，继续大力发展中西医结合事业；在深化医药卫生体制改革中发挥中西医结合作用；在新形势下加强中西医结合人才培养；完善中西医结合执业医师资格制度等。

在全国中西医结合发展战略研讨会“院士论坛”上，吴咸中院士、沈自尹院士、陈凯先院士（刘平教授代讲）、陈香美院士、吴以岭院士分别作了《试论三支力量长期共存时代的中西医结合》、《博采众长、持之以恒、与时俱进》、《病证结合与中西医结合医学学科知识理论体系的构建》、《中西医多中心临床研究的挑战》和《脉络学说构建及其指导血管病变防治研究》报告。回顾了半个世纪以来中西医结合的发展历程，系统分析了学科发展中亟待解决的问题和难点，并为今后的发展提出了建议和措施。

与会专家、学者还就中西医结合在未来医学中的地位与作用、结合医学思维模式、中西医结合医院人才建设、中西医结合工作存在的问题等进行了广泛的交流和探讨。

会议设立了中西医结合肾脏疾病、心血管疾病和消化系统疾病专题论坛，展示了各学科研究成果与进展。

【第五届国际中西医结合肾脏病学术会议】 11月23～25日，第五届国际中西医结合肾脏病学术会议在北京召开，来自全国的600位专家、学者围绕中西医结合肾脏病的基础和临床研究、药物治疗肾脏病的有效性和安全性、血液透析和腹膜透析新技术及新方法的临床应用等内容进行了学术交流。

会议期间，肾脏疾病专业委员会进行了换届选举，经无记名投票，选举产生了第四届肾脏疾病专业委员会，中国工程院院士、中国人民解放军总医院肾内科主任陈香美当选为主任委员，陈以平教授担任名誉主任委员，聂莉芳、李平、方敬爱、梁萌、樊均明、邓跃毅当选为副主任委员，谢院生当选为秘书长。

11月24日，学会举办了肾脏疾病专业委员会成立20周年庆典活动。前任主任委员陈以平以《播种、耕耘、收获、憧憬》为题发表讲话，回顾了20年来肾脏疾病专业委员会的发展历程。

中国药学会

2011年，学会荣获“中国科协高层次人才库建设工作先进单位”和“中国科协2011年度科普工作优秀学会”荣誉称号。

学会召开10次组织工作会议，完成了14个专业委员会的换届工作，共选举出委员559名，其中13名主任委员、63名副主任委员；完成了学会生物药品与质量研究专业委员会的组建工作。

完成了2011年中国药学会科学技术奖、第12届吴阶平·保罗杨森医学药学研究奖、第14届中国药学会—施维雅青年药物化学奖及项目资助、2011年中国药学会—赛诺菲青年生物药物奖、2011年中国药学会—石药集团青年药剂学奖、2011年中国药学会优秀药师等奖项推评工作。

组织完成了国家科技奖励、创新研究群体等项目、第八届中国青年女科学家奖、第十二届中国青年科技奖、全国优秀科技工作者，贵州省工业强省十大产业科技思想库、中国科协高层次人才库、国家药品价格评审专家、光华工程科技奖专家评审组专家的推荐和举荐工作。

学会主办或联合主办了第六届肉苁蓉暨沙生药用植物学术研讨会、第二届中国医院药学论坛、2011年中国药物制剂大会、第五届中国生物产业大会等会议。各专业委员会召开了“完善我国基本药物制度研究”课题结题会、创新药物与制药工艺研讨会、第16届全国药学史本草学术研讨会、老年相关性疾病防治及合理用药研讨会、抗感染药物与耐药菌防控专题研讨会等学术会议。

9月3~8日，学会代表团出席了在印度海德拉巴召开的世界药学大会暨国际药学联合会（FIP）第71届年会。大会主题是“药物安全与疗效间的妥协——危险之旅”。代表团共提交了21篇论文摘要，2位专家应邀作大会报告，两篇论文参加了大会口头发言，宣传了我国药学实践和科学领域的经验和最新进展。

为培养我国临床药学学科带头人，2011年学会公开选派优秀青年临床药师赴美国培训学习。经美国伊利诺伊大学3位外方专家和5位中方专家的复试考核，遴选出6名青年药师赴美国进行为期6个月的学习培训。

学会主办的11种期刊入选中文核心期刊，7种期刊入选中国科协精品科技期刊示范目录。《药学学报》、《中国中药杂志》、《中国药学杂志》、《药物分析》杂志获得中国科协精品科技期刊资助。《中草药》杂志获中国出版政府奖期刊奖。《中国药学杂志》、《中草药》杂志荣获“新中国60年有影响期刊”称号。《药学名词》编辑工作获得全国科学名词审定委员会表彰。中国药学期刊网建设初具规模，为服务学会主办期刊提供了技术手段。

受中国科协委托，完成编制《2010—2011药学学科发展报告》的工作。药学史专业委员会完成了《中国古代发明创造国家名录》中的“中药炮制技术”名录的研究撰写工作。学会与美国药物信息学会合作不定期出版《全球药讯》。

学会承担的《我国医药行业发展政策研究》有关研究成果被写入《医药行业发展指导意见》，有着医药工业“十二五”发展规划研究的成果被写入《医药工业“十二五”规划》（征求意见稿）。根据北京、宁夏的调研结果和对全国范围调研数据的分析，学会向工业和信息化部消费品司提交的《基本药物品种生产供应情况专题调研》结题报告有关内容，被国务院深化医疗卫生体制改革工作领导小组办公室采纳。

学会完成了卫生部的《基层医疗卫生机构基本药物使用监测分析研究》报告和软件系统。完成国家食品药品监督管理局食品许可司“国家保健食品化妆品应急体系建设研究”项目。完成国家食品药品监督管理局药品安全专项整治工作领导小组办公室“药品安全专项整治检查评估评分处理系统”项目的研究报告，该处理系统被用于全国药品安全专项整治检查评估工作。完成国家食品药品监督管理局食品安全监管司“基本药物可及性影响因素评估”项目的9省重点调研和全国31个省、自治区、直辖市调研问卷的收集和数据分析工作，并形成研究报告。医药知识产权专业委员会完成的“药品试验数据保护制度研究”项目成果，与美国贸易办公室、第三世界网络等进行交流。完成了中国科学院委托的《关于加强国家药品应急信息化建设的建议》。

学会完成广州、长春、大连等11个城市的安全合理用药巡讲。完成东北地区、华北地区、西南地区信息网培训。

在国家食品药品监督管理局2011年“安全用药 关注青少年”全国大型科普宣传活动中，学会完成了《安全用药 关注青少年》科教片的策划和制作，向全国各地中小学校发放并播出了5万套科教片。设计制作了“安全用药”专题网站，通过网络形式向公众宣讲安全合理用药基本常识。完成了“安全用药月”专家热线活动和“食品药品知识安全大讲堂”的方案。完成了国家食品药品监督管理局科普工作检查评估方案。

【2011年中国药学大会暨第十一届中国药师周】 11月4~6日，由中国药学会、烟台市人民政府主办的2011年中国药学大会暨第十一届中国药师周在山东省

烟台市举行。大会主题是“加快转变医药发展方式 占领科学技术制高点”。

全国人大常委会副委员长、学会理事长桑国卫院士，卫生部副部长、国家中医药管理局局长王国强，全国人大常委会委员、中国科协副主席冯长根，山东省人大常委会副主任连承敏，国家食品药品监督管理局副局长边振甲，中共烟台市委常委、烟台市人民政府常务副市长赵强，以及国家发改委、科技部、工信部等部委有关领导，相关学会、协会负责人，以及药学界专家、学者等共1800人参加了大会。

桑国卫等5位院士、2位著名药学专家和1位企业研发负责人作大会学术报告。生化与生物技术药物、中药和天然药物、抗生素、医院药学等19个专业委员会分别设立分会场，举办特邀主题报告并进行了论文交流。大会共收录学术论文480篇，经评审，共评出优秀论文一等奖2名、二等奖8名、三等奖25名。

在大会开幕式上，颁发了2011年中国药学会科学技术奖、2011年中国药学会优秀药师奖、2011年中国药学会－赛诺菲青年生物药物奖、2011年中国药学会－石药集团青年药剂学奖。颁奖仪式结束后，学会向烟台市人民政府等赠送了安全用药科普宣传材料。

【第六届亚洲药物流行病学大会暨2011年中国药学会药物流行病学专业委员会学术年会】10月28～30日，由学会和国际药物流行病学学会联合主办的第六届亚洲药物流行病学大会暨2011年中国药学会药物流行病学专业委员会学术年会在北京举办。会议的主题为“药物流行病学与风险管理：从科学研究到临床实践——机遇与挑战”。来自美国、英国、澳大利亚等10多个国家，国家食品药品监督管理局有关部门、国内各医疗机构和药品科研单位的专家、学者450余人参会，21位海内外专家作专题报告。与会者围绕大会主题对世界尤其是亚洲药物流行病学的研究成果及促进药物的风险管理、促进临床合理用药的有效措施进行了交流和讨论。

会议共收到国内外学术论文161篇，54篇优秀论文进行了口头报告，壁报展示论文104篇。大会的召开对我国药物流行病学研究工作的开展，临床用药安全有效等理念的推广，提高我国安全用药的综合水平有积极的促进作用。

【“国家药品应急体系建设研究”项目】学会承担的国家“十二五”规划前期重大问题研究课题“国家药品应急体系建设研究”项目2009年启动，2011年完成研究。该课题由全国人大常委会副委员长、学会理事长桑国卫院士担任专家指导委员会主任委员，来自各科研院所、高等院校、医药企业等500多名专家共同参与完成，获得了国家发展和改革委员会、工业和信息化产业部、卫生部、解放军总后勤部卫生部、国家食品药品监督管理局、国家中医药管理局等部委的支持。

项目通过调研，全面系统地分析了我国药品应急体系建设的现状，我国重大自然灾害、重大疫情、突发事件中药品应急供应的经验及存在的问题，军队战时药品保障方案和体系，国外应急药品供应体系的得失，科学技术、经济政治等各个领域对我国药品应急供应的影响因素等。在进行系统论证后，提出了“一个体系，四个保障平台”的总体思路，初步形成了国家药品应急体系的基本框架以及维持体系有效运行的“四个保障平台”的建设方案，实现多角度、多方位保障应急体系建设中各个环节的顺利实施，提高药品的应急供应效率。这一研究项目是我国首次对全国药品应急体系建设现状的系统调研，对提高我国应对突发事件应急救援能力具有重要意义，同时为我国“十二五”规划制订工作提供了技术支撑。

5月17日，“国家药品应急体系建设研究”项目报告获中国科协调研宣传部、中国科协发展研究中心共同组织开展的优秀调研报告评选特等奖。

【“基层医疗机构主要基本药物合理使用评价和研究”项目通过验收】4月23日，学会承担的国家“十一五”科技支撑计划重点项目“基层医疗机构主要基本药物合理使用评价和研究”课题，通过了技术和财务验收。课题研究目标是基层医疗机构建立基本药物合理使用的评估、监测、培训和科普机制等一整套基本药物合理使用知识的相关机制。课题成果包括：在基本药物循证医学和药物经济学评价方法学研究的基础上，结合我国国情，参考国际经验，初步验证并形成了可用于我国基本药物综合评价的评价流程、评价框架、评价方法和评价指标体系，提出了基本药物合理遴选的指导原则建议，为我国基本药物评价和遴选提供了通用的技术手段。配合我国基本药物制度的实施，开发出“基本药物使用监测分析系统”软件，为有关政府部门掌握基本药物制度的实施情况提供了数据和实用技术工具。依托对31个城市5498人次的安全合理用药公益培训，研究了对基层医疗机构医务人员进行基本药物合理使用的培训和考核机制，编写培训教材25部，形成培训师资和科普骨干队伍500余人，为广泛开展基本药物合理使用的培训奠定了良好的基础。编写《全民健康十万个为什么（用药有道篇）》药学科普图书1部，筛选50种优秀药学科普图书，编制40款安全合理用药宣传折页（包括2款藏文和2款维吾尔文)，制作12部“安全合理用药”影视片，建立1个全国科普教育基地，完成9项科普宣传活动，惠及公众1.2亿人次以上。

中华护理学会

2011年，学会新增会员312人，会员总人数已近8万人。

在5·12国际护士节暨全国推进优质护理服务视频会议上，学会向全国的护理工作者发出倡议，号召全国护理工作者积极投入深化医药卫生体制改革，推进优质护理服务。树立“以病人为中心”的服务理念，实行责任制整体护理的工作模式，由责任护士整合专业照顾、病情观察、治疗、沟通和健康指导等各项护理工作，为患者提供连续、全程的护理服务。促进护理工作更加贴近患者，贴近临床，贴近社会。

8月26日，国家主席胡锦涛为荣获第43届国际南丁格尔奖的学会副理事长吴欣娟、姜小鹰颁奖，我国已连续16届共有62名护士获奖。

10月，第三届中日韩护理学术交流会在韩国举行，学会组织118名护士赴韩国参会。本次会议议定，第四届中日韩护理学术会议将于2014年在中国召开。

为了进一步深化医药卫生体制改革，调动医务人员积极性，更好地为人民群众健康服务，卫生部于2010年首次将护理专业纳入“国家临床重点专科建设”项目。2011年学会再次承担了“国家临床重点专科护理学科”的评估工作。7月，学会邀请来自全国31个省、自治区、直辖市的50名护理专家对申报的96项临床重点专科护理学科项目进行了评估，评估结果已汇总上报卫生部。

6月15~17日，灾害护理专业委员会，北京协和医学院护理学院、中南大学湘雅护理学院及湖南省护理学会在湖南省长沙市共同举办了世界卫生组织灾害项目培训，96名护理人员参加培训。在北京协和医学院护理学院的支持下，学会与国际护士会继续共同实施了“结核耐药菌预防”师资培训项目，对30名基层护理人员进行了重点培训。

2009~2011年，学会在全国共培养重症监护、手术室、肿瘤、助产、血透、精神、急诊等专科护士2057名。

12月20~22日，第二届中华护理学会科技奖颁奖大会在北京举行。学会共收到来自24个省、自治区、直辖市护理学会推荐的科技成果112项，其中护理教育12项、护理管理24项、专科护理76项。经中华护理科技奖评审委员会评审，评选出一等奖4项、二等奖12项、三等奖25项。中华护理学会名誉理事长彭珮云等为获奖者颁发了证书。获奖科技成果具有的共同特点是护理科研的选题贴近临床实际，注重发现护理问题，实用性强。

【“万名护理人才培训项目”启动会议在北京召开】12月8日，受卫生部委托，由卫生部医院管理研究所、中国医院协会、中华护理学会共同实施的“万名护理人才培训项目”启动会议在北京召开。

卫生部医院管理研究所、中国医院协会、中华护理学会和项目支持方贝朗医疗公司签署了项目协议书。来自各省（自治区、直辖市）卫生厅局医政处有关负责同志、各省级护理质量控制中心主任、培训项目专家委员会成员、部分医院的院长和护理部主任等约120人参加了会议。

该项目为期3年，中华护理学会主要负责对600所县级医院的重症监护、急诊急救、手术室、肿瘤、血液净化5个专科护理领域的专科培训工作，每年培训1000人。针对临床护理技术性较强的县级医院，将加强临床专业化护理骨干的培养，促进临床护理的专科化发展。

【中华护理学会西藏行】学会结合“全国科普日”活动，开展了“深化医药卫生体制改革——中华护理学会西藏行”项目。9月，学会理事长李秀华率护理行政管理专业委员会、手术室护理专业委员会、妇产科护理专业委员会、糖尿病护理专业委员会的10名护理专家，赴西藏自治区开展了护理专业培训与交流活动。李秀华在培训中以《中华护理学会在促进学科发展中的作用》为题作讲座，10名护理专家分别针对手术室安全管理、母婴保健、糖尿病人健康教育及深入开展优质护理服务等主题进行了授课。培训活动中，专家们还亲临西藏自治区人民医院、西藏自治区第二人民医院、藏医院等医疗机构的临床科室，就培训内容进行了临床护理沟通与交流，对患者进行了现场的健康指导。

中国生理学会

2011年，学会新加入会员183人，在册会员人数达2800人。

学会共举办各类学术活动18次，来自全国各地的医学院校和综合性大学乃至国外的专家、学者共计2200余人参加，共收到论文摘要近2000篇，会上交流1042篇，墙报展示200余篇，出版会议论文集12册。

7月17~24日，继续教育工作委员会在云南省昆明市举办了中国生理学会医学机能实验技术发展实验室主任研讨班，来自全国各医学院校的111名教师参加。学会原副理事长、第二军医大学教授袁文俊，学会常务理事、北京协和医学院教授曹济民，学会理事、中南大学基础医学院教授秦晓群分别作了《皮素系统的基础与临床研究》、《基础医学实验教学若干问题》、《机能学实验教学和研究策略》的报告。

在全国科技周活动中，学会先后在北京、河北省举办了主题为“携手建设创新型国家——低碳生活，从我做起”科普宣传活动。在北京，学会围绕“携手建设创新型国家——科技让生活更美好”和“低碳生活，健康你我他”的主题，通过展板展示了生态足迹、碳排放峰值、森林碳汇、低碳族等内容。在宣传单中介绍关于健康饮食与人们日常生活息息相关的问题，如夏季饮食、运动与健康、如何提高睡眠质量、如何防治心血管和糖尿病等疾病等。

5 月 17 日，学会与中国麻风防治协会、中国药学会共同到河北省唐县进行了科普下乡宣传活动。

9 月 17 ~ 23 日，学会参加了在北京奥林匹克公园举办的 2011 年全国科普日“北京科学嘉年华”活动。

学会主办的《生理学报》、《生理科学进展》、《中国应用生理学杂志》，全年共刊登学术论文和综述共计 200 余篇，总计出版 2500 余册。

【中国生理学会成立 85 周年庆典活动】10 月 23 日，中国生理学会成立 85 周年庆祝大会在北京大学医学部举行。中国科协书记处书记徐延豪，教育部高等教育司副司长石鹏健，国家自然科学基金委生命科学部生理学处主任殷文璇博士，中国生理学会 19 届副理事长、北京大学神经科学研究所名誉所长韩济生院士，中国生理学会 20 届理事长、复旦大学神经生物学研究所杨雄里院士，中国生理学会 22 届理事长范明教授，亚大地区生理联合会主席华瑜教授等嘉宾出席大会。300 余位来自全国各地的中国生理学会会员代表出席了庆典活动。

第 23 届中国生理学会理事长、首都医科大学副校长王晓民教授在报告《中国生理学会成立 85 周年的历史回顾与展望》中指出，20 世纪末，随着分子生物学、细胞生物学、基因组学等新领域突飞猛进的发展，“还原论”的惊涛骇浪给生命科学带来一场革命，以生理学为首的传统学科一时“门前冷落车马稀”。而如今，整合理念呼唤着生理学的回归，人们认识到，单纯依靠“还原论”的研究是局限的，只有把“还原论”和“整体论”的思维联系统一起来，实现“整体论”和“还原论”的有机结合，推动“转化性研究”和“整合生理学”的发展，才能从根本上阐释生命的本质人。他强调，生理学研究的回归，并不意味着研究者可以继续沿用曾经的理念、曾经的技术、曾经的发展模式。他呼吁同仁们理性面对生理学的第二个“春天”，这是一个不寻常的“春天”，一个充满挑战和机遇的“春天”，一个“蛹化飞蝶”痛苦的“春天”，一个“摸着石头过河”的“春天”，更是一个相互借鉴、共赢发展的“春天”！

学会特别设立了“中国生理学会终身贡献奖”，陈孟勤等 17 位年满 65 周岁、为学会发展作出卓越贡献的学会老领导、老专家获得了“终身贡献奖”。

会上还发布了《2010—2011 生理学学科发展报告》，系统总结了近些年来神经、循环、生殖、内分泌、呼吸、消化、运动、中西医结合、应用与比较生理等领域的最新进展，对今后的发展方向进行了认真的梳理，为学科的发展提供了新的航标。

【2011 年度“科普宣传月”活动】9 月，在学会科普工作委员会指导下，南昌大学 3S 救护会在江西省南昌市开展了系列科普知识宣传活动。

9 月 10 日，“世界急救日”之社区宣传活动在南昌市红谷世纪花园小区开展。南昌大学 3S 救护会的 30 多位会员通过宣传展板向社区居民展示了日常食品的正确选择和清洗、对婴幼儿生长发育不良的饮食及习惯，以及食物中毒后急救的基本要点，并向社区居民讲解和示范了生活中实用的急救技能，如何进行心肺复苏、如何止血包扎、如何应对心脑血管疾病、溺水等一系列突发情况。

9 月 17 ~ 18 日，南昌大学 3S 救护会开展了急救与科普知识传播活动。在活动中，3S 救护会的会员们通过介绍食品安全科普知识，吸引了 370 多名学生成为 3S 救护会的新会员，其中 68 名会员成为救护会骨干。

中国解剖学会

2011 年，中国解剖学会共发展会员 290 名。经中国科协和民政部有关部门批准，学术交流工作委员会更名为“学术交流与网络信息工作委员会”，人体解剖学专业委员会更名为“人体解剖学与数字解剖学专业委员会”。

经学会常务理事会批准，临床解剖学分会在河南省漯河市成立了临床解剖学培训中心。4 月，在河南省南阳医学高等专科学校建立了中国解剖学会网络信息办公室。

2011 年，学会共召开 7 次解剖学科的学术会议，来自各省、自治区、直辖市的解剖学工作者约 1600 人次出席会议，收到会议论文（摘要）近 800 篇。

7 月 21 ~ 28 日，第十七届全国断层影像解剖学及其临床应用学习班在河南省南阳市举办，来自全国各地 85 名解剖学和医学影像学工作者参加。8 月 1 ~ 5 日，第一届动物行为学研究方法和常用技术高级培训班在陕西省西安市举办。来自国内多所院校及附属医院的60多名老师、研究生和技术人员参加了培训。8月6～8日，第二期全国人体组成学培训班在贵州省贵阳市举办，来自全国各地80多位专家学者参加了培训。

第五届组织学与胚胎学专业委员会暨全国医药院校组织学与胚胎学教研室主任会、第十二届组织胚胎学青年学术研讨会暨第九届组织胚胎学教学与科研技术经验交流会于7月25～29日在宁夏回族自治区银川市先后召开，来自22个省市的156位专家、学者参加了会议。

8月12～14日，教学改革研讨会在江苏省南通市召开，全国16所大学和6所卫校的54位专家出席会议，会议交流论文10篇。

第三届全国解剖学技术会议于8月2～6日在湖南省吉首市召开。大会收到论文126篇，107人出席会议。大会评选出优秀论文5篇。锥体系剥制标本制作评选出一等奖1名，二等奖2名，三等奖3名，优秀奖10名。

神经科学研究技术及其应用推广会于11月5日在陕西省西安市召开。400余名中、青年神经科学教学和研究人员通过参会，对各种现代神经科学技术的基本原理及其在神经科学研究中的运用，以及神经科学相关研究的最新进展等方面有了进一步的了解和掌握，提高了自身的学术水平和业务素质。

学会理事长李云庆和秘书长周长满4月9～13日赴美国华盛顿出席了第十七届国际解剖学大会第一次执行委员会会议。7月21～24日，李云庆和周长满赴印度尼西亚泗水市出席第10届亚太地区解剖学会学术交流会暨第13届印度尼西亚解剖学年会。12月18～22日赴英国加的夫市出席了国际解剖学工作者协会联合会（IFAA）执行委员会会议。李云庆代表中国解剖学会重点介绍了2014年在北京举办第18届国际解剖学大会的筹备情况，执行委员会对2014年第18届大会网站的开通及重要信息的初步提供给予高度评价，并就2014年的会议日程表及各专场报告会等内容进行了讨论。

学会常务理事、断层影像解剖学专业委员会主任刘树伟参加了6月29日～7月1日在意大利帕多瓦举办的第11届欧洲临床解剖学大会，并在《临床解剖学的发展与挑战——第11届欧洲临床解剖学大会综述》一文中详细介绍了大会学术交流情况。

4月9～13日，周长满与学会理事李继诚出席了在美国华盛顿召开的美国解剖学会2011年学术年会。

3月2日，德国解剖学会代表团一行9人访问中国解剖学会，周长满等5位中国解剖专家分别向来访者介绍了中国解剖学会的概况、2010年年会暨中国解剖学会成立90周年庆典、与美国解剖学会双边学术交流情况、筹备2014年第18届国际解剖学大会的有关情况等。

10月21～24日，第十届中日组织化学与细胞化学研讨会在北京召开。来自日本15所医学院校的25名学者和来自我国50余所医学院校的116名学者出席。大会共收到论文摘要86篇。会议围绕电子显微镜、激光共聚焦显微镜、组织细胞流式技术等新方法在生命科学研究领域的应用、生殖医学与发育生物学研究、肿瘤细胞生物学与病理学、神经科学研究进展、组织细胞化学技术在正常形态学研究领域的应用等主题进行了交流和研讨。

在中国科协的资助下，截至2011年，科技开发和咨询工作委员会完成的纵隔模型、肺模型、肺（透明）模型、脑血管模型、肝脏模型、肾模型、脑干模型、脊髓位置和被膜模型等8个人体解剖学模型，已经全国教学仪器标准化技术委员会生物学仪器分技术委员会的审定，通过了教育行业标准的审核。

2011年，学会聘请5位人体解剖、神经解剖、组织学和胚胎学专家，对第二次解剖学科名词中的人体解剖与组织胚胎学名词的定名、定义、词序、编码等进行了审议。8月23～26日，学会在北京召开了由名词审定工作委员会主任、副主任和审议专家参加的定稿会，对解剖学科名词的修订进行了审议。

学会承接的老科学家学术成长资料采集工程项目中有关中国科学院院士薛社普学术成长资料的采集工作，2011年先后采集音频资料共1373分钟，视频资料1464分钟，采集实物类资料421件，撰写《薛社普传记》和《薛社普年表》近15万字。

【中国解剖学会学术年会】8月8～10日，中国解剖学会学术年会在贵州省贵阳市召开。来自各省、自治区、直辖市，香港特别行政区、台湾地区，以及美国的专家、学者近400人出席了会议。年会的主题是“继往思来，再铸辉煌”。主会场邀请著名学者作大会报告13篇。首都医科大学北京神经科学研究所教授徐群渊，山东省医学影像学研究所教授赵斌，北京师范大学学习与认知国家重点实验室教授贺永，美国亚利桑那大学教授陈昭，香港中文大学医学院解剖系教授陈活彝的学术报告给与会者耳目一新的感觉。中山大学中山医学院组织胚胎学教研室教授曾园山、贵州医学院组织胚胎学教研室教授梁文妹、第二军医大学人体解剖学教研室教授张传森、第二军医大学组织胚胎学教研室教授刘厚奇、第四军医大学人体解剖与组织胚胎学教研室教授武胜昔、北京大学医学部解剖系教授张宏权、华中科技大学生物医学工程系教授曾绍群、第四军医大学人体解剖与组织胚胎学教研室副教授王文分别作了题为《组织工程修复神经损伤研究的一些进展》、《磁共振成像新技术及其在解剖生理研究中的应用》、《人类脑连接组学的前景与挑战》、《海洛因依赖、复吸对大鼠胃肠胰神经内分泌影响的研究》、《体成分与人群差异——中国体质人类学研究的新纪元》、《小鼠骶神经嵴细胞是一种极具迁移功能的细胞》、《组织工程神经网络导管在脊髓损伤修复中的作用研究》、《我国干细胞治疗的进展与展望》、《人干细胞分化及其与肿瘤细胞的相互转换》、《大脑皮质兴奋性和抑制性神经元的发生》、《胚胎发育对肿瘤发生发展研究的启示》、《显微切片光学层析成像获取突起级小鼠全脑图谱》、《小脑运动学习的短期和长期学习记忆轨迹》的专题论述，这些报告具有较高实用价值和指导作用，受到与会学者的高度评价。

10 个分会场邀请专业领域专家学者作报告 100 多篇。会议交流论文涉及包括人类学、人体解剖学、临床解剖学、断层影像学、神经通路神经递质（调质）和受体、神经发育、损伤和再生、神经胶质、组织学、生殖生物学、生殖医学、神经系统疾病、肿瘤细胞生物学、再生医学、组织工程、干细胞、技术方法、教学研究等 21 个解剖科学领域的科学研究、教学经验、教学改革成果。学术年会征集论文摘要 492 篇，评选出 10 个青年优秀论文报告奖和 1 个青年优秀论文墙报奖。

【断层影像解剖学研讨会】 11 月 25 ~ 27 日，断层影像解剖学研讨会在山东大学举行，共 340 多人出席。学会理事长李云庆，中国生物物理学会分子影像学专业委员会主任委员、中国科学院自动化研究所教授田捷，学会秘书长、北京大学教授周长满等 27 位专家、教授和青年学者应邀出席并作学术报告。会议围绕“断层影像解剖学的研究现状和未来发展”这一主题，以交叉融合、协作创新为宗旨，分别对功能影像学、分子影像学、断层解剖学、影像解剖学、数字外科学、影像技术和图像处理技术等内容进行了交流和探讨。

会议认为，断层影像解剖学仍在不断发展与完善之中，应用领域也越来越广泛。如在结构与功能信息的获取方面，应追求使用高磁场磁共振成像技术，以获得更加清晰和精细的结构和功能图像；应用多模态影像技术开展研究，形态学技术与机能学技术结合，多种机能学影像技术共用，影像学技术与电生理技术联合，影像学技术与细胞分子技术结合；大力发展光遗传功能磁共振成像技术，血氧水平依赖（BOLD）信号只能反应某区域内神经活动的总合，很难对特定的神经通路进行控制并观察其功能，利用功能磁共振成像（fMRI）技术能够特定刺激具有遗传同一性、特定胞体位置或/和特定轴突投射的靶神经细胞，并且记录刺激反应环路中各组分的因果关系，以系统地理解大脑功能。又如在图像分析方面，人脑连接组（理论）发展强劲，这种基于图论的复杂网络理论，可从神经元到脑区的不同层次来构建大脑结构网络图谱，在此基础上利用脑电图/脑磁图信息和功能磁共振成像数据进一步构建大脑的功能网络并挖掘该网络的连接规律；影像遗传学是重要分析方法和研究内容，结合多模态神经影像学和遗传学方法，检测脑结构及与精神疾病、认知和情绪调节等行为相关脑功能的遗传变异；发展定量 fMRI，BOLD 信号依赖于血流动力学（血流和血容量）和代谢（氧耗量）反应，神经活动与血流动力学之间关系（即神经血管耦合）自身就相当复杂和未被完全理解，因此发展定量 fMRI 以精确测量 BOLD 信号的起源及其与神经活动的关系，是十分重要的课题。

会议提出，利用 fMRI 研究脑的高级功能，如语言、记忆、计算、决定、情感、意志和注意等；利用影像技术研究精神疾病发病机理、诊断和治疗，对于药物或心理干预的疗效监测、识别前趋期或亚临床期的患者等，断层影像技术均有广阔的应用前景。在外科手术发展术中实时 fMRI，以实时修正功能区及病灶的定位，提高定位精确度及病灶切除率，并防止重要神经血管结构的损伤，减少手术并发症，必将促进功能神经外科的发展。

中国生物医学工程学会

2011 年，学会注册登记并缴纳会费的会员人数为 4352 人。作为民政部、中国科协科技社团组织管理体制改革试点单位，学会在 2011 年全面启动并逐步实行所属分支机构的总部化管理制度、三主任委员制度以及财务由总会统一管理制度，修改了《中国生物医学工程学会分支机构管理办法》，制定了《中国生物医学工程学会分支机构财务管理办法》。

学会主办各种学术交流共计 26 次，其中国际会议 2 次，参会学者 6721 人，交流论文 1602 篇。

5 月 5 ~ 8 日，2011 年全国生物力学研讨会暨生物力学专业委员会会议在湖北省十堰市召开。学会理事长樊瑜波教授、副理事长姜宗来教授，中国力学学会副理事长龙勉等出席开幕式，100 多人参加了学术报告会。樊瑜波、姜宗来和龙勉分别就我国医疗器械产业发展、我国生物力学研究现状与展望和我国生物医学工程和生物力学学科发展规划作大会学术报告。

6 月 26 ~ 27 日，学会承办了 2011 年国际生物经济大会第七分会场：生物医学工程分会场。中国工程院院士、学会名誉理事长俞梦孙与美国计算诊断公司的 Robert Sclabassi 总裁担任分会场主席。会议以“发展生物经济，促进民生改善”为主题，内容涉及健康物联网工程、生物医学工程先进技术等领域，14 位专家受邀作专题报告，100 余位专家、学者出席会议。

8 月 19 ~21 日，第五届全国体外循环学术会议在广东省珠海市召开。近 600 名体外循环专业技术人员参加了会议。会议主要内容包括心肌保护、液体管理、脑保护、微创体外循环、国外体外循环发展现状等。会议为第四军医大学教授史蔚然颁发了体外循环杰出贡献奖。大会邀请了来自美国、日本、韩国和我国台湾地区的体外循环专业知名专家介绍了当地体外循环的发展现状。大会采用互动表决的形式对体外循环中血液保护和血流动力学调控两个专题进行了探讨。在青年优秀论文评比中，10 位年轻体外循环医师进行了演讲，并评出一、二、三等奖。经讨论决定，第六届全国体外循环学术会议于 2013 年在陕西省西安市举行。

10 月 19 ~21 日，第四届全国介入医学工程大会在北京举行。会议邀请 7 位专家作大会报告，分别以《心血管介入器械与医疗技术及其临床应用》、《脑血管介入器械与医疗技术及其临床应用》、《肿瘤外周介入器械与医疗技术及其临床应用》、《妇产科介入器械与医疗技术及其临床应用》、《医疗器械创新、创业及投、融资合作专题》为主题设立分会场，“青年论坛”评选出 9 篇优秀论文。

10 月 20 ~23 日，第六届电磁辐射与健康国际研讨会在重庆市召开。来自美国、英国、荷兰、法国等国家以及国内的 100 多位学者与会。本次会议主题是电磁辐射生物效应研究，设有大会特邀报告 8 个、口头报告 38 个、展板 17 块。会议论文摘要汇编共收录论文摘要 81 篇。

10 月 22 ~23 日，长江 2011 国际医学影像物理和工程应用大会暨第六届中国医学影像物理学术年会在浙江省杭州市召开。来自美国、日本、马来西亚、德国、印度、泰国等国家，以及国内的 272 位学者参加了本次大会。会议共收到中、英文论文摘要及论文共 102 篇，会议论文集收录 100 篇。

10 月 30 日 ~11 月 2 日，2011 年中国生物医学工程联合学术年会在湖北省武汉市举行。来自美国、英国、澳大利亚、新加坡等国家，中国的香港特别行政区、澳门特别行政区，以及内地高校、科研院所及企业的专家、学者及研究人员约 450 人参会。会议收到投稿论文 412 篇，大会录用稿件 398 篇。会议交流了生物医学工程领域交叉、融合所取得的最新成果。

11 月 30 日，学会在北京航空航天大学举办了会员日活动，活动以“加强党建，促进学会分会组织发展”为主题，邀请杨子彬教授、何少商教授分别作了《中国生物医学工程学会的发展过程》和《我与生物医学工程》的主题报告。杨子彬通过自己亲身经历向会员们介绍了中国生物医学工程学会的诞生和学科的快速发展，以及学会是如何逐步走向世界的。何少商在报告中介绍了自己在军内外从事的生物医学工程方面的工作，以及从事生物医学工程工作的体会。

学会举办了全国介入超声诊断学习班，全国人工关节临床技术与新进展学习班，全国口腔修复新技术、新材料专家讲座学习班，全国 CT 技术新进展及维修方案学习班，呼吸机、麻醉机最新技术进展及应用培训班，放疗设备质量管理学习班等共 9 期培训活动，参加培训人数约 310 人次。

《中国生物医学工程学报》全年刊文 151 篇，其中论著 117 篇，特约评述 3 篇，综述 16 篇，研究简讯 15 篇。所有论文的刊出周期控制在一年之内，平均刊出周期在 8 ~9 个月。《中国生物医学工程学报》作为国内三本生物医学工程类双核心期刊之一，继续保持了影响因子的领先地位，从 2006 年的 0.269 增至 0.440。

【个人、家庭及社区健康信息网络系统研讨会】3 月 25 日，个人、家庭及社区健康信息网络系统研讨会在北京召开。本次会议由学会和第 23 届国际医疗仪器设备展览会组委会共同主办，100 余人参会。

学会名誉理事长、中国工程院院士俞梦孙，中国电信上海分公司副总工程师刘源，西北工业大学教授於志文，中国生物医学工程学会健康物联网工程专家委员会、中国电子学会健康物联专家委员会秘书长宋瑜等 4 位专家的报告，分别以发展家庭健康物联网、上海电信智慧健康信息系统、面向老年人的智能健康辅助系统与技术、合作共建“健康物联民生工程”为题，从不同角度阐释了在物联网发展被列入国家“十二五”规划后，推动个人、家庭及社区健康物联系统发展的重要性。专家们的报告还对健康信息网络系统的发展现状、趋势做了详细分析，提出了促进健康物联网发展的策略与建议。

与会学者们一致认为，俞梦孙等 4 位专家的报告阐述了物联网在现代医学变革中的作用和地位，具有创新性和指导性，大家应合力支持对“健康物联”这一创新体系的建设。

【2011 中国健康物联高峰论坛】学会与中国电子学会联合主办的 2011 中国健康物联高峰论坛于 4 月 28

日在北京召开，会议主题为“健康物联·民生中国”。

学会名誉理事长俞梦孙院士、理事长樊瑜波教授，全国老龄工作委员会办公室副主任阎青春、卫生部信息办副主任兼卫生行业物联网标准工作组组长高燕捷，中国电子学会健康物联专家委员会主任委员、解放军总后卫生部保健局原局长杜玉奎等出席会议。

会议讨论了物联网技术在健康医学、健康医疗、医院物联网、区域医疗共享服务平台、公共卫生安全的智能化管理与监控、虚拟养老、养老信息化、健康食品智能化管理、食品安全追溯等方面的应用需求，并探讨了如何在健康信息化的应用、服务模式、解决方案、产品及系统等领域内搭建交流平台，为数字化健康管理、自我健康信息管理、健康监测、远程医疗协助、健康云平台等提供服务。

【第13届全国生物材料学术会议】 10月12～15日，第13届全国生物材料学术会议在天津市召开。来自全国高校、科研院所、临床医院及企业的近400多位专家、学者与会。会议共征集学术论文270余篇。国际权威生物医学工程杂志《生物材料》（Biomaterials）主编、英国皇家工程院院士威廉姆斯教授、杂志责任编辑佩姬女士和美国密西根大学教授彼得·马出席会议。

会议共设立生物医用高分子及天然生物材料、纳米生物材料及纳米技术、药物控释载体、组织工程与干细胞、生物材料的表面修饰及生物应答特性、生物医用金属材料及个体化制造、骨科生物医用材料的基础及临床应用的研究7个专题分会场，涵盖了生物材料的各个最新研究领域。

与会专家、学者围绕目前国内外生物医学材料及相关领域的热点问题和重大问题，以口头报告和墙报形式，就生物医学材料研究的新理论、新方法、新材料、新装置、新发现等进行了学术交流。

【2011中国（上海）健康物联网大会】 11月9日，2011中国（上海）健康物联网大会在上海市召开。大会主题是“将来的‘物联网医学’与‘健康物联网’”。

大会名誉主席、学会副理事长李兰娟院士作大会主题报告。报告通过健康物联网应用案例与科研成果，对医疗健康信息化进行了论述，阐述了现代医学健康与信息化和物联网应用结合的必然性和重要意义，提出了要充分利用好“健康物联网”的高科技成果，重点加强对慢性病和养老产业的创新应用，把重心放在如何维护国民健康和如何预防疾病上。

中山医院呼吸病研究所所长白春学教授在报告《物联网医学》中，结合呼吸病的临床诊断和远程管理使用物联网技术的应用案例，介绍了作为一个新兴的交叉学科“物联网医学”的内容与实践探索。

复旦大学教授方祖祥作了《健康物联网与心电监测》报告。报告结合“健康物联网”在远程心电监测和慢病管理方面的应用案例和实施方案进行了介绍。作为新兴的交叉学科，“健康物联网”围绕“以健康为中心”的基本理念，以创新的“健康医学”模式为理论基础，通过与物联网、云计算这些新的科技手段相结合，力求探索出具有中国特色并将影响世界的全新健康服务模式。

复旦大学信息学院院长郑立荣教授的报告《物联网医学的研究进展和展望》，对物联网医学的产生和发展作了全面论述。

中国电子学会健康物联专家委员会顾问专家费伦在《低成本健康物联网与中医诊疗技术应用》中，介绍了他对祖国传统中医经络学与健康物联网技术相结合的研究探索，并根据研究成果提出了建议。

大会以“健康物联，服务民生”为主题征集大会论文20多篇，内容涉及物联网医学、健康物联网以及物联网、云计算技术在医院信息化、公共卫生信息化、社区卫生服务、区域医疗、远程医疗、移动健康管理、家庭健康管理建设等领域的应用，“智慧城市”、“健康城市”、“健康物联民生工程”建设形成的新产品、新技术、新方案、新系统、新模式等涉及健康信息化的新观点、建议和研究成果等。

中国病理生理学会

2011年，中国病理生理学会普通会员达到4107人，终身会员119人，会员总数较2010年增加686人。

学会共举办多学科、多层次、多领域的学术交流活动9次，3146人出席，比2010年增加32%；交流论文1594篇，是2010年的2.1倍；出版论文集5种共4180册，评选出优秀论文获得者45人。

4月22～24日，第11次全国动脉硬化性疾病学术会议暨中国病理生理学会第七届动脉粥样硬化专业委员会、国际动脉粥样硬化学会中国分会全国会员大会在湖南省长沙市召开，由中国病理生理学会动脉粥样硬化专业委员会、国际动脉粥样硬化学会中国分会、南华大学、《中国动脉硬化杂志》编辑部和动脉硬化学湖南省重点实验室联合主办。来自全国20多个省、自治区、直辖市的220余名专家、学者参加了大会。大会共收到交流论文33篇，论文摘要110篇。会议围绕动脉硬化性疾病的基础研究与临床防治研究最新成果与进展进行了学术交流。会议邀请了中国工程院院士刘德培等国内动脉粥样硬化研究领域的23位专家作大会特邀报告，举办了4场大会报告和12场青年学术论文报告，8人在优秀青年论文评比中分获一、二、三等奖。大会现场选举产生了新一届中国病理生理学会动脉粥样硬化专业委员会和国际动脉粥样硬化学会中国分会领导机构。南华大学教授姜志胜当选为新一届中国病理生理学会动脉粥样硬化专业委员会主任委员。北京大学教授刘国庆当选为新一届国际动脉粥样硬化学会中国分会主席。大会还选举产生了由32人组成的中国病理生理学会动脉粥样硬化专业委员会常务委员会。

7月2~4日，由微循环专业委员会和军队微血管病学专业委员会共同主办，解放军总医院病理生理研究室承办的微血管病与转化医学学术研讨会在中国人民解放军总医院国际会议中心举行。中国工程院副院长、第四军医大学校长樊代明院士，北京协和医学院副校长、中国微循环学会理事长詹启敏教授，时占祥教授和郜发宝教授等专家作特邀报告，解放军总医院副院长、军队微血管病学专业委员会主任委员郭渝成教授为大会作了题为《微血管病与转化医学》的大会报告。共有来自全国各地和全军的200多位医务工作者出席。2011年度国家级继续医学教育项目微循环理论与技术新进展学习班同期举办。

8月11~14日，学会大中专教育工作委员会主办的第七届代表大会暨学术研讨会在江苏省淮安市举行。65位学者与会，会议收到论文30余篇。专题报告内容涉及病理生理学精品课程的建设、医学教育标准与病理学教学改革、教学软件及组织芯片技术的应用等。会议同步安排了继续教育项目：病理学和病理生理学精品课程建设培训班。

10月28~30日，首届全军高原与寒区医学学术研讨会在重庆市召开。研讨会由学会缺氧和呼吸专业委员会与全军高原与寒区医学专业委员会共同主办。来自全军各科研院所、各军区医疗卫生机构以及武警部队等单位的160名医务工作者参加了会议，会议共收到稿件74篇。12位军队高原医学专家、3名青年学者的专题讲座，内容涉及缺氧病理生理学、高原病防治、高原卫生防护及高原灾害救援等内容。

作为唯一来自中国的美国血液学会国际委员会委员、中国科协副主席、中国工程院院士陈赛娟分别于6月和12月参加了美国血液学会国际委员会会议，向委员们介绍了中国近几年病理生理学的科研成就，特别是白血病转化医学研究方面的进展。

学会主办3种科技期刊2011年共印发10.2万册，较2010年增加1倍左右，发表论文1605篇，较2010年增加50%。其中，《中国病理生理杂志》获评“2011年度精品科技期刊项目”及“RCCSE中国权威学术期刊”。

【第二届亚太地区高原医学大会】第二届亚太地区高原医学大会于8月20~23日在青海省西宁市召开。会议由中国病理生理学会缺氧和呼吸专业委员会与亚太地区高原医学协会共同主办。

青海地处青藏高原东北部，全省平均海拔3000米以上，高海拔、低气压、低氧、干燥的自然环境和特殊的人类生存环境，为高原医学研究提供了得天独厚的条件。亚太地区高原医学协会主席、青海大学副校长格日力表示，本次大会旨在为亚太地区从事高原医学研究的科学工作者及研究机构搭建一个学术、技术交流的平台。来自美国、印度、日本、澳大利亚、瑞士等国家和国内高原医学、应用生理学、病理生理学的141名专家、学者参加了会议，收到论文摘要151篇。会议以“环境、遗传与健康”为主题，重点讨论了高原适应的遗传学机制，及基因组学、蛋白组学、分子生物学的最新进展、最新方法等。专家们还针对高原习服与习服不良、高原运动保健与探险医疗救助、转化医学与高原病诊断与治疗、中藏药对高原病干预等领域的最新研究进展进行了讨论。

【2011年中-加动脉粥样硬化性心血管疾病国际学术研讨会】9月23~25日，2011年中-加动脉粥样硬化性心血管疾病国际学术研讨会北京召开。这是中国与加拿大两国第一次共同举办动脉粥样硬化性心血管疾病领域的学术研讨会。会议由中国病理生理学会动脉粥样硬化专业委员会、国际动脉粥样硬化学会中国分会、动脉硬化学湖南省重点实验室、南华大学、《中国动脉硬化杂志》编辑部和加拿大动脉粥样硬化、血栓与血管生物学学会，加拿大曼尼托巴大学、渥太华大学医学院、卡尔加里大学共同举办，100多位基础与临床研究领域专家学者参加了会议，有近30位加拿大专家出席会议。会议共收到会议摘要65篇，27篇作为特邀报告和大会报告进行了交流，会议摘要在国际学术刊物《药物化学：心血管和血液系统药物》（Cardiovascular & Hematological Disorders - Drug Targets）上发表。11位青年学者获得优秀口头报告奖和优秀壁报奖。

【Sepsis 2011中国会议暨中国病理生理学会危重病专业委员会学术年会】10月27~30日，前沿高端学术交流项目Sepsis 2011中国会议暨中国病理生理学会危重病专业委员会学术年会在北京举行，由中国病理生理学会危重病专业委员会、中国医师协会危重病专业委员会与国际全身性感染论坛组委会（International Sepsis Forum，ISF）合作举办，也是这个国际论坛首次在亚洲国家举办。注册参会的国外专家、学者170余人，国内专家、学者1100余人。会议围绕危重病研究领域中败血症的相关研究，结合危重病学术年会，对临床与基础研究方面的课题进行了学术交流。中国病理生理学会危重病专业委员会学术年会共设立了4个会场，召开了10个卫星会，有17名国外专家及57位国内专家作了22场全体大会报告及52场学术报告，大会还举办了壁报展示，优秀论文评选以及专家现场交流等学术交流活动。

【第13届全国实验血液学学术会议】 11月24~27日，血液专业委员会主办的第13届全国实验血液学学术会议在湖北省武汉市召开，会议主题是“血液病与转化医学”。包括陈赛娟、陆道培、阮长耿、曹雪涛等院士在内的840人出席会议，交流论文848篇。

卫生部部长陈竺作了《让医学科学服务于全体人民——弘扬医学人文精神，促进转化医学发展》的大会主题报告。他在报告中表示，拟出台多项医改新政，惠及血液病患者。要充分发挥基本医保的作用，拟考虑将慢性粒细胞性白血病纳入大病救助保障。同时，将更多血液病治疗药物列入基本药物目录，包括抗血液肿瘤的化学药物、治疗主要类型贫血的药物、治疗止血与血栓性疾病的药物、因子Ⅷ、凝血酶原复合物等生物药，以及结合大病救助保障予以试点的药物酪氨酸激酶抑制剂（用于治疗慢性粒细胞性白血病）。

他指出，要制定血液病治疗的临床路径，对重点疾病的救治开展质量监控、费用控制和合作网络构建。同时，加强重点专科建设以提升软、硬件能力，开展专科医师培训和临床药理基地建设及评估。

与会专家就急性白血病、造血干细胞移植、干细胞发育、血栓与止血疾病与转化研究的最新进展进行了大会交流。针对白血病、造血干细胞移植、淋巴瘤/骨髓瘤、红细胞疾病、止凝血疾病以及血液分子生物学、血液免疫学等进行了专题讨论。会议还专设了青年论坛，遴选出6篇青年优秀论文。

【《中国实验血液学杂志》获美国EBSCO大型文献库全文收录】 2010年4月，《中国实验血液学杂志》接到美国EBSCO文献库信函，通知《中国实验血液学杂志》已通过EBSCO业务部门的遴选和评审，获全文收录资格。同年8月，《中国实验血液学杂志》社与美国EBSCO签订协议。12月，杂志编辑部在软件专家的具体指导下，传送了2010年全年6期各篇论文的PDF数据。

2011年，《中国实验血液学杂志》编辑部完成了向美国EBSCO大型文献库传送PDF数据的工作。2005~2011年的各期文章均以PDF格式纳入美国EBSCO大型文献库。通过这一途径，《中国实验血液学杂志》出版的文章除了以英文摘要形式通过MEDLINE/Index Medicus传播到世界各国之外，还以全文形式通过EBSCO大型文献库传播到全世界。

中国营养学会

2011年，中国营养学会新增个人会员620人，个人会员总数达到14665人，单位会员由19家发展到27家。学会常务理事会经讨论通过了《中国营养学会科技服务条例》。

学会全年共举办34次学术会议，包括，2011膳食脂肪酸国际学术研讨会、第十届国际人与动物微量元素大会的“微量元素食品强化与生物利用率”分论坛2次国际学术会议。共2500多人次参会，交流论文293篇，编辑论文集15种。

3月24日，我国四大城市居民水摄入量研讨及新闻发布会在北京召开。10月17日，中国饮水推荐量研讨会邀请了法国、希腊、美国、英国以及国内营养学界知名专家分享和讨论了水推荐量的信息及研究成果。11月17日，中国营养学会第二次膳食营养素参考摄入量（DRIs）研讨会在北京召开，泰国玛希隆大学科索瓦特教授和比利时的Dr. Laura坎托博士分别介绍了东南亚国家推荐的每日膳食中营养素供给量（RDA）的框架、融合状况以及现状思考，欧洲微量营养素推荐联盟（EURRECA）工作组确定微量元素推荐摄入量的工作步骤。

2011年，英国营养学会（NS）理事长Sean Strain教授，日本食品工业学会稻熊教授、太田教授，美国爱荷华大学公共卫生学院斯奈特教授、Wendy Wei教授，国际脂肪酸组织（GOED）执行董事亚当伊斯梅尔等国际营养界专家访问中国营养学会，与学会专家就营养学热点问题进行了交流和讨论。

7月，中国营养学会20余名专家参加了在新加坡举办的第11届亚洲营养大会，在营养与保健食品专业分会大会上主办了分论坛。会议期间，中国营养学会与日本营养与食品科学学会就营养与食品领域的学术合作签订了合作协议。

12月，学会理事长程义勇应邀出席了英国营养学会（NS）成立70周年大会，并签订合作协议。

年度内，学会共举办科普讲座186次，组织科技下乡6次、科教进社区180次，科普讲座受众人数共计369万人，发放科普宣传资料38890份。

学会实施的《中国儿童营养健康教育项目》，2011年共有4个城市和2个农村地区的22所小学校的1.4万余名师生，以及部分家长和各级教育卫生管理人员共同参与。启动《中国贫困地区学龄儿童营养改善计划》，对中国部分贫困地区的学龄期儿童进行营养干预，以期改善其营养健康状况，同时为更大规模的进行学龄前儿童营养干预活动提供科学依据。

在2011年中国科协会员日活动中，学会以“营养科普讲座”为主题，营养学专家通过网络视频与9个省会员之家的会员同时进行了“面对面”的交流。

为贯彻落实《营养改善工作管理办法》（以下简称《办法》），学会组织了营养知识有奖问答活动，对先进集体和个人进行了评选和表彰。赴江西、河南等地开展了《办法》的贯彻实施情况调查，收集了基层对营养工作、营养政策法规的建议。

在《中国居民膳食营养素参考摄入量（DRIs）》的修订工作中，各专业组按照《修订工作手册》进度要求，完成了文献检索和修订初稿的编写。

受卫生部委托，针对目前在外就餐普遍存在的膳食不平衡的情况，科普工作委员会承担了编写《在外就餐指南》的工作。

政策法规工作委员会先后撰写了10多份营养立法提案并形成建议书，递交国务院。

学会举办了营养领导才能培训班等4个主题共7期继续教育培训班，培训学员552人次，编辑培训教材4种。11月8～12日，学会与国际营养科学联合会（IUNS）在湖南省长沙市合作举办了营养领导才能培训班（CNLP）。IUNS的现任主席艾尔玛得法教授和前任主席瓦尔癸斯特教授应邀在培训班上授课，34名营养学骨干参加了培训。

2011年，学会《营养学报》的年度发行总量为1.26万册，比2010年增加600册，发表论文169篇，比2010年增加3篇。

【中国营养学会工作回顾与展望暨颁发学会贡献奖大会】为纪念中国营养学会复会30周年，学会通过印发《复会三十年历史画册》和表彰对学会有突出贡献的老专家等方式，回顾了学会的发展历程，感谢几代营养学专家对学会发展付出的艰辛劳动以及取得的丰硕成果，展望了学会未来的发展。

5月25日，中国营养学会工作回顾与展望暨颁发学会贡献奖大会在北京召开，学会名誉理事长陈春明、葛可佑，荣誉理事顾景范、陈孝曙、李珏声、何志谦、赵法伋、柳启沛，以及来自全国各地的60名理事出席了会议。陈学存、朱莲珍等8位营养界老专家应邀参加。

葛可佑在大会上作《中国营养学会复会30年工作回顾》报告，从开展学术交流与编著出版物、营养科普工作、组织建设工作、《营养改善条例》工作、营养师认证与培训工作、设立“营养科研基金”和“科学技术奖”、学会获奖情况、学会财务工作等9个方面全面阐述了学会复会30年以来取得的成就。学会理事长程义勇在《展望营养学会发展》报告中指出，学会未来发展将着力于营养科技的发展、普及和推广应用，将努力争取政府的重视和支持，壮大营养专业队伍，争取更多的营养研究经费，举办大型、高质量的学术会议等。

特邀嘉宾梅方权教授、黄圣明教授分别作了题为《食物与营养的政策分析》、《营养健康是食品工业发展的重要方向》的专题报告。

查良锭、陈学存、陈破读、何志谦等22人获得“终身贡献奖”。葛可佑、陈春明等5人获得了“卓越贡献奖”。葛可佑，程义勇，学会常务副理事长翟凤英，副理事长郭俊生、杨月欣等为获奖者颁发了获奖证书。

【“优质乳品与婴幼儿健康：挑战和解决方案”专题研讨会】9月5～7日，“优质乳品与婴幼儿健康：挑战和解决方案”专题研讨会在广东省深圳市召开，共有200多人参会。来自新西兰、瑞士、荷兰、英国的营养专家与国内婴幼儿营养专家就中国婴幼儿喂养的现状、科学与实践，国内外婴幼儿配方食品的研究现状、研发标准和趋势，世界卫生组织（WHO）、联合国粮食及农业组织（FAO）对婴幼儿配方粉指南，营养强化等相关法规、新标准解读等内容进行了交流和讨论。为引导婴幼儿合理喂养、促进婴幼儿健康提供了平台，提出了我国乳制品的研究目标和措施。会议号召，营养科学界应以研究婴幼儿营养需求保障婴幼儿健康为己任，贯彻世界卫生组织婴幼儿喂养全球战略目标，充分发挥科技优势、团结一致为婴幼儿健康做出最广泛的努力。

【2011膳食脂肪酸国际学术研讨会】11月18日，学会主办的2011膳食脂肪酸国际学术研讨会在北京召开。会议的主题为“n－3脂肪酸对于人类脑健康的作用”，共230人参会。会议邀请了来自英国伦敦大学、牛津大学等从事脂肪酸研究的专家与国内专家共同探讨了n－3脂肪酸学科的前沿问题与进展。

学会理事长程义勇在会上表示，根据我国近年的调查数据进行的调研和分析显示，目前中国成年人的人均每天二十二碳六烯酸（DHA）+二十碳五烯酸（EPA）摄入量仅有37.6毫克，不到美国医学研究院建议值的四分之一，属于严重缺乏状态。而另一方面，随着日常饮食中的胆固醇、油脂摄入量大幅度上升，心血管疾病等一些富贵病开始成为困扰居民的主要健康问题之一。随着对n－3脂肪酸研究的加深，DHA和EPA的作用也不断被发掘，特别是在脑健康方面。多个国家专家的研究表明，n－3脂肪酸对于改善大脑的发育过程、预防和治疗神经性和精神性等脑部疾病、延缓大脑的衰老进程均具有非常重要的作用。

针对目前中国居民对n－3脂肪酸补充方面的误区，学会副理事长苏宜香教授特别强调，中国居民的n－3的摄取量特别是DHA和EPA严重不足，落后于很多国家，一方面是受饮食结构的影响，另一方面对n－3对人体的健康作用，特别是帮助大脑发育等方面认识明显不足。除了孕妇和婴幼儿之外，成年人和老年人也都应该注意n－3脂肪酸的及时补充。保证日常n－3脂肪酸的摄取量，可以提高自身免疫力，预防心脑血管疾病、糖尿病等50多种疾病。虽然传统食用油中含有α－亚麻酸（ALA），但是据加拿大亚麻协会会刊的数据显示，ALA到EPA的转化率为0.2%～8%，到DHA的转化率大约只有0.05%。换言之，即使ALA的含量超过50%，成年人每天至少摄取812.5克食用油，才能满足转化所需。而《中国居民膳食指南》的日烹调食用油摄取量推荐不超过30克。所以DHA和EPA摄取，需要依赖外来补充。

中国营养学会、全球EPA和DHA组织（GOED）和丰益国际三方代表共同启动了n－3脂肪酸的中国时间，标志着中国n－3脂肪酸的研究与应用开始向国际迈进。

【《中国居民膳食指南》百场宣讲活动】2011年，由国家营养标准专家委员会专家和中国营养学会理事共同组成的《中国居民膳食指南》百场宣讲专家团，在全国共举办宣讲活动180场次。其中由学会理事直接参与的宣讲活动达到96场，直接面对面的宣讲受众数达到4万人。学会名誉理事长葛可佑教授担任专家团首席专家，并在北京中国科技会堂作了首场宣讲。

在宣讲活动中，学会与搜狐网、MSN健康频道、中国经济网、中国公众科技网及《北京青年报》、《食品报》等媒体合作宣传营养科普宣讲活动。2月10日，学会秘书长贾健斌、范志红教授，营养师顾中一做客果壳网“将吃进行到底”第二期主题讲座，围绕“食品营养”话题，探讨了热点事件背后的科技原理，活动网络访问量约5万次。3月29日，葛可佑教授和学会秘书长贾健斌做客搜狐网“大家谈健康”访谈节目，网络访问量达60万次。

【中国营养学会营养科研项目基金】中国营养学会营养科研项目基金是学会与帝斯曼（中国）有限公司为促进我国营养科学技术的发展，推动健康食品研究的发展，改善中国婴幼儿营养和健康状况而共同设立的，基金提供150万元用于资助婴幼儿营养研究课题。该项目基金于5月开始实施。

项目基金共征集到19个省、自治区和直辖市的40份标书。经11位营养专家组成的评审委员会进行集体评审，无记名投票评选出8个资助项目。复旦大学附属儿科医院彭咏梅的“不同膳食模式地区母乳n－6：n－3PUFAs差异及对子代生长的影响”，河北医科大学马玉霞的“河北省城乡乳母的乳成分动态变化以及与婴儿生长发育状况的关系研究”等课题获得资助。

这些获资助项目立足婴幼儿营养研究前沿，围绕着我国不同地域母乳营养成分与婴儿生长发育的关系，母乳中唾液酸对婴儿神经系统的影响，追踪世界各国婴幼儿食品安全标准，不但为研制符合我国婴幼儿生长发育规律的婴儿配方食品提供了科学依据，而且在婴幼儿配方奶粉工艺技术上进行了创新。婴幼儿的喂养与将来肥胖有密切关系，婴幼儿阶段是预防和控制肥胖的关键时期，获资助项目探讨城市婴儿过度喂养问题有助于儿童肥胖初级预防策略的制定，为将来修订《中国婴幼儿膳食指南》和膳食参考摄入量提供科学支撑，为改善中国婴幼儿营养状况提供科学依据。

中国药理学会

2011年，学会新增麻醉药理学专业委员会、补益药药理专业委员会、治疗药物监测研究专业委员会等3个分支机构，学会的专业委员会现为21个。徐州医学院教授戴体俊当选为麻醉药理学专业委员会第一届主任委员，中国医学科学院教授陈乃宏当选为补益药药理专业委员会第一届主任委员，中日友好医院药学部主任张相林当选为治疗药物监测研究专业委员会第一届主任委员。

《神经药理学报》成为学会主办的学术期刊，学会主办的期刊已达8种，2011年印刷总册数162933册，论文总篇数1972篇。《中国药理通讯》是由学会主办的内部刊物，会员可通过学会网站免费浏览下载自2007年4月起杂志所有内容的电子版。

与中国科协合作共同建设的“专家科技工作站”已在云南极粹生物科技有限公司挂牌成立。

2011年学会举办了20次各种类型学术活动（其中国

际会议4次，年会1次)，总参加人数3340人次，会议论文1851篇。

4月，由学会抗衰老与老年痴呆专业委员会等主办的2011全国老年痴呆与衰老相关疾病学术会议在山东省济南市召开。来自美国、英国、日本、瑞典、加拿大及中国香港特别行政区和内地的300余名专家、学者出席了会议。

4月，由肿瘤药理专业委员会等主办的2011医学前沿论坛暨第十二届全国肿瘤药理与化疗学术会议在江苏省南京市召开。会议共收到近200篇论文，参会学者260人。国内外10余位知名专家就转化医学框架下的抗肿瘤药物、特别是分子靶向药物的研究研发与治疗应用研究的新进展、新趋势作了大会主题学术报告。

5月，由中药药理专业委员会主办的中药药理学学术论坛在浙江省杭州市召开，40余位全国各地的中药专家、学者参加了学术研讨，就中药药理研究规范等问题进行了讨论。

由教学与科普专业委员会主办的第三届海峡两岸三地医学院药理学教学学术会议于6月在台湾省台北市举行，共有42位祖国大陆、22位台湾地区专家学者参加会议。会议主题为药理学实验教学的改革与实践，创新人才培育经验与课程规划，药理学与临床药理教学模式规划。

由抗炎免疫药理学专业委员会主办的抗炎免疫药理学专业委员会2011年学术年会于7月在浙江省杭州市召开。来自全国各地约200多名学者参加了此次大会，会议围绕抗炎免疫药理学研究进展以及在转化医学中的研究进展进行了广泛交流和讨论。

由麻醉药理专业委员会主办的全国第一届麻醉药理专业委员会第二次学术会议于7月15~17日在河北省张家口市召开。60余名麻醉及药理学专家、学者围绕麻醉药物的基础与临床研究，如何发展我国的麻醉药理学，如何搞好麻醉药理学会工作，麻醉药理学教学及其他相关问题进行了交流和讨论。

由生殖药理学专业委员会主办的第七届全国生殖药理学术交流会于8月在贵州省遵义市召开。10位专家的大会发言内容涉及生育调节药物作用机理，精子特异离子通道，前列腺疾病药物药理，子宫肌瘤、子宫内膜异位、女性肿瘤等女性生殖疾病药物药理，激素和递质的分子生殖药理，更年期退行性变化的药理学，生殖药理学、生殖医学和生殖生物学的新技术、新方法等。

8月，生化及分子药理学专业委员会主办的第十二届全国生化与分子药理学学术会议在湖北省宜昌市召开，共有来自全国各地的130多位专家、学者参加了会议。本次会议宗旨为交流国内外生化及分子药理学研究进展，促进相关领域的发展。会议特邀了13位在药理学领域中取得突出成就和具有较高学术造诣的专家作了大会报告，并组织了青年优秀论文评比。

由神经精神药理学专业委员会、宁波大学等联合主办的中美药物成瘾研讨会10月在浙江省宁波市召开。本次会议的宗旨是进一步加强中美药物成瘾研究领域的学术交流和合作。会议邀请了中美药物依赖领域的10余位知名专家作学术报告，内容涵盖了近年来中美药物成瘾的神经生物学机制、药物成瘾干预靶点研究进展，以及临床治疗等方面。来自香港特别行政区和内地的专家学者、研究生100多人参加了会议。

由药学监护专业委员会主办的“离子通道，心律失常，糖尿病和并发症”国际研讨会于10月在江苏省南京市召开，来自全国各地的200余名学者参加了会议，会议讨论了药学监护的相关基础研究和临床药学实施中的有关问题。

由数学药理专业委员会主办的第三届定量药理与新药评价国际学术会议于11月在上海市召开。共有来自美国、法国、印度、日本等国家和国内的药品管理机构、学术界、企业界近400名学者与会，其中海外学者近50名。

第一届全国药物基因组学大会暨中国药理学会药物基因组学专业委员会（筹备会）第一次全体会议于11月在湖南省长沙市召开。来自新加坡、韩国、英国、法国、美国、印度等9个国家，中国香港特别行政区、台湾地区和内地的400位专家、学者参加了大会。大会的18场学术报告内容涵盖药物基因组学和个体化医疗多个最前沿领域。

由学会与中国晶体学会共同主办的第三届中国晶型药物研发技术学术研讨会暨中国晶体学会药物晶体学专业委员会成立大会于10月在山东省滕州市召开。来自60余家药物研究机构、大学、制药企业的120余人出席大会，大会共收到学术研究论文42篇，内容涉及晶型药物的研发、晶型药物品种研究、晶型应用技术研究等。

学会主办的2011年全国医药学术论文交流会暨临床药学与药学服务研究进展培训班于8月在山西省太原市召开。会议主题为加强合理用药促进个体化治疗，邀请了多位国内知名药学专家作专题讲座。

由中国药理学会、国际灵芝研究学会、中国食用菌协会药用真菌委员会、中国农学会食用菌分会联合主办的国际灵芝研究会于8月在北京召开。来自美国及中国的香港特别行政区和台湾地区的15位专家，以及内地的150

余名专家学者出席了会议。会议交流的内容包括灵芝的生物学特性、化学成分和有效成分、产品的质量控制、药理作用与细胞分子机制以及临床应用等。

8月，由中国药理学会和日本药理学会、日本临床药理学会共同主办的第五届中日基础和临床药理学双边学术会议在新疆维吾尔自治区乌鲁木齐市召开，来自中国和日本的100名专家、学者参加了会议。

7月，学会理事长杜冠华和名誉理事长林志彬出席了在泰国曼谷举行的亚洲西太平洋地区药理学家联合会执委会，会议确定2013年在中国上海召开第十二届东南亚与西太平洋地区药理学大会。

10月，学会副理事长兼秘书长张永祥出席了在法国巴黎举行的国际基础药理学与临床药理学家联合会（IUPHAR）执委会全体会议。会议听取了张永祥教授作为IUPHAR天然产物与传统药物药理专业委员会主任委员所作的关于2012年世界天然产物与传统药物药理学术会议的筹备情况报告，并决定于2012年在中国澳门举行世界天然产物与传统药物药理学术会议。

2011年，有12名国内优秀的青年药理学工作者获得了学会与SERVIER研究院联合设立的中国药理学会SERVIER青年药理学工作者奖，并于9月在中国药理学会第十一次全国学术大会上颁发。为了表彰长期在一线工作的老一辈药理学家，学会对6名年龄在75岁以上的老一辈药理学家颁发了“突出贡献奖”。

抗衰老及老年痴呆专业委员会主办的科普活动“2011年世界老年痴呆日”9月份在北京举行，15位具有丰富临床诊治经验的医疗专家进行了义诊，义诊量达300多人次。

【中国药理学会第十一次全国学术大会】9月23～25日，中国药理学会第十一次全国学术大会在山东省济南市召开。来自各地的600余名人参会。

会议邀请3位院士和2位国外药理学家作大会特邀报告，全国各地100余名专家、学者通过专题报告进行了交流。26名青年药理工作者作了英文报告，内容涉及心血管药理、抗肿瘤与免疫药理、中药药理、新药研发、药物临床研究与评价、神经药理、临床药物治疗监测、临床药理、神经内分泌药理及药理学研究新技术新方法等方面研究。

此次会议主要设置了包括心血管药理、神经精神药理、临床药理、抗肿瘤与免疫药理、新药研发、中国药理学会－香港药理学会双边青年英文学术报告会等在内的多个药理学专题报告会。

会议期间，学会向12名国内优秀青年药理学工作者颁发了中国药理学会SERVIER青年药理学工作者奖。

【首届中英药理学双边学术会议】由中国药理学会与英国药理学会共同主办的首届中英药理学双边学术会议于12月13～15日在英国伦敦召开。学会名誉理事长林志彬、理事长杜冠华、副理事长兼秘书长张永祥、副理事长李学军等近40位中国药理学会的专家、学者参加了会议。

本届会议主题是“今日之科学，明日之药物（today's science, tomorrow's medicine）”。5名中国专家应邀担任大会主持人并主持了会议。林志彬教授和英国药理学会主席Ray Hill共同主持了“英国药物发现的未来”的主席论坛。

李学军、张永鹤、杜冠华和张永祥4位中国药理学者在中国专场论坛——中国药物发现的基础和临床药理学研究论坛中作会议发言，与英国葛兰素史克公司的Oscar Della Pasqua博士共同进行了交流报告。中国专家们的学术报告展示了我国新药研究的最新成果。

中国针灸学会

2011年，中国针灸学会新发展个人会员800余人，完成了针灸文献专业委员会、砭石与刮痧专业委员会、针灸标准化工作委员会的换届选举，组建了学科与学术工作委员会。针法灸法分会等7个分支机构办理了变更手续并更换证书。

学会及各分支机构共组织完成全国性和国际性学术会议14项，组织参加境外国际学术交流会议1项，参会总人数1765人，会议交流学术论文1303篇，共编印论文集6册。举办专题学术报告210人次。

5月9～18日，学会与中国中医科学院共同在北京市东城区图书馆举办了“相约北京——中医针灸展”专题展览、义诊和健康讲座等活动，受益人数达3000余人。科普工作委员会建立了针灸科普微博，编辑出版了《针灸科普简报》电子版，策划出版了国家标准《针灸技术操作指导》系列光盘。科普工作委员会与贵州省针灸学会在贵州省镇宁县组织开展了主题为“针灸防治病，健康你我他”大型科普义诊暨针灸新技术进基层公益性义诊活动，共发放针灸宣传单2000余份，诊疗病人600余人。

学会组织专家起草了《“十二五”针灸发展规划》初稿，并召开多次会议讨论研究了规划的框架及主要内容，包括定位、体例、主要任务、措施、保障及针灸学科发展急需解决的主要问题，从“形式、机遇与挑战”、“指导思想和发展目标”、“重点发展领域与任务”及“支撑条件和保障机制”四个方面明确了“十二五”期间针灸发展的方向与重点领域。

学会完成2011年度国家中医药管理局中医药继续教育项目9项，举办学习、研修等各类培训班47期，培训学员2000余人次。

8月，学会举办第二届中国针灸学会“华佗奖”、先进学会、优秀学会工作者、优秀青年科技工作者评选活动。在2011中国针灸学会年会上，学会对获得奖励的单位和个人进行了表彰，对在中医针灸申遗工作中做出成绩的中国中医科学院针灸研究所颁发了“中医针灸申遗工作突出贡献奖”。

《中国针灸》、《针刺研究》被中国科学技术信息研究所评为“300种中国精品科技期刊”。《中国针灸》杂志开展了“创刊30年，送刊到乡村”等系列纪念活动，向基层乡镇卫生院、村卫生室免费赠送了《中国针灸》杂志3000余册，召开了纪念《中国针灸》杂志创刊30周年座谈会。《世界针灸杂志》协办了世界针灸学会联合会“针灸风采全球行”第一站活动。

2011年5月1日，改版后的中国针灸学会网站正式启用。

【中国针灸学会第五次全国会员代表大会】 8月19～21日，中国针灸学会第五次全国会员代表大会在北京召开，来自全国各地方学会、总会所属分支机构和各有关单位的代表、特邀代表和嘉宾共500余人出席会议。卫生部副部长、国家中医药管理局局长王国强，中国科协副主席、书记处书记程东红，中国工程院院士、中国中医科学院院长张伯礼出席开幕式并讲话。

王国强在讲话中指出，目前我国90%以上的中医医院和中西医结合医院设置了针灸科，80%的西医综合性医院设有中医临床科室，其中绝大部分有针灸科室。针灸能够治疗或参与治疗的病症有460多种，有明显疗效优势的病症有100多种。已有160多个国家和地区接受和应用针灸治疗。中医针灸申遗成功，使针灸的国际影响越来越大。他对中国针灸学会工作提出四点要求：一要继续致力于促进针灸学科进步与技术发展，更好地为中医药事业发展服务；二要继续致力于促进针灸科技人才的成长和提高，更好地为科技工作者服务；三要继续致力于针灸知识和文化的普及推广，更好地为提高全民健康水平服务；四要继续致力于民主办会，进一步加强学会自身建设，更好地为广大会员服务。

大会审议通过了第四届理事会工作报告、章程修改报告、财务工作报告及有关决议。选举产生了第五届理事会，210人当选为第五届理事会理事，66人当选为第五届常务理事。刘保延当选为第五届理事会会长，杨金生当选为秘书长。聘请王国强、胡熙明、李维衡为中国针灸学会名誉会长。

【针灸标准化工作】《临床病症针灸治疗指南》课题第二批资助项目启动，制定了过敏性鼻炎、三叉神经痛、肥胖、糖尿病周围神经病变、突发性耳聋五个病种的针灸治疗指南。

实施了2011年度中国科协学会创新发展推广工程项目——中国针灸学会针灸标准示范基地的创建评估与内涵建设项目。在香港东华三院建立了第6个中国针灸学会针灸标准示范基地。举办了《针灸技术操作规范》国家标准和临床实践指南推广应用培训班暨中国针灸学会针灸标准示范基地建设单位座谈会。在2011年世界针联巴西国际针灸学术会议期间，以壁报、海报形式，展示和宣传了我国研制的现行针灸国家标准的制定和发布情况，通过发放《针灸标准国际需求》调查问卷，了解了世界各国针灸立法、从业人员对针灸标准的需求情况。

向国家标准化管理委员会申报了“十二五”期间制定《针灸针》国际标准化组织（ISO）标准和《耳穴名称与定位》世界卫生组织（WHO）标准研制项目。为此，学会参与了《针灸针》国际标准化组织标准的制定工作，成立了由我国专家担任项目负责人的针灸针工作组。推荐“艾灸”和“电针”两个项目向国际标准化组织申请立项。学会标准化工作委员会与全国针灸标准化技术委员会共同发起了“让中医药标准化造福全人类”的倡议。

【2011中国针灸学会年会】 8月21～22日，2011中国针灸学会年会在北京召开。卫生部副部长、国家中医药管理局局长王国强，中国科学院院士、北京大学神经科学研究所所长韩济生，中国工程院院士、天津中医药大学第一附属医院名誉院长石学敏出席并作主题演讲。

王国强在题为《抓住机遇，推动针灸事业快速发展》的报告中提出了今后中医针灸事业发展中重点做好创新服务模式，扩大服务范围；发挥综合优势，提高临床疗效；临床与科研相结合，创新理论与实践；加快学术传承，传播针灸知识和文化；抓好标准建设，加强标准应用；加强对外交流与合作，扩大国际影响6个方面工作。

本次年会的主题为“针灸的传承创新与发展”，来自全国各地从事针灸专业的专家、学者共1063人参加会议。会议共征集针灸学术论文1080篇，论文集收录了1031篇，评选出优秀论文32篇。会议共设立3个分会场和7个专题论坛，15家企业参加了针灸医疗器材和书籍展览。

中国防痨协会

2011年，协会有单位会员56个，会员2284人。年度内召开了结核菌/艾滋病毒双重感染防治进展研讨会、结核分枝杆菌/艾滋病病毒双重感染防治进展研讨会、全国结核病医院院长学术研讨会等学术会议。7月，协会派遣2位专家参加了在我国香港特别行政区举办的第三届亚太区学术交流会议。9月25~29日，组织广西、江苏、湖北的3位专家访问韩国国家防痨协会，进行了学术交流。

协会与山东省、湖南省防痨协会合作，开展了“3·24世界防治结核病日”活动。在第12次结核病防治优秀科普作品进行评选活动中，评选出音像类、美术类、文字类和其他类一等奖各1件、二等奖各2件、三等奖各3件。

4月，《中国防痨杂志》完成编委会换届。年度内开展了第六次《中国防痨杂志》优秀论文评选活动，从2007年第5期至2010年第12期发表的优秀论文中评选出一等奖3篇，二等奖6篇、三等奖9篇、优秀奖66篇，并于10月12日在全国学术会议期间对获奖者给予了表彰。

5月10~16日，协会在北京举办了第15期现代结核病控制知识培训研讨班，来自22个省、自治区、直辖市的141名学员参加了学习。学习班继续对西部地区学员实行了优惠政策。

11月21日，《中国防痨史》定稿，全书共63.6万字。

完成中国科协2011年前沿高端学术交流会议项目——结核菌/艾滋病毒双重感染防治进展研讨会项目。8月10~11日，协会在北京召开了结核分枝杆菌/艾滋病病毒双重感染防治进展研讨会。来自中国疾病预防控制中心结核病防治临床中心、性病艾滋病预防控制中心，北京市地坛医院、佑安医院，以及河南、广西、云南、贵州等部分省市的42位专家、学者参加会议。会议讨论和通过了《全国结核菌/艾滋病病毒双重感染防治工作实施方案的建议》。

2011年完成了少数民族人群健康促进试点和耐多药结核病项目。

少数民族人群健康促进试点项目2011年开展了“百寨千户结核病健康促进活动”项目，覆盖了贵州省黔东南州麻江县和黎平县50个苗寨、2542个苗族家庭的10383位苗民，50个侗寨、6283个侗族家庭的27122位侗民。探索出了适合少数民族地区的结核病防治健康促进活动模式。

作为中国全球基金第七轮耐多药结核病防治工作，耐多药结核病项目进行了召开耐多药结核病项目专题研讨会和倡导、交流、社会动员（ACSM）活动。3月，下发了135份倡导、交流和社会动员（ACSM）活动开展的效果评价调查问卷，针对12个省41个地市的项目工作人员进行了调查。2月22~25日、2月28日~3月1日，分别在山东省济南市、湖北省武汉市举办了两期耐多药结核病健康促进培训班，两个项目覆盖地区分别有50余名及80余名学员参加了培训。

为完成促进结核病/耐药结核病理论及实践能力提高项目，协会召开了全国结核病/耐药结核病防治学术研讨会，撰写了《中国全球基金结核病项目耐多药结核病防治工作质量考评方案》。

【2011年中国防痨协会全国学术会议】 10月12~16日，2011年中国防痨协会全国学术会议在广西壮族自治区桂林市举行，来自香港特别行政区、澳门特别行政区，及各省、自治区、直辖市的结核病防治、临床、教学、科研单位的专家、教授、防治工作者，以及企业代表近700人参加了会议。

世界卫生组织的Leopold Blanc博士作了题为《全球耐药结核病管理模式》专题学术报告，比尔和梅琳达·盖茨基金会的Daniel P. Chin博士在发言中介绍了中国试点应用创新方式控制结核病中盖结核病项目的经验，中国疾病预防控制中心结核病预防控制中心主任王黎霞等专家分别作了大会学术专题报告。

大会共设置了结核病控制、临床、基础细菌免疫、科普、科研专题5个分会场，共有66位专家分别在分会场进行了本专业的学术交流。临床专业会场还特别进行了临床特色论坛——典型和疑难病例展示。科普工作委员会对影像、文字、美术和其他类230个结核病防治科普作品进行了展示和评述。《2011年中国防痨协会全国学术会议论文集》收录论文240余篇。

会议为优秀中青年专家提供了更多的学术交流机会，本次会议的9个大会专题报告人中有5位是第一次走上中国防痨协会全国学术会议学术交流讲台的中青年专家。

中国麻风防治协会

2011年，协会吸收3位外籍麻风病防治人员入会。召开了2次理事扩大会议和4次常务理事会议，决定成立中国麻风防治协会社区康复队。协会授予王作伦等72人

“全国麻风防治先进工作者”称号。

在第58个世界防治麻风病日暨第24届中国麻风节到来之时，1月24日，卫生部疾病预防控制局局长陈贤义、中国红十字总会赈济救护部部长王平、中国残疾人联合会康复部主任冯力及协会会长张国成、四川省卫生厅副厅长王正荣一行到四川省凉山彝族自治州德昌县麻栗康复院，慰问麻风病患者及基层麻风病防治工作者。1月26日，全国政协常委、宋庆龄基金会副主席、协会名誉会长张文康，河北省卫生厅副厅长梁占凯，协会会长张国成，协会秘书长潘春枝，北京市天主教爱国会副主席石洪喜，马海德基金会秘书长申鹏章，日本笹川协力保健财团常务理事山口和子等6位日本友人，到河北省望都皮肤病院慰问了麻风病休养员和医院职工。

在中国科协学会创新发展推广工程项目的“基层组织建设”改革试点工作中，协会在湖北省恩施土家族苗族自治州、江西省皮肤病专科医院建立了会员代表处，在会员代表处所属县、市级麻风防治单位建立了会员工作站，开展了系列活动。

6月27日~7月1日，协会在四川省成都市召开了全国麻风皮肤病学术年会暨麻风误诊及其临床案例分析培训班。会议交流论文120余篇，近200名麻风病防治人员与会。

11月18~21日在云南省腾冲县召开了中国科协学术交流项目——“传染病免疫与人类健康”学术研讨会，全国艾滋病、结核病、麻风病防治工作者150余人参加，会议对麻风病、结核病、艾滋病控制的共同点与联合开展免疫研究的意义、必要性、可行性等进行了讨论，并请专家进行了现场答疑。

协会分别于7月、12月在台湾地区台北县新庄市乐生疗养院召开了海峡两岸订购防治一体化学术研讨会，两岸专家学者80余人参会。

5月14~20日，麻风残疾防治实用技术培训班在云南省文山壮族苗族自治州文山市举行，17个省24个地区、自治州的63名学员参加培训。培训内容包括麻风残疾防治新进展，麻风神经炎、I型和II型麻风反应、药物不良反应的检查和处置，麻风眼病防治以及麻风病原发和继发性畸残检查、处理和预防等。

6月15~19日，协会在新疆维吾尔自治区乌鲁木齐市举办了全国麻风病防治管理信息系统培训班。包括新疆生产建设兵团在内的29个省、自治区、直辖市的60名各级麻风病疫情监测暨全国麻风病防治管理信息系统管理员参加了培训。培训班就麻风病例信息填报、浏览审核病例、基本信息填报、浏览审核基本信息、用户管理、统计信息查看等内容作了详细的讲解。

7月8~18日，协会在湖南省张家界市举办了全国麻风病防治骨干培训班，来自29个省、自治区、直辖市各级防治机构46名麻风病防治专业人员参加培训。专家讲授了麻风病的传染和流行、麻风杆菌生物特性、麻风免疫学、麻风分子生物学诊断等知识内容。

在协会的对外合作中，韩国方济阁会和香港仁爱基金会出资援助陕西省商洛疗养院建立了商洛仁爱麻风康复中心。美国大陆繁荣基金会出资40多万元，为140多名麻风治愈残老者及现症病人提供了生活和医疗补助。韩国釜山防麻会继续出资10万余元无偿援助湖北省荆州市八岭山麻风康复村，用于病人生活补贴等，3位韩国志愿者在当地照料麻风病残老者。韩国圣言会资助大连市麻风病区约10万元的生活、医疗补助，2位韩国志愿者在当地服务。协会眼科医疗队一行4人，一年行程5万余千米，在云南、四川、陕西、浙江、安徽、辽宁、吉林、江西和甘肃等省的37个康复村诊治眼疾患者1000余人，实施白内障手术250余例、外眼手术140余例，发放各种眼药3000余瓶。澳门特别行政区利玛窦社会服务中心等友好团体为眼科医疗队资助40余万元。

2011年，协会与台湾地区中华希望之翼服务协会合作，派遣专人到四川省凉山彝族自治州越西县大营盘小学提供长期服务。

5月18~19日，协会与中国生理学会、中国药学会的专家，河北省望都皮肤病院、河北省保定市唐县疾病预防控制中心的工作人员在唐县开展了科技周宣传义诊活动。活动围绕“健康你我他”这一主题，重点宣传麻风病、皮肤病、性病、艾滋病、结核病防治和农村常见病、多发病的科学知识和科学方法。

9月16~23日，协会联合北京市热带医学研究所、北京京城皮肤病院，邀请有关专家参加了北京市科协在奥林匹克公园举办的全国科普日“北京科学嘉年华”活动。协会互动的主题是“水与健康”。在展台上摆放了高倍显微镜，并将专家制作的10多种经水传播的病原体玻片（如麻风杆菌、大肠杆菌、痢疾杆菌、肺吸虫、蛔虫、钩虫等）带到现场，显示经水传播的病原体等，向公众说明水资源污染可导致多种传染病、热带病，以及生态环境与安全健康的关系等。9月24日《人民日报（海外版）》文章《让科技之光照亮童真时代》中使用的第一幅照片，就是协会的互动体验项目。

协会完成了中国科协科学技术普及部“世界防治麻风病日”科普资源包项目，内容包括世界防治麻风病日的起源、科普活动指导性文件、消除麻风歧视全球倡议书、麻风公益广告片、麻风科普知识电影片、挂图、宣传折页、《看图辨病——麻风病》图谱等内容。

【消除对麻风病及康复者的歧视和偏见——全球倡议书2011启动仪式】1月25日下午，由日本财团、北京大学及中国人权研究会联合举办的消除对麻风病患者及康复者的歧视和偏见——全球倡议书2011启动仪式在北京大学举行。这是一个历史性的时刻，麻风病患者从北京向全世界发出呼吁。日本财团会长笹川阳平，北京大学校务委员会主任闵维方，中国人权研究会副会长、中央社会主义学院第一副院长叶小文，卫生部疾病预防控制局副局长郝阳到会并先后致辞。世界卫生组织消除麻风病亲善大使、日本政府麻风病患者及康复者人权保护大使、日本财团会长笹川阳平与伦敦大学、日本顺天堂大学、北京大学、内蒙古大学校长等签约大学的代表共同宣读了2011全球倡议书。倡议书称“麻风病是可以治愈的疾病，但对麻风病的歧视依然存在。这种歧视可以通过教育和提高认识予以消除。通过教育，麻风病患者及康复者将会被赋予力量，冲破外界强加在他们发展道路上的社会和经济壁垒。我们呼吁消除对麻风病患者、康复者及其亲属的歧视。我们捍卫麻风病患者及康复者的尊严，他们应该和所有其他社会成员一样，享有平等的机会，行使应有的权利。”共有来自64个国家的110所大学的代表者签署了倡议书。

在新闻发布会上，笹川阳平、中国麻风防治协会会长张国成、北京大学医学部副主任方伟岗和麻风病治愈者代表回答了记者的提问。张国成详细地介绍了我国麻风病的相关情况及防治知识，以及日本财团对中国麻风防治事业的支持。

启动仪式前，协会与北京热带医学研究所的专家及工作人员共同开展了麻风防治知识科普宣传和社会大众麻风知晓率调查。

【“爱之声”麻风防治公益歌词、歌曲征集活动】协会联合中国音乐家协会、腾讯网等单位，开展了“爱之声”麻风防治公益歌词、歌曲征集活动。经过网上征集、网民推荐、专家评审等程序，截至11月15日，共收到53首歌曲、42篇歌词。有万余人次网民参与了网上的推荐评选活动。

42篇歌词的词作者共29名，来自北京、上海、云南、河南、河北、陕西、广东、江苏等15个省、自治区、直辖市。53首歌曲中词作者32人，曲作者43人，分别来自北京、上海、江苏、浙江、四川、江西、广东、山西、湖北等19个省、自治区、直辖市。

中国心理卫生协会

2011年，协会召开了第六次全国会员代表大会，通过民主投票选举出协会第六届理事会。团体心理辅导与治疗专业委员会在10月召开成立大会，清华大学心理学教授樊富珉当选为主任委员。

在全国科普日活动中，协会发放近1500份科普资料。协会科普讲师团深入公安干警、煤矿工人等特殊群体，为特殊人群提供心理卫生服务和援助服务。中国心理卫生协会科普讲师团全年共举办专题讲座和培训9场，受众近4700人。

7月23日，温州发生动车追尾事故后，协会副理事长赵国秋带领20多位专家，及时赶赴现场，实施心理危机干预，得到了当地政府的高度评价。中央电视台《新闻联播》做了详细的报道，中央电视台4套、10套等做了滚动播出和介绍。

8月，北京市公安局警用直升机在训练中发生坠机，北京市公安局与中国心理卫生协会联系，请求进行心理救援。协会与挂靠单位首都医科大学附属北京安定医院组成专家组，及时赶赴现场，进行心理救助，经过数天的艰苦工作，出色完成任务，受到北京市公安局的高度评价。

截至10月，《中国心理卫生杂志》共刊用论文240篇，发行8万余册；《中国临床心理学杂志》共刊用论文260余篇，发行2万余册；《健康心理学杂志》共刊用论文600余篇，发行2.5万余册；《心理与健康》共刊用文章600余篇，发行36万余册。

【中国心理卫生协会第六次全国会员代表大会】10月14日，中国心理卫生协会第六次全国会员代表大会在北京召开，171名学会代表参加了会议。中国科协副主席冯长根、首都医科大学附属北京安定医院党委书记陈兴德出席开幕式并讲话。

冯长根在讲话中对中国心理卫生协会多年来致力于公众心理健康水平提高所做出的努力给予肯定，高度赞扬了协会服务社会的责任感和面对重大突发事件的快速反应能力。

陈兴德在讲话中充分肯定了中国心理卫生协会成立以来对社会的贡献，对协会为提升医院的社会影响力所作的努力给予高度赞扬，并表示今后会一如既往地支持协会的建设和发展。

协会第五届理事会理事长蔡焯基作了题为《牢记使命 奋发图强 再创辉煌》工作报告，全面总结了协会及其分支机构5年来的工作。他表示，协会未来几年的工作主要集中在增强创新意识，加强协会自身建设，把服务和谐社会建设作为协会工作的核心；打造和进一步提升协会的学术品牌；推动心理卫生科学知识的普及；加强对心理咨询师队伍的管理4个方面。

会议选举产生了协会第六届理事会，首都医科大学附属北京安定医院主任医师马辛当选为协会第六届理事会理事长。会议审议通过了修改后的《中国心理卫生协会章程》，对第七届"优秀心理卫生工作者"获得者进行了表彰，授予蔡焯基荣誉理事长称号。

【中国心理卫生协会第六届学术研讨会暨第二届全国心理咨询师大会】10月15~17日，中国心理卫生协会第六届学术研讨会暨第二届全国心理咨询师大会在北京召开。来自全国各地的近300名心理卫生工作者参加了会议。

此次会议以"社会发展中的心理卫生：方法与策略"为主题，以各行各业的心理卫生工作者和心理咨询师为对象，从不同省市、不同群体、不同角度对心理卫生近年来的发展历程和现状进行了解读，分析了发展趋势，总结了经验，提出了合理化建议。

蔡焯基、杨凤池、赵旭东、赵国秋、张建新、马辛、武国城等7位专家分别作了《中国人心理健康的标准》、《如何做合格的咨询师》、《中国心理治疗——在分化与融合中前进》、《浙江省心理素质与心理健康工程三年的总结》、《关于灾后心理援助管理模式探索》、《心理咨询师队伍的现状及发展建议》、《近年来军队心理卫生工作进展》的大会主题报告。大会设立了精神分析的初始访谈、儿童心理卫生、接受与承诺疗法、危机团体干预常用技术、超越现象探究本质——心理模型的构建及其技术实现、心理咨询过程中精神障碍的识别、抑郁症的认知行为治疗和认知疗法在咨询中的应用等8个工作坊。通过2个分会场交流了精神障碍、特殊人群心理问题研究、心理咨询与治疗相关问题等内容。

心理咨询师交流专场的授课与交流穿插进行，获得参会咨询师的好评。

【中国心理卫生协会科普讲师团走进特殊职业群体】2011年，中国心理卫生协会利用协会专家分布广泛的特点，将科普宣传深入到特殊人群中，有针对性地开展科普宣讲和教育。

警察作为特殊职业群体，工作任务重，责任大，压力大。为配合北京市公安局深入推进"爱警"工作，关爱民警心理健康，缓解民警心理压力，中国心理卫生协会科普讲师团在2011年5次走进警营，进行心理健康教育。北京市公安局以视频会议形式组织全局干警收听收视，受众达4000余人次。活动的开展在北京市公安系统掀起了重视心理健康、讲究心理卫生的热潮，也使中国心理卫生协会服务社会的理念得以广泛传播。

6月8日，中国心理卫生协会科普讲师团的儿童心理卫生专家在农民工子弟学校——北京蒲公英中学为250多名初中二年级的学生做了题为《让心里充满阳光》的专题讲座。与此同时，协会还向学校图书馆赠送科普期刊《心理与健康》100册。

7月14~15日，中国心理卫生协会科普讲师团走进河北省唐山开滦煤矿集团，举办了题为《心理健康》、《心理危机干预实施的策略与纲要》和《心理危机干预计算机辅助系统在实践中的应用》3场讲座，从理论和实践方面对煤矿企业应对突发事件的心理救援能力给予指导。开滦煤矿各级领导、矿区矿工代表、开滦集团所属医疗机构的院长和科室主任、河北联合大学心理学院教师以及林西矿区有关负责人等近400名学员参加了培训。

中国抗癌协会

2011年，协会共发展会员3739名，其中普通会员2150名，高级会员798名；协会会员总人数达到38779人，比2010年增长了10.7%，其中普通会员31375名，高级会员达到7404名。30个省、自治区、直辖市抗癌协会均实现了网络化管理。增补了首都医科大学附属北京世纪坛医院等6家团体会员单位，团体会员单位总数达到45个。新成立了肿瘤麻醉与镇痛专业委员会，专业委员会总数现为37个。胰腺癌、鼻咽癌、肿瘤病因等7个专业委员会完成换届。

在协会先进团体评选中，12个团体被评选为先进团体，3个专业委员会、3个省市抗癌协会分别被评为"专业委员会、省市抗癌协会之星"。

协会全年共举办学术会议413次，比2010年举办321次会议增长了28.7%；参会97765人次，比2010年参会41800人次增长了133.9%。其中，国际学术会议13次，参会5000余人次，交流论文1300余篇；全国专业性学术会议125次，参会35503人次，交流论文4794篇；地区性学术会议275次，参会57262人次，交流论文2156篇。

3月2~3日，全球癌症患者组织经验交流会在德国法兰克福召开。来自欧洲、亚洲、美洲等地的癌症防控非政府组织和癌症患者组织的近100多名专家、学者及患者出席了会议。协会秘书长张广超在会上介绍了中国抗癌协会概况，向会议赠送了《生命亦精彩——对话希望》

身志愿服务科技专家数据库。

全年编印《临床运动营养学》、《运动损伤预防》和《世界冠军教练忆往事》3本著作，共计约80万字。主办的两种学术刊物《体育科学》《中国运动医学》共出版6.84万册，发表论文340篇。

8月，首期《体育科技工作者建议》汇集了9位专家、教授的11条建议，分别上报给国家体育总局经济司、科教司和宣传司，并在学会网站的“体育科技工作者建议平台”专栏刊载。

4月26~29日，第13期全国体育场馆建设、维护与经营讲习班在广东省深圳市举办。来自各省、自治区、直辖市的体育局，各高等院校体育场馆建设、施工、咨询、维护与经营领域的管理人员和企业单位代表共90余人参加了讲习班。9月7~8日，受国家体育总局科教司委托，学会在北京举办了体育科技成果登记与统计培训班，来自国家体育总局各类课题承担单位的60余人参加了培训班。

完成了中国科协“十二五”国家科技计划社会发展科技领域项目“公众健康知识及技术筛选与评价研究”子课题的立项申报工作。全年为分布在全国38个训练基地的60个国家队集中采购了近1600万元的运动营养品。

学会承担了国家体育总局科教司体育科技成果的数据收集和信息统计工作，对已立项1540项体育科技成果进行分时段、分批次的统计。

【中国体育科学学会第七次全国会员代表大会】2月23日，中国体育科学学会第七次全国会员代表大会在上海市召开。学会理事长、国家体育总局副局长段世杰，上海市副市长赵雯，学会理事会成员，国家体育总局有关司局、各直属单位、地方体育局，高等院校的领导和150余名学会会员代表出席了大会。

会议审议通过了《第六届理事会工作报告》、《第六届理事会财务报告》。表彰了14个获得学会工作贡献奖的单位和先进集体，162名学会工作积极分子、优秀会员。根据中国科协《全国学会组织通则》和《中国体育科学学会章程》，大会选举产生了由107人组成的第七届理事会和28人组成的常务理事会，段世杰任中国体育科学学会第七届理事会理事长。在大会上，段世杰作了题为《繁荣体育学术，推动科技创新，建设体育强国》的讲话。

【体育产业与体育用品业发展论坛】5月12~16日，由中国体育科学学会和中国体育用品业联合会联合主办的2011（第28届）中国国际体育用品博览会体育产业与体育用品业发展论坛在四川省成都市举办。来自全国各高校、体育局、科研机构和企业单位的200余名专家、学者、管理人员和企业家参加了论坛。

在论坛主题报告中，国家体育总局科研所社科中心主任鲍明晓从体育与人的生活方式和城市发展的角度阐述了建设体育强国背景下当代中国体育新使命，当前国内外体育产业发展现状，体育产业与城市发展等内容，提出了当前在加快我国体育产业发展中急需破解的10个关键问题。安踏体育有限公司副总经理张涛从安踏公司的成功营销案例出发，通过体育用品企业的营销观点、体育营销视角下的安踏范本、以中国奥委会（COC）赞助权益为核心的资源拓展等方面展示了体育营销的魅力与价值。

论坛以专题报告、学术沙龙等形式，针对我国体育产业和体育用品业的重点、难点和热点问题进行了研讨。

【第九届全国体育科学大会】12月4~8日，由中国体育科学学会主办的第九届全国体育科学大会在上海市举行。学会理事长、国家体育总局副局长段世杰，上海市副市长赵雯，中国科协党组成员、学会学术部部长沈爱民出席大会开幕式并致辞。来自美国、德国、日本等国家，及中国台湾地区的专家、中国大陆各体育科研单位和高等院校的1500多名体育科技工作者，共同围绕大会主题“发展体育科技建设体育强国”，就体育发展中的热点、难点和重大问题进行了讨论。

中国科学院规划战略局局长潘教峰、国家体育总局科教司司长蒋志学作了题为《抢占未来科技制高点的若干思考》和《促进体育科技创新 推动体育强国建设》的大会主题报告。会议设立了伦敦奥运会科技支撑与保障、优秀运动员后备人才培养等9个热点专题和58个学科专题，403位专家在各专题会场作报告。本届大会特别设立了我国体育学术期刊的创新与发展、体育科学研究方法和我国反兴奋剂的理论与实践3个专场沙龙。大会的墙报交流、体育科技产品和图书展览展示活动同期举行。

中国毒理学会

2011年，学会共发展个人会员617人，会员总数达到6035人；发展团体会员单位11个，团体会员单位总数达到75个。药物毒理与安全评价专业委员会、免疫毒理学专业委员会完成了换届改选工作。10月20日，纳米毒理学专业委员会经民政部批准正式成立，成为学会第22个分支机构。

学会及所属专业委员会共开展学术活动14次，其中国际会议4次。参加人数共4152人次，收到论文2588篇。举办继续教育培训班1次，参加培训91人。

8月28~31日，学会组团赴法国巴黎参加第47届欧洲毒理学大会（Eurotox）。国内各高等院校、科研机构、疾病预防控制中心和药物安全评价研究中心的30余位毒理学者参加了大会。8月28日~9月1日，放射毒理专业委员会组织国内12名放射毒理学与辐射防护专家赴波兰参加了第14届国际辐射研究大会（ICRR-2011）。

3月和8月，学会多次派代表参加了国际毒理学联合会（IUTOX）理事会、执行理事会的活动。在学会的推荐下，本年度先后有12名中国毒理学专家获得国际毒理学联合会或美国毒理学会的资助，出席欧洲毒理学年会和美国毒理学年会。

中国毒理学会第三届全国中青年学者科技论坛于5月17~19日在上海市举行。会议主题是“加强毒理学科技创新，服务于人类健康”。来自全国22个省、自治区、直辖市的毒理学教学、科研和管理各领域的173人参会，老、中、青参会人员的比例分别为2%、29%和69%。论坛共收到论文摘要159篇，包括5个特邀报告、38个大会参选报告和9篇参会报告。37位“全国优秀青年科技奖”候选人作大会发言。特邀报告内容涉及辐射DNA损伤信号响应与修复机制，其主要观点包括细胞DNA分子损伤将激活细胞内一系列生化反应网络、细胞周期检查点，以及DNA双链断裂（DSB）损伤修复反应；药物安全性评价质量主要通过注意前期准备、方案制定、具体实施和总结评估等四个方面来进行提高和保障。会议为中青年科技工作者举办了毒理基因组学技术应用继续教育培训班，110人接受了专业培训。

9月21~22日，学会承办的第13届中国科协年会第五分会场化学物的环境危害与健康风险评估国际研讨会在天津市召开。来自国内和海外毒理学与环境诱变剂、环境化学、生物医学、公共政策和管理学等领域的110余名专家、学者出席会议。4位著名科学家的特邀主旨报告和23位专家、学者的主题报告，围绕毒理学特别是化学品污染的健康危害、风险管理和控制等内容进行了学术交流，5位优秀青年学者获得优秀论文奖。会议重点探讨了食品、药品、农药、化妆品和环境化学物对健康和生态环境危害的风险评估，从危害识别、暴露评估、剂量反应关系、危害表征、风险管理等不同方面和层次上，系统地探讨了化学品风险的管理、控制和危害的预防。针对如何描述毒理学研究、风险评估与管理毒理学的相互关系及其应用，如何把毒理学研究成果更好地应用于法律法规的制定，当前我国重点化学物可能引起的健康与生态环境问题，当今化学品管理的国际趋势和未来的发展方向，如何建立符合中国国情的风险评估模式和化学品管理体系等问题进行了交流和讨论。

学会联合军事医学科学院卫生勤务与医学情报研究所首次承担的2010年度《国家核生化医学救治辅助决策系统研究》项目，荣获中国科协优秀调研报告二等奖。

为奖励在毒理学科学技术领域中作出突出贡献的个人和集体，经学会理事会讨论通过，成立了中国毒理学会奖励基金理事会。学会奖励基金理事会制定并通过了《中国毒理学会全国优秀青年科技奖评奖细则》，并在5月召开的中国毒理学会中青年学者科技论坛上对首批10名优秀毒理学工作者进行了表彰。

学会第五届五次常务理事会对5位积极向学会刊物投稿的2011年度优秀特约通讯员和4位优秀学会工作志愿者进行了通报表彰。

《毒理学学科发展报告》是我国毒理学学科的第一份跨年度学科发展报告，由学会组织专家撰写。报告涉及毒理学各分支学科的发展现状、近年主要学术成果，国内外学科发展的对比分析，未来学科发展的重点方向领域等内容。

5月，在全国科技活动周期间，临床毒理专业委员会举办了健康教育活动进社区卫生站、健康教育活动进医院、健康教育活动进社区等3次科普宣传活动。在北京市月坛社区卫生服务一站、阜外医院心外科门诊部、月坛社区街道办事处，分别举办了题为《高血压如何安全、合理用药》、《心脑血管患者的安全用药及药物选择》、《学会自我管理——把健康握在自己的手中》等内容的健康讲座。

9月，毒理学史专业委员会在陕西省西安市举办了世界毒性突发事件应急处置图片展，约1300多人参观，6位专家参与咨询活动。

5集大型科普系列教育片《核辐射与医学防护》完成了第一集的拍摄，并于4月在中央电视台第七频道播出。该片作为国家应对核事故医学战略储备信息教育资源将被永久保存和使用。

学会分别于1月4日和9月3日举办2次会员日活动。活动邀请5位“全国优秀科技工作者”称号获得者在活动中作特邀报告，英国皇家化学会出版社总编辑James Milne博士受邀在北京军事医学科学院为学会会员作了《如何撰写优秀SCI科学论文》学术报告。

7月11~15日，学会在北京举办了第三期现代毒理学基础与进展继续教育高级研修班，91名学员参加研修并结业。

11 月 26 日，学会在江苏省苏州市举办了第三次毒理学资格认证考试，59 名会员报名参加考试。

【科学应对核辐射科普宣传活动】 3 月 11 日，日本发生里氏 9.0 级特大地震，受地震和海啸影响，日本福岛第一核电站 1、2、3 号反应堆发生氢气爆炸导致核泄漏事故。核安全与核辐射问题引起了国际社会的高度关注。在事故发生后的短短一个多月时间里，学会积极响应中国科协发出的《关于组织开展核科学技术知识科普宣传工作的紧急通知》，组织有关专家积极投入科普宣传活动，利用各种宣传渠道普及核辐射及其防护等问题的科学知识，在形成正确舆论导向、维护社会稳定上发挥了科技团体的作用。

3 月 16 日，学会副理事长兼秘书长、军事医学科学院放射与辐射医学研究所研究员周平坤做客人民网，科学地讲解了辐射知识，核辐射对人造成伤害的机理等。对大众关心的日本核泄漏对我国的影响等疑虑做了详细解答。并在中央电视台科教频道、财经频道、英语频道等频道进行了有关核辐射知识的科普宣传工作。

3 月 18 ~20 日，学会名誉理事长叶常青应邀在江苏广电总台《万家灯火》栏目录制了 6 集公众健康访谈节目《如何防护核辐射》。多次接受了媒体记者有关防护核辐射的咨询与采访。

学会团体会员单位、军事医学科学院放射与辐射医学研究所在日本核事故刚刚发生不久，以最快的速度编写了《日本福岛核电站事故核辐射防护知识问答》科普手册，于 3 月正式发行。

3 月 15 ~ 18 日，放射毒理学专业委员会主任委员、军事医学科学院放射与辐射医学研究所研究员朱茂祥参加了中央电视台新闻频道日本核电站事故现场的有关直播活动，以及中国军网、中央人民广播电台军事发烧友、CCTV -2 的访谈节目。

放射毒理学专业委员会副主任委员，中国疾病预防控制中心研究员苏旭主编了《核事故公众防护问与答》。放射毒理学专业委员会秘书长曹珍山，常务委员陈英在 3 月 16、17 日分别接受《人民日报》和北京电视台采访。

【创办国际期刊 *Toxicology Research*】 *Toxicology Research* 是学会与英国皇家化学会合作推出的全新的毒理学国际期刊。9 月 3 日，中国毒理学会与英国皇家化学会（RSC）在北京举行了 *Toxicology Research* 合作签约仪式。学会常务副理事长兼秘书长周平坤和英国皇家化学会执行总裁 Robert Parker 博士代表双方签署了合作办刊协议书。

作为一本综合性同行评审国际毒理学专业杂志，*Toxicology Research* 的创刊为国内毒理学和相关学科领域的研究人员发表科研论文提供了一个新的选择，其刊登的毒理学基础研究和应用研究论文涵盖了环境污染物、药物、各类化学物、食品、新型材料等物质的毒性与毒性反应、毒性作用机理、安全/风险评定等相关内容。

Toxicology Research 亚太地区编辑部设立在中国毒理学会。作为学会的正式期刊，其电子版和纸质版将同时发行，12 月 1 日开始已正式接受投稿。

中国康复医学会

2011 年，中国康复学会新增团体会员 3 个，个人会员 201 名。

学会全年共举办学术交流活动 21 次，参加会议人员总计 5531 人次，交流论文 5029 篇，印制论文集 14 种共 6400 册，制作学术会议光盘共 3100 张。

学会先后组织纪念“5・12”地震 3 周年康复专家灾区行、康复医学——与健康同行、蓝天下的至爱——康复伴我行等 3 项社会公益活动。组织康复专家组赴温州对“7・23”温州动车脱轨事故伤员进行了康复医疗指导。

4 月 23 ~25 日，在“5・12”大地震 3 周年纪念日前夕，学会组织 10 余位康复医学专家赴四川省北川、安县、绵竹等地震灾区，通过报告会、座谈、讲座、示范、义诊和疑难病例分析等形式，向当地医院康复医学科、康复中心以及社区医疗机构进行专业咨询和技术指导，为百余名伤、病患者提供了个性化康复诊疗服务。

2011 年，学会与香港复康会合作完成国家级继续教育项目——康复医学的理论创新与实践培训班 7 期，在无锡康复医学培训基地完成康复医学实用技术培训班 2 期，339 人通过考核获得结业证书。承担卫生部世界健康基金会康复医学继续教育合作项目，举办培训 1 期，培训学员 41 人。

2011 年，中国康复医学会江苏康复医学培训中心由南京迁至无锡同仁国际康复医院。学会在广东省工伤康复中心成立了中国康复医学会康复治疗师培训基地。

2011 年，学会承担政府职能委托项目 5 个，完成了《国家级区域康复医疗服务示范中心标准》、《康复医院基本标准》、《康复治疗技术操作规范——物理治疗技术操作规范、言语治疗技术操作规范、作业治疗技术操作规范》、《康复专科医师准入标准》、《2010—2020 卫生技术人才发展规划——康复技术人才需求子课题研究》。受卫生部委托，完成了康复专科医院专项调查，协助完成了康复医疗服务体系建设方案、中央财政专项基金支持基础薄弱学科——康复医学能力建设规划方案(2011—2015)、全国康复医学管理培训班以及全国康复治疗师培训工程实施方案等项目。

学会与丹麦康乐宝公司合作完成了《神经源性膀胱康复护理指南》，与挪威协力会合作完成了《物理治疗师、作业治疗师教育的国际认证标准》子项目——康复治疗教育基线调查和《康复治疗教学大纲》的制定。

2011 年，学会主办的《中国康复医学杂志》在中国学术期刊影响因子年报发布的临床医学综合类期刊影响因子排序中位居第 2。《中国修复重建外科杂志》、《中国脊柱脊髓杂志》分别位居外科学类期刊第 3 和第 6。《中国修复重建外科杂志》被评选为“第 2 届中国精品科技期刊”，《中国组织工程研究与临床康复》和《中国神经再生研究(英文版)》杂志率先进行改企转制改革探索。

【“康复医学——与健康同行”科普活动】 11 月 16～20 日，作为第三届国际健康生活博览会的主要参与单位之一，学会在浙江省杭州市举办了以“恢复身心功能，重建患者尊严，提高生命质量，促进社会和谐”为主题的大型公益科普活动，以文字、图片、影像、咨询服务等多种形式，向公众普及康复医学的基本知识、技术体系、社会意义和独特的医疗服务功能。在为期 4 天的时间内，先后组织了 10 余位专家向公众举办康复讲座、义诊和专业咨询，发放科普读物、光盘 24 种计 1.2 万余份。

【“蓝天下的至爱——康复伴我行”大型公益科普活动】 为纪念国际残疾人日，12 月 3 日，学会联合上海文广互动电视公司在上海市举办了“蓝天下的至爱——康复伴我行”大型公益科普活动。本次活动由中国康复医学会科普工作委员会发起，得到上海广播电视台、上海市卫生局、上海市残疾人康复协会的支持。复旦大学附属华东医院、华山医院、中山医院，上海交通大学附属仁济医院、新华医院、瑞金医院、儿童医院、第九人民医院、第六医院等 20 多家医院的 30 多位康复领域专家为市民就骨与关节、腰腿疼痛、脑卒中等方面的常见疾病进行了康复咨询、科普宣传和康复技术指导，对科学选择与使用康复用品、用具提供了咨询服务和专业示范。活动期间，共接待参观、咨询人数 800 余人。

【全国首届康复与转化医学研讨会】 7 月 23～24 日，学会在江苏省徐州市举办的全国首届康复与转化医学研讨会，邀请了中国工程院院士、西安交通大学机械工程学院院长卢秉恒教授、美国亚利桑那州立大学何继平教授等国内外转化医学和康复医学工程领域的专家，向国内康复医学专业人员和康复医疗领域相关企业负责人介绍了国内外康复专业设备的前沿研究成果及发展趋势，并结合专家报告就我国康复医疗专业设备的研发思路和企业发展理念进行了深入研讨。专家认为，转化医学是近年来在国际康复医学及健康领域出现的新概念，其宗旨是整合资源，促进科研成果产业化、社会化，迅速缩短学术研究与临床应用之间的距离。转化医学倡导以患者为中心，从临床工作中发现和提出问题，由基础研究人员进行设计研究，将基础研究的成果转化成为应用于临床的技术。转化医学强调从实验室到病床的连接互动，打破了传统单一学科或有限学科合作模式，有利于多领域、多学科合作，形成医学与工程学的紧密结合、优势互补，对于今后我国康复医学领域的产、学、研一体化和康复医疗专业设备的国际化进程、提升康复服务水平和丰富临床诊疗手段以及促进企业的发展理念和技术创新具有重要意义。

【首届全国脑外伤治疗与康复学术大会】 11 月 3～6 日，首届全国脑外伤治疗与康复学术大会在浙江省杭州市召开，来自国内外神经外科学、重症医学、精神心理学、护理学和康复医学等相关专业的学者共 726 人参会。国际脑外伤学会主席 Nathan Zasler 教授，中国国际神经科学研究所执行所长、亚太地区介入神经放射与治疗联合会终身荣誉主席、首都医科大学宣武医院神经外科主任凌锋教授，中国神经损伤专家委员会主任委员、上海交通大学医学院附属仁济医院神经外科主任江基尧教授等国内外著名专家应邀出席大会并作专题报告。中国工程院院士、第三军医大学大坪医院野战外科研究所王正国研究员，中国工程院院士、复旦大学附属华山医院神经外科主任周良辅，中国工程院院士、天津中医药大学第一附属医院针灸部主任石学敏分别题词或通过视频祝贺大会召开。通过为期 3 天的交流和研讨，会议就脑外伤的临床治疗与康复路径形成专业共识。专家认为：康复医学的早期临床介入对丰富脑外伤的临床治疗手段及提高患者治疗效果和对医疗服务的满意度意义重大，是脑外伤临床治疗和研究具有创新意义的重要探索，也是促进康复与临床治疗结合的最佳切入点之一。脑外伤治疗与康复相结合的团队合作模式的行程，必将对其他相关疾病的治疗起到十分有益的启迪和借鉴作用。

【国家级区域康复医疗服务示范中心标准】 为全面推动康复医疗服务体系建设，卫生部决定在全国六个行政区建立国家级区域康复医疗服务示范中心，旨在发挥大型公立医院康复医学科及康复医院的示范和指导作用，规范各地康复医疗机构的建设，指导辖区内三级医院、二级医院和社区医疗机构康复医疗服务工作的协调发展，建立和完善我国康复医疗服务体系，满足人民群众日益增长的康复医疗服务需求。4~6月，受卫生部委托，学会组织专家就示范中心的入围标准、能力要求、功能任务以及监督保障措施等进行了论证，并分别前往辽宁、四川、广东等省进行实地考察和调研，了解部分大型公立医院康复医学科的医、教、研能力以及人员、场地、设备水平，特别是在当地康复医疗服务体系中的龙头和示范作用的发挥情况，为《标准》中相关专项指标的制定和评估提供了客观依据。

【全国康复治疗师培训】 为加快康复治疗专业技术人才的培养，满足各级医疗机构开展康复医疗服务的需求，卫生部将康复治疗师的培训纳入《2010—2020卫生技术人才发展规划》，并列为重大人才工程，计划至2020年，全国共培训4万名康复治疗专业技术人员。2011年，卫生部委托学会筹建全国康复治疗师培训办公室，组建了专家委员会。为了完成康复治疗师培训基地标准的制定、编写统一的康复治疗师培训大纲、建立教学师资库及培训基地遴选等一系列任务，学会在全国范围内进行了多次调研论证，对不同地区、不同层级的康复医疗机构进行了考察并召开了座谈会，实地了解了康复治疗专业队伍的现状和需求。在考察、调研的基础上，根据我国康复医学在东西部地区之间发展不平衡的状况，提出了"统筹资源，对口帮扶"的指导方针，并据此制定了康复治疗师培训方案和实施办法。

中国免疫学会

2011年，学会会员增加685人，会员总数为4185人。7月，重庆市免疫学会在第三军医大学召开了成立大会。11月，江西省免疫学会正式成立。12月，广西壮族自治区免疫学会正式成立。至此，省级免疫学会的省市由20个增至23个。

7月，民政部下发了《民政部关于开展2011年度社会组织评估工作的通知》。学会秘书处根据通知细则要求，整理准备了相关材料，并于8月30日向民政部提交了评估检查需要的学会工作基本材料。9月29日，由民政部民间组织服务中心管理处与评估专家到学会进行了现场检查评估工作，专家们分别就学会工作的基础条件、内部治理、工作绩效以及财务工作等工作内容逐条提问、审查、评分。评估专家们对中国免疫学会工作评估检查的合议结论是：2010~2011年，中国免疫学会发展很快，在学术交流方面取得了突出成绩，学会内部治理方面做了大量工作，初步达到了规范化管理要求。评估专家团指出，学会在工作中应进一步加强组织机构管理，细化各项规章制度和规章制度的执行，进一步扩大学会的工作范围，积极参与政府职能工作，发挥学会的学术优势，积极开展科普工作。

本年度，北京协和医院教授张煊当选为国际免疫学会联合会（IUIS）临床免疫学委员会委员。学会理事长曹雪涛参加了6月24日在美国华盛顿召开的国际免疫学联合会执委会会议。

2011年，学会组织举办了一系列中小型、高水平国际学术活动和面向青年免疫学研究者的研讨会。

5月13~17日，第98届美国免疫学大会（AAI）在旧金山举行，学会理事长曹雪涛率代表团出席会议，举办了"免疫学中的生物组学"中国分会场，5位中国学者在分会场作报告，与到会的各国免疫学家进行了学术交流。

8月7~9日，以"中国免疫学青年学者奖"获得者为主体的第一届免疫学青年学者论坛在上海市举行。来自全国免疫学科研机构的23名青年研究工作者就天然免疫应答调控、免疫细胞分化发育、感染免疫与临床免疫、肿瘤免疫等专题作报告。青年学者们还针对如何开展创造性工作、提升创造力进行了讨论。

8月26~28日，由华中科技大学同济医学院教授龚非力率领的中国免疫学会代表团出席了在台湾地区台北市阳明大学举办的第二届海峡两岸四地免疫学研讨会。中国免疫学会代表团的专家们分别就宿主病原体的相互作用、免疫生物学、天然免疫学、过敏，自身免疫及肿瘤等内容作了9个学术报告。会议商定第三届两岸四地免疫学研讨会将于2012年10月第八届中国免疫学大会期间在重庆市召开。

9月8~12日，由学会理事长曹雪涛任共同主席的CSH冷泉港亚洲感染与免疫研讨会在江苏省苏州市举办。会议主题包括固有免疫与模式识别、固有免疫信号、干细胞与免疫细胞分化、移植排斥反应的控制、抗病毒免疫应答、抗细菌免疫应答、抗感染疫苗。来自世界各地450名学者参加了会议。中国免疫学会选拔20名中国青年免疫学工作者免费参会。

12月4~6日，由日本免疫学会主办的第二届中日韩免疫学研讨会在日本大阪大学召开，研讨会主题为"免疫调节"，学会组织了12位中国学者到会交流。

12月9~11日，第三届免疫学新进展高级研讨班在北京举办。研讨班特别邀请来自亚洲大洋洲免疫学联盟（FIMSA）的免疫学研究者作学术报告。

【第一届免疫学博士生论坛】 3月11～13日，由博士生自己主持的第一届免疫学博士生论坛在上海第二军医大学召开。本届论坛的主题为"细胞免疫学前沿热点与研究进展"，共有30名经过层层遴选的免疫学专业优秀博士生参加了本次会议。

论坛的举办旨在为免疫学专业博士生和刚刚博士毕业的青年学者提供交流学习和展示才华的舞台，通过特邀主题报告、专题报告、新技术介绍、自由座谈等形式，交流细胞免疫学领域的前沿动态、研究进展和最新技术，培养富有科研热情和创造力的免疫学青年学者，为中国免疫学科建设和发展增添新的动力。

中国工程院院士、学会理事长曹雪涛，中国工程院院士巴德年，分别就免疫学人才培养和免疫学前沿研究的体会和理念作特邀报告。与会博士生们报告了各自在免疫细胞分化发育、免疫细胞亚群相互调控机制、重大疾病的细胞免疫学机制和细胞免疫治疗等方面的研究工作进展，针对如何开展创造性工作、提升创造力进行了讨论。

【第二届中德免疫学研讨会】 9月1～5日，由中国免疫学会和德国免疫学会共同主办，国家自然科学基金委中德科学中心提供资助的第二届中德免疫学研讨会在北京举行。学会副理事长兼秘书长何维和德国免疫学会理事长 Dieter KABELITZ 教授担任会议主席，德国的13位免疫学专家与国内的12位免疫学领域的学者受邀参加研讨会。专家们围绕大会主题"免疫干预：从基础研究到临床应用"作专题报告，内容涵盖了γδT细胞疗法的基础研究与临床应用、感染性疾病的免疫治疗、免疫治疗的效应细胞与调节剂、肿瘤的抗体治疗等相关领域的前沿和热点问题。中德双方共同商议决定，第三届中德免疫学研讨会将于2013年秋季在德国的 Mainz 召开。

【第二届 CMI 国际免疫学学术交流会暨齐鲁感染与免疫论坛】 10月11～12日，第二届 CMI 国际免疫学学术交流会暨齐鲁感染与免疫论坛在山东省济南市举办，本次会议由中国免疫学会主办的英文免疫学杂志 *Cellular & Molecular Immunology*（CMI）编辑部和山东大学医学院共同主办。

中国科技大学生命科学院院长、*Cellular and Molecular Immunology* 杂志执行主编田志刚，山东大学生物医学研究院院长、长江学者特聘教授、美国宾夕法尼亚大学教授陈有海共同担任会议联合主席。加拿大皇家科学院院士、多伦多大学教授 Tak W Mak，马尼托巴大学教授杨熙，美国芝加哥大学教授 Yangxin Fu、Benaroya 研究中心教授 Steven F. Ziegler、得克萨斯大学 MD Anderson 肿瘤中心教授 Chen Dong、北卡罗来纳大学教授 Lishan Su、耶鲁大学教授 Sankar Ghosh、圣地亚哥 La Jolla 研究所教授 Mitchell Kronenberg、芝加哥大学教授 Zheng Wei Chen、哈佛大学教授 Xuebin Qin，日本京都大学教授 Tasuku Honjo、Naganari Ohkura，以及香港大学教授 Liwe Lu、Wenwei Tu，中国科学院教授孙兵、南开大学教授尹芝南等国内外权威免疫学家应邀出席会议，并就免疫学领域的新进展作大会报告。大会报告涵盖了感染免疫、肿瘤免疫、免疫调控等多方面的免疫学研究的前沿领域。

来自国家自然科学基金委、英国《自然》出版集团（Nature Publishing Group），以及国际著名院校的专家学者，中国科学院、北京协和医学院肿瘤研究所、中国军事医学科学院、中国科技大学、南开大学等10余所大专院校和科研院所的300多位教师和学生参加了会议。

中华预防医学会

2011年，学会举办学术会议207个，其中国际学术会议及港澳台地区学术会议5个，参会学者28315人次，交流论文2980篇。2011年共办理12批、30余人次的出国（境）及赴港澳台团组的任务。接待了英国无国界卫生组织、亚太艾滋病商业联盟、日本国立保健医疗科学院、美国艾滋病基金会等机构来访的专家、学者15人。

为落实国家扩大免疫规划政策，学会在不同地区，针对不同人群，举办了脊髓灰质炎预防新进展研讨会、五联疫苗应用研讨会、登革热防控及疫苗使用策略研讨会、联合疫苗新纪元高峰论坛、两岸四地免疫策略研讨会等多次学术研讨和交流活动，参会人员共计3000余人次。

7月，由学会和中国疾病预防控制中心共同主办的全国土源性线虫病防治学术研讨会在四川省成都市召开。来自全国疾病预防控制系统、寄生虫病防治机构、医学院校及部分医疗机构的100多名专业人员参加了会议。会议邀请台湾地区的专家介绍台湾儿童寄生虫病防治经验，四川、湖南和宁夏的专家介绍了土源性线虫病防治经验和合作项目开展情况。

9月，由中国科协主办，中华预防医学会、中国畜牧兽医学会和中国微生物学会承办的第三届全国人畜共患病学术研讨会在北京召开。中国科协、卫生部，农业部兽医局有关领导出席会议并讲话，来自全国疾病预防控制、动物疫病预防控制、出入境检验检疫以及相关机构的300多位专业人员参加了会议。

本届会议邀请到15位国内知名专家、学者作大会报告，内容涉及我国新发人畜共患病、布鲁氏菌病、结核病、狂犬病等人畜共患病的研究进展和防控实践等。大会设置了人畜共患病病毒病、细菌病、寄生虫病、鼠及体表寄生虫、有害生物防治等5个分论坛，选择狂犬病、布鲁氏菌病等热点问题组织了专题论坛，64位专家、学者和一线专业技术人员在分论坛进行了学术交流。同期召开的布鲁氏菌病防控策略专家研讨会对我国布鲁氏菌病的防控策略进行了研讨，讨论结果以《科技工作者建议书》的形式上报中国科协、卫生部、农业部。

作为第十三届中国科协年会科普活动之一的“大爱无疆·关注健康”卫生安全科普行动暨中华预防医学会年会科普活动，学会主办的2011年第六届预防疾病·科学生活健康博览会巡展于9月23日在天津市举行。展览分为专家咨询、科普展示、健康监测以及现场互动等四大专区。发放了《预防疾病科学生活家庭健康知识精粹》、《救护知识手册》和折页宣传资料。

2011年，学会自由基预防医学专业委员会、职业病专业委员会完成了换届工作，化工系统分会等7个分支机构增补了委员，妇女保健分会、放射卫生专业委员会、预防医学情报专业委员会、石油系统分会4个分支机构成立了学组，健康风险评估与控制专业委员会和卒中预防控制专业委员会开展了专科会员发展试点工作，2011年共发展专科会员200人。

2011年，学会对《中华预防医学会科学技术奖奖励办法》等相关文件进行了修订。共有94个单位推荐的134项科研项目申报中华预防医学会科学技术奖，经第四届常务理事会第二十次会议审议，127个项目通过形式审查，评选出一等奖获奖项目4项、二等奖获奖项目16项、三等奖获奖项目29项。

截至11月，由学会申请实施的国家级继续教育项目，卫生部共批准51项，完成25项。学会级继续教育项目共批准178项，完成136项。两类继续教育项目共完成161项，接受培训的人员达6.3万余人。

根据“十一五”国家科技支撑计划“常见多发传染病防治技术要点筛选和普及研究”课题要求，按照《中华预防医学会卫生科普示范基地达标标准》，经专家评审，学会批准宁夏回族自治区永宁县卫生局、山西省大同市北关社区卫生服务中心、山东省济宁医学院公共卫生学院成为学会第一批“科普示范基地”。

学会承担的中国科协《常见多发传染病防治技术要点筛选普及研究课题》通过项目验收。

4月，为响应卫生部重新修订的《公共场所卫生管理条例实施细则》中“室内公共场所禁止吸烟”的规定，学会与中华医学会、中国控制吸烟协会等10家医学社团，在北京向全国各级医学社团发出倡议，呼吁全国各级医学社团全面执行包括办公场所在内的所有室内公共场所禁止吸烟的法规，用实际行动支持《公共场所卫生管理条例实施细则》的贯彻实施。

3月7～13日，学会参加了由科学技术部、中共中央组织部等有关单位共同举办的“十一五”国家重大科技成就展。

2011年，学会与葛兰素史克（中国）投资有限公司、辉瑞投资有限公司等医药企业合作开展了加强免疫规范管理，安全实施预防接种培训会，区县级公共卫生管理培训班，免疫、疾病与疫苗研讨会，2011大学生群体乙肝疫苗免疫研讨会，2011年季节性流感防控学术研讨会等培训和研讨活动。在辉瑞投资有限公司的支持下，与清华大学联合举办公共卫生发展与管理研修班。8月，在美国中华医学基金会的支持下，学会与中国疾病预防控制中心在广西壮族自治区柳州市联合举办了卫生工作者控烟“双十”行动控烟能力培训班和创建无烟医疗卫生机构领导能力培训班。学会还在食品安全、职业病防护、放射卫生、疾控系统绩效考核、艾滋病检测、结核病防治等多领域开展了20多期培训班，约700多人次参加了培训。

学会承担了卫生部突发事件卫生应急专家咨询委员会秘书处工作，受卫生部卫生应急办公室的委托，组织部分专家召开了“十二五”期间公共卫生服务体系中卫生应急工作发展问题研讨会，为卫生部卫生应急办公室制定《“十二五”卫生事业规划——卫生应急工作发展》内容提供咨询服务。

学会组织有关分会及专家，对《中华人民共和国职业病防治法修正案（草案）》提出了修改意见。

2011年，学会协助印度尼西亚公共卫生协会筹办第三届西太区公共卫生大会及主办第三届西太区协调委员会工作会议。经第三届西太区协调委员会工作会议讨论，决定将“西太区”改为“亚太区”，酝酿成立亚太地区公共卫生联盟。会议确认2013年在越南河内召开第四届亚太地区公共卫生大会，建议韩国承办第五届亚太地区公共卫生大会。

学会在组织开展常规的管理活动的同时，重点开展了各相关机构的能力建设活动。能力建设活动包括：在天津和广州举办了省市级项目管理人员及社会组织代表参加的团队熔炼等拓展项目；组织10名省市级NGO项目管理人员赴香港艾滋病基金会实习；组织10余名项目城市的代表考察台湾地区的艾滋病防治工作。

2011年，学会与中国疾病预防控制中心慢病防治中心合作开展了“中国西部农村地区人群主要慢病负担及防控策略”项目。在实地考察和基线调查的基础上，在青海省开展了不健康生活习惯行为干预活动。通过广播、宣传册、健康教育讲座、培训等活动，对家庭主妇、小学生等重点人群进行了干预。

中华预防医学会系列杂志共有69种期刊，1种报纸。有45种杂志入选2011版《中国科技论文统计源期刊》，22种杂志被收入2011版《中文核心期刊要目总览》，有部分期刊进入国际6大著名检索机构。《中华医院感染学杂志》、《中国寄生虫学与寄生虫病杂志》、《中国公共卫生》获2010年“中国百种杰出学术期刊”。学会系列杂志中刊载的10篇文章获得“中国百篇最具有影响国际学术论文”。学会系列杂志在“中国科技核心期刊”的总被引数和影响因子为0.481，其平均值高于全国平均值（0.463）的4%。

2011年，《中国血吸虫病防治杂志》进入美国国家医学图书馆（NLM）MEDLINE数据库，《中国病毒病杂志》进入“中国科技核心期刊”。《中国病毒病杂志》获得中华预防医学会系列杂志优秀期刊二等奖，《中国预防医学杂志》获得中华预防医学会系列杂志优秀期刊编辑奖。

截至2011年10月，学会网站点击数已经突破96万，建立了“常见多发传染病防治知识库”网站和“世界公共卫生联盟西太区联络办公室”网站。

【艾滋病防治合作项目】2011年，学会开展了各类艾滋病防治合作项目，主要包括中国全球基金项目艾滋病项目、中盖艾滋病项目、中德艾滋病防治在线教育和中美艾滋病治疗和培训项目。学会利用中国全球基金艾滋病项目的25万元经费在宁夏回族自治区、内蒙古自治区、甘肃省、陕西省和新疆维吾尔自治区等地开展了社会组织艾滋病防治能力建设活动，举办了3次社会组织艾滋病防治能力建设培训，88人参加培训。学会在培训后回访了4个省、自治区的22个组织，就西北地区社会组织发展和培训效果进行了评估，并将结果反馈给中国全球基金项目艾滋病项目办公室。

4月，在海南省海口市举办了中盖艾滋病项目年会，并同期举办了学会所负责项目地区的非政府会议。根据需要在海南省、辽宁省沈阳市、广东省广州市、湖南省长沙市、重庆市开展了督导调研工作。

学会与德国国际合作机构合作开展的中德艾滋病防治在线教育项目自2006年启动以来，已先后在四川、贵州、内蒙古、甘肃、青海等10余个省、自治区举办了14期艾滋病防治在线教育培训班。6月至9月，学会利用中德艾滋病防治在线教育项目89万元和学会配套资金30万元，在海南省海口市和湖南省长沙市举办了两期艾滋病在线教育培训，50名学员完成培训课程毕业。6月，学会与德方合作在北京为参加过培训的优秀学员举办了变革管理培训班，12月，在海南省海口市举办了第11次艾滋病防治政策开发研讨会。

2011年，学会与北京市朝阳区康众健康教育中心和“夜来香”关爱中心2个社区组织合作申请并实施了政府资助的社会动员项目“以社区小组为核心的能力建设模式探索及能力建设实践”及“北京地区易装男男性工作者感染艾滋病风险调研及干预项目”，两个项目共获得国务院防治艾滋病工作委员会办公室24万元经费的资助。

【2011’中国慢性病防控论坛暨中国健康促进联盟成立大会】12月，中华预防医学会和中华医学会联合召开了中国慢性病防控论坛暨中国健康促进联盟成立大会。参加会议人员达400多人。

本次会议围绕“加强临床医学与公共卫生整合，促进慢性病预防控制关口前移”的主题，以慢性病与医改、慢性病与健康中国为主线，从慢性病防控的政策营造、信息化建设、危险因素干预以及健康教育等方面进行了学术交流和研讨。大会邀请10多位国内外知名专家、学者作大会报告，同时设置慢性病综合防治、心脑血管、肿瘤等5个专题论坛，探讨慢性病不同领域的防治策略和技术问题。

我国慢性病防控形势严峻、居民健康素养水平低，加强国民健康教育、促进国民健康素质的提高势在必行。中华预防医学会联合20家社会团体共同发起组建了中国健康促进联盟，联盟在此次大会上正式宣告成立。联盟将发挥多部门合作的优势，以提高国民健康水平为宗旨，以开展健康教育、健康促进、决策咨询为工作内容，以综合利用资源、发挥各系统的优势为工作机制，共同推动全社会参与、积极传播健康科学知识局面的形成，共同造就国民“全面发展的基础”。

会议形成了中国慢性病防控科技工作者建议书，并发出公开倡议，呼吁广大医务工作者积极开展健康知识科普工作，提高公众健康知识水平。

8月，第十届亚太地区国际艾滋病大会在韩国举行，来自64个国家的2500多名学者参加了为期5天的会议。以学会副会长、秘书长蔡纪明为团长的中国科协联合国咨商工作生命科学与人类健康专业委员会（CCLH）代表团一行5人参加了本届大会。大会的主题是“不同声音，联合行动”。大会意在寻求新视角，以帮助利益相关者参与到抗击艾滋病的战斗中，更有效地推进区域性工作。大会共包括5个全体会议，47个口头报告会，11个研讨会和34个卫星会议，以及28个能力建设培训会和1000多幅海报展示。

8月28日，蔡纪明代表中国科协联合国咨商工作生命科学与人类健康专业委员会（CCLH）合作主持了本次大会的中国分会场——中国非政府组织参与艾滋病防治论坛报告会。论坛的主题为："在一起（Working Together）"。130余位中外专家、学者参加了论坛。专家们的报告内容涉及公民社会参与对防治艾滋病的贡献、政府部门在艾滋病防治工作中所做的工作以及相关的政策、社会组织及公民社会在倡导与减少歧视所做的努力，以及国际合作项目对中国艾滋病防治工作的支持等。CCLH代表王若涛在论坛上作了题为《不同的声音，联合行动》（Different Voices，Harmonized Actions）学术报告。报告内容与大会主题相吻合，特别介绍了以"中国红丝带网CHAIN"组织为代表的中国非政府组织的发展，以及近年来抗击艾滋病工作所做的努力和工作。他强调，近年来的工作经验表明，非政府组织参与艾滋病的防控工作意义重大，是政府防治工作中的帮手，起到了重要的推动作用。非政府组织来自不同的人群，各自有着不同的利益和诉求，但是大家都有一个共同的目标，那就是："为有效控制艾滋病的流行，我们可以在一起，合而不同，工作在一起，共同前进"。

大会期间，代表团在大会信息台以及中国分会场论坛上积极开展宣传活动，发放咨商工作委员会（CCLH）工作简介、防治艾滋病工作成就宣传折页1500余册，摆放"CCLH防控艾滋工作"宣传画，反映中国非政府组织近年在艾滋病防控中开展的项目活动、媒体宣传、学术会议等工作。从不同视角，坦诚、客观地介绍了中国在艾滋病防治方面所取得的成绩和实践经验，以及存在的不足。让与会学者感到，中国应对艾滋病非常务实，充分体现中国政府作为一个负责任大国的国际形象。

中国法医学会

2011年，学会重新修订编制2011年新版《会员通讯录》。根据中国科协和公安部、民政部《关于开展2011年度社会组织评估工作的通知》，学会接受了民政部对全国性学术类社团的综合评估。

学会对网站首页进行了改版，调整了栏目结构，增设了会员建言、献策及提案、法医技术援助、专家点评、答疑等栏目，开办了法医学鉴定论坛专栏。

2011年，学会司法鉴定中心（以下简称中心）共完成鉴定案件737起，鉴定人出庭11次，实施法律援助10次，开展了司法行政系统"围绕中心、服务重点、保障民生，法律服务进企业、进社区、进村庄"活动40余次，处理有效投诉2起。中心从应届和往届毕业生中招聘法医和专门人才6名，改革了薪酬分配制度，切实调动了全体人员工作积极性。中心全年外派培训24人次，岗前培训4次，外请专家培训2次，对鉴定人及其鉴定人助理进行职业道德教育5次。学会对中心经营业务进行了增项，建立了法医物证鉴定实验室，实验室已通过北京市司法局评审。

《中国法医学杂志》全年收稿400余篇，刊用稿件241篇，向《中国学术期刊文摘》提交摘要6期。在2011年第二届中国学术期刊评价（2011～2012）中，《中国法医学杂志》在"军事医学与特种医学"领域排名第三。为庆祝中国共产党建党90周年和辛亥革命100年，《中国法医学杂志》以人物志的形式，撰写文章介绍了100年来对我国法医学发展作出贡献的人物和学者共43人，连续3期在杂志《法医学史》栏目内进行了刊载。

【4位国际著名专家受邀访华并出席法庭科学新技术研讨交流】 10月15～24日，学会邀请英国格拉斯哥大学法医学系主任、联合国国际麻醉药品管理委员会顾问Robet A Anderson教授，英国苏格兰警察事务管理局法医部主任、法医现场调查学与指纹学专家James C Dewar博士，英国中央兰开夏大学法医研究所DNA研究室主任William H Goodwin教授，澳大利亚维多利亚法医研究所病理研究室主任Noel W F Woodford教授等4位著名法庭科学专家来华访问。

10月16日，公安部副部长张新枫在北京会见了4位外国专家，介绍了中国法庭科学技术的发展特点和中国法医学会与国际法庭科学专家互助合作的情况，双方就今后进行国际学术交流等交换了意见。

10月17～22日，4位专家出席了在浙江省杭州市举办的法庭科学新技术研讨会暨新技术培训班。针对我国法庭科学技术发展现状和一线专业技术人员提出的技术难点热点问题，4位外国专家分别就以下内容与参加培训人员进行了交流和研讨：法医遗传学领域的法医分子生物学检测新技术、提取方法、量化和STR试剂盒，利用基因鉴定遗骸，基因数据库评估、DNA检验技术质量控制和标准化建设；犯罪现场管理领域内的现场证据的发现、提取和保存，现场勘查策略，现场重现；法医毒物分析领域的非法毒品和药物滥用，头发和指甲等特殊检材的利用，药物与交通事故；法医病理学领域内的CT断层扫描在法医病理学中的优势及其应用。

本次培训采用大会讲演和现场提问的方式与授课专家进行了交流，为提高培训效果，所有授课专家的多媒体课件均在会议前刻制成光盘作为会议资料下发，来自17

个省、自治区、直辖市的法庭科学技术领域的专业技术人员共121人参加了培训和研讨。

利用培训间隙，4位外国专家参观考察了浙江省杭州市公安局刑事科学技术研究所、上海市公安局物证鉴定中心。

【疑难命案高级侦办培训班】为提高全国法庭科学技术队伍业务水平，学会针对不同地区分别于3月、4月、6月、8月、11月在广西壮族自治区、湖南省举办了5期疑难命案高级侦办培训班，共培训一线技术人员1201人。

22位国内技术专家参与了5期培训班的授课，内容涉及侦破大案、要案案件的经验与教训，命案法医工作难点问题剖析，命案现场勘查中及时全面采集利用现场信息，DNA技术和视频技术在命案侦破中的应用，命案侦办中的侦技结合及组织与指挥，命案现场重建，非正常死亡案、事件的处置原则，从法院的角度审视公安机关命案侦办中存在的问题等。

经专家评审，论文集《疑难命案分析与实践》收录了400篇由参加培训的一线技术人员提交的论文，印刷2000册。

中华口腔医学会

2011年，学会新发展个人会员2845人，团体会员14个，个人会员总人数达9866人，团体会员共111个。

学会2011年试行中华口腔医学会会员与省级口腔医学会会员联动机制，会员相互认定。为了加强对会员的服务与管理，学会为会员制作了会员IC卡，建立了会员数据库和网上会员平台，免费为会员寄送中华口腔医学网通讯、中华口腔医学会通讯，免费为会员构建杂志查询下载平台，会员参加学会举办的各类学术会议每次减免注册费100元。

9月24日，学会在江苏省南京市召开第四次会员代表大会，大会选举产生了第四届理事会，北京大学口腔医学院教授王兴当选为会长。

3月，学会在广东省广州市召开了第三次专业委员会主任委员、副主任委员、秘书长工作会议，就规范二级机构财务工作、加强财务管理，专委会（分会）财务管理规定，专业委员会换届及学术会议申办程序，发展专科会员工作程序，制定口腔医学二级临床专科执业范围及准入标准的工作方案等内容进行了讨论。

2011年，重庆市口腔医学会和湖南省口腔医学会成立，截至目前已有27个省、自治区、直辖市成立了口腔医学会。

2011年，学会各专业委员会共召开学术会议36次，其中国内学术会议30次，国际学术会议6次，共9182人次参加会议，交流论文3580篇。

6月，学会与卫生部国际交流与合作中心、北京大学口腔医学院联合举办了第16届中国国际口腔设备材料展览会。会议期间，学会举办了第16届北京口腔医学新进展报告会、8个理论学习班和2个操作学习班，2355人次参加培训。

2011年，来自韩国、日本和中国香港特别行政区的代表团与学会进行了学会交流和会谈。学会专家出席了在墨西哥召开的2011世界牙科联盟年会，参加了在德国科隆召开的国际口腔展览会（IDS），及美国纽约口腔医学展览会。学会有关负责人赴美国、日本、韩国访问交流。与香港牙医学会、美国牙医学会合作出版《美国牙医学会杂志》（JADA）中文版，与美国牙医学会（ADA）合作，授予ADA继续教育学分。

学会全年共申报国家级继续教育项目21项，批准21项；学会级项目91项，通过84项。

学会建立了中华口腔医学网和《中国口腔医学继续教育》杂志的通讯员系统。学会与北京大学网络教育学院合作开展的口腔专业护士培训项目共完成2期课程，新增设了教学基地，开办口腔医生病人管理课程，启动了口腔种植及树脂修复等课程。

2011年，《中华口腔医学杂志》网站合作项目启动，实现杂志全文上网，并提供杂志往期文章的下载。

11月18日，学会在广东省深圳市举办了首届口腔医学青年教师授课技能培训和比赛。来自32个大学的116名青年教师参加培训，其中65人报名参赛。

学会组织专家编写并出版了《中国居民口腔健康指导丛书》共4册，包括《孕妇婴幼儿口腔健康指导》、《儿童口腔健康指导》、《老年人口腔健康指导》、《普通人群口腔健康指导》。每册印刷5000本并发放到省级口腔医学会及医疗机构。学会确定了2011年“全国爱牙日”主题为“健康口腔幸福家庭，呵护孩子预防龋齿”，设计并印刷海报1万张、制作爱牙护齿动画片、《中国居民口腔健康指南解读》挂图1万张，海报和挂图被分发到各地。

学会在12个省、自治区、直辖市开展了“健康口腔，微笑中国”大型群众健康教育活动，开设了孕妇学校口腔保健课程、幼儿园儿童阳光宝贝行动、学龄儿童微笑少年活动，以及社区中老年人口腔保健咨询等主题活动，惠及了学龄前儿童、中小学生，社区中老年人以及孕产妇等特殊群体，参与人数近2万人次。

2011年，“口腔健康促进与口腔医学发展西部行”活动新启动了青海、贵州两个目标省，至此活动已经先后在内蒙古、广西、陕西、宁夏、云南、青海、贵州等7个省、自治区开展了活动。活动向青海、贵州两省捐赠口腔综合治疗仪共25台，在宁夏、陕西、青海、贵州等4个省、自治区举办专题培训班5次，培训学员近1000人。19名志愿者赴西部各省为当地基层医疗机构提供服务与支援1~3个月，免费向4名西部省份医疗骨干提供了在全国知名口腔医学院校进修学习的机会。该活动之一的“口福行动”向西部7家医院捐赠了840副全口义齿，完成了70名贫困老人的免费全口义齿镶复工作。

受卫生部医政司委托，学会制定了《专科医师准入标准》，修订了《专科医师培养标准》，起草了《口腔专科医师准入试点工作方案》、《口腔专科医师准入管理办法（试行）》和《国家卫生部口腔专科医师准入试点工作专家组名单》，完成了对临床重点专科评审标准的制定，以及对牙体牙髓科、牙周科、口腔颌面外科、口腔修复科标准的评审工作。向卫生部上报了《关于国家级临床重点专科建设项目的建议》、《关于制定国家口腔医学临床重点专科评分标准的请示》、《2012年国家级临床重点专科评估有关口腔医学二级临床重点专科评估的建议》。完成了有关口腔病理、儿童口腔医学、口腔颌面放射、口腔颌面外科、口腔麻醉学、口腔修复、牙体牙髓、牙周、口腔预防、口腔黏膜、口腔正畸、口腔种植、全科口腔医学等13个专业的口腔医学二级临床专科执业范围和准入标准的制定。编写了口腔颌面外科、口腔修复、口腔正畸、牙体牙髓、牙周5个专业的口腔专业临床路径。完成了《牙膏功效评价》实施细则及规范的制定。参与起草了卫生部健康口腔家庭方案和《中国儿童口腔疾病防治行动计划（2011—2015年）》。

作为卫生部第三类医疗技术审核机构，学会共承担4项技术的审核。2011年共接收116个单位的申请，其中形式审核通过23个单位，其余93个单位均发通知要求补充材料；已答辩审核10个单位，通过5个单位，现场审核4个单位，免现场审核1个单位。

针对卫生部医政司发布的《医疗机构手术分级管理办法（试行）》、《口腔种植技术临床应用管理规范（征求意见稿）》，学会提出了修改意见及建议。学会向卫生部疾病预防控制局提供了龋病和牙周病预防控制所涉及药品和材料清单。

【中华口腔医学会第四次会员代表大会】 9月24~25日，中华口腔医学会第四次会员代表大会在江苏省南京市召开，共有776名来自全国各地的会员代表参加了此次大会。卫生部副部长尹力，卫生部原副部长、中华预防医学会会长王陇德院士，江苏省政协副主席、南京副市长许仲梓教授，以及卫生部、北京大学、江苏省卫生厅的有关领导，国际牙科研究会（IADR）执委会、日本齿科医学会，香港牙医学会、澳门口腔医学会、台湾地区“牙医师公会全国联合会”的有关代表出席了大会。

大会投票选举产生了中华口腔医学会第四届理事会，选举理事192人。在第四届理事会第一次理事会会议上，王兴教授当选为学会会长，57人当选第四届理事会常务理事。会议推选王陇德院士、邱蔚六院士、张震康教授、王大章教授、樊明文教授为第四届理事会名誉会长。

大会听取了王兴作的《高举中国特色社会主义伟大旗帜，团结带领全国口腔医学工作者为我国口腔医学事业更好更快发展而奋斗》工作报告，副会长孙正作的《〈中华口腔医学会章程〉修改报告》，秘书长王渤的《中华口腔医学会第三届理事会财务工作报告》。

大会审议通过了《中华口腔医学会第四次会员代表大会组织机构名单》、《中华口腔医学会第四次会员代表大会代表资格审查报告》、《中华口腔医学会关于理事、专业委员会（分会）委员、青年委员、学组、协作组成员以及专科会员缴纳个人会费的办法》和《关于中华口腔医学会第四次会员代表大会代表提案的报告》。

会议宣布了《中华口腔医学会第三届理事会表彰奖励项目获奖名单》，向36个集体及17名个人获奖者颁奖。

【中华口腔医学会2011学术年会】 9月23~26日，中华口腔医学会2011学术年会在江苏省南京市召开，1.4万余名口腔专业人士参加了年会，近300家国际国内口腔企业参展。学术年会共邀请了42位学术演讲人，举办了全体学术大会、口腔医学继续教育专题讲座、2011口腔医学新进展报告会、现场病例操作演示、现场操作课、口腔产业论坛等学术交流47场，学会各专业委员会工作会议等各类会议33场。

学术年会颁发了中华口腔医学会、香港大学牙医学院及香港牙医学会优秀青年人才奖、中华口腔医学会——口腔医学益达奖学金、中华口腔医学会——登士柏口腔医学生研究论文英文壁报比赛、中华口腔医学会——登士柏口腔医学青年人才奖等4项学术类奖项，46人获奖。

【中西部地区儿童口腔疾病综合干预项目】 中西部地区儿童口腔疾病综合干预项目是政府首次在口腔公共卫生领域的财政投入，项目办公室设在学会，由学会负责项目的实施。2011年，西藏自治区和新疆生产建设兵团项目正式启动。目前项目覆盖了23个省份的267个试点区县，2011年完成人员培训6899人次，累计达11772人次；健康教育覆盖人数586.44万人次，累计达1007.07万人次；接受口腔健康检查的儿童81万人次，累计达129万人次，接受窝沟封闭的儿童51.8万名，累计达79.5万名。

学会协助卫生部疾病预防控制局完成了宁夏回族自治区和河南省的督导工作。结合中西部地区儿童口腔疾病综合干预项目，开展了多达15种形式的学龄儿童口腔健康教育活动，编写并发放《爱牙护齿》折页100万份。通过讲解统一内容的口腔健康宣教幻灯片、免费口腔健康检查等活动，使60多万名学龄儿童受益。

【微笑列车唇腭裂修复慈善项目】学会与美国微笑列车基金会合作开展的“微笑列车唇腭裂修复慈善项目”已实施5年。该项目于2011年启动了第二轮区域培训活动，举办了首届“微笑列车”唇腭裂患者语音训练人员培训班，制定了下一步区域培训活动计划和进修补助计划。第二轮的区域培训活动将在更广泛的范围内实施，与首轮培训的区域相互交叉、相互补充。

第二轮的区域培训以综合性医院为主要承办单位，为培训手术的开展提供了全面、标准化的硬件设施和配置。培训强调了唇腭裂综合序列治疗的理念和团队协作意识。培训对于基层医疗机构特别是口腔医疗事业发展较落后的地区具有现实的指导意义。

2011年，学会购买了一台高清转播录播设备，解决了授课与手术无法同步的问题，手术实现了现场直播、现场解说、现场提问与交流同步的要求，提供了真实观摩的学习平台，扩大了受培训人员的数量，增强了培训的效果。

中国医学救援协会

2010年底，中国医学救援协会正式成为中国科协团体会员。2011年，经协会推荐，协会副会长、武警总医院院长郑静晨当选为中国工程院院士。

3月20日，协会与美国心脏协会（AHA）共同主办的美国心脏协会心肺复苏及心血管急救2010指南巡讲活动在北京举行，这是该巡讲活动首次在我国举办。协会常务副会长兼秘书长李宗浩，协会副秘书长、海军总医院院长钱阳明，武警后勤学院附属医院院长侯世科，美国心脏协会心血管急救项目全球培训总监Jo Haag，以及来自全国各地的专家、学者400余人参加了活动。在演讲活动中，美国心脏协会向武警总医院、海军总医院、天津人民医院等6家医疗机构颁发了培训中心的资质证书。

8月12日，卫生部紧急医学救援组召开工作会议，对编写医学救援国家队培训教学大纲和教材进行了研讨。协会常务副会长李宗浩作为组长主持了会议。

10月14日，协会举办了第九届现代救援医学论坛，论坛对2011年发生的3·10云南省盈江地震，7·23温州动车事故，以及日本3·11大地震等三大事件进行了回顾和科学评估。

11月，协会常务副会长李宗浩成为《国家航空应急救援体系建设规划（2011—2015年）》专家组成员，在国务院应急办召开的规划论证会上，他提出了发展空中医学救援的建议。

12月22日，在卫生部召开的紧急医学救援工作研讨会上，协会专家向与会者介绍了国内外紧急医学救援现状、相关实践经验和我国紧急医学救援网络建设发展思路。

协会组织专家对已完成起草工作的《中国心肺复苏（CPR）标准》进行了多次讨论和论证。

受卫生部卫生应急办公室委托，协会完成了《紧急医学救援培训教学大纲》的编写工作。

中国女医师协会

2011年，协会成立了中医、康复、病理和肾病4个专家委员会。协会及各专家委员会共组织各类学术交流活动13次，参加人数1560人次。其中，海峡两岸女医师学术交流2次，52位台湾地区专家出席会议。

5月15日，第二届五洲女子科技奖颁奖大会在重庆市召开。本届五洲女子科技奖共评出了基础医学科研创新奖4名，临床医学科研创新奖16名，医务（卫生）管理科研创新奖5名。中国关心下一代工作委员会主席顾秀莲、中国女医师协会名誉会长林佳楣到会祝贺并颁奖。卫生部、科技部、中国人民解放军总后勤部和中国科协的有关部门领导出席。

9月26日，由台湾地区16个医疗机构组成的32人代表团赴祖国大陆访问，与中国女医师协会的专家们进行了学术交流。台湾医药大学附属医院院长陈宏基介绍了该院在显微重建手术、组织再植、关节重建和发音器官重造的成就。美容整形专家委员会主任委员、北京协和医学院整形外科研究所教授穆兰花介绍了北京协和医学院整形外科研究所的工作。9月27日，代表团参观了北京五洲医院、北京美联臣医疗美容医院。

协会完成国家级继续教育项目2项，培训在职医生1304名。

协会参加了中国妇女发展基金会组织的“母亲健康快车”公益项目，赴四川省绵阳市、山西省吕梁市进行义诊，对当地医务人员进行了培训。经协会推荐，广东女医师协会和湖南女医师协会被全国妇联授予“全国巾帼文明岗”称号。

受民政部委托，协会对北京市第一福利院、西城区银龄老年公寓和牛街敬老院的120位自理、半自理和完全不能自理的老人完成了“老年人失能等级评定”的验证性评价。该“老年人失能等级评定”已进入后期审定阶段。

【中国女医师协会第四届全国女医师代表大会】5月15日，中国女医师协会第四届全国女医师代表大会在重庆市召开，参会代表114名。大会听取了第三届理事会工作报告，听取并审议了理事会修改协会章程的报告和财务工作通报。通过了《中国女医师协会个人入会管理办法》、《中国女医师协会团体会员管理办法》、《中国女医师协会专家委员会管理办法》。

大会以等额无记名投票的方式，选举产生了由125人组成的第四届理事会和47人组成的常务理事会。何界生当选第四届理事会会长。协会建立健全了监事管理制度，韩玉霞当选监事长，陈赛娟院士、李小鹰当选为监事。大会推举陈至立、顾秀莲、何鲁丽、林佳楣为名誉会长，聘请迟宝兰、吴坤仪、陈洁、黄光英、陈宝英为顾问，聘任于冬为秘书长，王巧巧、田玲、任在晋、曲沛邦为兼职副秘书长。

大会明确了中国女医师协会为基层服务、为女医师服务的方向，在工作中要充分发挥团结作用、监督和维权作用、桥梁纽带作用、学术交流和人才培养作用、构建平台的作用、参谋助手作用、咨询和服务作用、宣传引导作用、国际交流与合作等九大作用。

【关注女性高血压论坛】8月2日，协会心脏与血管专家委员会在2011中国心脏大会上举办了关注女性高血压论坛。论坛由国际心血管联盟主席刘力生和协会副会长、心脏与血管专家委员会主任委员李一石共同主持，200多位专家、学者参会。

河南省人民医院王浩博士、北京大学人民医院心脏中心教授孙宁玲、河北省人民医院老年病科兼老年心脏科主任郭艺芳、中国人民解放军总医院心血管内科主任医师陈韵岱、北京大学人民医院心血管内科副主任医师陈源源、新疆维吾尔自治区人民医院高血压诊疗研究中心李南方等专家，分别作了题为《更年期及绝经期高血压的特点》、《女性高血压患者的临床特点、动脉功能及可能的干预对策》、《妊娠期高血压综合征及可能的干预》、《女性高血压合并冠心病的治疗》、《女性代谢综合征的特点》等报告。论坛首次探讨了高血压病治疗的性别差异。专家们对激素替代疗法的时限性防治高血压的临床效果和副作用，以及孕激素曲螺酮在治疗女性高血压中的作用等进行了重点讨论。

【第二届女医师协会临床肿瘤学大会】8月19日，第二届女医师协会临床肿瘤学大会在北京召开，来自全国各地的肿瘤专业的女医师近200人出席。

与会者对肺癌的最新临床病理分型、非小细胞肺癌的治疗进展、多发性骨髓瘤的最新进展、2001乳腺癌治疗指南、消化道肿瘤的靶向治疗等内容进行了专题研讨，并对临床中遇到的3个疑难病症从临床检查、疾病诊断、治疗方案的选择进行了全方位研讨和反思。

北京大学副校长柯杨在《做健康快乐的女医生》专题发言中，分析了健康的复杂因素，讲到健康快乐的标准，启发女医师反思自己是否健康快乐，要求女医生不仅要做事业的强者，还应该充分发挥女性的生理特征，充分表露女性温柔、妩媚、聪慧、善良的本性，做好妻子、好母亲。

会议表彰了在肿瘤专业中作出贡献的3位女院长，颁发了优秀论文奖。

“中国女医师协会肿瘤患者教育中心”在会上举行了揭牌仪式。该中心设在北京大学附属第三医院，由该院乳腺科教授李惠平担任第一任中心主任。

协会副会长李紫阳、于冬，北京大学副校长柯杨，中华医学会副秘书长韩晓明，北京肿瘤医院院长季加孚，中国医学科学院附属肿瘤医院院长石远凯，北京医科大学附属第三医院副院长刘晓光，上海复旦大学附属肿瘤医院副院长吴炅等应邀出席大会。

【妇产科分科过细带来的临床困惑与对策学术交流研讨会】9月9～11日，妇产科专家委员会在北京召开了中国科协2011海峡两岸青年科学家学术活动月——妇产科分科过细带来的临床困惑与对策学术交流研讨会。来自海峡两岸的近160多位专家、学者围绕“妇产科分科过细带来的临床困惑与对策”进行了交流和研讨。

台湾长庚医院妇产科主任张廷彰、中华医学会妇产科分会主任委员郎景和、协会妇产科专家委员会主任委员魏丽惠分别作了题为《台湾妇科肿瘤防治现状》、《论医学不仅仅是知识和技术》、《在治疗妇产科疾病中建立对女性患者的整体化理念》的报告。

浙江大学医学院附属妇产科医院教授黄荷凤、山东大学附属省立医院教授陈子江、北京大学人民医院教授沈浣就妇产科研究的最新进展、如何降低出生缺陷等问题进行了交流。北京大学第一医院教授杨慧霞、西安交通大学第一附属医院教授苟文丽、首都医科大学附属北京市妇产医院教授范玲等针对如何减低剖宫产率、如何预防严重的妊娠期并发症等问题进行了交流。

针对当前妇产科分科过细带来的临床困惑，专家们提出，妇产科医生应建立整体观念，在给妇女治病的时候应从女性整体出发，从妇女未来一生的生活质量出发，采用最科学、副作用最小、后效应最少的方法，同时要启发、教育受众的女性及家人树立健康的整体观。

中国自然辩证法研究会

2011年研究会完成了科学传播和科学教育、环境哲学2个专业委员会的注册工作，并获批准。全年发展会员100名。经研究会六届十四次常务理事会议研究决定，将秘书处部门设置调整为办公室、编辑部、学术与会员服务部、信息与网络服务部4个部门。

研究会各级组织全年共举办学术活动143次，参加人数近万人，提交学术论文670余篇，其中，研究会主办或联办的学术活动13次，各分支机构主办或联办的学术会议130次。举办的主要学术会议有：2011年全国自然辩证法教学与学科建设学术研讨会、第二届亚太科技与社会（APSTSN）国际学术会议、全国科技与社会（STS）2011年学术年会等。

5月29日，2011年国际生物学哲学论坛在北京师范大学召开。论坛由生物哲学专业委员会，北京师范大学哲学与社会学学院，英国文化协会和北京大学医学部联合举办。来自美国、加拿大、英国、中国大陆和台湾地区的100余名专家、学者参加会议。大会围绕国际生物学哲学研究的现状、重大生物学成果的哲学问题研究、传统生物学哲学争论的新进展、生物学与道德、生物学思想的历史发展或影响、生物学哲学的未来展望6个主题进行了研讨。

6月17~20日，第三届全国科学传播学学术会议在四川省绵阳市举行。会议由科学传播与科学教育专业委员会和北京大学科学传播中心联合主办。来自全国各地的近100位专家、学者参加会议。会议共收到学术论文90余篇，论文涉及的主题包括科学传播理论及其进展、科学教育与科学传播实践、科学传播案例研究、科普实践研究、传播学视野下的科学传播研究等。

7月7日，2011年北京技术哲学论坛在北京召开。论坛由中国自然辩证法研究会、北京技术哲学论坛委员会和中国社会科学院哲学研究所联合举办。中国科协副主席、书记处书记程东红出席会议。

7月15~18日，2011国际莱布尼茨学术研讨会在北京举行。会议由北京师范大学主办，德国汉诺威大学莱布尼茨中心、中国自然辩证法研究会协办。来自德国、美国、法国、意大利等国，以及国内的20余所高校与科研院所的60余名专家、学者参加研讨会。会议主题为“莱布尼茨与当代”。与会学者从科学技术哲学、形而上学、政治伦理哲学、生态哲学与中西文化比较等视角透视了莱布尼茨思想的当代活力。会议还专门探讨了莱布尼茨研究的前景及国际合作问题。会议以学术研讨为契机，正式启动了青年人才培养项目。中德双方都希望就莱布尼茨与中国研究课题展开定期的交流与合作，使中国的莱布尼茨研究成为世界学术大家庭一员的同时，逐步形成基于中华文化背景的体现中国视角和特色的莱布尼茨研究风格。

8月6日，第五届怀特海儿童智慧教育国际研讨会在北京召开。会议由未来哲学与发展战略专业委员会、中美后现代发展研究院、怀特海儿童智慧教育中心主办，美国过程研究中心和北京师范大学科学与人文研究中心协办。研讨会以“儿童哲学与儿童智慧”为主题，100余名专家、学者参加会议。会议由上年度工作报告、专家主题演讲、实际操练及专家点评3部分组成。

8月14~17日，第11次医学哲学论坛暨教育部高等医学院校人文社科课程教学指导委员会年会在宁夏回族自治区银川市举行。会议由医学哲学专业委员会和教育部高等医学院校人文社科课程教指导委员会联合主办。大会的主题是“关注医学人文社会科学发展前沿，推进医学人文教育与应用的创新”。来自全国各地医学哲学领域的专家、学者近100人参加会议。会议共收到医学人文研究、医疗卫生管理、自然辩证法教学改革等专题论文52篇。

8月25~26日，第15届全国科学哲学学术会议在辽宁省大连市举行。会议由科学哲学专业委员会、大连理工大学科技伦理与科技管理研究中心、大连理工大学人文与社会科学学部联合主办。来自全国科学哲学研究领域的专家、学者共计120余人出席会议。会议的主题是“自然科学哲学问题、社会科学哲学问题、科技伦理学及科学文化哲学问题”。会议共收到论文132篇。

10月18日，中美科技哲学合作机会探索研讨会在北京举行。会议由研究会秘书长王玉平主持。来自美国科罗拉多矿业学院的卡尔·米切姆（Carl Mitcham）教授，北得克萨斯大学的罗伯特·弗洛德曼（Robert Frodeman）教授、陶永心教授、布里特·霍尔布鲁克（J. Britt Holbrook）助理教授、理查德·内德尔（Richard H. Nader）博士，以及国内的数十位学者参加会议。卡尔·米切姆向王玉平赠送了合作纪念牌，王玉平向国内外学者介绍了中国科协的组织结构，以及研究会的宗旨和使命，并表达了与到会的国外学者进行长期学术合作的愿望。

11 月 25～27 日，第二届全国中青年科技哲学论坛在河南省洛阳市召开。来自中国自然辩证法研究会、中国社会科学院、中国科学院、中国人民大学、清华大学、中国科技大学等近 30 所科研院所、高等院校的 50 多名专家、学者参加会议。论坛的主题是“科技创新与科学发展观”。会议共收到学术论文 42 篇。

【纪念中国自然辩证法研究会成立 30 周年大会】10 月 30 日，纪念中国自然辩证法研究会成立 30 周年大会在北京举行。研究会部分副理事长、常务理事、理事，自然辩证法界专家、学者，会员代表等近 100 人出席大会。大会上，研究会理事长朱训发表讲话。研究会原副理事长孙小礼，名义副理事长刘大椿，原秘书长丘亮辉分别作了专题报告。中国科协学会服务中心、中国科协青少年科技中心和中国光学学会、中国能源研究会、中国科技新闻学会和中国未来研究会等单位到会祝贺。

【2011 年全国自然辩证法教学与学科建设学术研讨会】5 月 19～22 日，2011 年全国自然辩证法教学与学科建设学术研讨会在河南省郑州市召开。会议由教育与普及工作委员会、郑州大学共同主办，郑州大学研究生院、马克思主义学院承办，河南省自然辩证法研究会协办。为了贯彻落实中宣部、教育部《关于高等学校研究生思想政治理论课课程设置调整的意见》（教社科［2010］2 号）的精神及部署，加强硕士生“自然辩证法概论”、博士生“中国马克思主义与当代”课程教学研究与学科建设，会议围绕“研究生思想政治理论课程改革与学科发展对策”的主题，就《自然辩证法》概论课程改革发展与对策、《中国马克思主义与当代》课程改革发展与对策、博士生与硕士生思想政治理论课教学体系的有机衔接、自然辩证法学科建设发展与对策等问题进行了研讨交流。全国 70 余所高校的 120 多名专家、学者参加会议。会议收到论文 50 余篇。

【第二届亚太科技与社会国际学术会议】7 月 19～21 日，第二届亚太科技与社会（APSTSN）国际学术会议在辽宁省沈阳市召开。会议由亚洲太平洋地区科技与社会委员会、研究会科技与社会专业委员会和东北大学共同主办。来自亚太地区，以及美国、英国、法国的 130 多名专家、学者参加会议。与会专家就会议主题“科技与社会（STS）与新知识社会”作了深入研讨。亚洲太平洋地区科技与社会委员会（The Asia－Pacific Science, Technology and Society Network, APSTSN）成立于 2008 年。该组织成员主要来自于大洋洲的新西兰和澳大利亚、东亚和南亚的一些国家和地区，也包括这些区域之外与科技与社会（STS）组织相关的一些研究成员。该组织的目标是鼓励亚太地区的科技与社会研究、教学与合作，培育当前科技与社会研究领域的批判性讨论，填补全球科技与社会研究中亚洲太平洋地区的重要区域差异缺失，在亚太地区寻求广泛的科技与社会研究团体和个人以拓展学术和职业能力，培育科技与社会研究者与其他研究者的广泛交流合作。

【全国科技与社会 2011 年学术年会】11 月 25～27 日，全国科技与社会（STS）2011 年学术年会在福建省福州市举办。年会由中国自然辩证法研究会、科技与社会专业委员会、福建省自然辩证法研究会、福州大学、东北大学联合主办。年会的主题是“发展转型中的 STS 研究”。来自清华大学、北京大学等高校的专家、学者、博士研究生、硕士研究生近 100 人参加会议。会议收到 60 余篇学术论文。会议分别就中国特色的 STS 理论的创建与实践研究，不同范式的 STS 研究，STS 研究的发展规律与趋势，技术的相关问题研究，闽台 STS 研究，STS 的理论框架、基本理论和结构，STS 在“十二五”时期的新生长点，STS 的特点、规律和发展趋势，不同国家、不同地区 STS 比较研究，STS 与区域发展等问题展开了专题探讨。

中国管理现代化研究会

2011 年，研究会在完善秘书处工作职能的同时，加强了对分支机构的管理。9 月 23 日，在四川省成都市召开了全体理事会议，讨论并通过了《中国管理现代化研究会分支机构管理制度》，使研究会对分支机构和专业委员会的管理有了明确的指导依据。

4 月 25 日，公司治理专业委员会通过中国科协和国家民政部审批正式成立。公司治理专业委员会挂靠单位为南开大学商学院，李维安任主任委员。

决策模拟专业委员会依照组织程序进行了换届工作，王明舰当选为主任委员，吕本富、陈福军、胡玉龙、文理、孟添任副主任委员。

向社会公开征集研究会 LOGO 设计稿 30 余种，经理事会审议，选出了学会的正式 LOGO。

9月24~25日，第六届（2011）中国管理学年会在四川省成都市举办。来自全国高等院校及科研机构的管理学者1000人参加年会。年会论文集共收录中英文学术论文483篇，经过各专业委员会专家评审，评出优秀论文15篇。参会专家、学者按照管理学相关16个学科主题，分小组宣读论文并进行学术研讨。本届年会邀请2003年诺贝尔经济学奖获得者罗伯特·恩格尔（Robert F. Engle）教授作了大会演讲。

研究会所属专业委员会和分支机构积极开展学术交流活动，在各自领域推动管理学科的发展和进步。技术与创新管理专业委员会接待了10余个国内外学术团体的来访，举办了多次学术讲座，积极开展专项研究，服务经济社会发展。李垣带领研究团队承担了教育部哲学人文社会科学重大攻关项目《中国国家创新竞争力研究》，发表英文论文12篇、中文论文30篇。技术与创新管理专业委员会在河南、陕西、河北和山东等省开展了实地调研，借鉴国内外先进经验，结合当地的定位和实际，为当地发展建言献策。与比利时哈塞尔特大学合作，共同承担和完成国家自然科学基金国际合作研究课题《开放式创新与研发国际化》。

中小企业管理专业委员会成员单位在2011年度承担各级各类科研项目20余项，其中国家自然科学基金委员会重点项目2项。发表与中小企业研究相关各类论文70余篇。中小企业管理专业委员会开展了一系列学术交流活动。5月15~16日，在清华大学举办了中国创新与企业成长（CI&G）年度会议。6月25~26日，在浙江大学举办了战略前沿思维盛宴：中国战略管理学者高端论坛。7月22~24日，组织了2011吉林大学创新与创业国际会议。9月8~9日，举办了第67期双清论坛基于中国管理实践的重大理论创新问题学术研讨会。

系统管理与复杂性科学专业委员会承办了2011年IEEE/INFORMS服务运筹、物流与信息化国际会议、2011年IEEE汽车电子与安全国际会议、2011年IEEE情报与安全信息学国际会议。这三个IEEE国际会议于7月10~12日同时在北京召开。来自中国、美国、英国、法国、德国等20多个国家和地区的专家、学者200余人参加会议。会议分为3个大会主题报告，7个分会场，3个专题研讨会。会议集中研讨了服务运筹、物流与信息化、汽车电子与安全以及情报与安全信息学领域内的主要学术成果、当前关注的核心问题，以及未来的发展方向。11月5~6日，系统管理与复杂性科学专业委员会主办的第三届全国平行管理会议，承办的第三届全国平行控制会议和第三届全国社会计算会议在湖南省张家界市召开。

决策模拟专业委员会组织了第十届全国MBA培养院校企业竞争模拟大赛。来自23个省、自治区、直辖市的74所MBA培养院校的572支代表队参加了大赛。经过激烈的竞争，同济大学、吉林大学、安徽大学分获冠、亚、季军。8月17~20日，决策模拟专业委员会在辽宁大学组织了第13届全国决策模拟教学研讨会。来自国内36所高校和9个公司的74位专家、学者出席研讨会。

商务谈判专业委员会举办了2011年“外经贸杯”未来商务英语谈判精英邀请赛。12所学校的100余名师生参赛。观众近1000人。比赛用语为英语。6月28日，商务谈判专业委员会在对外经贸大学举行了2011商务谈判比赛与教学研讨会。

财务与会计专业委员会结合国务院学位办工商管理学科评议组的活动，开展了工商管理一级学科目录编写和二级学科研究生培养方案的编写。承担教育部社会科学司“十二五”规划项目《工商管理学科“十二五”研究》。在北京工商大学举办了《MBA财务管理》课程师资队伍培训和研讨。

中国技术经济学会

2011年，学会根据技术经济学科发展现状，应广大会员的要求，经学会全国会员代表大会决定、中国科协同意、民政部批准，2011年5月社团名称由“中国技术经济研究会”变更为“中国技术经济学会”。

全年召开常务理事会2次，理事会1次，分支机构和地方学会工作交流会议1次。林业技术经济专业委员会、煤炭技术经济委员会、化工技术经济专业委员会完成了换届选举工作。

全年发展新会员108名，其中高级会员47名。学会现有团体会员202个，个人会员7031人。向会员赠送学术期刊、会讯等资料2.1万余册。

12月17日，在中国科协会员日活动中，学会围绕“强化会员意识，弘扬创新文化”的活动主题，以展板宣传、期刊展示、专家咨询、高层论坛为主要内容，学会常务理事及来自高等院校、研究院所技术经济领域的专家、学者共计40余人参加了会员日活动。活动以展台和技术经济学科发展高层论坛两种形式同时进行。展台上展出了期刊宣传资料、学会简介和2012年活动计划，有3位学者现场填写了高级会员表，申请加入学会。在高层论坛活动中，《技术经济学学科发展研究》课题组5位专家结合课题情况，就学科发展概况及技术经济分析、项目评价、创新管理、创业管理、技术经济政策5个分支领域的学科进展作了报告。高层论坛还征求了各位专家对《技术经济学学科发展报告》的意见和建议，讨论了近5年来我国技术经济学学科发展成就及发展趋势。

对学会主办期刊及2010年在学术会议上发表的优秀论文给予表彰，评选出一等奖3篇、二等奖12篇。

完善教育培训长效机制，通过安排干部参加职业技能培训班，参加相关领域报告会、研讨会，开展课题研究等加强专职干部队伍职业化、知识化、年轻化建设。完善专职干部考核制度，依据个人述职、民主测评及平时工作表现对专职干部进行季度、半年度及年度考核，奖励先进，充分调动专职干部的积极性。

学会举办年会、研讨会、报告会和论坛等重要学术活动15次，参加人员1400余名，提交学术交流论文830余篇，出版会议论文集4种。与2010年相比，学术水平、社会影响力以及专家、学者参与度都有较大提高，参加人次增加6%，提交论文数增加25.7%。举办的主要学术会议有中国技术经济学会第19届学术年会、第八届中国技术管理学术年会、第13届西湖国际中小企业研讨会、第二届复杂科学管理暨智能信息系统国际会议等，承办了神经工业工程与安全生产前沿高端学术交流会。

7月15~17日，第六届产品创新管理国际会议在湖北省武汉市召开。来自高等院校和研究院所的专家、学者、企业家共计200余人出席会议，其中，国外学者20余人参加会议。会议由产品创新管理专业委员会、美国产品开发管理协会共同主办。会议分为3项内容。第一项内容为美国产品开发管理协会与武汉理工大学产品创新管理研究中心合作会谈。第二项内容为第六届产品创新管理学术论坛。通过大会演讲、专题讨论、对话交流等形式探讨了新形势下不同地区和行业如何进行产品创新，如何实现创新的产业化。同时也对产品创新管理的重点、热点、难点问题，交流了意见和看法。第三项内容为创新管理企业家论坛。论坛由中国民主同盟武汉市委员会、武汉理工大学产品创新管理研究中心联合主办，武汉市中小企业服务中心承办，200多名企业家代表参加会议。论坛的主题为“产品创新管理的世界前沿理论与实践”。美国产品开发管理协会主席 Robert E. Johnston 教授、秘书长 Hamsa Thota 作演讲。

11月26日，神经工业工程与安全生产前沿高端学术交流会在浙江省杭州市召开。来自国内15所高等院校和13家高新技术企业的40多位专家、学者及企业家参加会议。会议由中国科协主办，浙江大学神经管理学实验室、中国技术经济学会价值工程专业委员会、浙江省技术经济与管理现代化研究会等单位联合承办。

这是神经工业工程与安全生产领域在我国的第一次学术前沿研讨会，会议以“神经工业工程与安全生产”为主题，内容涉及神经管理学、神经工业工程、安全生产、价值工程、军事研究等领域，全方位展示了海内外学者近年来在该前沿领域的研究成果。会议主席马庆国教授在题为《神经工业工程与安全生产》的主题报告中，界定了神经管理学的最重要分支“神经工业工程学”的概念、范围、研究工具、研究方法，特别是神经科学与价值工程交叉发展所带来的新技术和方法，阐述了这些学科分支能够解决的、以往学科难以解决的问题。

在自由研讨中，与会专家和企业家就“关键岗位工作人员疲劳检测预警技术研究”和“安全生产与安全技术”等业内关注的热点主题展开了讨论。会后，与会专家参观了浙江大学神经管理学实验室。

可行性研究分会参与了住房和城乡建设部部分标准规范的编制工作，包括《大型公共建筑项目评价导则》、《市政公用设施建设项目社会评价导则》、《建设项目评价术语标准》，以及公共卫生、铁路行业的经济评价方法等，这些标准规范已获相关部门批准，并出版发行。

学会开展了中小企业景气指数研究，发布了《2011中国中小企业景气指数研究报告》。报告结合我国中小企业发展现状，构建了科学的评价方法与指标体系，计算推出我国各省级行政区与七大地区的中小企业景气指数值，并对指数值进行深入分析。

开展了《我国技术经济领域学术研究的发展趋势分析》课题研究。对技术经济领域研究方向、研究群体分布及学科发展方向进行深入分析。

开展了《技术经济学学科发展研究》课题研究。对近5年技术经济学学科的研究进展和发展趋势进行研究。这是学会第一次组织专家编写学科发展报告，40余位专家参与课题的编写和修改工作，课题报告将结集出版。

学会主办的《科学技术与工程》、《技术经济》、《科技和产业》3种期刊全部完成网络化建设。全年共出版60期，刊文2825篇。《科学技术与工程》、《技术经济》继续保持中国科技核心期刊，在2011年版中国科技期刊综合评价中，排名比2010年有了较大提升。

【中国技术经济学会第19届学术年会】 8月8~9日，中国技术经济学会第19届学术年会在贵州省贵阳市召开。年会的主题为“技术经济与发展方式转变”。学会理事长孙晓郁致开幕辞并传达了中国科协八大会议精神。155位技术经济领域的专家、学者围绕年会主题，就技术经济学科发展和社会发展方式转变展开了交流和研讨，为《技术经济学科发展研究》报告征集了新观点、新思想、新成果。年会共收到学术交流论文65篇。

会议安排了主题报告和分组讨论两种交流形式。在分组讨论部分，专家、学者围绕技术进步与技术经济分析、创新管理、创业管理与科技政策、发展方式转变专题，交流了各自的研究成果和学术观点。

闭幕式上，各专题组综述了各组的交流成果。学会常务副理事长吴贵生宣读了学会《关于表彰2010年度优秀论文的决定》，魏江等发表的15篇论文被评为优秀论文。

年会期间，还召开了一系列工作会议，包括学会第五届理事会第二次会议、《技术经济》期刊编委会工作会议、中国技术经济学会分支机构和地方学会工作交流会。

【第八届中国技术管理学术年会】4月16日，第八届中国技术管理学术年会在福建省泉州市召开。来自全国大专院校、科研院所、政府部门和企业界的专家、学者128人出席会议。会议由中国技术经济学会主办，华侨大学工商管理学院、经济与金融学院承办。

本届年会的主题是"技术经济、创新与新兴产业"。5位专家分别就战略新兴产业发展研究的新思路和新视角、专利丛林背景的技术标准与技术专利互动机制、生存型创业的问题与支持网络、汽车技术经济理论架构和当前热点分析、消费者创造价值对营销与管理的挑战、能源技术创新研究进展评述和通海集团创新与技术管理的实践等作了主题报告。大会进行了4场专题报告会，分别以创新与创业、低碳经济与战略性新兴产业、项目管理与供应链管理、学科建设与研究生培养为主题。会议决定第九届中国技术管理学术年会在江苏省镇江市举行。

会议共收到论文212篇，其中中文论文110篇，英文论文102篇。

【第13届西湖国际中小企业研讨会】10月15~17日，第13届西湖国际中小企业研讨会在浙江省杭州市召开。来自美国、英国、澳大利亚、加拿大等近20个国家和地区的50多位专家、学者，以及来自国内高校以及中小企业发展研究机构的近180名专家和企业家参加会议。会议由中国技术经济学会、杭州市人民政府、国家自然科学基金委员会、浙江省经济和信息化委员会（浙江省中小企业局）、浙江工业大学、世界工业技术研究组织协会共同主办。

会议围绕"中小企业开创未来"的主题，结合全球经济、科技和社会发展形势，就国内外中小企业的生存和发展问题进行了讨论和交流。会议共收到各类论文150余篇，涉及中小企业创新创业发展及战略管理等方面的多项议题，如中小企业的创新问题、融资问题、可持续发展问题、政策支持问题等。

会议向公众首次发布了《中国中小企业景气指数研究报告》。报告计算推出我国31个省（自治区、直辖市）的企业景气指数，并对其进行分析与总结，对了解我国各地中小企业的发展提供了指南。

【第二届复杂科学管理暨智能信息系统国际会议】10月14~15日，第二届复杂科学管理暨智能信息系统国际会议在北京召开。100余位专家、学者出席会议。会议由中国技术经济学会、武汉大学复杂科学管理研究中心、华北电力大学、加拿大多伦多大学中国风险管理研究中心主办。

本次会议是首届复杂科学管理国际研讨会的延续和扩展。与会专家围绕复杂科学管理的基本理论、复杂科学管理的研究方法、复杂经济系统、复杂金融系统、复杂管理系统、复杂社会系统、智能信息系统和智能电网理论及应用8个议题，集中讨论了复杂科学管理和智能信息系统的理论、方法与实践。

徐绪松教授宣读了徐绪松复杂科学管理奖获奖名单，与会嘉宾为获奖者进行了颁奖。

中国现场统计研究会

2011年4月23日，研究会召开八届五次常务理事会议。会议通报了研究会2011年学术年会筹备情况，安排部署了2011年下半年研究会工作，审议了成立统计技术与测评分会的申报材料，讨论了统计学一级学科及应用统计专业硕士招生与培养问题。

8月25日，研究会召开八届二次理事会议。会议由研究会常务副理事长于丹研究员主持。会议传达了中国科协八大会议精神，讨论了研究会发展规划。

2011年，研究会及所属分会、专业委员会共举办国内学术会议5次，会议交流论文共计340余篇，与会专家、学者540余人；举办国际学术会议3次，会议交流论文共计1300余篇，与会专家、学者820余人。

1月6~8日，安全性统计技术分会在海南省三亚市举办了可靠性技术讲座。讲座特邀美国马里兰大学Michael Pecht教授和Diganta Das博士主讲。讲座分为概述和电子元器件的物理失效预测两部分内容。两位专家分别就与物理失效相关的可靠性知识、可靠性评估的统计分布、系统可靠性分析、物理失效的概念、基于物理失效的可靠性设计、产品全寿命周期条件下的可靠性预测过程和方法等进行了讲解。

8月12~15日，第六次全国生存分析与应用统计研讨会在甘肃省兰州市举行。会议由中国现场统计研究会生存分析分会、香港浸会大学数学系、香港浸会大学统计研究与咨询中心、甘肃省数学会、兰州大学联合主办，由兰州大学数学与统计学院承办。来自全国20余所高等院校和科研机构的40余名专家、学者参加会议。会议对现代统计模型的理论和方法、应用统计和保险精算等领域的热点问题进行了研讨和交流。香港浸会大学教授朱力行、中国科学院数学与系统科学研究院研究员王启华、西南财经大学教授林华珍、北京工业大学教授薛留根分别作了学术报告。

【中国现场统计研究会第15届学术年会】 8月25～26日，中国现场统计研究会第15届学术年会在北京召开。来自全国各地的165位专家、学者、研究生参加本次学术年会。研究会理事长耿直教授、首都经济贸易大学教授王稼琼在开幕式上致辞。开幕式由研究会秘书长程维虎教授主持。

中国统计教育学会副会长、中国人民大学常务副校长袁卫致辞，详细解读了国内外统计学的发展现状、统计学研究生培养，以及现阶段统计学一级学科所面临的机遇与挑战等问题。中国概率统计学会会长、中国科学院院士马志明致辞，他鼓励统计学与数学要相互欣赏、共同发展。中国统计学会常务副秘书长许亦频致辞，解读了中国经济统计与社会统计发展中的一些主要问题。

会议期间，北京工业大学应用数理学院教授杨振海、首都师范大学教授崔恒建、南开大学数学科学学院教授王兆军分别作了《随机估计和VDR检验》、《话说稳健统计》、《统计过程控制图简介及某些研究热点》的特邀报告。

年会共征集学术论文70余篇，56篇论文在年会上进行了分组学术报告。

【第九届国际可靠性、维修性、安全性会议】 6月12～15日，安全性统计技术分会主办的第九届国际可靠性、维修性、安全性会议在贵州省贵阳市召开。来自美国、英国、瑞典、德国、新加坡、捷克、泰国等国，以及国内大型企业、科研院所、高等院校的专家、学者，共计400人参加会议。会议以“安全性第一 可靠性是基础”为主题，共举办2场专题培训、2场主题讨论和6个分会场。分会场分别就质量和可靠性管理、可靠性数学和统计方法、安全性和风险评估、维修性、可靠性试验和设计、RMS应用6方面内容进行了交流和讨论。

会议共征集学术论文1000余篇，经审定，共有265篇论文收入会议论文集。会议论文集由IEEE出版，已进入EI检索。所收录论文涵盖了质量和可靠性管理、可靠性数学和统计方法、安全性和风险评估、软件测试和可靠性、维修性、故障诊断与失效分析、可靠性试验和设计等方面的内容。

【2011统计与管理科学国际学术会议】 9月23～25日，由资源与环境统计分会和重庆理工大学联合主办、重庆理工大学承办的2011统计与管理科学国际学术会议在重庆市召开。中国科学院数学与系统科学研究院副院长汪寿阳和中国现场统计研究会资源与环境统计分会理事长、上海财经大学统计与管理学院常务副院长周勇共同担任会议程序委员会主席。来自中国科学院、北京大学、清华大学、复旦大学等国内外96个高等院校和科研院所的170余名专家、学者参加会议。会议就统计学与管理学的最新动态和前沿信息进行了探讨，交流了最新的研究成果、应用进展以及业界需求，包括环境与经济，资源与环境、水资源方法论，结合资源与环境、生态等数据的统计分析，经济计量，金融统计，风险管理，应用统计，生存分析，数据挖掘与机器学习等领域的内容。

中国未来研究会

2011年，研究会为了筹备换届选举工作，召开了4次理事长办公会议、5次常务理事会议、1次理事会议，讨论并通过了换届工作文件、换届工作程序和学会理事会、常务理事会和领导班子候选人。6月11日，中国未来研究会第六次全国会员代表大会在北京召开，完成了换届选举工作。

研究会认真做好会员服务和发展工作，2011年发展新会员75人。12月17日，参加了第三届中国科协直属全国学会会员日活动，研究会组织了专题报告会。研究会顾问高恒作了题为《南海形势的新特点和趋势》的专题报告。

研究会举办了5项学术交流活动。举办的主要学术会议有第二届中国未来城市发展溪口论坛和第八届中国科学家论坛等。

6月12日，中国未来研究会2011学术年会在北京召开。近160位专家、学者参加会议。年会的主题是“转型期的中国未来”。会议围绕经济发展方式转变、城市化问题、生态问题、就业问题等进行探讨和交流。学术交流委员会主任邓寿鹏在会上作了《福岛事故后的核电未来》的报告，安徽省社会科学院大协调学研究中心研究员赵营波作了《健全科技创新机制，引领可持续高效发展》的报告。

9月21～23日，第13届中国科协年会第20分会场生态文明视阈中的城市发展研讨会在天津市召开。研究会理事长、分会场主席张文范出席开幕式并致辞，来自全国各地的150余位专家、学者出席会议。学术交流委员会主任邓寿鹏作了题为《云计算：城市信息化的绿色生态》的报告，研究会副理事长、中国工程院院士侯立安作了题为《遭核污染的城镇饮用水应急保障技术研究进展》的报告，研究会副理事长、天津工业大学公共危机管理研究所所长阎耀军作了题为《城市生态安全管理的前移与前馈控制系统的构建》的报告，研究会副理事长、清华大学教授顾朝林作了题为《关于未来城市的思考》的报告。

10月26日，由中国未来研究会教育分会、中国教育电视台《点燃希望》栏目组联合主办的第八届中国教育家大会在北京开幕。会议以“促进教育均衡发展，提高教育质量，倡导教育家办学”为主题。全国人大教科文卫委员会副主任委员、中国民主促进会中央委员会副主席王佐书致开幕辞。十届全国人大常委会副委员长、中国关心下一代工作委员会主任顾秀莲出席会议并讲话。来自31个省、自治区、直辖市的300余位教育界专家出席大会。

9月21～24日，为纪念辛亥革命100周年，研究会在天津工业大学举办了中国科教百年回顾科普展览，活动包括“回顾与展望”、中国未来与发展论坛两部分内容。“回顾与展望”展览介绍了辛亥革命100年来，中国科技和教育所取得的成就，展望了中国科教未来发展趋势。在中国未来与发展论坛上，专家进行了两场专题报告。天津工业大学的师生，以及参加中国科协年会的专家、学者共200余人参加活动。

研究会教育培训中心开展了经济管理与产业信息化硕士培养项目、清华大学高级工商管理课程进修项目、菲律宾硕博留学项目、两岸华商台湾学术交流与企业考察座谈暨两岸经济与企业发展论坛、中国智慧与卓越领导高级研修班、中国产业发展推进“511”工程等6个教育培训项目。

学会会刊《未来与发展》被中国科学评价研究中心（RCCSE）评为中文核心期刊来源扩展版。

【中国未来研究会第六次全国会员代表大会】 6月11日，中国未来研究会第六次全国会员代表大会在北京召开。研究会第五届理事会理事长张文范代表第五届理事会作了题为《探索未来 为科技创新和经济社会发展作出新的贡献》的工作报告。会议听取并审议通过了《第五届理事会工作报告》、《第五届理事会财务报告》、《中国未来研究会章程修改草案》和《中国未来研究会会费管理办法》。

大会选举产生了研究会第六届理事会理事75人。大会推选于光远为研究会第六届理事会名誉理事长。研究会六届一次理事会选举产生了理事会新一届领导班子。张文范任研究会理事长，侯立安、顾朝林、阎耀军当选为副理事长，夏震当选为秘书长。邓寿鹏等25人当选为常务理事。

张文范在讲话中指出，未来研究科技工作者要积极行动起来，按照“为经济社会发展服务、为提高全民科学素质服务、为科技工作者服务，加强自身建设”的工作定位，积极探索建立适应社会主义市场经济体制、符合科技团体发展规律、具有学术影响力、会员凝聚力、社会公信力和自主发展能力的学会发展之路，为推动科学发展、促进社会和谐作出应有的贡献，不断开创学会工作的新局面。

研究会六届一次常务理事会决定聘任秦麟征、糜振玉、徐孝纯、高恒为研究会第六届理事会顾问，华军为副秘书长。

【第二届中国未来城市发展溪口论坛】 9月19日，由中国未来研究会、浙江省奉化市人民政府共同主办的第二届中国未来城市发展溪口论坛在浙江省奉化市举行。国家部委有关部门负责人，中国社会科学院等研究机构和高等院校的专家、学者，中国未来研究会专家，共150余人出席论坛。

奉化市市长张文杰致欢迎辞。研究会理事长张文范、中国国际友好城市联合会副秘书长贾伶等讲话。中国社会科学院旅游研究中心副主任刘德谦，中国旅游管理干部学院原副院长王洪滨，以色列斯尔・斯皮泽尔公司执行总裁纳特法里・斯皮泽尔等专家作了主题报告，共同交流探讨了中国未来城市建设和旅游产业发展的新理念、新思路。

作为第二届中国未来城市溪口论坛的组成部分，旅游未来研究分会召开了未来城市与旅游发展研讨会。30余位专家、学者参加研讨会，围绕中国未来城市发展趋向、溪口未来小城建设途径、加快奉化和溪口旅游业国际化步伐、未来城市建设与旅游产业发展等议题进行研讨。

中国科学技术史学会

2011年，学会组织专家完成了《中国科学技术史学会项目管理方案》、《中国科学技术史学会工作人员发展规划（2011—2020）》、《中国科学技术史学会理事会和分支机构发展规划（2011—2020）》。

8月1日，学会第八届理事会第五次会议在青海省西宁市召开。学会各分支机构汇报了近一年来的工作情况，以及未来5年的工作计划。理事会讨论通过了修订后的学会章程、学会课题管理方案、学会“十二五”发展规划（草案）。与会理事建议学会成立科学文化专业委员会、力学史专业委员会、工业遗产及工业考古专业委员会。

8月1日，青海大学与学会共建青海大学民族科学文化中心合作框架协议签字仪式在青海省西宁市举行。学会理事长廖育群和青海大学校长梁曦东代表双方进行签字。

学会充分发挥学科交叉优势，举办了一系列学术会议。举办的主要学术会议有第九届少数民族科技史国际研讨会暨第八届全国青年科技史学术研讨会、2011年中国建筑史学术年会、第四届数学史与数学教育国际研讨会暨第八届全国数学史学会学术年会等。

9月21～23日，由中国科协主办、学会承办的第13届中国科协年会专项活动——当代中国科学家学术谱系研究论坛在天津市举行。中国科协书记处书记王春法出席会议，并作了题为《当代中国科学家学术谱系研究的价值和意义》的主旨报告。南开大学校长龚克出席会议并致欢迎辞。中国科技大学教授胡化凯作了《科学家学术谱系研究的方法问题：以当代中国物理学家学术谱系研究为案例》的大会报告，北京大学教授张大庆作了《从我国现代医学学术谱系看学术谱系的产生、传承和发展》的大会报告，南开大学教授赵万里作了《科学家的学术谱系与社会支持网络》的大会报告，中国科学院自然科学史研究所研究员袁江洋作了《科学家学术谱系研究与科学史》的大会报告。

10月31日～11月1日，由中国科学院自然科学史研究所、浙江省海宁市人民政府共同主办，学会数学史专业委员会、海宁市文学艺术界联合会承办的纪念中国近代科学先驱李善兰诞辰200周年暨学术研讨会在浙江省海宁市举行。来自中国科学院自然科学史研究所、上海交通大学、东华大学、天津师范大学、内蒙古师范大学等高等院校和研究机构的科技史学者，共50余人参加会议。会议的主题为“李善兰的世界，世界的李善兰”。

11月5～7日，第二届中国技术史论坛暨第二届中国传统工艺论坛在广西壮族自治区南宁市举行。中国科学院自然科学史研究所所长张柏春、中国科协调研宣传部副部长纳翔、广西壮族自治区科协副主席谢林城等出席开幕式。来自全国各地的160多名专家、学者出席论坛。论坛的主题是“技术、文明与遗产，文化多样性”。与会专家围绕传统工艺传承与保护、金属史与技术史、农业史与科技社会等专题进行了交流，对非物质文化的传承保护，工业遗产、城市发展升级中传统文化的保护等问题展开了讨论。论坛共收到论文143篇，其中130篇论文在会上进行了交流。

9月27～30日，国际科学理事会（简称国际科联，ICSU）第30届全体大会在意大利罗马召开。国际科学技术史学会主席、中国科学技术史学会原理事长刘钝研究员出席会议，代表中国科学技术史界反映了相关问题，并与同行展开了研讨。中国科学院院士吴国雄当选为国际科联执委，任期3年。

学会非常重视《保护非物质文化遗产公约》框架下的国际合作。3月11日，学会秘书长鲁大龙参加了加强非遗公约框架下国际合作专题研讨会。7月5日，韩国文化遗产基金会（Korean Cultural Heritage Foundation，CHF）访问北京，与学会就开展中日韩非物质文化遗产保护方面的比较研究、中韩非物质文化遗产的调查研究、共同兴趣主题的合作研究和宣传项目，设立中韩学者参与的“中韩历史上的科学交流（医学、天文学等）”项目等进行探讨。10月，学会原秘书长、中国科学院自然科学史研究所研究员苏荣誉在韩国文化遗产基金会组织的国际论坛上进行大会发言，就加强与韩国文化遗产基金会进一步合作与交流进行了初步接触。

学会推荐的“走向生态文明”地铁公益科普素材开发项目获得中国科协资助，北京师范大学科学与人文研究中心副教授田松主持该项目。该项目基于北京地铁客流量大、固定客流多的现状，以新的传播媒介——地铁海报为依托，将生态文明建设和工业文明的学术成果科普化。该项目以“河流与文明”为主题，从10个方面展示和讨论人与河流的关系，河流对人类文明的意义。完成了一组（10块）大型科普公益广告设计图稿，以及生态素材照片100幅，取得了较好的成效。

11月18～19日，学会天文学史专业委员会邀请荷兰国家射电天文研究所教授、中国国家天文台特聘教授Richard Strom在中国科学院自然科学史研究所开展了射电天文学讲习班。讲习班共3讲。第一讲：射电天文学历史简介（1895～1945）。第二讲：干涉仪的工作原理及早期发展、射电天文观测中的接收机和灵敏度问题、射电天文光谱学。第三讲：新型射电望远镜及射电天文研究中的新发现。

8月15～21日，学会在北京举办了第二届全国科学技术史师资培训班。中国科学院自然科学史研究所所长张柏春、中国科学技术史学会理事长廖育群担任师资培训委员会主任，孙小淳、吴国盛、袁江洋、关增建、张大庆、鲁大龙为委员，负责培训班的组织实施工作。15 位在科技史教育方面有丰富教学经验的知名学者任授课教师。

【第九届少数民族科技史国际研讨会暨第八届全国青年科技史学术研讨会】 8 月 1 ~5 日，学会与青海大学联合主办的第九届少数民族科技史国际研讨会暨第八届全国青年科技史学术研讨会在青海省西宁市举行。青海大学校长梁曦东、青海省科协党组书记石昆明、青海省科技厅厅长解源、学会理事长廖育群、中国科协调研宣传部副部长纳翔等出席会议。来自英国、德国、瑞士、日本和中国的科技史学者约 120 人参加会议。

中国科协书记处书记王春法、中国科学院自然科学史研究所所长张柏春、青海大学藏医学院副院长端智，瑞士苏黎世大学教授傅玛瑞作了大会特邀报告。

第九届少数民族科技史国际研讨会围绕中国各少数民族科技与文明、传统工艺的发掘与保护、边疆少数民族与其他国家的科技文化交流 3 个基本主题，以及青海藏医药的挖掘与研究、青海各少数民族科技与文明、青海传统工艺 3 个特色主题展开研讨。

第八届全国青年科技史学术研讨会表彰了优秀论文获得者。来自上海交通大学、中国科学院自然科学史研究所等单位的 7 名青年学者获得奖励。

【2011 年中国建筑史学术年会】 10 月 15 ~16 日，2011 年中国建筑史学术年会在甘肃省兰州市举行。年会由中国建筑学会建筑史学分会、中国科学技术史学会建筑史专业委员会主办，兰州理工大学承办。瑞士苏黎世州文物保护局前局长 Christian Renfer 先生，东南大学建筑学院博士生导师陈薇，西安建筑科技大学教授王树声等专家、学者，共 100 余人参加年会。

联合国教科文组织顾问、俄罗斯建筑遗产科学院院士、中国建筑学会建筑史学分会理事长杨鸿勋作了题为《全球化进程中的地域文化》的主题演讲。清华大学建筑学院副院长、中国古迹遗址保护协会副主席吕舟作了题为《中国文化遗产保护的发展与理论问题》的主题演讲。同济大学教授、博士生导师路秉杰作了题为《建筑历史的意义与价值》的主题演讲。甘肃省建设科技专家委员会副秘书长赵金铭作了题为《甘肃重大历史遗存在建筑史学研究中的作用》的主题演讲。

会议以“建筑历史与地区文化”为主题，包括建筑历史、理论与研究，地区城市与建筑历史研究，地区建筑技术研究，建筑遗产保护及其新技术应用，地区建筑文化研究 5 个分论题。与会专家就建筑历史研究的最新成果、发展趋势、面临的挑战以及建筑文物保护的成功案例等作了交流。

【第四届数学史与数学教育国际研讨会暨第八届全国数学史学会学术年会】 4 月 30 日 ~5 月 4 日，由全国数学史学会（中国数学会数学史分会，中国科学技术史学会数学史专业委员会）主办，华东师范大学数学系承办的第四届数学史与数学教育国际研讨会暨第八届全国数学史学会学术年会在上海市召开。来自加拿大、德国、韩国、日本、印度等国的数学史与数学教育专家，以及国内的专家、学者，共计 224 人出席会议。会议共收到中英文论文 130 余篇。

会议围绕数学史与数学教育关系（HPM）的理论与实践、师范院校数学史与数学文化课程的建设、晚清数学家李善兰（1811 ~1882）诞辰 200 周年纪念 3 个议题展开研讨。会议共设大会报告 17 场，分组报告 100 场。

在“数学史”专题研讨中，中国科学院自然科学史研究所研究员郭书春作了《刍议战国秦汉数学简牍发现之意义》的报告。肖灿博士作了题为《岳麓书院藏秦简〈数〉的主要内容与历史价值》的报告。内蒙古师范大学科学技术史研究院教授郭世荣、清华大学科技史暨古文献研究所教授冯立昇、西北大学数学系教授曲安京、东华大学人文学院教授徐泽林分别作了报告。

在“数学史与数学教育关系（HPM）的理论与实践”专题研讨中，华东师范大学数学系教授张奠宙、华东师范大学数学系教授汪晓勤、辽宁师范大学数学学院教授王青建、德国柏林自由大学（Freie Universitaet Berlin）教授 Klaus - Dieter Graf、内蒙古师范大学数学科学学院教授代钦分别作了报告。

此外，中国科学院数学与系统科学研究院教授李文林、加拿大 Laval 大学数学与统计学系教授 B. R. Hodgson、上海交通大学科学史与科学哲学系教授纪志刚、北京师范大学数学系教授刘洁民、徐州师范大学教授周明儒也分别作了报告。

本届年会设置了分会场，报告的主题分为：数学史、HPM 视角下的数学教学、数学教育史、数学文化与数学史的教学、数学教材中的数学史与数学文化、数学教育 6 项内容。

中国科学技术情报学会

2011 年，学会各专业委员会积极开展学术交流活动，促进了情报学科发展。

情报研究与咨询专业委员会与中国人民大学信息资源管理学院6月在四川省成都市联合举办了信息分析与竞争情报理论方法创新学术交流会。来自高校、科技信息研究所及相关单位的70余名专家、学者参加会议。会议探讨了信息分析与竞争情报理论方法创新机制，交流了各单位近年来开展信息分析与竞争情报研究与实践工作的经验与做法。

知识组织专业委员会9月在北京召开了中日两国机器翻译技术合作学术交流会。来自中日两国的50余名研究人员参加会议。大会特邀中日两国机器翻译界20位学者作了大会报告。中日双方专家、学者在介绍各自研究成果和研究进展的基础上，就汉日双向机器翻译研究中遇到的技术难题进行了交流，并对为解决难题可能展开的合作研究进行了分析。

信息技术专业委员会10月在浙江省宁波市举办了主题为“探索与实践——知识服务的技术与模式研究”的第25届全国计算机信息管理学术交流会。来自全国各地从事信息技术研究应用和信息服务的政府部门、企事业单位和学校的40余名专家、学者出席会议。大会集中讨论了利用知识服务技术助力科技情报研究工作、科技创新共享服务支撑体系的构建方法、云计算及数字图书馆技术发展及相关系统的建设、科学数据中心及科学数据云服务等方面的内容。

竞争情报分会组织了一系列的研修班和培训班，进一步提高科技情报从业者业务水平。举办的培训班主要有竞争情报应用技能高级研修班、专利查新与专利分析高级研修班、专利地图与专利预警分析高级培训班、专利查新与侵权分析及专利检索高级培训班等。竞争情报分会10月在浙江省杭州市举办了第十七届中国竞争情报年会。企业界、咨询界、学术界的专家、学者和从事具体情报工作的竞争情报实践者共120余人参加会议。年会设立了专家论坛、互动论坛和学术论坛，为来自产、学、研各行业的代表提供了不同层次、多种形式的交流平台。中国第一汽车股份有限公司、南方电网科学研究院有限责任公司和中国联通研究院3家不同行业的大型企业的代表走上讲台与参会者分享了竞争情报实践的经验和心得。

信息资源专业委员会11月在浙江省杭州市召开了2011年全国知识组织与知识链接学术交流会。来自北京大学、中国人民大学、浙江大学等高校的图书情报学、计算机学的专家、学者以及国家图书馆、国防科技信息中心等科研机构的研究人员共80余人参加会议。会议邀请知识组织与知识链接相关领域的专家，就业内的热点问题作了大会报告。会议所征集的论文从不同层面阐述了知识组织与知识链接领域的研究现状，内容涵盖机制理论的探讨、新技术在知识组织与知识链接领域的应用，以及知识组织与知识链接的实践方法及意义等。

情报学理论方法专业委员会与南京大学信息管理系（学院）8月共同举办了以“新兴技术环境下信息资源、技术与服务的融合”为主题的博士研究生学术论坛。来自30多所大陆高校以及台湾政治大学、台湾师范大学的近200名教师和博士生参加论坛。论坛就新兴技术环境下，如何面临情报学领域中信息资源、信息技术以及信息服务有机融合的新问题和挑战进行研讨，并就新兴技术环境下的传统信息服务创新、新兴网络环境下的信息技术与应用、新兴环境下图书情报博士生培养、新兴网络与知识服务专题研究4方面的主题进行了讨论。

合作交流专业委员会与湖南省科学技术情报学会10月在湖南省长沙市共同主办了竞争情报服务中小企业学术研讨会。中国和法国的竞争情报专家、国内科技情报行业的专家、50余家中小企业负责人，共计100余人参加会议。会议主要研讨了中小企业竞争情报需求与认识、中小企业竞争情报实践（竞争情报来源、工作机制、公益机构与竞争情报服务）以及中国与法国中小企业竞争情报服务实践等方面的内容。

竞争情报分会7月在内蒙古自治区海拉尔市召开了第二届技术竞争情报与情报工作研讨会。来自国内情报研究机构、相关企业的专家、学者近30人参加会议。研讨会探讨了技术竞争情报的发展与实践问题，特别是在实践中的技术与经验分享。

声像专业委员会8月在内蒙古自治区呼和浩特市召开了声像专业委员会工作研讨会。声像专业委员会委员以及部分科技信息所分管所长、声像部门负责人共计50余人出席研讨会。会议结合《“十二五”国家科技发展规划纲要》提出的七方面目标，研究探讨了科技声像工作在新形势下的宣传重点，以及创新思路和表现手法等内容。

2011年，《情报学报》由双月刊变成了月刊，全年刊发12期，共刊发学术论文172篇。调整了编委会成员，扩充了审稿专家队伍。

【2011年度全国科技情报工作研讨会】9月，学会在新疆维吾尔自治区乌鲁木齐市召开了2011年度全国科技情报工作研讨会。科技部副秘书长郑国安，学会常务副理事长、中国科学技术信息研究所所长贺德方，中国科学技术信息研究所副所长赵志耘，中国科学技术信息研究所总工程师武夷山，学会副理事长、上海科学技术情报研究所副所长陈超等出席会议。来自有关部委以及省、市级科技情报研究所（院）的200余名专家、学者参加

会议。研讨会内容涉及信息资源建设与服务、情报研究、科技查新、科技情报机构合作模式等科技情报工作，以及科技情报事业发展的一些关键问题。会议期间还举办了2011中国科技情报网工作会议与2011年全国科技查新事实型数据库建设工作座谈会。

中国图书馆学会

2011年，学会发展个人会员650名、团体会员41个。完成会员数据库和“会员论坛”的更新与维护，开展了“会员论坛”征稿及“会员论坛之星”评选活动。

学会先后召开八届六次、七次、八次和九次常务理事会，以及八届四次和五次理事会。召开中国图书馆学会2011年秘书长联席会议暨《中国图书馆年鉴》编撰工作会议。

开展2011年韦棣华奖学金评选活动，共授予22名同学奖学金。全年共表彰奖励各级各类科技工作者570人，其中表彰优秀会员483人，优秀学会工作者45人，第二届青年人才奖26人。

全年共举办学术会议22场，共有2888人参加会议，会议交流论文共计2541篇。举办的主要学术会议有中国图书馆年会暨中国图书馆学会年会、中国图书馆学会第五届青年学术论坛等。

4月25～27日，全国数字图书馆建设与服务联席会议第十二次会议召开。联席会议成员单位代表23人出席会议，会议由中共中央党校图书馆轮值主办，以“数字图书馆的普惠服务”为主题。会议交流了各成员单位2011年数字图书馆建设年度计划，并讨论了文化部《关于进一步加强公益性数字文化建设的指导意见》。

全年共接待美国、加拿大、德国、新加坡、韩国等国图书馆界同行7个团组85人来访。

实施中美图书馆员专业交流项目。5月和10月，美方先后派遣两批专家来华参加“图书馆专业普及交流子项目”及其他分主题的项目，分别与湖南省、福建省、贵州省、湖北省和山西省等地近1100名各类图书馆馆长及业务骨干进行了专业交流。“中美图书馆员专业交流·图书馆行业组织专题交流项目”中方代表团一行10人赴美国执行项目，代表团成员在美国参加了专题培训、专业参观与实践，以及专业会议3个单元的活动。

8月13～18日，2011年世界图书馆与信息大会暨第77届国际图书馆协会联合会大会在波多黎各圣胡安召开。8月13日，中文预备会召开，来自中国大陆和台湾地区，以及新西兰、新加坡等地的100余名学者参加了预备会。学会先后为190余名图书馆专业人员提供了咨询服务，并为79名业界人士提供了参会服务。

举办各类主题科普活动11次，科普讲座9场，科普展览18次，受众共计45800人次。开发科普挂图10种，发放科普挂图1103张。

积极申报2011年中国科协学科发展研究项目，图书馆学科成为中国科协22个获准立项的学科之一，该项目最终研究成果被评为中国科协优秀学科发展研究报告。

开展《公共图书馆法》立法支撑性研究，组织相关成果的创作、编辑和出版工作。《公共图书馆法（送审稿)》已经由文化部送交国务院法制办公室审议，并在业界广泛征求意见。

编辑、出版《中国图书馆年鉴》（2011年卷)、《中国图书馆学会年会论文集》（2011年卷）和《中国图书馆事业发展报告（2011)》。

【2011年中国图书馆年会暨中国图书馆学会年会】 10月26～27日，2011年中国图书馆年会暨中国图书馆学会年会在贵州省贵阳市召开，近1500人参加年会。贵州省副省长刘晓凯，韩国图书馆协会副会长李相福，学会名誉理事长、国家图书馆馆长周和平等在开幕式上致辞。开幕式由学会理事长、国家图书馆常务副馆长詹福瑞主持。

周和平表示，十七届六中全会为我国图书馆事业的发展描绘了宏伟蓝图。在新的形势下，2011中国图书馆年会暨中国图书馆学会年会对进一步推动全国图书馆事业发展，构建完善的公共文化服务体系，推动文化大发展大繁荣，具有重要意义。

年会的主题为“公益·创新·发展：‘十二五’时期的图书馆事业”，共设17个分会场。年会共征集论文1261篇，评出一等奖论文92篇、二等奖论文206篇、三等奖论文396篇。20个机构获得年会征文组织奖。

年会同期举办了以“图书馆建筑”、“馆徽”、“馆服”、“图书馆及学会刊物”等为主题的文化展览。

【中国图书馆学会第五届青年学术论坛】 5月25～28日，由中国图书馆学会主办、江苏省图书馆学会协办、江苏苏州独墅湖高等教育区管理办公室和苏州独墅湖图书馆共同承办的中国图书馆学会第五届青年学术论坛在江苏省苏州市召开。论坛的主题是“全媒体时代的图书馆建设与服务创新”。来自各省、自治区、直辖市的120余位图书馆界的专家、学者参加论坛。本届论坛是在全媒体时代背景下讨论图书馆的建设和服务创新，首次将理论研究成果与图书馆实践进行较好的融合，首次通过微博和手机报等创新的手段进行宣传，得到了业界的广泛关注。

【全国图书馆志愿者行动——基层图书馆馆长培训】 6月14日，全国图书馆志愿者行动——四川省基层图书馆馆长培训班在四川省成都市双流县图书馆新馆举办。来自四川省基层图书馆的馆长及业务骨干共180余人参加培训。7月29日，全国图书馆志愿者行动——广西公共图书馆科学管理与服务创新高级研修班在广西壮族自治区图书馆举行，来自全自治区公共图书馆和高校图书馆的184名馆长和业务骨干参加研修班。至此，持续6年、在全国图书馆界影响深远的全国图书馆志愿者行动基本结束。

【全民阅读活动】 2011年，学会在全国各地深入开展全民阅读活动。“手牵手——农村青少年阅读行动”在全国建立45家书屋，服务农村青少年约9000人。在多地举办“儿童阅读在德国”巡讲活动。举办了第二届“书香古里”阅读节暨海峡两岸铁琴铜剑楼藏书文化论坛。举办了纪念辛亥革命100周年——“中山杯”全国青少年故事大赛暨征文活动。在江西省南昌市、广东省佛山市、陕西省西安市、广西壮族自治区南宁市、黑龙江省牡丹江市、江苏省常熟市、四川省都江堰市、江苏省苏州市、贵州省贵阳市等地举行了“国家图书馆文津图书奖”宣传推广活动，受众大约1.3万人次。在“牵手残疾人，走进图书馆”活动中，学会发出了《图书馆促进信息资源公平获取》行动倡议书。召开了第五届全民阅读论坛及2011年全国少儿阅读公共论坛。评选出全民阅读2010年度优秀组织奖和先进单位奖，命名“全民阅读示范基地”65个。

中国城市科学研究会

2011年，研究会针对城市科学发展的实际需要，在研讨和交流的基础上，编制完成了《中国城市科学研究会事业发展“十二五”（2011—2015）规划》。规划提出了研究会工作的指导思想、目标任务及行动路线，并对重点工作内容进行了详细阐述。

研究会“十二五”时期事业发展的指导思想是：深入贯彻落实科学发展观，团结带领广大城市科学研究工作者，紧紧围绕科学发展和加快转变经济发展方式主线，遵循中国科协八大会议精神，按照第五次全国会员代表大会提出的工作任务，坚持“有为才有位”的工作方针，转变思想，坚持改革创新，不断提升自身研究能力，增强社团实力扩大社会影响，为促进经济社会发展、人口资源环境协调的城市可持续发展作出应有的贡献。

目标任务是：对促进城市健康可持续发展的作用更加突出；学术研究活动的成效和水平显著提高；推动科学普及工作，扩大受众范围；提升研究会组织的凝聚力与公信力；广泛建立国际交流通道；坚定推进办事机构职业化改革步伐。

工作重点是：把握学科发展动态，引领前沿研究方向；推动学术研究纵深化、精细化；推动学术交流活动国际化、精品化；创新组织管理模式；强化城市科学普及工作开展力度；搭建精品期刊与信息交流平台；加强自身能力建设。

为了强化秘书处对各分支机构、研究中心工作的分类指导，形成对不同类别二级机构科学合理的考评机制，研究会召开了分支机构与研究中心工作座谈会。研究会各分支机构及研究中心对工作进展情况进行了梳理汇报。6月，在江苏省扬州市召开了五届五次理事暨分支机构、团体会员单位代表工作会议。会议总结了主要工作进展，交流了工作经验，确定了今后工作的重点及目标。

研究会组织召开工作会议，16个地方城市科学研究会负责日常工作的秘书长、副秘书长等30人参加会议。与会人员通报和交流了各城市科学研究会的组织现状和活动情况，回顾和总结了各城市科学研究会开展活动的经验，分析和提出了城市科学研究会工作面临的困惑，提出在全国范围内开展城市科学研究工作的意见和建议。

补充和完善了科技工作者专家库，制定并实施了专家库管理办法。

调整个人会员准入条件和方式，面向分支机构和地方城市科学研究会补充和增加会员，面向全国相关高等院校和科研院所吸收会员，继续进行注册会员发展工作，对会员进行重新登记，实现了会员信息化管理。

研究会加强学术交流，召开了第七届国际绿色建筑与建筑节能大会暨新技术与产品博览会、2011城市发展与规划大会、2011中国城镇水务发展国际研讨会与新技术设备博览会3个国际学术会议，召开了第18届海峡两岸城市发展研讨会。4次会议与会人数共计2500余人次，会议交流论文篇数约400篇，参与演讲的学者约400人次。举办了2011中国大型公共建筑绿色节能减排高峰论坛和“生态城市中国行”重庆站活动等，组织承办主题学术沙龙7次，承办相关主题论坛9个。

2011年，共举办科普活动6次，受众人数近万人，制作科普展板50块，编写有关科普宣传材料3册。

在第七届国际绿色建筑与建筑节能大会期间，开展了以“绿色建筑”为主题的科普宣传活动，参观人数近1000人。在2011中国城镇水务发展国际研讨会与新技术设备博览会期间，开展了以“城市节水宣传”为主题的科普宣传活动。共展出大型展板 11 块，发放宣传材料 1000 余份，参观人数 1000 余人。在科技活动周期间，组织了科普进社区活动。制作的科普展板，采用文字、卡通画和照片等形式，展示了绿色建筑的相关知识。在中国（天津滨海）国际生态城市博览会期间，在“绿色建筑展区”进行了绿色建筑的科普宣传活动。

组织完成中国科协 2011 年度政策研究类课题《适合中国国情的人居环境评价机制研究》。在调研国内外人居环境评价理论方法的基础上，结合实证分析与规范分析，针对目前人居环境建设中的薄弱环节和主要问题进行深入剖析，提出改善中国人居环境的对策建议。

组织开展中国科协“科技与社会 2049 展望”系列研究——城市科学与未来城市研究工作。以情景模拟作为基本分析方法，深入分析城市科学技术引领和未来城市建设的基本路径，重点揭示城市科学在 21 世纪上半期对未来城市发展的重大影响，展现未来城市蓝图。参与联合国可持续发展报告《中国城市建设篇》部分的修订工作。

截至 12 月 31 日，研究会共举行绿色建筑标识评审会议 20 次，累计完成 119 个绿色建筑项目的评审组织工作（含绿色建筑标识项目 3 个）。完成绿色标识评价认证项目占年新增项目的 56. 13% 。

配合住房和城乡建设部有关司局，开展有关照明节能试点项目，完成太阳能半导体照明装置农村试点测试评估、无电县照明试点、合同能源管理项目试点工作。参与《城市照明节能评价标准》、《城市照明自动控制系统技术规范》等标准规范文件的起草编制工作。

组织协调并研究编制《河北省涿州市城乡总体规划》。完成城乡总体规划、中心城区总体规划的编制工作，并完成区域空间发展战略、水资源与环境承载力、人口与用地规模、防洪工程、综合交通、生态城市的专题研究。组织专家顾问团队为项目提供技术指导，提出完成市域城乡统筹规划空间布局方案中生态统筹协调布局研究及引导性方案。

受河北省住房和城乡建设厅委托，组织完成《河北省生态宜居城市建设研究》项目，为河北省确立生态宜居城市发展目标提供理论基础、技术支持与示范指导，结合河北省现状摸底，提出可操作、可实施、可执行的生态宜居建设发展指南，从战略目标体系、建设技术体系、政策体系与示范应用体系 4 个方面进行了有关研究工作。

与中国城市规划设计研究院合作，完成广东省深圳市低碳生态城市指标体系研究项目。主要承担有关基础理论研究，国内外经验借鉴，指标体系的选择、赋值、分级评价、横向对比的研究，提出适应深圳实际的基础性指标体系。

承担安徽省合肥市滨湖新区生态建设示范区生态规划建设咨询工作。重点完成生态城市指标体系研究，绿色交通、绿色建筑、水和固废资源循环利用等专题研究，以及对滨湖新区核心区控制性详细规划和城市设计成果的生态优化工作。

承担上海市奉贤区南桥新城低碳生态规划咨询工作。对新城范围进行了生态城市指标体系研究、实施措施、地块低碳生态开发控制指标等研究工作。

承担福建省厦门市集美新城低碳生态城指标体系项目。建立具有集美特色的低碳生态指标体系，并编制核心区低碳生态地块开发控制指引。

承担河北省固安县设计项目。负责河北固安廊涿高速以东项目的规划设计工作，确定项目定位，对住区功能进行规划，开展土地利用方案布局、生态景观布局等工作。

承担广东省深圳市前海深港现代服务业合作区低碳生态研究工作。开展概念性规划和控制性详细规划阶段的预研究工作，利用高仿真模拟分析指导空间规划研究，进行指标体系研究和能源利用专项规划。

承担山西省阳泉市生态新城生态规划。按照生态城市“诊断—目标—规划—实施—反评估”的建设步骤进行了全过程、系统化的生态专项规划，完成生态安全格局、行政监管流程、实施导则等一系列专题研究。

承担重庆市虎溪、寨山坪地段生态城镇概念性总体规划及生态专题研究。对两个地段进行概念性总体规划，对城乡统筹规划、山地城市生态建设做了专题研究。

与德国国际合作机构（GIZ）合作，开展有关低碳生态城市建设指南的研究编写工作。采取同行评议、通稿综合的工作方式，组织生态城市规划、建设、管理领域的 12 位专家完成有关章节的撰写。

组织参与中美清洁能源联合研究中心相关课题项目。绿色建筑专业委员会承担有关《绿色建筑标准》研究，低碳照明中心承担《新型照明系统设计及控制方法研究》项目。

与美国联合技术公司（UTC）合作，继续开展《生态城市指标体系构建与生态城市示范评价》项目研究工作，在试点年工作的基础上，细化建立指标体系，将城市实践扩展延伸至城市区域或社区层面。美国联合技术公司（UTC）计划在建筑能效、可持续城市设计方面提供更多国际经验，开展微观尺度的技术交流与合作。

由英孚（EF）资助，组织专家对曹妃甸生态城指标体系研究、生态城市规划方面进行全程咨询与跟踪研究。

【组织编制完成6本年度报告】《绿色建筑年度报告》，系统总结了近年来我国绿色建筑的研究成果和实践经验，指导我国绿色建筑的建设、评价、使用及维护，引导我国绿色建筑健康发展。

《城市规划发展报告》，对于年度城乡规划发展进行回顾、梳理和研究，总结经验、统一认识、明确方向，系统总结分析城市规划编制、城市规划管理、法制建设、学术研究、学科建筑等相关领域的最新进展、经验、存在问题和发展趋向，对“十二五”时期城镇化进展和城市规划发展进行了分析和展望。

《低碳生态城市发展报告》，通过对低碳生态相关领域关键技术的梳理，提出有中国特色低碳生态城市发展技术体系，并阐述相关方法和技术的适用性；对实践案例开展深度剖析，为目前建设提供借鉴参考；开展城市生态宜居发展指数研究，评价城市建设的现状，寻找其薄弱环节与突破点。

《数字城市年度报告》，以构建“宜居、安全、便捷”的健康城市、积极稳妥推进城镇化为主线，提出了对数字城市的深层次理解，在客观分析评价国内外数字城市的经验基础上，提炼出数字城市总体框架、技术支撑、业务应用、资本产业、政策标准、评价指标5大体系。

《城市交通规划年度报告》，总结梳理了中国城市交通规划发展的总体情况与突出特点，结合具体城市案例，总结各类交通规划取得的成绩与问题，对交通政策、城市空间规划与交通规划、城市综合交通规划、高速铁路、地面公共交通规划、非机动车交通规划、交通需求管理规划、大型活动交通规划等进行重点评述。

《小城镇和村庄建设年度报告》，系统总结了2011年来中国小城镇和村庄发展情况与存在的问题；从领导讲话、文件汇编、统计分析、专题简介、地方经验、典型经验等方面对小城镇与村庄建设的总体情况进行全面分析，展望未来小村镇与村庄建设的总体趋势。

【第七届国际绿色建筑与建筑节能大会暨新技术与产品博览会】3月28日，由中国城市科学研究会、中国建筑节能协会等单位共同主办的第七届国际绿色建筑与建筑节能大会暨新技术与产品博览会在北京召开。大会围绕“绿色建筑：让城市生活更低碳、更美好”的会议主题，安排了1个综合论坛和23个分论坛。来自联合国环境规划署技术工业与经济司可持续消费与生产处、美国能源部能源效率和可再生能源办公室等部门的8位国内外专家、学者在综合论坛上发表主题演讲。在分论坛上，专家、学者和企业家围绕绿色建筑设计理论、技术和实践，绿色房地产业的健康发展，大型商业建筑的节能运行与监管，既有建筑节能改造技术及工程实践，从绿色建筑到低碳生态，太阳能在建筑中的应用等议题发表主题演讲。

在同期举办的展览会上，来自国内外的百余家企业展示了绿色建筑规划设计方案及工程实例、建筑智能技术与产品、建筑生态环保新技术新产品、绿色建材技术与产品、既有建筑节能改造的工程实践、可再生能源在建筑上的应用与工程实践、大型公共建筑节能的运行监管与节能服务市场、供热体制改革方案及工程实例、新型外墙保温材料与技术、低碳社区与绿色建筑等方面的最新技术与产品。参观人数达2500余人次。

【2011城市发展与规划大会】6月17日，由江苏省扬州市人民政府、中国城市科学研究会、中国城市规划学会、江苏省住房和城乡建设厅共同主办的2011城市发展与规划大会在江苏省扬州市召开。与会专家围绕“城市低碳转型与绿色发展”的会议主题，探讨了低碳生态城市的规划和建设。研究会理事长、住房和城乡建设部副部长仇保兴作了《复杂科学与城市》的主题报告。仇保兴强调，在中国的城镇化进入中后期的特殊阶段，应遵循自组织的理念，推行“微降解、微能源、微冲击、微更生、微交通、微绿地、微调控”将成为城市转型和生态城规划建设的新原则。

会议围绕中外生态城市理论与范例，碳减排技术与生态城市建设实践，低碳生态城市的规划与设计，可再生能源、分布式能源与生态城市——德国绿色城市的发展历程和经验，低碳经济、循环经济与产业发展，绿色交通、公交优先与城市的可持续发展，城市基础设施规划与生态环境建设和投融资改革等议题展开了讨论。

【2011中国城镇水务发展国际研讨会与新技术设备博览会】9月19日，2011中国城镇水务发展国际研讨会与新技术设备博览会在山东省济南市召开。研讨会的主题是“供水安全、节水减污、人水和谐”。在综合论坛上，来自德国、日本等国的专家、学者，以及我国政府有关部门负责人、专家、学者，就城镇水务领域的焦点问题进行了交流。在分论坛上，来自国内外水行业的800多名专家、学者围绕城镇水务管理与改革发展、城镇净水工艺与水质达标、城市水系规划与景观设计等近20个专题进行了交流。

在同期举办的新技术与设备博览会上，百余家企业展示了国内外先进实用的水处理技术设备、给排水管网技术设备、膜与分离技术设备、净水器材等。水专项展览分为"城市水污染控制"和"饮用水安全保障"两个主题，展示了部分项目（课题）实施的最新进展。2000余人参观展览。

【第18届海峡两岸城市发展研讨会】9月2日，由中国城市科学研究会、台湾地区都市计划学会、湖北省武汉市人民政府共同主办，武汉市国土资源和规划局、武汉市东西湖区人民政府承办的第18届海峡两岸城市发展研讨会在湖北省武汉市召开。来自海峡两岸的100余位专家、学者参加研讨会。

研讨会的主题为"城市转型与创新发展"，旨在通过两岸专家、学者的对话与交流，探讨进一步寻找城市可持续发展途径，共同探索和解决城市发展中所面临的各种现实问题，实现经济发展与资源环境永续的双赢。

会议交流的议题包括：城市的人文引导、知识创新与文化城市，绿色发展、低碳模式与生态城市，科技进步、数字管理与智慧城市，经济转型、产业发展与永续城市，社区治理、公共管治与宜居城市。

会议决定，第19届海峡两岸城市发展研讨会将在台湾地区新竹市举办，会议主题为"智慧城市与精明增长"。

【"生态城市中国行"重庆站活动】11月，由研究会与重庆市人民政府共同主办，生态城市研究专业委员会承办的"生态城市中国行"重庆站活动启动。国内外专家、学者200余人汇聚重庆市，就"大山大水、生态人文"的活动主题进行交流。

研究会理事长、住房和城乡建设部副部长仇保兴出席活动并作主题演讲。仇保兴以《重建微循环——生态城设计的基本原则》为主题发表演讲。他从工业文明到生态文明、集中机械式处理到分散有机的处理、建造大型设施到小型适宜设施、单向排放到循环利用、设施间互相分离到综合利用共生、从上而下规划建造到上下结合充分调动民众的积极性6条基本思路，结合多种中外实例和历史教训进行了讲解。

重庆市副市长凌月明到会致辞。凌月明介绍了重庆经济、社会发展情况，以及重庆如何在工业化、城市化的进程中实现经济建设、环境保护协调发展。

活动期间，与会专家、学者及国外设计师还举办了专题对话活动。来自国内外的规划专家表示，建设生态城不仅是科学技术的应用，还应努力成为改变人们行为意识的一种尝试。

【2011中国大型公共建筑绿色节能减排高峰论坛】11月8日，由研究会主办的2011中国大型公共建筑绿色节能减排高峰论坛在北京召开。论坛的主题为"绿色低碳实践——释放城市未来生命力"。300余位专家、学者出席论坛。

研究会理事长、住房和城乡建设部副部长仇保兴作主题演讲。仇保兴在题为《公共建筑节能纲要》的演讲中指出，绿色节能建筑先行必须从公共建筑开始。他分析了当前我国大型公共建筑节能面临的挑战与机遇，并提出我国大型公共建筑实现节能应当采取的策略。

仇保兴表示，应从单项节能技术与系统集成应用，建筑的单功能和混合功能，单幢建筑节能与建筑群整体节能，能源、资源分散循环与集中循环利用，被动式节能与主动式节能，节能的硬件设计与智能化，节能建筑的政府监管与节能物业管理7个方面综合考虑，探寻实现大型公共建筑节能的策略。

仇保兴说，公共建筑的节能应从其全生命周期来进行，技术创新将成为公建节能的基本原则；建筑应具有当地气候适应性、当地人文历史的适应性、当地建筑材料的适应性将成为公共建筑的设计准则；适用的理念——可接受，适用的技术——可推广，适用的成本——可持续、可复制将成为公共建筑示范推广的前提条件；启动建筑市场的绿色需求、启蒙民众的绿色意识、启发建筑师的绿色创新将成为公共建筑节能的行动纲领。

方兴地产（中国）有限公司总裁何操、新加坡建设局国际开发署署长许麟济、英国建筑研究院（BRE）全球副总裁 Jaya Skandamoorthy（MR/MISS）在主题论坛上作了演讲。论坛特别邀请国内外具有代表性的经典公共建筑项目的地产开发商参会分享项目经验，共同就大型公共建筑节能方面的政策 、金融支持、技术改善及应用进行深入的探讨。

中国科学学与科技政策研究会

2011年10月22日，研究会第六届理事会第二次会议在江苏省南京市召开。研究会理事长方新主持会议，副理事长穆荣平、李新男、李廉水、陈劲，以及研究会理事60余人参加会议。研究会秘书长吕敬华汇报了研究会2011年工作。会议还就理事增选、研究会发展等事项进行了讨论，并形成决议。本次理事会通过投票，增选于渤、刘国新、朱雪忠、谷兴荣、姜中才、钟灿涛、龚旭、鲁若愚、朱桂龙9人为研究会理事。方新就2012年工作进行了部署，提出三点建议：一是科技政策和创新研究必须注重理论与实际的紧密结合，为科技发展的决策制定提供合理建议和方案；二是要在理论方法上不断探索，将其与实际问题相结合；三是要更好地发挥思想库的作用，注重研究队伍的建设，吸引更多新生力量加入到科学学研究的队伍中来。

科学计量学与信息计量学学科建设及第15/16届ISSI会议申请暨科学计量学与信息计量学专业委员会改选大会4月24日在北京召开。来自科学计量学相关领域的专家、学者共35人参加会议。大会推举并通过中国科学技术信息研究所教授武夷山担任新一届科学计量学与信息计量学专业委员会主任，并通过通讯方式选出7位专业委员会副主任。

2011年，研究会举办学术交流活动10余次，参加人数达900多人次，交流论文600余篇。举办了第七届中国科技政策与管理学术研讨会、海峡两岸区域合作与协同发展论坛、纪念钱学森先生诞辰100周年暨钱学森科学学思想学术研讨会等主要学术交流活动。

第13届国际科学计量学与信息计量学大会7月4～7日在南非德班举办。会议由国际科学计量学与信息计量学学会主办，南非德班理工大学、开普敦大学、南非国家研究基金会等6家机构承办。科学计量学与信息计量学专业委员会副主任杨立英博士、学术秘书袁军鹏博士，以及学会的其他专家参加了本次会议。中国是此次大会提交全文论文和研究进展论文最多的国家。大会录用了6篇以中国学者为第一作者的全文论文。

研究会积极发挥决策咨询职能，与地方政府、有关部门合作开展课题研究，为地方和部门发展建言献策。研究会承担了中国科协课题《中国科技体制机制改革深层次问题研究：从科技向创新延伸》、北京市科协课题《北京市科技人力资源研究》、中国有色矿业集团有限公司课题《科技创新支撑体系建设规划研究》、上海浦东新区政协经济和科技委员会课题《浦东海洋经济发展战略研究》等10余项课题。

12月15日，2011年度中国科协科技工作者优秀建议奖颁奖，研究会理事、青岛社会科学院经济战略与管理研究所所长隋映辉提出的《创建国家创新型城市的制约因素与对策建议》获优秀建议奖。

研究会主办的期刊共4种。2011年，研究会期刊质量进一步提高，《科学学研究》、《科研管理》、《科学学与科学技术管理》被评选为《中文核心期刊要目总览》“科学、科学研究”类期刊的一、二、三名。《中国科技政策国际期刊》（英文版）经过两年的努力，影响力提高，一些国际知名大学的管理学院积极订阅。

【第七届中国科技政策与管理学术研讨会】 10月22～23日，由中国科学学与科技政策研究会主办，南京信息工程大学经济管理学院承办，《科学学研究》、《科研管理》和《科学学与科学技术管理》编辑部协办的第七届中国科技政策与管理学术研讨会在江苏省南京市召开。研究会理事长、中国科学院党组副书记方新，中国科协书记处书记王春法，江苏省科协党组书记、常务副主席徐耀新，中国科学院南京分院副院长谷孝鸿在开幕式上致辞。研究会原副理事长张碧晖，研究会副理事长李健民、陈劲、李新男、李廉水，以及来自高等院校的200余名专家、学者出席会议。开幕式由研究会副理事长穆荣平主持。

王春法向与会人员详细介绍了“思想库”的概念、发展历程以及全球“思想库”的概况，并建议研究会进一步培育组织智商、提升战略眼光、坚持价值中立、注重人才培养、加强理论研究，更好地发挥其作为国家级科技思想库的作用。

开幕式后，江志红、陈劲、刘则渊、孙海鹰、朱桂龙、游光荣、李正风、李新男、穆荣平9位专家分别作了大会报告。与会人员分5个小组，进行了分组讨论。会议征集学术论文170余篇。

【2011海峡两岸区域合作与协同发展论坛】 11月4日，海峡两岸区域合作与协同发展论坛在高雄大学举办。论坛由中国科学学与科技政策研究会、福州大学和高雄大学联合主办，旨在促进海峡两岸学者共同探讨全球化背景下的两岸协同发展之路，研究如何有效推进未来两岸在区域经贸、科技、教育、文化和城市发展中的交流与合作。

福州大学副校长王健到会致辞，并与高雄大学互赠了纪念品。来自中国科学院、中国科学技术发展战略研究院、浙江大学、东北大学、福州大学等12个高校和科研院所的19位专家、学者赴台湾地区参加会议，论坛吸引了200余人参加会议和相关活动。

论坛特别安排了2场专题演讲。台湾地区经济建设委员会主任秘书高仙桂从台湾“黄金十年”新兴产业发展策略、两岸连结掌握新兴产业商机的角度，提出了两岸可以运用多元的经济合作机制，协力发展新兴产业，发展自有品牌，提升两岸产业的竞争力，进军全球市场，分享新世纪新兴产业的巨大商机。研究会副理事长、中国科学院科技政策与管理科学研究所所长穆荣平分析了创新发展已成为世界共识、战略性新兴产业发展的重点，以及区域合作如何开创双赢新局面，提出了创新能力建设带来的新机遇等。

本次论坛以“海峡两岸区域合作与协同发展：新兴产业发展”为主题，着眼于在强化两岸区域发展与产业交流中新兴产业的发展，创造共赢的未来。大陆学者陈劲、凌丹、雷德森、陈凡、隋映辉、尚智丛、刘东、郗永勤、任中保等，以及来自台湾大学、台湾中山大学、高雄大学、东海大学、义守大学、中正大学、高雄师范大学、世新大学的台湾地区专家、学者和企业家共22人作了大会报告。专家们分别就战略性新兴产业发展，经贸合作与经营管理，教育交流与合作，科技与文化事业，城市发展与规划，政治、法律与社会政策，旅游观光与休闲等方面进行了交流，并针对如何加强两岸区域发展，尤其是闽台协同发展，如何实现产业对接，如何有效发挥政府、大学作用等方面的问题进行了探讨。与会专家认为，两岸新兴产业合作的必要性毋庸置疑，两岸学者要进一步拓展两岸的交流与合作，为两岸发展共谋大计。

【纪念钱学森先生诞辰100周年暨钱学森科学学思想学术研讨会】12月17～18日，由中国科学学与科技政策研究会主办，大连理工大学人文与社会科学学部、研究会科学学理论与学科建设专业委员会承办的纪念钱学森先生诞辰100周年暨钱学森科学学思想学术研讨会在大连理工大学举办。大连理工大学的师生，以及其他单位的专家、学者共300余人出席大会。会议分6个议题，邀请研究钱学森思想的学者作了大会学术报告。

本次研讨会深刻缅怀了人民科学家钱学森先生对新中国科技事业所作出的杰出贡献，弘扬了钱学森先生的赤诚爱国情怀和不计名利、严谨不苟、勇攀高峰的科学精神。同时，深化了对钱学森科学学思想的认识。

中国农村专业技术协会

2011年3月，协会召开第三届理事会第六次会议，选举李彦捷为协会秘书长。协会第三届常务理事会第十次会议决定，将于2012年第一季度召开第四次全国会员代表大会。

1月，重庆市省级农技协正式成立。截至2011年底，全国已有23个省、自治区、直辖市成立了省级农技协联合会组织，1/3的地级市成立了本级农技协联合会。福建省和辽宁省正在筹备成立省级农技协联合会。

根据《中国农技协技术交流中心管理办法》，对已经建立的10个专业技术交流中心加强了指导与服务。经过协会第三届常务理事会第九次、第十次和第11次会议批准，新成立了山东滕州马铃薯种植技术交流中心、吉林梅河口绿色稻米种植技术交流中心、福建福鼎鲈鱼养殖技术交流中心、广西贵港黄沙鳖技术交流中心、广西梧州养蜂技术交流中心、河南宁陵酥梨种植技术交流中心、云南漾濞种植与加工技术交流中心、安徽怀远泥鳅养殖技术交流中心和科普惠农宣传技术交流中心。技术交流中心由2010年的10个增至19个。为更好地发挥技术交流中心的作用，进一步整合资源，多渠道、多方法拓展服务领域，5月在江苏省东台市召开了首届中国农村专业技术协会技术交流中心工作研讨会。

协会编写了《中国农村专业技术协会事业发展规划(2011—2015)》，印发协会理事、各省级科协和省级农技协联合会。

协会组织起草了《关于进一步加强农村专业技术协会工作的意见（征求意见稿)》，并召开3次专题会议，邀请中国科协有关部门负责人和各省农技协负责人对意见稿进行讨论。

协会7月组织开展了全国农技协基本情况调查，共收到24个省、200余个地市级农技协联合会的统计数据。统计内容涉及协会数量、产值、组织建设、会员培训、推动新技术、新产品等方面。调查工作摸清了全国农技协的基本情况，掌握了全国农技协数量、种类、组织形态等准确数据，便于协会对各级农技协工作进行分类指导和科学决策。

协会承接了中国科协调研课题《农技协与合作社关系研究》。协会与中国农业科学院农业经济与发展研究所、中国人民大学农业与农村发展学院、河南省科协、四川省科协、湖北省襄阳市科协、北京市农技协等单位合作，完成了主报告、分报告和专题报告。报告分析了农技协与合作社的联系与区别，阐述了两者在新形势下发展的情况，并提出今后促进两者共同发展的意见和建议，用以指导各地农技协与合作社协同发展。

协会与中国科普研究所合作编写了《全国农技协发展报告》，报告总结了“十一五”期间全国农技协发展状况、分析了农技协存在的问题并提出了促进农技协发展的意见和建议。

2011年，“科普惠农兴村计划”共有1000个农村专业技术协会、386个农村科普示范基地、5个少数民族科普工作队被评为全国科普惠农先进单位，406名科普惠农兴村带头人被评为全国科普惠农先进个人。

由农村合作组织发展研究专业委员会、设施果蔬专业委员会等单位主办的“爱我中华 奉献农业”第三届全国农科教推优秀单位与优秀人物征评活动表彰颁奖典礼在北京举行。活动集中表彰了我国新型农业社会化服务体系中的农技推广、专业技术协会、农民专业合作社、专业服务公司、农民经纪人、龙头企业等在农科教推方面取得优异成绩的单位和个人。颁奖典礼后，举办了第三届中国农科教推社会化服务新体系建设高层论坛暨2012中国农民专业合作社理事长年会。

协会组织会员参加了第18届中国杨凌农业高新科技成果博览会、中国科协会员日和中国科协学会服务中心组织的中国科协直属全国学会会员日活动。在中国科协会员日暨第12届中国青年科技奖颁奖大会上，协会理事、安徽芜湖高效农业研究会会长杨良金作了题为《协会虽小作用大，科技服务连万家》的发言，介绍了协会在农村科普和农业实用技术培训推广工作中，帮助农民会员依靠科技脱贫致富的事迹。

应台湾地区台北市农会邀请，协会组织20余名会员赴台北市参加了第三届海峡两岸现代农业和农民专业合作组织研讨会，学习了台湾地区农会的组织建设和工作经验，并实地考察了台湾地区休闲观光农业的发展现状。

协会联合华硕集团在17个省、自治区、直辖市共建200个“华硕科普图书室”，每个图书室配置3000册科普图书、1台电脑和1台打印机。“华硕科普图书室”建设对提高基层科普单位的服务能力、为广大群众提供科技服务发挥了积极作用。

为巩固和扩大2009年全国农村科普知识网络有奖问答与2010年全国农民科学素质网络竞赛的实施效果，8～10月，在全国范围内开展了2011年全国农民科学素质网络竞赛，共有550万人次参加竞赛活动。

协会在全国范围内普遍开展农技协领办人和骨干的科技培训，截至2011年10月底，已完成培训13期，其中省级培训7期（安徽省、山东省、吉林省、河南省、广东省、海南省、新疆维吾尔自治区），地市级培训6期（黑龙江省黑河市、河南省开封市、浙江省宁波市、广东省肇庆市鼎湖区、江苏省盐城市、河北省唐山市），共培训农技协会长、技术骨干2500人次。协会向各地发放科普教材、工作手册与画册共计2000余册。全国各地农技协积极开展各种形式的培训活动，2011年共培训农技协会员约200万人次。

协会和中国互联网协会网络科普联盟联合开展了全国农村信息技术科普培训项目，18个省、自治区、直辖市的农民致富带头人、农技协领办人和科普惠农获奖单位骨干近2800人参加培训。

【第18届中国杨凌农业高新科技成果博览会】11月5日，第18届中国杨凌农业高新科技成果博览会开幕。协会设置了71个展位，组织北京、河北、山西、辽宁、安徽、福建、山东、河南、广西、贵州、陕西、甘肃等19个省、自治区、直辖市的220个基层农技协，以及近800名代表参展，其中117个参展单位是“科普惠农兴村计划”的获奖单位。

协会展团以“科技兴农、科普惠农、产业强农、市场富农”为宗旨，集中展示农技协的新技术、新产品，内容涵盖种植业、畜牧业、农业生物技术、设施农业、节水灌溉和农副产品加工等。协会已连续4届推荐农民代表在杨凌农高会中外农民论坛上发言，交流农村信息化建设与农民创业发展先进经验，为建设社会主义新农村提供经验。各参展农技协通过这个平台，宣传推介各自的技术、产品、供给、需求等相关信息，并有优质产品在现场展示，广泛进行技术咨询和交易洽谈工作，收效显著。

【科技专家和致富能手科技下乡活动】在中国科协、国家民族事务委员会、农业部等相关部委的支持下，协会在宁夏回族自治区固原市、西藏自治区拉萨市和山西省吕梁市分别组织了科技专家和致富能手科技下乡活动。

协会组织来自10个省、自治区、直辖市的100余名科技专家和致富能手参加了宁夏回族自治区固原市和西藏自治区拉萨市的科技下乡活动。活动覆盖8个县（区）38个乡镇230个行政村。据不完全统计，共举办各种实用技术培训150场，实地技术指导280场，接受咨询5854人次，发放资料1万份，直接受益群众1万人左右，解决群众生产生活技术难题688个，签订了8个意向合作协议。

9月，协会联合中国科协扶贫办、山西省科协、山西省吕梁市科协，组织医疗、农、林、牧等专业的专家、教授与科普志愿者近700人，开展了全国科普日活动及科技下乡活动。专家深入吕梁市11个县（市、区）118个乡镇的农村、社区、企业和学校，开展农村实用技术培训、科普讲座、常见病和多发病的防治，以及有关节约能源资源的科普宣传活动。

中国工业设计协会

2011年，协会加强组织建设，招聘了若干名工作人员充实到秘书处各个岗位。秘书处还从完善内部各项管理制度、建立新的运行机制入手，制定了《协会秘书处内部管理制度》，重大事项提交会长办公会审议制度，逐步实现工作的制度化、规范化。

协会第四届理事会第二次会议审议通过了《关于调整、新设协会专业委员会的建议》。2011年底，初步完成了协会分支机构清理调整的基础工作。

10月13日，协会第四届理事会第三次全体会议在浙江省杭州市召开。理事和会员共200余人参加会议。协会会长朱焘作了工作报告，协会常务副会长赵卫国主持会议。会议审议并通过了关于调整协会部分领导成员职务的提案、关于调整第四届理事会成员的提案和关于调整协会部分分支机构主要负责人的提议。

协会副会长刘宁出任协会执行副会长兼秘书长和法人代表。

针对行业特点和会员需求，协会与专业机构合作组建了知识产权保护工作委员会，在全国范围内为广大会员提供知识产权方面的培训、维权咨询及法律援助。振邦（北京）知识产权代理服务有限公司作为协会知识产权保护委员会的执行单位在北京挂牌运行，并为北京宇朔工业设计公司等会员企业提供了维权咨询和法律援助。

6月，经北京DRC工业设计创意产业基地推荐，基地4家企业及2名个人申请集体入会。

协会制定完善了《中国工业设计示范基地、示范企业、示范设计机构管理办法》和《工业设计机构资质认证管理办法》，并启动了工业设计示范基地（示范企业、示范设计机构）评定和工业设计机构资质认证工作。

协会参与了工业和信息化部《国家级工业设计示范园区认定管理办法》和《国家认定企业工业设计中心管理办法》的研究制定。

完成了国家工业和信息化部课题《中国制造业企业创新机制研究》、《工业设计发展指标体系及统计分析基本框架研究》、《国家级工业设计示范园区认定管理研究》和《工业设计从业人员职业技能评价体系研究》。

协会发挥行业资源优势，不断增强与各级地方政府的沟通与合作。与北京、上海、天津、重庆、广东、浙江、江苏、山东、福建、海南、湖南、四川等10多个省、直辖市及其所辖的20余个地市合作，开展形式多样的推动工业设计的各类活动。协会组成专家组对福建省重点产业进行调研，提出了运用工业设计提升当地传统产业的建议，在此基础上，协会分别与福建省政府和福州市政府签订了战略合作框架协议，并与福建省莆田市政府签订共建中国鞋业研发设计中心的合作协议。与北京市大兴区政府签订了共建中国（大兴）工业设计产业基地战略合作协议，与浙江省义乌市政府签订了共建中国义乌工业设计中心战略合作协议，与天津市滨海新区政府签订了发展工业设计的战略框架协议，与重庆市政府签订共同打造中国西部国际设计之都战略合作协议等。

协会与上海汽车工业（集团）总公司共同兴建中国工业设计博物馆，与厦门路达集团合作建立中国卫浴产品工业设计中心，与福建瑞达精工股份公司合作建立中国（福建）钟表工业设计中心，与智造（中国）有限公司合作共建智造e谷工业设计园区（天津）项目，与广东工业设计培训学院合作共建中国工业设计人才培训（南方）基地等。

协会与各级政府机构、地方协会或企业合作开展的设计大赛、展会活动共有36个，主要有第六届中国工业设计周、深圳国际工业设计博览会、“东莞杯”设计大赛、昆山笔记本电脑设计大赛、无锡工业设计博览会、顺德博览会、宁波博览会、“和丰奖”工业设计大赛、“天府宝岛”工业设计大赛、天津滨海新区工业设计成果展交会、2011海南“阳光杯”旅游商品工业设计大赛等。

协会作为中国工业设计园区联盟主席单位，指导制定了2011年度的工作计划，并于5月下旬在北京DRC工业设计创意产业基地召开了首次中国工业设计园区联盟工作会议，组织联盟成员参加了商务部主办的中国第三届服务贸易大会设计主题活动。协会组织园区联盟与清华大学设计战略与原型创新研究所合作，开展了“中国工业设计园区2011基础数据统计研究”工作，并于11月在广东工业设计城发布了数据统计报告。11月，园区联盟在浙江省宁波市召开了园区联盟2011年度大会，总结了联盟一年来的主要工作，并推选宁波和丰创意广场为第二期轮值副主席单位。截至2011年底，园区联盟正式成员已发展到26家。

4月26日，协会与国家知识产权局在北京首次主办中国工业设计知识产权高峰论坛。论坛由振邦（北京）知识产权代理服务有限公司承办。近200人出席论坛。协会会长朱焘作了《保护知识产权是工业设计发展的动力和保证》的演讲。

11月10日，2011“中国创新设计红星奖”颁奖典礼在北京举行。共有139家企业的240件产品获奖，其中至尊金奖1项、金奖8项、银奖10项、红星奖221项，1个最佳团队和1名最佳新人。“中国创新设计红星奖”由中国工业设计协会与北京工业设计促进中心联合举办。协会还首次开展了“中国工业设计十佳”评选活动。

协会主办的杂志《设计》发行量逐年增加。10月，《设计》杂志社首次推出了“中国工业设计十年优秀论文”征集评选活动。

7月，《中国工业设计年鉴（2006—2010）》编辑工作启动。

【“中国工业设计十佳”评选活动】为了激励全国设计界先进单位和先进工作者的积极性和创造性，不断增强设计服务的自主创新能力，经协会常务理事会批准，并征得中国轻工业联合会的指导和支持，协会从2011年开始每年在全国范围内开展一次“中国工业设计十佳”评选活动。

2011年度，“中国工业设计十佳”大奖共设5个奖项，每个奖项设10个获奖名额。7月，评选活动启动，截至9月上旬，共有近200个单位和个人报名，经评审委员会评议和公示，最终评选出海尔集团公司等10家单位为“2011年度中国工业设计十佳创新型企业”，深圳市嘉兰图设计有限公司等10家单位为“2011年度中国工业设计十佳设计服务机构”，上海汽车集团股份有限公司技术中心等10家单位为“2011年度中国工业设计十佳最具创新力企业设计中心”，柳冠中等10人为“2011年度中国工业设计十佳教育工作者”，陈冬亮等10人为“2011年度中国工业设计十佳推广杰出人物”。

【第六届中国工业设计周】10月13日，由中国工业设计协会、中国机械工程学会工业设计分会、浙江省经济和信息化工作委员会、浙江省杭州市人民政府、浙江大学、中国美术学院共同主办的第六届中国工业设计周在浙江省杭州市开幕。设计周的主题为“设计・品质・生活”。协会会长朱焘、中国轻工业联合会副会长王世成，出席包豪斯与东方——中国制造与创新设计国际学术会议的专家、学者，共500余人出席开幕式。开幕式上，举行了“中国工业设计十佳”颁奖仪式。

中国工艺美术学会

2011年，学会发展个人会员532人，个人会员总数为6932人，新增团体会员3个，团体会员总数为40个。12月22日，学会三届五次常务理事会在海南省三亚市召开，33名常务理事参加会议。会议听取、审议并通过了学会副理事长兼秘书长赵之硕所作的2011年中国工艺美术学会工作报告以及2012年中国工艺美术学会工作计划，审议了成立中国工艺美术学会陶瓷专业委员会议案。会议增选马佩、冯林华、史习平为常务理事。鼻烟壶专业委员会进行换届改选，张广庆继任理事长。明式家具专业委员会进行换届改选，张乃仁继任理事长。工艺设计分会进行换届改选，韩国荣继任理事长。展示艺术设计专业委员会进行换届改选，选举史习平为理事长。

学会结合不同专业特点，共组织境内学术会议23次，参加人数1809人次，其中境外参加人员74人次，交流论文292篇，其中境外人员论文21篇。组织境内国际学术会议5次，参加人数307人次。国际及对港澳台地区民间科技交流61次，参加人数678人次。学术会议、民间交流次数及参加活动总人数与2010年度基本持平。

完成了工业和信息化部委托编写的《中国工艺美术行业“十二五”规划意见》，为第六届中国工艺美术大师评审工作推荐评审专家，为文化部非物质文化遗产司推荐新一届国家非物质文化遗产评审委员会委员。

4月28日~5月2日，学会与中国轻工业联合会、中国轻工珠宝首饰中心在福建省莆田市联合举办了中国工艺美术“百花奖”评选活动。中国轻工业联合会会长步正发等出席开幕式。

4月28日~5月2日，学会与辽宁省大连市人民政府、中国轻工珠宝首饰中心联合主办了第二届华商国际珠宝、奢侈品博览会。博览会共设500多个展位，规模达15000平方米。国内外的300余家展商展示了知名珠宝、奢侈品、名优商品等。博览会期间，共接待专业买家及顾客3.6万人次，有20%的展商签了订单，72%以上的展商达成了合作意向和现场交易，实现成交额和意向协议额共计2.3亿元。

6月29日~7月12日，由中国轻工业联合会、中国国家博物馆联合主办，中国工艺美术学会、浙江东阳中国木雕城联合承办的盛世天工——中国木雕艺术展在中国国家博物馆开展。中国轻工业联合会会长步正发、中国国家博物馆馆长吕章申、中国国家博物馆党委书记黄振春等出席开幕式。来自20多个省、自治区、直辖市的170位工艺美术大师的200余件作品参展。展览结束后，部分参展作品由中国国家博物馆收藏。

10月13~17日，学会与中华文化促进会、安徽省合肥市政府共同主办了第五届中国（合肥）国际文化博览会暨2011中国工艺美术精品展览会。

学会所属专业委员会积极组织学术交流活动，推动学科发展。举办了艺术玻璃的设计与制作研讨会、鼻烟壶设计与市场开发研讨会、中华写意艺术漫谈讲座、2011中国展示艺术论坛、中国根雕艺术论坛、非物质文化遗产保护与民间美术研究研讨会、中国纤维艺术产业发展论坛、石雕作品创意研究研讨会、东方漆艺学术论坛、织锦制作技术发展战略学术论坛等。

学会组织开展了工艺美术人员的继续教育和培训。9月5~11日，学会在清华大学美术学院举办了工艺美术师高级研修班，全国各地的102名工艺美术工作者参加了培训。来自清华大学、中国艺术研究院、华北电力大学、中国科学院自然科学史研究所等单位的专家，为学员们讲述了工艺美术方面的专业理论和政策法规等方面的内容，主要包括工艺文化研究、当代工艺美术发展的历史机遇、中国吉祥图案构成、西方美术鉴赏、中国古代雕塑艺术研究、设计艺术概论、工业设计形态赏析、设计艺术与文化、国学、工艺美术投资法律风险防范、日本人间国宝生存状态等内容，还组织学员到首都博物馆以及韩美林艺术馆参观考察。在清华大学美术学院举办了全国抽象雕塑讲座、纤维艺术讲座。在江西省景德镇陶瓷学院举办了提高审美能力，创作陶瓷精品讲座，在浙江省宁波市举办了地毯行业设计、培训讲座，在浙江省东阳市举办了中国木雕制作艺术讲座，在江苏省南京市云锦研究所举办了民族织锦知识普及讲座等。

【第五届中国（合肥）国际文化博览会暨2011中国工艺美术精品展览会】10月13～17日，由中华文化促进会、中国工艺美术学会、安徽省合肥市政府共同主办，合肥市委宣传部、安徽中设会展有限公司承办的第五届中国（合肥）国际文化博览会暨2011中国工艺美术精品展览会在安徽省合肥市举办。中国书法家协会副主席苏士澍，安徽省委常委、宣传部长臧世凯，安徽省政协副主席王鹤龄，合肥市委书记吴存荣，中华文化促进会副主席金坚范，中国工艺美术学会副理事长兼秘书长赵之硕，安徽省文化产业发展促进会会长叶文成，合肥市代市长张庆军出席开幕式并致辞。展会的宗旨是弘扬传统文化，传承中华工艺，创新文化思路，发展文化产业。展览会为期4天，展出总面积达4万平方米，共设2200个展位，分设全国工艺美术精品展区、莆田工艺美术展区、名家书画展示区、文房四宝精品、红木家居体验馆以及合肥市文化发展成就展区、版权交易所展区等，吸引了北京、上海、云南、广西等近20个省、自治区、直辖市的参展商，缅甸、老挝、斯里兰卡、巴基斯坦和韩国等境外客商也携工艺美术精品参加了展览。

【织锦制作技术发展战略论坛】11月10日，学会主办的织锦制作技术发展战略论坛在云南民族博物馆举行。来自美国、印度、日本、挪威，我国大陆以及台湾地区的60余名织锦专家参加论坛。论坛以“织锦制作技术发展战略”为主题，交流了国内外织锦制作技术的不同方法和最新研究成果，探讨采用现代科技手段制作织锦产品的新工艺、新技术，推广数码技术在织锦生产中的应用，保护传统技艺，稳定发展传统手工织锦产品销售市场，从织锦行业整体发展的角度，制定织锦制作技术的发展战略。论坛分主题演讲和自由发言两个部分，10位嘉宾进行了主题演讲。论坛共发表论文26篇，并编辑印制了《织锦制作技术发展战略》论文集。

中国科普作家协会

2011年，协会积极筹备第六次全国会员代表大会，拟定了协会换届方案，换届方案已获得中国科协批准。完成了理事、常务理事及协会负责人候选人的推选工作。

2011年，共发展个人会员168人。协会会员具有正（副）高级职称的占80%以上，50岁以下的中青年会员占到了80%以上。

规范个人会员管理工作，使用“中国科协所属学会个人会员管理系统”进行会员登记，更新完善1372名会员资料，会员资料入库率达到81%。

协会对第一届“中国科普作家协会优秀科普作品奖”评选活动进行了总结。为了做好第二届优秀科普作品奖评选工作，评奖办公室根据首届科普作品奖评选工作中遇到的实际问题，对评奖申报程序、资格审查、专家评审等作了进一步规范，并对《评奖章程》和《评奖办法》作了相应的修改和完善。协会成立课题研究组，通过对科普展教领域相关专家进行访谈，以及召开研讨会的方式，对优秀科普展品是否纳入第二届优秀科普作品奖评奖范围进行调研、研究，课题组最终提出建议，科普展品不纳入中国科普作家协会优秀科普作品奖评奖范围。

协会组织了以“科苑奇葩共赏”为主题的中国科普作家协会第一届优秀科普作品奖获奖作品阅读与欣赏推广系列活动。在中国科学院国家科学图书馆、天津市图书馆和北京市陈经伦中学分别对张开逊所著的《回望人类发明之路》、郭曰方所著的《共和国科学家颂》、霞子所著的《酷蚁安特儿历险记——把大象搬进蚂蚁窝》3部获奖作品进行了赏析和推广。活动中，作者回忆了图书的创作历程和写作感想，责任编辑讲述了编辑和发行背后的故事，专家对图书的思想艺术特色进行了点评。

一套由院士担任主编，著名科学家、科普作家主笔的大型科普图书《当代中国科普精品书系》（15个系列，160余种）基本完成。部分作品被国家新闻出版总署定为向全国推荐的重点科普图书。

9月，国家科学技术奖励工作办公室公布了“2011年度国家科技进步奖评审通过项目目录”。由协会推荐的《讲给孩子的中国大自然》（刘兴诗著，希望出版社出版）和《回望人类发明之路》（张开逊著，北京出版社出版）获得了国家科学技术进步奖二等奖。

协会与中国科普研究所共同举办的庆祝建党90周年科普书画摄影展，6月30日，在中国科学院国家科学图书馆举行开幕式。书画摄影展得到了协会广大会员和科普工作者的响应和支持，先后收到作品100余件。

7～8月，第18届全国中学生爱科学夏令营活动在北京举办。活动由协会和北京燕园华夏英才教育科技发展中心联合主办。活动的宗旨是引导青少年树立“以崇尚科学为荣”的价值观，帮助中学生丰富暑期生活、拓宽知识视野、提高学习兴趣、树立远大理想，促进中学教育与高等教育、课堂教学与校外教育更好衔接。夏令营分两批在北京举行，每批有500余人参加。活动期间，还举行了以“身边的低碳生活”为主题的全国中学生科普创作大赛。

10月16日，首届全国大学生“科联奖”科幻征文活动启动仪式在北京大学举行。征文活动由协会和中国科普研究所主办，全国大学生科幻爱好者联谊会承办。

6月初和11月底，协会与中国科学院老干部工作局共同举办了两期科普作品创作培训班。85位老科技工作者参加了培训。

协会主办的《科技与企业》出版12期，发表文章约800篇；《生物技术世界》出版4期，发表文章约260篇。《科普创作通讯》出刊4期，刊发论文等40余篇、动态信息20余条。

中国自然科学博物馆协会

2011年，协会召开3次常务理事会及相关会议，研究讨论协会换届筹备工作，成立了换届工作领导小组，确定了换届方案。

4月7日，协会举办第五届理事会最后一次联络员工作会议，100余人参加会议。会议对本届理事会联络员工作进行了总结，表彰了先进联络员，并进行了经验交流。

科技馆专业委员会2011年学术年会由科技馆专业委员会主办，广西科技馆承办。本次年会共收到论文243篇，与2010年相比，论文数提高约30%。经专家评审，评选出180篇优秀论文编入《年会论文集》，评选出33篇论文在年会上进行交流发言。

11月20~23日，水族馆专业委员会2011年年会在黑龙江省哈尔滨市召开。会议由水族馆专业委员会主办、哈尔滨极地馆承办。会议主题为“和谐 发展”。来自中国大陆和香港特别行政区的47家海洋馆、22家相关企业、3家科研院所的230多名专家参加会议。会议就饲养生物的繁殖保育研究、海洋哺乳动物的训练、饲养和疾病防治、大型鱼类的表演及疾病防治、潜水员的安全管理等议题作了30个报告，并进行了分组讨论。会议还编辑了第十四辑学术论文集，共收录论文43篇。

10月13~17日，国际天文学联合会第55委员会天文学与大众沟通国际研讨会在北京举行。会议由北京天文馆承办。来自国内外70多名专家、学者出席会议。会议期间，天文馆专业委员会组织开展了多样化的天文科普交流活动。

10月24~25日，水族馆专业委员会参加了由香港海洋公园和国际海洋动物训练员协会联合举办的动物训练研讨会。

自然保护区专业委员会举办了第16届、第17届海峡两岸自然保护区业务交流研讨会。

协会组织相关单位开展课题研究，其中包括《科技类博物馆分级测评体系研究》等。完成了《科技类博物馆与学校教育结合机制研究》、《“十一五”期间科技类博物馆基础设施发展研究报告》等课题。

科技馆专业委员会举办了第二届全国科技馆辅导员大赛，大赛决赛于4月25~26日在中国科技馆举办。

为适应自然科学博物馆更新改造的需要，协会进行了科普资源的普查和调研，为新建、改建场馆开展咨询活动。协会派出专家为上海自然博物馆（上海科技馆分馆）、重庆自然博物馆、江西自然科学博物馆、吉林科技馆、甘肃科技馆、新疆科技馆、青海科技馆、西藏科技馆、杭州低碳科技馆等场馆提供咨询服务。

中国自然科学博物馆协会成立30周年科普巡展在全国进行了巡回展览。

自然博物馆专业委员会加强会员间的合作交流，整合不同场馆的优势资源，制作成精彩的展览，在各场馆巡回展览。

6月20~22日，全国科技馆馆长培训班在浙江省杭州市举办。来自全国各地的58位科技馆馆长参加培训。

为提高自然保护区管理人员的业务水平，6月中旬，自然保护区专业委员会与吉林松花江三湖国家级自然保护区联合举办了自然保护区野外巡护检测专题培训班。

中国可持续发展研究会

2011年，研究会召开了四届二次理事会议，增补何建坤教授和中国工程院院士曲久辉为副理事长，增补刘嘉麟院士等4人为常务理事，选举冯之浚、张坤民、甘师俊为名誉理事长。

研究会于年初在北京召开了加强会员管理与服务工作座谈会，听取会员对年度工作安排和对会员服务的意见。来自各专业委员会、工作委员会、编辑部和单位会员的80余人参加座谈会。研究会特邀科技部、中国科协、中国21世纪议程管理中心等主管部门的领导参加会议，听取大家的意见和建议。

研究会秘书处协助6个单位会员举办了论坛和研讨会，为4个单位会员提供了国际交流活动服务，为2个单位会员提供了技术咨询服务。向全体会员提供《能源产业研究报告》、《财经分析预测》、《部委政策动态报告》

和《社会管理参考》等内部刊物共计300余份，《会讯》22期。

研究会常务理事王如松当选为中国工程院院士。经研究会推荐，研究会理事、北京理工大学教授王兆华被评为第十二届中国青年科技奖获奖者。研究会被中国科协评为“全国学会财务决算编报”、“全国学会统计年报”先进学会。

研究会加强学术交流工作，举办了2011中国可持续发展论坛暨中国可持续发展研究会学术年会。9月21～22日，研究会承办的第13届中国科协年会绿色经济与沿海城市可持续发展战略国际研讨会在天津市举行。中国工程院院士、天津大学教授曹楚生，研究会名誉理事长张坤民，研究会常务理事、北京大学可持续发展中心主任叶文虎，天津市第十一届政协副主席、南开大学教授朱坦等我国大陆和香港特别行政区的专家，以及来自美国、英国、加拿大、澳大利亚、新西兰、日本等国的专家、学者共计130余人出席研讨会。23位专家在会上作了专题报告。研讨会以科技创新与发展方式转变为主线，以绿色发展与沿海城市可持续发展战略为主题，围绕绿色发展理论与发展战略、发展途径、沿海城市可持续发展战略与绿色产业等问题进行交流和研讨。会议印制了论文集、发放《低碳生活三字经》、《低碳家珍》等资料10余种。举办了绿色经济与可持续发展案例展览，介绍了我国“十一五”期间地方和企业在节能减排、新能源领域的发展案例。会后，与会专家前往天津城市规划馆考察，为天津市城市规划建言献策。

9月20日，研究会牵头组织了第13届中国科协年会循环经济发展专题论坛，研究会名誉理事长、国务院参事冯之浚作了主旨报告。受中国科协调研宣传部委托，研究会组织专家、企业负责人和媒体三次赴天津子牙循环经济园区调研，撰写了调研报告。

9月19～23日，由科技部和国家发展改革委联合主办、研究会承办的碳收集领导人论坛（CSLF）第四届部长级会议在北京举行。会议的主题为“携手推动下一个十年的碳捕集、利用和封存（CCUS）的研究、示范与部署”。全国政协副主席、科技部部长万钢，国家发展改革委副主任解振华，美国能源部部长朱棣文等近500人出席会议。会议宣布启动能力建设倡议并资助12个项目，其中包括由我国牵头的“CCUS网站”、“CCUS示范项目经验交流研讨会”、“CCUS技术标准与法规研讨会”3个项目。

全球气候项目亚太区峰会1月8～11日在印度尼西亚雅加达召开，研究会工作人员与来自澳大利亚、印度和印尼等21个国家和地区的350位专家参加了峰会。气候项目创始人、美国前副总统、诺贝尔和平奖获得者阿尔·戈尔为学员们讲解了气候变化知识。在峰会期间召开的项目经理工作会上，研究会工作人员与澳大利亚、印度、印尼和美国的专家，就各自的工作现状、资金筹集、发展目标等进行了交流。

9月15日，全球气候项目组织举行24小时全球宣讲活动，采用卫星连线同步直播的方式，从项目总部纽约延伸到墨西哥城、北京、首尔、雅加达、奥克兰、新德里、伦敦等城市。研究会作为中国气候项目秘书处，组织了全球气候项目（中国）24小时宣讲活动暨青年学者培训。中国会场作为全球性活动的一部分，一方面宣传气候危机的现状，动员大家共同应对，另一方面，将活动作为培训青年学者的一个契机，使其深入地了解气候变化的知识。与会青年学者就如何从我做起，实践低碳生活准则进行了讨论，并在“应对气候变化 中国在行动”的条幅上签名，践行自己保护地球的承诺。

6月16～17日，研究会承办的中国科协科技期刊国际化境内培训在山东省青岛市举办。来自全国68个期刊出版单位的78位学员参加培训。中国科技信息情报研究所总工程师武夷山、Wiley－VC公司Small主编Jose Oliveira博士、印度Ecological Modelling副主编Santanu Ray教授、爱思唯尔科技部中国区总裁张玉国、韩国Ecological Informatics副主编Tae－Soo Chon教授、查尔斯沃思北京信息服务有限公司总监初晓英等国内外期刊编辑与出版界的专家，就科技期刊国际化的概念、中国科技期刊国际化的现状、发展趋势、科技期刊质量提高、科技期刊生产运营等主题作了报告。培训期间，研究会还举办了小型国内期刊联展。

【2011中国可持续发展论坛暨中国可持续发展研究会学术年会】11月18～19日，2011中国可持续发展论坛暨中国可持续发展研究会学术年会在广东省珠海市举行。年会的主题为“全球格局下的中国绿色发展之路”。研究会理事长邓楠作了主旨报告，研究会常务理事、国务院参事刘燕华作了《纪念邓小平同志为研究会会刊题词20周年》的报告，研究会名誉理事长甘师俊作了《回顾中国可持续发展研究会20周年》的报告，研究会秘书长郭日生作了《关于可持续发展的几点思考》的报告，中国工程院院士陈清泉作了《电动汽车发展分析》的报告。会议还特邀联合国副秘书长沙祖康就2012年“里约＋20”会议（即联合国可持续发展大会，将于2012年6月4～6日在巴西里约热内卢举行。此次会议与1992年在里约热内卢召开的联合国环境和发展大会正好

时隔20年，因此也被称为“里约+20”峰会）作专题报告。

年会分为4个单元：第一单元是开幕式和大会报告；第二单元是专题论坛及相关边会，专题论坛的内容包括绿色发展理念与中国绿色发展探索、绿色发展技术、地方可持续发展实践、共享发展成果建设幸福珠海；第三单元是发展绿色经济、践行低碳生活六方主题论坛（“六方”即政府、学术界、企业界、媒体、青年学生和社会组织）；第四单元是研究会所属各专业委员会活动，以及自定主题、自行组合、自由参加的小型圆桌交流会。

会议期间，还举办了中国可持续发展研究会20年回顾与成果展、珠海可持续发展20年成就展、应对气候变化展3个展览，举行了金融支持中国可持续发展论坛、应对气候变化青年学者座谈会、《中国人口资源与环境》第四届编委会会议3个边会。

【中国（深圳）国际节能减排和新能源科技成果产业化及投融资博览会】7月14~16日，研究会与广东省深圳市科技工贸和信息化委员会等单位联合主办中国（深圳）国际节能减排和新能源科技成果产业化及投融资博览会。展会主题为“创新促进发展方式转变，金融助推科技成果应用，科技创新惠及百姓民生”，展出面积近3万平方米，分为新能源产业展、节能环保展、LED绿色照明展、绿色金融展和产业技术创新展五个展区。300多家企业参展。接待了来自国内外的2万多名观众，30多个采购团，1667人次的专业买家。意向采购订单达100多亿，现场成交额共计21.8亿元人民币。

展会期间，还举办了中国国际节能减排与绿色发展高峰论坛、第二届中国城市科学发展高层论坛、中国绿色照明产业链全球采购会暨绿色（节能）产业融资论坛、中国绿色县镇环境设施建设技术合作与项目投资政企对接会、中国新能源与节能环保项目融资路演会等。

中国青少年科技辅导员协会

2011年，协会坚持和完善会员服务机制，不断壮大会员队伍。重视反映科技辅导员的诉求，呼吁重视和改善科技辅导员工作境遇。坚持向全国会员免费赠送协会电子版会讯和《青少年科技教育工作简讯》（电子版），组织了向缴纳当年会费的会员赠阅一本科教图书活动。会员可以免费浏览、下载协会网站的科教资源。有效会员可在《中国科技教育》杂志网站阅读杂志电子版，每月可免费下载3篇文章，可以以八折的会员价格订阅杂志。会员服务部每月为缴纳会费的单位会员免费赠阅2本杂志。协会会员可优先参加协会主办的各项活动及协会的其他服务项目。

9月21日，由协会牵头，中国科普作家协会、天津师范大学、中国科普研究所等单位联合承办了第十三届中国科协年会第21分会场科普人才培养与发展研讨会。会议围绕科普人才宏观研究、科普创作人才培养等方面的内容，邀请70名相关领域专家、学者、科技教师、科普工作者进行了研讨和交流。

组织中国科学院老科学家科普报告团专家51人次赴山西、四川、宁夏、天津、新疆和云南等地巡回演讲，深入168所学校，为18.5万名中小学生、中学教师、社区居民、企事业机关作科普报告264场。为基层党政领导干部和机关公务员作专场报告7场，在部队作专题报告3场，在农村作专题报告1场，在社区作专题报告17场。报告内容包括信息科学技术、生命科学、地球科学、天文、化学、航天航空、军事、防灾减灾等。

9月16~18日，协会受中国科协科学技术普及部委托，牵头组织20个全国学会在北京奥林匹克公园参加了全国科普日“北京科普嘉年华”活动，共接待参与各类科普活动的公众3万余人次，发放各类科普书籍、答题卡、刊物和宣传资料5万余册，发放各类宣传纪念品3万多份。

协会对在中西部地区建设青少年科学工作室项目提供资助，组织专家对87个上报项目进行评审，最终确定对重庆科技馆、内蒙古自治区乌拉特后旗等28个青少年科学工作室给予资助，其中省级青少年科学工作室4个，市级青少年科学工作室4个，社区级青少年科学工作室20个，总资助金额197万元。9~10月，组织开展了“深入基层，密切联系科技工作者”主题调研活动，通过走访云南、广西、青海、四川等省、自治区、直辖市的青少年科学工作室，对于项目的运行现状及发展方向作了充分的调查研究，为确定该项目今后的运行方向提供了依据。

协会与美国科学教师协会（NSTA）、美国应用材料公司和中国科协青少年科技中心共同主办了面向13~18岁青少年的新型工程技术类竞赛项目——清洁能源技术竞赛。竞赛邀请美国加利福尼亚州旧金山湾区、我国陕西省西安市的800多名青少年学生共同参与，分中美两个赛区单独进行竞赛。

协会承担了第26届全国青少年科技创新大赛科技辅导员板块的相关工作。经过终评，共评出科技辅导员创新项目一等奖29项、二等奖68项、三等奖89项，十佳优秀科技辅导员获奖人10名。本届大赛在科技辅导员板块新增了《中国科技教育》杂志奖和中鸣数码科技奖2个专项奖，提升了科技辅导员参赛积极性，以及公众对于科技辅导员参赛项目的关注度。

协会以天津师范大学、东南大学、华东师范大学和上海市科技教育艺术中心4个培训基地为基础，面向全国科技教师和科技辅导员进行专业培训，提升科技教师和科技辅导员业务能力。

根据地方需求，协会组织专家开展“送培训到基层”活动。分别在内蒙古自治区、天津市、四川省绵阳市、上海市、江苏省南京市、山西省太原市和黑龙江佳木斯市等地举办不同类型的针对性集中培训。协会全年累计培训科技辅导员和科技教师1884人，超过全年培训计划人数近1倍。

2011年，协会首次联合师范类院校，举办大学生科技志愿者队伍培训，为今后依托师范类院校举办科教合作，增强科技辅导员后备队伍力量积累了经验。

《中国科技教育》杂志进行了改版，改为80页全彩印刷，杂志内容和栏目设计也进行了较大调整，邀请知名科技、教育专家开设科普和教育专栏，增加了杂志概览、在线资源等栏目，并与美国科学教师协会合作，刊登最新的国外科教资源和信息等。改版后，每月订阅量达到3500册，发行量比改版前增加了近100%。

中国科教电影电视协会

2011年，协会团体会员44个，个人会员410名，增补北京华风气象影视信息集团总经理石永怡和北京科学教育电影制片厂厂长助理谢九如为副理事长，增补北京电视台科教频道总监杜研、中国教育电视台台长助理陈宏、北京科技声像工作者协会理事长吴元辉为常务理事。

协会与中国传媒大学共同承担了中国科协研究课题《科教影视标准研究》和《科教影视共建共享对策研究》，并与北京科技声像工作者协会共同编著了《2010年优秀科教影视论文集》，收集论文41篇，其中优秀论文25篇，入选论文16篇。5月，举办了优秀科教影视论文颁奖暨理论研讨会，优秀论文获得者与参会专家、学者共同探讨了科教影视新发展和新问题。

协会将北京科影音像出版社提出的《关于建立中国科普影视资源共建共享机制的构想》上报中国科协，并组织召开座谈会，撰写可行性研究报告。

协会从2010年中国国际科教影视展评会暨制作人年会获奖影片中挑选出17部影片，制成20套工作带和50套光盘，下发到20家电视台和15家地方科协声像部门，在全国科技周期间进行播放。辽宁省科普中心在100多所社区科普大学进行播放，黑龙江、新疆在社区进行播放，受众共计10万人左右。

【2011年第六届“科蕾奖”评选】10月，由国家广播电影电视总局电影局、国家新闻出版总署出版管理司和中国科教电影电视协会、中国自然科学博物馆协会共同主办的第六届“科蕾奖”评审会在北京举行。本次评奖共征得全国各省、市电视台及各部委声像中心、多媒体制作公司等70家单位的188部作品，节目的数量和制作水平明显高于往届。

这次的奖项设立分为科普短片、科普长片、技术推广、科技人物、科普动漫、特效电影六大类。科普动漫和特效电影都是首次参加“科蕾奖”评选，参评特效电影有20多部。科普动漫和特效电影奖项的设立是本届“科蕾奖”评选的亮点。

本届评委会由协会理事长刘建中任评委会主任，聘请了科教影视界20余位专家担任评委。经全体评委审看讨论，最终评选出特等奖2个，一等奖7个，二等奖18个，三等奖35个，共计62个。为鼓励科教影视创作队伍的积极性，本届还增设了40个优秀奖，使奖励范围有了明显的扩大。

中国科学技术期刊编辑学会

2011年，学会通过组织各种活动加强与广大会员的联系，吸引更多的期刊编辑部加入到学会组织中，学会团体会员达到976个，个人会员6344人。积极完成学会换届筹备工作。8月10日，学会换届工作领导小组在北京举行工作会议。学会秘书长姚希彤汇报了换届工作进展情况，会议就下一步工作思路进行了讨论。

全年共举办学术会议7个，参会人员1100人次，交流论文209篇，出版论文集3册。举办的主要学术交流活动有：第十一届中国科技期刊青年编辑学术研讨会暨科技期刊立体化出版模式论坛，第三届科技期刊发展创新研讨会，第九届全国核心期刊与期刊国际化、网络化研讨会，国外科技期刊最新发展态势报告会，全国学会科技期刊调研报告会，2011科技期刊数字化国际化培训讲座等。

7月23~26日，医学期刊工作委员会在黑龙江省齐齐哈尔市召开第九届全国医药卫生期刊编辑出版学术会议。60余位医药卫生期刊编辑出席会议，会议收到论文41篇。

会议由专题报告和大会交流两部分组成。会议主要就医药卫生科技期刊出版与科技发展的关系，科技期刊的内忧与外患，医学期刊的精品战略，医学期刊的品牌化建设，医学期刊的经营管理模式，集团化、国际化、数字化（网络化），新世纪医学期刊编辑素质修养等问题进行了交流和研讨。

学会组织开展了扶贫助教活动和贴近公众的科普活动。通过展板展示、资料发放、调查问卷等形式，向公众宣传防震救灾、节能减排、绿色生活、生态文明等方面的知识，提高人们的科学素质。

为推动中国期刊走向世界，使更多的期刊进入国际检索系统，学会向国际数据库推荐了中国期刊近百种。向俄罗斯全俄科学技术信息研究所介绍中国期刊，以及查询中国期刊信息的方法。

承担了中国科协主管期刊审读工作。承担了国家新闻出版总署委托的主编岗位培训和编辑 72 学时继续教育培训工作。完成“科技期刊编辑工作者的职责与使命”有奖征文活动。完成中国科协课题，撰写并出版《科技论文病句评改》一书。

【第十一届中国科技期刊青年编辑学术研讨会】 5 月 28 ~ 29 日，青年工作委员会在广东省广州市召开第 11 届中国科技期刊青年编辑学术研讨会暨科技期刊立体化出版模式论坛。210 余人参加会议。

研讨会上，有关专家作了《科技期刊改革与发展的若干问题》、《当前科技期刊面临的技术、法律和政策环境解读》、《经济转型期中国科技期刊的战略选择》、《我国科技期刊评价研究》、《办刊人的最高追求：质量效益的最大化》、《科技期刊的立体化经营》、《中国科技核心期刊的网站建设》、《中国知网数字出版的媒体化转型》、《2005—2010 年 Web of Science 收录期刊的变化》等报告。

会议收到学术交流论文近 50 篇，论文主题从理论研究到经营管理，从新技术应用到期刊评价，从编辑工程与标准化到办刊之道，涉及范围广泛。论文以《编辑学报》增刊的形式出版。

【第三届科技期刊发展创新研讨会】 7 月 12 ~ 17 日，数字出版与发展工作委员会在青海省西宁市召开第三届科技期刊发展创新研讨会。96 人参加会议。会议收到论文 20 多篇。

研讨会分为大会主题报告、交流报告和小组讨论。研讨内容涉及国内外科技期刊发展现状、趋势与对策，科技期刊体制创新发展，学报管理体制与运作模式改革创新，科技期刊数字出版的现状、建设、发展、经验及问题，期刊网站建设，期刊编辑的出版品牌意识，科技期刊审读思考，学术论文不端的判定与防范，英文期刊的建设与发展，科技期刊数字出版运营模式，编辑出版技术、规程、实践，稿件送审专家审稿，期刊编辑人才培养与管理，成功期刊典型工作的运作示范等议题。

【第九届全国核心期刊与期刊国际化、网络化研讨会】 9 月 16 ~ 18 日，网络化工作委员会在山西省太原市召开第九届全国核心期刊与期刊国际化、网络化研讨会。580 人参加会议。

会议以“科学评价促发展 品质服务谋共赢”为主题，围绕科学评价促发展品质服务谋共赢、2005 ~ 2010 年 SCI 收录期刊的变化及其在编辑工作中的应用、基于中文期刊的高被引指数分析、我国学术期刊数字化建设与发展、中国科学引文数据库应用与发展、《中文核心期刊要目总览》研究进展等进行专题研讨。

会议共征集论文 92 篇。经过北京万方数据股份有限公司研发的论文相似性检测服务（PSDS）的检测和专家的严格评审，评出一等奖 11 篇、二等奖 20 篇、三等奖 37 篇。

【国外科技期刊最新发展态势报告会】 12 月 17 日，学会在北京举办了国外科技期刊最新发展态势报告会。科技期刊界的专家共 80 余人出席会议。

会上，中国科学杂志社总编辑任胜利作了题为《美国科技期刊：访学收获与体会》的报告。2011 年 8 ~ 11 月他作为访问学者在美国进行了为期 3 个月的科技期刊研修考察，访问了 Springer 出版社纽约分社、Cell 出版社、Science 期刊社、《美国科学院院刊》（PNAS）期刊社、美国数学会期刊社、美国物理联合会（AIP）出版社、美国物理学会（APS）出版社、查尔斯沃思集团美国公司、SCI 费城总部等期刊出版与服务机构。他在报告中详尽介绍了国外先进的办刊理念和科技期刊编辑、生产（加工）的模式，并结合自己多年的办刊经历，分析比较了彼此的优劣，指出了我国科技期刊目前面临的挑战，同时提出了自己的思考。

《航空学报》编辑部主任蔡斐作了题为《他山之石，可以攻玉》的报告。她详细介绍了 2011 年 10 月赴美访问费城 SCI 总部和纽约爱思唯尔出版集团的情况，并围绕“优秀期刊是如何造就的”主题从影响科技期刊质量的主要要素、如何成为优秀的国际期刊等方面提出自己的见解。

交流活动让国内科技期刊界更好地了解了国外科技期刊的最新发展动向，学习了国际科技期刊先进的办刊理念和经营运作模式。

中国流行色协会

2011 年 5 月 6 日，中国流行色协会成立三十周年纪念座谈会在浙江省杭州市举办。协会创办初期的20多位老会员出席座谈会，共同回顾了协会创办初期的情况，总结了协会的发展经验，并对协会的未来发展提出了建议。

2011年，协会获得中国科协“全国科协系统先进集体”荣誉称号。全年共发展个人会员602人，增幅达10%，总数达6636人；发展团体会员27家，总数达639家。3月，成立了拼布色彩与艺术研究专业委员会。

协会色彩创新中心10月落户上海松江“时尚谷”。该中心以国家应用色彩标准CNCSCOLOR为核心，与国际色彩研究机构建立合作和交流机制，为国内企业提供色彩技术咨询服务。

协会修订了《2011—2012中国流行色协会会员服务条例》，改版了《Intercolor报告》，丰富了会员服务体系。以电子版形式出版了20期《最色彩》电子期刊，把色彩领域的新设计、趋势资讯、时尚资讯传递给会员。

协会加强学术交流，全年共举办学术会议3次，其中，国际会议1次，国内会议2次，共有380位专家、学者出席学术交流活动，包括国外专家、学者56人次，港、澳、台专家、学者5人次。

协会完成了2012/2013秋冬纺织品趋势提案、2013春夏色彩提案，确定了2013色彩方案和2012/2013秋冬纺织品流行方向，并两次向国际流行色委员会提交中国色彩流行趋势提案。

协会对我国色彩学科发展和应用进行梳理，成立专门课题组开展研究，承担了中国科协学科发展研究报告《色彩科学与技术发展研究报告》。该课题总结了近5年来色彩科学与应用领域的主要进展，并对未来发展方向和趋势进行了预测与展望。

协会承担的中国科协项目“色彩检测与认证创新示范项目”取得阶段性成果。

协会与韩国流行色中心、韩国纺织设计协会、日本时尚协会、日本流行色协会、泰国时尚研究机构等组织多次进行沟通，确定了亚洲色彩联合会的成员组成。

为进一步开拓我国色彩与设计人员的创作视野与色彩应用水平，协会组织27名会员及相关设计人员于7月底对南非和阿联酋进行了以“建筑及环境色彩”为主题的专业考察、培训与交流活动。考察团实地考察了南非、阿联酋的城市建筑和环境色彩风格、特点，与当地的色彩机构和艺术院校进行了交流，探讨了不同国家、地区的色彩差异及特色。

11月初，拼布色彩与艺术研究专业委员会组织专业委员会委员，参加了在美国休斯敦举办的2011休斯敦拼布节，并与主办方进行了洽谈。

协会分别接待了日本时尚协会、韩国纺织设计协会、台湾地区“中华色彩学会”和英国GCR色彩公司、德国Silfox集团、瑞典NCS公司、德国RAL公司等机构和公司的来访，就色彩应用、设计和相关专业领域开展交流和合作，与部分机构和公司达成了战略合作意向。

协会针对大学生群体开展了色彩知识科普讲座。在北京服装学院、湘潭大学、湖南工程学院、燕山大学、大连工业大学、大连大学、福州大学、广州商学院等19所院校进行了23场色彩校园行讲座，累计听众人数近5000人。协会针对会员开展了不同形式的色彩知识普及工作，针对5家会员企业300余人进行了企业定制的色彩培训。

11月，协会起草的《色彩搭配师国家职业技能标准》正式获得国家人力资源与社会保障部批准，成为国家职业标准，为协会开展国家色彩搭配师技能考评奠定了基础。

协会在北京市、上海市、广东省广州市、天津市、辽宁省大连市、江苏省常州市、南通市共举办色彩搭配设计专业能力三级培训班23期，二级培训班4期，共计培训学员700余人。培训内容涉及服装设计、工业设计、包装设计、室内装饰、建筑设计、面料设计、形象设计、景观设计、涂料、动漫设计等领域。

【第六届色彩中国颁奖典礼】10月18日，协会与中国纺织服装品牌创业园联合主办的第六届色彩中国颁奖典礼在上海市举行。中国纺织工业协会会长、中国流行色协会会长杜钰洲，中国纺织工业协会副会长张莉，中国纺织信息中心副主任阎岩，中国服装设计师协会副秘书长张庆辉，中国流行色协会常务副会长梁勇，国际流行色委员会主席奥莱拉·贝格美（Ornella Bignami），以及来自日本流行色协会、韩国纺织设计协会、泰国时尚研究所、德国色彩研究所、美国彩通公司、德国Silfox集团、德国RAL公司、英国全球色彩研究机构（Global Color Research）的300余名嘉宾参加。

第六届“色彩中国”年度色彩大奖设立了14个色彩应用奖、2个色彩科技奖、1个色彩教育奖和1个色彩贡献奖。海尔集团、中国美术学院等25家国内外企业和机构，凭借新颖的色彩设计、高品质的色彩应用、尖端的色彩科技、深度的色彩传播，最终荣获了2010/2011年度色彩大奖。获奖单位涵盖服装服饰、童装童鞋、家居家纺、家装家电、工业设计、建筑设计、城市规划、高等教育、影视传播等领域。另有20家企业、单位荣获“色彩中国”提名奖。

【第七届亚洲色彩论坛】10月19～20日，由亚洲色彩联合会、中国纺织服装品牌创业园（时尚谷）联合主办，中国流行色协会承办的第七届亚洲色彩论坛在上海市举办。协会常务副会长梁勇等200余位国内专家、学者和企业设计师，以及日本流行色协会理事、事务局长渡边诚士，韩国纺织设计协会主席李秀哲，泰国时尚研究所所长萨狄·维尼科，台湾地区“中华色彩学会”理事长李天任，德国色彩研究所副主席阿克塞尔·维恩（Axel Venn）等50位海外嘉宾出席论坛。

第七届亚洲色彩论坛以“色彩沟通与色彩营销”为主题，涉及亚洲色彩产业现状与发展、色彩经济、色彩标准、色彩管理与控制，以及东方色彩文化与时尚等议题。

美国爱色丽＋彩通公司副总裁Ronald Potesky作了题为《用色彩成就设计和品牌》的演讲，对品牌色彩制定，色彩对产品设计及品牌战略的重要性，以及公司如何在市场中使用颜色等方面的内容进行了阐述。

中国美术学院副院长宋建明作了题为《色彩传播与感应》的主题演讲。通过社会文化、意识形态、市场竞争、设计策略等方面的案例，探讨了色彩传播与色彩感应效果的关联，揭示了传播目的和传播手段与色彩感应心得之间的关系，为人们认识色彩、驾驭色彩提供了新的思路。

上海交通大学副教授傅炯作了题为《中国人的色彩审美与设计沟通》的主题演讲。德国Silfox集团战略营销总监Detlev Pross演讲的主题为《色彩——推动经济增长的关键因素》。国际流行色委员会副主席、泰国时尚研究院执行主席Pradit Ratanawijitrasilp演讲的主题是《未知世界的色彩感觉》。日本流行色协会创意总监Kahoru Ohsawa、日本Nagase公司色材与影像研发部专家Tomomi Mizushina、韩国伊富家家纺公司经理Go Huynju、韩国协成大学教授Chung Hee Jin分别作了演讲。

【工业色彩设计与应用研讨会】5月25日，协会和德国RAL公司联合主办的工业色彩设计与应用研讨会在北京举行。来自欧洲的色彩专家，我国的色彩专家，以及140余名来自工业制造企业的设计人员出席研讨会。

研讨会上，德国希尔德斯海姆大学应用科学与艺术学院色彩设计和趋势咨询教授阿克塞尔·维恩作了《夺目风采——工业产品因色彩大不同》的主题报告，阐述了鲜明以及闪光的色彩应用在当代工业设计领域的重要地位。

来自英国未来实验室的汤姆·沙维加演讲的主题为《欧洲工业色彩新趋势》，对未来欧洲工业色彩流行趋势作了预测，也给中国工业设计的色彩流行带来了新启发。

北京2008年奥运会火炬设计师和该项目总负责人、联想集团全球创新设计中心高级总监李凤朗作了《色彩和品牌》的演讲。协会流行趋势研究中心色彩总监、VIFF STYLE流行研究机构设计总监招霞作了《2012中国家电色彩趋势》的演讲。两位中国专家阐述了“工业色彩”作为中国工业制造业的创新设计元素，未来将为产品更新、企业发展，乃至产业升级发挥的重要作用。

中国档案学会

2011年，学会召开了七届四次理事会议、七届四次和七届五次常务理事会议，制订了《中国档案学会2012年工作计划》和《中国档案学会分支机构管理办法》，总结了2011年学会的工作，对2012年全国档案工作者年会有关事宜进行了讨论。还举办了中国档案学会成立30周年座谈会。

3月28日，学会在云南省昆明市召开了以“档案学会的改革与发展”为主题的2011年全国档案学会秘书长会议。全国各省、自治区、直辖市和计划单列市、副省级市档案学会的分管领导和秘书长80余人参加会议。会议总结了2010年学会的工作，通报了2011年的工作要点，并对学会开展档案工作专门人才评选方案进行了讨论。中国科协学会学术部学会管理处处长朱文辉作了题为《学会的改革与发展》的专题报告，运用大量数据说明了中国科协所属全国学会在改革中取得的可喜成就，分析比较了中国档案学会在中国科协所属全国学会中所处的位置，并针对中国档案学会的工作提出意见和建议。

学会办事机构组织开展学术交流活动4次。6月2日，学会和国家档案局联合举办了国际档案学术报告会，邀请有关专家、学者就西方档案理论发展和档案鉴定问题作学术报告。此外，还举办了2011年海峡两岸档案暨缩微学术交流会、幸福档案资源建设论坛、全国档案事业发展高层论坛。

学会7个专业委员会分别举行了工作会议和学术研讨会。

6月12～14日，档案自动化管理技术委员会2011年学术年会在湖北省宜昌市召开。会议的主题为“档案数字化过程质量控制的探索”。档案自动化管理技术委员会委员及特邀专家共35人参加会议。会议由档案自动化管理技术委员会主任屠跃明主持。5位专家作了主题发言。档案自动化管理技术委员会委员刘伟晏、朱蒙生、李洪、连秉然分别作了题为《中央档案馆数字化工作情况介绍》、《军队档案数字化质量和安全控制》、《档案数字化处理工作经验与心得》、《电子档案长期安全保存的有效途径——光盘备份》的报告。特邀专家毛跃光作了题为《中国三峡集团档案数字化管控解析》的报告。

9月，文献影像技术委员会2011年会在江西省南昌市召开。文献影像技术委员会主任马淑桂，副主任陈林荣、朱蒙生、杨成斌，江西省档案局局长涂勤华，以及文献影像技术委员会委员和特邀专家共60余人参加会议。马淑桂作了工作报告，总结了第七届委员会成立一年来所做的工作。国家档案局科研所研究一室主任王建库作了题为《电子文件归档光盘技术要求和应用规范》的报告。清华大学光盘工程研究中心检测总监许斌作了题为《电子文件归档光盘检测及监控应用》的报告。国家档案局科研所研究二室主任郝晨辉作了题为《从标准化角度谈数字档案信息缩微品输出工作的开展》的报告。国家档案局科研所二室工程师黄静涛作了题为《基于数字影像技术的珍贵档案仿真复制工作》的报告。

11月26～29日，档案保护技术委员会、中国感光学会影像保护专业委员会2011年会在安徽省合肥市召开。学会副理事长兼秘书长付华，档案保护技术委员会主任李玉虎，副主任黄丽华、陶琴、张美芳、周耀林、张建明，以及档案保护技术委员会委员和特邀专家共56人参加会议。会议总结了一年来国家重点档案抢救工程的经验和管理机制，交流了档案保护创新技术和声像档案保护创新技术，图书馆、博物馆的古籍善本、纸质文物保护修复创新技术，探索珍贵档案、纸质文物、古籍善本收藏、库房环境控制技术，研发档案保护新理论、新理念和新方法。15位专家分别作了《电影胶片档案抢救的实践与思考》、《纸质档案文物的脱酸/加固/封护综合保护研究》、《温湿度对胶片齿孔收缩影响的研究》、《光盘信息存储与保护》、《绿色环保理念在档案馆新馆建设中的应用》、《档案馆应对微生物污染的消毒技术》、《珍贵档案的预防性保护研究》等专题报告。会议收到论文49篇。会议论文结集出版。

学会完成了档案设备用品服务定点企业的年检。加大会员培训力度，举办了10余次培训班，培训会员1000多人次。

为拓展中国档案学术研究平台，学会调整、充实了会刊《档案学研究》编辑指导委员会和《档案学研究》编审委员会，聘请专家参与会刊编辑工作，会刊编辑质量明显提高。

【中国档案学会成立30周年座谈会】12月15日，中国档案学会成立30周年座谈会在北京举行。70余人聚集一堂，共同回顾学会30年的风雨历程，畅想学会的未来。

国家档案局局长、中央档案馆馆长杨冬权对学会成立30周年表示祝贺。他在讲话中肯定了学会对中国特色社会主义档案事业发展所起到的推动作用，希望学会以成立30周年为契机，进一步提高学会的组织建设能力、队伍建设能力和社会服务能力，带领广大会员，团结广大档案工作者，推动全国档案事业的科学发展，续写中国档案学会的新辉煌。

30年来，学会召开了七次全国会员代表大会，建立了健全的学会机构、完善的工作机制，发展了7855名个人会员，126个单位会员，会员遍布全国各行各业。开展了形式多样的学术活动，举办各类学术会议累计超过150次（不包括各分支机构的学术活动），交流论文7000余篇，参会人数超过1.3万人次，打造了全国档案工作者年会、全国档案事业发展高层论坛、海峡两岸档案暨缩微学术交流会等学术品牌。积极搭建会员服务平台，充分发挥广大会员的智力优势，组织会员承担多个国家级重要科研课题，出版了70多部学术著作，多次开展档案学术成果奖励活动，学会的创造力不断提高。不断加强会刊编辑力量，打造传播知识、共享学术成果的网络平台，开展会员培训，在服务会员、服务社会方面取得了显著成绩，学会的发展活力不断提升。

【2011年海峡两岸档案暨缩微学术交流会】7月22～23日，学会在北京召开了2011年海峡两岸档案暨缩微学术交流会。来自海峡两岸的180多位档案及缩微界专家、学者出席会议。

国家档案局局长、中央档案馆馆长杨冬权，中国科协国际联络部副部长李秀亭，国务院台湾事务办公室交流局副局长曲萌出席会议并讲话。学会理事长、国家档案局副局长、中央档案馆副馆长李和平，中国文献影像技术协会理事长魏大威，台湾地区“中华档案暨资讯微缩管理学会”名誉理事长曹尔忠、理事长杨正宽等出席会议。

会议围绕“档案文献的保护与利用”举行了4场学术研讨，19位论文作者作了报告。交流的论文涉及法规标准、实用技术、资源保护及档案利用等。

会议期间，举办了纪念海峡两岸档案学术交流20周年图片回顾展，还组织召开了海峡两岸档案学术交流20周年纪念会，回顾了海峡两岸档案学术交流20年走过的历程。

会后，台湾地区“中华档案暨资讯微缩管理学会”代表团参观考察了6个企业档案馆，2个综合档案馆，1个专门档案馆。

【全国档案事业发展高层论坛】11月5日，学会主办的全国档案事业发展高层论坛在贵州省贵阳市召开。学会第七届理事会理事、特邀专家共90人参加会议。学会理事长、国家档案局副局长、中央档案馆副馆长李和平出席会议并讲话。

为确保档案安全，国家档案局提出了要在全国档案部门建立确保档案安全保密的档案安全体系建设的设想。为了实现这一设想，国家启动了中西部地区县级档案馆建设规划，各地档案部门积极实践，探索了以档案备份确保档案安全的新思路。为了梳理和总结工作中的问题和经验，并提出有针对性、可操作的对策建议，学会以“中西部地区县级档案馆建设和档案备份”为主题，举办了全国档案事业发展高层论坛。

论坛上，学会10位理事、常务理事发表了演讲，学会副理事长、中国人民大学信息资源管理学院院长赵国俊作了学术评论和总结。

【幸福档案资源体系建设论坛】8月26日，由中国档案学会主办、广州市档案学会承办的幸福档案资源体系建设论坛在广东省从化市举行。60余位专家、学者参加会议。

论坛围绕广州幸福档案资源建设的成就与经验进行了讨论。中国人民大学副校长冯惠玲在题为《中国记忆与数字档案资源建设在广州》的主题演讲中，探讨了和实体资源相对应的数字资源的建设问题。她认为，档案有助于保存集体记忆，而集体记忆是社会认同的基石。她提出设想：把属于中华民族的记忆资源记录下来，建设中国记忆数字资源库，通过这个数字资源库构建社会集体记忆，保护中华文化，促进中华文明的对外传播，增强全球华人的归属感、身份感和幸福感。

中国人民大学档案学院博士生导师王英玮教授在演讲中阐释了幸福和幸福城市之间的关系。他认为，围绕幸福城市的目标，档案部门要确定自己的目标，要从大处着眼，小处着手，踏踏实实地做好档案部门自己的工作，就目前而言，最应该做好的一项工作就是政府文件信息公开工作。

广州市档案局局长何伍爱、中山大学资源管理学院教授陈永生、广州市政府政策研究室副主任谢博能等分别发表演讲。

【2011年全国企业档案学术年会】10月13日，由企业档案学术委员会和国家档案局经济科技档案业务指导司联合主办的2011年全国企业档案学术年会在广东省湛江市召开。学会理事长、国家档案局副局长、中央档案馆副馆长李和平，广东省档案局局长徐大章等出席会议并讲话。来自空军档案馆、国家安全生产监督管理总局档案馆等单位的90余位专家参加会议。

李和平在讲话中指出，企业快速发展，离不开档案及档案工作的基础支撑作用。企业档案工作必须牢牢把握企业自身的需求，牢牢把握企业发展的趋势。企业档案学术委员会要加强档案学术研究，为档案事业全面、协调发展提供理论支撑。

企业档案学术委员会主任计红胜作了工作报告，回顾了企业档案学术委员会自2009年以来的工作情况，展望了“十二五”企业档案工作的发展动向，并安排部署了企业档案学术委员会2012年工作计划。他表示，“十二五”时期，企业档案学术委员会将积极构建灵活创新的企业档案工作交流机制，营造企业档案工作业务交流和学术探讨的良好氛围，努力构建“企业档案工作者之家”，打造全国企业档案工作交流的新品牌。

中国档案报社总编辑郭海缨以《创新为源——关于数字时代的档案宣传国际研讨会的思考》为题，介绍了2011年6月9日在北京召开的数字时代的档案宣传国际研讨会的有关情况。

会议邀请不同行业具有代表性的企业和省市档案局作交流发言。5家中央企业的档案管理人员从服务于企业发展的角度解读了本企业“十二五”档案工作的发展思路。来自广东省档案局的专家从监督指导企业档案工作发展的角度，阐释了“十二五”时期广东省企业档案工作的理念与举措。

中国国土经济学会

2011年，学会秘书处党支部结合自身条件，开展了党支部共建工程、党员责任工程。秘书处党支部在低碳国土实验区中选择具有代表性的村级党支部开展了党支部共建活动。7月24日，党支部共建工程首次书记联席会在北京召开。中国科协机关党委常务副书记王守东、学会服务中心党委书记李桐海，学会副理事长兼秘书长、党支部书记柳忠勤，以及河南省商丘市梁园区丁楼村、山西省长治县振兴村、山东省枣庄市台儿庄区涛沟桥村、江西省婺源县言坑村等4个基层党支部的书记和当地有关领导参加会议。

学会加强学术交流，推动学科建设与发展，举办了中国国土经济学会成立30周年纪念座谈会暨学科建设与发展研讨会、高效利用国土空间高峰论坛、钱学森第六次产业革命理论及其现实意义专题论坛等一系列学术活动。在中国科协的支持下，启动了国土经济学科发展研究项目。

5月12日，国土经济学学科讨论会暨《国土经济学通论》书稿审稿会在北京召开。学会理事长、第十届全国政协副主席、《国土经济学通论》编委会主任张怀西主持会议。学会副理事长兼秘书长柳忠勤就该书的编写目的及编委会组成情况作简要说明。与会专家分别就国土经济学的学术背景、发展历程、内涵界定、组织结构等内容进行了讨论。张怀西希望《国土经济学通论》的内容具有科学性、权威性和前瞻性，要具备能传播到各个领域的基本条件，使其成为群众、学生学习和研究的工具。

全国低碳国土实验区是在中国科协领导下，由学会组织实施的一项持久性共建工程。活动于2010年4月启动，经过推荐和选拔，2010年10月，云南省丽江市、广东省肇庆市、江西省婺源县、河南省商丘市梁园区等15个市、县、区被纳入低碳国土实验区共建范畴。2011年，学会组织100多人次深入全国各地调研、考察，为全国低碳国土实验区提供科学有效的服务。9月20～24日，学会理事长、全国低碳国土实验区指导委员会主任张怀西，学会副理事长陈洲其，学会副理事长兼秘书长、全国低碳国土实验区办公室主任柳忠勤等一行12人赴云南省昆明市、丽江市进行考察，云南省委书记秦光荣，省委常委、昆明市委书记仇和，省政协副主席罗黎辉等接待了张怀西一行。张怀西一行先后考察了昆明滇池国际城市湿地、昆明斗南国际花都、昆明市行政中心、丽江市拉市海湿地等。

11月22日，国务院新闻办公室发表了《中国应对气候变化的政策与行动》白皮书（2011）。学会开展的低碳国土实验区创建活动被列入白皮书。

白皮书指出，中国积极宣传应对气候变化科学知识，提高公众的低碳发展意识，注重发挥民间组织、媒体等各方面的积极性，采取多种渠道和手段引导全民积极参与应对气候变化行动。在民间组织行动方面，中国国土经济学会开展了低碳国土实验区创建活动，中华环保联合会和中国旅游协会在48家旅游景区开展了首批全国低碳旅游试验区试点，中国钢铁工业协会与全国总工会组织开展了全国重点大型耗能钢铁生产设备节能降耗对标竞赛活动。

2011年，《今日国土》杂志特别刊登了宣传科技人物文章10篇，实验区先进工作经验文章12篇，学术研究成果20篇。

【中国国土经济学会成立30周年纪念座谈会暨学科建设与发展研讨会】12月10日，中国国土经济学会成立30周年纪念座谈会暨学科建设与发展研讨会在北京举行。学会理事长张怀西出席会议并讲话。学会副理事长陈洲其、国务院参事刘坚、学会副理事长兼秘书长柳忠勤等100余人参加座谈会。

座谈会总结了学会建设与发展的经验，表彰了为学会事业发展作出突出贡献的理事和会员，并就学科建设与发展进行了研讨。

柳忠勤代表常务理事会作了学会成立30年工作报告。报告回顾了学会成立30年来所取得的主要成绩，并从4个方面对学会今后的工作进行了展望。

学会副秘书长、国务院发展研究中心环境与资源政策研究所副所长谷树忠汇报了国土经济学学科发展建设情况。从国土经济学内涵、研究对象、学科体系、主要进展、《国土经济学通论》编撰和出版、创新与发展的展望等六个方面进行了系统阐述。

【全国低碳国土实验区首次现场考察暨经验交流会】4月2～3日，全国低碳国土实验区首次现场考察暨经验交流会在江西省婺源县举办。国务院参事、全国低碳国土实验区指导委员会副主任刘燕华，中国科协学会服务中心主任李桐海，学会副理事长兼秘书长柳忠勤，以及来自13个省、自治区、直辖市的低碳国土实验区代表、实验区共建工程重点课题科研单位代表等80余人出席会议。

会议通过了《自愿低碳 自主减排（婺源）宣言》。该宣言宣布，将在今后的实验区实践中，切实做好10项工作：自主做好实验区规划和工作计划，自主构建实验区低碳化产业体系，自律加强实验区节能减排考核，自觉促进实验区能源结构优化调整，自主创新研发和推广实验区低碳新课题、新技术，自愿创建实验区低碳新生活、新文明，自觉做好政府机关节能降耗率先示范工作，自觉加强实验区碳汇造林、森林抚育工作，自觉发展实验区低碳绿色人居与节能建筑，自觉构建实验区绿色低碳交通系统。

江西省婺源县、河南省商城县、广东省肇庆市千里旅游画廊、山西省长治县、广东省深圳市蛇口工业园区、浙江省金华市双龙风景区、内蒙古鄂尔多斯市恩格贝生态示范区的代表等在会上介绍了实验区争当倡导低碳生活、创新低碳技术、发展低碳产业先锋的工作心得、实践经验、特色模式。

【高效利用国土空间高峰论坛】11月4～6日，由学会和江西省新余市人民政府主办、新余市孔目江生态经济区承办的高效利用国土空间高峰论坛在江西省新余市举行。学会理事长张怀西，中国科协学会学术部副部长朱雪芬，学会常务理事高广生等120余人出席会议。会议由学会副理事长兼秘书长柳忠勤主持。

张怀西指出，国土是一个国家以及人民生存、生活和谋求幸福的根本因素，只有实现国土空间的高效利用，才能实现经济社会生态的可持续发展；只有用绿色理念来指导国土空间的开发，才能建立起经济社会与生态文明协调发展的良好、和谐格局；只有牢固树立大国土理念，才能更好地造福广大人民群众。

国家发展改革委员会国土开发与地区经济研究所所长肖金成作了题为《实施主体功能区战略 高效利用国土空间》的主题报告。与会专家、学者以“高效利用国土空间”为主题，围绕我国国土空间的保护、利用、开发现状及存在问题，构建“安全国土、规范国土、高效国土”的内涵与路径选择，深化主体功能区规划与提高国土空间利用效率的关系，高效利用国土空间与区域经济发展的途径，中小城市国土的高效开发利用等问题进行了研讨。

【全国首届国土书画艺术展】6月25日，学会主办，中国书法家协会、中国美术家协会协办的全国首届国土书画艺术展在北京人民大会堂和国家大剧院举行。第九届全国人大常委会副委员长、中国国土经济学会高级顾问布赫，学会理事长张怀西，学会副理事长、全国政协人口资源环境委员会副主任江泽慧，国务院参事、科技部原副部长刘燕华，以及90位书画家和党政机关、新闻界、书画界人士共350余人参加本次活动。

2011年是中国共产党成立90周年，也是中国国土经济学会成立30周年。为了弘扬国土文化，强化人们珍爱祖国国土、有效保护并合理利用国土资源意识，在“6·25全国土地日”之际，学会举办了以“江山如画”为主题的全国首届国土书画艺术展。

张怀西在讲话中说，大力弘扬国土文化，倡导广大人民群众了解国土、热爱国土，进而科学利用、有效保护祖国的每一寸国土，是举办这次活动的主要指导思想。

【钱学森第六次产业革命理论及其现实意义专题论坛】11月11日，由中国科协办公厅、钱学森办公室、农业部农村经济研究中心支持，中国国土经济学会沙产业专业委员会和中国科学技术出版社共同承办的纪念钱学森诞辰百年——钱学森第六次产业革命理论及其现实意义专题论坛在北京召开。全国人大常委、中国科协副主席冯长根，中国科协荣誉委员、中国国土经济学会沙产业专业委员会主任刘恕，甘肃省委原副书记马西林，农业部原副部长洪绂曾，原林业部副部长蔡延松，以及来自全国各地的60余位专家、学者出席会议。

与会专家认为，“第六次产业革命”理论的提出，充分证明钱学森不仅是一位伟大的科学家，更是一位思想家。钱学森以历史的责任感和坚定的信念，进行第六次产业革命理论的阐述和实践推进。与会专家着重回顾了钱学森对第六次产业革命理论的阐述，以及推进过程中对沙产业的特殊关注。

论坛上，与会专家展示了沙产业理念提出20年来所取得的实践成果。冯长根在发言中说，钱学森关于第六次产业革命的理论和他的科学贡献一样，是一种思想创新，是宝贵的思想和精神遗产，值得深入学习、研究和总结。

中国土地学会

2011年，学会根据《中国科学技术协会事业发展“十二五”规划（2011—2015）》和《国土资源“十二五”规划纲要》要求，结合自身发展实际，编制了《中国土地学会发展“十二五”规划（2011—2015）》。《规划》共分4个部分。第一部分为序言，主要论述了“十一五”时期学会的主要工作和体会，“十二五”时期面临的机遇与挑战。第二部分为指导思想与主要目标，主要论述了“十二五”时期学会发展的指导思想、总体工作和6个主要目标。第三部分为重点任务，主要论述了“十二五”时期学会在开展决策咨询服务、加强土地学科建设、推动学术交流繁荣发展、提升全民土地科学素质、促进人才成长、加强自身队伍和能力建设等6个方面的22个重点任务。第四部分为规划实施与保障，主要论述了加强组织领导、增加经费投入、落实政策法规、加强统筹协调、明确实施责任、加强监督检查等六项保障措施。

4月20日，学会六届三次常务理事会议在北京召开。学会理事长王世元，以及副理事长、常务理事共43人出席会议，部分分支机构副主任委员列席会议。会议审议并通过了学会2010年工作总结、2011年主要工作安排、2010年财务工作报告、《中国土地学会“十二五”发展规划（含学科发展规划）》编制工作方案、学会部分组织机构人员调整方案，以及修改后的《中国土地学会财务管理办法及规定》，讨论并确定了2011年中国土地学会学术年会会议主题。王世元在讲话中强调：一是要围绕中心，服务大局，充分发挥学会的桥梁纽带作用；二是要坚持不懈，勇于创新，不断推进学会事业发展；三是要精心组织，突出重点，努力做好2011年学会工作；四是要加强领导，健全组织，充分发挥各工作委员会、各分会的主观能动性；五是要加强日常管理，办好学术期刊，争创一流科技社团。

以通讯方式召开六届四次常务理事会议，审议并通过了常务理事、理事和分支机构负责人调整方案。

学会加强学术交流，举办了2011年中国土地学会学术年会、2011年海峡两岸土地学术交流暨纪念海峡两岸土地学术交流20年大会等学术会议。学会与南京农业大学中国土地问题研究中心等单位在江苏省南京市联合举办了经济发展方式转变与国土资源管理创新前沿高端学术交流会议。30余位专家、学者对“十二五”时期的国土资源利用方式转变和管理创新、国土资源的有效供给与高效配置进行了研讨。

9月，《中国土地科学》编辑部与教育部公共管理教学指导委员会土地资源管理学科组、全国高等院校土地资源管理院长（系主任）联席会、中国土地资源勘测规划院等单位在湖北省武汉市共同主办了第十届全国高校土地资源管理院长（系主任）联合会暨2011年中国土地科学论坛。来自全国有关高校和科研院所的专家、学者140余人出席会议。2011年中国土地科学论坛的主题为“村镇住宅土地利用分区管制技术”。专家们就空间规划体系与村镇土地利用规划定位、村镇土地利用规划方法、村镇土地利用规划技术、村镇土地利用规划管理、当前国土管理的热点问题、中国土地管理高等教育发展等议题展开了研讨。来自中国、德国、韩国的11位专家作了主题演讲。本次全国高校土地资源管理院长（系主任）联合会暨2011年中国土地科学论坛首次在全国高校范围内评选出全国十佳青年土地资源管理专家，来自南京农业大学、浙江大学、华中农业大学、中国农业大学、江西农业大学等高校的10名青年学者入选。

学会接待了以中国台湾地区“中国土地改革协会”理事长王进祥为团长、台北市地政士公会理事长高钦明为副团长的台北市地政士公会考察团一行24人。学会副理事长黄小虎、国土资源部港澳台办公室副主任陈勇及大陆专家、学者参加了会见。

学会启动了相关程序，申请加入国际测量师联合会（FIG），相关工作进展顺利。12月，学会组织代表团出访意大利和奥地利，与相关国际组织协商了学会加入国际土地联盟事宜。

学会召开专题研讨会，组织16位专家对《国土资源“十二五”科学和技术发展规划（征求意见稿）》进行研讨，并对征求意见稿提出了修改意见和建议。《国土资源“十二五”科学和技术发展规划》大量吸收了学会提出的修改建议。

学会与中国土地勘测规划院等单位合作，开展年度土地科学学科发展专题研究，完成了《土地科学学科发展蓝皮书（2011年）》。《土地科学学科发展蓝皮书（2011年）》对土地科学在2010年的最新进展情况，包括研究内容、主要结论、重要的理论创新和技术创新、重要成果的应用等进行了系统总结。

完成土地规划甲级机构年检工作。经业内专家评选、学会审核，对全国227家土地规划甲级机构的年检材料进行了审理认定，其中215家通过评审认定，进入《2011年度土地规划甲级机构推荐名录》，并核发了新的土地规划甲级机构资质证书。结合年度土地规划甲级机构申报认定工作，在听取各方意见基础上，对《土地规划机构评选推荐管理办法》部分条款进行了调整、补充和完善。启动了土地规划甲级机构申报认定管理系统研发工作。

积极参加国土资源部组织的“4.22”地球日纪念活动。参加了第21个“全国土地日”纪念活动。

编辑出版《中国土地科学》和《土地科学动态》。2011年《中国土地科学》共收到自然来稿1200多篇，其中500篇进入外审，200篇论文通过终审，全年共编辑出版12期《中国土地科学》。《土地科学动态》全年初审稿件230多篇，终审120篇，共编辑出版6期。

【2011年中国土地学会学术年会】11月18～20日，2011年中国土地学会学术年会在广东省佛山市召开。年会主题为“城乡统筹发展与深化土地制度改革”。学会理事长、国土资源部副部长王世元参加会议并讲话。广东省副省长林木声出席会议并致辞。学会名誉理事长邹玉川及200余人参加会议。

国务院发展研究中心农村经济研究部副部长刘守英、江苏省发展和改革委员会副主任曲福田、美国规划师协会首席执行官保罗·法默先生和主席米奇·希尔沃先生、德国慕尼黑工业大学教授马格尔等作大会主题报告。

会议共收到论文230余篇，经专家评选，110篇论文入选年会论文集，19篇论文获2011年中国土地学会学术年会优秀论文奖，26名论文作者在大会或分会场上进行交流。

会议指出，深化土地管理制度改革，促进城乡统筹发展是一项长期艰巨的任务。面对新形势、新要求，着力在完善制度上下工夫，在深化改革上下工夫，大力促进城乡统筹发展。当前要突出下面几个重点：一是要统筹城乡规划，促进城乡用地结构和布局优化。二是要严格保护耕地、节约用地，进一步夯实农业发展的物质基础。三是要积极稳妥地推进农村土地使用制度改革，指导农村集体土地使用权规范流转。四是要深化推进征地制度改革，切实维护农民的土地合法权益。

会议要求，学会要围绕深化土地制度改革、促进城乡统筹发展重点做好以下几项工作：一是发挥学术交流平台作用，凝聚国内、国外各界力量，为深化土地制度改革出谋划策。二是发挥学科建设平台作用，完善土地科学理论技术体系，为深化土地制度改革提供理论技术支撑。三是发挥管理服务平台作用，积极做好土地管理相关服务工作。四是发挥科普宣传平台作用，为深化土地制度改革聚合社会力量。

【2011 年海峡两岸土地学术交流暨纪念海峡两岸土地学术交流 20 年大会】 8 月 10～11 日，由学会主办，中国土地勘测规划院协办，黑龙江省国土资源厅、黑龙江省土地学会承办的 2011 年海峡两岸土地学术交流暨纪念海峡两岸土地学术交流 20 年大会在黑龙江省哈尔滨市召开。学会理事长、国土资源部副部长王世元，黑龙江省副省长于莎燕出席会议并讲话。海峡两岸专家、学者 120 余人参加会议。

海峡两岸土地学术交流活动始于 1992 年，采取“一年在大陆、一年在台湾”的形式，每年召开一次学术研讨会。2011 年会议的主题是“土地节约集约利用与环境保护”。交流研讨内容包括：土地征收与产权保护、土地开发与农地保护、土地利用与环境影响评价、城市土地二次开发与权益保护、土地管理与房价调控等。会议共收到海峡两岸专家、学者的论文 90 余篇。

会议指出，20 年来，海峡两岸土地学术交流活动取得了可喜的成绩：一是增进了海峡两岸在土地领域的相互了解，促进了现代土地管理基本理念的逐步建立。二是推动了海峡两岸在土地管理工作中的相互借鉴，促进了相关制度的不断完善。三是增强了海峡两岸土地领域专家、学者之间的相互信任，促进了海峡两岸科技文化交流的持续深化。

会议强调，要全面推进海峡两岸土地领域的学术交流与合作。一方面，要围绕 2009 年在湖南省长沙市召开的海峡两岸土地学术交流会议形成的海峡两岸土地学术交流与合作“五项共识”，着手制定一个为期 5 年的行动方案。另一方面，要围绕节约集约用地，积极组织力量深入研究，加快构建有利于促进节约集约用地的制度保障体系。重点要在土地产权明晰、全面掌控土地调查评价成果的基础上，构建规划计划调控、标准规范控制、市场配置、技术支撑及考核等五大体系。

【两位理事在国土资源学习大讲堂上作报告】 8 月 23 日，中共中央政治局就完善我国土地管理制度问题研究进行了第 31 次集体学习。中共中央总书记胡锦涛发表了重要讲话。学会常务理事、国务院发展研究中心农村经济研究部研究员刘守英，学会理事、北京大学城市与环境学院副教授林坚就当前我国土地管理制度问题进行了讲解，并谈了他们的意见和建议。

9 月 13 日，国土资源部依托国土资源学习大讲堂平台，以视频会议形式，专题学习贯彻胡锦涛总书记在中共中央政治局第 31 次集体学习时的重要讲话精神。刘守英应邀作题为《关于完善我国土地管理制度的研究与思考》的专题报告。刘守英在报告中回顾了我国土地管理制度历史演变的基本脉络，系统梳理了我国土地管理制度的特点，分析了当前我国土地管理面临的新情况、新问题，并从经济、法律角度分析了我国土地问题背后的成因，并对完善我国土地管理制度提出了思考和建议。

10 月 27 日，国土资源部依托国土资源学习大讲堂，再次举办了学习中央领导同志重要讲话精神视频辅导讲座第二讲。林坚应邀作专题报告。林坚回顾了胡锦涛总书记在中共中央政治局第 31 次集体学习时就节约集约用地提出的有关要求，详细阐述了为什么要节约集约利用土地、如何理解节约集约用地的内涵，以及怎样落实节约集约用地等问题。他认为，落实节约优先战略、推进节约集约用地，必须系统把握节约集约用地的内涵，就是要做到耗地少、效率高、结构优、可持续。

论及如何大力推进节约集约用地，林坚建议，一是要把握发展格局，构筑合理国土格局，优化城乡用地结构；二是要落实共同责任机制，培育节约集约用地的全民共识，形成土地资源利用与管理的新观念，树立节约观、整体观和效益观，构筑节约集约用地共同责任机制；三是要完善节约集约用地的制度建设，即完善土地利用的约束机制、市场机制以及利益调节机制等；四是要创新土地节约集约利用的模式技术，如立体开发、复合利用、循环利用、劣地优用等。

中国科技新闻学会

2011 年 1 月 16 日，学会四届十次常务理事会（扩大）会议及 2011 年新春联谊会在北京召开。会议通报了 2010 年学会工作和 2011 年工作要点，审议通过了 2010 年财务工作报告。

3 月 9 日，学会四届十一次常务理事会（扩大）会议召开，传达了全国宣传工作会议和中国科协宣传工作会议精神，学习了中共中央宣传部、教育部、科技部、中国科学院、中国工程院、中国科协六部委联合下发的《关于进一步加强科技宣传工作的意见》。与会理事、常务理事围绕如何加强科技宣传进行了讨论，并就如何结合自身特点、优势，做好学会宣传工作提出了意见和建议。

学会党支部成立后，确立了支部工作会议与学会办公会议联席制度，强化了学会党支部在学会工作中的地位和作用。

为进一步推动科技新闻系统创先争优活动的深入开展，学会党支部申请了中国科协学会服务中心党委的“党建强会”项目。7月26日，学会在山东省济南市召开了全国科技新闻系统创先争优活动工作交流会。中国科协学会服务中心党委书记、主任李桐海，党委副书记吴晓琦，学会秘书长杨艺，山东省科协副主席林兆谦，以及来自全国各地近30家科技新闻媒体的60余人参加会议。会上，为全国科技新闻系统在创先争优活动中评选出的30位优秀共产党员代表进行颁奖，并围绕全国科技新闻系统各级党组织在创先争优活动中探索总结出的经验和做法进行了交流。

12月17日，学会参加了中国科协直属全国学会会员日活动。学会用展板和主办刊物介绍了学会近年来开展的各类活动。

第二十四届（2010年度）全国科技报系统优秀作品评选、交流、研讨会在山西省太原市举行。学会理事长焦洪波，来自全国18家报社的总编、社长等近40人出席会议。

学会承办的中国科协2011媒体领导座谈会于1月10日在北京召开。中国科协书记处书记张勤出席会议并讲话。《人民日报》、新华社、中央人民广播电台、中央电视台、《光明日报》、《科技日报》等20余家媒体的领导参加会议。中国科协调研宣传部部长王春法主持会议，并介绍了中国科协宣传工作有关情况。与会媒体领导对中国科协宣传工作提出了意见和建议。

科学家与媒体面对面活动是由中国科协科学技术普及部主办、中国科普研究所和中国科技新闻学会承办的一项媒体与科学家的对话活动。活动每次确定一个主题，邀请该领域2～4位专家与记者围绕主题，探讨如何全面客观、科学理性地报道科学事件，正确引导社会舆论。活动通过沟通交流的平台，提高媒体对于社会热点问题背后的科学内容的深刻理解，提高科技工作者与媒体沟通的水平，从而更好地面向公众开展科学传播。2011年，科学家与媒体面对面活动共举办11期，主题分别是：走近中国的“北斗”，核能·安全·健康，认识核污染——从切尔诺贝利到日本福岛，灾害事件中和常态下的医学救援、食品安全与食品添加剂、认识超级细菌——从德国肠出血性大肠杆菌到耐药性超级细菌、解析极端天气、中医与科学养生、重压下的青春——慢性病低龄化、苍穹飞吻——认识中国的太空家园、2012来了——迎接新一轮太阳活动高峰年。

11月3～4日，中国科协科学家与媒体面对面活动媒体座谈会在北京召开。为了总结科学家与媒体面对面活动的经验，学会邀请《光明日报》、《经济日报》、《科技日报》、《工人日报》、《农民日报》、《中国青年报》等10余家媒体的20余位记者和部门主管参加座谈会。与会人员围绕如何捕捉并深入挖掘热点和重大科技事件中的科技背景和内涵，实现有效科学知识的普及和推广等问题展开讨论。与会人员认为，科学家与媒体面对面活动作为一个公众与科技工作者面对面沟通的平台，活动的内容、形式和受众应多样化，同时要注重活动的时效性。在重大科技事件中不仅要关注事件本身，还应追求更大的科普效应。

4月14日，中国科协科技期刊与新闻媒体见面会学术研讨会——无依赖祛烟瘾减害滤嘴技术的应用与健康会议在北京召开。会上，专家介绍了无依赖祛烟瘾减害滤嘴技术的机理、特点、应用，并与记者进行了讨论。

2011年，学会共承办中国科协科技期刊与新闻媒体见面会11期，收到期刊推荐论文共计145篇，经专家组评审，重点推荐54篇，书面推荐48篇。所推荐论文涉及农业、医学、考古等多方面，介绍了各行业的新技术、新发现及其在日常生活中的应用价值。多家媒体对见面会进行了报道，见诸报刊、网络的报道共计300余篇。

6月12日，全国科技报科普资源共建共享座谈会在山西省太原市召开。中国科协科学技术普及部副部长殷浩、中国科协学会服务中心主任李桐海，以及来自全国18家报社的总编、社长等近40人参加会议。与会人员对科普资源共建共享和大众传媒传播能力建设提出了意见和建议。

12月14～15日，由中国科协科学技术普及部主办，中国科技新闻学会、中国科普期刊研究会共同承办的中国科协科普期刊和科技类报纸科技传播能力建设培训交流会在北京召开。中国科协书记处书记徐延豪，新闻出版总署新闻报刊司副司长丁以绣，中国科协科学技术普及部部长杨文志、副部长殷皓出席会议。来自全国学会、地方科协科普部的负责人，全国学会和省级科协主办的科普报刊的负责人和骨干编辑、记者，以及部分特邀科普报刊的负责人共100余人参加会议。徐延豪在讲话中要求，采取切实有效的措施，为科普期刊和报纸的发展营造良好环境，创造有利条件，搭建发展平台，培养精品品牌。中国记协党组书记、常务副主席翟惠生作了题为《科技报道如何更贴近时代和民生》的报告。与会人员围绕科普类报刊的指导服务与科普资源共建共享，科普类报刊的科学传播使命与社会责任，科普类报刊的改革、创新与发展3个专题进行了讨论，交流了科普期刊和科技类报纸科技传播能力建设的经验和做法。

9月1日，2011年中国科协科技记者培训班在北京举办。50余名记者和科技版编辑参加培训。中国科协书记处书记王春法、学会理事长焦洪波出席开班仪式。学会副理事长徐九武致辞。开班仪式由中国科协调研宣传部副部长纳翔主持。王春法解读了《关于进一步加强科技宣传工作的意见》的精神，并详细介绍了中国科协2011年下半年主要工作，以及科协系统宣传工作的形势和要求。中国记协党组书记翟惠生作了题为《科技报道如何进入主流报道》的专题讲座。

6月14日，学会组织全国科技报社长总编新闻采风团40余人考察山西省晋城市，对山西省科协等单位共同组织开展的科普惠“三老”活动进行采访报道。科普惠“三老”活动的主要内容是向山西省的老红军、老八路、老党员赠送科普报刊、免费提供咨询、免费刊登信息、实行订单农业、享受健康服务等10项科普服务。

4月，学会协助完成了中国科协所属科技期刊年检工作。

《科学新闻·学术专刊》在2010年改版的基础上，增设了新栏目。为了提高专刊的学术性、权威性、服务性，营造百花齐放、百家争鸣的学术氛围，编辑部注意刊载有思想、有观点的文章，以及有推广价值的好经验。

中国老科学技术工作者协会

2011年2月21日，协会五届四次常务理事会以通讯方式进行，推选协会会长程连昌、秘书长陈秀保为中国科协第八次全国代表大会代表，推选会长程连昌为中国科协第八届全国委员会委员候选人。

3月29日，协会五届五次常务理事会在北京召开，为召开五届三次理事会做了准备，通过了相关文件。

3月30日，协会五届三次理事会在北京召开，会议审议通过了协会常务副会长张春园作的《认真贯彻党的十七届五中全会精神，努力开创中国老科协工作新局面》的工作报告、协会秘书长陈秀保作的《中国老科协2010年度财务工作报告》。

6月3日，协会在北京召开会议，传达学习中国科协八大会议精神。协会在北京的理事、团体会员单位及各分会会长、副会长、秘书长50余人参加会议。会议传达了中国科协第八次全国代表大会的主要情况及会议精神。协会会长程连昌就深入学习贯彻八大精神对老科协系统提出了要求。

在云南省昆明市组织召开了第三次服务“三农”工作经验交流会。各地老科协工作人员共187人参加会议。各地上报老科技工作者通过技术咨询、建言献策、创办实验园区或农业基地、推广农业新品种、新技术等形式促进“三农”发展的经验交流材料共86篇，其中77篇编入了会议材料文集。协会副会长宋树友作了题为《顺应新形势，开创新局面，作出新贡献》的报告。协会会长程连昌作总结报告。会上，云南省老科协、辽宁省老科协等14个单位作大会发言，介绍了他们开展“三农”工作的事迹和经验。会议总结了过去几年各地老科协服务“三农”取得的成绩和经验，提出了“十二五”期间老科协服务“三农”的新要求。

协会加强对科普工作的领导和管理，由院士、专家组成中国老科协科学报告团，赴各地开展科学报告会。中国老科协科学报告团2011年作科学报告87场，覆盖全国13个省、自治区、直辖市。协会加强了领导，规范了报告会的名称、场地布置等条件，突出了协会的整体形象，提升了协会的影响力。同时，发动各分会及社会其他相关组织推荐老专家从事科普工作，开始建立协会科普专家人才库。

中央党校中直机关分校2011年首次与协会联系，邀请报告团为中直机关党校学员作科学报告。协会还与中国科协青少年科技中心开展合作，组织报告团的专家走进天津、云南、新疆的校园作科学报告，报告团参加了中国科协年会期间的科普活动，以及其他科普报告活动。

8月28日~9月2日，围绕“创先争优，服务老区”的主题，协会组织10余名老医务专家赴革命老区山西省吕梁市兴县开展医疗义诊活动。活动期间，共为415人进行诊治，诊治疑难病例24例；作了5场专业知识培训讲座，培训487人；举办健康科普讲座3场，听众1300余人；完成调查问卷103张。

【4项调研报告获国务院领导重要批示】2011年，协会的4项调研报告获国务院领导重要批示。

修改完成了《离退休科技人员状况调查报告》，完成了5个专题报告的起草。5月，5个专题报告在中国科协《调研动态》上刊登，报告反映了老科技人员收入过低、医疗费用高、住房困难等问题。6月，召开专家论证会，来自人力资源和社会保障部、中国社会科学院、北京市卫生系统的专家参加论证会，研究在调研报告基础上，针对部分退休科技工作者待遇过低问题进一步向中央提出政策建议。此后形成的《关于解决退休老科技人员待遇过低问题的几点建议》，得到国务院总理温家宝的重视，于10月13日批示人力资源和社会保障部、财政部研究解决。

组织召开了“加强森林经营，强化人才建设”课题结题会，请各方面专家对调研报告提出修改意见。在此基础上，对调研报告进行了修改，上报国务院领导。2月13日，国务院总理温家宝作了重要批示，指出调研报告涉及林业经营和林业人才培养，关系林业的可持续发展，要求转国家林业局研究。国务院副总理回良玉也作了批示。

开展关于牧区水利建设调研，调研组深入山区实地调研、搜集资料，形成调研报告和《关于加强我国牧区水利建设积极发展节水高效灌溉饲草料基地的几点建议》。10月29日，在北京召开牧区水利座谈会，来自水利、农业、林业等部门和有关科研院校，以及企事业单位的专家、学者共66人参加座谈会。根据专家的意见，对建议进行修改，并上报国务院领导。11月10日，国务院总理温家宝、副总理回良玉分别作了重要批示，对建议给予充分肯定。

为落实国务院《关于加强农村环境保护工作的意见》，协会和相关部门组成联合调查组，对湖北、浙江等7个省的畜禽粪便资源化利用和环保情况进行了调查，撰写了《关于加强畜禽养殖企业资源化利用和环境保护的建议》，并上报国务院领导。12月26日，国务院总理温家宝、副总理回良玉等领导同志作出重要批示，要求有关部门对建议予以重视。

中国科学探险协会

2011年，协会发展个人会员70余人、团体会员7个。开通了会员资格网上认证，进一步完善了会员管理制度。协会加强对各工作部门、各分支机构及各所属单位的管理和指导，经常听取工作汇报并强化工作要求，使各单位能够围绕协会的工作重点开展科学考察和科普工作。

完成中国科协八大代表和中国科协第八届全国委员会委员候选人推选工作。协会主席高登义当选为中国科协第八届全国委员会委员。

针对不同单位和不同人群，协会共举行了66场科普讲座和10余次科普项目说明会。协会组织专家编写了《挺进地球无人区》、《走进多彩的冰川世界》、《探秘大香格里拉》、《说不尽的北极故事》4本科普读物，由人民邮电出版社出版发行。

组织会员在巴丹吉林沙漠、额济纳旗胡杨林、锡林郭勒草原各开展了1次科普活动。

与北京青少年科技俱乐部合作，组织北京优秀中学生对南极地区进行了1次科学考察，对北极地区进行了2次科学考察，对珠穆朗玛峰地区进行了1次科学考察。为了以多种方式对青少年进行科普教育，协会指定广东省实验中学为科普教育定点学校，为广泛开展青少年素质教育和科普活动起到了示范作用。

5月，协助香港青年会完成了25人为期15天的中学生泸沽湖女儿国夏令营活动。6月，与丽江户外乐园合作组织了猎鹰谷猎鹰文化项目推广活动。10月，协会与云南省迪庆藏族自治州宣传部合作，组织韩国登山家朴永锡进行了梅里雪山大转山体验活动和白马雪山考察活动。

参与了中央电视台科教中心探索发现节目《孤本——香格里拉报告》的策划拍摄活动。协助中央电视台纪录片频道完成了宣传大香格里拉的人物专题片《约瑟夫·洛克》的拍摄工作。

为了扩大并加强与户外行业的联系和合作，协会与阿珂姆户外品牌结成战略合作伙伴关系，与北京和睿互动文化传播有限公司签署了战略合作协议。

协会积极支持地方科学探险协会的建设，与西藏科学探险协会建立了联系，就在西藏开发新的科考和科普项目进行合作。

与丽江玉龙雪山管理委员会和丽江老君山国家公园管理局初步达成合作意向，设立户外旅游大本营和组织专家科学考察，并设立观测站。

遵循科学开展户外科普活动的原则，协会对探险指数较低且宜于开展户外科普活动的景区进行基地开拓，组织考察组对河南新乡八里沟景区、北京昌平奥林狩猎俱乐部、河北石家庄赞皇嶂石岩国家地质公园进行实地考察，并初步达成了建立基地的意向。

为了开辟新的科普活动项目，协会组织人员对贵州、库布齐沙漠、川藏线、海螺沟等进行了实地活动线路勘察，取得了初步成果。

奇异珍稀动物探险考察专业委员会为湖北神农架自然保护区建立科考馆撰写了设计方案，为神农架自然保护区策划“野人洞”娱乐宫，实地考察神农架地区是否存在华南虎，还应邀参加了珠穆朗玛峰自然保护区珍稀动物科学考察和湖北省长阳自治县生态评估。

《中国科学探险》共发表文章110余篇，杂志的质量不断提高。在稳定零售市场的同时，重点抓邮局订阅工作，并与一些集团订户建立联系，提高了杂志的发行量。

【关注地球——中国野外科研志愿者在行动计划】协会发起并策划了《关注地球——中国野外科研志愿者在行动计划》，该项目旨在让更多的人认识到当今世界面临的全球环境问题，并亲身参与野外科学研究，探寻人类可持续发展的解决方案。项目具体操作方法是：选定合适的课题，招募志愿者参加，志愿者在科学家的带领下，参加野外科学考察工作，以野外科学考察的方式来普及科学知识，让志愿者以第一手的科研知识和经验，来回答当代最紧迫的全球环境问题。项目的第一个课题已经选定，题目为《贡嘎山气候梯度对比观测及对全球气候环境变化的响应研究》，现已进入实施阶段。

中国城市规划学会

2011 年，学会召开了四届五次、四届六次常务理事会，完成了风景环境规划设计学术委员会、学术工作委员会、青年工作委员会的换届工作，酝酿成立城市规划历史与理论学术委员会。新增单位会员 6 个，普通会员 504 人，首次发展学生会员 30 人。举办了在京老专家座谈会，开展了中国城市规划学会学生会员日活动，召开了全国规划学会秘书长工作会议。学会党支部荣获“住房和城乡建设部直属机关先进基层党组织（2006—2010）”荣誉称号。学会副理事长兼秘书长石楠当选为国际城市与区域规划师学会副主席。

举办了第 6 届中国城市规划学会青年论文奖评选，共有 96 篇论文参评，15 篇论文获奖。学会与金经昌城市规划教育基金会联合举办了 2011 年金经昌中国城市规划优秀论文奖评选活动，评出获奖论文 20 篇。

学会积极推动学科发展，2011 年，城乡规划学升格为一级学科。全年举办国内学术会议 25 次（85 场），国际学术会议 4 次，与会总人数 9826 人，发表会议论文 1846 篇，编辑出版论文集 11 套，共印刷 10600 册。学会会刊《城市规划》和 China City Planning Review（城市规划英文版）发行 193190 册，发表论文 321 篇。编写著作 4 部，共印刷 1.6 万册。派往国（境）外的团组共 6 个、46 人次，接待国（境）外来访团组 23 个、719 人次。主办和承办了 2011 中国城市规划年会、第 47 届国际规划大会、城镇化进程中的农民工问题专题专家研讨会、中国特色城镇化论坛、2011 城市规划理论务虚会、转型期的小城镇特色与风貌专题研讨会、第三届规划理论年聚、第五届国际中国规划学会（IACP）年会、第八届中国城市规划学科发展论坛、2011 城市发展与规划大会等学术会议。

6 月 18 ~ 19 日，由学会和国际中国规划学会、中国人民大学共同主办的中国统筹城乡发展与规划学术会议在中国人民大学召开。国内外 160 余名专家、学者参加会议。会议分为 25 个分论坛，从城乡人口流动、城市管治与治理、城乡发展的国际经验等方面对中国统筹城乡发展与规划问题进行了探讨。与会专家、学者实地考察了成都市统筹城乡发展的情况，并发布了《统筹城乡发展与规划・成都共识》，呼吁推进规划体制改革和机制创新，形成城乡一体、多规协调、统筹布局的科学规划体系。

7 月 8 日，由学会主办的城乡规划评估的探索与实践专题研讨会在广东省深圳市举行。住房和城乡建设部总规划师唐凯、学会副理事长兼秘书长石楠等 7 位专家作了专题发言。专家们围绕各地城乡规划评估的最新动态、存在的问题、国外评估理论方法进行了探讨，并对改进和加强城乡规划评估工作提出了对策建议。

7 月 16 ~ 17 日，由学会和江苏省常州市人民政府主办的 2011 年中国城市规划信息化年会召开。会议以“新形势下城市规划信息化的可持续发展”为主题，通过主题报告、交流研讨、成果展示等形式，对适合中小城市特点的城市规划信息化建设的经验及教训、适应政府体制改革的城市规划信息化发展模式、城乡统筹下的规划信息化建设一体化等内容进行探讨和交流。

9 月 21 日，学会主办的规划实践与规划教育学术沙龙在江苏省南京市举办。沙龙采取现场讨论与网络直播相结合的方式，讨论了当前规划实践和教育的关系。

11 月 5 ~ 6 日，学会在上海市举办了首届交通与城市发展——轨道交通综合开发国际研讨会。会议从宏观、战略与政策层面，以城市与轨道交通可持续发展的视角，就快速城镇化和机动化过程中，中国铁路和城市轨道交通建设所取得的成就、面临的机遇、存在的挑战、发展的趋势进行了研讨。

11 月 18 ~ 19 日，学会和华中科技大学联合举办的第四届 21 世纪城市发展国际会议在湖北省武汉市举行。会议以“中国两型社会建设与新型城镇化发展”为主题，围绕新型城镇化内涵、路径及模式，中部地区新型城镇化策略，两型社会建设的城乡规划对策，可持续的城市规划与设计策略等方面进行了研讨和交流。会议论文集《中国两型社会建设与新型城镇化发展》由华中科技大学出版社出版。

12 月 24 日，学会和东南大学建筑学院主办的第三届城市规划历史与理论高级研讨会举行。会议围绕中国城市规划历史、中国特色城市规划理论体系、文化视角与城市规划等主题进行了研讨，对中国科协委托中国城市规划学会和东南大学建筑学院的研究课题《典型城市工业遗产保护与科普开发利用》进行了专题研讨，并讨论通过了筹备成立学会城市规划历史与理论学术委员会的有关文件。

学会积极开展规划领域的国际合作。与世界银行、国家行政学院合作，联合开发了《可持续城市土地利用规划》网络课程，利用国家行政学院网络平台，向全国各地的行政学院提供网络教学服务。

6月30日，联合国副秘书长、联合国人类住区规划署执行主任华安·克洛斯先生一行拜访了学会，就双方开展合作的领域、方式等进行了磋商。

8月21日，韩国土都市计划学会会长许在完拜会了学会，就进一步落实双方合作备忘录，开展双边和多边合作的问题进行了交流。

9月6~15日，学会考察团一行5人对英国和瑞士进行了学术考察，并与英国皇家城镇规划协会的专家和瑞士拉珀斯维尔技术学院的教授进行了学术交流。

11月30日~12月10日，学会考察团一行4人对南非和肯尼亚进行了学术考察，并与开普敦大学非洲城市中心的教授和肯尼亚建筑学会、肯尼亚建筑学会城镇规划师委员会的负责人进行了学术交流。

受澳门特别行政区运输工务司委托，学会组织专家为澳门新城区总体规划进行技术咨询，召开了一系列研讨会和论证会，探讨了空间利用、特色传承、生态建设、绿色交通等议题。

城市安全与防灾规划学术委员会组织专家就《城镇综合防灾规划标准》、《城镇防灾避难场所设计规范》和《城市抗震防灾规划标准》修编进行论证，为编制出科学有效的标准、规范提供了支持。

受中国科协委托，学会组织专家对特大型沿海城市发展模式进行专题调研，完成了《特大型沿海城市发展模式——以环渤海为例》的调查报告，学会名誉理事长吴良镛院士在9月22日召开的中国科协年会天津市党政领导与院士专家座谈会上汇报了课题成果。

完成了中国科协调研课题《典型城市工业遗产保护与科普开发利用》和《城镇化进程中农民工问题》。受住房和城乡建设部委托，学会牵头组织《城乡规划基本术语标准》全面修订工作。受中国工程院委托，参与了中国特色城镇化的专题研究工作。

组织编写全国注册城市规划师继续教育必修课程教学指定用书《转型发展与城乡规划》、《中国城市规划发展报告（2010/2011）》，参与编写《中国城市状况报告（2010/2011）》、《中国城市发展报告（2010版）》。

组织了6期《城市、镇控制性详细规划编制审批办法》培训班、2期《城市用地分类与规划建设用地标准》培训班，共3000余人参加培训。

【2011中国城市规划年会】9月20日，2011中国城市规划年会在江苏省南京市开幕。江苏省副省长何权、联合国人类住区规划署专家沈建国、南京市市长季建业和学会名誉理事长周干峙在开幕式上致辞。来自国内外的3500余名专家、学者参加会议。开幕式由学会副理事长王静霞主持。

开幕式上，学会向2011中国城市规划年会建议奖、优秀组织奖获得者，优秀组织奖获奖单位，第6届中国城市规划学会青年论文奖获得者，全国优秀科技工作者颁发了奖状和奖牌。

年会的主题是“转型与重构”。学会理事长、住房和城乡建设部副部长仇保兴，南京市委书记杨卫泽，中国科学院院士郑时龄，清华大学社会学系教授孙立平，中国社会科学院城市发展与环境研究所副所长魏后凯，学会副理事长唐凯，中国工程院院士张锦秋，全国政协港澳台侨委员会副主任林树森等分别作了题为《城市转型与重构进程中的规划调控纲要》、《催生新产业、汇聚新人才、塑造新城市——建设给历史留驻精彩留下赞叹的新南京》、《规划并建设千年城市，上海的城市发展思考》、《营造良好的城市社会生态》、《新时期中国城市转型战略》、《开展规划评估，促进规划改革》、《和谐共生的探索——西安城市文化复兴中的规划设计》和《城市增长与城市发展》的学术报告。

年会安排了34场平行会议，包含14个专题会议、9个自由论坛、3个高端论坛、5个特别论坛、2个工作会议和1个规划学术沙龙及专业学术考察。同期还举办了2011全国城乡规划编制科研教学成果展，展出了全国70多家规划专业编制设计和教学研究机构2011年的工作成果以及南京城市发展规划等内容。

年会共征集学术论文1786篇，其中1000篇论文入选了《2011中国城市规划年会论文集》（光盘版），并由东南大学出版社出版。

【第47届国际规划大会】10月24~28日，由国际城市与区域规划师学会（ISOCARP）主办，中国城市规划学会和武汉市人民政府共同承办的第47届国际规划大会在湖北省武汉市召开。住房和城乡建设部部长姜伟新向大会发来贺信。全国政协人口资源环境委员会副主任王少阶、湖北省副省长张通、湖北省武汉市市长唐良智、肯尼亚国土部部长詹姆士·奥伦戈在开幕式上致辞。来自48个国家和地区的国际规划专家，以及全国主要城市的规划管理部门、规划设计机构、大专院校的专家、学者近2000人参加会议。

大会的主题是“宜居城市：世界城市化，应对新挑战”，共有实施低碳城市环境、建设可持续性网络空间、交通体系、遗产与环境：转型过程中的保护与利用、区域与腹地的宜居环境5个并行研讨会。我国的26位专家、学者在各会场作学术报告，介绍了我国城市规划建设的成就和经验。会上交流的国际城市与区域规划师学会年刊*Review*（评论）第七辑专门设置了中国专题栏目，刊登了我国专家撰写的5篇学术论文。

大会期间，举行了以“中国高铁之心”为主题的青年规划师国际设计坊和“武汉规划杯”大学生规划设计竞赛，召开了国际城市与区域规划师学会执行委员会会议、科学委员会会议、理事会和会员代表大会。

【城乡规划学升格为一级学科】根据3月8日教育部公布的《学位授予和人才培养学科目录（2011）》，城乡规划学升格为一级学科，学科代码为0833。在申报城乡规划学一级学科的过程中，学会积极配合住房和城乡建设部人事司，组织城市规划领域的专家、学者就城乡规划学的科学范畴、学科构成等进行论证，采取召开专家座谈会与论证会、网站发布信息、杂志发表文章、理事征求意见等方式，与相关学科的专家以及主管部门积极沟通。

4月22日，学会在北京召开了城乡规划学学科建设学术研讨会。学会名誉理事长周干峙院士、邹德慈院士等专家、学者20人参加会议。与会专家围绕城乡规划事业发展对城乡规划学学科建设以及人才培养的需求分析、城乡规划学一级学科内涵以及与相邻学科关系、城乡规划学一级学科下设二级学科方向与研究内容以及城乡规划学学科基础、基本理论与基本方法等议题展开了探讨。

【石楠当选国际城市与区域规划师学会副主席】9月21日，国际城市与区域规划师学会（ISOCARP）在荷兰海牙总部宣布，在新一届理事会投票选举中，中国城市规划学会副理事长兼秘书长石楠当选为该学会新一届理事会副主席。

国际城市与区域规划师学会是一个全球性学术组织，已有50多年历史，会员分布在世界80个国家，主要是从事城市规划、区域规划、城市研究领域的大学教授、职业规划师。2007年，经国务院批准，中国城市规划学会代表我国加入该国际组织，成为其团体会员。石楠是首位在该国际组织中任职的中国专家，也是首位在国际规划组织中任主要职务的中国专家。在10月28日召开的国际城市与区域规划师学会会员代表大会上，石楠正式担任国际城市与区域规划师学会主管出版业务的副主席。

石楠现任中国城市规划学会副理事长兼秘书长，《城市规划》执行主编、*China City Planning Review*副主编，住房和城乡建设部高等教育城市规划专业评估委员会委员、全国城市规划执业制度管理委员会专家，享受国务院政府特殊津贴。参与或主持中国工程院、建设部、联合国开发计划署、世界银行等委托的多项研究课题，先后发表《试论城市规划中的公共利益》、《城乡规划管理行政权力的责任空间范畴》等论文，合著的《中国城市问题观察》获国际城市与区域规划师学会Gerd Albers大奖。

【城镇化进程中的农民工问题专题专家研讨会】1月15日，学会联合浙江省杭州市规划局在浙江省杭州市举办城镇化进程中的农民工问题专题专家研讨会。会议由学会副理事长兼秘书长石楠主持。

中国城市科学研究会副理事长李兵弟、国务院发展研究中心农村经济研究部副部长谢扬、中国社会科学院农村发展研究所农村宏观经济研究室主任党国英、同济大学建筑与城市规划学院党委书记彭震伟、广东省社会科学院社会学与人口学研究所所长郑梓桢、江苏省城市发展研究所所长朱东风、浙江省杭州市发展研究中心副主任陈跃等分别以《寻求以制度转换解决农民工住房问题》、《城市化地区的郊区化问题》、《试谈我国城乡一体化背景下的人口布局规划》、《城市外来务工人员状况个案调查及其对策》、《“流而不迁”与城市住房问题》、《半城市化中的江苏农民工住房问题与对策》、《农民工迁徙、户籍、待遇问题研究》为题作报告。专家们针对我国农民工群体的基本状况、特征及发展态势，农民工在现阶段城镇化过程中的角色，农民工问题产生的制度根源，农民工对城市住房及各类公共服务设施的需求分析，农民工的空间需求与空间行为特征，城市规划如何充分考虑农民工的利益等议题展开研讨，并针对相关问题提出了建议。

【中国特色城镇化论坛】11月24～25日，学会与中国工程院土木、水利与建筑工程学部、山西省住房和城乡建设厅主办的中国特色城镇化论坛在山西省太原市召开。180余位专家、学者参加论坛。论坛的主题是探讨城镇化如何在特色中提升质量。论坛主要从城镇化质量内涵与量化标准、城镇化速度与城镇化质量关系、城镇化质量主要制度与技术因素、提高城镇化质量的制度创新、城镇化问题的国际经验等方面进行了交流和探讨。

论坛邀请周干峙、邹德慈、唐凯、李兵弟、叶裕民、李锦生、赵燕菁、袁奇峰、张京祥、王凯分别作了《中国城镇化特色问题》、《试论城镇化的质量》、《我国城镇化发展面临的挑战》、《提升中国城市化发展质量是当前的急所要务——从中国城市化质量评估体系研究谈起》、《中国新型城市化：理论架构与路径》、《资源型地区的健康城镇化》、《城市化质量与公共服务》、《从“非农化”走向“城市化”——佛山市南海农村城市化地区转型》、《发展模式、供求机制与中国城市化转轨》、《中西部地区城镇化路径的选择》等主题报告。

论坛征集学术论文40余篇。10位优秀论文作者在论坛上作了专题交流。

中国产学研合作促进会

2011年，促进会加强产学研合作理论与政策研究，在深入调查研究的基础上，向国务院提交了《关于推进我国产学研合作工作的报告》，中共中央政治局委员、国务委员刘延东对报告作出了重要批示。促进会还完成了中国科协课题《科技社团承接政府转移职能研究》，形成30余万字的报告。

促进会积极发挥桥梁纽带作用，先后到江西省、辽宁省、青海省、上海市、江苏省、浙江省、四川省、重庆市、广东省、海南省、河南省和内蒙古自治区等地进行调研，举办了15次产学研合作专题座谈会，摸清了在区域经济发展中产学研合作的基本需求态势，对不同地区形成的产学研合作新模式、新经验，以及产学研合作中出现的问题进行了剖析和总结，并提出指导性建议，为区域创新发展提供咨询服务。

为推动智慧城市的建设和发展，加强产学研用的结合，促进会先后对北京市、上海市、广州市和青岛市等地的智慧城市建设进行了调研。

在推动产业技术创新战略联盟建立方面，促进会根据新科技、新行业的发展需求，以及智力融合，资源共享，互利共赢的原则，为我国经济转型中产业技术创新提供智力支撑。先后主办了LED半导体照明技术战略联盟专题汇报会、快堆技术创新战略联盟专题汇报会。支持建立了产学研合作公共服务平台创新联盟、产学研医用镁合金产业技术创新战略联盟、五金产业技术创新战略联盟和现代农业技术创新战略联盟。截至2011年底，促进会已吸收中国建筑节能减排产业战略联盟、中国肿瘤微创技术创新战略联盟、中国转化医学与生物技术创新战略联盟等26家产学研联盟作为团体会员。

促进会在总结已有产学研合作创新示范基地经验的基础上，推进新型产学研合作创新示范基地建设。先后举办了浙江宁海模具产学研合作创新基地、江苏盐城新能源汽车产学研创新基地、上海市奉贤区A3工业园区产学研合作创新基地、江苏东海硅材料产学研合作创新基地、重庆三峡环境与健康产学研创新基地、河南安阳国家高新区产学研创新基地、辽宁抚顺产学研合作创新基地等创新示范基地建设座谈会和研讨会，推动一批有区域特色和经济发展需求的产学研合作创新示范基地的建设和发展。截至2011年底，促进会已认定不同类型的产学研合作创新示范基地49家。

在促进会的支持下，广东省、黑龙江省、陕西省、甘肃省、湖北省、河南省和海南省等建立了产学研合作社会组织。

促进会不断加强自身服务能力建设，产学研创新资源共享服务平台各子系统的开发建设工作全面启动，完成了平台软硬件架构的总体设计，平台的应用单位不断增加，产学研合作公共服务平台创新联盟已经形成。

促进会不断整合各种创新资源和优势资源，加强专家队伍建设，强化咨询服务能力，组建了技术创新战略联盟、企业创新、文化创新、品牌建设、投融资和知识产权等15个适应社会需求、不同类型的专家委员会，提升了促进会的工作水平和咨询服务能力，推进了产学研合作创新体系建设。

促进会组织了中国产学研合作创新与促进奖评选。2011年，各地累计申报奖项600余项，经过认真、严谨的评审，共评出奖项271项，其中，突出贡献奖10名，产学研合作创新奖91项，产学研合作促进奖91项，产学研合作创新成果奖79项。

5月15日，促进会与国家科学技术奖励工作办公室、江西省科技厅在江西省南昌市联合举行国家科技进步奖“企业技术创新工程项目”获奖企业报告会，这是自该奖项设立以来首次举办的演讲报告会。促进会常务副会长、国务院参事石定环，江西省科技厅厅长王海，促进会副会长、秘书长王建华等出席会议。江西省政产学研界专家300余人参加报告会。国家科技进步奖于2008年设立“企业技术创新工程项目”奖项，这一举措对进一步鼓励和引导企业从战略层面系统地加强技术创新谋划，增强持续创新能力产生了重要的推动作用。报告会的举行，更好地宣传了获奖企业的成功经验，使这些通过卓有成效的系统谋划、依靠技术创新获得持续发展的获奖企业产生更多积极的引导示范作用，并进一步扩大“企业技术创新工程项目”奖项的影响力。

促进会加强学术交流，举办了中国产学研合作创新大会暨2011中国产学研合作促进会年会、快堆产学研合作自主创新成果汇报会等。

7月5~6日，由中国科协学会学术部主办，中国产学研合作促进会承办的第十期中国科协所属全国学会秘书长沙龙在四川省成都市举行。中国科协党组成员、学会学术部部长沈爱民，促进会常务副会长、国务院参事石定环，中国科协学会学术部副部长朱雪芬，四川省科协副主席黄竞跃，以及中国科协所属全国学会秘书长、副秘书长等30余人参加沙龙。促进会副会长、秘书长王建华主持活动。沙龙以“搭建资源共享平台，向企业集聚创新要素”为主题进行工作探讨和经验交流，探索建立全国学会间的合作机制，搭建全国学会交流合作平台，促进秘书长间的工作沟通与合作，研讨各学会为企业技术创新服务的经验，拓宽学会的工作思路和方法，从而有效整合学会的创新资源，为企业创新提供服务支持。

4月14~15日，由中国产学研合作促进会、中国科学院研究生院继续教育学院、广东省科技厅、广东省中山市科技局联合主办的广东省科技型中小企业领导者管理能力提升研修班在广东省中山市举办。广东省科技型中小企业及管理部门的相关人员共130人参加培训班。培训班旨在提升科技型中小企业领导者管理能力和宏观驾驭能力，帮助企业在快速成长、战略融资、市场营销、知识产权运营等方面有效地整合资源。与会专家、学者从不同的角度对科技型中小企业的“借力发展”进行了剖析。

【中国产学研合作创新大会暨2011中国产学研合作促进会年会】12月17日，中国产学研合作创新大会暨2011中国产学研合作促进会年会在上海市举行。会议由中国产学研合作促进会与上海市人民政府共同主办，得到了国家发展改革委员会、科技部、教育部、工业和信息化部、财政部、环境保护部、商务部、文化部、国务院国有资产监督管理委员会、中国科协、中国科学院、中国工程院、国家知识产权局、国家自然科学基金委员会和中华全国总工会15个部门的支持。

中共中央政治局委员、国务委员刘延东向大会发来贺信。刘延东指出，要坚决落实党中央各项指示，完善机制，拓宽渠道，创新形式，不断提升产学研合作的水平和实效，为建设中国特色国家创新体系、提升自主创新能力作出更大贡献。

全国人大常委会副委员长陈至立在讲话中强调，要加快改革创新步伐，开创产学研合作的新局面。要完善产学研合作的政策环境，加大政府统筹协调力度，改进政府推进产学研合作的工作体制和机制。进一步突出企业的主体作用，坚持技术创新的市场导向，激发高校科研院所的科技创新活力，提升企业持续自主创新能力。要创新机制和体制，促进产学研合作向体制和机制类的产学研融合升华，消除产学研结合的体制性障碍。积极建立国际产学研合作平台，探索和实施国际产学研合作模式，提高我国产业链的国际竞争力。要以先进科技推进文化产业的发展，培养产学研结合的新的生长点，推动社会主义文化大繁荣、大发展。

大会以“整合资源·创新驱动·转型发展”为主题，分设产学研合作·文化创新·经济转型、产学研合作与品牌建设、产学研公共服务平台与协同创新和政产学研金合作与创新成果发布4个专题论坛。

上海市人大常委会主任刘云耕、工业和信息化部副部长杨学山、科技部副部长陈小娅、文化部副部长励小捷、上海市副市长艾宝俊、全国妇联副主席孟晓驷、中国科协书记处书记张勤等出席大会开幕式。700余人出席会议，共谋产学研合作创新大计。大会通过了《上海宣言》。

大会对获得2011年中国产学研合作创新与促进奖的单位和个人进行表彰，向新一批中国产学研合作创新示范基地和产业技术创新战略联盟团体会员授牌。

【快堆产学研合作自主创新成果汇报会】7月23日，由促进会主办的快堆产学研合作自主创新成果汇报会在北京举行。两天之前，中国实验快堆成功实现并网发电。这一国家“863”计划重大项目目标的实现，标志着列入国家中长期科技发展规划前沿技术的快堆技术取得重大突破，也标志着我国在占领核能技术制高点，建立可持续发展的先进核能系统上跨出了重要一步。

来自科技部、工业和信息化部、国务院国有资产监督管理委员会、国家核安全局、国家国防科技工业局、国家能源局、中国核工业集团公司、中国产学研合作促进会等单位的专家、学者，以及快堆产业化技术创新战略联盟成员单位有关人员共70余人参加汇报会。

汇报会上，快堆产业化技术创新战略联盟理事长单位——中国原子能科学研究院汇报了中国实验快堆自主创新成果和产学研结合的实践经验，提出了下一步快堆产业化发展的思路。中国第一重型机械集团公司、上海电气集团、中国东方电气集团、福建三明核电有限公司等联盟成员单位汇报了相关工作。与会专家强调，发展快堆、建立闭式燃料循环对我国核能可持续发展、建设资源节约型和环境友好型社会具有重要意义。与会专家高度评价了中国实验快堆在自主创新和产学研结合方面取得的重要成果，肯定了快堆产业化技术创新战略联盟这一创新模式对实现我国快堆产业商用化、产业化、自主化的重要意义，对下一步我国快堆技术和产业发展和快堆产业联盟的建设寄予新的期望。

中国知识产权研究会

2011年6月23日，研究会五届四次常务理事会议在北京举行。研究会理事长杨正午，研究会常务副理事长、国家知识产权局副局长甘绍宁，研究会常务副理事长、中国科协书记处书记张勤出席会议并讲话。研究会常务理事、拟增补（递补）的理事会成员、学术顾问委员会委员、《知识产权》杂志编委会代表、《知识产权》杂志理事会代表，以及研究会高级团体会员代表共100余人参加会议。

甘绍宁在讲话中对研究会的工作给予肯定，并对研究会工作提出要求：一要抓住机遇，增强服务知识产权战略的意识和能力。二要整合资源，完善专家咨询的运行机制。三要加强合作，拓展研究视野和交流渠道。四要立足发展，正确把握和处理好各种关系。

会议听取了杨正午所作的研究会工作报告。会议讨论通过了增补（递补）研究会理事会成员的决议，并决定成立学术顾问委员会，由研究会常务副理事长、中国科协书记处书记张勤担任学术顾问委员会主任委员，《知识产权》杂志由双月刊改为月刊。

研究会专利委员会进行了人员调整，国家知识产权局副局长甘绍宁担任专利委员会主任委员。

研究会积极开展团体会员发展和服务工作，截至2011年底，团体会员达450余家，个人会员330人。制定了会员发展规划，建立了会员网络管理系统，加强了与会员的沟通联系，及时为会员提供信息和培训服务。

制定完善了3项规章制度，以规章制度的形式明确了研究会领导班子分工和各部门工作职责。为加大制度执行力度，8月开展了规章制度落实月活动。

为推动地方知识产权研究会的工作，印发了《关于加强地方知识产权研究会工作的通知》，并对全国知识产权研究会机构设置、人员组成情况进行调查统计，截至2011年10月底，省、自治区、直辖市、计划单列市、副省级城市，已成立知识产权研究会34个。

应日本知财学会邀请，研究会选派常务理事尹新天、理事黄章辉参加了在日本东京举办的亚洲企业的最新标准化和知识产权战略动向研讨会。研讨会上，两位专家分别以《专利与标准》、《企业国际化与知识产权战略》为题发表演讲。

研究会与韩国产业财产权法学会签署了合作协议，与英国《知识产权管理》杂志联合举办了知识产权高层论坛。

研究会完成了“智能家居行业专利分析”、“河北省重点企业专利战略研究”、“各行业专利技术现状及其发展趋势”、“重点技术领域专利分析”等4个项目的研究工作。

为会员单位举办了10次知识产权实务培训班，培训2000余人。

【《知识产权》杂志变更为月刊】 自2011年6月起，《知识产权》杂志由双月刊变更为月刊，每期96页，每月25日出版，邮发代号82－570。

《知识产权》杂志月刊首刊于6月23日出版发行。全国人大常委会副委员长、中国科协主席韩启德题写刊名。研究会名誉理事长、第九届全国政协副主席任建新题词：“科学发展，理论创新”。研究会名誉理事长、中国科协名誉主席、原中国科学院院长、全国人大常委会副委员长周光召题词：“保护知识产权，促进自主创新”。国家知识产权局局长田力普题词：“贺《知识产权》改月刊，祝业绩更上一层楼”。国家知识产权局顾问、原局长王景川题词：“祝贺《知识产权》杂志月刊首刊发行：推进知识产权理论与实务研究，传播知识产权信息，弘扬知识产权文化，服务创新型国家建设”。研究会名誉理事长、国家知识产权局顾问、原局长姜颖题词：“理论研究，百家争鸣”。

【中国加入TRIPS协定10周年回顾与反思研讨会】 11月30日，研究会学术顾问委员会在北京召开中国加入TRIPS协定（《与贸易有关的知识产权协定》）10周年回顾与反思研讨会。研究会名誉理事长姜颖，研究会常务副理事长、中国科协书记处书记张勤，中国驻世界贸易组织（WTO）第一任大使孙振宇，研究会副理事长段瑞春，以及学术顾问委员会14位委员等共50余人参加会议。

孙振宇就中国加入世界贸易组织10年的发展作了主题报告。学术顾问委员会委员尹新天、侯丽叶、许超、刘春田、李顺德等作专题发言，分别就入世后我国在专利、商标、著作权等领域取得的成就和面临的挑战进行了回顾。

与会专家围绕加入TRIPS协定给中国知识产权发展带来的机遇、影响和挑战进行了交流。专家们认为，加入TRIPS协定后，我国知识产权事业正经历从被动履行承诺，到主动运用规则、积极参与规则制定的历程。目前，在TRIPS协定之外，《反假冒贸易协定》、《跨太平洋战略经济伙伴关系协定》相继出现，知识产权双边谈判积极推进，这应引起中国知识产权专家、学者高度关注和思考。

张勤在总结发言中说，中国加入TRIPS协定成功地促进了自由贸易，保护了国内创新，但是如何进一步结合中国国情，让知识产权制度在中国发挥更加积极的作用还有待业界的努力。

【全国知识产权研究会创新发展工作交流会】 11月9日，全国知识产权研究会创新发展工作交流会在四川省成都市召开。研究会常务副理事长、国家知识产权局副局长甘绍宁出席会议并讲话。研究会秘书长张云才，四川省知识产权局局长、四川省知识产权研究会理事长黄峰致辞，各省、自治区、直辖市、计划单列市、副省级城市知识产权研究会理事长及秘书长40余人参加会议。

甘绍宁在讲话中说，近两年来，研究会的建设发展进入一个新的阶段，规章制度建立健全，学术研究、社会服务开启新局面，对外交流平台日益发挥重要作用，整体工作布局、目标和方式正在谋求新的突破。甘绍宁希望研究会在现有工作成绩的基础上，认清形势，把握机遇，以服务、创新、发展为宗旨，在组织机构建设、学术研究水平、服务协作能力，以及人才资源利用方面有所突破，更好地立足社会、融入社会、奉献社会，充分发挥桥梁纽带作用。

张云才汇报了研究会创新发展工作成效、经验体会和今后工作设想。四川省、北京市、吉林省、福建省、湖南省、武汉市知识产权研究会介绍了创新发展工作经验。

会议期间，与会人员参加了2011年中国专利周四川地区启动仪式，并参观了四川省知识产权工作成就展。

【中国知识产权研究会与韩国产业财产权法学会签署合作协议】 12月12～16日，应韩国产业财产权法学会邀请，研究会理事长杨正午、秘书长张云才一行赴韩国进行访问。在韩国期间，杨正午一行访问了韩国产业财产权法学会、韩国发明振兴会、韩国知识产权保护协会、韩国专利信息院，并走访了部分专利代理事务所和律师事务所。

杨正午代表中国知识产权研究会与韩国产业财产权法学会会长尹宣熙签订了中韩知识产权国际学术合作议定书。根据合作议定书规定，双方的合作内容包括学会会员间的学术交流，共同研究、教育，学术信息交流等。

在签约仪式上，张云才在致辞中说，中国一贯高度重视知识产权国际合作，中国知识产权研究会将致力于促进与日本、韩国民间社团交流合作，在三国政府合作的外围营造共同促进国际知识产权制度发展的良好氛围。

继中日、日韩知识产权社团组织签署合作协议之后，中韩又签署合作协议，这标志着中国、日本、韩国民间知识产权社团合作构架已形成，对促进三国政府间的知识产权合作具有重要意义。

中国发明协会

2011年5月下旬，协会在安徽省黄山市召开了2011年全国各省市发明协会秘书长工作会议。协会理事长朱丽兰出席会议并讲话。会议交流了部分省市发明协会工作情况及经验，讨论了中国发明协会2011年的主要工作。完成了中国科协调研课题《我国非职务发明人群体现状、存在问题及对策建议》。

4月，协会下发了《关于举办第七届发明创业奖评选活动的通知》。全国各省（自治区、直辖市）共提交推荐材料193份。申报人涉及资源环保、交通建筑、电子通讯等7个专业领域。27位专家组成的专家组进行了评审，经协会常务理事会审定，共产生50名发明创业奖，其中10名特等奖，获“当代发明家”荣誉称号。评选活动首次应用科技成果评价信息系统，建立了评价指标。

协会努力推进发明成果转化实施，组织召开专家项目评审会，从展会获奖项目、发明创业奖报奖项目和日常收集的近1000项发明成果中，筛选出100余项具有较高社会和经济效益以及良好市场前景的优秀发明成果，并对优秀发明成果进行展示推介，举办了第五届发明家论坛优秀专利成果展示推介会、第20届全国发明展览会（威海）优秀发明成果展示推介会和芜湖“发明与创业培训”优秀发明成果推介会。

协会积极开展青少年创新活动，举办了全国中小学信息技术创新与实践活动、全国青少年环保发明大赛和高职高专发明杯大学生创新创业大赛。

协会接待了韩国发明协会来访，并达成合作意向。4月28日～5月8日，协会组团参加了第110届巴黎国际发明展览会。10月27～30日，组团参加了纽伦堡国际发明展览会，获得了4项金奖、2项银奖、2项铜奖，同时还获得发明家协会国际联合会设立的“第一届世界绿色发明竞赛大奖”1项、“优秀成就奖”3项。

【第五届中国发明家论坛暨第六届发明创业奖颁奖典礼】 5月10日，第五届中国发明家论坛暨第六届发明创业奖颁奖典礼在北京举行。全国人大常委会副委员长陈至立、科技部副部长陈小娅出席会议并讲话。

陈至立指出，多年来，我国各行各业热心发明创造的发明人致力于科技创新，并努力使发明成果转化应用，为推动科技进步作出了杰出贡献。广大发明人要认真学习“十二五”规划纲要，紧密结合纲要提出的重点工作开展发明创造，力争取得更多自主知识产权。希望广大发明人向获奖者学习，学习他们的创新创业精神，不怕困难和失败、百折不挠的精神，团结协作的团队精神，努力实现发明成果的转化和产业化，为建设创新型国家作出更大贡献。

她希望发明协会进一步引导、带领发明人以更大的热情和主动性参与到科技发明创新的洪流中来，进一步发挥联系政府和发明人之间的桥梁和纽带作用，积极反映发明人的意见和建议，推动在鼓励民间发明方面有更多政策突破，使民间发明人享有应有的政策待遇，使发明人的工作可持续发展。加大宣传力度，为民间发明人和民营中小企业营造良好的创新氛围。

丁宏标等50人获得第六届发明创业奖，其中丁冉峰等10人获得发明创业奖特等奖，并获得“当代发明家”荣誉称号。

【第20届全国发明展览会】8月19～22日，以“技术创新·改善民生·协调发展”为主题的第20届全国发明展览会在山东省威海市举办。展览会由中国发明协会、山东省科技厅和威海市人民政府主办，威海市科技局、威海市会展办公室、威海市发明协会承办。来自各省、自治区、直辖市以及台湾地区、香港特别行政区的42个展团参加展览。展览会共设展位近400个，参展项目近1600个，内容涉及机电一体化、电子信息与网络、生物工程与医药、能源环保与节能减排、新材料、现代农业以及青少年发明创新作品等。协会理事长、科技部原部长朱丽兰，科技部党组成员、《科技日报》社社长王志学，中国科协书记处书记王春法，国家知识产权局副局长鲍红，解放军总装备部电子信息基础部副部长王峰，中华全国总工会经济技术部副部长王新卫，发明者协会国际联合会主席安德拉斯先生以及参展商近1000人出席展览会开幕式。

本届展览会举行了项目对接暨签约仪式，有10余项发明项目与技术需求方达成合作意向，意向投资金额数千万元，其中与威海市企业达成合作意向8项。

展会期间还首次组织了中小学创新教育论坛。全国十杰中小学中青年教师谭迪熬、高智发明（北京）投资咨询有限公司中国区投资董事苏清新、山东省十大青少年校外科技教育专家陈明泉、山西省科协副主席关原成，为在场的280多名师生作了演讲。

在展览会闭幕式暨颁奖仪式上揭晓了“发明展览会奖”以及世界知识产权组织、发明者协会国际联合会、澳门基金会、日内瓦国际发明与新技术新产品展览会组委会、宝钢集团有限公司和中国仪器仪表学会设立的专项奖。共有305项发明成果获得金奖，339项获得银奖，386项获得铜奖，32项优秀发明成果获得专项奖，24个组团单位获得优秀展团称号。

【协会推荐的两个项目获国家科技进步二等奖】2012年2月14日，国家科学技术奖励大会在北京人民大会堂举行。协会推荐的农民发明家沈福昌完成的“免燃料有机化工废渣焚烧处理技术”和工人发明家齐嵩宇完成的“自动化消除轿车车身电阻点焊工艺质量缺陷技术”项目，荣获2011年度国家科学技术进步二等奖。

由沈福昌完成的“免燃料有机化工废渣焚烧处理技术”，成功地解决了低熔点、高黏度、低热值有机化工废渣及医疗废物等危险废物的处理难题，在焚烧处理各类有机化工废渣过程中，均不添加任何辅助燃料，烟气经净化处理后达标排放，烟气和净化水循环使用，并从中回收贵金属，使化工废渣处理实现无害化、减量化、资源化。

齐嵩宇是中国一汽集团轿车股份有限公司二工厂焊装车间的普通操作工人。他历时多年，攻克几十项技术难题，研制出“自动化消除轿车车身电阻点焊工艺质量缺陷技术”，实现了焊接全过程自动监控、自动报警、自动语言提示、自动数据传输、自动数据存储、自动数据检索、自动数据处理等功能。这一点焊过程质量监控技术已经成功应用在生产一线，实现了生产现场点焊质量100%的检查。

【全国中小学信息技术创新与实践活动】全国中小学信息技术创新与实践活动是在国家知识产权局、教育部等有关部门的指导下，由中国发明协会、教育部关心下一代工作委员会主办的面向全国中小学师生，培养创新思维、提升实践能力与增强知识产权意识的一项活动。该活动的中心主题是：培养师生“创新精神与实践能力”。

2011年，举办了第九届全国中小学信息技术创新与实践活动，全国500多万名学生和30多万名教师报名参加竞赛活动。7月17～23日，竞赛决赛在河北省石家庄市举行。来自全国1000多所中小学校的近700名学生、200多名指导教师和1200多名参赛教师参加决赛，角逐恩欧希教育信息化发明创新奖，最终266人获得这一荣誉。澳门特别行政区和台湾地区台北市分别组织了约30人的代表队参加决赛，并取得了优异的成绩。

第九届竞赛活动内容更加侧重参赛选手的创新意识和动手能力，发现和激励参赛选手进行原创，为此，竞赛委员会对赛项设计和评审环节进行了修改和完善，提出了独立的信息化教学设计评价指标，鼓励信息技术与课程整合向着优化课堂教学目标实现的教学方式创新转变，提升信息技术与课程整合的层次。

为保障竞赛活动更加规范、高效，组委会在技术的改造和升级上进行探索，实现了全赛项网络竞赛平台系统的构建、获奖证书及获奖结果网络查询、作品在线展评及网络评审、以数字证书认证技术实现作品提交时的数字授权等。

【组团参加第110届巴黎国际发明展览会获殊荣】 4月28日~5月8日，应法国发明与制造者协会主席兼巴黎国际发明展组织委员会主席吉拉尔·多雷的邀请，经科技部和国家知识产权局批准，协会组织14人、共25个项目参加了在法国巴黎举办的第110届巴黎国际发明展览会（列宾竞赛）。来自我国大陆和台湾地区、波兰、俄罗斯、伊朗以及欧盟成员国等国家和地区的400多项发明成果参加了本届展览会。

协会组织的参展项目来自北京、广东、福建、陕西、青海、甘肃、吉林等地，有来自科研院所的研究成果，也有来自大学和民营企业科技人员的技术发明，还有中学生的发明作品。池立群发明的“经非金属材料改性的热塑性树脂复合材料及制备产品的方法”、石智军等发明的“煤矿井下近水平千米瓦斯抽采孔随钻测量定向钻进技术与装备”、王明孝发明的“RTK + RTG 新型实时动态精确定位技术”和陈景莉发明的“蔬菜室温光信号保鲜柜”等项目受到了特别关注。经过11天的展评，协会组织的参展项目获得了3项金奖、9项银奖、9项铜奖和4项列宾竞赛奖。

中国创造学会

2011年，学会完成了会员数据库和中国创造学会网站的更新与维护，召开了第四届理事会第三次理事会议，增补了一名创造教育专业委员会副主任。

学会加强学术交流，召开了全国创造·创新与可持续研讨会，举办了针对中小学教师的创造教育培训。4月20~26日知识产权宣传周期间，学会在上海开展了针对公众的创新意识和知识产权保护意识宣传活动，活动期间共发放宣传资料、宣传品近万份，为提高社会公众的创新意识和知识产权保护意识发挥了学会的作用。

【全国创造·创新与可持续研讨会】 5月15日，由中国创造学会主办，贵州民族学院承办的2011年全国创造·创新与可持续研讨会在贵州省贵阳市召开，贵州省科协主席路贵参加了研讨会，来自全国的80位专家、学者与会，本次研讨会共收到交流论文近50篇。

浙江大学教授魏江作了题为《“十二五”时期国家创新能力建设思路与举措》的主题报告，来自国家档案局教育中心、内蒙古科技大学、中共上海市委党校、安徽工业大学和四川青少年创造力开发研究院等单位的专家，分别作了题为《创造学是科学决策的理论基石》、《创新方法推广专题报告》、《关于企业创新培训的基本原则》、《创新型人才培养的几点思考》、《试论教育规划纲要与创新人才培养——兼答钱学森之问》等主题发言。

【现代课堂教学创造教育研修班】 11月，学会在上海市举办了现代课堂教学创造教育研修班，来自上海市近50所中小学的校长、教研室主任和专业教师参加了研修班的学习。此次研修班课程分10讲，主要包含4部分内容：现代课堂教学创造教育、现代中小学生创造性素质的培养、现代创造型教师创造性素质的培养、现代课堂教学创造教育展示与评析。培训安排了6天的理论学习、课程观摩、专家点评、讨论交流等。

中国密码学会

2011年，学会共举办密码学术交流活动12次，联合举办国际密码学术会议1次，累计约有1500余人次参加，交流论文155篇，出版论文、科技图书3本，编辑学术专刊2期。

5月28日，中国密码学会第三次全国会员代表大会在北京召开。大会审议通过了第一届理事会工作报告、财务报告、修改章程说明和调整会费说明，并选举产生了由57人组成的新一届理事会。裴定一当选为第二届理事会理事长，冯登国、杨义先、徐茂智、王小云为副理事长，强志军为秘书长，陈克非、韩正甫、陈弘毅、吴文玲等18人为常务理事。

7月15~17日，中国密码学会2011年密码算法与密码芯片学术会议在上海市召开，上海市委办公厅副主任、上海市密码管理局局长郭坚到会并致辞。会议安排了3个特邀报告、26个大会报告，内容涉及密码领域8个主题，代表了密码算法和密码芯片领域的先进理念、技术前沿和应用发展趋势等。来自国内大专院校、科研院所的专家学者及企业界代表130余人参加了会议。

8月21~24日，2011年量子密码学术研讨会在安徽省九华山举行，会议主题为“量子密码攻击与防御”，共安排国内外专家作9场报告，内容均为量子密码研究的前沿和热点问题。来自国内高校、科研院所的专家、学者100余人参加了会议。

9月15日，2011密码芯片分析和测评技术论坛在广东省深圳市举办，来自国内密码芯片领域的专家、学者以及企业界人士约120余人参加了会议。与会人士共同探讨了密码芯片分析和测评技术方向的最新研究成果、工程化热点、产业动态及密码芯片发展趋势。

9月22日，2011云计算环境下的密码应用研讨会在北京举办，来自政府有关部门、军队、高校、学术研究机构及企业界代表约130余人参加了会议。与会人员就私有云的安全架构体系与应用进行了探讨和交流。

10月15~16日，中国密码学会2011年会在湖南省长沙市召开，年会设5个分会场，来自国内科研院所、大专院校的专家、学者，在校学生及密码领域企业界代表共约400人参加了会议。会议期间，表彰了奖得中国密码学会各奖项的个人和单位，召开了专家企业面对面座谈会活动，举办了可信计算论坛等一系列活动。

学会编辑出版了《密码学发展报告2010》、《密码学进展——中国密码学会2010年会论文集》、《无线网络安全》等书籍。

9月24日，经中国科协同意，中国密码学会江苏省工作站成立揭牌仪式暨学术研讨会在南京航空航天大学举行，江苏省密码管理局局长周渊，南京航空航天大学副校长宣益民，学会理事长裴定一、秘书长强志军，以及学会会员和高校学者100余人参加了会议。江苏工作站主任为王箭，副主任为刘书伦、张福泰、殷新春。

2011年，学会新发展个人会员132名，单位会员2个，分别占个人会员总数的10%、单位会员总数的3%。

在贵州、浙江举办的会员日暨学术交流活动，分别得到了贵州省密码管理局、贵州大学、浙江省密码管理局、浙江省电子科技大学的大力支持，吸引了贵州、浙江及其周边省市的会员、院校师生和企业界代表等共200多人参加。两次会员日活动共安排学术报告21场，达到了服务会员、凝聚会员、发展会员的目的，同时推动了当地密码学术建设，促进了产学研管的沟通与交流。

学会向会员赠送《密码学发展报告（2009）》、《密码学发展报告（2010）》、《2009~2010密码学科发展报告》、《密码学进展——中国密码学会2010年会论文集》4本学术书籍约1300余册，赠送纸本和电子版《中国密码学会通讯》6期。

8月7~9日，2011年全国密码学与信息安全教学研讨会在杭州电子科技大学召开，来自国内多所高等院校的专家、学者40余人参加会议。

学会进一步制订和完善制度，修订《中国密码学会章程》，制定《中国密码学会奖奖励办法》、《中国密码学会学术会议管理办法》。

2011年，学会申报并完成了中国科协科普项目——保密通信和信息安全知识科普资源包。为优质高效完成此项目，学会追加经费、组织专家攻关，并争取到国家密码管理局的大力支持，为项目提供了部分商用密码的挂图、动漫、宣传片等资料。项目通过验收并受到评审专家一致好评。

10月12日，中国密码学会科普活动日活动在陕西省西安市举办，赵健教授作了题为《物联网中的信息安全》科普讲座，200多人参加。12月15日，中国密码学会科普活动日活动在湖北省武汉市举办，任伟副教授作了题为《物联网及其信息安全——一次新的机遇》科普讲座，100多人参加。

2011年，学会积极开展科技评价工作，承担政府交办科技评价项目4个，得到了国家管理部门的认可。

【中国密码学会2011年会】10月14~16日，中国密码学会2011年会在湖南省长沙市召开。湖南省密码管理局局长梁珈、国防科技大学副教育长王正明到会致辞，来自国内大专院校、科研院所的专家、学者，在校学生及密码领域企业界代表近400人参加了会议。

开幕式上，学会表彰了第一届中国密码学会杰出贡献奖获得者肖国镇、王育民、陶仁骥，表彰了2009~2010中国密码学会优秀青年、先进集体、先进工作者、优秀会员奖获得者（单位）。

本次会议安排了4名国内外密码专家学者作大会特邀报告，33位专家学者在分会场做专题学术报告，内容涵盖对称密码、布尔函数、公钥密码、数字签名、密码理论、密码协议、密码的实现与应用等内容，基本反映了我国当前密码学的研究动态，展现了密码学研究与应用的学术水平。经评选，李磊和杨思熳撰写的论文《超椭圆曲线的快速自同构》被评为大会优秀论文，闭幕式上颁发了优秀论文证书。

会议期间，学会举办了专家企业面对面活动，密码专家、学者与16家企业代表共70余人参加了活动。会上就高校与企业合作、密码行业标准、发挥密码学会作用等内容进行了交流讨论，取得良好效果。

10月16日，举办了中国密码学会2011年可信计算论坛，会议安排了4位专家作特邀报告，国内科研院所、大专院校的专家、学者，在校学生及密码领域企业界代表等约250余人参加了会议。

中国睡眠研究会

2011年，研究会召开了第三次全国会员代表大会，选举产生了新一届理事会。

研究会加强学术交流，召开了中国睡眠研究会睡眠学科建设高端论坛、2011 北京地区睡眠疾病诊断及规范化治疗学术研讨会、2011 中医睡眠疾病诊治规范研究与临床科研新进展学术交流会、第四届中国睡眠医学论坛暨睡眠障碍诊断新技术学习班，以及第三届国际注册多导睡眠技师认证（RPSGT）课程班、两岸四地睡眠医学高峰论坛暨睡眠心理专委会学术年会等 6 个学术会议。

学会积极开展公众教育与科普活动。3 月 21 日世界睡眠日期间在全国举办以“关注中老年睡眠”为主题的各种形式的科普宣传活动。

2011 年研究会发展个人会员 158 名，单位会员 13 个。召开常务理事会 5 次，理事会议 1 次，完成了学会换届工作。

10 月 16 日，研究会 30 余位医学专家参加了在日本京都召开的世界睡眠联合会 2011 国际会议。20 余人在大会上进行了学术论文交流。

2011 年，学会与太原伦嘉生物工程科技有限公司合作举办关注生态健康与睡眠环境论坛，与上海木枣精华科技有限公司合作开展万人网络调查公益活动，与上海捷宜日用品有限公司合作发布“安全睡眠 360 系列”科普宣传活动，与北京协和医学院合作举办 PHEI 第七期超级课程——睡眠与健康讲座。与上海金睡莲家居用品有限公司、上海优博集团合作，在大型展会期间举办“健康睡眠中国行”、cilps2011 中国睡眠大会论坛。研究会参加出席贵州大自然科技有限公司软体家具棕纤维弹性床垫国家标准贯标会暨床垫与健康睡眠高峰论坛。

【中国睡眠研究会第三次全国会员代表大会】 12 月 17～18 日，中国睡眠研究会第三次全国会员代表大会暨睡眠学科建设高端论坛在北京召开。大会由第三届理事会副理事长、大会主席团秘书长王玉平主持。大会审议通过了研究会三届理事会理事长陈彦方所作的第三届理事会报告和财务报告，听取了副理事长黄志力作的章程修改说明的报告，审议通过了《中国睡眠研究会章程（修正案）》、《中国睡眠研究会会费管理办法》。大会选举产生了 60 名理事组成的第四届理事会，其中常务理事 20 人。韩芳当选为新一届理事会理事长，王玉平、叶京英、张希龙、汪卫东、陈贵海、徐建、贾福军、黄志力等 8 人当选为副理事长，晋小虎当选为秘书长。新一届理事会具有高级职称的理事占全体理事的 98%。

在完成全国会员代表大会主要议程后，举办了睡眠学科建设高端论坛，11 位知名专家作了学术报告。会议期间新当选的第四届理事会负责人与参加大会的睡眠企业团体会员代表、会议赞助企业代表座谈听取意见，共商推动我国睡眠产业发展进步，促进产、学、研、用相结合，提升睡眠科技水平的大计。

【2011 年“世界睡眠日”全国科普活动】 在 2011 年 3 月 21 日“世界睡眠日”到来之际，研究会根据我国当前中老年工作人群的睡眠健康状况及其对身心健康和社会发展的重要性，提出“关注中老年睡眠”的主题，以唤起全社会对该群体睡眠健康的重视。全国各地的理事和会员以及会员单位，围绕“关注中老年睡眠”这一主题，结合当地睡眠医学及科普发展的实际情况，在主题下增设具有本地活动特色的标题，以科普讲座、咨询义诊、发放手册的形式，并通过网络、电视、广播、报纸等媒体宣传健康睡眠的知识和理念，促进我国公众心身健康水平提高。

【第四届中国睡眠医学论坛】 10 月 27～29 日，研究会睡眠障碍专业委员会在湖北省武汉市举办了第四届中国睡眠医学论坛。本次论坛邀请全国著名的从事睡眠研究的专家举行了 25 个专题讲座，3 个卫星会及多篇学术论文交流，内容涵盖睡眠医学领域最新研究进展，包括睡眠基础研究、睡眠与精神、心理相关话题、各种睡眠疾病的临床研究进展等，也包括睡眠疾病临床诊断与治疗原则及生动的临床病例讨论。本次论坛还同时举办了适合综合医院非睡眠专科医生或刚入门从事睡眠专业的临床医生的睡眠障碍诊断新技术学习班，主要介绍睡眠疾病国际分类、睡眠生理、各种睡眠疾病的诊断及鉴别诊断方法、睡眠多导图技术的判读及临床应用等。本次论坛吸引了全国各地 200 余人与会，不少与会者登记加入中国睡眠研究会。

【中医睡眠疾病诊治规范研究与临床科研新进展学术交流会暨继续教育培训班】 9 月 16～18 日，由中医睡眠医学专业委员会、上海市中医医院中医睡眠疾病研究所（国家中医药管理局中医药优势学科继续教育基地）主办的中国科协资助项目中医睡眠疾病诊治规范研究与临床科研新进展学术交流会暨继续教育培训班在上海市举办。来自全国各地的从事睡眠疾病及相关学科的中医、中西医结合和基础研究专家、学者 70 余人与会。

大会邀请了 7 位国内著名专家进行专题授课。陈彦方教授的《一个西医对〈中医失眠防治指南〉中医部分的认知》、张景行教授的《某些睡眠疾病的相关基础理论》、黄志力教授的《失眠动物模型的研究与应用》、匡调元教授的《情绪与体质》、刘建平教授的《中医临床疗效评价研究的设计与方法》、胡志安教授的《睡眠觉醒与记忆》、张斌教授的《睡眠检测技术概述》，分别从基础理论、科研设计与方法、动物模型的研究与应用等多角度、多学科作了报告。会上有13位学员分别交流了临床研究和诊治体会，临诊随师心得和经验介绍。开幕式由中医睡眠医学专业委员会主任委员徐建主持，中国睡眠研究会理事长陈彦方、上海市中医医院院长虞坚尔、上海市中医药发展办公室祝培英处长、全国名老中医王翘楚教授在会上讲话。

大会收到论文44篇，其中专家讲稿7篇、主题论坛5篇、古今文献理论研究10篇、现代临床实验调查和评价6篇、临床研究17篇。汇编论文集1册。

中国基本建设优化研究会

2011年，研究会个人会员总数为6113人，团体会员220个，召开了1次理事会议，以及第十五次、十六次常务理事会议。

2011年，研究会总会及二级机构召开国内学术会议7次，参加人数730人次，交流论文247篇，召开国际学术会议2次，参加人数103人次，其中境外人员15人次，交流学术论文64篇。

2011年，研究会为各单位提供决策咨询报告15篇，其中为山东兖矿集团提供《开展矿山设备再制造项目咨询报告》，为黑龙江农垦总局提供《与法国中央大区就生态可持续农业科技项目与技术战略合作咨询报告》，为山西得一集团等数十家大型房地产开发公司提供大同市城镇化建设项目的开发、建设、结算及经营期间等有关法律事务的专业的决策报告，为云南培星医疗科技开发有限公司与清华大学合作开发医疗设备国产化提供专业的咨询报告，为海南军海建设有限公司提供全国范围内百家分公司清理整顿工作的决策咨询意见报告，为山西省河西CBD项目提供了房地产总价的评估报告。

研究会在全国各地举办决策咨询、培训班、专家论坛等活动。8月，在四川省金堂县召开上海—温州商业城改造项目咨询专家论坛。10月，在吉林省华甸市举办技术创新方法培训班，内容涉及新农村建设发展方式、新技术调研及培训，40人参加培训。

3月3日，就如何通过优化发展促进经济发展方式加快转变，研究会举行了决策咨询专家论坛。农业部原部长陈耀邦，建设部原副部长、中国科学院院士、中国工程院院士周干峙，科技部原副部长韩德乾，水利部原副部长周文智等及相关方面的专家参加了论坛，从优化发展的角度，对促进经济发展方式加快转变，发挥“优化发展论坛”的理论与实践优势提出了建议。

9月22日，中国科协年会第七分会场实现2020年单位GDP二氧化碳排放强度下降40%～45%的途径国际研讨会在天津市召开。第七分会场由研究会具体承办，共征集论文64篇，评选优秀论文22篇。邀请了来自国内外的19篇优秀论文作者发言。

10月9～12日，环保节能委员会在广东省东莞市组织召开中国环境污染防治技术国际研讨会，100余人与会，交流论文64篇，其中《煤炭工业“十二五”规划解读与矿区生态环境保护》、《煤炭加工利用过程的碳排放特点及减排途径》、《煤炭行业降低碳排放强度的措施研究》、《“十二五”煤炭行业节能减排与煤的清洁利用》论文等被收录于会议论文集。

11月，城乡建设工程与环境优化专业委员会、重点工程专业委员会联合主办工程病理事故分析与防止技术研讨会。150余位专家、学者参会，交流论文80篇。

【中国人居范例建筑规划设计方案竞赛】研究会联合中国建筑文化研究会，举办2011年度中国人居范例建筑规划设计方案竞赛活动。12月14日，设计方案竞赛颁奖大会在北京钓鱼台国宾馆召开，119个方案获奖，94人获得优秀设计师称号，编辑出版了《2011·中国人居范例建筑规划设计方案竞赛获奖项目精选专辑》。

【“民间组织参与社会评估重要性”的科普系列活动】研究会民间评估委员会在北京举办民间组织参与社会评估重要性的科普活动。活动以讲座、宣传栏的形式介绍我国民间组织的发展情况，使参与活动人员对于如何评估民间组织的内部治理、公共服务和绩效、民间组织评估的重要意义等有较系统的了解。活动期间还举办了“什么是民间组织评估”的科普讲座，邀请北京师范大学教授王岩，浙江天涯法律服务公司总经理陈云峰为参会人员讲课。

【“如何保护企业及个人知识产权”科普系列活动】权益保护委员会在北京举办“如何保护企业及个人知识产权”的科普活动。活动中举办了两次科普讲座，邀请资深律师康春阳、陈云峰和中国政法大学教授马明德主讲。同时，权益保护委员会在北京中环世贸大厦开展科普宣传，以图片、照片等形式普及保护企业及个人知识产权的知识。

活动中举办了两场知识产权科普巡讲活动，500余人参与了活动。第一场在大连市、由北京市齐致律师事务所律师举办了关于专利权被侵犯后维权的讲座，由律师杨洋主讲；第二场在济南市山东新闻大厦由北京市齐致律师事务所举办了关于如何注册商标及保护的讲座，由律师刘临庆主讲。

中国科技馆发展基金会

2011年是基金会起步之年，在完善各种手续的基础上，召开了换届大会和4次理事会议，建立基金会内部管理制度16项，确定基金会标识，建立网站，制作宣传册4册。开展“科技馆发展奖”的评审与颁奖活动。依照国家对基金会管理的要求，完成《法人登记证》、《组织机构代码证》、《税务登记证》、《银行开户证》、《社会力量设立科学技术奖登记证》、《通用网址注册证书》、《CN域名注册证书》、基金会网站ICP备案等各种法律文本和手续。

2月22日，基金会召开换届大会，大会以无记名投票的方式选举出新一届理事会成员：谢克昌、屠海令、侯为贵、向文波、张玉卓、田英。随后，召开了第四届理事会第一次会议，会议通过了人事决定和《中国科技馆发展基金会章程》、《财务审计报告》等相关事项。

4月11日，基金会召开第四届理事会第二次会议，会议通过了全国人大常委会副委员长、中国科协主席韩启德为中国科技馆发展基金会名誉理事长的提议、《2011年工作计划和经费预算案》等事项。

7月上旬，基金会以通讯方式召开了第四届理事会第三次会议，会议通过了基金会标识、《奖励工作方案》等事项。

11月15日，基金会召开第四届理事会第四次会议，会议通过了中国科协荣誉委员邓楠担任基金会名誉理事长、国家知识产权局副局长鲍红担任顾问的提议，并通过了2011年度科技馆发展奖——辅导奖、展品奖获奖名单，对2012年工作进行了讨论和交流。

在建章立制的同时，基金会以多种方式开展宣传工作，其中包括制作宣传画册，媒体宣传、活动宣传以及网站宣传等。基金会网站的建设自2011年4月开始，于9月上线试运行。

2011年度科技馆发展奖授予10名全国科技馆辅导员（志愿者）“辅导奖”，4家展品制作单位获“展品奖”，10名辅导员和4家公司获“辅导奖”提名奖和“展品奖”提名奖。12月15日在人民大会堂举行了表彰活动。

配合“中国流动科技馆”实施，推出科普体验箱项目，由基金会联合广西科技馆共同完成。共推出4类作品，完成了9个省144个科普活动体验箱和9套低碳游戏棋的配置和发送工作，同时还派遣辅导老师，分赴9个省进行免费培训，培训辅导员158人，活动惠及民众9万余人次。

4月25~26日，第二届全国科技馆辅导员大赛决赛在中国科技馆举行，大赛由中国科协科普部、中国科技馆、中国科技馆发展基金会、中国自然科学博物馆协会科技馆专业委员会共同主办。中国科协书记处书记、中国科技馆发展基金会顾问齐让，中国自然科学博物馆协会理事长徐善衍，中国科协党组成员、中国自然科学博物馆协会科技馆专业委员会主任、中国科技馆馆长徐延豪等出席活动。来自全国23家科技馆的30名优秀辅导员和12项趣味科学实验入围决赛。5月，基金会起草了《科技馆发展奖奖励办法（试行）》和《2011年科技馆发展奖奖励工作方案》。8月，奖励提名委员会成立并召开第一次会议。10月25日至11月6日，在中国科技馆进行了为期10天的公众投票活动，活动发出选票5000张，回收有效选票4839张。11月6日，奖励提名委员会召开第二次会议，选出了20名“辅导奖”（其中10名提名奖）和8项“展品奖”（其中4项提名奖）的候选人，提交理事会终审。

8月，民政部、中国科协等有关部门专家对基金会秘书处全体人员进行业务培训。

【科技馆发展奖的设立与表彰活动】 5月19日，国家奖励办公室向更名后的基金会颁发《社会力量设立科学技术奖登记证书》，设奖名称仍为：“科技馆发展奖”，该奖项重新设立了以下单项奖：辅导奖——面向科技馆一线的辅导员（讲解员、志愿者），展品奖——面向企业、团体和个人，创意奖——面向在校学生，贡献奖——面向社会各界。

12月15日，中国科协会员日暨第十二届青年科技奖颁奖大会在北京人民大会堂举行。会上，颁发了“科技馆发展奖”。中共中央政治局委员、全国人大常委会副委员长王兆国，全国人大常委会副委员长、中国科协主席、中国科技馆发展基金会名誉理事长韩启德，中国科协常务副主席、书记处第一书记陈希，中国科技馆发展基金会名誉理事长邓楠，中国科技馆发展基金会理事长谢克昌等领导同志出席大会并为获奖人员颁奖。随后在中国科学技术馆召开颁奖暨交流座谈会。中国科协副主席、书记处书记程东红出席并讲话。12月17~21日，基金会带领获奖人员赴山东、上海、广西进行为期5天的学习交流活动。

中国生物多样性保护与绿色发展基金会

2011年，基金会召开第四届第三次、四次理事会。

开展募捐活动和咨询培训、学术论坛、科普宣传等公益活动以及内部组织建设，努力探索开展新的项目。

基金会筹办江苏省镇江市新民洲生物多样性保护与绿色发展示范基地建设。基金会与中国浩远集团有限公司、江苏省镇江市京口区人民政府三方共同商定将镇江市京口区占地17平方千米的新民洲共同建成“中国生物多样性保护与绿色发展示范基地”。基金会与中国浩远集团有限公司签订了合作协议，拟设立“镇江新民洲生态环境保护与改造专项基金”，专门用于支持示范基地的生态环境保护与改造，并拟在新民洲建造“中国生物多样性保护与绿色发展基金会培训中心”。该示范基地由地方政府、民间组织（基金会）、企业三位一体，以“政、产、学、研”一体化模式，共同推动示范基地的建设与发展。

5月，基金会与陕西省环境保护厅、西安市人民政府联合举办了城市与生物多样性国际论坛，论坛主题为“大自然的启示——城市与生物多样性”。来自美国、澳大利亚、新加坡、印度尼西亚、马来西亚、韩国、日本等国家的专家400人参加了大会，联合国生物多样性公约项目高级官员、中欧生物多样性项目主管出席了大会。基金会专家委员会主任金鉴明做了主题演讲，基金会名誉理事长刘恕参加了大会开幕式，大会收到论文80余篇。

5月22日，基金会作为中国生物多样性保护与利用数码摄影赛组委会成员单位，举办的第四届“中国生物多样性保护与利用”数码摄影大赛作品展在北京植物园展出。大赛收到作品3000多张，参观人数达到2万余人次。

6月2日，基金会参加主办的保护生物多样性交响音乐会在上海大剧场举行，1000多名观众出席了公益音乐会。

7月8日，响应《中国生物多样性保护战略与行动计划（2010—2030）》大会在北京召开。会后，基金会开展了大会后续系列活动。8月15日，新疆生物多样性保护专题培训班在新疆维吾尔自治区乌鲁木齐市举办，来自新疆自然保护区及自治区林业科学院、环境科学院、动物管理办公室等相关业务单位的190余人参加了培训班。环境保护部中国环境科学研究院首席研究员李俊生做了关于编制《中国生物多样性保护战略与行动计划》的背景及任务的主题报告，国家林业局生态司司长陈建伟做了题为《中国自然保护区现况及有效管理》的报告，基金会副理事长张佐双做了题为《生物多样性迁地保护的意义》的报告，中国科学院新疆生态地理研究所原书记潘伯荣做了题为《新疆生物多样性保护现况》的报告。

9月6日，2011生物多样性保护与植物园管理技术培训班在陕西省西安市举办。该培训班作为响应《中国生物多样性保护战略与行动计划（2010—2030年）》大会的后续落实活动之一。

培训班针对全国植物园系统的中层干部、业务骨干、科研科普与管理人员，邀请国内知名专家、学者就植物园的重要功能迁地植物保护、珍稀和濒危植物的迁地保护、科普活动策划、科普教育和管理等与植物园的发展密切相关的问题进行了培训。来自中国内地和台湾地区的近百家植物园、研究所、院校等相关单位的120余名科研科普、管理技术人员参加了培训。培训班上发表了《西安宣言》。《西安宣言》将植物多样性保护提高到公众科学文化素质的新高度，提出对当前局势的新认识和观点，进一步提出了解决问题的对策、途径和方法。

10月20日，基金会在浙江省大盘山国家级自然保护区举办生物多样性保护与绿色发展教师培训班，此次培训班为响应《中国生物多样性保护战略与行动计划（2010—2030年）》大会后续系列活动之一。培训班由基金会联合浙江省青少年科技活动中心、磐安县科协共同举办，来自浙江省宁波、金华地区和大盘山周边70多位科技地理教师，以及保护区、县科协、县农业局相关人员参加了培训。中国环境科学院刘景洋就绿色发展所引导的“清洁能源、节能减排、循环经济、低碳经济”做了专题报告。王伟就《中国生物多样性保护战略与行动计划》的主要内容做了讲解，针对全民素质提高和教育工作者应了解的热点话题和知识点回答了学员代表提问，北京师范大学博士生导师刘定震就生物多样性与物种保护结合教学作了报告，基金会副理事长张佐双就植物迁地保护和国内外植物园概况做了专题报告。

11月21~23日，基金会执行理事长胡昭广、专家委员会主任金鉴明一行4人应环境保护部自然生态司生态安全管理处邀请，赴昆明考察了云南省农业研究所紫根水葫芦处理蓝藻水污染项目。专家认为，从昆明滇池实际考察情况看，紫根水葫芦在处理蓝藻水污染问题上有明显效果。

2011年，基金会资助出版了《中国生物多样性保护与利用数码摄影赛作品展画册》，基金会参加的北京市科协科普丛书系列《领导干部生物多样性知识读本》出版发行。

【响应《中国生物多样性保护战略与行动计划（2010—2030年）》大会】7月8日，响应《中国生物多样性保护战略与行动计划（2010—2030年）》大会在北京人民大会堂召开。全国人大常委会副委员长桑国卫、环境保护部副部长李干杰、中国科协书记处书记张勤出席会议并讲话，基金会理事长胡德平致开幕辞，国家环境保护部副部长李干杰受国务院委托，宣读了李克强副总理关于此次大会的重要批示，大会由民间组织中国生物多样性保护与绿色发展基金会、中国战略与管理研究会联合举办。科技部、国家林业局、国家海洋局、国家住房和城乡建设部以及北京市科委等部门领导出席了大会。联合国人居署代表、世界自然基金会、美国大自然协会、保护国际基金会以及来自生物多样性保护领域的专家和自然保护区、动植物园、高等学校、科研院所、生态市（县、乡镇、村）、工业园区、民间环保组织、国际机构及媒体记者等300余人与会。

会议主题为“响应中国生物多样性保护战略与行动计划，动员社会各界广泛参与，推动战略与行动计划更好实施，促进人与自然和谐”。大会宣读了《生物多样性保护倡议书》，呼吁国家加快生物多样性保护立法，将生物多样性保护纳入社会经济发展指标考核体系，呼吁企业家充分认识保护生物多样性，促进现代工业向生态工业转型，呼吁社会、个人、民间组织提高公众对生物多样性的保护意识，从身边的小事做起。

【首届中国·海南绿色发展论坛】 1月10日，基金会在海南省海口市组织召开首届中国·海南绿色发展论坛。论坛以绿色发展、生态文明、文化养生为主题，探讨在当前社会、经济、人口、环境条件下，城市发展中面临的问题，总结推广优秀城市社区的发展经验，为我国城市发展的政策制定和模式选择提供借鉴。论坛围绕低碳经济、循环经济、节能减排、绿色宜居、绿色建材、绿色能源、生态城市建设、城市湿地、生态文化、生态文明、生态健康、文化养生、沙产业等议题展开讨论，金鉴明等5位专家在论坛上做了主旨报告，论坛设4个分会场，共收集论文66篇。在本次论坛上，沙产业专项基金表彰了沙产业优秀工作者。

【专项基金工作示范基地建设】 基金会以自然生态与民俗文化相结合为主题，在安徽省铜陵市天井小镇建立了中国生物多样性保护与绿色发展示范基地，并于11月2日在第二届安徽民俗文化节期间，举行了揭牌仪式。揭牌仪式由铜陵市市长侯淅珉主持，常务副市长黄然致辞，并邀请安徽省委常委、省政协副主席、省委统战部部长沈素琍、住房和城乡建设部副部长齐骥、基金会理事长胡德平为示范基地揭牌。1000多名社会各界人士参加了揭牌仪式。该示范基地将自然生态与民俗文化相融合，充分发挥民俗文化在自然生态环境保护中的作用，引领自然科学与社会科学结合，打造生态文化。

中国反邪教协会

由中国反邪教协会主办、福建省反邪教协会承办的中国反邪教协会2011年年会11月8~9日在福建省福州市召开。来自全国各地反邪教协会的专家、学者约200人出席了会议。

这次年会以“抵御防范邪教，构建和谐社会”为主题，围绕如何进一步弘扬科学精神与人文精神、积极传播中华民族优秀传统文化、提升国家文化软实力等方面进行深入交流与研讨。会议认为，党的十七届六中全会通过的《关于深化文化体制改革推动社会主义文化大发展大繁荣的若干重大问题的决定》，对今后的反邪教协会工作指明了方向。新的发展时期，反邪教协会组织面临着新机遇和新挑战，协会要在创新反邪教文化建设、推动社会管理创新和构建和谐社会方面体现新作为，争创新特色，作出新贡献。

2011年，协会理论研究平台充分运用调研和课题研究两个抓手，凝聚和培养人才，丰富信息资源，为深入开展反邪教工作做好智力和人才的储备，更好地服务于反邪教工作大局。为此，协会召开动员协调会议，调动发挥地方协会和专家、学者的积极性。在课题组织方式上扩大参与面，全国有十几个地方协会参与研究工作。在课题研究思路上着力于以课题研究促进工作开展，从理论到实践，从实践回到理论，注意统筹国内、国际研究及实践情况，便于借鉴引用，促进工作。

协会鼓励地方协会根据工作实际申请课题研究，重点支持各地协会开展关于反邪教斗争的历史、方式方法、抵御和防范邪教的对策、对其他邪教的分析等方向的研究。2011年协会支持的课题内容涵盖文艺宣传形式的探索、书籍读本的编撰及出版、教育转化规律及个案研究、民间信仰调查等。这些富有地方特点的课题一方面帮助协会深入了解地方实际情况，另一方面调动了地方协会工作的积极性，凝聚了队伍，引领和指导全国反邪教民间组织不断开拓新局面。

协会深入基层开展调研，通过座谈、访谈和实地考察等方式，了解了基层面临的实际情况和特色成果，加强了沟通与交流，学习了实践经验，启发了思路。

2011年，协会继续建好网站群，以中国反邪教网为统领，积极支持各地协会网站建设，全年点击率达千万次，发挥了重要作用。继续办好《中国反邪教通讯》月刊，每期发到全国各级协会，形成各级协会交流的平台，发挥了宣传教育窗口作用。制作《自然之谜——地震》

反邪教科普宣传片，该片得到中国科协的高度重视，已向全国各级反邪教协会及有关单位赠送，用于防灾减灾、反对邪教的科普宣传，在反邪教宣传教育中取得良好效果。在《大众科技报》、《科学世界》和《科学与无神论》杂志上，针对不同人群开设了《反邪教知识大看台》、《破迷反伪》、《膜拜团体问题研究》3 个栏目，扎实推进反邪教科普宣传教育与理论研究。

2011 年，协会通过会议组织专家、学者以“抵御防范邪教，构建和谐社会”为主题，围绕协会如何进一步弘扬科学精神与人文精神、积极传播中华民族优秀传统文化、提升国家文化软实力等方面进行深入交流与研讨。

协会积极加强国际交流，关注国际反邪教民间组织，积极参与相关的国际会议，了解国外同行研究膜拜问题的进展等。

在自身建设方面，协会广泛联系各地协会、专家及协会会员，注意听取社会各界人士意见建议。团结联络各地协会，积极指导各地协会工作，注意整合各地资源，形成合力。协会鼓励有条件的地方协会开展跨地区的工作交流，探索“西部论坛”等区域间交流模式，有力地促进了各地反邪教协会的交流与合作。

协会完成了中国科协资助的“党建强会”课题研究，该研究受到了有关领导的肯定和赞扬。协会加强培训，针对自身业务和人员素质提高的要求，组织专题讲座，不断增强工作人员的综合素质和业务水平，营造和谐的氛围。

【《自然之谜——地震》科普片】中国反邪教协会积极开展防灾减灾、反对邪教的科普宣传，与中国地震局宣传教育中心组织专家共同策划，九易脚本之后于 2 月 15 日开始正式拍摄《自然之谜——地震》科普片。

该片在内容上不仅介绍了地震灾害的成因和防御的基本知识，还突出了崇尚科学、反对邪教的主题；在拍摄技术上注意了专业性和科普性的结合，如邀请中央电视台科教方面的专业导演、著名播音员和高水平动画制作人员参与拍摄。由于该片得到中国科协重视，各合作单位的大力支持，以及地震专家与摄制人员的严谨工作，使得该片资料丰富、结构严谨、条理清楚、通俗易懂，具有良好的可视性。

国际粉体检测与控制联合会

2011 年，联合会积极开展国际学术活动。筹备并举办了第九届国际粉体检测与控制学术会议，根据学术发展需要举办全球高端国际粉体检测与控制学术研讨会。筹备并召开了第三届国际粉体检测与控制联合会常务理事会和理事会会议。积极开展专业技术培训，完善会员管理制度，加强与会员的联系，增强了联合会的凝聚力。

第九届国际粉体检测与控制学术会议于 2011 年 10 月 27～29 日在上海市举行。70 多位来自美国、日本、英国、澳大利亚、德国、荷兰、意大利、捷克和中国的学者参会。会议出版了《第九届国际粉体检测与控制学术会议论文集》（光盘版）。论文集收集了参会国家作者以及泰国、尼日利亚和阿塞拜疆共 14 个国家作者的论文 66 篇。此次学术会议是联合会近年来举办的参加国（论文来自 14 个国家、与会作者 10 个国家）最多的一次学术会议。各国论文主要作者均为所在国家学术地位高、国际影响大的学者。

2011 年，根据学术发展的需要，在第九届国际粉体检测与控制学术会议期间，联合会特邀国际著名的学者和专家，首次举办了全球高端国际粉体检测与控制学术研讨会。特邀的代表有：英国 Teesside 大学国际著名粉体检测专家、国际粉体检测与控制联合会学术顾问 John Coultha 教授（曾担任联合国煤粉检测能源项目负责人）。会议特邀英国 Leeds 大学首席教授 Xue Z. Wang 博士，澳大利亚著名块状物料传输专家、国际知名学者 Mark Jones 教授，国际粉体检测与控制联合会副理事长、国际资深粉尘爆炸和系统防护专家、德国 FSA 总裁 S. Radandt 教授，日本著名学术期刊 Advanced Powder Technology 主编 Yasushige MORI 教授，国际知名双相流检测专家、我国著名学者、上海理工大学教授蔡小舒，我国清华大学粉体研究中心主任、中国粉体技术联合会秘书长盖国胜，荷兰著名粉体检测与控制领域专家的代表 Nicolas A Adom 博士等多位国际著名学者发表重要论文。

参加研讨会的中外学者一致认为，这些重要论文是当今国际粉体技术领域的最高水平的论文，本次高端学术研讨会为联合会今后的发展和努力方向指出了广阔的前景，将对我国和世界粉体检测与控制领域学术发展将产生重要影响。

2011 年，联合会召开了第三届国际粉体检测与控制联合会常务理事会和理事会会议。常务理事会于 10 月 26 日在上海市举行，常务理事全部到会。会议确定了第九届国际分体检测与控制学术会议会议日程安排，商定了增补 3 名新理事的提议，并决定提交理事会；通过了秘书处关于第十届国际粉体检测与控制学术会议的筹办方案，并同意提交理事会讨论；同意向理事会和会员重申缴纳会员费的规定，并由秘书处以电子邮件形式向全体会员通报。10 月 27 日，在上海市举行了联合会全体理事会议，经过讨论一致通过了常务理事会所提交的议题：第十届国际粉体检测与控制学术会议将于2013年10月初在中国广州举行，由联合会主办、由英国Leeds大学与华南理工大学联合承办，会议联合主席：英国Leeds大学首席教授Xue Z. Wang和联合会理事会理事长谢植担任；增补了日本Yamaguchi大学Shuji Shimamura教授、德国FSA副总裁Albrecht Vogl博士和上海理工大学教授蔡小舒为理事。

2011年，联合会积极开展专业技术培训，完善会员管理制度，加强与会员联系，增强联合会的凝聚力。联合会根据地方科协和企业的要求，在天津、北京、宁夏、辽宁等地举办了4次专业技术人员的培训和讲座。为了搞好组织建设和会员管理工作，联合会秘书处还开展了经常的会员联系工作，举办了一次工业应用委员会学术研讨会，开展了国际会员的调查等工作。一年来，国内会员的数量有所增加，国外理事之间的学术交流频繁。为发挥国内理事的学术影响，联合会还委托举办了2011北京国际粉体周和2011浙江国际粉体技术博览会等活动，扩大了联合会在国内的影响。

国际数字地球学会

2011年，学会召开了第二届一次会员代表大会，选举产生了新一届执行委员会，组织召开了第六次执行委员会会议及《国际数字地球学报》第四次编辑委员会。为促进数字地球相关领域学术交流，学会召开了“面向2020数字地球理念”高层研讨会、成像雷达对地观测高级学术研讨会、第七届国际数字地球会议、第八届数字中国发展高层论坛暨信息主管峰会及2011成像光谱对地观测高级学术研讨会5个大型学术会议。

作为地球观测组织（Group on Earth Observations, GEO）成员，学会参加了在土耳其伊斯坦布尔召开的地球观测组织第八次全会。

学会组织会员参加国内相关学术活动，主要包括第二届中国物联网大会、2011地理信息产业年度颁奖盛典暨第二届传递3S价值年会、第六届世界多媒体与互联网峰会、首届中国地理信息产业大会暨中国地理信息产业协会成立大会和灾害风险综合研究国际会议（IRDR 2011）。

6月28日，美国汤森路透发布了2010年度全球期刊影响因子报告。《国际数字地球学报》（*International Journal of Digital Earth*）（以下简称《学报》）影响因子达1.453，在全球23种遥感类期刊中排名第7位。《学报》于2008年3月创刊，创刊18个月后被收录为SCI检索刊物，2009年首获影响因子0.864，发行3年影响因子达到1.453，在23种遥感类期刊中由2009年的第14位上升至2010年的第7位。2011年《学报》发行正刊6期，增刊1期，发表文章44篇。

【国际数字地球学会第二届一次会员代表大会】 2011年8月，学会在澳大利亚珀斯市召开了第二届一次会员代表大会，学会秘书长、候选主席、司库、学会执委，以及来自世界各地的学会会员共42人出席了会议。

全国人大常委会副委员长、学会主席路甬祥发来贺信，向大会的召开表示祝贺。学会秘书长郭华东在会上作了题为《学会活动及工作》的报告。大会根据章程选举产生了国际数字地球学会第二届执委会领导班子，澳大利亚国立大学教授John Richards当选为学会新任主席，美国加利福尼亚大学教授Michael Goodchild和捷克马萨里克大学教授Milan Konecny当选副主席，郭华东研究员当选秘书长，加拿大的Fred Campbell博士当选司库。

大会根据章程选举产生了来自16个国家的22名执委，审议通过了《国际数字地球学会章程》。大会听取了《期刊工作报告》、《面向2020数字地球理念报告》、《数字城市工作组报告》，以及《学会财务报告》。大会通过了2012年在新西兰举办第四届数字地球高峰会议，2013年在马来西亚举办第八届国际数字地球会议的决议。

【“面向2020数字地球理念”高层研讨会】 3月16～18日，“面向2020数字地球理念”高层研讨会在北京举办。15位来自数字地球领域的国内外专家参加了会议。研讨会由澳大利亚空间信息联合研究中心首席执行官Peter Woodgate博士、学会秘书长郭华东、美国科学院院士Michael Goodchild、欧盟联合研究中心环境与可持续发展研究所Alessandro Annoni博士、德国奥斯纳布吕克大学教授Manfred Ehlers、匈牙利地球信息协会秘书长Gabor Remetey教授和新西兰奥克兰大学Richard Simpson博士主持。

与会专家就研讨主题及相关问题进行了小组讨论及结果汇总。《面向2020数字地球理念》研究报告在澳大利亚举办的第七届国际数字地球会议上发布。

【成像雷达对地观测高级学术研讨会】 4月22～23日，学会在北京举办了以“新一代SAR：地球观测全视野”为主题的成像雷达对地观测高级学术研讨会。会议开幕式由学会秘书长郭华东主持。中国科学院副秘书长谭铁牛、国家自然科学基金委员会信息科学学部副主任张兆田、科技部国家遥感中心主任张国成、中国科协国际合作部副部长梁英南等出席会议并致辞。米兰理工大学 Fabio Rocca 教授，两院院士、武汉大学教授李德仁，中国科学院院士、中国科学院电子研究所研究员吴一戎、学会秘书长郭华东作大会特邀报告。

会议围绕成像雷达系统、雷达对地观测基础理论与模型、雷达成像及图像处理技术、雷达对地观测应用等议题进行了交流。其中分会场口头报告 112 个，张贴报告 42 个。来自全国各地和海外的近 300 位成像雷达领域的专家、学者和企业代表参加了会议。

【第七届国际数字地球会议】 8 月 23 ~ 25 日，由学会主办，澳洲西澳大利亚土地信息系统机构（WALIS）和澳大利亚自然资源管理机构（NRM）承办的第七届国际数字地球会议在澳大利亚珀斯市召开。

本届会议以“知识时代”为主题，会议设立 22 个分会场，进行了 16 个特邀报告及 100 余个会议报告。与会人员围绕数字地球理论、数字地球技术、空间科技与数字地球、自然资源管理、全球环境变化及数字城市、数字遗产等问题进行全方位研讨。来自世界各地的 800 多位数字地球领域专家、学者参加了会议。

大会开幕式上，学会主席 John Richards 教授代表学会宣布了“面向 2020 的数字地球理念”。该理念指出未来的数字地球应充分利用网络、云计算等新兴技术，通过高质量的元数据、多重时间数据模型，在统一的地理框架下，以应用为驱动，解决物理的、社会的、文化的各种问题和需求。

学会秘书长郭华东在大会上作了题为《数字地球：从理论到实践——中国科学院数字地球科学平台》的特邀报告，报告系统阐述了数据密集时代下数字地球的特点，介绍了数字地球科学平台构架，以及如何利用平台更好地开展多领域应用并推动数字地球的发展。

李德仁院士作了题为《从数字地球到智慧地球》的特邀报告。报告总结了数字地球取得的五大成就，指出“数字地球加上物联网和云计算将走向智慧地球”并展示了“智慧地球”的应用前景。

【第八届数字中国发展高层论坛暨信息主管峰会】 11 月 23 ~ 24 日，学会与北京大学联合主办了第八届数字中国发展高层论坛暨信息主管峰会。本届论坛以“空间信息云与智慧城市”为主题，主要包括信息主管峰会、全国数字城市经验交流会、2011 数字中国成果及数字化技术展览会、空间信息共享与服务、新一代信息技术：物联网与云计算、数字减灾与应急管理、水利现代化与数字流域分论坛。来自相关政府部门、高校及科研院所、国内外企业的 1000 多位专家、学者与会。

会议重点讨论了物联网与云计算的实践和应用案例，以及由此带来的空间信息共享与服务，涉及数字城镇、数字城市、数字经济与空间信息共享、空间数据与信息安全、数字中国政策与发展战略、信息化治理与电子公务、数字流域、数字减灾与应急管理等领域。

【2011 成像光谱对地观测高级学术研讨会】 12 月 1 ~ 2 日，学会在北京举办了 2011 成像光谱对地观测高级学术研讨会。来自全国各地和海外的近 200 位成像光谱领域专家、学者和企业代表参加了研讨会。

学会秘书长郭华东在开幕式上致辞，会议围绕成像光谱对地观测发展回顾与最新进展、光谱成像技术与成像光谱仪以及成像光谱数据处理与应用 3 个议题进行研讨。中国科学院院士童庆禧作了题为《对高光谱遥感发展的一些认识》的报告，报告详细讲述了国内外成像光谱技术的发展历程，以及我国在高光谱遥感领域所作的贡献和取得的成绩。在高光谱领域具有重要影响力的美国著名专家 Dr. Alexander F. H. Goetz 作了题为《成像光谱定量遥感技术进展》和《成像光谱技术的发展历程及技术特点》的专题报告。报告从地物光谱产生机理、研究进展和技术应用等方面对成像光谱技术进行了全面的总结。相里斌研究员等 10 余位专家围绕会议议题作了大会报告。

国际动物学会

国际动物学会是目前在世界范围内唯一覆盖动物科学所有分支领域的国际性学术组织。

截至 2011 年 10 月底，学会共有团体会员 91 个，个人会员 697 个，分别比 2010 年同期增加 28% 和 46%。学会各类会员覆盖世界的 68 个国家和地区，国家和地区数量比 2010 年增加 17%。

2009 年 10 月，国际生物科学联合会第 30 届会员大会接受中国代表团申请，2012 年第 31 届国际生物科学联合会大会将在中国召开。2011 年 1 月和 6 月，学会会同国际生物科学联合会中国全国委员会，在北京召开了两次筹备会议，就第 31 届国际生物科学联合会大会会议整体框架、学术研讨内容和资金保障等问题进行了讨论。3 月和 9 月，就会议准备情况向国际生物科学联合会官员会议和执委会议进行了报告。国际科学联合会主席 Giorgio Bernardi 教授，来华对会议现场进行了实地考察，对筹备工作给予了肯定。联合会第 31 届大会是过去 90 年来在中国内地召开的首次大会。

2011 年，学会建设了全球变化的生物学效应

（BCGC）项目网站和2012国际生物科学联合会大会网站。2011年，学会网站访问量总计达22万人次，比2010年同期增长30%。

2008年学会依靠自身众多国际会员优势，发起了"全球气候变化生物学效应研究国际计划"。2009年10月，项目被国际生物科学联合会接受为IUBS新国际科学研究计划，重新命名为全球变化的生物学效应。2011年，目研究效果开始显现。9月，在意大利罗马向IUBS执委会进行了工作汇报，受到与会执委会委员和有关国际组织代表的一致好评。

学会编辑出版的官方学术期刊 *Integrative Zoology*（《整合动物学》），创刊于2006年，2010年4月，被Science Citation Index Expanded（SCIE）正式收录，成为SCI刊物。同年10月，国家新闻出版总署正式批准 *Integrative Zoology* 在我国正式出版。2011年6月，首个影响因子被国际知名数据库ISI在其《2010年期刊引证报告》（Journal Citation Report 2010）中发布为1.000。所发文章62.3%被其他杂志引用，位居世界动物学期刊前50%行列。2011年9月，根据文献计量理论与方法，通过定量与定性相结合综合评审，被中国科学院情报中心中国科学引文数据库收录为中国科学引文数据来源期刊。

【亚太地区野生动物疫病控制与管理国际学术研讨会】7月19～23日，由中国科学院生命科学与生物技术局、国家林业局野生动植物保护与自然保护区管理司和美国农业部野生动物保护局主办，学会与中国科学院动物研究所和中国动物学会共同承办的亚太地区野生动物疫病控制与管理国际学术研讨会在北京举行。国家林业局野生动植物保护与自然保护区管理司司长张希武、野生动物疫源疫病监测总站站长马爱国出席了研讨会开幕式。来自孟加拉、不丹、加拿大、中国、柬埔寨、印度尼西亚、蒙古、尼泊尔、菲律宾、俄罗斯、泰国、美国和越南13个国家，联合国粮农组织（FAO）、国际野生动物学（WCS）、野生动物基金会（Wildlife Trust）和保护国际（CI）等非政府组织，以及国内相关科研教学单位和部分省市野生动物疫源疫病监测管理机构的近百名专家、学者和管理人员参加了会议。

会议期间，各国代表围绕"亚太地区重要野生动物源疫病研究和防控"的主题，进行了30多场主题演讲及专题报告，内容涵盖了病原的遗传变异及其进化与生态的关系、疫病早期预警系统及疫病监测系统的建立等内容，重点介绍了高致病性禽流感、狂犬病、西尼罗河热、日本乙型脑炎、鼠疫、非洲猪瘟等与野生动物密切相关疫病的研究情况，集中反映了该领域最新的研究成果和重要的技术进步。与会专家还通过分析野鸟高致病性禽流感发生发展、流行与防控形势，交流防控战略、应对措施和经验，就建立亚太野生动物疫病的监测防控信息共享框架网络体系达成一致。

【中俄东北虎保护研讨会】10月，为促进东北虎跨国界保护研究与形成合作机制，学会在吉林省珲春市举办了中俄东北虎保护研讨会。来自俄罗斯和中国的60多位专家和管理人员参加了会议。通过会议研讨，充分表明东北虎作为目前濒危物种，集中体现了在全球变化条件下，特别是在人类数量活动不断增加情况下，对生物多样性和生物物种的影响与干扰。会议还就如何在我国东北和俄罗斯远东地区加强及协作开展对东北虎的保护，达成一致意见。

【发展中国家动物生态学与保护生物学前沿培训班】8月，学会在北京组织举办了发展中国家动物生态学与保护生物学前沿培训班，来自10多个发展中国家的近百名研究人员参加了培训。培训班结合项目进展状况，向学员系统介绍了保护生物学、保护生态学、保护行为学、保护遗传学、保护医学等方面的前沿理论知识，使学员充分了解了在种群数量调查与估计、野生动物监测、动物信息素与化学通讯、3S技术与栖息地评估、无线电遥测跟踪技术、红外线触发相机技术、数据信息系统与统计分析模型等技术方面的最新进展、未来发展趋势与实地应用。

黑龙江省科协第七次代表大会

湖南省科协第九次全省代表大会

吉林省科协第八次代表大会

宁夏回族自治区科协第七次代表大会

青海省科协第九次代表大会

浙江省科协第九次代表大会

上海市科协第九次代表大会

河北省科协第八次全省代表大会

纪念广东省科协成立50周年大会

山西省科协开办“院士专家讲坛”，邀请钟南山院士作首场专题报告

2011年新疆生产建设兵团暨农六师五家渠市科技活动周开幕式

新疆维吾尔自治区首届青少年科技节

陕西省第十九届“科技之春”宣传月领导干部科技报告会

四川省举办全国科普日活动

山东科协星命名大会暨第三届山东省大学生科技节 山东科学讲堂

内蒙古自治区2011年全国科普日活动

2011年西藏自治区科技下乡启动仪式

云南省新科技馆奠基仪式

省、自治区、直辖市科协，新疆生产建设兵团科协简况

北京市科学技术协会

广泛开展决策咨询论证活动，切实推动政府科学决策。与中国科学院离退休干部工作局签署合作协议，引入国家级智力服务首都建设。推进国家级科技思想库建设，建立完善北京市科协决策咨询工作体系。召开“北京水资源发展战略”主题季谈会，整理上报专家建议受到北京市领导重视。举办创新驱动与首都城市发展北京自然科学界和社会科学界联席会议高峰论坛。联合北京市政协科技委举办科技论坛，聚焦整合科技资源。联合京津冀三省市科协、社科联，深入探讨三地文化产业协同发展问题。组织团体开展《北京轨道交通及地铁环境震动污染调研》等10个重大课题调研。2011年征集、上报专家建议110余项，其中4项得到北京市领导批示。编印《科协站点信息》，2011年报送信息近百篇，组织科技人员参政议政，提交团体提案“关于北京市建立地沟油统一回收制度的提案”并督促落实。编制完成《北京市科协事业发展“十二五”（2011—2015）规划》。

深入开展“讲理想、比贡献”活动。与中关村管委会开展战略合作，在13家企业中建立院士专家工作站，促成院士与企业联合科研攻关16项。面向中关村科技人员开展创新理论与方法培训，220余人次参加培训。与中关村管委会等共同主办北京—意大利科技经贸周，中意双方达成合作意向25项，签署合作协议7份。发挥“金桥工程”种子资金作用，积极促进科技成果转化，2011年支持项目27项。举办中关村论坛年会“科技改变生活”专场，国内外科技精英、企业高层共论自主创新；第三届首都创新论坛聚焦信息和网络产业发展，形成前瞻而又贴近产业实际的建议。与北京市工商联建立合作伙伴关系，全面、扎实地服务非公有制企业科技人员。

农业科技服务扎实有效，惠及京郊农村发展。科普惠农兴村计划投入资金789万元，以奖代补，支持农民专业合作组织、农村科普示范基地、致富带头人等。针对农民需求，组织技术培训300余场，示范推广反季节平菇种植技术等科技新成果50余项，促进农民增收近千万元。探索建立长效工作机制，推动会社、会村、会企直接合作，收到良好成效。大力培养农村实用技术人才，组建林果乡土专家技术服务队121支，建立17个示范基地，带动3万余户果农增收1亿多元。与北京市残联合作，指导涉农科技团体为80余家农村扶贫助残基地提供技术服务。

完善工作机制，推动《全民科学素质纲要》工作持续有序开展。牵头制定《社区居民科学素质行动实施方案》、《首都科普资源集成与服务工程实施方案》，2011年编发《全民科学素质专刊》36期，组织撰写北京市全民科学素质工作“十一五”大事记。社区科普益民计划投入资金1300万元，奖补优秀科普社区、基层科普场馆、社区科普宣传员，推荐门头沟区清水镇养殖协会等4个科普基地，8人获中国科协“科普惠农兴村计划”表彰。编写出版《领导干部和公务员科学素质读本》，完成《社区居民科学素质读本》、《农村党员干部现代远程教育》课件研发，北京继续教育网开设“公务员科普专栏”，2011年点击率累计1.7万余次。首都科学讲堂全年举办52场讲座，28位院士参与，公众数万人次听讲。开展反邪教科普宣传与警示教育社区行活动，完成《教育转化及警示教育专用资料集》，提高公众防范和抵御邪教的自觉性和主动性。

精心举办科普品牌活动，营造良好科普宣传氛围。创办首届北京科学嘉年华，中国科协书记处书记徐延豪、北京市副市长苟仲文、欧洲科普活动科协主席赫伯特·明德出席开幕式。北京科学嘉年华主场活动以“感受科学，享受科学”为主题，吸引150余项国内外优秀科普项目，5部国际巨幕科技电影参展。第17届北京科技周，举办标志性活动8项，重点活动63项，基层活动500多项，受益群众超过500万人次。举办2011北京公众科学素质大赛，公众学科学、用科学的意识和能力得到有效增强。百万家庭数字生活技能大赛、青少年科技创新大赛、科普之春、科普之夏等大量精彩活动贯穿全年，吸引公众持续关注、参与科普。8月8日，北京代表队夺得第26届全国青少年科技创新大赛总成绩第一。北京代表队在参赛的26个项目中获得13项一等奖，占全国一等奖总数（65项）的20%。22人次获得了15个专项奖中的12项。截至2011年，北京队已连续9年取得全国总成绩第一。

动员社会广泛参与，科普资源共建共享取得新进展。开发完成“北京科普资源共享服务平台”，提升科普资源集散能力。北京科普创作出版专项资金资助优秀科普图书11项，音像制品2项，第五届北京市优秀科普作品奖表彰高质量科普图书、广播电视科普节目，带动社会力量参与制作原创科普资源。编写《2011北京地区科普资源蓝皮书》，系统梳理北京科普资源数量、种类、分布等。举办2011诺贝尔奖获得者北京论坛主题展并开展全市巡展。西单科普画廊推出“穿在身上的科技”主题展览。2011年新建10个社区数字科普视窗，整合利用北京科普创意动漫大赛成果，研发、配送配套播放资源，促进资源研、产、用体系化发展。推动“北京建设世界城市”、“科学生活，节能减排”等主题科普展览深入北京市22个繁华社区巡展。

推进科普基础设施建设。12月21日，北京市委常委梁伟、赵凤桐听取了关于北京科学中心建筑设计方案的汇报。北京市科协党组书记、常务副主席夏强，副主席田小平汇报了设计方案。会议赞同方案内容，要求争取尽早开工建设。

学术繁荣为推动首都科技创新发挥积极作用。以第十四届北京科技交流学术月为综合性平台，关注创新、民生科技等问题，集中开展124项学术活动，举办王大珩学术思想座谈会、院士专家报告会等重大学术交流活动，举办20余项品牌学术交流以及50余项追踪学科发展前沿的研讨活动。围绕“科技北京”建设重点领域，支持举办14项学术交流综合论坛，进一步巩固学科联盟建设。多学会联合举办2011中国钢材加工配送技术学术研讨会等多项学术活动，提升学术交流的层次和质量。全年共举办第四届国际食品安全高峰论坛、北京－希腊污水处理交流研讨会等大型国际学术交流38项，太阳能光伏照明技术与应用研讨会等小型化、专业化学术交流64项，累计开展各类学术活动近1000项。加强期刊审读，促进学会主办报刊规范运行，切实发挥其学术载体作用。

突出重点、务求实效，团体对外交流渠道不断拓展。与10余个国际科技组织建立联系，派出团组14个。组团参加第28届国际科技园区世界大会、非洲科学节等。与爱丁堡国际科学节组委会等组织合作，协调引进30余个国外优秀科学体验项目亮相首届北京科学嘉年华。青少年科技教育工作国际化程度不断加深，组织青少年赴4个国家参加交流活动，邀请9个国家50余名代表来京参加青少年科技创新大赛。组织京台青年科学家论坛、京港澳测绘技术交流会等活动，继续加强与港澳台科技组织的交流。

全面实施科技人才工作计划，营造科技人才成长良好环境。2月22日，在中国科协召开的调研宣传工作会议上，北京市科协被确定为首批国家级科技思想库建设试点单位。10月25日，在地方科协科技思想库建设试点工作年度考核评审会上，北京市科协在全国科协系统排名第一。北京市科协党组副书记、副主席景晓东代表北京市科协作了工作汇报。第11届北京青年优秀科技论文评选活动征集论文1840余篇，第12届北京青年学术演讲比赛吸引1000余人参与。2011年资助青年学者出版学术著作12部，资助14个学会的青年科技人员参加20项境外高端学术交流，举办青年学术活动77项。组织实施第11期科技后备人才培养计划，250名中学生走进116个国家和北京市重点实验室，130余位专家教授指导开展科研实践活动，15项优秀科学研究项目获资助。落实《海外智力为首都建设服务计划》，6个工作基地和1个专业化服务平台发挥作用，全年组织活动10余项，接待150余位海智专家来访，组织召开第十一届海外侨界高新技术人才为国服务志愿团项目推介会，20余个国家和地区参与，达成合作意向9项。推进离退休科技人才工作，结合纪念北京老科技工作者总会成立20周年，2011年组织撰写高质量科普文章86篇，举行科普论坛89场。完成北京老年科技人才网改版工作，启动离退休专家数据库建设前期工作，承担老科学家学术成长资料采集工程，重点收集、整理52位院士成长资料。率先开展科学道德和学风建设宣讲活动，联合北京市委教育工委、北京市教委，建立工作机构，组建专家宣讲团，举办科学道德和学风建设宣讲教育报告会。编制《北京科技类社团规范化建设指导意见》，规范科技社团管理。完成“首都社会建设新格局中枢纽型组织职责和作用”、“发挥科学共同体作用，服务首都科学发展”两项重点课题，建成枢纽型组织服务管理平台，明确专项经费拨付程序，科技社团健康有序发展。

切实加强自身建设。2011年新成立科技类社团6个，指导163个社团完成年检。编印《北京科技社团服务中关村自主创新对接指南》，促进学会直接参与企业自主创新。全面推进社会组织党建工作，推动成立北京市科协社会组织党建工作委员会、中共北京市科协社会组织总支部委员会。2011年指导成立学会党建工作小组34个，学会党支部4个。支持西城区、朝阳区、海淀区、延庆县争创2011～2015年全国科普示范区县，被中国科协命名表彰。与北京市团市委合作举办第六届首都大学生“挑战杯”竞赛；组建高校科普志愿服务分队。2011年新成立中国电力工程顾问集团华北电力设计院工程有限公司、解放军第三〇九医院、北京工商大学3家科协。

【社会组织党建工作委员会暨总支部成立大会召开】2月12日，社会组织党建工作委员会暨总支部成立大会在北京市召开。北京市委常委梁伟出席并讲话，北京市科协党组书记、常务副主席夏强主持。会议上举行了北京市科协社会组织党建工作委员会揭牌仪式，为第一批18个学会党建工作小组授牌。北京市委副秘书长王翔，北京市21家枢纽型组织的相关领导、北京市委社会工委、北京市委组织部、北京市直机关工委、北京市科协相关领导，北京市属学会负责同志、部分拟成立的学会党建工作小组负责同志190余人出席成立大会。

【第31届安捷伦北京青少年科技创新大赛】3月25～27日，第31届安捷伦北京青少年科技创新大赛在北京市门头沟区大峪中学举办。大赛主题为“体验、创新、成长”，参加初赛活动的青少年达27万余人，1532项优秀作品参加了市级初评，500余名选手的167个项目参加大赛终评答辩。来自澳大利亚、丹麦、意大利、日本、韩国、马来西亚、新加坡、乌克兰、美国9个国家组成的11支国外学生代表队的61个项目参加了大赛展评。北京市委常委梁伟，北京市副市长苟仲文，中国科学院院士、北京市科协名誉主席陈佳洱，本届大赛评审委员会主任、中国工程院院士陈香美，北京市科协党组书记、常务副主席夏强等领导出席了闭幕式。

【2011年北京科技周】 5月14日，2011年全国科技活动周暨北京科技周在国家奥林匹克森林公园开幕。中共中央政治局委员、国务委员刘延东出席开幕式并讲话，全国政协副主席、科技部部长万钢出席开幕式并宣布科技周开幕。本届北京科技周围绕科技发展与公众生活，关注节能减排、防灾减灾等，举办标志性活动8项，重点活动63项，基层活动500多项，受益群众超过500万人次。

【全国政协科协界委员调研北京社区科普工作】 6月28日，全国政协科协界委员调研北京社区科普工作。全国政协常委齐让，政协委员李和平、王庭大、孟宪来、茅玉麟、葛志荣一行6人和全国政协教科文卫体委员会办公室副主任张武军，中国科协办公厅副主任李志刚、科普部副部长高勘、科普活动中心主任李晓亮，到东城区、通州区调研社区科普工作。市政协科技委副主任陈昕，市科协党组书记、常务副主席夏强，副主席周立军陪同调研。

【陈希到北京市科协调研指导工作】 9月9日，中国科协常务副主席、书记处第一书记陈希到北京市科协调研指导工作。北京市科协常务副主席、党组书记夏强及朝阳区区委书记陈刚等领导同志陪同参加相关活动。陈希听取了夏强关于北京市科协工作汇报和北京市第八次代表大会筹备情况。北京市委常委梁伟陪同考察了朝阳区来广营地区社区科普工作。陈希充分肯定了北京市科协的工作。陈希强调，要结合北京高校密集的特点，开展科学道德和学风建设，推动形成良好的学术风气和创新氛围。要广泛动员各方资源参与科普工作，积极打造社区科普活动品牌，不断加强科普服务能力建设。要充分发挥社区在提升城区科普工作水平、提高公民科学素质中的主体作用。

【2011年第一届北京科学嘉年华】 9月16日，首届北京科学嘉年华在北京奥林匹克公园开幕，同时被中国科协指定为全国科普日北京主场之一，中央书记处领导参加了北京科学嘉年华主场活动。这是中央领导第一次参加北京市科普日活动。9月18日，习近平、王兆国、刘云山、刘淇、刘延东、令计划、何勇等中央领导以及郭金龙、王安顺、赵凤桐、鲁炜等北京市领导参加了主场活动。本次活动由北京市科协主办，包括北京科学嘉年华主场活动、北京国际科技电影周、北京－意大利国际科技经贸周和全市基层活动四部分。主场活动有147个中外科普资源项目参与现场活动，受益公众达8万人次，引进、播放国际科技电影49场，观影人数2万多人次，206家中外机构参与经贸洽谈活动，其中，中意双方签署合作协议及项目备忘共6份，合作意向25项，全市基层科普活动达150项，受益公众达40万人次，有12个国家的42个国际科技组织参与。

【2011年北京两界联席会议高峰论坛】 9月28日，围绕“创新驱动与首都城市发展”的主题，2011年北京两界联席会议高峰论坛在北京市召开。论坛由北京市科协、北京市社科联共同主办。院士专家进行发言、讨论交流。北京市科协党组书记、常务副主席夏强，北京市社科联党组书记、常务副主席史秋秋分别致辞，希望进一步密切两界合作。

【北京科学道德和学风建设宣讲团成立仪式暨专场报告会】 12月7日，北京科学道德和学风建设宣讲团成立仪式暨专场报告会在北京交通大学举行。活动由北京市科协、市委教育工委、市教委主办，北京交通大学承办，来自北京地区高校的1000余名研究生参加了会议，会议由北京市科协党组书记、常务副主席、北京市科学道德和学风建设宣讲教育活动领导小组组长夏强主持。会议宣布成立北京科学道德和学风建设宣讲团。北京市委教育工委副书记、市教委主任、北京市科学道德和学风建设宣讲教育活动领导小组组长姜沛民在会上宣读了北京科学道德和学风建设宣讲团的首批成员名单，聘任中国科学院院士陈佳洱、王乃彦、吴常信、王铁冠等50位专家为首批北京科学道德和学风建设宣讲团成员。中国科协组织人事部部长、全国科学道德和学风建设宣讲活动领导小组办公室主任李森及北京市科学道德和学风建设宣讲教育活动领导小组组长夏强、姜沛民向宣讲团成员代表颁发了聘书。北京交通大学校长宁滨教授做了题为《从科技发展和大师成就谈研究生的科学道德和学风建设》的专场报告。北京市科协党组成员、副主席、北京科学道德和学风建设宣讲教育活动领导小组副组长田文，北京交通大学党委副书记、校务委员会副主任高艳出席会议。北京市科协、北京市委教育工委、北京市教委和北京交通大学的有关同志参加了会议。

天津市科学技术协会

服务经济社会发展。组织科技工作者积极参加全市“调结构、增活力、上水平”活动。深入开展“讲、比”活动。2011年，全市282个企业开展了活动，比2010年增加32%，4.6万余名科技人员参与；组织“讲、比”活动立项4000余项，其中市级项目645个，为企业创造经济效益18亿余元。同时完成“节能降耗、减排增效”项目2124项，是2010年的1.1倍。提出合理化建议5419条，被采纳2869条，比2010年提高21%。2011年，新建院士专家工作站6个、院士专家服务中心2个。市科协系统2011年完成技术咨询合同1007项，实现技术合同金额超过14亿元，技术交易额近12亿元。开展农技推广活动。全年组织科技下乡3000次，举办农村实用技术培训2160次，培训人数近17万人次，发放科普宣传资料90万份，惠及16.2万人次。全市190个农村专业技术协会常年活跃在农业技术推广第一线。

开展决策咨询和调查研究。承担7项中国科协决策咨询课题及2项市重点调研课题。《科技中介机构发展研究课题成果》在中国科协《调研动态》上刊发3期。在中国科协2011年度优秀调研报告评选中，天津市获一等奖1篇、二等奖2篇，市科协获优秀组织奖。开展中国科协国家级科技思想库建设首批试点前期工作，筹建天津市科协决策咨询选题库与专家库，征集了97个选题和200余篇相关材料。联合市社科联和市社科院，开展第二十五届两科联盟“智慧天津建设”课题研究，天津市委常委、常务副市长杨栋梁和副市长王治平对上报的研究成果做出批示，要求市经信委将其中的子课题——“电子政务演化模式与智慧政务结构分析”列入2012年工作计划，还有部分建议被市通信管理局和有关企业采纳。组织引导市所属学会开展调查研究和决策咨询工作。其中，市灾害防御协会的《天津市2011年度灾害趋势会商意见》获市长黄兴国、常务副市长杨栋梁、副市长王治平批示，并以市政府办公厅名义转发，成为天津市防灾减灾工作的重要参考依据。

大力实施《全民科学素质行动计划纲要》。11月21日，天津市全民科学素质工作领导小组组长、副市长王治平就落实《科学素质纲要》“十二五”实施方案，在《人民日报》上发表《提高全民科学素质，促进天津全面发展》署名文章，对推动天津市科学素质工作起到引领作用。会同市委组织部等单位，表彰《科学素质纲要》实施工作全国先进集体3个和先进个人4名。表彰100户科学文明家庭、7名种植养殖状元、50名种植养殖能手。和平、河东、河北、南开、红桥、东丽、西青、津南8个区被中国科协命名为“2011～2015年度全国科普示范区”，津南区、河北区科普宣传栏建设工作被评为2011年全国示范项目，市科技馆的《“美丽的星空”拼图》等4个项目获得中国科协科普教育基地能力建设的资助。34万余人次参加全国农民科学素质网络大赛。

开展系列科普活动。借助年会平台，举办天津科普嘉年华活动，包括“天津市优势支柱产业技术创新科普展”、“科技小巨人成长计划科普展”等4项专题展览，“数学好玩·七巧之美”等2项青少年科学体验活动，《鸟儿的心声》等2台科普舞台剧和《乐卡天天问》科普动漫展播，内容丰富，形式新颖，吸引2万多名群众自发参与。开展“院士专家津沽行”活动，中国科学院老科学家科普报告团成员及本市科技专家深入全市15个区县，举办了71场科普专题讲座，5万多人次听讲。组织“科学大家话科普”沙龙，2位诺贝尔奖获得者、4位院士参加，就如何组织群众性科普活动发表独到见解。面向社区居民、进城务工人员、伤残人员，开展全国科普日——天津“大爱无疆·关注健康”卫生安全健康咨询服务活动，深受群众欢迎。扎实开展青少年科技教育活动。研发青少年“节水科普资源包”，向31个省、自治区、直辖市发放4000余套，在全国科普日北京主场上，受到习近平等党和国家领导人充分肯定。组织“珍爱生命之水”青少年科学调查体验活动，获全国评比一等奖，实现三连冠。组织参加第26届全国青少年科技创新大赛，获一等奖3项、二等奖7项、三等奖20项，是近年来的最好成绩。组织市青少年五学科奥赛，3.3万人次参赛，157人获保送大学资格。全面实施科技创新人才早期培养工程——朝阳计划，培训100余名高中教师，组织中学生完成一批创新研究课题，其中2个工程类项目入围全国第十一届“明天小小科学家”奖励活动。据统计，2011年，市科协系统开展科教进社区共7532次，举办科普展览2261次、科普讲座10319次，其中院士科普报告会126次。主办科普网站5个，浏览人数55万人次。

积极搭建学术交流平台。举办第九届天津科技交流学术月，围绕天津市科技创新与战略性新兴产业发展，资助85项重点学术活动。举办主题为“加快提升自主创新能力”的第八届天津科技论坛，7000多名科技工作者参加，提出100多条科技建议。加强对外民间科技交流。接待日本、美国等国家11批次科技团组。与俄罗斯国家物理学会联合举办中俄激光物理论坛，并形成长效合作机制。与英国全英创业发展协会达成在津举办21世纪中英创业大赛意向。与美中友协休斯顿分会、澳大利亚澳中文化教育交流中心达成长期人才技术交流意向。组织海外高层次人才来津考察，帮助天津鑫茂科技园、泰达科技集团、天津市国际生物医药联合研究院等单位引进海外人才、技术和项目，促成芯硕光刻设备制造项目落户滨海新区。据统计，2011 年，市科协及所属学会共开展 700 余项高水平学术活动，参加人数达 12 万人次，交流论文 2 万余篇。其中国际学术会议 44 次，境外参会 1000 人次，境外人员论文 300 余篇。市科协及所属学会共主办科技期刊 39 种，其中学术期刊 22 种、科普期刊 7 种、技术期刊 7 种，刊发论文 8600 余篇，印发 9 万册；编辑出版科技图书 36 种，其中科普图书 27 种；编辑论文集 78 种，印发 2. 9 万余册，发表论文 8000 余篇；制作科技光盘 18 种，3500 张；主办科技网站 21 个，浏览人数 73 万人次。

为科技工作者提供优质服务。与市委组织部、市人力社保局共同开展第十一届天津青年科技奖评选和第十二届中国青年科技奖候选人推荐工作，评选出 21 名获奖建议人选、11 名提名奖获奖建议人选；推荐 7 名第十二届中国青年科技奖候选人，其中 3 人荣获第十二届中国青年科技奖。与市关工委、天津科技传播发展基金会联合开展天津市第四届“科技传播之星”评选活动，87 名科技工作者受到表彰。出台《天津市科协中青年科技工作者参加国际学术交流资助项目管理办法》，资助 2 位青年科技工作者分赴境外参加国际学术会议。实施继续教育引导工程，资助“市天文科学课程教师培训班”等 13 项质量高、公益性强的继续教育重点项目。加大自然科学学术专著出版资助力度，鼓励优秀科技工作者尤其是中青年学者撰写学术专著，资助《狭义相对论和量子理论的基础关联》等 13 部优秀专著出版。密切与中国科协“七大”、“八大”天津代表和市科协七届委员的联系，组织中国科协会员日天津系列活动，走访、慰问基层科协工作人员和生活困难的科技工作者。市老科技工作者协会开展退休科技人员技术职称评定工作，2011 年度有 518 人通过资格审查与评审。与市委教工委、市教委共同组织天津市科学道德与学风建设宣讲报告会，邀请中国工程院院士余贻鑫、中国科学院院士尚永丰和南开大学校长龚克做报告，在津高校和科研院所 1000 余名研究生参加报告会。组织全市 17 个科技工作者状况调查站点，完成《科技工作者知识产权意识调查》等 7 项问卷调查工作，编辑反映科技工作者状况信息 40 余条。据统计，2011 年，市科协系统上报科技工作者建议 327 条，72 条获得批示。在中国科协 2011 年优秀科技工作者建议评选活动中，市护理学会秘书长刘旭《关于建立连续护理服务体系的建议》荣获优秀建议奖，市科协荣获优秀组织奖。

切实加强自身建设。编制并发布实施《天津市科学技术协会事业发展“十二五”规划（2011—2015）》，提出了今后五年科协事业发展的指导思想、奋斗目标和工作任务。天津“科技工作者之家”项目开工建设，市科技馆综合改造工程加速推进，天津海运职业学院人才培养质量和教学管理水平显著提升。搭建科协系统信息化服务平台，启动市科协机关办公自动化系统，开通网上文件、公务信息报送通道。会同市社团局开展市级科技团体年检工作，合格率达到 98%。审批成立市细胞生物学学会和心脏学会。市城市科学研究会等 9 个学会组建了新的分支机构。市能源研究会等 16 个学会完成理事会换届。修订《天津市科协学术活动项目管理办法（试行）》、《天津市自然科学学术专著出版资助办法》、《天津市科协精品科技期刊工程资助办法》和《天津市科协科技团体评估指标体系（试行）》，完善了学会管理制度。151 个市级学会共建立 121 个党支部，覆盖率达到 80. 13%。新建企业科协 4 个。

【第十三届中国科协年会在津举办】9 月 21 ~ 23 日，由中国科协和天津市人民政府共同主办的、以“科技创新与战略性新兴产业发展”为主题的第十三届中国科协年会在天津市隆重举行。中共中央政治局委员、国务委员刘延东出席开幕式并讲话，中共中央政治局委员、市委书记张高丽致欢迎词，全国人大常委会副委员长、中国科协主席韩启德致开幕词，天津市委副书记、天津市市长黄兴国等 5 位领导和专家做大会专题报告。

年会搭建了服务天津“借智兴市、借智兴业”的平台。60 余位院士专家围绕天津经济社会发展状况，分 10 个专题、84 个子课题，深入全市 108 个企业、科研院所和区县开展调研，形成 80 余项调研成果。在 9 月 22 日的天津市党政领导与院士专家座谈会上，吴良镛等 18 位院士专家分别围绕环渤海城市群建设、装备制造业等建言献策。已有 21 篇建议引起市委市政府重视，其中 3 篇获得领导批示，18 篇汇编成《院士、专家关于天津经济社会发展的建议》，由市委、市政府办公厅印发有关单位。其中，“关于正确处理天津与首都经济圈关系的建议”得到市委常委、常务副市长杨栋梁等市领导批示，天津市有关部门已就有关事项进行研究。

年会期间，共举办了 50 余项重点活动，包括：开幕式暨大会报告会、天津市党政领导与院士专家座谈会、22 个分会场学术交流活动、9 个专题论坛、16 个专项活动和

4大系列科普活动。分会场发布了22个学科研究进展情况，国际分会场比例达41%，交流论文935篇，230余位院士专家作专题发言；举办239项科普活动，10余万人次公众参与；对天津经济社会发展提出了一批有价值的决策咨询建议；5位诺贝尔奖获得者、5位两院院士受聘为天津市人民政府特聘专家。

【天津“科技工作者之家”开工】 9月20日上午，天津“科技工作者之家”项目在天津海河教育园区举行开工奠基仪式。天津市委副书记、市长黄兴国宣布项目开工，全国政协教科文卫体委员会副主任、中国科协原常务副主席、书记处第一书记邓楠出席，中国科协常务副主席、书记处第一书记陈希，天津市委常委、市委教育工委书记苟利军致辞。中国工程院院士、天津市科协主席王静康，中国科学院院士刘广均，中国工程院院士吴咸中、李正名等院士专家出席活动并一起为项目奠基。开工仪式由天津市政府副秘书长杨金海主持。市有关部门负责同志及部分科技工作者代表，项目建设施工人员代表参加活动。

【天津市第二十五届科技周】 5月15~21日，围绕“携手建设创新型城市——科学发展·科技创新·科普惠民”主题，由市科协牵头举办了天津市第二十五届科技周活动。15日，在天津市第42中学举行了第二十五届科技周开幕式暨“科技馆进校园”青少年科技教育系列活动启动仪式。天津市委常委、市委教育工委书记苟利军，市人大常委会副主任李亚力，副市长王治平，市政协副主席陈永川，中国工程院院士、南开大学科协主席李正名，中国科学院院士张春霆以及来自俄罗斯、英国的科学家和科普专家出席开幕式。市全民科学素质工作领导小组、市科技周活动组委会成员单位负责同志和中小学生和社会各界群众代表约500人参加了活动。

科技周期间，在全市开展了“节约资源能源、保护生态环境、保障安全健康、促进创新创造”系列科普活动。邀请俄罗斯功勋宇航员出席开幕式并为中学生做科普报告。英国大使馆文化交流处组织“青年酷派”绿色校园行动，为科普活动融入新的理念与模式。全市16个区县、20余个部委办的2767个单位组织各类科普活动18472项，发放科普资料245万份，制作科普板报4429期。全市195万人次参加科技周活动。

【天津市实施科普惠农兴村计划工作会议】 1月27日，天津市实施“科普惠农兴村计划”工作会议在天津大礼堂举行。天津市委常委、市委教育工委书记苟利军，副市长李文喜出席会议，苟利军讲话。中国工程院院士、市科协主席王静康做工作报告。天津市科协常务副主席、党组书记杨鑫传主持会议。各涉农区县分管科协工作的领导，各区县科协、财政局负责同志及历年受到全国和天津市表彰的“科普惠农兴村计划”先进单位和科普带头人代表200余人参加会议。

会议表彰了2010年度全国和天津市“科普惠农兴村计划”先进集体和个人；向获全国表彰的2个单位、1名带头人和获市级奖励10个单位、10名带头人，分别颁发了奖补资金，共计175万元；向天津市9个农业区县颁发了“科普大篷车金钥匙”；编发了《春华秋实馥津沽——天津市科普惠农兴村计划成果集萃》一书，组织了科普惠农成果展览，展示了科普大篷车服务功能等。会议由天津市科协和天津市财政局共同主办。

河北省科学技术协会

2011年，河北省科协在省委省政府的领导下，团结带领广大科技工作者，围绕中心、服务大局，积极进取、扎实工作，各项工作取得新的进展。

深入实施科普惠农兴村计划。中国科协和财政部对河北省44个农技协、12个科普示范基地和13个农村科普带头人进行了表彰奖励，奖励资金1185万元。实施了省级科普惠农兴村计划项目。河北省科协和河北省财政厅对19个农村专业技术协会、18个农村科普示范基地和10个农村科普带头人进行了表彰奖励，奖励资金400万元。组织62个基层单位，其中科普惠农兴村计划获奖单位42个，130余名代表参加第18届中国杨凌农业高新科技成果博览会。展品中包括农作物、农资、林果、食品等5大系列、33个品种、200多个产品。河北省副省长龙庄伟亲临现场视察了河北省农技协展位，给予高度评价。

深化企业科协“讲、比”工作。与中国科技咨询服务中心共建“河北省院士专家服务中心”，建立了院士库、科技专家库、院士工作站库、科技专家工作站库，联系院士300多名，高级专家1600多名。秦皇岛、保定、邯郸等五家大型企业相继挂牌建立了院士专家工作站。目前，河北省科协与省委组织部、省科技厅联合共建院士工作站55家。秦皇岛经济技术开发区创建了全国首家经济技术开发区院士专家服务中心。在21家企业建立了科技专家企业工作站。在全省开展创新方法巡讲工作，河北峰峰煤矿集团被中国科协列为创新方法推广试点单位。同时启动了“创新方法进百企”活动，进行了企业筛选、专家联系和教材编选工作，目前已服务100多家企业。

开展农村科技服务。推出“加强水利基础建设，提高农业生产能力”、“老典型的新发展方式”和“探析饶阳蔬菜发展路”系列报道，得到了省领导的肯定和读者的好评。针对“探析饶阳蔬菜发展路”系列报道，时任河北省省长陈全国批示：“很有意义的一件大事，谢谢科技报社的同志。”省委常委、纪委书记臧胜业批示：“做得好，宣传得很有力度。”刊发《百千万农业技术普及工程》专版近70块，建立起“河北科技110科普惠农援助中心”19个。科普大篷车行程近2万千米，开展活动15次，发放宣传资料2万份，受益群众和学生达10万人次。

实施《科学素质纲要》。对“十一五”时期河北省全民科学素质工作的成绩和经验进行总结，对五年来科学素质工作的50个先进单位和50名先进个人进行了表彰和奖励。制定了《河北省全民科学素质行动规划（2011—2015年）》，2011年7月14日，河北省委办公厅、省政府办公厅将《规划》印发执行。召开了河北省科学素质工作推进会，贯彻国务院全民科学素质行动实施工作电视电话会议精神，加强对各成员单位和各市科学素质工作的协调督导。起草了《河北省全民科学素质工作考核评估办法》和《河北省全民科学素质工作考核评估指标体系》，积极推进考核工作的开展。评选命名了第二批30个“河北省科学素质教育基地”。

开展主题科普活动。围绕“节约能源资源、保护生态环境、保障安全健康、促进创新创造”的主题，组织举办了第九届全国科普日河北系列活动，各级各类科普组织共同参与，全省共举办各类科普活动1860项，其中重点科普活动330项，受益群众1000万人次。组织开展第三个全国“防灾减灾日”活动，开展阅读一本防灾减灾书籍、观看一部涉及灾害的影视作品、与他人分享一次避险经历和避险经验、开展一次家庭灾害风险隐患排查的“四个一”防灾减灾科普宣传。组织省会大学生暑期科普志愿服务活动。参与学校扩展到10余所，人数达到千余人次。

社区科普益民计划开局良好。联合省文明办、省民政厅印发了《河北省科普示范社区创建工作意见》。首次命名省级科普示范社区100个。对20个社区科普工作先进典型进行了表彰奖励，奖补资金100万元。河北省科协着力推进和创新城区科普工作。省委办公厅就省科协“开展城区科普工作、促进社会管理创新”的情况先后到保定、唐山、沧州等市进行了调研。

推进科普资源开发与共享。制定《河北省科协科普资源开发和共建共享规划（2011—2015年）》，提出河北省科普资源开发和共建共享的任务目标、工作重点、政策措施和主要途径。组织实施河北省科协第七批科普社会化资助项目，对33个社会性科普项目重点是科普资源开发项目进行了资助。组织开展第二届河北省优秀科普资源评选推介活动，有13项社会性科普资源被选择为河北省优秀科普资源，给予奖补资金补贴并在全省推广。组织编写《公民科学行为规范》得到省领导的支持和肯定。继续探索科普产业化的新路子，新建省科协科普资源开发基地2个。

青少年科普活动丰富多彩。成功举办了以“创新、体验、成长”为主题的第26届河北省青少年科技创新大赛。全省共有1840多所学校的63万多名中小学生参加，完成各类参赛作品16877项。有274项竞赛作品、10项优秀实践活动作品、11项科技辅导员创新成果作品和100幅科学幻想画及5项青少年科学DV作品参加终评展示，15名优秀科技辅导员参与论坛交流。由河北省教育厅、河北省科协、河北省文明办、河北省广电局和共青团河北省委共同主办的“2011年河北省青少年科学调查体验活动启动仪式暨第二届河北省青少年机器人展示活动”在石家庄市第18中学举办。举办2011全国信息学奥林匹克竞赛省赛区的初赛和复赛，有34名同学获得全国信息学奥林匹克联赛（河北赛区）提高组一等奖，79名同学获得二等奖；10名同学获得普及组一等奖。

加强科技馆建设。河北省科技馆常设展览、宇宙剧场穹幕电影和天象节目，实现100%正常播放，4D影院的影片共接待观众约20万人次。完成“视觉魔术馆”、“身边的水资源”、“人与健康”和“破解头发的奥秘”等临时展览。举办了《宇宙之美——天体摄影赏析》、《太阳风暴与地球空间环境》和天宫一号科普讲座。河北省数字科技馆通过“资讯”、“数字展厅”、“资源下载”、“关于我们”等栏目，以图文、视频、音频等形式向公众实时全面展示河北省科技馆所开展常设展览、专题展览、巡回展览、科普讲座、天文观测、科普剧表演等各项科普活动。承办了全国科技馆辅导员大赛华北地区预赛，获得了第二届全国科技馆辅导员大赛优秀组织奖。

通过《河北科协》、河北科协公务网等媒体对赵治海等11位优秀科技人物进行宣传，刻录了一批河北科技人物风采光盘。对2010年度全省科协系统先进集体和先进个人进行了表彰。对2010年度科协机关及直属单位进行了年度考核和表彰。河北省科协机关召开庆祝建党90周年大会，对取得突出成绩的先进党支部、优秀共产党员、优秀党务工作者进行了表彰。河北科协系统有7个集体，19人受到中国科协表彰。

加强自身建设，提高服务能力。组织党员学习胡锦涛总书记在庆祝中国共产党成立90周年大会上的讲话，开展“三项教育”活动。利用5月份一个月的时间，在机关和直属单位集中开展“我为科协事业发展做什么，我为河北腾飞贡献什么”为主题的教育活动。通过学习动员，查摆问题，整改提高，统一思想，提高认识，明确目标，坚定信念，营造“咬定青山不放松、一心一意谋发展、团结无私讲奉献”的工作氛围。河北省科协党组书记唐树钰代表党组在全省机关党建工作经验交流会上作的《构建“四力合一”格局 落实“四级书记”责任》的发言，受到省委领导和省委组织部、省直工委的肯定。成立了河北省科协所属省级学会创先争优活动指导小组。在河北省社会组织管理暨创先争优“小金库”治理工作会议上，省科协作为全省业务主管单位唯一代表在会上做典型发言。

加强省级学会日常监管和培训。集中办理了省级学会2011年年检初审。按照《河北省社会团体登记管理办法》的规定，成立河北省祖冲之研究会、河北省毒理学会2个新学会，指导13个省级学会进行了换届改选，21个学会依法履行了负责人、名称、章程等变更手续。转发了《河北省民政厅〈转发民政部关于加强社会组织专职工作人员劳动合同管理的通知〉》（冀民函〔2011〕184号），进一步规范学会劳动用工管理和财务管理。

组织召开党组中心组学习扩大会，落实学习制度。对新任县（市）区科协主席进行了培训。

【河北省科协第八次代表大会】2011年12月16～17日，河北省科学技术协会第八次代表大会在石家庄隆重召开。中国科协常务副主席、书记处第一书记陈希出席会议并讲话。河北省委书记张庆黎，省委副书记、代省长张庆伟，省委副书记赵勇，省政协主席刘德旺，省委常委、组织部长梁滨，省委常委、纪委书记臧胜业，省委常委、省政法委书记张越，省委常委、石家庄市委书记孙瑞彬，省委常委、秘书长景春华，省委常委、宣传部长艾文礼，省人大副主任宋长瑞、马兰翠，副省长龙庄伟，省政协副主席段惠军等出席会议。750名代表参加会议。大会由九届河北省政协副主席、省科协主席李有成主持。

陈希在讲话中对河北省科协和河北省科技工作者的积极贡献给予高度评价。他说，河北省科协自七大以来，在省委、省政府的坚强领导和大力支持下，紧紧围绕中心、服务大局，认真履行职责，带领广大科技工作者为推进科学发展、富民强省做出了积极贡献。希望河北省各级科协组织和广大科技工作者认真贯彻落实中央指示精神，充分认识科协组织在加快建设创新型国家、构建和谐社会中肩负的重大责任和历史使命，准确把握科协组织在全面推进中国特色社会主义伟大事业中的重要作用，认真履行“三服务一加强”的工作职能，以更加饱满的斗志和更加昂扬的状态，为加快实现河北富民强省发展目标以及我国现代化建设“两个百年”的奋斗目标作出新的更大贡献。希望河北省科协以本次代表大会为契机，开拓进取、真抓实干，不断开创科协工作的新局面。

张庆伟在讲话中对河北省科协第七次代表大会以来所取得的成就给予了高度评价。希望广大科技工作者一定要认清形势，肩负使命，增强责任，充分发挥聪明才智，在建设经济强省和谐河北的实践中做出新的贡献。全省各级科协组织要围绕中心，服务大局，更好地为全省经济社会发展服务，更好地为提高全民科学素质服务，更好地为广大科技工作者服务。各级党委、政府要进一步加强对科协工作的领导，大力支持科协依照章程开展工作，为科协工作创造良好环境和条件。

大会选举产生了新一届的领导机构，主席段惠军，常务副主席李宗民，副主席杨金深、许顺斗、郑丽萍、王慧军、刘尚合、杨绍普、李连平、李春岩、吴以岭、张德强、庞国芳。

【2011年度京津冀区域协作论坛】9月4日，2011年度京津冀区域协作论坛在石家庄举办。论坛以“让文化引领未来”为主题，来自京津冀三地、自然科学和社会科学两界的数百名专家学者参加了论坛活动。论坛邀请国务院发展研究中心信息中心主任、党委书记、《经济要参》杂志社社长、博士生导师米建国研究员，中国社科院文化研究中心副主任张晓明研究员做大会主题发言，13位专家学者做了专题报告。河北省科协向论坛推荐15篇学术论文，引起与会专家的关注。河北经贸大学校长助理、研究员武义青，唐山师范学院的湛洋做了典型发言。

【河北省物联网技术和产业发展高峰论坛】8月13日，河北省物联网技术和产业发展高峰论坛在省科学院举办。论坛由河北省科协和河北省科学院联合举办，各大专院校、研究院所、企业和政府主管部门的专家、学者、企业家和领导共160余人与会。河北省工信厅巡视员王福强博士，上海交通大学博士生导师关新平教授，天津大学博士生导师金志刚教授分别以“物联网的应用与发展”、“无线网络基础理论与关键技术”、“物联网让电网更智能”为题作学术报告。河北省工业信息化厅有关负责人对《河北省人民政府关于加快物联网产业发展的意见》进行了解读说明。与会专家围绕“基于物联网应用推动软件与信息服务业的发展”、“基于物联网技术的环保管理系统构建”、“社保卡与智慧社会管理”、“人工智能技术在无损检测中的应用”、“RFID安全与隐私问题的解决技术"、"基于 UG 的二次开发技术及应用" 进行了学术交流和政策研讨。会议通过了《关于物联网技术和产业发展的政策建议》，并通过《科技工作者建议》报河北省有关领导。经专家评审，优选出 40 余篇优秀论文，由河北省科学院学报正刊在全国范围内出版发行。

【2011 年曹妃甸绿色钢铁高峰论坛】 5 月 26～27 日，"2011 年曹妃甸绿色钢铁高峰论坛" 在唐山曹妃甸举办。论坛以绿色钢铁制造、应用低碳技术、促进产业升级为主题，研讨钢铁产业低碳技术发展中的各种新问题，剖析国内外钢铁科技发展趋势，解读了钢铁产业 "十二五" 规划，聚焦新产品开发与应用、节能减排等行业热点。论坛为推进绿色钢铁制造、应用低碳技术、促进产业升级、交流冶金设备管理经验提供了交流平台。论坛由河北省冶金学会副理事长、秘书长陈冬主持，中国金属学会副理事长、河北省冶金学会理事长王天义致开幕词。论坛邀请中国工程院院士胡正寰，中国钢铁工业协会首席分析师、中国金属学会副秘书长李世俊，中国钢铁工业协会常务副秘书长、冶金工业规划研究院院长李新创分别作了 "零件轧制技术的进展"、"钢铁市场展望企业对策建议"、"'十二五' 钢铁发展分析" 的专题报告。来自各地的 212 名代表参加了论坛。

山西省科学技术协会

2011 年，山西省科协紧紧围绕全省工作大局，大力实施 "四大科普计划"，推进学术交流 "一创新三服务"，狠抓 "科技工作者之家" 建设，加强团体自身建设，在服务经济社会发展、提升公众科学素质、繁荣学术交流、增强自主创新能力、促进社会和谐等方面，开展了大量富于创新、卓有成效的工作，为加快山西转型跨越发展作出了应有的贡献。

全民科学素质建设工作实现新发展。为深入推进全民科学素质工作，12 月 10 日，山西省政府印发了《山西省全民科学素质行动计划纲要实施方案（2011—2015 年）》（晋政办发〔2011〕103 号），明确了 "十二五" 全民科学素质行动的奋斗目标、重点任务和具体举措。经省政府批准，省领导小组增加省文化厅、省卫生厅、省环保厅等 6 家单位为成员。7 月，组织召开了山西省全民科学素质工作推进会，系统总结了 "十一五" 时期的工作，对 "十二五" 工作进行了安排部署，发布了山西省公民科学素质调查结果。会议表彰了 "十一五" 全民科学素质工作先进集体 25 个，先进个人 30 名，颁发奖金 21 万元。省科协联合各成员单位组建了山西省提升公民科学素质科普专家库，已有近百名专家入库。加强舆论宣传和信息交流，在省内主流媒体上开辟专刊专栏，广泛宣传纲要工作，营造出纲要实施的良好社会氛围。8 月 30 日，在国务院召开的全民科学素质工作电视电话会议上，省全民科学素质工作领导小组组长、副省长张平作为省级人民政府的唯一代表作了典型发言，山西省有 6 个先进集体、5 名先进个人受到表彰；在第四届全国公众科学素质电视大赛上，山西省代表队荣获冠军；在全国农民科学素质网络知识竞赛中，山西省有 11 万名农民参赛，荣获全国二等奖。

实施 "四大科普计划"。省科协以农民、城镇劳动人口和社区居民、企业生产者、未成年人四大人群为重点，以转型发展和人民群众生产生活的迫切需要为切入点，举全省科协之力，大力实施 "科普惠农计划"、"科普益民计划"、"科普强企计划" 和 "科普助教计划"，促进经济发展向依靠科技进步、劳动者素质提高和管理创新转变，提高科技对经济发展的贡献率。

"科普惠农计划" 创新发展。新增科普惠农站栏员 2008 个。"一站一栏一员" 建设与省委组织部的农村党员干部现代远程教育工程有机结合，升级为 "一站一屏一员"，正在进行试点建设，全部建成后将覆盖全省近 2 万个行政村。对 111 个先进农技协、农村科普示范基地和农村科普带头人进行扶持，给予国家和省级奖补资金 1769 万元。"农科 110" 热线解答农民疑难 3.3 万人次，专家下乡服务 120 余次，开展电视电台专家讲座 60 余次。建成科普惠农旗舰店 10 个、标准店 100 个，建立优质农产品示范基地 25 家。通过手机报、网络、报刊等开展远程培训，确立 9 个培训示范点，建立省农函大辅导站 20 个，全年培训农民 50 万余人次。数字科普电视接收器 200 台的推广任务圆满完成。建设健康 365 服务平台，在全国首家开通 96365 健康热线，聘请 100 多名专家免费解答公众咨询。会同省委统战部、省工商联开展科普惠 "三老" 活动，为全省 14250 名 "三老" 人员提供赠送科普报刊、购买农资优惠等 10 项服务。"科普惠农计划" 的受益人数不断增加，已达 1000 多万人次，反响热烈，效果突出。

"科普益民计划" 启动实施。省科协联合有关单位在太原市陆续建成开通 15 块电子科普宣传屏，拟在太原形成一定规模后，进而在全省县城以上的主要社区推广。让科普节目走进省城公交电视、楼宇电视，覆盖太原 2000 多辆公交车和众多商场、酒店、写字楼，每天受众 200 多万人次。

"科普强企计划" 有力推进。帮助太重、太冶等企业建立院士专家工作站 5 个，组织企业技术信息服务项目推介会10场，开办创新方法（TRIZ理论）等培训班11期，推送技术创新项目光盘229套，受益人员达5000余人次。完成“金桥工程”项目31项，为国家新增利税16652万元，节约资金6405万元。

“科普助教计划”深入实施。青少年科技竞赛、普通高中研究性学习高级研修班、科普“双百”工程、科技彩虹桥工程、“科技馆活动进校园”等活动深受中小学校和青少年的欢迎，在第26届全国青少年科技创新大赛上，山西省选手获得一等奖4项、二等奖11项、三等奖26项的好成绩。全省参加各级青少年科技创新活动的中小学生总数达60万人次，学校有808所，分别比2010年增长15%和23%。

加强科技传媒建设。山西省科协所属报刊总社编辑出版科普挂图176套70多万张；编辑科普图书、小册子10余套，推广普及20多万册，制作科普影视片1200多分钟；建立中国数字科技馆山西子站点，为中国移动农信通和百事易编发、提供信息200多万条，是山西移动最大的科普内容提供商。日本3月份地震以来，及时开发应急科普资源，编辑出版《科学认知核辐射》科普手册、挂图、光盘，大量发往全省各地。“两报五刊”运行良好，3大类50多种科技手机报刊成为全国科技报系统拥有数字媒体最多的单位；科普大篷车全年200多天带展板、展品、专家活跃在农村、社区、厂矿、学校；500余个社区科普报栏覆盖省城主要社区。

加强学术交流和决策咨询工作。山西省科协充分发挥学会的学科优势和人才资源优势，围绕全省转型跨越发展和国家综改区建设中的重点、热点问题，以“学术茶座”为平台，举办了一系列高水平的学术交流活动。全年举办各类“学术茶座”33场，为有关部门进行决策提供了大量建设性的意见和建议。“星期日知识讲座”作为省科协面向社会大众弘扬科学精神、传播科学知识的重要平台，被中央文明办评为全国精神文明创建工作优秀范例。省科协进一步创新工作模式，让“星期日知识讲座”流动起来，进入太原高校、社区及周边县市，扩大了“星期日知识讲座”的影响力和知名度。全年举办讲座44期，听众近2万人次。培育精品学术活动。省科协通过经费支持、牵线搭桥、约谈行文等多种举措，大力推动学会紧紧围绕转型综改区建设，深入开展精品学术活动。全年共资助学术活动项目26项，涉及30多家学会，省级学会的学术活动呈现出欣欣向荣的景象。2011年，共推出“高端装备制造学术报告会”、“泛环渤海地区九省市生物化学与分子生物学会2011年学术交流会”、“山西省气象学会2011年年会”、“山西统计创新讲坛”等10余项精品学术活动。开办院士专家讲坛，倡导科学方法，启迪创新思维，服务科学决策。7月，省科协举办了以健康为主题的首场“院士专家讲坛”，邀请中国工程院院士、著名医学专家钟南山作了专题报告。12月，邀请中国科学院院士、著名超塑性研究专家宋玉泉作了专题报告。

加快科技思想库建设。山西省科协成立了国家级科技思想库建设工作领导小组，组建了首批由32名专家参加的决策咨询专家团，出台了《关于加强决策咨询工作，推进省级科技思想库建设的意见》等规范性文件，向省级学会和各市科协征集了62个决策咨询调研选题，开展了“百个学会百条建议”活动，开通了决策咨询工作平台，建立了决策咨询资源库等。全年共组织开展了《山西煤种分类加工转化利用经济技术研究》、《加快“两化”深度融合促进产业转型升级的机制研究》等21项决策咨询调研课题。其中，“关于推动晋中干果经济林发展促进农民增收的调研”等3个课题，受到山西省晋中市委、市政府领导的批示和肯定。

加强为科技工作者服务。山西省科协组织举办了“山西省科技工作者之家新春联欢会”，两院院士、知名科技专家学者、留学归国科技人员代表和优秀科技工作者代表等400余人出席。开展了“第六届山西省优秀科技工作者”的评选工作，评选出92名长期工作在科技一线，作出显著成绩的优秀科技工作者。省科协会同省人社厅等单位联合开展了2011年度山西省“科技奉献奖”评选活动，重点面向全省大中型企业、科研院所的科技人员，共评出先进集体112个、先进个人282名。省科协积极向国家有关部门推荐优秀科技人才，中北大学的刘亚青、太钢集团公司的李国平两位同志荣获中组部、人社部、中国科协联合表彰的第十二届中国青年科技奖。山西省优秀学术论文评选表彰工作是省科协人才培养、促进学科发展的基础工程，在山西省第十五届优秀学术论文评选活动中，遴选出特等奖论文2篇、一等奖论文54篇、二等奖论文246篇、三等奖论文203篇。

加强自身建设。山西省科协以构建“五力”学会为着力点，推动学会改革和创新。省科协扶持省机械工程学会承接了省安监局对机械企业安全生产标准化评审职能，帮助其争取了中国科协学会创新发展推广工程项目1项。全年新成立学会3个，对104家学会进行了年检，推动5家学会完成换届。联合有关单位于11月启动了山西省科学道德和学风建设宣讲教育活动，特邀中国工程院院士刘人怀作了首场报告，来自太原有关高校、科研院所、省级学会的代表近500人参加。积极推进依法办会和民主办会，2011 年省科协组织召开了全委会议 2 次，常委会议 1 次，注重加强与科协代表、常委、委员的联系。深入推进"学习型团体"建设和"创先争优"活动，开展了"五一"先进集体、先进工作者评选表彰和"七一"先进基层党组织、优秀共产党员评选表彰，组织了科协系统"党在我心中"演讲比赛，举办了建党 90 周年群众性歌咏活动，并在省直机关歌咏比赛中荣获优秀奖。山西省十大社会公益事业重点工程之一的省科技馆新馆建设，主体建筑已基本完工，即将交付，展品展项的设计制作等工作进展顺利。

【山西省科普惠"三老"活动】3 月 28 日，省科协联合省委统战部、省工商联共同组织启动了科普惠"三老"活动，全省 1.4 万名在乡的老红军、老八路和建国前的老党员等"三老"人员及其家庭将享受到科普惠"三老"绿色通道 10 项服务。山西省委常委、统战部长聂春玉出席启动仪式并作重要讲话。这项活动是山西省科协正在全省实施的"科普惠农计划"的进一步创新、拓展和延伸。在活动实施中，山西省委统战部、省工商联动员组织全省非公经济人士捐款，为科普惠"三老"活动提供资金保证，并负责发放科普惠三老绿色通道工程会员卡，走访"三老"人员，做好服务工作等。山西省科协利用已建立的全省科普惠农体系，提供科普惠"三老"绿色通道服务，主要包括：一是每半月赠送一套科普报刊；二是通过省科协搭建的农科 110、健康 365 服务平台，组织农科、健康专家向"三老"人员提供全天候农业生产和健康咨询服务；三是凭会员证到全省各地的科普惠"三老"服务站购买农业生产资料享受优惠；四是每年可以在科普报刊免费刊登供求信息；五是免邮购费购买会刊上刊登的各种商品；六是在全省各地的定点医院享受优惠和减免服务；七是获赠科普产品；八是享受订单农业服务；九是子女上学优惠；十是免费赠阅手机报。山西省科协负责建立健全科普惠"三老"服务站，组织科普惠"三老"服务企业为"三老"人员及家庭提供生产生活服务等。

【《山西省全民科学素质行动计划纲要实施方案（2011—2015 年）》颁布施行】为深入推进"十二五"山西全民科学素质工作，12 月 10 日，山西省政府办公厅印发了《山西省全民科学素质行动计划纲要实施方案（2011—2015 年）》（晋政办发〔2011〕103 号）。省科协作为山西省全民科学素质工作领导小组办公室，牵头负责了实施方案的前期编制工作。实施方案对"十二五"时期山西省全民科学素质工作的指导思想、奋斗目标和工作任务进行规划和部署。在"十二五"期间，全省围绕"节约能源资源、保护生态环境、保障安全健康、促进创新创造"的工作主题，重点开展 10 项专项任务，实施 32 项具体任务，提出 54 项措施，并明确了各项任务的牵头和参与部门。《实施方案》提出，到 2015 年，科学技术教育、传播与普及有显著发展，基本形成公民科学素质建设的组织实施、基础设施、条件保障、监测评估等体系，全省公民具备基本科学素质的比例超过 5.5%，接近或达到我国东部发达地区的平均水平。

【省城公交、楼宇电视开播科普节目】9 月，山西省科协联合太原市有关单位启动实施"百万市民科普每一天"项目。该项目以"节约能源资源，保护生态环境，保障安全健康，促进创新创造"为主旨，面向每天利用公交出行、在公共场所出入的市民、进城务工人员、职业白领等城市各类人群，利用公交电视、楼宇电视开设科普栏目，普及科学技术，弘扬科学精神，倡导科学方法，打造贴近基层、贴近群众、贴近实际、具有鲜明时代特色的群众性科普品牌工程。该栏目在每天 16 小时的公交行驶时间，每半小时播一次；在每天平均 12 小时的楼宇广告播出时间，每 1 小时播一次。每次片长 3 分钟，每月 4 期，每天轮播，全年各类科普片共 52 期。栏目集动漫、讲座等多种形式于一体，主要分为综合科普、节能环保、食品安全、交通安全、消防安全、防震减灾等 8 个专题栏目。

内蒙古自治区科学技术协会

2011 年，内蒙古自治区科协按照自治区党委政府的工作部署，围绕全区经济社会发展大局和"三服务一加强"的工作定位，开拓进取、扎实工作，科协事业迈上新的台阶。

开展决策咨询工作。自治区科协提供决策咨询报告 3 篇，其中 2 篇获自治区领导批示。内蒙古自治区科协组织建言献策及合理化建议 145 条，其中 70 条被当地有关部门采纳。积极探索建立内蒙古科技交易平台，开通科技咨询专家在线视频。

组织"讲理想、比贡献"活动。全年近 2 万名科技工作者参加了"讲理想、比贡献"活动，人数比 2010 年增加 5%。累计建立 5 家企业院士专家工作站，比 2010 年增加 2 家。完成院士专家工作站回访、维护、联络等工作。

实施"科普惠农兴村计划"。指导盟市旗县科普惠农兴村计划工作落实，初步建成自治区、盟市、旗县三级

"科普惠农兴村计划"项目库。组织2011年全国科普惠农兴村计划先进单位和带头人申报推荐工作，有28个农村专业技术协会、15个科普示范基地、1个少数民族科普工作队、15人获中国科协、财政部表彰，获奖补资金985万元。自治区科协与财政厅共同表彰了农村牧区13个农村专业技术协会、7个科普示范基地和1人，发放奖补资金203万元。

开展科普示范体系创建工作。抽调有关专家和盟市科协领导，组成5个检查验收组进行验收。35个旗县列为2011～2015年度全国科普示范县。自治区科协命名了科普示范乡镇65个，科普文明街道办事处39个，科普文明社区（居委会）73个，科普教育基地18个。7月6～7日在乌兰察布市承办了全国科普示范县经验交流会，来自7个省近200名科普示范县（市、区）的科协主席参加了会议。在乌兰察布市集宁区建立了全国首家低碳科普走廊。组织召开全区社区科普工作现场经验交流会。

做好《全民科学素质行动计划纲要》实施工作。组织召开了自治区全民科学素质工作领导小组第三次全体会议，通过自治区《全民科学素质行动"十二五"规划》和《全民科学素质行动工作考核指标》，提出建立通报制度，要求到2015年自治区本级财政年人均科普经费投入达到1.5元以上标准，并对盟市年人均科普经费标准提出了明确要求。组团参加国家第四届公民科学素质电视大赛，自治区代表队获优秀奖。与内蒙古调查总队联合编写了2010年内蒙古自治区公民科学素质调查结果的报告。制定了内蒙古《全民科学素质行动计划纲要实施方案（2011—2015年）》。在实施《全民科学素质纲要》工作中，自治区4个单位和5人获国家九部委表彰。

组织开展大型科普活动。与自治区党委宣传部、科技厅等有关部门联合举办了2011年科技宣传周暨全区第十六届科普活动周、文化科技卫生"三下乡"和科教进社区等活动。在和林格尔县举办了自治区全国科普日活动启动仪式，为当地捐赠了科普书屋相关物品，以及电脑等科普读物资料，近30万人次参加了科普日活动。联合自治区党委宣传部、文化厅、赤峰市人民政府共同主办了以"民族动漫·悦舞青春"为主题的自治区第四届动漫展。

落实科普工作项目。组织实施科普惠农兴村计划、科普富民兴边、科普大篷车、科普"站栏员"等国家级科普项目。组织实施爱德基金会"草原管理和社区发展"、中国电子信息商会和华硕集团"IT科普百城行活动捐赠图书室"等社会资助项目。

开展青少年科技教育工作。举办第26届全区青少年科技创新大赛。加强五项学科奥赛管理工作及各类竞赛的组织工作，组织完成了全区大学生"挑战杯"科技竞赛的评审工作。在达茂旗和乌拉特中旗实施"中国科协－联合国儿童基金会非正规教育"项目，组织全区24所中小学开展"英特尔求知计划"项目。扩大"青少年科学工作室"项目辐射范围，全区18个青少年科学工作室开展了丰富多彩的科技实践活动。启动珍爱生命之水——2011青少年科学调查体验活动。深入通辽市各旗县开展Ⅲ型科普大篷车巡展活动。举办自治区西部地区科技教师培训。

承办第26届全国青少年科技创新大赛。8月2～8日由中国科协、教育部、科技部、环保部、体育总局、共青团中央、全国妇联、自然科学基金委和内蒙古自治区政府共同主办的第26届全国青少年科技创新大赛在内蒙古自治区呼和浩特市隆重举行。大赛以"创新·体验·成长"为主题。来自31个省（自治区、直辖市），以及香港特别行政区、澳门特别行政区和新疆生产建设兵团子女学校共35支代表队的461名中小学生代表、195名科技辅导员参加了各项活动。348个学生科技创新项目、195个科技辅导员创新项目参加评选，176项优秀科技实践活动、148幅少儿科学幻想绘画获奖作品参加展示。来自12个国家的22个国际代表项目参加展示和交流。自治区政府还在本届大赛上设立了"内蒙古自治区主席奖"，自治区获各类奖项50项，取得了近年来最好成绩。中国科协常务副主席、书记处第一书记陈希，内蒙古自治区党委常委曹征海，中国科协副主席、中国工程院院士陈赛娟，内蒙古自治区副主席连辑，教育部部长助理林蕙青等13位各主办单位领导出席了开幕式，团中央书记处书记罗梅主持开幕式。

稳步推进科技馆新馆建设工作。按照内蒙古科技馆新馆建设工作领导小组的统一安排，组建了6个工作组。成立了内蒙古科技馆新馆建设区内专家委员会及国内专家委员会。内蒙古科技馆新馆工程钢结构于12月6日成功合拢，完成土建工程的70%、工程总量的50%。自治区副主席潘逸阳、党委常委曹征海、副主席赵双连分别视察新馆并给予充分肯定。通辽、锡盟、乌兰察布、巴彦淖尔、阿盟5个盟市科技馆立项筹建。

发展科普报刊事业。蒙文《身边科学》全面改版实现彩印，《科技报》实现报纸、网络、广播、手机信息立体综合宣传。与内蒙古电台《绿野之声》实现资源共享，在蒙语台开设《身边科学》科普栏目。《科技报》和蒙文《身边科学》被自治区列为草原书屋报刊名录，走进全区5000家"草原书屋"。

广泛开展国内学术交流活动。联合自治区党委组织部、人社厅、科技厅、教育厅举办以“培养创新人才，促进科技进步，推动转变经济发展方式”为主题的第六届内蒙古自治区自然科学学术年会。联合有关单位举办内蒙古高层次专业技术人员创新创业培训班、全区小农户科技园建设现场会、内蒙古知名专家科学种植报告会、内蒙古青年创新思维演讲比赛等特色活动。2011 年，立项资助学术交流项目 35 项，举办学术交流活动 296 次。学术活动月期间，开展 46 项重点学术交流活动，参加人数 4000 多人次。全区所属学会、协会、研究会开展各类科技培训、继续教育、科技讲座等 350 多场次，参与科技人员 1.5 万余人次。自治区级学会主办、协办科技期刊 27 种，印发 162 期。编辑出版自然科学书籍 43 种，发行 2 万余册。开展科普活动 90 次，参与科技人员 2000 余人次，受益群众 180 余万人次。

深化对外科技交流活动。支持内蒙古医学会、满洲里市科协等单位，举办第二届中俄创伤骨科国际学术大会、蒙古高原草地与气候变化国际学术研讨会、2011 年海峡两岸新农村新休闲培训讲座活动。在沙产业草产业协会承办的“库布其国际论坛暨敬立钱学森铜像活动”中，中共中央政治局常委、全国政协主席贾庆林发来贺信，中共中央政治局委员、国务委员刘延东，全国政协副主席董建华出席会议并致辞，30 多个国家的 400 余位专家学者与会。加强自治区与日本技术士协会、罗马尼亚科研署的联系，促成在技术转让方面签署了有关意向。2011 年有 30 多个国家的 60 多位专家、学者参加了自治区国际学术交流活动。

做好科技工作者的表彰奖励工作。组织自治区第八届中国青年女科学家奖和第十二届中国青年科技奖候选人推荐工作。开展第八届内蒙古自治区青年科技奖评选工作。召开自治区全国科技工作者状况调查站点负责人及调查人员工作会议。组织自治区优秀科技工作者赴华东五市进行学习考察。自治区 4 个集体，12 人分获“全国科协系统先进集体”、“全国科协系统先进工作者”称号。

加强科学道德与学风建设。与高校工委、教育厅共同主办科学道德和学风建设报告会，特邀中国科学院两名院士作专题报告，1000 余名博士、硕士参加了报告会。呼和浩特市、包头市、通辽市的 10 所研究生培养院校先后举办各类演讲会、研讨会 20 余场，参加活动的研究生万余人次。

提升服务科技工作者水平。举办 2011 年科学家新春音乐会和联谊会。在湖南省长沙市举办了内蒙古自治区科协系统干部培训班，中国科协书记处书记王春法作了专题讲座。

深化创先争优工作。抓好“回头看”工作。引导党员在立足本职岗位、为群众办好事实事和提升能力等方面进行再承诺。抓好开展点评工作。各党支部通过组织生活会、部门工作汇报会、年度总结考核等形式，开展“一会双讲三评”活动。抓好创先争优活动与中心工作相互促进。组织开展了以“光辉的历程”为主题的纪念建党 90 周年大型庆祝活动。支持新华社区开展了多项活动。启动新一轮定点帮扶兴安盟工作，制定扶贫规划，确定了帮扶目标，2011 年帮扶资金 26 万元。

抓好重要文件的贯彻落实。进一步贯彻落实自治区党委《关于进一步加强新时期科协工作的意见》、自治区人大颁布的“两个条例”和中国科协《县级科协组织通则》。在内蒙古自治区科协六届四次全委会上，对 2010 年度全国、全区优秀科技工作者进行了表彰。编制《内蒙古自治区科学技术协会“十二五”期间事业发展规划》。2011 年新吸收内蒙古消防安全促进会、内蒙古科学文化发展基金会为内蒙古自治区科协团体会员。指导内蒙古数学学会等 9 个学会完成换届工作。

加强内部管理。加大所属事业单位的支持力度，在场地、资金、人员等方面都给予了保障。进一步完善了各项规章制度。进行了机关公务员遴选、事业单位公开招考等工作。加强内蒙古科协网站建设和管理，全区信息员总数达到 130 人。目前全区共有网络科普设施 15 个，覆盖全区 12 个盟市。

【内蒙古自治区全民科学素质工作领导小组第三次全体会议】9 月 7 日，自治区副主席连辑主持召开自治区全民科学素质工作领导小组第三次全体会议。自治区全民科学素质工作领导小组 24 个成员单位负责人与会。会议审议通过了《全民科学素质行动“十二五”规划》和《全民科学素质行动计划纲要工作考核指标》，提出建立通报制度。会议下发纪要，明确各地年人均科普经费标准：到 2015 年自治区本级财政年人均科普经费投入达到 1.5 元以上标准。经济较发达和人口较少的呼和浩特市、包头市、鄂尔多斯市、乌海市和阿拉善盟年人均科普经费投入达到 5 元以上标准，呼伦贝尔市、通辽市、赤峰市、锡林郭勒盟、巴彦淖尔市、满洲里市和二连浩特市年人均科普经费投入达到 3 元以上标准，经济条件较差的兴安盟、乌兰察布市年人均科普经费投入达到 2 元以上标准。各旗县标准由内蒙古自治区科协和财政厅共同配合调研后经认真测算、核定，并经进一步研究确定后将其纳入到《全民科学素质行动“十二五”规划》和《全民科学素质行动工作考核指标》中。

【内蒙古科技交易所成立】10月12日，内蒙古科技交易所成立。内蒙古科技交易所是内蒙古科技咨询服务中心创建的自治区首家致力于实现各类专利、技术、商标、艺术品以及其它知识产权转让、入股、融资、并购的交易平台。通过公开叫价拍卖、议价转让、招投标转让以及网络竞价等多种交易模式，开展各类无形资产交易。内蒙古科技交易所秉承内蒙古科技咨询服务中心“四技服务”和“金桥工程”等传统服务项目的宗旨，为自治区科技成果转化与发展提供系统专业的服务。成立当天，内蒙古科技交易所与内蒙古书画院举行了签约仪式。

【内蒙古第六届自然科学学术年会】12月25日，由自治区党委组织部、科协、教育厅、科技厅、人力资源和社会保障厅共同举办的内蒙古自治区第六届自然科学学术年会在呼和浩特市召开。自治区政协副主席、科协主席牛广明出席年会开幕式并致辞，中国工程院原副院长、中国工程院院士邬贺铨应邀在开幕式上作了《信息技术变革的挑战》报告。年会执行主席、自治区科协党组书记白宝玉主持开幕式。来自各主办单位的领导，自治区各企事业单位的科技工作者、各高校的研究生、年会优秀论文作者、自治区各学会、协会、研究会代表500多人参加年会的各项活动。

年会以“培养创新人才、促进科技进步、推动转变经济发展方式”为主题，围绕自治区发展战略和转变经济发展方式，组织广大科技工作者开展学术交流和研讨，对自治区经济社会发展积极建言献策。年会征集论文278篇，其中一等奖20篇、二等奖66篇、三等奖192篇，内容涉及通信、电力、心理、公路、经济、矿产、教育等47个学科。集中展示了两年来自治区在自然科学领域自主创新的成果。年会设立13个分会场进行交流，内容涉及蔬菜产业、宽带技术、土壤肥料资源利用与保护、植物生理生态与植物生产、遗传学、土地市场与转变、信息技术助推农业、生物技术与动植物、动物研究与医学、心理健康与咨询等。

【内蒙古第四届动漫展】8月12日，由内蒙古党委宣传部、内蒙古科协、内蒙古文化厅、赤峰市人民政府共同主办的内蒙古第四届动漫展在赤峰市开幕。主题是“民族动漫·悦舞青春”。广东、深圳、大连卡酷、北京迪生、武汉东尼、内蒙古奇诺动漫、内蒙古东联影视动漫等50余家动漫企业与会。展会设置奖项57个，其中原创作品大赛奖项设置27个，cosplay大赛奖项设置30个，近千部原创作品参赛，500余人参赛。动漫展期间召开了民族与动漫专题研讨会，邀请国际动漫协会崔亚民教授等专家共同探讨内蒙古动漫产业发展，开展了“雅罗之旅”巡游、动漫摄影节、少儿DIY、校园创意作品大赛、街舞表演等活动。本届展会共接待观众近5万人次。

辽宁省科学技术协会

2011年，省科协围绕经济发展方式转变开展决策咨询服务。建好辽宁高层次科技专家库，推动国家级科技思想库建设试点工作。经辽宁省委同意、报中国科协批准，辽宁省列入中国科协科技思想库建设首批试点单位，制定试点方案和实施方案，重点推动辽宁高层次科技专家库升级、建立选题项目库和成果数据库，确定辽宁省沈阳市、铁岭市、葫芦岛市科协和辽宁省食品质量与安全学会、省体育科学学会为首批省级试点单位，省科协被中国科协评为高层次人才库建设先进单位。组织科技工作者对储能电器、动漫、数控、中药等产业进行专题调研，形成12篇《辽宁行业科技发展报告》、10期《科技专家建议》和10项《软科学研究报告》并上报辽宁省委、省政府。省委书记、省人大常委会主任王珉等主要领导对《发展辽宁战略性新兴产业的建议》和《高校毕业生创业问题应引起高度重视》等建议做出重要批示。

加强院士专家工作站建设，促进产业技术创新和企业自主创新。2011年重点推动本溪市、盘锦市、丹东市等地建站工作，建立辽宁省首家农业区域工作站，引进俄罗斯专家进站工作，在全国创外籍专家进站工作的先河。辽宁省院士专家工作站总数达74个，较2010年增加17个；院士237人次，较2010年增加17人次。成立辽宁省院士专家工作站服务中心，负责指导、协调和管理全省“院士专家工作站”建设。修订《辽宁省院士专家工作站管理办法》，继续开展院士专家企业行和“金桥工程”活动，促进科技成果与企业、产业园区的有效对接。深化“讲理想、比贡献”活动。推动“讲理想、比贡献”活动升级，在调查研究基础上，召开辽宁省“讲理想、比贡献”活动领导小组联席会议，组织开展辽宁省、市、企业三级科协联创“讲理想、比贡献”项目竞赛活动。

创新学术交流活动。省科协联合省发改委、农委、财政厅、水利厅、农科院和沈阳农业大学，以“水资源与现代农业”为主题，举办第二届辽宁现代农业发展论坛。辽宁省副省长赵化明出席开幕式并讲话，李佩成等院士、专家作报告，49篇优秀论文汇编成册出版发行，编辑整理的院士专家建议报送省委、省政府有关部门。重新修订辽宁省自然科学学术成果奖评审办法，增设论文类成果特等奖和企业技术创新类成果奖，首次对未公开发表的论文进行查重检测，增强成果评审的权威性和影响力。本次评审共征集学术成果3187项，同比增长1.9%，评出获奖成果1836项，同比下降1.4%。其中，论文类特等奖10项，企业技术创新类获奖成果占18.3%。省级学会学术交流活动日趋活跃，举办各类学术活动410多次，同比增长10.8%，参加人员5万余人次，较2010年增加2万人次，交流论文1.3万篇，较2010年减少0.2万篇，编印出版论文集近100部。省通信学会联合市科协举办信息化服务工业化科技论坛，省机械工程学会等7个学会承办国家级学术论坛，省测绘学会等50个学会举办学术年会或论坛。省级学会共主办各类学术期刊30余种，其中，辽宁省可再生能源学会的《可再生能源》等近10种科技期刊为中文核心期刊。建立省级学会“沙龙”活动制度，启动省级学会等级评估工作。省科协与省教育厅联合开展全省科学道德和学风建设宣讲教育活动，在沈阳、大连举办首场宣讲教育报告会，特邀杜祥琬、李依依、沈岩、王众托院士作报告。加强国际民间科技交流。邀请以色列专家举办葡萄、花卉种植技术培训班，深入基地和农户进行现场指导，参训人员600余人次。加强海峡两岸科技交流，接待台湾青年学子科技交流团对辽宁省考察，与大连理工大学、东北大学学生进行学术交流。承办中国科协向朝鲜科技总联盟赠车交接仪式。

推进民生科普建设。省政府办公厅印发《辽宁省“十二五”全民科学素质规划》，确定“十二五”末辽宁省公民具备基本科学素质的比例为5.8%，跃身全国先进行列。“深入贯彻落实《科学素质纲要》，大力推广普及科学技术，提高公民科学素质”写入辽宁省“十二五”规划。召开全省科学素质行动实施工作电视电话会议，辽宁省副省长滕卫平出席并讲话。完成辽宁省第四次公民科学素质调查工作，全省公民具备基本科学素质比例达3.8%，高于全国3.27%的水平。省政府颁布《辽宁省科学技术普及办法》，确定省级“科普日”和“科普奖”为全国首创。以“水情、水利、水资源”为主题成功举办科普日活动，开展《日本核泄漏启示录》等应急科普宣传。召开全省农村科普工作暨科普信息化建设工作会议，制定《农村科普信息化择优推广工作方案》，推广庄河市科普视频工作经验，重点推动建平等7县科普信息化建设。修订《“科普惠农兴村计划”项目评审办法》和《辽宁省“科普惠农示范工程”项目申报立项办法》。投入1140万元对117个科普惠农项目给予奖励。举办辽宁省“科普之冬——农超对接”启动仪式，扩大“农超对接”覆盖面。新增大学生科普志愿者500名。积极筹建辽宁省农村专业技术协会。继续开展全国科普示范县（市、区）创建工作，沈阳市苏家屯区等38家单位获“全国科普示范县（市、区）”荣誉称号。推动城区科普建设。召开全省城区科普工作会议，明确城区科普主要面向社区、学校、企事业和机关。制定发布《关于加强和改进城区科普工作的若干意见》，举行辽宁省科普益民计划暨科普服务站建设启动仪式，总结推广星级科普社区、社区科普大学和科普益民服务站建设经验。省科协联合省直机关工委、社科联、党校和社会主义学院开展“辽宁省名家讲科普”系列活动，特邀探月工程首席科学家欧阳自远等院士专家就公众关注的社会热点问题作主题报告。举办第26届辽宁省青少年科技创新大赛和第八届辽宁省机器人竞赛，加强科技辅导员培训，积极推动科技示范校建设。加强全省科技馆建设。成立科技馆建设领导小组，全面启动科技馆功能规划和内容建设，按照“国内领先，国际一流”目标，辽宁省科技馆定位为“省级综合科技馆”，具有“科学教育、科技交流、科普旅游”三大功能。拟设儿童乐园等5个展区，700件展品，60项核心展项，10大科技体验，10个科学实验室和科普特效影院；科技交流功能设有报告厅、多功能厅、高端会议室和专家会议室；科普旅游功能突出人性化和细节化，按5A级标准设计。打造“科普与生活”和“科技致富”栏目，在辽宁电视台年播出104期，累计播出414期。省科协与辽宁电视台北方新媒体有限公司合作，“科普与生活”节目和电子科普挂图在沈阳市1800多台公交车巡回播出。

探索开展“建家”工作。深入实施辽宁省科协“建家创优工程”，建立量化考评体系，进行项目化运作和绩效化考核，抚顺县等18个县（区）科协被评为“建家创优工程”优秀组织单位，沈阳鼓风机集团公司等12个基层科协被评为“先进科技工作者之家”，其中，辽宁医学院、辽宁建筑职业技术学院2个高校科协为“建家创优工程”优胜单位。资助科技工作者出版自然科学优秀学术著作22部，与2010年持平。组织开展“第三届科协会员日”活动。召开中国科协八大辽宁代表座谈会。省科协联合省统计局、辽宁大学完成首次全省科技工作者状况调查，掌握辽宁省科技工作者数量、结构、分布和作用发挥情况等一系列技术数据，填补辽宁省科技工作者调查综合技术统计的空白。加强科技工作者状况调查站点建设，19个站点成为及时了解掌握科技工作者状况和需求的便捷渠道。积极举荐宣传优秀科技人才和创新团队。在中国科协和全国妇联开展的“第八届中国青年女科学家奖”评选中，辽宁省科协推荐的陈萍同志获此殊荣。刘军等3名同志荣获“第十二届中国青年科技奖”。省科协联合省委组织部、省科技厅等单位开展第八届“辽宁青年科技奖”评选，45 名青年科技工作者获此殊荣，尹剑等 10 名同志荣获“辽宁科技英才”称号，获奖人数较第七届评选多 3 名。省科协联合省委宣传部等 5 部门印发《关于切实加强辽宁省科技宣传工作的意见》，出台《辽宁省科协机关宣传工作管理办法》，以科技人物宣传为主线，在新闻媒体、《辽宁科技界》和科协系统网站宣传在科技创新和科学普及方面作出突出贡献的优秀科技工作者和创新团队。

加强组织能力建设。开展辽宁省科协系统“创新创优”工作奖评选。对在 2011 年“创新创优”工作中取得突出成绩的鞍山市科协等 17 个单位颁发“创新”工作奖，对沈阳市科协等 42 个单位颁发“创优”工作奖，对沈阳黎明航空发动机（集团）有限责任公司科协等 60 个单位授予“创新创优”工作先进集体，授予沈阳市科协杨威等 120 名同志“创新创优”工作先进工作者称号。在中国科协八大上，庄河市科协等 8 个单位和许春艳等 19 名同志分别荣获中国科协系统先进集体和先进工作者称号。省科协出台《机关及直属事业单位临时用工管理暂行办法》、《专业技术岗位人员聘用管理暂行办法》，规范机关和直属事业单位人事管理工作。下发《关于进一步规范整理事业单位人事档案的通知》，对人事档案管理员进行业务培训指导，对人事档案进行计算机扫描、电子档案备份，实现人事档案信息化管理。修订《机关财务管理暂行规定》，规范机关财务程序，指导直属事业单位财务工作。大力推进全省企业科协组织建设。协同辽宁省国资委重点抓好省属企业建科协，加大高新园区科协组织建设。推进省级学会创新发展。在省科协支持下，省通信学会与营口市、锦州市、铁岭市、本溪市科协联合，先后举办《信息化服务工业化科技论坛》，各市移动、联通和电信企业和相关企事业单位 1000 余人参加论坛。会后本溪药监局等 28 家企业与各电信企业达成合作意向，其中 8 家企业已与各运营商签订合作协议。科普服务能力不断增强。启动辽宁省科普画廊运行管理动态网络监控平台，实现对科普画廊的维护、使用情况和基层需求科普资源进行及时监督和收集，并根据挂图张贴情况调整下发数量，确保科普画廊的长期良性运转。

【辽宁省第五届学术年会】9 月 25 ~ 26 日，省科协联合中国电工技术学会、朝阳市委、朝阳市人民政府举办主题为“汇聚高端智力——共促辽宁（朝阳）新能源电器产业发展”的辽宁省第五届学术年会。年会邀请 40 余位来自中科院电工研究所、中科院沈阳金属研究所、中科院沈阳自动化研究所、中科院大连化学物理研究所、解放军防化研究所、东北大学、沈阳工业大学、厦门大学、中南大学等国内有关高校、科研院所和企业的院士、专家和企业家，为朝阳新能源产业基地的发展建言献策。辽宁省委副书记夏德仁出席开幕式并讲话。朝阳市人民政府与中国电工技术学会、朝阳高新技术园区管委会与中科院电工所和沈阳工业大学电气工程学院签署产学研合作协议，中国电工技术学会，中科院电工所和沈阳工业大学电气工程学院对朝阳新能源电器领域的人才、技术项目开展长期合作。举行朝阳新能源电器（超级电容器）院士专家工作站揭牌仪式，中科院电工所研究员、中国工程院院士顾国彪、解放军防化研究院研究员曹高萍，中科院电工所研究员马衍伟为院士专家工作站首批特聘专家。

【第二届辽宁现代农业发展论坛】5 月 12 日，省科协与省发展改革委、省财政厅、省水利厅等单位共同主办，省水利学会等相关省级学会协办水资源与现代农业——第二届辽宁现代农业发展论坛，辽宁省副省长赵化明出席论坛。1000 余人参加开幕式和报告会。中国工程院院士、长安大学教授李佩成，中国科学院地理科学与资源研究所水资源研究中心主任夏军，沈阳农业大学校长张玉龙，分别以“做好规划，用科学发展观指导农田水利建设”、“我国水资源管理与水系统科学发展面临的机遇与挑战”、“关于辽宁农业水资源的思考”为题作学术报告。全省水利、林业、气象和农业等领域的部分专家学者围绕专题进行研讨。专家们就水资源的管理和利用、农田水利建设、水资源环境、节水农业发展以及云水资源有效利用等诸多问题进行交流并提出建议。围绕主题，面向省级学会征集近 100 篇学术论文，49 篇优秀论文汇编出版论文集。

【辽宁省科学道德和学风建设宣讲教育活动】省科协与省教育厅联合成立全省科学道德和学风建设宣讲教育活动领导小组，省科协党组书记、副主席康捷任组长，省教育厅副厅长张建华和省科协副主席王元立任副组长，领导小组办公室设在省科协学会部。起草《关于开展科学道德和学风建设宣讲教育活动的通知》（辽科协发〔2011〕24 号）。组建辽宁省科学道德和学风建设宣讲团，集中举办科学道德和学风建设宣讲教育活动，创建辽宁省科学道德和学风建设宣讲教育示范基地等。编印《科学道德和学风建设学习资料汇编》3 万册，对全省研究生进行全覆盖发放。下发《科学道德与学风建设宣讲参考大纲（试用本）》和光盘，供各研究生培养单位使用。

11 月 14 日，辽宁省科学道德和学风建设宣讲教育活动启动仪式暨首场宣讲教育报告会在辽宁市举行。全省 50 余所高校、研究院所等研究生培养单位的 1300 名研究生代表和研究生工作负责同志以及各省级学会、相关市科协的代表参加会议，并举行签字承诺活动。在首场报告会上，中国工程院院士、中国工程院原副院长、中国工程物理研究院研究员杜祥琬和中国科学院院士、中国科学院沈阳金属所原所长李依依分别以《科学道德——一门基础课》、《科研与诚信》作报告。在大连举办的第二场报告会上，中国科协副主席、国家自然科学基金委副主任、中国科学院院士沈岩以《加强学术规范意识，避免学术不端行为》为题，大连理工大学教授、中国工程院院士王众托以《加强科学道德学风道德建设》为题作宣讲报告。

【《辽宁省全民科学素质行动计划发展规划（2011—2015年）》】 9月6日，省政府办公厅下发《辽宁省全民科学素质行动计划发展规划（2011—2015年）》，提出2015年辽宁省公民具备基本科学素质的比例将达5.8%，远高于目前3.8%的水平。未来5年辽宁省将推动实施针对未成年人、农民、城镇劳动者、社区居民、领导干部和公务员这五类重点人群的科学素质行动。实施科学教育与培训、科普资源开发与共享、大众传媒科技传播能力建设、科普基础设施工程和科普人才建设这五大科学素质基础工程，形成社会化科普工作格局。到2015年，学前3年毛入园率达90%，义务教育巩固率达到97%，毛入学率达到99%以上，高等教育毛入学率达到60%。力争培训农民100万人，力争在100%的街道（乡镇）和70%以上的社区（行政村）建有科普服务站（室），科普画廊（信息栏）覆盖全省70%的社区和行政村。培训城镇职工1500万人次，并有针对性地培养5万名高技能人才，以及1.5万名高级技师。力争培训进城务工人员100万人，培训失业人员100万人，创业培训9万人。《规划》还首次提出针对社区居民开展的科学素质行动。此外，辽宁省还将从城市住房开发投资中提取1%，用于社区公共文化设施建设。

【辽宁省科普基础设施状况调查】 2011年，省科协与省科技厅合作，首次对全省科普教育基地、科普场馆、科普画廊、科普宣传栏等科普基础设施情况进行全面的摸底调查。调查结果显示，全省有非场馆类科普基地849个，其中国家级科普教育基地29个，省级科普基地130个。53%的科普场馆面积在5000平方米以下，科普基地场馆面积均能满足科普活动的基本需要，人力资源总体素质较高，资产总额及收支总量指标总体上达到较高水平，展品数量及更新速度、科普服务方式以及社会关注度等方面发展潜力巨大，全省科普教育基地已初步形成完整而合理的体系。不同层级部门命名的科普教育基地，在数量上呈现“金字塔”式特征，认定单位层级越高的科普基地，其数量越少，而认定单位的层级越低，科普基地的数量越多，所占比重越大。

【辽宁省“名家讲科普”系列报告会】 2011年，省科协首次与省直单位联合举办3场“名家讲科普”报告会。9月13日，省科协与省直机关工委联合举办首场辽宁机关大讲堂——名家讲科普报告会，中国月球探测工程首席科学家、中国科学院院士欧阳自远在辽宁人民会堂作了题为《嫦娥工程——中国人的探月梦想》的精彩报告。辽宁省直机关干部、省级学会秘书长、沈阳航空航天大学学生1000余人聆听报告。

11月4日，省科协与省社科联、省委党校联合举办“辽海讲坛——辽宁省名家讲科普”报告会。中国农业大学科技发展研究院常务副院长、中国食品科学技术学会常务理事、国务院扶贫办世行项目专家胡小松在辽宁省委党校做题为《我国食品安全问题的现状与思考》的报告。省科协党组书记、副主席康捷主持报告会，省科协、省社科联、省委党校领导干部、省委党校学员和科技工作者200余人出席报告会。

12月1日，省科协与省社科联、省红十字会、省社会主义学院联合主办辽海讲坛——名家讲科普报告会，辽宁省红十字会应急避险师赵小军针对社区居民和机关干部，演练讲解应急避险与自救互救方面的科普知识。

【辽宁省暨营口市“科普之冬——农超对接”活动】 11月16日，省科协与营口市委、市政府联合主办的2011年辽宁省暨营口市“科普之冬——农超对接”启动仪式举行。近1000人参加仪式。2011年“科普之冬”充分发挥农村科普惠农服务站作用，组织开展农副产品进超市、科普大集、科技下乡、农村青少年科学实践等形式活动。全省筛选出104个农村专业技术协会、农村科普示范基地，于11月16～17日，参加在盖州兴隆大家庭举行的“农超对接”活动，其中受中国科协、财政部表彰的“科普惠农兴村计划”项目、省科普惠农示范工程表彰项目23个，参展产品包括水果、蔬菜、肉蛋类等8个系列、313个品种，继续打造惠农品牌，带动广大农户依靠科技增产增收。省科协已连续5年与兴隆大家庭超市联合开展农超对接活动，在过去4年中签约销售农副产品1.5亿元。

【《辽宁省科学技术普及办法》颁布实施】 9月21日，《辽宁省科学技术普及办法》经辽宁省第十一届人民政府第51次常务会议审议通过，自2011年11月1

日起施行。《辽宁省科学技术普及办法》是辽宁省第一部同时涵盖社会科学和自然科学普及工作的省政府规章，共二十八条，内容包含科普工作基本原则、工作机制、社会责任、科普队伍建设、场馆设施建设和保障，以及科普事业激励机制等方面。《辽宁省科学技术普及办法》进一步明确了科学技术普及既包括自然科学普及，也包括社会科学普及，明确将科普工作者的科普成果与学术成果同等对待，可以作为职称评定、考核奖励的依据。同时将科普成果纳入辽宁省科学技术和哲学社会科学成果奖励评奖范围，提出“社会力量兴办科普事业，可以采用市场机制运作方式”、“建立科普信息数据库和科普专家库”等。《辽宁省科学技术普及办法》的颁布实施，标志着辽宁省科普工作步入法制化轨道。

【辽宁省“建家创优工程”活动】2011 年，省科协在省级学会，县（区）科协和基层科协中开展“建家创优工程”考评工作，经各省级学会、县（区）科协和基层科协申报，各市科协初评推荐，省科协考评认证，沈阳市苏家屯区等 15 个县（区）科协为 2011 年“建家创优工程”优秀组织单位，沈阳鼓风机集团股份有限公司等 13 家单位为 2011 年辽宁省科协“先进科技工作者之家”。本年度评选出的 28 家优胜单位，涉及全省科协系统的省级学会、县（市）区科协、企业科协、高校科协。他们在组织开展建家工作的组织机构、政策制度、服务项目、服务活动 4 个方面基本达到考评要求，在服务科技工作者，组织带领科技工作者开展科技创新、科技服务，服务社会、促进人才成长的工作中取得显著成绩。

【辽宁省国家级科技思想库建设试点工作】2011 年，辽宁省列入中国科协科技思想库建设首批试点单位，制定出台《国家级科技思想库建设试点方案》，印发《关于成立辽宁省科协国家级科技思想库建设领导小组的通知》和《关于开展省级科技思想库建设试点的通知》。确定辽宁省沈阳市、铁岭市、葫芦岛市科协和省食品质量与安全学会、省体育科学学会 5 家单位为首批省级试点单位，发挥各级科协和学会在科技思想库建设中的作用。筹备建立辽宁省专家咨询委员会，重点推动辽宁高层次科技专家库升级、建立选题项目库和成果数据库，专家库软件升级实现入库专家的信息维护、动态管理和快速查找，现入库专家 2303 人，归入先进制造等 8 大领域专家 970 人，从库中择优产生 131 名优秀专家入选录入中国科协高层次人才库，专家人数位居国家人才库前列。与辽宁大学、省统计局联合完成辽宁省科技工作者状况调查，形成 2 个主报告和 6 个分报告，出版《辽宁科学技术人员状况调查研究报告》。抓好中国科协科技工作者状况调查站点建设，全省共建站点 19 个，召开站点工作会，畅通科技工作者建言献策渠道。与辽宁省社科院共同承担《在辽院士工作及发挥作用情况调查》课题，在中科院金属研究所和东北大学分别召开院士及有关人士座谈会。针对辽宁院士、在辽工作和进站院士开展调研，已取得阶段性成果，形成题为《转变经济发展方式 充分发挥院士科技创新的驱动作用》的调研报告。创办《科技界动态》。

吉林省科学技术协会

2011 年，省科协积极推进决策咨询工作，促进决策科学化、民主化。省委书记孙政才高度重视省科协的科技思想库作用，在省科协上报的《关于吉林省科技成果转化现状、问题及对策研究的报告》等决策咨询成果上连续做出批示。组织中科院院士冯守华等专家深入吉林省白山市、辽源市等地调研，就吉林省白山市硅藻土产业发展、辽源市碳纤维产业发展、吉林省玉米种业发展等问题献计献策。承担完成吉林省种业问题研究、中医药产业问题研究两项省政府调研课题。确定自选研究课题 16 项，推荐上报中国科协调研选题 12 项。编印《决策咨询成果汇编》，收录近 10 年优秀建议 84 篇。

推动科技服务工作创新发展。探索海智工作新模式，建成全国第一个专业化海智工作基地——吉林石化特色产业海智工作基地。通过“海智计划”引才引智，邀请在日华人汽车工程师团队、日本东京花王株式会社专家团队等来吉林省开展科技交流与服务。申报获批中国科协 2011 年度“海智计划”实施项目 5 项，涉及汽车、石油化工等吉林省支柱产业。推介海智项目与省内企业对接 9 项。深入研讨新时期科技咨询工作新路子，召开东北片区咨询工作研讨会，推动科技服务工作创新发展。扎实开展“讲理想、比贡献”活动。吉林石化公司召开科技大会重奖 37 个“讲、比”活动优秀项目。为促进企业科技人员掌握创新方法，先后在吉林开元科技、吉隆科技、龙鼎电气、华微电子等企业和吉林市高新区创业园开展了创新方法培训。实施科技服务新举措，建立吉林省科技咨询信息服务平台，为企事业提供专利技术信息。继续开展企业科普工作室创建活动，组织完成对 25 家省级优秀科普车间（室）创建单位的验收工作。

深入开展科普惠农工作。开展“科普惠农兴村计划”先进典型创建工作，评选表彰 65 个省级典型、拨付以奖代补专项资金 60 万元，推荐 32 个国家典型、获得中央财政资金 400 万元。指导全省各级科协深入开展“科技专家边疆行、西部行”、“新型农民科技培训乡下行”、“畜牧博士专家科技培训百乡行”、“科技之冬”等科普惠农活动，深入全省60多个县（市、区）、近400个乡镇，开展培训600多场、科普演出300余场，赠送《吉林科技报》、《农村科学实验》杂志20万份，发放科普年画、科技手册等科技资料50多万份。吉林省和龙市被确定为全国首批10个“科普富民兴边”工作试点县，以此为契机，吉林省科协启动实施“科普富民兴边”工程，扶持和培育3个省级典型。

推进全民科学素质工作。履行《全民科学素质纲要》实施工作办公室职责，制定“十二五”时期《全民科学素质纲要》工作实施方案，召开《全民科学素质纲要》实施工作联络员会议，总结部署工作并表彰了省教育厅等20个成员单位推荐的重点工作项目。落实国家全民科学素质行动实施工作电视电话会议精神，《科学素质纲要》实施工作取得新进展。组织参加第四届全民科学素质电视大赛，吉林省代表队获得季军，创参赛以来最好成绩。组织吉林大学代表队参加“第十届海峡两岸大学生辩论赛”并获得殿军。有3个集体和4人被国家九部委联合表彰为“十一五”期间《科学素质纲要》实施工作先进集体和先进个人。

开展重点科普活动。举办全国科普日暨吉林省第九届科普周活动，省市有关领导与近千市民面对面畅谈科普。开展千场科普报告会活动，全省各级科协邀请包括两院院士在内的科技专家举办各类讲座1000多场，听众达10多万人次。全省各地广泛开展形式多样的“社区科普益民”活动，涌现出社区科普大学、科普图书室、科普网吧、科普楼道、市民科普大讲堂、科普商业街、与驻街单位共建科普社区等经验，受到全国政协科协界委员组成的社区居民科学素质调研组的充分肯定。举办第26届吉林省青少年科技创新大赛、第十九届吉林省青少年科技艺术大赛等7项品牌赛事。科普大篷车足迹遍及城乡中小学，受益学生3万余人次。开展“珍爱生命之水”科学调查体验活动，让小学生从小养成珍惜资源的良好习惯。实施英特尔求知计划，在全省培训学生3000名。首次宣传推广中国科协科学影像节活动，推荐作品荣获全国二等奖1项、三等奖10项。

巩固科普硬件建设，提高科普资源开发服务水平。吉林省科技馆试运行期间接待农业部部长韩长赋、科技部副部长曹健林等观众8000多人次，有效检验了展品展项，为开馆积累经验。继续实施“科普画廊”建设工程，投入资金100万元新建传统画廊35个、电子画廊240个，加强了管护和内容更新。投入专项资金48万元，为7个市（县）科协匹配7台科普大篷车。继续加强科普示范体系建设，命名表彰25个省级科普示范县（市、区）、30个省级科普教育基地，18个县（市、区）被中国科协命名为“全国科普示范县（市、区）”。建成投入使用48个基层科协网站。自主开发以应急、民生和前沿科技知识为主的科普挂图6期，制作配送科普挂图4200套、4万张。联合开发编创《科普小当家》系列科普动漫节目3部，在科普视频传播网上播放。科普资源共建共享平台新集成入库科普光盘600种。科普大篷车电视栏目累计为学校、企事业单位配发光盘5000盘。向全省发放8种警示教育图书资料5000多册，揭露邪教危害的宣传挂图3000多套。《吉林科技报》、《农村科学实验》连续第4年列入吉林省农家书屋工程，在吉林省第十届图书博览会上，《农村科学实验》杂志被评为“吉林省优秀农业期刊”。

开展学术交流活动。搭建形式多样、各具特色的学术交流平台，第五届青年科学家论坛参与人数达到350多人；参与承办的2011中国（长春）先进车辆与集成国际技术论坛，海内外28位知名专家发表了主旨演讲。“节约能源、保护环境”学术报告会、北方城市绿色照明学术论坛等学科性联合学术活动收效良好。健康生活方式系列活动、食品科技与食品产业发展论坛等学术服务民生活动引人关注。省级学会主办或承办的吉林省防治动脉粥样硬化2011行动年、名中医讲堂等活动受到广泛好评。召开海峡两岸农业科技交流座谈会，举办2011年海峡两岸质谱学术论坛，扩大两岸科技交流合作。全省各级科协及所属学会共举办国内学术会议362次，国际学术会议45次，参加会议人数3万多人次，其中境外参会人数500多人次，交流论文1万多篇。接待国外及港澳台科技来访团组56个、450人次，派往国外及港澳台科技团组28个、148人次。

为科技人才成长服务。组织吉林省28名科技工作者代表参加中国科协第八次全国代表大会，省委书记孙政才等省领导在会前亲切接见与会代表，表达祝贺和敬意。大会上，有4个集体和13人获得中国科协表彰。与吉林省委组织部、省人社厅联合开展第十一届吉林省青年科技奖评选工作，20位青年科技英才脱颖而出。推荐吉林大学超硬材料国家重点实验室马琰铭教授荣获第十二届中国青年科技奖。推荐中国科协高层次人才库人选，吉林省52名专家成为第3批、第4批入库人员。组织调查站点开展调查工作，13个站点共上报有效信息53条，完成全国科技工作者时间利用状况、学习贯彻胡锦涛同志七一讲话精神情况和全国科研环境状况3项专项调查。全省各级科协收集上报科技工作者建议504条，获得领导批示156条。宣传优秀科技人物，通过《吉林日报》等媒体宣传了林君等10多位优秀科技工作者。

加强科协组织自身建设。召开吉林省科协七届五次全委会议和七届九次、十次常委会议，促进常委、委员履职。指导吉林省数学会等15个学会完成换届选举工作，成立省生物治疗学会、心电学会、人参学会，省级学会数量达到117个。开展省级学会评价工作，通过建设评价体系和开展评价活动，学会管理更加趋于科学规范。加强农村科普体系建设，全省9个地级市中有7个组建地级农技协联合会，60个县（市、区）中有42个组建县级农技协联合会。坚持宣传科协重点工作，在吉林电视台、《吉林日报》等主流媒体上报道科协工作信息125篇（次）。吉林科技网网上科普宣传阵地建设不断巩固，全年刊载信息3500多篇。

【吉林省委印发《关于加强和改进新时期科协工作的意见》】10月25日，吉林省委印发《关于加强和改进新时期科协工作的意见》（以下简称《意见》）。《意见》指出，加强和改进新时期科协工作是提高全民科学文化素质的需要，是推动吉林振兴发展的需要，是竭诚为科技工作者服务的需要，具有十分重要的意义。《意见》强调要充分发挥科协在促进科技繁荣发展、加快转变经济发展方式中的重要作用；在开展决策咨询、为科学决策提供智力支撑中的重要作用；在促进科学技术普及推广、提高全民科学素质中的重要作用；在促进科技人才成长提高、为科技工作者服务中的重要作用；在参与社会管理、开展公共服务中的重要作用，并提出了具体意见。要求各级党委、政府要进一步加强和改进对科协工作的领导，切实把科协工作摆上重要位置，切实为科协工作提供必要的经费保障，切实加强科协干部队伍建设，切实加强科协组织建设，切实加强科协所属学会建设和党建工作。《意见》体现了在吉林振兴发展的关键时期，吉林省委对科协组织和广大科技工作者的重视、关怀和期望。

【吉林省科协第八次代表大会】12月23日，吉林省科学技术协会第八次代表大会在长春市开幕。中国科协常务副主席、书记处第一书记陈希，吉林省委副书记、省政协主席巴音朝鲁出席会议并讲话。吉林省委书记孙政才，省委副书记、省长王儒林，省委常委、组织部长黄燕明，省委常委、长春市委书记高广滨，省委常委、副省长马俊卿，省委常委、宣传部长荀凤栖，省委常委、省委秘书长房俐，省委常委、省纪委书记陈伦，省人大副主任聂文权，副省长王化文出席大会开幕式。

陈希在讲话中指出，吉林省科协自七大以来，在省委、省政府的坚强领导和大力支持下，紧紧围绕中心、服务大局，认真履行职责，带领广大科技工作者为推动吉林老工业基地振兴、实现经济社会又好又快发展做出了积极贡献。陈希希望吉林省广大科技工作者以更加昂扬向上、奋发有为的精神风貌，努力为加快实现吉林富民强省发展目标以及我国现代化建设“两个百年”的奋斗目标作出新的更大贡献。希望吉林各级科协组织以开好本次代表大会为契机，更好地肩负起历史赋予的重大责任和光荣使命，开拓进取、真抓实干，不断开创科协工作的新局面。一要以提升服务能力为核心，努力在加快经济发展方式转变方面更加积极进取；二要以增强工作实效为关键，努力在推动全民科学素质提升方面更加积极进取；三要以促进科技人才成长提高为抓手，努力在建设人才强省方面更加积极进取；四要以加强自身建设为重点，努力在推动科协事业科学发展方面更加积极进取。

巴音朝鲁代表省委对科协工作提出了四点希望：一是要充分发挥科技创新的重要引擎作用，着力在实现经济社会又好又快发展方面奋发有为；二是要充分发挥科技工作者的创新引领作用，着力在推进创新型吉林建设方面奋发有为；三是要充分发挥科普工作的教化育人作用，着力在提升全民科学素养方面奋发有为；四是要充分发挥科协组织的桥梁纽带作用，着力在联系和服务科技工作者方面奋发有为。

吉林省科协第七届委员会副主席、中国科学院院士王家骐致开幕词，省人大常委会副主任、省工会主席包秦代表各人民团体致祝词，辽宁省科协党组书记、副主席康捷代表辽宁省科协、黑龙江省科协致祝词。开幕式上还表彰了第十一届吉林省青年科技奖获奖者和2011年吉林省自然科学学术成果奖获奖者。吉林省科协第七届委员会主席刘淑莹主持开幕式，并向大会作了题为《团结带领广大科技工作者，为增强自主创新能力，提高全民科学素质，推动吉林振兴发展做出新贡献》的工作报告。省直有关部门领导，各市、州、长白山管委会分管科协工作的领导，省科协八大列席代表和省科协机关、直属事业单位干部职工500余人参加了大会开幕式。

【2011年吉林省自然科学学术成果奖评选】10月24日，2011年吉林省自然科学学术成果奖终评会在长春市召开。吉林省政协副主席、东北师范大学副校长薛康，全国政协常委、吉林省科协主席刘淑莹，中国科学院院士邹广田，省科协副主席尹军教授等专家参加了终评会。会议由学术成果奖评审委员会主任邹广田主持。评委们对经过初评、复评提名的学术成果进行了差额评定。

2011年是首次与省人力资源和社会保障厅联合开展

评选工作，得到了吉林省广大科技工作者的积极支持和参与，共收到省级学会（协会、研究会）、市州科协及有关科研院所、大专院校、企事业单位科协选送的学术论文、学术著作类学术成果581项（包括论文2000多篇），数量和质量明显提升。评选活动历时7个月，共聘请省内各学科领域院士、专家等43人参与评审。经过成果征集、资格审查、初评、复评、终评、公示程序，最终评出特别奖1项、一等奖20项、二等奖89项、三等奖167项、优秀奖154项。获三等奖以上成果占申报学术成果总数的48%。

【2011年全国科普日、吉林省暨长春市科普周活动】9月17日，以“节约能源资源、保护生态环境、保障安全健康、促进创新创造”为主题，以“珍爱生命之水、构建生态家园”为宣传重点的2011年全国科普日、吉林省暨长春市科普周活动启动仪式在吉林省长春市举行。活动由吉林省科协和长春市科协联合主办，长春市文化局、长春市园林绿化局、长春市伊通河管委会、吉林省艺术学院、华硕电脑有限公司协办。吉林省委副书记、省政协主席巴音朝鲁，省委常委、长春市委书记高广滨，省人大常委会副主任车秀兰，省政府副省长王化文，全国政协常委、省科协主席刘淑莹，省科协党组书记、副主席王长和参加活动。活动现场划分出青少年科普活动展区、专家科普咨询活动展区、科普大篷车活动展区、主题科普图片展区、海峡两岸青少年创意设计作品展区等7个区域。举办科普之夜——广场文艺晚会。活动期间，全省各级科协举办科普讲座507场，科普展览265次，发放科普宣传资料55万份，开展科技咨询700多次，举办实用技术培训238次，推广新技术新品种123项。

【吉林省科学道德和学风建设宣讲教育活动】11月16日，吉林省科学道德和学风建设宣讲教育活动启动暨长春高校集中宣讲报告会在东北师范大学举行。报告会由省科协、省教育厅共同主办，东北师范大学承办。中科院院士、教育部科技委数理学部主任、吉林大学超硬材料国家重点实验室教授邹广田，俄罗斯农业科学院外籍院士、白城市农业科学院院长任长忠分别就《培养科学精神，规范学术道德》、《我的燕麦科研之路》等题目对广大研究生进行了宣讲。长春市各研究生培养单位有关负责同志与在校的800名研究生代表聆听了专家报告。

黑龙江省科学技术协会

2011年，黑龙江省科协被中国科协确定为（2011～2014年）国家级科技思想库试点单位。按照思想库建设的要求，围绕“八大经济区”和“十大工程”建设，开展决策咨询活动，搭建学术交流平台、信息网络平台、科技工作者服务平台，建立提炼机制、激励机制、发布机制、畅通机制和宣传机制。先后形成《关于发展黑龙江省光伏产业的建议》、《2011年黑龙江省农业自然灾害分析预测及防御对策建议》、《发展高性能复合材料的建议》、《关于加强我省科技成果转化工作的建议》等专家建议，为省委、省政府科学决策提供决策参考。3月3日，由黑龙江省科协、省气象局主办，省农业防灾减灾研究会承办的2011年度黑龙江省农业防灾减灾专家对策建议研讨会在哈尔滨召开。来自气象、农业、水利、水文等领域的20位专家对2010年天气气候进行了回顾，对2011年度可能发生的农业自然灾害进行了分析预测，形成《2011年黑龙江省农业自然灾害分析预测及防御对策建议》，被省委《社情动态》和省政府《政府领导参考》转载。开展以“深化科技体制改革，大力推进自主创新”为主题的建议征集活动，共征集优秀建议50余篇。

推进企业技术创新。省科协深入贯彻落实中国科协等部门联合下发《关于动员和组织广大科技工作者为建设创新型国家作出新贡献的若干意见》和中国科协等四部委《关于在企业深入开展“讲理想、比贡献”活动的意见》，把企业科协开展“讲理想、比贡献”活动摆在重要议事日程，在围绕企业发展、建设创新型省份建设中，较好地发挥了企业科协开展“讲、比”活动这一有效载体，目前黑龙江省有企业科协373家，其中非国有企业科协87家、科研院所有30余家。一年来，全省共有320家企业参加“讲、比”竞赛，参赛人数达2万人次，提出合理化建议1．3万条。以建设企业院士专家工作站为突破口，实施院士专家企业行计划，在齐齐哈尔市建立院士专家工作站，引进10余名院士专家，深入齐齐哈尔市部分大企业进行技术指导。围绕“企业科技创新与发展”主题组织召开黑龙江省企业科技创新与发展高层论坛暨科技成果对接会，为10余个科技成果持有方与需求企业实现有效对接。

服务新农村建设。2011年度的科普惠农兴村计划工作中，黑龙江省有14个农技协、5个农村科普示范基地、10个农村科普带头人获得国家级奖励。16个农技协、5个农村科普示范基地和5名个人获得省级奖励，共获奖补资金540万元。9月23日，黑龙江省政府与以色列外交部国际合作中心签署《关于农业领域——奶牛畜牧业的合作谅解备忘录》，将在黑龙江省飞鹤乳业建立两个以色列奶牛示范场，推进黑龙江省奶业的发展。大力实施

《科学素质纲要》。12 月 3 日，黑龙江省人民政府办公厅印发《黑龙江省全民科学素质行动计划纲要实施方案（2011—2015 年）》（黑政办发［2011］61 号），旨在深入贯彻落实《全民科学素质行动计划纲要（2006—2010—2020 年）》和《全民科学素质行动计划纲要实施方案（2011—2015 年）》，全面推进黑龙江省“十二五”期间全民科学素质工作，提升公民科学素质。《黑龙江省全民科学素质行动计划纲要实施方案（2011—2015 年）》从行动目标、重点任务、保障措施 3 个方面部署了“十二五”时期黑龙江省全民科学素质工作的任务。

主题科普活动丰富多彩。9 月 16 日，黑龙江省“全国科普日”活动在哈尔滨市举行。省人大常委会副主任陈述涛出席启动仪式并讲话，哈尔滨市市委常委、宣传部长朴逸主持，省政协副主席陶夏新、省科协主席马淑洁等出席仪式并为活动按响启动汽笛。在“全国科普日活动”中，紧紧围绕“节约资源能源、保护生态环境、保障安全健康、促进创新创造”主题，开展系列科普宣传活动。据统计，全省各地共制作、展出科普展板 5000 余块，开展各类大型科普活动 100 余项，发放科普挂图、资料、图书 30 万份（册），全省共有近万名科普工作者和科普志愿者参加了活动。黑龙江省科技馆全年接待观众 58 万人次，免费接待未成年人 20 多万人次。自主设计开发的《生活小助手——眼镜》资源包，被中国科协科普部评为优秀科普活动资源包项目。充分利用现代声像手段开展面向公众的科普宣传，目前全省有 76 家市（地）、县、区级电视台，平均每周 15 分钟向广大市民播放科普专题知识，每期观看人数达 230 万人。编印《不可不知的科普知识》系列丛书 8000 套。紧密围绕社会热点焦点问题开展科普工作，加强与大众媒体的沟通合作，与东北网联合打造“龙江科普网谈”栏目，全年制作播出节目 12 期，每期节目的访问量均达到 5 万人次以上。10 月 25 日，由中国科协、中国载人航天工程办公室等主办的全国青少年载人航天科普系列活动航天科技连着你和我——院士专家校园行在黑龙江省启动。在为期 5 天的时间里，来自中国航天科技集团公司运载火箭技术研究院等单位的 7 位院士、专家在近 30 所大、中、小学做了 30 余场科普报告。3 月 31 日，在黑龙江省伊春铁力市举办了科普大集活动。省政协副主席陶夏新出席开幕式。黑龙江省科协主席马淑洁宣布科普大集开幕。科普大集以“科学技术普及与现代农业和新农村建设同行”为主题。活动期间，开幕式现场设立 11 个展区，展出各类科普展板 400 余块，发放科普资料 15 万份，赠予当地图书馆科普读物 7 万余元，组织开展科普惠农专家服务团送科技下乡、千名农业科技大王进万家携手致富等农业生产技术专题培训和讲座 25 场次，受益群众达 5 万余人次。2011 年，黑龙江省科普大篷车增至 19 辆，数量位居全国前列，全年累计行驶约 1 万千米，开展各类科普展教活动 120 余次，发放科普宣传资料近 5 万套，参与群众达 14 万人次。开展黑龙江省第 4 批科普示范社区创建活动，全省共有 60 个优秀社区被命名为“科普示范社区”，开展全国科普示范县（市、区）创建活动，哈尔滨市道里区等 24 个县（市、区）被命名为（2011 ~ 2015）年度全国科普示范县（市、区）。配合中国科协“科普富民兴边”工程，逊克县和饶河县被中国科协确定为“科普富民兴边”工作试点县。

提高学术交流的质量和水平。一年来，黑龙江省共开展学术交流活动 110 余次，交流论文 3000 余篇，参会人员近万人次，有效促进了全省学术繁荣与发展。举办黑龙江省绿色食品产业发展研讨会、新材料技术研讨会等学术交流研讨活动。深入鹤岗市、七台河市、牡丹江市等城市，举办营养膳食与慢性病科普巡讲活动，总行程达 2000 余千米。先后在齐齐哈尔市、大庆市、鸡西市等地开展了创新方法的培训讲座，促进了创新方法推广。

促进科技人才的成长和提高。组织开展第十届黑龙江省青年科技奖的评选与表彰活动，34 名优秀青年科技人才获此殊荣，其中，有 4 人荣获了第十二届中国科协青年科技奖。开展“第十二届黑龙江省自然科学技术学术成果奖”评选活动，征集学术成果 1000 余项，评审出 476 项获奖成果，其中一等奖 33 项、二等奖 114 项、三等奖 329 项。发挥科技工作者状况调查站点作用，全年上报科技工作者信息 68 条，其中《科技工作者信息网络平台建设》等多篇信息被中国科协采纳。同时，全年共完成“科技工作者时间利用状况调查”、“科技工作者知识产权保护意识调查”等多项调查任务。

加强科学道德和学风建设。12 月 2 日，举办科学道德和学风建设首场报告会暨宣讲教育活动启动仪式，哈尔滨高校 2000 余名研究生参加。哈尔滨工业大学校长王树国和中国工程院院士秦裕琨作专题报告。新闻媒体对哈工大等 4 位高校校长围绕科学道德和学风建设问题进行了专访。在省科协网站设立了科学道德和学风建设网上论坛专栏，共计征集各类文章 200 余篇，编印 30 万字的学习材料汇编。目前，全省 26 家研究生培养单位共计组织宣讲教育活动 69 场次，受教育人数达到 3 万人次。

切实加强自身建设。12 月 28 日，黑龙江省委出台《关于进一步加强新时期科协工作的意见》。《关于进一步加强新时期科协工作的意见》围绕认识加强新时期科协工作的重要意义、充分发挥科协在推动经济社会发展中的重要作用、进一步加强和改进对科协工作的领导等3大主题，就做好新时期科协工作提出了13条指导性意见。目前黑龙江省有高校78所，建立高校科协的有23所，其中独立建制的9所、与科技处等合署办公的有14所。

【黑龙江省科协第七次代表大会】 11月1～3日，黑龙江省科协第七次代表大会在哈尔滨市召开。中国科协常务副主席、书记处第一书记陈希，黑龙江省委书记吉炳轩、黑龙江省委副书记、副省长王宪魁、黑龙江省委副书记杜宇新等领导出席开幕式。省委副书记杜家毫发表讲话，充分肯定了省科协六届委员会在繁荣学术交流、提高公众科学素质、促进人才成长、提供决策咨询等方面取得的显著成效，赞扬了广大科技工作者在推动全省经济社会更好更快发展、保障和改善民生中发挥的重要作用和作出的积极贡献，极大鼓舞了科协系统干部和广大科技工作者的工作热情。来自全省各市（地）科协、科协机关、直属单位，省级学会的22个代表团、419名代表和35名特邀代表参加了大会。大会审议通过了省科协第六届委员会工作报告和《黑龙江省科学技术协会执行〈中国科学技术协会章程〉的决议》，大会经过严格的民主选举程序，选举产生了省科协新一届领导机构。

【2011年黑龙江省暨伊春市铁力科普大集】 3月31日，以“科学技术普及与现代农业和新农村建设同行”为主题的2011年黑龙江省暨伊春市铁力科普大集在铁力市举行。本次科普大集由黑龙江省委宣传部、省科协、省科技厅、省财政厅和伊春市委宣传部、市科协、市科技局、市财政局共同主办，铁力市委、市政府具体承办。科普大集是第二十三届“科普之冬”活动的重要组成部分，是实施“科普惠农兴村计划”的一项具体举措。省政协副主席陶夏新参加开幕式，省科协主席马淑洁宣布科普大集开幕，省直《全民科学素质行动计划纲要》17个成员单位的领导出席开幕仪式。本次活动形式有开集仪式、科普惠农专家服务团送科技下乡、千名农业科技大王进万家携手致富、农业生产技术专题培训和讲座等活动。大集开幕仪式活动现场设立科普宣传咨询、科普专题展览、农民工招聘咨询、义诊和健康咨询等11个展区，共展出各类科普展板400余块，发放科普资料15万份，赠予当地图书馆科普读物7万余元，组织开展科普惠农专家服务团送科技下乡、千名农业科技大王进万家携手致富等农业生产技术专题培训和讲座25场次，受益群众5万余人次。

【2011年黑龙江省暨哈尔滨市全国科普日活动】 9月16日，由黑龙江省委宣传部、省科协、省科技厅、省财政厅、哈尔滨市委宣传部、市科协、市科技局、市财政局等8家省、市单位主办，道外区委、区政府承办的2011年黑龙江省暨哈尔滨市“全国科普日”活动在哈尔滨市正式启动。省市有关学会、省老科协、企业科协、社区群众等万余人参加开幕式。哈尔滨市委常委、宣传部长朴逸主持启动仪式，省人大常委会副主任陈述涛出席启动仪式并讲话。省政协副主席陶夏新、省科协主席马淑洁等出席仪式并为活动按响启动汽笛。省科协副主席唐衍伟宣读了黑龙江省科协关于命名黑龙江省科普教育基地的决定。省、市领导进行了授牌。为宣传黑龙江省科技带动经济社会发展的主要成果及向市民广泛宣传安全健康的相关科普知识，主办单位搭建4米高、6米宽的LED电视墙，全天循环放映展示省市发展规划和科普知识。

【黑龙江省青年科技奖、自然科学技术学术成果奖评选】 黑龙江省科协与省委组织部、省人社厅联合下发了《关于开展第十届黑龙江省青年科技奖候选人推荐与评选工作的通知》，并开展第十二届中国青年科技奖候选人的推荐工作。开展“第十二届黑龙江省自然科学技术学术成果奖”评选活动，本届成果奖面向全省各地市、高校、科研院所、省级学会等各领域科技工作者共征集学术成果1000余项，评审出476项获奖成果，其中一等奖33项、二等奖114项、三等奖329项。

上海市科学技术协会

深入开展建言献策，推进决策咨询和科技服务工作。承接上海市委决策咨询委员会、市政府发展研究中心相关部门的重点和热点课题，针对上海引进和培育创新型创业人才、先进技术消化吸收再创新能力等问题开展决策咨询研究，为市委、市政府相关部门决策提供参考。发挥高顾委决策咨询作用，围绕航运中心建设中的智能物流平台的构建和运作、上海创新型中小企业发展，组织开展决策咨询研究。聚焦产业发展、公共安全、公共健康和提升城市软实力等问题，资助学会开展19个决策咨询课题研究。发挥政协科协界别作为重要决策咨询平台的作用，在市政协会上提交了“关于在上海张江高科技园区试建‘人才特区’的建议”等8件团体提案。充分利用《科技建言》和专报建言献策，有关提升青少年科学素质和创新能力的科技建言以及有关提升市民科学素养的专报，得到市委领导的重要批示。

为科技园区发展和企业技术创新服务。与张江高新区管委会和园区科协沟通交流，提出了关于建立张江高新区园区科协工作协调机制的方案。联合园区管委会举办知识产权行政和司法保护论坛，开展张江高新区 IT 青年创新人才成长与培养系列活动。启动企业科协科技信息服务推广应用平台建设项目，建立了 11 个科技信息服务枢纽站，向 230 多个企业推送国外专利信息，解决了相关企业重大技术难题 16 项。

探索和发展科技人员服务企业技术创新的有效形式。深入研究院士专家企业工作站的试点情况，在区县科协、所属学会等的共同参与下，新建 12 个院士专家企业工作站（室、中心）。指导协调工作站（室、中心）组织院士专家企业行活动 100 余次，开展科技研发、专业培训等活动超过 5000 人次，解决技术难题 38 个。继续开展主要面向中小企业为主的社会化第三方科技评价试点工作，24 个试点单位承接完成科技评价项目共计 1281 项。在企业深入开展以群众性技术创新为主要内容的“讲理想、比贡献”活动，加大对“讲、比”活动的宣传力度，营造了良好的氛围，激发了企业科技工作者的创新热情和创造活力。

聚焦城市创新能力的提升，推进学术交流和学会工作创新发展，完善学术交流平台建设。2011 工博会科技论坛、院士圆桌会议围绕推进经济发展方式转变和科技体制改革中的文化建设展开，集院士专家的智慧为提升上海城市竞争力和寻找科技体制改革路径建言献策。第九届学术年会注重自然科学和人文科学交叉融合，64 个学会就国家或上海转型发展中的前沿科技、学科发展方向、人才培养、学术环境建设等问题，组织 79 个交流项目、220 余场次交流活动，参加人数超过 2 万人次。举办长三角科技论坛，探讨长三角地区战略性新兴产业发展问题和各专业学术领域的焦点问题，努力为长三角地区的经济腾飞提供科技支撑。做好市级基础研究类学会项目资助工作，对 18 个项目进行了资助。开展重点学术交流项目的资助，支持了 41 项前沿高端、专题性和在线学术交流活动。推动学会创新发展，加强学会领导班子和专兼职干部队伍建设。举办学会秘书长专题培训班，提升了学会干部的综合工作能力和服务水平。组织“中国科协会员日”活动，各学会开展了丰富多彩的活动。规范学会理事会换届工作，新成立了 3 家民办非企业单位。与社团局联合开展科技类学术团体组织功能研究。开展星级学会评估和复查，星级学会占学会总数达到 56.2%。做好全国“学会之星”评选工作，在 300 个省级入选学会中，上海市科协所属学会占 23 个，位列第一。聚焦公民科学素质的提升，推进社会化科普工作格局的形成，发挥主题科普活动的品牌示范效应。围绕“节约能源资源、保护生态环境、保障安全健康、促进创新创造”主题，举办 2011 年上海市科普开放日活动，科普活动体现出主动走近大众的“开放”色彩。结合世博科技理念和成果的推广，举办 2011 年全国科技活动周暨上海科技节，市、区（县）、街道乡镇科协组织上下呼应，组织了近 400 项既具有科技内涵又贴近市民生活的科普活动。举办上海国际科学与艺术展、第 26 届英特尔上海青少年科技创新大赛等具有影响力的品牌项目。与意大利热那亚科技节协会合作引进“阿基米德时期的科学与数学”互动展览，与欧盟科学诠释者学院共同合作开展上海科学诠释者学院项目。针对“3.15”日本福岛核电站核泄露事件、上海地铁 10 号线列车追尾事故引发的社会关注，探索应急科学传播机制，在上海科技馆、地铁站点等人流密集区域免费向市民发放《上海科技报》科普特刊 10 万份，推动构建广播电台系列节目、移动电视、手机科普短信以及专题科普挂图与展板四位一体的应急科普资讯发布平台。

推进重点人群科学素质行动计划的实施。以推进青少年素质教育为核心、以青少年科技俱乐部（青少年科学社）为抓手，开展青少年科学教育活动和科学素质发展论坛，培养青少年的创新意识和实践能力，推进科学教育的公平普惠。联合开展科普惠农兴村示范基地评选工作，10 家单位被评为示范基地。在中国科协和财政部共同开展的“科普惠农兴村计划”评比中，上海有 2 家单位、2 人被评为先进。开展领导干部选学和公务员科学素质培训，上海市科协被市委组织部确定为上海市干部教育科技培训基地。实施“社区科普益民计划”，助推社区精神文明建设。新民科学咖啡馆、名家科普讲坛、市民讲坛等品牌效应持续升温，成功举办第三届上海科学生活大使、家庭、社区评选活动和第五届上海科普多媒体大赛，“科普智慧墙”安装到 40 多家学校、社区，有效培养了社区居民科学、文明、绿色、健康的生活方式和文化创新意识。

建立和完善科普资源开发、共享和传播的机制。加强科普资源开发与共享信息化工程建设，对全市科普产品研发单位和各类科普产品进行规划和整合，建立科普资源建设和使用效果的监测第三方评估机制。圆满完成 14 个区县 2011～2015 年度全国科普示范县（市、区）创建工作，其中浦东新区获得了满分佳绩。完善年度上海科普资源普查制度，开展新一轮科普资源状况专项调查，《上海科普资源状况》（2008、2009 版）获得 2011 年度中国科协优秀调研报告一等奖。实施“科普作品精品工程”，开发“碳路先锋”科普网络游戏等一批高质量的科普新媒体作品资源。

国际民间科技交流和对内合作交流成果显著。继续加强与国际科技组织的交流与合作，与日本技术士会联合举办中日科技研讨会等。所属学会举办的海事、航空航天、隧道工程、中西医结合等大型国际会展影响日益广泛。推动与港澳台地区的民间科技交流与合作，成功举办2011沪港科技合作研讨会、第十九届海峡两岸都市交通学术研讨会、第十届海峡两岸大学生辩论赛等学术交流活动。积极配合中国科协的“海智计划”，开展市科协海外智力引进工作研究。积极开展对新疆、云南等对口支援地区的科技扶贫、人才培训和智力援助工作。

聚焦科技工作者创新创业，推进组织建设和人才工作不断拓展，协调筹建园区和企业科协组织。进一步推进园区科协和企业科协的组织建设，召开园区和企业科协工作座谈会，举办园区和企业科协秘书长培训班，推动上海紫竹高新技术产业开发区、上海多媒体谷园区、上海智定科技发展有限公司和上海华谊集团技术研究院等成立科协组织。以上海张江高新区“一区八园”为代表的23个园区已全部建立了科协组织。联合杨浦等区科协，通过分区召开园区科协工作座谈会、走访园区等形式，深入跟踪园区科协的工作情况，宝钢科协、上海理工大学国家大学科技园科协、上海金桥出口加工区科协等一批园区、企业科协，在园区建设、企业发展和科技创新、人才培养等方面发挥了积极的作用。

反映科技工作者呼声和建议。开展科技工作者科研环境状况和人文素养等调查。组织并指导中国科协和市科协科技工作者状况调查站点工作，动态反映新形势下科技工作者的诉求和建议。积极参与中国科协组织开展的科技工作者优秀建议征集评选活动，市科协获优秀组织奖。与市科技党委、市科委、文汇报联合召开创新驱动转型发展——纪念建设创新型国家战略提出五周年座谈会。在此基础上，围绕“中国科技创新的障碍到底在哪里”等问题发起组织一次社会各界参与的大讨论，讨论持续50多天，《文汇报》刊发讨论稿40多篇。

推进针对科技人员的继续教育工作。在深入调查研究的基础上，加强分类指导，引导长宁等区县科协、市公路等学会、宝钢等企业和园区科协结合经济社会发展需求、区域功能定位以及企业和科技工作者要求开展继续教育培训工作。大力推进各种形式的继续教育和技术培训进园区、进企业、进社区的“三进”活动，全年共开设培训班25场次，培训人员2400余人次。进一步完善了《创新技法及理论》课程体系，定期组织开展创新理论与实践相结合的追踪评价。继续联合开展技术经纪人培训班，组织一批技术经纪人赴奉贤农业园区和安徽滁州与有关企业开展项目对接活动。组织上海市科协系统继续教育项目管理人员培训班，加强科协继续教育队伍建设。

营造良好的学术氛围。与市教委联合下发《关于在研究生中开展科学道德和学风建设宣讲教育活动的通知》，举办上海市科学道德和学风建设宣讲教育活动。活动邀请中国科学院院士杨福家、叶叔华、郑时龄为上海近3000名在校研究生和科技工作者做了主题为“科学道德和学风建设”的报告。评选第十二届上海市科技精英和第九届上海大众科学奖，继续实施“飞翔计划”和“晨光计划”，12名科技工作者和两本学术著作获得资助。做好第十二届中国青年科技奖上海地区候选人推荐工作和第八届中国青年女科学家奖候选人工作。参与中国科协老科学家学术成长资料采集工程，高质量地完成了第一批中的严东生院士学术成长资料采集工作，第二批22位老科学家学术成长资料采集工作正有序推进。

加强科学会堂软硬件建设。上海市科协严格按照国家和本市有关建设法规和建设程序，依法合规推进科学会堂1号楼修缮改造项目建设。同时，对科学会堂大院楼宇使用现状、存在问题等进行调查摸底，为下一步做好科学大院资源整合、功能调整奠定了基础。开展上海市科协信息化工作调研，市科协网、上海科技工作者公共服务平台等网络平台的功能进一步扩展和完善，为广大科技工作者提供更加便捷的信息服务。持续举办绿洲新视野主题活动和“科学·人·艺术——心SPA”活动，为科技工作者建立了一个科学、艺术、文化交融的交流平台。

不断加强党的建设和干部队伍建设。以纪念中国共产党成立90周年为契机，推动学会党建的全覆盖和工作机制探索，表彰了一批先进基层党组织、优秀党员和优秀党务工作者。加强反腐倡廉建设，签订党风廉政建设和安全稳定责任书。坚持领导班子集体学习和务虚会制度，全年共召开中心组学习会16次。积极探索了不同形式的干部选拔任用方式，不断扩大了“选人用人”的视野。加强对科协重要工作和重要活动的科学化、规范化管理，梳理完善了一批规章制度。

【上海市科协第九次代表大会】 11月22～23日，上海市科学技术协会第九次代表大会召开。中共中央政治局委员、上海市委书记俞正声，中国科协常务副主席、书记处第一书记陈希出席大会并讲话。上海市委副书记、市长韩正，上海市人大常委会主任刘云耕，上海市政协主席冯国勤，上海市委副书记殷一璀，上海市副市长沈晓明，上海市政协副主席钱景林等出席会议。

俞正声在讲话中希望广大科技工作者大力弘扬和传承老一辈科学家的优秀品格，以人民利益为最高利益，以报效国家为崇高职责，进一步做好科学精神的弘扬者，进一步增强开拓进取、锐意创新的信心和勇气，不断提升原始创新能力，奋力抢占科技制高点，进一步做好自主创新的引领者，坚持把服务经济发展方式转变和推动产业结构转型作为主攻方向，通过产学研紧密结合，大力促进科技成果向现实生产力转化，进一步做好转型发展的开拓者，更加主动地承担起宣传科普知识、展示科技成果、弘扬科技文化的责任，进一步做好科技文化的传播者。

俞正声指出，多年来，科协组织团结带领广大科技工作者在繁荣科技事业、开展决策咨询服务等方面做了大量工作，取得了显著成效。希望科协组织坚持落实为经济社会发展服务、为提高全民科学素质服务、为科技工作者服务和加强自身建设的工作职能，发挥好智库作用，搭建好科普平台，发挥好渠道优势，加强自身建设，不断开创科协工作新局面。希望各级党委和政府进一步加强和改进对科协工作的领导，更加重视发挥科协组织的独特作用，全力支持科协组织依照法律和章程独立自主地开展工作。

陈希在讲话中强调，上海市科协自八大以来，在市委、市政府的坚强领导和大力支持下，自觉围绕中心、服务大局、注重创新，各项工作特色鲜明、成效显著。希望上海市科协更好地肩负起历史赋予的光荣使命，以增强自主创新能力为核心，努力在推动加快转变经济发展方式上走在全国前列，以实现人的全面发展为目标，努力在提高全民科学素质上走在全国前列，以促进科技人才成长提高为关键，努力在服务科技工作者上走在全国前列，以提升服务能力为重点，努力在科协事业科学发展上走在全国前列。团结带领广大科技工作者，奋力开拓、锐意创新，为推动科学发展，促进社会和谐作出新的更大贡献。

上海市科协第八届委员会主席沈文庆主持开幕式，并向大会作题为《聚焦创新驱动，服务转型发展，团结带领广大科技工作者，为上海“十二五”经济社会发展贡献智慧和力量》的工作报告。中科院院士陈凯先当选为第九届委员会主席。大会选举产生了上海市科协新一届领导机构，通过了《关于上海市科协第八届委员会工作报告的决议》、《关于上海市科协事业发展“十二五”规划的决议》和《关于上海市科学技术协会实施〈中国科学技术协会章程〉细则的决议》。大会表彰了第十二届上海市科技精英荣誉称号获得者、市科协系统先进集体标兵、市科协系统先进工作者标兵。

【市科协事业发展“十二五”规划编制完成】 2011年，上海市科协编制完成科协事业发展“十二五”规划。根据《上海市国民经济和社会发展第十二个五年规划纲要》以及上海中长期科技、教育、人才规划纲要，依照《中国科学技术协会事业发展“十二五”规划》，结合未来5年建设什么样的科协，以及怎样建设科协的问题，从问题导向、需求导向、项目导向的调研路径出发，开展了深入而系统的研究。规划征求意见稿形成后，先后召开高顾委委员和有关专家、学会、区县科协、园区和企业科协等6次座谈会，科协建家和科协文化建设专题讨论会，书面征求相关学会、区县科协、机关各部门以及直属单位的意见，规划共采纳各方意见近百条，前后修改15次。

江苏省科学技术协会

积极开展建言献策活动。2011年，省科协围绕全省科技进步、产业发展的热点、难点问题，向省委省政府提交了省劳动保护学会《关于加快打造重大事故应急指挥技术支撑平台的建议》、《关于加快建立高速公路危险化学品事故应急处置系统的建议》，欧阳平凯院士《关于推进江苏石油和化工产业可持续发展》的10项建议，省委书记罗志军、省长李学勇分别作了重要批示。省长李学勇对省老科协报送的《关于促进洋口港临港石化业又好又快发展的建议》也作了重要批示。南京、苏州、南通、淮安、扬州、镇江等市科协报送的科技专家建议，也得到了当地党委政府的高度重视。

广泛开展学术交流。支持鼓励省级学会和市县科协举办或承办高质量、高水平的学术交流活动，苏州市、常州市、泰州市、徐州市等地举办科技论坛，南京市、扬州市、淮安市、连云港市举办学术年会。支持省级学会围绕行业科技创新和学科进步开展重点学术活动97项。省级学会2011年举办学术会议1200余次，14万人次参会，交流论文4万余篇。

构建科普惠农长效机制。2011年，25个农村专业技术协会、20个农村科普示范基地、27名农村科普带头人受到国家和省级科普惠农兴村计划表彰，获奖补资金682万元。新命名73家省级科普惠农服务站，全省三级科普惠农服务站总数达863个，比2010年增长12.08%。深入实施万名科技专家兴农富民工程，与科普惠农兴村计划和科普惠农服务站有机结合，广泛动员科技人员进村入户，创新活动方式，构建长效机制。新一轮兴农富民工程实施3年来，各级科协累计直接投入3994.8万元，带动社会投入近19亿元，组织省市县三级606个学会、5493名专家与4569个村，对接农业科技致富项目3861个，开展农民培训261.2万人次，直接带动47.7万个农户，辐射带动295.7万户，实现户均纯收入增长20%以上。

围绕科技创新开展群众性技术服务。继续推动院士专家企业工作站建设。至2011年底，全省已建立3批310家企业院士专家工作站，引进院士316名。着力建设“院士专家工作站信息库”、“院士专家信息库”等数据库。建立院士专家站信息站点和信息员制度，及时了解掌握院士专家工作站动态。泰州市科协积极促成中国工程院与泰州医药城合作。扬州市科协组织院士专家扬州行活动，促成60多家单位与院士专家团队签约，推动科技成果转化平台建设。实施“企业科协科技信息服务推广应用平台建设”项目，以战略性新兴产业为重点，向全省230家企业推送专利信息，举办信息应用实务培训和知识产权工程师培训，培育20个科技信息应用的典型企业案例，推动产学研紧密结合。组织各级学会开展厂会协作，运用先进技术全面提高企业技术、装备、管理及工艺水平，推动企业技术创新。“象管动态测试系统”等15个“厂会协作”项目评为年度省级示范项目。成立省低碳技术学会，江苏省副省长何权出席成立大会。为整合资源，加强联合，更好地发挥学会在科技创新和产学研结合中的独特作用，相继成立兴农学会联盟、创意设计学会联盟和科技期刊联盟。南通市科协引入国内机器人领域科研成果及人才资源，宿迁市科协邀请70余家省内外高校科研机构带来1000余项最新科技成果，与创投机构和当地企业进行对接。

全民科学素质工作稳步推进。科学素质工作纳入江苏省“十二五”规划和省科技进步条例。江苏省“十二五”规划提出了“推进科普场馆建设，加强科学教育与培训、科普资源开发与共享，提升公民科学素质”的重要任务。《江苏省科学技术进步条例》修订内容中强调“加强科学技术普及场馆、设施的建设和管理，加强科普培训和科普资源开发，开展全民科学素质教育，提高公民的科学文化素质”。出台《江苏省全民科学素质行动纲要实施方案（2011—2015）》，确定了“十二五”科学素质工作的指导思想、主要目标和保障措施。召开全省推进全民科学素质工作电视电话会。副省长何权出席并讲话，会议对“十二五”《科学素质纲要》实施工作作出全面部署，对获国家和省全民科学素质工作先进集体和先进个人进行表彰。各级政府和有关部门负责人6000余人参会。

科学素质专项行动扎实开展。开展了青少年科技创新大赛、金钥匙科技竞赛、青少年职业教育创新大赛、科技馆活动进校园、珍爱生命之水——2011年青少年科学调查体验活动、快乐科学校园行等科技教育活动，全省近300万青少年参与。启动第二批省青少年科学教育特色学校评选活动，加强青少年科技教育主阵地建设。推进农民科学素质行动。广泛开展形式多样的农民科技培训。在淮安市召开全省农民教育培训工作会议，部署2011年农民教育培训工作。推进城镇劳动者科学素质行动。开展各种形式的劳动培训、再就业培训、创业培训、农民工培训，广泛开展技术比武、“讲理想、比贡献”竞赛、职业技能大赛、职工读书月等活动。推进领导干部和公务员科学素质行动。开展“百千万”党政领导干部培训工程，启动新一轮“5+X”公务员能力和公务员职业道德主题教育培训。完善“江苏省干部在线学习中心”，加大网络资源整合力度，加快干部教育培训课程开发与建设。推进社区居民科学素质行动。发挥科普志愿者服务团、社区科普大学等载体作用，组织科普志愿者、科技工作者深入社区，广泛开展气象科普、防震减灾科普、卫生科技等科普进社区活动。苏州、连云港、宿迁等市科协启动建设社区科普惠民服务站，推进社区科普惠民工作载体化、常态化。

开展形式多样主题科普宣传活动。5月，以“携手建设创新型省份”为主题举办了2011年全国科技活动周暨江苏省南京市第二十三届科普宣传周，向公众宣传安全科普知识和应急自救互救技能，举行优秀科普影视影像资料和系列科普图书赠送仪式、现场科技咨询、科普展板展示等活动。开展了青少年主题科技实践、送卫生健康进社区进农村、中小科技馆主题展、体验科技、感受快乐——用科学净化心灵、科普剧巡演等上万项科普活动。9月，围绕“倡导生态文明，共建生态江苏”主题举行全国科普日活动，全江苏省科协系统集中开展了生态科普动漫设计大赛、生态科普影视百场展播等千余场科普活动。有3500多名社区居民和中小学生参与南京主场活动，开展生态文明在江苏主题展、环保节能科研成果产品展、生态科普实验、科普剧表演等一系列与公众互动的体验式科普活动。引导和支持各地各部门结合防灾减灾日、气象日、消防日、土地日、世界水日、世界环境日、世界海洋日等，开展安全知识进万家、核应急防护宣传、海洋防灾减灾宣传、化石鉴赏会、二叠纪生物大灭绝特展、科普大篷车苏北百乡行等各类主题的科普宣传活动。邀请中国工程院副院长、第四军医大学校长樊代明院士，中国工程院院士丁德文，中国科学院院士祝世宁等主讲了《三千年生命科学的进与退》、《军事海洋（生态）安全研究》、《改变世界的神奇之光——从激光的发明谈起》等高端科技报告。

科普服务能力进一步提升。全省60个创建单位创建国家科普示范县（市、区），总数位居全国前列。28个县（市、区）被命名为省级科普示范县（市、区）。全省省级以上科普示范县（市、区）比例达84.6%。会同省科技厅、省教育厅联合制订认定与管理办法，由江苏省科协牵头实施，命名29家单位为2011～2015年江苏省科普教育基地。积极推动各地科普场馆建设。支持常熟市蒋巷村建设青少年科普馆。推动高校、科研院所、企业和有条件的市、县（市、区）培育一批专业（特色）或产业科技类博物馆。泰州市在溱湖湿地公园建成国内首家湿地科普中心，无锡市把与物联网、生态文明建设和其他新兴产业发展的相关科普设施纳入科普教育基地，形成无锡特色的科普教育基地群。协同省委宣传部积极推动以政府财政投资建设的科普场馆免费对社会公众开放，逐步建立科普资源普惠制度。全省各地科技馆年接待297.3万人次。推进科普展品资源开发，精心编制近20部优秀科普影视影像资料、系列科普图书和1万套科普挂图，免费发放到各地基层。

积极举荐优秀科技人才。无锡江阴远景能源科技有限公司董事长、总经理张雷荣获第十四届中国科协求是杰出青年成果转化奖。开展第十二届中国青年科技奖推荐工作，东南大学肖睿获表彰。认真做好全国科协系统先进集体和先进工作者推荐工作，10个先进集体、21名先进工作者在中国科协第八次全国代表大会上获表彰，其中江苏科技报社获全国科协系统先进集体标兵、姜晓军获全国科协系统先进工作者标兵。

努力推进“海智计划”工作。全江苏省科协系统联系海外科技团体74个，推介海外科技英才278名，协助引进海外高层次人才32名。成立中国科协“海智计划”江苏工作基地，统筹指导和推进全省“海智计划”基地工作，截至2011年底江苏省已拥有5个中国科协海智工作基地，数量在省级科协中位居第一。江苏省科协获中国科协“海智计划”先进单位称号。全国政协科协界委员围绕“海智计划在地方经济中发挥的作用”在江苏省开展专题调研活动，调研报告得到中央书记处领导批示，对“海智计划”成绩给予充分肯定。

紧紧围绕江苏省人才国际化发展战略，进一步加大国际及港澳台地区民间科技交流力度。2011年江苏省科协接待美国、英国、比利时、日本、朝鲜等国及港澳台地区科技团组15批考察访问团。继续开展对台科技交流，组织赴台交流团组6批82人。与英国总领馆文化教育处在南京和南通举办4期科技咖啡馆专场活动。

联络服务活动形式多样。认真做好中国科协第八次全国代表大会参会人员、委员候选人的推荐工作，推荐36名代表参会，其中5人当选中国科协全委会委员。召开省级学会青年人才工作座谈会，就青年人才的现状、青年人才队伍建设方面的经验和做法以及下一步的打算进行了交流。加强省院士联络服务中心和省青年科学家联络服务中心建设，建立健全联络服务制度，在江苏公众科技网开辟专栏，介绍院士成就，展示院士风采，开通网络服务信箱，定期反馈信息，开展知识产权类法律法规咨询，为科技人员提供维权服务，组织优秀科技工作者短期休养，上门走访慰问，认真履行中国科协委托的区域内科技工作者状况调查站点调查工作和站点管理的职能，完成问卷调查1640份，报送信息108篇。

开展科学道德和学风建设宣讲教育。联合省教育厅成立“科学道德和学风建设宣讲教育”工作领导小组，制定工作方案，举办江苏研究生科学道德和学风建设宣讲教育报告会，中国科学院院士杨乐、吴培亨，镇江农科所研究员赵亚夫作宣讲报告，2300名新入学研究生参加了报告会。52家研究生培养单位的7230名博士生、5.9万余名硕士研究生接受了多种形式的宣讲教育，做到了2011年新入学研究生全覆盖。

各地继续深入贯彻落实江苏省委《关于进一步加强新时期科协工作的意见》，各级科协特别是苏北地区科协的工作环境、工作条件明显改善。宿迁市科协实现单列，市委、市政府就科协工作印发文件。加大干部培养和轮岗交流力度，提拔交流使用干部18名，首次举办江苏省科协系统领导干部学习会，领导干部在线学习工作受到江苏省表彰。

【第三届江苏省青年科学家年会】1月9日，以“科技创新与战略性新兴产业的发展”为主题的第三届江苏省青年科学家年会在南京市举办。全国政协原副主席、中国工程院主席团名誉主席徐匡迪院士，省委书记罗志军出席开幕式并讲话。中国科学院常务副院长白春礼院士应邀作了《科学发展与物质科学变革性研究》的特邀报告。700余名青年科技工作者与会。省长助理徐南平院士应邀作了《创新驱动战略与创新型省份建设》的主题报告。年会设16个分论坛，围绕“智慧城市建设”、“大飞机的研发制造”、“纳米生物材料技术与产业化”等课题开展深入交流，84位院士、青年科学家和企业家作了学术报告，交流了最新学术思想和创新成果。

【首届中国湖泊论坛暨第九次江苏科技论坛】12月10日，以“湖泊健康与可持续发展”为主题的首届中国湖泊论坛暨第九次江苏科技论坛在南京市举办。水利部部长陈雷、国家自然科学基金委员会主任、中国科学院院士陈宜瑜、中国环境科学研究院院长、中国工程院院士孟伟、中国水利水电科学研究院水资源研究所所长、中国工程院院士王浩作主论坛报告。省委书记罗志军、中国科协常务副主席、书记处第一书记陈希出席开幕式并讲话，省长李学勇主持开幕式。800余位专家学者和科技工作者与会。举办了湖泊保护与资源利用等四个专题分论坛，首次对外发布《中国五大淡水湖保护与发展》专题报告，发表《首届中国湖泊论坛南京宣言》，呼吁尊重湖泊、善待湖泊、保护湖泊。

【争创“群众满意的窗口服务单位”和创先争优活动】2011年初，江苏省科协被确定为江苏省首批18家争创“群众满意的窗口服务单位”的省级部门之一。3月14日，江苏省科协召开争创“群众满意的窗口服务单位”暨机关作风建设大会，对争创活动作出部署，要求在全江苏省科协系统开展“服务创新驱动、科普惠及民生”主题实践活动。印发《关于在全江苏省科协系统建立共产党员挂牌上岗制度的指导意见》、《关于在全江苏省科协系统实行首问负责制的指导意见》。5月8日，江苏省科协组织机关全体党员干部、直属单位班子成员、省辖市科协党组负责同志赴江苏省科协系统党员干部创先争优教育基地——常熟市蒋巷村参观学习。8月2日，召开争创活动座谈会，对下半年争创活动作了部署。10月26日，召开争创活动现场会，交流全江苏省科协系统开展争创活动的情况。江苏省科协聘请60名作风建设监督员，在全省范围内发放科协工作满意度调查问卷，广泛接受群众评议，多措并举，切实提高群众满意度。各级科协结合实际制定出台一系列各具特色的主题实践方案，全面开展争创实践活动。各市科协开展“远学近比”活动，使创先争优成为全江苏省科协系统广大干部职工的自觉行动和共同追求。

【开展“三解三促”活动】根据江苏省委、省政府的部署，省科协党组领导下基层开展“三解三促”活动。党组主要领导到高淳穆家庄村驻点调研，帮助村民破解发展难题，撰写的调研报告在省级机关作风办的《情况专报》上刊登，省委主要领导批阅。省科协从科普惠农基地建设专项经费中支付40万元，支持村里兴修水渠解决农业用水，组织农口学会的科技专家与种养大户结对，开展送科技下乡活动并为村里建立科普惠农服务中心，以党支部为单位结对资助20名困难家庭学生。党组领导还结合分工，分别到省级学会、市县科协和直属单位开展调研，帮助解决发展中的问题。省科协支持常熟市蒋巷村建成村级青少年科技馆。

【第二届江苏省自然科学学术活动月】10月25日~12月15日，以“青年人才聚集和科技创新”为主题的第二届江苏省自然科学学术活动月在南京市举办。国家空间科学与深空探测领域首席专家、中国科学院院士叶培建作《探索太空，服务人类》的专题学术报告。全省150余家省级学会、高校科协的专家学者，围绕科技发展前沿和战略性新兴产业，开展了创意设计联盟、兴农学会联盟、产学研结合、科学前沿及学术创新等10个系列261项学术活动。

浙江省科学技术协会

2011年，浙江省各级科协组织在党委政府的正确领导和上级科协的有力指导下，团结带领广大科技工作者，深入实施“八八战略”和“两创”总战略，按照“三服务一加强”工作定位和“五+X”工作格局，围绕中心、服务大局，开拓进取、扎实工作，在服务经济社会发展、学术交流、科学普及、人才举荐、思想库建设、科技服务及自身建设等方面都取得了新进展，有力地推进了全省经济持续回升、科技创新发展和社会和谐稳定，为促进当地经济、科技和社会发展作出了新贡献。

围绕省委省政府“两创”总战略，积极服务经济社会发展。2011年新增院士专家工作站86家，引进院士专家45名。进站工作的科技人员达到944人，比上一年增加1.5倍多，签订科技合作项目198项，比上一年增长1倍。吉利集团等16家单位的工作站被评为第二批省级院士专家工作站。截至目前，全省累计建站176家，引进院士144名（其中省外院士128名），实施科技合作项目500余项。省财政专门落实了工作站建设专项经费。工作站管理服务及运行机制不断完善，有力地促进了企业科技创新、产业转型升级和地方经济发展。参与省政协开展的“智慧浙江”重点课题及“加强和创新社会管理”专题调研活动。组织省政协科协界委员赴青山湖科技城、舟山群岛新区考察调研。启动国家级科技思想库建设试点工作，在中国科协思想库建设试点单位年度考核中被评为优秀等级。将2010年软科学研究成果整理汇编成《低碳浙江研究》、《资源保护与开发利用》、《产业发展与转型升级》等5大专篇，报省领导及有关部门参阅。编报《科技工作者建议》8期，其中，“将钱塘江河口资源综合开发工程列为我省重大建设项目进行前瞻性研究”、“2011年浙江省灾情趋势预测及对策建议”等5份建议得到省委书记赵洪祝、省长夏宝龙、副省长毛光烈等省领导的批示肯定。《浙江制造向浙江创造转变核心问题研究》获2011年中国科协优秀调研报告一等奖。“服务企业、服务基层”活动成效明显。省科协促进核电相关产业发展、心理危机干预、低碳经济与生态文明建设、杭州湾资源与环境研究、科技实现度测评及新农村建设等六个专家组积极开展相关活动，成效显著。省心理危机干预专家组成功开展了“7.23”甬温线列车特大事故心理救援活动。促进核电相关产业发展专家组承办了“2011’中国（浙江）核电工业展览会”。2011年实施省级以上“科普惠农兴村计划”项目63个，以奖代补资金465万元。与浙江大学联合组建“博士生科技服务团”，组织60余名博士生赴临海、永嘉等地开展科技服务活动。

围绕学术创新与繁荣，大力开展科技交流与合作。广泛开展多层次的学术活动。组团参加了中国科协第十三届年会、第八届长三角科技论坛和首届中国湖泊论坛。完成了浙江省“十二五”时期加大科技投入的障碍与对策研究等4项重大研究课题和“‘十二五’浙江创新型省份实现度测评研究”等20项软科学研究课题，立项资助实施了“食品安全高峰论坛”等100个省科协重点学术活动项目。举办了“保护西湖文化景观”等科技沙龙活动23场次。2011年省市科协及所属学会共举办学术活动达1800余次，参加人数达16万人次，交流论文2.5万篇。不断拓宽对外科技合作领域。比利时科技教育合作项目以互派大学生进修为切入点，推进中控集团、阿里巴巴集团等企业与比利时大学实现项目对接，促进杭州市中策职业学校、浙江商业职业技术学院与西弗兰德省相关单位就烹饪教学开展合作。省科协还与美国科罗拉多州立大学签订了框架合作协议和高中生合作项目协议，首次开展推荐优秀高中生赴国外就学项目。省科协全年共派出科技人员132人次，接待国外来访科技专家学者417名。成功参与主办了第十届海峡两岸大学生辩论赛、第十届海峡两岸科技与经济论坛等活动。鼓励学会积极承接政府转移职能，省医学会承接了政府部门委托的医疗事故技术鉴定、继续医学教育等12项职能。学会设奖不断增多，省化工学会设立了省化学工业科技进步奖，省岩土力学与工程学会设立了省岩土工程科技进步奖。

围绕提高公众科学素质，着力提升科普工作实效。省政府两次召开专题电视电话会议，省政府分管领导作重要讲话，对纲要实施工作进行部署。制定和实施《浙江省“十二五”科普事业发展规划》和《浙江省全民科学素质行动计划实施方案（2011—2015年）》。浙江省委书记赵洪祝专门就纲要实施工作批示，肯定成绩，提出要求。省委、省政府办公厅继续下发了2011年度纲要实施工作要点。公务员心理健康促进工程开始在省直机关推开。《人民日报》刊登了毛光烈副省长关于实施《科学素质纲要》工作的署名文章，全年省级以上媒体报道纲要实施工作60余篇次。深入开展文化科技卫生“三下乡”、适用技术培训和科技结对帮扶等活动，组建“农函大”讲师团，全省“农函大”短期培训农民87.4万人次，培训一年制以上学员17.5万名。广泛开展科技创新大赛、青少年科技节、科普进校园等课外科技教育活动。着力开展高技能人才培训、外来务工人员就业能力培训和职业技能培训，开展企业科普展示馆建设试点工作和“讲理想、比贡献”活动，促进城镇职工科学素质的提升。实施“社区科普益民计划”试点，壮大“科普之友”队伍，提升社区居民的科学素质。广泛开展科技（科普）活动周和全国科普日活动，其中省级重点活动40余项，各类群众性活动3500余项，受惠群众达500万人次。科学会客厅、科学行走计划、科技咖啡馆、中外科普连线等“四科”科普品牌活动影响力进一步增强，其中科学会客厅每月一期，邀请到诺贝尔奖获得者等10余位科学家作报告，现场参与人数达4000人次。针对日本福岛核辐射、食品安全问题、动车事故等突发公共安全事件，开展针对性的应急科普宣传，发放宣传挂图资料20余万份。浙江省科技馆推出《纪念人类进入太空50周年图片展》等临时展览，成功举办科技嘉年华等大型科普活动，全年接待观众70万人次，观众满意度达到98%。数字科技馆正式开通。全省各市、县（市、区）共到位科普经费15147.8万元，到位纲要实施工作专项经费802.5万元，落实外来务工人员科普经费1096.8万元，分别增长15.4%、28.6%、8.9%。成功创建全国科技示范县（市、区）21个，41个单位和9人受到中国科协表彰。全省已建成县级科普活动中心73个，标准科普画廊4564个，农村科普宣传栏17297个，电子画廊、电子视频等新媒介科普载体2700余个，企业特色科普馆58个。编印出版《科学会客厅》等科普书籍1万余册，制作“科学会客厅”视频光盘1.5万余张，编印科普挂图2.2万多套。探索建立科普项目实施机制，全年共实施科普基础建设、科普活动、科普资源开发、科普研究等四大类重点科普项目121个。

围绕培养造就创新人才，竭诚服务广大科技工作者。认真履行浙江省人才领导小组、省科教领导小组成员单位的职责，配合做好省特级专家评选推荐等工作。评选表彰了15位省第11届青年科技奖获奖者，其中6位同志还获得了中国科协第12届青年科技奖。全省共有7个单位、19位个人获得“全国科协系统先进集体（个人）”称号，其中有1个集体和1位个人被评为“全国科协系统先进集体（个人）标兵”。联合省委组织部、省人社厅表彰了100名“浙江省优秀科技工作者”，并评选出“十佳”优秀科技工作者；会同省人社厅对全省科协系统20个先进集体和26名先进个人进行表彰。《浙江日报》、浙江卫视等省级以上媒体对浙江省10余位院士专家进行集中报道，《浙江科技报》在头版开设“优秀科技工作者风采篇”专栏，对18名基层优秀科技工作者进行宣传报道。继续实施“育才工程”，全年资助65名青年科技人才著书立说、参加国际会议等。深入实施“希望之光”计划，资助“2510行动”项目22个，资助经费70余万元。积极开展继续教育培训工作，举办各类培训班20期，培训人员达1500余人次。省机械工程学会和省仪器仪表学会成功举办了“激光与装备技术在现代制造业中的创新应用”、“工业控制系统功能安全技术评估与认证”等两期“新世纪151人才工程”高研班。成功举办“2011年海外智力为国服务研讨会暨联席会议”，80多位院士专家及来自13个国家的200多名海外科技团体负责人和高层次科技人才齐聚绍兴，开展了专题研讨、成果展示、项目洽谈等活动，部分海外专家学者还参加了“海外智力宁波行”活动。中国科协正式批准杭州、宁波、绍兴作为中国科协“海智计划”浙江工作基地，由科协与当地高新区或海外人才创新园联合共建，成为浙江省科协系统为海外高层次人才推动浙江经济社会发展提供服务的又一新平台。

围绕科协事业持续发展，全面加强自身建设。持之以恒贯彻落实浙委［2003］2号、［2007］59号文件精神，省委常委会听取省科协5年来工作汇报，隆重纪念中国共产党成立90周年，深入学习贯彻党的十七届六中全会和省委十二届十次全会精神，自觉从实施《科学素质纲要》、加强科学道德与学风建设、培育创新文化、推进科协文化建设4方面推进社会主义文化大发展大繁荣。联合省教育厅等部门开展了高校研究生科学道德与学风建设宣讲教育活动，积极参与了全国政协、中国科协和省委组织开展的纪念钱学森诞辰100周年活动。成功召开省科协第九次代表大会，选举产生了省科协新一届领导班子，进一步增强了浙江省科协组织的凝聚力、向心力和发展合力。

【浙江省科协第九次代表大会】 11月14～15日，浙江省科学技术协会第九次代表大会在浙江省杭州市举行。省委书记、省人大常委会主任赵洪祝，中国科协副主席、书记处书记程东红到会祝贺并讲话，省委副书记、代省长夏宝龙出席闭幕式并讲话。省科协第八届委员会主席、中国工程院院士李兰娟在大会上作工作报告。省科协第九届委员会主席、中国科学院院士杨卫致闭幕辞。省科协第八届委员会副主席郑小明教授致开幕词。省总工会党组书记、副主席金长征代表各人民团体致贺词。

大会选举产生省科协第九届委员会，中国科学院院士、浙江大学校长杨卫当选为主席，鲁善增、隗斌贤、罗建红、章丰、朱军、严晓浪、吴金坤、邱飞章、张立彬、张海生、陈剑平、周海梦、聂秋华、高从堦、薛安克当选为副主席，董克军当选为秘书长。

会议还分别授予李兰娟为荣誉主席、郑小明为荣誉委员的职务，会上表彰了省优秀科技工作者、省科协系统先进集体和先进工作者、省“十一五”科普工作先进单位，并为第二批省级院士专家工作站授牌。

【浙江省委书记赵洪祝批示肯定浙江省纲要实施工作】 7月12日，浙江省委书记、省人大常委会主任赵洪祝就浙江省《全民科学素质行动计划纲要》（以下简称《科学素质纲要》）实施工作作出重要批示。批示指出：“近年来，我省认真实施《科学素质纲要》，开展了丰富多彩的科普宣传活动，取得了明显成效。希望继续努力，把这项工作抓紧抓实，为全面提升我省公民科学素质作出新贡献。”自国务院启动实施《科学素质纲要》以来，每年由省政府召开《科学素质纲要》实施工作电视电话会议，省“两办”联合下发年度工作要点，明确职责，分解任务。各成员单位按照“四大重点人群”科学素质工程的总体部署，扎实推进各项工作的实施，每年开展各类科普活动均超过1000余项。与此同时，省科协还成功打造了科学会客厅、科学行走计划、科技咖啡馆、中外科普连线等“四科”科普品牌活动，受众反响良好。

【中国科协“海智计划”浙江工作基地成立】 8月27日，经中国科协批准，中国科协“海智计划”浙江工作基地正式成立。在当时召开的中国科协2011年海外智力为国服务研讨会暨联席会议开幕式上，中国科协名誉主席周光召、中国科协“海智计划”专家委员会主席赵忠贤、中国科协书记处书记张勤等领导分别向杭州、宁波、绍兴3个基地所在地的市科协授牌。中国科协海智计划浙江工作基地分设在杭州、宁波、绍兴三地，其主要是依托当地高新技术开发区、海创园和工业园区，充分利用中国科协的海外科技团体和海外人才资源，推进建立海外人才联系点、海外人才库和项目库，以此带动全省科协组织在引进海外高层次人才工作中的参与度和贡献率，不断开创海智工作新局面，促进“海智计划”项目在浙江落地、生根、开花、结果。

【院士专家工作站助推企业转型升级】 截至2011年底，浙江省已累计建站176家，引进院士专家144名，其中省外院士128名，实施科技合作项目500余项。通过工作站建设有力地促进了企业科技创新、产业转型升级和地方经济发展。巨人通力电梯有限公司与浙江大学谭建荣院士合作开展的“高速高舒适性曳引电梯关键技术研究及产业化开发”项目成果，获得了浙江省科学技术奖一等奖。浙江新安化工集团与浙江工业大学沈寅初院士共同开展的“草甘膦创新生产工艺研究及开发”项目，被列入“十一五”国家科技支撑计划并通过验收，该工艺在国内率先实现了草甘膦连续化生产，目前已实现经济效益2627万元、上缴利税393万元。杭州、宁波、绍兴等地通过工作站建设，成功引入一批国家级科研院所（中心）。嘉兴科技城院士专家工作站与中科院生物物理研究所王志新院士等合作申请国家级、省级科技项目30余项，落实科研经费1200余万元。金华市农科院通过工作站建设，与国家杂交水稻工程技术研究中心袁隆平院士及其团队合作开展超级杂交水稻新品种的引进、选育与配套栽培技术研究。

【心理素质与心理健康工程全面实施】 2011年，在全面总结三年试点工作经验的基础，公务员心理健康促进工作在全省范围全面启动，这标志着浙江省心理素质与心理健康工程全面实施。2007年，省科协充分依托自身的学科优势和地域特色，启动实施了“心理素质与心理健康工程”，并纳入全民科学素质行动计划。2008年，由省心理卫生协会在杭州余杭区组织实施公务员心理健康促进工作试点，经过3年多的努力，取得了阶段性成效。构建了“党委政府重视、相关部门联动、专业技术支撑”的工作模式，形成了公务员心理健康促进工作的软硬件和技术操作规范。2011年，受省卫生厅、省直机关工委的委托，省心理卫生协会又对省直机关干部的心理健康和幸福指数进行基线调查，完成79家单位近2000名机关干部的抽样调查，形成《关于浙江省省直机关干部心理素质与幸福指数的调查报告》，并提出了进一步开展项目工作的建议。目前，经省委主要领导批示同意，此项工作已在全省范畴内全面展开。

安徽省科学技术协会

加强科技服务，推动自主创新。以“服务创新发展，增强核心竞争力”为主题，组织举办2011年安徽省科协年会，设立专题分会场20个，3000多位科技工作者参与年会相关活动。与蚌埠市政府等单位联合主办了科技支撑城市与区域经济发展博士科技论坛，400多位博士围绕科技创新和学科发展，开展跨学科、跨领域的学术研讨，交流论文200余篇。受中国科协委托，承办中国科协网络学术交流研讨会和土肥水资源高效利用与农业面源污染防控技术学术研讨会。全省各级科协及所属学会共举办国内学术会议1099个、国际及与港澳台地区学术会议16个，参加人员近14万人次，交流学术论文1.2万余篇。2011年，全省科协系统共组织187个省、市级学会的6500多名科技工作者，为832个企业提供了各种形式的科技服务617项，合计新增利润13.3亿元、节约成本5.8亿元。省农学会、水利学会等充分发挥各自专业优势，为相关企业和基层送技术、争项目、引资金，省食用菌协会与宣城市科协联合举办首届中国（旌德）灵芝产品博览交易会。安徽省铜陵市科协帮助该市金泰化工实业公司引进利用新技术，安徽省六安市科协组织124名科技人员为12家企业提供各种形式科技服务。省科协组织5个调研检查组到10个市、深入28家企业和学会调研指导，对工作突出的27个省级学会和市科协给予表彰奖励。

开展决策咨询工作，建设科技思想库。经安徽省编委批准，省科协机关新设立了宣传部，落实专门机构和人员承办科技思想库建设有关工作。组织省级学会开展了《安徽海智项目和人才推进工作研究》、《合芜蚌自主创新综合试验区创新网络建设与产业创新能力提升研究》等15个课题研究，向省及有关部门提交专题建议书20多篇。组织省政协科协界委员到安徽省池州市调研，为省新农村建设建言献策。省科协推荐的《关于加强面向中老年人科普服务的建议》，获得“2011年度中国科协科技工作者优秀建议奖”。安徽省合肥市科协《关于“十二五”在我市规划建设高铁产业基地的建议》，得到了省委领导的批示。全省各级科协组织共提供各类决策咨询报告258篇，其中获得批示84篇。

实施“安徽省科普惠农兴村‘百·万工程’”。省科协提出“‘十二五’期间在全省推广百项具有共性、适合农技协规模发展的农村先进实用技术，培训万名带动能力强的农技协带头人和骨干”的工作目标。4月，与省委组织部、省农委联合举办了“2011年全省农技协负责人高级培训班”，带动阜阳、黄山、安庆、宿州、亳州、淮南等地开展本级农技协骨干培训活动。全省共举办农技协骨干培训班183个，1.13万名基层农技协骨干参加培训。争取中国科协、财政部科普惠农奖补资金805万元，全省各级共投入科普惠农奖补资金772万元。

推动科普产业发展。国务院《全民科学素质行动计划纲要实施方案（2011—2015 年）》和“中国科协事业发展‘十二五’规划”把“推动科普产业发展”作为深入实施《全民科学素质纲要》的重要措施。安徽省副省长倪发科在全省全民科学素质行动实施工作电视电话会议上特别指出“发展壮大科普产业是安徽省落实《科学素质纲要》工作的最大特色，是建设文化强省、发展新兴服务业的重要内容”，并要求“继续保持和扩大科普产业起步早的优势，努力实现科普产业的跨越式发展”。2011 年，省科协积极推进安徽省科普产品工程研究中心建设和中国（芜湖）科普产业园区建设，提高科普产品研发能力，落实相关扶持政策，先后引进 16 家企业入驻产业园区，推动科普产业集聚发展。成立全国首个科普装备标准化技术委员会，促进科普产品专业技术标准化水平提升。与省教育厅、团省委联合举办第二届安徽省百所高校百万大学生科普创意创新大赛。受中国科协委托，牵头研究编制“中国科协科普产业‘十二五’发展规划”。初步建立了科普产业理论研究、产品研发、产业集聚、市场培育、标准制定的产业发展体系，形成了安徽优势和特色。

会同有关单位制定《安徽省全民科学素质行动计划纲要实施方案（2011—2015 年）》，推动安徽省公民科学素质工作纳入《安徽省国民经济和社会发展第十二个五年规划》和安徽省科技事业“十二五”发展规划、教育事业“十二五”发展规划。承办全省全民科学素质行动实施工作电视电话会议，安徽省副省长倪发科出席会议，并对安徽省“十二五”期间《科学素质纲要》实施工作进行全面部署。“十一五”期间 160 个公民科学素质工作先进集体和先进个人受到省直 9 部门联合表彰。着力培育精品科普活动，促进重点人群科学素质提高，围绕“节约能源资源、保护生态环境、保障安全健康、促进创新创造”主题，组织开展全国科普日、科普大篷车“进校园、进社区、进机关”、科技活动周等品牌科普活动。与省九三学社合作，推进百名科技专家进乡村学堂讲科普活动深入开展。在全省组织开展珍爱生命之水——2011 年青少年科学调查体验活动，近 4 万名中小学生参与。在《安徽科技报》开辟了“百名医学专家讲科普”专版，编辑出版《百名医学专家讲科普》。

推进科普示范体系建设，安徽省共有 41 个县（市、区）被中国科协命名为“2011～2015 年全国科普示范县（市、区）”。组织开展省级科普教育基地认定工作，有 62 家单位被命名为“安徽省科普教育基地（2010～2014）”。争取中国科协为安徽省蚌埠市、阜阳市临泉县、池州市青阳县等地配发科普大篷车。创建国家级科普教育基地 12 个。组织开展全省科普场馆免费开放情况专项调查，省科技馆和合肥市科技馆已先后免费向社会开放。

深入实施“海智计划”。在中国科协支持下，将“中国科协海智计划合肥工作基地”扩展为“中国科协海智计划安徽（合肥）工作基地”，在安徽省芜湖、蚌埠两市建立了海智工作中心。举办 2011 中国（合肥）“海智计划”项目与人才对接会，参与承办海外侨胞高层次人士皖江行活动。依托安徽农业大学设立了“安徽海智农业基地”，邀请日本农业科技专家到安徽省宿州市指导蓝莓产业发展，促成科大讯飞公司和合肥工业大学与海外科技专家开展项目合作，组织美国、荷兰等国科技专家到江南集中区等地进行考察和项目对接。目前，中国科协海智计划安徽（合肥）工作基地已与 62 个海外科技社团建立联系渠道。在美国、日本、中国台湾等地设置了 5 个“中国安徽（海外）引智中心”，邀请 300 多位海外科技专家来安徽考察，组织召开专题对接会 40 余场次，引进 26 个高科技项目和 25 名海外高层次人才。

做好科技人才的表彰奖励工作。贯彻省人才工作领导小组会议精神，切实落实省科协承担的人才工作任务。与省委组织部、省人社厅联合开展第十三届安徽青年科技奖评审活动。开展全国科协系统先进集体和先进工作者、中国青年科技奖等推荐工作，安徽省有 7 个集体和 14 人受到中国科协、人社部等国家有关部委的表彰奖励。安徽省宣城市开展“十佳科普标兵”和“十佳技术革新能手”评选表彰活动。安徽淮北市科协举办纪念杨柳科学实验点建立 30 周年研讨会。

加强科协自身建设。《安徽省科协常委联系点制度》深入实施。安徽省政协副主席、省科协主席田唯谦等负责人深入自己的联系点或基层，传达中国科协八大精神，调研指导科协工作，听取基层科技工作者意见和建议，为基层提供帮助和支持。把纪念建党 90 周年、贯彻落实胡锦涛总书记“七一”重要讲话精神、党的十七届六中全会精神、省第九次党代会精神与科协工作实际紧密结合起来，采取多种形式，深入开展“创先争优”活动。安徽省科协召开了纪念建党 90 周年全体党员大会，表彰优秀党员，举办了青年干部“学习沈浩、体验基层”培训班、党支部书记培训班和科技传播培训班，参加“万名党员便民行”主题实践活动。以“创先争优、提质提效”为主题，举办全省科协办公室主任培训班。

【首届皖台科技论坛暨第六届海峡两岸管理科学论坛】9 月 4 日，由安徽省科协和福建省科协、上海市科协、江西省科协、中国科学技术大学、台湾中华公共事务管理学会、中山大学公共事务管理研究所、高雄都会发展文教基金会等12家单位共同主办的首届皖台科技论坛暨第六届海峡两岸管理科学论坛在合肥举办。安徽省副省长倪发科和中国科协党组成员沈爱民出席论坛开幕式并讲话。台湾地区22家单位、16所高校的58名专家学者出席本次论坛活动。海峡两岸200余名专家学者围绕“区域科技经济合作与发展”的主题，就公共管理创新与实践、企业管理与创新、科技传播与科学普及、科学技术与现代农业发展、气象灾害防御与预警、两岸科技社团交流与合作等六个领域的有关议题开展交流与研讨，共有105篇论文被编入本届论坛论文集。安徽省4家单位与台湾5个科技社团共签订业务合作协议8个。其中，安徽省科协与台湾有关科技团体达成了“今后每年两地轮流主办皖台科技论坛”的协议。

【安徽省科学道德和学风建设宣讲活动】11月17日，省科协和省教育厅联合举行安徽省科学道德和学风建设宣讲活动启动仪式暨首场宣讲教育报告会。省科学道德和学风建设宣讲教育活动领导小组组长、省科协党组书记、常务副主席周建强出席会议并讲话，领导小组副组长、省教育厅副厅长李和平主持会议。中国工程院院士、中国电子科技集团公司第三十八研究所所长吴曼青，安徽农业大学校长、博士生导师宛晓春等出席会议。中国科技大学、合肥工业大学、安徽大学、解放军陆军军官学院等在合肥有关研究生培养单位负责同志及1000余名研究生代表参加报告会。吴曼青院士和宛晓春结合自身科研工作经历，分别以《做一个适应者》和《做科学道德践行者和良好学风的维护者》为主题作宣讲报告。为推动科学道德和学风建设宣讲活动扎实开展，省科协、省教育厅印发《关于开展科学道德和学风建设宣讲教育活动的通知》，专门组建“安徽省科学道德和学风建设宣讲团”支持各有关单位开展宣讲活动。

【2011中国（合肥）“海智计划”项目与人才对接会】11月9~10日，由安徽省人民政府、中国科协主办，中国科协海智办、安徽省科协、合肥市人民政府共同承办的2011中国（合肥）“海智计划”项目与人才对接会在合肥举行。全国人大常委会委员、中国科协副主席冯长根出席并致开幕辞，安徽省人民政府副省长谢广祥宣布对接会开幕。安徽省科协常务副主席、党组书记周建强，合肥市副市长杨增权，中国科协海智办副主任方进，省财政厅、科技厅相关部门负责人出席对接会开幕式。该项活动是第七届中国国际徽商大会暨第十一届中国（合肥）自主创新要素对接会重点活动之一。来自美国、加拿大、日本、新加坡等国的专家学者，有关省辖市科协、开发园区及高科技企业代表共计100余人参加了对接会。来自不同领域的海外专业人士进行了项目推介，“通用智能门户网站及其对象模型系统项目”、“中国传统针灸技术与美国透皮技术相结合开发透皮灸项目”、“生态有机农业与物联网项目”等15个海智项目进行现场签约。安徽省科协还与省侨办、省人才办共同举办了“海外侨胞高层次人士皖江行”活动，邀请了100余位海外侨胞、专业人士赴安徽芜湖、淮南等市进行考察、洽谈。

【第二届安徽省百所高校百万大学生科普创意创新大赛】6月9日，省科协、省教育厅、共青团安徽省委等部门在安徽省合肥市举行动员培训大会，全面启动第二届安徽省百所高校百万大学生科普创意创新大赛。大赛组委会主任、安徽省科协常务副主席、党组书记周建强代表大赛组委会作了动员讲话，安徽省教育厅副厅长李和平对参赛高校师生提出了明确要求，共青团安徽省委副书记汪华东宣读了第二届大赛的通知。动员大会由大赛组委会办公室主任、安徽省科协副主席梁寿南主持。动员培训大会上，来自中国科技大学、中国传媒大学、北京科学中心、合肥通用机械研究院、少年博览杂志社等单位的科普产品创意设计专家、首届大学生科普创意创新大赛的评委，分别就科普文艺作品的回顾和创作、科普展品的设计原则和方向、科普展品创意的构思和实现以及大学生在参赛过程中应该注意的一些具体事项等，作了精彩的报告。本届大赛共有94所高校及研究生培养单位的7187名同学参加，提交各类作品2621件，其中，展教品500件，文艺作品1161件，动漫作品200件，网站软件作品104件，报告论文作品656件。经评审委员会评审，共评出各类奖项414项。

福建省科学技术协会

积极开展科技咨询，服务科学决策。整理提交省政协提案24件，均得到答复和采纳。省科协被评为2010~2011年度省政协先进界别，《关于构建民生信息化服务体系的建议》被评为优秀提案。福州市科协提供的《关于打造福州“中国温泉城”的对策建议》，获中国科协优秀调研报告二等奖和省政府优秀科技建议奖，福州市被评为“中国温泉之都”。整理《科技工作者建议》16件，10项优秀建议获省政府表彰。省科协调研文章《大力引进院士专家创新成果，为县域经济发展提供科技支撑》被省委政研室采用刊发。省科协获2011年中国科协调研报告优秀组织奖。

持续打造院士专家牌，着力为福建发展招才引智。邀请57位院士参加省委、省政府组织的第九届中国·海峡项目成果交易会，共征集参展项目559个，重点推介项目208个。签订项目23个，合同金额3.68亿元。中国工程院院长周济院士，中国科学院副院长詹文龙院士等亲临指导，促成省政府与中国工程院签订科技战略合作协议等。《院士专家信息库》、《科技成果库》和《技术需求库》收集整理院士专家信息655条、科技成果信息9028条、技术需求信息2086条。新建院士专家工作站20个，进站院士25人；全省已建66个，89位院士进站工作。新建企业科协133家，全省已建1600家。在全省企业科协中建立通信员制度，在线征集企业技术难题与需求674项，开展供需技术对接35项，5万多名科技人员参加"讲、比"活动，开展技术创新1229项，提合理化建议4976条。23批77人次海外专家来福建开展科技交流。15个引智项目被列入中国科协年度"海智计划"，4个高科技项目落地福建。主办及承办两场国际学术论坛和会议。引进25名海外高层次专家人才，被列入国家"千人计划"1名，省"百人计划"1名，科技创新团队1个。

持续打造科普创新牌，着力提高全民科学素质。省政府制定下发《福建省全民科学素质行动计划纲要实施方案（2011—2015年）》。《福建省科协事业发展"十二五"规划纲要》等文件。与福州大学合编《福建科普资源共建共享发展报告（2010年）》，与省财政厅合编《福建省全民科学素质工程科普教育丛书》9种10万册、制作农村科普挂图4.2万套、城市科普挂图1.2万套赠送基层。福建数字科技馆观众访问量在全国同行中排名第2。省科技馆2011年接待观众40多万人次，在8个老区市县、31所偏远贫困山区学校开展科普巡展海西行活动，受益公众16.5万余人次，受益学生4500多人次。深入学校、社区、军营举办海西科普大讲坛69场。省农函大在全省农村举办各类实用技术培训班1070期、培训农村实用技术人才4.9万多名、举办短期培训14.5万多人次、党员干部培训4.2万多人次、妇女培训4.4万多人次。2011年福建省5个单位和6人获全国全民科学素质工作先进集体和先进个人。全省表彰99个先进集体和98名先进个人。全省公民科学素养从2005年的2.29%提升到目前的4.4%。9月16～23日，省全民科学素质成员单位在福州市举办主题为"节约能源资源，保护生态环境，保障安全健康，促进创新创造"的全国科普日活动。重点开展以"水情、水利、水资源"为主要内容的科普活动。福建省副省长叶双瑜、省直有关部门领导出席会议启动仪式，3000余名公众参加了科普日主会场活动，现场观摩科普展教演示。省科协印制全国科普日主题科普挂图1.5万套，主题专刊10万份发放基层。科普日期间，全省共举办科普报告289场、科普展览338场，重点科普活动238项，科技知识竞赛110场，发放科普资料86万份，参与公众达300余万人次。

持续打造重点群体牌，着力培育创新和实用人才。深入开展青少年创新实践活动。举办第26届省青少年科技创新大赛、第九届省青少年机器人竞赛等。福建省代表队参加第十一届全国青少年机器人竞赛，金牌获全国第一。参加第26届全国青少年科技创新大赛获全国第6，福建省选手在第43届国际化学奥赛中获金牌。暑期在省科技馆、漳州、宁化等地举办中学生科普、英语夏令营。依托数字科技馆开展防震减灾科普活动，近万名学生参加。

继续深入实施"科普惠农兴村计划"。43个农村专业技术协会、10个农村科普示范基地、15名农村科普带头人获中国科协、财政部表彰，奖补资金1135万元。与财政厅联合表彰54个省级农村科普先进单位和25名省级农村科普带头人，配套奖补资金320万元。全省已建科普服务站6761个，科普宣传栏7567个，科普宣传员7918名。扎实推进科普兴村"三个一"工程（在省定贫困村，每年举办一期农村先进适用技术培训班、培养一名在职大学生村干部、资助一名初中毕业的贫困学生接受中等职业教育并推荐就业）。依托省农函大和科技职业技术学校，开展农村实用人才、技术培训2468期，203个班次，培训农民1.3万多人次。开设乡村管理大专班，培养村官300多人次。省科技职业进修学校培养的724名毕业生，100%推荐就业。

提高社区居民科学素质。拨出专款开展社区科普益民计划工作。全省已建科普基地348个，青少年校外科技活动中心45个，青少年科学工作室79个，福州城区建成电子科普宣传栏27个、太阳能科普宣传栏35个。

持续打造强势学会牌，增强自主创新能力。各级学会开展学术交流活动635次，参加人员5.65万人次，交流论文1.1万多篇。组织省级学会承担24个自然科学学科发展报告并发布。9月14日，省科协第十一届学术年会由省科协和龙岩市人民政府共同主办，设主会场1个，分会场55个。学会改革创新试点工作成果实在。7个学会拓宽业务领域，7个学会获相关厅局授权和委托的职能，9个学会改善了办公设施。《学会》杂志出刊12期，《海峡科学》出刊12期。

多渠道举荐表彰奖励优秀科技人才，促进科技人员成才成长。与省委组织部、省公务员局、省科技厅评出第十一届福建青年科技奖获奖者30名，与香港运盛集团评出第十八届福建运盛青年科技奖获奖者 10 名，与紫金矿业集团评出第三届紫金科技创新奖获奖者 10 名，第八届福建省科技工作者优秀建议 10 项获省政府表彰。省科协推荐的福耀集团总工艺师周遵光获中国科协求是杰出青年成果转化奖，推荐的省农科院农业生物资源研究室主任朱育菁获第十二届中国青年科技奖。推荐的伊时代公司“网剑网络文件保险柜”项目获福建省 2010 年度科技进步二等奖。

持续打造海峡特色牌，深化闽台科技交流。发挥优势，拓展海峡两岸“一赛三论坛”为“一赛四论坛”，多层次、多渠道开展海峡两岸民间科技交流，服务祖国统一大业。

切实加强自身建设，建好科技工作者之家。开展纪念福建省科协成立 50 周年系列活动。省科协领导走访慰问驻榕科协常委和北京、上海、陕西等地院士 440 多位，听取意见建议。定期开展“委员之家”活动，组织科协常委和青年科学家参观考察等。扶持市县区科协资金 1450 万元，扶持省级学会改革创新试点 350 万元，提高基层服务能力。与基层科协、省定扶贫村联合开展党建“三级联创”活动，6 个单位和 13 人 2011 年荣获“全国科协系统先进集体、先进工作者”称号。省科协机关、省科技馆被评为省级文明单位。

【福建省科协成立 50 周年纪念大会】 11 月 15 日，纪念福建省科协成立 50 周年纪念大会在福建会堂隆重举行。省委副书记陈文清、省人大副主任张广敏、省政府副省长洪捷序、省政协副主席李祖可等领导出席大会。陈文清代表省委、省政府向福建省科协成立 50 周年表示热烈祝贺。他指出，50 年来，全省各级科协组织围绕大局，发挥优势，认真履职，做了大量富有成效的工作，发挥了重要作用。他要求全省广大科技工作者，要积极推进科技创新，提高全民科学素质，为科学发展跨越发展提供强有力的科技支撑。福建省科协党组书记、副主席叶顺煌作了题为《五十载风雨兼程路 千万人艰苦创业诗》的讲话，总结回顾了福建省科协 50 年来的奋斗历程和体会，对未来科协的发展作出部署。会上对福建青年科技奖获得者，全省十佳院士专家工作站、十佳企业科协、十佳科普示范基地、十佳先进农技协、十佳农村科普带头人、十佳农函大、十佳明星学会、十佳科普场馆、十佳科普图书、十佳精品项目进行了表彰。

【海峡两岸“一赛四论坛”】“一赛四论坛”是指海峡两岸大学生辩论赛、海峡两岸科技专家论坛、海峡两岸科技与经济论坛、海峡两岸管理科学论坛、海峡两岸科普论坛。将中国科协主办、福建省科协和厦门市科协承办的海峡两岸科技专家论坛列入海峡论坛的重要活动。组织台湾省专家学者 172 人，大陆专家学者近 200 人出席论坛。中国科协书记处书记张勤，省委常委、宣传部长唐国忠，台湾省中华青年交流协会创办人李锺桂博士等出席论坛开幕式并致辞。

省科协与台湾省中华青年交流协会合作，联合上海、浙江、山东、河南、吉林、新疆六省、自治区、直辖市科协和福建省教育厅共同主办第十届海辩赛，海峡两岸 16 支大学代表队 112 人参加。台湾政治大学获冠军，郑州大学获亚军。赛事组委会专门举办海辩赛十周年纪念活动，中国科协副主席、书记处书记程东红，福建省委常委、宣传部长唐国忠出席纪念大会并致辞。组织多个省份专家学者赴台湾参加第十届海峡两岸科技与经济论坛，与台湾省中华公共事务管理学会、安徽省、上海市、江西省科协等合作，在安徽省合肥市举办第六届海峡两岸管理科学论坛。与台湾省元智大学、台湾省《科学月刊》、上海市科协、海峡两岸学术文化交流协会合作，在厦门市举办第四届海峡两岸科普论坛等。不断拓展赴台科技交流与合作。省科协副主席柯少愚、谢华安院士分别带团赴台湾开展学术科技交流。

【第八届福建国际英语科普夏令营】 7 月 11 ~ 28 日，省科协与美国鹤庐亚洲文化中心共同主办的第八届福建国际英语科普夏令营在福建省宁化县举办。8 名美国教师、166 名中学生、16 名福建英语教师参加了夏令营活动。夏令营重点突出“英语教学”和“特色科普”活动，设置了英语课堂教学、英语学习经验交流会、生日 Party、天文科普讲座和实践、联欢晚会等活动内容。美国鹤庐亚洲文化中心执行总裁布莱恩·沃伦先生担任美国教师领队，参加了夏令营课堂教学，为夏令营增添中美学生视频连线和学生主持电视节目等新的活动项目。福建省成为美国鹤庐亚洲文化中心亚洲英语教学示范点。

【科普场馆等设施建设加强】 争取省财政 500 万元扶持基层科普场馆建设。1 月 9 日，福建省科技馆新馆举行开工仪式，福建省省长苏树林、全国人大环境与资源保护委员会副主任委员黄小晶，福建省委常委、福州市委书记杨岳等领导出席。科技馆新馆占地面积 109 亩，建设规模 9 万平方米，世纪金源董事局主席黄如论先生追加捐资至 9 亿元，计划 2014 年建成开放。各地认真落实《福建省科普场馆平台建设规划（2010—2012 年）》，19 个市县区计划“十二五”期间建成科技馆，已着手规划建设 12 个行业科技馆。三明市科技馆完成布展设计，莆田市、福清市、泉港区科技馆动工兴建。1万个建制村科普宣传栏建设项目被列入省委省政府为民办实事具体项目。福建数字科技馆和150个社区青少年科学工作室建设项目被列入福建省"十二五"精神文明建设创建工作规划。

【"院士专家海西行"活动十一周年】 省科协与省直有关部门联合组织开展"院士专家海西行"活动11周年。2011年，邀请1434位院士参与"院士专家海西行"活动，694位院士专家参加福建省委、省政府组织的中国·海峡项目成果交易会（简称"6.18"）。推荐国际、国内领先项目8679个，与福建省有关企业正式签约的院士项目103个，签约合同资金143.5亿元，已落地项目83个。建立院士工作站66家，进站院士达89人，为福建企业承接解决243项技术难题。举办科技、科普报告、讲座884场次，受众20万多人次。举办学术报告558场、听众达14万多人次。目前有101位院士受聘为福建省各级政府科技顾问，90位院士受聘为福建省高校客座教授。

【福建省科学道德和学风建设宣讲教育活动】 成立福建省科学道德建设教育领导小组，积极开展科学道德建设教育宣讲活动。11月22日，省科协与省教育厅联合在福建会堂举行福建省在榕高校科学道德和学风建设宣讲教育报告会。中国科学院福建物质结构研究所学术委员会主任、中国科学院院士吴新涛，厦门大学教授、中科院院士田昭武，福建农林大学病毒所所长、中国科学院院士谢联辉，福州大学校长、中国工程院院士付贤智结合各自经历，为在榕1300余名研究生作报告，启迪教育学生弘扬科学精神，恪守科学道德。带动全省11所培养研究生高校相继开展活动，教育活动覆盖2011年新入学研究生，参与活动人数达1.6万多人次。

江西省科学技术协会

2011年，江西省科协在省委省政府的领导下，团结带领广大科技工作者，围绕中心、服务大局，积极进取、扎实工作，特别是在决策咨询、院士专家工作站建设、推进科普工作、促进科技人才成长等方面成效显著，为实现全省"十二五"时期经济社会发展良好开局作出了积极贡献。

决策咨询工作和"科技思想库"建设取得重大进展。2011年，江西省科协组织实施11项重点课题调研，促进学术研讨与决策咨询相结合，形成《决策咨询专报》9期，其中7期分别得到省委主要领导及多位省领导的批示，并转入相关部门部署落实。

"科普惠农兴村计划"取得新进展。江西省49个项目获得中国科协、财政部实施的"科普惠农兴村计划"奖补表彰，20个项目获得江西省科协、江西省财政厅奖补表彰，实施的"科普惠农行动计划"奖补资金共1105万元；大规模开展农民技术培训近24.5万人次，服务新农村建设能力得到进一步提升。

"科普能力建设工程"纳入江西省"十二五"规划。编制了《江西省贯彻落实全民科学素质行动计划纲要"十二五"实施方案》。新创建15个"江西省科普示范社区"，进一步加强科普队伍建设，开展"科教进社区"、"党旗映社区、科普进楼宇"等工作，推动社会管理创新。与省委组织部联合完成了省级党员科普致富示范创建村验收工作，命名15个省级"党员科普致富示范村"，确立13个省级党员科普致富示范创建村；命名16个单位为江西省科普教育基地。江西省30个县（市、区）被中国科协命名为2011～2015年度全国科普示范县（市、区）。2个县区入选全国科普宣传栏建设示范项目单位并获资助。

围绕江西经济社会发展的热点和难点问题，广泛开展各类国内外学术交流。重点针对县域经济发展的热点问题举办江西科协系列学术沙龙16期。引导和组织省级学会举办各类学术活动500多次，先后邀请两院院士50余人次来赣进行技术指导和讲学。

努力为科技工作者服务。江西省公路学会等6个集体被评为全国科协系统先进集体、黄群言等19名同志被评为全国科协系统先进工作者，其中九江市科协被评为全国科协系统先进集体标兵、余江县科协桂天行主席被评为全国科协系统先进工作者标兵。制定《江西省科协人才发展"十二五"规划》、大力宣传科技工作者、开展科学道德和学风建设宣讲教育活动，促进科技人才健康成长。制定《江西省科协科技工作者状况调查站点工作实施办法（暂行）》，不定期走访江西省院士、江西省科协常委、省政协科协界别委员和取得突出成果的科技人员、老科技工作者，组织部分江西省科协常委和专家出境进行科技教育考察交流，不断提升服务科技工作者的能力。与省委组织部联合下发《关于资助中青年学者和实用型科技人才赴国（境）外开展科技交流的"远航工程"实施办法》，省委组织部2011年度对该项工作予以60万元经费的支持，使"远航工程"资助经费达80万元，重点资助有突出贡献的优秀中青年学者和实用型科技人才，赴国（境）外进行国际学术交流与科技进修，促进江西省学科发展与国际接轨，助力江西省中青年科技人才和基层实用型技术人才的培养。

【省领导对江西省科协《决策咨询专报》作出批示】2011年江西省科协的调研报告通过《决策咨询专报》呈送省领导和相关部门，有7位省领导作了重要批示：省委书记苏荣对《关于加快江西省高效生态农业发展的对策和建议》作出批示“供省委政策研究室研究农业农村工作时参考，很有启示”；副省长孙刚在《关于发展低碳能源培育壮大江西省核产业链的对策和建议》上对研究报告的思路加以赞许并转省发改委阅研；副省长洪礼和在《关于进一步完善江西优势有色金色收储制度的建议》上批示“对江西具有战略意义，请省工信委研究完善”；副省长谢茹指示把《关于第七届全国城运会赛事风险规避控制的对策和建议》转“七城会”执委会作为工作参考；副省长朱虹在《加快江西传统优势茶产业发展的思考与建议》上批示“这篇报告给我们很多有益的启示。江西的茶产业近年确有很大发展，但确存在一些问题。有质量没产量，有‘贡品’没商品，尤其是缺乏中国领先，世界一流的大品牌，需要整合各种资源，创造江西茶业的新辉煌”；副省长姚木根在《关于做大做强江西省芦笋产业的建议》上批示“请农业厅同农科院研究提出具体意见报省政府”；省政协副主席刘晓庄对《关于发展江西省新能源汽车和动力电池产业的对策和建议》给予了充分肯定，并“请有关部门在工作中予以研究并采纳”，部分省直单位负责同志也对这些调研报告给予高度评价。

【2011全国政协教科文卫体委员会科技下乡活动】10月11～14日，由全国政协教科文卫体委员会、中国科协主办，江西省政协、江西省科协、中共瑞金市委、瑞金市人民政府承办，赣州市政协、赣州市科协、瑞金市政协、瑞金市科协协办的“2011全国政协教科文卫体委员会科技下乡活动”在瑞金举办。全国政协常委、教科文卫体委员会委员、中国科协决策咨询专委会主任、中国科协原副主席齐让出席启动仪式并讲话。全国政协委员、教科文卫体委员会委员、国务院国资委国有重点大型企业监事会原主席解思忠，第十届全国政协委员、教育部原副部长、中国科协原副主席、中国工程院院士韦钰，江西省政协副主席、民进江西省委会主委汤建人出席了启动仪式。全国政协教科文卫体委员会、中国科协科普部、江西省政协教文卫体委员会、江西省科协、赣州市政协、瑞金市领导和瑞金市机关干部、科技工作者、科普志愿者、农民、学生共800多人参加启动仪式。在启动仪式上，全国政协教科文卫体委员会和中国科协向瑞金市叶坪村科普服务站捐赠了科普设备、图书等物资，向瑞金市叶坪新华希望小学捐赠了青少年科技工作室、图书室的相关设备。活动期间，组织多场高层次科普报告会，为基层群众和青少年学生放映科普影片，深入乡村开展科技咨询、科普主题展览、大棚蔬菜种植技术培训等系列活动。

【推进院士工作站建设】2011年建立了“新余钢铁集团有限公司院士工作站”、“江西省现代农业院士工作站”、“南昌大学第二附属医院院士工作站”、“江西省院士工作站（工业）”、“江西赛维LDK太阳能高科技有限公司院士工作站”、“力德风力发电（江西）有限责任公司院士工作站”、“江西省地矿局九一二大队院士工作站”、“江西省地矿局赣南地调大队院士工作站”等8家院士工作站。共引进两院院士24名，建站单位与院士签订协议并正在实施的合作项目40余项。召开“全省院士工作站工作研讨会”，加速推进江西省院士工作站建设步伐。在全省人才工作座谈会上，江西省委常委、组织部长莫建成高度肯定江西省科协牵头负责的院士工作站建设工作，特别指出“江西省现代农业院士工作站”和“江西省工业院士工作站”两个综合性院士工作站的建立创新了院士工作站模式，大大加快了院士引进的速度，使2011年成为江西省历史上柔性引进院士人数最多的一年，为江西省开展产学研深度合作奠定了良好基础。

山东省科学技术协会

2011年，山东省各级科协组织及所属团体，在省委、省政府的领导和中国科协的指导下，以科学发展观为统领，坚持创设品牌、抓纲联动、整体推进，抓重点、带全局，努力发挥好科技群团职责，工作取得新的进展。

抓好科技成果转化，服务经济发展方式转变。创建“院士直通车”制度。中国工程院院士余松烈提交的推广冬小麦新技术的首个直通车建议，被省委副书记、省政协主席刘伟、山东省副省长贾万志批示给省农业厅等有关部门落实，为全省粮食持续增产作出贡献。

开展专题建言献策活动。组织两院院士到潍坊、临沂考察，对县域经济和蓝色经济发展进行高端指导；开展山东省战略性新兴产业发展对策研究，集中9个学会的力量深入调研，形成了产业发展报告，受到省政府重视。推进“院士专家工作站”建设。已建院士专家工作站33家，建立院士专家服务中心2家，初步形成了促进产学研相结合的企业创新服务网络。与九三学社山东省委联合开展“百名专家企业行”活动。组织专家深入企业进行技术服务，12名院士专家与潍坊市10多家企业达成合作意向15

个，较好地满足了企业人才技术需求。山东省副省长、九三学社山东省委主委王随莲参加企业行活动并予以现场指导。

深入推进“科普惠农兴村计划”。获中央奖补资金数量居全国前列，年内共争取中央财政资金2195万元、省配套资金200万元，表彰支持了167个农技协、科普示范基地和带头人。各市科协围绕本市中心工作，打造了许多各具特色的科技服务品牌。

抓好科学素质纲要实施，服务全民科学素质提升。认真履行纲要办公室职责，出台“十二五”时期《山东省全民科学素质行动计划纲要实施方案》，坚持大联合大协作的工作机制，适应群众多样化科普需求，在活跃群众性科普活动的基础上，以强化资源整合及新媒体技术的运用为创新点，不断提升科学素质工作水平。2011年，山东省“流动科技馆县县通”工程在54个县（市、区）完成巡展。中国科协推广山东经验，在临沂举办“中国流动科技馆全国巡展”启动式，中国科协常务副主席、书记处第一书记陈希、中国科协书记处书记徐延豪等领导出席，山东省委书记姜异康、省长姜大明、副书记刘伟，省委常委、副省长孙伟等领导亲切会见了陈希书记一行。社会科普资源整合迈出坚实步伐。在试点基础上，全面实施“科普双百工程”，争取奖补资金524万元，表彰支持37个“科普村村通百强乡镇”和35个“星级科普教育基地”，有力提升了基层科普服务能力。立足支持科普产业发展，组织开展了首届“山东科协星”优秀科普产品评选命名工作，促进科普产业发展。进一步拓宽科普工作领域，新评选命名济南森林公园等103家单位为全省科普教育基地，推动了科普资源共建共享。

高端公益科普平台建设取得良好成效。首创“山东科学讲堂”，中国探月工程首席科学家欧阳自远院士面向3500余名听众作了精彩科普报告，受到热烈欢迎。新传媒技术运用实现重要突破。与省财政厅、文化厅顺利启动“数字科普村村通工程”试点工作，投入370万元，按照数字科普资源库、总控平台、数字终端建设整体推进的思路，在济南、淄博、日照先期建设500个数字科普屏，集成了一批数字科普资源，建成了全省数字化科普总控平台。推进科学城市创建试点，探索科技服务社会管理的新路子。在山东省曲阜、章丘两市试点的基础上，创建工作扩大到荣成、莱阳、滕州、肥城4个市。举办蓝色经济科普展全省巡展，扩大科普受益面；在全国科普示范县创建工作中，山东省41个县（市、区）被命名表彰；第四届全国公众科学素质电视大赛，山东省荣获亚军。2011年，省科协还与省委组织部等9部门联合表彰了全省全民科学素质工作先进集体70个、先进个人70名，6个单位和8名个人受到中组部等9部委表彰，社会各界支持参与科学素质工作的积极性更加踊跃。

抓好学术交流，服务科技创新。据不完全统计，全省共举办学术活动807次，其中国际会议38次，交流论文19011篇，取得丰硕成果。中国科协常务副主席、书记处第一书记陈希、全国政协常委、中国科协原副主席齐让、中国科协书记处书记徐延豪，中国科协党组成员、学会部部长沈爱民等领导到山东省潍坊市就企业支持学术交流进行专题调研，提出指导意见，充分肯定企业赞助学术交流的做法。承办中国科协第50期新观点新学说学术沙龙，全国政协副主席王志珍到会，来自全国的30多名院士专家就罕见疾病开展学术研讨，山东省委书记姜异康、副书记刘伟等领导会见了与会专家。省政府领导将省科协与省医科院联合提出的《关于加强山东省罕见疾病防治工作的意见》批示有关部门落实。在香港主办“海峡两岸科学家论坛”，继2011年在山东举办首届论坛之后，150余名院士专家汇集香港，共同探讨新能源发展，并确定下届论坛在台湾举办，促进了鲁、港、澳、台的科技交流与合作。

抓好建家工作，服务人才成长。促进大学生就业创业。成功举办第三届山东省大学生科技节，活动覆盖128所高校，参与企业60多家，1200余名学生与企业达成聘用意向。表彰举荐优秀人才。与省卫生厅、大众报业集团联合评选首届山东省十大名医，首次表彰十大名医10名、杰出医师20名；与省发改委等6部门共同评选表彰第三届山东省十大杰出工程师10名、优秀工程师44名；与省人社厅联合评选表彰第七届山东省优秀科技工作者68名；与省委组织部、省人社厅联合推荐2人荣获中国青年科技奖。引进海外智力为山东省服务。特聘17名海外专家担任“海智人才为鲁服务联谊会”常务理事，促成新西兰皇家科学院首席科学家高益槐教授在临沂、德州设立生物技术开发研究基地。推进知识产权保护。首次与山东省法院合作开展知识产权保护工作，双方签订战略合作备忘录，省科协推荐11位特邀科技专家参与。

营造优良学术环境。在研究生中开展科学道德和学风建设宣讲教育活动，邀请中国核工业研究生部主任王乃彦院士、浙江大学校长杨卫院士来鲁作宣讲报告，省老领导陆懋曾、副省长才利民、省政协副主席赵玉兰等出席报告会。

抓好自身建设，努力建设特色鲜明的科协组织。9月2日，中国科协常务副书记、书记处第一书记陈希专程到山东省进行调研指导，对山东省科协工作给予高度评价并提出新的希望，进一步增强了全省科协干部职工干事创业的信心与决心。

组织开展纪念建党90周年系列活动，营造良好氛围。编纂出版50多万字的《党旗下的科学家》专著和7万多字的《永远跟党走》诗文集；在全国省级科协中，首家成立科学家艺术团，举办了山东省科技界庆祝建党90周年大型文艺演出，在科技界产生良好反响。组团参加中国科协八大会议。山东省委副书记刘伟等亲切会见欢送代表团全体成员并作重要讲话。山东代表团有6人当选中国科协全委会委员，2人当选常委，1人当选副主席。山东省科技馆和淄博市临淄区科协主席谭品正作为中国科协系统先进集体标兵和先进工作者标兵在中国科协八大会议上受到表彰，展示了山东省科协干部职工的良好形象。

开展“山东科协星”命名工作。为褒扬山东省科协在科普工作中取得的成绩，经山东大学申报推荐，国际天文联合会将山东大学威海分校新发现的一颗小行星命名为“山东科协星”，省科协成为全国第一个获此殊荣的科技群团。

推进组织队伍建设。开展十佳县级科协组织和县级科协主席表彰工作，2011年，全省科协系统有10家单位和21名个人荣获全国科协系统先进集体和先进工作者称号。

加大科协宣传和调研工作力度。规范提升山东科技新闻奖评选质量，并与省委宣传部等七部门出台《关于进一步加强科技宣传工作的意见》，2011年在省级以上主要媒体报道省科协工作310余次。

加强学会党建建设。按照中央和省委要求，山东省科协认真贯彻省群团负责人座谈会精神，本着“边组建、边活动”的原则，着力扩大省级学会党的组织覆盖，积极探索创新省级学会党组织和党员发挥作用的途径方法，有效促进了省级学会健康发展。成立了省科协社会组织党委，在省科协党组直接领导下负责省级学会党建工作。党组召开专题会议研究省级学会党建工作，明确要求切实加大社会组织党建工作力度，充分发挥社会组织党组织的战斗堡垒作用和党员的先锋模范作用，以“党建”带“群建”，广泛开展创先争优等多种形式的活动，推动省级学会和全省科协工作又好又快发展。研究出台了《中共山东省科协党组关于加强所属省级学会党建工作的意见（试行）》，并把2011年作为“省级学会党组织建设年”。截至4月上旬，省科协社会组织党委批准所属100个社会组织单独成立党支部94个、联合党支部1个，党组织覆盖面由行业党委成立之初的5%，实现了100%全覆盖。4月中旬，举办了省级学会党支部书记培训班，邀请有关专家进行党史和党务知识专题讲座，参观王尽美纪念馆，听取王乐义等先模人物报告等，提高他们的党务工作能力。5月11日，山东省委副书记、省政协主席刘伟对省科协省级学会党建工作情况作重要批示。批示指出：“省科协高度重视学会党建工作，做了一些有益的探索，取得了较好的成效，工作做得很好。可对其做法作适当宣传、介绍。”

【全力参与科学抗旱支农工作】2011年2月9日，山东省科协召开抗旱动员会，传达中央政治局常委、国务院总理温家宝到山东省视察抗旱工作时的重要讲话精神、全省抗旱动员会精神。成立了山东省科协抗旱支农行动领导小组，负责组织协调全省科协系统的抗旱支农工作。安排部署了加强抗旱专题科普宣传，开展专家献计献策、技术培训，组织农业科技专家下乡现场指导，充分发挥科普资源共享作用等措施。2月15日，山东省科协组织农业、林业、水利、植物病理、畜牧兽医、气象、预防医学等方面的11位专家，召开科学抗旱专家建言献策座谈会。省委农工办，省委政研室，省政府研究室，省防汛抗旱指挥部等相关部门和济南、菏泽、枣庄、济宁、临沂等市科协的负责同志应邀参加会议。省水利厅副总工程师、山东水利学会秘书长周玉印，山东水利学会农村水利专业委员会主任张明君等与会专家分别从不同专业领域，就如何科学应对当前旱情，做好抗旱保苗保春播工作进行了座谈研讨。山东省老科协组织实施了“老专家科学抗旱齐鲁行”活动，各市老科协结合当地实际，纷纷组织老专家深入田间、地头，走进麦田、果园，进行科学抗旱宣传和技术指导。成立老专家科学抗旱志愿者队伍开展科学抗旱宣传，积极参与《抗旱指南》、《节水灌溉、科学抗旱和科学浇水》等科普宣传资料编写，通过举办培训班、科普宣传栏、网站等方式，积极宣传科学抗旱。为当地群众发放山东科技报“抗旱双保专号”及抗旱科普挂图3000余份，受到当地干部群众的普遍欢迎。2月24日，省科协举办抗旱物资捐赠仪式，1.1万余元的省科协党员爱心捐款、10吨新型抗旱保水剂、2000份科学抗旱专刊及一批科学抗旱科普资料送到了济南市仲宫镇核桃园村村民手中。

【“山东科协星”命名】为了彰显科技群团在全省经济社会发展中的作用，激励全省科技工作者在省科协团结带领下勇攀科技高峰，并表达对省科协对山东大学威海天文台科普教育基地的支持，山东大学小行星命名委员会决定将这颗小行星命名为“山东科协星”，并向国际天文联合会小行星中心提出申请，经过国际天文联合会所属的小天体命名委员会讨论通过。2011 年 6 月 15 日，国际天文联合会小行星中心将永久编号为 241442 的小行星命名为“山东科协星”，这是我国目前第一颗以科技群团名字命名的小行星，从此一颗代表全省科技工作者荣誉的小行星遨游太空。9 月 20 日，山东科协星命名大会在山东交通学院举行。省老领导、省科协名誉主席陆懋曾，省人大常委会副主任刘玉功，山东大学党委书记朱正昌出席大会。中国科学院月球探测总体部主任、国家天文台党委书记刘晓群宣读了“山东科协星命名决定”。朱正昌书记为山东省科协党组书记、副主席燕翔颁发了“山东科协星”命名证书。陆懋曾和国家自然科学基金委数理学部常务副主任汲培文为科协星揭幕。来自中科院、国家自然基金委、国家天文台的院士、专家及省人大、省委宣传部、山东大学的领导和山东交通学院、山东轻工业学院、山东中医药大学和山东工会干部管理学院等高校的师生代表，省及济南市科协及直属单位的同志，第三届山东省大学生科技节专题活动承办单位的 3500 余人共同见证了这一历史时刻。

【首届山东省十大名医评选】2011 年 9 月，省科协联合省卫生厅、大众报业集团、省医学会启动首届山东省十大名医评选活动，得到全省广大医生和社会各界的广泛关注。成立了由省科协、省卫生厅、大众报业集团、省医学会组成的领导委员会，省科协党组书记燕翔和省卫生厅厅长包文辉担任主任。制定了评选方案和《山东省十大名医评选办法》，并先后向 14 个医科学会和 30 余位知名专家征集意见，进一步完善实施方案，并向省委组织部、省人社厅、广电局等部门进行汇报沟通，为活动成功举办创造良好条件。全省 17 市和 22 个医科省级学会各推选 3 名医务工作者，共入围 70 人，经过初评、终评和社会公示等环节，评选结果最终揭晓。包括山东省肿瘤防治研究院于金明等 3 位院士在内的 10 人获山东省十大名医荣誉称号，山东省千佛山医院于振海等 20 人获山东省杰出医师荣誉称号，另有 26 人获提名奖。本次评选按照“突出权威性、体现代表性、凸显严肃性”原则，组织了由全省临床一线著名专家和学科带头人，主管部门领导、管理专家、各界知名人士、新闻媒体的代表，以及纪检部门同志参与的首届山东省十大名医评审委员会，评委会成员 26 人，主任委员由省科协副主席李云云、省卫生厅副厅长袭燕担任。11 月 30 日，省科协、卫生厅、教育厅、大众报业集团在济南隆重召开首届山东省十大名医表彰大会，省科协名誉主席陆懋曾，山东省副省长才利民、省政协副主席赵玉兰等为获奖名医颁奖，省卫生厅厅长包文辉宣读获奖者名单，省科协党组书记燕翔主持大会。

【中国流动科技馆全国巡展启动仪式】9 月 2 日，“体验科学”——中国流动科技馆全国巡展主场启动仪式在山东省沂水县举行。中国科协常务副主席、书记处第一书记陈希，中国科协书记处书记、中国科技馆馆长徐延豪，山东省委常委、副省长孙伟出席了开幕仪式，省科协副主席、党组书记燕翔主持了启动仪式。陈希书记宣布活动启动。中国流动科技馆项目以中国科技馆设计团队为主要力量开发，展览面积约为 700 平方米，设置了声光体验、电磁探秘、运动旋律、生命奥秘和数学魅力 5 个主题展区，40 余件易于组装和布展的小型化经典互动展品与科学表演、科普活动相结合，为公众提供了参与科学实践的活动场所，通过观众与展品、科学实验的互动，达到激发科学兴趣、启迪科学观念、传播科学精神、思想和方法的目的。

中国流动科技馆全国巡展活动是中国科协在总结山东省“流动科技馆县县通”工作基础上，面向全国革命老区、经济欠发达地区开展的，以推动科普资源共建共享和科普公平普惠为目的的重要工作项目。本次首批开发的九套展览，除在山东省临沂市展出外，同时还在其他 8 个省（区）的革命老区、经济欠发达地区巡回展出，并落户到这些地区进行长期展示，免费向公众开放，为老少边穷地区的观众提供参与科学实践的场所，使他们亲身感受到了“体验科学”的快乐。

【蓝色战略 世纪辉煌——山东半岛蓝色经济区专题展览】6 月 21 日，由山东省科协、山东半岛蓝色经济区建设办公室联合主办的“蓝色战略 世纪辉煌——山东半岛蓝色经济区专题展览”在山东省科技馆启动。山东省委常委、副省长孙伟，省老领导陆懋曾、何宗贵，中国科学院院士宋振骐，中国工程院院士雷霁霖等出席启动式。省科协巡视员许素海主持了展览启动仪式，省发改委副主任、省蓝黄两区建设领导小组办公室常务副主任宋军继代表主办单位致辞。省委常委、副省长孙伟与宋振骐院士、雷霁霖院士共同按响了“半岛号”轮船汽笛，启动了蓝色经济区专题展览。展览内容主要包括“沧海纵横 蕴育蓝色梦想”、“河海交汇 造就蓝色家园”、“海陆统筹 描绘宏伟蓝图”、“和谐发展 共铸蓝色辉煌”4 部分共 120 块展板，300 余件互动展品、数字展项、实物、模型以及 8 个科普影视放映点。山东省老领导、省科协名誉主席陆懋曾，中国科协副主席、省科协主席、中国工程院院士唐启升，山东省政协原副主席、省科协名誉主席、中国工程院院士管华诗分别为展览题词。本次展览共分两个阶段。第一阶段，自6月21日~8月21日，在山东省科技馆临展厅展览两个月，向公众免费开放。第二阶段，通过山东省“流动科技馆县县通”工程等形式在全省巡展。巡展结束后，所展内容进行数字化加工并纳入科普资源网，实现科普资源共享。

【山东科学讲堂开讲，欧阳自远院士作首场报告】9月20日，以“以人为本、服务大众、传播知识、提升文明”为理念的山东科学讲堂正式与公众见面。中国月球探测工程的首席科学家、中国科学院院士、第三世界科学院院士欧阳自远作为主讲嘉宾，应邀作了题为《嫦娥工程——中国人的探月梦想》的首场科普报告。山东交通学院、山东轻工业学院、山东中医药大学和山东工会干部管理学院等高校的师生代表，省及济南市科协及直属单位的同志，第三届山东省大学生科技节专题活动承办单位的同志共3500余人聆听了报告。欧阳自远院士展示了数百幅月球探测研究中的珍贵照片及大量珍贵的第一手科学数据，用渊博的知识、通俗易懂的语言，为大家揭开了月球的神秘面纱，深入浅出地揭示了航天这一前沿学科，让大家加深了对我国探月事业的了解，传播了科学思想，弘扬了科学精神，其强烈的爱国情怀深深感染了在场的每一位听众。山东科学讲堂由省委宣传部、省科协、齐鲁晚报联合主办，是为贯彻落实国务院《全民科学素质行动计划纲要实施方案（2011—2015年）》，围绕省委、省政府工作大局，结合当前社会大众共同关注的科学热点问题，面向全省大众开展的自然科学类系列高端科普讲座。讲堂以满足广大公众的工作生活需要、提升科学素质为主线，以“节约能源资源、保护生态环境、保障安全健康、促进创新创造”为主题，开展专家讲座，配合听众提问、讨论等互动方式进行，并免费向公众开放。

【举办2011国际红枣生物产业高峰会议】9月14日，2011国际红枣生物产业高峰会议在山东省德州市乐陵市开幕。会议以“红枣生物产业升级、创新与发展”为主题，旨在总结、交流、推广国际红枣产业发展特别是精深加工及新产品研发方面的创新经验，破解产业发展难题，提升产业发展水平，促进国际红枣生物产业科技、经贸合作与交流。省老领导、省科协名誉主席陆懋曾宣布会议开幕，国家林业局党组成员、总工程师陈凤学，省政府党组成员、省长助理陈光分别讲话，会议组委会主席、省科协党组书记、副主席燕翔，德州市委副书记袁秀和分别致辞。来自新西兰、美国、日本、德国、韩国、印度尼西亚、缅甸等国家和台湾、香港等地的专家、学者，知名企业负责人，国内科研院所、涉农院校、有关企业、部分地市科协、德州市及乐陵市有关部门、机构等单位1000余人参加开幕式。山东省德州市副市长翟长生主持了开幕式。开幕式后举行了学术报告会。中科院院士、香港中文大学教授孔祥复，新西兰皇家科学院首席科学家、新西兰天然药物研究所所长高益槐分别作了主旨演讲，另有8位来自日本、韩国、新西兰等国家和中国大陆、台湾地区的专家作了专题报告。报告会由新西兰梅西大学 Riddet 学院院长 Paul J. Moughan 教授主持。15日上午，举行了专家交流座谈会，国内外专家学者约50人参加。大家一致认为，要从战略性新兴产业高度重视红枣生物产业的发展，让乐陵金丝小枣走出国门，走向世界，让全世界人民享受红枣生物科技产品的保健成果。2011国际红枣生物产业高峰会议由山东省科协发起，由山东省委农村工作领导小组办公室、德州市政府、山东省科协联合主办，乐陵市政府承办。会议的召开建立了国内外专家学者及有关企业、科研院所交流合作的平台，对于加快发展红枣生物产业，增强科技创新能力，促进产业结构优化升级具有重要而深远的意义。

【主办海峡两岸科学家论坛】10月23~28日，山东省科协组织由山东省科学院、山东师范大学和山东理工大学等单位的专家学者组成的山东代表团一行10人，参加了在中国香港、澳门举办的“面向气候变化：新兴再生能源学术研讨会暨海峡两岸科学家论坛”。本届论坛是山东省科协联合山东省科学院、中国科学院广州能源研究所、香港京港学术交流中心、香港公开大学和澳门圣约瑟大学等单位主办，论坛以“新能源、新材料的开发与利用”为主题，旨在更好地把握国家“十二五”新能源、新材料领域科技发展的战略思路和总体布局，加强两岸四地间新能源领域专家的沟通和交流，促进企业、科研机构及专家学者间的互动，完善产业布局，以及加强投资合作，共同探讨在新能源、新材料、低碳经济等背景下的发展机遇。香港特区政府环境局何钟泰博士，中央人民政府驻港联络办教科部曹国英副部长，中国科学院院士刘宝珺教授，广东省政府副秘书长陈勇研究员，以及主办单位香港公开大学校长、中国科学院院士梁智仁教授、山东省科协党组书记副主席燕翔、澳门圣约瑟大学校长鲁本文博士、中科院广州能源所所长吴创之研究员、广州市科协副主席叶显玉、中澳节能环保科技研究中心理事长龚宝美等出席了大会开幕式。燕翔在开幕式上代表主办单位致辞，介绍了山东省政府坚持把新能源产业作为重点发展的战略性新兴产业，围绕建设新能源强省，实施新能源产业“2223工程”的情况，展望了新能源、新材料的开发利用和发展趋势，通过本次论坛，凝聚更多的优秀科学家共同关注、研发新能源、新材料课题和产业，进一步拓展和深化山东与境内外政府机构、行业组织、企业的全方位、多层次合作，有力推动各地新能源战略产业又好又快发展。随后举行了为期3天的学术研讨会。中科院院士刘宝珺教授做了主旨报告，另有广东省科学院、香港科技大学、台湾中山大学、以色列耶路撒冷希伯莱大学、山东师范大学、中科院广州能源研究所、山东省科学院、中山大学、香港大学、香港理工大学、台湾勤益科技大学、山东理工大学、英国能源学会香港分会等国家和地区的28位专家做了专题报告。本次学术研讨会参会代表超过150人，共发表学术论文30余篇，讨论了亚太地区特别是两岸四地在新能源、新材料、低碳经济等背景下的发展机遇，各专家的卓越见解，突显社会对能源、环保科技与可持续发展的重视，也反映当代人对和谐、进步、协调、共利等核心价值的期盼。

河南省科学技术协会

2011年，河南省科协紧紧围绕中原经济区战略实施，组织举办了第一届中原经济区高端论坛、“2011实施知识产权战略巡讲活动（河南）暨中原经济区建设论坛”、现代农业示范区建设研讨会、河南省高等教育发展论坛、企业研发中心建设论坛、华夏文明传承创新国际论坛等决策咨询活动。大力推进“河南省建设低碳高效农业体系对策研究”等11项全省重点决策研究项目。组织老科技工作者对南水北调中线工程（河南段）进行了考察和调研，向有关部门上报了考察报告。各省级学会通过《专家建议》等多种形式，向地方各级党委、政府报送科技工作者建议990多条，为经济社会发展建言献策。

以河南省委、省政府将“三创一带”活动列入年度十项重点民生工程为契机，推动科普惠农工作的深入发展。80多个县（市、区）、5200多个农技协和4600多个科普示范基地参与活动。首次将先进科普示范县（市、区）纳入省级奖补范围，对9个先进科普示范县（市、区）、55个先进农村专业技术协会、46个先进农村科普示范基地、41名先进农村科普致富带头人进行了表彰，省财政奖补资金达1000万元，同比增加127%。在国家“科普惠农兴村计划”表彰中，河南省68个农技协、22个农村科普示范基地和26名科普带头人受到表彰，获中央财政奖补资金1930万元。

深化“三讲一比”（讲科学、讲创新、讲道德、比贡献）活动。丰富活动内涵，激发群众性技术创新活力，引导创新要素向企业集聚，加快产学研用平台建设，推动企业转型升级，河南省300余家企业、8万余名科技人员参与到活动中来。在试点企业培训推广技术创新方法，面向全省大中型企业推广实用专利技术。

继续推动河南省政府与中国科协战略合作协议实施。先后组织院士专家20多人次赴豫实地调研考察，开展技术指导，为河南高端制造、制冷、新能源汽车等高新技术产业发展建言献策。结合河南制冷院士专家工作站设立，举办了“制冷产业发展院士论坛”，首次提出在河南打造中国冰谷的构想，引起业界积极反响，得到地方政府的认可和支持。成功申报两项省院合作项目，获省财政100万元经费支持，三年累计13个项目获专项支持资金680万元。

提高学术交流质量和水平。2011年共举办学术交流活动600余场次，参加科技人员达13万人次。举办第六届河南省学术年会，第十二届学术活动月。组织相关领域科技工作者，赴美国、加拿大等国家以及港澳台地区开展了民间科技交流与合作。来自美国、德国的多名专家学者与河南省内外科技工作者在“首届自然博弈尖峰科技国际论坛”上，交流研讨相关领域前沿科技进展。培育重点学术活动项目。通过河南省学会申报和评审研究，确定了省汽车及零部件创新发展专题研讨会等16项学术活动为河南省2011年重点学术活动项目。建立了省科协重点学术活动项目库。对入选项目加强前期了解、筹备指导和后期审查，实行全程跟踪与考核评估，对完成较好的项目予以一定经费支持，提升学术活动质量与水平。

切实加强公民科学素质建设工作。完成河南省首次公民科学素质调查，2010年河南省公民具备基本科学素质的比例达到2.3%，较2001年提高了1.45个百分点。多个市县将《科学素质纲要》实施工作纳入党委、政府目标管理绩效考核，促进了工作的深入开展。河南省5个单位和7名个人分别被评为全国《科学素质纲要》实施工作先进集体、先进个人。召开河南省全民科学素质工作会议，回顾总结了“十一五”《科学素质纲要》实施工作，联合省委组织部等9部门表彰全省科学素质工作98个先进集体和137名先进个人，印发《河南省全民科学素质行动计划纲要实施方案（2011—2015）》，启动“十二五”《科学素质纲要》实施工作。

建立完善基层科普公共服务体系和科普设施。58个县（市、区）荣获2011～2015年度全国科普示范县（市、区）称号。62个乡（镇）和60个社区分别被命名为河南省科普示范乡（镇）、科普示范社区，郑州外国语学校等35所学校被评定为省青少年科学教育基地。新申请配发了科普大篷车4辆，新接受捐建11个“华硕科普图书室”，建立了220余个“三农”网络书屋，开展了书屋建设与农村信息技术科普培训。制作完成600分钟领导干部现代远程教育课件，组织《科普大篷车》节目在80个市县电视台播出，占河南省市县电视台总数近80%。推动公益性科普场馆免费对外开放，全省有168个各级各类科普场馆向社会免费开放。

河南省全国科普日重点活动达712项，参与群众超过500万人次。承办第十一届中国青少年机器人竞赛，来自全国各地的498支代表队参加比赛，河南省数千名中小学生观摩赛事。150万人次参与了青少年科技创新大赛、机器人竞赛、科学素质网上知识竞赛、学科奥林匹克竞赛和科学调查体验等青少年科技活动。郑州大学代表队荣获第十届海峡两岸大学生辩论赛亚军。河南省各级老科协组织开展了380场科普报告会，受众154万人次。

拓展服务科技工作者渠道。河南省科协与省人力资源社会保障厅开展了河南省首届自然科学学术奖评选，建立了评选工作专家库，收到申报项目5000余份，对评选出的优秀论文、决策研究成果、学术著作进行了表彰奖励。河南省委副书记叶冬松等省领导在第三届河南省院士专家迎新春晚会上，为10名优秀科技工作者颁发了华豫科技精英奖。河南省科协与省委组织部、省人力资源社会保障厅联合开展了第十一届河南省青年科技奖评审，推荐单位进一步拓宽，59名科技工作者获奖。河南省科协被评为“全国科技工作者状况调查站点优秀区域责任部门”。落实与澳门科技大学的战略合作协议，推动豫澳科技人才交流合作。河南省科协与省教育厅联合启动了高校科学道德与学风建设宣讲教育活动。中国科学院院士吴养洁，十佳全国优秀科技工作者、省农科院副院长张新友分别作了宣讲报告。

基层组织能力建设进一步加强。河南省委常委会决定，按照各省辖市、县（市、区）常住人口每年每人至少0.3元的标准安排财政科普经费，为基层科协工作提供了保障。建立河南省学会秘书长季度联席会议机制，强化交流与学习借鉴。河南省企业自主创新研究会入选中国科协学会创新发展推广工程项目。进一步夯实反邪教工作组织基础，10个省辖市成立了反邪教协会，4个省辖市获批筹建反邪教协会，郑州市15所地方高校全部成立了反邪教协会。承办全国农技协秘书长会议、全国科协系统2011年产学研合作调研研讨会、中西南学会学研究第29届年会、中南六省（区）老科协工作经验交流会等会议，交流、学习、借鉴先进经验，进一步创新工作思路，提升了工作能力。

【省委书记卢展工到省科协调研指导】 3月29日，省委书记、省人大常委会主任卢展工，省委副书记、省政协主席叶冬松，省委常委、常务副省长李克到省科协调研指导工作，慰问干部职工，听取了省科协工作情况汇报。卢展工指出，科协工作就是一座立交桥，这座桥不仅是科技工作者之间的桥梁，是党委、政府和科技人员之间的桥梁，也是科研人员与发展实践之间的桥梁，要通过这座桥梁，充分发挥广大科技工作者在服务经济发展方面的重要作用。

【省委书记卢展工等领导为中国科协八大河南代表团送行】 5月25日下午，河南省委书记、省人大常委会主任卢展工，省委副书记、省政协主席叶冬松，省委常委、秘书长刘春良，副省长徐济超等省领导来到省科协，为即将赴京参加中国科协第八次全国代表大会的河南代表团送行。卢展工殷殷寄语说，代表是荣誉，代表是责任，代表是形象，希望大家开好会议，充分展示河南科技工作者的风采和形象，充分展示河南代表的境界和水平。卢展工强调，科技创新是活力、科技创新是动力、科技创新是民生、科技创新是未来。科协是桥，是党和政府联系广大科技工作者的桥梁，是科技工作者之间沟通交流的桥梁，是科技创新向现实生产力转化的桥梁。科协是力，是团结和凝聚广大科技工作者的力量，是维护科技工作者权益的力量，是激发科技工作者能动性、积极性、创造性的力量，是推动科技工作者更好地为科教兴国、科技兴省做贡献的力量。

【省委常委会听取省科协关于中国科协八大精神及贯彻意见汇报】 7月16日，河南省委书记、省人大常委会主任卢展工主持召开省委常委会议，听取省科协关于中国科协八大精神及河南省贯彻意见的汇报，研究部署贯彻落实措施。省科协主席、党组书记李建中向省委常委会作了专题汇报。

省委常委会认为，中国科协八大是新时期科技界的一次盛会，胡锦涛总书记和在京中央政治局常委集体到会祝贺，温家宝总理亲莅大会作形势报告，习近平同志代表党中央致祝词，充分体现了党中央对科协工作的高度重视，对科技工作者的亲切关怀和殷切期望；突出强调了新形势下科技创新的重要性，新形势下科技人员的重要性，新形势下科协组织的重要性，新形势下党委政府支持科协工作的重要性。要求全省各级党委、政府，尤其是科协组织，要认真学习，深刻领会中央领导同志的重要讲话和大会精神，结合实际，抓好贯彻落实。

会议强调，科协工作既是党的群众工作的重要组成部分，也是科技工作的重要组成部分。科协是桥，是科技工作者之间的桥梁，是党委、政府与科技人员之间的桥梁，是科研工作与发展实践相结合的桥梁；科协是力，是团结和凝聚广大科技工作者的力量，是维护科技工作者权益的力量，是激发科技工作者能动性、积极性、创造性的力量，是推动科技工作者更好地为科教兴国、科技兴省做贡献的力量。科协要准确把握科协组织的定位，立足自身优势、积极有效作为，通过这座桥梁、这种力量，充分发挥广大科技工作者在服务经济社会发展方面的重要作用。同时，要进一步加强科普工作。

会议明确省科技馆新馆立项规划与建设和各省辖市、县（市、区）财政科普经费安排等事项。会议同意以省委名义出台《关于进一步深入实施“金桥工程”的意见》，成立“金桥工程”工作领导小组，领导小组办公室设在省科协。

【第六届河南省学术年会】10 月 21～22 日，由河南省科协和焦作市人民政府联合主办的河南省第六届学术年会在焦作市召开。全国人大常委会委员、中国科协副主席冯长根，河南省人大常委会副主任储亚平，省科协主席、党组书记李建中，焦作市委副书记王明德等出席年会开幕式。中国工程院院士、清华大学原常务副校长倪维斗和中国社科院研究员魏后凯分别作了题为《煤的清洁高效利用是我国低碳发展的关键》、《区域发展新态势与中原经济区建设》的大会报告。

年会的主题是“科技给力中原经济区建设”，主要包括开幕式、15 个分会场活动、座谈会、专家咨询活动、科普系列活动、科技专家企业院校行活动等 30 余项内容，近百名院士专家和 2000 余名科技工作者参加年会活动。河南省各地市科协、各省级学会申报交流论文 900 多篇，择优 351 篇出版了《经济策论》论文集。

【河南省科技文化遗产研究与保护协会成立】9 月 23 日，河南省科技文化遗产研究与保护协会成立大会在省科技馆召开。全国政协教科文卫体委员会副主任、河南省政协原主席王全书，副省长徐济超出席并为协会揭牌。中国工程院原副院长杜祥琬为协会题词并发来贺信。河南省科协主席、党组书记李建中出席会议并讲话。

大会通过了协会章程，选举产生了由 63 名理事组成的协会第一届理事会。协会聘请王全书和杜祥琬为协会名誉会长，选举李建中为会长。

杜祥琬在贺信中说，河南是华夏文明的摇篮，也是中华科技文化的发祥地。在中国数千年历史发展进程中，河南创造了辉煌的科技文明，科技文化遗产极其丰富。希望协会成立后，紧紧围绕经济建设和社会发展大局，组织动员社会各界、各学科有志有识之士，加强科技文化遗产研究与保护，凝练、传承科学精神，促进科技文化事业大发展大繁荣，推动经济社会发展由要素驱动向创新驱动转变，为建设中原经济区、加快中原崛起河南振兴贡献力量。

【省反邪教协会成立十周年纪念大会】12 月 8 日，河南省反邪教协会成立十周年纪念大会在郑州召开。省反邪教协会理事长、省政协原副主席李润田，省委政法委副书记、省委防范和处理邪教问题领导小组办公室主任王伟，省科协主席、党组书记李建中出席会议并讲话。中国反邪教协会副秘书长李安平到会祝贺，并作了《当前与法轮功斗争形势与任务的研判》专题报告。河南省反邪教协会副理事长、理事与理事单位代表，河南省各地市科协、反邪教协会负责同志，郑州市各区县反邪教协会和郑州地方高校反邪教协会负责同志，以及省科协机关的部分同志等参加了纪念大会。

【2011 实施知识产权巡讲活动暨中原经济区建设论坛】7 月 6 日，“2011 实施知识产权战略巡讲（河南）暨中原经济区建设论坛”在省人民会堂拉开帷幕。中国科协书记处书记、中国知识产权研究会常务副理事长张勤为与会者作了“知识产权的基本理论与国家战略”主题报告。省政协副主席龚立群出席论坛。省科协主席、党组书记李建中，省知识产权局局长郭民生在论坛上致辞。国家知识产权局专利管理司副司长雷筱云和最高人民法院中国应用法学研究所所长兼研究室副主任罗东川，应邀为 200 余名企业代表作了题为“企业专利管理及战略制定实务”、“企业知识产权纠纷的应对与防范”的专题报告。河南省科技界、企业界和知识产权管理机构的 600 余名代表参加了本次巡讲与论坛。

湖北省科学技术协会

2011 年，湖北省科协紧紧围绕全省经济社会发展和科技领域重大问题，共开展学术交流活动 280 场次，3 万多人次参加，交流学术论文 1 万多篇，组织各类国际学术交流考察团 18 个，接待境外考察团 12 个。实施“晨光计划”，资助青年博士参加国际学术交流与合作，促进了学科发展和人才引进与成长。

实施“科技支撑服务行动”。2011 年 1 月 13 日，省科协召开了全省科协系统“科技支撑服务行动”总结表彰大会，湖北省委副书记张昌尔同志出席会议并作重要讲话，对实施“科技支撑服务行动”两年来取得的显著成效给予充分肯定，对今后开展“科技支撑服务行动”提出了更高要求，并亲自为先进集体和个人颁奖授牌，进一步调动了广大科技工作者参与“科技支撑服务行动”的积极性、主动性和创造性。会后，全省各级科协认真贯彻落实会议精神，深入实施“百家企业振兴”、“新型农民培训”、“公民科学素质提升”、“民生科普惠民”和“创新创业促进”等五项具体的服务行动，为湖北省加快转变经济发展方式、促进经济社会又好又快发展作出了新的贡献。

积极参加湖北省文化、科技、卫生“三下乡”集中示范活动。在武汉市新洲区举行的活动启动仪式现场，省科协组织开展了科普大篷车“声、光、电”等车载科普展品展示和灾害自救科普展板展览，组织省科技期刊编辑学会的农业专家开展了蔬菜种植、管理等科技咨询、赠送科技资料活动，共赠送科普春联和科普年画1500幅、环保手提袋1000个、《大学生“村官”现代农业实用技术科普丛书》100套，受到主办活动的省委宣传部通报表扬。

助力新农村建设。继续与湖北省财政厅共同实施“科普示范助力新农村行动计划”的农村科普示范项目，分别在60个行政村实施，给当地带来了“农业发展、农民增收、农村环境改善”的可喜变化。2011年10月20～21日，全省“科普示范助力新农村行动计划”推进会在十堰召开，会议认真总结了“十一五”实施“助力”计划的成绩和经验，研究部署了“十二五”推进“助力”计划的措施和任务，表彰了取得突出成绩的优秀组织单位、优秀科普示范基地、优秀项目专家。按照省委、省政府确定的农村区域经济发展安排，大力实施“双十百会”计划，即在“十二五”时期重点向相关地区倾斜“惠农”和“助力”项目，每年开展10万名科普示范带头人、农技协负责人、农业技术明白人培训，扶持10家县级科技馆成为基层科普公共服务体系的核心，扶持100个农技协做大做强。2011年作为“双十百会”计划的启动之年，已在大别山革命老区实施了该计划，对于促进革命老区经济社会发展、提升该区域科技核心竞争力提供了项目支撑。

推进企业自主创新能力提升。省科协以成果转化为重点，深入开展技术咨询、技术攻关和技术服务活动，共完成“金桥工程”项目334项。参加湖北省人民政府召开的2011年产学研大会，具体承办“全省‘十一五’优秀产学研项目评奖”、“创新驱动、内生增长”高层论坛，进一步提升了“金桥工程”的社会影响力。组织动员379家企业科协的9.4万名科技工作者积极开展“讲理想、比贡献”活动，实现经济效益6.75亿元，有力地推动了群众性技术创新活动蓬勃发展。按照中国科协的统一部署和安排，积极开展“院士专家企业工作站”工作。目前，已在武汉、襄阳、宜昌、黄石、鄂州、孝感、黄冈等地成立了3家院士服务中心、15个院士专家企业工作站，先后组织了近40位院士专家进站开展工作，组织各类技术攻关150多项，申请专利150多项，制定产品标准3项，开发研制新产品60多个。

深入开展社区科普活动。印发《湖北省社区科普工作手册》2000余册，设计科普志愿者会徽并制作1000套在重点社区试用。召开第二次全省城市社区科普工作会议，围绕加强资源共建共享、建设志愿者队伍、打造品牌活动，积极部署公民科学素质建设向基层延伸和发展。及时启动了“湖北省社区科普益民计划”，确定全省13座城市社区作为年度试点单位，大力培育社区科普示范典型，并以“三个五好”为主要内容广泛开展“湖北省科普示范社区”创建活动。

积极开展科学道德和学风建设宣讲活动。省科协与省教育厅联合印发了《湖北省开展科学道德和学风建设宣讲教育活动方案》，确定从2012年起，将每年9月定为“湖北科学道德与学风建设宣讲月”，组织一批品德高尚、治学严谨、学术成就卓著的科学家深入高等院校，向青年学生广泛宣讲科学道德和学术规范，帮助他们在学术生涯起步阶段就树立科学诚信意识，并发挥好群众组织与科技社团在学风建设中的独特优势，倡导科技人员严守学术规范，树立科技界科学严谨、诚实守信的良好形象，为推进自主创新、建设创新型湖北营造良好的学术和社会氛围。2011年11月16日，湖北省科协与省教育厅联合举办的“湖北高校科学道德和学风建设宣讲教育活动启动式暨报告会”在湖北省武汉市洪山礼堂隆重举行，省科协主席樊明武院士出席会议并致辞，省教育厅副厅长徐金山主持报告会，杨叔子院士、殷鸿福院士和靖国平教授为参加会议的1000名在读研究生代表作了主题报告。

努力为科技工作者服务。大力宣传表彰优秀科技工作者的先进事迹。组织开展评比表彰活动，并与媒体联合宣传科技人物的先进事迹，报道“科技支撑服务行动”、“科普示范助力新农村行动计划”、“院士专家企业工作站”等工作和活动。省科协积极贯彻落实省委副书记张昌尔和省委常委、宣传部长尹汉宁批示，在《湖北日报》开设专栏，集中报道樊明武、卓仁禧、秦顺全和姜德生4位有突出贡献院士的事迹，编辑出版报告文学集《楚天科技新星》，集中宣传湖北省20位优秀青年科技工作者。在国际化学年纪念日联合省化学化工学会和楚天都市报，推出“化学年在湖北”系列探秘活动，卓仁禧院士应邀亲自讲述并演示在实验室合成、分离化合物的神奇效果。与省委组织部、省人社厅联合开展了第十届青年科技奖评选活动，评出优秀青年科技专家20位，其中5位获得了“第十二届中国青年科技奖”。2011年受理科技人员来信、来电、来访400人次，受理维权案件166件，省科技事务司法鉴定中心受理20个司法鉴定项目，全部得到了妥善解决。切实加强院士专家联络服务工作，开展走访慰问院士、省科协常委和科技专家活动。2011年1月20日，与省委组织部等单位共同组织召开了湖北省院士专家新年团拜会，省委书记李鸿忠出席会议并作重要讲话。

贯彻落实中国科协八大精神。中国科协第八次全国代表大会召开后，湖北省科协及时向省委常委会汇报了中国科协八大精神及湖北省贯彻落实意见，省委常委会对新时期科协工作提出了新的要求，对科协事业发展给予了重大政策倾斜，要求省科协立足于为公众提供优质科普公共产品，进一步创新省科技馆新馆建设理念和管理运行的体制机制，立足于为科技人才服务，为党委政府科学决策提供平台，切实加强省科技思想库建设，并同意2012年上半年适时召开省科协第八次代表大会。

【新修订《湖北省科学技术协会条例》】站在建设创新型湖北、推动科学发展、跨越式发展的战略高度，为准确定位新时期科协工作，湖北省人大十一届常委会第21次会议通过了新修订的《湖北省科学技术协会条例》，将全省科协事业发展进一步纳入法制化轨道。随后省政府以“鄂政发［2011］25号”文下发了《省政府关于〈湖北省科学技术协会条例〉的实施意见》。各级科协认真学习宣传新的《湖北省科学技术协会条例》，以贯彻落实新《条例》和《实施意见》为契机，积极争取党委、人大、政府支持，进一步从政治上、政策上、项目上把新《条例》的要求落到实处，有力地促进了湖北省科协事业的发展，推动了创新型湖北的建设。

【2011年中国机械工程学会年会第六届湖北科技论坛举办】2011年11月，由中国机械工程学会和湖北省人民政府主办、湖北省科协和华中科技大学具体承办的“2011年中国机械工程学会年会第六届湖北科技论坛”隆重举行。全国人大常委会副委员长路甬祥，中国科协副主席、书记处书记程东红，湖北省人大常委会副主任罗辉分别致辞，湖北省政府副省长郭生练主持论坛开幕式，中国工程院院长周济、工业和信息化部总工程师朱宏任、国家发改委产业经济与技术经济研究所所长王昌林就机械产品创新、高端装备制造、加快培育和发展战略性新兴产业等作了主旨报告。专家们建议湖北在实现制造业产业升级、跨越发展中，继续发挥优势，在中部崛起中发挥骨干作用，率先实现制造业由大到强的转变。来自俄罗斯、德国、法国等国家和地区的科学家以及省内外院士专家和科技工作者共1200余人，围绕“科技引领产业 支撑跨越发展”的论坛主题，广泛开展主会场和分会场、中国机械工程学会年会专题论坛和第六届湖北科技论坛的各个分论坛活动，共商湖北发展大计。整个论坛活动共交流学术论文300多篇，汇编了《优秀论文集》，在绿色发展、智能发展、和谐发展、可持续发展和战略性新兴产业发展等各个领域，都形成了一大批有价值、高质量的学术交流、专题论坛和建言献策成果，为湖北省提升自主创新能力，加快转变经济发展方式，实现湖北科学发展、跨越式发展，提供了强有力的科技支撑。

【启动科技创新源泉工程】为了进一步推动湖北省学术创新和学会事业发展，充分发挥学会作为湖北省自主创新体系重要组成部分的作用，按照省委常委会议决定，省科协及时启动了“科技创新源泉工程”。以鄂科协发［2011］4号印发了“科技创新源泉工程”《实施方案》、创新示范学会《项目资助办法》、优秀科技期刊《资助奖励管理办法》、创新创业人才《表彰奖励管理办法》，通过省科协项目资助评审委员会审定、公示，评出创新示范学会10个、优秀科技期刊5个，表彰奖励省科技期刊优秀编审和出版发行工作者20名、创新创业人才50名，并对获奖单位和个人进行了资助。

【积极开展科技思想库建设】积极开展中国科协国家级科技思想库湖北分库建设，建立了行政和专家两个层面的双重领导体制，把科技工作者的个体智慧凝聚上升为有组织的集体智慧，取得了重要突破。将科技思想库建设与为“两会”服务紧密地结合起来，编撰《湖北省减轻自然灾害白皮书》、《湖北省区域投资环境竞争力蓝皮书》，与省委、省政府重大发展战略紧密地结合起来，组织全省20多个行业学会专家深入调研，撰写了《长江中游城市群重要产业发展和资源开发构想》一书，引起来鄂调研的中国工程院20多位院士专家和省委领导的重视，省委副书记张昌尔作出批示，给予了充分肯定。与社会关注的热点问题紧密地结合起来，举行湖北核产业发展对策研讨会，针对日本福岛核事故的成因和发展趋势，提出湖北核产业健康发展建议上报省委、省政府，受到高度关注；与课题调研和建言献策活动紧密地结合起来，形成《科技工作者建议》上报省委省政府等有关领导；与科技工作者状况调查紧密地结合起来，组织开展了首次省级考核和大规模的专项调查。湖北省在科技思想库建设中“寻求四个新的突破”和“实行五个结合”的作法得到了中国科协的充分肯定，2011年项目考核中与北京市并列全国综合考评第一位。

【湖北省全民科学素质工作领导小组（扩大）会议】围绕“十二五”时期特别是开局之年的全民科学素质建设工作，湖北省科协积极承办省政府召开的全民科学素质工作领导小组（扩大）会议，学习贯彻国务院有关文件精神，全面回顾总结“十一五”湖北省科学素质建设工作，安排部署“十二五”时期和2012年的重点工作，表彰了“十一五”期间涌现出的公民科学素质建设工作12个先进集体、19名先进个人和21个优秀案例。省政府办公厅还以鄂政办［2011］96号文印发了《湖北省全民科学素质行动计划纲要实施方案（2011—2015年）》，对“十二五”湖北省全民科学素质建设作出了全面部署。各地迅速贯彻落实会议和文件精神，认真谋划、广泛动员，积极进取、开拓创新，圆满完成了“十二五”开局之年《纲要》实施工作的各项任务。

【全国科普日湖北活动】2011年9月18日，由湖北省科协和武汉市洪山区政府联合主办的全国科普日湖北活动启动仪式在武昌洪山中学隆重举行，省政府副秘书长黄国雄出席，省科协、教育厅、科技厅、地矿局和武汉市科协、洪山区等领导为第26届全国青少年科技创新大赛湖北省获奖代表颁发荣誉证书，对首批“湖北省科普示范学校”代表颁奖授牌。据统计，科普日期间全省共开展各类科普活动1200项，其中主题科普活动440项，发放科普挂图、资料、图书135万份（册），举办科普展览975场次，为群众义诊6万多人次，播放科教影视片170多场次，举行科普报告会788场次，送科技下乡830多批次，培训农民19万人次，200多个科技馆、博物馆、文化馆、国家（省）重点实验室、工程中心、植物园、气象、地震台（站）、青少年科普教育基地向公众免费开放。各类新闻媒体播发、刊登新闻稿件3000多篇（条），40多万人次参加了各类科技知识竞赛活动。全省直接参与活动的群众达650多万人次、各级领导4200多人次。科普大篷车和科普宣传车开展了“进学校、进社区、进军营、进乡村”的“荆楚行联合活动”。

【湖北省科技馆新馆奠基】2011年11月20日，湖北省科技馆新馆奠基典礼在武汉隆重举行。中国科协常务副主席、书记处第一书记陈希，中共湖北省委副书记、省长王国生，省委常委、常务副省长李宪生，省委常委、省委秘书长李春明，省委常委、武汉市委书记阮成发，省人大副主任周洪宇，省政府副省长郭生练，省政协副主席周宜开，武汉市市长唐良智，省政府秘书长傅德辉，以及湖北省科技界的院士专家代表和省直有关部门负责同志出席奠基典礼。

湖南省科学技术协会

2011年，湖南省科协围绕“四化两型”战略，将工作统一到服务湖南省经济建设和社会发展的主旨上来，团结一心，协力共进，突出抓好重点工作，稳步推进全省学术交流、科学普及和为科技工作者服务工作，加强自身建设，为湖南的经济社会发展作出了新贡献。

学术交流深入发展。以建设“创新型湖南”为导向，繁荣湖南省学术交流。以“中部崛起和工程管理”为题，协办了第五届中国工程管理论坛，包括18位院士在内的300多位专家学者参加，取得了丰硕成果。承办了第九届全国博士生学术年会，160余名在读博士生齐聚长沙深入交流。以“转变发展方式，推进‘四化两型’建设”为题举办了湖南科技论坛，邀请中国工程院院士朱高峰、何继善作报告。2011年省本级科协、市县科协、省级学会共举办学术交流活动1477次，参与交流人数近21万人次，交流论文1.6万余篇。

科学普及取得重大成绩。发挥全民科学素质领导小组办公室的作用，联合21个成员单位制定了《湖南省全民科学素质行动计划纲要实施方案（2011—2015）》，经省政府同意以湘政办发〔2011〕94号文件下发。科普服务“三农”深入发展，惠农力度持续加强，2011年获中国科协、财政部“科普惠农兴村计划”奖励经费1080万元，省级财政配套资金660万元，全部投入“三农”建设。持续开展科普活动，“全国科普日”湖南主场活动在湖南省韶山市举行。青少年科普教育再创佳绩，在常德津市成功举办第32届湖南省青少年科技创新大赛，办赛水平超越以往。在第26届全国青少年科技创新大赛上，湖南省代表队再夺得4金7银2铜名列第三的好成绩。科普基础设施建设取得重大成果，湖南省科技馆正式建成开馆并发挥了重要的科普阵地作用。2011年省科协、市县科协、省级学会共举办科普讲座、科普展览1.5万场次，受众人数近千万人次，发放科普宣传资料840余万份。

服务企业科技创新持续推进。加快“院士专家工作站”建设，充分发挥其作用，在三一重工、辰州矿业、华菱涟钢等企业新建一批院士专家工作站。与中国工程院机械与运载工程学部、省科技厅联合主办“2011年湖南工程机械产业院士行”，对湖南省工程机械产业的发展产生了积极作用。与省高院签署了知识产权司法保护合作备忘录，为更好地向企业提供知识产权保护咨询服务奠定基础。持续开展了“讲创新、比贡献”活动，参与活动企业数1114个，比上年增长48%；参与活动的科技工作者7.4万余人，帮助企业节约成本5.5亿元，增加收入近13亿元。

为科技工作者服务再立新功。联合省委组织部、省人社厅联合发出了《关于在全省科技工作者中开展向易小刚同志学习活动的通知》，掀起了向首届全国“十佳优秀科技工作者”易小刚学习的热潮，反响强烈。开展了第八届湖南省青年科技奖评选，评出了20位青年科技奖获奖者。大力向社会宣传优秀科技工作者，“青年科学家进校园”活动持续开展。重视和加强科技工作科研道德建设，联合省教育厅、中南大学主办了“湖南省高校科学道德和学风建设宣讲教育报告会”，号召青年科技工作者抵制和反对学术不正之风。

自身建设不断完善。召开了湖南省科协第九次代表大会，圆满完成了换届的重大任务。解决了省科技馆的机构和编制问题，实现了人事管理的规范运营。高质量地完成了“小金库”的清查与治理，荣获“全省‘小金库’专项治理工作先进集体”称号。高校科协和企业科协组织建设进一步加强，新增高校科协2个。

【湖南省科协第九次代表大会】 12月8～9日，湖南省科协成功召开第九次代表大会。中国科协常务副书记、书记处第一书记陈希，湖南省委书记周强出席省科协九大开幕式并发表讲话，湖南省委13名常委全部出席大会开幕式。400多名与会代表肩负着全省科技工作者的期望和重托，济济一堂，回顾过去，展望未来，共商湖南“十二五”时期科技和科协事业发展大计。大会认真听取和审议了省科协第八届委员会工作报告，选举产生了省科协第九届全省委员会和常务委员会，中国工程院院士黄伯云当选为新一届省科协主席。

【湖南省科学技术馆开馆】 6月25日，湖南省内首个特大型科学技术馆——湖南省科学技术馆举行盛大的开馆仪式，正式宣布对外开放。湖南省委书记、省人大常委会主任周强宣布开馆，省委副书记梅克保发表重要讲话，中国科协发贺信表示祝贺。湖南省科技馆由湖南省政府和长沙市政府投资共建，是“十一五”期间湖南投资规模最大的公益性项目，建筑面积近3万平方米，总投资近3.5亿元。2004年批准立项，2008年奠基开工，2011年6月完成全部建设工作。湖南省科技馆是全国第一个开馆就实行免费开放的科技馆。开馆运营半年以来，已累计接待40万人次，成为湖南省开展公众科普教育的重要场所。

【2011年湖南科技论坛】 10月21日，2011年湖南科技论坛开幕式暨科技报告会在湖南省委九所宾馆举行。湖南省委副书记梅克保、省人大常委会副主任谢勇、中国工程院院士朱高峰、何继善、官春云及有关方面的领导和专家出席。省直有关部门单位负责人、省直机关党校学员、省内高等院校和科技界的代表约300人参加了开幕式并听取了科技报告。本次论坛的主题是：转变发展方式，推进“四化两型”建设。中国工程院院士朱高峰、何继善分别受邀在大会开幕式上作主题报告。开幕式由省科协党组书记、副主席邹志强主持，何继善院士致开幕词，省委副书记梅克保作了重要讲话。论坛还围绕湖南的“四化两型”，征集到数百篇科技人员的论文和专家建议，并开展了多个分论坛的活动，以论坛为平台组织科技工作者广泛开展了学术交流。

【湖南省高校科学道德和学风建设宣讲教育报告会】 10月15日，省科协、省教育厅、中南大学联合主办了一场以“坚守科研道德与诚信、抵制学术腐败与不端”为题的“湖南省高校科学道德和学风建设宣讲教育报告会”。黄伯云、姚守拙、刘筠、刘业翔4位在湘院士登台，向1400多名湖南高校的研究生现身说法，号召研究生树立正确的荣辱观，坚定理想和信念，坚决抵制和反对学术浮躁与不正之风。报告会上，中南大学研究生会向全省高校研究生发出了“求真创新，厚德诚信，砥砺求实，潜心钻研，科研诚信从我做起”的倡议。会后，院士和研究生们进行了科学道德诚信承诺签名活动。这次活动，对于教育全省科技工作者特别是广大青年学生树立科研诚信意识，提高科学道德素养，培养诚实、严谨的学风，产生了积极的影响。

【第九届全国博士生学术年会】 11月11～16日，由中国科协和国务院学位委员会办公室主办、湖南省科协承办的第九届全国博士生学术年会于在长沙市召开。湖南省委常委、长株潭试验区工委书记陈肇雄出席开幕式并致辞。中国科学院院士王乃彦，全国人大常委会委员、中国科协副主席冯长根，在大会上作主题报告。年会以“服务经济社会，促进科学发展”为主题，吸引了来自全国各高校的160余名在读博士生。除主题报告会外，年会还举办了高端人才推介会和专题学术交流活动，湖南的多家著名企业参会，为湖南省的人才引进提供了新的途径，为创新型湖南建设增添了新的活力。

【2011年“全国科普日·湖南”活动】 9月14日，由湖南省科协和湘潭市委、市人民政府联合主办，湘

潭市科协、韶山市人民政府共同承办的2011年“全国科普日”湖南主场活动在湘潭韶山举行。湖南省委常委、副省长郭开朗参加启动式并致辞，活动以“坚持科学发展，推动‘四化两型’，促进创新创造”为题，在全省各地举办了多场专家报告会、科技下乡等科普活动。湖南省科协为韶山村赠送了1万册科普资料，并组织省农大、省农学会专家科技小分队下村到户，到田间地头为农民群众解决生产生活难题，省老科协、省科普作家协会专家为当地干部、群众、学生作了精彩的科普报告。

【第32届湖南省青少年科技创新大赛】4月23～24日，第32届湖南省青少年科技创新大赛在湖南省常德津市隆重举行。湖南省人大常委会党组成员、省人民政府顾问唐之享，中国工程院院士、省科协主席何继善，省科协党组书记、副主席邹志强，省科技厅党组成员、总工程师姜郁文等出席了这一盛会。本届大赛由省科协、省教育厅、省科技厅、省环保厅、团省委、省自然科学基金委和常德市人民政府共同举办，主题为“体验、创新、成长”。大赛共收到湖南省14个市（州）选送的作品506件，129位参赛选手携自己的作品参赛。经初评、展评、技能测试、专家问辩等评审程序，评委会最终评出优秀创新项目一等奖45项、二等奖99项、三等奖139项；优秀科技实践活动一等奖20项、二等奖20项、三等奖29项；优秀科幻绘画一等奖30幅，二等奖50幅，三等奖62幅；优秀组织奖35个；优秀科技教师14名。

【2011年青年科学家进校园活动】5月12～13日，由省科协、省科技新闻学会主办，岳阳市科协、湖南省青年科技奖联谊会承办的“激情五月　青春飞扬——青年科学家进校园”巡回演讲活动在湖南省岳阳市隆重举行。湖南省第五届青年科技奖获得者、湖南中创化工股份有限公司总经理胡先念，湖南省第七届青年科技奖获得者、中南大学湘雅二医院副教授周后德，湖南省第六届青年科技奖获得者、省交通规划勘察设计院总工程师彭立等3位青年科学家分别在湖南民族职业学院、岳阳楼区东升小学和岳阳工业技术学院作了题为《用科学描绘人生之梦》、《耕耘梦想》、《永远的路人》的精彩报告。岳阳市2000余名汉藏师生、科技辅导员、优秀共青团员、企业青年科技工作者聆听了演讲报告。

广东省科学技术协会

广泛深入开展科技服务工作。完成《广东省民众心理和谐评估与建设项目调研报告》编写、广东省民众心理和谐动态监测与服务平台建设等任务，做好《广东省民众心理和谐评估与建设》项目成果应用工作。出台《关于加强决策咨询，推进科技思想库建设的意见》。开展广东省LED产业发展院士咨询调研活动。组织在粤工作院士到韶关、青年科学家赴肇庆市考察，为当地经济社会发展建言献策。举办第二届广东企业科技创新与QC小组优秀成果发表大会，发布科技创新及质量管理成果119项。新建院士专家企业工作站20家，学会科技服务站12个，组织了300多位院士、专家与建站企业建立服务关系，帮助企业完成重大技术开发项目56项。至2011年底，省科协已在广州、深圳、佛山、珠海、东莞、惠州、阳江等地的高新企业、高新技术开发区，建立省级“院士专家企业工作站”55家，引进国内外450多名院士专家，帮助企业解决技术问题300多项，创造经济效益1000多亿元。省科协还建立了广东企业技术创新联盟，促进建站企业之间的交流合作。广东企业技术创新联盟是院士专家企业工作站企业之间交流、学习、合作的平台，通过联盟举办技术讲座、创新论坛、考察学习等活动，联盟根据企业的实际需求，先后邀请美国科学院塞泊院士、中国工程院刘人怀院士、亿维讯林岳博士等一批专家学者在广州、佛山、东莞、珠海、惠州等市开展技术培训23场。省科协联合珠海、江门、东莞等市科协，举行技术创新方法培训班，珠海格力电器、广东丽珠、伟创力集团等32家高新技术企业的240多名科技人员参加了培训，为企业解决技术难题231项，促进企业自主创新能力的提升。开展美国专利资源应用试点工作，将最新技术专利信息合法引入企业，有50多家企业使用吸收了130项专利，产生80多项科技成果。

推动“千会服务千村”行动常态化发展。组织省级学会专家，到惠州、梅州、河源、肇庆、阳江、清远、汕尾、湛江等市（县、镇）开展技术培训80场，深入田间地头开展技术指导190多场次，参加培训3.75万人次，派发农村科普图书资料3.4万多册（份）。全省各级科协及所属学会面向农村推广农业新技术成果400多项，并编印农村科技服务项目指南向社会发布。实施科普惠农兴村计划，获全国、省级奖补资金640万元。推动“千会服务千村行动”常态化发展，有100多个学会，240多名科技人员到农村开展科技服务，推广先进实用技术300多项，培训农村劳动力8.5万余人次。

深入实施《科学素质纲要》。编印《广东省全民科学素质行动计划纲要实施方案（2011—2015年）》。组织开展创建全国、省级科普示范县（市、区）检查验收工作。组织参加第四届全国公众科学素质大赛获三等奖。召开第二次广东省公民科学素质调查主要结果发布会。开展全国科普日、广东省科技进步活动月、第26届广东省青少年科技创新大赛、第11届广东省青少年机器人竞赛、广东省暨广州市防灾减灾日宣传周等重要活动。举办广东科普大讲堂全省巡讲和全国在线直播，在领导干部和公务员中倡导“读一本科普书、听一堂科普讲座、参加一次科普活动”。承接青少年国际创新人才培养与校外实践项目。创建、命名广东省青少年科学教育特色学校33所、广东省科普示范社区50个。2011年，举办主题科普活动1607场，科普展览1038场，科普讲座1310场，受众人数630多万人次。打造全国科普资源一站式共享服务及在线互动平台。实施“社区科普漂流书屋”工程。启动“垃圾分类，从我做起”科普资源包研发项目。举办第五届广东省科普作品创作大赛。开发编印科普挂图9种29万张，科普图书6万册，科普折页15万份并免费发放全省各地。利用社会资源创建社区科普志愿者服务站50个、科普图书室50个，新建科普画廊300座。

认真做好为科技工作者服务工作。举办在粤工作院士迎春茶话会。积极做好在粤院士专家意见“直通车”有关工作，把院士专家的意见建议通过“直通车制度”呈报给省领导并批转有关职能部门处理。制定《广东省科协维护科技工作者合法权益暂行办法》、《广东科技工作者法律服务中心处理来访接待工作细则》。办好广东科协论坛、广东院士讲坛、广东省科协学术活动周等品牌活动。广东科协论坛先后邀请中国工程院院士叶奇蓁、孙宝国、金涌、刘韵洁、李兰娟和罗锡文，中国科学院院士杨叔子等作了7场专题报告。组织开展第九届广东省科协学术活动周活动。举办2011年纪念闻立时院士暨新能源高峰论坛、第46期广东院士论坛暨罗定市书香大西关读书讲坛、广东物联网产业高峰论坛。举办2011第九届海峡两岸（广州）工程师论坛、省级学会对港澳科技合作工作情况交流会，（深圳）粤港生物科技合作论坛等粤港澳台学术交流活动10多场。开展第十一届广东省丁颖科技奖、广东省《科学素质纲要》实施工作、广东省科普惠农兴村计划实施工作先进集体和先进个人评选活动。大力宣传国家和广东省科学技术奖，以及南粤功勋奖、南粤创新奖、广东丁颖科技奖等获奖者及团队。在广东科技报设立《科学素质专刊——南粤科普》和《在粤工作院士风采》专版。

进一步加强自身建设。着力加强企业科协组织建设工作，在民营高新企业、大中型企业新建科协30多家，全省已建立企业科协850多家，联络服务科技人员10万多人。深入开展科协工作理论研究，完成了中国科协的《关于科协工作的理论研究》课题，出版发行《科协工作理论研究》一书，召开学会改革经验总结表彰大会，对2008～2011年学会改革工作进行了总结，表彰17个学会改革先进单位和51名先进个人。评选出重点学术活动资助项目10项，重点决策调研资助项目2项，共资助25万元。组织直属机关党务干部到中国延安干部学院学习，举办了县（市、区）科协主席培训班。安排100万元改善机关办公自动化条件。实施广东省科协机房网络系统更新改造项目，添置和更新机关办公设备，提升机关办公自动化和信息化水平。积极争取有关部门的政策支持，稳步推进直属事业单位分类改革，《广东省科协直属事业单位分类改革方案》获省编委批准。大力开展科协宣传年活动，在纪念广东省科协成立50周年活动中，10多家中央和省级主流媒体在头条或显著位置报道了活动盛况，30多家媒体转载。

2011年省科协新建“学会科技服务站”12个，出台《关于省级学会建立科技服务站的意见》，召开省级学会创建科技服务站经验交流会，分析形势，总结经验，表彰先进，研究新思路新举措。至2011年，在企业、专业镇和基层科协建立32个“学会科技服务站”，提出“十二五”期间在全省建立各种类型的“学会科技服务站”100个。

【纪念广东省科协成立50周年大会】11月24日，纪念广东省科协成立50周年大会在广东科学馆隆重举行。中共中央政治局委员、广东省委书记汪洋，中国科协常务副主席、书记处第一书记陈希出席会议并讲话。广东省四套领导班子的主要负责人出席会议。在粤工作院士，国家“973”计划首席科学家，中央“千人计划”入选者，长江学者，历届广东省丁颖科技奖获奖者，兄弟省（市、区）科协代表，港澳台地区科技团体专家学者，以及全省科技工作者约700人与会。

汪洋在讲话中指出，广东省各级科协组织围绕“建设充满生机和活力的开放服务型人民团体”的发展目标，在促进科技繁荣发展、科技普及推广、科技人才成长提高、科技与经济相结合等方面做了大量卓有成效的工作，发挥了重要作用。希望广大科技工作者勇攀科学高峰，抢占世界产业技术的制高点，更好地履行建设创新型广东的历史使命。

陈希在讲话中充分肯定了广东省科协50年来所取得的巨大成绩。希望广东各级科协组织要以增强自主创新能力为核心，努力在推动加快转变经济发展方式上再立新功，以实现人的全面发展为目标，努力在提高全民科学素质上再立新功，以促进科技人才成长提高为关键，努力在服务科技工作者上再立新功，以提升服务能力为重点，努力推动科协事业科学发展再上新台阶。

【广东省科协的工作被列为省委常委会重点和亮点工作】 2011年底，在中共广东省委十届十一次全会第一次全体会议上，中共中央政治局委员、广东省委书记汪洋作主题报告。汪洋报告了广东省委常委会2011年以来的重点和亮点工作，广东省科协的工作被列入其中。汪洋说，“2011年，广东省科协通过创建院士专家企业工作站、学会科技服务站等方式，为科技人才的脱颖而出和企业竞争力的提升作出了积极贡献。”广东省委常委会议认为，全省各级科协组织围绕经济社会发展和现代化建设，团结带领广大科技工作者在增强自主创新能力，建设创新型国家，提高全民科学素质，为党委、政府科学决策服务，推动科学发展、促进社会和谐方面做了大量工作，发挥了独特作用，取得了明显成效。

【科普示范社区“五个一”创建活动】 2011年，广东省创建命名广东省科普示范社区50个，新建设科普志愿者服务站50个、科普图书室50个、科普画廊300座，调整维修科普画廊100座，完成了全省社区工作会议提出的三年创建100个省级科普示范社区的目标，推动城镇劳动人口、社区居民科学素质建设。创建活动中，结合中国科协、财政部的要求，开展了社区科普益民计划工作调研，广东的做法得到了中国科协、财政部的充分肯定，为国家推动社区科普益民计划提供了经验。

【广东科协论坛】 2011年，广东省科协努力将广东科协论坛打造成全省具有较大影响力、高水平、高质量的学术交流品牌，举办7场专题报告会，参会人员达2000多人。先后邀请秦山核电二期工程总设计师、核反应堆及核电工程专家、中国工程院叶奇蓁院士作《核能利用与安全》专题报告，中国工程院孙宝国院士作《食品安全、任重道远》专题报告，著名机械工程专家、中国科学院院士杨叔子作《时代发展趋势：科学人文交融》专题报告，清华大学教授、中国工程院院士金涌作《低碳经济——人类社会发展的里程碑》专题报告，著名通信网络技术专家、中国工程院院士刘韵洁作《三网融合与未来网络的发展及前景》专题报告，著名传染病专家、中华医学会副会长、中国工程院院士李兰娟作《肝衰竭与人工肝》专题报告，中国工程院院士、华南农业大学教授罗锡文作《食品安全与物联网》专题报告。

【第九届两岸四地工程师论坛】 2011年11月18～19日，第九届两岸四地工程师论坛在广州市举办。论坛由广东省科协、（台湾）中华土木技师公会联合会、香港工程师学会、澳门工程师学会、福建省科协、福建省土木建筑学会、台湾省中华两岸经贸投资协会和广东省土木建筑学会等联合主办。来自粤港澳台闽250多名专家学者围绕“构建幸福城市，共享绿色生活”的主题，探讨共同关心的城市建设问题。中国工程院院士容柏生、周福霖、吴硕贤参加论坛并作主题报告。本届论坛提交论文80多篇。论文内容涵盖了节能、防震、环保、规划、交通、材料等学科领域。

【《科协工作理论研究》】 2011年，广东省科协完成中国科协《关于科协工作的理论研究》课题，出版发行了《科协工作理论研究》一书，研究主要针对中国科协在新的时代背景下面临的机遇和挑战进行全面分析，对新时期中国科协的性质、职能、定位进行深入的思考，明确科协在新时期科协工作的性质定位（是什么）、科协工作的具体内容（做什么）以及科协工作的思路和方法（如何做）等三个方面的重要内容。系统回答了全国科协系统共同关心的若干重大问题，创造性地提出了科协工作的评价标准和评价体系，为科协未来发展描绘了宏伟的蓝图。

广西壮族自治区科学技术协会

2011年，广西壮族自治区科学技术协会（以下简称广西科协）以实施“三项计划”、抓住“三个重点”、建设“三个平台”、推进“三项工作”为切入点，工作取得成效。

实施“三项计划”为经济社会发展服务。

一是实施“专家学者建言献策行动计划”服务科学决策。2011年，广西科协组织专家学者向自治区党委、政府提出《建立和完善生态补偿机制 促进广西壮族自治区生态文明建设》、《关于发展果蔬罐头原料的建议》等5条科技工作者建议。其中《关于发展广西罐头果蔬原料的建议》获得自治区领导批示。广西科协向自治区政协十一届四次会议提交了《关于促进我区小杂粮产业又好又快发展的建议》、《关于加强广西资源危机矿山深部和外围找矿的建议》等6件提案，其中有3件提案被评为年度优秀提案。《关于加强广西资源危机矿山深部和外围找矿的建议》被列为自治区领导阅批督办的重要提案。广西科协组织气象、地质、地震、水利等行业专家编写出版《减轻自然灾害白皮书》；组织农业专家开展《广西小杂粮发展对策研究》，荣获第三届广西壮族自治区政府决策咨询成果奖。

二是实施“创新方法进百企行动计划”，服务企业发展。先后在广西民族大学、贵港市、玉林市举办7场创新方法（TRIZ）理论讲座，培育科技工作者和大学师生创新意识和创新精神，提高创新能力。继续向南宁五菱桂花车辆有限公司导入创新方法理论，帮助企业取得6项发明专利，设计制造出第四代甘蔗收割机。在广西博世科环保科技股份有限公司建立广西壮族自治区第二个“院士专家企业工作站”，聘请了中国工程院院士、中国科学院生态环境研究中心主任曲久辉为进站专家。广西科技咨询中心创新工作模式搭建具有咨询导航作用的专业型博客平台，共完成技术咨询服务项目57项，帮助35家企业通过国家级高新技术企业认定申报，为20家企业成功申报企业创新基金。

三是实施“科普惠农兴村计划”，服务新农村建设。2011年，广西有92个单位和个人获得全国科普惠农兴村先进单位和带头人表彰，获奖金额1690万元，获奖金额和单位数均列全国第六位。广西科协继续与财政厅联合实施广西本级“科普惠农兴村计划”，共评选出66个先进单位和个人进行表彰，奖补500万元。加大对“科普惠农兴村计划”的宣传力度，与南方科技报联合开展科普惠农兴村计划的专版宣传，全年出版15个专版。2011年9月4日，《广西日报》头版头条以《一“网”织就万千农民致富梦》为标题，对广西实施“科普惠农兴村计划”助力新农村建设进行了专题报道。首次举办“科普惠农兴村计划”优质农产品“农超对接”成果交流展销会。继续做好农技协发展、培育工作，2011年11月16～18日，在广西桂林市荔浦县举办2011年全区农技协领办人培训班，共有150多名农技协领办人参加了培训。

抓住“三个重点”，为提高公民科学素质服务。一是抓住重点环节，推进《科学素质纲要》工作实施。自治区纲要办组织力量编制了《广西壮族自治区全民科学素质行动规划（2011—2015年）》，明确广西“十二五”时期全民科学素质工作的指导思想、工作方针、发展目标、主要行动、基础工程和保障条件。编制了《广西壮族自治区全民科学素质行动计划纲要实施方案（2011—2015年）》，落实细化具体工作。积极推动自治区党委、政府把《科学素质纲要》实施工作纳入自治区“十二五”规划。2011年5月18日，《广西国民经济和社会发展“十二五”规划纲要》正式对外发布，关于“加强基层科技能力和科普服务能力建设，实施全民科学素质行动计划”纳入其中。各级党委、政府和纲要办高度重视纲要工作，全广西有12个地级市、94个县（市、区）明确将全民科学素质工作纳入政府工作部署和目标责任考核体系，其中南宁、柳州、玉林、贵港、钦州全部所辖县（市、区）均将该工作纳入政府工作部署。

二是抓住重点对象，提升公民科学素质。针对农民，深入实施“五个一”农村适用技术培训工程，全年培训农民、农技协会员16万人次。《南方科技报》加快新媒体建设推进广西科普信息传递工程实施，聘请袁隆平院士担任顾问，编辑出版第二套《农博士答疑一万个为什么》丛书获专家领导肯定。针对未成年人，深入开展科普活动进校园、快乐科普校园行活动，受益青少年逾80万人次。《小博士报》组织开展“安全知识进校园系列科普活动”和“唱响科普金童谣”活动，20多万青少年学生参与其中。针对城镇劳动人口，联合安监、劳保等部门，组织开展以提高劳动技能、安全生产等为主要内容的科普活动。针对领导干部和公务员，组织开展了关于科技创新、前沿科技的专题报告。针对社区居民，深入实施“社区科普益民计划”，广泛宣传卫生知识、防震减灾、食品安全等与居民生活息息相关的科普知识，举办第二届城市科普行暨健康科技博览会。《家庭医药》杂志积极开展健康科普活动，打造“名家名医谈健康”品牌。通过重点人群的科普工作，带动全社会科普活动的开展。

三是抓住重点活动，促进科普工作深入开展。抓示范创建活动，全区有34个县（市、区）被中国科协命名为“2011—2015年度全国科普示范县”，有14个县（市、区）参与创建第五批广西科普示范县。抓群众性科普活动，组织广西科技活动周、全国科技活动周、全国科普日、广西十月科普大行动等活动。其中，十月科普大行动于9月19日在崇左市扶绥县启动后，历时3个多月，在全区各地面向农民、城镇人口、未成年人等人群开展的主题科普活动达300多项。抓特色科普活动，联合有关单位分别在来宾市、扶绥县等地举办了第19届广西科技大集暨2011广西（来宾）家电下乡产品交易会和第20届广西科技大集暨魅力扶绥科技文化节；在广西科技馆及全区14个市举办了“地震、海啸、核辐射大型科普图片展”巡展活动，有25万人次参观了展览。抓科普场馆建设，继续抓好广西科技馆运营管理，科技馆全年总接待观众约75万人次，组织开展全区青少年科技教育活动，参与人数约100万人次。抓住机遇推进常设科普展厅免费向未成年人开放。广西天文馆规划选址取得积极进展。地市级科技馆建设呈现可喜发展趋势，南宁市科技馆建设完成总投资的30%，柳州、钦州、梧州、贵港、防城港等市科技馆列入了各市的“十二五”规划。

建设“三个平台”，为科技工作者服务。一是建设学术交流与合作平台，活跃学术氛围。通过平台建设，广西科协组织举办了中医药壮瑶医药千亿元产业战略研讨会、环境污染综合防治专题研讨会、生态文明示范区建设院士报告会等3期“广西专家论坛”。利用中国工程院土木、水利与建筑工程学部常委会在广西壮族自治区召开的机会，举办了9场“走进广西”院士系列报告会，对广西经济社会发展产生深远的影响。积极主办和承办有影响的学术交流活动，举办了气象灾害防御、知识产权的理论与应用等4场高质量的学术报告会。资助广西兵工学会、机械工程学会、城乡发展学会、生物化学与分子生物学会、抗衰老协会、青少年科技教育协会、中医药学会、针灸学会、甘蔗学会、科技书画研究会、土地学会、自然辩证法研究会等12个自治区级学会召开了换届选举会议和召开联合学术会议。恢复了中断10年的广西自然科学优秀论文奖评选活动，评出获奖论文182篇。通过上述活动，搭建了评价和肯定科技工作者的学术成果、鼓励全区广大科技人员积极参与科学研究和学术交流，增强自主创新能力的重要平台。

二是建设科技工作者状况调查与研究平台，拓宽服务渠道。通过平台建设，广西科协在全区设立61个科技工作者状况调查站点，依托站点完成了首次广西科技工作者状况调查及研究工作，开展了广西科技工作者事业发展需求及发挥作用状况调查研究等工作；收集了反映科技工作者呼声、建议的站点信息175篇，编发站点信息摘报21期，向中国科协报送信息68篇，被中国科协采用21篇，信息报送和采用数均列全国第一。广西科协在2011年度区域责任部门绩效考评中列全国各省市区第一名，荣获中国科协2011年度优秀区域责任部门。

三是建设专家人才资源共享与利用平台，提升服务实效。通过平台建设，进一步完善高层次人才信息采集工作，推荐201人入选中国科协高层次人才库。做好科技人才的举荐工作，组织第十一届广西青年科技奖评选活动，评出30名获奖者；做好第十二届中国青年科技奖、全国科协系统先进集体和先进工作者推荐工作，广西壮族自治区有2人获中国青年科技奖，有4家单位和11人被评为全国科协系统先进集体和先进工作者，其中集体标兵和个人标兵各1个。加强与科技工作者联系，举办了首府科技界迎春茶话会和中秋、国庆联欢会等活动，架设了与科技工作者沟通的桥梁。

推进“三项工作”，加强科协自身建设。一是推进广西壮族自治区党委 自治区人民政府《关于进一步加强新时期科协工作的意见 》（桂发［2010］9号以下简称《意见》）落实，营造和谐发展环境。2011年，通过对自治区各级科协贯彻落实《意见》精神的情况进行了调查。调查显示，各地贯彻落实《意见》精神的总体情况良好，各级党委、政府进一步加强和改进对科协工作的领导，为科协开展工作创造了有利条件和良好环境。截至2011年底，广西壮族自治区已有12个地级市、23个县（区、市）以当地党委、政府名义出台了贯彻《意见》的相关文件；有14个地级市、100个县（市、区）将科普经费纳入同级财政预算；有12个地级市、69个县（市、区）建立起科普专项经费投入的增长机制；有14个地级市、94个县（市、区）落实了党委重视科协工作的“三个一”机制；自治区各级科协负责人有116人被选入同级地方人大常委会或政协常委会；有10个地级市，53个县（市、区）的科协负责人经由民主程序选举产生；有90个市、县（市、区）变更科协主要负责人时，征求了上一级科协意见。

二是推进“十二五”事业发展规划编制，明确发展任务。经过调研和论证，完成了《广西科协事业发展“十二五”规划（2011—2015）》的编制工作，并于2011年8月22日正式印发实施。规划坚持“三服务一加强”的工作定位，提出了“十二五”时期广西壮族自治区科协事业发展的重点任务，即“实施三项计划、服务科学发展；强化四个抓手，提高全民素质；搭建五个平台，提升当家水平；抓实六项建设，增强发展能力”。

三是推进思想学风和组织文化建设，增强发展活力。以建党90周年、中国科协八大和广西壮族自治区第十次党代会召开为契机，贯彻学习胡锦涛总书记“七一”重要讲话、中国科协八大精神、广西壮族自治区第十次党代会精神，把科协干部职工和广大科技工作者的思想和行动统一到党中央、国务院和自治区党委、政府的重要决策部署上来。2011年11月27日，积极启动在广西高校研究生中开展全区科学道德和学风建设宣讲教育活动，加强对学会组织的建设和管理，2011年新审核报批成立广西太阳能学会、广西城乡发展学会、广西数据技术学会、广西速算协会、广西科技创业致富协会、广西科技书画研究会、广西保健养生学会、广西管理现代化研究会等8个自治区级学会。截至2011年底，广西科协拥有所属学会114个、高校科协25个、企业科协1个。2011年，广西科协积极承办中国科协系统文化建设工作座谈会，加强科协文化建设力度，成功举办第三届广西科协系统运动会，增强科协组织的凝聚力和发展活力。

【“走进广西”院士系列报告会举办】 1月5～6日，中国工程院17位土木、水利和建筑方面的院士到广西参加中国工程院土木、水利与建筑工程学部常委会，并举办“走进广西”院士系列报告会。1月5日晚，中共广西壮族自治区党委书记、自治区人大常委会主任郭声琨，自治区主席马飚在南宁会见了前来广西的中国工程院院长周济一行。郭声琨表示，广西的发展必须依靠科技，必须吸引人才，要培养、聘请、引进更多院士支持广西的发展，提高广西的科技水平。1月6日，17位中国工程院院士来到广西开展“走进广西”院士系列报告会，崔俊芝、谢礼立、周福霖、马洪琪、邹德慈等院士分别在广西科技馆、广西大学、自治区地震局等7个会场作学术报告，报告内容涵盖防灾减灾、建筑施工、交通工程、抗震防震等多个学科领域。在桂期间，院士们还深入各地开展学术交流、科技考察活动，把脉、指导广西经济社会发展。中国工程院院士、广西科协主席郑皆连，广西科协党组书记、副主席甘向群等参加此次活动。

【“地震、海啸、核辐射大型科普图片展”在广西各地巡展】3月23日，由广西科协联合自治区直属机关工委、科技厅、环保厅、地震局、气象局等单位共同主办，广西科技馆、南方科技报社、小博士报社、家庭医药杂志社等科普传媒和阵地参与承办、协办的“地震、海啸、核辐射大型科普知识图片展”在广西科技馆开幕。广西壮族自治区人大常委会副主任荣仕星出席活动并宣布图片展开幕。展览以日本大地震为背景，以图片和文字讲述了地震、海啸与核辐射的成因与应对措施，同时结合广西科技馆常设科普展厅“环境危机”、“环保行动”等展区，向广大群众进一步普及地震、海啸、核能的相关科学知识。据统计从3月23~31日，展览共接待了140个团体单位和社会各界群众3万余人次。从4月1日起至6月1日，该展览到广西各市进行巡展，巡展期间共有25万人次参观了展览。

【马飚邀请百名台湾少年儿童到广西科技馆作客】9月9日，100名台湾省花莲县少年儿童应广西壮族自治区主席马飚邀请与广西少年儿童代表在广西科技馆欢聚一堂，共同参加科技与梦想主题活动。马飚来到孩子们中间，一同参加主题活动，参观南宁中小学生科技成果展，观看机器人竞赛，共同体验制作再生纸、民族蜡染等，并在活动现场向桂台少年儿童赠送了印有自己亲笔题词的特制明信片，“桂台手拉手、童心创未来”，表达了对桂台少年儿童成长成才、携手共进的殷切期望。自治区副主席李康、自治区政府秘书长王跃飞等一同参加了活动。

【广西科学道德和学风建设宣讲教育活动启动仪式暨宣讲报告会】11月27日，由广西科协、教育厅联合举办的广西科学道德和学风建设宣讲教育活动启动仪式暨宣讲报告会在广西人民会堂举行，广西壮族自治区党委副书记危朝安出席启动仪式并作重要讲话，他对广大青年科技人员和高校师生提出了四点希望：一要知行合一，修身立学并重；二要求真务实，恪守科学道德准则；三要敏而好学，自觉养成良好学风；四要锐意创新，勇攀科学高峰。著名数学家、中国科学院院士杨乐，著名桥梁专家、中国工程院院士、广西科协主席郑皆连，教育部长江学者特聘教授、广西大学副校长陈保善等3位科学家结合自己的学术成长和工作经历，从不同的角度为1600余名高校师生作了精彩的宣讲报告。会上，同时举行了第十一届广西青年科技奖颁奖仪式，广西大学研究生代表在会上宣读了倡议书。广西科协党组书记、副主席甘向群、广西高校工委副书记秦敬德共同主持启动仪式暨宣讲报告会。

【“科普惠农兴村计划”优质农产品“农超对接”成果交流展销会】12月24~26日，由广西科协、财政厅、商务厅、工商联主办，南方科技报社、广西科技馆承办的广西科普惠农兴村计划优质农产品农超对接成果交流展销会在南宁举办，14个地级市的优质农产品集中登场，吸引了各界群众近万人次参观选购。同时举办了农超对接座谈会，100家农技协、生产基地负责人与10家大型超市共同商讨如何让农产品从基地直接迈进超市。广西壮族自治区副主席陈章良、自治区政协副主席李彬出席展销会。广西科协党组书记、副主席甘向群，副主席方芳、朱东，党组成员梁春花等参加展销会。

【广西生态文明示范区建设论坛】12月16日，由广西科协主办，广西生态学学会、广西环境学会、广西学会学研究会和广西科技馆联合承办的“广西生态文明示范区建设论坛——生态保护与环境污染综合治理专题研讨会”在南宁召开。160多位生态环境保护专家及学会代表参加了论坛。论坛就“生态保护与环境污染综合治理”专题开展深入探讨，综合分析了广西壮族自治区生态保护与环境污染治理的现状，就进一步加强广西壮族自治区废气污染、废水污染、重金属污染等环境污染综合治理提出建议和对策，为自治区党委、政府决策提供科学依据。论坛征集并编印出版了论文集，共收录了生态保护与环境污染综合治理专题论文56篇。

【2011城市科普行第二届广西健康科技博览会暨食品安全科普展】11月25~28日，由广西科协、广西医学会主办的“2011城市科普行第二届广西健康科技博览会暨食品安全科普展”在广西科技馆举办，开展当天约有1万名各界群众参观了博览会和科普展。活动的主题是“普及安全健康知识，提高全民健康素养”。活动推出的义诊活动邀请中医、西医、壮医、苗医、瑶

医、藏医等不同类别的医生开展义诊。主办方还邀请广西名中医、壮医目诊专家、主任医师牙廷艺在广西科技馆进行了专题讲座，普及医药科技知识，200余名各界群众参加了讲座。广西医学会、药理学会、针灸学会、抗癌协会、民族医药协会、国际手法医学协会、亚健康科学技术研究会、抗衰老科学技术学会、免疫学会、养生长寿协会等10家自治区级医药学会（协会、研究会）参与了活动。

【第十九届、第二十届广西科技大集分别在来宾、扶绥举行】1月13～16日，第十九届广西科技大集暨2011广西（来宾）家电下乡产品交易会，在广西来宾市相思园广场举行。活动主题为“创绿色低碳生活，促家电科普下乡”。广西壮族自治区政协副主席李达球宣布交易会开幕。广西科协党组书记、副主席甘向群在会上讲话，广西科协副主席朱东主持开幕式。活动吸引了家电、汽车、摩托车、电动车、房产家居近100家厂商数百个产品参加展览展销。海尔集团等33家企业被本次科技大集暨交易会组委会认定为“2010广西家电下乡品牌企业”。

2011年9月19日，“全国科普日广西十月科普大行动启动仪式暨第二十届广西科技大集魅力扶绥科技文化节”在广西的“甘蔗之乡”——扶绥县举行。广西壮族自治区副主席陈章良，广西科协党组书记、副主席甘向群，广西科协副主席朱东出席活动启动仪式。本次活动由广西壮族自治区党委组织部、宣传部，广西壮族自治区文明办、科技厅、科协，中共崇左市委、崇左市人民政府共同主办。活动以“节约能源资源、保护生态环境、保障安全健康”为主题，启动仪式现场开展广西科普联展、科普大篷车联合行动、科普咨询服务、科普惠农兴村计划成果展、科普大篷车进社区、夜色科普活动、科技集市、家电及农机下乡品牌展示、书画名家科技书画表演等一系列活动。

【广西自然科学优秀论文奖评选活动】2011年8～12月，广西科协开展了2011年度广西自然科学优秀论文评选活动。此次活动共收到来自数理类、材料（包括化学化工）类、信息技术类、机电（包括机械、电气、运载）类、医药类、农林类、资源环境与地矿类、土建（包括水利工程）类、管理科学类9个学科的参评论文822篇，经评审委员会组织评审，评选出优秀论文182篇，其中优秀论文一等奖9篇、二等奖54篇、三等奖119篇。

【第三届广西科协系统运动会】5月22～24日，“神冠杯”第三届广西科协系统运动会在南宁李宁体育园举办。来自全区各市和广西科协机关、直属单位的20支代表队共300余人参加了运动会。梧州神冠蛋白肠衣有限公司为本届运动会提供赞助支持。

海南省科学技术协会

服务经济社会发展。深入开展“讲理想、比贡献”活动。组织评选2011年度海南省“讲理想、比贡献”活动先进集体和个人，评出先进集体10个、科技标兵10名、优秀组织者9名。2011年，海南省科协联合民宗、扶贫、农业、畜牧等职能部门，在琼中等11个市县开展农村党员、妇女、基层干部、农民和16～20岁农村青年等人群的农村适用技术培训，举办培训班79期，培训农村青年1.25万余人次，其中农村妇女5300多人次，发放资料3万份。

继续实施科普惠农兴村计划。2011年实施科普惠农兴村计划22项，其中国家级10项，投入资金155万元，省级12项，投入资金30万元。在全省188个乡镇5228个自然村开展了“四送一训”科普惠农活动，组织科普专家440人次，出动科普惠农直通车440辆次，培训农民20万余人次，建立科技示范户2.4万多户，其中“四送一训”10万余人次，建立科技示范户6600多户。免费赠送农业技术光盘4万余张、科技资料12万份。

深入贯彻落实《科学素质纲要》。认真开展科技月、全国科普日、青少年科普等活动，大力普及科技知识。组织科普专家深入社区和街道开展科普报告12场，开展科普活动560次，内容包括健康、低碳、绿色生活等知识，发放科普资料15万份。组织320人次的医疗专家走进社区，开展义诊活动87次，受益群众3.5万人次。各级科协举办各种社区科普活动560次，发放宣传资料15万份。

举办主题科普活动。9月17日，2011年海南省全国科普日在海南省海口市开幕，围绕“节约能源资源、保护生态环境、保障安全健康、促进创新创造”主题，省级学会和各市县区科协结合活动主题举办80多场科普活动，300多万人参加了活动，其中未成年人100多万人次。5月9日，海南省第七届科技活动月启动仪式在海南省文昌市举行。海南省人大常委会副主任、海南省科协主席康耀红，省政协副主席陈莉，省政府副秘书长冯鸣，海南省科协副主席陈民，文昌市市委书记裴成敏和文昌市人民政府市长刘春梅等省市领导出席开幕式，省科技厅党组书记林盛梁主持开幕式。展出科学预防核辐射科普知识展板60块、三维立体（3D）科普展板72块、青少年科技创新大赛作品60件、发放各类科普小册子5000

本。活动当天，3000余名群众进行现场观展和咨询。

推进科普宣传栏和科普教育基地建设。深入开展“一站一栏一员”建设，全省建设科普活动站1238个，科普宣传栏986个，开展科普培训3300多场次，参加活动的群众约36万多人次，白沙县科协和五指山市科协获全国科普宣传栏建设示范项目资助。2011年新批准成立海南英利新能源有限公司、海南省规划展览馆、海南呀诺达雨林文化旅游区3个省级科普教育基地。截至2011年底，全省国家级科普教育基地7个，省级科普教育基地5个。

实施未成年人科学素质行动。2011年，举办青少年科普讲座31次，参加人数2.2万余人次，科普展览20次，参加人数3.8万人次，举办青少年科技竞赛12次，参加50.2万人次。4月16日，海南省第23届青少年科技创新大赛在海南省图书馆开幕。省人大常委会副主任、海南省科协主席康耀红，海南省科协党组书记、副主席陈永明，副主席刘智慧、陈民等领导出席开、闭幕式。大赛以“体验、创新、成长”为主题，全省各市县、省属学校26支代表队参加，参赛作品600多项。评出优秀青少年科技成果309项。其中，一等奖55项，二等奖97项，三等奖157项，青少年科技实践活动30项，优秀少儿科幻绘画作品170幅，优秀科技辅导员创新成果奖20项，优秀组织奖22项，年度十佳科技辅导员奖10名，海南省科协主席奖5项。开展“我崇敬的科学家”征文比赛活动，近1500所学校的50多万名学生参加，28万名中小学提交征文参赛，评出一等奖96名，二等奖204名，三等奖313名。组织开展“珍爱生命之水”活动，有1万余名学生参与，收到以水为主题的科学DV作品7个，科学调查报告5800份，科学幻想画1000多幅，节水手抄报3400张，提交数据2600人次。举办第11届中国青少年机器人竞赛海南赛区表演赛，组团参加第11届中国青少年机器人竞赛，获基本技能比赛（小学组）一等奖，机器人工程挑战赛（初中组）二等奖两项，机器人创意比赛（小学组）二等奖一项，为2001年以来海南省组队参赛最佳成绩。组织开展大手拉小手青少年科技传播行动和群英计划活动，举办科普报告23场，2万名师生参加报告会。为少数民族市县农村学校赠送七巧板1000多副，各种科技教材2500多册。

组织学术交流活动，努力促进学术繁荣和科技进步。2011年，海南省科协支持3个国际性学术会议和11个学会学术会议。参加学术活动人数1200多人次，交流论文1800余篇，科普受众6300人次。

利用海外智力为海南发展服务。引进美国、德国、英国、加拿大等国家和中国台湾地区海外高层次专家8批次23人，在医疗卫生信息、城市智能交通、垃圾处理、生态保护以及休闲农业等领域开展学术交流、实地考察指导及研讨会10场。

竭诚为科技工作者服务。2011年，海南省科协会同中共海南省委组织部、海南省人力资源和社会保障厅开展了第九届海南省青年科技奖推荐与评选工作及第十二届中国青年科技奖推荐与评选工作。中国热带农业科学院尹俊梅等18位同志荣获第九届海南省青年科技奖。认真做好2011年度全省自然科学研究系列专业技术资格评审申报工作。2011年申报评审的科技人员有36人，申请资格认定的有37人，确认的有2人，将按有关规定予以组织评审和认定。

加强自身建设。2011年，海南省科协党组中心组集中学习12次，党课3期，结合工作实际开展学习讨论。制定了开展创先争优活动的实施方案，在全海南省科协系统开展创先争优活动，把学习实践科学发展观活动向深度和广度发展，采取多种宣传方式，对评选出的琼中县科协、海口市琼山区科协2个先进集体以及林建勇等8名先进个人进行宣传报道。4月14日，武钢集团海南有限公司科学技术协会成立暨第一次会员大会在海南省海口市召开，会议通过了《武钢集团海南有限责任公司科学技术协会章程》，选举产生了公司科协第一届委员会，公司总经理谭钢军当选为科协主席。海南省科协副主席刘智慧与新当选的科协主席谭钢军为公司科协揭牌。公司60余位科技工作者参加了会议。

【海南省科协第四届委员会第四次全体（扩大）会议】3月15日，海南省科协第四届委员会第四次全体（扩大）会议在海南省海口市召开。海南省人民政府副省长林方略出席会议并讲话，海南省人大常委会副主任、海南省科协主席康耀红作工作报告，海南省科协委员，海南省科协机关干部和下属单位负责人及各市县（区）科协主席、各省级学会主要负责人近200人参加会议。会议审议通过海南省科协四届四次全委会工作报告，推选海南省出席中国科协第八次全国代表大会代表和中国科协八届委员会委员候选人，大会表彰了2010年度30名全国及全省优秀科技工作者并颁发奖章、证书和奖金。

【第九届海峡两岸休闲农业与乡村旅游研讨会】8月18，由海南省科协和台湾民主自治同盟海南省委会联合举办的第九届海峡两岸休闲农业与乡村旅游研讨会在海南省海口市召开。全国政协副主席、台盟中央主席林文漪，海南省委副书记、常务副省长蒋定之，中国科协副主席冯长根，中共台盟中央副主席、广东省政协副主席陈蔚文等领导出席开幕式并致辞，海南省人大常委会副主任、海南省科协主席康耀红主持开幕式。来自台湾地区和大陆各省市的休闲农业专家、学者350人参加了会议。会议围绕“休闲农业与乡村旅游”主题，对休闲农业创意、休闲农业生态工程、休闲农业的资源开发与环境保护、城乡互赖导向下的休闲农业发展问题、海峡两岸农业合作试验区与台湾农民创业园5个分论题进行了研讨交流。32名专家学者做了分会场专题发言，300多名专家学者在5个专题分会场深入研讨，会议收到论文122篇。

【南海渔业开发模式创新论坛】8月5日，以“创新渔业开发模式，加快南海渔业开发”为主题的南海渔业开发模式创新论坛在海南省海口市举行。论坛邀请中国社会科学院世界经济与政治研究所特级教授高恒、中国政策科学研究会国家安全政策委员会副秘书长李庆功等70余位专家学者参加。会议围绕南海渔业开发的难点与出路、南海渔业开发对渔港建设的要求、组建大型补给船队的可行性，大型补给船与渔民合作的机制，政府在南海渔业开发中的作用等问题进行了深入研讨。

重庆市科学技术协会

2011年，重庆市科协在市委市政府的领导下，团结带领广大科技工作者，围绕中心、服务大局，积极进取、扎实工作，各项工作取得新的进展。

发挥科协组织优势，为促进经济发展方式转变服务。重庆市科协被中国科协批准为首批国家级科技思想库建设15个试点单位之一，通过中国科协2011年度考核验收。组织完成重庆市农村供水安全对策研究、重庆粮食保供能力研究等17个课题，形成决策咨询建议10个。2011年有178家企业科协组织开展了形式多样的“讲理想、比贡献”活动，立项3820余项，3.2万名科技人员参与活动，采用合理化建议7400余条。全市“讲理想、比贡献”活动示范单位达28家。重庆市科协分别与万州、涪陵、黔江签署了战略合作协议，从重点科普项目扶持、科普活动开展和设施建设、高层次人才引进与培养、高水平学术交流与合作等方面给予大力支持。2011年落实国家和重庆市科普惠农计划项目资金855万元，中国科协配发科普大篷车4辆、华硕科普图书室10个。组织民生工程专家服务团30余名专家学者赴石柱等区县开展咨询服务活动。

搭建学术交流平台，为提升自主创新能力服务。开展学术活动品牌创建工作，重点资助学术项目40余个，举办第22届国际交通医学大会、中国功能材料科技与产业高层论坛等国际国内学术会议617个，地区性和重庆市学术会议242个，交流学术论文1.2万篇，参会人员9万余人次。组织废弃物综合利用、知识产权等3期重庆科技沙龙。出台《重庆市科协资助科技青年出版著作办法》，对9部科技青年学术著作予以资助。资助优秀青年科技工作者参加国际重要学术会议，组织40名中学生到美国、加拿大学习交流。举办21世纪中英创业计划大赛，北京大学、清华大学、剑桥大学、牛津大学等高校300多支队伍参赛。重庆市科协被中国科协评为年度“地方科协外事工作先进单位”。

加强科技期刊发展能力建设。10月17日，由中国科协、国家新闻出版总署和重庆市人民政府联合主办，重庆市科协和重庆市新闻出版局共同承办的以“转变期刊发展方式与中国科技期刊的历史使命”为主题的第七届中国科技期刊发展论坛在重庆开幕。中国科协副主席、书记处书记程东红，国家新闻出版总署副署长李东东出席开幕式并讲话。重庆市政协副主席陈贵云在开幕式上致辞。论坛组织了大会报告会、高峰论坛和5个专题论坛等活动，500余名国内外期刊界知名专家和学者出席论坛。由新华社记者根据论坛成果撰写的《我国科技期刊发展困境亟待政策调整》在新华社内参上发表，得到了中共中央政治局委员、国务委员刘延东的批示。

加大科普工作力度，为提高全民科学素质服务。制定了《重庆市全民科学素质工作实施方案（2011—2015）》。全市21个区县创建全国科普示范县（区），9个区县获得重庆市科普示范县（区）称号。成立了90余名院士专家组成的“重庆市应急科普专家服务团”。“站、栏、员”基本实现全覆盖，全市建成科普宣传栏（科普画廊）4424个。启动“重庆社区科普大学”计划，2011年招募科普教师志愿者200余人，首批招收学员1600余人。深入寸滩保税港区开展送科技送健康系列活动，赠送价值50万元的电脑、图书及科技馆门票，服务笔电产业工人，助推笔电产业发展。启动2011年食品安全百日科普大行动，举办科普报告会、科普展览、网络知识竞赛、专家在线访谈等系列活动。开展历时24天的科普大篷车渝州两翼行科普文化宣传体验活动。重庆市市长黄奇帆出席第六届重庆市青少年科技创新市长奖表彰会。2011年在省市级以上媒体累计报道达830余篇（次）。

坚持以人为本，为创新型科技人才队伍建设服务。开展科技工作者状况调查站点工作。完成了科技工作者知识产权意识调查、科研环境状况调查、科技女性孕哺两期对职业发展的影响等5项调查工作，专项信息上报采用居全国前列。完成200名高层次人才信息入库工作，获中国科协表彰。在重庆市内各大主流媒体大力宣传在科技创新和科学普及上作出突出贡献的优秀科技人物和团队。启动程天民院士等老科学家学术成长资料采集工程。认真开展全国优秀科技工作者、全国科协系统先进集体和先进工作者、中国青年科技奖等评选工作，30余人获奖。推选23名代表参加中国科协第八次代表大会，4名同志当选为中国科协第八届全国委员会委员。举办科技界新春座谈会、专家迎新团拜会、科协学术界新年酒会等活动。

加强自身建设，不断提高科协工作的能力和水平。90个市级学会成为重庆市科协团体会员。新建立各类企事业科协110余家，全市企事业科协超过700家。全市基层农技协总量突破1000个。组织两批科协系统干部赴浙江大学参加领导力提升与创新发展培训。举办读书月系列活动和科协系统红歌演唱比赛。开展“一讲二评三公示”、“三项活动”和“争做人民好公仆”教育实践活动。直属企事业单位加快发展，电脑报、课堂内外、21世纪人才报等事业单位文化体制改革工作进展有序。重庆科技馆2011年接待观众101万人次，举办专题科普展览11次。利用社会资源完成了“工业之光”展厅的建设工作。以科普教育为主业的直属企事业单位2011年销售额达到7.7亿元，实现利税1.3亿元。

【新成立8个院士专家工作站】2011年联合市级相关部门新建立8个院士专家工作站，到位专项资金1100万元，柔性引进院士26名，其中外籍院士2名，引进专家11名。11月10日，举行了重庆市2011年院士专家工作站授牌签约仪式，中国科协书记处书记张勤，重庆市委副书记张轩，市委常委、组织部长陈存根，市委常委、两江新区党工委书记、管委会主任翁杰明，市人大常委会副主任陈雅棠，副市长吴刚，市政协副主席谢小军，以及16名院士专家出席授牌签约仪式。签订合作项目20余个，涵盖重庆市“十二五”战略性新兴产业多个领域。

【开展科学道德与学风建设宣讲教育活动】联合重庆市教委组织开展科学道德和学风建设宣讲活动，成立了以中国工程院院士王正国为团长、31名专家组成的宣讲团。16个研究生培养单位举行60余场宣讲活动，2.3万余名研究生接受了教育，做到了在校研究生新生全覆盖。重庆工商大学与每名研究生签订学术道德承诺书，重庆医科大学将每年11月定为“科学道德和学风建设宣传月”，重庆大学、西南大学等5所高校4000余名本科生接受宣讲教育。11月27日，重庆市举行了首场科学道德与学风建设宣讲教育报告会，邀请南开大学校长龚克来渝为2000名在校研究生作题为《真实与责任》的宣讲报告。

【2011百名海外博士两江行活动】12月15日，重庆市举行了2011百名海外博士两江行活动启动仪式，市委常委、组织部长陈存根，市委常委、两江新区党工委书记徐鸣出席启动仪式。活动邀请100余名世界著名大学的博士、资深教授以及外资企业高管来渝考察，举办高新技术项目推荐会及开展合作成果签约，在生物医学、新能源、新材料、电子信息、节能环保等领域签订意向合作项目121项。

四川省科学技术协会

2011年，四川省科协结合区域、行业特点，积极开展各类学术交流活动，全年共开展各类学术交流活动、讲座2788次，交流论文1.63万篇，参与人数达到1.26万人（次）。省科协与泸州市人民政府共同主办了四川省第五届中青年专家学术大会，近600名与会代表围绕“健康·民生”主题进行了广泛的交流探讨。省科协还举办了“中国人口老龄化趋势和老年医学发展的困境与挑战”、“人类疾病相关基因检测现状与发展趋势的探讨”等5场“天府创新论坛”。联合有关部门举办了“关注地震灾区产业重建，中日携手推进羌绣产业发展”、“植物药出口美国及欧盟市场研讨”等8场国际学术研讨会。组织代表团赴美国、加拿大、澳大利亚和新西兰等地开展了双边、多边的国际及港澳台地区的科技交流活动，接待了8个来川考察交流的香港、澳门及台湾科技团体。

“讲理想、比贡献”活动覆盖面和影响力不断扩大。全省“讲、比”活动参与企业达472家，立项总数1.88万项，提出合理化建议8.12万条，完成项目和采纳实施合理化建议创造经济效益33.43亿元。为规范全省院士（专家）工作站的建设与管理，联合省委组织部等七部门制定了《四川省院士（专家）工作站实施办法》，精心组织首批省级院士（专家）工作站的申报、推荐、评审，攀钢集团有限公司等10个单位被确定为首批“四川省院士（专家）工作站”。目前，全省各地已建院士（专家）工作站40个。在企业、农村继续实施“金桥工程”，全省各地共申报“金桥工程”登记项目246项，预计产值可达194.2亿元。德阳市委、市政府出台了《关于进一步加强“金桥工程”工作，促进科技成果转化的意见》。加强技术合同认定登记工作，全年完成技术合同认定登记521项，合同技术交易总额达23427万元。着力打造具有科协特色的司法鉴定技术服务品牌，完成“血粉是否铬超标”、“生产线的设备效率”等10余项司法鉴定委托。加强科技咨询行业管理，对新申报资质等级的25家单位、481名咨询师进行了资格评审。加强对科技类民办非企业的服务和监管，组织完成了27家民办非企业及基金会组织的年检审查工作。配合相关部门完成了企业委托的《天然气膨胀制冷高压薄管板预冷器设计技术》等4项省级科技成果的鉴定工作。大力实施“科普惠农兴村计划”。争取到中国科协、财政部“科普惠农兴村计划”奖补资金2670万元，省财政奖补资金500万元，对全省有突出贡献、区域示范作用显著、辐射带动作用能力强的123个农技协、54个科普示范基地和28个科普带头人进行了奖励扶持。加强项目管理，与省财政厅共同对“科普惠农兴村”项目进行了绩效抽查评估。继续推进科普惠农兴村“站、栏、员”建设，全省新建科普惠农兴村“站、栏、员”3000个。深入开展了“示范农技协”创建活动，培育了一批经济实力雄厚、带动能力强、经营管理规范、有发展前景的示范农技协。目前全省有农技协1.1万个，会员301万户，带动农户762万户，年销售收入1亿～2亿元的农技协126个，2亿元以上的农技协57个。

深入开展决策咨询和建言献策活动。《中国科幻产业发展研究》顺利通过中国科协的评审、验收，《四川社会管理机制创新和运行研究》的子课题《社会管理中四川社会团体创新管理研究》进展顺利。《创新机制，促进社区科普工作发展》、《关于设立“内陆型产业承接与根植示范区”的建设》、《日本大地震对四川经济的影响及对策建设》、《我省产业园区建设存在的主要问题及对策建议》、《关于加快四川水利发展改革的建议》等调研课题受到省委、省政府领导的批示和肯定。

《科学素质纲要》实施工作扎实推进。召开全省《科学素质纲要》工作联席会议，制定了《四川省全民科学素质行动计划纲要实施方案（2011—2015年）》。在全国全民科学素质行动实施工作电视电话会议上，四川省蒲江县科协等5个集体、6名个人获得全国表彰。开展四川省第二次公民科学素质调查，完成《2010年四川省公众科学素养调查报告》。扎实开展全国、省科普示范县（市、区）创建活动，全省55个县（市、区）成功创建全国科普示范县（市、区），12个县（市、区）成功创建四川省科普示范县（市、区）。

大力实施“社区科普益民行动”。确立了旌阳区秦宓社区、武侯区长寿苑社区等7个省级示范点，通过以社区居民的安居乐业、健康生活、创业就业等实际需求为重点，深入开展创建科普示范社区活动。建成科普画廊1283个、科普活动室2227个，科普志愿者11.8万人，为推动文明社区、和谐社区建设发挥了积极作用。目前全省有市级科普示范社区137个、县级科普示范社区686个。

广泛开展内容丰富、形式多样的科普活动。深入开展“天府科普大讲堂”、科普大篷车、流动科技馆等进乡村、进学校、进社区、进企业、进军营、进机关“科普六进”活动。全年“天府科普大讲堂”开讲49场，有30多个省级学会参与，49名专家主讲，听众达1万余人次。四川科技馆率先在全国推进实体科技馆、流动科技馆和数字科技馆“三馆”并进建设。“流动科技馆”深入基层开展活动17次。四川科技馆全年接待观众122万人次，举办各类科普临展、科普活动、科普展览45个。举办了“2011迎新春科技大场”、“科技之春科普宣传月”等大型科普宣传活动和“全国科普日”、世界知识产权日、防灾减灾日等专题科普宣传活动。中国工程院院士、中国疾病控制中心食品与营养安全专家陈君石，为广大市民讲解食品安全知识，受到广大市民的欢迎。

实施未成年人科学素质行动。联合有关单位，共同举办了以“体验、创新、成长”为主题的第26届四川省青少年科技创新大赛，四川省21支代表队202名师生参加了本届大赛，有74个项目被推荐参加第26届全国青少年科技创新大赛，最终取得全国第四、西部第一的优异成绩。成功举办了全省青少年机器人创新实践活动，选出22支优胜队组成四川代表队参加第11届中国青少年机器人竞赛，勇摘全国机器人竞赛桂冠。组织参加了“第四届VEX机器人工程挑战赛世界锦标赛”、“2011年FLL机器人世界锦标赛”以及亚太地区青少年信息学奥林匹克竞赛，四川省代表队分别荣获大赛总冠军。开展了“珍爱生命之水——2011年四川省青少年科学调查体验活动”、“大手拉小手——科普报告希望行”活动、雅培家庭科普教育公益活动、全国青少年科学影像节活动等，充分激发未成年人的科学热情。

科普资源开发集散工作进展明显。抓好《科普大篷车》电视栏目的播出、巩固和拓展工作，四川省播出单位已达192家，占全国科协系统开播数的1/6。拍摄制作《自贡井盐》、《芦荟》、《食品健康和安全》等科普专题（报告）片41部，编印了《如何让农作物安全过冬》、《核辐射你知道多少》等4期科普挂图4万套、科普折页40万余张。认真做好中国数字科技馆二级子站点及分馆建设工作，建成800多个“科普网络书屋”。

积极举荐、表彰优秀科技工作者。完成四川省“全国科协系统先进集体、先进工作者”评选推荐工作，在中国科协第八次全国代表大会上，四川省有10个先进集体、18名先进工作者（其中先进集体标兵、先进工作者标兵各1名）获得中国科协表彰。积极推荐5名同志为中国青年女科学家奖四川地区候选人，10名同志为第十二届中国青年科技奖候选人。完成四川省科技进步奖、四川杰出创新人才奖和四川科技杰出贡献奖候选人的推荐工作，1名同志被推荐为第七届四川省科技杰出贡献奖候选人，5名同志被推荐为第六届四川杰出创新人才奖候选人，11个科研项目被推荐为四川省科技进步奖。联合省人力资源和社会保障厅，共推荐120位专家进入中国科协高层次人才库。开展了第十一届青年科技奖评选活动，对48名优秀青年科技人才进行了表彰奖励。

开展科学道德和学风建设宣讲活动。组建了“四川省科学道德和学风建设宣讲团”。联合省教育厅在四川大学举行了四川省首场科学道德和学风建设宣讲教育报告会。12月15日举办了全省会员日活动，加强了与会员的联系。

加强科协自身建设。以纪念中国共产党成立90周年为契机，组织开展了党组中心组学习、领导班子创“四好”、“感恩奋进促跨越”为主题的唱红歌比赛活动和创先争优活动。2011年，省科协机关被省直工委评选命名、表彰为“省级机关文明单位”和“模范职工之家”。积极巩固和夯实科协系统组织建设，省老科协新建了地震分会和科技新闻专业委员会，12个县（市、区）成立老科协组织、16家企事业单位新成立科协组织。

【四川省第五届中青年专家学术大会】10月10日，由四川省科协、泸州市人民政府主办的四川省第五届中青年专家学术大会在泸州举行，中共中央候补委员、四川省科协主席、四川大学校长、中国工程院院士谢和平，泸州市委书记、市长刘国强，四川省科协副主席黄竞跃以及泸州市相关领导出席会议，四川省科协党组书记、副主席吴凯主持会议。本届年会的主题是“健康·民生”，来自全省的600余名中青年科技人员出席会议。中华预防医学会健康风险评估与控制专委会秘书长李明研究员，泸州市科协主席、泸州医学院副院长曾晓荣教授，四川省卫生厅副厅长王正荣分别在大会主会场就《健康管理技术在个性化医学中的应用与发展趋势》、《促健康、护民生、建和谐》、《时间生物学与健康》作了特邀报告。大会共设六个专题分会场，分别围绕“营养食品安全与民生”、“全科医学与民生”、“健康管理与民生”、“生理科学与民生”、“中医以及中西医结合与民生”以及“护理、医院管理与民生”等主题展开了交流讨论。期间还举办了“天府创新论坛”，来自全省各界的知名专家，为泸州建设“健康城市，幸福泸州，快乐酒城”建言献策。本届年会共收到论文486篇，评选出获奖论文55篇，编印了《健康·民生》论文集。

【四川省科协会员日活动】12月15日，四川省科协举行了2011年四川省科协会员日活动，主题是“强化会员意识、弘扬创新文化”。来自全省各界的科技工作者、省级学会代表共600多人参加了会员日活动。四川省委常委、省总工会主席李登菊出席会员日活动，并为第十一届四川省青年科技奖获得者颁奖，48名优秀青年科技人才获得表彰奖励。中国工程院院士、电子科技大学教授李乐民，中国工程院院士、四川大学教授高洁，以及有关部门领导与第十一届四川省青年科技奖获奖者进行了座谈。座谈会上院士们寄语青年科技奖获得者要能潜心做学问，做好学问，不断创新，继续努力，把握国家需求，加强基础研究以及前沿技术的研究，并要在各自的领域中建树一帜。会员日活动当天还召开了学会工作会，表彰了“十佳”省级学会、学会工作先进集体、优秀学会干部。邀请中国营养学会名誉理事长兼首席顾问葛可佑教授，为会员们作了题为《合理饮食维护健康》的专题报告，组织会员开展了趣味体育活动。

【四川省科学道德和学风建设宣传教育活动】10月26日，四川省科协和省教育厅联合印发了《关于开展科学道德和学风建设宣讲教育活动的通知》，要求自2011年开始，四川省内所有研究生培养单位每年都要对新入学研究生开展宣讲教育活动，使四川省科学道德和学风建设宣讲教育活动在研究生教育中实现“全覆盖、制度化、重实效”，建立开展宣讲教育活动的长效机制。有条件的单位应逐步把宣讲教育活动的对象扩大到高年级本科生和青年教师。11月17日，省科协、省教育厅在四川大学举行了四川省科学道德和学风建设宣讲教育报告会，省科协、省教育厅有关领导出席报告会。中国工程院朱建士、罗平亚、高洁院士分别作了《科学精神与学术道德》、《自觉潜心研究，努力自主创新》、《塑造研究生的优秀素质》3场主题报告，来自成都地区13所高校的近3000名研究生，省内开展研究生培养工作的21个科研院所和23所高等学校的负责同志聆听了宣讲报告，西南交通大学电气工程学院博士研究生新生代表宣读倡议书。

【四川省第二次公民科学素养调查】四川省第二次公民科学素养调查经省统计局批准实施。调查样本量2170份，样本分布于全省15个市（州）的19个县区和成都市区9个街道。2011年7月13日四川省科协召开新闻发布会发布了公民科学素养调查结果。

2010年四川省具备基本科学素养的公民比例达到了2.8%，比2006年的1.0%提高了1.8个百分点。其中，了解必要的科学知识的公民比例为14.0%，掌握基本的科学方法的公民比例为7.2%，崇尚科学精神的公民比例为63.9%。

云南省科学技术协会

2011年，云南省科协继续推进学术交流，促创新发展工程。承办中国科协第55期新观点、新学说学术沙龙。省科协以项目资助形式，支持相关学会开展18个学术交流项目。全省科协系统共举办学术活动442次，交流学术论文12647篇，参会人数达5万多人次。

围绕云南科技思想库建设目标，推进“和谐云南献智献策行动”。支持省级相关学会开展11个调研咨询项目，向云南省委、省政府报送9期《专家建议》。其中，《关于加强对我国战略生物资源进行收集、利用和保护的建议》、《关于我省智能电网建设的专家咨询报告》等，以人大议案、政协提案上报，受到省有关部门重视。由省科协立项资助完成的《关于云南农村劳动力流动转移问题的专题调研报告》、《关于地方学会为区域经济社会发展服务能力的调研报告》分别荣获中国科协优秀调研报告一、二等奖，被中国科协评为优秀组织单位。

围绕增强企业自主创新能力，广泛开展群众性技术创新活动。召开云南“讲理想、比贡献”活动经验交流暨企业科协工作研讨会，组织7次企业创新方法和知识产权巡讲活动。推进科技专家服务站和企业科协组织建设，在昆明、红河、临沧等州（市）成立了7个科技专家服务站，全省新建企业科协组织30个。2011年，144家企业的5000多名科技人员参加“讲理想、比贡献”活动，立项159个，提出合理化建议500多条。

围绕服务云南“桥头堡”战略“两强一堡”（指建设绿色经济强省、民族文化强省和中国面向西南开放的桥头堡），深化对外民间科技交流与合作。组织云南测绘代表团分别赴印度尼西亚、新加坡、马来西亚、泰国参加第11届东南亚测量大会和东南亚测绘协会理事会议，就东南亚地理信息平台建设、注册测量师相互认证、拓展国外测绘市场等方面进行了广泛交流，并签署新一轮交流合作协议。在国家“春晖计划”资助下，邀请比利时为国服务团到云南考察访问，举办国际科技前沿学术报告，并与云南相关高等院校、科研院所、科技企业等签订了建立中国（昆明）国际生物技术产业化创新中心、中欧物联网昆明联合实验室和中国（永仁）国际高端花卉产业制种示范合作协议。2011年，全省科协系统共外派科技团组31个463人，接待国外及港澳台科技团组30个520人。

围绕新农村建设，大力实施科普惠农兴村计划。争取中国科协、财政部在云南实施131个全国科普惠农兴村计划项目，85个农技协、21个农村科普示范基地、1支少数民族科普工作队和24名科普带头人受表彰，获奖补资金2290万元。与省财政厅联合，在全省80个村实施省级科普惠农兴村计划项目，安排资金400万元。按照创新型云南行动计划年度目标任务，培训新型农民10万人，发展农技协300个，培养科普宣传员1000名，建立科普惠农服务站150个。截至2011年，全省农技协达6222个，会员近65万人。全省各级农函大培训学员23.9万人，办学规模继续保持全国第1位。

探索《科学素质纲要》实施工作新机制。争取省政府听取云南省全民科学素质工作汇报，推动建立云南省全民科学素质工作联席会议制度。督促各地各部门把全民科学素质工作纳入本地本部门“十二五”规划，组织拟定云南省全民科学素质工作“十二五”实施方案。召开全省《科学素质纲要》实施工作座谈会、推进会，总结《科学素质纲要》实施工作，交流推广先进经验，推动农民、未成年人、城镇劳动人口、社区居民、领导干部和公务员五大重点人群科学素质行动。截至2011年，16个州（市）、107个县（市、区）成立了《科学素质纲要》实施工作机构。

探索重点科普活动新内涵。省科协举办以“节水爱水、低碳生活、防灾减灾、促进发展”为主题的全国科普日活动。围绕科学生活、健康生活，举办了11期云南科普大讲坛，受众达4000余人次。推出《云南科普大讲坛健康丛书》。继续开展青少年科技创新大赛、科普大篷车联合行动、科技馆活动进校园和全国流动科技馆巡展等活动。《奥秘》画报全年发行12期100多万册，继续保持了在全国青少年科普期刊中的领先地位。

探索“村转居”社区科普益民新路子。围绕云南关于统筹城乡发展、促进农业人口转变为城镇居民的工作部署，将社区科普的重点放在“村转居”新型社区上，通过技能培训、榜样示范、心理科普，帮助“村转居”新市民转变思想观念、增强谋生能力、养成科学健康的生活方式，促进城郊城市化、村庄社区化、农民市民化。探索科普富民兴边新经验。围绕富民兴边战略，率先提出并实施科普富民兴边计划，并被中国科协纳入“十二五”事业发展规划，在全国部分省（区）试点。云南省腾冲、孟连两县被列为全国试点县。组织开展科普示范县创建，2011年，云南省有28个县（市、区）被中国科协命名为

"全国科普示范县（市、区）"。

加强科普能力建设。2011 年，省级科普经费由年人均 0. 5 元增至 1 元，9 个州（市）年人均科普经费达 0. 4 元以上，100 个县（市、区）年人均科普经费达 0. 3 元以上。全省科协系统拥有科普画廊（宣传栏）6676 个、科普活动站 6219 个、青少年科学工作室 46 个、科普网站 58 个、科普大篷车 24 辆，配备科普宣传员 11168 人，成立少数民族科普工作队 25 支，9 个州（市）成立反邪教协会。省科技馆新馆建设已完成前期相关工作，已建或在建州（市）、县（市、区）科技馆 6 个。编发《云南科坛》12 期 4. 8 万册，编印《云南农村科普报》24 期 96 万份。

参与相关科技、人才政策制定工作。继续加强全国科技工作者云南调查站点工作，并开展了专题调研。继续推进省科协专家人才库建设，完成了 1500 多名正高级职称以上专家信息的采集和录入工作。在宣传、表彰、举荐科技人才方面，组织开展了省第 6 届青年科技（红云红河）奖、第 10 届省优秀科技论文奖评选表彰活动。参与第 12 届中国青年科技奖和全国科协系统先进集体、先进工作者推荐工作，云南省有 4 个集体、11 名个人分获先进集体、先进工作者称号。加强与科技工作者的联系。继续开展"12. 15"中国科协会员日和每月一次的学会联络日活动，不断拓展与科技工作者的联系沟通渠道。通过座谈交流、日常走访慰问等方式，听取科技工作者的意见建议和利益诉求。

加强科学道德和学风建设。举办科研诚信与科学道德建设学术沙龙，向全省科技工作者发出《构建和谐学术生态，助力科技创新发展》倡议书。联合省教育厅，在全省研究生培养单位开展科学道德和学风建设宣讲教育活动，6000 多名在校研究生参加报告会。

加强科协组织建设。截至 2011 年，省、州（市）、县（市、区）三级共有科协机构 159 个、在职人员 1309 人。有省级学会（协会、研究会）123 个。13 个州（市）、109 个县（市、区）实现了科协组织独立建制。在企业、院校、社区、乡镇建立了基层科协组织 1491 个。

加大对学会改革创新的指导力度。深入 20 个省级示范试点学会和部分州（市）进行专题调研。完善考核评价机制，开展学会等级评价工作，分别评定了一、二、三级学会。在省级学会目标管理考核中，省地质学会等 20 个学会荣获优秀学会奖，省超声医学工程学会等 10 个学会荣获学术交流奖，省健康教育协会等 10 个学会荣获科学普及奖。配合民政部门，完成 116 个省级学会"小金库"专项治理工作。

【首届云南省科协学术年会】 9 月 27 ~ 28 日，以"战略性新兴产业的培育和发展"为主题的首届学术年会在云南省举办。云南省政协副主席白成亮、中国科协学会学术部副部长朱雪芬、中国科学院院士干福熹、中国工程院院士戴永年等出席开幕式。来自省内外的专家学者、科技工作者和企业家等 400 余人参加年会。

本届年会设一个主会场、三个专题分论坛会场、一个专家咨询座谈会场和一个专题研讨会会场。主会场围绕年会主题，邀请国内知名院士、专家作大会特邀报告。中国科学院院士干福熹作题为《展望 21 世纪光电子科学技术的发展与应用》的报告。中国能源网首席信息官、高级研究员韩晓平作《新能源革命的挑战》的报告。中国机械科学研究总院院长、中国机械工业联合会副会长、教授级高工李新亚作《战略性新兴产业与基础共性技术发展》报告，对高端装备制造业发展趋势作了系统的讲解和阐述。中国科学院云南天文台副台长、研究员刘忠结合光电子技术在天文领域的应用作《环形干涉望远镜及其关键技术》的报告。三个专题分论坛会场分别围绕"光电子材料与产业"、"高端装备制造业"、"新能源新材料"等主题，为专家学者提供自由交流的学术平台。

【大湄公河民族医药论坛暨第四届湄公河次区域传统医药交流会】 2011 年 5 月，为继承和保护民族医药文化，促进传统医药的交流与发展，云南省科协与相关部门共同主办大湄公河民族医药论坛暨第四届湄公河次区域传统医药交流会。来自泰国、老挝、越南、缅甸、柬埔寨等国以及中国云南、广西、贵州的傣、壮、苗、彝、哈尼、傈僳、纳西等 16 个民族的传统医药界专家学者 400 余人参加了论坛。开幕式上，云南省科协党组书记、副主席唐兵致开幕词。中国国家中医药管理局副局长马建中表示，大湄公河次区域六国地缘相近、语言相通、文化相似，经济互补，传统医药相互交融。

论坛以"交流合作、传承发展"为主题。交流会上，中国科学院院士孙汉董、云南省中医学院副院长郑进、贵阳中医学院药学院院长杜江分别作了题为《充分利用云南天然药物资源发展天然药物产业》、《论云南民族医药之贡献》、《苗药研究与产业发展》的大会特邀报告。中国科学院昆明植物研究所研究员裴盛基、广西壮族自治区民族医药研究院院长韦浩明、云南省中医医院院长秦国政、云南省民族民间医药学会副会长林艳芳分别作了题为《大湄公河次区域药用植物及其保护》、《广西民族医药现状与发展思考》、《西医面临的人类健康问题与中医的优势》、《澜沧江—湄公河次区域传统医学发展现状》

的专题报告。泰国清莱皇家大学传统医药学院院长陶云龙教授介绍了湄公河流域民族医药交流网络建设的情况。与会的医者、专家探讨了区域内传统医药、医疗、教育、产业等的合作发展趋势，展示了各国的民族传统诊疗技法、特色诊疗器械等，并强调要着力建立资源共享平台、完善传统民族医药合作机制。

论坛收到与会专家、学者提交的学术论文 90 余篇。在充分采纳专家学者的意见建议基础上，形成专家咨询报告，报送云南省委、省政府，为促进湄公河次区域传统医药医疗、教育、产业交流合作、发展积极建言献策。

贵州省科学技术协会

2011 年，贵州省科协围绕服务全省经济社会发展，开展了服务和助力贵州“工业强省”重大战略的工作。举办“贵州工业强省十大产业院士专家论坛”和“领导干部与院士专家恳谈会”。举办“贵州工业强省院士专家论坛暨引聘科技专家活动”，推动 12 位院士专家与贵州方面签订了科技合作协议。推进“贵州工业强省十大产业科技思想库”建设，截至 2011 年年底，已聘请 188 位院士专家为第一批入库专家。积极发挥入库专家的作用，推动院士专家工作站建设。与省委组织部、省科技厅联合在全省建立了 24 家省级院士专家工作站。积极开展建言献策工作，贵州省科协系统共反映科技工作者建议 372 条，其中 96 条获得各级党政领导的批示。

组织开展 2011 年“科普惠农兴村计划”项目申报推荐工作，36 个农村专业技术协会、17 个农村科普示范基地、16 名农村科普带头人入选，共获奖补资金 1140 万元。组织实施科技扶贫项目 50 项，投入项目资金 168 万元。组织实施科技致富“二传手”培训工程，投入资金 135 万元，共培训致富二传手 1350 名，通过“二传手”培训农民群众 67500 名。组织实施“华硕科普图书室”建设项目 19 个。贵州省开展“讲、比”活动的企业达 121 家，参与活动科技人员共 9030 人。

深入实施《科学素质纲要》。认真组织开展全国科普日、科技活动周、科技下乡等活动。据统计，2011 年，贵州省科协系统共举办科普讲座 1366 场次，科普展览 1043 场次，受众人数 371 万人次；发放科普宣传资料 473 万份。组织开展核科学技术知识科普宣传工作，向贵州省各地发放《核事故公众防护问与答》图书 11000 册，核科学知识挂图 1100 套，并联合贵州省核学会、省物理学会，面向公众进行科普咨询，发放宣传资料，开展科普展览，普及核科学知识。11 月 26 ~ 28 日，组织举办了贵州省科技创新成果展示交易会，交易会“科普展区”占地 1500 平方米，共分为时代呼唤科普、奋斗铸就科普、生活需要科普、智慧启迪源于科普四个展厅，展示了贵州省“十一五”的科普成就。创建“2011—2015 年度全国科普示范县（市、区）”38 个。组织开展了创建贵州省科普示范社区活动，为实施“社区科普益民计划”奠定基础，打造社区科普工作品牌，贵州省科协从 2011 年起在全省开展创建科普示范社区活动，拟在 2015 年以前创建 60 个省级科普示范社区。编制了《贵州省全民科学素质行动计划纲要实施方案（2011—2015 年）》。完成了《〈贵州省科学技术普及条例〉修订内容前期研究》课题。

组织开展青少年科技竞赛。举办了第 26 届贵州省青少年科技创新大赛。参加了第 26 届全国青少年科技创新大赛，获科技创新成果竞赛一等奖 1 名、二等奖 2 名、三等奖 8 名。组织 11 支代表队参加了第十一届中国青少年机器人竞赛，获二等奖 1 个，三等奖 10 个。组织选拔青少年科学影像作品参加熊博士第二届全国青少年科学影像节展评活动，获优秀青少年科学 DV 作品特等奖 1 项，一等奖 3 项，二等奖 4 项，三等奖 1 项。贵州省科协系统共举办青少年科技竞赛 475 次，参赛人数 50 万人次。2011 年，为 4 家贵州省青少年科技教育基地和 20 所贵州省青少年科技教育特色学校进行了授牌。

积极搭建学术交流平台，努力促进学术繁荣和科技进步。2011 年，共举办学术讲坛 5 期、学术沙龙 3 期。资助 33 个省级学会开展重点学术活动，共计经费 29.5 万元。2011 年，贵州省科协系统共举办学术交流活动 322 次，参与人数 44 万人次，交流学术论文 10078 篇。举办第十九届“海峡两岸都市交通发展研讨会”，来自海峡两岸的 158 名代表围绕“生态文明与交通”、“都市交通科学管理”等主题进行研讨。组织 72 位科技人员赴国外和港澳台地区进行交流考察。

竭诚为科技工作者服务。开展第十一届贵州省青年科技奖评选表彰工作，获奖人数 25 人。推荐全国科协系统先进集体 4 个，先进工作者 13 名，并在中国科协八大上受到表彰奖励。贵州省科协系统共表彰奖励优秀科技工作者 1360 人次，其中女科技工作者 298 人次。开展了在黔博士状况调查，这是贵州省第一次针对在黔工作的博士学位获得者的全面调查。拍摄了反映贵州省杰出科技工作者马克俭院士、李桂莲研究员、徐采栋院士和侯国佐研究员的优秀事迹系列专题片，并通过电视大力宣传他们的业绩和崇高精神。组织开展了“科学道德和学风建设宣讲教育活动”，截至 2011 年 12 月 15 日，宣讲报告团共在高校作了 8 场报告，万余名高校师生参加了宣讲教育活动。

切实加强自身建设。2011 年，贵州省科协把创先争优活动作为推动科协工作和转变工作作风的强大动力，贵州省科协党组被省直机关工委表彰为 2009 ~ 2011 年度“党建工作先进党组”并授予 2009 ~ 2011 年度“学习型领导班子”荣誉称号；贵州省科协党组书记任湘生被省直机关工委授予“学习型党员”荣誉称号；科普部和科技馆分别获得省部级表彰，多个集体和个人分别获得了不同层次表彰奖励。贵州省科协于 1 月和 12 月分两个批次评选表彰了机关创先争优先进个人共 67 名，营造了干事创业的良好环境。先后派出 2 批 107 名省科协系统党员干部参加清华大学“公共管理高级研修班”的学习。先后选派 6 名干部外出挂职锻炼。完成了贵州科技馆、青少年科技活动中心的人事制度改革。“贵州省院士专家服务中心”挂牌成立，该中心为省科协直属的正县级全额拨款事业单位，编制 7 人。开展了处级领导职位竞争上岗工作。完成“协同办公系统”的平台建设并投入使用。完成了贵州科技馆少儿科技乐园展区的整体改造。完成县级科协工作能力提升试点工作。

【陈希与贵州省委书记栗战书、省长赵克志会谈】10 月 13 日，中国科协常务副主席、书记处第一书记、党组书记陈希在中国科技会堂与中共贵州省委书记、省人大常委会主任栗战书，省委副书记、省长赵克志会谈，双方就中国科协进一步助力贵州省实施工业强省战略、进一步开展多层次合作等问题深入交换了意见。中国科协副主席、书记处书记、党组副书记程东红，书记处书记、党组成员徐延豪，书记处书记、党组成员王春法，贵州省人民政府秘书长唐德智，副秘书长陈训华，副秘书长李刚等领导也出席了会谈。

【贵州工业强省院士专家论坛暨引聘科技专家活动】8 月 29 日，贵州省科协为服务和助力贵州工业强省战略的实施，在中国科协和全国学会的大力支持下举办“贵州工业强省院士专家论坛暨引聘科技专家活动”。与会 14 位院士以及百余位专家，与贵州企业家和科技工作者围绕贵州工业强省技术需求，分别就电力能源、装备制造、新材料、电子信息、中药等产业发展作专题研讨，共同为贵州经济社会发展出谋划策。论坛活动期间，12 位院士专家与贵州方面签订了技术合作协议，参加论坛的院士专家赴企业进行了调研考察和对接。

【“贵州工业强省十大产业科技思想库”建设】2011 年年初，贵州省科协通过申报，被中国科协确定为 15 个国家级科技思想库分库建设试点单位之一。贵州省科协结合贵州实际，提出了建设“贵州工业强省十大产业科技思想库”的定位，并向中国科协寻求帮助。5 月 27 日，中国科协向所属全国学会、协会、研究会下发了《关于向贵州省科协推荐相关领域科技专家的通知》。截至 2011 年年底，“贵州工业强省十大产业科技思想库”的入库专家 188 人，其中包括 18 名院士。

【贵州省院士专家服务中心挂牌成立】12 月 26 日，贵州省院士专家服务中心（科技咨询服务中心）在贵州省贵阳市挂牌成立，该中心为贵州省科协所属正县级事业单位，由贵州省编办批准成立的全额财政拨款事业单位，编制 7 人。其宗旨是：举荐引进高端智力人才，为贵州省经济社会发展提供科技智力支持和服务。其业务范围是：开展与院士专家联络、联谊、联合等服务活动；搭建决策咨询、科技咨询及项目合作交流服务平台；建立院士专家技术信息、科技项目资源库，完善科技人才培养合作机制；举办“院士专家论坛”等高层次科技学术交流论坛报告会活动；开展院士专家高端智力人才考察、调研、论证、评审等技术服务活动。

【“百万公众网络学习工程”活动】2011 年，省科协推出“4 + 1”行动计划，在贵州省开展“百万公众网络学习工程”活动。此项活动得到了贵州省委常委、宣传部长谌贻琴，省委常委、组织部部长孙永春，副省长谢庆生等省领导的指导，得到了各级党委政府的支持与帮助，在各级《科学素质纲要》领导小组的组织下，公众广泛参与。2011 年贵州数字图书馆的年度访问量从 2010 年的 600 万人次猛增至 2011 年的 2000 万人次。《贵州日报》称此次活动为，“一场呼啸而来的学习革命”，搭建了贵州省建设学习型社会、提高全民科学素质的新平台，成为我国科普百花园中绽放的贵州奇葩。此次活动荣获贵州省直机关 2011 年度创新目标奖。

【高原宝藏、工业之花——贵州矿产资源科普展】9 月 25 日 ~ 11 月，贵州省科协联合省国土厅、省地矿局、中科院地化所以及省宝玉石协会、省观赏石协会，在贵州科技馆举办了“高原宝藏、工业之花——贵州矿产资源科普展”。展览启动当天，省委常委、省委宣传部部长谌贻琴、省政协副主席孔令中参观了展览。展览期间，中国科协党组成员、书记处书记张勤参观了展览并给予了充分肯定和高度评价。展览通过矿产资源概况，主要矿产资源的开发利用和矿物晶体 3 个展区共 252 件实物展品以及影像资料，向公众进行矿物科普知识教育。贵州省市相关新闻单位对展览进行宣传报道，各界群众 4 万余人次参观展览。

【贵州省“科学道德和学风建设宣讲教育活动”】 11月27日，贵州省科协、省教育厅按照中国科协和教育部的统一安排部署，在贵州省委大礼堂举行了“科学道德和学风建设宣讲教育活动”启动仪式和首场报告会，贵州省委常委、省委宣传部部长谌贻琴出席启动仪式并作重要讲话。在宣讲活动中，省科协组建了包括欧阳自远、马克俭、刘丛强3位院士在内的，由13位知名专家教授组成的宣讲报告团，截至12月15日，宣讲报告团共在省内高校作了8场报告，上万名高校师生到场聆听了专家报告。

【第十九届“海峡两岸都市交通发展研讨会”】 8月13～14日，第十九届“海峡两岸都市交通发展研讨会”在贵州省贵阳市召开，来自海峡两岸的158位代表（台湾省78人、大陆80人）出席会议。大会设立了主会场和四个分会场，围绕“生态文明与交通”、“都市交通科学管理”等主题对贵阳市城市道路交通拥堵情况进行了深入的研讨。会议汇编出版了研讨会论文集。

【省科协常委联席县科协工作】 为贯彻落实中央书记处提出的科协领导干部要亲自带队深入基层、深入实际的要求，2011年，共有38位省科协常委下到38个县科协开展活动，资助基层科协资金达50万元，协调解决项目资金693万元，举办专业技术培训68次，举办科技咨询、论证100次，举行科普报告22场，解决困难和问题133个。

西藏自治区科学技术协会

2011年，西藏自治区科协深入学习贯彻党的十七届五中、六中全会、中央第五次西藏工作座谈会和胡锦涛总书记在庆祝中国共产党成立90周年大会上的讲话及习近平副主席在庆祝西藏和平解放60周年期间的一系列讲话精神，以及认真组织学习中国科协第八次全国代表大会、自治区党委第八次党代会等重大会议精神，开拓进取、扎实工作，各项工作取得新的成绩。

拟定一系列具体计划、方案和实施办法。一是为贯彻落实《关于进一步加强和改善科协工作的意见》（藏党发〔2010〕14号），拟定了《西藏自治区实施〈关于进一步加强和改善科协工作的意见〉任务分工方案》，科协主要负责人先后在山南、昌都、林芝、日喀则地区召开由地委、行署、科技局及一线科技工作者参加的专题座谈会，认真解读14号文件主要精神。二是根据《西藏自治区“十二五”时期国民经济和社会发展规划纲要》、《中国科学技术协会事业发展“十二五”规划》，研究编制了《西藏自治区科学技术协会事业发展“十二五”规划（2011—2015）》。三是依据《全民科学素质行动计划纲要实施方案（2011—2015年）》，拟定了西藏自治区《全民科学素质行动计划纲要五年实施工作意见》及9项任务分解方案。四是为进一步加强科协系统人才培养工作，扎实做好科协系统人才规划，提出了关于贯彻落实《西藏中长期人才发展规划纲要（2010—2020年）》的实施办法。

开展科学普及年活动。根据全区经济工作会议提出开展“科学普及年活动”的要求，区科协制定了《西藏自治区全民科学素质行动纲要实施意见》。在中国科协、国家民委和农业部等有关部门的大力支持下，开展了“科技专家、致富能手进西藏科技下乡”活动。实施了特色科普资源开发工程、各地市科普宣传、教育平台建设工程，继续实施“科普兴边”工程。实施科技工作者继续教育工程、企业科技创新人才培训项目等。开展了以“携手建设创新型国家”为主题的科技活动周暨科普一条街宣传活动，发放各类科普图书、挂图、宣传单等科普资料达5.9万余册，展出宣传展版154幅，受益群众达3万余人次。配合全国“5.12”防灾减灾日、科技活动周宣传活动，利用拉萨火车站的科普宣传栏，开展以“健康与卫生”、“防灾减灾”为内容的科普知识宣传，提高广大市民防灾减灾和环境保护、卫生健康意识。

加强科普资源共享和基础设施建设。完成全区科普大篷车需求调查工作，为定日县、日喀则市、林芝县、芒康县、比如县、西藏科普工作队配发6辆科普大篷车，完成向中国科协申报林芝县、扎囊县、江孜县3个县为全国科普活动站示范试点，为每个示范点解决了3万元的科普活动经费，积极与拉萨市人民政府和自治区财政厅协调，投入资金39.93万元，在宗角禄康公园新建了大型科普画廊。编译出版了《西藏主要蔬菜栽培技术》、《西藏绒山羊改良技术》、《低碳99》、《生活小知识》等科普书籍。

开展全国科普惠农兴村先进单位和带头人表彰。自治区山南地区加查县洛林乡普姆村综合养殖协会等4个农技协、日喀则地区日喀则市枣树种植基地等8个科普示范基地、拉萨市堆龙德庆县乃琼乡乃琼村普穷等12名科普带头人获全国科普惠农兴村表彰，获奖补资金300万元。

开展科普示范创建活动。完成对自治区乃东县等7个县2011～2015年度全国科普示范基地检查验收工作。在中国科协第八次全国代表大会上，林芝地区林芝县代表自治区7个示范县揭牌。

认真开展青少年科技教育活动。从全区评选推荐科技创新项目2个，参加了第26届全国青少年科技创新大赛。

联合区团委、科技厅、教育厅等部门开展了大学生课外学术科技作品竞赛暨第十二届全国“挑战杯”竞赛活动。组织区气象学会选拔4名优秀的初高中学生，参加第三十届全国青少年气象夏令营，自治区获演讲比赛一等奖和优秀团体称号。

积极开展学术交流活动 。指导学会开展全国性学术活动和院士学术报告会，提升学术交流质量。积极调动和发挥专家职能作用，组织地质学会、作物学会、水利学会、畜牧兽医学会等学会的专家就拉孜县苏村搬迁问题进行实地调研论证，为苏村发展建言献策。组织开展第三届“中国科技馆杯‘我与科协’”征文优秀稿件推荐工作。开展中国化学学会第25届全国高中生化学竞赛西藏赛区选拔竞赛活动。组织自治区企业创新人才在广州、深圳举办企业创新方法培训。组织开展藏族学生赴粤、港、澳科技夏令营活动。

完成国际科联执行主任陈德亮教授赴藏考察访问工作，邀请陈德亮教授在区气象局举办了以“气候与环境变化研究的国际动态”为主题的学术报告会，西藏自治区科协国际工作在中国科协国际部工作会议上获表彰。

加强与科技工作者联系。西藏自治区科协主要领导走访慰问自治区第一线的科技工作者，开展送温暖活动。关注、指导和帮助全区各学会、各地市基层科协组织工作，与地市科协主席、秘书长座谈，沟通情况，交流经验，指导工作。

大力举荐和表彰优秀科技工作者。召开表彰大会，表彰全区荣获“全国十佳优秀科技工作者”和“全国优秀科技工作者”称号的9名科技工作者，组织开展评选全国科协系统先进集体和先进工作者，自治区科协2个单位和8名干部在中国科协第八次全国代表大会上获表彰。

加强自身建设。抓好科协党组理论中心组学习，改进和创新理论学习方式，党组主要负责人亲自撰写《如何建设学习型党组》等理论文章，亲自讲课，通过灵活多样的形式，调动干部职工学理论的积极性。

开展创先争优活动。按照自治区党委2011年创先争优活动的要求，积极开展党员公开承诺活动，组织全体党员亮身份、作承诺，通过党员自评、领导点评，引导党组织和党员在服务中心、服务群众、发挥职能中创先争优，提高服务意识和水平。组织开展党群共建活动，组织群众评议，把创先争优活动与抓班子、抓队伍和服务基层结合起来，推动机关党组织和党员在创先争优活动发挥先锋模范作用。深入开展创先争优强基础惠民生活动。根据自治区党委关于开展创先争优强基础惠民生活动的部署，成立了区科协创先争优强基惠民活动领导小组，制定活动方案，抽调精干力量，组建了两个驻村工作队，召开动员大会，积极行动，两个工作队于10月19日赴日喀则地区拉孜县驻村点开展工作。

加强对干部职工日常维稳教育和管理，强化值班制度。在“3·14”、“七一”、“国庆”、第八次党代会等敏感时段，认真落实综治、安全生产责任，突出人员管理、车辆安全、防火防盗、机要保密等重点环节，2011年没有出现任何影响稳定和不安全的事件。圆满完成了西藏和平解放60周年各项庆祝任务。

进一步加大援藏工作力度。2011年争取到中国科协援藏科普专项经费200万元。争取到西藏科协信息采编项目20万元，西藏数字科技馆建设工程35万元。实施了西藏数字科技馆建设、科协网络环境搭建、硬件部署和科协机关办公自动化工程，改善了科协机关办公条件。

加强科技宣传工作力度。在开展各项工作过程中，充分利用科协网站、西藏科技报等平台和渠道大力宣传科技领域发展变化和成就、科技工作者先进事迹以及基层建设年活动、自治区“两会”、建党90周年、西藏和平解放60周年、西藏百万农奴解放纪念日等重要活动和科协各项工作开展情况。西藏科技报藏文版和汉文版各发行104期，免费发放到了全区行政村一级，实现了西藏科技报在全区村村通。加强西藏科协网站的管理和维护，对网页进行改版，定期更新内容，实现科技、科普宣传平面媒体与网络媒体的互补。

【开展基层建设年活动】按照自治区党委关于开展加强基层建设年活动的部署，召开动员大会，成立活动领导小组，完善了组织机构，组建了驻村工作组。驻村工作组3月1日下驻到日喀则拉孜县扎西岗乡苏村，9月30日完成基层建设年工作任务，工作组驻村历时7个月。在整个活动中，西藏自治区、日喀则地区、拉孜县和工作组协调投入资金980万元。驻村工作组主要做了以下工作。一是把方针政策宣传和群众思想教育工作作为一项重要任务，贯穿于活动全过程和各个环节，加强反对分裂维护稳定、惠民政策、各级各类重大会议精神、各类法律及科普知识等方面的宣传教育。二是把调查研究作为搞好活动的基础性工作，撰写的调研报告受到了区党委、政府主要领导的高度重视，实现了苏村整村搬迁。三是驻村工作组以群众得实惠为出发点和落脚点，多方沟通协调，积极争取项目和资金，为苏村修路建桥打机井，修护防洪提，修建草场围栏，修建移动基站，改善了苏村基础设施和农牧民生产生活条件。四是驻村工作组始终把群众冷暖放在心上，解决群众生产生活中的困难，为群众购良种解决春耕春播难题，送糌粑、大米、酥油、砖茶等生活必需品，组织开展村容整治和植树造林活动，改善生态和人居环境，为群众捐款捐物“送温暖”。组织开展科技、文化、卫生、法律“四下乡”活动，把科普知识和实用技术送到基层。五是开展实用技术培训，开设帐篷夜校，组织劳务创收，提高群众劳动技能，大幅度增加了群众现金收入。开展送医送药活动，帮助困难群众治病就医，开展电影下乡活动，丰富群众精神文化生活。六是驻工作组以增强村支部战斗堡垒作用为目标，选齐配强两委班子，大力培养和发展党员，健全和完善了各项制度，推进了苏村基层组织建设。进一步做好对口扶贫工作。主要领导多次到对口扶贫点调研，帮助扶贫点日喀则拉孜县芒普乡理清发展思路，调整产业结构，投入大量物力解决群众生产生活条件。在芒普乡投入资金26万余元，为芒普乡、秋古村解决了农牧业特殊产业基地建设科学知识普及补助20万元，购买了价值2万元的小四轮拖拉机一辆等生产和生活物资。

【“科技专家、致富能手进西藏科技下乡”活动】9月11日，由中国科协、国家民委、农业部、西藏自治区人民政府联合主办的“全国科技专家和致富能手进西藏”科技下乡启动仪式在西藏大学举行。西藏自治区、中国科协、国家民委、农业部有关领导及社会各界500余人参加了启动仪式。中国科协投入120万元向自治区赠送了2台科普大篷车及科普图书、光盘、生物菌肥和药品等，支持建立10个“华硕科普图书室”。来自全国和自治区的近10个研究所、协会的科技专家和致富能手深入到拉萨市和山南地区乡镇、学校、居委会等7个点开展科普讲座、科技培训、医疗义诊等活动，举办10场科普专题报告、科技讲座和实用技术培训，直接受众1200余人。

陕西省科学技术协会

2011年，陕西省科协围绕全省发展大局，全面完成了“十二五”开局之年的各项目标任务，在促进科学发展、推进《全民科学素质行动计划纲要》的实施、开展学术交流、深化科学技术普及、竭诚为科技工作者服务和加强自身建设等方面取得了新的明显成效。

组织科技工作者为经济社会发展建言献策。省科协党组向省委、省政府上报的《关于大力加强陕西省农民职业技术教育工作的建议》得到了省委书记赵乐际、省长赵正永、省委副书记王侠、副省长朱静芝等领导的重视并做出批示。同时，围绕全省发展大局组织召开了“陕西省食品安全学术研讨会”和“新兴能源与可再生能源发展学术研讨会”等学术会议，并形成了专家建议。

引进海外智力，推进对台民间科技交流。组织国外专家学者开展西咸新区区域规划座谈交流和实地调研活动、“中美农业航空应用的现状和未来展望”专题讲座、“博士团进校园活动”等工作。举办“京台青年科学家论坛”陕西会场活动，邀请台湾科技社团来陕进行专业洽谈并签订了合作项目。2011年省科协被评为中国科协地方科协外事工作先进单位。

组织陕西省代表参加中国科协八大和认真贯彻大会精神。认真开展中国科协八大代表和委员候选人的推荐、推选和相关组织工作，召开省科协七届三次全委会议选举产生代表和委员候选人，精心组织做好代表参加中国科协八大工作。陕西省委书记赵乐际对陕西省科协代表团出席大会专门作出批示，陕西省委副书记王侠作为特邀代表出席会议，以陕西省科协主席郑南宁为团长，陕西省科协党组书记牟怀岐为副团长的陕西省科协代表团认真履行代表职责，在中国科协八大上展示良好精神风貌。会后省科协党组呈报的《关于贯彻落实中国科协第八次全国代表大会精神的报告》得到省委领导的重视和批示。

积极推进企业科技创新能力建设。指导陕西龙门钢铁集团有限责任公司筹备建立院士专家工作站，探索院士专家深入企业开展科技服务的长效机制。开展“四技”服务的综合管理和技术合同认定登记工作，2011年共组织4500余人次参加科技咨询，综合管理“四技”服务合同额877余万元；认定登记各类技术合同14项，合同总额500万元。加强高校科协建设，发挥高校科协联系高校科技工作者的重要作用。7月6日，全国高校科协研究会“贯彻中国科协‘八大’精神暨‘科学发展、大学科普与高校科协挑战’”主题论坛在西北工业大学召开，全国十二所高校科协代表围绕主题共同探讨高校科协工作。中国科协书记处书记、党组成员王春法出席会议并讲话。会议结合贯彻落实中国科协八大精神，从高校为什么要建立科协、高校科协的职能、高校科协功能定位的独特性等方面进行了热烈讨论。

组织实施“科普惠农兴村计划”促进农民科技致富。评审、申报“科普惠农兴村计划”成效显著，争取中央财政奖补资金1970万元，73个农技协、21个科普示范基地和18名科普带头人受到中国科协、财政部表彰，位列全国第四，西北第一。

以“学术金秋”为平台组织开展多种形式学术交流活动。开展学术活动152项，按照分类指导、择优支持的原则，成功举办2011智能科学与智能数据工程国际研讨会、动力传动国际会议、第一届全国高分辨率遥感数据处理与应用研讨会等7项重点活动，为陕西省科技工作者扩大对外交流与合作、提高学术水平提供了难得机会。

学会组织建设和发展活力进一步增强。开展了首次陕西省学会优秀科技（科普）期刊评选工作，共评出学会精品期刊10家、优秀期刊16家。指导17个学会进行换届，联合省民政厅对省级学会进行年检。召开省级学会秘书长会议和有关学会创新发展座谈会，深入省烟草、省公路等学会调研，开展先进学会和优秀学会工作者的评选工作，推动学会创新发展。加强对科技人员的继续教育，全年共举办继续教育培训班38期，培训2180人次。

积极推进全民科学素质工作。召开陕西省全民科学素质工作领导小组第三次会议，制定陕西省全民科学素质行动计划纲要“十二五”实施方案；评选推荐的4个集体、5名个人受到中组部、中宣部、中国科协等国家九部门表彰；获得全国纲要办《科学素质纲要》电视大赛优秀组织奖；组织开展“陕西省公民科学素质科普知识有奖竞赛”活动。

加强科普基础设施建设。做好常设科普展览和科普大篷车巡展工作。陕西科技馆常设展厅全年接待观众6.99万余人次。科普大篷车全年外出巡展56次，接待观众19.8万人次。承办中国科协“中国流动科技馆”陕西巡展活动，接待观众7.4万余人次。积极推进陕西科技馆新馆建设前期工作，加强汇报沟通，得到省委领导的重视和批示。加强科普资源集成，做好科普资料的编印、配送工作。28个全国和11个省级科普示范县（市、区）创建单位通过检查命名；开展“三农”科技网络书屋建设与农村信息技术培训工作；编印下发挂图等科普资料19.2万份；《陕西科技报》印刷发行226.8万份，入选陕西省“农家书屋”工程。积极组织开展青少年系列科普活动。举办陕西省第26届青少年科技创新大赛，组织参加第26届全国创新大赛，获得一等奖1项、二等奖6项、三等奖7项；开展第11届中国青少年机器人（陕西赛区）竞赛。实施中国科协与联合国儿童基金会非正规教育项目。创建省级青少年科技教育基地18个，省级青少年科学工作室3个。组织开展第16届陕西省少年儿童科学幻想绘画展评活动，推荐作品获全国一等奖3名、二等奖5名、三等奖19名。组织开展“大手拉小手——院士专家进校园”科普报告11场次。承办中国科协等单位主办的“航天连着你和我——院士专家校园行”陕西站有关活动。

加强自身建设，增强发展活力。组织开展“为民服务、创先争优”主题实践活动，被省委组织部、宣传部、机关工委评为省直机关部门党组（党委）中心组学习工作创新奖。加强干部队伍建设，选拔任用处级领导干部5人、处级非领导职务干部6人，研究确定到直属单位挂职干部6人，被省委组织部、省人社厅和省公务员局评为公务员统计优秀报表单位。开展文艺演出、党史报告会、知识竞赛，组织机关干部职工赴湖南、江西开展红色寻访等活动，庆祝建党90周年。

【陕西省科普惠农富民计划】从科普专项资金中列支330万元，实施陕西省“科普惠农富民计划”，扶持县（市、区）科协成立“科普惠农培训学校”和“社区科普益民学校”，着力加强科普培训工作。2011年全省共有34个“科普惠农培训学校”、24个农村专业技术协会、4个农村科普示范基地、3名科普带头人得到资助。同时安排16个省、区、市近300个“科普惠农兴村计划”受表彰单位参加第十八届杨凌农高会，获组委会颁发的“优秀组织奖”和“优秀展示奖”。

【举荐、宣传优秀科技工作者】2011年省科协开展了陕西青年科技奖、中国青年科技奖、中国科协求是杰出青年奖、陕西省有突出贡献专家、三秦巾帼十杰、第八届中国青年女科学家、全国科协系统先进集体和先进工作者等奖项的评选、推荐、表彰工作。有99位科技工作者、7个集体荣获相关表彰和荣誉，其中“中国科协求是杰出青年奖”获奖者刘兴胜系陕西省科技工作者获此荣誉第一人，受到中国科协周光召名誉主席高度评价。同时，在《陕西日报》、《科学中国人》等媒体设立专栏，宣传优秀青年科技工作者23人次。

【陕西省科学道德和学风建设宣讲教育活动】省科协联合省教育厅成立陕西省科学道德和学风建设宣讲教育活动领导小组和工作机构，制定印发《陕西省科学道德和学风建设宣讲教育活动工作方案》等相关文件。成功举办陕西省高校“科学道德和学风建设宣讲教育活动”启动仪式暨首场报告会，引起与会高校、科研院所等单位新入学的1000余名研究生的热烈反响与欢迎。同时，统筹安排全省研究生培养单位认真开展宣讲教育活动。据初步统计，全省各研究生培养单位举办报告会座谈会共计140场，参加宣讲教育活动的博士生2700余人次，硕士生1.8万余人次。

【第十九届“科技之春”宣传月】第十九届“科技之春”宣传月活动得到了陕西省委省政府的高度重视。陕西省委办公厅、陕西省政府办公厅下发了活动通知，省委副书记王侠任活动组委会主任，省委常委、宣传部部长胡悦，副省长朱静芝，省科协主席、西安交通大学校长郑南宁任副主任。本届活动围绕“提高全民素质、促进科学发展”主题，主要组织了8项重点活动。

举办领导干部科技报告会。全国政协常委、全国政协科教文卫体委员会主任徐冠华院士应邀作了题为《全球变化及其影响和对策》的报告。省委副书记王侠主持报告会并讲话。省级机关副厅级以上领导干部及科研院所、高校、企业负责人等1400余人聆听了报告。

举办“科技专家为民服务零距离”科普示范活动。省科协向铜川市捐赠了价值14万元的“华硕图书室”2个和“科普惠农服务总站”2个。科技专家深入农村开展了专题讲座、田间地头讲解和义诊等活动。

举办“科技助推国际化大都市建设”科普示范活动。活动现场组织开展了科普宣传咨询、科普大篷车现场体验、少年儿童科幻绘画展和青少年创新成果展示等6项活动，发放科普书籍、宣传画册等各类宣传资料2.2万余份。

据统计，全省各地参加各类活动的学会、高校、科研院所、企事业单位达600多家；组织各类科技报告会、专题研讨会等356场次；发放科普宣传资料、图书520万份(册)；组织科普展览158场次；援建科普活动场所（站、点）30多个；参加科普活动的科技人员达17万人次。

【陕西省2011年“全国科普日”活动】围绕“节约能源资源、保护生态环境、保障安全健康、促进创新创造”的主题，2011年9月17日前后，陕西省各级科协组织广大科技工作者、科普工作者和科普志愿者，下农村、进社区、到学校，面向社会公众开展了内容丰富、各具特色的系列科普活动。省科协重点开展了陕西省公民科学素质科普知识有奖竞赛，“走进科技馆、感受科技魅力”系列科普游园活动，食品、药品安全知识进社区系列科普宣传活动，“我与科学面对面”科普知识进校园系列活动，科普大篷车联合行动，农村实用技术培训等7项活动。

甘肃省科学技术协会

2011年，甘肃省科协按照省科协六届五次全委会确定的目标任务，以贯彻落实甘肃省委、省政府《关于进一步加强新时期科协工作的意见》和《甘肃省科学技术协会条例》为契机，以场馆建设、《纲要》实施、学术交流和“文化建家”为着力点，在改善发展条件、丰富服务手段、打造工作品牌上取得了可喜的成绩。

甘肃科技馆开工建设。甘肃省委主要领导听取了甘肃科技馆项目建设情况汇报；省政府将科技馆建设列入当年开工的重大项目。省长刘伟平对项目建设前期工作做出重要批示，并主持召开省长办公会，专题研究科技馆建设的相关问题。副省长郝远多次听取汇报，协调相关事宜。省科协完善了《甘肃科技馆建设项目可行性研究报告》，并根据中国科技馆专家委员会的意见和建议，对国内23个科技馆和部分展教具生产企业进行了考察调研，修订了《内容建设规划方案》，制定了展教具招标方案；与省发改委、住建厅、财政厅等相关部门和兰州市政府协调，可行性研究报告获得了批复，办理了土地使用证，完成了建设用地172个院落居民的拆迁安置任务，对建筑设计方案进行了招标。12月30日，举行了开工典礼。

科普工作成效显著。一是《科学素质纲要》实施稳步推进。省政府召开了全民科学素质行动计划纲要实施工作电视电话会议，副省长郝远对全省《科学素质纲要》实施作了安排部署，并在《人民日报》发表文章，阐述了“十二五”时期甘肃省《科学素质纲要》实施的思路和措施。甘肃省科协组织召开了《科学素质纲要》领导小组办公室成员单位工作会议。推荐甘肃省4个单位和5名个人获得中组部、中国科协等9部委表彰的纲要实施工作先进集体和先进个人。组织参加了第四届全国公众科学素质电视大赛，取得了优异成绩。二是全省科普经费大幅增长。通过推动《关于进一步加强新时期科协工作的意见》和《甘肃省科学技术协会条例》的贯彻执行，省级科普经费达到全省人均0.4元的标准，实现翻番增长；7个市州和52%的县区达到本行政区域人均0.3元的标准。全省科普经费财政总投入达到2634万元，比上年度增加839万元。三是科普项目资金持续增加。争取中国科协“科普惠农兴村计划”项目资金1140万元，连续6年实现增长；新建“华硕科普图书室”11个，价值55万元；获得中国科协科普大篷车4辆，价值260余万元。甘肃省“科普惠农兴村计划”项目资金增加至50万元。四是青少年科技教育成绩优异。举办的全省青少年科技创新大赛和机器人竞赛，参赛选手数量大幅增加，参赛作品质量明显提高。在全国青少年科技创新大赛上，首次获得一等奖1项，获其他奖58项；在全国机器人竞赛上，获各类奖项20项，居西北5省前列；参加全国青少年影像节比赛，获奖成绩列全国前10位；在WRO世界机器人奥林匹克竞赛上，甘肃省2支队伍荣获冠军，并代表中国参加了在迪拜举行的总决赛。

学术交流更加贴近产业发展实际。以“水、电、矿产资源开发与利用”为主题，联合省委宣传部、省委政策研究室、省科技厅、水利厅等部门举办的学术年会，共征集论文481篇，形成了专家建议书。以“内陆干旱区水资源和生态环境保护”为主题，联合中科院寒旱所、省水利学会、武威市政府承办的第十五次中国科协论坛，为河西走廊可持续发展提供了决策依据。以“生态高值农业”为主题，举办了“第三次甘肃青年科学家论坛”。与甘肃农业大学、河西学院联合举办了“纪念钱学森同志诞辰100周年学术论坛”，出版了《钱学森沙产业理论与实践》论文集，并组织编撰了《21世纪战略新兴产业——沙产业》专著。联合省腐蚀与防护学会承接实施了中国科协继续教育项目，受训的50名科技工作者获得了由国家人社部颁发的国际认可的资格证书。邀请以色列专家，对陇南100多名油橄榄从业人员进行了技术培训。

服务技术创新的手段更加直接。一是在企业建立“院士专家工作站”。组成了由省政府分管领导为组长，两名院士为副组长，省委组织部、省工信委、国资委、人社厅、教育厅、科技厅、兰州大学、中科院兰州分院等10个部门和单位为成员的院士专家工作站建设领导小组，张掖、定西、陇南等市也成立了工作机构。通过考察调研和组织协调，先后在张掖市农科院、甘肃金桥水科技集团、甘肃万华实业集团有限公司、定西市富民生态农业科技有限公司建立了院士专家工作站，引进赵其国、任继周、傅廷栋、徐德龙等9名院士进站工作，促进了高层次科技人才与企业技术创新的对接。二是为企业提供科技信息服务。承接了中国科协“企业科技信息推广应用项目”，与甘肃省工信委、国资委、知识产权局等部门联合，组织开展了14场专利信息推介会，为150多家企业提供专利信息服务。三是为文化产业发展献计助力。与甘肃省科技厅联合举办了“科技支撑文化产业发展论坛”；与读者出版集团签订了《战略合作框架协议》。四是为民营科技企业牵线搭桥。通过组织开展政企合作、校企联合、银企对接、厂会协作和专利技术、产品推介等活动，为民营科技企业发展提供服务。其中，帮助金桥水科技集团取得项目，签约资金2亿元。

科技人才举荐取得历史性突破。认真组织第八届甘肃青年科技奖评选工作，申报候选人数创历史新高，获奖人数首次实现30名满额。在第十二届中国青年科技奖100名获奖者中，甘肃省首次有2名科技工作者入选；在第八届中国青年女科学家奖10名获奖者中，第一次有甘肃省科技工作者获奖。

文化建家工作取得新的成绩。一是文化建家影响力逐步扩大。文化建家的举措，被中国科协写入“十二五”事业发展规划予以推广；中国科协“科技与人文专委会”听取了甘肃科协文化建家情况汇报；中国科协网站将甘肃省科协“文化建家”设为“热点专题”。二是文化建家进一步向基层延伸。甘肃省科协成立了文化建家工作领导小组，并向全省科协系统印发了《进一步推进文化建家工作的通知》；组织召开了“文化建家”专家学者研讨会和市州科协主席座谈会；组织开展了科技界书画摄影作品甘南巡展活动。临夏州、张掖市分别举办了科技工作者书画摄影展。三是持续开展建家交友活动。协调兰州市交通部门，为15位两院院士办理了“机动车尾号限行通行证”；为在甘院士送去生日祝福和节日慰问。与甘肃省教育厅联合开展了“科学道德和学风建设宣讲教育”活动。与甘肃省委宣传部、中科院兰州分院和省文联等，共同举办了第三届甘肃省科技界书画摄影展；组织甘肃省知名专家学者进行了陇南市资源环境考察调研活动。筹备成立了甘肃省科技界书画协会和甘肃省科技界摄影协会。

【甘肃科技馆项目开工仪式举行】12月30日，甘肃科技馆项目在兰州市安宁区开工建设，甘肃省委副书记、省长刘伟平，省委常委、省委宣传部部长连辑，省委常委、兰州市委书记陆武成，省人大常委会副主任马尚英，省政协副主席栗震亚，省科协主席李膺，省政府秘书长李沛文、省政府副秘书长张翀、省科技厅党组书记、副厅长李文卿、兰州市政府市长袁占亭等省市领导和相关单位负责人出席了开工仪式。副省长郝远主持开工仪式，省科协党组书记史振业和省建设厅厅长李慧分别在开工仪式讲话。连辑要求工程建设的有关部门要切实履行责任、通力协作、密切配合，优质高效地完成工程建设任务。该项目主要由甘肃科技馆和甘肃省科协机关办公楼两部分组成，划拨土地面积72亩，建设总规模4.18万平方米，估算总投资2.67亿元（不包括设备装饰装修）。科技馆由科学和文化艺术广场、历史文化和科技产业、序厅等12个功能分区构成。有近400余件套展品。

【2011年甘肃省学术年会】9月14日，由中共甘肃省委宣传部、中共甘肃省委政策研究室、甘肃省人民政府研究室、省科学技术厅、省水利厅、省科学技术协会主办，省电力公司、省地质矿产勘查开发局、中国石油集团西北地质研究所、中国科学院地质与地球物理所兰州油气资源研究中心承办，省水利学会、省水力发电工程学会、省电机工程学会、省地质学会、省石油学会、省矿物岩石地球化学学会协办的2011年甘肃省学术年会在兰州宁卧庄宾馆大礼堂举行。主题为“甘肃水、电、矿产资源开发与利用”。各市州科协，省直有关部门，有关企事业单位、大专院校，各有关省级学会（协会、研究会）

负责人400多人参加了会议。大会由省科协副主席贺琴主持。省政府副秘书长张翀出席会议并讲话。年会主旨是：深入贯彻落实中央1号文件精神和甘肃省委提出的“中心带动、两翼齐飞、组团发展、整体推进”的区域总体战略，围绕全省水、电、石油、矿产资源开发与建设搭建学术交流、科技咨询活动平台、拓展科技服务经济社会发展和专家建言献策的渠道，以促进甘肃经济社会又好又快发展。主要内容是：主题报告、分会场学术交流、科技展览、专家建议、颁奖仪式。共征集论文481篇。甘肃省水文局副局长、正高级工程师赵映东，省电力公司教授级高工、省机电工程学会副理事长兼秘书长陶国龙等分别做了主题报告。年会设三个分会场进行交流，分会场邀请省内外学科前沿领域的专家出席，围绕学科发展中前沿交叉问题进行交流和研讨，促进学科交叉融合。第一分会场由省水利学会和省水力发电工程学会协办。主题为全面落实中央1号文件，加快甘肃水利跨越式发展；第二分会场由省电机工程学会协办。主题为资源、环境与发展；第三分会场由省地质学会、省石油学会和省矿物岩石地球化学学会协办。主题为河西750kV超高压联网及大规模风电送出资源。年会还举办了科技展览，相关学会在年会上展出136块展板。

【全省全民科学素质行动实施工作电视电话会议】8月30日，为贯彻落实国务院全民科学素质行动实施工作电视电话会议精神，安排部署甘肃省“十二五”时期全民科学素质工作，继国务院电视电话会议结束后，副省长郝远主持召开了全省全民科学素质行动实施工作电视电话会议。郝远在讲话中指出，2006年以来，全省全民科学素质工作按照“政府推动、全民参与、提升素质、促进和谐”的工作方针，建立机制、完善体制、狠抓培训、夯实基础，广泛开展群众性主题科普宣传教育活动，扎实推进重点人群科学素质行动，切实加强基础设施建设，建立健全保障体系，公民科学素质建设取得了丰硕的成果。郝远强调，“十二五”时期，是全面建设小康社会的关键时期，也是推进甘肃跨越式发展的重要战略机遇期。要求各级政府贯彻落实好国务院全民科学素质行动实施工作电视电话会议精神，抓住机遇、完善机制、加强保障，全面落实国务院《全民科学素质行动计划纲要实施方案（2011—2015年）》。郝远从4个方面对省“十二五”时期的全民科学素质工作进行了安排部署。要求各级政府切实加强群众性主题科普宣传教育活动，结合国家级循环经济示范区建设和生态安全建设工程，在全社会大力倡导建设资源节约型、环境友好型社会，促进经济发展方式加快转变；狠抓重点人群的科技教育与培训，切实提高全民科学素质；全力推进甘肃科技馆等重点科普基础设施工程建设，重视科普人才队伍建设，全面提高科普公共服务能力；继续完善体制机制，加大财政保障力度，努力形成政府推动、部门协调配合、全社会共同参与的全民科学素质行动工作格局，为甘肃的跨越式发展奠定坚实的人力资源基础。

【科技支撑甘肃文化产业发展论坛】12月30日，由甘肃省科技厅、省科协主办，省科技发展战略研究院承办的科技支撑甘肃文化产业发展论坛在宁卧庄宾馆举行。甘肃省委常委、宣传部部长连辑、副省长郝远出席论坛并讲话。省科技厅党组书记李文卿主持论坛；省科协党组书记、副主席史振业，省科协副主席贺琴，省科协副巡视员李克平出席论坛；省科协副主席杨新科介绍了举办本次论坛的宗旨和目的。科技部调研室副主任刘琦岩博士、中国科技发展战略研究院院务委员高志前教授、省科技厅厅长张天理、省社科院副院长魏胜文研究员、省政府参事室参事胡亚权、敦煌艺术研究院常务副院长王旭东研究员等分别作了专题报告。甘肃省科技界的有关专家和业界人士400余人出席了论坛。连辑要求，科技要介入自然、历史、民族民俗等文化资源的整理开发，用数字化等手段整理文化资源，为文化产业发展提供基础条件；要介入文化产品制作、传播环节，提高文化产品的科技含量和附加值；要介入与文化相关的管理、人才培养、高校教育等方面，为文化产业发展提供保障；要介入软课题的开发，开展前置性研究，发挥科技在文化产业发展中的超前性综合性作用。

【甘肃省科学道德和学风建设宣讲教育报告会】12月7日，由甘肃省科协、甘肃省教育厅主办，中科院兰州分院协办的甘肃省科学道德和学风建设宣讲教育报告会在省政府礼堂举行。甘肃省科协主席李膺出席报告会并致辞。南开大学校长龚克、甘肃省农科院马铃薯研究所所长王一航为甘肃省1000名研究生新生进行了科学道德和学风建设宣讲教育。甘肃省教育厅党组书记、副厅长孙杰，甘肃省科协副主席贺琴、杨新科，中科院兰州分院党委书记谢铭等领导出席报告会。中科院兰州分院、兰州大学、西北民族大学、西北师范大学、兰州理工大学、甘肃农业大学、兰州商学院、兰州交通大学、甘肃政法学院、航天集团第510研究所、兰州生物制品研究所、甘肃省地震局地震研究所等研究生培养单位的领导出席了报告会。甘肃省教育厅党组书记、副厅长孙杰主持了报告会。报告会上，南开大学校长龚克、甘肃省农科院马铃薯研究所所长王一航分别以“真实与责任——学术道德与规范的真谛”、“农民满意是我最大的心愿和追求”为主题，阐述了科学精神对于科研和教育工作的重要意义。省科协、省教育厅联合下发《关于开展科学道德和学风建设宣讲教育的通知》，要求从2011年起，每年对新入学的研究生开展科学道德与学风建设宣讲教育。

【第三次甘肃青年科学家论坛】 11月20日，由甘肃青年科学家论坛组委会主办，西北师范大学承办的“第三次甘肃青年科学家论坛”在西北师范大学召开。甘肃省科协副主席贺琴、杨新科，西北师范大学党委书记刘基、甘肃农业大学校长黄高宝、兰州大学副校长安黎哲、甘肃省农科院副院长马忠明、西北师范大学副校长刘忠奎出席论坛，甘肃青年科学家论坛组委会委员、部分甘肃青年科技奖获奖者和西北师范大学在读研究生共70多人参加了论坛。西北师范大学党委书记刘基致辞；省科协副主席贺琴介绍了青年科学家论坛的基本情况；西北师范大学研究员张继、西北师范大学教授雷自强、甘肃农业大学教授甘伯中、甘肃省林科院研究员邹天福、中科院兰州分院寒旱所副研究员孙宏义围绕甘肃省“生态高值农业”发展做了学术报告；省科协副主席杨新科对论坛进行了总结。

【甘肃省首家院士专家工作站在张掖市揭牌成立】 7月18日，甘肃省首家市州院士专家工作站——“张掖市院士专家工作站”揭牌仪式举行。中科院资深院士赵其国，中国工程院院士傅廷栋，省科协副主席杨新科，省科协副主席、甘肃省院士专家工作站建设领导小组办公室主任贺琴，张掖市委副书记、市长栾克军及张掖市领导王开堂、王军、韩正明、王希珍、张平、董永芳等出席揭牌仪式。张掖市委副书记、市长栾克军代表张掖市委、市人大、市政府、市政协对院士专家工作站的成立表示热烈祝贺。张掖市院士专家工作站作为全省首家院士工作站，由赵其国院士、傅廷栋院士领衔的核心团队与张掖市政府合作共建，主要是依托科研项目，吸引高层次人才来张掖参加科研活动，提升科研水平，为促进张掖市经济社会发展服务。揭牌仪式结束后，赵其国院士、傅廷栋院士在张掖市领导的陪同下，参观了张掖市农科院（张掖市院士专家工作站）、张掖国家绿洲现代农业试验示范区、临泽荒漠设施农业示范点、张掖黑河湿地国家级自然保护区、民乐油菜种植基地等。

【“体会干旱、懂得珍惜”2011年甘肃省青少年科学调查体验活动夏令营】 2011年7月14～15日，“珍爱生命之水——2011年甘肃省青少年科学调查体验活动”夏令营武威市民勤县举办。甘肃省科协副主席陈富荣，省青少年科技活动中心副主任张岚，中科院寒区旱区环境与工程研究所李宗省博士，武威市科协主席杜泽秀，省青少年科技活动中心副主任魏振国，武威市科协副主席王多琳、杨青山，民勤县副县长李雪雁以及武威市、民勤县部分中学师生共计500余人参加了夏令营开营仪式。省科协副主席陈富荣宣布“珍爱生命之水——2011年甘肃省青少年科学调查体验活动”夏令营开营。

青海省科学技术协会

2011年，青海省科协积极开展主题科普活动，庆祝省科协成立50周年。6月16日，以“科普惠民生，喜庆五十年”为主题的青海省科协成立五十周年为基层服务大型科普活动在青海省贵德县举行。省委常委苏宁出席。

深入实施《科学素质纲要》。在全省范围内组织开展“科普之冬（春）”、“科技活动周”和“全国科普日”活动。据统计，“科普之冬（春）”活动中参加的科技人员逾5500人次，举办各类先进实用技术培训班（科技讲座）1020期（场），受训人数达94138人（次），开展大型科普宣传活动139次，科普大篷车进校园活动40余次，文艺演出70余场，接待义诊、咨询人数38345余人（次），发放科普资料130余种约33.43万份（册），展出展板3900余块，挂图1500余幅，播放科教片50余场，免费发放药品和计生用品2.3万多盒，受益群众达56.3万余人（次）。

深入开展创建全国科普示范县（市、区）单位检查命名和科普教育基地命名工作。经中国科协2011～2015年度全国科普示范县（市、区）创建工作第三检查组抽查，认为青海省科普示范县（市、区）创建工作达到国家相关标准。命名青海省西宁市城东区等11个县（市、区）创建单位为2011～2015年度全国科普示范县（市、区），并授牌。同时，经省科协与省科技厅、省委宣传部联合对全省2011年省级科普教育基地申报单位进行实地核查和综合评定，共同命名青海海东国家农业科技园区乐都示范区、西宁市城北区乡趣休闲观光农业科技示范园、青海互助国家春油菜制种基地等3个单位为2011年“青海省科普教育基地”。

组织2009～2010年青海省自然科学优秀学术论文奖申报工作。2010年初，省科协向各省级学会、州地市科协、企业科协下发《关于申报2009～2010年度青海省自然科学优秀学术论文奖的通知》，指导各学会、州地市科协组织申报论文，并接受申报单位申报论文，完成形式审查。同时在网上接受作者申报。各学会、各基层科协通过层层筛选，历时2个多月，完成申报及推荐工作，经专家多次评审，选出35篇优秀论文分获一、二、三等奖，并于2011年1月5日召开总结颁奖大会。

完成国家级科技思想库建设试点工作。2011年2月，中国科协下发《关于开展国家级科技思想库建设试点工作的通知》，青海省科协同12个省级科协和3个副省级科协一并被确定为首批国家级科技思想库建设试点单位，青海省国家级科技思想库建设试点工作全面启动。成立青海省科协科技思想库建设领导小组，上报给中国科协的《青海省科协关于国家级科技思想库建设试点工作（初步）方案》获批复后印发《关于推荐“青海省科协决策咨询专家库”入库专家的通知》和《关于征集国家级科技思想库决策咨询调研课题选题的通知》至省级学会、省内各大科研院所、州地市科协。各学会、基层科协推荐入库专家材料440份，决策咨询调研课题20份。

【青海省委出台《青海省委关于进一步加强科协工作的意见》】11月，青海省委制定出台了《青海省委关于进一步加强科协工作的意见》（以下简称《意见》）。《意见》的出台旨在深入贯彻落实科学发展观，贯彻落实中央关于加强科协工作的有关要求，充分发挥各级科协组织和广大科技工作者在推动跨越发展、绿色发展、和谐发展、统筹发展，建设富裕文明和谐新青海中的重要作用。《意见》充分体现了青海省委、省政府对青海省科协组织的高度重视和大力支持。

《意见》强调充分认识加强科协工作的重要意义。进一步加强科协工作，把广大科技工作者紧密围绕在党的周围，努力为青海省经济社会发展服务，不断推动科学技术事业向前发展，是加强和改进群众工作的重要内容，是全面贯彻落实科学发展观、加强党的执政能力建设、构建社会主义和谐社会的必然要求。进一步加强科协工作，有利于更好地组织和团结广大科技工作者投身青海的各项建设事业，激发他们的创新热情和创造活力，激励优秀科技人才脱颖而出，形成推动科技进步和自主创新的强大合力；进一步加强科协工作，可以更好地把广大科技工作者的个体智慧上升为有组织的集体智慧，为推动青海省创出欠发达地区实践科学发展观的成功之路贡献智慧和力量。

《意见》强调要切实发挥科协组织在推动经济社会又好又快发展中的重要作用。充分发挥科协组织在创新体系建设中的重要作用，加快推进国家级科技思想库建设试点工作，增强科协的决策咨询意识，充分调动科技工作者参与决策咨询的积极性。充分发挥科协组织在全民科学素质建设中的重要作用，进一步推进“全民科学素质行动计划工程”和“科普惠农兴村计划”在青海的实施，开发科普资源，提高服务能力，扩大共享范围，真正把科协建设成为科普资源的开发中心、集散中心和服务中心；充分发挥科协作为党和政府联系科技工作者的桥梁纽带作用，各级党委、政府要进一步重视和加强科技人才工作，积极支持科协依照法律和章程独立自主地开展工作，扶持科协真正成为“科技工作者之家”。《意见》强调要把科协工作纳入重要议事日程，切实保障科协及所属团体的工作条件，着力加强科协组织建设，进一步加强对科协工作的领导，加强科协干部的培养、交流、使用和管理，逐步加大对科协事业经费的投入力度，并进一步建立健全科协组织。

《意见》出台后，青海省科协立即行动，下发通知，要求全省各级科协组织、各基层学会要认真学习《意见》精神，并在当前及今后一个时期内认真贯彻落实，以《意见》为指导，在工作中全面贯彻落实，进一步激发全省广大科技工作者的热情，发挥好科协组织桥梁纽带作用，为推进青海省“四个发展”，建设富裕文明和谐新青海作出新的贡献。

【青海省科协第九次代表大会】10月25日，青海省科学技术协会第九次代表大会在青海省西宁市开幕。中国科协常务副主席、书记处第一书记陈希，青海省委书记、省人大常委会主任强卫出席开幕式并致辞。青海省委副书记、省长骆惠宁等领导及全省200多名优秀科技工作者代表出席了会议。大会开幕式由青海省委常委、省总工会主席苏宁主持。

陈希在开幕式上指出，青海省科协八大以来，在青海省委、省政府的坚强领导和大力支持下，全省各级科协组织和所属团体围绕中心、服务大局，突出重点、发挥优势，团结带领全省广大科技工作者，突出优势特色，为经济社会平稳较快发展提供了智力支撑；重视民生科普，扎实推进了全民科学素质工作；当好科技工作者之家，为科技工作者提供了优质高效服务。陈希希望，青海省科协深入学习贯彻胡锦涛总书记“12·15”重要讲话精神，认真抓好对中央一系列重大决策的贯彻落实，充分认识科协组织在加快建设创新型国家、构建和谐社会中肩负的重大责任和历史使命，准确把握科协组织在全面推进中国特色社会主义伟大事业中的重要作用，紧紧围绕党和国家工作大局，团结带领全省广大科技工作者，以促进科学技术繁荣发展为出发点，更好地为加快转变经济发展方式服务；以推动形成社会化科普工作格局为着力点，更好地为提高全民科学素质服务；以促进科技人才成长和提高为立足点，更好地为科技工作者服务；以加强自身建设为切入点，更好地开创科协事业发展的新局面，为实现青海省跨越发展、夺取全面建设小康社会新胜利作出新的更大贡献。

强卫代表青海省委、省政府向大会的召开表示热烈祝贺，强卫指出，5年来，青海省各级科协组织在省委、省政府坚强领导和中国科协正确指导下，全面贯彻落实科学发展观，充分发挥自身优势，认真履行协会职能，团结组织广大科技工作者在推动科技创新、开展学术交流合作、推进科技咨询服务、投身科学普及推广以及加快科技人才发现培养等方面做了大量富有成效的工作，为推动经济社会发展、提高公民科学素质、服务广大科技工作者发挥了积极作用。全省广大科技工作者立足岗位，敬业奉献，开拓创新，锐意进取，在各个领域取得了丰硕的科研成果，为青海的开发建设、改革发展作出了积极的贡献。

强卫强调，青海省各级科协组织和广大科技工作者要认真贯彻落实省委《关于进一步加强科协工作的意见》，继续为促进科学发展、提升公民科学素质、激发科技人才创造活力做出新的贡献，继续为加强科协自身建设做出新的努力，进一步增强历史责任感，切实肩负起崇高使命，为建设新青海做出新贡献。强卫要求青海省各级党委、政府要进一步重视科协工作，为科协工作开展创造条件。要定期听取科协工作汇报，帮助解决遇到的实际问题，关心科协干部成长，保障工作经费投入，支持科协创造性地开展工作。要大力宣传全省科技工作者队伍中涌现的先进典型，充分展示广大科技工作者服务新青海建设的光辉业绩、崇高境界和时代风采。

共青团青海省委书记申红兴代表各人民团体致贺辞。受青海省科协第八届委员会委托，省科协主席石昆明向大会作了题为《团结和组织广大科技工作者，为建设富裕文明和谐新青海而奋斗》的工作报告。大会为期3天。会议期间，与会代表审议通过了青海省科协八届全委会报告；审议通过了《〈中国科学技术协会章程〉青海省科学技术协会实施细则（草案）》，选举产生了青海省科协新一届领导机构。

【青海省科技馆新馆建成开放】青海省科技馆新馆面向广大公众正式开放。10月24日，开馆仪式举行。青海省委书记、省人大常委会主任强卫，青海省委副书记、省长骆惠宁，中国科协书记处书记、中国科技馆馆长徐延豪出席了开馆仪式，青海省委常委苏宁主持开馆仪式。

青海省科协主席石昆明首先就新馆建馆过程作简要汇报，青海省科技馆新馆是青海省“十一五”期间投资规模最大的公益性项目之一。新馆地处西宁市海湖新区，总投资4.3亿元，占地3.67公顷，总建筑面积33179平方米。新建的科技馆以“自然·人类·科技”为主题，由8个主题展厅和1个序厅、1个4D影院、1个球幕影院组成，共设展品展项400余件（套），90%以上的展品为互动展品。青海省科技馆老馆始建于1984年，1988年正式对外开放。多年来，作为全省最大的青少年科技活动场所，它承担着面向社会、面向群众开展科普教育的任务。但随着时代的进步，老馆在建筑格局、场地设施等方面已无法满足公众对科普活动场所与科技知识的需求。

石昆明表示，作为科技馆的主管单位，省科协将不负重托，以科学发展观为指导，坚持正确的办馆方向，牢固树立安全运行意识，加大管理工作力度，切实提高服务质量，精心打造科技馆文化，不断开发适合科技馆特点的科技教育活动新内容、新形式，努力把青海省科技馆办成深受全省人民喜爱的科普教育殿堂，并力争向具有区域导向和示范引领作用的一流科技馆方向努力。

青海省副省长高云龙代表省政府讲话。他说，建设新科技馆，是青海人民的多年愿望，也是省委、省政府着眼于“科教兴青”、“人才强省”发展战略，贯彻实施《科学素质纲要》的重要举措。它的建成开放，对于提高青海省各族群众的科学文化素质，增强创新意识，展示青海省经济社会和现代科技的成就，丰富人民群众的文化生活，促进社会形成讲科学、爱科学、学科学、用科学的良好风尚，推动青海省科技教育和科普事业蓬勃健康发展，都具有十分重要的意义。

他强调，科技馆要以开馆为契机，充分发挥开展科普教育、培育创新精神、发展创新文化、提高全民科学素质的主要阵地和重要平台的作用，不断丰富展教内容，创新活动形式，提高展教水平，吸引更多的社会公众特别是青少年走进科技殿堂，接受科普教育，为培养和造就大批科技创新人才，提高全民科学素质贡献力量。省科协要加强管理，提高安全意识，充分发挥省科技馆等科普设施的载体作用，深入实施全民科学素质行动计划纲要，努力推动全省科普事业更好更快发展。社会各界要热情关心、积极支持科普事业，充分利用省科技馆等公共服务设施，开展科普活动，展示创新成果，为建设富裕文明和谐新青海而共同努力。

参加开馆仪式的还有青海省委各部门、省政府各厅局领导，各州地市科协领导，土建施工方、各展品公司和布展公司负责人，以及新闻媒体记者共计300余人。

宁夏回族自治区科学技术协会

2011年，宁夏回族自治区科协围绕自治区党委、政府的重点工作，就事关经济社会发展的热点、难点问题，开展调查研究，向党政领导和有关部门提出对策建议。

加强科普惠农工作，推进农村科技服务。实施“科普惠农兴村计划”，发挥农技协、科普示范基地和科普带头人在推广新技术、带动农民在致富方面的作用。2011 年，全区有 11 个优秀农技协、6 个科普示范基地和 3 位科普带头人获得中国科协、财政部的表彰，获奖补资金 355 万元。举办宁夏第十二届春季农交会，共有 200 多家优秀涉农企事业单位、科研院所参展，8 万余人参加，现场交易额 86 万元，达成意向性协议 1. 6 亿元。

推动企业科协发展，为企业自主创新服务。围绕企业科协的组建工作，认真抓好企业科协基层组织建设。探索推出企业院士专家工作站这一社会科技资源服务企业创新发展的形式，促进创新要素向企业集聚。建立 1 个院士专家工作站，1 个专家工作服务机构。开展“讲理想、比贡献”活动，推动群众性技术创新活动不断深入。

搭建学术交流平台，提高学术交流质量。举办以“宁夏适应气候变化与防灾减灾”为主题的 2011 年宁夏科协学术年会，以“应对气候变化”为主题的第六届资深专家论坛；举办了第七届青年科学家论坛。联合自治区民政厅开展科技社团创新发展试点工作，采取各学会申报，组织专家评选后，确定创新试点单位。从完善内部治理结构、强化会员主体地位、创新组织机构建设、规范各类服务活动、增强社会服务功能、积极承接社会职能 6 个方面对试点学会进行量化考核。

履行全民科学素质纲要实施工作办公室职责。结合国务院发布的《全民科学素质行动计划纲要实施方案（2011—2015 年）》的要求，召开宁夏深入实施全民科学素质行动计划纲要工作会议，总结宁夏“十一五”期间贯彻落实《全民科学素质纲要》工作，部署宁夏“十二五”期间重点任务，明确未来五年宁夏全民科学素质工作的方针政策、目标任务和具体措施。制定《宁夏全民科学素质行动计划“十二五”实施方案（2011—2015 年）》。印发《宁夏全民科学素质工作年度目标管理考核办法》。2011 年共推荐 3 个单位、4 名个人受到全国纲要实施工作办公室的表彰；同时还表彰奖励了 25 个单位、40 名个人为宁夏实施《科学素质纲要》先进集体和先进工作者。

围绕《科学素质纲要》主题开展重点科普活动。举办以“携手建设创新型国家”为主题的“2011 年科技活动周”，以“爱护母亲河，节约保护水资源”为主题的全国科普日活动。与媒体合作进行科普宣传，其中与广电总台合办“塞上乡村”、“宁夏科普”等栏目，与宁报集团合办“塞上新农村”栏目。开展国家重点实验室向社会开放活动。2011 年，对社会公众开放了“种苗生物工程国家重点实验室”、“省部共建枸杞检测重点试验室”等 14 个国家部委级重点实验室和 26 个自治区级科技创新平台。8 月 15 ~ 20 日举办由中国科协、国家民委、农业部联合开展的“全国百名科技专家和致富能手进六盘山活动”，百余名专家和科技致富能手深入固原市原州区、泾源、西吉、隆德、彭阳等 5 县区生产第一线推广普及先进实用技术，受益群众 6000 余人次。

开展校内外科技活动，提升未成年人科学素质。宁夏科协联合自治区教育厅、团委等部门围绕“未成年人科学素质行动”，组织开展了中学生走进大专院校、“大手拉小手”等青少年科技传播活动。举办“第 26 届宁夏青少年科技创新大赛”、第 11 届中国青少年机器人（宁夏赛区）竞赛、全国中学生生物学奥林匹克（宁夏赛区）竞赛、“2011 年全区青少年航空模型锦标赛”等竞赛活动。组队参加全国青少年科技创新大赛、全国青少年机器人大赛、全国模拟遥控飞行挑战赛等，共有 200 多个项目获得奖项。组织开展了“大手拉小手——科普报告希望行”宁夏行活动。开展了主题为“珍爱生命之水 · 珍惜水资源”的宁夏青少年科学调查体验活动。组织承办了青少年科技创新大赛科技辅导员培训班、全国青少年科技竞赛活动组织工作者培训班。开展科技培训和科普活动，提升农民科学素质。结合自治区 35 万生态移民工程，启动了中南部地区生态移民教育培训项目，计划 5 年内培训 11. 8 万人。以技能培训、竞赛和社区科普活动为载体，推进城镇劳动人口科学素质的建设。开展科学知识家庭教育和科普活动，提升社区居民科学素质。开展反邪教警示宣传教育活动 营造良好社会氛围。制定宁夏反邪教协会《关于贯彻落实全区开展“家庭拒绝邪教”活动的实施意见》。将反邪教科普讲座纳入党校和行政学院教学计划。拓宽反邪教宣传覆盖面，在宁夏《新消息报》、《银川晚报》、《法制新报》、《石嘴山日报》、《吴忠日报》、《中卫日报》、《固原日报》开辟了反邪教警示宣传教育栏目。

完成 2011 ~ 2015 年度全国科普示范县（市、区）创建河北检查验收工作。新建科普惠农服务站 8 个，科普站 26 个，科普宣传栏（画廊）92 个 1100 延米。获得全国科普宣传栏建设示范项目经费 6 万元（兴庆区和中宁县各 3 万元）、10 个华硕科普图书室项目经费 30 余万元、农函大教材编印培训补助等项目资金 30 万元，协调科技馆、工作队和市县科协，获得财政部科技基础条件专项资金400万元。宁夏少数民族科普工作队为自治区26个市、县（区）科普画廊喷绘科普知识挂图共计4000余平方米，制作科普展板26份共计1500张；编辑、印刷农村实用技术系列科普挂图2万张；制作科普模型9万个。以社区、乡（镇）集市、中小学校为重点，运用科普大篷车“流动科技馆”这一有效宣传手段，参与“科技周”、“科普日”、“四进社区”、“三下乡”、“科技一条街”等科普宣传活动，2011年累计运行60余场（次），受益群众30万人次。

依托《财政专项拨款，中小学生免费参观科技馆》的议案，持续做好“中小学生走进科技馆”工作。尝试性开展了“小小志愿者”活动。与自治区团委协作举办“心手相牵·快乐成长——关爱农民工子女·让科技馆成为第二课堂”活动。举办第26届宁夏青少年科技创新大赛获奖作品展、《公共安全避险逃生知识普及展览》、《话说低碳》等专题展览。开展以“体验科技·快乐成长”为主题的参观科技馆有感征文活动。宁夏科技馆被命名为“关爱农民工子女志愿服务实践基地”和“宁夏区直机关科普教育基地”，1人获中国自然科学博物馆协会“优秀联络员”称号。举办流动科技馆科普活动体验箱志愿者培训班、英特尔·求知计划2011年宁夏项目中级课程培训。完善宁夏科技馆软硬件条件，强化辅导员队伍业务培训，建立了考核奖惩、星级讲解员评定机制。深入开展科技工作者状况调查。建立5个“科技工作者状况调查站点”。进一步完善科技人员高层次专家库建设，入选中国科协第三批、第四批高层次人才库达到70人。宁夏申报中国科协高层次人才库专家达到228人，入选104人。

贯彻中央人才工作会议精神，发挥科协在发现、培养、举荐科技人才中的重要作用。联合区党委组织部、人力资源和社会保障厅认真组织开展第十二届中国青年科技奖候选人的推荐工作。在中国科协八大上，宁夏获评全国科协系统先进集体2个、全国科协系统先进工作者8名。

开展科学道德和学风建设宣讲教育活动。联合自治区教育厅，组建高校科学道德和学风建设教育宣讲团，在全区高校中开展教育宣讲活动，并开展研究生导师科学道德和学风建设宣讲教育活动专题培训。

围绕创建先进基层党组织、争当优秀共产党员的目标，以“三服务一加强”为主要内容，在宁夏科协系统开展创先争优活动，充分发挥科协工作优势，带动全区科协系统广大干部职工增强服务意识，转变工作作风，进一步提高了服务能力和水平。做好学会党建工作。组织召开了自治区科协社会组织党委一届三次会议，审议通过了在全区科技社团中建立党建工作联络员制度。制定中国科协会员日活动方案，增强科协与学会、学会与会员、会员与会员的沟通和联系。

【宁夏科协第七次代表大会】11月9～11日，宁夏回族自治区科学技术协会第七次代表大会在银川召开。中国科协常务副主席、书记处第一书记陈希，宁夏回族自治区党委书记、人大常委会主任张毅，自治区政协主席项宗西，自治区党委副书记崔波，自治区党委常委、组织部部长徐松南，自治区党委常委、宣传部部长杨春光，自治区党委常委、宁夏军区政委王志宏，自治区党委常委蔡国英，自治区党委常委、纪检委书记陈绪国，自治区副主席屈冬玉，自治区政协副主席张乐琴出席大会。340多名优秀科技工作者参加会议。陈希代表中国科协向大会的召开表示祝贺，向奋斗在宁夏各条战线的广大科技工作者致以崇高的敬意和诚挚的问候，对宁夏科协和科技工作者的积极贡献给予高度评价。

宁夏科协党组书记、副主席刘平和主持开幕式并代表宁夏科协第六届委员会在会上作了题为《围绕中心 服务大局 团结带领全区广大科技工作者为实现宁夏经济社会跨越发展而努力奋斗》的工作报告。宁夏回族自治区团委书记张慧代表人民团体致贺词。会议期间，与会代表审议通过宁夏回族自治区科学技术协会六届委员会工作报告，审议《宁夏科协章程》和《宁夏回族自治区科学技术协会事业发展“十二五”规划（2011—2015年）》，会议选举产生了由122人组成的宁夏科协七届委员会，33人组成的宁夏科协七届常委会，并选举产生宁夏科学技术协会主席1人，副主席8人（其中不驻会6人），秘书长1人。

【宁夏第十二届春季农交会】联合有关部门、农业科研单位、农资企业成功举办了2011年第十二届宁夏春季农业科技成果推广暨农用物资交流会。大会吸引了来自陕西、山东、河南、北京及区内的200多家优秀涉农企事业单位、科研院所参展。展会共设置农业机械、畜牧养殖加工、苗木花卉、特色农产品、民俗购物区等9个展区，参展的农、林、牧、渔、养殖实物达14大类1500余种，各类农机具100多种，现场交易额86万元，达成意向性协议1.6亿元，接待参观群众8万余人，交流会得到了自治区领导的高度重视和赞扬，深受农民朋友欢迎。

【举办科学道德和学风建设宣讲教育活动】11月21日，由自治区科协、教育厅主办的宁夏高校“科学道德和学风建设宣讲教育活动”暨首场宣讲教育报告会在宁夏大学启动，中国科协副主席冯长根、中国工程院院士刘炯天分别作了宣讲报告。

新疆维吾尔自治区科学技术协会

2011年，新疆维吾尔自治区科协制定《重点民生实事工程实施方案》，推动科协工作发展。

实施“科普惠农兴村计划”、“科普惠民社区行动计划”等项目。2011年，共有32个农村专业技术协会、18个农村科普示范基地、1个少数民族科普工作队、16名农村科普带头人受到国家“科普惠农兴村计划”年度表彰，奖补资金达955万元。有24个农技协、14个农村科普示范基地、2个少数民族科普工作队、6个科普服务站、9名科普带头人受到自治区“科普惠农兴村计划”表彰，奖补资金377万元。为基层农技协、农村科普示范基地配备科普惠农服务车59辆。通过自治区“科普惠民社区行动计划”表彰基层社区52个，落实奖补资金260万元。开展“科普富民兴边计划”试点工作，承办中国科协科普富民兴边工作推进会，新疆和田县、伊吾县成为全国“科普富民兴边计划”试点单位，新疆博乐市、额敏县为新疆试点单位。以开展第23届“科技之冬”活动为重点，举办各类实用技术培训班2.3万余期，培训各族农牧民436万余人次，提高农牧民增收致富和健康生活能力。

搭建大联合、大协作的社会化科普工作平台，落实《全民科学素质行动计划纲要》。自治区党委、政府调整充实自治区全民科学素质领导小组，制定印发《新疆维吾尔自治区“十二五”贯彻实施〈全民科学素质行动计划纲要〉工作方案》，新疆本级科普人头费实现较大幅度增长，由人均0.25元提高到0.5元。12月19日，召开新疆“十二五”全民科学素质工作动员大会，新疆维吾尔自治区党委副书记、主席努尔·白克力出席会议并讲话。新疆维吾尔自治区人大常委会副主任、科协主席张国梁主持会议。新疆维吾尔自治区、地州市、县市区有关部门负责人共600余人参加会议。大会总结回顾全区“十一五”全民科学素质工作，安排部署自治区“十二五”全民科学素质重点工作，并表彰奖励全国和自治区“十一五”全民科学素质工作先进集体和个人。

开展主题科普活动。发挥科技馆宣传窗口作用。开展多项主题科普活动，自主开发举办“两个可持续”、“让青少年远离毒品”等5项主题科普展，共同举办大型海洋生物科普展、新疆反邪教斗争成果展览等15个主题展览，引进“公共安全与避险逃生”、“体验科学——中国流动科技馆”全国巡展项目，赴地州市开展“中小科技馆支援计划”巡展项目。举办首届自治区青少年科技节，开展首届青少年科技创新奖评选，组队参加全国第26届青少年科技创新大赛等各类青少年科技比赛。深入开展全国科普日活动，以“资源开发可持续，生态环境可持续”为主题，强调科技服务民生，重点面向基层开展科普活动，在全疆各地街道社区、学校、乡镇牧区开展科普活动200余项。在自治区党员干部现代远程教育管理中心支持下，实现《科普大篷车》电视栏目全疆覆盖，与乌鲁木齐市、昌吉州、吐鲁番地区等地州市党委组织部门联合开展了《科普大篷车》电视栏目进乡村、社区活动，在935个社区和934个乡村免费播放维、汉、哈三种语言的《科普大篷车》电视栏目。为贯彻落实自治区党委关于“民生建设年”的工作部署，满足各族群众日益增长的科学文化需求，提高公众的科学文化素质，搭建科普工作新平台，作为自治区“百会万人下基层”系列科技服务活动的一项内容，启动举办“新疆科学大讲堂”。结合“天山南北院士行”主题科技活动，组织来疆院士、中国科学院科技报告团和自治区各行业的专家在全疆各地州市举办了117场科普报告、讲座，受益群众1万多人次。在全疆范围内举办各类科普报告2441场，内容涉及营养健康、地震、核能、低碳经济、地球、生态环境、能源、质量管理、中医养生等。各级科协组织院士、专家作各类科普报告2400余场，听众达40余万人次，开展技术咨询服务1800余次。新疆维吾尔自治区党委常委尔肯江·吐拉洪专门就“新疆科学大讲堂”做出批示。

在全区范围内组建“双语”科普专家团。首批专家团成员由84名科技人员组成，专业涉及医学、农业、畜牧、生态、教育、天文、经济等各类学科。在全疆开展少数民族科普杂志赠乡村（社区）活动，在和田地区、吐鲁番地区赠阅2012年全年维文版《知识—力量》（月刊）和《科学与生活》（双月刊）800份，在阿勒泰地区赠阅哈文版《科学与技术》（季刊）和《学习与科普》（双月刊）200份。

搭建决策咨询平台，拓展为经济社会服务能力。联合中国科学院院士工作局、中国工程院学部工作局深入开展2011年“天山南北院士行”主题科技活动。以“资源开发可持续、生态环境可持续”为主题，先后组织院士专家100余人，围绕水资源、矿产资源、北疆出境大通道建设等重大科技问题赴南北疆开展调研论证工作，提交建议30多条，确立自治区水资源809研究专题1项。“天山南北院士行”主题科技活动的持续开展，引起社会广泛关注和强烈反响，《人民日报》头版和《人民日报·内参》先后报道了活动开展情况，反映院士专家的建议。

2011年，新疆科协被中国科协确定为国家级科技思想库建设试点单位。成立决策咨询工作领导小组，初步建立决策咨询工作机制和选题库、专家库、成果库，在新疆设立首批10个科技工作者状况调查站点。开展课题研究，完成《新疆科技工作者思想状况调查》、《促进新疆跨越式发展若干科技问题研究》等课题及7个相关专报。基本形成以新疆科协为主导、地州市科协、自治区学会参与联动的决策咨询工作体系，通过2011年度国家级科技思想库建设试点单位考核。

推进学术交流与建言献策工作，提高决策咨询和技术服务水平。贯彻落实自治区党委"民生建设年"的工作部署，新疆科协创新开展"百会万人下基层"系列科技服务活动。先后动员和组织106个自治区学会、109个地州市学会、256个农村专业技术协会和各级科协组织，1万余名科技工作者，广泛深入农村牧区、城市社区、企业、学校和生产一线，开展形式多样、特色鲜明的系列科技宣传教育、咨询服务活动。举办新疆第八届青年学术年会。以"科学跨越——我们的共同责任"为主题，通过设立专题科技报告会，集中展示2010～2011年系列专题学术论坛成果。首创院士专家与青年科技工作者现场互动交流的学术研讨新模式，邀请多位院士专家围绕区域发展和产业发展作专题报告。举办气候变化与可持续发展高端学术研讨会，院士专家建议被自治区党委、政府采纳。举办中美科学家生态论坛、第二届喀纳斯科学与艺术论坛和第24届国际包虫病大会，吸引了国际知名专家参会，促进新疆科技界与国际科技组织的交流。承办中国科协2011年地方科协学会学术工作座谈会，联合中国地理学会、中国自然资源学会、中国遗传学会、中国环境科学学会分别召开2011年学术年会。举办"十二五"新型产业贮备及战略规划新疆专场报告会、科学与中国——国际化学年大学校长巡讲等各类学术报告活动。评选表彰杜琳辉等20名第五届新疆青年科技奖获得者，有243篇论文获自治区第十一届自然科学优秀学术论文奖，有26个先进集体和个人获得第二届自治区科学技术普及奖，开展首届青少年科技创新奖评选，共有100名在科技创新活动中做出优异成绩的青少年获奖，以上4个奖项，均由自治区人民政府颁发证书和奖金（奖品），共颁发奖金163万元。举荐9名优秀科技工作者参加2011年中国青年女科学家奖和第十二届中国青年科技奖评选，新疆大学清洁能源材料与技术教育部省部共建重点实验室副主任，科技部创新团队带头人刘浪荣获第八届"中国青年女科学家奖"，成为新疆首位获得此项殊荣的女科学家。在新疆范围内，评选表彰了100名优秀科技工作者。

加强自身建设。3月，举办新疆科技界书画摄影展，共展出包括理、工、农、医、综合交叉学科在内的自治区115个学会和各地州市科协的书法类作品117幅，绘画类作品55幅，摄影作品118幅。深入贯彻落实《关于加强党建带科协建设的意见》，确定新疆和田县、若羌县为试点县。全年指导11个自治区学会完成换届，温泉县、塔城市、和丰县等一批县市科协在新一轮政府机构改革工作中列入党群序列、独立建制。新建新疆众和院士专家工作站和乌鲁木齐高新技术产业开发区（新市区）、经济技术开发区（头屯河区）院士专家服务中心。新成立新鑫矿业阜康冶炼厂科协等6家企业科协，全疆企业科协达73家。农村专业技术协会健康发展，全疆现有各类农技协组织1883个、会员63.4万人。

启动科学道德和学风建设宣讲活动，组建新疆科学道德和学风建设宣讲团，培养科技人员优良的科学道德与学术素养。联合自治区政协文史资料和学习委员会开展了新疆科学家访谈工作，面向长期在新疆从事科研工作、在本学科领域较有影响的各族科学家征稿。通过访谈，记录老科学家亲身经历的重大科技历史事件和工作点滴。按照自治区的统一部署，做好新疆民丰县安迪尔牧场拉依亚提坎村对口扶贫工作，通过科普专项资金、慰问困难群众、资助困难学生、解决新农合资金、赠送科普书籍等多种形式开展帮扶，全年共安排各类帮扶资金33万余元。推进科普资源共建共享，新疆科普资源共建共享合作协议单位由38家增加到50家。

【"天山南北院士行"主题科技活动】 8月9日，新疆维吾尔自治区党委书记张春贤出席2011年"天山南北院士行"主题科技活动座谈会，与中国科学院副院长李静海等40余位院士专家共商"两个可持续"发展大计。自治区党政领导就"天山南北院士行"专报、《自治区科协中国科学院院士工作局关于贯彻落实张春贤书记重要讲话精神的报告》作批示。自治区副书记、主席努尔·白克力在自治区十一届人大五次会议《政府工作报告》中指出，"天山南北院士行"活动深入开展，提高了决策科学性。自治区党委常委尔肯江·吐拉洪还出重要批示，"天山南北院士行"主题科技活动开展以来，新疆科协充分发挥院士、专家的作用，紧紧围绕自治区经济建设提出了很多分量重、有价值的意见建议，为自治区重大决策提供了很好的咨询服务，成绩应充分肯定。

【"百会万人下基层"系列科技服务活动】 2011年，为贯彻落实自治区党委"民生建设年"的要求，新疆科协做出以“科技民生”为目标的一系列工作部署，围绕自治区各项民生建设工程，整合力量，开展“百会万人下基层”系列科技服务活动。组织动员100个以上自治区学会（协会、研究会）、100个以上地州市学会（协会、研究会）、100个以上农村专业技术协会、1万名以上各族科技工作者，深入农村牧区、城市社区、企业、学校，通过开展系列科技宣传教育、科技咨询服务等科技民生工作，依靠科技解决社会需要、群众关注的问题。全年共有106个自治区学会、109个地州市学会、256个农村专业技术协会和各级科协组织累计开展活动1000余项，科技培训34.9万人次。全年开展“百会万人下基层”系列科技服务的重点工作有：设立新疆科普大讲堂，开展各类科技培训活动，组织开展专题科普活动，发挥学会主办科技期刊的阵地作用，组织高端人才深入基层开展调研，组织实施科普奖补项目。

【新疆维吾尔自治区“十二五”贯彻实施《全民科学素质行动计划纲要》工作方案】为推动新疆“十二五”全民科学素质工作持续深入发展，新疆维吾尔自治区人民政府办公厅制定印发《新疆维吾尔自治区“十二五”贯彻实施〈全民科学素质行动计划纲要〉工作方案》。12月19日，召开新疆维吾尔自治区“十二五”全民科学素质工作动员大会，对“十二五”全民科学素质工作进行了动员和安排部署。“十二五”期间全民科学素质建设的重点任务是：继续实施未成年人科学素质行动，继续实施农民科学素质行动，继续实施城镇劳动者科学素质行动，继续实施领导干部和公务员科学素质行动，启动并实施社区居民科学素质行动，继续实施科学教育与培训基础工程，继续实施科普资源开发与共享工程，继续实施大众传媒科技传播能力建设工程，继续实施科普基础设施工程，启动并实施科普人才建设工程，完善公民科学素质建设长效机制。“十二五”全民科学素质建设的工作目标是，到2015年，新疆维吾尔自治区科学技术教育、传播与普及在“十一五”基础上有显著发展，公民科学素质建设的组织实施、基础设施、条件保障、监测评估工作体系基本建成，全区公民具备基本科学素质的比例在2010年1.2%的基础上有较大幅度提升，达到西部省区的平均水平。

【新疆第八届青年学术年会】8月9日，以“科学跨越——我们的共同责任”为主题的新疆第八届青年学术年会在乌鲁木齐市召开。来自全疆科研、教学、生产一线的近400名各族青年科技工作者代表参加大会。中国科学院院士李静海、朱道本、贾承造、曾庆存、谢华安等应邀参加大会。自治区人大常委会副主任、自治区科协主席张国梁主持会议。中国科协副主席、中国科学院副院长、中国科学院院士李静海应邀出席会议并致辞。自治区党委常委尔肯江·吐拉洪发表讲话。自治区党委副秘书长景海燕，自治区人民政府副秘书长刘华，自治区科协党组书记李冀东，自治区科协副主席、中国科学院新疆分院院长、自治区科技厅厅长张小雷等出席大会。在年会开幕式上，杜琳辉等20位第五届新疆青年科技奖的获得者受到表彰，并为自治区第十一届自然科学优秀学术论文奖获得者颁奖。王娜、邓铭江等100名科技工作者被授予“自治区优秀科技工作者”荣誉称号。李静海在致辞中表示，青年科技工作者是最有朝气、最有活力、最有创造性的群体，是推进科技进步和学术创新的中坚力量。他希望青年科技工作者要勇于承担发展新疆、建设新疆的神圣使命，一如既往地勤奋学习、脚踏实地，勇于开拓、大胆实践，为推进新疆经济社会健康快速发展贡献自己的智慧和力量。尔肯江·吐拉洪常委在讲话中表示，当前，新疆正处在大建设、大开放、大发展的重大历史机遇期，新疆比以往任何时候都更加迫切地需要坚实的科学基础和有力的技术支撑，更加迫切地需要各族科技工作者不懈地进行创造性实践。各族科技工作者特别是青年科技工作者要以高度的历史责任感和强烈的现实紧迫感，努力推进我区科技事业的繁荣发展，以自强不息、锲而不舍的昂扬斗志，以求实协作、脚踏实地的科学态度，勇于创新、勇于攀登，为新疆科学跨越、后发赶超贡献青春和力量。

【首届自治区青少年科技节】4月23日，首届自治区青少年科技节在新疆科技馆开幕，自治区党委常委尔肯江·吐拉洪任自治区青少年科技节领导小组组长。自治区科协主席、科技节领导小组副组长张国梁，自治区教育厅、团委、科技厅、体育局、财政厅等相关单位负责人出席开幕式并参观青少年科技创新大赛作品和成果展览。科技节期间，新疆各地、各相关单位举办各类青少年科技竞赛、主题科技展览等27项系列活动，有3000多名小选手直接参加各类竞赛，20余万人次青少年参与科技节各项活动。

【新疆组建“双语”科普专家团】为充分发挥各族科技工作者在科技传播教育工作中的引领作用，努力提高各族群众科学素质，新疆科协组建自治区“双语”科普专家团。首批专家团成员由84名科技人员组成，专业涉及医学、农学、畜牧、生态、教育、天文、经济等各类学科。每届专家团成员聘期为3年。新疆科协采取评选表彰、项目资助、资金奖补等多种形式，支持科普专家团工作，让更多优秀科技工作者走向田间地头、街道社区、厂矿企业，宣传科技动态、适用技术和科普知识，为提高各族群众科学素质服务。为扩大科学技术普及覆盖面，新疆和田、吐鲁番、塔城、克州等地州市结合当地实际，参照自治区“双语”科普专家团工作模式，组建了本地区“双语”科普专家团。地区“双语”科普专家团成员由地、县（市）的农业、科研、农技、畜牧、医学等行业专家以及农村科普带头人等组成。主要任务是深入农村、学校、社区、机关、企业和军营，以形式多样的科普讲座和科技培训，大力开展科技普及、培训、咨询、服务和传播活动。吐鲁番地区“双语”科普专家团首批聘请新疆农科院，地县市的农业、科研、农技、畜牧、医学等行业专家以及农村科普带头人等专业技术骨干35人，根据社会各界对科普工作的需求，制定菜单式培训计划，确定内容丰富的讲课内容，切实提高科普培训的层次和质量。地区“双语”科普专家团加强与相关单位和所聘人员的联系，使每个成员都能把专家团的科普工作与自己所承担的业务工作融为一体。同时，专家团将对其成员进行科技知识、授课技能、多媒体制作技能的提高培训和内部业务交流，还将定期对专家团的工作进行总结评比，对工作优秀、业绩突出的成员给予表彰奖励。

新疆生产建设兵团科学技术协会

2011年兵团科协及所属学会围绕兵团“三化”建设，拓宽科技工作者服务兵团经济社会发展的途径，开展不同层次、形式多样的学术交流活动，为科技工作者学术交流和建言献策搭建平台。举办兵团第二届红枣产业发展科技论坛，新疆特色（特有）农产品加工发展高层论坛，统计科学研讨会和第八届兵团药学学术交流会。组织开展第二届兵团优秀学会工作奖评选工作，3个学会被评为第二届兵团优秀学会。

继续深化“讲理想、比贡献”活动，促进创新要素向企业、团场集聚。兵团科协充分发挥“讲、比”活动领导小组办公室组织协调和服务职能，下发了兵团企业、团场“讲、比”活动工作要点。在企业、团场开展了以群众性技术创新活动为主要内容的“讲、比”活动。鼓励科技工作者积极参与技术创新全过程，立足研究开发和生产实践。兵团部分单位出台相关文件，落实活动经费。企业“讲、比”活动立项数明显增多，科技工作者合理化建议被采纳数量增加。

加大科普惠农支持力度。组织申报全国“科普惠农兴村计划”项目，兵团有5个集体和8名个人荣获全国科普惠农兴村先进，共获奖补资金140万元；实施兵团“科普惠农兴村计划”项目，有4个集体和2名个人受到表彰，奖补资金14万元。

积极推动全民科学素质工作实施。履行全民科学素质纲要领导小组办公室组织、协调、服务职能，组织召开了由兵团领导参加的第五次兵团全民科学素质工作领导小组会议，审议出台了《2011年兵团贯彻落实全民科学素质工作要点》；发布了《兵团全民科学素质行动计划实施方案（2011—2015年）》；参加国务院召开的全民科学素质行动实施工作电视电话会议；组队参加第四届全国公众科学素质电视大赛，兵团科协获得优秀组织奖；推荐参加全国“十一五”公民科学素质工作先进集体和个人评选，兵团有2个集体、3名个人获得国家表彰。

制定兵团开展2011～2015年度全国科普示范县（市、区）检查验收工作实施方案和检查验收标准。受中国科协委托，成立了以王红德副主席为组长的检查验收组，按照中国科协《关于开展2011—2015年度全国科普示范县（市、区）检查验收的通知》要求，对石河子进行了实地检查验收。2011年，石河子市被命名为“全国科普示范市”。兵团科协制定“兵团科普示范创建办法”，组织召开兵团社区科普工作座谈会。

加强科普画廊建设。经兵团科协申请，兵团党委决定出资264万元为兵团88个农牧团场建设科普画廊。兵团科协就科普画廊建设经费、建设标准、建设进度、建设管理等事宜做了明确要求。目前，88个团场画廊建设已基本建成，兵、师两级的检查验收工作已经开始。中国科协也为兵团5个师25个团场社区科普画廊建设提供支持。

2011年，经申请，中国科协为建筑工程师科协、塔里木大学科协、农八师134团配备了科普大篷车各1辆。兵团科协继续支持“一院两校”和八师、九师开展科普读物和科普光盘的编纂制作等科普资源开发共享工作，为各师、团场配发了一批科普挂图，内容涵盖了农业生产、文明生活、低碳生活、环保教育等多方面内容。申报全国科普示范市科普“站栏员”科普宣传栏项目，石河子市获项目资金3万元。

以重点科普活动为载体，开展了“全国科技周”、“全国科普日”、“防震减灾日”等大型科普宣传活动。结合兵团经济社会发展状况，围绕“节约能源资源，保护生态环境，保障安全健康，促进创新创造”等主题，面向基层开展科普活动。兵团各级科协及所属学会开展重点科普活动60余项，参与人数达30余万人次。开展“科技之冬”活动，增强了科普活动的吸引力和实效，有效推动兵团公众科学素质的提高。

“科普富民兴边”工作顺利开展。申报全国“科普富民兴边”项目，农九师科协成为全国“科普富民兴边”试点单位，获补助资金22万元，兵团科协配套资金5万元。农四师科协作为兵团“科普富民兴边”项目试点单位，获补助资金10万元。促成了东西部对接工作，北京市科普中心、苏州市科协分别与农四师、农九师科协成功对接，北京市科普中心为四师、九师赠送2340套2万余册，价值约15万多元科普图书。

举办“第九届兵团青少年科技创新大赛”。大赛共收到来自兵团14个师及3个兵直学校代表队报送的竞赛作品613项，展示作品449项。参加观摩学习的学生、老师和社会各界人士达万余人次。大赛共评出一等奖120项、二等奖267项、三等奖338项，优秀组织单位12个。组织召开青少年科技创新交流会，200余名科教组织工作者及科技辅导员参加。组织“中国科学院老科学家科普演讲团”6名专家来疆开展“大手拉小手、科普报告新疆行”科普宣传活动。6位专家为兵团农八师团场及石河子市的12所学校进行了科普知识讲座。

做好表彰奖励及宣传工作。组织开展了第三届兵团青年科技奖评选工作；组织开展并申报中国科协系统先进集体和先进工作者推荐工作，2个集体、3名个人获表彰；开展了第八届中国青年女科学家奖候选人推荐工作，推荐石河子大学张凤华、冯建荣两同志作为第八届中国青年女科学家奖候选人。组织开展了兵团科协系统先进集体和先进个人表彰活动，共评出9个先进集体，11名先进个人。在兵团日报、兵团科技信息网等媒体上大力宣传荣获第三届兵团青年科技奖的9名优秀科技工作者。大力宣传在科技创新和科学普及方面做出突出贡献的优秀科技工作者和创新团队。大力宣传获得科协表彰奖励的优秀科技工作者。

组织兵团各师科协及所属学会开展了纪念建党90周年宣传活动和创先争优活动。结合兵团科技工作者状况调查，反映和解决科技工作者普遍关心的实际问题，提高了科协做好新形势下群众工作的能力和水平。

自身建设不断加强，服务能力进一步提升。召开兵团科协二届七次全委会议。推荐中国科学技术协会第八次全国代表大会代表及委员候选人。推动兵团党委制定并出台了《中共新疆生产建设兵团委员会关于新时期加强和改进科协工作的意见》。

【第三届兵团青年科技奖】2011年7月1日，第三届兵团青年科技奖评审委员会对26名有效候选人进行了初评，共有9位候选人入选第三届兵团青年科技奖。经兵团青年科技奖领导工作委员会审定，张建萍、谢宗铭、吴向未、陈林、秦江鸿、余雪冬、王金辉、李丽、伍维模9名同志荣获第三届兵团青年科技奖。9名优秀科技工作者在兵团科协第三次代表大会上获表彰奖励。

【第二届兵团优秀学会工作奖】7月20日，第二届兵团优秀学会工作奖专家评选委员会对申报的兵团学会（协会）进行评选，评选出兵团医学会、作物学会和护理学会3个优秀学会。经兵团优秀学会工作奖评奖工作领导小组审议，批准以上3个学会获得第二届兵团优秀学会工作奖。3个优秀学会在兵团科协第三次代表大会上获表彰奖励。

【青少年科技创新大赛】4月18～20日，“第九届兵团青少年科技创新大赛”在农二师举办，观摩的学生、老师和社会各界人士达万余人次，共评出一等奖120项、二等奖267项、三等奖338项，优秀组织单位12个。大赛期间，组织召开了青少年科技创新论坛，200余名科教组织工作者及科技辅导员参加。

大 事 记

大　事　记

1 月

1 月 7 日

中共中央政治局委员、国务委员刘延东主持召开会议，听取《全民科学素质行动计划纲要（2001—2010—2020 年）》（以下简称《科学素质纲要》）实施情况汇报，对中国科协等部门 2010 年实施《科学素质纲要》各项工作给予充分肯定，并对下一步工作作出重要指示。中国科协常务副主席、书记处第一书记邓楠对 2010 年《科学素质纲要》实施工作情况和 2011 年工作安排作了汇报。

1 月 13 日

中国科协书记处书记程东红在北京中国科技会堂会见香港互联网专业协会 55 人访京团。

1 月 14 日

中国科协召开七届十四次常委会议，审议通过《中国科学技术协会第八次全国代表大会代表名额分配及选举办法方案》和《中国科学技术协会第八届全国委员会委员候选人名额分配及推选办法方案》。

1 月 18 日

2011 年中国科协工作会议在北京召开。全国人大常委会副委员长、中国科协主席韩启德出席并讲话，中国科协常务副主席、书记处第一书记邓楠作工作报告，中国科协副主席、书记处书记齐让主持会议，中国科协书记处书记冯长根、程东红、张勤和党组成员徐延豪出席会议。来自全国学会、地方科协以及中国科协机关、直属单位的 300 余名代表参加工作会议。

1 月 21 日

中国科协印发《关于选举中国科学技术协会第八次全国代表大会代表及推选第八届全国委员会委员候选人的通知》。中国科协八大代表名额为 1300 名，八届全委会委员候选人名额为 380 名。

1 月 25 日

中国科协机关 2010 年总结表彰暨 2011 年春节联欢会召开。中国科协常务副主席、书记处第一书记邓楠出席会议并讲话，中国科协副主席、书记处书记齐让，书记处书记冯长根、程东红，党组成员徐延豪出席会议。会议由齐让主持。会议表彰了 2010 年度机关和事业单位优秀人员。

2 月

2 月 11 日

中国科协党组召开会议听取中国科协机关和直属单位开展创先争优活动的情况汇报，中国科协常务副主席、书记处第一书记、党组书记邓楠主持会议并讲话。

2 月 14 ~ 16 日

中国科协党组理论学习中心组学习扩大会议在北京召开。中国科协常务副主席、书记处第一书记、党组书记邓楠主持会议。机关各部门、各直属单位主要负责同志等参加会议。

2 月 21 日

中国科协召开 14 个全国学会座谈会，就中国科协章程修改听取意见建议，中国科协副主席、书记处书记齐让主持会议。

2 月 22 日

中国科协调研宣传工作座谈会在北京召开，中国科协副主席、书记处书记齐让出席座谈会，书记处书记张勤传达全国宣传部长会议精神，来自部分全国学会和各省区市科协的有关负责同志 200 余人参加。

中国科技馆发展基金会第四届理事会召开会议，中国科协副主席、书记处书记齐让，党组成员徐延豪出席会议，会议选举产生了新一届理事会，审议通过了《审计报告》等事项。中国科协副主席谢克昌当选理事长。

2月25日　全国省、自治区、直辖市、副省级城市科协组织人事工作座谈会在北京召开，中国科协副主席、书记处书记齐让出席会议开幕式并讲话。来自各省、自治区、直辖市、副省级城市科协的有关负责同志等100余人参加会议。

2月26日　中国共产党的优秀党员，忠诚的共产主义战士，杰出的科学家，我国核科学事业的主要开拓者之一，中国科学院、中国工程院资深院士，中国科学技术协会名誉主席、第四届全国委员会主席，中国工程院原院长、党组书记，中国人民政治协商会议第八届、九届全国委员会副主席朱光亚同志，因病于2011年2月26日10时30分在北京逝世，享年87岁。

3月

3月2日　著名医学科学家、医学教育家、泌尿外科专家和社会活动家，九三学社的杰出领导人，第八届、九届全国人民代表大会常务委员会副委员长，九三学社第九届、十届中央委员会主席，十一届名誉主席，中国科协名誉主席，中国医学科学院名誉院长，中国科学院、中国工程院资深院士，中国共产党的优秀党员吴阶平同志，因病于2011年3月2日21时18分在北京逝世，享年94岁。

3月7日　中共中央政治局委员、国务委员刘延东看望出席全国政协十一届四次会议的科协、科技界委员并参加联组会议，全国政协副主席、科技部部长万钢，全国政协副主席王志珍以及中国科协常务副主席、书记处第一书记邓楠等陪同参加。徐延豪、曹淑敏等委员就提高全民科学素质、推动创新型国家建设等方面作了发言。

3月9～11日　2011年实施知识产权战略巡讲活动在广西壮族自治区启动。中国科协书记处书记张勤出席。

3月18日　中国科协七届十五次常委会议在北京召开，全国人大常委会副委员长、中国科协主席韩启德出席并主持会议。

3月19日　“科学家与媒体面对面”活动启动仪式在北京举行。全国人大常委会副委员长、中国科协主席韩启德，中国卫星导航学术年会科学委员会主席、北斗卫星导航系统工程总设计师孙家栋院士出席启动仪式并致辞。

3月21日　2011年海峡两岸科学传播论坛在北京举行。论坛由中国科协和李国鼎科技发展基金会共同主办，中国科协书记处书记程东红、李国鼎科技发展基金会资深顾问周景扬教授出席开幕式并致辞，党组成员徐延豪主持开幕式。来自海峡两岸的200余位科学界、教育界的学者和科普工作者参加开幕式。

3月24日　地方全民科学素质行动计划纲要实施工作座谈会在北京召开。中国科协常务副主席、书记处第一书记邓楠出席会议并讲话，中国科协书记处书记程东红出席会议并作报告。来自全国各省、自治区、直辖市、新疆生产建设兵团以及副省级城市的全民科学素质纲要实施工作办公室负责同志、国家全民科学素质纲要实施工作办公室成员单位有关负责人等参加会议。

3月25日　2011年地方科协科普工作座谈会在北京召开。中国科协书记处书记程东红，党组成员徐延豪出席会议并讲话。来自全国各省、自治区、直辖市、新疆生产建设兵团以及副省级城市科协的有关负责同志和科普部负责人等参加会议。

3月28日　中国科协机关和事业单位新任局处级干部培训班在中央党校中直分校举办。中央党校、国家行政学院、国家公务员局领导分别到培训班讲课，85名新任局处级干部参加了培训。

3月29日　2011年中国科协热点问题学术报告会在北京召开。中国科协书记处书记冯长根出席。

4月

4月6~9日　全国人大常委会副委员长、中国科协主席韩启德率团赴澳门和香港就科研经费的分配与使用情况进行调研，并应邀出席澳门大学建校30周年庆典活动和香港科技大学建校20周年校庆大会。

4月7日　2011年中国科协学术建设发布会在北京举行。向科技界和全社会公开发布了2010~2011年度我国化学等22个学科近两年的发展状况、未来趋势，2006年以来中国科协全国学会发展状况和2006~2010年中国科协及所属全国学会1003种科技期刊的发展状况。

由全国妇联、中国科协、联合国教科文组织中国办公室、欧莱雅（中国）共同主办的“女科学家校园行”活动在北京举行。中国科协书记处书记程东红出席。

4月8日　地方科协办公室主任工作座谈会在湖北省武汉市召开。中国科协书记处书记程东红出席会议并讲话，湖北省委常委张昌尔出席会议并致辞。来自全国各省、自治区、直辖市、新疆生产建设兵团以及副省级城市科协的负责同志、办公室主任和信息工作负责人等100余人参加会议。

4月9日　以“化学——我们的生活，我们的未来”为主题的“国际化学年在中国”系列活动启动大会在北京举行。中共中央政治局委员、国务委员刘延东出席大会并讲话，全国人大常委会原副委员长顾秀莲出席大会，中国科协常务副主席、书记处第一书记邓楠和中国科协副主席、中国科学院院长白春礼出席大会并致辞，中国科协书记处书记冯长根出席大会。来自全国化学化工领域的科研院所、高等院校以及企业的代表700余人参加大会。

4月14日　中国科协学会党建指导员座谈会在北京召开，中国科协副主席、党组副书记、书记处书记齐让出席座谈会并讲话。

4月25~26日　第二届全国科技馆辅导员大赛决赛在中国科技馆举行。中国科协副主席、书记处书记齐让，中国科协党组成员徐延豪和中国自然科学博物馆协会理事长徐善衍出席大赛并为获奖者颁奖。

4月25~27日　第五届9+X城市科协“海智计划”与对外交流合作会议暨华东地区省会城市科协第三十次年会在浙江省杭州市召开。中国科协书记处书记程东红出席。

4月26日　詹天佑科学技术发展基金会、中国土木工程学会、欧美同学会在北京人民大会堂联合举办座谈会，纪念我国近代科学技术界的先驱、伟大的爱国主义者詹天佑先生诞辰150周年。全国人大常委会副委员长韩启德，中国科协常务副主席、书记处第一书记邓楠，铁道部部长盛光祖，住房和城乡建设部副部长郭允冲，中国土木工程学会理事长、原建设部副部长谭庆琏等出席并讲话。

4月28日　中国科协召开机关、直属单位干部大会。中组部常务副部长沈跃跃，中国科协常务副主席、书记处第一书记邓楠，中国科协新任党组书记陈希出席会议并讲话。中国科协副主席、书记处书记、党组副书记齐让，书记处书记、党组成员冯长根、程东红、张勤，党组成员徐延豪，中组部干部四局负责同志，以及中国科协机关全体同志、各直属单位领导班子成员出席会议。

第一届中日韩科学文化圆桌会议在北京召开。中国科协书记处书记程东红出席并致辞，日本科学技术振兴机构科学网络部科技传播专家渡边政隆先生和韩国科学创意财团理事长郑润先生等出席。

中国宇航学会第六次全国会员代表大会在北京召开，马兴瑞当选第六届理事会理事长。

5月

5月3日　中国科协调宣部与教育部科技委举行战略合作框架协议签约仪式，中国科协副主席、书记处书记齐让，教育部副部长杜占元，中国科协书记处书记张勤出席并讲话。

5月7~8日　中国科协2011年“海智计划”专家工作会议在江西省婺源召开。中国科协书记处书记冯长根出席。

5月9日　中国科协八大筹备工作协调会召开。中国科协常务副主席、书记处第一书记邓楠主持。

5月11日　中国科协书记处书记程东红会见日本技术士会国际委员长齐藤顺义，并代表中国科协与日本技术士会签署合作协议。

5月12日　纪念人类太空飞行50周年图片展开幕式在中国科技馆举行。全国人大常委会副委员长、中国科协主席韩启德出席并致辞，中国人民对外友好协会会长陈昊苏，中国科协书记处书记程东红，党组成员徐延豪和中国科协荣誉委员刘恕，中国航天员景海鹏，俄罗斯驻华大使拉佐夫以及俄罗斯现役宇航员尤里·隆恰科夫、马克西姆·苏拉耶夫等出席开幕式并为图片展剪彩。

振兴老区服务“三农”科技列车沂蒙行发车仪式在北京举行。中国科协书记处书记程东红出席。

5月19日　中国科协党组书记陈希在中国科技馆考察调研，中国科协副主席、书记处书记齐让，中国科协党组成员、中国科技馆馆长徐延豪陪同考察。

5月25日　第五组“中国现代科学家”纪念邮票首发式在北京中国科技会堂举行。入选的4位科学家分别是：生物物理学家贝时璋，应用力学、航天与系统工程学家钱学森，石油化工学家侯祥麟和核物理学家钱三强。中国科协党组书记陈希，中国科协书记处书记张勤等出席首发式。

5月26日　中国科协七届六次全委会议在北京召开。全国人大常委会副委员长、中国科协主席韩启德出席并讲话。中国科协常务副主席、书记处第一书记邓楠主持会议。中国科协副主席韦钰、刘玠、齐让、张启发、陈赛娟、袁家军、栾恩杰、唐启升、黄伯云、符淙斌、谢克昌，中国科协党组书记陈希列席会议，中国科协第七届全国委员会190名委员出席会议。

5月27日　中国科协第八次全国代表大会在北京人民大会堂隆重举行。胡锦涛、温家宝、贾庆林、李长春、习近平、李克强、贺国强、周永康等党和国家领导人到会祝贺。中共中央政治局常委、中央书记处书记、国家副主席习近平代表党中央作了题为《科技工作者要为加快建设创新型国家多作贡献》的祝词。王兆国、刘云山、刘延东、李源潮、何勇、令计划、王沪宁、乌云其木格、周铁农、马凯、陈奎元、张榕明、罗富和和周光召，中央军委委员李继耐等领导同志出席开幕式。

出席开幕式的还有中国科协第八次全国代表大会代表1300余人，中央和国家机关有关部门、解放军、各人民团体，各省、自治区、直辖市有关负责同志，在京中国科协历届领导同志，以及首都各界人士和科技工作者代表约3000人参加了开幕式。

开幕式由全国人大常委会副委员长、中国科协主席、大会主席团主席韩启德主持。中国科学院院长白春礼和全国总工会副主席、书记处第一书记王玉普，分别代表科技界和各人民团体向大会致贺词。受中国科协第七届全国委员会的委托，韩启德向大会作工作报告，报告回顾了过去五年的科协工作，总结了做好科协工作的经验体会，并对今后五年科协工作提出了建议。

5月28日　中国科协第八次全国代表大会在北京人民大会堂举行全体会议，中共中央政治局常委、国务院总理温家宝应邀作科技发展形势报告。全国人大常委会副委员长、中国科协第八次全国代表大会主席团主席韩启德主持报告会。

5月29日　中国科协第八次全国代表大会全体代表会议在北京人民大会堂召开，韩启德、邓楠、陈希出席会议。会议选举产生中国科协第八届全国委员会委员，通过了《中国科学技术协会第八次全国代表大会关于〈中国科学技术协会章程〉的决议》。干勇等380名代表当选中国科协第八届全国委员会委员。

中国科协第八届全国委员会第一次会议在北京召开，会议由中国科协八大主席团秘书长陈希主持，中国科协第八届全国委员会295名委员出席会议。中组部副部长王尔乘作了关于中国科协第八次全国代表大会常务委员会组成的说明。经过无记名投票，韩启德再次当选中国科协主席。会议还选举产生了邓中翰、卢锡城、冯长根、刘玠、李静海、沈岩、张桃林、陈希、陈赛娟、赵沁平、秦大河、袁家军、唐启升、黄伯云、程东红、谢克昌16名中国科协第八届全国委员会副主席，选举产生了干勇等53名中国科协第八届全国委员会常务委员会委员。会议还通过了《中国科协八届全委会关于授予中国科协荣誉委员职务的决定》。

中国科协第八届全国委员会常务委员会第一次会议在北京召开。会议由全国人大常委会副委员长、中国科协主席韩启德主持。会议提名并通过了中国科协第八届书记处第一书记和书记人选，审议通过了中国科协第八届常委会关于聘请中国科协顾问的决定（审议稿），审议通过了中国科协八届常委会各专门委员会职责及领导人员建议名单。中国科协八届书记处第一书记陈希，书记处书记程东红、张勤、徐延豪、王春法。

5月30日　中国科协第八次全国代表大会在北京人民大会堂胜利闭幕。中共中央政治局委员、全国人大常委会副委员长王兆国，中共中央政治局委员、国务委员刘延东出席闭幕式。王兆国发表重要讲话。全国人大常委会副委员长、中国科协第八届全国委员会主席韩启德致闭幕词。全国人大常委会副委员长司马义・铁力瓦尔地，全国政协副主席郑万通等出席闭幕式。闭幕式由中国科协第八届全国委员会副主席、书记处第一书记陈希主持。

大会宣读了中国科协第八届全国委员会主席、副主席、常务委员会委员和中国科协第八届书记处第一书记、书记名单，通过了中国科协八大关于中国科协七届全委会工作报告的决议、中国科协八大《关于〈中国科协事业发展“十二五”规划（2011—2015）（草案）〉的决议》。中国科协第八届全国委员会副主席、书记处书记程东红宣读《关于命名2011—2015年度全国科普示范县（市、区）的决定》，中国科协书记处书记徐延豪作《关于中国科协八大代表建议案有关情况的报告》。会议还宣布授予马国馨等20位同志为中国科协荣誉委员，聘请国家发展和改革委员会副主任张晓强等11位同志为中国科学技术协会顾问。

闭幕式上还举行了颁奖仪式，授予北京林学会等200个集体“全国科协系统先进集体”荣誉称号，授予刘晓勘等499名同志“全国科协系统先进工作者”称号，其中中国石化集团北京燕山石油化工有限公司科学技术协会等32个集体为“全国科协系统先进集体标兵”，李玉明等31人为“全国科协系统先进工作者标兵”，向32个2011～2015年度全国科普示范县（市、区）代表授牌。全国科协系统先进集体标兵单位代表、中国力学学会理事长胡海岩，全国科协系统先进工作者标兵代表、湖南省长沙市科协副主席、党组书记刘谷收作大会发言。

5月31日　中共中央批准中国科学技术协会领导职务任免，明确陈希为中国科协主持常务工作的副主席，程东红为中国科协党组副书记，免去齐让同志的中国科协党组副书记职务。王春法、沈爱民为中国科协党组成员，免去冯长根同志的中国科协党组成员职务。

6月

6月8日　中国科协常务副主席、书记处第一书记陈希，中国科协副主席、书记处书记程东红，党组成员沈爱民到天津市考察调研。中共中央政治局委员、天津市委书记张高丽，市委副书记、市长黄兴国，市委副书记、滨海新区区委书记何立峰，市委常委、市委教育工委书记苟利军等会见陈希一行。

6月12～13日　由中国科协主办，福建省科协承办，上海市科协、台湾元智大学等海峡两岸17家单位共同协办的“第三届海峡论坛·海峡科技专家论坛”在福建省厦门市举行，中国科协书记处书记张勤出席并致辞。

6月15日　全民科学素质纲要实施工作办公室会议在北京召开。中国科协副主席、书记处书记程东红，书记处书记徐延豪出席。

6月16日　中国科协党建工作座谈会在山东省济宁市召开。中国科协书记处书记王春法出席并主持会议。

6月20日　2011青岛国际海水淡化与水再利用大会在山东省青岛市召开。中国科协名誉主席周光召，中国科协副主席、书记处书记程东红出席。

第十二次中国科协论坛在江苏省南通市举行。中国科协党组成员沈爱民出席。

6月21日　《全民科学素质行动计划纲要实施方案（2011—2015）》由国务院办公厅印发给各省、自治区、直辖市人民政府，国务院各部委、各直属机构。

6月28日　中国科协庆祝中国共产党成立90周年暨创先争优表彰大会在北京召开。中国科协常务副主席、书记处第一书记陈希出席大会并讲话，中国科协副主席、书记处书记程东红，中国科协副主席冯长根，书记处书记张勤、徐延豪、王春法，党组成员沈爱民等出席大会。表彰大会结束后，举办了中国科协庆祝中国共产党成立90周年歌咏比赛。

中国科协、中组部、中宣部、国家发展改革委、科技部、教育部、农业部、人力资源和社会保障部联合下发关于《开展〈全民科学素质行动计划纲要（2006—2010—2020年）〉实施工作先进集体和先进个人推荐评选工作的通知》（科协发普字〔2011〕28号）。

7月

7月4~6日 中国科协副主席、亚洲科学理事会执委冯长根率中国科协代表团出席第十一届亚洲科学理事会。

7月10~14日 全国政协科协界委员调研组就“海智计划在地方经济中发挥的作用”专题，赴江苏省苏州市、无锡市调研。调研组由中国科协书记处原书记宋南平，中国科协副主席、中国工程院院士刘玠，中国航空工业集团公司科技委员会副主任、中国工程院院士冯培德，上海市政府参事张鳌，上海市气象局学术委员会主任徐一鸣等委员组成。

7月12~14日 中国科协开展全国代表大会代表任期制工作调研，广泛听取中国科协八大代表、省市县各级科协负责同志、科技工作者的意见。

7月14日 中国科协副主席、书记处书记程东红会见贵州省委组织部常务副部长侯正茂，贵州省科协党组书记、副主席任湘生一行，就中国科协支持贵州省实施工业强省战略进行会谈。中国科协党组成员沈爱民参加会见。

7月16日 中国细胞生物学会第十二次全国会员代表大会暨学术大会开幕式在北京召开，裴钢当选第十二届理事会理事长。

中国科协海智计划基地经验交流会在安徽省合肥市召开。中国科协荣誉委员赵忠贤，中国科协书记处书记张勤出席。

7月19日 第十一届机器人竞赛开幕式在河南省郑州市举行。中国科协书记处书记徐延豪出席。

中国科协副主席冯长根会见来访的日本科学技术与社会论坛（简称STS论坛）主席、前科学技术政策担当大臣、财务大臣尾身幸次一行。

7月21日 “两弹一星功勋奖章”获得者，中国科学院院士，中国工程院院士，国际宇航科学院院士，中国科协第三届全国委员会副主席、中国科协荣誉委员王大珩同志因病于2011年7月21日13时02分在北京逝世，享年96岁。

7月24日 海峡两岸大学生辩论赛十周年纪念大会在福建省福州市举行。中国科协副主席、书记处书记程东红出席。

7月26日 中国科协院士科技报告会在新疆维吾尔自治区乌鲁木齐市举行。此次报告会是2011年中国科协科学家暑期考察休假团在新疆举办的首场报告，由中国科协组织人事部、新疆维吾尔自治区科协和乌鲁木齐市科协共同举办。中国科协副主席冯长根、谢克昌出席相关活动。

7月28日 中国科协副主席、书记处书记程东红在北京中国科技会堂会见以香港工程师学会会长陈福祥为首的香港工程师高级国情研修班代表团。

8月

8月3日 中国科协书记处书记张勤在北京中国科技会堂会见澳大利亚工业、创新、科学与研究部部长基姆·卡尔（Kim Carr）参议员一行。

8月4～7日　第26届全国青少年科技创新大赛在内蒙古自治区呼和浩特市举行，中国科协常务副主席、书记处第一书记陈希，中国科协副主席陈赛娟出席开幕式，中国科协书记处书记王春法出席闭幕式并为获奖选手颁奖。

8月9日　中国科协全国学会理事长高级研修班在京举行。中国科协党组成员沈爱民、民政部民间组织管理局副局长李勇和美国地理学家协会执行主任道格拉斯·理查森博士作专题报告。全国学会理事长30余人参加研修班。

8月9～11日　中国科协党组召开理论学习中心组学习扩大会，中国科协常务副主席、书记处第一书记、党组书记陈希主持会议。中国科协副主席、书记处书记、党组副书记程东红，全国政协常委、中国科协党组原副书记齐让，中国科协党组成员张勤、徐延豪、王春法、沈爱民，机关各部门、各直属单位主要负责同志参加会议。

8月10日　第四届全国公众科学素质电视大赛决赛在北京举行。中国科协书记处书记徐延豪出席。

8月12～16日　全国政协科协界委员调研组就“海智计划在地方经济中发挥的作用”专题，赴福建调研。调研组由中国科协书记处原书记宋南平，住房和城乡建设部副部长陈大卫，国防科工委原副主任、中国核能行业协会理事长张华祝，国土资源部原党组成员、中国地质调查局原局长孟宪来，国家质检总局原副局长葛志荣，上海市政府参事张鳌等委员组成。

8月15～19日　全国政协常委、齐让率全国政协科协界委员调研组赴吉林省就社区居民科学素质工作状况进行专题调研。国家质监总局原副局长、中国出入境检验检疫协会会长葛志荣，中纪委驻中国科学院纪检组原组长、中国科学院原党组成员王庭大，上海市气象局学术委员会主任徐一鸣，哈尔滨中山糖尿病研究所所长吕树文委员以及全国政协教科文卫体委员会有关同志参加调研。

8月16日　由中国科协、国家民委、农业部联合主办的“全国百名科技专家和致富能手进六盘山”活动在宁夏回族自治区固原市举行。中国科协书记处书记徐延豪，宁夏回族自治区副主席屈冬玉出席。

8月17日　中国科协常务副主席、书记处第一书记陈希在北京中国科技会堂会见来访的澳门大学校长赵伟、国际著名数学家曹怀东教授、澳门大学校办主任张学森一行。中国科协书记处书记张勤陪同会见。

8月18日　在台湾民主自治同盟中央委员会、中国科协和海南省人民政府的大力支持下，由台湾民主自治同盟海南省委员会、海南省科协共同举办的第九届海峡两岸休闲农业与乡村旅游研讨会在海南省海口市召开。中国科协副主席冯长根出席开幕式并致辞。

8月19日　第二十届全国发明展览会在山东省威海市开幕，中国科协书记处书记王春法出席。

8月20日　中国针灸学会第五次全国会员代表大会在北京召开，刘保延当选第五届理事会会长。

8月24日　全国科协系统局级领导干部高级研修班在中央党校举办。中国科协常务副主席、书记处第一书记、党组书记陈希作开班式动员讲话，中央党校副校长李书磊，中国科协书记处书记徐延豪、王春法出席开班仪式。各省、自治区、直辖市和副省级城市科协的主要领导同志83人参加研修班学习、研讨。

8月27日　　2011年海外智力为国服务研讨会暨联席会议在浙江省绍兴市召开，全国人大常委会原副委员长、中国科协名誉主席周光召宣布大会开幕，中国科协书记处书记张勤、浙江省副省长毛光烈出席会议并致辞。

中国科协常务副主席、书记处第一书记、党组书记陈希主持召开部分省、自治区、直辖市科协党组书记座谈会，听取关于科学道德和学风建设宣讲教育工作的意见。

8月29日　　中国科协常务副主席、书记处第一书记陈希主持召开院士专家座谈会，听取关于科学道德和学风建设宣讲教育工作的意见，杨乐、李静海、杨卫、龚克、王乃彦、谢和平、胡海岩、高福等院士、专家参加了座谈。

8月30日　　全民科学素质行动实施工作电视电话会议在北京召开。中共中央政治局委员、国务委员刘延东出席会议并作重要讲话。纲要实施工作各成员单位负责人和实施工作办公室成员，纲要实施工作先进集体、先进个人代表；各省、自治区、直辖市、计划单列市人民政府、新疆生产建设兵团分管负责人和有关部门负责人，部分市（地）、县（市）人民政府主要负责人、分管负责人和有关部门负责人分别在主会场和分会场参加会议。

由中国机械工程学会组织编写、中国科学技术出版社出版的《中国机械工程技术路线图》在北京举行了首发仪式。全国人大常委会副委员长、中国机械工程学会理事长路甬祥，中国科协常务副主席、书记处第一书记陈希，中国工程院院长周济，中国机械工程学会荣誉理事长陆燕荪出席首发式。

9月

9月2日　　中国流动科技馆全国巡展启动仪式在山东省沂水县举行。中国科协常务副主席、书记处第一书记陈希，中国科协书记处书记徐延豪，山东省委常委、副省长孙伟出席启动仪式。

2011海峡两岸学术活动月启动仪式在北京举行。中国科协党组成员沈爱民出席。

9月3日　　中国科协常务副主席、书记处第一书记陈希前往山东省济南市调研，山东省委书记姜异康，省委副书记、省长姜大明分别会见了陈希一行。

9月4日　　首届皖台科技论坛在安徽省合肥市举行。中国科协党组成员沈爱民出席。

9月4~9日　　世界工程师大会在瑞士召开。中国科协常委、南开大学校长龚克率中国科协代表团出席。龚克校长连任世界工程组织联合会副主席，上海交通大学教授刘西拉连任执委会委员。

9月5日　　中国科协学会创新发展工作经验交流会在北京中国科技会堂召开。中国科协副主席、书记处书记程东红，中国科协党组成员、学会学术部部长沈爱民出席。

科技社团立法与科协文化建设专题研讨会在云南省昆明市召开。中国科协书记处书记王春法出席。

9月6日　　中国科协常务副主席、书记处第一书记陈希，中国科协副主席、书记处书记程东红，书记处书记王春法，党组成员沈爱民等有关领导和相关部门负责同志赴教育部商谈工作。

第十三届中国国际光电博览会开幕式在广东省深圳市举行。中国科协书记处书记张勤出席。

9月7日 中国科协常务副主席、书记处第一书记陈希，中国科协副主席、书记处书记程东红，党组成员沈爱民等有关领导和相关部门负责同志赴民政部商谈工作。

9月8日 中国科协2011年县级科协主席培训班在海南省海口市举行。中国科协副主席、书记处书记程东红出席并作专题报告。132位县级科协主席参加了培训。

9月9日 中国科协常务副主席、书记处第一书记陈希到北京市科协调研。

9月14日 中国科协第八届常委会组织建设专门委员会第一次会议在北京中国科技会堂举行。中国科协常务副主席、书记处第一书记陈希出席并主持会议。

公民科学素质建设论坛暨第十八届全国科普理论研讨会在北京召开。中国科协副主席、书记处书记程东红，书记处书记徐延豪出席。

9月15日 中国科学技术协会向朝鲜科技总联盟赠送汽车交接仪式在辽宁省丹东市举行。中国科协书记处书记张勤出席。

中国科协书记处书记徐延豪会见匈牙利国家人才委员会主席切尔迈伊·彼得教授。

中国物理学会第十次全国会员代表大会在浙江省杭州市召开，詹文龙当选第十届理事会理事长。

9月16日 首届中国智能博览会开幕式在北京举行。中国科协书记处书记张勤出席。

9月18日 中共中央政治局常委、中央书记处书记、国家副主席习近平和王兆国、刘淇、刘云山、刘延东、何勇、令计划、韩启德等党和国家领导同志，来到北京奥林匹克公园和朝阳区茉藜园社区，同首都群众一起参加2011年全国科普日北京主场活动，中国科协常务副主席、书记处第一书记陈希等陪同参加。

9月19日 中国科协书记处书记张勤会见罗马尼亚科研署代表团。

9月20日 中共中央政治局委员、天津市委书记张高丽，全国人大常委会副委员长、中国科协主席韩启德在天津市会见了出席第十三届中国科协年会的外国嘉宾。

第十三届中国科协年会科学道德建设论坛在天津南开大学召开。中国科协常务副主席、书记处第一书记陈希在论坛开幕式致辞。中国科协副主席沈岩、黄伯云，书记处书记王春法出席。

天津市“科技工作者之家”建设项目举行开工仪式。中国科协常务副主席、书记处第一书记陈希，全国政协教科文卫体委员会副主任邓楠，天津市委副书记、市长黄兴国出席。

9月21~23日 第十三届中国科协年会在天津市举行，主题为“科技创新与战略性新兴产业发展”，中共中央政治局委员、国务委员刘延东出席年会开幕式并作重要讲话，中共中央政治局委员、天津市委书记张高丽出席开幕式并致辞。全国人大常委会副委员长、中国科协主席韩启德致开幕辞。中国科协名誉主席周光召，中央和国务院有关部委领导同志，中国科协部分常委、荣誉委员，天津市委、市政府领导同志，解放军有关领导同志等出席大会开幕式。中国科协常务副主席、书记处第一书记陈希主持开幕式。

9 月 21 日　　全国人大常委会副委员长、中国科协主席韩启德到天津医科大学同来自南开大学、天津大学、天津理工大学、天津中医药大学、天津外国语大学、天津交通职业学院和天津医科大学的约 300 名大学生面对面交流。

第十四届中国科协求是杰出青年奖获奖者座谈会在天津市举行。中国科协常务副主席、书记处第一书记陈希出席。

中国科协常务副主席、书记处第一书记陈希，书记处书记张勤会见出席第十三届中国科协年会的港澳代表。

中国科协常务副主席、书记处第一书记陈希，中国科协副主席、书记处书记程东红，书记处书记张勤会见出席第十三届中国科协年会的美国科学促进会 CEO 阿兰・莱什纳博士一行。

第十三届中国科协年会女科学家高层论坛在天津市举行，中国科协副主席、书记处书记程东红出席。

科学道德与学风建设宣讲报告会在天津市南开大学举行。中国科协副主席、中国科协常委会道德与权益专委会主任、中南大学校长、中国工程院院士黄伯云，中国科协书记处书记张勤出席。

第十三届中国科协年会第 21 分会场——“科普人才培养与发展探讨会”在天津市举行。中国科协副主席陈赛娟出席。

9 月 22 日　　天津市党政领导与院士专家座谈会在天津市举行。中共中央政治局委员、天津市委书记张高丽，全国人大常委会副委员长、中国科协主席韩启德，中国科协常务副主席、书记处第一书记陈希，天津市委副书记、天津市市长黄兴国，中国科协副主席、书记处书记程东红，书记处书记王春法，党组成员沈爱民等出席座谈会。

天津科普嘉年华启动仪式在天津市举行。中国科协副主席、书记处书记程东红，天津市委常委、市委教育工委书记荀利军，中国科协书记处书记徐延豪等出席。

第十三届中国科协年会“技术创新・企业发展”论坛在天津滨海高新技术产业开发区举办。中国科协副主席、中国科协常委会促进企业自主创新专门委员会主任刘玠，中国科协书记处书记、中国科协常委会促进企业自主创新专门委员会副主任张勤出席。

9 月 23 日　　中国科协和教育部联合发出《关于开展科学道德和学风建设宣讲教育活动的通知》。

9 月 26 日　　中国科协常务副主席、书记处第一书记陈希一行拜会科技部，与全国政协副主席、科技部部长万钢，科技部副部长、党组成员张来武，科技部副部长、党组成员曹健林等科技部领导会谈，中国科协副主席、书记处书记程东红，书记处书记徐延豪，党组成员沈爱民参加会谈。

9 月 27 日　　《十万个为什么》第 6 版启动大会在北京人民大会堂召开。全国人大常委会副委员长、中国科协主席韩启德，全国政协副主席、民进中央常务副主席罗富和，新闻出版总署副署长邬书林，科技部副部长张来武，中国科协书记处书记徐延豪，上海市委常委、宣传部部长杨振武等出席会议并讲话。

中国科协副主席冯长根、中国科协党组成员沈爱民会见美国电气电子工程师学会当选理事长 Gordon Day 一行。

9 月 27 ~ 30 日　　中国科协书记处书记张勤率中国科协代表团出席国际科联大会，吴国雄院士当选国际科联执委。

9月28日　中国科协常务副主席、书记处第一书记陈希在辽宁省委副书记夏德仁、省委副秘书长彭益民陪同下，到辽宁省科协调研。

10月

10月8日　中国科协、教育部联合成立全国科学道德和学风建设宣讲教育领导小组及其办公室，宣讲教育领导小组办公室设在中国科协。中国科协书记处书记张勤任组长，教育部部长助理林蕙青，中国科协副主席、常委会科技工作者道德与权益专门委员会主任黄伯云任副组长。

10月11日　中国水利学会成立80周年纪念大会在北京召开，中国科协常务副主席、书记处第一书记陈希，水利部部长陈雷出席大会并讲话。

10月11～14日　由全国政协教科文卫体委员会、中国科协主办的“2011全国政协教科文卫体委员会科技下乡活动”在江西瑞金举行。全国政协常委、中国科协原副主席齐让出席启动仪式。

10月13日　首都高校“科学道德和学风建设宣讲教育”报告会在北京人民大会堂举行。全国人大常委会副委员长、中国科协主席韩启德出席会议并致辞，中国科协常务副主席、书记处第一书记陈希，教育部部长助理林蕙青，中国科协副主席黄伯云，中国科协书记处书记张勤、徐延豪、王春法等出席会议。邀请中国科学院院士、中国工程院院士师昌绪，中国工程院院士袁隆平和中国科学院院士杨乐作宣讲报告。在京32所高校和中国科学院研究生院的近6000名研究生参加报告会。

中国科协常务副主席、书记处第一书记陈希与中共贵州省委书记、省人大常委会主任栗战书，省委副书记、省长赵克志在北京中国科技会堂会谈。中国科协副主席、书记处书记程东红，书记处书记徐延豪、王春法一同参加会谈。

全国科学道德和学风建设宣讲教育工作部署会议召开，中国科协书记处书记、党组成员张勤主持会议，教育部部长助理、党组成员林蕙青出席并讲话。

10月17日　第七届中国科技期刊发展论坛在重庆开幕。中国科协副主席、书记处书记程东红，新闻出版总署副署长李东东出席开幕式并讲话。

中国科协八届常委会科学技术普及专门委员会第一次会议在北京举行。中国科协书记处书记徐延豪出席。

10月18日　第十二届国际岩石力学大会开幕式在北京举行，中国科协书记处书记张勤出席。

10月21日　中国科协常务副主席、书记处第一书记陈希会见来访的澳大利亚悉尼大学校长迈克尔·斯宾塞博士、澳大利亚新南威尔士州总督、悉尼大学名誉校长玛莉娅·芭雪尔教授一行。

10月23日　中国生理学会成立85周年纪念大会在北京召开，中国科协书记处书记徐延豪出席。

10月24日　青海省科技馆新馆在青海省西宁市举行开馆仪式。中国科协书记处书记徐延豪出席。

10月25日　青海省科学技术协会第九次代表大会在青海省西宁市开幕。中国科协常务副主席、书记处第一书记陈希，青海省委书记、省人大常委会主任强卫出席开幕式并致辞。石昆明当选为青海省科协主席。

中国科协与法国道达尔集团在北京签署合作谅解备忘录。中国科协副主席冯长根出席。

中国金属学会第九次全国会员代表大会在北京召开。徐匡迪当选为第九届理事会理事长。

10 月 27 日

2011 粤京港沪铁道学会、世界轨道交通发展研究会学术年会在北京召开。中国科协副主席、书记处书记程东红出席。

中国振动工程学会第七次全国会员代表大会暨第十届全国振动理论及应用学术会议在江苏省南京市召开，欧进萍当选第七届理事会理事长。

10 月 28 日

中国水力发电工程学会第七次全国代表大会在北京召开，张基尧当选第七届理事会理事长。

10 月 30 日

第十七届国际生物物理大会在北京召开。中国科学院院长白春礼，中国科协副主席、书记处书记程东红，中国科学院副院长李家洋，国家自然科学基金委员会副主任、中国科协副主席沈岩，中国科协常委、中国生物物理学会理事长饶子和出席开幕式。

10 月 31 日

由国际科学理事会灾害风险综合研究计划与中国科协主办的灾害风险综合研究国际会议在北京开幕。全国人大常委会副委员长、中国科协主席韩启德，中国科协书记处书记张勤，国际科学理事会主席李远哲，灾害风险综合研究计划科学委员会主席、国际科学理事会候任主席 Gordon McBean（戈登·麦克比恩），国际社会科学理事会执行主任 Heide Hackmann（海德·哈克曼）出席开幕式。

11 月

11 月 1 日

“人民科学家”钱学森事迹展览在北京举办，中共中央政治局委员、中宣部部长刘云山，中共中央政治局委员、国务委员刘延东出席开幕式并为展览揭幕。

中国地质学会第十一次全国会员代表大会在北京召开，徐绍史当选第三十九届理事会理事长。

11 月 2 日

黑龙江省科协第七次代表大会开幕，中国科协常务副主席、书记处第一书记陈希，黑龙江省省委书记、省人大常委会主任吉炳轩出席开幕式。马淑杰当选黑龙江省科协主席。

中国科协书记处书记张勤会见越南科技联秘书长一行。

中国科协常委、中国科学院院士饶子和当选国际纯粹与应用生物物理学会（IUPAB）主席。

11 月 3 日

中国科协书记处书记张勤会见 2011 两岸科技主管交流访问团。

11 月 3 ~ 6 日

中国科协常务副主席、书记处第一书记陈希在福建调研。

11 月 7 日

中国科技馆获 2010 ~ 2011 年度中国建设工程鲁班奖。

11 月 8 日

何梁何利基金 2011 年度颁奖大会在北京举行，中共中央政治局委员、国务委员刘延东向大会发贺信。全国人大常委会副委员长桑国卫、全国政协副主席万钢等出席颁奖大会并为获奖者颁奖。中国科协常务副主席、书记处第一书记陈希出席。

中国科协书记处书记张勤会见香港工程师学会执委会访京团。

11 月 10 日

宁夏回族自治区科学技术协会第七次代表大会开幕。中国科协常务副主席、书记处第一书

12 月 14 日　中国科协科普期刊和科技类报纸科技传播能力建设交流座谈会在北京举行。中国科协书记处书记徐延豪出席。

12 月 15 日　中国科协会员日暨第十二届中国青年科技奖颁奖大会在北京人民大会堂召开。中共中央政治局委员、全国人大常委会副委员长王兆国出席。全国人大常委会副委员长、中国科协主席韩启德在大会上致辞。中国科协常务副主席、书记处第一书记陈希主持大会。邓楠、张玉台、何康和程东红、李静海、谢克昌、江泽慧，以及中国科协书记处书记张勤、徐延豪、王春法等出席大会。

12 月 16 日　河北省科学技术协会第八次代表大会在河北省石家庄市开幕。中国科协常务副主席、书记处第一书记陈希，河北省委书记张庆黎出席开幕式并讲话。段惠军当选第八届委员会主席。

中国科协八届常委会女科技工作者专委会第一次会议在北京召开。中国科协副主席、书记处书记程东红出席。

12 月 17 日　中国科协直属全国学会会员日活动在北京举行。中国科协书记处书记徐延豪出席。

12 月 19 日　2011 年国际科联工作协调委员会（ICSU－CHINA）全体会议在北京召开。中国科协荣誉委员、国际科联原执委符淙斌院士，国际科联当选执委吴国雄院士分别主持会议。

12 月 22 日　中国科协常务副主席、书记处第一书记陈希到中国科学院长春光学精密机械与物理研究所和吉林大学考察调研。

12 月 23 日　吉林省科学技术协会第八次代表大会在吉林省长春市开幕。中国科协常务副主席、书记处第一书记陈希，吉林省委副书记、省政协主席巴音朝鲁出席开幕式并讲话。冯守华当选第八届委员会主席。

2011 现代林业发展高层论坛暨第四届梁希林业科学技术奖颁奖仪式在北京举行。中国科协书记处书记王春法出席论坛并发表讲话。

12 月 25 日　由中宣部、科技部、司法部、农业部、文化部、卫生部、国家人口计生委、国家广电总局和中国科协 9 部委以及山东省委、省政府联合举办的 2012 年全国文化科技卫生“三下乡”活动启动仪式在山东省临沂市举行。中国科协书记处书记徐延豪等 9 部委领导，山东省委常委、宣传部长孙守刚，副省长张建国出席启动仪式。中宣部副部长申维辰在启动仪式上讲话。

12 月 26 日　“2012 爱心起航——科普图书公益漂流活动”在北京启动。中国科协书记处书记王春法出席。

12 月 27 日　全国学会党建工作经验交流会在北京召开。中国科协党组成员、书记处书记、机关党委书记王春法出席并讲话。

12 月 28 日　中国科协与中国长江三峡集团公司举行战略合作协议签约仪式。中国科协常务副主席、书记处第一书记陈希，国务院三峡工程建设委员会副主任、中国长江三峡集团公司董事长、党组书记曹广晶，中国科协副主席、书记处书记程东红等出席。中国科协党组成员沈爱民主持签约仪式。

中国科协机关、直属单位出席党的十八大代表和中央直属机关党代表会议代表选举工作部署会召开。中国科协党组成员、书记处书记、机关党委书记王春法出席并讲话。

附　　录

中国科学技术协会组织体系框图

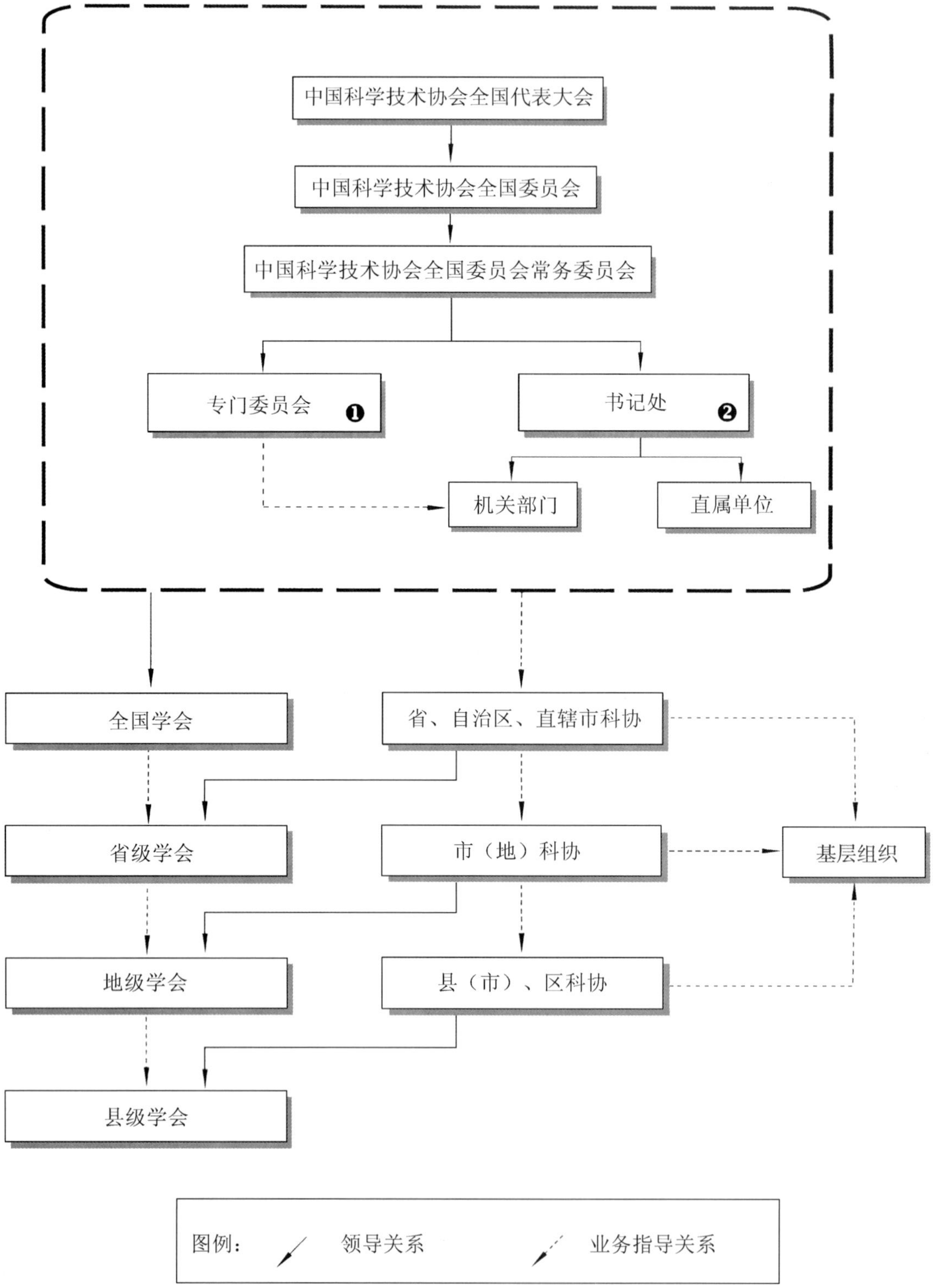

❶ 专门委员会

- 促进企业自主创新专门委员会
- 青年工作专门委员会
- 科技工作者道德与权益专门委员会
- 组织建设专门委员会
- 决策咨询专门委员会
- 科技与人文专门委员会
- 学术与学会工作专门委员会
- 继续教育专门委员会
- 科学技术普及专门委员会
- 促进农村和少数民族地区发展专门委员会
- 促进国际合作专门委员会
- 促进与港澳台交流专门委员会
- 女科技工作者专门委员会
- 青少年科学教育专门委员会

❷ 书记处

机关部门

- 办公厅
- 计划财务部
- 组织人事部
- 调研宣传部
- 学会学术部
- 科学技术普及部
- 国际联络部
- 机关党委
- 机关离退休干部办公室

直属单位

- 中国科协机关服务中心（中国科协机关服务局）
- 中国科协发展研究中心
- 中国科普研究所
- 中国科学技术馆
- 中国科学技术咨询服务中心（中国科协厂矿科协协作中心）
- 中国国际科技会议中心（中国对外应用技术交流促进会）
- 科学普及出版社（中国科学技术出版社）
- 中国科协信息中心
- 中国科协学会服务中心（中国科协继续教育中心、中国科协科技人才交流中心、科技导报社）
- 中国科协青少年科技中心（中国科协科普活动中心）
- 中国科协农村专业技术服务中心（中国农村致富技术函授大学）
- 中国科技会堂
- 中国科协新技术开发中心

中国科学技术协会名誉主席、荣誉委员

1986年6月27日中国科学技术协会三届一次全委会议通过

名誉主席 周培源 严济慈 茅以升

荣誉委员 （以姓氏笔画为序）

王顺桐 王淦昌 许 杰 苏步青 汪德昭 沈 鸿 陈世骧 杨显东 金善宝 高士其 谈家桢 黄汲清 董纯才 裴丽生

1987年3月中国科学技术协会三届二次全委会议通过

荣誉委员 袁翰青 沈其益

1991年5月27日中国科学技术协会四届一次全委会议通过

名誉主席 钱学森 钱三强

荣誉委员 荣誉委员（以姓氏笔画为序）

王大珩 卢嘉锡 刘东生 李国豪 吴仲华 沈 元 张 维 陆 达 唐敖庆 曹天钦 裘维蕃

1996年5月31日中国科学技术协会五届一次全委会议通过

名誉主席 朱光亚 卢嘉锡 吴阶平

荣誉委员 何 康 林兰英（女） 强巴赤列（藏族） 胡亚美（女） 高景德

2001年6月24日中国科学技术协会六届一次全委会议通过

荣誉委员 干福熹 王连铮 石元春 叶叔华（女） 毋国光 朱高峰 庄逢甘 孙大涌 李振声 杨 乐 闵桂荣 张存浩 陈可冀 陈佳洱 施蕴邦 聂 力（女） 顾方舟 高 潮 龚育之

2006年5月25日中国科学技术协会七届一次全委会议通过

名誉主席 周光召

荣誉委员 左铁镛 旭日干（蒙古族） 刘 恕（女） 江泽慧（女） 苏纪兰 李依依（女） 张玉台 国 林 胡启恒（女） 钱 易（女） 徐善衍 郭孔辉 曾庆存

2011年5月29日中国科学技术协会八届一次全委会议通过

荣誉委员 马国馨 王永炎 王震西 韦 钰（女，壮族） 邓 楠（女） 艾国祥 白春礼（满族） 齐 让 杜祥琬 杨福家 张开逊 张启发 陆延昌 陈运泰 赵忠贤 栾恩杰（满族） 高润霖 郭桂蓉 符淙斌 管华诗

已去世的名誉主席（8名）

周培源 严济慈 茅以升 钱学森 钱三强 朱光亚 卢嘉锡 吴阶平

已去世的荣誉委员（34名，以姓氏笔画为序）

王大珩　王顺桐　王淦昌　卢嘉锡　毋国光　庄逢甘　刘东生　苏步青　许　杰
李国豪　杨显东　汪德昭　吴仲华　沈　元　沈　鸿　沈其益　张　维　陆　达
陈世骧　林兰英　金善宝　施莫邦　唐敖庆　谈家桢　袁翰青　高士其　高景德
龚育之　黄汲清　曹天钦　董纯才　强巴赤列　裘维蕃　裴丽生

中国科学技术协会顾问

1993年5月31日中国科学技术协会五届一次常委会议通过

王春正　李荣融　韦　钰　惠永正　陈达植　范宝俊　谢旭人　徐颂陶

2001年6月24日中国科学技术协会六届一次常委会议通过

王春正　王万宾　赵沁平　马颂德　张华祝　张佑才　舒惠国　陈宜瑜　江蓝生
朱高峰　陈佳洱

2006年5月25日中国科学技术协会七届一次常委会议通过

张晓强　赵沁平　刘燕华　孙来燕　张少春　王晓初　邵　宁　李静海　朱佳木
杜祥琬　陈宜瑜

2011年5月29日中国科学技术协会八届一次常委会议通过

张晓强　杜占元　王志刚　杨学山　张少春　王晓初　黄丹华　李家洋　朱佳木
潘云鹤　陈宜瑜

中国科学技术协会所属全国学会、协会、研究会及受委托管理的学会

序码	学会名称	理事长	秘书长
A－01	中国数学会	王诗宬	张立群
A－02	中国物理学会	詹文龙	王玉鹏
A－03	中国力学学会	胡海岩	冯西桥
A－04	中国光学学会	周炳琨	倪国强
A－05	中国声学学会	田　静	张春华
A－06	中国化学会	姚建年	杨振忠
A－07	中国天文学会	崔向群	杨　戟
A－08	中国气象学会	秦大河	翟盘茂
A－09	中国空间科学学会	顾逸东	邱　理
A－10	中国地质学会	徐绍史	朱立新
A－11	中国地理学会	刘燕华	张国友

续表

序号	期刊名称	第一主办单位
64	中国园林	中国风景园林学会
65	中国腐蚀与防护学报	中国腐蚀与防护学会
66	中国工程机械学报	中国工程机械学会
67	设计	中国工业设计协会
68	中国公路学报	中国公路学会
69	管理现代化	中国管理现代化研究会
70	中外管理	中国管理现代化研究会
71	中国惯性技术学报	中国惯性技术学会
72	海陆空天惯性世界	中国惯性技术学会
73	中国激光医学杂志	中国光学学会
74	光谱学与光谱分析	中国光学学会
75	硅酸盐学报	中国硅酸盐学会
76	硅酸盐通报	中国硅酸盐学会
77	今日国土	中国国土经济学会
78	中国海洋湖沼学报（英文版）	中国海洋湖沼学会
79	海洋与湖沼	中国海洋湖沼学会
80	中国海洋工程（英文版）	中国海洋学会
81	海洋学报	中国海洋学会
82	海洋世界	中国海洋学会
83	海洋学报（英文版）	中国海洋学会
84	海洋工程	中国海洋学会
85	中国航海	中国航海学会
86	航海技术	中国航海学会
87	航空知识	中国航空学会
88	航空材料学报	中国航空学会
89	中国航空学报（英文版）	中国航空学会
90	航空学报	中国航空学会
91	航空模型	中国航空学会
92	计算物理	中国核学会
93	核科学与工程	中国核学会
94	中国化学工程学报（英文版）	中国化工学会
95	化工学报	中国化工学会
96	化工进展	中国化工学会

续表

序号	期刊名称	第一主办单位
97	电化学	中国化学会
98	无机化学学报	中国化学会
99	色谱	中国化学会
100	中国化学快报（英文版）	中国化学会
101	物理化学学报	中国化学会
102	化学教育	中国化学会
103	高分子科学（英文版）	中国化学会
104	高分子通报	中国化学会
105	中国化学（英文版）	中国化学会
106	环境与生活	中国环境科学学会
107	中国花卉盆景	中国环境科学学会
108	中国环境科学	中国环境科学学会
109	癌变·畸变·突变	中国环境诱变剂学会
110	中国铸造装备与技术	中国机械工程学会
111	流体机械	中国机械工程学会
112	中国机械工程	中国机械工程学会
113	塑性工程学报	中国机械工程学会
114	中国表面工程	中国机械工程学会
115	机械工程学报	中国机械工程学会
116	制造技术与机床	中国机械工程学会
117	材料热处理学报	中国机械工程学会
118	中国机械工程学报	中国机械工程学会
119	设备管理与维修	中国机械工程学会
120	机床与液压	中国机械工程学会
121	润滑与密封	中国机械工程学会
122	无损检测	中国机械工程学会
123	机械设计	中国机械工程学会
124	焊接学报	中国机械工程学会
125	粉末冶金技术	中国机械工程学会
126	汽车知识	中国机械工程学会
127	组合机床与自动化加工技术	中国机械工程学会
128	压力容器	中国机械工程学会
129	特种铸造及有色合金	中国机械工程学会
130	计算机辅助设计与图形学学报	中国计算机学会

续表

序号	期刊名称	第一主办单位
131	科学技术与工程	中国技术经济学会
132	科技和产业	中国技术经济学会
133	技术经济	中国技术经济学会
134	建筑热能通风空调	中国建筑学会
135	建筑学报	中国建筑学会
136	建筑结构学报	中国建筑学会
137	中国临床解剖学杂志	中国解剖学会
138	解剖科学进展	中国解剖学会
139	解剖学杂志	中国解剖学会
140	解剖学报	中国解剖学会
141	中国组织化学与细胞化学杂志	中国解剖学会
142	金属学报	中国金属学会
143	金属学报（英文版）	中国金属学会
144	中国冶金	中国金属学会
145	连铸	中国金属学会
146	钢铁	中国金属学会
147	材料科学技术（英文版）	中国金属学会
148	金属世界	中国金属学会
149	中国肺癌杂志	中国抗癌协会
150	临床肿瘤和癌症研究（英文版）	中国抗癌协会
151	中国肿瘤临床	中国抗癌协会
152	中国癌症研究（英文版）	中国抗癌协会
153	癌症康复	中国抗癌协会
154	科技创新与品牌	中国科技新闻学会
155	环球科学	中国科技新闻学会
156	电子竞技	中国科技新闻学会
157	科技传播	中国科技新闻学会
158	硅谷	中国科技新闻学会
159	科技与生活	中国科技新闻学会
160	中国科技信息	中国科技新闻学会
161	科幻画报	中国科技新闻学会
162	科学中国人	中国科技新闻学会
163	摄影与摄像	中国科教电影电视协会
164	科技尚品	中国科教电影电视协会
165	科普研究	中国科普研究所
166	生物技术世界	中国科普作家协会

续表

序号	期刊名称	第一主办单位
167	科技与企业	中国科普作家协会
168	编辑学报	中国科学技术期刊编辑学会
169	大众软件	中国科学技术情报学会
170	情报学报	中国科学技术情报学会
171	中国科技史杂志	中国科学技术史学会
172	数码影像时代	中国科学技术投资有限公司
173	科技导报	中国科学技术协会
174	知识就是力量	中国科学技术协会
175	中国科学探险	中国科学探险协会
176	光学学报	中国光学学会
177	颗粒学报（英文版）	中国颗粒学会
178	太阳能	中国可再生能源学会
179	太阳能学报	中国可再生能源学会
180	实验流体力学	中国空气动力学会
181	昆虫科学（英文版）	中国昆虫学会
182	今日科苑	中国老科学技术工作者协会
183	固体力学学报（英文版）	中国力学学会
184	固体力学学报	中国力学学会
185	工程力学	中国力学学会
186	实验力学	中国力学学会
187	力学学报（英文版）	中国力学学会
188	中国粮油学报	中国粮油学会
189	林业科学	中国林学会
190	煤炭学报	中国煤炭学会
191	煤炭学报（英文版）	中国煤炭学会
192	当代矿工	中国煤炭学会
193	中国免疫学杂志	中国免疫学会
194	中国肿瘤生物治疗杂志	中国免疫学会
195	中国免疫学杂志（英文版）	中国免疫学会
196	内燃机工程	中国内燃机学会
197	内燃机学报	中国内燃机学会
198	中外能源	中国能源研究会
199	棉花学报	中国农学会
200	农学学报	中国农学会
201	农业科研经济管理	中国农学会
202	中国农学通报	中国农学会

续表

序号	期刊名称	第一主办单位
203	农业工程学报	中国农业工程学会
204	农业机械学报	中国农业机械学会
205	气象学报（英文版）	中国气象学会
206	汽车工程	中国汽车工程学会
207	中国科技教育	中国青少年科技辅导员协会
208	热带作物学报	中国热带作物学会
209	生理科学进展	中国生理学会
210	生态学杂志	中国生态学学会
211	生态学报	中国生态学学会
212	生命的化学	中国生物化学与分子生物学会
213	中国生物化学与分子生物学报	中国生物化学与分子生物学会
214	生物物理学报	中国生物物理学会
215	中国生物医学工程学报（英文版）	中国生物医学工程学会
216	中国生物医学工程学报	中国生物医学工程学会
217	中国血液流变学杂志	中国生物医学工程学会
218	中国心脏起搏与心电生理杂志	中国生物医学工程学会
219	噪声与振动控制	中国声学学会
220	石油知识	中国石油学会
221	石油学报（石油加工）	中国石油学会
222	石油学报	中国石油学会
223	中国比较医学杂志	中国实验动物学会
224	中国实验动物学报	中国实验动物学会
225	中国食品学报	中国食品科学技术学会
226	数学学报（英文版）	中国数学会
227	数学进展	中国数学会
228	中学生数学	中国数学会
229	数学通报	中国数学会
230	应用概率统计	中国数学会
231	水产学报	中国水产学会
232	科学养鱼	中国水产学会
233	海洋渔业	中国水产学会
234	水力发电学报	中国水力发电工程学会
235	中国防汛抗旱	中国水利学会
236	岩土工程学报	中国水利学会
237	水利学报	中国水利学会
238	泥沙研究	中国水利学会

续表

序号	期刊名称	第一主办单位
239	中国水土保持科学	中国水土保持学会
240	中国体视学与图像分析	中国体视学学会
241	天文爱好者	中国天文学会
242	铁道知识	中国铁道学会
243	铁道学报	中国铁道学会
244	铁道工程学报	中国铁道学会
245	中国通信	中国通信学会
246	通信学报	中国通信学会
247	中国电信业	中国通信学会
248	现代通信	中国通信学会
249	电信科学	中国通信学会
250	土木建筑工程信息技术	中国图学学会
251	计算机辅助绘图设计与制造（英文版）	中国图学学会
252	图学学报	中国图学学会
253	中国土地科学	中国土地学会
254	城市公共交通	中国土木工程学会
255	土壤通报	中国土壤学会
256	中国人兽共患病学报	中国微生物学会
257	病毒学报	中国微生物学会
258	未来与发展	中国未来研究会
259	发现	中国未来研究会
260	技术物理教学	中国物理学会
261	化学物理学报（英文版）	中国物理学会
262	物理学进展	中国物理学会
263	物理教学	中国物理学会
264	电子显微学报	中国物理学会
265	大学物理	中国物理学会
266	稀土学报（英文版）	中国稀土学会
267	中国稀土学报	中国稀土学会
268	系统工程学报	中国系统工程学会
269	交通运输系统工程与信息	中国系统工程学会
270	系统工程理论与实践	中国系统工程学会
271	系统科学与系统工程学报（英文版）	中国系统工程学会
272	数理统计与管理	中国现场统计研究会
273	中国动物保健	中国乡镇企业协会
274	中国健康心理学杂志	中国心理卫生协会
275	心理与健康	中国心理卫生协会
276	中国心理卫生杂志	中国心理卫生协会
277	心理科学	中国心理学会
278	畜牧与生物技术杂志（英文版）	中国畜牧兽医学会

续表

序号	期刊名称	第一主办单位
279	动物营养学报	中国畜牧兽医学会
280	中国畜牧杂志	中国畜牧兽医学会
281	中国兽医杂志	中国畜牧兽医学会
282	畜牧兽医学报	中国畜牧兽医学会
283	中国烟草学报	中国烟草学会
284	岩石力学与工程学报	中国岩石力学与工程学会
285	中国临床药理学与治疗学	中国药理学会
286	中国药理学通报	中国药理学会
287	中国药理学报（英文版）	中国药理学会
288	中国现代应用药学	中国药学会
289	中国海洋药物	中国药学会
290	中国医院药学杂志	中国药学会
291	中国临床药学杂志	中国药学会
292	中国临床药理学杂志	中国药学会
293	中国药学杂志	中国药学会
294	中国中药杂志	中国药学会
295	中国药学（英文版）	中国药学会
296	药物分析杂志	中国药学会
297	中国新药与临床杂志	中国药学会
298	药学学报	中国药学会
299	化学传感器	中国仪器仪表学会
300	办公自动化	中国仪器仪表学会
301	仪器仪表学报	中国仪器仪表学会
302	自动化仪表	中国仪器仪表学会
303	光学仪器	中国仪器仪表学会
304	气象水文海洋仪器	中国仪器仪表学会
305	激光生物学报	中国遗传学会
306	数理天地（初中版）	中国优选法统筹法与经济数学研究会
307	数理天地（高中版）	中国优选法统筹法与经济数学研究会
308	中国有色金属学报（英文版）	中国有色金属学会
309	中国有色金属学报	中国有色金属学会
310	太空探索	中国宇航学会
311	宇航学报	中国宇航学会
312	园艺学报	中国园艺学会
313	中国葡萄酒	中国园艺学会
314	运筹与管理	中国运筹学会
315	运筹学学报	中国运筹学会
316	中国造纸学报	中国造纸学会
317	纸和造纸	中国造纸学会
318	照明工程学报	中国照明学会

续表

序号	期刊名称	第一主办单位
319	中国针灸	中国针灸学会
320	真空科学与技术学报	中国真空学会
321	振动工程学报	中国振动工程学会
322	振动与冲击	中国振动工程学会
323	中国安全科学学报	中国职业安全健康协会
324	植物保护学报	中国植物保护学会
325	植物保护	中国植物保护学会
326	植物病理学报	中国植物病理学会
327	植物生理学报	中国植物生理与植物分子生物学学会
328	制冷学报	中国制冷学会
329	中文信息学报	中国中文信息学会
330	中国中西医结合耳鼻咽喉科杂志	中国中西医结合学会
331	中国中西医结合肾病杂志	中国中西医结合学会
332	中国中西医结合急救杂志	中国中西医结合学会
333	中国中西医结合影像学杂志	中国中西医结合学会
334	中国中西医结合外科杂志	中国中西医结合学会
335	中国中西医结合皮肤性病学杂志	中国中西医结合学会
336	中国中西医结合杂志	中国中西医结合学会
337	自动化博览	中国自动化学会
338	模式识别与人工智能	中国自动化学会
339	医学与哲学	中国自然辩证法研究会
340	自然辩证法研究	中国自然辩证法研究会
341	大自然	中国自然科学博物馆协会
342	应用基础与工程科学学报	中国自然资源学会
343	自然资源学报	中国自然资源学会
344	中国总会计师	中国总会计师协会
345	作物学报	中国作物学会
346	作物杂志	中国作物学会
347	中华护理教育	中华护理学会
348	中华护理杂志	中华护理学会
349	中华实用儿科临床杂志	中华医学会
350	中华眼外伤职业眼病杂志	中华医学会
351	中华医学教育探索杂志	中华医学会
352	中华实验眼科杂志	中华医学会
353	中华眼视光学与视觉科学杂志	中华医学会
354	中华临床营养杂志	中华医学会
355	中华内分泌外科杂志	中华医学会
356	中华口腔正畸学杂志	中华医学会
357	中华现代护理杂志	中华医学会
358	中华胰腺病杂志	中华医学会

全国学会、协会、研究会简介

中国数学会
Chinese Mathematical Society (CMS)

地　　址　北京市海淀区中关村东路55号中国科学院数学与系统科学研究院内
邮政编码　100190
电子信箱　cms@ math. ac. cn
主页网址　http://www. cms. org. cn
电　　话　010－62551022
传　　真　010－62618463
理 事 长　王诗宬
副理事长　席南华　陈　敏　高小山　陈大岳　陈永川　程　晋　罗懋康　杨新民　李　星
秘 书 长　张立群

中国物理学会
Chinese Physical Society (CPS)

地　　址　北京市海淀区中关村南三街8号中国科学院物理研究所内
邮政编码　100190
电子信箱　cps@ iphy. ac. cn
主页网址　http://www. cps－net. org. cn
电话/传真　010－82649019
理 事 长　詹文龙
副理事长　王玉鹏　王恩哥　朱少平　朱邦芬　张　闯
秘 书 长　王玉鹏

中国力学学会
The Chinese Society of Theoretical and Applied Mechanics

地　　址　北京市海淀区北四环西路15号
邮政编码　100190
电子信箱　office@ cstam. org. cn
主页网址　http://www. cstam. org. cn
电　　话　010－62559588/62559209
传　　真　010－62559588
理 事 长　胡海岩
副理事长　洪友士　刘人怀　龙　勉　卢天健　佘振苏　杨　卫　张洪武　郑泉水　周哲玮
秘 书 长　冯西桥

中国光学学会
The Chinese Optical Society (COS)

地　　址　北京市西城区三里河路54号482室
邮政编码　100045
电子信箱　nigq@ bita. org. cn
主页网址　http//www. cncos. org
电　　话　010－ 68598482/68598467
传　　真　010－ 68598482
理 事 长　周炳琨
副理事长　徐至展　曹健林　刘　旭　谢树森
秘 书 长　倪国强

中国声学学会
Acoustical Society of China (ASC)

地　　址　北京市海淀区北四环西路21号
邮政编码　100190
电子信箱　asc@ mail. ioa. ac. cn
主页网址　http://www. aschina. org
电　　话　010－82547910
传　　真　01082547909

理　事　长　田　静
副 理 事 长　宗　健　杨德森　程建春　王小民
毛东兴
秘　书　长　张春华

中国化学会

Chinese Chemical Society (CCS)

地　　址　北京市海淀区中关村北一街 2 号中国科学院化学研究所内
邮政编码　100190
电子信箱　spzheng@ iccas. ac. cn
cmdeng@ iccas. ac. cn
主页网址　http: //www. ccs. ac. cn
电　　话　010 - 62568157/62625584
传　　真　010 - 62568157
理　事　长　姚建年
副 理 事 长　包信和　戴厚良　董孝利　洪茂椿
江桂斌　李新华　万立骏　张　希
周其凤　周其林
秘　书　长　杨振忠

中国天文学会

Chinese Astronomical Society (CAS)

地　　址　江苏省南京市北京西路 2 号
邮政编码　210008
电子信箱　cas. nj@ pmo. ac. cn
主页网址　http: //astronomy. pmo. cas. cn
电　　话　025 - 83332133
传　　真　025 - 83332133
理　事　长　崔向群
副 理 事 长　王　娜　郑晓年　洪晓瑜　韩占文
戴子高
秘　书　长　杨　戟

中国气象学会

Chinese Meteorological Society
(CMS)

地　　址　北京市海淀区中关村南大街 46 号
邮政编码　100081
电子信箱　cms@ cms1924. org
主页网址　http: //www. cms1924. org
电　　话　010 - 68409840
传　　真　010 - 68406821
理　事　长　秦大河
副 理 事 长　李福林　谈哲敏　张人禾　王会军
费建芳　胡永云　李廉水
秘　书　长　翟盘茂

中国空间科学学会

Chinese Society of Space Research (CSSR)

地　　址　北京市海淀区中关村南二条一号
邮政编码　100190
电子信箱　cssr@ cssar. ac. cn
主页网址　http: //cssr. org. cn
电　　话　010 - 62559882
传　　真　010 - 62582961
理　事　长　顾逸东
副 理 事 长　吴　季　叶培建　王家骐　廖小军
陈善广　王建宇　李春来
秘　书　长　邱　理

中国地质学会

Geological Society of China (GSC)

地　　址　北京市西城区百万庄大街 26 号
邮政编码　100037
电子信箱　cgdzxh@ 163bj. com
主页网址　http: //www. geosociety. org. cn

电　　话　010－68311539/68999021/68999018
68999020/68312410/68999605
传　　真　010－68995305
理 事 长　徐绍史
副理事长　孟宪来（常务）　王京彬　刘玉辰
闫学义　吴淦国　杜金虎　邱建刚
常　旭　茹　克　徐水师　蔡希源
秘 书 长　朱立新

中国地理学会

The Geographical Society of China
（GSC）

地　　址　北京市朝阳区大屯路甲 11 号
邮政编码　100101
电子信箱　gsc@igsnrr. ac. cn
主页网址　http://www. gsc. org. cn
电　　话　010－64870663/64889598
传　　真　010－64889598
理 事 长　刘燕华
副理事长　刘　毅　陶　澍　保继刚　陈发虎
崔　鹏　傅伯杰　宫辉力　史培军
宋长青　王　涛　杨桂山　俞立中
秘 书 长　张国友

中国地球物理学会

Chinese Geophysical Society
（CGS）

地　　址　北京市海淀区民族学院南路 5 号
邮政编码　100081
电子信箱　cgs@cgs. org. cn
主页网址　http://cgs. org. cn
电　　话　010－68729347/82998257
传　　真　010－68460283
理 事 长　陈　颙
副理事长　常　旭　李绪宣　石耀霖　孙升林
王　平　王小牧　张永刚
秘 书 长　郭　建

中国矿物岩石地球化学学会

Chinese Society for Mineralogy, Petrology and Geochemistry
（CSMPG）

地　　址　贵州省贵阳市观水路 46 号
邮政编码　550002
电子信箱　csmpg@vip. skleg. cn
主页网址　http://www. csmpg. org. cn
http://csmpg. gyig. cas. cn
电　　话　0851－5895823
传　　真　0851－5895823
理 事 长　刘丛强
副理事长　王成善　刘嘉麒　朱立新　陈　骏
郑永飞　胡瑞忠　徐义刚　邹才能
高　山　刘家铎
秘 书 长　李世杰

中国古生物学会

Palaeontological Society of China（PSC）

地　　址　江苏省南京市北京东路 39 号
邮政编码　210008
电子信箱　a14@cast. org. cn
主页网址　http://www. china－psc. org. cn
电　　话　025－83282138
传　　真　025－83357026
理 事 长　杨　群
副理事长　周忠和　季　强　童金南　孙　革
秘 书 长　王永栋

中国海洋湖沼学会

Chinese Society for Oceanology and Limnology（CSOL）

地　　址　山东省青岛市南海路 7 号

邮政编码　266071
电子信箱　ypli@ms. qdio. ac. cn
主页网址　www. csol-org. cn
电　　话　0532-82898636
传　　真　0532-82868636
理 事 长　相建海
副理事长　丁平兴　桂建芳　潘德炉　孙　松　吴德星　张长宽
秘 书 长　孙　松（兼）

中国海洋学会

Chinese Society for Oceanography (CSO)

地　　址　北京市海淀区复兴门外大街1号
邮政编码　100860
电子信箱　zghyxh2008@sina. com
主页网址　http://www. cso. org. cn
电　　话　010-68047614
传　　真　010-68047614
理 事 长　王曙光
副理事长　雷　波（常务）　左其华　周守为　潘德炉　林龙福　孙　松　吴德星　张　颖
秘 书 长　雷　波（兼）

中国地震学会

Seismological Society of China (SSC)

地　　址　北京市海淀区民族大学南路5号
邮政编码　100081
电子信箱　zgdzxh@sina. com
主页网址　http://www. ssoc. org. cn
电　　话　010-68729352
传　　真　010-68417858
理 事 长　陈运泰
副理事长　陈　颙　张国民　张陪震　陈晓非
秘 书 长　郝记川

中国动物学会

China Zoological Society (CZS)

地　　址　北京市朝阳区北辰西路1号院5号
邮政编码　100101
电子信箱　czs@ioz. ac. cn
主页网址　http://www. czs. ioz. ac. cn
电　　话　010-64807051
传　　真　010-64807051
理 事 长　陈宜瑜
副理事长　王小明　王德华　刘迺发　许崇任　孙青原　宋微波　张亚平　孟安明　徐存拴
秘 书 长　魏辅文

中国植物学会

Botanical Society of China (BSC)

地　　址　北京市海淀区香山南辛村20号
邮政编码　100093
电子信箱　bsc@ibcas. ac. cn
主页网址　http://www. botany. org. cn/
电　　话　010-82599636 / 62836505
传　　真　010-82599636
名誉理事长　匡廷云　吴征镒　许智宏　张新时　周　俊
理 事 长　洪德元
副理事长　安黎哲　李德铢　马克平　武维华　朱玉贤
秘 书 长　葛　颂

中国昆虫学会

The Entomological Society of China (ESC)

地　　址　北京市朝阳区北辰西路1号院5号中国科学院动物研究所内

邮 政 编 码 100101
电 子 信 箱 entsoc@ioz.ac.cn
主 页 网 址 http://entsoc.ioz.ac.cn/
电 话 010-64807135
传 真 010-64807198
理 事 长 黄大卫
副 理 事 长 叶志华 张永安 张青文 张钟宁 杨星科 夏敬源 康 乐 梁广文 黄勇平 程家安 韩召军
秘 书 长 张钟宁（兼）

中国微生物学会

Chincse Socicty for Microbiology (CSM)

地 址 北京市朝阳区北辰西路1号院3号
邮 政 编 码 100101
电 子 信 箱 csm@im.ac.cn
主 页 网 址 http://csm.im.ac.cn
电 话 010-64807200
传 真 010-64807950
理 事 长 邓子新
副 理 事 长 黄 力 曲音波 陈焕春 张先恩 盛 军 邵一鸣 徐志凯 杨瑞馥
秘 书 长 东秀珠

中国生物化学与分子生物学会

The Chinese Society of Biochemistry and Molecular Biology (CSBMB)

地 址 上海市岳阳路320号
邮 政 编 码 200031
电 子 信 箱 csbmb@sibs.ac.cn
主 页 网 址 http://www.csbmb.org.cn
电 话 021-54921088
传 真 021-54921090
理 事 长 王志新
副 理 事 长 赫荣乔 焦炳华 景乃禾 尚永丰 沈 岩 孙志贤 王红阳 吴家睿
秘 书 长 景乃禾（兼）

中国细胞生物学学会

The Chinese Society for Cell Biology (CSCB)

地 址 上海市岳阳路320号
邮 政 编 码 200031
电 子 信 箱 cscb@sibs.ac.cn
主 页 网 址 http://www.cscb.org.cn
电 话 021-54922856
传 真 021-54922891
理 事 长 裴 钢
副 理 事 长 陈志南 陈晔光 高 翔 刘春明 舒红兵 曾益新 朱学良
秘 书 长 丁小燕

中国植物生理与植物分子生物学学会

Chinese Society for Plant Biology (CSPB)

地 址 上海市岳阳路319号31楼A211
邮 政 编 码 200031
电 子 信 箱 cspb@sibs.ac.cn
主 页 网 址 http:/www.cspb.org.cn
电 话 021-54922859/54920737
传 真 021-54922857
理 事 长 许智宏
副 理 事 长 陈晓亚（常务） 赵进东 宋纯鹏 蒋跃明
秘 书 长 何祖华

中国生物物理学会

The Biophysical Society of China (BSC)

地 址 北京市朝阳区大屯路15号
邮 政 编 码 100101

电 子 信 箱　wangyue@ sun5. ibp. ac. cn
主 页 网 址　http://www. bsc. org. cn
电　　　话　010－64889894
传　　　真　010－64889892
理 事 长　饶子和
副 理 事 长　丁建平　张先恩　沈钧贤　周　专
　　　　　　贺福初　徐　涛　程　京　阎锡蕴
秘 书 长　阎锡蕴（兼）

中国遗传学会

Genetics Society of Chinese (GSC)

地　　　址　北京市朝阳区北辰西路1号院2号
邮 政 编 码　100101
电 子 信 箱　geneticssociety@ 163. com
主 页 网 址　http://www. geneticssociety. cn
电　　　话　010－64889611
传　　　真　010－64853199
名誉理事长　李振声　赵寿元
理 事 长　李家洋
副 理 事 长　张启发　贺福初　张亚平　贺　林
　　　　　　余　龙　薛勇彪　杨　晓
秘 书 长　薛勇彪（兼）

中国心理学会

Chinese Psychological Society (CPS)

地　　　址　北京市朝阳区大屯路甲4号中科院心理研究所内
邮 政 编 码　100101
电 子 信 箱　cps@ psych. ac. cn
主 页 网 址　http://www. cpsbeijing. org
电　　　话　010－64888946
传　　　真　010－64855830
理 事 长　杨玉芳　莫　雷（候任）
副 理 事 长　王登峰　乐国安　刘华山　李其维
　　　　　　叶浩生　沈模卫　张文新　游旭群
秘 书 长　傅小兰

中国生态学学会

Ecological Society of China (ESC)

地　　　址　北京市海淀区双清路18号
邮 政 编 码　100085
电 子 信 箱　esc@ rcees. ac. cn
主 页 网 址　http://www. esc. org. cn
电　　　话　010－62849101/62849113
传　　　真　010－62849101
理 事 长　刘世荣
副 理 事 长　董　鸣　傅伯杰　何兴元　欧阳志云
　　　　　　彭少麟　苏志先　王　刚　薛建辉
　　　　　　于贵瑞
秘 书 长　陈利顶

中国环境科学学会

Chinese Society for Environmental Sciences (CSES)

地　　　址　北京市海淀区红联南村54号
邮 政 编 码　100082
电 子 信 箱　cseshyb@ sina. com
主 页 网 址　http://www. chinacses. org
电　　　话　010－62210708
传　　　真　010－62210728
理 事 长　王玉庆
副 理 事 长　宁吉喆　朱　坦　张远航　陈吉宁
　　　　　　金相灿　郝吉明　魏复盛　丁仲礼
秘 书 长　任官平

中国自然资源学会

China Society of Natural Resources (CSNR)

地　　　址　北京市朝阳区安外大屯路甲11号
邮 政 编 码　100101
电 子 信 箱　csnr@ igsnrr. ac. cn

主页网址 http://www.csnr.org
电话 010-64861455
传真 010-64889806
理事长 刘纪远
副理事长 成升魁 王浩 李善同 张福锁 陈曦 郑凌志
秘书长 沈镭

中国感光学会

Chinese Society for Imaging Science and Technology (CSIST)

地址 北京市海淀区中关村东路29号
邮政编码 100190
电子信箱 xh@csist.org.cn
主页网址 http://www.csist.org.cn
电话 010-82543686/82543687
传真 010-82543687
理事长 蒲嘉陵
副理事长 张丽萍（常务） 马礼谦 杨万泰 晏磊 薛唯 邱勇 杨斌
秘书长 赵震声

中国优选法统筹法与经济数学研究会

Chinese Society of Optimization, Overall Planning and Economic Mathematics (CSOOPEM)

地址 北京市海淀区中关村东路55号中科院思源楼1201室（北京8712信箱）
邮政编码 100190
电子信箱 shuangfa@mail.casipm.ac.cn
主页网址 http://www.scope.org.cn
电话 010-62542629
传真 010-62542629
理事长 蔡晨
副理事长 陈剑 池宏 范英 梁樑 刘思峰 刘祥官 高自友 魏一鸣
徐玖平 张金隆
秘书长 池宏（兼）

中国岩石力学与工程学会

Chinese Society for Rock Mechanics and Engineering (CSRME)

地址 北京市朝阳区北土城西部19号中国科学院地质与地球物理研究所内
邮政编码 100029
电子信箱 csrme@vip.sina.com
主页网址 http://www.csrme.com
电话 010-62007351/82998528/82998163/
传真 010-62007351/82998163
理事长 钱七虎
副理事长 谢和平 顾金才 陈祖煜 冯夏庭 唐春安 伍法权 袁亮 韩凤险 何满潮 李永盛 李宁 王金华 蔡美峰 樊启祥
秘书长 伍法权（兼）

中国野生动物保护协会

China Wildlife Conservation Association (CWCA)

地址 北京市东城区和平里东街18号
邮政编码 100714
电子信箱 cwca@cwca.org.cn
主页网址 http://www.cwca.org.cn
电话 010-84239015/84239556
传真 010-64238030
理事长 赵学敏
副理事长 白景富 牛盾 王玉庆 刘燕华 龚正 李家洋 陈建功 孙冰川 卓榕生 姚昌恬 陈建伟 陈润生
秘书长 臧春林

中国系统工程学会

Systems Engineering Society of China (SESC)

地　　址　北京市海淀区中关村东路55号
邮政编码　100080
电子信箱　sesc@iss.ac.cn
主页网址　http://www.sesc.org.cn/htm/index.htm
电　　话　010－62541827
传　　真　010－82626697
理 事 长　汪寿阳
副理事长　高小山　王先甲　陈　剑　孙宏才
　　　　　张　维　徐玖平　许晓鸣　张纪峰
　　　　　李一军　高自友　黄海军　杨新民
　　　　　朱桂龙
秘 书 长　薛新伟

中国实验动物学会

Chinese Association for Laboratory Animal Sciences (CALAS)

地　　址　北京市朝阳区潘家园南里5号
邮政编码　100021
电子信箱　calas@calas.org.cn
主页网址　http://www.calas.org.cn
电　　话　010－67781534
传　　真　010－67776816
理 事 长　刘　谦
副理事长　高　诚　王禄增　秦　川　王军志
　　　　　赵德明　李根平　曾　林
秘 书 长　秦　川（兼）

中国青藏高原研究会

The China Society on Tibetan Plateau (CSTP)

地　　址　北京市朝阳区安外大屯路甲11号
邮政编码　100101
电子信箱　qingzang@igsnrr.ac.cn
主页网址　http://www.cstp.org.cn
电　　话　010－64889819
传　　真　010－64889769
理 事 长　姚檀栋
副理事长　成升魁　格　勒（藏）　侯增谦
　　　　　马胜杰　潘保田　解　源　张人禾
秘 书 长　朱立平

中国环境诱变剂学会

Chinese Environmental Mutagen Society (CEMS)

地　　址　北京大学医学部公共卫生学院236室
邮政编码　100191
电子信箱　iaems_cn@163.com
主页网址　http://www.cems.org.cn
电　　话　010－82335754
传　　真　010－82335754
理 事 长　程书钧
副理事长　柯　扬　石刚刚　张胜年　孙长颢
　　　　　吴逸明　曹　佳
秘 书 长　郝卫东

中国运筹学会

Operations Research Society of China (ORSC)

地　　址　北京市海淀区中关村东路55号
邮政编码　100190
电子信箱　orsc@.amt.ac.cn
主页网址　http://www.orsc.org.cn
电　　话　010－62541695
传　　真　010－62620394
理 事 长　袁亚湘
副理事长　汪寿阳　徐　渝　杨新民　张汉勤
　　　　　张树中
秘 书 长　胡晓东

中国菌物学会

Mycological Society of China（MSC）

地　　　址　北京市朝阳区北辰西路1号院3号中国科学院微生物所B410
邮 政 编 码　100101
电 子 信 箱　msc93@im. ac. cn
主 页 网 址　http：//www. mscfungi. org
电　　　话　010－64807455
传　　　真　010－64807455
理 事 长　刘杏忠
副 理 事 长　王成树（常务）　车永胜　陈双林　戴玉成　李泰辉　杨祝良
秘 书 长　文华安

中国晶体学会

Chinese Crystallographic Society（CCrS）

地　　　址　北京市海淀区北京大学陈守仁国际研究中心伟利楼207室
邮 政 编 码　100871
电 子 信 箱　ccrs@pku. edu. cn
主 页 网 址　http：//www. ccrs. net. cn
电　　　话　010－62757857
传　　　真　010－62767969
理 事 长　林建华
副 理 事 长　饶子和　洪茂椿　吴新涛　张　泽　陈小龙　陈小明　刘世雄　彭练矛　王大成　王继扬　吴以成
秘 书 长　苏晓东

中国神经科学学会

The Chinese Society for Neuroscience（CSN）

地　　　址　上海市岳阳路320号
邮 政 编 码　200031
电 子 信 箱　cns@sibs. ac. cn
主 页 网 址　http：//www. cns. org. cn
电　　　话　021－54922854/54922893
传　　　真　021－54922857
理 事 长　段树民
副 理 事 长　陈生弟　吉永华　饶　毅　王建军　徐如祥　于常海　张　旭
秘 书 长　何士刚

中国机械工程学会

Chinese Mechanical Engineering Society（CMES）

地　　　址　北京市海淀区首体南路9号主语国际4号楼11层
邮 政 编 码　100048
电 子 信 箱　headquarters@cmes. org
主 页 网 址　http：//www. cmes. org
　　　　　　http：//www. cmes. org. cn
电　　　话　010－68799009
传　　　真　010－68799050
理 事 长　周　济
副 理 事 长　卢秉恒　包起帆　任洪斌　李培根　李新亚　杨海成　张彦敏　陈　钢　林忠钦　钟志华　郭东明　蔡惟慈　谭建荣
秘 书 长　张彦敏（兼）

中国汽车工程学会

Society of Automotive Engineering of China（SAE－China）

地　　　址　北京市西城区莲花池东路102号天莲大厦4层
邮 政 编 码　100055
电 子 信 箱　Sae810@sae－china. org
主 页 网 址　http：//www. sae－china. org
电　　　话　010－63345599
传　　　真　010－63345466

理事长　张小虞
副理事长　付于武（常务）　安　进　陈因达
范　仲　李立忠　董　杨　李庆文
李书福　许建生　汪大总　王松林
张海行　吴绍明　赵　航　钟志华
朱华荣　欧阳明高　管　欣
余卓平　任小常　孙逢春
秘书长　付于武（兼）

中国农业机械学会

Chinese Society for Agricultural Machinery (CSAM)

地址　北京市朝阳区德胜门外北沙滩1号
邮政编码　100083
电子信箱　csam@caams.org.cn
主页网址　http://www.agro-csam.org
电话　010-64882291/64882232
传真　010-64882291
理事长　罗锡文
副理事长　丁翔文　王桂民　毋世杰　刘　宪
刘　敏　应义斌　张咸胜　李萍萍
姜卫东　赵　继　郭志强　贾敬敦
韩鲁佳
秘书长　李树君（兼）

中国农业工程学会

Chinese Society of Agricultural Engineering (CSAE)

地址　北京市朝阳区麦子店街41号
邮政编码　100125
电子信箱　hqcsae@agri.gov.cn
主页网址　http://www.csae.org.cn
电话　010-65910066转2502/3502
传真　010-65929450
理事长　朱　明
副理事长　傅泽田　罗锡文　佟　金　吴普特
应义斌　张长利　李天来　李萍萍
郧文聚　崔　明　韩鲁佳
秘书长　秦京光

中国电机工程学会

Chinese Society for Electrical Engineering (CSEE)

地址　北京市西城区白广路二条一号
邮政编码　100761
电子信箱　csee@csee.org.cn
主页网址　http://www.csee.org.cn
电话　010-63414320
传真　010-63414319
理事长　陆延昌
副理事长　陈　峰（常务）　舒印彪　王良友
那希志　刘顺达　任书辉　于崇德
苏　力　秦定国　郑健超　宋永华
蔡惟慈
秘书长　李若梅

中国电工技术学会

China Electrotechnical Society (CES)

地址　北京市西城区三里河路46号
邮政编码　100823
电子信箱　cesintl@public.bta.net.cn
主页网址　http://www.ces.org.cn
电话　010-68595357
传真　010-68511242
理事长　孙昌基
副理事长　王建华　朱元巢　杨庆新　杨　清
肖立业　沈小宇　陆仁琪　苗立杰
郝玉成　段瑞春　唐春潮　黄迪南
裴相精　裴振江
秘书长　裴相精（兼）

中国水力发电工程学会

China Society for Hydropower Engineering（CSHE）

地　　　址　北京市西城区白广路二条 1 号
邮 政 编 码　100761
电 子 信 箱　b07@ cast. org. cn
主 页 网 址　http：//www. hydropower. org. cn
电　　　话　010 –63414390
传　　　真　010 –63547632
理　事　长　张基尧
副 理 事 长　李菊根（常务）　丁焰章　王　琳
王光谦　匡尚富　朱跃龙　祁达才
那希志　吴贵辉　张建云　张晓鲁
陈　飞　周创兵　岳　曦　范集湘
郑宝森　晏志勇　高　嵩　曹广晶
程念高
秘　书　长　李菊根（兼）

中国水利学会

Chinese Hydraulic Engineering Society（CHES）

地　　　址　北京市西城区白广路二条 2 号
邮 政 编 码　100053
电 子 信 箱　gaojing@ mwr. gov. cn
主 页 网 址　http：//www. ches. org. cn
电　　　话　010 –63204555/63204551
传　　　真　010 –63202154
理　事　长　敬正书
副 理 事 长　顾　浩　匡尚富　张建云　沈凤生
曹广晶　马建华　薛松贵　王　乘
雷志栋　殷保合　晏志勇
秘　书　长　李赞堂（兼）

中国内燃机学会

Chinese Society for Internal Combustion Engines（CSICE）

地　　　址　上海市军工路 2500 号
邮 政 编 码　200438
电 子 信 箱　zhuwj66@ yahoo. cn
主 页 网 址　http：//www. csice. org. cn
电　　　话　021 –65745323/25079801
传　　　真　021 –65745323
理　事　长　张小虞
副 理 事 长　阳树毅（常务）　马童立　孙少军
李　骏　李树生　张树勇　沈　捷
苏万华　金东寒　欧阳明高
黄　松　黄佐华
秘　书　长　阳树毅（兼）

中国工程热物理学会

Society of Engineering Thermophysics（CSET）

地　　　址　北京市海淀区北四环西路 11 号
邮 政 编 码　100190
电 子 信 箱　cset@ mail. etp. ac. cn
主 页 网 址　http：//www. cast. org. cn
电　　　话　010 –82543040/82543037
传　　　真　010 –82543037
理　事　长　徐建中
副 理 事 长　马重芳　朱俊强　范维澄　金红光
黄　震　黄其励　蒋洪德
秘　书　长　金红光（兼）

中国空气动力学会

Chinese Aerodynamics Research Society（CARS）

地　　　址　北京市海淀区学院路 37 号国家计算流体力学实验室
邮 政 编 码　100191
电 子 信 箱　carsqdxh@ gmail. com
主 页 网 址　http：//www. cars. org. cn
电　　　话　010 –82317341
传　　　真　010 –82317341
理　事　长　邓小刚

副理事长　施岳定　任玉新　桂业伟　孙　茂
　　　　　高正红　姜宗林　赵　宁　唐志共
　　　　　赵　波
秘书长　范召林

中国制冷学会

Chinese Association of Refrigeration (CAR)

地　　址　北京市海淀区阜成路67号银都大厦10层
邮政编码　100142
电子信箱　car@ car. org. cn
主页网址　http: //www. car. org. cn
电　　话　010－68715723/68719984/68475543/68420686
传　　真　010－68434679
理事长　田元兰
副理事长　金嘉玮　周　远　江　亿　穆传江
　　　　　于元波　吴剑峰　樊高定　肖大海
　　　　　韩　戟　徐　伟　韩作樑　吴德绳
秘书长　金嘉玮（兼）

中国真空学会

Chinese Vacuum Society (CVS)

地　　址　北京市朝阳区建国路93号万达广场9号楼6层612室
邮政编码　100022
电子信箱　cvs@ chinesevacuum. com
主页网址　http: // www. chinesevacuum. com
电　　话　010－58208908/58208985
传　　真　010－58207735
理事长　侯建国
副理事长　许宁生　潘　峰　高鸿钧　陶　梦
　　　　　苏　原　邱家稳　雷震霖　巴德纯
　　　　　王西龙
秘书长　陈　旭

中国自动化学会

Chinese Association of Automation (CAA)

地　　址　北京市海淀区中关村东路95号
邮政编码　100190
电子信箱　caa@ ia. ac. cn
主页网址　http: //www. caa. org. cn
电　　话　010－62544415
传　　真　010－62522248
理事长　戴汝为　孙优贤
副理事长　郑南宁　王天然　吴宏鑫　席裕庚
　　　　　郭　雷　周　康　王常力　王飞跃
秘书长　王飞跃（兼）

中国仪器仪表学会

China Instrument & Control Society (CIS)

地　　址　北京市海淀区知春路6号锦秋国际大厦A座23层
邮政编码　100088
电子信箱　info@ cis. org. cn
主页网址　http: //www. cis. org. cn
电　　话　010－82800755
传　　真　010－82800879
名誉理事长　包叙定　金国藩
名誉副理事长　陆廷杰　孙优贤　龚惠兴　王雨生
　　　　　周兆英　张开逊
理事长　庄松林
副理事长　张钟华　薛一平　向晓波　褚　健
　　　　　胡小唐　王　岩　范幼林　尤　政
　　　　　吴幼华
秘书长　吴幼华（兼）

中国计量测试学会

Chinese Society for Measurement (CSM)

地　　址　北京市朝阳区育慧南路3号

邮政编码 100029
电子信箱 wangsa@aqsiq.gov.cn
主页网址 http://www.china-csm.org
电话 010-84639822
传真 010-84639822
理事长 王秦平
副理事长 丁雪梅 于化东 王顺安 刘新民 张广军 张玉宽 张钟华 林建忠 胡小唐 曹英杰 谭和平
秘书长 王顺安（兼）

中国标准化协会
China Association for Standardization
（CAS）

地址 北京市海淀区增光路 33 号中国标协写字楼
邮政编码 100048
电子信箱 cas@china-cas.org
主页网址 http://www.china-cas.org
电话 010-68482899
传真 010-68486228
理事长 袁宝华 李忠海 纪正昆
副理事长 孙晓康 从大鸣 王忠敏 张健全 杜一力 周平 朱恺 喻子达 李为民 吴江徽 陈建明 马林聪
秘书长 马林聪（兼） 张伟

中国图学学会
China Graphics Society
（CGS）

地址 北京市海淀区知春路 1 号学院国际大厦 1006 室
邮政编码 100191
电子信箱 cegs@cgn.net.cn
主页网址 http://www.cgn.net.cn
电话 010-62165983
传真 010-62165987
理事长 孙家广
副理事长 李华 谭建荣 魏小鹏
秘书长 李华（兼）

中国电子学会
Chinese Institute of Electronics
（CIE）

地址 北京市海淀区玉渊潭南路普惠南里 13 号楼
邮政编码 100036
主页网址 http://www.cie-info.org.cn
电话 010-68277281
传真 010-68233917
理事长 吴基传
副理事长 王志刚 韦钰 刘汝林 郭贺铨 李未 李德毅 俞忠钰 娄勤俭 龚克 熊群力
秘书长 刘汝林（兼）

中国计算机学会
China Computer Federation
（CCF）

地址 北京市海淀区中关村科学院南路 6 号
邮政编码 100190
电子邮箱 ccf@ccf.org.cn
主页网址 http://www.ccf.org.cn
电话 010-62562503
传真 010-62527485
理事长 郑纬民
副理事长 陈左宁 吕建 王恩东
秘书长 杜子德

中国通信学会
China Institute of Communications
（CIC）

地址 北京市西城区西长安街 13 号
邮政编码 100804
电子邮箱 webmaster@china-cic.org

主 页 网 址　http：//www. china－cic. org. cn/
电　　话　010－66051385/66051266
传　　真　010－66069587
理 事 长　周德强
副理事长　张海涛　邬贺铨　张训才　冷荣泉
左迅生　沙跃家　李正茂　冯新生
林金桐　龚　克　丁　磊　刘　彩
魏茂洪
秘 书 长　魏茂洪（兼）

中国中文信息学会

Chinese Information Processing Society of China（CIPSC）

地　　址　北京市海淀区中关村南四街 4 号
邮政编码　100190
电子信箱　cips@ iscas. ac. cn
电　　话　010－62562916/62661046
传　　真　010－62562916
理 事 长　李　生
副理事长　黄河燕　刘庆峰　刘迎建　施水才
孙　乐　孙茂松　吾守尔·斯拉木
徐　波　张桂平
秘 书 长　孙　乐（兼）

中国测绘学会

Chinese Society for Geodesy Photogrammetry and Cartography（CSGPC）

地　　址　北京市海淀区紫竹院百胜村 1 号
邮政编码　100048
电子信箱　b23@ cast. org. cn　csgpc@ 163. com
主页地址　http：//www. csgpc. org/
电　　话　010－88586458/88586472
传　　真　010－88585404
理 事 长　李维森
副理事长　孙　刚　李德仁　陈俊勇　赵晓明
陈　军　张卫强　孙和平　申慧群
吴劲风　张继贤　张文若　邹熹光
李寿兵　刘耀林　彭震中
秘 书 长　彭震中（兼）

中国造船工程学会

The Chinese Society of Naval Architects and Marine Engineers（CSNAME）

地　　址　北京市西城区月坛北街五号
邮政编码　100861
电子信箱　msc@ csname. org. cn
主 页 网 址　http：//www. csname. org. cn
电　　话　010－59517926
传　　真　010－59517928
理 事 长　黄平涛
副理事长　李国安　金才宽　张相木　李科浚
李长江　李建红　林建清　周守为
刘海胜　何生厚　苏　明　刘志刚
方书甲　刘郑国　吴永杰
秘 书 长　罗季燕

中国航海学会

China Institute of Navigation（CIN）

地　　址　北京市东城区和平里东街 10 号院 1－401
邮政编码　100013
电子邮箱　hhxh@ wti. ac. cn
主 页 网 址　http：//www. cinnet. cn
电　　话　010－65299792
传　　真　010－65299796
理 事 长　徐祖远
副理事长　刘功臣（常务）　王祖温　刘锡汉
孙立成　宋家慧　宋德星　张宏声
张　良　李汉军　李绍德　李铁桥
苏新刚　陈爱平　於世成　赵兴武
秘 书 长　赵东野

中国铁道学会

China Railway Society（CRS）

地址　北京市海淀区复兴路10号
邮政编码　100844
电子信箱　crstdxh@sohu.com
主页网址　http://www.crs.org.cn
电话　010－51848021
传真　010－63967184
理事长　孙永福
副理事长　徐啸明　余邦利　何华武　杨建兴　康维韬　吕长清
秘书长　吕长清（兼）

中国公路学会

China Highway and Transportation Society（CHTS）

地址　北京市朝阳区和平街11区37号楼
邮政编码　100013
电子信箱　glxh@chinahighway.com
主页网址　http://www.chts.cn
电话　010－64951487/64951472
传真　010－64951487
理事长　胡希捷
副理事长　周海涛　周纪昌　周伟　李作敏　李兴华　王玉　刘家镇　马建　董学博
秘书长　刘文杰

中国航空学会

Chinese Society of Aeronautics and Astronautics（CSAA）

地址　北京市朝阳区安外北苑2号院
邮政编码　100012
电子信箱　office@csaa.org.cn
主页网址　http://www.csaa.org.cn
电话　010－84924375
传真　010－84923942
理事长　刘高倬
副理事长　左群声　朱荻　张彦仲　张新国　怀进鹏　杨国庆　罗荣怀　姜澄宇　胡海岩　魏钢
秘书长　吴松

中国宇航学会

Chinese Society of Astronautics（CSA）

地址　北京市海淀区阜成路8号院内
邮政编码　100830
电子信箱　csaspace@163bj.com
主页网址　http://www.csaspace.org.cn
电话　010－68768625
传真　010－68768624
理事长　马兴瑞
副理事长　王兆耀　王树国　阴和俊　李跃　杨长风　杨俊华　吴燕生　胡海岩　姜澄宇　袁洁　袁家军　高红卫　曹建国　曹健林　谢良贵　雷凡培
秘书长　杨俊华（兼）

中国兵工学会

China Ordnance Society

地址　北京市海淀区车道沟10号院2431信箱
邮政编码　100089
电子信箱　suggest@cos.org.cn
主页网址　http://www.cos.org.cn
电话　010－68962461/68963055
传真　010－68963154
理事长　马之庚
副理事长　才鸿年　胡海岩　王晓锋　姜会林

张文栋　焦开河　龚艳德　聂晓夫
贯锁堂　杨　卓
秘　书　长　邓少生

中国金属学会
The Chinese Society for Metals (CSM)

地　　址　北京市东城区东四西大街46号
邮政编码　100711
电子信箱　csmoffice@csm.org.cn
电　　话　010－65133322－1612/3612
　　　　　010－65270210
传　　真　010－65124122
名誉理事长　蒲海清　殷瑞钰　翁宇庆
理　事　长　徐匡迪
副理事长　王天义（常务）　徐乐江　张晓刚
邓崎琳　朱继民　才　让　卢　柯
徐金梧　丁烈云　王义芳　沈文荣
刘　玠　赵　沛
秘　书　长　赵　沛（兼）

中国有色金属学会
The Nonferrous Metals Society of China (NFsoc)

地　　址　北京市海淀区复兴路乙12号
邮政编码　100814
电子信箱　nfsoc@163.com
电　　话　010－63971451
传　　真　010－63965399
理　事　长　康　义
副理事长　李静海　屠海令　熊维平　周中枢
余德辉　罗　涛　杨志强　李贻煌
何季麟　孙兆学　周　荣　张洪国
秘　书　长　张洪国（兼）

中国稀土学会
The Chinese Society of Rare Earths (CSRE)

地　　址　北京市海淀区学院南路76号
邮政编码　100081
电子信箱　csre@cs-re.org.cn
主页网址　http://www.cs-re.org.cn
电　　话　010－62182748/62173497
传　　真　010－62173501
理　事　长　干　勇
副理事长　丁海燕　王新林　张少明　张洪杰
张海顺　杨文浩　孟志泉　赵增祺
屠海令　黄　康　龚　斌　魏　娜
秘　书　长　林东鲁

中国腐蚀与防护学会
Chinese Society for Corrosion and Protection (CSCP)

地　　址　北京市海淀区学院路30号
邮政编码　100083
电子信箱　mail@cscp.org.cn
主页网址　http://www.cscp.org.cn
电　　话　010－62320080
传　　真　010－82372305
理　事　长　陈光章
副理事长　田志凌　乔利杰　刘坐镇　齐慧滨
陆　峰　林昌建　顾卡丽　郭兴蓬
韩恩厚
秘　书　长　李晓刚

中国化工学会
The Chemical Industry and Engineering Society of China (CIESC)

地　　址　北京市朝阳区安外小关街53号
邮政编码　100029

电 子 信 箱 ciesc@ciesc.cn
主 页 网 址 http://www.ciesc.cn
电 话 010-64441885
传 真 010-64411194
理 事 长 曹湘洪
副 理 事 长 李新华（常务） 龚七一 古共伟
曲景平 范小森 郑长波 郑书忠
徐大刚 钱旭红 张积耀
秘 书 长 洪定一

中国核学会

Chinese Nuclear Society（CNS）

地 址 北京市2125信箱
邮 政 编 码 100822
电 子 信 箱 cns@ns.org.cn
主 页 网 址 http://www.ns.org.cn
电 话 010-68555584/68555559
传 真 010-68527188
理 事 长 李冠兴
副 理 事 长 丁中智 孙汉虹 雷增光 邱爱慈
贺 禹 康克军 彭先觉 穆占英
秘 书 长 王德林

中国石油学会

Chinese Petroleum Society（CPS）

地 址 北京市西城区六铺炕街6号
邮 政 编 码 100724
电 子 信 箱 kj1969vip@sina.com
syxhqn@126.com
主 页 网 址 www.cps.org.cn
电 话 010-62067135/62094082
传 真 010-62067135/62014787
理 事 长 曾玉康
副 理 事 长 孙龙德 王道富 何庆华 王志纲
曹湘洪 周守为 朱伟林 李静海
彭齐鸣 柴育诚
秘 书 长 方朝亮

中国煤炭学会

China Coal Society（CCS）

地 址 北京市朝阳区青年沟路5号
邮 政 编 码 100013
电 子 信 箱 b38tj@cast.org.cn
主 页 网 址 http://www.ccszs.org.cn
电 话 010-84262776/84262778
传 真 010-84262778
理 事 长 濮洪九
副 理 事 长 王 信 王金华 孙茂远 张玉卓
张铁岗 袁 亮 谢和平 葛世荣
秘 书 长 刘 峰

中国可再生能源学会

Chinese Renewable Energy Society（CRES）

地 址 北京市海淀区中关村北二条6号
邮 政 编 码 100190
电 子 邮 箱 cres@mail.iee.ac.cn
主 页 网 址 http://www.cres.org.cn/
电 话 010-82547225
传 真 010-82547220
理 事 长 石定环
副 理 事 长 李宝山 孔 力 毛宗强 仲继寿
朱俊生 许洪华 吴创之 李俊峰
孟宪淦 武 钢 施正荣 赵玉文
柳 地 黄 鸣 江 连 喜文华
韩建功
秘 书 长 李宝山（兼）

中国能源研究会

China Energy Research Society（CERS）

地 址 北京市西城区三里河路54号
邮 政 编 码 100045

电子信箱　cers@mx.cei.gov.cn
主页网址　http://www.cers.org.cn
电话　010－68511816
传真　010－68513097
理事长　柴松岳
副理事长　周大地　王显政　冯飞　毕亚雄　何建坤　张玉卓　李静海　周小谦　郑虎　政健超　赵立欣　徐锭明　曹湘洪　翟若愚
秘书长　于新阳

中国硅酸盐学会

The Chinese Ceramic Society

(CCS)

地址　北京市海淀区三里河路11号
邮政编码　100831
电子信箱　cersoc@public3.bta.net.cn
主页网址　http://www.ceramsoc.com
电话　010－57811248
传真　010－57811249
理事长　徐永模
副理事长　张联盟　李建保　李新华　陈立泉　周玉　罗宏杰　南策文　姚燕　徐德龙　晋占平　彭寿
秘书长　晋占平（兼）

中国建筑学会

Architectural Society of China

(ASC)

地址　北京市海淀区三里河路9号
邮政编码　100835
电子信箱　asc@mail.cin.gov.cn
　　　　　b42@cast.org.cn
主页网址　http://www.chinaasc.org
电话　010－88082224/88082240
　　　010－88082239/88082229
传真　010－88082223/88082243/88082222

理事长　车书剑
副理事长　丁建　朱小地　朱文一　李建飞　张桦　杨焕彩　管庆　欧进萍　周岚　周畅　林坚飞　修龙　徐宗威　程志毅
秘书长　徐宗威（兼）

中国土木工程学会

China Civil Engineering Soceity

(CCES)

地址　北京市海淀区三里河路9号建设部内
邮政编码　100835
电子信箱　zhb@cces.net.cn
主页网址　http://www.cces.net.cn
电话　010－58933958
传真　010－58933953
理事长　谭庆琏
副理事长　蔡庆华　胡希捷　徐培福　范立础　袁驷
秘书长　张雁

中国生物工程学会

Chinese Society of Biotechnology

(CSBT)

地址　北京市朝阳区北辰西路1号院3号中科院微生物所B座411室
邮政编码　100101
电子信箱　csbt@im.ac.cn
主页网址　http://www.biotechchina.org
电话　010－64807678
传真　010－64807678
理事长　欧阳平凯
副理事长　高福　马树恒　陈惠鹏　金城　林敏　刘双江　马延和　麦康森　应汉杰　朱祯　张宏翔　赵贵英
秘书长　马树恒（兼）

中国纺织工程学会

China Textile Engineering Society

(CTES)

地　　址　北京市朝阳区延静里中街3号
邮政编码　100025
电子信箱　ctes@public.bta.net.cn
主页网址　http://www.ctes.com.cn
电　　话　010－65016537
传　　真　010－65016538
理 事 长　孙瑞哲
副理事长　马永喜　王竹林　王启明　伏广伟　刘元风　朱　勇　阮积祥　李书勤　李全宝　杨　勋　肖长发　陈建勇　周华堂　俞建勇　施楣梧　柯惠琪　胡　克　赵　强　夏志林　徐卫林　戚建尔　谢　明　蒲宗耀　潘雪平　潘跃进
秘 书 长　龚进礼

中国造纸学会

China Technical Association of the Paper Industry (CTAPI)

地　　址　北京市朝阳区望京启阳路4号院1号楼（中轻大厦B座）10层
邮政编码　100102
电子信箱　qxd@ctapi.org.cn
主页网址　http://www.ctapi.org.cn
电　　话　010－65812880/65830216/65831089
　　　　　010－65831090/65830215/65831083
传　　真　010－65812653
理 事 长　陈学忠
副理事长　邝仕均　曹朴芳　陈鄂生　孙树建　张金声　刘焕彬　庄义汉　林昭远　吴佳林　李建华
秘 书 长　曹振雷

中国文物保护技术协会

China Association for Preservation Technology of Cultural Relics

(CAPTCR)

地　　址　北京市东城区景山前街4号故宫博物院内
邮政编码　100009
电子信箱　zgwwbhjsxh@gmail.com
主页网址　http://210.72.10.8/zgwwbhjsxh/webs
电　　话　010－85007142
传　　真　010－85007142
理 事 长　李化元
副理事长　付清远　潘　路　马清林　龚　良　王旭东　王立平
秘 书 长　王时伟

中国印刷技术协会

The Printing Technology Association of China (PTAC)

地　　址　北京市西城区太平街6号富力摩根中心E座818室
邮政编码　100050
电子信箱　ptac_zhx@163.com
主页网址　http://www.chinaprint.org
电　　话　010－59361480
传　　真　010－59361489
理 事 长　于永湛
副理事长　万　捷　王岩镔　文宏武　印德明　冯广源　曲德森　任玉成　刘学智　刘晓昆　肖建国　陈向东　张双儒　张良晓　陈　均　郝振省　俞志康　郭　全　滕方迁
秘 书 长　曲德森（兼）

中国材料研究学会

Chinese Materials Research Society

(C－MRS)

地　　址　北京市海淀区紫竹院路62号赛迪大厦

4102 室
邮政编码　100048
电子信箱　c－mrs@163. com
主页网址　http：//www. c－mrs. org. cn
电　　话　010－68710443
传　　真　010－68722033
理 事 长　黄伯云
副理事长　高瑞平　韩高荣　韩雅芳　李光宪
　　　　　李元元　罗宏杰　邱　勇　屠海令
　　　　　魏炳波　谢建新　徐　坚　杨　锐
　　　　　姚　燕　周少雄　周　玉
秘 书 长　韩雅芳（兼）

中国食品科学技术学会

Chinese Institute of Food Science and Technology（CIFST）

地　　址　北京市海淀区阜成路北三街 6 号轻苑大厦三层
邮政编码　100048
电子信箱　cifst@126. com
主页网址　http：//www. cifst. org. cn
电　　话　010－65265375/65265376
传　　真　010－65264731
名誉理事长　潘蓓蕾
理 事 长　孟素荷
副理事长　陈　坚　潘迎捷　曹小红　李　琳
　　　　　罗云波　胡小松　饶平凡　贾志忍
　　　　　王延才　蔡木易　刘秀梅　蔡永峰
　　　　　李永敬　孙宝国　周光宏
秘 书 长　邵　薇

中国粮油学会

Chinese Cereals and Oils Association（CCOA）

地　　址　北京市西城区百万庄大街 11 号粮科大厦
邮政编码　100037
电子信箱　Cathy913@sina. com
主页网址　http：// www. ccoaonline. com
电　　话　010－68357522
传　　真　010－68357522
理 事 长　朱长国
副理事长　王瑞元　刘新江　尚强民　杜　政
　　　　　栗　明　王常俊　李长轩　胡新民
　　　　　金征宇　吴子丹　王录民　韦一良
　　　　　胡承淼　于小冬
秘 书 长　胡承淼（兼）

中国职业安全健康协会

China Occupational Safety and Health Association（COSHA）

地　　址　北京市东城区和平里北街 21 号
邮政编码　100713
电子信箱　anniewyh@sohu. com
电　　话　010－64463210
传　　真　010－64463210
理 事 长　张宝明
副理事长　纪明波　杨中　刘根元　任树奎
　　　　　伊　烈
秘 书 长　伊　烈（兼）

中国烟草学会

China Tobacco Society（CTS）

地　　址　北京市西城区月坛南街 55 号
邮政编码　100045
电子信箱　liuxinhua@tobacco. gov. cn
电　　话　010－63605021
传　　真　010－63605760
理 事 长　张　辉
副理事长　潘家华　金忠理　董国智　刘建福
　　　　　杨　俊　王元英　刘国顺
秘 书 长　董国智（兼）

中国系统仿真学会

Chinese Association for System Simulation (CASS)

地　　址　北京市海淀区学院路 37 号
邮政编码　100191
电子信箱　cassimul@vip.sina.com
主页网址　http://cass-sim.buaa.edu.cn
电　　话　010-82310612
传　　真　010-82317098
理 事 长　赵沁平
副理事长　费敏锐　胡晓峰　康凤举　刘　金　刘藻珍　潘旭东　邱晓刚　肖田元　杨　明　张　霖　赵　民
秘 书 长　吴云洁

中国电影电视技术学会

China Society of Motion Picture and Television Engineers (CSMPTE)

地　　址　北京市海淀区西三环中路莲花小区华宝大厦 1619 室
邮政编码　100036
电子信箱　csmpte@163.com
主页网址　http://www.csmpte.com.cn
电　　话　010-63983646
传　　真　010-63958027
理 事 长　何宗就
副理事长　丁文华　宋宜纯　陈　飞　田　方　马　炬　高少君　林长海　李金荣　姚　平　姚　威　何　涛
秘 书 长　黄平刚

中国振动工程学会

Chinese Society for Vibration Engineering (CSVE)

地　　址　江苏省南京市御道街 29 号
邮政编码　210016
电子信箱　csve@nuaa.edu.cn
主页网址　http://www.csve.net.cn
电　　话　025-84892135
传　　真　025-84892135
名誉理事长　黄文虎　闻邦椿　刘人怀
理 事 长　欧进萍
副理事长　陈国平　何正嘉　孟　光　苏义脑　王永亮　邢誉峰　杨绍普
秘 书 长　陈国平（兼）

中国颗粒学会

Chinese Society of Particuology (CSP)

地　　址　北京市海淀区中关村北二条 1 号中科院过程工程大厦 1003 室
邮政编码　100190
电子信箱　klxh@home.ipe.ac.cn
主页网址　http://www.csp.org.cn
电　　话　010-62647657/47
传　　真　010-82629146
理 事 长　李静海　陈运法
副理事长　李洪钟　徐德龙　陈建峰　马光辉　宋延林　魏　飞　张福根　张仁健　张　忠　郑水林
秘 书 长　马光辉（兼）

中国照明学会

China Illuminating Engineering Socitty (CIES)

地　　址　北京市朝阳区大北窑厂坡村甲 3 号南楼二层
邮政编码　100022
电子信箱　zgzmxh@yahoo.com.cn
主页网址　http://www.lightingchina.com.cn
电　　话　010-65815905/65836525
传　　真　010-65812194

理　事　长　王锦燧
副理事长　徐　淮　朱绍龙　刘醒明　邴树奎
　　　　　吴初瑜　罗　红　赵建平　柴国生
　　　　　崔一平　戴德慈
秘　书　长　徐　淮（兼）

中国动力工程学会

Chinese Society of Power Engineering（CSPE）

地　　址　上海市闵行剑川路1115号
邮政编码　200240
电子信箱　cspe@ speri. com. cn
主页网址　http：//www. cpeweb. com. cn
电　　话　021－54705106/34020813
传　　真　021－54705106
理　事　长　蒋以任
副理事长　刘吉臻　朱元巢　严宏强　张丽英
　　　　　倪明江　商中福　黄　瓯　舒世安
　　　　　蒋洪德
秘　书　长　严宏强（兼）

中国惯性技术学会

Chinese Society of Inertial Technology（CSIT）

地　　址　北京市海淀区阜成路8号
邮政编码　100830
电子信箱　Postmaster70341@ sinac. com
主页网址　http：//www. csit. org. cn
电　　话　010－68370341/68386627
传　　真　010－68370341/68386627
理　事　长　徐　强
副理事长　宋有山　任德民　刘　飞　屈孝池
　　　　　付梦印　郑　辛　刘　琳
秘　书　长　胡　毅

中国风景园林学会

Chinese Society of Landscape Architecture（CHSLA）

地　　址　北京市海淀区三里河路9号
邮政编码　100835
电子信箱　chsla@ vip. sina. com
主页网址　http：//www. chsla. org. cn
电　　话　010－58933918/88082568
传　　真　010－58933918
理　事　长　陈晓丽
副理事长　马连勇　王天锡　王向荣　刘秀晨
　　　　　任春秀　杨洪波　陈　敏　董瑞龙
　　　　　郑西平
秘　书　长　刘秀晨（兼）

中国电源学会

China Power Supply Society（CPSS）

地　　址　天津市咸阳路60号
邮政编码　300111
电子信箱　cpss@ cpss. org. cn
主页网址　http：//www. cpss. org. cn
电　　话　022－27634742/27680796
传　　真　022－27687886
理　事　长　王兆安
副理事长　阮新波　周雒维　倪本来　徐殿国
　　　　　章进法　康　勇　韩家新
秘　书　长　韩家新（兼）

中国复合材料学会

Chinese Society for Composite Materials（CSCM）

地　　址　北京市海淀区学院路37号
邮政编码　100191

电 子 信 箱 fhclxh@ buaa. edu. cn
主 页 网 址 http://cscm. buaa. edu. cn
电　　　 话 010 - 82317092
传　　　 真 010 - 82317092
理　 事　 长 杜善义
副 理 事 长 刘人怀　张立同　李新华　孟祥泰
郭玉明　杨　旭　朱建勋　郭恩明
徐惠彬
秘　 书　 长 燕　瑛

中国消防协会

China Fire Protection Association
(CFPA)

地　　　 址 北京市朝阳区华威西里甲 19 号
邮 政 编 码 100021
电 子 信 箱 hdhxiaofang@ yahoo. com. cn
主 页 网 址 http://www. china - fire. com
电　　　 话 010 - 87789256/87792378
传　　　 真 010 - 87789252
理　 事　 长 孙　伦
副 理 事 长 李向华　李世雄　郑玉海　冯凯文
范维澄
秘　 书　 长 高　伟

中国图象图形学学会

China Society of Image&Graphics
(CSIG)

地　　　 址 北京市海淀区中关村东路 95 号
邮 政 编 码 100080
电 子 信 箱 w07@ cast. org. cn
W9215@ 126. com
主 页 网 址 http://www. csig. org. cn
电　　　 话 010 - 82614486/82614482
传　　　 真 010 - 82614486
名誉理事长 潘云鹤
理　 事　 长 徐冠华
副 理 事 长 吴一戎　余　轮　陈武凡　庄越挺
周明全　丁国辉　杨红雨　潘志庚
秘　 书　 长 刘凯龙

中国人工智能学会

Chinese Association for Artificial Intelligence
(CAAI)

地　　　 址 北京市海淀区西土城路 10 号
邮 政 编 码 100876
主 页 网 址 http://caai. cn/index. htm
电　　　 话 010 - 62281360
传　　　 真 010 - 62282983
理　 事　 长 李德毅
副 理 事 长 杨放春　何新贵　赵沁平　谭铁牛
李祖枢　韩力群　黄河燕　焦李成
马少平　任福继
秘　 书　 长 王万森

中国体视学学会

Chinese Society for Stereology (CSS)

地　　　 址 北京市海淀区清华大学工物系刘卿楼 211 室
邮 政 编 码 100084
电 子 信 箱 tscss@ mail. tsinghua. edu. cn
主 页 网 址 http://www. tscss. org/
电　　　 话 010 - 62776336
传　　　 真 010 - 62784659
理　 事　 长 康克军
副 理 事 长 刘国权　赵忠明　唐　勇　申　洪
秘　 书　 长 王　忠

中国工程机械学会

China Construction Machinery Society (CCMS)

地　　　 址 上海市四平路 1239 号同济大学机械学院转学会
邮 政 编 码 200092

电子信箱　zxz@tongji.edu.cn
主页网址　http://ccms.tongji.edu.cn
电　　话　021－65985015
传　　真　021－65985015
理 事 长　郑惠强
副理事长　冯培恩　秦家铭　葛世荣　陶德馨
　　　　　李晓东　马世宁　赵丁选　刘　权
　　　　　龙水根　叶元华
秘 书 长　刘　钊

中国农学会

China Association of Agricultural Science Societies (CAASS)

地　　址　北京市朝阳区麦子店街22号楼
邮政编码　100125
电子信箱　59194203@163.com
主页网址　http://www.caass.org.cn
电　　话　010－59194203/59194204
传　　真　010－59194204
会　　长　张桃林
副 会 长　方智远　梁田庚　王守臣　白金明
　　　　　刘永好　刘立仁　旭日干　张凤桐
　　　　　张启发　李家洋　杨　军　陈章良
　　　　　武文斌　赵方田　骆世明　柯炳生
　　　　　梁　滨　舒惠国　韩德乾　翟虎渠
　　　　　腾彩元
秘 书 长　赵方田（兼）

中国林学会

Chinese Society of Forestry (CSF)

地　　址　北京市海淀区东小府2号
邮政编码　100091
电子信箱　glp8312@126.com
主页网址　http://www.csf.org.cn
电　　话　010－62889975/62889815
传　　真　010－62888312
名誉理事长　曲格平　高德占

理 事 长　江泽慧
副理事长　王　涛　尹伟伦　张建龙　张守攻
　　　　　杨雍哲　舒惠国　李文华　李东升
　　　　　赵良平　张樟德
秘 书 长　赵良平（兼）

中国土壤学会

Soil Science Society of China (SSSC)

地　　址　江苏省南京市北京东路71号
邮政编码　210008
电子信箱　sssc@issas.ac.cn
主页网址　http://www.csss.org.cn
电　　话　025－86881532
传　　真　025－86881538
理 事 长　周健民
副理事长　沈仁芳（常务）　张玉龙　张维理
　　　　　张福锁　沈其荣　邵明安　武志杰
　　　　　栗铁申　涂仕华
秘 书 长　蒋　新

中国水产学会

China Society of Fisheries (CSF)

地　　址　北京市朝阳区东三环南路96号农丰大厦
邮政编码　100122
电子信箱　LLD1987@yahoo.cn
主页网址　http://www.csfish.org.cn
电　　话　010－59199605
传　　真　010－59199604
理 事 长　唐启升
副理事长　王衍亮　关瑞章　刘身利　朱作言
　　　　　吴灶和　司徒建通　相建海　桂建芳
　　　　　黄硕琳　董双林
秘 书 长　司徒建通(兼)　曲宇风　陈恩友　王淑欣

中国园艺学会

Chinese Society for Horticultural Science (CSHS)

地　　　址　北京市海淀区中关村南大街 12 号
邮 政 编 码　100081
电 子 信 箱　cshs@ mail. caas. net. cn
主 页 网 址　http://www. cshs. org. cn
电　　　话　010－82109528
传　　　真　010－82109528
理　事　长　方智远
副 理 事 长　邓秀新　王有年　杜永臣　侯喜林
　　　　　　赵梁军　包满珠　许　勇　孙小武
秘　书　长　杜永臣（兼）

中国畜牧兽医学会

Chinese Association of Animal Science and Veterinary Medicine (CAAV)

地　　　址　北京市朝阳区农展馆南路 9 号博雅园 1－106
邮 政 编 码　100125
电 子 信 箱　c06@cast. org. cn　caav001@163. com
主 页 网 址　http://www. caav. org. cn
电　　　话　010－85959009/85959010/85959006
传　　　真　010－85959010
理　事　长　陈焕春
副 理 事 长　阎汉平（常务）　于康震　张仲秋
　　　　　　陈伟生　才学鹏　冯忠武　孔宪刚
　　　　　　时建忠　张春新　邵根伙　秦贞奎
　　　　　　黄路生　李德发　汪　明　李　英
　　　　　　文心田　董常生　王金洛　秦贵信
　　　　　　王金宝
秘　书　长　杨汉春

中国植物病理学会

Chinese Society for Plant Pathology (CSPP)

地　　　址　北京市海淀区圆明园西路二号
邮 政 编 码　100193
电 子 信 箱　office@ cspp. org. cn
主 页 网 址　http://www. cspp. org. cn
电　　　话　010－62731025
传　　　真　010－62813785
理　事　长　郭泽建
副 理 事 长　陈保善　李宝笃　王慧敏　王锡锋
　　　　　　王宗华　郑小波　于嘉林　刘大群
　　　　　　侯明生　周雪平
秘　书　长　韩成贵

中国植物保护学会

China Society of Plant Protection (CSPP)

地　　　址　北京市海淀区圆明园西路 2 号中国农业科学院植物保护研究所
邮 政 编 码　100193
电 子 信 箱　cspp62@ 163. com
主 页 网 址　http://www. ipmchina. net/cspp
电　　　话　010－62815913/62811917
传　　　真　010－62815913/62811917
理　事　长　吴孔明
副 理 事 长　万方浩　马　祁　马万杰　朱有勇
　　　　　　张青文　张　立　陈剑平　周常勇
　　　　　　夏敬源　顾宝根　喻大昭
秘　书　长　陈万权

中国作物学会

The Crop Science Society of China (CSSC)

地　　　址　北京市海淀区中关村南大街 12 号中国农业科学院作物育种楼 304 室
邮 政 编 码　100081
电 子 信 箱　cssc304@ 163. com
主 页 网 址　http://www. chinacrops. org/
电　　　话　010－82108616
传　　　真　010－82108785

理　事　长　翟虎渠

副理事长　万建民（常务）　叶贞琴　刘　旭　李云伏　李登海　李召虎　曹卫星　谢华安　薛勇彪

秘　书　长　张保明

中国热带作物学会

China Society of Tropical Crops（CSTC）

地　　址　海南省海口市龙华区城西学院路4号

邮政编码　571101

电子信箱　rzxh2006@163. com

主页网址　http://www. cstcs. org. cn

电　　话　0898－66962928

传　　真　0898－66962927

理　事　长　吕飞杰

副理事长　龚菊芳　刘康德　吴金玉　郭奕秋　何天喜　雷勇健　杨伟林　高咸周　王文壮　符月华

秘　书　长　吴金玉（兼）

中国蚕学会

Chinese Sociecy of Sericulture Science（CSSS）

地　　址　江苏省镇江市四摆渡中国农业科学院蚕业研究所

邮政编码　212018

电子邮箱　liuting68@163. com

主页网址　www. sricaas. com

电　　话　0511－85616595/85616661

传　　真　0511－85622507

理　事　长　鲁　成

副理事长　张国政（常务）　楼程富　陶文瑞　张道文　肖更生　宋国柱　刘文安　曾华明　祁广军　钱有清

秘　书　长　李　龙

中国水土保持学会

Chinese Society of Soil and Water Conservation（CSSWC）

地　　址　北京市海淀区清华东路35号北京林业大学内

邮政编码　100083

电子信箱　zgsbxh@263. net

主页网址　http://www. sbxh. org

电　　话　010－62338045

传　　真　010－62338045

理　事　长　刘　宁

副理事长　刘　震　王祝雄　胡元坤　刘国彬　朱金兆

秘　书　长　吴　斌

中国茶叶学会

China Tea Science Society（CTSS）

地　　址　浙江省杭州市梅灵南路9号

邮政编码　310008

电子信箱　chinatss@mailtricaas. com

主页网址　http://www. chinatss. cn

电　　话　0571－86650477/86653176/876653170

传　　真　0571－86650477

理　事　长　杨亚军

副理事长　宛晓春　冯廷佺　封槐松　毛祖法　朱福堂　黄汉庆　刘仲华　王　云

秘　书　长　江用文

中国草学会

Chinese Grassland Society（CGS）

地　　址　北京市海淀区圆明园西路2号中国农业大学新动科楼0118室

邮 政 编 码 100193
电 子 信 箱 cgsoffice@163. com
主 页 网 址 http://www. chinagrass. org. cn
电 话 010-62732799/62731666
传 真 010-62732799
理 事 长 马启智
副 理 事 长 周 禾（常务） 马有祥 王明玖 王德利 师尚礼 朱进忠 刘永志 刘国道 李凌浩 沈益新 呼天明 侯向阳 侯扶江 高洪文 韩烈保
秘 书 长 王 堃

中国植物营养与肥料学会

Chinese Society of Plant Nutrition and Fertilizer Science（CSPNF）

地 址 北京市海淀区中关村南大街12号
邮 政 编 码 100081
电 子 信 箱 ylsong@caas. net. cn
主 页 网 址 http://www. cspnf. org. cn
电 话 010-82109093
传 真 010-82109093
理 事 长 金继运
副 理 事 长 张维理 罗奇祥 陈明昌 张福锁 施卫明 高祥照 徐 茂
秘 书 长 白由路

中华医学会

Chinese Medical Association（CMA）

地 址 北京市东城区东四西大街42号
邮 政 编 码 100710
电 子 信 箱 cma@cma. org. cn
主 页 网 址 http://www. cma. org. cn
电 话 010-85158114
传 真 010-85158028
会 长 陈 竺
副 会 长 刘雁飞 买买提·牙森 刘 俊 刘德培 祁国明 吴明江 张雁灵 李兰娟 杨宝峰 柯 杨 贺福初 赵玉沛 郝希山 顾玉东 戴建平 魏于全
秘 书 长 刘雁飞（兼）

中华中医药学会

China Association of Chinese Medicine（CACM）

地 址 北京市朝阳区樱花园东街甲4号
邮 政 编 码 100029
电 子 信 箱 cacmbgs@yahoo. com. cn
主 页 网 址 http://www. cacm. org. cn
电 话 010-64218316
传 真 010-64297983
会 长 王国强
副 会 长 马建中 王新陆 吕玉波 孙树椿 严世芸 吴以岭 吴 滇 张大宁 张伯礼 李大鹏 李俊德 李清杰 杨明会 陈传宏 徐镜人 高思华 曹洪欣 谢阳谷
秘 书 长 李俊德（兼）

中国中西医结合学会

Chinese Association of Integrative Medicine（CAIM）

地 址 北京市东城区东直门内南小街16号
邮 政 编 码 100700
电 子 信 箱 caim@caim. org. cn
主 页 网 址 http://www. caim. org. cn
电 话 010-64010688/64025672
传 真 010-64010688/84035154
会 长 陈凯先
副 会 长 陈香美（常务） 王 阶 王文健 吕爱平 许树强 吴 刚 吴以岭 吴伟康 张伯礼 李显筑 凌昌全 高思华 曹洪欣 黄光英
秘 书 长 穆大伟

中国药学会

Chinese Pharmaceutical Association

（CPA）

地　　　址　北京市朝阳区建外大街四号建外 SOHO 九号楼 18 层
邮政编码　100022
电子信箱　cpalyi@163. com　ly@cpa. org. cn。
主页网址　http：//www. cpa. org. cn
电　　　话　010－58699270
传　　　真　010－58699270
理　事　长　桑国卫
副理事长　陈凯先　袁天锡　李大魁　王晓良　吴晓明　李少丽
秘　书　长　李少丽（兼）

中华护理学会

Chinese Nursing Association

（CNA）

地　　　址　北京市东城区东四西大街 42 号
邮政编码　100710
电子信箱　CHNU@263. net
主页网址　http：//www. cna－cast. org. cn
电　　　话　010－65265331/65598461
传　　　真　010－65265331
理　事　长　李秀华
副理事长　刘华平　王建荣　吴欣娟　黄惟情　孙　红　姜小鹰　郑　萍
秘　书　长　冯运华

中国生理学会

Chinese Association for Physiological Sciences（CAPS）

地　　　址　北京市东城区东四西大街 42 号
邮政编码　100710
电子信箱　shenglixueyuan@yahoo. com. cn
主页网址　http：//www. caps－china. org
电　　　话　010－65278802/85158602
传　　　真　010－65278802
理　事　长　王晓民
副理事长　王　宪　王建军　李葆明　陈应城　夏　强　谢俊霞　马　兰
秘　书　长　王　韵

中国解剖学会

Chinese Society for Anatomical Sciences（CSAS）

地　　　址　北京市东城区东单三条九号
邮政编码　100005
电子信箱　d07@cast. org. cn
主页网址　http：//www. csas. org. cn
电　　　话　010－65273712/65296459
传　　　真　010－65273712/65296459
理　事　长　李云庆
副理事长　席焕久　顾晓松　周国民　李　和　张绍祥
秘　书　长　周长满

中国生物医学工程学会

Chinese Society of Biomedical Engineering（CSBME）

地　　　址　北京市东城区东单三条 5 号
邮政编码　100005
电子信箱　swyxgch@126. com　yxgch@sina. com
主页网址　http：//www. csbme. org
电　　　话　010－65136537/65296448
传　　　真　010－65265035
名誉理事长　俞梦孙
理　事　长　樊瑜波
副理事长　李兰娟　郑全录　姜宗来　胡逸民　顾汉卿　奚廷斐　曹谊林　董秀珍
秘　书　长　顾汉卿（兼）

中国病理生理学会

Chinese Association of Pathophysiology (CAP)

地　　址　北京市海淀区学院路38号北京大学医学部病理生理教研室
邮政编码　100191
电子信箱　pathophy@bjmu.edu.cn
主页网址　http://www.caop.ac.cn
电　　话　010－82802403
传　　真　010－82802403
理 事 长　吴立玲
副理事长　朱广瑾　王建枝　高钰琪　陈　琪　王华东
秘 书 长　张幼怡

中国营养学会

Chinese Nutrition Society (CNS)

地　　址　北京市西城区广安门内大街6号枫桦豪景A座5单元1601、1602室
邮政编码　100053
电子信箱　czh@cnsoc.org
主页网址　http://www.cnsoc.org
电　　话　010－83554781/83554782
传　　真　010－83554780
理 事 长　程义勇
副理事长　翟凤英（常务）　郭俊生　苏宜香　严卫星　杨月欣
秘 书 长　贾健斌

中国药理学会

Chinese Pharmacological Society (CNPHARS)

地　　址　北京市西城区先农坛街一号
邮政编码　100050
电子信箱　zhxd@imm.ac.cn
主页网址　http://www.cnphars.org
电　　话　010－63165211
传　　真　010－63165211
理 事 长　杜冠华
副理事长　张永祥　李学军　刘昌孝　周宏灏　杨宝峰　苏定冯　刘俊田
秘 书 长　张永祥（兼）

中国针灸学会

China Association of Acupuncture and Moxibustion (CAAM)

地　　址　北京市东城区东直门内南小街16号
邮政编码　100700
电子信箱　d12@cast.org.cn
主页网址　http://www.caam.cn
电　　话　010－64030959/64030611
　　　　　010－64014411转2274/3065/3063/3062
传　　真　010－64030959
理 事 长　刘保延
副理事长　方剑乔　王　华　王麟鹏　王　舒　王之虹　刘智斌　朱　兵　许能贵　吴富东　张　仁　沈志祥　陈立典　梁繁荣
秘 书 长　杨金生

中国防痨协会

Chinese Anti－Tuberculosis Association (CATA)

地　　址　北京市东城区东四西大街42号210室
主页网址　www.cata1993.cn
邮政编码　100710
电　　话　010－65257475/65257509
传　　真　010－65257475
理 事 长　王撷秀
副理事长　万利亚　刘志敏　刘剑君　许绍发　洪　峰　梅　建
秘 书 长　万利亚（兼）

中国麻风防治协会

China Leprosy Association (CLA)

地　　址　北京市丰台区角门北路甲 8 号 1 号楼 1107 室
邮政编码　100068
电子信箱　clabj@vip.163.com
主页网址　http://www.chinalep.org
　　　　　http://www.skinstd.com
电　　话　010-67522205
传　　真　010-67522206
会　　长　张国成
副 会 长　宋顺鹏　张福仁　汪　华　熊俊浩
　　　　　尤卫平　杨　斌　胡守敬　徐伟民
秘 书 长　潘春枝

中国心理卫生协会

Chinese Association for Mental Health (CAMH)

地　　址　北京市西城区德外安康胡同 5 号
邮政编码　100088
电子信箱　camh2006@sina.com
主页网址　http://www.camh.org.cn
电　　话　010-58303238/58303239/58303248
传　　真　010-82029354
理 事 长　马　辛
副理事长　王　刚　王向群　赵国秋　张建新
　　　　　张金钟　武国城　谢　斌　杨甫德
秘 书 长　王　刚（兼）

中国抗癌协会

Chinese Anti-cancer Association (CACA)

地　　址　天津新技术产业园区兰苑路 5 号 A 座 10 楼
邮政编码　300384
电子信箱　bgs@caca.sina.net
主页网址　http://www.caca.org.cn
电　　话　022-23359958
传　　真　022-23526512
理 事 长　郝希山
副理事长　程书钧　曾益新　樊代明　刘　奇
　　　　　蒋国梁　唐步坚　赵家宏　张宗卫
　　　　　高国兰
秘 书 长　张广超

中国体育科学学会

China Sport Science Society (CSSS)

地　　址　北京市东城区体育馆路 11 号
邮政编码　100061
电子信箱　csssbgs@126.com
主页网址　http://www.csss.cn
电　　话　010-87182594/87182593
传　　真　010-87183926
理 事 长　段世杰
副理事长　田　野　王　清　祝　莉　张　剑
　　　　　蒋志学　杨贵仁　李国平　吴倖天
　　　　　杨　桦　赵　黎　敖英芳　高　岱
　　　　　李　强　李晓西
秘 书 长　田　野（兼）

中国毒理学会

Chinese Society of Toxicology (CST)

地　　址　北京市海淀区太平路 27 号
邮政编码　100850
电子信箱　chntox@yahoo.com.cn
主页网址　http://www.chntox.org
电　　话　010-66932387
传　　真　010-68183899
理 事 长　庄志雄
副理事长　付立杰　江桂斌　廖明阳　王　捷
　　　　　王心如　郑玉新　周平坤

秘　书　长　周平坤（兼）

中国康复医学会

Chinese Association of Rehabilitation Medicine (CARM)

地　　　址　北京市朝阳区樱花园东街2号
邮政编码　100029
电子信箱　carm510@126.com
主页网址　http://www.carm.org.cn
电　　　话　010－84205450/64222985
传　　　真　010－64222985
理　事　长　马晓伟
副理事长　许树强（常务）　励建安　邓开叔　王茂斌　侯树勋　李建军
秘　书　长　励建安（兼）

中国免疫学会

Chinese Society for Immunology (CSI)

地　　　址　北京市东城区东单三条5号
邮政编码　100005
电子信箱　65296451@163.com
主页网址　http://www.csi－cams.org.cn
电　　　话　010－65296451/85113258
传　　　真　010－65296451
理　事　长　曹雪涛
副理事长　沈倍奋　马大龙　龚非力　田志刚　何　维
秘　书　长　何　维（兼）

中华预防医学会

Chinese Preventive Medicine Association (CPMA)

地　　　址　北京市西城区鼓楼西大街154号
邮政编码　100009
电子信箱　cpma_zhxt@126.com
主页网址　http://www.cpma.org.cn
电　　　话　010－84039879
传　　　真　010－84039873
会　　　长　王陇德
副　会　长　王　宇　王贺祥　王撷秀　庄　辉　李德雪　姜庆五　蔡纪明　阚学贵
秘　书　长　蔡纪明（兼）

中国法医学会

Chinese Forensic Medicine Association (CFMA)

地　　　址　北京市西城区木樨地南里17号
邮政编码　100038
电子信箱　fyxh6626@sina.com
主页网址　http://www.fyxh.org
电　　　话　010－63495531/66269520
传　　　真　010－63495531
理　事　长　刘　耀
副理事长　王　镭　刘长春　孙爱明　张力理　陈世贤　霍宪丹
秘　书　长　翟恒利

中华口腔医学会

Chinese Stomatological Association (CSA)

地　　　址　北京市海淀区中关村南大街甲18号北京国际大厦C座四层
邮政编码　100081
电子信箱　csa@cndent.com
主页网址　http://www.cndent.com/
电　　　话　010－62116665
会　　　长　王　兴
副　会　长　边　专　刘洪臣　孙　正　张　斌　张志愿　周　诺　周学东　赵铱民　俞光岩　徐　韬　黄洪章　章锦才　路振富
秘　书　长　王　渤

中国医学救援协会

China Association for Disaster & Emergency Rescue Medicine (CADERM)

地　　址　北京市海淀区永定路 69 号行政楼 6 层 613 室
邮政编码　100039
电子信箱　caderm@163.com
主页网址　http://www.caderm.org
电　　话　010－57976109
传　　真　010－57976104
理 事 长　马晓伟
副理事长　王发强　郑静晨　马胜荣　王明晓　韦　波　许树强　张　愈　陈新年　陈晓红　夏祖昌　王海京
秘 书 长　李宗浩

中国女医师协会

China Medical Women's Association (CMWA)

地　　址　北京市西城区新华里 16 号院 9 号楼 2 单元102 号
邮政编码　100044
电子信箱　nysh120@126.com
主页网址　http://www.cmwa.org.cn/
电　　话　010－88129685
会　　长　何界生
副 会 长　丁　洁　于　冬　王香平　王捍峰　孙　斌　朱凤珍　朴顺子　李一石　李紫阳　杜克琳　尚　红　陈晓枫　杨蓉娅　周绍明　郭明华　魏丽惠
秘 书 长　于　冬（兼）

中国自然辩证法研究会

The Chinese Society for Dialetics of Nature, Philosophy of Nature, Science and Technology (CSDN, PNST)

地　　址　北京市西城区三里河路 54 号
邮政编码　100045
电子信箱　zrbzhr@cast.org.cn
主页网址　http://www.chinasdn.org.cn
电　　话　010－68598475
传　　真　010－68946186
理 事 长　朱　训
副理事长　吴启迪　乌　杰　殷瑞钰　柯　杨　瞿振元　张彦英　邓　勇　冯　俊　曾国屏　王德胜　石宝珩
秘 书 长　王玉平

中国管理现代化研究会

Chinese Society for Management Modernization (CSMM)

地　　址　北京市海淀区中关村东路 80 号
邮政编码　100190
电子邮箱　shigs2005@163.com
电　　话　010－82680396
传　　真　010－82680396
理 事 长　赵纯均
副理事长　石　勇　李维安　吴世农　汪寿阳　陈国青　陈晓红　张　维　张维迎　陆雄文　周子康　席酉民　赵曙明
秘 书 长　石　勇（兼）

中国技术经济学会

Chinese Society of Technology Economics (CSTE)

地　　址　北京市海淀区学院南路 86 号
邮政编码　100081
电子信箱　jishujingjixuehui@vip.163.com
主页网址　http://www.cste.org.cn
电　　话　010－62128485
传　　真　010－62128485
理 事 长　孙晓郁
副理事长　罗冰生　吴贵生（常务）　蔡　莉　张宗益　王祥明　吴季松　李志军

邮政编码　100833
电子信箱　xuehuiwangzhan@126.com
主页网址　http://www.cnacs.org
电　　话　010-68396408
传　　真　010-68396408
理 事 长　杨自鹏
副理事长　赵之硕　唐克美　李玉坤　朱乐耕
　　　　　张玉骉　秦锡麟　黄宝庆　潘鲁生
　　　　　李当岐　张春雷　李红光　岳芙蓉
　　　　　周锦云　范大政　马　达　范伟民
秘 书 长　赵之硕（兼）

中国科普作家协会

China Science Writers Association (CSWA)

地　　址　北京市海淀区学院南路86号
邮政编码　100081
电子信箱　mengxiong@vip.sina.com
电　　话　010-62187884/62103258
传　　真　010-62187884
理 事 长　刘嘉麒
副理事长　王直华　孙云晓　任福君　刘泽林
　　　　　陈有元　陈芳烈　吴智仁　居云峰
　　　　　金　涛　郭曰方　张开逊
秘 书 长　居云峰（兼）

中国自然科学博物馆协会

Chinese Association of Natural Science Museums (CANSM)

地　　址　北京市朝阳区北辰东路5号
邮政编码　100012
电子信箱　cansm@vip.sina.com
主页网址　http://www.cansm.org
电　　话　010-59041301
传　　真　010-59041331
理 事 长　徐善衍
副理事长　徐延豪　孟庆金　齐贤德　齐继光
　　　　　朱　进　张希武　康熙民　王小明
秘 书 长　邵　杰

中国可持续发展研究会

Chinese Society for Sustainable Development (CSSD)

地　　址　北京市海淀区玉渊潭南路8号
邮政编码　100038
电子信箱　songzh@acca21.org.cn
　　　　　zhujing@acca21.org.cn
主页网址　http://cssd.acca21.org.cn/
电　　话　010-58884808/58884807
传　　真　010-58884807
名誉理事长　孙鸿烈　洪绂曾　冯之浚　张坤民
　　　　　甘师俊
理 事 长　邓　楠
副理事长　王伟中　王　浩
秘 书 长　郭日生

中国青少年科技辅导员协会

China Association of Science Instructors for Youth and Children (CACSI)

地　　址　北京市海淀区复兴路3号中国科技会堂C座303室
邮政编码　100863
电子信箱　cacsi@cacsi.org.cn
主页网址　http://www.cacsi.org.cn
电　　话　010-68516005/68518719/68580512
传　　真　010-68518719
理 事 长　陈赛娟
副理事长　牛灵江（常务）　丁　鹏　王　路
　　　　　王延祜　王定华　王海波　王渝生
　　　　　邓　丽　赵有利　钱景林
秘 书 长　赵建龙

中国科教电影电视协会

China Science Film and Video Association (CSFVA)

地 址 北京市海淀区学院南路86号
邮政编码 100081
电子信箱 csfva@yahoo.com.cn
主页网址 http://www.csfva.org.cn
电 话 010-62186304/62113038
传 真 010-62186304
理 事 长 刘建中
副理事长 顾希峰 王珠珠 邱国立 赵致真 薛继军 童 刚 齐建新 张长明 张国平
秘 书 长 张国平（兼）

中国科学技术期刊编辑学会

China Editology Society of Science Periodicals (CESSP)

地 址 北京市海淀区学院南路86号
邮政编码 100081
电子信箱 Kxcessp@tom.com
主页网址 http://www.cessp.org.cn
电 话 010-62147743
传 真 010-62147743
理 事 长 丁乃刚
副理事长 陈浩元 李 军 刘学东 刘泽林 齐志英 王亨君 游苏宁 苏 青
秘 书 长 姚希彤

中国流行色协会

China Fashion & Color Association (CFCA)

地 址 北京市东城区东长安街12号522室
邮政编码 100742
电子信箱 fashioncolor@fashioncolor.org.cn
主页网址 http://www.fashioncolor.org.cn
电 话 010-85229522/85229531
传 真 010-85229531
会 长 杜钰洲
副 会 长 梁 勇（常务） 于西蔓 王启明 王蕴强 孙伟挺 宋建明 张志峰 张宝全 张荣明 李小白 邱 栋 陈建忠 陈勇斌 陈新民 周少明 周成建 林 平 罗建凡 金 耀 姚映佳 胡 松 倪振年 夏国新 席时平 徐剑光 钱金波 高德康 蔡 明 颜志超
秘 书 长 朱 莎

中国档案学会

Chinese Archives Society (CAS)

地 址 北京市西城区永安路106号
邮政编码 100050
电子信箱 daxyj@263.net
主页网址 www.idangan.com
电 话 010-63020081
传 真 010-63018703
理 事 长 李和平
副理事长 于 薇 付 华 吴 辰 陈乐人 邹爱莲 赵国俊
秘 书 长 付 华（兼）

中国国土经济学会

China Society of Territory Economics (CSOTE)

地 址 北京市丰台区紫芳园六区2号楼1单元213室
邮政编码 100078
主页网址 http://www.csote.org
电 话 010-57957675
传 真 010-57957675
理 事 长 张怀西

副理事长 江泽慧 柳忠勤 陈洲其 段应碧
秘书长 柳忠勤（兼）

中国土地学会

China Land Science Society（CLSS）

地址 北京市西城区冠英园西区37号
邮政编码 100035
电子信箱 zgtdxh@vip.sina.com
主页网址 http://www.zgtdxh.org.cn
电话 010－66562607/66562609/010－66562671/66562610/66562651
传真 010－66562563
理事长 王世元
副理事长 王广华 曲福田 朱留华 安家盛 吴海洋 张凤荣 陈军 郑凌志 胡存智 高向军 唐华俊 黄小虎 蒋亚平 韩海青 蔡运龙
秘书长 郑凌志（兼）

中国科技新闻学会

Chinese Society for Science and Technology Journalism（CSSTJ）

地址 北京市西城区白云路一号1005室
邮政编码 100045
电子信箱 kjxw@sina.com
主页网址 http://www.csstj.org.cn
电话 010－63314180
传真 010－63314180
理事长 焦洪波
副理事长 王友恭 刘洪海 李新彦 赵立凡 赵致真 赵忠颖 夏林 徐九武
秘书长 杨艺

中国老科学技术工作者协会

China Association of Senior Scientists and Technicians（CASST）

地址 北京市海淀区学院南路86号
邮政编码 100081
电话 010－62177879
传真 010－62172825
理事长 程连昌
副理事长 张春园 乌杰 叶文虎 白玉龙 刘于鹤 何永年 宋南平 宋树友 李天文 肖作福 徐滨士 袁正中 甄永苏 蔡庆华
秘书长 陈秀保

中国科学探险协会

China Association for Scientific Expeditions（CASE）

地址 北京市海淀区西小关中国科学院大气物理所铁塔分部内
邮政编码 100083
电子邮箱 E26@cast.org.cn
主页网址 http://www.case.org.cn
电话 010－62378038
传真 010－62379818
名誉主席 宋健
主席 高登义
副主席 秦大河 王会军 张树义 邹捍 张波 吕芳利 张江援
秘书长 王维

中国城市规划学会

Urban Planning Society of China（UPSC）

地址 北京市海淀区三里河路9号
邮政编码 100037
电子信箱 planning@planning.gov.cn
主页网址 http://www.planning.org.cn
电话 010－58323862/63/66
传真 010－58323850
理事长 仇保兴
副理事长 尹稚 王静霞 石楠 朱嘉广

吴志强　张　泉　李晓江　唐　凯
樊　杰
秘　书　长　石　楠（兼）

中国产学研合作促进会

China Industry – University – Research Institute Collaboration Association (CIUR)

地　　址　北京市海淀区阜成路北 3 街 6 号轻苑大厦 1002
邮政编码　100048
电子信箱　cxy@ 360cxy. cn　zgcxy06@ 163. com
主页网址　http://www. 360cxy. cn
电　　话　010 – 68987182/68987183
传　　真　010 – 68986913
名誉会长　路甬祥　徐匡迪　万　钢　周　济
会　　长　徐志坚
副 会 长　段瑞春（常务）　石定环（常务）
左铁镛　袁　隐　李慧芬　蒋明麟
张　勤　任玉岭　甘智和　李志民
梁　桂　干　勇　曹湘洪　姚　燕
张玉卓　施正荣　郭大成　杨桂生
戚　强　李　健　马德秀　何建坤
张兴华　王建华　陈巧红　易小刚
秘 书 长　王建华（兼）

中国知识产权研究会

China Intellectual Property Society (CIPS)

地　　址　北京市海淀区北三环中路乙 6 号伦洋大厦 603
邮政编码　100120
主页网址　http://www. cnips. org/index. asp
电　　话　010 – 58515222
传　　真　010 – 58515222
名誉理事长　任建新　周光召　姜　颖
理 事 长　杨正午
副理事长　甘绍宁（常务）　张　勤（常务）
王　涛　王玉庆　王自强　刘春田
孙欣夫　许瑞表　吴大建　吴汉东
吴伯明　张　辉　张秀平　李　勇
李建昌　李顺德　陈志兴　陈美章
单晓光　周渝波　尚　明　武爱民
段瑞春　贺志辉　赵永吉　须一平
徐志武　郭庆存　梅永红
秘 书 长　张云才

中国发明协会

China Association of Inventions

地　　址　北京市西城区北三环中路乙 6 号伦洋大厦 604
邮政编码　100120
电子信箱　fmxhzlb@ 163. com
主页网址　http://www. cainet. org. cn
电　　话　010 – 58515116
传　　真　010 – 58515116
理 事 长　朱丽兰
副理事长　邢胜才（常务）　王　峰　王子纯
王永民　王瑞生　包起帆　刘彭芝
张　泽　李维德　汪金德　沈福昌
邹远东　徐士龙　贺军科　曹凤国
秘 书 长　鹿大汉

中国高新技术产业开发区协会

地　　址　北京市西城区三里河路 54 号
邮政编码　100045
电子信箱　gaoxqxh@ ctp. gov. cn
主页网址　http://www. chinaastip. org/
电　　话　010 – 68511866/68511563
传　　真　010 – 68520204
理 事 长　张景安
副理事长　王　荣　刘传铁　朱克江　佘春明
张序国　张志宏　李兴华　郭　洪

梁　桂　董志敏　韩春林　蔡文沁
翟鲁宁
秘书长　张序国（兼）

中国创造学会

China Creative Studies Institute（CCSI）

地　　址　上海市四平路1239号同济大学255信箱
邮政编码　200092
电子信箱　ccsis@ccsis.org
主页网址　http://www.ccsis.org
电　　话　021-65983933
传　　真　021-65983933
理 事 长　裴　钢
副理事长　蒋昌俊（常务）　颜吾佴　岳增瑞
林大泽　侯自新　王玉英　夏昌祥
周耀烈　唐殿强　张晓平
秘 书 长　蒋昌俊（兼）

中国密码学会

Chinese Association for Cryptologic Research（CACR）

地　　址　北京市丰台区靛厂路7号
邮政编码　100036
电子信箱　cacr@cacrnet.org.cn
主页网址　http://www.cacrnet.org.cn
电　　话　010-59703621
传　　真　010-59703621
理 事 长　裴定一
副理事长　冯登国　杨义先　徐茂智　王小云
秘 书 长　强志军

中国睡眠研究会

Chinese Sleep Research Society

地　　址　北京市西城区北礼士路8号1005室
邮政编码　100044
电子信箱　sleepcn@163.com
主页网址　http://www.csrs.bj.cn
电　　话　010-65230156
传　　真　010-65230156
理 事 长　韩　芳
副理事长　王玉平　叶京英　张希龙　汪卫东
陈贵海　徐　建　贾福军　黄志力
秘 书 长　晋小虎

中国国际经济技术合作促进会

地　　址　北京市海淀区学院南路32号
邮政编码　100082
电子信箱　Capc2008@yahoo.com.cn
主页网址　http://www.capc.com.cn
电　　话　010-62259379/62221917/62273260
传　　真　010-62259379
理 事 长　郑树山
副理事长　毛　武　李雨时　海　闻　陈凯慧
汪超涌
秘 书 长　田来福

中国基本建设优化研究会

China Optimization Society Of Capital Construction

地　　址　北京市海淀区阜成路73号
邮政编码　100142
电子信箱　cosocc@yahoo.cn
主页网址　http://www.cosocc.org.cn
电　　话　010-62809310
传　　真　010-62809310
理 事 长　王文元
副理事长　陈耀邦　于　珍　王郁昭　王志宝
周干峙　朱家甄　洪善祥　韩德乾
张人为　周文智　张　塞　王明达
朱新均　江泽慧　刘立清　王扬祖
杨志海　萧灼基　厉以宁　闵凡路
龙致贤　傅西路　付文军　林建平
解思忠　尤　仁

秘　书　长　付文军（兼）

中国科技馆发展基金会

Foundation for the Development of Science and Technology Museums in China

地　　址　北京市朝阳区北辰东路 5 号
邮政编码　100012
电子信箱　fdstmc@ cstm. org. cn
主页网址　http://www. fdstmc. org. cn
电　　话　010 - 59041575/77
传　　真　010 - 59041576
名誉理事长　韩启德　邓　楠
理　事　长　谢克昌
副理事长　屠海令
秘　书　长　田　英

中国生物多样性保护与绿色发展基金会

China Biodiversity Conservation and Green Development Foundation

地　　址　北京市海淀区西三环北路 27 号北科大厦
邮政编码　100089
电子信箱　CBCGDF@ 126. com
主页网址　http://www. cbcgdf. org
电　　话　010 - 68485952/68484230
传　　真　010 - 68485952
理　事　长　胡德平
副理事长　张佐双　王礼嫱　金亦石　吴稼祥
秘　书　长　方运河

中国反邪教协会

China Anti - Cult Association (CACA)

地　　址　北京市海淀区复兴路乙 12 号
邮政编码　100814
电子信箱　fxjxh@ sina. com
主页网址　http://www. cnfxj. org
电　　话　010 - 63956606/63956606
传　　真　010 - 63950398
副理事长　王家福　圣　辉　何祚庥　郭正谊　王渝生
秘　书　长　王渝生（兼）

国际粉体检测与控制联合会

International Federation of Measurement & Control of Granular Materials (IFMCGM)

地　　址　辽宁省沈阳市和平区文化路 3 号巷 11 号东北大学信息科学与工程学院科技楼 209 室
邮政编码　110004
电子信箱　mcgm_ 2006@ yahoo. com. cn
电　　话　024 - 83689395
传　　真　024 - 23891977
理　事　长　谢　植
副理事长　Shuji Matsusaka (Japan)
Mark Jones (Australia)
Siegfried Ranandt (Germany)
秘　书　长　李新光

国际数字地球学会

International Society for Digital Earth

地　　址　北京市海淀区邓庄南路 9 号
邮政编码　100094
电子信箱　isde@ ceode. ac. cn
主页网址　http://www. digitalearth - isde. org
电　　话　010 - 82178912
传　　真　010 - 82178916
主　　席　John RICHARDS
副　主　席　Michael Frank GOODCHILD
Milan Konecny
秘　书　长　郭华东

辽宁省科学技术协会

地　　址　辽宁省沈阳市皇姑区北陵大街49号－119栋 省军区招待二所（省科协）
邮政编码　110032
电子邮箱　kx06@cast.org.cn
主页网址　http://www.lnast.net
电　　话　024－23221693/23947260
传　　真　024－23221693
主　　席　王天然
副 主 席　于天忱　王元立　包信和　刘长江　孙铁珩　孙　丹　苏永强　金太元　胡永康　唐任远　康　捷　黄其励　程耿东　鲍振东　赫冀成

吉林省科学技术协会

地　　址　吉林省长春市人民大街6255号
邮政编码　130021
电子邮箱　jlskxbgs@163.com
主页网址　http://www.jlstnet.net
电　　话　0431－85682405
传　　真　0431－85685244
主　　席　冯守华
副 主 席　李景涛　尹　军　刘东华　曹　军　于化东　王之虹　王利祥　王家骐　李　玉　李殿军　吴绍明　邹广田　张德江　岳德荣　赵　继　秦贵信　夏咸柱　戴　昕

黑龙江省科学技术协会

地　　址　黑龙江省哈尔滨市南岗区中山路204号
邮政编码　150001
电子邮箱　hljkx@sina.com
主页网址　http://www.hljkx.cn
电　　话　0451－82624293
传　　真　0451－82626403
主　　席　马淑洁
副 主 席　王树国　王德民　丛　丽　刘志刚　闫永华　李己华　杨传平　杨宝峰　杨铭铎　张政文　徐　梅　陶　然　陶福胜　韩贵清　潘　忠

上海市科学技术协会

地　　址　上海市南昌路47号
邮政编码　200020
电子邮箱　sast@sast.gov.cn
主页网址　http://www.sast.gov.cn
电　　话　021－53822040
传　　真　021－53826013
主　　席　陈凯先
副 主 席　曹振全　高小玫　王智勇　俞　涛　陆　檩　李虹鸣　丁文江　王小明　王建宇　包起帆　孙晋良　孙颖浩　朱芝松　何积丰　张维华　金东寒　钮晓鸣　桂永浩　蒋昌俊　褚君浩

江苏省科学技术协会

地　　址　南京市北京西路30号宁海大厦23～24层
邮　　编　210024
电子邮箱　jskx2412@163.com
主页网址　http://www.jskx.org.cn
电　　话　025－83323435
传　　真　025－83303700/83313187
主　　席　欧阳平凯
副 主 席　徐耀新　施正荣　戎嘉余　刘志红　祝世宁　尤肖虎　严少华　陈　琪　宋永忠　肖云汉　杨　辉　孙飘扬　孙力斌　郁霞秋　任晋生　张铁恒　阮仁良　冯少东

浙江省科学技术协会

地　　址　浙江省杭州市武林广场8号省科协大楼
邮政编码　310003
电子邮箱　info@zast.org.cn
主页网址　http://www.zast.org.cn
电　　话　0571-85106947
传　　真　0571-85106947
主　　席　杨　卫
副 主 席　鲁善增　隗斌贤　罗建红　章　丰
　　　　　朱　军　严晓浪　吴金坤　邱飞章
　　　　　张立彬　张海生　陈剑平　周海梦
　　　　　聂秋华　高从堦　薛安克

安徽省科学技术协会

地　　址　安徽省合肥市花园街4号科技大厦
邮政编码　230001
电子邮箱　aast@mail.hf.ah.cn
主页网址　http://www.ahpst.net.cn
电　　话　0551-2661725
传　　真　0551-2655031
主　　席　田唯谦
副 主 席　王东进　王英俭　王海彦　王群京
　　　　　孙公民　刘光复　安　进　佘焰炉
　　　　　宋礼华　张学军　陆建辉　周建强
　　　　　宛晓春　赵　韩　施雄梁　袁　亮
　　　　　凌永顺　梁寿南　樊高定

福建省科学技术协会

地　　址　福建省福州市东大路73号二号楼
邮政编码　350001
电子邮箱　kx102@tom.com
主页网址　www.fjkx.org
电　　话　0591-87532949/87532850/87532651
传　　真　0591-87532632/87532949
主　　席　吴新涛
副 主 席　叶顺煌　符卫国　柯少愚　赵榜生
　　　　　顾阿华　谢联辉　郑兰荪　洪茂椿
　　　　　王钦敏　赖爱光　谢华安　杜　建
　　　　　陈元仲　孙世刚　郑金贵　李建平
　　　　　付贤智　陈绍军

江西省科学技术协会

地　　址　江西省南昌市江西省政府大院内
邮政编码　330046
电子邮箱　kxbgs@jxkx.gov.cn
主页网址　http://www.jxkx.com.cn
电　　话　0791-6387220/6224288
传　　真　0791-6224288
主　　席　李华栋
副 主 席　毛祖逊　石　屏　刘三秋　李雪南
　　　　　杨贵平　扶名福　张文海　张忠平
　　　　　张建华　周世健　胡世忠　洪三国
　　　　　梁纯平　彭玲华　谢金水　廖维林
　　　　　颜龙安

山东省科学技术协会

地　　址　山东省济南市杆南东街8号
邮政编码　250001
电子邮箱　bgs@sdast.org.cn
主页网址　http://www.sdast.org.cn
电　　话　0531-82073209
传　　真　0531-82073208
主　　席　唐启升
副 主 席　燕　翔　刘建华　林兆谦　李云云
　　　　　汤少泉　王　军　王金宝　庄文忠
　　　　　赵彦修　徐茂波　谢立信　韩圣浩
　　　　　韩金祥　薛庆国

河南省科学技术协会

地　　址　河南省郑州市花园路53号

邮政编码 450008
电子邮箱 hnskxnba@163. com
主页网址 http://www. hast. net. cn
电　　话 0371－65707511
传　　真 0371－65707512
主　　席 李建中
副 主 席 梁留科　李宝红　谈朗玉　冯　琦　肖新生　马万杰　申长雨　王艳玲　陈建生　李会林　张全民　李官奇

湖北省科学技术协会

地　　址 湖北省武汉市武昌区八一路9号
邮政编码 430071
电子邮箱 hubeikexie@163. com
主页网址 http://www. hbkx. org. cn
电　　话 027－87823704
传　　真 027－87823704
主　　席 樊明武
副 主 席 曲　颖（常务）　马伟明　田玉科　冯　芊　叶朝辉　刘本仁　刘经南　朱作言　许晓金　张端品　李培根　李德仁　夏　航　徐菊明

湖南省科学技术协会

地　　址 湖南省长沙市东风路17号
邮政编码 410005
电子邮箱 hnkxbgs@163. com
主页网址 http://www. hnast. org. cn
电　　话 0731－84884371
传　　真 0731－84884374
主　　席 黄伯云
副 主 席 于起峰　方先知　尹泽勇　龙国键　卢光琇　刘友梅　刘年喜　刘秋惠　李　华　邹志强　张　健　张尧学　易小刚　周宏灏　官春云　赵跃宇　荣　诚　姚守拙　彭国甫　廖任强

广东省科学技术协会

地　　址 广东省广州市连新路171号
邮政编码 510040
电子邮箱 stainfo@sta. gd. cn
主页地址 http://www. sta. gd. cn
电　　话 020－83550424
传　　真 020－83549085
主　　席 卢钟鹤
副 主 席 刘人怀　刘焕彬　汤世华　吴焕泉　张湘伟　李元元　李兴华　陈　勇　陈晓阳　罗富和　钟南山　梁　明　黄达人　曾益新

广西壮族自治区科学技术协会

地　　址 广西壮族自治区南宁市古城路31号
邮政编码 530022
电子邮箱 gxkx123@126. com
主页网址 http://www. gxast. org. cn
电　　话 0771－2630589/2630595
传　　真 0771－2617248
主　　席 郑皆连
副 主 席 甘向群　谢林城　方　芳　朱　东　钟夏平　李杨瑞　陈大克

海南省科学技术协会

地　　址 海南省海口市国兴大道69号海南广场人大楼7层
邮政编码 570203
电子邮箱 hnkxccb@163. com
主页网址 http://www. hainanast. org
电　　话 0898－65393360
传　　真 0898－65332244
主　　席 康耀红
副 主 席 陈永明　刘智慧　陈　民　景　柱　陈国华

重庆市科学技术协会

地　　址　重庆市渝中区双钢路3号科协大厦16楼
邮政编码　400013
电子邮箱　cqkxbgs@ yahoo. cn
主页网址　http://www. cqast. cn
电　　话　023－63003788 /63003916
传　　真　023－63003788
主　　席　钟志华
副 主 席　丁祥龙　王　勇　王小佳　王正国
王登高　甘联君　何世斌　张　力
李　建　李华光　李启松　李志高
杨士中　陈流汀　周泽扬　郑颖人
唐伯明　袁道先　黄明会　董　林
雷　寒　蔡　韬　戴　伟

四川省科学技术协会

地　　址　四川省成都市人民南路4段11号
邮政编码　610041
电子邮箱　bgs@ sckx. org. cn
主页网址　http://www. sckx. org. cn
电　　话　028－85221933
传　　真　028－85222804
主　　席　谢和平
副 主 席　文心田　王为民　叶尚福　刘　进
刘应明　吴　凯　李元峰　罗平亚
侯水平　荣廷昭　高　洁　黄竞跃
彭先觉　彭宇行

贵州省科学技术协会

地　　址　贵州省贵阳市瑞金南路2号
邮政编码　550002
电子邮箱　office@ gzast. org
主页网址　http://www. gzast. org
电　　话　0851－5832225/5832528
传　　真　0851－5832225
主　　席　欧阳自远
副 主 席　任湘生　路　贵　钱　斌　胡君威
于　杰　孔令中　刘丛强　刘福成
伍鹏程　陈厚义　何　力　花继明
李桂莲　宋宇峰　封孝伦　郝小江
楚海涛

云南省科学技术协会

地　　址　云南省昆明市护国路26号
邮政编码　650021
电子邮箱　ynast@ 163. com
主页网址　http://www. yunast. cn
电　　话　0871－3138614
传　　真　0871－3155032
主　　席　张亚平
副 主 席　王建颖　叶燎原　牟双江　刘德强
何玉林　李　仁　陈明清　武　晋
罗国权　唐　兵　徐宝明　郭辉军
黄兴奇　赖永良

西藏自治区科学技术协会

地　　址　西藏自治区拉萨市北京中路93号
邮政编码　850000
电子邮箱　xzkx－006@ 163. com
主页网址　http://www. xzast. org. cn
电　　话　0891－6825679
传　　真　0891－6828576
主　　席　仓　珍
副 主 席　群　增　冯继谦　普布仓决
晋美多吉　陈　锦　张永泽　杜建功
次　真　孙金玲　李路平　假　拉
强俄巴·次央

陕西省科学技术协会

地　　址　陕西省西安新城省政府大院内
邮政编码　710006

主页网址 http：//www. snast. org. cn
电话 029－87291531/ 87291507
传真 029－87291496
名誉主席 梁　琦
主席 郑南宁
副主席 牟怀岐（常务） 方光华 王前进 王跃进 刘少明 安芷生 闫宏涛 张　炜 李　跃 周　杰 周为民 房　喻 郝　跃 党广录 徐德龙 翁志黔 韩开兴 谭永华 樊代明

甘肃省科学技术协会

地址 甘肃省兰州市城关区东岗西路486号兰州饭店迎宾楼
邮政编码 730000
电子邮箱 gsskxbgs@126. com
主页网址 http：//www. gsast. org. cn
电话 0931－8821975
传真 0931－8881617
主席 李　膺
副主席 史振业 贺　琴 杨新科 陈富荣 陈炳东

青海省科学技术协会

地址 青海省西宁市新宁路22号
邮政编码 810008
电子邮箱 qhkxbjb@vip. 163. com
主页网址 http：//www. qhast. org. cn/web/office
电话 0971－6302839
传真 0971－6302839
主席 石昆明
副主席 陈永祥 徐东向 刘　青

宁夏回族自治区科学技术协会

地址 宁夏回族自治区银川市金凤区人民广场西侧
邮政编码 750011
电子邮箱 kx30@cast. org. cn
主页网址 http：//www. nxdzkj. com
电话 0951－5085100/5085127
传真 0951－5043588
主席 刘平和
副主席 王　冰 李晓波 何季麟 孙　涛 李　星 李　健 宿文军 彭　凡

新疆维吾尔自治区科学技术协会

地址 新疆乌鲁木齐市新医路686号
邮政编码 830054
电子邮箱 xjqkxbgs@126. com
主页网址 http：//www. xast. org. cn
电话 0991－6386012/6386038
传真 0991－6386012
主席 张国梁
副主席 俞贞贵 魏生贵 阿布都艾尼·依干拜尔迪 陶　鹏 恰汗·合孜尔 肖作敏 谢国政

新疆生产建设兵团科学技术协会

地址 新疆乌鲁木齐市光明路196号
邮政编码 830002
电子邮箱 xjbtkx@126. com
电话 0991－2896193/2896127
传真 0991－2896163
主席 田笑明
副主席 黄　斌 王红德 王新华 郑旭荣 王合理

索　　引

编制说明

本索引为主题索引，以年鉴内容述及的主题为索引对象，包括专有名称主题，如人名、书名、机构名称、会议名称、项目名称、活动名称等。主题选取力求概括全面，突出重点，揭示特色内容，提供多方位检索。

索引范围为全书正文及附录中的部分相关内容。

索引排序按先汉语拼音音序，再阿拉伯数字、拉丁字母的次序排列。

索引以“见”的形式，将非标引词指向标引词。例如：科普日活动　见　全国科普日活动

检索页码后的“a”为文献左栏，“b”为文献右栏。检索数字“d1.1”中“d”表示“大事记”，“1.1”表示为1月1日的记录。

连续页码只记录起始页。

A

B

C

D

F

G

J

K

L

M

N

O

P

Q

R

S

T

W

X

Y

Z